I0126195

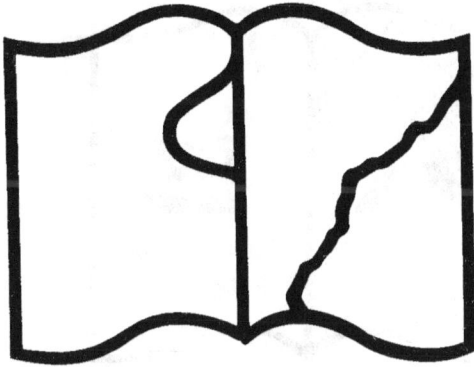

Texte détérioré — reliure défectueuse

NF Z 43-120-11

Contraste insuffisant
NF Z 43-120-14

T

T. s. m. La vingtième lettre de notre alphabet, et la seizième des consonnes. On la nomme *Té* suivant l'appellation ancienne et usuelle, et *Te* suivant la méthode qu'on a essayé de lui substituer. *Un grand* T. *Un petit t.* || T. Chir. Bandage formé de deux bandes ajustées en forme de T. || T. Métall. Pièce de fer qui a la forme d'un T. *Cette usine fabrique des* T *excellents.*

Obs. gram. — Cette consonne se prononce toujours *te* au commencement des mots : *Taie, tenir, tiare, toison, tumeur.* Au milieu d'un mot, elle conserve généralement cette prononciation : *Natal, unité, bâtiment, atome, nature.* Mais lorsque le T est suivi de la voyelle *i* et d'une autre voyelle, tantôt il conserve le son *ti*, tantôt il se prononce comme *si*. Il se prononce *ti* : 1° dans tous les mots où il est précédé d'une *s* ou d'un *x* : exemple : *Bastion, bestial, mixtion;* 2° dans tous les noms terminés en *tié, tier* ou *tière* : ex., *Amitié, pitié, moitié, entier, chantier, layetier, laitière,* etc.; 3° dans la plupart des mots terminés en *tie,* comme *Partie, rôtie, hostie, garantie,* etc.; 4° dans la plupart des mots terminés en *tien* et *tienne,* tels que *Maintien, soutien, antienne, retienne,* etc.; 5° dans le verbe *châtier* et toutes ses parties, et dans les parties des verbes terminées en *tions* : nous *mettions,* nous *portions,* nous *souhaitions.* Mais *ti* suivi d'une voyelle se prononce *si* : 1° dans les mots terminés en *tieux,* comme *Ambitieux, facétieux, factieux,* etc.; 2° dans le mot *patient* et ses dérivés, et dans les mots en *tial, tiel* et *tion,* qui n'ont pas une *s* ou un *x* devant le *t* : *Partial, essentiel, ration;* 3° dans la plupart des noms propres en *tien* : *Gratien, Dioclétien,* et dans ceux qui indiquent de quel pays on est : *Vénitien, Égyptien;* 4° dans quelques mots terminés en *tie* : *Facétie, impéritie, ineptie, inertie, minutie, prophétie,* etc.; dans les noms de pays : *Béotie, Croatie, Dalmatie;* et dans les mots en *atie* : *Diplomatie, théocratie, démocratie, aristocratie;* 5° dans les mots *Satiété, insatiable,* et dans les deux verbes *initier* et *balbutier.* Placé à la fin d'un mot, T est en général quiescent, c.-à-d. ne se prononce pas, si ce n'est sur la voyelle suivante. Cependant on le fait entendre dans un certain nombre de mots, surtout monosyllabes, tels que *Chut, est* et *ouest* (points cardinaux), *rapt, net, dot,* ou empruntés du latin, comme *Accessit, prétérit, transit, vivat,* etc. T se double quelquefois : néanmoins on n'en fait généralement sentir qu'un : *Attaquer, attendrir, cornette.* On les fait sentir tous deux dans *Atticisme, guttural,* et quelques autres. *Th* a toujours le son du *t* simple : *Thé, théorie, arithmétique, chrestomathie, absinthe, luth,* etc., la lettre *h* n'étant ici qu'une lettre étymologique. Toutefois cette consonne double est muette dans *Asthme* et *asthmatique,* que l'on prononce comme s'il y avait *Asme* et *asmatique.* — En français, le T est, dans certains cas, une lettre euphonique. On l'emploie comme tel après les temps d'un verbe terminé par une

voyelle, lorsque ce temps est immédiatement suivi des pronoms, *il, elle* ou *on* : *Qu'a-t-on dit? Dira-t-on? L'aime-t-il? Jouc-t-elle?* Mais dans l'expression *Va-t'en,* le T n'est point une lettre euphonique : c'est le pronom *toi* qui répond à *vous* de l'expression analogue, *Allez-vous-en.* On écrit de même : *Procure-t'en,* etc.

Ling. — Dans l'épigraphie latine, T signifie *Titus, Tiberius, Tullius, Tarquinius, Tacitus,* ou *testimonium, terra, terminus, testis, tempus,* etc.; T. AVG veut dire *tutela Augusti* : T. C., *testamenti causa;* T. F. F., *testamento fieri fecit;* T. P., *tribunitia potestas;* TT. IMP., *titulum imposuit,* etc. Comme lettre numérale, T représentait, chez les Romains, le nombre 160, et, avec une barre au-dessus, le nombre 160,000. — Voy. CONSONNE et PAROLE.

TA. adj. poss. f. de la seconde personne. Voy. TON.

TABAC. s. m. [Pr. *taba*] (esp. *tabaco,* m. s., d'orig. américaine). T. Bot. Voy. ci-après. || *Prendre du t.* priser du t. ou poudre. — T. *d'Espagne, t.* parfumé. — *Être employé dans les tabacs,* dans les manufactures ou l'administration des tabacs.

Bot. — I. Sous ce nom, on désigne les espèces du genre

Nicotiana, de la famille des *Solanacées,* ainsi que les feuilles de quelques-unes de ces espèces après qu'elles ont subi certaines préparations pour les rendre propres à être fumées, prisées et mâchées. Les plus répandues de ces espèces par la culture sont : *Nicotiana Tabacum*, *Nicotiana rustica*, *Nicotiana quadrivalvis*, *Nicotiana multivalvis*, *Nicotiana repanda*, *Nicotiana Persica*. Nous nous contenterons de décrire les deux premières espèces, les seules cultivées en Europe.

Le *Nicotiana Tabacum* est une grande et belle plante originaire de l'Amérique, qui, à l'état cultivé, atteint jusqu'à 2 mètres et même plus de hauteur. Elle est pubescente et glutineuse dans toutes ses parties. Sa tige est droite, cylindrique et rameuse dans sa partie supérieure. Ses feuilles, sessiles et décurrentes, sont alternes, ovales-lancéolées; mais leur grandeur varie selon les variétés et par l'effet de la culture. Les fleurs sont disposées en grappe et en panicule terminale. Le calice est tubuleux-campanulé; la corolle est infundibuliforme avec un limbe étalé, offrant cinq lobes munis d'un pli ; sa couleur est rose violet. Les étamines, au nombre de 5, sont souvent inégales. L'ovaire à deux lobes est entouré à sa base d'un nectaire épais. Le stigmate est en tête aplatie. La capsule, ovoïde, quadrivalve au sommet, forme deux à quatre loges polyspermes. Elle est, en général, de même longueur que le calice qui l'enveloppe. Enfin, les graines sont très petites et presque réniformes (Fig. 1. *Nicotiana tabacum* ; 2. Feuille; 3. Fleur; 4. Capsule).

Le *Nicotiana rustica*, appelé vulgairement *T. rustique*, *T. femelle*, *T. de Virginie*, est une plante de 50 à 80 centimètres de haut, à feuilles oblongues et pétiolées, à corolle jaune pâle, un peu verdâtre. — Le T. prospère dans tous les pays chauds et tempérés; mais il demande toujours une terre franche, profonde et fertile. Au reste, les méthodes de culture varient plus ou moins suivant les climats. Chez nous, on multiplie le T. au moyen de plants élevés en pépinière que l'on sème sur une couche dans les derniers jours de février ou dans les premiers de mars. Vers la fin de mai, quand les jeunes pieds ont atteint 8 à 10 centimètres de hauteur, on procède au repiquage, opération qui consiste à les piquer au plantoir dans le champ où ils doivent se développer, et qui doit avoir été préparé et fumé avec le plus grand soin. On les dispose en lignes uniformément espacées et à une distance de 60 à 70 centimètres les uns des autres, de manière à former des quinconces réguliers. Cinq ou six semaines après la plantation, la plante a une hauteur de 50 à 70 centimètres et sa tige porte dix à douze feuilles nouvelles. On exécute alors le pincement, c'est-à-dire on supprime la tête de la tige, avant l'apparition des fleurs. Cette opération détermine la naissance d'un bourgeon dans l'aisselle de chaque feuille. Quand ces bourgeons ont acquis 3 à 4 centimètres de longueur, on les pince à leur tour, et l'on renouvelle cette opération toutes les fois que la sève réussit à se faire jour pour remplacer soit le bourgeon terminal, soit les bourgeons axillaires ; on enlève également les feuilles sans valeur, et l'on arrive ainsi, en forçant la sève à se porter de plus en plus sur les feuilles conservées, à faire prendre à celles-ci des dimensions qui dépassent quelquefois 70 centimètres de longueur. Les pieds destinés à servir de porte-graines ne sont pas soumis au pincement, et on les choisit parmi les plus vigoureux. La récolte se fait en août ou en septembre. On cueille d'abord les feuilles les plus basses, qui sont mûres les premières et de la moins bonne qualité ; on continue par les intermédiaires, et l'on termine par les plus élevées, qui sont les meilleures. Les unes et les autres sont portées dans des séchoirs, où on les suspend, au grand air, à des cordes ou à des tailles. Enfin, lorsque leur dessication est complète, on les réunit en paquets appelés *Manoques*, et on les livre à la fabrication.

Historique. — L'usage de fumer le t. était général dans plusieurs parties de l'Amérique, à l'époque de sa découverte. Christophe Colomb ayant, dès son arrivée à San-Salvador (octobre 1492), chargé quelques-uns de ses compagnons d'explorer le pays, ceux-ci rencontrèrent un grand nombre de naturels, tant hommes que femmes, qui tenaient à la main un rouleau fait des feuilles d'une certaine herbe, dont ils avaient allumé un bout, tandis qu'ils en aspiraient la fumée par le bout opposé. L'évêque Las Casas rapporte que les Caraïbes haïtiens appelaient ces rouleaux *tabaccos*, et c'est de là, et non pas de l'île de Tabago, comme on le dit communément, que vient notre mot T. A l'exemple des Indiens, les Espagnols s'habituèrent peu à peu à fumer cette plante. Ils firent plus, car, vers 1518, ils en envoyèrent des graines dans la mère patrie, où on les soumit aussitôt à la culture. D'Espagne, la nouvelle plante passa en Portugal, et ces deux pays l'introduisirent dans les autres parties de l'Europe, à l'exception cependant de l'Angleterre, qui la reçut directement du Brésil, en 1585, et de la Turquie, qui en dut la connaissance aux Anglais, en 1600 ou 1601. En ce qui concerne particulièrement la France, elle connut le t. en 1560, époque à laquelle Jean Nicot, ambassadeur de François II, en Portugal, en apporta une petite quantité à la reine Catherine de Médicis. Le t. dut à cette double circonstance d'être primitivement désigné chez nous sous les noms de *Nicotiane* et d'*Herbe à la reine*. On l'appela aussi *Herbe du grand prieur*, parce qu'un prince de la maison de Lorraine, qui était grand prieur de France, contribua beaucoup à le mettre à la mode ; *Herbe de Tournabon* et *Herbe de Sainte-Croix*, parce que les cardinaux de Tournabon et de Sainte-Croix en répandirent l'usage en Italie; et enfin *Pétun*, nom que lui donnaient les Indiens de la Floride et du Brésil. Le mot T., dont nous avons dit plus haut la véritable origine, ne prévalut que beaucoup plus tard. Toutefois celui de *Nicotiane* ne disparut que du langage vulgaire, et fut conservé par la science. A l'exemple des Américains, les Européens se contentèrent d'abord de fumer le t. ; mais bientôt ils imaginèrent de le priser et de le mâcher et, grâce à ces deux innovations, la culture de cette plante ne tarda pas à recevoir une grande extension. Elle est répandue aujourd'hui dans toutes les parties du monde, et jusque dans les îles de l'Océanie. — A l'origine, le t. eut le même succès que le café et le thé. Les uns le vantèrent comme une panacée universelle, tandis que les autres le considérèrent comme une substance des plus dangereuses. Cette dernière opinion prévalut momentanément dans l'esprit de quelques souverains, et en conséquence l'usage du t. fut proscrit dans plusieurs pays. C'est ce qui eut lieu notamment en Angleterre, sous Jacques 1er; en Turquie, sous Amurat IV; en Russie, sous Michel Féodorowitch; dans les États romains, sous le pape Urbain VIII, etc. Ces édits de proscription, malgré les peines sévères, quelquefois la mort, portées contre les contrevenants, n'ayant pas réussi à empêcher la propagation de l'usage du t., il fallut bien reconnaître que la plante condamnée n'était pas aussi dangereuse qu'on le supposait. De plus, divers gouvernements ayant imaginé de frapper d'un impôt la nouvelle plante et les produits qu'on en obtenait, il se trouva que le t. constituait une source assez abondante de revenu, et cette considération leva tous les scrupules.

II. *Propriétés et usages.* — Le T. jouit de propriétés fort actives qui sont dues à la présence, dans toutes les parties du végétal, d'un alcaloïde particulier appelé *Nicotine*, qui a été isolé pour la première fois en 1829, par Reiman et Posselt (Voy. NICOTINE). Cet alcaloïde constitue un poison des plus violents. Une grande partie de la nicotine que contient le t. est mise en liberté dans le travail qu'il subit quand on le prépare dans les manufactures. Cependant la proportion qu'il retient est encore considérable, savoir : 2 pour 100 dans les tabacs de la Havane, de Maryland et de Virginie, 3 dans ceux d'Alsace, 6 dans ceux du Nord, et 8 dans ceux du Lot. — Nous avons vu que, dans le principe, le t. fut préconisé comme une panacée ; on l'administra, en effet, dans toutes sortes de maladies et sous toutes les formes. Mais aujourd'hui la médecine en fait fort peu usage. On emploie quelquefois en lavement (infusion de 4 grammes de t. pour 500 grammes d'eau bouillante) afin d'exciter l'intestin, dans les cas d'asphyxie, d'iléus et de hernie étranglée. A l'extérieur, on s'en sert vulgairement sous forme de lotions contre la teigne, ou sous forme de pommade, pour détruire les poux de la tête et du pubis. Les vétérinaires emploient aussi le t. comme lavement irritant et comme parasiticide. Comme on le voit, l'utilité du t. en médecine est à peu près nulle. Néanmoins la consommation de cette plante est devenue prodigieuse (500 millions de kilogrammes par an sur tout le globe) et se développe encore chaque jour dans tous les pays de l'Europe, grâce à l'habitude qu'ont contractée une foule d'individus de se narcotiser régulièrement avec les feuilles de la Nicotiane. En effet, si la consommation du t. s'est développée au point où nous la voyons, c'est que l'usage modéré de cet excitant aide aux fonctions de l'encéphale, le tire d'un engourdissement momentané, et lui donne l'énergie et le ressort que demandent les travaux de l'esprit. Toutefois l'abus du t. à fumer peut donner lieu à un empoisonnement chronique ou *Nicotisme chronique* se manifestant surtout par des troubles de la circulation (palpitations, intermittences, asthme cardiaque), de la digestion (inappétence, douleurs épigastriques, diarrhée ou constipation) et du système nerveux (insomnie, névroses, etc.).

Techn. — III. *Fabrication des tabacs.* — Tout le monde sait qu'en France le gouvernement s'est réservé le monopole de la fabrication et de la vente des tabacs. Seize établissements portant le titre de *Manufactures nationales* sont chargés de cette fabrication. Ces établissements sont situés dans les villes suivantes: Bordeaux, Châteauroux, Dieppe, le Havre, Lille, Lyon, Marseille, Morlaix, Nancy, Nantes, Nice, Paris (la capitale possède deux manufactures, l'une au Gros-Caillou et l'autre à Reuilly), Riom, Tonneins et Toulouse. Les opérations manufacturières que subissent les feuilles de t. ont pour objet de les transformer en *Scaferlati*, en *Cigares*, en *Rôles*, en *Carottes* et en *Poudre* ou t. à priser. Les manufactures de l'État emploient des tabacs indigènes, des tabacs étrangers, ou encore des mélanges de ces divers tabacs, suivant l'espèce de produits qu'elles veulent obtenir. Elles tirent principalement les tabacs étrangers de la Havane, des Etats-Unis, du Brésil, de la Hongrie, de l'Asie Mineure, de la Syrie. Les tabacs indigènes leur sont fournis par des entrepôts auxquels les cultivateurs les livrent, et qui les leur envoient emballés dans des toiles ou dans des tonneaux vulgairement appelés *boucauts*. A leur arrivée dans les manufactures, les feuilles sont déballées et déliées (*Boucardage*), puis triées et assorties (*Epoulardage*). Au triage succède la *Mouillade*, qui consiste à les arroser avec une dissolution de sel marin appelée *sauce*, pour leur rendre la souplesse qu'elles ont perdue par la dessiccation, et les disposer aux préparations subséquentes. L'*Ecôtage*, qui vient ensuite, est destiné à enlever les côtes et les nervures excédant une certaine grosseur. Cela fait, on transporte les feuilles dans les ateliers spéciaux, chargés de leur faire subir les diverses manipulations que nous allons décrire sommairement.

A. *Scaferlati*. — La fabrication du *Scaferlati*, ou t. à fumer, est assez simple. Après qu'on a fait subir aux feuilles les divers opérations ci-dessus énumérées, on les hache au moyen de machines munies de couteaux, et qui sont mises en mouvement par la vapeur ou par une roue hydraulique. Un ouvrier entasse les feuilles de t. dans une coulisse, où elles sont entraînées par une toile sans fin les amenant sous les couteaux, qui les divisent en lanières de la dimension voulue. Après le *hachage*, le t. passe à la *torréfaction*, laquelle consiste à le maintenir quelques instants soit sur des plaques chauffées presque jusqu'au rouge, soit sur de longues tables horizontales formées de tuyaux de cuivre juxtaposés où circule de la vapeur chauffée à 120°. Cette opération qu'on nomme aussi *frisage*, à cause de l'aspect frisé qu'elle donne au t., a pour objet d'empêcher la fermentation, qui altérerait beaucoup la qualité du scaferlati. Au sortir des fours de torréfaction, le scaferlati conserve beaucoup d'humidité dans le t. Pour l'en débarrasser complètement, on l'étale dans des séchoirs disposés de telle manière qu'on puisse y introduire des courants d'air chaud à 16 ou 20°. Une fois séché, on met le scaferlati en paquets du poids de 40, 50, 100 et 500 grammes, avec une tolérance de 5 grammes en plus ou en moins du poids qu'indique l'enveloppe de chaque paquet. Les diverses qualités sont nommées vulgairement le *Caporal ordinaire*, le *Cantine* et le *Caporal supérieur*. Ce dernier, comme le t. étranger, *maryland*, *levant*, etc., se vend couramment en paquets de 50 grammes. On fabrique, dans les manufactures françaises, plusieurs espèces de scaferlatis en outre des qualités que nous venons de signaler et cela suivant la *zone*, c.-à-d. la contrée de la France plus ou moins proche d'une frontière étrangère. Autrefois on comptait six zones, elles ont été réduites à cinq en 1860 et définitivement à trois en 1872. La vente du t. ou *scaferlati à prix réduit* s'opère, pour le t. à fumer, sur le prix de 4 francs en première zone, de 5 francs en seconde et de 8 francs en troisième. Il existe également pour la première et la seconde zone des *Rôles* à prix réduit qui sont successivement 6 francs et 8 francs le kilogramme. Pour le reste de la France la vente des tabacs à priser, à mâcher, à fumer, c.-à-d. des tabacs ordinaires, est de 12 fr. 50 le kilogramme. Ce prix s'élève à 16 francs le kilogramme pour le caporal supérieur, le maryland, le levant, etc. Quant au t. de cantine destiné uniquement aux troupes de terre et de mer, il vaut 1 fr. 50 le kilogramme; c'est celui qui est coupé le plus gros.

B. *Cigares*. — On appelle ainsi de petits cylindres formés d'une feuille de t. roulée sur elle-même ou de débris de feuilles juxtaposées les unes aux autres puis enveloppées dans une feuille. La fabrication des cigares est celle qui modifie le moins la nature du t., car les feuilles n'y subissent aucune altération. Des femmes roulent les plus petites ou encore les parcelles de feuilles entre leurs doigts, et lorsqu'elles en ont fait un rouleau de la grosseur et de la forme voulues, elles le revêtent d'une *Robe*, c.-à-d. d'une feuille choisie parmi les plus grandes et les plus belles, ne présentant aucune déchi-

rure et convenablement découpée. Elles fixent ensuite les bords de cette feuille avec un peu de colle de pâte, et le cigare se trouve terminé. Dans nombre de manufactures, on a remplacé en grande partie la main de l'ouvrière par des machines, mais les cigares ainsi obtenus sont souvent inférieurs aux autres. Dans tous les cas, quand on a *robé* les cigares, on les fait séjourner, pendant une huitaine de jours, dans un séchoir dont la température est maintenue entre 20° et 24°. Les cigares ordinaires se font avec des feuilles indigènes. Les *cigares étrangers* forment trois catégories : *cigares de France*, *cigares de la Havane*, *cigares de Manille*. Les premiers se fabriquent dans nos manufactures, mais avec des feuilles d'Amérique : il y en a de trois espèces qu'on nomme *Cigares étrangers*, *Millares*, *Régalias*. Les cigares de la Havane arrivent tout fabriqués de l'île de Cuba. On en distingue un grand nombre de sortes; les principales sont appelées : *Londrés*, *Régalias extra*, *Cazadores*, *Panetelas* et *Impériales*. Les cigares de Manille arrivent également tout faits de l'étranger. On en distingue deux variétés appelées *Cuartas* et *Terceras*. Les prix des cigares étrangers et notamment de ceux qui proviennent de la Havane varient entre 75 francs et 375 francs le kilogramme, suivant les qualités. Les cigares de Manille valent de 37 fr. 50 à 50 francs le kilogramme. Les cigares de France de vente courante ont des prix qui oscillent entre 12 fr. 50 et 75 francs le kilogramme. Quant aux cigares communs que toutes les manufactures fabriquent couramment, leur valeur est successivement de 0 fr. 05, 0 fr. 15 et 0 fr. 10 pièce. Le gouvernement fait encore fabriquer des *Cigarettes* dans lesquelles entrent des tabacs étrangers ou des tabacs français et dont le prix varie considérablement suivant la qualité des tabacs employés : Les *Vizir* se vendent de 25 à 100 francs le kilogramme, les *Levant* de 20 à 75 francs; les *Maryland*, de 20 à 40 francs. Enfin les cigarettes de vente courante varient entre 15 et 50 francs le kilogramme.

C. *Rôles*. — Les *Rôles* ont l'aspect d'une corde dont le diamètre est généralement peu considérable. On fabriquait des rôles à fumer, dont l'usage a entièrement disparu, et des *rôles à chiquer*, destinés à être employés comme masticatoires. Ces derniers se distinguent en *rôles ordinaires*, dont l'intérieur est t. indigène et la robe en t. de Virginie, et en rôles appelés *Menu-filés*, qui sont faits avec des feuilles de qualité supérieure. La confection des rôles à mâcher comprend plusieurs opérations. La première, qu'on nomme *filage*, s'exécute au moyen d'un rouet. L'ouvrier fileur roule les feuilles les unes au bout des autres comme s'il s'agissait d'obtenir un cigare sans fin. Il a avec lui trois aides, l'un qui apprête les feuilles et les lui donne à mesure qu'il en a besoin, l'autre qui prépare les robes, et le troisième qui tourne la manivelle de la machine. Quand le rouet est rempli, on dévide le t. qu'il contient sur des chevilles de bois, de manière à le partager en tronçons de 125, 250, 500 et 1,000 grammes, dont on attache les deux bouts avec une ficelle : c'est ce qu'on appelle le *rôlage*. On introduit alors les rôles dans des moules cylindriques placés symétriquement sur une table. On glisse ensuite la table sous le plateau d'une presse hydraulique, et l'on fait agir celle-ci jusqu'à ce qu'il soit sorti des moules une certaine quantité de jus de t. Ce résultat obtenu, on retire les rôles des moules, et on les porte à l'atelier du *Ficelage*, où l'on enlève les chevilles pour les remplacer par une ficelle plombée, qui sert à prouver leur intégrité. Enfin, on les met dans une étuve pour les sécher, comme on le pratique pour les cigares et le scaferlati. Les rôles ordinaires se vendent 12 fr. 50 le kilogramme en dehors des trois zones réservées à la vente des tabacs à prix réduits ; les rôles menu-filés valent 16 francs le kilogramme également en dehors des zones.

D. *Carottes*. — La fabrication est la même que celle des rôles. Seulement, quand le t. est filé, on le coupe en tronçons que l'on assemble au nombre de huit; après quoi on les presse dans un moule et on les ficelle. On fabriquait autrefois des carottes à fumer et des carottes à râper, c.-à-d. à transformer en tabac à priser. On ne fait plus aujourd'hui que des carottes à mâcher dont le prix est de 12 fr. 50 le kilogramme.

E. *Tabac à priser*. — La fabrication du t. à priser est plus compliquée que celle des espèces précédentes. Elle diffère surtout en ce que la fermentation y est indispensable. Les manufactures françaises livrent plusieurs qualités de t. en poudre; mais il n'y en a qu'une qui ait une grande importance : c'est celle du *T. ordinaire*. On le fait avec un mélange d'environ 65 pour 100 de feuilles indigènes et 25 de feuilles étrangères, auquel on ajoute les tabacs de contrebande saisis, et les feuilles qui, ayant commencé à fermenter, ont été rejetées de la confection des rôles, des cigares et du scaferlati. Immédiatement après la mouillade, on divise les feuilles en filaments ou lanières de dimensions assez petites. C'est le *hachage*. Après cette opération les lanières sont transportées dans de grandes salles où on les met en tas rectangulaires de 4 mètres de hauteur sur 4 à 5 de largeur et 6 à 7 de profondeur. La fermentation ne tarde pas à s'y établir, et la température s'y élève jusqu'à 70°. Une partie de la nicotine disparaît, à la faveur du carbonate d'ammoniaque qui se forme par la décomposition des matières azotées que contient le t. Au bout de 5 à 6 mois, la température des masses est en général stationnaire ou décroissante. Alors on démolit les tas et l'on procède au *râpage*, appelé aussi *moulinage*. A sa sortie du moulin, on verse la poudre dans de vastes tamis auxquels un moteur mécanique, imprime un mouvement de va-et-vient continu. Le *tamisage* a pour objet d'obtenir des grains d'une grosseur égale, car ceux qui se trouvent trop volumineux et restent sur les tamis, sont repris et passés à un nouveau moulinage. Le t. est alors livré à une nouvelle fermentation qui achève de lui donner les qualités requises en développant son arome. Cette opération, qui est fort longue, s'exécute dans de caisses appelées *cases*, qui sont formées de planches et de madriers. La température s'y élève jusqu'à 40°, et alors l'opération est terminée. Il ne reste plus qu'à démolir les cases, et à enlever le t. pour le distribuer dans les tonneaux ou en faire des paquets. Pendant cette opération, on mêle parfois au t. des poudres de différentes qualités, afin de satisfaire le goût de certains consommateurs. Le t. à priser formé, comme les autres espèces de t., deux catégories distinctes, celle du *t. ordinaire* qui se vend 12 fr. 50 le kilogramme et celle du *t. étranger* dont la valeur est de 16 francs le kilogramme.

IV. *Administration financière.* — Tous les gouvernements de l'Europe tirent de la consommation du t. des revenus importants. Mais tandis que les uns se contentent de frapper cette denrée de droits plus ou moins élevés, les autres se sont réservé le monopole de sa fabrication et de sa vente. En France, ce monopole existait longtemps avant la révolution; seulement, il était alors exercé par des fermiers spéciaux. En 1791, l'Assemblée nationale l'ayant supprimé, chaque citoyen fut libre de cultiver, de fabriquer et de vendre du t. Mais cet état de choses ne subsista que peu d'années. En 1798, une taxe spéciale fut établie sur la fabrication; enfin, l'ancien monopole de fabrication et de vente par l'État fut rétabli par les décrets du 29 décembre 1810 et du 12 janvier 1811, mais à titre temporaire. Ce provisoire toutefois est devenu, on peut le dire, définitif, car le monopole est aussitôt prorogé par le pouvoir législatif, quand arrive le terme fixé pour sa fin. Ainsi, par ex., le dernier renouvellement est du 26 décembre 1892. Tout ce qui concerne l'exploitation du monopole du t. appartient exclusivement au Ministre des finances, et se rattache au service de la Direction générale des manufactures de l'État. — Aux termes de la loi, la culture ne peut avoir lieu que dans les départements autorisés par le chef de l'État. Ils sont aujourd'hui (non compris l'Algérie, qui n'est pas soumise au monopole) au nombre de 15, savoir : Alpes-Maritimes, Bouches-du-Rhône, Dordogne, Gironde, Ille-et-Vilaine, Lot, Lot-et-Garonne, Meurthe-et-Moselle, Nord, Pas-de-Calais, Haut-Rhin, Haute-Saône, Savoie, Haute-Savoie et Var. Chaque année le Ministre des finances fixe, pour chacun des départements privilégiés, le *nombre d'hectares* à cultiver, les *quantités de t.* à fournir aux manufactures nationales et, en outre, pour chaque arrondissement, les *prix* que l'administration payera pour les diverses espèces de t. Nul ne peut cultiver le t. sans en avoir préalablement obtenu la permission. Les permissions sont accordées, dans chaque arrondissement, par une commission spéciale dont le préfet est président. Les planteurs sont tenus de représenter à l'administration le produit intégral de leur récolte; mais ils sont libres de destiner cette récolte à l'approvisionnement des manufactures nationales ou à l'exportation : dans ce dernier cas, ils doivent l'expédier dans un délai déterminé. Le planteur, qui ne présente pas les quantités reconnues par les évaluations opérées par les agents de la régie, est tenu de payer la valeur du déficit au prix du t. de cantine, à moins qu'il n'ait été constaté que ce déficit provient de l'intempérie des saisons ou de quelque accident. Quand l'administration a reçu les quantités qui lui sont nécessaires, elle veille à ce qu'il ne soit conservé aucune provision, et force même les planteurs à détruire, immédiatement après la récolte, les tiges et souches de leurs plantations. La surveillance de la culture est confiée à des employés spéciaux. S'il est reconnu par ces employés qu'il y a un excédent de plus d'un cinquième, soit sur l'étendue des

terres déclarées, soit sur le nombre des pieds de t., le contrevenant est condamné à une amende de 25 francs par 100 pieds plantés en excédent, sans que cette amende puisse excéder 1,500 francs. Le t. planté sans autorisation est détruit aux frais du délinquant, lequel est, en outre, condamné à une amende de 50 francs par chaque 100 pieds, si la plantation est faite en terrain ouvert, et de 150 francs, si le terrain est clos de murs, sans qu'elle puisse excéder 3,000 francs. Les tabacs fabriqués à l'étranger, de quelque pays qu'ils proviennent, sont prohibés à l'entrée du territoire, à moins qu'ils ne soient importés pour le compte de l'État ou que la quantité importée n'excède pas 10 kilogrammes. Les tabacs importés dans ce dernier cas doivent être destinés à l'usage personnel de l'importateur. La quantité de 10 kilogrammes que chaque destinataire peut recevoir constitue un maximum annuel pouvant être importé en une ou plusieurs fois. L'administration des contributions indirectes statue sur les demandes d'importation : il est perçu un droit variable suivant la nature du tabac qui en fait l'objet. Enfin, quiconque est trouvé vendant ou colportant en fraude du t. est passible d'une amende de 300 à 1,000 francs, avec confiscation des tabacs saisis. — Les manufactures nationales déposent leurs produits, ainsi que ceux qu'elles reçoivent tout faits de l'étranger, chez certains agents de l'administration, qui ont le titre d'*Entreposeurs*, et qui sont chargés de les vendre aux *Débitants*, lesquels à leur tour les vendent aux consommateurs. Chaque débitant est porteur d'une commission qui lui est délivrée par l'administration. Ils sont à la nomination du Ministre des finances pour les débits dont le produit net dépasse 1,000 francs, et par le préfet de chaque département, pour ceux dont le produit est égal ou inférieur à ce chiffre. Les débitants sont ordinairement choisis parmi les veuves et filles de militaires sans fortune, ou parmi les vieux employés dénués de ressources. On augmente leur nombre à mesure que la consommation se développe. Les débitants ne peuvent s'approvisionner qu'au comptant et par quantités dont le minimum varie selon l'importance de la localité. Il leur est interdit de vendre les tabacs à des prix supérieurs à ceux qui ont été fixés par l'administration, et le tableau de ces prix doit toujours être affiché dans leur *bureau de débit*.

En vue de combattre la fraude dans les pays où elle est le plus à craindre, notamment en raison du prix inférieur des tabacs étrangers dans les régions voisines, l'Administration est autorisée à faire vendre des tabacs de qualité inférieure, dits *tabacs de cantine*, sur certains territoires, mais ces tabacs peuvent être saisis, s'ils se trouvent dans les lieux où la vente n'en est pas autorisée.

V. *Produit du monopole des tabacs.* — Depuis le rétablissement du monopole des tabacs sous le premier empire, le revenu provenant de cette source a été sans cesse croissant, et il augmente encore chaque année. Tandis qu'en 1799, après l'établissement d'une taxe sur les tabacs, le Trésor n'obtenait qu'une somme de 3,509,397 fr., le produit brut perçu par l'État, dans les cinq premières années du rétablissement du monopole (1811 à 1815), fut annuellement de 27 millions en moyenne. En 1820, il atteignait déjà 42 millions, et 47 en 1830. Depuis cette époque, il s'est accru dans des proportions considérables. L'ensemble des recettes pour l'année 1899 a produit 415,229,156 fr. 31. En déduisant de ce chiffre les dépenses, soit 81,149,789 fr. 15, on trouve pour le Trésor un bénéfice net, pour l'année 1899, de 334,079,367 fr. 16 c.-à-d. près *d'un million par jour*. Chaque année, le Ministre des finances publie un « compte en matières et en deniers, de l'exploitation du monopole des tabacs (achat, fabrication et vente) ». De ces documents il ressort que la consommation augmente d'une façon presque continue. Ainsi le produit du total des ventes de tabacs fabriqués qui était de 217,228,883 fr. en 1871, s'élevait à 311,488,893 fr., en 1875; à 343,058,234 fr., en 1880; à 373,850,724 fr., en 1885; à 371,147,841 fr., en 1890; à 380,854,763 fr., en 1895 (Voy. également le taux moyen, par individu, de la consommation individuelle dans l'Annuaire statistique de la France).

TABACOMANIE. s. f. (R. *tabac* et *manie*). Habitude invétérée qui fait que l'on ne peut plus se passer de l'usage du tabac.

TABACOPHILE. s. 2 g. (R. *tabac*, et gr. φλος, qui aime). Celui, celle, qui aime à user du tabac.

TABACOPHOBE. s. 2 g. (R. *tabac*, et gr. φοβέω, je crains). Celui, celle, qui a horreur du tabac.

TABAGIE. s. f. (R. *tabac*). Lieu où l'on va fumer du tabac. *Il va tous les jours à la t. Il fait de sa maison une t.* || Petite cassette dans laquelle on serre du tabac, des pipes et tout ce qui est nécessaire pour fumer. Vx.

TABAGISME. s. m. (R. *tabac*). T. Méd. Ensemble des désordres causés par l'usage immodéré et longtemps prolongé du tabac.

TABAGO, une des petites Antilles, aux Anglais; pop.; 20,000 hab.; cap. *Scarborough.*

TABANIDES. s. m. pl. (lat. *tabanus*, taon). T. Entom. Les *Tabanides* constituent une famille de l'ordre des *Diptères.* Ces insectes sont caractérisés par leur trompe saillante, que terminent deux lèvres allongées, par leurs palpes avancés, et par leurs antennes dont le dernier article est annelé. Ils ont le corps large et peu velu, la tête presque hémisphérique, l'abdomen triangulaire et déprimé, les ailes étendues horizontalement de chaque côté du corps, les jambes intermédiaires terminées par deux pointes, et trois pelotes aux tarses. Les Tabanides ressemblent à de grosses Mouches d'une taille supérieure à celle de la plupart des

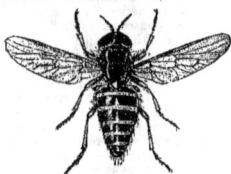

Diptères. Ils sont très vigoureux, et les pelotes de leurs tarses leurs permettent de s'attacher à la surface des corps. Ils commencent à paraître vers la fin du printemps, et volent en bourdonnant dans les bois et les pâturages, où ils sont très communs. Ils sont extrêmement avides de sang, et ils s'attaquent principalement aux Chevaux et aux Bœufs. Les femelles percent avec une grande facilité la peau de leurs victimes. Il paraîtrait que les mâles sont beaucoup moins sanguinaires, et même qu'ils ne vivent que du suc des fleurs. — L'espèce type du genre *Taon* (*Tabanus*) est le *Taon des bœufs* (*Tab. bovinus*) [Fig. ci-dessus], qui est fort répandu chez nous. Cet insecte est long de 27 millimètres; il a le corps brun en dessus, gris en dessous, avec des lignes transversales et des taches triangulaires d'un jaune blanc sur l'abdomen, les yeux verts, les jambes jaunes, et les ailes transparentes, avec des nervures d'un brun roussâtre. Sa larve, allongée et cylindrique, vit dans la terre. Les genres *Hæmatopote* et *Chrysops* sont représentés chez nous par deux espèces assez communes, l'*Hæmatopote pluviale* (*Hæmatopota pluvialis*) et le *Chrysops aveuglant* (*Chrysops cæcutiens*). Ce dernier a le thorax gris jaunâtre rayé de noir, et doit son nom à ses yeux dorés avec des points pourprés. C'est vraisemblablement à la famille des Tabanides qu'appartient l'espèce de Diptère si redoutée dans l'Afrique centrale, dont Bruce, W. Ouseley, Livingstone et divers autres voyageurs ont parlé sous le nom de *Tsalzalia* ou *Tsétsé.* « Les Tsétsés, dit Livingstone, sont un peu plus grandes que la Mouche commune, mais plus petites que l'Abeille. Elles sont d'une couleur terne, et la partie inférieure de leur corps est traversée par des lignes jaunes. Leur blessure est sans danger pour l'homme; mais nous connaissons plusieurs exemples dans lesquels tous les bestiaux, les chevaux et les chiens d'un voyageur ont été entièrement détruits par ces mouches venimeuses. Le capitaine V..., doutant que ce fussent les Tsétsés auxquelles il fallait attribuer la mort des animaux, attacha un cheval dans une localité où se trouvaient ces insectes : cinquante environ volèrent sur l'animal, et immédiatement il commença à maigrir; il était mort le onzième jour. Nous perdîmes dans une excursion environ 30 bœufs par la piqûre des Tsétsés. Les éléphants, les buffles, les zèbres, les antilopes, les chacals, les porcs sauvages, etc., peuvent défier les endroits où ces mouches se trouvent en grand nombre et n'éprouvent aucun effet de leur venin. Bien plus, un chien nourri avec du lait périt à la suite de la piqûre, tandis que celui qui vit de chair, dans le même district, ne meurt pas. »

TABAR ou **TABARD.** s. m. (orig. inconnue, peut-être celtique). T. Hist. Sorte de cotte d'armes sans manches que portaient les hérauts. Voy. HÉRAUT.

TABARCA, île tunisienne, prise par les Français, en 1881.

TABARIN. s. m. Nom d'un bouffon célèbre qui exerçait

son industrie sur le Pont-Neuf, du temps de Henri IV. Ce nom est devenu nom appellatif, et sert à désigner tout Bouffon grossier, qui, monté sur des tréteaux, donne des représentations sur les places publiques. *C'est un T. Des plaisanteries de T.*

TABARINAGE. s. m. Action de Tabarin, ou Bouffonnerie. *Cette comédie n'est qu'un insipide t.*

TABASCO, un des États du Mexique au S.-E., cap. *Tabasco.*

TABASHIR. s. m. [Pr. *taba-chir*] (mot indien). T. Bot. Sorte de concrétion pierreuse formée de silice qui se dépose dans les nœuds des Bambous. Voy. BAMBOU et GRAMINÉES.

TABATIÈRE. s. f. Petite boîte où l'on met le tabac en poudre. || Fig. *T. anatomique*, Petite fossette qui se forme sur le dessus de la main, entre la naissance du pouce et de l'index et où certains priseurs déposent la prise de tabac pour la renifler. Voy. MAIN, I. || T. Techn. Vitre d'une lucarne fermant à charnière. — Mécanisme à charnière d'un fusil se chargeant par la culasse.

TABELLION. s. m. [Pr. *tabel-lion*] (lat. *tabellio*, m. s., de *tabella*, tablette). Ancien officier public qui remplissait les fonctions de notaire. Voy. NOTAIRE.

TABELLIONAGE. s. m. [Pr. *tabel-lionaje*]. Office de tabellion. || *Droit de t.*, Droit qu'avaient les seigneurs hauts justiciers d'établir un tabellion ou notaire pour instrumenter dans l'étendue de leur justice.

TABERGITE. s. f. T. Minér. Variété de clinochlore, en grandes lames d'un bleu verdâtre, de Taberg (Suède).

TABERNACLE. s. m. (lat. *tabernaculum*, m. s., dimin. de *taberna*, chaumière). T. Hist. relig. Voy. plus bas. || T. Techn. Place réservée où le capitaine d'une galère commande les manœuvres. || T. Hydraul. Espace ménagé sous terre autour du robinet d'une conduite d'eau pour qu'on puisse le manœuvrer avec une clef à long manche.

Hist. relig. — Le mot *Tabernacle* signifie exactement une tente faite de planches, comme une baraque ou une hutte de bois (*taberna*), couverte de peau ou d'une grosse toile. Mais, au sens propre, il ne se dit guère qu'en parlant des tentes des Hébreux, durant leur séjour dans le désert, et surtout de la tente où reposait alors l'arche d'alliance, et qu'on appelait le *T. du Seigneur*, et, par excellence, le *T.* Dans le Nouveau Testament, on trouve quelquefois l'expression métaphorique, les *Tabernacles éternels*, employée pour désigner le ciel, c.-à-d. la demeure des bienheureux. Enfin, par analogie et par allusion au t. du Seigneur qui renfermait l'arche d'alliance, dans les églises catholiques, on appelle *T.*, une petite armoire en forme de temple, qui est placée sur la table de l'autel, et où l'on renferme le saint ciboire avec les hosties consacrées. On appelle *œuvre des tabernacles*, une œuvre destinée à fournir aux églises pauvres les ornements du culte.

En commémoration de leur séjour de 40 ans dans le désert, où leurs pères habitaient sous des tentes, les Juifs célèbrent chaque année une fête solennelle qu'ils nomment *Fête des tabernacles.* Cette solennité, qui est une de leurs trois grandes fêtes, commençait autrefois le 15 du mois de *tisri*, jour qui répond au 30 de septembre, après la récolte de tous les fruits de la terre : elle durait 7 jours. Anciennement, pendant sa durée, les Juifs demeuraient sous des tentes ou dans des cabanes faites de branches d'arbres, et comme il leur était ordonné de consacrer cette fête à la joie, ils s'abstenaient de tout travail, et faisaient avec leur famille des festins de réjouissance auxquels ils admettaient les lévites, les étrangers, les veuves et les orphelins. Ils devaient en outre se présenter au temple, y faire des offrandes et remercier Dieu de ses bienfaits. Dans l'Évangile, cette fête est nommée *Scénopégie* et *Scénopégies* (σκηνοπηγία), qui signifie l'action de dresser des tentes.

TABERNÉMONTANE. s. m. (R. *Tabernæmontanus*, n. latinisé d'un botan. all.). T. Bot. Genre de plantes Dicotylédones (*Tabernæmontana*) de la famille des Apocynées. Voy. ce mot.

TABES s. m. (lat. *tabes*, humeur corrompue). Le tabes,

appelé aussi *Ataxie locomotrice*, est une Myélite chronique. Voy. ATAXIQUE.

TABIDE. adj. 2 g. (lat. *tabidus*, m. s., de *tabes*, consomption). T. Méd. Qui est d'une maigreur excessive, qui est consumé par le marasme.

TABIS. s. m. [Pr. *ta-bi*] (ar. *attabi*, n. d'un ancien quartier de Bagdad). Espèce de gros taffetas ondé par la calandre. *T. à fleurs.*

Ses somptueux habits
Où sur l'ouate molle éclate le tabis.
BOILEAU.

TABISER. v. a. [Pr. *tabi-zer*]. Rendre une étoffe ondée à la manière du tabis. = TABISÉ, ÉE. part. *Ruban tabisé.*

TABLATURE. s. f. (lat. *tabula*, tableau). Se disait autrefois des signes arrangés sur des lignes, dont on se servait pour noter la musique de certains instruments, ou marquer le chant. *T. de violon, d'orgues, de luth, etc. Jouer, chanter sur la t. Entendre bien la t.* Vx. || Aujourd'hui, on appelle encore *Tablature*, Un tableau qui indique l'étendue d'un instrument à vent et le doigté de cet instrument. || Fig. et fam., *Il entend la t.*, se dit d'une personne avisée, posée, capable de réussir en intrigue. *Il lui donnerait de la t. sur cette matière*, Il est plus habile que lui en cette matière, et il le redresserait. *Donner de la t. à quelqu'un*, signifie encore, lui donner de l'embarras, lui susciter quelque affaire fâcheuse.

TABLE. s. f. (lat. *tabula*, m. s.). Meuble ordinairement de bois, posé sur un ou plusieurs pieds, et qui sert à divers usages. *T. de chêne, d'acajou. T. de marbre. T. ronde. carrée, ovale. T. à manger. T. à ouvrage. T. de cuisine. T. de jeu. T. de nuit*, Voy. NUIT. — *T. de piquet, de bouillotte, etc., Table où l'on joue au piquet, etc.* || Employé absol., le mot *Table* se prend souvent pour une table à manger, et surtout pour une table couverte de mets. *T. de tant de couverts. Nous restâmes trois heures à t. Se mettre à t.*, S'asseoir auprès de la table pour manger; *Sortir de t., quitter la t., se lever de t.*, Interrompre ou finir le repas. Fig. et fam., *Mettre quelqu'un sous la t.*, L'enivrer. — *Propos de t.*, Propos variés et enjoués que l'on tient ordinairement dans un repas. On dit de même, *Chanson de t., ronde de t. Liberté de t.*, liberté de la conversation entre amis pendant le repas. — *Tenir t.*, Donner ordinairement à manger. *Tenir t. ouverte*, Tenir une table où l'on reçoit beaucoup de personnes, même celles qui n'ont pas été invitées. *Tenir t.*, signifie aussi, rester longtemps à table. *Cet homme qui aime à tenir t., à tenir t. longtemps.* Dans une grande réunion, où il y a plusieurs tables, on dit, *Tenir la première t., la seconde t., etc.*, Faire les honneurs de la première table, etc. — *Admettre quelqu'un à sa t.*, Inviter à dîner quelqu'un d'inférieur à soi par la naissance ou par le rang.— *Donner la t. à quelqu'un*, Le nourrir en le faisant manger à sa table. *Avoir la t. et le logement chez quelqu'un*, Y être nourri et logé. *On lui donne tant d'appointements, la t. et le logement.* — Fam., en parlant des parasites, *Courir les tables, piquer les tables*, Aller manger chez ceux qui tiennent table. — *Vivre à la même t.*, Manger habituellement ensemble. — *T. d'hôte*, Table servie à heure fixe et où l'on peut aller manger moyennant un certain prix réglé. || Par ext., se dit des repas relativement à la dépense, ou au nombre et à la délicatesse des mets. *Il dépense tant pour sa t. Il a une bonne t., une t. délicate, frugale. Cela se sert sur les meilleures tables.* — *Aimer la t.*, les plaisirs de la t., Aimer la bonne chère. || Prov. *De la t. au lit, du lit à la t.*, vivre pour manger et dormir. *Le dos au feu, le ventre à t.* || Lame ou plaque de cuivre, d'airain ou d'autre métal; Morceau de pierre ou de marbre, plat et uni, sur lequel on peut écrire, graver, peindre, etc. *Graver sur des tables d'airain. T. de plomb. Ces tables de marbre sont destinées à recevoir des inscriptions.* — *Les tables de la loi* ou *Les tables de Moïse*, Tables de pierre sur lesquelles étaient gravées les lois que Dieu, d'après la Moïse sur le Sinaï. *La loi des Douze Tables*, Le code publié à Rome par les décemvirs. Voy. DÉCEMVIR. — *T. rase*, ou *T. d'attente*, Lame, pierre, planche sur laquelle il n'y a encore rien de gravé. Fig., *T. rase*, se dit d'un enfant, d'une personne qui, n'ayant pas encore de notions sur les choses dont il s'agit de l'instruire, peut aisément recevoir les impressions, les idées qu'on voudra lui donner. *Faire t. rase*, se dit d'un homme qui, regardant les opinions ou doctrines communé-

ment admises comme douteuses et incertaines, les rejette pour les adopter de nouveau, les modifier ou les proscrire après un sérieux et mûr examen. || Fig., Index fait ordinairement par ordre alphabétique pour donner les moyens de trouver facilement les matières ou les mots qui sont dans un livre. *T. alphabétique. T. des chapitres, des matières.* || Fig., Feuille, planche, ouvrage où des matières didactiques, historiques, des nombres, etc., sont offerts méthodiquement et en raccourci, afin qu'on puisse les voir d'un coup d'œil ou les trouver facilement. *T. généalogique. T. chronologique. Tables météorologiques. Tables astronomiques. Tables de la lune. T. de Pythagore* ou *de multiplication. Tables de logarithmes. Tables des sinus. Tables de mortalité*, tableau de la moyenne des décès à certains âges, dans certaines périodes, dans certains cas déterminés. Voy. MORTALITÉ. || T. Anat. *Les tables du crâne*, Les deux lames osseuses qui forment la surface externe et interne des os du crâne. || T. Archéol. *T. isiaque*, Voy. ISIAQUE. *T. de Peutinger*, Voy. CARTE. || T. Hist. *T. de marbre*, Voy. MARBRE. || T. Joaillier. *Diamant en t.*, Dont la partie supérieure offre une surface plane. On dit de même, *T. d'émeraude, de rubis, etc.* || Dans les Légendes de la chevalerie, on nomme *Chevaliers de la Table ronde*, Certains chevaliers qui s'asseyaient autour d'une table ronde pour éviter toute discussion de préséance. || T. Liturg. *La sainte t.*, L'autel où l'on communie; et Fig., La communion. *S'approcher de la sainte t.* || T. Mus. *T. d'harmonie*, Voy. HARMONIE. || T. Techn. *T. de l'enclume*, Voy. ENCLUME. *T. du tiroir*, Voy. MOTEUR, III, D. || T. Géogr. Portion de roche, de montagne à surface plane. || T. Archit. Panneau carré ou rectangulaire en saillie sur un mur. || T. Blas. *T. d'attente*, écu qui ne porte ni pièce, ni meuble. || Au jeu de Trictrac, *Table* sign. Chacune des divisions du tablier qu'on appelle ordin. *Jans.* Autrefois il se disait aussi des pièces qu'on nomme aujourd'hui *Dames*. — *Toute-t.* ou *Toutes-tables*, Sorte de jeu qui se joue dans un trictrac. || *Tables tournantes*, Voy. SPIRITISME.

TABLEAU. s. m. [Pr. *ta-blo*] (R. *table*). Ouvrage de peinture sur une table de bois, de cuivre, etc., ou sur de la toile. *Un beau, un grand t. Le devant, le fond du t. T. de chevalet. d'histoire, de genre. T. d'église. Un t. de Raphaël, du Titien, etc.* — Fig., *C'est une ombre au t.*, se dit d'un léger défaut qui n'efface point ou même qui fait mieux sentir les beautés d'un ouvrage, les bonnes qualités d'une personne. || Fig., se dit d'un ensemble d'objets qui frappe la vue, dont l'aspect fait impression. *Le magnifique t. que représente cette vallée. Là s'offrit à nos regards le hideux t. du vice et de la misère.* || Fig., La représentation naturelle et frappante d'une chose, soit en action, soit de vive voix, soit par écrit. *Cet historien a fait un admirable t. des principaux événements de la Révolution. Voilà le fidèle t. de ma vie. Faire un t. en raccourci des vices et des vertus des hommes. Un t. historique.* || T. vivant, scène historique ou mythologique, figurée par des personnes. || La table, carte ou feuille sur laquelle les noms des personnes qui composent une compagnie sont écrits selon l'ordre de leur réception. *On a délégué tant de conseillers selon l'ordre du t. Il a été rayé du t. des avocats.* — *Ordre du t.*, ordre dans lequel les membres d'un corps sont inscrits en vue de l'avancement, soit à l'ancienneté, soit au choix || Feuille, planche sur laquelle des matières didactiques, historiques et autres sont rédigées et rangées méthodiquement pour être vues d'un coup d'œil. *Un t. synoptique. T. statistique, T. comparatif des mesures linéaires anciennes et nouvelles. Les colonnes d'un t.* || Tableau de bois, ordinairement noircie, sur laquelle on trace avec de la craie des caractères, des figures, etc., et qui est principalement en usage dans les classes, dans les écoles. *Tracer des figures de géométrie sur le t. Aller au t.* || Cadre de menuiserie qu'on fixe sur une muraille, en un lieu apparent, pour y afficher certains tableaux ou autres. *Le t. des publications de mariage.* || T. Archit. La partie de l'épaisseur d'une baie de porte ou de fenêtre, qui est en dehors de la fermeture. || T. Mar. Le cadre de menuiserie placé à l'arrière, et dans lequel est la figure qui donne son nom au bâtiment, ou en son seul entouré de sculptures. || T. Théât. Subdivision des actes correspondant à un changement de décoration. *Féerie en 5 actes et 20 tableaux.*

TABLEAUTIN. s. m. [Pr. *tablo-tin*]. Petit tableau, petite peinture.

TABLÉE. s. f. Réunion de personnes assises autour d'une table.

TABLER. v.n. (R. *table*). T. Jeu de trictrac. Poser, arranger les tables ou dames du trictrac, suivant les points qu'on a amenés, Vx; on dit, *Caser*. || Fig. et fam., *Vous pouvez t. là-dessus*, Vous pouvez compter là-dessus. *La nouvelle est telle que je vous le dis, vous pouvez t. là-dessus.*

TABLETIER, IÈRE. s. Celui, celle qui fait ou qui vend de la tabletterie, c.-à-d. de petits ouvrages de bois, d'os, d'ivoire, de corne, d'écaille, de carton, comme tabatières, peignes, dames, échecs, dominos, jetons, fiches, boutons, couteaux à papier, petits coffrets, etc.

TABLETTE. s. f. [Pr. *tablè-te*]. Petite table, planche posée pour mettre quelque chose dessus. *Les tablettes d'une armoire, d'une bibliothèque.* || Se dit aussi d'une pièce de marbre, de pierre ou de bois de peu d'épaisseur, qui est posée à plat sur le chambranle d'une cheminée, sur l'appui d'une fenêtre, d'une balustrade, etc. *T. d'appui. La t. de cette cheminée n'est pas assez large. Les tablettes de pierre qui recouvrent un mur de terrasse.* || T. Pharm. Se dit de médicaments solides, de forme ronde, carrée ou rhomboïdale, qui ont le sucre pour excipient, et qui contiennent un mucilage avec quelques substances médicamenteuses pulvérisées. *Tablettes alcalines de Darcet. Tablettes balsamiques de toltu.* — Se dit aussi de compositions sèches auxquelles on donne une forme aplatie. *Tablettes de chocolat. Tablettes de bouillon.* Voy. PASTILLE. || *Tablettes*, au pl., se dit, en parlant des anciens, de petites planchettes de bois, enduites d'une légère couche de cire, sur laquelle ils écrivaient. — Se dit encore de plusieurs feuilles d'ivoire, de parchemin, de papier préparé, etc., attachées ensemble, qu'on porte ordinairement sur soi, et sur lesquelles on écrit, avec un crayon ou une aiguille d'argent, les choses dont on veut se souvenir. *Écrivez cela sur vos tablettes. Il a perdu ses tablettes.* Fig. et prov., *Rayez cela de vos tablettes*, Ne vous attendez pas à cela, ne comptez plus là-dessus. On dit encore, par manière de reproche ou de menace, A quelqu'un qui vous a donné quelque sujet de plainte : *Vous êtes sur mes tablettes.*|| Titre de quelques ouvrages dans lesquels des matières historiques ou autres sont rédigées par ordre et en raccourci. *Tablettes historiques, chronologiques.*

TABLETTERIE. s. f. [Pr. *tablè-teri*] (R. *tablette*). L'industrie, le commerce du tabletier: Les produits de cette industrie. *Magasin de t. La t. française est renommée.*

TABLIER. s. m. (R. *table*). Pièce de toile, de serge, de cuir, etc., que les femmes et les artisans mettent devant eux pour préserver leurs habits en travaillant. *T. de cuisine. T. de maçon. Le t. de peau d'un sapeur.* || Morceaux de serge, de mousseline, de taffetas, etc., que les femmes mettent devant elles pour l'ornement. *T. de taffetas. T. à dentelle. Rôle à t.*, Rôle d'artisan, dans l'opéra-comique, ou de soubrette, dans la comédie. On dit aussi, *Cette actrice a pris le t.*, Elle joue les rôles de soubrette. || T. Archit. Partie plate d'un pont sur laquelle est établie la chaussée. Voy. PONT. — Face d'un piédestal portant des ornements sculptés. || T. Bot. Syn. de *Labelle.* Voy. ce mot.|| T. Carross. Morceau de cuir attaché sur le devant d'une voiture pour garantir de la pluie et des éclaboussures. || T. Jeu. Échiquier ou damier. Vx. — Chacune des deux parties du trictrac. *Chaque t. contient six flèches ou cases.* || T. Mar. Toile dont on recouvre la partie moyenne et inférieure de certaines voiles, pour les garantir contre le frottement des hunes et des barres. || T. Anat. Dans certaines races d'Afrique, prolongement des lèvres de la vulve chez les femmes.

TABLOIN. s. m. [Pr. *tablou-in*] (R. *table*). T. Artill. Plateforme faite de madriers pour placer des canons en batterie. Vx.

TABOR (Mont), sommet des Alpes Cottiennes, 3,212 mètres.

TABOU. s. m. T. Relat. Dans les îles de la Polynésie, on désigne sous ce nom une sorte de sanctification attachée à une personne ou à un objet, afin de les rendre inviolables. Quiconque viole le *Tabou* devient *kikino*, c.-à-d. sacrilège, et se trouve exposé, comme tel, à être sacrifié. Le t. n'est pas seulement une interdiction prononcée par les prêtres en ce qui concerne les choses religieuses; les chefs y ont recours chaque fois qu'ils veulent donner à leurs ordres une sanction qui en assure l'accomplissement. Ainsi, pour faire respecter les propriétés particulières, pour empêcher la pêche dans certaines baies, pour se réserver les animaux les plus délicats, on les déclare *Tabou*, c.-à-d. sacrés. Certains signes extérieurs avertissent de l'interdiction prononcée : ce sont des tresses d'herbes enroulées autour du tronc d'un arbre, des poteaux surmontés d'une touffe de feuilles, ou enfin une corde passée dans l'oreille de l'animal *taboué.* Le tabou a été aboli en plusieurs lieux, particulièrement aux îles Sandwich, depuis la venue des Européens.

TABOURET. s. m. [Pr. *tabou-rè*] (Dimin. de *tabour*, anc. forme de tambour). Petit siège à quatre pieds, et qui n'a ni bras ni dos. *S'asseoir sur un t.* — Petit support de forme analogue, sur lequel on pose les pieds quand on est assis. — Dans l'ancienne cour, *Avoir le t.*, Avoir droit de s'asseoir sur un tabouret ou sur un siège pliant, en présence du roi, de la reine. *Les duchesses seules eurent d'abord le t.*, le *droit de t.* || Autrefois, le siège sur lequel étaient exposés les condamnés à une peine infamante. || T. Bot. Genre de plantes Dicotylédones (*Thlaspi*) de la famille des *Crucifères.* Voy. ce mot.

TABOUROT, dit le seigneur DES ACCORDS, écrivain facétieux, né à Dijon (1549-1590), auteur des *Bigarrures du seigneur des Accords*, recueil de sonnets et d'épigrammes.

TABULAIRE. adj. 2 g. (lat. *tabula*, table). T. Didact. En forme de tablette.

TABULIS. s. m. pl. T. Zool. Sous-ordre d'*Hydroïdes.* Voy. ce mot.

TAC. s. m. (lat. *tactus*, contact, au sens de lèpre des bestiaux). T. Art vét. Maladie contagieuse qui attaque les moutons, et qui est une sorte de gale.

TAC. s. m. (Onomat.). Bruit sec. || T. Escr. Bruit du fer qui vient choquer le fer. *Riposte du t. au t.*, riposter au premier du t. || Autrefois, les poteaux surmontés d'une *Parade de t.*, parade qui consiste à chasser le fer d'un coup sec.

TACAMAQUE. s. m. et adj. 2 g. (R. *tacamahaca*, n. indien). T. Bot. Nom donné à des produits résineux fournis par plusieurs arbres de la famille des *Anacardiacées* se rapportant aux genres *Icica* et *Elaphrium.*

TACCA. s. m. [Pr. *tak-ka*]. T. Bot. Genre de plantes Monocotylédones de la famille des *Amaryllidacées*, tribu des *Taccacées.* Voy. AMARYLLIDACÉES.

TACCACÉES. s. f. pl. [Pr. *tak-ka-sé*] (R. *Tacca*). T. Bot. Tribu de végétaux de la famille des *Amaryllidacées.* Voy. ce mot.

TACET. s. m. [Pr. le *t* final]. Mot latin qui sign., *il se tait*, et se dit en T. de Musiq., pour indiquer le silence d'une partie pendant que les autres chantent. || Fig. *Tenir le t.*, se taire. Vx.

TACHANT, ANTE. adj. Qui tache. || Qui se tache facilement. *Une étoffe tachante.*

TACHE. s. f. (ital. *tacca*, m. s.). Souillure, marque qui salit, qui gâte. *Une t. d'huile, de graisse. Une t. d'encre. Enlever, ôter, effacer une t.* — Fig., *La t. du péché*, La souillure qu'une âme contracte par le péché. || Se dit aussi des parties d'une coloration différente qui sont sur la peau ou sur le poil de certaines bêtes, sur certaines parties des végétaux. *Un chien blanc qui a des taches noires. Les taches d'un œillet.* || Se dit encore des endroits obscurs ou moins lumineux qu'on remarque sur le disque du soleil, de la lune et de quelques planètes. Voy. et prov., *Il veut trouver des taches dans le soleil*, se dit d'un homme qui s'attache à trouver des défauts dans des chefs-d'œuvre. On dit encore d'un ouvrage, d'ailleurs très-bon, où il y a des choses mauvaises ou des parties faibles, *Il y a des taches, il se trouve des taches dans cet ouvrage.* || Fig. et absol., *Tout ce qui blesse l'honneur, la réputation. C'est une t. à son honneur, à sa réputation. Une fille avec t.* Jeune fille qui n'est pas restée vierge. || T. Astron. *Taches du Soleil.* Voy. SOLEIL. || T. Anat. *T. jaune de la rétine.* Voy. ŒIL, 1, 3. || Fig. *Faire t. d'huile*, s'étendre comme une tache faite par l'huile. || *L'agneau sans t.*, Jésus-Christ qui s'est offert en victime.

Méd. — On nomme ainsi toute modification de coloration d'un point quelconque de la peau ; les taches sont dues soit à un trouble de pigmentation (éphélides, lentigo ou *taches de rousseur*, vitiligo), soit à une hyperémie cutanée (érythèmes, roséoles, taches materni ou *envies*), ou à un développement exagéré du réseau capillaire (nœvi vasculaires ou *taches de vin*), ou encore à une hémorragie sous-cutanée (pétéchies, purpura, etc.).

Les caustiques, l'électricité sont les moyens employés contre les deux premières variétés de t.; le traitement des pétéchies et taches purpuriques dépend de l'affection causale.

TÂCHE. s. f. (bas lat. *taxa*, impôt sur les terres, du lat. *taxare*, évaluer). L'ouvrage, le travail qu'on donne à faire à une ou à plusieurs personnes, à certaines conditions, dans un certain espace de temps. *Donner une t. à des écoliers, à des ouvriers. S'imposer une t. Achever, remplir sa t.* — *Travailler à la t., être à la t.*, etc., se dit des ouvriers qui travaillent à un ouvrage qu'ils ont entrepris en gros, et qui doivent être payés moyennant un prix déterminé et sans égard au temps employé. On dit encore dans ce sens, *Donner un ouvrage à la t. Entreprendre une besogne à la t. Cet ouvrage a été exécuté à la t. Ces ouvriers sont à leur t.*, ou *travaillent à leur t.* — *Fig., Prendre à t. de faire une chose,* S'attacher à faire une chose, ne perdre aucune occasion de la faire. *Il semble avoir pris à t. de me ruiner. On dirait qu'il a pris à t. de choquer tout le monde.* ‖ Prov. *A chaque jour suffit sa t.* = En bloc et en tâche. loc. adv. Voy. Bloc.

TACHÉOGRAPHIE. s. f. [Pr. *ta-ké-ogra-fi*]. Voy. Tachygraphie.

TACHÉOMÈTRE. s. m. [Pr. *ta-ké-o-mètre*] (gr. ταχύς, rapide; μέτρον, mesure). T. Géod. Nom donné à une sorte de théodolite imaginé par Porro, officier supérieur du génie piémontais, et qui, par des combinaisons ingénieuses de prismes, de miroirs, de niveau, et d'aiguille aimantée, permet d'obtenir très rapidement les mesures de la hauteur et des azimuts.

TACHER. v. a. (R. *tache*). Souiller, salir, faire une tache, *Cela a taché votre habit. T. du linge avec de l'encre.* ‖ Fig., *Il ne faut qu'une mauvaise action pour t. la plus belle vie.* = Taché, ée. part.

> Que son nom soit taché, sa mémoire flétrie.
> CORNEILLE.

‖ T. Hist. nat. Marqué d'une coloration différente. *Ce cheval a le front taché de blanc. Des pétales blancs tachés de jaune.*

TÂCHER. v. n. (R. *tâche*). Faire des efforts pour venir à bout d'une chose. *Je tâcherai de vous satisfaire. Tâchez d'avancer cet ouvrage.* ‖ Suivi de la prépos. *à*, sign., Viser à. *Je vois bien que vous tâchez à m'embarrasser. Il tâche à me nuire.* ‖ Fam., on dit aussi, en parlant d'une chose que quelqu'un a faite sans intention, *Il n'y tâchait pas.*

TÂCHERON. s. m. (R. *tâche*). Entrepreneur qui prend de seconde main un travail à faire ou à faire faire. Voy. Marchandage.

TACHETER. v. a. (anc. fr. *tachete*, petite tache). Marquer de diverses taches. *Le hâle lui a tacheté le visage. La nature a admirablement tacheté la panthère. Il faudra t. d'or le fond vert de cette étoffe.* = Tacheté, ée. part. *Chien blanc tacheté de noir. Des fleurs tachetées de rouge, de jaune, etc.* ‖ T. Méd. *Maladie tachetée*, La Mélanémie. Voy. ce mot.

TACHIA. s. m. [Pr. *ta-kia*]. T. Bot. Genre de plantes Dicotylédones de la famille des *Gentianées*. Voy. ce mot.

TACHKENT, v. de l'Asie centrale, cap. du Turkestan russe; 124,000 hab.

TACHOMÈTRE. s. m. [Pr. *ta-komètre*] (gr. ταχύς, vite; μέτρον, mesure). T. Mécan. Instrument destiné à mesurer la vitesse. Il en existe de très variés. L'un des plus simples qui peut servir à évaluer la vitesse d'un train de chemin de fer, est construit comme le régulateur à force centrifuge. Voy. Régulateur. Son axe est mis en relation, par des engrenages ou des courroies avec l'essieu de la machine, et le mécanicien juge de la vitesse par l'écartement des boules. Il y a aussi des tachomètres destinés à mesurer la vitesse d'un cours d'eau à une profondeur quelconque.

TACHYCARDIE. s. f. [Pr. *ta-ki-kardi*] (gr. ταχύς, rapide; χαρδία, cœur). Battements précipités du cœur. Ce symptôme se rencontre dans un grand nombre de maladies.

TACHYDRITE. s. f. [Pr. *ta-kidrite*] (gr. ταχύς, rapide; ὕδωρ, eau; parce que ce minéral tombe facilement en déliquescence). T. Minér. Chlorure hydraté de calcium et de magnésium, en masses globuleuses, jaunes, translucides, très déliquescentes, dans les mines de Stassfurt.

TACHYDROME. s. m. pl. [Pr. *ta-kidrome*] (gr. ταχύς, vite; δρομεύς, coureur). T. Erpét. Genre de *Reptiles*. Voy. Lacertiens.

TACHYDROMES. s. m. pl. [Pr. *ta-ki-drome*] (gr. ταχύς, rapide, δρομεύς, course). Les Tachydromes (*Tachydromus*) appelés vulgairement *Coure-vite* ou *Court-vite* forment un genre d'Oiseaux de l'ordre des *Échassiers* et de la section des *Pressirostres* de Cuvier. Il a pour caractères : Bec assez

grêle, conique, arqué, sans sillon et médiocrement fendu; ailes moyennes, avec de grandes couvertures aussi longues que les rémiges; queue courte; jambes hautes, en partie dénudées, avec trois doigts courts, sans palmure et sans pouce. — Ce genre renferme 5 espèces, qui toutes sont propres aux parties chaudes de l'Asie et de l'Afrique; mais on possède fort peu de renseignements sur leurs mœurs et leurs habitudes. Ces Oiseaux sont remarquables par la vitesse de leur course. Celle-ci est telle qu'ils se dérobent facilement aux coups des armes à feu. — Le type du genre est le *C. Isabelle* (*Tachyd. isabellinus*) qui habite l'Afrique septentrionale et se voit quelquefois en France. Son plumage est fauve clair, avec le ventre blanchâtre (Fig. ci-dessus).

TACHYGRAPHE. s. m. [Pr. *ta-kigra-fe*] (gr. ταχύγραφος, m. s.). Celui qui s'occupe de la tachygraphie.

TACHYGRAPHIE. s. f. [Pr. *ta-kigra-fi*] (gr. ταχύς, vite; γράφειν, écrire). Autre nom, peu usité de la *sténographie*. Voy. ce mot.

TACHYGRAPHIQUE. adj. 2 g. [Pr. *ta-kigra-fike*]. Qui appartient à la tachygraphie.

TACHYLITE. s. f. [Pr. *ta-kilite*] (gr. ταχύς, rapide; λίθος, pierre). T. Minér. Silicate d'alumine, de fer, de chaux, de magnésie et de soude; en masses vitreuses, fragiles, d'un noir de poix.

TACHYNAIRES. s. m. pl. [Pr. *ta-kinère*] (gr. ταχύνω, je me hâte). T. Entom. Famille d'Insectes *Diptères*. Voy. Muscides.

TACHYPE. s. m. [Pr. *ta-kipe*] (gr. ταχύς, vite; πούς, pied). T. Entom. Genre d'Insectes *Coléoptères*. Voy. Carabiques.

TACITE. adj. 2 g. (lat. *tacitus*, m. s., de *tacere*, se taire). Qui n'est pas formellement exprimé, qui est sous-entendu, ou qui se peut sous-entendre. *Condition, convention t. Consentement t. Approbation t. Aveu t.* || T. Jurispr. *T. reconduction,* Voy. Reconduction.

TACITE, célèbre historien latin, auteur des *Annales,* des *Histoires,* de la *Vie d'Agricola,* des *Mœurs des Germains* (55-135 ap. J.-C.).

TACITE (Marcus Claudius), empereur romain, succéda à Aurélien en 276, et périt la même année, victime d'une révolte.

TACITEMENT. adv. D'une manière tacite, sans être formellement exprimé. *Cela n'est pas exprimé dans le traité, mais cela y est compris t.*

TACITURNE. adj. 2 g. (lat. *taciturnus,* m. s., de *tacere,* se taire). Qui est de caractère, d'humeur à parler peu. *Un homme morne et t. Vous voilà bien sombre et bien t.* — On dit aussi, *Un esprit t. Un caractère t.* = Syn. Voy. Silencieux.

TACITURNITÉ. s. f. (lat. *taciturnitas,* m. s.). Humeur, tempérament, ou état d'une personne taciturne. *C'est un homme d'une grande t. Il sort rarement de sa t.*

TACNA, petite ville qui appartenait au Pérou et qui fut cédé au Chili en 1883.

TACONNET. s. m. [Pr. *tako-nè*]. T. Bot. Un des noms vulgaires du *Tussilago Farfara,* plante de la famille des *Composées,* tribu des *Tubuliflores.*

TACSONIA. s. m. (R. *taceo,* n. péruvien de la plante). T. Bot. Genre de plantes Dicotylédones de la famille des *Passiflorées.* Voy. ce mot.

TACT. s. m. [Pr. *takt*] (lat. *tactus,* m. s., de *tactum,* sup. de *tangere,* toucher). Le toucher, celui des cinq sens par lequel on juge de certaines qualités des corps, telles que leur degré de résistance, leur température, leur siccité ou leur humidité, etc., et qui a son principal organe au bout de la face interne des doigts. *Les aveugles ont le t. plus sûr et plus fin que ceux qui voient.* Voy. Peau, III. || Fig., *Avoir le t. fin, exercé, sûr,* etc., ou absolum., *Avoir du t.,* Juger finement, sûrement en matière de goût, de convenances, d'usage du monde. *Cet homme a du t.* On dit aussi, *C'est un homme de t.*

TAC TAC. Onomatopée dont on se sert pour exprimer un bruit réglé qui se renouvelle à temps égaux.

TACTICIEN. s. m. [Pr. *taktisi-in*]. Celui qui possède, qui s'entend en tactique. *C'est un habile t.*

TACTILE. adj. 2 g. (lat. *tactilis,* m. s., de *tactum,* sup. de *tangere,* toucher). Qui est ou peut être l'objet du tact. || *Sensations tactiles,* Celles qui ont leur origine dans le toucher.

TACTION. s. f. [Pr. *tak-sion*] (lat. *tactio,* m. s.). Action de toucher. Inusité.

TACTIQUE. s. f. (gr. ταϰτιϰή, m. s., de τάσσειν, ranger). C'est la partie de l'art de la guerre qui a pour but de former les troupes, de les faire manœuvrer et de les ranger en bataille. *La t. des anciens. La t. moderne.* || Se dit aussi de l'art de disposer les vaisseaux et de les faire évoluer. *La t. navale.* || Fig., se dit de la marche qu'on suit et des moyens qu'on emploie pour réussir dans quelque affaire. *C'est la t. ordinaire des intrigants. Je connais sa t.*

Art milit. — Il est difficile de séparer la définition de la t. de celle de la *Stratégie* (Voy. ce mot), ces deux sciences ont de nombreux points communs et se pénétrent même en beaucoup d'endroits. Napoléon, qui n'a jamais employé le mot *Stratégie,* le remplace par l'expression « grande tactique ». Clausewitz définit la t. « l'emploi des troupes au combat », Jomini « l'art de se battre sur un champ de bataille ». D'après de Moltke, la stratégie est la science du général en chef; elle indique la meilleure voie qui conduit à la bataille; elle dit où et quand on doit se battre. La t. enseigne la façon de se servir des différentes armes dans le combat; elle dit com-

ment on doit se battre. D'après le général Bonnal, la stratégie est l'art de concevoir, la t. est la science de l'exécution.

On subdivise généralement la t. en *t. de marche et de stationnement et en t. de combat.* Cette dernière comprend elle-même la t. élémentaire de combat et la t. générale. La t. de marche et de stationnement indique l'ensemble des règles d'après lesquelles les troupes se meuvent et stationnent : ces règles s'appliquent à la marche des colonnes, aux cantonnements ou bivouacs, aux mesures de sécurité à prendre en route et en station, et aux procédés qu'emploie le chef pour se procurer les renseignements dont il a besoin pour diriger ses opérations. — La t. de combat indique comment les troupes se meuvent sur le champ de bataille, quel est leur mode d'action et quel est le rôle qui leur est dévolu pendant le combat. — La t. élémentaire de combat comprend l'étude des propriétés particulières à chacune des trois armes considérées séparément, des effets qu'elle peut produire et des procédés de combat qui leur sont propres. — La t. générale traite de l'action combinée des trois armes au combat et donne les principes qui doivent présider à la coordination de leurs efforts et à leur liaison en vue d'un but commun.

I. — Tactique de marche et de stationnement. — La direction générale des marches, les étapes à effectuer, le dispositif à adopter résultent du projet d'opérations arrêté par le général en chef. Le corps d'armée est la véritable unité de marche; c'est le plus petit groupement autonome capable de se suffire à lui-même en toutes circonstances, tant pour vivre que pour combattre.

La *préparation des marches* est faite en général par les officiers d'état-major. Elle comporte : 1° la reconnaissance et le mode d'emploi du réseau routier; 2° la détermination du nombre, de la force et de la composition des colonnes; 3° la fixation de l'ordre de marche de leurs éléments; 4° la détermination de la zone de marche de chacune d'elles; 5° l'établissement des ordres de mouvement.

Les *éléments constitutifs des colonnes* sont : 1° les troupes proprement dites; 2° leurs trains de combat, qui transportent les approvisionnements en munitions et le matériel nécessaire sur le champ de bataille; 3° leurs trains régimentaires, qui transportent un premier échelon de ravitaillement en vivres, des effets de remplacement et les bagages des unités de la colonne; 4° les parcs et convois, qui comportent une série d'organes de ravitaillement en vivres, armes, munitions, outils, moyens de pansement, effets d'habillement. — La longueur des colonnes est calculée en mètres en divisant, pour l'infanterie, le nombre d'hommes par deux, pour la cavalerie une longueur en mètres égale au nombre de chevaux, et pour l'artillerie le nombre de voitures en multipliant par 20 mètres le nombre des voitures.

Ordre de marche. — Toute colonne qui marche à l'ennemi doit être organisée en vue du combat; sa marche s'effectue dans un certain ordre qui répond aux conditions suivantes : 1° mettre la colonne à l'abri de toute surprise; la protection de la colonne est assurée par la cavalerie et par les organes de sûreté que la troupe détache d'elle-même et qu'on appelle avant-garde, arrière-garde, flanc-garde; 2° respecter les liens tactiques, en vue de laisser la troupe dans la main de son chef; 3° placer les différentes unités, et dans chaque unité, les différentes armes dans l'ordre commandé par l'urgence de leur arrivée sur le champ de bataille.

Un des facteurs qui influent le plus sur l'ordre de marche est la proximité plus ou moins grande de l'ennemi. On distingue à ce point de vue les marches en trois catégories : 1° *marches loin de l'ennemi,* c.-à-d. celles dans lesquelles toute rencontre peut être considérée comme impossible; on cherche alors avant tout à faciliter le mouvement et à éviter les fatigues; 2° *marches près de l'ennemi;* dès que, en raison de la proximité de l'ennemi, une rencontre devient possible, les troupes marchent dans l'ordre commandé par l'urgence de leur arrivée sur le champ de bataille; on prend les distances réglementaires, on cherche, si c'est nécessaire, à diminuer la longueur des colonnes, tous les impédiments sont rejetés à l'arrière, etc.; 3° *marches au contact de l'ennemi;* lorsqu'on marche à l'ennemi en vue d'un combat immédiat, toute considération cède le pas à la nécessité de pouvoir s'engager avec tous ses moyens d'action; les troupes doivent, à cet effet, être aussi concentrées que possible dans la main du commandement.

Des ordres de mouvement indiquent les conditions dans lesquelles doivent s'exécuter les marches; ces ordres contiennent des renseignements généraux sur la situation de l'ennemi et le but à atteindre, des prescriptions pour l'exécution de la marche, et des indications sur le mouvement des unités voisines. — La t. de marche donne aussi les règles et principes qui doivent présider à l'exécution matérielle des marches (vitesse, unité, formations, repos, séjours, police, longueur des étapes, marches forcées, marches de nuit, etc.).

Stationnement. — On distingue trois modes de stationnement : 1° les *cantonnements*, où les troupes occupent des lieux habités, sans y être casernées ; 2° les *bivouacs*, où les troupes sont installées en plein air ou sous des abris improvisés ; 3° les *camps*, où les troupes sont installées sous la tente ou dans des baraques. — Le mode normal de stationnement des troupes en campagne est le cantonnement. Le bivouac, qui maintient les hommes dans la main des chefs, en facilitant la surveillance, les transmissions et les rassemblements, serait de beaucoup préférable au point de vue t., mais il a une action tellement déprimante sur la santé des troupes qu'on renonce à l'employer toutes les fois que la situation le permet. — Le mode de stationnement à adopter dépend avant tout de la situation de guerre ; loin de l'ennemi, on emploiera toujours le cantonnement ; près de l'ennemi, on emploiera tant qu'on le pourra le cantonnement, au besoin le cantonnement-bivouac, sorte de stationnement dans lequel une partie des troupes est abritée, tandis que l'autre bivouaque aux environs immédiats ; au contact de l'ennemi, on sera obligé la plupart du temps d'avoir recours au bivouac. — La t. de stationnement donne également les règles pour déterminer les zones de stationnement, préparer et installer les troupes au mode de stationnement adopté, etc.

Sûreté en marche et en station. — L'objet général du service de sûreté est : 1° de renseigner le commandement sur la présence et les mouvements de l'ennemi dans une zone déterminée ; 2° de protéger les troupes contre les surprises et de donner au commandement le temps nécessaire pour prendre les dispositions nécessaires. — La sûreté immédiate en marche se fait par une avant-garde, dont la force est proportionnée à celle de la colonne qu'elle couvre ; cette avant-garde se fractionne en principe, en pointe, tête et gros. Une arrière-garde, d'un effectif très faible, marche sur les derrières de la troupe à protéger. Des flanc-gardes, d'une force peu élevée, marchent sur les flancs, surtout en vue de prévenir la colonne de l'approche des parties mobiles de l'ennemi qui chercheraient à menacer les flancs de la colonne en marche. — La sûreté en station est assurée par des avant-postes, qui ne sont autre chose qu'une avant-garde ayant subi les modifications nécessitées par l'état du stationnement.

II. — TACTIQUE ÉLÉMENTAIRE DU COMBAT. — *Infanterie.* Les formations que prend actuellement l'infanterie pour le combat lui ont été imposées par le perfectionnement des armes à feu. Autrefois, quand le fusil n'avait qu'une faible portée et se chargeait très lentement, l'infanterie s'avançait à l'attaque en formations serrées et profondes, exécutait quelques feux de salve pour ébranler l'adversaire et se précipitait ensuite sur lui à la baïonnette pour produire un résultat décisif. Elle pouvait arriver à l'abordage sans subir de pertes trop considérables.

Aujourd'hui, il faut encore amener tout près de l'ennemi des troupes en formation assez dense pour provoquer l'action décisive, mais l'opération ne peut pas se faire d'un seul coup et par un seul bloc comme autrefois. Il faut donc se prémunir contre l'effet du tir de l'adversaire en cherchant à lui faire subir des pertes, donc donner une grande part à l'exécution des feux ; ensuite, se soustraire autant que possible au feu adverse et, pour y arriver, disséminer la troupe par petits groupes sur une grande profondeur, de manière à pouvoir utiliser les cheminements défilés et à profiter de l'obligation où se trouve l'ennemi de répartir son feu sur le plus grand espace, afin de réduire les pertes à des proportions admissibles.

Le perfectionnement de l'armement a donc conduit à adopter des formations différentes, suivant qu'on est hors de la zone battue par le feu de l'adversaire ou qu'on traverse cette zone. Les premières sont les formations à rangs serrés, les secondes des formations de combat. — Les *formations à rangs serrés* comprennent les formations de manœuvre, de route et de rassemblement. — On appelle *formation en ligne* celles dans lesquelles les têtes de toutes les sous-unités sont placées les unes des autres sur le même alignement ; *formations en colonne* celles dans lesquelles les têtes des sous-unités sont placées les unes derrière les autres ; dans les deux cas les sous-unités peuvent être formées elles-mêmes en ligne ou en colonne. Enfin, pour toute les unités, il existe une *formation par le flanc* en colonne par quatre. Dans cette formation, la longueur de la colonne est égale au front de l'unité. Nous ne pouvons entrer ici dans le détail de ces formations pour les diverses unités ou sous-unités et nous parlerons simplement des *formations de combat.*

Dès qu'elle arrive dans la zone des feux, toute troupe prend une formation de combat, c.-à-d. qu'elle quitte les formations à rangs serrés pour échelonner ses forces en profondeur et en largeur : elle forme une ligne de combat précédée de tirailleurs et suivie de réserves. Le combat se développera en général dans les conditions suivantes.

Tant que la ligne de combat sera battue seulement par l'artillerie (de 3000 à 4500 mètres environ), elle devra chercher avant tout à se dérober au feu de l'artillerie, et, à cet effet, s'échelonner en petites colonnes minces et mobiles sur toute l'étendue du front. Elle traversera le plus vite possible toute cette zone et n'ouvrira le feu qu'à bonne distance, mais avec toute l'intensité possible. Mais ces colonnes formeront ainsi une ligne longue et mince, manquant de cohésion, qui ne pourra être portée en avant que par la poussée de troupes fraîches, ou réserves tenues à 400 ou 500 mètres en arrière. L'ensemble formé par la ligne de combat et ces réserves constitue la *première ligne.*

Cette première ligne est souvent insuffisante pour terminer la lutte avec ses seules forces. On dispose donc en arrière, à une distance assez grande pour la mettre à l'abri des feux dirigés contre la première ligne, une *deuxième ligne* qui devra, si c'est nécessaire, renforcer la première. La ligne de combat s'avance ainsi par bonds, en général par échelons, sous la poussée des forces en arrière, en exécutant des feux auxquels elle donne de plus en plus d'intensité, à mesure qu'elle s'approche de l'ennemi. — Au dernier moment de l'attaque, il faut pouvoir se ruer en masse sur la position ennemie. La ligne de combat et la deuxième ligne n'auront plus alors, en général, la cohésion nécessaire ; il est donc indispensable que le choc soit donné par des troupes fraîches, arrivant en ordre serré, pour impressionner vivement l'adversaire. Cette troupe (de choc) est maintenue en arrière pendant la marche d'approche ; elle constitue la *troisième ligne.*

Tout combat d'infanterie comprend donc, en général, un fractionnement sur trois lignes, mais il n'y a pas de formation normale de combat : les formations dans chacune des lignes et le nombre des lignes lui-même peuvent être variables suivant les circonstances, la nature et la situation de l'unité qui combat.

Principes généraux. — L'offensive seule peut donner des résultats décisifs. L'ensemble d'un dispositif de combat offensif doit avoir pour objet une attaque concentrique sur un des points de la ligne ennemie : en général, c'est l'aile de l'adversaire la plus rapprochée de sa ligne d'opérations. — L'échelonnement des troupes est le même dans le combat défensif que dans le combat offensif. — Les dispositifs ayant pour objet des actions divergentes doivent être proscrits. — Dans tout dispositif de combat, offensif ou défensif, on doit se préoccuper des flancs et couvrir en arrière, par des échelons, ceux qui ne sont pas protégés par des obstacles naturels.

Le bataillon, qu'il soit encadré ou isolé, se forme toujours sur deux échelons seulement ; une ligne de combat et des réserves. — Parmi les grandes unités (régiment, brigade, division), le régiment et la brigade se forment sur deux ou trois lignes, mais quand ils sont isolés, la formation est toujours sur trois lignes. La division, qu'elle soit encadrée ou isolée, se forme toujours sur trois lignes. Dans la ligne de combat des grandes unités, les bataillons forment soit une ligne continue, soit une ligne offrant des intervalles.

Le *rôle des lignes* est le suivant : La 1re *ligne* engage l'action et la poursuit dans toutes ses phases, c.-à-d. l'attaque ou la défense du front. Cette ligne ne s'occupe pas de ses flancs ; elle ne manœuvre pas : son rôle est d'atteindre et de culbuter l'ennemi ou de lui résister. — La 2e *ligne*, intimement liée à la 1re, sert : 1° à assurer la sécurité des flancs de la 1re ; 2° à appuyer la 1re ligne ou à étendre la ligne de combat ; 3° à poursuivre l'attaque jusqu'à l'assaut, où la 1re n'y peut suffire ; 4° à ramener au combat les fractions de la 1re ligne qui auraient faibli, et au besoin à renouveler l'attaque. — La 3e *ligne*, conserve une certaine indépendance : c'est la ligne de manœuvres. Elle est aux ordres directs du commandant des troupes et sert à parer à toutes les éventualités : 1° elle fournit les troupes chargées d'exécuter les attaques de flanc et de repousser celles de l'ennemi ; 2° elle exécute les contre-attaques générales et s'oppose aux retours offensifs de l'ennemi ; 3° elle appuie le mouvement en avant ; si l'attaque réussit, elle participe à l'occupation de la position et à la poursuite ; 4° elle couvre la ligne d'opérations et prépare en arrière une ligne de défense.

L'infanterie *attaque l'artillerie* d'après les mêmes principes qu'elle attaque une position. Si l'artillerie a un soutien, une partie des forces lui est opposée ; le reste prend les batteries pour objectif. — Dans le *combat contre la cavalerie*, l'infanterie cherche avant tout à faire usage de son feu à propos et à bonne distance.

III. — TACTIQUE ÉLÉMENTAIRE DE LA CAVALERIE. — L'action de la cavalerie est purement offensive : son mode d'action normal est le choc, ou plutôt la menace du choc faite par une troupe qui charge au galop; son moyen d'action le plus efficace est la surprise. — Pour charger, la cavalerie se forme en bataille, mais, dans cette formation, elle ne peut plus manœuvrer; elle a donc intérêt, pour conserver sa liberté d'action, à garder le plus longtemps possible une formation serrée. C'est pourquoi les formations de manœuvre ont, dans la cavalerie, une importance toute particulière. — Les formations de manœuvre se divisent en formations en lignes et formations en colonne. Il y a en outre, pour chaque unité, une formation de route, la colonne par quatre.

La *charge en ordre compact* est le mode d'action principal de la cavalerie; elle s'exécute généralement en ligne. Le ralliement après la charge se fait toujours sur le chef. — La *charge en fourrageurs* est une attaque exécutée par des cavaliers dispersés sur une ligne plus ou moins étendue; elle s'emploie contre un ennemi dont le feu interdit un autre mode d'attaque, pour occuper l'adversaire sur son front, pour masquer un mouvement ou pour exécuter une poursuite.

Les phases du combat de la cavalerie comprennent l'approche et l'attaque. — Pour l'*approche*, la cavalerie marche en garde, c.-à-d. qu'elle échelonne ses unités pour leur assurer une indépendance relative, ouvrir à chacune d'elles un champ d'action dans tous les sens et porter au degré voulu leurs facultés manœuvrières. L'idée qui préside à la mise en garde et à l'emploi ultérieur des forces, ainsi que les conditions inhérentes au terrain, déterminent le sens et la forme de l'échelonnement.

Dans l'*attaque* le chef doit toujours chercher à réaliser les conditions suivantes : attaquer le premier, ou tout au moins prévenir l'ennemi dans la charge; se déployer le plus tard possible; chercher à attaquer par surprise; s'efforcer de prendre l'ennemi de flanc ou à revers; protéger ses propres flancs et se ménager une réserve. — La *forme* à donner à l'attaque résulte de la situation relative dans laquelle on se trouve par rapport à l'ennemi et de la nature du terrain. — Il n'existe pas de *dispositif normal* d'attaque; les circonstances seules décident de la conduite à tenir. Mais le plan d'action doit répondre aux données suivantes : être d'une conception simple; reposer sur le partage des forces en un petit nombre d'éléments chargés chacun d'une mission très nette et orientés en conséquence; permettre de parer à l'imprévu et de faire intervenir des forces réservées.

L'attaque doit comporter un élément principal, à l'action duquel est subordonnée le leur. Elle doit être dirigée en principe sur les points faibles de l'adversaire, les ailes en général; l'emploi des échelons en fournira un exemple le moyen. — La disposition en échelons, qui réunit les avantages de l'ordre mince, à ceux de l'ordre profond, s'impose constamment dans l'attaque. — La protection des flancs est assurée, dans chaque groupe, soit par la présence de l'échelon lui-même, soit par des garde-flancs. — La *réserve* constitue pour le chef un moyen d'intervenir dans le combat; elle sert également à appuyer la poursuite, à former le noyau du ralliement et, en cas d'échec, à protéger la retraite.

Combat de la cavalerie contre l'infanterie. — L'attaque contre l'infanterie est exécutée lorsque les circonstances présentent une occasion de succès (troupe d'infanterie n'ayant pas le temps de se former, démoralisée, occupée à une autre attaque) et toutes les fois que l'ordre en est donné. — Le plus souvent la cavalerie a intérêt à attaquer l'infanterie dans l'ordre mince où elle se trouve. Si elle a du temps devant elle, elle cherchera à utiliser le terrain pour s'approcher à couvert, à prendre le galop en débouchant du couvert, à attaquer les ailes de l'infanterie, à employer les fourrageurs sur le front pour masquer l'attaque réelle, à attaquer sur plusieurs lignes déployées à larges intervalles et échelonnées à distances variables, enfin à conserver une réserve.

Combat de la cavalerie contre l'artillerie. — La cavalerie cherchera de préférence à attaquer l'artillerie quand celle-ci est en mouvement. Si la cavalerie peut surprendre l'artillerie, elle attaque dans l'ordre où elle se trouve. Lorsque l'attaque comporte des dispositions préalables, on l'exécute, s'il est possible, à la fois de front et de flanc, ou même à revers, en prenant pour objectifs les batteries et les troupes qui les soutiennent. L'attaque de front dirigée plus spécialement contre les batteries, est faite par les fourrageurs. Les attaques de flanc ou de revers, exécutées par des escadrons en ordre compact, sont d'abord dirigées contre les soutiens;

elles se rabattent ensuite contre l'artillerie. — La cavalerie doit aussi garder une réserve.

Combat à pied. — La cavalerie n'emploie le combat à pied qu'exceptionnellement et uniquement pour combattre défensivement. Elle conserve toujours une réserve à cheval, environ le quart de la troupe; les fractions qui combattent à pied laissent 1 homme sur 4 pour tenir les chevaux.

IV. — TACTIQUE ÉLÉMENTAIRE DE L'ARTILLERIE. — Sur le champ de bataille, chaque batterie de combat est fractionnée en deux parties : 1° la batterie de tir, qui comprend les pièces, des caissons et le personnel strictement nécessaire au service des pièces; 2° l'échelon de combat, qui comprend tout le reste du personnel et du matériel, se maintient toujours à proximité de la batterie et constitue une réserve immédiatement disponible en munitions, en hommes et en chevaux.

Formation de marche. — Dans la batterie isolée, la batterie de tir marche suivie de son échelon. Dans le groupe d'artillerie, les batteries de tir marchent les unes derrière les autres; leurs échelons de combat suivent la dernière batterie.

Formation préparatoire de combat. — Dans la batterie le commandant de l'échelon, dans le groupe le commandant du groupe d'échelons, laissent filer les batteries de tir, mais restent en liaison intime et constante avec elles.

Formation de combat. — Pour faire feu, la batterie de tir se forme sur trois lignes en général : 1° les bouches à feu, les caissons et le personnel nécessaire pour l'exécution du feu; 2° les attelages des caissons et des avant-trains; 3° l'échelon de combat. — Le groupe d'artillerie se forme de la même façon, mais les batteries peuvent être échelonnées à des intervalles ou à des distances variables.

Combat. — L'artillerie agit uniquement par son feu : qu'elle opère contre l'infanterie, la cavalerie ou l'artillerie, offensivement ou défensivement, son mode d'action est toujours le même. Elle recherche avant tout des emplacements qui lui permettent d'exécuter un tir efficace et de soustraire son personnel et son matériel au feu de l'ennemi. Elle doit chercher à donner à son feu la soudaineté, qui surprend l'ennemi (une troupe qui perd en quelques secondes le 1/3 de son effectif peut être considérée comme hors de combat), l'effet de masse qui résulte de l'action simultanée, laquelle est d'autant plus impressionnante et efficace qu'elle est produite par un nombre plus grand de batteries.

V. — TACTIQUE GÉNÉRALE. — La t. générale, comme nous l'avons dit, traite de l'action combinée des trois armes sur le champ de bataille. — C'est sur l'union intime de leurs actions à tous les moments du combat, sur l'appui mutuel qu'elles doivent se prêter à chaque instant, sur la convergence de leurs efforts vers l'objectif qui leur est assigné, que repose essentiellement la garantie d'un résultat décisif. Mais leur mode d'action particulier dans chacune des phases du combat, l'entrée en ligne des grandes unités, l'emploi et la composition des réserves dépendent des circonstances et ne peuvent être ni prévus ni réglementés à l'avance. Les commandants des grandes unités, mis au courant des projets du général en chef, orientent vers l'objectif donné les efforts des troupes d'infanterie, de cavalerie et d'artillerie qui sont sous leurs ordres. C'est l'intelligence de la situation militaire, l'unité de vues et de méthodes de ces chefs qui amèneront cette concordance d'action, cette coopération au but commun, cette fusion des énergies, sans lesquelles aucun résultat décisif ne peut être obtenu. C'est l'éducation militaire des chefs qui joue, ici comme ailleurs, le rôle capital. L'étude de la t. générale devra donc reposer avant tout sur la méditation des exemples historiques, qui montrent comment, dans chaque cas particulier, les trois armes se sont comportées les unes par rapport aux autres et quelles conséquences on suit résultées. Elle laissera complètement de côté les considérations abstraites, qui ont le grand inconvénient de fausser le sens de la réalité et de pousser à des solutions toutes faites, mais jamais applicables. C'est pourquoi nous nous bornerons à mentionner les formations rigides en ordres de bataille qui constituaient le fond de l'ancienne t.

L'*ordre mince* signifie qu'une troupe occupe un front très étendu sur peu de profondeur; l'ordre *profond* est le contraire; l'ordre *concave* est celui dans lequel les ailes font saillie et le centre en arrière; l'ordre *convexe* rappelle l'ordre *rostral* ou *coin* de l'infanterie grecque; l'ordre *en échiquier*, ressemble à l'ordre *en quinconce* des anciennes légions romaines, dont les unités faisant front du même côté sont disposées en retraite les unes sur les autres; dans l'ordre *en potence*, une portion de la troupe se tient parallèlement et l'autre perpendiculairement à l'ennemi; l'ordre *compact* est à rangs serrés; l'ordre *dispersé* ou en tirailleurs, etc.

TACTIQUE. adj. 2 g. (lat. *tacticus*, gr. ταχτιχὸς, m. s.). Relatif à la tactique. || *Unité t.* partie d'un corps de troupe qui sort d'unité numérique pour l'indication de mouvements à exécuter.

TACTISME. s. m. (lat. *tactus*, toucher). T. Biol. Un des phénomènes les plus curieux et les plus mystérieux du développement des êtres vivants, c'est la *différentiation cellulaire.* Quand un œuf fécondé est placé dans des conditions convenables, il se divise d'abord en plusieurs cellules toutes semblables, puis, le nombre de ces cellules augmentant, on les voit prendre des formes différentes suivant la place qu'elles occupent ou le rôle qu'elles auront à remplir; les unes deviennent cellules musculaires, d'autres cellules nerveuses, osseuses, etc. Voy. EMBRYOLOGIE, ONTOGENÈSE et HISTOGENÈSE. Deux auteurs allemands, Driesch et O. Hertwig ont cherché à expliquer cette différentiation cellulaire par l'action de certaines influences qui tendraient à produire des mouvements ou des déplacements dans les cellules ou dans des groupes de cellules. Quand ces déplacements se font dans une partie d'un tout, sans que l'ensemble soit désuni, par ex., une fleur qui se tourne vers le soleil, une cellule fixe qui envoie un pseudopode vers une particule alimentaire, on dit qu'il y a TROPISME. Quand ce sont des déplacements totaux de cellules libres, tels que de leucocytes, par ex., on dit qu'il y a TACTISME.

Maintenant, quelles sont les influences qui peuvent déterminer ces mouvements dans un organisme vivant? Elles sont d'ordre physico-chimique, ex. : la chaleur, la lumière, l'électricité, etc., et peuvent agir de deux façons, ou bien attirer, ou bien repousser la partie qui se déplace; dans le premier cas, on a un phénomène *positif*, dans le deuxième cas, il est dit *négatif*; par ex., si une solution acide attire un spore ou un spermatozoïde, on dit qu'il y a chimiotactisme positif, si elle le repousse, il y a chimiotactisme négatif. De même :

L'électricité détermine des électrotropismes 〕 ou tactismes,
La chaleur détermine des thermotropismes 〉 positifs
La lumière détermine des phototropismes 〈 ou négatifs.
La pesanteur détermine des géotropismes 〕

TADJIKS, habitants de la Perse et du Turkestan de race iranienne.

TADJOURA. Baie du golfe d'Aden près d'Obock; à la France.

TADMOR, autre nom de la ville de *Palmyre*. Voy. ce mot. Tadmor est un mot hébreu qui sign. palmier.

TADORNE s. m. T. Ornith. Genre de *Palmipèdes*. Voy. CANARD.

TAËL ou **TAEL.** s. m. [Pr. *ta-el*]. T. Métrol. Unité de poids et de monnaie, usitée dans l'Asie orientale. Voy. POIDS et MONNAIE.

TÆNIA ou **TÉNIA.** s. m. (gr. ταινία, bandelette). T. Zool. Genre de *Vers* parasites. Voy. PLATHELMINTHES, et HELMINTHIASE.

TÆNIOÏDES. s. m. pl. [Pr. *téni-o-ide*] (gr. ταινία, bandelette; εἶδος, forme). Les *Tænioïdes,* ou *Poissons en ruban,* constituent une famille de poissons osseux de l'ordre des *Acanthoptérygiens,* famille que l'on appelle encore *Trichiurides.* Ces poissons ont de très petites écailles, comme les Scombéroïdes, dont ils sont d'ailleurs très rapprochés; mais ils s'en distinguent essentiellement par leur corps très allongé et très aplati sur les côtés, forme qui leur a valu le nom sous lequel on les désigne. On peut partager ces poissons en trois tribus. — Ceux qui composent la première ont le museau allongé, la bouche fendue, armée de fortes dents pointues et tranchantes, la mâchoire inférieure plus avancée que l'autre. Ils forment deux genres. Les *Lépidopes* (*Lepidopus*), vulg. appelés *Jarretières,* ont une dorsale qui règne sur toute la longueur du corps, une anale basse, et une cau-

dale bien formée. Les ventrales sont réduites à deux petites pièces écailleuses. Le *Lépidope argenté* (*Lep. argyreus*) [Fig. ci-dessous] se trouve dans nos mers. Ce poisson, semblable à un ruban d'argent, long d'environ 1ᵐ,60, nage par ondulations et jette par ses mouvements de beaux reflets de lumière. Sa chair est ferme et délicate. Les *Trichiures* (*Trichiurus*), vulg. appelés *Ceintures,* manquent de ventrales et de caudale, leur queue se prolongeant en un long filet grêle et comprimé. A la place d'anale, ils n'ont qu'une suite de petites épines à peine visibles sous le bord inférieur de la queue. — Les *Tænioïdes* de la deuxième tribu ont la bouche petite et peu fendue. Nous nous contenterons de citer le genre *Gymnètre* (*Gymnetrus*). Les poissons qui le composent manquent

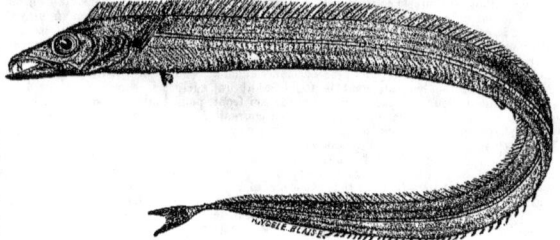

entièrement de nageoire anale; mais ils ont une longue dorsale, dont les rayons antérieurs forment une sorte de panache, et des ventrales fort longues. L'espèce la plus brillante de la Méditerranée est le *G. gladius,* qui est long de 1 mètre à 1ᵐ,30. Une autre espèce qu'on trouve dans la mer du Nord, et qu'on appelle vulgairement *Roi des Harengs,* parce qu'elle se trouve souvent au milieu des bancs de Harengs, atteint près de 6 mètres de longueur. — La troisième tribu est caractérisée par un museau court et une bouche fendue obliquement. Les *Rubans* (*Cepola*) ont une longue dorsale et une longue anale qui atteignent la base de la caudale. Nous en avons une espèce dans la Méditerranée, le *Cep. rubescens,* qui est de couleur rougeâtre. Les *Lophotes* (*Lophotes*) ont la tête surmontée d'une crête tranchante, en triangle à peu près vertical, et au sommet de laquelle s'articule une longue épine, arquée et pointue, qui représente une véritable corne. On n'en connaît qu'une espèce, le *Loph. de Lacépède,* qu'on trouve dans la Méditerranée et dont la taille atteint 1ᵐ,50.

TÆNIOGLOSSES. s. m. pl. [Pr. *ténio-glo-se*] (gr. ταινία, bandelette; γλῶσσα, langue). T. Zool. Nom donné à l'un des groupes de Mollusques Gastéropodes prosobranches du sous-ordre des Cténobranches, à coquille spiralée. La radula est très allongée et porte sur chaque rangée transversale sept dents (rarement 3 ou 9). Deux petites mâchoires se voient généralement à l'entrée de la bouche. Ils ont une trompe rétractile ou un mufle saillant, et deux tentacules.

Les uns ont une coquille tubuleuse ou spiralée, habitent les eaux douces ou saumâtres, et sont herbivores.

Les *Cyclostomes* (*Cyclostoma*) sont des mollusques terrestres et à respiration aérienne. Aussi, au lieu de branchies, leur animal présente un réseau vasculaire sur les parois de la cavité pectorale. Leur coquille, en spire ovale, a ses tours complets finement striés en travers, et sa bouche, entièrement bordée d'un petit bourrelet, se ferme au moyen d'un opercule rond et mince. On les trouve dans les bois, sous les mousses et les pierres. Nous avons représenté au mot CONCHYLIOLOGIE (Fig. 4) le *Cyclostome jaune.*

Les *Paludines* (*Paludina*) ressemblent beaucoup aux Cyclostomes, mais elles s'en distinguent par l'absence de bourrelet à l'ouverture de la coquille et par la présence de branchies. Ces mollusques portent deux tentacules pointus et une trompe très courte. Ils ont de chaque côté du corps une espèce d'aile membraneuse, et celle du côté droit

Fig. 4.

se recourbe en un petit canal qui sert à introduire l'eau dans la cavité respiratoire, et qui représente ainsi un commencement de siphon. On trouve dans toutes nos eaux dormantes la *Vivipare à bandes* (*Pal. vivipara*), ainsi nommée parce que ses petits naissent vivants et que sa coquille, lisse et verdâtre, a deux ou trois bandes longitudinales pourpres. Les *Littorines* (*Littorina*) ne diffèrent guère des précédentes que par leur coquille plus épaisse. Parmi les espèces de ce genre, qui toutes sont maritimes, il en est une qui fourmille sur nos côtes, où on l'appelle *Vignot* (*Litt. littorea*) [Fig. 1]. Sa coquille est ronde, brune et rayée longitudinalement de noirâtre. On mange l'animal qu'elle renferme.

Les *Turritelles* (*Turritella*) ont l'ouverture semblable à celle des Sabots, mais elles s'en distinguent par leur coquille mince et dont la spire s'allonge en obélisque. — Les *Vermets* (*Vermetus*) ont une coquille qui a l'aspect général du tube des Serpules. Elle est tubuleuse, fixe, souvent régulière, et

Fig. 2.

turriculée dans le premier âge, formant alors une sorte de spire, mais devenant irrégulièrement contournée et ployée dans l'âge adulte. Ce tube très peu fixe ordinairement par l'entrelacement d'autres coquilles de la même espèce. L'animal ne marche point et n'a, par conséquent, pas de pied proprement dit ; mais la partie qui constitue la queue chez les Gastéropodes se replie en dessous et se porte jusqu'en avant de la tête, où son extrémité se renfle en une masse garnie d'un opercule mince, qui est épineux dans certaines espèces. Quand l'animal se retire dans son tube, c'est cette masse qui en forme l'ouverture. La tête, peu distincte, est surmontée de deux tentacules un peu aplatis, portant les yeux à leur base externe. La bouche consiste en un orifice vertical au-dessous duquel se montre, de chaque côté, un filament qui ressemble à un tentacule, mais qui en réalité appartient au pied. Enfin les branchies ne forment qu'une rangée qui longe le côté gauche de la voûte branchiale. Les espèces de ce genre sont assez nombreuses, mais peu distinctes. Nous citerons comme type le *Vermet lombrical* ou *Vermet d'Adanson* (*V. lumbricalis*) [Fig. 2], dont la coquille est plus ou moins tortillée en tire-bouchon et de couleur jaune roussâtre. On le trouve dans les mers du Sénégal, où il vit souvent aggloméré en masses d'une grande étendue, dans les creux de rochers où la mer est tranquille. — Les *Siliquaires* (*Siliquaria*) ressemblent aux Vermets par la tête, par la position de l'opercule et par la coquille tubuleuse et irrégulière ; mais cette coquille a sur toute sa longueur une fente qui en suit les contours et qui correspond à une fente semblable de la partie du manteau qui couvre la cavité branchiale. D'un côté de cette fente adhère tout au long un peigne branchial composé d'une grande quantité de feuillets déliés et comme tubuleux.

Les autres Tænioglosses sont herbivores la plupart et pourvus d'un mufle ; mais il y en a, comme les Natices, qui possèdent une trompe, ceux-là sont carnassiers. Nous citerons les plus remarquables. — Les *Ampullaires* (*Ampullaria*) ont la coquille ronde et ventrue, à spire courte comme celle de la plupart des Hélices, à l'ouverture plus haute que large et munie d'un opercule, enfin à columelle ombiliquée. Ces

Fig. 3.

mollusques portent un peigne branchial long et unique. La paroi supérieure de leur cavité branchiale est composée de deux parois réunies en avant, de façon à former un grand sac ouvert au-dessus de la base de la branchie. Cette poche est toujours remplie d'eau lorsque l'animal s'enfonce dans sa coquille au moyen de son opercule, et cet opercule ferme l'ouverture avec une telle perfection, que rien ne peut s'échapper de l'intérieur sans que l'animal le veuille. Cette organisation explique la propriété dont jouissent les Ampullaires de vivre longtemps sans eau. Pour cela, il leur suffit de conserver pleine de liquide leur poche cervicale, et d'en verser le contenu sur la branchie à mesure du besoin. Ces

mollusques vivent dans les eaux douces ou saumâtres des pays chauds. L'*Ampullaire carénée* (*A. carinata*) [Fig. 3] est le type du genre. — Les *Valvées* (*Valvata*) vivent dans les eaux douces et respirent par des branchies. Leur coquille est presque enroulée dans un même plan, comme celle des Planorbes, mais l'ouverture est en ronde et munie d'un opercule. On rencontre fréquemment dans nos eaux dormantes une espèce du genre (*V. cristata*), que l'on appelle vulgairement *Porte-plumet*, parce que la branchie, faite comme une plume, sort de dessous le manteau et flotte au dehors avec des mouvements de vibration, quand l'animal veut respirer. La coquille, de couleur grisâtre, plate et ombiliquée, est large de 6 millimètres. — Le genre *Cérithe* comprend plus de 300 espèces tant vivantes que fossiles. Elles ont une coquille turriculée, avec une ouverture ovale et un canal court, mais bien prononcé et se courbant à gauche ou en arrière (Fig. 4. *Cér. corne d'abondance*). Ces Mollusques, suivant Deshayes, sont phytophages et rampent sur les rochers où poussent des plantes marines. — Le genre *Potamide* a été créé par Brongniart pour des Mollusques qui ont

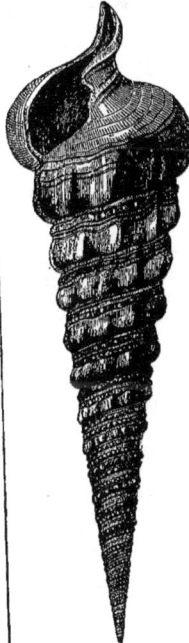

Fig. 4.   Fig. 5

la même forme de coquille que les précédents, mais qui vivent dans les fleuves où à leur embouchure. On en a trouvé de fossiles dans des terrains ne renfermant d'ailleurs que des espèces terrestres ou d'eau douce. — Les *Porcelaines* (*Cyprœa*) ont été décrites ailleurs. Voy. CYPRÆIDES.

Les *Ovules* (*Ovula*) se rapprochent beaucoup des Porcelaines dont elles diffèrent par l'absence de rides sur la columelle et le prolongement de leurs extrémités. Les espèces qu'on trouve dans nos mers sont de petite taille ; mais les mers des pays chauds en possèdent de bien plus grandes. L'*Ovule spelta* abonde dans la Méditerranée ; mais la plus remarquable du genre est l'*Ovule oviforme* des Moluques, qui est d'un beau blanc, et longue de près d'un décimètre.

Les *Strombes* (*Strombus*) ont été décrits ailleurs (Voy. STROMBIDÉS), ainsi que les *Ptérocères* (Voy. PTÉROCERA), et les *Rostellaires* (Voy. ROSTELLARIA).

Les *Casques* (*Cassis*) se tiennent dans les sables des côtes où ils trouvent en abondance les Mollusques bivalves dont ils se nourrissent. Leur coquille bombée est ouverte longitudinalement et terminée par un canal qui se réfléchit vers la partie supérieure (Fig. 5. *Casque zèbre*), la plupart viennent des mers intertropicales. Les grandes espèces sont recherchées pour la fabrication des camées. — Les *Heaumes* ou *Cassidaires* (*Morio*) diffèrent des Casques en ce que leur canal est moins brusquement courbé. Les espèces sont peu nombreuses. Il y en a dans la Méditerranée et la mer des Indes.

Les genres *Triton* et *Ranelle* sont très voisins du précédent. Dans les Rochers, les varices de chaque tour de spire se correspondent de façon à former des séries qui sont au nombre de 3 ou davantage; dans les Ranelles, ces rangées ne sont jamais qu'au nombre de 2, opposées, une de chaque côté; dans les Tritons, les bourrelets ne se disposent plus en lignes continues, ils alternent et deviennent quelquefois rares ou subsolitaires. Ces dernières se rencontrent dans les terrains tertiaires. Plusieurs espèces de Tritons atteignent une très grande taille. Parmi les coquillages les plus remarquables du genre Triton, nous citerons le *Triton émaillé* (*Tr. variegatum*), nommé vulgairement *Conque de Triton* et *Trompette marine*; le *Triton baignoire* (*Tr. lotorium*), connu sous la dénomination vulgaire de *Gueule de lion*; et le *Triton grimaçant* (*Tr. anus*), vulgairement appelé la *Grimace*.

TÆNITE. s. f. [Pr. *té-nite*]. T. Minér. Fer nickelé contenu dans certaines météorites.

TAFFETAS. s. m. [Pr. *tafe-tâ*] (persan. *taftah*, tissu de soie). Étoffe de soie fort mince et tissée comme la toile. *T. blanc, noir, rose, rayé. T. d'Avignon, de Tours. T. d'Angleterre, T. gommé,* sparadrap dans lequel la toile est remplacée par du taffetas.

TAFIA. s. m. (mot créole). Eau-de-vie de canne à sucre fabriquée avec les écumes et les gros sirops. Voy. RHUM.

TAFILET, oasis au sud du Maroc (Afrique); 100,000 hab.

TAFNA, petit fl. de l'Algérie, à l'O., a donné son nom au traité que le général Bugeaud signa avec Abd-el-Kader en 1837.

TAFNAKHT ou **TECHNATIS,** roi égyptien de la XXIVe dynastie.

TAGANROG, v. de Russie, port de commerce sur la mer d'Azof; 63,100 hab.

TAGE, fleuve de la péninsule hispanique, prend sa source en Espagne, près d'Albarracin, passe à Aranjuez, Tolède, traverse le Portugal, forme un vaste bassin à Lisbonne, et se jette dans l'océan Atlantique par un goulet; 760 kil.

TAGÈTE. s. f. T. Bot. Genre de plantes Dicotylédones (*Tagetes*), appelé aussi *Rose d'Inde, Œillet d'Inde,* de la famille des *Composées,* tribu des *Radiées.* Voy. COMPOSÉES.

TAGILITE. s. f. T. Minér. Variété de lunnite trouvée à Nichne Tagilsk.

TAGLIACOZZO, v. d'Italie, dans l'Abruzze-Ultérieure 2e; 4,000 hab. — Victoire de Charles d'Anjou sur Conradin (1268).

TAGLIAMENTO, fl. d'Italie, descend des Alpes Carniques, traverse le Frioul, se jette dans le golfe de Trieste; 170 kil. — Victoires des Français en 1797 et 1805.

TAGOUAN. s. m. T. Mamm. Espèce de *Rongeur.* Voy. ÉCUREUIL.

TAHLÉQUAT, ville des États-Unis d'Amérique (territoire indien).

TAHITI. Voy. TAÏTI.

TAHMÉ. s. m. Aliment usité en Orient et composé du marc des graines de sésame mélangé avec du miel et du jus de citron. Voy. GESNÉRACÉES, IV.

TAÏAUT. Cri du chasseur quand il voit le cerf, le daim ou le chevreuil.

TAÏGOUN. s. m. Voy. TAÏKOUN.

TAIE. s. f. (lat. *theca,* gr. θήκη, boîte, enveloppe). Linge en forme de sac qui sert d'enveloppe à un oreiller. || T. Méd. Tache blanche et opaque qui se forme quelquefois sur la cornée; elles proviennent quelquefois de blessures, mais le plus souvent d'une des inflammations de la cornée désignées sous le nom de *kératites.* Voy. ŒIL, III, B.

TAIGUIQUE. adj. 2 g. T. Chim. Voy. LAPACHIQUE.

TAI-HOUAN, ch.-l. de l'île Formose.

TAÏKOUN. s. m. Souverain temporel du Japon avant la révolution de 1863. Voy. MIKADO et JAPON.

TAILLABLE. adj. 2 g. [Pr. *ta-lla-ble, ll* mouillés]. Sujet à la taille. *Les gentils-hommes n'étaient point taillables. Une province t. Cette terre n'était pas t.* || Se dit aussi subst., en parlant des personnes. *On réimposa cette somme sur tous les taillables de la paroisse.*

TAILLADE. s. f. [Pr. *ta-lla-de, ll* mouillés] (R. *tailler*). Coupure, entaille dans les chairs. *En se rasant, il s'est fait une t. au menton.* || Se dit aussi des coupures en long qu'on fait dans de l'étoffe, dans des habits, soit que ces coupures gâtent l'étoffe et l'habit, soit qu'on les fasse pour orner l'habit. *Il a fait une grande t. dans cette étoffe. On portait autrefois des pourpoints à taillades.*

TAILLADER. v. a. [Pr. *ta-lla-der, ll* mouillés]. Faire des taillades. *On lui a tailladé le visage. T. un pourpoint.* = TAILLADÉ, ÉE. part.

TAILLANDERIE. s. f. [Pr. *ta-llan-derie, ll* mouillés]. L'industrie, le commerce du taillandier. *Exercer la t.* || Les produits de cette industrie. *Magasin de t.*

TAILLANDIER. s. m. [Pr. *ta-llan-dié, ll* mouillés] (R. *taillant*). Artisan qui fait toute sorte d'outils pour les charpentiers, les charrons, les tonneliers, les laboureurs, comme faux, haches, cognées, serpes, etc.

TAILLANT. s. m. [Pr. *ta-llan, ll* mouillés]. Le tranchant d'un couteau d'une épée, d'une hache, etc.

TAILLE. s. f. [Pr. *ta-lle, ll* mouillés] (R. *tailler*). Le tranchant d'une épée; ne se dit que dans cette locution, *Frapper d'estoc et de t.,* Frapper de la pointe et du tranchant. || Coupe, la manière dont on coupe certaines choses, dont certaines choses sont taillées. *Il entend bien la t. des arbres, la t. des pierres, la t. des diamants. Cette t. d'habit est mauvaise. La t. de cette plante ne vaut rien. — Habit galonné sur les tailles, sur toutes les tailles,* Habit galonné sur les endroits où il est taillé, sur toutes les coutures. Vx. || T. Archit. *Pierre de t.,* Pierre dure taillée ou propre à être taillée pour être employée dans une construction. *Une maison de pierre de t.* || T. Comm. Morceau de bois fendu en deux parties, sur lequel certains marchands en détail, comme les boulangers et bouchers, marquent, au moyen d'entailles appelées *coches,* la quantité de marchandises qu'ils vendent à crédit. *La partie de la t. qui reste au marchand se nomme souche, et celle qu'il donne à l'acheteur se nomme échantillon.* — Par anal., *Jouer à la t.,* se dit de joueurs qui, s'étant proposé de jouer ensemble plusieurs jours de suite, sont convenus qu'on écrira à chaque partie le gain et la perte, pour ne régler que le dernier jour. || T. Grav. *Taille, Contre-t., T.-douce,* Voy. GRAVURE. — *T.-douce* se dit aussi de l'estampe qui est tirée sur une planche gravée en taille-douce, et *T. de bois,* de celle qui est tirée sur une planche de bois gravée en relief. || T. Jeu. Au Pharaon, au Trente-et-un, etc., La série complète des coups qui se suivent, jusqu'à ce que le banquier ait retourné toutes les cartes du jeu qu'il a dans la main. *Il a perdu à la première t., mais il a gagné à la seconde.* || T. Monnaie. Se dit de la division d'un marc d'or ou d'argent en une certaine quantité de pièces égales. Voy. MONNAIE. || T. Sculpt. *Basse-t.,* Bas-relief. Vx. || T. Sylvic. Se dit d'un bois qui commence à revenir après avoir été coupé. *Une jeune t. Une t. de deux ans.* — *Taille,* se dit aussi des dimensions du corps, et spécialement de sa hauteur. *Belle t. Grande, haute t. Petite t. Il est de t. moyenne. Il est de ma t. Une t. de cinq pieds six pouces. Un chien, un cheval de bonne t. Un cheval entre deux tailles,* D'une taille médiocre. || Dans un sens particulier, signifie la conformation du corps, depuis les épaules jusqu'à la ceinture. *T. fine, noble, aisée. Avoir la t. dégagée, svelte, épaisse. Cet habit prend bien la t. Cette femme n'a point de t.,* Elle est grosse et courte. *Prendre une femme par la t.* — Syn. Voy. STATURE. || T. Mus. Se disait autrefois de la partie qui est entre la basse et le contralto. *Chanter la t. Une voix de t.*, Une voix de ténor. On disait aussi. *Haute-t.* et *Basse-t.* Voy. Voix.

Arboric. — La t. des arbres fruitiers est l'art de diriger leur développement au moyen de la suppression de quelques bourgeons et de la section raisonnée de leurs ramifications. Elle a pour but de faire prendre aux végétaux une forme déterminée en rapport avec la place qu'on veut leur faire occuper, de restreindre les expansions inutiles de leurs branches, et d'obtenir, chaque année, une égale quantité de fruits plus volumineux. Ces avantages ne sont acquis qu'en se conformant aux principes très complexes de la physiologie végétale, principes qui ont été heureusement ramenés à un petit nombre de préceptes formulés par la pratique. — On peut prendre pour point de départ de toute démonstration ce fait capital, dans l'organisation des végétaux, que toute expansion foliacée porte virtuellement à sa base au moins un œil visible, latent ou expectant; et cet organe est, pour ainsi dire, la clef de voûte de toute théorie de la t. — Dans l'état le plus ordinaire, l'œil se présente sous la forme d'un mamelon ovalo-conique, formé d'écailles plus ou moins nombreuses et fortement appliquées, cachant un petit corps qui représente l'embryon d'une branche. Les écailles qui le recouvrent sont des feuilles rudimentaires qui se détachent lorsque cet embryon, entrant dans sa période d'activité, se gonfle pour se transformer d'abord en *bourgeon*. Ce bourgeon, qui s'est allongé sous la première poussée de la sève, est désigné sous le nom de *rameau*. Enfin toute ramification, âgée de plus d'un an, prend le nom de *branche*. En résumé, branche, rameau, bourgeon ont donc une origine commune et sont un même organe à des états de développement plus ou moins avancés, ayant l'œil pour point de départ. En arboriculture, et pour plus de commodité, on a donné aux branches divers noms tirés de leur nature, de leur forme, ou de leur position. Ainsi on appelle *branches charpentières* toutes celles qui étant relativement les plus âgées, constituent en effet la charpente de l'arbre et en déterminent la forme. On nomme *branches à bois* celles qui, beaucoup plus petites que les charpentières, sont nées de celles-ci, *branches à fruits*, celles qui, nées des branches à bois, portent des fleurs fécondes. Les branches de *remplacement*, ou *branches coursonnes*, sont celles qu'on laisse développer en prévision de certains besoins; par ex., pour être substituées à d'autres qui ne rempliraient plus les conditions cherchées. Ces sortes de branches sont surtout très communes sur le pêcher, chez lequel les branches fruitières, étant annuelles, doivent être incessamment renouvelées. — D'autres productions, que l'on peut appeler *mixtes*, ne suivent pas dans leur développement une marche régulière, et se montrent le plus souvent rebelles à nos sollicitations pour en hâter la formation et le développement. Parmi ces productions, on nomme *dards* des rameaux courts, de grosseur moyenne, qui naissent toujours à angle droit, et sont terminés par un œil généralement assez gros et pointu. Le dard porte à sa partie inférieure quelques feuilles peu développées, et près de son sommet des feuilles plus grandes et plus rapprochées formant une sorte de rosette. Peu à peu, l'œil terminal se modifie, devient plus gros, plus obtus, et constitue finalement un bouton; on possède alors ce qu'on nomme *dard couronné*. La *bourse* est un renflement subcharnu provoqué par une accumulation de sève. Cette production ne se montre que là où il y a déjà eu, soit des fleurs, soit des fruits, ayant attiré une abondance de sève qui n'a pas été absorbée en entier. La *lambourde* est un rameau gros et court, portant des feuilles très rapprochées qui semblent sortir de plis; elle est souvent terminée par un *bouton*, quelquefois par un œil très gros et obtus, qui ne tardera pas à se transformer Voy. LAMBOURDE. On nomme *brindilles* des branches grêles, qui, en général, se ramifient beaucoup. Ce sont, chez les arbres vigoureux, des signes à peu près certains d'une prochaine fructification. — On a quelquefois reproché aux opérations de la t. d'abréger la durée des arbres. Ce reproche est mérité, au moins pour la plupart des espèces d'arbres fruitiers. Il est certain, en effet, que les suppressions pratiquées, chaque année, pendant la t. d'hiver, et surtout sur les bourgeons destinés à la végétation, ont pour conséquence de nuire à la bonne constitution des organes destinés à l'entretien de la vie du végétal. Par suite de ces mutilations, les couches ligneuses sont imparfaitement constituées, et les nouvelles racines sont atrophiées. Ces causes de souffrance augmentent chaque année, et les signes de décrépitude se manifestent longtemps avant l'époque où, toutes influences égales d'ailleurs, ils apparaissent chez les arbres abandonnés à eux-mêmes. Ainsi un poirier soumis à la forme pyramidale vit, en moyenne, environ 50 ans; la

même espèce greffée sur cognassier, plantée dans le même terrain et soustraite à la t., prolonge son existence jusqu'à 80 ans; tandis que cette même espèce, franche de pied, libre de son expansion, végétera des centaines d'années. Est-ce à dire que l'on doit renoncer à la t.? Certainement non; car cette opération nous permet de réaliser, dans une période de temps beaucoup plus courte, la somme des produits qu'un arbre peut offrir dans le cours de son existence; d'obtenir, en outre, des fruits d'une plus grande valeur et avec plus d'abondance, sur une surface de terrain déterminée. Toutefois ces avantages ne se produisent que par suite d'une application convenable des opérations de la t. Examinons donc rapidement quelles sont les règles à suivre à cet égard.

II. *Principes généraux qui servent de base aux opérations de la taille.* — Avertissons, d'abord, que la manière de couper les rameaux et les branches est loin d'être indifférente. Toutes les fois qu'on opère sur une espèce à bois dur, l'amputation se fait le plus près possible d'un bouton, mais avec la précaution de ne pas endommager cet organe. A cet effet, on place la lame de l'instrument tranchant sur la partie de l'écorce opposée au bouton et à la hauteur du point où il naît, puis on coupe de manière à former une plaie en biseau dont l'extrémité supérieure se termine au niveau du sommet du bouton. Ce mode d'opérer offre le double avantage que le bouton ne souffre pas et que la plaie se cicatrise sur la coupe même. Si l'on tranche au-dessus du point que nous avons indiqué, la partie du rameau laissée en trop se desséchera, formant un petit chicot sec que l'on sera contraint d'enlever l'année suivante. Si, au contraire, on coupe trop bas, le bouton est éventé, et son développement sera beaucoup moins vigoureux. Sur les espèces à bois tendre et surtout à moelle abondante, la coupe ne doit pas être effectuée de la même manière, car, quelle que soit la netteté de la plaie, jamais elle ne se cicatrise sur la coupe même; le bois se dessèche, la mortalité descend au-dessous de l'amputation et le bouton terminal peut être atteint et détruit. La vigne est particulièrement dans ce cas. Lorsqu'il s'agit d'espèces de cette nature, il est nécessaire de pratiquer l'amputation à 1 ou 2 centimètres au-dessus du bouton que l'on veut conserver au sommet. Dans ces derniers temps, des praticiens ont même conseillé d'éborgner le bourgeon suivant ou de sectionner le sarment à cet endroit. La méthode a donné d'excellents résultats; elle a le bien mince inconvénient de produire un chicot que l'on supprimera à la t. de l'année suivante. — Lorsqu'on veut retrancher entièrement un rameau, on doit le couper le plus net possible, tout à fait à sa base, en conservant toutefois le petit empâtement sur lequel il a pris naissance. De cette manière, la plaie se recouvre plus facilement par le rapprochement des écorces. Il est toujours utile de recouvrir les plaies un peu étendues avec du coaltar ou du mastic à greffer. Formulons maintenant les principes généraux de la t. — 1° *La charpente des arbres doit être parfaitement symétrique.* Cette régularité n'a pas seulement pour but de leur donner un aspect plus agréable, elle est surtout destinée à leur faire occuper régulièrement, et sans perte d'espace, la place qu'on leur a destinée contre les murs ou sur les plates-bandes. D'ailleurs la durée de la forme d'un arbre soumis à la t. dépend de l'égale répartition de la sève dans toutes ses branches. Or, comme cette sève tend à se porter de préférence vers le sommet de la tige, il en résulte que, si l'on n'y prend garde, les ramifications de la base deviennent bientôt languissantes, finissent par se dessécher, et que la symétrie qu'on avait d'abord obtenue disparaît pour être remplacée par la disposition naturelle de l'arbre, c.-à-d. par une tige nue, couronnée par une tête plus ou moins volumineuse. Il est donc indispensable d'employer certains moyens pour changer la direction naturelle de la sève, et maintenir son afflux vers les points où l'on a besoin d'entretenir la vigueur des ramifications. Supposons un arbre en espalier chez lequel une égale répartition séveuse a été rompue. Pour contrarier la végétation des parties qui se développent avec trop de vigueur au détriment de celles qui semblent languir, on emploie les moyens suivants qui sont mis successivement en œuvre, et dans l'ordre que nous allons indiquer, jusqu'à ce que le résultat cherché ait été acquis. Tailler très courts les rameaux de la partie forte, et très longs ceux de la partie faible. — Incliner la partie forte et redresser la partie faible. — Supprimer le plus tôt possible, sur la partie forte, les bourgeons inutiles, et pratiquer cette suppression le plus tard possible sur la partie faible. — Palisser très près du treillage et de bonne heure les bourgeons de la partie forte, et ne pratiquer que très tard ce palissage sur la partie faible. — Laisser sur la partie forte le plus grand nombre de fruits possible, et les supprimer tous sur la partie faible. — Enlever sur le côté fort un certain nombre de feuilles. — Mouiller toutes les parties vertes du côté faible avec une dissolution de sulfate de fer. — Éloigner le côté faible du mur et y maintenir le côté fort. — Couvrir le côté fort de manière à le priver de la lumière. — Planter au-dessous d'une branche trop faible un jeune sauvageon, et greffer par approche le sommet de ce jeune plant au-dessous de la branche faible. — 2° *La sève fait développer des bourgeons beaucoup plus vigoureux sur un rameau taillé court que sur un rameau taillé long.* Donc, si l'on veut obtenir des rameaux à bois, on doit tailler court, parce que les rameaux vigoureux ne développent que très peu de boutons à fleur; si, au contraire, on veut faire développer des rameaux à fruit, on t. long, parce que les rameaux peu vigoureux se chargent d'un plus grand nombre de boutons floraux. Une autre application de ce principe peut encore se formuler ainsi: quand un arbre a été épuisé par une production trop considérable de fruits, on rétablit sa vigueur en taillant court pendant un an. — 3° *Plus la sève est entravée dans sa circulation, moins elle agit avec force sur le développement des bourgeons, et plus elle produit de boutons à fleurs.* Les arbres ne commencent à former leurs boutons à fleurs qu'après avoir acquis un certain développement. Il faut, pour que ces productions apparaissent, que la sève circule lentement et qu'elle subisse ainsi dans les feuilles une plus complète préparation. Sans ce travail supplémentaire, elle ne donne lieu qu'à des boutons à bois. L'apparition des organes floraux est si bien due à l'action ralentie de la sève sur les bourgeons, que les arbres n'ont jamais plus de boutons à fleurs qu'alors qu'ils sont souffrants. Les opérations suivantes sont fréquemment employées pour diminuer l'intensité de la sève et amener la mise à fruit des arbres: on t. très long le prolongement des branches de la charpente; on pratique la t. d'hiver très tardivement, lorsque déjà les bourgeons ont atteint une longueur de 0ᵐ,40; on arque toutes les branches de la charpente, de façon qu'une partie de leur longueur soit dirigée vers le sol; on déchausse au printemps le pied de l'arbre, de façon que la plus grande partie des racines soit mise à nu, et on laisse ces organes dans cet état pendant tout l'été; ou bien on en mutile quelques-uns en les coupant, et on les recouvre de terre. — 4° *Tout ce qui tend à diminuer la vigueur des bourgeons et à faire affluer la sève dans les fruits concourt à augmenter la grosseur de ces derniers.* Les bourgeons et les fruits ont concurremment la propriété d'attirer à eux la sève de l'arbre. Or, si les bourgeons sont nombreux et vigoureux, il en résulte qu'ils absorbent presque toute cette sève au détriment des fruits, qui restent alors petits. Voilà pourquoi, toutes choses égales d'ailleurs, les fruits sont moins gros sur les arbres très vigoureux que sur ceux de vigueur moyenne. Les opérations suivantes ont donc pour résultat d'augmenter la grosseur des fruits. Greffer les arbres sur des espèces de sujets peu vigoureux, par ex.: poirier sur cognassier, pommier sur doucin, etc. Appliquer une t. d'hiver qui ne laisse aux arbres que les rameaux ou parties de rameaux nécessaires à l'accroissement symétrique de la charpente, ou à la formation des rameaux à fruit; faire naître les rameaux à fruit directement sur les branches de la charpente de l'arbre, et les maintenir le plus court possible; tailler les branches très court dès que les boutons à fleur sont formés; mutiler les bourgeons qui ne sont pas nécessaires à la charpente de l'arbre; placer les fruits sous l'ombrage des feuilles pendant tout le temps de leur accroissement; ne laisser sur l'arbre qu'un nombre restreint de fruits, en opérant les suppressions dès qu'ils ont atteint le cinquième de leur développement; pratiquer une incision annulaire sur le rameau fructifère, au-dessus du point d'attache des fleurs, au moment de leur épanouissement, et de manière que cette incision n'offre pas plus de 0ᵐ,005 de largeur; maintenir les fruits dans leur position normale pendant tout le temps de leur développement. — 5° *Les feuilles servent à élaborer la sève des racines pour la nourriture de l'arbre et de ses fruits; tout arbre qui est privé de ses appendices foliacés est exposé à périr.* Il faut donc se garder d'enlever aux arbres une trop grande quantité de feuilles, sous prétexte de placer plus immédiatement les fruits sous l'influence du soleil, car ces arbres privés d'une partie de leurs organes nourriciers cesseraient leur développement; il en serait de même de leurs fruits. D'un autre côté, les rameaux effeuillés ne présentant pas de bouton, ou n'en offrant que de mal conformés, ne provoqueraient, l'année suivante, qu'une végétation appauvrie. — 6° *Dès que les rameaux ont atteint l'âge de deux ans,*

ceux de leurs boutons qui n'ont pas encore végété *ne pourront se développer que sous l'influence d'une taille très courte.* On doit donc, sur tous les arbres, quelle que soit la forme imposée à leur charpente, pratiquer la t. de manière à déterminer le développement de ces boutons sur les prolongements successifs des branches de la charpente, et veiller à la conservation des rameaux qui en résultent. Sans cette précaution, l'intérieur de l'arbre deviendrait bientôt complètement dénudé et improductif, et l'on n'y pourrait plus remédier, parce qu'il serait trop difficile de faire développer les boutons restés endormis. On obtient l'activité de tous ces boutons en retranchant, chaque année, une certaine étendue du nouveau prolongement de la charpente. — 7° *Le prolongement annuel de la charpente des arbres doit être d'autant plus raccourci que la branche est plus rapprochée de la ligne verticale.* En effet, la sève agissant surtout de haut en bas, si un rameau est dressé verticalement, les boutons resteront endormis sur la moitié inférieure de sa longueur. Pour prévenir ce résultat, on supprimera la moitié au moins de la longueur de ce rameau. S'il est incliné suivant l'angle de 45 degrés, la sève agira avec moins de force sur les bourgeons du sommet, mais elle en fera développer un plus grand nombre; il n'y aura que le tiers inférieur qui restera dégarni; il suffira, dans ce cas, de supprimer le tiers supérieur du rameau. Enfin si le rameau est placé horizontalement, on devra le laisser entier; car, dans cette position, la sève fera développer tous les boutons, depuis la base jusqu'au sommet. — 8° *Quelle que soit la forme adoptée à la taille, il importe de faire développer, chaque année, un bourgeon vigoureux à l'extrémité des branches de la charpente.* Les branches ne devant porter que des rameaux à fruit, on mutile, chaque année, tous les bourgeons latéraux un peu vigoureux qui apparaissent, et cela dans l'intérêt de la fructification. Or ces bourgeons avaient pour fonction de constituer une nouvelle couche de bois et de former aux arbres de nouveaux prolongements de racines destinés à l'entretien de la vie de l'arbre. Mutiler annuellement tous ces bourgeons, c'est donc compromettre l'existence de l'arbre. Le bourgeon vigoureux que l'on fera naître tous les ans à l'extrémité de chacune des branches viendra amoindrir cet inconvénient. Le rameau qui en résultera sera complètement supprimé lors de la t. d'hiver, pour en faire développer un nouveau chaque année. — 9° *On ne doit appliquer la première taille aux jeunes arbres transplantés qu'autant qu'ils se développent avec vigueur.* Sans cette énergie de végétation, on ne pourrait former convenablement la charpente, et cette énergie n'apparaît qu'après que le sujet a pris possession du sol et développé un réseau de radicelles pour remplacer celles qui ont été détruites par la transplantation. Ce nouvel appareil de racines, qui lui permet de puiser abondamment dans la terre, ne peut se former que sous l'influence du développement des feuilles, puisque celles-ci sont les organes qui engendrent les racines. D'où il résulte que plus un jeune arbre aura de feuilles, et plus sa vigueur sera grande. Or, la première t., appliquée aux jeunes arbres, a pour but de faire apparaître, vers la base de la tige, les branches nécessaires à la formation de la charpente; et ce résultat ne peut être obtenu qu'en recépant la tige assez près du sol. Mais alors on enlève à l'arbre presque tous ses boutons, et on le prive ainsi de la plus grande partie des feuilles qu'il aurait développées. On conçoit que cette suppression presque totale des organes générateurs des racines empêche celles-ci de réparer les pertes éprouvées par la déplantation, et que la végétation languissante, qui succède à cette opération, ne peut alimenter les bourgeons vigoureux nécessaires à la formation de la charpente. Cependant l'évolution des boutons de ces jeunes arbres ne peut se produire que par une action suffisante de la sève ascendante. Donc, pour les arbres transplantés, qui ont perdu la plus grande partie de leurs radicelles, les organes d'absorption qui restent ne peuvent plus suffire à l'alimentation de la tige et de ses ramifications. De cette rupture d'équilibre naît la nécessité de pratiquer, non pas une première t., mais seulement quelques retranchements pour compenser les pertes éprouvées par les racines. — De tout ce qui précède, il résulte la nécessité de n'appliquer la première t. aux jeunes arbres fruitiers qu'après qu'ils sont complètement repris, c.-à-d. un an après la plantation.

Quelles sont les époques les plus favorables pour pratiquer la t. d'hiver et la t. d'été? — La t. d'hiver doit être effectuée pendant le repos de la végétation (de novembre à mars); mais entre ces deux limites, le moment le plus propice est celui qui suit les fortes gelées d'hiver. La t. en février est très importante pour le pêcher, dont les boutons de la base des rameaux à fruit s'endorment souvent. En taillant à cette époque, la sève agit avec force sur ces boutons et détermine leur évolution. On doit tailler très tard, et même attendre que les bourgeons commencent à s'allonger, quand il s'agit d'arbres trop vigoureux, qui ne peuvent être facilement mis à fruit. — Toutes les opérations qui constituent la t. d'été sont pratiquées pendant la végétation, et la plupart d'entre elles sont continuées pendant tout ce laps de temps. Quant au moment précis où il convient de les appliquer, nous donnerons les indications nécessaires en étudiant la t. de chaque espèce d'arbre.

III. *Taille des principales espèces d'arbres à noyaux.* — Le pêcher est peut-être de tous les arbres celui qui se prête le mieux à la t., qui se soumet le plus docilement aux formes les plus variées. De celles-ci, les plus généralement employées sont la forme *carrée*, les *palmettes simple et double*, *la disposition en U et la disposition dite oblique*. Afin de se rendre compte des opérations à effectuer ou de les diriger avec intelligence vers le but que l'on se propose, il est utile de rappeler quelques particularités offertes par le pêcher dans sa végétation. N'oublions pas que les yeux de cet arbre peuvent être considérés comme bisannuels; que s'ils ne se développent pas dans l'année qui suit celle de leur apparition, ils s'affaiblissent considérablement, ce qui ne veut pas dire cependant qu'ils soient complètement éteints et qu'il ne soit jamais possible de faire sortir des yeux sur du vieux bois qui n'en a plus d'apparents. Mais, en général, les choses se passant comme il vient d'être dit; aussi doit-on, chaque année, avoir le plus grand soin de faciliter le développement des yeux inférieurs pour en obtenir des bourgeons qui deviendront branches fruitières. Ces branches, dites de *remplacement*, ont une importance capitale, parce que les branches à fruits étant bisannuelles, on doit chercher à en obtenir tous les ans de nouvelles pour remplacer celles qui sont épuisées; ce à quoi l'on parvient aisément à l'aide du *pincement*. — En admettant qu'un pêcher soit greffé d'un an et planté dans de bonnes conditions, on le rabat en février-mars à la hauteur d'environ 0m.25. Lorsque les yeux sont bien développés, et si l'on a préféré la disposition en espalier *carré*, on choisit quatre des bourgeons les plus beaux et les mieux placés (deux de chaque côté de la tige), on les attache très légèrement, afin de ne pas gêner leur croissance, et on les maintient dans une direction légèrement oblique. Pendant l'été, les soins consistent à enlever ou pincer les bourgeons, en avant et en arrière, de manière à favoriser ceux que l'on conserve. Si l'un d'eux venait à s'emporter, menaçant de rompre l'équilibre, on y remédierait à l'aide des moyens que nous avons indiqués. En février suivant, on revient de nouveau à son arbre. Si les quatre rameaux sont réguliers et d'une vigueur à peu près égale, les deux intérieurs, qui formont les *mères branches*, seront disposés en V ouvert de manière à former un angle d'environ 45 degrés; les deux inférieures, dirigées dans le même sens, mais plus obliquement, constitueront les deux *premières sous-mères*. On taillera les deux mères branches à la hauteur où l'on veut développer les *dernières sous-mères*, qui seront formées par les yeux latéraux, tandis que les terminaux devront, par leur élongation, continuer les branches mères. Les premières sous-mères seront taillées à environ 0m.30 sur un bon œil destiné à les prolonger. Les branches fruitières seront taillées à la longueur de 0m.08 à 0m.15, suivant leur force et leur position. On devra veiller aussi, lors du développement de ces branches fruitières, à en conserver au moins une cà le plus près de la base, pour former la branche de remplacement. Les travaux des années suivantes ne sont que la répétition de ceux que nous venons de décrire, en ayant soin de tirer chaque année d'autres sous-mères. S'il arrivait que, par accident, ou à cause d'une végétation trop faible, les parties inférieures de l'arbre ne fussent pas bien constituées, on taillerait les branches mères beaucoup plus court, et l'on ne tirerait pas de sous-mère; car il vaut mieux attendre un an de plus, que d'allonger un arbre dont les parties inférieures seraient faibles. Un pêcher carré, lorsqu'il est complet, c.-à-d. après la quatrième t., doit présenter 12 branches, sans compter les deux mères branches, 6 sur chacune de celles-ci. — Les principes généraux, que nous venons d'exposer, sont applicables à tous les pêchers dressés en espalier, sauf, bien entendu, la différence de direction dans la forme qu'on veut leur imposer. Ainsi, pour la *palmette simple*, après que le sujet a été rabattu à 0m.30, et dès que les yeux sont développés, on choisit trois des bourgeons les plus beaux (au lieu de quatre), dont un, le supérieur, devra continuer la tige, tandis que les deux autres serviront à

former les deux premiers bras. Ceux-ci, au lieu d'être palissés horizontalement, le seront d'abord obliquement, afin qu'ils acquièrent plus de force. Dans la *t. en U*, il suffit, une fois les deux branches verticales obtenues, d'avoir soin d'en maintenir l'équilibre et de faire en sorte qu'elles soient toujours bien garnies de branches fructifères. —.*Taille de l'abricotier*. Dans le nord, cet arbre ne peut mûrir ses fruits en plein vent, on est donc obligé de l'appliquer contre un mur. Mais autant le pêcher est facile à conduire, quand on le soumettre à la t., autant l'abricotier se montre rebelle. La difficulté de le maintenir sous une forme régulière est telle, qu'on lui laisse le plus souvent prendre la forme qu'il veut; on s'applique seulement à ce qu'il garnisse les murs, et pour atteindre ce résultat, on en est réduit à prendre les branches où on les trouve. La meilleure forme qu'on puisse lui donner est l'*éventail en queue-de-paon*, parce qu'elle permet assez facilement de réparer les pertes de branches si fréquentes sur cette sorte d'arbre; pour cela, on prend dans le voisinage un bourgeon bien placé et on le fixe à l'endroit où était la branche. — Le *prunier*, presque aussi rebelle que l'abricotier, est soumis aux mêmes procédés de la t.

IV. *Taille des espèces d'arbres à pépins.* — La végétation de ces sortes d'arbres, et en particulier du poirier, diffère sensiblement de celle des arbres fruitiers à noyaux. Les fleurs ne naissent pas isolément, mais par bouquet; ces fleurs sont renfermées, en quantités plus ou moins grandes, dans des boutons écailleux d'un assez gros volume, plus lents à se former, et il a souvent fallu un grand nombre d'années pour qu'un bourgeon, par des modifications successives, arrivât à produire des fleurs; de là le mode de t. différent qu'il convient de leur appliquer. — *Taille du poirier*. Quelle que soit la forme qu'on veut lui imposer: *pyramide, quenouille, palmette, éventail, queue-de-paon*, etc., le sujet doit être jeune, c.-à-d. n'avoir qu'un an, au plus deux années de greffe; à moins qu'il n'ait été bien dirigé, et qu'on n'ait eu soin, dans la pépinière, de faire développer les yeux de la base. S'il n'en a pas été ainsi, on le rabat, suivant sa force, à une hauteur d'environ 0m.30, sur un bon œil, si l'on veut conduire en *pyramide*, en *quenouille* ou en *fuseau*. Cet œil, par son développement, devra continuer l'axe ou la tige. Pendant l'été, on surveille le développement des parties, on favorise les unes, on gêne les bourgeons trop vigoureux par le pincement, surtout ceux qui avoisinent le terminal, pour faire développer ceux des parties inférieures. En général, on pince d'autant plus sévèrement qu'on se rapproche davantage des extrémités. L'année suivante, avant d'effectuer une seconde t., on s'assure si toutes les parties sont bien équilibrées, bien développées, et s'il n'existe pas de vide. Si tout va bien, on allonge la flèche, selon l'état général du sujet, de 0m.20 à 0m.40. Les branches charpentières sont également taillées en raison de leur force et de la position qu'elles occupent, les inférieures plus longues que les supérieures. Les rameaux issus des branches charpentières, desquels doivent sortir les productions fruitières, sont taillés court, et cela d'autant plus qu'ils sont plus rapprochés de l'extrémité des branches. Les *dards* et les *brindilles* sont conservés en entier; il en est de même des *lambourdes*, s'il y en a. Quant aux rameaux qui se sont développés sur la tige, près de la flèche, et que l'on destine à former des branches charpentières, il faut les tailler près de leur base, c.-à-d. sur leur empâtement; c'est ce que les anciens désignaient par t. à l'*épaisseur d'un écu*. S'il arrive que des yeux, sur lesquels on avait compté, ne se développent pas, on pratique au-dessus une entaille plus ou moins large, de manière à arrêter la sève, pour la contraindre à se porter dans la partie faible ou latente. Tous les soins, pendant l'été, se bornent à exercer une surveillance générale, à pincer, à casser les parties qui menacent de s'emporter, à ébourgeonner, etc. — La t. du poirier en *palmette*, forme qui convient tout particulièrement aux sujets qu'on cultive en espalier ou contre-espalier, est des plus faciles à obtenir. Elle est aussi très favorable à la production des fruits. Pour la conduire, on agit comme il a été expliqué à propos de la t. du pêcher soumis à cette même forme. — *Taille du pommier*. Cet arbre se prête mal à la t., quelle que soit la direction qu'on essaie de lui imposer; en espalier, il s'emporte trop; la forme en vase est à peu près abandonnée, parce qu'elle prend beaucoup d'espace et produit fort peu. On en est réduit à la t. en buisson sur des sujets greffés sur *paradis*, et cette t. ne présente aucune difficulté, pas plus que celle en *cordons*. — *Taille de la vigne*, Voy. VIGNE. — *Taille des arbres forestiers*, Voy. ÉLAGAGE.

Physiol. — « La *t. de l'homme*, c.-à-d. la dimension de l'homme en hauteur, dit Milne Edwards, paraît être d'environ 1^m,624 millim. (5 pieds) ; mais il existe à cet égard de grandes différences. Quelques peuplades de la Patagonie, les habitants de l'archipel des Navigateurs, les Caraïbes, etc., sont remarquables par leur stature élevée, qui, au dire des voyageurs les plus exacts, est en général d'environ 1^m,80 à 1^m,90, tandis que les Esquimaux et les Boschimans montagnards ne paraissent avoir guère plus de 1^m,30. Mais si, au lieu de s'en tenir à l'observation des masses, on descend aux cas exceptionnels, on trouve une inégalité bien plus grande encore, car on a vu des géants qui atteignaient 2^m,00 et des nains qui ne dépassaient pas 45 centimètres. Chez les peuples de moyenne t., les femmes sont de 1/16e environ moins grandes que les hommes ; mais, chez les peuples très petits, cette différence diminue, tandis qu'elle devient plus considérable chez ceux qui sont remarquables par leur stature. Ces inégalités dans la t. des hommes dépendent, d'une part, des races auxquelles ils appartiennent, et, de l'autre, des circonstances où ils sont placés. L'influence des races devient surtout évidente lorsque l'on compare entre eux certains peuples habitant le même pays et ayant des mœurs analogues. Dans la Patagonie, par ex., il existe des peuplades nomades d'une t. très élevée, d'autres dont la t. est médiocre, et, à une très petite distance, dans la Terre de Feu, on en trouve qui sont au-dessous de la t. moyenne. Les peuples les plus remarquables par leur stature habitent pour la plupart dans l'hémisphère austral, soit dans l'Amérique méridionale, soit dans divers archipels de la mer du Sud, depuis les îles Marquises jusqu'à la Nouvelle-Zélande. Les peuples les plus petits se trouvent en général dans les parties les plus reculées de

l'hémisphère boréal. On en trouve aussi presque sous l'équateur (quelques hordes de Papous à Waigiou) et dans le voisinage du cap de Bonne-Espérance. Néanmoins, on ne peut révoquer en doute qu'un froid très vif ne tende à arrêter le développement de la t. de l'homme : au contraire, un froid modéré paraît favorable à son développement. En France et dans la plupart des autres contrées de l'Europe où le climat est le plus doux, les hommes sont en général moins grands que dans les parties froides du même continent, telles que la Suède, la Finlande, et même la Saxe. Mais la température exerce peut-être moins d'influence sur la stature de l'homme que ne le fait le bien-être ou la misère. On peut poser en principe que sa t. moyenne devient d'autant plus élevée et que sa croissance s'achève d'autant plus vite, que, toutes choses égales d'ailleurs, le pays où il vit est plus riche, et que les peines et les privations qu'il éprouve pendant sa jeunesse sont moins grandes. Les preuves de la vérité de cette loi physiologique abondent. Chacun sait combien il existe d'inégalité de richesses entre certains quartiers de la ville de Paris. Dans ceux qui occupent la partie nord-ouest de cette vaste capitale, la misère est rare ; dans ceux qui occupent le sud-est elle est presque générale. Or, dans les premiers, sur 1000 jeunes gens appelés pour le service militaire, il s'en trouve 45 qui sont réformés pour défaut de t., difformités ou maladies, et la t. moyenne des 55 conscrits est de 1^m,690 ; tandis que, dans les seconds, les réformes s'élèvent à 52 sur 1000 jeunes gens, et la t. moyenne des 48 conscrits n'est que de 1^m,678. L'influence de la misère se fait sentir de la même manière lorsqu'on examine la t. moyenne de l'homme dans nos différents départements. C'est dans ceux du nord-est, qui sont les plus riches, que la t. est la plus élevée ; en

Bretagne, où l'agriculture et l'industrie sont peu avancées, les hommes sont plus petits que dans toutes les autres parties de la France. » — C'est dans les premières années de la vie que la taille de l'homme se développe avec le plus de rapidité. Après la puberté, elle devient de plus en plus lente et elle finit par être à peine sensible. La courbe ci-jointe, qui a été dressée par Quételet, donne une idée exacte du progrès de la croissance aux divers âges. Elle indique la t. moyenne d'année en année, depuis la naissance jusqu'à l'âge adulte, en supposant une population dont la t. moyenne, complètement développée, soit de 1^m,684. Les chiffres de la rangée inférieure indiquent l'âge. Chaque ligne verticale qui part d'un de ces chiffres s'unit à angle droit avec une ligne horizontale à l'extrémité de laquelle la t. correspondante est indiquée en millimètres. En terme moyen, l'enfant, au moment de la naissance, a 490 millimètres. Dans la première année, la croissance est d'environ 2 décim., c.-à-d. d'environ 1/16e de son accroissement total. Dans la seconde année, elle est moitié moins rapide. Enfin, de l'âge de 4 à 5 ans jusqu'à celui de la puberté, elle n'est, dans le même espace de temps, que d'environ 1/21e de l'accroissement total. Le développement du corps humain en largeur et en épaisseur est au contraire plus lent dans les premières années de la vie que vers l'âge de 15 à 20 ans. Au moment de la naissance, le poids d'un enfant n'est que d'environ le 20e de celui qu'il doit prendre par les progrès de l'âge, et c'est vers 40 ans que l'homme et vers 50 pour la femme qu'arrive ce maximum. Voy. les articles AGE, GÉANT et NAIN.

Chir. — La *Taille* est une opération qui consiste à ouvrir la vessie pour en extraire les calculs qu'elle renferme : de là les noms de *Cystotomie* et de *Lithotomie* sous lesquels on la désigne également. Cette opération n'est plus pratiquée maintenant que quand la *lithotritie* est impossible ; cependant on y recourt encore pour l'extraction des corps étrangers impossibles à retirer par les voies naturelles, pour l'ablation des tumeurs vésicales et même parfois simplement dans un but de diagnostic.

On peut arriver à la vessie par le périnée, par l'hypogastre, et par la face postérieure du viscère, ce qui donne lieu de distinguer trois méthodes générales de lithotomie : la *T. périnéale* ou *sous-pubienne*, la *T. hypogastrique* ou *sus-pubienne*, et la *T. recto-vésicale* ou *vagino-vésicale*.

La *T. périnéale* peut se pratiquer sur la ligne médiane ou sur les côtés de cette ligne. La t. sur la ligne médiane comprend 4 méthodes. La *méthode de Celse* est ainsi appelée parce qu'elle se trouve déjà décrite par cet auteur ; on la nomme encore *T. par le petit appareil*, à cause du petit nombre d'instruments qu'elle exige ; mais ce procédé n'est applicable qu'à des cas assez rares. Le *grand appareil*, imaginé en 1520 par Jean de Romani, doit son nom au grand nombre d'instruments employés pour le mettre en pratique ; il n'est plus employé aujourd'hui. La *méthode bilatérale*, ainsi appelée parce que l'opérateur fait au périnée une incision demi-circulaire, a été imaginée par Dupuytren. On donne le nom de *T. quadrilatérale* à un procédé dû à Vidal (de Cassis) ; dans cette méthode, on incise la prostate sur quatre rayons obliques. La t. sur les côtés de la ligne médiane comprend seulement 2 méthodes, savoir : la *méthode latérale*, inventée en France, vers 1727, par Foubert et Thomas, et la *méthode latéralisée*, due à Jacques de Beaulieu vers 1700, mais perfectionnée depuis par Cheselden et frère Côme. La première est depuis longtemps abandonnée ; la seconde, au contraire, est encore usitée. C'est pour ce procédé que frère Côme imagina son fameux *cystotome* ou *lithotome caché*, dont la lame renfermée dans une gaine sort et incise la vessie exactement dans la longueur voulue par l'opérateur.

La *T. hypogastrique* a été imaginée vers le milieu du XVIe siècle par le chirurgien provençal Franco. Après avoir été pratiquée pendant assez longtemps, la méthode latéralisée de frère Côme la fit abandonner ; mais elle a été remise en honneur par les chirurgiens modernes, notamment par Amussat et Baudens, et aujourd'hui, grâce à la méthode antiseptique qui permet d'aborder le péritoine sans danger, la t. hypogastrique est la méthode de choix ; elle est surtout avantageuse quand on a affaire à des calculs très volumineux.

Quant à la cystotomie *recto-vésicale* et *vagino-vésicale*, imaginée par Sanson, elle a été peu pratiquée, même par son auteur, et elle est actuellement abandonnée.

Hist. — Avant la révolution, on désignait sous le nom de *Taille* deux sortes d'impositions. L'une, appelée *T. personnelle*, était une véritable capitation ; l'autre, appelée *T. réelle*, était un impôt de répartition qui était assis sur les biens. La

l. *personnelle* ne pesait que sur les roturiers. Les nobles et les ecclésiastiques en étaient exempts, et il en était de même des titulaires de certains offices, dont cette exemption constituait l'un des plus précieux privilèges. Quand la t. était *réelle*, les nobles et les hommes d'Église en étaient exempts pour leurs fiefs, mais ils y étaient assujettis, de même que tous les autres privilégiés, pour les biens roturiers qu'ils tenaient en censive. La t. était si essentiellement roturière, que, lorsque par arrêt on dégradait un gentilhomme, on n'oubliait jamais de le soumettre au payement de cette imposition, et que, lorsqu'on anoblissait un roturier, on le déclarait affranchi de la t. et de ses accessoires. L'origine de la t. est fort ancienne,' car elle date au moins de la première moitié du XIe siècle. Elle paraît avoir d'abord été établie comme taxe temporaire et pour tenir lieu du service militaire ; mais elle fut ensuite étendue à un grand nombre d'autres cas. et enfin, sous Charles VII, en 1445, elle devint perpétuelle. A cette époque, elle produisait 1,840,000 livres : elle en rendait 23 millions environ lorsqu'elle fut abolie par l'Assemblée constituante. Le nom de *t.* donné à ces taxes roturières paraît dérivé de l'usage où l'on était dans le principe, les paysans ne sachant pas lire, de marquer au moyen d'une entaille, sur deux morceaux de bois s'ajustant l'un dans l'autre et que se partageaient le collecteur et le débiteur de l'impôt, ce que le dernier avait payé à compte de sa dette. — Indépendamment de la t. *royale*, dont nous venons de parler, il y avait encore la T. *seigneuriale* ou *féodale*, que les seigneurs prélevaient sur leurs vassaux. Cette t. était de deux espèces, la t. *annuelle* et la t. *extraordinaire*, qui ne se levait que dans certaines circonstances. Mais comme l'avidité des seigneurs s'appliquait à multiplier ces occasions, il s'ensuivit qu'elles devinrent très fréquentes et qu'il y eut des tailles sous toutes sortes de prétextes et de noms.

TAILLEBOURG, vge du dép. de la Charente-Inférieure, arr. de Saint-Jean-d'Angély, près duquel Saint Louis battit Henri III, roi d'Angleterre en 1242; 1,000 hab.

TAILLE-CRAYON. s. m. [Pr. *ta-lle-krè-ion, ll* mouillées]. Instrument pour tailler les crayons. = Pl. *Des taille-crayons.*

TAILLE-MER. s. m. [Pr. *ta-lle-mer, ll* mouillées]. T. Mar. La partie inférieure de l'éperon d'un bâtiment, ainsi nommée parce qu'elle fend l'eau la première, lorsque le bâtiment avance. || T. Ornith. Sorte de goéland brun. = Pl. *Des taille-mer.*

TAILLE-PLUME. s. m. [Pr. *ta-lle-plume, ll* mouillées]. Instrument (canif garni d'un emporte-pièce) au moyen duquel on fend et coupe une plume d'oie sans le secours d'un canif. = Pl. *Des taille-plumes.*

TAILLER. v. a. [Pr. *ta-ller, ll* mouillées] (lat. *talea,* branche coupée). Couper, retrancher d'une matière ce qu'il y a de superflu, pour lui donner une certaine forme, pour la rendre propre à un usage quelconque. *T. une pierre. T. un bloc de marbre, pour en faire une statue. T. un diamant T. les arbres d'un jardin. T. la vigne. T. une plume.* || Se dit encore de certaines choses qui se coupent en plusieurs morceaux, en plusieurs pièces, soit avec le couteau, soit avec des ciseaux, etc. *T. des soupes. T. du pain par morceaux. T. un manteau. T. un habit en plein drap. T. de l'ouvrage, de la besogne.* || Fig., *T. en pièces une armée, un régiment,* etc., Voy. **PIÈCE.** — Fig. et fam., *T. des croupières,* Voy. **CROUPIÈRE.** *T. de la besogne,* Voy. **BESOGNE.** *T. les morceaux à quelqu'un,* Voy. **MORCEAU.** *Il peut t. en plein drap, il a de quoi t. en plein drap,* Il a amplement et abondamment tout ce qui peut servir à l'exécution de son dessein. *Il a taillé en plein drap,* Il a été en pouvoir de faire tout ce qu'il a voulu. *T. et rogner,* Disposer des choses à sa fantaisie. *Il est le maître dans cette maison, il taille et rogne à son gré* || *Tailler les bavettes,* se livrer à des bavardages. Fam. || T. Chir. Faire une incision à la vessie, et par conséquent aux parties molles environnantes, pour extraire les calculs renfermés dans cet organe. *Il a la pierre, on menace de le t.* || T. Monnaie. Diviser le marc d'or ou d'argent en une certaine quantité de pièces de monnaie. = **TAILLER.** v. n. Se dit, au Pharaon et autres jeux de cartes, du joueur qu'on nomme banquier, qui tient les cartes et joue seul contre tous les autres joueurs. *Qui veut t.?* = **TAILLÉ, ÉE.** part. || *Cet homme est bien taillé,* Il est bien fait, il a le corps bien proportionné. *Être taillé en Hercule,* avoir la taille,

les dimensions d'un Hercule. || Fig., On dit d'un ouvrage grossièrement exécuté, qu'*Il est taillé à la serpe,* et d'un ouvrage dont les matériaux sont si bien préparés qu'il n'y a plus qu'à en faire usage, *C'est de la besogne toute taillée.* — *Ma plume est toujours taillée,* je suis toujours prêt à écrire. || *Cote mal taillée,* Voy. **COTE.** || T. Blas. Voy. **ÉCU.**

TAILLERIE. s. f. [Pr. *ta-lle-ri, ll* mouillées]. Atelier ou l'on taille les pierres précieuses, les cristaux, etc.

TAILLEROLE. s. f. [Pr. *ll* mouillées]. Instrument pour tondre le velours.

TAILLET. s. m. [Pr. *ll* mouillées]. Outil de forgeron.

TAILLEUR. s. m. [Pr. *ta-lleur, ll* mouillées]. Celui qui a pour profession de tailler une substance quelconque. *T. de pierres. T. d'arbres. T. de diamants. T. d'habits. T. de limes,* ouvrier qui fait les dents des limes. — *T. de monnaies,* graveur des coins destinés à frapper les monnaies || Employé absol., sign. Un tailleur d'habits. *T. pour homme. T. pour femme. Garçon t. Il doit à son t.* || Au Pharaon, etc., Celui qui tient les cartes et joue seul contre tous les autres.

TAILLEUSE. s. f. [Pr. *ta-lleu-ze, ll* mouillées]. Couturière, celle qui coupe et fait des robes de femmes.

TAILLE-VENT. s. m. [Pr. *ta-lle-van, ll* mouillées]. T. Mar. Voile qui, dans le chasse-marée et divers bateaux de pêche, remplace la grande voile, lorsque le vent est trop fort.

TAILLIS. adj. m. [Pr. *ta-lli, ll* mouillées] (R. *taille*). Un *bois t.,* ou subst., Un *t.,* Un bois que l'on coupe de temps en temps. *Jeune t.* qu'on coupe tous les dix ans. — *Moyen t.* qu'on coupe depuis dix à vingt-cinq ans. — *Haut t.* qu'on coupe de vingt-cinq à trente ans. || Fig. et fam., *Gagner le t.,* S'enfuir et se mettre en sûreté.

> J'en serai moins léger à gagner le taillis.
>   MOLIÈRE.

TAILLOIR. s. m. [Pr. *ta-llouar, ll* mouillées] (R. *tailler*). Sorte d'assiette de bois sur laquelle on taille, on coupe de la viande. Peu usité. || T. Archit. Partie supérieure du chapiteau d'une colonne. Voy. **ABAQUE.**

TAILLON. s. m. [Pr. *ta-llon, ll* mouillées] (R. *taille*). Imposition de deniers qui se levait anciennement de la même manière que la taille, et qui en était comme un supplément.

TAÏMOUR (Golfe, Lac et Presqu'île), au nord de l'Asie, dans le gouvernement d'Ienisséisk.

TAIN. s. m. [Pr. *tin*] (altér. d'*étain*). T. Techn. Le *Tain* est un amalgame de mercure et d'étain dont on se sert pour *étamer* les glaces, c.-à-d. qu'on applique derrière les glaces pour qu'elles puissent réfléchir les objets. On prend une feuille d'étain, très mince, très unie, et de la même dimension que la glace qu'on veut étamer. On pose cette feuille sur une table de marbre encadrée de bois, entourée de rigoles et susceptible de recevoir diverses inclinaisons. La table étant d'abord horizontale, on étale exactement la feuille d'étain au moyen d'une patte de lièvre, puis on l'imbibe de mercure, en promenant une petite quantité de ce métal avec la même patte sur toute sa surface. Cela fait, on verse sur celle-ci une couche de mercure de 4 à 5 millimètres d'épaisseur. Lorsque l'amalgame est achevé, on apporte vers l'extrémité de la table la glace qu'on veut étamer, et on la coule sur la feuille d'étain de manière que le bord de la glace pousse devant lui le mercure en excès, lequel s'échappe dans les rigoles creusées autour de la table. Par cette opération, on empêche les bulles d'air de rester attachées au verre, et l'on expulse les impuretés qui se trouvent à la surface du mercure. Enfin, on charge la glace de blocs de plâtre, on incline la table pour faciliter l'écoulement du mercure, et on laisse les choses en cet état pendant 15 à 20 jours, au bout desquels on enlève la glace, qui se trouve étamée. L'amalgame qui y adhère se compose d'environ 4 parties d'étain et 1 de mercure.

TAIN, ch.-l. de c. (Drôme), arr. de Valence, sur la rive gauche du Rhône, en face de Tournon ; 3,400 hab.

TAIN, v. d'Écosse, ch.-l. du comté de Ross-et-Cromartry; 4,000 hab.

TAINE (HIPPOLYTE), critique d'art, philosophe et historien fr. (1828-1893).

TAÏRA. s. m. T. Mamm. Genre de *Carnassiers*. Voy. GLOUTON.

TAIRE. v. a. (lat. *tacere*, m. s.). Ne dire pas. *Il vous a dit telle chose, mais il en a tu beaucoup d'autres. Il sait t. ce qu'il faut t.* = SE TAIRE. v. pron. Garder le silence, s'abstenir de parler, *Après ces mots, il se tut.*

Il est bon de parler et meilleur de se taire.
LA FONTAINE.

Taisons-nous. Avec ellipse du pron. *Faites t. cet enfant. — Ne pouvoir se t. d'une chose*, La publier partout, en parler sans cesse. *Je ne puis m'en t.* || Par ext., Ne point faire de bruit. *Faites t. ces chiens. — Notre canon a fait t. celui des ennemis*, Il a mis celui des ennemis hors d'état de continuer à tirer. || Fig., au sens moral, Ne point se manifester, ne point éclater. *Dans un pareil moment, toutes les affections, tous les ressentiments doivent se t.* On dit de même, *Il a fait t. son ressentiment*, Il l'a oublié. On dit encore, *Ils ont fait t. les lois*, Ils les ont mises de côté. = Tu, TUE. part. — Syn. Voy. CELER.

Conj. — *Je tais, tu tais, il tait; nous taisons, vous taisez, ils taisent. Je taisais; nous taisions. Je tus; nous tûmes. Je tairai; nous tairons. — Je tairais; nous tairions. — Tais; taisons. —Que je taise; que nous taisions. Que je tusse; que nous tussions. — Taire. Taisant. Tu, tue.*

TAISSON. s. m. [Pr. *tè-son*] (lat. *taxo*, m. s.). T. Mamm. Nom vulg. du Blaireau.

TAÏTI ou **TAHITI** ou **OTAHITI**, dit aussi ARCHIPEL DE LA SOCIÉTÉ, groupe d'îles dans la Polynésie, sous le protectorat de la France depuis 1842; pop. 20,000 hab.; île princ ipal *Taïti*; 9,200 hab. cap. *Tapeete.* — Nom des hab. : TAÏTIEN, ENNE.

TALAVERA-DE-LA-REYNA, v. d'Espagne (prov. de Tolède). sur le Tage; 5,000 hab. — Bataille indécise entre les Français et les Anglo-Espagnols (1809).

TALAPOIN. s. m. [Pr. *tala-pouin*]. T. Relat. Membre d'un ordre religieux bouddhiste, répandu surtout dans le royaume de Siam. Voy. BOUDDHISME.

TALARO. s. m. T. Métrol. Ancienne monnaie d'argent de Venise qui avait cours en Afrique et valait 5 fr. 28.

TALBOT, comte de Shrewsbury, joua un rôle important dans les guerres des Anglais en France contre Charles VII (1373-1453).

TALC. s. m. [Pr. *talk*] (ar., *talq*. m. s.). T. Minér. Sous le nom de *Talc*, ou de *Suif minéral*, on a longtemps désigné divers minéraux qui n'avaient rien de commun entre eux, si ce n'est la propriété de se laisser facilement diviser en lames minces et brillantes. C'est ainsi que le Gypse en lames vitreuses était appelé *T. de Montmartre*, la Margarodite *T. endurci*, et le Mica laminaire *T. de Moscovie*. Mais aujourd'hui on applique exclusivement le nom de *talc* à un silicate hydraté de magnésie, qui répond à la formule $3MgO, 4SiO^2, H^2O$, et dont on distingue deux espèces, le *Talc* proprement dit et la *Stéatite*. — Le Talc proprement dit est le plus souvent feuilleté et susceptible de se diviser, comme les micas, en lames minces plus ou moins transparentes, qui offrent deux axes de double réfraction; mais il diffère des micas en ce qu'il manque d'alumine et en ce que ses feuillets sont mous et non élastiques. Le t. est le plus tendre de tous minéraux : on l'entame facilement avec l'ongle, et il est doux et onctueux au toucher, mais qu'il soit très difficilement fusible au chalumeau. Les trois principales variétés de t. sont le *T. laminaire*, qui se présente sous forme de lames flexueuses, blanches, jaunâtres, rosâtres; le *T. écailleux*, qui se présente en masses divisées par petites écailles, vaut d'or joints continus; et le *T. pulvérulent*, qui est en masse terreuse ou argiloïde, d'un gris jaunâtre. Le *T. laminaire* se trouve dans les Pyrénées, dans les Alpes et dans le Tyrol, d'où on le transporte surtout à Venise, ce qui le fait désigner dans le commerce

sous le nom de *T. de Venise*. Pulvérisé, broyé et réduit en pâte fine, on en fait les crayons colorés qu'on appelle *pastels*. La propriété dont il jouit, quand il a été pulvérisé, de rendre la peau lisse et luisante, le fait employer comme cosmétique; il forme la base du fard dont le principe colorant est le rouge de carthame. On se sert également de cette sorte de t. pour la confection de vitres moins fragiles que celles de verre. Le *T. écailleux* se tire principalement de la montagne Rousse, près de Fénestrelles, et du hameau de Brailly, dans la vallée de Saint-Martin. Cette variété est désignée dans l'industrie sous le nom impropre de *Craie de Briançon*. Les tailleurs s'en servent en guise de craie pour tracer leurs coupes sur les étoffes. On l'utilise encore, ainsi que le *T. pulvérulent*, pour dégraisser les soies. Enfin, les bottiers et les gantiers emploient, sous le nom de *Poudre de savon*, les diverses variétés de t. réduites à l'état pulvérulent pour lubrifier l'intérieur des chaussures et des gants. Le t. proprement dit se trouve en petits fils, en amas ou en filons, dans différentes roches de cristallisation ou dans les calcaires qui leur sont subordonnés. — La *Stéatite*, vulg. appelée *Pierre de lard*, diffère du t. proprement dit par sa structure compacte. Exposée au feu, la stéatite blanchit d'abord et se durcit; elle ne fond que difficilement, et se convertit alors en émail ou se réduit en une pâte blanche. Douce et onctueuse au toucher, elle sert, comme le t., à tous les usages qui reposent sur cette propriété. Sa couleur la plus ordinaire est le blanc, mais elle présente parfois une teinte grise, jaune, verte, rose ou rouge. Elle accompagne presque toujours la Serpentine, au milieu de laquelle elle forme des veines ou de petits amas. Parmi les diverses variétés de stéatite, on distingue la *St. fibreuse* ou *asbestiforme*, qui ressemble à l'asbesto, et la *St. terreuse*, vulg. appelée *Craie d'Espagne*. — Nous rapprocherons de la Stéatite une substance qui offre le même aspect et les mêmes propriétés physiques, mais qui s'en distingue, au point de vue chimique, par l'absence de magnésie, et par la présence de l'alumine et d'une quantité notable de matière alcaline. Cette substance, appelée *Talc graphique, Agalmatholite*, et plus ordinairement *Pagodite*, nous vient de la Chine. C'est avec elle que les Chinois façonnent les petites figures grotesques que l'on nomme *Magots*.

TALCA, v. du Chili, ch.-l. de province; 19,000 hab. La prov. a 119,000 hab.

TALCAIRE. adj. 2 g. [Pr. *tal-kère*]. Qui appartient au talc.

TALCAPATITE. s. f. T. Minér. Apatite magnésifère.

TALCCHLORITE. s. f. [Pr. *talk-klorite*] (R. *talc* et *chlore*]. T. Minér. Clinochlore talqueux, cristallisé en lames hexagonales.

TALCIQUE. adj. 2 g. Qui est composé de talc.

TALCITE. s. f. T. Minér. Variété de Margarite. || Roche talqueuse. Voy. ROCHE.

TALCOÏDE. s. m. (R. *talc*, et gr. εἶδος, apparence). T. Minér. Talc siliceux, en grandes lames d'un blanc de neige.

TALCOSITE. s. f. [Pr. *talko-zite*]. T. Minér. Variété d'argile smectique ressemblant au talc.

TALED. s. m. Voile dont les Juifs se couvrent la tête et la synagogue quand ils récitent leurs prières.

TALEMELIER ou **TALMELIER**. s. m. (vx fr. *taler*, mêler, battre). Ancien nom des boulangers.

TALENT. s. m. [Pr. *ta-lan*] (lat. *talentum*, qui est le gr. τάλαντον, propr. balance, et ensuite objet pesé, puis poids déterminé d'or ou d'argent). Poids et monnaie de compte en usage dans l'antiquité. *T. d'or, d'argent. T. hébraïque. T. attique. T. romain.* Voy. POIDS et MONNAIE. Fig. *Enfouir son t.*, ne pas faire valoir son mérite. || Fig., Disposition et aptitude naturelle ou acquise pour certaines choses, capacité, habileté. *Un t. rare, précieux, extraordinaire.*

No forçons point notre talent
Nous ne ferions rien avec grâce.
LA FONTAINE.

Un beau, un heureux t. Il est sans t. Déployer ses talents. S'illustrer par ses talents. Ce sot a eu le t. de faire for-

tunc. Elle a le t. de plaire. Fam., *Cet homme a le t. d'ennuyer le monde.*

Soyez plutôt maçon si c'est votre talent.
　　　　　　　　　　　　　　　　BOILEAU.

— *Homme de t.,* Celui qui a du talent, qui possède un talent. *Gens à talents,* Ceux qui professent bien certains arts qui demandent du talent, tels que la musique, le dessin, etc. || Fam. et par synecdoche, La personne qui possède un talent. *C'est un t., Le vrai t. est presque toujours modeste. C'est un t. manqué, un demi-t.* — Demi-t., habileté incomplète dans un genre. = Syn. Voy. GÉNIE.

TALER. s. m. Voy. THALER.

TALÉ-SAP (Lac), grand lac du Cambodge.

TALÈVE. s. f. T. Ornith. Genre d'*Échassiers*, appelé aussi *Poule sultane.* Voy. FOULQUE.

TALIN. s. m. T. Bot. Genre de plantes Dicotylédones (*Talinum*) de la famille des *Portulacées.* Voy. ce mot.

TALINE. s. f. Nom donné au beurre de coco qu'on appelle aussi *beurre végétal* et *végétaline.* Voy. PALMIER.

TALINGUER. v. a. T. Mar. Amarer un câble à l'organeau. = TALINGUÉ, ÉE. part.

TALION. s. m. (lat. *talio*, m. s., de *talis*, tel). T. Législ. On désigne ainsi une loi pénale par laquelle un traité coupable de la même manière qu'il a traité ou voulu traiter les autres. La peine du *Talion* remonte à la plus haute antiquité. Elle existait chez les *Hébreux*, et on la trouve dans l'*Exode* (IXX, 24-25) formulée en ces termes : « Œil pour œil, dent pour dent, main pour main, pied pour pied, fracture pour fracture, plaie pour plaie, brûlure pour brûlure. » On en rencontre également des traces dans la législation de Solon, et dans la loi des Douze Tables où l'on voit notamment cette disposition : *Si membrum rupit, ni cum eo pacit, talio esto.* Elle apparaît enfin dans quelques coutumes de la France ancienne. Cette loi ne peut être adoptée que par des peuples peu avancés dans la civilisation, car elle constitue une aveugle vengeance indigne d'une société policée, et d'ailleurs elle est injuste ou impraticable dans une multitude de cas.

TALIPOT ou **TALLIPOT.** s. m. [Pr. *ta-lipo*] (angl. *tallipot*, du malais *kelapa*, cocotier). T. Bot. Nom vulg. du *Corypha umbraculifera*, plante de la famille des *Palmiers.* Voy. ce mot.

TALISMAN. s. m. (ar. *telsamân*, plur. de *telsam*, figure magique, du gr. τέλεσμα, rite). En Orient, on appelle ainsi une petite pierre ou un morceau de métal sur lesquels on a gravé, soit des figures symboliques, soit certains caractères mystérieux, et auxquels on attribue des vertus merveilleuses. Le *Talisman* doit surtout ses vertus aux cérémonies particulières, ou à l'influence des circonstances astrologiques qui ont présidé à sa confection. Chez nous, on confond à tort le t. et l'*amulette.* Les vertus de celle-ci ne sont guère que préservatives, tandis que le t. donne à celui qui le possède une puissance surnaturelle. Ainsi, certains talismans étaient censés rendre leur possesseur invisible; d'autres lui soumettaient les génies et les démons; celui-ci lui donnait la faculté de se transporter instantanément aux plus grandes distances; celui-là faisait découvrir les trésors cachés; tel autre rendait favorable la personne aimée, etc. La croyance aux talismans subsiste encore en Orient.

TALISMANIQUE. adj. 2 g. Qui appartient au talisman. *Vertu t.*

TALITRE. s. m. (latin *talitrum*, chiquenaude). T. Zool. Genre de *Crustacés.* Voy. AMPHIPODES.

TALLART, maréchal de France vaincu à Hochstadt (1652-1728).

TALLE. s. f. [Pr. *ta-le*] (lat. *thallus*, gr. θαλλὸς, m. s.). Pousse enracinée qui se développe au pied d'une tige, et que l'on sépare, si elle est trop forte. *Une t., pour être bonne à planter,* doit avoir au moins un œil et des racines.

TALLEMANT DES RÉAUX (GÉDÉON), un des hôtes de l'Hôtel de Rambouillet, auteur des *Historiettes* (1619-1692).

TALLEMENT. s. m. [Pr. *ta-le-man*]. Action de taller. || Succession des phénomènes produisant la talle.

TALLER. v. n. [Pr. *ta-ler*]. Pousser une ou plusieurs talles.

TALLEYRAND-PÉRIGORD (DE), cardinal fr. (1736-1821), grand aumônier de Louis XVIII, archevêque de Paris. || Son neveu, CHARLES-MAURICE (1754-1838), évêque d'Autun, fut membre de l'Assemblée constituante, puis émigra. Rentré en France, il fut l'un des ministres du Directoire (1797), applaudit un coup d'État du 18 brumaire, fut secrétaire d'État des relations extérieures sous le Consulat et l'Empire, et devint prince de Bénévent en 1806. Mais, disgracié, il travailla au retour des Bourbons. Après avoir été membre du Gouvernement provisoire (1814), il fut envoyé au congrès de Vienne. Chargé, à la suite des Cent-Jours, des Affaires étrangères, il donna bientôt sa démission. Sous Louis-Philippe, il a été ambassadeur à Londres.

TALLIEN, membre de la Convention, se signala par son exaltation révolutionnaire, puis devint l'ennemi de Robespierre et le chef des Thermidoriens (1769-1820). Sa femme, née Cabarrus (1773-1835), célèbre par son influence sur la société de cette époque, divorça et épousa le comte de Caraman, depuis prince de Chimay.

TALLINGITE. s. f. [Pr. *tal-linjite*]. T. Minér. Oxychlorure hydraté de cuivre, en croûtes fragiles, d'un bleu verdâtre.

TALLIPOT. s. m. T. Bot. Voy. TALIPOT.

TALMA, célèbre tragédien fr. (1763-1826).

TALMELIER. s. m. Voy. TALEMELIER.

TALMONT, ch.-l. de c. (Vendée), arr. des Sables-d'Olonne; 1,200 hab.

TALMOUSE. s. f. [Pr. *talmou-ze*] (vx fr. *talcr*, mêler). Pâtisserie faite avec de la farine, de la crème, du fromage, du beurre et du sucre.

TALMUD. s. m. Sous ce nom, qui vient de l'hébreu *tamad*, enseigner, les Juifs désignent le livre qui contient les doctrines et les préceptes enseignés par leurs docteurs les plus autorisés, les anciens rabbins. Le *Talmud* comprend donc les lois traditionnelles des Juifs, par opposition aux lois écrites données par Moïse, ou mieux l'interprétation que les rabbins ont faite des lois mosaïques en ce qui touche la doctrine, la politique et les cérémonies, et à laquelle une foule de Juifs sont beaucoup plus attachés qu'à la loi elle-même. Il existe deux Talmuds, celui de Jérusalem et celui de Babylone. Le *Talmud de Jérusalem* se compose de deux parties : la *Mischna* et la *Ghémare* ou *Gémare.* Le mot *Mischna* signifie répétition, et le mot *Ghémare*, dérivé du chaldaïque *gamar*, achever, veut dire achèvement, perfection. La Gémare et la Mischna constituent, à proprement parler, le Talmud. Toutefois les rabbins ont coutume de dire que le Pentateuque de Moïse forme la première partie du Talmud. La seconde partie est la Mischna, qui comprend un commentaire ou une explication développée de la loi; enfin, la troisième partie est la Gémare, qui en est l'achèvement ou le complément. La Mischna a été rédigée par rabbi Judas Hakkadosch, 120 ans après la destruction du temple de Jérusalem. Elle est écrite dans un style assez pur, et ses raisonnements sont beaucoup plus solides que ceux de la Gémare. Celle-ci a été compilée un siècle environ plus tard par rabbi Jochanan, chef de l'école de Tibériade; mais les docteurs juifs ont rempli cet ouvrage de rêveries, de chimères et de discussions puériles. Le *Talmud de Babylone* est beaucoup plus estimé par les Juifs que le précédent. Il fut commencé vers la fin du IVe siècle de notre ère par rabbi Asa ou Aser, qui, pendant 40 ans, tint une école dans un lieu appelé Sara, près de Babylone, d'où le nom de *Babylonien* donné à son livre. Mais rabbi Asa mourut avant d'avoir achevé son œuvre; elle fut terminée par ses disciples, d'autres disent par ses enfants, 500 ans environ après J.-C. Le Talmud de Jérusalem a été imprimé en 1 vol. in-folio, et celui de Babylone en 12 et 14 volumes du même format.

TALMUDIQUE. adj. 2 g. Qui appartient au Talmud.

TAM

TALMUDISTE. s. m. Celui qui est attaché aux opinions du Talmud.

TALOCHE. s. f. (vx fr. *taler*, frapper). Coup donné sur la tête avec la main. *Il a reçu une t. Il lui a donné des taloches.* Pop. ‖ T. Techn. Planche rectangulaire qui sert aux maçons à étaler le plâtre pour faire un enduit.

TALOCHER. v. a. Frapper en donnant une taloche. = TALOCHÉ, ÉE. part.

TALOMUCIQUE. adj. 2 g. (R. *talonique* et *mucique*). T. Chim. *L'acide talomucique* est l'un des isomères de l'acide saccharique. De même que ce dernier, il est bibasique et possède quatre fonctions alcool. On l'obtient en oxydant l'acide talonique. Il cristallise en lamelles très solubles dans l'eau et dans l'alcool; il fond en se décomposant à 158°. Chauffé à 140° avec de la pyridine, il se transforme partiellement en acide mucique.

TALON. s. m. (lat. *talus*, m. s., qu'on fait venir de *taxillus*, osselet). La saillie que présente le pied en arrière, et qui est formée par l'os calcanéum. De même que ce dernier, il est *t. écorché. L'os du t. On peint Mercure avec des ailes au t.* ‖ Par anal., dans le sabot des animaux ongulés, le point où la paroi se replie postérieurement pour se porter en dedans. *Ce cheval est relevé de t., bas de t. Il a les talons serrés.* ‖ Par extens., La partie d'un soulier ou d'une botte, sur laquelle pose le derrière du pied. *T. haut. T. bas. Le t. d'une botte. Souliers à t. de bois.* — Fig. et fam., *T. rouge*, se disait autrefois d'un homme de la cour qui avait à ses souliers des talons rouges, ce qui était une marque de noblesse. *C'est un t. rouge. Les talons rouges de Versailles.* ‖ Fig. et fam., *Marcher sur les talons de quelqu'un*, Voy. MARCHER. *Il est toujours à mes talons, sur mes talons*, Il me suit partout, il m'importune en ne me quittant pas. — *Montrer les talons*, S'enfuir. *Montrez-nous les talons, Allez-vous-en*, délivrez-nous de votre présence. — *Tourner les talons*, Se préparer à partir. — *Se donner du t., Les talons dans le derrière*, Donner de grandes marques de joie; Se moquer de tout ce qui peut arriver; ou Vivre en toute liberté, perdre son temps en promenades, en parties de plaisir. — *Le t. d'Achille*, la partie vulnérable de quelqu'un, par allusion à Achille qui, ayant eu le corps trempé dans l'eau du Styx, à l'exception du t., ne pouvait être blessé que là. — *Avoir l'estomac dans les talons*, Avoir l'estomac très creux, avoir très faim. — *Tirer sa voix de ses talons*, parler, chanter d'une voix très grave. — *Tirer des soupirs de ses talons*, soupirer profondément. ‖ T. Archit. Moulure composée d'un filet carré et d'une cimaise droite. *T. droit. T. renversé.* Voy. MOULURE. ‖ T. Jeu. Ce qui reste de cartes après qu'on a donné à chacun des joueurs le nombre qu'il doit avoir. *Il manque une carte au t.* ‖ T. Man. L'éperon qui arme le talon d'un cavalier, *Ce cheval obéit aux talons.* — *Ce cheval est bien dans les talons*, Il est sensible à l'éperon, et il y obéit sur-le-champ. *Serrer les talons, pincer des deux talons, Appuyer deux coups d'éperon à son cheval. Promener un cheval dans la main et dans les talons*, Le gouverner avec la bride et l'éperon. *Porter un cheval d'un t. sur l'autre*, Lui faire fuir tantôt l'éperon droit, tantôt l'éperon gauche, dans un même manège. ‖ T. Mar. L'extrémité de la quille d'un bâtiment, du côté de l'arrière. ‖ T. Techn. Se dit de l'extrémité inférieure ou postérieure de divers objets. *Le t. d'une hallebarde, d'une pique, etc.*, Le fer dont est garnie la partie inférieure de ces armes. *Le t. d'une pipe*, La petite saillie qu'on laisse au bas du godet d'une pipe. — Partie postérieure du sep d'une charrue. — *Le t. du pain, du fromage*, le côté du croûton, de la croûte, avec ce qui reste de pain, de fromage entamé. ‖ Dans un registre à souche, on appelle *T. de souche*, ou simplem., *Talon*, L'espèce de chiffre ou de vignette imprimée en forme de bande verticale à l'endroit où doivent être coupés, avec les ciseaux, les feuillets qu'on veut détacher.

TALON (OMER), premier avocat général, défendit courageusement les droits du parlement contre la royauté, puis la royauté elle-même pendant la Fronde (1595-1652). Il a laissé des *Mémoires.*

TALONIQUE. adj. 2 g. (mot forgé, par allitération, de galactonique). T. Chim. *L'acide talonique* est l'acide monobasique dérivant de la talose. Il possède cinq fonctions alcool et répond à la formule $CH^2OH(CHOH)^4CO^2H$. Il prend naissance par l'isomérisation de l'acide galactonique, quand on chauffe ce dernier à 150° avec de la pyridine et de l'eau. On l'obtient ainsi sous la forme d'un liquide sirupeux, sans action sur la lumière polarisée; mais on peut le dédoubler en deux variétés, l'une dextrogyre, l'autre lévogyre. En l'oxydant par l'acide azotique on le transforme en acide talomucique.

La *lactone talonique*, qui a pour formule $C^6H^{10}O^5$, se produit par l'action de la chaleur sur l'acide t. Elle sert à préparer la talose.

TALONNEMENT. s. m. [Pr. *talone-man*]. Action de talonner.

TALONNER. v. a. [Pr. *talo-ner*] (R. *talon*). Poursuivre de près, ou Presser vivement jusqu'à l'importunité. *Les ennemis se retiraient et on les talonnait de près. Je le talonnerai de si près, que je l'obligerai de me payer.* Fam. = TALONNER. v. n. T. Mar. Toucher le fond de la mer avec le talon du bâtiment par secousses plus ou moins fortes. = TALONNÉ, ÉE. part.

TALONNIER. s. m. [Pr. *talo-nié*] (R. *talon*). T. Mar. Pièce de bois appliquée sous le milieu d'une varangue pour former son talon, lorsque ses dimensions sont insuffisantes.

TALONNIÈRE. s. f. [Pr. *talo-nière*] (R. *talon*). T. Mythol. Se dit des ailes que, selon les poètes anciens, Mercure portait aux talons. Voy. MERCURE. ‖ T. Techn. Quartier de cuir ajouté l'hiver aux sandales des religieux déchaussés, pour couvrir le talon. ‖ T. Mar. Voy. TALONNIER.

TALOSE. s. f. [Pr. *talo-ze*] (R. *talonique*, et la term. *ose*, des sucres). T. Chim. Matière sucrée, isomérique avec le glucose. On l'a obtenue en hydrogénant la lactone talonique, en solution acide, par l'amalgame de sodium. C'est un liquide sirupeux, incolore, dextrogyre. La talose présente les propriétés générales des glucoses. Avec la phénylhydrazine elle donne une osazone identique à celle de la galactose; mais elle se distingue par son hydrazone qui est très soluble dans l'eau.

TALPIDÉS. s. m. pl. (lat. *talpa*, taupe; gr. εἶδος, apparence). T. Mamm. Famille de Mammifères *Insectivores*, dont le type est la *Taupe.* Voy. ce mot.

TALPIFORME. adj. 2 g. (lat. *talpa*, taupe; *forma*, forme). Qui a la forme d'une taupe.

TALQUEUX, EUSE. adj. [Pr. *tal-keu, euze*]. T. Minér. Qui contient du talc. *Roche talqueuse.*

TALUS. s. m. [Pr. *ta-lu*] (bas lat. *talutum*, avance, projection, du lat. *talus*, talon. On écrivait autrefois *talut*, orthographe préférable). Inclinaison, pente donnée à des élévations de terre et à des constructions verticales pour qu'elles se soutiennent mieux. *Le t. d'un fossé, d'une muraille. Le t. d'une pyramide. Le bord intérieur de ce fossé est en t.* ‖ Se dit aussi du terrain en pente qui forme le côté d'une terrasse, le bord d'un fossé, etc. *Un t. revêtu de gazon. Les t. intérieurs d'une batterie.* ‖ *Tailler, couper une chose en t.*, La couper obliquement, en biseau. ‖ T. Chir. *Talus* ou *pied talus.* Espèce de pied bot dans laquelle le pied ne touche le sol que par le talon. Se dit aussi d'une espèce analogue de main bote. Voy. PIED, MAIN (*Pathol.*).

TALUSSER. v. a. Voy. TALUTER.

TALUTAGE. s. m. Action de taluter. ‖ État de ce qui est taluté.

TALUTER. v. a. (R. *talus*). Construire ou mettre en talus. *T. les bords d'un étang. T. un fossé.* = TALUTÉ, ÉE. part.

TAMANDUA. s. m. **TAMANOIR.** s. m. [Pr. *tama-nouar*]. T. Mamm. Genres d'*Edentés.* Voy. VERMILINGUES.

TAMARICACÉES. s. f. pl. (R. *Tamarix*). T. Bot. Famille de végétaux Dicotylédones de l'ordre des Dialypétales superovariées méristémonés à carpelles ouverts.

Caract. bot. : Plantes suffrutescentes ou herbacées. Feuilles alternes, entières, semblables à des écailles. Fleurs hermaphrodites, rarement dioïques, en épis serrés ou en grappes. Calice à 4 ou 5 divisions, persistant. Pétales en même nombre insérés à la base du calice, marcescents, à estivation imbriquée, ainsi que les sépales. Étamines hypogynes, soit en nombre égal aux pétales, soit en nombre double, parfois 3 seulement. Anthères extrorses. ou introrses, biloculaires, à déhiscence longitudinale. Pistil formé le plus souvent de 3, rarement de 4 ou 5 carpelles ouverts concrescents en un ovaire uniloculaire à placentas pariétaux, libres ou confluents en un placenta basilaire; style 3-5; ovules nombreux, ascendants, anatropes. Fruit capsulaire, uniloculaire, polysperme, s'ouvrant en 3 valves. Graines dressées ou ascendantes, portant des poils, soit sur toute la surface soit seulement au sommet; albumen tantôt amylacé ou charnu, tantôt nul; embryon dressé, avec la radicule infère.

Cette famille renferme 5 genres, avec environ 49 espèces croissant dans les régions tempérées et chaudes de l'hémisphère boréal et de l'Afrique australe, la plupart sur les rivages maritimes. On la divise en 4 tribus :

Tribu I. — Tamaricées. — Pas d'albumen (*Tamarix, Myricaria*) [Fig. 1. — 1. *Tamarix gallica*; 2. Fleur; 3. Coupe de l'ovaire; 4. Placentas vus par en haut; 5. Capsule mûre ouverte; 6. Graines].

L'écorce des *Tamaris* est légèrement amère, astringente et probablement tonique. Le *Tamaris de France* (*Tamarix gallica*), et le *Tamaris d'Afrique* (*Tamarix africana*) sont remarquables par la quantité de sulfate de soude que leurs cendres contiennent. L'écorce de la racine et des branches passe pour sudorifique, diurétique et apéritive. Le *Tamarix mannifera* ou *orientalis*, appelé *Tarfa* et *Atlé* par les Arabes, croît dans le désert du Sinaï. À la suite de la piqûre d'une Coccide, le *Coccus manniparus*, il exsude une sorte de manne, qui consiste entière-

Fig. 1.

Fig. 2.

ment en une matière sucrée et mucilagineuse, et paraît ne pas contenir de mannite cristallisable. Les galles des *Tamarix indica, dioica et orientalis*, ainsi que celles du *Tamarix furas*, sont extrêmement astringentes et s'emploient à la fois en médecine et dans la teinture. La *Myricaire d'Allemagne* (*Myricaria germanica*), arbrisseau commun dans nos jardins,

possède une écorce balsamique, astringente et amère, qu'on employait jadis en pharmacie. La *Myricaire herbacée* (*Myricaria herbacea*) est usitée en guise de thé chez les Mongols; son tissu ligneux est regardé comme tonique.

Tribu II. — *Réaumuriées*. — Albumen amylacé; androcée pentamère. [Fig. 2. — 1. *Reaumuria hypericoides*; 2. Fleur et ses bractées; 3. La même coupée verticalement; 4. Pétale; 5. Capsule; 6. Graine coupée verticalement et très grossie.]

À Alexandrie, la *Reaumuria vermiculata* s'emploie dans le traitement de la gale : on applique extérieurement ses feuilles pilées, et on les administre intérieurement en décoction.

Tribu III. — *Frankéniées*. — Albumen amylacé; androcée

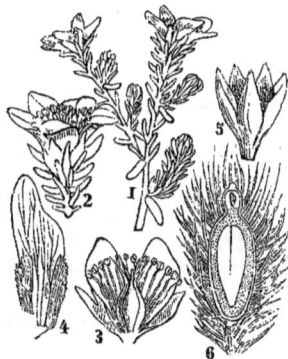

Fig. 3.

trimère. [Fig. 3. — 1. *Frankenia ericifolia*; 2. Fleur; 3. Étamines; 4. Coupe verticale de l'ovaire; 5. Coupe d'une graine.]

Dans l'île de Sainte-Hélène, les feuilles de la *Frankenia portulacoides* se prennent en infusion en guise de Thé.

Tribu IV. — *Fouquiérées*. — Albumen charnu; pétales concrescents (*Fouquiera*).

TAMARICÉES. s. f. pl. (R. *Tamarix*). T. Bot. Tribu de plantes de la famille des *Tamaricacées*. Voy. ce mot.

TAMARIN. s. m. (ar. *tamar hindi*, dattes des Indes). T. Bot. Genre de plantes Dicotylédones (*Tamarindus*) de la famille des *Légumineuses*, tribu des *Césalpiniées*. — Le fruit de cette plante. Voy. LÉGUMINEUSES. || T. Mamm. Genre de *Singes*. Voy. HAPALIDES.

TAMARINIER. s. m. T. Bot. Syn. de *Tamarin*. Voy. ce mot.

TAMARIS, ou **TAMARISC**, ou **TAMARIX**. s. m. (lat. *tamariscus*, ou *tamarix*, m. s.). T. Bot. Genre de plantes Dicotylédones (*Tamarix*), de la famille des *Tamaricacées*. Voy. ce mot.

TAMARITE. s. f. T. Minér. Synonyme de *Chalcophyllite*.

TAMATAVE. v. et port de l'île de Madagascar, sur la côte orientale, occupé par les Français ; 3,000 hab.

TAMATIA. s. m. T. Ornith. Genre de *Grimpeurs*. Voy. BARBU.

TAMAULIPAS, l'un des États du Mexique; 110,000 hab. Voy. MEXIQUE.

TAMBOUR. s. m. [Pr. *tan-bour*] (esp. *tambor*, qui vient sans doute du persan *tabir*, m. s.). Caisse cylindrique dont les deux fonds sont formés de peaux tendues, sur lesquelles on frappe avec des baguettes pour en tirer des sons. Marcher au son du t. J'entends le t. La garnison sortit au son du t. battant, mèche allumée. — Battre du t. Le t. bat, T. battant, Sortir t. battant, Mener quelqu'un t. battant, etc. Voy. BATTRE. || Prov. Sans t. ni trompette, sans bruit. —

Ce qui vient de la flûte retourne au t.. Le bien mal acquis ne profite guère. || Par ext., Celui dont la fonction est de battre du t. *Les tambours d'un régiment. Les tambours de la ville. T.-major.* Voy. plus bas. || T. Anat. Syn. de Tympan. Voy. Oreille, I, B. || T. Archit. Chacune des assises de pierre cylindriques qui composent le fût d'une colonne ou le noyau d'un escalier à vis. — Partie centrale du chapiteau corinthien appelée aussi *Corbeille.* — Petite enceinte de menuiserie avec une ou plusieurs portes, placée à l'entrée d'un édifice ou d'une grande salle pour empêcher le vent de pénétrer dans l'intérieur. || T. Fortific. Retranchement qui couvre la porte d'une ville ou l'entrée d'un ouvrage. || T. Icht. Genre de poissons osseux. Voy. Sciénoïdes, 1. || T. Mar. Sorte d'auvent qui protège la tête du gouvernail, les roues d'un bateau à aubes. || T. Mécan. Espèce de roue placée autour d'un axe et au sommet de laquelle sont enfoncés deux leviers, pour pouvoir plus facilement tourner l'axe et soulever les poids. Voy. aussi Horlogerie. || T. Techn. Instrument de forme circulaire, sur lequel on tend une toile ou étoffe de soie pour y exécuter à l'aiguille différents dessins de broderie. *Broder au t.* — Boîte cylindrique d'un baromètre anéroïde où l'on a fait le vide pour la rendre sensible à la pression atmosphérique.

Hist. — Le *Tambour* a été en usage chez plusieurs peuples de l'antiquité, notamment chez les Perses et les Égyptiens, qui s'en servaient comme instrument militaire. Chez ces derniers, il consistait en un cylindre creux de bois ou de cuivre avec une peau tendue aux deux bouts. Celui qui en jouait le portait suspendu au cou par une courroie et frappait les deux côtés à la fois avec deux baguettes. Les Grecs et les Romains paraissent n'en avoir jamais fait usage; mais ils le connaissaient fort bien et ils lui donnaient le nom de *symphonia.* En revanche, ils se servaient de l'espèce d'instrument que nous appelons T. *de basque* et qu'ils appelaient *tympanum.* Cet instrument était formé d'un cerceau de bois fermé d'un seul côté par une peau tendue, et garni de grelots. On en jouait en le frappant avec la main, et l'on s'en servait surtout dans les cérémonies du culte de Bacchus et de Cybèle. (La figure ci-dessus représente, d'après une peinture découverte à Pompéi, une femme jouant du *tympanum.*) Aujourd'hui le t. basque n'est guère usité que chez quelques populations du Midi, en Italie et surtout en Espagne, où il se marie assez bien avec les castagnettes. Il se prête en outre parfaitement aux poses gracieuses du corps, et ne contribue pas médiocrement au charme de certaines danses espagnoles.

Art milit. — L'en usage dans la musique militaire de tous les peuples de l'Europe a été importé par les Sarrasins, les Allemands et les Anglais. Il n'a été introduit dans notre armée que vers le milieu du XIVe siècle. Cet instrument, qu'on nomme fort souvent *Caisse,* afin de le distinguer de celui qui en joue, consiste en une caisse cylindrique, composée d'un fût de cuivre, de deux cercles et de deux peaux que l'on tend à volonté au moyen de cordes et de tirants. On en joue en frappant sur l'une des peaux avec deux baguettes. Les batteries du t. sont très variées; cependant elles ne sont caractérisées que par la mesure et le rythme, l'instrument donnant toujours la même note. On appelle *Gros t.,* ou *Grosse caisse,* un t. de grande dimension qui, réuni aux cymbales et au pavillon chinois, marque les temps de la mesure et le rythme dans la musique militaire. Celui qui en joue frappe une des peaux qui forment le fond de l'instrument, avec une baguette garnie d'une balle de peau. Le *T. roulant,* ou *Caisse roulante,* a le diamètre du t. ordinaire, mais il est plus long de moitié que celui-ci. Il rend un son plus doux et ses roulements sont

moins bruyants et plus agréables à l'oreille. On s'en sert non seulement dans les musiques militaires, mais encore dans les orchestres de théâtre. Quant au *Tambourin,* c'est une sorte de t. qui n'est en usage que dans nos campagnes de la Provence et du Languedoc, où il sert à marquer le rythme de la danse. Il est plus léger et plus étroit que le t. ordinaire. On le tient suspendu au bras gauche, et on le tape légèrement de la main droite avec une petite baguette, tandis que de l'autre on joue des airs de danse sur le galoubet.

Dans nos régiments d'infanterie, il y a deux *Tambours* par compagnie, un *T.-maître* et un *Caporal-t.,* par bataillon, et un *T.-major,* par régiment. Ce dernier, qui a le rang de sergent-major, est chargé, avec l'assistance des caporaux-tambours de l'instruction, de la police et de la discipline des tambours. Le *T.-major* et le t.-maître ne portent pas de caisse, mais ils sont armés d'une forte canne de jonc surmontée d'une grosse pomme d'argent. Elle leur sert à régler les différentes batteries de caisses que les tambours exécutent sur un simple mouvement de la canne. En présence de l'ennemi, un parlementaire est toujours accompagné d'un t. ou d'un trompette. En 1880, le général Farre, alors ministre de la guerre, considérant que les tambours d'une armée française occupent un effectif assez considérable qu'il serait plus sage d'employer au rôle de combattants, eut l'idée de les supprimer. Ce fut une grosse déception pour le public français habitué à voir les régiments marcher précédés d'une belle ligne de tambours. Le ministre suivant dut les rétablir.

TAMBOURIN. s. m. [Pr. *tan-bourin*]. Espèce de tambour. Voy. Tambour. || Celui qui joue du t. || Soi dit aussi d'un air vif et gai dont on marque la mesure sur le t. *Il y a dans cet opéra un joli t.* || Jeu de t., jeu de balle qu'on renvoie avec des tambourins.

TAMBOURINAGE. s. m. [Pr. *tan-bourina-je*]. Action de tambouriner. || Fig. Action de faire grand bruit de quelque chose.

TAMBOURINER. v. n. [Pr. *tan-bouriner*]. Battre le tambour ou le tambourin; se dit surtout des enfants lorsqu'ils battent de petits tambours qui leur servent de jouet. == Tambouriner. v. a. Réclamer au son du tambour un objet perdu. *T. un chien, une montre, etc.* || Fig. Annoncer quelqu'un, quelque chose à grand fracas. == Tambouriné, ée. part.

TAMBOURINEUR, EUSE. s. m. [Pr. *tan-bourineur, euse*]. Celui, celle qui tambourine.

TAMBOW, v. de Russie, au S.-E. de la Russie d'Europe, ch.-l. de gouvernement; 25,000 hab. Le gouvernement a 2,600,000 hab.

TAMERLAN ou **TIMOUR-LING,** conquérant tartare (1336-1405).

TAMIA. s. m. T. Mamm. Genre de *Rongeurs.* Voy. Écureuil.

TAMIER. s. m. (lat. *tamus,* m. s.). T. Bot. Genre de plantes Monocotylédones (*Tamus*) de la famille des Dioscoréacées. Voy. ce mot.

TAMIS. s. m. [Pr. *ta-mi*] (R. *étamine,* tissu dont on faisait autre fois les tamis). Sorte de sas qui sert à passer les matières pulvérisées ou les liqueurs épaisses. *Passer au t.,* par le t. Être examiné sévèrement sur son savoir ou sur ses mœurs.

TAMISAGE. s. m. [Pr. *tami-za-je*]. Action de tamiser.

TAMISAILLE. s. f. [Pr. *tami-za-lle, ll* mouillées]. T. Mar. Pièce de bois en arc de cercle clouée sur les baux du deuxième pont et qui soutient l'extrémité de la barre du gouvernail.

TAMISATION. s. f. [Pr. *tami-za-sion*]. Action de tamiser.

TAMISE, fl. d'Angleterre passe à Oxford, traverse Londres et se jette dans la mer du Nord, 400 kil.

TAMISER. v. a. [Pr. *tami-zer*]. Passer par le tamis. *T. de la farine, du plâtre.* == Tamisé, ée. part.

TAMISIER, IÈRE. s. [Pr. *tami-zié*]. Celui, celle qui fabrique ou vend des tamis.

TAMOUL, OULE, adj. Se dit d'un peuple qui n'est pas aryen et qui est établi sur la côte de Coromandel. Le *t.* ou *langue tamoule* n'a pas d'analogie avec le sanscrit et fait partie d'un groupe de langues parlées dans le sud de l'Hindoustan et dans l'île de Ceylan et qu'on appelle langues *dravidiques* ou *draviriennes*.

TAMPAGE. s. m. [Pr. *tan-paje*] (même orig. que *tampon*). T. Minér. Pièce de bois qui se place en travers du filon pour soutenir un plancher que le mineur laisse en arrière dans l'exploitation par gradins droits.

TAMPAIL. s. m. [Pr. *tan-pal*, *ll* mouillées] (même orig. que *tampon*). T. Métall. Fermeture en bois qui sert de toit à la sentinelle de la trompe.

TAMPANE. s. f. [Pr. *tan-pane*] (même orig. que *tampon*). T. Techn. Pignon de la cage d'un moulin que le grand arbre traverse.

TAMPE. s. f. [Pr. *tan-pe*] (même orig. que *tampon*). T. Techn. Morceau de bois inséré de force entre le frisoir et une autre partie du métier à friser les étoffes.

TAMPER. v. a. [Pr. *tan-per*] (R. *tampe*). Mettre des tampes à un métier. = TAMPÉ, ÉE, part.

TAMPICINE. s. f. [Pr. *tan-pi-sine*] T. Chim. Glucoside contenu dans le jalap de Tampico. Voy. CONVOLVULACÉES, I. C'est une substance résineuse, incolore, inodore et insipide, fusible à 130°, soluble dans l'alcool et l'éther. Les acides étendus la dédoublent à l'ébullition en trois molécules de glucose et en *acide tampicolique* qui cristallise en petites aiguilles solubles dans l'alcool et qui répond à la formule $C^{16}H^{32}O^3$.

TAMPICO, ville et port du Mexique, sur un lac qui communique avec le golfe du Mexique; 8,000 hab.

TAMPICOLIQUE. adj. 2 g. (R. *Tampico*, n. de lieu). T. Chim. Voy. TAMPICINE.

TAMPON. s. m. [Pr. *tan-pon*] (autre forme de *tapon*, de *taper*). Se dit d'un morceau de pierre, de bois, de liège, etc., ou d'une masse de linge, de papier, d'herbes, etc., dont on se sert pour boucher une ouverture. || T. Chir. Boulette de charpie ou morceau d'amadou dont on se sert pour arrêter une hémorragie. || T. Typogr. Sorte de balle avec laquelle on applique l'encre sur une planche gravée. || T. Chem. de fer. Masse rembourrée destinée à amortir un choc. *Les tampons d'un wagon, d'une locomotive.*

TAMPONNEMENT. s. m. [Pr. *tanpo-ne-man*]. Action de tamponner, et le résultat de cette action.

TAMPONNER. v. a. [Pr. *tan-po-ner*]. Boucher avec un tampon, avec des tampons. *T. une cuve. Tamponnez vite cette ouverture. T. les fosses nasales.* Voy. ÉPISTAXIS. || Heurter avec des tampons. *La locomotive a tamponné un autre train.* = TAMPONNÉ, ÉE. part.

TAMPONNEUR, EUSE. s. [Pr. *tan-po-neur*, *euze*]. Celui, celle qui tamponne. = Adj. *Le train t.*

TAM-TAM. s. m. T. Musiq. On nomme *Tam-tam* ou *gong* un instrument de percussion, originaire de la Chine, qui consiste en un large disque métallique qu'on frappe fortement avec une baguette garnie d'un tampon de peau. Cet instrument donne un son d'une très grande force, qui se perd dans des vibrations lentes et prolongées d'un caractère lugubre parfois comique, par contraste habilement ménagé: aussi n'est-il usité chez nous que dans les cérémonies funèbres et dans quelques scènes d'opéra, lorsqu'on veut des effets d'un caractère sombre et terrible, ou encore dans certaines phrases d'opérette pour produire un effet comique. La sonorité singulière du t. dépend de la nature de l'alliage dont il est formé, et de la manière dont il est trempé. Cet alliage se compose de 80 parties de cuivre et 20 d'étain purs. En outre, on ne doit tremper le métal qu'au point convenable pour lui donner la ténacité et la flexibilité nécessaires. Il prend un effet un son d'autant plus grave, et vibre d'autant moins longtemps qu'il a été plus fortement chauffé et plongé dans de l'eau plus froide.

TAMSUI, port ouvert de la Chine dans l'île Formose, 95,000 hab.

TAN. s. m. (orig. celt.: bas-breton *tanu*, chêne). T. Techn. Écorce de chêne et d'autres arbres moulue pour servir à préparer les peaux. Voy. CUIR.

Agric. — La meilleure écorce, pour faire le tan, provient des taillis de chênes (*Quercus robur* et *Q. pedunculata*), âgés de 18 à 20 ans. L'écorce des sujets âgés de 50 à 80 ans sert bien au même usage, mais il faut qu'elle soit nettoyée de ses rugosités. C'est du 10 mai au 10 juin qu'on enlève l'écorce sur les brins de chêne. Voici comment on doit opérer. L'ouvrier abat la tige à la cognée, et au moyen de sa serpe, il fend l'écorce et l'enlève ensuite à l'aide d'une espèce de spatule appropriée à cet usage. L'écorce enlevée est immédiatement mise en paquets. Souvent aussi l'écorcement se fait sur pied, ce qui est plus facile qu'après l'abatage, parce que la sève se retire presque aussitôt que le brin est coupé; mais si on permet la pratique de ce mode d'exploitation, il faut exiger que le brin soit abattu aussitôt après son écorcement; car si l'on tardait au-delà le temps de pousser des bourgeons, on les détruirait à coup sûr, en coupant plus tard le brin écorcé. On doit également veiller à ce que l'ouvrier coupe circulairement l'écorce à la base de la tige, avant l'écorcement. Sans cette précaution, les lanières d'écorce à enlever pourraient se prolonger au-dessous du collet de la souche et nuire à la production des nouveaux jets. On sait que l'écorce de chêne la plus riche en tanin se récolte en Normandie.

Les écorces sont réduites en poudre dans des moulins d'une construction fort simple. L'appareil pulvérisateur se compose de pilons verticaux que la machine soulève et laisse retomber sur les écorces. Pour obtenir ce mouvement d'oscillation des pilons on a muni ceux-ci de taquets tandis que l'arbre mis en mouvement par la roue hydraulique porte des cames. La came en tournant soulève le taquet; mais bientôt la rotation l'entraîne de côté. Alors elle abandonne le taquet, et le pilon tombe de tout son poids. Ces moulins à tan sont très répandus dans les campagnes et les petites villes sur les petits cours d'eau. Voy. TANIN.

TANA, fl. de Norvège (Finmark) s'écoulant dans l'Océan glacial arctique.

TANACÉTINE. s. f. (R. *Tanacetum*, n. scientifique du genre *Tanaisie*). T. Chim. Substance amorphe, amère, soluble dans l'eau et dans l'alcool, retirée des feuilles et des fleurs de la Tanaisie.

TANACÉTONE. s. f. (R. *Tanacetum*, n. scientifique du genre *Tanaisie*). T. Chim. Cétone ou aldéhyde qui a pour formule $C^{10}H^{16}O$ et qu'on extrait de l'essence de tanaisie à l'aide du bisulfite de soude. C'est un liquide dextrogyre, insoluble dans l'eau, très soluble dans l'alcool et dans l'éther. Par hydrogénation, la tanacétone se convertit en un alcool de la formule $C^{10}H^{18}O$.

TANAGRE ou **TANAGRA**, anc. v. de Béotie, anj. *Scamino*. Les Spartiates et les Béotiens y battirent les Athéniens (455 av. J.-C.). — A partir de 1872 on fit dans la nécropole de cette ville des fouilles qui amenèrent la découverte d'une multitude de statuettes d'un travail exquis. Ces statuettes, en terre cuite étaient coloriées; elles remontent, pour la plupart, à la meilleure époque de l'art grec (Périclès, Alexandre), on les appelle des *tanagras*.

TANAGRIDÉES. s. f. pl. T. Ornith. Famille de Passereaux. Voy. TANGARA.

TANAÏS, nom ancien du Don.

TANAISIE. s. f. [Pr. *tanè-zie*] (lat. *tanasia*, m. s., du gr. ἀθανασία, immortalité). T. Bot. Genre de plantes Dicotylédones (*Tanacetum*) de la famille des *Composées*, tribu des *Radiées*. Voy. ce mot.

TANANARIVE, v. de l'île de Madagascar, au centre, capitale des Hovas; 80,000 hab. Aujourd'hui siège de la résidence générale française. Les Français s'en emparèrent en 1895.

TANAQUIL, femme de Tarquin l'Ancien, fit proclamer roi son gendre Servius Tullius, à la mort de son mari.

TANARO, fl. d'Italie, descend des Alpes Maritimes, passe à Asti, Alexandrie, et se jette dans le Pô; 280 kil.

TANATE ou **TANNATE**. s. m. T. Chim. Voy. TANIN.

TANCEMENT. s. m. [Pr. tan-se-man]. Action de tancer.

TANCER. v. a. (lat. pop. tentiare, de tentum, sup. de tenere, dans le sens de soutenir son opinion. Le bas lat. a contentiare, disputer). Réprimander. Sa mère l'a tancée. Il se fait t. tous les jours. On l'a tancé vertement. Fam. == Tancé, ée. part. == Conj. Voy. AVANCER.

TANCHE. s. f. T. Icht. Genre de Poissons osseux. Voy. CYPRINOÏDES.

TANCRÈDE, un des chefs de la 1re croisade, reçut la principauté de Galilée ou de Tibériade, et mourut à Antioche (1112). || TANCRÈDE, roi de Sicile et de Naples (1189-1194), eut à défendre son trône contre l'empereur Henri VI de Hohenstaufen.

TANDEM. s. m. (angl. tandem, m. s.). Voiture à deux chevaux attelés en flèche. || Bicyclette pour deux personnes placées l'une derrière l'autre.

TANDIS. adv. (R. tant, et dis, plur. du vx fr. di, jour, du lat. dies, jour). Il est toujours suivi de que, et sign. Pendant le temps. T. que vous êtes ici. Il s'amuse t. que nous travaillons. == Syn. Voy. PENDANT QUE.

TANDJORE, v. de l'Hindoustan; 55,000 hab. Ville sacrée des Hindous.

TANDOUR. s. m. Table ronde ou carrée, couverte d'un tapis qui descend jusqu'à terre, et sous laquelle on met un brasier de cuivre ou de terre cuite, appelé Mangol. Les Turcs se rangent autour d'un t. pour se chauffer, de même que nous nous mettons autour d'une cheminée.

TANGAGE. s. m. (R. tanguer). T. Mar. Balancement d'un navire de l'avant à l'arrière et de l'arrière à l'avant, produit par l'agitation de la mer. Le t. et le roulis.

TANGANYIKA (Lac), dans l'Afrique intertropicale au S.-O. du lac Victoria.

TANGARA. s. m. T. Ornith. Linné appelait Tangaras (Tanagra), certains Passereaux américains qui appartiennent

à la grande division des Dentirostres, et qui, pour la plupart, sont remarquables par la richesse et la vivacité de leurs couleurs. Le nombre connu de ces oiseaux s'étant excessivement multiplié, on a élevé le genre Tangara au rang de famille, sous le nom de Tanagridées. Cette famille est caractérisée par un bec moins long que la tête, dur, conique, triangulaire à la base, légèrement arqué à son arête et fortement échancré à la pointe. En outre, les narines sont latérales, arron-

dies, ouvertes, et les ailes, ainsi que les pieds, sont médiocres. Ces oiseaux, qui tous, comme nous venons de le dire, sont propres au nouveau continent, dont ils habitent les régions les plus chaudes, ressemblent par leurs habitudes à nos Moineaux et quelquefois à nos Fauvettes. Ils vivent de grains, aussi bien que de baies et d'insectes. Ils marchent sur la terre en sautant, ont les mouvements brusques, le vol vif, mais court. Les uns fréquentent l'intérieur des bois et la lisière des forêts; les autres aiment les lieux arides; quelques-uns recherchent les lieux écartés; il en est qui se plaisent dans les jardins et près des habitations. La plupart aiment à vivre en troupes; certaines espèces préfèrent l'isolement. Si les Tangaras se distinguent par l'éclat de leur plumage, il est rare qu'ils brillent par la beauté de leur voix : quelques espèces seulement ont un chant fort et sonore. Cuvier avait déjà établi six subdivisions dans le genre linnéen des Tangaras. Depuis lors, Lesson les a portées à douze, en considérant chacune de ces subdivisions comme constituant un genre distinct dans la famille des Tanagridées. 1° Tangaras vrais (Tanagra) : ils ont pour type le T. pourpré, ou T. évêque, de Cayenne, ainsi appelé de son plumage violet. 2° Tangaras bouvreuils ou Euphones (Euphonus). 3° Anglais : c'est à ce genre qu'appartiennent le Septicolor, de la Guyane, qui doit son nom aux nombreuses couleurs dont il est orné, et le T. citrin (Fig. ci-contre), du Mexique. 4° Tangaras loriots ou Tachyphones (Tachyphonus). 5° Tangaras grosbecs ou Habias. 6° Tangaras bruants ou Embernagres (Embernagra). 7° Tangaras cardinals ou Pyrangas. 8° Tangaras rhamphocèles ou Jacapas. 9° Némosies (Némosia).10° Arrémons. 11° Touits (Pipilo). 12° Tangaras hirondelles ou Cyspnagres (Cyspnagra).

TANGENCE. s. f. [Pr. tan-jan-se]. Position de ce qui est tangent. Point de t., ligne de t. On dit plutôt contact.

TANGENT, ENTE. adj. [Pr. tan-jan, ante] (lat. tangens, tangentis, part. prés. de tangere, toucher.). T. Géom. Qui touche en un seul point une ligne, une surface. Un plan t. à une sphère. || S'échapper par la tangente, Saisir l'occasion de s'esquiver.

Géom. — On appelle tangente à une courbe en un point A de cette courbe, la position limite d'une sécante qui passe par le point A et par un point voisin A', lorsque ce point A' se rapproche infiniment du point A en suivant la courbe. Voy. LIMITE. Quand la courbe est définie géométriquement, il est souvent possible de trouver une propriété de la tangente qui en définit la position. Ainsi, la tangente au cercle est perpendiculaire à l'extrémité du rayon du point de contact; la tangente à l'ellipse fait des angles égaux avec les rayons vecteurs du point de contact, etc.

Tangentes aux courbes planes. — Nous avons démontré au mot INFINITÉSIMAL que si une courbe plane est rapportée à deux axes rectangulaires, la tangente trigonométrique de l'angle que fait avec l'axe des x la tangente à la courbe est égale à la dérivée de l'ordonnée de la courbe, prise par rapport à l'abscisse. Voy. INFINITÉSIMAL, III. Il en résulte que l'équation de la tangente au point x, y est :

$$Y - y = \frac{dy}{dx}(X - x).$$

Si l'équation de la courbe est F(x, y) = 0, la différentiation de cette équation donne :

$$F'_x \, dx + F'_y \, dy = 0,$$

d'où l'on déduit :

$$\frac{dy}{dx} = -\frac{F'_x}{F'_y}.$$

Si alors on remplace cette dérivée par sa valeur et qu'on chasse le dénominateur, on aura l'équation de la tangente sous la forme :

$$(X - x)F'_x + (Y - y)F'_y = 0.$$

Si on suppose l'équation de la courbe rendue homogène par l'introduction d'une 3e variable z (Voy. COORDONNÉES), on aura, d'après le théorème d'Euler :

$$xF'_x + yF'_y + zF'_z = mF(x, y, z),$$

m étant le degré de la courbe; mais le second membre est nul puisque les points x,y,z sont sur la courbe. Alors, on peut remplacer — xF'_x — yF'_y par zF'_z, et même par ZF'_z, puisque Z et z devront, à la fin du calcul, être remplacés par l'unité. On obtient alors l'équation de la tangente sous la forme très symétrique :

$$X F'_x + Y F'_y + Z F'_z = 0.$$

On voit que la tangente est définie en tout point de la courbe pour lequel les deux dérivées partielles F'_x et F'_y ne sont pas nulles. Les points exceptionnels où ces dérivées s'annulent toutes les deux, sont des points *multiples*. Voy. ce mot.

Tangentes aux courbes gauches. — Si x, y, z sont les coordonnées du point de contact et dx, dy, dz les différentielles de ces coordonnées lorsque le point suit la courbe, les équations de la droite joignant deux points infiniment voisins, c.-à-d. les équations de la tangente seront :

$$\frac{X-x}{dx} = \frac{Y-y}{dy} = \frac{Z-z}{dz}$$

On aura les équations sous forme finie en remplaçant les infiniment petits dx, dy, dz, par des valeurs finies qui leur sont proportionnelles qu'on déduira des équations de la courbe. Souvent la courbe est définie par 3 équations qui expriment x, y, z en fonction d'un paramètre t. :

$$x = f(t) \quad y = g(t) \quad y = h(t).$$

Alors, les différentielles dx, dy, dz sont proportionnelles aux dérivées de x par rapport à t, et les équations de la tangente sont :

$$\frac{X-x}{x'} = \frac{Y-y}{y'} = \frac{Z-z}{z'},$$

d'où l'on voit que les paramètres angulaires de la tangente sont proportionnels aux trois dérivées x', y', z'. La tangente est complètement définie sauf aux points *multiples* pour lesquels ces trois dérivées sont nulles.

Tangentes et plans tangents aux surfaces — On dit qu'une droite est tangente à une surface, lorsqu'elle est tangente à une courbe tracée sur cette surface. On démontre que, sauf en certains points exceptionnels, toutes les tangentes en un point A d'une surface aux différentes courbes qu'on peut tracer par ce point sur la surface, sont situées dans un même plan qu'on appelle le *plan t*. Soit en effet

(1) $F(x, y, z) = 0$

l'équation cartésienne de la surface. Pour définir une courbe tracée sur la surface, il faudra joindre à cette équation une deuxième équation quelconque que nous appellerons l'équation (2). Les équations de la tangente à cette courbe seront :

$$\frac{X-x}{dx} = \frac{Y-y}{dy} = \frac{Z-z}{dz}$$

dx, dy, dz étant définies par la différentiation des équations (2) et (1). Mais l'équation (1) donne :

$$F'_x dx + F'_y dy + F'_z dz = 0,$$

et si l'on élimine dx, dy, dz entre cette équation et celle de la tangente, on voit que tout point d'une tangente quelconque vérifiera l'équation

(3) $(X-x) F'_x + (Y-y) F'_y + (Z-z) F'_z = 0.$

Mais cette équation définit un plan qui contient ainsi toutes les tangentes à la surface au point x, y, z. C'est le *plan t*. Si on veut l'équation de la surface homogène et qu'on raisonne comme nous l'avons fait pour les courbes planes, on mettra l'équation du plan t. sous la forme symétrique :

$$X F'_x + Y F'_y + Z F'_z = 0.$$

Le plan t. est donc complètement défini, sauf aux points de la surface pour lesquels les dérivées partielles F'_x, F'_y, F'_z, s'annulent toutes les trois : ce sont les points singuliers. Voy. MULTIPLE.

Le plan t. coupe la surface, suivant une courbe qui présente un point double au point de contact, seulement cette courbe n'est réelle que si la surface est à courbures opposées (Voy. SURFACE). Si la surface est à simple courbure, cette intersection est imaginaire, et le plan t. n'a pas d'autre point commun avec la surface que le point de contact dans le voisinage de ce plan. Par exemple, le plan t. à une sphère ou à un ellipsoïde n'a qu'un point de commun avec la surface, tandis que le plan t. à un hyperboloïde à une nappe, coupe cette surface suivant les deux génératrices qui se croisent au point de contact.

Plan tangent aux courbes gauches. — On nomme ainsi tout plan qui passe par la tangente à une courbe gauche. Les plans tangents à une courbe gauche enveloppent une surface développable qui a pour génératrices les tangentes à la courbe, et dont cette courbe est l'arrête de rebroussement. Voy. DÉVELOPPABLE.

Trigon. — En trigonométrie, on appelle *tangente* d'un arc, le quotient du sinus de cet arc par le cosinus du même arc. Voy. SINUS, COSINUS, TRIGONOMÉTRIE.

TANGENTIEL, ELLE. adj. [Pr. *tan-jan-siel*]. T. Géom. et Méc. Qui a rapport à la tangente ou au plan tangent. *Coordonnées tangentielles.* Voy. COORDONNÉES. *Accélération tangentielle, Force tangentielle.* Voy. ACCÉLÉRATION, FORCE.

TANGER, v. d'Afrique (Maroc), en face de Gibraltar; 20,000 hab.

TANGHIN. s. m. ou **TANGHINIE.** s. f. [Pr. *tan-ghin, ghini, g dur*] (mot malgache) T. Bot. Genre de plantes Dicotylédones (*Tanghinia*) de la famille des *Apocynées*. Voy. ce mot.

TANGHININE. s. f. [Pr. *tan-ghinine, g dur*]. T. Chim. Principe vénéneux du tanghin. La t. est cristallisable, incolore, lévogyre, fusible à 182°. Presque insoluble dans l'eau, elle se dissout facilement dans l'alcool et dans le chloroforme. Sous l'action des acides étendus elle se résinifie. C'est un poison cardiaque très énergique.

TANGIBILITÉ. s. f. (R. *tangible*). Qualité de ce qui est tangible.

TANGIBLE. adj. 2 g. (lat. *tangibilis*, m. s., de *tangere*, toucher). Qui peut être touché. *Cela est visible et t.*

TANGUE. s. f. [Pr. *tan-ghe, g dur*]. T. Agric. Dépôts terreux qu'on ramasse à l'embouchure des fleuves pour amender les terres.

TANGUER. v. n. [Pr. *tan-gher, g dur*]. T. Mar. Se dit d'un navire qui éprouve les balancements du tangage. *Notre navire tanguait beaucoup.* || Se dit aussi d'un navire qui enfonce trop dans l'eau par son avant. *Ce bâtiment tangue sur l'ancre.*

TANGUEUR. s. m. [Pr. *tan-gheur, g dur*]. Navire qui tangue beaucoup.

TANGUIER. v. a. [Pr. *tan-ghier, g dur*]. Amender une terre avec de la tangue. = TANGUIÉ, ÉE. part.

TANIÈRE. s. f. (bas lat. *taxonaria*, m. s.). Caverne, creux dans la terre, dans le roc, où se retirent des bêtes sauvages. *Un ours tapi dans sa t. La t. d'un lion.* || Fig. et fam., on dit d'un homme d'humeur sauvage, qui sort rarement de chez lui, *Il est toujours dans sa t.*

TANIN ou TANNIN. s. m. (R. *tan*). T. Chim. Voy. plus bas. L'ortographe de ce mot donnée par l'Académie est *tanin;* mais tous les dérivés s'écrivent avec deux *n*. Aussi quelques auteurs écrivent *tannin*, et il y aurait peut-être avantage à faire prévaloir cette ortographe.

Chim. — 1. Le *tanin* ordinaire, qu'on appelle aussi *acide tannique, gallotannique* ou *digallique*, se rencontre dans la noix de galle, l'écorce de chêne et le sumac. On l'extrait de la noix de galle, finement pulvérisée, qu'on épuise dans un appareil à déplacement par un mélange d'eau, d'alcool et d'éther. Le liquide qui s'écoule se partage en deux couches : on recueille la couche inférieure, qui est une solution aqueuse de t., et on évapore. Le t. est un corps solide, blanc jaunâtre, friable, incristallisable, inodore et d'une saveur très styptique. Inaltérable à l'air sec, il prend, à l'air humide, une teinte plus foncée en donnant naissance à l'acide gallique. Il se dissout facilement dans l'eau, moins dans l'alcool, et il est insoluble dans l'éther, le benzène et le chloroforme. Il est précipité de ses solutions par les acides minéraux, par le sel marin, et par un grand nombre de sels neutres. Sa solution aqueuse rougit le tournesol ; elle réduit les sels d'or ou d'argent et la liqueur de Fehling ; elle donne avec les sels ferriques un précipité noir bleuâtre. Elle précipite l'albumine et la gélatine de leurs solutions en formant avec ces corps des composés insolubles et imputrescibles. Elle précipite aussi les sels de la plupart des alcaloïdes, l'émétique, l'empois d'amidon, etc. Le t. a pour formule brute $C^{14}H^9O^9$. On peut e considérer comme un éther-sel formé par la combinaison de deux molécules d'acide gallique. Il possède encore une fonction acide avec cinq fonctions phénol, et sa constitution est représentée par la formule $C^6H^2(OH)^3.CO.O.C^6H^2(OH)^2CO^2H$. On peut le transformer facilement en acide gallique, soit par fermentation en présence de l'eau, soit par ébullition avec l'acide sulfurique étendu. Sous l'action de la chaleur sèche, au-dessus de 215°, le t. se décompose en donnant de l'anhydride carbonique, du pyrogallol et de l'acide métagallique. En vertu de sa fonction acide, le t. s'unit aux bases pour donner des sels métalliques. Les *Tannates* ainsi formés sont, en général, peu stables et ne cristallisent pas. Ils précipitent les sels ferriques en noir bleuâtre. Avec les sels ferreux ils ne donnent d'abord rien; mais au bout de quelque temps, en présence de l'air, on obtient une coloration bleu foncé (*encre*). — Le t. fait la base de beaucoup de produits industriels. C'est par le tannage, c.-à-d. en mettant en contact avec le *tan* ou écorce de chêne, les peaux des grands animaux domestiques, dépilées et convenablement préparées, qu'on transforme ces peaux en *cuir* proprement dits : le t., en se combinant avec le tissu animal, forme un composé imputrescible. Le t. est encore un astringent des plus énergiques et des plus employés en médecine. Il entre dans la *potion de Pradel* et dans celle de *Gamba*, et l'on s'en sert aussi pour faire des injections. L'*injection tannique* se prépare en faisant dissoudre 1 gramme de t. dans 125 grammes de vin rouge ou de vin aromatique.

II. — Sous le nom générique de *tanins* ou d'*acides tanniques* on a réuni des substances végétales qui diffèrent au point de vue de la composition ou de la constitution chimique, mais qui ressemblent au t. ordinaire par un certain nombre de caractères communs. Ces substances sont amorphes, solubles dans l'eau et douées d'une saveur astringente. Elles réduisent les sels des métaux nobles et donnent avec les sels ferriques une coloration qui varie du noir bleuâtre au vert. Elles précipitent la gélatine, l'albumine et les alcaloïdes de leurs solutions. En présence des alcalis elles absorbent l'oxygène de l'air. Elles appartiennent toutes à la série aromatique; sous l'action de la chaleur elles se décomposent en donnant naissance soit à du pyrogallol, soit à de la pyrocatéchine. Les unes, comme le t. ordinaire, doivent être considérées comme des éthers formés par des acides-phénols; les autres sont des glucosides. En effet, quand on les hydrate en les chauffant avec un acide minéral étendu d'eau, les premières se scindent en deux molécules d'un acide-phénol tel que l'acide gallique; les autres se dédoublent en donnant naissance à une matière sucrée. Ces dernières toutefois s'écartent des autres glucosides en ce qu'elles sont précipitées par l'acétate neutre de plomb; grâce à cette propriété on peut les préparer facilement en précipitant de leurs solutions et en *décomposant* le précipité à l'aide de l'hydrogène sulfuré. — Les *acides cafétannique* et *quinotannique* (Voy. ces mots) sont des pareils glucosides. Dans l'écorce de chêne le t. ordinaire est accompagné d'un acide tannique qui par hydratation se dédouble en un sucre et un phlobaphène. L'*acide granatotannique* contenu dans la racine de grenadier se dédouble de même en sucre et en acide ellagique. L'écorce de la racine de ratanhia renferme un t. qui par dédoublement fournit un sucre et une matière colorante appelée *rouge de ratanhia*. On a encore décrit divers autres tanins : l'*acide filicotannique* extrait des rhizomes de la fougère mâle, l'acide *pinitannique* ou *tannopinique* des aiguilles du pin, l'acide *rubitannique* de la garance, l'*acide cachoutannique* du cachou, etc. La constitution chimique de la plupart de ces substances est encore inconnue.

TANINGES, ch.-l. de c. (Haute-Savoie), arr. de Bonneville ; 2,200 hab.

TANIS, v. de l'anc. Égypte dans le Delta ; auj. *San*.

TANNAGE. s. m. [Pr. *ta-naje*]. Action de tanner du cuir, ou le résultat de cette action. Voy. Cuir.

TANNANT, ANTE. adj. [Pr. *ta-nan*]. Qui sert à tanner les peaux. || Fig. Qui lasse la patience. Fam.

TANNATE. s. m. T. Chim. Voy. Tanin.

TANNAY, ch.-l. de c. (Nièvre), arr. de Clamecy ; 1,200 hab.

TANNE. s. f. [Pr. *ta-ne*] (R. *tan*). Marque brune qui reste sur une peau après le tannage.

Méd. On appelle ainsi de petites tumeurs formées à la surface de la peau et dues à l'accumulation de matière graisseuse dans les glandes sébacées. On les observe surtout dans les régions où ces glandes sont nombreuses : front, ailes du nez, cou, etc. Lorsqu'on presse ces petites tumeurs, on en fait sortir une matière grasse d'apparence vermiforme. C'est tout simplement la matière sébacée qui prend cette forme allongée en traversant l'orifice de la glande. Quand les tannes ont un certain volume, il faut les vider de temps en temps. Enfin, si la tumeur devient volumineuse et passe à l'état de *loupe*, il faut l'extirper en enlevant le kyste.

TANNÉE. s. f. [Pr. *ta-née*]. Tan qui a servi à la préparation des cuirs et qui est dépouillé de son tanin et que les jardiniers emploient à faire des couches et à couvrir des plates-bandes. — *Fleurs de t.*, fleurs qui poussent sur la tannée.

TANNEGUY DU CHÂTEL, un des chefs du parti armagnac sous Charles VI, fut l'un des meurtriers de Jean sans Peur, au pont de Montereau (1419).

TANNER. v. a. [Pr. *ta-ner*]. Préparer avec du tan. *T. des cuirs.* || Fig. et popul., Fatiguer, ennuyer, molester. *C'est un homme qui me tanne. Dans ce sens, on dit aussi, C'est un homme tannant.* = **Tanné, ée.** part. || Adject., Qui est de couleur à peu près semblable à celle du tan. *Du drap, du velours tanné. Un chien tanné.* || On dit aussi, subst., *Cela tire sur le tanné.*

TANNERIE. s. f. [Pr. *ta-nerie*]. Lieu où l'on tanne les cuirs.

TANNEUR. s. m. [Pr. *ta-neur*]. Celui qui tanne des cuirs ou qui vend des cuirs tannés.

TANNIN. s. m. T. Chim. Voy. Tanin.

TANNIQUE ou **TANIQUE.** adj. 2 g. T. Chim. Voy. Tanin.

TANREC. s. m. Voy. Tenrec.

TANT. adv. de quantité [Pr. *tan*] (lat. *tantum*, m. s.). Il sign. ordinairement telle quantité, tel nombre, telle abondance; dans ce sens, il est très souvent suivi de la conj. *Que. Il a t. de richesses, qu'on ne saurait les compter. J'ai été t. de fois chez lui. Il a t. de vertu, de bonté. Il me demanda combien j'avais de revenu, je lui dis que j'en avais t.*

Et l'hymen nous a joints par tant et tant de nœuds.

CORNEILLE.

Nous partagerons, il y aura t. pour vous et t. pour moi. Donnes-m'en t. soit peu, et si peu que vous voudrez. — Au jeu, on dit fam., *Nous sommes t. à t.*, Nous avons autant de points, autant de parties l'un que l'autre. || Tellement, en si grande quantité, à un tel excès, à tel point. *Le jour qu'il plut t. Il ne faut pas t. discourir. T. fut plaidé, que les deux parties se ruinèrent. T. il est difficile de bien écrire! T. il est vrai que...* Proverb., *T. va la cruche à l'eau, qu'à la fin elle se brise,* Voy. Cruche. || Sign. quelquefois Autant. *Rien ne m'a t. fâché que cette nouvelle.* Popul., *Il pleut t. qu'il peut.* — *Tous t. que nous sommes, tous t. que vous êtes,* Tout ce que nous sommes, tout ce que vous êtes de gens. — Fig. et prov., *T. vaut l'homme, t. vaut la terre,* La valeur ou le produit d'une chose est en raison du travail, de l'intelligence de celui qui la fait valoir. *T. tenu, t. payé,* Voy. Payen. || *Tant*, se dit encore pour marquer une certaine proportion, un certain rapport entre les choses dont on parle. *T. plein que vide. T. bon que mauvais. Ce n'est pas t. manque de soin que manque d'argent. Je le sers t. pour lui que pour me faire plaisir. || S'il faisait t. que... Puisqu'il faisait t. que..., S'il se portait jusque-là, puisqu'il se portait jusqu'à faire telle chose.* — *Si je faisais t. que de voyager, je voudrais.... Quand il faisait t. que de se mettre à table, il n'en sortait plus.* = **Tant mieux.** locut. adv. Qui sert à marquer qu'une chose est avantageuse, qu'on en est bien aise. *La fièvre a cessé, t. mieux. S'il se conduit sagement, t. mieux pour lui.* = **Tant pis.** loc. adv. dont on se sert pour marquer qu'une chose est désavantageuse et qu'on en est fâché. *S'il ne se corrige pas, t. pis* *pour* lui. || Fam., *T. pis, t. mieux,* se dit quelquefois pour marquer qu'on ne se soucie guère de la chose dont il s'agit. — TANT ET PLUS. loc. adv. Voy. PLUS. = TANT PLUS QUE MOINS. loc. adv. À peu près. *Il a six mille francs de rente, t. plus que moins.* Fam. = TANT QUE. locut. conj. Aussi loin que, ou aussi longtemps que. *T. que la vue se peut étendre. T. que la terre le pourra porter. T. que je vivrai. T. que le monde durera.* Pour *t.* et *si longtemps, pour t. et si peu qu'il vous plaira.* = TANT Y A QUE. loc. conj. Quoi qu'il en soit. *Je ne sais pas bien ce qui donna lieu à leur querelle, t. y a qu'ils se battirent.* Fam. = TANT S'EN FAUT QUE. Voy. FALLOIR. = SI TANT EST. Voy. SI. = SUR ET TANT MOINS, Voy. MOINS. = EN TANT QUE. locut. conj. Selon que, autant que, comme. *En t. qu'il m'appartient. En t. qu'homme, il les plaint; mais en t. que juge, il les condamne.*

Obs. gram. — *Tant* ne doit jamais se joindre à un adjectif. On ne dira donc point, *tant beau, tant courageux, tant aimable,* mais *si beau, si courageux, si aimable.* — Avec le verbe actif ou neutre on emploie l'adverbe *tant* et jamais l'adv. *si.* Quand le verbe n'a pas d'auxiliaire, *tant* doit le suivre immédiatement : *Il travaille tant; il pleut tant.* Mais, lorsque le verbe actif ou neutre a un auxiliaire, *tant* se met entre les deux : *il a tant travaillé; il a tant plu; ils ont tant écrit.* Ainsi on ne dira pas : *Il a si travaillé; il a si plu; etc.* Au contraire, avec un verbe passif, on emploie ordinairement *si* au lieu de *tant,* et voici dans quel cas. « Lorsque, dit Lavoaux, on a à exprimer un sentiment particulier au moyen d'un verbe passif, comme *Je suis si touché, si ému, si courroucé, si animé,* on ne peut dire : *Je suis tant ému, tant touché, tant courroucé, tant animé,* parce que ces mots tiennent lieu d'épithètes; mais, lorsqu'il s'agit d'une action, d'un fait, on emploie le mot *tant.* Cette *affaire fut tant débattue, les accusations furent tant renouvelées, les juges tant sollicités, les témoins tant confrontés;* et non pas *si confrontés, si sollicités, si renouvelées, si débattue.* La raison en est que ces participes expriment les faits, et ne peuvent être regardés comme des épithètes. — *Tant,* employé comme adverbe comparatif, demande *que* après lui et jamais *comme.* On dira donc : *Il n'a pas tant de talent que vous,* et non *comme vous.*

TANTA, v. d'Égypte, sur une branche du Nil; 35,750 hab.

TANTALATE. s. m. T. Chim. Voy. TANTALE.

TANTALE, nom d'un roi de Phrygie qui, suivant la Fable, fut condamné à subir dans les enfers une faim et une soif perpétuelles, au milieu des eaux qui fuyaient ses lèvres, et près d'arbres fruitiers dont les fruits se dérobaient à sa main. Son crime était, suivant les uns, d'avoir dérobé le nectar et l'ambroisie, suivant d'autres d'avoir égorgé son fils Pélops, et de l'avoir servi aux dieux dans un festin. || Par allus., *Supplice de Tantale,* se dit du chagrin qu'on éprouve lorsqu'on voit sans cesse s'évanouir des espérances sur la réalisation desquelles on comptait. || *Vase de T.* T. Phys. Voy. SIPHON.

TANTALE. s. m. (nom mythol.). T. Ornith. Genre d'*Échassier.* Voy. CIGOGNE.

Chim. — Le *Tantale* est un corps simple métallique qui a été découvert en 1802, par le chimiste suédois Ekeberg. Le nom de *Tantale* fait allusion à la propriété que possède ce métal d'être insoluble dans les acides, à l'exception de l'acide fluorhydrique. On a longtemps admis l'opinion de Wollaston qui pensait que le t. était identique au colombium. Plus tard on a cru à l'existence de nouveaux corps simples, là où l'on n'avait affaire qu'à un mélange des composés du t. et du niobium. Les travaux de Marignac ont mis fin à toutes ces confusions. — Le t. est un métal pentavalent dont le poids atomique est 182 et qu'on représente par le symbole T. Il se trouve associé au niobium dans la tantalite, la columbite et autres terres rares; la tantalite renferme 70 à 85 p. 100 d'anhydride tantalique, la baïérine ou columbite en contient 20 à 30 p. 100. On extrait le t., comme il a été dit au mot NIOBIUM, à l'état de *Fluotantalate de potassium.* Ce sel, qui a pour formule $2KFl,TaFl^5$ peut être considéré comme une combinaison du *Fluorure de tantale* $TaFl^5$ avec le fluorure de potassium. Le fluotantalate de potassium cristallise en fines aiguilles presque insolubles dans l'eau froide et facilement fusibles. En le réduisant par le sodium on obtient le *Tantale* métallique sous la forme d'une poudre noire qui a pour densité 10,8 et qui, à une température élevée, se combine avec incandescence à l'oxygène, au

chlore et au soufre. L'*Anhydride tantalique* Ta^2O^5 se prépare en décomposant le fluotantalate de potassium par l'acide sulfurique, évaporant à sec et calcinant le résidu. On l'obtient moins pur en fondant la tantalite avec du bisulfate de potasse. L'anhydride tantalique est une poudre infusible, blanche à froid, jaune à chaud. Traité par un courant de chlore en présence de charbon, il donne naissance au *Chlorure de tantale* $TaCl^5$, qui cristallise en aiguilles jaunes, fusibles à 211°. On prépare les *Tantalates* des métaux alcalins en fondant l'anhydride tantalique avec les alcalis; les autres s'obtiennent par double décomposition. Ces sels forment deux groupes et correspondent à deux *acides tantaliques* qui auraient pour formules TaO^3H et $Ta^3O^{10}H^5$. Tous sont insolubles dans l'eau, sauf les hexatantalates des métaux alcalins.

TANTALIQUE. adj. 2 g. T. Chim. Voy. TANTALE.

TANTALITE. s. f. T. Minér. Tantalate et niobate de fer et de manganèse, en cristaux orthorhombiques allongés, d'un noir de fer.

TANTE. s. f. (lat. *amita,* m. s. Ce mot a donné régulièrement *ante; tante* est pour *ta ante,* et provient du langage enfantin). La sœur du père ou de la mère. *T. paternelle, maternelle.* — *T. par alliance,* la femme de l'oncle. — *Grand't.,* La sœur de l'aïeul ou de l'aïeule. — *T. à la mode de Bretagne,* La cousine germaine du père ou de la mère.

TANTET. s. m. [Pr. *tan-tè*]. Diminutif de *Tant.* Une très petite quantité, très peu. *Donnez-moi un t. de ce potage.* On dit aussi adverbial., *Un t. Elle est un t. bizarre.*

TANTIÈME. adj. 2 g. (R. *tant*). Qui représente tant d'une grandeur déterminée. — m. Tant sur une quantité déterminée.

TANTIN ou **TANTINET.** s. m. Diminutif de *Tantet. Donnez-moi un t. de pain.* On dit encore adverb., *Un t. Elle était un t. fâchée contre vous.* — Ces mots sont familiers.

TANTÔT. adv. de temps [Pr. *tan-to*]. Se dit le plus souvent du jour même où l'on parle, et signi., soit de temps, ou, il y a peu de temps. *Je l'ai vu ce matin et je le reverrai encore t. Je finirai cela t. J'ai vu t. l'homme dont vous me parlez.* — Fam., on dit, *A t.,* pour exprimer qu'on se reverra dans la même journée. || Fam., *Tantôt,* se dit encore en parlant d'un temps indéterminé, et alors il sign. bientôt. *Ce bâtiment est t. achevé. J'en serai t. quitte. Il est t. nuit.* || *Tantôt,* redoublé, se dit pour marquer des changements consécutifs d'un état à un autre, ou en général, une opposition quelconque. *Il se porte t. bien, t. mal. Il est t. d'un avis, t. d'un autre. Ce mot signifie t. telle chose, t. telle autre.*

TANUCCI (marquis DE), principal ministre des rois de Naples Charles VII et Ferdinand IV (1698-1783), opéra des réformes et fit commencer les fouilles de Pompéi (1755).

TANYSTOMES. s. m. pl. (gr. τανύω, j'étends; στόμα, bouche). T. Entom. La famille des *Tanystomes* est la deuxième de l'ordre des *Diptères.* Elle se distingue des deux suivantes en ce que le dernier article des antennes n'offre, ou n'y comprenant point le stylet ou le soie qui peut le terminer, aucune division transverse. En outre, le suçoir de ces diptères est composé de quatre pièces. Leurs larves ressemblent à de longs vers, presque cylindriques et sans pattes, avec une tête écailleuse et munie de crochets ou d'appendices rétractiles qui leur servent à ronger ou à sucer les substances dont elles se nourrissent. La plupart vivent dans la terre, et elles changent de peau pour subir leur seconde transformation. Les genres nombreux que renferme cette famille ont été répartis par Latreille en 2 sections et en 8 tribus.

La première de ces sections comprend 5 tribus, savoir : les *Asiliens,* les *Empides,* les *Cyrtides,* les *Bombyliens* et les *Anthraciens.* Les insectes qui la composent ont la trompe constamment saillante et s'avançant plus ou moins sous la forme d'un tube ou d'un siphon, tantôt cylindrique ou conique, tantôt filiforme. La gaine du suçoir est de consistance presque cornée. Les lèvres sont petites ou se confondent avec la gaine, et les palpes sont peu développés. Ces diptères sont en général d'assez grande taille et fort agiles dans leurs mouvements. Ils produisent un bourdonnement assez fort pendant le vol, et se rencontrent souvent dans les lieux exposés à la plus grande chaleur du soleil. La plupart sont très voraces et attaquent d'autres insectes dont ils font leur nourriture : quelques-uns néanmoins vivent du suc des fleurs. Les *Asiliens* ont la trompe dirigée en avant, les ailes couchées et le corps allongé. Suivant leur taille ou leur force, ils saisissent des Mouches, des Tipules, des Bourdons et des Coléoptères pour les sucer. La plupart sont exotiques. Cependant on rencontre communément, en France et même aux environs de Paris, l'*Asile craboniforme* ou *Asile frelon* (*Asilus craboniformis*) [Fig. 1, grand. nature.]. Ce diptère, long d'environ 32 millimètres, est jaune avec les trois premiers anneaux de l'abdomen noirs et les ailes roussâtres. — Les *Empides* sont très voisins des précédents par la forme du corps et la position des ailes, mais ils s'en distinguent par leur trompe dirigée en arrière. Ils sont de petite taille et vivent de proie ou du suc des fleurs. Nous citerons, comme type de la tribu, l'*Empis aux pieds emplumés* (*Empis pennipes*), ainsi appelé parce que les pieds de la femelle sont garnis de poils en forme de plume. Cet insecte est noir, avec les ailes obscures, et se trouve surtout en Allemagne. — Les *Cyrtides* ont la trompe dirigée en arrière ou nulle, les ailes inclinées de chaque côté du corps, les antennes très rapprochées, l'abdomen vésiculeux, enfin le thorax très élevé ou bossu. Le *Cyrte gibbeux* (*Cyrtus gibbosus*) se rencontre dans le midi de la France ; il repose sur les fleurs et fait entendre en volant un petit cri aigu. — Les *Bombyliens* ont la trompe dirigée en avant, ordinairement fort longue et grêle vers le bout. Leurs ailes sont étendues horizontalement de chaque côté du corps; leur abdomen est triangulaire ou conique, et leur thorax comme bossu. Ces insectes ont pour la plupart le corps très velu. Ils volent avec une grande rapidité en planant au-dessus des fleurs, dont ils pompent le miel sans s'y poser, et font entendre un bourdonnement aigu. On rencontre souvent aux environs de Paris le *Bombyle bichon* (*Bombylius major*) [Fig. 2, un peu grossie]. Cet insecte, qui est long de 13 millimètres, est couvert de poils d'un gris jaunâtre, et a la moitié extérieure des ailes noirâtre, le reste diaphane, et les pieds fauves. — Les *Anthraciens* ont la trompe généralement courte et le corps déprimé, nullement gibbeux, avec la tête aussi haute et aussi large que lui. Les antennes sont toujours

Fig. 1.

Fig. 2.

très courtes et l'abdomen est en partie carré. Ces insectes sont généralement velus. Comme les précédents, ils vivent du suc des fleurs. L'*Anthrax morio* (*Anth. morio*) est d'un noir mat à duvet fauve; ses ailes, d'un brun rouge à la base, sont transparentes à l'extrémité. On le trouve communément chez nous l'été, pendant les grandes chaleurs, dans les lieux sablonneux et exposés au plein soleil.

Les diptères, qui forment la seconde section des Tanystomes, se distinguent des précédents par leur trompe membraneuse, à tige ordinairement très courte, peu avancée, terminée par deux lèvres bien distinctes et relevées ou ascendantes. Ils sont de petite taille et se trouvent souvent par myriades sur les végétaux. La plupart ont des couleurs brillantes souvent métalliques. Ils comprennent les 3 tribus des *Thérévites*, des *Leptides* et des *Dolichopiens*. — Les *Thérévites* ont les palpes retirés dans la cavité orale, et les antennes terminées en fu-

seau ou en cône allongé, avec un petit stylet articulé au bout. L'espèce type est la *Thérève plébéienne* (*Thereva plebeia*), noire, avec des poils cendrés et les anneaux de l'abdomen blancs. — Les *Leptides* ont les palpes extérieurs, et le dernier article des antennes tantôt presque globuleux ou réniforme, tantôt presque ovoïde ou conique, est terminé par une longue soie. Dans le genre *Leptis* proprement dit, nous citerons deux espèces qu'on trouve en France, le *L. bécasse* (*L. scolopacea*), au thorax noir, à l'abdomen fauve, avec un rang de taches noires sur le dos; et le *L. ver-lion* (*L. vermileo*) [Fig. 3, très grossie]. Ce dernier est long de 8 millimètres, et semblable à une Tipule. Il est de couleur jaune, avec quatre traits noirs sur le thorax et cinq rangs de taches noires

Fig. 3.

sur l'abdomen. Sa larve, de forme allongée, avec la tête munie de deux crochets, creuse dans le sable des trous en entonnoir pour prendre au piège des insectes qu'elle suce aussitôt. Dans le genre *Atherix*, nous mentionnerons l'*Atherix bordé* (*Ath. marginatus*), qui est noir, avec les ailes transparentes. Il fréquente le bord des rivières. — Enfin, les *Dolichopiens* ont la tête triangulaire, l'abdomen courbe en dessous, et les ailes couchées sur le corps. Plusieurs espèces sont remarquables par leurs couleurs vertes ou cuivreuses. Les unes se tiennent sur les murs ou sur les feuilles ; d'autres courent avec célérité sur la surface des eaux. Nous nommerons seulement le *Dolichope à crochets* (*Dolichopus ungulatus*), qui a le corps d'un vert bronzé luisant, avec les yeux dorés et les pieds d'un brun pâle ou livide.

TANZIMAT. s. m. [Pr. le *t* final.] (ar. *tandhim*, mettre en ordre). Se dit des Lois organiques basées sur le hattischérif de Gulhané, et publiées en 1844 par le sultan Abdul-Medjid, dans le but d'opérer dans l'organisation politique, civile, judiciaire et militaire de la Turquie, des réformes qui la mettent en harmonie avec l'esprit européen.

TAO, Voy. TIBESTI.

TAON. s. m. [Pr. *tan*] (lat. *tabanus*, m. s.). T. Entom. Voy. TABANIDES.

TAORMINE, anc. Tauromenium, v. de Sicile sur la Méditerranée ; 3,400 hab.

TAPABOR. s. m. (R. *tape*, à et *bord*). Bonnet de campagne dont les bords se rabattent, pour garantir du mauvais temps. Vx.

TAPAGE. s. m. (R. *taper*). Désordre accompagné d'un grand bruit. *Faire t., du t. Quel t.!* || Reproches faits avec bruit, criailleries. *Voilà bien du t. pour peu de chose.*

TAPAGEUR, EUSE. s. et adj. Celui, celle qui fait, qui a l'habitude de faire du tapage. *C'est un t. Cet enfant est bien t. C'est une petite tapageuse.* — Ces mots sont familiers.

TAPAJOS ou **RIO PRETO**, riv. du Brésil, affl. de droite de l'Amazone; 1,000 kil.

TAPE. s. f. (bas all. *tappe*, patte). Coup de la main, soit ouverte, soit fermée. *Il lui a appliqué une bonne t.* Fam.

TAPE. s. f. (orig. germ. : all. *zapfen*; suédois, *tapp*, boucher). T. Marine. Bouchon de liège qui sert à fermer la bouche des canons. *T. d'écubier*, Cône de bois tronqué avec lequel on bouche les écubiers. || T. Techn. Bouchon de linge qu'on enfonce dans le trou qui est à la pointe d'une forme à sucre. — Bouchon de bois qu'on enfonce dans le trou qui est au fond d'une cuve de brasseur.

TAPECU ou **TAPECUL.** s. m. [Pr. *tape-cu*] (R. *taper*, et *cul*). Sorte de bascule qui s'abaisse par un contrepoids, ou autrement, pour fermer l'entrée d'une barrière. || Par dérision, se dit d'une voiture rude et cahotante. *Nous partîmes dans un méchant t.* || T. Marine. Voile établie sur la poupe d'un navire. Voy. VOILE. = Pl. *Des tapecus ou des tape-cul.*

TAPÉE. s. f. Accumulation. *Une t. d'enfants.* Fam.

TAPEMENT. s. m. [Pr. *tape-man*]. Action de taper. || T. Techn. Action d'étendre également le vernis sur une planche de gravure.

TAPER. v. a. (bas all. *tappe*, patte). Frapper, donner un ou plusieurs coups. *Il l'a tapé trop fort. Je vous taperai.* Fam. || T. Coiffeur. *T. les cheveux*, Les arranger et les relever avec le peigne d'une certaine manière qui les renfle et les fait paraître davantage. Vx ; on dit *Crêper.* || T. Peint. Peindre d'une manière telle que l'artiste semble n'avoir fait que frapper çà et là la toile de quelques coups de brosse. = TAPER. v. n. Frapper avec un instrument, un objet quelconque. *T. avec un marteau. Il ne fait que t. dans sa chambre.* || *T. du pied ou des pieds*, Frapper le sol avec ses pieds. = TAPÉ, ÉE. part. Bien tapé. *Des cheveux tapés. Un tableau tapé.* — Fig. et pop., *Voilà une réponse bien tapée, un mot bien tapé*, se dit d'une réponse faite à propos et piquante, d'un mot vif et piquant. || Se dit encore de certains fruits séchés au four et de forme aplatie. *Des poires tapées.*

TAPER. v. a. (orig. germ. : all. *zapfen*; suédois, *tapp*, boucher). Enfoncer des bouchons avec la tapette. || T. Mar. *T. un canon, une cubier*, Y appliquer une tape. || T. Techn. *T. une forme à sucre*, Fermer avec un bouchon le trou qui est à la pointe.

TAPETI. s. m. T. Mamm. Espèce de *Lapin.* Voy. LIÈVRE.

TAPETTE. s. f. [Pr. *tapè-te*]. Palette de bois pour enfoncer les bouchons. || Taffetas pour étendre le vernis. || Petite tape. Fam.

TAPHOZOÏENS. s. m. pl. (gr. τάφος, tombeau ; ζῶον, animal). T. Mam. Tribu de Chauves-Souris qui habitent les anciens tombeaux égyptiens. Voy. CHÉIROPTÈRES.

TAPIN. s. m. Celui qui bat du tambour. Fam.

TAPINOIS (EN). loc. adverb. [Pr. *tapi-noua*]. En cachette, sourdement. *Il est venu en t.*

Votre œil en tapinois me dérobe mon cœur. (MOLIÈRE.)

|| Se dit aussi d'un homme rusé et dissimulé qui va à ses fins par des voies détournées. *C'est un homme qui ne fait rien qu'en t.*

TAPINOSE. s. f. [Pr. *tapino-ze*] (gr. ταπείνωσις, humiliation). T. Rhétor. Syn. d'Exténuation, Litote, Euphémisme.

TAPIOCA ou **TAPIOKA.** s. m. Nom donné, au Brésil, à la fécule de manioc traitée d'une certaine façon par la chaleur. Voy. EUPHORBIACÉES, II.

TAPIOLITE. s. f. T. Minér. Variété de tantalite en cristaux quadratiques.

TAPIR (SE). v. pron. (R. *taper*, boucher). Se cacher en se tenant dans une posture raccourcie ou resserrée. *Se t. dans un coin, contre une muraille, derrière une haie.* = TAPI, IE. part.

TAPIR. s. m. T. Mamm. Le genre *Tapir (Tapirus)* appartient à l'ordre des *Ongulés Périssodactyles.* Les animaux qui le composent ont à peu près la forme du Cochon, mais leur taille est plus grande. Ils ont à chaque mâchoire 6 incisives et 2 canines, qui sont séparées des molaires par un espace vide : ces dernières sont au nombre de 14 en haut et de 12 en bas. Ils ont en outre le nez prolongé en une petite trompe mobile, la queue très courte, et les pieds antérieurs terminés par 4 doigts munis de petits sabots courts et arrondis, tandis que les postérieurs n'en ont que 3. Ils constituent donc, à ce point de vue, une forme de passage entre les Ongulés à doigts impairs et les Ongulés à doigts pairs. Enfin, leur peau est épaisse et revêtue de poils soyeux assez rares. — Pendant longtemps on n'a connu qu'une espèce de ce genre, le *T. d'Amérique*, qui était le plus grand quadrupède du nouveau continent à l'époque de sa découverte. La taille de cette espèce est celle d'un âne. Son pelage est brun, presque uniforme, mais passant au grisâtre sur la tête et sur la gorge ; ses poils sont courts et peu serrés ; une petite crinière règne sur le cou du mâle : la longueur totale du corps et de la tête égale environ 2 mètres, et la hauteur au jarret un peu plus de 1 mètre. Les petits sont tachetés de blanc comme les faons du Cerf. Cette espèce est répandue dans l'Amérique méridionale depuis l'Orénoque jusqu'à la Plata. On connaît aujourd'hui deux autres espèces de Tapir. L'une, appelée *T. pinchaque*, est également américaine et habite les Andes colombiennes ; elle diffère assez peu de la précédente. L'autre, au contraire, appartient à l'ancien continent ; on la trouve à Sumatra, à Bornéo et dans la pres-

qu'lle de Malacca : de là le nom de *T. de l'Inde* sous lequel on la désigne. Ce dernier animal est plus grand que le *T. d'Amérique*; en outre, son pelage est brun noir avec le dos gris blanc (Fig. ci-contre). — A l'état sauvage, les Tapirs ont les mœurs brutales, mais non féroces, et ils occasionnent moins de dégâts que les Sangliers. En général, ils se tiennent le jour cachés dans des lieux fourrés, et n'en sortent que la nuit pour chercher leur nourriture, qui consiste en végétaux et en fruits. Ils vont volontiers à l'eau, traversent aisément les rivières et se vautrent avec plaisir dans les marais ou les étangs. Dans les forêts, ils cheminent ordinairement ou hasard, écartant ou brisant tout ce qui leur fait obstacle et avançant résolument tête baissée. Ils prennent directement leurs aliments avec leur gueule, leur trompe étant trop courte et point préhensile. Pour boire, ils la relèvent de manière à ne point la mouiller. Cet organe, qui n'est qu'un simple boutoir, n'influe même pas sur leur voix, qui consiste en un sifflement grêle et très disproportionné à la stature de l'animal. Pris tout jeunes, les Tapirs s'apprivoisent dès le premier jour, et vont dans toute la maison sans en sortir, même après être devenus adultes. Tout le monde peut les approcher, les toucher et les gratter, ce qu'ils aiment beaucoup. Ils ne mordent point, si, on les incommode, ils se contentent de faire entendre leur sifflement. Dans cet état, on les voit manger de la chair crue ou cuite, et toute espèce d'aliments. « Parmi les Pachydermes, dit Isid. Geoffroy Saint-Hilaire, il en est un dont la domestication me semble devoir être immédiatement tentée : c'est le *T.*, et plus spécialement l'espèce américaine, qu'il serait si aisé de se procurer par la Guyane et par le Brésil. Non moins facile à nourrir que le Cochon, le *T.* semble par ses instincts naturels éminemment disposé à la domestication. Au défaut de la société de ses semblables, je l'ai vu rechercher celle de tous les animaux placés près de lui, avec un empressement sans exemple chez les autres Mammifères. L'utilité du *T.* serait double pour l'homme. Sa chair, améliorée par un régime convenable, fournirait un aliment à la fois sain et agréable, ainsi que divers produits industriels, notamment un cuir excellent. En même temps, d'une taille bien supérieure à celle du Cochon, il pourrait rendre d'importants services comme bête de somme. Il faudrait d'abord l'introduire dans l'Europe méridionale, puis, avec le temps, il pourrait être acclimaté dans les pays tempérés. » La seule difficulté que présente cette acquisition, c'est que le *T.* a besoin d'une température élevée. Ainsi, on ne l'a pas vu se reproduire sous le climat de Paris. Voy. LOPHIODON.

TAPIRÉ, ÉE. adj. (part. pass. de *tapirer*). T. Ornith. Se dit des oiseaux dont le fond du plumage est parsemé de teintes variées accidentelles.

TAPIRER. v. a. (R. *tapir*, mot de la Guyane qui sign. rouge). Teindre en rouge. = TAPIRÉ, ÉE. part.

TAPIS. s. m. [Pr. *ta-pi*] (lat. *tapes*, gr. ταπήτιον, dimin. de ταπης, m. s.). Pièce d'étoffe, de laine, de soie, etc., dont on couvre une table, une estrade, le carreau ou le parquet d'une chambre, etc. *T. de table. T. de pied. T. de Turquie, de Perse, T. de la Savonnerie.* Voy. TAPISSERIE.

> Sur un tapis de Turquie
> Le couvert se trouva mis.
> LA FONTAINE.

— Fig., *Mettre une affaire, une question sur le t.*, La proposer pour l'examiner, pour en juger. On dit encore fam., *Tenir quelqu'un sur le t.*, Parler de lui, en faire le sujet de la conversation; *Être sur le t.*, Être le sujet de l'entretien; et *Amuser le t.*, Entretenir la compagnie de choses vaines. Voy. AMUSER. || *T. de billard*, Le drap vert qui recouvre la table d'un billard, et qui est fortement tendu, afin que les billes y roulent facilement. || *T. vert*, se dit quelquefois d'une table de jeu, ou de la table couverte d'un t. vert autour de laquelle on se range, dans certaines administrations, pour discuter une affaire. — *Le t. compte pour dix*, convention du jeu de 21, en vertu de laquelle chaque joueur est censé avoir dix en main. — *Le t. brûle*, tout le monde n'a pas mis au jeu. — *T. franc*, cabaret fréquenté par des voleurs. — Fig., se dit d'une grande pièce de gazon pleine et sans découpures qu'on trouve dans les grands jardins. On dit de même, *Un t. de verdure, de gazon, de mousse, de fleurs, etc.* || *T. Manège.* Lorsqu'un cheval ne relève pas assez en marchant, on dit qu'*il rase le t.* || *T. Zool.* Coloration du fond de l'œil chez certains *Mammifères.* Voy. ŒIL, IV.

TAPISSER. v. a. [Pr. *tapi-ser*] (R. *tapis*). Revêtir, orner de tapisserie les murailles d'une salle, d'une chambre, etc. *T. une chambre.* || Par ext., se dit des autres choses qui couvrent ou qui ornent les murs d'une chambre, etc. *T. une chambre de papier peint. Ce mur est tapissé d'affiches.* || Par anal., se dit des diverses choses qui couvrent et revêtent une surface. *Une vigne tapisse de ses rameaux l'intérieur de la grotte. Au printemps, la terre est tapissée de fleurs. La membrane qui tapisse l'intérieur de l'estomac.* = TAPISSÉ, ÉE. part.

TAPISSERIE. s. f. [Pr. *tapi-serie*] (R. *tapisser*). Toute étoffe, tout tissu, etc., qui sert à couvrir et à orner les murailles d'une chambre. *T. de velours, de damas, de brocatelle, de papier peint, de cuir doré.* || Fig., *Faire t.*, se dit de personnes qui assistent à un bal ou à quelque autre grande réunion sans y prendre part, et qui sont ordinairement rangées contre les murs de la salle. *Ces femmes n'étaient là que pour faire t.* — *Être derrière la t.*, être informé de ce qu'on tient secret.

Syn. — *Tapis.* — Les mots *tapis* et *tapisserie* désignent également une sorte de tissu qui sert à couvrir et à orner un objet. Mais *tapis* est le mot primitif : il signifie la chose en elle-même, abstraction faite de toute autre considération. Le mot *tapisserie*, au contraire, comprend mieux l'idée du travail, de l'industrie, de l'art que l'ouvrier a déployés dans la fabrication du *tapis*, ou l'idée de sa destination décorative de ce dernier. En conséquence, on dit faire de la *t.*, travailler en *t.*, fauteuil en *t.*, et non faire du *tapis*, travailler en *tapis* et fauteuil en *tapis*.

Techn. — Le travail de la *Tapisserie* consiste à imiter un objet, à reproduire un dessin quelconque à l'aide de fils colorés nommés *brins*, que l'on applique autour des fils non colorés. On distingue trois sortes de *t.*, la *T. à l'aiguille*, la *T. tissée* et la *T. imprimée*. — La *T. à l'aiguille* se fait avec une toile à mailles claires appelé *Canevas*, entre les fils de laquelle on conduit, au moyen d'une aiguille, des fils colorés de laine, de soie, d'or, etc. Ce travail s'exécute à l'aide de modèles qui indiquent les couleurs et le nombre de points à faire avec chacune d'elles. La t. à l'aiguille est appelée *T. de point de Hongrie*, lorsqu'elle est faite à gros points, et *T. de point d'Angleterre*, ou *point d'Espagne*, etc., lorsqu'elle est faite à petits points. Ces sortes de tapisseries sont exécutées par des femmes, qui n'ont besoin pour cela que d'une sorte de châssis, appelé *métier à t.*, sur lequel on tend le canevas. Les tapisseries de cette catégorie s'emploient pour faire des pantoufles, des coussins, des tabourets, des descentes de lit, ou encore pour recouvrir des fauteuils, des chaises, etc. La *T. tissée*, ou *T. au métier* proprement dite, s'exécute en appliquant les fils colorés autour de ses autres fils non colorés, qui sont tendus verticalement ou horizontalement et dont l'ensemble forme ce qu'en langage de tissour on nomme *Chaîne*, les premiers constituant la *Trame*. La *T. imprimée* s'obtient au moyen de métiers analogues à ceux qu'on emploie pour tisser la flanelle, le drap, etc., mais munis d'une mécanique Jacquard. C'est la chaîne préalablement imprimée qui forme le dessin.

Dans la *t. au métier*, celle qui donne les plus beaux exemplaires et qui est faite par de véritables artistes, selon que les fils de la chaîne sont tendus verticalement ou horizontalement, le *métier* est dit à *haute lisse* ou à *basse lisse*, la *t.* qui en sort est également appelée *T. de haute lisse* ou *T. de basse lisse*. Dans l'un et l'autre de ces métiers, les fils de la chaîne sont séparés en deux rangs, appelés *Croisures*, au moyen d'espèces d'anneaux de ficelle qui embrassent un ou plusieurs des fils de la chaîne et servent à les écarter pour laisser passer le brin de laine colorée qui forme la trame. Dans le métier de basse lisse, où les fils de la chaîne sont tendus horizontalement, deux pédales, appelées *Marches*, sur lesquelles agit l'ouvrier, donnent le mouvement nécessaire aux lisses et font alternativement hausser ou baisser les fils de la chaîne. Dans le métier de haute lisse, où les fils de la chaîne étant tendus verticalement, les lisses sont fixées à un bâton transversal, appelé *Perche des lisses*, de sorte qu'au lieu d'élever ou d'abaisser les fils de la chaîne, comme dans le métier précédent, elles éloignent ou rapprochent simplement ces derniers, sans leur faire quitter leur position verticale. Les brins sont enroulés autour d'un instrument de bois, nommé *Broche* ou *Flûte*, qui remplace pour l'ouvrier en *t.* de basse lisse, la navette du tisserand. L'ouvrier passe la broche de gauche à droite quand la première croisure est levée, et de droite à gauche quand c'est la deuxième. Ce double mouvement s'appelle *Duite*. L'ouvrier en haute lisse travaille debout ou assis derrière la chaîne. Il a, sur une toile imprimée d'une seule couleur, le trait général du tableau qu'il doit reproduire. Il applique cette toile sur la chaîne, puis, suivant celle-ci fil à fil, il y imprime avec une pierre noire les contours du sujet. Ces couleurs terminées, il transporte de la même manière, sur la chaîne, tous les traits de détail à l'aide d'un papier transparent décalqué sur l'original. Le reste n'est plus qu'un travail mécanique. Pendant le tissage, l'ouvrier peut à tout instant confronter son travail, et le tableau qui est placé derrière, ce qui lui offre un moyen de comparaison entre le modèle et la copie qu'il en fait. Pour le travail de basse lisse, il s'exécute aussi à l'envers, mais horizontalement. L'ouvrier est assis, les coudes et l'estomac appuyés sur le cylindre ou *Ensouple* où s'enroule l'ouvrage. Le tableau qu'il copie est aussi suspendu derrière lui ; mais le tableau, au lieu d'être dessiné sur les fils, est simplement placé sous la chaîne, de sorte que ce n'est qu'à travers celle-ci qu'il aperçoit les traits qu'il doit suivre. La basse lisse présente un inconvénient grave quand on veut l'appliquer à des tapisseries d'une certaine étendue. Il résulte de ce qu'étant obligé de rapporter ensemble plusieurs lés pour arriver à la grandeur voulue, on ne peut obtenir que des sujets répétés, dont les raccords sont le plus souvent dénaturés par suite de l'irrégularité du tissage. En revanche, elle offre sur la haute lisse un avantage : c'est que les *Passées*, ou jetées de fil, embrassent un plus grand espace, ce qui abrège la durée du travail. Il est d'usage, en haute comme en basse lisse, de faire les sujets *couchés*, c.-à-d. que, par la disposition du dessin sur la chaîne, les fils de cette chaîne occupent horizontalement la largeur de la pièce, lorsque celle-ci est tendue dans le sens des objets qu'elle représente. Pour faire les sujets *debout*, il faudrait que les ensouples portassent la plus grande partie de la pièce, qu'il obligerait à la rouler et à la dérouler un grand nombre de fois. Le travail serait ainsi plus long. Cependant, pour les pièces de dimensions médiocres, on les fait indifféremment debout ou couchées, suivant qu'il peut en résulter plus de commodité pour l'ouvrier. — Ce qui précède se rapporte particulièrement aux *tapis ras*. Les *tapis veloutés*, et spécialement ceux qu'on nomme *T. de la Savonnerie*, présentent dans leur fabrication des différences importantes, mais dans le détail desquelles nous ne pouvons entrer.

Les produits de l'industrie des tapis forment actuellement huit variétés principales. — 1° *Tapisseries* et *Tentures*. Ce sont de véritables objets d'art dont la fabrication n'est possible que dans les manufactures nationales. Elles sortent toutes de celle des Gobelins qui ne travaille qu'en haute lisse. Ces tapisseries, presque toujours *historiées*, sont employées à la décoration des murs des appartements. — 2° *Tapis veloutés haute lisse* ou *de la Savonnerie*. Comme les précédents, ils sont d'une seule pièce et atteignent de très grandes dimensions. Ils servent comme tentures ou comme tapis de pied. Leur tissu, dont la chaîne est de coton, forme un velours dont chaque point est arrêté à la chaîne par un nœud, ce qui leur donne une inaltérable solidité. Ce sont des tapis de haut prix, qui ne se font qu'aux Gobelins et à Aubusson. — 3° *Tapis veloutés haute laine*. Ils diffèrent des veloutés qui précèdent, en ce que les matières sont plus grossières, et que la laine, formant velours, est simplement passée et non pas nouée ni croisée sous la chaîne, laquelle est en fil d'étoupe ou de chanvre. Ils se font en haute lisse ou en basse lisse, et s'emploient pour descentes de lit ou devants de foyer. Beauvais est le centre principal de leur fabrication ; Aubusson, Tours et Felletin en fabriquent aussi. — 4° *Tapis ras*. Ils sont d'un seul morceau et ont la même destination que les veloutés haute laine. Ils se font entièrement à basse lisse. On les appelle communément *tapis d'Aubusson*, parce que, anciennement, ils ne se fabriquaient que dans cette ville et à Felletin. Aujourd'hui, Roubaix, Abbeville, Amiens et Tourcoing en produisent un grand nombre. — 5° *Tapis moquettes*, ou *Moquettes*. Ils tiennent le milieu entre les ras et les veloutés. Ce sont ceux qui, par leur prix, répondent le mieux aux besoins de notre époque, aussi leur consommation va chaque jour augmentant. On les emploie non seulement sous forme de descentes de lit, de tapis de foyer, et de tapis d'appartement, mais encore sous celle de portières, de garnitures de meubles, etc. Ils se font au mètre le plus souvent sur un métier à la Jacquard. On distingue les moquettes en *veloutées* et en *épinglées* ou *bouclées*. Celles-ci diffèrent des premières en ce que la laine forme une espèce de boucle à chaque point. Les principaux centres de cette fabrication sont : Aubusson, Nîmes, Abbeville, Amiens, Roubaix et Tourcoing. — 6° *Tapis écossais* ou à *double face*. Leur caractère particu-

lier est de n'avoir pas d'envers. Comme qualité, ils se rangent entre les moquettes et les jaspés. On les fabrique sur des métiers à la Jacquard. Les écossais dits *Brochés* ne diffèrent des autres que sous le rapport du brochage, qui permet l'emploi de couleurs variées. Tourcoing, Roubaix, Bordeaux, Aubusson et Felletin en sont les centres producteurs. — 7° *Tapis vénitiens* ou *Vénitiennes*. Ils sont spécialement destinés à faire des passages d'appartements et d'escaliers. Ils se font sur des métiers simples, par bandes, dont la largeur varie de 0m,50 à 1 mètre, et leur dessin se compose uniquement de rayures. Bordeaux, Paris, Aubusson et Felletin sont les villes où on les fabrique surtout. — 8° *Tapis jaspés*. Ils se composent d'une grosse trame d'étoupe revêtue d'un peu de laine ; leur dessin consiste en rayures ou fonds chinés. Comme les vénitiennes, ils s'exécutent sur des métiers simples et par double chaîne. Nîmes, Beauvais, Tours, Bordeaux, Aubusson et Felletin sont les lieux de leur production. Outre les espèces de tapis qui précèdent, on en fait encore une foule d'autres qu'on désigne dans le commerce sous le nom de *tapis de fantaisie*, et qui s'exécutent par des procédés peu différents des précédents ou ordinaires.

La fabrication des tapisseries et des tapis, soit à l'aiguille, soit tissés, est originaire de l'Orient et remonte à la plus haute antiquité. Ainsi, il est fait mention de ces tissus dans la Bible et dans Homère. Les Égyptiens, les Assyriens et les Phéniciens excellaient dans cette industrie. Les villes les plus renommées pour leurs manufactures de tapis étaient Babylone, Tyr, Sidon, Carthage, Sardes, Pergame, Milet, et enfin Alexandrie. Après l'époque d'Alexandre, l'usage des tapis devint général en Grèce, et il s'introduisit chez les Romains après leurs conquêtes en Grèce, en Égypte et en Asie. Aussitôt que les chrétiens purent célébrer librement les cérémonies de leur culte, ils ornèrent de tapisseries les murs de leurs églises. Cet usage existait en France au VIIe siècle ; mais c'est surtout au Xe qu'il devint général. Suivant les statuts de l'abbaye de Cluny, fondée en 910, les murs, les bancs et les sièges du monastère, dans la partie réservée aux étrangers, devaient être, aux jours de grandes fêtes, couverts de tapisseries. La plupart de ces tissus venaient de l'empire grec ou de l'Asie musulmane, mais d'autres étaient d'origine nationale. Ainsi, vers 985, il y avait une fabrique de tapisseries à l'abbaye de Saint-Florent, à Saumur. En 1025, Poitiers en possédait une autre dont les produits s'exportaient jusqu'en Italie. A la même époque, on faisait également des tapis dans les abbayes de Saint-Denis, de Saint-Waast, et de Saint-Martin du Canigou. Sous saint Louis, il y avait à Paris une manufacture de tapis dits *sarrazinois*, parce que vraisemblablement ils imitaient les tapis de l'Orient. Au XIVe siècle, les tapisseries d'Arras étaient très renommées. Au siècle suivant, les tapisseries à personnages historiques jouirent d'une vogue prodigieuse. Les plus belles se fabriquaient à Bruges et à Bergame. Au reste, c'est de la Flandre et de l'Italie que François Ier fit venir des ouvriers lorsqu'il voulut créer en France une manufacture de tapisseries en état de lutter avec celles de l'étranger. Cet établissement fut fondé en 1543, à Fontainebleau, et placé sous la direction de Philibert Babou, sieur de la Bourdaisière, qui eut pour successeur S. Serlio. Henri II en créa un second qui fut installé dans les bâtiments de l'hôpital de la Trinité, à Paris. Mais les guerres de religion ayant anéanti ces deux manufactures, Henri IV les remplaça par trois nouvelles, qui furent établies à Paris. L'une d'elles, qui devait spécialement s'occuper de la fabrication des tapis façon de Perse et de Turquie, eut d'abord ses ateliers au Louvre ; mais, en 1627, elle fut transférée à Chaillot, dans une maison dite de la *Savonnerie*, et c'est de là qu'est venu le nom de *tapis de la Savonnerie*, sous lequel on désigne généralement ses produits. Enfin, en 1662, Louis XIV fonda le célèbre établissement des Gobelins, sous le titre de *Manufacture royale des meubles de la couronne*. Le nom de *Gobelins*, qui a prévalu, vient de ce que la manufacture occupait les bâtiments de la famille Gobelin, famille de teinturiers renommés. Dès sa création, elle fut établie sous la direction du peintre Lebrun. Deux ans plus tard (1664), la fabrique de Beauvais fut érigée en manufacture royale. Depuis le commencement du XIXe siècle, l'industrie des tapis a reçu des modifications très importantes, par suite du changement de destination de ses produits. En effet, les papiers peints ayant remplacé les étoffes destinées autrefois à tendre les murs des appartements, les tapis et les tapisseries ne sont plus guère employés aujourd'hui que pour recouvrir les meubles et les planchers. En conséquence, c'est au confortable et au bon marché que visent les fabriques privées. Les pièces d'une haute valeur artistique sortent toutes de nos manufactures nationales des Gobelins et de Beauvais (l'établissement de la Savonnerie a été, en 1825, réuni à celui des Gobelins). Ces deux établissements sont administrés pour le compte de l'État, dont ils sont une propriété, et leurs produits servent exclusivement à orner les palais et châteaux nationaux et à faire des présents aux princes étrangers.

TAPISSIER, IÈRE. s. [Pr. *tapi-sié*]. Celui, celle qui vend des tapis. *Marchand t.* || Celui qui travaille en tapisserie faite au métier, et celle qui travaille en tapisserie faite à l'aiguille. Peu usité. || *T. décorateur*, ou simplem., *Tapissier*, Celui qui pose les tapisseries ou tentures d'appartements, les rideaux, etc. || *T. Hist. Le t. de Notre-Dame*, surnom donné au maréchal du Luxembourg à cause du grand nombre de drapeaux pris à l'ennemi dont on avait orné l'église de Notre-Dame. || *Tapissière*, se dit aussi d'une sorte de voiture légère, ouverte de tous côtés, qui sert principalement aux tapissiers pour transporter des meubles, des tapis, etc. || T. Entom. Nom vulgaire d'une famille d'*Araignées*. Voy. ce mot.

TAPON. s. m. (R. *taper*, boucher). Se dit des étoffes, de la soie, du linge qu'on bouchonne et qu'on met tout en un tas. *Remettez dans ses plis cette étoffe qui est toute en t.* Fam. || Petit tampon qui sert à boucher une ouverture.

TAPONNAGE. s. m. [Pr. *tapona-je*] Action de taponner les cheveux. Vx.

TAPONNER. v. a. [Pr. *tapo-ner*]. Mettre en tapon. || *T. les cheveux*, Les disposer en grosses boucles. Vx. = TA-PONNÉ, ÉE. part.

TAPOTER. v. a. (R. *taper*). Donner de petits coups à plusieurs reprises. *Elle tapote toujours ses enfants.* Fam. || Fam., *T. du piano*, se dit d'une personne qui joue mal du piano. = TAPOTÉ, ÉE. part.

TAPURE. s. f. (R. *taper*). Frisure obtenue en tapant les cheveux. Vx.

TAQUE. s. f. [Pr. *ta-ke*]. T. Comm. Se dit de toute plaque de fer fondue, et notamment des plaques qui forment le contre-cœur des cheminées.

TAQUER. v. a. [Pr. *ta-ker*]. T. Typ. Passer le taquoir sur une forme. = TAQUÉ, ÉE. part.

TAQUERIE. s. f. [Pr. *ta-keri*]. T. Techn. Ouverture par laquelle on introduit le combustible dans les fourneaux à réverbère.

TAQUET. s. m. [Pr. *ta-kè*] (vx fr. *tac*, clou). T. Mar. Se dit de différentes sortes de crochets de bois où l'on amarre diverses manœuvres. || T. Menuis. Se dit de petits morceaux de bois taillés pour maintenir l'encoignure d'une armoire, pour soutenir l'extrémité d'un tasseau, pour garnir la caisse d'une poulie afin qu'elle ne se couche pas, pour enfoncer en terre afin de servir de point de repère d'un alignement, pour mettre en mouvement la navette volante d'un métier à tisser, etc.

TAQUIN, INE. adj. [Pr. *ta-kin, kine*] (ital. *taccagno*, m. s.). Vilain, avare, qui chicane sur la dépense. *C'est un vieux t. qui se ferait fesser pour le moindre profit.* Vx. || Mutin, querelleur, contrariant. *Cet enfant est t. Il a l'humeur taquine.* || Subst., *C'est un petit t.*, *une petite taquine. Laissez là ce vieux t.*

TAQUINEMENT. adv. [Pr. *taki-neman*]. D'une manière taquine. Peu us.

TAQUINER. v. a. [Pr. *taki-ner*]. Contrarier et impatienter pour de minces sujets. *Ne taquinez pas cet enfant.* || On dit encore absol., *Il ne fait que t.*, et, dans le sens réciproque, *Ces deux enfants sont toujours à se t.* = TAQUINÉ, ÉE. part.

TAQUINERIE. s. f. [Pr. *taki-neri*]. Caractère de celui qui est taquin, ou Action de celui qui taquine. *Il est d'une t. insupportable. Cessez vos taquineries.*

TAQUOIR. s. m. [Pr. *ta-kouar*] (vx fr. *tac*, clou). T. Typogr. Morceau de bois carré qu'on applique sur les carac-

tères d'une forme, en frappant d'un marteau pour mettre les lettres de niveau. Voy. TYPOGRAPHIE.

TAQUON. s. m. [Pr. *ta-kon*]. T. Typogr. Garniture qu'on met au tympan, ou sous les caractères, pour que toutes les lettres viennent bien.

TAQUONNER. v. a. [Pr. *ta-ko-ner*]. Mettre des taquons. = TAQUONNÉ, ÉE. part.

TARABISCOT. s. m. [Pr. *tarabis-ko*]. T. Archit. Petit creux qui sépare une moulure d'une autre moulure. — Outil servant à faire ce creux.

TARABISCOTER. v. a. T. Archit. Séparer les moulures par des tarabiscots. — Façonner à jour avec excès. || Fig., Molester légèrement. = TARABISCOTÉ, ÉE. part. *Peinture, œuvre littéraire tarabiscotée*, Traitée avec trop de recherche, de mièvrerie.

TARABUSTER. v. a. (provenç. *tarabustar*, m. s.). Importuner par des interruptions, par du bruit, par des discours à contretemps. *Qui est-ce qui me vient t.?* Fam. = TA-RABUSTÉ, ÉE. part.

TARANCHE. s. f. Grosse cheville de fer qui sert à tourner la vis d'un pressoir.

TARAPACA, territoire qui appartenait au Pérou et qui fut cédé au Chili en 1883.

TARARE. ch.-l. de c. (Rhône), arr. de Villefranche; 12,400 hab.

TARARE. s. m. T. Agric. Appareil mécanique qui remplace le van et le crible. Voy. VANNAGE.

TARARE. Interj. fam. qui s'emploie pour exprimer qu'on se moque de ce qu'on entend dire, ou qu'on ne le croit pas. *Il a voulu me faire croire cela, mais t.* — *T.-pon-pon*, se dit pour se moquer de la vanité que quelqu'un étale dans un récit, dans des projets. Vx.

TARASCON, ch.-l. de c. (Bouches-du-Rhône), arr. d'Arles, sur la rive gauche du Rhône, en face de Beaucaire; 9,300 hab. = Nom des hab. : TARASCONAIS, AISE.

TARASCON-SUR-ARIÈGE, ch.-l. de c. (Ariège), arr. de Foix ; 1,500 hab.

TARASQUE. s. f. Représentation d'un animal monstrueux, qu'on promène dans certaines villes du midi de la France, notamment à Tarascon.

TARAUD. s. m. [Pr. *ta-ro*] (lat. *terebra*, tarière). T. Techn. Morceau d'acier de forme conique, taillé en vis, et dont on se sert pour tarauder.

TARAUDAGE. s. m. [Pr. *taro-daje*]. Action de tarauder.

TARAUDER. v. a. [Pr. *taro-der*] (R. taraud). T. un écrou, Percer en hélice une pièce de bois ou de métal, de manière qu'elle puisse recevoir une vis. || *T. une vis*, Faire les cannelures en hélice qui mordent dans le bois ou s'enchâssent dans un écrou. = TARAUDÉ, ÉE. part.

TARBES, anc. ch.-l. du Bigorre, ch.-l. du dép. des Hautes-Pyrénées, sur l'Adour, à 829 kil. S.-O. de Paris; 25,100 hab. Évêché. = Nom des hab. : TARBAIS, AISE.

TARBOUCH. s. m. (turc, *tharbouch*, m. s.). Espèce de turban.

TARD. adv. de temps [Pr. *tar*] (lat. *tarde*, m. s.). Après le temps déterminé, convenable ou accoutumé. *Le secours arriva trop t. Vous venez bien t. Se lever t. Se coucher t. Vous avez attendu bien t.* Prov., *Il vaut mieux t. que jamais.*

On se levait trop tard, on se couchait trop tôt.

LA FONTAINE.

|| En parl. de la durée du jour, il sign. Vers la fin de la journée. *Nous ne pouvons arriver que t. au gîte.* = TARD. adj. m. Se dit dans les acceptions précédentes. *Il est bien*

l. pour commencer. Il est déjà t. Le soleil se couche, il commence à se faire t. = Tard. s. m. *Vous vous en avisez sur le t. Il est arrivé sur le t.* || Fig., *Sur le t.,* vers la fin de la vie.

TARDENOIS, anc. pays de France (dép. de l'Aisne), cap. *La Fère.*

TARDER. v. a. (lat. *tardare,* m. s., de *tarde,* tard). Différer à faire une chose. *Il a trop tardé à envoyer ce secours. Il ne faut pas t. un moment. Pour peu que l'on tarde, on laissera passer l'occasion.* On peut dire, *T. de;* mais l'usage préfère, *T. à.*

Que ton retour tardait à mon impatience.
RACINE.

|| S'arrêter, ou aller lentement, en sorte qu'on vienne tard. *Pourquoi avez-vous tant tardé? Il a bien tardé en chemin. Vous avez bien tardé à venir.* || Se dit impersonn., pour exprimer l'impatience, pour marquer que le temps semble long dans l'attente de ce qu'on souhaite. *Il me tarde que ma maison soit bâtie. Il lui tardait de vous voir.* = Syn. Voy. Différer.

TARDETS-SORHOLUS, ch.-l. de c. (Basses-Pyrénées), arr. de Mauléon; 1,050 hab.

TARDIF, IVE. adj. (R. *tard*). Qui tarde, qui vient tard. *Repentir t. Des regrets tardifs. Une recommandation tardive.* || Qui est lent à se mouvoir, à croître, à atteindre son complet développement. *Le bœuf est un animal t. Pas t. Mouvement t. Un arbre t. Les melons sont tardifs cette année. Ces sortes d'esprits sont tardifs.* — *Fruits tardifs,* Les fruits qui ne mûrissent qu'après les autres de même espèce. — *Des agneaux, des poulets, des perdreaux tardifs,* Des agneaux, etc., qui naissent après les autres.

TARDIFLORE. adj. 2 g. (lat. *tardus,* tardif; *flos, floris,* fleur). T. Bot. Qui fleurit tard.

TARDIGRADES. s. m. pl. (lat. *tardus,* lent; *gradus,* marche, progression). T. Zool. Nom donné à un sous-ordre d'Edentés et à un groupe d'animalcules.

Mamm. — Dans les classifications actuelles, les Tardigrades constituent une famille ou un sous-ordre d'Eden-

Fig. 1.

tés. Ces animaux, qui doivent leur nom à leur excessive lenteur, ont des molaires cylindriques et des canines aiguës plus longues que ces molaires, deux mamelles pectorales, les membres antérieurs terminés par des bras; mais les doigts, réunis par la peau, ne marquent au dehors que par d'énormes ongles comprimés, crochus et fléchis dans l'état de repos vers le dedans de la main ou la plante du pied.

les pieds de derrière, obliquement articulés sur la jambe, ne touchent le sol que par le bord externe. Les membres antérieurs, beaucoup plus longs que les postérieurs, forcent l'animal à se traîner sur les coudes quand il veut marcher sur le sol. En outre, la largeur du bassin et la direction des cuisses en dehors l'empêchant d'approcher les genoux. Mais les inconvénients qui résultent, pour la vie à terre, de la conformation si bizarre de ces animaux, disparaissent dès qu'ils se trouvent sur les arbres. On voit alors que les Tardigrades présentent les conditions les mieux combinées pour grimper, se cramponner aux branches en déployant le moins de force possible, et y saisir les feuilles suspendues au-dessus de leur tête et qui leur servent d'aliments. Ils ne quittent guère un arbre qu'après l'avoir entièrement dépouillé de ses

Fig. 2.

feuilles, et l'on assure qu'ils se laissent tomber alors de leur branche pour éviter le travail d'en descendre. Les femelles ne font à chaque portée qu'un petit qu'elles portent sur le dos. Cette tribu ne renferme qu'un seul genre, appelé vulgairement *Paresseux,* mais que les zoologistes désignent sous le nom de *Bradype (Bradypus).* Les espèces qui le composent habitent l'intérieur de l'Amérique méridionale : nous nous bornerons à citer les deux principales. — Le *Bradype à trois doigts* (B: *tridactylus*) [Fig. 1], communément appelé *Aï,* doit ce dernier nom à son cri, et le premier, qui est tiré du grec, à la lenteur de sa démarche. Il est le seul Mammifère connu qui ait 9 vertèbres cervicales. Il est de la taille d'un Chat, et ses bras ont le double de la longueur des jambes. Son poil long, gras, sans élasticité, gris et tacheté parfois sur le dos de brun et de blanc, ressemble à de l'herbe fanée. Le *Bradype à deux doigts* (B. *bidactylus*), ou *Unau* (Fig. 2), est moins disproportionné que le précédent. Ses bras sont moins longs et son museau plus allongé. Il est d'un brun uniforme, qui prend quelquefois une teinte roussâtre.

Entom. — Les Tardigrades qui avaient été classés par Dujardin avec les Rotifères, sous le nom de *Systolides,* sont considérés aujourd'hui comme des *Arachnides* hermaphrodites très dégradés. Ce sont des animalcules à corps oblong, contractile en boule, muni de 4 paires de pattes courtes portant quatre ongles crochus. Leur bouche très étroite est en siphon à l'extrémité antérieure. On les désigne sous le nom de *Tardigrades* à cause de la lenteur de leurs mouvements. Nous citerons comme type de cette famille le *Macrobiotus ursellus* (Fig. 3). Les Tardigrades vivent soit dans les eaux stagnantes, soit dans les touffes de

Fig. 3.

Mousse avec les Rotifères, dont ils partagent la faculté de ressusciter après la dessiccation.

TARDILLON. s. m. [Pr. les *ll* mouillées]. Petit poulet, petit canard né plus tard que les autres de la même couvée. || Enfant venu le dernier d'une famille nombreuse, ou longtemps après les autres. Fam.

TARDIVEMENT. adv. [Pr. *tardive-man*]. D'une manière tardive. *Il a fait sa réclamation bien t.*

TARDIVETÉ. s. f. Marche tardive. Vx. || T. Hortic. Développement tardif.

TARDIVITÉ. s. f. T. Hort. Croissance tardive; se dit des fleurs, des fruits et des plantes qui viennent après le temps ordinaire.

TARD-VENUS. s. m. pl. T. Hist. Nom donné à des bandes de pillards composées des soldats mercenaires anglais licenciés après la paix de Brétigny (1360).

TARE. s. f. (ar. *tarah*, rejeter). T. Comm. Déchet, diminution, soit pour la quantité, soit pour la qualité. *Ces marchandises ont été avariées en mer; il y a pour cent écus de t.* || Se dit aussi, du rabais ou de la diminution que l'on fait sur les marchandises, en considération du poids des caisses ou de l'emballage. *Le poids de la marchandise avant la défalcation de la t. est le poids brut; après sa défalcation, c'est le poids net. L'administration des douanes a fixé la t. qu'elle admet pour certaines sortes de marchandises.* || Poids qu'on met dans un des plateaux d'une balance pour équilibrer la charge de l'autre plateau dans la méthode de la double pesée. Voy. BALANCE. || Fig., Vice, défaut, défectuosité. *Ce bois est bon, il n'a point de t. Vous vous plaignez de ce cheval, quelle t. y trouvez-vous?* — Au sens moral, *C'est un homme sans t., qui n'a ni t. ni défaut.* Vx.

TARENTAISE, anc. comté de la Savoie, cap. *Moutiers.*

TARENTE, v. d'Italie, au sud, sur le golfe du même nom; 33,900 hab. = Nom des hab. : TARENTIN, INE.

TARENTE (Golfe de), formé par la mer Ionienne au S. de l'Italie.

TARENTELLE. s. f. [Pr. *taran-tè-le*] (ital. *tarantella*, tarentule). Danse et air de danse, originaire des environs de Tarente, dont la mesure est à 6/8, et qui est d'un caractère gai.

TARENTISME. s. m. [Pr. *taran-tisme*] (R. *Tarente*). T. Méd. Maladie nerveuse qu'on attribuait à la piqûre de la tarentule. Voy. ARAIGNÉE.

TARENTULE. s. f. [Pr. *taran-tule*] (ital. *tarantola*, m. s. de *Taranto*, Tarente). T. Zool. Genre d'*Arachnide*. Voy. ARAIGNÉE. || T. Erpét. Nom vulgaire du Gecko des murailles. || Fig., *Piqué de la t.*, en proie à une violente excitation.

TARER. v. a. (R. *tare*). Gâter, causer du déchet. *L'humidité a taré ces marchandises.* — Fig., *T. la réputation de quelqu'un.* || T. Comm. Peser un vase, un baril, etc., avant d'y mettre quelque chose, afin qu'on le repesant après, on puisse savoir au juste le poids de ce qu'on y a mis. *T. une barrique. T. une bouteille.* = SE TARER. v. pron. *Cette poire commence à se t. Sa réputation s'est bien tarée dans cette affaire.* = TARÉ, ÉE. part. *Fruits tarés. Marchandises tarées.* || Fig., *Un homme taré*, Un homme qui a sali sa réputation par une ou plusieurs actions mauvaises. || T. Blas. Se dit pour placé, posé, en parlant du casque qui surmonte l'écu, parce qu'autrefois la grille du casque était appelée *Tare.*

TARET. s. m. [Pr. *ta-rè*] (R. *tarière*). T. Zool. Genre de Mollusques *Lamellibranches*. Voy. ENFERMÉS.

TARGE. s. f. (or. germ.). Sorte de bouclier usité par les Normands au moyen âge. Voy. BOUCLIER.

TARGET, avocat fr., né à Paris, un des rédacteurs du Code civil (1733-1806).

TARGETTE. s. f. [Pr. *tarjè-te*] (dimin. de *targe*). Petite plaque de métal qui porte un verrou plat, et qu'on met aux portes, aux fenêtres, etc., pour servir à les fermer.

TARGIONIE. s. f. (R. *Targioni Tozzetti*, n. d'un botan. ital.). T. Bot. Genre d'Hépatiques (*Targionia*), de la famille des *Marchantiacées*. Voy. ce mot.

TARGIONIÉES. s. f. pl. (R. *Targionie*). T. Bot. Tribu de plantes de la famille des *Marchantiacées*. Voy. ce mot.

TARGIONITE. s. f. (R. *Targioni, Tozzetti*, n. d'un botan. ital.). T. Minér. Galène contenant de l'antimoine.

TARGON, ch.-l. de c. (Gironde), arr. de La Réole; 1,400 hab.

TARGUER (SE). v. pr. [Pr. *tar-gher*, *g* dur] (R. *targe*, propr. se couvrir d'une targe). Se prévaloir, tirer avantage avec ostentation.

Certes, vous vous targuez d'un bien faible avantage.
MOLIÈRE.

Il se targue de sa noblesse, de son crédit, de ses richesses.

TARGUM. s. m. [Pr. *tar-gome*.] (mot chaldéen). Commentaire chaldéen de la Bible fait après la captivité de Babylone.

TARI. s. m. Liqueur enivrante qu'on tire des palmiers et des cocotiers, et qui s'employait autrefois comme tonique.

TARIER. s. m. T. Ornith. Espèce de *Passereau*. Voy. TRAQUET.

TARIÈRE. s. f. (lat. *taratrum*, m. s.). T. Techn. Outil de fer dont on se sert pour faire des trous ronds dans une pièce de bois. — Outil employé pour forer les puits de sonde. Voy. SONDAGE. || T. Entom. Prolongement, en forme de pointe, de l'abdomen des femelles de certains insectes qui leur sert à percer certains corps pour y introduire leurs œufs. Voy. AIGUILLON.

TARIF. s. m. (ital. *tariffa*, m. s. de l'arabe *ta'arifa*, notification). Rôle, tableau qui marque le prix de certaines denrées, ou les droits d'entrée, de sortie, de passage, etc., que chaque sorte de marchandises doit payer. *T. des droits. T. des douanes.* — *T. des monnaies*, Table qui marque la valeur courante des monnaies. || Règlement qui fixe le coût de divers actes, les droits de vacations en matière civile, criminelle et de police. *T. des notaires. T. des frais et dépens.*

TARIFA, v. d'Espagne, au S. sur le détroit de Gibraltar; 12,000 hab.

TARIFER. v. a. Dresser un tarif; ou, fixer d'après un tarif les droits que doivent payer certaines choses. *T. des marchandises. T. les frais.* = TARIFÉ, ÉE. part.

TARIFICATION. s. m. [Pr. *tarifi-ka-sion*]. Action de tarifer; résultat de cette action.

TARIJA, v. de Bolivie; 5,700 hab.

TARIK, général arabe qui envahit l'Espagne en 711.

TARIM, fleuve du Turkestan oriental (Kachgarie), qui se perd dans le Lob-Nor.

TARIN. s. m. (d'après Diez, du picard *tère*, tendre, du lat. *tener*). T. Ornith. Espèce de *Passereau*. Voy. LINOT.

TARIR. v. a. (ce mot se rattache par l'intermédiaire du germ. ou peut-être du celt. à la racine sanscr. *tars*, sécher qu'on retrouve sous diverses formes dans toutes les langues aryennes : gr. τέρσω, lat. *torreo*, etc.). Épuiser d'eau, mettre à sec. *T. un puits. Les grandes chaleurs avaient tari toutes les fontaines.*

Mes soins avec le temps pourront tarir ses larmes.
CORNEILLE.

|| Fig., Faire cesser, arrêter. *La sagesse de ce prince ne put t. la source des maux publics.*

Mes soins avec le temps pourront tarir ses larmes.
CORNEILLE.

= TARIR. v. n. Être mis à sec, cesser de couler. *Les grandes chaleurs ont fait t. les ruisseaux. Cette source ne tarit jamais. Ses larmes ne tarissent point.* || Fig., *Ne point t. sur un sujet,* En parler sans cesse, y revenir souvent. *Quand il parle de vous, il ne tarit pas.* = SE TARIR. v. pron. Cesser de couler. *Cette source, cette fontaine s'est tarie. Son lait s'est tari.* = TARI, IE. part.

TARISSABLE. adj. 2 g. [Pr. *tari-sable*]. Qui se peut tarir, qui peut être tari. *Ce puits est t. La source de ses larmes n'est pas t.*

TARISSEMENT. s. m. [Pr. *tari-seman*]. État de ce qui est tari. *Le t. des eaux. Le t. des puits causa la perte de tous les bestiaux.*

TARLATANE. s. f. T. Comm. Sorte d'étoffe de coton très claire. Voy. BÉTILLE.

TARN, riv. de France, descend du mont Lozère, passe à Albi, Montauban, et se jette dans la Garonne (rive dr.); 375 kilomètres.

TARN (dép. du), formé d'une partie du Languedoc; ch.-l. *Albi*; 3 autres arr. : *Castres, Gaillac, Lavaur*; 346,700 hab.

TARN-ET-GARONNE (dép. de), formé d'une partie de l'Agénois, du Rouergue et du Quercy; ch.-l. *Montauban*; 2 autres arr. : *Castelsarrasin, Moissac*, 206,600 hab.

TARNOPOL, v. d'Autriche (Galicie); 25,900 hab.

TARNOWITZITE. s. f. T. Minér. Aragonite contenant du carbonate de plomb, de Tarnowitz (Silésie).

TARO, riv. d'Italie, affl. de dr. du Pô; 125 kilomètres.

TAROT. s. m. [Pr. *ta-ro*] (ital. *tarocco*, m. s., d'orig. inconnue). Carte à jouer plus grande que les cartes ordinaires, marquée d'autres figures, et dont le dos est marqué de grisaille en compartiments, qui comprennent, outre les quatre séries de cartes ordinaires, une cinquième série composée d'une suite de figures. *Les tarots sont en usage en Allemagne, en Suisse, en Espagne, en Italie, etc. Les tireuses de cartes se servent ordinairement de tarots.* || Le jeu qu'on joue avec ces cartes; et, en ce sens, il se dit quelquefois au sing. *Jouer aux tarots ou au tarot.*
Les tarots sont les premières cartes à jouer qui aient été introduites en Europe. Ils viennent d'Asie et se rattachent à des traditions divinatoires orientales.

TAROTÉ, ÉE. adj. (R. *tarot*). *Cartes tarotées,* Cartes dont le dos est marqué de grisaille en compartiments.

TAROUPE. s. f. Le poil qui croît entre les sourcils. Vx.

TARPAN. s. m. T. Mamm. Nom donné par les Tartares Mongols aux chevaux sauvages. Voy. CHEVAL.

TARPÉIA, fille de Tarpéius, gouverneur de la citadelle de Rome, en ouvrit les portes aux Sabins et fut ensuite assassinée par eux.

TARPÉIENNE (Roche), rocher qui formait la pointe S. du Capitole, et d'où l'on précipitait les criminels de haute trahison.

TARQUIN *l'Ancien,* 5e roi de Rome (617-582 av. J.-C.), succéda à Ancus, combattit heureusement les Sabins, les Latins, les Étrusques, et périt assassiné.

TARQUIN *le Superbe,* petit-fils du précédent, 7e et dernier roi de Rome (534-510 av. J.-C.), succéda à Servius Tullius, son beau-père, qu'il avait tué. Il régna en tyran; mais l'attentat de son fils Sextus sur Lucrèce souleva les Romains, qui chassèrent les Tarquins et fondèrent la République.

TARQUIN COLLATIN, mari de Lucrèce. Voy. COLLATIN.

TARQUINIES, v. de l'anc. Étrurie.

TARRACONAISE, une des trois prov. de l'Espagne constituées par Auguste, au Nord; cap. *Tarraco,* auj. *Tarragone.*

TARRAGONE, anc. *Tarraco,* v. d'Espagne (Catalogne), sur la Méditerranée, ch.-l. de prov.; 23,400 hab. La prov. a 343,900 hab.

TARRAKAÏ (île). Voy. SAKHALIEN.

TARSE. s. m. (lat. *tarsus,* m. s., du gr. ταρσός, claie). T. Anat. Portion postérieure du pied des Mammifères. Voy. PIED. || T. Ornith. Troisième article du pied des Oiseaux. Voy. OISEAU. || T. Entom. Partie inférieure articulée des pattes des Insectes. Voy. INSECTE.

TARSE, anc. v. de l'Asie Mineure, dans la Cilicie, sur le Cydnus. Alexandre faillit y périr en se baignant dans les eaux du fleuve.

TARSIEN, IENNE. adj. [Pr. *tarsi-in, iène*]. Qui appartient au tarse. *Artère tarsienne.*

TARSIER. s. m. (R. *tarse*). T. Mamm. Les *Tarsiers* (*Tarsius*) forment une famille de l'ordre des *Lémuriens.* Ces animaux ont les incisives inférieures verticales, deux mamelles inguinales, les doigts indicateurs et médians des membres postérieurs très courts et à ongles allongés, les tarses

démesurément longs (ce qui leur a valu leur nom), et enfin les yeux extrêmement volumineux. Les Tarsiers offrent d'ailleurs tous les détails extérieurs de forme des Galagos, et ils sont comme eux nocturnes et insectivores. Cette petite famille ne comprend qu'un seul genre, dont l'espèce type est le *T. spectre* (*T. spectrum*) [Fig. ci-dessus], qui habite l'île de Sumatra. Cet animal a 18 centimètres de longueur. Il a la queue longue et touffue à l'extrémité, et le pelage brun roussâtre en même temps que doux et laineux. Le *T. aux mains brunes* (*T. fuscomanus*) habite l'île de Madagascar; sa taille ne dépasse pas celle d'un Mulot.

TARTAGLIA, savant mathématicien ital., né à Brescia (1500-1557), a résolu l'équation du 3e degré. Voy. CUBIQUE.

TARTAN. s. m. Étoffe de laine à carreaux de diverses couleurs, dont les Écossais se font des vêtements. || Par ext., se dit d'un vêtement, et particulièrement d'un châle de tartan.

TARTANE. s. f. (ital. *tartana,* m. s., de l'ar. *taridah,* sorte de vaisseau). T. Mar. Petit bâtiment de la Méditerranée portant un grand mât, un mât de tapecu et un beaupré, avec une voile triangulaire. | T. Pêche. Sorte de filet à manche dont on se sert sur les côtes du Languedoc.

TARTARE. s. m. (lat. *tartarus*, gr. τάρταρος, m. s.). T. Mythol. Nom donné par les poètes au lieu où les coupables sont tourmentés dans l'enfer. *Il fut précipité dans le Tartare.*

TARTARES. s. m. pl. (corrupt. du mot *Tata* ou *Tatar*). Nom sous lequel on désigne les peuples nomades de l'Asie centrale, et particulièrement les tribus mongoles. *Les invasions des Tartares.* Voy. MONGOLS et TATARS. || Autrefois, on appelait *Tartares*, à cause de leur humeur pillarde, les valets qui suivaient les troupes à cheval de la maison du roi en campagne.

Ling. — Les langues connues sous la dénomination de *langues tartares* sont des langues agglutinantes qui appartiennent à la famille Touranienne et qui sont parlées par les peuples du nord de l'Asie depuis l'Oural jusqu'au Japon ; elles sont aussi représentées en Europe. La souche tartare se divise en deux groupes distincts : d'une part la famille tartare proprement dite ou famille d'Altaï, comprenant le *toungouse*, dont le *mandchou* est un dialecte, le *mongol* et le *turc*, et la famille tartare d'Oural comprenant les langues *finnoises* et le *hongrois*.

TARTAREUX, EUSE. adj. [Pr. *tarta-reu, euze*] (bas lat. *tartarum*, tartre). T. Chim. Qui est de la nature du tartre. Vx.

TARTARIE (PETITE), région de Russie, comprenant les gouvernements de *Kherson*, de *Tauride* et d'*Iékatérinoslaf.*

TARTARIFORME. adj. 2 g. (bas lat. *tartarum*, tartre; lat. *forma*, forme). Qui a l'apparence du tartre.

TARTARIN. s. m. T. Mamm. Espèce de *Singe.* Voy. CYNOCÉPHALE.

TARTARISÉ, ÉE. adj. [Pr. *tartari-zé*]. Qui contient du tartre.

TARTAS, ch.-l. de c. (Landes), arr. de Saint-Sever ; 3,100 hab.

TARTE. s. f. (orig. douteuse, peut-être celtique : kymri *torth*, pain). Sorte de pâtisserie dans laquelle on met de la crème, des fruits cuits ou des confitures, et qui est recouverte symétriquement de petits filets de pâte coupés avec un instrument guilloché. *T. à la crème. T. d'abricots.*

TARTELETTE. s. f. [Pr. *tartelè-te*] (Dimin.). Petite tarte.

TARTEVELLE. s. f. [Pr. *tarte-vèle*]. Partie de la trémie d'un moulin.

TARTINE. s. f. (Dimin. de *tarte*). Tranche de pain recouverte de quelque chose. *T. de beurre, de confitures.* | T. Vét. Tranche de pain recouverte de substances médicamenteuses qu'on fait lécher ou avaler aux animaux malades.

TARTINI, violoniste et compositeur ital., fonda une école de violon (1692-1770).

TARTRAMIDE. s. f. (R. *tartre*, et *amide*). **TARTRAMIQUE.** adj. 2 g. T. Chim. Voy. TARTRIQUE, I.

TARTRATE. s. m. T. Chim. Nom générique des sels et des éthers de l'acide tartrique.

TARTRAZINE. s. f. T. Chim. Matière colorante jaune artificielle. Voy. DIOXYTARTRIQUE.

TARTRE. s. m. (bas lat. *tartarum*, m. s.). Dépôt salin qui se produit dans les vins et qui s'attache aux parois des vases qui les contiennent. || Par anal., Sédiment calcaire, de couleur jaunâtre, qui se forme autour des dents.

Chim. — Le *Tartre brut* est le dépôt que forment les vins sur les parois des cuves où ils fermentent, dans les tonneaux, à mesure qu'ils vieillissent. Il est rouge ou blanc, selon la couleur du vin dont il provient; le premier ne contient de plus que le second qu'un peu de matière colorante. Ce dépôt est constitué principalement par du bitartrate (tartrate acide) de potasse; il contient en outre une proportion plus ou moins forte de tartrate de chaux, une petite quantité de matières colorantes et diverses impuretés. En le faisant cristalliser à plusieurs reprises dans l'eau bouillante, on obtient le *T. purifié* qui est du bitartrate de potasse pur, et qu'on appelle communément *Crème de t.* Il ne faut pas le confondre avec le *T. soluble,* qui est le tartrate neutre de potasse, ni avec la *Crème de t. soluble,* qui est un tartrate borico-potassique. Voy. TARTRIQUE, II. — On trouve aussi dans le commerce deux autres variétés de t. brut, qui sont à peu près exemples de tartrate de chaux. Ce sont les *cristaux d'alambic,* qu'on recueille dans les alambics servant à la fabrication de l'eau-de-vie, et les *cristaux de lie* qu'on obtient en traitant les lies de vin par l'eau bouillante et faisant cristalliser la solution.

Esprit de tartre, l'acide pyrotartrique. — *Sel acide de t.,* l'acide tartrique ordinaire. — *T. chalybé, T. martial, T. stibié, T. tartarisé,* etc. Voy. TARTRIQUE, II et IV.

TARTRÉLIQUE. adj. 2 g. (R. *tartre*). T. Chim. Voy. TARTRIQUE, I.

TARTREUX, EUSE. adj. [Pr. *tar-treu, euze*]. Qui est de la nature du tartre. *Dépôt t.*

TARTRIQUE. adj. 2 g. (R. *tartre*). T. Chim. Il existe quatre *acides tartriques* qui répondent à la formule $C^4H^6O^6$, à savoir : l'acide *t. droit,* l'acide *t. gauche,* l'acide *racémique* et l'acide *t. inactif.* Tous les quatre sont bibasiques et possèdent deux fonctions alcool; ils ont les mêmes propriétés chimiques et la même formule de constitution $CO^2H(CHOH)^2CO^2H$. Ce sont des isomères stéréochimiques qui ne diffèrent entre eux que par quelques propriétés physiques, principalement par leur action sur la lumière polarisée. Leurs formules stéréochimiques ont été données au mot STÉRÉOCHIMIE.

I. *Acide tartrique ordinaire.* — L'acide ordinaire du commerce est l'acide *t. droit* ou *dextrogyre.* Il a été découvert par Scheele en 1770. Il existe à l'état de bitartrate de potasse dans le raisin et il se dépose, sous forme de tartre, dans le vin. Il est, du reste, très répandu dans le règne végétal et se trouve spécialement dans les fruits acides. Ainsi, par ex., on le rencontre soit libre, soit combiné avec la chaux, dans les tamarins, les baies de sorbier non mûres, les topinambours, les mûres, les cornichons, etc. On l'extrait généralement du tartre brut ou de la lie de vin. A cet effet, on traite ces matières par de l'eau bouillante, additionnée d'acide chlorhydrique, qui dissout les tartrates; puis on sature la solution par de la craie ou de la chaux; tout l'acide t. se dépose alors à l'état de tartrate de chaux insoluble. Après avoir lavé ce sel, on le décompose par l'acide sulfurique; la chaux se sépare à l'état de sulfate insoluble, tandis que l'acide t. reste dissous dans la liqueur. On concentre cette solution dans des appareils où l'on fait le vide, puis on fait cristalliser l'acide t. en petits grains que l'on purifie par une nouvelle cristallisation. On obtient finalement l'acide t. en gros prismes clinorhombiques, anhydres, incolores, dont la densité est 1,75. Ces cristaux sont inaltérables à l'air, insolubles dans l'éther, mais très solubles dans l'alcool et surtout dans l'eau. La solution aqueuse d'acide t. dévie vers la droite le plan de polarisation de la lumière. Son pouvoir rotatoire diminue à mesure que la température s'élève. Cette solution précipite en blanc les eaux de chaux, de baryte et de strontiane, mais ne précipite les sels solubles de ces bases qu'après avoir été neutralisée. Ajoutée en excès à une dissolution d'un sel de potasse, elle y occasionne un précipité grenu de bitartrate de potasse, à condition toutefois que le sel de potasse ne soit pas en dissolution trop étendue. — Soumis à une température de 170° à 180°, l'acide t. se transforme en un acide isomère, appelé *Acide métatartrique,* qui est amorphe et qui, au contact de l'eau, reproduit l'acide ordinaire. En maintenant assez longtemps cette température, on obtient des *anhydrides tartriques :* d'abord l'*Acide isotartrique* ou *ditartrique* $C^8H^{10}O^{11}$, qui est bibasique; puis l'*Acide tartrélique* $C^4H^4O^5$ qui est monobasique et soluble dans l'eau; enfin un isomère insoluble de ce dernier corps. Sous l'action d'une température de 200° à 220°, l'acide t. ordinaire se décompose et donne, entre autres produits, de l'acide pyruvique et de l'acide pyrotartrique.

L'*Acide tartramique* $CO^2H(CHOH)^2COAzH^2$ et la *Tartramide* $COAzH^2(CHOH)^2COAzH^2$ sont les amides tartriques. On les obtient par l'action de l'ammoniaque sur le tartrate d'éthyle. Tous deux se présentent en très beaux cristaux orthorhombiques.

II. *Tartrates et Ethers tartriques.* — Étant bibasique, l'acide t. se combine avec les bases en formant deux séries de sels : les *tartrates acides* ou *bitartrates*, et les *tartrates neutres*. Les tartrates sont généralement solubles, soit dans l'eau pure, soit dans l'eau additionnée d'acide t. Ils ont une grande tendance à former des sels doubles. Chauffés à l'air ils dégagent une odeur caractéristique, analogue à celle du sucre brûlé. Les *Tartrates de potasse* sont au nombre de deux. Le *Tartrate acide* ou *Bitartrate de potasse* $C^4O^6H^5K^2$ n'est autre chose que la *Crème de tartre*, ou le *Tartre purifié*, dont nous avons parlé au mot TARTRE. Ce sel, qu'on appelait autrefois *Sel essentiel de tartre*, cristallise en prismes orthorhombiques, durs, à saveur aigrelette. Soumis à la calcination, il dégage une vapeur acide et piquante, et laisse un résidu de carbonate de potasse et de charbon qui sert à la préparation du potassium, et qu'on nomme *flux noir*. Calciné avec de l'azotate de potasse, il laisse du carbonate de potasse presque pur. Ce dernier résidu a reçu le nom de *flux blanc*; les anciens chimistes l'employaient comme fondant dans les opérations métallurgiques. Le *Tartrate neutre de potasse* $C^4O^6H^4K^2$, appelé autrefois *Sel végétal*, *Tartre soluble* et *Tartre tartarisé*, s'obtient en saturant le tartrate acide par une quantité de potasse égale à celle qu'il contient déjà. Il est doué d'une saveur amère, déliquescent, et beaucoup plus soluble dans l'eau que le bitartrate. — Il existe deux *Tartrates de soude* tout à fait analogues aux tartrates de potasse. En outre, en saturant par le carbonate de soude une dissolution bouillante de crème de tartre, on obtient un *Tartrate double de potasse et de soude*, qui se dépose sous forme de beaux prismes d'une transparence parfaite. Ce sel est communément désigné, dans les pharmacies, sous les noms de *Sel de Seignette* et de *Sel de la Rochelle*. — Le *Tartrate de chaux* $C^4O^6H^4Ca$ est à peu près insoluble à froid dans l'eau pure, mais il se dissout dans l'eau acidulée. C'est pourquoi les sels solubles de chaux sont précipités par les tartrates neutres et ne le sont point par l'acide t. libre. Le tartrate de chaux se dissout aussi dans les solutions de potasse ou de soude en formant des sels doubles. — L'un des tartrates les plus importants est le *Tartrate d'antimoine et de potasse*, qu'on désigne encore souvent sous les noms de *Tartrate antimonié de potasse*, de *Tartre stibié*, de *Tartre émétique*, ou simplement d'*Émétique*, à cause de ses propriétés vomitives bien connues; mais il en a été parlé au mot ANTIMOINE. L'émétique a été longtemps regardé comme un sel double; mais, d'après les travaux les plus récents, ce serait un tartrate acide de potasse dont l'une des fonctions alcooliques serait éthérifiée par l'oxyde d'antimoine jouant le rôle d'acide; dans ce cas la formule de constitution de l'émétique serait $CO^2H.CHOH.CHO(SbO).CO^2K$. Un certain nombre de tartrates possèdent une constitution analogue et sont quelquefois désignés sous le nom générique d'*émétiques*. Tel est le *Tartrate borico-potassique* $C^4O^6H^4(BoO)K$, appelé ordinairement *Crème de tartre soluble*; on l'obtient en chauffant la crème de tartre ordinaire avec de l'acide borique et de l'eau; il cristallise en paillettes brillantes très solubles. Tel est encore le *Tartrate ferrico-potassique*, appelé aussi *Tartre martial* et *Tartre chalybé*; on le prépare en faisant bouillir dans 6 parties d'eau, 1 partie de crème de tartre, et en ajoutant du sesquioxyde de fer hydraté récemment précipité, jusqu'à ce qu'il refuse de se dissoudre. On filtre ensuite et l'on évapore à siccité, à une douce chaleur. On obtient ainsi de belles paillettes brunes, d'une saveur styptique, qui sont extrêmement solubles dans l'eau et rapidement décomposables par la chaleur.

Les éthers tartriques sont fort nombreux. D'une part, en sa qualité d'acide bibasique, l'acide tartrique se combine avec les alcools en formant deux séries d'éthers compris sous le nom générique de *Tartrates*. C'est ainsi qu'avec l'alcool ordinaire on obtient : 1° un tartrate neutre, le *Tartrate d'éthyle* $CO^2C^2H^5.(CHOH)^2.CO^2C^2H^5$, liquide sirupeux, bouillant à 280°, très soluble dans l'eau; 2° un tartrate acide, appelé *Acide éthyltartrique* ou *tartrovinique*, qui a pour formule $CO^2H.(CHOH)^2.CO^2C^2H^5$ et qui cristallise en grands prismes déliquescents. — D'autre part on peut éthérifier les deux fonctions alcool que possède l'acide t., en le traitant par un acide ou par un chlorure d'acide. Les dérivés qu'on obtient ainsi sont à la fois acides bibasiques et éthers. Tel est l'*Acide nitrotartrique* $CO^2H.(CHAzO^3)^2.CO^2H$, qu'on prépare en traitant l'acide t. par de l'acide azotique fumant, additionné d'acide sulfurique; il cristallise en longues aiguilles soyeuses; sa dissolution aqueuse est très instable et se décompose dès la température ordinaire en donnant de l'acide tartronique.

III. *Autres variétés d'acide tartrique.* — L'*Acide t. gauche* ou *lévogyre* ne se distingue de l'acide ordinaire que par deux propriétés : ses cristaux présentent des facettes hémiédriques qui sont à gauche au lieu d'être à droite : ses solutions dévient à gauche le plan de polarisation de la lumière, tandis que les solutions de l'acide ordinaire le dévient de la même quantité à droite. Les mêmes différences se manifestent dans les sels formés par ces deux acides.

L'*Acide racémique* ou *paratartrique* résulte de la combinaison, en quantités égales, des deux acides droit et gauche. L'acide racémique a été découvert par Kestner en 1822, dans certains tartres bruts, et particulièrement dans ceux des Vosges. Depuis lors Pasteur est parvenu à le préparer en faisant agir la chaleur sur certains tartrates, notamment sur celui de cinchonine. On l'obtient plus aisément lorsqu'on chauffe à 180°, en tube scellé, de l'acide t. ordinaire avec un sixième son poids d'eau. L'acide racémique se distingue de l'acide ordinaire par les propriétés suivantes : il est moins soluble dans l'eau; ses dissolutions précipitent les sels de chaux qui ne sont point précipités par l'acide t.; ses dissolutions n'exercent aucune action sur la lumière polarisée; ses cristaux ne présentent pas d'hémiédrie. Anhydre, l'acide racémique fond à 205°, tandis que les acides droit ou gauche fondent vers 170°. En solution étendue, il se comporte comme un simple mélange de ces deux acides. D'ailleurs l'acide racémique se combine, comme l'acide t., avec les bases en donnant naissance à des *Racémates*. — En examinant la cristallisation d'un de ces sels, à savoir, du racémate double de soude et d'ammoniaque, Pasteur reconnut qu'il était formé d'un mélange de cristaux hémièdres, dont les uns présentaient leur facette hémiédrique à droite, tandis que les autres la présentaient à gauche. Or, après avoir séparé mécaniquement ces deux catégories de cristaux, il isola l'acide de chacune d'elles, et il trouva que l'acide provenant des cristaux dont la facette hémiédrique était à droite, était identique sous tous les rapports avec l'acide t. ordinaire, lequel, en effet, est aussi hémièdre à droite, et que, comme ce dernier, il déviait à droite le plan de polarisation de la lumière. Au contraire, l'acide extrait des cristaux hémièdres à gauche déviait à gauche le plan de polarisation : d'où le nom d'*acide tartrique gauche* assigné à ce nouvel acide. Au reste, le dédoublement du racémate peut s'effectuer rapidement à l'aide d'un seul cristal; si l'on introduit, par ex., un cristal à facette gauche dans une solution saturée de racémate, le tartrate gauche cristallisera tout d'abord, et l'on pourra facilement le séparer avant que le tartrate droit commence à son tour à se déposer. On peut aussi produire le dédoublement par la fermentation du racémate, en y semant du *Penicillium glaucum*; ce champignon détruit d'abord tout le tartrate droit; si donc on arrête la fermentation à temps, il restera une solution de tartrate gauche.

L'*Acide tartrique inactif*, de même que l'acide racémique, est sans action sur la lumière polarisée; mais il est *inactif par nature*, c.-à-d. qu'il ne peut être dédoublé en deux composants doués de pouvoir rotatoire. Il en est de même de ses sels. On peut obtenir cet acide en chauffant longtemps à 165° l'acide t. ordinaire avec un peu d'eau. Il se produit en même temps de l'acide racémique dont on se débarrasse en le précipitant par le chlorure de calcium. L'acide t. inactif forme des cristaux dépourvus d'hémiédrie et contenant une molécule d'eau. Anhydre, il fond à 143°. Chauffé avec de l'eau vers 170° il se transforme partiellement en acide racémique. Il se distingue de ce dernier en ce qu'il est plus soluble dans l'eau et qu'il ne précipite pas les sels de chaux. D'autre part il se distingue de l'acide ordinaire par la grande solubilité de ses sels acides de potasse et d'ammoniaque.

Lorsqu'on prépare l'acide t. par voie de synthèse on obtient toujours la variété racémique ou la variété inactive par nature, ou un mélange des deux. Les principaux procédés de synthèse sont les suivants : 1° action de l'oxyde d'argent humide sur le dérivé dibromé de l'acide succinique; 2° oxydation de l'érythrite par l'acide azotique; 3° oxydation de l'acide fumarique ou de l'acide maléique par le permanganate de potasse; 4° hydrogénation de l'acide glyoxylique par le zinc et l'acide acétique; 5° action de l'acide cyanhydrique sur le glyoxal. Par ce dernier procédé on obtient d'abord le *Nitrile t.* $CAz(CHOH)^2CAz$, que l'on transforme en acide t. en le saponifiant par la potasse ou par les acides étendus.

IV. *Usages de l'acide tartrique et de ses sels.* — L'acide t. libre est employé dans l'indiennerie comme rongeant. On l'emploie aussi dans la préparation de l'eau de Seltz au moyen des appareils gazogènes aujourd'hui si répandus dans les ménages. A cet effet, on le fait agir sur une dissolution de bicarbonate de soude dont il dégage l'acide carbonique. Dans les laboratoires, on l'utilise comme réactif des sels de potasse, en vertu de la faible solubilité du bitartrate de potasse. En médecine, on s'en sert quelquefois pour préparer une limonade (*lim. tartrique*) et un sirop (*sir. tartrique*), employés comme tempérants. Le *tartre brut* ou *bitartrate de potasse impur*, sert à faire les cendres gravelées. Voy. CENDRE. Le *bitartrate purifié*, ou *crème de tartre*, sert à préparer l'acide t. et les tartrates. On l'emploie aussi comme mordant dans la teinture des laines. En médecine, la crème de tartre peut servir de purgatif à la dose de 15 à 30 grammes. Mais on emploie de préférence la *crème de tartre soluble*, c.-à-d. le *tartrate borico-potassique*, qu'on administre comme laxatif, à la dose de 16 à 32 grammes, dans du bouillon aux herbes ou dans une limonade. Le *tartrate neutre de potasse* et le *tartrate de soude* sont également usités comme purgatifs doux ainsi que le *Sel de Seignette* qui jouissait autrefois d'une immense réputation et qu'on administre à la dose de 15 à 60 grammes. L'*émétique* ou *tartre stibié* est le vomitif et le contre-stimulant le plus employé. Enfin, le *tartrate ferrico-potassique* constitue une excellente préparation ferrugineuse qui se prescrit à la dose de 25 centigrammes à 1 gramme par jour. On peut très bien le prendre dissous dans le vin, auquel il ne communique aucune saveur désagréable. Les *Boules de Mars* ou *Boules de Nancy* contiennent du tartrate ferricopotassique associé à des extraits de plantes vulnéraires.

TARTRONIQUE. adj. 2 g. (R. *tartre*). T. Chim. L'*acide tartronique* se produit par la décomposition de l'acide nitrotartrique (Voy. TARTRIQUE, II). Il prend aussi naissance quand on traite l'acide mésoxalique par l'amalgame de sodium. L'acide t. est bibasique et possède une fonction alcool; il a pour formule CO²H.CHOH.CO²H. Il cristallise en prismes volumineux. Chauffé au-dessus de 160°, il fond et se décompose en eau, en anhydride carbonique et en glycolide.

TARTRONYLURÉE. s. f. T. Chim. (R. *tartronique*, le suff. *yle*, et *urée*). Voy. DIALURIQUE.

TARTROVINIQUE. adj. 2 g. (R. *tartre*, et *vin*). T. Chim. *Acide t.* ou *éthyltartrique*. Voy. TARTRIQUE, II.

TARTUFE. s. m. (ital. *tartufo*, truffe?). Personnage de Molière dont on a fait un nom commun pour signifier, un faux dévot, un hypocrite. *C'est un t. fort dangereux*. || *T. de mœurs*, homme vicieux qui affecte de grands principes de morale.

TARTUFERIE. s. f. Caractère ou action de tartufe. *Je hais sa t. Tout ce discours n'est que t.* Fam.

TARTUFIER. v. a. Molière l'a employé dans le sens de marier à Tartufe.

Vous serez, ma foi, tartufiée.

|| Fig., Séduire hypocritement. = TARTUFIÉ, ÉE. part.

TARUMA. s. m. T. Bot. Genre de plantes Dicotylédones de la famille des *Verbénacées*. Voy. ce mot.

TARVI, une des îles *Soulou* (Malaisie).

TARVIS (Col de), dans les Alpes Juliennes, fait communiquer l'Autriche avec l'Italie.

TAS. s. m. [Pr. *ta*] (mot celtique). Monceau, amas de quelque chose. *Gros tas. Tas de blé. Un tas de fagots. Faire un tas. Mettre en tas.* || Prov. *Crier famine sur un tas de blé*, se dire pauvre au milieu de la richesse. || Fam., *Se mettre tout en tas*, Se ramasser, se mettre tout en un peloton. — Fig. et fam., *Il a fait un tas de mensonges, de friponneries*, Il a fait beaucoup de mensonges, etc., les uns sur les autres. On dit de même, *Il y a dans cet ouvrage un tas de barbarismes, un tas d'inexactitudes.* || En mauvaise part et par mépris, se dit d'une multitude de gens amassés ensemble. *Un tas de coquins, de fainéants, de fripons.* || T. Archit. *Tailler sur le tas*, Tailler les pierres en place. Voy. STÉRÉOTOMIE. — *T. de charge*, masse de pierre en forme de coussinet d'où partent les arcs doubleaux dans les voûtes gothiques. || T. Techn. Petite enclume carrée. Voy. ENCLUME. || T. Jeux. Dames mises les unes sur les autres au commencement de la partie. = Syn. Voy. MONCEAU.

TASCHER, nom d'une des plus anc. maisons de l'Orléanais, à laquelle appartenait l'impératrice Joséphine.

TASCHKEND. Voy. TACHKENT.

TASMAN, navigateur hollandais du XVIIᵉ siècle, découvrit, en 1642, la Terre de Van-Diémen, ou Tasmanie, et la Nouvelle-Zélande.

TASMANIE, s. f. autre nom de la terre de Van-Diémen, colonie anglaise de l'Australie. = Nom des indigènes : TASMANIEN, ENNE.

TASMANITE. s. f. T. Minér. Résine fossile de Tasmanie, en écailles d'un brun rouge, renfermant 5 à 6 pour 100 de soufre.

TASSAERT (OCTAVE), peintre fr. (1800-1874).

TASSE. s. f. [Pr. *ta-sé*] (ar. *tassa*, m. s., du persan *tast*, coupe). Vase de terre, de faïence, de porcelaine, etc., qui sert à boire, et dont les bords ne sont pas fort élevés. *T. d'argent, de cristal. Boire à pleine t.* || Particul., Petit vase à anse, dans lequel on sert le chocolat, le thé, le café, etc. || La liqueur qui est contenue dans la t. *Prendre une t. de thé, de chocolat. Prendre une demi-t. de café*, ou simplem., *une demi-t.* || Fig. et pop., *Boire à la grande t.*, Se noyer dans la mer.

TASSE (TORQUATO TASSO, dit LE), poète ital., auteur de la *Jérusalem délivrée* (1544-1595), vécut à la cour des ducs de Ferrare, fut atteint de folie et enfermé; puis mena une vie errante, et mourut à Rome à la veille d'être couronné au Capitole.

TASSEAU. s. m. [Pr. *ta-so*]. T. Menuis. Petit morceau de bois qui sert à soutenir une tablette. — Petit support en forme de cul-de-lampe, fait dans une encoignure. || T. Charp. Petite pièce de bois qui sert à soutenir les pannes. Voy. COMBLE, I, 1. || Support sur lequel les luthiers assemblent et collent les éclisses dont se forme le corps d'un violon.

TASSÉE. s. f. [Pr. *ta-sée*]. Le contenu d'une tasse. Vx.

TASSEMENT. s. m. [Pr. *ta-seman*]. L'effet des constructions, des terres qui se tassent, qui s'affaissent sur elles-mêmes par leur propre poids.

TASSER. v. a. [Pr. *ta-ser*]. Mettre les choses en tas, de façon qu'elles occupent peu de place. *T. du foin.* = SE TASSER. v. pron. Se dit des constructions, des terres qui s'affaissent sur elles-mêmes par leur propre poids. *Il faut que les terres rapportées se tassent avant de rien construire dessus.* = TASSER. v. n. Croître en touffe serrée. *Cette giroflée a bien tassé.* = TASSÉ, ÉE. part. *Des terres bien tassées.* || T. B.-Arts. *Figures tassées*, figures trop serrées.

TASSETTE. s. f. [Pr. *ta-sète*] (anc. fr. *tasse*, poche, de l'all. *tasche*, m. s.). T. Archéol. Plaque d'acier qui descendait du bas de la cuirasse. Voy. ARMURE. || Basque du pourpoint.

TASSILLON, duc de Bavière (748-788), forma contre Charlemagne une ligue avec les Avares et les Lombards; il fut pris et enfermé dans l'abbaye de Jumièges.

TASSISUDON, v. d'Asie, cap. du *Boutan*.

TASSONI, poète ital. (1565-1635).

TASTU (Mᵐᵉ), femme de lettres française (1798-1885), auteur de livres d'éducation.

TATARS ou **TARTARES**, nom général de divers peuples de la famille ouralo-altaïque. Les plus importants sont les Yakoutes, les Kirghis, les Turcs ou Osmanlis, les Samoyèdes. Voy. TARTARES.

TÂTER. v. a. (ital. *tastare*, qui est une forme fréq. du lat. *taxare*, toucher en pressant fortement). Manier une chose pour connaître si elle est dure ou molle, sèche ou humide, etc. *Tâtes cette étoffe, elle est douce, moelleuse.* — *T. le pouls*, Voy. POULS. || Fig., Essayer de connaître la capacité, les intentions, les sentiments de quelqu'un. *J'ai tâté ce savant, il en sait moins qu'on ne croit. J'ai tâté votre frère sur cette affaire.* — *T. l'ennemi*, Faire de petites attaques ou certains mouvements pour connaître ses dispositions. — *T. le courage de quelqu'un*, ou *T. quelqu'un*, Commencer à l'attaquer pour voir comment il se défendra. || T. Man. *Ce cheval tâte le terrain, le pavé*, Il ne marche pas franchement, il n'a pas le pied sûr. — Fig. et fam., *T. le terrain*, Étudier les dispositions des personnes et les circonstances, avant de s'engager dans une affaire. = TÂTER. v. a. Goûter à quelque chose, de quelque chose. *T. aux sauces. T. d'un pâté.* — Fig. et fam., *Je n'ai point tâté de ce mets*, Je n'en ai point mangé. *Il n'en tâtera que d'une dent*, Il n'en aura que peu, il n'en aura point du tout ; il n'obtiendra pas ce qu'il désire. || Fig. et fam., Essayer de quelque chose, afin de connaître par expérience ce qu'il en est. *Il veut t. du métier de soldat. Il a tâté de tout.* = SE TÂTER. v. pron. S'examiner, se sonder sur quelque chose.

Il se juge en autrui, se tâte, s'étudie.
CORNEILLE.

Il s'est tâté là-dessus. Fam. || Fam., on dit encore d'une personne qui est trop attentive à sa santé, qu'*Elle se tâte continuellement.*=TÂTÉ, ÉE. part. =Syn. Voy. MANIER.

TÂTEUR, EUSE. s. Celui, celle qui ne sait jamais se décider. *C'est un t. éternel avec qui on ne peut rien conclure.* Fam. et peu usité.

TÂTE-VIN. s. m. Petite coupe à déguster les vins. || Pipette en fer-blanc dont on fait un fréquent usage pour soutirer d'un tonneau une petite quantité du liquide qu'il contient (Fig. 1 et 2). Voy. PIPETTE.

TATILLON. s. 2 g. [Pr. les *ll* mouillées] (R. *tâter*). Celui, celle qui tatillonne. *Cet homme est un franc t. Cette femme est un t. insupportable.* On dit aussi au fém., *Tatillonne.* Fam.

TATILLONNAGE. s. m. [Pr. *tati-llo-naje*, *ll* mouillées]. Action de tatillonner. Fam.

TATILLONNER. v. n. [Pr. *tati-llo-ner*, *ll* mouillées] (R. *tatillon*). Entrer mal à propos ou inutilement dans toute sorte de petits détails. *Elle ne fait que t.* Fam.

TATIUS, roi légendaire des Sabins, fut introduit dans la citadelle de Rome par Tarpéia. Après un combat, qu'arrêta l'intervention des Sabines, il s'unit à Romulus et régna avec lui.

TÂTONNEMENT. s. m. [Pr. *tato-neman*]. Action de tâtonner. [|Dans les sciences, quand, en l'absence de principes positifs et de méthode sûre, on cherche à résoudre une question en essayant différentes suppositions et différents moyens, on dit qu'*On procède par t.*

TÂTONNER. v. n. [Pr. *tato-ner*] (R. *tâter*). Chercher dans l'obscurité en tâtant. *Je tâtonne pour trouver l'endroit où j'ai mis ce livre.* || Tâter avec les pieds et les mains pour se conduire plus sûrement ; il ne se dit guère, en ce sens, qu'au participe présent. *Marcher en tâtonnant.* || Fig., Procéder avec timidité, par irrésolution, ou sans principes certains, en essayant de divers moyens dont on n'est pas sûr. *Il est incertain en toutes choses, il ne fait que t. Il est sans méthode, il ne fait rien en tâtonnant.*

TÂTONNEUR, EUSE. s. [Pr. *tato-neur*, *neuze*]. Celui, celle qui tâtonne.

TÂTONS (À). loc. adv. [Pr. *ata-ton*]. En tâtonnant, dans l'obscurité. *Je ne puis trouver à t. ce que vous me demandez. Marcher à t.* On ne voit rien ici, il faut aller à t. || Fig., Sans règles sûres, sans principes certains, en essayant de divers moyens dont on n'est pas sûr. *Chercher la vérité à t. J'ai si peu de connaissance de ces choses-là, que je n'y vais qu'à tâtons.*

TATOU et **TATOUAY.** s. m. (mots brésiliens). T. Mamm. Genres d'*Édentés.* Voy. ce mot.

TATOUAGE. s. m. Action de tatouer, ou le résultat de cette action.

TATOUER. v. a. (angl. *tattow*, m. s., d'un mot de Tahiti). Imprimer sur le corps des dessins indélébiles. *Il a tatoué tout son bras. Certains sauvages se tatouent le corps entier.* = SE TATOUER. v. pron. *Les matelots ont la manie de se t.* = TATOUÉ, ÉE. part. = Conj. Voy. JOUER.

Cout. — L'usage du *Tatouage* remonte à la plus haute antiquité, car les auteurs anciens parlent de certaines peuplades des bords de la mer Noire qui se traçaient sur le corps et sur le visage des dessins colorés et indélébiles. Elles l'avaient sans doute adopté par les mêmes motifs que différentes tribus sauvages, tant du nouveau continent que des îles de la mer du Sud, chez lesquelles il est encore en vigueur. Le tatouage, à leurs yeux, a pour effet de donner aux guerriers un aspect plus redoutable ; en outre, la nature des dessins, qui souvent sont très compliqués, sert à distinguer le rang de l'individu tatoué, la tribu à laquelle il appartient, ses ex ploits, etc. Nulle part on n'a rencontré de peuplades tatouées d'une manière aussi remarquable et aussi générale que les sauvages de la Nouvelle-Zélande, car leur corps tout entier est recouvert de dessins aussi variés de formes que de couleurs. Les sauvages se tatouent en se faisant à la surface de la peau des incisions plus ou moins étendues, et en imprégnant la partie lésée de diverses matières colorantes. Quant aux des sins tatoués dont nos marins et nos soldats ornent parfois leur poitrine ou leurs bras, on les obtient simplement en piquant la peau jusqu'au vif avec une aiguille, et en versant sur ces piqûres de la poudre à canon finement pulvérisée. On met le feu à cette poudre, et les particules qui pénètrent dans la peau, en la colorant en bleu, rendent indélébiles les traces de ces piqûres.

TATRA ou **TATTRA**, groupe de montagnes des Carpathes occidentales, en Hongrie.

TATTERSALL. s. m. [Pr. *tat-ter-sal*] (mot angl. formé du nom d'un fondateur d'un marché de chevaux). Établissement public où l'on vend des chevaux, des harnais et des voitures.

TATUSIE. s. f. (R. *tatou*). T. Mamm. Genre d'*Édentés.* Voy. ce mot.

TAUDE. s. f. [Pr. *to-de*] (orig. germ. : anc. scand. *tiald*, tente). T. Marine. Abri formé d'une toile peinte en ocre que l'on établit sur une embarcation, ou dont on se sert pour couvrir les marchandises dans les navires ou dans un port.

TAUDER. v. a. T. Mar. Déployer, tendre la taude. = TAUDÉ, ÉE. part.

TAUDION. s. m. [Pr. *to-dion*]. Dimin. de *Taudis.* Pop.

TAUDIS. s. m. [Pr. *to-di*] (anc. fr. *tauder*, abriter, de *taude*). Petit logement en mauvais état. *Loger dans un t., dans un misérable t.* || Fam., on dit d'une chambre, d'un appartement où tout est en désordre et malpropre, *C'est un t., un vrai t.*

TAULE. s. f. Table de l'enclume.

TAULÉ, ch.-l. de c. (Finistère), arr. de Morlaix ; 3,000 hab.

TAUNUS, chaîne de montagnes de l'Allemagne du Nord, traverse la Hesse.

TAUPE. s. f. (lat. *talpa*, m. s.). Petit mammifère qui habite sous terre, et qui, dans le peuple, passe pour être aveugle. || Fig. et fam., *C'est une vraie t.*, se dit d'un sournois dangereux qui agit par des voies souterraines. — Personne peu clairvoyante.

Lynx envers nos pareils et taupes envers nous.
LA FONTAINE.

|| *Être noir comme une t.* — *Vivre comme une t.*, vivre dans une profonde retraite. — *Aller dans le royaume des taupes*, mourir, aller sous terre. || T. Techn. *T. à rigoles*, sorte de charrue qui sert à tracer les rigoles pour les irrigations. || T. Chir. Loupe irrégulière et allongée qui se forme sous les téguments de la tête.

Mamm. — Le petit animal, si connu chez nous sous le nom de *Taupe* (*Talpa*), est le type d'une famille fort naturelle qui fait partie de l'ordre des *Insectivores*, et que les naturalistes de nos jours ont appelée *Talpidés*. Cette famille, qui comprend les genres *Taupe, Scalope, Condylure* et

Chrysochlore, est essentiellement caractérisée par la conformation des pattes antérieures qui affectent la forme de pelles ou de pioches (Fig. 1). Squelette d'une patte de Taupe). — Les *Taupes* (*Talpa*), dont tout le monde connaît la vie souterraine, ont une tête allongée, pointue, terminée par un boutoir, armé à l'extrémité d'un osselet particulier qui sert à l'animal comme d'une tarière pour percer et soulever la terre, et qui constitue aussi un organe tactile très délicat. Les muscles cervicaux sont extrêmement vigoureux ; les mâchoires sont faibles et chacune d'elles porte onze dents de chaque côté. L'œil est si petit et si bien caché par les poils, qu'on a nié longtemps son existence ; l'appareil olfactif, au contraire, est très développé et l'ouïe est très fine. Pour déchirer la terre et la rejeter derrière elle, la Taupe est douée d'un instrument admirablement approprié à sa fonction. Les membres antérieurs, très rapprochés de la tête, sont très courts, très forts et terminés par une main large et solide dont la paume est dirigée en dehors. Les doigts sont à peine distincts, tant ils sont recouverts et enveloppés dans l'énorme ongle plat et tranchant qui termine chacun d'eux. La Taupe se trouve ainsi armée de deux pelles robustes à l'aide desquelles, le museau placé en avant, elle avance quelquefois si rapidement dans la terre, qu'elle y semble nager. Grâce à ces puissants instruments, elle se creuse de longues galeries qui sont reliées ensemble et qui ont de nombreuses issues autour du gîte principal où elle se tient. De distance en distance, elle s'ouvre une espèce de soupirail par lequel elle jette ses débris au dehors : ce sont ces débris qui forment à la surface du sol ces petits monticules qu'on nomme *Taupinières*. Les dents sont hérissées de pointes coniques comme chez tous les Insectivores. (Fig. 2. Dentition de la Taupe). Dans nos campagnes, on fait à la Taupe une chasse des plus actives comme à un animal malfaisant. Cependant il y a beaucoup à dire en sa faveur ; car si elle fait des dégâts en minant souvent le sol autour des racines des plantes, et surtout en empêchant dans nos prairies de faucher ras de terre, elle détruit une multitude prodigieuse de larves d'insectes et de vers. Chez

Fig. 1.

Fig. 2.

Fig. 3.

elle, en effet, la faim est insatiable : c'est un besoin exalté jusqu'à la frénésie. La *T. commune* (*T. europæa*) (Fig. 3) a le museau pointu, et le poil noir et velouté. Cependant on en rencontre accidentellement qui sont cendrées, tachetées,

jaunes et même blanches. — Le genre *Scalope* (*Scalops*) est propre à l'Amérique du Nord. Il ne diffère du précédent que par son système dentaire, et par le museau qui est pointu comme celui de la Musaraigne. — Les *Condylures* ressemblent aussi à notre Taupe par la conformation des pieds antérieurs et par la forme extérieure du corps ; mais ils s'en distinguent sur-le-champ par leur queue plus longue, et surtout par leur nez très allongé et garni de crêtes membraneuses disposées en étoile autour des narines. Parmi les espèces connues, qui toutes appartiennent à l'Amérique, nous citerons le *C. étoilé* (*Condylurus cristatus*), au pelage brun noir ou grisâtre, et dont les formes sont plus légères que celles de la Taupe. — Les *Chrysochlores* (*Chrysochloris*) se distinguent essentiellement des genres précédents par la structure de leurs pattes antérieures, qui

Fig. 4.

représentent, non une pelle, mais une pioche. Ils n'ont en effet que trois ongles, dont l'extérieur est très gros, extrêmement arqué et pointu ; les autres vont en diminuant. Quant aux pieds de derrière, ils ont six ongles de grandeur ordinaire. Au reste, sous le rapport de la taille et des mœurs, ces animaux diffèrent peu des Taupes. Le *Chrysochlore du Cap* (*Chrys. capensis*) [Fig. 4], qui appartient à l'Afrique australe, est le seul quadrupède connu qui présente quelques-uns de ces beaux effets métalliques dont brillent tant d'oiseaux, de poissons et d'insectes. Son poil est d'un vert changeant en couleur de cuivre ou de bronze : de là le nom de *Taupe dorée du Cap* sous lequel on le désigne communément. Il est dépourvu d'oreille externe et n'a qu'un simple rudiment de queue.

L'animal appelé vulgairement *Taupe du Cap* est le *Spalax*, qui appartient à l'ordre des Rongeurs. Voy. SPALAX.

TAUPE-GRILLON. s. m. [Pr. *tôpegri-llon*, ll mouillées]. T. Entom. Nom vulg. de la *Courtilière*. Voy. GRYLLIDES. — Pl. *Des Taupes-grillons*.

TAUPIER. s. m. [Pr. *tô-pié*]. Preneur de taupes.

TAUPIÈRE. s. f. [Pr. *tô-pière*]. Morceau de bois creusé, muni d'une soupape, et qui sert à prendre des taupes.

TAUPIN. s. m. [Pr. *tô-pin*] (R. *taupe*). T. Entom. Genre d'Insectes *Coléoptères pentamères*. Voy. ÉLATÉRIDES. || T. Hist. milit. Mineur, pionnier. — *Francs taupins*, nom populaire des francs archers organisés au XVᵉ siècle. Voy. ARCHER. || T. Néol. Élève se préparant à l'École polytechnique.

TAUPINIÈRE ou **TAUPINÉE.** s. f. [Pr. *tô-pinière*, *tô-piné*]. Petit monceau de terre qu'une taupe a élevé en fouillant. *Une prairie pleine de taupinières.* || Fam. et par plaisant., se dit d'un petit monticule au milieu de la campagne, et d'une petite maison de campagne basse et sans apparence. *Il faudrait abattre cette t. qui arrête la vue. Ils logent dans une t. qu'ils appellent leur château.*

TAURE. s. f. [Pr. *tô-re*] (lat. *taura*, m. s.). Jeune vache qui n'a point encore porté. *Une jeune t.* Peu us.

TAUREAU. s. m. [Pr. *tô-ro*] (lat. *taurus*, gr. ταῦρος, m. s., par l'intermédiaire d'une forme dimin. *taurellus*). T. Mamm. Le mâle de la vache. Voy. BŒUF. — Fig. et fam., on dit d'un homme extrêmement robuste et dont la taille annonce la force, *C'est un t., un vrai t.* ; d'un cou large et musculeux, *Un cou de t.* ; et d'une voix très forte et grave, *Une voix de t.* || T. Astron. Constellation zodiacale. Voy. CONSTEL-

LATION. || T. Mar. Navire de charge très enflé de l'avant, ayant deux mâts et deux voiles carrées, et qui est en usage dans la Manche. || T. Hist. Le t. d'airain, où le tyran d'Agrigente, Phalaris, faisait enfermer et brûler ses victimes. || *Courses ou combats de taureaux.* Voy. TAUROMACHIE.

TAURELIÈRE. s. f. Vache qui demande souvent le taureau.

TAURIDE, gouv. de la Russie méridionale comprenant la Crimée, la contrée qui s'étend au nord de la mer Noire; 1,000,000 d'hab. Ch.-l. *Simphéropol.*

TAURILLON. s. m. [Pr. *tori-llon*, *ll* mouillées]. Jeune taureau.

TAURINE. s. f. (lat. *taurus*, taureau). T. Chim. Composé amidé et sulfonique, dérivant de l'éthane, et répondant à la formule

$$CH^2AzH^2.CH^2SO^3H.$$

La t. se trouve en combinaison avec l'acide cholique dans la bile du bœuf et d'autres animaux. On l'a rencontrée aussi dans les muscles et les poumons de quelques mammifères, ainsi que dans le foie et la rate de divers poissons. Elle cristallise en gros prismes clinorhombiques, incolores, assez solubles dans l'eau, insolubles dans l'alcool et dans l'éther. Bien qu'elle soit neutre au tournesol, elle peut se combiner avec les bases. Possédant à la fois une fonction amino et une fonction acide, elle représente l'*acide amido-éthane-sulfonique*. En se combinant avec le cyanamide, elle donne naissance à une créatine appelée *taurocréatine*. — Pour préparer la t., on fait bouillir la bile de bœuf avec de l'acide chlorhydrique étendu d'eau; l'acide taurocholique de la bile se dédouble en t. et en acide cholalique: après avoir filtré et concentré la liqueur, on précipite la t. par l'alcool absolu et on la purifie par cristallisation dans l'eau. La synthèse de la t. a été réalisée par Kolbe en partant du chlorure iséthionique. Voy. ISÉTHIONIQUE.

TAURIQUE (CHERSONÈSE), anc. nom de la presqu'île de la mer Noire appelée auj. *Crimée.* Voy. ce mot.

TAURIS, v. de Perse, au N., près du lac d'Ourmiah; 170,000 hab.

TAURISCITE. s. f. [Pr. *tauris-site*]. T. Minér. Sulfate hydraté de fer, en cristaux orthorhombiques.

TAUROBOLE. s. m. (lat. *taurobolium*, gr. ταυροβόλιον, m. s., de ταῦρος, taureau, et βολή, action de frapper). T. Antiq. Sacrifice expiatoire dans lequel on immolait un taureau à Cybèle avec certaines cérémonies particulières.

TAUROBOLIQUE. adj. 2 g. Qui concerne un taurobole.

TAUROBOLISER. v. a. [Pr. *toroboli-zer*]. Offrir le sacrifice du taurobole.

TAUROCHOLIQUE. adj. [Pr. *toro-kolike*] (gr. ταῦρος, taureau; χολή, bile). T. Chim. Voy. CHOLIQUE.

TAUROCRÉATINE. s. f. (lat. *taurus*, taureau, et fr. *créatine*). T. Chim. Voy. TAURINE.

TAUROMACHIE. s. f. [Pr. *toro-ma-chi*] (gr. ταῦρος, taureau; μάχη, combat). Combat de taureaux contre des hommes. Les *Tauromachies* paraissent avoir été en usage chez les anciens habitants de la Thessalie, et plus tard chez les Romains. Chez ces derniers, elles faisaient partie des spectacles appelés *venationes*, c.-à-d. chasses, qui se donnaient dans le cirque. Aujourd'hui, le spectacle sanguinaire des combats de taureaux est surtout en vigueur en Espagne et dans les colonies espagnoles, où il constitue le divertissement favori de la population. Ces combats ont lieu dans de grands cirques construits à cet effet, et dont quelques-uns, comme le *Coliseo de los toros* de Madrid, peuvent contenir plus de 10,000 spectateurs. Les combattants, appelés *toréadors* lorsqu'ils sont à cheval, et *toreros* lorsqu'ils sont à pied, sont de trois sortes : les *picadors*, les *chulos* et les *matadors*. Les *picadors*, ou piqueurs, sont chargés d'ouvrir la lutte. Montés sur de mauvais chevaux et armés d'une lance de plus de 3 mètres, appelée *garocha*, ils harcèlent le taureau et s'efforcent de le

piquer aux épaules. Les *chulos* sont à pied, mais parés d'un costume brillant et orné de nombreux rubans. Ils tiennent à la main une longue écharpe de soie très claire, ainsi que de petits bâtons creux, remplis de poudre et munis de crocs, qu'on appelle *banderillas*, et qu'ils lancent contre le taureau. Lorsque les banderillas s'enfoncent dans la chair de l'animal, les artifices contenus dans les bâtons prennent feu et ajoutent à sa fureur. Le *matador*, ou immoleur, est habillé de noir et ne prend part à la lutte que pour la terminer. Lorsque le taureau est au paroxysme de la fureur, le matador s'avance vers lui, tenant de la main gauche la *muleta*, petit drapeau de soie rouge, et de la droite une épée nue. À la vue de la *muleta*, l'animal fond en fermant les yeux sur son ennemi pour le frapper de ses cornes; mais celui-ci s'écartant un peu à droite, laisse passer le taureau à sa gauche et saisit cet instant rapide pour lui enfoncer son épée entre la nuque et la colonne vertébrale. L'animal tombe comme une masse, et les applaudissements éclatent de toutes parts. Lorsqu'il ne tombe pas du premier coup, les applaudissements se changent en huées. Enfin, si le taureau tue le matador, ce qui est d'ailleurs fort rare, tous les applaudissements sont pour le quadrupède victorieux, qui, du reste, n'en est pas moins condamné à périr sous le fer d'un second matador. Les taureaux qu'on destine à ces combats sont des taureaux sauvages : les plus renommés se tirent de la Galice, de la Castille et de l'Andalousie. Il existe dans la capitale de cette dernière province, à Séville, une *École de tauromachie.*

Ces spectacles barbares et sanguinaires des *courses de taureaux* sont donnés assez souvent dans certaines villes du midi de la France, malgré la loi française qui les interdit avec raison.

TAUROMACHIQUE. adj. 2 g. [Pr. *...machique*]. Qui a rapport à la tauromachie.

TAURUS, chaîne de montagnes de l'Asie Mineure entre la Cilicie et la Cappadoce.

TAUTOCHRONE. adj. 2 g. [Pr. *toto-krone*] (gr. ταυτὸ, le même; χρόνος, temps). Qui a lieu en des temps égaux. *Vibrations tautochrones.* || T. Géom. Courbe t., Voy. CYCLOÏDE.

TAUTOCHRONISME. s. m. [Pr. *toto-kronisme*]. Égalité du temps durant lequel certains effets sont produits.

TAUTOCLINE. s. f. (gr. ταυτὸ, le même; κλίνω, j'incline). T. Minér. Variété ferrifère de dolomie.

TAUTOGRAMME. s. m. [Pr. *toto-gra-me*] (gr. ταυτὸ, le même; γράμμα, lettre). On désigne sous le nom de *Tautogramme* une sorte de poème dans lequel l'auteur s'est astreint à n'employer que des mots commençant par la même lettre. Parmi les poèmes *tautogrammatiques* les plus connus, nous citerons celui du bénédictin Ubaldus sur la Calvitie, dont tous les mots commencent par un C, le *Christus crucifixus* de Christianus Pierius, dont tous les mots commencent par la même lettre, et enfin le *Pugna porcorum* (combat des porcs), dont tous les mots commencent par un P, et qui est dû à un moine allemand nommé Petrus Placentius.

TAUTOLOGIE. s. f. (lat. *tautologia*, gr. ταυτολογία, m. s., de ταυτὸ, le même, et λόγος, discours). Répétition inutile d'une même idée en différents termes. *Je suis sûr et certain*, *le jour d'aujourd'hui*, sont des tautologies. — Se dit aussi d'une proposition dans laquelle l'attribut est identique au sujet et ne fait que le répéter. Ces propositions sont vaines et inutiles. Par ex. *Tout effet a une cause est une t.* puisque le mot effet désigne précisément ce qui a une cause. Dans cet axiome souvent cité, le mot *effet* pourrait être supprimé.

TAUTOLOGIQUE. adj. 2 g. [Pr. *toto-lojike*]. Qui a rapport à la tautologie.

TAUTOMÈRE. adj. 2 g. (gr. ταυτὸ, le même; μέρος, partie). T. Chim. Voy. DESMOTROPIE.

TAUTOMÉRIE. s. f. (R. *tautomère*). T. Chim. Syn. de *Desmotropie.*

TAUTOPHONIE. s. f. (gr. ταυτοφωνία, m. s.) Répétition excessive du même son.

TAUVES, ch.-l. de c. (Puy-de-Dôme), arr. d'Issoire; 2,500 hab.

TAUX. s. m. [Pr. *to*] (lat. *taxare*, taxer). Le prix établi pour la vente des denrées. *Nul gouvernement ne devrait s'ingérer de fixer le t. des denrées.* || Dans un sens analogue, se dit des frais de justice, des honoraires des officiers ministériels, etc. *Réduire des écritures au t. convenable.* || Se dit encore du prix auquel se négocient à la bourse les rentes sur l'État, les actions industrielles, etc. *Le trois pour cent a fermé à tel t. Le t. de ces actions s'est fort amélioré. A quel t. le nouvel emprunt a-t-il été adjugé?* || Le denier auquel les intérêts de l'argent sont réglés, établis ou stipulés. *Prêter de l'argent au t. légal, au t. de cinq, de six pour cent.* On disait de même autrefois. *Au t. du roi, au t. réglé par l'ordonnance.* — On dit, dans un sens anal., *Le t. d'une vente viagère.* || La somme à laquelle une personne est taxée pour ses impositions. *Son t. est trop haut.*

Syn. — *Taxation, Taxe.* — Ces trois mots présentent également l'idée de la détermination d'une valeur, mais le *taux* est cette valeur même déterminée, la *taxe* est le règlement de cette valeur, et *taxation* est l'action de taxer. On dit *taux* lorsqu'on parle de l'intérêt de l'argent. On dit *taxe*, quand il s'agit d'une imposition en deniers sur des personnes ou en certains cas. On dit assez indifféremment *taux* ou *taxe* en parlant du prix établi pour la vente des denrées ou de la somme fixée que doit payer un contribuable.

TAUZIN. s. et adj. m. T. Bot. Nom d'une espèce de Chêne. Voy. CHÊNE.

TAVAILLON. s. m. [Pr. *lava-llon, ll* mouillées]. Morceau de sapin refendu, pour couvrir les maisons.

TAVAÏOLLE. s. f. [Pr. *lava-io-le*] (dimin. de l'ital. *tovaglia*, nappe). Linge garni de dentelles ou tout entier de dentelles, dont on se sert à l'église pour rendre le pain bénit ou pour présenter des enfants au baptême.

TAVAI-SOUNAMOU, une des deux grandes îles qui composent la Nouvelle-Zélande. Voy. ZÉLANDE.

TAVANNES. Voy. SAULX.

TAVAY, v. de l'Indo-Chine anglaise sur la côte occidentale du Siam.

TAVELAGE. s. m. (R. *taveler*). Maladie des fruits qui deviennent tachés.

TAVÈLE. s. f. (vx fr., *tavèle*, échiquier, du lat. *tabula*, petite table). Sorte de passementerie fort étroite.

TAVELER. v. a. (R. *tavèle*). Moucheter, tacheter. *T. une peau d'hermine*, La moucheter avec de petits morceaux d'une autre peau luisante et très noire. = SE TAVELER. v. pron. *La peau de cet animal commence à se t.*, A se moucheter. = TAVELÉ, ÉE. part.

TAVELURE. s. f. Bigarrure d'une peau tavelée. *La t. de la peau de ce chien est extraordinaire.*

TAVERNE. s. f. (lat. *taberna*, m. s., de *tabula*, table). Cabaret, lieu où l'on vend du vin en détail. *Tenir t. Aller à la t.*

Il hante la taverne et souvent il s'enivre.
                         LA FONTAINE.

Ne se dit chez nous que par mépris. || En Angleterre, lieu où l'on donne à manger à prix d'argent. *La t. de la Couronne.* = Syn. Voy. CABARET.

TAVERNIER, IÈRE. s. Celui, celle qui tient taverne. Vx.

TAVERNIER (J.-B.), voyageur fr. (1605-1689), explora l'Inde et l'Asie occidentale.

TAVISTOCKITE. s. f. (R. *Tavistock*, n. d'une ville d'Angleterre). T. Minér. Phosphate hydraté de chaux et d'alumine.

TAXATEUR. s. m [Pr. *ta-ksateur*]. Celui qui taxe; ne se dit guère que du juge qui taxe les dépens de procédure, et du commis de la poste qui taxe les lettres et les paquets. || On dit aussi adject., *Juge t.*

TAXATION. s. f. [Pr. *ta-ksa-sion*] (lat. *taxatio*, m. s.). Action de taxer. *La t. des frais d'un procès. La t. des denrées.* || *Taxations*, au pl., se dit de certains avantages pécuniaires alloués aux employés de certaines administrations. *Il lui est alloué un demi pour cent pour ses taxations.*

TAXE. s. f. [Pr. *ta-kse*] (R. *taxer*). Règlement fait par l'autorité publique pour le prix des denrées, des frais de justice, etc. *T. des actes et vacations des juges de paix.* || Le prix établi par le règlement. *La t. de la livre de pain est de tant. C'est une t. trop haute, trop basse.* || *T. des dépens*, Le règlement fait, par autorité de justice, de certains frais que la poursuite d'un procès a occasionnés. *Cet article ne peut entrer en t.* || *Taxe*, se dit encore pour imposition. *Ce pays est écrasé sous le poids des taxes. Cette t. est légère. On imposa sur les riches des taxes arbitraires* Voy. CONTRIBUTION, I. — *T. des pauvres*, Taxe au profit des pauvres, établie en Angleterre. Voy. PAUVRE, II. — *T. des lettres*, prix pour le port des lettres. = Syn. Voy. TAUX.

TAXER. v. a. [Pr. *ta-kser*] (lat. *taxare*, m. s., propr. toucher souvent, fréq. de *tangere*, toucher). Régler, fixer le prix des denrées, des marchandises et de quelque autre chose que ce soit. *On a taxé les vivres. T. les dépens d'un procès. On a taxé ses vacations à tant.* || Faire une imposition soit en espèces, soit en denrées. *On l'a taxé bien haut. On a taxé la commune à tant. T. l'industrie.* || En parlant des personnes, accuser. *On le taxe de vanité. On me taxe d'être avare.* — Fam., *Je ne taxe personne*, Je ne fais tomber sur personne en particulier l'accusation, le reproche dont il s'agit. = SE TAXER. v. pron. Fixer une somme qu'on s'engage à donner pour un certain objet. *Il s'est taxé lui-même. Il se taxa à tant pour sa part. Toutes les villes se taxèrent à l'envi pour subvenir aux besoins de l'État.* || S'accuser soi-même. *Il se taxe d'un défaut qu'il n'a pas.* = TAXÉ, ÉE. part.

TAXICORNES. s. m. pl. [Pr. *tak-sikorne*] (gr. ταξις, ordre; lat. *cornu*, corne). T. Entom. Famille d'insectes Coléoptères du groupe des Hétéromères. Ils sont caractérisés par l'absence d'onglet corné au côté interne des mâchoires. Tous sont ailés; leur corps est le plus souvent carrelé, avec le corselet trapézoïde ou demi-circulaire et cachant ou recevant la tête. Les pieds ne sont propres qu'à la course, et tous les articles des tarses sont entiers et terminés par des crochets simples. Plusieurs mâles ont la tête munie de cornes. Ces insectes se rencontrent pour la plupart sous les écorces des arbres ou dans les champignons qui croissent sur ces derniers. Quelques-uns vivent à terre, sous les pierres. En général, ils sont ornés de couleurs vives et variées, souvent métalliques. Cette famille comprend deux tribus,

Fig. 1.   Fig. 2.

celle des *Diapériales* et celle des *Cossyphènes*. — Les *Diapériales* ont la tête découverte et entièrement engagée dans une entaille profonde et antérieure du corselet, qui est tantôt trapézoïde ou carré, tantôt presque cylindrique. Nous nous bornerons à citer le genre *Diapère* (*Diaperis*), qui est caractérisé par ses antennes perfoliées dans toute leur longueur. Le type de ce genre est la *Diapère du Bolet* (*D. Boleti*) [Fig. 1, grossie], dont le corps, long d'environ 6 millimètres, est d'un noir luisant, avec trois bandes d'un jaune fauve, transverses et dentées sur les élytres. Elle n'est pas rare aux environs de Paris, où on la trouve dans les champignons des arbres. — Les *Cossyphènes* ont la tête tantôt entièrement cachée sous le corselet, tantôt reçue ou comme emboîtée dans une échancrure antérieure de cette partie du corps. Le corps est ovoïde ou subhémisphérique et débordé dans son pourtour par les côtés du corselet et des élytres qui sont dilatés et aplatis en manière de limbe. Nous nommerons seulement le genre *Cossyphe* (*Cossyphus*), qui a le corps ovale, très plat, et on forme de bouclier. Le *Cossyphe d'Hoffmansegg* (*C. Hoffmanseggii*) [Fig. 2, grossie] est de couleur brunâtre, et se trouve sous les pierres, en Espagne, en Barbarie et en Corse.

TAXIDERMIE. s. f. [Pr. *taksi-dermi*] (gr. τάξις, arrangement; δέρμα, peau). T. Hist. nat. La *Taxidermie* est l'art de préparer et de conserver l'enveloppe tégumentaire des animaux morts en lui donnant les formes qu'elle présentait chez l'animal vivant. La t. comprend quatre opérations successives, qui consistent à dépouiller l'animal, à le bourrer, à le monter et à le soustraire par une préparation chimique, soit à la putréfaction, soit à la voracité de certains insectes. Le *dépouillement* consiste à vider le corps de l'animal en enlevant tout ce qui est sujet à la putréfaction, comme les chairs et les viscères, en ne conservant que la peau, et parfois les os des extrémités. Après cette opération, qui s'exécute en général au moyen d'une incision pratiquée sous le ventre et sur la ligne médiane, on *bourre* l'animal, c.-à-d. qu'on remplit la peau de substances à la fois solides et élastiques pour tenir lieu des parties enlevées. Ces substances varient selon la grosseur des animaux. Les plus employées sont la filasse et le coton : on n'emploie guère la mousse et surtout la paille que pour les animaux de grande taille. C'est même de l'emploi de cette dernière matière qu'est venu le mot d'*Empaillement* sous lequel on désigne encore vulgairement l'art de la t. Le *montage*, qui est la partie la plus épineuse du travail, consiste à faire un squelette artificiel de bois, de fer, de laiton, sur lequel on adapte l'animal en conservant à sa pose la souplesse, le laisser-aller et le naturel de la vie. Enfin, on *préserve* les peaux, avec leurs poils ou leurs plumes, du ravage des insectes au moyen de diverses préparations chimiques. La plus efficace est le *savon arsenical de Bécœur*, qui est ainsi composé : arsenic blanc, 210 ; savon blanc, 240 ; potasse, 90 ; chaux, 30 ; camphre, 12. Cette préparation étant délayée dans de l'eau, on l'applique au pinceau sur les parties qu'il s'agit de conserver. Elle est très dangereuse à employer, à cause de l'arsenic qu'elle renferme.

TAXIDERMIQUE. adj. 2 g. [Pr. *taksi-dermike*]. Qui a rapport à la taxidermie.

TAXIDERMISTE. s. m. [Pr. *taksi-dermiste*] (R. *taxidermie*). Empailleur, celui qui prépare le corps des animaux afin de les conserver.

TAXILE, roi de l'Inde, vaincu par Alexandre le Grand.

TAXINE. s. f. [Pr. *ta-ksine*]. T. Chim. Substance cristallisable, peu soluble dans l'eau, très soluble dans l'alcool et dans l'éther, extraite des feuilles de l'If (*Taxus baccata*).

TAXINÉES. s. f. pl. [Pr. *taksi-née*] (R. *Taxus*, n. scientifique de l'If, du gr. τάξος, m. s.). T. Bot. Tribu de plantes Gymnospermes de la famille des *Conifères*. Voy. ce mot.

TAXINOMIE. s. f. [Pr. *taksi-nomi*]. Voy. TAXONOMIE.

TAXIS. s. m. [Pr. *tak-sis*] (gr. τάξις, arrangement). T. Chir. Manœuvre pour réduire une hernie. Voy. HERNIE, I.

TAXODE. s. m. [Pr. *tak-sode*] (gr. τάξος, If). T. Bot. Genre de plantes Gymnospermes (*Taxodium*) de la famille des *Conifères*, tribu des *Taxinées*. Voy. CONIFÈRES.

TAXONOMIE [Pr. *takso-nomi*] ou **TAXINOMIE.** s. f. (gr. τάξις, ordre; νόμος, loi). Étude de l'arrangement des plantes ou des classifications. Voy. BOTANIQUE.

TAY. fl. d'Écosse s'écoulant dans la mer du Nord, 150 kil.

TAYGÈTE, montagne de la Grèce.

TAYLOR (ZACHARIE), président des États-Unis en 1849 (1784-1850).

TAYLOR (baron), voyageur et littérateur fr., né à Bruxelles (1789-1879).

TAYLORITE. s. f. [Pr. *té-lorite*] (R. *Taylor*, n. d'un natur. angl.). T. Minér. Sulfate de potasse et d'ammoniaque, en masses cristallines jaunâtres dans le guano des îles Chincha.

TAYON. s. m. [Pr. *ta-ion*] (vx fr. *taion*, grand-père, mot enfantin). T. Forest. Se dit des baliveaux réservés depuis trois coupes.

TAZNITE. s. f. T. Minér. Arsénio-antimoniate de bismuth.

TCHAD, Lac de l'Afrique Centrale, entouré de diverses contrées du Soudan : le Damergou au N.-O., le Bornou au S.-O., le Baghirmi au S.-E., le Kanem au N.-E. Les eaux du Tchad ne se déversent dans aucune mer et il forme lui-même comme une petite mer intérieure.

Il est alimenté au sud par le Chari, son principal tributaire, large fleuve grossi d'importants affluents (Salama, Aouakadebhé, Ba-Mingi, Logone) à l'ouest par le Waoube, à l'est par le Bahr-el-Ghazal (rivières des Gazelles) qu'il ne faut pas confondre avec le cours d'eau du même nom, affluent de gauche du Nil.

Le Chari et le Waoube ont un débit abondant et traversent des régions où pullule la luxuriante végétation équatoriale, marais et forêts vierges. Le Bahr-el-Ghazal, au contraire, torrent parfois à sec, se creuse en des contrées plus montueuses et plus rocheuses, qui se ressentent du voisinage du Sahara.

Les trois fleuves ont cependant cela de commun que leurs crues varient suivant les saisons et haussent ou diminuent le volume d'eau du lac, dont les rives, par suite, n'ont rien de précis, surtout vers le nord, et sont formées la plupart du temps de dunes immenses où les eaux du lac avancent et reculent sur de grandes étendues.

Les premiers voyageurs, Barth et Nachtigal, qui explorèrent les contrées du lac Tchad exclusivement peuplées par des

LAC TCHAD

noirs, en rapportèrent des récits enthousiastes et quand, après la découverte du bassin du Congo par Brazza et Stanley, la fièvre coloniale poussa l'Europe au partage de l'Afrique, la conquête du Tchad apparut aux plus ardents comme celle d'un nouvel Eldorado.

La rive droite du Congo et de son affluent l'Oubanghi ayant été attribuée à la France, sans limite vers le nord, le Français Crampel entreprit de gagner le Tchad par l'Oubanghi et fut massacré en route par les tribus indigènes (1891). Nebout et Dybowski partirent sur sa trace et atteignirent un des affluents du Chari. De son côté, le capitaine (plus tard commandant, puis colonel) Monteil, de l'infanterie de marine, parti du Sénégal par la boucle du Niger, atteignait le Tchad par l'ouest et repartant vers le nord revenait par la Tripolitaine.

On pensa alors à réaliser le plan de Crampel et de quelques autres, consistant à réunir sous la domination française, sans solution de continuité, tous les territoires compris entre l'Algérie, le Sénégal et le Congo.

Entre temps les Anglais, installés sur le bas Niger, et sur la Benoué, avaient revendiqué la pointe s'avançant jusqu'au Tchad par le Sokoto. Les Allemands avaient lancé de la côte de Cameroun divers explorateurs vers le Tchad, et s'étaient fait reconnaître par la France la possession de la rive gauche du bas Chari. Malgré l'exploration du lieutenant de vaisseau Mizon qui, parti du Benoué vers le Congo par la Sangha, avait signé des traités avec le sultan de l'Adamaoua, la France ne se réservait plus que la rive droite de cette partie du fleuve.

En outre, un important empire nègre s'était formé de l'Oubanghi au Tchad sous la domination d'un certain Rabâh, qui commença par faire acte d'amitié vis-à-vis des Français mais par la suite se mit en état d'hostilité par l'exécution de l'un de nos explorateurs.

En 1898, trois missions françaises partirent de nos possessions opposées pour converger vers le Tchad et s'y rejoindre. La mission Foureau-Lamy partit d'Algérie, la mission Voulet-Chanoine du Sénégal, la mission Gentil du Congo. Un drame effroyable fit perdre à la seconde ses chefs, mais guidée par le capitaine Joalland, elle fut rejointe par la première dans le Damergou. Toutes deux gagnèrent le Tchad par l'ouest, le contournèrent le nord et par l'est et se réunissant à la troisième au sud écrasèrent Rabâh, qui fut tué dans la bataille (1900). Dès lors, les trois quarts des rives du Tchad appartiennent à la France et sont reliées sans solution de continuité avec nos trois grandes possessions africaines, lesquelles ne forment plus [par suite qu'un seul et même empire de la Méditerranée et de l'Océan au Congo.

TCHANDRAGOUPTA, Voy. SANDRACOTOS.

TCHÉ-FOU, port ouvert de Chine, prov. de Chang-Toung; 32,000 hab.

TCHÉ-KIANG, prov. de la Chine; 11,685,000 hab. Cap. *Hang-Tchéou*. || Fleuve du même nom.

TCHELEKEN (Îles), sur la rive orientale de la mer Caspienne.

TCHÉLIOUSKIN (Cap), pointe nord de l'Asie dans la presqu'île de Taïmour.

TCHÉNAB ou **TCHINAB**, anc. *Acesines*, riv. de l'Hindoustan, traverse le Pendjab et se jette dans l'Indus; 1,100 kil.

TCHÈQUES, peuple slave établi en Bohême. == TCHÈQUE. s. m. Langue slave parlée en Bohême.

TCHERKESSES, peuple qui habite la Circassie.

TCHERNAIA, riv. de Crimée; victoire des Français sur les Russes, en 1855.

TCHERNIGOV, v. et gouv. de la petite Russie, au sud du gouv. de Smolensk; 2,000,000 hab.

TCHESKAÏA (Golfe), dans l'Océan glacial arctique, au nord de la Russie, près d'Arkangel.

TCHETVERICK. Mesure de capacité usitée en Russie, qui vaut environ 26 litres, 23. Voy. CAPACITÉ.

TCHETVERT. s. m. T. Métrol. Mesure de capacité usitée en Russie, qui vaut environ 110 litres. Voy. CAPACITÉ.

TCHIN-KIANG, port ouvert de la Chine; 35,000 hab.

TCHITCHAGOF, amiral russe (1767-1849), ne put empêcher Napoléon Ier de passer la Bérésina (1812).

TCHITNAL, pays de l'Inde, au S.-O. de l'Afghanistan.

TE. pron. personnel. Voy. Tu.

TÉ. s. m. Équerre double qui a la figure d'un T. || T. Guerre. Disposition de plusieurs fourneaux de mine en forme de T, pour faire sauter une fortification. || T. Techn. Traverse qui s'assemble dans le bas d'une autre d'un teau et reçoit l'entretoise. — Bout de tuyau portant un autre bout en travers.

TEBOUS, Voy. TIBBOUS.

TECH, fl. côtier de France, arrose Céret; il se jette dans la Méditerranée; 70 kil.

TECHICHI. s. m. (mot de la Guyane). T. Mamm. Variété de chien. Voy. CHIEN, II, 6º.

TECHNATIS, Voy. TAFNAKHT.

TECHNIQUE. adj. 2 g. [Pr. *tek-nike*] (gr. τεχνικός, m. s., de τέχνη, art). Propre à un art, qui appartient à un art. *Mot t. Expression t. Langage t.* || *Vers techniques*, Vers faits pour aider la mémoire, on y rappelant un peu de mots certains faits, certaines règles, etc. *Toutes les règles du syllogisme ont été formulées en vers techniques.* == Subst. *La t.*, l'ensemble des procédés d'un art.

TECHNIQUEMENT. adv. [Pr. *tek-nikeman*]. D'une manière technique.

TECHNOGRAPHIE. s. f. [Pr. *tekno-grafi*] (gr. τέχνη, art; γράφειν, écrire). Description des arts et de leurs procédés.

TECHNOLOGIE. s. f. [Pr. *tek-nolojie*] (gr. τεχνολογία, m. s., de τέχνη, art, et λόγος, discours). La science des arts industriels en général. *Dictionnaire de t.*

TECHNOLOGIQUE. adj. 2 g. [Pr. *tek-nolojike*] (gr. τεχνολογικός, m. s.). Qui a rapport aux arts industriels. *Cet éditeur a publié une collection de manuels technologiques.*

TECHNOLOGUE. s. m. [Pr. *tekno-loghe, g dur*]. Celui qui écrit sur la technologie, sur les arts et métiers.

TECK. s. m. (R. *tekha*, n. indigène). T. Bot. Genre de plantes Dicotylédones (*Tectona*) de la famille des *Verbénacées*. Voy. ce mot.

TECOMA. s. m. T. Bot. Genre de plantes Dicotylédones de la famille des *Bignoniacées*. Voy. ce mot.

TÉCOMÉES. s. f. pl. (R. *Tecoma*). T. Bot. Tribu de plantes de la famille des *Bignoniacées*. Voy. ce mot.

TECTEUR, TRICE. adj. (lat. *tectum*, sup. de *tegere*, couvrir). Qui recouvre. || T. Bot. *Poils tecteurs*, Qui protègent les parties qu'ils recouvrent. || T. Ornith. *Plumes tectrices*, ou subst. les *tectrices*, les plumes qui recouvrent la base de l'aile et de la queue.

TECTIBRANCHES ou **TECTINIBRANCHES.** s. m. pl. (lat. *tectus*, couvert; *branchia*), branchies. *Tectinibranches* est un mot mal formé, sur le modèle de *Pectinibranches*, lequel est correct, car il vient du lat. *pecten, pectinis*, peigne). T. Zool. Ordre de Mollusques Gastéropodes caractérisés par les branchies attachées le long du côté droit ou sur le dos, en forme de feuillets plus ou moins divisés, mais non symétriques; le manteau les recouvre plus ou moins et contient presque toujours dans un épaisseur une petite coquille. Ils vivent dans la mer comme les Pectinibranches, dont ils se rapprochent par la forme des organes respiratoires; mais ils sont hermaphrodites, comme les Pulmonés et les Nudibranches. Cet ordre comprend un assez grand nombre de genres; nous nous contenterons de citer les plus intéressants. — Les *Pleurobranches* (*Pleurobranchus*) ont le corps charnu, ovale, débordé à la fois par le manteau et par le pied, comme s'il était entre deux boucliers. Le manteau est échancré au-dessus de la tête, et contient, dans quelques espèces, une petite lame calcaire ovale, dans d'autres, une lame cornée. Les branchies sont fixées du côté droit, dans un sillon entre le manteau et le pied. Leur bouche, en forme de trompe, est surmontée de deux tentacules et d'un petit voile triangulaire. L'espèce type du genre est le *Pleurobranche orangé* (*Pl. aurantiacus*), d'une belle couleur orange, qui se montre sur la côte de Nice au printemps. Il se traîne en ondulant au fond des eaux, où il se nourrit de vers et de petits crustacés. — Les *Aplysies* (*Aplysia*) sont nues, ovalaires, allongées et assez semblables à de grosses Limaces. Les bords du pied, redressés en crêtes flexibles, entourent le dos de toutes parts et peuvent même se réfléchir sur lui. La tête, portée sur un cou plus ou moins long, présente quatre

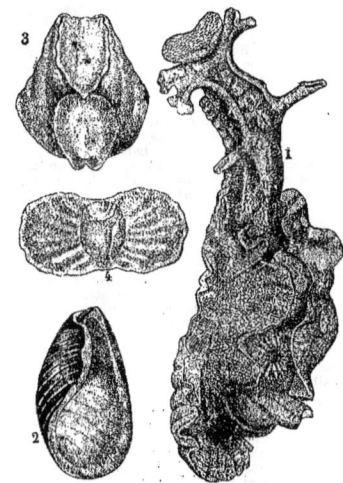

tentacules, deux supérieurs, creusés comme des oreilles de quadrupède, et deux aplatis, situés au bord de la lèvre inférieure. Sur le dos sont les branchies en forme de feuillets très compliqués, attachées à un large pédicule membraneux et recouvertes par un petit manteau qui contient dans son épaisseur une coquille cornée. Lorsque ce mollusque se contracte, il présente assez exactement l'apparence d'un Lièvre accroupi, ce qui a fait donner aux Aplysies le nom de *Lièvres marins*. Une glande spéciale verse, par un orifice particulier, une humeur limpide que l'on dit être fort âcre dans certaines espèces. En outre, les bords du manteau sécrètent en abondance une liqueur pourpre foncée, dont l'animal colore au loin l'eau de la mer quand il craint un danger. Les Aplysies vivent de fucus. Elles pondent vers le mois d'août des œufs disposés en longs filaments glaireux, auxquels les pêcheurs donnent le nom de *vermicelle de mer*. On trouve sur les bords de la Méditerranée plusieurs espèces de ce genre, et notamment l'*Aplysie ponctuée* (*Apl. punctata*) (Fig. 1), qui est couleur lilas semé de points verdâtres. — Les *Dolabelles* (*Dolabella*) ne diffèrent des Aplysies que parce que leurs branchies et leur manteau sont à l'extrémité postérieure du corps, lequel ressemble à un cône tronqué. Il en existe dans la Méditerranée. — Les *Bullées* (*Bullæa*) ont les branchies couvertes comme les genres précédents; mais leurs tentacules sont tellement raccourcis et élargis, qu'ils forment sur les yeux un grand bouclier charnu. Leur coquille est cachée dans l'épaisseur du manteau. Elle fait très peu de tours, et l'animal est trop gros pour y rentrer. L'espèce type est la *Bullée ouverte* (*Bul. aperta*), appelée

vulgairement *Amande de mer*, qui se trouve communément sur les côtes de France et d'Angleterre. C'est un mollusque blanchâtre, long de 27 millimètres, et dont la coquille, mince et demi-transparente, est toute en ouverture. — Les *Bulles* (*Bulla*) diffèrent des Bullées en ce que leur coquille, recouverte d'un léger épiderme, est assez grande pour donner retraite à l'animal. La *Bulle ligneuse* (*B. lignaria*), vulgairement appelée *Oublie* (Fig. 2), est de couleur de bois. Sa coquille représente une lame lâchement coulée et rayée selon la direction des tours. Les *Acères* (*Akera*) ou *Lobaires* (*Lobaria*) sont des Bullées dépourvues complètement de coquille ou n'ayant qu'un vestige de coquille en arrière, quoique leur manteau en ait la forme extérieure. Il y en a dans la Méditerranée une petite espèce, appelée *Acère* ou *Lobaire charnue* (Fig. 3), les *Gastroptères* (*Gastropteron*) ne diffèrent des précédents que par leur pied qui développe ses bords en larges ailes pour servir à la natation, laquelle se fait le dos en bas. Le type du genre est le *Gastroptère de Meckel* (Fig. 4) qui se trouve dans la Méditerranée. Citons en terminant les *Ombrelles* ou *Gastroplas*, grands mollusques circulaires dont le pied déborde beaucoup le manteau et à sa face supérieure hérissée de tubercules. Il porte une coquille pierreuse, plate, irrégulièrement arrondie, plus épaisse dans le milieu, à bords tranchants, marquée de stries légèrement concentriques. L'*Ombrelle de la Méditerranée* (*Umbrella mediterranea*) est la seule espèce qu'on rencontre dans nos mers.

TECTOSAGES, anc. peuple de la Gaule dont la capitale était Toulouse.

TECTRICE. s. f. Voy. TECTEUR.

TEDA, Voy. TIBBOUS.

TE DEUM. s. m. [Pr. *té-déome*]. Cantique de l'Église qui commence par ces mots latins, *Te Deum laudamus*, lesquels signif. : *Toi, ô Dieu! nous te louons.* Le Te Deum se dit ordinairement à la fin de matines, et se chante extraordinairement, avec pompe et cérémonie, pour rendre grâces à Dieu d'une victoire ou de quelque autre événement heureux. || Se dit aussi de la cérémonie qui accompagne cette action de grâces. *Toutes les autorités furent invitées au Te Deum. Assister à un Te Deum.* == Pl. Des Te Deum.

TEDGEND ou **TEDZEND**, riv. d'Asie, traverse la Perse et se jette dans la mer Caspienne; 450 kil.

TÉGÉE, v. de l'anc. Grèce (Arcadie).

TÉGÉNAIRES. s. f. (lat. *tegere*, couvrir). T. Zool. Famille d'*Arachnides*. Voy. ARAIGNÉE.

TEGETTHOFF, amiral autrich. (1827-1871).

TÉGLATH-PHALASSAR ou **TÉGLATH-PHALAZAR Ier**, roi d'Assyrie du XIIe siècle av. J.-C. || TÉGLATH-PHILASSAR II, roi d'Assyrie de 745 à 727 av. J.-C., établit sa domination sur toute l'Asie Occidentale.

TEGMEN. s. m. [Pr. *teg-mène*, g dur] (mot lat. qui signifie *couverture*). T. Bot. Nom donné quelquefois à l'enveloppe interne, mince et transparente de la graine. Voy. GRAINE.

TEGMINÉ, ÉE. adj. (lat. *tegmen*, *tegminis*, couverture). Protégé par des écailles.

TÉGUCIGALPA, cap. du Honduras; 12,000 hab.

TÉGULAIRE. adj. 2 g. (lat. *tegula*, tuile). T. Minér. Qui est susceptible d'être divisé en lames assez étendues et peu épaisses.

TÉGULE. s. f. (lat. *tegula*, tuile). Petite plaque située à l'origine des ailes supérieures des Insectes Hyménoptères.

TÉGUMENT. s. m. [Pr. *tégu-man*, g dur] (lat. *tegumentum*, ce qui couvre, de *tegere*, couvrir). T. Zool. et Bot. Ce qui sert à envelopper, à couvrir, ce qui couvre. *La peau est le t. du corps de l'homme et des animaux supérieurs. Les écailles sont des téguments.* — Les *téguments floraux*, Le périanthe. Le t. *d'une graine.* Voy. GRAINE.

TÉGUMENTAIRE. adj. 2 g. [Pr. *tégu-man-tère, g* dur]. Qui sort du tégument. *Membrane t.*

TÉHÉRAN, cap. de la Perse 140,000 hab.

TEHUANTEPEC, v. du Mexique sur le Pacifique, sur le golfe et à l'embouchure du fleuve du même nom. Ville autrefois très importante, aujourd'hui déchue; 13,000 hab.

TEIGNASSE. s. f. [Pr. *tè-gna-se, gn* mouil.]. Voy. TIGNASSE.

TEIGNE. s. f. [Pr. *tè-gne, gn* mouillées] (lat. *tinea,* m. s.). T. Entom. Genre d'Insectes *Lépidoptères.* Voy. TINEITES.

Méd. — On décrivait autrefois sous ce nom une série de maladies du cuir chevelu, différentes les unes des autres par leur nature et leurs symptômes. Aujourd'hui ce mot est plus particulièrement réservé au *favus* et surtout à la *trichophytie.* Un article spécial sera consacré à la tricophytie; nous ne parlerons ici que du favus.

Le *favus* ou *teigne faveuse (Porrigo favosa)* est causé par un parasite végétal, l'*Achorion Schönleinii,* et est caractérisé par la présence, autour d'un poil, d'un *godet* favique, saillie arrondie, ressemblant à une croûte sèche, déprimée à son centre et de coloration jaunâtre. Les godets peuvent être agglomérés, formant ainsi de vrais placards, ou disséminés. Les poils deviennent ternes et s'arrachent facilement. Les follicules pileux sont atrophiés; cette affection amène une calvitie irrémédiable. Le favus siège de préférence au cuir chevelu, mais il peut envahir les régions glabres, les ongles, etc.; il y détermine la présence de godets.

Le favus est contagieux; il peut être transmis à l'homme par les chats, les souris, les poules qui en sont souvent atteints; la malpropreté favorise son développement.

Le traitement consiste dans l'application des pansements humides ou émollients destinés à amener la chute des croûtes; les parties malades sont ensuite lavées avec une solution antiseptique : phénosalyl, acide salicylique, phénol, etc.; puis on procède à l'épilation qui sera renouvelée tant que le poil ne paraîtra pas sain ou qu'il repoussera sur une plaque malade.

TEIGNEUX, EUSE. adj. [Pr. *tè-gneu, euze*] (lat. *tineosus,* plein de teignes). Qui a la teigne. *Il est devenu t.* || Subst., *C'est un t., une teigneuse.*

TEILLAGE ou **TILLAGE.** m. s. [Pr. *tè-lla-je, ti-lla-je, ll* mouillées]. T. Techn. Action de teiller. Voy. LIN.

TEILLE ou **TILLE.** s. f. [Pr. *te-lle, ti-lle, ll* mouillées] (celt. *til,* m. s., d'un radical qu'on retrouve dans le lat. *tilia,* tilleul). Écorce de la tige du chanvre. — Petite peau qui est entre l'écorce et le bois du tilleul. *La t. sert à faire des cordes à puits.*

TEILLER ou **TILLER.** v. a. [Pr. *tè-ller, ti-ller, ll* mouillées] (R. *teille*). T. *du chanvre, du lin,* Détacher les filaments avec la main. Voy. LIN.

TEILLEUL (LE), ch.-l. de c. (Manche), arr. de Mortain ; 2,200 hab.

TEILLEUR, EUSE ou **TILLEUR, EUSE.** s. [Pr. les *ll* mouillées]. Ouvrier, ouvrière qui teille le chanvre, le lin.

TEINDRE. v. a. [Pr. *tin-dre*] (lat. *tingere,* m. s.). Donner à une étoffe ou à quelque autre chose une couleur différente de celle qu'elle avait, en la plongeant dans une liqueur chargée d'une substance colorante qui la pénètre et qui s'y fixe. *T. du fil, de la laine, du drap. T. en bleu, en rouge, etc.* — *Drap teint en laine,* Drap dont la laine a été teinte avant d'être employée à fabriquer l'étoffe. || Se dit aussi des choses qui colorent l'eau et les autres liqueurs. *Le bois de Brésil teint l'eau en rouge.* || Se dit encore de plusieurs autres choses qui impriment ordinairement une couleur qu'il est difficile de faire disparaître. *Les mûres teignent les mains, le linge.* = TEINT, EINTE, part. || Fig., *Il est encore teint du sang de ses victimes, ses mains sont teintes de sang,* se dit d'un homme qui a commis ou ordonné des meurtres. = Conj. Voy. PEINDRE.

TEINT. s. m. [Pr. *tin*] (part. pass. de *teindre*). Manière de teindre. *On t. les draps fins au grand t., et les gros*

draps au petit t. Ellipt., *Cette étoffe est mauvais t., est bon t.* || Le coloris du visage. *T. brun, blanc, pâle. L'éclat de son t.*

TEINTE. s. f. [Pr. *tin-te*] (part. pass. de *teindre*). T. Peint. Nuance qui résulte du mélange de deux ou de plusieurs couleurs. *T. jaune-verdâtre. T. blafarde. T. forte. T. faible. La dégradation des teintes.* — *T. plate,* Teinte uniforme. *Demi-t., T.* extrêmement faible, et plus ordinairement, ombre légère, ton moyen entre la lumière et l'ombre. *Ces figures sont dans la demi-t., se détachent en demi-t.* || Fig., au sens moral, apparence légère. *On remarquait sur sa figure une t. de mélancolie.*

TEINTER. v. a. [Pr. *tin-ter*] (R. *teinte*). Colorier d'une manière plus ou moins foncée. *T. de rouge, de jaune.* = TEINTÉ, ÉE. part.

TEINTURE. s. f. [Pr. *tin-ture*] (lat. *tinctura*). Liqueur propre à teindre. *Préparer de la t. Mettre des étoffes à la t. Donner la t. trop chaude à une étoffe.* || L'impression de couleur que cette liqueur laisse sur les étoffes et sur les autres choses que l'on teint. *Du drap d'une belle t., d'une bonne t. Cette soie a bien pris la t.* || Fig., Connaissance superficielle dans quelque science, dans quelque art. *Il avait déjà quelque t. de philosophie.* || L'impression que la bonne ou la mauvaise éducation laisse dans l'âme. *Il a été instruit par des gens de bien; aussi, malgré ses désordres, il lui est resté quelque t. de vertu.* || T. Chim. et Pharm. Dissolution d'une ou de plusieurs substances, simples ou composées, et souvent plus ou moins colorées, dans un liquide convenable. *T. aqueuse. T. alcoolique. T. éthérée. T. de safran. T. de Mars. Les acides rougissent les teintures bleues végétales.* Voy. ALCOOLIQUE.

Techn. — La t. est l'art de colorer les matières textiles et les peaux en les imprégnant profondément de substances colorantes, qui doivent y rester fixées de manière à ne plus pouvoir être enlevées par le lavage ni par le frottement. Nous avons déjà parlé des matières colorantes employées en t., Voy. COLORANTES. De même, un article spécial a été consacré à l'impression des tissus, qui est une t. *par application,* destinée à produire des dessins coloriés sur les étoffes, Voy. IMPRESSION. Nous ne nous occuperons ici que de la t. proprement dite ou t. *par immersion,* qui donne des nuances unies, soit sur les tissus, soit sur les fils et les fibres brutes.

Pour que les matières textiles soient propres aux opérations de la t., il est nécessaire qu'elles soient préalablement dépouillées de toutes les substances colorées, gommeuses ou résinoïdes, qui adhèrent habituellement à leur surface, et qui feraient obstacle à la fixation des couleurs. C'est là l'objet des opérations connues sous le nom de *dessuintage* pour la laine, de *décreusage* pour la soie, et de *blanchiment* pour les fils et les tissus de nature végétale. Nous avons décrit ces opérations aux mots LAINE, SOIE et BLANCHIMENT; il est donc inutile de répéter ce que nous avons déjà dit.

La substance colorante doit être fixée d'une manière durable dans l'épaisseur des fibres textiles. Dans certains cas, cette fixation est purement mécanique, les particules de la matière colorante étant emprisonnées à l'état solide dans les pores des fibres. Mais le plus souvent, la fixation est le résultat d'une action chimique. Les fibres animales qui constituent la laine, la soie et la peau se comportent en effet comme des acides amidés, comparables au glycocolle, et sont capables de se combiner aussi bien avec les acides qu'avec les bases; elles peuvent même obscurcir leur sel, en jouant le rôle d'acides vis-à-vis de la base du sel, et le rôle de bases vis-à-vis de son acide. Le coton et en général les fibres végétales ont une action chimique beaucoup plus faible et ne possèdent que la fonction acide. Toutefois les opérations de la t. ne paraissent pas donner naissance à des composés en proportions définies et, dans bien des cas, les phénomènes s'expliquent mieux par une sorte de dissolution que par une combinaison proprement dite; dans cette hypothèse les fibres, bien qu'à l'état solide, jouent le rôle d'un dissolvant vis-à-vis de la matière colorante ou du mordant employé pour la fixer; elles s'empareront, par ex., d'une couleur en solution aqueuse ou alcoolique si leur pouvoir dissolvant est supérieur à celui de l'eau ou de l'alcool, de même que l'éther enlève l'iode à sa solution aqueuse. Quoiqu'il en soit, cette union intime de la matière colorante avec les fibres peut s'effectuer de deux manières. Tantôt elle s'opère sans intermédiaire, par la simple immersion de la fibre dans une dissolution de la couleur; c'est le cas des matières colorantes dites substantives. Tantôt elle exige l'intervention d'un troisième corps, appelé *Mordant*, qui se combine d'une part avec la fibre, d'autre part avec la matière colorante, en formant un composé insoluble. — Les mordants sont généralement des sels métalliques. Les plus usités sont l'alun, l'acétate d'alumine, l'aluminate de potasse, les chlorures d'étain, l'acétate, le sulfate et le nitrate de fer, l'acétate et le sulfate de cuivre, le chlorure et l'alun de chrome. Non-seulement les mordants fixent les matières colorantes sur la fibre, mais très souvent, ils les modifient plus ou moins profondément dans leurs nuances. De cette manière, on peut, avec une seule matière colorante et des mordants appropriés, obtenir des teintes différentes. Ainsi, par ex., la garance donne des rouges et des roses avec les sels d'alumine, des bruns foncés ou des noirs avec les sels de fer, et des teintes puce et marron avec un mélange de ces deux sortes de sels. Le règne organique fournit aussi des mordants, mais en très petit nombre. Les seuls employés sont la crème de tartre ou bitartrate de potasse, l'acide tannique, les huiles grasses, le gluten, l'albumine et la caséine. — L'opération du *mordançage* est très simple. On plonge les fils réunis en paquets ou les pièces lissées dans des cuves pleines d'eau où l'on a fait dissoudre le mordant. La pièce, préalablement enroulée sur un cylindre, se déroule en passant dans le bain, puis va s'enrouler sur un second cylindre. Ce dernier se déroule en sens inverse, et la pièce traverse de nouveau le bain pour aller s'enrouler de nouveau sur le premier cylindre. La température à laquelle on porte le bain varie selon la nature des matières textiles qu'on veut *mordancer*. Le mordançage de la soie se fait à la température ordinaire, celui du coton, du lin et du chanvre à celle de 30° environ, et celui de la laine à la température de l'ébullition. On chauffe les cuves, soit à feu nu, soit en faisant passer un courant de vapeur dans des tuyaux plongés au milieu du liquide. Le mordançage par l'alun est aussi appelé *Alunage*. Lorsque ce sont des étoffes fabriquées avec des fibres textiles végétales que l'on soumet au mordançage, il faut, avant de les passer à la t., leur faire subir une nouvelle opération, qu'on nomme *Bousage*. Elle consiste à les plonger pendant quelque temps dans un bain d'eau chaude, où l'on a délayé de la bouse de vache. Cette opération a pour effet d'enlever l'excès du mordant mal combiné avec les fibres, ainsi que les matières qui serviraient à épaissir le mordant. On peut remplacer la bouse de vache par des *sels à bouser* : phosphates et arséniates de potasse ou de soude et de chaux, silicates de soude, etc.

Lorsque les matières textiles sont mordancées, on les plonge pour les teindre dans des dissolutions chargées de matière colorante, qu'on appelle *Bains de t.* La température de ces bains varie non-seulement d'après la nature des tissus, mais encore d'après celle des principes colorants. On teint à froid, quand les couleurs sont aisément altérées par la chaleur, comme le rouge de carthame par ex., ou lorsqu'elles ont, comme l'indigo, une très grande affinité pour les tissus. On chauffe les bains de t., de même que les dissolutions de mordants, soit à feu nu, soit à la vapeur. Les t., comme le mordançage, se fait en fils ou en pièces. Pour ces dernières, il est essentiel que toutes les parties de l'étoffe restent le même temps dans la t., afin qu'elles s'imprègnent d'une manière uniforme. On obtient ce résultat au moyen d'un rouleau de bois qui est disposé au-dessus de la cuve de t., et sur lequel on enroule l'étoffe. On déroule celle-ci en la laissant descendre d'une manière continue dans le bain. Quand elle y a été plongée entièrement, on l'enroule de nouveau sur le rouleau, et l'on recommence jusqu'à ce qu'elle se soit suffisamment chargée de couleur. Parfois on est obligé d'ajouter au bain une certaine quantité d'ingrédients pour remplacer ceux qui ont été enlevés par les premières passes : on dit alors qu'on lui donne un *Brevet* ou une *Regreffe*. Quand les étoffes sont épaisses et d'un tissu très serré, il arrive assez fréquemment que la t. est plus claire à l'intérieur qu'à la surface : on les fait passer, pour éviter cet inconvénient, entre deux cylindres très rapprochés qui, par la pression qu'ils exercent, font pénétrer la matière colorante. Enfin, après avoir passé un plus ou moins grand nombre de fois à la t., les paquets de fils où les pièces sont rincés et séchés à l'air. — Les bains sont, tantôt formés par une seule matière colorante, et tantôt composés de plusieurs matières colorantes mélangées en certaines proportions. D'autres fois on fait passer successivement l'étoffe à travers deux bains qui renferment chacun une matière colorante particulière, et l'on obtient alors des nuances intermédiaires. Lorsqu'on donne ainsi une première couleur à un tissu qui doit en recevoir une seconde par-dessus, les teinturiers appellent cela *donner un pied*. Dans la teinture en noir bon teint sur laine, par ex., on donne un

pied de bleu de cuve. Il arrive encore fréquemment que la matière colorante, au lieu d'être préparée à l'avance dans un bain, se produit dans l'intérieur même du tissu, par suite de la réaction chimique qui s'opère entre deux substances avec lesquelles le tissu mordancé est mis successivement en contact. C'est ainsi qu'une pièce mordancée à l'alumine qu'on plonge successivement dans un bain d'acétate de plomb et dans un bain de chromate de potasse, se trouve teinte en jaune de chrome. — Dans le cas des *couleurs dites vapeur*, le tissu reçoit une préparation épaisse contenant à la fois le mordant et la matière colorante ; le mordançage et la t. s'effectuent alors simultanément par l'action prolongée de la vapeur d'eau.

Les teinturiers distinguent les couleurs en *simples* et *composées*, en *franches* et *rabattues*, en *grand teint* et *petit teint*. Les deux premières expressions n'ont pas besoin d'explication. Par couleurs *franches*, on entend le rouge, le bleu et le jaune, ainsi que leurs mélanges binaires, comme le vert, le violet et l'orangé. Les couleurs, au contraire, qu'on appelle *rabattues*, ou encore *rompues*, ou plus simplement *Brunitures*, ne sont autre chose que des couleurs franches dont on a diminué l'éclat au moyen du noir. Telles sont les couleurs café, pruneau, puce, marron, cannelle, bronze, etc. Quant à la distinction du *grand teint* et du *petit teint*, elle est relative au plus ou moins de fixité des couleurs. Une couleur grand teint, ou *bon teint*, est celle qui résiste non-seulement aux agents ordinairement employés pour l'entretien et la propreté de l'étoffe à laquelle elle est appliquée, comme les lessives, les savonnages, le dégras et les acides faibles, mais encore à l'action des agents atmosphériques, tels que l'eau, l'air et le soleil. On conçoit cependant que cette résistance ne peut pas être illimitée ; il suffit que la couleur résiste aux causes ordinaires de destruction et dure autant que l'étoffe elle-même. Les couleurs petit teint, ou *faux teint*, sont celles qui s'altèrent plus ou moins promptement et quelquefois même instantanément, sous l'action des divers agents que nous venons de mentionner. Cependant il est à remarquer que certaines d'entre elles résistent très bien à l'action d'acides énergiques, tandis qu'elles sont altérées immédiatement et même entièrement effacées par les savonnages ou une exposition de quelques heures au soleil. On a cependant trouvé le moyen de donner une t. de fixité aux couleurs faux teint, en exposant les étoffes teintes à l'action de la vapeur d'eau : c'est ce qu'on appelle l'*application à la vapeur*.

La t. des peaux est basée sur les mêmes principes que celle des tissus. Au mot CUIR on a vu comment on teint le maroquin et les cuirs de Russie.

Le bois, préalablement blanchi au chlore et à l'acide sulfureux, peut être soumis aux opérations ordinaires de la teinture : mordançage aux sels d'alumine ou d'étain, et immersion dans un bain de matière colorante. Si le bois est déjà travaillé, on se borne à le teindre à sa surface, on l'imprégnant, à plusieurs reprises, des liquides colorants. Pour le teindre en brun, on le badigeonne simplement avec une décoction de brou de noix ; on peut aussi employer le permanganate de potasse, ou, dans le cas du noyer, le bichromate de potasse. La t. en noir se fait avec une décoction de bois de campêche ou de noix de galles, additionnée de sulfates de fer et de cuivre. On teint en rouge par la cochenille ou par l'extrait de bois de Fernambouc ; en jaune, par le morin, le curcuma ou le rocou ; en bleu, par l'indigo. Pour obtenir une coloration verte, on peut imprégner le bois d'une solution de vert-de-gris, ou bien le teindre successivement en jaune et en bleu.

TEINTURERIE. s. f. [Pr. *tin-turie*]. L'art du teinturier. || L'atelier où l'on teint les matières textiles et les étoffes.

TEINTURIER, IÈRE. s. [Pr. *tin-turié, ière*]. Celui, celle qui exerce l'art de teindre. *Maître t. Envoyer du drap au t.* || Fig. et par plaisanterie, on appelle *Teinturier*, l'écrivain qui corrige, revoit, et souvent refait l'ouvrage d'un autre. *Elle n'a pas fait ces vers sans avoir recours à son t.*

TEK. s. m. T. Bot. Voy. TECK.

TÉKÉLI. Magnat hongr., qui chercha à soustraire sa patrie à la domination de l'Autriche en 1676 (1658-1705).

TEL, TELLE. adj. (lat. *talis*, m. s.). Pareil, semblable, qui est de même, de la même qualité. *Pour être heureux ou malheureux, il suffit de se croire tel. Une telle conduite vous honore.* Prov., *Tel maître, tel valet*, ordinairement les valets suivent l'exemple de leur maître. *Telle vie, telle fin*, ordinairement on meurt comme on a vécu. || *Tel* se construit avec *que*, lorsqu'on veut marquer un rapport. *Il est tel que son maître. C'est un homme tel qu'il vous le faut. Cette étoffe est telle que vous la voulez. Soyons tels que nous voulons paraître. Les bêtes féroces, telles que le tigre, la panthère, etc. Les ouvrages destinés au théâtre, tels que les tragédies, les comédies, etc.* — Dans le style soutenu, *Tel que* s'emploie souvent pour exprimer une comparaison. *Il est tel qu'un lion. Il se montra contre les attaques de la fortune tel qu'un rocher contre les vagues furieuses. Tel* s'emploie aussi dans le même cas, sans être suivi de la conj. *que* : *Tel Hercule filant aux pieds d'Omphale, etc.*; ou bien encore, il se répète : *Tel qu'un lion rugissant met en fuite les bergers épouvantés, tel Achille....* || *Tel*, se construit de même avec *que*, lorsqu'il se met pour si grand, si petit. *Sa mémoire est telle, qu'il n'oublie jamais rien. Il est d'une telle laideur, qu'on n'a jamais rien vu de pareil. Il faisait un tel bruit, qu'on ne pouvait rien entendre. Je vous apporterai de telles preuves, que vous n'aurez rien à répondre. Cela est tel qu'on ne peut l'apercevoir. Telle est sa bonté, qu'il se fait chérir de tout le monde.* — On dit à peu près dans le même sens : *Tel est le caractère, telle est la condition des hommes, qu'ils ne sont jamais contents de ce qu'ils possèdent*, les hommes sont faits de telle manière que.... *Un homme tel que lui*, Un homme de son mérite, de son rang, etc. On dit encore, par mépris, *Qu'attendre d'un homme tel que lui, d'un tel homme.* || *Tel*, s'emploie encore par rapport aux choses qu'on a déjà dites. *Tel était alors l'état des affaires. Tel fut le discours qu'il tint.* || *Tel*, se dit encore des personnes, des lieux et des choses qu'on ne veut ou qu'on ne peut désigner d'une manière déterminée. *Il est tantôt chez un tel, tantôt chez une telle. J'arriverai tel jour dans telle ville. Par telle et telle raison. Tel homme est récompensé, qui méritait d'être puni. Tel homme recherche ce que tel autre méprise. Il acceptera telles conditions qu'il vous plaira de lui imposer. L'orage tombera sur tel qui n'y pense pas. Tel est riche avec un arpent de terre; tel est pauvre avec des monceaux d'or.* || *Tel quel*, loc. fam., qui sign., aussi mauvais que bon, ou plus mauvais que bon, de peu de valeur, de peu de considération. *Il y avait dans cette chambre un lit tel quel. Des gens tels quels.* — Signifie quelquefois, Sans changement dans le même état, ou de la même valeur. *Je vous rends votre livre tel quel, votre somme d'argent telle quelle.* Vx. = DE TELLE SORTE QUE, EN TELLE SORTE QUE, loc. qu'on a tel point que. *Il s'est compromis de telle sorte qu'il lui sera bien difficile de se tirer d'embarras.* On dit, dans ce sens anal., *De telle façon que, De telle manière que.* = Syn. Voy. PAREIL.

Obs. gram. — Tel tient parfois la place du substantif *homme* ou du pronom *celui*. Alors il ne se dit que des personnes et ne se met jamais au pluriel : *Tel donne à pleines mains qui n'oblige personne; Tel brille au second rang qui s'éclipse au premier.* — *Tel que* est souvent précédé ou suivi de noms de plusieurs genres. Dans ce cas *tel* prend le nombre et le genre du nom qui le précède. *Cet animal vit dans plusieurs pays, tels que la France, l'Allemagne, etc. Le genre chat contient plusieurs espèces, telles que le lion, le tigre, le jaguar, etc.* — On n'emploie plus aujourd'hui *Tel que* dans le sens de *quelque*. En conséquence, on ne doit pas dire : *Prenez un nombre tel qu'il soit; Cette action telle qu'elle soit....*

TÉLAMON, héros grec, roi de Salamine, prit part à l'expédition des Argonautes, et fut le père d'Ajax et de Teucer.

TÉLAMON. s. m. (lat. *telamon*; gr. τελαμών, m. s.). T. Archit. Figure humaine soutenant une corniche, une console. Voy. CARIATIDE.

TÉLANGIECTASIE. [Pr. *télanji-ecta-zi*] (gr. τῆλε, loin; ἀγγεῖον, vase; ἔκτασις, dilatation). T. Méd. Dilatation variqueuse des capillaires sanguins, se développant surtout à l'âge adulte; elle caractérise la couperose, l'acné, etc.

TÉLAUTOGRAPHE. s. m. (gr. τῆλε, loin; αὐτός, lui-même; γράφω, j'écris). T. Phys. Sorte de télégraphe électrique écrivant. Voy. TÉLÉGRAPHE.

TÉLÉDYNAMIQUE. adj. 2 g. (gr. τῆλε, de loin; δύναμις,

force). T. Méc. *Câble t.*, servant à transmettre le mouvement d'une poulie à une autre poulie éloignée. Voy. TRANSMISSION.

TÉLÉGONIE. s. f. (gr. τῆλε, loin; γονή, descendance). Transmission à la progéniture d'un second lit des caractères venant du père du premier lit.

TÉLÉGRAMME. s. m. [Pr. *télégra-me*] (gr. τῆλε, loin; γράμμα, lettre). Dépêche transmise par le télégraphe électrique.

TÉLÉGRAPHE. s. m. (gr. τῆλε, de loin; γράφω, j'écris). T. Physiq. On désigne sous le nom de *Télégraphe*, tout appareil au moyen duquel on peut transmettre, à de grandes distances et avec une très grande rapidité, des dépêches quelconques, au moyen de signaux ayant une signification convenue.

I. *Télégraphie aérienne.* — Dès la plus haute antiquité, on a imaginé de transmettre certaines nouvelles, certains avis au moyen de signaux convenus. Les anciens Perses se servaient à cet effet de feux allumés sur les hauteurs de distance en distance. Ce procédé primitif ne pouvait servir qu'à annoncer des événements prévus. Mais, dans la seconde moitié du IIIe siècle avant notre ère, les ingénieurs de Philippe V, roi de Macédoine, y introduisirent un perfectionnement considérable. Ils divisèrent les lettres de l'alphabet en 5 colonnes, puis en les représentant par des fanaux, ils créèrent un système de signaux de nuit propre à transmettre toute espèce de nouvelles. Y avait-il une communication à faire, la vigie qui devait commencer levait deux fanaux, et la vigie suivante en levait aussi deux, ce qui indiquait qu'elle était prête. La première levait alors, à sa gauche, un nombre de fanaux désignant la colonne où se trouvait la lettre qu'il fallait prendre, et, à sa droite, un nombre de fanaux signalant le rang de cette lettre dans la colonne. Ainsi, deux fanaux à gauche et cinq à droite désignaient le K (kappa). Cette méthode demandait beaucoup de temps, mais sa précision était extrême. Quoi qu'il en soit, la télégraphie proprement dite était trouvée, il n'y avait plus qu'à la perfectionner. Ce système de correspondance paraît avoir été employé par les Romains dans la troisième guerre punique, et l'on suppose qu'il leur fut communiqué par le Grec Polybe, commensal du grand Scipion. Nos aïeux les Gaulois employaient un autre procédé. Des guetteurs postés de distance en distance poussaient des cris dont la signification était convenue d'avance. C'est ainsi que, pendant la guerre des Gaules, les Arvernes apprirent en quelques heures la prise de Genabum (Orléans) par les Romains, malgré les 80 lieues qui les séparaient de cette ville. Plus tard, sous l'empire, après avoir sillonné leurs vastes possessions de routes magnifiques, les Romains y établirent de distance en distance des tours destinées à la transmission des signaux. Pendant le moyen âge, sauf chez les Grecs de Byzance et les Maures d'Espagne, qui avaient quelquefois recours au système des feux de nuit, ces procédés de correspondance tombèrent partout en désuétude. Au XVIe siècle, J.-Bap. Porta proposa le premier l'établissement d'un véritable système télégraphique dans le sens moderne du mot. Il voulait qu'on établît sur des tours élevées ou sur les montagnes, des vigies qui transmettraient les nouvelles quelconques en répétant certains signes. « Ces signes, dit le physicien napolitain, pourraient être au nombre de 4. Le premier, montré une fois, représenterait la lettre A, deux fois B, trois fois C, et ainsi de suite jusqu'à sept fois; le deuxième signe, montré une fois, correspondrait à la huitième lettre de l'alphabet H, deux fois à la lettre I, etc., et ainsi des autres. » Ce système resta en projet, et il en fut de même de celui du célèbre docteur Hooke. Bientôt après (1690), un Français, Guillaume Amontons, conçut un système ingénieux de télégraphie, et surtout il fut le premier qui proposa d'employer les lunettes d'approche pour l'observation des signaux aériens. « Le secret, dit Fontenelle, consistait à disposer dans plusieurs postes consécutifs des gens qui, au moyen de lunettes de longue vue, ayant aperçu certains signaux du poste précédent, les transmettaient au suivant, et toujours ainsi de suite; et ces différents signaux étaient autant de lettres d'un alphabet dont on n'avait le chiffre qu'à Paris et à Rome. La plus grande portée des lunettes faisait la distance des postes, dont le nombre devait être le moindre possible; et comme le second poste faisait les signaux au troisième, à mesure qu'il les voyait faire au premier, la nouvelle se trouvait portée de Paris à Rome presque en aussi peu de temps qu'il en fallait pour faire les signaux à Paris. » L'invention d'Amontons fut négligée comme les inventions antérieures, parce qu'alors on n'éprouvait pas le besoin de correspondances rapides. Mais, à l'époque de la Révolution, la lutte de la France contre la coalition européenne changea cet état do choses; l'abbé Cl. Chappe ayant proposé à la Convention un système télégraphique qu'il venait d'inventer, celle-ci ordonna sur-le-champ de l'expérimenter. Or, ces expériences qui eurent lieu, en 1793, sous les yeux d'une commission nommée à cet effet, ayant parfaitement réussi, cette assemblée chargea l'inventeur d'établir une première ligne de Paris à Lille. Cette ligne fut inaugurée le 30 novembre 1794, par l'annonce d'une victoire sur les Autrichiens. En effet, dans la séance de ce jour, la Convention reçut cette simple dépêche : « Nous venons de prendre Condé. » A quoi elle répondit par celle-ci : « L'armée du Nord a bien mérité de la patrie. » Les deux transmissions ne demandèrent que quelques minutes. La Convention décréta aussitôt la formation de plusieurs grandes lignes pour rattacher la capitale aux principaux points de la frontière. Une ligne télégraphique établie d'après le système Chappe, se composait d'une série de postes placés sur des lieux élevés et distants de 12 à 15 kilomètres. A chaque extrémité se trouvait un directeur, correspondant avec Paris, et chaque station employait deux hommes qui se relayaient à des heures déterminées. L'employé de faction ou guetteur, était armé de deux longues-vues dirigées, l'une vers le poste qu'il devait observer, l'autre vers celui qu'il commandait. Il pouvait, étant assis, observer les signaux et les répéter sur-le-champ. La durée de chaque signal variait de 10 à 20 secondes. A l'exception d'un certain nombre de signaux réglementaires, que tous les employés connaissaient, les dépêches n'étaient comprises que par deux traducteurs placés aux extrémités de la ligne. On pouvait d'ailleurs changer la valeur des signaux, quant on supposait que leur signification pouvait avoir été divulguée ou devinée. L'appareil qui transmettait les signaux, et qui constituait le T. proprement dit, consistait en un mât vertical qui s'élevait de 4 à 5 mètres au-dessus du toit d'une tourelle, à l'extrémité duquel se trouvait un fléau, mobile, sur une poulie, par sa partie moyenne. Ce fléau, qui se nommait régulateur, pouvait décrire un cercle complet sur son axe horizontal, et, par conséquent, prendre, relativement au mât, toutes les inclinaisons possibles, soit à droite, soit à gauche. A l'exception de ses bouts était un bras appelé indicateur, qui tournait aussi à l'aide d'une poulie et pouvait prendre, par rapport à lui, un grand nombre de positions. Le mouvement était transmis à la machine au moyen d'un système de poulies et de cordes communiquant, dans une chambre placée sous le toit, à une manivelle installée près du siège de l'employé, et les différentes positions du régulateur et des indicateurs donnaient 192 figures qu'on avait combinées comme de manière à avoir un vocabulaire de 36,864 signes. Un signe était affecté à chacune des syllabes possibles dans notre langue, ainsi qu'à certaines phrases convenues. En 1846, notre système de télégraphie aérienne se composait de cinq grandes lignes partant toutes de Paris, et aboutissant à Lille, Strasbourg, Toulon, Bayonne et Brest. Ces lignes comprenaient un total de 534 stations, mettaient 29 villes en communication avec la capitale, et leur entretien ne dépassait pas 1,300,000 francs. Pour donner une idée de la vitesse avec laquelle les transmissions avaient lieu, nous dirons qu'à Paris on avait des nouvelles de Lille (222 kil.) en 2 minutes, de Brest (596 kil.) en 6 min. 50 s., et de Toulon (840 kil.) en 13 min. 50 s. Toutefois, malgré les perfectionnements qu'il avait reçus, le t. aérien avait deux grands défauts : c'est qu'il ne pouvait servir pendant la nuit, et que, pendant le jour, l'état de l'atmosphère (pluie, brouillards, etc.) empêchait de voir les signaux pendant une très grande partie de l'année. Plusieurs inventeurs essayèrent de vaincre ces deux difficultés; on avait même déjà obtenu des résultats assez satisfaisants, lorsque l'invention de la télégraphie électrique vint rendre les recherches inutiles.

Cependant l'idée des télégraphes optiques a été reprise dans ces dernières années pour le cas où il n'existe pas de lignes de t. électrique; mais, les signaux à bras ont été remplacés par des signaux lumineux. Voy. PROJECTEUR.

II. *Télégraphie électrique.* — A. *Historique.* L'idée de la possibilité d'établir un système de télégraphie électrique est née, on peut le dire, aussitôt que les physiciens eurent découvert l'instantanéité de la transmission du fluide électrique. Comme jusqu'aux premières années du XIXe siècle on n'a connu que l'électricité statique, c.-à-d. l'électricité produite par le frottement et dégagée par les machines électriques ordinaires, les premiers inventeurs de télégraphes électriques ne purent employer d'autre agent. Leurs systèmes de signaux furent donc fondés sur les réactions propres à cette sorte d'électricité, et particulièrement sur les attractions et les répulsions manifestées par le pendule électrique. Le document le plus ancien que l'on connaisse jusqu'à présent, et dans lequel le problème de la télé-

graphie électrique se trouve nettement posé, est une lettre publiée le 1er février 1753, dans un journal écossais, et signée des initiales C. M., que l'on croit désigner Ch. Marshal, savant physicien de l'époque. Après lui, on cite encore les expériences et les essais de Lesage, à Genève (1774), de Lhomond, en Franco (1787), de Salva, en Espagne (1796), etc. ; mais tous ces inventeurs ne réussirent qu'à construire des appareils de cabinet plus ou moins ingénieux, et leurs systèmes auraient été inapplicables sur une grande échelle. Une seconde période s'ouvre avec la découverte du courant électrique. Plusieurs physiciens cherchèrent aussitôt à utiliser pour les transmissions télégraphiques les propriétés décomposantes des courants fournis par la pile voltaïque. C'est ainsi que furent combinés les télégraphes galvano-chimiques de Coxe (1810), de Sœmmering (1811), et de plusieurs autres. Le t. à cadran de Jean Alexandre, que Delambre vit fonctionner en 1802, mais sans être admis à voir l'appareil électromoteur, appartenait vraisemblablement à ce système. Enfin, en 1819, Œrsted découvrit l'action d'un courant électrique sur l'aiguille aimantée, et dès ce moment la télégraphie électrique devint possible. Déjà, le 2 octobre 1820, notre illustre Ampère, dans une note lue à l'Académie des sciences, s'exprimait en ces termes : « On pourrait, au moyen d'autant de fils conducteurs et d'aiguilles aimantées qu'il y a de lettres, et en plaçant chaque lettre sur une aiguille différente, établir, à l'aide d'une pile placée loin de ces aiguilles et qu'on ferait communiquer alternativement par ses deux extrémités à celles de chaque conducteur, une sorte de t. propre à écrire tous les détails qu'on voudrait transmettre, à travers quelques obstacles que ce soit, à la personne chargée d'observer les lettres placées sur les aiguilles. En établissant sur la pile un clavier dont les touches porteraient les mêmes lettres et établiraient la communication par leur abaissement, ce moyen de correspondance pourrait avoir lieu avec assez de facilité, et n'exigerait que le temps nécessaire pour toucher d'un côté et lire de l'autre chaque lettre. » C'est de passage, le principe de la télégraphie électrique actuelle est clairement énoncé ; mais l'appareil proposé par Ampère était trop compliqué pour passer dans la pratique. D'ailleurs, les piles alors connues n'auraient pu suffire aux besoins d'une correspondance télégraphique suivie. Nonobstant les recherches et les expériences des savants qui, de toutes parts, s'occupèrent de la solution pratique du problème, plusieurs années devaient encore s'écouler avant qu'on y parvint. Les appareils imaginés péchaient en général par la complication. La plupart exigeaient autant de fils à la ligne qu'il y avait de signaux à transmettre. Pour les 25 lettres de l'alphabet, il fallait donc 25 fils, plus un fil de retour pour compléter les différents circuits. Enfin, en 1837, la solution du problème arriva de trois points de l'horizon à la fois, de l'Angleterre, de l'Allemagne et des États-Unis. L'Anglais Wheatstone, à l'aide d'une combinaison des plus ingénieuses, parvenait à réduire à 6 le nombre des fils de la ligne, et, au moyen de 5 aiguilles adaptées à son appareil, il obtenait directement la désignation de toutes les lettres de l'alphabet. Il ajoutait même à son t. une *sonnerie électrique* fonctionnant sous l'influence d'un électroaimant. Les premières expériences du physicien anglais eurent lieu entre Londres et Birmingham. Le t. même marcha bien ; mais la sonnerie fonctionna difficilement, et c'est pour faire disparaître ce défaut qu'il inventa le *relais*, expression que nous expliquerons plus loin. A la même époque, Steinheil essayait, à Munich, sur une longueur d'une vingtaine de kilomètres, un t. qui fonctionnait, non seulement avec un seul circuit, mais *écrivait* encore la dépêche à l'encre sur une bande de papier. Dans le cours de ses essais, le savant allemand fit une découverte des plus importantes pour l'art nouveau : nous voulons parler de la faculté que possède la terre de conduire les courants. Jusqu'alors on avait considéré les fils métalliques comme le seul et unique moyen de transmettre l'électricité. On savait, à la vérité, que les liquides conduisaient également ce fluide ; mais comme le liquide le plus conducteur, la dissolution de sulfate de cuivre, conduit à section égale 16 millions de fois moins que le cuivre, on n'avait pas cherché à remplacer les métaux dans cette fonction si nécessaire. Or, Steinheil reconnut que la terre peut transmettre le courant, lorsque le fil conducteur qui forme la première moitié du parcours se termine à son extrémité libre par une plaque métallique enterrée dans le sol, et que la pile est elle-même en rapport avec le sol de la même manière. Dès lors il reconnut qu'on pouvait se dispenser, sur les lignes télégraphiques, d'établir un fil de retour, ce qui réduisait considérablement les frais de construction. Bientôt même, Wheatstone démontra que, loin d'être un plus mauvais conducteur que le fil métallique, la terre favorise, au contraire, la marche du courant, attendu que la résistance opposée à ce courant peut être considérée comme nulle. Quant à l'Américain Morse, il proposa un t. écrivant des plus ingénieux ; mais il ne fut d'abord capable de fonctionner que sur une longueur maximum d'environ 600 mètres. Ce fut seulement lorsqu'il eut emprunté à Wheatstone le système des relais, qu'il parvint à établir un appareil électrique pouvant opérer la transmission à toutes distances. Les essais qui précèdent eurent un grand retentissement : en conséquence, de toutes parts on se mit à l'œuvre pour perfectionner les systèmes déjà connus, en imaginer de nouveaux, et déterminer toutes les circonstances susceptibles de modifier ou de favoriser la marche des courants. Entre autres phénomènes aussi curieux qu'importants qui furent alors constatés, nous nous contenterons de citer la possibilité de transmettre simultanément deux dépêches en sens opposé par le même fil, sans que celles-ci se mêlent ni se confondent. — Les premières lignes de télégraphie électrique furent établies en Angleterre et aux États-Unis ; ces deux pays en étaient même déjà couverts que les autres étaient encore à faire des essais. La plus ancienne qu'il y ait eu en France est celle de Paris à Rouen, qui fut construite en vertu d'une ordonnance royale du 23 novembre 1844 ; mais c'est seulement depuis 1852 que la nouvelle télégraphie a reçu chez nous tous les développements dont elle est susceptible.

B. *Organes généraux du télégraphe électrique.* — La télégraphie électrique est fondée sur le phénomène de l'aimantation temporaire du fer par les courants électriques. Supposons que l'on prenne un barreau de fer doux, fer qui n'a par lui-même, comme on le sait, aucune des propriétés de l'aimant, et qu'on le place dans l'intérieur d'une bobine autour de laquelle est enroulé un long fil de cuivre entouré d'une enveloppe isolante de soie. Si alors on fait communiquer les deux bouts du fil avec les deux pôles d'une pile, aussitôt le barreau devient un aimant, et comme tel, il attire le fer aussi longtemps que subsiste la communication entre la pile et les deux extrémités du fil. Mais si l'on vient à détruire cette communication, le barreau logé dans la bobine perd instantanément cette propriété. Ce double phénomène de l'aimantation instantanée d'un barreau de fer doux se produit invariablement, quelle que soit la distance qui sépare le barreau et la pile, que le premier, par ex., soit à Paris, et la seconde à Lille, pourvu qu'il n'y ait aucune interruption dans le circuit. En conséquence, si l'on place à portée du barreau de fer doux renfermé dans sa bobine un autre barreau de fer doux, mobile, sur lequel presse un ressort tendant à l'éloigner de l'aimant temporaire, il est évident qu'on pourra, du point où se trouve la pile, et même d'un point quelconque du circuit, communiquer au barreau mobile, en interrompant et en rétablissant successivement le courant électrique, un mouvement de va-et-vient produit par l'action alternative du ressort et de l'aimant, dont on pourra tirer parti pour transmettre des signaux. La variété des mécanismes que l'on a imaginés pour tirer parti de ce mouvement et l'appliquer à la transmission des signaux est déjà très grande, et elle le devient chaque jour davantage. Néanmoins, il faut, dans tous les systèmes de télégraphie électrique, trois organes fondamentaux répondant aux trois opérations nécessaires qui le constituent, savoir : la transmission de l'agent électrique entre les deux postes en correspondance, la production des signaux au point de départ, et la reproduction soit passagère, soit permanente de ces mêmes signaux au point d'arrivée de la dépêche. L'*Appareil de transmission* ou *Circuit électro-dynamique*, se compose d'un système de conducteurs isolés qui relient les deux postes en correspondance, d'instruments destinés à constater le passage ou à régler l'intensité du courant, et d'un électromoteur de force suffisante pour surmonter les résistances de la ligne. Les conducteurs sont formés par des fils de fer galvanisé que l'on suspend en l'air, le long des routes ou des chemins de fer, au moyen de pièces de porcelaine fixées à des poteaux de sapin, ou que l'on place sous terre ou sous l'eau, après les avoir, dans ce dernier cas, enfermés dans une enveloppe isolante. Ces fils sont plus ou moins nombreux suivant l'activité des communications. Faisons remarquer en passant que les courants qu'ils servent à transmettre sont généralement les courants voltaïques. Dans certaines circonstances cependant, les courants induits sont plus convenables et donnent de meilleurs effets. L'*Appareil de production des signaux* se nomme *Manipulateur* : il varie beaucoup dans sa forme et dans son mécanisme. Lorsque le courant voltaïque est directement employé pour la correspondance, ou lorsqu'il a simplement pour objet de développer les courants induits qui cir-

culent sur le fil de la ligne, le manipulateur est, ou un interrupteur, ou un commutateur placé dans le circuit de la pile. Dans le cas où la correspondance est établie au moyen de courants induits fournis par un appareil magnéto-électrique, le manipulateur est un organe destiné à exécuter les déplacements relatifs des diverses places de la machine. L'*Appareil de reproduction des signaux* prend le nom de *Récepteur.* « On peut dire d'une manière générale, dit le professeur Gavarret, que le récepteur est constitué par un système d'électro-aimants traversés par le courant de la ligne, et qui mettent en mouvement les organes destinés à reproduire les signaux. D'ailleurs, chaque système télégraphique a son récepteur spécial dont la forme et le mécanisme dépendent du mode adopté pour la reproduction de la dépêche. Les signaux peuvent être reproduits par le nombre et le sens des déviations de l'aiguille d'un galvanomètre (*T. à aiguille*), ou par une aiguille qui se meut sur un cadran et s'arrête en face de la lettre à transmettre (*T. à cadran*). La correspondance toutefois s'établit avec plus de sûreté, quand les signaux sont imprimés sur des bandes de papier (*T. écrivant*). Pour que, sur une ligne quelconque, la correspondance puisse s'établir alternativement dans les deux sens, chaque poste, ainsi qu'il est facile de le comprendre, doit avoir son électromoteur, son manipulateur et son récepteur. » Parmi les appareils accessoires d'une ligne télégraphique, nous nous contenterons de citer les *sonneries électriques*, qui servent à avertir les employés de l'arrivée du courant et, par suite, de la dépêche. — Dans l'impossibilité où nous sommes de décrire les nombreux systèmes de télégraphie électrique qui se sont produits, nous nous bornerons à des indications générales.

C. *Télégraphe de Morse.* — La Fig. 1 représente l'appareil récepteur du système Morse. On voit, en R, un disque constitué par une longue bande de papier enroulée sur elle-

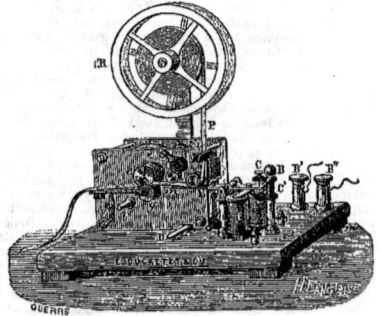

Fig. 1.

même. Cette bande passe en P, L, m puis entre les deux cylindres cannelés e, g. Un mouvement d'horlogerie que l'on remonte périodiquement au moyen de la clef b fait tourner ces derniers cylindres, de sorte que le papier se trouve entraîné d'un mouvement uniforme. En E se trouve un électro-aimant dans lequel on peut lancer le courant de l'autre station au moyen de la ligne télégraphique. Un peu au-dessus des pôles de l'électro-aimant il y a une armature de fer doux attachée au levier t mobile autour d'un axe horizontal. L'extrémité gauche est légèrement courbée en m. Au-dessus de m se trouve une molette dont le pourtour est constamment encré. À cet effet, elle s'appuie sur un tampon T imbibé d'une encre grasse bleue assez fluide. Lorsque le courant passe dans l'électro-aimant l'armature est attirée, l'extrémité m se soulève et fait buter le papier contre la molette encrée qui marque un trait plus ou moins long suivant le temps pendant lequel on maintient le courant. Dès que le courant cesse, l'armature n'est plus attirée, un ressort antagoniste rabaisse l'extrémité m du levier et la molette n'appuie plus sur le papier qui se déroule. On voit donc que si on lance le courant pendant un temps très court la molette trace un point sur le papier ; si le courant est maintenu pendant plus longtemps on aura un trait. La combinaison de ces points et de ces traits donne les lettres d'après un alphabet de convention que nous reproduisons ici :

a · —	o — — —	3 · · · — —
b — · · ·	p · — — ·	4 · · · · —
c — · — ·	q — — · —	5 · · · · ·
d — · ·	r · — ·	6 — · · · ·
e ·	s · · ·	7 — — · · ·
é · · — · ·	t —	8 — — — · ·
f · · — ·	u · · —	9 — — — — ·
g — — ·	v · · · —	0 — — — — —
h · · · ·	w · — —	point · · · · · ·
i · ·	x — · · —	virgule · — · — · —
j · — — —	y — · — —	point et virg. — · — · — ·
k — · —	z — — · ·	deux points — — — · · ·
l · — · ·	ch — — — —	p. interrog. · · — — · ·
m — —	1 · — — — —	p. exclam. — — · · — —
n — ·	2 · · — — —	apostrophe · — — — — ·

Le *Manipulateur* (ou *clef Morse*) qui sert à envoyer les signaux se compose d'un levier L maintenu relevé par un ressort (Fig. 2). Lorsqu'on appuie sur la touche m, l'extrémité de la vis V vient buter sur une pièce métallique C et établir le contact nécessaire au passage du courant qui suit le chemin ALVCC'. On donne souvent au manipulateur une autre forme que l'on voit Fig. 3 en s et s'. Le levier mobile autour de son centre comporte un contact à l'avant et un à l'arrière. Un ressort tend à relever la poignée de ces

Fig. 2.

leviers. On comprendra l'utilité de ces contacts dans le montage d'un poste double. En effet, considérons deux stations télégraphiques mises en communication ensemble (Fig. 3). Les piles sont représentées en b et b'; s et s' représentent les manipulateurs, et m, m' les électro-aimants. Lorsque les deux manipulateurs sont au repos, comme l'est, par ex., dans la figure, le manipulateur de gauche s', il ne saurait y

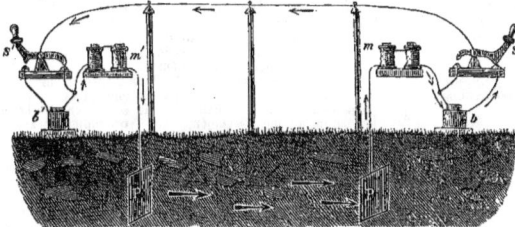

Fig. 3.

avoir de courant, attendu qu'il y a interruption de contact. Mais, si l'on vient à presser sur la poignée du manipulateur de l'une des stations, comme on le voit à la station de droite dans notre dessin, alors le circuit pour la pile de cette station se trouve fermé, et aussitôt le courant marche du pôle positif de la pile b, par le manipulateur s, au fil conducteur qui conduit le courant au manipulateur s' de l'autre station. De ce dernier le courant va passer par les circonvolutions des bobines de l'électro-aimant m, puis par la lame P' plongée dans la terre; enfin, il revient, en traversant le sol, à la plaque P, puis à l'électro-aimant m, pour aboutir enfin au pôle négatif de la pile b, ainsi que l'indique la direction des flèches. On voit par là que le courant produit à la station b

parcourt les bobines des électro-aimants des deux stations. Quant à la pile b' de l'autre station, comme le circuit n'est pas fermé, elle ne peut émettre aucun courant. — Lorsque l'employé d'une station, de la station de droite par ex., veut

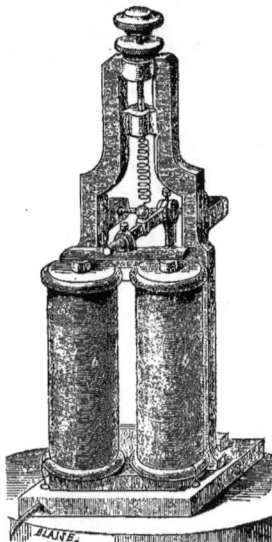

Fig. 4.

expédier une dépêche, il avertit l'employé de la station de gauche au moyen de la *sonnerie électrique*, à laquelle nous avons déjà fait allusion. Celui-ci répond de la même manière pour dire qu'il est prêt, et aussitôt, au moyen du petit levier b (Fig. 4), il met en mouvement l'appareil d'horlogerie qui sur-le-champ fait glisser la bande de papier. Alors l'employé du poste expéditeur presse, à des intervalles convenables, son manipulateur s (Fig. 3), afin de produire sur la bande de papier de l'autre station les signaux, points et lignes, qui constituent les caractères de l'alphabet conventionnel. Enfin, quand la dépêche est terminée, l'expéditeur en donne avis par un signe particulier, et celui qui l'a reçue répond « compris », ou, dans le cas contraire, fait répéter.

Mais le système télégraphique de Morse n'est pas tout à fait aussi simple que nous venons de le décrire afin d'en faciliter l'intelligence. Le courant qui est nécessaire pour mettre en mouvement l'appareil à signaux doit avoir une force assez considérable, car autrement l'armature (Fig. 4) ne serait pas attirée avec une force suffisante, et l'extrémité in du levier ne presserait pas assez énergiquement contre la bande de papier pour y produire des traces bien apparentes. Or, pour envoyer par un fil conducteur d'une grande longueur un courant assez énergique pour obtenir ce résultat, il faudrait employer une pile d'une force extrême. En conséquence, afin de pouvoir faire usage de piles médiocres, l'inventeur a eu recours au procédé que voici. Chaque station télégraphique est munie de deux piles. L'une, qu'on nomme *pile principale* ou *pile de ligne*, et qui est de beaucoup la plus puissante des deux, sert à produire le courant que le manipulateur émet vers la station prochaine. Là elle agit sur un appareil extrêmement mobile qu'on désigne sous le nom de *Relais*, et qui est représenté de face dans la Fig. 4, de côté dans la Fig. 5, avec réduction de moitié. L'électro-aimant *b* a la même disposition que celui de l'appareil à écrire (Fig. 1); seulement l'hélice est formée par un fil plus mince, et par conséquent les circonvolutions sont plus nombreuses. L'armature transversale est aplatie à sa face inférieure et fort rapprochée des surfaces polaires de l'électro-aimant. Cette armature est en outre fixée à un levier de fer *h* coudé à angle droit, dont l'axe de rotation est supporté par un cadre de cuivre. Un ressort en spirale, ainsi que le montre la Fig. 4, tient, lorsque l'appareil est au repos, le levier un peu relevé, de manière que son extrémité inférieure se trouve pressée contre la tête de la vis *s* (Fig. 5). Mais, aussitôt qu'un courant parcourt l'hélice de l'électro-aimant, l'armature est attirée vers les surfaces polaires et s'abaisse, tandis que l'extrémité inférieure du levier *h* va presser contre la vis *t*, et cela même avant que l'armature ou le barreau transversal arrive au contact des pôles de l'électro-aimant. L'espace dans lequel peut jouer le

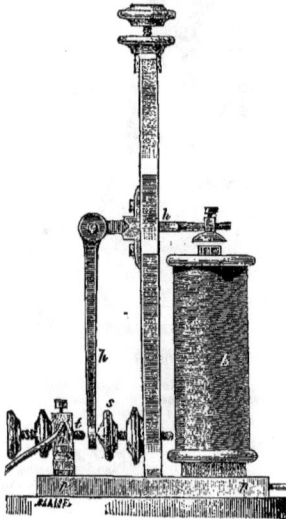

Fig. 5.

levier est extrêmement petit, et, comme en outre le levier est extrêmement mobile et l'armature très rapprochée des pôles de l'électro-aimant, il suffit d'un courant très faible pour opérer ces mouvements. La seconde pile de la station est appelée *pile locale*, parce qu'elle ne fournit rien à la ligne et sert exclusivement à mettre en jeu l'appareil à signaux, lequel est inséré dans son circuit. Le mouvement ci-dessus décrit du levier *h* (Fig. 5) sert uniquement à fermer et à ouvrir ce circuit. En effet, du pôle positif de la pile locale part un fil qui se rend à la plaque de cuivre *p*, avec laquelle communique le levier *h*. De plus, le petit pilier, également de cuivre *n*, qui est isolé de la plaque par une base d'ivoire ou de bois et dans lequel est fixée la vis *t*, est mis en rapport par un fil conducteur avec l'une des extrémités de l'hélice de l'appareil à écrire, tandis qu'à l'autre extrémité un autre fil conduit au pôle négatif de la pile locale. D'après cela, on voit que le circuit de la pile locale ne se trouve pas fermé, tant qu'on ne fait pas passer de courant par les bobines du relais, parce qu'il y a un point d'interruption entre la vis *t*, qui communique avec le pôle négatif, et le levier *h*, qui communique avec le pôle positif. Mais aussitôt qu'un courant vient à traverser les bobines du relais, la chaîne se ferme en *t*, par suite du contact du levier avec l'extrémité *t* de la

vis, et alors l'appareil à signaux se trouve parcouru par le courant de la pile locale, lequel est naturellement très énergique, parce que, indépendamment des circonvolutions des bobines, il n'a à parcourir qu'une longueur de fil insignifiante.
— La Fig. 6 représente théoriquement la manière dont l'appareil à signaux communique avec la pile locale et le relais : LB est la pile locale, R le relais, et S l'électro-aimant de l'appareil à signaux. La signification de la Fig. 3 est donc un peu modifiée par l'introduction du relais. Ainsi, *m* et *m′*

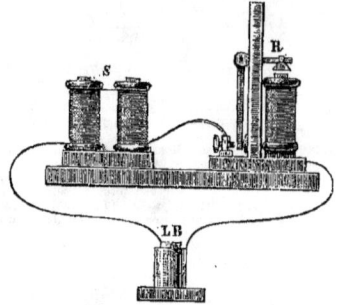

Fig. 6.

ne représentent pas, comme nous l'avons d'abord supposé, les électro-aimants de l'appareil à signaux aux deux stations, mais bien ceux des deux relais. En conséquence, dès que l'employé de la station de droite appuie sur la poignée de son manipulateur, comme on le voit dans la Fig. 3, il envoie le courant de sa pile principale dans les bobines de relais des deux stations. Or, il résulte de là, que le circuit des piles locales des deux stations se ferme aussitôt, et que, dans toutes les deux, l'armature de l'appareil à signaux se trouve attirée par les surfaces polaires de son électro-aimant.

Télégraphe imprimant Hughes. — Ce télégraphe imprime les dépêches en caractères romains. Il est représenté Fig. 7 et exige aux deux stations deux mécanismes semblables animés de mouvements parfaitement synchrones. Le manipulateur affecte la forme d'un clavier de piano. A chaque lettre de l'alphabet correspond une touche. On voit, à droite, un rouleau de papier étroit analogue à celui du t. qui se déroule d'un mouvement uniforme et vient passer tout près d'une roue R appelée *roue des types* parce qu'elle porte gravée sur sa circonférence les lettres de l'alphabet. Son pourtour est constamment encré par le tampon T. La roue des types tourne avec une vitesse constante. En D se trouve un disque portant autant de fentes qu'il y a de touches au clavier; et, chaque fois que l'on abaisse une de ces touches, une petite pièce métallique, ou goujon, vient faire saillie à travers une des fentes. Au-dessus de ce disque tourne constamment et avec la même vitesse que la roue des types, une petite pièce métallique. Lorsque cette pièce rencontre un des goujons faisant saillie, elle est soulevée, ce qui effectue un contact et lance le courant dans la ligne et l'électro-aimant *b* du récepteur. Ce dernier attire une armature et soulève un rouleau U qui fait buter la bande de papier contre la roue des types R. Or, l'appareil est réglé exactement de sorte que c'est la même lettre qui se trouve en face le rouleau que celle qui est inscrite sur la touche que l'on a dû abaisser pour soulever le goujon. C'est donc cette lettre qui s'imprimera sur la bande de papier. La description de l'ingénieux mécanisme qui réalise le parfait synchronisme de la roue des types et de la pièce tournante D est trop longue pour prendre place ici.

Télégraphie multiple. — En compliquant le montage des postes, on peut arriver à transmettre simultanément sur un même fil soit deux dépêches en sens inverse soit deux dépêches dirigées dans le même sens. Le premier dispositif s'appelle le montage *duplex*, le second, *diplex*. En combinant les deux systèmes on a le système *quadruplex* permettant l'envoi simultané de quatre dépêches.

La Fig. 8 donnera une idée théorique du montage en duplex. R et R′ sont les deux récepteurs; M et M′ les deux transmetteurs. Le système est monté comme le galvanomètre du pont de Wheatstone (Voy. PONT). Les résistances des branches AB et AC sont déterminées de sorte que, lorsqu'on abaisse le

Télégraphe multiple Baudot. — Ce t. est basé sur un principe tout à fait différent et permet de transmettre six dépêches sur la même ligne en sens quelconque. A chaque

Fig. 7.

manipulateur M, les deux points B et C soient au même potentiel et que, par conséquent, il ne passe pas de courant de B en C. Le récepteur R ne sera donc pas influencé par les cou-

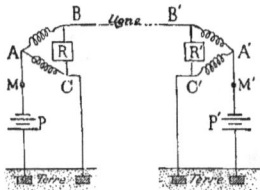

Fig. 8.

rants de la pile P. Mais le courant de cette pile pourra passer par la ligne et agir sur le récepteur R'. Inversement, en appuyant sur M' il en enverra un courant qui agira sur R

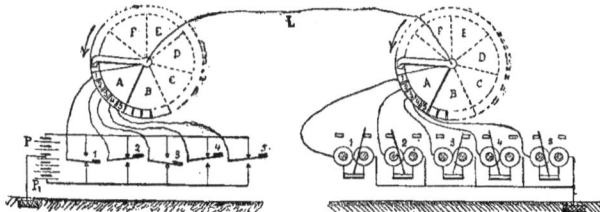

Fig. 9.

sans passer par R'. Une étude détaillée ferait voir que la transmission en duplex est possible dans toutes les positions des deux manipulateurs.

extrémité, la ligne est mise en relation avec un organe spécial appelé *distributeur*. La Fig. 9 montre schématiquement l'installation de l'appareil Baudot au point de vue de la distribution des courants et la Fig. 10 l'ensemble d'un poste.

Occupons-nous d'abord de la Fig. 9. On voit, à gauche, au poste transmetteur, un disque d'ébonite divisé en secteurs A, B, C, D, E, F. Chaque secteur porte 5 contacts métalliques 1, 2, 3, 4, 5, et un frotteur métallique tournant toujours d'une manière uniforme sur le disque vient toucher successivement les contacts des différents secteurs. Ce frotteur tournant est en communication avec la ligne L. En PP₁, se trouve la pile destinée à fournir le courant; chacun de ses pôles est en relation avec 5 butoirs contre lesquels peuvent appuyer 5 touches en relation au moyen de fils avec les 5 pièces métalliques du secteur A. Dans la position normale, ces touches sont relevées par des ressorts et se trouvent en relation avec le pôle négatif de la pile (touches 2, 4, 5); quand on les abaisse, elles viennent appuyer sur le butoir inférieur et se trouvent alors en relation avec le pôle positif de la pile (touches 1, 3). Le milieu de la pile est en relation avec la terre. On voit donc que chaque fois que le frotteur passera sur un des contacts du secteur A, la pile enverra un courant dans un sens ou dans l'autre suivant que chacune des touches du transmetteur est relevée ou abaissée. La partie droite de la figure 9 donnera une idée du récepteur Baudot. On voit encore un disque distributeur divisé en secteurs munis de 5 contacts et d'un frotteur qui doit être en synchronisme parfait avec le distributeur du transmetteur; c.-à-d. que les deux frotteurs doivent passer au même instant sur les 5 contacts correspondants des secteurs A. Ceux du récepteur sont en relation avec 5 électro-aimants dont on voit les pôles sur la figure. Il est maintenant facile de se rendre compte que pendant le passage des frotteurs sur les secteurs A, les 5 courants lancés par la pile se rendront chacun dans l'électro-aimant correspondant à chaque touche. Il en résulte que ces électro-aimants sont aimantés dans un sens ou dans un autre suivant le sens du courant qu'ils reçoivent. Ils font basculer dans un sens ou dans un autre des pièces aimantées qui peuvent osciller entre leurs pôles. En abaissant un certain nombre de touches on peut effectuer un grand nombre de combinaisons différentes correspondant aux lettres de l'alphabet et aux principaux signaux télégraphiques. Ainsi pour envoyer la lettre *a* on abaisse la touche 1 et on laisse 2, 3, 4, 5 relevées. Pour la lettre *b*, on abaisse 3 et 4 en laissant 1, 2 et 5 relevées, etc. Non seulement le récepteur Baudot reçoit ces signaux au moyen des électro-aimants que nous avons décrits mais il les imprime en caractères romains au moyen d'une roue des types analogue à celle de l'appareil Hughes. Le mécanisme intermédiaire, appelé *combinateur*, est beaucoup trop compliqué pour que nous puissions le décrire ici. On conçoit maintenant que l'on puisse mettre les autres secteurs **B, C, D, E, F** du distributeur de gauche avec d'autres manipulateurs et également les secteurs B,C,D,E,F de droite avec d'autres récepteurs, tout cela ne se servant que de la ligne unique L.

La figure 10 montre l'ensemble d'un poste Baudot. On voit

F. Télégraphes sous-marins. — Ces télégraphes ne diffèrent des précédents qu'en ce que les fils conducteurs sont plongés au fond de l'eau, après avoir été entourés d'une enveloppe isolante. Le premier essai de ce genre de télégraphie a eu lieu dans l'Inde, où le docteur O'Shaughnessy établit une communication électrique entre les deux rives de l'Hougly, au moyen d'un fil métallique isolé et immergé dans le fleuve. En 1840, Wheatstone proposa d'établir une communication de même nature entre les côtes opposées des grands détroits; cependant dix années s'écoulèrent avant la réalisation de cette belle idée. La première ligne sous-marine qui ait été exécutée

C'est Wheatstone qui est le créateur des télégraphes à cadran. Mais, depuis 1840, date de leur invention, un grand nombre de mécaniciens et de savants, tels que Bréguet, Paul Garnier, Froment, Glœsner, Lippens, Siemens, Digney, etc., se sont occupés de les perfectionner. En France, certaines administrations se servent du t. à cadran de Bréguet.

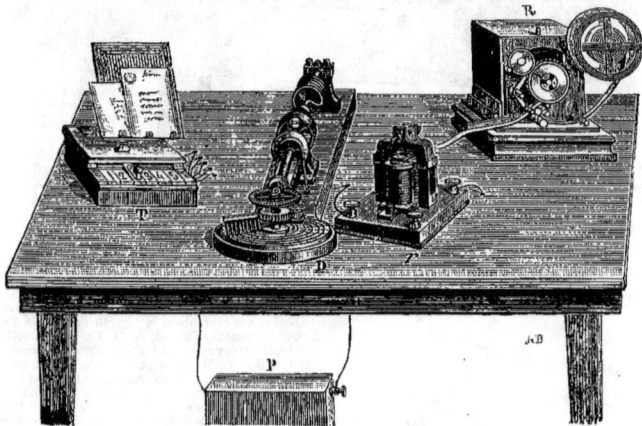

Fig. 10.

en T le transmetteur, en D le distributeur en R le récepteur, ou *r* un relais indispensable dans la pratique. En employant une installation à six claviers on peut arriver à transmettre 240 dépêches de 20 mots en une heure, sur une ligne de 600 kilomètres de long.

E. Télégraphe à aiguilles et à cadran. — Dans le système des *télégraphes à aiguilles*, qui est le premier qu'on ait vu fonctionner sur des lignes d'une étendue considérable, les signaux sont formés par les déviations d'aiguilles aimantées qui sont soumises à l'action directe du courant circulant sur la ligne. Le manipulateur joue le double rôle d'interrupteur et de commutateur, et sert à envoyer sur la ligne une série de courants discontinus dont le sens et l'ordre de succession peuvent être exactement réglés. Quant au récepteur, il consiste en un simple galvanomètre vertical dont l'aiguille, par le nombre et le sens des déviations qu'elle éprouve, accuse le nombre et le sens des courants. Il y a des appareils à une et à deux aiguilles. Ceux qui en ont deux se composent de deux manipulateurs et de deux récepteurs, complètement indépendants et entièrement semblables au manipulateur et au récepteur des télégraphes à une aiguille. Les télégraphes de ce système sont dus à Wheatstone et à Cooke. Ils sont remarquables par la simplicité de leur mécanisme, mais ils ont le grave défaut de ne conserver aucune trace des dépêches : c'est pour ce motif qu'on n'en fait presque plus usage. — Dans les *Télégraphes à cadran*, le courant de la ligne agit sur un électro-aimant qui a pour fonction de régler la marche d'une aiguille sur un cadran. Ce dernier présente sur ses bords deux bandes concentriques dont l'une porte les lettres de l'alphabet, et l'autre des nombres écrits en chiffres arabes. Les télégraphes de ce système, de même que les précédents, ne conservent aucune trace des dépêches trans-

est celle qui relie Douvres en Angleterre et le cap Gris-Nez en France : elle fut posée le 28 août 1850. Mais comme la communication n'était établie que par un seul fil de cuivre recouvert d'une simple enveloppe de gutta-percha, le câble ne tarda pas à être brisé par les agitations de la mer. Malgré cela, le succès, au point de vue scientifique, était complet; il ne restait qu'à donner dorénavant aux câbles sous-marins une force de résistance suffisante. Le 26 oct. 1851, un nouveau câble fut déposé au fond de la Manche pour mettre en communication Douvres et Calais. Les Figures 11 et 12 représentent la coupe et l'extérieur de ce câble. On voit au centre quatre fils de cuivre recouverts de gutta-percha qui servent à la correspondance électrique; une couche épaisse de filin goudronné les entoure de toutes parts; enfin, le tout est revêtu d'une enveloppe métallique composée de dix très gros fils de fer galvanisé disposés en hélice. Ce câble a 41 kilomètres de longueur et pèse 4,420 kilogrammes par kilomètre. Depuis cette grande expérience, les lignes se sont beaucoup multipliées. En juillet et août 1858, l'Europe fut reliée télégraphiquement au nouveau monde, au moyen d'un câble long de 4,000 kilomètres établi entre l'Irlande et Terre-Neuve par des profondeurs de 5,000 mètres. Aujourd'hui (1901), toutes les mers du globe sont sillonnées de câbles télégraphiques.

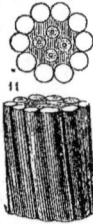

Fig. 12.

Des difficultés spéciales surgissent dans la télégraphie sous-marine, surtout lorsque le câble est long. Non seulement sa résistance vient affaiblir le courant, mais sa capacité vient jouer un rôle important qui retarde la transmission ; de plus les courants terrestres viendront encore jeter des perturbations dans les signaux. Il faut un récepteur excessivement sensible, tel que le récepteur galvanomètre à réflexion de Thomson qui a déjà été décrit au mot *Intensité*. Voy. INTENSITÉ, Fig. 4. Un rayon d'une lampe vient tomber sur un petit miroir qui est solidaire de l'aimant et donne par réflexion une tache lumineuse sur un écran blanc. Suivant que le courant passe dans un sens ou dans un autre, la tache sera déviée à droite ou à gauche. On peut alors se servir de l'alphabet Morse en convenant que chaque déviation à droite correspond à un trait et chaque déviation à gauche à un point. Le transmetteur se compose simplement d'un appareil permettant d'envoyer le courant tantôt dans un sens tantôt en sens inverse. La lecture des signaux du galvanomètre réflecteur est très pénible et fatigue rapidement les yeux des employés. L'emploi de condensateurs à chaque station permet d'augmenter la vitesse de transmission.

On doit à sir William Thomson (lord Kelvin) un appareil excessivement ingénieux qui évite tous ces inconvénients et a, de plus, le grand avantage d'enregistrer. C'est le *siphon-recorder* ou *siphon enregistreur*. L'appareil récepteur est basé sur le même principe que le galvanomètre Desprez-d'Arsonval que nous avons décrit à l'article INTENSITÉ. À la partie inférieure du cadre mobile se trouve un petit siphon SS' excessivement léger, qui suit tous les mouvements du cadre (Fig. 13). La petite branche trempe dans un petit godet E, rempli d'encre ; la grande branche débouche à une petite distance d'une bande de papier P qui est animée d'un mouvement uniforme comme dans le t. Morse. On voit que si le cadre est immobile, l'encre déversée par le siphon tracera un trait rectiligne sur le papier mobile. Mais si on lance dans le cadre des courants tantôt dans un sens tantôt dans un autre le siphon tracera des sinuosités tantôt d'un côté, tantôt de l'autre. En convenant de représenter le point de l'alphabet Morse par une sinuosité d'un certain côté et le trait par une sinuosité de l'autre côté de la ligne que tracerait le siphon au repos, on peut ainsi envoyer les mots de la dépêche lettre par lettre. Comme le siphon est constitué par un tube très fin (capillaire), l'encre ne passe pas à travers dans les circonstances ordinaires. Il faut avoir recours à un artifice. Dans les premiers modèles de l'appareil, lord Kelvin électrisait l'encre au moyen d'une petite machine statique. Aujourd'hui, on préfère simplement communiquer au petit siphon des secousses très rapides. À cet effet, on colle près de son extrémité un petit morceau de fer doux F et l'on en approche tout près du pôle d'un électro-aimant parcouru par une succession rapide de courants interrompus comme la sonnerie électrique trembleuse ordinaire. Le trait, au lieu d'être continu, est alors formé par une série de gouttelettes d'encre ; mais elles sont tellement rapprochées que cela ne nuit en rien à la netteté de la dépêche.

Télégraphes écrivant et dessinant. — Le problème de la transmission électrique de l'écriture ou d'un dessin quelconque a été réalisé il y a longtemps par Caselli. Dans cet appareil, que l'inventeur a nommé *pantélégraphe*, le récepteur et le transmetteur sont chacun munis d'une plaque parcourue par un style métallique qui trace sur elle un système de raies parallèles très rapprochées. Les deux styles doivent se mouvoir en parfait synchronisme. La plaque du récepteur est recouverte d'une feuille de papier imbibée d'une dissolution de ferrocyanure de potassium. Ce corps est décomposable par le courant en donnant du bleu de Prusse. Le dessin que l'on veut transmettre est tracé avec une encre grasse

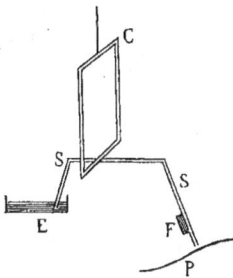

Fig. 13.

isolante sur une feuille d'étain que l'on applique exactement sur la plaque du récepteur. Les deux styles sont mis en communication avec la ligne ; les deux plaques avec la terre. À la station transmettrice se trouve une pile dont l'un des pôles est relié au style transmetteur et l'autre à la plaque du transmetteur. On voit que tant que le style appuie sur le métal de la feuille d'étain le courant suivra un court-circuit à travers le transmetteur. Mais quand le style passera sur un des traits isolants du dessin, ce court-circuit sera interrompu et le courant n'aura plus d'autre chemin que la ligne et le transmetteur. Là, il décomposera le ferrocyanure en donnant un trait de bleu de Prusse. Le dessin sera complété peu à peu par un système de hachures parallèles.

Le t. Caselli et ceux qui en dérivent n'ont guère reçu d'applications pratiques à cause de la lenteur relative de la transmission.

Télautographe. — MM. Elisha Gray et Ritchie ont inventé un appareil écrivant à distance, basé sur un tout autre principe. La plume du récepteur est maintenue par deux tiges articulées reliées à 2 aiguilles solidaires des cadres de deux forts galvanomètres d'Arsonval. On conçoit que suivant l'intensité du courant qu'on lancera dans chaque galvanomètre, les leviers forceront la plume à prendre telle position que l'on voudra. Le transmetteur comporte un système de leviers semblables reliés par la plume avec laquelle on écrit. Ce double système de leviers fait varier la résistance de deux rhéostats très ingénieux en communication avec les deux galvanomètres du récepteur. Il résulte de ceci qu'à chaque mouvement de la plume du transmetteur il y aura variation des intensités des deux courants dans les galvanomètres et, par suite, mouvement de la plume réceptrice. L'appareil est très soigneusement construit de manière que les leviers décrivent les mêmes angles aux deux stations. La plume du récepteur décrit alors la même figure que celle du transmetteur.

Cet appareil comporte des accessoires remarquablement combinés entre eux dont la description est trop longue pour trouver place ici.

Télégraphie sans fils. — La nouvelle télégraphie est basée sur une série de phénomènes compliqués dont l'étude complète ne date pas de bien loin. Il s'agit des remarquables propriétés des décharges oscillantes signalées dès 1863 par Thomson, Helmholtz, Fedderson et Lodge. Ces savants ont montré que les décharges des batteries électriques et des bobines d'induction sont loin d'être aussi simples que l'indique la théorie élémentaire.

Ils ont fait voir qu'avant d'atteindre l'état d'équilibre, l'électricité effectue une série de mouvements de va-et-vient excessivement rapides. Ce sont les *oscillations* électriques. M. Lodge en a étudié toute une gamme dont la durée varie depuis un cinq centième de seconde et jusqu'à un millionième de seconde.

C'est à M. Hertz qu'était réservé de trouver une propriété capitale de ces oscillations, propriété remarquable qui est la base de la télégraphie sans fil. Il démontra que les oscillations électriques dont nous venons de parler déterminent dans l'espace environnant une série d'*ondes électriques*, qui se propagent à distance comme les ondes lumineuses.

M. Hertz a non seulement montré la production et la propagation de ces ondes à travers l'espace, mais il a pu aussi constater la réflexion, la réfraction et l'interférence des nouvelles ondes. Nous avons déjà montré au mot ONDULATION comment on peut reconnaître les ondes hertziennes à l'aide d'un *résonateur*. On voit que l'étude de M. Hertz est complète. D'après ses indications nous pouvons produire les ondes, les envoyer ensuite dans une direction donnée au moyen d'un réflecteur et les reconnaître à distance au moyen d'un résonateur spécial. C'est là une véritable télégraphie sans fil dont les signaux ne seraient pas difficiles à imaginer.

Malheureusement ce ne sont que des expériences de laboratoire, car la sensibilité du résonateur décroît rapidement avec la distance.

Une découverte remarquable, dit M. Branly, vint à coup à la disposition des électriciens un récepteur d'une sensibilité inouïe, permettant de reconnaître les ondes hertziennes à des distances très considérables. L'appareil est d'une simplicité extraordinaire. C'est un petit tube muni de deux électrodes métalliques entre lesquelles se trouve un peu de limaille d'un métal. On obtient de bons résultats avec de la limaille de nickel additionnée d'un peu de limaille d'argent. Voici en quoi consiste le phénomène excessivement curieux découvert par M. Branly. Dans l'état normal, le tube à limaille, agencé comme nous venons de le décrire, est tellement résistant qu'on peut le considérer pratiquement comme ne conduisant pas le courant d'une pile. Mais qu'une onde hertzienne vienne à le frapper, la petite colonne de limaille devient aussitôt conductrice et laisse passer le courant. Voici donc le tube devenu conducteur, comment le ramener à son état primitif de non-conducteur? Comment lui rendre l'énorme résistance électrique qu'il possédait avant le passage de l'onde? Rien de plus facile, il suffit de frapper légèrement le tube et la limaille cesse aussitôt d'être conductrice. M. Branly a donné à ces tubes à limaille le nom de *radio-conducteurs*. Ces appareils sont excessivement sensibles aux ondes hertziennes, ainsi qu'il est facile de le montrer. Il suffit pour cela de disposer à plusieurs mètres d'une bobine de Rhumkorff un circuit comprenant une pile, un tube à limaille et un galvanomètre. Le courant ne passe pas, mais si nous faisons éclater l'étincelle de la bobine B entre les sphères métalliques d'un *oscillateur* E (Voy. la Fig. au mot ONDULATION), nous produirons des ondes électriques qui se propageront jusqu'au tube à limaille. Celui-ci deviendra aussitôt conducteur et nous verrons l'aiguille du galvanomètre déviée par le courant de la pile. Un léger coup sur le tube radio-conducteur et tout revient à l'état primitif, le courant cesse de passer, l'aiguille du galvanomètre revient au zéro. Tout est prêt à recommencer si on lance une nouvelle onde au moyen de l'oscillateur. On voit que nous avons là un moyen très simple d'envoyer des signaux à distance sans le secours des conducteurs reliant les deux stations.

En 1895, M. Popoff fit une remarquable série d'expériences et dès 1896 un savant italien, M. Marconi, perfectionna beaucoup les appareils; il réussit à télégraphier sans fil par-dessus la Manche, entre Douvres et Wimereux (50 kilomètres). A la station transmettrice se trouve une forte bobine d'induction qui fait éclater des étincelles entre les boules d'un oscillateur de Righi. Celui-ci se compose de quatre sphères de laiton, dont les deux du milieu sont dans un bain d'huile. L'expérience montre que c'est là un dispositif très favorable pour avoir des ondes hertziennes puissantes. L'une des boules extrêmes de l'oscillateur est en relation avec une longue tige métallique isolée. Dans ses expériences entre la France et l'Angleterre, M. Marconi avait fait dresser un mât de 50 mètres de haut, le long duquel courait un fil métallique en relation avec l'oscillateur. Le long conducteur vertical s'appelle souvent *antenne*. L'autre boule extrême de l'oscillateur est en relation avec la terre.

A la station réceptrice se trouve également une antenne en relation avec une des électrodes d'un tube radio-conducteur à limaille (appelé aussi *cohéreur*). Le tube à limaille est dans le circuit d'une pile et d'un relai très sensible. Ce relai peut lancer le courant d'une pile locale dans un t. Morse. On voit maintenant le fonctionnement de l'ensemble de ces appareils. Dès qu'on lance une onde hertzienne au moyen de la bobine et de l'oscillateur, le tube à limaille devient conducteur, le courant de la pile du relai traverse l'électro-aimant de cet appareil ce qui fait passer le courant de la pile locale dans le t. Morse. Un petit marteau analogue à celui d'une sonnerie électrique et actionné aussi par l'intermédiaire du relai, vient frapper le tube et le *décohérer* automatiquement, c.-à-d. faire cesser son état de conductibilité. On conçoit facilement que l'on puisse ainsi, en envoyant successivement des séries d'ondes brèves ou longues, reproduire l'alphabet Morse et par suite envoyer des dépêches.

Peu de temps après l'expérience que nous venons de relater, M. Marconi et d'autres expérimentateurs employèrent la télégraphie pour relier les phares à la côte, pour faire communiquer entre eux deux navires en marche, etc., etc.

Ces quelques exemples montrent tout le parti que l'on peut tirer de la télégraphie sans fils. Un des plus graves inconvénients de la nouvelle télégraphie consiste en ce fait que l'onde électrique se propage dans toutes les directions autour de l'antenne, on n'est pas encore arrivé à lui imprimer une direction unique et voulue, de sorte qu'elle impressionnera tous les récepteurs à la ronde. De plus, pour assurer le secret des communications, il serait désirable que l'appareil récepteur pût être accordé de manière à ne fonctionner qu'avec une onde électrique bien déterminée et ne réponde à aucune autre. C'est là un problème fort délicat qui n'est pas encore résolu au point de vue de la pratique de la télégraphie sans fil.

Parafoudre. — *Paratonnerre.* — Les lignes et les appareils télégraphiques ont besoin d'être protégés d'une manière spéciale contre les effets de l'électricité atmosphérique. On se sert à cet effet d'appareils accessoires appelés parafoudres. L'un des plus usités consiste en un fil de fer très fin intercalé dans le circuit de la ligne. Si l'électricité atmosphérique pro-

duit des courants trop intenses dans la ligne, ce fil s'échauffe et fond; les appareils télégraphiques sont, de ce fait, mis hors circuit. De plus, la ligne communique avec une pièce métallique munie de dents pointues fixée à une petite distance d'une pièce semblable mise en bonne communication avec la terre. En vertu du pouvoir des pointes, l'électricité atmosphérique peut passer d'une pièce à l'autre et se rendre à terre. On voit que cette dernière partie de l'appareil agit comme un paratonnerre.

Admin. — L'État français a le monopole de la correspondance télégraphique. Aucune ligne télégraphique ne peut être établie ou employée à la transmission des correspondances que par le Gouvernement ou avec son autorisation, sous peine d'amende ou d'emprisonnement pour les contrevenants. Toutefois les compagnies de chemins de fer sont autorisées, par arrêté ministériel, à établir des communications télégraphiques pour les besoins de leur exploitation. L'État autorise également, sous des conditions déterminées par les règlements, l'établissement et le fonctionnement de lignes télégraphiques d'intérêt privé. L'administration centrale des télégraphes, fusionnée avec celle des Postes, constitue un sous-secrétariat d'État rattaché au Ministère du Commerce et de l'Industrie. Une école professionnelle supérieure a été instituée par décret en date du 23 avril 1883 pour le recrutement du personnel des ingénieurs attachés au service télégraphique.

I. Ordre de transmission des télégrammes. — Dispositions pénales. — La transmission des télégrammes a lieu dans l'ordre suivant : 1° télégrammes intéressant l'ordre public; 2° télégrammes d'État et télégrammes officiels; 3° télégrammes de service; 4° télégrammes internationaux privés portant la mention urgents; 5° télégrammes privés. La loi punit d'amende, de prison et de détention, la destruction ou la détérioration des lignes télégraphiques ou toute attaque ou voie de fait contre les agents du service. D'autre part, tout fonct........... public qui viole le secret de la correspondance télégraphique est puni d'amende, de prison et de l'interdiction à temps de tout emploi ou fonction publique.

II. Régime des télégrammes privés. — Toute personne a le droit de correspondre au moyen du télégraphe par l'entremise des fonctionnaires de l'Administration, sous réserve de justifier de son identité. L'État n'est d'ailleurs soumis à aucune responsabilité à raison du service de la correspondance télégraphique privée.

Les télégrammes rédigés par les particuliers sont remis dans un bureau télégraphique. Ils ne sont acceptés que s'ils sont écrits lisiblement et sans abréviation. Tout interligne, renvoi ou surcharge doit être approuvé par l'expéditeur. L'adresse doit comprendre toutes les indications nécessaires pour que la remise ait lieu sans recherches, ni demandes de renseignements. Le texte peut être rédigé en langage clair ou en langage *secret*. Le langage secret comprend le langage *convenu* et le langage *chiffré*. On entend par langage *convenu* celui où il est fait emploi de mots qui, tout en présentant par eux-mêmes une signification propre, ne forment pas dans leur ensemble une phrase compréhensible par les bureaux en correspondance. Le langage *chiffré* est celui dont le texte est formé de chiffres ayant une signification secrète. Tout expéditeur doit faire connaître ses nom et adresse. Tout ce qui fait partie du texte à transmettre est soumis à la taxe qui est, pour l'intérieur de la France, calculée à raison de 0,05 c. par mot, avec un minimum de perception de 0,50 c. par chaque télégramme. La réponse à un télégramme peut être acquittée d'avance par l'expéditeur : dans ce cas un bon (*réponse payée*) est remis au destinataire en même temps que le télégramme. Moyennant le paiement d'une taxe supplémentaire, tout expéditeur a le droit de faire collationner un télégramme ou de demander qu'un *accusé de réception* du télégramme lui soit adressé après la remise. D'autre part, tout expéditeur peut demander, en fournissant les indications nécessaires, que le bureau d'arrivée *fasse suivre* son télégramme. Lorsque la localité destinataire n'est pas pourvue d'un bureau de télégraphe, l'expéditeur peut, en payant la taxe requise, faire porter par exprès le télégramme au domicile du destinataire. Les télégrammes peuvent être adressés soit à domicile, soit télégraphe restant. Des envois d'argent jusqu'à 5,000 francs peuvent être faits par voie télégraphique : le paiement de la somme doit être réclamé dans le délai de 5 jours au bureau destinataire. Depuis 1879, un nouveau service de correspondance, au moyen de tubes pneumatiques, a été institué dans Paris; la taxe exigible est de 0,50 c. pour les dépêches fermées, de 0,30 c. pour les dépêches ouvertes. Enfin, nous rappellerons qu'un décret en date du 20 juin 1886 a autorisé au profit des journaux une réduction de 50 pour 100 sur le tarif ordinaire, pour les télégrammes dits *de presse*.

III. *Télégraphie internationale*. — Une convention signée à Budapest en 1896 a arrêté le règlement et les tarifs du service télégraphique international. La taxe est établie en principe par mot : elle est essentiellement variable suivant les pays : elle peut s'élever jusqu'à 13 francs par mot. — L'expéditeur d'un télégramme privé international peut obtenir la priorité de transmission en inscrivant le mot *urgent* avant l'adresse et en acquittant le triple de la taxe ordinaire exigée pour un télégramme de même longueur et pour le même parcours. Des règles spéciales existent d'ailleurs pour les télégrammes internationaux : un certain nombre de pays n'admettent pas le langage secret ; d'autres, la Russie, par ex., admettent le langage convenu, mais pas le langage chiffré. L'envoi par exprès n'est possible que dans un certain nombre de pays, soit en Europe, soit hors d'Europe.

TÉLÉGRAPHIE. s. f. (R. *télégraphe*). L'art de correspondre très promptement à de grandes distances. Voy. TÉLÉGRAPHE.

TÉLÉGRAPHIER. v. a. Transmettre une dépêche à l'aide d'un appareil télégraphique quelconque. == Conj. Voy. PRIER.

TÉLÉGRAPHIQUE. adj. 2 g. Qui a rapport au télégraphe, *Ligne t. Signes télégraphiques.* || *Nouvelle, dépêche t.*, Nouvelle qui est arrivée par le télégraphe.

TÉLÉGRAPHIQUEMENT. adv. Au moyen du télégraphe.

TÉLÉGRAPHISTE. s. T. Adm. Employé, employée qui transmet les dépêches télégraphiques.

TÉLÉGRAPHONE. s. m. (gr. τῆλε, de loin ; γράφω, j'écris ; φωνέω, je parle). T. Physiq. Cet appareil imaginé par M. Poulsen enregistre magnétiquement les vibrations sonores et permet ensuite de les reproduire à distance dans un téléphone. Il se compose essentiellement d'un fil d'acier devant lequel on peut déplacer un petit électro-aimant intercalé dans le circuit d'un microphone et d'une pile. Lorsqu'on parle devant le microphone (Voy. TÉLÉPHONE), l'intensité du courant varie dans le petit électro-aimant. Ces variations de magnétisme sont ressenties par le fil d'acier (disposé très près des pôles de l'électro-aimant) qui en conserve les traces d'une manière permanente. On peut dire, en somme, que les vibrations sont enregistrées magnétiquement dans le fil d'acier.

Supposons maintenant que l'on ramène l'électro au point de départ et qu'on lui fasse refaire le même chemin devant le fil aimanté. En passant devant les points inégalement aimantés de ce fil, les spires du petit électro-aimant seront le siège de petits courants d'induction qui pourront être reçus et perçus dans un téléphone à la manière habituelle. Ces courants vibrant à l'unisson du son que l'on avait émis primitivement devant le microphone, le reproduiront dans le téléphone. Le fil d'acier garde pendant longtemps l'inscription magnétique. M. Poulsen en a conservé pendant plus d'un an.

Pour « effacer » l'inscription il suffit de faire passer un courant constant dans l'électro-aimant en le déplaçant devant le fil. Ce courant, de sens inverse au courant primitif de la pile du microphone, fait disparaître les inégalités du magnétisme rémanent et efface le record.

TÉLÉMAQUE. fils d'Ulysse et de Pénélope, se mit à la recherche de son père, guidé par Minerve sous la figure de Mentor.

TÉLÉMÈTRE ou **TÉLOMÈTRE.** s. m. (gr. τῆλε, de loin ; μέτρον, mesure). T. Physiq. Instrument imaginé pour les besoins de la guerre, au moyen duquel on détermine la distance de l'observateur à un point inaccessible. Il en existe de plusieurs modèles ; le plus pratique est celui de Goulier qui fait dépendre la mesure de la distance de la différence des directions suivant lesquelles deux observateurs situés à une distance invariable l'un de l'autre voient l'objet éloigné. L'appareil se compose essentiellement de deux prismes rectangulaires à double réflexion totale reliés par une chaîne de longueur invariable : les faces réfléchissantes de ces deux prismes sont inclinées à 45° de manière que le rayon lumineux doublement réfléchi est dévié de 90° : l'objet visé est donc vu au travers du prisme dans une direction perpendiculaire à sa véritable direction. L'observation exige deux observateurs qui

s'éloignent l'un de l'autre suivant une ligne perpendiculaire à la direction du point P dont on veut déterminer la distance, jusqu'à ce que la chaîne soit tendue. Alors l'observateur A fait déplacer l'observateur B jusqu'à ce que l'image doublement réfléchie du point P vienne se faire dans sa direction même. Si le point P était à l'infini, l'observateur B verrait aussi l'image doublement réfléchie du point P dans la direction de l'observateur A ; mais il n'en est pas ainsi parce que la ligne BP n'est pas parallèle à la ligne AP. Alors l'observateur B observera l'observateur A au travers d'une lentille mobile fixée à l'appareil. Si on déplace cette lentille le long d'une coulisse, l'image de l'observateur A se déplacera aussi et l'on peut mettre en coïncidence cette image de A avec l'image doublement réfléchie de P. Il est clair que le déplacement de la lentille sera d'autant plus grand que l'objet P est plus rapproché. On gradue l'appareil empiriquement de manière à lire directement la distance sur la coulisse. La chaîne qui relie les prismes est de 20 ou 40 mètres suivant la distance du point observé.

On a aussi construit des télémètres qui n'exigent qu'un observateur ; mais ils sont moins commodes parce qu'il faut que l'observateur se déplace et mesure son déplacement. De plus, les deux observations sont alors successives au lieu d'être à peu près simultanées, de sorte qu'elles ne donnent aucune indication utile si le but est mobile, par ex. s'il s'agit d'un vaisseau.

TÉLÉOLOGIE. s. f. (gr. τέλος, fin ; λόγος, discours). T. Philos. Doctrine des causes finales. Voy. CAUSE (*Causes finales*).

TÉLÉOLOGIQUE. adj. 2 g. (R. *téléologie*). Qui a rapport aux causes finales. *En mettant à l'écart toute considération t.*

TÉLÉOSTÉENS. s. m. pl. [Pr. *téléosté-in*] (gr. τέλεος, parfait ; ὀστέον, os). T. Zool. Sous-classe de *Poissons*. Voy. ce mot.

TÉLÉOSTOÏDES. s. m. pl. (R. *téléostéen*, et gr. εἶδος, apparence). T. Zool. Nom que l'on donne aux *Poissons Ganoïdes*, dont le squelette est entièrement ossifié et qui, par là, ressemblent aux vrais *Poissons osseux* ou *Téléostéens*. On dit encore *Euganoïdes*. Voy. GANOÏDES.

TÉLÉPATHIE. s. f. [Pr. *télépa-ti*] (gr. τῆλε, de loin ; παθεῖν, éprouver une sensation). Le mot t. a été créé pour désigner tout un ensemble de faits assez extraordinaires qui ont ceci de commun qu'un être humain est averti par une sensation quelconque d'une chose qui se passe plus ou moins loin, mais dont il n'a pu prendre connaissance par le témoignage des sens ordinaires. La t. est donc une forme de la vie de relation qui s'accomplit en dehors de l'action normale et ordinaire des sens. Il n'y a pas longtemps que les faits de cette nature étaient formellement niés. Des observations plus attentives, et particulièrement l'étude de l'hypnotisme, ont mis hors de doute, la réalité des actions télépathiques. Ce qui paraît absolument démontré, c'est que les magnétiseurs et les spirites appellent la *transmission de pensée*, c.-à-d. le fait que l'être humain peut agir sur son semblable autrement que par les signes du langage, de l'écriture, du geste, etc. La démonstration est fournie par la *suggestion mentale*, qu'il convient de distinguer de la suggestion orale. Dans celle-ci, le magnétiseur donne par la parole l'ordre au sujet hypnotisé, tandis que dans la suggestion mentale, l'ordre n'est pas formulé : il est seulement *pensé* par le magnétiseur. Cependant le sujet exécute l'ordre après son réveil, et à l'heure indiquée. Il faut nécessairement qu'il y ait eu transmission de pensée, c.-à-d. télépathie.

Mais la t. n'est pas limitée aux phénomènes hypnotiques. De nombreux récits faits par des personnes dignes de foi en signalent des cas qui, quoique rares, sont cependant assez fréquents pour qu'on ne puisse pas les expliquer par de simples coïncidences. Le fait le plus simple, et qui ne paraît pas très rare, est que peu après avoir pensé à une personne, on voit cette personne ou on en reçoit des nouvelles ; il est évident que ce fait n'a d'intérêt que s'il s'agit d'une personne à laquelle on ne pense que rarement. Mais les cas les plus intéressants se rapportent aux manifestations des mourants. La Société pour les recherches psychiques, à Londres, et M. Camille Flammarion, à Paris, après une enquête approfondie, ont recueilli un nombre considérable de récits dans lesquels le narrateur raconte qu'il a été averti de la mort d'un parent ou d'un ami éloigné par des phénomènes insolites et variés : tantôt ce sont des bruits inusités, des fenêtres qui semblent s'ouvrir et se fermer sans cause, tantôt des voix qu'on entend ou des impressions plus vagues encore mais s'accompagnant d'une vive émotion; souvent aussi le mourant apparaît comme s'il était présent. Ces manifestations se produisent à l'instant même de la mort, ou pendant l'agonie. Toutes ces observations ont été publiées par M. Camille Flammarion dans son livre l'INCONNU. Dans le même ouvrage, on trouve aussi de nombreuses observations où la personne impressionnée a été avertie d'une manière quelconque d'événements plus ou moins intéressants : pertes d'argent, maladies, blessures, etc. Enfin on a signalé le cas de quelques personnes qui accomplissent les ordres qu'on leur donne mentalement, et cela sans que ces personnes soient soumises au sommeil hypnotique, et sans que celui qui leur a donné l'ordre les touche ou leur fasse aucun signe. La t. se manifeste aussi dans les rêves : il y a sur ce sujet des observations nombreuses et variées.

Il est remarquable que la plupart, sinon la totalité des événements ainsi perçus à distance sont des événements qui intéressent une autre personne que celle qui subit l'impression télépathique, de sorte que le phénomène peut s'expliquer par la transmission de la pensée. Les cas où l'on aurait la connaissance d'un événement purement matériel et ignoré des assistants sont beaucoup plus rares. Ces cas rentreraient dans ce que les magnétiseurs appellent la *seconde vue*. On en a bien quelques observations, mais leur petit nombre relatif doit inspirer une certaine réserve, de sorte que, sans nier systématiquement cette forme de t., il n'est pas permis de se montrer aussi affirmatif qu'on ce qui concerne la t. par transmission de pensée dont la réalité peut être considérée comme certaine. Voy. HYPNOTISME, MAGNÉTISME et SPIRITISME, où l'on trouvera la bibliographie.

TÉLÈPHE, fils d'Hercule, conduisit les Mysiens au secours de Troie.

TÉLÉPHONE. s. m. (gr. τῆλε, de loin ; φωνέω, je parle). T. Phys. Le t. est un appareil destiné à transmettre le son à

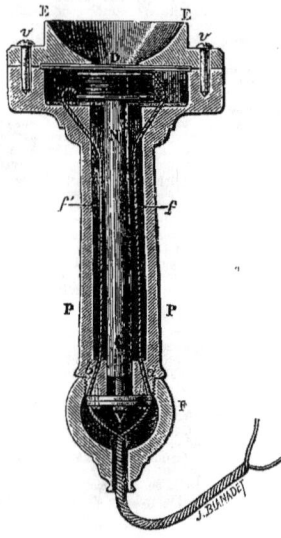

Fig. 1.

distance au moyen de l'électricité. Le t. magnétique fut inventé simultanément en 1876 par deux américains : Graham Bell et Elisha Gray.

Téléphone magnétique de Bell. — Cet instrument sert

à la fois de transmetteur et de récepteur. Il se compose (Fig. 1) d'un aimant Ns autour d'un des pôles duquel se trouve enroulée une petite bobine de fil de cuivre recouvert de soie. A une petite distance du pôle N, est fixée une plaque mince en fer doux D. EE est un pavillon en bois devant lequel on parle. Ce pavillon fait partie de la monture en bois qui sert à maintenir en place les différentes pièces de l'appareil. Les deux extrémités du fil *ff'* sont en communication avec les fils de la ligne. Supposons deux de ces appareils reliés entre eux en réunissant les extrémités libres des fils de leurs bobines au moyen de deux fils de ligne. Nous allons voir que si la plaque d'un des téléphones est animée d'un mouvement vibratoire la plaque de l'autre se mettra à vibrer à l'unisson. Il suffira de démontrer qu'à chaque mouvement de la plaque du transmetteur correspond un mouvement de la plaque du récepteur. Supposons, pour fixer les idées, que la plaque D se rapproche du pôle N. Cela changera la distribution du magnétisme et augmentera l'intensité magnétique du pôle N. Il

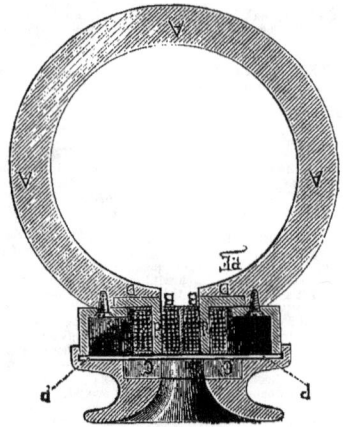

Fig. 2.

en résultera dans la bobine de fil qui l'entoure un courant induit qui sera lancé dans la ligne et arrivera dans la petite bobine entourant le pôle de l'aimant du téléphone récepteur. Il en résultera une variation d'aimantation dans le récepteur et le pôle de cet appareil sera augmenté ou diminué selon le sens du courant. La plaque du récepteur sera donc attirée ou relâchée par l'effet de ce courant d'induction. Ceci aura lieu à chaque mouvement de la plaque du transmetteur. On voit de suite que la transmission du son est le résultat immédiat de ce qui précède. Supposons, en effet, que l'on émette devant la plaque du transmetteur un son effectuant 500 vibrations à la seconde, celle-ci se déplacera 500 fois par seconde, il en résultera 500 courants d'induction par seconde qui modifieront autant de fois l'aimantation du pôle récepteur, d'où résulteront 500 mouvements de la plaque réceptrice par seconde. Cette dernière vibrera donc à l'unisson avec la plaque du transmetteur et émettra, par conséquent, le même son.

Dans la pratique l'intensité du son est très affaiblie et l'appareil si simple que nous venons de décrire ne peut servir pour de grandes distances.

La forme du t. magnétique a subi bien des modifications. Une des plus employées est celle de M. Ader (Fig. 2).

L'aimant AA est recourbé en cercle et ses pôles sont munis de pièces de fer doux *dd* autour desquelles s'enroulent deux bobines de fil électrique. On voit en Pp la plaque vibrante en fer doux. Enfin en CC se trouve un anneau en fer doux appelé surexcitateur, qui a pour but de concentrer le champ magnétique dans la région de la plaque.

Microphone. — On arrive à des résultats bien plus satisfaisants en prenant comme transmetteur non plus un télé-

phone mais un appareil auquel on a donné le nom de microphone. Le plus simple des microphones est celui de Hughes
(Fig. 3). Il se compose d'un crayon de charbon de cornue M
maintenu entre deux petits blocs de la même substance. Il
appuie par ses extrémités sur deux petites cavités creusées
dans les supports en charbon. Cet appareil M est introduit
dans le circuit d'une pile P ainsi qu'un téléphone T. Supposons maintenant que le crayon M vienne à subir un léger

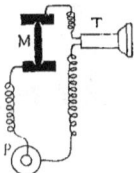

déplacement, cela fera changer
légèrement la manière dont il
appuie contre les deux blocs qui
le soutiennent. Les contacts venant à être modifiés, leur résistance varie et par suite l'intensité
du courant dans tout le circuit
varie; il en résulte que l'aimantation du pôle du t. subira aussi
des variations et que la plaque de
fer doux de ce téléphone effectuera
un léger mouvement. Nous avons
donc montré qu'à chaque déplacement de M correspond un mouvement de la plaque de T. Si
nous produisons un son quelcon-

Fig. 3.

que devant M, le crayon se met-
tra en vibration et la plaque du t. vibrera à l'unisson,
reproduisant ainsi le son émis devant le microphone. Cet
appareil est excessivement sensible et permet de reconnaître
des bruits imperceptibles à l'oreille, mais il n'est pas capable
de transmettre nettement la parole articulée. On a modifié la
nature des contacts microphoniques de manière à réaliser la
transmission nette de la parole.

Un des microphones les plus employés est celui de M. Ader.

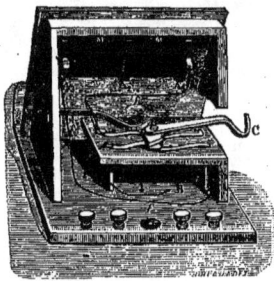

Fig. 4.

Il comporte 10 crayons de charbon maintenus par deux groupes
de 5 entre trois barres de charbon; on le voit en M (Fig. 4).
Ce microphone est fixé à une petite planchette en sapin devant
laquelle on parle.

Quelquefois les contacts sont disposés d'une tout autre
façon, exemple : le transmetteur Berthon (Fig. 5). Cet appareil T se compose de deux plaques de charbon A, B, ayant
environ 1mm1/2 d'épaisseur et 6 centimètres de diamètre, séparées par une bague en caoutchouc C. Un godet conducteur
contient des petites billes de charbon qui viennent faire contact en A. En inclinant plus ou moins l'appareil, ces billes
appuient plus ou moins contre la plaque supérieure et l'on
peut régler la sensibilité de l'appareil. On parle devant l'embouchure T. On voit dans la Fig. 5, un petit récepteur R, genre
Ader, relié au transmetteur T au moyen d'une poignée de
forme spéciale disposée de manière que lorsqu'on tient
l'appareil au moyen de cette poignée on puisse facilement
avoir le récepteur à l'oreille et le transmetteur devant la
bouche.

Enfin certains transmetteurs n'ont qu'un seul contact; tel
est le microphone d'Edison (Fig. 6). Cet appareil comporte un
diaphragme en mica D devant lequel on parle. Au centre de
ce diaphragme est fixée par un écrou métallique B, mis en
communication avec l'un des pôles de la pile, une équerre en
ébonite CC' qui renferme une cavité dans laquelle est introduit
un morceau de charbon FG. L'extrémité F est recouverte de

cuivre et contre l'extrémité G appuie un ressort H, en platine,
fixé à C'. L'extrémité de ce ressort porte un morceau de métal pesant 1. On règle la pression du ressort et par suite la
sensibilité de l'appareil au moyen d'une vis J.

Emploi d'une bobine d'induction. — Nous avons indiqué
un système d'installation (Fig. 3) dans lequel le t. est mis

dans le circuit même qui
contient la pile et le microphone. Lorsque la ligne devient très longue, et par
suite résistante, la sensibilité
de l'appareil diminue, car les
variations de résistance du
microphone deviennent alors
peu importantes par rap-
port à la résistance totale

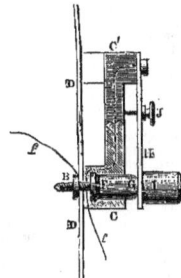

Fig. 5.   Fig. 6.

du circuit. On est alors conduit à se servir d'une petite
bobine d'induction que l'on voit en B (Fig. 4). Le microphone,
la pile et le circuit primaire de la bobine sont dans un même
circuit à la station transmettrice. Le circuit secondaire de la
bobine B communique avec la ligne et les téléphones récepteurs. On voit qu'en parlant devant le microphone on fait
varier l'intensité dans le circuit primaire de la bobine, ce
qui donne naissance à des courants d'induction dans le circuit secondaire. Ce sont ces derniers qui vont agir sur les
récepteurs. De cette façon les variations d'intensité du courant primaire sont absolument indépendantes de la résistance
de la ligne. De plus, les courants d'induction pourront avoir
des forces électro-motrices considérables, ce qui permettra
de franchir de grandes distances.

Admin. — Depuis le 8 septembre 1889, l'État a pris possession des réseaux de la Société générale des téléphones en
vertu des droits de rachat qu'il s'était réservés en accordant
à ladite Société l'autorisation d'établir et d'exploiter un certain nombre de réseaux. Le service des téléphones est aujourd'hui entièrement entre les mains du Gouvernement ; il
constitue un monopole pour l'État et une sorte d'annexe
du service télégraphique.

I. *Lignes et réseaux.* — Les lois des 16 juillet 1889 et
20 mai 1890 autorisent l'Administration des Postes et Télégraphes à accepter des villes, chambres de commerce, syndicats, particuliers, à titre d'avances, les sommes nécessaires à
l'établissement des lignes et réseaux téléphoniques. Ces
avances, qui ne sont pas productives d'intérêts, sont rembour-
sées sur les bénéfices de l'exploitation. Le budget ne prévoyant aucun crédit destiné à l'établissement de nouvelles
lignes téléphoniques, le système des avances est le seul qui
puisse être employé par l'Administration. On distingue les
réseaux urbains qui permettent l'échange de communications à l'intérieur d'une même localité et les *circuits in-
terurbains* qui relient des localités pourvues de réseaux
urbains.

II. *Régime des abonnements. — Messages téléphonés.* —
Il existe trois catégories d'abonnements au t. : l'abonnement
de groupe, l'abonnement *forfaitaire local*, l'abonnement à
conversations taxées. L'abonnement *de groupe* confère la
faculté de correspondre gratuitement avec tous les abonnés des réseaux qui font partie du groupe. L'abonnement
forfaitaire local donne le droit de correspondre avec

tous les abonnés du même réseau. L'abonnement à *conversations taxées* permet au titulaire de correspondre de son poste avec tous les abonnés du même réseau moyennant le paiement, outre une redevance annuelle de 50 francs, d'une taxe fixée à 0,15 c. par unité de conversation de 3 minutes. Le montant des abonnements et des redevances annuelles varie suivant qu'il s'agit d'un poste *principal*, d'un poste *secondaire* ou d'un poste *supplémentaire*; il varie également suivant l'importance du groupe, suivant qu'il s'agit de réseaux souterrains ou aériens, pour les abonnements locaux. L'abonnement à conversations taxées ne peut être contracté que dans les villes sièges de réseaux dont la population est inférieure à 50,000 habitants. D'autre part, chaque abonné doit contribuer, pour une part déterminée, à l'établissement de la ligne qui rattache son poste au bureau : il supporte en outre la dépense des appareils nécessaires au fonctionnement de son poste. Le prix de l'abonnement de groupe par poste principal est fixé à 400 francs pour Paris, 300 francs pour Lyon, 200 ou 150 francs pour les autres groupes. Chacun des trois abonnements que nous avons indiqués confère la faculté de communiquer par les lignes interurbaines, moyennant le paiement des taxes réglementaires. De plus, les abonnés sont admis, gratuitement dans les réseaux aériens, moyennant une redevance dans les réseaux souterrains, à transmettre et à recevoir leurs télégrammes par t. Dans ce cas, l'adresse des dépêches qui doivent être transmises par voie téléphonique doit être précédée du mot : *Téléphone*. Enfin, il existe à l'intérieur de tout réseau téléphonique ou entre des localités reliées téléphoniquement un service de messages téléphonés, à la disposition des abonnés ou du public. Ces messages sont portés à destination comme les télégrammes.

III. *Téléphonie internationale.* — La première tentative de téléphonie internationale a eu lieu entre Paris et Bruxelles. La Convention internationale de Budapest du 22 juillet 1896 a prévu la faculté pour les États contractants d'établir entre eux des communications téléphoniques. Il existe aujourd'hui à Paris un service téléphonique international avec l'Allemagne, l'Angleterre, la Belgique, le Luxembourg et la Suisse.

TÉLÉPHONIE. s. f. (R. *téléphone*). Art de transmettre les sons à de grandes distances au moyen du *téléphone*. Voy. ce mot.

TÉLÉPHONIQUE. adj. 2 g. Qui a rapport à la téléphonie.

TÉLÉPHORE. s. m. (gr. τῆλε, loin; φόρος, qui porte). T. Entom. Espèce d'insecte *Coléoptère*. Voy. MALACODERMES.

TÉLESCOPE. s. m. (gr. τῆλε, de loin; σκοπεῖν, voir). T. Physiq. Conformément à son étymologie, *Télescope* se dit de tout instrument d'optique, soit à *réfraction*, soit à *réflexion*, qui sert à observer les objets éloignés, tant sur la terre que dans le ciel. Dans ce sens, la lunette d'approche et

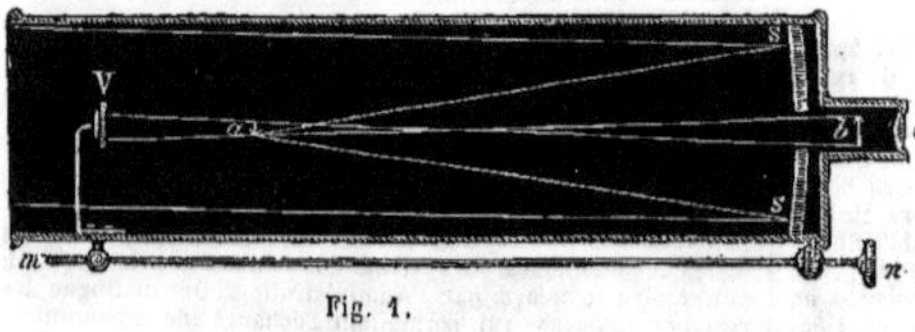

Fig. 1.

la lunette astronomique sont des télescopes. Toutefois, dans la langue française, on a pris l'habitude de réserver le nom de télescope aux instruments à miroir, c.-à-d. par *réflexion*. — La pièce essentielle de tous les télescopes est un grand réflecteur concave qui est tourné vers l'objet et qui en donne une image réelle et renversée. Mais, comme il y a diverses manières d'observer cette image, il en résulte divers instruments que nous allons examiner.

I. — Dans le *T. de Gregory*, ainsi appelé du nom du

célèbre physicien qui l'inventa et le décrivit en 1663, le grand miroir concave *ss* (Fig. 1) est percé à son centre d'une ouverture circulaire. Les rayons incidents qui tombent à sa surface se réfléchissent et vont former en *a* une image réelle et renversée de l'objet éloigné qu'on veut observer. Comme cette image se trouve près du foyer du petit miroir concave V, celui-ci la réfléchit à son tour dans la direction *b*, mais en la redressant; et, là, l'astronome l'observe au moyen de l'oculaire *o*, qui l'amplifie encore. Les objets qu'on étudie

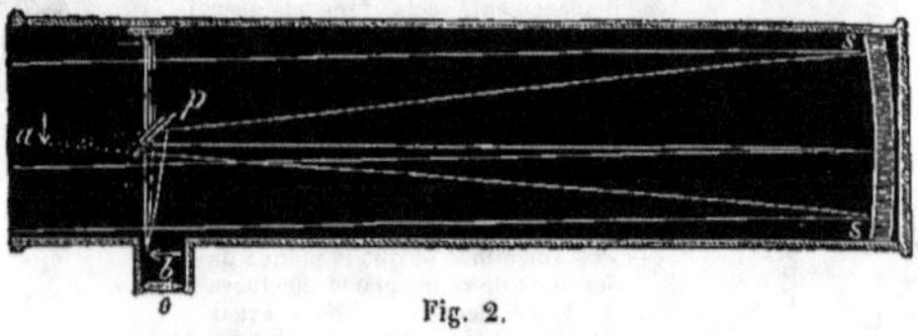

Fig. 2.

n'étant pas toujours placés à la même distance, et en outre la distance de la vue distincte n'étant pas la même pour tous les yeux, il fallait pouvoir écarter ou rapprocher à volonté les deux miroirs l'un de l'autre. Or, c'est à quoi est destinée la grande vis métallique *mn*, dont le bouton est *n*. — Le *T. de Newton*, que ce grand homme imagina en 1666, diffère d'abord du précédent en ce que son grand miroir *ss* n'est point percé, et en ce que le petit miroir *p* est plan (Fig. 2). Dans

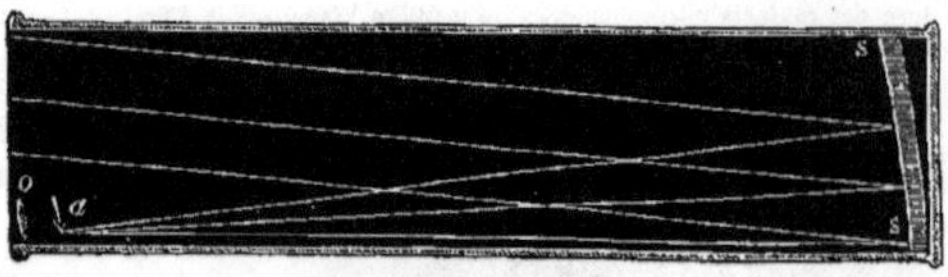

Fig. 3.

cet instrument, les rayons émanés de l'objet éloigné sont réfléchis par le grand miroir concave de manière qu'ils iraient former leur image au point *a*. Mais, avant d'y arriver, ils sont interceptés par le miroir plan *p* qui les reçoit sous un angle de 45 degrés et les renvoie ainsi dans la direction *b*. Les rayons forment donc leur image à ce point *b*, où l'astronome l'observe au moyen de l'oculaire *o* qui l'amplifie. Dans un t. de Newton, comme on le voit, l'image est renversée, ce qui n'est pas un inconvénient pour les astronomes. — Le *T. de Cassegrain*, qui date de 1672, ressemble au t. de Gregory, sauf que le petit miroir est convexe au lieu d'être concave. En outre, il doit recevoir les rayons réfléchis par le grand miroir avant qu'ils aient formé l'image réelle de l'objet. La convergence des rayons se trouve ainsi diminuée, et l'image réelle et renversée vient se former au même lieu que la seconde image du t. de Gregory. Le seul avantage du t. de Cassegrain est de réduire la longueur de l'appareil d'une quantité égale à deux fois la distance focale du petit miroir.

Le grossissement d'un t. se calcule comme celui d'une lunette au moyen des distances focales de l'objectif et de l'oculaire. Il est égal au rapport du diamètre du miroir à celui de l'anneau oculaire. Voy. LUNETTE.

II. — Les télescopes à réflexion que nous venons de décrire ont rendu de grands services à l'astronomie à une époque où l'on ne savait pas corriger dans les objectifs l'aberration de réfrangibilité; mais aujourd'hui que l'on construit avec une rare perfection des objectifs achromatiques, on préfère les télescopes dioptriques, c.-à-d. les lunettes astronomiques proprement dites. D'ailleurs, les télescopes à réflexion ont de graves inconvénients : les images ne sont pas suffisamment éclairées, et les réflecteurs perdent peu à peu leur pureté et leur poli. Cependant, lorsqu'on a voulu obtenir des instruments d'une puissance extraordinaire, à une époque où l'on ne savait pas construire de très grands objectifs, on a dû recourir aux télescopes. Le t. d'*Herschel* (Fig. 3) consiste en un tube d'énormes dimensions qui est simplement muni d'un grand réflecteur concave *ss* et d'un oculaire o. Le réflecteur est incliné sur l'axe de manière que l'image de l'astre observé vienne se former en a, vers le bord du t., près de l'oculaire o, qui grossit cette image en raison de son pouvoir amplifiant. Dans ce système, les rayons n'éprouvant qu'une seule réflexion, la perte de lumière est moindre que dans les autres télescopes, et l'image est plus éclairée. Quant au grossissement, il est égal au rapport de la distance focale principale du miroir à celle de l'oculaire. Le plus puissant des télescopes établis par W. Herschel à son observatoire de Slough (Fig. 4) fut achevé vers 1780. La longueur du tube était de 12 mètres, avec un diamètre de $1^m,50$. Le réflecteur métallique avait $1^m,85$ de diamètre, 9 centimètres d'épaisseur, et pesait environ 1,000 kilogrammes. « De telles masses, dit Pouillet, se manœuvraient cependant facilement, parce qu'elles étaient établies sur une vaste plate-forme de chêne de 17 mètres de diamètre, tournant elle-même sur une solide plate-forme de pierre, au moyen d'un axe cen-

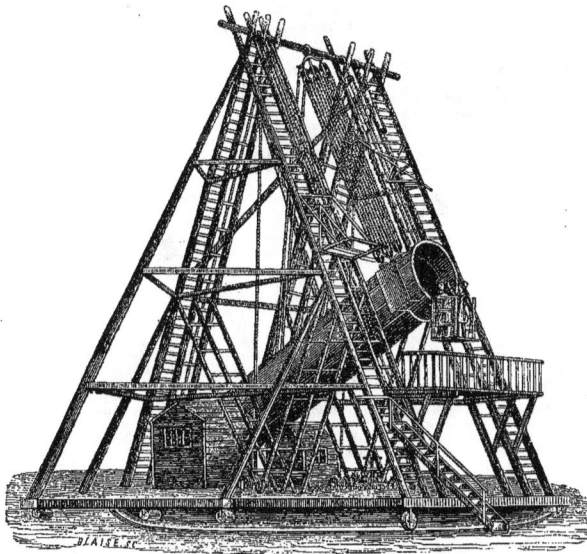

Fig. 4.

tral et de 20 galets métalliques. Dans les observations voisines du zénith, le tube étant presque vertical, le miroir en formait le fond et reposait directement sur la plate-forme mobile. Quant à l'observateur, il s'établissait dans un appareil suspendu au sommet du tube, en tournant le dos à l'astre observé : aussi W. Herschel appelait-il son instrument *front-view* t. Avec des oculaires simples et d'un court foyer, analogues à des lentilles de microscope, il obtenait des grossissements de 6000 et même de 6450. C'est avec cet instrument que l'illustre astronome de Slough a fait plusieurs de ses grandes découvertes. Depuis lui, d'autres appareils gigantesques du même système ont été construits dans divers observatoires. Parmi les plus célèbres, nous citerons celui de Lassell, près de de Liverpool, et celui de lord Ross en Irlande. Le tube du t. de lord Ross a près de 16 mètres de longueur, et son réflecteur $1^m,83$ de diamètre.

III. — A mesure que les réflecteurs de ces grands télescopes augmentent de dimensions, les difficultés de leur construction augmentent dans une proportion bien supérieure. Aussi en général les constructeurs reculent devant elles, de sorte que le savant Lassell et, avant lui, l'illustre W. Herschel avaient dû polir de leurs propres mains les surfaces de leurs

miroirs métalliques. Or, le verre étant beaucoup plus facile à travailler que le fer, un ingénieux physicien, Léon Foucault, a proposé de construire en verre le miroir de ces télescopes, puis de métalliser la surface réfléchissante au moyen d'un sel d'argent. Voy. ARGENTURE. C'est ainsi qu'ont été construits, sous la direction de Foucault lui-même, plusieurs télescopes à réflexion dont sont munis les observatoires français et étrangers. L'Observatoire de Paris possède depuis 1877 un t. dont le miroir, en verre argenté, a $1^m,20$ de diamètre et $7^m,20$ de distance focale.

Aujourd'hui (1901) qu'on sait construire des lentilles ayant jusqu'à 2 mètres de diamètre, on ne construit plus de télescopes. Tous les grands instruments récemment établis sont des lunettes. Mais, comme les lunettes de grandes dimensions sont difficiles à déplacer, on a eu l'idée de laisser la lunette immobile et de faire arriver sur l'objectif les rayons d'une région quelconque du ciel en les réfléchissant sur des miroirs plans mobiles convenablement disposés. C'est ainsi qu'est construit l'*équatorial coudé* de l'Observatoire de Paris. Voy. ÉQUATORIAL. La grande lunette qui a figuré à l'exposition universelle de 1900 a un objectif de $1^m,25$ de diamètre et de 60 mètres de distance focale. Ce long tube de 60 mètres était placé horizontalement et, en avant de l'objectif était un miroir plan en verre argenté de 2 mètres de diamètre monté en sidérostat de manière à renvoyer dans la lunette les rayons lumineux émanés d'un point quelconque du ciel. Voy. SIDÉROSTAT.

TÉLESCOPER. v. n. (R. *télescope*). T. Ch. fer. Se dit de wagons qui entrent les uns dans les autres, par suite d'un choc violent, par allusion aux tubes d'un télescope ou d'une lunette qui rentrent les uns dans les autres.

TÉLESCOPIQUE. adj. 2 g. Qui se fait avec le télescope, ou qu'on ne voit qu'à l'aide du télescope. *Observation* t. *Planètes, étoiles télescopiques*.

TÉLÉSIE. s. f. (gr. τελέσιος, accompli). T. Minér. Corindon hyalin.

TÉLESPHORE (SAINT), pape de 127 à 139.

TÉLÉTHUSIDES. s. f. pl. [Pr. *télétu-zide*] (gr. τηλέθωω, je verdis). Famille d'*Annélides*. Voy. DORSIBRANCHES.

TELFAIRE. s. f. (R. *Telfair*, n. propre). T. Bot. Genre de plantes Dicotylédones (*Telfairia*) de la famille des *Cucurbitacées*. Voy. ce mot.

TELL (GUILLAUME). Voy. GUILLAUME TELL.

TELL, région montagneuse de l'Algérie entre la Méditerranée et les plateaux du Grand Atlas ; c'est la région des cultures.

TELLEMENT. adv. [Pr. *tèle-man*]. De telle sorte. *Il est t. préoccupé, que.... Il est t. au-dessus des autres, que.* || *T. que*, De sorte que. *T. donc que vous ne voulez point vous mêler de cette affaire.* Fam. = TELLEMENT QUELLEMENT. loc. adv. et fam. D'une manière telle quelle, ni bien ni mal, mais plutôt mal que bien. *Il s'acquitte de son devoir t. quellement.*

TELLETTE. s. f. [Pr. *tè-lè-te*]. Sorte de toile de crin à l'usage du fabricant de papier.

TELLIÈRE. adj. et s. m. [Pr. *tè-lière*] (R. le chancelier Le Tellier qui fit fabriquer cette sorte de papier). T. Techn. Sorte de papier de qualité supérieure appelé aussi papier ministre. Voy. PAPETERIE, IV.

TELLINE. [Pr. *tel-line*] (gr. τελλίνη, m. s.). T. Zool. Genre de Mollusques *Lamellibranches*. Voy. CARDIACÉS.

TELLURATE. s. m. [Pr. *tel-lurate*]. T. Chim. Voy. TELLURE.

TELLURE. s. m. [Pr. *tel-lure*] (lat. *tellus, uris', terre). T. Chim. Le *Tellure* est un corps simple, métalloïde, d'un blanc d'étain, friable, à structure laminaire ou grenue. Sa densité est 6,25; il a pour symbole *Te* et pour poids atomique 128. Chauffé au contact de l'air, le t. s'enflamme et brûle avec une flamme bleuâtre, en répandant une odeur analogue à celle du raifort. Il fond à 452°, puis cristallise par le refroidissement en larges lames brillantes. A une température plus élevée, il bout en émettant des vapeurs d'un jaune d'or. Au point de vue des réactions chimiques, le t. présente les plus grandes analogies avec le sélénium, tout ce se rapprochant des métaux par certaines de ses propriétés. Il se combine directement avec l'oxygène, l'hydrogène, le chlore, le brome, l'iode, le sélénium et la plupart des métaux.
L'*Anhydride tellureux* TeO² se produit dans la combustion du t. à l'air; il se sublime en petits octaèdres presque insolubles dans l'eau. L'*Acide tellureux* TeO³H² correspondant à cet anhydride s'obtient par l'action de l'acide azotique sur le t. Vis-à-vis des bases, il fonctionne comme un acide bibasique en formant des *Tellurites*, sels vénéneux qui agissent comme vomitifs. L'anhydride tellureux peuvent aussi s'unir avec certains acides en donnant des sels peu stables dans lesquels le radical *Telluryle* TeO remplace deux atomes d'hydrogène. — L'*Acide tellurique* TeO⁴H² est un acide faible, bibasique. Ses sels, les *Tellurates*, sont isomorphes avec les séléniates et les sulfates. Les tellurates des métaux alcalins s'obtiennent en fondant le t. avec un azotate alcalin. Sous l'action de la chaleur, l'acide tellurique se déshydrate d'abord en donnant de l'*Anhydride tellurique* TeO³, masse cristalline orangée, insoluble dans l'eau; puis il se décompose en anhydride tellureux et en oxygène.
Le chlore s'unit au t. en donnant un *Bichlorure* TeCl² noir, fusible à 209°, et un *Tétrachlorure* TeCl⁴ jaunâtre, fusible à 224°. Ces deux chlorures sont décomposables par l'eau. L'iode et le brome donnent des composés analogues.
L'*Hydrogène telluré* TeH² ou *Acide tellurhydrique* se forme lorsqu'on chauffe le t. dans un courant d'hydrogène. C'est un gaz incolore, soluble dans l'eau et doué d'une odeur très désagréable. Il brûle à l'air avec une flamme bleue. Les sels correspondant à cet acide sont les *Tellurures* métalliques; on les obtient en fondant le t. avec les métaux. Chauffés avec les carbonates alcalins, en présence du charbon, ils se transforment en tellurures alcalins. Ceux-ci sont solubles dans l'eau avec une coloration pourpre; ils sont décomposés par les acides en dégageant de l'hydrogène telluré.
Le t. a été découvert en 1782 par Müller de Reichenstein. Il est fort rare. Le T. natif ne se rencontre guère qu'en Transylvanie, ainsi que les principaux tellurures : la *Hessite*, qui est un tellurure d'argent; la *Krennerite* et le *T. graphique* ou *Sylvane*, qui sont des tellurures doubles d'or et d'argent, et l'*Elasmose*, qui contient du plomb et de l'or. L'*Altaïte* est un tellurure de plomb qu'on rencontre dans l'Altaï et en Amérique. La *Coloradoïte* est un tellurure de mercure. La *Calavérite*, tellurure double d'or et d'argent, se rencontre surtout à Kalgoorlie dans l'Australie occidentale, où on l'exploite comme minerai d'or, ainsi que la *Kalgoorlite* qui renferme à la fois de l'or, de l'argent et du mercure.

TELLUREUX. adj. m. [Pr. *tel-lureu*]. T. Chim. Voy. TELLURE.

TELLURINE ou **TELLURITE.** s. f. [Pr. *tel-lu...*]. T. Minér. Anhydride tellureux naturel, accompagnant le tellure en Transylvanie.

TELLURIEN, IENNE. adj. [Pr. *tel-luri-in, iène*] (lat. *tellus, telluris*, terre). Qui vient, qui procède de la terre. *Émanations telluriennes.*

TELLURIQUE. adj. 2 g. [Pr. *tel-lurike*] (R. *tellur, telluris*, terre). T. Physiq. et Astron. Qui a rapport à la terre. *Raies telluriques*, Raies noires du spectre solaire qui sont

dues à l'absorption de certaines radiations par l'atmosphère terrestre.

TELLURIQUE. adj. 2 g. [Pr. *tel-lurike*] (R. *tellure*). T. Chim. Voy. TELLURE.

TELLURISME. s. m. [Pr. *tel-lurisme*] (lat. *tellus, telluris*, terre). Se dit quelquefois pour signifier l'action magnétique de la terre.

TELLURITE. s. f. Voy. TELLURINE.

TELLURURE. s. m. [Pr. *tel-lurure*]. T. Chim. Voy. TELLURE.

TÉLODYNAMIQUE. adj. 2 g. Voy. TÉLÉDYNAMIQUE.

TÉLOMÈTRE. s. m. Voy. TÉLÉMÈTRE.

TELSON. s. m. (gr. τέλσον, extrémité). T. Entom. Nom donné à l'aiguillon des Scorpions.

TÉMÉRAIRE. adj. 2 g. [Pr. *témé-rère*] (lat. *temerarius*, m. s., de *temere*, au hasard). Hardi avec imprudence. *Il est plutôt t. que vaillant. Il faut être bien t. pour avancer ce que vous dites. Esprit t. Discours t. Action, entreprise, dessein t. Jugement t.*, Jugement fait en mauvaise part d'une personne ou d'une action, sans être fondé sur des preuves suffisantes. — Substantivement, en part. des personnes. *Un jeune t. Le t. se jette dans le péril sans le mesurer.*

J'attaque en téméraire un bras toujours vainqueur.
                        CORNEILLE.

TÉMÉRAIREMENT. adv. [Pr. *témé-reman*]. Avec une hardiesse imprudente, inconsidérément. *Il se jeta t. au milieu des ennemis. Parler, juger t.* ‖ T. Prat. anc. Contre droit et raison. Ainsi, les arrêts qui condamnaient à une réparation, à une amende honorable, portaient ordinairement ces mots : *Pour avoir méchamment et t. avancé, dit, etc.*

TÉMÉRITÉ. s. f. (lat. *temeritas*, m. s., de *temere*, au hasard). Hardiesse imprudente et présomptueuse. *Il y a dans cette action plus de t. que de véritable courage. Il y a beaucoup de t. à avancer cette proposition. C'est une t. condamnable de mal juger les actions d'autrui.* ‖ Se dit quelquefois au plur., *Il y a des témérités heureuses.*

TÉMESVAR, v. forte de l'Empire austro-hongrois, ch.-l. du comitat du même nom; 33,700 hab.

TÉMIA. s. m. T. Ornith. Genre de *Passereaux*. Voy. CORBEAU.

TÉMOIGNAGE. s. m. [Pr. *témoua-gna-je*, gn mouillées] (R. *témoigner*). Action de témoigner. *Aller en t. Il a été appelé en t. Entendre en t. Rendre t. — Il faut toujours rendre t. à la vérité*, Aucune considération ne doit empêcher de dire vrai. ‖ Rapport d'un ou de plusieurs témoins sur un fait, soit de vive voix, soit par écrit. *T. de vive voix. T. par écrit. T. suspect. Faux t. Donner son t. Recevoir le t. de quelqu'un. J'invoque votre t. Votre t. sera d'un grand poids. Cette bataille fut sanglante, selon le t. de tous les historiens du temps.* ‖ Rapport sur le mérite, le démérite, les qualités, les défauts de quelqu'un. *On a rendu au ministre de bons témoignages de vous, de votre capacité, de votre conduite.* ‖ *Le t. de la conscience*, Le sentiment et la connaissance que chacun a en soi-même, soit de la vérité ou de la fausseté d'une chose, soit du la bonté ou de la méchanceté d'une action. *Je m'en rapporte au t. de sa conscience. J'ai pour moi le t. de ma conscience.* ‖ *Le t. des sens*, Ce que les sens nous apprennent, nous font connaître sur l'existence et les qualités des objets extérieurs. *Il faut bien s'en rapporter au t. des sens. Le t. des sens peut parfois nous tromper.* On dit aussi, *Ne s'en rapporter qu'au t. de ses yeux*, N'ajouter foi qu'aux faits dont on a été témoin. ‖ Preuve, marque d'une chose. *Il ne s'est point enrichi, quoiqu'il en ait ôté les moyens; c'est un t. de son désintéressement. Donner à quelqu'un des témoignages d'estime, d'amitié, etc.*
Philos. — Le *Témoignage des hommes* est la déposition d'un ou de plusieurs hommes affirmant la réalité d'un fait.

L'autorité du t. est la valeur que l'on doit reconnaître à cette affirmation. Cette autorité repose sur deux principes : le premier est l'inclination naturelle de l'homme à dire la vérité, lorsqu'il n'est pas poussé au mensonge par quelque intérêt ou par quelque passion ; le second est la confiance également naturelle de tout homme en la véracité de ses semblables, confiance qui se fonde elle-même sur le sentiment intime de sa propre véracité. Ces deux principes ont été appelés par Reid *principe de véracité* et *principe de crédulité*. Lorsqu'il réunit toutes les conditions désirables de véracité et d'exactitude, le t. humain détermine dans notre esprit une certitude morale légitime et que le scepticisme essayerait vainement d'ébranler. Nos moyens individuels de connaître, ainsi que chacun peut le vérifier par lui-même, sont singulièrement limités en puissance et en étendue. Si nous repoussions l'autorité du t. des hommes, la sphère de nos connaissances se trouverait nécessairement bornée à ce que nous aurions vu et observé personnellement. Les observations de nos devanciers seraient pour nous non avenues, et celles que nous faisons actuellement seraient également non avenues aux yeux de ceux qui viendront après nous. « Le t. humain, dit fort bien P. Janet, est le lien le plus puissant de la société. Tout individu reçoit ou transmet par ce moyen un nombre infini de vérités ou d'erreurs. De génération en génération de peuples à peuples s'entrelace une chaîne infinie de témoignages vrais ou faux, sincères ou menteurs, qui établit entre les intelligences humaines une solidarité que rien ne peut détruire. L'autorité du t. rend seule possible l'éducation de l'enfant, assure la justice sociale, protège à la fois et l'accusé et la société, fonde par l'histoire l'identité des peuples et du genre humain, abrège les recherches du savant, et prépare aux hommes prudents une sagesse qui ne s'acquiert pas par la seule expérience individuelle. »

Législ. — Voy. TÉMOIN.

TÉMOIGNER. v. a. [Pr. *témoua-gner*, gn mouillées] (bas lat. *testimoniare*, m. s., de *testimonium*, témoignage). Porter témoignage, servir de témoin. Ce ne sens, il ne se dit guère qu'absolument. *T. contre quelqu'un. Il ne peut pas t. en justice. Je témoignerai de son innocence, de sa probité, de sa bonne foi.* — Fig., *Nos passions témoignent à la fois de notre infirmité et de notre puissance.* || Marquer, faire connaître ce qu'on sait, ce qu'on sent, ce qu'on a dans la pensée. *Je le témoignai hautement. T. du chagrin, de la douleur, de la joie, de l'amour, de la haine, du mépris. Je vous ai assez témoigné quelle était ma pensée sur ce point.* — Se dit quelquefois avec l'infinitif et la prépos. *de. Il témoigne de l'aimer beaucoup.* == TÉMOIGNÉ, ÉE. part.

TÉMOIN. s. m. [Pr. *té-mouin*] (lat. *testimonium*, témoignage, de *testis*, témoin). Celui, celle qui a vu ou entendu quelque fait et qui en peut faire rapport. *T. oculaire, auriculaire. T. suborné, corrompu, reprochable, suspect. Faux t. T. à gages. Entendre, interroger, examiner des témoins. Récuser un t. Produire, assigner des témoins. La preuve par témoins. T. à charge, à décharge. Les témoins sont unanimes sur ce point.* — *Prendre quelqu'un à t.,* Invoquer son témoignage, le sommer de déclarer ce qu'il sait. On dit de même, *Vous m'êtes tous témoins que....* — Par une espèce de serment, on dit, *Dieu m'est t., Dieu m'en est t., Dieu sait que ce que je dis est la vérité.*

    Je vous aime,
Le ciel m'en soit témoin, cent fois plus que moi-même.
                   CORNEILLE.

|| Se dit aussi des personnes dont on se fait assister pour certains actes. *Il a été à la mairie avec ses deux témoins. Servir de t. pour un mariage, pour un testament. En présence de quatre témoins.* || Se dit encore de ceux qui accompagnent un homme qui doit se battre en duel. *Il lui a servi de t. Il a été son t. Les témoins ont pu arranger l'affaire.* || Celui qui voit une chose, qui en est spectateur ou qui l'entend. *Cette querelle eut pour témoins un très grand nombre de personnes. Nous fûmes tous témoins d'une scène touchante. Leur entrevue eut lieu sans témoins. Ce fait s'est passé sans t.* — *Mes yeux en sont témoins,* se dit d'une chose qu'on a vue soi-même. — Fig. et poét., se dit quelquefois des choses inanimées, *Arbres, forêts, témoins de mes peines et de mes soupirs.* || *T. muet,* Chose qui peut servir d'indice, ou d'une sorte de preuve; se dit ordinairement en parlant d'une affaire criminelle. *Son épée ensanglantée, trouvée près du ca-*

davre, fut un t. muet contre lui. Ces témoins muets suffirent pour le confondre. || Dans les expériences de biologie on appelle témoins, des végétaux ou des animaux de même espèce que ceux sur lesquels on expérimente, mais qu'on ne soumet pas à l'expérience, afin de mieux faire ressortir la différence des résultats obtenus sur les uns et sur les autres. || Marque, ce qui sert à faire connaître une chose, à prouver ce qu'on vient d'avancer. *Le Colisée et le Panthéon sont encore aujourd'hui deux témoins de la magnificence romaine. T. ce qui est arrivé. T. ce que dit Hérodote.* || *Témoins,* au plur., se dit de petits morceaux de tuile, d'ardoise, etc., qu'on enterre sous les bornes d'un champ, afin de connaître plus tard si ces bornes n'ont pas été déplacées; et de certaines buttes de terre, qu'on laisse pour faire voir de quelle hauteur étaient les terres qu'on a enlevées tout autour. *On a retrouvé les véritables bornes de ce champ par le moyen des témoins. Les témoins qu'on a laissés montrent quel travail il a fallu pour mettre toutes ces terres de niveau.* || T. Relieur. Se dit des feuillets d'un livre que le relieur laisse exprès sans les rogner, pour montrer qu'il a épargné la marge autant qu'il lui a été possible. || T. Forest. Arbre de lisière, qu'il est défendu d'abattre dans les ventes. || T. Techn. Bout de toron que le cordier laisse à l'extrémité d'un cordage. == EN TÉMOIN DE QUOI. loc. adv. En témoignage de quoi, en foi de quoi. On dit aujourd'hui, *En foi de quoi.* =

Obs. gram. — Le mot *témoin* employé seul en tête d'une proposition est pris adverbialement, et en conséquence il est invariable : *T. les victoires qu'il a remportées. T. les blessures dont son corps est couvert.* Il est également invariable dans la locut. *prendre à t.,* car alors il signifie proprement « prendre à témoignage. » *Je vous prends tous à t. Il prit les dieux et les hommes à t.* Mais quand t. est précédé de la prép. *pour,* il reste variable, parce qu'il conserve sa signification propre : *Je vous prends tous pour témoins.*

Législ. — En Droit, on distingue deux sortes de *Témoins,* les témoins *instrumentaires* et les témoins *judiciaires.* Les premiers sont ceux qui assistent un officier public pour donner plus d'authenticité à l'acte qu'il est chargé de recevoir ou pour constater l'identité des parties. Avant 1897, les femmes ne pouvaient être témoins dans aucun acte. Depuis la loi du 7 décembre 1897, les femmes peuvent servir de témoins soit pour les actes de l'état civil, soit pour les actes instrumentaires en général. Lorsqu'ils sont appelés à un acte notarié, les *témoins instrumentaires* doivent être Français, majeurs, sans distinction de sexe, domiciliés dans l'arrondissement et savoir lire et écrire. Ils doivent être au nombre de deux, sauf le cas de testament où la loi exige la présence de quatre témoins. Les témoins appelés près de l'autorité municipale lorsqu'il s'agit de délivrer des certificats de vie ou de recevoir des actes de l'état civil, doivent être âgés de 21 ans, parents ou autres, sans distinction de sexe. La loi exige deux témoins pour un acte de naissance ou de décès, et quatre pour la célébration d'un mariage. Le mari et la femme ne peuvent être témoins ensemble dans le même acte.

Les *témoins judiciaires* sont appelés par la justice pour l'instruction d'une affaire pendante devant elle. La preuve par témoin est la règle générale en matière criminelle et correctionnelle; elle n'est admise qu'exceptionnellement en matière civile. La législation n'a point fixé le nombre de témoins nécessaires pour former une preuve. On admet que les juges peuvent se décider sur la déposition d'un seul t., et la Cour de cassation a consacré cette doctrine. En matière criminelle, les témoins doivent avoir 15 ans accomplis, n'avoir subi aucune peine afflictive ou infamante, et prêter le serment de parler sans haine et sans crainte et de dire toute la vérité, rien que la vérité. Aux termes de la loi, ne peuvent être reçues les dépositions : des ascendants du prévenu; de ses descendants; de ses frères et sœurs ou alliés au même degré; du mari ou de la femme; enfin, des dénonciateurs dont la dénonciation est récompensée pécuniairement par la loi. Néanmoins si l'une de ces personnes a été entendue sans opposition, il n'y a pas nullité de procédure. Les enfants au-dessous de l'âge de 15 ans peuvent être entendus, par forme de déclaration et sans prêter serment. En matière correctionnelle, les dispositions relatives aux témoins sont à peu près les mêmes. Comme il importe à la société que tout citoyen interpellé par la justice pour déclarer ce qu'il sait d'un fait qualifié crime ou délit par la loi ou de ses circonstances, ne puisse se soustraire à ce devoir, le législateur y a pourvu par différentes dispositions. Le t. cité ne comparaît pas, est passible d'une amende qui ne peut excéder 100 francs, et il peut être contraint par corps de venir donner son témoignage. Bien plus, si, à raison de la non-comparution d'un t., une affaire de Cour d'assises est renvoyée à la session suivante, tous les frais de citation, actes, voyages de témoins, etc., ayant pour objet de faire juger l'affaire, sont mis à la charge de ce t. par l'arrêt qui renvoie les débats à la session suivante. Enfin, le même arrêt ordonne que le t. sera amené par la force publique devant la Cour pour y être entendu. Une indemnité est allouée aux personnes qui sont enlevées à leurs affaires pour témoigner en justice. Elles doivent déposer oralement sans qu'il leur soit permis d'aider leur mémoire par des notes écrites. Les témoins doivent en outre être entendus séparément les uns des autres. Enfin, toutes les dépositions, tant à charge qu'à décharge, peuvent être discutées.

En matière criminelle, le faux t., c.-à-d. celui qui fait sciemment une déposition fausse, encourt la peine de la réclusion; toutefois, si l'accusé a été condamné à une peine plus forte, le faux témoin subit la même peine. En matière correctionnelle ou civile, le faux t. est puni d'un emprisonnement de 2 à 5 ans et d'une amende de 50 à 2,000 francs. Si l'accusé a encouru une peine d'emprisonnement supérieure à 5 ans, le faux t. se voit infliger la même peine. En matière de simple police, le faux témoignage fait encourir un emprisonnement de 1 an à 3 ans et une amende de 16 à 300 francs. En outre, la privation des droits civiques, civils et de famille peut être prononcée, ainsi que l'interdiction de séjour, à l'égard du faux t. La loi pénale se montre plus rigoureuse envers le faux t. qui a reçu de l'argent, une récompense quelconque ou des promesses : la peine encourue dans ce cas est celle des travaux forcés, en matière criminelle, de la réclusion, en matière correctionnelle. Le coupable de subornation de témoins est condamné aux mêmes peines que le faux t., suivant les distinctions que nous venons d'exposer (Code pénal, art. 361 à 365).

TEMPE. s. f. [Pr. *tan-pe*] (lat. *tempus*, m. s.). T. Anat. Région latérale de la tête comprise entre l'œil, le front, l'oreille et la joue. Voy. CRÂNE. || Se dit aussi de la région analogue chez le cheval.

TEMPÉ, vallée de la Grèce anc. (Thessalie) souvent célébrée par les poètes.

TEMPÉRAMENT. s. m. [Pr. *tanpéra-man*] (lat. *temperamentum*, combinaison, de *temperare*, mélanger en proportions convenables). La constitution du corps considérée soit relativement au mode de réaction contre les agents morbides, soit relativement au caractère moral. *Un bon, un mauvais t. Un t. robuste, délicat.* T. *nerveux.* T. *froid, apathique. Il est dur t. violent.* Syn. Voy. COMPLEXION. — Absol. et fam. *Avoir du t.,* Être fort porté et fort propre au plaisir physique de l'amour. || Fig., *Expédient, adoucissement propre à concilier les esprits, à accommoder une affaire. Il y a un t. à prendre entre ces deux extrémités. Il faut essayer de trouver un t. à cela. On proposa divers tempéraments pour concilier les intérêts en conflit.* || *Acheter à t.,* en payant par petits acomptes.

Physiol. — La notion des tempéraments date de la plus haute antiquité; les anciens admettaient dans l'économie quatre humeurs cardinales : le *sang,* la *pituite,* la *bile,* l'*atrabile*; si les éléments principaux de ces humeurs existaient dans des proportions normales, le t. était *parfait,* mais si l'une des humeurs prédominait, ce qui était généralement admis, le t. prenait son nom et était dit selon le cas, *sanguin, pituiteux, bilieux, atrabilaire* ou *mélancolique.* D'après une théorie plus récente et probablement aussi plus fondée, le t. résulte surtout du degré de développement d'un système organique; on a donc maintenu les tempéraments *sanguins* et *bilieux,* mais les tempéraments pituiteux et mélancolique sont dits maintenant *lymphatique* et *nerveux*; la définition de chacun de ces états manque toujours de précision. On peut dire que le t. est indiqué par la façon dont l'organisme réagit sous l'action des agents pathogènes. Indiquons maintenant les caractères qui sont attribués à chacun des tempéraments.

Les hommes dits *sanguins* sont gais; ils ont la peau douce, légèrement teintée, des cheveux châtains, le sang riche, une tendance aux congestions.

Le t. *bilieux* est caractérisé par des cheveux et des yeux noirs, la peau pigmentée; les personnes qui ont ce t. sont prédisposées aux dyspepsies.

Le t. *nerveux* se rapproche du précédent, avec un système nerveux plus excitable.

Le t. *lymphatique* est reconnu aux gens à peau fine,

blanche; ils sont blonds avec yeux bleus et semblent prédisposés au rachitisme, à la tuberculose.

Mus. — Les musiciens appellent *Tempérament* l'altération que, dans certains instruments, on fait subir à la proportion rigoureuse des intervalles, afin que deux sons voisins puissent être rendus par un même organe. Cet artifice s'emploie dans la construction de tous les instruments à vent percés de trous, ainsi que dans la harpe et les instruments à clavier, particulièrement le piano et l'orgue. Dans tous ces instruments, les sons *ut dièse* et *ré bémol, ré dièse* et *mi bémol, fa dièse* et *sol bémol,* etc., sont respectivement produits par un seul et même organe. Cependant le son de l'*ut dièse* devrait être plus élevé que le *ré bémol,* et par conséquent celui-ci plus bas que celui-là. Or, comme il est impossible que les instruments dont il s'agit aient un organe particulier pour produire chacun de ces sons si voisins l'un de l'autre, on les construit, ou l'on tend les cordes, de telle manière qu'ils font entendre le son intermédiaire entre l'*ut dièse* et le *ré bémol* vrais, entre le *ré dièse* et le *mi bémol* vrais, et ainsi de suite. On nomme plus particulièrement *instruments à t.* les instruments où la relation artificielle donnée aux notes de la série chromatique est susceptible de s'altérer et de se perdre, parce qu'il faut alors les accorder en observant les règles du t.; tels sont surtout la harpe, l'orgue et le piano.

TEMPÉRANCE. s. f. [Pr. *tan-péran-se*] (lat. *temperantia,* m. s., de *temperare, tempérer*). Vertu morale qui règle, qui modère les passions et les désirs, particulièrement les désirs des sens. *La t. est une des quatre vertus cardinales.* || Sobriété, usage modéré du boire et du manger. *La t. entretient la santé.* — *Sociétés de t.,* Associations formées dans le but d'arrêter ou de prévenir l'abus des spiritueux. *Il existe en Angleterre, et surtout aux États-Unis, un très grand nombre de sociétés de t.*

TEMPÉRANT, ANTE. adj. [Pr. *tan-péran*] (lat. *temperans,* m. s.). Qui a la vertu de tempérance. *C'est un homme fort t. L'homme t. est celui qui règle ses appétits suivant la droite raison.* — Subst., *Le t. évite tous les excès.* || T. Méd. Se dit des médicaments propres à calmer l'excès d'action ou d'excitation. *Poudre tempérante.* — Subst., *Les tempérants sont des acidules, des diurétiques ou de légers calmants.* = Syn. Voy. SOBRE.

TEMPÉRATURE. s. f. [Pr. *tan-pérature*] (lat. *temperatura,* propr. juste proportion, de *temperare, modérer*). En termes de Physique, on entend par *Température* le degré appréciable de chaleur qui règne dans un lieu ou dans un corps (Voy. THERMOMÈTRE, THERMODYNAMIQUE); mais, dans le langage ordinaire, on désigne par ce mot l'état sensible de l'air qui affecte nos organes, selon qu'il est chaud ou froid, sec ou humide.

Phys. — Nous consacrerons cet article à l'exposition des phénomènes et des lois principales qui se rapportent à la t. de la surface terrestre, en considérant les sources diverses d'où provient la chaleur qui produit cette t. Ces sources sont au nombre de trois. En premier lieu vient le Soleil, qui est sans contredit la principale cause de la t. qui règne à la surface de notre globe. Il agit continuellement, mais toujours sur une moitié de la Terre à la fois. Ses rayons traversent l'espace, arrivent à la partie supérieure de l'atmosphère, la traversent et atteignent enfin la surface du sol. La seconde source est la chaleur propre de la Terre, chaleur qui est extrêmement intense à une certaine profondeur, et qui se propage plus ou moins jusqu'aux couches superficielles de la croûte terrestre. Enfin, la Terre reçoit encore de la chaleur de tous les astres du ciel, soit que cette chaleur émanée du Soleil nous soit renvoyée par la Lune et les planètes, soit qu'il s'agisse de la chaleur propre des étoiles; mais la quantité qui nous en arrive par cette voie est tout à fait insignifiante.

I. *De la chaleur que la Terre reçoit du Soleil.* — L'étude de cette question est du plus haut intérêt. En effet, ainsi que le dit très bien Sir J. Herschel : « La chaleur émanée du Soleil est la cause prochaine de presque tous les mouvements qui donnent naissance aux vents, et occasionnent toutes ces perturbations de l'équilibre électrique d'où résultent les phénomènes de la foudre, et vraisemblablement aussi ceux du magnétisme terrestre et des aurores boréales. Sous l'action vivifiante des rayons calorifiques et lumineux de cet astre; les végétaux puisent dans la nature inorganique les matériaux de leur nutrition, pour servir ensuite eux-mêmes d'aliments aux animaux et à l'homme. C'est par leur action que jadis se sont formées ces couches de charbon où de nos jours l'homme a su trouver un immense dépôt de puissance dynamique. C'est encore la chaleur émise par le Soleil qui force les eaux de la mer à circuler dans l'atmosphère sous forme de vapeurs, à arroser les continents et à produire les sources et les rivières. Enfin, ce sont encore les rayons solaires qui engendrent toutes les perturbations d'équilibre chimique entre les éléments de la nature, lesquels, par une série incessante de décompositions et de compositions, donnent lieu à une mutation immense de matériaux et à la naissance perpétuelle de nouveaux produits. »

A. Ainsi que nous l'avons montré en parlant de la constitution physique du Soleil, la quantité de chaleur émise par cet astre dans toutes les directions est véritablement prodigieuse. L'atmosphère, comme tous les corps qui se laissent traverser par les rayons calorifiques, en absorbe une certaine partie durant leur passage. Voy. SOLEIL, XII.

B. On se figure généralement que la forme elliptique de l'orbite de la Terre exerce une influence notable sur la variation de la t. qui correspond à la différence des saisons. Mais c'est là une erreur. « Cette assertion, dit J. Herschel, peut sembler, au premier coup d'œil, incompatible avec ce que nous savons des lois de la communication de la chaleur, suivant les distances du corps échauffant. En effet, puisque la chaleur, comme la lumière, est dispersée également par le Soleil dans toutes les directions, et se distribue sur la surface d'une sphère d'autant plus étendue qu'elle est plus éloignée du centre d'émission, la chaleur doit diminuer d'intensité en raison inverse de la surface de la sphère sur laquelle elle se distribue, c.-à-d. en raison inverse du carré de la distance. Mais nous savons que la vitesse angulaire de la translation de la Terre est précisément en raison inverse du carré de sa distance au Soleil. Il résulte donc de là que l'*accroissement instantané de chaleur* communiqué par le Soleil à la Terre varie exactement comme le rapport des vitesses angulaires de celle-ci, ou des *accroissements instantanés de longitude*, et, par suite, que la Terre reçoit d'égales quantités de chaleur dans les temps correspondant à des différences égales de longitude, sur quelque point de l'orbe elliptique que se prennent ces différences. » Les variations de t. observées à la surface de la Terre aux différentes périodes de l'année résultent, ainsi que nous l'avons déjà dit en parlant des saisons, de deux circonstances, l'obliquité variable de l'incidence des rayons solaires, et la variation de la longueur du jour, qui toutes deux dépendent du mouvement apparent du Soleil dans l'écliptique. Comme cette cause est périodique, la quantité de chaleur que reçoit du Soleil la surface terrestre doit être constante pour chaque parallèle de latitude. En effet, il est facile de comprendre que l'accumulation de chaleur durant les longs jours de l'été, laquelle diminue peu par le rayonnement des nuits qui sont d'autant plus courtes que les jours sont plus longs, est balancée par la petite quantité de chaleur reçue pendant les courtes journées de l'hiver et le rayonnement qui a lieu durant les longues nuits de cette dernière saison. Si notre globe était partout au niveau de la surface de l'Océan et s'il était constitué par une substance unique, de manière à absorber également son la calorique, la chaleur moyenne émise par le Soleil se distribuerait régulièrement à sa surface en zones d'égale t. annuelle parallèles à l'équateur, et irait en décroissant régulièrement vers chaque pôle. Dans cette hypothèse, la t. la plus élevée s'observerait exactement sous la ligne équinoxiale, les températures les plus basses aux deux pôles, et la t. moyenne à égale distance du pôle et de l'équateur, c.-à-d. sous le 45e de latitude nord et sud.

C. Or, il n'en est point ainsi. La t. des lieux situés sous le même parallèle varie suivant une foule de circonstances dont les principales sont l'altitude de la contrée, la configuration et le relief du sol, la proximité ou l'éloignement de l'Océan, la nature des terrains et la culture, les vents et les hydrométéores. Ces causes principales de variation dans la t. des divers lieux se combinant entre elles de différentes manières, il en résulte que nulle part la distribution de la chaleur ne s'opère purement et simplement suivant la loi de la latitude. L'équateur terrestre lui-même ne coïncide pas exactement avec l'*équateur thermal*, c.-à-d. avec la ligne qui passe par les points où l'on a observé la t. moyenne la plus élevée. Bien plus, les *pôles du froid*, loin de coïncider avec les pôles de la Terre, paraissent être assez distants de ces derniers. Dans l'hémisphère boréal (l'austral n'a pas été suffisamment exploré) on admet l'existence de deux pôles du froid, l'un en Amérique et l'autre en Asie, et on les place au 80e de latitude. Au reste, comme nous avons déjà, en parlant des

CLIMATS, traité la question des influences qui empêchent la distribution régulière de la chaleur et déterminent sa répartition actuelle, nous n'insisterons pas davantage sur ces considérations.

D. Quand on réfléchit au nombre et à la diversité des influences qui modifient continuellement, tantôt dans un sens, tantôt dans le sens contraire, la t. d'un lieu, telle qu'elle résulterait de sa seule latitude, il semble qu'il doive falloir une série considérable d'observations pour arriver à déterminer sa valeur moyenne. La solution du problème cependant a été beaucoup simplifiée par les progrès de la science. — L'expérience démontre qu'il est aisé d'obtenir la t. moyenne, soit diurne, soit mensuelle, soit annuelle. « Lorsque le Soleil est au-dessus de l'horizon, dit Kœmtz, il agit d'autant plus sur la Terre et sur les couches inférieures de l'atmosphère que sa hauteur angulaire est plus considérable. Une partie de cette chaleur pénètre dans le sol; l'autre se perd en rayonnant vers l'atmosphère et les espaces célestes. Avant midi, la Terre reçoit à chaque instant une quantité de chaleur supérieure à celle qu'elle perd par le rayonnement, et sa t. s'élève. Cet effet se continue encore pendant quelque temps après que le Soleil a dépassé le méridien; il en résulte qu'on doit observer un *maximum* de chaleur quelque temps après l'instant de midi. Lorsque le Soleil s'abaisse vers l'horizon, son action devient moins puissante, la perte par rayonnement l'emporte sur le gain par absorption, et la chaleur diminue d'autant plus rapidement que le Soleil est plus près de son coucher. Dès qu'il a disparu, la source calorifique n'existant plus, toute la chaleur acquise rayonne vers les espaces célestes; la t. baisse, et elle baisserait encore davantage si une partie de la chaleur qui a pénétré dans les couches superficielles du sol ne revenait à la surface en vertu du pouvoir conducteur de la Terre. Ce refroidissement continue jusqu'à ce que l'aurore annonce le retour du Soleil, qui réchauffe de nouveau les régions qu'il éclaire. Le *minimum* de la t. de la journée doit donc se trouver vers l'instant du lever du Soleil. » Il suit de là que, pour obtenir la *moyenne de la t. d'un jour*, il n'est pas nécessaire d'observer le thermomètre d'heure en heure pendant les 24 heures de la journée. A l'Observatoire de Paris, par ex., on prenait simplement la moyenne des deux températures maximum et minimum de la journée, le maximum ayant lieu à 2 heures après midi, et le minimum une demi-heure avant le lever du Soleil. On peut encore l'obtenir en faisant trois observations dans la journée, la 1re au lever du Soleil, la 2e à 2 heures après midi, la 3e au coucher du Soleil; ou bien, comme le premier et le dernier de ces temps varient chaque jour, faire ces trois observations à des heures fixes, savoir : à 9 heures du matin, à 2 heures après midi, et à 9 heures du soir. — La t. *moyenne d'un mois* s'obtient en prenant la somme des températures moyennes de tous les jours du mois, et en divisant cette somme par le nombre de ces jours. Dans les zones tempérées, c'est au mois de janvier que cette t. est la plus basse; elle s'élève ensuite lentement en février, rapidement en avril et mai; puis elle croît moins vite jusqu'à la fin de juillet, où elle atteint son *maximum*. Après quoi, elle baisse d'abord lentement en août, plus rapidement en septembre et octobre, et elle descend à son *minimum* dans le milieu de janvier. Les époques de ce maximum et de ce minimum annuels s'expliquent par des raisons analogues à celles qui déterminent les heures du maximum et du minimum diurnes. Voy. SAISON. — La t. *moyenne de l'année* est la somme des températures des 12 mois divisée par 12. Mais il est important de remarquer que l'on arrive au même résultat, ou à peu près, par deux autres méthodes : 1° en prenant simplement la moyenne du seul mois d'octobre; 2° en prenant la moyenne des températures correspondant à une seule heure de la journée, qui serait pour notre latitude 9 heures du matin. Enfin, on ne cherche la t. moyenne du lieu, laquelle est la *moyenne de toutes les moyennes annuelles*. Il faut, pour obtenir cette dernière, un laps d'années assez considérable; plus le nombre de moyennes annuelles sur lesquelles on opère est grand, plus on approche de la vérité. A Paris, cette moyenne est 10°,7. A la campagne, aux environs de Paris, elle est un peu moins élevée : 10°,2. — Cependant la connaissance de la moyenne t. d'un lieu n'en indique pas exactement le climat. En effet, deux lieux différents peuvent avoir la même moyenne annuelle, et néanmoins offrir une grande différence sous le rapport des productions. Ainsi, l'un de ces lieux pourrait avoir, l'été et l'hiver, une t. peu différente, tandis que l'autre présenterait un hiver très froid, qui serait compensé par un été très chaud, et donnerait une moyenne tempérée comme la précédente. D'après cela, il est évident que, pour avoir une idée exacte du climat d'un lieu, il faut déterminer non seulement la t. moyenne de l'année, mais encore celle de chaque saison, surtout celles de l'hiver et de l'été, et noter avec soin l'étendue des oscillations de la chaleur ainsi que la rapidité avec laquelle elles s'opèrent; en d'autres termes, il faut s'enquérir de tous les éléments relatifs à la distribution de la chaleur dans le cours de l'année. Il est d'ailleurs à noter comme un fait général que les extrêmes de t., c.-à-d. que les différences maximum entre les mois les plus froids et les plus chauds d'un lieu, croissent partout avec la latitude. Ainsi, par ex., à Paramaribo, dans la Guyane, où la t. moyenne est 26°,5, celle du mois le plus froid est 25°,6, et celle du mois le plus chaud, 28°,6 ; la différence est donc de 3° seulement. Dans la zone tempérée, la différence entre la t. moyenne celle du mois le plus chaud et du plus froid peut aller à 30°. C'est ce qu'on observe à Montréal (Canada), qui est situé par 45° 31' de latitude nord : la moyenne annuelle est 6°,5 ; tandis que la moyenne de janvier est — 9°,7, et celle de juillet 21°,7. En général, cependant, la différence entre les extrêmes est bien moindre. A Paris, où la t. moyenne annuelle est 10°,8, la t. moyenne de janvier, mois le plus froid, est + 1°,8 et celle de juillet, mois le plus chaud, est 18°,9 ; différence 17°,1. Enfin, à Inkoutsk, en Sibérie, la t. moyenne est — 9°,7 ; mais celle du mois le plus froid, qui est février, s'abaisse à — 40°,5, tandis que la moyenne de juillet, mois le plus chaud de cette région, s'élève à + 20°,3 : la différence est donc de 60°,8. Quant aux extrêmes accidentels de t., leur considération, comme il est aisé de le comprendre, ne saurait avoir la même importance. Cependant elle n'est point à négliger. Ainsi, par ex., à Paris, on a vu le thermomètre descendre à — 23°,9, le 10 décembre 1880, et s'élever à 38°,6 le 20 juillet 1900, différence 62°,5. Enfin, en terminant, nous signalerons les températures extrêmes observées jusqu'ici ce jour à la surface du globe. Le climat le plus froid du globe parait être celui de Werchnojansk en Sibérie : le thermomètre y descend parfois à — 70° ; la *moyenne* de janvier est de — 51°,2, celle de juillet de +15°,0. L'un des points les plus chauds du globe est le désert de Mohave, aux États-Unis, et notamment la « Vallée de la mort » : le thermomètre, à l'ombre, s'y élève parfois à 50°, la *moyenne* de juillet est de 39°. On cite aussi les températures de 54°, et de 65°, observées dans le désert de Nubie, la première à l'ombre, la seconde au soleil, et la t. constatée par le capitaine Griffith près de l'Euphrate, où le thermomètre s'éleva à 55° à l'ombre, et à 68° au soleil. Dans nos climats même, des corps exposés au soleil peuvent atteindre une t. très élevée. Ainsi, le 25 juillet 1900, à l'observatoire de Juvisy, M. Flammarion a vu le sol sablé s'élever à 44°, un thermomètre vert marquer 63°, un bleu foncé 68° et un noir 69°. Le même jour, un thermomètre vert posé sur le gazon bien desséché a marqué 75° à l'observatoire du parc Saint-Maur, sous les yeux de M. Renou.

II. *Température propre de la Terre.* — Dans tout ce qui précède, nous avons considéré non pas, à proprement parler, la t. de la surface terrestre, mais la t. que présentent les couches atmosphériques inférieures en contact avec cette surface; ici nous considérerons la t. que présente la partie superficielle de la croûte terrestre elle-même. Tout le monde sait aujourd'hui qu'à mesure qu'on descend dans les entrailles de la Terre, on trouve une t. qui va sans cesse croissant, aussi loin du moins que les observations ont pu le permettre. L'astronomie et la géologie expliquent ce fait, ainsi qu'une foule d'autres, en supposant que la Terre a été jadis un globe incandescent qui, lancé dans l'espace, s'est refroidi lentement par la suite des siècles. Le refroidissement ayant dû s'opérer de la surface au centre, la première est aujourd'hui refroidie à ce point que c'est le Soleil seul qui la rend habitable, tandis que le second possède une t. dont l'élévation dépasse tout ce que l'imagination peut concevoir. Voy. GÉOLOGIE. Au premier abord, il semble incroyable que le noyau du globe soit incandescent, tandis qu'à la surface nous ne sentons point cette chaleur ; mais ce phénomène s'explique par le peu de conductibilité des roches qui composent l'écorce terrestre. Cependant Élie de Beaumont estime que la quantité de chaleur centrale qui atteint la surface de la Terre dans le cours d'une année serait capable de fondre une couche de glace de 6 mill.35 qui envelopperait le globe tout entier. C'est encore en vertu de la faible conductibilité des roches que les modifications de la t. atmosphérique cessent d'être sensibles à une petite profondeur. Lorsque, sous les latitudes tempérées, on enfonce dans le sol des thermomètres munis de longs tubes, la variation diurne disparaît à une profondeur de 60 centimètres à 1m,30; la différence observée dans ce cas paraît dépendre de la nature du terrain. Si la boule du thermomètre est plus profondément enfoncée, la variation annuelle décroît, et enfin disparaît à son tour. A la profondeur de 8 ou 9 mètres, elle n'est plus que de 1° ; à 15 ou 16 mètres, elle n'est plus que de 0°,1 ; et à la profondeur de 20 à 25 mètres, elle n'est pas d'un centième de degré. Toutefois la profondeur où l'on trouve cette t. constante ne dépend pas seulement de la conductibilité du sol, elle dépend encore de la différence des moyennes de l'hiver et de l'été. Boussingault, par ex., a fait voir que dans les régions intertropicales, où cette différence ne s'élève qu'à un petit nombre de degrés, il suffit de plonger le thermomètre à 50 ou 60 centimètres pour obtenir cette moyenne. Enfin, dans nos climats, à la profondeur d'environ 8 mètres, c.-à-d. là où la variation annuelle est de 1°, Quételet a constaté que les saisons sont précisément renversées : en d'autres termes, que le maximum arrive vers le 1er janvier et le minimum vers la fin de juin, circonstance curieuse, mais qui dépend exclusivement de la lenteur avec laquelle la chaleur se transmet à travers les couches terrestres.

Température des hautes régions de l'atmosphère. — On sait qu'au fur et à mesure qu'on s'élève dans l'atmosphère, la température diminue. Les observations faites en montagne et en ballon ont fourni, depuis longtemps, d'intéressantes données à ce sujet. Depuis quelques années le cercle de ces études s'est considérablement élargi par l'emploi des ballons sondes. Ce sont des ballons qui portent dans les hautes régions de l'atmosphère une série d'appareils enregistreurs soigneusement disposés à l'intérieur d'une cage en osier, de manière à ne pas être détériorés lorsque le ballon retombe à terre. On doit à M. Teisserenc de Bort de remarquables travaux sur l'atmosphère étudiée au moyen de ces ballons sondes. Nous citerons seulement l'ascension du 8 juin 1898. Le ballon sonde parti de Trappes (près Paris), à 3h3m, température 13°,5, altitude 171 mètres, a atteint à 3h59m une hauteur de 13225 mètres. La température à cette altitude était descendue à —72°.

Température de l'espace. — Les considérations précédentes montrent que la t. de l'espace doit être très basse. Il est impossible d'en donner une évaluation scientifique et les nombreuses recherches faites à ce sujet ont plutôt un caractère spéculatif. Plusieurs savants pensent que cette t. ne serait autre chose que le zéro absolu indiqué par la thermodynamique, c.-à-d. 273 degrés centigrades au-dessous de la t. de la glace fondante.

Cependant on doit remarquer que si l'on admet, avec la plupart des astronomes, que l'espace est vide de matière pondérable, l'expression *t. de l'espace*, telle qu'on la comprend ordinairement, c.-à-d. considérée comme analogue de la t. d'un gaz ou d'un liquide, n'a plus aucun sens. Pour préciser cette notion, il n'y a pas d'autre moyen que d'adopter la définition qu'en a donnée M. C.-E. Guillaume dans une communication à la Société Astronomique de France. La t. d'un *point de l'espace est la t. que prendrait une sphère parfaitement noire et parfaitement conductrice placée en ce point.* Il résulte immédiatement de cette définition que la t. d'un point de l'espace est uniquement réglée par les radiations qui, émanées des divers astres, traversent ce point. La t. d'un point dépendra donc de la plus ou moins grande proximité d'une étoile ou du soleil, et sera, en conséquence, très variable avec la position du point. En s'appuyant sur des données hypothétiques, mais vraisemblables, M. C.-E. Guillaume a calculé qu'en un point de l'orbite de la Terre, la t. serait de 65° degrés centigrades, tandis qu'elle s'abaisserait à — 132° en un point de l'orbite de Neptune et à — 267°,4 ou 5°,6 de l'échelle absolue en un point assez éloigné du Soleil pour que celui-ci n'ait pas plus d'influence que les autres étoiles du ciel. Consulter le *Bulletin de la Société Astronomique de France*, mars 1897.

TEMPÉRÉ, ÉE. adj. [Pr. *tan-péré*] (part. pass. de *tempérer*). Qui tient le milieu entre deux excès. *Un air t. Les climats tempérés. Zones tempérées. Un gouvernement t. Monarchie tempérée,* dans laquelle le pouvoir du souverain est modifié par certaines institutions. — Substant., *Le thermomètre est au t.,* marque le t. || Fig., Sage, modéré. *C'est un homme fort t. Un esprit t.* Vx. || T. Rhét. *Genre t., éloquence tempérée, style t.,* Voy. STYLE. — On dit aussi subst., *Cet orateur ne s'élève pas au-dessus du tempéré.* || T. Mus. *Gamme tempérée.* Gamme où l'on ne tient pas compte des différences entre une note dièzée et la note supérieure bémolisée. Voy. GAMME.

TEMPÉRER. v. a. [Pr. *tan-pérer*] (lat. *temperare*, m.

s., propr. mélanger en proportions convenables). Modérer, diminuer l'excès d'une chose. *T. l'aigre par le doux. Ce petit vent tempère la grande chaleur. Il faudrait t. l'éclat de cette lumière.* On disait autrefois *T. l'âcreté, l'acrimonie des humeurs.* — Fig., *T. sa bile,* Réprimer sa colère. || Fig., au sens moral, *Le temps a tempéré son affection. L'âge a tempéré ses passions. T. la sévérité d'un reproche par la douceur des expressions.* = se TEMPÉRER. v. pron. Diminuer, s'adoucir. *Si la chaleur vient à se t... Sous un ciel plus doux, leur naturel s'est adouci; ce qu'ils avaient d'excessif s'est tempéré.* = TEMPÉRÉ, ÉE. part. *Une sévérité tempérée de douceur.* = Conj. Voy. ALLÉCHER. = Syn. Voy. ADOUCIR.

TEMPÊTE. s. f. [Pr. *tan-pête*] (lat. *tempestas*, m. s., et aussi état du temps, de *tempus*, temps). Orage, violente agitation de l'air souvent accompagnée de pluie, de grêle, d'éclairs, de tonnerre, etc.; se dit particulièrement des orages qui arrivent sur mer. *Grande t. Nous essuyâmes une horrible t. Un vaisseau assailli, battu par la t. Il s'éleva tout à coup une furieuse t. La t. alla fondre sur telle contrée. Se mettre à l'abri, à couvert de la t.* || Fig., *Grande persécution qui s'élève contre quelqu'un pour le perdre, pour l'accabler. Sa fermeté ne l'a point abandonné au milieu des tempêtes suscitées contre lui. Il sut conjurer, détourner la t.* || Fig., Trouble violent dans un État, ou dans l'âme de quelqu'un. *L'État est menacé de quelque t. Les passions ont élevé dans son âme une t. que la raison aura peine à calmer.* || *Le cap des Tempêtes,* le cap de Bonne-Espérance, où les tempêtes sont fréquentes. — *L'oiseau des tempêtes,* le goéland. || Prov. *Une t. dans un verre d'eau,* une grande agitation à propos d'une bagatelle.

Météor. — Sous le nom de *tempêtes,* nous comprendrons tous les phénomènes météorologiques caractérisés par le déplacement violent d'une masse d'air plus ou moins considérable. Ces perturbations de l'équilibre relatif de l'atmosphère

navigateurs ont observé à plusieurs reprises des phénomènes singuliers connus sous le nom de *trombes* qui consistent en une sorte de tube vaporeux joignant le nuage à la mer et par lequel le nuage semble aspirer l'eau de la mer.

Jusqu'au milieu du XIXe siècle tous ces phénomènes ont été mal connus et encore plus mal interprétés. Toute la météorologie reposait sur une conception théorique qui conserve encore quelques partisans et qu'on peut appeler la théorie de l'aspiration. On admettait que l'air qui se trouve en contact avec le sol échauffé par les rayons du soleil, s'échauffant lui-même et devenant plus léger que l'air des régions supérieures, s'élevait par suite de cette diminution de densité, et l'on cherchait dans ce mouvement ascendant la cause de tous les phénomènes météorologiques; on pensait que cela suffisait pour expliquer les trombes qui pompent l'eau de la mer et les tornados des États-Unis qui arrachent les maisons et les arbres. M. Faye a parfaitement montré tout ce que cette théorie a d'insuffisant et même de puéril, et dans une suite de très belles études qui ont paru comme *Notices scientifiques* dans l'*Annuaire du Bureau des Longitudes,* de 1875 à 1884, il a expliqué comment tous les phénomènes que présentent les tempêtes se rattachent naturellement aux grands mouvements de l'atmosphère produits par l'action combinée de la chaleur solaire et de la rotation de la terre, et ont leur cause, non à la surface du sol, mais dans les grands courants aériens qui règnent constamment parmi les couches supérieures de l'atmosphère. La théorie de M. Faye rattache toutes les perturbations atmosphériques à des tourbillons à axe vertical, analogues à ceux qu'on observe dans nos rivières. Cette théorie a soulevé des critiques et des résistances; elle est cependant la seule qui rende compte des faits observés et, si elle a besoin d'être complétée sur certains points qui présentent encore quelque obscurité, il n'est pas douteux qu'elle s'approche très près de la réalité et qu'elle servira de base aux progrès futurs de la météorologie.

Lois des tempêtes. — Avant de chercher à établir la théorie des tempêtes, il eût été bon d'étudier attentivement

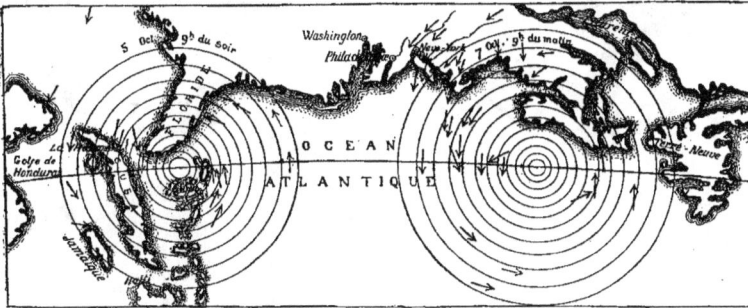

Fig. 1.

s'accompagnent le plus souvent d'abondantes chutes de pluie en été, ou de neige en hiver, de manifestations électriques et de chutes de grêle; mais ces phénomènes accessoires ne caractérisent pas une t.; il y a des tempêtes sans pluie et sans tonnerre. La t. n'intéresse pas de la même manière le navigateur et l'habitant des terres. Sur mer, la violence du vent est pour ainsi dire la seule chose à considérer. Le marin ne redoute ni la pluie, ni la grêle, ni le tonnerre : la grosse affaire pour lui est d'échapper au danger que lui font courir les vagues furieuses produites par l'ouragan. Sur terre, au moins dans nos climats, il est rare que le vent soit assez violent pour constituer un véritable danger; la foudre et la grêle sont les phénomènes à craindre, et encore, la foudre ne commet-elle que peu de dégâts, tandis que la grêle, par la quantité de récoltes qu'elle détruit en un instant, est un véritable fléau. Cependant, il y a des pays, comme l'Amérique du Nord, où il se produit parfois des ouragans assez violents pour dévaster et ruiner tout sur leur passage; la foudre et les maisons sont arrachées comme des fétus de paille, et les victimes sont nombreuses : ce sont les *tornados.* Enfin, les

le phénomène, afin d'en noter toutes les circonstances et toutes les particularités. C'est ce que n'ont pas fait les anciens météorologistes qui paraissaient convaincus que les tempêtes et les orages étaient des phénomènes capricieux échappant à toute règle. Ce n'est que vers le milieu du XIXe siècle que des hommes éminents, Piddington aux Indes anglaises, Reid et Redfield aux États-Unis, eurent l'idée de s'adresser aux observations des navigateurs pour tâcher de découvrir la marche des tempêtes. Imbus d'un esprit tout à fait pratique, et n'ayant d'autre but que de donner aux marins des règles précises, ils voulurent chercher, disent-ils, non pas comment les tempêtes se forment, mais comment elles marchent. Il se trouve que leur enquête, admirablement conduite et féconde en résultats, est le premier travail véritablement scientifique qui ait été fait sur la météorologie, précisément parce qu'il a été entrepris en dehors de toute idée préconçue et qu'on s'est attaché à étudier les faits sans chercher à les expliquer. Depuis longtemps les navigateurs avaient remarqué que, dans les tempêtes, le vent paraît tourner en cercle. C'est donc sur la direction du vent que l'on fit surtout porter l'enquête.

Les documents étaient fournis en abondance par les livres de bord des navires. On marqua sur une carte, à des dates choisies, les positions de ces navires et la direction des vents observés; puis en plaçant sur cette carte une série de transparents sur lesquels on avait tracé des cercles concentriques, on put s'assurer, après quelques tâtonnements, que les flèches du vent, au même instant, s'appliquaient sur ces circonférences. Il en résultait qu'à la date considérée, sur toute la région battue par la t., l'air était animé d'un immense mouvement giratoire autour d'un centre déterminé. En faisant le même travail pour des dates suffisamment rapprochées, on reconnut facilement que les cercles concentriques se déplaçaient sur la terre avec une grande vitesse. La Fig. 1, empruntée à l'Annuaire du Bureau des Longitudes, représente un fragment d'une carte dressée par Reid et relative à un ouragan terrible qui ravagea l'île de Cuba du 4 au 7 octobre 1844. Reid avait recueilli assez de documents pour déterminer la figure de l'ouragan à vingt-cinq instants différents; nous n'en donnons que deux.

Ainsi une t. est un immense mouvement circulaire, un gigantesque tourbillon qui se déplace avec une vitesse souvent considérable. Aussi Piddington a-t-il donné à ce phénomène grandiose le nom de *cyclone* (gr. κύκλος, cercle) qui est resté dans la science. Le centre du cyclone est une région calme où le ciel est généralement serein, tandis que dans tout le reste de la surface qu'il occupe, le vent fait fureur avec accompagnement de pluie et de tonnerre. Au reste la violence du vent augmente à mesure qu'on se rapproche du centre jusqu'à la zone du calme central. Si un observateur se trouve

chose qui se forme et se dissipe sur place. Seul Victor Hugo, qui a donné dans *les Travailleurs de la mer* le très beau récit d'une de ces grandes tourmentes, semble en avoir puisé les détails dans l'observation plus que dans son imagination : on a l'impression très nette que la t. est *quelque chose qui passe*, et c'est ce qu'elle est réellement.

Ce qu'il y a de bien remarquable c'est que ces manifestations grandioses où les anciens poètes ou météorologistes ne voyaient que désordre et confusion, sont au contraire des phénomènes qui obéissent à des lois mathématiques dont ils ne s'écartent jamais. Nous venons de voir comment on avait découvert que les tempêtes sont des cyclones qui se déplacent. D'abord, la rotation du cyclone s'effectue toujours dans le même sens, savoir de droite à gauche, c.-à-d. dans le sens inverse des aiguilles d'une montre, dans l'hémisphère boréal, et de gauche à droite dans l'hémisphère austral. Ensuite la trajectoire des tempêtes présente la même régularité et la même symétrie dans les deux hémisphères. Les cyclones naissent dans le voisinage de l'équateur, vers les limites de la zone des calmes : ils s'avancent vers le pôle en obliquant vers l'ouest jusque vers le 30e degré de latitude où leur direction est devenue à peu près celle du méridien; à partir de là ils inclinent au contraire vers l'est et vont se perdre dans les latitudes supérieures. Ainsi les cyclones décrivent sur la terre, de part et d'autre de l'équateur, des trajectoires paraboliques qui sont toutes absolument semblables. En même temps qu'il voyage, le cyclone s'élargit et par suite sa violence diminue, puisque sa force vive s'étale sur une plus grande surface. Au début, il n'a guère plus de 2° à 3° de diamètre; mais dans les régions

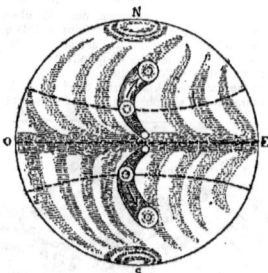

Fig. 2.

Fig. 3.

sur la trajectoire du centre, il observera un ouragan dont la violence ira en augmentant, *sans que la direction du vent change*; tout d'un coup, presque subitement la t. s'apaisera, la mer redeviendra calme, le ciel bleu : il semblera que tout soit fini. Cependant quelques heures après, la t. reprendra subitement avec la même furie; seulement le vent aura changé de sens : s'il soufflait du nord-est, il soufflera maintenant du sud-ouest. C'est que l'observateur a été atteint par le calme central et que maintenant il subit la deuxième partie du cyclone. A partir de cet instant, l'ouragan diminuera peu à peu de violence, jusqu'à ce que le cyclone ait passé tout entier. Cette division d'une t. pour ainsi dire en deux *actes*, séparés par une accalmie, avec une saute de vent de 180°, a été maintes fois observée par les navigateurs. Si le centre du cyclone ne passe pas assez près de l'observateur pour que celui-ci soit atteint par le calme central, alors il verra le vent changer constamment de direction, depuis le commencement jusqu'à la fin de la t., l'écart des directions extrêmes étant toujours inférieur à 180°, mais d'autant plus grand que l'observateur sera plus près du centre, et le maximum de violence ayant lieu vers le milieu du phénomène. Si enfin l'observateur, au lieu d'être immobile, est emporté sur la mer par le vent, il fera plusieurs fois le tour du cyclone et en même temps le vent lui semblera faire autant de fois le tour du compas. Ces circonstances expliquent une opinion ancienne dont on trouve le reflet dans presque toutes les descriptions que les poètes nous ont laissées des tempêtes, et où le phénomène est représenté comme un désordre des éléments, avec des vents soufflant des quatre coins de l'horizon; mais dans toutes, la t. est comprise comme quelque

tempérées, ce diamètre s'élève à plus de 10° et le cyclone s'étale sur un espace plus grand que celui de la France. Les Fig. 2 et 3 montrent ce mouvement de translation des cyclones, l'une en projection sur un méridien, l'autre en projection sur l'équateur. Enfin, il faut ajouter que le baromètre baisse constamment depuis le bord du cyclone jusqu'à son centre. Cette diminution de pression est à la fois une conséquence du mouvement giratoire et la condition mécanique de sa persistance. Les molécules d'air animées d'un mouvement circulaire ont, en vertu de leur force centrifuge, une tendance à s'éloigner du centre et cette tendance ne peut être combattue que par un excès de pression de dehors en dedans. Ce sont les spires giratoires qui, en s'éloignant légèrement du centre, pressent sur la masse extérieure et c'est la réaction de cette masse qui permet au mouvement circulaire de se continuer. Ainsi la pression augmente progressivement depuis le centre du cyclone jusqu'au bord, et même au delà. Telles sont les lois des tempêtes, les *stormlaws*, comme disent les Anglais qui les ont découvertes. Pendant longtemps ces lois sont restées à l'état de lois empiriques, c.-à-d. de lois constatées par l'observation mais sans explication théorique. Nous indiquerons plus loin l'explication si claire et si facile qu'on a donnée M. Faye; mais auparavant nous allons faire connaître les règles pratiques qu'on en a pu déduire pour la manœuvre des navires et la prévision des tempêtes.

Règles de manœuvre et prévision des tempêtes. — En un point d'un cyclone la vitesse du vent est la résultante de la vitesse de rotation et de la vitesse de translation du météore. Il en résulte, pour nous borner à l'hémisphère nord, que, dans le demi-cercle qui est à droite de la trajectoire pour un observateur qui suivrait le mouvement de translation, les deux composantes s'ajoutent : c'est le *demi-cercle dangereux*; au contraire les composantes se contrarient dans le demi-cercle de gauche ; là, la violence du vent circulaire est diminuée de toute la vitesse de translation : c'est le demi-cercle *maniable*. Il est très facile au navigateur de reconnaître dans quelle région il se trouve. Voici d'abord la première règle de Piddington : *Faites face au vent et étendez le bras droit, le centre est dans cette direction*. C'est le point qu'il faut éviter. Pour se renseigner plus amplement, il faut observer les variations du vent ; la règle a été donnée par Reid. Si le vent augmente sans changer de direction, vous êtes sur la trajectoire même du centre ; mais c'est là un cas très exceptionnel et en tout cas, une situation qu'il ne faut pas prolonger. Si le vent change de direction en tournant dans le même sens que le cyclone, c.-à-d. en sens inverse des aiguilles d'une montre, on est dans le demi-cercle maniable ; s'il tourne dans le sens opposé, on est dans le demi-cercle dangereux. Maintenant voici les règles pour éviter le danger. Si l'on est dans le demi-cercle maniable, et si le navire se comporte bien par une grosse mer, il est possible, au moment où l'on est atteint par la tempête, de fuir le centre et le cyclone lui-même en naviguant grand largue au vent arrière ; on s'échappe ainsi par la tangente perpendiculairement à la trajectoire du centre. Si cependant la faiblesse du navire force à cesser la fuite, il faut virer de bord et mettre à la cape babord amures, c.-à-d. recevoir le vent par le côté gauche. Le navire est alors dirigé vers le centre, mais il ne fuit pas de route, et bientôt, le cyclone s'éloigne de lui-même. Dans le demi-cercle dangereux, il est impossible de fuir, il faut mettre à la cape tribord amures, c.-à-d. en recevant le vent par le côté droit, et naviguer au plus près dans cette position, dès que cela devient possible. Si l'on avait le malheur de prendre babord amures, non seulement on mettrait le cap sur le centre de l'ouragan, mais encore on verrait le vent refuser de plus en plus, et l'on s'exposerait, dans une variation subite, à être englouti par l'arrière. C'est cette fausse manœuvre qui est la cause la plus fréquente des désastres. On a vu des navires ainsi dévorés par la mer de l'arrière ne plus pouvoir chercher leur salut que dans une fuite rapide qui leur fait faire deux ou trois fois le tour du cyclone, dans la région centrale précisément la plus agitée. Il est évident que, dans l'hémisphère austral, il faut remplacer la gauche par la droite, babord par tribord, et réciproquement.

Les règles précédentes sont la conséquence géométrique du sens de rotation des cyclones ; nous ne nous arrêterons pas à les justifier ; mais nous ferons remarquer combien elles sont faciles et précises. Non seulement elles font éviter des dangers terribles, mais encore elles permettent d'utiliser les cyclones pour abréger certaines traversées, ce que les Anglais appellent *to take a rid upon a cyclone*. Il faut ajouter que le marin est prévenu de l'approche d'un cyclone par des signes certains : c'est d'abord la baisse du baromètre qui ne trompe jamais sous les tropiques, et ensuite l'apparition des cirrus. Lorsque ces petits nuages blancs se montrent dans un ciel précédemment pur, le voisinage d'un cyclone est assuré. Les cirrus se montrent parfois plusieurs jours à l'avance ; si en même temps le baromètre baisse, on peut être assuré de l'approche de la t. et prendre ses dispositions en conséquence.

Puisqu'on connaît la trajectoire des cyclones, et même, approximativement, leur vitesse de translation, il est facile de les signaler à l'avance, par le télégraphe, aux lieux où ils doivent arriver. En France, les tempêtes tournantes nous arrivent bien élargies et bien affaiblies ; elles sont cependant encore redoutables ; mais, comme elles nous viennent d'Amérique, puisqu'à notre latitude leur trajectoire est dirigée du sud-ouest au nord-est, nous sommes prévenus de leur arrivée plusieurs jours à l'avance, et nos marins peuvent prendre leur dispositions ou éviter de sortir du port. Telle est la base du service de renseignements qui fonctionne avec une grande régularité aussi bien en Amérique qu'en Europe et qui a permis d'éviter un nombre incalculable de désastres.

Trombes. — Les trombes sont des tourbillons qui s'étendent en forme de tube, de trompe d'éléphant depuis un nuage jusqu'à la mer (Fig. 4). On en a aussi observé sur terre. Tous les navigateurs qui ont eu l'occasion d'en voir rapportent des descriptions identiques. Une sorte de nébulosité semble descendre d'un nuage sous la forme d'un tube plus ou moins gros. En même temps la mer semble se soulever au-dessous en forme de colonne ; bientôt, les deux tronçons se réunissent et l'on voit ou l'on croit voir l'eau de la mer aspirée par la trombe s'élever en spirale jusqu'au nuage qui grossit et devient plus noir. En même temps, la

trombe s'avance avec une vitesse modérée, la partie inférieure restant un peu en arrière. Au bas de la trombe la mer se soulève et bouillonne furieusement, environnée d'embruns et d'écume : c'est le *buisson*. Plus tard, la trombe se

Fig. 4.

brise et disparaît ; en même temps le nuage crève et verse une pluie torrentielle. L'opinion courante est que le nuage laisse tomber l'eau de la mer qu'il a pompée par la trombe. Cependant cette eau n'est pas salée, et quelques auteurs anciens ont été jusqu'à donner les raisons pour lesquelles l'eau de la mer se dessalait dans les nuages. Ce seul fait que l'eau du nuage est de l'eau douce aurait dû depuis

Fig. 5.

longtemps faire justice de ce préjugé que la trombe pompe l'eau de la mer, car ce n'est qu'un préjugé tenant à une illusion d'optique. La trombe est évidemment un mouvement tourbillonnant ; mais on n'en voit que la gaine extérieure formée des vapeurs qui se condensent tout autour ; ces vapeurs s'élèvent en effet en tourbillonnant autour de la trombe, et c'est ce mouvement qui donne l'illusion de l'eau aspirée à l'intérieur. Souvent on observe plusieurs trombes à la fois. Ces phénomènes se produisent généralement pendant les orages; mais, chose curieuse, le tonnerre se tait dès qu'une trombe se forme. Les navigateurs ont bien des fois essayé de briser les trombes à coups de canon; ils n'y ont jamais réussi : quand le boulet atteint la trombe, il semble la séparer en deux tronçons parce qu'il déchire la gaine de vapeur seule visible; mais cette gaine se reforme presque aussitôt. Les trombes terrestres sont très rares dans nos climats; elles détruisent tout sur leur passage et font voltiger les débris autour d'elles. Cependant, ces phénomènes sont relativement fréquents dans le Sahara; seulement, là, l'air étant très sec, la trombe est généralement invisible et se manifeste seulement par les tourbillons de sable qu'elle soulève. Dans tous les cas, le diamètre d'une trombe à la partie inférieure est fort petit : quelques mètres.

Tornados. — Les tornados sont des tourbillons de vent particuliers aux États-Unis où ils font des ravages considérables. Leur diamètre varie d'une vingtaine de mètres à 4 kilomètres; le plus souvent il est de 300 à 500 mètres. Ils se déplacent avec une vitesse qui varie de 20 à 100 kilomètres par heure. Comme les trombes, les tornados sont rendus visibles par la gaine de vapeurs qui les entoure. La Fig. 5 est la reproduction d'une photographie faite aux États-Unis.

Fig. 6.

La Fig. 6 montre l'aspect des nuages avant que les petits tourbillons qui pendillent en forme de fouet se soient réunis pour former le tornado. On voit sur la Fig. 5 le *buisson* formé des débris que le tourbillon projette autour de lui. Quand un tornado rencontre une mare, il la vide en projetant l'eau tout autour : il détruit les maisons, déracine les arbres, anéantit les récoltes, blesse ou tue les hommes et les animaux. On se rendra compte des désastres qu'il peut produire si l'on réfléchit que la vitesse de l'air, à la partie inférieure des girations, est en moyenne de 170 mètres par seconde, le tiers de la vitesse d'une balle de fusil. On a observé parfois en France des phénomènes analogues; le plus célèbre est peut-être celui qui détruisit les usines de Malaunay, près de Rouen, le 19 août 1845.

Théorie des tempêtes. — Tous les mouvements violents de l'atmosphère sont de la même nature et ne diffèrent que par l'étendue de l'aire qu'ils occupent : ce sont des tourbillons à axe vertical dans lesquels les molécules de l'air décrivent des cercles horizontaux : ce mouvement circulaire se propage de haut en bas, mais les spires deviennent de plus en plus étroites et la vitesse de rotation y est de plus en plus grande à mesure qu'on se rapproche de l'extrémité inférieure, ce qui donne au tourbillon la forme d'un entonnoir dont la ligne méridienne est légèrement concave vers l'extérieur. Il y a des tourbillons de toutes dimensions depuis ceux de quelques centimètres qui font tournoyer le sable et les feuilles mortes sur le sol, jusqu'aux immenses tempêtes circulaires qui couvrent des espaces plus étendus que la France entière. Ceux-là sont les cyclones. Au-dessous viennent les *typhons* qui sévissent dans les mers de la Chine, et dont le diamètre est de plusieurs lieues; ensuite viennent les tornados d'Amérique, et enfin les trombes qui n'ont plus que quelques mètres de diamètre. La mécanique des fluides n'est pas assez avancée pour qu'on puisse établir la théorie mathématique de ces phénomènes; mais à défaut d'une pareille théorie, on peut en faire une étude empirique par l'observation attentive des tourbillons qui se produisent dans nos rivières et qui sont si redoutés des nageurs. Là aussi on en observe de toutes dimensions : la diminution de pression vers le centre se manifeste par la dépression très marquée que présente la surface du liquide et qui met en évidence la forme en entonnoir.

Ces tourbillons, qu'il ne faut pas confondre avec les remous produits par des obstacles fixes qui s'opposent au courant, se forment toutes les fois que des filets liquides cheminent parallèlement avec des vitesses différentes; ils se propagent de haut en bas et se terminent à la partie inférieure par une sorte de pointe plus ou moins effilée. Si cette pointe atteint le fond de la rivière, elle l'affouille en rejetant les débris à l'entour, à la façon d'une tarière qui pénétrerait dans le sol. Les trombes n'agissent pas autrement : on a vu quelquefois une trombe terrestre semer ses ravages sur une colline et disparaître en atteignant une vallée, puis se reformer sur le flanc du coteau opposé et y recommencer de nouvelles dévastations. En réalité, la trombe n'a pas disparu, seulement sa pointe ne descendait pas assez bas pour atteindre le fond de la vallée qui s'est ainsi trouvé protégé contre l'action destructive du météore. De là résulte une autre différence importante entre les grands et les petits tourbillons atmosphériques. Les premiers, comme les cyclones et les typhons ne peuvent, à cause même de leur étendue, se développer complètement dans le sens vertical : ils sont arrêtés par le sol ou par la mer, bien au-dessus du point où ils se formeraient la pointe, si la profondeur de l'atmosphère était indéfinie. Aussi leur centre est-il constitué par une région d'air calme. Piddington a donc eu raison de les comparer à des disques plats évidés par leur centre, quoiqu'une comparaison plus juste serait peut-être celle d'un entonnoir dont on aurait supprimé la pointe. Une autre conséquence de cette constitution, c'est que les girations inférieures n'atteignent jamais les vitesses prodigieuses qu'on a constatées dans les tornados. Si le cyclone est terrible aux marins, jamais il n'aura sur les continents les effets destructeurs des trombes et des tornados. C'est que ceux-ci sont des tourbillons complets dans lesquels toute la force vive des girations supérieures vient s'accumuler sur la petite région de la pointe inférieure.

Si l'on raisonne par analogie avec les tourbillons de nos rivières, on trouvera la cause de tous les tourbillons aériens dans les courants qui parcourent les régions supérieures de l'atmosphère; mais il faut expliquer pourquoi les cyclones présentent un sens de rotation invariable. La théorie des tempêtes se rattache ainsi à la circulation générale de l'air à la surface du globe, et cette circulation est déterminée et réglée par l'échauffement du sol et des couches inférieures de l'atmosphère sous l'influence des rayons solaires. L'observation nous apprend que dans chaque hémisphère, du 30° au 10° degré de latitude, soufflent presque constamment des vents alizés qui sont dirigés du nord-est au sud-ouest dans l'hémisphère boréal et du sud-est au nord-ouest dans l'hémisphère austral. Il faut de toute nécessité que l'air qui afflue ainsi des régions tempérées sur l'équateur soit ramené vers les pôles dans les couches supérieures de l'atmosphère. Ce courant inverse, qu'on a appelé quelquefois le *contre-alizé* ou l'*alizé supérieur*, est difficilement observable : il paraît cependant qu'il a été observé au sommet du pic de Ténériffe, tandis que l'alizé ordinaire soufflait au pied de la montagne. La zone qui s'étend le long de l'équateur entre les régions des alizés est appelée la zone des calmes ou des vents variables, parce qu'en effet on y rencontre tantôt un calme absolu, tantôt des vents soufflant sans règle d'un point ou d'un autre de l'horizon. Cette zone se déplace du reste légèrement suivant les saisons, elle s'étend vers le nord quand la déclinaison du soleil est boréale, et vers le sud, le reste de l'année. On n'a pas pu observer directement la direction des contre-alizés supérieurs, mais la marche invariable des cyclones sur leur trajectoire parabolique nous renseigne suffisamment sur ce mouvement des couches élevées de l'atmosphère. Les Fig. 2 et 3 représentent cette circulation atmosphérique, la première en projection sur un méridien, l'autre en projection sur l'équateur. Les flèches pointillées marquent la direction des alizés, les flèches pleines, celle des contre-alizés supérieurs. Tous ces mouvements s'expliquent de la manière la plus simple. Les couches inférieures de l'atmosphère échauffées par le soleil torride de l'équateur, se dilatent, s'élèvent légèrement et soulèvent les couches supérieures au-dessus de la surface de niveau où elles seraient en équilibre. Celles-ci s'écoulent alors vers les pôles comme le ferait un liquide sur un plan incliné, pendant que l'air amené par les vents alizés vient combler le vide partiel produit par cette ascension de l'air équatorial. Remarquons que le courant ascendant qui ramène ainsi vers les couches basses les masses d'air amenées par les alizés inférieurs est à peine sensible, parce qu'il règne sur une surface considérable, une zone de 15 à 20 degrés de largeur autour de l'équateur, tandis que la section du vent alizé est relativement très faible. Un calcul fartie montre que le rapport des deux surfaces est à peu près celui de la hauteur des alizés à la demi-largeur de la zone des calmes. En supposant que celle-ci s'étende à 10 degrés de part et d'autre de l'équateur, sa demi-largeur sera d'environ le neuvième du quart du méridien de la terre, soit un peu plus de 1,000 kilomètres, tandis que la hauteur des alizés ne dépasse pas 1 ou 2 kilomètres. La vitesse du courant ascendant est donc de cinq cents à mille fois plus faible que celle de l'alizé. L'inclinaison des vents alizés, qui au lieu de s'avancer perpendiculairement vers l'équateur obliquent vers l'ouest, s'explique par l'inertie des masses d'air qui viennent des parallèles moyens plus courts que l'équateur, et où, par suite, la vitesse de rotation diurne est moindre. Ces masses d'air arrivent ainsi avec la vitesse du lieu d'où elles viennent, et sont constamment en retard sur la rotation des régions qu'elles traversent : elles semblent donc animées d'un mouvement relatif contraire à celui du mouvement diurne, c.-à-d. dirigé de l'est à l'ouest, lequel vient se composer avec la vitesse suivant le méridien pour produire la direction résultante observée. Quant au contre-alizé supérieur, c'est encore la rotation de la Terre qui explique la forme parabolique de sa trajectoire. En effet, dans le voisinage de l'équateur où tous les parallèles sont presque égaux, l'air est en retard sur le mouvement diurne parce que venant d'en bas, à des altitudes supérieures où le cercle diurne est plus grand et, par suite, la vitesse plus considérable. Là, il sera donc dévié vers l'ouest comme l'alizé inférieur. Au contraire, quand il a traversé les tropiques, il arrive dans des régions où les parallèles vont en diminuant de longueur, et où par suite la vitesse du mouvement diurne va en décroissant : il se trouvera donc en avance sur le mouvement diurne et par conséquent sera dévié vers l'est, jusque dans le voisinage du pôle où il produit les courants circulaires que les météorologistes américains ont désignés sous le nom assez impropre de *cyclones polaires*.

Une pareille forme des courants supérieurs produit nécessairement les variations de vitesse nécessaires à la formation des cyclones. Sur ces grands fleuves aériens à contours fortement recourbés, la vitesse va en augmentant depuis la rive concave jusqu'à la rive convexe. Si donc deux de ces fleuves cheminent côte à côte, il se produira des tourbillons entre la rive convexe de l'un et la rive concave de l'autre, et le sens de la giration sera précisément celui qui est constamment observé. Il n'est pas inutile de remarquer que les tornados tournent dans le même sens que les cyclones ; on ne sait rien sur le sens de la rotation des trombes. Ajoutons enfin que les grands courants des régions supérieures doivent se mouvoir d'un mouvement uniformément accéléré. Leur vitesse faible au début va en augmentant à mesure qu'ils s'éloignent de l'équateur : c'est précisément ce qu'on observe dans la marche des cyclones. Quant à l'élargissement des cyclones, il résulte de la tendance de tout tourbillon à augmenter son diamètre, tendance bien souvent constatée sur les tourbillons des rivières.

Les grands mouvements circulaires, cyclones et typhons, reçoivent de la théorie précédente une explication très satisfaisante. M. Faye a montré que tous les autres phénomènes météorologiques peuvent s'y rattacher aisément. D'abord toutes les perturbations atmosphériques, pluie, orages, tornados, trombes, etc., sont plus ou moins en relation avec les cyclones. Nous avons de mauvais temps toutes les fois qu'un cyclone venu d'Amérique arrive sur nos côtes. Les tornados et les trombes sont de petits tourbillons qui se forment dans l'intérieur ou sur le bord des cyclones par suite des inégalités de vitesse des spires concentriques. C'est un fait bien connu que les tourbillons ont une tendance à la segmentation et engendrent souvent, dans leur intérieur même, des tourbillons plus petits. Les orages, et particulièrement les orages à grêle, sont de petits tourbillons de cette nature, mais dont la pointe reste bien au-dessus du sol. Seulement, dans la formation des orages intervient un élément nouveau : ce sont les cirrus, ces petits nuages formés d'aiguilles de glace que les aéronautes ont quelquefois rencontrés à de hautes altitudes, mais qui s'étendent jusqu'à des hauteurs beaucoup plus élevées que celles que les aéronautes ont jamais pu atteindre, car ceux-ci en ont constamment vus au-dessus de leur tête. Ils sont fortement électrisés, car c'est un fait d'observation que le potentiel électrique de l'atmosphère augmente rapidement avec la hauteur. C'est dans la région des cirrus que prennent naissance les tourbillons qui donnent naissance aux orages ; alors les cirrus sont entraînés dans le mouvement giratoire et amenés dans les régions inférieures où ils apportent toute l'électricité dont ils étaient chargés dans les hautes régions, en même temps qu'ils déterminent, par leur basse température, la condensation des vapeurs ambiantes et

par suite la production de nuages épais et de pluies abondantes ; mais nous avons déjà expliqué tout ce mécanisme. Voy. ORAGE. Ajoutons seulement que les phénomènes de refroidissement, de pluie et de décharges électriques sont ainsi dus à la descente des cirrus. Si les cirrus font défaut, aucun de ces phénomènes ne se produira, et le météore se réduira à un tourbillon de vent brûlant, à une t. de poussière ; c'est ce qu'on observe dans le Sahara où il n'y a jamais de cirrus et où, par suite, les phénomènes météorologiques présentent toujours un caractère de sécheresse très accentuée. Quant à la cause qui arrête ces nuages de glace et les empêche d'arriver au-dessus du grand désert africain, elle est absolument ignorée. Voy. VENT, ORAGE, CYCLONE.

TEMPÊTEMENT. s. m. [Pr. *tan-pête-man*]. Action de tempêter.

TEMPÊTER. v. n. [Pr. *tan-pêter*] (R. *tempête*). Faire bien du bruit par mécontentement. *Il ne fait que crier et t. T. pour rien, à propos de rien.* Fam.

> Allez plus loin tempêter de la sorte.
> RACINE.

TEMPÊTEUR. s. m. [Pr. *tan-pê-teur*]. Celui qui tempête, qui fait du bruit.

TEMPÊTUEUSEMENT. adv. [Pr. *tan-pêtueu-ze-man*]. D'une manière tempétueuse.

TEMPÊTUEUX, EUSE. adj. [Pr. *tan-pêtueu, euze*] (bas lat. *tempestuosus*, m. s.). Qui est sujet aux tempêtes, ou qui cause des tempêtes. *Mer tempétueuse. Vent t.* Peu usité.

TEMPLE. s. m. (Pr. *tan-ple*] (lat. *templum*, m. s.). Édifice public consacré à Dieu ou à ce qu'on révère comme Dieu.

> Oui, je viens dans son temple adorer l'Éternel.
> RACINE.

Les temples des faux dieux. Le t. de Jupiter, d'Apollon. Le t. de Delphes, d'Éphèse. Dédier, consacrer, profaner un t. Le t. de la Paix. Le t. de Janus, qu'on ouvrait pendant la guerre. — Poétiq., *Son nom est écrit dans le t. de la Gloire, au t. de Mémoire,* le t. est assuré d'une réputation immortelle. On dit encore, *Le t. de Thémis,* Le palais de justice, le tribunal ; *Le t. de la Fortune,* La Bourse ; etc. || Absol., Le t. que Salomon bâtit à Jérusalem. *Le parvis du t. Le pinacle du t. La destruction du t.* || Absol., se dit encore des lieux où demeuraient les chevaliers du T., ou Templiers. *Il logeait au T., à Paris. Le faubourg du T.* Voy. ORDRES *religieux*, II, B. || Aujourd'hui, Temple, se dit du lieu où les protestants s'assemblent pour l'exercice de leur religion et de l'édifice où les francs-maçons tiennent leurs réunions. *Un t. protestant. Elle est au t.* — Poétiq. et dans le style soutenu, se dit aussi d'une église catholique. || Fig., et dans le style de la Chaire, *Les fidèles sont les temples vivants, les temples du Saint-Esprit.*

Archit. — I. — Chez les Romains, les augures appelaient *templum* la partie du ciel qu'ils circonscrivaient avec le bâton augural pour y observer le vol des oiseaux et les phénomènes célestes : de là les mots *templari, contemplari, regarder,* contempler. Ce nom s'appliquait aussi à l'espace de terre qu'ils prenaient et où ils s'établissaient quand ils voulaient prendre les auspices : la tente même qu'ils dressaient au centre de ce terrain était appelée *templum minus.* Le mot *templum,* qui paraît identique avec le mot grec τέμενος, et dériver comme lui de τέμνειν, couper, séparer, fut ensuite étendu à l'enceinte où l'on élevait un édifice consacré au culte, ainsi qu'à cet édifice même, parce qu'en général, les augures consultaient la volonté des dieux avant qu'on procédât à son érection.

II. — Les temples consacrés au culte des dieux, chez les peuples polythéistes de l'antiquité, avaient habituellement la forme d'un carré long et présentaient la même disposition générale. La partie essentielle de l'édifice consistait en une enceinte plus ou moins grande, appelée ναός, δόμος, σηκός, ἄδυτον, chez les Grecs, et *cella* chez les Romains. C'est dans la *cella* que s'élevait la statue de la divinité à laquelle le t. était consacré : parfois elle renfermait plusieurs statues. On regardait la cella comme le sanctuaire ou la demeure même de la divinité, et devant la statue il y avait en général un autel où s'accomplissaient les cérémonies religieuses. Les prêtres seuls entraient dans ces sanctuaires ; le peuple se tenait dans l'enceinte qui précédait le t. En avant de la cella, il y avait toujours un vestibule appelé *pronaos*, πρόναος, ou πρόδομος. Fort souvent, en arrière de la cella, il y avait une chambre appelée ὀπισθόδομος, où l'on renfermait les trésors appartenant au t., ou les objets précieux déposés par les citoyens, parce que les temples, en raison de leur sainteté, étaient des lieux sûrs et en réalité presque inviolables. Le *pronaos* était toujours orné de colonnes, mais leur

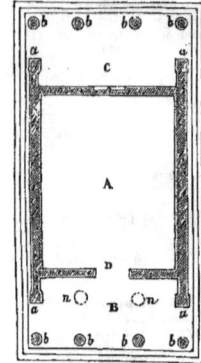

Fig. 1.

nombre et leur disposition variaient. Souvent aussi la partie postérieure du t. présentait un arrière-vestibule semblable au premier, ὀπισθόναος, ὀπίσθεν, *posticum*. Enfin, dans la plupart des temples, les parties latérales de l'édifice étaient également décorées de colonnes soit engagées, soit le plus souvent isolées, de manière à former des portiques latéraux, qu'on nommait *ailes*, αἴλα, πτερώματα. Les temples anciens n'avaient pas de fenêtres, ils ne recevaient en général de jour que par la porte; mais souvent l'intérieur était éclairé par des lampes. Les grands temples s'élevaient ordinairement dans un terrain sacré, circonscrit par un enclos de murs, περίβολος, muni d'une seule entrée. Ce *péribole* était parfois entouré de portiques et renfermait des grottes, des chapelles, des statues, des autels, ainsi que des fontaines destinées à servir aux purifications de ceux qui entraient dans le t. pour y prier ou y offrir des sacrifices.

Les anciens orientaient en général leurs temples avec soin. Dans les temples élevés par les Grecs de race dorienne, l'entrée de l'édifice regardait l'occident : alors les individus qui venaient faire des sacrifices voyaient en face d'eux la statue du dieu qui semblait s'avancer du côté du levant; les habitants de l'Attique, au contraire, tournaient l'entrée vers l'orient. Les Romains, suivant Vitruve, orientaient leurs temples comme les Doriens. Il y a néanmoins à ces règles de nombreuses exceptions, commandées sans doute par les circonstances locales.

III. — En faisant l'histoire de l'architecture chez les différents peuples, nous sommes entrés dans d'assez grands détails sur leurs monuments religieux, attendu que c'est dans ces sortes d'édifices que se manifeste de la manière la plus complète l'état de l'art architectural aux diverses époques. En conséquence, nous ne reviendrons pas ici sur ce sujet,

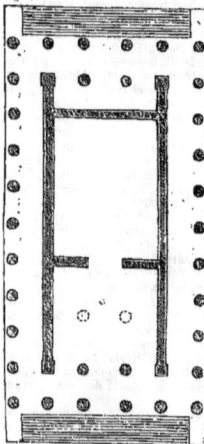

Fig. 2.

et nous nous contenterons de mentionner les différentes espèces de temples dont il est question dans Vitruve. — 1° L'ordonnance la plus simple et la plus ancienne était celle du *T. à antes*, ναός ἐν παράστασι, *templum in antis*. Il était formé d'une simple cella dont les murs latéraux faisaient saillie du côté de la façade, où ils se terminaient par deux antes ou pilastres.

Il y avait en outre entre ces deux antes deux colonnes destinées à soutenir le milieu du fronton. — 2° Le *T. prostyle* ne différait du précédent qu'en ce qu'il présentait en avant un portique de quatre colonnes; alors les colonnes entre les antes étaient supprimées. — 3° Le *T. amphiprostyle* offrait en arrière un portique semblable à celui qui ornait la façade antérieure du prostyle. La Fig. 1 représente le plan d'un t. amphiprostyle. A est la cella; B, le pronaos; C, le posticum; D, la porte de la cella; *aa*, les antes; *bbbb*, les colonnes des deux portiques. Les colonnes *m* doivent être supprimées par la pensée, car elles ne font point partie de l'ordonnance. Sup-

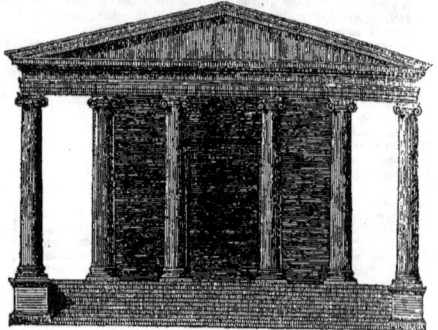

Fig. 3.

primez encore par la pensée le portique et les antes du *posticum*, vous aurez simplement le t. *prostyle*. Enfin, supprimez en outre les colonnes *bbbb*, qui forment le portique antérieur, et ajoutez les colonnes *nn* entre les antes, et vous aurez le t. *à antes* pur et simple. — 4° Le *T. périptère* offrait un portique de six colonnes à chacune de ses extrémités, et, le long de chacun des côtés de la cella, une rangée de onze colonnes, en comptant de nouveau celle des angles (Fig. 2). La distance des colonnes aux murs de la cella était égale à un entre-colonnement. La Fig. 3 est l'élévation d'un t. périptère, hexastyle et eustyle, c.-à-d. ayant six colonnes de front avec des entre-colonnements de deux diamètres et quart. Les anciens ont construit aussi des périptères à huit colonnes de front et dix-sept de côté : tel était, par ex., le Parthénon (Voy. ARCHITECTURE, Fig. 23, 24 et 25). — 5° Dans le *T. pseudo-périptère*, les colonnes latérales, au lieu d'être isolées, sont engagées dans les murs de la cella, disposition qui permettait de donner plus de largeur à cette dernière. Le t. de Nîmes, si connu sous le nom de Maison carrée, offre un ex. de cette ordonnance. — 6° Le *T. diptère* était octostyle, avec un pronaos et un posticum; mais il y avait tout autour de la cella deux rangées de colonnes. La colonnade latérale extérieure A comptait quinze colonnes (Fig. 4).

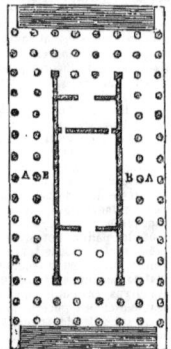

Fig. 4.

L'ornementation du diptère était extrêmement riche. Le fameux t. de Diane, à Éphèse, qui avait été construit par Ctésiphon, était diptère. — 7° Lorsque le rang de colonnes B était supprimé ou lorsque les colonnes de ce rang, au lieu d'être isolées, étaient engagées dans le mur, le t. était appelé *pseudo-diptère*. Alors la galerie extérieure avait la largeur de deux entre-colonnements. Cette ordonnance, qu'on ne trouve dans aucun t. romain, avait été appliquée par Hermogène d'Alabanda

Fig. 5.

au t. de Diane à Magnésie, et par Ménesthès à celui d'Apollon.

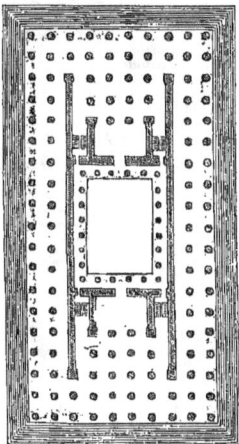

Fig. 6.

L'élévation que représente la Fig. 5 est la même dans les

Fig. 7.

temples diptères et pseudo-diptères. Celui que nous donnons ici est systyle, c.-à-d. que l'entre-colonnement est égal à deux diamètres. — 8° Enfin, on appelait *T. hypèthre*, un t. découvert au centre, c.-à-d. dont la celle n'avait pas de toit. Les temples hypèthres avaient toujours de très grandes dimensions. La Fig. 6 représente le plan, et la Fig. 7 l'élévation ainsi que la coupe d'un édifice de ce genre. On voit qu'il est décastyle, en d'autres termes, qu'il a dix colonnes à chaque front. Sous la plupart des rapports, il ressemble à un t. diptère; mais il en diffère en ce qu'il offre à l'intérieur un double étage de colonnes formant portique. Cette superposition de deux ordres était une autre condition caractéristique du t. hypèthre : elle donnait le moyen d'obtenir des supports d'une grande hauteur et de proportion convenable, tandis que des colonnes simples ayant la hauteur nécessaire pour soutenir le toit, auraient exigé des dimensions trop considérables et auraient paru trop massives. Les péristyles intérieurs de la celle étant ainsi recouverts par le toit, il n'y avait de découverte que la partie comprise entre les deux rangées de colonnes : *medium sub dio et sine tecto*, comme s'exprime Vitruve. Il est probable cependant que le toit s'avançait au-dessus du lieu où était placée la statue du dieu, afin de la mettre à l'abri de l'intempérie des saisons. Il paraît aussi qu'on étendait un voile au-dessus de la large ouverture que présentait la celle hypèthre. — 9° Outre les temples de forme

Fig. 8.

quadrangulaire que nous venons de caractériser, les anciens en construisaient quelquefois qui étaient de forme circulaire. Les ordonnances de ces *temples circulaires* étaient bien moins variées que celles des précédents. Ainsi Vitruve ne distingue que deux sortes de temples de ce genre, savoir : le *Monoptère*, qui consistait simplement en un cercle de colonnes posées sur un stylobate et supportant un toit ou un entablement, et le *Périptère*, qui présentait une celle circulaire autour de laquelle se déployait une colonnade et qui s'appuyait également sur un stylobate (Fig. 8). L'édifice était recouvert tantôt d'un toit plat, tantôt d'une coupole hémisphérique. Voy. aussi ARCHITECTURE, Fig. 27. Voy. ORDRE.

Les temples anciens recevaient encore différents noms suivant le nombre des colonnes de la façade. Ainsi, le *Tétrastyle* en avait quatre, l'*Hexastyle* six, l'*Octostyle* huit, le *Décastyle* dix, et le *Dodécastyle* douze. La largeur des entre-colonnements donnait au si lieu à plusieurs distinctions : de là les dénominations de T. *pycnostyle, systyle, eustyle, diastyle* et *aréostyle*. Voy. ENTRE-COLONNEMENT.

TEMPLE. s. f. [Pr. *tan-ple*]. T. Techn. Outil de charron.—Instrument pour tenir tendue l'étoffe sur le métier.

TEMPLE (WILLIAM), homme d'État angl. (1628-1699).

TEMPLIER. s. m. [Pr. *tan-plié*] (R. *temple*). Chevalier de l'ordre du Temple. Voy. ORDRES *religieux*, II, B

TEMPORAIRE. adj. 2 g. [Pr. *tan-porère*] (lat. *temporarius*, m. s., de *tempus*, *temporis*, temps). Qui est pour un t. *Pouvoir t.*

TEMPORAIREMENT. adv. [Pr. *tan-porère-man*] (R. *temporaire*). Pour un temps, *Il n'occupe cette place que t.*

TEMPORAL, ALE. adj. [Pr. *tan-poral*] (lat. *temporalis*, m. s.). T. Anat. Qui a rapport aux tempes. *Os t.*, et substant., *Le t. Muscles temporaux. Artère temporale.* Voy. CRÂNE.

TEMPORALITÉ. s. f. [Pr. *tan-poralité*] (lat. ecclés. *temporalitas*, m. s., de *tempus*, *temporis*, temps). Nom qu'on donnait autrefois à la juridiction du domaine temporel d'un évêché, d'un chapitre, d'une abbaye. *Il était juge de la t.*

TEMPOREL, ELLE. adj. [Pr. *tan-porel*, rèle] (lat. *temporalis*, m. s., de *tempus*, *temporis*, temps). Qui passe avec le temps, périssable; se dit par opposition à Éternel. et à Spirituel. *Les biens temporels ne doivent pas être comparés à ceux de l'éternité. Préférer les biens temporels aux spirituels.* ‖ Séculier, par opposition à Ecclésiastique. *Puissance, juridiction temporelle.* = TEMPOREL. s. m. Le revenu qu'un ecclésiastique tire de son bénéfice. *Il fut contraint par la saisie de son t.* ‖ La puissance temporelle. *Les rois, quant au t., sont indépendants de la puissance spirituelle.*

TEMPORELLEMENT. adv. [Pr. *tan-porè-leman*]. Pour un temps; par opposition à Éternellement. *Les méchants ne peuvent être heureux que t., et les bons le seront éternellement.*

TEMPORISATEUR, TRICE. s. [Pr. *tan-pori-za-teur*]. Celui, celle qui temporise. = Adj. Qui temporise. *Une politique temporisatrice.*

TEMPORISATION. s. f. [Pr. *tan-pori-za-sion*]. Action de temporiser.

TEMPORISEMENT. s. m. [Pr. *tan-pori-ze-man*]. Retardement, dans l'attente d'un moment plus favorable. *Ce t. pensa tout perdre.* Peu us.

TEMPORISER. v. n. [Pr. *tan-pori-zer*] (bas lat. *temporizare*, m. s., de *tempus*, *temporis*, temps). Retarder, différer, dans l'attente d'une occasion favorable, d'un temps plus favorable. *Ne vous hâtez pas, il est bon de t.*

TEMPORISEUR, EUSE. s. [Pr. *tan-pori-zeur*, zeu-se]. Celui, celle qui est dans l'habitude de temporiser. *C'est un grand t. Le dictateur Fabius fut surnommé le Temporiseur.* Vx.

TEMPORO-MAXILLAIRE. adj. 2 g. [Pr. *tanporo-maksit-lère*]. T. Anat. Qui a rapport au temporal et au maxillaire. *Articulation t.-maxillaire.*

TEMPS. s. m. [Pr. *tan*] (lat. *tempus*, m. s.). La durée indéfinie. *Les anciens avaient personnifié et divinisé le t. Les poètes représentaient le Temps sous la figure d'un vieillard ailé, qui d'une main tient une faux, et de l'autre un sablier.* ‖ La durée des choses, c.-à-d. en tant qu'elle est marquée par certaines périodes ou mesures, et principalement par la révolution apparente du soleil. *T. passé. T. présent. T. futur ou à venir. Un long t. Un t. court. Compter, mesurer le t. Le t. s'écoule. En moins de t. qu'il ne faut pour le dire. Il alla dans le même t. Il y a peu de t. Avec le t. Le t. fait découvrir la vérité. Le t. dévore tout,* A la longue, tout se détruit.

> Patience et longueur de temps
> Font plus que force ni que rage.
>
> LA FONTAINE.

Un temps, Un certain espace de temps. *Cela a duré un certain t. Cela est bon pour un t., et ne vaut rien ensuite.* On dit encore d'une chose qui ne dure que fort peu. *Cela n'a qu'un t.* — Syn. Voy. DURÉE. ‖ La durée de la vie, des années, des jours, des heures, etc., considérée par rapport aux différents travaux, aux diverses occupations, au loisir des personnes. *C'est un homme qui ne connaît pas le prix du t. Ménager le t. Ce travail me prend tout mon t. Cet importun vient me faire perdre mon t. Je n'ai pas le t. de vous parler.* — *Passer le t.,* passer son t. à quelque chose, à faire quelque chose; absol., *Passer le t., et Passer mal le t.,* son t., Voy. PASSER. Fam. *Passer bien le t.,* son t., ou *Avoir, prendre, se donner du bon t.,* Se divertir. — *Perdre le t.* ou *Perdre* son t., Ne rien faire, ou faire des choses inutiles. *Je n'ai pas de t. à perdre. Je n'ai pas de temps à employer inutilement. Je n'ai que le temps nécessaire pour ne pas arriver trop tard.* — *Prendre son t.,* Faire une chose à loisir, sans se presser. *Prendre le t. de quelqu'un,* Attendre le moment qui convient à quelqu'un dont on a besoin. — Fig. et fam. *Tuer le t.* Faire des riens, des inutilités pour se désennuyer. On dit aussi, *Couler le t.* Laisser écouler le temps dans l'attente de quelque occasion plus favorable. ‖ Se dit de la saison propre à quelque chose. *Le t. des vendanges. Le t. de la moisson. Dans le t. des perdreaux,* Dans le temps où l'on va à la chasse des perdreaux. — *Le t. de Pâques, le t. pascal,* Les jours pendant lesquels se célèbrent les fêtes de Pâques. *Le t. des vacances,* L'époque de l'année où les tribunaux, les collèges, etc., sont fermés. — *Quatre-t.,* Voy. JEÛNE. — *Le propre du t.,* office propre aux fêtes solennelles de l'année, qui exclut l'office propre des saints, qu'on récite spécialement pendant certains temps de l'année. ‖ Se dit des siècles, des différentes époques, et par rapport à la chronologie. *Du t. de Moïse, des patriarches. Dans ce t.-là vivait un sage. Ils vivaient dans le même t. Les hommes de mon t. Dans mon jeune t. Au bon vieux t. Les temps fabuleux. Les temps héroïques. Les temps historiques. Tous les temps ont produit des héros.* — *La nuit des temps,* Voy. NUIT. — *Dans le cours des temps, dans la suite des temps,* Dans un t. futur fort éloigné de celui dont on a parlé. ‖ Se dit par rapport à l'état où sont les choses pour le gouvernement d'un pays, pour les mœurs, usages, coutumes, etc. *C'était un bon t., un mauvais t. En t. de paix et en t. de guerre. Dans un t. de trouble et de corruption. Dans les temps difficiles. Les temps sont durs. C'est le goût du t. Dans n'est pas surprenant par le t. qui court.* Prov., *Autre t., autres mœurs.* ‖ *Temps,* se dit encore pour désigner un terme préfix ou une durée limitée. *Payer dans le t. marqué par l'acte. Le t. s'approche.* Prévenir, devancer le t. *Dès que le t. sera venu. Elle est accouchée avant le t. Ce soldat a fait son t.* — *Il a fait son t.,* se dit d'un homme qui sort d'un emploi dont le temps était limité, ou qui n'est plus propre aux choses dont il s'est mêlé autrefois avec succès. On dit encore, en parlant des choses, *Cet habit a fait son t.,* Il ne peut plus servir; etc. ‖ Se prend aussi pour délai. *Il m'a demandé encore un peu de t. pour me payer. Vous me rendez le t. bien court. Prolonger, abréger le t. Accorder, obtenir du t. Donner une année de t. Cet homme ne cherche qu'à gagner du t.,* Il ne cherche qu'à différer. — Prov., *Qui a t., a vie,* Quand le terme où l'on doit satisfaire à quelque chose est encore éloigné, on a du loisir pour se préparer à remplir son obligation. ‖ *Temps,* signifie encore conjoncture, occasion propre. *Le t. est favorable. Il n'est pas encore t. de songer à cela. Il n'est plus t. de le faire,* ou absol., *Il n'est plus t. Ce n'est pas le t. de parler de cela. Chaque chose a son t.* Prov., *Il y a t. pour tout. Il y a t. de rire et de pleurer, t. de parler et de se taire.* On dit encore proverb., *Un t. viendra,* Il arrivera une circonstance, une conjoncture favorable. — *Prendre son t., prendre bien son t., prendre mal son t.,* Prendre ou ne pas prendre le moment favorable pour faire une chose. On dit aussi, *Prendre quelqu'un sur le t.,* Saisir l'occasion favorable pour lui faire faire quelque chose, ou ne pas lui laisser le temps de la réflexion. — Prov., *Tout vient à t. pour qui peut attendre,* Avec le t. et la patience, on vient à bout de tout. ‖ *Temps,* se dit souvent en parlant de l'état de l'atmosphère. *Il fait beau t., mauvais t. Quel vilain t.! Un t. sec, humide, pluvieux. Un t. calme, serein, orageux. T. sombre, couvert. S'exposer aux injures du t. Changement de t. Le t. s'éclaircit, s'obscurcit. Le t. se met au beau. Gros t.,* Temps d'orage. Proverb., *Il fait un t. de demoiselle,* Il ne fait ni trop ni pluie, ni poussière, ni soleil. — Fig. et prov., *Prendre le t. comme il vient,* Ne s'inquiéter du rien, et s'accommoder à tous les événements. ‖ T. Danse, Escr., se dit des moments précis pendant lesquels il faut faire certains mouvements qui sont distingués et séparés par des pauses. *La charge en douze t., en quatre t. Observer les temps de la danse. Pousser une botte en deux, en trois t. T. d'arrêt.* || T. Déclamation. Pause, silence qu'on observe entre certaines phrases, entre certains mots. *Lorsqu'on parle en public, il est bon d'observer des temps entre certains mots, entre certaines phrases. Après ce vers, il y a un t. à garder.* || T. Équit. *Un t. de galop,* Une galopade qui ne dure pas très longtemps. || T. Gramm. Voy. ci-après. || T. Mus. Chacune des divisions de la mesure constituant pour ainsi dire une unité de durée qui sert à régler le rythme. Voy. NOTATION. = A TEMPS loc. adv. Assez tôt. *Vous arrivez à t. Vous n'arrivez pas à t. pour le voir. — Cette chose n'a point été faite à t.,* Elle a été faite trop tôt ou trop tard. *A t.,* signifie aussi, pour un temps fixé. *Galères à t., Bannissement à t.* = AU MÊME TEMPS, EN MÊME TEMPS. loc. adv. Dans le même instant, à la même heure, ensemble. *Nous sommes partis au même t. Nous étions au collège en même t.* = DE TEMPS EN TEMPS, DE TEMPS A AUTRE. loc. adv. De fois à autre, quelquefois. *Il vient me voir de t. à autre. Je lui écris de t. en t.* = DE TOUT TEMPS. loc. adv. Toujours. *De tout t. la vertu s'est fait estimer.* = EN TEMPS ET LIEU. loc. adv. Dans le temps et le lieu convenables. *Je vous expliquerai cela en t. et lieu.* = TOUT D'UN TEMPS. loc. adv. Tout à la fois. *Il faut détruire ces mauvaises herbes tout d'un t.* = LA PLUPART DU TEMPS. loc. adv. Presque constamment. *La plupart du t., il vagabonde par les rues.* = SUIVANT ou SELON LE TEMPS, SUIVANT ou SELON LES TEMPS. loc. adv. Conformément à la circonstance. *Il faut s'habiller suivant le t. Se gouverner selon le t., selon les temps.* — DANS LE TEMPS QUE ou DANS LE TEMPS OÙ. locut. conj. Lorsque, pendant que. *J'entrai chez lui dans le t. qu'il se disposait à partir. Il fait des filets dans le t. où il ne peut pêcher.*

Philos. — La question du *t.* et celle de l'*espace* sont intimement liées l'une à l'autre et doivent être envisagées de la même manière. Nous avons vu au mot ÉTENDUE quelles sont les deux solutions que peut recevoir cette double question. Pour les uns, le t. et l'espace ont une existence propre, objective, indépendante des corps et des phénomènes, de sorte qu'ils subsisteraient l'un et l'autre si les corps et les phénomènes venaient à disparaître. Au contraire, les grands métaphysiciens sont tous d'accord pour n'accorder au temps et à l'espace qu'une réalité abstraite ou subjective. Ainsi Leibniz définit l'espace *l'ordre de coexistence des phénomènes,* et le t. *l'ordre de succession des phénomènes.* Pour Kant, le t. et l'espace sont des *formes de la sensibilité,* c.-à-d. des conditions imposées par notre nature à notre manière de percevoir ce qui se passe au dehors de nous et en nous-mêmes. Ainsi non seulement le t. n'est pas une des choses, encore ce n'est même pas une qualité des choses : c'est une simple forme que nous imposons par une fatalité de notre sensibilité à la représentation que nous nous faisons des choses variables. Des êtres constitués différemment pourraient se faire du monde une représentation toute différente, où l'idée du t. serait tout autre que ce qu'elle est pour nous, et peut-être serait totalement supprimée. Pour Dieu, il n'y a ni t. ni espace. Nous n'insisterons pas plus longtemps sur ce sujet que nous avons déjà eu l'occasion de traiter plusieurs fois; mais nous ferons remarquer que l'opinion de Kant et des autres métaphysiciens qui refusent toute réalité objective à l'idée du t. est la seule qui puisse s'accorder avec une philosophie spiritualiste, parce que c'est la seule qui permette de concilier la liberté humaine avec la prescience de Dieu. Voy. ÉTENDUE, PROVIDENCE, CRÉATION, LIBERTÉ.

Astron. et Physiq. — La question de la mesure du t. est une des plus difficiles qui se rencontrent dans les sciences physiques. Il semble même qu'elle ne soit pas susceptible d'une solution rigoureuse.

Pour mesurer le t., il faut commencer par définir des *temps égaux* : c'est là qu'est la difficulté. Théoriquement deux temps sont égaux s'ils servent à l'accomplissement de deux phénomènes identiques; mais, pour que des phénomènes qui s'accomplissent à des époques différentes fussent identiques, il faudrait qu'aux deux époques considérées, l'état de l'Univers tout entier fût exactement le même. La moindre différence entre les positions relatives des corps constitue une différence qui empêche les phénomènes d'être identiques. Comme l'Univers est dans un état de changement incessant, deux phénomènes identiques n'existent pas, et la définition des temps égaux reste purement spéculative et sans application pratique rigoureuse. Par ex., considérons la durée d'oscillation d'un pendule. On aura deux phénomènes identiques si l'on considère deux oscillations de même amplitude de ce pendule; mais c'est à condition que dans les deux cas la pression atmosphérique, la température, le degré d'humidité se retrouvent les mêmes.

Cela n'est pas une objection bien grave. A la rigueur on pourrait faire osciller le pendule dans une enceinte vide d'air et maintenir sa température constante. Mais il y a plus : il faut qu'aux deux époques l'intensité de la pesanteur soit la même. Or la pesanteur est la résultante des attractions qu'exercent sur un corps placé dans le voisinage de la Terre, non seulement la Terre, mais encore la Lune, le Soleil, et tous les astres du ciel, cette résultante étant de plus composée avec la force centrifuge due à la rotation de la Terre. Il faudrait donc que deux époques tous les éléments matériels qui constituent la Terre, et tous les astres du ciel se retrouvassent exactement dans les mêmes positions relatives, et que de plus la durée de la rotation de la Terre fût restée la même. Tant de conditions ne peuvent jamais être réalisées complètement, car l'Univers, qui se modifie constamment, ne passe jamais deux fois par le même état. La deuxième condition fait même cercle vicieux, puisque, pour définir des temps égaux, il faut d'abord supposer l'égalité des temps des rotations successives de la Terre.

En présence de l'impossibilité de réaliser un étalon de t. comme on a réalisé des étalons de longueur et de masse, on a dû faire reposer la mesure du t. sur un phénomène assez simple pour qu'on pût le considérer comme toujours identique à lui-même, ou moins avec une approximation suffisante. Parmi tous les phénomènes que nous offre la nature, il n'en est aucun qui remplisse mieux ces conditions que la rotation de la Terre. Aussi l'unité de t. fondamentale de laquelle dérivent toutes les unités nécessaires au besoin de la pratique est-elle *le jour sidéral* qui représente à très peu près la durée exacte de la rotation de la Terre ou, ce qui revient au même, la durée de la rotation diurne apparente du ciel étoilé. Cependant, pour les usages civils, cette unité est inacceptable parce que nos occupations doivent être réglées sur le retour périodique du jour et de la nuit. Il a donc été nécessaire de considérer une unité de temps qui s'accorde en moyenne avec la rotation diurne apparente du Soleil, et qu'on appelle *le jour solaire.* Voy. JOUR.

En fait, le jour solaire a été l'unité de t. adoptée par tous les hommes depuis la plus haute antiquité. Mais, pour des raisons que nous expliquerons tout à l'heure, tous les jours solaires ne sont pas égaux entre eux; c'est pourquoi le jour solaire a cessé de pouvoir servir d'unité de t. dès que les progrès de la science ont exigé quelque précision dans les mesures : c'est alors qu'on a pris le jour sidéral pour unité fondamentale du t.

Jour sidéral. — On dit couramment que le jour sidéral est la durée de la rotation de la Terre, et on le définit assez souvent en disant que c'est le t. que met une même étoile à revenir dans le plan méridien du même côté du pôle. Ni l'une ni l'autre de ces deux propositions ne sont rigoureusement exactes. D'abord, pour obtenir une durée rigoureusement égale à la rotation de la Terre, il faudrait prendre le t. qui s'écoule entre deux passages au méridien d'un point fixe du ciel. Or il n'y a pas de point fixe dans le ciel. Toutes les étoiles sont animées de mouvements propres qui nous semblent très lents à cause du prodigieux éloignement des étoiles, mais qui deviennent sensibles avec les siècles. Il en résulte que le jour sidéral défini par la considération d'une étoile déterminée ne serait pas le même que le jour sidéral défini avec une autre étoile : la différence serait insensible pendant un petit nombre de jours; mais elle irait s'accumulant avec les jours et les siècles, de sorte que à la longue, deux horloges réglées sur deux étoiles différentes finiraient par ne pas marquer la même heure. Les astronomes auraient pu atténuer cet inconvénient en choisissant, par une convention universelle, une étoile particulière, pour définir le jour sidéral : ce n'est pas la solution qu'ils ont adoptée. Nous allons expliquer celle à laquelle ils se sont arrêtés. Le jour sidéral est divisé en 24 heures sidérales qui se divisent elles-mêmes en 60 minutes et chaque minute en 60 secondes. On construit des horloges qui donnent le t. sidéral et qu'on règle chaque jour sur les observations des étoiles. Nous avons dit au mot ASCENSION DROITE que le jour sidéral commence au moment où le point du ciel qui sert d'origine aux ascensions droites passe au méridien, à sa culmination supérieure. Or l'origine des ascensions droites n'est pas un point fixe du ciel : c'est le nœud ascendant de l'orbite du Soleil, c.-à-d. le point où le Soleil, dans sa marche apparente annuelle, coupe l'équateur céleste en passant de l'hémisphère sud dans l'hémisphère nord. Ce point s'appelle aussi l'*équinoxe de printemps* ou le *point vernal.* Voy. ASCENSION DROITE, SOLEIL. De là résulte la seule définition correcte du jour sidéral : *Le jour sidéral est le t. qui s'écoule entre deux retours consécutifs du point vernal à sa culmination supérieure.* Comme le point vernal, par suite de la *précession des équinoxes,* rétrograde sur l'écliptique de manière à faire le tour complet du ciel, dans le sens même du mouvement diurne en 25 765 ans environ, il met un *peu moins de t.* à revenir au méridien que s'il était fixe dans le ciel. Cette différence est sans doute très faible; mais au bout de 25 765 ans l'écart est d'un tour complet, c.-à-d. que le point vernal est passé au méridien une fois de plus que s'il eût été fixe. Ainsi le jour sidéral est un peu plus court que la durée de la rotation de la Terre, et les différences accumulées s'élèvent à un jour en 25 765 ans. Comme l'année contient environ 366 jours sidéraux, la différence des deux durées est à peu près de $\dfrac{1 \text{ jour}}{25\,765 \times 366}$, ou, puisqu'un jour vaut 86 400 secondes :

$$\dfrac{86\,400^s}{25\,765 \times 366} = 0^s,00916.$$

Mais il y a plus; le point vernal est encore affecté du mouvement de *nutation* qui est périodique avec une période de 18 ans et 7 mois. Il résulte de ce mouvement que tous les jours sidéraux ne sont pas rigoureusement égaux entre eux; les durées oscillent entre deux limites pendant cette période de 18 ans et demi; l'écart entre le plus long jour et le plus court n'atteint pas un millième de seconde; mais les différences accumulées arrivent à produire une différence d'environ une seconde du commencement au milieu de la période. Ces légers écarts sont insignifiants en pratique. Enfin le mouvement de précession n'est pas rigoureusement uniforme; il s'accélère lentement avec le t., d'où il suit que le jour sidéral devient de plus en plus court; mais cette diminution n'est que d'un millionième de seconde par siècle.

Jour solaire vrai. — Jour solaire moyen. — Équation du temps. — On appelle *midi vrai* l'instant où le centre du Soleil traverse le méridien à sa culmination supérieure. Le *jour solaire vrai* est le t. qui s'écoule entre deux midis vrais consécutifs. Le jour solaire vrai est plus long que le jour sidéral parce que, dans son mouvement apparent annuel, le Soleil se déplace parmi les étoiles en sens inverse du mouvement diurne, de sorte que, lorsque la sphère des étoiles a fait un tour complet, le Soleil n'est pas encore revenu au méridien. En d'autres termes l'ascension droite du Soleil augmente constamment, et, comme l'ascension droite d'un astre est l'heure sidérale de son passage au méridien, le Soleil passe au méridien à des heures sidérales qui vont constamment en augmentant, de sorte que, si l'on se sert du t. sidéral, on voit que le midi vrai arrive chaque jour plus tard que la veille. Voy. SOLEIL, ASCENSION DROITE. Si l'on fait abstraction des petites inégalités du jour sidéral, on voit que le jour solaire vrai ne pourrait être constant que si la variation diurne d'ascension droite du Soleil était invariable. Il en serait ainsi si le Soleil décrivait l'équateur d'un mouvement uniforme; mais le Soleil décrit l'écliptique qui est inclinée d'environ 23°28' sur l'équateur, et de plus il ne décrit pas ce cercle uniformément, mais il décrit une ellipse suivant la loi des aires. Voy. SOLEIL. Ces deux raisons font que l'ascension droite du Soleil varie irrégulièrement et que, par suite, les jours solaires vrais ne sont pas égaux. On a été ainsi conduit à substituer au jour solaire vrai une durée invariable qui en diffère fort peu et qui est une sorte de moyenne entre tous les jours solaires de l'année. Les ouvrages de cosmographie définissent généralement le jour solaire moyen de la manière suivante : On considère un premier soleil fictif qui décrit l'écliptique comme le soleil vrai, mais d'un mouvement angulaire uniforme; ce premier soleil fictif part du périgée en même temps que le soleil vrai et revient à l'apogée en même temps que lui après avoir décrit la moitié de l'écliptique; il se retrouve aussi, à la fin du tour, au périgée en même temps que le soleil vrai. On considère ensuite un se-

cond soleil fictif appelé *soleil moyen* qui parcourt l'*équateur* d'un mouvement uniforme en passant aux équinoxes en même temps que le premier soleil fictif. C'est le passage au méridien de ce soleil moyen qui définit le *midi moyen,* et le jour solaire moyen est le temps qui s'écoule entre deux *midis moyens consécutifs.* Il est bien évident qu'on ne peut observer le soleil moyen; mais, comme on connaît très bien le mouvement du Soleil, on peut calculer à l'avance, pour chaque jour de l'année, le t. qui sépare le midi moyen du midi vrai : c'est ce t. qu'on appelle l'*équation du t.* L'explication précédente est insuffisante parce qu'elle ne tient compte ni des mouvements du périhélie, ni des mouvements de l'équinoxe produits par la précession et la nutation. Pour obtenir un peu plus de précision, définissons d'abord l'équinoxe moyen : c'est un point de l'écliptique qui coïncide avec l'équinoxe vrai à une certaine époque prise pour origine et qui est soumis à la précession, mais non à la nutation, de sorte que l'équinoxe moyen coïncide avec l'équinoxe vrai à la fin de chacune des périodes de 18 ans et 7 mois de la nutation. La longitude moyenne du Soleil est la longitude d'un soleil fictif qui parcourrait l'écliptique d'un mouvement angulaire uniforme dans le même temps que met, en moyenne, le soleil vrai à revenir à l'équinoxe moyen, cette longitude étant rapportée à l'équinoxe moyen, et non à l'équinoxe vrai. Alors le soleil moyen est défini par cela qu'il décrit l'équateur vrai, et que son ascension droite, *rapportée à l'équinoxe vrai,* est égale à la longitude moyenne du Soleil. L'équation du t. est la différence entre l'ascension droite du soleil vrai et celle du soleil moyen rapportées toutes deux à l'équinoxe vrai, car cette différence d'ascension droite est précisément le temps qui sépare les passages aux méridiens des deux points.

Nous donnons ci-après la table de l'équation du t. de 10 jours en 10 jours pour l'année 1901. Cette table varie très peu d'une année à une autre et se retrouve presque la même tous les quatre ans, les petites différences étant compensées par l'introduction de l'année bissextile.

L'équation du t. est nulle quatre fois par an, le 16 avril, le 15 juin, le 1er septembre et le 25 décembre. Elle est maximum le 4 novembre où elle s'élève à 16m21t.

Autrefois les horloges publiques étaient réglées sur le t. vrai qu'on déterminait au moyen d'un cadran solaire. Voy. GNOMONIQUE. C'était le désespoir des horlogers, car une bonne horloge ne pouvait suivre toutes les irrégularités du mouvement du Soleil, et il fallait constamment déplacer les aiguilles. C'est en 1816 que, sur les instances d'Arago, on se décida à régler les horloges publiques sur le t. moyen. Le préfet de police Chabrol avait hésité à prendre cette mesure parce qu'il craignait que la population ne manifestât son mécontentement d'une règle qui placerait l'heure de midi en dehors du milieu du jour. En fait, la réforme passa inaperçue si ce n'est des horlogers qui en furent très satisfaits. Du reste comme l'équation du t. ne dépasse guère un quart d'heure, la différence des durées de la matinée et de l'après-midi ne dépasse pas une demi-heure. Pour ce qui concerne l'heure légale. Voy. HEURE.

Rapport entre le jour sidéral et le jour solaire moyen. — Nous avons dit que l'ascension droite du soleil moyen est égale à la longitude moyenne du Soleil. Donc l'ascension droite du soleil moyen augmente de 24 heures dans le même t. que la longitude moyenne du Soleil augmente aussi de 24 heures ou de 360 degrés. Or cette durée est celle que mettrait le Soleil à revenir à l'équinoxe moyen si on ne tenait pas compte des irrégularités périodiques dues au mouvement du Soleil lui-même et à la nutation qui déplace l'équinoxe. Cette durée s'appelle l'*année tropique moyenne.* Elle est actuellement de 366,2421934 jours sidéraux et diminue de 0s,539 par siècle à cause de l'accélération séculaire du mouvement de précession dont nous avons déjà parlé. Il en résulte que le soleil moyen se déplace chaque jour sur l'équa-

TEMPS MOYEN A MIDI VRAI											
1er janvier.	12h 3m34s	22 mars.	12h 7m40s	10 juin. .	11h59m 3s	29 août . .	12h 0m58	17 novemb.	11h44m59s
11 —	12 7 58	1er avril.	12 4 7	20 —	12 1 9	8 sept. .	11 57 46	27 —	11 47 34
21 —	12 11 75	11 —	12. 1 13	30 —	12 3 16	18 —	11 54 17	7 décemb.	11 51 21
31 —	12 13 37	21 —	11 58 48	10 juillet. .	12 50	28 —	11 50 49	17 —	11 56 1
10 février.	12 14 26	1er mai.	11 57 5	20 —	12 6 4	8 octobre.	11 47 43	27 —	12 0 59
20 —	12 14 0	11 —	11 56 14	30 —	12 5 23	18 —	11 45 19	31 —	12 2 56
2 mars .	12 12 26	21 —	11 56 21	9 août . .	12 5 23	28 —	11 43 54		
12 —	12 10 3	31 —	11 57 21	19 —	12 3 35	7 novemb.	11 43 44		

leur, *en sens inverse du mouvement diurne* d'un angle

égal à $\dfrac{360^\circ}{366,2421934}$. Donc, en un jour sidéral, le soleil moyen,

au lieu de décrire 360° en parcourt seulement :

$$360 - \frac{360}{366,2421934} = 360 \times \frac{365,2421934}{366,2421934}.$$

Le t. qu'il mettra à parcourir 360°, c.-à-d. le jour solaire moyen sera donc au jour sidéral comme 360 est au nombre précédent. On aura ainsi :

$$\frac{1 \text{ jour moyen}}{1 \text{ jour sidéral}} = \frac{360}{360 \times \frac{365,2421934}{366,2421934}} = \frac{366,2421934}{365,2421934}$$

ou encore : 365,2421934 jours moyens = 366,2421934 jours sidéraux, c.-à-d. que l'année tropique contient juste un jour moyen de moins que de jours sidéraux. De cette égalité on déduit facilement :

$$1 \text{ j. sid} = 1 \text{ j. moy.} \times \frac{365,2421934}{366,2421934} = 1 \text{ j. moy.} - \frac{1 \text{ jour moyen}}{366,2421934}$$

et tous calculs faits :

$$1 \text{ j. sid} = 23^h56^m4^s,09 \text{ temps moyen.}$$

Détermination de l'heure. — 1° *Heure sidérale.* — Il suffit d'observer à la lunette méridienne le passage d'une étoile dont l'ascension droite est connue. A cet instant précis l'heure est égale à l'ascension droite de l'étoile, ce qui permet de régler l'horloge sidérale. Tel est le procédé employé en pratique par les astronomes et les explorateurs. L'almanach publié chaque année par le Bureau des Longitudes sous le nom de *Connaissance des temps* donne les ascensions droites et les déclinaisons d'environ 300 étoiles pour tous les jours de l'année, car ces coordonnées sont variables en raison de la précession, de la nutation et du mouvement propre de l'étoile. D'autre part, les ascensions droites des étoiles se déterminent par l'observation de l'heure au moment de leur passage au méridien. Il semble donc qu'il y a un cercle vicieux dans les deux déterminations. En réalité on est arrivé à connaître les ascensions droites des étoiles *fondamentales* par une suite d'approximations successives qui reposent sur les principes suivants : en définitive le problème est de régler l'horloge sidérale sans connaître l'ascension droite d'aucune étoile. Il convient de distinguer deux parties dans ce réglage. On appelle *marche* d'une horloge l'erreur qui tient à ce que l'horloge marche trop vite ou trop lentement. D'une manière précise, la marche est la différence des heures que marque une horloge à des époques séparées par 24 heures exactement. On appelle *correction* d'une horloge la différence entre l'heure qu'elle marque et l'heure exacte. Si l'horloge a une marche, la correction varie avec le t.; mais, si la marche a été réduite à zéro, la correction est constante; la correction est ce qu'on appelle vulgairement l'avance ou le retard d'une horloge. Supposons donc que nous ayons une bonne horloge sidérale et un cercle méridien, mais que nous ne connaissions aucune des coordonnées célestes. Nous commencerons par annuler la marche de notre horloge. Pour y arriver, observons le passage d'une certaine étoile et notons l'heure h que marque l'horloge. Le lendemain observons le passage de la même étoile, nous noterons une heure un peu différente $h + \alpha$: α est la marche de l'horloge. Si α est positif l'horloge marche trop vite; s'il est négatif, elle va trop lentement. Dans le premier cas il faudra allonger le pendule, dans le second l'on raccourcir, opérations qui se font au moyen d'un petit écrou placé au-dessous de la lentille du pendule, et qu'on peut faire monter ou descendre en le tournant. Après quelques jours d'essais et de tâtonnements que l'on peut du reste diriger méthodiquement, on arrivera à annuler la marche. Alors on pourra se servir de l'horloge pour déterminer les ascensions droites *provisoires* d'un certain nombre d'étoiles. Nous disons *provisoires* parce que ces ascensions droites sont comptées à partir d'une origine arbitraire qui est le point de l'équateur céleste qui passe au méridien à l'instant où l'horloge marque 0^h 0^m 0^s. Il reste à déterminer la correction de l'horloge, c.-à-d. l'heure qu'elle marque quand le point vernal passe au méridien, parce que, suivant la convention universelle, c'est à ce moment que commence le jour sidéral. Or cela revient à déterminer l'ascension droite provisoire du point vernal ou équinoxe de printemps. On y arrive par

l'observation du Soleil. On détermine tous les jours la déclinaison et l'ascension droite du Soleil. Dans le voisinage du 20 mars, il arrive deux jours consécutifs où la déclinaison est négative le premier jour et positive le second. Soient $-\Delta$ et $+\Delta'$ ces deux déclinaisons, R et R' les ascensions droites correspondantes. On peut admettre, comme approximation suffisante, que l'ascension droite du Soleil varie proportionnellement à sa déclinaison. L'ascension droite inconnue x de l'équinoxe est celle qu'a le Soleil au moment où sa déclinaison est nulle. On a donc la proportion :

$$\frac{x - R}{R' - R} = \frac{\Delta}{\Delta + \Delta'},$$

d'où l'on déduit l'inconnue x qui est la correction de l'horloge. On est alors en possession d'éléments suffisamment approchés pour commencer une longue suite d'observations dont les résultats serviront à rectifier les données primitivement obtenues.

Heure moyenne. — Pendant longtemps on a déterminé l'heure moyenne en observant le passage du Soleil au méridien et en ajoutant l'équation du t. à l'heure observée qui est celle du midi vrai. On avait ainsi le midi moyen ; mais l'observation du Soleil est moins précise que celle des étoiles, et, de plus, qu'on peut observer le Soleil qu'une fois par jour, tandis qu'on peut observer chaque soir autant d'étoiles que l'on veut. Aussi est-il préférable, et c'est ce qu'on fait aujourd'hui, de déduire l'heure solaire moyenne de l'heure sidérale. Cette dernière est déterminée avec une très grande précision par les observations multipliées des observatoires. De plus, les explications que nous avons données précédemment montrent qu'il est facile de calculer à l'avance, et pour une époque quelconque, la différence entre l'heure sidérale et l'heure solaire moyenne. Il est donc très aisé de régler l'horloge moyenne quand on a une horloge sidérale bien réglée. C'est ainsi qu'à l'Observatoire de Paris, par ex., il existe une horloge t. moyen qui est réglée très fréquemment de manière que sa correction ne dépasse jamais une demi-seconde. C'est cette horloge type qui donne l'heure à toutes les horloges de la capitale. Voy. Heure. On voit ainsi qu'en fait c'est l'observation des étoiles qui est la base de la détermination de l'heure. Le ciel est un véritable cadran d'horloge dont l'aiguille est l'axe optique de la lunette méridienne et dont les chiffres sont remplacés par les étoiles. Il suffit de lire l'heure sidérale sur ce cadran naturel et de la convertir par le calcul en heure moyenne.

Les marins, qui ne peuvent installer à bord aucun instrument méridien, déterminent le midi vrai en observant avec le sextant l'instant où la hauteur du Soleil est maximum. Il ne reste plus qu'à ajouter l'équation du t. pour avoir l'heure moyenne.

Heure centésimale. — On a proposé à plusieurs reprises de diviser le jour en 10, 20, ou 40 heures, les heures en 100 minutes, les minutes en 100 secondes, de manière à exprimer le t. en nombres décimaux. Cela simplifierait beaucoup les calculs ; mais il y a peu de chances qu'une réforme qui troublerait si profondément les habitudes, puisse être adoptée facilement.

Autres unités du temps. — Nous ne dirons rien de la semaine, du mois et de l'année, la question ayant été traitée au mot Calendrier. Nous parlerons seulement d'une idée qui a été proposée par quelques physiciens. Nous avons déjà fait remarquer que le jour sidéral n'est pas égal à la durée de la rotation de la Terre et que la différence n'est pas même constante à cause des irrégularités de la précession et de la nutation. De plus, on ne peut même pas assurer que la durée de la rotation de la Terre soit constante ; deux causes qui agissent en sens inverse tendent à la modifier avec les siècles : la première est la contraction que produit le refroidissement progressif du globe ; elle a pour effet d'accélérer la rotation et, par suite, de diminuer la durée du jour. L'autre est le frottement produit par le mouvement des marées : il retarde la rotation et allonge la durée du jour. Il est peu probable que ces deux effets se compensent exactement ; on ne sait rien sur le résultat définitif ; mais on croit en général que l'action des marées est prépondérante et que, par suite, le jour s'allonge avec les siècles. On s'est alors demandé s'il ne serait pas possible de trouver dans la nature un phénomène présentant plus de garanties d'uniformité, et on l'a trouvé dans les radiations lumineuses. On sait que chaque raie du spectre (Voy. Dispersion) définit une radiation bien caractérisée ayant une longueur d'onde et une période de vibration bien déterminées. D'autre part les raies du spectre se rapportent à des corps simples déterminés. Il suffit alors de choisir une raie particulière du spectre, et l'on pourra prendre pour unité de longueur la longueur d'onde, et, pour unité de t., la durée de la vibration lumineuse correspondante. La première raie jaune du sodium pourrait servir à cet usage. Malheureusement la longueur d'onde des raies spectrales varie avec certaines circonstances telles que la pression du gaz, l'état du champ électrique, etc. Il faudrait donc bien préciser les conditions de la définition. Dans l'état actuel de la science, l'emploi d'une pareille unité serait assurément moins précis que celui du jour sidéral, de sorte qu'on pratique il ne faut pas songer à changer notre manière de mesurer le t. Mais, au point de vue purement théorique, l'unité de t. tirée des phénomènes lumineux paraît supérieure aux unités astronomiques parce que, s'il reste quelques difficultés à préciser la définition, au moins cette unité est à l'abri de toute variation séculaire. Il se peut que, par les progrès ultérieurs de la science, on soit amené à adopter plus tard une unité de cette nature.

Gramm. — En termes de Grammaire, on donne le nom de *Temps* aux formes que prennent les verbes pour marquer le moment de la durée auquel se rapporte l'action ou l'état dont on parle. Il n'y a essentiellement que trois temps, le *Présent*, le *Passé*, le *Futur* : ces temps sont appelés *t. principaux*. Cependant il peut exister plusieurs actions qui ont rapport au même point de la durée diverses relations que ces trois temps ne suffisent pas toujours à exprimer. Ainsi, par ex., une action passée peut être présentée à l'égard d'une autre action également passée : *Il était souffrant quand il partit* ; ou bien de deux actions passées, l'une peut être antérieure à l'autre : *J'avais lu sa lettre quand il entra*. De même, entre deux actions futures, l'une peut être passée par rapport à l'autre : *J'aurai fini quand vous viendrez*, etc. En conséquence, les grammairiens ont distingué plusieurs sortes de passés et de futurs. Dans notre langue on admet 5 sortes de passés : l'*Imparfait*, J'aimais ; le *Prétérit* ou *passé défini*, J'aimai ; le *Prétérit* ou *passé indéfini*, J'ai aimé ; le *Prétérit* ou *passé antérieur*, J'eus aimé ; et le *Plus-que-parfait*, J'avais aimé. Il y a 2 sortes de futurs : le *Futur simple*, J'aimerai ; et le *Futur passé* ou *Futur antérieur*, J'aurai aimé.

Considérons maintenant les temps usités aux différents modes. — Le *Présent de l'indicatif* marque qu'une chose est ou se fait au moment même où l'on parle. Quand je dis, *Je lis*, c'est comme si je disais : *Je lis actuellement*. Il peut aussi exprimer une chose que l'on fait habituellement, ou l'état habituel d'un sujet, comme : *Il joue sans cesse* ; *Il blâme tous les excès* ; etc., ou bien une chose qui est et sera toujours vraie, comme : *Dieu est éternel* ; *La terre tourne autour du soleil*. Enfin, on l'emploie parfois au lieu du futur pour donner plus de vivacité au discours : *Je suis de retour dans un instant* ; et au lieu du passé, afin de faire image, afin de frapper plus vivement l'imagination :

J'ai vu, seigneur, j'ai vu votre malheureux fils
Traîné par les chevaux que sa main a nourris.
Il *veut* les rappeler, et sa voix les *effraie*.
RACINE.

L'*Imparfait* exprime : 1° une chose faite dans un temps passé, mais considérée comme présente à l'égard d'une autre chose faite dans un temps passé : *Je pensais à vous quand vous êtes entré* ; 2° une action habituelle faite dans un t. passé, mais non défini : *Marc-Aurèle réunissait toutes les vertus qui n'ont qu'une source purement humaine*. Il peut encore servir à exprimer un rapport au présent ; mais alors il doit être précédé de *si*, signifiant Supposé que : *Si je n'étais malade, je m'empresserais d'aller vous voir*. Le *Prétérit défini*, appelé aussi *Passé défini* ou *Parfait défini*, marque une chose faite dans un t. déterminé et entièrement écoulé : *Je passai l'été à la campagne, et je revins ensuite à Paris*. Le *Prétérit indéfini*, désigne une chose faite dans un t. indéterminé passé ou l'on ne désigne pas ; ou dans un t. passé désigné, mais qui n'est pas encore entièrement écoulé : *Les fruits de la terre ont été la première nourriture des hommes* ; *J'ai écrit ce matin, cette semaine*. On ne dirait pas, *J'écrivis ce matin, cette semaine*, parce que ce matin fait partie du jour où l'on est encore, et que cette semaine n'est pas encore écoulée. Le prétérit indéfini s'emploie quelquefois pour un futur passé : *Avez-vous bientôt fait? J'ai fini dans un moment*. Le *Prétérit antérieur* désigne une chose passée faite avant une autre qui est également passée et entièrement écoulée : *Quand j'eus reconnu mon erreur, je fus honteux de ma faiblesse* ; ou qui n'est pas entièrement écoulée, comme dans cette phrase : *Quand j'ai eu ce matin appris cette nouvelle, j'ai couru la lui*

apprendre. Le *Plus-que-parfait* exprime une chose passée en soi, et de plus passée à l'égard d'une autre qui est aussi passée : *J'avais fait un tour de promenade quand il vint me chercher*. Le *Futur simple* ou *absolu* marque qu'une chose sera ou se fera dans un t. qui n'est pas encore : *Nous partirons tel jour*. Il a en outre la signification de l'impératif quand il exprime un commandement ou une défense, comme : *Vous ne volerez point*. Enfin, le *Futur passé* ou *Futur antérieur* signifie qu'une chose sera faite lorsqu'une autre qui n'est pas encore aura lieu : *Quand j'aurai fini, j'irai vous voir*. — Le mode *conditionnel* sert à exprimer l'affirmation avec dépendance d'une condition. Or, le présent de ce mode, qu'on appelle *Conditionnel présent*, exprime qu'une chose serait ou se ferait dans un t. présent, moyennant certaines conditions : *Il viendrait s'il n'avait peur de me rencontrer* ; tandis que le *Conditionnel passé* signifie qu'une chose aurait été faite dans un temps passé, si la condition dont elle dépendait avait été remplie : *Il serait venu s'il avait fait beau temps*. Ces deux conditionnels s'emploient encore pour exprimer un souhait : *Je serais ou j'aurais été content d'obtenir votre suffrage*. Avec *si*, ils expriment le doute, l'incertitude : *Demandez-lui s'il viendrait, ou s'il serait venu avec nous dans le cas où...* Comme il n'y a pas de conditionnel futur c'est le conditionnel présent qui en tient lieu : *Je ferais volontiers cette démarche s'il y avait quelque chance de succès ; mais, comme je suis sûr d'un échec, je ne la ferai pas*. Il est clair que dans cette phrase *je ferais* exprime le futur aussi bien que *je ne la ferai pas*. — L'*impératif* n'a qu'un seul t., le *Présent*, parce qu'il exprime toujours la volonté actuelle de celui qui parle. Mais, tandis qu'il indique toujours un présent par rapport à l'action de commander : *Soulagez ceux qui souffrent* ; il peut indiquer un futur par rapport à la chose commandée : *Venez me voir demain*. Quelquefois on se sert de la première personne du pluriel de l'impératif, bien qu'il ne s'agisse que d'une personne, et alors on met l'adjectif au singulier : *Secourons-le; Soyons sage*. — Le *Subjonctif* n'a qu'une seule forme pour exprimer le présent et le futur, et l'on désigne cette forme sous le nom de *Présent du subjonctif : Il n'a jamais d'argent, bien qu'il reçoive une forte pension; Je désire qu'il reçoive la récompense qu'il mérite*. Dans la première de ces phrases, *reçoive* est un véritable présent ; et dans la seconde, c'est un véritable futur. Quant à l'*Imparfait*, au *Prétérit* et au *Plus-que-parfait du subjonctif*, ils ont la même signification que les temps correspondants de l'indicatif. C'est un cas où l'on doit faire usage du subjonctif présentent d'assez grandes difficultés ; mais il en a été parlé au mot SUBJONCTIF. — Enfin, l'*infinitif* et le *participe* ont chacun deux t., savoir : un *Présent* et un *Passé*, sur lesquels nous n'avons aucune observation à faire.

Indépendamment de la distinction que nous venons d'établir entre les formes verbales appelées *t.*, en raison de leur fonction, on les distingue encore en *t. simples* et en *t. composés*. Les premiers sont ceux qui s'expriment par un seul mot : *J'aime, j'aimerai*, etc. ; les seconds sont ceux qui sont formés d'un verbe auxiliaire et du participe passé, comme : *J'ai aimé, je suis aimé, j'aurais été aimé*, etc. Parmi les temps simples, il y en a cinq qu'on appelle *t. primitifs*, parce qu'ils servent à former les autres temps et qu'ils ne sont formés eux-mêmes d'aucun autre ; ce sont : le *présent de l'infinitif*, le *participe présent*, le *participe passé*, le *présent de l'indicatif* et le *prétérit défini*. Les temps formés au moyen de ces temps primitifs, reçoivent le nom de *t. dérivés*.

TENABLE. adj. 2 g. (R. *tenir*). Se dit d'un lieu, d'un poste, d'une place où l'on peut se défendre, où l'on peut demeurer sans un trop grand péril ; se dit surtout avec la négation. *Ce château n'est pas t. La place cessait alors d'être t.* || Fig., se dit avec la négation d'un lieu, d'un endroit où l'on ne peut demeurer commodément. *Il fait trop froid dans cette salle, le lieu n'est pas t.* — Au sens moral, *Il a quitté cette administration, car sa position n'était plus t.*

TENACE. adj. 2 g. (lat. *tenax*, m. s., de *tenere*, tenir). Qui résiste à la séparation, dont les parties adhèrent fortement les unes aux autres. *Une matière t. et gluante.* Le fer est plus t. que le cuivre. || Fig., Qui est attaché opiniâtrement à ses idées, à ses projets, à ses prétentions. *C'est un homme fort t.* || Fig. et fam., Avare, qui ne donne qu'à-vec peine. *Il est extrêmement t.* || *Mémoire t.* où les choses restent profondément gravées.

TENACEMENT. adv. [Pr. *tena-se-man*]. D'une manière tenace, avec ténacité.

TÉNACITÉ. s. f. (lat. *tenacitas*, m. s., de *tenax*, *tenacis*, tenace). Résistance que les corps opposent aux efforts qui tendent à les rompre. Voy. MINÉRALOGIE, III, A, 3. || Fig., Attachement obstiné à une idée, à une opinion, à un projet. *Il montre bien de la t. pour un système qui n'a pas le sens commun.* || Fig., *Sa mémoire est d'une grande t.*, Il n'oublie plus ce qu'il a une fois appris. || Fig., se dit quelquefois pour Avarice. *Cet homme a bien de la t.*

TENACULUM. s. m. [Pr. *tenakulome*] (bas lat. *tenaculum*, tenaille, du lat. *tenere*, tenir). T. Chir. Instrument qui sert à tenir les artères dont on veut faire la ligature. Le t. est tantôt une aiguille courbée au bout et fixée à un manche, et tantôt une pince munie d'un ressort qui maintient les mors fermés.

TENAILLE. s. f. [Pr. *tena-lle*, ll mouillées] (bas lat. *tenacula*, m. s. de *tenere*, tenir). Instrument de fer composé de deux pièces mobiles opposées l'une à l'autre, et réunies par une goupille autour de laquelle elles s'ouvrent et se resserrent pour tenir ou pour arracher quelque chose; s'emploie le plus souvent au plur. *Apportez la t., les tenailles. Des tenailles de maréchal ferrant.* Les mors de la t., Les deux demi-cercles qui terminent l'instrument, et avec lesquels on saisit les objets. *Tenailles à vis.* Voy. ÉTAU. || T. Chir. T. incisive, Pince à mors tranchants dont on se sert pour couper des esquilles ou des cartilages. || T. Guerre. Voy. FORTIFICATION, I, D, 1.

TENAILLEMENT. s. m. [Pr. *tena-lle-man*, ll mouillées]. Action de tenailler.

TENAILLER. v. a. [Pr. *tena-ller*, ll mouillées]. Tourmenter un criminel en lui arrachant des lambeaux de chair avec des tenailles ardentes. *On tenaillait autrefois les criminels de lèse-majesté au premier chef.* == TENAILLÉ, ÉE, part.

TENAILLON. s. m. [Pr. *tena-llon*, ll mouillées] (R. *tenaille*). T. Fort. Espèce de redan que l'on établit à droite ou à gauche d'une demi-redoute.

TENANCIER, IÈRE. s. (vx fr. *tenance*, de *tenir*). T. Jurispr. féod. Celui, celle qui tenait ou possédait des terres en roture, dépendantes d'un fief auquel il était dû des cens ou autres droits. — *Franc t.*, Celui qui tenait des terres de roture, mais qui en avait racheté les droits. || Se dit encore aujourd'hui du fermier d'une petite métairie dépendante d'une plus grosse ferme, de celui, de celle qui tient une maison de jeu, de prostitution.

TENANT, ANTE. adj. Qui tient; ne se dit que dans la loc., *Séance tenante.* Voy. SÉANCE. == TENANT. s. m. Celui qui, dans un tournoi, entreprenait de tenir contre toutes sortes d'assaillants. *Les tenants et les assaillants.* || Fig. et fam., Celui qui, dans une discussion, soutient une opinion contre ceux qui la combattent. *Il était le t. de la discussion, de la dispute.* — Celui qui défend une personne dans une conversation. *C'est le t. déclaré du ministre.* — Il est le t. dans cette maison, se dit d'un homme qui va souvent dans une maison, et qui y est comme le maître. || *Les tenants et les aboutissants d'un champ, d'un héritage*, etc., Les pièces de terre, etc., qui y sont adjacentes, qui le bornent de divers côtés. *Donner une déclaration par tenants et aboutissants.* — Fig.. *Savoir tous les tenants et aboutissants d'une affaire*, La connaître dans ses moindres détails. || T. Blas. Voy. SUPPORT. == TOUT EN UN TENANT, TOUT D'UN TENANT, D'UN MÊME TENANT. loc. adv. qui signifie d'une même continuité, et se dit en parlant d'héritages. *Il a cent hectares de terre tout d'un t., tout en un t., d'un même t.*

TÉNARE (Cap), auj. cap Matapan, au S.-O. de la Laconie, où les anciens plaçaient une entrée des enfers.

TÉNARE. s. m. (lat. *Tænarus*). Se dit, en style poétique, de l'enfer des païens. *Jupiter le précipita dans le Ténare.*

TENASSERIM, fleuve, prov. et ville, aujourd'hui ruinée, de l'Inde au delà du Gange, à l'ouest de la Birmanie.

TENCE, ch.-l. de c. (Haute-Loire), arr. d'Yssingeaux; 4,800 hab.

TENCIN (Cardinal DE), ministre sous Louis XV (1680-1758). || Sa sœur (1685-1749), fut mère de d'Alembert.

TENDABLE. adj. 2 g. [Pr. *tan-dable*]. Qui peut être tendu.

TENDANCE. s. f. [Pr. *tan-danse*] (R. *tendre*). T. Méc. L'effort que fait un corps dans une direction quelconque. *La t. des corps vers le centre de la terre.* — Fig., *L'homme a une t. instinctive à rechercher ce qui lui est agréable. Par une t. naturelle à notre esprit.* || Fig., Direction plus ou moins sensible, apparente, vers un but, vers une fin. *Il y a dans cet écrit une t. au scepticisme. Ce journal fut poursuivi pour ses tendances révolutionnaires. Procès de t.*

TENDANT, ANTE. adj. [Pr. *tan-dan*]. Qui tend à une fin, qui va à une fin. *Un discours t. à prouver que. Une proposition tendante à l'hérésie. Semer des libelles tendants à la sédition.*

TENDE (Col DE), passage des Alpes-Maritimes, à 1,800 mètres au-dessus du niveau de la mer, non loin de Nice.

TENDE, v. d'Italie, dans la prov. de Coni, au pied du col de Tende; 2,000 hab.

TENDE. s. f. [Pr. *tan-de*] (R. *tendre*). T. Bouch. Morceau de bœuf formé par le muscle de la région interne de la cuisse.

TENDELET. s. m. [Pr. *tan-delè*] (ital. *tandaletto*, dimin. de *tendale*, grande tente). Espèce de tente élevée sur l'arrière d'un canot pour abriter du soleil.

TENDER. s. m. [Pr. *tin-der*] (mot angl. dérivé de *tend*, suivre, accompagner). Sorte de fourgon d'approvisionnement contenant l'eau et le combustible nécessaires à l'alimentation d'une locomotive. Voy. LOCOMOTIVE.

TENDERIE. s. f. (R. *tendre*). Chasse où l'on tend des pièges pour attraper des oiseaux ou autres animaux.

TENDEUR, EUSE. s. [Pr. *tan-deur*, *deuze*]. Celui, celle qui tend quelque chose. *T. de tapisseries, T. de pièges.*

TENDIÈRES. s. f. pl. [Pr. *tan-dière*] (R. *tendre*). T. Charp. Grandes perches verticales destinées à soutenir un échafaudage. Voy. ÉCHAFAUD.

TENDINEUX, EUSE. adj. [Pr. *tan-dineu*, *neuze*] (bas lat. *tendo*, *tendinis*, tendon). Qui a rapport au tendon, qui approche de la nature des tendons. *Tissu t. Membrane tendineuse.*

TENDOIR. s. m. [Pr. *tan-douar*] (R. *tendre*). T. Techn. Ensemble de perches sur lesquelles on étend des étoffes pour les faire sécher. — Bâton qui, dans le métier de rubanier, empêche le tissu de se dérouler la traverse qui tient l'étoffe tendue.

TENDON. s. m. [Pr. *tan-don*] (lat. *tendere*, tendre). T. Anat. Les *Tendons* sont des cordons ou faisceaux fibreux, plus ou moins longs, ordinairement aplatis, qui servent de moyen d'union entre les os et les muscles. Ces organes tirent leur nom des muscles dont ils font, pour ainsi dire, partie. Cependant on a donné un nom particulier, celui de *Tendon d'Achille*, au gros t. aplati qu'on remarque à la partie postérieure et inférieure de la jambe, et qui est formé par la réunion des tendons des muscles jumeaux et soléaire. Ce t. a été ainsi appelé parce qu'il s'implante au talon, le seul endroit où, selon la légende grecque, Achille fût vulnérable, ou plus exactement à la partie inférieure de la face postérieure du calcanéum. Voy. FIBREUX et MUSCLE, 11.

TENDRAC. s. m. T. Mamm. Espèce d'Insectivore. Voy. HÉRISSON.

TENDRE. adj. 2 g. [Pr. *tan-dre*] (lat. *tener*, m. s.). Qui peut être aisément coupé, divisé; par opposition à Dur. *Du bois extrêmement t. Bâtir avec des pierres tendres.*

Cette viande n'est pas t. — *Pain t.*, Pain nouvellement cuit. *Manger du pain t.* || Qui est sensible, délicat, qui est aisément pénétré par les influences atmosphériques. *Avoir la peau t. Il est extrêmement t. au froid. Les jeunes arbres ont l'écorce t.* — *Avoir la vue t., les yeux tendres*, Avoir la vue délicate et faible. Fig., *Avoir la conscience t.*, Être délicat sur les choses qui regardent la conscience. — T. Man. *Ce cheval est t. à l'éperon*, Il est extrêmement sensible à l'éperon. *Il a la bouche t.*, Il a la bouche délicate, et il ne faut pas le gourmander de la main. || Se dit aussi en parlant de l'âge. *La t. enfance*, La première enfance. *La t. jeunesse*, La première jeunesse. On dit de même, *L'âge t., les plus tendres années.* || Fig., Qui a de la tendresse, qui est sensible à l'amitié, à la compassion, et plus particulièrement à l'amour. *Un ami t. Un père t. Un t. amant. Avoir l'âme t., le cœur t. Vous m'avez inspiré le plus t. intérêt.* — Qui est propre à exprimer l'amitié, la compassion, et principalement l'amour. *Un discours t. Des paroles, des vers tendres. Regarder d'un air t. Il m'a fait de tendres adieux. Avoir le son de la voix t., un son de voix t.*, Avoir le son de la voix touchant et gracieux. — T. Mus. *Un air t.*, Un air touchant et passionné. || T. Peint. Se dit de certains coups de pinceau extrêmement délicats. *Il y a des touches fort tendres dans ce tableau. Ce peintre a le pinceau t.*, Il a le pinceau fort délicat. — *Couleur t.*, Couleur délicate qui ne fatigue pas la vue. ═ TENDRE. s. m. Tendresse. *Il a du t. pour cette femme.* Fam. || *Le pays de Tendre*, pays imaginé par certains romanciers du XVII° siècle et dont les ruisseaux, les villages, etc., représentent les phases, les progrès de l'amour. *Carte de T.* Carte de ce pays.

TENDRE. v. a. [Pr. *tan-dre*] (lat. *tendere*, m. s). Bander, rendre raide. *T. une corde, un arc, une chaîne, un ressort.* || En parlant des pièges, des filets, etc., Les préparer, les disposer de la façon qui convient. *T. des filets aux oiseaux. T. des toiles pour le sanglier. T. un piège, des lacets, un panneau, une souricière.* On dit aussi absol., *T. aux alouettes, aux bécasses, etc.* — Fig., *T. un piège, un panneau à quelqu'un*, L'induire à commettre quelque faute, à faire quelque fausse démarche, etc., dont on espère profiter. || *T. un pavillon, une tente*, Les dresser, les mettre en état de servir. On dit à peu près de même, *T. un lit, t. une tapisserie.* || *T. une chambre, une salle, etc.*, La tapisser, la parer de tapisserie. *T. un cabinet de damas. T. une chambre de deuil. L'église était tendue de noir.* || *Tendre*, sign. neutre, Présenter ou avançant. *T. la main pour demander l'aumône. T. la main en signe d'amitié. T. les bras à quelqu'un pour l'embrasser. T. les bras au ciel, vers le ciel.* — *Cette personne tend le cou, tend le ventre*, Elle avance trop le cou, etc. — Fig., *T. les bras à quelqu'un*, Voy. Bras. *T. la main*, Voy. Main. — *T. la perche à quelqu'un*, lui venir en aide dans un embarras. ═ TENDRE. v. n. Aller à un certain terme, aboutir. *Où tend ce chemin-là? Où tendent vos pas? Le feu tend à sa fin*, Il est bien près de finir. On dit de même, *La maladie tend à sa fin, et Le malade tend à sa fin*, Il est bien près de sa fin. — *Où tendent tous ces tours et détours? A quoi tendent vos désirs, vos desseins, vos démarches? T. à la perfection. L'homme tend au bonheur. Tout cela ne tend à rien. C'est un homme qui tend à ses fins*, Il va constamment avec adresse vers le but qu'il s'est proposé. ═ TENDU, UE. part. || Fig., *Avoir l'esprit tendu, toujours tendu*, Avoir l'esprit fortement appliqué à quelque chose. — *Style tendu*, Style qui laisse voir l'effort, qui manque d'aisance.

Conj. — *Je tends, tu tends, il tend; nous tendons, vous tendez, ils tendent. Je tendais; nous tendions. Je tendis; nous tendîmes. Je tendrai; nous tendrons.* — *Je tendrais; nous tendrions.* — *Tends; tendons.* — *Que je tende; que nous tendions. Que je tendisse; que nous tendissions.* — *Tendant. Tendu, ue.*

TENDREMENT. adv. [Pr. *tan-dreman*]. Avec tendresse. *Elle aime t. ses enfants. Cette femme était t. aimée de son mari. Regarder t. Embrasser t.* || *Peindre t.*, Avoir le pinceau délicat et léger. Vx.

TENDRESSE. s. f. [Pr. *tandrè-se*] (R. *tendre*). Affection tendre, ou Sensibilité à l'amitié, aux affections de la nature. *La t. d'un père pour ses enfants. La t. maternelle. Aimer avec t. T. d'âme, de cœur.* || Au pl., se dit pour Caresses, témoignages d'affection. *Il me faisait mille tendresses. Défiez-vous de toutes ses tendresses.* ═ Syn. Voy. AFFECTION.

TENDRETÉ. s. f. [Pr. *tan-dreté*]. Qualité de ce qui est tendre; se dit des viandes, des fruits, des légumes, etc. *La t. d'un gigot, d'un lièvre. Ces légumes sont d'une extrême t.* Peu us.

TENDRON. s. m. [Pr. *tan-dron*] (R. *tendre*). Bourgeon, rejeton tendre de quelques arbres, de quelques plantes. *Les chèvres broutent les tendrons des arbres et des plantes.* — Fig. et fam., *Un jeune t.*, Une jeune fille. || T. Boucher. Se dit des cartilages qui sont à l'extrémité des os de la poitrine de quelques animaux. *Une fricassée de tendrons de veau.*

TENDUE. s. f. [Pr. *tan-due*] (R. *tendre*). T. Chasse. Canton où l'on a tendu des filets, des pièges, etc., pour prendre des oiseaux, etc.

TÉNÈBRES. s. f. pl. (lat. *tenebræ*, m. s.). Privation de lumière, obscurité profonde. *Les ténèbres de la nuit. L'ennemi s'avança à la faveur des ténèbres. Dissiper les ténèbres.* — Fig., *Ses yeux se couvrirent des ténèbres de la mort.* || Fig., au sens moral, *Les ténèbres de l'ignorance. Marcher dans les ténèbres. Percer les ténèbres des anciens temps.* — *L'ange, l'esprit, le prince des ténèbres*, Le diable. || T. Liturgie. L'office de matines et de laudes qui se chante l'après-midi du mercredi, du jeudi et du vendredi de la semaine sainte, et qui est ainsi appelé parce que, à la fin, on éteint toutes les lumières. ═ Syn. Voy. NUIT.

TÉNÉBREUSEMENT. adv. [Pr. *ténébreu-ze-man*]. D'une manière ténébreuse.

TÉNÉBREUX, EUSE. adj. [Pr. *téné-breu, euze*] (lat. *tenebrosus*, m. s.). Qui est très sombre, qui manque de toute lumière. *Les voiles t. de la nuit.* — Poétiq., *Le séjour t.*, L'enfer; et, Fig., *Les temps t. de l'histoire*, Les temps où l'histoire est obscure et incertaine. || Fig., se dit aussi des personnes. *Il est sombre et t., il a l'air sombre et t.*, Sombre et mélancolique. — *Un coquin t.*, Un malhonnête homme qui s'enveloppe de ténèbres, qui cache avec soin ses intentions coupables. On dit, dans un sens anal., *Une conduite ténébreuse.* || En beau t., un beau garçon mélancolique. ═ Syn. Voy. OBSCUR.

TÉNÉBRICOLE. adj. 2 g. (R. *ténèbres* et lat. *colere*, habiter). T. Zool. Qui vit dans les ténèbres.

TÉNÉBRION. s. m. (lat. *tenebrio*, qui fuit la lumière). T. Entom. Genre d'insectes Coléoptères. Voy. TÉNÉBRIONIDES.

TÉNÉBRIONIDES. s. m. pl. (R. *Ténébrion*). T. Zool. Les Ténébrionides forment une famille d'insectes Coléoptères, du groupe des *Hétéromères*. Les uns ont le corps ovale et le corselet arqué latéralement; les autres ont le corps étroit et allongé, avec le corselet presque carré; tous ont des ailes. Dans le genre *Opatre*, qui appartient au premier groupe, nous mentionnerons l'*Opatre des sables* (*Opatrum sabulosum*) [Fig. 1, grossie], qui est très commun aux environs de Paris et dans toute la France. Il est long de 9 millimètres, noir, et présente sur chaque élytre trois lignes longitudinales et élevées,

Fig. 1.   Fig. 2.

dont chacune est accompagnée de chaque côté d'une rangée de petits tubercules. L'espèce type du genre *Ténébrion*, qui appartient au second groupe, est bien connue de tout le monde : on la nomme *Ténébrion meunier* (*Tenebrio molitor*), parce que sa larve vit dans la farine, le biscuit, le son, etc. C'est un coléoptère long de 15 millimètres, d'un brun presque noir en dessus, couleur de marron et luisant en dessous, avec des élytres fortement striées (Fig. 2, un peu grossie). On le rencontre fréquemment, le soir, dans les lieux peu fréquentés, dans les boulangeries, les moulins à farine, etc. Sa larve est longue, cylindrique, d'un jaune d'ocre, écailleuse, très lisse, avec le dernier anneau du corps muni de deux petites pointes. Les amateurs d'oiseaux insectivores, comme Rossignols, Fauvettes, etc., s'en servent pour les nourrir.

TÉNÉDOS, île de l'Archipel, près de la côte d'Asie Mineure, à l'entrée des Dardanelles ; 7,000 hab. ch.-l. *Ténédos.*

TÈNEMENT. s. m. [Pr. *tè-neman*] (R. *tenir*). T. Jurispr. féod. Métairie dépendant d'une seigneurie. *T. roturier.* || Réunion de terres, de bâtiments qui se tiennent.

TÉNÉRIFFE, la plus grande des îles Canaries (à l'Espagne); 93,000 hab ; ch.-l. *Santa-Cruz.* || Pic de Ténériffe, volcan de 3,710 mètres de hauteur, dans la même île.

TÉNESME. s. m. (lat. *tenesmus*, gr. τεινεσμὸς, m. s., de τείνειν, tendre). Contracture spasmodique douloureuse des sphincters par suite d'une lésion de voisinage ; on observe du *t. anal* dans diverses affections de l'anus : fissure, inflammation hémorrhoïdale, etc. Les cystites produisent le *t. vésical* qui provoque un besoin d'uriner impérieux et de la cuisson au niveau du col.

TENETTES. s. f. pl. [Pr. *tenè-te*] (lat. *tenere*, tenir). Espèce de pince à anneaux formée de deux branches croisées, dont les extrémités se terminent par deux cuillers. *On se sert des tenettes pour saisir les calculs dans la vessie et en faire l'extraction.* || T. Techn. Petites tenailles d'étameur.

TENEUR. s. f. (lat. *tenor*, continuité, de *tenere*, tenir). T. Pratique. Ce qui est contenu mot à mot dans un écrit. *Un acte dont voici la t., dont la t. suit. L'arrêt sera exécuté selon sa forme et t.* || T. Mus. Partie dominante de la psalmodie du plain-chant.

TENEUR. EUSE. s. T. Comm. Celui, celle qui tient quelque chose. *T. de livres*, Celui qui, chez un négociant, est chargé de la comptabilité.

TÉNIA. s. m. T. Zool. Voy. Tænia. || T. Archit. Syn. de *Listel*, sorte de moulure.

TENIAH (Col de) ou de *Mouzaïa*. Voy. Mouzaïa.

TENIERS (David) dit *le Vieux*, peintre flamand (1582-1649). || Son fils, David Téniers dit *le Jeune* (1610-1685), a illustré son nom par ses kermesses, ses intérieurs de cabaret, ses scènes de village.

TÉNIFUGE. adj. 2 g. et s. m. (R. *Ténia*, et lat. *fugio*, je fuis). T. Méd. Se dit des médicaments propres à expulser le ver solitaire. Voy. Plathelminthes et Helminthiase.

TÉNIOÏDES. s. m. pl. T. Icht. Voy. Tænioïdes. || T. Zool. Syn. de *Cestoïdes*. Voy. ce mot et Plathelminthes.

TÉNIOPTÉRIDÉES. s. f. pl. (gr. ταινία, bandelette ; πτέρις, πτέριδος, fougère). T. Paléont. végét. Famille de Fougères fossiles. Voy. Paléontologie végétale, 4°.

TENIR, v. a. (lat. *tenere*, m. s.). Avoir à la main, avoir entre les mains. *T. un livre, une épée. Tenez bien cela, tenez-le serré. T. quelqu'un par le bras, par le corps. T. des chiens en laisse. T. le gouvernail d'un navire.* — Prov., *Cet homme tient bien ce qu'il tient*, Il n'est pas aisé de lui faire quitter prise; ou Fig., Il est très avare. || Fig. et fam., *T. quelqu'un à la gorge*, Voy. Gorge. == *T. quelqu'un le bec dans l'eau*, Voy. Bec. — *T. quelqu'un par les lisières*, Le mener, le gouverner comme un enfant. *T. quelqu'un en bride*, Voy. Bride. — *T. quelqu'un dans sa manche*, Disposer souverainement de quelqu'un, être en état d'en exiger tout ce qu'on voudra. *T. quelque chose dans sa manche*, En être assuré. — *Je tiens mon homme, je le tiens*, se dit de quelqu'un qu'on a amené dans un piège, ou qu'on se trouve réduit à consentir à ce qu'on exige de lui. — *Il faut le t. à quatre*, Voy. Quatre. — *T. le loup par les oreilles*, Voy. Loup. — *T. des chevaux au filet*, et Fig., *T. quelqu'un au filet*, Voy. Filet. — *T. le sceptre*, Régner. — *T. le fil d'une intrigue*, En avoir saisi le nœud, le secret. On dit dans un sens anal. : *Je tiens le sens de ce passage, le mot de cette énigme*, ou simplem., *Je tiens cette énigme, je tiens l'énigme. Tenez-vous le fil de ce raisonnement?* — *T. le bon bout*, Voy. Bout. — *Il ne tient rien*, se dit d'un homme qui manque à réussir dans quelque chose. *Il pensait avoir cet emploi, mais il ne tient rien.* || *T. un enfant sur les fonts du baptême*, ou simpl., *T. un en-*

fant, En être le parrain ou la marraine. On dit encore Fig. et fam., *T. quelqu'un sur les fonts*, S'entretenir de lui avec d'autres personnes, et ordinairement, en dire du mal. On dit à peu près de même, *T. quelqu'un sur le tapis.* || *Tiens* ou *Tenez*, employé absol., prenez ce que je vous présente. On le dit aussi fam., soit pour attirer l'attention, soit pour avertir de prendre garde à une chose. *Tenez, tout ce que vous me dites-là ne me touche pas. Tiens, le voilà qui passe.*

> Tiens, tiens, voilà le coup que je t'ai réservé.
>
> RACINE.

— Prov., *Un tiens vaut mieux que deux tu l'auras*, La possession d'un bien présent, quelque modique qu'il soit, vaut mieux que l'espérance d'un plus grand bien à venir, car il est incertain. == Posséder, occuper. *T. un pays en souveraineté. T. une terre en fief. T. une terre à ferme, à bail.* — *T. une terre à foi et hommage de quelqu'un*, Posséder une terre qui relève de quelqu'un. *Les rois d'Angleterre ont tenu autrefois la Normandie et la Guienne à foi et hommage de la France.* — *T. une terre par ses mains*, La faire valoir soi-même au lieu de l'affermer. — Prov., *Mieux vaut tenir que courir.* || *Cet officier, ce commandant tient telle place de guerre, telle ville pour le roi, pour le service de tel prince*, Il y commande, il la garde pour les intérêts du prince. || Occuper, remplir, en parlant de l'espace. *Serrez-vous un peu, vous tenez trop de place. L'armée tenait deux lieues de pays.* — *T. une maison, t. un appartement*, L'occuper, y loger. *Il tient toute la maison. Il tient le premier étage.* — *T. le lit, la chambre*, Demeurer dans son lit, dans sa chambre. *Il tient le lit depuis quelques jours. Il tient la chambre. T. Pratiq. T. prison*, Demeurer en prison. — T. Guerre. *T. la campagne*, Voy. Campagne. — T. Marine. *T. la mer*, Voy. Mer. || Fig., *T. quelque chose de quelqu'un*, Lui en être redevable. *Tout ce qu'il a, il le tient de votre libéralité. S'il a quelque chose de bon, il le tient de vos exemples. Ceux dont on de qui je tiens la vie*, Mon père et ma mère. — *T. une chose de quelqu'un*, sign. encore. L'avoir appris de lui. *Je tiens ce secret d'un charlatan. C'est une nouvelle que je tiens d'une personne bien informée.* On dit aussi, *que je tiens de bonne part, de bonne source.* — *T. une chose de race, de naissance*, se dit d'une chose qui s'est transmise avec le sang, qu'on a apportée en naissant. *Ils sont tous braves dans cette maison-là, ils tiennent cela de race*, ou simpl., *ils tiennent de race.* On dit de même, *T. quelque chose de son père, de sa mère*, Leur ressembler en cette chose, et absol., *T. de son père*, de sa mère, Leur ressembler de sa mère : *il tient beaucoup de sa mère; il tient cela de son père.* || Se dit de l'ordre dans lequel les personnes ou les choses sont placées, du rang qu'elles occupent, soit en effet, soit dans l'opinion des hommes. *Il faut que dans les corps, dans les compagnies, chacun tienne son rang. La libéralité tient le milieu entre la prodigalité et l'avarice. T. le haut bout, le haut du pavé.* — Fig., *T. bien son rang, sa place, son poste*, Occuper dignement l'emploi où l'on est, l'exercer avec capacité. Fam., dans le même sens. *T. bien son rang.* || Se dit des maladies, des passions. qui semblent posséder quelqu'un, en être maîtresses. *Y a-t-il longtemps que ce mal-là le tient, que la fièvre le tient? Sitôt que la colère le tient, il n'est plus maître de lui.* — *Qu'a-t-il, qu'est-ce qui le tient?* Quel sujet, quelle raison a-t-il d'agir ainsi? On dit de même, *Je sais ce qui le tient.* == Garder en quelque lieu. *Il tient ses papiers sous la clef. Il faut t. cela à la cave pour le conserver. On tient en prison, en chartre privée.* — *Cet homme tient sa femme à la campagne, dans un couvent*, Il l'oblige de demeurer à la campagne, dans un couvent. || *T. quelqu'un chez soi*, L'avoir chez soi. *Puisque nous vous tenons ici, nous ne vous laisserons pas partir si tôt.* Il sign. aussi, Loger quelqu'un chez soi, lui donner la table. *Il tient son neveu chez soi. — T. des écoliers en pension*, Les avoir en pension chez soi. || *T. son fils au collège, dans un collège*, L'y entretenir pour qu'il étudie. — *Ce prince tient un ambassadeur, un résident, auprès de tel prince, dans telle cour*, Il entretient un ambassadeur, etc. — *Ce prince tenait garnison dans les villes engagées comme sûretés*, Il y entretenait des garnisons. == Contenir, renfermer, ou être susceptible de contenir, de renfermer. *Cette grange peut t. trois milliers de gerbes. Une barrique tient 228 litres ou 300 bouteilles.* || *Ce tonneau, ce seau, etc., tient bien l'eau, tient bien le vin*, L'eau ou le vin qu'on y met ne s'enfuit point. = Maintenir, conserver, entretenir, faire persister dans un certain état, dans une certaine situation. *Les pruneaux tiennent le ventre libre. Le lait tient le teint frais. T. sa maison propre. T. une chose en bon état, ou simpl., en état. T. les peuples dans le devoir. T. les enfants dans un très grand respect, dans une très grande sujétion. T. le peuple dans l'ignorance. T. tient ses livres en ordre. T. les esprits en suspens. T. quelqu'un en échec. T. les yeux ouverts, baissés. T. la tête droite.* — *T. en exercice, en haleine,* Exercer souvent. Voy. HALEINE. — *Cet emploi tient en sujétion,* Ne permet pas de disposer de son temps à son gré. || *Tenez cela secret,* Gardez sur cela un silence absolu. Prov. *Il nous a tenu le cas secret,* Il en a fait mystère. || *Cette place tient le pays en respect, tient le pays en crainte,* La crainte qu'elle inspire empêche tout mouvement de la part de la population. *Ce corps de troupes a tenu les ennemis en respect,* Par le poste qu'il occupait et par sa contenance, il les a empêchés de faire aucune entreprise. || On dit aussi, *T. rancune à quelqu'un,* Persister dans son ressentiment. *T. sa colère,* s'emploie encore dans le même sens; mais cette acception a vieilli. — *T. sa gravité, t. sa morgue, t. son sérieux,* Affecter la gravité, s'efforcer de conserver l'air sérieux, etc. — *T. rigueur à quelqu'un,* Persister à le traiter avec froideur. || T. Manège. *T. un cheval,* Le maintenir dans les différents exercices auxquels on le soumet. *T. un cheval en main, en bride, en talons.* || T. Mus. *Cet instrument tient l'accord, ne tient pas l'accord,* Il reste, ou il ne reste pas longtemps d'accord. = Retenir, réprimer, empêcher de dire, de faire. *C'est un homme qui ne peut t. sa langue. Il est si vif, qu'on ne peut le t.* — *Je ne sais qui me tient que je ne me fâche contre lui, Je ne sais qui m'empêche, qui me retient.* — *Il n'y a parenté, amitié, etc., qui tienne,* Il n'y a aucune considération de parenté, d'amitié, etc., qui empêche que... *Il n'y a ni crédit ni richesse qui tiennent; il sera condamné s'il a tort.* = Tenir, se dit pour signifier l'exercice de certaines professions, de certains emplois, de certaines fonctions. *T. auberge, cabaret. T. un café, un restaurant. T. boutique. T. un magasin de porcelaines. T. un bureau de tabac.* — *T. la caisse chez un banquier,* Être chargé du soin de recevoir l'argent et de payer, etc. *T. les livres chez un négociant,* Être chargé de la comptabilité commerciale. *T. la plume dans une compagnie,* Voy. PLUME. || Se dit encore des corps, des assemblées, en parlant de leur réunion, de leur présidence, etc. *Le pape, après avoir tenu le concile. Le pape doit t. consistoire tel jour.* En Languedoc, on tenait les états tous les ans. *Les jours que le roi tient conseil. Le roi tient un lit de justice. T. les assises. C'est dans cette salle que l'Académie tient ses séances.* — *T. chapelle,* Voy. CHAPELLE. = Occuper pendant quelque temps. *C'est une longue cérémonie, elle nous tiendra longtemps. Il nous a tenus deux heures à ne rien faire.* = Exécuter, accomplir, garder. *T. sa parole, sa promesse, sa foi. Je vous tiendrai ce que je vous ai promis. Je tiens plus que je n'avais promis.* Prov., *Promettre et t. sont deux.* = Suivre. *Ils tiennent le chemin de Lyon. Quelle route tiendrez-vous? Tenez le bord de la rivière. Tenez toujours le milieu du chemin.* T. Mar., *T. le large.* || Fig., *T. le milieu dans une affaire,* Prendre un tempérament, un expédient entre deux extrémités, entre deux choses opposées. — *T. une bonne, une mauvaise conduite,* Se conduire bien, se conduire mal. *Il tient une étrange conduite depuis quelque temps.* — *T. le parti de quelqu'un,* Suivre le parti de quelqu'un. = Réputer, estimer. *Je tiens cela vrai, pour vrai. Je le tiens honnête homme, pour honnête homme. Je tiens ce principe pour démontré. C'est un homme que l'on tient ruiné, pour ruiné. Je tiens à propos à injure. T. une chose pour non avenue.* || Croire, professer, *Selon le dogme que nous tenons. Les maximes qu'ils tiennent sont opposées aux nôtres. Je tiens pour maxime que...* || Fam., *Je me le tiens pour dit,* Il n'est pas besoin que vous m'avertissiez, que vous me le rappeliez davantage. On dit de même, *Tenez-vous cela pour dit, tenez-vous pour dit que...,* Soyez assuré que, souvenez-vous que... = *T. des discours, t. des propos, t. un langage.* Parler de certaine façon, avancer de certaines propos, dire de certaines choses. *Il tient des discours bien hasardés. Vous me tenez un langage qui me surprend.* = Tenir, s'emploie encore dans quelques loc. qu'il serait difficile de ramener aux sens qui précèdent : telles sont les suivantes. *T. lieu d'une personne, d'une chose,* La remplacer, la suppléer, en faire l'office. *Vous m'a-*

...ez tenu lieu de père. L'économie lui tient lieu de richesse. || *T. compte,* Voy. COMPTE. — *T. note de quelque chose,* En prendre note, afin de s'en souvenir. || *T. table,* Voy. TABLE. || *T. tête à quelqu'un,* Voy. TÊTE. || *T. la main à quelque chose,* Voy. MAIN. || *T. pied à boule,* Voy. BOULE. || *T. Jeu. T. jeu à quelqu'un,* Continuer à jouer contre lui autant qu'il veut. Dans les jeux de renvi, et dans ceux où la mise n'est pas réglée, *Y aller de tout l'argent dont un autre y va. Vous y allez de cinquante francs, je les tiens, je tiens tout, et absol., Je le tiens, je tiens.* || T. Marine. *T. le vent,* Être au plus près du vent. *Ce navire tient le vent,* Il ne dérive pas, ou il dérive peu sous l'effort du vent. || T. Mus. *T. sa partie,* Voy. PARTIE. = Faire t. quelque chose à quelqu'un, Faire qu'elle lui parvienne, qu'elle lui soit remise. *Je vous ferai t. vos lettres quelque part que vous soyez.* = Être tenu, sign. souvent, être obligé à faire quelque chose. *Je ne suis pas tenu à cela, de cela. Vous êtes tenu de l'indemniser. Les locataires sont ordinairement tenus des réparations locatives.* — Prov., *A l'impossible nul n'est tenu.* = TENIR. v. n. Adhérer, être attaché à quelque chose. *Ce tableau ne tient qu'à un clou. On ne peut arracher ce clou, il tient trop. T. à chaux et à ciment.* — Prov., *Cela tient comme poix,* se dit d'une chose qui tient fortement à une autre. || Fig., *Sa vie ne tient qu'à un fil,* à un filet, se dit d'une personne qui est sur le point de mourir. || Fig. et fam., *Ses pieds ne tiennent pas à la terre, il ne tient pas à la terre,* se dit d'un enfant, d'un jeune homme vif qui est toujours en mouvement, ou d'un homme qui marche, qui danse fort légèrement. || Fig. et fam., *Me voilà prêt à partir, je ne tiens à rien,* Rien ne m'arrête, rien ne m'en empêche. || On dit, à peu près dans le même sens, *Je vous payerai quand vous voudrez, votre argent ne tient à rien.* || Fig., *T. à quelqu'un,* Lui être attaché par quelque lien d'intérêt, d'amitié, de reconnaissance, etc. *Cet homme-là par beaucoup de liens. Il tient à ce parti par des raisons de famille.* — *Sa famille tient aux premières maisons du royaume,* Elle leur est unie par des alliances. || Fig., *T. à la vie,* à l'argent, à son opinion, etc., Y être extrêmement attaché. *Cette affaire lui tient au cœur,* Il y porte un très grand intérêt. *Cette injure lui tient au cœur,* Il en a du ressentiment. || Fig., *Je tiens à vous convaincre de mon innocence, Je n'ai qu'un extrême désir.* = Être contigu. *Ma maison tient à la sienne. Mes terres tiennent aux siennes.* = Dépendre, résulter, provenir de. *Cet événement tient à telle cause. Il est fort timide, cela tient à ce qu'il manque d'usage.* || Impersonnell., se dit des obstacles, des considérations, etc., qui empêchent de faire quelque chose. *A quoi tient-il que nous ne partions? Je ne sais à quoi l'on tient que je ne lui rompe en visière. Il ne tient pas à moi. S'il n'exige qu'une visite de ma part, je n'y tiens pas, à quoi cela ne tienne.* Quelquefois, en disant qu'il *ne tient pas à une personne que telle chose ne se fasse,* on veut faire entendre, non seulement qu'elle n'y apportera point d'obstacle, mais même qu'elle y contribuera de tout son pouvoir. *Il ne tient pas à moi qu'il ne réussisse dans son projet.* = Résister. *Ce bâtiment ne saurait t. à la mer,* t. contre les vagues. *Cette place peut t. encore huit jours. Cette chambre est pleine de fumée, on n'y peut pas t. Cet homme ne tient pas contre l'intérêt,* contre les louanges. *Sa compagnie est trop mauvaise, on n'y peut pas t.,* c'est à n'y pas t. On ne peut pas résister à l'ennui qu'elle donne, ou à la honte qu'on éprouve de s'y trouver. || *Cet homme ne tient point contre la raillerie,* contre la plaisanterie, se dit de quelqu'un qui, quand on le plaisante, il s'embarrasse, il se décontenance. || *T. bon, t. ferme,* Voy. BON et FERME. = Subsister sans changement, demeurer dans un certain état. *Il faut que ce traité tienne. Notre marché tient. Sa frisure ne tient pas. Ces couleurs ne tiennent pas. Le temps ne tiendra pas,* Il ne restera pas beau ou mauvais comme il est. — T. Chasse. *Les perdrix ne tiennent pas,* Elles n'attendent pas, elles partent tout de suite. — T. Guerre. *Les ennemis ne tiendront pas,* Ils n'attendront pas qu'on aille à eux, et ils se retireront. — T. Marine. *T. sous voiles,* Avoir toutes les voiles appareillées, et être prêt à faire route. — T. Trictrac. *Tenir,* sign. n'être pas forcé par le dé de rompre son plein, on continuer à jouer sans lever les dames. || Durer, avoir lieu. *La foire de Saint-Germain tenait depuis le 3 février jusqu'à la semaine sainte. Le marché tient tel et tel jour.* = T. dans, ou, parfois T. à, ou absolum., Tenir, signifie, Être compris dans un certain espace, dans une certaine mesure. *Tous vos meubles ne peuvent pas t. dans cette chambre. Tout le monde ne peut pas t. ici.* || Impersonnell., *Il tient tant de milliers de*

gerbes dans cette grange. Il peut t. vingt personnes à cette table. = *T. de,* Participer. *Cette architecture tient du gothique. Le mulet tient de l'âne et du cheval. Cet événement tient du prodige. Ce style tient du burlesque.* — On dit à peu près dans le même sens, en parlant d'un enfant qui ressemble en quelque chose à son père ou à sa mère, qu'*Il a de qui t. Il est brave, il a de qui t. Elle est aussi bonne que belle; elle a de qui t.* || *T. de quelqu'un,* se disait autrefois d'un propriétaire dont la terre relevait d'une autre personne. *Tel prince tenait de l'empire. Il tenait de tel seigneur à cause de telle terre.* || Fig. et prov., et avec une sorte de joie maligne, *Il en tient,* se dit d'un homme à qui il arrive quelque chose de fâcheux, de désagréable, d'embarrassant, de honteux. *Il a perdu son procès, il en tient.* — Famil., on dit encore d'un homme qui est devenu amoureux, *Cette femme lui a donné dans l'œil, il en tient;* et d'un homme qui est ivre, *Il a bu plus que de raison, il en tient.* = *T. pour,* Être dans les intérêts, dans le parti de quelqu'un; être de l'opinion, du sentiment de quelqu'un. *Il tient pour le bon parti. L'un tient pour Platon, l'autre pour Aristote. Il tient pour la nouvelle philosophie.* = se TENIR. v. pron. Se prendre, s'attacher à quelque chose pour s'empêcher de tomber. *Il se tint à une branche. Il se tint aux crins du cheval.* || Fig., Se t., *s'en t. à quelque chose,* S'y arrêter, s'y fixer de telle sorte qu'on ne veuille rien de plus. *Je me tiens, je m'en tiens à votre décision. Il s'en tient à sa donation, à son legs. Après avoir gagné cent mille francs, il aurait dû s'en t. là.* A certains jeux de cartes, on dit, *Je m'y tiens,* Je suis content des cartes que j'ai, je n'en demande pas d'autres. — *S'en t. à son mal,* S'arrêter, se fixer à ce qu'on a annoncé d'abord, ne vouloir rien rabattre du prix qu'on a demandé, etc. — *Se t. à peu de chose, se t. à peu,* S'arrêter, se fixer tellement aux propositions, aux offres qu'on a faites d'abord que, quoiqu'il s'agisse de peu de chose de plus ou de moins, on ne veuille de part ou d'autre ni se relâcher, ni passer outre. *Vous vous tenez à trop peu de chose. Il se tient à une vétille dans une affaire qui peut faire sa fortune.* On dit de même, Se t. à rien, Se t. à très peu de chose. — Être, demeurer dans un certain état. *Tenez-vous là et n'en bougez pas. Elle se tenait auprès de sa mère. Se t. au vent et au soleil. Il se tient tous les matins dans sa chambre. Se t. debout, couché, assis. Se t. droit, courbé. Tenez-vous caché.* — Proverb., *Quand on est bien, il faut s'y t.,* Il ne faut pas changer légèrement, pour peu qu'on se trouve bien dans son état. On dit de même, *Êtes-vous bien? tenez-vous-y.* || *Se t. bien, se t. mal,* sign. avoir un bon, un mauvais maintien. Fam., *Il ne sait comment se t.,* Il ne sait quelle attitude prendre, quel maintien avoir. — *Se t. bien à cheval,* Y être ferme et de bonne grâce. On dit, dans le sens contraire, *Se t. mal à cheval.* || Fig. et fam., *Se t. les bras croisés,* Rester oisif lorsqu'il faudrait travailler; demeurer dans l'inaction lorsqu'on devrait agir. — *Se t. à sa place,* Voy. PLACE. — On dit, par forme de menace ou d'avertissement, *Vous avez offensé un homme qui ne pardonne jamais, vous n'avez qu'à vous bien t.; tenez-vous bien,* Prenez garde à vous, cherchez les moyens nécessaires pour vous défendre. = Avoir lieu. *La foire se tient en tel endroit. Il se tint une assemblée des notables.* = Se retenir, empêcher. *Il ne saurait se t. de parler. Je ne pus me t. de lui dire que cela n'était pas bien. Il ne s'en peut t.* — Se réputer, s'estimer. *Je me tiens heureux d'avoir pu vous rendre ce service. Je me tiens pour satisfait.* = TENU, UE. part. *Un jardin bien tenu,* Bien cultivé. *Une maison bien tenue,* Bien arrangée. Prov., *Tant tenu, tant payé,* Voy. PAYER.

Conj. — *Je tiens, tu tiens, il tient; nous tenons, vous tenez, ils tiennent. Je tenais; nous tenions. Je tins; nous tînmes. Je tiendrai; nous tiendrons. — Je tiendrais; nous tiendrions. — Tiens; tenons. — Que je tienne; que nous tenions. Que je tinsse; que nous tinssions. — Tenant. Tenu, ue.*

TENNANTITE. s. f. [Pr. *tenn-nantite*] (R. Tennant, n. d'homme). T. Minér. Sulfure arsenical de cuivre et de fer appelé aussi *Cuivre gris.* Voy. CUIVRE, VII, D.

TENNEMANN, philosophe allem. (1761-1819).

TENNÈS, roi de Sidon, fut décapité par ordre d'Artaxersès III Okhas (IVᵉ siècle av. J.-C.).

TENNESSEE, riv. des États-Unis, affluent de gauche de

l'Ohio; 1,000 kil. || Un des États unis d'Amérique (États du Sud), dans le bassin du Mississipi; pop. 1,800,000 hab., cap. *Nashville.*

TENNYSON (ALFRED), poète anglais, né en 1809, mort en 1892, auteur de *Poésies lyriques* et des poèmes de *Élaine, Genièvre* et *Viviane.*

TENON. s. m. (R. *tenir*). T. Techn. L'extrémité d'une pièce de bois ou de métal diminuée d'une partie de son épaisseur, qu'on fait entrer dans une mortaise. Voy. ASSEMBLAGE.

TENONNER. v. a. [Pr. *te-no-ner*]. Pratiquer des tenons sur une pièce de bois. = TENONNÉ, ÉE. part.

TÉNOR. s. m. (ital. *tenore,* m. s., proprement *teneur*). T. Mus. Nom donné à la voix la plus élevée des voix d'hommes. || Chanteur qui a ce genre de voix. = Voy. VOIX.

TÉNORISANT, ANTE. adj. [Pr. *ténori-zan*]. Qui se rapproche du ténor.

TÉNORISER. v. n. [Pr. *ténori-zer*]. Se dit d'un baryton qui chante en se rapprochant du ténor.

TÉNORITE. s. f. T. Minér. Voy. MÉLACONISE.

TÉNOTOME. s. m. T. Chir. Instrument pour pratiquer la *ténotomie.* Voy. ce mot.

TÉNOTOMIE. s. f. (gr. τένων, tendon ; τομή, section). T. Chir. Ce mot signifie section d'un tendon. On pratique cette opération dans les cas de contractures musculaires persistantes ou de rétractions causant une difformité ou une gêne résultant de la position vicieuse d'un organe. On la pratique assez fréquemment sur le tendon d'Achille (*pied bot*), le muscle sterno-mastoïdien (*torticolis*), un des muscles moteurs du globe oculaire (*strabisme*), etc.

La t. peut être à *ciel ouvert*; la plaie est alors au contact de l'air, ou *sous-cutanée*; on ne fait, en ce cas, qu'une très petite incision nécessaire au passage du *ténotome* (sorte de bistouri à lame courte et étroite et à extrémité mousse), la section du tendon est cachée. Cette méthode était très employée autrefois; depuis l'application des procédés antiseptiques, on recourt davantage à la t. à ciel ouvert.

TENREC ou **TANREC.** s. m. Genre d'Insectivores dont toutes les espèces appelées vulgairement *Hérissons soyeux* sont cantonnées à Madagascar. Leur corps est couvert de piquants comme celui des Hérissons, mais ces piquants sont plus courts, plus mous et mêlés de soie; le museau est très allongé en forme de groin. Ils vivent au bord de l'eau, se roulant dans la vase quand on s'approche d'eux; ils dorment pendant l'hiver.

TENSEUR. adj. et s. m. [Pr. *tan-seur*] (lat. *tensor,* m. s.). T. Anat. Qui sert à tendre. *Le muscle t. de l'aponévrose crurale,* ou *Le t. du fascia lata.*

TENSIF, IVE. adj. [Pr. *tan-sif*] (lat. *tensum,* sup. de *tendere,* tendre). T. Méd. Qui est accompagné ou caractérisé par un sentiment de tension. *Douleur tensive.*

TENSION. s. f. [Pr. *tan-sion*] (lat. *tensio,* m. s.). État de ce qui est tendu. En augmentant la t. d'une corde, on lui fait rendre un son plus aigu. La t. des muscles. Cette fluxion lui causait une grande t. à la peau. — Fig., T. d'esprit, Grande application, Il s'est épuisé par une trop grande t. d'esprit. — T. du style, état du style dans lequel on sent l'effort. || T. Méc. T. d'un fil, d'une corde, Voy. FUNICULAIRE. || T. Phys. Se dit de la force expansive ou répulsive d'un gaz, d'une vapeur. On dit plus souvent *pression.* Voy. GAZ. — T. maximum d'une vapeur, Voy. VAPEUR. — T. électrique. La force avec laquelle l'électricité tend à s'échapper d'un conducteur électrisé. Elle est proportionnelle au potentiel du conducteur et à la densité électrique au point considéré, et par conséquent au carré du potentiel. Voy. ÉLECTRICITÉ.

TENSON. s. f. [Pr. *tan-son*] (lat. *contentio,* débat). T. Hist. litt. Sorte de poème en forme de dialogue que chantaient les troubadours. Voy. TROUBADOUR.

TENTACULAIRE. adj. 2 g. [Pr. *tan-taku-lère*]. Qui a rapport aux tentacules.

TENTACULE. s. m. [Pr. *tan-takule*] (lat. *tentaculum*, m. s., de *tentare*, tâter), T. Zool. Se dit d'appendices mobiles, non articulés, très diversement conformés, dont beaucoup d'animaux inférieurs sont pourvus, et qui leur servent en général d'organes tactiles, préhensiles ou locomoteurs. *La plupart des zoophytes ont des tentacules. Les tentacules d'une limace. La baudroie a des tentacules.*

TENTACULIFÈRES. s. m. pl. [Pr. *tanta...*] (R. *tentacule*, et lat. *fero*, je porte). T. Zool. Les Tentaculifères appelés encore *Suceurs* ou *Acinétiens* sont des Protozoaires voisins des Infusoires dont ils diffèrent par l'absence de cils vibratiles ; par contre, ils sont pourvus de tentacules ou de véritables suçoirs rétractiles, terminés par une extrémité élargie formant ventouse; ce sont des organes de préhension en même temps que de succion au moyen desquels ils saisissent les véritables Infusoires dont il font leur nourriture.

Les Tentaculifères se trouvent dans la mer et dans l'eau douce; on en trouve de libres rampant en général sur les colonies de Vorticelles; d'autres sont fixés par un pédoncule sur les colonies d'Hydraires ou de Bryozoaires (genres *Acineta* et *Podopophrya*) ; d'autres enfin vivent en parasites dans le corps de gros infusoires ciliés (*Sphærophrya*).

La reproduction des Tentaculifères se fait par division ou par bourgeonnement.

On appelle encore T. un ordre de Mollusques. Voy. TÉTRA-BRANCHIAUX.

TENTACULIFORME. adj. 2 g. [Pr. *tan-taku...*]. Qui a la forme d'un tentacule.

TENTANT, ANTE. adj. [Pr. *tan-tan*]. Qui cause une envie, un désir. *Cela est t. L'occasion était bien tentante.*

TENTATEUR, TRICE. s. [Pr. *tan-tateur*] (lat. *tentator*, trix, m. s.). Celui, celle qui tente. *C'est un t.* || Absolum., *Le t.,* Le démon. — Adj. Qui est de nature à tenter. *Pièges tentateurs.* — *L'esprit t.,* Le démon.

TENTATION. s. f. [Pr. *tanta-sion*] (lat. *tentatio*, m. s.). Mouvement intérieur qui porte à faire une chose. *Il avait une grande t. de bâtir. Il résista à la t.* || En T. Relig. et Morale, Impulsion intérieure qui porte l'homme au mal. *Grande, forte t. Induire quelqu'un en t. Résister, céder, succomber à la t. C'est une t. du malin esprit, La t. de la chair.*

> Vous êtes donc bien tendre à la tentation?
>
> MOLIÈRE.

> *Les âmes les plus saintes ne sont pas exemptes de tentations.*

TENTATIVE. s. f. [Pr. *tan-tative*] (lat. *tentare*, essayer). Action par laquelle on tente, on essaye de faire réussir une chose. *Faire une t. auprès de quelqu'un. Il fit plusieurs tentatives inutiles. Une t. de vol, d'assassinat. La t. de crime, suivie d'un commencement d'exécution, est considérée par la loi comme le crime même, si elle n'a été suspendue ou n'a manqué son effet que par des circonstances indépendantes de la volonté de son auteur.* || La première thèse que soutient celui qui veut être reçu licencié en théologie.

TENTE. s. f. [Pr. *tan-te*] (lat. *tentorium*, m. s., de *tendere*, tendre). Espèce de pavillon fait le plus ordinairement de toile grossière, etc., que l'on dresse pour se mettre à l'abri des injures du temps ou du soleil. *Les mâts, les piquets, les cordages, les murailles d'une t. Camper sous des tentes. La caravane dressa ses tentes.* || Fig., *Se retirer sous sa t.* Se retirer d'une entreprise par sentiment d'irritation, par allusion à Achille furieux contre Agamemnon. || T. Hist. relig. *Les tentes ou tabernacles,* abris de feuillages ou le peuple juif demeurait tous les ans, sept jours et sept nuits consécutives. Voy. TABERNACLE. || T. Mar. Sorte de bonne ou de couverture que l'on tend au-dessus d'un navire, d'une barque, pour se mettre à l'abri du soleil. || T. Chir. Bourdonnet de charpie muni d'un fil. Voy. CHARPIE. || T. Anat. T. *du cervelet,* T. *de l'hypophyse.* Voy. MÉNINGE. || T. Chasse, Sorte de filet tendu pour prendre des oiseaux de passage. || T. Pêche. Nasse pour prendre des poissons.

TENTEMENT. s. m. [Pr. *tante-man*] (R. *tenter*). T. Escr. Mouvement qui consiste à battre deux fois le fer de l'adversaire.

TENTER. v. a. [Pr. *tan-ter*] (lat. *tentare*, m. s., fréq. de *tendere*, se diriger vers). Essayer, éprouver, mettre en usage pour faire réussir une chose. *La chose est trop difficile, je ne veux pas seulement la t. On a déjà tenté cette expérience. On a tenté de corrompre.* T. *l'impossible.* — T. *Dieu,* Lui demander des miracles, des effets de sa toute-puissance, sans nécessité.

> Quoi! Monsieur, vous voulez tenter Dieu? Quelle audace!
>
> MOLIÈRE.

Donner envie, inspirer le désir, l'envie de faire quelque chose. *Comment de si beaux fruits ne vous tentent-ils pas?* — Fam., *Être bien tenté de faire une chose,* En avoir une extrême envie. *Je fus bien tenté de lui répondre comme il le méritait.* || Solliciter au péché, au mal. *On l'a tenté avec de l'argent, avec des promesses. L'occasion le tenta.* = TENTÉ, ÉE. part.

TENTHRÈDE. s. f. **TENTHRÉDINES.** s. f. pl. (gr. τενθρηδὼν, abeille sauvage). T. Entom. Genre et sous-famille d'Insectes *Hyménoptères.* Voy. PORTE-SCIE.

TENTOI. s. m. [Pr. *tan-toua*] (bas lat. *tentorium*, m. s., de *tendere*, tendre). T. Techn. Barre qui sert à tourner les rouleaux qui tendent la chaîne des métiers de haute lisse.

TENTURE. s. f. [Pr. *tan-ture*] (bas lat. *tentura*, m. s., de *tentus,* part. passé de *tendere,* tendre). Certain nombre de pièces de tapisserie, ordinairement de même dessin, de même façon, et propres à tendre un salon, un appartement. *Une riche t. Une t. d'Aubusson, des Gobelins.* || Se dit aussi des étoffes, du cuir, du papier peint, etc., qui servent à tapisser une chambre. *Une t. de velours, de damas. Une t. de deuil. Une t. de cuir doré, de papier peint.* || Étoffe noire dont on tend une église, une maison mortuaire pour un service funèbre. || Action de tendre des tapisseries. *J'ai payé tant pour la t. de l'église.*

TÉNU, UE. adj. (lat. *tenuis,* m. s.). Qui est fort délié. *Substance ténue. Des particules très ténues.* || En parlant d'un liquide, signifie, Qui est presque aqueux : *Urine ténue* ; et, en parl. d'une vapeur, sign., Qui est très raréfiée : *Des vapeurs ténues.*

TENUE. s. f. (part. pass. de *tenir*). Le temps pendant lequel certaines assemblées se tiennent. *Pendant la t. du concile, des états. A la dernière tenue des assises.* || Signifie aussi Stabilité, fixité. *C'est un homme qui n'a point de t. à cheval. Le temps n'a point de t.,* Il est fort variable. — Au sens moral. *Cet homme n'a point de t. dans l'esprit, dans les idées,* ou absol., *Il n'a point de t.,* Il est léger, il change souvent d'avis. On dit de même, *C'est un esprit qui n'a point de t.* — T. Man. *Cette selle n'a pas de t.,* Il n'est pas aisé de se tenir ferme sur cette selle. — T. Mar. *Ce fond est de bonne, de mauvaise t.,* Il est bon ou mauvais pour l'ancrage, l'ancre y tient ou n'y tient point. || Sign. encore La manière dont on se tient, dont on se présente dans la société, et même la manière dont on s'habille. *Ce jeune homme a une excellente t.,* ou absol., *Il a de la t. Il manque de t.* — En parlant d'une troupe, d'un régiment, d'un soldat, l'apparence qui résulte du bon ordre qu'il présente, de la propreté du costume, de la régularité de l'équipement. *Ce régiment a une belle t.* Se dit encore plus particulièrement du costume que portent les militaires. T. *d'hiver.* T. *d'été. Être en petite t.,* N'avoir que le costume exigé pour le service ordinaire. *Être en grande t.,* ou simpl., *Être en t.,* Être en habit de parade. Ces expressions s'emploient quelquefois en parlant de simples particuliers. *Vous voilà en grande t.: est-ce que vous allez au bal? On peut aller dans cette maison en petite t.* || *Tenue,* se dit encore de la façon dont l'ordre, le service, la propreté sont maintenus dans une maison, etc. *Comment une jeune fille, qu'on marie au sortir de la pension, connaîtrait-elle la t. d'une maison?* || T. Comm. T. *de livres,* Voy. COMPTABILITÉ. || T. de trictrac. L'action du joueur qui, ayant gagné un ou plusieurs trous, pourrait s'en aller et ne s'en va pas. *J'ai fait une mauvaise t.* || T. Jurispr. féod. T. *noble,* Fief qui relevait d'un autre fief. || T. Mus. Note soutenue pendant un certain nombre de mesures. = Tout d'une tenue. locut. adv. Tout d'un tenant. *Il possède tant d'hectares de terre tout d'une tenue.*

TÉNUEMENT. adv. [Pr. *ténu-man*]. D'une manière ténue.

TÉNUICORNE. adj. 2 g. (lat. *tenuis*, menu; *cornu*, corne). Qui a des cornes ou des antennes grêles.

TÉNUIFLORE. adj. 2 g. (lat. *tenuis*, ténu; *flos, floris*, fleur). T. Bot. Qui est composé de fleurs très petites.

TÉNUIFOLIÉ, ÉE. adj. (lat. *tenuis*, ténu; *folium*, feuille). T. Bot. Qui a des feuilles ou folioles grêles.

TÉNUIROSTRES. s. m. plur. (lat. *tenuis*, délié, grêle; *rostrum*, bec). T. Ornith. Famille d'oiseaux. Voy. Passereau.

TÉNUITÉ. s. f. (lat. *tenuitas*, m. s.). Qualité de ce qui est ténu. *La t. de cette poussière. La t. des urines.*

TENURE. s. f. (R. *tenir*). T. Jurispr. féod. Mouvance, dépendance et étendue d'un fief. *Cette terre était dans la t., de la t. de tel marquisat.*

TÉOCALLI. s. m. Grande éminence faite de mains d'homme, au Mexique.

TÉORBE. Voy. Théorbe.

TÉOS, anc. v. d'Ionie (Asie Mineure), patrie d'Anacréon.

TÉOTIHUALCAN, v. du Mexique, à 40 kil. de Mexico, près de laquelle se trouvait le temple consacré au dieu de la guerre, où l'on égorgeait des victimes humaines.

TÉPHROÏTE. s. f. (gr. τεφρὸς, cendré). T. Minér. Voy. Péridot.

TÉPHROMANCIE. s. f. [Pr. *téfro-mansi*] (gr. τέφρα, cendre; μαντεία, divination). Divination par les cendres. Voy. Divination, III, G.

TÉPHROSIE. s. f. [Pr. *téfro-zi*] (gr. τεφρὸς, cendré). T. Bot. Genre de plantes Dicotylédones (*Tephrosia*) de la famille des *Légumineuses*, tribu des *Papilionacées*. Voy. Légumineuses.

TEPIDARIUM. s. m. [Pr. *té-pida-riome*] (mot lat. dérivé de *tepidus*, tiède). T. Antiq. rom. Chambre des thermes où l'on prenait des bains tièdes. Voy. Thermes.

TÉPIDITÉ. s. f. (lat. *tepiditas*, m. s.). État de ce qui est tiède. Vx.

TER. Mot. latin qui sign. Trois fois, et s'emploie, dans la musique et dans les chansons, pour indiquer qu'un passage, qu'un mot, qu'un vers doit être répété trois fois. ‖ Signifie aussi, Pour la troisième fois. *Numéro 8 ter*, Numéro 8 répété pour la troisième fois.

TÉRACONIQUE. adj. 2 g. T. Chim. L'acide téraconique se forme dans la distillation sèche de l'acide térébique, son isomère. Il se présente en beaux cristaux tricliniques, fusibles à 163°, très solubles dans l'eau bouillante. Il est bibasique.

TERAMO, anc. *Interamna*, v. d'Italie (prov. d'Abruzze-Ultérieure); 20,000 hab.

TÉRASPIC. s. m. T. Bot. Nom vulgaire du Thlaspi.

TÉRATOLITE. s. f. (gr. τέρας, τέρατος, prodige). T. Minér. Argile ferrugineuse violacée.

TÉRATOLOGIE. s. f. (gr. τέρας, τέρατος, monstre; λόγος, discours). T. Physiol. La *Tératologie* est cette branche de l'anatomie et de la physiologie qui a pour objet l'étude des anomalies de l'organisation chez les êtres vivants. Il y a donc une *t. animale* et une *t. végétale* ; mais quand le mot *t.* est employé seul, il s'agit toujours de la *t.* considérée chez les animaux.

I. — De tout temps les anomalies ou les déviations du type

normal de l'organisme ont vivement frappé l'imagination du vulgaire et attiré l'attention des philosophes. Mais, tandis que le commun des hommes y voyait des prodiges, c.-à-d. des signes divins, d'où les noms mêmes de *monstre* et de *monstruosité* que nous employons encore, les naturalistes et les philosophes dédaignaient d'en faire une étude approfondie. Aristote se contente d'appeler les anomalies « les erreurs de la nature », et Pline dit de même après lui : « *Ludibria sibi, nobis miracula ingeniosa fecit natura.* » Au moyen âge et chez les modernes, jusqu'au XVIIIe siècle, on ne voit dans les ouvrages des auteurs qui parlent des monstres que des erreurs grossières, des préjugés absurdes et des explications enfantées par l'ignorance et la superstition. Aux anomalies véritables et aux monstres vrais, on joint tous les faux monstres qu'enfante l'imagination, les hommes à tête ou à membres de chien, de mouton, d'éléphant, d'oiseau, de licorne, les monstres faits à l'image du diable, etc. Quant à la cause assignée à la naissance des monstres, on l'attribue, tantôt à la volonté de Dieu, qui les envoie comme preuve de sa colère et comme présage de calamités publiques, tantôt à l'opération de Satan, tantôt enfin à des unions entre l'homme et la brute. Au XVIIe siècle, les préjugés sont encore tels, que les auteurs approuvent presque unanimement la barbarie des lois grecques et romaines, qui condamnaient à mort les enfants affectés de monstruosité. Le célèbre anatomiste Riolan établit comme une nouveauté hardie, que l'on peut se dispenser de faire périr les sexdigitaires, les individus à tête disproportionnée, les géants et les nains, et qu'il suffit de les reléguer loin de tous les regards. Enfin, le grand Haller, dans son traité *De monstris* (1768), vint affranchir la t. des entraves qui s'opposaient à son avancement, non seulement par ses belles descriptions, mais encore par l'admirable sûreté de jugement avec laquelle il distingua les erreurs et les vérités qui composaient le chaos des connaissances de son époque. Après lui, les anatomistes philosophes, partant de ce principe que la nature obéit en toutes choses aux lois absolues que lui a imposées le Créateur et n'a point de bizarreries, recherchèrent l'origine des anomalies de l'organisation pour les ramener aux lois mêmes de l'anatomie normale, et ils démontrèrent qu'en effet les anomalies sont le résultat de modifications particulières survenues dans le cours du développement embryogénique des êtres. Parmi les auteurs qui ont amené la science tératologique au degré d'avancement où elle est parvenue, on doit citer en première ligne trois anatomistes français, Ét. Geoffroy Saint-Hilaire, son fils Isidore Geoffroy et E. Serres. Nous nommerons encore Meckel, Otto, Jacobi, Breschet, Martin-Saint-Ange, Lesauvage, etc., auxquels cette branche de l'anatomie doit des travaux remarquables.

II. — Dans son grand et bel ouvrage sur la t., Isidore Geoffroy Saint-Hilaire divise les anomalies en quatre groupes principaux, qu'il appelle *Hémitéries, Hétérotaxies, Hermaphrodismes* et *Monstruosités* proprement dites. — Les *Hémitéries* (gr. ἥμισυς, demi ; τέρας, monstre) sont des anomalies, ordinairement congénitales et peu graves au point de vue anatomique, qui portent sur un seul organe, sur un seul système, sur une seule condition organique. Tantôt elles ne mettent aucun obstacle à l'accomplissement des fonctions vitales, et alors elles constituent de simples *variétés* d'une espèce : tels sont les *sexdigitaires*, qui ont 6 doigts au lieu de 5 à la main ou au pied. Tantôt elles nuisent à l'individu, soit en produisant une infirmité, soit en rendant difficile ou en empêchant l'accomplissement d'une ou de plusieurs fonctions, et on leur donne le nom de *vices de conformation* : tels sont le *pied bot*, le *pied équin*, etc. La connaissance des hémitéries est en quelque sorte la base sur laquelle repose la t. tout entière, soit à cause des nombreuses applications pratiques qu'elle présente, soit parce que les autres anomalies peuvent être considérées comme provenant de l'association de deux ou de plusieurs hémitéries. On divise les hémitéries en cinq classes, selon que l'anomalie est relative au volume, à la forme, à la structure, à la disposition ou au nombre des parties. — Les *Hétérotaxies* (ἕτερος, autre ; τάξις, arrangement) sont des anomalies complexes, non apparentes à l'extérieur, qui affectent à la fois un grand nombre d'organes, et qui cependant ne mettent obstacle à l'accomplissement d'aucune fonction. Elles résultent de la coexistence et de la coordination régulière de plusieurs modifications, qui seraient, chacune prise à part, des causes de trouble ou même de mort, mais qui, combinées ensemble, se compensent mutuellement, annulent leurs effets fâcheux, et produisent, sous une autre forme et dans un autre sens, toutes les conditions de la vie normale. Le cas d'hétérotaxie le plus célèbre est celui que Morand observa, vers 1660, sur un invalide mort à 72 ans. A l'ouverture de son corps, on s'aperçut que le foie se trouvait à gauche et la rate à droite, et que les poumons, le cœur, le tube digestif, ainsi que tous les vaisseaux et nerfs splanchniques, se trouvaient renversés. — Les *Hermaphrodismes* (Ἑρμῆς, Mercure; Ἀφροδίτη, Vénus) sont des anomalies congénitales et complexes, presque toujours apparentes à l'extérieur, qui consistent dans la réunion, chez le même individu, des deux sexes ou de quelques-uns de leurs caractères. — Les *Monstruosités* proprement dites sont les anomalies du caractère le plus grave, et qui, lors même qu'elles n'exercent aucune influence fâcheuse sur les fonctions, impriment aux formes extérieures des modifications très remarquables et leur donnent une configuration vicieuse fort différente de celle que présente ordinairement l'espèce. Mais le plus souvent l'influence exercée sur les fonctions est telle que la vie devient, ou impossible hors du sein maternel, ou possible seulement dans des conditions tout exceptionnelles. Les monstruosités forment deux grandes classes, savoir : les *monstres simples* ou *unitaires*, chez lesquels on ne trouve que les éléments complets ou incomplets d'un seul individu, et les *monstres doubles* ou *composés*, chez lesquels on trouve les éléments complets ou incomplets de plus d'un individu.

III. — La classe des *Monstres simples* comprend trois ordres, les *autosites*, les *omphalosites* et les *parasites*.

A. Chez les *Autosites* (αὐτός, soi-même; σῖτος, nourriture), les organes sont, à l'extérieur, disposés pour la plupart symétriquement, et, à l'intérieur, conservés pour la plupart avec des conditions peu différentes de l'état normal. La vie est donc possible chez eux après la naissance pendant un temps très variable. Les autosites se subdivisent en huit familles. — 1° Les *Ectroméliens* (ἔκτρωμα, avortement; μέλος, membre) se distinguent par l'avortement plus ou moins complet d'un ou de plusieurs membres, sans s'écarter ou en s'écartant peu de l'ordre normal pour la structure de la tête et du tronc. Ces monstres se présentent sous trois formes différentes et constituent ainsi trois genres. Les uns, appelés *Phocomèles*, ont les membres thoraciques et abdominaux d'une telle brièveté, que les mains et les pieds semblent s'insérer immédiatement sur le tronc, comme chez les phoques. D'autres, appelés *Hémimèles*, ont les membres d'un volume normal, particulièrement le bras et la cuisse, tandis que l'avant-bras ou la jambe consiste ordinairement en un moignon privé de main ou de pied, mais parfois terminé par un ou plusieurs doigts rudimentaires. D'autres enfin, nommés *Ectromèles*, sont caractérisés par l'absence totale ou presque complète des membres thoraciques ou abdominaux. Parmi les cas les plus connus d'*ectromélie*, nous citerons le peintre Ducornet, élève de Gros, qui, privé de membres thoraciques, se servait de ses pieds pour manier le pinceau, et faisait un usage merveilleux de ces organes si différents de la main. — 2° Les *Syméliens* (σύν, avec ; μέλος, membre) sont caractérisés par la réunion ou la fusion médiane des membres abdominaux. Cette réunion ne pouvant avoir lieu sans une atrophie plus ou moins grande des organes pelviens, ces monstres ne sont pas viables. D'après le degré de fusion des membres, on distingue trois sortes de syméliens, savoir : les *Symèles*, chez lesquels les deux membres sont réunis en un membre unique, mais double et terminé par un double pied, ayant la plante en avant et environ dix orteils; les *Uromèles* (οὐρά, extrémité), qui présentent un membre composé terminé par un pied unique, souvent très imparfait; les *Sirénomèles*, qui ont le membre terminé en une sorte de moignon qui donne une idée des formes bizarres que les poètes ont prêtées aux Sirènes. Ces monstruosités sont rares, soit chez l'homme, soit chez les animaux. — 3° Les *Célosomiens* (κήλη, hernie; σῶμα, corps) offrent pour caractère l'existence d'une éventration plus ou moins étendue et toujours compliquée de diverses anomalies des membres, des organes génito-urinaires, ou même du tronc dans son ensemble. Ils naissent vivants; mais leur mort suit de près leur naissance. Parmi les 6 genres qui composent cette famille, nous citerons seulement les *Célosomes*, chez lesquels l'éventration envahit tout la poitrine; le sternum est affecté de fissure ou manque, et le cœur fait hernie au devant de la poitrine, comme les viscères digestifs au devant de l'abdomen. — 4° Les *Exencéphaliens* (ἔξ, hors de; ἐγκέφαλος, encéphale) ont l'encéphale plus ou moins déformé et incomplet, et en outre placé, du moins en partie, hors de la cavité crânienne. On distingue ces monstres en six genres. Les deux principaux sont les *Notencéphales* (νῶτος, dos), qui ont l'encéphale situé en grande partie hors de la boîte cérébrale et derrière le crâne, soit cet ouvert dans la région occipitale; et les *Hyperencéphales* (ὑπέρ, au-dessus), dont l'encéphale est situé en grande partie hors et au-dessus du crâne, dont la paroi supérieure est incomplète.

Ces monstres meurent ordinairement quelques instants ou quelques jours après leur naissance. On mentionne cependant un notencéphale humain qui, né en Russie, au commencement de ce siècle, aurait vécu jusqu'à l'âge adulte et même joui de ses facultés intellectuelles; mais ce récit laisse grande prise au doute. — 5° Les *Pseudencéphaliens* (ψευδής, faux) sont caractérisés par l'absence d'encéphale, qui est remplacé par une tumeur développée sur la base du crâne, dont la voûte n'existe pas. Cette tumeur, formée de lobes arrondis et composée d'un lacis de vaisseaux gorgés de sang, égale ou même surpasse parfois l'encéphale. Elle se continue avec l'extrémité supérieure de la portion spinale de la pie-mère, et semble résulter d'une hypertrophie de cette membrane. Les pseudencéphaliens peuvent prolonger leur existence quelques jours. Ils naissent à terme ou très près du terme, et leur monstruosité dépend ordinairement de chutes faites par la mère ou de coups violents portés à celle-ci dans le troisième ou le quatrième mois de la grossesse. — 6° Les *Anencéphaliens*, ainsi que leur nom l'indique, sont caractérisés par l'absence d'encéphale; la moelle épinière manque également en totalité ou en partie. Le crâne est largement ouvert en dessus, et le canal vertébral offre généralement l'aspect d'une gouttière presque plate, faisant suite à la base du crâne, et renfermant un amas de sérosité qui s'échappe pendant l'accouchement. Le reste du tronc et les membres présentent une conformation normale. Très rares chez les animaux, les exemples d'*Anencéphalie* ne le sont pas chez l'homme. Ils naissent avant terme, souvent dans le cours du huitième mois, et peuvent vivre quelques minutes et même quelques jours. Un anencéphalien, né en 1812 à l'Hôtel-Dieu de Paris, vécut trois jours, et fut nourri avec du lait et de l'eau sucrée, aucune nourrice n'ayant voulu lui donner le sein. A la différence de la *Pseudencéphalie*, l'anencéphalie résulte le plus souvent de vives impressions morales éprouvées par la mère durant les premiers mois de la grossesse. On divise les anencéphaliens en deux genres, les *Dérencéphales* (δέρη, cou), chez lesquels le canal rachidien n'est ouvert et la moelle épinière ne manque que dans la région supérieure; et les *Anencéphales*, dont le canal vertébral est ouvert et la moelle épinière manque sur toute la longueur du tronc. — 7° Les *Cyclocéphaliens* (κύκλος, cercle, orbite; κεφαλή, tête) sont des monstres chez lesquels l'appareil nasal est plus ou moins atrophié et dont les yeux, imparfaitement conformés ou quelquefois tout à fait rudimentaires, sont très rapprochés l'un de l'autre, ou même se confondent ensemble sur la ligne médiane. Le cerveau, beaucoup plus petit qu'à l'ordinaire, est sans circonvolutions distinctes; le crâne est atrophié dans sa portion moyenne et ses parties latérales se rapprochent ou se réunissent. Ces monstres naissent vivants, mais leur vie est incomplète et leur mort est prompte. La *Cyclocéphalie* s'observe rarement chez l'homme, mais assez fréquemment chez nos animaux domestiques. De tout temps ces monstres ont fixé l'attention au plus haut degré par leur aspect hideux : ce sont eux, sans nul doute, qui ont donné lieu à la fable mythologique des Cyclopes. La famille des cyclocéphaliens comprend cinq genres. Les *Ethmocéphales* (ἠθμός, crible, racine du nez; κεφαλή, tête) ont les yeux très rapprochés, mais distincts, et l'appareil nasal à demi atrophié. Les *Cébocéphales* (κῆβος, singe) ont aussi les yeux distincts et très rapprochés, mais chez ceux-ci l'appareil nasal ne fait plus aucune saillie. Dans les trois autres genres, les deux orbites sont confondues en une seule. Les *Rhinocéphales* (ῥίν, nez) ont une trompe qui représente l'appareil nasal. Les *Cyclocéphales* ne diffèrent des précédents que par l'absence de trompe, c.-à-d. par l'état rudimentaire du nez. Enfin, les *Stomocéphales* (στόμα, bouche) ont en outre les mâchoires rudimentaires. — 8° Les *Otocéphaliens* (οὖς, ὠτός, oreille) ont les oreilles rapprochées et souvent réunies sur la ligne médiane, avec une atrophie plus ou moins marquée de la région inférieure du crâne. Le plus souvent, la mâchoire et une grande partie de la face manquent. Par leur organisation, les circonstances de la naissance et de la mort, ils ont la plus grande analogie avec les cyclocéphaliens. Cette famille comprend cinq genres, mais qui offrent peu d'intérêt.

B. Les *Omphalosites* (ὀμφαλός, ombilic ; σῖτος, nourriture) sont des monstres unitaires qui vivent d'une vie imparfaite. En effet, leur vie n'étant entretenue que par la communication avec la mère, elle cesse dès que le cordon ombilical est rompu. Ces monstres manquent d'un très grand nombre d'organes, et ceux qui existent sont très imparfaits. Ils forment trois familles. — 1° Les *Paracéphaliens* (de παρά, préposition qui indique un vice, un défaut, et κεφαλή, tête) sont caractérisés par la forme du corps qui s'écarte manifestement de la symétrie normale, par des membres toujours imparfaits, par l'absence d'une très grande partie des viscères, et enfin par la présence d'une tête très imparfaite, quoique distincte. Cette famille comprend trois genres. Les *Paracéphales* ont la tête mal conformée, mais encore volumineuse, une face distincte avec une bouche et des organes sensoriaux rudimentaires, et des membres thoraciques. L'absence de ces derniers caractérise les *Omacéphales* (ὦμος, épaule). Les *Hémiacéphales* ont des membres thoraciques comme les paracéphales; mais la tête est représentée par une tumeur informe avec quelques appendices ou replis cutanés en avant. Ces trois genres de monstres sont presque toujours jumeaux et du sexe féminin. Attachés à un placenta commun, mais contenus chacun dans une poche distincte, ils ne donnent à la naissance aucun signe de vie. — 2° Les *Acéphaliens* sont caractérisés par l'absence de tête, dont il existe au plus quelques vestiges, et par un corps plus ou moins imparfait. Le nombre des membres varie de 4 à 1. Lorsqu'il n'en existe qu'un, c'est toujours un membre abdominal : ces membres, mal proportionnés, contournés, sont presque toujours terminés par moins de cinq doigts et par des pieds bots. A l'intérieur, l'organisation est également très imparfaite. Ces monstres viennent presque toujours avant terme, naissent jumeaux, quelquefois plus que bijumeaux. Parfois l'un d'eux est bien conformé, plein de vie et souvent même complètement viable. L'acéphalien, au contraire, ne donne pas de signe de vie dès qu'il est hors des eaux de l'amnios. Cette famille comprend trois genres. Les *Acéphales* sont privés seulement de la tête et des organes qui manquent généralement avec elle. Les *Péracéphales* (πέρα, au delà) se distinguent des précédents par l'absence de membres thoraciques. Enfin, les *Mylacéphales* (μύλη, môle) ont le corps informe, à régions peu ou point distinctes, avec des membres très imparfaits, rudimentaires, et lorsque presque nuls. Ces monstruosités ont toutes été observées chez l'homme, plus rarement chez les animaux. — 3° Les *Anidiens* (à privatif ; εἶδος, forme) se placent, par la simplicité de leur organisation, au bas de la série des monstres unitaires. Le corps ne présente qu'un sac ovoïde ou globuleux, sans appendices comme sans caractères spéciaux de forme. Cette famille ne comprend qu'un seul genre rarement observé et peu connu.

C. Les *Parasites* forment le troisième ordre des monstres unitaires. Ces monstres, les plus imparfaits de la classe, présentent des masses inertes, irrégulières, composées principalement d'os, de dents, de poils, de graisse, et qui manquent même de cordon ombilical. Implantés sur les organes générateurs de la mère, ils y vivent d'une vie végétative obscure. Geoffroy Saint-Hilaire les range tous dans une seule famille, qu'il désigne sous le nom de *Zoomyliens* (ζῶος, animal ; μύλη, môle).

IV. — La classe des *Monstres doubles* a été divisée par Geoffroy Saint-Hilaire en deux ordres : les monstres doubles *autositaires* et les monstres doubles *parasitaires*.

A. Les *Autositaires*, composés de deux individus égaux en développement, jouissant d'une égale activité physiologique, soit que, réunis dans une région, ils vivent chacun d'une vie presque distincte, soit que, plus intimement confondus, ils concourent à la nutrition et à l'accomplissement des diverses fonctions nécessaires à la vie commune. Ces monstres se subdivisent en six familles. — 1° Les *Eusomphaliens* (εὖς, bon; ὀμφαλὸς, ombilic) sont les monstres composés, réunis à l'extrémité céphalique ou à l'extrémité pelvienne, mais qui ont chacun leur ombilic, et, quant aux autres parties, sont partout distincts l'un de l'autre. L'organisation de ces monstres, d'ailleurs fort rares, n'étant frappée d'anomalie que dans la région de l'union, il n'est pas impossible que leur vie se prolonge plus ou moins longtemps après la naissance ou même jusqu'à l'âge adulte. On range ces monstres en 3 genres : les *Métopages* (μέτωπον, front; παγεὶς, réuni) présentent deux individus unis par la tête front à front. Une métopage humain, fille double, né au XVI° siècle, vécut dix ans. Les deux sujets composants, accolés par les parties extérieures de la tête, étaient opposés front à front, poitrine à poitrine; ils ne voyaient que de côté les objets environnants, et lorsque l'un marchait il fallait que l'autre reculât. Les *Céphalopages* sont réunis par la tête, mais de telle sorte que le front de l'un des sujets s'unit avec l'occiput de l'autre, et réciproquement. Les deux visages sont donc tournés en sens inverse; la face ventrale de l'un des sujets composants fait suite à la face dorsale de l'autre; et si l'un est dans la supination l'autre est nécessairement dans la pronation. La vie de ces monstres ne se prolonge que peu de temps après la naissance. Enfin les *Pygopages* (πυγὴ, fesses) sont deux individus réunis par la région fessière. Nous citerons comme exemple de ce genre le groupe bifemelle né en Hongrie en 1701, et qui promené successivement, en Allemagne, en Italie, en France, etc., acquit une

célébrité prodigieuse. Ces deux sœurs, appelées Hélène et Judith, n'avaient ni le même tempérament, ni la même taille, ni le même caractère; mais elles se portaient l'une l'autre une tendre affection. Judith ayant été atteinte d'une maladie de l'encéphale et des poumons, Hélène perdit presque tout à coup ses forces, et toutes les deux périrent presque dans le même instant, à l'âge de 22 ans. — 2° Les *Monomphaliens* (μόνος, seul; ὀμφαλὸς, nombril) sont caractérisés par la réunion de deux sujets presque complets, mais ayant l'ombilic commun, et qui sont généralement du même sexe et peu viables. Cette famille comprend cinq genres. Les *Ischiopages* (ἰσχίον, ischion) sont réunis dans la région hypogastrique. Les *Xiphopages* (ξίφος, épée, appendice xiphoïde) résultent de la réunion de deux individus depuis l'extrémité inférieure du sternum jusqu'à l'ombilic commun. Le plus célèbre monstre de ce genre est l'être double né en 1811 de parents chinois établis dans le royaume de Siam, et que Paris a vus, en 1835, sous le nom de *frères Siamois*. Très semblables l'un à l'autre par les traits de leur visage, mais différents par la taille et par la force, Chang et Eng se trouvaient, dans leur enfance, opposés face à face et se touchaient mutuellement au-dessus et au-dessous du lieu d'union, par le thorax et par l'abdomen. Mais, par l'effet de tiraillements involontaires et continuels, les deux appendices xiphoïdes se relevèrent et se déjetèrent latéralement l'un à droite et l'autre à gauche, de manière à former une sorte de bande longue de 13 centimètres sur 8 de large, ce qui changea l'union médiate des deux sujets en une union à distance, et leur permit de se mettre, l'un par rapport à l'autre, de côté et à angle droit. La progression se faisait donc obliquement, suivant la diagonale de l'angle qu'ils formaient entre eux. Semblables d'organisation et d'éducation, les frères Siamois étaient devenus deux êtres dont les fonctions, les actions, les paroles, les pensées même étaient presque toujours concordantes. Leurs heures d'appétit, de sommeil, de veille, leurs joies, leurs colères, leurs douleurs étaient communes. Les mêmes idées, les mêmes désirs se faisaient jour en même temps dans ces deux êtres si étroitement unis. — Les *Sternopages* (στέρνον, sternum) sont caractérisés par la jonction de deux individus face à face depuis l'ombilic jusqu'à la partie supérieure de la poitrine. Ces deux sujets, du reste régulièrement conformés, ont deux sternums latéraux et communs. Les *Ectopages* (ἐκτὸς, au dehors) sont réunis latéralement à partir de l'ombilic sur toute l'étendue du thorax. Enfin, les *Hémipages* présentent la réunion latérale de deux individus à ombilic commun, sur toute l'étendue du thorax et du cou, et presque par les mâchoires. — 3° Les *Sycéphaliens* (σὺν, avec; κεφαλὴ, tête) ont deux corps distincts au-dessous de l'ombilic, intimement unis au-dessus, et surmontés d'une tête plus ou moins manifestement double. On en distingue trois genres. Les *Janiceps*, c.-à-d. Monstres à tête de Janus, ont les éléments des deux têtes conservés, mais fondus en une seule, qui se trouve avoir deux visages opposés l'un à l'autre et appartenant par moitié à chacun des individus composants. Les *Iniops* (ἰνίον, occiput; ὄψ, œil) ont un visage très complet, et, à l'opposé, un second visage très incomplet représenté par une orbite et un œil médian, ainsi que par deux oreilles très rapprochées, parfois par une seule oreille médiane. Les *Synotes* (σὺν, et οὖς, ὠτὸς, oreille) ont aussi une tête incomplètement double, offrant d'un côté une face, et de l'autre deux oreilles très rapprochées ou une double oreille médiane. — 4° Les *Monocéphaliens* présentent une seule tête, n'offrant aucune trace extérieure de duplicité, et surmontant deux corps confondus d'une manière plus ou moins intime et sur une étendue plus ou moins grande. On en admet trois genres. Les *Déradelphes* (δέρη, cou; ἀδελφὸς, frère) ont les troncs séparés au-dessous de l'ombilic, réunis au-dessus, trois ou quatre membres thoraciques, et une seule tête sans aucune partie surnuméraire à l'extérieur. Les *Thoradelphes* (θώραξ) offrent deux troncs confondus en un tronc qui paraît simple dans sa portion supérieure, et deux membres thoraciques. Inconnus dans l'espèce humaine, ils sont rares chez les animaux. Les *Synadelphes* (σὺν, ensemble; ἀδελφὸς, frère) ont un tronc unique, mais double dans toutes ses régions, et pourvu de huit membres. — 5° Les *Sysomiens* (σὺν, avec; σῶμα, corps) présentent deux corps réunis et confondus plus ou moins intimement, que surmontent des têtes complètement séparées. Ils forment trois genres. Les *Psodymes* (ψόα, les lombes; δίδυμος, double) ont, à partir de la région lombaire, deux corps distincts supérieurement, deux thorax séparés, deux membres abdominaux et quelquefois les rudiments d'un troisième. Un psodyme humain, né en Lorraine, en 1722, vécut deux mois et demi. Les *Xiphodymes* (ξίφος, appendice xiphoïde; δί∂υμος, double) ont les thorax confondus inférieurement, mais distincts supérieurement. Il existe, dans l'espèce humaine, plusieurs exemples de xiphodymes qui ont vécu plusieurs années. Buchanan en cite un qui, élevé avec soin par les ordres de Jacques IV, apprit plusieurs langues, devint un habile musicien et mourut à 28 ans. Ses deux moitiés avaient souvent des volontés opposées, et quelquefois même se querellaient entre elles. C'est à ce genre que se rapporte encore la double fille Rita-Christina, née en mars 1829, en Sardaigne, et morte à Paris vers la fin de la même année. Rita, ayant été prise d'une bronchite intense, mourut. Christina, qui jusque-là avait été pleine de vie et de santé, venait de prendre le sein quand tout à coup, sa sœur expirant, elle expira aussi. Les *Dérodymes* (δέρη, cou) ont un seul corps, avec une seule poitrine, dont le sternum est opposé à deux colonnes vertébrales. On ne connaît pas chez l'homme de monstre de ce genre qui ait survécu; mais un lézard dérodyme, trouvé en 1829 dans le Roussillon, ne périt qu'au bout de quatre mois, et encore d'accident. — 6° Les *Monosomiens* (μόνος, seul; σῶμα, corps) sont essentiellement caractérisés par l'unité du corps. On en distingue trois genres. Les *Allodymes* (ἄτλας, atlas; δίδυμος, jumeau) ont un seul corps, et deux têtes séparées, mais contiguës et portées sur un cou unique. Les *Iniodymes* (ἰνίον, occiput) diffèrent des précédents, en ce que les deux têtes sont réunies en arrière par le côté. Quant aux *Opodymes* (ὄψ, œil), ils ont la tête unique en arrière, mais se séparant en deux faces distinctes à partir de la région oculaire : ils offrent ordinairement quatre yeux.

B. Les monstres *Parasitaires*, qui forment le second ordre des monstres doubles, sont composés de deux individus très inégaux et très dissemblables, l'un complet ou presque complet, l'autre beaucoup plus petit, très peu important, et se nourrissant aux dépens du premier. Le parasite peut être implanté extérieurement sur l'autosite et avoir une organisation assez complexe; ou bien être implanté extérieurement, mais être tellement imparfait, qu'il semble une partie surnuméraire du premier; ou enfin, être inclus dans le sujet principal. Cet ordre comprend cinq familles.— 1° Les *Hétérotypiens* (ἕτερος, autre; τύπος, type) présentent l'union antérieure de deux individus, l'un de conformation généralement normale et par conséquent autosite, et l'autre très imparfaitement développé et parasitique. C'est une sorte de fœtus plus ou moins incomplet qui se trouve enveloppé au dehors de l'individu qui vit à la fois et pour lui-même et pour son frère. Ces monstruosités forment trois genres. Dans les *Hétéropages*, le parasite, très petit, très imparfait, mais pourvu d'une tête distincte et de membres pelviens rudimentaires, a le corps implanté sur la face antérieure du corps du sujet principal. Nous citerons comme ex. l'hétéropage observé par Pinet au XVIIe siècle, et qui vécut jusqu'à l'âge adulte. La tête du parasite était grosse, mal conformée, et pendait au devant du corps de l'autre sujet. Presque entièrement privé de mouvement, cet être incomplet vivait uniquement des aliments pris par l'autosite. Quand ce dernier était enveloppé de son manteau, il ne paraissait avoir rien de monstrueux. Chez les *Hétérodymes*, le parasite est réduit à une tête incomplète, portée, par l'intermédiaire d'un cou et d'un thorax rudimentaires, sur la face antérieure du corps du sujet principal. Les *Hétéradelphes* se distinguent du genre précédent en ce que le sujet accessoire est encore plus imparfait, car il est privé de tête et quelquefois de thorax. Chez l'homme, les hétéradelphes atteignent souvent l'âge adulte, tandis que les animaux, ils naissent à peine viables. On a remarqué, chez un hétéradelphe chinois, que les actions exercées sur le parasite étaient ressenties par le sujet principal, qui ressentait une douleur dans la partie correspondante. — 2° Les *Hétéraliens* (ἕτερος, autre; ἄλλος, aire) sont caractérisés par l'insertion d'un parasite très incomplet à l'une des extrémités du corps du sujet principal. Ainsi dans le genre *Épicome* (ἐπί, sur; κόμη, chevelure), la tête de l'individu bien conformé porte une tête accessoire, suivie seulement d'un cou imparfait et de quelques rudiments de tronc. Le cas le plus célèbre de ce genre est celui qui a été décrit par Home, et qui, né en 1783 au Bengale, vécut quatre ans. La vitalité paraissait être la même dans les deux têtes; néanmoins la sensibilité était beaucoup moindre chez l'accessoire. Celle-ci semblait participer aux joies, mais surtout aux chagrins de la tête principale, qui au contraire ne témoignait que peu ou point de douleur quand on pinçait ou irritait la peau de la tête accessoire. — 3° Les *Polygnathiens* (πολὺς, plusieurs; γνάθος, mâchoire) sont des monstres qui, à l'une de leurs mâchoires, portent suspendues des mâchoires difformes, et parfois même une masse irrégulière d'os et de cartilages amorphes, dans lesquels il est difficile de recon-

naître l'ébauche d'une tête. Cette famille comprend quatre genres, tous fort rares. — 4° Les *Polyméliens* (πολὺς, beaucoup; μέλος, membre) sont caractérisés par l'insertion, sur un sujet bien conformé, d'un ou de plusieurs membres accessoires, accompagnés quelquefois des rudiments de quelques autres parties, ou même coexistant avec un second anus. — 5° Les *Endocymiens* (ἔνδον, dedans; κύμα, embryon) se composent de deux individus, inégaux en volume et en développement, dont le parasite est renfermé dans le corps de l'autosite. Ordinairement chez les endocymiens l'inclusion est tantôt sous-cutanée, tantôt abdominale. Dans le premier cas, le fœtus est renfermé dans une poche anomale; dans le second, il est contenu dans l'abdomen même de l'autosite. Ces cas de monstruosité sont assez fréquents chez l'homme et chez les animaux. Ils sont en général mortels pour l'autosite : toutefois, chez quelques-uns, la vie poursuit toutes les phases. L'inclusion d'un œuf dans un autre est un cas d'endocymie qui se rencontre assez fréquemment.

V. — Deux sciences, l'embryogénie et l'anatomie comparée, servent de fondement à la t. L'une nous fait assister à la création des organes et nous révèle les lois qui président à leur formation; l'autre, en décomposant par une analyse philosophique les différents appareils organiques, nous montre que, chez les êtres qui appartiennent à chaque embranchement, ces appareils présentent des éléments identiques, toujours disposés suivant les mêmes lois.

TÉRATOLOGIQUE. adj. 2 g. Qui a rapport à la tératologie.

TÉRATOLOGISTE. s. m. Celui qui s'occupe de tératologie. || Auteur d'une tératologie.

TERBINE. s. f. (mot forgé sur le modèle d'*erbine*). T. Chim. Oxyde basique qu'on a extrait de la gadolinite et de la samarskite. La t. est une poudre orangée que se décolore quand on la chauffe dans l'hydrogène. Elle se dissout dans les acides en formant des sels incolores. On la considère comme le sesquioxyde d'un métal inconnu, appelé *Terbium*, qu'on représente par le symbole Te et qui aurait un poids atomique voisin de 160.

TERBIUM. s. m. [Pr. ter-biome] (R. terbine). T. Chim. Voy. TERBINE.

TERBURG (GÉRARD), peintre hollandais (1608-1681).

TERCEIRA (île), une des Açores; 40,000 hab., ch.-l. Angra.

TERCER ou **TERSER.** v. a. (lat. ter, trois fois). T. Agric. *T. une vigne*, Lui donner un troisième labourage, une troisième façon. — TERCÉ, ÉE. part.

TERCET. s. m. [Pr. ter-sè] (ital. terzetto, m. s., du lat. tertius, troisième). T. Littér. Stance de trois vers. Voy. STANCE.

TÉRÉBELLE. s. f. (Dimin. du lat. terebra, tarière). T. Zool. Espèce de Vers *Annélide*. Voy. TUBICOLES.

TÉRÉBELLUM. s. m. pl. [Pr. térébel-lome] (lat. terebellum, dimin. de terebra, tarière). T. Zool. Genre de *Mollusques Gastéropodes* dont la coquille enroulée présente des bords lisses, une ouverture étroite et s'élargissant à mesure qu'elle s'éloigne de la spire. La *Térébelle* ou *Tarière subulée* de la mer des Indes est la seule espèce qu'on ait trouvée vivante. On en connaît quelques autres à l'état fossile datant du tertiaire.

TÉRÉBÈNE. s. m. (R. térébenthine). T. Chim. Le térébène s'obtient en traitant l'essence de térébenthine par l'acide sulfurique concentré. Il est liquide, insoluble dans l'eau, et bout entre 156° et 160°. C'est un mélange de camphène et de limonène. On peut l'employer comme antiseptique et dans la bronchite chronique.

TÉRÉBÉNIQUE. adj. 2 g. (R. térébenthine). T. Chim. *Hydrocarbures térébéniques.* Voy. TERPÈNE.

TÉRÉBENTHÈNE. s. m. [Pr. téré-ban-tène] T. Chim. Principal constituant de l'essence de térébenthine. Voy. PINÈNE.

TÉRÉBENTHINE. s. f. [Pr. téré-bantine] (gr. τερεβινθην, m. s., de τερέβινθος, térébinthe). T. Chim. Le nom de *Térébenthine* s'applique à toutes les oléo-résines qui se présentent à un état plus ou moins fluide. C'est ainsi qu'on appelle *T. de Chio*, l'oléo-résine qui s'extrait du Pistachier térébinthe, de la famille des Anacardiacées, et *T. de Judée*, *T. de la Mecque*, *T. de Gilead*, *T. du Caire*, celle que fournit la Balsamodendron gileadense de la famille des Anacardiacées. Mais quand on emploie le mot *térébenthine* absolument, on entend désigner par là l'oléo-résine qui provient de diverses espèces de la famille des Conifères. Dans le commerce, on distingue encore cette dernière en diverses sortes, savoir : la *T. commune*, *T. des Vosges* ou *T. de Strasbourg*, qui est fournie par le Sapin argenté; la *T. de Bordeaux*, qui découle du Pin maritime; la *T. de Briançon* ou *T. de Venise*, qui provient du Mélèze; et la *T. de Riga*, qui s'extrait du Pin cembro, etc. Ces sucs sont demi-liquides et glutineux, fort odorants, et généralement incolores au moment où ils exsudent de la plante; mais ils prennent avec le temps, une couleur plus ou moins citrine. Tous sont inflammables, doués d'une saveur chaude et piquante; ils se composent d'une essence, à laquelle ils doivent leur odeur et leur saveur, et d'une matière résineuse, constituée principalement par les acides pimarique et sylvique.

I. — Dans nos départements du sud-ouest, où la production de la t. ordinaire a lieu sur une très grande échelle, on obtient cette résine de la manière suivante. Sur les arbres déjà forts et dont la végétation est vigoureuse, on pratique vers le bas du tronc des entailles peu profondes et parallèles qu'on prolonge ensuite peu à peu jusqu'à une certaine hauteur. La t. qui découle de ces incisions vient se réunir dans une rigole creusée autour de la base de l'arbre ou dans un vase particulier. L'extraction de la t. commence au printemps et finit en octobre. Un Pin maritime de 25 ans fournit en moyenne 1 à 2 kil. de résine brute dans l'année. En vieillissant, son rendement augmente, et il monte à 6 ou 8 kil. vers 70 ans. La t. quise réunit au pied du tronc est appelée *Gemme* ou *Résine molle*. On nomme *Galipot* la résine presque solide qui forme des stalactites le long de l'arbre, par suite de l'évaporation d'une partie de l'huile essentielle qu'elle contient. On désigne sous le nom de *Barras* ou de *Barral*, la galipot tout à fait sec, qui adhère tellement à l'arbre, qu'il faut l'arracher avec un instrument de fer. Enfin, on appelle *Crottas* les mélanges de t. et de galipot qu'on recueille en septembre et en octobre au pied des arbres, et qui sont souillés de sable et de feuilles. La récolte des barras et des galipots se fait en octobre, novembre et décembre. Ils entrent pour un tiers dans le produit total du rendement.

II. — En distillant la t. avec de l'eau, on sépare l'huile essentielle qu'elle contient et qui est si usitée sous le nom d'*Essence de t.* Cette substance paraît varier un peu suivant la nature de l'arbre d'où elle provient. L'essence de t. de Bordeaux, produite par le Pin maritime, est un liquide incolore, très mobile, d'une odeur caractéristique, d'une saveur âcre et rebutante. Sa densité est 0,86. Elle bout vers 150°. Bien que très peu soluble dans l'eau, elle lui communique néanmoins son odeur caractérisque. Mais l'alcool, l'éther et les huiles fixes la dissolvent en très forte quantité. A son tour, l'essence de t. dissout une proportion considérable de soufre, de phosphore et d'un grand nombre de composés organiques. En général elle possède toutes les propriétés du *pinène* ou térébenthène, dont elle est presque entièrement formée. Voy. PINÈNE. On distille généralement la t. dans de très grands alambics de cuivre ou de fonte. Au lieu de les chauffer à feu nu, il est préférable d'employer un bain de sable et de diriger un courant de vapeur d'eau dans la térébenthine; dans ce cas, l'essence qui distille est accompagnée d'eau, mais on l'en sépare facilement par décantation. — L'essence de t. est la plus importante des huiles essentielles, à cause de ses applications dans les arts et l'industrie. On s'en sert pour préparer les vernis, dissoudre les matières grasses et les résines, délayer les couleurs à l'huile, dégraisser les étoffes, blanchir l'ivoire. On la mêle à l'alcool pour la préparation d'un liquide propre à l'éclairage et qu'on appelle *gaz liquide*. On emploie aussi l'essence de t. pour dissoudre le caoutchouc. En médecine, on en fait usage dans les cas de ténia, de maladies des voies urinaires, de névralgies, de sciatique surtout, et dans les coliques hépatiques. Associée au double de son poids d'éther sulfurique, elle constitue le *Remède de Durande*, si usité contre cette dernière affection.

III. — Le résidu qui reste quand on a, par la distillation, enlevé à la t. son huile essentielle, est une résine solide et jaunâtre que l'on nomme *Colophane*, *Arcanson* et *Brai sec*.

Voy. COLOPHANE. Souvent, au lieu de recueillir à part le résidu de la distillation, on le verse bouillant dans un vase de bois où il est brassé fortement avec 10 pour 100 d'eau. On obtient une substance de couleur jaune sale et opaque, à cassure vitreuse et à odeur faible, qu'on nomme dans le commerce *Résine commune*, *Résine jaune* ou *Poix-résine*. Cette substance, plus molle que la t. fait froid; mais elle se ramollit par la chaleur et adhère fortement aux doigts. — Quant à la *Poix noire*, on l'obtient, ainsi que le *Goudron*, en brûlant ou en distillant le bois des diverses espèces de Pins et de Sapins. — Enfin, le *Brai gras* est le résidu de la distillation du goudron. Nous avons parlé de ce goudron, ainsi que de la poix noire, au mot GOUDRON. C'est ce goudron végétal, principalement celui de Norvège, qu'on emploie en pharmacie; agité avec l'eau, il la colore en jaune, en lui cédant ses principes solubles, et fournit ainsi l'*Eau de goudron* que beaucoup de personnes emploient comme boisson hygiénique.

TÉRÉBICAULE. adj. 2 g. (lat. *teres*, *terebis*, arrondi; *caulis*, tige). T. Bot. Qui a une tige arrondie.

TÉRÉBINTHACÉES. s. f. pl. (R. *Térébinthe*). T. Bot. Nom sous lequel on désigne souvent la famille des *Anacardiacées*. Voy. ce mot.

TÉRÉBINTHE. s. m. (gr. τερέβινθος, m. s.). T. Bot. Nom vulgaire du *Pistacia Terebinthus*. Voy. ANACARDIACÉES.

TÉRÉBIQUE. adj. 2 g. (R. *térébenthine*). T. Chim. L'acide térébique, qui a pour formule $C^7H^{10}O^4$, s'obtient en chauffant l'essence de térébenthine avec de l'acide azotique. Il se forme aussi dans l'oxydation de la térpine. Il cristallise en prismes brillants, fusibles à 174°, solubles dans l'eau bouillante, peu solubles dans l'eau froide. L'acide t. est le lactone de l'acide diatérébique qui est bibasique. Il fonctionne lui-même comme un acide monobasique vis-à-vis des carbonates alcalins; mais lorsqu'on le chauffe avec les dissolutions d'alcalis caustiques, il donne naissance aux sels de l'acide diatérébique.

TÉRÉBRANT, ANTE. adj. (lat. *terebrans*, part. prés. de *terebrare*, percer avec une tarière). Qui perce ou perfore. || T. Pathol. *Douleur térébrante*, Douleur où il semble qu'une vis pénètre en tournant dans la partie affectée.

TÉRÉBRANTS. s. m. pl. T. Entom. Groupe d'Insectes *Hyménoptères*. Voy. ce mot.

TÉRÉBRATION. s. f. [Pr. *térébra-sion*] (lat. *terebratio*, m. s.). Action de percer un arbre pour en tirer la gomme, la résine, etc.

TÉRÉBRATULACÉS, TÉRÉBRATULIDÉS. s. m. pl. (R. *Térébratule*). T. Zool. Familles de *Brachiopodes* vivants et fossiles. Voy. BRACHIOPODES.

TÉRÉBRATULE. s. f. (lat. *terebratus*, percé). T. Zool. Genre de *Brachiopodes*. Voy. ce mot.

TÉRÉBRIDÉS. s. m. pl. (lat. *terebra*, tarière). T. Zool. Famille de Mollusques *Gastéropodes* dont la forme générale de la coquille est turricolée, c'est-à-dire à spire très allongée en pointe. Le siphon de l'animal est très long et le pied épais. Le principal genre est le genre *Vis* (*Terebra*) caractérisé par une columelle oblique et contournée à son extrémité; l'opercule est corné. On compte aujourd'hui plus de 100 espèces vivantes de Térébridés. Le genre vis est apparu à l'époque de l'Éocène.

TÉRÉDYLES. s. m. pl. (gr. τερείν, percer; ὕλη, bois) T. Entom. Nom donné par quelques auteurs aux Insectes qui forment la tribu des Ptiniores. Voy. MALACODERMES.

TÉRÉCAMPHÈNE. s. m. [Pr. *téré-kan-fène*] (R. *térébène*, et *camphène*). T. Chim. Voy. CAMPHÈNE.

TEREK, gouvernement de la Russie d'Europe (Caucasie); 615,700 hab.

TÉRENCE, poète comique latin (194-158 av. J.-C.), dont les comédies les plus connues sont l'*Andrienne* et les *Adelphes*.

TÉRÈNE. s. m. T. Chim. Nom donné par Berthelot à l'hydrocarbure C⁸H¹² dont la polymérisation donnerait naissance aux terpènes.

TERENTIA, femme de Cicéron.

TÉRÉPHTALIQUE. adj. 2 g. (R. *térébenthine* et *phtalique*). T. Chim. Voy. PHTALIQUE.

TERGIVERSATEUR. s. m. Celui qui tergiverse.

TERGIVERSATION. s. f. [Pr. *ter-jiversa-sion*] (lat. *tergiversatio*, m. s.). Action de tergiverser. *User de t.*

TERGIVERSER. v. n. (lat. *tergiversari*, m. s., de *tergum*, dos, et *vertere*, tourner). Prendre des détours, des fauxfuyants pour éluder ou pour éloigner la conclusion d'une affaire, la décision d'une question, pour ne pas faire une réponse, etc. *C'est un chicaneur qui ne fait que t.*

TER GOUWE. Voy. GOUDA.

TERLIZZI, v. d'Italie; 20,600 hab.

TERME. s. m. (lat. *terminus*, m. s.). Fin, borne des actions et des choses qui ont quelque étendue de lieu ou de temps. *Le t. d'une course. Le t. de la vie. Il a mis un t. à son ambition, à ses extravagances. Il n'est pas encore au t. de ses adversités. Il est à son dernier t.*, Il est à l'article de la mort. || Se dit aussi pour Limite en général. *Cherche-t-on si scrupuleusement le t. de ses devoirs, quand on n'est point tenté de le passer? Les forces de l'esprit humain ont un t.* || Le temps au bout duquel une somme doit accoucher dans le temps ordinaire de la nature. En ce sens, il se met ordinairement sans article, ou bien il prend l'adj. possessif. *Elle n'est pas à t. Cet enfant est venu à t. Elle approche de son t.* — Se dit aussi des femelles de quelques animaux. *Sa jument a mis bas avant t. Cette vache est à son t.* || Temps préfix de payement. *Les loyers des maisons se payent à Paris aux quatre termes accoutumés. Payer au t. Le t. est échu. Cette somme est payable en six termes. T. de rigueur*, Celui après lequel il n'y a plus de délai à espérer. — Prov., *Qui a t. ne doit rien*, On ne peut être contraint de payer avant le terme échu. — Par ext., La somme due au bout du terme, *Je viens de payer mon t. Vous ne devez plus que le t. qui court. Il doit deux termes à son propriétaire.* — En parlant de locations, se dit encore du laps de temps qui s'étend d'un terme à l'autre. *Je resterai encore un t. et demi dans cet appartement, puis je le quitterai.* T. Antiq. Le dieu Terme, Le dieu qui, suivant les anciens Romains, protégeait les bornes et les limites des terres. *Le dieu Terme était représenté sous la forme d'une pierre carrée que surmontait une tête humaine.* — En conséquence, on appelle encore aujourd'hui *Termes*, Les bornes surmontées d'un simulacre de tête humaine; ou les bustes terminés en gaine, qu'on place dans les allées d'un jardin, en guise de décoration. *Il y a des termes de marbre au coin des allées de ce jardin.* — Fam., *Il est planté là comme un t.*, se dit d'un homme qui reste longtemps quelque part, debout et immobile. = *Terme*, s'emploie pour Mot, quand on le considère sous le rapport de sa signification ou de sa valeur. *T. propre, figuré, barbare. T. significatif. Termes nobles, pompeux, bas, obscurs, vagues, emphatiques. T. équivoque, ambigu. D'après les termes du contrat, vous êtes obligé à... Connaître la propriété des termes.* — *Parler de quelqu'un en bons, en mauvais termes*, Dire du bien ou du mal. — *Je lui ai dit cela en propres termes*, Dans les mêmes termes que je viens de rapporter. *S'exprimer en termes propres*, Employer des termes convenables à la chose dont on parle. — *Mesurer, peser, composer, ménager ses termes*, Parler avec circonspection. *Ne pas ménager les termes*, Dire avec dureté des choses désagréables. — Syn. Voy. Mor. || Façon de parler qui est particulière à quelque art, à quelque science. *Il ne sait pas les termes de l'art. Termes techniques. T. de logique. T. de mathématique. T. de grammaire. T. de palais, de procédure, de finances.* || Au plur., se dit de la position où est une personne à l'égard d'une autre, et même de l'état où est une affaire. *En quels termes êtes-vous avec lui depuis votre débat?* || T. de comparaison, de relation, Chacun des deux objets que l'on compare l'un avec l'autre, qui ont de la relation, du rapport entre eux. *Ce t. de comparaison n'est point exact. Toute relation a deux termes.* || T. Mathém. *T. d'une fraction, d'un rapport, d'une proportion, d'une progression, d'un polynôme.* Voy. FRACTION, PROPORTION, PROGRESSION et POLYNÔME. || T. Gramm. et Logiq. Se dit des mots, des phrases qui expriment les idées mises en rapport. *Dans toute proposition, il y a deux termes, le sujet et l'attribut. Tout syllogisme se compose de trois termes.* Voy. PROPOSITION et RAISONNEMENT.

TERMÈS. s. m. T. Entom. Syn. de TERMITE.

TERMINAISON. s. f. [Pr. *terminè-zon*]. État d'une chose qui se termine, qui cesse, qui finit. *La t. d'une maladie, d'une affaire, etc.* || T. Gram. Désinence d'un mot. *T. douce, rude, agréable. T. masculine, féminine. T. en er, en oir, en able, en eux, etc. La valeur des terminaisons.* Voy. SUFFIXE. || T. Hist. nat. Ce qui constitue l'extrémité dernière d'une chose. *Les terminaisons artérielles, nerveuses.*

TERMINAL, ALE. adj. (lat. *terminalis*, m. s., de *terminus*, terme). T. Hist. natur. Qui termine une partie, qui en occupe ou en forme l'extrémité supérieure. *Bourgeon t. Fleurs terminales. Épis terminaux.*

TERMINALIA. s. m. T. Bot. Genre de plantes Dicotylédones de la famille des *Combrétacées*. Voy. ce mot.

TERMINATEUR, TRICE. adj. Qui termine. = TERMINATEUR. s. m. T. Astron. La ligne qui limite la partie éclairée de la Lune ou d'une planète.

TERMINATIF, IVE. adj. T. Gramm. Qui forme la terminaison.

TERMINER. v. a. (lat. *terminare*, m. s., de *terminus*, terme). Borner, limiter, être à la fin, marquer la fin. *Ce bois termine agréablement la vue. La description qui termine le premier chant de son poème.* — Fig., *La mort termina les conquêtes d'Alexandre.* || Achever, finir. *T. un ouvrage, une lecture. Il a terminé glorieusement sa vie, ses jours, etc. T. une campagne par une victoire. T. un procès par un accommodement.* = SE TERMINER. v. pron. Se passer, s'achever. *Cette campagne ne se termina point sans combat. Tout cela s'est heureusement terminé.* || Finir, aboutir. *Ce cours d'eau se termine à la mer.* || Se dit de la désinence d'un mot, de la manière dont il s'écrit et se prononce à la dernière syllabe. *Les verbes dont l'infinitif se termine en er, en ir, etc. Les noms qui se terminent en eux, en ence, etc.* = TERMINÉ, ÉE. part. *C'est une affaire terminée.* || *Traits, contours terminés*, Traits bien arrêtés, qui n'ont rien d'indécis. = Syn. Voy. ACHEVER.

TERMINI, v. et port d'Italie (Sicile); 23,100 hab.

TERMINOLOGIE. s. f. (lat. *terminus*, terme; gr. λόγος, discours). Se dit de l'ensemble des termes techniques d'une science ou d'un art, et de leur signification, ou de la langue que se fait un auteur pour exprimer plus rigoureusement sa pensée. *La t. botanique. La t. de Kant.*

TERMINUS. s. m. [Pr. l's finale] (mot lat. sign. terme). T. Chemin de fer. Station extrême d'une ligne de chemin de fer. S'emploie adjectivement : *La gare t.* — TERMINUS-HÔTEL, hôtel installé à côté d'une gare t.

TERMITE. s. m. (lat. *termes*, ver rongeur). T. Entom. Espèce de *Pseudo-Névroptères*. Voy. TERMITIDÉS. || Fig., *Un travail de t.*, un travail destructeur lent et caché.

TERMITIDÉS. s. m. pl. (R. *Termite*). T. Entom. Les *Termitidés* forment une famille de *Pseudo-névroptères* qui ont presque tous quatre articles aux tarses. Leurs mandibules sont toujours cornées et fortes, et ils sont tous terrestres, actifs, carnassiers ou rongeurs. Les *Mantispes* (*Mantispa*) ont les deux premières pattes conformées sur le modèle de celles des Mantes, d'où le nom qu'on leur a donné. La *M.* païenne se trouve dans le midi de la France. Dans le genre *Raphidie* (*Raphidia*) nous citerons la *R.* commune, qui est noire avec des raies jaunâtres sur l'abdomen et les ailes transparentes : on la trouve aux environs de Paris. Mais le genre le plus important de la tribu est celui des *Termites*, qui, par leurs mœurs et leurs habitudes, rappellent beaucoup les *Fourmis*, d'où le nom de *Fourmis blanches* sous lequel on les désigne généralement. Ces insectes ont le corps déprimé, la tête grosse, arrondie, les ailes très grandes et horizontales, et quatre articles à tous les tarses; leurs mandibules, leurs mâchoires et leurs lèvres rappellent, par leur forme et leur développement, les mêmes pièces de la bouche des Orthoptères. Ils vivent en sociétés

innombrables composées de mâles, de femelles, de neutres, de larves et de nymphes. Les mâles et les femelles sont beaucoup plus grands que les autres individus et pourvus d'ailes (Fig. 1. *Term. fatal*, mâle). Les neutres, privés d'ailes, sont remarquables par la grosseur de leur tête et le développement de leurs mandibules (Fig. 2). Les larves sont privées d'ailes et d'yeux; leur taille est inférieure à celle des neutres, mais leur corps ressemble par sa forme générale à

celui des mâles; il est en outre plus mou et leur tête est arrondie. Les nymphes ressemblent complètement aux larves, mais elles ont des rudiments d'ailes. Les mâles et les femelles n'ont d'autre fonction que de perpétuer l'espèce;

Fig. 1.   Fig. 2.

les larves et les nymphes sont chargées de tous les travaux qu'exige l'entretien de la communauté : aussi les appelle-t-on communément *ouvrières*; enfin, les neutres veillent à la défense de la société, dont ils constituent la force armée : de là le nom de *soldats* que leur ont donné les voyageurs qui ont observé ces insectes (Fig. 3. Dans cette figure, on voit : au vol, un mâle ailé; en bas, une grosse femelle dont l'abdomen est gonflé énormément par les œufs; à droite une femelle fécondée; venant vers elle, un soldat; en bas des ouvrières). Parmi les travaux confiés aux ouvrières, la construction du nid commun est

le plus intéressant. Ce nid est en général très grand, mais séparé par des cloisons en une multitude de loges et de galeries de dimensions variables suivant leur destination. Certaines espèces construisent leur demeure dans l'intérieur de vieux troncs d'arbres, dans les boiseries des habitations, etc.; d'autres les établissent dans la terre; quelques-unes les bâtissent à la surface du sol avec de la terre gâchée. Ces derniers édifices sont parfois très élevés, et certains dépassent même 2 mètres de hauteur. Tantôt ils ont une forme conique, tantôt celle d'une tourelle surmontée par une toiture solide. Ces constructions sont, dans quelques parties de la côte d'Afrique, si nombreuses et si rapprochées, que de loin on les prendrait pour un village formé de huttes de terre. Leur solidité est si grande que plusieurs hommes peuvent monter dessus sans les effondrer (Fig. 4. A droite, un nid de termites en entier; à gauche, le même nid représenté ouvert). Au reste, les demeures des Termites, quels que soient leur nature et leur mode de construction, n'ont point d'ouvertures extérieures, car ces insectes ne travaillent jamais à découvert. Quand les ouvrières ont besoin de se transporter à une distance quelconque de leur nid, elles construisent une galerie pour leur servir de moyen de communication. Si l'on fait brèche à leurs murailles, les soldats paraissent aussitôt et combattent vigoureusement l'ennemi à l'aide des fortes mandibules dont leur tête est armée. Devenus insectes parfaits, les Termites quittent leur demeure, s'envolent le soir en quantité prodigieuse, s'accouplent dans les airs, puis, au lever du soleil, jonchent le sol de leurs corps, et sont en majeure partie dévorés par les oiseaux et leurs autres ennemis. Les larves recueillent les femelles qu'elles rencontrent, et les enferment dans de grandes cellules où elles font leur ponte. Ces insectes appartiennent aux régions tropicales; cependant on rencontre en abondance dans l'ouest de la France, le *Term. lucifuge*, petit insecte d'un noir brillant, aux ailes brunâtres et un peu transparentes, avec les tarses et les jambes d'un roux clair. Malgré sa petitesse, cette espèce est fort redoutable par les ravages qu'elle exerce. Comme elle établit sa demeure dans les bois, elle est devenue un fléau pour les maisons et les chantiers de la marine à la Rochelle, à Rochefort, et dans diverses villes du littoral. Et ce qu'il y a de terrible dans les ravages de cet insecte, c'est que jamais on ne s'en aperçoit à l'extérieur; il ménage toujours la superficie, et les pièces de charpente se rompent au moment où l'on s'y attend le moins. Le professeur Audouin a rapporté

Fig. 3.

au Muséum de grandes colonnes (de bois qui étaient dans une salle à manger à Tonnay-Charente; elles sont taraudées de toutes parts; mais la superficie était épargnée, ainsi que la couche de peinture qui les recouvrait. Le *Term.* à corselet *jaune* vit dans l'intérieur des arbres. On le rencontre en Algérie et dans le midi de l'Europe; on dit qu'en Espagne il nuit beaucoup aux oliviers. — Les *Psoques* (*Psocus*) sont

Fig. 4.

de très petits insectes (au corps court, mou et renflé. On trouve communément dans les livres, les collections d'insectes ou de plantes, le *Ps. pulsateur*, vulg. appelé *Pou de bois*. Il est le plus souvent sans ailes et d'un blanc jaunâtre. Son nom de *pulsateur* lui vient de ce que jadis on le croyait l'auteur de ce petit bruit, pareil au battement d'une montre, qui est en réalité produit par la Vrillette.

TERMONDE ou **DENDERMONDE**, v. de la Belgique (Flandre orientale); 8,000 hab.

TERNAIRE. adj. 2 g. [Pr. *ter-nère*] (lat. *ternarius*, m. s.). *Nombre t.*, Nombre de trois, composé de trois unités. || T. *Chim. Composé t.*, Qui est formé de trois principes élémentaires. || T. *Mus. Mesure t.*, Voy. NOTATION.

TERNAUX (Baron), manufacturier français (1763-1853), fit venir en France des chèvres du Thibet et fabriqua les cachemires français dits *cachemires-Ternaux.*

TERNE. s. m. (lat. *ternus*, triple). Réunion de trois nombres pris ensemble et qui sortent en même temps. — Fig. et fam., *C'est un t. à la loterie*, se dit d'un avantage, d'un bien qui dépend du pur hasard. || Au Loto, se dit de trois numéros gagnants sur la même ligne horizontale. || Au jeu de Dés, coup qui amène deux trois. Dans ce dernier sens, on écrit aussi *Ternes.*

TERNE. adj. 2 g. (orig. germ.). Qui n'a point l'éclat qu'il doit avoir, ou qui en a peu en comparaison d'une autre chose. *Votre argenterie est t. Une glace t. Blanc t. Jaune t.* || T. Peint. *Un coloris t.*, Un coloris sans éclat. — Fig., *Un style t.*

TERNÉ, ÉE. adj. (lat. *ternus*, disposé par trois). T. Bot. Se dit des feuilles lorsqu'elles sont verticillées par trois.

TERNI, v. d'Italie (Ombrie), 15,000 hab.

TERNIFOLIÉ, ÉE. adj. (lat. *ternus*, triple; *folium*, feuille). T. Bot. Qui a des feuilles verticillées trois par trois.

TERNIR. v. a. Rendre terne, obscur; ôter ou diminuer l'éclat de quelque chose. *L'haleine ternit la glace d'un miroir. Vous allez t. ce bijou. Cela ternit le teint. Le temps a terni ce tableau.* || Fig., en parlant des choses morales. T. *la réputation, la gloire de quelqu'un. Cette action a terni sa mémoire.* — SE TERNIR. v. pron. *Cette*

couleur s'est *ternie. Son teint se ternit. Sa réputation commence à se t.*=TERNI, IE. part.

TERNISSEMENT. s. m. [Pr. *terni-se-man*]. Action de ternir.

TERNISSEUR. s. m. [Pr. *terni-seur*]. Celui qui ternit.

TERNISSURE. s. f. [Pr. *terni-sure*]. État de ce qui est terni. *La t. d'une glace, d'un miroir.*

TERNSTRÉMIACÉES. s. f. pl. (R. *Ternstrémie*). T. Bot. Famille de végétaux Dicotylédones de l'ordre des Dialypétales superovariés-méristémones à carpelles clos.

Caract. bot. : Arbres ou arbrisseaux. Feuilles alternes, rarement opposées, coriaces, généralement sans stipules, entières. Pédoncules axillaires ou terminaux, portant de 2 à 6 bractées à la base. Fleurs généralement blanches, rarement roses ou rouges, parfois polygames. Sépales 5 ou 4, à préfloraison imbriquée, concaves, coriaces, caduques; les sépales intérieurs souvent les plus grands. Pétales 4, 5, 6 ou 9, non égaux en nombre aux sépales; souvent soudés à la base. Étamines indéfinies, rarement 5, hypogynes; filets filiformes, monadelphes ou polyadelphes, ou distincts; anthères versatiles ou adnées, biloculaires, s'ouvrant longitudinalement. Pistil formé de 4 à 5 carpelles, rarement de 5 à 20, soudés en un ovaire pluriloculaire, surmonté d'autant de styles libres ou concrescents en un style unique; ovules anatropes suspendus, dressés ou peltés. Fruit capsulaire, à 2-7 loges et à déhiscence variable; quelquefois une baie, une drupe ou un akène. Graines attachées à l'axe, grandes, en petit nombre; albumen nul ou très petit, rarement abondant; embryon dressé, courbé, ou replié en arrière, la radicule tournée du côté du hile; cotylédons très grands, souvent oléagineux, parfois pliés longitudinalement. Dans quelques

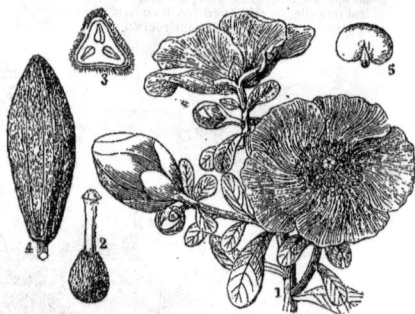

Fig. 1.

genres la graine est pourvue d'un arille. [Fig. 1. — 1. *Kielmeyera rosca*; 2. Pistil; 3. Coupe transversale du même; 4. Fruit mûr; 5. Embryon. — Fig. 2. — 1. *Ruyschia amazonica*; 2. Calice et pistil; 3. Coupe de l'ovaire; 4. Graine; 5. la même montrant l'embryon. — Fig. 3. — 1. *Anthodiscus trifoliatus*; 2. Fleur en bouton; 3. Fleur épanouie; 4. Coupe verticale du pistil. — Fig. 4. — *Caryocar butyrosum*; coupe d'un des lobes de son fruit]. Cette famille comprend 32 genres (*Caryocar, Marcgravia, Ruyschia, Ternstræmia, Rhizobolus, Pekea, Gordonia, Camellia, Thea*, etc.) et environ 260 espèces croissant presque toutes entre les tropiques, la plupart en Amérique, en Asie et dans l'Archipel indien. On a trouvé 2 *Ternstræmia* et 2 *Saurania* fossiles dans le tertiaire.

On connaît les usages et les propriétés des feuilles de plusieurs espèces de Thés (*Thea*). Voy. THÉ. Au Brésil, on emploie en fomentation les feuilles du *Kielmeyera speciosa*, qui contiennent en effet un mucilage abondant. Aux États-Unis, l'écorce de diverses espèces du genre *Gordonia* est usitée dans la tannerie. Dans la Chine, les graines du *Camellia oléifère* (*Camellia oleifera*) donnent par expression une

Fig. 2.

huile excellente pour la table. Les pétales du *Cam. thé* (*Cam. sasanqua*) ont une odeur extrêmement suave, aussi les Chinois les mêlent-ils souvent aux feuilles du Thé, afin de

Fig. 3.

le parfumer. Le genre *Camellia* doit son nom au P. Camelli, jésuite, qui, en 1739, introduisit en Europe l'espèce appelée *Cam. japonica*, et connue aussi sous les dénominations vulgaires de *Rose du Japon* et *Rose de Chine*. Ce Camellia est un arbrisseau d'une rare élégance, à feuilles luisantes et toujours vertes, et à fleurs en forme de rose, dont les couleurs sont toujours d'un éclat et d'une pureté admirables. Depuis le commencement du XIXᵉ siècle, les horticulteurs ont tellement multiplié par des semis et des croisements les variétés de cette espèce, qu'on en compte aujourd'hui plus de 1500. Les fleurs du Cam. du Japon sont rouges; mais parmi ses variétés, il y en a de roses, de blanches, de jaunes et de panachées. La racine, les tiges et les feuilles du *Marcgravia*

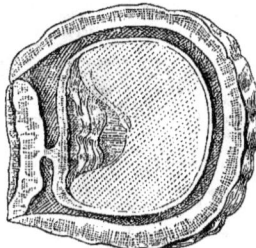

Fig. 4.

umbellata passent aux Indes occidentales pour jouir de propriétés diurétiques et antisyphilitiques. Les noix de *Saouari*, ou *souari*, fournies par le *Caryocar butyrosum* renferment une amande comestible dont on extrait une huile aussi bonne que l'huile d'olive. Le bois de cet arbre est en outre fort estimé pour les constructions navales.

TERNSTRÉMIE. s. f. (R. *Ternstrœm*, n. d'un botan. suédois). T. Bot. Genre de plantes Dicotylédones (*Ternstrœmia*) de la famille des *Ternstrémiacées*. Voy. ce mot.

TERPANE s. m. T. Chim. Syn. de *Menthonaphtène*. Voy. MENTHÈNE.

TERPANOL. s. m. T. Chim. Syn. de *Menthol*.

TERPANONE. s. f. T. Chim. Syn. de *Menthone*

TERPÈNE. s. m. (R. *térébenthine*). T. Chim. On a d'abord donné les noms de *terpènes* et de *carbures térébéniques* ou *terpéniques* aux hydrocarbures qui ont pour formule $C^{10}H^{16}$ et dont le représentant le plus connu est l'essence de térébenthine. On a ensuite étendu ces dénominations à tous les hydrocarbures répondant à la formule $(C^{5}H^{8})^{n}$ dans laquelle n peut être égal à 1, 2, 3, etc. Ces composés se divisent en plusieurs classes : les *Hémiterpènes*, qui ont pour formule $C^{5}H^{8}$, les *Terpènes* proprement dits $C^{10}H^{16}$, les *Sesquiterpènes* $C^{15}H^{24}$, enfin les *Polyterpènes* $(C^{5}H^{8})^{n}$ pour lesquels n est supérieur à 3. Sauf les hémiterpènes, tous ces hydrocarbures sont des composés cycliques.

I. — Les *Hémiterpènes* les mieux connus sont le *Valérylène* et l'*Isoprène*. Bien qu'ils appartiennent à la série grasse, ils se rattachent par une étroite parenté aux autres hydrocarbures terpéniques. Ils peuvent, en effet, engendrer ces derniers par polymérisation. C'est ainsi que le valérylène, traité par l'acide sulfurique concentré, donne naissance à un sesquiterpène; de même, par l'action de la chaleur sur le valérylène et sur l'isoprène, on a obtenu un sesquiterpène, un terpène tétravalent et des polymères plus complexes. Inversement la plupart des terpènes des autres classes, en se décomposant à la distillation sèche, donnent naissance à des hémiterpènes.

II. — *Terpènes* proprement dits. — Les hydrocarbures de la formule $C^{10}H^{16}$ sont très répandus dans le règne végétal; on les rencontre surtout dans les huiles essentielles et les baumes. Ils ont des odeurs fortes. A l'exception du camphène, ils sont tous liquides à la température ordinaire; leurs points d'ébullition sont compris entre 155° et 180°. La plupart agissent sur la lumière polarisée et peuvent exister sous deux formes, l'une dextrogyre, l'autre lévogyre. En général les terpènes se transforment facilement en isomères ou en polymères sous l'action de la chaleur ou de divers réactifs. Exposés à l'air ils absorbent de l'oxygène en se résinifiant. Oxydés par l'acide azotique ils donnent de l'acide téréphtalique. Avec l'anhydride azoteux ils forment des nitrosites; avec le peroxyde d'azote, des nitrosates. Traités à froid par l'azotite de soude et l'acide chlorhydrique, ils fixent du chlorure de nitrosyle et donnent naissance à des *nitrosochlorures* $C^{10}H^{16}(AzOH)Cl$. Ces nitrosochlorures sont généralement cristallisés, de couleur bleue, et peuvent servir à caractériser les terpènes correspondants; ils se combinent avec les amines en perdant leur chlore et en donnant des bases appelées *nitrolamines*; traités par la potasse alcoolique, ils perdent de l'acide chlorhydrique et se transforment en oximes. (Voy. LIMONÈNE.) Par leur constitution les terpènes se rattachent au cymène. Ce sont des composés incomplètement saturés qui peuvent s'unir par voie d'addition aux éléments halogènes et aux hydracides. A ce point de vue on les divise en : *terpènes bivalents*, qui se combinent avec deux atomes de brome ou avec une molécule d'acide chlorhydrique; *terpènes tétravalents*, qui fixent 4 atomes de brome ou 2 molécules d'acide chlorhydrique; *terpènes hexavalents*, qui fixent 6 atomes de brome ou 3 molécules d'acide chlorhydrique.

Les terpènes bivalents sont : le *Pinène*, dont les deux variétés (Térébenthène et Australène) constituent presque entièrement les essences de térébenthine, le *Fénolène* ou *Fenchène* de l'essence de fenouil, le *Camphène* qui existe dans les essences de valériane et de citronelle, mais qu'on prépare ordinairement en partant du pinène.

Les terpènes tétravalents sont assez nombreux. Le plus répandu est le *Limonène* ou *Dipentène* qu'on rencontre dans un grand nombre d'huiles essentielles. Le *Sylvestrène* se trouve dans l'essence de pin sylvestre de Suède, le *Phellandrène* dans l'essence de fenouil, le *Terpinène* dans l'essence de cardamome, le *Terpinolène* est un produit artificiel.

En fait de terpènes hexavalents on ne connaît encore que le *myrcène*.

C'est aux terpènes proprement dits qu'il faut rattacher la plupart des camphols et des terpinols, composés à fonction alcoolique, et les camphres, qui sont des cétones.

III. — *Sesquiterpènes* — Les sesquiterpènes sont moins bien connus que les terpènes proprement dits. Comme ces derniers, ils peuvent donner naissance à des camphres et à des alcools. Le *Cadinène*, qu'on retire de l'huile de cade, est un liquide dextrogyre qui bout vers 275° et qui s'unit à deux molécules d'acide chlorhydrique pour former un dichlorhydrate fusible à 118°. Le *Caryophyllène*, qu'on rencontre dans les essences de girofle et de copahu, forme un nitrosochlorure qui fond à 162°. L'alcool caryophyllénique qui en dérive, fournit par déshydratation un autre sesquiterpène appelé *Clovène*, bouillant à 262°. C'est encore dans la classe des sesquiterpènes que l'on range le *Cédrène*, l'*Humulène*, le *Lédène* et le *Patchoulène*. (Voy. ces mots).

IV. — *Polyterpènes.* — L'étude des polyterpènes est encore moins avancée que celle de la classe précédente. La plupart proviennent de la polymérisation des terpènes sous l'action de la chaleur ou des réactifs chimiques. Le *Métatérébenthène*, obtenu en chauffant l'essence de térébenthine à 300°, est un liquide huileux qui bout au-dessus de 360°. Le *Colophène*, qui se produit par l'action de l'acide sulfurique sur l'essence de térébenthine, entre en ébullition à 218°. Le *Diterpène* provient de l'action de l'acide formique sur la térébenthène ou le limonène; il s'unit à l'acide chlorhydrique en formant un monochlorhydrate. Le *Diterpène*, qu'on obtient par la déshydratation de l'hydrate de terpine, bout vers 325°; il se combine avec le chlore et avec l'acide bromhydrique. Tous ces hydrocarbures répondent à la formule $C^{20}H^{32}$. En partant de la résine élémi, on a préparé deux polyterpènes de la formule $C^{30}H^{48}$, appelés *Amyrylènes*; ce sont des corps solides dont les points de fusion sont 135° et 178°. Le *Tétratérébenthène*, obtenu en chauffant l'essence de térébenthine avec du chlorure d'antimoine, a pour formule $C^{40}H^{64}$. Les polyterpènes naturels sont peu connus; on les rencontre dans le latex de certains végétaux, en particulier dans le caoutchouc et la gutta-percha.

TERPÉNIQUE adj. 2 g. T. Chim. Qui a rapport aux terpènes ou qui en dérive. — *Hydrocarbures terpéniques.* Voy. TERPÈNE. — *Acide t.* Voy. TERPÉNYLIQUE.

On a donné le nom d'*Alcools terpéniques* à certains alcools non saturés qui, bien qu'appartenant à la série grasse, sont en relation étroite avec les terpènes tétravalents. Ils accompagnent presque toujours ces derniers dans les huiles essentielles. Sous l'action de l'acide sulfurique ils donnent de l'hydrate de terpine. Traités par les agents de déshydratation ils se transforment facilement en hydrocarbures terpéniques.

C'est à eux que l'on attribue l'origine des terpènes contenus dans les végétaux. Les alcools terpéniques, qu'il ne faut pas confondre avec les terpinols ni avec les camphols, dérivent d'un hydrocarbure gras répondant à la formule

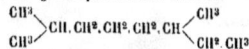

$$CH^3\diagdown CH.CH^2.CH^2.CH^2.CH\diagup CH^3$$
$$CH^3\diagup \qquad\qquad\qquad \diagdown CH^2.CH^3$$

Ils se subdivisent en deux groupes, les uns ayant pour formule $C^{10}H^{20}O^2$, les autres $C^{10}H^{18}O$. Le *Rhodinol* et le *Citronellol* appartiennent au premier groupe. Le second comprend le *Linalol* ou *Licaréol* (avec son isomère optique, le *Coriandrol*), le *Licarhodol*, enfin le *Géraniol* ou *Lémonol* qu'on avait aussi désigné sous les noms de *Lavandol*, *Nérolol* et *Aurantiol*.

TERPÉNYLIQUE. adj. 2 g. (R. *terpène*). T. Chim. L'acide *terpénylique* ou *terpénique* se produit quand on oxyde la terpine, le limonène ou l'essence de térébenthine par le mélange chromique. Il cristallise avec une molécule d'eau et fond à 70°. Anhydre il fond à 90°. Il est monobasique et répond à la formule $C^8H^{12}O^4$.

TERPILÈNE. s. m. (R. *terpine*). T. Chim. Mélange du limonène racémique, de terpinène et de terpinolène, qu'on obtient en faisant agir la potasse caustique sur le dichlorhydrate commun à ces trois terpènes. — *Diterpilène.* Voy. TERPÈNE, IV.

TERPILÉNOL. s. m. (R. *terpine*). T. Chim. Syn. de *Terpinéol*.

TERPINE. s. f. (R. *térébenthine*). T. Chim. Glycol de la formule $C^{10}H^{20}O^2$, dérivant du limonène ou dipentène. La terpine se produit lentement quand l'essence de térébenthine reste en contact avec un mélange d'alcool, d'eau et d'acide azotique ou chlorhydrique. Elle se dépose en gros cristaux orthorhombiques contenant une molécule d'eau; elle constitue alors l'*hydrate de terpine* fusible à 117°. La t. anhydro, qu'on obtient en chauffant cet hydrate, est une masse vitreuse qui fond à 104° et bout à 258°. Chauffée avec les acides étendus, elle donne du terpinéol, du cinéol, du limonène, du terpinène et du terpinolène. En partant du dibromhydrate de limonène on a obtenu une autre terpine qui fond à 157°, qui bout à 264° et qui ne forme pas d'hydrate. Ces deux terpines ont une constitution représentée par la formule

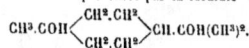

$$CH^3.COH\diagdown CH^2.CH^2 \diagup CH.COH(CH^3)^2.$$
$$\diagup CH^2.CH^2 \diagdown$$

Elles possèdent chacune deux fonctions alcool. Leurs éthers chlorhydrique et bromhydrique, qu'on obtient en les traitant par les hydracides correspondants, sont identiques avec les dichlorhydrate et le dibromhydrate du limonène.

L'hydrate de terpine est employé dans la bronchite chronique et dans les maladies de la vessie et des voies urinaires.

TERPINÈNE. s. m. (R. *terpène*). T. Chim. Terpène tétravalent qui se produit quand on déshydrate la terpine, le terpinéol ou le cinéol par l'acide phosphorique ou l'acide sulfurique. Le t. existe en petite quantité dans l'essence de cardamome. Il est liquide et bout à 180° Il est caractérisé par le composé cristallisable, fusible à 155°, qu'il forme avec l'anhydride azoteux.

TERPINÉOL. s. m. T Chim. Voy. TERPINOL.

TERPINOL. s. m. (R. *terpène*, de la term. *ol*, d'alcool). T. Chim. Alcool cyclique dérivant d'un terpène et répondant à la formule $C^{10}H^{18}O$. Le t. ordinaire ou *Terpinéol* se prépare en distillant la terpine avec les acides étendus. On l'obtient aussi lorsqu'on traite l'essence de térébenthine par un mélange d'alcool et d'acide sulfurique. Le terpinéol est un corps solide et cristallisable; il fond à 35° et bout à 218°. Il s'unit à deux atomes de brome. Chauffé avec le bisulfate de potasse, il se convertit en limonène. Avec l'acide oxalique il donne du terpinolène. Traité par les acides étendus il se transforme en terpine. Le terpinéol est employé en parfumerie à cause de son odeur agréable qui rappelle le muguet. En médecine on s'en sert pour favoriser l'expectoration dans la bronchite chronique; son action est plus énergique que celle de la terpine.

A l'aide du chlorhydrate de limonène dextrogyre on a préparé une variété de terpinéol qui est dextrogyre et qui bout à 215°. Un autre terpinol, dont le point de fusion est 70°, a été obtenu en partant du dibromhydrate de limonène racémique.

Les terpinols se distinguent des campholis en ce qu'ils possèdent une fonction d'hydrocarbure éthylénique ; par leur constitution cyclique ils diffèrent essentiellement des alcools terpéniques de même formule, qui appartiennent à la série grasse.

TERPINOLÈNE. s. m. (R. *terpène*). T. Chim. Terpène tétravalent qui prend naissance, en même temps que le terpinène, dans la déshydratation de la terpine, du terpinéol ou du cinéol. On peut le préparer en faisant agir une solution d'acide oxalique sur le terpinéol. Il bout à 185°. Avec le brome il forme un dibromure qui fond à 70° et un tétrabromure fusible à 116°.

TERPSICHORE, Muse de la danse et du chant qu'on représente avec une lyre (Mythol.).

TERRACINE, anc. *Anxur,* v. d'Italie, à l'extrémité S. des Marais-Pontins, sur le golfe de Terracine ; 7,400 hab.

TERRAGE. s. m. [Pr. *tè-raje*] (R. *terrer*). Action de terrer. || T. Techn. *T. des pains de sucre,* Voy. SUCRE, D. || T. Agric. *Le t. des bas-fonds.* Voy. DESSÉCHEMENT, 5°.

TERRAGE. s. m. [Pr. *tè-raje*] (R. *terre*). T. Féod. Droit qu'avaient quelques seigneurs de prendre en nature une partie des fruits des terres qui étaient dans leur censive.

TERRAIN. s. m. [Pr. *tè-rin*] (bas lat. *terranum,* m. s., de *terrenus,* qui a rapport à la terre, de *terra,* terre). Espace de terre, considéré par rapport à son étendue, ou à sa configuration, ou à l'emploi qu'on en peut faire, ou à quelque action qu'il y passe. *Il possède un vaste t. près des Champs-Élysées. Son jardin occupe un grand t. Le t. est en pente. T. à bâtir. Les deux armées occupaient six lieues de t. Reconnaître le t. Les assiégeants gagnaient le t. peu à peu. Il n'a pas perdu un pouce de t.* — *Aller sur le t.,* Se battre en duel. — *Ménager le t.,* Employer utilement le peu d'espace de terre qu'on a ; et Fig., Se servir avec prudence de ce que l'on a de moyens pour réussir dans une affaire. — Fig., *Connaître bien le t.,* Connaître fort bien l'humeur, les inclinations, les intérêts des personnes avec qui l'on a à traiter. *Disputer le t.,* Voy. DISPUTER. *Gagner du t.,* Avancer peu à peu dans une affaire. On dit, *Perdre du t.,* dans le sens contraire. *Reconnaître, sonder, tâter le t.,* Voy. RECONNAÎTRE, etc. — *Être sur son t.,* Parler de choses que l'on connaît bien, agir dans une affaire du genre de celles dont on a l'habitude. *Un homme est fort quand il est sur son t.* On dit, dans un sens différent, *Il n'est pas, il n'est plus sur son t.* Prov., *Il s'est placé sur un bon, sur un mauvais t.,* Il a embrassé une bonne, une mauvaise cause ; il a bien, il a mal choisi ses moyens d'attaque, de défense. || T. Man. La piste qu'on suit dans le manège en travaillant son cheval. *Ce cheval embrasse bien le t.* || La terre, par rapport à certaines qualités. *Bon, mauvais t.* T. mou, dur, sec, humide. *Le t. est inégal. Le t. est glissant. Bâtir sur un mauvais t. Défoncer un t.* — Fig., *Les arts, transplantés de Grèce en Italie, se trouvèrent dans un t. favorable, où ils prospérèrent aussitôt.* || T. Géol. Se dit des diverses couches qui composent l'écorce terrestre, considérées par rapport à leur nature, à leur ancienneté et à leur position, Voy. GÉOLOGIE. || T. Peint. Espace de terre un peu nu, où il n'y a ni bois fort élevés, ni montagnes. *Les terrains aident beaucoup à la perspective d'un paysage.*

Obs. gram. — On écrivait autrefois *terrein,* et cette orthographe était préférable, le mot venant de *terrenus ;* mais l'usage de *terrain* a prévalu.

TERRAL. s. m. [Pr. *tè-ral*] (Prov. *terral,* m. s.). T. Mar. Vent de terre. *On ne peut sortir de cette baie qu'avec un bon t.* Peu us.

TERRAMARE. s. f. [Pr. *ter-ramare*] (lat. *terra,* terre ; *amara,* amère). T. Géol. Terre ammoniacale employée comme amendement dans certaines parties de l'Italie. || Amas de débris de toutes sortes amoncelés en certains points de l'Italie par les hommes de l'époque préhistorique.

TERRAQUÉ, ÉE. adj. [Pr. *tè-raké*] (bas lat. *terraqueus,*

m. s., de *terra,* terre ; et *aqua,* eau). Composé de terre et d'eau. *Le globe t.,* Le globe que nous habitons. Fam.

TERRASSE. s. f [Pr. *tè-rase*] (bas lat. *terracea,* m. s., de *terra,* terre). Levée de terre faite de main d'homme, ordinairement soutenue par de la maçonnerie, et procurant la commodité de la promenade ou le plaisir de la vue. *Une t. qui a une belle vue. La t. de Saint-Germain.* — *Ce jardin est en t.,* Il est élevé en forme de terrasse. *Ce jardin est tout en terrasses,* Il est composé de plusieurs terrasses élevées en retraite les unes sur les autres. || *Travaux de t.,* Tous les ouvrages qu'on fait en remuant, en fouillant, en exhaussant des terres. || Ouvrage de maçonnerie en forme de balcon, de galerie découverte. *Les fenêtres de sa chambre ouvrent sur une t.* || Sign. encore, la couverture d'un édifice lorsqu'elle est en plate-forme et à découvert. *Il y a une t. au haut de cette maison. Au Caire, tous les toits des maisons sont en t.* || T. Peint. Le devant, le premier plan des paysages. || T. Blas. Partie de l'écu figurant une plaine, un arbre, avec la terre qui recouvre sa racine. || T. Techn. Partie du marbre trop tendre pour recevoir le poli. — Partie d'une pierre fine qui ne peut recevoir le poli. — Cavité remplie de terre dans le marbre, la pierre. || T. Archit. Surface du socle sur laquelle reposent les pieds d'une figure.

TERRASSE. s. f. [Pr. *tè-rase*] (R. *terrasser*). T. Techn. Terrassement.

TERRASSEMENT. s. m. [Pr. *tè-ra-seman*] (R. *terrasse*). Action de transporter des terres en quelque endroit et d'en former un amas que l'on consolide par de la maçonnerie ou autrement. *Travaux de t. Faire des terrassements.*

TERRASSER. v. a. [Pr. *tè-ra-ser*] (R. *terrasse*). Mettre un amas de terre derrière une muraille, pour la fortifier, et pour divers autres usages. *On a fait t. cette muraille. Toutes les murailles de cette ville sont terrassées.* || Jeter de force par terre. *Ils se prirent au collet, mais l'un eut bientôt terrassé l'autre.* — Fig., Consterner, abattre, faire perdre courage. *Sa présence seule est capable de t. ses ennemis. Cette nouvelle l'a terrassé. T. quelqu'un à force de raisons,* L'accabler de raisons si fortes qu'il n'a rien à répondre. =SE TERRASSER, v. pron. Se fortifier en se couvrant d'ouvrages de terre. *Il fallut nous t. pour nous mettre à couvert de l'artillerie ennemie.* || Se renverser mutuellement à terre. *Ils se terrassèrent tour à tour.* = TERRASSÉ, ÉE. part. || T. Blas. Se dit de la pointe de l'écu, quand elle est représentée comme un champ couvert de gazon, ou d'un écu chargé d'une terrasse.

TERRASSEUR. s. m. [Pr. *tè-ra-seur*] (R. *terrasser*). T. Techn. Ouvrier qui remplit avec de la terre glaise et de la paille hachée, avec des plâtras, les intervalles des solives d'un plancher, d'une cloison en bois.

TERRASSEUX, EUSE. adj. [Pr. *tè-ra-seu*]. Se dit d'un marbre, d'une pierre qui contient des terrasses.

TERRASSIER. s. m. [Pr. *tè-ra-sié*]. Entrepreneur de terrassements ; ouvrier qui travaille à remuer, à transporter des terres.

TERRASSON. s. m. [Pr. *tè-ra-son*]. Petite partie de couverture en plate-forme.

TERRASSON, ch.-l. de c. (Dordogne), arr. de Sarlat ; 3,900 hab.

TERRASSON (l'abbé), littérateur fr. (1677-1750).

TERRAT. s. m. [Pr. *tè-ra*]. T. Techn. Auget plein d'eau où le potier trempe ses mains pour empêcher que la glaise ne s'y attache.

TERRAY (l'abbé), contrôleur général des finances, tenta des opérations odieuses et arbitraires, s'unit à Maupeou et à d'Aiguillon pour renverser Choiseul, et ne fut disgracié que sous Louis XVI (1715-1778).

TERRE. s. f. [Pr. *tè-re*] (lat. *terra,* m. s.). Le sol sur lequel nous marchons. *La t. était couverte de neige. Joncher la t. de fleurs. Au printemps, la t. se couvre de verdure et de fleurs. Cet animal vit dans la t., vit sous t.*

Enfoncer des pieux dans la t. Tremblement de t. Se coucher à t. Jeter un homme à t., par t. || *A t.*, par t., se disent en parlant des choses qui tombent ou qu'on jette, peu importe que ce soit sur le sol même ou sur le carreau, sur le parquet d'une chambre, etc. *Votre livre est tombé à t. Il a jeté son chapeau à t. Mettre un homme à t.*, Le terrasser, et Fig., Le ruiner. — Fig. et fam., *Cette parole, ce propos n'est pas tombé à t.*, On l'a relevé, on y a pris garde. Dans le même sens, *Il ne laissera pas tomber cela à t.* On dit encore, *Cette affaire n'a pas touché à t.*, Elle a passé tout d'une voix, sans difficulté; et *Cet homme ne laisse pas toucher du pied à t.*, Il ne donne pas le temps de se reconnaître, de respirer. || T. Man. *Ce cheval va, travaille t. à t.*, Son galop est de deux temps et de deux pistes. Dans ce sens, on dit subst., *Le t. à t.* — Fig., *Il ne va que t. à t.*, se dit d'un homme qui a les vues peu élevées, d'un auteur dont les idées sont communes, dont le style manque d'originalité. || *Terre*, se dit aussi par rapport à l'action d'inhumer. *Il y a huit jours que la pauvre mère est en t.*, qu'on l'a mise en t., *portée en t. Bénir la t. d'un cimetière.* Prov., *Six pieds de t. suffisent pour le plus grand homme*, Tous les hommes sont égaux devant la mort. — *Être enterré, inhumé en t. sainte*, Être enterré dans un cimetière consacré par les prières et cérémonies de l'Église. = *Terre*, se dit souvent en parlant de la matière de composition variable qui constitue le sol. *Selon les anciens, la t. était le plus grossier des quatre éléments. Une analyse exacte des terres est aujourd'hui une condition indispensable de toute agriculture rationnelle.* || La terre reçoit différentes dénominations. — 1° Suivant sa composition : *T. calcaire, franche. T. argileuse, siliceuse, sablonneuse, marneuse. T. végétale. T. ferrugineuse, pierreuse, ocreuse, etc.* — 2° Suivant les qualités qu'elle présente : *T. grasse, maigre. T. ferme, compacte, friable, meuble, légère. T. sèche, humide, marécageuse, froide, brûlante. T. stérile. T. rouge, blanche, noire. T. glaise.* — 3° Suivant les façons qu'elle reçoit : *T. neuve. T. inculte. T. en friche, en jachère. T. cultivée. T. fouillée, ameublie. T. labourée. T. fumée.* — 4° Suivant les usages auxquels on l'emploie, ou auxquels elle est propre : *T. labourable. T. à vigne. T. à froment. T. à potier. T. à porcelaine. De la poterie de t. Un pot de t., vernissé. T. à pipe, ou de pipe. T. à foulon. Les sculpteurs se servent de t. pour faire leurs modèles. Travailler en t.* || T. Fortif. *Remuer de la t., la t.*, Fouir et transporter de la t. pour faire des retranchements, etc. *On a bien remué de la t.*, on a bien remué la t. à tel siège. Se couvrir de t. Ouvrage de t. Bastion de t. Sac à t.* || T. Sculpt. *T. cuite*, T. argileuse façonnée et durcie au feu. *Un buste, une statue de t. cuite. Une belle collection de terres cuites.* — On dit encore, *J'ai la t. cuite de cet buste.* = *Terre*, le globe que nous habitons. *La t. tourne autour du soleil. Les pôles de la t. Le tour de la t. Les divers climats de la t. La lune s'éclipse par son entrée dans l'ombre de la t.* — *On ne voit ni ciel ni t.*, se dit lorsqu'on est dans une grande obscurité. — *Être sur t.*, Vivre, exister. *Tant que je serai sur t.* Prov., *Tant que la t. pourra nous porter*, Aussi loin que nous pourrons aller. *Nous sortirons de bon matin, et nous irons tant que la t. pourra nous porter.* On dit quelquefois dans le même sens. *Nous irons tant que t.* || Se dit quelquefois, surtout au plur., des diverses parties ou portions du globe de la t. *Les terres boréales ou terres arctiques. Les terres australes. Terres inhabitées. Nous abordâmes à une t. inconnue.* || Se dit également de l'étendue d'un pays. *Les terres de France, d'Espagne. Entrer dans les terres, sur les terres des ennemis. Piller, ravager leurs terres.* — *La t. de promission* ou *la t. promise, la t. sainte*, La Judée ou pays des Chanaan. Voy. PROMISSION. || Se dit souvent par opposition à la mer, et signifie alors, la t. qui est sur le bord de la mer. *Côtoyer la t. Gagner la t. Descendre à t. Brise de t. Le vent est de t. Une t. haute. Des terres basses.* — T. *ferme*, Le continent et tout ce qui tient au continent sans être environné d'eau; à la différence des îles. *Après avoir passé les îles de l'Archipel, nous abordâmes à la t. ferme.* — *Prendre t.*, Aborder, descendre à t.; mettre à t.* — *Perdre t.*; se dit d'un bâtiment qui s'éloigne assez de t. pour qu'il la perde de vue. *Perdre t.*, se dit aussi lorsque, étant dans l'eau, on trouve des endroits où l'on ne peut pas, étant debout, toucher le fond avec les pieds. On dit encore Fig., *Faire perdre t. à quelqu'un dans une discussion*, Le réduire à ne savoir que répondre. — *Aller à t.*, se dit des petits bâtiments qui s'éloignent peu des côtes. *Raser la t.*, se dit d'un bâtiment quelconque lorsqu'il va près des côtes. — *Cette ville est*

bien avant dans les terres, Elle est bien éloignée de la mer. — *Armée de t., forces de t.*, Les troupes qui combattent sur t., par opposition à *Armée de mer, forces de mer.* || Fig., se dit des habitants de la t. = *Alexandre voulait soumettre toute la t. Ce monarque est respecté de toute la t., craint de toute la t. Toute la t. se tut devant lui.* — Par exagération, se dit encore d'un grand nombre de personnes, par rapport au lieu et aux circonstances où l'on se trouve. *Vous dites cela comme une nouvelle; toute la t. le sait, toute la t. en parle. Vous deviendrez l'horreur de la t. si vous ne changez pas de conduite. Cela est reçu par toute la t.*, et fam., *par toute t.* || Fig., se dit encore des biens et des plaisirs de la vie présente. *Vous ne songez qu'à la t. Les vrais philosophes méprisent la t., les biens de la t.* = *Terre*, s'emploie encore fréquemment pour désigner un domaine, un fonds rural, ou simpl., un champ. *T. seigneuriale. T. noble. T. en franc-alleu. Le roi érigea sa t. en duché. T. bien située. Une belle t. Une grosse t. d'Église. Il possède quelques arpents de t. Il n'a qu'une t. de quelques arpents. Vendre, acheter, échanger une t. Engager, hypothéquer une t. Donner, prendre une t. à ferme. Cette t. rapporte tant. Allez dans sa t., dans ses terres. Vivre sur ses terres. Il cultive lui-même ses terres. J'ai mis ma t. en pré. J'ensemencerai cette t. en blé, et cette autre en avoine.* || *T. bien plantée. T. où il y a beaucoup de plantations; et T. bien bâtie, T. où il y a un château bien bâti, une belle maison d'habitation.* || *N'avoir pas un pouce de t.*, N'avoir point de bien en fonds de t. *Être riche en fonds de t.*, Posséder beaucoup d'immeubles ruraux. Prov., *Qui t. a, guerre a*, Qui a du bien est sujet à avoir des procès. || Fig., *Chasser sur les terres d'autrui.* Voy. CHASSER. = *Terre*, se dit encore de différentes substances minérales et de divers composés chimiques, qui ont été ainsi appelés à cause de leur aspect terne et terreux. — T. était, dans l'ancienne chimie, le nom générique des corps qu'on a reconnus depuis être des oxydes métalliques. *T. rares*, Oxydes de certains métaux rares comme le *césium, l'erbium, l'yttrium, le thorium*, etc. — *T. absorbante*, la Magnésie. — *Terres alcalines.* Voy. ALCALI. — *T. d'Almagra* et *T. d'Arménie*, *T.* rouge ocreuse qu'on emploie dans la peinture à fresque. — *T. bleue*, le Phosphate de fer pulvérulent. — *T. bolaire*, Voy. BOLE. — *T. brune. de Cassel* ou de *Cologne.* Voy. COULEUR, 8°. — *T. calaminaire.* Voy. ZINC. — *T. cimolée* ou *Cimolithe.* Voy. ARGILE. — *T. comestible*, Sorte de t. argileuse, le plus souvent magnésifère, que mangent certaines peuplades sauvages par besoin ou par plaisir. — *T. foliée d'tartre*, Ancien nom de l'acétate de potasse. — *T. à foulon.* Voy. ARGILE. — *T. glaise*, l'Argile figuline, Voy. ARGILE. — *T. d'Italie.* Voy. ARGILE. — *T. du Japon*, Un des noms vulgaires du Cachou. — *T. jaune.* Voy. COULEUR, 4°. — *T. de Lemnos* et *T. d'Ombre.* Voy. ARGILE. — *T. de montagne.* Voy. COULEUR, 4°. — *T. pesante*, la Baryte. — *T. de pipe.* Voy. PIPE. — *T. à porcelaine*, le Kaolin. Voy. ARGILE. — *T. de Sienne* et *T. sigillée.* Voy. ARGILE. — *T. végétale*, l'Humus. Voy. ce mot. — *T. verte de Vérone.* Voy. COULEUR, 7°. — *T. vitrifiable*, la Silice pure.

Agric. — *Terre arable.* — Dans la pratique agricole, on a d'abord adopté deux grandes divisions principales pour classer les terres de culture; ce sont les *terres fortes* et les *terres légères.* Dans les premières les argiles dominent; ces terres sont tenaces, par conséquent peu perméables, et d'une dessiccation lente. Les secondes sont principalement sablonneuses, meubles, et redoutent la sécheresse; leur végétation se montre plus hâtive; mais l'engrais dissous est entraîné par les eaux pluviales et moins profitable que dans les terres fortes. Les terres les plus favorables à la culture résultent du mélange de ces deux sortes, parce que leurs inconvénients propres sont de nature à s'annuler réciproquement. — Les substances dont la réunion constitue ce qu'on appelle la t. sont peu nombreuses; elles se composent d'éléments minéralogiques (Voy. SOL) et d'éléments organiques. Ces derniers constituent ce qu'on appelle l'*humus*, ou vulgairement le *terreau pur.* Cet humus provient de la destruction des êtres organisés qui, après leur mort, fournissent lentement les matériaux qui la vie mettra de nouveau en œuvre. L'assimilation de l'humus par les plantes est d'autant plus facile, que son état de décomposition, au moyen des agents atmosphériques et des ferments du sol, est plus avancé. Tel est le but qui doit atteint par l'agriculteur; en brisant la surface de la t., il la rend perméable à l'eau et à l'air, il active la décomposition des substances organiques et minérales qui s'y trouvent, de manière à produire en quelques mois des effets que des siècles seuls amèneraient sans le travail de l'homme. — La qualité d'une t. dépend de la nature physique des roches mélangées qui la constituent. Cette qualité peut cependant être profondément modifiée par la nature du sous-sol et par celle du climat. — Les terres de nos champs portent différents noms qu'elles doivent, en général, à leur élément dominant. La *t. forte*, ou *glaise*, est composée d'argile (silicate d'alumine hydraté), de potasse, d'oxyde de fer et d'un peu de silice, non pas à l'état grenu, mais à l'état gélatineux et soluble, particulièrement propre à former des combinaisons. Si une t. glaise renferme 85 pour 100 d'argile et 15 pour 100 de sable, elle est impropre à la culture et ne peut servir qu'à faire des briques ou de la poterie. Les glaises, mélangées en quantités convenables de silice pulvérulente et de calcaire, forment une grande partie des surfaces cultivées en Europe. Ce sont des terres à blé, à trèfle ; les gros légumes, tels que les choux, cardons, artichauts, oignons, fèves y réussissent. La luzerne et le sainfoin n'y prospèrent pas. Les arbres à fruits n'y donnent que des produits médiocres. — Les *terres sableuses* sont caractérisées par la présence en excès de la silice en poudre. Elles sont rudes au toucher, manquent de liaison, laissent passer l'eau avec trop de vitesse, s'échauffent promptement et ne peuvent favoriser une végétation vigoureuse et soutenue. Elles sont favorables à la culture des châtaigniers, des pins, des sapins, des haricots, pommes de terre, navets, carottes, etc. — Les *terres calcaires*, ont pour base la craie (carbonate de chaux), mêlée en différentes proportions avec de l'argile et du sable. Lorsque la craie qui domine est très divisé et liée intimement à l'argile, la t. est *blanchâtre, marneuse, crayeuse*, etc. Quoique fort peu soluble, cette craie manifeste cependant des propriétés alcalines qui contribuent puissamment à l'activité de la végétation, si on la mélange avec une t. plus forte ; d'ailleurs ces sortes de t. marneuses renferment toujours des quantités plus ou moins importantes, mais souvent remarquables, de phosphate de chaux. Lorsque le sable et l'argile ne montent pas chacun à 10 pour 100, la t. est *crayeuse*. Les arbres à fruits, à pépins y viennent mal ; mais s'il y a de la profondeur, on peut obtenir de bonnes récoltes de seigle et de froment. — On appelle *loam* ou *limon* une t. calcaire qui contient des carbonates de chaux et de magnésie en quantité notable et au moins 10 pour 100 d'argile, et 10 pour 100 de silice libre. Ces sortes de t. dites *terres franches*, sont celles qui produisent les plus riches cultures. La t. franche de Clamart est employée par les plus habiles jardiniers de Paris, qui en font la base de leurs composts. De couleur jaunâtre, très douce au toucher, elle se pulvérise facilement entre les doigts. C'est avec cette t. et avec la t. de bruyère de Meudon que les jardiniers préparent leurs divers mélanges pour les végétaux d'orangerie. On peut la regarder comme un type que doivent rechercher les horticulteurs désireux d'améliorer leurs terres. — Le *terreau* est constitué par les terrains où domine *l'humus*, provenant, comme nous l'avons dit, de la décomposition des végétaux et des animaux non loin du contact de l'air. Lorsque la décomposition s'opère sous une couche d'eau, elle fournit la *tourbe* (Voy. ce mot). — Il y a des *terreaux doux* et des *terreaux acides*. Les terreaux doux sont ceux qui résultent de l'amoncellement des détritus de fumier d'écurie ou d'étable, ou de toute autre provenance animale. Les maraîchers les préfèrent pour leurs cultures. Ils entrent pour une part considérable dans la *t. de jardin*. — Les terreaux acides proviennent de la décomposition spontanée des matières végétales. Parmi ces terreaux on doit distinguer : la *t. de bois*, la *t. de bruyère* et la *t. tourbeuse*. — Les défrichements récents de bois, les marais tourbeux présentent une couche de feuillages peu consommés et contenant du tanin, qui communique longtemps à la t. une propriété acide : il se produit en outre, dans la *t. de bois*, une quantité surabondante d'acide carbonique qui peut nuire à la végétation. On corrige ces défauts par le chaulage, le marnage, les cendres, l'écobuage, etc. — La *t. de bruyère* un terreau qui se forme, dans les terrains secs et plus ou moins siliceux, au moyen des détritus de bruyère, de genêts, de fougères. C'est par la présence d'une quantité plus ou moins importante de fer, et par sa nature très siliceuse qu'elle diffère de la t, de bois. Certaines plantes, *camellia, rhododendron*, etc., se plaisent tellement dans cette sorte de t., qu'on les a appelées *plantes de t. de bruyère*. — On peut remplacer la t. de bruyère par un mélange de débris de feuilles de chêne ou de châtaignier et de sable. Pour pulvériser ces feuilles, on les étend, par un temps sec et froid, sur un sol battu ; on les mouille, et quand elles sont gelées, on les bat au fléau ; elles se réduisent alors facilement en poudre, qu'on mêle ensuite avec du sable siliceux débarrassé de ses parties

terreuses. Le mélange destiné aux rhododendrons, aux azalées d'Amérique, doit être composé, selon Bertin, d'un tiers de sable et le reste de feuilles pulvérisées. Pour les camélias, on le compose de moitié sable et moitié feuilles ; les azalées de l'Inde ne réussissent que lorsqu'il est formé d'un quart de sable et trois quarts de feuilles. — La *t. légère*, la plus convenable aux plantes d'orangerie un peu rustiques, se fait avec moitié de *t. franche* (loam ou limon), un quart de t. de bruyère et un quart de terreau de fumier. Quand on destine cette sorte de t. à la plupart des plantes de serre chaude ou tempérée, on peut la composer d'un quart ou d'un tiers de t. franche et le reste en t. de bruyère, selon que les plantes ont les racines plus ou moins fortes et que leur tige est plus ou moins ligneuse. En général, les plantes à racines très menues préfèrent une t. légère. — *T. de jardin*. Toutes les terres que nous venons de passer en revue sont à la longue modifiées par la culture qui introduit des éléments étrangers, en fait disparaître d'anciens, et qui surtout change profondément plusieurs des propriétés physiques du sol naturel. C'est dans les jardins que cette action a été amenée par les travaux de l'homme à son summum ; ces effets, produits par les travaux du cultivateur, se sont surtout fait sentir, et qu'ils ont dû amener une composition spéciale éminemment propre à la végétation des fleurs et des légumes.

Astron. — La *Terre* est l'une des huit grandes planètes. Elle est aussi l'une des plus rapprochées du Soleil, car Mercure et Vénus seules ont plus voisines. Toutes les autres planètes, grandes ou petites, sont beaucoup plus distantes du Soleil.

I. *Idée générale de la forme de la Terre.* — La T. a la forme d'un globe à peu près sphérique. Cette vérité se démontre par plusieurs phénomènes de la plus grande simplicité. La rondeur de la T., dans son ensemble, se révèle par la forme exactement circulaire que prend l'horizon, lorsque le spectateur s'élève un peu au-dessus de sa surface. Ainsi, du sommet du pic de Ténériffe, on voit le contour du ciel à 92 degrés du zénith, c.-à-d. à 2 degrés au-dessous du plan horizontal, ce qui permet d'apprécier le rayon de la sphère terrestre. Une autre preuve sensible de la rotondité de la T. se trouve dans les phénomènes journaliers dont sont témoins les habitants des côtes. Lorsqu'un spectateur est placé sur un navire qui s'approche de la t. ferme, il commence par apercevoir les points les plus élevés de celle-ci ; puis peu à peu les objets paraissent s'élever au-dessus de l'horizon, et c'est seulement quand il est à une petite distance qu'il voit enfin la base des habitations situées tout près du rivage. Quant au spectateur sur ce rivage, il aperçoit d'abord le sommet des mâts du navire ou le panache de fumée du bateau à vapeur : les mâts ou la cheminée semblent sortir du sein des eaux et l'on ne voit qu'en dernier lieu le corps même du bâtiment. Un phénomène du même ordre est celui que nous offre le déplacement apparent de l'étoile polaire, selon que l'on marche du sud au nord ou du nord au sud. Dans le premier cas, on voit l'étoile polaire s'élever de plus en plus sur l'horizon, tandis que, dans le second, on la voit s'abaisser graduellement, et atteindre l'horizon quand on est arrivé à l'équateur. La preuve la plus sensible de la rondeur de la T., celle qui ne peut laisser le moindre doute parce qu'elle n'exige aucune réflexion, réside dans les *voyages autour du monde*. Dans ces voyages de circumnavigation, on se dirige, autant que le permet la configuration du rivage dans la mer, dans un seul et même sens, et l'on finit par se retrouver au point de départ. Le premier voyage de ce genre a été accompli par la flotte de Magellan, de 1520 à 1522. Magellan lui-même ne put achever le voyage, car il fut tué par les naturels des îles Philippines en 1521. Enfin, dans les éclipses de Lune, lesquelles résultent de la projection de l'ombre de la T. sur la surface de cet astre, on voit le contour de cette ombre comme un arc appartenant à un cercle d'un diamètre triple de celui de la Lune. Or, l'ombre de la T. ne peut offrir une forme circulaire que si la T. elle-même est un corps sphérique.

II. *Mouvements de la Terre.* — Notre globe est animé d'un grand nombre de mouvements, dont nous signalerons ici les douze principaux : 1° sa rotation diurne autour de son axe en 23ʰ 56ᵐ ; 2° sa révolution annuelle autour du Soleil en 365 jours un quart ; 3° la précession des équinoxes en 25,765 ans ; 4° le mouvement mensuel de la T. autour du centre de gravité du couple Terre-Lune ; 5° la nutation causée par l'attraction de la Lune, en 18 ans et demi ; 6° la variation séculaire de l'obliquité de l'écliptique ; 7° la variation séculaire de l'excentricité de l'orbite terrestre ; 8° le déplacement de la ligne des absides en 21,000 ans ; 9° les perturbations causées par l'attraction constamment changeante des planètes ; 10° le déplacement du centre de gravité du système solaire autour duquel tourne annuellement la T., centre déterminé par les positions variables des planètes; 11° la translation générale du système solaire vers la constellation d'Hercule; 12° le mouvement du pôle terrestre, de 15 à 17 mètres par an, qui fait légèrement varier les latitudes.

Tous ces mouvements ne nous sont connus que par les mouvements relatifs des astres qui nous entourent, car nous n'avons aucune conscience du déplacement du sol qui nous porte. De ce fait important que nous ne pouvons observer que des mouvements relatifs, il résulte qu'on peut, au moins au point de vue géométrique, rendre compte des observations, soit en supposant la T. immobile et en attribuant aux astres tous les déplacements observés, soit en attribuant à la T. des mouvements compliqués. L'hypothèse de l'immobilité de la T. a été admise par toute l'antiquité, sauf par les philosophes de l'école de Pythagore. Elle conduit à attribuer aux planètes des mouvements d'une extrême complication. Copernic eut la gloire de faire prévaloir dans les temps modernes l'ancienne théorie des pythagoriciens du mouvement de la T. Il fallait cependant choisir parmi tous les mouvements qu'on peut supposer à la T., ceux qui conduisaient, pour les mouvements relatifs observés, aux explications les plus simples et les plus vraisemblables. On y arrive aisément en admettant d'une part que les étoiles sont immobiles, sauf les très petits déplacements connus sous le nom de mouvements propres, et d'autre part que le Soleil est immobile et que la T. tourne autour de lui comme toutes les autres planètes, sauf cependant le petit déplacement du Soleil dû aux attractions de toutes les planètes. Voy. SOLEIL, IV. Le système de Copernic doit être considéré comme l'une des vérités les mieux démontrées de la science; on peut même dire qu'il fait partie intégrante et nécessaire de la science moderne; il n'est pas possible de le révoquer en doute sans remettre en question les principes les plus universellement admis sur lesquels reposent toute la mécanique et la physique, sans bouleverser de fond en comble toute l'harmonie de nos connaissances et de la représentation que nous nous faisons de l'univers. En un mot, renoncer à la croyance au mouvement de la T., c'est renier la science tout entière. Nous allons expliquer les preuves les plus importantes que l'on peut donner des mouvements de la T., en nous bornant aux mouvements de rotation et de révolution. Il est évident qu'une fois qu'on aura admis l'immobilité des étoiles et celle du Soleil, on sera bien obligé d'attribuer à la T. tous les déplacements qui seraient incompatibles avec cette double immobilité, de sorte que les mouvements de précession, de nutation et de perturbations, etc., ne feront plus de difficulté.

Preuves du mouvement de rotation de la Terre. — On peut les classer de la manière suivante :

1° *Indépendance des étoiles les unes des autres.* — L'hypothèse de la rotation du ciel est intimement liée à celle de la solidité des cieux. Le mouvement diurne est un mouvement d'ensemble : c'est le mouvement d'un corps solide qui tourne autour d'un axe. Aussi, les Anciens se représentaient-ils le ciel comme une sphère solide sur la surface intérieure de laquelle seraient fixées les étoiles. Nous savons aujourd'hui que les étoiles sont des corps indépendants les uns des autres, se déplaçant librement dans l'espace et, bien loin qu'elles soient fixées à la surface d'une sphère, leurs distances à la T. sont très variables de l'une à l'autre; il y en a qui sont cent fois, mille fois, un million de fois, sans doute, plus éloignées que d'autres. Dans ces conditions, le mouvement d'ensemble du ciel est simplement incompréhensible. Il est de plus contraire aux lois élémentaires de la mécanique, car il faudrait supposer que, pour entretenir ce mouvement circulaire, chaque étoile est soumise à l'action d'une force centripète dirigée vers le centre du petit cercle diurne qu'elle décrit sur la surface de la sphère céleste : il faudrait ainsi supposer que l'axe du monde attire les étoiles avec une intensité proportionnelle à la distance; mais l'axe du monde est une ligne idéale, qui n'est pas matériel, et le principe de l'égalité de l'action et de la réaction s'oppose à ce qu'une force d'attraction puisse émaner d'une ligne qui n'est pas matérielle.

2° *Prodigieuses vitesses qu'il faudrait attribuer aux étoiles.* — Les étoiles les plus rapprochées de nous sont à une distance supérieure à 200,000 fois la distance de la T. au Soleil, laquelle est d'environ 145 millions de kilomètres. La longueur de la circonférence parcourue chaque jour par une étoile équatoriale serait ainsi de 145 × 200,000 × 2π, ou, en nombre rond, 174 millions de millions de kilomètres. Comme cette circonférence serait parcourue en 86,400 se-

condes, la vitesse par seconde serait d'environ 2 milliards de kilomètres, et il y a des étoiles 1,000 fois, 1 million de fois peut-être plus éloignées, et qui, par conséquent, marcheraient mille fois, un million de fois plus vite. Si l'on réfléchit que la lumière ne parcourt que 300,000 kilomètres par seconde, on voit qu'il faudrait attribuer aux étoiles une vitesse minimum 7,000 fois plus grande que celle de la lumière, et encore la propagation de la lumière n'est pas un transport de matière.

3° *Analogie avec le Soleil et les planètes.* — Tous les corps célestes à la surface desquels on a pu distinguer quelques détails sont animés d'un mouvement de rotation plus ou moins rapide; il est vraisemblable que la T. est animée d'un mouvement analogue. Du reste, étant donné un corps isolé dans l'espace, comme la T., il est beaucoup plus probable qu'il soit en mouvement qu'en repos, et s'il est en mouvement, ce mouvement doit se décomposer en un mouvement de translation et un mouvement de rotation. Il n'y a pas de raison pour que celui-là n'existe pas.

4° *Aplatissement de la Terre.* — La T. est aplatie aux pôles; cette forme s'explique aisément si l'on admet que la T. était primitivement assez chaude pour que tous les matériaux qui la composent fussent liquéfiés, et qu'elle tourne sur elle-même. Alors la force centrifuge, maximum à l'équateur et nulle au pôle, éloignera les molécules de l'axe d'autant plus qu'elles seront plus près de l'équateur, d'où il résulte que la figure d'équilibre d'un globe liquide tournant doit être celle d'un ellipsoïde aplati aux pôles, comme le fait voir, du reste, un calcul rigoureux. Voy. CENTRIFUGE. Newton avait même calculé que si la T. était homogène, cet aplatissement serait de $\frac{1}{230}$. Le fait que les matériaux les plus denses se sont réunis vers le centre, de sorte que la densité augmente de la surface au centre, a pour résultat de diminuer l'aplatissement. Or il est de $\frac{1}{303}$, ce qui s'accorde entièrement avec la théorie.

5° *Augmentation de la pesanteur de l'équateur au pôle.* — Cette augmentation tient à deux causes : d'abord le corps est plus près du centre, et ensuite la force centrifuge, qui contribue à diminuer la pesanteur, diminue progressivement de l'équateur au pôle. Ces effets peuvent se calculer. Clairaut a donné la formule qui relie l'intensité de la pesanteur à la latitude; les déterminations faites au moyen du pendule en une multitude de stations s'accordent parfaitement avec la formule de Clairaut. Si la T. était immobile, la loi de variation serait tout différente, et l'accord précédent ne pourrait pas exister. On remarquera qu'on se trouve ici en présence d'une preuve *quantitative*, c.-à-d. reposant sur l'accord de deux nombres, et même de plusieurs couples de nombres. Les preuves de cette nature sont bien supérieures aux preuves simplement *qualitatives*, parce que l'accord fortuit de deux nombres est infiniment moins probable que la simple concordance de deux phénomènes observés, mais non mesurés. Voy. PESANTEUR, PENDULE.

6° *Déviation des corps graves vers l'Est.* — Un corps qui tombe sur le sol d'une grande hauteur ne suit pas la verticale parce que, à cause de la rotation de la T., sa vitesse horizontale est plus grande que celle du point qui est juste au-dessous de lui et par conséquent plus près du centre de la T. Comme la vitesse du mobile est à chaque instant la résultante de sa vitesse verticale, et de sa vitesse horizontale, celle-ci se conserve entière, de sorte que, pendant la chute, le corps s'est avancé plus que le point qui est au-dessous de lui : il doit donc tomber *en avant*, c.-à-d. à l'est, puisque le mouvement de la T. se fait de l'ouest à l'est. Cette déviation peut se calculer aisément; l'expérience a été faite dans les puits de mine. L'accord a toujours été satisfaisant, ce qui fournit une nouvelle preuve quantitative de la rotation de la T.

7° *Rotation apparente du plan d'oscillation du pendule.* — Un pendule suspendu en un point fixe doit osciller dans un plan qui reste invariable avec le temps. Si donc on imagine un pendule installé au pôle terrestre, le plan d'oscillation de ce pendule restera immobile tandis que la T. tournera au-dessous de lui. L'observateur terrestre croira donc voir le plan d'oscillation tourner en 24 heures et en sens inverse du mouvement de rotation de la T., c.-à-d. dans le sens même du mouvement diurne du ciel. Un pendule installé à l'équateur et oscillant de l'est à l'ouest, c.-à-d. dans le plan même de l'équateur, ne subira aucune déviation apparente parce que le plan de l'équateur reste invariable malgré la rotation terrestre. Si même le pendule oscille dans le plan méridien, ou dans une direction quelconque, on n'observera non plus aucune déviation apparente, comme on peut le démontrer à l'aide des principes de la mécanique rationnelle.

Si le pendule est installé dans une latitude intermédiaire, le plan d'oscillation subira une rotation apparente dont la vitesse, nulle à l'équateur, ira en augmentant avec la latitude, jusqu'au pôle où elle est maximum. On a pu calculer qu'à Paris cette rotation s'effectuerait en 32 heures. C'est le physicien français Léon Foucault qui pensa le premier à ces singulières propriétés du pendule et imagina de les faire servir à la démonstration de la rotation de la T. Il exécuta l'expérience à Paris, sous la coupole du Panthéon, en 1851. Quelques minutes suffisaient à mettre en évidence le déplacement du plan d'oscillation, et la mesure de l'angle de déviation servait à mesurer la vitesse de rotation qui correspondait bien à 32 heures pour un tour complet. On a donc encore une preuve quantitative, sans compter que cette rotation apparente du plan d'oscillation du pendule serait tout à fait inexplicable si l'on supposait la T. immobile.

8° Le *gyroscope*, imaginé aussi par Léon Foucault, fournit encore une preuve quantitative. Voy. GYROSCOPE.

On remarquera que toutes les preuves que nous venons d'indiquer, à partir de la quatrième reposent sur des phénomènes exclusivement terrestres, et que les trois dernières n'exigent même pas le déplacement de l'observateur à la surface de la T. Il est assurément très remarquable qu'on ait pu réussir à mettre en évidence le mouvement de rotation de la T. en l'absence de toute observation céleste, de telle sorte que, si nous habitions une planète constamment entourée de nuages qui nous cacheraient éternellement les astres du ciel, la science aurait pu néanmoins s'élever à cette notion de la mobilité du sol qui nous porte.

Preuves du mouvement de révolution de la Terre autour du Soleil. — La première, et c'est la seule que l'on pouvait donner Copernic, repose sur la complication des mouvements apparents des planètes dans l'hypothèse de l'immobilité de la T., et leur simplicité dans celle de l'immobilité du Soleil; mais on peut objecter que ce n'est là qu'une induction qui rend seulement une des hypothèses plus probable que l'autre. Les preuves positives sont fournies par l'*aberration* et la *parallaxe annuelle des étoiles.* Voy. ABERRATION et ÉTOILE, IV.

III. *Forme et dimensions de la Terre.* — Si l'on suppose la T. sphérique, il est assez facile de déterminer son rayon. En effet, dans cette hypothèse, les verticales sont les rayons mêmes de la T. Il suffit alors de mesurer l'angle des verticales de deux lieux, et la distance de ces deux lieux pour en déduire, par une simple règle de trois, la longueur d'un grand cercle, et par suite, le rayon de la sphère. C'est ce qu'a fait Ératosthène, au IIIe siècle av. J.-C. Il avait remarqué que les villes de Syène et d'Alexandrie en Égypte sont sur le même méridien. De plus, il avait observé que le jour du solstice d'été à midi le Soleil éclaire le fond d'un puits à Syène, tandis qu'à Alexandrie il ne s'élève qu'à 7°1/2 du zénith, ce qui prouve que les verticales de ces deux villes font entre elles un angle de 7°1/2. Ayant mesuré, sur le sol, la distance des deux villes, il en conclut que la circonférence de la T. était de 250,000 stades. Comme nous ignorons la valeur exacte du stade de cette époque, il nous est impossible de contrôler la précision de cette mesure. De nombreuses déterminations ont été faites depuis cette époque; mais les opérations qu'il faut exécuter à la surface du sol pour mesurer les dimensions de la T. sont les mêmes que celles qui servent à en déterminer la figure exacte. La préparation de ces opérations, l'étude des moyens à employer pour les effectuer convenablement, et les procédés qu'il faut employer pour en tirer parti constituent la science appelée *Géodésie.* Voy. ce mot.

Quand on parle de la forme de la surface terrestre, il faut bien se rendre compte de ce que l'on veut dire. Il est évident qu'il ne saurait être question de la surface même du sol avec tous les accidents qu'elle présente. On dit assez souvent que la surface de la T. est la *surface des mers prolongée*; mais qu'est-ce qu'une surface courbe prolongée et suivant quelle loi doit-elle être prolongée? La définition précise est que la surface dont il est question est une *surface du niveau*, c.-à-d. normale en chaque point à la verticale de ce point : c'est en effet la condition que doit remplir la surface libre d'un liquide en équilibre, et cette condition définit complètement la surface. Seulement il y a une infinité de surfaces de niveau qui s'enveloppent les unes les autres en s'éloignant du centre. On choisit celle qui, dans la région des océans coïncide avec la surface moyenne de la mer, abstraction faite des vagues et des marées. La surface ainsi définie constitue ce que les géodésiens appellent le *géoïde.*

Nous avons déjà dit que Newton, le premier, avait annoncé que la T. devait être aplatie aux pôles. Pour comprendre comment on peut mettre en évidence cet aplatissement par

des mesures effectuées à la surface de la T., rappelons que la verticale est la perpendiculaire à la surface des eaux tranquilles, et que la latitude est l'angle de la verticale avec le plan de l'équateur, de telle sorte que la différence des latitudes de deux lieux situés sur le même méridien est l'angle que font les verticales de ces deux lieux. Voy. LATITUDE. Supposons que la T. soit de révolution et représentons (Fig. 1) la méridienne de cette surface en exagérant considérablement l'aplatissement. PP' est l'axe; EE' l'équateur. Considérons

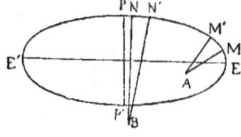

Fig. 1.

maintenant deux arcs *de même longueur*, l'un, MM' près de l'équateur, l'autre, NN' près du pôle. La méridienne étant plus courbée en MM' qu'en NN', les verticales MA, M'A vont se couper en A, plus près de la surface que les verticales NB, N'B; il en résulte que l'angle A qui s'appelle l'*amplitude* de l'arc MM' est plus grand que l'angle B qui est l'amplitude de l'arc NN'. Inversement si l'on considère deux arcs de *même amplitude*, celui qui est voisin de l'équateur sera plus court que celui qui est voisin du pôle. On appelle arc de 1° un arc dont l'amplitude de 1°, c.-à-d. dont les verticales extrêmes font un angle de 1°, ou encore, dont la différence des latitudes extrêmes est de 1°. Si la T. est aplatie au pôle, l'arc de 1° doit aller en augmentant régulièrement de l'équateur au pôle. Mais comment mesurer un arc de 1°? Comme la variation n'est pas considérable, on peut admettre que les petits arcs sont proportionnels à leurs amplitudes. Alors on choisit deux points sur le même méridien, et l'on mesure d'une part leurs latitudes dont la différence est l'amplitude de l'arc, et d'autre part la distance qui les sépare ; une règle de trois suffit alors pour déduire des mesures la longueur de l'arc de 1°. La détermination des latitudes se fait par les procédés que nous avons indiqués au mot LATITUDE. Quant à la distance des deux stations, on ne peut songer à la mesurer directement sur le sol au moyen d'une chaîne d'arpenteur ou de tout autre instrument analogue. Il faut recourir à une méthode détournée. A cet effet, on choisit sur le terrain que traverse la méridienne un certain nombre de points remarquables tels que clochers, tours, etc., et au besoin on construit des édifices de charpente pouvant être aperçus de loin, et constituant autant de points remarquables. Ces points portent le nom de *signaux*; ils partagent toute la région en une chaîne de triangles dont il est possible de mesurer tous les angles (Fig. 2). Il suffit, en effet, de transporter la théodolite ou chacun des signaux et de viser avec la lunette de ce théodolite les signaux voisins. Aujourd'hui on préfère les signaux de charpente, parce qu'il est plus commode d'y disposer la place du théodolite juste au-dessous du point qui doit servir de mire, et d'y installer des foyers lumineux pouvant servir de signaux de nuit. On

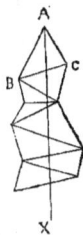

Fig. 2.

détermine aussi les angles BAX et CAX des premiers côtés de la chaîne avec la méridienne. Une pareille opération s'appelle une *triangulation.* Il est clair qu'une fois tous les angles connus il suffit de mesurer la longueur d'un des côtés de la chaîne de triangles pour en déduire les longueurs de toutes les lignes de la figure et par suite la longueur de l'arc de méridien. À la vérité, il ne serait pas facile de mesurer l'un des côtés de l'un des triangles. On marque, dans un terrain aussi uni que possible, à proximité de la chaîne des triangles, une ligne droite de 5 à 12 kilomètres de longueur, et c'est cette droite, appelée *base*, dont on mesure la longueur. On la relie ensuite, par des triangles accessoires, à la triangulation générale. On mesure la base au moyen de deux règles de bois ou de platine dont la longueur est connue et qu'on place alternativement sur des chevalets l'une à la suite de l'autre. Il faut prendre des précautions minutieuses pour placer les règles horizontalement et dans l'alignement, et tenir compte des erreurs qui résultent de leur dilatation sous l'influence de la chaleur. Enfin, il faut effectuer un nivellement pour connaître le niveau de la plaine où l'on opère afin de ramener la longueur de la base à ce qu'elle serait au niveau de la mer. La mesure d'une base est une opération longue et pénible qui exige environ un mois de travail sur le terrain, et de nombreux calculs de réduction. En général on mesure deux bases très éloignées l'une de l'autre. L'une des deux sert à établir tout le calcul. L'autre sert de vérification, car on peut déduire sa longueur de tout le calcul des triangles et comparer cette longueur calculée avec la longueur mesurée, ce qui donne une idée de la précision des mesures.

Vers le milieu du XVII⁰ siècle, on ne possédait que deux arcs de méridien mesurés l'un en France par Cassini, ou plutôt par Picard, l'autre en Allemagne. Or, il se trouvait que, réduit à l'amplitude de 1°, l'arc allemand le plus boréal était plus court que l'arc français, ce qui donnait à la T., non pas la forme d'une pomme comme le croyait Newton, mais la forme d'un œuf. Cette circonstance était un sujet de discussion parmi les astronomes : les uns, s'en tenant aux théories de Newton, assuraient que les arcs étaient mal mesurés ; les autres prétendaient s'en rapporter aux mesures faites et soutenaient que Newton s'était trompé. Pour trancher la difficulté, il fallait mesurer deux arcs dont les latitudes fussent plus différentes que celles de la France et de l'Allemagne. C'est ce que voulut faire l'Académie des Sciences qui, en 1735, décida de faire mesurer deux arcs de méridien, l'un à l'équateur, et l'autre vers le pôle. En conséquence, elle envoya au Pérou Bouguer, Godin et la Condamine ; puis, l'année suivante, elle expédia en Laponie Maupertuis, Clairaut et Lemonnier, auxquels se joignirent quelques autres savants. Les deux commissions ayant achevé leur travail, on calcula que la longueur du degré du méridien mesuré à l'équateur, après réduction au niveau de la mer, était de 56,753 toises, tandis qu'en Laponie, sous le parallèle de 65°,5, elle était de 57,437 toises ; différence, 684 toises. Le problème était donc résolu en faveur de l'aplatissement. L'une des opérations géodésiques les plus célèbres est celle qui consista à mesurer l'arc du méridien de Dunkerque à Barcelone pour servir de base au nouveau système de mesures, et qui fut exécutée par les savants français à la fin du XVIII⁰ siècle. Voy. MÉTRIQUE. Depuis cette époque des arcs de méridien ont été mesurés en diverses régions de la T., mais principalement dans l'hémisphère boréal ; les mesures sont beaucoup plus rares dans l'hémisphère austral. Aussi tous les savants qui s'occupent de géodésie étaient-ils unanimes à désirer que l'on reprît la mesure de l'arc du Pérou, mais sur une plus grande longueur. L'opération a été confiée à des officiers français sous le contrôle de l'Académie des Sciences ; elle est actuellement (1901) en cours d'exécution.

On a aussi effectué des triangulations le long de certains parallèles. Il semble résulter de ces mesures que l'équateur terrestre n'est pas exactement circulaire, mais légèrement elliptique. La T. aurait ainsi la forme générale d'un ellipsoïde à trois axes inégaux dont le plus petit est l'axe polaire, et dont les deux autres diffèrent fort peu entre eux ; mais les mesures effectuées jusqu'ici ne sont pas encore assez nombreuses pour qu'on puisse en tirer des conclusions définitives.

Nous avons expliqué au mot GRAVITATION comment on a pu déterminer la densité moyenne de la T., et par suite sa masse. Nous donnons ci-après, d'après l'Annuaire du Bureau des Longitudes pour 1901, les nombres relatifs à la forme et aux dimensions de la T. :

Quart du méridien elliptique . . . . 10 002 008 mètres
Circonférence équatoriale. . . . . 40 076 625 »
Rayon équatorial . . . . 6 378 393 »
Rayon polaire . . . . 6 356 549 »

Aplatissement : $\frac{1}{292}$

Superficie en kilomètres carrés . . . 510 082 000
Volume en millions de kilomètres cubes 10 83 260
Densité moyenne 5,5

Masse en milliards de tonnes de mille kilogrammes : 5 957 930.

Il nous resterait encore à parler des éléments de l'orbite terrestre, des inégalités que présentent les mouvements de la T., de sa constitution intérieure, de la température des couches superficielles et des couches profondes, de l'atmosphère qui l'entoure, de la manière de représenter sur un plan les détails de sa surface, etc., etc.; mais, comme nous avons consacré à ces diverses questions des articles particuliers,

nous nous contenterons d'y renvoyer le lecteur. Voy. PLANÈTE, SOLEIL, GRAVITATION, PERTURBATION, PRÉCESSION, LATITUDE, SAISON, GÉOLOGIE, ATMOSPHÈRE, TEMPÉRATURE, CLIMAT, CARTE, PROJECTION, etc.

TERREAU. s. m. [Pr. tè-ro] (R. terre). Terre mêlée de fumier décomposé, dont les jardiniers font des couches dans les jardins potagers. Il faut mettre du t. au pied de ces arbres. Une couche de t. || So dit aussi d'une terre naturelle, répandue partout à des profondeurs inégales selon les différents terrains, et qu'on appelle terre franche et terre végétale. Voy. HUMUS et TERRE, Agric.

TERREAUDEMENT. s. m. [Pr. tè-ro-deman]. Syn. de Terreautage.

TERREAUDER. v. a.[Pr. tè-rô-der]. Syn. de Terreauter.

TERREAUTAGE. s. m. [Pr. tè-rô-taje]. Action de terreauter.

TERREAUTER. v. a. [Pr. tè-rô-ter]. Améliorer une terre avec du terreau. || Couvrir de terreau les racines d'une plante. = TERREAUTÉ, ÉE. part.

TERRE-DE-FEU. Ile montagneuse et volcanique située à l'extrémité de l'Amérique méridionale dont elle est séparée par le détroit de Magellan, et au milieu d'un archipel d'une dizaine d'îles qui porte son nom. L'ensemble s'étend entre le 52⁰ et le 55⁰ degré sud et entre le 67⁰ et le 77⁰ degré de longitude ouest de Paris, c.-à-d. sur une longueur de 1000 kilomètres et une largeur de 600 kilomètres. L'île la plus méridionale se termine par le cap Horn.

Cet archipel est peuplé d'hommes à peu près sauvages, vêtus de peaux de bêtes, vivant de chasse et nommés feugiens ou, plus exactement, fuégiens, du mot espagnol fuego (feu). Il fut découvert par Magellan en 1520. On y trouve d'immenses forêts et quelques cultures dues aux indigènes. Le Chili et la République Argentine se le sont partagée. Voy. CHILI.

TERRÉE. s. f. [Pr. tè-rée]. Petite pièce de terre exhaussée par ce qu'on retire de larges et profonds fossés qui l'entourent.

TERREMENT. s. m. [Pr. tère-man], T. Agric. Action d'exhausser un terrain trop bas au moyen de terres qu'on y fait charrier par les eaux. Voy. DESSÈCHEMENT.

TERRE-NEUVE. Ile de l'océan Atlantique, à la hauteur du Canada, vis-à-vis l'embouchure du Saint-Laurent, entre le 47⁰ et le 52⁰ degré de latitude nord et entre le 55⁰ et le 60⁰ degré de longitude ouest. Elle mesure 600 kilomètres sur 275.

C'est une terre généralement désolée, entourée de côtes escarpées, coupées de baies nombreuses, baies de la Conception, de la Trinité, de Bonavista, de Notre-Dame, etc. L'île se termine vers l'est par une petite presqu'île à isthme très étroit dont la pointe externe porte le nom de cap Roze. Au sud, les îlots de Saint-Pierre et de Miquelon s'abritent derrière un long promontoire. La côte occidentale se prolonge vers le nord en une pointe plus longue encore, Pointe de Quirpont qui n'est séparée du Labrador que par un passage très étroit, détroit de Belle-Isle.

Terre-Neuve paraît avoir été explorée dès le XI⁰ siècle par les Normands, et au XIV⁰ par les Basques. Elle fut redécouverte en 1497 par les frères Cabot, Vénitiens au service de l'Angleterre. L'abondance de poissons, notamment de morues, de harengs, de phoques, constatée sur les bancs importants que recouvre la mer environnante, et surtout sur le banc de Terre-Neuve, qui s'étend à l'est sur une étendue deux fois plus considérable que l'île même, attira vite les pêcheurs européens. Dès 1504, les Anglais s'installèrent à l'extrémité de la presqu'île orientale à un endroit où ils fondèrent Saint-John, aujourd'hui capitale de l'île ; les Français au sud de la même presqu'île où ils donnèrent à leur première ville le nom de Plaisance.

En 1710 l'île ne possédait que 3,000 habitants partie Anglais, partie Français, comme la présence de nombreux noms français le démontre encore. Néanmoins, en 1713, le traité d'Utrecht reconnut à l'Angleterre la possession de Terre-Neuve. Les traités de Paris (1763) et de Versailles (1783) concédèrent seulement aux Français le droit de pêche sur les côtes sud et ouest en anglais french shore, côte française. Ce droit comportait celui de débarquer, de faire sécher le poisson sur les nombreuses plages de sable ou de galets et de construire des baraquements. Mais, malgré certains empiétements des Anglais qui ont commencé depuis quelques années à y construire des maisons, ce droit est pour eux une réelle entrave pour mettre l'île en valeur. Aussi le Parlement de Terre-Neuve n'a-t-il cessé de demander le rachat de ce droit. Des pourparlers ont été engagés avec la France, mais ils n'ont jamais abouti, car

l'abandon du French Shore serait la ruine de 50,000 pêcheurs français de Dunkerque, Boulogne, Granville, Saint-Malo, Paimpol, etc., etc., qui chaque année vont passer les six mois d'été sur ces parages. On ne pêche pas moins de 150,000,000 de morues par an sur les bancs de Terre-Neuve. On en évalue le rendement à 75,000,000 de francs environ, dont 18,000 pour les Français.

La France possède en outre les îlots de Saint-Pierre et de Miquelon, où se trouve le port d'attache de nos pêcheurs.

TERRE-NEUVIER. s. m. [Pr. *tère-neuvié*]. Pêcheur qui va à la pêche de la morue sur les bancs de Terre-Neuve. || Navire qui sert à cette pêche. *Equiper un t.-neuvier.* On dit aussi adjectiv., *Un bâtiment t.-neuvier.* = Pl. *Des terre-neuviers.*

TERRE-NOIX. s. f. [Pr. *tè-re-noua*] (R. *terre*, et *noix*). T. Bot. Nom vulgaire du *Bunium bulbocastanum.* Voy. OM-BELLIFÈRES.

TERRE-PLEIN. s. m. [Pr. *tère-plin*]. Surface plane et unie d'un amas de terre élevé. *Le t.-plein d'un bastion, du chemin couvert.* || Terrain élevé que soutiennent des murailles. *Le t.-plein du Pont-Neuf.* = Pl. *Des terre-pleins.*

TERRER. v. a. [Pr. *tè-rer*] (R. *terre*). T. Arts et métiers. *T. un arbre, une vigne,* etc., Mettre de la nouvelle terre au pied d'un arbre, etc. || *T. une étoffe,* La glaiser ou l'enduire de terre à foulon. || *T. du sucre.* Voy. SUCRE, D. = TER-RER. v. n. Se dit de la manière dont se logent certains animaux en creusant la terre. *Le lapin terre et le lièvre ne terre pas.* = SE TERRER. v. pron. En parlant de certains animaux, se cacher sous terre. *Ce renard s'est terré quand il s'est vu poursuivi.* — Fig., Se cacher précipitamment. || *T. Art milit.* Se mettre à couvert du feu de l'ennemi par des travaux de terre. *Nous nous terrâmes promptement contre la batterie de la place.* = TERRÉ, ÉE. part.

TERRESTRE. adj. 2 g. [Pr. *tè-restre*] (lat. *terrestris*, m. s.). Qui vient de la terre, qui appartient à la terre. *Exhalaisons terrestres. La surface t. Les animaux, les plantes terrestres.* Dans ce cas, il se dit souvent par opposition à Aquatique. — *Le paradis t.,* Voy. PARADIS. || T. Relig. Se dit par opposition à Spirituel et à Éternel. *C'est un homme qui n'agit que par des vues terrestres.*

TERRESTRÉITÉ. s. f. [Pr. *tè-res-tréité*]. Qualité de ce qui est terrestre.

TERREUR. s. f. [Pr. *tè-reur*] (lat. *terror*, m. s.). Impression de crainte extraordinaire causée par la présence ou par l'annonce d'un objet redoutable. *Être saisi de t. Répandre, jeter, faire régner la t. La t. était dans la ville. Il portait partout la t. Cette nouvelle a dissipé ses terreurs. T. panique.* Voy. PANIQUE. — *Il remplit tout de la t. de son nom,* se dit d'un conquérant dont le nom im-

prime partout la t. On dit encore d'un grand capitaine. *Il est la t. des ennemis*; et d'un juge sévère. *Il est la t. des coupables.* || T. Hist. Se dit du régime qui pesa sur la France du 31 mai 1793 au 27 juillet 1794. *Le régime de la t. Sous la t.* = Syn. Voy. EFFROI.

TERREUX, EUSE. adj. [Pr. *tè-reu, euze*] (lat. *terrosus*, m. s., de *terra*, terre). Mêlé de terre. *Sable t. Métal t.* || Qui est sali de terre. *Il a les mains aussi terreuses que s'il avait travaillé à la terre.* || Goût t., *odeur terreuse,* Goût, odeur de terre. *Avoir le visage t.,* Avoir le visage livide, le visage d'un mort. || *Ce peintre a une couleur terreuse,* Sa couleur est terne, n'a pas de transparence. || T. Minér. Qui ressemble à la terre dure. *Cassure terreuse.* || T. Joaillier. Qui est couleur de terre. *Un brillant t.*

TERRIBILITÉ. s. f. [Pr. *tè-ri-bilité*]. Qualité de ce qui est terrible.

TERRIBLE. adj. 2 g. [Pr. *tè-rible*] (lat. *terribilis*, m. s., de *terrere*, épouvanter). Qui cause de la terreur, qui est propre à inspirer de la terreur. *Son aspect est t. Un bruit, un cri t. Ce moment est t. Quel t. revers! Un jeu t.* || Fig. et fam., Étonnant, étrange, extraordinaire dans son genre. *C'est un homme qui a une t. humeur. Il fait un temps t. Il joue un jeu t. Voilà une t. aventure. L'amour-propre nous aveugle parfois d'un t. manière.* || Fig. et fam., *C'est un t. homme,* se dit d'un homme importun, fatigant. Par dérision. *C'est un t. faiseur de vers. C'est un t. harangueur.* — *Un enfant t.,* qui dit naïvement des choses faites pour embarrasser les gens. || T. Franc-maçon. *Frère t.,* Celui qui préside aux épreuves auxquelles sont soumis les récipiendaires.

TERRIBLEMENT. adv. [Pr. *tè-rible-man*]. De manière à inspirer de la terreur. *Il tonnait t.* || Dans le langage fam., sign. Extrêmement, excessivement. *Il pleut, il neige t. Il a perdu t. au jeu. Il est t. ennuyeux.*

TERRICOLES. s. m. pl. [Pr. *ter-rikole*] (lat. *terra*, terre; *colere,* habiter). T. Zool. Groupe de Vers. Voy. OLIGOCHÈTES.

TERRIEN, IENNE. s. [Pr. *tè-ri-in, ièn*] (R. *terre*). N'est usité que dans cette locut., *Grand t.,* qui se dit d'un seigneur qui possède plusieurs terres, d'un prince dont la domination s'étend sur beaucoup de pays. *L'homme dont vous parlez est un grand t. Ce prince est des plus grands terriens de l'univers.* Vieux dans ce dernier sens.

TERRIER. s. m. [Pr. *tè-rié*] (R. *terre*). Trou, cavité dans la terre où certains animaux se retirent. *T. de lapin, de blaireau,* etc. *Enfermer un renard dans son t.* — Fig. et fam., *Cet homme s'est retiré dans son t.,* Il vit dans une retraite profonde; et, *Il est allé mourir dans son t.,* Il est allé finir sa vie dans son pays natal. || Registre contenant le dénombrement, les déclarations des particuliers qui relèvent d'une seigneurie, et le détail des droits, cens et rentes qui y sont dus. *La confection d'un t.* On dit aussi adject., *Papier t. Le papier t. de l'abbaye de...* || T. Mamm. Voy. CHIEN, II, B, 3°.

TERRIÈRE. s. f. [Pr. *tè-rière*]. T. Agric. Lieu d'où l'on tire de la terre.

TERRIFIER. v. a. [Pr. *tè-ri-fier*] (lat. *terrificare*, m. s., de *terror,* terreur, et *ficare,* faire). Frapper de terreur, d'épouvante. *Cette nouvelle terrifia l'assemblée.* == TER-RIFIÉ, ÉE. part. *Elles restèrent terrifiées devant ce spectacle affreux.* = Conj. Voy. PRIER.

TERRINE. s. f. [Pr. *tè-rine*] (vx fr. *terrin*, de terre). Vaisseau de terre de forme ronde, plat par en bas, et qui va toujours en s'élargissant par en haut. *T. vernissée. T. à savonner.* || Ce qui est contenu dans une terrine. *Une t. de lait.* — Particulièrement, Sorte de pâté fait de viandes délicates, cuit dans une espèce de terrine et qui se mange froid. *T. de foies gras. Terrines de perdreaux truffés de Nérac. Terrines truffées de Périgueux.* On dit aussi *Pâte en t.*

TERRINÉE. s. f. [Pr. *tè-rinée*]. Plein une terrine, autant qu'il en peut tenir dans une terrine. *Manger une t. de lait.* Fam.

TERRIR. v. n. [Pr. *tè-rir*] (R. *terre*). Se dit des tortues marines qui, après avoir fait un trou dans le sable du rivage, y pondent leurs œufs, puis les recouvrent. *La saison où les tortues terrissent.* || T. Mar. Arriver à la vue d'une terre. *Nous terrîmes à tel endroit.*

TERRITOIRE. s. m. [Pr. *tè-ri-touare*] (lat. *territorium*, m. s., de *terra*, terre). Étendue de terre qui dépend d'un État, d'une seigneurie, d'une province, d'une juridiction, etc. *Le t. français. Cette ville a un t. très étendu. Il lui est défendu de mettre les pieds sur le t. de la principauté.* || *Donner, prêter t.*, se dit d'un évêque qui, dans son diocèse, permet à un autre évêque de faire certaines fonctions épiscopales. *Il a donné t. à tel évêque.*

TERRITOIRE INDIEN, région des États-Unis entre le Kansas et le Texas, cap. Guthri; 186,500 hab.

TERRITORIAL, ALE. adj. [Pr. *tèrito-rial*]. Qui concerne, qui comprend le territoire. *Impôt t. Propriété territoriale. Productions territoriales. — Armée territoriale.* Voy.

Fig. 1.

ARMÉE. — Subst., *Un t.*, un homme faisant partie de l'armée territoriale.

TERRITORIALEMENT. adv. [Pr. *tèri-toriale-man*]. En vertu d'une condition territoriale.

TERROIR. s. m. [Pr. *tè-rouar*] (bas lat. *terratorium*, m. s., du lat *terra*, terre). Terre, considérée au point de vue de la production agricole. *T. fertile, ingrat, aride. T. gras, sec, humide, sablonneux. Le t. de la Beauce est bon pour les blés.* || *Sentir le t*, Voy. SENTIR.

TERRORISER. v. a. [Pr. *ter-ro-ri-zer*]. Terrifier. || T. Polit. Soumettre à un régime d'intimidation. = TERRORISÉ, ÉE. part.

TERRORISME. s. m. [Pr. *ter-ro-risme*]. Système, régime de la terreur qui a pesé sur la France pendant une partie de la Révolution. *Le 9 thermidor mit fin au t.*

TERRORISTE. s. m. [Pr. *ter-voriste*]. Partisan, agent du système de la terreur. || Par ext., se dit d'un révolutionnaire exalté.

TERSER v. a. Voy. TIERCER.

TERSINE. s. f. T. Ornith. Genre de *Passereaux.* Voy. COTINGA.

TERTIAIRE. adj. 2 g. [Pr. *ter-sière*] (lat. *tertiarius*, m. s., de *tertius*, troisième). T. Géol. Qui occupe le troisième rang. *Période t. Terrains tertiaires.*

Géol. — *Ère tertiaire.* — L'Ère tertiaire ou *Néozoïque* comprend tous les terrains qui se sont formés après la craie (Voy. SECONDAIRE) mais avant la terre végétale actuelle (Voy. QUATERNAIRE). On divise cette ère en deux systèmes qui se subdivisent eux-mêmes chacun en deux séries : l'éogène et le néogène. L'*Eogène* s'étend depuis la transgression marine qui succéda au Crétacé jusqu'à la fin du soulèvement définitif des Pyrénées; c'est une période de luttes entre les mers anciennes et les continents qui vont acquérir peu à peu la configuration qu'ils présentent actuellement; on divise cette période en deux étages: l'*éocène* et l'*oligocène*. Le *Néogène* débute par une grande transgression de la Méditerranée qui envahit, en France, toute la vallée du Rhône jusqu'à Lyon et par le soulèvement des Alpes; à la fin de la période, la Méditerranée a pris à peu près ses limites actuelles et l'homme apparaît bien probablement; on divise le néogène en deux étages : le *miocène* et le *pliocène*.

1° *Eocène.* — A la fin de l'époque Crétacée, la mer s'était retirée au nord laissant à découvert le centre du bassin de Paris (Fig. 1. L'Europe au commencement de la période *éocène*). Au début de l'éocène, elle revint plusieurs fois sur les terrains qu'elle avait abandonnés de sorte que l'on trouve dans cet étage des alternances de couches marines, lagunaires ou lacustres. Ce sont d'abord des sables qui recouvrent la craie ravinée par les vagues (*sables de Bracheux, de Jonchery, etc.*); puis un régime lagunaire s'établit dans certains endroits, de sorte que l'*Argile plastique* qui s'est déposée dans ces lagunes varie beaucoup en épaisseur et manque même en certains endroits. Lorsque cette argile contient beaucoup de fer, elle devient rouge par la cuisson et n'est propre qu'à faire des briques ou des poteries communes; mais dans certaines localités (Montereau, Houdan et Dreux), elle est assez blanche et assez pure pour être employée à la fabrication de la porcelaine; elle semble alors avoir été formée par des dépôts lacustres.

Après cette époque, la mer revint du nord, dans le bassin de Paris jusqu'à l'emplacement de Saint-Denis où on trouve une couche de sable (*sables de Cuise*) où apparaissent les premières

Nummulites, puis des dépôts calcaires très sableux, et enfin de puissants dépôts de calcaire qui indiquent une transgression marine encore plus accentuée vers le sud et l'ouest. Ce calcaire appelé, à cause de sa nature, *Calcaire grossier*, se compose de couches alternatives de pierre, de marne argileuse et de marne calcaire. Les couches inférieures sont sablonneuses et renferment une quantité prodigieuse de coquilles mêlées à quelques Polypiers. Les moyennes recèlent encore dans un grand nombre d'endroits, et, sur quelques points, alterne avec lui. Sa structure est compacte, et l'on n'y trouve que fort peu de débris organiques; elle offre d'ailleurs les caractères d'un dépôt d'eau douce. Au nord de la Seine, on rencontre trois lignes distinctes composées de collines *gypseuses* et deux lignes semblables au sud. Dans les points où le gypse se trouve en couches puissantes, on creuse des carrières pour l'exploiter, par ex. à Montmartre, à Meudon et à

Gravé par E. Morieu, rue Vavin, 45, Paris.

Fig. 2.

un très grand nombre de coquilles et offrent souvent des empreintes de feuilles. Vers la partie moyenne et supérieure d'une troisième série de ces couches, on rencontre des bancs de calcaire très dur qu'on exploite comme pierre de taille, et plus haut encore des couches de marnes calcaires, de grès, de sable (*sables de Beauchamp*), etc. Au sud-est de Paris, le calcaire grossier paraît être remplacé par une autre roche qu'on a nommée *Calcaire siliceux*, parce qu'elle renferme une assez grande quantité de silice. Celle-ci est tantôt disséminée uniformément dans la masse, et tantôt forme çà et là des amas plus ou moins volumineux, qui constituent la *meulière sans coquilles*, exploitée pour la confection des meules de moulin. Cette formation recouvre aussi le calcaire grossier

Triel. Tantôt il faut traverser le calcaire siliceux pour arriver au gypse, tantôt au contraire le gypse recouvre le calcaire et l'on peut l'exploiter par des galeries horizontales.

2° *Oligocène*. — Dans le midi de la France ces alternatives de retrait et d'envahissement de la mer ne se produisirent pas; la configuration des rivages ne change guère et les eaux marines laissent déposer un calcaire formé en grande partie par des débris de Nummulites. Les éruptions volcaniques qui s'étaient à peu près éteintes pendant l'ère secondaire, reprennent une très grande intensité et des plissements de l'écorce terrestre se produisent; la chaîne des Pyrénées se dessine, les vallées de la Loire et de la Limagne se forment.

L'oligocène correspond à peu près à cette période mouvementée; la mer s'est d'abord retirée du bassin de Paris, laissant de grands lacs (lacs de Beauce, de Brie, etc.) sur les bords desquels se déposèrent du gypse et des travertins ou calcaires chimiques. Puis la mer revint envahir tout le bassin de Paris (Fig. 2. L'Europe à l'époque oligocène) et déposa des sables dont l'épaisseur est souvent considérable. Ces

Fig. 3.

sables sont tantôt blancs et purs, et tantôt plus ou moins colorés par du fer hydroxydé. Souvent aussi ces sables constituent des masses de grès qui ici n'offrent aucun débris organique ou seulement les coquilles roulées du calcaire grossier, et là, au contraire, renferment des coquilles dont elles fréquemment le test a disparu et qui n'ont laissé que leur empreinte. Le *Grès de Fontainebleau* qui sert au pavage des rues de Paris date de cette épo-

que. Il se compose d'énormes masses de roches entassées les unes sur les autres. Primitivement ces blocs formaient des assises séparées par des bancs de sable; mais, à mesure que les eaux ont entraîné celui-ci, les étages de grès ont successivement croulé et leurs débris ont produit des amas que nous voyons aujourd'hui. Les grès de Fontainebleau sont purs; mais Montmartre et la forêt de Montmorency nous offrent des grès coquilliers qui pourraient bien indiquer une autre formation. Sur les grès nous trouvons des dépôts lacustres, qui consistent tantôt en moulières coquillières, tantôt en calcaires plus ou moins purs (*terrains de Mollasse*). La moulière se trouve en amas sur toutes les hauteurs des environs de Paris, au-dessus des sables jaunes; le calcaire se montre autour de Fontainebleau. — Si nous quittons le bassin de Paris, ce n'est guère qu'en Provence, entre Aix, Apt et Manosque, que nous retrouverons des grès analogues à ceux de Fontainebleau; mais l'analogie est complète, car ces grès sont, comme à Fontainebleau, recouverts par des calcaires d'eau douce.

3° *Miocène.* — A la fin de l'Oligocène, les grands lacs du bassin de Paris se sont vidés dans la mer, de sorte que la région n'est plus arrosée que par de grands fleuves torrentiels, venant du plateau central et communiquant entre eux par de nombreuses branches. Ces grands cours d'eau déposent les *sables de l'Orléanais* et de la *Sologne*. Du côté de l'ouest cependant, le synclinal breton s'abaisse de plus en plus et l'Océan s'avançant par Blois et Poitiers sépare complètement la Bretagne du continent en allant regagner la Manche au nord. Au sud, l'Océan s'avance jusqu'à Auch. Dans ces régions les eaux ont déposé les *faluns* de Touraine, du Maine et de Bordeaux qui sont composés de coquilles brisées et dont les paysans se servent pour amender leurs terres.

Au sud, la mer couvrait une partie de la Provence, du Dauphiné et de la Savoie; elle s'étendait jusqu'en Suisse en couvrant toute la vallée actuelle du Rhône. A l'est cette mer fut bientôt refoulée par le soulèvement des Alpes.

4° Le *Pliocène* débute par un nouveau mouvement du sol qui fait abaisser la partie nord de l'Afrique et ouvre le détroit de Gibraltar; de cette manière, la Méditerranée prend à peu près la forme qu'elle a aujourd'hui; il faut dire cependant qu'elle couvrait encore toute l'Italie, sauf la région des Apennins et qu'en France elle formait un golfe profond qui s'avançait jusqu'à Lyon. Dans ce golfe se déposèrent des *argiles bleues*. Au nord, dans la dépression de la Bresse se trouvait un grand lac (*lac de Bresse*), qui déposa des marnes, des galets et des sables. A l'ouest de la France, l'Aquitaine était toujours couverte par une mer dont la profondeur diminue de plus en plus; de même des golfes peu profonds s'enfonçaient dans le Poitou, la Vendée et le Cotentin. Dans ces régions on trouve des dépôts plus ou moins considérables de sables qui forment, par ex., les Landes actuelles.

Pendant toute l'ère tertiaire le Plateau central renfermait un grand nombre de volcans en activité; les volcans du Cantal rejetèrent des nappes de basalte et de cendres qui envahirent les forêts voisines et les recouvrirent de couches épaisses; les volcans du Mont-Dore rejetèrent des roches plus chargées de silice.

La faune tertiaire ne présente plus aucune de ces formes bizarres, ancestrales, qui existaient pendant les ères secondaires et primaires. Ce sont surtout les *Mammifères* et les *Oiseaux* qui dominent la vie aérienne. Dans les mers les Lamellibranches, les Gastéropodes et les Foraminifères pullulent littéralement. La flore se rapproche de plus en plus de la flore actuelle par l'abondance des Angiospermes ou plantes à fleurs.

Au début de l'ère tertiaire, les climats étaient encore peu prononcés; l'hiver était très doux en France car, autour des lacs du bassin parisien, vivaient les ancêtres des Rhinocéros et des Tapirs au milieu de forêts de Cocotiers et de Palmiers. Vers la fin de l'Ère, les saisons se prononcent de plus en plus, les espèces de plantes tropicales disparaissent pour ne laisser guère subsister que les arbres à feuilles caduques. A la fin du Pliocène, les Singes quittent la France et même l'Espagne pour se retirer en Afrique; on trouvait encore cependant, dans notre pays, des espèces d'Éléphants, d'Hippopotames et de Rhinocéros. (Fig. 3. Paysage de l'époque tertiaire). C'est au milieu de cette faune et de cette flore variées, au moment où les Singes quittaient la France que les traces de l'homme se laissent reconnaître pour la première fois.

TERTIO. adv. [Pr. *ter-sio*]. Mot emprunté du latin, et qui sign. *Troisièmement*.

TERTRE. s. m. (lat. *terræ torus*, élévation de terre). Monticule, éminence, butte de terre dans une plaine. *T. élevé. Un t. couvert de gazon. Les ennemis se postèrent sur un petit t.* || Éminence de terre recouvrant une sépulture.

TERTULLIEN, Père de l'Église latine (160-240), auteur de nombreux écrits contre le paganisme et en faveur de la religion chrétienne, entre autres l'*Apologétique*.

TÉRUEL, v. et prov. d'Espagne (*Aragon*); 9,600 et 254,000 hab.

TES. pl. de l'adj. poss. *Ton, ta.* Voy. TON.

TESLA (Expériences de). M. Tesla est arrivé à produire des courants alternatifs à très haute fréquence de la manière suivante : une bobine de Ruhmkorff (Voy. TRANSFORMATEUR) donne des courants à potentiel élevé avec environ 200 alternations à la seconde. Ces courants servent à charger une bouteille de Leyde dont les décharges s'effectuent dans une spirale de fil plongée dans un bain d'huile parfaitement isolante. Ces décharges sont oscillatoires. La spirale dont nous venons de parler est formée d'un fil gros et court. Elle est entourée d'une spirale de fil fin et beaucoup plus long qui devient le siège de courants à très haute fréquence et à potentiel très élevé.

Ces courants ont des propriétés physiologiques très curieuses. M. d'Arsonval a montré que, malgré le potentiel très élevé, dès que la fréquence atteint 10,000 par seconde, ils peuvent traverser le corps humain sans que le système nerveux en ressente des secousses. Bien plus, les expériences de M. d'Arsonval ont fait voir que ces courants pouvaient produire un accroissement salutaire de la circulation du sang et des fonctions de nutrition.

Enfin, M. Tesla a montré que le champ électro-magnétique créé par les courants à haute fréquence était capable de rendre lumineux des tubes en verre contenant des gaz très raréfiés. Il y a là une véritable production de lumière froide sans passer par les intermédiaires calorifiques habituels.

M. Tesla a pu obtenir des fréquences de 400,000 à la seconde avec une force électro-motrice d'environ 500,000 volts au moyen d'un dispositif spécial.

TESSÉ (comte DE), maréchal de France (1651-1725), se signala dans les guerres et négociations du règne de Louis XIV.

TESSÉLITE. s. f. T. Minér. Syn. d'*Apophyllite*.

TESSELLÉ, ÉE. adj. (lat. *tessellatus*, m. s., de *tessella*, dimin. de *tessera*, tessère). Qui est disposé par carreaux, comme un damier.

TESSÈRE. s. f. (lat. *tessera*, m. s.). T. Antiq. Le mot

Tessère (*tessera*), chez les Romains, désignait proprement une tablette d'une certaine épaisseur et offrant quatre faces principales; mais il n'avait pas toujours une signification aussi rigoureuse. La *T. à jouer* (*t. lusoria*) était un dé à jouer, c.-à-d. un petit cube d'ivoire, d'os ou de bois, semblable aux dés dont nous nous servons encore aujourd'hui. La *T. d'hospitalité* (*t. hospitalis*, en grec σύμϐολον) consistait en une petite tablette carrée ou offrant la forme d'un carré oblong, qu'on marquait de signes particuliers, et qu'avant de se quitter le maître de maison et son hôte brisaient en deux parties dont chacun gardait la moitié. La t. devenait ainsi un symbole d'hospitalité et d'amitié, et servait, lorsque les hôtes ou leurs descendants se rencontraient, à constater l'ancien lien qui les unissait. La *T. congiaire* (*t. frumentaria* ou *nummaria*) était un bon inscrit sur une tablette ou sur petite boule de bois, et portant une certaine quantité de blé, de vin d'huile, etc., quelquefois une certaine somme d'argent. Ces bons se distribuaient aux pauvres ou au peuple, et ils étaient payables sur présentation aux magasins de l'État. La *T. militaire* (*t. militaris*, en grec σύνθημα), était une tablette de bois sur laquelle on inscrivait le mot d'ordre qui devait servir de reconnaissance aux soldats. C'est également par elle qu'on répandait dans l'armée les ordres du général ou chef. Enfin, la *T. de théâtre* (*t. theatralis*) était un billet d'entrée à un théâtre ou à un lieu de réjouissance publique. Elle indiquait ordinairement, comme on le voit sur le spécimen ci-joint d'après un original découvert à Pompéi, la place que le porteur devait occuper et quelquefois même le nom de la pièce.

TESSIER, agronome fr. (1741-1837), directeur de l'établissement rural de Rambouillet, multiplia les mérinos en France.

TESSIN, en lat. *Ticinus*, riv. d'Italie, vient du Saint-Gothard, tombe dans le lac Majeur, en sort à Sesto-Calende, passe à Pavie et finit dans le Pô; 250 kil.

TESSIN, canton de la Suisse, limitrophe de l'Italie; 130,777 hab.; v. pr. *Bellinzona, Locarno* et *Lugano*.

TESSON. s. m. [Pr. *tè-son*] (le mot est pour *teston*, dimin. de *test*, écuelle). Débris de bouteille cassée, de pot cassé. *Un amas de tessons. Il s'est blessé en marchant sur un t. de bouteille.* || On dit aussi, *Têt. Ramasser des têts de pots*.

TESSURE. s. f. T. Pêche. Jonction de plusieurs filets ensemble.

TESSY-SUR-VIRE, ch.-l. de c. (Manche), arr. de Saint-Lô; 1,400 hab.

TEST. s. m. [Pr. *tè*](lat. *testum*, couvercle de terre cuite). T. Zool. Enveloppe solide et calcaire qui protège le corps des mollusques à coquille et des crustacés. — Par ext., La carapace des tortues, le bouclier tégumentaire des tatous, des pangolins, etc. — On dit aussi *tét*. || T. Bot. Nom donné au tégument extérieur, épais et coriace de la graine. Voy. GRAINE. En ce sens, on dit aussi *Testa*. || T. Chim. et Métall. Voy. TÊT.

TEST. s. m. (mot angl. qui sign. *Épreuve*, et vient du lat. *testis*, témoin). N'est usité que dans la loc., *Serment du test*, Acte par lequel on nie la transsubstantiation, et l'on renonce au culte de la Vierge et des saints.

TESTA. s. m. T. Bot. Voy. TEST.

TESTACÉ, ÉE. adj. (lat. *testaceus*, m. s., de *testa*, test). T. Zool. Qui est couvert d'un test, d'une coquille. *Un mollusque t.*, ou subst., *Un testacé. Les testacés.* || T. Bot. Se dit d'une membrane dure, épaisse et fragile.

Zool. — Cuvier désignait sous le nom d'*Acéphales testacés*, ou simplement de *Testacés*, le premier ordre de ses Mollusques acéphales. Il correspond à peu près à l'ordre actuel des Lamellibranches. Voy. ce mot.

TESTACELLE. s. f. [Pr. *tèrta-sèle*](lat. *testa*, coquille). T. Zool. Genre de Mollusques Gastéropodes. Voy. PULMONÉS.

TESTAMENT. s. m. [Pr. *testa-man*] (lat. *testamentum*, m. s., de *testari*, attester). Acte par lequel on dispose, pour le temps où l'on n'existera plus, de tout ou partie de ses biens. *T. bon et valable. T. qui pèche dans la forme. Faire son t. Donner, léguer par t. Infirmer, casser un t. Supposer un t. Mettre quelqu'un sur son t., dans son t. Lui faire un legs. L'ouverture d'un t. – T. ab irato,* Celui qui est fait par un motif de haine ou de colère. *T. inofficieux,* Voy. INOFFICIEUX. || *T. de mort,* La déclaration libre et volontaire d'un criminel après sa condamnation à mort. Vx; mais il se dit encore, par extens., d'un écrit qui atteste les derniers sentiments d'une personne. *Peu de jours avant de mourir, il m'écrivit une lettre qui est comme son t. de mort.* || *T. politique,* se dit d'Écrits politiques attribués à certains hommes d'État, et contenant les vues, les projets, les motifs qui ont dirigé ou qu'on suppose avoir dirigé leur conduite. *T. politique de Richelieu, de Colbert, de Napoléon.* || *T.* Relig. *L'Ancien et le Nouveau T.,* Voy. BIBLE.

Législ. — Le *Testament* est un acte par lequel une personne dispose, pour le temps où elle ne sera plus, de tout ou partie de ses biens. Il diffère de la donation, en ce que le donateur se dépouille actuellement et irrévocablement en faveur du donataire, tandis que le *testateur* peut toujours révoquer ou modifier ses dispositions. Le t. est un acte conditionnel et révocable, qui ne donne de droits que lorsque la condition à laquelle son exécution est subordonnée se trouve accomplie. Le Code civil, à la différence de l'ancien droit, ne fait aucune distinction entre le t. et le *codicille.* Par conséquent, il y a lieu de considérer toute disposition additionnelle à un t. comme soumise aux mêmes règles de fond et de forme que le t. lui-même.

I. *Des dispositions testamentaires.* — Le droit romain exigeait pour la validité d'un t. que le testateur eût institué un héritier qui représentât directement sa personne. Sous l'empire de notre législation, au contraire, toute personne peut disposer par t., soit sous le titre d'institution d'héritier, soit sous le titre de legs, soit sous toute autre dénomination propre à manifester sa volonté. Le t. peut être subordonné à des conditions; mais celles qui sont immorales ou impossibles sont considérées comme non avenues. En principe, toute personne peut disposer et recevoir par t. La loi ne frappe de l'incapacité de donner que celui qui n'est pas sain d'esprit et que le mineur ayant moins de 16 ans. A cet âge, le mineur peut tester jusqu'à concurrence de la moitié des biens qu'il pourrait donner s'il était majeur. Quant à l'incapacité de recevoir, elle est absolue ou relative. L'incapacité est absolue pour l'enfant qui n'est pas conçu au moment de la mort du testateur, et pour l'étranger, qui ne peut recevoir que dans la mesure où les lois de son pays lui permettraient de disposer en faveur d'un Français. Ce que nous avons dit de l'incapacité relative en parlant de la donation est exactement applicable au t.; il est donc inutile de le répéter ici. Nous renvoyons de même au mot DONATION, pour ce qui concerne la *quotité disponible* et la *réduction.* Nous nous contenterons de rappeler que les avantages faits par le testateur à l'un quelconque de ses héritiers ne sont valables qu'à la condition de ne pas porter atteinte à la réserve attribuée à certains héritiers. Ainsi un père de famille ne peut par t. exhéréder, c.-à-d. exclure de sa succession un de ses enfants, fût-ce au profit de ses autres enfants (C. civ., 895-930).

II. *De la forme des testaments.* — La loi reconnaît en principe trois sortes de testaments : le *T. olographe,* le *T. authentique* ou *par acte public,* et le *T. mystique* (art. 969). — Le *T. olographe* est celui que le testateur écrit lui-même. Il n'est valable qu'autant qu'il est écrit en entier, daté et signé de la main du testateur. Il n'est assujetti à aucune autre formalité. Toutefois il est essentiel que la disposition par laquelle on donne tout ou partie de ses biens pour le temps où l'on ne sera plus soit formellement exprimée. En conséquence, il est toujours prudent de se servir de formules comme celles-ci : « Je donne et lègue à un tel ; j'institue un tel mon héritier, mon légataire pour telle ou telle chose, pour en jouir en toute propriété ou usufruit à partir du jour de mon décès »; et d'intituler l'acte de son inscription : « Ceci est mon testament ». Le t. olographe, pour devenir exécutoire, doit être présenté au tribunal de première instance, devant lequel la succession est ouverte. Le président, après avoir dressé procès-verbal de la présentation, de l'ouverture et de l'état du t., ordonne qu'il sera déposé entre les mains d'un notaire par lui commis. Il envoie aussi en possession, par une ordonnance, le légataire universel lui-même dans le cas où il n'y a pas d'héritiers à réserve (art. 970, 1007-8). — Le *T. authentique* ou *par acte public,* qu'on appelle aussi *nuncu-*

patif, parce qu'il est dicté par le testateur avec les formalités prescrites par la loi, est celui qui est reçu par un notaire, en présence d'un autre notaire et de deux témoins, ou en présence de quatre témoins. Si le t. est reçu par deux notaires, il leur est dicté par le testateur, et il doit être écrit par l'un de ces notaires tel qu'il est dicté. S'il n'y a qu'un notaire, il doit également être dicté par le testateur et écrit par ce notaire. Dans l'un et l'autre cas, il doit en être donné lecture au testateur, en présence des témoins : il est fait de tout mention expresse. Le t. doit être signé par le testateur. S'il déclare qu'il ne sait ou ne peut signer, il est fait dans l'acte mention expresse de sa déclaration, ainsi que de la cause qui l'empêche de signer. Le t. doit être ensuite signé par les témoins et les notaires. Dans les campagnes, il suffit qu'un des deux témoins signe, si le t. est reçu par deux notaires, et que deux des quatre témoins signent, s'il est reçu par un seul notaire. Les témoins qui assistent au t. doivent être majeurs, français sans distinction de sexe. Ne peuvent être témoins, ni les légataires à quelque titre que ce soit, ni leurs parents ou alliés jusqu'au quatrième degré inclusivement, ni les clercs des notaires par lesquels les actes sont reçus. De plus, le mari et la femme ne peuvent être témoins ensemble dans un même t. Toutes ces formalités sont exigées à peine de nullité. Le t. authentique constitue un titre exécutoire, par lequel le légataire universel se trouve saisi de plein droit de la succession et peut se mettre immédiatement en possession des biens (art. 971-5). — Le *T. mystique* ou *secret* est celui qui a été signé par le testateur, soit qu'il ait écrit ses dispositions lui-même ou qu'il les ait fait écrire par un autre, et qui est présenté par lui, clos et scellé, à un notaire assisté de six témoins. En leur présence, le testateur déclare que le papier qu'il présente (et qu'il peut faire clore et sceller devant eux) est son t., écrit signé par lui ou écrit par un autre et signé par lui. Le notaire dresse, sur le papier ou sur la feuille qui sert d'enveloppe, le procès-verbal de cette présentation qu'on nomme *acte de suscription,* et qui est signé, sans désemparer, par le testateur, les témoins et le notaire. Si le testateur, par un empêchement survenu depuis la signature du t., ne peut signer l'acte de suscription, il est fait mention de sa déclaration sans qu'il soit besoin en ce cas d'augmenter le nombre des témoins. Si le testateur ne sait signer, ou s'il n'a pu le faire lorsqu'il a fait écrire ses dispositions, on appelle à l'acte de suscription un témoin, outre le nombre porté par l'article précédent. Ce septième témoin signe l'acte avec les autres, et il y est fait mention de la cause pour laquelle il a été appelé. Celui qui ne sait ou ne peut lire ne peut faire de dispositions dans la forme du t. mystique. Celui qui ne peut parler, mais qui peut écrire, peut faire un t. mystique à la condition qu'il l'écrive entièrement, le date et le signe de sa main, qu'il le présente au notaire et aux témoins, et qu'au haut de l'acte de suscription il écrive en leur présence que le papier qu'il présente est son t. Après quoi, le notaire écrit l'acte de suscription dans lequel il fait mention que le testateur a écrit ces mots en présence du notaire et des témoins. A la mort du testateur, son t. mystique est ouvert par le président du tribunal de l'ouverture de la succession, en présence du notaire et des témoins qui ont signé l'acte de suscription. Il en est fait la description et ordonné le dépôt de la même manière que pour le t. olographe, et il est dressé procès-verbal du tout (art. 976-80).

Outre ces trois formes de t., la loi en admet d'autres qui n'ont qu'une existence temporaire et qui périssent avec les circonstances qui les ont fait naître. Ce sont : le *T. militaire,* le *T. maritime,* le *T. fait à l'étranger* et le *T. fait en temps de peste;* mais nous ne parlerons que des trois premiers. — Les *Testaments des militaires* et des individus employés dans les armées peuvent, lorsque ceux-ci sont en expédition à l'étranger, être reçus soit par un officier supérieur ou médecin militaire d'un grade correspondant, en présence de deux témoins, soit par deux fonctionnaires de l'intendance, soit par un de ces fonctionnaires en présence de deux témoins, soit enfin, dans un détachement isolé, par l'officier commandant ce détachement assisté de deux témoins. En cas de maladie, le t. peut être reçu dans les formations sanitaires par le médecin chef, assisté du l'officier d'administration gestionnaire ou de deux témoins. Cette sorte de t. est caduque 6 mois après que le testateur est revenu dans le lieu où il a la liberté d'employer les formes ordinaires (art. 981-4). — Les *Testaments faits sur mer,* dans le cours d'un voyage, peuvent être reçus, en présence de deux témoins, à bord des bâtiments de l'État, par l'officier d'administration, ou, à son défaut, par le commandant ou celui qui le supplée dans l'ordre du service, et, à bord des navires de commerce, par l'écrivain du navire ou celui qui en fait les fonctions, l'un ou l'autre conjointement avec le capitaine, le maître ou le patron, ou, à leur défaut, par ceux qui les remplacent. Dans tous les cas, ces testaments doivent être faits en double. Si le bâtiment aborde à un port étranger dans lequel se trouve un consul de France, on dépose entre ses mains un des deux originaux, pour qu'il le fasse parvenir au ministre de la marine. Au retour du bâtiment en France, les deux originaux du t. ou un seul, si l'un d'eux a été déposé en route, sont remis, pour les bâtiments de l'État, au bureau des armements, et, pour les autres bâtiments, au bureau de l'inscription maritime pour être transmis au ministre. Le t. fait ainsi sur mer n'est valable qu'autant que le testateur meurt en mer ou dans les 6 mois après sa descente à terre dans un lieu où il aurait pu le refaire dans les formes ordinaires (art. 988-98). — Enfin, les *Testaments faits par un Français à l'étranger* peuvent être sous signature privée ou par acte authentique avec les formes usitées dans le lieu où l'acte est passé. Ils ne sont exécutoires sur les biens situés en France qu'après avoir été enregistrés au bureau du domicile du testateur, ou à son dernier domicile, et au bureau de la situation des immeubles, s'il en laisse (art. 999-1001).

III. *Des legs en général.* — Les dons faits par t. portent le nom générique de *Legs.* — On appelle *Legs universel,* ou bien *Institution d'héritier,* la disposition par laquelle le testateur donne à une ou à plusieurs personnes l'universalité des biens qu'il laissera à son décès. Lorsque, au décès du testateur, il existe des héritiers auxquels une quotité de ses biens est réservée par la loi, ces derniers sont saisis de plein droit : alors le *légataire universel,* c.-à-d. celui qui reçoit l'universalité des biens, est tenu de demander aux héritiers à réserve la délivrance des biens compris dans le t. Malgré cela, il a droit aux fruits ou intérêts de ces biens à partir du décès, à la seule condition de faire sa demande en délivrance avant l'expiration de l'année. S'il n'existe pas d'héritiers à réserve, le légataire universel se trouve saisi de plein droit dans le cas où le t. a été fait sous forme authentique ; il doit, au contraire, demander l'envoi en possession au président du tribunal, si le t. est olographe ou mystique. Enfin, s'il est en concours avec un héritier à réserve, il est tenu des dettes de la succession, personnellement pour sa part et portion, et hypothécairement pour le tout. De plus, il est tenu d'acquitter tous les legs, sauf la réduction que ces legs doivent eux-mêmes subir (art. 1003-9). — Le *Legs à titre universel* est celui par lequel le testateur lègue une quote-part des biens dont la loi lui permet de disposer, telle qu'une moitié, un tiers, ou tous ses immeubles, ou tout son mobilier, ou une quotité fixe de tous ses immeubles ou de tout son mobilier. Le légataire à titre universel doit demander la délivrance du legs aux héritiers à réserve, ou, à leur défaut, aux légataires universels, et, comme ces derniers, il est tenu des dettes et des charges de la succession (art. 1010-13). — Enfin, le *Legs pur et simple,* ou *legs à titre particulier,* est celui par lequel le testateur lègue des objets déterminés, tels qu'une maison, un domaine, etc., quelle que soit d'ailleurs la valeur de l'objet légué comparée à celle des autres biens de la succession. Le légataire particulier n'a droit aux fruits ou intérêts de son legs qu'à compter du jour où il en a demandé la délivrance aux héritiers ou légataires universels, à moins que le testateur n'ait déclaré que les fruits courraient à partir du décès, ou encore à moins que le legs ne consiste en une rente viagère ou pension à titre d'aliments. Les frais de la demande en délivrance sont à la charge de la succession. Les héritiers et légataires universels, ou à titre universel, sont tenus d'acquitter les legs particuliers, chacun au prorata de la part ou portion dont ils profitent dans la succession, et hypothécairement pour le tout. Le legs doit être délivré dans l'état où il se trouve au jour du décès du testateur. Le légataire particulier n'est point tenu des dettes de la succession, sauf l'action hypothécaire des créanciers, et, dans ce dernier cas, il peut se faire rembourser ce qu'il a payé, par les héritiers ou légataires universels, alors même que l'hypothèque aurait grevé spécialement l'immeuble légué. Le legs fait à un créancier n'est pas censé fait en compensation de sa dette; ni celui fait à un domestique en compensation de ses gages (art. 1014-27).

On nomme *Exécuteur testamentaire,* la personne qu'un testateur charge de veiller à l'accomplissement de ses volontés et au payement des legs qu'il peut avoir faits. Le testateur peut désigner un ou plusieurs exécuteurs testamentaires, et leur donner la saisine de tout ou partie de son mobilier, mais seulement pour un an et un jour. Néanmoins l'héritier peut faire cesser cette saisine en offrant de remettre aux exécuteurs testamentaires une somme suffisante pour le payement

des legs mobiliers. Pour être exécuteur testamentaire, il faut être capable de s'obliger. Le mineur ne saurait donc l'être, et la femme ne le peut qu'avec le consentement du mari. L'exécuteur testamentaire est chargé : 1° de faire poser les scellés, s'il y a des mineurs, des interdits ou des absents ; 2° de faire faire l'inventaire des biens ; 3° de provoquer la vente du mobilier, à défaut de deniers pour acquitter les legs ; 4° de veiller à l'exécution du t. Un an après le décès, l'exécuteur testamentaire doit rendre compte de sa gestion. Les frais qu'il a faits dans ce but sont à la charge de la succession. S'il y a plusieurs exécuteurs testamentaires, l'un d'eux peut, sauf disposition contraire, agir pour les autres ; mais ils sont tous solidairement responsables du compte du mobilier (art. 1025-34).

IV. *De la révocation et de la caducité des testaments.* — Les testaments ne peuvent être révoqués que par un t. postérieur ou par un acte devant notaire portant changement de volonté. Si la révocation n'est pas expresse, les nouvelles dispositions faites n'annulent que celles qui sont incompatibles avec les anciennes ou leur sont contraires. Toute aliénation par vente ou échange de tout ou partie d'une chose léguée, emporte la révocation du legs pour ce qui a été aliéné. — On appelle *caduque,* toute disposition testamentaire qui, bien que régulière dans la forme, reste sans effet. Aux termes de la loi, une disposition devient caduque : 1° lorsque la personne en faveur de qui elle est faite meurt avant le testateur, ou même après ce dernier, mais avant l'accomplissement d'une condition à laquelle le legs est subordonné ; 2° lorsque la chose léguée a péri du vivant du testateur ; 3° lorsqu'elle a péri après sa mort, sans le fait ni la faute de l'héritier ; 4° lorsque l'héritier ou le légataire institué la répudie ou est incapable de recevoir. En général, la caducité profite aux héritiers ou légataires qui étaient chargés d'acquitter le legs devenu caduc ; parfois cependant elle profite aux colégataires par *Droit d'accroissement,* lorsque le legs a été fait à plusieurs conjointement. Le legs est réputé fait *conjointement,* quand il est fait par une seule et même disposition, et que le testateur n'a pas assigné la part de chacun des colégataires dans la chose léguée, ou encore quand une chose qui n'est pas susceptible d'être divisée sans détérioration, est donnée par le même acte à plusieurs personnes, même séparément. — La révocation d'un t. peut être demandée pour les mêmes causes qui autorisent la demande en révocation de la donation entre-vifs ; mais elle doit être intentée dans l'année à partir du jour du délit, si elle est fondée sur une injure grave faite à la mémoire du testateur (art. 1035-47).

V. *Des partages d'ascendants.* — Les contestations qui s'élèvent à l'occasion des partages troublent souvent l'union des parents les plus proches. La loi donne aux père et mère, ainsi qu'aux autres ascendants, le moyen de prévenir de semblables contestations en leur permettant de faire entre leurs enfants ou descendants la distribution et le partage de leurs biens. Le partage peut être fait par acte entre-vifs ou testamentaire, et sous les formalités et conditions prescrites pour ces actes. Il peut être attaqué pour lésion de plus d'un quart, et dans le cas où il résulterait du partage et des conditions faites par préciput que l'un des copartages aurait un avantage plus grand que la loi ne le permet. Enfin, il devient nul quand, à l'époque du décès de l'ascendant, il existe des enfants ou descendants qui n'ont reçu aucune part dans le partage. Dans ce cas, tous les enfants et descendants, même ceux qui ont été allotis, peuvent demander un nouveau partage (art. 1075-80). Voy. DONATION, SUCCESSION et SUBSTITUTION.

TESTAMENTAIRE. adj. 2 g. [Pr. *testa-man-tère*] (lat. *testamentarius,* m. s.). T. Dr. Qui se rapporte à un testament. *Dispositions testamentaires.* — *Exécuteur t.* Celui que le testateur charge de l'exécution de son *testament* (Voy. ce dernier mot).

TESTAMENTER. v. n. [Pr. *testa-manter*]. Faire son testament. Vx.

TESTATEUR, RICE. s. (lat. *testator,* m. s.). Celui, celle qui fait un testament. *Cela est contre la disposition du t. La testatrice a ordonné que....*

TESTE (J.-B.), ministre de la justice, puis des travaux publics sous Louis-Philippe Ier, fut condamné par la Chambre des Pairs pour concussion (1846).

TESTE (LA), ch.-l. de c. (Gironde), arr. de Bordeaux ; port sur le bassin d'Arcachon ; 6,500 hab.

TESTER. v. a. (lat. *testari*, m. s.), propr. attester, de *testis*, témoin). Déclarer par un acte ce qu'on veut qui soit exécuté après sa mort. *Il est mort sans avoir testé. Être privé de la faculté de tester.*

TESTICARDINES. s. f. pl. (lat. *testa*, coquille). T. Zool. Ordre de *Brachiopodes*, syn. d'*Apygies*. Voy. ce dernier mot.

TESTICULE. s. m. (lat. *testiculus*, dimin. de *testis*, m. s.). Les testicules sont les glandes génitales mâles; ils sécrètent la liqueur fécondante ou *sperme*.

Anat. — Nous allons étudier ici les organes sécréteurs du sperme et l'appareil excréteur de ce liquide : épididyme, canal déférent, cordon, etc. Les testicules sont au nombre de deux et sont, ainsi que chez la plupart des Mammifères, logés dans une sorte de poche, appelée *scrotum* ou *bourses*, qui, chez l'homme, les maintient suspendus au-dessous de la racine de la verge, en avant du périnée.

Les **bourses** sont constituées par plusieurs enveloppes : 1° la peau ou *scrotum* proprement dit; 2° le *dartos*, qui constitue la couche profonde du scrotum et qui est formé d'un mélange de fibres élastiques et musculaires lisses; 3° la *tunique celluleuse* formée de tissu cellulaire lâche; 4° le *crémaster* appelé encore *tunique erythröide*, composée de faisceaux musculaires à fibres striées dont la contraction amène l'ascension du testicule dans la partie supérieure des bourses; 5° la *tunique fibreuse*, commune au testicule et au cordon; 6° la *tunique vaginale*, membrane séreuse constituant une sorte de sac sans ouverture et présentant par conséquent deux feuillets : l'un, pariétal, en rapport avec la tunique fibreuse, et l'autre avec le t. Ces trois dernières enveloppes sont doubles c.-à-d. qu'elles sont particulières à chaque t.; les deux superficielles sont simples, elles recouvrent à la fois les deux glandes.

Le **testicule** présente un poids moyen de 20 grammes; le t. droit descend généralement plus bas que le gauche; sa forme est celle d'un ovoïde aplati transversalement, présentant deux faces et un bord inférieur convexes, et un bord supérieur légèrement concave recouvert par l'*épididyme*; sa consistance est élastique. Il est constitué par une enveloppe fibreuse, *tunique albuginée*, de 1 millimètre d'épaisseur, en rapport extérieurement avec la tunique vaginale, et par une substance propre (*pulpe du testicule*) molle, jaunâtre et composée d'une grande quantité de *tubes séminifères* ou *canaux spermatiques* qui se groupent en *lobules* indépendants les uns des autres, dont une des extrémités est tournée vers le *corps d'Highmore*, on nomme ainsi un épaississement de la tunique albuginée, correspondant à la partie moyenne du bord supérieur du testicule. Tous les tubes d'un même lobe se réunissent en un canal court, *droit*, pénétrant dans le corps d'Highmore où les divers canaux droits forment un réseau anastomotique, le *rete mirabile testis*; enfin les canaux de ce réseau, au nombre de douze environ, quittent le corps d'Highmore en traversant la substance albuginée, prennent le nom de *cônes efférents* et se jettent dans la tête de l'épididyme.

La surface interne des tubes séminifères est tapissée par une couche de cellules épithéliales sphériques, contenant un noyau avec nucléole; cet épithélium devient cylindrique dans les cônes efférents; les *spermatozoïdes*, ou éléments actifs du *sperme* (Voy. ce mot), proviennent des cellules des tubes séminifères.

Les artères destinées au t. viennent de la *spermatique* et de la *déférentielle*; les nerfs sont des rameaux du grand sympathique.

Épididyme. — On appelle ainsi un organe placé sur le bord supérieur du t. dont il recouvre également une partie de la face externe; son extrémité antérieure ou *tête* est constituée par les cônes efférents du t., son extrémité postérieure ou *queue* et sa face inférieure adhèrent à la tunique albuginée; sa face supérieure est recouverte par le feuillet viscéral de la tunique vaginale. L'épididyme est formé par un tube tortueux d'une longueur de 6 mètres environ, plusieurs fois enroulé sur lui-même et recevant, à son niveau, les canaux efférents; de son extrémité postérieure part le *canal déférent*.

Canal déférent. — C'est le conduit excréteur du sperme; il s'étend de la queue de l'épididyme à l'extrémité antérieure de la *vésicule séminale* (Voy. Séminal); son diamètre est d'environ 2 millimètres à sa sortie de l'épididyme, et arrive à 4 millimètres. Après un trajet d'une longueur de 3 centimètres (*portion testiculaire*), il gagne (*portion funiculaire*)

le *cordon spermatique* (ensemble des organes de la région scrotale, allant du t. à la région inguinale : canal déférent, artères, veines, nerfs), puis s'engage dans le canal inguinal et pénètre ainsi dans l'abdomen (*portion pelvienne*); il se porte ensuite sur les parois latérales de la vessie et, parvenu à la partie postérieure de la prostate, il s'unit au conduit excréteur de la vésicule séminale pour donner naissance au *conduit éjaculateur*.

Conduits éjaculateurs. — Ils sont au nombre de deux et ils sont constitués par la réunion du canal déférent et du conduit de la vésicule séminale; ils partent de l'extrémité antérieure de cet organe, s'engagent dans la prostate où ils rencontrent l'urètre et se terminent dans ce canal.

Pathol. — L'*anorchidie* (absence de t.) est rare, la *cryptorchidie* plus fréquente; dans ce cas, les t. « n'ont accompli que partiellement la migration qui, de la région lombaire, doit les faire descendre chez l'embryon, les fait normalement descendre dans la région scrotale » (Bochambre, Duval). Cette affection est unilatérale ou double; le t. peut être arrêté à un point quelconque de son trajet; parfois il est déplacé, ou le trouve dans l'anneau crural (*ectopie testiculaire*). La cryptorchidie double entraîne l'infécondité, le t. étant atrophié, mais non l'impuissance; on traite chirurgicalement cette affection chez l'enfant.

L'*inflammation* du t. a été étudiée au mot Orchite.

La *syphilis* se manifeste assez souvent au t. qui augmente de volume, devient dur, bosselé, mais est indolent et ne suppure jamais; cette maladie est traitée avec succès par l'iodure de potassium.

La *tuberculose* du t. suit de près la tuberculose de l'épididyme; la glande est hypertrophiée, parsemée de nodosités qui s'abcèdent et finissent par suppurer en laissant des trajets fistuleux. C'est une affection grave, l'organisme pouvant présenter des localisations secondaires d'un moment à l'autre. Le traitement consiste à améliorer l'état général et à pratiquer localement des cautérisations, après avoir assuré l'écoulement du pus.

Les *tumeurs* (*sarcocèles*) qui peuvent envahir le t. sont le *fibrome*, le *sarcome*, le *carcinome*, etc.; elles sont justiciables d'une intervention hâtive, c.-à-d. qu'on doit procéder aussitôt que possible à la *castration*; citons encore les *kystes* du t.

L'*hydrocèle* ou épanchement séreux de la tunique vaginale a déjà été décrite (Voy. ce mot).

L'*hématocèle* ou épanchement sanguin du scrotum, reconnaît souvent pour causes, comme l'hydrocèle, un violent traumatisme; la tumeur au lieu d'être transparente comme celle-ci, est opaque; elle est d'ailleurs justiciable d'un traitement analogue.

Le *varicocèle* est la dilatation variqueuse des veines du cordon; cette affection, qui cause de la gêne et parfois de la douleur, est améliorée par l'usage d'un suspensoir; elle nécessite parfois cependant l'ablation du paquet variqueux.

TESTIF. s. m. T. Comm. Poil de chameau.

TESTIMONIAL, ALE. adj. (lat. *testimonialis*, m. s., de *testimonium*, témoignage). Qui rend témoignage. *Lettres testimoniales*, Lettres qui rendent témoignage de la vie et des mœurs de quelqu'un. *Preuve testimoniale*, Preuve par témoins. Voy. Preuve.

TESTIMONIALEMENT. adv. D'une manière testimoniale, par témoin.

TEST-OBJET. s. m. (angl. *test*, preuve; *object*, objet). Préparation destinée à être regardée au microscope afin qu'on puisse juger de la qualité de l'instrument. Voy. Microscope.

TESTON. s. m. (ital. *testone*, m. s., de *testa*, tête). T. Métrol. Monnaie d'argent du temps de Louis XII, qui valait de 50 à 60 centimes. Voy. Monnaie.

TESTONNER. v. a. [Pr. *testo-ner*] (R. *teste*, tête). Peigner les cheveux, les friser, les accommoder avec soin. *Il se fit t. par le baigneur*. Vx, et ne se dit qu'en plaisantant. = Testonné, ée. part.

TESTRY. auj. *Tertry*, vge de l'arr. de Péronne (Somme) où eut lieu en 687 une bataille dans laquelle Thierry III fut vaincu par Pépin d'Héristal.

TESTULARIDES. s. m. pl. T. Zool. Voy. Textulaires.

TÉT. s. m. [Pr. *tè*]. T. Zool. Voy. TEST. ‖ T. Chim. et Métall. Vase de terre où l'on fait l'opération de la coupellation en grand. ‖ T. Vét. La partie de l'os frontal d'où partent les pivots de la tête du cerf. ‖ T. Conchyl. La couche extérieure d'une coquille bivalve. Voy. CONCHYLIOLOGIE, IV.

TÊT, riv. de France (Pyrénées Orientales), arrose Prades et Perpignan, et se jette dans la Méditerranée, 100 kil.

TÉTANINE. s. f. (R. *tétanos*). T. Chim. Ptomaïne sécrétée par le microbe du tétanos. Elle a pour formule C¹³H³⁶Az²O⁴. De très petites quantités de cette base suffisent pour amener des convulsions tétaniques mortelles. En distillant le bouillon de culture de ce même microbe on a obtenu une autre ptomaïne, la *Tétanotoxine*, qui a pour formule C⁵H¹¹Az et dont l'action physiologique est analogue.

TÉTANIQUE. adj. 2 g. Qui se rapporte au *tétanos*; certains médicaments comme les strychniques, la brucine, etc., produisent des contractions spasmodiques brusques, suivies de rigidité tétanique, analogues aux convulsions du tétanos.

TÉTANISATION, s. f. T. Méd. Action de tétaniser. Contracture tétanique résultant de cette action.

TÉTANISER. v. a. (R. *tétanos*). T. Méd. Déterminer des contractures analogues à celles du tétanos. *La strychnine tétanise.* = TÉTANISÉ, ÉE. part. *Un membre tétanisé.*

TÉTANOS. s. m. (gr. τείνειν, tendre). T. Méd. Le tétanos est une maladie infectieuse, caractérisée par des contractures paroxystiques atteignant un grand nombre de muscles et résultant d'une excitation anormale de la substance grise du bulbe et de la moelle. Le t. est causé par un microbe, découvert en 1885, le *bacille de Nicolaïer*, qu'on trouve à la surface du sol, dans les poussières des rues, le fumier, les excréments des animaux; il suffit de la moindre plaie (blessure écorchure) pour assurer la pénétration du bacille dans l'organisme; à partir de ce moment, cette plaie change d'aspect, la cicatrisation s'arrête.

La maladie s'annonce par une raideur de la région de la nuque, puis apparaît le *trismus* (contracture des mâchoires) accompagné de contracture des muscles de la face (*rire sardonique*); les muscles du tronc sont envahis à leur tour, le corps se recourbe en arrière (*opisthotonos*), puis les membres inférieurs présentent une rigidité douloureuse. La tétanisation diminue ou disparaît même à certains moments, mais l'accès reparaît pour la moindre cause comme un simple attouchement de la peau; les secousses sont très douloureuses; la tétanisation gagne, aux moments du paroxysme, les muscles du pharynx, du larynx; la respiration est gênée, la figure atteinte de cyanose; le malade, convert de sueurs abondantes, ne perd pas connaissance, mais est incapable de parler ou de faire le moindre mouvement; la température dépasse souvent 44°.

Dans les cas favorables, les accès s'espacent graduellement, mais le plus souvent ils deviennent plus fréquents et amènent la mort, qui survient après quelques jours de maladie.

Le chloral, la morphine sont les médicaments qui rendent le plus de services dans le traitement du t.; depuis quelque temps, on injecte un *sérum antitoxique*; les résultats de cette méthode sont encore incertains. La plaie doit être soigneusement désinfectée et, s'il est encore temps, il ne faut pas craindre d'amputer l'organe qui a été le siège de la porte d'entrée du microbe. Il faut isoler le malade et procéder à la désinfection du local contaminé.

TÉTANOTOXINE. s. f. (R. *tétanos*, et *toxine*). Voy. TÉTANINE.

TÉTARD. s. m. [Pr. *té-tar*] (R. *tête*). T. Erpét. Forme larvaire des Batraciens Anoures et Urodèles. Voy. BATRACIENS. ‖ T. Agricult. So dit des saules qu'on étête et dont on émonde les branches inférieures, de manière qu'il se forme une touffe épaisse au sommet du tronc. *Des saules taillés en têtards.* ‖ T. Forest. Arbre conservé dans une coupe de bois comme tête de limite. ‖ T. Techn. Pièce de bois qui tient la tuyère d'un soufflet de forge. Voy. SOUFFLANT, I.

TÉTARTINE. s. f. T. Minér. Syn. d'*Albite.* Voy. FELDSPATH.

TÉTARTOÉDRIE. s. f. (gr. τέταρτος, quatrième; ἕδρα, base). T. Minér. Propriété analogue à l'hémiédrie et en vertu de laquelle certains cristaux ne possèdent que le quart du nombre de faces qu'exigerait la loi de symétrie. Ces cristaux, qu'on ne rencontre que très rarement, sont dits *tétartoédriques.*

TÉTARTOÉDRIQUE. adj. 2 g. Qui a rapport à la tartoédrie; qui possède cette propriété.

TÉTASSE. s. f. [Pr. *té-ta-se*] (R. *teton*). Mamelle flasque et pendante. Très fam., et ne se dit que par dénigrement.

TÊTE. s. f. (lat. *testa*, pot de terre, puis boîte osseuse, crâne). La partie du corps qui renferme le principal centre nerveux et loge les principaux organes des sens. *Chez l'homme, la t. forme un renflement à l'extrémité supérieure du corps. Chez les autres vertébrés, la t. occupe la partie antérieure du corps. Le devant, le derrière, le sommet de la t. Avoir une grosse t., une petite t., la t. ronde, la t. plate, la t. pointue. Faire signe de la t.* — *T. de mort.* Voy. CRÂNE. — *Porter sa t. sur l'échafaud,* Avoir la tête tranchée sur un échafaud. *Il lui en coûta la t.,* il paya de sa t., il subit la mort. On dit de même, *Il y va de votre t. Vous en répondez sur votre t.* Par exng., *Je parie ma t., Je mettrais ma t. à couper que cela est,* Je parie tout ce qu'on voudra que cela est; je me soumets à perdre tout ce qu'on voudra, si cela n'est pas. — On dit encore, *Il y a eu beaucoup de têtes cassées à ce siège.* Il y a beaucoup de gens tués, si cela n'est pas. *La prise de cette place a coûté bien des têtes,* Il en a coûté la vie à bien du monde. ‖ *T. à claques,* Tête déplaisante, qu'on aurait envie de claquer. ‖ Fig. et fam., *Avoir cinquante ans, soixante ans, etc., sur la t.,* Être âgé de cinquante ans, etc. *Avoir des affaires, des dettes par-dessus la t.,* Être accablé d'affaires, etc. — *Avoir la t. près du bonnet,* Ce dont deux têtes dans un bonnet.* Voy. BONNET. — *Lever la t., Aller t. levée.* Voy. LEVER. *Il y va t. baissée,* il y donne *t. baissée.* Voy. BAISSER. — *Ne savoir où donner de la t.,* Ne savoir que devenir. *C'est vouloir donner de la t. contre les murs, C'est tenter une entreprise où il est impossible de réussir.* On dit aussi, *C'est se donner la t., C'est donner de la t. contre un mur, c'est se cogner la t. contre un mur.* ‖ Fam., *Laver la t. à quelqu'un,* Voy. LAVER et Prov., *A laver la t. d'un âne, d'un More, on perd sa lessive.* Voy. ÂNE. — *Jeter une chose à la t. de quelqu'un; Se jeter à la t. des gens.* Voy. JETER. *Il s'y est jeté la t. la première,* se dit d'un homme qui s'est engagé brusquement et inconsidérément dans une affaire périlleuse. — *Porter à la t., monter à la t.,* se dit d'une odeur forte, d'une vapeur, etc., qui fatigue la tête. *On s'en monte à la t., donne dans la t.,* Il envoie des fumées à la tête. ‖ Le crâne, la partie de la tête qui renferme le cerveau et le cervelet. *Cet homme s'est cassé la t. Recevoir un coup à la t. Les coups à la t. sont dangereux.* — *T. pelée, t. chauve,* se disent en parlant d'une personne qui a perdu la plus grande partie de ses cheveux. — *Avoir la t. pesante, embarrassée,* Éprouver dans la tête un sentiment de pesanteur, d'embarras. On dit dans le même sens, *Mal de t., douleur de t.* Voy. CÉPHALALGIE. ‖ Fig. et fam., *Il a la t. fêlée, mal timbrée; il a un coup de hache, de marteau à la t.,* se dit d'un homme léger, vain, étourdi, bizarre, extravagant. On dit aussi, *C'est une t. fêlée, mal timbrée. — Fendre la t. à quelqu'un,* et *La t. me fend.* Voy. FENDRE. *Rompre la t., Se rompre la t.,* Voy. ROMPRE. *Crier à tue-t., à pleine t.,* Voy. CRIER. ‖ Par extens., se dit quelquefois pour Chevelure. *Cet enfant a la t. frisée. Cette femme a grand soin de sa t. Elle a la t. belle.* — *T. naissante,* se dit d'une tête dont les cheveux, après avoir été coupés, ont repoussé et sont plus ou moins longs. — ‖ Fig., *Tête* se dit fort souvent de l'esprit, de l'entendement, de l'intelligence, de l'imagination. *Se remplir la t. de sottises. Il n'a pas assez de t. pour comprendre cela. On ne peut lui ôter cette chimère de la t. Toutes les têtes étaient en fermentation. Mettez-vous bien dans la t. que...* Soyez bien convaincu que, bien persuadé que... — *Il a encore toute sa t.,* se dit d'un vieillard ou d'un malade qui a conservé toutes ses facultés. On dit, dans le sens contraire, Il n'a plus de t., il n'a plus sa t.* On dit aussi d'une personne qui est atteinte de délire ou d'aliénation mentale, *C'est une t. perdue; Sa t. n'y est plus; La t. n'y est plus; La t. est partie.* ‖ Sign. particul. Bon sens, jugement, rectitude d'esprit. *C'est un homme de t. Il a une bonne t. Il a la t. bonne. C'est une bonne t., une excellente t., une forte t. C'est une t. sage,* prudente. *C'est une des meilleures têtes du conseil.* — Fam., on dit d'un homme d'un jugement droit, d'une imagination réglée, *C'est une t. rassise, posée;* d'un homme sujet à se laisser entraîner par l'imagination, ou à se laisser aller trop facilement à tout ce qu'on lui suggère, *C'est une t. faible;* d'un individu très étourdi ou extravagant, *C'est une t. folle;* d'une personne qui a peu de suite dans les idées, dans la conduite, *C'est une t. légère;* et *C'est une t. à l'évent,* pour marquer le manque de jugement, de conduite, la frivolité d'esprit, la légèreté du caractère. On dit dans le même sens, *T. éventée* ou *écervelée. T. sans cervelle. T. de linotte. T. de girouette.* — *C'est une mauvaise t.,* se dit d'une personne sujette à beaucoup d'écarts et de travers, soit dans sa conduite, soit dans ses opinions. Par ironie, on dit quelquefois absol., dans le même sens, *C'est une t. — Cet homme a la t. chaude,* il prend feu, il s'emporte aisément; *Cet homme a la t. froide,* il conserve son sang-froid. *C'est une t. carrée,* se dit d'un homme qui a beaucoup de justesse et de solidité de jugement, ou d'une personne entêtée. *Cet homme a la t. bonne,* se dit aussi de quelqu'un qui peut boire beaucoup sans s'enivrer. || *Tête,* signifie encore, Fermeté de caractère, obstination et sang-froid. *C'est un homme qui a de la t. C'est une bonne femme, mais elle a de la t. — Conserver sa t., avoir sa t., toute sa t.,* Garder le sang-froid nécessaire pour prendre un parti. On dit, dans le sens contraire, *Perdre la t., n'avoir plus sa t. à soi.* — *Agir de t., payer de t.,* Prendre son parti de sang-froid, avec résolution, dans une occasion difficile. — *Faire un coup de t., un coup de sa t.,* Voy. Coup. || *Tenir t. à quelqu'un,* faire t. à quelqu'un, S'opposer à lui et lui résister, ne lui point céder en quelque chose. *Il s'imaginait que personne n'était capable de lui tenir t. Il trouva des gens qui lui firent t.* — Fig. *Faire t. à l'orage,* Montrer de la fermeté dans une occasion périlleuse. || *Mettre un homme en t. à quelqu'un,* Opposer à quelqu'un un homme qui puisse lui résister. *On lui mit un homme en t. qui l'embarrassa fort.* — *Avoir quelqu'un en t.,* Avoir quelqu'un pour concurrent, pour adversaire. *Turenne avait en t. Montecuculli.* = *Tête,* se prend quelquefois pour Individu, personne. *Taxer par t. Dîner à tant par t. Il ne parlait qu'avec respect des têtes couronnées. Je crains pour une t. si chère. Mettre plusieurs emplois sur une même t.* So dit aussi des animaux. *Il a un troupeau composé de tant de têtes d'une espèce et de tant de telle autre. Payer tant par t. de loup.* — T. Jurispr. *Succéder par t.,* se dit lorsque les copartageants viennent de leur chef à la succession, et sans représentation d'aucun autre. Voy. Succession. — Prov., *Autant de têtes, autant d'opinions,* Autant de personnes, autant de manières de voir différentes. || *Mettre une rente viagère sur la t. de quelqu'un,* Constituer une rente viagère pour en jouir durant la vie de quelqu'un. — *Cette rente, cette pension passera sur la t. d'un tel,* il aura cette rente, cette pension après le décès de la personne qui en jouit maintenant. = La représentation, l'imitation d'une tête humaine par un peintre, par un sculpteur, etc. *Une belle t. Une t. antique. Une t. d'étude. C'est une t. du Titien. Une t. du Corrège. Il met une grande variété dans ses airs de t.* — En parlant des monnaies et des médailles, on appelle *Tête,* Le côté où est l'effigie. || *T. à perruque,* Figure de tête d'homme faite de bois, sur laquelle on place une perruque pour la friser. Fig. et fam., so dit d'un vieillard qui a peu d'esprit et qui tient opiniâtrément à de vieux préjugés. *Dîner de têtes,* dîner où l'on assiste coiffé ou grimé de manière à avoir une certaine physionomie. — *Se faire une t.,* se grimer de cette façon. || T. Hist. *T.-ronde,* Nom donné par les cavaliers anglais aux parlementaires qui avaient les cheveux coupés courts. || *Tête de Turc,* Sorte de dynamomètre où la partie sur laquelle on frappe a la forme d'une tête à turban. — Fig. *Servir de t. de Turc à quelqu'un,* être en butte à ses attaques. = Par anal., *Tête* se dit de la partie supérieure de certaines choses, ou de la partie renflée et plus ou moins sphérique qu'elles présentent à l'une ou à l'autre de leurs extrémités. *Une montagne, un chêne qui porte sa t. jusque dans les nues. La t. d'un mât. La t. d'un gouvernail. Une t. de chou. Des têtes de pavot, d'artichaut. La t. du fémur, de l'humérus, du tibia, du radius, etc. La t. d'un clou. La t. d'une vis. La t. d'une épingle. La t. d'un compas. La t. d'une aiguille,* Le bout qui est percé. *Clou, vis à t. perdue,* Clou, vis dont la tête n'excède point la surface de ce qu'ils attachent ou retiennent. *La t. d'une cognée,* la partie dans laquelle entre le manche. *La t. d'un marteau,* la partie métallique par opposition au manche. — T. Artill. *Boulet à deux têtes,* Boulet ramé. — T.

Astron. *La t. d'une comète.* Voy. Comète. — T. Mus. *La t. d'une note,* La partie la plus grosse, qui est ordinairement arrondie, et dont la position sur la portée indique la valeur de la note. || T. Bot. *En t., en forme de t.,* se dit de feuilles, de fleurs, d'épillets, etc., groupés en un bouquet compact et arrondi. — Par ext., *Tête* se dit encore de la partie antérieure de certaines choses, ou de celle qui en constitue le commencement. *La t. d'une nef,* La partie antérieure d'une nef. *La t. d'un voussoir,* La face antérieure d'un voussoir. — *T. de mur.* L'épaisseur d'un mur à son extrémité. — *La t. d'un canal, d'un bois,* L'endroit où il commence. || *La t. de la tranchée,* L'endroit de la tranchée qui est le plus avancé du côté de la place assiégée. *La t. d'un défilé,* Celle qui est du côté de l'ennemi. *T. de pont,* Ouvrage destiné à défendre ou à protéger le passage d'un pont. Voy. Fortification, I, I. — *La t. du camp,* La partie du camp qui regarde le terrain destiné pour y mettre les troupes en bataille. || Le commencement d'un livre, d'une liste, d'une lettre, etc. *Il a mis une belle préface à la t. de son livre. Votre nom est en t. de la liste.* — T. Typogr. *Ligne de t.,* Celle qui est ordinairement occupée par le titre courant et par le numéro ou folio de la page. || Signifie encore la partie d'une armée, d'une colonne de troupes, d'un cortège, etc., qui marche la première. *La t. d'une armée, d'une colonne. La t. d'une compagnie. La t. d'un cortège, d'un convoi. Prendre la t. Marcher en t. Il fut dégradé à la t. de sa compagnie,* En présence de sa compagnie, devant les premiers rangs. — Il se dit quelquefois d'un corps de troupes qui avance vers un endroit, soit pour s'opposer à l'ennemi, soit pour lui dérober la connaissance de quelque chose. *L'armée montra une t. de ce côté-là. On fit avancer une t. de ce côté-là.* Peu us. || *A la t.,* signifie souvent, A la première place, au premier rang, au rang de chef, de commandant, de directeur. *Il porta la parole à la t. du clergé. Le colonel chargea à la t. de ses dragons. Il était à la t. de la noblesse. Il se mit à la t. du gouvernement provisoire. Ils avaient à leur t. un homme audacieux. Je l'ai laissé à la t. de ma maison.* || T. Agric. *Têtes de vin,* Les premières cuvées des meilleurs vins de Champagne et de Bourgogne. On dit dans un sens analogue, *La t. du blé,* Le blé de la meilleure qualité. || T. Chim. *T. de More,* Vaisseau de cuivre étamé en dedans, qui sert à quelques distillations. — *T. morte,* syn. de *Caput mortuum.* — *Produits de t.* Les liquides qui passent les premiers dans une distillation parce qu'ils sont les plus volatils. ¶ T. Manège. *Course de têtes,* Sorte d'exercice à cheval qui consiste dans quatre tours de manège au grand galop. Dans le premier tour, le cavalier doit enlever avec sa lance une tête de carton posée sur un poteau; dans le second, lancer un dard contre une autre tête semblable; dans le troisième, abattre d'un coup de pistolet une troisième tête; et, dans le dernier tour, enlever de terre une quatrième tête avec la pointe de l'épée. || T. Vén. *Tête,* se dit du bois du cerf, on connaît l'âge du cerf à sa t. Le cerf a mis bas sa t. Une belle t. de cerf.* — T. portant trochures,* Bois qui porte trois ou quatre andouillers à son sommet. *T. en fourche,* Bois dont les andouillers supérieurs font la fourche. *T. paumée,* Bois dont le sommet s'ouvre et représente les doigts et la paume de la main. *T. couronnée,* Bois dont les andouillers du sommet forment une espèce de couronne. || T. Zool. *T. de Bécasse,* Coquille du genre Rocher. — *T. de Méduse,* Espèce d'Encrine. Voy. Échinodermes, I. — *T. de mort,* Espèce de papillon. Voy. Crépusculaires, II. = *Tête à tête,* loc. adv. Seul à seul. *Ils furent longtemps t. à t. Causer, dîner, jouer t. à t.* || Se dit aussi subst., d'une conversation, d'une entrevue de seul à seul. *Ils ont un long t.-à-t. Ils ont de fréquents t.-à-t.* On joint alors les mots par un trait d'union.

TÊTE-À-TÊTE. s. m. Voy. Tête. = Pl. *Des Tête-à-tête.*

TÊTE-BÊCHE. adv. Dans une position inverse; l'un ayant la tête du côté où l'autre a les pieds.

TÊTEBLEU. interj. (R. *tête dieu*). Sorte de juron.

Têtebleu ! ce me sont de mortelles blessures.
MOLIÈRE.

TÊTEAU. s. m. [Pr. *této*] (R. *tête*). T. Agric. Extrémité d'une maîtresse branche.

TÊTE-CHÈVRE ou **TETTE-CHÈVRE.** s. m. T. Ornith. Espèce de *Passereau.* Voy. Engoulevent. = Pl. *Des Tête-chèvre* ou *des Tette-chèvre.*

TÊTE-DE-COQ. s. f. T. Bot. Un des noms vulgaires du sainfoin.

TÉTER ou **TETER.** v. a. (R. *tette*). Sucer le lait de la mamelle d'une femme, ou de la femelle de quelque animal. *T. une femme. T. sa nourrice. T. une chèvre.* — On dit encore, *Cet enfant a tété de mauvais lait. Il a tété plusieurs laits. Il a eu plusieurs nourrices.* || Abs., *Cet enfant tète* ou *telle bien. Donnez-lui à t.* — TÉTÉ, ÉE. part. = Conj. Comme *céder* ou comme *jeter*, suivant qu'on écrit téter ou teter.

TÉTERELLE. s. f. [Pr. *tétcrè-le*] (R. teter). Petit appareil employé pour l'allaitement artificiel.

TÉTHYS. s. f. (nom mythol.). T. Zool. Espèce de Mollusques *Gastéropodes.* Voy. NUDIBRANCHES.

TÉTHYS, déesse de la mer, fille d'Uranus et de la Terre, épouse de l'Océan, mère des Océanides.

TÊTIER. s. m. T. Techn. Ouvrier qui fait les têtes d'épingles.

TÊTIÈRE. s. f. (R. *tête*). Petite coiffe de toile qu'on met aux enfants nouveau-nés. || T. Sellier. Partie de la bride qui soutient le mors. Voy. BRIDE. || T. Techn. Pièce qui est à la tête d'une chose. — Bois qui soutient la tête des plis d'un soufflet. || T. Typog. Lame de tôle qu'on met en tête des pages clichées pour les empêcher de bouger. || T. Mar. Cordage cousu au bord supérieur d'une voile.

TÉTILLA. s. m. [Pr. *tétil-la*]. T. Bot. Genre de plantes Dicotylédones de la famille des *Saxifragacées,* tribu des *Francoées.* Voy. SAXIFRAGACÉES.

TETIN. s. m. (R. *tette*). Le bout de la mamelle, soit aux hommes, soit aux femmes. *Cet enfant s'est endormi sur le t. Cet homme a été blessé sous le t.* || La mamelle d'une femme. Vieux, et ne se dit que dans la poésie badine.

TETINE. s. f. (Dimin. de *tette*). Le pis de la vache ou de la truie, considéré comme bon à manger. *Manger de la t.* || L'enfoncement qu'un coup de fusil fait sur une cuirasse, lorsqu'il ne la traverse pas. || T. Techn. Cavité pratiquée dans le moule à épingle pour former la tête.

TÊTOIR. s. m. [Pr. *té-touar*] (R. *tête*). Machine pour frapper les têtes d'épingles.

TETON. s. m. (R. *tette*). La mamelle de la femme. *Le t. d'une nourrice. Cet enfant est encore au t.*

TETONNIÈRE. s. f. [Pr. *te-to-nière*]. Bande pour soutenir les seins. Vx. || Femme qui a beaucoup de gorge. Pop. et bas.

TÉTOUAN ou **TETUAN,** v. et port du Maroc, sur la Méditerranée; 30,000 hab.

TÉTRA —. Préf. qui vient du gr. τέτρα, contraction de τέτταρα, qui sign. *quatre,* et qui entre dans la composition d'un assez grand nombre de termes scientifiques, dont nous donnons ci-après les plus usités.

TÉTRABRANCHES. s. m. pl. Syn. de *Tétrabranchiaux.*

TÉTRABRANCHIAUX. s. m. pl. [Pr. *tétrabran-chiô*] (gr. τέτρα, quatre; βράγχια, branchies). Les Tétrabranchiaux que l'on nomme encore *Tentaculifères,* forment un ordre de Mollusques Céphalopodes caractérisé par la présence de 4 branchies et de 4 oreillettes, et d'un grand nombre de tentacules autour de la bouche. Coquille cloisonnée en plusieurs loges. Les Tétrabranchiaux, dont la plupart sont fossiles, ont été divisés en *Ammonitides, Ascocératides* et *Nautilies.* Voy. ces mots.

TÉTRACERA. s. m. (gr. τέτρα, quatre; κέρας, corne). T. Bot. Genre de plantes Dicotylédones de la famille des *Dilléniacées.* Voy. ce mot.

TÉTRACLASITE. s. f. [Pr. ...*kla-zite*] (gr. τέτρα, quatre; κλασις, brisure). T. Minér. Syn. de *Wernérite.*

TÉTRACORDE. s. m. (lat. *tetrachordon,* gr. τετράχορδον, m. s., de τέτρα, quatre, et χορδή, corde). T. Mus. anc. Lyre à quatre cordes. || Suite de quatre sons par laquelle les Grecs divisaient l'étendue générale de leur échelle musicale. *Ut, ré, mi, fa, composaient un t.*

TÉTRACRYLIQUE. adj. 2 g. (R. *tétra,* préf., et *acrylique*). T. Chim. Voy. CROTONIQUE.

TÉTRADACTYLE. adj. 2 g. (gr. τέτρα, quatre; δάκτυλος, doigt). T. Zool. Qui a quatre doigts à chaque pied. || T. Ornith. Vieillot désigne sous ce nom les *Échassiers* de Cuvier.

TÉTRADE. s. f. (gr. τέτρα, quatre). T. Didact. Assemblage de quatre choses. En Bot. la *t.* est un assemblage de quatre grains de pollen soudés entre eux.

TÉTRADÉCANAPHTÈNE. s. m. (gr. τέτρα, quatre; δέκα, dix, et fr. *naphtène*). T. Chim. Naphtène de la formule C14H28, liquide bouillant à 241°, contenu dans le pétrole de Bakou.

TÉTRADÉCANE. s. m. (gr. τέτρα, quatre; δέκα, dix, et la term. *ane,* des carbures saturés). T. Chim. Hydrocarbure saturé, répondant à la formule C14H30. Le *T. normal* ou *Dihepiyle* s'obtient en chauffant l'acide myristique avec l'acide iodhydrique et le phosphore. Il cristallise en lamelles fusibles à 4°,5 et bout à 253°. C'est de cet hydrocarbure que dérivent les composés myristiques.

TÉTRADÉCYLÈNE. s. m. (gr. τέτρα, quatre; δέκα, dix, et la term. *ylène*). T. Chim. Hydrocarbure éthylénique de la formule C14H28. Le *T. normal* est un liquide congelable à — 12°, qu'on obtient en distillant l'éther palmitique de l'alcool myristique. Il s'unit à deux atomes de brome. Le bromure ainsi formé se convertit, sous l'action de la potasse alcoolique, en *Tétradécyliléne,* hydrocarbure acétylénique de la formule C14H26.

TÉTRADÉCYLIQUE. adj. 2. g. T. Chim. Syn. de *Myristique.*

TÉTRADRACHME. s. f. [Pr. *tétradrak-me*] (gr. τετράδραχμον, m. s., de τέτρα, quatre, et δραχμή, drachme). Poids et monnaie de l'ancienne Grèce qui valait quatre drachmes. Voy. MONNAIE et POIDS.

TÉTRADYMITE. s. f. T. Minér. La *Tétradymite,* qu'on appelle aussi *Bornine,* est un tellurure de bismuth contenant un peu de soufre; elle se présente en tables hexagonales ou en masses foliacées, d'un gris d'acier pâle, tachant le papier.

TÉTRADYNAME. adj. 2 g. (gr. τέτρα, quatre; δύναμις, puissance). T. Bot. Se dit des fleurs qui ont six étamines dont quatre plus grandes. Voy. ÉTAMINE.

TÉTRADYNAMIE. s. f. T. Bot. Nom donné à la 15e classe du système de Linné comprenant les plantes tétradynames. Voy. BOTANIQUE.

TÉTRAÉDRAL, ALE. adj. Qui a la forme d'un tétraèdre.

TÉTRAÈDRE. s. m. (gr. τετράεδρον, m. s., de τέτρα, quatre, et ἕδρα, base). T. Géom. Solide à quatre faces, pyramide triangulaire. Voy. POLYÈDRE et PYRAMIDE.

TÉTRAÉDRIQUE. adj. 2 g. Qui a rapport au tétraèdre.

TÉTRAÉDRITE. s. f. (R. *tétraèdre*). T. Minér. Syn. de *Panabase.* Voy. CUIVRE, VII, b.

TÉTRAFIDE. adj. 2 g. (gr. τέτρα, quatre; lat. *findere,* fendre). T. Hist. nat. Divisé en quatre lobes séparés par des sinus profonds.

TÉTRAGNATHE. s. f. (gr. τέτρα, quatre; γνάθος, mâchoire). T. Zool. Genre d'*Arachnides.* Voy. ARAIGNÉE.

TÉTRAGONAL, ALE. adj. (lat. *tetragonalis,* m. s.). Qui se rapporte au tétragone.

TÉTRAGONE. adj. 2 g. et s. m. (lat. *tetragonus,* gr.

τετράγωνος, m. s., de τέτρα, quatre, et γωνία, angle). Qui a quatre angles. Syn. de *Quadrangulaire*, adj. ou de *Quadrilatère* subst.

TÉTRAGONIE. s. f. (gr. τέτρα, quatre; γωνία, angle). T. Bot. Genre de plantes Dicotylédones de la famille des *Aizoacées*. Voy. ce mot.

Hortic. — La *Tétragonie étalée* (*Tetragonia expansa*), plante de la Nouvelle-Zélande, a été introduite dans nos jardins potagers où elle est connue sous le nom d'*Épinard de la Nouvelle-Zélande*.

TÉTRAGONIÉES. s. f. pl. (R. *Tétragonie*). T. Bot. Syn. de *Mésembryanthémées*, tribu de végétaux de la famille des *Aizoacées*. Voy. ce mot.

TÉTRAGONURE. s. m. (gr. τετράγωνος, quadrangulaire; οὐρά, queue). Genre de *Poissons osseux*. Voy. MUGILOÏDES.

TÉTRAGRAMME. s. m. (gr. τέτρα, quatre; γράμμα, lettre). Locution mystique employée pour exprimer, sans le prononcer, le nom de Jéhovah, lequel s'écrit en hébreu au moyen de quatre lettres.

TÉTRAGYNE. adj. 2 g. (gr. τέτρα, quatre; γυνή, femme, pistil). T. Bot. Se dit de toute plante dont l'ovaire est surmonté de quatre styles distincts.

TÉTRAGYNIE. s. f. Nom donné par Linné à différents ordres comprenant des plantes tétragynes. Voy. BOTANIQUE.

TÉTRAHIROLINE. s. f. T. Chim. Base pyridique de la formule $C^{13}H^{13}Az$, contenue dans l'huile de Dippel.

TÉTRAKÈNE. s. m. (R. *tétra*, préf., et *akène*) T. Bot. Fruit composé de quatre akènes réunis.

TÉTRALOGIE. s. f. (gr. τέτρα, quatre; λόγος, discours). T. Hist. litt. grecque. Ensemble de quatre pièces dramatiques présentées par un même auteur au concours de tragédie. Voy. TRAGÉDIE. — Se dit aujourd'hui d'une suite de quatre pièces dramatiques ou lyriques formant un ensemble.

TÉTRAMAZE. adj. 2 g. (gr. τέτρα, quatre; μαζός, mamelle). T. Zool. Qui a quatre mamelles.

TÉTRAMÉTHYLBENZÈNE. s. m. [Pr. *tétramétil-bin-zène*] (R. *tétra*, préf., *méthyle* et *benzène*). T. Chim. Dérivé quatre fois méthylé du benzène. Il en existe trois. Voy. DURÈNE et PRÉHNITÈNE.

TÉTRAMÉTHYLDIAMIDOBENZOPHÉNONE. s. f. T. Chim. Voy. BENZOPHÉNONE.

TÉTRAMÉTHYLÈNE-DIAMINE. s. f. T. Chim. Syn. de *Butylène-diamine*.

TÉTRAMÉTHYLÉTHYLÈNE. s. m. T. Chim. Voy. HEXYLÈNE.

TÉTRAMÉTHYLMÉTHANE. s. m. T. Chim. Voy. PENTANE.

TÉTRAMÈTRE. s. m. (gr. τέτρα, quatre; μέτρον, mesure). T. Versif. grecque et latine. Vers composé de quatre pieds, quelle que soit l'espèce de pied. *T. dactylique*, *T. iambique*.

TÉTRAMÉTRIQUE. adj. 2 g. (gr. τέτρα, quatre; μέτρον, mesure). T. Minér. Se dit des substances dont les cristaux se rapportent à un système à quatre axes.

TÉTRAMYLÈNE. s. m. T. Chim. Voy. PENTÈNE.

TÉTRANDRE. adj. 2 g. (gr. τέτρα, quatre; ἀνήρ, ἀνδρός, homme, mâle). T. Bot. Qui a quatre étamines.

TÉTRANDRIE. s. f. (gr. τέτρα, quatre; ἀνήρ, ἀνδρός, homme, étamine). Quatrième classe du système de Linné, comprenant les plantes dont les fleurs sont pourvues seulement de quatre étamines. Voy. BOTANIQUE.

TÉTRANTHÈRE. s. m. (R. *tétra*, préf., et *anthère*).

T. Bot. Genre de plantes Dicotylédones (*Tetranthera*) de la famille des *Lauracées*. Voy. ce mot.

TÉTRAONIDÉS. s. m. pl. (R. *Tétras*). T. Ornith. Famille de *Gallinacés*. Voy. TÉTRAS.

TÉTRAONYX. s. m. [Pr. *tétra-oniks*] (gr. τέτρα, quatre; ὄνυξ, ongle). T. Entom. Espèce de *Coléoptère*. Voy. CANTHARIDE.

TÉTRAOXYBENZÈNE. s. m. [Pr. *tétra-oksi-bin-zène*]. T. Chim. Tétraphénol dérivant du benzène et répondant à la formule $C^6H^2(OH)^4$. La théorie prévoit l'existence de trois tétraoxybenzènes isomériques. Celui dans lequel les oxhydryles occupent les positions 1.2.4.5 sur le noyau de benzène cristallise en petites aiguilles jaunes, fusibles à 148°, solubles dans l'eau et dans l'alcool. Les deux autres ne sont connus que par leurs dérivés. L'isomère 1.2.3.5 a pour éther méthylique l'irétol. A l'isomère 1.2.3.4 correspond un éther diméthylique, appelé *Apiénol*, qui est le noyau fondamental de l'apiol.

TÉTRAOXYQUINONE. s. f. [Pr. *tétra-oksi-kinone*]. T. Chim. Dérivé quatre fois oxhydrylé de la quinone. La t. répond à la formule $C^6O^2(OH)^4$; elle fonctionne à la fois comme un phénol bivalent et comme un acide bibasique. Son sel de sodium, qui a pour formule $C^6O^2(OH)^2(ONa)^2$, se forme par l'action du carbonate de soude sur l'hexanoxybenzène en présence de l'air. Son sel de potassium peut s'obtenir à l'aide du potassium et de l'oxyde de carbone; il se transforme par l'oxydation en rhodizonate. Voy. RHODIZONIQUE.

TÉTRAPÉTALE. adj. 2 g. (R. *tétra*, préf., et *pétale*). T. Bot. Qui a quatre pétales.

TÉTRAPHÉNOL. s. m. [Pr. *tétra-fénol*] (R. *tétra*, préf., et *phénol*). T. Chim. Nom donné aux composés qui possèdent quatre fonctions phénol. || Ancien nom du *Furfurane*.

TÉTRAPHÉNYLÉTHANE. s. m. (R. *tétra*, préf., *phényle*, et *éthane*). T. Chim. Hydrocarbure dérivant de l'éthane par la substitution de quatre radicaux phényle à quatre atomes d'hydrogène. Le *t. symétrique*, qui répond à la formule $(C^6H^5)^2CH.CH(C^6H^5)^2$, se produit par l'action de la poudre de zinc sur la benzophénone. Il cristallise en grandes aiguilles fusibles à 209°, solubles dans le benzène et dans l'acide acétique. Traité par l'acide azotique il fournit un dérivé quatre fois nitré. Avec l'acide sulfurique fumant on obtient un dérivé tétra-sulfonique. Le dérivé mono-bromé donne naissance, sous l'action de la potasse alcoolique, à un hydrocarbure éthylénique, le *Tétraphényléthylène* $(C^6H^5)^2C=C(C^6H^5)^2$, fusible à 221°, soluble dans le benzène. Le glycol correspondant est connu sous le nom de *Benzopinacone*. Voy. ce mot.

Le *T. dissymétrique* a pour formule $(C^6H^5)^3C.CH^2(C^6H^5)$. Il cristallise en grands prismes blancs, fusibles à 206°, solubles dans le benzène, le chloroforme et le sulfure de carbone.

TÉTRAPHÉNYLÉTHYLÈNE. s. m. T. Chim. Voy. TÉTRAPHÉNYLÉTHANE.

TÉTRAPHYLINE. s. f. T. Minér. Variété de Triphyline.

TÉTRAPHYLLE. adj. 2 g. [Pr. *tétrafi-le*] (gr. τέτρα, quatre; φύλλον, feuille). T. Bot. Qui se compose de quatre feuilles ou folioles.

TÉTRAPLES. s. m. pl. (gr. τετράπλοος, quadruple, de τέτρα, quatre). Dans les discussions incessantes qui avaient lieu entre les Juifs et les Chrétiens, dans les premiers siècles de l'ère chrétienne, les Chrétiens se servaient, pour argumenter contre les Juifs, de la traduction grecque de la Bible, connue sous le nom de version des Septante, tandis que ces derniers rejetaient l'autorité du texte grec et en appelaient toujours au texte hébreu. Origène, qui, en sa qualité de catéchiste de l'Église d'Alexandrie, avait chaque jour à soutenir des discussions de ce genre avec les Juifs, nombreux dans cette ville, entreprit, pour mettre un terme à ces débats sans issue possible, de rassembler toutes les versions connues de la Bible et de les faire correspondre, phrase par phrase, avec le texte hébreu. En conséquence, il transcrivit sur six colonnes parallèles : le texte hébreu de l'Ancien Testament en caractères hébraïques; le même texte écrit en caractères grecs, et les quatre versions grecques d'Aquila, de Symmaque, des Septante et de Théodotion. Il imposa à son recueil le nom gr. d'*Hexaples*, qui signifie sextuple. Dans la suite, Origène y ajouta deux autres versions grecques trouvées, l'une à Jéricho, l'an 217 de J.-C., et l'autre à Nicopolis, en épire, vers l'an 228, et il forma ainsi ses *Octaples*. Enfin, comme cette collection était trop considérable et d'un prix trop élevé, il fit les *Tétraples*, dans lesquels il plaça seulement les quatre versions grecques des Hexaples, sans y ajouter le texte hébreu. Cet immense travail, auquel Origène consacra une partie de sa vie laborieuse, périt probablement en 653, lors de la prise et du sac de Césarée par les Arabes. Il n'en existe que quelques fragments qui ont été rassemblés par Montfaucon, en 1714 (Paris, 2 vol. in-fol.), et publiés de nouveau par Bahrdt, en 1769 (Leipzig, 2 vol. in-8°).

TÉTRAPNEUMONES. s. f. pl. (τέτρα, quatre; πνεύμων, poumon). T. Zool. Groupe d'*Arachnides*. Voy. ARANÉIDES.

TÉTRAPODE. adj. 2 g. (gr. τετρά, quatre; ποὺς, ποδὸς, pied). T. Zool. Qui a quatre pieds.

TÉTRAPOLE. s. f. (gr. τέτρα, quatre; πόλις, ville). T. Géogr. anc. Territoire qui comprenait quatre villes principales. *La t. de Syrie renfermait les villes d'Antioche, d'Apamée, de Laodicée et de Séleucie.*

TÉTRAPTÈRE. adj. 2 g. (gr. τέτρα, quatre; πτερὸν, aile). T. Zool. Qui a quatre ailes.

TÉTRAPTOTE. adj. 2 g. (gr. τέτρα, quatre; πτῶσις, chute). T. Gramm. Se dit des noms grecs ou latins qui n'ont que quatre terminaisons différentes à un même nombre.

nommées Phthiotide, Histiéotide, Thessaliotide et Pélasgiotide. Chacune des trois tribus gauloises établies en Galatie avait de même partagé son territoire en quatre tétrarchies, à la tête desquelles se trouvaient autant de tétrarques, et cet état de choses subsista jusque vers la fin de la république romaine, où les 12 tétrarques de la Gallo-Grèce furent remplacés par un t. unique, Déjotarus, qui plus tard prit le titre de roi. Enfin, certaines parties de la Syrie étaient gouvernées par des tétrarques, et c'est sous ce titre que plusieurs des princes de la famille iduméenne d'Hérode régnèrent sur différentes parties de la Judée. Mais alors le titre de t. n'impliquait pas que le pays fût divisé en quatre gouvernements : c'était un titre inférieur, comme ceux d'*Ethnarque* et de *Phylarque*, que les Romains donnaient à certains princes tributaires trop peu puissants pour être qualifiés de rois.

TÉTRAS. s. m. (lat. *tetrax*, gr. τέτραξ, m. s., de τετράζειν, caqueter). T. Ornith. Les *Tetras* constituent le type d'une famille de *Gallinacés* qu'on désigne sous le nom de *Tétraonidés*. Ces oiseaux sont caractérisés par un bec robuste, court, à mandibule supérieure voûtée, courbée vers le bout, et plus longue que l'inférieure; par une bande nue et le plus souvent rouge, qui occupe la place du sourcil; par leurs tarses emplumés, avec les doigts garnis d'aspérités sur les bords. Cette famille se partage en 3 genres ou groupes : les *Tétras* proprement dits, qui comprennent les *Coqs de bruyère* et les *Gélinottes*, les *Lagopèdes*, et les *Gangas* ou *Attagens*.

1. — Les *Tétras* proprement dits (*Tetrao*) ont les jambes couvertes de plumes et sans éperons. Ces Gallinacés vivent réunis en familles composées d'un nombre plus ou moins grand d'individus. Ils s'établissent dans les forêts monta-

Fig. 1.

TÉTRAPTURE. s. m. (gr. τέτρα, quatre; οὐρά, queue). T. Icht. Genre de *Poissons osseux*. Voy. SCOMBÉROÏDES.

TÉTRARCHAT ou **TÉTRARCAT.** s. m. [Pr. *tétrar-ka*]. T. Hist. Dignité de tétrarque. Durée du règne d'un tétrarque.

TÉTRARCHIE. s. f. [Pr. *tétrar-ki*]. T. Hist. Quatrième partie d'un pays, soumise à l'autorité d'un tétrarque.

TÉTRARQUE. s. f. (gr. τετράρχης, m. s., de τέτρα, quatre, et ἀρχή, commandement). T. Hist. Le mot Τετράρχης, dont nous avons fait *Tétrarque*, désignait primitivement « le gouverneur de la quatrième partie d'un pays », et chacun de ces territoires était lui-même appelé *Tétrarchie*. C'est ainsi que la Thessalie ancienne était divisée en quatre tétrarchies,

gneuses ou dans les plaines couvertes de hautes bruyères. Ils montent fréquemment sur les arbres; cependant ils se tiennent habituellement à terre, et ils aiment à se rouler dans la poussière à la manière des Poules. Leur vol est court, mais rapide; leur marche aisée et grave, leur course légère. Leur nourriture consiste surtout en baies, en fruits, en bourgeons, en graines, en vers et en insectes. Ils ne cherchent leur nourriture que le matin et le soir; le reste du jour ils se retirent dans les plus fourrés des lieux qu'ils fréquentent. Les femelles déposent leurs œufs, au nombre de 8 à 10, sur la terre nue ou recouverte d'une légère couche de brins d'herbes. Elles ne font qu'une couvée par an, et veillent sur cette couvée avec la plus grande sollicitude. Les *Coqs de bruyère* ont la queue ronde ou fourchue et les doigts nus. Le *Grand Coq de bruyère* (*Tetrao urogallus*) [Fig. 1] est le plus grand des

Gallinacés d'Europe. Supérieur au Dindon pour la taille, le mâle a jusqu'à un mètre de longueur, et le plumage ardoisé, finement rayé en travers de noir sur les côtés. La femelle, d'un tiers plus petite, est rayée et tachetée de roux, de noir et de blanc. Cet oiseau, assez rare en France, est répandu

à ailerons ou *T. Cupidon* (*T. Cupido*) [Fig. 2], commun aux États-Unis d'Amérique. Cet oiseau est de la taille d'une Poule. Il est varié de fauve et de brun, avec la queue brune; les tarses sont emplumés jusqu'aux doigts; les plumes du cou, chez le mâle, se relèvent en deux ailerons pointus, et, sous ces ailerons, il y a une peau nue qu'il gonfle comme une vessie quand il est en amour. Sa voix a le son d'une trompette.

II. — Les *Lagopèdes* (*Tetrao lagopus*), ou *Perdrix de neige*, ne diffèrent des précédents que par leurs doigts garnis de plumes comme la jambe, et par leur queue carrée ou ronde. Le *Lagopède ordinaire* (*T. lagopus*), ou *Perdrix des Pyrénées*, a le plumage d'un cendré roux, rayé de noir en dessus et à la poitrine, blanc en dessous pendant l'été et d'un blanc pur avec une bande noire sur les côtés de la face en hiver

Fig. 2.

Fig. 4.

dans le nord de l'Asie, en Russie, en Allemagne et en Hongrie. Sa chair est excellente. On a vainement essayé de le réduire en domesticité. — Le *Petit Coq de bruyère*, ou *Coq de bruyère à queue fourchue* (*Tet. tetrix*), appelé aussi *Coq de bouleau* et *Faisan noir*, a une queue fourchue dont les

(Fig. 3, le Lagopède en plumage d'hiver). Cet oiseau vit en famille et par troupes plus ou moins nombreuses dans les halliers et les buissons des montagnes. La neige paraît être pour les Lagopèdes ce qu'est l'eau pour les Palmipèdes. Ils s'y roulent et s'y creusent même, au moyen de leurs pieds, des trous où ils se mettent à l'abri du vent, qu'ils redoutent fort. Ce sont aussi leurs gîtes pour la nuit. Ces oiseaux sont un gibier délicat et savoureux; aussi leur fait-on une chasse assidue.

III. — Les *Gangas* ou *Attagens* (*Pterocles*) ont la queue pointue, les doigts nus, le pouce très petit, le tour des yeux nu, mais non de couleur rouge. Le *Ganga cata* (*G. chata* ou *Pter. scturius*) (Fig. 4), vulg. nommé chez nous *Gelinotte des Pyrénées*, est de la taille d'une Perdrix. Il a le plumage écaillé de fauve et de brun et les deux pennes du milieu de la queue très allongées en pointe. Il ne perche jamais. S'il est menacé de quelque danger, il se blottit à terre et ne s'envole que quand il est vivement harcelé. On le trouve dans les landes stériles du midi de la France.

Fig. 3.

deux fourches s'écartent en dehors en s'arrondissant, et ne présente pas les longues plumes sous la gorge qu'on voit dans les espèces précédentes. Le mâle est plus ou moins noir, avec du blanc aux couvertures des ailes et sous la queue. La femelle est fauve et rayée en travers de noirâtre et de blanchâtre. Leur taille est celle du Coq et de la Poule. Cette espèce est commune en Allemagne, en France et dans le midi de la Russie. — Les *Gélinottes* ont la queue courte et étagée. Nous avons chez nous la *Gélinotte commune* (*Tet. bonasia*), vulgairement appelée *Poule des coudriers*. Cet oiseau, dont la taille ne dépasse pas celle de la Perdrix, est agréablement varié de brun, de blanc, de gris, de roux, et sa tête est peu huppée. — Parmi les espèces étrangères, nous citerons le *Tétras*

TÉTRASÉPALE. adj. 2 g. [Pr. *tétra-sépale*] (R. *tétra*, préf., et *sépale*). T. Bot. Qui a quatre divisions au calice.

TÉTRASPERME. adj. 2 g. (gr. τέτρα, quatre. σπέρμα, graine). T. Bot. Qui contient quatre graines.

TÉTRASPORANGE s. m. T. Bot. Voy. TÉTRASPORE.

TÉTRASPORE. s. f. (R. *tétra*, préf., et fr. *spore*). T. Bot. Nom donné aux spores des Floridées qui naissent habituellement par quatre dans une cellule mère appelée *tétraspornge*. Voy. FLORIDÉES.

TÉTRASPORÉ, ÉE. adj. (R. *tétra*, préf., et fr. *spore*). T. Bot. Qui porte quatre spores. Voy. CHAMPIGNON.

TÉTRASTACHYÉ, ÉE. adj [Pr. *tétrasta-kié*] (gr. τέτρα, quatre; στάχυς, épi). T. Bot. Dont les fleurs sont en épis quaternes.

TÉTRASTICHE. adj. 2 g. (gr. τέτρα, quatre; στίχος, rangée). T. Littér. Qui est composé de quatre vers.

TÉTRASTOME. adj. 2 g. (gr. τέτρα, quatre; στόμα, bouche). T. Zool. Qui a quatre bouches ou suçoirs.

TÉTRASTYLE. s. m. (gr. τέτρα, quatre; στύλος, colonne). T. Archit. Qui est précédé d'un portique à quatre colonnes. Voy. TEMPLE.

TÉTRASYLLABE. adj. 2 g. [Pr. *tétra-sil-labe*] (gr. τέτρα-σύλλαβος, m. s.). T. Gramm. Composé de quatre syllabes.

TÉTRASYLLABIQUE. adj. 2 g. [Pr. *tétra-sil-labike*]. Qui a quatre syllabes.

TÉTRATÉRÉBENTHÈNE. s. m. [Pr. *tétratéré-bin-tène*] (R. *tétra*, préf., et *térébenthène*). T. Chim. Terpène de la formule C⁴⁰H⁶⁴, obtenu en traitant l'essence de térébenthine par le protochlorure d'antimoine. C'est un corps solide qui a l'aspect de la colophane; il se ramollit et fond au-dessous de 100°. Il s'unit à l'acide chlorhydrique pour former un monochlorhydrate et un dichlorhydrate.

TÉTRATOMIQUE. adj. 2 g. (R. *tétra*, préf., et *atome*). T. Chim. Qui est formé de quatre atomes. *La molécule de phosphore est t.* ‖ Dont l'atomicité est égale à 4. *Le carbone est un élément t.* ‖ *Alcool t.* Qui possède quatre fonctions alcool.

TÉTRAVALENT. adj. 2 g. [Pr. *tétrava-lan*] (R. *tétra*, préf., et lat. *valens*, qui peut). T. Chim. Syn. de *Quadrivalent*. Voy. ATOMICITÉ. ‖ Qui possède quatre fonctions de même espèce. *L'érythrite est un alcool t.*

TÉTRAZINE. s. f. (R. *tétra*, préf., et *azote*). T. Chim. Composé de la formule C²Az²H², constitué par du benzène dans lequel trois groupes CH sont remplacés par de l'azote. Sur les trois tétrazines que prévoit la théorie, deux sont connues par leurs dérivés; elles répondent aux formules :

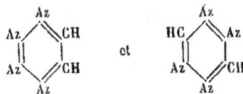

Les dérivés de la t. représentée par la première de ces formules se produisent dans l'oxydation des osazones. Sous l'action de la chaleur ou de l'acide chlorhydrique, ils donnent naissance à des triazols. — La seconde formule représente la t. symétrique, dont les dérivés prennent naissance par l'action du chloroforme sur les hydrazines en présence de la potasse; ces dérivés possèdent une couleur rouge intense.

TÉTRAZOÏQUE. adj. 2 g. (R. *tétra*, préf., et *azoïque*). T. Chim. Voy. AZOÏQUE et COLORANTES, IV, 6.

TÉTRAZOL. s. m. (R. *tétra*, préf., et *azote*). T. Chim. Nom que l'on donne à deux composés isomères dont la constitution est représentée par les formules :

C'est aussi le nom générique de leurs dérivés. Le t. représenté par la première de ces formules a été isolé; c'est un corps solide qui fond à 155°; il est très soluble dans l'eau, l'alcool, l'acétone et l'acide acétique; il rougit la teinture de tournesol. Ses dérivés, tels que le *Phényltétrazol* Az²HC(C⁶H⁵), se comportent comme des acides, en remplaçant l'hydrogène du groupe AzH par des métaux.

TÉTRAZONE. s. f. (R. *tétra*, préf., et *azote*). T. Chim. Nom donné à des composés qui contiennent le groupe =Az—Az=Az—Az= et qui prennent naissance lorsqu'on traite à froid les hydrazines non symétriques par l'oxyde jaune de mercure ou par le chlorure ferrique. Ces composés sont peu stables et se décomposent facilement sous l'action de la chaleur ou des acides.

TÉTRICUS, l'un des trente tyrans (267 ap. J.-C.), régna dans les Gaules, et fut vaincu par Aurélien (274).

TÉTRIX. s. m. [Pr. *té-triks*] (gr. τέτριξ, m. s.). T. Entom. Genre d'Insectes *Orthoptères*. Voy. CRIQUET.

TÉTROBOLE. s. m. (gr. τετρώβολος, m. s., de τέτρα, quatre, et ὀβολὸς, obole). T. Métrol. Poids et monnaie de l'ancienne Grèce, valant quatre oboles. Voy. MONNAIE et POIDS.

TÉTRODON. s. m. (gr. τέτρα, quatre; ὀδοὺς, ὀδόντος, dent). T. Icht. Genre de *Poissons osseux*. Voy. PLECTOGNATHES.

TÉTROL. s. m. T. Chim. Ancien nom du *Furfurane*.

TÉTROSE. s. f. [Pr. *té-troze*] (gr. τέτρα, quatre, et la term. *ose*, des sucres). T. Chim. Nom générique des sucres de la formule C⁴H⁸O⁴.

TÉTROXYBENZÈNE. s. m. [Pr. *tétro-ksibin-zène*]. T. Chim. Voy. TÉTRAOXYBENZÈNE.

TETTE. s. f. [Pr. *tè-te*] (orig. celtique ou germ.). Le bout de la mamelle; se dit des animaux. *T. de chèvre, de truie.*

TETTE-CHÈVRE. s. m. Voy. TÈTE-CHÈVRE.

TETTIGOMÈTRE. s. m. (g. τέττιξ, cigale; μήτρα, ventre), et **TETTIGONE.** s. f. (gr. τέττιξ, cigale; γόνος, race). T. Entom. Genres d'insectes *Hémiptères.* Voy. CICADAIRES.

TÊTU, UE. adj. (R. *tête*). Opiniâtre, obstiné, qui est fort attaché à son sens, à ses opinions, à ses volontés. *Il est si t., qu'il ne démord jamais de ce qu'il dit. Cette petite fille est bien têtue.* = Syn. Voy. ENTÊTER.

TÊTU. s. m. (R. *tête*). T. Techn. Lourd marteau de fer acéré, qui porte d'un côté une tête carrée et de l'autre une pointe, et qui sert pour dégrossir les pierres très irrégulières. ‖ Nom vulg. du Chabot, poisson à grosse tête. Voy. JOUES CUIRASSÉES.

TEUCER, roi de la Troade, donna sa fille à Dardanus, qui lui succéda. ‖ Fils de Télamon, frère d'Ajax, le suivit au siège de Troie, puis fonda Salamine en Chypre.

TEUGUE ou **TUGUE.** s. f. (lat. *tegula*, tuile). T. Mar. Sorte d'abri que l'on dispose à l'arrière d'un vaisseau.

TEUTATÈS, dieu des Gaulois.

TEUTBERG (FORÊT DE), chaîne de montagnes de l'Allemagne du Nord, entre le haut cours de l'Ems et le Weser.

TEUTHYES. s. m. pl. (gr. τευθὶς, m. s.). T. Icht. Les *Teuthyes* constituent une famille de l'ordre des *Acanthoptérygiens*. Les poissons qui composent cette famille sont en petit nombre, et étroitement liés aux Scombéroïdes. Ils sont caractérisés par leur corps comprimé et oblong, leur dorsale unique, leur bouche petite et non protractile, armée à chaque mâchoire d'une seule rangée de dents tranchantes, enfin par l'absence de dents au palais et à la langue. Ces poissons, qui tous sont étrangers à l'Europe, vivent de fucus et d'autres herbes marines et ils ont les intestins d'une grande ampleur. — Les *Sidjans (Siganus)*, appelés aussi *Aphacanthes*, ont un caractère unique en ichtyologie, à savoir, des ventrales qui ont deux rayons épineux, l'externe et l'interne, les trois intermédiaires étant branchus comme à l'ordinaire. Ce genre, dont la chair est estimée, est propre à la mer des Indes. — Les *Acanthures (Acanthurus)* ont les dents tranchantes et dentelées. On les appelle vulgairement *Chirurgiens* [Fig. 1], parce qu'ils ont de chaque côté de la queue une forte épine mobile, tranchante comme une lancette, et qui fait de graves blessures quand on les saisit imprudemment. Nous citerons comme type l'*Acanthure à pierreries* (*Ac. gemmatus*) [Fig. 2], qui se trouve sur les côtes de l'île de France. C'est un très petit poisson, qui doit son nom spécifique aux nombreux points blancs dont est semée la surface de son corps, dont le fond est brun foncé. — Les *Prionures* (*Prionurus*) et les *Nasons* (*Nascus*) ont les côtés de la queue armés de plusieurs lames tranchantes horizontales et fixes. Mais ceux-ci

Fig. 1.

se distinguent de ceux-là par leurs dents coniques et 'la saillie en forme de corne ou de loupe qu'on remarque au-dessous de leur museau. Le *Nason licorne* (*N. fronticornis*), long de 40 centimètres et aux petites écailles d'un gris cendré,

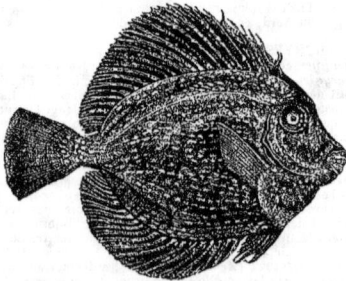

Fig. 2.

abonde à l'île de France, où l'on en fait des salaisons. — Les *Axinures* (*Axinurus*) et les *Priodons* (*Priodon*) se rapprochent, les premiers des Nasons, et les seconds des Acanthures, dont cependant ils n'ont pas l'armure caudale.

TEUTONIQUE. adj. 2 g. (all. *deutsch*). Qui a rapport, qui appartient au pays des anciens Teutons. *Langue t.* — *Ordre t.*, Voy. Ordre, II, C. — *Hanse t.*, ou simpl., *Hanse*, Voy. Hanse. || Se dit comme syn. de *Germanique*.

TEUTONS, peuple germanique des bords de la mer Baltique, envahit avec les Cimbres la Gaule, et fut exterminé par Marius à Aix (102 av. J.-C.).

TEVERONE, anc. *Anio*, rivière d'Italie, affl. du Tibre, 86 kil.

TEXALITE. s. f. [Pr. *teksa-lite*]. T. Minér. Syn. de *Brucite*.

TEXAS, un des États-Unis d'Amérique (États du Sud), sur le golfe du Mexique ; pop. : 2,236,000 hab., cap. *Austin*.

TEXASITE. s. f. [Pr. *teksa-zite*] (R. *Texas*, n. de lieu). T. Minér. Carbonate basique de nickel.

TEXEL, île hollandaise de la mer du Nord, au nord du Helder et du Zuyderzée ; pop. 7,000 hab., ch.-l. *Texel*.

TEXTE. s. m. [Pr. *teks-te*] (lat. *textus*, tissu, de *texere*, tisser). Se dit des écrits originaux authentiques, considérés par rapport aux notes, aux commentaires, aux gloses, aux variantes. — Fig. et fam., *Revenir à son t.*, Revenir au sujet principal dont il est question. *Il prend mal, il a mal pris son t.*, se dit d'un homme qui prétend s'autoriser d'une raison ou d'un exemple qui ne lui est pas favorable. || Par ext., se dit du sujet d'un discours quelconque, d'une simple conversation, etc. *Cet événement devint le t. des accusations les plus graves. Cet abus lui fournit le t. de ses pompeuses déclamations.* || T. Typogr. *Gros t., petit t.*, Voy. Caractère.

TEXTILE. adj. 2 g. [Pr. *teks-tile*] (lat. *textilis*, m. s.). Qui peut être divisé en filaments propres à faire un tissu. *Le lin, le chanvre, le coton, la soie, sont des matières textiles. L'amiante est une pierre t. Le verre sortant du feu est t.*

TEXTILITÉ. s. f. [Pr. *teks-tilité*]. Propriété des corps textiles.

TEXTUAIRE. s. m. [Pr. *teks-tuère*]. Livre où il n'y a que le texte sans commentaire. *Un t. de la Bible. Un t. du droit canon, du droit civil.*

TEXTUEL, ELLE. adj. [Pr. *teks-tuel*]. Qui est dans le texte d'un livre, d'une loi, etc. ; qui est conforme au texte. *Cette phrase est textuelle. Ce que je vous dis est t.*

TEXTUELLEMENT. adv. [Pr. *teks-tuè-leman*]. D'une manière entièrement conforme au texte. *Il cite toujours t.*

TEXTULAIRES [Pr. *teks-tulère*] ou **TESTULARIDES**. s. m. pl. T. Zool. Famille de *Foraminifères*. Voy. ce mot.

TEXTURE. s. f. [Pr. *teks-ture*] (lat. *textura*, m. s., de *textus*, tissu). L'état d'une chose tissue, et l'action de tisser. Peu usité. || Par ext., La disposition, l'arrangement réciproque que présentent les parties élémentaires qui composent un corps. *La t. des tendons est serrée, celle du tissu cellulaire est lâche.* || Fig., *La t. d'un ouvrage, d'un poème*, etc., La liaison des différentes parties de cet ouvrage, etc. = Syn. Voy. Contexture.

TEZCUCO, v. du Mexique, près du lac de même nom, à 25 kilomètres de Mexico ; 4,500 hab.

THABOR, montagne de la Turquie d'Asie, dans la Galilée inférieure où eut lieu, d'après la tradition, la transfiguration de Jésus-Christ. — Victoire des Français sur les Turcs (1799).

THACKERAY, romancier anglais (1811-1863), auteur de la *Foire aux vanités*, etc.

THADDÉE. Voy. Jude.

THAÏS. s. m. (n. mythol.). T. Entom. Genre d'Insectes Lépidoptères. Voy. Diurnes.

THALAMIFLORES. s. f. pl. (lat. *thalamus*, gr. θαλαμὸς, lit nuptial; *flos*, *floris*, fleur). Nom donné par De Candolle à une division du règne végétal contenant les phanérogames dont les pétales libres sont insérés sur le réceptacle. Voy. BOTANIQUE.

THALAMIUM. s. m. [Pr. *talami-ome*] (gr. θαλαμὸς, lit nuptial). Syn. d'*Apothécie*. Voy. LICHENS.

THALAMUS. s. m. [Pr. *tala-mus*] (gr. θαλαμὸς, lit nuptial). Syn. de *Réceptacle*. Voy. ce mot.

THALASSIANTHE. s. m. [Pr. *talas-siante*] (gr. θαλάσσιος, marin; ἄνθος, fleur). T. Zool. Espèce d'*Anémone de mer*. Voy. ACTINIE.

THALASSIÉES. s. f. pl. [Pr. *talas-sié*] (gr. θαλάσσιος, marin]. T. Bot. Tribu de plantes monocotylédones de la famille des *Hydrocharidées*. Voy. ce mot.

THALASSINIENS. s. m. pl. [Pr. *talas-sini-in*] (gr. θαλάσσιος, marin). T. Zool. Nom donné aux Macroures fouisseurs. Voy. MACROURES.

THALASSIOPHYTES. s. m. pl. [Pr. *talas-siofite*] (gr. θαλάσσιος, marin; φυτόν, plante). T. Bot. Nom donné par plusieurs auteurs à la classe des *Algues*.

THALASSIQUE. adj. 2 g. [Pr. *talas-sike*] (gr. θάλασσα, mer). T. Hist. nat. Qui a rapport à la mer, qui en provient.

THALASSITES. s. f. pl. [Pr. *talas-site*] (gr. θάλασσα, mer]. T. Erpét. Nom donné aux Tortues marines. Voy. CHÉLONIENS.

THALER. s. m. [Pr. l'*r* finale. — Quelques-uns écrivent *Taler*, et l'on dit quelquefois *Daler*]. T. Métrol. Ancienne monnaie allemande d'argent qui valait environ 3 fr. 70.

THALÈS, de Milet, philosophe grec (VIᵉ s. av. J.-C.), un des 7 sages de la Grèce.

THALICTRINE. s. f. (R. *Thalictrum*, n. scientifique du genre Pigamon, du gr. θαλικτρον, m. s.). T. Chim. Syn. de *Macrocarpine*.

THALIE. s. f. Muse de la Comédie (Mythol.). Voy. MUSE. || Une des trois *Grâces* (Mythol.). Voy. GRÂCE.

THALITE. s. f. T. Minér. Silicate hydraté de magnésie et d'alumine.

THALITRON. s. m. (gr. θαλικτρον, pigamon). T. Bot. Nom vulgaire du *Sisymbrium Sophia*. Voy. CRUCIFÈRES.

THALLE. s. m. [Pr. *ta-le*] (gr. θαλλὸς, rameau vert). T. Bot. Nom donné à l'appareil végétatif des Algues et des Champignons, le plus souvent constitué par une simple expansion de forme variée, sans racines et ordinairement sans feuilles.

THALLEUX et **THALLIQUE.** adj. 2 g. [Pr. *tal-leu*, *tal-like*]. T. Chim. Voy. THALLIUM.

THALLITE. s. f. [Pr. *tal-lite*] (gr. θαλλὸς, rameau vert). T. Minér. Voy. ÉPIDOTE.

THALLIUM. s. m. [Pr. *tal-liome*] (gr. θαλλὸς, rameau vert). T. Chim. Corps simple, métallique, découvert en 1861 par Crookes à l'aide de l'analyse spectrale. Voy. SPECTRE. Le t. existe en très petite quantité dans les pyrites; il s'accumule dans les boues des chambres de plomb lorsqu'on fait servir ces pyrites à la préparation de l'acide sulfurique. Il est contenu en proportion bien plus forte (16 à 18 pour 100) dans le minéral appelé Crookésite. Le t. est un métal blanc, peu tenace, mais très malléable et très mou; sa densité est 11,86. Il fond à 290° et prend en se refroidissant une structure cristalline. Il ne décompose l'eau qu'au rouge; néanmoins il est très oxydable; il se ternit et noircit rapidement à l'air; aussi le conserve-t-on dans l'eau bouillie. Il s'unit directement au chlore, au brome, à l'iode, au soufre et au sélénium. Il se dissout facilement dans l'acide sulfurique en dégageant de l'hydrogène, et il décompose vivement l'acide azotique; mais il est difficilement attaqué par l'acide chlorhy-

drique. Le t. a pour symbole Tl et pour poids atomique 204. Par ses propriétés physiques et quelques-unes de ses réactions il ressemble beaucoup au plomb. Ses propriétés chimiques et les composés où il fonctionne comme élément monovalent le font ranger à côté des métaux alcalins; mais il s'en écarte en ce qu'il est capable de former une autre série de composés où il est trivalent. Le Peroxyde de t. ou Oxyde *thalleux* Tl²O, l'*Hydrate thalleux* TlOH, et les *Sels thalleux* qui en dérivent, présentent la plus grande analogie avec les composés correspondants du potassium. Les sels thalleux se distinguent des sels alcalins en ce qu'ils donnent avec l'acide sulfhydrique un précipité noir de *Protosulfure* Tl²S. D'autre part on connaît un *Oxyde* et un *Hydrate thalliques* qui ont respectivement pour formules Tl²O³ et TlO²H, et qui se combinent avec les acides pour former les *Sels thalliques*. Ces derniers sont peu stables; l'eau les dissocie, et les agents réducteurs les transforment facilement en sels thalleux. — Le t. forme avec le chlore deux composés principaux : un *Protochlorure* TlCl qui ressemble beaucoup au chlorure d'argent, et un *Trichlorure* TlCl³ jaune, déliquescent. Le brome, l'iode et le fluor forment des composés analogues; l'*Iodure* TlI se distingue par son insolubilité dans l'eau. — En général, les composés du t. colorent la peau en blanc et la racornissent; ils sont encore plus vénéneux que les composés du plomb.

THALLOGÈNE. s. m. et adj. 2 g. [Pr. *tal-lojène*] (gr. θαλλὸς, rameau vert; γενεά, génération). T. Bot. Nom donné par certains botanistes aux plantes qui forment l'embranchement des *Thallophytes*. Voy. BOTANIQUE.

THALLOPHYTES. s. f. pl. [Pr. *tal-lofite*] (gr. θαλλὸς, rameau vert; φυτόν, plante). T. Bot. Embranchement du règne végétal comprenant les plantes à thalle. Voy. BOTANIQUE.

THALWEG. s. m. [Pr. *tal-veg*] (all. *thal*, vallée; *weg*, chemin). Le milieu du courant d'un fleuve, d'une rivière; la ligne plus ou moins sinueuse du fond d'une vallée, suivant laquelle se dirigent les eaux courantes.

THANATOLOGIE. s. f. (gr. θάνατος, mort; λόγος, discours). Traité de la mort; théorie de la mort.

THANATOLOGIQUE. adj. 2 g. Qui se rapporte à la thanatologie.

THANN, anc. ch.-l. de c. (Haut-Rhin), arr. de Belfort; 8,500 hab. (à l'Allemagne depuis 1871).

THAPSIA. s. m. (lat. *thapsya*, gr. θάψος, m. s.). T. Bot. Genre de plantes Dicotylédones de la famille des *Ombellifères*. Voy. ce mot.

THAPSUS, anc. ville d'Afrique près [de laquelle César anéantit les restes du parti de Pompée (46 av. J.-C.).

THARGÉLIES. s. f. pl. (gr. θαργήλια, m. s.). T. Antiq. Chez les Grecs, on désignait sous ce nom une fête solennelle qui se célébrait à Athènes, le 6 et le 7 du mois de Thargélion en l'honneur d'Apollon et de Diane, d'après Suidas, ou du Soleil et des Heures, d'après le scholiaste d'Aristophane. Le premier jour, on offrait un sacrifice expiatoire pour purifier la ville et ses habitants : mais les victimes sacrifiées étaient des victimes humaines, l'une pour les hommes et l'autre pour les femmes : on les désignait sous le nom significatif de φαρμακοί. Les malheureux destinés à ce sacrifice solennel étaient des individus condamnés à mort. Le second jour des *Thargélies* était solennisé par une procession et par un spectacle public qui consistait en une lutte de chœurs à laquelle les hommes seuls prenaient part. Pour prix le vainqueur recevait un trépied qu'il devait consacrer à Apollon dans le temple que Pisistrate avait érigé à ce dieu.

THASOS. Ile de la mer Égée au N., à la Turquie.

THAU (Étang de), lagune du dép. de l'Hérault, communiquant avec la Méditerranée par le canal de Cette.

THAULACHE. s. f. Sorte de hallebarde dont la lame était remplacée par une longue pointe.

THAUMATURGE. adj. 2 g. (gr. θαυματουργὸς, m. s., de

θαῦμα, merveille, et ἔργον, ouvrage). Qui fait des miracles. *Saint Grégoire t.* || Subst., *C'est un t.*

THAUMATURGIE. s. f. (gr. θαυματουργία, m. s.). Art du thaumaturge.

THAUMATURGIQUE. adj. 2 g. Qui se rapporte à la thaumaturgie.

THAUR, grand désert de l'Inde, au N.-E. de la presqu'île du Dekan.

THÉ s. m. (mot chinois). Arbrisseau dont les feuilles servent à faire une infusion qui se prend chaude. || Infusion de thé. *Boire, prendre du thé. Offrir, verser du thé.* || Se dit aussi d'une sorte de collation dans laquelle on sert du thé. *Donner un thé. Il y a thé chez madame une telle.* || *Thé suisse*, infusion médicinale de plantes aromatiques. || *Thé de viande*, infusion de viande hachée, à l'usage des malades.

Bot. — Le *Thé* (*Thea*) appartient à la famille des Ternstrémiacées. C'est un arbrisseau rameux et toujours vert, qui

s'élève à une hauteur de 1 à 2 mètres. Ses feuilles sont alternes, pétiolées, un peu coriaces, légèrement dentées en scie, d'un vert un peu luisant. Ses fleurs, blanches, solitaires et portées sur des pédoncules axillaires, ont un calice persistant, à cinq sépales et une corolle de six à neuf pétales soudés entre eux à leur base, et dont les extérieurs sont plus petits. Les étamines sont nombreuses, hypogynes, et les filets adhèrent au bas des pétales. L'ovaire se compose de trois loges renfermant chacune quatre ovules, et il est surmonté d'un style trifide

que terminent trois stigmates aigus. Le fruit représente une capsule presque globuleuse, à deux ou trois lobes correspondant à autant de loges, et à déhiscence loculicide. Dans chaque loge il ne se développe ordinairement qu'une seule graine, qui est sphérique et entourée d'une peau mince et luisante. L'espèce type du genre est le *Thé de la Chine* (*Thea chinensis*), qui donne le thé du commerce. On en connaît trois variétés, *T. viridis*, *T. Bohea* et *T. stricta*, qui fournissent des feuilles identiques. [Fig. — 1. *Thea bohea*; 2. Coupe transversale de l'ovaire; 3. Fruit; 4. Coque isolée; 5. La même, dont on a enlevé une partie du péricarpe; 6. Graine].

Le Thé est originaire de l'Assam supérieur et du sud-ouest de la Chine, où il croît sur les pentes de l'Himalaya. Cet arbuste est cultivé aujourd'hui sur une grande partie du territoire chinois, au Japon, dans l'Inde, dans l'Amérique du Sud, au Brésil et dans quelques colonies européennes. Le Thé aime un sol léger, recouvert d'une mince couche de terre végétale, et n'exige ni préparation, ni engrais, ni arrosage. L'exposition au sud, en plein soleil, est la meilleure. Au bout de trois ans, on commence la cueillette, qui se fait trois fois par année, en mars, en mai et en juillet. Les feuilles jeunes et délicates de mars donnent une récolte de qualité supérieure. En mai la cueillette est plus abondante, mais de moindre qualité; enfin, en juillet, on obtient les produits inférieurs. La cueillette faite, on apporte les feuilles dans des hangars bien aérés, et l'on procède à leur préparation, opération fort délicate d'où dépendent le mérite et la couleur de la marchandise. Les sortes de thé appelées, d'après leur couleur, *Thé noir* et *Thé vert* sont le résultat du mode de préparation auquel les feuilles sont soumises. Pour obtenir le *thé noir*, on commence par exposer les feuilles au soleil, on les étendant en couches minces sur des plateaux de bambou; puis on les fait sécher sur des plaques de métal chauffées au moyen de fourneaux, mais en remuant sans cesse les feuilles avec les mains jusqu'à ce que la chaleur soit insupportable. Pendant cette demi-cuisson, les feuilles rendent un suc âcre et grisâtre. Après quoi, on les enlève, on les répand sur des nattes ou sur du papier, on les froisse, et on les agite dans des corbeilles pour qu'elles s'enroulent et se frisent. Cette opération se répète trois ou quatre fois s'il le faut, jusqu'à ce que toute humidité ait disparu. Pour le *thé vert*, on étend les feuilles, dès qu'elles sont cueillies, sur des plaques chauffées, et l'on procède sans perte de temps à la dessiccation et à l'enroulement, de manière qu'elles ne subissent pas cette espèce de fermentation à laquelle on soumet les thés noirs. On a longtemps cru que la couleur verte du thé provenait des plaques de cuivre sur lesquelles les Chinois, disait-on, faisaient sécher les feuilles; mais il est aujourd'hui bien établi qu'ils ne se servent, pour cette opération, que de plaques de fonte ou de fer. Après que les feuilles ont été frottées, enroulées et séchées, on procède au *triage*, ou à la séparation des qualités; au *criblage*, qui a pour objet de débarrasser les feuilles des brins de tiges mêlés avec elles, et qui s'opère au moyen de treillis de bambou; au *vannage* et au *tamisage*, pour chasser la poussière et les corps étrangers. La *torréfaction*, qui s'opère sur des fourneaux *ad hoc*, est la partie la plus difficile de ce travail, un degré de chaleur en plus ou en moins modifiant la qualité du produit. Enfin, le *thé noir* subit l'opération de l'*étuvage*. Les feuilles sont placées dans des paniers de bambou sous des brasiers de charbon, à l'abri de la fumée et des cendres, et on les remue avec la main jusqu'à complète dessiccation. Les Chinois ont pour habitude d'aromatiser le thé en y mélangeant certaines fleurs odoriférantes, provenant de l'*Olea fragrans*, du *Gardenia florida* et du *Jasminum Sambac*.

Dans le commerce, ainsi que nous venons de le dire, on distingue deux grandes classes de thés, les *verts* et les *noirs*. Les premiers ont une odeur forte, une saveur astringente et piquante; ils sont très excitants et empêchent de dormir. Les seconds ont moins de force, moins de parfum et agitent beaucoup moins. On dit que les thés sont *perlés* ou en *poudre à canon*, suivant qu'ils sont roulés en grains plus ou moins gros. Les principales variétés de thés connues dans le commerce sont, dans l'ordre de leur plus grande valeur, pour les thés verts : le *Thé Hyson*, le *Thé Schoulang*, le *Thé poudre à canon*, le *Thé perlé*, le *Thé Tonkay*. Pour les thés noirs : le *Thé Souchong*, le *Thé Congo*, le *Thé Bohea*, le *Thé Pekao à pointes blanches*, le *Thé Pekao orange*. Les thés dits *de caravane* sont ceux qui arrivent en Russie par la voie de terre, après avoir traversé toute la Sibérie. On prétend que ces thés, par suite de leur transport par terre, ont une supériorité marquée sur ceux qui sont restés des mois entiers à bord des navires; mais leur supériorité n'est nullement démontrée.

Enfin, on appelle *thés en brique*, des espèces de gâteaux rectangulaires et plats, formés de résidus et de poussières de thé qu'on a fortement comprimés. Ces thés se consomment surtout dans la Tartarie russe et la Sibérie. Les habitants y mêlent du lait, du beurre, du sel et diverses herbes, de façon à obtenir une sorte de bouillie qu'ils savourent avec délices. — D'après les analyses chimiques de Mulder et de Péligot, le thé renferme un grand nombre de substances diverses, savoir : de la *théine* (*caféine*), une *essence*, de la *chlorophylle*, de la *cire*, une *résine*, de la *gomme*, du *tanin*, de la *caséine*, etc. On y a encore trouvé un nouvel alcaloïde, la *Théophylline*, isomère de la théobromine.

L'usage du thé et de son infusion est extrêmement répandu en Chine et au Japon, où cette substance occupe même une place importante dans l'alimentation. Il y est une boisson ordinaire et de première nécessité, et toutes les classes de la population en font un très grand usage. Son introduction en Europe remonte au milieu du XVIIᵉ siècle. En 1666, la compagnie des Indes mentionne l'achat de 22 livres et demie de thé, au prix de 36 livres sterling (930 fr. environ) pour en faire présent au roi d'Angleterre. Aujourd'hui l'importation du thé en Angleterre s'élève à plus de 40 millions de kilogrammes. En France, le thé a été longtemps considéré comme un médicament; aujourd'hui même, dans nos départements méridionaux, on n'en fait guère usage que comme digestif et tonique. C'est seulement à partir de 1814 que le goût du thé s'est répandu dans les classes moyennes. Dans le monde entier la production annuelle peut être évaluée actuellement à 1050 millions de livres; l'Angleterre consomme 134 millions de livres, la Russie, 78 millions, la France 4 millions et quart, l'Amérique 160 millions, et le restant, c.-à-d. deux fois autant que les autres pays, est consommé par la Chine. En Europe, on mélange souvent par parties égales le thé noir et le thé vert, ou bien on met deux portions de thé noir et une de thé vert, ce dernier agissant plus activement sur les personnes nerveuses. Trois cuillerées à café sont la dose ordinaire pour une théière contenant six tasses. On met le thé dans la théière, on répand dessus un peu d'eau bouillante; on laisse infuser deux ou trois minutes; on achève de remplir la théière d'eau bouillante, et le thé se trouve prêt à boire. L'action que produit cette boisson varie beaucoup selon les individus. Chez quelques personnes, il semble n'en produire aucune; chez d'autres, il suscite des troubles dans les fonctions de l'organisme, provoque une agitation violente et cause l'insomnie. En général, il est favorable aux obèses et sédentaires, réveille les individus somnolents et cause une légère surexcitation cérébrale.

Par analogie, le nom de *Thé* a été étendu, dans le langage vulgaire, à diverses plantes dont les feuilles servent de même à préparer des infusions plus ou moins aromatiques. C'est ainsi que l'on nomme : *Thé d'Amérique*, la Capraire à deux fleurs, Scrofulariacées; *Thé des Apalaches*, le Houx vomitif, Ilicacées; *Thé de Bourbon*, l'Angrec odorant, Orchidées; *Thé du Canada* et *Thé de montagne*, la Gaultheria procumbens, Ericacées; *Thé d'Europe*, la Véronique officinale, Scrofulariacées; *Thé du Mexique*, l'Ambrine ambrosioïde; Chénopodiacées et la Capraire à deux fleurs, Scrofulariacées, *Thé d'Oswego*, la Monarde didyme, Labiées; et enfin *Thé Suisse*, le *Faltrank*. Voy. ce mot.

THÉACÉ, ÉE. adj. T. Bot. Qui ressemble au thé.

THÉAKI, anc. Ithaque, l'une des îles Ioniennes; 10,000 hab.

THÉANO, femme de Pythagore, cultiva la philosophie avec succès.

THÉATINS s. m. pl. T. Hist. relig. L'ordre des *Théatins*, appelés aussi *Clercs réguliers de la congrégation de Latran*, a été fondé à Rome, l'an 1524, par J.-P. Caraffa, archevêque de Chieti (en latin *Theato*, d'où *théatin*), et plus tard pape sous le nom de Paul IV. Ces religieux ne possédaient ni terres, ni revenus, et subsistaient uniquement des libéralités des personnes pieuses. Ils furent introduits en France par Mazarin, qui leur acheta (1644) sur le quai Malaquais, à Paris, une maison où ils restèrent jusqu'à la Révolution. Cet ordre n'a jamais eu en France que cette seule maison.

THÉÂTRAL, ALE. adj. (lat. *theatralis*, m. s.). Qui appartient au théâtre, qui est propre au théâtre; ou qui ne convient guère qu'au théâtre. *Action, expression théâtrale. Il a quelque chose de th. dans le débit, dans le geste.* || *Année théâtrale*, Le temps qui s'écoule depuis la rentrée de Pâques jusqu'à la clôture de la semaine sainte.

THÉÂTRALEMENT. adv. [Pr. *téatrale-man*]. D'une manière théâtrale.

THÉÂTRE. s. m. (lat. *theatrum*, gr. θέατρον, m. s., de θεάομαι, je regarde). Lieu, édifice où l'on représente des ouvrages dramatiques, où l'on donne des spectacles. *Th. antique. Le th. Marcellus. Le Th.-Français. Le th. de l'Odéon. Le th. de l'Opéra. Le th. du Vaudeville. Le th. de Saint-Charles à Naples. Th. en plein vent. Th. de marionnettes. Ouvrir un th. Le directeur d'un th.* — *Il y a un th. français à Saint-Pétersbourg, un th. italien à Londres, etc.*, Il y a à Saint-Pétersbourg un th. où l'on joue des pièces françaises, etc. — *Th. de la foire.* Théâtres qu'on installait à Paris pendant les foires de Saint-Laurent et de Saint-Germain, et qui paraissent remonter à 1595. Ce furent d'abord des théâtres de marionnettes; puis vers 1678, on y joua de véritables pièces de théâtre; ces spectacles durèrent jusqu'à la Révolution. || Dans un sens plus particulier, La partie élevée où les acteurs, vus de tous les points de l'enceinte, exécutent les représentations dramatiques. *La décoration du th. Le devant, le bord, le fond du th. Jouer, représenter sur le th.* — *Pièce de th.*, Voy. Pièce. — *Changements de th.* Les changements de décoration dans la même pièce. On dit plus ordinairement, *Changements de scène, de décoration.* — *Habits de th.*, Habits servant dans les représentations dramatiques. — *Les personnes de th.*, Les acteurs et les actrices de profession. *C'est une femme de th.* — *Monter sur le th.*, Adopter, exercer la profession de comédien. *Quitter le th., renoncer au th.*, se dit d'un comédien qui renonce à sa profession, ou d'un poëte qui ne veut plus faire de pièces de théâtre. *Cet homme est né pour le th.*, Il a des dispositions naturelles pour être un bon acteur. *Cet acteur a l'habitude, l'expérience du th.*, Il connaît son art, il en a la pratique. — *Écrire, travailler pour le th.*, Composer des pièces destinées à être représentées. *Mettre un sujet au th.*, En faire le sujet d'une œuvre dramatique. *Mettre une pièce au th.*, Faire représenter une pièce. — *Fermer le th.*, Cesser les représentations pendant quelque temps. *Rouvrir le th.*, Recommencer à jouer. — Fig., *Coup de th., Roi de th.*, V. Coup, etc. || Par extension, La poésie dramatique. *Corneille et Molière ont fondé le th. en France. Il faut bien les vers, mais il n'entend pas le th. Les règles, la pratique du th.* || *Recueil des pièces d'un auteur qui a travaillé pour le th. Le th. de Corneille, de Molière. Le th. de Schiller.* — *Le th. grec ou des Grecs; Le th. latin; Le th. français; Le th. anglais, italien, allemand, etc.*, Les pièces de théâtre faites par les auteurs grecs, latins, français, etc. || Fig., so dit d'un lieu où se passent des événements remarquables, d'une place, d'un emploi où un homme est, pour ainsi dire, en spectacle. *Le monde est un grand th. La cour est un th. changeant. Cette ville fut le th. d'un grand événement. Cet emploi le place sur un trop petit th., sur un trop grand th.* — Ce qui n'offre qu'une apparence vaine.

Les grands, pour la plupart, sont masques de théâtre.

LA FONTAINE.

Hist. — I. — Les premiers *Théâtres* grecs furent de simples constructions en charpente que l'on élevait avant les fêtes de Bacchus pour y donner les représentations dramatiques (on sait que ces représentations étaient liées au culte de ce dieu), après quoi on les démolissait. Eschyle n'eut pas d'autre th., lorsque, 500 ans environ avant J.-C., il fit jouer sa première tragédie. Mais l'un de ces théâtres temporaires s'étant écroulé, événement qui fut regardé comme un présage de mauvais augure, les Athéniens commencèrent sur la pente sud-est de l'Acropole la construction d'un th. en maçonnerie. Toutefois ce monument ne fut terminé que vers l'an 340 avant notre ère. Pendant ce long intervalle, chez tous les peuples de race hellénique, on vit s'élever des édifices de ce genre construits sur le plan de celui d'Athènes, ainsi que le prouvent les ruines qui subsistent encore en Grèce, en Sicile et dans l'Asie Mineure. Plusieurs de ces monuments avaient des dimensions colossales. Nous citerons comme exemples les théâtres d'Argos et d'Éphèse dont les débris couvrent respectivement un espace de 137 et 182 mètres de diamètre. Le th. d'Athènes même pouvait, dit-on, contenir 50,000 spectateurs. Dans tout th. grec, on distinguait trois parties principales : l'emplacement destiné aux spectateurs, qui en formait la partie la plus élevée; la scène, avec ses dépendances, qui était opposée à cette première partie; et l'orchestre, qui se trouvait entre les deux. — L'emplacement destiné aux spectateurs était découvert et offrait la forme d'un fer à cheval. C'était le *Théâtre* proprement dit, θέατρον, conformément à l'étymologie de ce mot, qui signifie le lieu d'où l'on regarde. Il était couvert de gradins *a* (Fig. 1) qui s'élevaient en amphithéâtre les uns au-dessus des autres en formant de grands arcs (près de 3/4) de cercles concentriques. De distance en distance, deux rangées consécutives étaient séparées par de larges corridors *b*, appelés διαζώματα ou κατατομαί, en latin *præcinctiones*, où, les jours de grande affluence, beaucoup de personnes pouvaient se placer. Les gradins étaient coupés de haut en bas par des escaliers (κλίμακες, *scalæ*) qui convergeaient vers le centre et partageaient le th. proprement dit en compartiments cunéiformes (κερκίδες, *cunei*). De plus, chaque escalier de l'étage inférieur débouchait dans la *précinction* juste au milieu du coin directement supérieur. Enfin, cette partie du th. était terminée par un portique couvert *c*, plus élevé que le couronnement de la scène, afin sans doute d'augmenter les propriétés acoustiques de l'édifice. — L'*Orchestre* (ὀρχήστρα, *orchestra*) correspondait à notre parterre. Il consistait en un espace circulaire qui s'étendait devant les spectateurs, un peu plus bas que le dernier banc de la précinction inférieure, où il ne

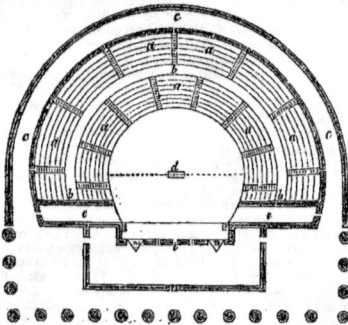

Fig. 1.

constituait pas un cercle complet, car, ainsi que le montre la Figure, il se liait à la scène elle-même. L'orchestre était réservé au chœur, qui y exécutait ses danses et ses évolutions : aussi était-il planchéié. Au centre du cercle qu'il constituait se trouvait le *Thymélé* (θυμέλη), c.-à-d. l'autel de Bacchus *d*, lequel était ainsi un peu plus rapproché de la scène que du banc le plus bas réservé au public. Cet autel était élevé sur une plate-forme entourée de plusieurs marches. Enfin, il était de bois et de forme carrée, et servait à plusieurs usages, tantôt d'autel proprement dit, tantôt de monument funéraire, etc., suivant les besoins de la représentation. Le chœur entrait dans l'orchestre par deux larges passages *e* (πάροδοι), l'un d'un côté, l'autre de l'autre, et allait se ranger dans l'espace compris entre la scène et le thymélé, tandis que son chef, ainsi que le joueur de flûte et les magistrats chargés de la police du th. (ῥαβδοφόροι, ῥαβδοῦχοι, *præcones*), se tenaient sur la plate-forme, entre l'autel et la scène, de manière à n'être pas aperçus par les spectateurs. — La *Scène* était séparée de l'orchestre par un mur peu élevé, de chaque côté duquel se trouvaient quelques marches qui servaient au chœur pour monter sur la scène quand il devait prendre une part directe à l'action dramatique. Elle se terminait par un mur de fond appelé σκηνή, *scena*, de chaque extrémité duquel se projetait une aile qu'on nommait παρασκήνιον, *parascenium*. La scène avait peu de profondeur, car elle occupait seulement le segment de cercle enlevé à l'orchestre. L'espace compris entre ce dernier et le mur de fond était appelé προσκήνιον, *proscenium*, et constituait ce qu'aujourd'hui nous nommons proprement la *scène*. C'était dans la partie de cet espace qui était la plus rapprochée de l'orchestre, que se tenaient les acteurs quand ils parlaient : les anciens l'appelaient λογεῖον en latin *logeum*, *pulpitum*. Elle dominait l'orchestre et était probablement de niveau avec la plate-forme du thymélé. Le *postscenium* était l'espace compris derrière le mur de fond et où se tenaient les acteurs en attendant leur tour d'entrer en scène. Le mur de fond, la *scena*, qui correspondait à notre toile de fond, offrait une grande façade que l'on disposait con-

formément au genre des pièces et de manière à la mettre en harmonie avec le lieu de l'action. Avant la représentation, il était couvert par une vaste tenture (παραπέτασμα, προσκήνιον, αὐλαῖαι, en latin *aulæa*, *siparium*), que l'on faisait descendre, au moment du spectacle, sous le plancher, où elle s'enroulait sur un cylindre de bois. Pour la tragédie, la scène ou le mur de fond représentait ordinairement la façade d'un palais avec trois grandes entrées pour les principaux acteurs : la porte du milieu *i* était appelée *porte royale*. Ce palais présentait de chaque côté une aile en saillie, dont chacune avait une entrée séparée. Dans certaines tragédies, comme le *Prométhée*, les *Perses*, *Philoctète*, *Œdipe à Colone*, ainsi que dans les comédies et les drames satyriques, où le lieu supposé de la pièce était différent, il fallait de toute nécessité que le mur de fond fût caché par des décorations appropriées. En outre, comme les tragédies d'Euripide et d'autres pièces réclamaient plusieurs changements de scène, nous devons en conclure que, du moins à l'époque d'Euripide, l'art de la mise en scène était très avancé. Au reste, la peinture de décors existait, contrairement à l'opinion d'Aristote, bien avant le temps de Sophocle, et ceux qui la cultivaient surent, de bonne heure, observer les lois de la perspective. — Les *Machines* usitées dans les théâtres grecs étaient fort nombreuses ; mais en l'absence de textes descriptifs, il est impossible, dans une foule de cas, de se faire une idée exacte de leur nature et des effets qu'elles pouvaient produire. On appelait περίακτοι des prismes triangulaires *m* placés dans deux baies qui se trouvaient vers les extrémités du mur de fond : ces prismes représentaient un sujet différent sur chacun de leurs trois côtés, en sorte qu'en les faisant tourner sur un pivot, on obtenait un changement de décor. Les χαρώνειοι κλίμακες, ou escaliers de Charon, étaient des espèces d'échelles au moyen desquelles les ombres des morts semblaient sortir de terre. On nommait μηχανή, κράδη ou αἰώρημα, l'espèce de machine que nous appelons *gloire*, et à l'aide de laquelle les dieux et les héros semblaient se soutenir ou se transporter dans les airs : de là l'expression *deus ex machina*.

II. — Toutes les colonies grecques de l'Italie méridionale possédaient des théâtres absolument semblables à ceux que nous venons de décrire. C'est sur leur modèle que furent construits les *Théâtres romains*. Néanmoins, pendant fort longtemps, Rome n'eut que des théâtres temporaires construits en charpente, qui étaient démolis aussitôt après les jeux. C'est sur des théâtres de ce genre que furent jouées les pièces de Plaute et de Térence. Cependant on avait commencé à Rome l'érection d'un th. de pierre, lorsque, l'an 155 avant notre ère, le consul P. Corn. Scipion Nasica Corculum parvint à persuader au sénat que c'était la une innovation contraire aux bonnes mœurs, et obtint qu'on démolirait les constructions déjà élevées. On continua donc de se servir de théâtres temporaires de bois. Cependant ces édifices étaient parfois remarquables par leur magnificence. Tel était le th.

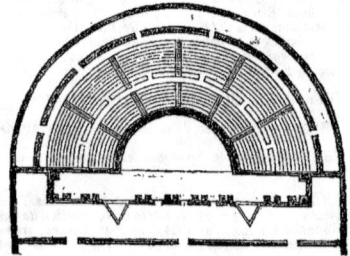

Fig. 2.

de bois érigé l'an 58 avant J.-C. par M. Æmil. Scaurus, gendre de Sylla et alors édile. Il pouvait contenir 80,000 spectateurs. La scène, ou mur de fond, présentait trois étages de colonnes : celles du premier étaient de marbre, celles du second de verre, et celles du troisième de bois, mais dorées. Huit années plus tard, Rome admira les deux théâtres adossés, érigés aux frais de C. Curion. Ce fut le grand Pompée qui, l'an 55 avant notre ère, fit construire le premier th. de pierre qu'ait possédé Rome. Il était situé près du champ de Mars et pouvait contenir 40,000 personnes : l'architecte, diten, avait pris pour modèle le th. de Mitylène. Sous Auguste, Rome fut dotée de deux nouveaux théâtres de la plus grande magnificence. L'un fut construit aux frais de Corn. Balbus, et l'autre aux frais de l'empereur lui-même, qui l'appela *Th. Marcellus*, du nom de son neveu. — Les théâtres romains offraient la même disposition générale que ceux des Grecs. Ils en différaient principalement en ce que la partie réservée aux spectateurs représentait exactement une demi-circonférence. L'orchestre était également demi-circulaire, et son diamètre formait le bord de la scène (Fig. 2). De plus, il ne renfermait pas d'autel et n'était pas réservé au chœur; mais on y plaçait des sièges pour les sénateurs et autres personnages de distinction, comme, p. ex., les ambassadeurs des nations étrangères : aussi le qualifiait-on de *primus subselliorum ordo*.

III. — Chez les Grecs, de même que chez les Romains, les représentations dramatiques avaient lieu en plein jour. A Athènes, c'était dans la matinée. Aussi, lorsqu'ils prévoyaient qu'il y aurait foule, certains spectateurs allaient occuper leurs places pendant la nuit. Les acteurs étaient garantis contre l'ardeur du soleil par les constructions en saillie qui couronnaient la scène. Quant aux spectateurs, ils s'abritaient au moyen de chapeaux à larges bords. Dans certains théâtres, on étendait au-dessus d'eux un voile immense, appelé *velarium* par les Romains. Lorsqu'il faisait beau temps, comme cela arrivait habituellement aux Dionysiaques, qui se célébraient au printemps, les spectateurs se couronnaient de fleurs, tandis qu'aux Lénéennes, qui se célébraient en janvier, ils s'enveloppaient dans leurs manteaux. Enfin, quand un orage ou une pluie subite survenait pendant le spectacle, le peuple se réfugiait sous le portique qui entourait le th., ou dans les couloirs pratiqués sous les gradins. Comme les représentations duraient souvent de 10 à 12 heures, on laissait entre deux pièces successives un certain intervalle dont les assistants profitaient pour manger et se rafraîchir. Les premiers rangs de sièges, c.-à-d. les plus rapprochés de l'orchestre, étaient réservés aux stratèges, aux archontes, aux prêtres, aux ambassadeurs étrangers et autres personnages de distinction. Les rangs immédiatement au-dessus appartenaient aux cinq cents sénateurs. Les écrivains modernes ont beaucoup agité la question de savoir si, chez les Grecs et plus particulièrement chez les Athéniens, les femmes assistaient aux représentations dramatiques. Toutefois, en rapprochant certains passages d'auteurs anciens, on peut considérer comme un fait établi, qu'elles étaient admises au th. quand on jouait la tragédie; mais, d'autre part, il paraît certain qu'elles ne pouvaient assister aux comédies. Au reste, elles occupaient au th. des places réservées et séparées de celles des hommes.

IV. — Dans toute l'Europe et durant tout le moyen âge, c'est sur des échafaudages temporaires, dressés sur les places publiques ou dans de vastes salles, qu'eurent lieu les représentations dramatiques. Les premiers théâtres modernes permanents ont été construits en Italie, dans le courant du XVIe siècle; mais les architectes qui les érigèrent, tels que Bramante, Palladio et Scamozzi, s'occupèrent bien plus à imiter les théâtres antiques qu'à élever des édifices en rapport avec les usages modernes. Ce fut seulement au siècle suivant que l'on commença de leur donner les dispositions qu'ils présentent aujourd'hui. D'après ce qui précède, il est facile de voir combien les théâtres actuels diffèrent de ceux des anciens. D'abord, ils sont infiniment moins vastes; ensuite, ils sont toujours couverts; enfin, comme on n'y joue que le soir, on est obligé de les éclairer par des moyens artificiels. Sauf quelques exceptions, ils s'élèvent sur un plan plus ou moins allongé, et présentent trois divisions principales : une partie antérieure, la salle proprement dite et la scène. — La partie antérieure, où se trouve la façade, comprend un vestibule, des escaliers qui mènent aux étages supérieurs, des bureaux, et, le plus souvent, une grande pièce qui sert de lieu de réunion au public pendant les entr'actes, et qu'on nomme *Foyer*. — La *Salle* est destinée à recevoir les spectateurs. Elle occupe l'édifice dans toute sa hauteur, jusqu'à la naissance du comble, et ses parois intérieures portent plusieurs galeries en encorbellement disposées les unes au-dessus des autres, et auxquelles on accède par des corridors. En général, ces galeries sont partagées par des cloisons en petites chambres ouvertes du côté de la scène, qu'on appelle *Loges*. La figure de la salle est généralement elliptique, l'expérience ayant démontré que cette forme est la meilleure. La partie inférieure de la salle a son point le plus bas à 1m,70 environ au-dessous du plancher de la scène. C'est dans cette partie et à l'endroit le plus rapproché de la scène, que se placent les musiciens : aussi l'appelle-t-on

Orchestre. Immédiatement après l'orchestre vient le *Parquet*, lequel est occupé par plusieurs rangées de sièges : abusivement, on applique souvent au *parquet* la dénomination d'*orchestre*. Enfin, au delà de ce dernier est le *Parterre*, dont le plancher s'élève à mesure qu'on s'éloigne de la scène, afin que tous les spectateurs puissent jouir de la vue de celle-ci. — La *Scène* communique avec la salle par une large baie, appelée l'*ouverture de la scène*, qui se ferme à volonté à l'aide d'un vaste *Rideau*, que l'on manœuvre par en haut. Elle se divise en deux parties, l'*Avant-scène* et la *Scène* proprement dite. La première est l'espace compris entre l'orchestre et le rideau. Elle est accompagnée, à droite et à gauche, des *Avant-scènes*. Enfin, elle offre, tout à fait sur le devant, un appareil d'éclairage, vulgairement appelé *Rampe*, dont on peut graduer la lumière à volonté. Au milieu de la rampe, se trouve le *trou du souffleur*, qui est caché aux spectateurs par une sorte d'écran. Cette partie de la scène a été imaginée pour permettre aux artistes de s'avancer plus près des spectateurs et de se faire entendre plus facilement. La scène s'étend depuis le rideau jusqu'au mur de fond. Elle se prolonge, en outre, sur chacun de ses côtés latéraux, d'une quantité au moins égale à sa largeur visible. Son plancher est formé de traverses de bois situées à une certaine distance les unes des autres, et de feuilles de parquet mobiles, qui s'élèvent et s'abaissent, vont et viennent au moyen de rainures pratiquées dans les traverses. Ces pièces de parquet constituent les *Trappes* et les *Trappillons*, qui s'ouvrent et se ferment pour le jeu des décorations. Au-dessous de la scène se trouve un espace égal en profondeur à la moitié au moins de la hauteur de l'ouverture de la scène. Il est divisé verticalement par les supports des traverses, et partagé, dans les grands théâtres, en trois étages à planchers mobiles, auxquels on donne les noms de *premier, deuxième* et *troisième dessous*. Un espace semblable et distribué de la même manière existe au-dessus de la scène. Ce second espace et ses divisions sont ce qu'on appelle les *dessus*. Il se termine par un *gril* en charpente qui est chargé de machines, treuils, roues, etc. Les prolongements latéraux ou *ailes* de la scène, les dessus et les dessous, ont été imaginés pour que les décorations qui doivent paraître, soit en largeur, soit en hauteur, toute l'étendue du tableau de la scène, puissent arriver moitié de droite et moitié de gauche, ou moitié d'en haut et moitié d'en bas, sans que, pour leur mise en place, comme pour toute autre manœuvre, les hommes ni les choses aient jamais à se confondre, à se heurter ou à se croiser. — On distingue 4 catégories de décorations, savoir : les *Châssis* ou *Coulisses*, qui forment les côtés de la scène et cachent au public la vue des ailes; les *Toiles*, qui descendent des dessus pour former le fond de la scène, les ciels, les plafonds, la sommité des arbres et des édifices, et généralement toutes les parties supérieures; les *Fermes*, pièces montées sur châssis, qui s'élèvent des dessous ou viennent des côtés pour former la partie inférieure du tableau de la scène, et peupler les divers plans de celle-ci d'arbres, de fabriques, de colonnes et autres objets isolés; et, enfin, les *Praticables*, terme générique par lequel on désigne les décorations qui donnent passage aux acteurs, comme les portes et les ponts, et les objets réels, tels que meubles, etc. Les fermes et les châssis, soit qu'ils arrivent des ailes, soutenus sur des *Portants* à roulettes qui se meuvent sur le premier dessous, soit qu'ils s'élèvent du premier, du second ou du troisième dessous, s'ouvrent un passage par les ouvertures que nous avons appelées trappillons, et c'est par des ouvertures correspondantes à ces trappillons, établies dans les dessus, que simultanément les toiles descendent. Quant aux trappes, elles sont réservées pour le passage des personnages qui ont à venir de dessous terre, ou à s'y précipiter. Elles servent aussi à introduire sur la scène les praticables qui viennent des dessous, tels que les autels, les meubles, etc., et, en général, tous les objets volumineux. Des espaces semblables sont pratiqués dans les dessus pour la descente des gloires, des chars volants, et, en général, pour les pièces destinées à traverser l'air et à s'y soutenir, et qu'on appelle généralement les *Vols*. Toutes ces décorations, de quelque part qu'elles viennent, sont mues par des contrepoids dont le mouvement est réglé par des treuils manœuvrés à bras d'homme, et installés dans les dessus et dans les dessous. La dénomination de *Truc* s'applique à tout mécanisme qui, dans certaines pièces, comme les féeries, sert à faire mouvoir les objets qui ne font que paraître et disparaître. Les décorations sont peintes simplement en détrempe, sur toile, quelquefois cependant sur bois ou sur carton, mais toujours conformément aux lois de la perspective et du clair-obscur. Chaque coulisse marque une des sections ou *plans* de la scène, et ces plans, au nombre de dix au plus, vont se rattacher à la *toile de fond* qui les continue indéfiniment. On dit qu'une pièce, qu'un acte, va jusqu'au troisième, au quatrième plan, etc., pour indiquer l'étendue de la scène nécessaire à la représentation. La scène est toujours accompagnée d'un plus ou moins grand nombre de dépendances qui servent de magasins, de bureaux pour l'administration, de foyers pour les acteurs, etc. Enfin, les combles et les parties basses de l'édifice renferment des réservoirs d'eau pour combattre les incendies. — Voy. DRAMATIQUE, COMÉDIE, TRAGÉDIE, etc.

THÉAULON, auteur dramatique fr. (1787-1841).

THÉBAÏDE ou **HAUTE-ÉGYPTE**, partie méridionale de l'Égypte anc., cap. Thèbes. Le désert de la Thébaïde où se retirèrent les premiers solitaires chrétiens est compris entre la chaîne Arabique et la chaîne Libyque. = THÉBAÏDE. s. m. Retraite solitaire. *Une th. La th. de Port-Royal.*

THÉBAINE (LÉGION), légion romaine composée de chrétiens, qui fut commandée par saint Maurice et qui se laissa massacrer, sous Dioclétien, plutôt que de sacrifier aux idoles.

THÉBAÏNE. s. f. (R. *thébaïque*). T. Chim. Alcaloïde contenu dans l'opium. La th. répond à la formule $C^{19}H^{21}AzO^3$. Elle cristallise en lamelles quadratiques, insipides, fusibles à 193°, insolubles dans l'eau et dans les alcalis, très solubles dans l'alcool et dans le chloroforme. Ses dissolutions sont lévogyres. Elle possède une réaction alcaline et se comporte comme une base énergique. La th. est un poison convulsivant, le plus vénéneux de tous les alcaloïdes contenus dans l'opium.

THÉBAÏQUE. adj. m. (R. *Thèbes*, ville d'Égypte). T. Pharm. *Extrait th.*, Extrait à base d'opium. Voy. OPIUM, ill.

THÈBES *aux cent portes*, v. de l'anc. Égypte, cap. de la Thébaïde, sur le Nil, dont les ruines se trouvent dans les villages de Médinet-Abou, Louqsor et Karnak.

THÈBES, v. de la Grèce ancienne, cap. de la Béotie, auj. *Thiva*, 3,550 hab.

THÉCAPHORE. s. m. (gr. θήκη, logo; φορὸς, qui porte). T. Bot. Réceptacle portant des thèques.

THÉCASPORÉS. s. m. pl. (gr. θήκη, boîte; σπόρα, semence). T. Bot. Syn. d'*Ascomycètes*. Voy. ce mot.

THÉCLA. s. m. (n. de femme). T. Entom. Genre d'insectes *Lépidoptères*. Voy. DIURNES, 4°.

THÉCOSOMES. s. m. pl. (gr. θήκη, boîte; σῶμα, corps). T. Zool. Sous-ordre de Mollusques *Gastéropodes Ptéropodes* dont les espèces appelées encore Ptéropodes à coquille se distinguent des autres Ptéropodes par la présence d'une coquille en forme d'urne qui entoure leur corps. Les principaux types de ce groupe sont les CLÉODORES et les CONULARIIDES. Voy. ces mots et PTÉROPODES.

THÉIÈRE. s. f. Vase dans lequel on fait infuser le thé. *Th. d'argent, Th. de porcelaine.*

THÉIFORME. adj. f. [Pr. *té-iforme*] (R. *thé* et lat. *forma*, forme). *Infusion th.*, Infusion que l'on prépare comme le thé.

THEIL (LE), ch.-l. de c. (Orne), arr. de Mortagne, sur l'Huisne; 1,100 hab.

THÉINE. s. f. (R. *thé*). T. Chim. Syn. de *Caféine*.

THÉISME. s. m. (gr. θεὸς, dieu). T. Philos. relig. Croyance en Dieu. Voy. DÉISME.

THEISS, riv. de Hongrie, descend des monts Carpathes en Hongrie, et se jette dans le Danube au-dessus de Belgrade; 930 kil.

THÉISTE. s. 2 g. (gr. θεὸς, dieu). Celui, celle qui croit à l'existence de Dieu; se dit par opposition à Athée.

THELPHUSE. s. f. [Pr. *tel-fuze*]. T. Zool. Genre de *Crustacés*. Voy. BRACHYOURES.

THELYGONE. s. m. (gr. θῆλυς, délicat; γόνυ, genou). T. Bot. Genre de plantes Dicotylédones (*Thelygonum*) de la famille des *Urticacées*. Voy. ce mot.

THELYGONÉES. s. f. pl. (R. *Thelygone*). T. Bot. Tribu de plantes de la famille des *Urticacées*. Voy. ce mot.

THÉLYPHONE. s. m. [Pr. *téli-fone*] (gr. θῆλυς, efféminé; φονεὺς, meurtrier; ainsi nommé à cause de l'absence d'aiguillon dangereux). T. Zool. Espèces d'*Arachnides*. Voy. PÉDIPALPES.

THÉMATIQUE. adj. 2 g. (gr. θεματικὸς, m. s.). T. Gramm. Qui a rapport au thème d'un mot. || T. Mus. *Catalogue th. d'un opéra*, catalogue des thèmes de cet opéra.

THÈME. s. m. (lat. *thema*, gr. θέμα, m. s., de τίθημι, je pose). Sujet, matière, proposition que l'on entreprend de prouver ou d'éclaircir. *Cet homme n'a pas bien pris son th., n'a pas bien suivi son th.* — Fig. et fam., *Il a mal pris son th.*, se dit de quelqu'un qui a avancé quelque chose mal à propos, quelque chose de faux, qu'il ne peut soutenir. || Ce qu'on donne aux écoliers à traduire de la langue qu'ils savent dans celle qu'on veut leur apprendre. *Th. grec. Th. latin. Donner, dicter un th. Ces thèmes sont trop faciles.* — La composition de l'écolier. *Il a bien fait son th.* — Fig. et fam., *Faire son th. en deux façons*, dire, écrire la même chose de deux manières différentes, et, au sens moral, tendre à un même but par des moyens différents. — *Fort en th.*, élève distingué d'une classe, sur lequel on peut compter dans les concours et irait. Esprit correct mais sans richesse d'imagination. || T. Gramm. Le radical primitif d'où un verbe a été tiré; et, dans la gramm. grecque, le présent du verbe, parce que les autres temps sont formés. || T. Mus. La mélodie sur laquelle on compose des variations. || T. Astrol. *Th. céleste*, ou simplement *Thème*, la position où se trouvent les astres par rapport au moment de la naissance de quelqu'un et au lieu où il est né, position de laquelle les astrologues tirent l'horoscope.

THÉMINES (marquis de). Maréchal de France (1553-1627).

THÉMIS. [Pr. l's. finale] (gr. θέμις, loi). T. Mythol. La déesse de la justice (Fig.). — Dans le style soutenu, se dit de la Justice personnifiée. *Les arrêts de Th. On remit entre ses mains le glaive de Th.*

THÉMISTIUS, rhéteur grec (315-390 ap. J.-C.), fut en faveur auprès de Constance, Jovien, Valens, Valentinien 1er et Théodose.

THÉMISTOCLE, homme d'État et général athénien (533-470 av. J.-C.), battit les Perses à Salamine, et mourut exilé en Perse.

THÉNAR. s. m. (g. θέναρ, paume). T. Anat. Saillie musculaire située à la région palmaire de la main, au-dessus du pouce. Voy. MAIN.

THENARD (baron), chimiste français (1777-1857), découvrit le bore, inventa la préparation du bleu qui porte son nom, découvrit l'eau oxygénée, etc. — *Bleu T.* Voy. COBALT.

THENARDITE. s. f. (R. *Thenard*, n. d'un chimiste fr.). T. Minér. Sulfate de soude anhydre, en croûtes cristallines dans les salines d'Espagne et en Bolivie.

THÉNEZAY, ch.-l. de c. (Deux-Sèvres), arr. de Parthenay; 3,800 hab.

THENON, ch.-l. de c. (Dordogne), arr. de Périgueux; 1,800 hab.

THEOBROMA. s. m. (g. θεὸς, dieu; βρῶμα, nourriture). T. Bot. Nom scientifique du genre *Cacaoyer*. Voy. ce mot.

THÉOBROMINE. s. f. (R. *Theobroma*, n. scientifique du genre Cacaoyer). T. Chim. Principe actif que renferme le cacao dans la proportion de 1 à 3 p. 100. On peut l'extraire du cacao à l'aide de la chaux et de l'alcool bouillant. La th. cristallise en petits prismes anhydres, d'une saveur amère, peu solubles à froid dans l'eau et dans l'alcool, très soluble dans l'ammoniaque. Elle se sublime sans fondre vers 290°. La th. est un dérivé diméthylé de la xanthine et répond à la formule

$$C^5H^2(CH^3)^2Az^4O^2;$$

on a réalisé sa synthèse en chauffant à 100° le sel plombique de la xanthine avec de l'iodure de méthyle. La th. est neutre au tournesol. Vis-à-vis des acides elle fonctionne comme une base en donnant des *sels de th.* qui sont cristallisables et que l'eau dissocie. Vis-à-vis des alcalis elle se comporte comme un acide monobasique en échangeant un atome d'hydrogène contre un métal alcalin. Les sels alcalins que l'on obtient ainsi permettent de préparer par double décomposition les sels des autres métaux. Le sel d'argent, traité par l'iodure de méthyle, donne naissance à la caféine, qui est un dérivé méthylé de la th. — L'action physiologique de la th. est analogue à celle de la caféine, mais plus faible. En médecine la th. est utilisé comme diurétique ; on emploie de même la *Diurétine*, qui est une combinaison de th. et de salicylate de soude, et l'*Urophérine* où la th. est combinée avec le salicylate de lithine.

THÉOCRATE. s. m. Membre d'une théocratie. Celui qui exerce un pouvoir théocratique.

THÉOCRATIE. s. f. [Pr. *téokra-si*] (gr. θεοκρατία, m. s., de θεός, dieu, et κράτος, pouvoir). Gouvernement où les chefs de la nation sont regardés comme étant les ministres de Dieu. *Le gouvernement qui régit le Thibet au nom du Lama est une th.*

THÉOCRATIQUE. adj. 2 g. Qui appartient à la théocratie, qui a le caractère de la théocratie. *Les Juifs ont vécu longtemps sous le gouvernement th.*

THÉOCRATIQUEMENT. adv. D'une manière théocratique.

THÉOCRITE, poète grec, né à Syracuse (IIIe s. av. J.-C.), auteur d'*Idylles*.

THÉODAT, roi des Ostrogoths d'Italie, fit périr sa femme Amalasonte pour régner seul, mais il fut battu par les généraux de Justinien et égorgé par ses soldats (536).

THÉODEBALD, roi d'Austrasie (553-547), fils et successeur de Théodebert Ier.

THÉODEBERT Ier, petit-fils de Clovis et fils de Thierri Ier, roi d'Austrasie de 534 à 547, battit les Grecs et les Ostrogoths. || THÉODEBERT II, roi d'Austrasie, de 596 à 612, fils et successeur de Childebert II, attaqua son frère Thierri II, fut vaincu, puis mis à mort par ordre de son aïeule Brunehaut.

THÉODELINDE, femme d'Autharis, roi des Lombards, épousa, après la mort de son mari, le duc de Turin, Agilulphe, et le fit élever au trône (591).

THÉODICÉE. s. f. (gr. θεός, dieu; δίκη, justice). T. Philos. Traité de la justice de Dieu et de la Providence. Titre d'un ouvrage de Leibniz. — Nom donné par Victor Cousin à la partie de la philosophie qui traite de Dieu et de ses attributs.

THÉODOLITE. s. m. (mot mal fait; la première partie est tirée du gr. θεάομαι, je vois; quant à la seconde, il paraît impossible d'en trouver l'explication). T. Géodésie. Le *Théodolite* est un instrument destiné à mesurer les distances zénithales et les azimuths, c.-à-d. les angles de deux plans verticaux. La construction de cet instrument a varié depuis son invention. Aujourd'hui, il se compose essentiellement d'une lunette fixée à un cercle divisé placé dans un plan vertical et mobile autour d'un axe central, qui peut tourner autour d'un axe vertical et entraînant dans son mouvement de rotation un cercle divisé horizontal. Les cercles divisés tournent à l'intérieur de couronnes de cuivre sur lesquelles sont tracés des verniers servant d'index dont on lit les indications au travers de loupes convenablement disposées. Les cercles mobiles peuvent être immobilisés par des vis de

pression, et des vis de rappel permettant les mouvements lents une fois que les vis de pression sont calées. Enfin tout l'appareil est supporté par trois vis calantes qui permettent de le placer de manière que l'axe soit parfaitement vertical. Le cercle vertical sert à la mesure des distances zénithales, et le cercle horizontal à celle des azimuths. L'installation et le réglage de l'appareil exigent des précautions minutieuses. C'est en Angleterre qu'on s'est servi d'abord de cet instrument; mais c'est en France qu'il a reçu ses plus grands perfectionnements, par les travaux de Borda, de Gambey, de Combes, etc.

THÉODORA, épouse de Justinien Ier, fut associée à l'empire par son mari (527).

THÉODORE (SAINTE), dame romaine, subit le martyre sous Dioclétien. Corneille l'a prise pour héroïne d'une tragédie. — Fête le 28 avril.

THÉODORE Ier, pape de 642 à 649. || THÉODORE II, pape en 898.

THÉODORE Ier, *Lascaris*, fondateur de l'empire de Nicée, de 1204 à 1222. || THÉODORE II, *Lascaris*, empereur de Nicée de 1255 à 1259.

THÉODORET, historien et écrivain grec ecclésiastique, né à Antioche (387-458).

THÉODORIC Ier, roi des Wisigoths, se réunit à Aétius pour combattre Attila et périt dans la bataille de Châlons (419-451). || THÉODORIC II, roi des Wisigoths d'Espagne, de 453 à 466.

THÉODORIC le Grand, roi des Ostrogoths (474-526), vainquit et tua Odoacre, et se fit proclamer roi d'Italie (493). Il reconstitua l'administration romaine et développa la civilisation en Italie.

THÉODORIC. Voy. THIERRI.

THÉODOROS, grand négus ou roi d'Abyssinie (1855), retint prisonniers des missionnaires anglais et des agents diplomatiques. Vaincu par les Anglais, il se donna la mort (1868).

THÉODOSE Ier *le Grand*, associé à l'empire par Gratien (379), repoussa de la Macédoine les Wisigoths, vengea la mort de Valentinien II, renversa l'usurpateur Eugène et resta seul maître de tout l'empire (394-395). Il laissa deux fils, Arcadius et Honorius. || THÉODOSE II, empereur d'Occident (402-421). || THÉODOSE II *le Jeune*, empereur d'Orient, succéda à son père Arcadius (408-450) ; il acheta la paix d'Attila. Il est l'auteur du *Code Théodosien* (439).

THÉODOSIE. Voy. KAFFA.

THÉODOSIEN, IENNE. adj. [Pr. *téodosi-in, ièn*]. Qui appartient à Théodose le Grand ou à son petit-fils. *Le code th.*, promulgué en 458.

THÉOGNIS, poète grec (570-485 av. J.-C.), auteur d'*Élégies* et surtout de *Sentences*.

THÉOGONIE. s. f. (gr. θεός, dieu; γόνος, génération). Génération des dieux; se dit de tout système religieux polythéiste. *La th. des Égyptiens, des Grecs, des Hindous.* || Se dit particulièrement du poème grec d'Hésiode sur la généalogie des dieux de la mythologie hellénique.

THÉOGONIQUE. adj. 2 g. Qui appartient à la théogonie.

THÉOLOGAL. s. m. (lat. *theologus*, théologien). Chanoine institué dans le chapitre d'une église cathédrale ou collégiale pour enseigner la théologie, et pour prêcher en certaines occasions. *Th. de Paris, de Sens.*

THÉOLOGALE. s. f. (lat. *theologus*, théologien). Dignité de théologal. *Il avait la th. de telle église.* = THÉOLOGALE. adj. f. T. Relig. *Vertus théologales.* Voy. VERTU.

THÉOLOGALEMENT. adv. Avec la majesté prétentieuse qu'affectent certains théologiens.

THÉOLOGIE. s. f. (lat. *theologia*, gr. θεολογία, m. s., de θεός, dieu, et λόγος, discours). Science qui a pour objet Dieu et les choses divines. *Th. dogmatique. Th. morale. Docteur en th. La faculté de th. Cours, leçon, thèse de th.* — *La th. des mahométans, des anciens Perses, des Indiens.* — *Faculté de th.* Voy. UNIVERSITÉ. || Signif. aussi, doctrine théologique. *Suivant la th. la plus reçue. La th. des Pères. Ce livre renferme une th. profonde.* — Se dit encore des opinions particulières plus ou moins reçues parmi les écrivains ecclésiastiques. *Plusieurs Pères ont contredit sur ce point la th. de saint Irénée.* || Recueil des ouvrages théologiques d'un auteur. *Th. de Bellarmin, de Thomassin, de Tournely, du P. Perrone.*

Philos. — La *Théologie* est la science de Dieu et des choses divines. Les docteurs catholiques disent qu'elle a pour objet propre et spécial toutes les vérités révélées, conservées dans l'Église et proposées par elle à la foi et à l'acceptation de l'intelligence. Ils distinguent ordinairement la th. en *Th. naturelle* et en *Th. révélée* ou *Th. proprement dite.* Par la première, on entend la connaissance de Dieu, telle qu'on peut l'acquérir par les seules lumières de la raison, et elle constitue ce qu'on appelle plus ordinairement, en philosophie, la *Théodicée.* La seconde, au contraire, se fonde, sur les vérités révélées qui ont été enseignées par les patriarches, par les prophètes et par Jésus-Christ, ainsi que par les apôtres et ceux que Jésus-Christ a établis dépositaires de sa doctrine. — Au point de vue de son objet, la th. révélée se divise en trois parties. Elle comprend en effet l'étude des dogmes, des lois et du culte : de là la *Th. dogmatique,* qui établit les vérités que nous devons croire ; la *Th. morale,* qui explique les obligations que nous avons à remplir ; et la *Th. canonique,* qui traite du culte divin et de la discipline qui s'observe dans l'Église. Au point de vue de la méthode d'enseignement, on distingue encore la th. en *Th. positive* et *Th. scolastique.* Elles ne diffèrent l'une de l'autre que par la manière de traiter les questions théologiques. La méthode *positive* se borne à établir les vérités théologiques par l'Écriture sainte, la tradition, l'autorité de l'Église et les raisonnements qui dérivent d'un autre dogme révélé, sans entrer dans toutes les discussions qui ont rapport à cette vérité. La méthode *scolastique,* ainsi appelée parce qu'elle a été suivie dans les écoles depuis le XIIᵉ siècle, est plus serrée, plus subtile, que la précédente et se préoccupe uniquement de la rigueur des démonstrations. Elle réduit toute la th. en un seul corps, distribuant les questions par ordre, de manière qu'elles s'éclairent les unes par les autres et qu'elles forment un système suivi, lié et complet. En outre, elle emploie exclusivement dans les discussions les formes de la dialectique.

Les sources où la th. puise ses principes et les propositions qu'elle enseigne sont au nombre de trois : 1° l'Écriture sainte ; 2° la tradition ; 3° les décisions de l'Église, les décrets et règlements des conciles généraux et particuliers, et les constitutions des papes.

THÉOLOGIEN, IENNE. s. [Pr. *téoloji-in, ièné*]. Celui qui suit la théologie, qui écrit sur la théologie. *Grand, savant, profond th. Tous les théologiens sont d'accord sur ce point.* — Par ext., étudiant en théologie. || On dit aussi, au fém., d'une femme qui prétend savoir la théologie, *Elle fait la théologienne, elle veut passer pour théologienne.*

THÉOLOGIQUE. adj. 2 g. (lat. *theologicus,* gr. θεολογιϰὸς, m. s.). Qui concerne la théologie. *Matière th. Doctrine th. Somme th. Des questions théologiques.*

THÉOLOGIQUEMENT. adv. [Pr. *téoloji-keman*]. D'une manière théologique, selon les principes de la théologie, en théologien. *Il a répondu th. Il a traité cette matière th.*

THÉOLOGISER. v. n. [Pr. *téoloji-zer*]. Parler de matières théologiques, en raisonner.

THÉOLOGISME. s. m. Abus des principes théologiques.

THÉON d'*Alexandrie,* mathématicien et astronome du IVᵉ siècle.

THÉOPHANIE. s. f. (gr. θεός, dieu ; φαίνειν, montrer). Manifestation de la divinité aux hommes sous une forme matérielle. Voy. ÉPIPHANIE.

THÉOPHILANTHROPE. s. m. (gr. θεὸς, dieu ; φίλος, ami ; ἄνθρωπος, homme). T. Hist. relig. Sous le nom de *Théophilanthropes,* dont l'étymologie défectueuse signifie

Amis de Dieu et des hommes, on désigne une secte philosophico-religieuse qui se forma pendant la Révolution française. La doctrine professée par ces sectaires, ou la *Théophilanthropie,* n'était autre chose que le pur déisme ; elle n'admettait que deux dogmes, l'existence de Dieu et l'immortalité de l'âme. Les théophilanthropes avaient conservé le baptême, la confirmation et le mariage ; mais ce n'était pour eux que des cérémonies symboliques. Quant à leur culte, il était de la plus grande simplicité, et il n'y avait point de prêtres. La secte tint sa première assemblée publique à Paris, le 26 niv. an V (15 janv. 1797), et le Directoire l'autorisa à célébrer ses offices dans plusieurs églises dont les catholiques avaient déjà été remis en possession. Tournés en ridicule et violemment attaqués par les philosophes, aussi bien que par les catholiques, les théophilanthropes, après avoir été un moment à la mode, tombèrent bientôt dans un discrédit complet. Enfin, un arrêté des consuls, en date du 12 vend. an X (4 oct. 1801), leur ayant interdit de se réunir dans un édifice national, la secte ne put résister à ce coup et se dispersa.

THÉOPHILANTHROPIE. s. f. Doctrine religieuse des théophilanthropes.

THÉOPHILANTHROPIQUE. adj. 2 g. Qui appartient à la théophilanthropie.

THÉOPHILE (SAINT), évêque d'Antioche et l'un des Pères de l'Église, auteur d'une Apologie, mort vers 190.

THÉOPHILE, jurisconsulte grec, l'un des rédacteurs des *Institutes de Justinien.*

THÉOPHRASTE. s. m. (nom d'homme). T. Bot. Genre de plantes Dicotylédones (*Theophrasta*) de la famille des *Myrsinées.* Voy. ce mot.

THÉOPHRASTE, philosophe grec, auteur des *Caractères* (374-287).

THÉOPHYLLINE. s. f. [Pr. *té-ofil-line*] (gr. θέος, dieu ; φύλλον, feuille). T. Chim. Substance contenue dans le thé et possédant la même constitution que la théobromine. On la retire de l'extrait alcoolique du thé. Elle cristallise en tables monocliniques, solubles dans l'eau chaude ; ces cristaux contiennent une molécule d'eau de cristallisation qu'ils perdent à 110° ; ils fondent à 264°. La th. est un dérivé diméthylé de la xanthine et un isomère de position de la théobromine. Elle possède les propriétés chimiques de cette dernière substance et fournit comme elle un sel d'argent que l'on peut transformer en caféine.

THÉOPOMPE, roi de Sparte, institua les éphores (VIIIᵉ siècle av. J.-C.).

THÉORBE. s. m. (it. *Tiorba,* n. de l'inventeur). T. Mus. Sorte d'instrument à cordes pincées. Voy. GUITARE.

THÉORÈME. s. m. (lat. *theorema,* gr. θεώρημα, de θεωρέω, je contemple). Proposition qui doit être rendue évidente au moyen d'une démonstration ; se dit surtout en termes de mathématiques. *Cette proposition, La somme des trois angles d'un triangle rectiligne est égale à deux droits, est un th.*

Math. — Un th. est une proposition qu'on démontre au moyen de propositions précédemment établies, c.-à-d. qu'on fait voir que cette proposition est une conséquence logique des précédentes. De là vient qu'on distingue l'*énoncé* qui est la proposition même, et la *démonstration* qui est le raisonnement par lequel on montre comment cette proposition est une conséquence des précédentes. L'énoncé lui-même se décompose en deux parties : l'*hypothèse* et la *conclusion.* L'hypothèse est la supposition que l'on fait relativement aux éléments sur lesquels on raisonne, et la *conclusion* est la conséquence qui découle de cette hypothèse, si l'on admet les propositions précédentes. On peut toujours rédiger l'énoncé en le faisant commencer par la conjonction *si,* ce qui permet de distinguer nettement l'hypothèse de la conclusion. Par ex., le th. : *La somme des trois angles d'un triangle est égale à deux droits* peut s'énoncer : *Si une figure est un triangle, la somme de ses trois angles est égale à deux angles droits.* L'hypothèse est donc que la figure considérée est un triangle, et la conclusion que la somme des trois angles vaut deux droits.

THÉORÉTIQUE. adj. 2 g. (lat. *theoreticus*, gr. θεωρητικός, m. s.). Qui a le caractère d'une théorie.

THÉORICIEN, IENNE. s. [Pr. *té-orisi-in, ièn*]. Celui, celle qui connaît les principes d'un art ; se dit ordinairement par oppos. à Praticien.

THÉORIE. s. f. (gr. θεωρία, contemplation). Connaissance qui s'arrête à la simple spéculation, sans passer à la pratique. *Ce que vous dites est beau en th., mais ne réussit pas dans la pratique. Réduire la th. en pratique. La th. de la musique, de la peinture, etc.* || Ensemble de connaissances, ou simplem. hypothèse donnant l'explication complète d'un ordre de faits. *Th. de la gravitation. Th. des planètes. La th. atomique. Les théories de la physique. La th. des deux électricités. La th. électro-dynamique d'Ampère.* || †T. Art milit. Se dit des principes de la manœuvre. *Cet officier connaît bien la th., sa th. Faire la th.,* L'enseigner. — Se dit aussi des leçons de th. *Il y a th., tous les soirs.*

Antiq. — Les Grecs donnaient le nom de *Théories* (θεωρίαι) aux députations solennelles qu'on envoyait à Olympie, à Delphes, à Délos, etc., soit pour assister à des jeux publics, soit pour consulter les oracles. Entre toutes les villes de la Grèce, Athènes se distinguait par la magnificence de ses théories, et celle qu'elle envoyait à Délos était surtout célèbre. Les personnes qui composaient la députation étaient appelées *Théores* (θεωροί) et le chef de la th. prenait le nom d'*Archithéore* (ἀρχιθέωρος). Les dépenses du voyage étaient moitié aux frais de l'État, moitié aux frais des archithéores. Pour porter sa th. à Délos, Athènes avait conservé la galère même de Thésée, à laquelle on donnait le nom de ναῦς θεωρίς et de πάραλος. Avant le départ, la th. offrait à Marathon un sacrifice solennel pour obtenir un heureux voyage. Enfin, pendant son absence, qui durait ordinairement 30 jours, on purifiait la ville et il était interdit de mettre à mort aucun criminel.

Philos. — Le mot th. est pris dans des sens différents. Quelquefois il désigne un ensemble de connaissances purement spéculatives sans souci de la pratique et de l'expérience. C'est ainsi que l'on dit que les mathématiques sont des sciences de th. pure. D'autres fois, th. est synonyme d'hypothèse : c'est ainsi qu'on dit la th. de l'émission de la lumière et la th. des vibrations lumineuses. Voy. LUMIÈRE. Cependant, dans le langage de la science, le mot th. a un sens précis. Il désigne l'ensemble de toutes les propositions coordonnées que l'on peut déduire par le raisonnement, soit d'une hypothèse, soit d'un ou plusieurs faits dûment constatés par l'expérience. Le plus souvent une th. offre une partie hypothétique qui sert de base aux raisonnements ; cependant, il peut se faire que la base de la th. n'ait rien d'hypothétique. Par ex., la th. de la chute des corps repose tout entière sur ce fait, bien constaté par l'expérience, que les corps tombent dans le vide suivant un mouvement uniformément accéléré. Lorsque la th. dépend d'une hypothèse, elle se distingue de celle-ci en ce qu'elle contient non seulement l'hypothèse elle-même, mais encore toutes les conséquences qu'on en peut déduire par le raisonnement et le calcul, et même ces raisonnements et ces calculs. C'est l'accord des conséquences avec les faits observés qui fait juger du plus ou moins de probabilité de l'hypothèse. Voy. HYPOTHÈSE.

On oppose quelquefois la th. à la pratique, et il n'est pas rare de voir des hommes d'une instruction médiocre, mais rompus à la pratique industrielle, parler avec mépris des connaissances théoriques qu'ils ne possèdent pas et qu'ils déclarent volontiers inutiles et dangereuses. Il y a, dans cette conception, un malentendu qu'expliquent les difficultés qu'on rencontre presque toujours quand on veut appliquer une th. à un cas déterminé de la pratique, et la maladresse avec laquelle cette application est trop souvent tentée par de jeunes ingénieurs fiers de leur savoir, mais trop peu expérimentés pour se défier des exigences de la réalité. La difficulté vient de ce que les théories enseignées se rapportent toujours à des cas simples. Les problèmes que l'on étudie sont des problèmes dont les éléments ont été simplifiés précisément pour rendre possibles les déductions du calcul et du raisonnement. Il est rare qu'un problème pratique rapporte exactement à l'un de ces problèmes types. Dans la réalité se rencontrent beaucoup d'éléments que la th. n'a pas prévus et celui qui n'en tient pas compte s'expose aux illusions les plus graves. Ce n'est pas que les théories soient fausses ; mais elles sont incomplètes parce qu'elles ne comprennent pas tous les éléments du problème. Le difficile est de

bien connaître ces éléments : si l'on peut arriver à les déterminer tous, et si la th. est assez avancée pour qu'on puisse les faire tous entrer dans les raisonnements, on peut appliquer sans crainte la solution théorique ; malheureusement, il est rare que les théories scientifiques soient assez complètes pour donner une solution. Il faut alors savoir distinguer, parmi les éléments du problème, ceux qui sont essentiels, et ceux qu'il est permis de négliger : c'est là qu'il faut du jugement, de la prudence et de l'expérience, qualités qui s'acquièrent surtout par une longue pratique. Cependant, si l'application de la th. présente des difficultés et même des dangers, il serait beaucoup plus dangereux de vouloir se passer de toute th., et on fait, personne ne s'en passe. Ceux même qui la méprisent, et affectent de vouloir s'en tenir à la pratique, sont bien obligés de raisonner dès qu'ils veulent conclure de ce qu'ils ont fait avec succès à ce qu'ils doivent faire dans un autre cas. A moins que les deux cas ne soient identiques, il leur faudra bien faire un raisonnement pour passer de l'un à l'autre. Or, tout raisonnement implique une th., une règle plus ou moins sûre pour apprécier les modifications à faire. La seule différence est que le praticien suppose une règle simple qu'il devine par une sorte d'intuition que lui fournit l'expérience qu'il a des cas semblables, tandis que le théoricien s'appuie sur les règles sûres de la science. Ce qu'il faut critiquer, ce n'est jamais la th., c'est l'application inconsidérée qu'on en fait quelquefois à des cas où un peu de jugement et d'attention aurait montré qu'elle ne s'applique pas. Il est inutile d'insister sur ce point. Il est bien clair que, sans les théories si étendues et si profondes que l'on a établies sur la mécanique et l'électricité, jamais l'industrie n'aurait pu atteindre le développement considérable que nous lui voyons aujourd'hui.

THÉORIQUE. adj. 2 g. (lat. *theoricus*, gr. θεωρικός, m. s.). Qui appartient à la théorie, qui concerne la théorie. *Ce que vous dites là est purement la th. Cours th. et pratique d'agriculture.*

THÉORIQUEMENT. adv. [Pr. *té-ori-ke-man*]. D'une manière théorique.

THÉORISER. v. n. [Pr. *té-ori-zer*]. Créer des théories, une théorie.

THÉOSOPHE. s. m. [Pr. *té-o-zofe*] (gr. θεοσοφός, m. s., de θεός, dieu, et σοφία, sagesse). Partisan de la théosophie.

THÉOSOPHIE. s. f. [Pr. *té-o-zo-fi*] (gr. θεοσοφία, m. s.). T. Philos. Sous le nom de *Théosophie*, qui signifie proprement science ou connaissance de Dieu, on désigne une sorte de philosophie mystique que ses adeptes prétendent tenir de Dieu, sans être toutefois l'objet d'une révélation positive. « Les philosophes, qui ont la prétention de posséder cette science et qu'on appelle *Théosophes*, mêlent ensemble, dit Ad. Franck, l'enthousiasme et l'observation de la nature, la tradition et le raisonnement, l'alchimie et la théologie, la métaphysique et la médecine, et revêtent le tout d'une forme inspirée et mystique. » Bien que l'antiquité ait vu des sectes analogues, comme les Gnostiques et certains Néoplatoniciens, cette école ne commence véritablement qu'avec Paracelse, et se prolonge avec Saint-Martin, jusqu'à la fin du XVIIIe siècle. Rien n'est plus difficile que de définir d'une façon nette les doctrines *théosophiques*, car elles varient presque à l'infini selon leurs principaux adeptes. Cependant on peut, avec le savant professeur, diviser les théosophes en deux groupes : l'un populaire et plus théologique que philosophique, plus mystique que savant, auquel se rattachent les noms de Paracelse, Jacob Boehm, Saint-Martin ; l'autre érudit, raisonneur, plus philosophique que théologique, plus mystique que apparence qu'en réalité, auquel appartiennent Cornélius Agrippa, Valentin Weigel, Robert Fludd et Van Helmont. Les Illuminés du dernier siècle affichaient également des prétentions à la th.

On désigne aujourd'hui sous le même nom une doctrine qui présente des analogies avec le spiritisme et l'occultisme, mais qui se recommande des traditions indiennes.

THÉOSOPHIQUE. adj. 2 g. [Pr. *té-o-zofike*]. Qui a rapport à la théosophie.

THÉOSOPHISME. s. m. [Pr. *té-o-zofisme*]. Caractère des spéculations théosophiques.

THÉOT (CATHERINE), fameuse visionnaire française qui se faisait appeler la *Mère de Dieu*, et qui crut voir dans Robespierre le nouveau messie qu'elle attendait (1716-1794).

THÉOTISQUE. adj. 2 g. (allem. *deutsch*). T. Linguist. Se dit du tudesque ou ancien allemand, et particulièrement du dialecte de la tribu franque.

THÈQUE. s. f. (Pr. *lè-ke*) (gr. θήκη, boîte). T. Bot. Syn. d'*Asque*. Voy. ce mot.

THÉRAIN, riv. de France, naît dans la Seine-Inférieure, arrose Beauvais et se réunit à l'Oise (rive droite), près de Creil (88 kil.).

THÉRAMÈNE, un des 30 tyrans d'Athènes, condamné à boire la ciguë en 404 av. J.-C.

THÉRAPEUTES. s. m. pl. (gr. θεραπεύειν, servir). T. Hist. relig. Solitaires appartenant à la secte des Esséniens. Voy. ESSÉNIENS.

THÉRAPEUTIQUE. adj. 2 g. Qui a rapport aux thérapeutes. *La vie t.*

THÉRAPEUTIQUE. s. f. (gr. θεραπεύειν, soigner, guérir). Partie de la médecine qui s'occupe du traitement des maladies. Voy. MÉDECINE.

THÉRAPEUTISTE. s. m. Celui qui s'occupe spécialement de thérapeutique.

THÉRAPIA, vge de plaisance à 6 kilomètres de Constantinople.

THÉRAPIE. s. f. Syn. de *Thérapeutique*.

THÉRÈSE (SAINTE), dame espagnole (1515-1582), célèbre par ses extases et ses visions, auteur du *Chemin de la perfection*, etc.

THÉRÈVE. s. f. (gr. θηρεύειν, chasser). T. Entom. Genre d'Insectes *Diptères*. Voy. TANYSTOMES.

THÉRIACAL. ALE. adj. Qui contient de la thériaque ou qui participe des propriétés de la thériaque. *Essence, eau thériacale.*

THÉRIAQUE. s. f. (lat. *theriaca*, gr. θηριακή, m. s., de θηριακός, qui a rapport aux bêtes sauvages, de θήρ, bête sauvage). T. Pharm. Électuaire contre la morsure des serpents. Voy. ÉLECTUAIRE.

THÉRIDION. s. m. (gr. θηρίδιον, petit animal, dimin. de θηρίον, bête sauvage). T. Zool. Genre d'*Arachnides*. Voy. ARAIGNÉE.

THERMAÏQUE (Golfe), auj. golfe de Salonique, dans la mer Égée, entre la Macédoine et la Chalcidique.

THERMAL, ALE. adj. (gr. θερμός, chaud). Qui a rapport aux eaux minérales chaudes. *Source thermale. Eaux thermales. Établissement th.* Voy. EAU (*Eaux minérales*).

THERMALITÉ. s. f. Qualité, nature des eaux thermales.

THERMANTIQUE. adj. 2 g. (lat. *thermanticus*, gr. θερμαντικός, m. s.). T. Méd. Syn. d'*Échauffant*. Inus.

THERMES. s. m. pl. (lat. *thermæ*, gr. θερμά, m. s., plur. de θερμός, chaud). T. Antiq. A l'origine, le mot latin *thermæ* désignait proprement les sources d'eau chaude (eaux thermales). Par la suite, on l'applique aux bains d'eau chaude, que la chaleur en fût naturelle ou produite par des moyens artificiels. Enfin, plus tard on étendit ce nom à l'édifice qui renfermait tout ce qui compose un établissement de bains complet, comme bains froids, bains chauds, bains de vapeur, etc. Dans ce sens, *thermæ* devint à peu près synonyme des mots *balnea*, *balneæ* ou *balneæ*. Cependant, jusqu'à l'époque de Juvénal, c.-à-d. jusque vers la fin du 1er siècle de notre ère, les auteurs distinguent les *balnea* ou *balneæ* des *thermæ*. Ce dernier mot désigne les magnifiques édifices construits sous l'empire, qui réunissaient à la fois dans leur vaste enceinte, des bains, des gymnases, etc. ; tandis que le premier s'applique aux simples établissements de bains publics, comme le montre très bien ce passage de Juvénal : « *Dum petit aut thermas aut Phœbi balnea* ».

1. — Les premiers (*balnea*, *balneæ*) étaient construits sur un plan à peu près uniforme, ainsi que le montrent les écrits des auteurs anciens et les fouilles pratiquées par les modernes. En conséquence, il suffit d'étudier un de ces établissements pour connaître les autres. La Fig. 1 représente le plan des *bains de Pompéi*, qui ont été découverts dans les fouilles exécutées en 1824-25, et qui, dans leurs parties principales, sont généralement conformes aux règles posées par Vitruve. L'établissement était environné sur trois de ses côtés par des maisons et des boutiques, de manière à former ce que les Romains appelaient une *île* (*insula*). Ainsi que l'indique le plan, l'établissement a six entrées sur les rues adjacentes. L'entrée A est celle de la division affectée aux femmes ; les entrées B, C, D, E et F appartiennent à la division réservée aux hommes. B et C communiquent directement avec le fourneau *f*, et les trois autres avec les salles de bains. Quand on y entre par l'entrée principale F, on laisse à gauche une petite chambre (1) qui renferme des latrines, et l'on arrive sous un portique couvert ou *atrium* (2), qui entoure de trois

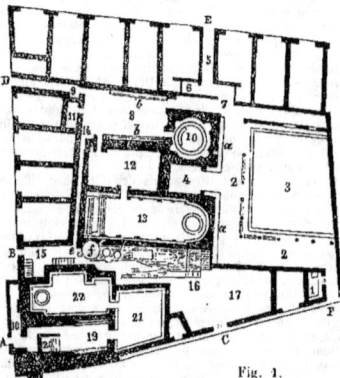

Fig. 1.

côtés une cour ouverte (3). Cette cour avec son portique constituait le vestibule des bains, *vestibulum balnearum*. Les esclaves des baigneurs et ceux de l'établissement se tenaient dans cette cour pour attendre, les uns leurs maîtres, les autres qu'on eût besoin d'eux dans l'intérieur. Il y avait sous le portique des sièges *aa*, destinés à leur usage. A gauche de l'atrium, il existe une salle d'attente (4) (*exedra*), où probablement était aussi installé le bureau du surveillant (*balneator*), chargé de recevoir la somme modique, un *quadrans*, payée par chaque baigneur. En entrant par la porte E, on trouve un corridor (5) qui conduit au même vestibule, et l'on remarque à sa droite une petite chambre (6), destinée aux mêmes usages que la chambre 1. Le chiffre 7 indique le passage qui conduit du vestibule à la chambre 8. Cette chambre paraît avoir servi à la fois d'*apodyterium* et de *frigidarium*, qui dans les grands établissements formaient deux pièces distinctes. Nous dirons tout à l'heure ce qu'était le *frigidarium*. Quant à l'*apodyterium*, appelé aussi *spoliatorium*, c'était le vestiaire, c.-à-d. la pièce où l'on se déshabillait et où l'on se rhabillait : les vêtements y étaient confiés à la garde d'esclaves appelés *capsarii*. A Pompéi, la salle qui servait, disons-nous, d'*apodyterium* et de *frigidarium*, est spacieuse, voûtée, éclairée par une fenêtre, et ornée de moulures de stuc peintes en jaune. On y remarque encore des sièges de pierre *bb*, adossés aux murailles. Cette pièce n'a pas moins de six portes : la première conduit, par le corridor 7, à l'entrée E ; la seconde, par le corridor 9, à l'entrée D ; la troisième, à la petite chambre 11, dont la destination n'est pas exactement connue, mais où vraisemblablement on renfermait les huiles, les strigiles et autres instruments à l'usage des baigneurs; la quatrième mène, par le corridor 14, au fourneau *f*; la cinquième ouvre dans le *tepidarium* (12), et la sixième dans la salle des bains froids (10) appelée indifféremment par les anciens auteurs *piscina*, *natatio*, *natatorium*, *puteus*, *baptisterium* et λουτρόν. Enfin, le *tepidarium* (12) ouvre dans la chambre thermale ou *caldarium* (13). Le fourneau ou calorifère (*furnus*) destiné à chauffer l'eau des bains est en *f*, et son ouverture (*præfurnium*) en *e*; la chambre marquée 15 est le lieu où se tenaient les esclaves (*fornacatores*) chargés de le diriger, et on y arrivait soit par la porte de service B, soit par le corridor (14) qui partait de l'*apodyterium* (8). Au delà de l'emplacement occupé par le calorifère, est un autre corridor (16) qui conduit dans une cour (17) destinée aux esclaves employés dans les bains, laquelle cour a une sortie sur la rue (C). La partie de l'établissement réservée aux femmes présente les mêmes pièces principales que la partie que nous venons de parcourir. On y entre par la porte A, qui conduit dans un petit vestibule (18), ainsi que dans l'*apodyterium* (19). Ce dernier communique avec la *piscina* ou bain froid (20) et avec le *tepidarium* (21), lequel ouvre enfin dans le *caldarium* (22). Toutes ces pièces ont de moindres dimensions que les pièces correspondantes destinées aux hommes, mais présentent les mêmes dispositions.

II. — Revenons maintenant sur nos pas pour étudier plus en détails certaines pièces que nous n'avons fait que nommer. La *piscina*, ou bain froid (10), a une forme circulaire. C'est une chambre voûtée et éclairée par une fenêtre au centre (Fig. 2). Le milieu de la chambre est occupé par un bassin revêtu de marbre blanc qui a environ 3ᵐ,90 de diamètre et 90 centimètres de profondeur. Deux gradins y sont pratiqués, et l'on remarque, à 26 centimètres du fond, un siège sur lequel le baigneur pouvait s'asseoir et se laver. Autour de la piscine, règne une plate-forme que Vitruve désigne sous le nom de *schola*, parce que sans doute ceux qui ne se baignaient pas avaient l'habitude de s'y promener en faisant la conversation. Enfin, la muraille présente quatre niches de marbre évidemment destinées à recevoir des statues. Dans les grands établissements, la salle destinée au bain froid renfermait, outre la piscine où plusieurs personnes pou-

Fig. 2.

vaient se baigner à la fois, des baignoires isolées (*labra*, *alvei*) à l'usage d'une seule personne. — Le *tepidarium* (Fig. 1, nᵒ 12)

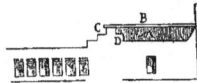
Fig. 3.

était tout simplement une chambre où, comme son nom l'indique, on entretenait une chaleur modérée. Les baigneurs s'y tenaient un instant, soit avant d'entrer dans le *caldarium* (12), soit en en sortant, afin d'éviter la transition brusque de l'air frais à une température très élevée, et *vice versa*. Cette chambre se trouvait chauffée par sa contiguité avec le caldarium et l'*hypocauste*, et en outre au moyen de brasiers. La Fig. 3 représente un brasier de bronze long de 2ᵐ,12 et large de 76 centimètres, trouvé dans le tepidarium de Pompéi : quand les fouilles le firent découvrir, il contenait encore des cendres et du charbon. Le tepidarium, dans les bains dont nous parlons, servait aussi très certainement d'*apodyterium* ou de vestiaire pour les individus qui venaient prendre le bain chaud, car les murailles en sont partagées en comparti-

ments évidemment disposés pour recevoir les vêtements (Fig. 4). Chaque compartiment est séparé des deux compartiments voisins par des caryatides du genre de celles qu'on appelle *atlantes* ou *télamones*. — La porte qui conduisait du tepidarium dans la chambre thermale, ou *caldarium* (Fig. 1, nᵒ 13), se fermait par son propre poids, afin d'empêcher l'introduction de l'air froid. Dans cette chambre, que Vitruve appelle *concamerata sudatio*, on distingue trois parties. L'extrémité semi-circulaire constitue le *laconicum*, et renferme une vasque élevée sur une base. A l'extrémité opposée se trouve le bain chaud proprement dit, *balneum*, *calda piscina* ou *calda lavatio*. Enfin, l'espace qui les sépare est appelé *sudatio* par Vitruve, et *sudatorium* par Sénèque : cet espace, conformément aux prescriptions de l'architecte romain, est deux fois plus long que large. A Pompéi, le bain chaud consiste en un bassin carré de marbre blanc élevé au-dessus du niveau du plancher. En conséquence, on monte deux marches pour y arriver. La Fig. 5 représente la coupe du

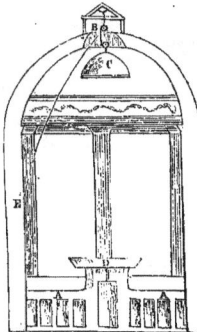
Fig. 4.

bain chaud de Pompéi : A est le bassin (*labrum*); C en est, pour ainsi dire, la margelle (*pluteus*); D est un gradin intérieur (*solium*) sur lequel s'asseyaient les baigneurs pour se laver; B représente la *schola* qui entoure le balneum, comme celle qui entoure la piscine (Fig. 2). Mais cette espèce de plate-forme est ici fort étroite, à cause de l'exiguité de l'espace. La partie de la pièce appelée *laconicum* était proprement le lieu destiné à prendre des bains de vapeur : elle devait son nom à l'usage où étaient les Lacédémoniens de ne prendre que des bains de vapeur (ils prenaient aussi des bains froids, mais jamais de bains d'eau chaude). Les Grecs l'appelaient πυριατήριον, parce qu'elle était chauffée par des

Fig. 5.

cavités établies sous le plancher, d'où le nom de *suspensura* donné à celui-ci. Le *laconicum* était toujours couvert par une coupole hémisphérique, dont le centre était occupé par un bassin ou forme de vasque porté sur une base (*labrum*). La température du laconicum se réglait au moyen d'une soupape de bronze, appelée *clypeus*, c.-à-d. bouclier, qui fermait l'ouverture pratiquée au sommet de la coupole hémisphérique, et qu'on élevait ou abaissait à l'aide d'une chaîne. La Fig. 6 représente la coupe du laconicum des bains de Pompéi : A est le plancher, *suspensura*, posé au-dessus de l'hypocauste; D est une vasque de marbre blanc, dans laquelle l'eau était amenée par un tuyau unique qui traverse sa base; C est la soupape; B et E sont les chaînes à l'aide desquelles on la manœuvrait (la soupape et les chaînes ont été ajoutées pour faciliter l'intelligence de la

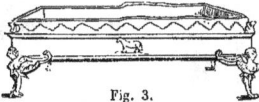
Fig. 6.

description). Enfin, l'espace compris entre le balneum et le laconicum, c.-à-d. le *sudatorium*, était destiné aux exercices gymnastiques auxquels se livraient souvent les baigneurs, afin de favoriser la transpiration. Après avoir ainsi fortement transpiré, les Romains se raclaient la peau avec des espèces d'étrilles qu'ils nommaient *Strigiles (strigilis, στλεγγίς, ξυστρίς)*, et qui leur servaient à enlever l'humidité et la poussière répandues à la surface du corps. Les strigiles (Fig. 7 et 8) étaient le plus souvent de bronze et de fer; ils avaient une poignée (*clausula*) dans laquelle on pouvait passer la main, et une lame recourbée creusée en gouttière (*tabulatio*)

où pouvait couler la sueur que l'instrument exprimait de la peau. Habituellement on adoucissait les bords du strigile avec quelques gouttes d'huile, et l'on se servait pour cela d'une petite fiole appelée *ampulla olearia* et *guttus* (Fig. 9). Ce dernier nom vient de ce que la fiole, grâce à l'étroitesse de son col, ne laissait couler l'huile que goutte à

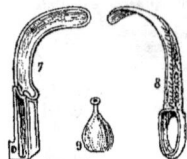

goutte. Au lieu de ces instruments, les personnes qui avaient la peau trop délicate et trop sensible se servaient d'éponges. Dans les grands établissements, le laconicum et le balneum formaient des chambres séparées. Il y avait aussi une chambre particulière où passaient les baigneurs, en sortant du balneum ou du laconicum, pour se faire oindre et frotter: cette pièce était appelée *elæothesium* et *unctuarium*. Mais dans les bains des petites villes, comme Pompéi, ces opérations se faisaient dans le *tepidarium*. Enfin, en sortant du tepidarium, les baigneurs

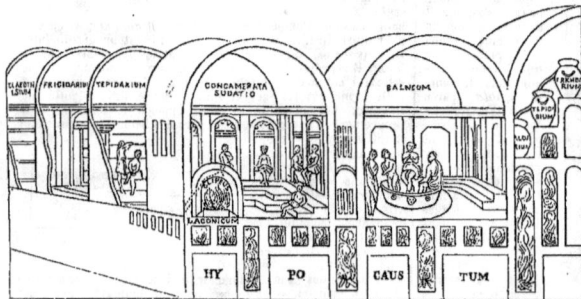

Fig. 10.

séjournaient quelques instants dans une autre pièce nommée *frigidarium*, et qui était tenue à une température assez basse pour donner du ton à la peau après l'action relâchante du bain de vapeur. A Pompéi, il n'y a pas de frigidarium distinct. La pièce qui servait d'apodyterium en tenait lieu, ainsi que nous l'avons déjà dit. La Fig. 10 représente, d'après une peinture à fresque des thermes de Titus, un établissement de bains dans lequel il y a des pièces distinctes pour le *balneum* et le *laconicum* ou *concamerata sudatio*, pour le *tepidarium* et l'*elæothesium*, et enfin pour le *frigidarium*. Nous dirons cependant que l'authenticité de cette peinture est plus que douteuse; elle paraît ne dater que de la renaissance, et on la regarde comme le résultat des recherches faites par les architectes du temps sur la distribution des thermes. L'interprétation du *clypeus* en particulier y est tout à fait inexacte. — Il nous reste à donner quelques détails sur la manière dont les diverses parties des bains étaient chauffées. Dans la pièce voisine du fourneau marquée 15 dans la Fig. 1, on voit deux escaliers: l'un conduit sur le toit de l'édifice, et l'autre aux chaudières qui contenaient l'eau. Ces chaudières étaient au nombre de trois: la première contenait de l'eau chaude, la seconde de l'eau tiède, et la troisième de l'eau froide, d'où les noms de *caldarium, tepidarium* et *frigidarium* (sous-entendu *vas* ou *ahenum*), sous lesquels on les désignait. Elles étaient disposées comme le représente la Fig. 10. Celle qui contenait l'eau chaude était placée immédiatement sur le four-

neau, et, à mesure que l'eau s'évaporait, elle était remplacée par l'eau provenant de la seconde chaudière (*tepidarium*), et à son tour celle-ci était remplacée par l'eau provenant de la troisième (*frigidarium*), qui était elle-même alimentée par un réservoir spécial (ce réservoir se voit, dans la Fig. 1, en arrière des trois chaudières). L'eau chaude de la première chaudière était portée au bain chaud au moyen d'un conduit qui traversait la muraille et qui est indiqué sur le plan. Quant à l'*hypocauste (ὑπόκαυσις, hypocaustum)* dont le nom signifie « ce qui brûle par-dessous », on appelait ainsi l'ensemble des cavités pratiquées sous le plancher du balneum et du laconicum, parce que ces cavités recevaient, au moyen de tuyaux et d'ouvertures pratiquées dans les murs de séparation, l'air chaud du fourneau et la vapeur d'eau qui s'échappait de la chaudière à eau bouillante.

III. — Les *Thermes (thermæ)*, ainsi que nous l'avons dit, étaient de vastes édifices renfermant non seulement des bains de toutes sortes, mais encore des portiques, des pièces couvertes et à ciel ouvert pour tous les exercices gymnastiques, des stades, des promenades ombragées, des fontaines, des salles de conversation, des bibliothèques; en un mot, tout ce qui peut servir aux jouissances matérielles et intellectuelles. L'ensemble de leur décoration était splendide. On y voyait de magnifiques pavés de mosaïque, et des plafonds revêtus des peintures les plus brillantes. On plaçait là des tableaux, des bas-reliefs, des statues, de manière à faire des thermes de véritables musées. On sait que le groupe du Laocoon a été découvert dans les thermes de Titus, et c'est dans les thermes de Caracalla qu'on a trouvé le Torse antique, l'Hercule et le Taureau Farnèse, la Flore et les deux Gladiateurs. Le premier édifice de ce genre fut érigé, sous Auguste, par son gendre M. Agrippa, qui, en mourant, le légua, ainsi que ses jardins, au peuple romain. L'exemple d'Agrippa fut imité par Néron, puis par Titus: Trajan, Caracalla, Dioclétien, etc., construisirent également des thermes, chacun d'eux s'efforçant de surpasser ses prédécesseurs. Parmi ces édifices, il en est plusieurs dont il subsiste encore des ruines; mais ce sont les ruines des thermes de Caracalla et de Dioclétien qui, étant plus nombreuses, nous aident le mieux à comprendre la disposition de ces monuments prodigieux. La Fig. 11 représente le plan restauré des thermes de Caracalla: les lignes noires indiquent les restes encore visibles, et les autres les parties qui ont été rétablies en se guidant, pour faire revivre ces dernières, sur la disposition des portions conservées et sur les descriptions laissées par les auteurs. — AA, portique faisant face

à la rue que Caracalla fit ouvrir quand il édifia ses thermes; BB, chambres de bains séparées, à l'usage de ceux qui ne voulaient pas se baigner en public; CC, vestiaires (*apodyteria*) dépendant de ces chambres; DD, EE, portiques entourant la masse centrale des bâtiments; FF, salles de conversation (*exedræ*), où les philosophes et les littérateurs se réunissaient: chacune d'elles a une abside circulaire garnie de sièges; GG, promenoirs en plein air (*hypæthræ ambulationes*), analogues aux *xysti* des Grecs; HH, salles (*palestræ*) pour les exercices gymnastiques; II, salles servant probablement pour les lectures publiques; JJ et KK, pièces destinées, à ce qu'on suppose, aux employés des bains; LL, espace rempli d'allées d'arbres pour la promenade (*ambulationes inter platanones*); M, stade (*stadium*) où les jeunes gens s'exerçaient à la course, avec des gradins en amphithéâtre pour les spectateurs: de là le nom de *theatridium* qu'on lui donnait aussi; NN, réservoirs d'eau: ils étaient établis dans l'étage supérieur, et étaient alimentés par un réservoir principal (*castellum*), placé en P, auquel aboutissait l'aqueduc O. Les fourneaux se trouvaient dans les pièces du rez-de-chaussée. L'ensemble des bâtiments qui forment le massif central renfermait les pièces spécialement destinées aux différentes espèces de bains, mais il est très difficile de déterminer le véritable usage de plusieurs d'entre elles. Les lettres QQ, indiquent les entrées principales, qui sont au nombre de huit. Il est la salle pour le bain froid, avec son vaste bassin (*piscina, natatio*): on y entrait par les vestibules SS, et elle est entourée d'une suite de cabinets où l'on se déshabillait (apodyteria), où l'on se faisait oindre (unctuaria), et où se tenaient les esclaves (capsarii) préposés à la garde des vêtements. On suppose que les bains d'eau chaude se prenaient dans la pièce T, qui était ainsi le caldarium : on y voit quatre bassins UUUU, un à chacun de ses angles, et deux vasques (labra), une sur chacun des grands côtés. Les marches qui permettaient de descendre dans les bassins existent encore, ainsi qu'une partie du tuyau qui amenait l'eau dans l'un d'eux. Le plafond de cette pièce, ainsi que celui de la précédente, était soutenu par huit colonnes immenses. En continuant à avancer vers le fond de l'édifice, on trouve des appartements trop ruinés pour qu'on puisse les restaurer avec certitude, mais qui devaient certainement contenir le bain de vapeur (laconicum), auquel servait probablement la chambre circulaire W, qui était accompagnée de deux grands réser-

Se dit du parti qui, le 9 thermidor an II, renversa Robespierre et mit fin au régime de la Terreur. *Le parti th. La réaction thermidorienne.* || Subst., *Les thermidoriens.*

THERMIQUE. adj. 2 g. (gr. θέρμη, chaleur) T. Phys. Relatif à la température. *Coefficients thermiques.* Les coefficients de dilatation, de chaleur spécifique, de chaleur latente de fusion et de vaporisation, etc. Voy. DILATATION, CALORIMÉTRIE, FUSION, ÉVAPORATION, THERMODYNAMIQUE, etc. — T. Chim. *Equivalents thermiques.* Voy. CHIMIE, IX.

THERMO-ANESTHÉSIE. s. f. [Pr. *termoanesté-zie*] (gr. θέρμη, chaleur, et fr. *anesthésie*). T. Méd. Trouble de la sensibilité dans lequel la partie malade est insensible aux

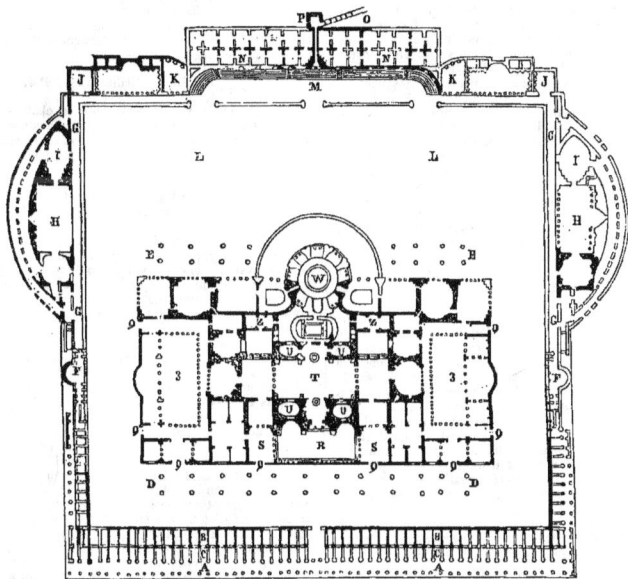

Fig. 11.

voirs ZZ. Les deux pièces spacieuses 3, 3, voisines des corridors latéraux, étaient des salles couvertes que l'on présume avoir servi d'*ephebia*, c.-à-d. de lieux destinés aux exercices des jeunes gens. Parmi les chambres qui les accompagnent, l'une d'elles devait être le *sphæristerium*, où l'on jouait à la balle, et l'autre le *corycæum*, où l'on exécutait une espèce de jeu qui consistait à pousser et à repousser à coups de poing un large sac (κώρυκος) suspendu au plafond, et rempli de graines, de noyaux d'olives, de son ou de sable. L'ensemble du massif central était surmonté d'un étage supérieur, dont on voit encore des traces, et où étaient probablement des bibliothèques, des galeries de tableaux et des collections d'objets curieux. Les historiens rapportent que 3,000 personnes pouvaient se baigner à la fois dans les thermes de Caracalla, et qu'ils contenaient 1,600 sièges de porphyre ou de marbre.

THERMES (Seigneur DE), maréchal de France (1482-1562).

THERMIDOR. s. m. (gr. θέρμη, chaleur). T. Chron. Mois du calendrier républicain qui correspondait à juillet et août (du 19 ou 20 juillet au 18 ou 19 août).

THERMIDORIEN, IENNE. adj. [Pr. *termidori-in, iène*].

variations de température : on peut la brûler ou la refroidir sans que le patient accuse autre chose qu'une sensation de contact.

THERMOCHIMIE. s. f. (gr. θέρμη, chaleur, et fr. *chimie*). T. Chim. Partie de la Chimie qui traite de la chaleur dégagée ou absorbée dans les réactions. Lorsqu'on fait subir une transformation chimique à un système de corps et qu'on laisse les produits de la réaction revenir à la température et à la pression initiales, on constate dans un grand nombre de cas que le milieu ambiant a gagné une certaine quantité d'énergie, soit sous forme de chaleur, soit autrement; c'est ainsi que la combustion du charbon, c.-à-d. sa combinaison avec l'oxygène, peut échauffer, fondre ou volatiliser les corps environnants, produire du travail mécanique dans une machine à vapeur, du travail électrique dans une dynamo, etc. En même temps le système a perdu une quantité égale d'énergie qu'il faudra lui restituer si on veut le ramener à son état primitif. Ordinairement on évalue cette énergie en unités calorifiques et, au lieu de dire que la réaction développe de l'énergie, on dit qu'elle *dégage de la chaleur*, ou encore qu'elle est *exothermique*. D'autres transformations chimiques exigent au contraire que l'on fournisse de l'énergie au système des corps réagissants; c'est ce qu'on exprime en disant que ces réactions sont *endothermiques* ou qu'elles *absorbent de la chaleur*. Par ex., la formation de l'eau par la combinaison de l'oxygène et de l'hydrogène est une réaction exothermique qui développe une quantité d'énergie équivalent à 69 calories pour 18 grammes d'eau. La décomposition de cette eau en ses éléments est une réaction endothermique; elle absorbe 69 calories soit sous forme d'énergie électrique dans l'électrolyse, soit sous forme de chaleur dans la dissociation aux hautes températures. — On dit aussi qu'un *composé est exothermique* ou *endothermique* suivant que sa formation dégage ou absorbe de la chaleur dans les réactions où il prend habituellement naissance; mais ces qualifications appliquées à un composé n'ont qu'un sens relatif; ainsi l'eau oxygénée est endothermique quand on la considère comme formée par l'oxydation de l'eau ordinaire, mais elle serait exothermique si on la supposait produite en partant de ses éléments oxygène et hydrogène.

Pour les mesures thermochimiques on dispose les expériences de manière à mesurer sous forme de chaleur toute l'énergie que le système des corps mis en présence aura perdue ou gagnée, lorsque les produits de la réaction seront revenus à la température et à la pression initiales. Quand il s'agit de combustions vives ou de réactions explosives les mesures se font à l'aide de la bombe calorimétrique. Voy. CALORIMÈTRE. Pour les réactions par voie humide on emploie ordinairement le calorimètre de Berthelot. Ce calorimètre est constitué par un vase cylindrique en platine, qui est muni d'un agitateur en forme d'hélice et d'un thermomètre, et qui repose sur des pointes de liège dans un vase en cuivre argenté. Ce dernier est disposé de même dans un vase en fer blanc à double paroi, dont l'espace annulaire est rempli d'eau et dont la surface extérieure est recouverte de feutre. Les couvercles de ces différents vases sont percés de trous pour laisser passer les tiges du thermomètre et de l'agitateur.

Les *Equations thermochimiques* ou *thermiques*, qui servent à exprimer les résultats de ces expériences, dérivent très simplement des équations chimiques ordinaires dont nous avons parlé à l'article CHIMIE, § X : on convient que le symbole chimique de chaque élément représente un poids de grammes égal au poids atomique, et l'on écrit, à la suite du second membre de l'équation, le nombre de calories dégagées ou absorbées par la réaction. Ce nombre est affecté du signe + lorsque la réaction dégage de la chaleur, et du signe — lorsqu'elle en absorbe. Bien que les poids des corps soient exprimés en grammes, on prend habituellement pour unité de chaleur la calorie-kilogramme ou grande calorie, c.-à-d. la quantité de chaleur qui élèverait de un degré la température d'un kilogramme d'eau. A moins d'indication contraire, les résultats se rapportent au cas où les produits de la réaction ainsi que les corps réagissants sont pris à la température ordinaire et à la pression d'une atmosphère. Comme exemple, considérons la réaction qui s'exerce entre le chlore et l'hydrogène pour donner naissance au gaz acide chlorhydrique. L'équation thermochimique correspondante est :

$$H + Cl = HCl + 22^c.$$

Elle exprime que 1 gramme d'hydrogène s'unit à 35,5 gr. de chlore en donnant 36,5 gr. de gaz chlorhydrique et en dégageant une quantité de chaleur égale à 22 grandes calories. On peut aussi l'interpréter de la manière suivante : l'énergie que possède le mélange de 1 gr. d'hydrogène et de 35,5 gr. de chlore est égale à celle de 36,5 gr. de gaz chlorhydrique, plus une quantité d'énergie équivalant à 22 calories. Enfin l'on énonce souvent le même résultat en disant que la *chaleur de formation* du gaz chlorhydrique est égale à + 22 calories.

La th., telle que l'ont conçue Thomsen et Berthelot, est basée sur trois principes fondamentaux; nous les énoncerons ici sous la forme adoptée par Berthelot et nous les appliquerons à quelques exemples.

I. *Principe des travaux moléculaires* : « La quantité de chaleur dégagée dans une réaction quelconque mesure la somme des travaux chimiques et physiques accomplis dans cette réaction. » On suppose ici que toute transformation chimique ou physique d'un système de corps correspond à un travail effectué par les molécules de ces corps; c'est ce travail qui produit la perte ou le gain d'énergie qu'éprouve le système; on l'évalue en calories. Appliquons ce principe à la combustion de l'hydrogène. Lorsque 2 gr. de ce gaz se combinent avec 16 gr. d'oxygène pour former 18 gr. d'eau, la réaction dégage environ 58 calories, en supposant que l'eau formée soit à l'état de vapeur et ramenée à la température et à la pression initiales. Mais si l'eau se trouvait finalement à

l'état liquide, la chaleur dégagée par la réaction serait augmentée de 11 calories produites par la liquéfaction de la vapeur. Enfin si l'eau était à l'état de glace il y aurait encore une augmentation d'un peu plus d'une calorie, par suite de la congélation de l'eau. On voit donc que, pour donner un sens précis aux équations thermochimiques, il faudra y indiquer l'état physique des corps, du moins pour ceux de ces corps qui, dans les conditions de l'expérience pourraient exister sous plusieurs états différents. Par exemple, les équations relatives à la formation de l'eau se formuleront comme il suit :

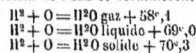

$$H^2 + O = H^2O \text{ gaz} + 58^c,1$$
$$H^2 + O = H^2O \text{ liquide} + 69^c,0$$
$$H^2 + O = H^2O \text{ solide} + 70^c,3$$

On devra de même tenir compte de la dissolution, de l'hydratation, des changements d'état allotropiques des corps, en un mot de toutes les transformations qui peuvent dégager ou absorber de la chaleur. Ainsi nous avons vu que la formation du gaz acide chlorhydrique dégage 22 calories; mais si cet acide est dissous dans l'eau, le dégagement sera de 39,4 calories et l'on écrira :

$$H + Cl = H Cl \text{ dissous} + 39^c,4.$$

La différence 39,4 — 22 représente la chaleur dégagée par la dissolution d'une molécule-gramme d'acide chlorhydrique. Dans d'autres cas la dissolution absorbe de la chaleur, comme le montrent les équations suivantes qui expriment la formation du chlorure de potassium :

$$K + Cl = K Cl \text{ solide} + 105^c,7$$
$$K + Cl = K Cl \text{ dissous} + 101^c,2.$$

II. *Principe de l'équivalence calorifique des transformations chimiques* ou *Principe de l'état initial et final* : « Si un système de corps simples ou composés, pris dans des conditions déterminées, éprouve des changements physiques ou chimiques capables de l'amener à un nouvel état (sans donner lieu à aucun effet mécanique extérieur au système), la quantité de chaleur dégagée ou absorbée par l'effet de ces changements dépend uniquement de l'état initial et de l'état final du système; elle est la même, quelles que soient la nature et la suite des états intermédiaires. » — Ce principe, qui avait déjà été soumis à des vérifications expérimentales par Hess en 1840, permet de calculer le dégagement de chaleur qui accompagnerait une réaction qu'on ne peut pas réaliser directement. Soit par exemple un système initial constitué par 12 grammes de carbone (à l'état de diamant) et 32 grammes d'oxygène, et le système final formé de 44 grammes de gaz carbonique. La transformation peut s'effectuer de deux manières différentes : 1° En combinant directement le carbone avec la totalité de l'oxygène on obtient un dégagement de chaleur égal à 94 calories; 2° On combine d'abord le carbone avec 16 grammes d'oxygène, ce qui donne 28 grammes d'oxyde de carbone avec un dégagement de 25,8 calories; puis on combine cet oxyde de carbone avec le reste de l'oxygène et l'on obtient 44 grammes de gaz carbonique avec un dégagement de 68,2 calories. La somme 25,8 + 68,2 des quantités de chaleur produites par ces deux réactions est égale aux 94 calories qu'on avait obtenues par la première méthode.

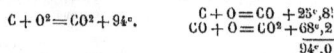

$$C + O^2 = CO^2 + 94^c. \qquad \begin{array}{l} C + O = CO + 25^c,8 \\ CO + O = CO^2 + 68^c,2 \\ \hline 94^c,0 \end{array}$$

Supposons que la chaleur de formation de l'oxyde de carbone ne puisse pas être déterminée expérimentalement; l'application du principe nous permettra de la calculer en posant l'équation :

$$94 = 68,2 + x \quad \text{d'où} \quad x = 94 - 68,2 = 25,8.$$

III. *Principe de travail maximum* : « Tout changement chimique accompli sans l'intervention d'une énergie étrangère tend vers la production du corps, ou du système de corps, qui dégage le plus de chaleur. » — Ce sont donc en général les réactions les plus exothermiques qui devront se produire, et une réaction endothermique ne pourra se réaliser directement puisqu'elle absorbe de la chaleur tandis que la réaction inverse en dégage. Le principe du travail maximum permet de prévoir certaines réactions avec la plus grande facilité. Nous avons vu que la formation du chlorure de potassium en solution aqueuse dégage 101,2 calories; d'autre part on trouve que la formation du bromure de potassium dissous n'en dégage que 90,4; en appliquant le principe, on conclut de là que le chlore pourra décomposer le bromure en formant du chlorure de potassium et mettant le brome en liberté; car cette réaction doit dégager 101,2 — 90,4 c.-à-d. 10,8 calories, tandis que la réaction inverse (décomposition du chlorure par le brome) absorberait de la chaleur; cette prévision est confirmée par l'expérience. Mais dans un grand nombre de cas le principe n'est pas immédiatement applicable et il faut faire avec soin la part des énergies étrangères. La décomposition de l'eau absorbe de la chaleur et ne doit pas pouvoir s'effectuer directement; mais on la réalise à l'aide du courant de la pile; une partie de l'énergie électrique du courant est absorbée par la réaction; c'est la une énergie étrangère. De même la transformation de l'oxygène en ozone, bien qu'elle soit endothermique, peut s'effectuer grâce à l'énergie étrangère de l'effluve ou des étincelles électriques. Très souvent une réaction endothermique devient réalisable parce qu'une réaction concomitante, fortement exothermique, lui fournit l'énergie nécessaire; le résultat total est un dégagement de chaleur. C'est ainsi qu'en faisant agir le chlore sur l'oxyde de mercure on peut obtenir de l'anhydride hypochloreux, bien que la formation de ce corps absorbe de la chaleur; c'est parce qu'il se produit en même temps du chlorure de mercure, dont la formation dégage une quantité de chaleur supérieure à celle qu'exige la production de l'anhydride hypochloreux. Ici c'est la réaction concomitante qui est une source d'énergie étrangère. Le principe du travail maximum ne s'applique pas aux transformations physiques telles que la fusion, la volatilisation, la dissolution, etc., qui accompagnent d'ordinaire les réactions chimiques, si elles souvent, comme dans le cas des mélanges réfrigérants, que le résultat total est une absorption de chaleur; pour maintenir le principe il faut donc admettre que ces transformations physiques diffèrent essentiellement des transformations chimiques, malgré la grande analogie qui existe entre ces deux ordres de phénomènes. Enfin dans les cas de réactions réversibles, c.-à-d. dans les cas de dissociation ou d'équilibre chimique, on est obligé de donner une singulière extension à l'expression d'énergie étrangère: l'une des deux réactions dégage de la chaleur et l'on conclut de là que le principe du travail maximum est vérifié; mais la réaction inverse, qui se produit dans les mêmes circonstances, absorbe de la chaleur et l'on considère cette chaleur comme une énergie étrangère. En résumé, lorsqu'on aura déterminé la quantité de chaleur dégagée dans une réaction, il faudra en déduire les diverses quantités de chaleur qui correspondent: 1° aux travaux extérieurs; 2° aux changements d'état purement physiques tels que la fusion et la volatilisation; 3° à la dissolution; 4° enfin la chaleur absorbée dans les décompositions chimiques réversibles. Il reste la *chaleur chimique* proprement dite; c'est celle-ci seule qu'il faut considérer quand on applique le principe du travail maximum.

Les vrais principes de la thermochimie doivent être identiques dans le fond avec ceux de la thermodynamique ou de l'énergétique, car les réactions chimiques, aussi bien que les transformations physiques, sont régies par la loi de la conservation de l'énergie et par la loi de l'entropie. C'est l'application de la première de ces lois qui a fourni les principes I et II énoncés plus haut. Mais le principe du travail maximum n'est pas conforme à la loi de l'entropie; c'est pour cela qu'il a fallu le corriger par toutes sortes de restrictions. Pour appliquer la loi de l'entropie à la thermochimie, considérons une transformation chimique ou physique qui fait passer un système de corps d'un état a à un autre état b en dégageant une quantité de chaleur Q, tandis que l'entropie du système passe de la valeur S_a à la valeur S_b. Si la transformation était réversible on aurait $Q = T(S_a - S_b)$. Mais pour toute transformation réalisable la diminution d'entropie étant moindre et *la différence* $Q - T(S_a - S_b)$ *devra être positive* (Voy. l'article ENTROPIE, où cette condition est énoncée sous une forme un peu différente parce que Q y désigne la chaleur absorbée par le système, au lieu de la chaleur dégagée). Si plusieurs transformations sont possibles, celle qui tendra finalement à se produire correspondra au maximum de la quantité $Q - T(S_a - S_b)$. On retrouve ici un énoncé analogue au principe du travail maximum. Mais ce principe ne fait mention que de la quantité de chaleur Q sans parler de la variation de l'entropie; il se présente ainsi comme une approximation assez grossière, applicable seulement aux réactions très énergiques, pour lesquelles le terme $T(S_a - S_b)$ est négligeable. Toutefois, lorsqu'on fait les corrections que nous avons indiquées plus haut pour le calcul de la chaleur chimique, cela

revient à tenir compte, dans une certaine mesure, des variations de l'entropie, et le principe du travail maximum, ainsi interprété, se vérifie pour la plupart des réactions. En réalité la loi de l'entropie exige qu'au lieu de la chaleur brute dégagée dans les réactions, l'on considère la quantité $Q - T(S_a - S_b)$. Cette quantité représente la *chaleur transformable en travail*; on l'a aussi appelée la *chaleur non compensée*; elle correspond à l'*énergie libre* ou au *potentiel thermodynamique* dont nous avons parlé à l'article ÉNERGÉTIQUE.

THERMOCHROÏQUE. adj. 2 g. [Pr. *termo-kro-ike*] (gr. θέρμη, chaleur; χρόα, couleur). T. Phys. Se dit des rayons calorifiques inégalement réfrangibles, analogues en cela aux rayons lumineux colorés. Peu us.

THERMODON, riv. du Pont sur les bords de laquelle la tradition fait vivre les Amazones.

THERMODYNAMIQUE. s. f. (gr. θέρμη, chaleur; δύναμις, force). T. Phys. La th. est une science qui s'occupe de l'équivalence entre la chaleur et le travail mécanique, du fonctionnement et du rendement des moteurs thermiques, des relations entre les différents coefficients thermiques, mécaniques, etc., etc., qui relient les propriétés des corps. Elle repose tout entière sur deux principes qui sont le principe de l'équivalence, et le principe de l'entropie, ou principe de Carnot.

I. — *Principe de l'équivalence.* — On avait remarqué depuis longtemps que le choc, le frottement dégagent de la chaleur. Rumford avait observé la quantité de chaleur considérable se produit pendant le forage d'un canon. Il fit alors forer un canon en tournant d'une masse d'eau et il réussit à faire bouillir ce liquide rien que par la chaleur résultant du frottement de l'outil contre le métal.

Le principe de l'équivalence a été formulé par Mayer; mais les premières expériences de mesure sont dues à Joule (1849). Il fit tourner des palettes dans un calorimètre contenant de l'eau. Ces palettes étaient fixées à un axe vertical entraîné dans un mouvement de rotation par deux poids lourds attachés à des cordes passant sur des poulies convenablement disposées. C'est la chute de ces poids qui fournissaient le travail nécessaire au fonctionnement de l'appareil. L'eau s'échauffait, grâce au frottement ainsi développé. Joule mesurait très soigneusement d'une part la quantité de chaleur dégagée et d'autre part le travail absorbé.

Il trouva ainsi que le rapport du travail absorbé à la quantité de chaleur créée est un nombre constant. Pour chaque grande calorie que l'on trouve dans le calorimètre disparaît un travail de 425 kilogrammètres. Ce nombre a reçu le nom d'équivalent mécanique de la chaleur.

Hirn fit en 1858 une expérience d'un autre genre pour montrer l'équivalence de la chaleur et du travail. Un morceau de plomb était suspendu entre une grosse masse de fer et un gros bloc de pierre. Ces deux masses étaient suspendues par des fortes cordes. On soulevait la masse de fer en l'écartant de sa position d'équilibre et on la laissait retomber sur le morceau de plomb. Celui-ci se trouvait alors pris entre le fer et la pierre et recevait un choc. Hirn mesurait la chaleur dégagée dans le plomb et le travail mécanique dû au déplacement des masses de fer et de pierre. En comparant les deux, il retrouva ainsi l'équivalent mécanique de la chaleur.

On doit aussi à Hirn une série très remarquable d'expériences dans lesquelles, à l'encontre des précédentes, on transformait de la chaleur en travail. Le savant physicien se servait comme appareil de puissantes machines à vapeur industrielles établies dans des filatures aux environs de Colmar (1860). Il mesurait avec le plus grand soin d'une part le travail produit par la machine, d'autre part la chaleur absorbée par la machine. Cette dernière s'obtenait en retranchant de la chaleur empruntée à la chaudière la chaleur restituée au condenseur. Il retrouva ainsi l'équivalent mécanique de la chaleur.

De très nombreuses expériences ont été faites par des méthodes excessivement variées, telles que: compression des gaz, frottement de l'eau dans des tubes, traction sur les métaux, frottement des métaux, actions calorifiques des courants, phénomènes d'induction, actions chimiques de l'électricité, etc., etc. Toutes ces expériences ont donné des résultats très voisins dont la moyenne est 425 kilogrammètres comme équivalent d'une grande calorie. Si l'on se sert des unités C. G. S., cela correspond à $4,16 \times 10^7$ ergs par petite calorie.

En résumé en désignant par $\mathfrak{T}$ le travail qui correspond à une quantité de chaleur Q et par E l'équivalent mécanique de la chaleur on a l'équation $\mathfrak{T} = EQ$ qui représente le principe de l'équivalence. Il va sans dire qu'il faut qu'à la fin de l'opération le corps reprenne son état primitif. Ainsi l'expérience de Hirn sur l'écrasement du plomb est valable parce qu'à la fin de l'opération le plomb est dans le même état qu'au commencement, température, pression, état moléculaire, etc. Cela ne serait plus vrai pour un métal qui subirait le phénomène de l'écrouissage par le choc.

Représentation analytique de l'état d'un corps. — Si nous désignons par p la pression, v le volume, t la température d'un corps, ces trois variables sont liées par une équation F $(p, v, t) = 0$. Deux des quantités p, v, t peuvent être prises comme variables indépendantes, la troisième est alors déterminée par la relation F=0.

En général la fonction F n'est pas connue, mais dans le cas particulier des gaz parfaits, elle prend une forme très simple. On sait, en effet, que ces corps obéissent aux lois de Mariotte et de Gay-Lussac et que l'équation qui relie la pression, le volume et la température est $pv = p_0 v_0 (1 + at)$, p_0 et v_0 désignant la pression et le volume de la masse gazeuse considérée à la température de 0 degré.

Travail extérieur. — Lorsque le volume d'un corps varie, il produit en général un travail à l'encontre des pressions extérieures. Prenons le cas très simple d'un gaz renfermé dans un corps de pompe de section S et soumis à la pression atmosphérique p supposée constante. Chauffons ce gaz de manière qu'il se dilate sous cette pression constante. Le piston sera soulevé de l et le travail extérieur effectué sera $\mathfrak{T} = pSl$. Mais Sl n'est autre chose que le volume v dont le gaz s'est dilaté, donc $\mathfrak{T} = pv$.

On démontre que d'une manière générale, quand un corps se dilate d'un volume infiniment petit dv, il effectue un travail infiniment petit $d\mathfrak{T} = pdv$. Alors le travail effectué pendant une variation de volume finie sera représenté par l'intégrale $\mathfrak{T} = \int pdv$.

Représentation graphique de Clapeyron. — Prenons deux axes de coordonnées Op, Ov, et considérons un corps quelconque subissant une série de transformations (Fig. 1). Portons parallèlement à Ov les volumes et parallèlement à Op, les pressions. Supposons qu'à un moment donné le volume soit représenté par OA' et la pression par AA', ces deux coordonnées déterminent le point A qui est le point représentatif du corps. Si le corps vient à subir une série de transformations quelconques, le point représentatif décrit une courbe, on dit qu'il parcourt un cycle. Il est clair que p et v étant donnés, t est déterminé par l'équation F$(pv)=0$. Ce mode de représentation permet de mettre en évidence le travail extérieur. En effet, supposons que le point représentatif se déplace d'une quantité infiniment petite de A en B. La coordonnée v augmente de A'B'=dv. L'aire élémentaire AA'BB' a pour valeur AA'$\times$A'B'=pdv. Or ce n'est autre que le travail élémentaire $d\mathfrak{T}$. Pour un déplacement fini de A en C, on aurait pour travail extérieur $\mathfrak{T} = \int pdv =$ surface AA'C'C.

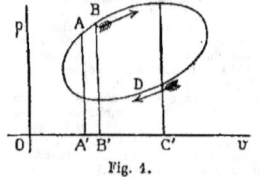

Fig. 1.

Supposons enfin que le point figuratif revienne au point de départ A. On dit alors que le corps décrit un *cycle fermé*. Le travail extérieur sera alors représenté par la surface comprise à l'intérieur de la courbe fermée ACDA que décrit le point représentatif.

Nous savons, d'après le principe de l'équivalence, que lorsque le corps revient à son état initial, on a EQ=$\mathfrak{T}$ ou bien EQ $-\mathfrak{T} = 0$.

Énergie interne. — On appelle ainsi la quantité U = EQ $-\mathfrak{T}$.

Nous allons faire voir que lorsque le point A se déplace de A en C, l'énergie interne ne dépend que des positions extrêmes et non du chemin suivi. Nous remarquerons d'abord que si l'on décrit un cycle fermé on a U=0. Nous allons faire voir

que la variation d'énergie interne est la même suivant ABC ou suivant ADC, et nous admettrons que les cycles que nous suivons sont *réversibles*, c.-à-d. peuvent être parcourus indifféremment dans un sens ou dans l'autre.

Désignons par U_1 la variation d'énergie interne suivant ABC et par U_2 suivant ADC. Alors elle aura pour valeur $-U_2$ suivant ACD (le cycle étant réversible). Faisons parcourir au point l'ensemble ABC+CDA. Comme nous revenons au point A la variation d'énergie interne est nulle, l'on a $U_1 - U_2 = 0$. Donc $U_1 = U_2$. La valeur de U est donc bien indépendante du chemin suivi. Il résulte de cela que la différentielle de la fonction U est une différentielle exacte si l'on prend comme variables indépendantes deux des trois quantités p, v, t. On applique souvent le principe de l'équivalence en écrivant que dU est une différentielle exacte.

Quantité de chaleur nécessaire pour effectuer une transformation infiniment petite. — Prenons d'abord t et v comme variables indépendantes et donnons-leur des accroissements dt, dv. Si la température variait seule, il faudrait fournir cdt, c étant la chaleur spécifique à volume constant. Si le volume variait seul à température constante, il faudrait fournir ldv, l étant un coefficient spécial que l'on appelle quelquefois chaleur latente de dilatation à température constante. En faisant varier à la fois t et v il faudra fournir une quantité de chaleur $dQ = cdt + ldv$. On verrait de même qu'en prenant t et p comme variables indépendantes, on aurait $dQ = Cdt + hdp$. En prenant p et v comme variables indépendantes, on aurait $dQ = kdp + \lambda dv$. C est la chaleur spécifique à pression constante, h, k et λ sont des coefficients dont on déduit facilement la signification des équations donnant la valeur de dQ. Les 6 coefficients sont liés par des relations générales que nous ne rechercherons pas ici, mais qu'on obtient en écrivant que la variation d'énergie, c.-à-d. EdQ $- d\mathfrak{T}$ est une différentielle exacte.

Étude des gaz. — Les gaz sont les corps qui se prêtent le mieux à l'étude complète de leurs coefficients thermiques. Nous supposerons d'abord que nous ayons affaire à un gaz parfait, c.-à-d. obéissant rigoureusement à la formule de Mariotte, $pv = p_0 v_0 (1 + at)$, et à la loi de Joule. D'après cette dernière loi lorsqu'un gaz parfait se détend sans effectuer de travail, il n'y a aucune absorption de chaleur. Pour établir cela, Joule prit deux vases d'égale capacité qu'il plaça dans un calorimètre. L'un de ces vases contenait de l'air comprimé à 22 atmosphères; dans l'autre on avait fait le vide. En ouvrant le robinet d'un tube qui fait communiquer les deux vases, l'air se détend et l'on constate qu'il n'y a pas de variation de température. Si on plaçait les deux vases dans des calorimètres séparés, on constaterait que le vase d'où s'échappe le gaz comprimé se refroidit tandis que le vase primitivement vide s'échauffe : mais la compensation est parfaite, au moins dans les limites d'une première approximation.

Détente d'un gaz à température constante. — Le gaz suit alors la loi de Mariotte pv = constante. Le point figuratif décrit une courbe *isotherme* qui est, dans le cas actuel, une hyperbole équilatère.

Détente d'un gaz sans variation de chaleur. — Cette détente est appelée *adiabatique*. En écrivant que $dQ = 0$, on arrive à l'équation $pv^{\frac{C}{c}}$ = constante. Le point figuratif décrit alors une ligne adiabatique. La forme des adiabatiques rappelle celle des hyperboles, mais ces courbes se rapprochent plus rapidement de l'axe Ov que ne le font les hyperboles (isothermes). Il résulte de là qu'un gaz qui se détend adiabatiquement fournit moins de travail qu'un gaz qui se détend à température constante. C'est qu'en effet un gaz qui se détend adiabatiquement se refroidit, de sorte que si l'on veut maintenir sa température constante, il faut lui fournir de la chaleur, et une partie de cette chaleur est couvertie en travail.

Relations entre l'équivalent mécanique de la chaleur et les coefficients thermiques des gaz parfaits. — Considérons une masse de gaz égale à l'unité. Soient v son volume et p sa pression à 0°. Chauffons cette masse de 0° à 1° sous volume constant. Il faut lui fournir c calories. Supposons ensuite que ce gaz se détende de *av dans le vide*. Il occupera un volume 1 + av, c.-à-d. le même volume que s'il s'était dilaté sous la pression constante p de 0° à 1°. Cette phase du cycle ne fait aucune absorption de chaleur d'après la loi de Joule. Refroidissons maintenant ce gaz de 1° à 0°. La pression extérieure exerce sur lui un travail pav. Dans cette dernière phase le gaz restitue C calories. La masse gazeuse ayant accompli un cycle fermé, nous pouvons appliquer le principe de l'équivalence $\mathfrak{T} = EQ$; ce qui donne ici :

$pva = E(C-c)$ ou $E = \dfrac{pva}{C-c} = \dfrac{p_0r_0\alpha}{C-c}$. Cette équation permettra de calculer E, étant données les autres quantités.

Détermination de l'équivalent mécanique de la chaleur au moyen des gaz. — Joule a opéré cette détermination en comprimant des gaz à température constante. En évaluant la chaleur dégagée par la compression et le travail nécessaire à l'effectuer, Joule a retrouvé des nombres voisins de 425 kilogrammes.

Cas des gaz réels. Expériences de Thomson et Joule. — La loi de Joule déduite de son expérience sur la détente n'est qu'une loi approchée, ainsi que l'ont montré des expériences faites plus tard par Joule et Thompson au moyen d'un appareil fort différent du premier. La partie essentielle du dispositif est un tube, mauvais conducteur de la chaleur, bouché au moyen d'un tampon de coton. On force de l'air comprimé à travers cette bourre au moyen d'une pompe foulante. Le calcul montre que si la loi de Joule était rigoureuse et le gaz parfait, il devrait avoir la même température des deux côtés du tampon. Or, avec tous les gaz connus on constate un léger abaissement de température qui est sensiblement proportionnel à la différence de pression des deux côtés du tampon. Pour l'air, ce refroidissement est de 0°,262 par atmosphère. Pour l'anhydride carbonique 1°,151 (à 20°). Ceci montre que pour se dilater dans le vide un gaz absorbe une certaine quantité de chaleur correspondant à un certain travail moléculaire se faisant à l'intérieur du gaz et tout à fait distinct du travail extérieur qu'il effectue ou non. Ce travail a reçu le nom de *travail interne du gaz*. Pour l'air il n'est que $\frac{1}{500}$ du travail extérieur; pour l'anhydride carbonique il atteint $\frac{1}{15}$; pour l'hydrogène $\frac{1}{1300}$.

Chaleurs spécifiques des gaz. — La chaleur spécifique à pression constante C a été mesurée directement par l'expérience (Voy. CALORIMÉTRIE). Il n'en est pas de même de la chaleur spécifique à volume constant c. Mais on a pu déterminer le rapport $\dfrac{C}{c}$. Nous citerons d'abord l'expérience de Clément et Desormes. Ils prenaient un ballon de 20 litres muni d'un gros robinet et en relation avec un manomètre. Ce ballon était rempli d'air à une pression un peu plus faible que la pression atmosphérique. On ouvrait le robinet pendant un instant très court. L'air était alors comprimé et s'échauffait légèrement par la compression. En se refroidissant l'air se contracte et la pression diminue. Le calcul permet d'évaluer le rapport $\dfrac{C}{c}$ d'après la variation de pression dans les deux phases de l'expérience.

MM. Jamin et Richard ont mesuré $\dfrac{C}{c}$ par une méthode toute différente consistant à échauffer une masse de gaz soit à pression constante, soit à volume constant au moyen d'une quantité fixe de chaleur fournie par un courant électrique.

Enfin on peut aussi déduire la valeur de $\dfrac{C}{c}$ pour un gaz donné en mesurant la vitesse du son dans ce gaz.

Le rapport $\dfrac{C}{c}$ diffère peu d'un gaz à l'autre. C'est un nombre voisin de 1,41.

II. — *Principe de Carnot ou principe de l'entropie.* — Dans un ouvrage célèbre, intitulé : *Réflexions sur la puissance motrice du feu*, Sadi Carnot attribuait la production du travail mécanique au passage de la chaleur d'un corps chaud à un corps froid : il assimilait ainsi la *chute de chaleur* d'une température à une autre, à une chute d'eau d'un niveau à un autre. Il est vrai que, suivant les idées de son temps, Carnot considérait la chaleur comme indestructible; cependant, vers la fin de sa vie, ses réflexions l'avaient amené à une conception tout opposée, et s'il avait publié ses derniers travaux, il aurait devancé Mayer dans l'énoncé du principe de l'équivalence. Quoi qu'il en soit, non seulement les déductions de Carnot sont exactes, mais encore elles constituent la base de la th. Il a suffi de modifier légèrement quelques raisonnements de Carnot pour les mettre d'accord avec le principe de l'équivalence, sans que cette modification change en rien les conclusions. Le principe posé par Carnot consiste en ce que la *chaleur ne saurait passer d'elle-même d'un*

corps *plus froid sur un corps plus chaud.* Cet énoncé un peu vague a été précisé par Clausius : *Dans un système isolé, aucune quantité de chaleur ne saurait passer d'un corps à un autre de température supérieure, sans que dans une autre partie du système, une certaine quantité de chaleur passe d'un corps à un autre de température inférieure ou bien qu'une certaine quantité de travail soit transformée en chaleur.* Ce principe n'est guère susceptible d'une vérification directe. Le fait qu'il a été jusqu'ici impossible d'imaginer un système où il soit en défaut n'en constitue pas une démonstration suffisante : la véritable démonstration réside dans l'accord de l'expérience avec toutes les conséquences qu'on en a pu tirer.

Moteurs thermiques. — On appelle ainsi tout appareil capable de transformer la chaleur en travail. Un moteur thermique se compose d'une source chaude ou chaudière, d'un mécanisme intermédiaire servant à transformer la chaleur en travail, et enfin d'une source froide ou condenseur qui reçoit la chaleur qui n'a pas été transformée en travail. Carnot, en s'appuyant sur son principe, a fait voir que pour qu'une machine puisse fonctionner, il faut qu'il y ait chute de chaleur d'un corps chaud à un corps froid. Il a, de plus, étudié les conditions les plus favorables de fonctionnement. Ces conditions ne sont autres que les conditions de *réversibilité.* Un moteur thermique ne donnera son rendement maximum que s'il est réversible, c.-à-d. que si le cycle d'opérations effectuées par le moteur peut être parcouru indifféremment dans un sens ou dans l'autre. Il faut pour cela que le corps qui sert à transformer la chaleur en travail ne se trouve jamais en contact avec des corps présentant avec lui une différence *finie* de pression ou de température. En un mot, il suffira d'une différence infiniment petite dans la pression ou dans la température pour faire marcher la machine dans un sens ou dans l'autre. On voit donc que les conditions théoriques idéales se rapprochent infiniment des conditions d'équilibre.

Coefficient économique. — Désignons par Q_1 la quantité de chaleur empruntée à la chaudière et Q_2 la quantité de chaleur restituée au condenseur. Carnot appelle coefficient économique le rapport $\dfrac{Q_1 - Q_2}{Q_1}$. La différence $Q_1 - Q_2$ représente la quantité de chaleur que la machine transforme en travail.

Cycle de Carnot. — Considérons un cycle ABCD (Fig. 2) formé de deux isothermes AB, CD reliées par deux adiabatiques BC, AD. Cela constitue un cycle de Carnot. Supposons maintenant que ce cycle soit parcouru par un corps quelconque. De A en B ce corps reçoit de la chaleur à une température constante t_1 et décrit l'isotherme AB, de B en C il se détend sans absorption de chaleur et décrit l'adiabatique BC, de C en D le corps restitue de la chaleur à la source froide et décrit l'isotherme CD à température constante t_2. De D en A le corps subit une compression et sa température remonte de t_2 à t_1 en revenant au point A suivant la ligne adiabatique DA. Dans le parcours de ce cycle, le corps aura fourni un travail représenté par l'aire du cycle. Mais le cycle peut aussi être parcouru en sens inverse, les échanges de chaleur se faisant avec les mêmes sources : de A en D, détente adiabatique avec abaissement de température sans échange de chaleur; de D en C, détente isotherme avec absorption de chaleur puisée à la source froide; de C en B, compression adiabatique avec augmentation de chaleur, et enfin, de B en A, compression isotherme avec restitution de chaleur à la source chaude. Dans ce cas, le corps a dépensé du travail qui a été converti en chaleur, et une certaine quantité de chaleur est remontée de la source froide à la source chaude. Le cycle est *réversible*, et si le corps le parcourt successivement dans les deux sens, le travail total sera nul, les deux sources auront successivement cédé et reçu la même quantité de chaleur : le corps et les sources seront ramenés à leur état initial. Réciproquement tout cycle réversible est un cycle de Carnot ou est composé de cycles de Carnot, car la

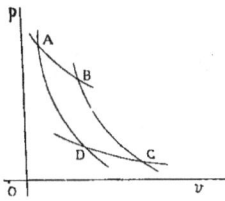
Fig. 2.

réversibilité exige que les échanges de températures se fassent entre corps à la même température. Si, par exemple, dans le parcours direct, le corps recevait de la chaleur d'une source plus chaude que lui, il ne pourrait, dans le parcours inverse, restituer de la chaleur à cette source. Tout cycle réversible est donc formé d'isothermes et d'adiabatiques.

Supposons qu'on dispose de deux sources de chaleur. Un moteur thermique qui utilisera ces deux sources de chaleur doit se composer de corps dont la température restera constamment comprise entre les deux sources. Il est en effet facile de se rendre compte qu'un cycle qui couperait l'une des isothermes ne saurait fonctionner que dans le sens où il absorbe du travail et non dans le sens où il en produit, parce que dans ce sens-là, il faudrait qu'il puise de la chaleur à une source plus froide que lui ou qu'il en cède à une plus chaude. Parmi tous les cycles qu'on peut ainsi construire entre les isothermes des deux sources, celui qui a le coefficient économique le plus élevé est précisément le cycle de Carnot. On le démontre en encadrant le cycle entre deux adiabatiques, qui lui sont tangentes, et en substituant au cycle donné, le cycle de Carnot formé par ces adiabatiques et les isothermes des deux sources. L'aire du cycle, et par conséquent le travail, est augmenté; la quantité de chaleur puisée à la source chaude pendant que le corps parcourt la partie supérieure du cycle entre les points de contact avec les adiabatiques est aussi augmentée; mais l'excès est tout entier transformé en travail puisque l'état initial et l'état final du corps sont les mêmes dans les deux parcours; le rendement est donc augmenté. De même la quantité de chaleur cédée à la source froide pendant que le corps parcourt la partie inférieure du cycle a diminué et la différence provient exclusivement du travail supplémentaire, ce qui améliore encore le rendement.

Deux cycles de Carnot fonctionnant entre les mêmes températures ont nécessairement le même coefficient économique. Considérons d'abord deux cycles de même surface, et faisons-les parcourir en sens inverse. Le premier emprunte à la source chaude une quantité de chaleur Q_1 et le second lui restitue une quantité Q'_1. Le travail total est nul et la source chaude a reçu la quantité de chaleur $Q'_1 - Q_1$ qui ne saurait être positive puisque autrement on aurait, sans travail, fait passer de la chaleur de la source froide à la source chaude. Donc Q'_1 ne peut être supérieur à Q_1. On verrait de même, en décrivant les cycles dans l'autre sens que Q_1 ne peut être supérieur à Q'_1. Donc $Q_1 = Q'_1$. Le même raisonnement montre que $Q_2 = Q'_2$. Donc les deux cycles mettent en jeu exactement les mêmes quantités de chaleur. Si maintenant les deux cycles n'ont pas la même surface et que le rapport des surfaces soit $\dfrac{m}{n}$, on parcourra le premier n fois, le second m fois, et l'on arrivera aux mêmes conclusions, c.-à-d. que les quantités Q_1 et Q_2, correspondant à un seul parcours des cycles sont proportionnelles aux aires des cycles. Donc le rapport $\dfrac{Q_1 - Q_2}{Q}$ est constant.

De là résulte que, pour calculer le coefficient économique d'un cycle, il suffit de supposer que ce cycle est parcouru par un corps dont on connaisse bien les propriétés physiques. Le plus simple est un gaz parfait. On reconnaît alors, en s'appuyant sur les lois de Mariotte et de Gay-Lussac que le coefficient économique a pour valeur

$$\alpha = \frac{Q_1 - Q_2}{Q_1} = \frac{(t_1 + 273) - (t_2 + 273)}{t_1 + 273}.$$

Le nombre 273 provient de ce que le coefficient de dilatation des gaz est égal à $\dfrac{1}{273}$.

Si l'on pose $T_1 = t_1 + 273$; $T_2 = t_2 + 273$ (ce qui revient à compter les températures à partir de 273° centigrades au-dessous de 0°), on a $\alpha = \dfrac{T_1 - T_2}{T_1}$. Les températures T_1 et T_2, ainsi comptées, ont reçu le nom de *températures absolues*. La considération du coefficient économique des cycles de Carnot permet de donner de la température une définition théorique indépendante du corps qui sert à construire le thermomètre. Voy. THERMOMÈTRE.

La conclusion pratique importante est qu'une machine thermique est d'autant plus avantageuse qu'elle fonctionne entre des températures plus différentes. De là la supériorité des machines à vapeur à haute pression.

Entropie. — On démontre (théorème de Clausius) que tout le long d'un cycle fermé et réversible l'on a $\int \dfrac{dQ}{T} = 0$, dQ étant la quantité de chaleur absorbée dans chaque élément du cycle et T la température absolue. Cette quantité a reçu le nom d'*Entropie*. $\dfrac{dQ}{T}$ est alors une différentielle exacte dans le cas actuel. C'est là une manière d'exprimer analytiquement le principe de Carnot. Ce théorème, qui n'est qu'une application immédiate de l'expression du coefficient économique d'un cycle de Carnot est fécond en conséquences. Voy. ENTROPIE.

Applications de la thermodynamique. — Les applications de la T. sont trop nombreuses pour que nous puissions les développer ici. Le principe de l'équivalence nous permet déjà d'appliquer le théorème des forces vives et le principe de la conservation de l'énergie. Combiné au principe de Carnot, il nous permettra d'approfondir la plupart des phénomènes calorifiques, changements d'état, fusion, volatilisation, combustions, dissociation, écoulement des gaz, etc., d'étudier le fonctionnement des différents moteurs usités aujourd'hui. La respiration se montrera à nous comme une combustion et les animaux pourront être envisagés comme de véritables moteurs thermiques. Enfin les principes de la T. pourront être étendus aux phénomènes électriques, magnétiques, thermo-électriques, chimiques, etc.

Théorie mécanique de la chaleur. — La découverte du principe de l'équivalence a tout de suite amené les physiciens à admettre que la chaleur est un mode de mouvement. Dans cette manière de voir, quand nous échauffons un corps nous augmentons le mouvement vibratoire de ses molécules. Lorsqu'un boulet est arrêté par une cible, le mouvement d'ensemble disparaît à nos yeux, mais il n'est pas détruit, la force vive perdue en apparence par l'arrêt du projectile sert à augmenter le mouvement vibratoire des molécules et nous retrouvons cette force vive à l'état de chaleur. Envisagé de cette façon, le principe de l'équivalence devient un corollaire naturel du principe de la conservation de l'énergie. C'est surtout dans l'étude des gaz que cette conception de la chaleur comme un mode de mouvement, est particulièrement féconde. On peut expliquer toutes les propriétés des gaz en les supposant composés de molécules très petites animées de vitesses considérables dans tous les sens, et de plus, de mouvements de rotation sur elles-mêmes. La température absolue du gaz est alors proportionnelle à la force vive totale de la masse. La tendance du gaz à la dilatation résulte du mouvement même des molécules, et la pression du gaz est la conséquence des chocs que ces molécules produisent sur les parois. Cette manière de comprendre la constitution des gaz constitue la *théorie cinétique des gaz*. Aucun fait connu n'est en contradiction avec cette théorie. Mais si l'on envisage les solides et les liquides, l'assimilation de la chaleur et du mouvement n'est plus aussi simple. Du reste, il faut bien comprendre que la th. est indépendante de toute hypothèse sur la nature de la chaleur : il suffit d'admettre que la chaleur est une *forme d'énergie* pouvant se transformer en toute autre forme d'énergie, et en particulier en travail mécanique. Aussi l'identification de la chaleur et du mouvement qui avait d'abord été considérée comme une conséquence du principe de l'équivalence n'est plus regardée aujourd'hui que comme une hypothèse inutile au développement de la science, et même assez improbable, car M. Poincaré a démontré qu'il était impossible de rendre compte du principe de Carnot par les seules lois de la mécanique. L'importance même de ce principe semble donc indiquer qu'il y a, dans les phénomènes thermiques, autre chose que des masses et du mouvement.

Voy. aussi : ÉNERGÉTIQUE, ÉNERGIE, ENTROPIE, INDICATEUR, MOTEUR.

Sources de chaleur et d'énergie. — Presque tous les travaux qui s'accomplissent à la surface de la terre doivent leur origine à la transformation de la chaleur solaire. Les moteurs animés sont de véritables machines à feu qui transforment en travail une partie de la chaleur produite par la combustion des aliments, et ceux-ci sont toujours, en dernière analyse, élaborés par les végétaux qui décomposent l'acide carbonique de l'air et fixant le carbone dans leurs tissus. Or cette décomposition ne peut s'opérer qu'à la condition d'absorber une quantité de chaleur précisément égale à celle que dégagera plus tard la combustion de ce même carbone. Le soleil seul peut fournir aux végétaux la chaleur ainsi nécessaire à leur développement. La houille est d'origine végétale, et la chaleur qu'on utilise en la brûlant a été autrefois puisée à la même source solaire. C'est encore la chaleur du soleil qui élève l'eau de l'océan sous forme de vapeur et la transporte aux sources des fleuves et des rivières. Elle se transforme ainsi en énergie potentielle qu'on utilise en partie toutes les fois qu'on installe un moteur hydraulique que cette eau fait mouvoir en retombant vers la mer. La force du vent, enfin, est due aux dilatations inégales que subissent, toujours sous l'action du soleil, les différentes régions de l'atmosphère; cependant la rotation de la Terre intervient aussi dans l'établissement du régime des vents, de sorte que les moteurs à vent puisent une petite partie de leur énergie à la force vive de rotation de la Terre. On puiserait encore à la même source si l'on installait un moteur hydraulique mû par le mouvement des marées. Dans ce cas, le travail du moteur serait fourni par une diminution correspondante dans la force vive du mouvement diurne de la Terre. Le travail d'érosion que le frottement du flux détermine sur les côtes, a la même origine et a pour effet d'allonger très légèrement la durée du jour. Une autre source de chaleur est la chaleur centrale du globe terrestre: elle ne se manifeste presque pas à la surface; on y puiserait si l'on utilisait par exemple la chaleur des sources thermales. Il se peut aussi que la chaleur centrale ait contribué dans une faible mesure au développement des végétaux qui ont fourni la houille, quoique cela paraisse peu probable. Enfin, nous devons signaler une dernière source d'énergie: c'est celle qu'on utilise dans les courants électriques produits par des piles hydro-électriques. Dans ce cas, la chaleur nécessaire est fournie par la combustion du métal dans l'acide: elle est empruntée à l'énergie potentielle de la Terre; il en est de même de la chaleur produite par la combustion de certains combustibles inorganiques tel que le soufre.

On voit ainsi, qu'à part quelques exceptions très restreintes, si on les compare à la quantité prodigieuse d'énergie qui se dépense journellement, on peut affirmer que toutes les actions physiques ou mécaniques qui s'accomplissent autour de nous dans la nature aussi bien que dans l'industrie, et qui constituent, pour ainsi dire, la vie du globe terrestre, ne sont que des manifestations diverses de l'énergie qui nous vient du soleil sous forme de chaleur. On comprend dès l'intérêt qu'il y aurait à utiliser directement la chaleur solaire, au lieu de demander à la combustion de la houille, dont la provision est nécessairement condamnée à s'épuiser, l'énergie nécessaire à notre industrie. Malheureusement, toutes les tentatives entreprises dans cette voie n'ont donné que de mauvais résultats, et l'utilisation directe de la chaleur solaire reste un problème dont la solution paraît encore très éloignée.

THERMO-ÉLECTRICITÉ. s. f. (gr. θέρμη, chaleur, et *électricité*). T. Physiq. Étude des courants électriques produits par la chaleur.

THERMO-ÉLECTRIQUE. adj. 2 g. T. Phys. On appelle *Courants thermo-électriques*, par opposition aux *courants hydro-électriques* qui sont dus aux actions chimiques, les courants qui se développent sous l'influence seule de la chaleur, et l'on donne le nom de *Thermo-électricité* ou de *Thermo-magnétisme* à la branche de la physique qui a pour objet l'étude de cet ordre de phénomènes. — Depuis longtemps on avait remarqué que la tourmaline et quelques autres cristaux naturels acquièrent des propriétés électriques quand on les élève sous forme température, et Volta avait observé qu'une lame d'argent, inégalement chauffée à ses deux extrémités, constitue un élément électromoteur. Néanmoins c'est le professeur Seebeck, de Berlin, qui le premier, en 1821, établit que le mouvement de la chaleur dans un circuit métallique fermé suffit à lui seul pour donner naissance à des courants électriques.

1. *Courants thermo-électriques.* — Deux fils métalliques étant soudés bout à bout de manière à former un circuit fermé quelconque, il s'établit dans le circuit un courant plus ou moins intense, toutes les fois que les deux soudures sont à des températures différentes, et le courant persiste aussi longtemps que la différence des températures est maintenue. — On démontre cette proposition pour un cas particulier au moyen de l'appareil suivant: *po* (Fig. 1) est une lame de bismuth, et *mn* est une lame de cuivre qui est soudée aux deux extrémités de la lame de bismuth; *a* est une aiguille aimantée qui se meut librement sur un pivot. Les soudures étant à la température de l'air ambiant, on place l'appareil dans le plan du méridien magnétique, afin que l'aiguille soit bien parallèle à l'axe des deux lames métalli-

ques. Cela fait, si l'on chauffe avec une lampe à alcool l'une des soudures, la soudure *o* par ex., l'aiguille éprouve une déviation plus ou moins considérable, comme le montre la Fig. 1. Si, au contraire, on refroidit cette même soudure de telle sorte que l'autre soit plus chaude, l'aiguille se dévie encore, mais dans le sens opposé. Ces déviations de l'aiguille, tantôt dans un sens, tantôt dans l'autre, démontrent la présence d'un courant électrique qui parcourt l'appareil dans une direction déterminée, quand la soudure *o* est plus chaude que la soudure *p*, et dans la direction opposée, lorsque la soudure *o* est plus froide que l'autre. Mais il n'est pas nécessaire, pour répéter cette expérience fondamentale, d'avoir à sa disposition un appareil spécial. On peut se servir

Fig. 1.

d'une simple aiguille de boussole, comme le représente la Fig. 2, et d'un petit cadre rectangulaire composé de deux métaux, comme bismuth et antimoine (Fig. 3), soudés ensemble aux point *s* et *s'*. Dans ce dessin, la partie la plus foncée re-

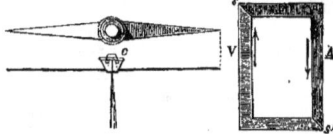
Fig. 2.   Fig. 3.

présente l'antimoine, et la plus claire le bismuth. Les longs côtés du rectangle doivent avoir au moins la longueur de l'aiguille avec laquelle on expérimente. Pour faire l'expérience, on chauffe avec précaution l'une des soudures au moyen d'une petite lampe à esprit-de-vin, puis on tient l'un des longs côtés du rectangle au-dessus de l'aiguille aimantée ayant sa position naturelle. Souvent encore on donne au circuit thermo-électrique la disposition que nous offre la Fig. 4, où *ab* est une verge de bismuth ou d'antimoine, aux extrémités de laquelle est soudé un fil de cuivre *aedb*. Pour faire l'expérience, on chauffe l'une des soudures *a* ou *b*, et l'on tient

Fig. 4.

le fil *ed* au-dessus de l'aiguille aimantée. En expérimentant ainsi sur les divers métaux, on a reconnu que les uns donnent des courants d'une grande énergie et les autres des courants très faibles. Ils se classent ainsi dans l'ordre croissant de leur pouvoir thermo-électrique: Bismuth, Mercure, Nickel, Platine, Palladium, Cobalt, Manganèse, Argent, Étain, Plomb, Cuivre, Or, Zinc, Fer et Antimoine. En outre, chacun de ces métaux est positif avec ceux qui le précèdent et négatif avec ceux qui le suivent. D'après cela, on voit qu'on se servant de l'appareil représenté Fig. 1, le courant produit, lorsqu'on chauffe la soudure *o*, doit marcher du cuivre au bismuth, et, avec l'appareil 3, de l'antimoine au bismuth, si l'on chauffe la soudure *s*: c'est d'ailleurs ce qu'indiquent les flèches.

La force électro-motrice des piles thermo-électriques obéit aux lois suivantes: 1° Elle dépend uniquement de la nature des métaux et des températures des soudures. 2° Si l'on appelle t_1 t_2 t_3 trois températures rangées en ordre croissant, la force électromotrice de t_1 à t_3 est la somme de la force électromotrice de t_1 à t_2 et de la force électromotrice de t_2 à t_3. 3° Si deux métaux sont réunis par d'autres métaux intermédiaires à la même température, la force électromotrice de l'ensemble est la même que s'il n'y avait que les deux métaux considérés. 4° Phénomène de l'inversion. — Si l'on maintient la soudure froide à une température constante et que l'on élève de plus en plus celle de la soudure chaude, la force électromotrice augmente d'abord, atteint ensuite un maximum, puis décroît jusqu'à devenir nulle et alors change de signe si l'on continue à augmenter la température de la soudure chaude. — Ce qui démontre d'une manière péremptoire que les courants observés dans ces diverses expériences ne sont produits ni par le contact, ni par une action chimique, mais uniquement par le mouvement de la chaleur, c'est qu'ils peuvent se développer dans un circuit formé d'un seul métal, en expérimentant dans l'hydrogène ou dans le vide. Toutefois il faut que le métal unique qui forme le circuit ne soit pas parfaitement homogène, car alors, la chaleur se propageant d'une manière égale partout, il ne se produit point de courant électrique. Au contraire, il suffit, pour qu'un courant se développe, d'altérer un peu la texture de la lame métallique, comme, par ex., en la tordant sur elle-même.

II. *Piles thermo-électriques.* — Si l'on forme un circuit fermé avec un certain nombre de fils ou de tiges de deux métaux soudés alternativement bout à bout, et que l'on chauffe les soudures des rangs pairs ou impairs, les autres étant maintenues à une température constante moins élevée, on

Fig. 5.

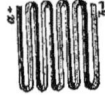

Fig. 6.

obtient des courants qui, pour la même différence de température, ont des intensités croissantes avec le nombre des éléments. La première pile thermo-électrique a été construite par OErstedt et Fourier. Depuis, on en a imaginé diverses espèces; mais la plus usitée est celle de Nobili, qui est la plus sensible de toutes. L'appareil du savant physicien italien (Fig. 5 et 6) se compose de 20 petits barreaux de bismuth et d'antimoine qui ont environ 4 à 5 centimètres de longueur et qui sont soudés, comme le représente la Fig. 6, de manière que toutes les soudures paires soient à un bout, et toutes les soudures impaires à l'autre bout. Cinq barreaux de bismuth, *b*, et 5 barreaux d'antimoine, *a*, forment une première rangée, qui se soude latéralement à une seconde rangée en sens inverse, c.-à-d. que le barreau de bismuth se soude à un barreau d'antimoine. Enfin, on isole les couples les uns des autres au moyen de petites bandes de papier enduites de vernis, de manière qu'ils ne se touchent qu'aux soudures. L'ensemble de quatre rangées ainsi soudées forme un petit faisceau compact et solide qu'on enferme dans un étui de cuivre P (Fig. 5). Les deux demi-éléments qui terminent le circuit communiquent l'un à la cheville de cuivre *y*, et l'autre à la cheville *x*, qui forment ainsi les deux pôles de la pile. Avec une pile thermo-électrique construite comme on vient de le voir, mais dont les éléments sont plus grands, on peut obtenir des courants très intenses, en soumettant les deux extrémités à des températures très différentes. Pour cela, on maintient la pile verticalement, la face inférieure plongée dans de la neige ou dans un mélange frigorifique, tandis que l'on expose la supérieure au rayonnement d'une lame de fer rougie au feu.

On doit à M. Clamond une pile thermo-électrique dont les éléments sont composés d'une part d'un alliage de zinc et d'antimoine, d'autre part de fer. Les éléments sont disposés en couronnes autour d'un bec de gaz central qui chauffe la moitié des soudures, l'autre moitié exposée à l'air extérieur reste froide. 120 éléments de cette pile peuvent donner une force électromotrice de 8 volts environ. La résistance intérieure n'est que de 0,025 ohm par élément.

III. *Effets des courants thermo-électriques.* — Le courant thermo-électrique possède les mêmes propriétés qu'un courant des piles ordinaires. L'intensité est donnée par la loi de Ohm $I = \dfrac{E}{R}$.

IV. *Thermo-multiplicateur.* — Melloni, en combinant la pile de Nobili avec le galvanomètre ou multiplicateur, est parvenu à produire un appareil thermométrique doué d'une sensibilité merveilleuse. Cet appareil, auquel le savant physicien a donné le nom de *Thermo-multiplicateur*, est représenté dans notre Fig. 7. Les diverses pièces dont il se compose sont mobiles, et glissent à volonté sur une règle de cuivre longue d'un mètre, qui est supportée elle-même par une tablette de bois posée sur quatre pieds. Ces pièces sont fixées sur la règle, à la distance voulue les unes des autres, au moyen de vis de pression. La première, à gauche du dessin, est une lampe Locatelli, ou toute autre source de chaleur, placée sur un support; la seconde est un écran; la troisième consiste en un support sur lequel on place le corps en expérimentation; enfin, la quatrième est une pile thermo-électrique, que l'on met à l'abri des courants d'air et du rayonnement latéral en la logeant dans un étui de forme à peu près conique. Près de l'appareil, se trouve un galvanomètre, dont les fils sont mis en communication par des spires extensibles avec les deux chevilles aboutissant aux pôles de la pile de Nobili, chevilles que l'on voit à la partie supérieure de l'étui. La sensibilité de cet appareil est telle, qu'il suffit de tenir la main à 4 mètre de distance pour que la chaleur de cet organe développe dans la pile un courant capable de dévier l'aiguille du galvanomètre. Nous avons vu, en parlant du pouvoir diathermane des corps, l'une des plus intéressantes applications de l'appareil de Melloni. Voy. DIATHERMANE.

V. *Applications diverses.* — Les éléments thermo-électriques peuvent être employés à la mesure des températures. En leur donnant la forme d'aiguilles, Becquerel a pu mesurer la température à l'intérieur des muscles des êtres vivants.

M. Le Chatelier a construit un couple thermo-électrique platine et platine rhodié pouvant mesurer les températures jusqu'à 1200°.

VI. *Effet Peltier.* — Considérons un conducteur formé de deux métaux différents et faisons le parcourir par un courant. Le point de jonction des deux corps sera le siège d'un dégagement de chaleur ou bien d'un refroidissement suivant le sens du courant. Ce phénomène a été étudié par Peltier.

VII. *Effet Thomson.* — Lorsque l'on fait passer un courant dans un conducteur dont on chauffe une partie seulement, il y a transport de chaleur dans un sens ou dans l'autre suivant le sens du courant.

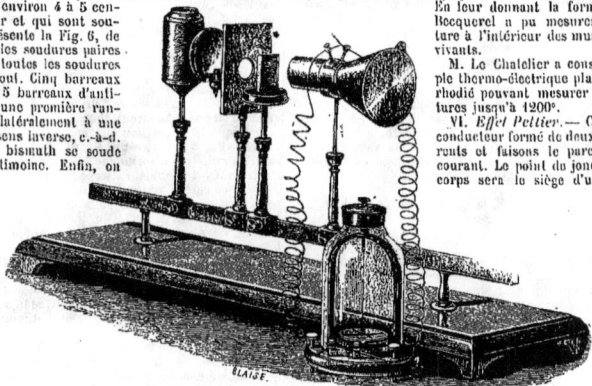

Fig. 7.

THERMOGÈNE. adj. 2 g. (gr. θέρμη, chaleur; γεννάω, j'engendre). T. Méd. Qui produit l'élévation de la température, la fièvre.

THERMO-MAGNÉTISME. s. m. (gr. θέρμη, chaleur, et fr. *magnétisme*). T. Phys. Partie de la physique qui traite du magnétisme développé par la chaleur. Voy. THERMO-ÉLECTRIQUE.

THERMOMÈTRE. s. m. (gr. θέρμη, chaleur; μέτρον, mesure). T. Phys. Voy. ci-après. || Fig. Ce qui indique le degré de force de quelque chose. *Le th. de la tendresse a baissé.*

Phys. — On donne le nom de *Thermomètres* aux instruments destinés à mesurer les variations de la température. Si l'on excepte les appareils de mesure qui utilisent les courants thermo-électriques, et dont nous avons dit quelques mots à l'article *Thermo-électrique*, tous les thermomètres sont basés sur le même principe, c.-à-d. sur la dilatation et la contraction qu'éprouvent les corps, suivant que la température à laquelle ils sont soumis augmente ou diminue. L'invention de ces instruments date du XVIIe siècle, mais on ignore le nom du savant auquel on doit le rapporter. Parmi les personnages auxquels on l'attribue, nous citerons François Bacon, Sanctorius, Sarpi, Bonelli, Drebbel, Galilée, Fludd et J.-B. van Helmont. Il est probable qu'une foule d'esprits étant alors dirigés vers le même but scientifique, la même idée fut conçue simultanément par plusieurs personnes. Quoi qu'il en soit, il existait déjà des thermomètres en 1621 ; mais ces premiers instruments étaient très imparfaits, et ce ne fut guère qu'au XVIIIe siècle qu'on parvint à les construire d'une manière un peu convenable. Ils forment aujourd'hui une famille très nombreuse, dont nous allons sommairement décrire les espèces principales.

I. *Thermomètre à mercure.* — Ce th. consiste essentiellement en un tube de verre en partie rempli de mercure. Le tube est d'un diamètre très petit, mais il présente à son extrémité inférieure un renflement en forme de boule ou de cylindre (Fig. 1). Lorsque la température de l'enceinte où se trouve l'instrument vient à s'élever, le mercure augmente de volume, et par conséquent s'élève dans le tube ; le phénomène inverse a lieu, en d'autres termes la colonne mercurielle baisse, lorsque la température vient à baisser.

A. *Remplissage du thermomètre.* — Pour construire un th. à mercure, on choisit un tube capillaire qui soit bien *calibré*, c.-à-d. qui ait le même diamètre dans toute sa longueur. On reconnaît qu'un tube présente cette condition, en promenant une petite colonne de mercure qui doit conserver partout la même longueur. Le tube une fois vérifié, on souffle une boule à son extrémité, ou bien on y soude un réservoir cylindrique, puis on y introduit le mercure. Mais, comme l'étroitesse du tube ne permet pas d'introduire directement le liquide dans le réservoir, on a recours au procédé suivant. On soude à l'extrémité supérieure du tube (Fig. 2), une sorte d'entonnoir *h*, et l'on verse du mercure bien pur. Alors, on incline un peu le tube et on chauffe le réservoir *t* avec une lampe à alcool, ou en le plaçant sur une grille inclinée et en l'entourant de charbons incandescents. L'air contenu dans le réservoir se dilate et s'échappe en partie par l'entonnoir *h* en traversant le mercure. Cela fait on laisse refroidir le tube et on le tient dans une position verticale. Par suite du refroidissement, l'air renfermé dans le tube se contracte, et la pression atmosphérique force le mercure à passer dans le réservoir, malgré la capillarité du tube. Mais bientôt le mercure de l'entonnoir cesse de descendre, et l'arrêt a lieu dès que l'air renfermé dans le tube a pris, par la diminution de son volume, une tension capable de faire équilibre à la fois au poids de l'atmosphère et à celui du mercure qui a pénétré dans le tube. On chauffe donc de nouveau, puis on laisse refroidir, de manière qu'il pénètre une nouvelle quantité du métal liquide ; et l'on continue jusqu'à ce qu'il ne reste plus, dans le réservoir *t*, qu'une très petite quantité d'air. Alors on chauffe le réservoir jusqu'à ce que le mercure qui y a pénétré entre en ébullition, et les vapeurs mercurielles, en se dégageant, entraînent l'air et l'humidité qui se trouvent encore dans l'instrument. Le réservoir et le tube se

trouvant ainsi remplis de mercure sec et pur, on sépare l'entonnoir *h*, et l'on fait chauffer de nouveau, mais modérément, le réservoir, afin d'évacuer une partie du mercure et de ne laisser dans l'appareil que la quantité de métal convenable suivant les températures à l'observation desquelles le th. est destiné. Enfin, pour que les impuretés de l'air ne viennent pas souiller le mercure, et pour que, d'un autre côté, la quantité de ce liquide ne diminue pas par l'évaporation, on ferme l'extrémité du tube. Mais, avant de le faire, il est bon de chasser l'air qui reste au-dessus du mercure, afin que son expansion, quand l'appareil sera exposé à une haute température, ne puisse pas rompre l'instrument. Pour chasser cet air, on chauffe la boule jusqu'à ce que le mercure soit parvenu à l'extrémité du tube, et l'on dirige alors l'extrémité du dard de la flamme d'un chalumeau de manière à fondre le verre et à fermer le tube.

B. *Détermination des points fixes.* — Cette opération achevée, il reste encore à graduer le th., c.-à-d. à déterminer ses deux *points fixes*, et à diviser en parties égales l'intervalle entre eux. Les points fixes généralement adoptés sont celui de la glace fondante et celui de l'ébullition de l'eau. Pour trouver le premier, on plonge dans un vase rempli de glace pilée le réservoir de l'instrument et toute la partie du tube dans laquelle il se trouve du mercure. La température ambiante étant plus haute que 0°, la glace fond peu à peu, et toute la masse se maintient à la température fixe de la glace fondante. Après quelques instants, le mercure a pris cette température, et l'on marque le point précis où il reste stationnaire : c'est le 0, ou le *point de départ* de l'échelle thermométrique. Pour déterminer le point d'ébullition, on prend une étuve à double circulation de vapeur, dans laquelle on fait bouillir de l'eau, et dans laquelle on tient le th. suspendu de manière que le réservoir ne soit pas en contact avec la surface du liquide. Au bout de quelques instants d'ébullition, toutes les parties de l'étuve sont également échauffées, et la vapeur s'échappe par un tube latéral. Alors le th. se trouve enveloppé d'un bain de vapeur dont la température est égale à la température d'ébullition de l'eau. Bientôt la colonne mercurielle arrive à un point maximum qu'elle ne peut plus dépasser : ce second point fixe forme l'extrémité supérieure de l'échelle. Dans la détermination du point d'ébullition, il est indispensable de tenir compte de la pression barométrique. En effet, l'ébullition n'a lieu qu'au moment où la force élastique de la vapeur fait équilibre à la pression de l'atmosphère. et comme, dans nos climats, la hauteur habituelle du baromètre est de 76 centimètres, c'est la température de l'eau qui bout sous cette pression qui donne la limite supérieure de l'échelle thermométrique. Si, au moment de l'expérience, la hauteur barométrique était sensiblement différente, il faudrait faire la correction indiquée par les tables donnant la force élastique maxima de la vapeur d'eau. On peut facilement effectuer la correction en remarquant que dans le voisinage de la pression de 76 centimètres de mercure, il y a une élévation de 1° pour un accroissement de pression de 27^{mm},25.

C. *Construction de l'échelle.* — Les points fixes obtenus comme nous venons de le dire, on partage l'intervalle qui les sépare en un certain nombre de parties égales, que l'on nomme *degrés*, et dont l'ensemble constitue *l'échelle thermométrique*, puis on continue cette division au-dessus du point d'ébullition et au-dessous du point de la glace fondante. Le nombre de ces parties n'est pas partout le même. Ainsi, le th. généralement usité en France, il est de 100 : de là le nom de *Th. centigrade* donné à cet instrument, et celui de *degrés centigrades* ou *centésimaux* donné aux divisions de son échelle. Ce th. est aussi appelé quelquefois *Th. de Celsius*, parce que c'est un physicien suédois de ce nom qui le premier, en 1740, proposa la division centigrade. On fait encore usage chez nous de *l'échelle de Réaumur*, qui est composée de 80 parties ou degrés. Disons, en passant, que c'est notre célèbre compatriote qui le premier prit la glace fondante pour point fixe inférieur de son th. En Allemagne, en Hollande, en Angleterre et aux États-Unis, on se sert presque exclusivement d'une échelle particulière, qui a un autre point fixe inférieur et dont les degrés sont bien plus nombreux : nous voulons parler de *l'échelle de Fahrenheit*. Fahrenheit, habile constructeur d'instruments de physique à Dantzick, imagina d'adopter pour point fixe supérieur le point de l'ébullition de l'eau, et il prit pour point inférieur la température donnée par un mélange frigorifique composé de parties égales de glace pilée et de sel ammoniac. Puis il partagea cet intervalle en 212 degrés. Fahrenheit paraît aussi avoir le premier employé le mercure dans la construction des ther-

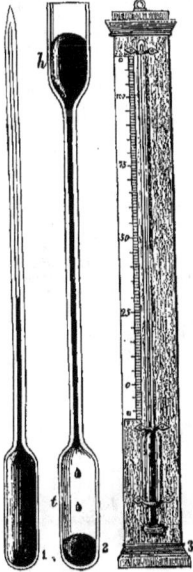

momètres. Le zéro du th. centigrade et du th. de Réaumur correspond au 32ᵐᵉ degré du th. de Fahrenheit, et ce dernier marque 212° au point de l'ébullition de l'eau, tandis que le th. centigrade marque 100 et le th. de Réaumur 80. Par conséquent, dans le th. Fahrenheit, l'intervalle entre l'eau bouillante et la glace fondante comprend 212—32, soit 180 degrés. Si donc, nous voulons comparer entre eux ces trois thermomètres, en exprimant par les lettres C, R, F, chacun des degrés correspondant à leurs échelles respectives nous aurons :

$$100\,C = 80\,R = 180\,F; \quad d'où \quad C = \frac{80\,R}{100} = \frac{180\,F}{100},$$

ou
$$C = \frac{4}{5}\,R = \frac{9}{5}\,F; \quad et\ encore: \quad R = \frac{100\,C}{80} = \frac{180\,F}{80},$$

ou
$$R = \frac{5}{4}\,C = \frac{9}{4}\,F; \quad enfin: \quad F = \frac{80\,R}{180} = \frac{100\,C}{180},$$

ou
$$F = \frac{4}{9}\,R = \frac{5}{9}\,C.$$

Par conséquent, pour convertir les degrés Réaumur en degrés centigrades, il suffit de les multiplier par 5/4, et, pour transformer les degrés centigrades en degrés Réaumur, il faut les multiplier par 4/5. Pareillement, une température étant donnée en degrés Fahrenheit, il suffit, pour la convertir en degrés centigrades, d'en retrancher 32 et de multiplier le reste par 5/9. — La graduation des thermomètres s'écrit, soit sur le tube, soit sur une plaque métallique que l'on fixe sur la même planche que l'instrument (Fig. 3), soit enfin sur une feuille de papier que l'on place dans un tube de verre fixé à côté du tube thermométrique. Le th. de Delisle, usité en Russie, a son zéro au point d'ébullition de l'eau : les degrés vont en augmentant de haut en bas.

D. *Emploi du thermomètre à mercure.* — Cette sorte de th. est en général préférable à toutes les autres, parce que le mercure offre l'avantage de produire des dilatations égales pour des augmentations égales de température, et de ne pas s'attacher aux parois des tubes. Mais il ne peut servir que pour la mesure des températures moyennes. En effet, d'une part, ses indications ne peuvent dépasser 350 degrés, car cette température est voisine de celle où ce métal entre en ébullition. Au-dessous de 0°, d'autre part, il ne fournit des indications justes que jusqu'à — 30° ou — 35°, car il approche alors de son point de congélation, qui est vers — 40°. Or, on sait que, près du changement d'état, tous les corps éprouvent des modifications plus ou moins brusques. — Les thermomètres à mercure construits comme nous venons de l'exposer, sont des instruments *comparables*, c.-à-d. qu'ils marchent ensemble et marquent en même temps le même nombre de degrés. « En effet, dit Pouillet, deux volumes d'un même corps étant pris à zéro, si on les porte à une autre température, de telle sorte que l'un d'eux se dilate, par ex., de la millième partie de son volume à 0°, l'autre se dilatera aussi de la millième partie de son volume à 0°; par conséquent, deux thermomètres à mercure doivent marquer en même temps, 1°, 2°, 3°, etc., parce qu'ils doivent prendre en même temps le centième, les deux centièmes, les trois centièmes, etc., de l'accroissement de volume qu'ils sont susceptibles de prendre en passant de 0° à 100°. Cependant ce raisonnement n'est vrai qu'en supposant le mercure contenu dans des enveloppes solides de même nature et également dilatables : car, dans les thermomètres, ce n'est pas la *dilatation absolue* du mercure que l'on observe, mais sa *dilatation apparente*, c.-à-d. la différence entre l'accroissement du volume du mercure et l'accroissement de capacité de l'enveloppe qui le contient. » Malgré cela, les thermomètres construits avec le plus de soin sont sujets à une cause d'erreur dont il faut tenir compte. Si quelque temps après qu'on l'a construit on plonge un th. dans la glace fondante, on reconnaît que le point où le niveau du liquide s'arrête se trouve un peu plus élevé que le zéro marqué lors de la confection de l'instrument. Il faut donc relever le zéro de l'échelle et renouveler la graduation, si l'on veut encore continuer de s'en servir. Ce déplacement de niveau qui indique une diminution du volume intérieur, tient à une espèce de trempe que prennent les molécules de l'enveloppe de verre lorsque, après avoir été soufflée, celle-ci se refroidit rapidement. On conçoit alors que cette trempe, en diminuant avec le temps,

puisse déterminer un nouvel arrangement des molécules du verre, qui produise l'effet observé. Despretz a constaté qu'il se produisait aussi un déplacement de niveau dans les thermomètres lorsqu'on les faisait passer brusquement d'une température élevée à une basse température, ce qui est d'accord avec l'explication que nous venons de donner de ces déplacements.

II. *Thermomètre à alcool.* — Ce th. ne diffère du th. à mercure que par la nature du liquide contenu dans le tube. Voici comment on le construit. On prend un réservoir thermométrique; on chauffe la boule pour faire sortir de l'air; puis on plonge l'extrémité du tube dans de l'alcool coloré en rouge avec de l'oreille : l'air de la boule tendant à se contracter par le refroidissement, la pression atmosphérique force l'alcool à pénétrer dans l'instrument. On fait bouillir cet alcool de manière à chasser tout l'air, et l'on plonge de nouveau le tube dans le liquide de façon que, lors du refroidissement, tout l'appareil puisse se remplir. On ferme ensuite l'instrument en ayant soin de laisser de l'air au-dessus de l'alcool, afin que la pression exercée par cet air comprimé empêche ou du moins retarde l'ébullition du liquide. Un th. à alcool gradué comme le th. à mercure ne serait d'accord avec lui qu'aux points extrêmes, c.-à-d. à 0° et à 100°, mais il donnerait des indications différentes aux températures intermédiaires, à cause de l'irrégularité de la dilatation de l'alcool. En conséquence, on a coutume de le graduer par comparaison avec un th. étalon à mercure. Il suffit pour cela de placer les deux instruments dans un même bain qu'on soumet à des températures croissantes et décroissantes, et de marquer sur le th. à alcool les indications fournies par le th. à mercure. Le th. à alcool est surtout usité quand il s'agit de mesurer des températures très basses, parce qu'il ne se congèle qu'à la température de —131°.

III. *Thermométrographes.* — On désigne sous ce nom, qui signifie « instrument qui écrit le degré thermométrique » certains thermomètres qui marquent d'une manière permanente *le plus haut* ou *le plus bas* degré de température auquel ils sont parvenus dans un temps déterminé. En conséquence, on les appelle aussi thermomètres *à maxima* et *à minima*. On a imaginé un assez bon nombre d'instruments de ce genre. Le plus simple est dû à Rutherford. Cet instrument se compose d'un th. à mercure M et d'un th. à alcool A disposés comme le représente la Fig. 4. Le th. à mercure contient un petit cylindre de fer recouvert d'émail b, qui glisse librement dans la partie vide du tube. Lorsque la température s'élève, le mercure pousse devant lui cet index, qui reste en place dès que, la température venant à baisser, le liquide se contracte et se retire. Le point où s'est arrêté l'index indique

Fig. 4.

donc la plus haute température qui s'est produite depuis l'observation précédente. Le th. à mercure est, comme on le voit, un th. à maxima. Le th. à alcool, au contraire, est un th. à minima. Celui-ci renferme aussi un index. Il est d'émail et plongé dans l'alcool de manière que ce liquide peut circuler tout autour sans que l'index lui fasse obstacle. Quand la température s'élève, l'alcool passe et ne dérange pas l'index. Mais lorsqu'elle vient à s'abaisser, l'index est entraîné par le sommet de la colonne liquide, en vertu de l'action capillaire, jusqu'à la température la plus basse, où il reste, malgré les nouvelles dilatations que peut subir l'alcool. De cette façon, l'appareil indique exactement les deux températures extrêmes qui se sont produites dans un lieu et dans un espace de temps quelconque. — On construit aujourd'hui des appareils indiquant à la fois, le maximum et le minimum depuis le dernier réglage. Il existe encore une variété de thermomètres à maxima et à minima que l'on emploie de préférence pour connaître les températures que l'on ne peut observer immédiatement, comme celle du fond des mers, des puits arté-siens, etc. Les plus parfaits sont les *thermomètres à déver-sement* de Walferdin. Le *th. à maxima* imaginé à cet effet par ce savant (Fig. 5) a la forme d'un th. à mercure ordinaire avec cuvette cylindrique; seulement son extrémité supérieure est terminée par un deuxième réservoir d'une forme particu-lière, qu'on nomme *panse*, et dans lequel le canal du tube s'ouvre par une pointe très fine. L'échelle est divisée en un certain nombre de parties égales dont cha-cune équivaut à une fraction connue du degré centigrade. Supposons que l'on veuille mesurer une température que l'on présume *a priori* n'être pas inférieure à 28°, on commence par chauffer le mercure de la cuvette cylindrique jusqu'à ce qu'il atteigne l'extrémité du tube. Alors on incline l'ap-pareil de manière que la pointe du tube plonge dans le mercure de la panse, puis, on refroidit jusqu'à une température un peu inférieure à 28°, jusqu'à 20° par ex. Le mercure rentre de la panse dans le tube, et de là dans la cuvette. On redresse alors l'instrument, et, en donnant une petite secousse, le mercure de réservoir quitte la pointe et tombe dans la panse. Le th. se trouve amorcé, c.-à-d. prêt pour l'observa-tion : on l'enferme dans une boîte métalli-que et on le fait descendre dans le lieu dont on veut avoir la température. Aussitôt que l'on est arrivé à une couche où la tempéra-ture dépasse 20°, le mercure, en se dilatant, sort par l'extrémité du tube et tombe dans le réservoir de déversement. L'équilibre de température étant supposé établi, on donne une petite secousse pour faire tomber la gouttelette de mercure qui, sans cela, reste-rait à la pointe du tube, et l'on remonte l'instrument. Quand le th. est arrivé entre les mains de l'observateur qui le retire de sa boîte, il s'est refroidi, et le sommet de la colonne mercurielle se trouve plus ou moins éloigné de la pointe. On n'a plus qu'à

Fig. 5. Fig. 6.

le plonger dans un bain dont la température est observée à l'aide d'un bon th. pris pour étalon. Si cette température est de 25°, par ex., et que le mercure du th. à maxima soit distant de l'extrémité effilée du tube d'un nom-bre de divisions équivalant à 4°,6, la somme 29°,6 sera pré-cisément le maximum des températures que l'appareil a éprou-vées, et, par conséquent, la température que l'on voulait connaître. Le *th. à minima* du même physicien (Fig. 6), a, comme le précédent, la forme d'un th. à mercure ordinaire. Mais, à la partie inférieure de la tige se trouve un petit réser-voir d'alcool dans lequel on plonge la pointe qui termine le tube, et la panse, ou réservoir à déversement de la partie supé-rieure, est également remplie d'alcool. (Les parties fortement teintées en noir dans le dessin indiquent du mercure, et les hachures, de l'alcool.) Par le refroidissement, le retournement et l'échauffement, on fait passer dans le tube une colonne de mercure qui y occupe une longueur d'un certain nombre de degrés, soit 10° à 15°, et l'on note la division qui correspond au sommet de la colonne mercurielle, l'appareil étant plongé dans un bain de température connue, de 12° par ex., supé-rieure au minimum présumé que nous supposerons de 6°. Quand l'instrument est soumis au refroidissement, le mercure tombe en gouttelettes dans la cuvette inférieure; et, pour savoir la valeur de ce refroidissement en degrés au-dessous de 12°, il suffit de lire sur le tube à quel point remonte le mercure, le th. étant de nouveau plongé dans un bain à 12°. Quand on veut faire usage des instruments de Walferdin, il faut toujours les enfermer dans des enveloppes métalliques assez fortes pour supporter les pressions des couches pro-fondes où l'on veut les descendre, et, de plus, closes assez hermétiquement pour que ces pressions ne puissent se trans-mettre à l'intérieur. Enfin, on remplit en partie ces enve-loppes d'eau, afin que l'équilibre de température s'établisse le plus promptement possible.

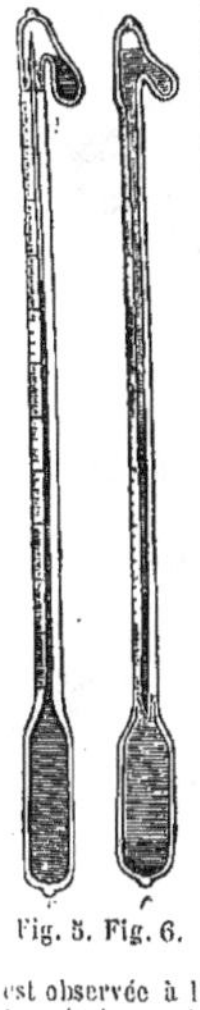

IV. *Thermomètres à air* et *Thermomètres différentiels.* — Dans beaucoup d'expériences, il est nécessaire de tenir compte des moindres variations de température : or, lorsque celles-ci sont très légères, elles ne sont point indiquées par les thermomètres ordinaires. On a donc imaginé, pour avoir des appareils doués d'une extrême sensibilité, de construire des thermomètres dans lesquels l'air qui, en sa qualité de gaz,

jouit d'une dilatabilité singulière, remplace le mercure et l'alcool. La Fig. 7 représente un th. de ce genre. Il consiste en un tube à double courbure, qui présente une boule à son extrémité inférieure, une seconde boule dans sa portion recourbée, et une sorte d'entonnoir à son extrémité supé-rieure. Le diamètre du tube n'est guère que d'un millimètre ; mais celui de la boule inférieure est de 3 centimètres. Le liquide qu'on voit de *c* en *d* est du mercure, tandis qu'il n'y a que de l'air bien sec dans la boule inférieure et dans la partie du tube qui va jusqu'à la boule *c*. On conçoit aisément que, lorsqu'on chauffe l'air de la boule inférieure, cet air se dilate proportionnellement, et, par conséquent, le niveau *d* du mercure s'élève. Lorsque, au contraire, l'air se refroidit, le mercure redescend. Malgré la sensi-bilité du th. à air, on n'en saurait faire usage dans des expériences qui deman-dent une grande rigueur, parce qu'il a le défaut capital d'être influencé par la pression de l'atmosphère, et par consé-quent de varier avec elle. — Le *Th. différentiel* de Leslie est un véritable th. à air qui échappe à cet inconvé-nient. Cet **instrument** (Fig. 8) est un tube re-courbé en forme d'U et terminé à ses extrémités par deux boules d'égale capacité. Une colonne d'a-cide sulfurique coloré en rouge avec du carmin rem-plit la branche horizontale du tube et s'élève dans les deux branches verticales à une certaine hauteur. Il est aisé de comprendre que lorsque la tempéra-ture de l'une des boules de-

Fig. 7.   Fig. 8.

vient supérieure à celle de l'autre, l'air de la première se dilate, fait baisser le liquide au-dessous et le fait monter dans l'autre branche jusqu'à ce que l'équilibre entre les forces élastiques des deux masses d'air se soit établi. Les variations de niveau pourront donc servir à mesurer la différence de température des deux boules. Pour graduer l'instrument, on commence par marquer zéro aux deux branches verticales lorsque les deux colonnes de liquide sont exactement de niveau. Cela fait, on entoure l'une des boules de glace fondante et l'on fait plonger l'autre dans de l'eau à 10°. Le niveau, par suite de la dilata-tion de l'air, descend dans la branche correspondante à la boule chauffée, et l'on marque 10° au point où il devient stationnaire. On marque également 10° au niveau de l'autre branche, puis on divise les intervalles de 0° à 10° en 10 parties égales, et l'on prolonge la division des deux côtés. D'après cela, si dans une des boules le niveau est à la division 8° au-dessous du zéro, cela veut dire que cette boule a une tempé-rature supérieure de 8° à celle de l'autre. Si, au contraire, le niveau s'arrêtait à 8° au-dessus du zéro, c'est que la tempé-rature serait inférieure de 8° à celle de l'autre boule. — L'appareil de Rumford, auquel ce célèbre physicien a donné le nom de *Thermoscope*, est analogue au précédent. Cependant il en diffère en ce que la branche horizontale est très longue, tandis que les branches verticales sont très courtes, et en ce que l'index consiste en une simple goutte d'acide sulfurique coloré qui occupe dans la branche horizontale une étendue de quelques centimètres. La graduation se fait des deux côtés de cet index, qui doit être exactement au milieu du tube, lorsque les deux boules sont à la même température. Ces deux instruments ne s'emploient que dans les expériences de phy-sique, quand il s'agit de mesurer la chaleur réunie par la réflexion au foyer d'un miroir, parce que les thermomètres ordinaires, étant sensibles aux variations de température de l'air ambiant, donneraient des indications inexactes. On appelle *boule* focale celle des deux boules que, dans les expériences, on soumet à la température la plus élevée. — On appelle *Pyroscope* un instrument destiné à faire connaître l'intensité du feu allumé dans un appartement. Mais c'est tout simplement un th. différentiel dont l'une des deux boules est recouverte d'une épaisse feuille d'or ou d'argent. Cette boule, grâce à la feuille brillante dont elle est revêtue, réfléchit la plus grande partie des rayons calorifiques qui partent conti-nuellement du foyer, tandis que l'autre boule, qui est décou-verte, reçoit toute l'impression de la chaleur. On voit donc le niveau du liquide baisser proportionnellement dans la branche correspondante à la boule chauffée et s'élever dans l'autre.

V. *Thermomètres métastatiques.* — Sous ce nom, le savant physicien que nous avons déjà cité, Walferdin, désigne une famille de thermomètres de son invention destinés à mesurer des variations de température aussi minimes que possible. A cet effet, il n'emploie que des tubes capillaires, et il dispose le th. de telle sorte que la quantité de mercure contenue dans la cuvette et la tige capillaire puisse être rendue variable. Grâce à cette disposition, on peut, avec une tige divisée en 200 parties qui correspondent à 10° centigrades récis, par ex., lire directement un deux-centième du degré, lorsque l'œil est habitué à diviser en dix l'intervalle compris entre deux traits de l'échelle. Quant aux dix degrés compris entre les points extrêmes de la tige capillaire, ils répondent aux degrés compris entre 0° et, 10°, 10° et 20°, 20° et 30°, etc., du th. étalon, suivant la quantité de mercure que contiennent la cuvette et la tige de l'instrument. Les thermomètres métastatiques de Walferdin sont des thermomètres à mercure. Cependant il en a construit un, qu'il nomme spécialement *th. différentiel*, dans lequel le calibre de la tige capillaire est tellement faible, que le mercure ne peut plus y être employé : c'est donc un th. à alcool. Par suite de l'exiguité de ce calibre, on peut, avec un réservoir suffisamment petit, avoir, pour une longueur totale de l'appareil de 20 à 30 centimètres, une échelle de 2 à 3 degrés centigrades seulement, laquelle, divisée en 250 ou 500 parties, donne facilement à la lecture le millième du degré centigrade.

VI. *Thermomètres métalliques.* — Les dilatations des métaux étant minimes, et par suite les observations de leur allongement étant difficiles, ces corps sont peu propres à servir à la construction d'appareils thermométriques, du moins pour les températures ordinaires. Cependant divers physiciens ont exécuté des thermomètres métalliques. Nous citerons entre autres le *Th. à cadran*. La pièce essentielle de cet instrument est une lame de compensation, c.-à-d. composée de métaux de dilatabilité inégale, savoir, le cuivre et l'acier. Les mouvements très petits que produit la dilatation des métaux sont amplifiés par des bras de levier et des engrenages de roues. Les 100 degrés du th. centigrade correspondent environ à une révolution entière de l'aiguille

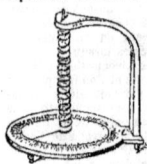

Fig. 9.

sur un cadran. Cet instrument doit être gradué sur le th. à mercure au moins de dix en dix degrés. Mais le plus ingénieux des thermomètres métalliques est le *Th. de Bréguet* (Fig. 9). Il se compose de trois lames superposées de platine, d'or et d'argent. Soudées ensemble, ces lames forment un ruban large de 1 à 2 millimètres et épais seulement de 1/60° de millimètre. Enfin, ce ruban est contourné en hélice et fixé par son extrémité supérieure à un support de cuivre, tandis que son extrémité inférieure porte une aiguille mobile sur un cadran gradué. L'hélice est disposée de telle sorte que sa face intérieure est constituée par l'argent, qui est le plus dilatable des trois métaux, et sa face extérieure par le platine, qui est le moins dilatable. L'or, placé entre les deux, sert, par sa dilatation moyenne, à empêcher les ruptures. Quand la température augmente, l'argent, se dilatant plus que le platine et l'or, l'hélice se déroule de gauche à droite par rapport à la Fig. 9, et l'aiguille suit ce mouvement. L'effet inverse a lieu lorsque la température baisse. Les indications de cet instrument ne sont pas comparables ; en conséquence, il faut graduer son échelle sur un th. à mercure. Ce th. est surtout recommandable par son extrême sensibilité, qui, dans des circonstances où d'autres thermomètres restent immobiles, marque des différences de plus de 20°. Aussi l'emploie-t-on particulièrement pour mesurer des variations de température qui se manifestent instantanément, comme cela a lieu quand on comprime ou que l'on raréfie une masse d'air.

VII. *Thermomètre enregistreur.* — On se sert beaucoup aujourd'hui du th. enregistreur. L'organe principal de cet appareil est un tube métallique très plat recourbé en arc de cercle et complètement rempli d'alcool (Fig. 10. Le tube plat est en bas, à gauche). Lorsque la température vient à augmenter, l'alcool se dilatant plus que le métal déforme le tube en augmentant son rayon de courbure. L'une des extrémités étant fixe, l'autre se déplace d'une petite quantité. Les petits mouvements de l'extrémité mobile sont amplifiés par un système de leviers multiplicateurs et transmis à une plume

encrée qui appuie sur un cylindre tournant. Ce cylindre, recouvert de papier, est entraîné par un mouvement d'horlogerie qui lui fait faire un tour complet en 24 heures. L'enregistrement se fait comme dans le *baromètre enregistreur*. L'appareil se gradue par comparaison avec un bon th. à mercure. On conçoit facilement tous les services que cet

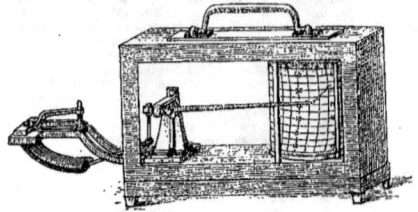

Fig. 10.

appareil rend à la météorologie, et son constructeur, M. Jules Richard, mérite toute la reconnaissance des savants.

VIII. *Thermomètre à gaz.* — Malgré tout le soin que l'on peut mettre à construire les thermomètres à mercure, ces appareils ne sont pas absolument comparables. Cela est dû à ce que les différents échantillons de verre qui servent d'enveloppe ne suivent pas tous exactement la même loi de dilatation. Ces thermomètres ne peuvent donc pas servir à définir rigoureusement le degré centigrade. Regnault a eu l'idée de prendre comme substance thermométrique un gaz tel que l'air renfermé dans une enveloppe de verre. L'appareil n'est autre que celui qui a servi à déterminer le coefficient d'augmentation de pression des gaz. Voy. DILATATION. La dilatation de l'enveloppe étant faible, est facile à éliminer par le calcul. Considérons une masse d'air sous la pression de 76 centimètres de mercure à 0° puis chauffons-la jusqu'à 100°. La pression augmente d'une certaine quantité h. Nous dirons que la température augmente d'un degré centigrade chaque fois que la pression de cet air augmente de la centième partie de h. Le Bureau international des poids et mesures a adopté un th. étalon à hydrogène rempli à 0° sous une pression initiale de 1 mètre de mercure.

Pour d'autres genres de thermomètres. Voy. THERMO-ÉLECTRICITÉ, PYROMÈTRE.

IX. *Définition théorique de la température.* — On voit, par ce qui précède, que la température est définie par la dilatation d'un corps particulier appelé *substance thermométrique.* Or tous les corps ne se dilatant pas de la même quantité, d'où il suit que les indications de deux thermomètres construits avec des substances thermométriques différentes ne sont jamais complètement concordantes. Malgré la régularité de leur dilatation, les gaz eux-mêmes n'échappent pas à cette règle. Ainsi un th. à air et un th. à hydrogène qui seront gradués exactement de 0° à 100° marqueront bien tous les deux 0° dans la glace fondante et 100° dans l'eau bouillante, mais leurs indications seront légèrement discordantes dans l'intervalle. La discordance s'accentuera aux températures très élevées et plus encore aux températures très basses. Aucun th. ne peut donc donner une définition véritablement scientifique de la température. On peut dire que les thermomètres servent à repérer les températures, mais non pas à mesurer une grandeur physique, car la température n'est pas une grandeur physique. Les principes de la thermodynamique fournissent une définition de la température indépendante de tout choix de substance thermométrique. On a vu à l'article *thermodynamique* que le coefficient économique d'un cycle de Carnot fonctionnant entre deux températures déterminées ne dépend que du corps qui décrit le cycle. Ce coefficient a pour

valeur $\frac{Q_2 - Q_1}{Q_2}$, Q_2 étant la quantité de chaleur prise à la source

chaude, et Q_1 la quantité de chaleur cédée à la source froide. Tout écart de température est donc caractérisé par un nombre e qui est le coefficient économique correspondant. Au lieu du nombre e, il vaut mieux prendre le coefficient de

perte $f = \frac{1}{1-e} = \frac{Q_2}{Q_1}$. Alors on se donnera arbitrairement le nombre qui caractérise une température déterminée, par exemple t_0 pour la fusion de la glace. Si f_1 est le coefficient de perte caractéristique de l'écart entre la température de la glace fondante et une température déterminée, celle-ci sera déterminée par un nombre t tel que l'on ait :

$$\frac{t}{t_0} = f_1 \quad \text{ou} \quad t = f_1 t_0.$$

Le nombre t ainsi défini s'appelle *la température absolue*. Cette échelle de température ne contient plus qu'une arbitraire qui, du reste, ne peut pas être prise égale à 0.

Considérons maintenant trois sources de chaleur aux températures t_0, t_1, t_2 et faisons fonctionner deux cycles de Carnot, l'un ABCDA, entre les températures les plus hautes t_2 et t_1, l'autre ADEFA entre les températures les plus basses t_1 et t_0. La chaleur cédée à la source intermédiaire dans le premier cycle est égale à celle qui lui est empruntée dans le second. L'effet sera le même pour un seul cycle fonctionnant entre les températures extrêmes, car il revient au même de décrire le chemin ABCDADEFA, ou, le chemin plus simple ABCDEFA, l'isotherme AD ayant été, dans le premier cas, parcourue dans les deux sens. Si on désigne par f, f', f'' les coefficients de perte des cycles partiels et du cycle total, on aura :

$$f = \frac{Q_2}{Q_1}, \quad f' = \frac{Q_1}{Q_0}, \quad f'' = \frac{Q_2}{Q_0},$$

d'où

$$f = \frac{f''}{f'} = \frac{\dfrac{t_2}{t_0}}{\dfrac{t_1}{t_0}} = \frac{t_2}{t_1}.$$

Donc, quelle que soit la valeur de la constante choisie, le coefficient de perte d'un cycle de Carnot est toujours égal au quotient $\dfrac{t_2}{t_1}$ des températures absolues des isothermes.

On a donc l'égalité

$$\frac{Q_2}{Q_2} = \frac{t_1}{t_2},$$

et par suite

$$\frac{Q_2 - Q_1}{Q_2} = \frac{t_2 - t_1}{t_2},$$

ce qui donne l'expression du rendement d'un cycle de Carnot en fonction des températures absolues, telle que Carnot l'avait trouvée par la considération des gaz parfaits. Voy. THERMODYNAMIQUE.

Si l'on prend, pour caractériser la température de la glace fondante, le nombre 273, les températures absolues coïncident avec celles qu'indiquerait un th. centigrade construit avec un gaz parfait, mais augmentées de 273°. Ce sont les *températures absolues* usitées en physique. Le *zéro absolu* serait la température d'une isotherme limitant un cycle de Carnot dont le coefficient économique serait égal à l'unité. C'est une limite qui, vraisemblablement, ne saurait être atteinte par aucun corps.

THERMOMÉTRIE. s. f. (R. *thermomètre*). Mesure de la chaleur. || T. Méd. *Th. clinique*, appréciation de l'état d'un malade par sa température.

THERMOMÉTRIQUE. adj. 2 g. Qui appartient, qui a rapport au thermomètre. *Expériences thermométriques*.

THERMOMÉTROGRAPHE. s. m. (gr. θέρμη, chaleur; μέτρον, mesure; γράφω, j'écris). T. Phys. Thermomètre à maxima et à minima. Voy. THERMOMÈTRE, III.

THERMO-MULTIPLICATEUR. s. m. T. Phys. Sorte de thermomètre fondé sur les courants thermo-électriques. Voy. THERMO-ÉLECTRIQUE.

THERMONATRITE. s. f. (gr. θέρμη, chaleur, et fr. *natron*). T. Minér. Carbonate hydraté de soude, en efflorescences sur les bords de certains lacs des contrées tropicales.

THERMOPHYLLITE. s. f. [Pr. *termofil-lite*] (gr. θέρμη, chaleur, φύλλον, feuille). T. Minér. Variété de Serpentine.

THERMOPYLES, défilé de l'anc. Grèce entre l'OEta et la côte du golfe Maliaque, où Léonidas, avec 300 Spartiates, essaya d'arrêter l'invasion de Xerxès qui s'avançait avec 2 millions de Perses.

THERMOSCOPE. s. m. (gr θέρμη, chaleur; σκοπεῖν, observer). T. Phys. Sorte de thermomètre différentiel Voy. THERMOMÈTRE, IV.

THERMO-SIPHON ou **THERMOSIPHON.** s. m. [Pr. *termo-sifon*] (gr. θέρμη, chaleur; σίφων, tube). Appareil de chauffage à circulation d'eau chaude, qui est surtout usité pour les serres. == Pl. *Des thermo-siphons* ou *des thermosiphons*.

THÉROIGNE *de Méricourt*, femme révolutionnaire exaltée (1762-1817).

THÉROMORPHES. s. m. pl. (gr. θήρ, θηρός, bête sauvage; μορφή, ressemblance). T. Paléont. Zool. Ordre de *Reptiles* fossiles qui présentaient des analogies avec des types inférieurs, les Batraciens et avec des types de beaucoup supérieurs, les Mammifères. C'étaient des Reptiles marcheurs, carnassiers à dents dissemblables enchâssées dans des alvéoles. Presque tous appartiennent aux terrains triasique et permien. Genres principaux : *Pareiasaurus*, qui rappelle la forme des Batraciens; *Galesaurus* et *Dicynodon* qui ont quelques caractères de Mammifères.

THÉROPITHÈQUE. s. m. (gr. θήρ, θηρός, bête sauvage; πίθηκος, singe). T. Mamm. Genre de singes. Voy. CYNOCÉPHALE.

THÉROPODES. s. m. pl. (gr. θήρ, θηρός, bête sauvage; πούς, ποδός, pied). T. Paléont. Zool. Sous-ordre de Reptiles Dinosauriens carnivores marchant sur leurs membres postérieurs. Ces Reptiles aujourd'hui tous éteints, ressemblaient aux Mammifères par la forme et les dimensions des os de leurs extrémités, dans lesquels existe une cavité médullaire bien développée; leurs pieds sont courts et analogues à ceux des Pachydermes; le sacrum est formé de 5 vertèbres soudées ensemble comme dans les Mammifères, tandis que, dans tous les autres Reptiles vivants ou fossiles, le sacrum ne se compose que d'un ou deux os; enfin, les dents de quelques-uns ressemblent à celles des Crocodiles, tandis que les dents des autres sont analogues à celles des Lézards. Le *Megalosaurus*, genre principal du sous-ordre, avait un museau droit, mince et aplati sur les côtés. Ses dents étaient comprimées, ensiformes et finement dentelées sur les bords (Fig. ci-contre). La manière dont elles étaient attachées à la mâchoire est intermédiaire à ce qu'on observe dans les Crocodiles et dans les Lézards : elles étaient fixées à la paroi externe des os maxillaires dans des alvéoles distincts. La taille de ces animaux, qui étaient évidemment carnivores et paraissent avoir été riverains, pouvait atteindre, selon Cuvier, de 16 à 18 mètres. Ce genre appartient aux terrains oolithique et néocomien.

THÉROUANNE, vge du Pas-de-Calais, arr. de Saint-Omer; 1,000 hab., sur la Lys. Autrefois ville florissante, anéantie par Charles-Quint en 1553.

THÉROULDE, poète fr. du XIIe siècle, auteur présumé de la chanson de Roland.

THERSITE, personnage de l'Iliade, devenu le type du lâche insolent.

THÉSAURISATION. s. f. [Pr. *té-zori-za-sion*] (lat. *thesaurus*, trésor). Action de celui qui thésaurise.

THÉSAURISER. v. n. [Pr. *té-zori-zer*] (lat. *thesaurizare*, m. s., de *thesaurus*, trésor). Amasser de l'argent, former un trésor. *Cet homme aime à th.*

THÉSAURISEUR, EUSE. s. et adj. [Pr. *té-zori-zeur*, *euse*]. Celui, celle qui thésaurise.

THÈSE. s. f. [Pr. *té-ze*] (lat. *thesis*, gr. θέσις, m. s., de τίθημι, je pose). Toute proposition qu'on énonce, toute question qu'on met en avant avec l'intention de la défendre si elle est attaquée. *Posons d'abord la th. Vous changez la th. Une pareille th. ne peut se défendre. Vous soutenez une mauvaise th. La th. a été longuement débattue.* — Fig. et fam., *Cela change la th.*, Cela me fait changer d'opinion, d'intention à l'égard de telle personne ou de telle chose. ‖ Partic., Toute proposition de philosophie, de théologie, de droit, de médecine, etc., qu'on soutient publiquement dans les écoles, dans les universités, pour obtenir le grade de licencié ou plus souvent de docteur. *Une th. de philosophie, de théologie. Ses thèses sont hardies, téméraires.* — Plus ordinair., L'ensemble des propositions, des thèses qu'on soutient, qu'on se propose de soutenir. *Cet étudiant prépare sa th.* — La dispute des thèses. *Soutenir une th. Présider à une th. Argumenter à une th. La veille de sa th.* — Grande feuille ou cahier où les opinions de celui qui doit soutenir une thèse sont imprimées. *Distribuer des thèses. Il a dédié sa th. à son père.*

THÉSÉE, personnage mythologique, tua le Minotaure dans le labyrinthe de Crète et devint roi d'Athènes aux temps héroïques.

THÉSIÉES. s. f. pl. [Pr. *té-zi-ée*] (R. *Thesium*). T. Bot. Tribu de végétaux de la famille des *Santalacées*. Voy. ce mot.

THÉSIS. s. f. [Pr. *té-zis*] (lat. *thesis*, gr. θέσις, m. s.). Abaissement de la voix sur une syllabe non accentuée.

THESIUM. s. m. [Pr. *té-ziome*]. T. Bot. Genre de plantes Dicotylédones de la famille des *Santalacées*. Voy. ce mot.

THESMOPHORIES. s. f. pl. (gr. θεσμός, loi; φέρω, je porte). T. Antiq. gr. Fêtes qui se célébraient dans l'Attique en l'honneur de Cérès. Voy. CÉRÈS, III.

THESMOTHÈTE. s. m. (gr. θεσμός, loi; τίθημι, j'établis). T. Antiq. gr. Nom donné à six archontes chargés à Athènes de préparer et de proposer les modifications à apporter aux lois.

THESPIES, v. de la Grèce ancienne (Béotie), auj. *Neochoris.*

THESPIS, poète grec auquel on attribue l'invention de la tragédie (VI⁰ siècle av. J.-C.).

THESPROTIE, anc. contrée de l'Épire où était le célèbre oracle de Dodone.

THESSALIE, contrée de la Grèce au nord de la Béotie; v. pr. *Larisse, Pharsale, Lamia.*

THESSALONIQUE, v. de la Grèce anc. (Macédoine), auj. *Salonique.*

THÉTIS, une des Néréides, femme du roi Pélée et mère d'Achille (Mythol.).

THÉURGE. s. m. Voy. THÉURGISTE.

THÉURGIE. s. f. [Pr. *té-ur-ji*] (lat. *theurgia*, gr. θεουργία, m. s., de θεός, dieu, et ἔργον, ouvrage). Sorte de magie par laquelle on prétendait se mettre en rapport avec les divinités bienfaisantes. Voy. MAGIE.

THÉURGIQUE. adj. 2 g. [Pr. *té-urjike*] (lat. *theurgicus*, gr. θεουργικός, m. s.). Qui a rapport à la théurgie. *Opération théurgique.*

THÉURGISTE ou **THÉURGITE** ou **THÉURGE.** s. [Pr. *té-ur-...*]. Adepte de la théurgie.

THEUTYES. s. m. pl. T. Icht. Voy. TEUTHYES.

THÉVENOT (MELCHISSÉDEC), voyageur fr. (1620-1692). ‖ Son neveu JEAN (1633-1667), visita l'Asie, et a laissé des relations de voyages. On dit qu'il apporta le premier le café en France.

THÉVÉTINE. s. f. T. Chim. Glucoside contenu dans les graines de la Thevetia nereifolia ou Cerbera thevetia (Apocynées). C'est une poudre blanche, amère, fusible à 170°, soluble dans l'eau et dans l'alcool. Les acides étendus la dédoublent en glucose et en *Thévérésine* qui est fusible à 140° et qui se dissout dans l'alcool et dans les alcalis. La th. et la thévérésine sont de violents poisons narcotiques.

THIACÉTIQUE. adj. 2 g. (gr. θεῖον, soufre, et fr. *acétique*). T. Chim. L'acide *th.* est un dérivé sulfuré de l'acide

acétique et répond à la formule $CH^3.COSH$. On l'obtient en faisant réagir le pentasulfure de phosphore sur l'acide acétique, ou en traitant le chlorure d'acétyle par le sulfhydrate de potassium. C'est un liquide incolore, d'une odeur désagréable; il est peu soluble dans l'eau, assez soluble dans l'alcool; il bout à 93°. Ses sels sont généralement solubles. Son sel de plomb, chauffé à 150°, donne naissance au *Sulfure d'acétyle* $(C^2H^3O)^2S$, liquide bouillant à 121°, et au *Bisulfure d'acétyle* $(C^2H^3O)^2S^2$, corps cristallisable, fusible à 20°.

THIAL. (gr. θεῖον, soufre, et *al*, abréviation d'*aldéhyde*). T. Chim. Suffixe employé pour la nomenclature des aldéhydes sulfurées. ‖ S'emploie substantivement comme nom générique de ces composés. Les thials renferment le groupement fonctionnel CSH; on les obtient en traitant les aldéhydes par le pentasulfure de phosphore.

THIALDINE. s. f. T. Chim. Composé basique répondant à la formule $C^6H^{13}AzS^2$. La th. est cristallisable, fusible à 43°, très peu soluble dans l'eau, facilement soluble dans l'alcool et dans l'éther. Elle s'unit aux acides en donnant des sels cristallisés. On la prépare en faisant réagir l'acide sulfhydrique sur l'aldéhydate d'ammoniaque, composé résultant de l'union de l'ammoniaque avec l'aldéhyde ordinaire. En partant des autres aldéhydes, on obtient des corps analogues à la th., mais plus complexes.

THIAMIDE. s. f. (gr. θεῖον, soufre, et fr. *amide*). T. Chim. Nom donné aux amides sulfurées. Ce sont des amides dans lesquelles le groupement fonctionnel $COAzH^2$ est remplacé par $CSAzH^2$. Elles prennent naissance par l'action de l'acide sulfhydrique sur les nitriles.

THIAN-CHAN ou **MONTS CÉLESTES**, montagnes de l'Asie entre le massif du Pamir et les monts Sayansk.

THIARD (PONTUS DE), poète de la Pléiade française du XVI⁰ siècle (1521-1605).

THIAUCOURT, ch.-l. de c. (Meurthe-et-Moselle), arr. de Toul; 1,400 hab.

THIAZINE. s. f. (gr. θεῖον, soufre, et fr. *azine*). T. Chim. Voy. COLORANTES, IV, 9.

THIBAUDE. s. f. (R. *Thibaud*, anc. nom populaire donné aux bergers). Tissu grossier fait avec du poil de vache, et dont on se sert pour doubler les tapis.

THIBAUDEAU (comte), homme politique fr. (1765-1854), fut l'un des chefs du parti conventionnel après Thermidor, remplit des fonctions administratives sous le Consulat et l'Empire, et prit une part active à la confection des Codes.

THIBAUDIA. s. m. (R. *Thibaud de Chanvalton*, n. d'un botan. fr.). Genre de plantes Dicotylédones de la famille des *Éricacées*, tribu des *Vaccinidées*. Voy. ÉRICACÉES.

THIBAUT, nom de plusieurs comtes de Champagne dont le plus célèbre est Thibaut IV (1201-1253) qui fut roi de Navarre et est resté célèbre par ses *Chansons*, ses *Jeux partis.*

THIBERVILLE, ch.-l. de c. (Eure), arr. de Bernay; 1,200 hab.

THIBET ou **TIBET**, contrée de l'Asie centrale, au nord de l'Inde, tributaire de l'Empire chinois; 6,000,000 hab. cap. *Lassa.*

THIBOUST (LAMBERT), auteur dramatique fr. (1826-1867).

THIE. s. f. (n. mythol.). T. Zool. Genre de *Crustacés*. Voy. BRACHYOURES.

THIÉBAULT (baron), général et écrivain fr. (1769-1846).

THIÈBE, riv. de Suisse, affl. de gauche de l'Aar.

THIELE (JULES), écrivain danois (1795-1874).

THIÉNONE. s. f. T. Chim. Voy. THIOPHÈNE.

THIÉRACHE, pays de l'anc. Picardie; v. principale *Guise* et *La Fère.*

THIERRI Ier ou **THÉODORIC**, roi de Metz ou d'Austrasie de 511 à 534, l'aîné des fils de Clovis, dévasta l'Auvergne. || THIERRI II, roi de Bourgogne et d'Austrasie de 596 à 613, 2° fils de Childebert II, fut dominé par son aïeule Brunehaut, vainquit et tua son frère Théodebert II (612). || THIERRI III, 3° fils de Clovis II, roi de Neustrie et de Bourgogne, de 670 à 687, vécut sous la tutelle d'Ebroïn et de Pépin d'Héristal. || THIERRI IV, fils de Dagobert III, régna soumis à la toute-puissance de Charles-Martel, de 720 à 737.

THIERRY (AUGUSTIN), historien fr. (1795-1856), auteur de *Lettres sur l'histoire de France*, de l'*Histoire de la conquête de l'Angleterre par les Normands* (1825), des *Récits des temps mérovingiens*, etc. || Son frère, AMÉDÉE THIERRY (1797-1872), a publié l'*Histoire des Gaulois*, l'*Histoire d'Attila*, *Saint Jérôme*, etc.

THIERS, ch.-l. d'arr. du dép. du Puy-de-Dôme, à 58 kil. N.-E. de Clermont; 16,800 hab.

THIERS (ADOLPHE), historien et homme d'État fr., né à Marseille (1797-1877), auteur de l'*Histoire de la Révolution française* et de l'*Histoire du Consulat et de l'Empire*. Il fut plusieurs fois ministre sous le gouvernement de Louis-Philippe. En 1871, à la suite des désastres de la France, il négocia la paix avec l'Allemagne. L'Assemblée nationale siégeant à Bordeaux le nomma chef du pouvoir exécutif, titre qui fut changé en celui de président de la République. Après avoir triomphé de la Commune et accompli la libération du territoire, il se démit de ses fonctions à la suite d'un vote hostile de l'Assemblée (24 mai 1873).

THILLOT (LE), ch.-l. de c. (Vosges), arr. de Remiremont, sur la Moselle; 3,200 hab.

THIO ou **THION** —. (R. θεῖον, soufre). T. Chim. Préfixe indiquant ordinairement la substitution du soufre à l'oxygène d'un composé. Voy. SULFO.

THIOCARBAMATE. s. m. T. Chim. Sel ou éther correspondant à l'acide *thiocarbamique*. Voy. SULFOCARBAMIQUE.

THIOCARBAMIQUE. s. m. T. Chim. Syn. de *Sulfocarbamique*. Voy. ce mot.

THIOCARBAMIDE. s. f. T. Chim. Syn. de *Sulfo-urée*. Voy. ce mot.

THIOCARBIMIDE. s. f. T. Chim. Syn. de *Sulfocarbimide*. Voy. SULFOCYANIQUE.

THIOCARBONATE. s. m. T. Chim. Voy. SULFOCARBONATE.

THIODIPHÉNYLAMINE. s. f. (R. *thio*, *di*, préf., *phénol* et *amine*). T. Chim. Composé sulfuré dont la constitution est représentée par la formule :

$$C^6H^4 \underset{Azil}{\overset{S}{\langle\rangle}} C^6H^4.$$

La th. fond à 150° et bout à 370°. On l'obtient en chauffant à 250° la diphénylamine avec du soufre. Ses dérivés les plus importants sont la *Thionine* ou *Violet de Lauth* et le *Bleu de méthylène*. Voy. COLORANTES, IV, 9.

THIOFLAVINE. s. f. (R. *thio*, préf., et lat. *flavus*, jaune). T. Chim. Voy. COLORANTES, IV, 12.

THIOHYDANTOÏNE. s. f. (R. *thio*, préf., et *hydantoïne*). T. Chim. Voy. SULFO-URÉE.

THIOL. (gr. θεῖον, soufre, et *ol*, suffixe caractéristique des alcools). T. Chim. Suffixe servant à la nomenclature des mercaptans. Il s'emploie aussi substantivement comme nom générique des mercaptans. Voy. MERCAPTAN.

THIONAMIDE. s. f. (gr. θεῖον, soufre, et fr. *amide*). T. Chim. Amide de l'acide sulfureux. C'est une poudre blanche qu'on obtient en faisant passer du gaz ammoniac sec dans le chlorure de thionyle. Sa formule est SO(AzH²)². L'eau bouillante transforme la th. en sulfite d'ammoniaque.

THIONAMIQUE. adj. 2 g. (R. *thionamide*). T. Chim. L'*acide th.* est l'acide amidé qui dérive de l'acide sulfureux; il a pour formule SO(AzH²)(OH). C'est une substance cristalline, jaunâtre, qui se produit par l'action du gaz ammoniac sur l'anhydride sulfureux.

THIONAPHTÈNE. s. m. (R. *thio*, préf., et *naphtène*). T. Chim. Voy. THIOPHÈNE.

THIONE. s. f. (gr. θεῖον, soufre, et le suffixe *one* des cétones). T. Chim. Nom générique des cétones sulfurées, composés qui dérivent des cétones par la substitution du groupe CS au groupe fonctionnel CO. On les obtient en traitant les cétones par le sulfure de phosphore. C'est ainsi que l'acétone donne naissance à la *Propanethione* ou *Acétone sulfurée* CH³.CS.CH³, qui se polymérise en donnant un liquide qui bout à 184°.

THIONINE. s. f. (gr. θεῖον, soufre). T. Chim. *Violet de Lauth*. Voy. COLORANTES, IV, 9.

THIONIQUE. adj. 2 g. (gr. θεῖον, soufre). T. Chim. *Série th.* Voy. SOUFRE, V, F.

THIONVILLE, anc. ch.-l. d'arr. du dép. de la Moselle, à 28 kil. de Metz, cédé à l'Allemagne en 1871; 7,500 hab.

THIONYLE. s. m. (gr. θεῖον, soufre, et le suff. *yle*, du gr. ὕλη, matière). T. Chim. Nom donné au radical bivalent SO contenu dans l'anhydride sulfureux et dans ses dérivés. — Le *chlorure de th.*, qui a pour formule SOCl², se produit par l'action du gaz sulfureux sur le perchlorure de phosphore. Il est liquide, incolore, très réfringent; il bout vers 80°. C'est le chlorure correspondant à l'acide sulfureux. Traité par l'eau il donne naissance à cet acide en même temps qu'à de l'acide chlorhydrique. Avec le gaz ammoniac il donne un mélange du sel ammoniac et de thionamide.

THIOPHÈNE. s. m. (R. *thio*, préf., et *phénol*). T. Chim. Composé sulfuré analogue au furfurane et répondant à la formule :

Il existe en petite quantité dans le benzène retiré du goudron de houille et on peut l'en extraire à l'aide de l'acide sulfurique. Mais on le prépare ordinairement en chauffant le succinate de soude avec du sulfure de phosphore. Le th. est un liquide incolore, très mobile, insoluble dans l'eau; il bout à 84°. Il donne des produits de substitution avec la plupart des réactifs qui attaquent le benzène; la substitution se fait sur les atomes d'hydrogène. C'est ainsi que le chlore, le brome et l'iode fournissent des dérivés chlorés, bromés et iodés; l'acide azotique donne des dérivés nitrés; l'acide sulfurique, un dérivé sulfonique. Ces substitutions peuvent donner naissance à des isomères de position que l'on distingue par les lettres grecques α et β comme on le fait pour le furfurane.
Les homologues du thiophène résultent de l'introduction des radicaux méthyle, éthyle, etc., dans la molécule du th. On peut les obtenir par l'action des bromures alcooliques sur le th. en présence du chlorure d'aluminium, ou par l'action du sodium sur un mélange d'éther alcoolique et de thiophène iodé. Un certain nombre de ces homologues se trouvent dans le goudron de houille. Tels sont les deux *Méthylthiophènes* C⁴H³(CH³)S connus sous le nom de *Thiotolènes*; l'un bout à 113°, l'autre à 136°. A ces composés se rattachent : une *Aldéhyde thiophénique* C⁴H³S(CHO), liquide jaunâtre, doué d'une odeur d'amandes amères et bouillant à 198°; un *Alcool thiophénique* C⁴H³S(CH²OH) qui bout à 207°; enfin deux *Acides thiophéniques* ou *thiophène-carboniques* C⁴H³S(CO²H) cristallisables, fusibles à 126° et 136°. — Les *Thioxènes* C⁴H²S(CH³)² sont les dérivés diméthylés du th. On en connaît trois, dont les points d'ébullition sont 133°, 136° et 145°. Par oxydation ils donnent naissance aux *Acides thiophène-dicarboniques* C⁴H²S(CO²H)². — L'action des chlorures d'acides organiques sur le th. en présence du chlorure d'aluminium produit des *Cétones thiophéniques* telles que l'*Acétothiénone* C⁴H³S.CO.CH³ qui bout à 213°. La *Thiénone* (C⁴H³S)²CO, qui fond à 88° et bout à 326°, s'obtient en traitant le th. par l'oxychlorure de carbone.
Le th. et ses dérivés sont caractérisés par les colorations

qu'ils donnent avec certaines dicétones en présence de l'acide sulfurique. C'est ainsi qu'en réagissant sur l'isatine le th. développe une coloration bleue intense due à la formation de l'indophénone. Avec la phénanthrène-quinone on obtient une coloration verte.

On connaît un certain nombre de composés résultant de la soudure d'un noyau de th. avec un ou plusieurs noyaux de benzène. Le *Thionaphtène*, qu'on appelle aussi *Phénothiophène* et *Benzothiophène*, peut être considéré comme du naphtalène dans lequel un des noyaux benzéniques serait remplacé par du th. Il a pour formule C⁸H⁶S. Il fond à 31° et forme un picrate fusible à 149°. Le *Thiophtène* C⁶H⁴S² résulte de la soudure de deux noyaux thiophéniques; c'est un liquide qui bout vers 225° et qu'on obtient en distillant l'acide citrique avec du sulfure de phosphore. Le *Diphénothiophène* ou *Sulfure de diphénylène* C¹²H⁸S est constitué par un noyau de th. soudé à deux noyaux benzéniques. On l'obtient par l'action de la chaleur sur le thiophénol. Il fond à 97° et bout à 333° Par oxydation il se convertit en une sulfone.

THIOPHÉNIQUE. adj. 2 g. T. Chim. Voy. THIOPHÈNE.

THIOPHÉNOL. s. m. (R. *thio*, préf., et *phénol*). T. Chim. Le *th.* ou *sulfhydrate de phényle* est constitué par du phénol dans lequel l'oxygène est remplacé par du soufre. Il a pour formule C⁶H⁵SH. Il prend naissance quand on traite le phénol par le pentasulfure de phosphore, ou lorsqu'on fait réagir le soufre sur le benzène en présence du chlorure d'aluminium. C'est un liquide à odeur désagréable, insoluble dans l'eau, soluble dans l'alcool, l'éther et le benzène. Il bout à 172°,5. Vis-à-vis des oxydes métalliques il joue le rôle d'acide en formant des sels appelés *Thiophénates*; tel est le *th.* sodé ou *thiophénate de sodium*, masse cristalline blanche, soluble dans l'alcool et répondant à la formule C⁶H⁵SNa.
Le *sulfure de phényle* (C⁶H⁵)²S² se produit dans les mêmes réactions que le th.; c'est un liquide très réfringent, insoluble dans l'eau, soluble dans l'alcool et dans le benzène. Il bout à 292°. Il ne se combine pas avec les oxydes métalliques. — Le *Bisulfure de phényle* (C⁶H⁵)²S² se produit par l'action des agents oxydants sur le thiophénol. Il cristallise en aiguilles blanches, insolubles dans l'eau, solubles dans l'alcool; il fond à 60° un jaune jaunâtre.

THIOPHTÈNE. s. m. (R. *thiophène*). T. Chim. Voy. THIOPHÈNE.

THIOSINNAMINE. s. f. [Pr. *tio-sinn-namine*]. T. Chim. Voy. SULFO-URÉE.

THIOSULFATE. s. m. [Pr. *tio-sulfate*]. T. Chim. Syn. d'*hyposulfite*. Voy. SOUFRE, V, E et IX, C.

THIOSULFURIQUE. adj. 2 g. [Pr. *tio-sulfurike*]. T. Chim. Syn. d'*hyposulfureux*. Voy. SOUFRE, V, E.

THIOTOLÈNE. s. m. T. Chim. Voy. THIOPHÈNE.

THIO-URÉE. s. f. T. Chim. Syn. de *Sulfo-urée*. Voy. ce mot.

THIOXANTHONE. s. f. [Pr. *tio-ksan-tone*] (R. *thio*, préf., et *xanthone*). T. Chim. La *Thioxanthone*, qu'on appelle aussi *Sulfure de benzophénone*, est une cétone sulfurée, dérivant de la xanthone et répondant à la formule :

$$C^6H^4 \begin{matrix} CO \\ \diamond \\ S \end{matrix} C^6H^4$$

Elle cristallise en aiguilles jaunes, fusibles à 209°. Par oxydation elle se convertit en une sulfone. Traitée par l'acide iodhydrique elle échange son groupe CO contre un groupe CH² et donne naissance au *Thioxanthène* C¹³H¹⁰S qui fond à 128° et bout à 342°.

THIOXÈNE. s. m. [Pr. *tiok-sène*]. T. Chim. Voy. THIOPHÈNE.

THIRLWALL, historien anglais (1797-1875), auteur d'une *Histoire de la Grèce*.

THIS, v. de l'anc. Égypte (Thébaïde).

THISBÉ, fiancée de Pyrame. (Mythol.). Voy. PYRAME.

THIVIERS, ch.-l. de c. (Dordogne), arr. de Nontron; 3,800 hab.

THIZY, ch.-l. de c. (Rhône), arr. de Villefranche; 4,900 hab.

THLASPI. s. m. (gr. θλάσπι, m. s., de θλάω, je comprime, et ἀσπί, bouclier, par allusion à la forme du fruit). T. Bot. Genre de plantes Dicotylédones, nommé aussi *Tabouret*, de la famille des *Crucifères*. Voy. ce mot.

THLASPIDÉES. s. f. pl. (R. *thlaspi*). T. Bot. Tribu de plantes de la famille des *Crucifères*. Voy. ce mot.

THOAS, roi de la Chersonèse Taurique, avait ordonné la mort de tous les étrangers qui aborderaient dans ses États (Mythol.).

THOISSEY, ch.-l. de c. (Ain), arr. de Trévoux, sur la Saône; 1,500 hab.

THOMAN. s. m. T. Métrol. Monnaie de la Perse qui vaut 8 fr. 83. Voy. MONNAIE.

THOMAS (SAINT), apôtre, ne crut à la résurrection de Jésus qu'après avoir touché ses plaies.

THOMAS (ANTOINE-LÉONARD), littérateur fr. (1732-1785), dont le principal ouvrage est l'*Essai sur les Éloges*.

THOMAS (AMBROISE), compositeur fr. (1811-1896), auteur du *Caïd*, de *Psyché*, de *Mignon*, d'*Hamlet*, etc., directeur du Conservatoire de musique à Paris.

THOMAS D'AQUIN (SAINT), surnommé l'*Ange de l'école*, ou le *Docteur angélique* (1227-1274), l'un des plus grands théologiens et philosophes du moyen âge, auteur de la *Somme de théologie*, etc.

THOMISE. s. m. (gr. θωμίσσειν, lier). T. Zool. Genre d'*Arachnides*. Voy. ARAIGNÉE.

THOMISME. s. m. T. Théol. Doctrine de saint Thomas d'Aquin sur la prédestination et la grâce. Voy. GRÂCE.

THOMISTE. adj. 2 g. et s. m. Qui concerne la doctrine de saint Thomas; partisan de cette doctrine.

THOMSENOLITE. s. f. (R. *Thomsen*, n. d'homme, et gr. λίθος, pierre). T. Minér. Fluorure hydraté d'aluminium et de calcium.

THOMSON (JAMES), poète écossais (1700-1748), auteur du poème des *Saisons*, de l'hymne *Rule Britannia* et de tragédies.

THOMSON (*Expériences de*). On doit à M. Elihu Thomson une série d'expériences montrant l'existence de répulsions

Fig 1.

électromagnétiques très curieuses résultant des courants d'induction. L'appareil se compose d'un fort électro-aimant dont le fil est parcouru par des courants alternatifs produits par une machine dynamo-électrique (Fig. 1). Si l'on vient à placer sur cet électro-aimant un anneau métallique comme l'indique la figure, on se rend compte qu'il est violemment repoussé. On peut expliquer ce fait sans de longs calculs en employant la méthode graphique (Fig. 2). Prenons pour axe des temps OT et pour axe des intensités OI. Le courant inducteur alternatif pourra être représenté par la courbe OABCD (C'est sensiblement une sinusoïde). Tel est le courant de l'électro-aimant. Le courant induit dans l'anneau pourra alors être représenté par une courbe telle que la courbe pointillée O'A'B'C'D' en ap-

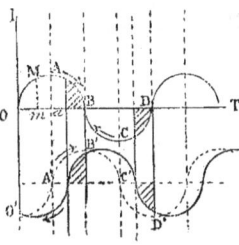

Fig. 2.

pliquant les règles de l'induction électrique. Or OA repousse O'A'; BC repousse B'C' comme étant de sens contraires, d'autre part AB attire A'B' et CD attire C'D' comme étant de même sens. Il y aurait donc une série de répulsions et d'attractions égales se succédant très rapidement si les deux courbes étaient disposées rigoureusement comme nous venons de le dire. Mais en réalité il y a une complication. Le phénomène de la self-induction vient modifier la courbe O'A'B'C'D'. Nous rappelons que ce phénomène tend à prolonger un courant qui cesse dans un circuit et à s'opposer à un courant qui augmente. La courbe représentative du courant O'A'B'C'D' se trouvera de ce fait légèrement déplacée vers la droite dans la position de la courbe pleine inférieure. Il n'y aura plus alors égalité entre les répulsions et les attractions et l'on voit, en examinant la Fig. 2, que ce sont les répulsions qui l'emportent. C'est ainsi qu'on explique le mouvement de l'anneau dans l'expérience de la Fig. 1. Les parties ombrées de la Fig. 2 donnent seules des attractions, les autres des répulsions.

Lorsqu'on tient l'anneau à la main en dehors de la résistance très forte qu'il faut exercer pour le tenir en place, on constate un dégagement de chaleur très considérable.

THOMSONITE. s. f. (R. *Thomson*, n. d'un chimiste écossais). T. Minér. Silicate hydraté d'alumine, de chaux et de soude; en longs prismes orthorhombiques, cannelés, dans le trapp d'Écosse. — La *Comptonite* est une variété que l'on rencontre en prismes courts ou en groupes sphéroïdaux dans les basaltes de Bohème.

THOMYRIS, reine des Massagètes, surprit et tua Cyrus, suivant une légende (530 av. J.-C.).

THON. s. m. (lat. *thunnus*, gr. θύννος, m. s.). T. Icht. Genre de *Poissons osseux*. Voy. SCOMBÉROÏDES, I.

THONAIRE. s. f. (R. *thon*). T. Pêche. Enceinte de filets dont on se sert pour pêcher le thon. Voy. SCOMBÉROÏDES, I.

THÔNES, ch.-l. de c. (Haute-Savoie), arr. d'Annecy; 2,000 hab.

THONINE. s. f. (R. *thon*). T. Icht. Nom vulgaire d'une espèce de thon. Voy. SCOMBÉROÏDES, I.

THONON, anc. cap. du Chablais, ch.-l. d'arr. du dép. de la Haute-Savoie, sur le lac de Genève, à 76 kilomètres N.-E. d'Annecy.

THOR, dieu de la guerre, fils d'Odin, dans la mythologie scandinave.

THORACENTÈSE ou **THORACOCENTÈSE.** s. f. [Pr. *tora-san-tèze, torako, santèze*] (gr. θώραξ, poitrine; κεντεῖν, percer). T. Chir. Syn. de *Paracentèse du thorax*. Voy. EMPYÈME.

Opération qui consiste à ponctionner la poitrine, pour en retirer un liquide épanché dans la cavité pleurale (pleurésie,

hydrothorax). On n'emploie aujourd'hui que la *ponction aspiratrice* avec les appareils de Potain ou de Dieulafoy.

THORACIQUE. adj. 2 g. [On écrivait autrefois, et abusiv. *Thorachique.*] (gr. θωραχικός, m. s., de θώραξ, poitrine). T. Anat. Qui appartient, qui a rapport au thorax, à la poitrine. *Région th. Cavité th. Artères, veines thoraciques. Membres thoraciques.* Les membres supérieurs. *Ceinture th.,* Formée par les clavicules et les omoplates. Voy. Os et SQUELETTE. *Canal th.,* Voy. LYMPHATIQUE. || T. Méd. Se disait autrefois des médicaments propres aux malades de poitrine. On dit actuellement, *Pectoral, pectoraux.* || T. Zool. Segment intermédiaire qui porte les pattes des Insectes. — Premiers anneaux qui suivent la tête des Crustacés et des Articulés.

THORACOCENTÈSE. s. f. Voy. THORACENTÈSE.

THORACOSTRACÉS. s. m. pl. (gr. θώραξ, θώρακος, thorax; ὄστρεον, coquille). Sous-classe de *Crustacés.* Voy. ce mot.

THORAX. s. m. (lat. *thorax*, gr. θώραξ, m. s.). T. Anat. La partie du tronc qui, chez l'homme et les mammifères, renferme les poumons, le cœur, etc. Voy. Os I, et SQUELETTE. || T. Entom. Le segment moyen du corps des Insectes, appelé aussi Corselet. Voy. INSECTE, II.

THORBECKE, homme d'État et publiciste holland. (1798-1872).

THORENS, ch.-l. de c. (Haute-Loire), arr. d'Annecy; 2,400 hab.

THORINE. s. f. (R. *thorium*). T. Minér. Nom donné à l'oxyde et à l'hydrate de thorium.

THORITE. s. f. (R. *thorium*). T. Minér. Silicate hydraté de thorium avec un peu d'urane et de fer; en masses amorphes, brunes, dans la syénite. L'*Orangite* est une variété plus hydratée, de couleur jaune. Ces deux minéraux sont très rares et ne se trouvent guère qu'en Norvège.

THORIUM. s. m. [Pr. *to-riome*] (R. *Thor,* divinité scandinave). T. Chim. Corps simple, métallique, que Berzelius a extrait de la thorite en 1828. On ne l'a encore obtenu qu'à l'état de poudre grise, cristalline, dont la densité est égale à 11. Le thorium a pour symbole Th et pour poids atomique 232. Inattaquable par l'eau et par les alcalis, il se dissout, avec dégagement d'hydrogène, dans l'acide sulfurique étendu et surtout dans l'acide chlorhydrique. Chauffé au rouge dans l'air il brûle avec un vif éclat en s'oxydant. Il s'unit de même avec incandescence au chlore, au brome et à l'iode. Dans ses combinaisons il joue le rôle d'un élément tétravalent. — Le *Chlorure de thorium* est déliquescent et difficilement fusible; sa formule est ThCl⁴. Le *Fluorure* est insoluble dans l'eau. L'*Oxyde de thorium,* ordinairement appelé *Thorine,* a pour formule ThO²; à l'état anhydre il est infusible et résiste à l'action des alcalis et de la plupart des acides; il ne se dissout que dans l'acide sulfurique concentré et bouillant. Mais l'*Hydrate de thorium,* c.-à-d. la thorine hydratée, qui répond à la formule Th(OH)⁴, est facilement soluble dans les acides; c'est une base forte qui absorbe l'anhydride carbonique de l'air en formant un *Carbonate de th.* — Les *Sels de thorium* sont généralement incolores et possèdent une saveur astringente. Ils sont précipités par les alcalis, l'ammoniaque, le sulfure d'ammonium, le sulfate de potasse et l'hyposulfite de soude. — L'*Azotate* (AzO³)⁴Th sert dans la fabrication des manchons à incandescence pour bec Auer. On l'emploie, à l'état de dissolution, associé aux azotates de quelques autres métaux rares, pour imbiber les manchons; puis l'on transforme par calcination ces azotates en oxydes. C'est la thorine qui domine dans ce mélange d'oxydes et qui donne le plus d'éclat à la flamme. Voy. Bec.

Le thorium est fort peu répandu dans la nature. La thorite est un silicate hydraté qui renferme 50 à 60 pour 100 de thorine et qu'on a exploité quelque temps pour l'industrie des manchons à incandescence. Mais la thorite est très rare et aujourd'hui on n'exploite guère que les sables monazites; ceux-ci ne contiennent que quelques centièmes de thorium, mais sont assez abondants en Amérique.

THORN, v. de Prusse, sur la Vistule; 21,000 hab.

THORNTON, économiste angl. (1813-1880).

THORWALDSEN, sculpteur danois (1770-1844).

THOU (JACQUES DE), magistrat et historien fr. (1553-1617). || Son fils FRANÇOIS DE THOU fut décapité avec Cinq-Mars en 1642.

THOUARCÉ, ch.-l. de c. (Maine-et-Loire), arr. d'Angers; 1,600 hab.

THOUARS, ch.-l. de c. (Deux-Sèvres), arr. de Bressuire; 5,200 hab.

THOUIN, naturaliste fr. (1747-1824).

THOUNE. Voy. THUN.

THOURET, homme politique fr. (1746-1794), président de la Constituante. C'est lui qui proposa de diviser la France en départements; mort sur l'échafaud.

THOUROUT, v. de Belgique (Flandre occid.); 9,000 hab.

THOUTMÈS ou **THOUTMOSIS**, nom de plusieurs rois de l'anc. Égypte de la XVIIIᵉ dynastie. || THOUTMÈS Iᵉʳ fit des expéditions en Syrie. || THOUTMÈS II éleva des constructions à Karnak. || THOUTMÈS III, célèbre par ses guerres. || THOUTMÈS IV, le plus célèbre, fit creuser le lac Mœris (XVIIᵉ siècle av. J.-C.).

THRACE, région de l'Europe ancienne, au N. de la Grèce (Roumélie et Bulgarie).

THRAN. s. m. Nom donné dans le nord de l'Europe à l'huile de poisson, et particulièrement à celle des cétacés. *Th. clair*, l'huile qui découle par la pression de la graisse et du foie; *Th. brun*, Celle qui provient de leur ébullition.

THRASÉAS, sénateur romain, conspira contre Néron, et fut condamné à mort en 66 ap. J.-C.

THRASYBULE, général athénien qui délivra sa patrie des 30 tyrans en 403 av. J.-C.

THRAULITE. s. f. T. Minér. Variété d'Bisingérite.

THRIDACE. s. f. (lat. *thridax*, gr. θρίδαξ, laitue.) Nom donné à un extrait sec préparé avec le suc des tiges de la *Laitue vireuse*. Voy. LAITUE.

THRIPIDES. s. m. pl. (R. *Thrips*). T. Ent. Famille d'insectes *Pseudo-Névroptères*. Voy. THRIPS.

THRIPS. s. m. (gr. θρΐψ, de τρίϐω, je frotte, j'use par le frottement). T. Entom. Les insectes désignés sous ce nom formaient, dans la méthode de Cuvier et Latreille, un simple genre de la famille des Aphidiens et de l'ordre des Hémiptères. Haliday proposa ensuite d'en faire un ordre particulier, sous le nom de *Thysanoptères*. Aujourd'hui on en fait une famille de *Pseudo-Névroptères* sous le nom de *Thripides*. Ces insectes sont surtout reconnaissables à leurs ailes rudimentaires, presque dépourvues de nervures, mais garnies sur les bords de franges soyeuses, et à leur bouche composée de pièces libres de forme lancéolée. Leurs antennes sont filiformes et composées de 3 à 9 articles distincts. Leurs ailes, au nombre de 4, sont longues, étroites, entièrement membraneuses, et, pendant le repos, couchées horizontalement sur le corps, dont la forme est presque cylindrique. Enfin, leurs tarses sont terminés par un article vésiculeux et sans crochets. Ces insectes sont tous d'une taille extrêmement petite, car les espèces les plus grandes n'ont guère plus de 2 millimètres de long. Leur agilité est extrême et ils semblent sauter plutôt que voler. Lorsqu'on les inquiète trop, ils élèvent et recourbent en arc l'extrémité postérieure de leur corps à la manière des Staphylins. Ils vivent sur les fleurs et les plantes et sous l'écorce des arbres. Nous citerons, comme type, le *Thrips vessie-pied* (*Thrips physaphus*) [Fig. ci-jointe], qui est noir avec des ailes presque transparentes, bordées de poils et de cils assez longs. Le *Th. des céréales* (*Th. cerealium*) cause souvent d'assez grands dégâts dans les blés, tandis qu'une autre espèce nuit beaucoup aux oliviers dans le midi de la France.

THROMBOLITE. s. f. [Pr. *tron-bolite*] (gr. θρόμϐος, grumeau; λίθος, pierre). T. Minér Phosphate hydraté de cuivre; amorphe, d'un vert foncé.

THROMBOSE. s. f. [Pr. *tron-boze*] (gr. θρόμϐος, grumeau). On nomme ainsi le processus inflammatoire qui aboutit à l'oblitération complète ou incomplète d'un vaisseau, il s'agit souvent d'une veine, par un *caillot sanguin* qu'on appelle *thrombus*. La t. se produit généralement en un point où le vaisseau présente une altération anatomique; la tunique interne des veines est épaissie à ce niveau. Le thrombus est formé d'un réseau fibrineux renfermant des globules rouges peu nombreux à la périphérie, et des globules blancs ramassés au centre; il peut disparaître par résorption ou être envahi par du tissu conjonctif qui transforme la veine en un cordon fibreux dont le centre peut, dans certains cas, devenir perméable et rendre possible la circulation; parfois il se morcèle, dans ce cas ses fragments peuvent entrer lancés dans la circulation et constituer ainsi des *embolies*; il peut en résulter des *infarctus*.

La t. est donc un accident sérieux; cette complication se présente dans la *phlegmatia alba dolens*, les *phlébites*. Voy. ces mots.

THROMBUS. s. m. [Pr. *tron-bus*]. T. Méd. Caillot sanguin qui oblitère un vaisseau. Voy. THROMBOSE.

THUCYDIDE, historien grec, auteur d'une *Histoire de la guerre du Péloponèse* (471-401 av. J.-C.).

THUEYTS, ch.-l. de c. (Ardèche), arr. de Largentière; 2,500 hab.

THUGS, sectateurs fanatiques de l'Inde, adorateurs de Siva, nommés aussi étrangleurs. Voy. BRAHMANISME.

THUGUT, homme d'État et diplomate autr. (1734-1818).

THUÏA ou **THUYA**. s. m. [Pr. *tu-ia*] (gr. θυία, m. s., de θύω, je parfume). T. Bot. Genre de plantes Gymnospermes (*Thuja*) de la famille des *Conifères*, tribu des *Cupressinées*. Voy. CONIFÈRES.

THUIOPSIS. s. m. [Pr. *tu-iop-sis*] (gr. θυία, thuia; ὄψις, apparence). T. Bot. Genre d'arbres de la famille des *Conifères*, tribu des *Cupressinées*.

THUIR, ch.-l. de c. (Pyrénées-Orientales), arr. de Perpignan; 3,000 hab.

THULÉ, nom donné par les Anciens à une île de l'Atlantique (Islande ou une des Orcades).

THULINE. s. f. T. Chim. Voy. THULIUM.

THULITE. s. f. T. Minér. Variété rose de Zoïsite.

THULIUM. s. m. T. Chim. Métal non isolé qu'on suppose exister, à l'état d'oxyde, dans l'erbine brute. Le th., représenté par le symbole Tu, aurait un poids atomique voisin de 170, si l'on attribue à son oxyde la formule Tu²O³. Cet oxyde, appelé *Thuline*, s'unit aux acides en donnant des sels incolores ou peu colorés, qui jusqu'à présent n'ont été que fort peu étudiés.

THUMITE. s. f. (R. *Thum*, n. d'homme). T. Minér. Syn. d'*Axinite*. Voy. TOURMALINE.

THUN ou **THOUNE**, v. de Suisse, sur le lac du même nom.

THUR, riv. de Suisse, affl. du Rhin (rive gauche), 110 kil.

THURGOVIE, un des cantons de la Suisse; 100,000 hab. Cap. *Frauenfeld*.

THURIFÉRAIRE. s. m. [Pr. *turifé-rère*] (lat. *thus*, *thuris*, encens; *fero*, je porte). T. Liturg. L'acolyte ou clerc qui, dans les cérémonies de l'église, porte l'encensoir et la navette où est l'encens, et qui encense. || Fig. Flatteur, adulateur.

THURIFÈRE. adj. 2 g. (lat. *thus*, *thuris*, encens; *fero*, je porte). Qui produit de l'encens. *Région th. Boswellia th.*

THURINGE, anc. pays de l'Allemagne, entre l'Elbe, le Danube et le Rhin.

THURINGERWALD, ou la forêt de Thuringe, chaîne de montagnes boisées du centre de l'Allemagne.

THURINGITE. s. f. (R. *Thuringe*, n. de pays). T. Minér. Silicate hydraté d'alumine et de protoxyde de fer; en masses écailleuses d'un vert olive.

THURIUM, v. de l'Italie anc. (Lucanie).

THUROT, philologue fr. (1823-1882).

THURY-HARCOURT, ch.-l. de c. (Calvados), arr. de Falaise; 1,400 hab.

THUYA. s. m. Voy. Thuia.

THUYONE. s. f. (R. *Thuya*, et la term. *one* des cétones). T. Chim. Cétone contenue dans l'essence de cèdre blanc (*Thuya occidentalis*). La th. a pour formule C¹⁰H¹⁶O. Elle est liquide et bout à 200°. Sous l'action de l'acide sulfurique étendu elle se transforme en un isomère, l'*isothuyone*, qui bout à 230°. En hydrogénant l'isothuyone par le sodium, en solution alcoolique, on obtient le *Thuyamenthol*, alcool qui a pour formule C¹⁰H²⁰O et dont le point d'ébullition est à 212°. Les agents d'oxydation transforment cet alcool en une cétone, la *Thuyamenthone*, qui bout à 208° et qui est isomérique avec la menthone.

THYADE. s. f. (lat. *thyas*, *thyadis*, gr. θυίας, θυιάδος, m. s.). T. Antiq. Prêtresse de Bacchus.

THYESTE, fils de Pélops, frère d'Atrée. Voy. Atrée.

THYLACINE. s. m. (gr. θύλαξ, θύλακος, bourse). T. Mamm. Espèce de Carnivore d'Australie. Voy. Marsupiaux, t.

THYM. s. m. [Pr. *tin*] (lat. *thymus*, gr. θύμος, m. s., de θύω, je parfume). T. Bot. Genre de plantes Dicotylédones (*Thymus*) de la famille des Labiées. Voy. ce mot.

THYMBRÉE, plaine de l'Asie Mineure (Phrygie); victoire de Cyrus sur les Lydiens, en 546 av. J.-C.

THYMÉLÉ. s. m. (gr. θυμέλη, m. s., de θύω, je parfume et je sacrifie). T. Antiq. Espèce d'autel qui s'élevait au milieu de l'orchestre d'un théâtre. Voy. Théâtre || T. Entom. Espèce de *Papillon*. Voy. Diurnes, 15°.

THYMÉLÉACÉES. s. f. pl. (R. *Thymélée*, l'un des genres de la famille). T. Bot. Famille de végétaux Dicotylédones de l'ordre des Apétales superovariées.

Caract. bot. : Végétaux à tige ligneuse et frutescente, remarquable par la ténacité de son liber; rarement plantes herbacées. Feuilles entières, alternes ou opposées, simples, dépourvues de stipules. Fleurs en capitule ou en épi, terminales ou axillaires, quelquefois solitaires, parfois unisexuées par avortement, souvent munies d'un involucre à bractées grandes et colorées. Calice infère, tubuleux, coloré, à préfloraison imbriquée, à limbe 4-fide, rarement 5-fide, avec la gorge tantôt nue et tantôt munie d'écailles pétaloïdes en même nombre que les sépales ou en nombre double. Étamines insérées dans le tube ou à son orifice, souvent au nombre de 8, parfois de 4, mais souvent de 2, opposées aux segments du calice, quand elles sont en nombre égal à ces segments ou en nombre moindre. Anthères biloculaires, s'ouvrant longitudinalement au milieu. Pistil composé d'un carpelle unique, avec un ovule solitaire, anatrope et suspendu; style 1; stigmate indivis; rarement 2, 4 ou 5 carpelles concrescents en un ovaire pluriloculaire à loges uniovulées. Le fruit est un akène ou une drupe, rarement une capsule loculicide. Albumen nul ou très mince et charnu; embryon droit; cotylédons plan-convexes, parfois lobés et ridés; radicule courte et supère. Cette famille, que les auteurs nomment encore *Daphnacées* et *Daphnoïdées*, se compose de 38 genres et d'environ 360 espèces, peu nombreuses en Europe et dans les régions septentrionales, communes dans les parties tempérées de l'Inde et de l'Amérique méridionale, et abondantes au cap de Bonne-Espérance, ainsi qu'à la Nouvelle-Hollande. On a trouvé 6 *Pimelea* et 13 *Daphne* dans les couches tertiaires.

Les genres se groupent en trois tribus :

Tribu I. — *Thymélées*. — Un carpelle; fruit indéhiscent (*Daphne*, *Pimelea*, *Thymelæa*, *Passerina*, *Gnidia*, etc.). [Fig. 1. — 1. *Daphne mezereum*; 2. Fleur ouverte et étalée;

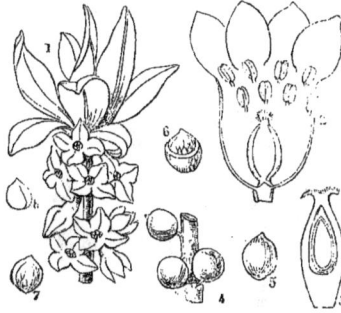

Fig. 1.

3. Coupe verticale d'un ovaire; 4. Fruits; 5. L'un d'eux isolé; 6. Fruit dont on a enlevé un anneau du péricarpe charnu; 7. Graine; 8. Embryon.]

Les plantes de cette tribu ont en général une écorce douée d'une âcreté singulière. Aussi la thérapeutique a-t-elle tiré parti de cette propriété. On fait surtout usage chez nous du *Daphne mézéréon* (*D. mezereum*) et du *Daphné paniculé* (*D. gnidium*), vulgairement appelés, le premier *Bois gentil* et *Bois joli*, le second *Sain bois* et *Garou*. Leur écorce, qu'on désigne aussi sous le nom de *Garou*, est très mince et néanmoins très difficile à rompre. Elle a une odeur faible et un peu nauséeuse, une saveur âcre et corrosive. Dans nos campagnes, on s'en sert fréquemment pour déterminer la vésication et établir des exutoires. A cet effet, on en prend un morceau long de quelques millimètres que l'on fait tremper une ou deux heures dans du vinaigre, et que l'on applique sur la peau en le recouvrant d'une feuille de lierre et d'une bande de toile. On renouvelle cette application une ou deux fois dans les 24 heures, et l'on a un vésicatoire d'une étendue convenable. Dans la pharmacie, cette écorce s'emploie surtout pour la préparation des pommades épispastiques, c.-à-d. destinées à entretenir les vésicatoires, parce qu'elles sont plus douces que celles dans lesquelles entrent les cantharides. Il existe dans les deux espèces d'écorce un glucoside, la *Daphnine*, mais leur propriété vésicante est due à une résine. Le *Daphne lauréole* (*D. laureola*), appelé vulgairement *Lauréole mâle*, *Laurier purgatif* et *Laurier épurge*, le *Daphné du Pont* (*D. pontica*), etc., sont doués de propriétés analogues, mais un peu moins actives. Les fruits du *Daphne mezereum* et ceux de quelques autres espèces sont un poison pour les bestiaux. Cependant les paysans du nord de la Russie emploient les baies du premier comme vomitif, dans les cas de coqueluche. Les fruits du *Daphne cestrifolia*, espèce propre au plateau de Bogota, sont également vénéneux pour les bestiaux. Ceux du *Dirca des marais* (*D. palustris*), vulgairement *Bois-cuir*, sont narcotiques et déterminent des effets analogues à ceux que produit le Stramoine. A Madagascar, on fait des cordes avec l'écorce de la *Gnidia daphnoïde* (*Gnidia daphnoïdes*), et du papier avec celle du *Dais de Madagascar* (*Dais madagascariensis*). Au Népaul, on fabrique aussi une sorte de papier avec l'écorce intérieure du *Daphné bhotua*. On utilise de même en Chine l'écorce du *Daphné chanvreur* (*D. cannabina*). Le liber de la *Lagette* (*Lagetta lintearia*), quand il a été macéré et étendu, présente un réseau semblable à une grossière dentelle, d'où le nom de *Bois-dentelle* donné à cet arbuste. Ses fibres servent à fabriquer des cordages. Dans le midi de l'Europe, le *Daphné paniculé*, appelé aussi *Garou*, *Coquenaudier* et *Sain-bois* (*D. gnidium*) et la *Passerine des teinturiers* (*Passerina tinctoria*) s'emploient pour teindre la laine en jaune. Une seule espèce, dans toute cette tribu, produit des fruits qui peuvent servir d'aliment : c'est l'*Inocarpe comestible* (*Inocarpus edulis*). Ses graines grillées ont, dit-on, le goût de nos châtaignes. Enfin, certains genres fournissent à nos jardins des plantes d'ornement. Nous nous contenterons de nommer le *Daphné odorant* (*D. odorata*), de la Chine; le *Dais à feuilles de Fustet* (*Dais cotinifolia*), du Cap; et la *Pimelea à feuilles en croix* (*Pimelea decussata*), de la Nouvelle-Hollande.

TRIBU II. — *Phalériées.* — Deux carpelles; drupe (*Phaleria, Gonostylus*, etc.).

TRIBU III. — *Aquilariées.* — Deux carpelles; capsule (*Aquilaria, Gyrinops, Gyrinopsis*. [Fig. 2. — 1. *Aquilaria*

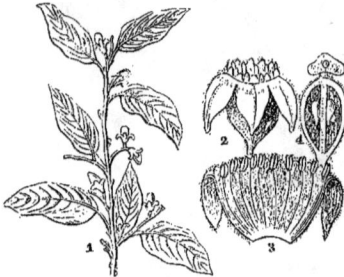

Fig. 2.

Agallochum; 2. Fleur; 3. La même ouverte et déroulée; 4. Coupe longitudinale de l'ovaire.] Le bois odorant connu sous les noms de *Bois d'aloès, Bois d'aigle, Agalloche*, qui contient une substance résineuse aromatique de couleur foncée, n'est autre chose que la partie interne du tronc de l'*Aquilaire ovée* (*Aquilaria ovata*) appelée vulgairement *Garo*, et de l'*Aquilaire agalloche* (*Ag. agallochum*). La substance odorante dont nous venons de parler s'obtient en faisant bouillir le *Bois d'aigle* dans l'eau. Les Orientaux l'estiment comme parfum et l'emploient comme tonique. En Europe, on l'a quelquefois prescrite dans les affections goutteuses et rhumatismales

THYMÉLÉE. s. f. (gr. θύμος, thym; ἔλαιον, huile). T. Bot. Genre de plantes Dicotylédones (*Thymelæa*) de la famille des *Thyméléacées*. Voy. ce mot.

THYMOL. s. m. (R. *thym*, et la term. *ol* des phénols). T. Chim. Phénol dérivant du cymène et répondant à la formule $C^9H^7.C^4H^2OH.CH^3$. Le th. peut s'extraire de l'essence de thym qui en contient une forte proportion et qui lui doit son odeur. On agite cette essence avec une solution de soude caustique, on décante les hydrocarbures insolubles et l'on traite la solution alcaline par de l'acide chlorhydrique qui met le th. en liberté. On peut aussi obtenir ce phénol synthétiquement en partant de l'aldéhyde cuminique. Le th. cristallise en prismes orthorhombiques volumineux, peu solubles dans l'eau, très solubles dans l'alcool et dans l'éther. Il fond à 44° et bout à 230°. Le chlore, l'acide azotique, l'acide sulfurique le transforment en dérivés chlorés, nitrés, sulfoniques. Traité par l'iode en solution alcaline ou par l'iodure de potassium en présence d'un hypochlorite il donne naissance à un composé iodé connu sous le nom d'*Aristol*. Ce corps, qui a pour formule $C^{20}H^{20}O^2$, se présente sous la forme d'une poudre inodore, d'un brun rougeâtre, insoluble dans l'eau, soluble dans l'éther et dans les huiles grasses; on l'emploie comme antiseptique et contre les maladies de la peau. Le th. lui-même possède des propriétés antiseptiques et l'on a proposé, à cause de son odeur agréable, de le substituer à l'acide phénique; il est bien moins vénéneux que ce dernier, mais il est aussi moins actif et il ne peut pas le remplacer pour les opérations chirurgicales.

THYMOLÉ, ÉE. adj. T. Pharm. Qui contient du thymol. *Pommade thymolée.*

THYMOQUINONE. s. f. (R. *thymol* et *quinone*). T. Chim. Quinone répondant à la formule $C^{10}H^{12}O^2$. On l'obtient en oxydant le dérivé sulfonique du thymol ou du carvacrol par le bichromate de potasse et l'acide sulfurique. La th. cristal-

lise en tables rectangulaires, solubles dans l'éther, peu solubles dans l'alcool. Elle fond à 48° et bout vers 200°. — La *Thymohydroquinone* $C^{10}H^{12}(OH)^2$, qui se produit par l'action de l'acide sulfureux sur la thymoquinone, cristallise en prismes fusibles à 145°; c'est un diphénol dont l'éther diméthylique se rencontre dans l'essence d'arnica.

THYMUS. s. m. (gr. θύμος, m. s.). T. Anat. Glande vasculaire sanguine, de forme ovoïde à grand diamètre vertical, placée à la partie inférieure du cou, en arrière du sternum. Le t. se développe chez le fœtus vers le 3° mois; son poids est de 20 grammes chez un enfant de deux ans, mais il s'atrophie à partir de cet âge et on n'en trouve plus guère trace chez un sujet de vingt ans; il est formé d'une agglomération de vésicules closes. Le rôle du t. et son action sur le sang sont encore inconnus. Le t. du veau est recherché dans l'alimentation sous le nom de *ris de veau*.

THYROHYOÏDIEN, ENNE. adj. [Pr. *tiro-io-idi-in, iène*] (R. *thyroïde* et *hyoïde*). T. Anat. Qui appartient au cartilage thyroïde et à l'os hyoïde.

THYROÏDE. adj. et s. f. (gr. θυρεός, bouclier; εἶδος, ressemblance). T. Anat. CORPS ou GLANDE THYROÏDE. — Anat. Glande vasculaire sanguine placée contre les premiers anneaux de la trachée-artère, au-dessous du larynx; elle se compose de deux lobes, appliqués sur les côtés de la trachée qu'ils débordent, et reliés par une portion médiane ou *isthme* du corps t. Son poids moyen est de 70 grammes; il est constitué par une agglomération de vésicules closes renfermant un liquide riche en albumine.

Physiol. — Il est admis que cet organe joue un rôle *dépurateur* et qu'il agit en neutralisant ou en modifiant une substance toxique; de nombreuses expériences ont en effet montré que, à la suite de lésions ou après l'ablation du corps t., il se produisait un affaiblissement de l'intelligence et des troubles physiques divers (œdème), caractérisés surtout par du gonflement de la peau qui perd sa souplesse (*myxœdème*).

Pathol. — Nous venons d'indiquer la nature du *myxœdème*. L'hypertrophie du corps t. a été étudiée au mot *Goître*. L'inflammation ou *thyroïdite* est rare; elle survient parfois au cours des maladies infectieuses.

Thérap. — L'ingestion du corps t. de mouton ou de veau a été préconisée récemment contre un certain nombre de maladies : *myxœdème*, Voy. plus haut, *goître, obésité, sclérodermie*, etc. — Différentes préparations ont été proposées : *thyroïdine, suc thyroïdien*, etc. — Ces produits paraissent donner de bons résultats dans certains cas, mais leur emploi doit être judicieux et subordonné aux *conseils du médecin*; des accidents graves, résultant de leur abus, se sont produits chez des personnes qui, voulant se faire maigrir, y ont eu recours d'une façon intempestive.

CARTILAGE THYROÏDE. — Cartilage le plus volumineux du larynx. Voy. ce mot.

THYROÏDECTOMIE. s. f. [Pr. *tiro-idek-tomi*] (R. *thyroïde*, et gr. ἐκτομή, amputation). T. Chir. Ablation de la glande thyroïde.

THYROÏDIEN, IENNE. adj. m. [Pr. *tiro-idi-in, iène*] T. Anat. Qui a rapport au corps thyroïde.

THYROÏDITE. s. f. [Pr. *tiro-idite*] (R. *thyroïde*). T. Méd. Inflammation de la glande thyroïde.

THYROTOMIE. s. f. (R. *thyroïde*, et gr. τομή, section). T. Chir. Section de la glande thyroïde.

THYRSE. s. m. (lat. *thyrsus*, gr. θύρσος, m. s.). T. Antiq. Long bâton dont l'extrémité était formée d'une pomme de pin, d'une touffe de lierre ou d'un bouquet de pampres. *Dans le principe, le th. était une lance dont la pointe était entourée comme nous venons de le dire*. Le th. est un des attributs de Bacchus. Voy. BACCHUS. || T. Bot. Nom donné à une variété d'inflorescence qui est une panicule rameuse et dressée, comme dans le Lilas.

THYSANOPTÈRES. s. m. pl. [Pr. *ti-zanoptère*] (gr. τύσανος, frange; πτερόν, aile). T. Entom. Synonyme de *Thripides*. Voy. THRIPS.

THYSANOURES. s. m. pl. [Pr. *ti-zanoure*] (gr. τύσανος,

frange ; οὐρά, queue). T. Entom. Les *Thysanoures* sont des insectes aptères, de taille très minime, qui ne subissent point de métamorphoses, et dont l'abdomen se termine par des filets ou par un organe bifide propre au saut. Ces insectes vivent dans les endroits humides, au bord des eaux, sous les écorces des arbres, dans les mousses, dans le fumier, etc. On divise cet ordre en deux familles, les *Lépismènes* et les *Podurelles*. — Les *Lépismènes* ont les antennes sétacées et divisées, dès leur naissance, en un grand nombre de petits articles, des palpes, très distincts et saillants à la bouche, l'abdomen terminé par des filets, le corps allongé, couvert de petites écailles luisantes, souvent argentées, et les pieds extrêmement courts. Plusieurs espèces se cachent dans les fentes des châssis qui restent fermés, sous les planches humides, etc.; d'autres vivent sous les pierres. Ces insectes courent très vite. Les *Lépismes* (*Lepisma*) ont les yeux très petits, fort écartés, le corps aplati, et trois filets d'égale longueur ne servant point à sauter. Le type du g. est le *Lép. du sucre* (*L. saccharina*) [Fig. 1], qui est long de 9 millimètres et d'une couleur argentée sans taches. Cet insecte, que Geoffroy appelait *l'orbicine plate*, est connu vulgairement sous le nom de *Petit poisson d'argent*. Les *Machiles* (*Machilis*) ont les yeux grands, presque contigus, et l'abdomen terminé par cinq filets propres au saut : celui du milieu est

Fig. 1.

Fig. 2.

beaucoup plus long que les autres. Ces insectes vivent dans les endroits humides. — Les *Podurelles* ont les antennes filiformes, plus courtes que le corps, les palpes très courts et sétifères, et enfin l'abdomen terminé par une queue fourchue qui leur sert à sauter, et qui, lorsque l'animal est en repos, s'applique sous le ventre. Les *Podures* (*Podura*) sont fort petits, fort mous, et allongés. Leur tête est ovale, leurs antennes sont très courtes, et leur queue est molle et flexible. Ces insectes peuvent redresser leur queue, la pousser avec force contre le plan de position, comme s'ils débandaient un ressort, et sauter ainsi en l'air, comme les Puces. Ils retombent ordinairement sur le dos, la queue étendue en arrière. Pour pouvoir sauter de nouveau, ils ont besoin de se remettre sur le ventre et de recourber la queue en dessous. Ces vits vivent sur les arbres, ou se cachent sous les écorces et sous les pierres ; d'autres se tiennent à la surface des eaux dormantes, et quelquefois sur la neige, même au moment du dégel. On trouve communément chez nous, sous les pierres, le *Pod. velu* (*P. villosa*) [Fig. 2], qui est jaunâtre, avec des taches brunes et noires. Les *Sminthures* (*Sminthurus*) ont le tronc et l'abdomen réunis en une masse globuleuse. Le *Sm. vert* (*Sm. viridis*), de couleur vert clair, est très joli, est commun chez nous, et se rencontre sur les feuilles du Sarrasin.

TIARE. s. f. (lat. *tiara*, gr. τιάρα, m. s.). Les anciens nommaient ainsi la coiffure nationale que portaient les Arméniens, les Perses, les Parthes, et en général les peuples du nord-ouest de l'Asie. Elle consistait en une sorte de calotte souple, assez semblable au bonnet rouge ou fez que portent actuellement les Turcs. On distinguait en outre, chez ces peuples, sous le nom de *Tiare droite* (*tiara recta*) une sorte de coiffure élevée et raide, de manière à se tenir dressée au-dessus de la tête, qui était exclusivement affectée aux rois et aux princes. La Fig. ci-après, qui représente, suivant Caylus, un roi d'Arménie, d'après une pierre gravée du Cabinet des médailles à Paris, fait voir quelle était la forme de cette coiffure. Elle était en général enrichie de brillantes couleurs et entourée d'un diadème marqué de points blancs sur

un fond bleu. Dans la langue perse, on appelait cette *t. cidaris*. — Chez les Juifs, la *t.* était une espèce de couronne de byssus ou de lin que portaient les prêtres. Celle du grand prêtre était environnée d'une triple couronne d'or et garnie sur le devant d'une lame d'or, sur laquelle était gravé le nom de Jéhovah. — Aujourd'hui, on donne exclusivement le nom de *t.* à l'ornement de tête que porte le souverain pontife, comme marque de sa dignité : mais nous l'avons décrite au mot **Pape**. Dans ce sens, la *t.* s'emploie figurément en parlant de la dignité papale, du souverain pontifical. Ainsi, l'on dit : *Poser la t. sur la tête de quelqu'un. Pie VII porta la t. vingt-trois ans. Il se montra digne de la t.*

TIARIDIUM. s. m. [Pr. *tiari-diome*] (gr. τιάρα, tiare; εἶδος, aspect). T. Bot. Genre de plantes Dicotylédones de la famille des *Borraginées*, tribu des *Ehrétiées*. Voy. **Borraginées**.

TIBBOUS, TÉBOUS, ou TÉDA, peuple nègre de l'Afrique qui habite la partie orientale du Sahara.

TIBÈRE, empereur romain, fils de Livie, adopté par Auguste (14-37).

TIBÉRIADE, v. de Palestine sur le lac du même nom.

TIBESTI ou TAO, ville du Sahara, au S.-E. du Fezzan, dans le pays des Tibbous.

TIBET. Voy. **Thibet**.

TIBIA. s. m. (lat. *tibia*, m. s.). T. Anat. Os antérieur de la jambe. Voy. **Squelette**.

TIBIAL, ALE. adj. (lat. *tibialis*, m. s.). Qui appartient, qui a rapport au tibia. *Artère tibiale. Muscle t. Nerfs tibiaux.*

TIBIOTARSIEN, IENNE. adj. [Pr. *tibiotarsi-in, iène*]. Qui a rapport au tibia et au tarse. || On a fait de même les composés *Tibio-calcanéen, Tibio-sus-tarsien*, etc.

TIBRE, fleuve d'Italie, arrose Rome, et se jette dans la Méditerranée à Civita-Vecchia, après un cours de 300 kil.

TIBULLE, poète latin (54-18 av. J.-C.).

TIBUR, v. de l'Italie anc. \auj. Tivoli).

TIC. s. m. (orig. germ. : bas saxon, *tuchen*, m. s.). Habitude vicieuse que contractent les chevaux et les bêtes à cornes. *Tic rongeur*, Celui qui consiste dans l'action de tout ronger. *Tic en l'air*, Celui par lequel un cheval élève sans cesse la tête. *Tic de l'ours*, Habitude de se balancer constamment d'un côté à l'autre. *Les tics se propagent souvent par imitation*. || Contraction convulsive de certains muscles du visage, qui donne lieu à des grimaces plus ou moins bizarres. *Il a un tic, une espèce de tic. Il a un tic dans les yeux, dans la bouche. Tic douloureux* ou *névralgie faciale*. || Par ext., se dit de certaines habitudes plus ou moins ridicules, qu'on a contractées sans s'en apercevoir. *Il a le tic de ronger ses ongles. Il répète toujours un certain mot, c'est son tic.*

TICAGE, s. m. T. Techn. Existence du tic chez le cheval.

TICAL. s. m. T. Métrol. Monnaie du royaume de Siam valant 3 fr. 17.

TICHODROME. s. m. [Pr. *ti-kodrome*]. (gr. τεῖχος, mur; δρομός, qui court). T. Ornith. Genre de *Passereaux*. Voy. **Grimpereau**.

TICORÉE. s. f. T. Bot. Genre de plantes Dicotylédones

(*Ticorea*) de la famille des *Rutacées*, tribu des *Galipécés*. Voy. Rutacées.

TIC-TAC. Onomatopée, dont on se sert pour exprimer un mouvement réglé accompagné d'un petit bruit. *Le tic-tac d'un moulin.*

TIECK, écrivain né à Berlin et chef de l'école romantique en Allemagne (1773-1853).

TIÈDE. adj. 2 g. (lat. *tepidus*, m. s.). Qui est entre le chaud et le froid. *De l'eau t. Un bain t.* — Elliptiq., *Boire t.,* Boire sa boisson tiède. || Poétiq., Qui a une douce chaleur. *La t. haleine des zéphyrs.* || Fig., Nonchalant, qui manque d'activité, d'ardeur, de ferveur dans les choses où il est besoin d'en avoir. *Un ami t. Un amant t. C'est une passion, une amitié bien t. Une dévotion t. Il est devenu bien t. pour ses amis, bien t. sur cette affaire.*

TIEDEMANN, philos. et histor. allem. (1743-1803).

TIÈDEMENT. adv. [Pr. *tiède-man*]. Avec tiédeur, avec nonchalance. *Il sert ses amis bien t.*

TIÉDEUR. s. f. Qualité de ce qui est tiède. *Cette eau n'est pas assez refroidie, elle a encore quelque t.* || Fig., Nonchalance, manque d'activité et de ferveur dans les choses où il est besoin d'en avoir. *Agir avec t. Servir ses amis avec t.*

TIÉDIR. v. n. Devenir tiède. *Faire t. de l'eau.* = Tiédi, ie. part. *Eau un peu tiédie.*

TIELEMAN, jurisconsulte et homme politique belge (1799-1887).

TIEMANNITE. s. f. [Pr. *ti-mann-nite*] (R. *Tiemann*, n. d'homme). T. Minér. Séléniure de mercure, en masses amorphes, d'un gris d'acier.

TIEN, TIENNE. adj. poss., relatif à la seconde pers. du singul. [Pr. *ti-in*, *iène*] (lat. *tuum*, acc. de *tuus*, *tua*, *ton*, *ta*). Qui est à toi. *Voilà mes livres, et voici les tiens. Ce n'est pas mon avis, c'est le t. J'ai mon épée, prends la tienne.* — *Ces biens-là peuvent devenir tiens.* Vx. || Fam., *Tien* se joint parfois avec un, et, dans ce cas seulement, il se met devant le subst. *Un t. ami, Une tienne cousine.* = Neut., Ce bien qui t'appartient. *Tu ne demandes que le t.* — *Le t. et le mien.* Voy. Mien. || Au pl., *Les tiens*, Tes proches, ceux qui t'appartiennent à quelque façon. *Tu devrais faire du bien aux tiens plutôt qu'aux étrangers. Voilà un des tiens.* || Fam., *Tu fais des tiennes, à ce qu'on dit,* Tu fais des extravagances, des sottises.

TIEN-TSIN, v. de Chine, sur le Peï-ho, où fut signé, en 1858, le traité qui ouvrit la Chine aux Européens; 950,000 hab.

TIEPOLO, nom de deux doges de Venise, qui exercèrent le pouvoir de 1229 à 1275. || J.-B. Tiepolo, peintre et graveur vénitien, orna Milan et Venise de fresques.

TIERÇAIN. s. m. [Pr. *tier-sin*] (R. *tiers*). Espèce de tonneau.

TIERCE. s. m. (lat. *tertius*, troisième). T. Astron. et Géom. La soixantième partie d'une seconde dans la division du temps. *On exprime la t. par ce signe* ('''). Inus. On exprime aujourd'hui les fractions de la seconde en fractions décimales. || T. Féod. Droit d'un tiers sur les biens de la terre. || T. Blas. Fasces groupées trois par trois. Voy. Héraldique. || T. Escr. Position de l'épée, au dehors-haut, avec le poignet en pronation. Voy. Escrime. || T. Jeu. Série de trois cartes de la même couleur qui se suivent. *T. majeure*, l'as, le roi et la dame. *T. basse*, le neuf, le huit et le sept. *T. au roi*, la roi, la dame et le valet. *T. à la dame*, la dame, le valet et le dix. *T. au valet*, Le valet, le dix et le neuf. || T. Liturgie. Prière qui se chantait à la troisième heure, c.-à-d. à neuf heures du matin. Voy. Bréviaire. || T. Mus. Intervalle de deux notes en comprenant une entre elles, comme *do* et *mi*. Voy. Intervalle. || T. Typogr. Épreuve qu'on tire après le bon à tirer. Voy. Épreuve.

TIERCE, ch.-l. de c. (Maine-et-Loire), arr. d'Angers; 2,100 hab.

TIERCÉ. adj. et s. m. (lat. *tertius*, troisième). T. Blas. Se dit d'un écu divisé en trois parties. Voy. Écu.

TIERCE-FEUILLE. s. f. [Pr. *tierse-feu-lle*, ll mouillées] (lat. *tertius*, troisième, et fr. *feuille*). T. Blas. Feuille à trois folioles pointues et assez semblable à une feuille de trèfle privée de sa queue.

TIERCELET. s. m. [Pr. *tierse-lè*] (bas lat. *tertiolus*, de *tertius*, troisième). Nom donné au mâle dans diverses espèces d'oiseaux de proie, parce que, dans ces espèces, les mâles sont d'environ un tiers moins grands que les femelles. *T. d'autour, d'épervier, de faucon, etc.*

TIERCEMENT. s. m. [Pr. *tierse-man*] (R. *tiers*). T. Pratique anc. Surenchère du tiers du prix principal pour lequel une adjudication avait été faite. *Faire un t.* Les tiercements avaient lieu surtout en matière d'eaux et forêts. || Dans les formes du roi, surenchère par laquelle on triplait le prix de l'adjudication. *Venir par t.* || L'augmentation d'un tiers dans le prix des places d'un spectacle. *T. des places.*

TIERCER. v. a. (R. *tiers*). Hausser d'un tiers le prix d'une chose après l'adjudication. *Pour t. un bail judiciaire de trois cents livres, il fallait enchérir cent livres au-dessus.* || Dans les formes du roi, Surenchérir en triplant le prix de l'adjudication. *T. une enchère.* || Donner aux terres le troisième labour, la troisième façon. *T. un champ, une vigne.* Dans ce sens, on dit également, *Tercer.* = Tierçer. v. n. Augmenter d'un tiers le prix des places à un spectacle. *On a tiercé aujourd'hui à la Comédie.* = Tiercé, ée. part.

TIERCERON. s. m. (R. *tiers*). T. Archit. Nervure de voûte gothique qui partage en deux parties égales un inégales l'angle compris entre le formeret et la croisée d'ogive.

TIERÇIÈRE. s. f. T. Pêche. Espèce de filet en manche.

TIERÇON. s. m. (R. *tiers*). T. Métrol. Ancienne mesure de liquides contenant le tiers d'une mesure entière. *Un t. de muid.*

TIERS, ERCE. adj. (lat. *tertius*, m. s.). Troisième. *Il se forma un t. parti. La tierce partie d'un tout. En maison tierce. Parler à la tierce personne. Déposer une chose en main tierce. T. arbitre.* Voy. Arbitre. || *Le t. état*, et par abrév., *Le t.*, La partie de la nation française qui, avant la Révolution, n'était comprise ni dans le clergé, ni dans la noblesse. *Les droits du t. état, Les députés du t. état* formaient les dix-neuf vingtièmes de la nation. || *Le t. ordre de Saint-François.* Voy. Cordeliers. || T. Jurispr. *Tierce opposition.* Voy. Opposition. || T. Méd. *Fièvre tierce,* qui revient tous les deux jours. Voy. Paludisme. = Tiers. s. m. Troisième personne. *Il ne faut point de t. dans cette affaire. Il survint un t. Il s'était en t. avec eux. Déposer un objet entre les mains d'un t. Sauf le droit des tiers.* — Fam., *Le t. et le quart*, Toutes sortes de personnes indifféremment et sans choix; *Il médit du t. et du quart.* || T. Jurisp. *T. détenteur.* Voy. Détenteur. *T. saisi.* Voy. Saisir. *T. opposant.* Voy. Opposition. *T. porteur.* Celui qui est devenu cessionnaire d'une lettre de change. Voy. Change. — Une des parties d'un tout qui est ou que l'on conçoit divisé en trois parties égales. *Il a eu le t. de la somme. Cette succession a été divisée par t. J'en suis pour un t. Deux aunes et un t. Le t. de neuf est trois. Toile de deux tiers, toile deux tiers,* Qui a deux tiers d'aune ou de mètre de largeur. || T. Anc. Dr. *T. coutumier*, tiers des biens paternels ou maternels dont il ne pouvait être disposé au préjudice des enfants. || T. Fin. *T. consolidé*, Nom sous lequel, en 1797, on désigna la rente réduite au t., et dont le payement fut garanti par l'État après cette réduction. = Tierce. s. f. Sœur qui accompagne une religieuse au parloir quand elle reçoit une visite.

TIERS-POINT. s. m. [Pr. *tier-pouin*]. T. Archit. Le sommet d'un triangle équilatéral, et la courbure d'un arc qui est élevée sur un triangle de ce genre. *Ogive en t.-point. Arc t.-point.* || T. Techn. Sorte de lime triangulaire. Voy. Lime. || T. Mar. Toile triangulaire.

TIERS-POTEAU. s. m. [Pr. *tierpo-to*]. Pièce de bois qui sert pour les cloisons légères.

TIFLIS, v. de la Transcaucasie russe, sur le Kour; 105,100 hab. Le gouvernement ou province de Tiflis a 730,000 hab.

TIGE. s. f. (lat. *tibia*, os principal de la jambe). L'axe ascendant chez les végétaux, la partie d'une plante qui s'élève hors de terre et qui porte les feuilles, les fleurs et les fruits. *Cet arbre a une belle t. T. dressée. T. rampante. T. souterraine. T. branchue. T. ligneuse, herbacée.* — T. *Horticult. Arbres à haute t.*, ou simpl., *Hautes tiges*, se dit d'arbres fruitiers dont on laisse la tige s'élever, par opposition à *Arbres à basse t.*, ou *Basses tiges*, Ceux dont on empêche la tige de s'élever. — Dans le langage ordinaire, par opposition à *Tronc*, qui se dit des tiges des arbres et arbustes proprement dits, *Tige* s'applique aux végétaux de petite taille, et surtout aux plantes à tige herbacée. *T. de lis. T. de pavot. T. carrée, cylindrique, glabre, velue. Laisser mourir une fleur sur sa t.* =Par anal., *Tige* se dit de la partie allongée et ordinairement cylindrique d'une foule d'objets. *La t. d'une colonne*, le fût. *La t. d'un rinceau. La t. d'une plume*, partie garnie des barbes qui surmonte le tuyau. *La t. d'une clef*, partie allongée qui est entre l'anneau et le panneton. *La t. d'un flambeau, d'un guéridon. La t. d'une botte*, La partie de la botte qui enveloppe la jambe. || Fig., en parlant de généalogie, le premier père duquel sont sorties toutes les branches d'une famille. *Il sort d'une t. illustre. Ces deux maisons sortent d'une même t.*

Bot. — La *Tige* (*caulis*) est la partie supérieure et ascendante de l'axe végétal. Elle fait suite à la racine, à l'endroit appelé *collet*, s'élève dans l'atmosphère et porte les feuilles et les fleurs. On peut dire que l'existence de la t. est générale. Toutefois elle se montre développée à des degrés très divers et sous des aspects qui peuvent souvent la faire méconnaître. Tantôt elle est bien développée et évidente; tantôt elle est tellement rabougrie, que la plante en paraît dépourvue et que les feuilles semblent naître de la racine. Dans le premier cas, on a donné aux plantes le nom de plantes munies de tiges, ou *caulescentes*, et, dans le second, celui de plantes sans t., ou *acaules*. Mais ces dénominations n'indiquent qu'une simple apparence et nullement une réalité; car, si l'on examine avec soin les plantes acaules, on reconnaît sans peine que leurs feuilles naissent d'une t. très réduite et très courte, mais dont l'existence est évidente.

I. *Diverses sortes de tiges.* — Par leur genre de vie, les tiges présentent une grande variété dont nous signalerons les plus importantes. On peut d'abord les distinguer en *tiges aériennes* et en *tiges souterraines*.

A. *Tiges aériennes.* — Les tiges aériennes se divisent en *tiges dressées, rampantes et grimpantes.*

1° — *Tiges dressées.* — Les tiges dressées ont reçu des dénominations diverses, selon la différence d'aspect et de consistance qu'elles présentent. Ainsi, on appelle *Tronc* la t. ligneuse de tous les arbres dicotylédones de nos forêts ou de nos vergers. Cette t., de forme conique, s'élève simple et sans branches jusqu'à une certaine hauteur, pour se ramifier ensuite et produire ainsi une touffe de forme variable; mais, ce qui la caractérise essentiellement, c'est qu'elle présente un accroissement en épaisseur considérable et que son bois est disposé en couches concentriques. Le *Stipe* est la t. ligneuse des Palmiers et des Fougères arborescentes. Généralement simple, cylindrique, fusiforme ou conique, elle porte le plus souvent à son sommet de grandes feuilles disposées en un faisceau simple. On nomme *Chaume* la t. propre aux Graminées : elle est creuse, rarement ligneuse, généralement simple, et offre de distance en distance des nœuds pleins, renflés. Les tiges qui s'élèvent entre les feuilles en ne portant ordinairement que des fleurs et pas de feuilles, ou seulement des feuilles rares et peu développées, ont reçu le nom de *Pédoncule floral*, de *Hampe florale*.

2° — *Tiges rampantes.* — Les tiges rampantes comme celles de la Véronique, du Melon, du Fraisier (Fig. 1), sont dépourvues d'appareil de soutien et restent couchées sur le sol en développant de nombreuses racines adventives.

3° — *Tiges grimpantes.* — La plupart des tiges rampantes peuvent grimper en s'aidant d'appuis divers et atteindre alors une grande longueur. Tantôt la tige s'enroule elle-même autour des supports, comme on le voit dans les tiges dites *volubiles* des Liserons, du Houblon, etc.; tantôt ce sont certaines de ses parties, feuilles ou rameaux, qui se transforment en cordons volubiles appelés *Vrilles*. Enfin, les tiges peuvent encore grimper à l'aide du pétiole de leur feuille qui est volubile (Capucine) ou à l'aide de racines adventives, comme cela a lieu pour le Lierre.

B. *Tiges souterraines.* — Les tiges souterraines sont enfouies plus ou moins profondément dans le sol, tantôt

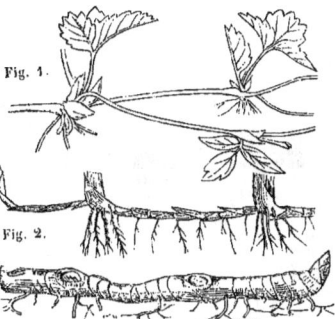

Fig. 1.

Fig. 2.

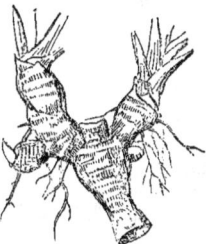

Fig. 3.

presque à la surface, tantôt à une grande profondeur. Elles portent ordinairement deux sortes de feuilles, des feuilles vertes épanouies dans l'air, et des écailles minces, incolores, portées par la partie souterraine; en outre, elles développent de nombreuses racines adventives. Les *Rhizomes*, les *Tubercules*, les *Bulbes solides* appartiennent à cette catégorie.

Comme exemples de végétation de *rhizomes* on peut citer celui de la *Laiche des sables* (Fig. 2) et celui du Sceau-de-Salomon (Fig. 3). Chaque année, le rhizome se détruit par sa base dans une certaine étendue, à mesure qu'il s'allonge dans sa partie antérieure. De cette façon, la même plante peut parcourir un fort grand espace et arriver bien loin du lieu où elle a commencé à vivre en germant : souvent, comme on le voit dans le Sceau-de-Salomon, la face supérieure du rhizome présente une série de cicatrices qui indiquent les formations des années successives. Mentionnons encore le rhizome ramifié de l'Iris (Fig. 4), formé par la réunion d'un certain nombre de masses oblongues séparées par des étranglements.

On donne le nom de *Tubercules* à des tiges ou à des portions de tiges souterraines qui se renflent d'une façon plus ou moins considérable et accumulent des substances nutritives dans ces renflements. La production de tubercules par des rameaux souterrains se présente avec un développement extraordinaire dans le Topinambour (Fig. 5) et dans la Pomme de terre (Fig. 6).

Les *Bulbes solides* (Safrans, Glaïeuls, Colchiques, etc.), sont des tiges souterraines renflées, formées de 3 à 7 entrenœuds, entourées d'un certain nombre de lamelles minces

Fig. 4.

Fig. 5.

Fig. 6.

formés par la base des feuilles. À l'aisselle de chaque feuille, se trouve un bourgeon axillaire. Les bourgeons sont inégalement développés; les plus gros sont constitués par le bourgeon terminal et les bourgeons les plus voisins.

II. *Caractères particuliers des tiges.* — La t. présente des caractères très variés suivant qu'on étudie sa consistance, sa composition, sa direction, sa forme, ses accessoires, et sa superficie.

1° Suivant sa *consistance*, la t. est dite *Herbacée*, lorsqu'elle est tendre et qu'elle périt chaque année, comme celle de la Laitue et de toutes les herbes; *Sous-ligneuse* ou *Suffrutescente*, lorsqu'elle n'est ligneuse qu'à sa base, tandis que l'extrémité des rameaux ne durcit pas, reste herbacée et meurt chaque année, ce qui a lieu pour toutes les plantes appelées *sous-arbrisseaux*; *Ligneuse*, lorsqu'elle est dure, vit et persiste un grand nombre d'années et qu'elle est formée de bois : telle est la t. des arbustes, des arbrisseaux et des arbres (Voy. ARBRE). On dit encore que la t. est *Solide*, quand elle est tout à fait pleine, et qu'elle est *Fistuleuse* ou *Creuse*, lorsqu'elle forme un tube ou un cylindre évidé. Enfin, la consistance de cette partie peut encore varier par différents degrés, qu'on exprime par les termes de *molle, spongieuse, charnue, ferme, sèche,* etc.

2° D'après sa *composition*, la t. est dite *Simple*, quand elle ne présente pas de ramification : ex., le Bouillon-blanc; *Rameuse*, quand elle se divise en rameaux; *Fourchue*, lorsqu'elle se divise au sommet en deux branches simples. Lorsque la plante se divise en deux branches, divisées elles-mêmes une ou plusieurs fois en deux rameaux, ex., la Mâche, la t. est appelée *Dichotome*; elle est *Trichotome*, si la division a lieu par trifurcations successives, comme dans la Belle-de-nuit.

3° D'après sa *direction*, on dit d'une t. qu'elle est *Dressée*, lorsqu'elle s'élève dans une direction perpendiculaire à l'horizon; *Oblique*, quand elle s'élève obliquement; *Montante* ou *Ascendante*, quand, étant oblique ou horizontale à sa base, elle se recourbe en se rapprochant de la verticale; *Genouillée* ou *Coudée*, quand elle se recourbe subitement en forme de coude ou de genou; *Inclinée*, quand, étant d'abord droite ou un peu oblique, elle forme ensuite un arc dirigé vers la terre; *Courbée* ou *Penchée*, lorsque, étant d'abord tout à fait droite, son extrémité s'incline ou même retombe perpendiculairement; *Étalée*, lorsque plusieurs tiges, partant de la même racine, s'écartent dès leur base, et laissent entre elles un angle obtus; *Diffuse*, lorsque ses rameaux naissent dès la base et forment des angles très ouverts; *Tombante*, lorsque, étant d'abord un peu redressée, elle retombe ensuite sur la terre; *Couchée* ou *Procombante*, quand elle reste couchée sur terre par débilité, mais sans y jeter des racines; *Rampante*, lorsque, étant couchée, elle s'attache au sol par des racines adventives naissant des points de sa surface qui touchent la terre; *Stolonifère* ou *Traçante*, quand elle donne naissance à des rameaux ou rejets grêles, nommés *coulants, gourmands* ou *stolons*, qui s'enracinent de distance en distance; *Radicante*, lorsque, étant droite, oblique ou grimpante, elle pousse çà et là des racines, comme la Joubarbe en arbre; *Cramponnée*, quand elle pousse des appendices particuliers au moyen desquels elle s'accroche aux corps voisins, comme le Lierre; *Flexueuse*, lorsque d'un nœud à l'autre elle se rejette en formant alternativement des angles rentrants et saillants; *Sarmenteuse*, lorsque, étant longue et faible, elle s'entortille sur les corps voisins, et s'y soutient sans l'aide de vrilles, etc.; *Grimpante*, lorsqu'elle s'élève sur les corps voisins et s'y attache au moyen de vrilles; *Volubile*, lorsqu'elle s'entortille en forme de spirale autour des corps voisins.

4° Bien que la *forme* la plus ordinaire des tiges soit la forme *Cylindrique*, elle se rapporte quelquefois à d'autres figures géométriques. Ainsi, on la dit *Triangulaire, Trigone* ou *Triquètre; Tétragone, Carrée* ou *Quadrangulaire, Pentagone, Hexagone,* ou en général *Anguleuse*, lorsque sa coupe transversale représente un triangle, un quadrilatère, un pentagone, un hexagone, ou en général un polygone. On appelle encore t. *Comprimée*, celle qui semble avoir été aplatie dans sa longueur, et *Ancipitée* ou *Gladiée*, celle qui est comprimée de telle manière que ses deux côtés saillants sont très aigus. La t. est dite *Noueuse*, lorsqu'elle présente, de distance en distance, des nœuds ou renflements solides et difficiles à rompre : ex., les Graminées; *Articulée*, quand elle est formée d'articulations superposées et réunies bout à bout, où elle se casse facilement, comme dans les Œillets; et *Géniculée*, quand les articulations sont fléchies angulairement.

5° Si l'on observe les *accessoires* de la t., on dit qu'elle est *Feuillée, Épineuse, Aiguillonnée, Velue, Écailleuse, Vrillée, Stipulacée*, lorsqu'elle porte des feuilles, des épines, des aiguillons, des poils, des écailles, des vrilles, ou des stipules. Par opposition, on dit, au contraire, qu'elle est *Aphylle*, quand elle paraît ne pas avoir de feuilles; *Inerme*, lorsqu'elle n'a ni épines ni aiguillons; et *Glabre*, lorsqu'elle n'a pas de poils. On dit encore que la t. est *Ailée*, quand elle est garnie longitudinalement d'appendices membraneux ou foliacés, venant le plus souvent des feuilles, comme dans la Grande Consoude. On emploie l'épithète de *Nue*, tantôt pour exprimer l'absence de tout organe accessoire, tantôt pour désigner l'absence de tel ou tel d'entre eux, par opposition à quelque autre terme.

6° Enfin, si l'on considère la surface de la t., on dit que la t. est *Unie*, lorsqu'elle ne présente à sa surface aucune espèce d'aspérité ni d'éminence; *Lisse*, quand elle est glabre et unie; *Pulvérulente*, lorsqu'elle est couverte d'une sorte de poussière produite par le végétal lui-même; *Glauque*, quand cette poussière forme une couche extrêmement mince qu'on enlève facilement et qui est couleur vert de mer; *Ponctuée*, lorsqu'elle offre des points plus ou moins saillants et nombreux, qui sont ordinairement de petites glandes remplies d'huile essentielle; *Maculée*, lorsqu'elle est marquée de taches de couleur variée; *Rude*, lorsque sa surface offre une aspérité insensible à la vue, et qui paraît due à de très petits poils, rudes et extrêmement courts; *Verruqueuse*, quand elle présente de petites excroissances calleuses; *Striée*, lorsqu'elle offre de petites lignes longitudinales saillantes, nommées stries; *Sillonnée*, lorsqu'elle est marquée de sillons longitudinaux plus ou moins profonds; *Crevassée* ou *Fendillée*, quand elle présente des fentes inégales, irrégulières et profondes; *Tuberculeuse*, lorsqu'elle porte des tubercules saillants et arrondis; *Échinée* ou *Muriquée*, lorsque ses tubercules sont grands, pointus, rudes ou anguleux.

III. *Structure de la tige.* -- Outre les différences, principalement extérieures, que nous venons d'énumérer, les tiges en présentent d'autres, plus essentielles encore, dans leur mode de structure et de développement. Ces dernières sont d'une telle importance qu'elles ont servi autrefois à établir les grandes classes entre lesquelles se partage le règne végétal tout entier. Ainsi, la structure de la t. nous offre plusieurs types différents.

A. *Tige des Dicotylédones.* — Elle nous présente à considérer sur une coupe transversale : 1° une région externe, l'*Écorce*; 2° une région interne, le *Cylindre central.*

1° *Écorce.* — L'écorce est constituée par une couche plus ou moins épaisse de parenchyme, le *Parenchyme cortical*, à cellules externes souvent remplies de chlorophylle. L'assise extérieure de la t. est constituée par l'épiderme dont les cellules présentent des stomates et portent souvent des poils. L'assise la plus interne de l'écorce est formée de cellules qui engrènent les unes avec les autres au moyen de plis existant sur les faces radiales : cette assise est l'*Endoderme.*

2° *Cylindre central.* — Le cylindre central contient le système conducteur constitué par un certain nombre de cordons formés par les vaisseaux accolés les uns aux autres; ces cordons plongés dans un parenchyme sont des *faisceaux vasculaires* f,f (Fig. 7). Ces faisceaux sont distribués tout autour de l'axe de la t. de façon à constituer un cercle dont le centre, occupé par le parenchyme, a reçu le nom de *Moelle* (m). La moelle constitue le canal médullaire des anciens

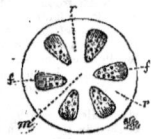

Fig. 7.

botanistes. En outre, ils laissent toujours entre eux et l'endoderme une ou plusieurs rangées de cellules de parenchyme, formant ce qu'on a appelé assez récemment le *Péricycle*. La moelle est réunie au péricycle par des lames de tissu séparant les différents faisceaux et désignés sous le nom de *Rayons médullaires* (r, r). Quant aux faisceaux vasculaires, on voit à un plus fort grossissement qu'ils sont formés par l'association de deux tissus différents. La partie interne du faisceau, appelée quelquefois *corps ligneux* est formée par le *Bois*, la partie externe par le *Liber*; ce sont donc des *Faisceaux libéro-ligneux*. Le bois comprend d'abord des vaisseaux spiralés et annelés, placés à la région interne, *t* (Fig. 8); l'ensemble de ces vaisseaux entourant immédiatement la moelle était autrefois désigné sous le nom d'*Étui médullaire*. Viennent ensuite des vaisseaux rayés et des vaisseaux ponctués, à large ouverture (vp) placés en dehors des précédents. A ces éléments, se joignent parfois des fibres ligneuses à parois très épaisses (Fig. 9), et du parenchyme ligneux. Le liber se compose de *Tubes criblés*, de fibres libériennes à parois très épaisses et du parenchyme libérien, tous ces éléments ayant des parois formées de cellulose pure. La structure que nous venons d'indiquer est réalisée pendant la première année du développement chez les Dicotylédones et les Gymnospermes.

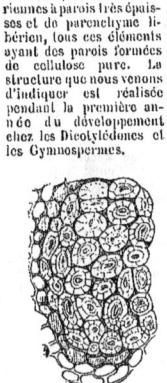

Fig. 8.   Fig. 9.

B. *Tige des Monocotylédones.* — Dans les tiges qui appartiennent aux végétaux de cette classe, on trouve encore sur une section transversale de la t. une écorce et un cylindre central. Celui-ci renferme le système conducteur de la t. qui se compose comme chez les Dicotylédones de faisceaux

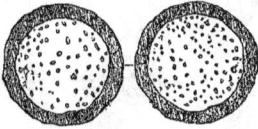

Fig. 10.

libéro-ligneux, mais la disposition générale de ces faisceaux est modifiée ; au lieu de former sur la coupe transversale un seul cercle, ils sont disposés en plusieurs rangées plus ou moins régulières (Fig. 10) ; ils sont très serrés à la périphérie, plus écartés dans la région centrale, où il existe souvent une véritable moelle. Ce sont encore des faisceaux libéro-

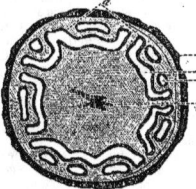

Fig. 11.   Fig. 12.

ligneux, mais le bois entoure très souvent le liber comme on le voit dans un certain nombre de tiges souterraines. Si on examine le parcours de ces faisceaux, sur une coupe longitudinale (Fig. 11, Coupe d'une tige de Palmier), on voit qu'ils

ont une marche flexueuse et oblique de sorte qu'ils s'entrecroisent et forment un enchevêtrement très compliqué.

C. *Tige des Cryptogames.* — La structure de la t. des Cryptogames est très variée. Si on examine une coupe transversale d'un rhizome de Fougère, par ex., on voit un certain nombre de faisceaux libéro-ligneux v, v (Fig. 12, Coupe transversale d'une t. de *Cyathea*), disposés en cercle autour de la région centrale parenchymateuse (m). La séparation de l'écorce et du cylindre central n'est pas nettement indiquée, car l'endoderme, au lieu de former un cercle continu autour du cylindre central, entoure chaque faisceau. Les faisceaux libéro-ligneux sont constitués par le bois au centre et par le liber à la périphérie. Le bois forme une sorte de fuseau dont les extrémités sont occupées par des vaisseaux spiralés très étroits, tandis que la région moyenne présente de larges vaisseaux rayés ou scalariformes. Tout le faisceau est entouré par une assise de cellules à parois épaisses, incrustées de matière brune et formant une gaine (a).

IV. *De la croissance de la tige.* — La t. s'accroît toujours en longueur et dans certains groupes de végétaux elle est susceptible de s'accroître en épaisseur.

A. *Croissance en longueur.* — Cette croissance s'effectue à l'aide d'un *méristème* situé au sommet de la t. Si on fait une coupe longitudinale passant par le sommet d'une t., on voit que celui-ci, caché sous les plus jeunes feuilles qui le recouvrent d'un capuchon, est entièrement formé par un tissu homogène, dont les cellules sont toutes en voie de cloisonnement très actif ; c'est la région du *méristème primitif.* Par suite de ce cloisonnement incessant, de nouvelles cellules se forment à chaque instant et, se superposant aux cellules déjà existantes, contribuent à accroître la longueur de la t. A une certaine distance du sommet, le cloisonnement se ralentit, mais la t. continue à s'allonger par suite de l'augmentation de volume des cellules existantes qui acquièrent bientôt leurs dimensions définitives. On donne le nom de *croissance intercalaire* à l'agrandissement des cellules déjà formées. C'est dans cette région de croissance intercalaire que s'accomplit la différenciation des tissus qui constituent la t. adulte. Quand la croissance intercalaire est terminée et que la différenciation a pris fin, la t. a acquis pour un temps plus ou moins long ses dimensions définitives.

B. *Croissance en épaisseur.* — La structure de la t. telle que nous venons de décrite demeure permanente, la t. conservant désormais sa structure primaire et ses dimensions ; c'est ce qu'on observe chez la plupart des Monocotylédones et des Cryptogames. Mais, chez les Dicotylédones et chez les Gymnospermes, il ne tarde pas à se produire des formations secondaires qui amènent un accroissement en épaisseur plus ou moins considérable. Ces formations se développent à la fois dans le corps central et dans l'écorce.

Si l'on examine la coupe transversale d'une t. pendant la première année de son développement, on voit qu'il existe, dans chaque faisceau libéro-ligneux, entre le bois et le liber, une assise qui devient génératrice et qui, limitée à chaque faisceau libéro-ligneux, ne tarde pas à envahir le parenchyme des rayons médullaires ; il en résulte que bientôt tous les arcs générateurs sont réunis en une assise circulaire, laissant en dedans d'elle le bois des faisceaux, et en dehors la partie libérienne. Les cellules de l'assise génératrice ainsi formée se cloisonnent en direction tangentielle ; ce cloisonnement devient très actif et donne naissance à un méristème secondaire désigné sous le nom de *Cambium* ou *Zone génératrice.* Tandis que les cellules de la région moyenne de cette zone génératrice demeurent en voie de cloisonnement, celles qui occupent la partie interne et externe grandissent et se différen-

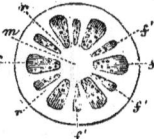

Fig. 13.

cient de diverses manières. Dans les faisceaux libéro-ligneux, les cellules de la région interne donnent naissance à du tissu ligneux et celles de la région externe produisent du tissu libérien. On donne le nom de *Bois secondaire* et de *Liber secondaire* aux tissus résultant de l'activité du cambium pour les distinguer du *bois* et du *liber primaires* qui existaient avant la formation de la zone génératrice. Dans l'intervalle des faisceaux libéro-ligneux, le cambium ne forme que du parenchyme secondaire allongeant et élargissant les rayons médullaires primitifs.

Dans d'autres cas, notamment dans les tiges ligneuses, le

cambium forme du bois et du liber sur tout son pourtour, de sorte que les productions libéro-ligneuses secondaires constituent une masse continue, traversée par des rayons médullaires très étroits. Il peut enfin se constituer, dans des cas intermédiaires, des faisceaux secondaires f', f' intercalés dans les rayons médullaires primitifs (Fig. 13).

Quoi qu'il en soit, dans nos régions, l'activité de la zone

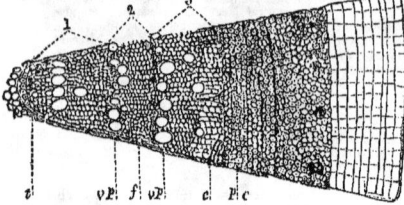

Fig. 14.

génératrice n'est pas constante. Au printemps et pendant l'été la circulation des matériaux nutritifs est active et les vaisseaux formés à ce moment-là sont très larges; il en résulte que ce bois de printemps est très poreux vp, vp (Fig. 14). Au

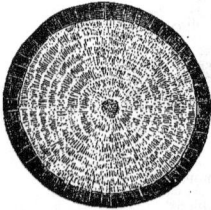

Fig. 15.

contraire, pendant l'automne, la circulation se ralentit de plus en plus, les formations secondaires sont moins importantes, et les vaisseaux qui se développent sont très étroits; aussi le bois d'automne est-il très compact. L'opposition des formations de printemps et d'automne détermine la constitution de couches concentriques très visibles dans le bois; chaque couche formée de bois de printemps à l'intérieur et de bois d'automne à l'extérieur représente l'épaisseur d'une formation ligneuse annuelle, de sorte que le nombre de couches sert à déterminer l'âge d'un arbre. Ainsi dans la figure 14, qui représente un fragment de tige d'Érable, on voit que la région ligneuse secondaire est formée de trois couches annuelles (1, 2, 3). De même, la figure 15 représente la coupe d'une branche de Chêne âgée de 8 ans. L'anneau le plus récent est l'anneau extérieur, voisin de l'écorce.

Le bois secondaire ne contient pas de vaisseaux spiralés ou

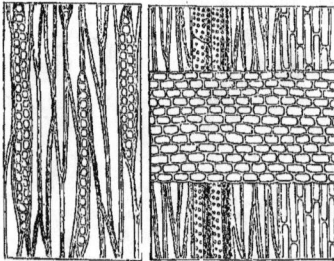

Fig. 16.   Fig. 17.

annelés, comme le bois primaire, et chez la plupart des Dicotylédones il est constitué par des vaisseaux rayés, ponctués, scalariformes, mélangés à des fibres ligneuses très épaissies.

Dans les Gymnospermes, le bois secondaire est toujours uniquement constitué par des vaisseaux à ponctuations aréolées; il est toujours dépourvu de vaisseaux rayés et ponctués. Dans les deux groupes, le bois secondaire est en outre sillonné en direction radiale par des files de cellules de même diamètre de parenchyme amylacé et formant les rayons médullaires (Fig. 16 et 17). Le liber secondaire renferme des vaisseaux criblés semblables à ceux du liber primaire; ces vaisseaux ainsi que le parenchyme libérien alternent souvent avec des assises de fibres libériennes qui donnent au liber de certains arbres, un aspect stratifié très net.

La croissance en épaisseur de la tige se fait aussi par la production de formations secondaires dans l'écorce. En effet les productions résultant de l'activité de la zone génératrice centrale ont pour effet, en augmentant le diamètre de la tige, de dilater l'écorce et l'épiderme, de sorte que ces tissus, devenus bientôt trop étroits, se crevassent. Pour remplacer l'épiderme qui ne peut suivre l'agrandissement de la tige et protéger le corps de la plante, il se constitue un nouveau tissu, le *Liège* ou *Suber*. Le liège se forme aux dépens d'une assise génératrice qui apparaît et fonctionne comme le cambium. Dans une région quelconque de l'écorce, soit au-dessous de l'épiderme, soit plus profondément, il se forme par cloisonnement un méristème secondaire qui porte le nom de *Couche phellogène*. Les cellules extérieures de cette assise se transforment en liège, tandis que quelques-unes des cellules internes se différencient en parenchyme cortical secondaire, renfermant souvent de la chlorophylle et contribuant à augmenter l'épaisseur de l'écorce. Dès que le liège est formé, l'épiderme et les cellules de l'écorce placées en dehors de lui meurent et se crevassent sans qu'il en résulte aucun préjudice pour la tige.

Dans certains arbres (Hêtre, Charme, etc.), l'assise génératrice du liège reste indéfiniment en activité et le liège peut

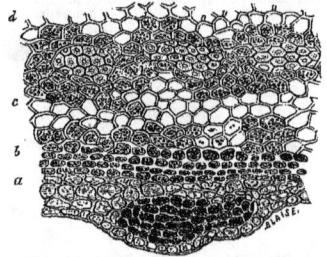

Fig. 18.

s'agrandir en même temps que la tige s'accroît; le tronc reste lisse, même chez les individus très âgés. Dans le Chêne-Liège, l'activité de la couche génératrice subéreuse est très grande et le liège peut acquérir plusieurs centimètres d'épaisseur et se prêter ainsi à l'exploitation, mais l'écorce se crevasse parfois très profondément. Dans la plupart des cas, l'assise génératrice se transforme elle-même en liège au bout d'un certain temps et il se constitue alors, dans une région plus profonde, une deuxième assise qui donne une deuxième couche de liège et d'écorce secondaire; plus tard, une troisième prend naissance et ainsi de suite, de sorte qu'au bout d'un certain temps toute l'écorce et même le liber primaire et secondaire sont isolés de la partie vivante et meurent faute de nourriture. L'épaisseur de ces tissus mortifiés peut devenir très grande et comme ils sont inextensibles, ils se crevassent ou se détachent.

On voit donc par ce qui précède que la croissance en épaisseur de la tige des Dicotylédones et des Gymnospermes, s'effectue par le double jeu de deux assises génératrices: l'*assise cambiale* qui forme du bois à sa face interne et du liber à sa face externe; l'*assise phellogène*, destinée à former un revêtement protecteur à la tige, tout en favorisant son extension. Grâce au fonctionnement de ces deux assises, la tige peut acquérir des dimensions considérables en diamètre : 1 à 2 mètres chez le Hêtre, l'Ormeau et jusqu'à 10 mètres chez le Séquoia.

Si l'on examine une tige âgée en coupe transversale, on

voit qu'elle présente nettement deux régions : une interne très développée formée par le bois, une externe très mince désignée par les forestiers sous le nom d'écorce. Le bois se compose lui-même de deux parties : une partie interne, plus ou moins foncée, formée par des tissus morts : c'est le *cœur*; une externe, peu colorée: c'est l'*aubier*, qui est constitué par le bois le plus jeune à travers lequel s'effectue uniquement la circulation des liquides. La région externe appelée vulgairement *Écorce* ne correspond pas du tout à ce que nous avons jusqu'ici désigné sous ce nom. Elle comprend en effet le liber secondaire *d* (Fig. 18), l'écorce véritable *a*, ainsi que les tissus résultant de l'activité de l'assise génératrice du liège *b, c*. Elle peut même ne renfermer aucune trace de véritable écorce quand l'exfoliation est complète, comme dans la Vigne.

TIGELLE. s. f. [Pr. *ti-jèle*] (Dimin. de *tige*). T. Bot. Partie supérieure de l'axe de l'embryon comprise entre la radicule et la gemmule.

TIGERON. s. m. Tige très courte qui entre dans l'axe d'une roue ou d'un balancier d'horlogerie.

TIGETTE. s. f. [Pr. *ti-jèle*] (Dimin. de *tige*). T. Archit. Espèce de tige ornée de feuilles d'où sortent des volutes dans le chapiteau corinthien. Voy. O RDRE, II, 4.

TIGLIQUE. adj. 2 g. (R. *Tiglium*, n. scientifique d'une espèce de croton). T. Chim. L'*acide t.* ou *méthylcrotonique* est un dérivé méthylé de l'acide crotonique et répond à la formule

$$CH^3.CH : C(CH^3).CO^2H.$$

On le rencontre à l'état d'éthers dans l'huile de croton tiglium, dans la camomille et dans la racine d'angélique. Il cristallise en tables ou en aiguilles tricliniques, solubles dans l'eau chaude. Il fond à 64°,5 et bout à 199°. Il est monobasique. C'est un composé non saturé qui s'unit à froid à l'acide iodhydrique pour donner un dérivé iodé de l'acide valérique.

L'*acide angélique* possède la même constitution que l'acide *t.* dont il est l'isomère stéréochimique. Il existe à l'état libre dans la racine d'angélique, et à l'état d'éthers dans l'essence de camomille romaine. On l'extrait de cette essence à l'aide de la potasse et l'on décompose par l'acide sulfurique le sel potassique ainsi obtenu. L'acide angélique cristallise en aiguilles peu solubles dans l'eau froide, très solubles dans l'eau chaude. Il fond à 45° et bout à 185° on le transformant partiellement en son isomère. Chauffé à 200° avec de l'acide iodhydrique et du phosphore, il se convertit en acide valérique.

TIGNASSE. s. f. [Pr. *gn* mouil.] (R. *teigne*). Mauvaise perruque. — Chevelure touffue et mal peignée. Pop.

TIGNON. s. m. [Pr. *gn* mouil.] (R. *teigne*). La partie des cheveux qui est derrière la tête des femmes. *T. relevé. T. frisé.* Popul. Le mot propre est *Chignon.*

TIGNONNER. v. a. [Pr. *tigno-ner, gn* mouil.]. Mettre en boucle les cheveux du chignon. *Elle se fait t. tous les deux jours.* Vx. = SE TIGNONNER. v. pron. Se prendre l'une l'autre par la tignon. *Ces deux femmes se tignonnèrent longtemps.* Pop. = TIGNONNÉ, ÉE. part.

TIGRANE, nom de plusieurs rois d'Arménie, dont le principal, Tigrane II, fut le gendre et l'allié de Mithridate (Ier siècle av. J.-C.).

TIGRE. s. m. (lat. *tigris*, gr. τίγρις, m. s.). T. Mamm. Bête féroce du genre Chat. — Fig. *C'est un t., un vrai t., c'est un cœur de t.* C'est un homme cruel et impitoyable. *Il est jaloux comme un t.,* Il est jaloux jusqu'à la rage. ‖ Adjectiv., *Chevaux tigres,* Chevaux qui sont rayés et mouchetés à peu près comme le t. *Un attelage de juments tigres.* On dit de même, *Des chiens tigres.*
Mamm. — Le *Tigre (Felis tigris)* appartient à la famille des Félins ou Félidés, dont il constitue l'espèce la plus redoutable. Sa taille égale et même surpasse celle du Lion; mais il est plus svelte, sa tête est plus arrondie, et ses jambes sont proportionnellement plus longues. Son pelage, d'un fauve vif en dessus et d'un blanc pur en dessous, est

irrégulièrement rayé de noir en travers, ce qui le distingue très bien de toutes les grandes espèces de son genre. Sa queue, noire au bout, est alternativement annelée de noir et de blanc. Ce genre ne renferme qu'une espèce, le *T. royal* (Fig. ci-dessous), qui habite la presqu'île de l'Inde, l'Indo-Chine et certaines grandes îles de l'archipel Indien. Le *T.* déploie plus de ruse que le Lion pour approcher sa proie, et il n'attaque pas avec moins d'audace. Pressé par la faim, il se jette indifféremment sur tout ce qu'il rencontre, et aucun danger ne l'intimide. Excepté l'Éléphant, aucun animal ne peut lui résister, et souvent il s'attaque à l'homme même. On l'a vu, dans des marches d'armées, enlever un cavalier de dessus sa monture, l'emporter dans les bois et disparaître sans qu'on pût l'atteindre. Pour épier sa proie, le *T.* se tient de préférence dans les roseaux des bords des fleuves. Sa faim assouvie, il se cache dans les fourrés et fuit la présence de l'homme. La femelle met bas de 3 à 5 petits qu'elle cache de la même manière que la Lionne, pour empêcher le mâle de les dévorer. Pris en bas âge et élevé en domesticité, le T. s'apprivoise facilement, reconnaît son maître et s'y attache. Il

aime à recevoir des caresses, et il y répond d'une manière très douce et très expressive. Il voûte alors le dos, comme notre Chat domestique, fait le même bruit, se frotte de la même manière; en un mot, il montre les mêmes dispositions naturelles. On est aussi parvenu à lui donner une certaine éducation. On sait que l'empereur Héliogabale se montra dans Rome sur un char attelé de deux Tigres, et de nos jours nous avons vu des dompteurs d'animaux transformer, pour ainsi dire, en Chien savant ce Félin si redoutable.

TIGRE, fleuve de la Turquie d'Asie, prend sa source dans le Taurus, arrose Bagdad, se joint à l'Euphrate pour former le Chat-el-Arab, qui se jette dans le golfe Persique; 1,300 kilomètres.

TIGRÉ, ÉE. adj. Rayé et moucheté comme un tigre. *Poil t. Cheval t. Une chienne tigrée. Un tapis t.*

TIGRÉ (Royaume de). Le plus grand État de l'Abyssinie; ch.-l. *Adoua.*

TIGRER. v. a. Orner de taches semblables aux mouchetures du tigre. = TIGRÉ, ÉE. part.

TIGRESSE. s. f. [Pr. *tigrè-se*]. La femelle du tigre. ‖ Fig. Femme cruelle, insensible ou jalouse.

TILBOURG, v. de Hollande; 31,400 hab.

TILBURY. s. m. Mot anglais, tiré du nom du carrossier qui inventa cette voiture, par lequel on désigne un petit cabriolet léger, à deux places, et ordinairement découvert.

TILDE. s. m. (lat. *titulus*, titre). T. Gramm. Petit signe (~) qu'on met en espagnol et en portugais sur la lettre N, quand cette lettre doit prendre le son nasal que nous représentons par *gn.* Ainsi, *Doña* et *Mañana* se prononcent *Dogna* et *magnana* (*gn* mouil.].

TILIÉES. s. f. pl. (lat. *tilia*, tilleul). T. Bot. Tribu de plantes de la famille des *Malvacées*. Voy. ce mot.

TILL. s. m. [Pr. les *ll* mouillées] (mot angl. sign. propr. tiroir). T. Géol. Dépôt argileux des temps quaternaires. Voy. QUATERNAIRE, 1.

TILLAC. s. m. [Pr. les *ll* mouillées] (orig. germ.). T. Mar. Le pont d'un navire de commerce, d'un grand bateau, etc. *Se promener sur le t. Le t. du coche d'eau était encombré de marchandises. — Franc t.*, Anc. terme de marine qui désignait un pont complet couvrant le navire sur toute sa longueur: — *Faux t.*, Espèce de plancher établi à fond de cale pour la conservation des marchandises.

TILLAGE. s. m. [Pr. les *ll* mouillées]. Voy. TEILLAGE.

TILLANDSIE. s. f. [Pr. *ti-lland-si*, *ll* mouillées] (R. *Tillands*, n. d'un botan. suédois). T. Bot. Genre de plantes Monocotylédones (*Tillandsia*) de la famille des *Broméliacées*. Voy. ce mot.

TILLANDSIÉES. s. f. pl. [Pr. *ti-lland-sié*, *ll* mouillées] (R. *Tillandsie*). T. Bot. Tribu de plantes de la famille des *Broméliacées*. Voy. ce mot.

TILLE. s. f. [Pr. les *ll* mouillées]. Voy. TEILLE.

TILLE. s. f. [Pr. les *ll* mouillées] (angl. *till*, tiroir). T. Mar. Portion de tillac formant une sorte de cabane à l'avant ou à l'arrière d'un petit bâtiment non ponté. || *T. Techn*, Instrument qui sert à la fois de hache et de marteau.

TILLE. s. m. [Pr. les *ll* mouillées]. T. Entom. Genre d'Insectes *Coléoptères*. Voy. MALACODERMES, IV.

TILLEMONT (LE NAIN DE), historien fr. (1637-1698), auteur de savants travaux sur les six premiers siècles de l'Église, etc.

TILLER. v. a. [Pr. les *ll* mouillées]. Voy. TEILLER.

TILLETIA. s. m. [Pr. *til-le-sia*] (R. *Tillet*, nom d'un agronome fr.). T. Bot. Genre de Champignons de la famille des *Ustilaginés*. Voy. ce mot.

TILLETTE. s. f. [Pr. *tillè-te*, *ll* mouillées] (R. *tille*). T. Constr. Espèce d'ardoise d'échantillon.

TILLEUL. s. m. [Pr. *ti-lleul*, *ll* mouillées] (lat. *tiliola*, dimin. de *tilia*, m. s.]. T. Bot. Genre de plantes Dicotylédones (*Tilia*) de la famille des *Malvacées*, tribu des *Tiliées*. Voy. MALVACÉES.

TILLEUR. s. m. [Pr. les *ll* mouillées]. Voy. TEILLEUR.

TILLOTSON, prédicateur angl., et archevêque de Cantorbéry (1630-1694).

TILLOTTE. s. f. [Pr. *ti-llo-te*, *ll* mouillées] (R. *tiller*). Instrument pour broyer le chanvre.

TILLOTTER. v. n. [Pr. *ti-llo-ter*, *ll* mouillées] (R. *tillotte*). Broyer le chanvre avec la tillotte.

TILLY, général allemand, chef des catholiques durant la guerre de Trente Ans; il fut vaincu à Leipzig par Gustave-Adolphe, en 1631 (1559-1632).

TILLY-SUR-SEULLES, ch.-l. de c. (Calvados), arr. de Caen; 1,000 hab.

TILOPTÉRIDE. s. f. (gr. τίλλω, j'arrache brin à brin; πτέρις, πτέριον, fougère). T. Bot. Genre d'Algues de la famille des *Phéosphorées*. Voy. ce mot.

TILOPTÉRIDÉES. s. f. pl. (R. *Tiloptéride*). T. Bot. Tribu d'Algues de la famille des *Phéosphorées*. Voy. ce mot.

TILSITT, v. d'Allemagne (Prusse), sur le Niémen. Napoléon y conclut avec la Prusse et la Russie, en 1807, un traité célèbre, qui ôtait à la Prusse la moitié de son territoire.

TIMAGÈNE, rhéteur et historien grec, né à Alexandrie (1er siècle av. J.-C.).

TIMANTHE, peintre grec, contemporain de Zeuxis et de Parrhasius, auteur d'un tableau célèbre du *Sacrifice d'Iphigénie*.

TIMAR. s. m. (mot turc). Bénéfice d'un timariot.

TIMARCHE. s. f. T. Entom. Genre d'Insectes *Coléoptères*. Voy. CHRYSOMÉLIDES.

TIMARIOT. s. m. [Pr. *timari-o*]. Soldat turc qui jouit d'un bénéfice militaire, au moyen duquel il est obligé de s'entretenir lui et quelques autres miliciens qu'il fournit.

TIMBALE. s. f. [Pr. *tin-bale*] (lat. *tympanum*, gr. τύμπανον, espèce de tambour, ou bien de l'arabe *tabl*, lequel vient du persan comme du reste le mot grec). Espèce de tambour. || Gobelet de métal qui a la forme d'un verre sans pied. *Décrocher la t.*, l'enlever au haut d'un mât de cocagne et Fig., Atteindre un but très disputé. || Petite raquette couverte de peau des deux côtés, et dont on se sert quelquefois pour jouer au volant. || T. Cuis. Plat servi dans une croûte en forme de t. || T. Entom. Organe du chant chez certains Insectes. Voy. CICADAIRES.

Mus. — On donne le nom de *Timbales* à des bassins hémisphériques de cuivre, dont la concavité est recouverte d'une peau qui se tend au moyen d'un cercle de fer et de plusieurs vis fixées sur le rebord externe, qu'on monte et démonte à volonté. C'est au moyen de ces vis qu'on change l'intonation des timbales en donnant à la peau une tension plus ou moins grande. Les bassins sont ordinairement au nombre de deux, et l'un est plus petit que l'autre. On les accorde de manière à rendre la tonique et la dominante des morceaux où on les emploie. Pour jouer des timbales, ou, selon l'expression consacrée, pour les *blouser*, on se sert de baguettes dont l'extrémité, en forme de champignon, est de bois dur pour obtenir des sons forts, ou recouverte de peau pour les effets doux. L'effet des timbales est excellent dans l'orchestre. On obtient avec elles toutes les nuances du crescendo; le roulement y produit les plus heureux résultats. La partie de timbales s'écrit sur la clef de *fa* ou sur celle de *sol*. On se servait autrefois en France des timbales dans les régiments de cavalerie pour mieux cadencer les morceaux de fanfare. On les plaçait en avant de la selle du cheval que montait le *Timbalier*. De chaque côté des bassins pendait un tapis ornemental, le *Tablier des timbales*. Certaines armées européennes, l'armée russe par ex., ont encore des timbaliers dans leurs fanfares. Cet instrument de percussion, perfectionnement de la *derbouka* primitive des arabes, paraît être originaire de l'Inde ou de la Perse, et avoir été emprunté, tel que nous le voyons du moins, aux Sarrasins, à la suite des croisades. Les premières timbales parurent en France sous le règne de Charles VII, en 1457.

TIMBALIER. s. m. [Pr. *tin-balié*]. Celui qui bat des timbales.

TIMBRAGE. s. m. [Pr. *tin-bra-je*]. Action de timbrer, de marquer d'un timbre.

TIMBRE. s. m. [Pr. *tin-bre*] (lat. *tympanum*, gr. τύμπανον, tambour, cloche, de τύπτειν, frapper). Sorte de cloche immobile qui est frappée par un marteau, lequel est en général placé extérieurement. *Le t. d'une pendule.* — Fig. et fam., *Il a le t. fêlé*, se dit d'un homme un peu fou. || Partie du casque qui enveloppait le dessus et le derrière de la tête avec les oreilles. || Par ext., Le son que rend un t. *Ce t. est trop éclatant.* || T. Mus. La qualité sonore d'une voix ou d'un instrument. *Sa voix a un t. argentin. Sa voix n'a point de t. Cette cloche a un beau t.* — *Le t. d'un tambour*, La corde à boyau mise en double au-dessous de la caisse d'un tambour, pour le faire mieux résonner. || T. Théâtre. Nom que les vaudevillistes donnent aux airs connus sur lesquels ils composent leurs couplets. || T. Blas. L'ensemble des pièces que l'on place sur un écu pour désigner la qualité de celui qui le porte; se dit particulièrement du casque. Voy. CIMIER. — Armoiries, initiales, chiffre de la personne marqué sur certains objets qui lui appartiennent. || T. Techn. *T. à la glace*, bassin, caisse où l'on tient entourées de glace les provisions qu'on veut garder fraîches. || Marque d'une administration, d'une maison de commerce. — Ce qui sert à apposer une marque. || Marque de l'État, obligatoire sur le papier de certains actes, de certaines publications on portant l'indication du prix qu'elle coûte. || Marque de la poste indiquant sur les lettres le lieu, le jour, l'heure de départ et de l'arrivée. — T.-poste, ou simplement T. Voy. Timbre-poste. || T. Comm. Chiffre qui résume dans un mémoire d'entrepreneur, le détail des sommes composant chaque article.

Législ. — I. — On désigne sous le nom de *Timbres* certaines empreintes dont on se sert pour marquer diverses choses, ainsi que le cachet même employé à cet usage. C'est ainsi que, dans les Bibliothèques publiques, on appose sur la page du titre un t. indiquant que l'ouvrage ainsi marqué appartient à l'établissement; que, dans les Administrations de chemins de fer, on imprime sur les billets un t. indiquant la date du jour; que, dans l'Administration des postes, on applique sur les lettres et paquets, au bureau du départ, un t. qui marque le lieu et le jour du départ, et, au bureau de destination, un autre t. qui constate le jour de l'arrivée. — Dans l'Administration postale, on appelle encore *Timbres-poste*, des cachets adhésifs que l'on appose sur les lettres pour les affranchir. Voy. Poste, II, A. — Les *timbres de quittance* sont de petites vignettes qui sont vendues 0 fr. 10 par l'Administration et qui, suivant la loi, doivent être apposées sur toutes les quittances dont le montant dépasse 10 francs. — Enfin, *T.* se dit particulièrement de l'empreinte apposée au nom de l'État sur certains papiers, dans un but purement fiscal, et l'on nomme *Droit de t.*, la contribution perçue à l'occasion de l'apposition de cette empreinte.

II. — La loi fait une obligation de faire timbrer, en acquittant les droits de t., tous les papiers destinés aux actes civils et judiciaires, ainsi que certains écrits, tels que lettres de voiture, polices d'assurance, et les affiches. Bien plus, pour faciliter et assurer la perception de cette taxe, le gouvernement débite lui-même certaines sortes de *papiers timbrés*, c.-à-d. marqués de l'empreinte légale. Ces papiers, qu'on appelle aussi quelquefois *papiers marqués*, sont fabriqués dans des dimensions déterminées par la loi, et ils portent un filigrane particulier, imprimé dans la pâte même lors de la fabrication. L'empreinte est appliquée au haut de la partie gauche de la feuille. Il y a des timbres particuliers pour les différentes sortes de papiers, et chaque t. porte distinctement son prix. On désigne sous l'expression de *papier libre* celui qui n'est pas revêtu de t. ou, en d'autres termes dont l'usage ne comporte le paiement d'aucun droit de t.

On distingue deux sortes de *droits de t.*, ou, comme on dit communément, deux sortes de timbres, savoir : le *t. de dimension* et le *t. proportionnel*. — Le *T. de dimension* est ainsi nommé parce que son tarif varie en raison de la grandeur de la feuille sur laquelle l'empreinte est apposée. Ce t. consiste en deux empreintes, l'une en noir, l'autre frappée à sec. Aux termes de la loi, sont soumis au t. de dimension : 1° tous actes et écritures, extraits, copies et expéditions, soit publics, soit privés, devant ou pouvant faire titre ou être produits pour obligation, décharge, justification, demande ou défense; 2° les lettres de voiture; 3° les polices d'assurances autres que celles sur la vie ou sur l'incendie; 4° les affiches. — Le *T. proportionnel*, ainsi que l'indique son nom, est gradué d'après les sommes et les valeurs énoncées. Tous les effets de commerce, tels que billets à ordre ou au porteur, mandats, lettres de change, titres d'actions émises par les sociétés commerciales, etc., les bordereaux des agents de change et courtiers, ainsi que les obligations sous seing privé, sont assujettis au droit de t. proportionnel. Ce qu'on appelle *T. extraordinaire* n'est point un droit de t. particulier. Les citoyens peuvent se dispenser de s'adresser à l'Administration pour se procurer les papiers dont ils ont besoin, mais ils doivent les faire timbrer avant d'en faire usage. Or, la loi qualifie de t. extraordinaire celui qui s'applique sur les papiers que les particuliers présentent eux-mêmes aux préposés chargés de la perception. Ce t. est frappé en noir, et s'applique au haut du côté droit de la feuille. Enfin on nomme *Visa pour t.*, la mention qui est faite et signée par un employé de l'Administration, en tête d'un écrit ou de papiers destinés à certains actes, pour tenir lieu de l'empreinte du t.

III. — Le tarif des droits de t. a plusieurs fois varié. A cette heure (1901), les droits de *t. de dimension* sont fixés aux taux ci-après, augmentés de deux décimes. Demi-feuille de petit papier, 50 c.; feuille entière id., 1 fr.; feuille de papier moyen, dit papier à expédition, 1 fr. 50 c.; feuille de grand papier, 2 fr.; feuille de grand registre, 3 fr. La loi détermine en outre, pour les exploits, le nombre des lignes par page et des syllabes par ligne qui ne doit pas être excédé, sous peine d'amende. — Le droit de *t. proportionnel* sur les *effets de commerce*, ainsi que sur les *obligations non négociables*, est de 5 c. jusqu'à 100 fr. inclusivement; de 10 c. jusqu'à 200; de 15 c. jusqu'à 300; de 20 c. jusqu'à 400; de 25 c. jusqu'à 500, etc., de 0,50 c. pour une somme au-dessus de 900 jusqu'à 1,000 fr., et ainsi de suite, en suivant la même progression, de 0,05 c. par 100 fr. Des timbres mobiles peuvent être employés pour le paiement du droit de t. auquel sont soumis les effets. En cas de contravention, le souscripteur, l'accepteur, le bénéficiaire ou premier endosseur d'un effet de commerce, sont passibles chacun d'une amende de 6 pour 100 de la somme excédant celle qui aurait pu être inscrite régulièrement sur le papier employé. Il en est de même du souscripteur d'une obligation non négociable et du cessionnaire, s'il y en a un. — Les *titres d'actions* dans les sociétés commerciales, financières ou industrielles, sont également assujettis au droit de t. proportionnel. Chaque titre d'action, libéré ou non, est soumis à un droit de 50 c. par 100 fr. du capital nominal pour les sociétés dont la durée n'excède pas 10 ans, et de 1 fr. pour 100 pour celles dont la durée excède 10 ans. Quant aux *obligations*, chaque titre est passible du droit de 1 pour 100. Les compagnies peuvent s'affranchir de cet impôt en contractant avec l'État un abonnement pour toute la durée de la société, moyennant un droit annuel de 5 c. pour 100 fr. augmenté de deux décimes, du capital nominal de chaque action ou du montant de chaque obligation. — Le droit de t. sur les *affiches*, qui est acquitté au moyen de l'application du t. extraordinaire ou de l'apposition de timbres mobiles, varie suivant les dimensions de l'affiche sujette au t. Les affiches peintes ou inscrites sur les murs ou sur toile dans un lieu public au moyen d'un autre procédé que la peinture sont soumises à un droit de t. spécial. — Enfin, il existe un certain nombre de droits de t. spéciaux, afférents aux quittances, chèques, écrits constatant les expéditions et transports, marques de fabrique, passeports et permis de chasse.

IV. — L'impôt du t., l'une des plus heureuses inventions du génie fiscal, nous vient du Bas-Empire. C'est à l'empereur Justinien que revient l'honneur de l'avoir établi (537). L'empreinte dont on marquait, à Constantinople, le papier destiné aux actes publics était appelé *Protocole*, parce qu'on l'imprimait sur la première page. L'usage du t. se retrouve en Provence, sous les comtes qui possédèrent cette province de 920 à 1481. Introduit en Espagne et dans les Pays-Bas vers 1553, il passa bientôt en Allemagne, en Autriche, en Angleterre et enfin en France (1655). Cependant il ne devint général chez nous que plus tard, c.-à-d. après la publication des Édits du 7 juillet 1672 et du 3 avril 1674 qui frappèrent de nullité les actes écrits sur du papier ordinaire. Depuis la révolution, la loi fondamentale en matière de t. est celle du 13 brumaire an VII (3 novembre 1798), bien qu'elle ait été modifiée, surtout au point de vue des tarifs, par plusieurs lois subséquentes. La perception de l'impôt du t. est confiée à l'Administration de l'enregistrement et des domaines. Elle fait timbrer à Paris tout le papier nécessaire pour le service dans les départements. L'atelier du t. est dirigé par le directeur des domaines du département de la Seine. Dans les autres départements, des employés appelés *gardes-magasins* du t., sont chargés d'expédier aux receveurs chargés de la *débite*, les envois qui sont demandés. Nul ne peut, sous peine d'amende, vendre ou distribuer du papier timbré, si ce n'est en vertu d'une commission de l'Administration. A Paris, il existe dans tous les quartiers des bureaux de distribution, où l'on trouve tous les papiers dont on peut avoir besoin. De plus, les débitants de tabac sont autorisés à distribuer les espèces de papiers les plus usitées.

Phys. — On appelle t. la qualité d'un son qui fait que nous pouvons en reconnaître l'origine. Ainsi, une même note pourra être donnée par un violon, un cor, un piano, une voix humaine, cependant nous distinguerons facilement la source qui l'émet. Nous disons que ces différents instruments ont des timbres différents. Ces différences sont dues à ce que les sons produits par les instruments ne sont pas simples, mais excessivement complexes. Au son principal viennent se superposer un grand nombre de sons harmoniques dont l'intensité est bien moindre que la sienne, mais qui viennent cependant le modifier. Le t. dépend précisément du nombre de ces harmoniques et de leur intensité relative. Pour pouvoir étudier le t., il faut savoir faire l'analyse d'un son complexe et ensuite le reproduire par synthèse de ses éléments. Helmholtz fit l'analyse des sons au moyen de ses résonnateurs. Ce sont des boules creuses, en laiton, percées d'un trou et munies à l'opposite de ce trou d'un petit conduit que l'on peut introduire dans l'oreille. Chaque résonateur d'un diamètre donné, peut renforcer un seul son ainsi qu'on peut le constater à l'oreille. Si donc on produit devant le résonateur un son composé contenant le son qu'il peut renforcer, on reconnaîtra la présence de celui-ci, immédiatement. Helmholtz avait construit toute une série de résonateurs correspondant aux harmoniques successifs ut_1 ut_2 sol_2 ut_3 mi_3, etc., dont les nombres de vibrations sont proportionnels à 1, 2, 3, 4, etc. Il put ainsi analyser un très grand nombre de sons.

Il en fit ensuite la synthèse au moyen d'une série de diapasons donnant les harmoniques 1, 2, 3, 4, etc., dont il faisait vibrer ensemble un certain nombre convenablement choisis et avec des intensités déterminées. Il reconstitua ainsi les timbres les plus divers.

TIMBRE-POSTE. s. m. Petite vignette que vend l'Administration des postes et qui sert à affranchir les lettres. Voy. Poste, II, A. = Pl. *Des timbres-poste.*

TIMBRER. v. a. [Pr. *tin-brer*] (R. *timbre*). Imprimer sur du papier, sur du parchemin, la marque ordonnée par la loi, pour qu'il puisse servir aux usages qu'elle a déterminés. *T. du papier. T. un passe-port. T. des journaux.* || Imprimer sur une lettre une marque qui indique de quel bureau de poste elle part, ou qui fait connaître, soit le jour du départ, soit celui d'arrivée. *On a oublié de t. cette lettre.* — On dit, dans un sens analogue, *T. les livres d'une bibliothèque,* Les marquer d'un cachet particulier qui sert à les faire reconnaître. || T. Procéd. et Administr. Écrire en tête d'un acte, la nature de cet acte, la date, le sommaire de ce qu'il contient. *T. des pièces.* || T. Blas. Mettre au-dessus d'un écu un timbre ou quelque autre marque d'honneur, de dignité. *Les armes du pape sont timbrées d'une tiare.* = Timbré, ée. part. *Bureau de papier timbré. Cette lettre est timbrée de Marseille.* — *Papier à lettre t.,* à un chiffre. || Fig. et fam., *Une cervelle, une tête timbrée, un cerveau mal timbré,* Un écervelé, un fou. On dit de même, *Cet homme est timbré, un peu timbré.* || T. Blas. Se dit de l'écu chargé d'un timbre.

TIMBREUR, EUSE. s. m. [Pr. *tin-breur, euze*]. Celui, celle qui marque avec le timbre.

TIMÉE DE LOCRES, philosophe grec de l'école de Pythagore (V° s. av. J.-C.), fut l'un des précepteurs à Platon. || Historien grec (352-256 av. J.-C.), dont il ne reste que des fragments.

TIMIDE. adj. 2 g. (lat. *timidus*, m. s., de *timere,* craindre). Qui manque de hardiesse ou d'assurance. *L'enfance est t. Le véritable amour rend t. Il n'est pas t. auprès des femmes. Ame, esprit, caractère t. Il est fort instruit, mais il est t. et parle peu. Cet animal est naturellement t.* || Qui marque la timidité. *Un air t. Regard, contenance, marche t. Des conseils timides.*

     Quels timides conseils m'osez-vous suggérer?
                         Racine.

Prendre un parti t. — Fig., *Une marche t.,* Une conduite d'une prudence excessive. || Fig., *Écrivain t., style t.,* Écrivain, style qui manque de hardiesse, d'énergie.

TIMIDEMENT. adv. [Pr. *timide-man*]. Avec timidité. *Agir t. Répondre t.*

TIMIDITÉ. s. f. (lat. *timiditas,* m. s.). Manque d'assurance, de hardiesse. *Il est d'une extrême t. Sa t. est ridicule. Sa t. l'empêche de faire paraître tout son esprit.* || Se dit quelquefois des actions, des discours. *On blâma la t. de sa conduite.* = Syn. Voy. Embarras.

TIMOCRATIE. s. f. [Pr. *timokra-sî*] (gr. τιμή, estimation du revenu ; κρατεῖν, commander). Gouvernement dans lequel les fonctions, les honneurs, sont réservés aux plus riches.

TIMOCRATIQUE. adj. 2 g. Qui appartient à la timocratie.

TIMOK, riv. de la Serbie et de la Bulgarie, affl. du Danube (riv. dr.) ; 200 kilomètres.

TIMOLÉON, général corinthien (415-337 av. J.-C.), chassa de Syracuse le tyran Denys le Jeune, et battit les Carthaginois.

TIMON. s. m. (lat. *temo,* m. s.). Pièce de bois du train de devant d'un chariot, d'un carrosse, d'une charrue, etc., qui est longue et droite, et aux deux côtés de laquelle on attelle les chevaux. || T. Mar. La barre du gouvernail, et, par ext., dans le langage ordinaire, le gouvernail même. — Fig., *Prendre le t. des affaires, de l'État,* Prendre le gouvernement des affaires, etc.

TIMON, le *Misanthrope,* philosophe grec du V° siècle av. J.-C.

TIMONERIE. s. f. (R. *timon*). Lieu situé près du mât d'artimon, où sont placés la roue du gouvernail et l'habitacle qui renferme les boussoles, les compas de route, etc. || *Maître ou chef de t.,* Officier subalterne qui commande sur cette partie du pont.

TIMONIER. s. m. (R. *timon*). Cheval qu'on met au timon, par opposition à ceux qu'on met à la volée. || T. Mar. Celui qui gouverne le timon d'un navire.

TIMOR, île de l'archipel de la Sonde ; pop. 300,000 hab. L'ouest de l'île appartient aux Hollandais, l'est aux Portugais.

TIMORÉ, ÉE. adj. (lat. *timoratus,* m. s., de *timor,* crainte). Qui est pénétré d'une crainte salutaire, particulièrement de la crainte d'offenser Dieu. *C'est un jeune homme très t. Une conscience timorée.* || Par ext., Qui porte très loin le scrupule. *Vous êtes bien t. C'est une âme timorée.*

TIMOTHÉE, poète et musicien grec (446-357 av. J.-C.).

TIMOTHÉE, général athénien, fils de Conon, mort en 354 av. J.-C.

TIMOTHÉE (saint), 1⁰ʳ évêque d'Éphèse, s'attacha à saint Paul, et fut martyrisé à Rome, vers 97. — Fête le 24 janvier.

TIMOUR-LING, nom oriental de Tamerlan.

TIN. s. m. (lat. *tignum,* poutre, solive). T. Mar. Se dit des billots ou morceaux de bois qu'on emploie pour supporter la quille d'un bâtiment en chantier. || Pièce de bois qui sert à soutenir les tonneaux dans une cave. || T. Bot. *Laurier-t.,* Nom vulgaire du *Viburnum Tinus.* Voy. Caprifoliacées.

TINAMOU. s. m. T. Ornith. Les Tinamous forment le type d'une famille de *Gallinacés* que l'on appelle *Tinamidés* ou

Crypturidés. Cette famille présente les caractères suivants : bec long, grêle, presque droit, à pointe obtuse, avec les narines percées au milieu du bec ; ailes courtes et queue presque

nulle; doigts courts et divisés, dont le pouce, réduit à un petit ergot, ne peut toucher la terre; cou mince, assez allongé, revêtu de plumes dont le bout des barbes est effilé et un peu crépu, ce qui donne à cette portion du plumage une apparence particulière. — Ces oiseaux ont des mœurs douces, mais ils sont très timides, et se refusent aux soins de la domesticité. Ils vivent ordinairement en petites troupes, perchent sur les branches basses des arbres ou se cachent dans les hautes herbes, et se nourrissent de fruits et d'insectes. C'est le matin et le soir qu'ils vont à la recherche de leur nourriture. Comme les Poules, ils ont l'habitude de gratter le sol en cherchant leur pâture. Ils nichent à terre dans de petits creux, et la ponte a lieu deux fois dans l'année. Leur taille va, selon les genres et les espèces, de celle du Faisan à celle de la Caille et au-dessous. Enfin, leur chair est fort estimée. Nous citerons comme type de cette petite famille, le *T. du Brésil* (*Tinamus brasiliensis*) [Fig. ci-contre], vulg. appelé *Magana*. Cet oiseau, dont la longueur totale est de 40 centimètres, a le plumage olivâtre, légèrement strié de noir en dessus, avec l'occiput d'une belle couleur rousse; le dessous du corps est d'un roux cendré assez clair.

TINCAL. s. m. Voy. Tinkal.

TINCHEBRAI, ch.-l. de c. (Orne), arr. de Domfront; 4,500 hab.

TINCTORIAL, ALE. adj. (lat. *tinctorius*, m. s.). Qui sert à teindre. *Plantes, substances tinctoriales.* Voy. Colorantes.

TINDAL, controversiste angl. (1657-1733).

TINE. s. f. (lat. *tina*, m. s.). Espèce de tonneau qui sert à transporter de l'eau ou à porter la vendange de la vigne au pressoir. || Vaisseau de bois dans lequel on met le lait, la crème, le beurre.

TINEH, anc. *Péluse*, v. de la Basse-Égypte, port sur le lac Menzaleh.

TINÉIDES ou **TINÉITES.** s. m. pl. (lat. *tinea*, teigne). T. Entom. Les *Tinéides* ou *Microlépidoptères* forment un sous-ordre de *Lépidoptères*. Ces Insectes, les plus petits des Lépidoptères, sont caractérisés par une trompe presque toujours nulle ou rudimentaire, et par des antennes paraissant grenues ou moniliformes à la loupe et presque toujours simples dans les deux sexes. Chez les uns, les ailes forment une sorte de triangle allongé presque aplati, terminé par un angle rentrant: tels sont les Botys, les Aglosses, les Galléries, etc. Chez les autres, les ailes supérieures sont longues et étroites, tantôt moulées sur le corps et lui formant un toit arrondi, tantôt inclinées presque perpendiculairement, appliquées sur les côtés du corps, et souvent relevées postérieurement en manière de queue de Coq; cette disposition des ailes supérieures s'observe dans les Crambes, les Teignes, les Œcophores, les Adèles, etc. Quant aux ailes inférieures, elles sont toujours larges et plissées. Les chenilles, toujours rases, pourvues de seize pattes au moins, vivent dans des habitations qu'elles se construisent avec les substances dont elles se nourrissent. Réaumur désignait, sous le nom de *Teignes*, les espèces dont les chenilles se construisent des fourreaux mobiles qu'elles transportent avec elles, et sous celui de *Fausses Teignes* celles dont les fourreaux d'habitation sont fixes ou immobiles. Ces fourreaux d'ailleurs sont de forme très variable. Les uns, comme ceux des Adèles, sont extérieurement recouverts de portions de feuilles appliquées les unes sur les autres comme des sortes de fanfreluches; d'autres sont en forme de crosse. Il y en a dont la matière est transparente, et comme cellulense ou divisée par écailles, etc. La plupart de ces chenilles nous sont très nuisibles. Celles des Teignes proprement dites, nommées vulgairement *Vers*, attaquent les étoffes de laine, les fourrures, le crin, le poil des mammifères et le duvet des oiseaux de nos collections zoologiques, et s'en construisent des fourreaux coniques ou cylindriques dans lesquels elles demeurent et subissent leurs métamorphoses. Les fausses Teignes se bornent à miner l'intérieur des substances végétales et animales dont elles vivent et où elles forment de simples galeries, ou, si elles construisent des fourreaux, soit avec ces matières, soit avec de la soie, ces habitations sont toujours fixes et ne sont pour la chenille qu'un lieu de retraite. Celles qui creusent le parenchyme des feuilles, et qui ont été nommées *mineuses*, y produisent ces espaces desséchés, blanchâtres ou jaunâtres que l'on y observe souvent. Les boutons, les fruits, et jusqu'aux galles résineuses de quelques Conifères, servent d'aliments et d'habitations à certaines espèces. Le sous-ordre des Tinéides est excessivement nombreux; on en connaît déjà plus de 1000 espèces. Les espèces européennes seules sont réparties en plus de 50 genres. Bien que très petits et généralement sombres à l'état parfait, ces Lépidoptères ne le cèdent pas en ornements aux espèces les plus grandes. Nous nous contenterons de citer quelques genres des principales familles.

I. — Les *Botys* ont les ailes lancéolées et presque horizontales, une trompe très apparente, et des palpes qui dépassent peu le bord du chaperon. A l'état de chenilles, ces Lépidoptères vivent sur les feuilles, qu'ils roulent et retiennent au moyen d'un tissu soyeux. L'espèce type est le *Botys queue jaune* ou *Botys de l'Ortie* (*Botys urticata*) [Fig. 1], dont les ailes sont d'un beau nacré avec deux rangées de taches noires. — Les *Hydrocampes* (*Hydrocampe*) sont très voisins des Botys.

Fig. 1.

Ce genre est remarquable par cette circonstance, que ses chenilles vivent et se métamorphosent dans l'eau où elles se nourrissent du parenchyme des plantes aquatiques.

II. — Les *Aglosses* ont la trompe nulle ou presque nulle, les quatre palpes découverts et les ailes en triangle aplati. L'*Aglosse de la graisse* (*Aglossa pinguinalis*), ainsi appelée parce que sa chenille vit de matières animales et principalement graisseuses, a les ailes supérieures d'un gris d'agate avec des raies et des taches noires. Cette chenille rouge mange les couvertures de livres et le cuir, ce qui lui a fait donner le nom de *fausse Teigne des cuirs*. La larve d'une autre espèce mange la farine. — Les *Galléries* (*Galleria*) se distinguent surtout du genre précédent par leurs ailes, qui se relèvent postérieurement en queue de Coq. La *Gallérie de la cire* (*G. cereana*) est cendrée, avec de petites taches brunes le long du bord interne des ailes supérieures. Sa chenille, appelée *fausse Teigne de la cire*, vit et se métamorphose dans l'intérieur des ruches d'Abeilles et des nids de Bourdons. Elle enlace les gâteaux de ses fils et fait bientôt périr les larves qui y sont contenues. — Les *Crambes* (*Crambus*), ont une trompe distincte, les palpes assez longs, et les ailes enveloppant le corps pendant le repos. Ces Lépidoptères se trouvent dans les pâturages secs, sur diverses espèces de plantes. Leurs chenilles verruqueuses vivent et se métamorphosent sous la mousse. Le *Crambe perlé* (*Cr. conchellus*) [Fig. 2] a les ailes supérieures d'un jaune orange avec une bande longitudinale d'un blanc argenté divisée en trois taches.

Fig. 2.

III. Les *Alucites* (*Alucita*) ont également la trompe bien distincte, mais le dernier article des palpes est relevé. Elles vivent à l'état de chenilles sur la face inférieure des feuilles, qu'elles enroulent ordinairement. La chenille de l'*Alucite xylostelle* attaque de préférence les plantes potagères, notamment les choux et les navets.

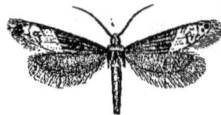

Fig. 3.

— Le genre *Teigne* proprement dit (*Tinea*) a la trompe très courte, formée de deux petits filets membraneux, la tête huppée, la forme étroite et allongée, et les ailes inclinées enveloppantes. La *Teigne des tapisseries* (*T. tapezana*) [Fig. 3] est longue d'environ 5 millimètres. Elle a les ailes supérieures noires; mais leur extrémité est blanche, ainsi que la tête. Ce Lépidoptère, à l'état de chenille, ronge les draps et les étoffes de laine, et forme avec leurs parcelles une voûte ou demi-tuyau qu'il allonge à mesure qu'il avance. La *Teigne du drap* (*T. sarcitella*) est d'un gris argenté avec un point blanc de chaque côté du thorax. Sa chenille se fabrique dans les draps et les étoffes de laine un tuyau immobile avec les brins qu'elle détache, à mesure qu'elle croît; elle allonge ce tuyau par le bout, le fend pour l'élargir et y ajoute une pièce. La *Teigne des pelleteries* (*T. pellionella*) se comporte de même à l'égard des pelleteries.

La *Teigne à front jaune* (*T. flavifrontella*) ravage les collections de zoologie. Enfin, la chenille de la *Teigne des grains* (*T. granella*), appelée parfois *fausse Teigne des blés*, lie plusieurs grains de blé avec de la soie pour s'en former un tuyau, d'où elle sort pour ronger le blé, auquel elle est très nuisible. — Les espèces du genre *Yponomeute* (*Yponomeuta*) ont une trompe cornée très apparente, et des palpes grêles peu arqués. Elles se reconnaissent sur-le-champ à leurs ailes blanches ponctuées de noir. L'*Yponomeute du fusain* (*Yp. evonymella*) est commune chez nous. Les chenilles vivent sur les fusains en sociétés nombreuses qui enlacent les tiges et les feuilles de leur tissu soyeux. La chenille de *Yp. padella* dévaste de la même manière les Cerisiers, les Poiriers et les Pommiers. — C'est au genre *OEcophore* (*OEcophora*) qu'appartient l'espèce appelée vulg. *Teigne des blés*, qui a plusieurs fois ravagé les récoltes dans les départements méridionaux de la France. Ce papillon (*OEcoph. granella*) a les ailes d'un jaune gris, avec taches et lignes noires; les inférieures sont noirâtres et sans taches. Sa chenille pénètre dans les graines des céréales et en dévore toute la partie farineuse sans toucher à l'écorce. — Les espèces du genre *Adèle* (*Adela*) se distinguent dans toute la famille par la longueur extraordinaire de leurs antennes, qui sont jusqu'à cinq fois plus longues que leur corps. Ces Tinéides habitent les bois et ont en général les ailes peintes de brillantes couleurs. Leurs chenilles se revêtent de fragments de feuilles disposés par étages, ce qui les a fait nommer *Teignes à falbalas*.

IV. — Les *Ptérophorides* ou *Fissipennes* se reconnaissent sur-le-champ à cette particularité, qui leur a valu leur nom, d'avoir les ailes divisées en manière de branches frangées et

Fig. 4.   Fig. 5.

imitant des plumes. Ces Lépidoptères, d'ailleurs remarquables par leur petitesse, forment deux genres, les *Ptérophores*, qui ont les ailes antérieures divisées en deux branches, et les *Ornéodes*, où elles sont divisées en trois. Nous donnerons comme exemples le *Ptérophore pentadactyle* (*Pterophorus pentadactylus*) [Fig. 4], et l'*Ornéode hexadactyle* (*Orneodes hexadactylus*) [Fig. 5]. Le premier a les ailes d'un blanc de neige; le second a à cendrées, avec des taches brunâtres. Tous les deux sont communs dans notre pays.

V. — La famille des *Pyralides* se compose de petits Lépidoptères agréablement colorés, qui portent leurs ailes en toit écrasé ou presque horizontalement, mais toujours couchées. La forme des supérieures, dont le bord extérieur est arqué à sa base et se rétrécit ensuite, donne à ces insectes un aspect particulier, qui leur a valu les noms vulgaires de *Phalènes*

Fig. 6.   Fig. 7.

à *larges épaules* et de *Phalènes chappes*. Leurs chenilles ont seize pattes et le corps ordinairement ras ou peu velu. La plupart tordent et roulent les feuilles en corne d'où le nom de *Tordeuses* qu'on leur a donné encore; elles les fixent par des couches de fils de soie, et se font ainsi un tuyau où elles sont à couvert et où elles mangent tranquillement le parenchyme de ces feuilles. D'autres se font un abri avec plusieurs feuilles ou plusieurs fleurs qu'elles lient avec de la soie. Enfin, quelques-unes s'établissent dans l'intérieur des fruits. A ces derniers appartient le genre *Carpocapsa*, dont l'espèce type, appelée *Carp. pomonana*, est très nuisible aux poires et aux pommes. Mais l'espèce la plus redoutable de toute la famille est la *Pyrale de la vigne* (*Pyralis vitis*) [Fig. 6]. Le papillon est représenté d'abord volant, et ensuite à l'état de repos. Ses ailes antérieures sont d'un jaune pâle, à reflets métalliques, avec une tache près de leur base et trois bandes transversales brunes. La chenille [Fig. 7] est très redoutable pour

nos vignobles. Au moyen de fils, elle réunit en paquets les feuilles et les grappes, et anéantit bientôt des récoltes entières. Les œufs pondus par plaques à la surface des feuilles, au mois de juillet ou d'août, sont faciles à découvrir et à détruire. C'est le procédé le plus efficace pour arrêter les ravages de cette espèce malfaisante.

TINETTE. s. f. [Pr. *tinè-te*] (Dimin. de *tine*). Grand vase de bois fait de douves, qui s'ouvre par le haut, et qui est muni d'espèces d'oreilles percées d'un trou. *Une t. de beurre. Une t. de vidangeur.*

TINGIS, adj. *Tanger,* anc. cap. de la Mauritanie Tingitane.

TINKAL ou **TINCAL.** s. m. (mot arabe). T. Minér. Borax naturel de l'Inde. Voy. BORE.

TINKALCITE. s. f. (R. *tinkal,* et *calcium*). T. Minér. Variété d'Hayésine.

TINO, anc. *Ténos,* l'une des Cyclades; 30,000 hab.

TINTAMARRE. s. m. [Pr. *tintama-re*] (R. *tinte* à *marre,* d'après Pasquier, les vignerons ayant l'habitude de s'avertir au loin en frappant le fer de leur masse). Tout bruit éclatant, accompagné de confusion et de désordre. *Quel t. font ces enfants! Fam.*

TINTAMARRER. v. n. [Pr. *tintama-rer*]. Faire du tintamarre. Pop. et Vx.

TINTEMENT. s. m. [Pr. *tinte-man*] (lat. *tinnitus,* m. s.). Le son que rend une cloche, et partic., Le retentissement qui l'accompagne, et qui résulte de la prolongation des vibrations sonores. *Que signifie ce t. de cloche? Ce t. annonce la messe. Il aimait à entendre au fond des bois le long t. de la cloche du village.* || T. Méd. *Tintement ou bourdonnement d'oreille.* Voy. BOURDONNEMENT. — *T. métallique.* Voy. AUSCULTATION.

TINTÉNIAC, ch.-l. de c. (Ille-et-Vilaine), arr. de Saint-Malo; 2,200 hab.

TINTER. v. a. (lat. *tinnitire,* m. s.). Faire sonner lentement une cloche, en sorte que le battant ne touche que d'un côté. *T. la grosse cloche, la petite cloche.* Absol., *On tinte à la paroisse.* || *T. la messe, t. le sermon,* Tinter la cloche, afin d'avertir que la messe va commencer. = TINTER. v. n. *La cloche tinte,* On tinte la cloche. *Voilà la messe qui tinte,* La cloche tinte pour avertir que la messe va commencer. || *Faire t. un verre,* Lui faire rendre un son en le frappant comme une cloche. || *L'oreille lui tinte, les oreilles lui tintent,* se dit de la sensation subjective par suite de laquelle on entend un son pareil à celui d'une petite cloche. — Proverb. et fam., on dit à une personne, pour lui faire entendre qu'on a beaucoup parlé d'elle en son absence, *Les oreilles doivent vous avoir bien tinté.* || Fig. et fam., *Le cerveau lui tinte,* Il a la tête fêlée, la tête dérangée. = TINTÉ, ÉE. part.

TINTER. v. n. (R. *tin*). T. Mar. Appuyer sur les tins, assujettir avec des tins. *T. la quille d'un bâtiment. T. des futailles que l'on arrime.* = TINTÉ, ÉE. part.

TINTORET (LE), peintre italien, né à Venise (1512-1594), auteur des *Noces de Cana.*

TINTOUIN. s. m. (R. *tinter*). Bourdonnement, bruit dans les oreilles. *Avoir un t. continuel dans les oreilles.* || Fig., L'inquiétude qu'on a du succès d'une chose, l'embarras que cause une affaire. *On juge son procès, il doit avoir bien du t. Donner du t. à quelqu'un.* — Fam. dans les deux sens.

TIPPERARY, comté d'Irlande, prov. de Munster; 199,600 hab. Cap. *Castel.*

TIPPO-SAEB ou **TIPPO-SAÏB,** nabab ou sultan de Mysore, lutta contre les Anglais (1749-1799).

TIPULAIRES ou **TIPULIDES.** s. m. pl. (R. *Tipule*). Famille d'Insectes *Diptères.* Voy. NÉMOCÈRES.

TIPULE. s. f. (lat. *tipula,* araignée d'eau). T. Entom. Espèce d'Insecte *Diptère.* Voy. NÉMOCÈRES.

TIR   TIR   **887**

TIPULIDES. s. m. pl. Voy. Tipulaires.

TIQUE. s. f. [Pr. *tike*] (orig. germ., angl. *tick*, danois, *tege*, all. *zecke*, m. s.). T. Entom. Espèce d'insecte parasite. Voy. Puce.

TIQUER. v. n. [Pr. *ti-ker*]. Avoir un tic; se dit proprement de certains animaux domestiques. *Ce cheval tique.*

TIQUET s. m. [Pr. *ti-kè*] (Dimin. de *tique*). T. Entom. Nom vulg. de l'Altise bleue, petit coléoptère qui dévore les jeunes choux.

TIQUETÉ, ÉE. [Pr. *tike-té*]. (R. *tique*). Marqué de petites taches. *Un œillet t. Plumage brun t. de blanc.*

TIQUETURE. s. f. [Pr. *ti-kture*]. État d'un objet tiqueté.

TIQUEUR, EUSE. adj. [Pr. *ti-keur*]. T. Art vétér. Se dit des animaux domestiques qui ont contracté un tic. *Un cheval t.*

TIR. s. m. L'action de lancer un projectile dans une direction déterminée; se dit le plus souvent en parlant des armes à feu. *Le tir de l'arbalète. Il est habile au tir. La chasse au tir et la chasse à courre. La théorie, les règles du tir.* || La ligne suivant laquelle on lance un projectile. *Tir de but en blanc. Tir plongeant, perpendiculaire, oblique, rasant, etc.* On dit aussi *Ligne de tir.* — *Ce fusil n'a pas le tir juste,* On n'est pas assuré de l'effet de la direction. || Lieu où l'on s'exerce à tirer les armes à feu. *Le tir de Vincennes. Tir au pistolet et à la carabine. Il a passé deux heures au tir.*

Art milit. — Le tir des armes à feu a pour but de lancer un projectile sur un objectif déterminé. Le mot de tir vient de ce que les armes de jet les plus anciennes (arcs, machines, etc.), ne pouvaient être mises en action qu'en tirant sur des cordes ou des ressorts. — Des diverses opérations du tir (charger, pointer, faire feu), la plus importante est le *pointage* (Voy. ce mot), pour lequel il est nécessaire de connaître la distance du but à battre. En effet, le projectile lancé par une arme à feu ne suit pas la ligne droite déterminée par l'axe du canon indéfiniment prolongé ou *ligne de tir* CUX (Fig. 1). Pendant son trajet dans l'air, le projectile subit l'influence de la résistance de l'air, de l'action de la pesanteur et de la force de projection développée par la poudre. L'action simultanée de ces trois causes fait décrire au projectile une ligne courbe, nommée *trajectoire* ETMGN, qui s'infléchit d'autant plus (est moins tendue) sur sa dernière partie, que son parcours est plus long ou que la force d'impulsion est moindre. Bien que variable à l'infini de forme et de dimension, la trajectoire présente sensiblement la forme d'une *parabole* (Voy. ce mot). De ce que la trajectoire est courbe, il s'ensuit que, pour faire arriver le projectile au but, il faut donner à l'arme la direction et l'inclinaison voulues suivant la distance. On y arrive en faisant passer le rayon visuel, ou *ligne de mire* ABEG, par le cran de la *hausse* (Voy. ce mot) convenablement réglée et le sommet du *guidon* (Voy. ce mot). L'angle BED, formé par la ligne de tir et la ligne de mire, est l'*angle de mire.* L'*angle de chute* est l'angle que fait la tangente à la trajectoire avec le sol, et l'*angle de tir* est celui que fait la ligne de tir avec l'horizontale. On appelle *but en blanc* le second point d'intersection G de la trajectoire avec la ligne de mire.

Faute de pouvoir, en campagne, mesurer la distance à laquelle on se trouve du but, on est obligé de l'apprécier, soit à la vue, soit à l'aide d'instruments. L'appréciation à vue exige une grande habileté et, pour peu que la distance soit assez grande, l'évaluation ne présente aucune garantie. Les instruments, que l'on a cherché à rendre de plus en plus pratiques et exacts, ne donnent également qu'une approximation plus ou moins grande. Ces divers moyens, surtout pour l'artillerie, ne servent qu'à donner la hausse primitive qui permettra le *réglage du tir*, c.-à-d. de déterminer la hausse à employer pour que les projectiles, lancés par les différentes pièces, viennent se grouper autour du but à battre, de manière à produire le meilleur effet possible. On arrive à régler le tir au moyen d'une série d'opérations par lesquelles on parvient à donner aux pièces l'*inclinaison* et la *direction* qui permettent d'atteindre le but. — L'inclinaison ou *réglage en portée*, s'obtient en employant deux hausses différant entre elles d'une certaine quantité, appelée *fourchette*, de manière à encadrer le but, c.-à-d. à obtenir un coup court (quand la fumée produite par l'explosion cache le but) et un coup long (si le but se détache sur la fumée); la hausse moyenne des deux hausses d'encadrement est celle qui a la plus grande probabilité de convenir à la distance inconnue du but. Naturellement plus la fourchette est étroite, plus la détermination de la hausse probable comporte de précision. — Le *réglage du tir en direction* consiste : 1° A apporter, avant le tir, les modifications destinées à tenir compte de l'influence du vent, de la différence du niveau des roues, et, s'il y a lieu, du mouvement transversal du but; 2° à corriger, dès les premiers coups tirés, les écarts observés en direction.

Suivant le mode d'éclatement des projectiles, on distingue : 1° Le *tir percutant*, exécuté avec les obus à mélinite et les obus de rupture, armés de fusées percutantes, qui fonctionnent au choc; 2° le *tir fusant*, qui s'exécute avec les obus à mitraille ou à balles, armés de fusées à double effet (Voy. Projectile) permettant de faire éclater ces projectiles soit au choc (percutant), soit pendant leur trajet dans l'air, après une durée de trajet déterminée, en débouchant l'évent convenable. Pour le tir fusant, il faut donc, outre le réglage en portée et en direction, effectuer le *réglage de l'évent*, afin de trouver l'évent qu'il y a lieu de déboucher pour faire éclater les projectiles à la hauteur à laquelle ceux-ci produiront leur

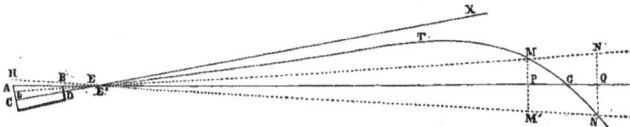

Fig. 1.

maximum d'effet, ou *hauteur-type*. — Le tir percutant est employé contre les obstacles résistants (matériel, retranchements, abris, maçonneries) et le projectile doit éclater sur l'obstacle même. Contre les troupes, il n'y a intérêt à faire du tir fusant, sur un terrain moyennement découvert, qu'au delà de 1200 mètres; en deçà, le tir percutant est préférable en général.

Le *réglage du tir de siège, de place et de côte* est obtenu par des moyens d'une précision absolue; tables de tir, planchettes de tir, distances repérées d'avance, postes téléphoniques pour l'observation des coups, but immobile, etc. En outre, on dispose de tout le temps nécessaire.

Suivant la courbure de la trajectoire, on distingue le tir de plein fouet, le tir plongeant et le tir vertical. — Le *tir de plein fouet* est le tir direct d'une bouche à feu exécuté avec la plus forte charge. C'est essentiellement le genre de tir des armes portatives et des canons longs; il a, comme propriétés, une grande tension de la trajectoire, une vitesse restante horizontale considérable et une précision remarquable. Son emploi convient, en général, contre tous les buts visibles ou peu cachés. Lorsque la trajectoire s'élève peu au-dessus du terrain, que l'angle de chute est très petit et que le mouvement du projectile se termine par un grand nombre de ricochets, on dit que le tir est *rasant*. — Le *tir plongeant* est celui qui s'exécute avec des charges réduites, de manière à obtenir une courbure plus prononcée de la trajectoire, une vitesse plus faible, qui donnent un angle de chute assez grand (15° à 30°) pour atteindre des buts invisibles ou masqués derrière une masse couvrante. — Le *tir vertical* est un cas particulier du tir plongeant. L'angle de tir employé est plus grand : 34°, 45° et 55°; par suite l'angle de chute est considérable. — Ce genre de tir est donc employé contre les plateformes, les voûtes et abris blindés, ou en général, contre tous les locaux qu'on veut atteindre par la partie supérieure, et sur lesquels on veut produire des effets d'écrasement. Ce tir peut s'exécuter avec des canons courts, mais c'est spécialement celui des mortiers. Le tir vertical, qui s'appelle aussi *tir d'écrasement*, ne s'exécute qu'à charges réduites. — Le *tir roulant*, qui est à peu près abandonné aujourd'hui, consiste à lancer des *bombes* avec des mortiers lisses, en employant de faibles charges, pour faire que les projectiles roulent simplement sur le sol. — Le *tir à ricochet*, inventé par Vauban, était employé avec les anciens projectiles sphériques tirés à charge réduite, et consistait à utiliser les bonds de ces projectiles dans leur rencontre avec le sol pour démonter les pièces de la défense abritées par les traverses, les faces des bastions ou des demi-lunes, etc. L'ampleur et l'irrégularité des bonds des projectiles actuels ont fait renoncer à ce genre de tir.

Le *tir indirect* est celui dans lequel on est obligé d'employer des procédés spéciaux pour viser le but, qu'on ne peut viser directement. — Le *tir en brèche* est un genre de tir direct employé pour pratiquer des brèches dans les murs d'escarpe. — Le *tir de démolition* est un tir plongeant sur toute une surface de maçonnerie à renverser, lorsque le tir en brèche ne permet pas d'obtenir une brèche régulière. — Le *tir à démonter* est exécuté par certaines batteries spéciales pour démonter les pièces placées à découvert sur les remparts d'une place assiégée.

Le tir est *fichant* lorsque les coups sont dirigés de haut en bas; il est *rasant* lorsqu'il part d'un point à peu près au même niveau que le fossé pour le flanquement de celui-ci.

Au point de vue de la direction, l'on distingue (Fig. 2): 1° le *tir direct*, qui se fait normalement aux crêtes sur un but visible, que l'on vise directement; 2° le *tir d'écharpe* ou

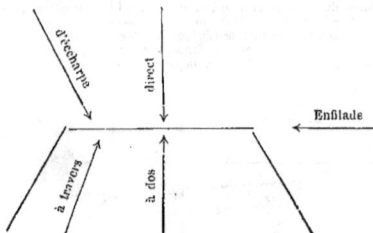

Fig. 2.

oblique, dans lequel on cherche à atteindre obliquement les faces des ouvrages qu'on ne peut prendre de flanc; 3° le *tir d'enfilade* ou *de flanc*, qui enfile les lignes ou crêtes ennemies; 4° le *tir à revers*, opposé au tir d'écharpe, qui arrive obliquement par derrière; 5° le *tir à dos* opposé au tir direct, dans lequel le but à battre est attaqué directement par derrière.

Méthodes de tir. — Il reste à déduire, des principes généraux posés pour le réglage de tir, quelques règles de détail ou *méthodes de tir.*

Dans le *tir de batterie sur but fixe*, on encadre le but entre deux coups, l'un court, l'autre long, dont les hausses diffèrent de 100 mètres, et l'on prescrit, s'il y a lieu, de déboucher l'évent dans une ou deux sections. On vérifie la hausse moyenne de la fourchette précédente et l'on en déduit la hausse la plus probable; dans certains cas, on améliore la hausse par des tirs d'ensemble de quatre coups. — Le *tir sur but mobile*, en tant que mécanisme, ne diffère du précédent que par la fourchette qui, au lieu d'être de 100 mètres comme précédemment, peut être de 200, 400 et même 600 mètres, suivant que la vitesse de déplacement du but dans le sens du tir est celle du pas, du trot ou du galop. — Le *tir progressif*, qu'on pourrait appeler tir promené, consiste à asperger par des coups fusants une étendue de terrain plus ou moins profonde, mais bien déterminée, en faisant varier progressivement la hausse et parallèlement la durée d'abord dans un sens, puis en sens inverse. Ce genre de tir s'exécute coup par coup ou par salves et se fait par séries comprenant autant de coups qu'il n'y a de pièces dans la batterie. Il doit être de peu de durée, vu la grande consommation de projectiles; il sera très efficace avec l'emploi des canons à tir rapide. — Le *tir à mitraille*, exécuté avec la boîte à mitraille, s'emploie pour défendre les batteries contre une surprise ou une attaque très rapprochée. Ce genre de tir ne demande pas de réglage et n'exige qu'un pointage sommaire. — Le *tir de groupe* (de

campagne) est celui qu'exécute un groupe de batteries tirant sur un même objectif. Sur le champ de bataille, le tir des batteries réunies par groupes est la règle, et le tir d'une batterie isolée, l'exception. Nous devons nous borner ici à ces indications sommaires, en renvoyant au besoin aux traités ou manuels spéciaux.

TIRABOSCHI, littérateur ital. (1731-1794), auteur d'une *Histoire de la littérature italienne.*

TIRADE. s. f. (ital. *tirata*, m. s., de *tirare*, tirer). Morceau d'une certaine étendue qui fait partie d'un ouvrage en prose ou en vers, et qui est ordinairement relatif au même sujet. *Il y a de belles tirades dans ce panégyrique. Il nous a lu une t. de son poème.* || Au théâtre, se dit particulièrement d'une suite de phrases ou de vers qu'un personnage débite sans être interrompu. *Les longues tirades nuisent souvent à la vérité du dialogue. Cet acteur a bien dit sa dernière t.* || Se dit encore, mais en mauvaise part, des lieux communs qu'on emploie avec quelque développement, et qui se lient mal au sujet. *L'orateur aurait bien dû nous faire grâce de ces tirades inutiles.* — Fam., *Une t. d'injures*, Une série d'injures dites sans interruption. ⹀ Tout d'une tirade. loc. adv. et fam. Tout de suite, sans s'arrêter. *Il nous a dit une centaine de vers tout d'une tirade.*

TIRAGE. s. m. Action de tirer. *On a payé tant pour le t. de ce moellon. Il a fallu attacher des chevaux au bateau, et il en a coûté tant pour le t.* || Fig. *Il y a du t.*, il y a des difficultés à surmonter. || *T. d'une cheminée*, mouvement par lequel l'air est attiré vers le foyer pour remplacer l'air échauffé, qui s'élève et sort par le tuyau. *Activer le t. Régler le t.* Voy. Chauffage. || *T. d'une loterie*, L'action de tirer les billets, les numéros. — *T. au sort.* Voy. Recrutement. || *T. Techn. Le t. des métaux*, L'action de les faire passer par la filière. — *Le t. de la soie*, L'action de faire passer le fil du cocon sur le dévidoir. || *T. Typogr.* L'action de mettre les feuilles sous presse pour les imprimer; se dit aussi des estampes, des lithographies, etc. *Le t. de ce livre a coûté tant. Faites un t. à tant d'exemplaires.* — *Faire plusieurs tirages*, Faire plusieurs réimpressions avec les mêmes formes, avec les mêmes planches, etc. — *On va faire un troisième t. de cette brochure, de cette estampe.* — L'ensemble des feuilles, des estampes, etc., qui ont été tirées d'une seule fois. *Le premier, le second t. est épuisé.* || L'espace qu'on laisse libre, au bord des rivières, pour le passage des chevaux qui tirent les bateaux. — *Chevaux de t.*, Chevaux employés à tirer les bateaux.

TIRALLE. s. f. [Pr. *tira-lle, ll* mouillées]. Espèce de balancier, dans une machine d'exhaustion.

TIRAILLEMENT. s. m. [Pr.*tira-lle-man, ll* mouillées]. L'action de tirailler, ou l'effet de cette action. || Fig. et fam., se dit de l'absence de concert, des contestations qui surviennent dans une affaire. *Comment l'affaire marcherait-elle avec tous ces tiraillements? Ce sont des tiraillements continuels.* || Se dit encore d'une sensation pénible qu'on éprouve dans quelque partie du tube intestinal comme si elle était tiraillée. *T. d'estomac. T. d'entrailles.*

TIRAILLER. v. a. [Pr. *tira-ller, ll* mouillées] (R. *tirer*, avec le suff. péjor. *aille*). Tirer une personne à diverses reprises, avec importunité ou avec violence. *Il y a une heure qu'ils ne font que me t.* — Avec le verbe réciproque, *Ces enfants sont toujours à se t.* — Fig. et fam., *Les affaires le tiraillent de tous côtés. Des sentiments opposés tiraillaient son âme. Il s'est bien fait t. pour donner son consentement.* ⹀ Tirailler, v. n. Tirer d'une arme à un mal et souvent. *Il y a longtemps que je l'entends t.; mais il reviendra la carnassière vide.* || T. Guerre. Se dit des soldats qui, dispersés en avant d'une colonne, commencent l'attaque par un feu irrégulier et à volonté. *Dès la pointe du jour on commença à t.* ⹀ Tiraillé, ée. part.

TIRAILLERIE. s. f. [Pr. *tira-lle-ri, ll* mouillées]. Action de tirailler, tirer sans ordre et sans but. *Cette t. nous importunait, mais sans nous faire de mal. On fit cesser leur t.* || Feu de tirailleurs prolongé.

TIRAILLEUR. s. m. [Pr. *tira-lleur, ll* mouillées]. Se dit des chasseurs qui tirent mal, et des soldats qui tiraillent en avant d'une colonne pour commencer l'attaque. *Une troupe*

de tirailleurs. Il fallut soutenir nos tirailleurs. Voy.
CHASSEUR.

TIRANT. s. m. (R. tirer). Les tirants d'une bourse, Les cordons qui servent à l'ouvrir et à la fermer. ‖ Les tirants d'un soulier, Les morceaux du cuir placés des deux côtés du soulier, qui servent, à l'aide de cordons, de boucles ou d'agrafes, à l'attacher sur le cou-de-pied. ‖ Les tirants d'une botte, Les anses faites d'un tissu résistant qui sont cousues aux deux côtés de la partie supérieure et inférieure d'une botte, et dans lesquelles on passe des crochets pour la chausser plus facilement. ‖ Les tirants d'un tambour, Nœuds faits de cuir, qui servent à tendre la peau d'un tambour, en bandant les ficelles qui y sont attachées ‖ T. Archit. Pièce de bois ou barre de fer arrêtée aux deux extrémités par des ancres pour empêcher l'écartement d'une charpente, de deux murs, d'une voûte, etc. — Poutre horizontale et inférieure d'une ferme. Voy. COMBLE. ‖ T. Boucher. Se dit de certaines portions tendineuses de couleur jaunâtre qui se trouvent dans la viande de boucherie. ‖ T. Mar. T. d'eau, La quantité dont un navire s'enfonce dans l'eau, mesurée depuis la quille jusqu'à la flottaison. Ce navire a tant de pieds de t. d'eau. Ces deux bâtiments n'ont pas le même t. d'eau.

TIRAQUEAU, jurisconsulte fr. (1480-1558).

TIRARIE. s. f. (R. tirer). Ouvrière des salines qui retire le sel des chaudières.

TIRASSE. s. f. (Pr. tira-se) (R. tirer). T. Chasse. Sorte de filet dont on se sert pour prendre des alouettes, des cailles, etc. ‖ T. Mus. Clavier de pédale qui fait baisser la basse du clavier à mains dans les petites orgues.

TIRASSER. v. a. (Pr. tira-ser). Chasser à la tirasse, prendre à la tirasse. Nous avons tirassé une douzaine de cailles. — Absol., Ils sont allés t. On dit encore neutralement, Tirasser aux cailles, aux alouettes. = TIRASSÉ, ÉE, part.

TIRAUDE. s. f. (Pr. tiro-de) (R. tirer). T. Techn. Cable sur lequel on tire pour élever le mouton qu'on laisse retomber sur les pieux qu'on enfonce.

TIRE. s. f. Action de tirer à soi, Vol à la t., vol qui consiste à tirer ce que contiennent les poches des gens, dans une foule, ‖ T. Forest. Exploitation à t. et à aire, où l'on coupe les bois de proche en proche sans interruption, entre la vente ancienne et la nouvelle. ‖ T. Blas. Rangée de vair. ‖ A t. d'aile, en agitant les ailes sans relâche. ‖ Tout d'une t. Sans discontinuation, tout de suite. Il a fait cet ouvrage tout d'une tire.

TIREAU. s. m. (Pr. ti-ro). T. Navig. Sorte de bateau plat qui sert à décharger un bateau trop lourd pour remonter le courant.

TIRE-BALLE. s. m. (Pr. tireba-le). T. Arquebus. Voy. TIRE-BOURRE. ‖ T. Chir. Instrument dont on se sert pour retirer les balles ou autres projectiles engagés dans une plaie profonde. = Pl. Des tire-balles.

TIRE-BONDE. s. m. Outil pour retirer la bonde d'un tonneau. = Pl. Des tire-bondes.

TIRE-BORD. s. m. (Pr. tire-bor). T. Techn. Sorte de grand tire-fond dont on se sert pour ramener à sa position le bordage d'un vaisseau quand il est enfoncé. = Pl. Des tire-bord.

TIRE-BOTTE. s. m. (Pr. tirebo-te). Petite planche élevée d'un côté, et qui a une entaille où peut s'emboîter le pied d'une botte, et dont on se sert pour se débotter seul. ‖ Se dit aussi des crochets de fer qu'on passe dans les tirants d'une botte, lorsqu'on veut la chausser. = Pl. Des tire-bottes.

TIRE-BOUCHON. s. m. Sorte de vis de fer ou d'acier qui tient ordinairement à un petit manche ou à un anneau, et dont on se sert pour tirer les bouchons des bouteilles. ‖ Des cheveux frisés en t.-bouchon, des cheveux en t.-bouchon, Des cheveux qui sont naturellement, ou par art, frisés en spirale. = Pl. Des tire-bouchons.

TIRE-BOUCLES. s. m. T. Techn. Outil pour dégauchir l'intérieur des mortaises. = Pl. Des tire-boucles.

TIRE-BOURRE. s. m. (Pr. tire-bou-re) T. Techn. Instrument composé de deux mèches de fer tordues en spirale, dont les extrémités forment deux crochets pointus, et qui, étant mis au bout de la baguette d'une arme à feu, sert à en retirer la bourre, afin d'en ôter ensuite la charge. — On dit aussi, T.-balle. ‖ T.-bourre de sonde, instrument destiné à retirer les parties de la sonde, les cailloux qui sont restés dans le forage. = Pl. Des tire-bourres.

TIRE-BOUTON. s. m. Instrument en forme de crochet dont on se sert pour faire entrer les boutons dans les boutonnières. = Pl. Des tire-boutons.

TIRE-BRAISE. s. m. (Pr. tire-brè-ze). T. Techn. Outil pour tirer la braise du four. = Pl. Des tire-braise.

TIRE-CENDRE. s. m. (Pr. tire-sandre). Nom vulgaire de la tourmaline.

TIRE-CLOU. s. m. T. Techn. Outil de couvreur, pour arracher les clous des chevrons. = Pl. Des tire-clous.

TIRE-D'AILE. s. m. Battement d'aile prompt et vigoureux que fait un oiseau quand il vole vite. La corneille en deux t.-d'aile s'élève au-dessus des autres oiseaux. Vx. — Adverb., Voler à t.-d'aile, Voler aussi rapidement qu'il est possible. = Pl. Des tire-d'aile.

TIRE-DENT. s. m. (Pr. tire-dan). T. Techn. Outil du fabricant de peignes. = Pl. Des tire-dents.

TIRÉE. s. f. T. Techn. Portion de la surface d'une glace qu'on polit en une fois.

TIRE-FAUSSET. s. m. (Pr. tirefo-sè). T. Techn. Pince propre à tirer des faussets. = Pl. Des tire-faussets.

TIRE-FEU. s. m. T. Artill. Instrument qui sert à mettre le feu à la charge d'un canon. = Pl. Des tire-feu.

TIRE-FILET. s. m. T. Techn. Outil pour tracer des filets sur le bois, le métal. = Pl. Des tire-filets.

TIRE-FOND. s. m. T. Techn. Anneau de fer qui se termine par une vis, et qui sert aux tonneliers pour élever la dernière douve du fond d'un tonneau, afin de la faire entrer dans la rainure. Le t.-fond sert encore à suspendre un lustre, un ciel de lit, au plafond d'une chambre, etc. — Partie d'un tire-balle qui sert à retirer la balle du canon d'une arme à feu. ‖ T. Chir. Instrument destiné à pénétrer dans un corps étranger qu'il s'agit d'extraire. = Pl. Des tire-fond.

TIRE-FUSÉE. s. m. (Pr. tirefu-zé). T. Artill. Instrument pour retirer les fusées de bois des projectiles creux. = Pl. Des tirefusées.

TIREH, v. de la Turquie d'Asie; 15,000 hab.

TIRE-LAINE. s. m. (Pr. tire-lène). Voleur de manteaux. Vx. ‖ T. Techn. Outil de fondeur pour retirer la laine des moules. = Pl. Des tire-laine.

TIRE-LAISSE. s. m. (Pr. tirelè-se). Se dit lorsqu'une personne est frustrée tout d'un coup d'une chose qu'elle croyait ne pouvoir lui manquer. On a donné à un autre l'emploi qu'on lui avait promis; voilà un fâcheux t.-laisse. Fam. et Vx. = Pl. Des tire-laisse.

TIRE-LARIGOT. loc. adv. Voy. LARIGOT.

TIRE-LIGNE. s. m. Petit instrument terminé par deux lames d'acier en forme de lance et à pointe mousse dont on se sert pour tirer des lignes plus ou moins grosses. Voy. COMPAS, Fig. 3. ‖ Fig. et fam. Architecte médiocre, qui ne sait que copier des plans. = Pl. Des tire-lignes.

TIRELIRE. s. f. (corrupt. de tire liard). Boîte ou vase ayant une fente en haut, dans laquelle on fait entrer des pièces de monnaie pour les mettre en réserve.

TIRELLE. s. f. [Pr. *tirè-le*] (R. *tirer*). T. Techn. Petite corde employée au montage des chaînes dans les métiers de soierie.

TIREMENT. s. m. [Pr. *tire-man*]. Action de tirer.

TIRE-MOELLE. s. m. [Pr. *tire-moua-le*]. Petit instrument d'argent, de la forme d'un manche de cuiller et creusé en gouttière dans sa longueur, dont on se sert à table pour tirer la moelle d'un os. = Pl. *Des tire-moelle.*

TIRE-PAVÉ. s. m. Jouet d'enfant composé d'une sorte de ventouse qu'on fait adhérer aux objets. = Pl. *Des tire-pavés.*

TIRE-PIED. s. m. T. Techn. Grande lanière de cuir dont les cordonniers et autres ouvriers qui travaillent en cuir se servent pour tenir leur ouvrage plus ferme sur le genou. = Pl. *Des tire-pieds.*

TIRE-PLOMB. s. m. [Pr. *tire-plon*]. Rouet de vitrier pour tirer le plomb en verges plates. = Pl. *Des tire-plomb.*

TIRE-POINT. s. m. [Pr. *tire-pouin*]. T. Techn. Outil de cordonnier avec lequel il nettoye le point d'une couture, en ébarbant le cuir qui dépasse. = Pl. *Des tire-point.*

TIRER. v. a. (orig. germ. : goth. *tairan*; all. *zehren*; angl. *to tear*, fendre, rompre, déchirer). Mouvoir vers soi, amener vers soi ou après soi. *T. avec force, avec peine. T. en bas, en haut. T. quelque chose à soi. Des chevaux qui tirent une voiture. T. un bateau à bord. T. quelqu'un par le bras, par l'habit.* || *T. le verrou,* Le faire glisser dans un sens ou dans l'autre, soit pour fermer, soit pour ouvrir une porte. || *Ce cuir tire l'eau comme une éponge,* Il absorbe beaucoup d'eau. || Fig. et fam., *Se faire t. l'oreille.* Voy. OREILLE. *Il ne se fera pas t. la manche,* Il fera volontiers la chose dont il s'agit. — *Cette comparaison, cette interprétation, etc. est tirée par les cheveux.* Voy. CHEVEU. — *T. la couverture à soi, de son côté,* Prendre ou chercher à prendre plus que sa part. On dit de même, *Cet homme tire tout à lui,* Il veut s'emparer de tout. — *T. ses chausses, t. ses grègues,* S'en aller, s'enfuir. — *T. le diable par la queue.* Voy. DIABLE. — Absol., *On aura bien à t. dans cette affaire,* On aura bien de la peine à la faire réussir. On dit aussi d'un homme qui a encore beaucoup à travailler, beaucoup de choses à faire avant de parvenir à son but. *Il a encore bien à t. pour en venir là.* || *Tirer un criminel à 4 chevaux,* L'écarteler. Fig. et fam., *T. quelqu'un à quatre,* Lui faire les plus grandes instances pour le décider à quelque chose. *Il a fallu le t. à quatre pour l'amener.* — Fam., *Être tiré à quatre épingles.* Voy. ÉPINGLE. || *T. Man. T. à la main.* Voy. MAIN. = Ôter, faire sortir une chose d'un lieu. *T. de l'or de la mine, du marbre de la carrière. T. de l'argent de sa bourse. T. l'épée du fourreau. T. de l'eau d'un puits, du vin d'un tonneau.* Absol., *T. de l'eau. T. du vin.* — *T. du vin au clair,* Le mettre en bouteilles quand il a été bien reposé. Fig., *T. au clair un fait, une difficulté,* L'éclaircir. || *T. la langue,* Avancer la langue hors de la bouche. — Fig. et popul., *Faire t. la langue à quelqu'un d'un pied de long,* Le faire languir dans l'attente de quelque assistance dont il a grand besoin. On dit aussi de quelqu'un dont on n'a aucune compassion. *Je lui verrais t. la langue d'un pied de long, que je ne lui donnerais pas un verre d'eau.* || *T. l'épée contre quelqu'un,* Se battre contre lui. *Faire t. l'épée à quelqu'un,* L'obliger à se battre. — Fig., *T. l'épée contre son prince,* Se révolter contre lui. || *T. les bas, les bottes à quelqu'un,* Les lui ôter des jambes. || *T. des larmes des yeux de quelqu'un,* Le faire pleurer. — *T. du sang à une personne,* La saigner. — *T. du lait,* Traire une vache, une chèvre, etc. On dit aussi, *T. une vache.* || *T. le suc d'une plante,* Extraire son suc au moyen d'une incision, d'une pression plus ou moins forte, ou de toute autre manière. *T. le suc des viandes. T. de l'huile sans feu.* — Fig. et fam., *Il tire la quintessence de tout,* se dit d'un homme habile, adroit, qui fait d'une chose tout ce qu'on en peut faire, qui en tire tout l'avantage qu'on en peut t., qui pénètre jusqu'au fond d'une affaire. || *T. des denrées, des marchandises d'un pays, etc.,* Les faire venir de ce pays. *Les blés que Rome tirait de la Sicile. Ce marchand tire ses soieries de Lyon.* || *T. des sons d'un instrument,* Lui faire rendre des sons. — *T. du feu d'un caillou,* En faire jaillir du feu en

le frappant. || Fig. et fam., *Se t. une épine du pied.* Voy. ÉPINE. *T. pied ou aile d'une chose,* et *T. une plume de l'aile à quelqu'un.* Voy. AILE. *T. son épingle du jeu.* Voy. ÉPINGLE. *T. d'un sac deux moutures.* Voy. MOUTURE. *T. les marrons du feu.* Voy. MARRON. *T. à quelqu'un les vers du nez.* Voy. VER. = En parlant des personnes, *Tirer,* sign. Ôter, faire sortir quelqu'un d'un endroit, l'éloigner d'une chose. *On l'a tiré de sa prison. On l'a tiré de la charrue pour lui donner cette place.* — Fig., *T. quelqu'un de la boue, de la poussière,* Le faire sortir d'un état misérable et bas. On dit de même, *T. quelqu'un de son obscurité.* Fam., on dit encore, *On ne peut le t. de là,* en parlant d'un homme qui se tient attaché à une idée, et qui répond toujours la même chose. *T. quelqu'un d'un mauvais pas.* Voy. PAS. || Sign. encore, délivrer, dégager quelqu'un. *T. quelqu'un de captivité. T. son ami d'un péril. Il m'a tiré de peine. Tirez-moi d'inquiétude. Je l'ai tiré d'erreur.* = Recueillir, percevoir, obtenir, recevoir. *T. du profit. Quel avantage pensez-vous t. de là? Il a tiré de cette affaire tout ce qu'on en pouvait t.* — *T. de l'argent de quelqu'un,* Se faire donner de l'argent par quelqu'un, à force de sollicitations, de poursuites, etc. *Il a tiré bien de l'argent à son frère. C'est un mauvais débiteur dont on ne peut t. aucun argent, dont on ne peut rien t.* — *T. quelque grâce de quelqu'un,* En obtenir quelque grâce par adresse ou par instance. *Il a tiré une donation de son oncle.* — *T. parole, t. promesse de quelqu'un,* Faire en sorte qu'il engage sa parole, sa promesse. — *T. un éclaircissement de quelqu'un,* Faire en sorte qu'il donne l'éclaircissement qu'on souhaite de lui. — *On ne saurait t. un mot de lui,* on ne peut rien t. de lui, se dit d'un homme qui ne veut point répondre sur quelque chose. *On ne peut parvenir à t. la vérité de sa bouche,* se dit d'un accusé qui ne veut rien avouer. — *On ne saurait t. raison de cet homme,* On ne peut obtenir de lui qu'il fasse ce qu'il doit. *T. raison d'une injure, d'une offense,* sign. en obtenir la réparation. On dit de même, *T. satisfaction d'une injure,* et *En t. vengeance,* S'en venger. — *T. parti de quelqu'un, de quelque chose.* Voy. PARTI. — *T. vanité d'une chose,* En faire vanité. *T. avantage d'une chose,* La tourner, l'interpréter à son avantage. || *Tirer,* se dit aussi en parlant de la source, de l'origine d'une chose. *Cette rivière tire sa source des Alpes. Cette maison tire son origine d'Espagne. Il tire son origine de telle famille.* — *Les généalogistes tirent l'origine de cet homme de telle maison,* Selon eux, il descend de telle maison. || Fig., Extraire, emprunter. *Les mots ge nous avons tirés du grec, du latin.* — *C'est de là que cette ville, que cette rivière tire son nom,* C'est à telle circonstance que cette ville, cette rivière doit le nom qu'elle porte. || Fig., signifie encore Inférer, conclure. *De cela, je tire cette conséquence. On tire de là un grand argument contre lui,* On dit de même, *T. une conjecture de t. un bon, un mauvais augure d'une chose. T. des présages.* — *T. l'horoscope d'une personne.* Voy. HOROSCOPE et ASTROLOGIE. = Neutral., *Cette chose tire à conséquence.* Voy. CONSÉQUENCE. || T. Math. *T. la racine carrée, la racine cubique d'un nombre,* Obtenir, au moyen de certains calculs, la racine carrée, cubique de ce nombre. = Étendre, allonger. *T. du linge,* Le tendre le plus qu'on peut. — *T. à poil une étoffe de laine, de soie, de coton,* En faire sortir, en faire paraître le poil, en le tirant avec une espèce de corde. — *T. bien ses bas,* Les étendre bien sur la jambe, de manière qu'ils ne fassent pas de plis. || T. Techn. *T. l'or, l'argent, etc.,* Les allonger en fils déliés. || Fig. *T. le rideau.* Voy. RIDEAU. || Fig., *T. une affaire en longueur,* En éloigner la conclusion. *Il tire l'affaire en longueur pour la rompre.* | Fam., *T. sa révérence à quelqu'un.* Voy. RÉVÉRENCE. = Tracer. *T. une ligne horizontale.* || Fig. *T. une raie sur ce qu'on a écrit. T. une allée au cordeau. T. le plan d'une place forte.* — *T. une copie, t. la copie, t. copie d'un acte, d'une lettre, etc.,* Les copier. || Faire le portrait de quelqu'un. *Tirer un homme au naturel. Il s'est fait t. en plâtre.* Vx. || Imprimer. *T. des feuilles. T. des estampes. Cet ouvrage a été tiré à tant d'exemplaires. La feuille est corrigée, il n'y a plus qu'à la t. Bon à t.* = Prendre au sort, au hasard. *Le président a tiré au sort les noms des jurés. T. les billets, les numéros d'une loterie. Ce conscrit a tiré le numéro 1.* || *T. une loterie. T. les numéros d'une loterie pour savoir à qui le sort fera échoir les lots.* || *T. le gâteau des Rois,* ou simpl., *T. les Rois,* Distribuer les parts du gâteau pour voir à qui écherra la fève. || *T. les cartes.* Voy. CARTE. = *T.* Chasse et Guerre. Faire partir une arme à feu, lancer un projectile. *T. le canon. T. un cou-*

de fusil, de pistolet. Il a tiré son pistolet en l'air. T. des flèches. T. des bombes, On dit, dans un sens anal., T. des pétards, des fusées, et T. un feu d'artifice. || T. un oiseau, t. un lièvre, Tirer dessus. || Fig. et fam., T. sa poudre aux moineaux. Voy. Poudre. Pour lui parler, il faut le t. au vol, le t. en volant, se dit d'un homme à qui il est difficile de parler, parce qu'il est toujours très pressé. || T. Escrime. T. une estocade, un coup d'estocade, Porter une estocade à celui contre qui on fait des armes ou contre qui on se bat. Vx.; mais on dit encore, Fig. et fam., T. une estocade à quelqu'un, Lui faire une demande désagréable et imprévue, et particulièrement, lui demander de l'argent à emprunter. = T. Comm. T. une lettre de change, Faire un effet de commerce par lequel on charge un correspondant de payer la somme énoncée à celui qui présentera cette lettre. On dit aussi, T. une lettre de change sur quelqu'un, ou ellipt., T. sur quelqu'un. = T. Mar. Ce navire tire tant d'eau, tant de pieds d'eau, Il enfonce dans l'eau de tant de pieds. || Tirer. v. n. Faire effort pour amener à soi une chose. Le bateau est engravé; venez t. à la corde avec nous. — Cette corde tire, Elle est extrêmement tendue. || Cette cheminée tire bien, Elle aspire l'air avec force, ou plutôt le courant d'air y est énergique. Ce poêle tire mal, ne tire pas assez. || Fam., Aller, s'acheminer. Après la cérémonie, les uns tirèrent à droite, et les autres à gauche. De quel côté tirez-vous? — T. au large, S'enfuir. T. le long, S'esquiver, s'enfuir, et Fig., Apporter des délais dans une affaire. Cette affaire, cette maladie tire en longueur, Elle se prolonge indéfiniment. — T. à sa fin, Être bien près de finir, d'être terminé, d'être consommé. Cet ouvrage, cette maladie tire à sa fin. Ma provision de bois tire à sa fin. On dit aussi, d'un malade qui approche de la mort, qu'Il tire à sa fin, à la fin. || T. au sort, Décider d'une chose par la voie du sort. Ils tirèrent au sort à qui se dévouerait. On les fit t. au sort. On dit de même, T. à la courte paille, t. au doigt mouillé. — Au Jeu, T. à qui fera, Tirer au sort à qui donnera les cartes ou à qui jouera le premier. || T. Chasse et Guerre. Faire usage d'une arme de trait ou d'une arme à feu, la faire partir. T. de l'arc, de l'arbalète, de l'arquebuse. T. à la cible. T. aux perdrix. T. sur quelqu'un, contre quelqu'un. T. en l'air. T. à poudre, à balle. T. à boulets rouges. T. à ricochets. T. juste. T. à coup sûr. Poudre à t. — T. au vol, T. sur un oiseau lorsqu'il vole. — Fig. et fam., T. sur quelqu'un, Dire des choses offensantes de quelqu'un. T. sur lui à boulets rouges, En dire les choses les plus offensantes; et T. sur quelqu'un à bout portant, Lui dire en face les choses les plus dures. Ces phrases se disent aussi, bien qu'il ne s'agisse que de simples plaisanteries. — On dit encore, Vous tirez sur vos troupes, sur vos gens, Vous attaquez ceux qui sont dans vos intérêts. || En parlant des armes à feu, sign. quelquefois partir, faire explosion. Dès que le canon eut commencé à t., les ennemis capitulèrent. — Ce fusil tire fort juste, Il ne fait point dévier le projectile. || T. Escrime. T. des armes, ou simpl., Tirer, Faire des armes. T. de tierce, de quarte. T. au mur. Il tire bien. — T. sur le temps, T. au moment où l'adversaire se prépare à t. lui-même; et Fig., Saisir l'occasion de dire ou de faire quelque chose. — Fig. et fam., par allusion aux combats judiciaires entre vilains qui ne se battaient qu'avec des bâtons, on dit quelquefois, T. au bâton, avec quelqu'un, Contester avec lui d'égal à égal. || T. sur, Avoir quelque rapport, quelque ressemblance; se dit surtout des couleurs, T. sur le bleu, sur le jaune. Cette pierre tire sur le vert. = se Tirer, v. pron. Se dit de l'action ou de l'effort réciproque de deux personnes pour amener à soi. Ces deux enfants se tiraient par les cheveux. || Sign. aussi, ordin., sortir, se délivrer de, se dégager de... Vous ne vous tirerez jamais de ce mauvais chemin. Il ne se tirera pas de cette maladie. Se t. d'affaire, d'embarras. || Venir à bout d'une chose. Il s'est heureusement tiré de ce sujet difficile, de ce rôle ingrat. — Absol., S'en t., s'en bien t., Sortir heureusement d'une maladie, d'une affaire difficile ou fâcheuse. Il s'en est bien tiré. Vous ne vous en tirerez jamais. Il s'est fort bien tiré de là. || Se t. du pair, se t. de pair, S'élever au-dessus de ses égaux. = Tiré, ée. part. Un visage tiré, Un visage maigre, abattu. || Subst., au t. quelquefois de la chasse au fusil. Le roi fit hier un beau tiré. On dit aussi, Chasse au tiré.

TIRERIE. s. f. T. Techn. Atelier où l'on étire le fil de fer.

TIRE-SAC. s. m. Mécanisme qui dans les moulins monte ou descend les sacs de blé, de farine, etc.

TIRÉSIAS, célèbre devin de Thèbes, que les habitants de cette ville honorèrent comme un dieu (Mythol.).

TIRET. s. m. [Pr. ti-rè] (R. tirer). Petit morceau de parchemin coupé en long et tortillé, servant à enfiler et à attacher des papiers ensemble. Attacher des pièces d'écritures avec des tirets. || T. Gramm. Petit trait horizontal qui se place au milieu d'une phrase, ou qu'on place à la suite d'un mot resté inachevé, faute d'espace, à la fin d'une ligne, pour renvoyer à la ligne suivante. Voy. Ponctuation.

TIRETAINE. s. f. [Pr. tire-tène] (esp. tiritana). Sorte de droguet ou de drap grossier, moitié laine et moitié fil.

TIRE-TERRE. s. m. [Pr, tiretè-re]. Outil de carrier servant à enlever la terre qui retient les pierres.

TIRE-TÊTE. s. m. T. Chir. Instrument dont on se servait autrefois pour extraire la tête du fœtus mort dans la matrice. = Pl. Des tire-tête.

TIRETOIRE. s. m. [Pr. tire-touar] (R. tirer). T. Chir. Instrument dont les dentistes se servent pour extraire les incisives et les racines de la mâchoire inférieure. || T. Techn. Espèce de levier muni d'un crochet dont les tonneliers se servent pour faire entrer à force les derniers cerceaux des futailles.

TIRETTE. s. f. [Pr. tirè-te]. Ce qui sert à tirer. || Cordon fixé de distance en distance à l'envers d'une jupe de femme, pour la relever. || Lacet de gant, remplaçant les boutonnières.

TIREUR, EUSE. s. Celui, celle qui tire. — T. d'or. Ouvrier dont le métier est de tirer l'or en fils déliés. — T. d'armes, Maître d'armes. Vx. — T. de laine. Voy. Laine. — Tireuse de cartes, Prétendue devineresse qui prédit aux personnes ce qui doit leur arriver d'après les diverses combinaisons des cartes à jouer. || Tireur, employé absol., se dit d'un chasseur qu'on charge de tuer du gibier : Il a deux tireurs qui le fournissent de gibier; — D'un homme qui chasse au fusil : C'est un bon t., un habile t., un mauvais t.; — De soldats envoyés pour faire une ou plusieurs décharges d'armes à feu : On disposa les tireurs sur plusieurs points; — et d'un homme qui fait des armes, relativement à son habileté : C'est un bon, un mauvais t. || T. Comm. Celui qui émet une lettre de change Voy. Change, IV.

TIRE-VEILLES. s. m. pl. [Pr. les ll mouillés]. T. Mar. Cordages garnis de nœuds d'espace en espace, qu'on attache au haut de la muraille d'un bâtiment pour soutenir ceux qui montent à bord par l'escalier ou qui en descendent.

TIRIDATE, roi d'Arménie, frère de Vologèse, Ier roi des Parthes; il fut tributaire des Romains.

TIRLEMONT, v. de Belgique (Brabant); 15,000 hab.

TIRNOVA, v. de Bulgarie; 11,200 hab.

TIROIR. s. m. [Pr. ti-rouar]. Espèce de petite caisse qui s'emboîte dans une armoire, dans une table, dans une commode, et qu'on tire au moyen d'un bouton, d'une clef, etc. — Fig., Pièce à t., Pièce de théâtre dont les scènes, quoique réunies par un lien commun souvent très léger, ne tiennent pas l'une à l'autre et ne forment point une action. — Fig. et fam., Les militaires appellent T., Le second rang d'une troupe formée sur trois rangs. Les hommes de petite taille sont ordinairement placés dans le t. || T. Techn. Cylindre ou rouleau de bois garni de dents fines qui fait partie de la machine à friser les étoffes. — Pièce mobile qui règle l'admission de la vapeur dans le cylindre d'une machine à vapeur. Voy. Moteur, III, D. || T. Arquéb. Morceau de fer qui sert à fixer le canon du fusil sur le fût.

TIRON, affranchi et secrétaire de Cicéron, inventeur d'un système de sténographie appelé Notes tironiennes.

TIRONIENNES. adj. f. pl. [Pr. tironi-ène] (R. Tiron). Ne se dit que dans la loc.,Notes tironiennes. Voy. Sténographie.

TIRYNTHE, ancienne v. de l'Argolide, patrie d'Hercule.

TISAGE. s. m. [Pr. *ti-za-je*] (R. *tiser*). Action de chauffer le four dans une verrerie.

TISANE. s. f. [Pr. *ti-zane*] (lat. *ptisana*, du gr. πτισάνη, sous-entend. κριθή, orge broyée, de πτίσσω, je pile). T. Pharm. Chez les anciens, on désignait spécialement sous le nom de T. une décoction d'orge, quelquefois filtrée, mais le plus souvent contenant l'orge même et formant ainsi une sorte de bouillie peu consistante qu'on donnait aux malades pour les désaltérer et les sustenter en même temps. Chez les modernes, on appelle T. une boisson préparée par *infusion*, *décoction* ou *macération* de substances médicamenteuses dans une grande quantité d'eau, destinée à être prise par tasses ou par verres, après édulcoration avec du miel, du sucre ou du sirop. Les tisanes se donnent chaudes ou froides suivant leur composition et la nature de la maladie. On les distingue en outre, suivant leur mode d'action réel ou supposé, 'en tempérantes ou acidules, émollientes ou mucilagineuses, pectorales, toniques, antiscorbutiques, sudorifiques, diurétiques, purgatives, etc. || T. Comm. On appelle T. de Champagne, du vin de Champagne très léger.

TISARD. s. m. [Pr. *ti-zar*]. Ouverture principale par où les fourneaux des métallurgistes tirent l'air.

TISCHENDORF, érudit allem. (1815-1874).

TISER. v. a. [Pr. *ti-zer*] (lat. *titio*, tison; ce mot est le primitif de *attiser*). Introduire du combustible dans un four de fusion. = TISÉ, ÉE. part.

TISEUR. s. m. [Pr. *ti-zeur*] (R. *tiser*). Ouvrier chargé de chauffer le four d'une verrerie.

TISIPHONE, une des Furies (Mythol.).

TISOIR. s. m. [Pr. *ti-zoar*] (R. *tiser*). Instrument pour attiser le feu d'un four de fusion,

TISON. s. m. [Pr. *ti-zon*] (lat. *titio*, m. s.). Reste d'une bûche, d'un morceau de bois dont une partie a été brûlée. — Fam., *Garder les tisons, avoir toujours le nez sur les tisons*, se dit d'une personne qui est ordinairement auprès du feu. *Cracher sur les tisons*, se dit des vieilles gens qui sont toujours auprès du feu. || Fig., on appelle T. *d'enfer*, Une personne méchante qui excite au mal par ses discours, par ses exemples; et T. *de la discorde*, ou *t. de discorde*, Un homme d'un caractère séditieux et funeste au repos de la société. T. *de discorde*, se dit aussi d'une chose qui est une matière de discorde, un sujet de querelle sans fin. || T. Techn. Sorte d'allumette chimique que le vent ne peut éteindre. Voy. ALLUMETTE.

TISONNÉ. adj. m. [Pr. *ti-zo-né*]. N'est usité que dans ces locut., *Poil gris t.*, *Cheval gris t.*, *Jument gris t.*, qui se disent d'un cheval sur lequel on observe des taches irrégulièrement éparses, comme si le poil avait été noirci dans ces endroits avec un tison.

TISONNER. v. n. [Pr. *ti-zo-ner*]. Remuer les tisons sans besoin. *Il est sans cesse à t.*

TISONNEUR, EUSE. s. [Pr. *ti-zo-neur, euze*]. Celui, celle qui aime à tisonner.

TISONNIER. s. m. [Pr. *ti-zo-nié*] (R. *tisonner*). T. Techn. Tige de fer avec un crochet au bout, qui sert à attiser le feu de la forge et à en retirer le mâchefer.

TISSAGE. s. m. [Pr. *ti-sa-je*]. L'action de tisser, et l'ouvrage de celui qui tisse.

Tout tissu est formé par l'entrelacement régulier de fils soumis à une certaine tension, et dont la superposition, au point d'entre-croisement, détermine l'épaisseur de l'étoffe. Il existe un nombre infini de variétés de tissus; cependant, si on les considère au point de vue de leur constitution élémentaire, on peut les diviser en deux grandes classes, celle des tissus à corps pleins, à fils serrés et rectilignes, et celle des tissus à mailles et à fils curvilignes, chacune renfermant plusieurs genres, qui diffèrent par le système de croisement de leurs fils. Limités que nous sommes par notre cadre, nous ne parlerons que des tissus de la première classe. Ce sont d'ailleurs les plus nombreux, puisqu'ils comprennent depuis la

toile à voiles la plus grossière jusqu'à la batiste la plus fine. La classe des tissus à mailles ne se compose que du *tulle* et du *tricot*. Voy. ces mots.

1. — Les tissus à corps plein sont produits par deux systèmes de fils qui se croisent invariablement à angle droit. Les fils d'un de ces systèmes sont placés dans le sens de la longueur de l'étoffe, et isolés les uns des autres : leur série se nomme *Chaîne*. Les fils de l'autre système entre-croisent transversalement ces derniers et, peuvent être regardés comme un seul fil successivement replié et serré sur lui-même de manière à recouvrir tout l'espace occupé par ceux du premier système : leur série constitue la *Trame*. Une seule course de trame égale à la largeur de la chaîne est ce qu'on nomme une *Duite*. Dans les tissus ornés de plusieurs nuances, on obtient l'effet voulu en superposant plusieurs duites, en faisant ce qu'on appelle des *passés*. Le t. proprement dit est précédé de plusieurs opérations préliminaires dont les principales sont : le *bobinage*, l'*ourdissage* et le *parage*. Le *Bobinage* a pour objet de disposer sur des bobines les fils destinés à la chaîne, lesquels arrivent toujours de la filature en écheveaux ou en fuseaux. Il s'exécute au moyen de dévidoirs, appelés *Machines à bobiner*, où l'on place les unes à côté des autres des bobines, que l'on fait mouvoir toutes à la fois et sur lesquelles on fait monter le fil provenant des broches ou des écheveaux. L'*Ourdissage*, qui vient ensuite, consiste à former la chaîne en assemblant parallèlement entre eux un

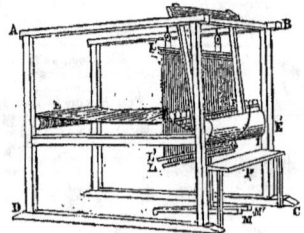

certain nombre de fils d'égale longueur. Il s'opère à l'aide d'appareils nommés *Ourdissoirs*, qui sont mus, tantôt à la main, tantôt par un moteur mécanique. A l'ourdissage succèdent le *Montage*, c.-à-d. le transport de la chaîne sur le métier à tisser, et le *Parage* ou *Encollage*. Cette dernière opération consiste à étendre régulièrement sur un enduit, appelé *Parou* ou *Parement*, qui est destiné à augmenter leur résistance et à les rendre plus glissants. On se sert de colle animale pour la laine, et d'un mélange de fécule, d'amidon grillé et de sulfate de cuivre ou de zinc, pour le lin, le chanvre et le coton. La soie est la seule matière textile qui n'ait pas besoin d'être encollée. — Le métier à tisser le plus simple est le *Métier à marches* (Fig. ci-dessus). Ce métier, qui est connu de temps immémorial, se compose d'un bâti solide ABCD, et de parties mobiles qui servent à exécuter le travail. Le bâti a environ 3 mètres de hauteur, 3m,50 de largeur, et 1m,80 de profondeur : il offre en avant une planche inclinée P qui sert de siège au tisserand. Les parties mobiles sont les suivantes. EE' sont deux cylindres ou *Ensouples* : l'ensouple de derrière E est celle sur laquelle les fils de chaîne sont enroulés, et c'est sur l'ensouple de devant E que l'ouvrier enroule l'étoffe à mesure qu'il l'a tissée. La chaîne est soumise à un système de tension qui agit sur son axe à mesure que la chaîne est employée; la seconde est munie d'une roue à déclic et d'une manivelle que l'ouvrier peut faire mouvoir. Les *Lisses* ou *lames* LL' sont de longues ficelles ou *mailles*, munies de nœuds ou d'anneaux, pour livrer passage aux fils de la chaîne : leur nombre, toujours pair, dépend de la largeur qu'on veut donner au tissu. Les ficelles de chaque système de lisses sont assemblées au moyen de deux réglettes de bois, dont l'une, la supérieure, à ses extrémités attachées à une corde qui va passer dans la gorge d'une poulie fixée au haut du bâti, tandis que l'autre, l'inférieure, communique avec les pédales NM' appelées *Marches*, que l'ouvrier fait mouvoir avec les pieds. Il résulte de cette disposition que les lisses se partagent les fils de la chaîne et peuvent les faire monter et descendre alternativement, quand on appuie successivement sur les marches qui leur correspondent. Le Bat-

lant F est la partie la plus importante du métier. C'est une traverse de bois horizontale qui est suspendue en haut du métier, au-dessus des fils, par deux montants à pivots, de manière à pouvoir prendre un mouvement d'oscillation d'avant en arrière. Cette traverse porte un peigne d'acier, dont les dents, en nombre égal à celui des fils de chaîne, séparent ces derniers les uns des autres. Ce peigne, qu'on appelle *Ros* ou *Rot* est assemblé entre une pièce de bois, nommée *Poignée*, et une espèce de longue boîte, appelée *Masse* ou *Chasse*, dans laquelle glisse la navette. Outre les parties qui précèdent, on distingue, dans le métier à marches, une pièce fixe, nommée *Templet*, qui est une espèce de crémaillère placée en avant du battant sur la partie faite du tissu, et dont l'objet est de tendre ce dernier et de lui assurer une largeur uniforme. À cet effet, elle est munie à ses extrémités de dents que l'on enfonce dans la lisière de l'étoffe. La *Navette* est un morceau de bois étroit, long d'environ 20 centimètres, qui se termine par deux cônes, pour qu'elle ne s'accroche pas aux fils de chaîne. Elle présente au milieu de sa longueur un trou appelé *chasse* où est fixée, au moyen d'un axe dont les extrémités forment tourillons, une petite bobine ou *canette* chargée du fil de trame, laquel passe par un petit trou au bout de la navette, de telle sorte que, lorsqu'on chasse la navette, son mouvement fait dérouler le fil. Enfin, on avant et en arrière de la chasse sont deux autres trous dans lesquels on remarque des galets mobiles destinés à faciliter le mouvement de la navette, en diminuant le frottement des fils de la chaîne. Pour commencer à tisser, l'ouvrier dispose les choses comme le montre la figure, où l'on voit les fils de la chaîne enroulés sur l'ensouple de derrière passer d'abord dans les boucles des lisses, puis entre les dents du peigne, et venir se fixer à l'ensouple de devant qui leur donne la tension convenable. Les deux lisses et les deux marches sont alors à la même hauteur, la chaîne est horizontale et le battant a une position verticale. Mais dès que l'ouvrier met le pied sur une des marches, sur la marche M par ex., il fait baisser la lisse L et monter la lisse L' avec tous les fils qu'elles commandent, ce qui produit un parallélogramme dans l'angle duquel il lance la navette. Sous l'impulsion qui lui est donnée, celle-ci parcourt toute la largeur de la chaîne et y dépose son fil. Cet effet obtenu, l'ouvrier appuie sur la marche M', de manière à faire monter la lisse L et baisser la lisse L'. Par cette manœuvre, le fil de trame se trouve comme emboîté entre les deux systèmes de fils de la chaîne; un nouveau parallélogramme s'est formé, et l'on y fait passer une seconde duite, mais en sens contraire de la première. On continue ainsi jusqu'à ce que toute la chaîne soit employée. Toutefois, pour que le tissu ait la résistance convenable, on est obligé de serrer chaque duite dans le sommet de l'angle où elle s'est logée. On obtient ce résultat en la frappant au moyen du battant. En outre, pour que la trame se tasse plus aisément sous l'action du battant, on a soin, avant de placer le fil dans la navette, de le soumettre à une opération appelée *mouillade*, qui consiste à le faire tremper dans un bain d'eau de savon. Cette dernière opération n'a pas lieu pour la soie.

D'après ce qui précède, on voit que pour obtenir un tissu de l'espèce la plus simple, il suffit de répéter successivement les mouvements en sens contraire des deux lisses, de faire courir, après chacun d'eux, un fil de trame dans toute la largeur de la chaîne, et d'imprimer un choc à ce dernier. Il est facile de comprendre pourquoi les étoffes de ce genre sont unies et exactement semblables de chaque côté. Néanmoins on peut obtenir certains effets particuliers, notamment des rayures, en modifiant le croisement des fils, c.-à-d. ce qu'on appelle l'*Armure*. Au reste, aujourd'hui, dans les grandes fabriques, on remplace le métier à marches par un appareil beaucoup plus compliqué, qu'on appelle *Métier mécanique*, et dont il existe un grand nombre de variétés, chacune destinée à un usage spécial. — Outre les tissus unis, qui sont naturellement les plus anciens, il en existe d'autres auxquels on applique l'épithète de *façonnés*, parce que leur surface présente des ornements divers et quelconques obtenus par le croisement des fils. On dit quelconques, parce qu'il n'existe aucun dessin, fleurs, fruits, paysages, etc., qui ne puisse être imité avec exactitude par le tissage. Les tissus de cette catégorie sont formés, comme les précédents, d'une chaîne et d'une trame, mais l'exécution de leurs ornements exige que les fils de la chaîne puissent se mouvoir isolément, ce qui demande des métiers différents de ceux dont il vient d'être question. La première machine imaginée à cet effet est le *Métier à la tire*. Elle a été créée à une époque très ancienne, mais inconnue, et on l'a employée jusqu'à ce que l'invention du *Métier à la Jacquart* l'ait fait peu à peu abandonner.

Dans le métier Jacquart, la chaîne est formée de fils de diverses couleurs, et l'on obtient les dessins en abaissant certains fils et en soulevant d'autres à chaque duite. Les fils qui doivent être ainsi élevés et abaissés sont soutenus par des lisses dont la manœuvre règle l'effet à obtenir. Cette manœuvre à son tour est réglée par des cartons percés de trous dans chacun desquels passe l'extrémité supérieure des pièces qui supportent les lisses, tandis que les parties pleines arrêtent les tiges des autres lisses. Chaque dessin est ainsi représenté par une suite de cartons, et la préparation de ces cartons constitue ce qu'on appelle la *mise en cartes*. — Parmi les tissus façonnés, il en est certains, dits *brochés*, dont les dessins sont obtenus au moyen d'une espèce de broderie appliquée seulement aux endroits à orner, et en n'employant absolument que la quantité de matière nécessaire pour les produire. On exécute ces dessins isolés à l'aide de battants d'une forme particulière, appelés pour ce motif *battants brocheurs*, dont la réalisation pratique, qui date de 1838, est due à Godemard et à Meynier, de Lyon. — Les tissus au *lancé* sont formés par des fils de trame de différentes couleurs qu'on fait apparaître là où il convient et qu'on laisse flotter à l'envers partout ailleurs.

II. — L'art du tissage se perd, comme celui du filage, dans la nuit des temps; mais, à la différence de ce dernier qui est resté longtemps stationnaire, il a au contraire fait de bonne heure de progrès remarquables. Si l'on en juge même par les échantillons que l'industrie du moyen âge nous a transmis, il est incontestable qu'à cette époque, on connaissait, tant en Orient qu'en Occident, pour la fabrication des tissus de luxe, la plupart des artifices usités de nos jours. Les modernes n'ont réellement fait que simplifier la fabrication des tissus façonnés et créer le tissage mécanique des tissus unis. Ce double résultat a été obtenu au moyen d'une multitude d'inventions dont il est très souvent impossible de préciser rigoureusement la date et l'auteur. Il est, en outre, à remarquer que les tisserands européens antérieurs au XVII⁰ siècle avaient surtout travaillé la laine, rarement le chanvre et le lin, et exceptionnellement la soie. — Le tissage mécanique des tissus unis est né en France, mais c'est à l'Angleterre qu'appartient la gloire de l'avoir réalisé pratiquement. Les premiers essais datent de 1678, époque à laquelle un officier de marine, nommé de Gennes, présenta à l'Académie des sciences « une machine pour faire de la toile sans l'aide d'aucun ouvrier ». Une machine du même genre fut créée, en 1745, par Vaucanson. Aucune de ces deux inventions n'eut de succès en France. Les choses se passèrent autrement en Angleterre. Ce pays, se trouvant déjà en possession de la filature mécanique, avait besoin de nouveaux métiers à tisser afin de pouvoir employer l'énorme quantité de fils que la filature produisait chaque jour et à la consommation desquels les anciens procédés de tissage ne pouvaient suffire. Il fut répondu à ce besoin par Edmond Cartwright, qui, en 1787, réussit à construire un métier à tisser fonctionnant mécaniquement. C'est ce métier que l'on regarde avec raison comme le point de départ des mécanismes actuellement employés. Il fut aussitôt perfectionné par une foule de mécaniciens habiles, et son usage pénétra promptement dans toutes les grandes manufactures. Le tissage mécanique était déjà très florissant en Angleterre, quand on songea à l'introduire en France. L'initiative de ce grand progrès paraît due à Biard (1804) et à Desplan (1805); mais il n'a pas été réalisé que fort longtemps après. On cite Vigneron, Debergue, Rixler, Dixon et Josué Heilmann, parmi ceux qui ont le plus contribué à doter notre pays des métiers mécaniques à tisser. — Quant à la fabrication des tissus façonnés, elle est aussi d'origine française, mais, de plus, c'est dans notre pays qu'elle est le plus développée. Le premier métier destiné à cette sorte de tissus fut monté à Lyon, en 1606, par Claude Dangon, et successivement amélioré par Garon (1717), Bouchon (1725) et Falcon (1728). En 1746, Vaucanson, abandonnant les voies suivies par ses devanciers, en imagina un autre qui, quoique ne réussissant pas dans la pratique, n'en contribua pas moins au progrès ultérieur par les idées qu'il fit naître. Des inventions du même genre furent faites par la suite par Ponçon (1775), Vorsier (1790) et plusieurs autres. Enfin, vers 1804, Jacquart, de Lyon, en combinant et modifiant les travaux de Bouchon, de Falcon et de Vaucanson, réussit, avec l'aide du mécanicien Breton, à résoudre complètement le problème et à doter l'industrie du célèbre métier auquel la reconnaissance publique a donné son nom. Aujourd'hui, ce métier est répandu dans tous les pays où l'industrie des étoffes façonnées est florissante; mais il a reçu de si nombreux perfectionnements, que son inventeur aurait beaucoup de peine à le reconnaître. Il est redevable de ses améliorations les plus importantes à nos compatriotes Breton, Belly, Acklin, Garnier, Tranchat, Michel, etc.; à Bonardel, de Berlin, et aux Anglais Wilson, Barlow, etc. Dans ces dernières années, l'ingénieur piémontais Bonelli a eu l'idée d'employer l'électricité pour remplacer certains organes du métier à la Jacquart, mais cette innovation ne présente aucun avantage pratique.

TISSAPHERNE, satrape de Perse, sous le roi Ataxerxès II, suivit les Dix Mille dans leur retraite, sans pouvoir en triompher, et périt tué par ordre de son maître, en 395 av. J.-C.

TISSER. v. a. [Pr. *ti-ser*] (lat. *texere*, m. s.). Faire de la toile ou d'autres étoffes en entrelaçant les fils dont elles doivent être composées. *T. de la toile. T. du drap. T. du lin, du coton.* == Tissé, ée. part.*Cette toile est bien tissée.* — Ce verbe ne s'emploie qu'au propre. Voy. Tistre, Tissu, Tissage.

TISSERAND, ANDE. s. [Pr. *ti-se-ran*] (R. *tisser*). Ouvrier, ouvrière qui tisse des étoffes quelconques. *T. en drap, en soie, etc.* || Absol., signifie Celui qui tisse de la toile. *Le métier de t. est bien déchu.*

TISSERAND (Félix), astronome fr. Directeur de l'Observatoire de Paris, auteur de travaux importants de mécanique céleste (1845-1896).

TISSERANDERIE. s. f. [Pr. *ti-se-randeri*]. Profession de ceux qui tissent ou qui vendent les ouvrages faits par les tisserands. *Exercer la t. et la draperie.*

TISSERIN. s. m. [Pr. *ti-se-rin*] (R. *tisser*). T. Ornith. Espèce de *Passereau.* Voy. Moineau.

TISSEUR, EUSE. s. [Pr. *ti-seur, euze*]. Celui, celle qui exerce le métier de tisser des étoffes, des rubans. *Les tisseurs de Lyon. C'est une habile tisseuse.*

TISSOT (André), médecin suisse (1728-1797).

TISSOT (Pierre-François), littérateur fr. et professeur de poésie latine au Collège de France (1768-1854).

TISSU. s. m. [Pr. *ti-su*] (part. pass. de tistre). Dénomination générique qui s'applique à tous les produits de l'art du tissage. *Les riches tissus de l'Inde. Les admirables tissus de Lyon. Tissus de soie, de fil, de coton, de laine. Voilà un beau t. d'or et d'argent. Un t. imperméable.* — Par ext., se dit aussi pour Tissure. *Le t. de cette étoffe est lâche, est serré.* || Par anal., se dit des parties solides des corps soit animaux, soit végétaux, qui sont formées d'éléments anatomiques plus ou moins enchevêtrés ou simplement accolés. Voy. plus bas, et Histologie. || Fig., Suite d'actions, de discours, de choses, ordinairement enchaînées les unes aux autres.

Dans un long tissu de belles actions.

CORNEILLE.

Cet ouvrage est un t. de mensonges, de calomnies. Tout ce qu'il dit n'est qu'un t. de faussetés. La vie humaine n'est qu'un t. de misères. Sa vie est un t. de belles actions. Cette histoire est un t. d'horreurs. — En parlant d'ouvrages d'esprit et du style, se dit particulièrement de l'ordre et de l'enchaînement des idées, des pensées. *Le t. de son discours est fort bon. Le t. de son style est plein, serré, lâche, etc.*

Bot. — On sait que le corps de la plupart des végétaux est formé par la réunion d'éléments, appelés *Cellules.* Dans beaucoup d'Algues et de Champignons, les cellules qui entrent dans la constitution de l'organisme accomplissent les mêmes fonctions, et ces cellules, quelle que soit d'ailleurs leur complexité, sont toutes semblables entre elles. Mais dans tous les autres végétaux et surtout dans les plantes supérieures, il s'établit une différenciation qui a pour résultat d'adapter certaines cellules à un travail déterminé, différent de celui des cellules voisines. On désigne alors sous le nom de *Tissus* un ensemble de cellules de même forme, à différenciation semblable et jouant le même rôle.

Les tissus végétaux peuvent être d'abord distingués en *Tissus jeunes* et *Tissus adultes.*

A. *Tissus jeunes.* — Les tissus jeunes se rencontrent dans toutes les parties de la plante qui sont en voie de croissance; ils sont constitués par des cellules à parois minces, petites, étroitement appliquées les unes contre les autres, sans méat

entre elles, et la plupart en voie de cloisonnement très actif. A cause de la propriété que possèdent les tissus jeunes de se diviser pendant un certain temps, on leur donne le nom de *Méristèmes.* Ces méristèmes sont toujours homogènes, sans différenciation aucune, et il n'est pas possible de prévoir le degré de complication que les cellules qui les constituent acquerront par la suite dans les diverses parties de la plante adulte. Une fois que les cellules ont fini de se diviser, elles continuent à s'accroître en surface, de sorte que la région où cette croissance a lieu grandit en tous sens, sans qu'il y ait formation de cellules nouvelles. Cet accroissement, provoqué par les cellules du méristème au moment où elles vont se différencier et passer à l'état durable, porte le nom de *Croissance intercalaire.*

B. *Tissus adultes.* — Les tissus adultes sont formés par des groupes de cellules chez lesquelles la différenciation est achevée. Les uns sont constitués par des cellules qui conservent leur protoplasme après la différenciation et restent par conséquent vivantes : ce sont les *tissus vivants* qui sont capables de repasser à l'état de méristèmes et d'évoluer de nouveau. Dans ce premier groupe de tissus, on distingue : le *parenchyme,* l'*épiderme,* le *t. sécréteur.* Les autres sont formés de cellules qui perdent leur protoplasme pendant leur différenciation et sont, de ce fait, désormais fixés dans leur structure. Ce sont les *tissus morts,* comprenant le *t. conducteur* et le *sclérenchyme.*

1º *Parenchyme.* — Le *Parenchyme* ou T. *parenchymateux* est le t. le plus abondamment développé dans les plantes; il est essentiellement formé de cellules à parois minces, plus ou moins adhérentes entre elles, qui constituent les parties molles de la plante. Le parenchyme présente un grand nombre de variétés suivant la nature de la différenciation des cellules qui le constituent. Si les membranes cellulaires se transforment en *Subérine,* c'est du *Parenchyme subéreux* ou du *Liège* destiné à jouer, pour la plante, un rôle de protection très important, ou la soustrayant à l'influence directe du milieu. Si le protoplasme développe de la chlorophylle, comme dans les feuilles, c'est le *Parenchyme vert* ou *parenchyme chlorophyllien;* s'il développe de l'amidon, c'est le *parenchyme amylacé* si abondant dans les tubercules souterrains dont plusieurs sont exploités pour l'extraction de la *Fécule;* s'il produit des matières grasses, c'est le *parenchyme oléagineux,* etc. Si les cellules se dissocient et forment de nombreux et larges méats ou des lacunes (Fig. 1); c'est le *parenchyme lacuneux* qui sert à la circulation et à l'échange des gaz dans la plante. Enfin si le parenchyme est composé de cellules étoilées (Fig. 2), c'est le *parenchyme étoilé.*

Fig. 1.   Fig. 2.

2º *Épiderme.* — L'*Épiderme* ou T. *épidermique,* est constitué par des cellules plates, rectangulaires, ou à bords ondulés, étroitement unies entre elles sans laisser d'intervalle. La membrane de ces cellules est toujours, dans la partie extérieure, transformée plus ou moins complètement en *Cutine,* substance ternaire, très pauvre en oxygène, très peu perméable aux liquides et aux gaz, essentiellement protectrice, par conséquent. Outre la présence de la cutine, les cellules épidermiques sont parfois revêtues d'une croûte de cire qui, dans certains Palmiers notamment, est assez épaisse pour être exploitée. L'épiderme présente des orifices particuliers appelés *Stomates,* destinés à faire communiquer l'atmosphère interne de la plante avec l'extérieur ; il développe aussi les productions appelées *Poils.*

3º *Tissu sécréteur.* — Ce t. est formé de cellules parenchymateuses ou de tubes adaptés à une fonction spéciale, la *sécrétion.* Les cellules sécrétrices sont disposées de différentes façons chez les végétaux; tantôt elles sont isolées et disséminées à l'intérieur des tissus : ce sont des *glandes sécrétrices internes;* tantôt elles sont situées à l'extérieur et portées à

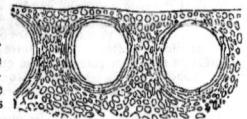

Fig. 3.

l'extrémité de poils plus ou moins développés, tantôt très courts, tantôt très longs : ce sont des *glandes secrétrices externes*, que l'on désigne plus communément sous le nom de *poils glanduleux*. Ailleurs, les cellules secrétrices sont groupées de façon à constituer, tantôt un nodule entourant une cavité centrale où s'accumule le produit de sécrétion (*Nodule sécréteur*) (Fig. 3), tantôt un tube entourant un

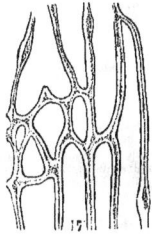

Fig. 4.

véritable canal (*Canal sécréteur*). Le t. sécréteur peut enfin être constitué par des vaisseaux non cloisonnés, ramifiés, tantôt avec anastomoses (Fig. 4), tantôt sans anastomoses, et renfermant un liquide laiteux généralement blanc, quelquefois coloré, appelé *Latex* : d'où le nom de *Laticifères* donné à ces organes de sécrétion.

4° *Tissu conducteur*. — Le t. conducteur comprend les différents vaisseaux destinés à disséminer dans la plante les matières nutritives nécessaires à son développement. Deux sortes de vaisseaux caractérisent ce t. : les *vaisseaux libériens* ou *criblés*, et les *vaisseaux ligneux*.

Les *vaisseaux cribles* sont des tubes à membrane toujours cellulosique dont les cellules communiquent entre elles par des orifices étroits pratiqués dans les cloisons transversales et simulant une sorte de crible. Ces tubes contiennent des ma-

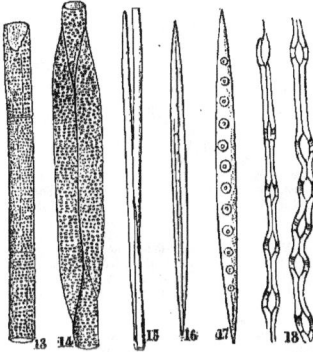

5   7   8   9   10   11

tières azotées ou *Sève élaborée* qui circulent à travers les pores du crible pendant l'été; en automne et en hiver, ces cribles sont formés par un gonflement de la membrane qui forme une sorte d'obturateur appelé *Cal*. Les vaisseaux criblés caractérisent une région de la plante appelée *Liber*.

Les *vaisseaux ligneux* sont des tubes formés d'une membrane toujours lignifiée et ornée de sculptures diverses qui servent au transport de l'eau et des matières minérales, c.-à-d. de la *Sève brute*. Ces tubes sont dits *ouverts*, lorsque toutes les cellules qui ont servi à les former en s'ajoutant bout à bout, communiquent entre elles; et ils sont dits *fermés*, lorsque les cloisons séparatrices ne sont pas résorbées. Suivant l'aspect des sculptures de la paroi, on distingue : les *Vaisseaux annelés* (Fig. 8) et les *Vaisseaux spiralés* ou *Trachées* (Fig. 5, 6, 7); les *Vaisseaux rayés* (Fig. 10, 11) et *réticulés* (Fig. 9); les *Vaisseaux ponctués* (Fig. 13, 14); les *Vaisseaux scalariformes* (Fig. 12) qui peuvent être ouverts ou fermés.

Parmi les vaisseaux fermés, il faut signaler les *Vaisseaux à ponctuation aréolées* (Fig. 17, 18) très communs, dans le bois des Conifères. Ils sont formés de cellules qui communi-

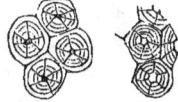

Fig. 12.

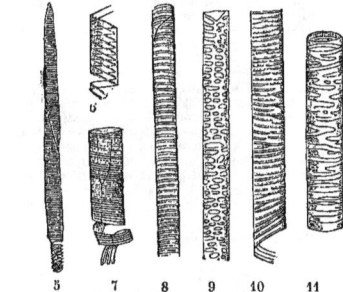

13   14   15   16   17   18

quent entre elles par des ponctuations placées sur les parois longitudinales et qui se présentent, sous la forme de deux cercles concentriques. Les vaisseaux ligneux caractérisent le *Bois* de la plante.

Ces vaisseaux, libériens ou ligneux, se groupent parfois en massifs, le plus souvent en cordons qui parcourent le corps de la plante et qu'on appelle des *Faisceaux*. Quand le bois et le liber sont associés dans un même faisceau, celui-ci prend le nom de *Faisceau libéro-ligneux* (*Faisceau fibro-vasculaire* des anciens botanistes).

5° *Sclérenchyme*. — Le *Sclérenchyme* ou *T. scléreux* est formé de cellules à parois très épaisses et dont la cavité interne a presque disparu par suite de l'épaississement des parois (Fig. 19). Les cellules de sclérenchyme, dans lesquelles l'activité du protoplasme s'est épuisée à épaissir la membrane donnent de la solidité aux régions dans lesquelles elles se

Fig. 19.

sont développées. Dans bien des cas, ces cellules au lieu de conserver le même diamètre, s'allongent considérablement et se terminent le plus souvent en pointe aux deux extrémités; on leur donne alors plus particulièrement le nom de *Fibres* (Fig. 15, 16).

TISSULAIRE. adj. 2 g. [Pr. *ti-su-lère*]. T. Anat. Qui concerne les tissus.

TISSURE. s. f. [Pr. *ti-sure*]. Qualité de ce qui est tissu, T. *ferme*, *serrée*. T. *lâche.* || Fig., *La t. d'un discours. d'un poème, etc.* Vx ; on dit aujourd'hui *Tissu.*

TISSUTERIE. s. f. [Pr. *ti-su-teri*]. Art du passementier, du rubanier. Vx.

TISSUTIER. s. m. [Pr. *ti-su-tié*]. Ouvrier qui fait toutes sortes de tissus, de rubans, de ganses, etc. Inus.

TISTRE. v. a. (lat. *texere*, m. s.). Ce verbe, qui est syn. de *Tisser*, est inusité, excepté dans les temps formés de son participe, *Tissu*. Il a *tissu* cette toile. || Fig., *C'est lui qui a tissu cette intrigue*, C'est lui qui l'a imaginée, qui l'a conduite. = *Tissu*, ue. part. *Une étoffe bien tissue.* || Fig., *Des jours tissus d'or et de soie*, Une vie de bonheur et de prospérité.

TITANATE. s. m. T. Chim. Voy. TITANE.

TITAN-COTTE. s. m. T. Bot. Nom vernaculaire du *Strychnos potatorum*, arbuste de la famille des *Loganiées*. Voy. ce mot.

TITANE. s. m. (gr. τίτανος, plâtre). T. Chim. Corps simple métallique dont l'oxyde a été découvert en 1791 par Klaproth.

Jusque dans ces dernières années, le t. métallique n'était connu que sous la forme d'une poudre grise; Moissan est arrivé à le préparer à l'état pur et compact. C'est un métal blanc et brillant, d'une densité égale à 4,87; il est plus dur que l'acier et que le cristal de roche; il ne fond qu'à une température extrêmement élevée. Il prend feu dans le fluor et se transforme en fluorure. Chauffé dans l'air il se convertit en anhydride titanique. Il décompose l'eau au rouge vif. Sa propriété la plus remarquable est de brûler dans l'azote vers 800° en formant un azoture. Le t. a pour symbole Ti et pour poids atomique 48. Dans ses combinaisons il se comporte comme un élément tétravalent analogue à l'étain.

L'oxyde de t. le plus important est le *Bioxyde* ou *Anhydride titanique* TiO². Il est infusible, insoluble dans l'eau, inattaquable par les acides, sauf par l'acide sulfurique concentré et par l'acide fluorhydrique. En se combinant avec les bases, il forme des sels appelés *Titanates*, qui sont généralement insolubles dans l'eau, mais solubles dans l'acide chlorhydrique. Les *Silicotitanates* résultent de l'union d'une base avec l'anhydride titanique et la silice.

Le *Tétrafluorure de t.* TiFl⁴ se forme quand on chauffe l'anhydride titanique avec le fluorure de calcium et l'acide sulfurique. Il se décompose au contact de l'eau en donnant de l'*Acide fluotitanique* TiFl⁶H² dont les sels, appelés *Fluotitanates*, sont isomorphes avec les fluosilicates. — Le *Tétrachlorure de t.* TiCl⁴, qu'on obtient par l'action du chlore sur un mélange d'anhydride titanique et de charbon, est un liquide soluble dans l'eau froide; il bout à 135°. Il s'unit au gaz ammoniac et à la plupart des chlorures des métalloïdes. — L'*Azoture de t.* Ti²Az², obtenu par l'union directe des éléments, présente l'aspect du bronze; il est tellement dur qu'il peut rayer le rubis et tailler le diamant. Il se combine avec le carbone pour former des composés définis. C'est une pareille combinaison de t., d'azote et de carbone qu'on rencontre quelquefois dans les scories des hauts fourneaux où l'on a traité des minerais de fer renfermant du t.

Un grand nombre de minéraux naturels contiennent du t. Le *Rutile*, l'*Anatase* et la *Brookite* sont des variétés cristallisées d'anhydride titanique. Le *Fer titané* est un titanate de fer qui a pour formule TiO³Fe; la *Pérowskite*, un titanate de chaux TiO³Ca. Le *Sphène* est un silicotitanate de chaux TiSiO⁵Ca dont il existe plusieurs variétés. L'*Euxénite* et l'*Aeschynite* contiennent à la fois de l'anhydride titanique et de l'anhydride niobique combinés avec les oxydes de plusieurs métaux rares. Enfin le t. se trouve en petite quantité dans un grand nombre de minerais de fer, dans les basaltes, dans certaines argiles, etc. — C'est à l'aide de l'anhydride titanique ou du fer titané que l'on prépare les divers composés du t. En chauffant au four électrique l'anhydride avec du charbon, on obtient une fonte de t. fortement carburée qui par l'affinage fournit le t. métallique pur; si l'opération se fait en présence de l'azote, il se forme de l'azoture de t.

Le t. peut être utilisé dans la fabrication de l'acier, auquel il communique une très grande dureté. A l'état d'oxyde, il est employé dans la peinture sur porcelaine.

TITANÉ, ÉE. adj. T. Minér. *Fer titané.* Voy. FER, VII, E.

TITANIFÈRE. adj. 2 g. (R. *titane*, et lat. *fero*, je porte). T. Minér. Qui renferme du titane.

TITANIQUE. adj. 2 g. T. Chim. Voy. TITANE.

TITANIQUE. adj. 2 g. Qui est digne des titans. *Orgueil t. Entreprise t.*

TITANISME. s. m. Esprit de révolte et d'usurpation.

TITANITE. s. f. (R. *titane*). T. Minér. Variété de sphène dont le calcium est remplacé en partie par du fer.

TITANS. s. m. pl. (gr. τιτᾶνες, m. s.). T. Mythol. Les géants, fils d'Uranus et de la Terre, qui voulurent escalader le ciel et détrôner Jupiter. Voy. SATURNE et JUPITER.

TITE-LIVE, historien latin (59 av. J.-C.-17 après), auteur d'une *Histoire romaine*.

TITHON, époux de l'Aurore, changé en cigale (Mythol.).

TITHYMALE. s. m. (lat. *tithymalus*, gr. τιθύμαλος, m. s.). T. Bot. Nom vulgaire de l'*Euphorbia Cyparissias*. Voy. EUPHORBIACÉES, I.

TITICACA, grand lac de l'Amérique du Sud (Bolivie), à 3.900 mètres au-dessus du niveau de la mer. Superficie 10.000 kilomètres carrés.

TITIEN (LE), célèbre peintre vénitien (1477-1576).

TITILLATION. s. f. [Pr. *titil-la-sion*] (lat. *titillatio*, m. s.). Sensation légère de chatouillement. *Une t. agréable, incommode.*

TITILLER. v. a. [Pr. *titil-ler*] (lat. *titillare*, m. s.). Produire un chatouillement agréable. *Ce vin titille agréablement le palais.* = TITILLÉ, ÉE. part.

TITRAGE. s. m. Action de titrer les métaux précieux, les soies, les cotons, etc.

TITRE. s. m. (lat. *titulus*, m. s.). Se dit de l'inscription mise au commencement d'un livre pour faire connaître le sujet de l'ouvrage, et ordinairement le nom de l'auteur, celui de l'éditeur, et l'année de la publication, ainsi que du feuillet qui contient cette inscription, et enfin des inscriptions placées au commencement des divisions d'un livre, pour indiquer la matière traitée dans chacune d'elles. *Le t. d'un livre. Cet ouvrage porte un t. bizarre. On a arraché le t. de ce volume. Quel est le t. de ce paragraphe? Juger un livre sur le t.* — *Le faux t. d'un livre,* Premier titre abrégé, imprimé sur le feuillet qui précède celui où est le titre entier. *T. courant,* Ligne en petites capitales qui est mise au haut des pages d'un livre pour indiquer le sujet dont il traite. || Par extens., Subdivision employée dans les codes de lois, dans les recueils de jurisprudence, etc. *Livre douze, t. trois du Digeste.* On lit dans les *Successions dans le Code civil.* || Petit trait que l'on met au-dessus d'une ou de plusieurs lettres pour marquer abréviation. Ainsi, pour écrire *Votre,* on écrit quelquefois V͞re. = Nom de dignité, qualification honorable. *Ce pair de France avait le t. de duc, de comte. Auguste refusa le t. de roi et prit le t. d'empereur. Cette terre portait le t. de comté. Sa Sainteté est le t. qu'on donne aux papes. Titres nobiliaires.* Voy. NOBLESSE, III. — En parlant des cardinaux, se dit de certaines églises de Rome ou des environs dont ils prennent le nom. *Cardinal du t. de Sainte-Sabine.* || Se dit aussi de certaines qualifications qu'on ne peut prendre, de certaines professions qu'on ne peut exercer qu'en vertu d'un diplôme, d'un brevet, etc. *Il a le t. de docteur en droit. Il a le t. d'avocat, de médecin, de notaire, etc.* || Par anal., se dit des qualifications qu'on donne aux personnes, pour exprimer certaines relations.

Malgré le nom de père et le titre de fils.

CORNEILLE.

Le t. de père, d'époux, d'épouse. Le t. de bienfaiteur. Celui que vous honorez du t. de votre ami. Se parer du t. de philosophe. — Se dit aussi de la propriété de la possession d'une charge, d'un office. *Il eut cette charge en t. après l'avoir exercée par commission. Former opposition au t. d'un office.* On dit dans un sens analogue : *Professeur en t.,* par opposition à *Professeur suppléant; Commis en t.,* Commis en pied, par opposition à *Surnuméraire.* || L'acte, l'écrit, la pièce authentique qui sert à établir un droit, une qualité. *Les anciens titres d'une maison. Les titres et papiers. Il a fait vérifier ses titres de noblesse. Titres et documents. T. primordial. T. de propriété. T. valable, inattaquable. Il produit des titres authentiques, des titres faux. T. exécutoire.* — *T. clérical,* Contrat par lequel on assignait une rente annuelle à celui qui voulait prendre les ordres sacrés. — *T. nouvel,* se dit de l'acte par lequel un nouveau possesseur, un héritier s'oblige de payer la même rente ou redevance que devait celui qu'il représente, et de l'engagement qu'on est en droit d'exiger du débiteur originaire lorsque le temps de la prescription approche. || Le droit qu'on a de posséder, de demander, ou de faire quelque chose. *Il possède cette maison à t. d'achat, d'héritage. A quel t. avez-vous obtenu cet emploi? En fait de meubles, possession vaut t. A bon t. A juste t. A faux t. T. onéreux,* Celui par lequel on acquiert une chose à prix d'argent ou sous la condition d'acquitter certaines charges; se dit par opposition à *T. gratuit,* Celui par lequel on acquiert une chose comme héritier ou donataire. — *A juste t., à bon t.,* Justement, avec raison. *C'est à juste t. qu'il fut appelé le Père du peuple.* || Par ext., se dit de la capacité, des services, des qualités qui permettent de prétendre à une chose. *Il a des titres à cette place. Il a bien des titres à mon amitié. Je ferai valoir vos titres.* || **T.** Monnayage et Bijout. Le degré de fin de l'or et de l'argent, c.-à-d. le rapport du poids du métal fin au poids total de l'alliage. Voy. ALLIAGE, MONNAIE et ORFÈVRE. = A TITRE DE. loc. prép. En qualité de, sous prétexte de. *A t. d'héritier. Il s'est introduit dans cette maison à t. de parent.* || *A t. de grâce, à t. de dette, à t. de don, de prêt,* Comme une grâce, une dette, etc. || *A t. d'office,* En vertu de sa qualité, de sa charge.

TITRE. s. m. (anc. fr. *listre,* d'origine scandinave *treysta*). **T.** Chasse. Relais où sont postés les chiens.

TITRER. v. a. Donner un titre d'honneur à une personne, à une terre; ou donner à une personne les prérogatives attachées à certains titres. || Déterminer la proportion d'or, d'argent fin unie à l'alliage dans les métaux précieux, la proportion de soie, de laine, dans un tissu mélangé, etc. || **T.** Chim. Doser un certain volume d'une liqueur contenant en dissolution un poids fixe d'un réactif. == TITRÉ, ÉE. part. *Un homme titré, une femme titrée,* Qui a un titre nobiliaire. — *Terre titrée,* Terre à laquelle est attaché un titre nobiliaire.

TITRIER. s. m. (R. *titre*). Autrefois le religieux chargé de veiller à la conservation des titres d'un monastère. || Fabricateur de faux titres.

TITUBATION. s. f. [Pr. ...*sion*] (lat. *titubatio,* m. s.). Action de chanceler. || Le mouvement de nutation de l'axe de la terre. Inus.

TITUBER. v. n. (lat. *titubare,* m. s.). Chanceler. *L'ivrogne commençait à tituber.* Fam.

TITULAIRE. adj. et s. f. (lat. *titulus,* titre). Qui a le titre et le droit d'une dignité, sans en avoir la possession, sans en remplir la fonction. *Les princes de cette maison ont été longtemps empereurs titulaires de Constantinople.* || Qui est revêtu d'un titre, soit qu'il en remplisse, soit qu'il n'en remplisse pas la fonction. *Professeur t. Juré t. Les membres titulaires d'une société savante.* || S'emploie aussi subst. *Cette chaire a été supprimée à la mort du dernier t. C'est une telle qui est la t. du bureau de tabac.*

TITULARIAT. s. m. [Pr. *titula-ria*]. Possession en titre d'une charge, d'une fonction.

TITUS, empereur romain, fils de Vespasien, célèbre par sa douceur (79-81 ap. J.-C.). || Prit et ruina Jérusalem en 70.

TIVOLI, v. d'Italie à 7 lieues de Rome (anc. *Tibur*); 8,000 hab.

TIZA. s. f. **T.** Minér. Boronatrocalcite d'Amérique. Voy. BORE.

TIZI-OUZOU, ch.-l. d'arr. du dép. d'Alger, à 100 kil. E. d'Alger; 26,000 hab.

TLASCALA, v. du Mexique, ch.-l. de province, anc. cap. de la république belliqueuse qui s'allia avec Fernand Cortez contre les Aztèques; 4,300 hab.

TLEMCEN, ch.-l. d'arr. du dép. d'Oran (Algérie), à 130 kilomètres S.-O. d'Oran; 29,500 hab.

TMÈSE. s. f. [Pr. *tmè-ze*] (lat. *tmesis,* gr. τμῆσις, coupure). **T.** Gramm. La *Tmèse* consiste à séparer un mot en deux parties pour insérer un ou plusieurs mots dans l'intervalle. Cette figure était d'un assez fréquent usage dans la poésie grecque et latine. Ainsi Virgile a dit : *circum dea fudit amictu,* pour *dea circumfudit amictu.* La *Tmèse* se présente encore dans la langue allemande, où la préposition se trouve souvent séparée du verbe auquel elle appartient; mais dans notre langue, elle n'est jamais usitée. Autrefois cependant on la pratiquait fréquemment avec les mots *senon* (sinon) *vez ci* (voici), etc. Fr. Génin cite entre autres ces exemples suivants :

> Quoique je die et quoique non,
> Nus n'est vilains, *se de cuer non...*
> Sire, *vez me ci* toute preste.

TMOLUS, montagne et v. de l'anc. Lydie (Asie Mineure)

TOAST. s. m. [Pr. *tost*] (mot angl. qui sign. propr. *rôtie* et vient du vx fr. *toster,* griller; a pris le sens actuel parce qu'autrefois les Anglais mettaient dans leur verre avant de porter le toast). Proposition de boire à la santé de quelqu'un, à l'accomplissement d'un vœu, au souvenir d'un événement. *Porter un t. Il y eut vingt toasts portés.*

TOASTER. v. a. [Pr. *toster*]. Porter un toast, des toasts; boire en annonçant un vœu, un sentiment pour quelqu'un, ou quelque événement heureux. *On a toasté la paix.* Absol., *Nous passâmes toute la nuit à t.* = TOASTÉ, ÉE. part.

TOBAS, Indiens de l'Amérique du Sud (Région du Grand Chaco).

TOBIE, nom de deux Juifs, le père et le fils, célèbres durant la captivité de Ninive. Le père, étant devenu aveugle, fut guéri par son fils, sur les conseils de l'ange Raphaël, avec du fiel de poisson (Bible).

TOBOLSK, v. de la Sibérie (Asie), sur le fleuve Tobol; 20,200 hab.

TOC. Onomatopée. Sonnerie sourde d'une montre à répétition sans timbre. *Montre à toc.* || *Jeu du toc.* Sorte de jeu de trictrac que l'on joue avec quinze dames de chaque couleur.

TOCADE. Voy. TOQUADE.

TOCANE. s. f. Vin nouveau fait de la mère goutte. *Bonne t. T. de Champagne.*

TOCANTINS, fleuve du Brésil; se jette dans l'Atlantique; 2,800 kil.

TOCCATE. s. f. [Pr. *tok-kate*] (ital. *toccata,* m. s., part. pass. de *toccare,* toucher). Pièce de musique écrite pour un instrument à touches. *La t. diffère de la sonate en ce qu'elle n'est ordinairement composée que d'un seul morceau.*

TOCO. s. m. **T.** Ornith. Espèce de Grimpeur. Voy. TOUCAN.

TOCOCA. s. m. **T.** Bot. Genre de plantes Dicotylédones de la famille des *Mélastomacées.* Voy. ce mot.

TOCOLOGIE. s. f. (gr. τόκος, accouchement; λόγος, discours). **T.** Chir. Science des accouchements. Voy. ACCOUCHEMENT.

TOCQUEVILLE (DE), publiciste et homme politique fr. (1805-1859), ministre des affaires étrangères du 2 juin au 31 octobre 1849, auteur de *la Démocratie en Amérique* et de *l'Ancien régime et la Révolution.*

TOCRO. s. m. **T.** Ornith. Espèce de *Passereau.* Voy. COLIN.

TOCSIN. s. m. (R. *toquer,* et lat. *signum,* signal, pris au moyen âge dans le sens de cloche). Bruit d'une cloche qu'on tinte à coups pressés et redoublés pour donner l'alarme, pour avertir du feu, etc. *Dès que l'ennemi parut, on sonna le t. Les factieux sonnèrent le t. pour ameuter le peuple.* || *La cloche du t.,* ou simpl., *Le t.,* La cloche destinée à sonner le t. On a placé le t. dans cette tour.* || Fig., *Il a sonné le t.,* se dit d'un orateur, d'un écrivain dont les paroles sont propres à soulever, à enflammer la multitude. *Sonner le t. sur quelqu'un,* Exciter le public contre lui.

TOC-TOC. interj. (onomat.). Locution exprimant un bruit, un choc sourd et répété.

TODAS, peuple à demi sauvage, de race blanche, mais non aryen, qui habite dans le voisinage du mont Nilgherries (Hindoustan).

TODDALIA. s. m. [Pr. *tod-dalia*]. **T.** Bot. Genre de plantes Dicotylédones de la famille des *Rutacées,* tribu des *Toddaliées.* Voy. RUTACÉES.

TODDALIÉES. s. f. pl. [Pr. *tod-dalié*] (R. *Toddalia*).

830

T. Bot. Tribu de végétaux de la famille des *Rutacées*. Voy. ce mot.

TODDI ou **TODDY**. s. m. [Pr. *tod-di*]. Boisson fermentée que les Indiens obtiennent du suc qu'a s'écoule des spathes du Cocotier, quand on les incise. Voy. PALMIER.

TODIER. s. m. T. Ornith. Genre de *Passereaux*. Voy. SYNDACTILES.

TŒPLITZ, v. de Bohême; 4,000 hab. Eaux thermales sulfureuses. — Traité contre la France entre l'Autriche, la Prusse et la Russie, en 1813.

TOGE. s. f. (lat. *toga*, m. s., de *tegere*, couvrir). T. Antiq. rom. La *Toge* (*toga*) était le principal vêtement de dessus des Romains. celui-ci formait le costume national de ce peuple (*gens togata*), comme le *pallium* était celui des Grecs (*gens palliata*). La t. consistait en une grande pièce d'étoffe de laine, habituellement blanche, qui se mettait par-dessus la tunique.

I. — Les Romains paraissent avoir emprunté l'usage de la t. aux Étrusques. Chez ce peuple, ainsi que dans les premiers temps de Rome, ce vêtement représentait une pièce de grandeur médiocre, et taillée en forme de croissant ou de demi-cercle. On ajustait par derrière, contre le bas du cou, le milieu du bord supérieur, qui était le plus court, puis on faisait passer les deux côtés par-dessus les épaules, de manière que leurs extrémités tombassent verticalement par devant. On saisissait alors le côté droit et on le rejetait sur l'épaule gauche, de telle sorte que le bout en tombât par derrière, vers le milieu du dos. La poitrine et les bras se trouvaient ainsi parfaitement couverts. Si, au contraire, on voulait conserver au bras droit la liberté de ses mouvements, au lieu de faire passer le côté droit de l'étoffe sur l'épaule pour

Fig. 1.   Fig. 2.

l'amener devant la poitrine, on le faisait passer sous l'aisselle. Ces deux dispositions se rencontrent fréquemment sur des figurines étrusques ; et nous ferons remarquer en passant qu'aujourd'hui même, les paysans de la Calabre portent de ces deux manières l'espèce d'écharpe de laine grossière dont ils se servent l'hiver pour se garantir du froid. Sous la république, la t. reçut des proportions plus considérables, tout en conservant sa forme primitive d'un demi-cercle. Cette augmentation de surface fit modifier un peu la manière de la porter. Au lieu de tendre le côté droit en travers de la poitrine, on le déprima par devant, de manière à former un pli (*sinus*) qui servait de point d'appui au bras, et par lequel la main pouvait sortir (Fig. 1, d'après une statue antique conservée au musée de Dresde). C'est à cette disposition que se rapporte l'expression *brachium veste continere*; c'est celle aussi qu'adoptaient ordinairement les orateurs dans les assemblées publiques. À l'époque d'Auguste, la t. s'agrandit de nouveau, son bord inférieur présentant une ligne courbe, de telle manière qu'étendue par terre elle formait un cercle complet. Quant à son bord supérieur, il était encore échancré pour s'adapter à la base du cou en faisant de grands plis par

derrière. La t. ainsi disposée se maintint pendant tout l'empire : elle est désignée par les auteurs latins sous les noms de *toga fusa* et *toga ampla*, par opposition à l'ancienne t. ou *toga restricta*. Pour ajuster cette t., on la posait d'abord sur l'épaule gauche de manière qu'un tiers environ de la longueur totale du vêtement couvrît le côté gauche de la personne et tombât par devant jusqu'aux pieds. Ensuite on passait le reste de la draperie derrière le dos, puis sous le bras droit, et enfin on le rejetait par-dessus l'épaule gauche, de sorte qu'il retombait jusqu'aux talons. Mais en rejetant cette partie de la draperie sur l'épaule gauche, on l'ajustait de façon qu'elle formât au-devant du corps un grand repli concave (*sinus*), dont le bord gauche, en remontant obliquement vers l'épaule gauche, figurait assez bien un baudrier (*balteus*), d'où le nom de *balteus* qu'on lui donnait (Fig. 2, d'après une statue trouvée à Herculanum, et qui se voit au musée Bourbon, à Naples). Quant au pli rond que les Romains appelaient *umbo*, il est fort difficile de dire comment on le faisait. Suivant les uns, il était formé en retroussant à la hauteur de la ceinture une partie de la draperie qu'on commençait par poser sur l'épaule gauche, parce que, sans cela, son extrémité aurait traîné à terre et gêné les mouvements. Suivant les autres, l'*umbo* se faisait aux dépens de la partie de la draperie qui formait le *sinus*. Cette dernière opinion paraît la plus probable; car il semble que, sans cette précaution, la masse de plis résultant du *sinus* aurait facilement par son poids dérangé la courbe gracieuse formée par le *sinus* et par le *balteus*. On fixait l'*umbo* au moyen d'une broche ou d'une agrafe, tandis qu'on n'employait pas les artifices pour maintenir en place les autres parties et les autres plis de la t. On voit d'après cela qu'il fallait une certaine habileté pour bien ajuster et surtout pour bien porter la t., que les Romains d'ailleurs y apportaient le plus grand soin. Il y avait encore une autre manière de porter la t., qu'on appelait *à la gabienne* (*cinctus Gabinus*). Elle consistait à se faire une espèce de ceinture avec une partie de la t., et à se recouvrir la tête avec l'autre partie de la draperie. La t. était portée ainsi par les personnes qui offraient un sacrifice, par le consul quand il déclarait la guerre, et par les citoyens qui se dévouaient pour la patrie, comme dans le cas de Decius.

II. — La t. était avant tout un vêtement civil. On ne s'en servait donc qu'à la ville, et même son usage était interdit aux citoyens pendant le service militaire. En général, dans l'intérieur de sa maison, le Romain déposait sa t., qui, en effet, était un vêtement assez embarrassant. Dans le principe, elle fut commune aux deux sexes; mais, lorsque les matrones eurent adopté la *stola*, la t. ne fut plus portée que par les femmes condamnées pour adultère et par les courtisanes, auxquelles l'usage de la stola était interdit. Toutefois, on conserva toujours la coutume de couvrir le lit nuptial avec une t. Sous la république, les citoyens seuls pouvaient porter la t.; elle était interdite aux bannis, aux étrangers, aux affranchis et aux esclaves. Peu à peu cependant on la permit aux affranchis, mais jamais aux esclaves. Dans les Saturnales, où tous les rangs étaient confondus, personne ne la portait. La t. recevait des noms particuliers suivant le plus ou moins de finesse de l'étoffe, sa couleur et son ornementation. On appelait *toga pura* ou *virilis* la t. ordinaire, celle que portaient habituellement les citoyens aisés : elle était entièrement unie et faite avec de la laine qui avait conservé sa blancheur naturelle. La t. dite *candida*, c.-à-d. blanchie, n'en différait qu'en ce que sa blancheur et son éclat avaient été relevées au moyen d'une préparation à la craie : c'était celle que prenaient les nouveaux mariés, ainsi que les citoyens qui briguaient les charges auprès du peuple. La *toga pexa* et la *toga rasa* étaient des toges ordinaires ; seulement la première était à longs poils pour l'hiver, et la seconde de tissu clair pour l'été. Enfin, on donnait le nom de *toga pulla*, c.-à-d. t. brune, à la t., des citoyens pauvres, parce qu'on la faisait avec de la laine de couleur foncée, afin d'éviter la dépense des fréquents blanchissages que nécessitaient les toges blanches. Cette sorte de t. était encore la seule qui fût usitée dans les funérailles. Toutes les toges qui précèdent étaient sans ornement d'aucune espèce. La *T. prétexte* (*toga prætexta*) présentait, au contraire, une large bande de pourpre qui en faisait tout le tour ; son nom venait de ce que c'était par le tissage que l'on obtenait cette bande. Cette t. était particulière aux augures, aux pontifes, à certains magistrats, tels que les dictateurs, les édiles, les préteurs, etc., ainsi qu'aux enfants des deux sexes de naissance libre. Quand ceux-ci la prenaient en entrant dans l'adolescence, c'était une fête de famille : ils la quittaient à l'âge de dix-sept ans pour prendre la t. virile. Quelquefois, cependant, les jeunes filles la portaient jusqu'à leur mariage. La *toga picta*, ou t. peinte, était ornée de broderies à l'aiguille qui se détachaient sur le fond de l'étoffe. Sous la république, c'était la t. des triomphateurs ; sous l'empire, elle était portée par les consuls et par les préteurs lorsqu'ils présidaient à la célébration des jeux. Enfin, on désignait sous le nom de *Trabée (trabea)* une t. qui était ornée de bandes de pourpre disposées horizontalement. Servius mentionne trois sortes de trabées. La première était tout entière de pourpre : à l'origine, on s'en servait pour revêtir les statues des dieux ; mais elle fut usurpée par J. César, et après lui portée par tous les empereurs. La seconde était de couleur safran, avec des bandes pourprées : elle était réservée aux augures. La troisième était blanche avec des bandes de même couleur. C'était primitivement la t. des rois. Plus tard, les consuls la portèrent dans certaines solennités, comme, par ex., à l'ouverture du temple de Janus. Enfin, les chevaliers s'en revêtaient dans la procession solennelle appelée *transvectio equitum*, qui avait lieu chaque année aux ides de juillet. — Sous l'empire, la t. perdit peu à peu de sa faveur, et fut remplacée par d'autres vêtements plus commodes. Plusieurs empereurs essayèrent en vain de la maintenir ; mais, après l'édit de Caracalla qui accorda le titre de citoyen romain à tous les habitants de l'empire, la t. cessa d'être un insigne, et alors elle tomba en désuétude.

TOHU-BOHU. s. m. (hébr. *toou-va-boou*, chaos). Confusion. *C'est un véritable t.-bohu.*

TOI. pron. pers. Voy. Tu.

TOILAGE. s. m. [Pr. *touè-laje*]. Ce qui forme le dessin, les fleurs, sur un fond de guipure.

TOILE. s. f. [Pr. *touè-le*] (lat. *tela*, m. s.). Tissu de fils de lin, de chanvre ou de coton. *T. fine, claire. Grosse t. T. écrue. T. de Hollande* ou *d'Hollande. T. de Normandie. T. de batiste. T. d'emballage*, grosse toile qui sert à emballer. — *T. grasse*, toile d'emballage enduite d'une sorte de goudron. — *T. maigre*, toile d'emballage non goudronnée. — *Chemises de t. T. de coton.* — Voy. TISSAGE. || *Toiles peintes* ou *imprimées.* Voy. IMPRESSION. — Fig. et prov., *C'est la t. de Pénélope*, se dit d'une affaire qui recommence toujours et ne finit point. || Se dit aussi de quelques autres tissus. *T. métallique. T. de crin. T. d'amiante. T. cirée.* Voy. IMPERMÉABLE. — *T. d'or, t. d'argent*, Certains tissus légers dont la trame est d'or ou d'argent et la chaine de soie. — *T. d'araignée*, Sorte de tissu que font les araignées avec des fils qu'elles tirent de leur abdomen, et qu'elles tendent pour prendre des mouches. || T. Chasse. Se dit, au pluriel, des pièces de t. avec lesquelles on fait une enceinte en forme de parc pour prendre des sangliers. *Tendre les toiles. Il a tué le sanglier dans les toiles.* — Se dit aussi de grands filets que l'on tend pour prendre des cerfs, des chevreuils, etc. || T. Guerre. Tente. *Il y a tant d'hommes sous la t. L'armée est sous la t.*, Elle est campée. Vx. — *Déchirer la t.*, faire un feu de file dont les crépitations rappellent le bruit de la toile qu'on déchire. || T. Jeu de paume. Les rideaux qui descendent depuis le toit jusque sur la muraille, et que l'on tire pour se mettre à l'abri du soleil. *Tirer les toiles. Aller aux toiles.* || T. Anat. *T. choroïdienne.* Voy. ENCÉPHALE, I, A. || T. Pharm. *T. de mai*, Sparadrap qu'on prépare en trempant des bandes de t. dans un mélange emplastique composé de cire blanche, 256 grammes ; huile d'amandes douces, 446 grammes, et térébenthine, 32 grammes. || T. Techn. Les *toiles d'un moulin à vent*, Les toiles qu'on tend sur les ailes d'un moulin pour que le vent ait plus de prise. || T. Théâtre. Le rideau qui cache la scène dans un théâtre. *On baissa la t.* || T. Peint. Toile clouée sur un cadre de bois et recouverte d'un enduit blanchâtre, sur laquelle on peint. — Se dit aussi pour tableau. *Les toiles de Rubens.* || T. Mar. Ensemble des voiles d'un navire.

TOILERIE. s. f. [Pr. *touè-lerie*]. T. Manuf. Se dit de tous les tissus de coton, et de toutes les étoffes faites de matières végétales autres que le chanvre et le lin purs. *Commerce de t. Magasin de toileries.*

TOILETTE. s. f. [Pr. *touè-lè-te*] (Dimin. de *toile*). Nappe de toile qu'on étend sur une table pour y mettre ce qui sert à l'ornement et à l'ajustement des hommes et des femmes. *T. unie. T. à dentelle.* || Par ext., se dit des boites, des flacons, etc., qui servent à une femme lorsqu'elle se pare : *T.*

d'argent, de porcelaine ; De la table qui est garnie de ces divers objets : *Le miroir d'une t. Approchez la t. de la croisée ; Du meuble et de tout ce qui le garnit : Une belle, une riche t.* — On appelle encore, *Dessus de t.*, Une pièce de velours, de damas, etc., bordée de dentelle ou de frange, avec laquelle on couvre tout ce qui est sur la t. ; et *Cabinet de t.*, Le cabinet où est la t. — *Voir une dame à sa t., l'entretenir à sa t.*, La voir, l'entretenir pendant qu'elle se coiffe. *Marchande, revendeuse à la t.*, Femme qui va vendre dans les maisons des hardes, des étoffes, des bijoux. On dit dans le même sens, *Vendre à la t.* — Fig. *Plier la t.*, se sauver en emportant les objets dérobés, particulièrement des vêtements || Action de s'habiller, de se parer ; parure, recherche dans les ajustements. *Faire sa t. Sa t. ne sera pas longue. Une t. soignée, recherchée. Elle dépense beaucoup pour sa t. Elle n'est occupée que de sa t. Elle porte fort bien la t.* || T. des condamnés, Coupe des cheveux que l'on fait aux condamnés à mort un peu avant leur exécution. || Chez les marchands d'étoffes et les tailleurs, morceau de toile dont les premiers enveloppent leurs marchandises, et les seconds les habits qu'ils vont rendre. || T. Bouch. Membrane graisseuse qui sert à envelopper certaines pièces.

TOILIER, IÈRE. s. [Pr. *touè-lié*]. Celui, celle qui vend de la toile. *Marchand t.* || Ouvrier qui fabrique de la toile.

TOIRAS (DE), maréchal de France (1585-1656), défendit l'île de Ré contre Buckingham en 1627.

TOISE. s. f. [Pr. *toua-ze*] (lat. *tensus*, étendu). T. Métrol. Anc. mesure de longueur, longue de 6 pieds, ou 1 mètre 949 millimètres. — Prov., *On ne mesure pas les hommes à la t.*, C'est par leur degré de mérite qu'il faut les apprécier. *Il mesure les autres à sa t.*, Il les juge d'après lui. || La longueur de six pieds. *Faire marché à la t. Travailler à la t.*, à tant la t. — *T. carrée*, Carré d'une t. de côté servant d'unité de surface, si l'on prend la t. pour unité de longueur. — *T. cube*, Cube dont l'arête est d'une t., et qui sert d'unité de volume. — *T. courante.* Voy. COURANT.

TOISÉ. s. m. [Pr. *toua-zé*]. Mesurage à la toise. *Ce t. n'est pas exact.* || T. Géom. L'art de mesurer les surfaces et les solides, et d'exprimer leur étendue ou leur volume en parties de certaines unités convenues, comme toises ou mètres ; se dit surtout en parlant de travaux d'art et de bâtiment.

TOISER. v. a. [Pr. *toua-ser*]. Mesurer à la toise. *T. un bâtiment, une muraille. T. un soldat*, Mesurer sa taille. — Fig. et fam., *T. un homme, t. son homme, t. quelqu'un de la tête aux pieds*, Le regarder d'un air dédaigneux, ou l'examiner avec attention pour apprécier son mérite. On dit aussi, en parlant de deux personnes, *Ils se sont toisés sans se dire un seul mot.* = Toisé, ÉE. part. || Fig. et pop., *Cette affaire est toisée*, se dit d'une affaire terminée, et, en mauvaise part, d'une affaire terminée désavantageusement. On dit aussi d'un homme dont on a apprécié le peu de valeur, *C'est un homme toisé.*

TOISEUR. s. m. [Pr. *toua-zeur*]. Celui qui toise, dont la profession est de toiser. *Un habile t. Un t. de bâtiments.*

TOISON. s. f. [Pr. *toua-zon*] (lat. *tonsio*, action de tondre). La laine d'une brebis, d'un mouton. *Ce mouton a une belle t. Abattre la t. Laver des toisons.* || T. Mythol. *La t. d'or*, La t. du bélier sur lequel Phrixus et Hellé passèrent la mer. Jason alla avec les Argonautes à la conquête de la t. d'or, qui était gardée dans la Colchide par deux taureaux vomissant des flammes. || T. Chev. *L'ordre de la T. d'or, la T. d'or*, ou absol., *La T.* Ordre de chevalerie fondé en 1429 par Philippe le Bon, duc de Bourgogne, qui appartient aujourd'hui à l'Autriche et à l'Espagne et qui n'est conféré qu'à de grands personnages.

TOIT. s. m. [Pr. *toud*] (lat. *tectum*, de *tegere*, couvrir). Partie supérieure des bâtiments, des maisons, qui sert à les couvrir, à les abriter ; et plus particulièrement, la couverture qui est supportée par le comble. *T. plat. T. à pointe. T. à deux égouts. T. en terrasse. T. à l'italienne. T. de tuiles, d'ardoises, de zinc, de bois, de chaume. T. vitré. Monter sur le t. Aller d'un t. à l'autre. Habiter sous le même t., Loger dans la même maison.* — *Le t. paternel*, La maison paternelle. *Un humble t.*, Une chaumière, une petite maison de peu d'apparence. *Un t. hospitalier, un t. protecteur*, Une maison où l'on reçoit l'hospitalité, où l'on trouve un refuge. — Fig., d'après l'Évangile, *Publier, prêcher une chose sur les toits*, En parler publiquement, l'annoncer hautement. Fam., *Dire une chose sur les toits*, La répandre, la divulguer partout. || *T. à cochons, à porcs*, La petite loge où l'on enferme ces animaux. Fig. et fam., ou dit d'une chambre très malpropre, *C'est un t. à cochons*. || Dans un jeu de paume, la couverture d'une galerie qui y règne de deux ou de trois côtés. *Le t. de la galerie. Le t. de la grille. Le t. du dedans. La balle a porté sur les deux toits.* — Fig. et prov., *Servir quelqu'un sur les deux toits*, Lui faciliter les moyens de réussir dans ce qu'il souhaite, ou lui donner occasion de paraître, de se faire valoir. || T. Mine. Paroi supérieure d'un filon. Voy. FILON.

Techn. — Le toit a une importance considérable dans la construction d'un bâtiment, en ce qui concerne sa conservation. C'est lui, en effet, qui par sa présence protège non seulement les logements intérieurs de la maison, mais aussi la majeure partie de la surface extérieure des murs qui enclosent l'édifice. Il empêche les intempéries d'exercer leur action destructive. Il couronne le sommet des maisons et, grâce à l'inclinaison qu'on lui donne, il rejette au dehors les eaux pluviales qui, sans lui, ne tarderaient pas à s'infiltrer et à pénétrer partout.

Plus la pluie est fréquente dans un pays, plus l'inclinaison du t. est considérable, car il devient alors nécessaire et indispensable de faciliter l'écoulement de l'eau. Plus la sécheresse existe dans une contrée, et moins la pente donnée au t. est grande. Quelquefois même, elle est complètement supprimée et alors c'est une terrasse horizontale qui surmonte l'édifice.

Dans nos régions tempérées où la saison des pluies se représente régulièrement et périodiquement, l'existence du t. devient indispensable. Son inclinaison ou pente varie beaucoup suivant la nature des matériaux dont on fait usage pour la construction de la toiture proprement dite et de la couverture. La toiture forme en quelque sorte l'ossature destinée à recevoir la couverture. Elle est faite de pièces de charpente assemblées les unes avec les autres et qui reçoivent dans leur ensemble, le nom générique de *Combles*. Voy. ce mot. Les pièces de charpente des combles sont de bois, de fer ou de fonte suivant les cas.

La couverture des combles supportent varie presque à l'infini en ce qui concerne la nature des matériaux employés. Tantôt ce sont des tuiles demi-cylindriques ou légèrement coniques posées sur un bain de mortier, tantôt des tuiles mécaniques qui s'emboîtent les unes avec les autres. L'ardoise est aussi couramment employée; il en est de même des feuilles de zinc, de plomb ou de tôle galvanisée et ondulée. Quelquefois, lorsqu'il s'agit notamment de couvertures économiques, les matières ci-dessus désignées se trouvent remplacées par le papier et la toile bitumés ou goudronnés. Enfin, dans les campagnes, où les habitants peuvent se procurer facilement et en abondance de la paille, les couvertures se sont faites, pendant des siècles, avec du chaume dont chaque brin était disposé dans le sens de la pente du t. De nos jours encore, mais plus rarement que jadis, ce genre de couverture se fait dans les villages et hameaux éloignés de tout centre de communication.

Quoi qu'il en soit, quand on installe un t., on doit toujours tenir compte pour les dimensions à donner aux pièces de la toiture, du poids des matériaux constituant la couverture, de la violence du vent régnant le plus souvent et de l'abondance plus ou moins grande de la neige ainsi que de la fréquence de sa chute.

TOITURE. s. f. [Pr. *toua-ture*]. L'ensemble du comble et du toit d'un bâtiment. *Les charpentiers et les couvreurs travaillent à la t.*

TOKAI ou **TOKAY.** s. m. Vin de Hongrie renommé.

TOKAT, anc. *Comana*, v. de la Turquie d'Asie; 25,000 hab.

TOKAY, vge de Hongrie; 5,000 hab. Célèbre par ses vins.

TOKIO, anc. *Yédo*, v. du Japon, dans l'île de Niphon; 1,156,000 hab. Anc. résidence du Taïcoun.

TOKOUSHIMA, v. du Japon; 61,800 hab.

TOLAI, s. m. T. Mamm. Lièvre de Sibérie. Voy. LIÈVRE.

TOLANE. s. m. (R. *tolu*). T. Chim. Hydrocarbure acétylénique dérivant du stilbène et répondant à la formule $C^8H^5.C≡C.C^6H^5$. On l'obtient en chauffant le bromure de stilbène avec de la potasse en solution alcoolique. Il cristallise en lames ou en longs prismes, très solubles dans l'éther et dans l'alcool. Il fond à 60° et bout sans se décomposer au-dessus de 360°. Il s'unit à deux atomes de brome en donnant deux *dibromures de t.*, l'un fusible à 207°, l'autre moins stable, fusible à 64°. Il se comporte de même avec le chlore. On connaît aussi un *tétrachlorure* $(C^8H^5.CCl^2)^2$ cristallisé en prismes transparents qui deviennent opaques lorsqu'on les raye avec une pointe d'acier ou lorsqu'on les chauffe à 100°. Par hydratation, le t. se convertit en désoxybenzoïne. Oxydé par l'acide chromique, il donne de l'acide benzoïque.

TOLBIAC, v. de la Gaule ancienne, près de Cologne, où Clovis vainquit les Alamans en 496 ap. J.-C.

TÔLE. s. f. (vx fr. *taule*, du lat. *tabula*, planche, tablette). T. Métall. Fer laminé en plaques minces et qui sert à faire des tuyaux de poêle, etc. *Poêle de t. Plateau de t. vernie.*

TOLÈDE, v. d'Espagne (Nouvelle-Castille), sur le Tage; 20,000 hab. Anc. cap. des Wisigoths, ch.-l. de la prov. du même nom qui a 335,600 hab.

TOLEDO, v. des États-Unis d'Amérique (Ohio); 50,100 hab.

TOLENTINO, v. de l'Italie, prov. de Macerata; 20,000 hab. — Traité entre Bonaparte et Pie VI (1797).

TOLÉRABLE. adj. 2 g. (lat. *tolerabilis*, m. s.). Qu'on peut tolérer, qu'on peut supporter. *Si c'est un défaut, il est bien t. Cette douleur n'est pas ..*

TOLÉRABLEMENT. adv. D'une manière tolérable.

TOLÉRANCE. s. f. (lat. *tolerantia*, m. s., de *tolerare*, supporter). Condescendance, indulgence pour ce qu'on ne peut empêcher ou qu'on croit ne devoir pas empêcher. *Ce n'est pas un droit, c'est une t. Il ne jouit de cela que par t.* — *T. théologique* ou *religieuse*, Condescendance qu'on a les uns pour les autres, touchant certains points qui ne sont pas regardés comme essentiels à la religion. *La t. est prescrite aux théologiens touchant les opinions des diverses écoles.* — *T. civile*, La permission expresse ou tacite que le gouvernement accorde de pratiquer dans l'État d'autres religions que celle qui est professée par le gouvernement lui-même ou par la majorité des citoyens. *T. générale. T. universelle. L'esprit de t. qui règne en France.* || T. Admin. *Maison de t.*, Maison de prostitution. || T. Méd. Faculté qu'ont les malades de supporter certains remèdes; se dit surtout en parlant de certains médicaments, tels que les antimoniaux et l'opium, lorsque, administrés à haute dose, ils ne produisent pas leurs effets ordinaires. || T. Monnayage. La différence que la toi tolère dans le poids légal et l'alliage des monnaies ou des objets d'or et d'argent. — Par extension, la différence que la toi tolère entre le poids réel et le poids nominal pour lequel on vend certaines denrées. *On admet 15 grammes de t. pour un paquet de bougies de 500 grammes.*

TOLÉRANT, ANTE. adj. Qui tolère; se dit surtout en matière de religion. *Un prince t.* Qui est indulgent dans le commerce de la vie. *Il est fort t. de son naturel.*

TOLÉRANTISME. s. m. Se dit uniquement en matière de religion, pour désigner la tolérance, et comme terme de dénigrement.

TOLÉRATEUR. s. m. Celui qui tolère.

TOLÉRATION. s. f. [Pr. ...*sion*]. Action de tolérer.

TOLÉRER. v. a. (lat. *tolerare*, m. s.). Supporter, avoir de l'indulgence pour des abus; supporter des choses qui d'elles-mêmes ne sont pas bien ou que l'on croit n'être pas bien. *On tolère toutes sortes de religions dans ce pays. Il tolérait leurs injustices. Je ne puis t. que cet homme s'arroge un tel droit. Il y a des abus qu'on ne doit jamais t. Il faut t. les défauts de son prochain.* || On dit aussi, dans un sens anal., *T. quelqu'un*, et *Se t. réciproquement. Tolérez-vous les uns les autres.* ═ TOLÈRE, au part. ═ Conj. Voy. CÉDER. ═ Syn. Voy. PERMETTRE.

TÔLERIE. s. f. Commerce du tôlier. || Objets en tôle.

TOLET. s. m. [Pr. *tô-lè*] (lat. *tollere*, élever?). T. Mar. Cheville de bois ou de fer, qui sert à maintenir l'aviron fixe sur le bord supérieur d'un canot.

TOLETIÈRE. s. f. Renfort de bois cloué sur le plat-bord d'un bateau à rames pour recevoir des tolets.

TÔLIER. s. m. Celui qui fabrique, qui vend de la tôle.

TOLIDINE. s. f. (R. *tolu*). T. Chim. Nom donné aux diamines qui dérivent des bicrésyles et qui répondent à la formule :

$$\begin{array}{c} AzH^2 \\ CH^3 \end{array}\!\!> C^6H^3 - C^6H^3 <\!\!\begin{array}{c} AzH^2 \\ CH^3. \end{array}$$

La t. employée pour la fabrication des matières colorantes se prépare en chauffant le dérivé ortho-nitré du toluène avec de la soude caustique et de la poudre de zinc; il se forme d'abord de l'hydrazo-toluène que l'on traite par l'acide chlorhydrique concentré pour le convertir en chlorhydrate d'ortho-tolidine. C'est ce chlorhydrate qui, transformé par diazotation, sert à préparer les matières colorantes tétrazoïques dérivées de la t. Voy. BICRÉSYLE et COLORANTES, IV, 6.

TOLINDOL. s. m. (R. *tolu*, et *indol*). T. Chim. Dérivé méthylé de l'indol. Voy. INDOL.

TOLLÉ. [Pr. *tol-lé*]. Mot latin qui sign. prends, enlève, et qui s'emploie dans cette locut. fam., Crier t. sur quelqu'un, contre quelqu'un, Crier afin d'exciter de l'indignation contre quelqu'un. || Subst. Cri d'indignation et de colère. *Cette proposition souleva un tollé général.*

TOLLENON. s. m. [Pr. *tol-lénon*] (lat. *tolleno*, m. s., de *tollere*, élever). Les Romains, désignaient ainsi une machine qui servait à tirer de l'eau d'un puits et qui consistait en une longue perche, posée en équilibre, soit sur une forte traverse, soit dans la lucarne d'un massif de maçonnerie élevé à cet effet. À l'une des extrémités de cette perche était attaché une corde avec un seau, pendant qu'à l'autre extrémité il y avait un contrepoids. Cette sorte de bascule, qui est encore en usage dans plusieurs parties de l'Europe, se manœuvre ordinairement à force de bras. Par extension, ce nom s'appliquait aussi à une machine de guerre qui servait à élever un certain nombre d'hommes au niveau des remparts de l'ennemi, etc.

TOLOSA. v. d'Espagne (Guipuscoa); 8,600 hab. Bataille entre les Maures et les Castillans en 1212.

TOLSTOÏ (comte DE), diplomate russe (1645-1729). — Son arrière petit-fils, le comte Tolstoï, général russe (1769-1844).

TOLTÈQUES, anc. peuple du Mexique supplanté par les Aztèques au XVIe siècle.

TOLU. s. m. (R. *Tolu*, n. de ville). Se dit ellipt. pour *Baume de Tolu*. Voy. BAUME.

TOLU, v. de l'Amérique du Sud (Colombie); 4,800 hab.

TOLUATE. s. m. T. Chim. Nom générique que portent les sels et les éthers des acides toluiques.

TOLUÈNE. s. m. (R. *tolu*). T. Chim. Hydrocarbure constitué par le dérivé méthylé du benzène et répondant à la formule $C^6H^5.CH^3$. On l'extrait des huiles légères du goudron de houille en les soumettant à la distillation fractionnée et recueillant la portion qui passe au voisinage de 110°. Le t. est un liquide incolore, mobile, fortement réfringent, qui bout à 110°,3. Son odeur ressemble à celle du benzène; sa densité à 0° est 0,882. Presque insoluble dans l'eau, il est soluble dans l'alcool, l'éther, le chloroforme. Il dissout le soufre, l'iode, les graisses et les matières résineuses.

Les dérivés de substitution du t. se répartissent en deux groupes bien différents, suivant que la substitution porte sur la chaîne latérale du méthyle CH^3 ou sur le noyau benzénique C^6H^5. Les composés appartenant au premier groupe ont déjà été étudiés. Voy. BENZYLE, BENZYLAMINE, BENZYLIDÈNE, BENZYLIQUE, BENZOÏQUE et BENZOYLE. Nous ne parlerons donc ici

que du second groupe, c.-à-d. des dérivés substitués dans le noyau. Ces corps sont les homologues des dérivés du benzène et présentent comme eux de nombreux cas d'isomérie. On distingue les isomères par les préfixes *ortho*, *para*, *méta*, ou par des chiffres indiquant la position que les groupes substitués occupent sur le noyau; on suppose toujours que la chaîne latérale CH^3 occupe la position 1. Quand les substitutions se font directement sur le noyau du dérivé ortho ou para), elles s'effectuent, soit à la position 2 (dérivé ortho) si l'on opère à froid, soit à la position 4 (para) si la température est élevée; quant aux dérivés méta (position 3) on ne les obtient qu'indirectement. De même pour les dérivés bi-substitués, ce sont les composés 2.4 et 2.6 qu'on obtient le plus facilement; dans le cas d'une triple substitution, c'est le composé 2.4.6.

Dérivés halogénés. — Par l'action du chlore sur le t. on peut obtenir la plupart des dérivés chlorés dans le noyau, depuis les *mono-chlorotoluènes* $C^6H^4Cl.CH^3$ jusqu'au *pentachlorotoluène* $C^6Cl^5.CH^3$. Les dérivés mono-chlorés ortho et para peuvent aussi se préparer en traitant les toluidines correspondantes par l'acide chlorhydrique et l'acide azoteux; le premier de ces dérivés est liquide et bout à 158°; le second fond à + 6° et bout à 190°. — Les dérivés bromés se préparent d'une façon analogue.

Dérivés sulfoniques. — En chauffant le t. avec de l'acide sulfurique fumant additionné d'acide sulfurique ordinaire, on obtient un mélange des acides *toluène-sulfoniques* ortho et para qui répondent à la formule $C^6H^4(SO^3H).CH^3$. Pour les séparer on les transforme d'abord en sels de potassium, à l'aide du carbonate de potasse, et l'on fait cristalliser. Le sel para se dépose le premier et l'on peut en recueillir une grande partie à l'état de pureté. Le mélange salin qui cristallise ensuite, est séché, puis chauffé avec du perchlorure de phosphore; on obtient ainsi les *chlorures toluène-sulfoniques* $C^6H^4(SO^2Cl).CH^3$ que l'ammoniaque, en solution aqueuse, convertit en *toluène-sulfamides* $C^6H^4(SO^2AzH^2).CH^3$. Ces deux sulfamides ortho et para, ayant des solubilités très différentes, peuvent être séparées complètement l'une de l'autre par cristallisation fractionnée; il ne reste plus alors qu'à les retransformer en acides sulfoniques par l'action de l'acide azoteux. — L'acide *ortho-toluène-sulfonique* cristallise en grandes lames; il est très soluble dans l'eau, ainsi que ses sels de potassium et de baryum. Le chlorure correspondant est un liquide huileux, soluble dans l'eau et dans l'éther; il se décompose quand on cherche à le distiller. La sulfamide cristallise en petits prismes monocliniques, fusibles à 135°, très solubles dans l'eau froide. C'est cette sulfamide qui sert à préparer la *saccharine* (Voy. ce mot). — L'acide *para-toluène-sulfonique* se présente en masse cristalline, fusible à 104°. Son chlorure cristallise en lames orthorhombiques, solubles dans l'alcool et dans l'éther; il ne se dissout pas dans l'eau, même à l'ébullition. La sulfamide forme des lames nacrées, fusibles à 140°, peu solubles dans l'eau froide. — L'acide *méta-toluène-sulfonique* est cristallisable, mais très déliquescent. Sa sulfamide fond à 104°.

En chauffant les acides toluène-sulfoniques avec de l'acide sulfurique fumant on obtient des acides *toluène-disulfoniques* $C^6H^3(SO^3H)^2.CH^3$ qui sont bibasiques et qui se présentent sous la forme de liquides sirupeux ou de masses cristallines déliquescentes.

Dérivés oxhydrylés. — Voy. CRÉSOL et ORCINE.

Dérivés nitrés. — Les nitrotoluènes ont pour formule $C^6H^4(AzO^2).CH^3$. Dans l'industrie on obtient un mélange des dérivés ortho et para en traitant le t. par l'acide azotique additionné d'acide sulfurique; si l'on opère à froid et avec beaucoup d'acide sulfurique, c'est le dérivé ortho qui prédomine dans le mélange; à chaud et avec de l'acide azotique fumant, c'est le dérivé para. Le mélange sert à fabriquer les toluidines industrielles. En le faisant cristalliser à une température d'environ 20° au-dessous de zéro, on peut en extraire le para-nitrotoluène qui forme de gros cristaux orthorhombiques fusibles à 51° et bouillant à 238°; quant au dérivé ortho, il est liquide et bout à 223°. — Une action prolongée de l'acide azotique donne naissance au *dinitro-t.* 2.4 qui cristallise en aiguilles fusibles à 70°, et au *trinitro-t.* 2.4.6 dont les cristaux fondent à 81°.

Dérivés amidés. — Les *amido-toluènes* sont connus sous les noms de *toluidines* ou de *crésylamines* et répondent à la formule $C^6H^4(AzH^2).CH^3$. Ce sont des bases peu énergiques, analogues à l'aniline; en s'unissant aux acides elles forment des sels bien cristallisés. Elles jouent un rôle important dans la fabrication des matières colorantes. On prépare les toluidines en réduisant les nitrotoluènes. Dans l'industrie on traite le nitrotoluène brut par le fer et l'acide chlorhydrique, ce qui donne un mélange des toluidines ortho et para. Pour les séparer on fait agir sur le mélange une quantité convenable d'acide sulfurique étendu, qui se combine de préférence avec la para-toluidine, puis on fait passer un courant de vapeur d'eau qui entraine l'ortho-toluidine. Le sulfate de para-toluidine reste dans l'appareil ; on le décompose par la soude caustique pour mettre en liberté la para-toluidine, puis on extrait cette base par un nouveau courant de vapeur.

L'ortho-toluidine est un liquide huileux, incolore, brunissant à l'air, insoluble dans l'eau, très soluble dans l'alcool, l'éther et le benzène. Elle bout à 198°. L'acide chromique la colore en marron, puis en bleu ; le chlorure de chaux la colore en brun. — La para-toluidine cristallise en lames incolores, fusibles à 45°, facilement sublimables, peu solubles dans l'eau, assez solubles dans l'alcool, l'éther et le benzène. L'acide chromique la transforme en une masse rouge qui vire au violet ; le chlorure de chaux ne la colore pas sensiblement. — La méta-toluidine se prépare indirectement en partant du chlorure de benzylidène. Elle est liquide et bout à 197°. Presque insoluble dans l'eau, elle se mélange en toutes proportions à l'alcool et à l'éther. Ses sels se colorent en rouge à l'air.

En traitant les toluidines par un anhydride ou un chlorure d'acide on obtient des alcalamides appelées toluides, telles que les acétotoluides qui résultent de la substitution du radical acétyle à l'hydrogène contenu dans le groupement $Az H^2$ des toluidines. On peut aussi remplacer cet hydrogène par des radicaux hydrocarbonés, en traitant un chlorhydrate de toluidine par un alcool, et former par ex. des méthyl- et des diméthyl-toluidines, etc.

Les diamidotoluènes, c.-à-d. les dérivés deux fois amidés du t., sont connus sous le nom de crésylène-diamines. Voy. CRÉSYLÈNE.

Dérivés azoïques et diazoïques. — Les azotoluènes, dont la formule est $C^6H^4(CH^3).Az:Az.C^6H^4(CH^3)$, s'obtiennent par la réduction ménagée des nitrotoluènes ou par l'oxydation des toluidines. — Si l'on réduit l'ortho-nitrotoluène en le chauffant avec de la soude caustique et de la poudre de zinc, il se transforme en hydrazotoluène $C^7H^7.AzH.AzH.C^7H^7$, qui sert à préparer la toluidine et les matières colorantes qui en dérivent. — Pour obtenir l'amidoazotoluène employé dans l'industrie, on fait agir à froid l'azotite de soude sur le chlorhydrate d'ortho-toluidine ; il se forme d'abord du diazo-amidotoluène $C^7H^7.Az:Az.AzH(C^7H^7)$ qui, sous l'influence de la chaleur, subit une transposition moléculaire et se convertit en amidoazotoluène $C^7H^7.Az:Az.C^6H^3(AzH^2)$. Ce dernier sert à préparer diverses matières colorantes tétrazoïques rouges pour la teinture de la laine. Son dérivé sulfonique est lui-même une matière colorante employée sous le nom de jaune solide R. — L'action de l'acide azoteux sur les sels de toluidine donne naissance à des dérivés diazoïques tels que le chlorure et l'azotate de diazotoluène ; en combinant ces diazoïques avec des naphtols sulfonés on obtient divers ponceaux, écarlates et orangés.

TOLUHYDROQUINONE. s. f. T. Chim. Voy. TOLUQUINONE.

TOLUIDE. s. f. T. Chim. Nom donné aux alcalamides qui résultent de l'introduction d'un radical acide dans la molécule d'une toluidine. Voy. TOLUÈNE (Dérivés amidés).

TOLUIDINE. s. f. T. Chim. Voy. TOLUÈNE (Dérivés amidés).

TOLUIFÈRE. s. m. (R. tolu, et lat. fero, je porte). T. Bot. Genre de plantes Dicotylédones (Tolifera) de la famille des Légumineuses, tribu des Papilionacées. Voy. LÉGUMINEUSES.

TOLUIQUE. adj. 2 g. (R. tolu). T. Chim. Les acides toluiques ou méthylbenzoïques répondent à la formule $C^6H^4(CH^3)CO^2H$. On les prépare en oxydant les xylènes à l'aide de l'acide azotique étendu. — L'acide ortho-t. cristallise en longues aiguilles fusibles à 102°, peu solubles dans l'eau. Traité par le permanganate de potasse, en solution alcaline, il se transforme en acide ortho-phtalique. Le nitrile ortho-t. $C^7H^7.CAz$ s'obtient en chauffant l'acide ortho-toluène-sulfonique avec du cyanure de potassium ; on peut s'en servir pour préparer l'acide lui-même par saponification. — L'acide méta-t. forme de fines aiguilles insolubles dans l'eau froide, facilement sublimables. Il fond à 110°. Le mélange chromique le convertit en acide méta-phtalique. — L'acide para-t. se prépare ordinairement en oxydant, par l'acide azotique, le cymène dérivé du camphre. Il se présente en aiguilles fu-

sibles à 180°, très solubles dans l'eau chaude. Sous l'action du mélange chromique il donne de l'acide téréphtalique.

Acides oxytoluiques et dioxytoluiques. Voy. CRÉSOTIQUE et ORSELLIQUE.

Aldéhydes toluiques. Voy. TOLYLIQUE.

TOLUOL. s. m. (R. tolu). T. Chim. Syn. de Toluène.

TOLUQUINOLÉINE. s. f. T. Chim. Voy. LÉPIDINE.

TOLUQUINONE. s. f. (R. tolu et quinone). T. Chim. Quinone dérivant du toluène et répondant à la formule $C^6H^3(CH^3)O^2$. On peut la considérer comme un dérivé méthylé de la quinone ordinaire. On l'obtient en oxydant la para-crésylène-diamine par le bioxyde de manganèse et l'acide sulfurique. Elle cristallise en lames jaunes d'or, fusibles à 69°, très volatiles, d'une odeur analogue à celle du chlore. Peu soluble dans l'eau froide, elle se dissout très bien dans l'eau chaude et dans l'alcool.

L'Hydrotoluquinone ou Toluhydroquinone est un diphénol qui a pour formule $C^6H^3(CH^3)(OH)^2$. Elle cristallise en longues aiguilles incolores, solubles dans l'eau, fusibles à 124°. On la prépare en réduisant la t. par l'acide sulfureux. Inversement elle se transforme en t. par l'oxydation.

TOLUSAFRANINE. s. f. [Pr. tolu-safranine]. T. Chim. Voy. SAFRANINE.

TOLUYLE. s. m. (R. tolu, et le suff. yle, du gr. ὕλη, matière). T. Chim. Radical monovalent $CH^3.C^6H^4.CO$, contenu dans les acides toluiques. — On donne quelquefois, à tort, le même nom au crésyle $CH^3.C^6H^4$ et au tolyle ou méthylbenzyle $CH^3.C^6H^4.CH^2$.

TOLUYLÈNE. s. m. (R. toluyle). T. Chim. Syn. de Crésylène et de Stilbène. — T.-diamine, Bleu de t., Rouge de t. Voy. CRÉSYLÈNE.

TOLYLE. s. m. (R. tolu, et le suff. yle, du gr. ὕλη, matière). T. Chim. Radical monovalent $CH^3.C^6H^4.CH^2$ que renferment certains dérivés mono-substitués des xylènes. — Les bromures de t. $CH^3.C^6H^4.CH^2Cl$ se produisent par l'action du brome sur les différents xylènes à la température d'ébullition. Les chlorures de t. s'obtiennent de même avec le chlore. Ces composés correspondent aux alcools tolyliques. Le nom de t. est quelquefois donné à tort au radical crésyle $CH^3.C^6H^4$. On dit de même bitolyle ou ditolyle au lieu de bicrésyle. Voy. CRÉSYLE et BICRÉSYLE.

TOLYLÈNE. s. m. (R. tolyle). T. Chim. Radical bivalent $C^6H^4(CH^2)^2$ contenu dans certains dérivés bi-substitués des xylènes. — Les bromures de t. $C^6H^4(CH^2Br)^2$ sont des composés cristallisables qu'on prépare en faisant agir le brome sur les xylènes à une température voisine de 150°. Les chlorures de t. se préparent de même par l'action du chlore. Ces composés sont les éthers des glycols tolyléniques $C^6H^4(CH^2OH)^2$ auxquels ils donnent naissance par saponification.

Le nom de t., comme celui de toluylène, est aussi employé comme syn. de crésylène.

T.-diamine, Rouge de t. Voy. CRÉSYLÈNE.

TOLYLÉNIQUE. adj. 2 g. (R. tolyle). T. Chim. Glycol t. Voy. TOLYLÈNE.

TOLYLIQUE. adj. 2 g. (R. tolyle). T. Chim. Les aldéhydes tolyliques ou toluiques dérivent des xylènes et ont pour formule $CH^3.C^6H^4.CHO$. L'aldéhyde ortho-t., liquide qui bout à 200°, et l'aldéhyde méta-t., qui bout à 199°, s'obtiennent en chauffant les chlorures de tolyle avec de l'azotate de plomb. L'aldéhyde para-t. se prépare en distillant un mélange de formiate et de para-toluate de chaux ; elle possède une odeur de menthe poivrée ; son point d'ébullition est à 204°. — Ces trois composés s'oxydent facilement à l'air pour se transformer en acides toluiques.

Les alcools tolyliques répondent à la formule :

$$CH^3.C^6H^4.CH^2OH.$$

L'alcool ortho-t. et l'alcool para-t. s'obtiennent par l'hydrogénation des aldéhydes correspondantes. Tous deux sont solides ; le premier fond à 31°, le second à 59°. L'alcool méta-t. se prépare en saponifiant le bromure de tolyle obtenu en partant du métaxylène ; il est liquide et bout à 217°.

TOMAHAWK. s. m. [Pr. *toma-âk*.] Nom que les Indiens d'Amérique donnent à leur casse-tête.

TOMAISON. s. f. [Pr. *to-mè-zon*] (R. *tome*). T. Typogr. Indication du tome auquel appartient chaque feuille d'impression dans les ouvrages qui ont plusieurs tomes. *Vérifier la tomaison.*

TOMAN. s. m. T. Métrol. Voy. THOMAN.

TOMATE. s. f. (mex. *tomatl*, m. s., par l'intermédiaire de l'espagnol). T. Bot. Nom donné au *Lycopersicum esculentum* et à son fruit. Voy. SOLANACÉES.

TOMBAC. s. m. [Pr. *ton-bak*] (malais *tambaga*, m. s.). T. Techn. Alliage de cuivre, de zinc et d'arsenic. Voy. CUIVRE, IX.

TOMBAL, ALE. adj. [Pr. *ton-bal*] (R. *tombe*). *Pierre tombale.* La pierre qui recouvre une sépulture.

TOMBANT, ANTE. adj. [Pr. *ton-ban*]. Qui pend vers le sol. *La tige de cette plante est grêle et tombante. Ce chien a les oreilles tombantes. Des cheveux tombants, Des cheveux longs et qui ne sont pas rattachés. | A la nuit tombante,* A cette partie du jour où la nuit commence à paraître. — *D'une voix tombante,* qui s'affaiblit.

TOMBE. s. f. [Pr. *ton-be*] (lat. *tumbus*, gr. τύμβος, propr. bûcher, de τύφω, je brûle). Table de pierre, de marbre, etc., dont on couvre une sépulture. *T. de pierre, de marbre. Ci-gît sous cette t. Lever une t. Graver une épitaphe sur une t.* || Par ext., Sépulcre. *Sa mère est dans la t. Être sur le bord de la t.,* Être très âgé ou très dangereusement malade. *Descendre dans la t.,* Mourir.

TOMBEAU. s. m. [Pr. *ton-bo*]. Sépulcre, monument élevé à la mémoire d'un mort dans l'endroit où sont ses restes. *Dresser, élever un t. Violer, profaner un t. Les tombeaux des rois. — Les tombeaux sont sacrés,* Il faut respecter le lieu où les morts sont enterrés. — *T. de famille,* caveau où sont enterrés les membres d'une même famille. || Fig., La mort. *L'horreur, la nuit du t. Chaque instant de la vie nous approche du t. Il lui fut fidèle jusqu'au t. — Mettre, conduire, mener quelqu'un au t.,* Causer sa mort. *Descendre au t.,* Mourir. *Suivre quelqu'un au t.,* Mourir peu de temps après lui. *Tirer quelqu'un du t.,* Le rendre à la vie. *Être aux portes du t.,* sur le point de mourir. || Fig., en parlant des choses, sign. fin, destruction. *On a dit que le mariage était le t. de l'amour. L'anarchie est le t. de la liberté.* || *T. des secrets,* personne d'une discrétion absolue.

Hist. — L'usage d'ériger aux morts des monuments funéraires a existé dans tous les temps et chez tous les peuples, et de même, à toutes les époques et dans tous les lieux, les tombeaux ont été entourés d'un respect religieux qui faisait regarder leur violation comme un crime exécrable. Chez beaucoup de nations de l'antiquité, comme aujourd'hui chez les peuplades sauvages de l'Amérique et des îles de la mer du Sud, on croyait que les morts avaient dans l'autre vie les mêmes goûts et les mêmes habitudes que sur la terre. En conséquence, on avait le soin de placer à côté des cadavres les objets qui avaient été le plus chers aux vivants, et c'est à cet usage que nous devons une grande partie des richesses archéologiques que renferment nos musées. Au reste, la diversité la plus grande se remarque dans les monuments funéraires, selon l'état de civilisation, de richesse et de luxe auquel étaient parvenus les pays où ils ont été élevés. Tandis que les uns sont d'une simplicité extrême et consistent uniquement en un amas de terre ou de pierres élevé sur la dépouille du mort, les autres consistent en excavations pratiquées dans le sol ou dans le flanc des montagnes. Quelques-uns enfin sont des monuments de construction plus ou moins considérables, où l'architecture et la sculpture ont déployé toutes les ressources de l'art contemporain.

1. *Tumulus.* — Il y a lieu de croire que chez tous les peuples les premiers tombeaux ont consisté en de simples monticules de terre ou de pierres, que les archéologues appellent *tumulus.* Il existe des tombeaux de ce genre dans toutes les parties de l'Asie, de l'Europe et de l'Amérique. Quelquefois la base du monticule factice était entourée d'une enceinte circulaire de pierres afin de soutenir les terres. C'est ce qu'on voit, par ex., dans les tumulus de la plaine de Troie, dans

l'Asie Mineure, que l'on suppose avoir été érigés sur les ossements des héros de la Grèce mythique, Achille, Patrocle, Ajax, etc. Il en est de même de quelques-uns des tumulus dus aux peuples celtiques. Les monuments funéraires de cette classe sont encore nombreux dans les pays occupés par cette antique race. En France, ils se rencontrent principalement dans nos départements du Nord. Les antiquaires anglais donnent à ces tumulus le nom de *Barrows*; nos archéologues les appellent *Galgals,* quand ils sont faits avec des pierres. Quant aux habitants des campagnes, ils les nomment, suivant les lieux, *Tombelles, Buttes, Combles, Combeaux, Montjoies* et *Puyjolis.* Le plus souvent ils ont la forme d'un cône, tantôt tronqué, tantôt à sommet arrondi; quelquefois, cependant, leur plan est celui d'un ellipsoïde allongé. Ces tumulus sont, tantôt isolés, tantôt accouplés ou groupés plusieurs ensemble; les plus petits n'ont pas plus de 1 mètre de haut; les plus grands atteignent 30 mètres : telle est la butte de Tunniac, près de Sarzeau (Morbihan), qui a 32 mètres de hauteur perpendiculaire et 120 mètres de tour. On suppose que leurs dimensions variaient en raison de l'importance du personnage sur la dépouille duquel ils ont été établis. Les tumulus circulaires ne renferment le plus souvent qu'un cadavre, qui occupe le centre de la construction. Ceux qui sont allongés, au contraire, ont été destinés à en recevoir un certain nombre. Ces derniers présentent quelquefois des galeries souterraines formées de grandes pierres brutes et divisées en plusieurs chambres ou compartiments, de sorte qu'ils ressemblent à des allées couvertes enfouies sous une colline factice. Ces groupes semblent donc représenter de véritables ossuaires, et l'on suppose qu'ils ont été érigés pour y inhumer les hommes tombés dans une bataille. Parmi les tumulus qui appartiennent à cette catégorie, nous citerons celui de Fontenay-le-Marmion, dans le département du Calvados. Il est de forme à peu près elliptique, et percé de dix puits principaux dont chacun conduit à une série de cham-

Fig. 1.

bres funéraires. (La Fig. 1 représente la coupe du monument dans son milieu : le puits A conduit dans une série de quatre chambres, et le puits B dans une autre série de sept chambres.) Dans tous ces tumulus, à moins qu'ils n'aient déjà été fouillés, à côté des ossements, on trouve des armes, des ustensiles et d'autres objets qui nous font connaître l'état de l'industrie gauloise aux époques reculées auxquelles remontent ces monuments. Les populations celtiques déposaient aussi quelquefois les cadavres dans des excavations creusées dans le roc, ainsi que dans des espèces de cercueils composés de pierres plates posées de champ et ensevelies à une petite profondeur sous le sol. Souvent aussi elles se contentaient d'enterrer les morts dans des fossés et de placer une simple pierre par-dessus. Des centaines de sépultures de ce genre se trouvent, dispersées sans ordre, dans des plaines ou sur les flancs des collines. On les appelle vulgairement *Pierres levées* ou *Carnellloux,* et l'on suppose que plusieurs indiquent l'emplacement d'anciens champs de bataille. Voy. MENHIR, DOLMEN, CROMLECH.

II. *Tombeaux égyptiens.* — Les sépultures égyptiennes étaient de trois sortes. — Celles qui étaient isolées étaient des tumulus de terre ou de briques, ou bien des pyramides : les autres se trouvent surtout dans le Delta et la moyenne Égypte. Nous avons vu que les fameuses pyramides de Gizeh furent élevées pour servir de dernière demeure aux rois, aux membres de leur famille et aux grands personnages de l'État. Voy. PYRAMIDE. — Les *Hypogées,* ou *Syringes,* consistaient en de vastes excavations creusées dans le flanc des montagnes : ils étaient particulièrement en usage dans la haute Égypte, parce que là, la vallée du Nil se trouve bordée par une série de rochers. Plusieurs de ces monuments ont été visités de nos jours et l'on y a trouvé des objets qui ont singulièrement éclairé une foule de points de l'histoire de cet antique pays. Les plus importants sont ceux de la vallée appelée en arabe Biban el Molouk, c.-à-d. les Portes des rois, et où ont été déposés les restes des souverains de la 18ᵉ, de la 19ᵉ et de la 20ᵉ dynastie. En général, ces hypogées s'annoncent par une façade taillée verticalement dans le rocher, mais dont la porte est souvent masquée avec le plus grand soin. Un ou plusieurs couloirs, quelquefois coupés par des puits profonds et par des salles, conduisent à la chambre funéraire, ou *chambre royale*, où était le cercueil, ordinairement de granit, de basalte ou d'albâtre. Les parois de l'excavation entière, ainsi que le plafond, sont couvertes de sculptures coloriées et d'inscriptions hiéroglyphiques où le nom du prince défunt est plusieurs fois répété. Ces images représentent ordinairement des cérémonies funéraires, la visite de l'âme du roi défunt aux divinités principales, ses offrandes à chacune d'elles, sa présentation par le dieu qui le protégeait au dieu suprême de l'Amenthis ou enfer égyptien, et enfin son apothéose. Rien n'égale la grandeur de ces ouvrages, la richesse et la variété de leurs ornements. Ces figures, quoique en très grand nombre, sont quelquefois de grandeur naturelle; souvent aussi les scènes de la vie civile se mêlent aux représentations funéraires; on y voit les travaux de l'agriculture et de l'industrie, les occupations domestiques, la chasse, la pêche, des batailles, des danses, des meubles d'une richesse et d'une élégance admirables. Enfin, les plafonds sont ordinairement revêtus de sculptures relatives aux phénomènes astronomiques. Les hypogées des particuliers étaient également creusés dans le rocher, et composés d'une ou de plusieurs salles, dont les dimensions et la décoration variaient suivant le rang et la fortune du défunt, et dont la dernière renfermait le cercueil. Celui-ci était généralement de bois de sycomore ou de cèdre, et toujours d'une seule pièce, non compris le couvercle

Fig. 2.

(Fig. 2). Il était en outre orné, tant à l'intérieur qu'à l'extérieur, de peintures qui représentent habituellement des scènes funéraires, et sont entremêlées de cartouches offrant le nom du mort. Enfin, on plaçait autour du cercueil diverses offrandes, des vases, des figurines, et quelquefois des modèles réduits des outils, instruments, etc., destinés à rappeler la profession du défunt. Des vases, au nombre de quatre, contenaient les viscères du cadavre, qu'on avait mis de côté lors de l'opération de l'embaumement : ils avaient tous la même grosseur et la même forme, qui était celle d'un cône renversé, mais leurs quatre couvercles étaient différents et figuraient une tête de femme, une tête de chacal, une tête d'épervier et une tête de cynocéphale : c'est à ces vases que les antiquaires donnent le nom de *Canopes*. — Il n'y avait que les rois et les grands personnages de l'empire qui eussent une sépulture particulière. Les corps des autres Égyptiens étaient rangés dans d'immenses galeries souterraines, tantôt taillées dans le roc, tantôt construites en briques, que les Grecs, et les modernes après eux, ont appelées *Nécropoles*, c.-à-d. villes des morts. Ces nécropoles étaient composées de plusieurs étages distribués en petites chambres, et il paraît que chaque caste avait sa nécropole particulière. Les Égyptiens ne se contentaient pas d'embaumer et d'inhumer leurs morts : ils rendaient les mêmes honneurs aux animaux consacrés à leurs dieux, comme les ibis, les crocodiles, les éperviers, les bœufs, les serpents, etc. Les grottes de Samoun sont célèbres par l'immense quantité de crocodiles et de momies humaines qu'elles contiennent. Ces reptiles sont entassés par milliers et semblent combler toutes les profondeurs des cavernes.

III. *Tombeaux chez les peuples de l'Asie occidentale.* — Chez les divers peuples de cette partie de l'Asie, outre les tumulus auxquels nous avons fait allusion, on rencontre un grand nombre de sépulcres creusés dans les flancs des montagnes. Les plus importants sont ceux de la Palestine et de la Perse : ces tombeaux taillés dans le roc sont surtout des sépultures royales. — On voit au nord de Jérusalem des tombeaux de ce genre qui, suivant la tradition, seraient les sépulcres des juges Samson, Gédéon, etc. A peu de distance

se trouvent d'autres tombeaux semblables que l'on appelle les *Sépulcres des rois*. Toutefois ces tombeaux n'appartiennent point aux anciens rois de Juda : ce sont ceux d'Hérode et de ses successeurs. On y pénètre par une excavation, qui ressemble à une carrière et qui conduit à une pièce carrée, d'où l'on entre dans une suite de chambres funéraires séparées entre elles par des couloirs étroits. Les parois de ces chambres sont percées de niches, larges de 1 mètre et profondes de 2, dans lesquelles on plaçait les cercueils. Il est à remarquer que les portes qui les ferment sont de la même pierre que la grotte, ainsi que leurs gonds et les pivots sur lesquels elles tournent. Les simples particuliers étaient aussi parfois enterrés dans des cavernes, soit naturelles, soit creusées dans le roc. Lorsque leurs tombeaux étaient en plein champ, les Juifs déposaient le cercueil dans une fosse profonde, et mettaient une pierre taillée par-dessus, afin d'avertir que c'était la sépulture d'un mort, et que les passants n'y touchassent point, de peur de se souiller. Ils les enduisaient aussi de chaux pour qu'on les aperçût de loin, et tous les ans, le 15 du mois Adar, on les reblanchissait. — Les anciens Perses n'enterraient ni ne brûlaient leurs morts; comme les Guèbres actuels, ils les exposaient aux animaux carnassiers. Les rois ne subissaient pas cette dernière loi; mais afin de ne souiller ni la terre ni le feu, on les enfermait dans des sépulcres de pierre. A 10 kilomètres environ du Tchil-Minar, que l'on croit être les restes de l'antique citadelle de Persépolis, s'élève une colline coupée à pic qui offre sur la face orientale les façades de quatre tombeaux taillés dans le rocher. Chacune de ces façades a environ 32 mètres de hauteur sur 16 de largeur, et se divise en trois étages. L'inférieur est lisse. Le second est orné de quatre colonnes au milieu desquelles est figurée une large porte; mais l'entrée véritable est très étroite et pratiquée au bas de cette porte. Enfin, le troisième étage est décoré de figures en bas-relief et de dimensions colossales, qui représentent une scène religieuse. L'intérieur du monument renferme une chambre large de 10 mètres et haute de 2ᵐ,60, au fond de laquelle on voit trois niches cintrées correspondant à trois sarcophages qui n'ont été complètement dépouillés. Les inscriptions cunéiformes, bien effacées, il est vrai, que présentent ces monuments permettent de croire qu'ils sont les tombeaux d'Artaxerxès Longue-Main, de Darius Nothus, d'Artaxerxès Mnémon et d'Ochus, tous princes de la dynastie des Achéménides. — Les autres peuples de l'Asie occidentale, et notamment de l'Asie Mineure et de la Syrie, indépendamment de sépulcres creusés dans le roc, élevaient fréquemment à la dépouille des morts des tombeaux qui parfois constituaient des édifices gigantesques de la plus grande magnificence. Plusieurs rappelaient encore les tumulus antiques. Tel était, par ex., le t. que Crésus, roi de Lydie, érigea à Sardes sur la dépouille de son père Alyatte. Ce monument se composait d'un soubassement construit en pierres de très grandes dimensions, qui avait 6 stades 2 pléthres de circonférence, et au-dessus duquel s'élevait une montagne de terre présentant plusieurs étages circulaires de terrasses soutenues par des murs de briques et plantées d'arbres. Au sommet de cette

Fig. 3

construction, on voyait cinq obélisques ayant la forme de bornes. Ce t. était construit au milieu d'un lac que les Lydiens appelaient lac de Gygès. Nous avons parlé ailleurs du célèbre *Mausolée* d'Halicarnasse, c.-à-d. du t. de Mausole, roi de Carie, que les anciens avaient mis au rang des merveilles du monde. Voy. MERVEILLE. Enfin, nous terminerons en mentionnant les curieux monuments funéraires de la Lycie, monuments qui sont encore en grand nombre et dans un état merveilleux de conservation. Ils consistent, soit en tombeaux creusés dans le flanc des rochers, soit en sarcophages érigés sur les collines. Les premiers ont cela de remarquable, qu'ils présentent dans leur ensemble une imitation évidente de constructions de bois; les seconds (Fig. 3) ressemblent à un petit édifice porté sur un soubassement, et recouvert d'un toit aigu dont les deux versants sont convexes, de manière à former un arc ogival d'un dessin parfait.

IV. *Tombeaux chez les peuples de l'Inde et de l'Asie orientale.* — Toutes les parties de l'Asie ont été si souvent bouleversées et ravagées par des conquérants avides et barbares, que les monuments de l'antiquité ont presque tous péri. En outre, parmi ceux qui passent pour les plus anciens, il est presque toujours impossible de déterminer la date précise de leur érection. Au nombre des monuments funéraires les plus antiques que nous offre le sol de l'Inde, nous devons mentionner ceux que l'on nomme *Stupa* ou *Tope*. Ce sont des constructions de maçonnerie, de forme cylindrique plus ou moins élevée, et se terminant en calotte sphérique. Tous ces topes sont placés sur une colline ou sur un monticule factice, et ils sont généralement entourés d'une enceinte de murailles formant un quadrilatère dont les faces regardent les quatre points cardinaux. En fouillant ces constructions, on a constaté qu'elles renferment à l'intérieur une

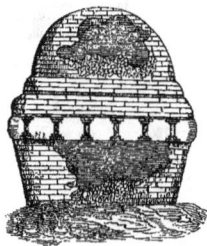

Fig. 4.

chambre carrée et placée au centre de la masse. La Fig. 4 représente, d'après Burnes, le t. de Belur, dans le Pundjab, dont la hauteur est estimée à environ 50 pieds, ou 16 mètres. Le savant voyageur pense que ces monuments sont les tombeaux d'une race de princes bactriens. Quant à la date de leur construction, elle est inconnue ; néanmoins on croit pouvoir faire remonter plusieurs d'entre eux au IIIe ou IVe siècle avant notre ère. Ces monuments n'ont été jusqu'ici rencontrés que dans le Pundjab et dans le royaume de Cahoul, où les habitants les désignent sous les noms de *bordj* ou tour, et de *minar* ou pilier. L'île de Ceylan possède des monuments qui offrent la plus grande analogie avec les topes, et que l'on nomme *Dagobas*. Les plus simples, qu'on suppose être les plus anciens, consistent en une petite colline de terre en forme de cône, exhaussée sur quelques marches et entourée d'une plantation d'arbres. Les autres sont également formés d'un monceau de terre en forme de cône recouvert d'un mur de brique ou de pierre, et quelquefois surmontés d'une espèce de tourelle. Le plus considérable appartient à cette catégorie. Il a une hauteur verticale d'environ 60 mètres, et il est entouré d'une terrasse dallée. — Chez les peuples de l'Asie orientale, les Chinois, les Japonais, etc., les sépultures n'offrent rien de remarquable. Les pauvres se contentent d'élever, sur la fosse où est déposée la bière du défunt, une petite pyramide de terre de 1 mètre et demi à 2 mètres de haut. Pour les grands personnages et les gens riches, on élève habituellement au-dessus de leur dépouille un édifice qui représente un petit t., dont le sommet est formé par une maçonnerie en demi-cercle.

V. *Tombeaux chez les Grecs.* — Chez les peuples de race

Fig. 5.

Fig. 6.

hellénique, les tombeaux furent d'abord de simples tumulus de terre ou de pierre. Dans certaines localités, on déposait aussi la dépouille des morts dans des chambres sépulcrales taillées dans le roc, ou bien encore on mettait à profit les anciennes carrières que l'on transformait en nécropoles. On

retrouve encore, parmi les plus anciens monuments funéraires de la Grèce, des tombeaux d'architecture dite cyclopéenne, c.-à-d. des chambres voûtées construites à la manière des trésors d'Atrée et de Minyas (Voy. ARCHITECTURE, Fig. 3 et 4). Plus tard, les tombeaux présentèrent les formes les plus variées. Le plus souvent la dépouille du mort était recouverte d'une simple pierre tombale posée horizontalement (τράπεζα, *mensa*) ; tantôt on érigeait au-dessus soit une colonne (χίων) de forme très variable, soit une petite pyramide, soit une stèle (στήλη), c.-à-d. une tablette plate dressée verticalement. Le mot stèle est fréquemment appliqué à toute espèce de monument funéraire ; mais son sens propre est celui que nous venons de dire. La stèle se terminait ordinairement par une sorte d'antéfixe (ἐπίθεμα), comme le montrent les Fig. 5 et 6 ; quelquefois cependant elle était terminée par un petit fronton. Certains tombeaux avaient l'aspect d'un *édicule*, c.-à-d. d'un petit temple. Les tombeaux de ce genre ne furent d'abord érigés qu'en l'honneur des héros déifiés, d'où le nom d'ἥρωον, *heroum*, sous lequel on les désignait ; mais par la suite, les gens riches adoptèrent de préférence cette forme, qui permettait de déployer toutes les ressources de l'architecture et de la sculpture (Voy. FUNÉRAILLES, Fig. 3).

VI. *Tombeaux italiotes et étrusques.* — Dans l'Italie méridionale ou Grande Grèce, les tombeaux étaient construits dans la terre, en pierres de taille, et cette enceinte était couverte de dalles formant un toit. Le mort y était déposé à terre, les pieds tournés vers l'entrée ; on plaçait à côté de lui, ou l'on suspendait aux murs avec des clous de bronze, des vases points de formes et de grandeurs diverses. C'est dans ces monuments que l'on a recueilli presque tous les vases points qui enrichissent nos musées. Dans l'Italie centrale, plus particulièrement chez les Étrusques, les tombeaux consistaient, tantôt en chambres souterraines, que surmontaient des tumulus coniques ou des constructions en forme de pyramide ou de tour soit ronde, soit carrée, tantôt en excu-

Fig 7.

vations creusées dans le roc sur le flanc des montagnes. La forme des chambres sépulcrales souterraines variait singulièrement. Ici le plafond, supporté par des piliers, est plat et partagé en caissons quadrilatères. Là le plafond est bâti en voûte pyramidale avec une ouverture carrée au centre. Ailleurs la chambre offre une voûte construite dans le système des voûtes cyclopéennes (Fig. 7. Vue intérieure d'un t. découvert à Cœré, avec le mobilier qu'on y a trouvé). Dans les tombeaux étrusques, les chambres sépulcrales sont souvent composées de plusieurs pièces distinctes, dont les murs sont parfois ornés de peintures et de sculptures. Suivant les temps et les lieux, les cadavres étaient placés sur le sol, ou bien couchés tout vêtus sur des lits funèbres, ou encore renfermés dans des sarcophages. Dans quelques-uns, le cadavre avait été réduit en cendres, et celles-ci étaient déposées dans des urnes cinéraires. Enfin, dans tous on plaçait des armes, des vases, des bijoux, des ustensiles, et une foule d'autres objets. Quant aux tumulus et aux constructions que les Étrusques érigeaient sur la dépouille des morts, leurs dimensions étaient parfois considérables. Ainsi, le t. de Porsenna consistait en un soubassement construit en belles pierres d'appareil, qui avait environ 16 mètres de hauteur et 490 mètres de côté. L'intérieur de cette construction renfermait un labyrinthe formé d'une multitude de corridors et de chambres, afin qu'on ne pût reconnaître quelle était la chambre sépulcrale du roi. Enfin, sur ce soubassement s'élevaient trois terrasses en retraite, et le sommet de la supérieure portait cinq grandes pyramides rondes en forme de borne. Cette construction gigantesque, comme on le voit, offrait la plus grande analogie avec le t. d'Alyatte, roi de Lydie, dont nous avons parlé, et nous rappelle en outre que, suivant la plupart des auteurs, les Étrusques étaient eux-mêmes une colonie lydienne.

VII. *Tombeaux romains.* — Les Romains distinguaient trois espèces de tombeaux, qu'ils appelaient *sepulcrum, monumentum* et *cenotaphium*. Le sépulcre était le lieu même qui contenait la dépouille d'un mort, c.-à-d. le t. proprement dit, et le monument un édifice élevé pour transmettre à la postérité la mémoire du défunt. La même personne pouvait ainsi avoir plusieurs monuments et dans des lieux divers, mais elle ne pouvait avoir qu'un seul t. Quant au cénotaphe, qu'on appelait aussi *tumulus honorarius* ou *inanis*, c'était, ainsi que l'indique son nom, un monument consacré à la mémoire d'une personne dont on n'avait pu retrouver les restes (Voy. CÉNOTAPHE). Les Romains élevaient généralement

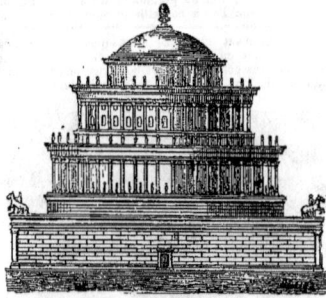

Fig. 8.

leurs tombeaux le long des chemins, et ceux, en très petit nombre, que l'on voyait ailleurs, appartenaient à des familles riches qui n'avaient pas voulu que les ossements de leurs parents sortissent de leurs propriétés. Leur forme était très variée. Il paraît qu'à l'origine les Romains déposaient le corps du mort dans une fosse, et le recouvraient d'un tumulus, suivant le mode étrusque. Plus tard, ils imitèrent les tombeaux grecs. Les plus simples se composaient d'une stèle ou d'un cippe, c.-à-d. d'une pierre unique en forme de tablette, de colonne, de pilier ou d'autel. Beaucoup avaient la forme d'un petit temple ou édicule. Quelques-uns, tels que le t. de Caius Sestius, qu'on voit encore à Rome, près de la porte d'Ostie, nous prouvent que les Romains imitaient aussi les pyramides de l'antique Égypte. D'autres, comme le t. de Métella, étaient en forme de tour ronde ou carrée, et offraient parfois plusieurs étages. Enfin, sous l'empire, Rome vit s'élever dans son sein des tombeaux qui, par leurs dimensions et leur magnificence, rivalisaient avec les mausolées les plus célèbres des rois de l'Asie. Le mausolée qu'Auguste se fit construire dans le Champ-de-Mars, se composait d'un vaste soubassement de marbre blanc, décoré de niches à son pourtour et d'un portique flanqué de deux obélisques sur sa face principale. Au-dessus de ce soubassement s'élevaient en retraite, les unes au-dessus des autres, des terrasses de terre plantées d'arbres du haut en bas. Enfin, cet immense tumulus, dont l'ensemble figurait un cône régulier, était couronné par la statue colossale de bronze de l'empereur. La chambre sépulcrale était pratiquée au centre du soubassement et renfermait les cendres d'Auguste, de ses parents et de ses amis. Mais la magnificence de ce t. fut surpassée par celui d'Adrien, que

ses dimensions prodigieuses firent appeler par les Romains *moles Hadriana*, et sur la base duquel s'élève aujourd'hui la forteresse connue sous le nom de château Saint-Ange. Ce monument, dont la Fig. 8 représente l'élévation, suivant la restauration qu'on en a faite d'après les restes qui en subsistent encore et les descriptions des auteurs anciens, présentait un immense soubassement carré, actuellement enfoui sous le sol. Au-dessus de cette base, s'élevait une vaste construction circulaire offrant, selon les uns, deux, et, suivant les autres, trois ordres superposés, le premier dorique, le second ionique, et le troisième corinthien. Chacun de ces ordres se composait de colonnes de granit et de porphyre, et formait une galerie circulaire décorée de statues et de bas-reliefs. Enfin, l'édifice se terminait par un couronnement conique que surmontait une énorme pomme de pin de bronze doré. Ce monument prodigieux, qui était resté intact jusqu'à l'invasion des Goths, fut dévasté par ces barbares, puis converti par eux en forteresse, lorsqu'ils s'établirent à Rome, vers la fin du Ve siècle. Plus tard, c.-à-d. au IXe et au Xe siècle, il servit de retraite aux petits tyrans qui désolaient alors la ville de Rome. Enfin, au XVIIe siècle, le pape Urbain VIII le transforma en citadelle régulière. Le premier étage circulaire du t. forme le corps principal de la forteresse, qui est en outre flanqué de quatre gros bastions. Le nom de château Saint-Ange qu'on lui donne aujourd'hui lui vient de la statue colossale de bronze qui la surmonte et qui représente un ange. Outre les tombeaux individuels dont il vient d'être question, il y avait aussi dans l'ancienne Rome des sépulcres collectifs, que les grands personnages faisaient construire pour leurs esclaves et leurs affranchis. Les tombeaux de ce genre étaient appelés *conditoria* et quelquefois *hypogées* (*hypogea*) à cause de leur situation souterraine. Ils consistaient généralement en une salle plus ou moins vaste dans les parois de laquelle étaient pratiqués plusieurs rangs de niches destinées à recevoir les urnes funéraires; de là le nom de *columbaria* qu'on leur donnait aussi, parce que l'ensemble de ces niches figurait assez bien l'aspect d'un colombier (Voy. CIMETIÈRE, Fig. 1). Les Romains cessèrent de brûler les morts au IIIe ou au IVe siècle de notre ère. Les cadavres furent alors déposés dans des coffres de bois ou dans des cercueils de pierre, de plomb, de terre cuite ou de maçonnerie. Ces cercueils étaient nommés *arca, loculus, sarcophagus*; ils avaient le plus souvent la forme d'un parallélipipède, et ils étaient faits d'une ou de deux pièces, sans compter le couvercle, qui était plat ou bombé. Les uns étaient enfouis à une petite profondeur; les autres, les plus riches sans doute, restaient à nu, et des ornements plus ou moins compliqués étaient sculptés sur leurs faces. Les corps y étaient étendus à plat, mais ayant souvent la tête soutenue par une tuile, une pierre ou une aire de maçonnerie. Quelquefois les bras et les jambes étaient enfermés dans de longues tuiles creuses.

VIII. *Tombeaux modernes.* — On les divise en deux classes, celle des tombeaux non apparents, et celle des tombeaux apparents. Les premiers se composent simplement d'un cercueil, généralement dépourvu de toute ornementation et toujours enfoui sous le sol. Dans le moyen âge, les cercueils des grands personnages consistaient généralement en une pierre creusée, dans laquelle on déposait le corps et que l'on recouvrait d'une autre pierre qui se scellait à la première. Le plus souvent ils avaient la forme d'une auge plus large du côté de la tête que du côté des pieds. Jusqu'au XIe siècle, on les fit suivre à l'intérieur ; mais, à partir de cette époque, on creusa dans la pierre, à la partie supérieure, un espace circulaire pour recevoir la tête, ou bien on ménagea, pour le même objet, deux arêtes plus ou moins saillantes. Cet usage subsista jusqu'au XVIe siècle. Les tombeaux apparents sont destinés, comme leur nom l'indique, à rester exposés aux regards du public. Ils ont toujours été construits pour des personnages importants. Jusqu'au XIIe siècle, ces monuments affectèrent le plus souvent la forme d'un cercueil, dont le couvercle ressemblait à un toit à double pente : on les plaçait habituellement dans des arcades pratiquées dans les murs ou sur des colonnettes ou des supports de maçonnerie. Quelquefois le couvercle était plat : tel est, par ex., le couvercle du t. de la reine Frédégonde, qui date du VIIe siècle, et sur lequel on a représenté cette princesse au moyen d'une mosaïque faite d'émaux combinés avec des filets de cuivre, le tout incrusté dans un mastic coulé sur une pierre de liais. Dans le XIe siècle, peut-être même avant, on commença à placer des statues couchées sur les tombeaux; néanmoins cet usage ne devint général (il n'est ici question que des grands personnages) qu'un siècle plus tard. Au XIVe siècle, on fit quelquefois des tombeaux de bronze. À la même époque, les pierres tombales reçurent une ornementation d'une extrême richesse, dont on augmenta encore l'effet au moyen de mastics colorés introduits dans les sculptures de leurs parties principales. Dans certains cas, elles sont remplacées par des cuivres funéraires, c.-à-d. par de grandes plaques de cuivre rouge ou de laiton, fixées dans des dalles de pierre, et représentant la figure du défunt, soit par leur contour, soit par des traits gravés en creux et généralement remplis de quelque émail ou de quelque mastic coloré tranchant sur le fond. Le XVe siècle produisit des tombeaux isolés d'une grande magnificence; mais ils furent de beaucoup dépassés par ceux du siècle suivant. La plupart de ces derniers existent encore : ce sont de petits monuments d'une extrême richesse, où le génie de la sculpture a déployé mille sujets de décoration. Un des plus remarquables est celui des cardinaux d'Amboise, dans la cathédrale de Rouen, qui a été exécuté, de 1516 à 1525, sous la direction et sur les dessins de l'architecte Rolland le Roux. Nous citerons encore les tombeaux de François II, duc de Bretagne, dans la cathédrale de Nantes; de Marguerite de Bourbon, de Philibert le Beau et de Marguerite d'Autriche, dans l'église de Brou, près de Bourg en Bresse; de Louis XII, de François Ier et de Henri II, dans l'église abbatiale de Saint-Denis. A l'étranger, la renaissance produisit, entre autres chefs-d'œuvre, le t. de Charles le Téméraire et de Marie de Bourgogne, à Notre-Dame de Bruges; et ceux de Saint-Sébald, à Nuremberg, de l'empereur Maximilien Ier, à Inspruck; des papes Jules II et Alexandre VII, à Rome, etc. Au XVIIe siècle, une innovation eut lieu dans la construction des tombeaux : on imagina de les composer de la statue du défunt, comme précédemment, et, ce qui n'avait pas encore été fait, d'un sarcophage accompagné de figures allégoriques. Aujourd'hui, l'architecture des monuments funéraires dépend tout entière du caprice de l'artiste chargé de les exécuter; néanmoins on imite surtout les tombeaux grecs et romains. Les grands cimetières de Paris, et surtout celui du Père-Lachaise, renferment un grand nombre de tombeaux véritablement remarquables. Toutefois le monument funéraire le plus grandiose et le plus somptueux que l'on ait construit depuis le commencement de ce siècle, est le t. érigé à Napoléon Ier dans l'église et sous le dôme des Invalides : il a été construit, de 1843 à 1853, par Visconti, et a coûté 1,774,000 francs. — Voy. FUNÉRAILLES.

TOMBÉE. s. f. [Pr. *ton-bée*] (R. *tomber*). Ne se dit que dans la loc., *A la t. de la nuit*, Au moment où la nuit approche.

TOMBELIER. s. m. [Pr. *ton-belié*]. Charretier qui conduit un tombereau.

TOMBELLE. s. f. [Pr. *ton-bè-le*] (Dimin.). Tombe formée d'une éminence de terre.

TOMBER. v. n. [Pr. *ton-ber*] (vx fr., *tumer*, d'orig. germ., qui sign. sauter, trébucher, et tomber). Être entraîné de haut en bas par son propre poids. *T. lourdement. T. de son haut. T. sur les genoux. T. à la renverse. T. de cheval. Il faillit t. dans l'eau, dans le précipice. T. raide mort. Le vent a fait t. les fruits. Les larmes tombent de ses yeux. La pluie, la grêle tombe.* On dit aussi impersonnelt : *Il tombe de la pluie, de la grêle. Il est tombé de la neige toute la nuit.* — *Ce bâtiment, cet édifice tombe en ruine*, Il est dans un tel état de vétusté, de délabrement, qu'il en tombe de temps en temps quelque partie. On dit à peu près de même. *Ses vêtements tombent en loques.* — *T. aux pieds, aux genoux de quelqu'un*, S'y jeter, ou Fig., S'abaisser devant lui aux plus humbles supplications. *T. debout*, Se tirer heureusement d'une circonstance critique. || Fig. et fam., *T. de son haut. T. sur ses pieds. T. les quatre fers en l'air.* Voy. HAUT, PIED et FER. *— T. des nues*, Éprouver un grand étonnement, une grande surprise. *Quand je vois de pareilles choses, je tombe des nues.* On dit aussi : *Cet homme semble t. des nues*, Il est embarrassé de sa contenance, il ne sait à qui s'adresser dans le lieu où il se trouve; *Cet homme est tombé des nues*, Il n'est connu ni avoué de personne, on ne sait d'où est arrivé sans être attendu; et, en parlant d'un ouvrage d'imagination. *Ce personnage, cet incident, ce dénoûment tombe des nues*, Il est mal amené, mal préparé. — *Quand la poire est mûre, il faut qu'elle tombe*, Quand les affaires sont venues à un certain point, il faut nécessairement qu'elles éclatent. — *Faire t. les armes des mains de quelqu'un*, Le fléchir, l'apaiser. On dit également, *Faire t. la plume des mains*, Décourager ou

dégoûter quelqu'un d'écrire, ou faire qu'il s'interrompe tandis qu'il écrit. — *Laisser t. ses paroles*, Parler nonchalamment. — *Laisser t. sur quelqu'un un regard de pitié, de dédain*, etc., Le regarder avec une expression de pitié, etc. — *Ce mot, ce propos n'est pas tombé à terre*, On l'a remarqué, on l'a relevé. Fam. || Par ext., *Être pendant. Ses cheveux lui tombent sur les épaules, Les branches du saule pleureux tombent jusqu'à terre.* || *T. sur quelqu'un*, Se jeter, se précipiter sur lui, le charger, l'attaquer vigoureusement. *Il tomba sur lui avec fureur et le frappa.* — Fig. et fam., *T. sur quelqu'un, lui t. rudement sur le corps*, Dire de lui des choses dures et désobligeantes. *T. sur un mets, sur un plat*, En manger avec avidité. *Il lui est tombé une fluxion sur la poitrine*, Il lui est survenu une fluxion de poitrine. — Fig., *Tout le poids de la guerre est tombé sur celui-ci*, C'est elle qui a eu le plus à en souffrir. *Toute la responsabilité tomba sur moi. Toutes les imprécations du peuple tombèrent sur lui.* || Par exagération, *Ne pouvoir plus se soutenir, ou avoir peine à se soutenir. T. de faiblesse, d'inanition. T. de sommeil.* — On dit encore, *T. d'épilepsie*, et *T. du haut mal*, Être atteint d'épilepsie, parce que, dans les accès, on tombe habituellement de son haut. = *Tomber*, signifie aussi passer dans un état mauvais ou plus mauvais que celui où l'on était; se dit le plus souvent des personnes. *T. malade. T. en défaillance, en syncope, en apoplexie, en léthargie. Je tombai dans une sorte d'anéantissement. T. dans le découragement. T. dans la misère, dans l'indigence. T. en disgrâce, dans la disgrâce de quelqu'un. T. en faute, dans une faute. T. dans un défaut. T. dans le ridicule. T. en contradiction, dans une contradiction grossière.* On dit aussi, par opposition à la vie, aux opinions antérieures de quelqu'un, *Il est tombé dans la dévotion, dans le mysticisme.* — Se dit encore des défauts propres aux écrivains, aux artistes. *Cet auteur tombe dans la déclamation, dans l'affectation, dans le précieux. En voulant au sublime, il tombe souvent dans le galimatias.* || Se dit également des choses relativement à leur changement d'état. *Le pays tomba dans l'anarchie, dans l'état le plus déplorable. Dès ce moment, l'Espagne tomba en décadence. Cela tombe dans le ridicule, dans le burlesque.* — *T. en désuétude*, Cesser d'être en usage. *Cela est tombé dans l'oubli*, On ne s'en souvient plus. — *Cette dépense, cette peine est tombée en pure perte.* Elle n'a été d'aucune utilité, d'aucun avantage. *T. à rien*, Se réduire à très peu de chose, ou à néant. *Tout ce grand étalage tombe à rien.* — *T. en putréfaction, en pourriture*, Se pourrir. *T. en poussière*, Se réduire en poussière. || T. Chim. *T. en déliquescence, en deliquium.* Voy. DÉLIQUESCENCE. || Fig., se dit encore de toute position fâcheuse dans laquelle on se trouve jeté, engagé fortuitement ou malgré soi. *T. entre les mains de ses ennemis. T. dans les fers, dans l'esclavage. T. dans une embuscade, dans un piège. Le convoi qui apportait des blés tomba au milieu de la flotte ennemie.* — Fig. et fam., *T. de Charybde en Scylla.* Voy. CHARYBDE. *T. de fièvre en chaud mal.* Voy. CHAUD. = Cesser, discontinuer. *Le vent est tombé. Le jour tombe. On a laissé t. la conversation. Tous ces mauvais propos sont tombés. Cette calomnie tombera assez d'elle-même. Ces bruits commencent à t. Il faut laisser t. cela*, Il faut, pour empêcher qu'on n'y fasse attention, paraître n'y pas faire attention soi-même. || Déchoir de réputation, de crédit. *Ce livre a eu d'abord quelque succès, mais il est tombé. Cette mode commence à t. Ces études sont bien tombées.* On en néglige beaucoup aujourd'hui. — En parlant d'ouvrages dramatiques, ne pas réussir. *Cette comédie est tombée à la première représentation; elle est tombée à plat. Cette pièce de théâtre est absolument tombée*, On ne la joue plus, on ne fait plus d'attente. || Succomber, périr, s'anéantir. *Ilion tomba sous les efforts des Grecs. On vit ces empires t. les uns après les autres. Avec lui tomba la puissance de son favori. Ces manufactures, ces fabriques tombèrent.* Se dit des personnes, s'affaiblir de corps et d'esprit. *C'est un homme qui tombe, qui commence à t. Il est bien tombé depuis six mois.* || Fig., *Sa voix tombe*, Sa voix faiblit. On dit aussi, *Laisser t. sa voix*, Il ne faut pas laisser t. sa voix à la fin des phrases. = *Tomber*, signifie encore échoir, arriver par l'effet du sort, d'un événement fortuit, du hasard. *Cette terre est tombée en partage au cadet. Cela est tombé dans son lot. Le sort tomba sur lui. Cette charge est tombée sur un homme habile et intègre.* — *Les biens de cette maison sont tombés dans telle autre par un mariage*, Ils y sont passés. *Cette maison est tombée en que-*

nouille. Voy. Quenouille. || Fig. et fam., *Ce document, cette pièce, cet écrit, etc., est tombé entre mes mains, le hasard l'a fait t. entre mes mains,* C'est à une circonstance fortuite que j'en dois la possession, la connaissance. *Il m'est tombé entre les mains une pièce fort curieuse. En ouvrant le livre, je suis tombé sur le passage, sur le vers, etc., que je cherchais,* Je l'ai rencontré sur-le-champ, et par hasard. || Fig. et fam., *T. sous la main,* se dit quelquefois des choses qui se trouvent fortuitement, sans qu'on les cherche. *Si cet ouvrage vous tombe sous la main, je vous prie de le mettre à part. T. sous la main de quelqu'un,* sign. encore, se trouver sous sa dépendance ou à portée de sa colère, de son ressentiment. *S'il tombe jamais sous ma main, il se repentira de m'avoir offensé.* || Fig. et fam., *T. sur les bras de quelqu'un,* Se trouver inopinément à sa charge. *Toute cette famille m'est tombée sur les bras.* On dit encore, *C'est une mauvaise affaire qui lui est tombée sur les bras.* || Fig. et fam., *Cela m'est tombé dans l'esprit,* Cela m'est venu tout d'un coup dans l'esprit. || Fig., *La conversation vint à tomber sur les affaires présentes,* On vint à parler des affaires présentes. *Faire t. la conversation sur quelque sujet,* L'y amener. || Fig., *Le soupçon tomba sur lui,* Se porta sur lui. *Le malheureux chercha d'abord à faire t. les soupçons sur son frère.* || Fig., *T. bien, t. mal,* Avoir bonne ou mauvaise chance dans une chose qui dépend du hasard en tout ou en partie. *Elle a le mari qui lui convenait, elle est bien tombée. Le lot qui vous est échu ne vous est bon à rien; vous êtes mal tombé.* = *Tomber,* se dit encore pour marquer jonction, coïncidence, rapport. Ainsi, on dit: *Ce chemin tombe dans tel autre,* Il aboutit à tel autre. *La Marne tombe dans la Seine,* Elle se décharge dans la Seine. *Cette fête tomba un jeudi,* Elle arrive un jeudi. *L'échéance de ce billet tombe dimanche; il faudra le présenter samedi.* || *T. d'accord avec quelqu'un,* Convenir avec lui; et simplement, *T. d'accord,* Avouer, convenir que.... *Je tombe d'accord que cela est ainsi. J'en tombe d'accord.* || *T. dans le sens, dans le sentiment de quelqu'un,* Être de même avis que lui, se rendre à son avis. *Ils t'ont fait à la fin t. dans leur sens.* || *Cela tombe sous le sens, sous les sens,* se dit d'une chose claire, évidente, très facile à comprendre. On dit, au contraire, d'une chose qui blesse le sens commun, ou qui ne paraît pas évidente, *Cela ne tombe pas sous le sens.* || *T. Typogr. Faire t. les pages les unes sur les autres,* Faire que les pages imprimées sur l'un des côtés de la feuille coïncident avec celles qui sont imprimées sur l'autre côté. — On dit aussi, *T. en page,* Ménager la composition d'un ouvrage de manière qu'elle se termine convenablement. = *T. Mar. T. sous le vent,* Perdre l'avantage du vent qu'on avait gagné, dont on était en possession, et qu'on tâchait de gagner. = *Tombé, ée.* part. *Un auteur tombé,* Un auteur dramatique dont la pièce a été sifflée.

Obs. gram. — Le verbe *Tomber* prend l'auxiliaire *être,* parce qu'il exprime généralement un état. Cependant, quand on veut désigner l'action même et non pas l'état qui en résulte, on peut employer l'auxiliaire *avoir.* C'est ce que fait justement l'Académie dans cet exemple. « Les poètes disent que Vulcain *a tombé* du ciel pendant un jour entier. » Dans cette phrase en effet t. n'exprime pas un état, mais bien une action. On dira de même, en parlant d'un auteur dont la réputation est bien déchue, *Il est tombé de haut,* et l'on dira, *Il a tombé de haut,* si l'on veut marquer la distance entre deux de ses ouvrages, le premier excellent et le dernier fort mauvais. — Nous ferons encore une observation sur les locutions *T. à terre* et *T. par terre.* Celle-ci se dit de ce qui, touchant à terre, tombe de sa hauteur; et celle-là de ce qui, étant élevé au-dessus de terre, tombe d'en haut. Un homme qui passe dans une rue et qui vient à t., *tombe par terre,* et non pas *à terre,* car il y était déjà; mais un couvreur à qui le pied manque sur le toit, *tombe à terre,* et non *par terre.* Un arbre *tombe par terre,* mais le fruit de cet arbre *tombe à terre.*

TOMBEREAU. s. m. [Pr. *ton-bero*] (R. *tomber*). Sorte de charrette dont les quatre côtés sont entourés de panneaux de bois, qui sert à transporter des matières réduites en fragments ou désagrégées, et qu'on fait basculer pour la décharger. || Par ext., *Un t. de pierres, de fumier, de sable.* || *Le fatal t.,* la charrette qui conduisait autrefois les condamnés à mort au lieu de l'exécution.

TOMBERELLE. s. f. [Pr. *tonbe-rèle*]. Grand filet avec lequel on prend des perdrix.

TOMBEUR. s. m. [Pr. *ton-beur*] (R. *tomber*). Ouvrier qui opère les démolitions.

TOMBIGBEE, riv. des États-Unis d'Amérique qui, par sa réunion avec l'*Alabama* forme le *Mobile.*

TOMBISEUR. s. m. [Pr. *ton-bi-zeur*] (R. *tomber*). T. Chasse. Se dit en fauconnerie, du premier des oiseaux qui attaque le héron dans son vol.

TOMBOLA. s. f. [Pr. *ton-bola*] (ital. *tombola,* culbute). Sorte de jeu de loto dans lequel il faut, pour gagner, que les quinze numéros d'un même carton soient sortis. || Sorte de loterie de société, dans laquelle les numéros sortants gagnent divers lots, les uns consistant en objets de plus ou moins de valeur, les autres en objets ridicules ou plaisants.

TOMBOUCTOU, v. d'Afrique, dans le Soudan oriental, tout près du Niger; 17,000 hab.; occupée par les Français depuis 1894.

TOME. s. m. (lat. *tomus,* m. s., du gr. τόμος, section). Livre ou cahier qui fait partie d'un même ouvrage imprimé ou manuscrit. *Une histoire en deux tomes. Le premier, le second t.* || Se prend aussi pour volume. *Il a fait imprimer toutes ses œuvres en un seul t.* || Fig. et fam., *Faire le second t. de quelqu'un,* Lui ressembler en quelque chose ; se dit surtout en mauvaise part. *Vous faites son second t.* || T. Archéol. Nom donné aux manuscrits formés de feuillets séparés. Voy. Manuscrit.

Syn. — *Volume. — Tome,* qui signifie division, désigne une partie d'un ouvrage, et par conséquent il en suppose d'autres. *Volume,* qui vient de *volvere,* rouler, parce que les anciens roulaient leurs livres, désigne un livre quelconque, broché ou relié, et par conséquent c'est un tout distinct. Un *volume* peut contenir plusieurs tomes ou des ouvrages complètement différents. Un *t.* peut être coupé en plusieurs volumes, mais ces volumes se rapportent tous alors au même ouvrage.

TOMENTEUX, EUSE. adj. [Pr. *toman-teu, euze*] (lat. *tomentum,* duvet). T. Bot. Qui est couvert de poils courts et serrés.

TOMER. v. a. Diviser par tomes. || T. Typ. *T. les feuilles,* Les marquer d'un chiffre qui indique le tome. — *Tomé, ée.* part.

TOMES, anc. v. de la Mésie, sur le Pont-Euxin, où Ovide fut exilé par Auguste.

TOMIQUE. s. m. (gr. τομικός, qui coupe). T. Ent. Espèce d'insecte *Coléoptère.* Voy. Xylophages.

TOMMASEO (Nicolas), érudit et homme politique ital. (1803-1874).

TOMME. s. f. [Pr. *to-me*]. Sorte de fromage tendre et blanc.

TOMOLO. s. m. Métrol. Anc. Mesure de capacité de l'Italie méridionale valant environ 51 litres.

TOMSK, v. de Sibérie (Asie), sur la rivière *Tom;* 41,900 hab. Ch.-l. du gouv. du même nom qui a 857,700 hab.

TON. adj. poss. m. (lat. *tuum,* forme neutre de *tuus, tua,* m. s.). Qui est à toi. Il fait au fém. *Ta,* et *Tes* au pl., soit au masc. soit du fém. *Ton père. Ton ami. Ta femme. Ta maison. Ta haine. Tes frères. Tes sœurs. Tes biens.* || Par euphonie, on dit *Ton,* au lieu de *Ta,* devant les noms ou adjectifs féminins qui commencent par une voyelle ou par une h muette. *Ton âme. Ton épée. Ton habileté.* — Pour la règle relative à la répétition de cet adjectif, Voy. Mon.

TON. s. m. (lat. *tonus,* gr. τόνος, de τείνειν, tendre). Caractère du son de la voix ou de tout autre son, relativement à son degré d'élévation ou d'abaissement. *Un ton haut. Un ton bas. Le ton de cette harpe est trop bas. Hausser, baisser le ton. Le ton de la conversation, de la déclamation.* || Se dit de la voix relativement à ses qualités. *Un ton aigre. Un ton doux. Un ton agréable, désagréable.* || Se dit encore de la voix, relativement aux affections et aux sen-

timents qu'elle exprime, et de la manière de parler relativement à la nature du discours. *Un ton lamentable, plaintif,
suppliant. Le ton du sentiment, de la colère, de la pitié.
Il me dit d'un ton de colère, d'un ton amical. Un ton ferme,
impérieux, fier, hautain. Il est toujours sur un ton douce-
reux, sur un ton familier, sur un ton réservé.* || Fig. et fam.,
Parler à quelqu'un du bon ton, d'un bon ton. Lui parler d'une
manière propre à le persuader ou à lui imposer. *Prendre un
ton, prendre des tons,* Prendre des airs, affecter une sorte
de supériorité. — *Le prendre sur un ton, sur un certain
ton,* Prendre de certaines manières, avoir une certaine conduite, un certain langage. *Si vous le prenez avec lui sur un
ton de fierté, vous ne réussirez pas.* — *Changer de ton,*
Changer de langage, de manières, de conduite. *Faire baisser
le ton à quelqu'un,* L'obliger à rabattre des airs de supériorité qu'il se donne, à parler d'un ton moins impérieux ou
moins emporté. || Fig., *Le bon ton,* Le caractère propre au
langage et aux manières du monde poli, élégant. *Le bon
ton ne s'acquiert que par la fréquentation des personnes
bien élevées. Cette façon de parler, ce geste n'est pas de
bon ton.* On dit dans le sens contraire, *Un homme de mauvais ton. Une familiarité de mauvais ton.* On dit aussi
dans des sens analogues, *Le ton de la ville, de la cour. Le
ton du collège. Le ton du corps de garde. Il a le ton gri-
vois.* || T. Mus. La gamme que l'on adopte pour un air, pour
un morceau de musique, et qui prend son nom de la note par
laquelle elle commence. *Ton d'ut. Ton de ré, de sol.* —
Donner le ton, Marquer en chantant ou en touchant un
instrument le ton sur lequel un morceau doit être chanté ou
joué; et Fig. Exercer sur les autres une influence qui les
oblige, qui les amène à dire ou à faire les mêmes choses que
soi, et de la même manière. *C'est lui qui donne le ton aux
jeunes gens pour la manière de s'habiller.* — Fig. et fam.,
on dit même : *Se mettre au ton de quelqu'un,* Se conformer à lui pour les idées, les manières, les goûts. *Je le ferai
bien chanter sur un autre ton,* Je l'obligerai à parler, à se
conduire autrement qu'il ne fait. *Il faut qu'il chante sur
un autre ton,* Il faut qu'il en offre, qu'il en donne davantage. *C'est le ton qui fait la musique,* C'est le ton, c'est
la manière dont on dit les choses qui dénote l'intention du
celui qui les dit. *Sa maison est montée sur ce ton-là,* Telle
est la manière dont on y vit, dont les dépenses y sont ré-
glées, etc. || Par anal., on parlant des ouvrages d'esprit, se dit
du caractère, du genre de style. *Le ton de cet ouvrage est
soutenu. Le ton oratoire dans un livre de ce genre est
insupportable. Le ton plaintif de l'élégie. Le ton galant
du madrigal. C'est le ton du genre.* — En T. Peint., se
dit de même des nuances, de la vigueur, de l'éclat du coloris,
et de l'harmonie générale des couleurs d'un tableau. *Tons
obscurs. Tons clairs. Tons chauds. Tons rougeâtres, gri-
sâtres. Tons faux, blafards.* || T. Méd. État de tension, de
fermeté des organes. *Ce cordial donne du ton à l'estomac.*
Voy. TONICITÉ. — Fig. Vigueur, énergie. *Cela donne du ton.*

Mus. — En termes de Musique, *Ton* signifie proprement
le degré d'élévation du son émis par la voix ou produit par
un instrument de musique quelconque. Mais, par extension,
on désigne encore par ce mot la distance, l'intervalle qui se
trouve entre certains degrés de l'échelle musicale. En ce sens
on dit qu'il y a un *ton* entre les notes successives *ut* et *ré*,
ainsi qu'entre *ré* et *mi*, *fa* et *sol*, *sol* et *la*, *la* et *si*, et qu'il
n'y a qu'un *demi-ton* entre *mi* et *fa*, ainsi qu'entre *si* et *ut*.
On sait d'ailleurs que chaque *ton* ou intervalle se divise aussi
en deux *demi-tons*. Pour éviter la confusion des deux significations attribuées au mot *ton*, il conviendrait de substituer
au mot *ton* considéré comme intervalle, celui de *diaton*, qui
veut dire littéralement *entre-ton*, et au mot *demi-ton*,
celui de *semi-diaton*. Cette réforme serait d'autant plus
rationnelle que déjà on désigne sous le nom d'*échelle
diatonique* la série des sons de la gamme naturelle. Ce
n'est pas tout. On applique encore la dénomination de *ton*
à ce qu'on appelle plus exactement *Mode*, c.-à-d. à l'ordonnance qui présente la succession des degrés dans une
gamme ou dans un morceau de musique quelconque, relativement à un son principal qui sert de point de départ. Ainsi,
par ex., la gamme *ut, ré, mi, fa, sol, la, si, ut*, est disposée
de manière qu'il y a un diaton entre *ut* et *ré*, un diaton entre
ré et *mi*, un semi-diaton entre *mi* et *fa*, un diaton entre *fa*
et *sol*, un diaton entre *sol* et *la*, un diaton entre *la* et *si*,
et enfin un demi-diaton entre *si* et *ut* ; en résumé, elle présente une suite de deux diatons, un semi-diaton, trois diatons et un semi-diaton. Au contraire, la gamme *la, si, ut, ré,
mi, fa, sol, la*, nous offre la série suivante : un diaton, un
semi-diaton, trois diatons, un semi-diaton et un diaton. La
première de ces successions constitue une *gamme majeure*,
et la seconde une *gamme mineure* : ou d'autres termes, la
première est en *mode majeur* et la seconde en *mode mineur*; d'où l'on voit que le mode est majeur quand la troisième note de la série des sons est à la distance de deux diatons de la première, et la sixième à l'intervalle de quatre
diatons et demi, quand le mode est mineur, quand ces deux
intervalles sont plus petits d'un semi-diaton. D'après cela, on
nomme *notes modales*, celles qui caractérisent le mode,
c.-à-d. la tierce et la sixte. Une observation très importante
se présente ici : c'est qu'on peut commencer la gamme par
toutes les notes, même par les sons intermédiaires, et avoir
autant de gammes régulières, soit majeures, soit mineures,
qu'il y a de sons dans l'étendue d'une octave. Or, comme
notre système est composé de 12 cordes, nous aurons
12 gammes majeures et 12 gammes mineures. En effet, quel
que soit le son pris comme point de départ, c'est uniquement
l'ordre de succession des intervalles que l'on doit considérer.
Ce point de départ quelconque adopté, chacun des autres sons
de la gamme remplit, à l'égard du son initial, une fonction déterminée. En conséquence, chacun de ces sons a reçu une dénomination particulière qui rappelle en quelque sorte le rôle
qu'il remplit. Reprenons, par ex., la gamme majeure ci-dessus,
ut, ré, mi, fa, sol, la, si, ut. Le son *ut* étant le point de
départ de la série des autres sons, celui qui détermine l'élévation de ces divers sons par rapport à lui-même, ou, en d'autres
termes, celui qui donne le *ton*, on le désigne sous le nom de
Tonique. Le *sol* est appelé la *Dominante*, parce qu'il est le
plus aigu des sons harmoniques que fait entendre une corde
vibrante qui donne *ut* pour son fondamental. Le *mi*, dans
l'accord harmonique, étant placé entre l'*ut* et le *sol*, au milieu du groupe, reçoit le nom de *Médiante*. Enfin, le *si*,
ayant une tendance marquée à se rapprocher de l'*ut* placé
au-dessus de lui, a été regardé comme sentant en quelque
sorte cet *ut*, ce qui lui a valu le nom de *Sensible*. Quant aux
autres notes, elles sont nommées, d'après leur rapport de position avec la tonique, la dominante, la médiante et la sensible. Le *fa*, placé sous la dominante, est appelé *Sous-domi-
nante*; le *ré*, placé au-dessus de la tonique et au-dessous de la
médiante, est appelé *Sus-tonique* ou *Sous-médiante*; le *la*
placé au-dessus de la dominante et au-dessous de la sensible,
est appelé *Sus-dominante* ou *Sous-sensible*. On donne à
chaque gamme le nom de sa *tonique*, c.-à-d. de la note par
laquelle elle commence; mais, au lieu de dire la gamme de
ré, de *mi bémol*, de *fa*, etc., on dit la gamme du *ton* de *ré*,
du *ton de mi bémol*, du *ton de fa*, et l'on appelle symphonie en *ré*, sonate en *mi bémol*, morceau en *fa*, les morceaux qui sont écrits avec les sons qui appartiennent aux
gammes de *ré*, de *mi bémol*, ou de *fa*. Enfin, on appelle
Ton relatif, ce l'on dit qu'un ton est le relatif d'un autre
ton; lorsqu'il offre à la clef les mêmes signes de tonalité. En
pareil cas, l'un des tons est en mode majeur, et l'autre en
mode mineur. — Enfin, *Ton* se dit encore, comme en termes
de littérature et de peinture, pour indiquer le caractère général, la couleur d'une composition. Pour la Musique d'église,
nous avons dit ailleurs (Voy. PLAIN-CHANT) ce qu'on entend par
ces *tons* ou *modes*, et comment ils se caractérisent. De
même que dans le chant ecclésiastique, qui au reste dérive
lui-même du système musical en usage dans l'antiquité, les
modes des anciens correspondaient généralement à ce que
nous appelons *tons*; les uns étaient majeurs et les autres mineurs. Leurs principaux *modes* étaient au nombre de cinq,
savoir : le *dorien*, l'*ionien*, l'*éolien*, le *phrygien* et le *lydien*.
Mais les érudits ne s'accordent point sur la signification précise de ces divers modes, et c'est à peine si la récente découverte de quelques vagues notations antiques d'hymnes
grecs peut jeter quelque jour sur la question. — Enfin, nous
terminerons en signalant encore une dernière acception du
mot *Ton*. Il désigne les corps de rechange que l'on adapte à
certains instruments, tels que la trompette et le cor, afin
d'élever ou d'abaisser la série entière des sons que donne
l'instrument, et de lui permettre de jouer dans tous les tons.

TONAL (ALPES DU), rameau des Alpes Rhétiques entre les
Grisons, le Tyrol et la Lombardie.

TONAL, ALE. adj. Relatif au ton. || Qui a rapport à la
tonalité.

TONALEMENT. adv. [Pr. *tonale-man*]. D'une façon to-
nale.

TONALITÉ. s. f. [R. *tonal*]. T. Mus. Se dit du caractère particulier des tons et des modes. *Quant au ton, la t. résulte du rapport de la note sensible avec le quatrième degré; quant au mode, elle résulte du rapport de la tierce et de la sixte avec la tonique.* — *T. grecque,* fondée sur l'emploi des tétracordes ou d'une échelle de 4 sons. — *T. du plain chant,* fondée sur l'emploi des hexacordes ou d'une échelle de 6 sons. — *T. moderne,* fondée sur la disposition différente des tons et demi-tons dans la gamme.

TONARION. s. m. (gr. τονάριον, m. s.). T. Antiq. Flûte avec laquelle on donnait le ton aux orateurs.

TONDAGE. s. m. T. Techn. Action de tondre les draps. Voy. DRAP.

TONDAISON. s. f. [Pr. *tondè-zon*]. Syn. de *Tonte.*

TONDEUR, EUSE. s. Celui, celle qui tond. *Voilà un mouton que le t. a bien maltraité. Tondeuse de chiens. Un t. de draps. T. de palissades.* == TONDEUSE. s. f. T. Techn. Machine à tondre les draps. Voy. DRAP. — Machine à tondre les cheveux, la barbe, les poils des animaux.

TONDIN. s. m. (ital. *tondino,* abrév. du lat. *rotundus,* rond). T. Archit. Petite baguette, ou astragale, située au bas d'une colonne. || T. Techn. Cylindre de bois dont les plombiers et les facteurs d'orgues se servent pour former et arrondir les tuyaux de plomb ou d'étain.

TONDRE. v. a. (lat. *tondere,* m. s.). Couper la laine ou le poil aux bêtes. *T. les brebis. T. un barbet.* — Fig. et fam., *Se laisser t.* ou *Se laisser manger la laine sur le dos.* Voy. LAINE. — *T. la brebis de trop près,* imposer à quelqu'un une charge trop onéreuse. || Prov., *A brebis tondue Dieu mesure le vent,* Dieu n'éprouve jamais les hommes au delà de leurs forces. — *T. sur un œuf,* trouver à épargner sur tout. || *T. les draps, les feutres,* etc., En couper les poils trop longs de manière à rendre la surface plus unie, plus rase. || *T. une palissade,* La rendre unie en coupant les feuilles et les branches qui débordent. On dit de même, *T. les buis, le gazon,* etc. — *Les brebis ont tondu entièrement ce pré,* Elles en ont brouté toute l'herbe.

Je tondis de ce pré la largeur de ma langue.
LA FONTAINE.

|| En parlant des personnes, se dit fam., pour couper les cheveux de près avec des ciseaux. *Il est nouvellement tondu, il est tondu de près.* — *T. un homme,* Le faire moine. Vx. || *T. sur le peigne,* tondre en coupant tout ce qui dépasse le peigne. Fig. *Il a été tondu sur le peigne,* on a décidé contre lui. == TONDU, UE. part.

TONDURE. s. f. Ce qui tombe quand on tond le drap.

TONGA (Îles) ou DES AMIS, archipel d'Océanie; 23,000 hab.

TONGOUSES. Voy. TOUNGOUSES.

TONGRES, v. de Belgique (Limbourg); 8,400 hab. Eaux minérales.

TONICITÉ. s. f. État de ce qui est tonique. || T. Physiol. État dans lequel se trouvent les muscles, en dehors de l'état d'activité ou de contraction; elle est de nature *réflexe.* La t. correspond à un faible degré de contraction.

TONIFIER. v. a. (R. *ton* et lat. *facere,* faire). Rendre ferme, élastique un tissu organique. || Fortifier l'organisme. == TONIFIÉ, ÉE. part.

TONILIÈRE. s. f. Espèce de râteau dont la tête est garnie d'une poche de filet, pour la pêche des coquillages.

TONIQUE. adj. 2 g. (gr. τονιχὸς, m. s., de τόνος, tension). T Mus. *Note t.,* ou subst., *La tonique.* La première de la gamme. Voy. TON. || T. Gramm. *Accent t.,* Voy. ACCENT.
Pharm. — On appelle *Toniques* les médicaments qui jouissent de la propriété d'exciter lentement et par degrés insensibles l'action organique des divers systèmes de l'économie, et d'augmenter d'une manière durable leur énergie fonctionnelle. Ces médicaments appartiennent pour la plupart au règne végétal et constituent une classe assez nombreuse. Le

mode d'action de ces médicaments et les indications auxquelles ils satisfont sont d'ailleurs variables : en conséquence, les auteurs les partagent en plusieurs groupes. Ainsi, on distingue communément : 1° les *Toniques antipériodiques* ou *fébrifuges,* dont le quinquina est le type; 2° les *Toniques astringents,* tels que le ratanhia, le cachou, et les nombreuses substances qui contiennent du tanin ou de l'acide gallique; 3° les *Toniques reconstituants,* comme le fer et les préparations ferrugineuses, qui modifient la composition du sang; 4° les *Toniques amers,* tels que le colombo, la gentiane, etc., qui exercent immédiatement une action stimulante, mais faible et continue, sur l'appareil gastro-intestinal, tendent à augmenter l'appétit, et facilitent la digestion ainsi que l'assimilation. On pourrait encore établir une cinquième section pour les substances alimentaires employées comme toniques, et une sixième pour l'eau froide. Les toniques alimentaires, tels que le vin, les viandes grillées, le café, le thé, le cacao, etc., ne sont pas à la vérité des médicaments; mais ils font généralement partie essentielle de la médication t. Quant à l'eau froide, non seulement elle constitue véritablement un t. spécifique pour le tégument cutané dont elle excite énergiquement les fonctions, mais encore elle peut, quoique par voie médiate, agir sur tous les systèmes de l'économie.

TONKA. s. m. T. Bot. Nom vulgaire du *Coumarouna odorata* dont la graine est appelée vulgairement *Fève Tonka.* Voy. LÉGUMINEUSES, 1.

TONKIN. Province septentrionale de l'Empire d'Annam, capitale *Hanoï,* sur le fleuve Rouge. Fait par suite partie de l'Indo-Chine française. Les habitants du Tonkin, appelés improprement Tonkinois, sont des Annamites. Voy. INDO-CHINE.

TONLIEU. s. m. (lat. *teloneum,* gr. τελωνεῖον, douane, impôt). T. Droit féod. Droit qu'on payait pour les places où l'on était dans un marché.

TONNAGE. s. m. [Pr. *to-naje*]. Capacité d'un navire déterminée par le nombre de tonneaux qu'il peut contenir. || *Droit de t.,* Droit que paye un navire de commerce en raison de sa capacité. || T. Féod. Droit payé par le vin en tonneau.

TONNANT, ANTE. adj. [Pr. *to-nan*]. Qui tonne. *Jupiter t. Poët., L'airain t.,* le canon. || Fig., *Une voix tonnante,* Une voix forte et éclatante. || T. Blas. Se dit d'un canon de la gueule duquel sortent des flammes d'un émail particulier. || T. Mus. *La tonnante,* Timbale à roulements retentissants.

TONNAY-BOUTONNE, ch.-l. de c. (Charente-Inférieure), arr. de Saint-Jean-d'Angély; 1,100 hab.

TONNAY-CHARENTE, ch.-l. de c. (Charente-Inférieure), arr. de Rochefort; 4,200 hab.

TONNE. s. f. [Pr. *to-ne*] (all. *tonne,* m. s.). Vaisseau de bois à deux fonds, qui est plus grand et plus renflé vers le milieu que le tonneau. *T. de vin. T. de vinaigre. Une t. à mettre des marchandises. T. de tabac, de cassonade.* || T. Mar. Bouée en forme de tonne qu'on fixe dans un lieu dangereux pour le signaler aux navires. — *Droit de tonnes,* droit perçu sur les navires qui abordent, en représentation des frais d'entretien des bouées qui indiquent les récifs, bancs, etc. || T. Métrol. Unité de poids qui a varié suivant les lieux et les pays. En France on ne fait usage que de la tonne métrique qui vaut 1,000 kilogrammes. Voy. POIDS. || T. Comm. *Lin de t.,* graine du lin expédiée en France dans des tonnes. — *Lin après t.,* lin fourni par cette graine semée en France. || T. Zool. Genre de Mollusques Gastéropodes appelé aussi *Dolium,* remarquable par la grandeur de sa coquille. Voy. DOLIIDES.

TONNEAU. s. m. [Pr. *to-no*] (R. *tonne*). Vaisseau de bois, à deux fonds ronds, relié de cercles, et de forme à peu près cylindrique, mais renflée vers le milieu, dans lequel on met des liquides ou des marchandises. *Un t. de vin, de cidre. Enfoncer, défoncer un t. Mettre un t. en perce. Des tonneaux vides.* || Le liquide contenu dans un tonneau. *Il boit par un tant de tonneaux de vin. — Tirer au t.,* prendre au fur et à mesure le liquide dans le t., au lieu de le mettre en bouteilles. — *T. de porteur d'eau, T. d'arrosage,* t. monté sur des roues qui sert à transporter l'eau. || Fig. et fam., on dit d'un ivrogne, d'un homme habitué à boire excessivement, *C'est un t.,* et d'un dissipateur, *C'est* un *t. percé*, c'est le *t. des Danaïdes*. || T. Jeu. Machine de bois, ronde ou carrée, et percée de plusieurs ouvertures dans lesquelles on cherche à jeter de loin des petits palets de cuivre pour gagner un certain nombre de points. *Le jeu du t. Faire une partie de t.*

Métrol. — *Jaugeage des tonneaux.* — On a donné de nombreuses formules pour calculer le volume des tonneaux; la plus simple et la plus exacte est $V = \frac{1}{3}\pi h(r^2 + 2R^2)$,

h désignant la hauteur du t., *r*, le rayon de la base et R le rayon de la section faite au niveau de la bonde. Voy. VOLUME.

Mar. — Le mot t. sert à désigner l'unité de capacité adoptée pour les navires et le calcul du fret. Cette unité a considérablement varié suivant les temps et les pays. En France on ne fait usage que du t. métrique de 1 mètre cube. — Pour le calcul du fret, il est évident qu'il faut tenir compte du poids de la marchandise aussi bien que de son volume, car un navire ne peut porter un poids supérieur à celui du volume d'eau qu'il déplace. Aussi les tarifs de fret diffèrent suivant la nature des marchandises. — En ce qui concerne le *tonnage* du navire, il faut distinguer le *tonnage de registre* et le *tonnage réel*. Le premier résulte du jaugeage du navire; le second est le tonnage réel. Il arrive souvent que ces deux nombres diffèrent beaucoup. Par ex., un navire jaugé à 300 tonneaux peut parfois en prendre en cargaison jusqu'à 500. Comme ces mesures varient non seulement pour chaque pays, mais encore, dans le même pays, pour les diverses espèces de marchandises, il nous est impossible de donner ici leur équivalent en mesures françaises. On trouvera tous ces renseignements dans l'ouvrage de Doursther, *Dict. universel des poids et mesures*. Nous terminerons en disant que l'expression *Tonne d'or*, indique en Hollande une somme de cent mille florins, et en Allemagne, une somme de cent mille thalers; mais elle s'emploie souvent dans un sens indéterminé, pour signifier une somme considérable, comme lorsqu'on dit : *Cette affaire a coûté des tonnes d'or.*

TONNEINS. ch.-l. de c. (Lot-et-Garonne), arr. de Marmande, 7,100 hab.

TONNELAGE. s. m. [Pr. to-ne-laje] (R. *tonneau*). Se dit quelquefois pour Tonnage.

TONNELER. v. a. [Pr. to-ne-ler] (R. *tonnelle*). T. Chasse. *T. des perdrix*, Les prendre à la tonnelle. == TONNELÉ, ÉE. part.

TONNELET. s. m. [Pr. to-ne-lè] (Dimin. de *tonneau*). Petit baril destiné à contenir du vin, de l'eau-de-vie, ou quelque autre boisson. *Le t. d'une vivandière.* || T. Théât. Espèce de petit panier qui servait à relever la partie inférieure d'un habit à la romaine. *Les tonnelets ont disparu du théâtre depuis qu'on reproduit exactement le costume antique.*

TONNELEUR. s. m. [Pr. to-ne-leur] (R. *tonneler*). Chasseur qui prend des perdrix à la tonnelle.

TONNELIER. s. m. [Pr. to-ne-lié] (R. *tonneau*). Artisan qui fait et qui raccommode des tonneaux.

TONNELLE. s.f. [Pr. to-nè-le] (forme fém. du *tonneau*,sign. propr. quelque chose en forme de voûte). Sorte de berceau de treillage couvert de verdure. *Nous dînâmes sous une t.* || T. Archit. Se dit quelquefois pour désigner une construction, une voûte en plein cintre. || T. Techn. Ouverture en voûte communiquant à l'intérieur du fourneau de fusion d'une verrerie. || T. Chasse. Sorte de filet en forme de tonneau ouvert dont on se sert pour prendre des perdrix. *Prendre des perdrix à la tonnelle.*

TONNELLERIE. s. f. [Pr. to-nè-leri] (R. *tonnelier*). Industrie, profession du tonnelier. || Atelier où l'on fabrique des tonneaux.

Techn. — La *Tonnellerie* est l'industrie qui a pour objet la fabrication des tonneaux, des futailles, des cuves, des cuviers, des seaux, etc., c.-à-d. de toutes sortes de vaisseaux de bois reliés de cercles de bois ou de fer, et propres à contenir des liquides ou des marchandises. Les matières qu'emploie le tonnelier sont le chêne et le sapin pour faire les planches ou *douves* des grandes cuves et des cuviers, le merrain pour les douves des tonneaux et futailles ordinaires, le bois de châtaignier, de frêne ou de bouleau pour confectionner les cerceaux, et l'osier pour lier et arrêter ces derniers. Les douves qui constituent la paroi même d'un tonneau sont des planches plus ou moins longues et étroites; mais comme elles représentent, pour ainsi dire, les voussoirs d'une voûte circulaire complète, il faut que le tonnelier taille en biseau les côtés de chaque douve, afin qu'elles s'ajustent exactement ensemble. C'est là le travail le plus délicat du métier. Ce travail fait, l'ouvrier assemble les pièces, chaque manière à recouvrir entièrement le tonneau, à l'exception d'un certain espace au milieu de la longueur. Lorsque le tonneau est destiné à contenir des vins précieux, des huiles, etc., on cercle les douves avec de la tôle ou du fer. On nomme *Bouge* la partie du tonneau qui fait ventre et a le plus grand diamètre. On y perce un gros trou, appelé *Bonde*, par lequel on introduit le liquide, et l'on bouche ce trou avec le *Bondon*, petit cône de bois très court qu'on entoure d'un linge. Les cuves, les cuviers, les seaux, etc., se font à peu près de la même manière.

TONNER. v. n. [Pr. to-ner] (lat. *tonare*, m. s.). Se dit du bruit causé par la foudre. *Il n'a fait qu'éclairer et t. toute la nuit. Il tonne souvent dans ce pays.* — Famil., on dit d'un bruit qui assourdit, *C'est un bruit si grand, qu'on n'entendrait pas Dieu t.* || Par ext. et poétiq., se dit d'un grand bruit qui imite celui du tonnerre. *L'artillerie commençait à t. L'airain tonne.* || Fig., Parler contre quelqu'un ou contre quelque chose avec beaucoup de force et de véhémence. *Ce prédicateur a tonné contre le luxe. T. contre les vices. T. du haut de la chaire, du haut de la tribune.*

TONNERRE. s. m. [Pr. to-nè-re] (lat. *tonitru*, m. s.). Signifie propr. le bruit éclatant qui accompagne ordinairement la foudre; mais on l'emploie communément pour désigner la foudre même. *Un grand coup de t. Le t. commençait à gronder. Le t. tombe d'ordinaire sur les lieux les plus élevés. Il fut frappé du t.* Voy. FOUDRE. || Fig., on dit d'un événement fatal et imprévu qui a frappé quelqu'un tout à coup, *Ce fut pour lui un coup de t.*, un coup de foudre.

Par un coup de tonnerre il vaut mieux en sortir.

CORNEILLE.

— Prov., *Toutes les fois qu'il tonne, le t. ne tombe pas*, Des menaces ne sont pas toujours suivies d'effet. — Fam., *C'est un t.*, *c'est une voix de t.*, se dit d'un homme dont la voix est très forte, très éclatante. || Poétiq., *Le séjour, la région du t.*, Le ciel ou la région supérieure de l'atmosphère. *Le maître du t.*, Jupiter. *L'oiseau qui porte le t.*, l'aigle, qui était l'oiseau de Jupiter. || S'emploie au pl. en poésie :

Et regardaient le Louvre, entouré de tonnerres
Comme un mont Sinaï.

V. HUGO.

|| T. Techn. Partie du canon d'une arme à feu où l'on met la charge de poudre.

TONNERRE. ch.-l. d'arr., du dép. de l'Yonne, à 36 kilomètres N.-O. d'Auxerre; 4,700 hab.

TONOMÉTRIE. s. f. (gr. τόνος, tension; μέτρον, mesure). T. Phys. et Chim. Étude de la tension de vapeur des dissolutions. Cette tension est toujours plus grande que celle du dissolvant pur, et l'augmentation permet de déterminer le poids moléculaire du corps dissous; mais, au lieu de mesurer cette augmentation, il est plus commode de déterminer l'élévation du point d'ébullition du liquide. Voy. DISSOLUTION. L'appareil qui sert à faire cette détermination a reçu le nom *d'ébullioscope*; il consiste essentiellement en une éprouvette de cuivre étamé ou de platine, destinée à recevoir successivement le liquide pur, puis le corps qu'on y dissoudra; l'éprouvette contient du verre pilé pour faciliter l'ébullition; les températures sont mesurées par un thermomètre de précision divisé en centièmes de degré.

TONOTECHNIE. s. f. [Pr. *tonotek-ni*] (gr. τόνος, ton; τέχνη, art). T. Mus. Art de noter les airs sur les cylindres des orgues de Barbarie et autres instruments mécaniques. Voy. ORGUE, V.

TONOTECHNIQUE. adj. 2 g. [Pr. *tonotek-nike*]. Qui appartient à la tonotechnie.

TONSILLAIRE. adj. 2 g. [Pr. *tonsil-lère*]. T. Méd. Qui a rapport aux tonsilles ou amygdales. *Artère t. Angine t.*

TONSILLE. s. f. [Pr. *tonsil-le*] (lat. *tonsilla*, m. s.). T. Anat. Syn. d'*Amygdale*. Voy. ce mot.

TONSILLITOME. s. m. [Pr. *tonsil-titome*] (lat. *tonsilla*, amygdale, et gr. τομή, section). T. Chir. Instrument qui sert à l'ablation des amygdales, et dont la partie essentielle consiste en un anneau tranchant au moyen duquel on coupe l'amygdale d'un seul coup.

TONSURE. s. f. (lat. *tonsura*, m. s., de *tondere*, tondre). La *Tonsure* est cette espèce de couronne que l'on fait sur la tête aux clercs, sous-diacres, diacres, prêtres, etc., et qui est le signe caractéristique de l'état ecclésiastique. Il serait difficile d'assigner l'époque où la pratique de la t. s'introduisit dans l'Église. Pour se distinguer des prêtres païens qui avaient la tête rasée, les premiers confesseurs de la foi portaient leurs cheveux taillés courts, comme les laïcs. Ce furent, dit-on, les pénitents qui donnèrent l'exemple de se faire raser la tête par esprit d'humilité. Les moines de Carthage les imitèrent, et, au VIe siècle, saint Benoît proscrivit la t. à ses religieux. Bientôt après, elle fut adoptée par le clergé séculier, et déclarée obligatoire en 633, par le concile de Tolède, sous le nom de *Couronne cléricale*, en mémoire de la couronne d'épines de Jésus-Christ. Pendant longtemps on distingua plusieurs sortes de tonsures : la *T. romaine*, particlle et circulaire ; la *T. grecque*, qui s'étendait sur toute la tête ; et la *T. de saint Paul*, appelée aussi *T. écossaise*, qui allait d'une oreille à l'autre sur le devant de la tête seulement. — La t. se confère avant les ordres ; elle est donnée par l'évêque. Bien que l'âge auquel on peut la recevoir varie selon les diocèses, on ne la confère pas, en général, avant 14 ans. Tous les ecclésiastiques doivent la porter et elle devient plus grande à mesure qu'on avance dans les ordres. Ainsi, d'après le rituel romain, la t. du simple tonsuré doit avoir 32 millimètres de diamètre ; celle du minoré, 4 centimètres ; celle du sous-diacre, 4 et demi ; celle du diacre, 6 ; et enfin celle du prêtre 8 centimètres. La t. du souverain pontife occupe presque tout le devant de la tête.

TONSURER. v. a. Donner la tonsure. *C'est tel évêque qui l'a tonsuré. Se faire t.* = TONSURÉ, ÉE. part. ‖ Subst., *Un simple tonsuré.*

TONTE. s. f. L'action de tondre ; La laine qu'on retire en tondant un troupeau ; et le temps où l'on a coutume de tondre les troupeaux. *Faire la t. La t. de son troupeau lui a rapporté tant. Pendant la t.* ‖ *T. Arboric. La t. d'un arbre.* Voy. TAILLE. ‖ *T. Techn.* T. du drap.

Techn. — La *tonte mécanique* fait partie des diverses séries d'*apprêts* que les draps et tissus de laine subissent toujours avant d'être livrés au commerce. Le plus souvent, la t. succède immédiatement à l'opération du *grillage* qui a fait disparaître les filaments en forme de duvet rendant la surface du drap ou du tissu de laine très irrégulière.

La t. mécanique s'exécute à l'aide d'une machine spéciale qui a reçu le nom de *Tondeuse.*

Cette machine se compose d'une sorte de gros rouleau ou tambour autour duquel on a préalablement enroulé le tissu de laine. Ce tambour occupe la partie inférieure et antérieure de la tondeuse. Tout d'abord l'étoffe, qu'un dispositif particulier oblige à se dérouler petit à petit, tout en lui donnant une tension suffisante, passe devant un cylindre recouvert d'une brosse dure continue. Cette brosse qui frotte énergiquement sur la surface du drap, soulève à contre-poil les brins longs et déliés ayant résisté à l'action du grillage.

Après avoir subi l'action de cette brosse circulaire, l'étoffe entraînée par le mouvement de translation dont est animée la tondeuse, entre en contact avec un premier cylindre tondeur, c.-à-d. un cylindre sur la périphérie duquel on a monté à

demeure des lames tranchantes hélicoïdales. Ces lames tranchent franchement le duvet. Un second cylindre exactement semblable au premier continue le travail commencé. Quelquefois un troisième et même un quatrième cylindre parachèvent la t.

Le plus souvent, le tissu de laine passe ainsi successivement sur une série de tondeuses dont les lames tranchantes tondent d'une manière progressive, de telle manière qu'au sortir de la dernière machine, le tissu se trouve absolument lisse et débarrassé de tous les filaments laineux qui recouvraient sa surface. On obtient de cette sorte plusieurs séries de tontes. Ajoutons qu'après le dernier tondage, le tissu se plie automatiquement aux dimensions voulues, exigées pour la mise à la presse, avant son envoi au magasin pour la vente.

Tonte mécanique des moutons. — Autrefois, on tondait les moutons en faisant usage de sortes de ciseaux appelés *forces*. L'opération de la t. exigeait un temps considérable et laissait toujours à désirer. On a renoncé à ce procédé depuis l'apparition d'un instrument plus pratique appelé *Tondeuse mécanique* et imaginé par l'anglais Clarck, en 1803. Les types de tondeuses sont très nombreux mais leur principe est le même. Il repose sur l'emploi de deux lames tranchantes dont la forme rappelle celle de deux peignes. Ces lames suivent un mouvement de va et vient, en glissant l'une sur l'autre par l'intermédiaire d'un double manche que l'opérateur tient d'une seule main. On obtient dans la t. mécanique des résultats parfaits.

TONTINE. s. f. (R. *Tonti*, italien, inventeur de la tontine). On désigne sous le nom de *Tontines*, et, moins exactement sous celui d'*Assurances mutuelles sur la vie*, des associations dans lesquelles plusieurs individus mettent en commun des capitaux destinés à être répartis *entre les survivants*, à une époque déterminée et au prorata des mises de chacun d'eux, ou bien des associations qui ont pour objet de répartir la masse sociale entre les *ayants droits des décédés*. Dans le premier cas, ce sont des associations *en cas de survie* ; dans le second des associations *en cas de mort*. Les associations en cas de survie peuvent se proposer l'un des objets suivants : 1° *Accroissement du revenu des membres sans aliénation du capital.* Dans ce cas, l'intérêt produit par les mises sociales est réparti aux époques déterminées par le contrat entre les seuls sociétaires qui justifient de l'existence des individus sur la tête desquels repose l'assurance, et, à l'expiration de la société, le capital des mises retourne aux souscripteurs ou à leurs ayants droits. 2° *Accroissement du revenu avec aliénation du capital.* Ici l'intérêt que produisent les mises sociales est réparti aux époques déterminées par le contrat, et, à l'expiration de la société, le capital des mises est partagé. 3° *Accroissement du capital sans aliénation du revenu.* Dans cette forme d'association, les arrérages des mises sociales sont servis chaque année aux souscripteurs ou à leurs ayants droit ; mais, à l'expiration de la société, le capital des mises est réparti entre les sociétaires qui prouvent l'existence des individus assurés. Par conséquent, le capital des sociétaires qui ont fait cette justification s'accroît des parts afférentes à ceux qui ne l'ont pas faite. 4° *Accroissement du capital, avec aliénation, soit totale, soit partielle, du revenu.* Dans le premier cas, l'intérêt produit par les mises sociales s'ajoute successivement au capital, jusqu'au terme de l'association. Dans le second, les souscripteurs, ou les autres personnes désignées par le contrat, jouissent, pendant leur vie, de l'intérêt des mises sociales, et ce n'est qu'à partir de leur décès que le revenu s'accumule avec le capital. A l'expiration de ces sociétés, le capital des mises, joint au capital provenant de l'accumulation du revenu, est réparti entre les seuls sociétaires justifiant de l'existence des assurés. 5° *Formation d'un capital par l'accumulation du revenu, sans aliénation du capital des mises.* Dans cette sorte d'association, l'intérêt produit par les mises s'accumule jusqu'au terme de la société. Alors le capital des mises retourne aux souscripteurs ou à leurs héritiers, et le capital résultant de l'accumulation du revenu est réparti entre les souscripteurs qui justifient de l'existence des assurés. Les associations tontinières, *en cas de mort*, se prêtent aux mêmes combinaisons. Ainsi, par ex., on peut former des sociétés d'accroissement du revenu avec ou sans aliénation du capital, ou d'accroissement du capital avec ou sans aliénation du revenu, dans lesquelles la répartition s'opère entre les ayants droit qui justifient du décès de l'assuré.

Le nom de *Tontine* donné aux sociétés d'assurances sur la vie dont nous venons de parler est dérivé de celui d'un banquier napolitain, Lorenzo Tonti, qui le premier, en 1653, proposa la formation d'une association chargée de fournir à l'État des capitaux que celui-ci devait convertir en rentes viagères, reversibles, à chaque décès d'un souscripteur, sur la tête des autres, jusqu'à la mort du dernier souscripteur. Tonti avait surtout en vue, en proposant ce système, de faciliter aux gouvernements le moyen de contracter des emprunts. Le cardinal Mazarin, à qui le banquier napolitain soumit son projet, l'agréa ; mais le parlement refusa d'enregistrer l'édit rendu par le ministre à l'effet de faire un emprunt sur une pareille base. Ce n'est qu'en 1689, sous Louis XIV, que fut créée la première t. : elle fut établie sous forme d'emprunt public, ainsi que l'avait proposé Tonti. De nouveaux emprunts de ce genre eurent encore lieu dans le cours du XVIIIe siècle. Enfin, une déclaration du roi, en 1763, interdit pour l'avenir la création de nouvelles tontines royales, comme constituant un mode d'emprunt trop onéreux pour l'État. Mais déjà des spéculateurs avait conçu l'idée de créer des tontines privées, car la fondation de la fameuse *Caisse Lafarge* date de 1759. Malheureusement ce grand établissement reposait sur des bases si défectueuses et sur des calculs si erronés, que son histoire n'est qu'un lamentable récit de déceptions, tant pour ses fondateurs que pour ses assurés. Aussi n'a-t-il pas fallu moins d'un demi-siècle pour que le public, terrifié par cette catastrophe, en vînt à comprendre que les mots t. et déception ne sont pas des synonymes. Néanmoins il est incontestable que les tontines deviendraient aisément des institutions précaires et ruineuses, si la législation n'exigeait pas d'elles des garanties sérieuses, et si le gouvernement ne les soumettait pas à une surveillance rigoureuse et continue. A cette heure, aucune association tontinière ne peut se fonder sans l'autorisation préalable du gouvernement, laquelle prend, sous la forme d'un décret inséré au *Bulletin des lois*. La demande doit être adressée au ministre du Commerce et de l'Industrie ; elle est soumise à l'examen du Conseil d'État. Ces établissements sont gérés par des mandataires placés en dehors des associations, et qui sont autorisés à toucher, à titre d'indemnité, pour toutes dépenses d'administration, un droit de 5 p. 100 sur le montant de chaque souscription. Ces mandataires sont, ou des sociétés anonymes ayant par leur directeur et leur conseil d'administration, ou de simples particuliers qui, le plus souvent, créent à cet effet des sociétés en commandite. Le gérant ou directeur d'une t. est chargé, sous le contrôle d'un conseil composé des sociétaires tontiniers les plus intéressés, de tous les actes d'administration et de comptabilité. De plus, les opérations des sociétés et agences tontinières sont soumises à la surveillance particulière de commissaire spéciaux nommés par le ministre du Commerce et de l'Industrie. Enfin, des inspecteurs des finances ont mission de vérifier la gestion et la comptabilité de ces établissements.

TONTINIER, IÈRE. s. Celui, celle qui a des rentes de tontine. Adj. Qui a rapport à une tontine. *Société tontinière.*

TONTISSE. adj. f. [Pr. *tonti-se*] (It. *tonto*). *Bourre t.*, l'espèce de bourre qui résulte de la tonte des draps. || Subst., *Toile* ou *Tapisserie de t.*, Sorte de tenture faite de toile sur laquelle on a appliqué de la bourre t. pour lui donner une apparence de velours. On appelle encore *Papier-t.*, du papier de tenture fait de la même manière.

TONTURE. s. f. (R. *tonte*). Bourre tontisse. || Se dit aussi des branches et des feuilles que l'on coupe en taillant les palissades, les bordures de buis, etc. || T. Mar. La courbure qu'on donne au pont d'un bâtiment dans le sens de la longueur, en relevant ses deux extrémités. *La t. a pour but de procurer aux eaux un écoulement vers le milieu du pont.*

TONTURER. v. a. (R. *tonture*). T. Mar. Courber un navire dans le sens de sa longueur de manière à lui donner une tonture voulue. = **TONTURÉ, ÉE.** part.

TOPARCHIE. s. f. [Pr. *topar-chi*] (gr. τοπαρχία, m. s., de τόπος, lieu), T. Antiq. Petite souveraineté ou principauté. || Nom des provinces de la Palestine sous les Romains.

TOPARQUE. s. m. (gr. τοπάρχης, m. s.), T. Antiq. Chef d'une toparchie.

TOPAZE. s. f. (lat. *topazion*, gr. τοπάζιον, m. s., de

Τοπάζος, île de la mer Rouge). T. Minér. Dans le commerce de la joaillerie, on désigne sous le nom de *Topaze* plusieurs espèces de pierres fines, transparentes, et de couleur jaune plus ou moins pure. Mais les minéralogistes, en se fondant sur la composition chimique des pierres ainsi appelées, excluent du genre Topaze la *T. orientale.* Cette pierre, qui appartient au genre Corindon, ne diffère du Saphir que par sa couleur qui est d'un jaune jonquille très pur et très transparent. Son poids spécifique est égal à 4, et elle raye fortement le cristal de roche. Cette espèce, qui est la plus recherchée parmi les pierres précieuses de couleur jaune, vient de Ceylan, du Pégu, et de quelques autres pays des Indes Orientales. On la confond quelquefois avec la Cymophane (Voy. SPINELLE). On doit aussi exclure la *fausse T.* qui n'est qu'une variété du cristal de roche. — Les autres sortes de Topazes du commerce sont les seules qui, aux yeux des minéralogistes, doivent être appelées de ce nom. Ces pierres sont essentiellement composées de silice, d'alumine et de fluorure d'aluminium. Elles sont vitreuses, transparentes, et cristallisent en prismes orthorhombiques, clivables perpendiculairement à l'axe. Elles rayent le quartz, et leur densité égale 3,52 environ. Infusible au chalumeau, la T. est attaquable par les acides après la fusion avec le carbonate de soude. Enfin, presque toutes les variétés de l'espèce possèdent la propriété de s'électriser par la chaleur ou par le frottement. Le plus ordinairement, la T. est de couleur jaunâtre ; cependant on en trouve aussi de limpides, de rosâtres et de bleuâtres. La *T. gemme*, ou *T. proprement dite*, fournit à la joaillerie des pierres fines fort recherchées : elle est toujours translucide. Parmi ses variétés les plus estimées, nous citerons : la *T. de l'Inde*, qui provient en réalité du Mexique, et qui varie du jaune safran au blanc jaunâtre ; la *T. du Brésil*, qui fournit des sous-variétés de couleur jaune, orangée, jonquille, rose pourprée, etc. ; la t. rose-pourprée, qui est connue dans la bijouterie sous le nom de *Rubis du Brésil* ; la *T. de Sibérie*, qui est blanche, bleuâtre ou verdâtre ; la *T. de Saxe*, appelée aussi *Chrysolithe de Saxe*, qui est d'un jaune pâle ou d'un blanc jaunâtre, et ne s'emploie que dans la bijouterie commune. Enfin, on appelle *Topazes brûlées* des variétés rosâtres qu'on obtient en soumettant la t. jaune à l'action de la chaleur. Ainsi modifiées pour la première fois en 1751, par le joaillier Dumelle, ces topazes prirent bientôt faveur et sont encore fort estimées. C'est du Brésil que proviennent presque toutes les topazes que l'on trouve actuellement dans le commerce : elles nous arrivent toutes taillées. — Outre la T. gemme, on distingue encore la *T. pyénite*, appelée aussi *Leucolithe d'Altenberg*, d'un blanc jaunâtre ou violâtre, et la *T. pyrophysalithe*, blanche ou verdâtre, qui n'offrent aucun intérêt. — La T. se rencontre généralement dans les terrains de cristallisation ou dans les amas métallifères. Elle est cependant fort abondante dans certains terrains d'alluvion, notamment au Brésil où elle se trouve mêlée avec beaucoup d'autres substances.

TOPAZOLITE. s. f. (R. *topaze*, et gr. λίθος, pierre). T. Minér. Variété jaune de *Mélanite.*

TOPE. s. m. T. Archit. Monument funéraire de l'Inde. Voy. TOMBEAU, IV.

TOPEKA, cap. du *Kansas*, un des États-Unis d'Amérique.

TOPER, ou **TÔPER.** v. n. (esp. *topar*, heurter). T. Jeu de dés. Consentir à aller d'autant que met au jeu celui contre qui l'on joue. *J'ai passé dix louis, il n'a pas voulu t.* — Ellipt., on dit *Tope*, pour je tope, ou j'accepte votre offre. *L'un des joueurs ayant dit. Masse dix pistoles, l'autre a dit Tope.* On dit aussi, *Tope et tingue*, Je tope et je tiens. *Tope et tingue* est encore d'une sorte de jeu de dés. || Fig. et fam., Consentir à une offre, adhérer à une proposition. *On m'a proposé une partie de promenade, j'y ai aï topé. Je tope à cela*, ou absolum., *Tope. Eh bien tope, j'y consens.*

TOPFFER, littérateur suisse (1799-1846), auteur des *Nouvelles genevoises.*

TOPHACÉ, ÉE. adj. [Pr. *tofa-sé*] (R. *tophus*). T. Méd. Qui appartient au tophus. || Ne se dit que dans la loc., *Concrétions tophacées*, formées principalement d'urates de soude et de chaux qui se produisent aux environs des articulations. Voy. CONCRÉTION et GOUTTE.

832

TOPHUS. s. m. [Pr. *to-fus*] (mot lat. dérivé du gr. τόφος, qui sign. *Tuf*). Se dit des concrétions tophacées. Voy. Concrétion et Goutte.

TOPINAMBOUR. s. m. [Pr. *topi-nan-bour*] (R. *Topinambous*, n. d'un peuple amérie.). T. Bot. Nom vulgaire de l'*Helianthus tuberosus*, plante de la famille des *Composées*, tribu des Radiées. Voy. Composées. — Se dit aussi des tubercules de cette plante.

Agric. — La culture du t. présente de grands avantages pour la nourriture des bestiaux, dans certaines régions. La plante donne des récoltes considérables de tubercules propres à la nourriture de presque tous les animaux de la ferme; ces tubercules ne gèlent jamais, bien qu'ils soient originaires du Brésil Cette plante réussit à merveille sur des terrains médiocres et résiste bien aux sécheresses; enfin les feuilles sont une bonne nourriture pour les ruminants, et les tiges fournissent un combustible abondant. A la vérité, le t. a aussi ses défauts, celui, par exemple, de repousser obstinément dans les champs qui en ont produit, parce que le plus petit tubercule abandonné constitue rapidement une grosse touffe. En outre on lui reproche la qualité un peu aqueuse de ses tubercules, ce qui les rend dangereux pour les moutons, si on les leur donne en quantité un peu trop forte. Il est assez difficile de remédier au premier inconvénient, qu'on est obligé de supporter, d'ailleurs sans grand dommage. Quant à la qualité trop rafraichissante des tubercules, on la corrige en mêlant à ceux-ci une petite quantité de sel, de baies de genièvre concassées, ou quelque substance tonique; mais on y obvie surtout par le soin de les allier avec la nourriture sèche et de ne les comprendre que pour moitié au plus, en poids, dans la ration journalière des ovidés; précaution nécessaire, du reste, pour toute espèce de racine ou de nourriture fraîche que l'on donne en hiver aux animaux. A l'égard des vaches, cet inconvénient n'existe pas au même degré; cependant il ne faut leur offrir cette racine que modérément d'abord, et augmenter ensuite peu à peu la proportion. — Les topinambours doivent être cultivés comme la pomme de terre, c.-à-d. plantés en lignes assez espacées, pour qu'on puisse biner et butter, opérations indispensables, la première surtout. La plantation s'effectue à l'automne, ou de bonne heure au printemps; on emploie 18 à 22 hectolitres par hectare. — D'après les analyses de Payen, Braconnot, Boussingault et J. Girardin, les tubercules de t. renferment, en moyenne, de 76 à 80 p. 100 d'eau; 15 p. 100 de matières sucrées; 1,57 d'azote; 1,20 de phosphate de chaux et de potasse combinée; elles sont donc fort peu épuisantes. D'autre part, comme la plante possède l'avantage de se procurer par elle-même la presque totalité de l'azote dont elle a besoin, on peut en conclure que c'est un des végétaux qui produisent le plus, consomment le moins d'engrais, et nécessitent le moins de frais de culture. C'est la providence des sols graveleux les plus arides et des sols calcaires les plus stériles.

TOPINAMBOUS, peuplade indigène du Brésil.

TOPIQUE. adj. 2 g. (lat. *topicus*, gr. τοπικός, m. s., de τόπος, lieu). Qui concerne un lieu particulier, local. *Chaque cité de la Grèce avait sa divinité t.* ‖ T. Méd. Se dit de tout médicament qu'on applique à l'extérieur. *Les emplâtres, les onguents, les cataplasmes sont des topiques.* ‖ Subst. *Un excellent t.* ═ Topiques. s. m. pl. T. Rhét. Lieux communs. Voy. Lieu.

TOPOGRAPHE. s. m. (gr. τοπογράφος, m. s., de τόπος, lieu, et γράφω, je décris). Celui qui s'occupe de topographie.

TOPOGRAPHIE. s. f. (lat. *topographia*, gr. τοπογραφία, m. s.). Description détaillée d'un lieu, d'un canton particulier, à la différence de Géographie, qui est la description générale de la terre, d'un État, d'une province. ‖ L'art de décrire un lieu et d'en lever le plan avec tous les accidents de terrain, tels que les montagnes, les vallées, etc. *Cours de t.* ‖ Fig. de rhétorique qui consiste dans la description des lieux.

Topogr. — Nous avons indiqué aux mots Plan, Arpentage, Nivellement, les procédés par lesquels on pouvait obtenir la représentation d'un terrain avec tous les accidents qu'il renferme. Nous donnerons ici quelques détails sur la construction des cartes topographiques. Il y a lieu de distinguer la *planimétrie*, ou projection horizontale, et le *relief*.

En ce qui concerne la planimétrie, il y a utilité à représenter sur la carte des détails qui, par leur petitesse, échapperaient à l'échelle. On est obligé d'en augmenter conventionnellement les dimensions ou de les représenter par des signes conventionnels. Ces signes qui figurent des arbres, des ponts, des moulins, des écluses, etc., sont généralement reproduits au bas de la carte avec leur signification. Les chemins et les rivières doivent, la plupart du temps, être élargis pour pouvoir être figurés. Les traits qui les représentent affectent des formes diverses suivant l'importance du chemin; les chemins de fer à une ou deux voies doivent aussi être figurés par des traits particuliers. Il est évident que les largeurs de ces traits et les dimensions des signes conventionnels sont indépendants de l'échelle. Aussi, une carte à petite échelle ne saurait être la reproduction en petit d'une carte à grande échelle, pas plus qu'on n'obtiendrait une bonne carte à grande échelle en en amplifiant une à petite échelle.

Pour figurer le relief, le procédé le plus clair consiste à tracer sur la carte des *lignes de niveau* qui relient tous les points ayant même altitude; chacune de ces courbes est *cotée*, c.-à-d. qu'on inscrit quelque part son altitude au-dessus du niveau de la mer. Le nombre des courbes de niveau qu'il convient de représenter dépend à la fois de l'échelle de la carte et de la pente du terrain; dans tous les cas on trace des courbes de niveau dont les cotes sont équidistantes. On conçoit alors que les courbes de niveau sont très espacées si la pente est faible, et qu'elles se rapprochent quand la pente devient plus forte; il peut même arriver qu'il se rencontre sur la carte des régions tellement accidentées qu'on soit obligé d'y omettre certaines courbes de niveau. Ce système de représentation ne laisse rien à désirer au point de vue géométrique; mais il a l'inconvénient de ne pas parler aux yeux. Pour la carte de France dite de « l'État-Major » au 1/80 000, on a pris le parti de supprimer les courbes de niveau et de représenter la pente à l'aide de hachures d'autant plus grosses et plus serrées que la pente est plus accentuée. Ces hachures sont dirigées suivant les lignes de plus grande pente, c.-à-d. perpendiculaires aux courbes de niveau et sont interrompues aux courbes de niveau, ce qui permet de retrouver celles-ci. Un système préférable consiste à supposer le terrain éclairé par une lumière inclinée à 45° sur l'horizon et arrivant de l'angle supérieur gauche de la carte; on couvre alors les pentes de hachures de manière à obtenir, pour chaque région, la teinte qui correspond à son degré d'éclairement. Dans tous les cas, les points importants doivent être cotés. On reproche à ces systèmes de surcharger la carte de lignes noires qui en rendent la lecture difficile, surtout dans les pays accidentés. On obtient un résultat bien plus satisfaisant en employant plusieurs couleurs d'après des règles conventionnelles universellement adoptées: le noir est réservé aux petits chemins, aux chemins de fer et aux écritures; le rouge aux routes et aux constructions; le bleu, aux eaux; des teintes différentes aux bois et aux prairies; le bistro aux courbes de niveau et au figuré du terrain qu'on représente le plus souvent dans l'hypothèse de la lumière oblique. La carte de France au 1/100 000 dressée par le service vicinal et qu'on a pu admirer à l'Exposition universelle de 1901, est construite d'après ces principes; il est seulement regrettable qu'on n'y ait pas tracé les courbes de niveau; il est vrai qu'il était difficile de le faire sans nuire à l'effet général.

Les courbes de niveau permettent de trouver à première vue, sur les cartes, certains points et certaines lignes importantes dont nous allons donner les définitions.

Une *ligne de plus grande pente* est celle qui, partant d'un point donné, est la plus inclinée de toutes celles qui y passent. Les lignes de plus grande pente sont normales aux courbes de niveau. — Un *sommet* est un point plus haut que tous les points voisins : il est entouré de courbes de niveau fermées dont les cotes vont

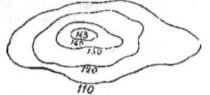

Fig. 1.

en diminuant à mesure qu'on s'en éloigne (Fig. 1). — Un *fond* est un point plus bas que tous les points environnants; il est également entouré de courbes de niveau fermées; mais les cotes de ces courbes vont en augmentant à mesure qu'elles s'élargissent. La Fig. 1 représenterait un fond si on intervertissait toutes les cotes. — Aux sommets et aux fonds le plan tangent est horizontal. Il en est de même aux *cols* (Fig. 2); mais en ces points, le plan tangent coupe le terrain suivant une courbe à point double, de sorte que, dans le voisinage, les courbes de niveau affectent la forme d'arcs d'hyperbole.

Par chaque point de terrain ne passe en général qu'une ligne de plus grande pente; il y a exception pour les fonds et les sommets où toutes les lignes de plus grande pente vont se

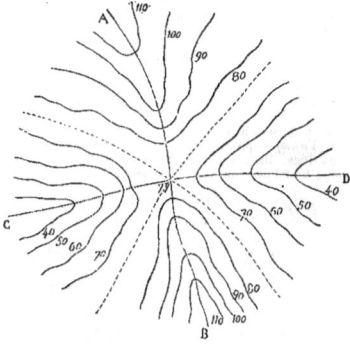

Fig. 2.

réunir. Il y a aussi exception pour les cols par où passent deux lignes de plus grande pente, l'une AB (Fig. 2) qui s'élève des deux côtés à partir du col, et l'autre CD qui, au contraire, s'abaisse des deux côtés. La ligne de niveau à point double qui passe au col partage le terrain en quatre régions, deux *vallées* et deux *crêtes*. La ligne de plus grande pente CD qui s'abaisse à partir du col est un *thalweg*; elle partage la vallée en deux *flancs*. Celle qui s'élève AB est une *ligne de faîte*. Celle-ci partage la crête en deux *versants* et constitue la *ligne de partage des eaux*, car les

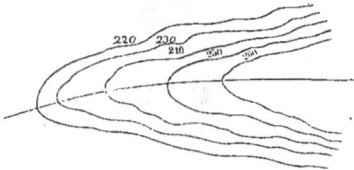

Fig. 3.

eaux qui se trouvent d'un côté ou de l'autre de cette ligne de faîte vont s'écouler dans l'une ou l'autre des deux vallées. En général une crête est caractérisée par des lignes de niveau dont chacune se recourbe de manière à former deux branches presque parallèles (Fig. 3), les cotes allant en augmentant de la convexité vers la concavité. Si la crête se termine inférieurement à un col, la ligne de faîte est bien déterminée, puisque c'est la ligne de plus grande pente qui aboutit à ce col; s'il n'y a pas de col, il est impossible de définir avec précision la ligne de faîte; on dira seulement que c'est la ligne qui joint les sommets des courbes de niveau et qui partage la crête en deux versants. — Une *vallée* est caractérisée par des courbes de niveau de même forme que celle d'une crête, mais dont les cotes vont en diminuant de la convexité à la concavité. La Fig. 3 représentera donc une vallée si l'on intervertit toutes les cotes. Le *thalweg* est bien défini si la vallée se termine à la partie supérieure par un col; sinon, on dira seulement que le thalweg est la ligne qui joint les sommets des lignes de niveau. Remarquons que toutes les lignes de niveau qui partent d'un point quelconque d'un des *flancs* de la vallée se rapprochent de plus en plus à mesure qu'elles descendent: le thalweg est la ligne formé par leur réunion. Cela explique pourquoi le thalweg est la ligne suivant la-

quelle se rassemblent les eaux; s'il y a une rivière, le thalweg est le fond du lit de la rivière.

TOPOGRAPHIQUE. adj. 2 g. Qui appartient à la topographie. *Description t. Carte t.* Voy. CARTE.

TOPOGRAPHIQUEMENT. adv. D'une manière topographique, détaillée.

TOPOLOGIE. s. f. (gr. τόπος, lieu; λόγος, discours). Connaissance des lieux. ||T. Rhét. Connaissance des lieux communs, des sources où peut puiser un prédicateur. Ne se dit guère que de l'éloquence sacrée en parlant des textes de l'Écriture sainte.

TOPOLOGIQUE. adj. 2 g. Qui appartient à la topologie.

TOPONOMASTIQUE. s. f. (gr. τόπος, lieu, et *onomastique*, de ὄνομα, nom). L'onomastique des lieux, c.-à-d. de l'étude des noms de lieu.

TOPONYMIE. s. f. (gr. τόπος, lieu; ὄνομα, nom). La désignation des localités par leur nom.

TOPONYMIQUE. adj. 2 g. (R. *toponymie*). Relatif aux noms des localités.

TOQUADE ou **TOCADE.** s. f. [Pr. *to-kade*]. Manie passagère. = Engouement passager pour une personne, une chose.

TOQUAGE. s. m. [Pr. *to-kaje*]. T. Typogr. Action de remplacer momentanément un ouvrier dans son travail.

TOQUE. s. f. [Pr. *to-ke*] (angl. *cell.* : bas breton *tok*, m. s.). Sorte de chapeau rond et sans bords, couvert de velours, de satin, etc., plat par-dessus et plissé tout autour. *T. de velours.* ||T. Bot. *Toque casside.* Nom vulgaire du *Scutellaria galericulata*, plante Dicotylédone, de la famille des *Labiées.* Voy. ce mot.

Hist. — Lorsque Napoléon rétablit la noblesse, il voulut remplacer les couronnes qui jadis servaient à distinguer les rangs, mais qui ne figuraient que dans les armoiries, par des insignes réels. En conséquence, il imagina d'assigner à chaque titre nobiliaire une t. que ornée d'une façon particulière. Les princes grands dignitaires avaient une t. de velours noir retroussée de vair avec un porte-aigrette d'or surmonté de 7 plumes, comme on le voit dans la Fig. ci-contre. La t. des ducs ne différait de la précédente qu'en ce qu'elle était retroussée d'hermine au lieu de vair. La t. des comtes était retroussée de contre-hermine et n'avait que 5 plumes. Les barons retroussaient la t. de contre-vair, et avaient seulement 3 plumes avec porte-aigrette d'argent. Enfin, la t. des chevaliers était retroussée de sinople et ornée d'une simple aigrette d'argent. Après l'empire, on revint aux anciens usages, et les membres de la noblesse nouvelle adoptèrent les couronnes de la noblesse féodale.

TOQUÉ, ÉE. adj. [Pr. *to-ké*] (R. *toque*). Coiffé d'une toque.

TOQUÉ, ÉE. adj. [Pr. *to-ké*] (part. pass. de *toquer*). Maniaque, qui a le cerveau dérangé.

TOQUER. v. a. [Pr. *to-ker*] (autre forme de *toucher*). Toucher, frapper; vieux, et ne se dit plus que dans cette loc. prov., *Qui toque l'un, toque l'autre*, Qui offense l'un, offense l'autre. = SE TOQUER, v. pron. Se t. de quelqu'un, de quelque chose. S'engouer momentanément pour quelqu'un, pour quelque chose. = TOQUÉ, ÉE. part.

TOQUERIE. s. f. [Pr. *to-keri*]. Chaufferie ou endroit du foyer d'un fourneau de forge.

TOQUET. s. m. [Pr. *to-kè*] (Dimin. de *toque*). Sorte de coiffure, de bonnet qui, dans certains pays, est à l'usage des femmes du menu peuple et des paysannes. || Sorte de bonnet que portaient les enfants. || Fig. et Fam. *En avoir dans le t.*, avoir la tête prise, être ivre.

TOQUEUX. s. m. [Pr. *to-keu*]. Fourgon à l'usage des raffineurs de sucre.

TORAILLE. s. f. [Pr. *to-ralle*, *ll* mouillées]. Espèce de corail brut.

TORBAY, baie d'Angleterre, dans la Manche, sur la côte du Devonshire.

TORBERITE ou **TORBERNITE.** s. f. T. Chim. Phosphate hydraté d'uranium et de cuivre, en lamelles quadratiques vertes.

TORCHE. s. f. (lat. *torquere*, tordre) Flambeau grossier fait d'une grosse corde enduite de résine ou de cire, ou consistant simplement en un bâton de sapin ou de quelque autre bois résineux entouré de cire ou de suif. *Allumer les torches. Les masques parcouraient les rues des torches à la main. On promena les cadavres dans la ville à la lueur des torches.* || Fig., *Les torches de la Discorde* || T. Techn. Poignée de paille tortillée. — Bouchon de paille dont on garnit les arêtes des pierres qu'on transporte. — Poignée de foin roulée dans l'argile, dont on garnit les tuiles qui forment les ouvreaux d'un four. — Paquet de fil de fer, de laiton, roulé en cercle. — Selle bourrée de paille qu'on met sur le dos des bêtes de somme. — Linge roulé en rond que les paysannes mettent sur leur tête pour porter des fardeaux — Brin d'osier qui forme le bord de certains ouvrages de vannerie. — Fumier qui sert à border une couche.

TORCHE-FER. s. m. Torchon mouillé dont on se sert pour essuyer les fers à souder. — Pl. *Des torche-fer.*

TORCHE-NEZ. s. m. Voy. Tord-nez. = Pl. *Des torche-nez.*

TORCHE-PINCEAU. s. m. Petit linge pour essuyer les pinceaux et la palette. = Pl. *Des torche-pinceaux.*

TORCHE-POT. s. m. T. Bot. Nom vulgaire du *Pinus Pumilio*, plante Gymnosperme de la famille des *Conifères*, tribu des *Abiétinées*. Voy. Conifères. || T. Ornith. Nom. vulg. de la *Sittelle.* Voy. ce mot. = Pl. *Des torche-pots.*

TORCHE-POTEUX. s. m. Syn. de Torche-pot. = Pl. *Des torche-poteux.*

TORCHER. v. a. (R. *torche*, dans le sens de bouchon de paille). Essuyer, frotter pour ôter l'ordure. *Les nourrices torchent leurs enfants.* — Fig. et pop., *Il n'a qu'à s'en t. le bec*, se dit pour exprimer qu'un homme n'aura pas ce qu'il désire. || Pop., *T. quelqu'un*, Le battre. *Il se fera t.* || T. Techn. Border un ouvrage de vannerie avec une torche. — Faire un mur ou une cloison avec du torchis. — *T. le tas*, essuyer la colle qui sort d'entre les feuilles de carton, quand on les met sous presse. = Torché, ée. part. *Cela est mal torché*, *est torché à la diable*, se dit de tout ouvrage fait grossièrement.

TORCHÈRE. s. f. (R. *torche*). Vase de fer et à jour qu'on place à l'extrémité d'un long manche, et dans lequel on met des matières combustibles destinées à donner de la lumière. *Les torchères servent à éclairer les places, les cours, etc.* || Par ext., Espèce de candélabre qui porte des flambeaux, des girandoles, des bougies, et qui sert à éclairer les vestibules, les escaliers, les salles des palais et des grandes maisons. *Torchères de bronze, de marbre.*

TORCHETTE. s. f. [Pr. *tor-chè-te*] (Dimin.). Petite poignée de paille. || T. Techn. Ringard de fer terminé en pelle.

TORCHIS. s. m. [Pr. *tor-chi*] (R. *torcher*). Sorte de mortier fait avec de la terre grasse et de la paille ou du foin coupé, qu'on emploie pour certaines constructions. *Dans ce pays il n'y a pas de pierres; les maisons des paysans sont de torchis.*

TORCHON. s. m. (R. *torche*, dans le sens de bouchon de paille). Serviette de grosse toile dont on se sert pour torcher, pour essuyer la vaisselle, la batterie de cuisine, etc. *T. blanc.*

T. sale. Un paquet de torchons. || T. Techn. Poignée de paille tortillée, pour garantir les arêtes des pierres de taille quand on les transporte. — Prov., *Être fait comme un t.*, Être habillé malproprement. — *Le t. brûle*, il y a querelle dans le ménage.

TORCHONNER. v. a. [Pr. *torcho-ner*]. Frotter avec un torchon. = Torchonné, ée. part. *Un ouvrage torchonné*, grossièrement fait.

TORCIN. s. m. Banc qui divise les schistes ardoisiers.

TORCINER. v. a. (R. *tordre*). T. Techn. Tordre le verre pendant qu'il est chaud. = Torciné, ée. part.

TORCOL. s. m. (R. *tordre*, et *col*). T. Ornith. Le nom de *Torcol* (*Yunx*) s'applique à des oiseaux grimpeurs très voisins des Pics. Ils ont la langue longue, extensible de ces derniers; toutefois elle n'est pas armée d'épines. Ils diffè-

rent d'ailleurs des autres Grimpeurs par leur bec droit, pointu et à peu près rond, ainsi que par leur queue, qui n'a que des pennes de forme ordinaire. Ces oiseaux, qui doivent leur nom à la singulière habitude qu'ils ont, quand on les surprend, de tordre le cou et la tête en divers sens, n'ont pas, comme les Pics, la faculté de grimper; ils ne peuvent que s'accrocher aux arbres et se maintenir assez longtemps dans une position verticale pour saisir entre les fentes des écorces les insectes dont ils se nourrissent. Ils sont également impuissants à percer l'écorce de leur bec. Le type de ce genre est le *T. d'Europe* (*Y. torquilla*) [Fig. ci-dessus]. Il est de la taille d'une alouette, brun et vermiculé d'ondes noirâtres en dessus, blanchâtre et rayé en travers de noirâtre en dessous. Il vit presque constamment solitaire, cependant il est peu défiant. Il se nourrit presque exclusivement de fourmis. On ne lui connaît qu'un cri monotone qu'il fait entendre lorsqu'il veille sur le nid où couve sa femelle. Il niche dans les trous des arbres, et sa ponte consiste en 6 ou 8 œufs d'un blanc d'ivoire. — Les *Picumnes* (*Picumnus*) ne diffèrent des Torcols que par une queue très courte. Ce sont de très petits oiseaux, tous exotiques.

TORCULAR. s. m. (lat. *torcular*, pressoir). T. Anat. Le pressoir d'Hérophile. Voy. Pressoir, et Encéphale, I, F.

TORCULARIEN, IENNE. adj. [Pr. *torkulari-in*, *ièn*]. T. Anat. Qui a rapport au torcular.

TORCY (marquis de), neveu de Colbert, fut ministre des affaires étrangères à la fin du règne de Louis XIV, de 1696 à 1715, m. en 1746.

TORDAGE. s. m. Action de tordre. || T. Manufact. Façon qu'on donne à la soie en doublant les fils sur les moulinets, opération qu'on appelle plus souvent *moulinage.* Voy. Soie.

TORD-BOYAUX. s. m. [Pr. *tor-bo-io*]. Eau-de-vie très forte. Pop.

TORDEUR, EUSE. s. Celui, celle qui tord la laine, la soie, les fils, etc. = TORDEUSE. s. f. pl. T. Entom. Nom donné aux Chenilles de certains Lépidoptères. Voy. TINÉIDES, V.

TORDION. s. m. (R. *tordre*). Contorsion. Vx.

TORD-NEZ. s. m. [Pr. *tor-né*]. Instrument au moyen duquel on saisit et l'on tord la lèvre supérieure d'un cheval, afin d'assujettir cet animal pendant certaines opérations.

TORDOIR. s. m. [Pr. *tor-douar*] (R. *tordre*). Sorte de moulin à huile.

TORDRE. v. a. (lat. *torquere*, m. s.). Tourner par ses deux extrémités un corps flexible en sens contraire, ou par l'une des deux, l'autre étant fixe. *T. du fil, des cordes. T. du linge. T. un lien. T. une branche.* || *T. le cou,* Faire mourir en tournant le cou et en disloquant les vertèbres. *T. le cou à un poulet.* — *T. le cou,* sign. encore tourner le cou de travers. *Il a la mauvaise habitude de t. le cou.* On dit de même, *T. la bouche.* — *T. les bras à quelqu'un,* Les lui tourner violemment et de manière à lui faire mal. On dit de même, *Dans sa douleur elle se tordait les mains.* || Prov. *Tordez-lui le nez il en sortira du lait,* il veut faire l'homme et n'est encore qu'un enfant. || *Ne faire que t. et avaler,* avaler en mâchant à peine. || Fam., on dit encore, *Rire à se t. les côtes,* Rire convulsivement. || Fig., *T. une loi, un passage, etc.,* Détourner une loi, un passage, etc., de son sens naturel pour lui en donner un différent, plus convenable aux vues de celui qui l'emploie. *T. le sens d'un auteur, d'un passage.* Lui donner une interprétation fausse et forcée. = SE TORDRE. v. pron. Se tourner en sens contraire. *Un ver qui se tord. Cette branche s'est toute tordue.* = TORDU, UE. part. = T. Bot. *Préfloraison tordue.* Voy. PRÉFLORAISON. = Conj. Voy. MORDRE.

TORE. s. m. (lat. *torus*, corde, parce que ces anneaux représentent primitivement des cordes). T. Archit. Moulure ronde à forme circulaire. Voy. MOULURE. || T. Géom. Surface engendrée par un cercle qui tourne autour d'un axe situé dans son plan.

Géom. — Le t. est la surface engendrée par un cercle qui tourne autour d'un axe situé dans son plan. Si cet axe ne rencontre pas le cercle mobile, le t. a la forme d'un anneau; mais si l'axe rencontre le cercle mobile, la surface se compose de deux nappes, l'une extérieure, l'autre intérieure se réunissant aux deux points d'intersection de l'axe avec le cercle mobile. L'équation du t. rapportée à trois axes rectangulaires dont l'un Oz est l'axe de rotation et dont un autre Ox passe par le centre du cercle générateur est :

$$\left(x^2 + y^2 + z^2 + a^2 - r^2\right)^2 - 4 a^2 (x^2 + y^2) = 0,$$

r étant le rayon du cercle générateur, *a* la distance de son centre à l'axe.

La surface et le volume du t. s'obtiennent facilement par les théorèmes de Guldin (Voy. AIRE et VOLUME) :

$$S = 4\pi^2 r a$$
$$V = 2\pi^2 r^2 a.$$

Si le t. a la forme d'un anneau, il admet une infinité de plans bitangents qui présentent cette particularité curieuse de couper la surface suivant deux cercles.

TORÉADOR. s m. (mot esp. de *toro*, taureau). Celui qui combat les taureaux dans les courses de taureaux. Voy. TAUROMACHIE.

TORENIA. s. m. (R. *Toren*, n. d'un natur. suédois). T. Bot. Genre de plantes Dicotylédones de la famille des Scrofulariacées, tribu des *Rhinanthées.* Voy. SCROFULARIACÉES.

TORENO (comte DE), homme d'État et hist. espagn. (1786-1843).

TORERO. s m. (mot esp. dérivé de *toro*, taureau). Toréador qui combat à pied. Voy. TAUROMACHIE.

TOREUTICIEN. s. m. [Pr. *toreuti-si-in*]. Sculpteur qui pratique la toreutique.

TOREUTIQUE. s. f. (gr. τορευτική, m. s., de τορεύειν, ciseler). T. Antiq. Malgré les nombreuses dissertations publiées à ce sujet, nous ignorons encore ce que les anciens entendaient précisément sous le nom de *Toreutique.* Si on le prend dans toute l'étendue de sa signification, telle que la donne l'étymologie, ce mot sera presque synonyme de sculpture : en effet, le verbe τορεύειν signifie tailler, ciseler, tourner, etc. Mais comme les anciens l'opposaient à la statuaire, il est évident que le mot *toreutique* servait à désigner un genre spécial de sculpture. Quelques auteurs pensent qu'il signifie proprement *ciselure,* et qu'il est l'équivalent du latin *cælatura.* Eschenburg et Heyne entendent par *toreutique* l'art de couler en bronze, et ils se fondent sur certaines expressions de Pline. Winckelmann affirme que les anciens ont appelé de ce nom l'art de travailler en relief, avec le ciseau, l'argent et le bronze. Plusieurs pensent que *toreutique* se disait de l'art de sculpter en relief le bois, le marbre, le bronze, etc., par opposition à la ronde bosse proprement dite. Enfin, Millingen prétend que ce mot s'appliquait exclusivement aux œuvres de sculpture dans lesquelles l'artiste associait des métaux différents, ou associait un métal quelconque avec une matière de nature différente. Dans ce sens, la Minerve de Phidias, qui était d'ivoire, d'or, d'argent et de bronze, était le chef-d'œuvre de la toreutique.

TORGAU, v. de Prusse, sur l'Elbe; 8,400 hab.

TORGNOLE. s. f. [Pr. *gn* mouill.] (anc. fr. *torniole,* tour, détour). Mal blanc qui fait le tour du doigt. || Coup qui laisse une marque sur la peau. *Donner des torgnoles.*

TORIGNI-SUR-VIRE, ch.-l. de c. (Manche), arr. de Saint-Lô; 2,000 hab.

TORMENTILLE. s. f. [Pr. *torman-tille, ll* mouillées] (lat. *tormentilla,* m. s.). T. Bot. Nom vulgaire du *Potentilla Tormentilla.* Voy. ROSACÉES, V.

TORMINAL, ALE et **TORMINEUX, EUSE.** adj. (lat. *tormina,* tranchées). T. Méd. Qui a le caractère de colique. *Douleurs torminales* ou *tormineuses.* || T. Bot. On appelle *Alisier t.,* une espèce d'Alisier, parce qu'on lui attribuait la propriété de calmer les tranchées.

TORNADO. s. m. (ital. *tornare,* tourner). T. Météor. Mouvement circulaire très violent de l'atmosphère qui s'étend sur une surface restreinte, mais plus large que celle de la trombe et qui produit des ravages partout où il passe. Voy. TEMPÊTE.

TORNÉA, fl. de Suède, sépare la Russie de la Suède, et se jette dans le golfe de Botnie; 420 kilomètres.

TORNÉA, petite ville russe, à l'embouchure du fleuve précédent. On se rend de là au mont voisin Arasaxa pour voir le soleil de minuit du 20 au 25 juin.

TORON. s. m. (lat. *torus,* corde). Assemblage de plusieurs fils tordus ensemble. Voy. CORDAGE. || T. Archit. Gros tore à l'extrémité d'une surface droite.

TORONTO, v. du Canada, sur le lac Ontario; 86,400 hab.

TOROSITÉ. s. f. [Pr. *toro-zité*] (lat. *torosus,* charnu). Musculature bien marquée.

TORPEUR. s. f. (lat. *torpor,* de *torpere,* être engourdi). Engourdissement, pesanteur insolite qui rend presque incapable de sentir et de se mouvoir. *Ce malade est dans la t.* || Fig., État de l'âme qui cause son inaction. *Il n'y a pas moyen de tirer cet homme de sa t. Tous les esprits étaient dans la t.*

TORPILLE. s. f. [Pr. les *ll* mouillées] (lat. *torpere,* engourdir). Genre de poissons cartilagineux, électriques Voy. RAIE. || T. Mar. Sorte de bombe explosible qu'on place sous la carène d'un navire ennemi pour le faire sauter.

Mar. — On a construit des torpilles de diverses formes. Les plus anciennes, qui ont été employées pendant la guerre de Sécession en Amérique, étaient de simples caisses en étain chargées de poudre qui étaient immergées et soutenues à des flotteurs autour du lieu qu'on voulait défendre. Un mécanisme particulier déterminant leur explosion dès qu'un navire ennemi venait à toucher le flotteur Plus tard on en a construit qui étaient reliées à la côte ou à un navire à l'aide d'un fil électrique de sorte qu'on pouvait produire leur explosion à volonté. On a aussi construit des torpilles munies d'une hélice propulsive qui leur permet de se diriger d'elles-mêmes vers le but où on veut les envoyer. Les progrès réalisés dans la chimie des explosifs ont rendu ces appareils extrêmement dangereux.

TORPILLEUR. s. m. [Pr. ies *ll* mouillées] (R *torpille*). T. Mar. Petit navire à grande vitesse, disposé de manière à s'élever aussi peu que possible au-dessus de l'eau et destiné à s'approcher des cuirassés ennemis sans être vu, pour les détruire au moyen de torpilles qu'il leur lance quand il en est assez près. || Marin chargé de poser, de manœuvrer des torpilles.

TORQUATUS (Manlius), Voy. Manlius Torquatus.

TORQUE. s. f. (lat. *torques*, collier). T. Blas. Les héraldistes désignent sous les noms de *Torque*, de *Tortil* et de *Bourrelet*, un rouleau d'étoffe de différentes couleurs, qu'on place sur le casque, soit comme un simple ornement, soit pour servir d'attache aux lambrequins. || T. Techn. Fil de fer, de laiton roulé en cercle. — Tabac filé mis en rouleau.

TORQUEMADA (Thomas de), inquisiteur général d'Espagne, fameux par ses rigueurs (1420-1498).

TORQUER. v. a. (R. *torque*). T. Techn. Mettre en rouleau le tabac à chiquer. — Torqué, ée. part.

TORQUET. s. m. [Pr. *tor-kè*] (lat. *torquere*, tordre). Se dit dans ces locut. popul., *Donner un t., donner le t.,* Tromper quelqu'un; et *Donner dans le t.,* Se laisser duper. Vx.

TORQUETTE. s. f. [Pr. *tor-kè-te*] (lat *torquere*, tordre). Se dit d'une certaine quantité de marée arrangée dans de la paille, pour l'envoyer à une distance plus ou moins éloignée des ports de mer. *Une t. de poisson.*

TORQUEUR. s. m. [Pr. *tor-keur*] (R. *torquer*). Ouvrier qui file le tabac.

TORRE-DEL-ANNUNZIATA, v. d'Italie, sur le golfe de Naples; 22,000 hab.

TORRE-DEL-GRECO, v. d'Italie, sur le golfe de Naples; 27,600 hab.

TORRÉFACTEUR. s. m. [Pr. *tor-réfak-teur*]. T. Techn. Appareil pour torréfier diverses substances telles que le café, le tabac, etc.

TORRÉFACTION. s. f. [Pr. *tor-réfak-sion*]. Action de torréfier.

TORRÉFIER. v. a. [Pr. *tor-ré-fier*] (lat. *torrere*, rôtir; *ficare*, faire). Griller, exposer à l'action du feu une substance solide; ne se dit que des substances animales et végétales. *T. du café, du cacao.* = Torréfié, ée. part. == Conj. Voy. Prier.

TORREGIANO, sculpteur ital. (1472-1522).

TORREIN. s. m. [Pr. *tor-rin*] Amas de matières étrangères qui traversent un bloc d'ardoise.

TORRENT. s. m. [Pr. *tor-ran*] (lat. *torrens*, m. s.). Courant d'eau rapide, qui est ordinairement produit par des orages ou des fontes de neige, et qui ne dure que peu de temps. *T. rapide, impétueux. Il se forme de grands torrents dans ces montagnes. Ce n'est pas une rivière, c'est un t. Les barbares franchirent les Alpes et se précipitèrent sur l'Italie comme un t. dévastateur.* || Fig., se dit de certaines choses, par rapport à leur abondance, ou à leur impétuosité, ou à l'une et l'autre ensemble. *Un t. de paroles. Un t. d'injures. Verser un t. de larmes. Un t. d'élo-*

quence. S'opposer, résister au t. Céder au t. Suivre le t. C'est un t. qui entraîne tout.

TORRENTIEL, ELLE adj. [Pr. *tor-ran-siel, ièle*]. Qui est produit par les torrents ou qui ressemble à des torrents. *Eaux torrentielles. Les pluies torrentielles des tropiques.*

TORRENTUEUX, EUSE. adj. [Pr. *tor-ran-tueu, euze*]. Qui se transforme en torrent, qui a l'impétuosité d'un torrent. *Rivière torrentueuse.* || Qui forme des torrents. *Des orages torrentueux.*

TORRÈS (Détroit de), entre la Nouvelle-Guinée et l'Australie.

TORRÈS, amiral portugais, né à Lisbonne (1769-1822).

TORRÈS-VEDRAS, bourg de Portugal (Estramadure), où Wellington se retrancha et arrêta Masséna (1810-1811).

TORRICELLI, physicien ital. (1608-1647), inventa le baromètre, en 1643.

TORRIDE. adj. [Pr. *tor-ride*] (lat. *torridus*, brûlé). Brûlant, excessivement chaud. *Dans ces régions, sous ces climats torrides.* || T. Géogr. *Zone t,* Partie de la terre comprise entre les deux tropiques. Voy. Géographie, I.

TORS, TORSE. adj. [Pr. *tor*] (lat. *torsus*, m. s., part. pass. de *torquere*, tordre). Qui est tordu ou qui paraît l'être. *Fil t. De la soie torse. Du sucre t. Un bassot à jambes torses. Colonne torse,* Dont le fût est contourné en hélice. Voy. Colonne, I. — Pop., on dit *Toric,* au fém., en parlant de ce qui est contourné, difforme. *Jambes torics. Bouche torte.* || Fig. et fam., *Un cou t.,* Un hypocrite. = Tors. s. m. T. Techn. Torsion donnée aux brins qui forment le fil. la laine, la corde.— *T. droit, t. gauche,* torsion donnée à droite, à gauche.

TORSADE. s. f. (R. *tors*). Frange tordue en spirale qu'on emploie pour orner les tentures, les rideaux, les draperies. etc. || Se dit aussi d'ornements d'or ou d'argent, tordus en forme de petits rouleaux qui servent de marques distinctives pour les épaulettes des officiers. *Les épaulettes de capitaine sont à petites torsades; celles de colonel sont à grosses torsades.*

TORSE. s. m. (ital. *torso,* m. s., de *tors*). T. Sculpt. Statue tronquée à laquelle il manque la tête, ou les bras, ou les jambes. *Le t. du Belvédère.* || Par ext., se dit du tronc d'une statue entière ou d'une personne vivante. *Le t. de la Vénus de Milo est admirable. Cet homme a le t. trop court pour la hauteur de ses jambes.*

TORSER. v. a. T. Archit. Contourner le fût d'une colonne, pour en faire une colonne torse. = Torsé, ée. part.

TORSION. s. f. (lat. *torsio,* m. s., de *torsum,* sup. de *torquere,* tordre). Action de tordre, et l'état de ce qui est tordu. *Une trop forte t. diminue la résistance des cordes.* || T. Chir. *T. des artères.* Voy. Hémostase. || T. Méd. vét. *T. intestinale.* Voy. Volvulus. || T. Phys. *Elasticité par t.* et *Balance de t.* Voy. Élasticité, III.

Géom. — On appelle t. d'une courbe gauche la limite du rapport de l'angle de deux plans osculateurs infiniment voisins à la longueur de l'arc qui sépare leurs points de contact Si l'on suppose que les coordonnées x, y, z de chaque point de la courbe sont exprimées en fonction de l'arc s, les cosinus directeurs A, B, C, du plan osculateur sont proportionnels aux trois binômes :

$$y'z'' - z'y'', \qquad z'x'' - x'z'', \qquad x'y'' - y'z''.$$

Voy. Osculateur.

La valeur du premier de ces cosinus est donc :

$$A = \frac{y'z'' - z'y''}{\sqrt{\Sigma (y'z'' - z'y'')^2}}$$

$$\frac{y'z'' - z'y''}{\sqrt{(x'^2 + y'^2 + z'^2)(x''^2 + y''^2 + z''^2) - (x'x'' + y'y'' + z'z'')^2}}.$$

Mais $\quad x'^2 + y'^2 + z'^2 = 1 \quad x'x'' + y'y'' + z'z'' = 0$

et $\qquad x''^2 + y''^2 + z''^2 = \dfrac{1}{\rho^2}$,

ρ étant le rayon de courbure. (Voy. COURBURE) On aura donc :
$A = \rho(y'z'' - z'y'')$, $\quad B = \rho(z'x'' - x'y'')$, $\quad C = \rho(x'y'' - y'x'')$.

L'angle de deux plans osculateurs infiniment voisins a pour expression :

$$\varepsilon = \sqrt{(BdC - CdB)^2 + (CdA - AdC)^2 + (AdB - BdA)^2},$$

ce qui donne, tous calculs faits :

$$\varepsilon = \rho^2 \Delta\, ds,$$

Δ désignant le déterminant :

$$\Delta = \begin{vmatrix} x' & x'' & x''' \\ y' & y'' & y''' \\ z' & z'' & z''' \end{vmatrix}$$

Alors la t. est $\dfrac{\varepsilon}{ds} = \rho^2 \Delta$,

et le *rayon de t.*, τ, qui est l'inverse de la t. :

$$\tau = \frac{ds}{\varepsilon} = \frac{1}{\rho^2 \Delta}$$

TORSOIR. s. m. T. Techn. [Pr. *tor-souar*]. Bille de chamoiseur pour tordre les peaux.

TORSTENSON, général suédois (1595-1654), se distingua dans la guerre de Trente Ans.

TORT. s. m. [Pr. *lor*] (lat. *tortus*, qui n'est pas droit, part. pass. de *torquere*, tordre). Ce qui est contraire à la justice et à la raison. *Le t. est de votre côté. C'est vous qui avez t. Tout le monde vous donne t. Vous aggravez vos torts. Confesser, reconnaître, effacer ses torts.* Prov., *Les absents ont t.*, Les absents ne pouvant se défendre, on peut aisément rejeter la faute sur eux. On dit de même, *La mort a toujours t.* — Fam., *Mettre quelqu'un dans son t.*, Lui faire une offre, une proposition qu'il ne puisse refuser sans montrer qu'il est déraisonnable ou injuste; ou avoir pour lui un procédé auquel il ait tort de ne pas répondre. *Faites-lui encore cette offre pour le mettre dans son t.* || Lésion, dommage qu'on souffre, ou qu'on fait souffrir. *Cela m'a fait grand t. Il ne faut pas faire t. à son prochain. Quel t. cela vous fait-il? Les gens que vous fréquentez vous font t.*, font t. à votre réputation. Redresseur de torts. Syn. Voy. DÉTRIMENT. = A TORT. loc. adv. Sans raison, injustement. *On l'accuse à t. et sans cause. C'est à t. que vous lui imputez cela.* = A TORT ET A TRAVERS. loc. adv. Sans consideration, sans discernement. *Il frappe t. et à travers. Il parle à t. et à travers.* = A TORT OU A DROIT, A TORT OU A RAISON. loc. adv. Avec ou sans raison valable. *A t. ou à raison, à t. ou à droit, il croit qu'on a voulu le tromper.* == A TORT ET A DROIT. Voy. DROIT.

TORTE. adj. f. Voy. TORS.

TORTELLE. s. f. [Pr. *tortè-le*] (Dimin. du lat. *tortus*, tordu). T. Bot. Un des noms vulgaires de l'*Erysimum officinale*. Voy. CRUCIFÈRES.

TORTICOLIS. s. m. [Pr. *torti-koli*] (lat. *tordus*, tordu; *collum*, cou). T. Méd. Affection qui force le malade à tenir la tête inclinée en avant, sur l'un des côtés, ou en arrière. *Avoir un t.* Voy. plus bas. || Adjectiv., *Il porte le cou de travers. Cette attaque d'apoplexie l'a rendu torticolis.*

Méd. — Inclinaison ou déviation de la tête et du cou sur l'épaule, l'oreille se rapprochant du tronc. Le t. peut être causé par des cicatrices vicieuses de la peau résultant de brûlures, un traumatisme (contusion, luxation) des vertèbres cervicales ou une inflammation des articulations vertébrales : il s'agit en ce cas d'une affection grave. Nous étudierons plus particulièrement ici le t. *d'origine musculaire*

Le t. *musculaire passager* a une marche aiguë; il guérit en peu de jours; il est généralement la conséquence d'un refroidissement, ou d'une adénite cervicale.

Le t. *musculaire permanent* est rarement *congénital*: il résulte alors souvent d'un traumatisme produit pendant l'accouchement : le plus souvent il est *acquis* et est causé :

1° par le froid, une inflammation du muscle sterno-mastoïdien, les phlegmons du cou qui produisent une *contracture*, une *rétraction* du muscle; 2° par la méningite, l'atrophie musculaire, etc., qui occasionnent la *paralysie* du muscle.

Dans le t. permanent le muscle sterno-cléido-mastoïdien du côté malade est toujours raccourci; sa structure peut être normale, mais le plus souvent il présente des altérations anatomiques profondes; il a été frappé de *myosite* et transformé en une sorte de corde fibreuse.

Le *traitement* du t. passager est simple ; cette affection cède en quelques jours à l'emploi du massage, de la chaleur ou de l'électricité. Ces moyens sont généralement insuffisants dans le t. permanent; la section du muscle sterno-mastoïdien (*ténotomie*) est souvent nécessaire; quelques chirurgiens cherchent et obtiennent le redressement brusque du cou, sans intervention sanglante, en imprimant au cou sous le chloroforme, des mouvements de rotation et d'inclinaison. Quand l'opération est terminée, il faut recourir aux moyens *orthopédiques* pour maintenir quelque temps la tête dans la bonne position.

En présence d'un t. *non musculaire*, mais résultant d'une *arthrite vertébrale* par ex , on doit chercher à obtenir l'immobilisation de la tête en bonne position, mais il faut agir avec prudence par crainte de complications médullaires graves.

TORTIL. s. m. (lat. *tortilis*, qui peut se tordre, de *tortus*, tordu). T. Blas. Voy. TORQUE. — *Tortil* se dit en outre de la bande qui entoure les têtes des Maures. Les têtes ainsi ornées sont dites *tortillées* de tel ou tel émail. — Rang de petites perles qui entoure le cercle de la couronne de baron.

TORTILE. adj. 2 g. (lat. *tortilis*, qui peut se tordre, de *tortus*, tordu). T. Bot. Qui s'enroule ou s'entortille naturellement. *Le gymnostome tortile.*

TORTILLAGE. s. m. [Pr. les *ll* mouillées] (R. *tortiller*). Façon de s'exprimer confuse et embarrassée. *Que veut-il dire avec ce t.?* Très fam,

TORTILLARD. adj. m. [Pr. *torti-llar*, *ll* mouillées] (R. *tortiller*). Qui est tordu en divers sens. *Bois t. Orme t.*

TORTILLE. s. f. [Pr. *torti-lle*, *ll* mouillées] (autre forme de *tortil*). Petite allée étroite et tortueuse que l'on pratique dans un bois, dans les taillis d'un parc, pour s'y promener à l'ombre. On dit aussi *Tortillère.*

TORTILLEMENT. s. m. [Pr. *torti-lle-man*, *ll* mouillées]. Action de tortiller, ou l'état d'une chose tortillée. || Action de tourner de çà, de là. *Le t. des hanches.* || Fig. et fam., se dit des petits détours, des petites finesses qu'on cherche dans les affaires. *Je ne m'accommode pas de ces tortillements.*

TORTILLER. v. a. [Pr. *tor-tiller*, *ll* mouillées] (R. *tortil*, *tortille*). Tordre à plusieurs tours; ne se dit d'ailleurs que des choses faciles à plier, comme du papier, la filasse, le ruban, etc. *T. du ruban, un cordon, du papier.* = TORTILLER. v. n. Fam. et par plaisant., *T. des hanches*, Marcher avec un balancement trop marqué des hanches. || Absol., se dit Fig. et fam., pour chercher des détours, des subterfuges. *Il ne faut point tant t., il n'y a pas à t., il faut aller droit.* = SE TORTILLER. v. pron. Se replier sur soi-même en plusieurs façons *Voyez comme ce serpent se tortille. Cet enfant se tortille comme un serpent.* = TORTILLÉ, ÉE. part.

TORTILLÈRE. s. f. [Pr. les *ll* mouillées] (R. *tortiller*). Voy. TORTILLE.

TORTILLIS. s. m. [Pr. *tor-ti-lli*, *ll* mouillées] (R. *tortiller*). T. Techn. Sculpture vermiculée dans un bossage.

TORTILLON. s. m. [Pr. les *ll* mouillées] (R. *tortiller*). Chose tortillée. *Un t. de papier.* || Sorte de bourrelet qu'on met sur la tête pour porter plus commodément un pot, des marchandises, etc. || Fig. et fam., Petite servante prise au village. Vx.

TORTILLONNER. v. a. [Pr. *torti-llo-ner*, *ll* mouillées]. Tortiller à plusieurs reprises. || Fig. Contourner en mille manières. = v. n. Prendre mille petits détours. = TORTILLONNÉ, ÉE. part.

TORTIONNAIRE. adj. 2 g. [Pr. *torsio-nère*] (lat. *tortio, tortionis*, torture, de *torquere*, tordre). T. Jurispr. Inique et violent. *Un emprisonnement injurieux et t. Une exécution injuste et t.* || Se dit aussi subst., du bourreau qui appliquait la torture aux accusés. *Le t. de l'inquisition.*

TORTIONNAIREMENT. adv. [Pr. *torsio-nère-man*]. D'une manière intolérable.

TORTIS. s. m. [Pr. *tor-tî*] (lat. *tortus*, tors). Assemblage de plusieurs fils de chanvre, de laine, de soie, etc., tordus ensemble. Espèce de couronne ou de guirlande de fleurs. *Un t. de myrte.* Vx. || T. Blas. Chapelet de perles qui entoure la couronne des barons. Dans ce sens, on dit aussi *tortil*

TORTGIR. s. m. [Pr. *tor-touar*]. T. Techn. Bâton avec lequel on serre, en la tordant, la corde qui assujettit la charge d'une charrette.

TORTONE, v. d'Italie, prov. d'Alexandrie ; 13,000 hab.

TORTOSE, v. d'Espagne (Catalogne), sur l'Èbre ; 25,000 hab.

TORTRICIDÉS. s. m. pl. (R. *Tortrix*). T. Erpét. Fam. de Serpents non venimeux à bouche peu dilatable, dont le corps cylindrique est couvert de petites écailles en-dessus avec un rang de scutelles en-dessous. Leur queue est courte et robuste et, comme les Érycidés et les Boïdés, ils offrent des vestiges de membres postérieurs, sous forme de petits ergots

logés chacun dans une fossette aux côtés de l'anus. Le genre *Tortrix* ou *Rouleau*, qui donne son nom à la famille, a pour type le *Tortrix scytale* (Fig. ci-dessus) qui habite les Guyanes. C'est un Serpent long de 80 centimètres à 1 mètre au plus, dont le corps est entouré d'anneaux alternativement noirs et rouges.

TORTRIX. s. m. [Pr. *tor-triks*] (mot lat. qui sign. rouleau). T. Erpét. Genre de *Serpent.* Voy. TORTRICIDÉS.

TORTU, UE. adj. (lat. *tortus*, m. s.). Qui n'est pas droit, qui est de travers. *Cet homme est tout t. Il a le nez t., les jambes tordues. Un arbre t. Un chemin, un sentier t.* Fam., *Le bois t.,* La vigne. || Fig et fam., *Avoir l'esprit t.,* Manquer de justesse dans l'esprit, voir les choses autrement qu'elles ne sont. On dit de même. *Faire des raisonnements tortus.*

TORTUE. s. f. (lat. *tortuca*, de *tortus*, tordu). T. Erpét. Nom vulgaire des reptiles à carapaces formant un ordre de reptiles. Voy. CHÉLONIENS. || T. Art. milit. anc. Voy. plus bas. **Antiq.** — Chez les Romains, on donnait le nom de *Tortue* à une sorte de toit que les soldats faisaient avec leurs boucliers, pour se protéger contre les traits de l'ennemi, particulièrement lorsqu'ils voulaient escalader les murs d'une place fortifiée. Les soldats s'avançaient par pelotons serrés, en élevant au-dessus de la tête leurs boucliers, dont la réunion formait une masse compacte, semblable à l'écaille d'une t. ou à la pente d'un toit, sur laquelle glissaient les projectiles. La Fig. ci-contre, empruntée aux bas-reliefs de la colonne Trajane, montre comment les soldats se groupaient pour former la t. Souvent, afin de compléter le toit, les

hommes du rang extérieur se mettaient à genoux, pendant que ceux des rangs antérieurs se tenaient de plus en plus droits. Enfin, pour escalader la muraille, on faisait mon er sur ce toit de boucliers d'autres soldats qui, se couvrant de

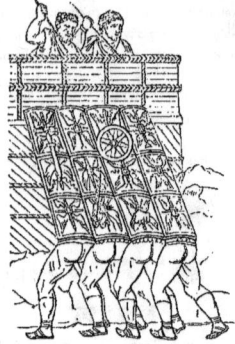

même, tâchaient d'écarter avec leurs javelots ceux qui défendaient les murs et d'y monter en se soulevant les uns les autres. On faisait parfois usage de la t. en rase campagne pour se garantir des traits et des flèches. C'est ce que fit, selon Plutarque, Marc-Antoine dans la guerre contre les Parthes. Les Romains appliquaient encore le nom de t. à l'appareil de guerre qu'ils appelaient autrement *vinea.* Voy. VIGNE.

TORTUER. v. a. Rendre tortu. *T. une aiguille.* — SE TORTUER. v. pron. Devenir tortu. *Cet arbre commence à se t.* = TORTUÉ, ÉE. part.

TORTUEUSEMENT. adv. [Pr. *tortueu-ze-man*]. D'une manière tortueuse.

TORTUEUX, EUSE. adj. [Pr. *tortu-eu, euze*] (lat. *tortuosus*, m. s., de *tortus*, tordu). Qui fait plusieurs tours et retours ; ne se dit guère que des rivières, des chemins et des serpents. *Le cours t. d'un fleuve. Un sentier t. Les replis t. d'un serpent.* || Fig., *Une marche, une conduite tortueuse,* Une manière d'agir sans franchise, pleine de détours. On dit aussi, *Des voies tortueuses.*

Syn. — *Sinueux. — Sinueux,* de *sinus,* pli, désigne ce qui serpente, ondule, se développe en traçant des S. ; *tortueux,* de *torquere,* tordre, se dit des choses qui se contournent, qui sont de biais, de travers. *Sinueux* indique plutôt la marche, l'action, le cours des choses : *t.,* leur forme, leur coupe, leur manière d'être. On dit, le cours *sinueux* d'une rivière, d'un fleuve, un mouvement, un repli *sinueux*; et des allées *tortueuses,* des chemins *tortueux.* Tandis que *sinueux* comporte l'idée de quelque chose de gracieux, de pittoresquement onduleux, *t.,* qui est seul usité au sens moral, désigne au contraire, quelque chose de violemment contourné, de défectueux, de dangereux, et se prend surtout en mauvaise part.

TORTUOSITÉ. s. f. [Pr. *tortuo-zité*]. État de ce qui est tortueux. Peu us.

TORTURANT, ANTE. adj. Qui torture.

TORTURE. s. f. (lat. *tortura,* m. s., de *tortus,* torturé. qui est le part. pass de *torquere,* tordre). Gêne, tourment qu'on fait souffrir. *Les tyrans ont inventé d'horribles tortures.* || Tourment qu'on fait souffrir à quelqu'un par ordre de justice, pour l'obliger à confesser la vérité. Voy. QUESTION. — Fig., *Mettre quelqu'un a la t.,* Lui causer un embarras, une inquiétude pénible, ou simplement, une vive impatience. On dit de même, *Être à la t.* On dit encore, *Mettre son esprit à la t. Donner la t. à son esprit. Se donner la t. Être à la t.*, Travailler avec une grande contention d'esprit à la recherche, à l'examen, à la discussion de quelque chose. *Ne donnez point la t. à votre esprit pour résoudre une pareille question.*

TORTURER. v. a. Soumettre à la torture. *Les brigands l'ont torturé pour lui faire avouer où était son argent. Il fut cruellement torturé avant d'avouer son crime.* || Fig. *T. un texte, le sens d'un texte, d'un mot,* Lui faire signifier, comme par violence, ce qu'il ne dit pas. = Torturé, ée. part.

TORULEUX, EUSE. adj. [Pr. *toru-leu, euze*] (lat. *torulus,* petit cordon, dimin. de *torus,* corde). T. Bot. Qui est renflé de distance en distance, comme une corde chargée de nœuds. *La silique de certaines Crucifères est toruleuse.*

TORUS. s. m. [Pr. l's] (lat. *torus,* lit). T. Bot. Employé autrefois comme syn. de *Réceptacle floral.*

TORY. s. m. et adj. 2 g. (mot angl. qui fait *Tories* au pl.).

Hist. — Les mots *Tory* et *Whig* sont deux termes, pour ainsi dire corrélatifs, qui servent à désigner les deux grands partis politiques qui partagent l'Angleterre. Le parti t. est le parti aristocratique, tandis que le parti whig a une certaine tendance démocratique. Celui-ci s'efforce de réformer graduellement les usages vieillis, les lois surannées, tandis que celui-ci combat systématiquement toute innovation. Ainsi, l'un représente le mouvement et l'idée de changement, et l'autre la résistance ou l'idée de conservation. Ces dénominations remontent au règne de Charles Ier. Le sobriquet de *T.*, qui, dit-on, est dérivé de *Ta-a-ry* (Viens, ô roi!), cri des royalistes irlandais, fut à l'origine appliqué, par les Anglais du parti parlementaire, aux Irlandais, qui, en 1648, se soulevèrent en faveur du roi Charles Ier. A l'avènement de Guillaume III, il servit à désigner le parti jacobite, c.-à-d. le parti qui tenait pour l'ancienne dynastie. Enfin, lorsque la maison d'Orange se trouva solidement établie, il fut adopté, comme signe de ralliement, par le parti aristocratique et conservateur. L'origine du mot *Whig,* au contraire, est écossaise. On le fait communément venir de *whiggam,* cri par lequel les charretiers du sud-ouest de l'Écosse excitent leurs chevaux, et l'on prétend qu'il fut d'abord donné aux puritains écossais qui, sous la conduite du comte d'Argyle, marchèrent contre Édimbourg, après la défaite d'Hamilton à Preston, en 1649. Plus tard, les *tories* appliquèrent le sobriquet de *whigs,* aux adversaires politiques des Stuarts, puis aux partisans de la maison d'Orange, et enfin aux hommes qui, sous cette nouvelle dynastie, professèrent des principes opposés à ceux qu'ils représentaient eux-mêmes. Aujourd'hui, bien que les dénominations de *whig* et de *t.* n'aient pas cessé d'être en usage, on commence à leur substituer des noms plus significatifs : les *torys* sont le *parti conservateur,* et les *whigs* le *parti libéral.*

TORYSME. s. m. Système politique des *tories.*

TOSCAN, ANE. adj. Qui a rapport à la Toscane, qui habite ce pays. || T. Archit. Voy. Ordre. II, 4.

TOSCANE, anc. Étrurie, région centrale de l'Italie, entre l'Émilie au N., les Apennins et l'Ombrie à l'E. et la prov. de Rome au S.; cap. *Florence*; pop. 2.200,000 hab. Elle formait un grand-duché qui fut annexé au royaume de Sardaigne, en 1860. = Nom des hab. : Toscan, ane.

TOST et **TOSTER.** Voy. Toast et Toaster.

TÔT. adv. de temps (ital. *tosto,* du lat. *tostus,* brûlé, par allusion à la rapidité de la flamme). Promptement, vite, dans peu de temps. *Vous ne sauriez venir trop tôt. Son procès sera plus tôt jugé que le mien. Il vaut mieux arriver plus tôt que plus tard.* — Pop., *Allez tôt. Revenez tôt. Vite et tôt.* || Quand on le joint aux adverbes *Bien, Si, Aussi,* il forme avec eux un seul mot. *Vous avez eu bientôt fait. Il n'arrivera pas sitôt, de sitôt, sitôt que vous, aussitôt que vous.* = Sitôt que, Aussitôt que. loc. conj. Dès que, du moment que. *Sitôt qu'il en eut reçu la nouvelle, il par-*

tit. Aussitôt qu'il la vit paraître, il alla au-devant d'elle. = Syn. Voy. Promptement

TOTAL, ALE. adj. (lat. *totus,* tout entier) Complet, entier *Nombre t. Somme totale Un renversement t Une ruine totale. Une éclipse totale de soleil* — Total. s. m. Le tout, l'assemblage de plusieurs choses considérées comme faisant un tout. *Je vous donnerai tant pour le t. Le t. des biens de la succession. La somme des totaux. Ceci reviendra, somme totale, à dix mille francs.* = Au total. En total, locut. adv Tout compensé. *Au t., c'est une bonne affaire. En t., c'est un bon ouvrage.*

TOTALEMENT. adv. Entièrement, tout à fait. *Il est t. ruiné. Il s'est t. dévoué à ses enfants.*

TOTALISATEUR. adj. m. [Pr. *totali-za-teur*]. Qui totalise. = s. m. Sorte d'appareil enregistreur. Voy. Intégrateur.

TOTALISER. v. a. [Pr. *totali-zer*]. Réunir en total. = Totalisé, ée. part.

TOTALITÉ. s. f. Le total, le tout. *La t. du bien. La t. de la succession. Il prit tant sur la t.*

TOTANUS. s. m. [Pr. l's finale]. T. Ornith. Nom scientifique de l'oiseau appelé *Gambette* et *Chevalier.* Voy. Chevalier.

TÔT-FAIT. s. m. [Pr. *to-fè*]. T. Cuis. Sorte de gâteau rapidement fait, avec des œufs et du lait, qu'on appelle encore gâteau à la minute.

TOTILA, roi des Ostrogoths, de 541 à 552, tint tête aux généraux de Justinien en Italie, s'empara de Rome, et ne fut vaincu que par Narsès, à Lentagio.

TOTIPALMES. s. m. pl. (lat. *totus,* tout ; *palma,* palme). T. Ornith. Fam. de *Palmipèdes.* Voy. ce mot.

TOTLEBEN, général russe, né en 1818, s'est illustré par les travaux qu'il exécuta pour la défense de Sébastopol (1855).

TOTON. s. m. (lat. *totum,* tout entier). Espèce de dé qui est traversé d'une petite cheville sur laquelle on le fait tourner, et qui est marqué de différentes lettres sur ses quatre faces latérales. Quand, après avoir tourné, le dé tombe en présentant la face marquée d'un T, qui signifie *totum,* tout, celui qui a joué gagne tout ce qui est au jeu. Les autres lettres sont A (*accipe,* reçois un jeton); D (*Da,* donne un jeton), R (Rien à donner ni à recevoir). *Jouer au t. Les totons sont ordinairement d'os ou d'ivoire.*

TOTTENHAM, v. d'Angleterre (Middlesex); 56,500 hab.

TOUAGE. s. m. T. Mar. Action de touer, ou le résultat de cette action. Voy. Remorque. || Prix payé par un bâtiment pour être loué.

TOUAILLE. s. f. [Pr. *toua-lle, ll* mouillées] (orig. germ.). Linge pendu sur un rouleau auprès d'un lieu où l'on se lave les mains, et qui sert à les essuyer.

TOUAMOTOU, Voy. Tuamotou.

TOUAREG, peuple berbère en partie nomade, répandu au S. du Sahara. Les Touareg sont pillards, perfides et féroces. — Le mot *Touareg* est le pluriel de *Targui.*

TOUÂT, groupe d'oasis du Sahara austral au S.-O. de Laghouat, v. pr. *Insalah.*

TOUBOUAÏ, groupe le plus méridional des îles de la Société (Taïti) ; 3,500 hab.

TOUC. s. m. T. Relat. Voy. Toco.

TOUCAN. s. m. (mot des indigènes du Brésil). T. Ornith. Voy. ci-après. || T. Astron. Constellation australe. Voy. Constellation.

Ornith. — Les deux genres *Toucan* et *Aracari* forment

dans l'ordre des *Grimpeurs* une famille des plus naturelles, qui a reçu le nom de *Ramphastidés*. Ces oiseaux, qui

Fig. 1.

appartiennent tous à l'Amérique méridionale, sont essentiellement caractérisés par leur bec énorme, mais léger et celluleux intérieurement, dentelé sur les bords et arqué vers le bout. En outre, leur langue, longue et étroite, est garnie de chaque côté de barbes comme une plume; leur face est nue et leur queue médiocre; enfin, ils ont les pieds courts et les ailes peu étendues. Les *Toucans* (*Ramphastos*) ont le bec plus gros que la tête; leur taille est à peu près celle d'une Corneille; ils sont généralement noirs, avec des couleurs vives sur la gorge, la poitrine et le croupion. Les *Aracaris* (*Pteroglossus*) ont le bec moins gros que la tête, et revêtu d'une corne plus solide. Leur taille est moindre que celle des Toucans, et le fond de leur plumage est ordinairement vert avec du rouge ou du jaune sur la gorge et la poitrine. Enfin, ils ont la queue plus longue et étagée, tandis que celle des Toucans est carrée. Nous citerons, comme types de ces deux genres, le *T. de Para* (*R. maxima*) [Fig. 1], et l'*Aracaris à bec tacheté* (*Pt. maculirostris*). Le premier est noir, avec le devant du cou d'un orange très vif, la poitrine, l'abdomen, les sus et sous-caudales rouges. Le second a le dessus de la tête, la gorge et la poitrine d'un noir lustré; les joues d'un beau jaune, avec une bande jonquille formant collier; le dos vert-olive, les côtés du ventre d'un vert-olive clair, le dessus du croupion rouge vif. Les grandes pennes des ailes sont bordées d'un gris blanchâtre, et celles de la queue d'un vert bronzé avec une tache terminale couleur marron. Le bec est couleur gris de plomb avec quatre taches noires de largeur variable sur les côtés de la mandibule supérieure. Enfin les pieds sont noirs. — Les Toucans et les Aracaris ont les mêmes mœurs. Ils vivent dans les bois, réunis par petites troupes de 6 à 10. Très défiants et dans une agitation continuelle, ils aiment à se

percher sur les grands arbres et se posent rarement à terre. Ils se nourrissent de fruits et d'insectes; néanmoins, pendant la saison de la ponte, ils dévorent les œufs et les petits oiseaux nouvellement éclos. La structure de leur bec les oblige d'avaler leur nourriture sans la mâcher. Lorsqu'ils ont saisi un fruit, un insecte, etc., ils le lancent en l'air, et, après l'avoir reçu, ils le font sauter par un léger mouvement des mandibules jusqu'à ce qu'il se présente convenablement pour être avalé. Ils poussent des cris rauques et perçants, font leur nid dans les trous d'arbres et ne pondent en général que deux œufs à la fois. Nous représentons, Fig. 2, une autre espèce de *T*, le *Toco*.

TOUCHABLE. adj. 2 g. Qu'on peut toucher.

TOUCHANT, ANTE. adj. Qui touche le cœur, qui émeut; ne se dit que d'émotions douces. *Un discours, un sermon t. Des paroles touchantes. Une musique touchante. Un spectacle t. Une beauté touchante.* || T. Géom. *Point t.*, Point de contact. Vx. = TOUCHANT. prép. Concernant, sur le sujet de. *Il m'a entretenu t. vos intérêts. T. votre affaire, je vous dirai que....*

TOUCHAU. s. m. T. Techn. Étoile d'or ou d'argent dont chaque branche est à un titre déterminé et qui sert aux essais. Voy. ESSAI.

TOUCHE. s. f. (R. *toucher*). Chacune des petites pièces mobiles qui composent le clavier d'un orgue, d'un piano, d'un clavecin, etc. *Touches blanches. Touches noires. Poser les doigts sur les touches.* — En parlant de la guitare et de quelques autres instruments à long manche, se dit des petits filets saillants qui traversent le manche et qui marquent les positions où il faut appuyer les doigts pour obtenir

Fig. 2.

telle ou telle note. || Petit morceau de bois dont les enfants qui apprennent à lire touchent les lettres qu'ils veulent épeler. — Petite baguette d'os ou d'ivoire, courbée par un bout, dont on se sert aux jonchets pour lever chaque pièce après qu'on les a toutes laissées tomber pêle-mêle. || T. Techn. L'épreuve qu'on fait de l'or ou de l'argent par le moyen de la *pierre de t.* On connut à la t. que la pièce était fausse. Voy. ESSAI. — Fig., au sens moral, *Pierre de t.*, se dit pour Épreuve. *L'adversité est la pierre de t. de l'amitié.* || T. Jeu de billard. Manque de t., L'action de manquer la bille sur laquelle on joue. || T. Peint. La manière dont le peintre indique et fait sentir le caractère des objets. *Une t. hardie, fière, vigoureuse, large, fine, légère.* *T. molle, incertaine, faible, maigre, mesquine.* — Fig., se dit aussi du style d'un écrivain. *On reconnaît facilement la t. de Corneille.* || T. Physiq. *Simple t., t. séparée, double t.* Voy. AIMANT. || T. Typogr. Action d'appliquer l'encre sur la forme avec les balles ou le rouleau. || Fig. et fam., se dit pour coup, atteinte. *On l'a obligé à payer une grosse somme, c'est une rude t. Il est bien changé par la maladie, il a une terrible t.* Vx et peu us.

TOUCHE-À-TOUT. s. [Pr. toucha-tou]. Celui, celle qui a l'habitude de toucher les objets qui sont à sa portée. || Personne qui a l'habitude de se mêler de tout. — Pl. *Des touche-à-tout.*

TOUCHEMENT. s. m. [Pr. touche-man]. Action de toucher.

TOUCHER. v. a, (anc. haut allem. *zuchôn*, arracher). Mettre la main sur quelque chose. *T. doucement, légèrement. Ne touchez pas cela. T. de la main, du doigt.* || Se mettre en contact avec un objet de quelque autre façon que ce soit, *T. quelque chose du pied, du bras. Il l'a touché avec son gant, avec une baguette. Il l'a touché de son épée.* — Fig. et fam., *Faire t. une chose au doigt et à l'œil*, La démontrer clairement, en convaincre par des preuves incontestables. || En parlant de certains instruments de musique, en jouer. *T. l'orgue. Il touche agréablement le piano.* — Fig. et fam., *T. la grosse corde.* Voy. CORDE. || En parlant d'un objet d'or et d'argent, l'éprouver au moyen de la pierre de touche. *Cette pièce d'or est douteuse, elle a été touchée deux ou trois fois.* || En parlant d'une somme d'argent, la recevoir. *T. de l'argent. Il a touché ses appointements, son salaire.* || En parlant de certains animaux, les frapper pour les faire aller, les chasser devant soi. *Il touchait un troupeau devant lui. Il touchait des bœufs devant lui.* — Absol., *Touchez, cocher; touchez fort, allons plus vite.* — T. Man. *T. de la gaule*, Aider de la gaule, en frapper légèrement sur l'épaule du cheval. || T. Typogr. Étendre, appliquer l'encre sur la forme avec les balles ou avec le rouleau, *T. la forme également et légèrement.* Absol., *T. avec le rouleau. T. en rouge, en noir.* || Se dit du contact qui a lieu entre des choses lorsqu'elles se joignent tellement, qu'il n'y a rien entre elles. *Ma maison touche la sienne. Son champ touche le mien.* || T. Géom. *Cette ligne droite touche cette courbe*, Elle lui est tangente. On dit de même qu'un plan touche une surface. Voy. TANGENT. || Fig., Émouvoir. *Il fut vivement touché, touché jusqu'aux larmes. Son repentir m'a touché.* Absol., *Ce qui est affecté ne peut t.* || Fig., Concerner, regarder, intéresser. *Cela ne touche point, ne me touche en rien. En quoi cela vous touche-t-il? Cet événement ne vous touche ni de près, ni de loin.* || Fig., Traiter, exprimer. *Cet orateur touche bien les passions. Il y a dans cette comédie des endroits bien touchés.* — *T. une chose, une matière,* En parler incidemment dans un discours. *Il a touché ce point-là fort adroitement. Touchez-en quelque chose dans votre préface.* — T. Peint. *Ce tableau est bien touché,* Les coups de pinceau y sont donnés avec beaucoup d'entente, de force, de hardiesse. || Appartenir par le sang. *Il me touche de près, il est mon cousin. Il ne me touche ni de près, ni de loin.* = TOUCHER. v. n. Se mettre en contact avec une chose. *Ne touchez pas à cela. T. aux vases sacrés. Regardez cela, mais n'y touchez pas.* — Fig. et fam., On dit d'un homme fin et dissimulé, *Il n'a pas l'air d'y t., on ne dirait pas qu'il y touche.* T. dans la main. Voy. MAIN. || Par exager., *Il ne touche pas des pieds à terre,* se dit d'un homme qui danse ou court légèrement. Fig. et fam., *Cet homme ne laisse pas t. du pied à terre,* Il ne donne pas le temps de se reconnaître, de respirer. — *Ils ne laissent pas t. la balle à terre,* se dit de bons joueurs de paume. Fig. et

fam., *Cette affaire ne touchera pas a terre,* Elle passera sans difficulté. || *T. sur les uns et sur les autres* Frapper sur les uns et sur les autres. || *T. à quelque chose,* Attendre à quelque chose. *Il est si grand, qu'il touche au plancher. Il y touche de la tête, de la main.* — Fig., *T. à un certain temps,* En être proche. *Nous touchons au printemps. Elle touche à sa quinzième année. Il touchait au dernier moment, à sa fin.* || *T. à quelque chose,* signifie encore, en prendre, en ôter. *On ne doit jamais t. à un dépôt. Je garde cet argent pour une affaire importante, je n'y veux pas t. Voilà des mets auxquels on n'a pas touché.* — Fig., *T. à une chose, à une affaire,* Y apporter quelque changement. *On a réparé les deux ailes de ce bâtiment, mais on n'a pas touché à la façade. Ce prince n'osa t. aux lois fondamentales de l'État.* || Concerner, regarder. *Cette question touche aux plus graves intérêts de l'État. Les choses qui touchent à l'honneur.* || T. Marine. *Le navire touche, le navire a touché,* se dit lorsque, faute d'eau, la quille touche le fond, ou lorsque, par accident, le navire vient à t. une roche, un banc de sable. *T. à une île, à un port,* C'est, lorsqu'on fait route, y aborder, y mouiller pour très peu de temps. || T. Vén. *T. au bois,* se dit des cerfs, quand ils se frottent contre les arbres pour détacher la peau velue qu'ils ont sur leur nouveau bois. = SE TOUCHER. v. n. Se dit de deux choses contiguës. *Ces deux pierres ne se touchent pas. Leurs maisons se touchent.* || T. Géom. *Ces deux courbes, ces deux surfaces se touchent,* Elles sont en contact par un de leurs points. Voy. TANGENT. = TOUCHÉ, ÉE. part. || Au jeu de Dames et de Trictrac, on dit : *Dame touchée, dame jouée;* et au jeu d'Échecs, *Pièce touchée, pièce jouée,* Quand on a touché une pièce, il faut la jouer. = Syn. Voy. MANIER, CONCERNER et ÉMOUVOIR.

TOUCHER. s. m. (R. *toucher*, v.). Le tact, celui des cinq sens qui nous fait connaître les qualités palpables des corps, comme la configuration, la consistance, la température, la sécheresse ou l'humidité, etc. *Le sens du t. Cela se connaît au t. Cela est rude au t.* || T. Chir. L'opération qui consiste à explorer avec le doigt certaines cavités pour reconnaître l'état de leurs parois ou des organes qui sont en rapport avec elles. || T. Mus. La manière dont les musiciens jouent de certains instruments. *Ce pianiste, ce harpiste, ce guitariste a un t. délicat, un t. brillant.*

TOUCHET (MARIE), fille d'un magistrat d'Orléans; favorite de Charles IX (1549-1638).

TOUCHETTE. s. f. [Pr. touché-te]. T. Mus. Chacune des barettes incrustées dans le manche de la guitare.

TOUCHEUR, EUSE. s. Celui, celle qui touche. || Celui, celle qui prétend guérir les malades par attouchement. || Celui, celle qui conduit des bœufs.

TOU-COI. s. m. [Pr. tou-koua] (R. *tout*, et *coi*). T. Chasse. Mot dont on se sert pour faire taire un limier qui crie sur les voies.

TOUCY, ch.-l. de c. (Yonne), arr. d'Auxerre; 3,300 hab.

TOUE. s. f. (même orig. que *touer*). Espèce de bateau plat ou usage sur certaines rivières, soit pour transporter des marchandises, soit pour servir de bac. || Action de touer. — *L'ancre de t.*, Ancre qui retient la chaîne avec laquelle on toue.

TOUÉE. s. f. Action de touer, de se touer. *Entrer à la t. dans un port. Sortir d'un port à la t. Ancre de t.* || Longueur de câble de cent vingt brasses ou de deux cents mètres environ.

TOUER. v. a. (angl. *to tow*, tirer qui tient à l'all. *tau*, cordage). T. Mar. Faire avancer un navire, en tirant d'un point fixe ou câble à force de bras ou au moyen d'un cabestan. *T. un navire.* — Se dit aussi avec le pron. personnel. *Se t pour sortir d'un port, d'une rivière* — Sur les rivières remorquer un train de bateau en se servant d'une chaîne placée au fond de la rivière. Voy. REMORQUE. = TOUÉ, ÉE. part. = Conj Voy JOUER.

TOUEUR. s. m. (R *touer*). Celui qui toue. || *Bateau t.* ou simpl. t., Remorqueur qui prend son point d'appui sur une chaîne Voy. REMORQUE.

TOUFFE. s. f. [Pr. *tou-fe*] (orig. germ. : allem. *zopf*, touffe de cheveux). Assemblage de certaines choses, comme arbres, fleurs, cheveux, plumes, lorsqu'elles sont près à près. *Une t. d'arbres, d'herbes, de fleurs. Une t. de cheveux, de plumes, de rubans. Une t. de poil ou de poils.*

TOUFFEUR. s. f. [Pr. *tou-feur*] (R. *touffer*, qui est le simple dont *étouffer* est le composé). Exhalaison chaude qui saisit en entrant dans un lieu où la chaleur est extrême. *J'ai senti en entrant une t. insupportable.*

TOUFFU, UE. adj. [Pr. *tou-fu*] (R. *touffe*). Qui est en touffe, qui est épais, bien garni. *Un bois t. Une fleur bien touffue. Une barbe touffue.*

TOUG ou **TOUC.** s. m. T. Relat. Demi-pique au bout de laquelle est attachée une queue de cheval, et qui se termine par une boule dorée. Voy. PACHA.

TOUGOURT ou **TUGGURT**, v. d'Algérie, dans le Sahara oriental, dép. de Constantine ; 3,000 hab.

TOUILLAGE. s. m. [Pr. *tou-llaje*, *ll* mouillées]. Opération par laquelle on touille.

TOUILLER. v. a. [Pr. *tou-ller*, *ll* mouillées]. Agiter, pour mélanger. ＝ TOUILLÉ, ÉE. part.

TOUILLOIR. s. m. [Pr. *tou-llouar*, *ll* mouillées]. T. Techn. Bâton recourbé qui sert à touiller la poudre.

TOUJOURS. adv. de temps [Pr. *tou-jour*] (R. *tous*, *jours*). Continuellement, sans cesse, sans fin. *Cette source coule t. Les peines de ce monde ne durent pas t. — Ils se sont dit adieu pour t.*, Ils se sont quittés pour ne plus se revoir. ‖ Sans exception, en toute rencontre, en toute occasion.

Soyez-vous l'un à l'autre un monde toujours beau.

LA FONTAINE.

Les beautés les plus régulières ne sont pas t. celles qui charment le plus. Cet ouvrage plaira *t.* ‖ Le plus souvent, ordinairement. *Il est t. en bonne compagnie. Elle est t. en prières. On le trouve t. occupé. Il est t. content, t. de bonne humeur.* ‖ En attendant, cependant, néanmoins. *Je vais sortir, travaillez t. Je vous suivrai de près, allez t. Prenez t.*, cela ô compte. *Si je n'ai pas réussi, t. ai-je fait mon devoir. Quand cela serait contestable, il est t. vrai que…, t. est-il que…*

TOUL, ch.-l. d'arr. du dép. de Meurthe-et-Moselle, à 23 kil. O. de Nancy ; 12,100 hab. Place forte au bord de la Moselle. ＝ Nom des hab. : TOULOIS, OISE.

TOULA, v. de Russie, au centre, ch.-l. du gouvernement de même nom ; 63,500 hab. — Le gouvernement a 1,342,000 h.

TOULINE. s. f. (angl. *to tow*, touer ; *line*, corde). T. Mar. Le cordage dont on sert pour haler ou remorquer un navire.

TOULLIER, jurisconsulte fr. (1752-1835), auteur du *Droit civil français.*

TOULON, ch.-l. d'arr. du dép du Var, à 61 kil. S.-O. de Draguignan, sur la Méditerranée, 77,700 hab. Préfecture maritime : un des cinq grands ports militaires de la France.

TOULONGEON (DE), historien et homme politique fr. 1748-1812.

TOULON-SUR-ARROUX, ch.-l. de c. (Saône-et-Loire), arr. de Charolles ; 2,100 hab.

TOULOUCOUNA. s. m. T. Bot. Nom vulgaire du *Carapa guineensis*, arbre de la famille des *Méliacées*, tribu des *Trichiliées.* Voy. MÉLIACÉES.

TOULOUSE, anc. cap. du Languedoc, ch.-l. du dép. de la Haute-Garonne, sur la Garonne, à 713 kil. S.-O. de Paris. Archevêché, cour d'Appel, Académie, Université; 149,800 hab. Toulouse fut une des villes principales du royaume des Wisigoths, elle fut assiégée pendant la guerre des Albigeois. ＝ Nom des hab. : TOULOUSAIN, AINE.

TOULOUSE (comte DE), fils légitimé de Louis XIV et de Mme de Montespan (1678-1737), grand amiral de France, défit les Anglais à Malaga (1704).

TOUNDRAS, plaines du Nord de la Russie et de la Sibérie, couvertes de glaces en hiver, et de hautes mousses en été.

TOUNGOUSES, peuplade touranienne répandue dans la Sibérie orientale. Voy. TARTARE.

TOUNGOUSKA, nom de trois rivières de la Sibérie, affluents de l'Iénisseï.

TOUPET. s. m. [Pr. *tou-pè*] (orig. germ. : all *zopf*, touffe de cheveux). Petite touffe de poils, de cheveux, de crin, de laine. *Les Tartares se rasent la tête*, mais ils gardent un *t. de cheveux au sommet. Il n'a qu'un t. de cheveux sur le front. Un t. de barbe.* — Absolum., La touffe de cheveux qui est au haut du front. *Son t. est bien haut. Son t. est dérangé.* — Fam., *Se prendre au t.*, Se prendre aux cheveux. *Peu s'en est fallu que ces deux femmes ne se soient prises au t.* ‖ Fig. et fam., *Avoir du t.*, Avoir de la hardiesse, de l'audace, de l'effronterie. — *Son t. lui prend*, se dit d'une personne qui a un mouvement de caprice, d'impatience. ‖ Faux t., Petite perruque qui ne couvre que le sommet de la tête, et qui se confond avec les cheveux naturels. ‖ En parlant d'un cheval, Partie de la crinière qui lui passe entre les deux oreilles, et qui lui tombe sur le front.

TOUPIE. s. f. (d'un rad. germ. *top* qui signifie cime, sommet et d'où sont dérivés des mots sign. cime, chose pointue, etc.). Jouet de bois en forme de poire, qui est armé d'une pointe de fer sur laquelle on la fait tourner. *Pour faire tourner une t., on la jette à terre après l'avoir enveloppée d'une corde en spirale. — La t. dort*, elle semble immobile, en tournant rapidement sans changer de place. ‖ *T. d'Allemagne*, Espèce de t. creuse et percée d'un côté, qui fait du bruit en tournant. ‖ T. Techn. Tour en forme de coin servant à exécuter certaines moulures en bois. ‖ T. Zool. Genre de coquilles. Voy. TROCHOÏDES.

TOUPILLAGE. s. m. [Pr. *toupi-llaje*, *ll* mouillées]. Action de toupiller.

TOUPILLER. v. n. [Pr. *toupi-ller*, *ll* mouillées]. Tournoyer comme une toupie ; ne faire qu'aller et venir dans une maison sans savoir pourquoi. *Elle ne fait que t.* Fam. et Vx.

TOUPILLON. s. m. [Pr. *ll* mouillées]. Petit toupet. *Un t. de cheveux.* ‖ Se dit aussi des branches inutiles et confuses d'un oranger.

TOUPIN. s. m. (même orig. que toupie). T. Techn. Outil de cordier formé d'un morceau de bois en forme de tronc de cône sillonné de rainures longitudinales. Voy. CORDERIE.

TOUPIS. Voy. GUARANIS.

TOUQUES, riv. de France, passe à Lisieux, Pont-l'Évêque, Touques, et se jette dans la Manche à Trouville ; 90 kil.

TOUR. s. m. (lat. *tornus*, du gr. τόρνος, tour, instrument à tourner). Mouvement circulaire, soit de rotation autour d'un axe, soit de translation autour d'un corps quelconque. *Un t. de meule. Un t. de roue. Un t. de boule. Un t. de broche. Le t. du soleil, des planètes.* — Fam., *A t. de bras*, De toute la force du bras. Par exagération, *En un t. de main.* Voy. MAIN ‖ Par extension, se dit de plusieurs autres sortes de mouvements, bien qu'ils ne soient pas en rond. *Il fit deux tours par la chambre. Faire un t. dans le jardin. Faites un t. jusque-là. Vous faites bien des tours. Avez-vous fait tous vos tours?* — Il est allé faire un t. de promenade. Il est allé se promener ; et *Il est allé faire un t.*, Il est sorti pour revenir bientôt. On dit de même, *Il est allé faire un t. en ville, un t. dans son pays, un t. en Espagne, en Écosse.* Fig. et prov., *Il ne fera point telle chose, il n'ira point en tel lieu qu'il n'ait fait ses quinze tours*, Avant d'y aller, il fera, selon sa coutume, mille choses inutiles. ‖ Se dit encore de choses qui serpentent et reviennent sur elles-mêmes. *Ce ruisseau fait plusieurs tours et retours. Les tours et les détours d'un labyrinthe.* ‖ Dans le langage populaire, *T. de reins*, se dit de la distension forcée des muscles lombaires, d'où résulte une douleur plus ou moins vive, quand on veut faire agir ces muscles. *En voulant soulever ce fardeau, il s'est donné un t. de reins.* || *T.* Jeu de cartes. Jouer un *t.*, faire un *t.*, Jouer un certain nombre de coups, de sorte que tous les joueurs successivement aient une fois la main. — Au Trictrac, *Un t. de trictrac,* Les douze trous. *Il a fait deux tours, deux fois le t. du trictrac en bredouille.* || Circuit, circonférence d'un lieu ou d'un corps. *Le t. de la ville, du village, du parc. Cette ville a une lieue de t. Cette colonne a six pieds de t.* Syn. Voy. CIRCONFÉRENCE. || *Faire le t. de,* Parcourir toute la circonférence de, ou S'éloigner autour de. *Ce voyageur a fait le t. du monde. Faire le t. de la ville, d'un jardin, d'un bois. Ce collier fait plusieurs tours autour du cou.* — Mar. *En moins d'une heure le vent fit le t. du compas,* il changea de direction de manière à souffler successivement de tous les points de l'horizon. || Fam., *Faire son t. de France, d'Europe,* parcourir la France, l'Europe; se dit surtout des ouvriers qui voyagent pour travailler de leur état dans différentes villes. || *Le t. du visage,* La circonférence du visage. *Elle a le t. du visage agréable.* || *Tour* se dit aussi de diverses choses taillées ou disposées en rond, dont on se sert pour l'habillement, pour la parure. *Un t. de cou. Un t. de gorge. Un t. de bonnet. Un t. de cheveux.* — *Un t. de lit,* L'étoffe qui environne le lit et qui est attachée au bois d'en haut. *T. de lit de serge, d'indienne, de damas.* || T. Jurispr. *T. de l'échelle,* Servitude qui donne au propriétaire du bâtiment auquel elle est due le droit de placer une échelle sur l'héritage voisin quand il veut réparer son mur. — *T. du chat,* Intervalle de 16 centimètres dont les fours et les forges doivent être éloignés des murs qui sont dans leur voisinage, suivant les usages de Paris. — *T. de la souris,* Intervalle de 6 ou 8 centimètres qui doit rester vide entre une fosse d'aisances et un mur mitoyen contre lequel elle est appuyée. — *Tour* se dit aussi d'une action qui exige la promptitude, la célérité et l'adresse de la main, ou la souplesse, l'agilité, la force du corps. *T. de bateleur. Un t. de gibecière, de passepasse. Un t. d'adresse, de souplesse. Un t. de force. Faire des tours de cartes, des tours de main.* — Fig., *T. de force,* se dit aussi en parlant d'une grande difficulté qu'on a vaincue, et, au sens moral, d'une action qui a demandé beaucoup de courage, d'intelligence, d'énergie, etc. *Si vous parvenez à ce résultat, vous aurez fait un t. de force. Une si longue improvisation est un t. de force.* — Fig. et fam., *Le t. du bâton.* Voy. BÂTON. || Fig. et Fam. *Tour* sign. encore Trait d'habileté, de ruse, de finesse; procédé, manière d'agir où il entre ordinairement de l'adresse, mais qui souvent est inspiré par une intention mauvaise. *Il lui a joué un t., un mauvais t., un t. perfide, un t. sanglant. Faire un t., des tours à quelqu'un. C'est un t. d'escroc, de filou. Voilà un bon t., un t. malin et plaisant. Je lui revaudrai ce t.-là* — *Cela vous jouera un mauvais t.,* se dit à quelqu'un pour l'avertir que quelque chose lui sera dangereux et préjudiciable. Prov., *Un t. de maître Gonin,* Un t. d'homme rusé. || En parlant d'une affaire, se dit de la manière dont on la présente, dont elle se présente, dont elle s'annonce, dont elle marche. *Donner un bon t., un mauvais t. à une affaire. Il donne le t. qu'il lui plaît aux affaires. Cette affaire prend un bon, un mauvais t., un t. favorable.* || En termes de Littérature, *Tour* se dit aussi de la manière dont on exprime ses pensées, ou dont on arrange ses termes, soit en parlant, soit en écrivant. *Il y a un t. noble dans tout ce qu'il écrit. Il donne un t. agréable à tout ce qu'il dit. Un t. poétique, oratoire. Ce t. de phrase est mauvais, obscur, singulier. Le t. d'une période.* — *T. d'esprit,* se dit de la disposition naturelle de l'esprit à rendre, à exprimer les choses de telle ou telle manière. *Cet homme a un t. d'esprit agréable Il a un t. agréable dans l'esprit.* On dit de même, *Un t. d'esprit original, etc.* = Rang successif, alternatif. *Ce n'est pas votre t. Je parlerai à mon t. C'est mon t. à vous aller voir. C'est à mon t. de monter la garde. Céder son t. Vous serez recherché à votre t. Chacun à son t.* — *T. à t.,* se dit adverbial., pour sign. L'un après l'autre, alternativement. *Les trois généraux commandaient t. à t.* || Au Théâtre. *T. de faveur,* Décision du comité des comédiens qui fait passer la représentation d'une pièce avant celles d'autres ouvrages qui la précèdent dans l'ordre du tableau de réception. == T. Techn. Machine dont se sert pour façonner en rond le bois, l'ivoire, les métaux. Voy. plus bas. *Un manche de couteau fait au t.* — *Cette femme a le bras, la main, la gorge faits au t.,* Elle les a parfaitement bien faits. On dit de même, *Cet homme, cette femme sont faits au t.* — Se dit aussi pour *treuil.* Voy. ce mot. == Espèce d'armoire ronde et

tournant sur un pivot, qui est posée dans l'épaisseur d'un mur, et qui sert aux religieuses pour faire passer ce qu'elles reçoivent du dehors ou ce qu'elles y envoient. *Faire passer quelque chose par le t.* On se sert également d'une pareille machine au conclave, et dans certaines prisons. || *T. des enfants trouvés* Voy. ENFANT, III.

Mécan. — *Le Tour* est une machine à l'aide de laquelle on travaille toutes les matières solides, depuis les bois les plus tendres jusqu'aux métaux. La manière d'opérer du t. est complètement opposée à celle des autres outils ou machines-outils. Ceux-ci vont attaquer la matière immobile; dans le travail du t., au contraire, c'est la matière qui se meut sur le tranchant ou la pointe d'un outil immobile, lequel peut lui donner les formes les plus variées. Le t. est très circonscrit dans ses mouvements, qui se bornent au mouvement de rotation continuelle ou alternative et au mouvement de va-et-vient, en hélice le plus souvent, rectiligne dans les cas exceptionnels. Le mouvement oscillatoire qu'on lui donne, lorsqu'il s'agit de guillocher, est très rarement employé. On distingue deux sortes principales de t., le *T. à pointes* et le *T. en l'air.* — Le *T. à pointes* est à la fois le plus ancien et le plus simple. Il consiste ordinairement en un établi, ou

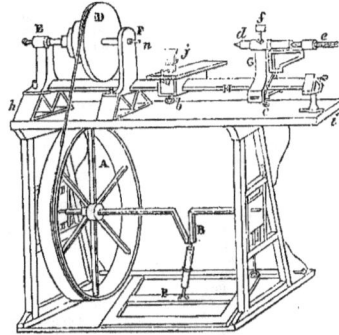

Banc, formé par des barres parallèles, qu'on nomme *Jumelles,* et entre lesquelles existe un intervalle plus ou moins considérable selon la forme du t. qu'il est destiné à recevoir. Ce banc est supporté par deux pieds arc-boutés et le plus souvent scellés en terre. Dans la Fig. ci-dessus représentant un t. à pédale, c.-à-d. fonctionnant sous l'action du pied de l'ouvrier, le banc *hi* ne présente pas de jumelles : elles sont remplacées par un prisme triangulaire II, qui supporte les pièces du t. Ces pièces, au nombre de trois, sont : 1° une *poupée* G, pièce mobile qui se fixe au prisme triangulaire au moyen de la vis de pression C, et qui présente à sa partie supérieure une tige *de,* maintenue par la vis de pression *f;* 2° un *support j,* qu'on peut baisser ou lever à volonté, et qu'on arrête où l'on veut avec la vis de pression *b;* 3° une seconde poupée, comprenant un D de quatre roues inégales formant une seule pièce montée sur un axe. Cet axe est terminé à une extrémité par une pointe qui entre dans un trou au bout d'une vis traversant le montant E, et il tourne à l'autre extrémité sur le montant F. Son bout taraudé *n,* appelé *Nez,* reçoit les pièces nommées *mandrins* qui saisissent les objets à tourner. La roue D est mise en communication, au moyen d'une corde sans fin, avec la roue, ou tambour A, laquelle est mise en mouvement par la pédale P et par l'intermédiaire de la manivelle B. Lorsqu'on veut se servir du t., on adapte entre le nez *n* et la pointe *d* la pièce à tourner; ou bien, quand le travail l'exige, on visse sur le nez *n* un mandrin pour maintenir la pièce. Alors, imprimant avec le pied un mouvement à la pédale P qui entraîne tout le système, et tenant la main appuyée sur le support *j,* le tourneur présente le tranchant de son outil à la pièce qui tourne rapidement et qui se façonne ainsi à sa volonté. — Le *T. en l'air,* appelé aussi *T. à bidet,* n'a qu'une seule poupée à l'extrémité de laquelle on fixe la pièce et qui tourne avec elle, ce qui laisse la pièce libre sur presque toutes ses faces.

Il offre sur le t. précédent de grands avantages, lorsque, au lieu de pièces longues ou qui ne doivent être tournées que dans le sens de leur longueur, il s'agit de tourner jusqu'à leur centre des pièces d'un grand diamètre et qui offrent peu de saillie. Il est seul applicable, lorsqu'il faut donner à la pièce un mouvement de translation, comme dans les *tours à guillocher* et *à fileter*. — Outre ces deux sortes de t. qui sont de beaucoup les plus usités, on en a imaginé une foule d'autres propres à l'exécution de certains ouvrages spéciaux ; tels sont le *T. ovale*, le *T. carré*, le *T. à portraits*, le *T. universel*. Quant au *T vertical* ou *T. à potier*, nous en avons parlé au mot CÉRAMIQUE.

TOUR. s. f. (lat. *turris*, m. s.). Bâtiment fort élevé par rapport à sa base, de forme ronde, carrée ou polygonale, qui tantôt s'élève isolée, tantôt flanque les murs d'enceinte d'une ville, d'un château, tantôt surmonte la façade d'une église, etc. — Fig. et fam., *T. de Babel*. Voy. BABEL. || T. Jeu. Voy. ÉCHEC. || T. Tcehu. *T. d'un moulin à vent*, bâtiment cylindrique qui contient la meule et porte les ailes. || Machine de guerre en forme de t. || T. Pêche. Partie de la bourdigue où arrive le poisson par divers circuits.

Archit. — On donne le nom de *Tours* à des bâtiments de forme très variable, mais dont la hauteur est en général considérable relativement à la base. Ce genre de construction paraît avoir été d'abord employé dans l'architecture militaire. Pour protéger les longues lignes de murailles qui enceignaient la plupart des cités antiques, on imagina de construire à leurs angles, ainsi qu'aux côtés des portes et aux points les plus vulnérables de l'enceinte, des tours rondes, carrées ou polygonales, et plus ou moins spacieuses, où pouvaient se masser un certain nombre de défenseurs. Vitruve a consacré un chapitre de son ouvrage à l'étude des tours qui accompagnaient les murailles, et, dans un autre chapitre, il parle des *tours roulantes* ou *mobiles*, qui étaient destinées à l'attaque des villes. Mais ce fut surtout au moyen âge que les tours devinrent le principal élément de la fortification militaire. Certains châteaux forts de cette époque ne consistaient guère qu'en une réunion de tours liées entre elles par des murailles et des galeries. Après l'invention des bouches à feu, non seulement ces tours devinrent inutiles, mais encore elles constituèrent le point le plus vulnérable des places fortes, attendu qu'elles étaient infiniment plus exposées à l'action des projectiles que les autres parties de la fortification. Il fallut donc les raser, et dès lors elles disparurent du système défensif des places. Cependant, vers la fin du XVIII⁰ siècle, l'ingénieur Montalembert proposa, pour certains cas, l'emploi d'un système de tours rondes fortifiées, et les Anglais, au commencement du XIX⁰ siècle, construisirent sur divers points de leurs côtes, pour les protéger contre l'invasion dont la France menaçait la Grande-Bretagne, plusieurs tours dans ce système ; mais ils les nommèrent, on ne sait trop pourquoi, *Martellos*. Depuis cette époque, les tours ont complètement disparu de la fortification.

De l'architecture militaire, la t. passa dans l'architecture civile et religieuse. Néanmoins, en dehors de la défense des villes, l'antiquité a peu fait usage de ce genre de construction. On cite, il est vrai, la *T. de Babel*, qui était un monument érigé au culte de Bel ou Baal, à Babylone ; la *T des vents*, à Athènes, qui était une espèce d'horloge publique, et quelques tombeaux en forme de t., comme celui de Cecilia Metella, que nous avons mentionné ailleurs. Voy. TOMBEAU. C'est l'usage des cloches qui tout à coup a multiplié les tours dans le système architectural du moyen âge et de l'âge actuel. Le plus souvent, les tours font partie intégrante de l'édifice religieux dont elles dépendent. En général, elles s'élèvent sur les côtés du portail quand elles sont doubles, ou bien au-dessus du portail ou du transept, quand la t. est unique. Dans un très grand nombre d'églises, la t. proprement dite est en outre surmontée d'une flèche. Voy. CLOCHER. Ce n'est guère qu'en Italie qu'on rencontre des tours isolées de l'église à laquelle elles appartiennent : on les désigne alors sous le nom de *Campaniles*. Voy. ce mot. Quant au stylo et au système de décoration des tours qui accompagnent les édifices religieux, ils sont généralement en harmonie avec ceux du monument auquel elles sont annexées. C'est également à recevoir des cloches qu'étaient destinées les tours qui, au moyen âge, accompagnaient certains édifices purement civils, notamment les hôtels de ville. Enfin, si certains châteaux, construits dans les deux derniers siècles pour servir simplement d'habitation, et non plus pour remplir l'office de forteresse, sont encore munis de tours, c'est un pur souvenir de l'époque féodale, ou, si l'on peut parler ainsi,

une sorte d'armoiries architecturales. Il est encore aujourd'hui un genre d'édifice auquel sa destination oblige à donner la forme de t., même de t. ronde : ce sont les *phares* : mais il en a été parlé ailleurs. Voy. PHARE.

L'ingénieur Eiffel a construit à Paris, pour l'Exposition de 1889, un édifice en fer de 300 mètres de hauteur, d'où la vue est admirable, et au sommet duquel est installé un observatoire météorologique. Voy. ARCHITECTURE.

On trouve en Chine, et dans les pays voisins, certains édifices en forme de tours polygonales. L'un d'eux est particulièrement célèbre sous le nom de *T. de porcelaine*. Ces édifices

sont des espèces de temples consacrés aux esprits ; les Chinois les nomment *Taas*. Ils contiennent dans les salles du rez-de-chaussée un autel destiné à recevoir les offrandes. La fameuse t. que nous venons de nommer, et que représente la Fig. ci-dessus, est située près de Nanking. Elle est octogone, et se compose de neuf étages formant une hauteur d'environ 55 mètres, tandis qu'elle a près de 43 mètres de diamètre à sa base. Chaque étage présente une galerie à jour et une corniche vernissée qui soutient un toit couvert de tuiles et qui semble sortir du corps de la t. Le mur au rez-de-chaussée, qui a 5⁰,88 d'épaisseur, est revêtu de pièces de porcelaine peinte, ce qui vraisemblablement a valu au monument le nom sous lequel on le désigne vulgairement. Les étages sont séparés par un plancher formé de solives qui se croisent en tous sons et sont rehaussées d'une grande variété de peintures. Un escalier ménagé à l'intérieur conduit jusqu'au sommet de l'édifice que surmonte un gros mât qui s'élève à près de 10 mètres au-dessus du dernier toit. Ce mât est garni de cercles de fer d'où partent des chaines qui vont s'attacher aux angles du dernier toit, et se termine par une grosse boule dorée.

Nous avons fait allusion plus haut aux *Tours mobiles* dont les anciens se servaient dans le siège des villes. Ces tours étaient de deux sortes. Les unes étaient portées sur des roues au moyen desquelles on les faisait avancer jusqu'au pied des murailles : on les appelait en conséquence *tours roulantes* (*turres ambulatoriæ* ou *subrotatæ*). Les autres se montaient sur place avec des pièces préparées par avance, et recevaient, pour ce motif, le nom de *tours portatives* (*turres plicatiles*). Souvent ces dernières se montaient également sur des roues, afin de les déplacer plus aisément. C'est aux Grecs de Sicile qu'on attribue l'invention des tours roulantes, et ce fut, dit-on, Denys l'Ancien qui en fit usage pour la première fois au siège de Motya. Au reste, elles paraissent avoir été successivement perfectionnées par Polyidus, ingénieur au service de Philippe, roi de Macédoine, et par ses deux élèves Chardas et Diadès. Ces tours étaient construites avec des madriers et des planches, et protégées des trois côtés exposés aux coups des assiégés par une armature de fer. On les recouvrait en outre de peaux avec ou bien lunées et de matelas rembourrés, qu'on enduisait quelquefois d'alun pour les protéger contre le feu. Ces tours se composaient d'un nombre plus ou moins grand d'étages reliés entre eux par un escalier intérieur. L'étage inférieur contenait le bélier (*aries*); les étages intermédiaires renfermaient différents engins de guerre, des balistes, des catapultes, ainsi que des ponts volants, des tollenons et divers appareils servant à élever et à descendre les assiégeants jusque sur les murs. Enfin, sur la plate-forme supérieure se trouvaient les troupes légères qui devaient, avec leurs projectiles, nettoyer les murailles avant qu'on y abaissât les ponts pour donner l'assaut. Quant à leur hauteur, qui était fort variable, elle dépassait souvent celle des murailles et même des tours des villes. L'*Hélépole* de Démétrius Poliorcète n'était qu'une sorte particulière de t. roulante, plus puissante encore que les autres. — Chez les Romains, on imagina de construire sur certains bâtiments de guerre des tours analogues sur lesquelles montaient des soldats, soit pour faire avec leurs traits plus de mal à l'équipage des vaisseaux ennemis, soit pour attaquer une forteresse du côté de la mer. Suivant Servius, ce fut Agrippa, le gendre d'Auguste, qui le premier en introduisit l'usage. Enfin, tout le monde sait que, chez les peuples de l'Orient qui avaient l'habitude d'employer les éléphants dans leurs armées, on ajustait sur le dos de ces animaux de petites tours contenant un petit nombre de soldats qui lançaient des traits. — Les tours roulantes de l'antiquité continuèrent d'être en usage, mais sous des noms différents, durant tout le moyen âge. Ainsi, par ex., on les appelait *Chats*, *Chats-chastels*, *Truies*, *Fouines*, mais plus ordinairement *Beffrois*. Voy. ce mot.

TOURACO. s. m. T. Ornithol. Genre de *Grimpeurs*

appartenant à la famille des *Musophagidés*. Ce genre a pour caractères : un bec court, fort, denticulé sur les bords, comprimé sur les côtés, avec la mandibule supérieure bombée; les narines percées dans la corne du bec; le doigt externe versatile et soudé à celui du milieu par un petit repli membraneux; la queue arrondie et étagée, la tête ornée d'une huppe qui peut se redresser. Les oiseaux qui composent ce genre sont propres à l'Afrique australe et occidentale. Ils se tiennent sur les arbres; leur vol est lourd et peu soutenu. Ils sont exclusivement frugivores et nichent dans les trous d'arbres. Le mâle et la femelle se partagent les soins de l'incubation; leur chair est très recherchée des naturels du pays où ils vivent, comme étant un mets très délicat. Nous figurons comme type le *T. louri* (*Corythaix persa*) qui est de la taille d'un pigeon et qui habite aux environs du Cap de Bonne-Espérance. Il est d'un beau vert avec une partie des pennes des ailes cramoisie. Sa huppe, toujours droite, est verte et bordée de blanc dans les adultes, de roux dans les jeunes.

TOURAILLE. s. f. [Pr. *toura-lle*, *ll* mouillées] (lat. *torrere*, brûler, sécher). T. Techn. Étuve de brasseur dans laquelle on sèche le grain. Voy. BRASSERIE.

TOURAILLON. s. m. [Pr. *toura-llon*, *ll* mouillées] (R. *touraille*). T. Brasserie. Germe séché de l'orge.

TOURAINE. anc. prov. de France réunie sous Henri III, cap. *Tours*; a formé le dép. d'INDRE-ET-LOIRE. = Nom des hab. : TOURANGEAU, ELLE.

TOURAN. Voy. TURKESTAN.

TOURANE. vaste baie de la côte de l'Annam : elle sert de port à Hué. — Ville sur cette baie.

TOURANIEN, ENNE. adj. [Pr. *tourani-in, iène*]. T. Ling. Se dit d'une famille de langues agglutinantes parlées en Europe et en Asie. A l'exception du chinois, du japonais, et des dialectes congénères, les langues touraniennes contiennent toutes celles qui sont parlées en Europe et en Asie et qui ne sont ni aryennes, ni sémitiques. On divise la famille touranienne en deux branches : la branche du Nord ou *ouralo-altaïque* composée des langues *tartares* (Voy. ce mot), et la branche du Sud qui comprend le *Tamoul* avec les autres langues *dravidiennes* de l'Inde, les dialectes de *Siam*, de *Malacca* et de la *Polynésie*, etc., et enfin le *Malais* dont il convient de rapprocher le *Hova*, parlé à Madagascar. Il est douteux que tous ces idiomes, si différents les uns des autres, puissent être ramenés à une même origine. Leur seul caractère commun paraît être celui de l'agglutination. On y pourrait aussi bien comprendre le *japonais* qui est aussi une langue agglutinante. Il est probable que les progrès de la linguistique diviseront la famille touranienne en familles vraiment naturelles, parmi lesquelles on rencontrera la famille *tartare* et la famille *malaise* bien connues dès aujourd'hui.

TOURBAGE. s. m. Exploitation de la tourbe.

TOURBE. s. f. (lat. *turba*, foule). Multitude confuse composée de menu peuple || T. anc. dr. *Enquête par t.*, Enquête pour établir un point de droit non spécifié par la coutume et dans laquelle dix témoins ne comptaient que pour un.

TOURBE. s. f. (all. *torf*, gazon). T. Minér. La T. est une matière noirâtre et spongieuse qui se forme sous les eaux par l'accumulation et l'altération de certains végétaux toujours submergés. Homogène et compacte dans les parties inférieures du dépôt, où elle prend le nom de *T. limoneuse*, elle est grossière et remplie de débris visibles d'herbes diverses dans les parties supérieures, qu'on appelle *T. fibreuse* ou *Bousin*. La t. brûle facilement avec ou sans flamme, en donnant une odeur particulière. A la distillation, il s'en dégage de l'eau chargée d'acide pyroligneux, des matières huileuses et goudronneuses, des composés ammoniacaux et des gaz. Le résidu fixe est un charbon dont la proportion est assez variable, mais généralement supérieure à celle qu'on obtient en distillant du bois.

1. — La t. appartient aux terrains les plus modernes, et se forme même journellement sous nos yeux. Elle couvre quelquefois des espaces immenses dans les parties les plus basses de nos continents, et remplit les bas-fonds de larges vallées dont la pente peu considérable empêche l'écoulement des

caux. Parfois aussi elle forme de très petits dépôts qui n'ont que quelques mètres carrés de surface, dans les petites vallées, les gorges et les bassins des hautes montagnes. La plupart de ces dépôts sont encore couverts d'eau ou au moins très marécageux; mais dans quelques lieux ils sont à sec, et il s'est formé au-dessus d'eux des couches de sable et de limon sur lesquelles s'étendent de belles prairies. Les amas de t. offrent souvent une grande épaisseur; mais quelquefois ils sont divisés en plusieurs couches séparées les unes des autres par des lits minces de limon et de matières sableuses, qui semblent indiquer que ces amas se sont formés à diverses époques. On reconnaît parmi les végétaux qui composent ces dépôts toutes les plantes qui croissent dans les marais, et dont une grande partie appartient à la famille des Cypéracées. Il paraît cependant que ces plantes ne sont pas celles qui constituent essentiellement la t., et qu'il faut rechercher l'origine de cette matière dans les plantes qui sont toujours submergées, comme les sphaignes, les conferves, etc. Il y a des marais qui en sont remplis, et d'autres qui n'en présentent aucune trace, ce qui démontre qu'elle ne se produit que dans certaines conditions particulières. En général, il ne se produit pas de t. dans les eaux courantes ou dans les eaux stagnantes profondes. Il ne s'en fait pas davantage dans les flaques d'eau qui se dessèchent durant les chaleurs de l'été. En outre, il paraît que l'espèce de végétation qui peut s'établir dans ces eaux n'est pas indifférente. Suivant Deluc, ce sont les sphaignes, avec diverses sortes de conferves, qui concourent le plus puissamment à la production de la t. Ce sont elles qui forment les premiers dépôts, sur lesquels peuvent croître toutes sortes de plantes aquatiques, dont les débris augmentent rapidement la masse tourbeuse. On ne sait pas exactement combien il faut de temps pour qu'il se forme de bonnes tourbes dans un marais. Deluc affirme qu'en Hollande il ne faut pas plus de trente ans pour que les fosses tourbeuses se remplissent de tourbes fibreuses aux dépens des plantes aquatiques qui peuvent y croître. Au contraire, Roland de la Platière, qui a spécialement étudié les tourbières de France, indique cent ans comme terme moyen de la régénération de la t. — On en rencontre des tourbières dans presque toute l'Europe, mais particulièrement en Hollande, en Westphalie, dans le Hanovre, dans la Prusse et dans la Silésie. Les fameuses tourbières de la Hollande fournissent à ce pays presque tout le combustible qui lui est nécessaire. L'Angleterre, l'Écosse et l'Irlande possèdent aussi beaucoup de tourbières. En France, nous en avons également un assez grand nombre. Les plus importantes, parmi celles qui sont exploitées, se trouvent dans la vallée de la Somme, entre Amiens et Abbeville; aux environs de Beauvais; dans la vallée de l'Oureq, et dans les environs de Dieuze. Il en existe aussi beaucoup en Bretagne, sur les bords et près de l'embouchure de la Loire. Dans nos départements du Midi, il y en a encore dans quelques vallées. Mais, en général, les tourbières sont beaucoup plus nombreuses et beaucoup plus étendues dans les pays du Nord que dans ceux du Midi car l'excès de chaleur empêche la formation de la t., en hâtant la décomposition des plantes et la transformation de leur carbone en acide carbonique.

§ II. — La t. est surtout utile comme combustible, et, dans les lieux où elle est abondante, on n'en emploie guère d'autre. C'est d'ailleurs de tous les combustibles celui qui donne la température la plus égale et la plus douce. Sa valeur calorifique est à celle du bois comme 5 est à 4, et à celle de la houille comme 5 est à 19. Malheureusement, quand on la brûle telle qu'elle sort de la tourbière et après l'avoir fait simplement sécher, elle dégage une odeur très désagréable qui ne permet guère de l'employer aux usages domestiques. Pour obvier à cet inconvénient on la transforme en charbon dans de grands fours de maçonnerie. Ce charbon, plus durable que le charbon de bois, est complètement inodore et extrêmement avantageux, à cause de sa combustion facile et de son bas prix. Si la calcination est poussée jusqu'à réduc-

tion de la moitié, son pouvoir calorifique devient à peu près double de celui du bois Quelques tourbes, celles de la vallée de la Bar, par ex, dont les cendres renferment 40 pour 400 de chaux, conviennent parfaitement à la fusion des minerais de fer. Comme la t. retient l'eau avec une très grande force, on l'a employée avec succès en Suède et en Norvège, pour construire des digues imperméables. A cet effet, on construit deux murailles de pierre à une certaine distance l'une de l'autre, et l'on remplit l'intervalle de t. bien tassée. Enfin, la cendre de t. est encore utilisée comme amendement; elle convient particulièrement à certaines sortes de terres. Voy. AMENDEMENT.

§ III. — L'exploitation des tourbières se fait par deux méthodes différentes, suivant qu'il est possible ou non d'assécher le banc de tourbe. — Dans le premier cas, on réalise l'assèchement par des rigoles d'écoulement ou, s'il y a lieu, par des canaux, qui peuvent même servir ensuite au transport de la t. par bateaux. On enlève alors à la bêche le limon ou la terre végétale. La première t., c.-à-d. la t. superficielle, étant fibreuse, grossière et de mauvaise qualité, parce que la décomposition des substances végétales n'est pas assez complète, on l'enlève également avec la bêche, et l'on en forme de grands parallélépipèdes qu'on fait sécher à part : elle est vendue à très bon marché, ou cédée aux ouvriers. Lorsqu'on est parvenu à la t. compacte, on emploie une bêche particulière, nommée Louchet aux environs d'Amiens, qui présente sur le côté une aile tranchante, placée à angle droit, de manière qu'on peut couper la t. de deux côtés à la fois. On enlève par ce moyen des parallélépipèdes qui ont la hauteur et la largeur du fer du louchet, c.-à-d. 28 à 32 centimètres de longueur sur 14 à 16 de largeur et d'épaisseur. On emploie aussi une espèce de boîte, tranchante à la partie inférieure, et garnie intérieurement de lames tranchantes qui la divisent en compartiments. On laisse tomber cette cuisse, comme un mouton, d'une certaine hauteur dans la masse de t., et à chaque coup elle rapporte un grand parallélépipède divisé en plusieurs segments plus petits et de même forme. L'avantage de cet instrument est de pouvoir servir encore à d'assez grandes profondeurs. — On a recours à la seconde méthode lorsque l'assèchement n'est pas praticable, ou lorsque, en exploitant par la première méthode, on est parvenu à un point où l'eau ne peut plus être épuisée. On emploie alors une espèce de pelle de tôle creuse, percée de trous et fixée à angle aigu sur un long manche, que l'ouvrier, placé sur le bord de la fosse ou dans un bateau, promène au fond. Après l'emploi de cet instrument, qu'on nomme Drague, on fait encore usage d'un sac de toile claire, dont l'ouverture est adaptée à un cercle fixé à un long manche. Ce sac sert à ramasser toutes les parcelles de t. qui peuvent nager dans les eaux. — Après avoir été tirée de son gîte, la t. doit être séchée aussi complètement que possible, ce que l'on fait en rangeant les uns sur les autres les parallélépipèdes extraits de la tourbière, de telle manière que l'air puisse facilement circuler entre eux. Dans le cas où la t. est tout à fait en bouillie, on l'étend sur le terrain environnant, jusqu'à ce qu'elle ait acquis une consistance suffisante. On la divise ensuite en parallélépipèdes, ou bien on la comprime fortement dans des moules, ce qui lui donne une qualité supérieure, en rassemblant sous le même volume plus de parties combustibles. En Hollande, on comprime la t. où les parties les plus végétales sont insuffisamment décomposées. On réduit même en bouillie les parties qui ont naturellement de la solidité, pour les pétrir ensuite. Ces tourbes comprimées forment un excellent combustible. Enfin, le charbon qu'on obtient par la carbonisation est lui-même très compact et vaut le meilleur charbon de bois. — D'après la législation française, les tourbières ne peuvent être exploitées que par les propriétaires du sol ou leur consentement, et après autorisation préalable donnée par l'administration. Leur exploitation est en outre déterminée par des règlements d'administration publique, ce qui a fait assimiler les tourbières aux minières.

TOURBER. v. n. Exploiter, enlever la tourbe.

TOURBEUX, EUSE. adj. [Pr. *tour-beu, euze*.] Qui contient de la tourbe, qui est formé de tourbe. *Terrain t. Dépôt t.*

TOURBIER, IÈRE. s. Ouvrier, ouvrière qui travaille à l'extraction ou à la préparation de la tourbe. || Propriétaire d'un gisement de tourbe.

TOURBIÈRE. s. f. Endroit où l'on tire de la tourbe.

TOURBILLON. s. m. [Pr. *ll* mouillées] (Dimin. du lat. *turbo*, m. s., qui est de la même racine que *turbare*, troubler). Vent impétueux qui va en tournoyant. *Ce t. a fait bien du dégât.* Voy. TEMPÊTE. || Se dit aussi des matières légères qui vont en tournoyant sous l'action du vent. *Des tourbillons de poussière. Des tourbillons de flamme et de fumée.* || Se dit encore de l'eau ou de l'air qui tourne avec violence. Les tourbillons se produisent dans les cours d'eau lorsque deux courants cheminent parallèlement avec des vitesses différentes. Les trombes, tornados, typhons, cyclones, sont des tourbillons atmosphériques. Voy. TEMPÊTE. || Fig., se dit de tout ce qui entraîne les hommes. *C'est un homme emporté par le t. des plaisirs. Vivre dans le t. du monde.* Absol., *Être dans le t.* || Dans la physique cartésienne, système de molécules matérielles qui se meuvent autour du même astre. *L'hypothèse des tourbillons a été imaginée par Descartes pour expliquer le système du monde.* || *Tourbillons annulaires.* Voy. ATOME.

TOURBILLONNAIRE. adj. 2 g. [Pr. *tourbi-llo-nère*, *ll* mouillées]. Qui appartient à un tourbillon.

TOURBILLONNEMENT. s. m. [Pr. *tourbi-llo-neman*, *ll* mouillées]. Mouvement de ce qui tourbillonne.

TOURBILLONNER. v. n. [Pr. *tourbi-llo-ner*, *ll* mouillées]. Aller en tournoyant. *La poussière qui tourbillonne. L'eau tourbillonne dans cet endroit de la rivière.*

TOURCOING. ch.-l. de c. (Nord), arr. de Lille ; 66,500 hab. Importante ville manufacturière. = Nom des hab. : TURQUENNOIS, OISE.

TOURD, s. m. [Pr. *tour*] (lat. *turdus*, grive). T. Ornith. Nom vulgaire de la Grive commune. || T Icht. Nom vulgaire d'une espèce de Labre qui habite la mer Méditerranée.

TOURDELLE. s. f. [Pr. *tour-dèle*] (lat. *turdilla*, dimin. de *turdos*, grive). T. Ornith. Nom vulg. de la Grive commune.

TOURDILLE. adj. [Pr. *tourdi-lle*, *ll* mouillées] (lat. *turdillus*, petite grive). Ne se dit que dans cette locut., *Gris t.;* La couleur du poil d'un cheval, lorsqu'il est d'un gris sale approchant de la couleur d'une grive.

TOURELÉ, ÉE. adj. Qui imite une tour. || T. Blas. *Couronne tourelée,* Couronne crénelée comme une tour.

TOURELLE. s. f. [Pr. *tourè-le*]. Petite tour. *Il y a quatre tourelles à son château.* || T. de dôme, lanterne ronde qui accompagne un dôme et contient un escalier à vis. || Partie cylindrique en forme de tourelle dont on flanque un buffet d'orgue.

Fortif. — L'emploi de *cuirassements* (Voy. ce mot) a pris dans ces dernières années une grande extension, en raison de la nécessité de protéger les bouches à feu et les servants contre les effets du tir des obus à mitraille (Voy. ce mot) et contre ceux des obus à mélinite. Cette protection exige des cuirassements de divers types, que les progrès de la mécanique et de la métallurgie permettent de produire dans des conditions satisfaisantes de résistance et de fonctionnement

Les divers types dont l'emploi s'impose sont : 1° des *casemates* (Voy. CUIRASSEMENT) pour canons de gros calibre et pour pièces de campagne faisant du tir de plein fouet. Mais, en raison de la très grande vulnérabilité de leurs embrasures, on ne peut s'en servir utilement que lorsqu'ils sont défilés, c.-à-d. dans les ouvrages de ceinture d'un camp retranché pour les pièces du calibre de campagne flanquant les intervalles, et pour le tir des mitrailleuses ou des pièces légères à tir rapide flanquant les fossés; 2° des *tourelles* ou *coupoles* à simple rotation pour canons courts de gros calibre faisant du tir plongeant. La mobilité de ces tourelles n'empêche pas leurs embrasures d'être vulnérables, parce que la vitesse de rotation est trop faible et que les obus-torpilles produisent des effets en retour, de sorte que l'emploi de ces coupoles ne sera réellement pratique que lorsqu'elles seront placées hors de la vue de l'ennemi; 3° des *tourelles à rotation et à éclipse* pour les pièces de toute espèce et de tout calibre qui ont à jouer un rôle important dans la défense pour la guerre de siège. Ces coupoles ne se montrent que pendant les quelques secondes nécessaires pour tirer, puis elles disparaissent aussitôt après pour le temps nécessaire au

chargement, au pointage, etc. De cette manière on soustrait la pièce aux coups d'embrasure, et en même temps au souffle en retour des gros projectiles à mélinite. Divers systèmes, entre autres ceux du colonel Bussière et du colonel Souriau, avaient été présentés, mais on leur a préféré celui du commandant Galopin, qui est manœuvrable à bras d'hommes, avec un mécanisme rustique d'une extrême simplicité et une vitesse d'éclipse extrêmement rapide.

Les conditions à remplir par les tourelles à éclipse, et par suite leur mécanisme, varient suivant qu'il s'agit de pièces de gros, de moyen ou de petit calibre. Pour les pièces de gros calibre, employées surtout dans les forts d'arrêt ou les forts isolés comme armement d'interdiction ou prenant part à la lutte, les tourelles ont à remplir un certain nombre de con-

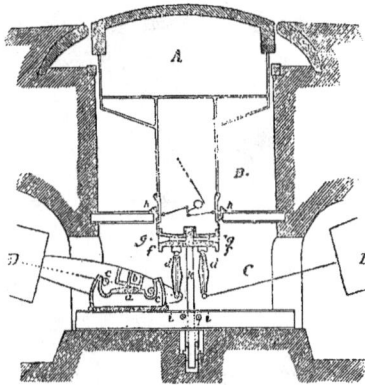

Fig. 1

ditions relatives au personnel, à l'armement et à l'engin lui-même, qu'il serait trop long d'indiquer ici, mais qu'on a trouvé le moyen de résoudre très complètement et très pratiquement. Nous nous bornerons à donner une description sommaire de la tourelle Galopin. La tourelle A (Fig. 1) repose sur une sorte de colonne en fer forgé, pouvant tourner horizontalement sur le support ou pivot circulaire *f*, à l'aide de galets coniques *g*. Ce support peut glisser sur le pilier *k* qui lui sert d'appui. Deux contrepoids à balancier D servent à équilibrer la coupole. Les balanciers C de ces contrepoids sont reliés à des bielles, *d* qui commandent la tourelle. Des galets coniques *e* ont pour but de s'opposer aux mouvements latéraux et aux déplacements parasites des balanciers. Un contrepoids moteur, qui est remonté dans l'intervalle des salves, au moyen d'un treuil manœuvré par 5 à 6 hommes, fournit le travail absorbé par les résistances passives pendant la montée et la descente. Des verrous maintiennent la tourelle dans ses positions extrêmes : ceux du haut (non visibles) servent de verrous de sûreté et sont désenclenchés par le tir même; ceux du bas, *i i*, retiennent l'appareil dans sa position d'éclipse et sont désenclenchés par le contrepoids moteur ; ils sont portés par deux fortes poutres transversales, qui constituent une base solide pour toute la construction. La tourelle est disposée dans un puits en maçonnerie de béton, divisé en plusieurs étages : 1° la chambre de tir A; 2° l'étage intermédiaire B ; 3° le rez-de-chaussée C, occupé par les organes de manœuvre; 4° le sous-sol pour le logement des contrepoids. Une galerie en forme de tore contient les divers postes, magasins et ateliers. Le fonctionnement s'opère en général comme il suit : la tourelle étant à la position d'éclipse, le chef de tourelle sdéclenche le verrous d'arrêt, et, sous l'action des divers contrepoids, la tourelle s'élève, arrive à sa position de tir où elle est maintenue par les verrous de sûreté et la mise de feu se produit électriquement ; le tir déclenche les verrous de sûreté et la tourelle descend en vertu de sa prépondérance totale, pendant le chargement des pièces et le pointage, le contrepoids moteur est remonté.

Le commandant Mougin a présenté un modèle de *coupole oscillante à éclipse*, ayant pour but de substituer au mouvement de descente vertical un mouvement oscillatoire permettant de faire passer les embrasures sous l'avant-cuirasse (Fig. 2). On évite ainsi l'inconvénient qu'ont les coupoles à éclipse de forme cylindrique de ne pas bien résister au tir en brèche. En outre, cette disposition permet de donner au cuirassement la forme de calotte sphérique, dont le contour apparent ne change pas lorsque la coupole passe de la position d'éclipse à celle de tir. Rien ne vient donc avertir l'ennemi du moment où les embrasures vont se démasquer. Cette tou-

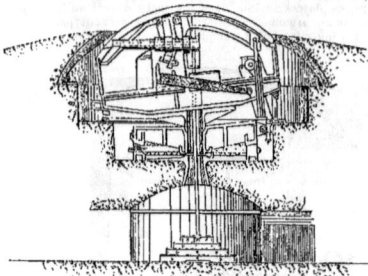

Fig. 2

relle, qui reçoit deux canons de 15 centimètres, est en fer laminé et il suffit de quatre hommes pour la manœuvrer. Les canons n'ont ni affût, ni recul propre; l'engin, très simple et même rustique, ne comporte aucun appareil mécanique, etc. En regard de tous ces avantages, on reproche à cette tourelle l'amincissement des intervalles entre les points d'appui; ces pièces doivent être à tir rapide. Le fonctionnement de ce genre de tourelles devant être continu malgré un bombardement violent, il n'est pas nécessaire que le mouvement d'éclipse soit rapide, mais il est indispensable de cuirasser le coffre vertical qui fait saillie dans la position en batterie et il faut que le pointeur puisse suivre le mouvement des troupes en marche.

Les *tourelles pour pièces de petit calibre à tir rapide ou pour mitrailleuses* sont destinées à la défense rapprochée des ouvrages. Ne devant tirer, mais alors d'une manière continue, que lorsque la cessation ou l'allongement du tir ennemi permet aux colonnes de s'élancer à l'assaut, il n'est pas nécessaire que les parois verticales de ces tourelles soient cuirassées. Mais, si le mouvement d'éclipse n'a pas besoin d'être rapide, il est indispensable, par contre, que le mouvement de rotation soit assez facile pour permettre au pointeur de tirer rapidement dans toutes les directions. Au point de vue absolu, l'utilité de ces tourelles n'est pas aussi indispensable que celles des tourelles précédentes.

Des *observateurs cuirassés* seront indispensables dans un camp retranché et surtout dans un ouvrage isolé, notamment pour le réglage du tir de l'artillerie de gros calibre placé sous coupole, pour la surveillance des ouvrages et pour les commandants de certains ouvrages. Ils peuvent être, comme les tourelles, fixes, simplement tournants, ou tournants et à éclipse. Mais ils doivent toujours être à l'épreuve des plus gros projectiles, et, s'ils ne sont pas à éclipse, être dissimulés le plus possible, soit par leur position, soit par leur forme, soit par leur couleur. Il est préférable qu'ils soient à éclipse.

Enfin des cuirassements transportables (Voy. CUIRASSEMENT) pourraient être utilisés soit dans la guerre de campagne, soit dans la guerre de siège, pour servir à l'armement de centres de résistance à improviser ainsi très solidement dans les places, ces coupoles pourraient être transportées par des locomotives routières ou des automobiles. Leur emploi dans la guerre de campagne présente plus de difficulté, parce qu'il ne sera possible de les amener à leur emplacement définitif qu'au moyen de chevaux. On peut encore comprendre jusqu'à

un certain point dans ce genre de cuirassement : 1° des *boucliers* en acier chromé pouvant servir à une troupe d'infanterie à constituer instantanément un solide parapet; 2° des *parebattes*, en acier ondulé, à disposer horizontalement au-dessus des emplacements des pièces au moment du besoin, ou verticalement pour certaines pièces de marine ou de côte; 3° des *locomotives blindées* traînant un wagon blindé portant un canon ou des wagons blindés et crénelés transportant du personnel. On a fait usage des premières au siège de Paris, mais l'emploi général des unes et des autres a pris un grand développement de la part des Anglais au Transvaal. Enfin, les *pièces portées sur affût truck* peuvent également être protégées par un blindage approprié. On sait que ce système comprend un truck pouvant se déplacer sur voie ferrée et supportant un affût qui permet de donner à la pièce les mouvements nécessaires au pointage. La raison d'être de cet affût est la nécessité de rendre mobiles les batteries de gros calibre employées tant pour la défense des camps retranchés que pour celle des voies ferrées.

On comprend que les conditions de construction pour les diverses tourelles ou coupoles varient suivant le genre d'emploi de ces dernières. Il en existe de nombreux types tant en France qu'à l'Étranger.

TOURER. v. a. Plier et replier plusieurs fois la pâte sur elle-même. == TOURÉ, ÉE. part.

TOURET. s. m. [Pr. *tou-rè*]. Rouet à filer. || Petite roue qui, dans les machines à tourner, reçoit son mouvement d'une plus grande pièce. || Pièce mécanique de fer, de cuivre, etc., ayant deux branches parallèles unies du haut et en bas par une partie pleine qui reçoit un tourillon et une vis, dont l'effet est de tendre ou de détendre une corde. || || Anneau où l'on passe une courroie, une longe, etc. || Sorte de dévidoir à l'usage des cordiers. Voy. CONDENSE || Petit tour à l'usage des graveurs en pierres fines. || T. Sellier. Petite pièce de la bride. Voy. BRIDE.

TOURGUENEFF (IVAN), célèbre romancier russe (1818-1883).

TOURI. s. m. Espèce de trompette en usage dans l'Inde. || T. Pharm. Espèce de baume qu'on extrait de l'*Humiria balsamifera*. Voy. HUMIRIÉES.

TOURIE. s. f. T. Techn. Sorte de grande bouteille de grès entourée de paille, qui sert à transporter de l'acide azotique, chlorhydrique, etc.

TOURIÈRE. s. f. (R. *tour*). Dans les monastères de filles, domestique de dehors qui a soin de faire passer au tour toutes les choses qu'on y apporte. *La t. du couvent. La sœur t.* — *Mère t.*, La religieuse préposée pour avoir soin du tour en dedans.

TOURILLON. s. m. [Pr. les *ll* mouillées] (R. *tour*). T. Techn. Partie extrême d'un axe de fer sur laquelle se meuvent les treuils, les bascules, etc., et qui repose sur une pièce circulaire creuse appelée *coussinet*, à l'intérieur de laquelle il peut tourner. — Gros pivot sur lequel tourne une porte cochère, une grille, un pont-levis. — Chacune des deux parties rondes et saillantes qui servent à assujettir une bouche à feu sur son affût. — Partie mobile d'un touret qui sert à tendre ou à détendre une corde, etc.

TOURISTE. s. 2 g. (R. *tour*). Voyageur, voyageuse, qui parcourt un pays étranger par un simple motif d'agrément et de curiosité.

TOURLOUROU. s. m. Fantassin. T. Pop. || T. Zool. Nom vulgaire du *Gécarcin*. Voy. BRACHYOURES.

TOURMALINE. s. f. (R. *Turamali*, n. de cette substance dans la langue de l'île de Ceylan). T. Minér. La *Tourmaline* est un silico-borate d'alumine, généralement fluorifère, qui renferme en outre des quantités variables de potasse, de soude, de magnésie, de lithine, d'oxyde de fer et d'oxyde de manganèse. On la trouve toujours sous forme de cristaux, soit réguliers, soit déformés, appartenant au système rhomboédrique, et dont la cassure vitreuse n'offre aucun milieu de clivage. Elle a une densité qui varie entre 2,94 et 3,24. Elle est, au reste, plus dure que le quartz, qu'elle raye, mais elle est rayée par la topaze. De plus, elle est en généai fusible au chalumeau. Enfin, elle est remarquable par la propriété qu'elle possède de s'électriser par la chaleur ou par le frottement. Alors l'une de ses extrémités prend l'électricité positive, et l'autre l'électricité négative. De là les noms de *Pierre électrique*, de *Schorl électrique* et d'*Aimant de Ceylan*, sous lesquels on désignait autrefois cette espèce minérale. Elle est fortement dichroïque et possède, quand elle est sous forme de lame mince, la faculté d'éteindre l'une des deux images produites par la double réfraction. On se sert en physique de cette propriété pour étudier la nature de la double réfraction dans les cristaux. Voy. POLARISATION, IV. La t est tantôt opaque ou légèrement translucide, tantôt transparente. Les variétés ferrifères ont une couleur noire ; ce sont les plus répandues. Les variétés magnésiennes sont brunes ou jaunes. Les variétés lithinifères contiennent ordinairement du manganèse et du fer en même temps que du lithium ; elles peuvent être incolores (*Achroïte*) quand elles renferment autant de fer que de manganèse : mais un excès de fer leur communique une coloration bleue (*Indicolite*) ou verte (*Émeraude du Brésil*) ; un excès de manganèse fournit les variétés rouges (*Rubellite, Sibérite, Apyrite*). — Quoique cette pierre produise fort peu d'effet, on l'emploie dans la bijouterie commune, surtout les variétés vertes, bleues et rouges, qui peuvent imiter jusqu'à un certain point l'émeraude, le saphir et le rubis. Les tourmalines se rencontrent généralement dans les roches de cristallisation. On en trouve encore dans les dépôts de pegmatite, et les dolomies du Saint-Gothard en fournissent d'un beau vert clair qu'on ne trouve pas ailleurs. Elles nous arrivent toutes taillées du Brésil, de l'Inde, de Ceylan, et de quelques autres contrées de l'Orient. — On doit rapprocher de la t. un silico-borate d'alumine, avec chaux, oxydes de fer et de manganèse, etc. ; on le nomme *Axinite*, parce qu'on le rencontre sous la forme de cristaux tranchants semblables à un fer de hache. L'axinite, appelée aussi *Thumite*, est une substance vitreuse, de couleur brune ou violette, ce qui l'a fait appeler jadis *Schorl violet*. Elle appartient aux terrains de cristallisation, et on la trouve principalement au bourg d'Oisans, en Dauphiné.

TOURMENT. s. m. [Pr. *tour-man*] (lat. *tormentum*, m. s., de *torquere*, tordre). Douleur physique longue et violente. *La goutte et la pierre causent de grands tourments.* || Dans un sens particulier, Les supplices, les tortures qu'on fait souffrir à quelqu'un. *Les tourments des martyrs. La force des tourments lui arracha l'aveu de son crime. Il mourut dans les tourments.* || Fig., sig. Grande peine d'esprit. *Cette affaire m'a donné bien du t. Les tourments de la jalousie, de l'ambition.*

TOURMENTANT, ANTE. adj. [Pr. *tourman-tan*]. Qui tourmente. *C'est un homme bien t.*

TOURMENTE. s. f. [Pr.*tour-mante*] (R. *tourmenter*). Orage, bourrasque, tempête ; se dit le plus souvent en parlant des orages qui surviennent en mer. *Grande, furieuse, horrible t. Pendant la t. La t. a dispersé notre flotte En traversant le mont Cenis, nous fûmes assaillis par la t.* || Fig., se dit des troubles qui agitent un pays. *Pendant la t. politique.*

TOURMENTER. v. a. [Pr. *tour-man-ter*] (R. *tourment*). Faire souffrir quelque tourment physique. *On l'a si horriblement tourmenté qu'il en est mort.* || Se dit des douleurs causées par une maladie, une blessure, une opération chirurgicale, etc. *Il est tourmenté de la goutte, de la pierre, Les chirurgiens l'ont cruellement tourmenté. Les mouches tourmentent ce cheval.* || Fig., au sens moral, Donner de la peine, faire souffrir quelque peine d'esprit. *Ces enfants tourmentent fort leur père. Ce procès le tourmente. Être tourmenté de remords, par les remords.* — Sign. encore, Importuner beaucoup, harceler. *Cet homme me tourmente avec ses demandes continuelles.* || Fig.,Agiter violemment. *Le vent tourmenta longtemps notre vaisseau. C'est un cheval qui tourmente fort son cavalier.* || Fig., T. un ouvrage, Le travailler avec un effort qui se fait sentir. *Cet ouvrage, ce tableau, a été tourmenté.* On dit de même, T. son style == SE TOURMENTER. v. pron. S'agiter, se remuer. *Tenez-vous en repos, ne vous tourmentez pas tant. Il se tourmente fort. Ce cheval se tourmente.* || Fig., Ce bois se tourmente, Il se déjette. || Fig., au sens moral, S'inquiéter, se donner bien de la peine de corps et d'esprit. *A quoi sert de vous t. si fort ? Il ne faut pas se t. pour si peu*

de chose. On dit quelquefois dans le même sens, *T. sa vie*, mais cette phrase vieillit. == TOURMENTÉ, ÉE, part. == Syn. Voy. MOLESTER.

TOURMENTES (Cap des), premier nom du cap de Bonne-Espérance (1486).

TOURMENTEUX, EUSE. adj. [Pr. *tourman-teu, euze*] (R. *tourmente*). T. Mar. Se dit de certains passages fort sujets aux tempêtes. Peu usité.

TOURMENTIN. s. m. [Pr. *tour-man-lin*](R. *tourmente*). T. Mar. Syn. de *Trinquette*.|| T. Ornith. Nom vulgaire du Pétrel qui se montre surtout pendant les gros temps.

TOURNAGE. s. m. T. Techn. Action de tourner, de façonner au tour. || Ce qui sert à tourner || T. Mar. Bout d'allonge pour tourner et amarrer les manœuvres.

TOURNAILLER. v. n. [Pr. *tourna-ller, ll* mouillées] (R. *tourner*, avec le suff. péjor. *aille*). Faire beaucoup de tours et de détours sans s'éloigner du même lieu, du même point. *Le cerf ne fait que t.* || *Rôder autour. Cessez de t. autour de moi.* — Fam. dans les deux sens.

TOURNAN, ch.-l. de c. (Seine-et-Marne), arr. de Melun ; 2,000 hab.

TOURNANT. s. m. L'endroit où une rue, un chemin, une rivière, font un coude. *Il fut attaqué au t. de telle rue. Au t. d'une rivière.* || L'espace où l'on fait tourner un carrosse, une charrette, etc. *Il n'y a pas assez de t. Ce cocher a mal pris son t.*, il n'a pas bien pris ses mesures pour tourner. || Endroit dans une rivière, dans une rivière, où l'eau tournoie continuellement. *Il y a là un t. qu'il faut éviter.* || Moulin à deux tournants, Moulin à deux roues qui font tourner deux meules. || Fig. et fam., Moyen détourné qu'on emploie pour réussir. *Je prendrai un t. pour arriver jusqu'à lui.* == TOURNANT, ANTE. adj. Qui tourne. *Un pont t. Des roues tournantes.* || T.Art. milit. *Mouvement t.*, mouvement de troupes destiné à tourner une position occupée par l'ennemi. || *Tables tournantes.* Voy. SPIRITISME.

TOURNANTE. s. f. Torsade qui borde le tour d'une épaulette. || Fusée qui s'élève en tournant.

TOURNASSAGE. s. m. [Pr. *tourna-sa-je*]. T. Techn. Action de tournasser les poteries. Voy. CÉRAMIQUE.

TOURNASSER. v. a. [Pr. *tourna-ser*] (R. *tourner*). Façonner une poterie sur le tour. Voy. CÉRAMIQUE. == TOURNASSÉ, ÉE. part.

TOURNASSIN. s. m. [Pr. *tourna-sin*]. Instrument tranchant dont on se sert pour tournasser.

TOURNASSINE. s. f. [Pr. *tourna-sine*]. Masse de terre préparée pour être tournassée.

TOURNAY, v. de Belgique (Hainaut), sur l'Escaut ; 36,300 hab. Ville manufacturière.

TOURNAY, ch.-l. de c. (Hautes-Pyrénées), arr. de Tarbes, 1,200 hab.

TOURNE-A-GAUCHE. s. m. T. Techn. Levier muni d'un œil à son centre qui sert à faire tourner une tige sur elle-même. — Outil pour écarter les dents d'une scie.

TOURNE. s. f. T. Jeux. Retourne.

TOURNEBRIDE. s. m. (R. *tourner*, et *bride*). Espèce de cabaret établi auprès d'un château ou d'une maison de campagne pour recevoir les domestiques et les chevaux des étrangers qui y viennent. Vx.

TOURNEBROCHE. s. m. Machine qui sert à faire tourner la broche. *T. à poids. T. à ressort.* || Par ext., se dit du petit garçon qui tourne la broche, et du chien qu'on met dans une roue pour faire tourner la broche. — Aujourd'hui, les tournebroches sont mues par un poids, comme les horloges, et leur mouvement est réglé par un régulateur à ailettes.

TOURNEDOS. s. m. [Pr. *tourne-do*]. Position où l'on tourne le dos || T. Cuis. Filet de bœuf coupé en lames.

TOURNÉE. s. f. (R. *tourner*). Voyage qu'on fait en divers endroits, se dit particulièrement des courses que certains fonctionnaires publics font avec autorité dans leur ressort, et des voyages périodiques qu'un particulier fait pour ses affaires ou pour celles d'une compagnie. *Le préfet, le général a fait sa t. Frais de t. Ce marchand est allé faire sa t. en Allemagne. Il est en t.* — Fam., se dit encore des petites courses qu'on fait en différents endroits. *Il fait tous les matins plus....rs tournées.* — *T. dramatique*, celle que font des compagnies d'acteurs dans plusieurs villes ou à l'étranger. — *T. électorale*, celle que fait un candidat à une fonction élective. || T. Jardin. Sorte de pioche dont le fer est pointu à l'une de ses extrémités et plat à l'autre. || T. Pêche. Enceinte de filets qui se montent sur des pieux et qui ont la forme d'un fer à cheval, dont l'ouverture regarde la côte, de manière que le poisson donne dans ces filets, lorsque la mer se retire après la marée || Fam. Rasade offerte par quelqu'un à tous ceux qui sont avec lui, chez un marchand de vin ou dans un café.

TOURNE-FEUILLE. s. m. [Pr. *tournefeu-lle*, *ll* mouillées]. Instrument dont on se sert pour tourner plus commodément les feuilles d'un cahier de musique. = Pl. *Des tourne-feuille* ou *des tourne-feuilles*.

TOURNE-FIL. s. m. Instrument dont le peignier se sert pour donner le fil à ses outils tranchants.=Pl. *Des tourne-fil.*

TOURNEFORT, botaniste fr. (1656-1708).

TOURNELLE. s. f. [Pr. *tour-nè-le*] (Dimin. de *tour*). Petite tour; ne se dit qu'en parlant de quelques anciens bâtiments, ou de quelques lieux. *Le palais des Tournelles, La rue des Tournelles, Le pont, le quai de la Tournelle à Paris.* — *La chambre de la Tournelle.* Voy. PARLEMENT.

TOURNEMAIN. s. m. [Pr. *tourne-min*] (R. *tourner*, et *main*). N'est usité que dans cette vieille locut., *En un t.*, En aussi peu de temps qu'il en faut pour tourner la main. On dit aujourd'hui, *En un tour de main.*

TOURNEMENT. s. m. [Pr. *tourne-man*]. Action de tourner. Vx. || *T. de tête*, vertige.

TOURNEMINE (le Père), savant Jésuite fr. Un des auteurs du journal de Trévoux (1661-1739).

TOURNE-OREILLE. adj. et s. f. [Pr. *tournorè-lle*, *ll* mouillées]. T. Agric. Se dit d'une sorte de charrue, dont le versoir mobile se change de côté à chaque tour de labour. = Pl. *Des tourne-oreille.*

TOURNE-PIERRE. s. m. [Pr. *tournepiè-re*]. T. Ornith. Espèce d'oiseaux. = Pl. *Des tourne-pierres.*
Ornith. — L'oiseau ainsi nommé constitue, dans l'ordre

des *Échassiers*, famille des *Longirostres*, un genre distinct que Cuvier place entre les Combattants et les Chevaliers. Il diffère de ces genres par son bec plus fort, conique, court et pointu. La seule espèce connue de ce genre, appelée *Tourne-pierre à collier* (*Strepsilas collaris*) [Fig. ci-dessus], est répandue sur les rivages de presque tout le globe. Cet oiseau se tient ordinairement sur les plages où abondent les petits mollusques et les annélides dont il se nourrit, et il doit son nom vulgaire à l'habitude qu'il a de retourner avec son bec les galets et les pierres pour découvrir ces animaux. Il est doué d'un vol puissant, et court avec beaucoup de légèreté. On ne le rencontre chez nous que de passage, lorsqu'il se rend dans le Nord pour se reproduire. Il niche dans un petit enfoncement pratiqué dans le sable du rivage. Le Tourne-pierre a été décrit par Buffon sous le nom de *Coulonchaud*. Il a le manteau, les scapulaires et les couvertures des ailes d'un marron roux parsemé de taches noires; le reste du corps blanc, avec une bande d'un noir intense qui passe sur le front et forme un large plastron sur le devant du cou.

TOURNER. v. a. (lat. *tornare*, travailler au tour, de *tornus*, tour). Mouvoir en rond. *T. une roue. T. une broche.* || Se dit aussi d'un mouvement quelconque qui a quelque rapport avec le mouvement circulaire. *T. la tête. T. les yeux. T. les regards.* — *T. les pieds en dedans, en dehors,* Porter la pointe des pieds en dedans, en dehors. Fam., *Tournez-moi les talons,* Partez, éloignez-vous de moi. — *T. le dos à quelqu'un, etc.* Voy. DOS. — *T. tête,* Se tourner pour faire face à ses ennemis. *Les ennemis le poursuivaient; il tourna tête et les obligea de reculer à leur tour.* || Fig., *T. une personne à son gré,* Manier son esprit en sorte qu'on lui fasse faire tout ce qu'on veut. — *T. quelqu'un de tous les sens, de tous les côtés,* Lui faire diverses questions et diverses propositions afin de tirer de lui ce qu'il sait, ou pour découvrir quel est son sentiment, son dessein. — Absol., *T. quelqu'un,* L'interroger avec adresse, *On a eu beau le t., il n'a rien dit. On l'a tourné et retourné de mille façons.* Signifie aussi, Circonvenir. *Ils l'ont tant tourné, qu'ils l'ont amené à leurs fins.* — *T. la tête à quelqu'un,* L'étourdir, l'importuner, l'excéder; ou lui faire changer de résolution, de bien en mal, ou même le rendre fou. *Cet événement lui a tourné la tête.* On dit à peu près dans ce dernier sens, d'une femme qui a inspiré un amour violent à quelqu'un, *Cette femme lui a tourné la tête.* || Faire un détour pour prendre à revers. *Nous réussimes à t. l'ennemi. T. un poste. T. une montagne.* — On dit à peu près de même, *T. un lièvre. T. des perdrix.* || Mettre une chose dans un état opposé à celui où elle était auparavant. *T. les feuillets d'un livre. T. une chose sens dessus dessous. Tourner l'étoffe dans l'autre sens.* — Fig., *T. bien, t. mal une affaire, une chose,* Lui donner un bon, un mauvais aspect. — Fig. et fam., *T. la médaille,* Considérer une affaire, une personne, sous l'aspect opposé. *T. casaque.* Voy. CASAQUE. *T. bride.* Voy. BRIDE. || Fam., *T. ses souliers,* Les déformer en marchant de telle sorte que l'assiette du pied ne soit pas droite. || Diriger. *T. ses pas vers un endroit. Les factions finirent par t. leurs armes les unes contre les autres. T. son activité vers le commerce.* — *T. toutes ses pensées à quelque chose, vers quelque chose,* Y appliquer toutes ses pensées, s'y adonner entièrement. || Fig., Traduire. *T. du latin en français.* Vx. — Interpréter. *T. tout en bien, t. tout en mal. T. les choses à son avantage,* Les interpréter avantageusement pour soi, ou Savoir en tirer de l'avantage. — *T. quelqu'un en ridicule.* Voy. RIDICULE. — *T. une chose en raillerie,* La prendre comme dite ou raillant et sans dessein de fâcher, ou Se moquer de quelque chose, en faire des railleries. *Il ne prit pas sérieusement les choses désagréables qu'on lui disait, il les tourna en raillerie.* || Façonner au tour des ouvrages de bois, d'ivoire, de métal, etc. *T. des colonnes, des chaises. T. l'or, l'argent, le cuivre. T. de la poterie.* Absol., *T. s'amuse à t. Cet ouvrier tourne bien.* — Fig., Arranger d'une certaine manière les paroles, les pensées dans une œuvre de prose ou de vers, leur donner un certain tour. *Il tourne bien les vers. Je voudrais t. cette période autrement. Il tourne assez bien une lettre, un compliment.* = TOURNER. v. n. Se mouvoir en rond. *Le soleil tourne autour de son axe, tourne sur lui-même. La terre et les planètes tournent autour du soleil. La roue, le moulin tourne. Pendant que la broche tournait.* — Fig. et fam., *T. autour de quelqu'un,* n'oser s'adresser à quelqu'un tout en désirant le faire. — *T. autour du pot,* ne faire que t. autour du pot, Employer des circonlocutions, dire des paroles oiseuses, au lieu d'aller droit au fait ou à la conclusion. *T. à tout vent, t. comme une girouette,* Avoir l'esprit inconstant, changer souvent de sentiment, d'opinion. || *La tête lui tourne,* se dit d'une personne qui a des étourdissements, des vertiges, de sorte qu'il lui semble que les objets tournoient autour d'elle. Dès qu'il a bu, *la tête lui tourne*. — Fig., *La tête lui a tourné*, se dit d'un homme qui est devenu fou, ou qui, soit par crainte, soit par vanité, soit par quelque autre passion, fait des choses extravagantes, ou qui se méconnaît dans la bonne fortune. On dit encore d'un homme qui a tant d'affaires ou qui se trouve dans une situation si pénible, si difficile, qu'il ne sait quel parti prendre, *Il est si embarrassé, que la tête lui en tourne*. || Se mouvoir à droite ou à gauche, quoique le mouvement ne se fasse pas tout à fait en rond. *T. de côté et d'autre. T. à droite, à gauche. T. tout court. Ce cheval tourne bien, tourne à toutes mains*. — Fig., *T. du côté de quelqu'un*, Se ranger de son parti. *Ne savoir plus de quel côté t.*, Ne savoir plus que faire, que devenir, n'avoir plus de ressource. — Fig. et fam., *T. court*, Abréger. *L'orateur a tourné court après cette réflexion, et s'est hâté de finir*. En parlant des choses, *T. court*, sign. Se terminer, finir brusquement. *Cette maladie a tourné court. Ce dénoûment tourne trop court*. || Fig., *T. bien, t. mal*, se dit d'une personne ou d'une chose qui ne réalise pas les bonnes espérances qu'elle avait fait concevoir, qui donne lieu de craindre une conséquence fâcheuse, une issue funeste. *Ce jeune homme tourne bien. Cette femme a bien mal tourné. Cette affaire a bien tourné, a tourné autrement qu'on ne pensait* On dit à peu près de même, *Ce malade a tourné tout d'un coup à la mort. La maladie tourne infailliblement à la mort*. — On dit aussi qu'*Une chose tournera à la honte, à la gloire, à l'honneur de quelqu'un*, qu'*Elle lui tournera à bien, à mal, à profit, etc.*, pour signifier qu'elle produira pour lui de la honte, de la gloire, du bien, du mal, etc. — On dit encore de quelqu'un à qui rien ne réussit, *Tout tourne contre lui*. — En parlant du vent, on dit : *Le vent a tourné*, Il souffle d'un autre point de l'horizon qu'auparavant; et *Le vent tourne au nord, au sud, etc.*, Il passe au nord, etc. *L'orateur a tourné court*, a quitté brusquement le point qu'il développait. — Fig. et fam., *Le vent a tourné*, se dit d'une personne qui a changé de sentiment, de résolution, sous une influence quelconque. — Fig., *La chance a tourné*, Voy. CHANCE. || S'altérer, changer en mal. *Ce vin ne sera pas de garde, il tournera, il commence à t. Cette crème a tourné*. Fam. et par exag., on dit d'un saisissement, d'une émotion violente et pénible, *Cela fait t. le sang*. — Le raisin, les cerises, les groseilles tournent, commencent à *t.*, Ils commencent à mûrir, à se colorer. || T. Jeu de cartes. *Il tourne à cœur, à carreau, etc.*, La carte qu'on découvre, qu'on montre, est de la couleur nommée carreau, cœur, etc. *De quoi tourne-t-il?* = SE TOURNER. v. pron. Se mettre dans une situation opposée à celle où l'on était. *Se t. vers une personne, vers une chose. Se t. dans son lit. Tournez-vous pour qu'on voie si cet habit va bien par derrière*. || Se diriger. *Tous les yeux se tournèrent vers lui. De quelque côté que mon regard se tourne*. — *Se t. contre quelqu'un*, S'opposer à lui, le combattre. *Se t. du côté de quelqu'un*, Embrasser son parti. *S. t. vers Dieu*, Avoir recours à Dieu. — Fig., *Ne savoir de quel côté se t.*, Ne savoir quel parti prendre, ou Ne savoir que faire, n'avoir plus de ressource, ou Être tellement surchargé d'affaires, qu'on ne sait par où commencer. || Se changer, se transformer, passer d'un état à un autre. *La verdeur de ce vin se tournera en force. Tout ce qu'il mange se tourne en bile*. — Fig., *L'orgueil se tourne aisément en cruauté*. = TOURNÉ, ÉE. part. *Cette maison est bien, est mal tournée*, Elle est dans une bonne, dans une mauvaise exposition. On dit de même, *Cet appartement, cette chambre est bien tournée*. || Fig. et fam., *Un homme bien tourné*, Un homme bien fait, qui a bon air. — *C'est un esprit mal tourné*, se dit d'une personne qui prend ordinairement les choses de travers.

TOURNERIE. s. f. Atelier où l'on tourne le bois, le marbre.

TOURNESOL. s. m. [Pr. *tourne-sol*] (R. *tourner*, et *soleil*). T. Bot. Sous le nom de *Tournesol*, on désigne vulgairement les plantes dont les fleurs paraissent se tourner du côté du soleil et en suivre les mouvements : tels sont l'*Hélianthe annuel*, de la famille des Composées, l'*Héliotrope d'Europe*, de la famille des Borraginées, etc. || T. Chim. On désigne sous ce nom une matière colorante qui se présente dans le commerce sous deux états : le *T. en drapeaux*, et le *T. en grains*.
   Chim. ind. — Le *T. en drapeaux*, retiré du *Chrozophora tinctoria*, plante de la famille des Euphorbiacées, est, dans quelques-uns de nos départements du Midi, surtout dans

le Gard, aux environs de Grand-Gallargues, l'objet d'une fabrication assez importante. Pour l'obtenir, on extrait par trituration et expression des sommités de la plante un suc verdâtre dans lequel on trempe des chiffons. Ceux-ci sont ensuite plongés dans un mélange de chaux et d'urine putréfiée; ils en sortent, au bout de quelque temps, teints en un bleu violacé qu'on rend plus intense en les trempant de nouveau à plusieurs reprises dans le suc de la même plante et en les exposant, après chaque immersion, à la vapeur ammoniacale. Ce genre de t. ne sert guère qu'à teindre le papier à sucre et à colorer la croûte des fromages de Hollande.
   Le *T. en pains* est fourni par différentes sortes de Lichens, comme le *Variolaria orcina* ou *Parelle d'Auvergne*, le *Lichen tartareus*, etc. Pour le préparer, on mêle ces Lichens avec moitié de leur poids de cendres gravelées, et on les réduit en pâte en les arrosant de temps en temps avec de l'urine. Au bout de quarante jours, ce mélange étant devenu à peu près d'une couleur pourpre, on l'arrose de nouveau avec de l'urine. Quelques jours après la pâte est devenue bleue, et l'on divise la masse pour en modérer la chaleur et en ralentir la putréfaction. On y ajoute encore de l'urine, et l'on y incorpore de la chaux. Enfin, on y mêle de la craie pour lui donner une consistance ferme, et on la divise en petits parallélépipèdes droits qu'on fait sécher. Le t. en pains se fabrique surtout en Hollande et en Auvergne. On s'en sert dans l'industrie pour teindre en bleu les papiers communs, pour tracer sur le linge des dessins de broderie, etc. On sait que la *teinture* et le *papier de t.* sont continuellement employés dans les laboratoires de chimie pour constater l'acidité, l'alcalinité ou la neutralité des corps. La matière colorante du t. est naturellement rouge, et la couleur bleue n'apparaît que par suite de sa combinaison avec la potasse ou la soude, la chaux et l'ammoniaque, ce qui explique parfaitement l'action des acides et des alcalis sur cette substance. Les premiers lui restituent sa couleur naturelle en neutralisant les seconds, qui, à leur tour, en saturant les premiers, la ramènent au bleu.

TOURNETTE. s. f. [Pr. *tournè-te*] (R. *tourner*). T. Techn. Dévidoir à pivot vertical. — Instrument coupant à l'usage des vitriers, relieurs, etc. — Plateau tournant sur lequel on pose un vase pour le façonner, ou le peindre. — Cage tournante pour les écureuils. || T. Jeux. Cadran sur lequel on fait tourner une aiguille qui indique le gain ou la perte selon les numéros où elle s'arrête.

TOURNEUR, EUSE. s. (lat. *tornator*, m. s.). Celui, celle qui fait des ouvrages au tour. *Excellent t. T. en bois, en ivoire, etc.* — Ouvrier qui met un mouvement le rouet à retordre, la meule à aiguiser, la presse mécanique à bras, etc. = TOURNEUR. adj. m. Qui tourne longtemps et rapidement sur lui-même. *Les derviches tourneurs*. Voy. MAHOMÉTISME.

TOURNEVENT. s. m. [Pr. *tourne-van*]. T. Techn. Tuyau coudé mobile qui, placé au-dessus d'une cheminée, tourne du côté opposé au vent pour empêcher la fumée de rabattre.

TOURNEVIRE. s. f. (R. *tourner*, et *virer*). T. Mar. Gros cordage roulé autour d'un cabestan, dont on se sert pour élever les ancres et autres corps pesants.

TOURNEVIRER. v. a. (R. *tourner*, et *virer*). Faire tourner à son gré. *Elle s'entend à t. son homme*. Fam.

TOURNEVIS. s. m. [Pr. l's finale] (R. *tourner*, et *vis*). T. Techn. Instrument composé d'une lame de fer amincie à son extrémité, qu'on introduit dans la fente d'une vis pour la tourner.

TOURNILLE. s. f. [Pr. les *ll* mouillées] (R. *tourner*). T. Techn. Instrument servant à relever les mailles tombées dans la fabrication des bas au métier.

TOURNILLER. v. n. [Pr. les *ll* mouillées] (R. *tourner*). Tourner de côté et d'autre. Fam.

TOURNIOLE. s. f. T. Méd. Voy. PANARIS.

TOURNIOLER. v. n. (R. *tourner*). Prendre des détours. Fam. et Vx.

TOURNIQUET. s. m. [Pr. *tourni-kè*] (R. *tourner*). Croix de bois ou de fer mobile et posée horizontalement sur un pivot, dans une rue, dans un chemin, dans une porte, pour ne laisser passer que des gens de pied, ou qu'une personne à la fois. Des tourniquets semblables, mais munis d'un compteur, sont placés à la porte des expositions et de certains endroits où l'on n'entre qu'en payant. || T. Chir. Instrument qui sert à comprimer les artères pour arrêter l'hémorrhagie. || T. Guerre. Poutre garnie de pointes de fer, qu'on place dans une ouverture, dans une brèche, pour arrêter l'ennemi. || T. Jeu. Disque autour duquel sont marqués des numéros, et portant au milieu un pivot avec une aiguille que l'on fait tourner, et qui, selon le chiffre devant lequel elle s'arrête, indique la perte ou le gain. || T. Pêche. Sorte de moulinet sur lequel on enroule la ligne et qui permet de la lâcher au besoin || T. Mar. Rouleau qui sert à changer la direction d'un cordage pour l'empêcher de frotter contre quelque objet placé dans cette direction. || T. Techn. Petit anneau de bois mobile et fixé au bord d'un châssis, qui sert, quand on lève le châssis, à soutenir celui-ci. — Espèce de dévidoir à plusieurs branches, dont les épingliers se servent pour dévider le fil de laiton. — Pièce de fer tournante qui sert à fixer un contrevent ouvert. || T. Phys. T. électrique. Voy. Électricité, VII. T. hydraulique. Voy. Hydrodynamique, IX || T. Entom. Nom vulgaire d'un Coléoptère aquatique qui tournoie à la surface de l'eau.

TOURNIS. s. m. [Pr. tourni] (R. tourner). T. Art vétér. Maladie parasitaire du mouton. Voy. Mouton, VIII.

TOURNISSE. s. f. [Pr. tourni-se]. T. Charp. Chacun des poteaux verticaux d'un pan de bois. Voy. Charpenterie.

TOURNOI. s. m. [Pr. tour-noua] (bas lat. torneamentum, du lat. tornure, tourner). T. Hist. Pendant le moyen âge, on donnait le nom de Tournois, ou bas lat. torneamenta, à des fêtes guerrières et publiques où les chevaliers se réunissaient pour faire montre de leur adresse et de leur valeur, ainsi que de leur habileté au maniement des armes. On a beaucoup discuté autrefois sur la question de l'origine de ces solennités, mais aujourd'hui on admet généralement que, si des exercices analogues à ceux des tournois ont existé de tout temps chez les nations guerrières, ces exercices n'ont été soumis à des règles fixes, à une législation particulière, que dans le courant du XIe siècle : or, c'est là ce qui caractérise les Tournois proprement dits. On attribue cette innovation à un chevalier français, nommé Geoffroy de Preuilly, qui périt à Angers, en 1066, et c'est pour cela qu'on regarde ce seigneur comme l'inventeur des tournois. Au reste, l'origine française de ces fêtes est formellement reconnue par plusieurs auteurs du XIIIe siècle et du XIVe siècles suivants, notamment par les chroniqueurs anglais Mathieu Pâris et Raoul de Coggeshall. Le premier les appelle Joutes françaises (conflictus gallici) ; et le second, racontant la mort de Geoffroy de Mandeville, dit d'une blessure reçue à Londres dans une lutte où l'on combattait avec la lance à la manière française (more Francorum). On trouve des témoignages du même genre dans des ouvrages espagnols, grecs, italiens, allemands, etc. — On distinguait les grands et les petits tournois, ceux-ci donnés par les nobles d'un rang inférieur, et ceux-là par les souverains et les princes; mais on déployait dans les uns et les autres la plus grande magnificence. Les tournois avaient le plus souvent lieu à l'occasion d'un mariage, d'une naissance, d'un traité de paix, etc. Le prince ou le seigneur qui se proposait d'en donner un le faisait annoncer dans les villes et les châteaux par la voix des hérauts d'armes. A l'époque indiquée, les chemins se couvraient d'une foule nombreuse. Dès leur arrivée au lieu de la fête, les combattants faisaient of leur blason fenêtre, c.-à-d. arboraient leur bannière à la fenêtre la plus élevée de leur logis, et plaçaient leur écusson armorié sur un poteau planté devant la porte. Ils envoyaient en même temps leur heaume et leur écu aux seigneurs chargés de la police du t., ou Juges du camp, qui les exposaient dans un lieu où les dames allaient les visiter. Quand une dame avait reçu quelque offense de la part d'un d'eux, elle le recommandait en touchant son écu. L'accusation étant prouvée, le chevalier était puni et exclu de la fête. Les chevaliers admis à figurer comme acteurs dans les exercices juraient entre les mains des juges d'observer fidèlement les lois du t. Ils s'engageaient, entre autres choses, à ne se servir que d'armes gracieuses ou courtoises, c.-à-d. de lances sans fer et d'épées sans pointe ni tranchant ; à ne pas blesser le cheval de leur adversaire; à ne frapper qu'entre les quatre membres; à ne pas se réunir plusieurs contre un seul ; à ne pas attaquer

celui qui aurait levé la visière de son casque ou dont le casque serait tombé, etc. Le lieu du t. consistait en une enceinte, ou Lice, formée d'une double barrière à hauteur d'appui, et dont un des côtés au moins était garni d'échafaudages de charpente formant des tribunes où se plaçaient les juges, les dames et les autres spectateurs illustres. On distinguait plusieurs sortes d'exercices. Dans le Combat à la foule, ou Trespugnée, qui constituait le t. proprement dit, deux troupes de chevaliers, armés de toutes pièces et montés sur de forts chevaux, se mêlaient l'une à l'autre, et s'efforçaient de remporter l'avantage, en renversant par l'impétuosité de leur choc les cavaliers du parti opposé. Le Pas d'armes et la Castille simulaient, le premier un combat engagé pour défendre un défilé ou quelque passage difficile, la seconde l'attaque d'un château fort : deux troupes de combattants, tantôt à pied, tantôt à cheval, figuraient dans ces deux exercices. Le Combat à la barrière avait lieu aussi entre deux troupes, mais on s'y battait à pied : les deux partis s'attaquaient avec l'épée, la hache et la masse d'armes, et ne cessaient de lutter que lorsque l'un d'eux avait repoussé l'autre au delà d'une certaine limite. La Joute, au contraire, était un combat singulier d'homme à homme : c'était la partie du t. qui excitait le plus vif intérêt. Ces fêtes guerrières duraient ordinairement plusieurs jours, pendant lesquels se succédaient les combats à la foule, les castilles, les pas d'armes et les joutes. Ordinairement, ils se terminaient par une jonte en l'honneur des dames, où deux chevaliers rompaient une ou deux lances à leur intention : c'est ce qu'on appelait la joute des dames. Nous avons dit tout à l'heure que, dans les tournois, on ne faisait usage que d'armes courtoises, car c'était la règle générale. Mais il y avait aussi parfois des combats à outrance ou à fer émoulu, c.-à-d. affilé. Alors les adversaires se servaient des armes ordinaires des chevaliers. Ces luttes avaient ordinairement lieu entre chevaliers de différentes nations, ou au service de princes différents. Elles étaient précédées de défis qui étaient portés par les rois d'armes et les hérauts; les conditions du combat étaient indiquées d'avance, et il y avait, comme dans les tournois ordinaires, des juges chargés de veiller à leur stricte observation. Ces rencontres étaient donc de véritables batailles, mais réglées par certaines lois et entourées d'une solennité particulière. — Bien que dans les tournois ordinaires, c.-à-d. à armes courtoises, on prît toutes les précautions possibles pour éviter les accidents, il n'était pas rare que ces fêtes fussent ensanglantées, et qu'on eût à déplorer la mort d'un ou de plusieurs chevaliers, par suite des blessures reçues, de chutes de cheval, etc. On vit même dans les tournois qui se célébraient l'été des chevaliers périr suffoqués dans leurs lourdes armures par la chaleur et la poussière. Les accidents qui avaient lieu dans ces jeux guerriers étaient si fréquents que l'Église s'en alarma, et que plusieurs papes, entre autres Innocent II, Eugène II, Alexandre III et Innocent III, les défendirent sous peine d'excommunication. Des défenses semblables furent faites, à diverses époques, par l'autorité civile; mais la mode des tournois était si enracinée dans les mœurs de la noblesse, que l'on ne tint compte ni des censures ecclésiastiques, ni des menaces des rois. Ces fêtes chevaleresques se maintinrent jusque vers la fin du XVIe siècle. En ce qui concerne notre pays, elles firent fureur jusqu'en 1559, où Henri II périt dans une joute à la lance contre le comte de Montgomery, son capitaine des gardes. Encore ce t. ne fut-il pas le dernier, puisque nous voyons, peu d'années après, en 1561, Charles IX rompre des lances avec le duc de Guise, qui le blessa grièvement. Ces combats cessèrent alors totalement, et, sous Louis XIII, ils furent remplacés par les luttes parfaitement pacifiques des Carrousels, c.-à-d. par des exercices purement équestres, et par des courses de bagues et de têtes.

Outre la signification que nous avons attribuée plus haut au mot Pas d'armes, en appliquant encore ce nom à certains combats, soit avec armes courtoises, soit avec armes à outrance, entre deux ou plusieurs chevaliers. Quand un chevalier voulait faire un pas d'armes, il allait, armé de toutes pièces, se camper fièrement sur un chemin fréquenté et appendait son écu à un arbre. Personne ayant le droit de ceindre l'épée ne pouvait passer outre sans s'être mesuré contre lui, et le vaincu était soumis à diverses peines stipulées d'avance. Il y avait des passages qui étaient des lieux perpétuellement où les chevaliers se donnaient rendez-vous pour mesurer leur adresse et leur courage. Tel était, par ex., le défilé qui existe entre Calais et Saint-Jacquevert, et qui était fréquenté particulièrement par les Anglais. Les chevaliers de Guyenne et de Languedoc allaient établir des pas d'armes aux frontières d'Espagne, pour obliger les caballeros de ce royaume à croiser avec eux la lance et l'épée. Quelquefois les pas d'armes étaient annoncés comme les tournois, et de toutes parts la noblesse s'empressait de s'y rendre, parce que, s'ils étaient une occasion de gloire, ils en étaient aussi de divertissements et de banquets.

TOURNOIEMENT ou **TOURNOÎMENT**. s. m. [Pr. *tour-noua-man*]. Action de ce qui tournoie. Le *t.* de l'eau. ‖ T. *de tête*, Vertige dans lequel il semble que tous les objets tournent. ‖ T. Art. vétér. Tournis, maladie des moutons. Voy. MOUTON, VIII.

TOURNOIR. s. m. [Pr. *tour-nouar*] (R. *tourner*). T. Techn. Bâton qui sert au potier d'étain pour faire mouvoir leur tour.

TOURNOIRE s. f. [Pr. *tour-nouare*] (R. *tourner*). T. Techn. Moulin qui sert à diviser la matière à fabriquer le carton.

TOURNOIS. adj. 2 g. [Pr. *tour-noua*] (lat. *turonensis*, m. s., propr. de Tours). T. Métrol. Nom donné à d'anciennes monnaies qu'on a d'abord frappées à Tours. Voy. MONNAIE.

TOURNON, ch.-l. d'arr. du dép. de l'Ardèche, sur le Rhône, à 53 kil. N.-E. de Privas. = Nom des hab. TOURNONNAIS, AISE ; 5,100 hab.

TOURNON, ch.-l. de c. (Indre), arr. du Blanc, sur la Creuse; 1,550 hab.

TOURNON (Cardinal DE), homme d'État fr., né à Tournon ; présida le colloque de Poissy (1489-1562).

TOURNON D'AGÉNAIS, ch.-l. de c. (Lot-et-Garonne), arr. de Villeneuve; 1,250 hab.

TOURNOYER. v. a. [Pr. *tour-no-ier*] (R. *tourner*). Tourner en faisant plusieurs tours. *Cet homme ne fait que t. Dans l'endroit où vous voyez t. l'eau, il y a un gouffre. La flamme s'élevait en tournoyant.* ‖ Fig. et fam., Biaiser, chercher des détours dans une affaire. *A quoi sert de t., il faut aller au but.* = Conj. Voy. EMPLOYER.

TOURNOYEUR. s. m. [Pr. *tourno-ieur*]. Celui qui prend part à un tournoi.

TOURNURE. s. f. (R. *tourner*). Tour, direction. *Le succès de votre affaire dépend de la t. qu'on y donnera. Cette affaire prend une bonne t., une mauvaise t., une t. favorable. Il a une t. d'esprit agréable. La t. de son imagination.* ‖ Arrangement, construction. *La t. d'un vers, d'une phrase. Une t. hardie. Bossuet a des tournures qui ne sont qu'à lui.* ‖ Taille, habitude du corps. *Ce jeune homme est d'une jolie t. Cette femme a une bonne, une mauvaise t. Elle n'a pas de t., Elle n'a rien d'agréable dans sa taille, dans sa manière de marcher, de se présenter, etc.* ‖ T. Techn. T. *de fer, de cuivre,* Les copeaux, les particules de fer, de cuivre, qui se détachent lorsqu'on travaille ces métaux au tour. — Lamelle qu'un confiseur détache du contour d'un fruit. — Couvrure donnée au fer à cheval pour qu'il s'ajuste au contour du pied. ‖ T. Cost. Petit coussin ou bouffant que les dames mettent par derrière sous la jupe pour lui donner plus de développement.

TOURNUS, ch.-l. de c. (Saône-et-Loire), arr. de Mâcon, sur la Saône ; 5,000 hab.

TOUROUVRE, ch.-l. de c. (Orne), arr. de Mortagne; 1,700 hab.

TOURQUE. s. f. [Pr. *tour-ke*]. Mesure pour charger les minerais.

TOURS, anc. cap. de la Touraine, ch.-l. du dép. d'Indre-et-Loire, sur la Loire, à 236 kil. S.-O. de Paris ; 60,300 hab. Archevêché. = Nom des hab. : TOURANGEAU, ELLE.

TOURTE. s. f. (lat. *torta*, pain rond, de *tortus*, tordu). Sorte de pâtisserie dans laquelle on met des viandes, des fruits, etc. ‖ Masse provenant de la réduction en poudre du minerai d'argent. ‖ Masse formée du marc de divers fruits ou graines et qui sert d'engrais. ‖ Plaque d'argile supportant le creuset des verriers. ‖ Pièce ronde formant le bas de la cage où est logé le moulin à ourdir.

TOURTEAU. s. m. [Pr. *tour-to*] (R. *tourte*). Sorte de gâteau. Vx. ‖ Par anal., la masse pâteuse formée avec le résidu de certaines graines, de certains fruits, dont on a exprimé l'huile. *Les tourteaux de graine de lin et de cuiza servent à la nourriture des bestiaux* ‖ T. Techn. Disque de bois dur employé pour écraser le salpêtre et grener la poudre à canon. ‖ T. Blas. Pièce ronde de couleur sur champ de métal. Voy. BESANT. ‖ T. Zool. Espèce de Crabe. Voy. BRACHYOURES.

TOURTELÉ, ÉE. adj. (R. *tourteau*). T. Blas. Se dit des pièces qui sont chargées de tourteaux.

TOURTEREAU. s. m. [Pr. *tourte-ro*] (forme masc. de *tourterelle*). Jeune tourterelle. ‖ Fig. *Des tourtereaux*, Amoureux qui s'aiment tendrement.

TOURTERELLE. s. f. [Pr. *tourterè-le*] (Dimin. du lat. *turtur*, m. s.). T. Ornith. Genre d'oiseaux *Gyrantides*. Voy. PIGEON. ‖ Fig. Personne fidèle en amour.

TOURTIA. s. m. [Pr. *tour-ti-a*] (R. *tourte*). T. Géol. Conglomérat siliceux qu'on trouve quelquefois au-dessus des couches de houille.

TOURTIÈRE. s. f. Ustensile de cuisine qui sert à faire cuire des tourtes.

TOURTOIRE. s. f. [Pr. *tour-touare*]. T. Chas. Baguette mince avec laquelle le chasseur fait des battues en frappant les buissons.

TOURTRE. s. f. (lat. *turtur*, tourterelle). Nom donné à la tourterelle, quand on parle de cet oiseau comme bon à manger. *Manger des tourtres.* Vx.

TOURVILLE, amiral fr. fit la guerre de course contre les pirates barbaresques et battit deux fois les Anglais en 1690 et en 1693 (1642-1701).

TOUSELLE s. f. Voy. TOUZELLE.

TOUSSAINT. s. f. [Pr. *tou-sin*] (R. *tous*, *saints*). La fête de tous les saints. L'origine de la fête ainsi nommée remonte au commencement du VII° siècle, c.-à-d. à l'année 607, où le pape Boniface IV consacra l'ancien temple du Panthéon au culte du vrai Dieu, sous l'invocation de la Vierge et de tous les martyrs. En 731, Grégoire III remplaça la fête de *tous les martyrs* par celle de *tous les saints*, et Grégoire IV l'introduisit en France en 837. Cette fête, que l'on désigne communément chez nous sous le nom de *la Toussaint*, est une des grandes solennités religieuses de l'Église catholique et de l'Église grecque. La première la célèbre le 1er novembre, et la seconde le dimanche qui suit la Pentecôte.

TOUSSAINT-LOUVERTURE, noir de l'île de Saint-Domingue (1743-1803), s'empara du pouvoir après l'insurrection contre la domination française (1791-1796). Mais, réduit à capituler par le général Leclerc, il fut arrêté, et mourut prisonnier en France.

TOUSSENEL (ALPHONSE), publiciste fr. (1803-1885).

TOUSSER. v. n. [Pr. *tou-ser*] (lat. *tussire*, m. s.). Faire l'effort et le bruit que cause la toux. *Ce malade tousse beaucoup. J'ai toussé toute la nuit.* ‖ Faire ce même bruit à dessein *Il tousse pour avertir de sa présence.*

TOUSSERIE. s. f. [Pr. *tou-se-rie*]. Toux prolongée. Fam.

TOUSSEUR, EUSE. s. [Pr. *tou-seur*, *euze*]. Celui, celle qui tousse souvent. Fam.

TOUT, TOUTE. adj. (lat. *totus*, m. s.). Se dit d'une chose considérée en son entier, par rapport à l'étendue, au nombre, à l'action. T. *l'univers. Toute la terre.* T. *le monde. Toutes les plantes Toutes les nations de la terre.* T. *le peuple murmura. Toute sa famille est en bonne santé. Il mit toutes les troupes en bataille. Tous tant que nous sommes Ils furent tous étonnés. Toute la dépense monte à tant. Travaillez de toutes vos forces. Don* ner t. pouvoir à quelqu'un. Employer t. son pouvoir, t. son savoir, toute son industrie à quelque chose. Voilà t. ce que je sais. T. cela est fort inquiétant. Avec ellipse du substantif. Se dévouer pour le salut de tous. Je vous le dis une fois pour toutes. — Tous deux ou Tous les deux, L'un et l'autre. La première de ces locutions marque ordinairement simultanéité. Ils partirent tous deux, tous deux ensemble pour la ville. Tous les deux sont morts depuis longtemps. On dit de même, Tous trois, tous quatre, et Tous les trois, tous les quatre, Au delà de ce dernier nombre jusqu'à dix, on supprime rarement l'article; et au delà de dix, on emploie toujours : Tous les cinq, tous les dix, tous les quinze, tous les vingt. — Fam., ; Se faire t. à tous, S'accommoder avec des gens des caractères les plus divers, etc. — Fig., Somme toute. Voy. Somme. || Signifie aussi chaque, et alors il n'est pas suivi de l'article. T. bien est désirable Toute peine mérite salaire. T. homme est sujet à la mort. En toute occasion. A toute heure. A t. moment. De toute part. De toute sorte. On dit aussi, A tous moments, de toutes parts, de toutes sortes. — Tous les jours, tous les mois, tous les ans, Chaque jour, chaque mois, etc. Tous les deux jours, tous les trois jours, etc.; Tous les deux mois, tous les trois mois, etc.; Tous les deux ans, tous les trois ans, etc., De deux jours en deux jours, de trois jours en trois jours, etc. Toutes les deux heures, toutes les vingt-quatre heures, etc., De deux heures en deux heures, etc. — Par tout pays, par toute la terre, En quelque lieu que ce soit. — A t. hasard. Voy. Hasard. A toute force. Voy. Force. = Tout. adj., s'emploie souvent avec ellipse du subst. auquel il se rapporte ; alors il reste invariable, quels que soient le genre et le nombre du substantif non exprimé. ‖ Dans ce cas, il signifie fréquemment, Toutes les parties d'une chose, toutes les choses qui forment un ensemble, ou la chose prise dans sa totalité. T. est bon dans cet ouvrage. Il veut t. avoir. T. ou rien. Vieillards, femmes, enfants, t. fut passé au fil de l'épée. T. fuyait, lui seul osa résister. Avez-vous t. dit? Tout, T. compté, t. rabattu. Voy. Compter. A t. prendre. Voy. Prendre. — Ce n'est pas t., ce n'est pas le t., Ce n'est pas assez, il ne suffit pas Ce n'est pas t. d'être assidu, il faut encore... — Fam., C'est un bon homme, et puis c'est t., Il n'a que de la bonté, ce n'est qu'un bonhomme. ‖ D'autres fois, il se dit pour chaque chose, chose quelconque. Prendre un peu de t. Faire t. selon les règles de l'art. Il peut t. auprès du prince. T. n'est pas désespéré. Il veut parler sur t. Se mêler de t. Il dit que t. va bien. — Fam., Se faire à t., se prêter à t., S'habituer, se prêter aux usages, aux convenances, etc., suivant les temps, les lieux et les personnes = Tout. adv. Entièrement, complètement, sans exception, sans réserve. Je suis t. à vous. Ils furent t. étonnés. Il est t. autre que vous ne l'avez vu. C'est maintenant t. un autre homme, ou mieux un t. autre homme. Il est t. malade. Ce sont des enfants t. pleins d'esprit. Il est difficile de prendre ces animaux t. vivants. Ces étoffes-ci sont t. autres que les premières. Fam., Cet enfant est t. le portrait de son père, ou C'est t. son père, Il lui ressemble entièrement. — Fam., C'est t. un, Cela revient au même, cela est égal. Prov., C'est t. un, mais ce n'est pas de même, Cela revient au même, quoique ce ne soit pas la même chose. Voy. les observ. gramm. ci-après. ‖ Être t. cœur, t. esprit, t. zèle, etc., Être plein de cœur, plein d'esprit, plein de zèle, etc. C'est une femme qui est t. cœur. Ce sont des gens qui sont t. esprit. Elle est t. zèle pour ses amis. — Fig. et fam. Être t. œil et t. oreille, t. yeux et t. oreilles, Regarder et écouter attentivement. ‖ Tout se joint avec plusieurs prépositions, adverbes, etc., pour leur donner plus d'énergie. Il le lui dit t. net, t. franchement, t. doucement Parler t. haut, parler t. bas. T. au moins. T. du moins. T. autant. T. comme vous voudrez. T. en long. T. au long. T. de suite. T. droit. T. de travers. T. court. T. à côté. T. contre. T. autour ‖ Tout sert aussi à former certaines locutions dont on ne peut le retrancher sans détruire ou altérer le sens. T. à coup. T. d'un coup. T. à fait. T., à l'heure. T. de bon. T. doux. ‖ Tout s'emploie encore devant les adjectifs et devant certains substantifs, dans la signification de quelque, encore que, quelque. Dans ce cas, il prend l'accord devant les adjectifs féminins qui commencent par une consonne ou une H aspirée. T. sage qu'il est. T. blessé qu'il était. Ces hardes sont usées; mais, t. usées qu'elles sont, on peut encore s'en servir. Toute femme qu'elle est. — On dit à peu près de même, T. en riant. T. en grondant. T. en plaisantant, etc. T. en riant, il lui montra combien il avait eu tort. Il lui dit ses vérités t.

en plaisantant. Il sortit t. en grondant, t. en murmurant. = Tout. s. m. Se dit d'une chose considérée dans son entier, par rapport aux parties qu'elle renferme. Diviser un t. en plusieurs parties. Je ne veux point cela en détail, prenez le t. Plusieurs touts distincts les uns des autres. — Mettre, risquer, jouer le t. pour le t., Hasarder de tout perdre pour tout gagner. Il y a une différence du t. au t., se dit de deux choses que quelqu'un compare ensemble, et qui diffèrent extrêmement l'une de l'autre. — Fig. et fam., Faire son t. d'une personne, d'une chose, L'aimer uniquement. Il n'a d'yeux que pour son enfant, il en fait son t. On dit aussi, C'est son dieu, c'est son t. ‖ Le tout se dit aussi après l'énumération de plusieurs choses, pour les joindre toutes ensemble. Il a fait telle et telle chose, le t. pour parvenir à son but. Le t. monte à tant — Le t. ensemble, Ce qui résulte de l'assemblage de plusieurs parties formant un tout. Il y a une ou deux belles scènes dans cette pièce, mais le t. ensemble n'en vaut rien. — Par exagération, Tout se dit de ce qu'il y a d'essentiel, de plus important dans une chose. C'est quelque chose de bien commencer, mais le t. est de bien finir. Le t. est de faire son devoir. ‖ Mon t., ou Mon entier, se dit, dans une charade, du mot composé qui forme le sujet à deviner. ‖ T. Blason. Sur le t. Sur le t. du t. Voy. Écu. ‖ T. Jeu. La troisième partie qui se joue après qu'un des deux joueurs a perdu partie et revanche, et où l'on joue autant d'argent que l'on en a joué dans les deux premières parties ensemble. Jouer le t. Jouer partie, revanche et le t. Donner, perdre, gagner le t. — Le t. du t., La partie qui se joue après que la même personne a perdu partie, revanche et le t., et dans laquelle on joue autant d'argent que l'on en a joué dans les trois parties précédentes. Il a perdu le t. du t. — Va-t., Voy. ce mot. = A tout. loc. adv. Se dit de la couleur qui emporte toutes les autres dans un jeu de cartes. Jouer à t. Il faut faire à t. Jouer deux fois à t. Voy. Atout. = Après tout. locut. adv. Voy. Après. = Du tout. loc. adv., qui se joint avec Rien, Point, Pas, pour rendre la négative plus forte, et signi., En aucune façon, nullement, absolument rien. Il n'aura rien du t. Vous me donnerez cela? Point du t. Vous croyez peut-être qu'il fit des excuses? Pas du t. En répondant, on dit parfois elliptiq., Du t. Ferez-vous cela? Du t. = En tout. locut. adv. Sans en rien omettre, tout étant compris. Cela lui revient en t. à mille francs. Cela fait cent sous en t. ‖ Fam., En t. et par t., Entièrement. Je suis à vous en t. = Sur-tout. Voy. Surtout.

Obs. gram. — Lorsque Tout signifie entièrement, complètement, il est le plus souvent invariable, comme dans ces phrases : Les chevaux de ce poil-là sont ordinairement t. bons ou t. mauvais. Ces enfants sont t. pleins d'esprit. Ce chien a les oreilles t. écorchées. Cette femme est t. absorbée dans ses réflexions. Ce succès l'a rendue t. heureuse. Cependant l'usage veut que T., devant un adjectif féminin qui commence par une consonne ou par une H aspirée, reçoive le genre et le nombre du nom ou du pronom auquel cet adjectif se rapporte : De l'eau toute étanche sa soif. Elle est toute malade. Elles furent toutes surprises de le voir. C'est une femme toute pleine de cœur. Elle en est toute honteuse. C'est toute la même chose. — T. prend l'accord devant un adjectif féminin, même commençant par une voyelle ou par une H muette, lorsqu'il veut dire tout entier. c.-à-d. lorsqu'il désigne l'ensemble, la totalité des différentes parties d'une chose, au lieu d'exprimer l'intensité, la plénitude d'action. C'est ainsi qu'on dit : La forêt lui parut toute enflammée. Au langage près, la comédie, chez les Romains, fut toute athénienne. On observe encore la même distinction, lorsque T. est suivi non d'un adjectif féminin, mais d'une expression équivalente. Ainsi, dans les phrases qui suivent, T. restera invariable, parce qu'il s'agit d'exprimer l'intensité : Elle était t. en larmes, Elle pleurait excessivement. Elle est t. à son devoir. Elle est exclusivement occupée de son devoir. Au contraire, dans les exemples suivants, on fera accorder T. avec le substantif, car il exprime la totalité d'une chose : La maison était toute en feu, Toute la maison brûlait. Cette maison est toute à lui, Il n'y a aucune partie de cette maison qui ne lui appartienne. Par la même raison, une femme ne devra pas écrire indifféremment : Je suis t. à vous, ou Je suis toute à vous. La première de ces phrases est une formule de politesse, qui signifie : Je suis entièrement disposée à être utile, à vous rendre service ; la seconde est une expression de tendresse qui veut dire : Je vous consacre ma vie, je vous appartiens.

Dans la locution, T. autre, le mot T. est tantôt variable,

et tantôt invariable. Il est invariable quand il modifie l'adjectif *autre*, et alors il est adverbe, car il peut se traduire par Entièrement : *La société en province est t. autre qu'à Paris; Ceci est une t. autre question; Voici de t. autres affaires. Il méritait t. une autre fortune, une t. autre fortune*. Au contraire, il est adjectif et variable, quand il modifie un substantif exprimé ou sous-entendu, car il signifie alors Chaque ou quelconque : *Cela ne m'appartenant pas, je ne peux vous le donner; demandez-moi toute autre chose; Son souvenir me rend toute autre affection impossible; Toute autre place qu'un trône eût été indigne d'elle.*
— Par le même motif, T. suivi de l'adjectif *Entier, ière,* reste toujours invariable. En effet, il représente simplement un adverbe qui modifie l'adjectif, et équivaut à Complètement, absolument : *Ce pain est encore t. entier. Une heure t. entière s'écoula. Les grands hommes ne meurent pas t. entiers. Des roches t. entières se détachèrent de la montagne. Cette femme est t. entière à ce qu'elle fait.*

T. joint à un nom de ville, prend le genre masculin, quoique le nom de ville soit féminin, parce qu'on sous-entend alors le mot peuple : *T. Rome le sait; A l'approche des Turcs, t. Vienne fut consterné.* Il n'en est pas de même lorsqu'il est joint à un nom de province, de royaume, d'une des quatre parties du monde et même d'une paroisse ou d'une rue, avec l'article, il prend alors le genre de ce nom : *Toute l'Europe Toute la France. Toute la paroisse, toute la rue* On dirait de même *toute la ville de Rome.*

Lorsque T. se rapporte à plusieurs substantifs, on doit le répéter avec chacun d'eux, quoiqu'ils soient synonymes : *Il a perdu toute l'inclination et toute l'affection qu'il avait pour moi.* A plus forte raison, T. se répète, lorsque les deux substantifs sont de genres différents : *Je suis avec toute l'ardeur et t. le respect possible.*

T., substantif, conserve le T au pluriel; on doit écrire : *Plusieurs touts distincts les uns des autres,* et non, *plusieurs tous.*

TOUTE-BONNE. s. f. [Pr. *toutebo-ne*] T. Bot. Nom vulgaire de la *Sauge sclarée.* Voy. LADIÉES. || Variété de poire. — Pl. *Des toutes-bonnes.*

TOUTE-ÉPICE. s. f. Nom donné au fruit du *Pimenta officinalis.* Voy. MYRTACÉES, I. = Pl. *Des toutes-épices.*

TOUTEFOIS. adv. [Pr. *toute-foua*] (vx fr. *toutes voies, de toutes manières*). Néanmoins, cependant, mais, pourtant. *Tous les hommes recherchent les richesses, et t. on voit peu d'hommes riches qui soient heureux. Si t.-il est permis de le dire, T. on peut répondre que...* = Syn. Voy. CEPENDANT.

TOUTENAGUE. s. f. [Pr. *toute-nagge, g dur*] (persan *toutiyanak*, m. s.). T. Métall. Alliage blanc de cuivre, de zinc et de nickel. Voy. CUIVRE, IX.

TOUTE-PUISSANCE. s. f. Puissance absolue. Voy. PUISSANCE.

TOUTE-SAINE. s. f. [Pr. *toute-sène*]. T. Bot. Nom vulg. de la Saniole. — Sorte de millepertuis, considérée comme vermifuge. = Pl. *Des toutes-saines.*

TOUTES-TABLES. s. f. pl. T. Jeu. Sorte de jeu de trictrac. Voy. TABLE.

TOUTOU. s. m. Nom que les enfants donnent aux chiens. = Pl. *Des toutous.*

TOUT-OU-RIEN. s. m. [Pr. *toutouri-in*]. T. Horlog. Partie de la répétition d'une montre, d'une pendule, qui fait qu'elle répète entièrement l'heure indiquée par les aiguilles, ou qu'elle ne répète rien; ce qui arrive quand on n'a pas poussé assez le bouton. *Cette répétition est à tout-ou-rien.*

TOUT-PUISSANT. adj. et s. [Pr. *toupu-san*]. Qui peut tout. Voy. PUISSANT. = Pl. *Tout-puissants.*

TOUT-VENANT. s. m. Houille, prise sans choix, avec le menu, le poussier.

TOUVET (LE), ch.-l. de c. (Isère), arr. de Grenoble; 1,400 hab.

TOUX. s. f. [Pr. *tou*] (lat. *tussis*, m. s.) T. Méd. La *Toux* est une expiration subite et brusque dans laquelle l'air, en traversant rapidement les bronches, la trachée et le larynx, produit un bruit sonore et particulier. Lorsque la t. donne lieu à une succession d'efforts répétés et rapprochés, dont les crises sont séparées par des intervalles plus ou moins longs on lui donne le nom de Quinte. La t. est dite *humide* ou *sèche,* selon qu'elle est ou non accompagnée de crachats. En outre, d'après son rythme, on la distingue en t. *rare* ou *fréquente,* et, d'après son timbre, en *aiguë, rauque, sibilante, sourde, caverneuse,* etc. On l'appelle *férine,* lorsqu'elle est sèche et opiniâtre. La t. est presque toujours *symptomatique,* et se produit dans des affections fort diverses, parmi lesquelles celles de l'appareil respiratoire (inflammation du poumon, des bronches, du larynx, des plèvres, la coqueluche, la phtisie pulmonaire, etc.), tiennent le premier rang. Elle s'observe aussi dans les maladies du cœur et dans certaines névroses. Le traitement de la t. varie selon la nature de la maladie dont elle dépend. On utilise les substances *béchiques* ou *pectorales* contre la t., d'origine bronchique, et les calmants ou antispasmodiques contre la t. nerveuse.

TOUZELLE. s. f. [Pr. *touzè-le*] (provenç. *toscla*, m. s., de *tos,* tondu, du lat. *tonsus*, m. s.). T. Agric. Variété de Froment. Voy. ce mot.

TOWANITE. s. f. T. Minér. Syn. de *Chalcopyrite.*

TOXICITÉ. s. f. [Pr. *tok-sisité*]. Caractère toxique.

TOXICODENDRON. s. m. [Pr. *toksi-ko-din-dron*] (gr. τοξικὸν, poison; δένδρον, arbre]. T. Bot. Nom vulgaire du *Rhus toxicodendron.* Voy. ANACARDIACÉES.

TOXICOLOGIE. s. f. [Pr. *tok-sikoloji*] (gr. τοξικὸν, poison; λόγος, discours). Science qui traite des poisons. Voy POISON. || Traité sur les poisons. La *t. d'Orfila.*

TOXICOLOGISTE ou **TOXICOLOGUE.** s. m. [Pr. *tok-siko....*]. Celui qui s'occupe particulièrement de toxicologie, qui a écrit sur cette science.

TOXIGLOSSE. s. m. [Pr. *to-ksi-glo-se*] (R. *toxique,* et gr. γλῶσσα, langue). Zool. Nom que l'on donne à l'un des groupes de Mollusques Gastéropodes Prosobranches du sous-ordre des Cténobranches Leur radula est dépourvue de dents médianes, mais pourvue de deux rangées de longs crochets creux qui peuvent être projetés loin de la bouche. Tous ces mollusques ont une trompe bien développée et un siphon. On assure que la morsure de quelques espèces peut être venimeuse.

Les Cônes (Conus), vulgairement appelés Cornets, ont une spire non point saillante; la columelle et le bord externe sont dépourvus de plis : l'opercule est trop petit pour fermer l'ouverture. La tête de l'animal est munie d'une trompe armée de petits crochets à l'aide desquels il saisit sa proie. Presque toutes les espèces vivantes habitent les mers des pays chauds. Plusieurs d'entre elles portent dans le commerce le nom d'*Amiral.* Le Cône *cédonulli* (Fig. ci-contre), dont la

spire est couronnée de tubercules, est fort recherché. — Les *Vis* (Terebra) ont l'ouverture, l'échancrure et la columelle des Buccins propres; mais leur forme générale est turriculée, c.-à-d. que leur spire est très allongée en pointe.

TOXINE. s. f. [Pr. *tok-sine*] (R. *toxique*). T. Chim. et Méd. Substances vénéneuses sécrétées par les microbes pathogènes, et qu'on rencontre dans le venin des serpents, des scorpions, des insectes, etc. Leur composition chimique est à peu près inconnue; mais elles paraissent devoir être rangées parmi les diastases. Voy. DIASTASE.

TOXIQUE. adj. 2 g. [Pr. *tok-sike*] (gr. τοξικὸς, m. s., propr. qui a rapport à l'arc, puis qui sert à empoisonner les flèches, de τόξον, arc). Qui empoisonne, qui est vénéneux. *Substance t. Propriété t.* || S'emploie aussi subst., au masc., comme syn. de *Poison.*

835

TOYÈRE. s. f. [Pr. *to-ière*]. Pointe de la buche qui s'enfonce dans le manche.

TRABAN s. m. (all. *trabant*, garde du corps; de *traben*, trotter). Nom donné, dans les régiments suisses, à des militaires armés de hallebardes, et chargés de veiller à la personne du capitaine.

TRABE. s. f. (lat. *trabs*, poutre). T. Blas. Bâton d'une bannière. || T. Mar. Jus d'une ancre.

TRABÉCULAIRE. adj. 2 g. Qui concerne les trabécules.

TRABÉCULE. s. f. (Dimin. du lat. *trabs*, poutre). T. Anat. et Bot. Nom donné à des formations de tissu plus ou moins dur (cellulose, dans les végétaux, tissu osseux ou fibreux chez les animaux) qui se disposent en lames minces formant des cloisons dans certains organes.

TRABÉE. s. f. T. Antiq. rom. Sorte de robe de cérémonie. Voy. Toge.

TRABUCAIRE. s. m. [Pr. *trabu-kère*] (espagn. *trabuco*, tromblon). Nom qu'on donnait en Espagne à des soldats armés d'un tromblon. || Se dit de brigands qui détroussent les voyageurs dans les provinces voisines des Pyrénées.

TRABUCOS. s. m. (esp. *trabuco*, tromblon). Cigare de la Havane.

TRAC. s. m. (lat. *tractus*, traîné). La trace et la piste des bêtes. *Suivre une bête au t.* || L'allure du cheval, du mulet, etc. *Le t. des chevaux.* — Vx dans les deux sens.

TRAC. s. m. (vient de l'allure des bêtes poursuivies par les chasseurs). Peur que l'on ressent au moment d'agir. Fam.

TRAÇAGE. s. m. Action de tracer.

TRACANAGE. s. m. Action de faire passer la soie au tracanoir.

TRACANER. v. a. (ital. *tracannare*, m. s.). Faire passer au tracanoir. = Tracané, ée, part.

TRACANOIR. s. m. [Pr. *traca-nouar*] (R. tracaner). T. Techn. Engin du moulin à dévider la soie, ayant pour objet de dévider les fils sur de nouveaux roquets.

TRAÇANT, ANTE. adj. T. Bot. Se dit d'une tige qui s'étend horizontalement sur la terre. Voy. Tige.

TRACAS. s. m. [Pr. *tra-ka*] (R. tracasser). Mouvement accompagné de désordre, d'embarras, le plus souvent pour des choses de peu d'importance. *Il y a bien du t. dans cette maison. Il est dans le t. du déménagement.* || Fig., au sens moral. *Le t. des affaires. Le t. du ménage, du commerce. Il s'est retiré du t. du monde.* || T. Techn. Ouverture dans les planchers d'une usine, par laquelle on fait monter et descendre les matières.

TRACASSEMENT. s. m. [Pr. *traka-seman*]. Action de tracasser.

TRACASSER. v. n. [Pr. *traka-ser*] (R. *traquer*, et le suff. *péjor asse*). Aller et venir, s'agiter, se tourmenter pour peu de chose. *Il ne peut se tenir en repos, il tracasse sans cesse. Il ne fait que t.* || En parlant d'un esprit inquiet et brouillon, sign. Faire des tracasseries. *On ne saurait vivre avec cet homme, il ne fait que t.* = Tracasser. v. a. Inquiéter, tourmenter quelqu'un. *Cet homme m'a tellement tracassé que j'ai abandonné l'affaire. Il nous a tracassés toute la journée.* = Se Tracasser v. pron. Se tourmenter pour de petites choses. = Tracassé, ée. part.

TRACASSERIE. s. f. [Pr. *traka-serî*]. Chicane, mauvais procédé, dispute sur des riens. *Il m'a fait une t. qui a rompu le marché. Vous ne savez pas toutes les tracasseries qui vous attendent dans cette carrière.* || Propos, rapport qui tend à brouiller des gens les uns avec les autres. *Il passe sa vie à faire des tracasseries.*

TRACASSIER, IÈRE. s. [Pr. *traka-sié*]. Celui, celle qui tracasse, qui est sujet à faire de mauvaises difficultés, qui inquiète pour des bagatelles. *C'est un t., une tracassière.* — On dit aussi adj., *Une femme tracassière. Une administration, une police tracassière.* || Se dit encore d'un brouillon, d'un indiscret qui, par de mauvais rapports, commet des personnes les unes avec les autres. *C'est un t. qui trouble toutes les sociétés où on l'admet.*

TRACE. s. f. (R. *tracer*). La marque, l'empreinte qui résulte du passage d'un homme, d'un animal ou d'une chose. *Voilà la t. de ses pas.*

De son généreux sang la trace nous conduit

RACINE.

Suivre la t. d'un cheval, d'un chariot. Le tonnerre est tombé dans cet endroit; on en voit encore la t. La petite vérole n'a laissé sur son visage que des traces imperceptibles. — Fig., *Marcher sur les traces*, ou *Suivre les traces de quelqu'un.* Voy. Marcher. || Fig., se dit pour Indice, reste. *On ne trouve dans les historiens aucune t. de cet événement. On trouve encore chez ce peuple les traces d'une ancienne civilisation.* — Se dit aussi des impressions reçues et plus ou moins conservées par l'esprit, par la mémoire. *Cette aventure a laissé des traces profondes dans son esprit. Le temps a effacé de sa mémoire toute t. de cet événement.* || *Trace*, se dit encore des lignes que l'on fait sur le terrain pour marquer le dessin d'un jardin, l'alignement d'un mur, le plan d'un édifice, et des premiers points d'aiguille, des premiers traits que l'on fait sur du canevas, pour marquer les contours des figures d'un ouvrage de tapisserie. || T. Techn. Vide produit dans un drap par la rupture d'un fil qui n'a pas été rattaché. Voy. Drap.

Syn. — *Vestige.* — *Vestige*, du latin *vestigium*, signifie proprement l'empreinte du vêtement; *trace*, de *trahere*, traîner, tirer en long, désigne quelque chose de long ou d'étendu. Le *vestige* n'est qu'un trait imprimé : on le cherche; la *trace* est une ligne plus ou moins prolongée : on la suit. Le *vestige* marque l'endroit où un homme a passé; la *trace* marque la voie qu'il a suivie. Au sens figuré, *vestige* désigne les marques qu'on voit dans un lieu et qui indiquent l'existence ancienne d'une chose qui n'est plus, tandis que *trace* exprime quelque chose de plus léger et se dit seul des choses abstraites. En conséquence, on dit : Il reste quelques *vestiges* de cet édifice; On trouve dans cet endroit les *vestiges* d'un camp romain, et : Cet événement n'a laissé dans l'histoire aucune *trace*; On découvre encore en lui quelques *traces* de l'éducation qu'il a reçue.

TRACEMENT. s. m. [Pr. *trase-man*]. Action de tracer. *Le t. d'un fort sur le terrain. Le t. d'une plate-bande.*

TRACER. v. a. (lat. *trahere*, tirer, traîner, par l'intermédiaire d'une forme *tractiare*, dérivée du part. *tractus*). Tirer, disposer les lignes d'une figure géométrique, d'un plan, d'un dessin sur le papier, sur la toile, sur le terrain. *T. une ligne droite, une circonférence, une ellipse. T. un plan, une épure, un dessin, une légère esquisse. T. une allée, une route, un parterre, un fort.* Dans le style soutenu, *T. des caractères, Écrire. Je reconnais les caractères que sa main a tracés.* — Par analogie, *T. un sillon,* Faire, creuser un sillon. || Fig., *T. le chemin à quelqu'un,* Lui donner l'exemple. *Ses ancêtres lui avaient tracé le chemin qu'il devait suivre.* On dit dans le même sens, *T. à quelqu'un la conduite qu'il doit tenir. T. à quelqu'un les règles de conduite. Sa conduite est toute tracée.* — On dit encore, *T. l'image, le tableau de quelque chose,* Représenter quelque chose par le discours, le décrire. *Il nous a tracé le tableau de ses malheurs.* || Faire sur le canevas les premiers points pour marquer les contours des objets dans un ouvrage de tapisserie, de broderie. *T. de la tapisserie. T. des fleurs sur un canevas.* — On dit de même, *T. une couture. Je lui ai tracé son ouvrage.* = Tracer, v. n. T. Bot. Se dit des végétaux dont les tiges s'étendent en rampant sur la terre, et ne s'enfoncent presque pas. *L'orme trace beaucoup.* = Tracé, ée. part. || On dit subst., *Le tracé d'un chemin, d'un bastion, d'une broderie.* — *Tracé bastionné.* Voy. Fortification, I, B. = Conj. Voy. Avancer.

TRACERET. s. m. [Pr. *trase-rè*]. T. Techn. Outil pointu avec lequel les charpentiers marquent l'ouvrage sur les pièces de bois.

TRACEUR, EUSE. s. [Pr. *tra-seur, euze*]. T. Techn. Ourrier, ouvrière qui trace. — *Traceuse de point* d'Alençon, Ouvrière qui trace le dessin piqué.

TRACHÉAL, ALE. adj. [Pr. *traché-al*]. T. Anat. et Méd. Qui a rapport à la trachée-artère. *Angine trachéale.*

TRACHÉE. s. f. [Pr. *tra-ché*] (gr. τραχεία, m. s., de τραχύς, àpre) T. Anat. Syn. de *Trachée-artère.* ‖ T. Entom. Tubes respiratoires des *Insectes.* Voy. ce mot. ‖ T. Bot. Nom donné souvent aux *vaisseaux spiralés* du bois primaire. Voy. Tissu.

TRACHÉE-ARTÈRE, ou simpl., TRACHÉE. s. f. T. Anat. Canal qui fait communiquer le larynx avec les bronches et sert au passage de l'air dans l'acte de la respiration. Voy. Larynx et Respiration.

TRACHÉEN, ENNE. adj. [Pr. *traché-in*, *ène*]. Qui se rapporte aux trachées, ou à la trachée-artère. = Trachéennes. adj. f. pl. T. Zool. Ordre d'*Arachnides.* Voy. ce mot.

TRACHÉITE. s. f. [Pr. *traché-ite*] T. Méd. Inflammation de la trachée ; angine trachéale.

TRACHÈLE. s. f. [Pr. *tra-chèle*] (gr. τράχηλος, m. s., propr. cou). T. Mar. Milieu du mât d'un navire.

TRACHÉLIDES. s. f. pl. [Pr. *tra-kélide*] (gr. τράχηλος, cou). T. Entom. Famille d'Insectes *Coléoptères* caractérisés par la forme de leur tête, qui est triangulaire ou en cœur, et portée sur une espèce de cou ; d'où le nom de *Trachélides* que leur a imposé Latreille. En outre, ils ont en général le corps mou, avec les élytres flexibles, sans stries, et quelquefois très courtes, un peu inclinées dans d'autres. Enfin, ils ont des mâchoires non onguiculées. Les Trachélides vivent pour la plupart sur différents végétaux : elles en dévorent les feuilles ou sucent le miel de leurs fleurs. Ce sont des insectes habituellement très vifs, très agiles. Beaucoup, lorsqu'on les saisit, courbent leur tête et replient leurs pieds, comme s'ils étaient morts. On divise cette famille en 5 petites familles : les *Lagriaires*, les *Pyrochroïdes*, les *Rhipiphorides*, les *Anthicides* et les *Cantharidiens*. Nous ne parlerons pas ici des *Rhipiphorides* ni des *Cantharidiens* qui sont traités à leur ordre alphabétique. — 1° Les *Lagriaires* ont le corps allongé et plus étroit en devant, avec le corselet, soit presque cylindracé ou carré, soit ovoïde et tronqué ;

Fig. 1.

les crochets des tarses simples ; et les antennes simples, filiformes ou grossissant insensiblement vers le bout, et insérées près d'une échancrure des yeux. Les espèces de cette tribu se tiennent sur les plantes et feignent d'être mortes lorsqu'on les prend. L'une d'elles est fort commune dans notre pays, c'est la *Lagrie hérissée* (*Lagria hirta*) [Fig. 1, grossie], qui est velue et de couleur noire, avec les élytres jaunâtres et le corselet arrondi. Sa larve, de forme cylindrique, est couverte de poils bruns. — 2° Les *Pyrochroïdes* diffèrent des précédents par leur corps aplati et leur corselet presque orbiculaire ou trapézoïde. Les antennes, dans les mâles, sont en peigne ou en panache, et les élytres très larges et arrondies. Ces insectes se trouvent au printemps dans les bois. Le genre *Pyrochroa*, qui a donné son nom à la famille, comprend un petit nombre d'espèces généralement d'un rouge vif. Tel est le *Pyrochroa rouge* ou *Pyrochroa cardinal* (Pyr. rubens), qu'on rencontre dans notre pays. Sa larve, allongée, déprimée, est d'un brun fauve brillant : on la trouve sous les écorces de différents arbres, et notamment des Chênes et des Peupliers. — 3° Les *Anthicides* ont le corps oblong et plus étroit en avant, le corselet en général cordiforme ou divisé en deux nœuds, et les antennes simples ou légèrement en scie, filiformes ou un peu plus grosses vers le bout. La plupart de ces insectes vivent à terre et ils courent avec beaucoup de vitesse. Nous nous contenterons de citer le genre *Notoxe* (*Notoxus*) ou *Cuculle*, qui a pour type le *Notoxe unicorne* (*Not. monoceros*) [Fig. 2, très grossie].

Fig. 2.

Cet insecte, qui a au plus 5 millimètres de longueur, est d'un fauve clair, avec deux points à la base de chaque élytre et une bande transverse noire. Il doit son nom spécifique à la corne dentée que forme son corselet au-dessus de sa tête.

TRACHÉLIEN, IENNE. adj. [Pr. *trakéli-in*, *ième*] (gr. τράχηλος, cou). T. Anat. Qui appartient à la partie postérieure du cou. *Nerfs trachéliens.*

TRACHÉLISME. s. m. [Pr. *traké-lisme*] (gr. τράχηλος, cou). T. Méd. Contraction spasmodique des muscles du cou.

TRACHÉOCÈLE. s. f. [Pr. *tra-kéo-sèle*] (gr. τράχηλος, cou; κήλη, tumeur). T. Méd. Tumeur de la trachée-artère.

TRACHÉOTOMIE. s. f. [Pr. *traké-otomi*] (gr. τραχεία, trachée, τομή, section). T. Chir. Ouverture de la trachée pour laisser passer l'air. Voy. Bronchotomie.

TRACHYLOBIUM. s. m. [Pr. *tra-ki-lo-biome*] (gr. τραχύς, rude; λοβός, gousse). T. Bot. Genre de plantes Dicotylédones de la famille des *Légumineuses*, tribu des *Césalpiniées.* Voy. Légumineuses.

TRACHYMÉDUSES. s. f. pl. [Pr. *tra-ki-médu-ze*] (gr. τραχύς, rude, et fr. *méduse*). T. Zool. Sous-ordre d'*Hydroméduses.* Voy. Hydroïdes.

TRACHYTE. s. m. [Pr. *tra-chite*] (gr. τραχύς, rude). T. Minér. — Le *Trachyte*, qu'on appelle aussi *Porphyre trappéen*, est une roche agrégée, qui se compose presque entièrement de grains microscopiques de sanidine enchevêtrés et laissant des vides entre eux, auxquels se joignent quelques centièmes de mica, d'amphibole, de fer titané, etc. Le t. est âpre au toucher, d'une texture compacte, grenue, quelquefois bulleuse et d'un aspect terne ou vitreux. Il est ordinairement d'une couleur claire, jaunâtre, verdâtre ou rougeâtre. Il forme des assises dans les terrains volcaniques des périodes paléothérienne et alluviale, ainsi que des amas transversaux et des filons d'une faible étendue. Cette roche fournit de bons matériaux de construction, et on l'emploie à cet usage dans tous les pays où elle abonde. — Le *Phonolithe* ne diffère du précédent que par le volume de ses parties constituantes. Sa pâle, d'un gris verdâtre ou jaunâtre plus ou moins foncé, est parfaitement compacte et sans porosité sensible à l'œil nu. Il se divise souvent en plaques tabulaires, qui sont douées d'une grande résonance : de là le nom donné à cette roche. — Le *Leucostite*, appelé aussi *Sanidophyre* et *Porphyre trachytique*, est intermédiaire entre le t. et le phonolithe. Il offre la même composition que ces roches ; mais sa texture est plus serrée que celle de la première, et moins serrée que celle de la seconde. En outre, il n'est ni fissile ni sonore comme le phonolithe. Le leucostite et le phonolithe ont les mêmes gisements que le t., mais en assises moins puissantes.

TRACHYTIQUE. adj. 2 g. [Pr. *tra-chitike*]. T. Minér. Qui a rapport au trachyte.

TRAÇOIR. s. m. [Pr. *tra-souar*]. T. Techn. Poinçon servant à tracer les divisions sur le bois, le métal, etc. — Instrument de jardinage pour marquer la place des semis, des plantations, des repiquages.

TRACTATIVEMENT. adv. [Pr. *traktative-man*]. En traitant, par un traité.

TRACTIF, IVE. adj. Qui exerce une traction.

TRACTION. s. f. [Pr. *trak-sion*] (lat. *tractio*, m. s., de *trahere*, tirer). T. Mécan. Action de tirer, ou l'effet produit par cette action. *On appelle angle de t. l'angle que la direction de la puissance fait avec un plan donné* ‖ T. Chir. Action d'opérer une t. sur un membre pour réduire une luxation. ‖ T. Ch. fer. *Service de la t.* relatif aux machines qui traînent les trains, transportent les voyageurs et les marchandises.

Techn. — *Traction électrique.* — Tout le monde connaît le développement extraordinaire qu'a pris la t. électrique depuis quelques années. Non seulement les lignes de tramways électriques se sont multipliées, mais d'importants chemins de fer électriques sont aujourd'hui en pleine activité. Nous avons déjà donné au mot Locomotive la description de la locomotive électrique Heilmann. On verra à l'article Tramway les intéressantes applications des moteurs électriques à ces véhicules. On a cité au mot CHEMIN DE FER les chemins de fer électriques. Enfin depuis quelque temps on peut voir circuler des voitures et des fiacres mus par l'électricité.

TRACTOIRE. s. f. [Pr. *trak-touare*] (lat. *tractorius*, m. s., de *tractum*, sup. de *trahere*, tirer). T. Géom. Se dit d'une ligne courbe qui est caractérisée par cette propriété, que la tangente est toujours égale à une ligne donnée. *La t. a beaucoup d'analogie avec la logarithmique dont la sous-tangente est constante.*

TRACY (DESTUTT DE), philosophe fr. (1754-1836).

TRADESCANTIE. s. f **TRADESCANTIÉES.** s. f. pl. [Pr. *trades-kan-ti, tié*] (R. Tradescant, n. d'un botan. holl.). T. Bot. Genre et tribu de plantes Monocotylédones de la famille des *Commélinacées.* Voy. ce mot.

TRADITEUR. s. m. (lat. *traditor*, de *tradere,* livrer). T. Hist. ecclésiast Durant les premiers siècles de l'Église, on appelait ainsi ceux qui, dans la persécution, livraient aux païens les livres sacrés pour éviter le supplice de la mort. *Saint Cyprien a écrit un livre sur les traditeurs.*

TRADITION. s. f. [Pr. *tradi-sion*] (lat. *traditio*, m. s., de *tradere*, livrer). Action par laquelle on livre une chose à quelqu'un. *La vente se consomme par la t. de la chose vendue. La vente d'une terre se faisait anciennement par la t. d'une glèbe. L'ordre de portier, dans l'église, se confère par la t. des clefs.* || Par analog., se dit de la voie par laquelle la connaissance des faits et des doctrines se transmit de siècle en siècle, et des faits, des doctrines mêmes que l'on connaît par cette voie. *Ce sont des faits que la t. seule nous a appris. La t. écrite. La t. non écrite, ou orale. La religion catholique est fondée sur l'Écriture sainte et sur la t. Respecter les traditions anciennes. Les traditions fabuleuses de la Grèce. Beaucoup de traits d'histoire, naguère regardés comme incontestables, sont aujourd'hui considérés comme des traditions légendaires. Ce point de discipline ne se trouve pas dans l'Écriture, ce n'est qu'une t.* — Se dit aussi de toutes les opinions, de tous les procédés, des tous les usages, etc., qui se transmettent de génération en génération par le moyen de l'exemple ou de la parole *Ceci est une t. de nos maîtres. Cet acteur connaît toutes les traditions du théâtre.*

Théol — Pour les théologiens, la T. est un témoignage qui nous atteste la vérité d'un fait, d'un dogme ou d'un usage. La t. est dite *orale*, lorsque ce témoignage se transmet de vive voix, de génération en génération; elle est *écrite*, lorsqu'il est consigné dans l'histoire ou dans d'autres livres. Les théologiens distinguent la T. *primitive*, la T. *mosaïque* et la T. *chrétienne.* Voici comment ils les définissent : la T. *primitive* descend d'Adam et des patriarches, l'on en trouve encore des vestiges chez tous les peuples : elle comprend les vérités dont la connaissance a été donnée par Dieu même à nos premiers parents. Tels sont les dogmes de la création du monde et de l'homme, la chute mystérieuse du genre humain, la promesse d'un rédempteur, l'existence d'une autre vie, l'immortalité de l'âme et les principaux actes du culte divin. La T. *mosaïque* comprend la loi promulguée par le législateur des Hébreux. Enfin, la T. *chrétienne* ou *évangélique* est celle qui se rapporte à la révélation apportée par le fils de Dieu. Dans la t. évangélique, on distingue généralement les traditions *divines* et les traditions *ecclésiastiques.* Les premières concernent le dogme et la morale, qui, de leur nature, sont immuables et ne sauraient jamais éprouver le moindre variation; les secondes sont relatives au culte et à la discipline, qui, au moins sous certains rapports, sont susceptibles de se modifier suivant les temps et les lieux, quoique l'esprit de l'Église, dont émane la discipline, ne varie point. Les traditions *apostoliques*, c.-à-d. celles qui remontent directement aux apôtres, sont encore souvent appelées traditions *divines*, parce que les apôtres n'ont rien enseigné que ce qu'ils avaient appris de Jésus-Christ lui-même ou par inspiration du Saint-Esprit. En un mot on peut dire que toute la t. de l'Église, quel que soit son objet, est *divine*, en ce sens qu'elle est la *parole de Dieu* non écrite dans les Livres saints, mais transmise par les apôtres à leurs successeurs, et conservée sans corruption dans le sein de l'Église éclairée par l'Esprit-Saint.

Il est bien certain qu'aucune religion ne peut se passer de t., mais le difficile en cette matière est de distinguer la t. authentique de la t. apocryphe. Ce sont les papes et les conciles qui, à plusieurs reprises, ont établi cette distinction soit parmi les Livres religieux, soit parmi les dogmes et les croyances transmis par la t. orale. L'Église affirme qu'elle ne peut se tromper parce qu'elle se décide sous l'inspiration du Saint-Esprit. Cette affirmation dispense de toute critique.

TRADITIONALISME. s. m. [Pr. *tradi-sio...*], Système de croyances basé sur la tradition. || Doctrine des traditionalistes.

TRADITIONALISTE. s. m. [Pr. *tradi-sio...*]. T. Philos. cathol. Philosophe qui ne considère pas la pensée comme une opération nécessaire de l'esprit humain, mais la fait dépendre exclusivement de la parole par laquelle nous arrive la tradition. = Syn. d'*Extérioriste* et de *Révélationiste.*

TRADITIONNAIRE. s. m. [Pr. *tradi-sio-nère*]. Chez les Juifs, il existe deux sectes qui diffèrent complètement en la manière d'expliquer les Écritures, celle des *Traditionnaires*, qu'on appelle plus ordinairement *Rabbanistes* ou *Talmudistes*, et celle des *Caraïtes* ou *Karaïtes*. Les *Traditionnaires*, suivent aveuglément les traditions que leurs docteurs ont rassemblées dans le Talmud et dans leurs commentaires sur l'Écriture sainte, attribuant à ces ouvrages autant d'autorité qu'au texte même de la Bible. Les *Caraïtes*, au contraire, rebutés des rêveries rassemblées dans le Talmud et des prescriptions puériles qu'il contient, rejettent tout ce fatras et font profession de s'en tenir aux vérités enseignées et aux observances prescrites par les Livres saints. Le nom des *Caraïtes* paraît dérivé du Chaldaïque *kara*, écrire, et l'on fait remonter leur origine à un Juif de Babylone, Anan, qui, vers 750 ap. J.-C., se déclara ouvertement contre les traditions du Talmud et consomma le schisme qui jusqu'alors n'avait pas éclaté. Les Caraïtes sont répandus en Crimée, en Russie, à Constantinople, au Caire et à Damas : leur nombre d'ailleurs ne dépasse pas six à sept mille.

TRADITIONNEL, ELLE. adj. [Pr. *tradisio-nèle*]. Fondé sur la tradition. *Des lois, des opinions traditionnelles.*

TRADITIONNELLEMENT. adv. [Pr. *tradisio-nèle-man*]. Par la voie, par le moyen de la tradition. *On ne sait cela que traditionnellement.*

TRADITIVE. s. f. (lat. scolast. *traditiva*, m. s.). Transmission traditionnelle. Vx.

TRADUCTEUR, TRICE. s. (lat. *traductor, trix*, m. s.). Celui, celle qui traduit d'une langue dans une autre. *Un bon t. Un t. exact, élégant. Un t. servile.*

TRADUCTION. s. f. [Pr. *traduk-sion*] (lat. *traductio*, m. s., de *traductum*, sup. de *traducere*, traduire). Action de traduire *La t. est un travail difficile et ingrat.* || La version d'un ouvrage dans une autre langue que celle où il a été écrit. *T. fidèle, exacte. T. littérale. T. libre. Une t. en vers, en prose. La t. de la Bible. Un tel vient de publier une nouvelle t. d'Homère.*

TRADUIRE v. a. (lat. *traducere*, m. s., de *trans*, à travers, et *ducere*, conduire). T. Prat. Transférer d'un lieu à un autre; ne se dit que des personnes. *On le traduisit de la prison du Châtelet à la Conciergerie.* — T. en Justice, devant un juge, devant un tribunal. Citer ou renvoyer quelqu'un devant un juge, etc. *Les prévenus furent traduits devant la cour d'assises.* || Faire passer un ouvrage d'une langue dans une autre. *T. du latin en français. Il a traduit l'Iliade en vers, en prose. Cela est bien traduit, fidèlement traduit.* On dit de même, *T. un passage, une citation, un vers,* etc. — *T. un auteur,* Traduire ses ouvrages. *Il a traduit Platon, Aristophane, Shakespeare.* = Fig. *T. quelqu'un en ridicule,* Le tourner en ridicule. Vx. || Par ext., Expliquer, interpréter. *Traduisez-moi votre pensée en termes un peu plus clairs.* || Sign. encore exprimer, reproduire. *L'artiste traduit sa pensée par des moyens divers. L'architecture ogivale a traduit le sentiment religieux du moyen âge avec une puissance que rien ne saurait surpasser.* = SE TRADUIRE. v. pron. Être traduit, représenté, réalisé. *Les poètes ne sauraient se t. Le sentiment pur se traduit merveilleusement par la musique. La loi ne scrute pas la pensée; mais si la pensée mauvaise se traduit en actes, elle l'atteint et la punit.* = TRADUIT, ITE. part. *Un roman traduit de l'anglais.* = Conj. Voy. NUIRE.

TRA   TRA   941

TRADUISIBLE adj. 2 g. [Pr. *tradui-zible*]. Qui peut se traduire. *Cet ouvrage, cette phrase n'est pas l.*

TRÆGERITE. s. f. [Pr *tré-jerite*] (R. *Trœger*, n. d'homme). T Minér. Arséniate hydraté d'urane, en petites tables monocliniques jaunes.

TRAFALGAR, cap d'Espagne, au sud de l'océan Atlantique. L'amiral anglais Nelson y vainquit la flotte française, et fut tué dans le combat (1805).

TRAFIC. s. m. (lat. *traficium*, m. s., de *trans*, au delà, et *facere*, faire). Négoce, commerce de marchandises. *Bon, grand, riche t. Il fait un grand t. en Espagne, en Angleterre. Il fait t. de toutes sortes de marchandises.* | T. Ch. de fer. Transport des marchandises par opposition au transport des voyageurs || Fig. et en mauvaise part, se dit du profit illicite, malhonnête, qu'on tire de certaines choses. *T. infâme, illicite. Un t. honteux. Il faisait t. de son crédit. Il fait t. des choses saintes.* == Syn. Voy. COMMERCE.

TRAFIQUANT, ANTE. s. m. [Pr. *trafi-kan*]. Celui, celle qui fait du trafic. *C'est un gros t.*

TRAFIQUER. v. n [Pr. *trafi-ker*]. Faire trafic. *T. en gros, en détail. T. en laines, en soieries. T. par mer. T. dans les Indes.* || Fig., Tirer de certaines choses un profit illicite, malhonnête. *T. de son crédit, des choses saintes. Cette mère indigne trafique des charmes de sa fille.* == TRAFIQUER. v. a Négocier. *T. des billets sur la place.* Vx. == TRAFIQUÉ, ÉE. part.

TRAFUSOIR. s m. [Pr. *trafu-zouar*]. Machine pour séparer les écheveaux de fil ou de soie.

TRAGÉDIE. s. f. (lat. *tragœdia*, gr. τραγῳδία, m. s., de τράγος, bouc, et ᾠδή, chant). Poème dramatique qui représente des personnages héroïques, qui est propre à exciter la terreur ou la pitié, et qui se termine ordinairement par un événement funeste. || Fig., se dit d'un événement funeste. *Il s'est passé d'horribles tragédies dans la cour de Russie. Cette affaire pourrait bien finir par une t.*

Littér. — I. — Chez les Grecs, la *Tragédie*, de même que la Comédie, tire son origine du culte de Bacchus. Elle sortit, ainsi que nous l'avons dit en parlant de cette dernière, du dithyrambe, dans lequel s'introduisirent des récits faits par les chefs du chœur. Cet élément lyrique et *choral* constitue le fond primitif et permanent de la t. grecque, et la distingue profondément de la t. moderne. Les dithyrambes bachiques étaient loin d'avoir toujours un caractère joyeux et gai. Ils exprimaient, non seulement l'enthousiasme et la joie, mais encore la tristesse et les lamentations, selon qu'on célébrait les aventures heureuses ou les souffrances du dieu. La t. puisa donc son mode d'inspiration dans les dithyrambes d'un caractère triste, tandis que la comédie s'abandonna dès le début à sa verve joviale et satirique. Quant à son nom, τραγῳδία, qui signifie proprement « chant du bouc », il paraît venir de la ressemblance qu'avaient avec cet animal les hommes costumés en satyres, qui chantaient ou récitaient avec des gestes mimiques (ὄρχησις) les vieux chants bachiques, et que l'on appelait quelquefois τράγοι. Ainsi, dans un fragment du *Prométhée* d'Eschyle, Πυρφόρος désigne un satyre sous le nom de τράγος; en outre, dans le *Cyclope* d'Euripide, on voit le chœur satyrique se présenter revêtu de peaux de chèvre (χλαῖνα τράγου). D'après l'opinion vulgaire, la t. tirerait son nom du prix qu'on décernait à l'auteur de la meilleure pièce tragique, et qui aurait consisté en un bouc (τράγος), animal consacré à Bacchus. Enfin, selon quelques auteurs, ce nom viendrait du bouc que l'on offrait sur l'autel de Bacchus, pendant que le chœur placé autour de cet autel chantait le dithyrambe.

II. — A l'origine, le dithyrambe n'était pas exécuté par un chœur régulier. Il était récité ou chanté par une troupe de joyeux compagnons conduits par un joueur de flûte. C'est au poète et musicien Arion que les anciens attribuaient l'invention de la forme ou du rythme tragique (τραγικοῦ τρόπου) D'une part, il créa le chœur cyclique ou circulaire, composé de 50 jeunes hommes dansant autour d'un autel allumé, et qui fut que, à l'époque d'Aristophane, poète dithyrambique et maître de chœurs cycliques étaient deux dénominations presque synonymes; et d'autre part, il introduisit les satyres ou τράγοι, parlant en vers trochaïques, de façon à former à la fois une addition et un contraste aux danses et aux chants du

chœur cyclique. Enfin, comme il était le plus habile joueur de cithare de son temps, il y a tout lieu de croire que ce fut alors que la lyre devint le principal instrument pour accompagner le chant dithyrambique La transition du dithyrambe exécuté par le chœur tout entier à la t., laquelle implique de toute nécessité le dialogue, se trouve dans le rôle que jouait le chef du chœur ou *Exarque* (ἔξαρχος), qui souvent n'était autre que le poète lui-même. Tandis qu'il chantait ou récitait seul la partie du poème qui décrivait les périls ou les souffrances de Bacchus, ou de quelque héros, le chœur dansait autour de l'autel, puis, reprenant le chant, exprimait ses impressions de joie ou de tristesse. Les anciens appliquaient déjà le nom de t à cette forme du chant dithyrambique, et celui de τραγῳδός, au poète qui en était l'auteur. Les anciens sont unanimes pour attribuer à Athènes l'invention de la t. proprement dite, c.-à-d de la t. dialoguée. Le rôle de l'exarque, ou chef du chœur, dans le dithyrambe, devait naturellement suggérer l'idée d'introduire un personnage indépendant du chœur et conversant, soit avec celui-ci, soit avec son chef ou exarque. Or, cette innovation eut lieu à Athènes, sous Pisistrate, et l'on en attribue généralement l'honneur à Thespis Dès lors, le drame tragique succéda au dithyrambe proprement dit. Il y a lieu de croire que le nouvel acteur introduit par Thespis, et qui, paraît-il, n'était autre que le poète lui-même, jouait les différents rôles du drame, et, pour cela, prenait divers déguisements : c'est d'ailleurs à Thespis que les anciens attribuent l'invention des masques de toile employés au théâtre. Aristote attribue encore à Thespis l'invention du prologue et du *rhesis* de la t. Par le prologue, Aristote entend le premier monologue de l'acteur, le *procœmium* par lequel il ouvrait la pièce. Le chœur chantait ensuite la première ode ou πάροδος, après laquelle venait le ῥῆσις, consistant en un dialogue entre l'acteur et le principal personnage du chœur. En outre, l'introduction du dialogue obligea de modifier la disposition du chœur, qui, au lieu de se ranger en cercle autour de l'autel de Bacchus ou *thymélé*, se rangea en rectangle sur l'un des côtés de l'autel, et en face de l'acteur, qui se tenait sur une table ou plate-forme (ἔλεος). Malgré la transformation singulière que subit par là l'ancien chant dithyrambique, il resta toujours l'un des éléments essentiels de la t. Bien plus, le dialecte dorien dans lequel il fut toujours écrit, ne cessa de rappeler son origine, tandis que le dialogue était écrit dans le dialecte attique et en vers iambiques. Thespis donna sa première représentation l'an 535 avant notre ère. On est loin d'être d'accord sur le caractère de ses œuvres. Quelques écrivains croient qu'elles furent toutes satyriques et burlesques; mais il est certain qu'il écrivit plusieurs pièces sérieuses, comme l'indiquent les titres de celles qu'on lui attribue, ainsi que le caractère des fragments de vers iambiques cités par Plutarque comme étant de ce poète.

III. — Les successeurs immédiats de Thespis furent les Athéniens sous Pratinas et Phrynichus. Chœrilus, d'après Suidas, écrivit 150 pièces, dont la première fut jouée l'an 524. Le sujet de l'une de ces pièces, intitulée *Alope*, paraît avoir été tiré d'une légende attique. Il passe encore pour avoir excellé dans le drame satyrique inventé par Pratinas. Phrynichus, élève de Thespis, remporta sa première victoire tragique en 511. Dans ses œuvres, l'élément choral et lyrique l'emportait encore sur l'élément dramatique; mais elles se distinguaient surtout par la douceur de leurs mélodies qui, à l'époque de la guerre du Péloponèse, étaient encore populaires. Suidas lui attribue l'invention des masques représentant des visages de femme. Enfin, il fut le premier qui osa prendre un événement contemporain, la prise de Milet par les Perses, pour sujet d'une de ses tragédies. — Eschyle (525-456) ouvre l'ère de la grande et véritable t. grecque. Selon Aristote, ce fut lui qui le premier introduisit un second acteur sur la scène, diminuant ainsi l'importance du chœur, et donna par conséquent au dialogue la prépondérance sur l'élément lyrique du drame tragique. Avec l'aide du peintre Agatharchus, il perfectionna les masques, auxquels il donna plus d'expression et de caractère, chaussa ses acteurs de cothurnes à semelles épaisses pour leur donner une taille plus imposante. Il emprunta les sujets de ses tragédies aux légendes héroïques de la Grèce, et il disait lui-même que ses pièces n'étaient que des débris des festins d'Homère. Enfin, c'est à lui qu'on rapporte l'invention des *Trilogies* (τριλογίαι). Les anciens appelaient ainsi une série de trois tragédies, où figuraient les mêmes personnages principaux, de telle sorte que l'ensemble de ces trois pièces formait comme un seul grand drame composé de trois actions successives représentant différentes phases de la vie du même héros : telle est la belle trilogie

d'Eschyle, appelée l'*Orestie*, qui comprend les tragédies
intitulées, *Agamemnon*, les *Choéphores* et les *Euménides*.
Disons, en passant, que lorsque la trilogie était suivie d'un
drame satyrique relatif au même sujet, l'ensemble des quatre
pièces constituait ce que les Grecs appelaient une *Tétralogie*.
Dans Sophocle (495-405). l'élément lyrique est bien plus
subordonné encore que dans Eschyle à l'élément dramatique.
En introduisant un troisième acteur, τριταγωνιστής, dans la
t., il put lui donner plus de mouvement. Avec Sophocle, la t.
perd le caractère austère et souvent exagéré qu'elle avait dans
Eschyle; mais elle revêt un caractère de noblesse et de grandeur calme qui n'a point été dépassé. De plus, l'élément
pathétique y occupe une place importante, sans toutefois nuire
en rien à la dignité et à la grandeur de l'ensemble Entre les
mains d'Euripide (480-402), la t. subit une dernière transformation Ses héros descendent des régions épiques, parlent le
langage de tout le monde et expriment les sentiments ordinaires de la vie. Parmi les innovations qu'on lui attribue, nous
citerons le prologue (πρόλογος) ou monologue servant d'introduction, dans lequel un dieu ou un héros exposait aux
spectateurs ce qui était nécessaire pour l'intelligence parfaite de la pièce, et l'usage des *Monodies*, sortes de chants
lyriques, dans lesquels les principaux personnages de la t.
exposaient leurs émotions et leurs douleurs, rôle qui auparavant était dévolu au chœur. Aussi ce dernier devient-il un
élément presque superflu dans la t. d'Euripide. On reproche
en outre à ce poète d'avoir eu trop souvent recours au
deus ex machina, venant à point nommé trancher le nœud
de la pièce. Euripide fut l'inventeur de la *Tragi-comédie*,
laquelle donna lieu plus tard à la t. bouffonne (ἱλαροτραγωδία)
de l'époque Alexandrine, qui était un travestissement, une
parodie des sujets tragiques. Nous avons encore un spécimen
de la tragi-comédie d'Euripide dans son *Alceste*, qui fut
jouée l'an 438 avant notre ère, à la suite de trois tragédies,
et, par conséquent, au lieu et place d'un drame satyrique.
Quoique tragique dans sa forme et dans quelques-unes de ses
scènes, elle renferme un mélange de caractères comiques
et satyriques, Hercule par ex., et elle finit par un dénoûment
heureux.

IV. — Les tragédies anciennes ne se divisaient point en
actes et en scènes. Les parties qu'Aristote y distingue sont :
le prologue, l'épisode, l'exode et les chants lyriques, ces
derniers se divisant eux-mêmes en πάροδος et en στάσιμον.
Le *prologue* (πρόλογος) est toute la partie de la t. qui
précède le premier chant du chœur (πάροδος). L'*épisode*
(ἐπεισόδιον) est toute partie du drame comprise entre deux
odes chorales. L'*exode* (ἔξοδος) est cette partie de la t. après
laquelle il n'y a pas d'ode chorale. Dans la partie chorale, le
πάροδος, ou l'entrée, était le premier chant exécuté par le
chœur et qui ouvrait l'action. On l'appelait ainsi parce que le
chœur l'entonnait en paraissant sur le théâtre et qu'il le
continuait en s'avançant vers la place qui lui était assignée
dans l'orchestre. En conséquence il était écrit en vers anapestes. car c'était ce mètre qui était le rythme des marches.
Le *stasimon*, ou pause, au contraire, était chanté par le
chœur lorsqu'il se trouvait à la place qu'il devait occuper : ce
chant ne renfermait ni anapestes ni trochées.

V. — La t., chez les Romains, ne présente aucun caractère
d'originalité. Elle fut dès le début une imitation de la t.
grecque, avec cette différence toutefois que la façon dont le
théâtre romain était construit força de placer le chœur sur la
scène et non à l'orchestre. Le premier poète et acteur
tragique qu'ait possédé Rome fut Livius Andronicus, qui était
Grec de naissance, et qui débuta l'an 240 avant notre ère.
D'après Tite-Live, il paraîtrait que, dans ses monodies,
c.-à-d. dans ceux de ses chants lyriques qui étaient chantés
non par le chœur, mais par une seule personne, il avait coutume de séparer le chant de la danse mimique L'acteur
exécutait cette dernière, pendant que la partie de chant était
tenue par un jeune homme placé près du joueur de flûte. On
cite d'Andronicus une t. d'*Andromède* Après lui vint Nævius,
qui écrivit des comédies ainsi que des tragédies; on lui
attribue une *Alceste*. Ennius, son contemporain, fit aussi
plusieurs tragédies, entre autres, une *Médée*, un *Ajax*, une
Iphigénie, une *Hécube*, etc. Les mètres employés par lui,
ainsi que par Nævius, étaient l'iambique ou le trochaïque
pour le dialogue, et l'anapeste pour les parties lyriques.
Pacuvius, neveu d'Ennius, éclipsa ses prédécesseurs. Ses
tragédies d'*Antiope*, de *Crésus*, etc., accusaient un esprit
vigoureux et puissant, mais son style était rude et incorrect.
Cependant il avait encore des admirateurs au temps de
Perse. Accius, qui florissait 50 ans plus tard, écrivit ses
pièces dans un style non moins rude, et que lui-même recon-

naissait être obscur. Sous Auguste, faire des tragédies devint
une espèce de mode parmi les plus hauts personnages.
L'empereur lui-même écrivit un *Ajax*. Mais Asinius Pollion
et Varius s'acquièrent seuls une grande réputation comme
auteurs tragiques. On suppose que c'est au premier que
s'adresse ce vers de Virgile:

    Sola Sophocleo tua carmina digna cothurno;

et Quintilien dit du second, que son *Thyeste* peut soutenir la
comparaison avec les plus belles tragédies grecques Mais il
ne nous reste que quelques fragments de ce *Thyeste*, ainsi
que quelques vers de la *Médée* due à la trop facile plume
d'Ovide. Les seules tragédies romaines qui nous soient parvenues en entier, sont les dix pièces qu'on attribue à Sénèque
le tragique, personnage qui n'a sans doute jamais existé.
Quelques-unes de ces pièces sont peut-être de Sénèque le
philosophe; les autres d'un auteur inconnu. Ce sont des
œuvres d'où la vie et le mouvement semblent absents, mais
sont remarquables par la vigueur du dialogue. Corneille
s'en est beaucoup inspiré.

Dans les temps modernes la t. a atteint sa perfection avec
Shakespeare, Corneille, Racine, Victor Hugo. Voy. DRAMA-
TIQUE, CHŒUR, COMÉDIE, SATYRE, THÉÂTRE.

TRAGÉDIEN, IENNE. s. [Pr. *trajédi-in, iène*]. Acteur,
actrice tragique.

TRAGIA. s. m. (gr. τράγος, bouc). T. Bot. Genre de
plantes Dicotylédones de la famille des *Euphorbiacées*, tribu
des *Crotonées*. Voy. EUPHORBIACÉES.

TRAGI-COMÉDIE. s. f. (lat. *tragicomœdia*, m. s.). T.
Littér. Voy. DRAMATIQUE et TRAGÉDIE.

TRAGI-COMIQUE. adj. 2 g. Qui appartient à la tragi-
comédie. *Pièce tragi-c. Le genre tragi-c.* || Fig., se dit d'un
accident fâcheux qui lient du comique. *Cette aventure a
quelque chose de tragi-c.* Fam.

TRAGIEN, ENNE. adj. [Pr. *traji-in, iène*]. T. Anat. Qui
appartient au tragus.

TRAGIQUE. adj. 2 g. (lat. *tragicus*, gr. τραγικός. m. s.).
Qui appartient à la tragédie. *Poème t. Le genre t. Un poète.
un acteur t. Situation t. Incident, dénoûment t. Style t.
— Personnage t.*, sur lequel tombe la catastrophe. || Fig.,
Funeste. *Événement t. Mort t. Histoire t. Il a fait une fin
t. Cet homme n'a que des desseins tragiques.*

    Quittez, Madame, un dessein si tragique.

                  CORNEILLE.

= TRAGIQUE. s. m. Le genre t. *Ce poète est voué au t.
Cet acteur est excellent dans le t.* — Fig., *Cette affaire
a tourné au t., tourne au t.,* Elle a eu, elle menace d'avoir
une issue funeste. *Prendre les choses au t.,* Les considérer
d'une façon trop sérieuse, les regarder du côté le plus triste.
le plus fâcheux || Un auteur de tragédies. *Les tragiques
grecs. Corneille, Racine et Voltaire sont nos trois grands
tragiques.*

TRAGIQUEMENT. adv. [Pr. *trajike-man*]. D'une ma-
nière tragique. *Il est mort t. Il a fini t.* || Selon le genre de
la tragédie.

TRAGOPAN. s. m. (gr. τράγος, bouc, et fr. *paon*). T.
Ornith. Genre de *Gallinacés*. Voy. FAISAN.

TRAGOPOGON. s. m. (gr. τράγος, bouc; πώγων, barbe). T.
Bot. Genre de plantes Dicotylédones de la famille des *Composées*, tribu des *Liguliflores*. Voy. SALSIFIS et COMPOSÉES.

TRAGUS. s. m. (gr. τράγος, m. s., propr. bouc). T. Anat.
Éminence placée en avant de l'orifice de l'oreille externe,
ainsi nommée parce qu'elle est souvent garnie de poils. Voy.
OREILLE, I, A.

TRAHIR. v. a. (lat. *tradere*, livrer). Faire une perfidie à
quelqu'un, lui manquer de foi. *T. sa patrie. T. ses amis.
C'est un homme incapable de t.* On dit à peu près de même.
T. les intérêts, l'amitié, la confiance de quelqu'un. —
Fig., *T. la vérité,* Parler contre la vérité. *T. ses sentiments,
sa conscience, son devoir, sa promesse, sa foi, ses serments, etc.,* Parler, agir contre ses sentiments, son devoir, etc.

‖ Découvrir, révéler, faire connaître. *T. le secret de quel-qu'un. Sa voix l'a trahi. Se surprise l'a trahi.* ‖ En parlant des choses, ne pas seconder, rendre vain. *La fortune a trahi nos efforts. Les événements trahirent nos espérances.* = se Trahir. v. pron. *Ils se trahissaient réciproquement.* ‖ *Se t. soi-même*, Agir contre ses propres intérêts, ou découvrir par hasard ou imprudemment ce qu'on voulait tenir caché. *Il s'est trahi par un mot qui lui est échappé.* = Trahi, ie. part.

TRAHISON. s. f. [Pr. *tra-i-zon*]. Action de celui qui trahit, acte d'une méchanceté perfide. *Une lâche t. Une t. détestable. C'est une t. manifeste. Commettre une t. J'ai découvert sa t. Il n'a osé l'attaquer en brave, il l'a tué en t., par t. Punir la t.*
Jurispr. — On appelle *Haute trahison*, le crime du citoyen qui attente à la sûreté de l'État. Tout Français qui porte les armes contre la France, ou qui pratique des machinations ou entretient des intelligences, soit avec les puissances étrangères pour les engager à commettre des hostilités contre la France ou leur en procurer les moyens, soit avec les ennemis de l'État pour faciliter leur entrée sur le territoire national, ou pour leur livrer des villes, forteresses, ports, magasins, arse-naux, etc., appartenant à l'État, ou pour fournir aux ennemis des secours en hommes, armes, argent, vivres, ou pour secon-der les progrès de leurs armes, etc., est puni de la peine de mort. Si la correspondance avec les sujets d'une puissance ennemie, sans avoir pour objet l'un des crimes énoncés plus haut, a néanmoins eu pour résultat de fournir aux ennemis des instructions nuisibles à la situation militaire ou politique de la France ou de ses alliés, ceux qui ont entretenu cette correspondance sont punis de la détention sans préjudice de plus forte peine, dans le cas où ces instructions ont été la suite d'un concert constituant un fait d'espionnage (C. Pén. 75-81).

TRAILLE. s. f. [Pr. *tra-lle, ll* mouillées] (contract. de *tiraille*, du lat. *tragula*, ce qui est tiré). Espèce de bac. Voy. Bac.

TRAIN. s. m. [Pr. *trin*] (lat. *trahere*, tirer). Allure; se dit particulièrement des chevaux et des autres bêtes de voi-ture. *Le t. de ce cheval est doux, incommode, rude. Ce cheval va grand t. bon t. Ce cheval n'a point de t., Il n'a point d'allure réglée. T. rompu*, Celui qui est composé de deux allures. ‖ *Aller bon t.*, se dit d'une personne qui va fort vite, soit à pied, soit à cheval, soit en voiture. *Il se fait tard, allons bon t.* On dit, dans le même sens, *Ce cocher mène bon t.*, et *Aller un t. de poste.* — *Au t. dont nous allons, nous ne tarderons pas à les dépasser*, Nous allons si vite que nous ne tarderons pas à les dépasser, et, dans un sens contraire, *Au t. dont nous allons, nous n'arriverons jamais*, Nous allons si lentement, que nous n'arriverons jamais. On dit aussi Fig., *Au t. dont il va, il aura bientôt fini son travail*, et, *Au t. dont il va, son travail ne sera pas fini avant un mois.* — Fig. et fam., *Mener quelqu'un bon t., le faire aller bon t., beau t. grand t.*, Ne le point ménager dans une affaire, l'obliger à faire ce qu'on veut; Remporter sur lui l'avantage en peu de temps. ‖ Fig., en parlant des personnes, se dit encore de leur manière de vivre, d'agir; et en parlant des choses, de leur marche, de la manière dont elles vont, *Cet homme mène un t. de vie réglé* Il va toujours le même *t. Il a repris son ancien t. Cette affaire va bon t., va grand t. Cette affaire prend le t. de réussir.* — *Aller son t.*, Continuer. *Il va son t. Allez votre t.* — *Être en t.*, Être en action, en mouvement. *Quand il est en t., rien ne lui coûte. L'affaire est déjà en t. Elle est en bon t.*, Il est en bon t., En avancer le succès. *Mettre quelqu'un en t.*, L'exciter à la joie, au plaisir *Dans les sociétés où il se trouve, c'est lui qui met tout le monde en t.* Pop., *Mettre quelqu'un en t.*, Le faire boire jusqu'à ce qu'il ait cette gaieté que donne le vin. *Mettre en t. de*, sign. encore Exciter à. *Il nous a mis en t. de*

travailler, de jouer, de boire, etc. ‖ T. Impr. *Mise en t.,* Voy. Typographie. ‖ *Train*, signifie encore l'ensemble des membres soit antérieurs, soit postérieurs, d'un cheval, d'un bœuf, d'un chien et de quelques autres animaux. *Ce cheval a le t. de devant faible. Ce mulet est estropié du t. de derrière. L'hyène a le t. postérieur beaucoup plus bas que l'antérieur.* ‖ L'ensemble des pièces mobiles qui supportent le corps d'un carrosse, d'un chariot, etc. *Il faudra mettre un t. neuf à cette voiture.* ‖ Long assemblage de bois de chauffage ou de charpente, assujéti avec des perches et des liens en forme de radeau, et qu'on met à flot sur un canal ou sur une rivière. *Un t. de bois flotté. Conduire un t.* Voy. Flottage. ‖ *T. de bateaux*, Assemblage de bateaux attachés l'un derrière l'autre pour être remorqués tous à la fois. ‖ *T. de chemin de fer*, Série de wagons attachés les uns à la suite des autres, et que traîne la même locomotive *T. de mar-chandises*, Qui ne porte que des wagons à marchandises et n'emmène pas de voyageurs. *T. express*, T. qui ne s'arrête qu'aux stations les plus importantes et qui marche plus vite que les trains ordinaires. *T. omnibus*, Celui qui s'arrête à toutes les stations. *T. direct*, Celui qui ne s'arrête pas à toutes les stations, mais s'arrête plus souvent et va moins vite que le t. express. ‖ Suite de valets, de chevaux, de mulets, etc. *Avoir un grand t., un t magnifique, superbe. Il marche avec un grand t. Augmenter, réformer, diminuer, retrancher son t., le t. de sa maison.* — *Mener grand t.* Voy. Mener. Suite de bêtes destinées, soit à la subsistance, soit au transport. *Un grand t. de bœufs, de chevaux*, etc. ‖ T. Artillerie. Voy. ci-après ‖ T. Imprim. *Le t. de la presse.* Voy. Typographie. ‖ T. Mécan. *Trains d'engrenages* Sys-tème de roues dentées composé de plusieurs axes dont chacun porte une roue qui engrène avec le pignon précédent, et un pignon qui engrène avec la roue suivante. Voy. Engrenage, Fig. 5. — *T. épicycloïdal*, celui dans lequel le premier axe est fixe, tandis que tous les autres sont mobiles et tournent autour du premier. ‖ T. Relieur. Série de volumes que l'on relie à la fois. *Où en est le t. d'in-18 ?* ‖ T. Mécan. *Le t. d'une horloge*, la manière dont elle marche, le nombre d'os-cillations du balancier dans l'unité de temps. ‖ *Train*, se dit aussi familièrement, d'une troupe de gens de mauvaise vie. *Cet homme a du t., du mauvais t. chez lui. Le commis-saire a fait sauter tout le t. qui était dans son quar-tier.* Vx. — Par ext., Bruit, vacarme, tapage comme en font d'ordinaire les gens ivres ou grossiers et brutaux. *Faire beaucoup de t. Ce t. a duré toute la nuit. Faire le t.*, Se réjouir avec bruit.

Art. milit. — On désigne sous le nom de t. l'ensemble des moyens employés pour transporter, à la suite des armées, le matériel nécessaire aux troupes en campagne, à l'exception des bouches à feu. Avant la Révolution, il n'existait aucun moyen de transport méthodique pour les convois. Ce service se faisait par voie de réquisition ou était confié à des entre-preneurs civils. La Convention, par décret du 9 avril 1793, décida qu'il serait établi, sur toutes les routes militaires, des relais de chariots et de chevaux pour le transport de l'artil-lerie et des munitions de guerre. Ce mode d'équipage, fait par entreprise, reçut le nom de *Charrois d'artillerie.* En 1799, un arrêté consulaire créa le *T. d'artillerie.* Après diverses transformations, ce t. fut supprimé en 1883, lors de la création de l'artillerie de forteresse. Les régiments d'ar-tillerie assurent eux-mêmes ce service, en formant à cet effet, en temps de guerre, des sections de munitions d'artillerie et des sections de munitions d'infanterie.
Le *T. des équipages militaires* ne fut organisé militai-rement que pendant la campagne de 1806. Cette organisation a été l'objet de nombreuses modifications. Elle est actuelle-ment réglée par les lois des 13 mars et 13 décembre 1875, relative à la constitution des cadres et des effectifs, et par le décret du 10 octobre 1887. Il y a actuellement en France 20 escadrons, formés chacun d'un petit état-major et de 3 compagnies, se dédoublant en temps de guerre. En Algérie et en Tunisie, le service est assuré par 12 compagnies mixtes, comprenant des hommes à pied et des hommes montés. En Annam et au Tonkin, ce service est réglé d'après les instructions du général commandant les troupes d'occu-pation.
En temps de guerre, le service du t. des équipages militaires comprend : 1° les transports relatifs au service de santé; 2° les transports relatifs aux services des subsistances, de l'habillement et du campement; 3° la conduite des voitures de la trésorerie et des postes et celle des voitures du service télégraphique; 4° la conduite des parcs du génie d'armée; 5° la conduite des équipages dans les quartiers généraux, les

services des étapes et des chemins de fer de campagne, etc. Tous ces impédiments prennent une place considérable, en raison de leur nombre et de leur matériel encombrant et, suivant leur degré d'utilité, leurs divers échelons sont répartis de manière à entraver le moins possible la marche des troupes combattantes.

Le *T. de combat* se compose de divers éléments non groupés, mais faisant partie de la colonne des combattants, parce qu'ils ont leur emploi sur le champ de bataille même, savoir : 1° les batteries d'artillerie complètes avec leurs voitures ; 2° les caissons de munitions de l'infanterie ; 3° les voitures d'outils du génie et de l'infanterie ; 4° les ambulances divisionnaires. — Le *T. régimentaire* comprend les voitures divisionnaires qui ne font pas partie du t. de combat ; elles marchent groupées à la suite des colonnes dans l'ordre qui leur est assigné et elles sont journellement à la disposition des troupes pour le remplacement de vivres et effets.

Pour le *T. du génie*, le service est assuré par les *sapeurs-conducteurs*.

TRAÎNAGE. s. m. [Pr. *trê-naje*]. Action de traîner ; se dit principalement en parlant des voitures appelées traîneaux. *La saison, le temps du t.*

TRAÎNANT, ANTE. adj. [Pr. *trê-nan*] (part. prés. de *traîner*). Qui traîne à terre. *Robe traînante, queue traînante.*

> La bique allant remplir sa traînante mamelle.
> La Fontaine.

— *Drapeaux traînants*, Les drapeaux qu'on portait renversés et qu'on laissait traîner à la pompe funèbre d'un général d'armée. *Piques traînantes*, Les piques qu'on portait renversées, le fer traînant à terre. || Fig., *Discours t., style t.*, Discours, style languissant qui renferme peu de choses et beaucoup de paroles. *Voix traînante*, Voix monotone et lente.

TRAÎNARD. s. m. [Pr. *trê-nar*] (R. *traîner*). Soldat qui reste en arrière de la troupe avec laquelle il doit marcher. *Les traînards de l'armée.* Voy. Traîneur. || Par ext. et fam., se dit d'un homme lent, négligent. *Quel insupportable t.!*

TRAÎNASSE. s. f. [Pr. *trê-na-se*] (R. *traîner*, avec le suff. péjor. *asse*). Long filet d'oiseleur. || Rejet de certaines plantes. || T. Bot. Nom vulgaire du *Polygonum aviculare.* Voy. Polygonacées.

TRAÎNASSER. v. a. [Pr. *trê-na-ser*] (R. *traîner*, avec le suff. péjor. *asse*). Faire traîner longuement une affaire. = V. n. Tarder beaucoup.

TRAÎNE. s. f. [Pr. *trê-ne*] (R. *traîne*). Action de traîner. Ne dit dans ces loc., *Un bateau qui est à la t.*, Qui est traîné par un autre ; *Des perdreaux qui sont en t.*, Qui ne peuvent pas encore voler et ne quittent pas leur mère. — *Pêche à la t.*, Qui se fait en traînant sur le sable un crochet double pour en tirer les coquillages. || *La t. d'une robe*, La queue d'une robe. || *Ramasseurs de traînes*, Ramasseurs de branchages, de fagots qu'ils portent en les traînant. || T. Mar. *La t.*, corde qui traîne à la mer et qu'on laisse pendre autour d'un navire pour que les hommes qui tombent à l'eau puissent s'y raccrocher. || T. Techn. Petit chariot fixé à l'extrémité du cordage qu'on fabrique et qui avance en roulant à mesure que le cordage se raccourcit.

TRAÎNEAU. s. m. [Pr. *trê-no*] (R. *traîner*). Sorte de voiture sans roue dont on se sert pour aller sur la neige ou sur la glace, soit par nécessité, soit par plaisir. *Voyager en t.* || Sorte de grand filet qu'on traîne dans les champs pour prendre des alouettes, des cailles, des perdrix, ou dans les rivières pour prendre du poisson. || T. Techn. Petit chariot à patins qui sert au transport du minerai dans les mines.

TRAÎNE-BUISSON. s. m. [Pr. *trê-ne-bui-son*]. T. Ornith. Nom vulgaire de la *Fauvette d'hiver.* Voy. Fauvette, 3°. = Pl. *Des traîne-buisson.*

TRAÎNÉE. s. f. [Pr. *trê-né*] (part. pass. de *traîner*). Ligne plus ou moins large de choses pulvérulentes. *Une t. de cendres, de farine, de plâtre, etc.* On fit une longue t. de poudre pour faire jouer les boîtes. *Mettre le feu à la t.* || La trace qu'on fait avec des morceaux de charogne pour

attirer un loup dans le piège par l'odeur. *Les vieux loups ne se prennent pas à la t.* || Fiole des rues. Pop. || T. Techn. Espèce de ligne de fond. || T. Techn. Longue aiguillée tendue sur un canevas de tapisserie, qu'on recouvre en faisant le point.

TRAÎNE-MALHEUR. s. m. [Pr. *trê-ne...*]. Celui qui vit dans la misère = Pl. *Des traîne-malheur.*

TRAÎNE-POTENCE. s. m. [Pr. *trêne-potan-se*]. Personne qui porte malheur. Vx. = Pl. *Des traîne-potence.*

TRAÎNER. v. a. [Pr. *trê-ner*] (R. *train*). Tirer après soi. *Les chevaux qui traînent un carrosse, une charrette, un bateau. T. un homme en prison. On l'a traîné dans la boue. On traîna son corps sur la claie.* — *Cet homme, ce cheval, ce chien, etc., traîne la jambe*, Il ne marche pas ferme de cette jambe-là, et il ne la porte que lentement après l'autre. *T. les pieds*, marcher sans lever les pieds de terre. On dit à peu près de même qu'*Un oiseau traîne l'aile*, lorsque ses ailes pendent, ce qui marque qu'il est blessé ou malade. — Fig., *T. quelqu'un dans la boue*, Voy. Boue. *T. son lien.* Voy. Lien. *T. ses paroles, ses mots*, Parler avec beaucoup de lenteur || *T. les rues*, vagabonder. || Mener après soi, avec soi. *L'armée de Xerxès traînait après elle une multitude innombrable de gens inutiles. Il traîne sa femme partout où il va.* Ne se dit guère qu'en mauvaise part. — Fig., *T. sa partie de tribunal en tribunal, la t. dans tous les tribunaux*, se dit de quelqu'un qui cite successivement sa partie adverse devant tous les tribunaux. || Fig., au sens moral, *Il alla t. sa honte dans une retraite obscure. T. une vie languissante et malheureuse. Cette révolution traîna après elle une série de calamités.* || Charrier. *La rivière traîne bien du sable, bien des immondices.* || Faire attendre, différer. *Il me traîne depuis six mois, je désespère de rien obtenir de lui. Vous avez un rapporteur qui vous traînera longtemps. T. une affaire en longueur. Il traînait les négociations en longueur.* || T. Plâtrier. *T. une corniche, une moulure*, La façonner au moyen d'un calibre qu'on traîne sur le plâtre frais. = Traîner. v. n. Pendre jusqu'à terre. *Votre manteau, votre robe traîne.* || Par ext., se dit des choses qu'on laisse exposées où elles ne devraient pas être, au lieu de les mettre à leur place. *Vous laissez t. votre argent sur la table. Ces papiers ont traîné longtemps dans mon cabinet. Ce domestique laisse tout t.* — Fig., *Cela traîne dans tous les livres, Cela traîne partout*, se dit par mépris d'une pensée, d'une expression, d'un fait, etc., qu'on rencontre dans un livre, et qu'on a déjà trouvé dans beaucoup d'autres. || Se dit encore d'un malade qui languit sans pouvoir se rétablir. *Il y a longtemps qu'il traîne.* — *Cette affaire traîne*, Elle n'avance point. *Ce discours traîne*, Il est froid, languissant, etc. || Se dit, dans les marches, des soldats qui, allant trop lentement, se trouvent derrière la troupe à quelque distance ; des bâtiments d'une flotte ou d'un convoi qui, marchant ou manœuvrant mal, restent toujours en arrière ; et des chiens qui, à la chasse, ne suivent pas le gros de la meute. || T. Billard. Conduire quelque temps sa bille sans qu'elle quitte le bout de la queue. = Se Traîner. v. pron. Se glisser en rampant. *Ce chasseur se traîna pour approcher le gibier. Cet enfant ne cesse de se t. à terre.* || Marcher avec grande peine. *Je me traînerai là comme je pourrai. Il a eu bien de la peine à s'y t.* — Fig., dans les trois premiers actes de ce drame, l'action se traîne, ne fait que se t. = Traîné, ée. part. || Fig. et fam., *Autant vaut traîné que porté.* Voy. Porter.

Syn. — *Entraîner.* — *Traîner*, c'est tirer après soi ; *entraîner*, c'est tirer avec soi. L'action de *traîner* demande souvent une force qui triomphe d'une résistance ; mais quelquefois elle est lente. L'action d'*entraîner* demande une grande force qui triomphe de toute résistance ; elle a un grand et prompt effet. Le ruisseau *traîne* du sable ; le torrent *entraîne* tout ce qu'il rencontre. Des chevaux *traînent* une voiture ; la voiture *entraîne* les chevaux dans une pente rapide. On *traîne* ce qu'on ne peut pas porter ; on *entraîne* ce qui ne veut pas aller.

TRAÎNE-RAPIÈRE. s. m. [Pr. *trê-ne...*]. Bretteur. = Pl. *Des traîne-rapières.*

TRAÎNERIE. s. f. [Pr. *trê-neri*]. Disposition à faire traîner les choses. Vx.

TRAÎNEUR, EUSE. s. [Pr. *trê-neur, euze*]. Celui, celle qui traîne quelque chose; ne se dit guère que dans cette locut. fam. *T. d'épée*, Vagabond, fainéant qui porte l'épée, et qui n'est engagé dans aucun service, qui n'a aucune charge. *Vx T. de sabre*, militaire qui affecte de faire traîner bruyamment son sabre, et Fig. Sournod. || Absol., se dit des chasseurs au traîneau. *Les gardes-chasse ont pris des traîneurs dans la plaine.* || Se dit encore des soldats qui restent en arrière de la troupe avec laquelle ils doivent marcher, soit par manque de force, soit volontairement; des bâtiments d'une flotte, d'un convoi qui restent toujours en arrière; et des chiens qui ne suivent pas le gros de la meute.

TRAÎNOIR. s. m. [Pr. trè-nouar] (R. *traîner*). Châssis de bois qu'on traîne dans les labourages pour rompre les mottes.

TRAIRE. v. a. [Pr. trè-re] (lat. *trahere*, tirer). Tirer; se dit de certaines femelles d'animaux dont on tire le lait. *T. les vaches, une brebis, une chèvre, une ânesse.* On dit de même. *T. du lait.* || Fig. *T. quelqu'un*, lui soutirer de l'argent. = **Trait, Aite.** part. *Ce lait vient d'être trait. La vache est-elle traite?* || Se dit aussi de métaux passés par la filière et qui ne sont point encore mis sur la soie. *De l'or, de l'argent trait.* Dans ce sens, on dit aussi subst., *Des boutons de trait.*

Conj. — *Je trais, tu trais, il trait; nous trayons, vous trayez, ils traient. Je trayais; nous trayions. Je trairai; nous trairons. Je trairais; nous trairions.* — Trais; *trayons.* — *Que je traie; que nous trayions.* — Traire. Trayant. Trait, aite. — Ce verbe ne s'emploie pas au passé défini, non plus qu'à l'imparfait du subjonctif.

TRAIT. s. m. [Pr. trè] (lat. *tractus*, tiré). Toute arme qui se lance avec la main ou se tire avec un arc. *Les flèches, les dards, les javelots sont des traits. Lancer, décocher, lâcher un t. On distinguait autrefois les armes de t. et les armes d'hast.* Fig., *Les traits de l'Amour. L'Amour l'a percé de ses traits. Ses yeux lancent mille traits.* — *Gens de t.*, Ceux qui se servaient de l'arc, de l'arbalète, ou qui lançaient le javelot. — Fam., *Comme un t. d'arbalète*, ou absol., *Comme un t.*, Fort vite. *Il partit comme un t.* || Fig., se dit des attaques de la raillerie, de la médisance, de la calomnie, etc. *Un t. de satire, de médisance, de raillerie. Les traits de l'envie, de la haine. Des traits mordants.* || Fig., *Un t. de lumière*, Pensée, réflexion qui survient tout à coup et qui porte tous les caractères de la vérité. *Cette observation fut pour moi un t. de lumière. Ce t. de lumière dissipa tous mes doutes.* = Longe de corde ou de cuir avec laquelle les chevaux tirent. *Une paire de traits. Des traits de volée. Ces chevaux tirent à plein t. Couper les traits.* —*Cheval de t.*, Celui qui sert au tirage, et particulièrement au tirage des voitures, par opposition à *Cheval de monture* ou *de selle.* || Le longe s'appelle aussi attaché le limier qu'on mène au bois. *Laisser aller un limier de la longueur du t.* On dit qu'*Un limier bande sur le t.*, lorsque, étant près de la reposée du cerf, il fait effort pour s'avancer de ce côté-là. || *T. de bateaux*, Plusieurs bateaux que l'on attache les uns au bout des autres pour les remorquer tous ensemble. = Ce qui emporte l'équilibre d'une balance, et la fait trébucher. *Aux marchandises qui sont d'un grand volume et d'un grand poids, le t. doit être plus fort.* = Ce qu'on avale de liqueur ou L'action d'avaler quelque chose tout d'une haleine. *Il a vidé son verre d'un seul t.* || *Boire à longs traits*, Boire lentement en savourant ce qu'on boit. Fig., *Goûter, savourer un plaisir à longs traits.* = Ligne qu'on trace avec la plume, le crayon, le pinceau, etc. *T. de plume. Cette lettre est formée de deux traits. Il écrit son nom tout d'un t. Passer un t. sur une ligne pour l'effacer. T. de niveau. T. de repère. Dessin, gravure au t.*, au simple t. *Copier t. pour t.*, Copier exactement, fidèlement. — Fig., *Peindre à grands traits*, Raconter, décrire d'une manière animée et rapide. *Il peint à grands traits dans son histoire les événements de tel siècle.* || Le tracé des opérations nécessaires pour tailler et pour appareiller les matériaux d'une construction. *L'art du t. Le maçon, le charpentier, le menuisier doivent connaître le t.* — *Pièce de t.*, Modèle ou partie de construction, taillé selon l'art du trait. *Le modèle de cette voûte est une belle pièce de t.* On dit, dans un sens analogue, *Le t. de cet escalier est hardi.* || *Le t. de la scie*, La marque que l'on fait sur l'endroit du bois ou de la pierre qu'on veut scier. Se dit aussi de ce que la scie emporte du bois ou de la pierre qu'on scie. — *T. de scie*, Chaque coupe qui est faite avec la scie dans un morceau de bois ou dans un bloc de pierre. *Cette*

roie *de bois a été coupée à trois traits de scie*, Chaque bûche a été partagée en quatre morceaux avec la scie. = *Trait*, se dit aussi des linéaments du visage. *Cet enfant a tous les traits de son père. Elle a de beaux traits, de grands traits. Des traits mignons, fins, délicats, agréables.* Fig., Ce qui distingue ou caractérise une personne, une chose. *Les traits de ressemblance que grand homme eut avec les héros de l'antiquité. C'est là le t. caractéristique de cette époque.* = *Un t. de caractère.* Une action ou une parole bien conforme au caractère de celui qui l'a faite, qui l'a dite. = Fig., se dit des actions qui ont quelque chose de remarquable en bien ou en mal. *Un beau t. Un vilain t. Un t. infâme. Ce t. a bien prouvé votre affection pour nous. Le t. est noir. Un t. de courage, de clémence, de générosité. Un t. de perfidie, de cruauté. Un t. d'esprit. Voilà de vos traits.* || Fam. *Faire des traits à sa femme, à sa maîtresse*, lui faire des traits d'infidélité. || Fig., en parlant d'histoire, fait, événement remarquable. *Il y a un t. dans l'histoire qui a rapport à ceci. Tite-Live rapporte un t. semblable. Citer les beaux traits de l'antiquité.* || Fig., se dit des beaux passages d'un discours, de ce qu'il y a de plus saillant, de plus brillant dans un discours. *Il y a de beaux traits dans ce discours. T. d'éloquence.* || Ce qui à un sujet, ce qui s'y rapporte. || *Avoir un faux t. dans les yeux*, avoir une disposition à loucher. || Fig., se dit d'une pensée vive, brillante, imprévue. *Cet ouvrage est plein de traits, pétille de traits.* On dit de même, *Un t. de sentiment*, Une pensée qui exprime un mouvement du cœur. = *Trait*, se dit encore quelquefois du rapport d'une chose à une autre. *Cette réflexion a t. à une aventure qu'il vient de nous raconter. Cette affaire n'a point de t., n'a aucun t. à l'autre.* = T. Gramm. *T. d'union. T. de séparation.* Voy. Ponctuation. || T. Jeu d'Échecs et de Dames. L'avantage de jouer le premier. *Donner le t. Avoir le t.* || T. Liturg. Suite de versets que l'on chante certains jours à la messe entre le graduel et l'évangile. || T. Mus, Suite de notes rapides qu'on exécute avec les instruments ou avec la voix. Se dit aussi de phrases mélodiques ou de successions brillantes d'harmonie. || T. Min. Le charbon tel qu'il sort de la houille. || T. Mar. *Voile à t. carré*, dont la vergue est à angle droit avec le mât.

TRAITABLE. adj. 2 g. [Pr. trè-table] (lat. *tractabilis*, m. s., de *tractare*, traiter). Doux, maniable, avec qui l'on peut facilement traiter. *Un esprit t. Il est fort t. Cet homme n'est pas t.* || Se dit quelquefois des animaux et des choses. *Cet animal n'est pas t., il est trop farouche et trop défiant. Le fer est plus ou moins t., suivant qu'il est plus ou moins doux.*

TRAITANT. s. m. [Pr. trè-tan] (part. prés. de *traiter*). Celui qui, sous l'ancien régime, se chargeait du recouvrement des impositions ou deniers publics, à certaines conditions réglées par un traité. *Les traitants s'enrichirent beaucoup sous ce régime.*

TRAITE. s. f. [Pr. trè-te] (forme fém. de *trait*, dans le sens de tiré). Étendue de chemin qu'un voyageur fait d'un lieu à un autre sans s'arrêter. *Aller tout d'une t. d'un lieu à un autre. Il y a une longue t. d'ici là.* || *Faire la nuit d'une t.*, dormir sans interruption. || Le transport de certaines marchandises, comme blés, vins, etc., d'un pays à un autre. *On permit alors la t. des blés. Il s'est fait de grandes traites de vins.* || Se dit aussi dans le sens de Transport, en parlant du commerce des banquiers. *Ce qui caractérise une lettre de change, c'est la t. de place en place.* — Par extension, se dit des lettres de change, des mandats, etc., payables dans un autre lieu. *Donnez-moi une t. sur Bordeaux. Accepter une t.* Voy. Change. || Autrefois se disait de certains droits qu'on levait sur les marchandises qui sortaient du royaume, ou qui y entraient, ou même qui passaient d'une province dans une autre. *Les traites foraines. Les traites domaniales.* On payait la t. des marchandises en Bretagne, en Dauphiné. || Dans un sens particulier, sign. Le trafic que font les bâtiments sur la côte d'Afrique, en échangeant leurs marchandises contre de la gomme, de l'huile de palme, des arachides, ou même contre des esclaves. *Ce bâtiment fait la t. Des marchandises de t. La t. des nègres*, ou absol., La t. était, avant son abolition, le trafic le plus important des parages de l'Afrique. || T. Monnay. Se disait autrefois de tout ce qui fait la diminution de la valeur intrinsèque des espèces monnayées. *La t. comprenait le seigneuriage, le brassage et les remèdes de poids et de loi.*

Hist. — Au commencement du XVe siècle, au moment où les serfs commençaient à disparaître, rien ne pouvait faire supposer que l'esclavage allait se montrer de nouveau dans le monde chrétien. C'est pourtant ce qui eut lieu. Les musulmans, chassés de l'Espagne après la bataille de Ceuta, en 1415, allèrent chercher un asile dans différentes parties de l'Afrique. Les Portugais les y poursuivirent et, en 1440, ils en amenèrent quelques-uns à Lisbonne, où ils les réduisirent en servitude. L'appât du gain tenta les aventuriers, et d'autres enlèvements eurent lieu. Les parents de ces prisonniers, ne pouvant les racheter, offrirent, en 1442, de les échanger contre des esclaves nègres, et de cet échange naquit l'infâme trafic qu'on a depuis appelé la *Traite des noirs*. Les Espagnols et les Anglais suivirent bientôt l'exemple des Portugais, et, en quelques années, tout le littoral de l'Afrique, de l'embouchure du Sénégal jusqu'à l'extrémité de l'Angola, devint un immense marché d'esclaves pour la plupart des nations européennes. Toutefois, dès 1462, la papauté essaya de s'opposer à ce honteux commerce, mais ses efforts furent impuissants. La découverte du nouveau monde ouvrit un immense débouché à la t. Dès 1502, les Espagnols transportèrent des cargaisons de nègres aux Antilles pour remplacer la population indigène que leurs mauvais traitements avaient presque anéantie, et peu à peu ils étendirent le même système à leurs autres colonies d'Amérique. Dans le principe, le commerce des nègres avait été simplement toléré; mais, en 1517, Charles-Quint le consacra officiellement en accordant à un seigneur flamand, le privilège de transporter 4000 noirs dans les grandes Antilles. A la fin du XVIe siècle, la t. était organisé sur la plus vaste échelle. Tous les États européens qui possédaient des colonies en Amérique, l'Espagne, le Portugal, l'Angleterre, la Hollande, la France, se livrèrent avec ardeur à ce commerce abominable, qu'encourageaient d'ailleurs les gouvernements respectifs de ces pays. Ainsi, par ex., chez nous, on accordait des primes aux négriers, et ces primes s'élevaient chaque année à deux millions de livres en moyenne. Les ports principaux de l'Europe et de l'Amérique expédiaient incessamment des navires fins voiliers qui se rendaient sur les côtes d'Afrique pour y chercher des cargaisons d'esclaves. Ils se procuraient ces malheureux, tantôt au moyen de descentes à main armée, tantôt, et ce système finit par prévaloir, en vertu de traités avec les petits souverains du pays qui vendaient leurs prisonniers de guerre, souvent même leurs sujets et leurs parents, pour quelques objets de rebut ou des barils de mauvaises liqueurs alcooliques. On n'évalue pas à moins de cent mille le nombre des Africains qui allaient chaque année en Amérique combler le déficit que causaient l'influence du climat et les mauvais traitements des maîtres. Les horreurs qui accompagnaient la traite des noirs ont été maintes fois décrites. La traversée d'Afrique en Amérique surtout donnait lieu à des scènes de cruauté qui font frémir.

Enfin, les principes du christianisme prirent peu à peu le dessus, et la plaie de l'esclavage, qui ne démoralise pas moins le maître que l'esclave, commença à soulever la réprobation publique. Ce furent les Quakers de l'Amérique du Nord qui donnèrent le signal en 1751, où ils renoncèrent généralement, tous les membres de leur secte, à toute espèce de droits sur leurs esclaves. La t. fut défendue dès 1778 par l'État de Virginie, en 1780, 1787 et 1788, par les États de Pennsylvanie, de Massachusetts et de Connecticut. L'Europe ne resta pas insensible à ces tentatives de réforme. Depuis longtemps il était de principe, en France, qu'un nègre esclave devenait libre en touchant le sol de notre pays: le même droit fut reconnu en 1772 par l'Angleterre aux esclaves de ses colonies. En 1787, il se fonda à Londres, sous le nom d'*Amis des noirs*, une société abolitionniste qui fit souvent retentir le parlement de ses pétitions en faveur des esclaves, et, l'année suivante, Pitt présenta à la Chambre des communes une motion pour l'abolition de la t., motion qui fut repoussée. La même année Brissot, à Paris, organisa, sous le même nom, une société abolitionniste, dont Condorcet, Clavière, Grégoire, Lafayette et Mirabeau furent les membres les plus actifs. En 1792, le roi de Danemark, par son ordonnance du 16 mars, décréta l'abolition de la t. dans ses colonies, à partir de 1803. Moins de deux ans après, le 4 février 1794, la Convention, sur la proposition de Levasseur, de la Sarthe, décrétait l'abolition même de l'esclavage dans toutes les colonies françaises. Malheureusement le Consulat rétablit l'ancien ordre de choses, mesure qui toutefois échoua à Saint-Domingue et nous coûta, indépendamment des flots de sang versés, la perte de la plus belle des grandes Antilles. Quelques années plus tard, l'Angleterre reprit l'initiative dans la voie de

réforme qui devait aboutir à l'abolition de l'esclavage des noirs. Le 25 mars 1807, le parlement proclama l'abolition de la t., et, en 1814, Louis XVIII conclut avec l'Angleterre un traité répressif de la t., avec réserve pour la France de la continuer encore pendant cinq années, sous prétexte d'approvisionner ses colonies, qui n'avaient pu se pourvoir d'esclaves pendant la guerre. A son retour de l'île d'Elbe, Napoléon, supprima la t. sans restriction, le 29 mars 1815, et Louis XVIII renouvela l'abolition sans réserve et pour toujours, par un article supplémentaire conclu avec l'Angleterre le 20 mars 1815, et par l'ordonnance royale du 8 janvier 1817, que vint confirmer la loi du 15 avril 1818. Cette loi prononçait la confiscation des navires pris faisant la t. et l'interdiction de leurs capitaines. La même année, une croisière fut établie sur la côte d'Afrique, à l'effet de poursuivre les négriers. Enfin, la loi du 25 avril 1826 porta la peine du bannissement contre tout individu qui coopérerait à la t. Déjà les États-Unis, par un bill de 1820, et l'Angleterre, par un acte du parlement du 31 mars 1824, avaient déclaré que désormais la t. serait considérée comme un acte de piraterie et punie de mort. — Malgré toutes ces lois, et quoique tous les peuples maritimes de l'Europe se fussent réunis pour interdire absolument le trafic infâme des noirs, il n'en continuait pas moins sur les côtes orientales et occidentales de l'Afrique, et les marchands de *bois d'ébène*, car c'est ainsi qu'ils appelaient les malheureux noirs arrachés à leur pays, trouvaient des débouchés faciles et lucratifs dans les colonies espagnoles et portugaises, et même dans les États du Sud de la Confédération américaine, où des autorités complices fermaient les yeux sur ce hideux commerce. C'est alors que diverses sociétés abolitionnistes proposèrent le système du *droit de visite* réciproque, en vertu duquel les croiseurs de chaque nation pourraient visiter les navires marchands des autres pays, pour s'assurer qu'ils ne se livraient pas à la t. Le gouvernement anglais adopta avec empressement cette idée, et s'efforça de la faire accepter par les autres nations. Mais les États-Unis repoussèrent constamment le droit de visite. Un certain nombre de conventions sont intervenues entre la France et l'Angleterre et certains autres pays d'Europe en vue de stipuler les conditions de surveillance à exercer sur les navires dans le but d'empêcher la t. des noirs (acte général de la Conférence de Bruxelles, 1890). L'Angleterre, la première, entra dans la voie de l'abolition de l'esclavage. Le 14 mai 1833, le parlement britannique adopta une loi d'émancipation générale des noirs, et accorda en même temps à leurs propriétaires une indemnité de 500 millions de francs, et le 1er août 1838, tous les esclaves des colonies anglaises, au nombre d'environ 670,000, virent à la fois tomber leurs chaînes. En France, il ne fallut rien moins que la révolution de 1848 pour faire proclamer cette grande mesure. Le 27 avril, un décret du gouvernement provisoire prononça l'abolition immédiate de l'esclavage dans toutes les colonies françaises, et 260,000 noirs environ furent rendus à la liberté. Depuis cette époque, les États-Unis en 1865, le Brésil en 1871, ont également émancipé leurs esclaves, de sorte que l'esclavage ne subsiste plus, à l'heure actuelle, que dans quelques colonies espagnoles et portugaises. Voy. Cochin, *Abolition de l'esclavage*, et H. Wallon, *Histoire de l'esclavage dans l'antiquité*.

TRAITÉ. s. m. [Pr. *trè-té*] (lat. *tractatus*, m. s., part. passé de *tractare*, traiter). Ouvrage où l'on traite de quelque art, de quelque science, de quelque matière particulière. *T. de mathématiques. T. de physique, de chimie. C'est un t. fort méthodique.* ‖ Convention faite entre des souverains, entre des États. *T. de paix, de commerce, d'alliance. T. défensif, offensif. T. conditionnel, éventuel. Le t. de Westphalie. Le t. d'Amiens. Négocier, conclure, signer, ratifier un t. Contrevenir à un t.* ‖ Conventions particulières entre eux ou avec l'État, l'administration. *Il a fait un t. avantageux, un t. ruineux. Le t. fait par les entrepreneurs avec l'administration. Une des clauses du t. est que...*

Diplom. — En diplomatie on désigne sous ce nom toute convention faite entre des souverains ou des États indépendants, dans le but de régler leurs rapports politiques ou commerciaux. Les *Traités* sont de diverses sortes, selon l'objet qu'on a en vue. Le rétablissement de la paix, la conclusion d'une alliance, le règlement des frontières, un échange ou une cession de territoire, un partage, une médiation, l'extradition des criminels, les intérêts commerciaux, littéraires, etc., sont autant d'objets que les traités ont pour but de déterminer et de régler. Lorsqu'on emploie le mot *traité* d'une façon absolue, il sert presque toujours à désigner un t.

do paix. Nous avons, au mot Chronologie, signalé à leurs dates respectives les principaux traités de paix qui ont constitué l'Europe sur ses bases actuelles. On possède un grand nombre d'ouvrages historiques sur les traités de paix. Parmi les anciens, nous nous contenterons de mentionner le *Corps universel diplomatique du droit des gens, ou Recueil des traités de paix, d'alliance, de commerce, etc.*, faits en *Europe depuis Charlemagne jusqu'à présent*, par J. du Mont, et continué par Rousset (Amsterd. 1725 et ann. suiv., ensemble 49 vol. in-fol.). Parmi les ouvrages modernes, nous citerons : l'*Histoire abrégée des traités de paix entre les puissances de l'Europe depuis la paix de Westphalie*, ouvrage publié d'abord par Koch, puis entièrement refondu par Schoell et continué par ce dernier jusqu'au congrès de Vienne et au t. de Paris de 1815 (Paris, 1818, 15 vol. in-8°) ; le *Recueil des principaux traités d'alliance, de paix, etc., depuis 1761*, par Martens (1817-37, 20 vol. in-8°) ; cet ouvrage a été continué par Murhard et Stœrck ; le *Recueil des traités de commerce et de navigation conclus depuis le traité de Westphalie*, par d'Hauterive et de Cussy (Paris, 1834-44, 10 vol. in-8°) ; les *Archives diplomatiques*; le *Recueil mensuel de diplomatie et d'histoire de 1861 à 1876*, repris en 1883, par Louis Renault ; le *Répertoire des traités de 1648 à 1866*, par Tétot ; le *Recueil de traités de paix*, par de Clercq ; l'*Histoire générale des principaux traités de paix*, par de Garden (15 vol.); enfin le *Résumé historique des principaux traités de paix, depuis 1648*, par P. Oncousow (Évreux, 1884).

TRAITEMENT. s. m. [Pr. *trè-teman*] (R. *traiter*). Accueil, réception, manière d'agir avec quelqu'un. *Bon, mauvais t.* On lui a fait, on a reçu toutes sortes de bons, de mauvais *traitements.* — Au plur. *Mauvais traitements*, sign. encore violences, coups, voies de fait. || Se dit de certains honneurs qu'on rend, dans les cours, à des personnes de distinction. *Il y a de certains traitements attachés au caractère d'ambassadeur. La république de Venise avait le t. des têtes couronnées.* || Se dit aussi des appointements attachés à une place, à un emploi élevé. *On a augmenté, diminué son t.* — Syn. Voy. **Appointement.** || T. Méd. L'ensemble des moyens thérapeutiques, hygiéniques, etc., que prescrit le médecin pour prévenir une maladie, pour la guérir, ou simplement pour prolonger la vie et diminuer les souffrances du malade. *T. prophylactique, curatif, palliatif. T. rationnel, empirique.* || T. Sylvic. Manière d'aménager une forêt. || T. Chim. Manière de modifier une substance au moyen de tel ou tel agent.

TRAITER. v. a. [Pr. *trè-ter*] (lat. *tractare*, fréq. de *trahere*, livrer). Discuter, discourir sur, raisonner sur, exposer. *T. un sujet, une matière, une question. T. une matière à fond. Un sujet tragique et un sujet comique ne sauraient être traités de la même manière.* || Négocier, travailler à l'accommodement d'une affaire, chercher les moyens d'en convenir, en régler les clauses, les conditions, etc. *T. la paix. T. un mariage. T. une réconciliation, un accommodement entre des parents.* = Agir avec quelqu'un, en user avec lui de telle ou telle manière. *Vous l'avez bien traité. Il se plaint que vous ne l'avez pas bien traité. T. quelqu'un avec hauteur, avec insolence.* Fig. et prov., *T. quelqu'un de Turc à More.* Voy. **More.** || Qualifier, donner à quelqu'un tel ou tel titre, en lui parlant, en lui écrivant, etc. *T. quelqu'un de prince. T. un prince de majesté, d'altesse royale. Il se fait t. d'excellence. — T. quelqu'un de fat, de fou, etc.*, l'appeler fat, etc. || Régaler, donner à manger. *T. quelqu'un magnifiquement, mesquinement. Ce restaurateur nous a bien traités pour le prix.* — Absol., *C'est votre tour à t. Il traite souvent.* || Avoir soin d'un malade, lui prescrire ce qu'il doit faire, l'opérer, etc. *On l'a traité d'une pleurésie. Ce chirurgien l'a traité de deux grandes blessures. Ce médecin le traite mal.* On dit à peu près de même, *T. une maladie.* || T. Chim. Soumettre une substance à l'action de quelque agent, pour y opérer soit une décomposition, soit un changement quelconque. *On obtient la soude pure en traitant la soude du commerce par la chaux vive, puis par l'alcool.* || T. Forest. *T. une forêt*, l'aménager, l'exploiter de telle ou telle manière. || T. Peint. *T. un sujet*, Composer, exécuter un tableau d'après un sujet. On dit aussi d'une figure, etc., qu'*Elle est bien traitée, mal traitée*, selon qu'elle est bien ou mal exécutée. — Par analogie, on dit encore qu'*Un ouvrier traite bien son ouvrage*, Quand il l'exécute et le termine avec soin. = **Traiter.** v. n. Discuter, agiter. *T. d'une manière. Ce livre*

traite de philosophie. *Cet ouvrage traite des plantes, des minéraux.* || Négocier, régler les clauses, les conditions d'une chose. *Il est parti pour aller t. de la paix.* — Absol., *Ces princes traitèrent ensemble. Il est accusé d'avoir traité avec les ennemis.* || Négocier pour vendre, acheter, etc.; passer les actes nécessaires pour la conclusion d'un traité. *T. d'une charge, d'une terre. Il a traité à tel prix, à telles conditions. Nous avons traité pour cette maison de campagne.* — *T. d'une dette, d'une prétention.* Prendre un arrangement quelconque au sujet d'une dette, etc. = **se Traiter.** v. pron. Être traité. *Un pareil sujet doit se t. sérieusement. Cette affaire s'est traitée fort secrètement.* || Se régaler, se donner mutuellement à dîner. *Nous nous traitions tour à tour.* — *Cet homme se traite bien*, Il a toujours pour lui-même une table bien servie. || *Ce médecin se traite lui-même*, C'est lui-même qui règle son traitement. == **Traité, ée,** part. = Syn. Voy. **Maltraiter.**

TRAITEUR. s. m. [Pr. *trè-teur*] (R. *traiter*). Celui qui apprête, qui donne habituellement à manger pour de l'argent.

TRAITOIRE. s. f. [Pr. *trè-touare*] (lat. *tractoria*, chose qui sert à tirer). T. Techn. Outil qui sert au tonnelier pour tirer les cercles et les faire entrer.

TRAÎTRE, ESSE. adj. [Pr. *trè-tre, trè-trè-se*] (lat. *traditor*, m. s., de *tradere*, livrer). Qui trahit. *Cet homme-là est t. Un esprit t. C'est une âme traîtresse.* Prov. et pop., *T. comme Judas.* — Pop., *Cet homme n'est pas t. à son corps.* Voy. **Corps.** || Se dit aussi de quelques animaux, comme les chiens, les chats, les chevaux, etc., qui égratignent, qui mordent, qui ruent lorsqu'on y pense le moins. *Ce chien, ce cheval est t. Les chats sont ordinairement traîtres.* || Se dit encore des actions où se montrent la trahison, la perfidie. *C'est un procédé bien t. Il lui a joué un tour bien t. Des faveurs traîtresses.* — Se dit des choses qui sont plus dangereuses qu'elles ne le paraissent. *Ces sortes de maux sont traîtres. Une liqueur traîtresse. Ce vin est t.,* Il enivre plus aisément qu'on ne croit. — Fam. *Il ne m'en a pas dit le t. mot*, Il ne m'en a pas dit un seul mot. = **Traître, esse.** s. Celui, celle qui fait une trahison. *C'est un t., une traîtresse.* || T. de mélodrame, personnage qui joue le rôle de t. et Fig. Celui qui a l'air sombre, dissimulé. == **en traître.** loc. adv. En trahison, traîtreusement. *Prendre quelqu'un en t. Il l'a tué en t.*

TRAÎTREUSEMENT. adv. [Pr. *trètreu-ze-man*]. En trahison. *Il lui donna un coup de poignard traîtreusement.*

TRAÎTRISE. s. f. [Pr. *trè-tri-ze*]. Action de trahir.

TRAITVENANT. s. m. [Pr. *trè-venan*]. T. Minér. Syn. de **Tout-venant.**

TRAJAN, empereur romain (53-117 ap. J.-C.), adopté par Nerva, lui succéda en 98, soumit les Daces, vainquit les Parthes, et accomplit de grands travaux dans Rome.

TRAJANOPOLI, v. de Turquie (Roumélie) ; 14,000 hab.

TRAJECTOIRE. s. f. [Pr. *trajek-touare*] (lat. *trajector*, qui traverse, de *trajicere*, traverser). T. Géom. La ligne courbe que décrit dans l'espace un corps soumis à des forces motrices quelconques. Voy. **Balistique, Tir, Planète.**

TRAJET. s. m. [Pr. *tra-jè*] (lat. *trajectus*, m. s., part. passé de *trajicere*, traverser, de *trans*, au travers, et *jacere*, jeter). L'espace qui sépare un lieu d'un autre, et qu'il faut traverser ou parcourir pour arriver du premier au second. *Le t. de Calais à Douvres est de sept lieues. Le t. de Paris à Lyon.* || L'action de traverser l'espace d'un lieu à un autre. *Faire le t. de Marseille à Naples.* — Poét., *Le noir t.,* se dit de la mort, par allus. au Styx que les morts devaient traverser dans la barque de Caron. || T. Chir. *Le t. d'une plaie, d'une fistule, etc.,* Le canal ou conduit que forme sa cavité.

TRALEE, v. d'Irlande, 13,000 hab., ch.-l. du comté de Kerry.

TRAMAIL ou **TRÉMAIL.** s. m. (lat. *tres*, trois ; *macula*, maille). Filet composé ordinairement de trois rangs de mailles ou de trois réseaux, dont on se sert pour prendre des oiseaux ou des poissons de nuit. = Pl. *Des tramails.*

TRAMAYES, ch.-l. de c. (Saône-et-Loire) arr. de Mâcon ; 1,000 hab.

TRAME. s. f. (lat. *trama*, m. s., de *trameare*, passer au delà, de *trans*, au delà, et *meare*, passer). Dans les tissus, le fil qui croise les fils de la chaîne. Voy. Tissage. — Fig., *La t. de la vie, La t. de ses jours.* || Fig., Complot, intrigue compliquée. *Il est l'auteur de cette t. C'est lui seul qui a ourdi cette t. abominable.*

TRAMER. v. a. Passer la trame entre les fils qui sont tendus sur le métier. *T. une étoffe ; la t. de soie, de fil.* — Absol., *T. fin,* Faire la trame extrêmement fin. || Fig., Machiner, faire un complot. *T. une conspiration, une intrigue, une perfidie, une trahison. T. un dessein, une entreprise. T. la mort, la perte de quelqu'un. Il trame quelque chose contre vous.* — Impersonnellement, et avec le pron. possess., *Il se trame quelque chose.* = Tramé, ée. part. = Syn. Voy. Ourdir.

TRAMONTANE. s. f. (ital. *tramontana*, m. s., du lat. *trans*, au delà, et *mons, montis*, montagne). Nom donné à l'étoile polaire. — Fig. et fam., *Perdre la t.,* Se troubler, ne savoir plus où l'on est, ne savoir plus ce qu'on fait ni ce qu'on dit, ainsi dit parce qu'avant l'invention de la boussole, l'étoile polaire servait seule à guider les navigateurs. || Nom qu'on donne dans la Méditerranée au vent du nord. || Par ext., Le côté du nord, *Une maison exposée à la t. Aller vers la t.*

TRAMWAY. s. m. [Pr. tra-mouè]. Le mot *Tramway* provient de l'association de deux mots anglais : *tram* qui signifie rail plat et *way,* voie. On doit traduire ce mot par : voie ferrée établie dans une rue, sur une route, avec des rails qui ne présentent aucune saillie sur le profil en travers de la rue, de la route.

Comme l'indique sa définition, le *tramway* n'a rien de commun avec le *chemin de fer sur routes* qui, la plupart du temps, à des rails saillants s'opposant, sur son parcours, à la traversée des voitures ordinaires. Au contraire, ce mode de locomotion a sa voie complètement noyée dans le sol de la chaussée que suit la ligne et très sensiblement au même niveau.

Sans nous attarder aux essais préliminaires qui ont devancé l'installation des chemins de fer, nous nous occuperons uniquement des débuts, souvent difficiles, et des progrès accomplis jusqu'à nos jours, par ce nouveau mode de locomotion qui est devenu absolument indispensable aux besoins actuels de l'activité humaine. La première apparition d'un t. date de 1832 et s'est produite à New-York, États-Unis d'Amérique. La traction s'opérait à l'aide de chevaux, mais comme de nombreux accidents de personnes survinrent, la population d'abord, l'administration ensuite s'opposèrent à la continuation des premiers essais. Un ingénieur français, Loubat, qui avait habité New-York et avait été témoin des expériences accomplies, rentra en France en 1854 et obtint de l'administration la concession d'une voie de t. de Sèvres à Versailles, avec autorisation d'amener la tête de ligne à la place de la Concorde. Ce t., qui pendant de nombreuses années a fonctionné, avait reçu le nom de *chemin de fer américain.* Cette concession fut ultérieurement cédée par le premier occupant à la Compagnie des omnibus qui, en dépit de l'inconvénient présenté par la nécessité de changer au point terminus les roues des véhicules roulant sur les rails par d'autres roues susceptibles de circuler sur le pavé des rues, n'en continua pas moins l'exploitation de la ligne durant plusieurs années.

Entre temps, vers 1860, un ingénieur anglais, Train, introduisit à son usage des tramways en Angleterre. Comme à New-York, de nombreux accidents se produisirent et bientôt toute exploitation de t. disparut. Il fallut attendre huit années pour que l'industrieuse cité de Liverpool consentit à accorder une concession d'exploitation de tramways. La tentative fut bien accueillie du public et, l'année suivante, ce mode de transport était officiellement installé à Londres. Vers la même époque, le gouvernement belge autorisait la construction d'un t. à Bruxelles.

En France, ce n'est qu'en 1873 que le gouvernement accorda au Conseil général du département de la Seine la concession d'un réseau de t. qui devait circuler le long des boulevards extérieurs de la capitale, tout en rayonnant sur le

centre de Paris. En province, dans le Nord notamment, il s'était fondé, avant même que l'installation des tramways parisiens fût décrétée, des Sociétés qui, à leurs risques et périls, avaient accepté tous les impédiments que présentaient des concessions sans qu'aucune législation certaine préservât les droits des uns et des autres, Lille d'abord, Valenciennes ensuite construisirent les premiers tramways sur le territoire français. Ce ne fut que le 11 juin 1880 qu'apparaît cette nouvelle législation réclamée par les villes et les exploitants. C'est, en somme, à partir de cette époque que les tramways reçurent leur droit de cité en France, droit que depuis ils ont conquis partout, aussi bien chez nous qu'à l'étranger dans l'Ancien et le Nouveau Monde.

Pour mémoire seulement, nous dirons quelques mots des voies créées et employées pour la circulation des tramways. Les systèmes en usage sont pour ainsi dire innombrables, chaque Compagnie concessionnaire préconisant son type de rail. La seule nomenclature des principes sur lesquels ces voies reposent nous entraînerait beaucoup trop loin. Nous nous occuperons avec plus de profit des modes de traction qui, successivement, depuis l'origine des tramways, ont fait leur apparition et leurs preuves.

Pendant de nombreuses années, les concessions de tramways accordées par les villes ou les départements obligeaient les Compagnies rétrocessionnaires à ne faire usage que de la traction animée, c.-à-d. à n'avoir recours qu'à l'emploi de chevaux. L'habitude, pour les habitants des villes et des campagnes, de voir circuler au milieu de leurs rues, souvent étroites, les nouveaux véhicules ; les besoins toujours croissants dans la rapidité des communications interurbaines, firent que le mode de locomotion par chevaux parût beaucoup trop lent. Les Sociétés exploitantes elles-mêmes ne tardèrent pas à comprendre qu'il était de leur intérêt d'augmenter, souvent au prix d'importants sacrifices pécuniaires, la valeur de leur trafic. Dès lors elles songèrent à substituer la traction mécanique à la traction animée, ce qui leur permettait d'obtenir une vitesse bien plus considérable tout en diminuant leurs frais d'exploitation. Du reste, dès 1834, les Anglais avaient accompli leurs premières tentatives de traction mécanique, à travers les rues de la cité de Londres, sans que de trop graves inconvénients se soient produits.

Les premiers moteurs employés en France furent des locomotives à vapeur, locomotives dont tous les organes se trouvaient dissimulés sous un revêtement de tôle, afin de diminuer autant que possible la frayeur éprouvée par les chevaux rencontrant sur leur route un t. à vapeur. La fumée et la vapeur, qui tout d'abord s'échappaient à flots des cheminées des locomotives, diminuèrent d'intensité par l'obligation que l'administration imposait aux Compagnies de tramways de ne faire usage que de coke et d'installer des appareils spéciaux condensant en majeure partie la vapeur. Les résultats obtenus et constatés ne répondirent pas pleinement au désidératum exprimé. C'est pourquoi, en maints endroits, on substitua aux locomotives à vapeur ordinaires, des locomotives sans foyer qui, ne transportant aucune sorte de combustible avec elles, et n'ayant recours qu'à l'emploi de l'eau surchauffée, étaient exemptes de fumée tout en laissant échapper dans l'air la vapeur en partie condensée. C'était encore un grave inconvénient. Un ingénieur français, Mékarski, y remédia en imaginant un nouveau moteur fonctionnant à l'aide de l'air comprimé. C'est en 1879, à Nantes, qu'eurent lieu les essais de cette locomotive, qui n'a cessé depuis de donner des résultats si satisfaisants, qu'à Paris même ce système prévaut sur tous les autres et continue à fonctionner régulièrement, concurremment avec la traction électrique. Voy. Locomotive.

Tramways électriques. — L'installation des tramways électriques date d'une époque relativement récente. C'est à la suite des études pratiques faites par le physicien Sermaize, vers 1865, sur l'utilisation de la puissance électrique aux transports à grande distance, que, deux années plus tard, Siemens eut l'idée d'appliquer cette force à la traction des tramways et des chemins de fer. Les premiers essais tentés ne répondirent peut-être pas complètement au désidératum attendu ; cependant, en dépit des insuccès constatés tout d'abord, les efforts des savants se portèrent sans hésitation vers le nouvel horizon qui s'ouvrait à tous. Nous devons reconnaître que, grâce aux incessantes recherches exécutées d'une manière presque simultanée sur l'ancien continent aussi bien que sur le nouveau, la traction électrique a en bientôt fait de conquérir ses droits de cité dans l'univers entier.

· Avant d'énumérer les divers types de tramways ou de chemins de fer électriques qui ont été créés, nous dirons quelques mots sur les différents systèmes d'utilisation de la force électromotrice et de son application à la traction de ces tramways ou chemins de fer.

Cette traction peut se faire de deux manières bien distinctes qui, elles-mêmes, se subdivisent en plusieurs modes dérivant les uns des autres. En premier lieu, la traction électrique s'obtient par l'envoi d'un courant continu aux organes moteurs d'un véhicule, le courant étant engendré dans une usine centrale mise en relation directe avec la ligne sur laquelle il s'agit d'opérer cette traction. Il est encore possible de produire la traction électrique, en disposant sur le véhicule même des appareils spéciaux agencés de telle sorte qu'ils emmagasinent une quantité plus ou moins considérable de fluide électrique, sauf à la dépenser peu à peu, au fur et à mesure des besoins. Ces appareils, dont les formes sont pour ainsi dire innombrables, constituent ce que l'on nomme des *accumulateurs* (Voy. ce mot). On a, dans ce cas, recours à une usine centrale pour les charger, mais dès que cette opération, du reste fort longue, est terminée, ils consomment petit à petit leur provision, ce qui nécessite leur remplacement, dans un temps plus ou moins court, par de nouveaux accumulateurs en pleine charge.

Si l'on emploie la traction électrique en empruntant le courant à une usine génératrice centrale, les systèmes mis en usage se classifient comme suit : ou bien le courant de la génératrice est envoyé au moteur à l'aide d'une ligne aérienne et retourne au générateur par l'un quelconque des deux rails de la voie ; ou bien, encore, le courant circule à l'aller comme au retour en empruntant les rails ; ou bien, un troisième rail isolé placé entre les deux files de rails constituant la voie, ou sur le côté, transmet à l'électro-moteur le courant qui lui est fourni par l'usine, ou bien, enfin, le courant est transmis par une ligne souterraine.

Lorsque le courant est aérien, des conducteurs, formés par une suite ininterrompue de tubes métalliques ou constitués par un câble ou par des barres métalliques allant d'un bout à l'autre de la ligne, sont supportés par des poteaux placés le long de la voie si celle-ci est simple, ou installés dans l'axe de l'entrevoie si l'ensemble de la ligne comporte une voie double. Quand les rails ordinaires servent de conducteurs, les essieux des véhicules se trouvent isolés de leurs roues et le courant est établi avec le moteur électrique, au moyen de galets ou de balais métalliques frottant sur ces rails. Si l'on a recours à l'emploi d'un troisième rail, celui-ci est isolé de la voie ; il amène le courant au moteur et ce courant retourne au générateur par les rails ordinaires. Quand les conducteurs sont souterrains, ils sont placés à l'intérieur d'une sorte de tube de dimensions très variables, à la partie supérieure duquel existe une fente longitudinale permettant un libre accès au chariot de contact qui amène le courant au moteur. Enfin, si la transmission du courant a lieu par intermittence, on a recours à des dispositifs spéciaux analogues à des interrupteurs, logés dans des pavés de contact appelés *plots*. La voie représente, dans ces conditions, un immense commutateur.

Maintenant que nous avons exposé d'une manière succincte, les systèmes principaux couramment usités, nous allons examiner et énumérer les modes de traction électrique depuis l'origine de l'installation des tramways dont nous nous occupons en ce moment, dans les grands centres populeux et industriels du monde entier.

Comme nous l'avons fait observer au commencement de cet article, c'est en 1867 que Siemens eut l'idée d'utiliser les machines dynamo-électriques et la transmission de la force nécessaire au fonctionnement des tramways et chemins de fer. La première application de traction nouvelle eut lieu à Berlin lors de l'Exposition de 1879 dans cette capitale. L'installation consistait en un troisième rail placé entre ceux qui servaient au roulement des véhicules. Ce rail supplémentaire se trouvait isolé de tout contact avec le sol, au moyen de traverses en bois. La voiture qui portait le moteur recevait le courant, transmis par une usine principale au rail central, par l'entremise de brosses métalliques frottant sur sa surface ; d'autres balais de cuivre en contact avec les rails de la voie ramenaient le courant au générateur. De nombreux accidents de personnes et d'animaux se produisirent et l'autorisation accordée fut retirée, ce qui n'empêcha pas Siemens de construire, en 1881, le t. électrique de Lichterfelde basé sur le même principe.

À l'Exposition internationale d'électricité de 1881, à Paris, Siemens installa un t. électrique allant de la place de la Concorde jusqu'au Palais de l'Industrie. Au lieu de transmettre le courant par un rail isolé au niveau du sol, il eut recours à un conducteur aérien. Ce conducteur, que des poteaux supportaient, était formé de deux tubes de cuivre présentant

une fente longitudinale continue à leur partie inférieure ; ils étaient placés à faible distance l'un de l'autre et parallèles entre eux. Dans ces tubes glissaient deux cylindres de cuivre rendus solidaires au moyen d'une attache rigide traversant la fente des tubes et se réunissant à une tringle horizontale de même métal mise en communication avec l'électro-moteur de la voiture. Un *rhéostat* (Voy. ce mot) installé sur le véhicule, à portée de la main du conducteur ou *wattman*, permettait de suspendre l'accès du courant pour les arrêts et de régler à volonté la vitesse du t. électrique.

En 1883, lors de l'Exposition universelle de Vienne (Autriche), une ligne électrique fut également installée. L'envoi du courant se faisait au moyen de deux rails isolés ; l'un amenait le courant jusqu'au moteur de la voiture, le second le ramenait à l'usine centrale. L'année suivante vit éclore différentes lignes de tramways et de chemins de fer à traction électrique. En Angleterre, à Brighton, un ingénieur électricien, Magnus Volk, construisit un chemin de fer dans lequel deux rails assujettis sur des traverses de bois transmettaient le mouvement au moteur et le retournaient à la génératrice. Des poulies calées sur un arbre intermédiaire et roulant sur les rails isolés, communiquaient la puissance électrique à l'électro-moteur.

À la même époque, c.-à-d. en 1884, eut lieu à Nœdling (Autriche) et simultanément à Francfort-sur-le-Mein (Allemagne), deux installations de tramways électriques. La traction s'opérait à l'aide de conduits aériens constitués par des tubes de cuivre dont l'un servait à l'arrivée du courant et le second au retour à l'usine centrale. À partir de cette année, on voit surgir partout, en France, en Belgique, en Allemagne, etc., ainsi que dans le Nouveau Monde, des applications incessantes de la traction électrique sous diverses formes, tout en faisant usage des différents systèmes que chaque puissance perfectionnait de son mieux. Traction par conducteurs aériens, par accumulateurs, par conducteurs souterrains, tout est mis en œuvre au mieux des intérêts commerciaux, de l'accroissement du trafic, de la rapidité et de la commodité des communications, grâce aux travaux d'hommes éminents qui ont nom : Siemens, Planté, Faure, Laurent-Cély, Portrüsch, Smith, Frank-Wynne, Westinghouse, Thomson-Houston, Sprague, etc.

Avant de décrire un système nouveau de t. électrique à traction souterraine, dite à *plots*, nous ferons observer que, si aux États-Unis on voit partout circuler les voitures avec conducteurs aériens et trolleys, en Europe et notamment en France, ce mode de traction n'est employé que dans les campagnes, les petites villes et les faubourgs. Dans la partie centrale des grandes villes, on a dû y renoncer à cause des inconvénients multiples qu'offrent les réseaux de fils aériens et de leur effet peu gracieux. Aussi, le plus souvent, on a recours à une conduite souterraine dont le système varie beaucoup. En effet, elle est parfois constituée par un simple caniveau à l'intérieur duquel est placé le câble conducteur d'électricité, isolé sur des tubes en porcelaine. Souvent aussi le conducteur est placé dans une sorte de couloir souterrain en béton constitué de distance en distance par des cadres de fonte. Ces cadres supportent le câble au moyen d'isolateurs. Une fente longitudinale existe à l'endroit de l'ornière que présentent les rails entre eux. Le frotteur passe à travers cette fente et vient au contact constant avec le câble, de manière à transmettre le courant à l'électro-moteur du véhicule.

Dans les lignes à trolley actuelles, c.-à-d. à conducteurs aériens, ceux-ci sont constitués soit par des câbles métalliques, soit par de gros fils de fer ou d'acier accrochés à des isolateurs supportés par des poteaux de bois, de fer ou de fonte. Le contact entre le conducteur aérien et le moteur est obtenu au moyen d'une longue perche en bois surmontant la voiture et mobile autour d'un axe mais que des ressorts à boudins tendent à maintenir levée. Ce bras porte à son extrémité supérieure une sorte de petite poulie dont la gorge reçoit le câble ou le fil conducteur. L'articulation inférieure du bras lui permet de se déplacer latéralement et de suivre toutes les sinuosités que présente la ligne. Un fil intérieur au bras se relie d'une part avec la base de la poulie et de l'autre avec le moteur. Enfin, comme dans le système de traction à conduite souterraine, un rhéostat donne toute facilité au wattman d'accélérer ou de ralentir l'allure du véhicule.

La traction électrique par *plots* est due à Diatto. Rien, à première vue, ne distingue ce système des tramways ordinaires, si ce n'est, de distance en distance, la présence de pavés métalliques ou *plots* dépassant à peine de quelques millimètres le pavage environnant. Le conducteur électrique amenant le courant de l'usine centrale est complètement enfoui dans le sol; il communique l'énergie au moteur de la voiture par l'intermédiaire de ces plots. Un barreau de fer doux convenablement suspendu sous la voiture, en relation électrique avec le moteur, sert de prise de courant comme la manette d'un commutateur ordinaire. Le dispositif adopté pour réaliser l'ouverture ou la fermeture du circuit au moment du passage des voitures est, dans son principe, de la plus grande simplicité.

Le barreau aimanté placé sous le véhicule, se compose d'une barre centrale et de deux barres latérales, entre lesquelles sont montés une série d'électro-aimants horizontaux disposés de façon à communiquer la *polarité nord* à la barre du milieu et la *polarité sud* aux deux barres extrêmes. Le barreau central est d'une longueur supérieure à la distance séparant deux plots, de sorte que la communication entre l'usine centrale et le moteur du t. est continue. De son côté, le pavé de contact comporte essentiellement un godet rempli de mercure, relié au fil conducteur principal et dans lequel plonge un clou ayant une tête en charbon robuste et très conducteur, ce clou est disposé en face d'un bouchon à vis portant un bloc de charbon de même qualité que la tête du clou. Ce bouchon en fer doux est fixé au centre d'un tampon métallique formant le plot. Lorsque le barreau aimanté du t. arrive en contact avec le sommet du plot, il attire le clou qui plonge dans le godet de mercure, de façon à le mettre en communication avec le bouchon à vis, et à fermer le circuit communiquant ainsi au moteur de la voiture l'énergie nécessaire à la traction. Chacun des électro-aimants du barreau aimanté porte deux enroulements distincts et de même sens, qui, par suite, permettent de les exciter de deux manières différentes. En marche normale, ils sont excités par le courant principal qui circule dans l'un des enroulements. Mais, pour développer le courant indispensable à leur excitation au moment où la voiture doit être mise en marche pour la première fois, ou encore dans le cas où le courant principal est coupé, on a placé sous les sièges une petite batterie d'accumulateurs qui développe le courant voulu, dans le second enroulement. Au moment du démarrage, c'est donc le courant de la petite batterie qui actionne les électros et qui produit le soulèvement initial du clou. Mais dès que la tête de celui-ci arrive au contact du charbon de la partie supérieure du plot, le circuit de la ligne électrique se ferme sur le moteur et c'est le courant principal qui, les excitant alors, provoque une attraction. Cette attraction est d'autant plus importante que le courant nécessaire à la voiture pour progresser est plus intense. Dans ce système, le dispositif employé lui permet de se prêter aussi à l'exploitation mixte par trolley ou par conducteur souterrain. C'est là un grand avantage qu'il offre, notamment dans une ville importante où peuvent exister et où existent souvent différents modes de traction électrique.

TRANCHAGE. s. m. Action de trancher.

TRANCHANT, ANTE. adj. Qui tranche. *Couteau t. Épée tranchante.* — *Écuyer t.*, Voy. ÉCUYER. || Fig., *Couleurs tranchantes*, Couleurs fort vives mises à côté l'une de l'autre sans qu'il y ait entre elles aucune nuance, aucun adoucissement. || Fig., au sens moral, Décisif, péremptoire. *Des raisons tranchantes. Un argument t.* || Fig., en parlant des personnes, Qui décide hardiment. *Un esprit t. Cet homme est bien t. Il a le ton t.* || T. Véner. *Côtés tranchants*, Les côtés du pied de l'animal, lorsqu'ils ne sont pas usés. — TRANCHANT. s. m. Le fil, le côté qui coupe d'une épée, d'un couteau, d'un rasoir, etc. *Aiguiser, émousser le t. d'un sabre, d'un couteau. Une épée à deux tranchants.* || Fig., *Ce mot, ce raisonnement, cette raillerie est une épée à deux tranchants*, Ce mot, ce raisonnement décide deux questions à la fois; Cette raillerie attaque à la fois deux personnes, ou deux ridicules dans une même personne. — T. Logiq. *Argument à deux tranchants.* Voy. RAISONNEMENT.

TRANCHE. s. f. (R. *trancher*). Morceau coupé un peu mince; se dit le plus souvent des choses qu'on mange. *Une t. de pain, de jambon, de pâté, de melon. Couper une t. Couper un citron par tranches.* || T. Boucherie. *Un morceau de t.*, Un morceau de cuisse de bœuf. || T. Numis. Le bord extérieur d'une pièce de monnaie, d'une médaille. || T. Relieur La surface unie que présente l'épaisseur de tous les feuillets d'un livre du côté où on les a rognés. || T. Techn. Espèce de marteau tranchant. — Ciseau acéré pour couper le fil de fer. — Sorte de bêche.

TRANCHÉE. s. f. (part. pass. de *trancher*). Ouverture, excavation plus ou moins longue et profonde qu'on pratique dans la terre, afin d'asseoir les fondations d'un mur, de placer des conduites pour les eaux, de planter des arbres, d'exploiter les mines, d'attaquer une place de guerre, etc. *Faire une t. pour les fondations d'un mur.* On a fait de grandes *tranchées au travers du marais pour le dessécher.* Voy. plus bas, et MINE, I, et FORTIFICATION, III. || T. Maçonn. *T. de mur*, Entaille en longueur faite dans un mur, soit pour y recevoir une solive, soit pour retenir les tuyaux de cheminée. || T. Méd. *Tranchées*, au pl., se dit de coliques violentes. — *Tranchées utérines*, Douleurs qui ont leur siège dans la matrice après l'accouchement.

Art milit. — Sorte de retranchement (Voy. ce mot) dans lequel le fossé, supprimé comme obstacle, est placé en arrière du parapet (Voy. FORTIFICATION) et reçoit les défenseurs, qui sont ainsi plus rapidement protégés contre les projectiles et les vues de l'ennemi; on ne les emploie que lorsqu'on est pressé d'être couvert, c.-à-d. dans les travaux d'attaque pied à pied des sièges (Voy. FORTIFICATION, *attaque et défense des places*) ou sur les champs de bataille (Voy. FORTIFICATION) *de champ de bataille.*

Dans les sièges, on fait surtout usage de t. pour les cheminements et, suivant leur mode d'exécution, on leur donne le nom de *t. simples* ou *de sapes* (Voy. SAPEUR), dont le profil varie, d'après leur emplacement et leur destination, en *approches, boyaux de communication, couronnement du chemin couvert, parallèle ou demi-parallèle, descente ou passage de fossé*, etc. Tous ces travaux sont en principe exécutés par les sapeurs du génie, aidés au besoin par l'infanterie.

Tranchée-abri. — Mais c'est l'infanterie qui exécute elle-même les *tranchées-abris* au moyen des outils portatifs dont

Fig. 1.

elle est pourvue. On emploie les tranchées pour couvrir les troupes qui ne peuvent être protégées par des retranchements plus forts, partout où il s'agit de les mettre rapidement à couvert des balles et des éclats. Ce sont les Américains qui, les premiers, ont fait usage courant de ce genre de t., dans la guerre de Sécession, sous le nom de *rifle-pits*. Tous les jours, dans tous les cas, ils en établissaient à l'endroit où ils devaient passer la nuit. On ne tarda pas à se préoccuper en France des résultats obtenus en Amérique et, dès 1867, l'em-

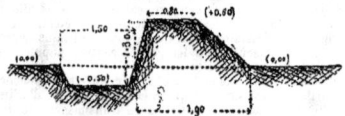

Fig. 2.

ploi en fut recommandé, mais ce ne fut qu'après la guerre de 1870, qu'il fut réglementé et adopté officiellement.

Les conditions auxquelles doivent autant que possible satisfaire ces tranchées sont les suivantes : 1° permettre aux occupants de bien voir le terrain à battre et de se porter facilement en avant pour prendre l'offensive; 2° les mettre le mieux possible à l'abri des balles et des projectiles de l'ennemi; 3° offrir aux hommes le moyen de prendre des positions commodes pour le tir et pour le repos; 4° pouvoir être établies rapidement; 5° être utilisables par la troupe aux divers degrés d'avancement du travail. Ces tranchées doivent être toujours très courtes et pouvoir contenir une fraction constituée, section, peloton, au plus une compagnie. Pour que les troupes d'infanterie puissent les construire sans hésitation, on a prescrit trois types de ces tranchées, remplissant les conditions énoncées plus haut; ce sont : 1° la *t.-abri ébauchée* (Fig. 1), pour tireurs à genou, que l'on emploie lorsqu'on est très pressé par le temps, environ en une demi-heure; 2° la *t. normale* (Fig. 2), pour tireur debout, en une heure; 3° la *t. renforcée* (Fig. 3), employée sur les points les plus exposés et dont le parapet peut résister dans une certaine mesure au tir de l'artillerie de campagne; l'exécution exige environ deux heures. Ces tranchées peuvent être construites *progres-*

Fig. 3.

sirement, c.-à-d. qu'on peut exécuter d'abord la *t.* ébauchée, et l'amener successivement, par approfondissement de la fouille et épaississement du parapet, au profil normal et au renforcé. — Il est indiqué aussi, avec le tir sans fumée, de dissimuler la présence de ces tranchées au moyen d'herbages ou de petits branchages placés sur le parapet.

On peut aussi avoir à construire des *tranchées couvrantes* pour mettre à l'abri des soutiens et des réserves qui doivent stationner dans une position d'attente sur un terrain découvert et dépourvu d'obstacles naturels. Le profil de ces tranchées est aussi fort que possible.

TRANCHEFIL. s. m. (R. *tranche*, et *fil*). T. Éperonnier. Petite chaîne de métal fort déliée qu'on met autour du mors d'un cheval.

TRANCHEFILE. s. f. (R. *trancher*, et *file*). T. Cordonnier. Couture ou forme de bordure que l'on fait dans l'intérieur des souliers, le long des quartiers et des oreilles, lorsque le cuir n'est pas assez fort, et qu'il peut se déchirer facilement. || T. Relieur. Petit morceau de papier ou de parchemin entouré de soie ou de fil qu'on met au haut et au bas d'un livre. Voy. RELIURE. || T. Techn. Gros fil de laiton garnissant le bord d'une forme à fabriquer le papier.

TRANCHEFILER. v. a. T. Techn. Garnir de tranchefile. = TRANCHEFILÉ, ÉE. part.

TRANCHE-GAZON. s. m. T. Jardin. Instrument qui sert à couper les plaques de gazon d'une manière uniforme, et à ébarber les pièces de verdure. = Pl. *Des tranche-gazon.*

TRANCHELARD. s. m. Couteau à lame fort mince dont les cuisiniers se servent pour couper des tranches de lard.

TRANCHE-MONTAGNE. s. m. Fanfaron qui fait grand bruit de son courage et de ses prétendus exploits. Fam. = Pl. *Des tranche-montagnes.*

TRANCHE-PAPIER. s. m. Couteau à papier. = Pl. *Des tranche-papiers.*

TRANCHE-PLUME. s. m. Canif pour tailler les plumes à écrire, Vx. = Pl. *Des tranche-plumes.*

TRANCHER. v. a. (lat. *truncare*, de *truncus*, tronc). Couper, séparer en coupant. *L'acier de Damas tranche le fer. T. la tête à quelqu'un.* Poétiq., *La Parque a tranché le fil de ses jours, a tranché ses jours*, Il est mort. — Fig., *T. dans le vif.* Voy. VIF. || Fig., *T. la difficulté, le nœud de la difficulté,* Résoudre tout d'un coup une question difficile; lever tout d'un coup un obstacle, une difficulté. *T. le mot.* Voy. MOT. — *Le t. net,* dire nettement la chose. =. TRANCHER. v. n. Décider hardiment. *Il fait le docteur, il décide, il tranche sur tout. C'est t. bien légèrement sur une question importante.* — Fam., *T. court,* Terminer en peu de mots une conversation, un discours, *T. net,* S'expliquer avec quelqu'un en peu de mots et sans ménagement. || *T. du grand seigneur, t. du bel esprit, t. de l'important,* etc., Faire le grand seigneur, le bel esprit, etc.

|| *Ces couleurs tranchent,* Elles sont fort vives et fort différentes les unes des autres. *Le cramoisi tranche fort auprès du vert, sur le vert. Cela tranche trop.* — Cette pensée, cette phrase tranche dans son discours, dans son écrit, Elle est d'un caractère trop différent de ce qui précède et de ce qui suit. = TRANCHÉ, ÉE. part. || T. Blas. Se dit d'un écu séparé par une diagonale menée de l'angle dextre du chef à l'angle senestre de la pointe. Voy. ÉCU.

TRANCHET. s. m. [Pr. *tran-chè*] (R. *trancher*). Espèce de couteau sans manche, plat et acéré, dont les cordonniers, les selliers, etc., se servent pour couper le cuir. || Espèce de ciseau qui se place sur l'enclume pour couper le fer. Voy. ENCLUME.

TRANCHEUR. s. m. Celui qui tranche. || *T. de placage,* Ouvrier qui débite le bois de placage en lames minces. *T. de morue.* Celui qui ouvre les morues.

TRANCHOIR. s. m. [Pr. *tran-chouar*] (R. *trancher*). Plateau de bois fort épais sur lequel on tranche de la viande. || T. Techn. Palette de bois sur laquelle le teinturier prend la chaux pour la mélanger au pastel dans la cuve. || T. Archit. Syn. d'*Abaque.*

TRANGLE. s. m. (R. *tringle*). T. Blas. Chacune des fasces rétrécies qui alternent en nombre impair.

TRANI, v. d'Italie, sur l'Adriatique; 26,600 hab.

TRANQUEBAR, v. de l'empire des Indes, prov. de Madras, sur la côte de Coromandel; 12,000 hab.

TRANQUILLE. adj. 2 g. [Pr. *tran-ki-le*] (lat. *tranquillus*, m. s.). Paisible, calme, sans aucune agitation. *Cet enfant était fort t., mais il devient turbulent. Dormir d'un sommeil t. La mer était t.* — Au sens moral, *Mener une vie t. Avoir l'esprit t., l'âme t. Sa conscience est t. Les provinces étaient tranquilles, tandis que la capitale s'agitait.* || Qui ne trouble le repos de personne. *C'est un voisin t. et rangé. Ce sont des gens bien tranquilles.*

TRANQUILLEMENT. adv. [Pr. *tran-ki-le-man*]. D'une manière tranquille. || Sans inquiétude.

TRANQUILLISANT, ANTE. adj. [Pr. *tran-ki-li-zan*]. Qui tranquillise. *Cette nouvelle est fort tranquillisante. Cela n'est guère t.*

TRANQUILLISER. v. a [Pr. *tran-ki-li-zer*]. Calmer, rendre tranquille. *T. les sens. T. les esprits. J'étais inquiet, ce que vous me dites me tranquillise l'esprit, me tranquillise.* = SE TRANQUILLISER. v. pron. Se tenir tranquille, cesser d'être inquiet. *Vous vous donnez trop de mouvement, tranquillisez-vous. Vous pouvez vous t. sur ce point.* = TRANQUILLISÉ, ÉE. part.

TRANQUILLITÉ. s. f. [Pr. *tran-ki-lité*]. État de ce qui est tranquille. *La t. de l'air, de la mer. Il dort avec t.* || Au sens moral. *Passer sa vie dans une grande t. La t. de l'esprit. T. d'esprit. Une vie honnête et bien réglée entretient la t. de l'âme. Cette amnistie ramena la t. dans Athènes.* = Syn. Voy. CALME.

TRANS—. Préf. qui est une prépos. latine et qui entre dans la composition de plusieurs mots français, pour ajouter à leur signification celle de *Au delà, à travers,* et *entre,* comme *Transaction, Transalpin, Transformation, Transparent,* etc.

TRANSACTION. s. f. [Pr. *tran-zak-sion*] (lat. *transactio,* m. s., de *trans,* au delà, et *actio,* action). Contrat par lequel les parties terminent une contestation née ou préviennent une contestation à naître. *Passer une t. T. sous seing privé, par-devant notaire. Ils ont terminé leur procès par une t.* || Se dit aussi des actes, des conventions, des relations d'intérêt entre les hommes, etc., soit dans le commerce, soit dans la vie ordinaire. *Les transactions commerciales. Les transactions de la vie civile.* || *Transactions philosophiques,* Titre du recueil mensuel, composé de mémoires et d'observations sur les sciences naturelles et les mathématiques, que publie la Société royale de Londres.

Législ. — En termes de Droit, la *Transaction* est un

contrat rédigé par écrit, par lequel les parties terminent une contestation née, ou préviennent une contestation à naître. Les transactions passées entre personnes libres de disposer de leurs droits ou avec des personnes incapables, mais qui ont été légalement autorisées, ont entre les parties l'autorité de la chose jugée. Comme elles ne peuvent rouler que sur des droits dont l'existence ou la valeur sont incertaines, elles ne peuvent être attaquées pour cause d'erreur de droit, ni pour cause de lésion. Toutefois, il y a lieu à rescision lorsqu'il y a eu erreur dans la personne ou sur l'objet de la contestation, et dans les cas de dol ou de violence. Enfin, la t. est entièrement nulle quand elle a été faite sur des pièces qui ont été ultérieurement reconnues fausses. Les erreurs de calcul peuvent toujours être réparées. — On peut transiger sur le dommage pécuniaire causé par un délit, mais la t. n'empêche pas la poursuite du ministère public. — Les transactions consenties par les communes, par les hospices et par tous les autres établissements publics, ne peuvent être exécutées qu'après l'homologation du préfet. (C. civ., 2044-58.)

TRANSALPIN, INE. adj. [Pr. *tran-zalpin*]. Qui est au delà des Alpes. *Peuples transalpins. Plantes transalpines.*

TRANSATLANTIQUE. adj. 2 g. [Pr. *tran-zatlantike*]. Qui est au delà de l'océan Atlantique. *Pays t.* || *Paquebots transatlantiques*, Paquebots destinés à faire la traversée de l'océan Atlantique.

TRANSBORDEMENT. s. m. [Pr. *transborde-man*] (R. *trans*, préf., et *bord*). T. Mar. Action de transborder, et le résultat de cette action.

TRANSBORDER. v. a. (R. *trans*, préf., et *bord*). Transporter tout ou partie de la cargaison d'un bâtiment dans un autre. *T. des marchandises.* || Se dit aussi des hommes qui passent d'un navire sur un autre. *Il fallut t. les troupes.* = TRANSBORDÉ, ÉE. part.

TRANSCAUCASIE, région de l'empire russe au delà du Caucase (par rapport aux Russes); 6,000,000 d'hab.

TRANSCENDANCE. s. f. [Pr. *trans-sandanse*] (R. *transcendant*). Supériorité marquée, éminente, d'une personne ou d'une chose sur une autre. *La t. de son talent, de son génie.* Peu usité.

TRANSCENDANT, ANTE. adj. [Pr. *trans-sandan*] (lat. *transcendere* monter au delà, de *trans*, au delà, et *scandere*, monter). Élevé, sublime, qui excelle en son genre; se dit de l'esprit et de certaines choses qui s'y rapportent. *Esprit t. Génie t. Mérite t. Cet homme a une vertu transcendante.* || T. Math. *Équations transcendantes, Courbes transcendantes*, Celles qui ne sont pas algébriques. Voy. ÉQUATION, COURBE. || T. Philos. *Philosophie transcendante*, La partie de la philosophie qui recherche l'autorité de nos facultés elles-mêmes, la certitude des connaissances, etc. — Dans la Philos. scol., se disait des attributs ou des qualités qui sont susceptibles d'une très grande généralité, comme *Un, vrai, bon.*

TRANSCENDANTAL, ALE. adj. [Pr. *trans-sandantal*] (R. *transcendant*). T. Philos. Se dit, dans le système de Kant, de tout élément de la pensée qui ne tire pas son origine de l'expérience, et de la partie de la philosophie qui étudie les concepts de la raison et les jugements à priori.

TRANSCENDENTEL, ELLE. adj. [Pr. *trans-sandantel*, *èle*] (lat. *transcendentalis*, m. s.). Qui est au-dessus du monde sensible. Vx.

TRANSCRIPTEUR. s. m. (lat. *transcriptor*, m. s.). Celui qui transcrit quelque chose.

TRANSCRIPTION. s. f. [Pr. *trans-krip-sion*] (lat. *transcriptio*, m. s.). Action de transcrire, et le résultat de cette action. Voy. HYPOTHÈQUE, III et VENTE. || T. Mus. Action de noter de la musique pour un instrument autre que celui en vue duquel elle a été écrite.

Législ. — On désigne sous ce nom la formalité qui consiste à reproduire intégralement un titre ou acte juridique sur les registres publics. C'est ainsi que la loi exige la reproduction sur les registres du bureau des hypothèques de la situation des biens de tous les actes suivants : 1° tout acte entre vifs translatif de propriété immobilière ou de droits réels susceptibles d'hypothèques; 2° tout acte portant renonciation à ces mêmes droits; 3° tout jugement déclarant l'existence d'une convention verbale de la nature ci-dessus exprimée; 4° tout jugement d'adjudication, autre que celui qui est rendu sur licitation au profit d'un cohéritier ou copartageant; 5° tout acte constitutif d'antichrèse, de servitude, d'usage et d'habitation; 6° tout acte portant renonciation à ces mêmes droits; 7° tout jugement qui en déclare l'existence en vertu d'une convention verbale; 8° les baux d'une durée de plus de 18 années; 9° tout acte ou jugement constatant, même pour bail de moindre durée, quittance ou cession d'une somme équivalente à trois années de loyers ou fermages non échus. Cette mesure de publicité a pour effet de rendre les actes ou jugements énoncés ci-dessus valables à l'égard des tiers. Faute de transcription, ils ne peuvent être opposés aux tiers qui ont des droits acquis sur l'immeuble (C. civ. 939 et s., 1069 et s., 1336, 2108, 2155, 2181, 2199 et s. Loi du 23 mars 1855).

TRANSCRIRE. v. a. (lat. *transcribere*, m. s., de *trans*, au delà, et *scribere*, écrire). Copier un écrit. *Transcrivez-moi ce cahier. Il ne fait que t. ce qu'il a lu dans les livres. T. un contrat sur le registre des hypothèques.* || Noter de la musique pour un instrument autre que celui en vue duquel elle a été écrite. = TRANSCRIT, ITE. part.

TRANSE. s. f. (R. *transir*). Frayeur, grande appréhension d'un malheur qu'on croit prochain. *Il est toujours en t. Il est dans des transes continuelles, dans des transes mortelles.*

TRANSEPT ou **TRANSSEPT.** s. m. (lat. *trans*, au delà; *septum*, clôture). T. Archit. Galerie transversale qui, dans un grand nombre d'églises, sépare du chœur la nef et les bas côtés, et donne à l'intérieur de l'édifice la forme d'une croix. On donne quelquefois au t. le nom de croisée. *L'adoption des transepts remonte au IVe siècle.*

TRANSFÈREMENT. s. m. [Pr. *transfè-reman*]. Action de transférer, et le résultat de cette action. *On profita de la nuit pour opérer le t. des prisonniers.*

TRANSFÉRER. v. a. (lat. *transferre*, m. s., de *trans*, au delà, et *fero*, je porte). Transporter, porter ou faire passer d'un lieu à un autre. *T. un prisonnier d'une prison dans une autre. T. un corps mort. T. des reliques.* — Par extens., *T. une fête*, La remettre d'un jour à un autre. || Se dit aussi en parlant de la juridiction, de l'autorité, de la puissance, lorsque d'un tribunal, d'une ville, d'une nation, etc., elle vient à passer à un autre. *On transféra la juridiction de ce tribunal à un autre. Constantin transféra le siège de l'empire de Rome à Byzance. Le saint-siège fut transféré de Rome à Avignon.* || Fig., Céder, transporter une chose à quelqu'un, en observant les formalités requises. *T. une obligation. T. une inscription de rente.* = TRANSFÉRÉ, ÉE. part. = Conj. Voy. CÉDER.

Syn. — *Transporter.* — *Transférer* et *transporter* signifient également porter ou faire passer une chose d'un lieu à un autre; mais, tandis que *transporter* est le mot ordinaire, *t.* ne se dit guère au propre qu'en termes de jurisprudence et de liturgie. Ainsi, on *transporte* des marchandises, de l'argent, des troupes, etc.; on *transfère* un prisonnier d'une prison à une autre; on *transfère* un corps saint, des reliques, etc. En général, *transporter* se dit surtout au sens propre pour rendre l'idée même de porter; *t.* se dit surtout au figuré et au sens moral, en parlant des choses qu'on fait changer de lieu sans les porter. Ainsi, on *transporte* des denrées, et l'on *transfère* un marché; on *transporte* une communauté, et l'on *transfère* les religieux; on *transporte* des ossements, et l'on *transfère* un cimetière, et l'on *transporte* des ossements; on *transfère* son domicile, et l'on *transporte* ses meubles, etc. Au sens figuré, *t.* s'emploie principalement en termes de droit et d'administration. On *transfère* une juridiction d'un tribunal à un autre, une cour royale, le siège d'un évêché d'un lieu à un autre. S'il s'agit d'un droit, on peut également le *transporter* et le *t.*, c.-à-d. le céder; mais lorsqu'on le *transfère*, on le cède en observant les formalités requises. = *Transport* et *translation* diffèrent de même. *Transport* est le mot usuel; *translation* s'emploie surtout en termes de palais, de rituel, ou lorsqu'il s'agit d'un transport extraordinaire. Quant au mot *transfèrement*, il ne se dit qu'en parlant de prisonniers.

TRANSFERT s. m. [Pr. *trans-fer*] (R. *transférer*). Action de transférer. || T. Hist. *Le t. des cendres de Napoléon*, leur transport de Sainte-Hélène à Paris || T. Fin. et Comm. Acte par lequel on déclare transporter à un autre la propriété d'une rente sur l'État, d'une action financière, d'une marchandise en entrepôt, etc. *Les transferts de rentes se font sur un registre du Trésor. Opérer un t. T. réel, t. de forme.* Voy. DETTE, V.

TRANSFIGURATION. s. f. [Pr. *transfigura-sion*] (lat. *transfiguratio*, de *transfigurare*, transfigurer). Changement d'une figure en une autre; ne se dit que dans cette locut., *La t. de Jésus-Christ*. L'état glorieux où Jésus parut sur le mont Thabor, en présence de trois de ses disciples, Pierre, Jacques et Jean. *Le tableau de la T. par Raphaël*, ou elliptiq., *La T. de Raphaël*.

TRANSFIGURER. v. a. (lat. *transfigurare*, m. s., de *trans*, au delà, et *figura*, figure). Transformer en changeant la figure, les traits extérieurs. = SE TRANSFIGURER. v. pron. Changer d'une figure en une autre. *Jésus-Christ se transfigura sur le mont Thabor.* = TRANSFIGURÉ, ÉE. part.

TRANSFORMATEUR. s. m. (R. *transformer*). T. Phys. On appelle ainsi des appareils destinés à transformer des courants alternatifs ayant une force électromotrice et une intensité déterminées en un autre système de courants de force électromotrice et d'intensité différentes que l'on peut se donner à l'avance. Ces appareils sont basés sur *l'induction électrique*. On peut les classer en deux types. Dans le premier

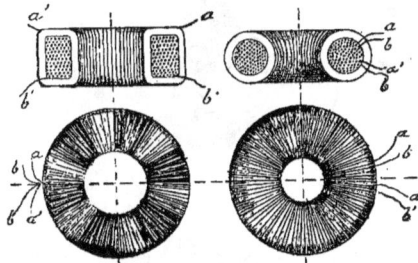

Fig. 1.   Fig. 2.

type (Fig. 1) on a un noyau central de fils de fer doux, autour duquel sont enroulés deux circuits de fils *ab* et *a'b'*. L'un de ces circuits *ab*, reçoit le courant à transformer et s'appelle le *circuit primaire*. L'autre *a'b'* est le siège de courants d'induction qui constituent les courants transformés. Quelquefois le t. est disposé autrement comme dans la Fig. 2, qui représente le deuxième type. Les deux circuits *ab*, *a'b'* forment la partie centrale et sont entourés d'un enroulement de fil de fer ou d'une carcasse de lames de fer. La disposition du fer en fil ou en lames a pour but d'éviter les courants de Foucault; le fil de fer devra être verni et les lames isolées l'une de l'autre au moyen du papier.

Les transformateurs servent, en général, à abaisser le potentiel des machines dynamo-électriques à courants alternatifs qui atteint souvent des milliers de volts, et peut devenir une source de danger. On ne peut pas utiliser directement de tels courants dans l'intérieur des maisons où les fils sont à la portée de toutes les mains. On agencera alors un t. de manière à donner des courants dont le potentiel soit beaucoup plus faible : une centaine de volts, par ex. A cet effet, le fil primaire sera constitué par un fil long et fin; le secondaire sera un fil beaucoup plus gros et plus court. Le calcul complet des éléments d'un t. est long; nous nous contenterons d'indiquer la formule approchée suivante qui admet que l'on retrouve toute l'énergie du courant primaire dans le secon-

daire. Si l'on désigne par e et i la force électromotrice (potentiel) du courant primaire, par e' et i' la force électromotrice et l'intensité du courant secondaire ou transformé, on a $ei = e'i'$.

On peut aussi se servir de transformateurs pour obtenir des différences de potentiels plus grandes; le gros fil sera alors le primaire et le fil fin le secondaire, Ex. : l'installation du *téléphone*, le dispositif *Tesla*. Voy. ces mots.

Bobine de Ruhmkorff. — Cet appareil est un véritable t., il transforme les courants intermittents à bas potentiel fournis par une pile, en courants alternatifs à potentiel très élevé.

Elle se compose d'une spirale inductrice et d'une spirale induite (Fig. 3). La première est un faisceau M de gros fils de fer entouré d'un gros fil de cuivre de 2 millimètres de diamètre faisant environ 300 tours de spire, isolés par des couches épaisses de vernis. Cet appareil inducteur est introduit dans un tube de verre et placé à la partie centrale de la spirale induite. Celle-ci a la forme d'une grosse bobine d'environ 30 centimètres de longueur sur 10 à 12 de diamètre; elle contient 25 à 30,000 tours d'un fil de cuivre fin (1/4 de millimètre de diamètre) entouré de coton ou mieux de soie, et noyé pour ainsi dire dans de la gomme laque. C'est au parfait isolement des spires de l'appareil induit que la

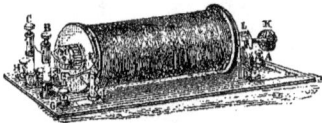

Fig. 3.

machine de Ruhmkorff doit une grande partie de sa puissance. La bobine est fixée entre deux disques de verre maintenus verticalement, et l'un d'eux est percé de deux trous par lesquels sortent les extrémités du fil induit que l'on fixe aux boutons métalliques B, C, portés sur des colonnes de verre. Quant aux extrémités du gros fil, elles viennent s'attacher aux deux colonnes de cuivre O, l, que l'on voit en avant de la figure. Les points d'attache des deux rhéophores de la pile sont deux boutons de cuivre (on n'en voit qu'un A, dans notre figure) placés de chaque côté de la pièce KL, appelée *commutateur*, parce qu'elle sert à renverser à volonté le

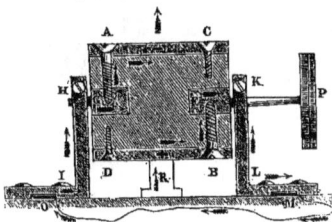

Fig. 4.

sens du courant. Ces deux boutons sont en communication directe avec des ressorts métalliques verticaux qui embrassent le commutateur. Celui-ci se compose d'un cylindre de verre ou d'ivoire garni de deux lames de cuivre L diamétralement opposées, et communiquant au moyen de vis métalliques et de rubans de cuivre avec les boutons qui reçoivent les deux extrémités du fil inducteur. Dans notre dessin, les ressorts ne pressent que la partie non conductrice du commutateur : aussi l'appareil ne peut-il fonctionner, mais si, à l'aide du bouton K, on amène les lames L au contact des ressorts, voici ce qui arrive. Supposons le pôle positif fixé à droite du commutateur et le mouvement de rotation s'opérant de droite à gauche : le courant passera du ressort métallique R (Fig. 4) à la pièce de cuivre BD, suivra la vis B, et, par le tourillon E, l'équerre Ki, et un ruban de cuivre fixé sur le socle de l'appareil, gagnera à travers *l'enclume* et le *marteau* D

(Fig. 3) la colonne 1, à laquelle aboutit une extrémité du fil inducteur. Il suivra donc ce fil tout autour de la bobine et reviendra au pôle négatif de la pile par le bouton O, le ruban de cuivre, l'équerre B (Fig. 3), le tourillon G, la vis A, la pièce de cuivre AG et le ressort qui la presse. Si l'on eût tourné le commutateur de gauche à droite, le courant serait entré dans le fil inducteur par le bouton O et sorti par le bouton I; sa direction eût donc été renversée. Nous avons dit que le courant de la pile passait à travers l'enclume et le marteau D pour gagner le fil inducteur. Ce marteau et son enclume fonctionnent comme *interrupteur*, c.-à-d. servent à interrompre le courant. En effet, lorsque la tête du marteau repose sur l'enclume, le circuit du courant inducteur est fermé; mais, dès que le courant passe, le faisceau de fils de fer placé dans l'intérieur de la bobine s'aimante, soulève la tête du marteau, laquelle est de fer doux, et interrompt le circuit. A ce moment même, le faisceau perd son aimantation, le marteau retombe sur l'enclume et rétablit la continuité du circuit. Ces oscillations du marteau se succèdent avec une grande rapidité. Toutes les fois qu'il *retombe* sur l'enclume, il se développe un courant induit *inverse* dans la spirale induite, sous la double influence du courant voltaïque qui commence et de l'aimantation du faisceau de fils de fer qui s'établit. Quand, au contraire, le marteau *est soulevé*, le courant voltaïque qui finit et l'aimantation du faisceau qui cesse, concourent pour développer un courant *direct* dans le fil induit. — Tel que nous venons de le décrire, l'appareil de Ruhmkorff produit déjà des effets d'une grande intensité; mais plusieurs physiciens lui ont fait subir des modifications qui en ont augmenté considérablement la puissance. La plus importante est due à Fizeau : elle consiste à interposer dans le circuit inducteur un condensateur électrique, formé de deux feuilles d'étain collées sur les deux faces d'une bande de taffetas gommé de 4 mètres de longueur et repliées sur elles-mêmes de manière à pouvoir être introduites dans l'intérieur de la planche qui porte la bobine. Ses deux armures sont mises en communication, l'une avec le bouton métallique G (Fig. 3), l'autre avec le bouton H, et par suite avec le marteau et l'enclume reliés à ces boutons par des rubans de cuivre. Ces deux boutons ont une autre utilité, ils servent à recueillir l'*extra-courant*, c.-à-d. le courant d'induction développé dans le fil inducteur lui-même, courant qui possède ici une très remarquable intensité. On a aussi perfectionné l'interrupteur de manière à obtenir des interruptions beaucoup plus rapides.

Les effets produits par la bobine de Ruhmkorff sont extrêmement remarquables. Les commotions sont excessivement fortes, foudroyantes même, si le courant est fourni par 3 ou 4 couples de Bunsen; la plupart des gaz peuvent être décomposés par l'étincelle d'induction; l'oxygène est ozonisé, l'azote et l'oxygène sont combinés, etc. Les courants donnés par la bobine de Ruhmkorff circulant alternativement dans un sens et dans l'autre n'auront aucune action sur un galvanomètre, ne décomposeront pas l'eau, etc. Les deux courants de la bobine donnent des quantités d'électricité égales et de signes contraires, mais leur intensité n'est pas la même. La force électromotrice et l'intensité du courant direct, qui correspond à la rupture du courant inducteur, sont plus considérables que celles du courant inverse. Quand on écarte progressivement deux boules métalliques en relation avec la bobine induite, on voit jaillir une série d'étincelles produites par les courants alternatifs. Si l'on écarte suffisamment les boules, il arrive un moment où le courant inverse n'est plus assez fort pour franchir l'espace qui les sépare et le courant direct peut seul passer. Les effets calorifiques de cet appareil ne sont pas moins intenses. Si l'on réunit les deux extrémités C et B de la spirale induite par un fil de fer fin, celui-ci est fondu et brûlé avec une vive lumière. Un des emplois pratiques les plus anciens de l'appareil de Ruhmkorff, est l'application

Fig. 5.

qu'en a faite l'ingénieur Statcham à l'explosion des mines. La *fusée* qu'il a imaginée, et qui porte son nom (Fig. 5), se compose d'un fil de cuivre recouvert de gutta-percha vulcanisée. Au bout de quelques mois de contact, il se orme à la surface intérieure de l'enveloppe une légère couche de sulfure de cuivre. Alors, sur un point quelconque du circuit on coupe la moitié supérieure de l'enveloppe, et dans l'échancrure ainsi formée on enlève un morceau de fil de cuivre sur une longueur d'environ 4 à 6 millimètres, de *a* en *b* par ex. Le courant d'induction qui circule dans le fil de cuivre se trouve interrompu en ce point; mais il passe par le sulfure de cuivre qu'il fait entrer en ignition, et celui-ci enflamme une cartouche remplie de poudre qui l'environne. L'emploi des fusées de Statcham permet de produire l'inflammation simultanée de plusieurs mines dont les ébranlements concourent à un même but. En outre, les ouvriers peuvent s'éloigner suffisamment et tout danger disparaît.

Du Moncel a fait la plus heureuse application de cette fusée et de l'appareil de Ruhmkorff à l'explosion des énormes mines du port de Cherbourg. On fabrique aujourd'hui des amorces très perfectionnées, au fulminate, que l'on peut faire détoner à distance au moyen d'une bobine d'induction.

Les effets lumineux qu'on obtient avec la bobine de Ruhmkorff sont des plus variés et des plus curieux. — Dans l'air, les deux pôles échangent des étincelles vives et bruyantes à des distances de plusieurs centimètres. Dans le vide, les phénomènes sont véritablement extraordinaires. Si l'on fait communiquer les deux extrémités de l'œuf électrique privé d'air avec les colonnes C et B, on voit une belle traînée lumineuse jaillir d'un pôle à l'autre. Le jet lumineux (Fig. 6) se compose de deux parties distinctes par leur étendue, leur coloration et leur forme, que sépare un intervalle obscur. La boule positive fournit une véritable gerbe de lumière rouge

Fig. 6.   Fig. 7.   Fig. 8.

qui s'élargit peu à peu et possède son plus grand éclat à son point d'origine, tandis que la boule négative et la tige qui la supporte sont enveloppées d'une triple couche de lumière violette teintée de bleu. Dans d'autres cas (Fig. 7), la lumière est moins rouge et moins amplifiée et le jet lumineux peut être dévié complètement de sa direction, quand la pile est faible, en plaçant contre les parois de l'œuf soit le doigt, soit tout autre corps conducteur en rapport direct avec le sol. Mais si, avant de faire le vide dans l'œuf électrique, on y a préalablement introduit de la vapeur d'essence de térébenthine, de sulfure de carbone, d'alcool, etc., l'aspect de la lumière est complètement modifié (Fig. 8). Elle apparaît alors sous la forme d'une série de zones alternativement brillantes et obscures : c'est le phénomène connu sous le nom de *stratification de la lumière électrique*. Sa cause n'est pas encore parfaitement déterminée, aussi nous abstiendrons-nous de parler des théories proposées pour l'expliquer. Voy. aussi ÉLECTRICITÉ, XVI, B, 2.

La bobine de Ruhmkorff est aujourd'hui très employée dans la production des *rayons X*, des *ondulations* hertziennes, des courants à haute fréquence de *Tesla* (Voy. ces mots), dans la préparation de l'ozone, etc., etc.

TRANSFORMATION. s. f. [Pr. ...*sion*] (lat. *transformatio*, m. s.). Changement d'une forme en une autre. *La t. des insectes. La t. d'une chenille en papillon. Les transformations fabuleuses de la mythologie.* = Syn. Voy. MÉTAMORPHOSE.

TRANSFORMER. v. a. (lat. *transformare*, m. s., de *trans*, au delà, et *formare*, former). Donner à une personne ou à une chose une autre forme que celle qui lui était propre ou qu'elle avait précédemment. *La femme de Loth fut transformée en une statue de sel. Suivant Homère, Circé* *transforma en pourceaux les compagnons d'Ulysse.* || T. Alg. *T. une équation, une expression algébrique,* La changer en une autre équivalente dont la forme soit différente. = SE TRANSFORMER. v. pron. Prendre une autre forme. *Protée se transformait de mille manières. La chenille se transforme en papillon.* || Fig Changer, se modifier, soit en bien, soit en mal, *Ne voyez-vous pas que la société se transforme chaque jour? Son caractère s'est complètement transformé depuis quelque temps* || Fig., Se déguiser, prendre plusieurs caractères, selon ses vues et ses intérêts. *C'est un homme qui se transforme selon les circonstances.* = TRANSFORMÉ, ÉE. part Philos. *Sensation transformée,* théorie de Condillac suivant laquelle toutes les idées sont des sensations transformées. Voy. SENSUALISME.

TRANSFORMISME. s. m. (R. *transformer*). T. Biol. Le Transformisme est une théorie qui admet que les espèces vivantes n'ont pas été créées isolément, avec les caractères spéciaux qu'on leur reconnaît dans la nature actuelle, mais qu'elles sont dérivées les unes des autres par des transformations successives de la matière vivante.

Jadis, lorsque la science était tributaire de la religion, la théorie de l'origine des espèces était très simple. Au début, Dieu avait créé un couple de chaque espèce et tous les êtres vivants étaient dérivés par générations successives de ces couples primitifs. Actuellement, disait Linné, « nous comptons autant d'espèces que l'Être infini créa à l'origine de couples différents ». Les espèces étaient donc distinctes les unes des autres et cela dès le début de la vie ; il n'y avait pas de filiation réelle entre elles et leurs ressemblances n'étaient que l'émanation d'un plan primitivement conçu par le Créateur. Telle était la théorie du *créationisme* primitif ou *anthropomorphique* qui a régné jusqu'au XVIIIe siècle. L'état de la science d'alors donnait, en effet, des bases apparentes à cette théorie. L'anatomie comparée, l'embryologie et la paléontologie étaient inconnues, d'un autre côté l'observation incomplète de la nature montrait une *fixité* absolue dans les caractères des espèces. Jamais on n'avait vu de formes intermédiaires entre le loup et le chien par ex ; les momies les plus anciennes, aussi bien de l'homme que des animaux domestiques, nous montraient une identité parfaite avec ce que nous constatons actuellement, et les graines que l'on avait trouvées dans les hypogées d'Égypte avaient donné, disait-on, des espèces de plantes identiques à celles que nous connaissons aujourd'hui. Cependant les fossiles commençaient à sortir de terre, et leurs formes parfois bizarres faisaient réfléchir quelques esprits. Mais la tradition reprenait bien vite ses droits ; pour les espèces d'espèces connues, c'étaient des restes du déluge ou des coquilles abandonnées par les voyageurs ; pour les autres, c'étaient des jeux de la nature, des ex. que l'influence de la lune sur le limon de la terre, etc. Nous sommes à l'époque où le suédois Linné essayait de cataloguer le plus simplement possible les espèces vivantes, de manière à faciliter les recherches des naturalistes.

Malgré tout, les idées nouvelles commençaient à percer. En France, Buffon publiait son *Histoire naturelle,* et en décrivant certains groupes, les genres Cheval et Félis, par ex., les espèces lui apparaissaient comme des lignes différentes sorties d'une souche principale commune. Un disciple de Buffon, Lamarck, allait beaucoup plus loin ; il montrait, dans sa Philosophie zoologique, sous quelles influences avaient pu se faire les dérivations de cette souche commune. Il partait de ce principe, qui est un fait d'observation, c'est que l'habitude d'exercer un organe le développe et que ce même organe, faute d'habitude, se rapetisse de plus en plus, s'atrophie et finit par disparaître. Les animaux peuvent donc se modifier eux-mêmes, s'adapter à d'autres conditions vitales, à d'autres *régimes* surtout ; ces adaptations modifient donc certains organes et ces modifications, étant transmises par hérédité, ne font qu'aller en augmentant les conditions du caractère et déterminant toujours les mêmes besoins. Voy. LAMARCKISME.

Quelques années plus tard, Étienne Geoffroy Saint-Hilaire faisait intervenir l'action des *milieux* différents dans lesquels se trouvent placées les espèces vivantes pour expliquer leurs transformations possibles « Nous assistons chaque année, dit-il, à un spectacle visible, je ne veux pas dire seulement pour les yeux de l'esprit, mais pour ceux du corps, spectacle où nous voyons l'organisation se transformer et passer des conditions organiques d'une classe d'animaux à celles d'une autre classe, telle est l'organisation des batraciens. Un batracien est d'abord un poisson sous le nom de têtard, puis un reptile sous celui de grenouille Or, nous arrivons à savoir comment se fait cette merveilleuse métamorphose

« Les développements d'où résulte la transformation sont opérés par l'action combinée de la lumière et de l'oxygène, et les changements corporels par la production de nouveaux vaisseaux sanguins, qui sont alors soumis à la règle du balancement des organes, dans ce sens que, si les fluides du système circulatoire se précipitent de préférence dans de nouvelles voies, il en reste moins pour les anciennes.... M. le docteur Edwards, en retenant sous l'eau des têtards, a retardé ou mieux empêché leur métamorphose. Ce qui fut la expérimenté en petit, la nature l'a pratiqué en grand à l'égard du protée, qui habite les lacs souterrains de la Carniole. Ce reptile, privé d'y ressentir l'influence de la lumière et d'y puiser l'énergie d'une libre pratique de la respiration aérienne, reste perpétuellement à l'état de larve ou de têtard ; mais d'ailleurs il peut toutefois transmettre sans difficulté à sa descendance, ces conditions restreintes d'organisation, conditions de son espèce, qui furent peut-être celles du premier état de l'existence des reptiles, quand le globe était partout submergé. »

Toutes ces idées sommeillèrent pour ainsi dire dans l'esprit de la science jusqu'en 1859, époque où Darwin fit paraître son livre sur l'*Origine des espèces.* Dans ce livre, le grand naturaliste anglais apportait à la doctrine du t. de nouvelles idées, et ces idées étaient si puissantes qu'elles renouvelaient pour ainsi dire la doctrine (Voy. DARWINISME). Elles arrivaient du reste à une époque où l'embryologie et la paléontologie venaient donner les preuves les plus absolues de la transformation des espèces. Voy. DESCENDANCE.

Si tous les savants admettent aujourd'hui le t., tous ne donnent pas la même valeur à cette doctrine et tous ne s'accordent pas sur l'importance des facteurs qui ont agi pour amener cette transformation des espèces. Les uns, tels que Milne Edwards, admettent bien une transformation accidentelle des êtres, mais n'admettent pas une évolution continue des êtres vivants ; c'est ce qu'on peut appeler le *créationisme transformiste.* Pour d'autres, il y a bien une parenté entre tous les êtres vivants, mais c'est une parenté idéale et non une parenté généalogique ; autrement dit, la parenté existe dans l'esprit de l'observateur et non dans les êtres eux-mêmes. Ceux-là admettent, au contraire, une sorte de continuité dans la succession de la vie à la surface de la terre, d'où le nom de *créationisme évolutif* qu'on peut donner à leur doctrine. En somme ce ne sont là que des adaptations aux idées actuelles de la doctrine du créationisme anthropomorphique, seul admis par la religion, jusque dans ces dernières années tout au moins.

En opposition avec le créationisme sont les théories évolutionnistes qui seules basées sur une parenté réelle entre les êtres et qui ne font pas intervenir une intelligence supérieure dans l'origine des espèces. Pour ces théories, il y a non seulement transformation, mais encore évolution. L'origine des espèces serait due à l'action sur la matière vivante de diverses influences ou facteurs groupés de la façon suivante :

I. FACTEURS PRIMAIRES.	Directs...	*Milieu cosmique :* climat, lumière, température, sécheresse et humidité; composition physique et chimique du sol et des eaux, état mécanique du milieu, vent, mouvement des eaux. etc. *Milieu biologique :* alimentation, parasitisme, symbiose, etc.
	Indirects...	*Réaction éthologique contre le milieu cosmique.* adaptation, convergence. *Réaction contre le milieu biologique :* mimétisme, etc.
II. FACTEURS SECONDAIRES..		Hérédité; Concurrence vitale et sélection naturelle. Concurrence sexuelle et sélection sexuelle. Sélection physiologique. Hybridité, etc.

TRANSFORMISTE. s. Celui, celle qui professe le transformisme. = Adj. 2 g *Les théories transformistes.*

TRANSFUGE s. m. (lat *transfuga,* m. s., de *trans,* au delà, et *fugere,* fuir). Celui qui, à la guerre, abandonne le parti dont il est pour passer dans celui des ennemis. *On eut cet avis par un t.* || Par extens., Celui qui abandonne son parti pour passer dans le parti contraire. *Il est t. de son parti.* || Fig., T. de la vertu, des bons principes.

TRANSFUSER. v.a. [Pr.*trans-fu-zer*] (lat. *transfusum,* sup. de *transfundere*, m. s., de *trans*, au delà, et *fundere*, verser). Faire passer un liquide d'un récipient dans un autre. Peu usité, et ne se dit guère qu'en parl. de la transfusion du sang. = Transfuse, ée. part.

TRANSFUSION. s. m. [Pr. *transfu-zion*] (lat. *transfusio*, m. s.). Action de transfuser; ne se dit guère que de l'opération appelée *T. du sang*, qui consiste à injecter dans les veines d'un malade le sang d'un individu bien portant.

Chir. — Opération toutes dès le XVIIe siècle, qui a généralement pour but l'introduction du *sang* dans l'appareil circulatoire. Cette intervention est rationnelle dans les cas d'anémie consécutive à de grandes hémorragies, quand le malade est, en quelque sorte, exsangue; elle a donné aussi de bons résultats quand il existe une profonde altération du sang, ce qui arrive à la suite de certaines maladies : fièvre typhoïde, intoxication par l'oxyde de carbone, etc.

La t. pour être suivie de succès, nécessite certaines conditions; il est indispensable que le sang soit emprunté à un individu de *même* espèce que le sujet qu'on veut transfuser; le sang d'un animal, par ex., ne peut être injecté à l'homme. On doit injecter le sang pur, complet, et non défibriné, comme on le faisait jadis.

La t. est devenue une opération simple, inoffensive, avec la méthode antiseptique et l'emploi d'appareils perfectionnés qui permettent de la pratiquer à l'abri du contact de l'air. L'instrument aspirateur plongé dans une veine de bras amène l'écoulement du sang qui est refoulé lentement dans une veine du bras du malade.

TRANSGRESSER. v. a. [Pr. *transgrè-ser*] (lat. *trans*, au delà; *gradi*, aller). Contrevenir à quelque ordre, à quelque loi. *Cet ambassadeur a transgressé les ordres qu'il avait reçus* — Se dit plus ordinairement de la violation des préceptes divins. *T. les commandements de Dieu. T. la loi divine.* = Transgressé, ée. part. Voy. Enfreindre.

TRANSGRESSEUR. s. m. [Pr. *transgrè-seur*] (lat. *transgressor*, m. s.). Celui qui transgresse. *Il est dit, dans la loi de Moïse : Le t. de la loi sera puni de mort.*

TRANSGRESSION. s. f. [Pr. *transgrè-sion*] (lat. *transgressio*, m. s.). Action de transgresser. *La t. des commandements de Dieu. C'est une t. manifeste de la loi.*

TRANSHUMANCE. s. f. [Pr. *tran-zu-manse*]. Action de transhumer.

TRANSHUMANT, ANTE. adj. [Pr. *tran-zu-man*]. T. Écon. rurale. *Troupeaux transhumants*, Les troupeaux de moutons qu'on mène paître pendant l'été dans un autre pays, sur les montagnes.

TRANSHUMER. v. a. [Pr. *tran-zumer*] (lat. *trans*, au delà; *humus*, terre). T. Écon. rurale. Mener paître des troupeaux transhumants. = Transhumer. v. n. Aller paître dans les montagnes.

TRANSIGER. v. n. [Pr. *tran-zijer*] (lat. *transigere*, m. s., de *trans*, au delà, et *agere*, agir). Passer un acte pour accommoder un différend, un procès. *Las de plaider, ils transigèrent. Il refusa d'abord de t. sur ce point. Ils ont transigé de telle chose.* || Fig., T. *avec son devoir, avec sa conscience*, S'autoriser de quelques raisons peu solides, pour faire une chose contraire au devoir, à la délicatesse.

TRANSIR. v. a. (lat. *transire*, m. s., de *trans*, à travers, et *ire*, aller). Pénétrer et engourdir de froid. *Il fait un vent qui me transit. Je suis transi de froid.* || Se dit aussi de l'effet que produit la peur ou l'affliction. *La peur le transit. Cette nouvelle lui transit le cœur.* = Transir. v. n. T. de froid, de peur, de douleur, Être saisi, pénétré par le froid, etc. = Transi, ie. part. || *Un amoureux transi*, Un amant que l'excès de sa passion rend tremblant et interdit auprès de sa maîtresse.

TRANSISSEMENT. s. m. [Pr. *transi-seman*]. L'état où est un homme transi. *T. de froid, de peur. A cette nouvelle, il lui prit un t. universel.* Peu usité.

TRANSIT. s. m. [Pr. *tran-zit*] (lat. *transitum*, sup. de *transire*, de *trans*, au delà, et *ire*, aller). En termes de Douanes et de Commerce, on appelle *Transit* la faculté accordée à certaines marchandises étrangères de traverser un pays sans payer de droits. Pendant tout le temps du t., la marchandise est considérée comme étant sur un territoire neutre. Le régime du t. se lie donc à celui des entrepôts qui offrent aux marchandises étrangères un abri dans lequel elles sont considérées comme étant encore à l'étranger, c.-à-d., en dehors des atteintes du fisc. Colbert fut le premier qui essaya, en France, de réglementer le t., et qui établit sur divers points du territoire des entrepôts ouverts à ces opérations; mais la faculté du t. fut supprimée en 1688, et ce fut seulement en l'an XI (1803) que la loi du 8 floréal (28 avril) rétablit à la fois le t. et les entrepôts. Néanmoins, sous l'empire de cette loi, les marchandises prohibées étaient exclues du t. Ce régime restrictif dura jusqu'à la loi du 9 février 1832, qui a donné au t. toutes les facilités compatibles avec les intérêts de l'industrie nationale. — Celui qui veut jouir du t. doit en faire la déclaration à la douane dans la forme indiquée pour les autres opérations. Les marchandises sont soumises à une vérification dans l'intérêt même de l'expéditeur, puisque celui-ci est obligé de les representer au moment de l'exportation dans le même état qu'au départ. Lorsque la vérification est terminée, la douane délivre une expédition, appelée *Acquit à caution* ou *Passavant*, suivant les cas, pour accompagner les marchandises Au bureau de sortie ou de destination indiqué par l'expédition, il est procédé à la reconnaissance de ces dernières et, si elles sont identiques, la réexportation a lieu purement et simplement soit par terre, soit par mer. L'intérêt qu'a un pays à favoriser le t. sur son territoire, consiste en ce que ce passage donne aux habitants des bénéfices de transport et des profits de courtage et de commission. Depuis le milieu du XIXe siècle, les règlements relatifs au t. ont subi diverses modifications toutes favorables au commerce. Des facilités exceptionnelles ont été accordées aux compagnies de chemins de fer pour les transports internationaux. Les marchandises, placées dans des wagons spéciaux fermés au moyen du plomb de la douane, peuvent être transportées sans visite jusqu'à certaines stations de douane de l'intérieur, du littoral ou de la frontière, puis être réexportées également sans visite, à moins qu'elles ne soient alors admises à l'entrepôt ou à la consommation. La plupart des formalités naguère imposées au t. ont été supprimées. Ainsi, les produits exempts de droits à l'entrée et à la sortie peuvent transiter sans expédition de douane. Il suffit de les déclarer au bureau d'entrée et de sortie, où ils sont vérifiés pour constater les éléments de la statistique commerciale, et pour prévenir les fraudes quant à la dénomination des marchandises. Voy. Octroi.

TRANSITER. v. n. [Pr. *tran-ziter*] (R. *transit*) (lat. *trans*, au delà; *ire*, aller). T. Comm. Se dit des marchandises qui passent en transit. *Ces marchandises peuvent t. sans aucune formalité.*

TRANSITIF, IVE. adj. [Pr. *tran-zitif*] (lat. *transitivus*, m. s., de *transire*, passer). T. Gramm. Se dit dans ces loc., *Verbe t. Conjonction transitive.* Voy. Verbe et Conjonction. || T. Philos. Qui agit hors de soi. *Cause transitive.* || T. Géol. *Terrain t.*, qui forme la transition de l'ère primaire à l'ère secondaire. Voy. Géologie.

TRANSITION. s. f. [Pr. *tran-zi-sion*] (lat. *transitio*, m. s., de *transitum*, sup. de *transire*, passer, de *trans*, au delà, et *ire*, aller). Manière de passer d'un raisonnement à un autre, de lier ensemble les parties d'un discours, d'un ouvrage. *Une bonne t. Une t. heureuse, ingénieuse. Les transitions doivent être ménagées. Permettez-moi de passer sans t. aucune à un sujet plus important. L'art des transitions.* — Se dit aussi en T. Musiq., Du passage d'un mode, d'un ton à un autre. *Préparer une t.* || Fig., Le passage d'un régime politique, d'un état de choses, d'un ordre à un autre. *De l'anarchie au despotisme, la t. est quelquefois très prompte. Éviter les transitions brusques d'une température à une autre. Ménager les transitions*, ne pas passer brusquement d'un état à un autre. *Cet animal semble former le t. de telle classe à telle autre.* || T. Géol. *Terrains de t.* Se dit des terrains qui forment la t. de l'ère primaire à l'ère secondaire. Voy. Géologie.

TRANSITIVEMENT. adv. [Pr. *tranzi-tive-man*]. D'une manière transitive.

TRANSITOIRE. adj. 2 g. [Pr. *tran-zi-touare*] (lat. *tran-*

torius, m. s.). Passager. *Toutes les choses de ce monde sont transitoires.* || Qui remplit l'intervalle d'un état de choses à un autre *Régime t. Lois transitoires.*

TRANSITOIREMENT. adv. [Pr. *tran-zitoua-reman*]. D'une manière transitoire.

TRANSJURANE (BOURGOGNE), Bourgogne au delà du Jura. Voy. CISJURANE.

TRANSLATER. v. a. (lat. *trans*, au delà ; *latus*, porté). Traduire d'une langue dans une autre. = TRANSLATÉ, ÉE. part. Vx.

TRANSLATEUR. s. m. (lat. *translator*, m. s.) (R. *translater*). Traducteur. Vx.

TRANSLATIF, IVE. adj. (lat. *translativus*, m. s.) (R. *translater*). T. Jurispr. *Acte t. de propriété*, Acte par lequel on cède une chose à quelqu'un.

TRANSLATION. s. f. [Pr. *transla-sion*] (lat. *translatio*, m. s., de *translatum*, sup. de *transferre*, transporter). Transport, action par laquelle on fait passer quelque chose d'un lieu à un autre. *La t. des reliques. La t. du saint-siège de Rome à Avignon. La t. du parlement de Paris à Tours. La t. d'une préfecture.* On dit aussi, *La t. d'un évêque d'un siège à un autre siège.* — *Célébrer la t. d'un saint*, Célébrer le jour auquel les reliques d'un saint ont été transférées d'un lieu à un autre. || Par ext., *La t. d'une fête*, L'action de remettre une fête d'un jour à un autre. || T. Dr. Action de faire passer d'une personne à une autre la propriété de quelque chose. || Traduction. Vx. = Syn. Voy. TRANSFÉRER.

TRANSLEITHANIE, n. sous lequel on désigne quelquefois la Hongrie. Voy. CISLEITHANIE.

TRANSLUCIDE. adj. 2 g. (lat. *translucidus*, m. s., de *trans*, à travers ; *lucidus*, clair). Qui laisse passer la lumière, sans permettre toutefois de distinguer la couleur ni la forme des objets. Voy. DIAPHANE.

TRANSLUCIDITÉ. s. f. L'état, la propriété d'un corps translucide.

TRANSMETTEUR ou **TRANSMETTRICE.** adj. et s. Qui transmet, qui sert à transmettre. Se dit du poste d'où l'on envoie une dépêche télégraphique, et des appareils qui servent à transmettre la dépêche. *Poste t. Gare transmettrice. Appareil t. Le t.* Voy. TÉLÉGRAPHE.

TRANSMETTRE. v. a. [Pr. *trans-mètre*] (lat. pop. *transmittere*, m. s., de *trans*, au delà, et *mittere*, envoyer). Céder, mettre ce qu'on possède en la possession d'un autre. *Le donataire transmet au donataire la propriété des choses données. T. un droit.* || Faire passer. *T. des ordres, une nouvelle. J'ai transmis à un tel la lettre que vous m'aviez donnée pour lui.* — Fig., *Les pères transmettent souvent à leurs enfants leurs vices et leurs vertus. Les historiens qui nous ont transmis ce fait.* On dit encore, *T. son nom, sa gloire à la postérité*, Faire passer son nom, sa gloire jusqu'à la postérité. = SE TRANSMETTRE. v. pron. Passer, se communiquer, se propager. *Certaines particularités organiques se transmettent parfois à plusieurs générations. Le son se transmet dans l'air avec une vitesse de 331 mètres par seconde.* = TRANSMIS, ISE. part. = Conj. Voy. METTRE.

TRANSMIGRATION. s. f. [Pr. ... *sion*] (lat. *transmigratio*, m. s., de *trans*, au delà, et *migrare*, aller). Action d'un peuple, d'une nation, d'une troupe d'hommes qui abandonnent leur pays pour en aller habiter un autre. *La t. des peuples amène des changements dans les langues.* || T. Écrit. sainte. *La t. de Babylone*, Le transport du peuple juif à Babylone, et le séjour qu'il y fit. || *T. des âmes.* Voy. MÉTEMPSYCOSE.

TRANSMISSIBILITÉ. s. f. [Pr. *transmi-si-bilité*]. Qualité de ce qui est transmissible. *La t. de certaines charges.*

TRANSMISSIBLE. adj. 2 g. [Pr. *transmi-sible*] (lat. *transmissum*, sup. de *transmittere*, transmettre). Qui peut être transmis. *Il y a de certains droits qui ne sont pas transmissibles.*

TRANSMISSION. s. f. [Pr. *transmi-sion*] (lat. *transmissio*, m. s.). Action de transmettre, ou le résultat de cette action. *La t. d'un droit.* || T. Phys. Se dit de la propagation d'un fluide à travers un corps quelconque. *Les lois de la t. de la lumière à travers les corps transparents. La t. du son par les corps solides est beaucoup plus rapide que dans l'air.* || T. Mécan. *Courroie de t.*, servant à transmettre le mouvement de l'arbre de couche.

Méc. — *Transmission mécanique.* — Communication de mouvement que transmet un organe de machine à un ou plusieurs autres organes dépendant ou non de la machine génératrice ; *t. par corde, par courroie, par arbre, par câble électrique*, etc.

Dans les machines en général, à vapeur, électriques ou autres, il est constamment nécessaire de communiquer, quelquefois au loin, le mouvement que possèdent ces machines, afin de faire fonctionner les outils mécaniques, les pompes, les souffleries, etc., dont l'industrie a toujours besoin. Les principaux modes de t. s'obtiennent au moyen de cordes, de courroies, d'arbres métalliques rigides ou flexibles, de courroies, etc.

Les premières méthodes de t. consistaient à faire usage de cordes de longueur déterminée, faites de chanvre, de lin, de coton ou de tout autre textile. Les extrémités d'une de ces cordes se raccordaient à l'aide d'épissures pour éviter la présence de nœuds ou de renflements qui auraient pu nuire au bon fonctionnement. La corde passait, à frottement obtenu à l'aide d'une tension calculée et voulue, dans la gorge d'une première poulie, dite *conductrice* et s'enroulait dans la gorge d'une seconde poulie dite *conduite*. La première était calée sur l'arbre moteur tandis que la seconde se trouvait montée sur un arbre secondaire. Ce mode de t., par suite des allongements successifs de la corde, offrait de tels inconvénients qu'il a été à peu près abandonné partout et on lui a substitué la t. dite *par courroie*.

La courroie, le plus souvent de cuir, quelquefois aussi de crins ou de coton tressés, a une forme plate et son épaisseur est peu considérable par rapport à sa largeur. La largeur de la courroie varie avec le degré de puissance de la machine motrice et aussi celui de l'importance des organes secondaires auxquels elle doit transmettre le mouvement. Une courroie de t. se divise en deux parties distinctes, le *brin conduit* et le *brin conducteur*; il en est de même pour les transmissions par cordes ou par câbles métalliques. Le brin conducteur est la portion de la courroie qui, en relation directe avec la poulie de l'arbre moteur, se trouve entraînée par elle; le brin conduit, au contraire, est la partie qui, après avoir agi sur la poulie conduite, retourne à la poulie conductrice. Dans le cas d'emploi d'une courroie, la forme extérieure des deux poulies diffère de celle des mêmes intermédiaires lorsqu'il s'agit d'une corde ou d'un câble métallique. Au lieu de présenter une gorge pratiquée sur leur périphérie, elles offrent un léger bombement égal au diamètre du dia-mètre de la poulie, bombement nécessaire pour empêcher tout glissement latéral de la courroie.

La t. de mouvement par arbres rigides s'obtient par l'inter-médiaire de roues et de pignons d'engrenage, ou de cônes de friction Voy. ENGRENAGE. Ce système est employé lorsque les distances comprises entre les organes transmetteurs de mou-vement et les organes recevant ce mouvement sont immuables et que ni les uns ni les autres ne peuvent se déplacer. On préfère généralement dans l'industrie avoir recours au mode de t. par courroie.

Depuis quelques années, grâce aux découvertes de Stow et de Burnham, un quatrième moyen mécanique de t. s'est très rapidement répandu. Nous voulons parler de la t. par *arbres flexibles* Ces arbres, comme l'indique leur nom, peuvent, sans que cela gêne en rien leur mouvement, prendre les formes les plus contournées. Un arbre flexible est, en somme, un câble métallique connu d'une façon spéciale. Les spires qui le constituent sont hélicoïdales, mais enroulées les unes sur les autres en sens inverse de manière à éviter toute torsion ou toute action inverse, lorsque l'arbre tourne à dextre ou à senestre suivant le cas. Un arbre est enfermé dans une gaine en cuir de façon à se trouver protégé contre les accidents pouvant survenir pendant le travail. Cette gaine supporte le châssis de la poulie motrice et le câble est muni d'un crochet à l'aide duquel il devient possible de l'amarrer sur un point fixe. La poulie possède un certain jeu dans son châssis de manière à lui permettre un léger déplacement nécessaire pour suivre les variations de direction du câble intérieur. L'organe transmetteur de mouvement occupe l'autre extrémité de l'arbre flexible. Les arbres flexibles sont principalement employés pour faire fonctionner des machines à percer ou forerics. Leur vitesse peut facilement atteindre 4,500 tours à la minute et leur action utile se fait sentir à une distance qui n'est pas inférieure à 6 mètres.

La t. par câble métallique, est principalement destinée à transmettre le mouvement imprimé par une machine, à une distance très considérable. L'inventeur de ce système, Hirn, lui a donné le nom de t. télédynamique. Grâce à ce mode de t., il devient possible de donner le mouvement à des organes ou à des machines éloignées de plusieurs centaines de mètres de la source de force motrice. Tout d'abord, Hirn fit usage d'un ruban d'acier s'enroulant dans les gorges de poulies construites pour cet usage. Il renonça promptement au ruban par suite des usures considérables qui se produisaient et le remplaça par un câble métallique maintenu entre les points extrêmes par des poulies-supports pour éviter tout flottement et les heurts qui se produisaient entre le brin conduit et le brin conducteur. Depuis l'époque (1850) à laquelle Hirn imagina son câble télédynamique, ce mode de t. successivement perfectionné par Tregoning, Schlumberger, etc., a reçu d'innombrables applications industrielles.

Pour ce qui concerne la t. électrique de la force à distance, Voy. TRANSPORT.

TRANSMUABLE. adj. 2 g. Qui peut être transmué.

TRANSMUER. v. a. (lat. transmutare, m. s., de trans, au delà, et mutare, changer). Changer, transformer; ne se dit guère qu'en parlant des métaux. Les alchimistes cherchaient le secret de t. le cuivre en or, et l'étain en argent. = SE TRANSMUER. v. pron. Être changé. Il y a encore des rêveurs qui croient que les métaux peuvent se t. les uns dans les autres. = TRANSMUÉ, ÉE. part. = Conj. Voy. JOUER.

TRANSMUTABILITÉ. s. f. Propriété de ce qui est transmuable.

TRANSMUTATION. s. f. [Pr. ... sion] (lat. transmutatio, m. s.) Action de transmuer. Changement d'une chose en une autre. La prétendue t. des métaux. La t. métallique.

TRANSPARENCE. s. f. [Pr. transpa-ranse]. Qualité de ce qui est transparent. La t. de l'eau, du verre.

TRANSPARENT, ENTE. adj. [Pr. transpa-ran, ante] (R. trans, préf., et le vx fr. parant, part. prés. du verbe paroir, qui sign. paraître). Diaphane, au travers de quoi on peut voir les objets, Les corps transparents. Le verre est t. Un voile t. Elle a la peau fine et transparente. ‖ Fig., Cette allégorie est transparente, On découvre facilement le sens qu'elle cache. = Syn. Voy. DIAPHANE.

TRANSPARENT. s. m [Pr. transpa-ran]. Papier ou sont tracées plusieurs lignes noires, et dont on se sert pour s'accoutumer à écrire droit, en le mettant sous le papier, lorsqu'on écrit. Cet enfant ne saurait écrire sans t. ‖ Papier huilé derrière lequel on place des lumières dans les décorations Une illumination en transparents. — Plus particul., Sorte de tableau sur toile, sur gaze, sur papier huilé ou verni, derrière lequel on met des lumières pour faire paraître ce qu'il représente. Il y avait au fond du jardin un magnifique t.

TRANSPERCER. v. a. (R. trans, préf., et percer). Percer de part en part. Le ¦coup qu'il reçut le transperça. Il eut le bras transpercé d'un coup d'épée. — On dit aussi, avec le pron. pers., Se t. ‖ Fig., T. le cœur de quelqu'un, Le pénétrer de douleur. Cela me transperce le cœur. On dit aussi, T. de douleur A cette nouvelle, il fut transpercé de douleur. Vx. = TRANSPERCÉ, ÉE. part. = Conj. Voy. AVANCER.

TRANSPIRABLE. adj. 2 g. (bas lat. transpirabilis, m. s.), Apte à la transpiration.

TRANSPIRATION. s. f [Pr. transpira-sion] (R. transpirer). T. Physiol. Le terme de Transpiration désigne à la fois la fonction par laquelle certains tissus vivants, soit animaux, soit végétaux, exhalent un fluide de nature aqueuse par celles de leurs surfaces qui sont en contact avec l'air, et le fluide qui est le résultat de cette exhalation Chez les animaux supérieurs, la t s'effectue par la surface externe de la peau et par celle de la muqueuse des poumons : de là la distinction de la t cutanée et de la t. pulmonaire, dont il a été parlé au mot PEAU.

Bot. — Sous le nom de Transpiration ou exhalation de vapeur d'eau on désigne, en physiologie végétale, le phénomène par lequel les feuilles rejettent sans cesse, dans l'atmosphère, l'eau introduite en excès par les organes de l'absorption. Pour mettre ce phénomène en évidence, on place sur une balance un pot renfermant une plante munie de feuilles à large surface et recouvert à la partie supérieure de lames de verre ou de plomb qui empêchent l'évaporation de l'eau que renferme la terre. Cela fait, on établit la tare et, au bout d'un certain temps, on s'aperçoit que la plante a diminué de poids ; on est obligé de mettre des poids sur le plateau pour rétablir l'équilibre et ces poids représentent la quantité d'eau transpirée par les feuilles. Si on recommence l'expérience en recouvrant le vase d'une cloche, la balance conserve l'état d'équilibre et, de plus, on voit ruisseler sur les parois de la cloche des gouttelettes d'eau provenant de la condensation de la vapeur d'eau exhalée ; ce qui prouve bien que la diminution de poids subie par la plante dans la première expérience est bien causée par la vapeur d'eau transpirée.

La quantité d'eau transpirée est sous la dépendance des conditions extérieures et des circonstances intrinsèques dépendant de la nature de la plante. La température de l'air et son état hygrométrique influent beaucoup sur la t. ; celle-ci est d'autant plus active que la température est plus élevée et que l'air est plus sec ; dans une atmosphère saturée de vapeur d'eau la t. peut s'arrêter complètement. La lumière accélère aussi la t. des feuilles, et cette accélération est parfois très grande. Les circonstances intrinsèques qui modifient la t. sont l'étendue de la surface des feuilles et la nature de la surface épidermique. Chez deux végétaux de même poids ayant des surfaces foliaires différentes, on constate que la t. est beaucoup plus active quand la surface foliaire est plus grande. D'autre part, les feuilles à cuticule très mince, comme celles de Fougères, de Bégonias, etc., transpirent beaucoup plus que les feuilles à cuticule épaisse, comme celles de Houx, de Fusain, etc.

La t. est destinée à débarrasser la plante de l'excès d'eau introduite par les racines. Ordinairement il s'établit à peu près un état d'équilibre entre la quantité d'eau transpirée et celle qui est absorbée par les racines ; la plante se trouve alors dans de bonnes conditions. Mais si la plante perd par la t. plus d'eau qu'elle n'en reçoit par les racines, l'équilibre est rompu ; la masse d'eau que contiennent les cellules diminue et les différents organes se flétrissent. C'est ce que l'on observe fréquemment en été, après une journée chaude, chez les plantes herbacées ; si l'eau qui manque aux cellules ne leur est pas restituée à bref délai, les feuilles continuent à se flétrir, la plante se dessèche et meurt.

TRANSPIRER. v. n. (lat. transpirare, m. s., de trans, à travers, et spirare, exhaler). S'exhaler, sortir par une surface d'une manière imperceptible aux yeux. Les humeurs transpirent au travers de la peau. ‖ Se dit des corps mêmes qui sont le siège de cette exhalation. Cet homme, cet animal, cette plante transpire peu, transpire beaucoup. Mettre un malade dans une étuve pour le faire t. ‖ Fig., se dit d'une chose qu'on voulait tenir secrète, et qui néanmoins commence à être connue, divulguée. Ce secret commence à t. Rien n'a transpiré de cette négociation.

TRANSPLANTATION. s. f. [Pr. ... sion]. Action de transplanter. La t. des arbres.

Agric. — La t. est une opération nécessaire pour l'éducation de la plupart des jeunes arbres. Elle a non seulement pour but de fortifier le développement de la tige, mais elle agit encore en forçant les racines à se ramifier, à produire plus de chevelu ; elle aide ainsi à la reprise des sujets qu'on ne peut planter à demeure dans leur jeune âge un peu avancé. Parmi les espèces pour lesquelles cette opération est indispensable, les arbres résineux sont au première ligne. Leurs racines, surtout celles des pins et des sapins, se ramifient difficilement, restent peu nombreuses, s'allongent beaucoup, et celles-ci supportent péniblement les déplacements ; on ne parvient à les multiplier et à diminuer leur allongement qu'au moyen de t. successives. A l'époque de la mise à demeure, on peut alors les enlever avec une quantité de terre restreinte qui protège les racines contre l'action de l'air et l'ébranlement de la tige par les vents. — Au moment de la t, on coupe avec un instrument bien tranchant l'extrémité des racines qui ont été brisées, puis on raccourcit sur la tige un nombre de ramifications en rapport avec le retranchement opéré sur les racines. Cette suppression ne doit jamais porter sur le rameau terminal. Nous devons excepter de cette opération, les arbres résineux, dont les retranchements sur les branches ne sont presque jamais remplacés par de nouvelles productions. Enfin les arbres sont plantés en quinconce, ou en lignes, selon l'espace dont on dispose. Ils sont placés à des distances proportionnées à leur accroissement futur, assez loin les uns des autres pour que l'air et la lumière puissent pénétrer dans l'agglomération, mais assez près pour garnir la superficie de terrain. Dans ce sol préalablement ameubli profondément, on fait, avec la bêche, des trous assez grands pour recevoir à l'aise la motte ou les racines dénudées. Le jeune arbre doit y être placé de manière qu'il ne soit pas plus enterré qu'il n'était précédemment. Lorsque le trou est en partie comblé, on tasse la terre en appuyant d'autant plus que le sol est plus léger. La fin d'octobre et le mois de novembre sont l'époque la plus favorable pour la t. à demeure, parce que, malgré les apparences, la vie végétale n'est pas complètement suspendue pendant l'hiver; ensuite, la terre se tasse, prend contact avec les racines, et la végétation repart plus vigoureusement au printemps.

Afin de jouir plutôt des avantages que procurent les ombrages des arbres et l'agrément de la perspective, surtout dans les grandes villes, on s'est ingénié à transplanter des arbres ayant déjà pris un grand développement. Pour que le résultat que l'on se propose soit acquis, il est indispensable que les arbres destinés à cette t. aient été soumis préalablement à des soins spéciaux; tels que repiquages fréquents, plantation en terrain horizontal et bien ameubli, isolement de quelques mètres des autres arbres; enfin, deux années avant la t., on cerne les arbres au moyen d'une tranchée large de 0m,60, profonde de 1m,30 et éloignée de 1 mètre du pied de l'arbre. Toutes les racines que l'on rencontrera en ouvrant cette tranchée seront coupées bien net au niveau de la paroi la plus rapprochée de l'arbre. On replacera ensuite la terre dans la tranchée; puis on complétera l'opération en raccourcissant sur la tige un certain nombre de branches pour rétablir l'équilibre entre la tête et les racines. Par suite de ce travail, de nouvelles radicelles se formeront plus près de la tige, et, deux années après, on pourra enlever l'arbre en motte avec ces nouvelles radicelles, en donnant à la motte un diamètre d'environ 3 mètres. Lorsqu'on sera décidé à faire les dépenses d'une semblable opération, on conseillons d'avoir recours au moyen employé par la ville de Paris pour la plantation de ses promenades publiques. Voici la description de cette opération ainsi que du chariot imaginé par Barillet-Deschamps. — Pour transplanter un arbre, on commence par tracer sur le sol une première circonférence ayant 1m,80 de rayon à partir du centre du tronc. On trace une seconde circonférence parallèle à cette dernière, à 2m,20 du centre, et l'on enlève la terre entre ces deux lignes, sur 0m,30 de largeur et 1m,20 de profondeur. La motte que l'on découpe ainsi doit avoir la forme d'un cône renversé avec 2m,20 de diamètre à la surface du sol et 2 mètres seulement à la partie inférieure. On coupe verticalement, avec un instrument bien tranchant, les racines qui dépassent. Cette première opération terminée, on attache l'arbre avec quatre haubans, afin de le maintenir solidement dans une position verticale. On excave horizontalement le dessous de la motte, et on ne laisse au centre que le point d'appui nécessaire pour maintenir l'équilibre. Cela fait, on entoure la motte d'une enveloppe en tôle composée de deux pièces cylindroconiques, qui se réunissent au moyen de quatre boulons d'appel. Cette enveloppe porte au-dessous un rebord horizontal de 0m,40 de largeur qui sert à retenir le dessous de la motte. On passe au-dessous de celle-ci, dans une feuillure en fer cornière pratiquée à cet effet, deux fortes barres de fer terminées à chaque bout par un crochet destiné à recevoir l'extrémité des chaînes. — On place ensuite sur le trou deux forts madriers bordés de fer cornière sur le côté, afin d'empêcher la déviation des roues du chariot. On enlève les barres d'écartement et le treuil à l'arrière du chariot. Cela fait, on replace la barre et le treuil sur le chariot, on attache les chaînes sur les crochets des barres passées sous la motte, et l'on n'a plus qu'à élever l'arbre qui, par le moyen d'un triple engrenage, n'exige que trois hommes, à chaque manivelle, pour enlever un poids de 8 à 10,000 kilogrammes; si, après son enlèvement, l'arbre penche d'un côté, on lui rend sa position verticale au moyen de vis à écrous qui terminent les chaînes. Enfin, on ferme le trou inférieur de l'enveloppe de tôle au moyen d'un couvercle destiné à arrêter la chute de la terre. On attache les haubans à des anneaux placés aux quatre coins du chariot, et l'arbre ainsi maintenu peut être trans-

porté à de grandes distances. — Pour le replanter, on reprend les mêmes opérations dans un ordre inverse. Le trou ouvert pour recevoir cet arbre présente les mêmes dimensions que celui d'où il est sorti, et le vide laissé, entre les parois du trou et celles de la motte mise en place, est rempli avec de la terre d'excellente qualité, que l'on mouille ensuite copieusement, afin d'en opérer le tassement. — Ce procédé est certes fort ingénieux et donne de bons résultats, lorsqu'on l'applique aux arbres placés dans les conditions d'éducation que nous avons signalées plus haut. — Cependant toutes les essences d'arbres ne se prêtent pas également à ces transplantations. Les espèces à bois mou, dites aussi à bois blanc, sont celles qui réussissent le mieux, telles que les peupliers, les tilleuls, l'aune, l'ailante. Les marronniers, les ormes, les robiniers, les érables, les frênes réussissent moins bien. Enfin, pour les hêtres, les chênes, les charmes et surtout les arbres résineux, on échoue le plus souvent.

TRANSPLANTEMENT. s. m. Syn. de Transplantation.

TRANSPLANTER. v. a. (lat. *transplantare*, m. s. de *trans*, au delà, et *plantare*, planter). Ôter un plant, un arbre de l'endroit où il est, et le replanter dans un autre. *T. des arbres. T. un rosier. T. des laitues.* || Fig., Faire passer, transporter des personnes ou certaines choses d'un pays dans un autre pour les y établir. *Le conquérant transplanta la population de cette ville au fond de la Perse.*

Sous un ciel étranger, comme moi transplantées.

RACINE.

= SE TRANSPLANTER. v. pron. Se dit d'une personne, d'une famille, qui passe d'une province ou d'une ville dans une autre, pour s'y établir. *C'est une famille irlandaise qui s'est transplantée en France. Je ne l'ai pas revu depuis qu'il s'est transplanté en province.* == TRANSPLANTÉ, ÉE. part.

TRANSPORT. s. m. [Pr. *trans-por*] (R. *transporter*). Action par laquelle on transporte quelque chose d'un lieu à un autre. *Le t. de l'or et de l'argent hors de France a été défendu à telle époque. Le t. de ses meubles lui a coûté beaucoup. Le t. de ces marchandises se fait par eau, par le chemin de fer. Payer les frais de t. Moyen de t. Bâtiment de t. Ce malade n'est pas en état de souffrir le t.* — Par ext., on appelle *Transports*, Les voitures qui servent au transport des choses nécessaires à une armée, ou les bâtiments qui transportent des troupes, des munitions de toutes sortes. *La route était couverte de transports. Notre frégate fut chargée d'escorter les transports.* || T. Jurispr. L'action d'une personne qui, par autorité de justice, se rend sur les lieux où sont les choses sujettes à un examen, à une vérification, à une visite. *Le tribunal a ordonné le t. d'un expert sur les lieux.* — La cession d'un droit qu'on a sur une chose. *Il m'a fait t. de ce qui lui est dû par son frère. Faire le t. d'un billet, d'une rente. Accepter un t.* || Fig., Passion violente qui nous met, pour ainsi dire, hors de nous-mêmes. *T. amoureux. T. jaloux. Éprouver un t. de joie. Se livrer à un t. de colère.* On dit aussi absol., *Je l'ai trouvé dans un t. extraordinaire. Il avait peine à contenir ses transports. Il fut accueilli, écouté avec t.* — Sign. quelquefois Enthousiasme. *T. poétique, prophétique. Dans ses divins transports.* || T. Méd. *T. au cerveau*, ou absol., *Transport*, Délire, égarement d'esprit causé par la maladie. *Il a le t. Il a une grosse fièvre, et l'on craint le t. au cerveau.* || T. Géol. *Terrain de t.*, terrain d'alluvion. = Syn. Voy. TRANSFÉRER.

Législ. — Les principes essentiels qui sont relatifs à l'industrie du *Transport* des voyageurs et des marchandises, soit par terre, soit par eau, au moyen des messageries ou diligences, des chemins de fer, des rivières ou des canaux, sont les mêmes, et s'appliquent à tous ceux qui s'y livrent, quelle que soit leur dénomination. — Le contrat fait en vue du transport soit des voyageurs, soit des marchandises, est un contrat de *louage d'ouvrage et d'industrie*. Le voiturier y joue le rôle de *locateur*, l'expéditeur, celui de *localaire*. Les commissionnaires et les entrepreneurs qui se chargent d'un transport sont tenus de par eau, sont tenus d'inscrire sur un livre-journal la déclaration de la nature, des quantités et même, s'ils en sont requis, de la valeur des marchandises qui leur sont confiées, ainsi que de l'argent, les effets et tous les paquets dont ils se chargent, afin de fournir à l'expéditeur et au voyageur une preuve de la remise faite par eux, s'ils n'ont pas de récépissé ou s'ils ont égaré celui qui leur a été remis. Bien que cette seule inscription soit suffisante. le moyen de preuve le plus usité, en ce qui concerne le t. des marchandises, est la *Lettre de voiture*, acte qui constate les conditions convenues entre l'expéditeur et l'entrepreneur pour le t. d'effets ou de marchandises. La lettre de voiture doit être datée, et exprimer la nature et le poids ou la contenance des objets à transporter, le délai dans lequel le t. doit être effectué, elle indique le nom et le domicile du commissionnaire, s'il y en a un, et du voiturier, le nom de celui à qui la marchandise est adressée; elle énonce le prix du transport, et l'indemnité due pour cause de retard, enfin elle est signée par l'expéditeur ou le commissionnaire de t., et présente en marge les marques et numéros des objets à transporter Cette lettre de voiture doit ensuite être copiée par le commissionnaire de t. sur un registre coté et paraphé, sans intervalle et de suite. Les entreprises de chemins de fer sont tenues, comme toutes autres, de constater par une lettre de voiture, dont un exemplaire reste aux mains de la compagnie et l'autre est remis à l'expéditeur, toute expédition de marchandises, si l'expéditeur le demande. Dans le cas contraire, il lui est délivré un simple récépissé qui en tient lieu Les commissionnaires et entrepreneurs de transports sont garants, non seulement de la perte ou de l'avarie des objets qui leur ont été confiés, mais de l'arrivée dans le délai déterminé Toutefois leur responsabilité peut être dégagée, s'ils prouvent que la perte, l'avarie ou le retard ont été causés par des cas fortuits et de force majeure, et sans qu'il y ait eu de leur part imprudence ou incurie. En cas de perte, l'entrepreneur ou le voiturier doit payer les objets qui lui ont été confiés au prix qu'ils auraient valu au moment où la remise a dû s'effectuer, sans préjudice des dommages et intérêts, s'il y a lieu. S'il y a une avarie ou retard, les tribunaux peuvent, selon les circonstances, imposer soit le payement d'une indemnité, soit le payement de la marchandise en la laissant au compte de l'entrepreneur. La responsabilité, en ce qui concerne les bagages des voyageurs, est la même que pour tous les objets confiés aux entrepreneurs de t. Enfin, disons, en terminant, que toute action s'éteint contre les entrepreneurs et les voituriers après la réception des objets transportés et le payement du prix de t., si dans les 3 jours, non compris les jours fériés, le destinataire n'a pas notifié au voiturier par acte extrajudiciaire ou par lettre recommandée sa protestation motivée. Il en est de même, dans les cas de perte ou d'avarie des marchandises, après un an à compter, pour les cas de perte, du jour où le t. des marchandises aurait dû être effectué, et, pour les cas d'avarie, du jour où la remise des marchandises aura été faite. Mais cette prescription n'existe point pour les cas de fraude et d'infidélité. (C civ., 1782-6, C. Commerce, 96-108.)

Phys. — *Transport de l'énergie par l'électricité.* — L'électricité se prête admirablement à la transmission de l'énergie à distance. Cette transmission est basée sur la réversibilité des machines dynamo-électriques. Nous savons, en effet, que lorsqu'on lance un courant électrique dans une machine Gramme, celle-ci se met à tourner et fonctionne comme moteur. En tournant elle développe une force contre-électromotrice, c.-à-d. une force électromotrice qui tend à s'opposer à celle du courant qu'elle reçoit. Ceci posé, considérons deux machines Gramme placées en deux endroits éloignés et reliés par des fils conducteurs. Faisons tourner l'une de ces machines au moyen d'un moteur quelconque; machine à vapeur, à gaz, chute d'eau, cette machine va fournir un courant et sera dite *génératrice*. La deuxième machine, appelée *réceptrice*, se mettra à tourner et nous pourrons utiliser l'énergie qu'elle développe à faire fonctionner des outils quelconques. Nous avons là un ex. très simple de la transmission électrique de l'énergie.

La première expérience publique fut faite en 1873 à l'Exposition de Vienne par MM. Fontaine et Bréguet. Après quelques essais à petite distance, M. Desprez fit, en 1885, une série d'expériences entre Paris et Creil (56 kilomètres). Dans ces expériences, M. Desprez réussit à transmettre 52 chevaux-vapeur à travers la ligne, sur 416 absorbés par la dynamo-transmettrice dont la force électromotrice s'élevait à 6300 volts. Un peu plus tard des expériences furent faites entre l'exposition d'électricité de Francfort et la ville de Lauffen distante de 175 kilomètres. Le courant était d'abord produit sous une tension de 50 volts; un transformateur l'élevait à 25,000 volts. Le courant passait alors par la ligne a la station réceptrice où il arrivait dans un deuxième transformateur qui abaissait de nouveau la tension dangereuse de 25,000 volts à la tension de 50 volts ne présentant aucun inconvénient Le courant était alors utilisé à la production de lumière ou de force motrice. La force motrice primitive était une chute d'eau située à Lauffen Le rendement fut de 75 pour 100.

Nous allons nous rendre compte des conditions de t. de la force à distance en nous plaçant dans le cas théorique le plus simple. Supposons deux machines identiques à courant continu servant à une transmission de force. Appelons E la force électromotrice de la génératrice La réceptrice en tournant développe une force contre-électromotrice e. Désignons par R la résistance totale du circuit et I l'intensité du courant :

On a d'après la loi de Ohm $I = \frac{E - e}{R}$

La puissance développée par la génératrice est EI; celle de la réceptrice est eI. Le rendement est le rapport des deux $\frac{e}{EI} = \frac{e}{E}$. Il est facile de voir que la quantité d'énergie utilisée par la génératrice passe par un maximum. En effet on a $eI = \frac{e(E - e)}{R}$. Le maximum de la fraction est celui du produit $e(E - e)$. La somme des deux facteurs étant constante, le produit est maximum quand ils sont égaux; c.-à-d. quand $e = E - e$, ou $e = \frac{E}{2}$. Le rendement est alors de 50 pour 100.

On peut obtenir des rendements bien plus considérables (même dans la pratique) en ne transportant pas le maximum d'énergie. On cite des installations dont le rendement industriel s'élève jusqu'à 90 pour 100.

On se sert beaucoup, aujourd'hui, de machines à courants alternatifs pour la transmission de la force. Lorsque la distance est grande le diamètre du câble transmetteur ne saurait être considérable sans trop augmenter les frais d'installation. On est alors conduit à employer des génératrices à 2,000 ou 3,000 volts afin de pouvoir transmettre l'énergie sous une intensité relativement faible permettant l'emploi de câbles dont le diamètre ne soit pas trop grand. A la station d'arrivée ces courants seront reçus dans des transformateurs destinés à réduire la force électromotrice à une centaine de volts.

TRANSPORTABLE. adj. 2 g. Qui peut être transporté.

TRANSPORTATION. s. f. [Pr. ...*sion*] (R. *transporter*). T. Jurispr. De même que la déportation, la *Transportation* est une peine qui consiste à expulser un individu du territoire et à le tenir enfermé dans un lieu déterminé. Mais, tandis que la déportation implique toujours un jugement, ce qui fait que nous la trouvons seule écrite dans nos lois pénales, la t. constituait autrefois une mesure de rigueur tout à fait arbitraire, que le pouvoir, en certaines circonstances, décrétait en général au nom du salut public. Lorsque, par sa déclaration de 1719, le régent ordonna que les gens sans aveu et les vagabonds seraient envoyés dans les colonies, ce fut là une véritable t. La loi du 15 octobre 1793, qui ordonna que tout mendiant, après sa troisième récidive, fût transporté aux colonies, fut encore une mesure du même genre. Depuis longtemps la t. était restée sans application, lorsqu'on la fit revivre en 1848, après les terribles journées de juin, et, en 1851, après le coup d'État du 2 décembre. Actuellement, depuis 1854, le mode d'exécution de la peine des travaux forcés, la *déportation*, mesure d'ordre politique, et la *relégation* qui consiste à transporter et à interner dans les colonies des condamnés, constituent de véritables pénalités qui ne peuvent être prononcées que par un jugement. Voy. DÉPORTATION, RELÉGATION.

TRANSPORTER. v. a. (lat. *transportare*, m. s., de *trans*, au delà, et *portare*, porter). Porter d'un lieu dans un autre. *T. des marchandises d'un pays dans un autre, d'une province à l'autre. T. par eau, par terre.* On *transporte le malade à l'hôpital sur un brancard. L'armée fut transportée au delà du fleuve au moyen des radeaux.* | Fig., *Constantin transporta le siège de l'empire romain à Constantinople. T. un mot du propre au figuré.* || Fig. *La colère, la joie, etc., transporte cet homme, Elle le met hors de lui-même.* || T Jurisprud. *T. un droit à quelqu'un,* Céder à quelqu'un le droit qu'on a sur une chose. *Il m'a transporté tous les droits qu'il avait sur cet héritage. T. une dette, une créance.* — *T. quelqu'un,* lui faire subir la peine de la transportation. = SE TRANSPORTER v. pron. Être transporté d'un lieu dans un autre. *La houille se transporte par eau; la voie de terre coûterait trop cher.* || Se rendre en un lieu, et particulièrement, se rendre en un lieu par autorité de justice. *Se t. chez quelqu'un. Le juge d'instruction se transporta sur les lieux.* || Fig., au sens moral, *Transportons-nous en imagination dans l'avenir. Pour bien juger certains faits, il faut se t. chez le peuple, à l'époque, au milieu des circonstances où ils sont arrivés,* Il faut considérer le lieu, les circonstances, les temps. *Transportez-vous par la pensée au milieu de ces peuples sauvages,* Supposez, figurez-vous que vous y êtes réellement. = TRANSPORTÉ, ÉE. part. || Fig., on dit : *Transporté d'amour, de fureur, de joie, etc. — Transporté,* employé absol., sign. Transporté de joie ou de plaisir. *En recevant cette bonne nouvelle, il fut transporté. Tous les spectateurs étaient transportés.* || Subst. *Un t.,* Un condamné à la transportation. = Syn. Voy. APPORTER et TRANSPÉRER.

TRANSPOSABLE. adj. 2 g. [Pr. *transpo-zable*] T. Gramm. Que l'on peut transposer. *Un membre de phrase t.*

TRANSPOSER. v. a. [Pr. *transpo-zer*] (R. *trans.* préf., et *poser*). Mettre une chose à une autre place que celle où elle était. *T. des mots, des phrases. T. les termes d'une proposition, d'une équation. T. les lignes en imprimant ou en copiant. T. des feuilles d'impression en les reliant.* || À certains jeux de cartes, transporter son argent d'une carte sur une autre. *Je transpose le paroli du valet à la dame.* || T. Mus. Changer, exécuter ou transcrire un morceau de musique dans un autre ton que celui dans lequel il est noté. *Cette pièce, cette basse sont notées en sol, et il les transpose en ut.* Voy. TRANSPOSITION. = TRANSPOSÉ, ÉE. part.

TRANSPOSITEUR, TRICE. s. [Pr. *transpozi-teur*] (lat. *transpositum,* sup. de *transponere,* transposer). Celui, celle qui transpose. = adj. Qui transpose la musique. Ne se dit guère que dans cette locut., *Piano t.* Voy. PIANO.

TRANSPOSITIF, IVE. adj. [Pr. *transpo-zitif*] (lat. *transpositum,* sup. de *transponere,* transposer). Qui admet les transpositions. *Langues transpositives,* Langues où l'ordre des mots n'est pas fixé. Voy. LANGUE.

TRANSPOSITION. s. f. [Pr. *transpo-zi-sion*] (lat. *transpositum,* sup. de *transponere,* transposer) Action de transposer, ou le résultat de cette action. *J'ai fait par mégarde une t. de mots. La t. des termes d'une proportion, d'une équation. Les cas de t. des viscères sont fort rares.* || Se dit de feuilles d'impression, de cahiers d'écriture transposés. *Ce livre est plein de transpositions.* || T. Chim. Voy. CRISTALLOGRAPHIE. || T. Gramm. Le renversement de l'ordre logique des mots. *T. élégante. T. vicieuse. Il y a des transpositions qui ont de la grâce dans les vers. La langue latine use fréquemment de transpositions.*

Mus. — En termes de Musique, la *Transposition* est l'opération par laquelle on change de ton un morceau de musique. Toutes les voix n'ayant pas la même étendue, il arrive souvent qu'un morceau qui est convenable pour certaines voix contient des notes trop aiguës ou trop graves pour d'autres. S'il s'agit simplement de le chanter, on abaisse ou l'on élève d'un demi-ton, d'un ton, de deux tons, etc., la première note, et l'on dit le morceau en conservant les mêmes intervalles relatifs. Il n'est donc pas nécessaire de savoir la musique pour chanter, en le transposant, un air, un morceau de musique vocale. Mais il n'en est plus de même quand il s'agit de transposer un morceau de musique on l'exécutant sur un instrument quelconque. Dans ce cas, il faut substituer au ton différent à celui dans lequel le morceau se trouve écrit, c.-à-d. jouer d'autres notes que celles qui sont écrites. Cette opération exige une attention soutenue, particulièrement lorsque l'instrument est la main, l'orgue ou la harpe, car il faut alors faire une double t. pour la partie de la main droite et pour celle de la main gauche. S'il fallait faire un calcul pour chaque note, pour chaque dièse, bémol ou bécarre, afin de découvrir ce qu'il faut lui substituer, l'esprit le plus prompt pourrait éprouver de grandes difficultés à cause de la rapidité de l'exécution. Mais il est un moyen de simplifier l'opération : Il consiste à supposer une autre clef que celle qui est placée au commencement des portées, et à choisir celle qui correspond au ton dans lequel on veut transposer. Si, par ex., le morceau est dans le ton de *ré* écrit avec la clef de *sol,* et si l'on veut transposer en *si bémol,* on substitue par la pensée à la clef de *sol* celle d'*ut* sur la seconde ligne, on suppose deux bémols à côté de la clef, et la t. se trouve

DICTIONNAIRE ENCYCLOPÉDIQUE. — T. VIII.

faite. C'est particulièrement à cet usage que sert la multiplicité des clefs.

TRANSRHÉNAN, NANE. adj. Qui est au delà du Rhin. *Le pays t. La Bavière transrhénane. Les provinces transrhénanes.*

TRANSSEPT. s. m. Voy. TRANSEPT.

TRANSSUBSTANTIATION. s. f. [Pr. *trans-substan-sia-sion*] (lat. *transsubstantiatio,* m. s., de *trans,* au delà; *substantia,* substance). T. Théol. Changement d'une substance en une autre. Ne se dit qu'en parlant de l'Eucharistie. Voy. TRANSSUBSTANTIER, et EUCHARISTIE.

TRANSSUBSTANTIER. v. a. [Pr. *trans-substan-sier*] (lat. *transsubstantiare,* m. s.). Changer une substance en une autre; ne se dit qu'en parlant de l'Eucharistie. *Dans le sacrifice de la messe, suivant le dogme de la transsubstantiation, les paroles sacramentelles transsubstantient le pain et le vin au corps et au sang de Jésus-Christ.* Voy. EUCHARISTIE. = TRANSSUBSTANTIÉ, ÉE. part. = Conj. Voy. PRIER.

TRANSSUDATION. s. f. [Pr. *trans-suda-sion*] Action de transsuder. *La t. de l'eau à travers les pores de certains vases.*

TRANSSUDER. v. n. (lat. *trans,* au delà; *sudare,* suer). Se dit d'un fluide qui passe à travers les parties d'un corps quelconque, pour se rassembler en gouttelettes à la surface de ce dernier. *Le suc propre de cet arbre transsude à travers l'écorce.*

TRANSTAMARE (HENRI DE), roi de Castille (1369-1379), détrôna son frère Pierre le Cruel et le poignarda.

TRANSVAAL. République de l'Afrique du Sud au nord du Vaal, affluent de droite du fleuve Orange, tributaire de l'Océan Atlantique. Ce pays s'étend, en latitude, de 22°30′ à 28° Sud et, en longitude, de 24° à 29° Est. Il est borné au Nord et au Nord-Ouest par le Limpopo, fleuve tributaire de l'Océan Indien, à l'Ouest par les territoires du Bechouanaland, au Sud par la République ou État libre d'Orange et le Natal, à l'Est par le Zoulouland, le Tougaland et la Colonie portugaise de Mozambique.

C'est une région de hauts plateaux atteignant souvent l'altitude de 2000 mètres. Elle n'était jusqu'au XIX° siècle peuplée que par des nègres de races cafre ou hottentote, lorsque, à la suite de la cession de la colonie du Cap, par la Hollande à l'Angleterre, nombre de colons hollandais, appelés en leur langue Afrikanders, s'établirent, les uns, dans la vallée de l'Orange, les autres au nord du Vaal. Les principales migrations eurent lieu en 1835, 1842 et 1848; leur premier chef, le tribun Prétorius, fonda la ville de Prétoria qui devint capitale. L'Angleterre reconnut d'abord en 1852 l'indépendance de la nouvelle République, mais elle se ravisa en 1877 et l'annexa à la couronne. Un moment surpris, les colons afrikanders, qui se désignaient entre eux du nom de *boer* (*fermiers*), se révoltèrent en 1881 et à la suite de plusieurs victoires, dont la plus importante fut celle de Majuba Hill, recouvrèrent leur liberté.

Ce pays était riche en bestiaux, fertile en froment et en cannes à sucre et contenant d'abondantes mines de fer, de plomb, d'étain, de charbon. Les Boers se livraient à l'élevage et à l'agriculture, au commerce de l'ivoire, des plumes d'autruche, du cuir, des laines, etc. La découverte de mines d'or considérables dans le sud du Transvaal, autour de Johannesburg, vint mettre la République en péril en y attirant une foule d'étrangers, en hollandais *uitlander.*

Entre temps, M. Cecil Rhodes, gouverneur anglais du Cap, avait étendu cette colonie par le Bechouanaland (qu'il appelait Rhodesia), à l'ouest et au nord du Transvaal, par le Zoulouland et le Natal, au sud-ouest de ce pays, qui se trouvait ainsi enserré de trois côtés par sa puissante voisine. Un jour, un aventurier anglais, Jameson, entreprit, à la tête d'une bande, un coup de main sur le Transvaal et échoua. Il n'en fut pas moins acclamé à son retour à Londres La conquête du Transvaal devait dès lors être entreprise par le gouvernement anglais lui-même. L'élément uitlander était en grande partie anglais, l'Angleterre prétendit faire obtenir à ses sujets certains droits civiques, tels que le droit de vote, tout en restant sujets anglais. Sur le refus du président Kruger

838

et de son gouvernement, elle expédia des forces d'Europe.

Le Transvaal était lié par un traité d'alliance offensive et défensive avec la République d'Orange établie au sud, sur une superficie de 400,000 kil. carrés et dont la capitale est Bloemfontein.

Les Boers du Transvaal et les Burghers de l'Orange en-

hongrois, à l'E., entre la Hongrie, la Moldavie et la Valachie; pop. 1,930,000 hab.; cap. Klausenburg.

TRANTRAN. s. m. (R. Fanc. verbe trantraner, qui est le holl. tranten, se promener çà et là). Le cours de certaines affaires, la manière la plus ordinaire de les conduire, la routine qu'on y suit. Il suit le t. du palais, le t. des affaires. Popul. || T. Chasse. Son du cor indiquant la direction à prendre. Vx.

TRAPA. s. m. (abrév. du lat. calcitrapa, chausse-trappe, par allusion à la forme du fruit). T. Bot. Nom scientifique du genre Mâcre. Voy. MÂCRE.

TRAPANI, anc. Drépane,v. et port de Sicile, sur la côte O.; 32,000 hab.

TRAPÈZE. s. m. (lat. trapezium, gr. τραπέζιον, m. s., de τράπεζα, table à quatre pieds). T. Géom. Voy. plus bas. || T. Anat. Se dit, adj. et subst., d'un os et d'un muscle qui ont à peu près la forme d'un trapèze. L'os t. ou le t. est le premier os de la seconde rangée du carpe. Le muscle t. ou le t. est placé à la partie postérieure du cou et de l'épaule. || T. Gymn. Appareil mobile en forme de trapèze, qui se compose d'une barre de bois horizontale et suspendue à ses extrémités par deux cordes fixées à une barre supérieure, laquelle est immobile.

Géom. — Le t. est un quadrilatère qui a deux côtés parallèles AB et CD (Fig. 1). Ces deux côtés sont appelés bases. Si les deux autres côtés sont aussi parallèles, le t. est un parallélogramme. Voy. ce mot. Si les deux côtés non parallèles sont égaux, le t. est dit isocèle (Fig. 2). Alors, il est symétrique par rapport à la droite HI qui joint les

vahirent à la fois le Natal et la Rhodesia, infligèrent d'abord de sanglants échecs aux Anglais, mais, après une série de reculs, les deux Républiques furent traversées de part en part par les troupes anglaises et leur annexion à la couronne d'Angleterre fut proclamée dans leurs deux capitales. Les Afrikanders ne se reconnaissent d'ailleurs pas pour vaincus. Soutenus par un grand nombre de leurs compatriotes du Cap, ils continuent la lutte avec une admirable ténacité et parfois avec succès.

milieux des deux bases, les angles A et B sont égaux ainsi que les angles C et D. Réciproquement, si dans un t. deux angles adjacents à une même base sont égaux, le t. est isocèle, car on reconnaît facilement, en le repliant autour de la perpendiculaire menée au milieu de la base considérée,

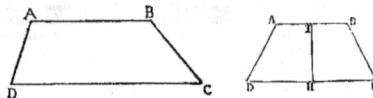

TRANSVASEMENT. s. m. [Pr. trans-vaze-man]. L'action de transvaser, et le résultat de cette action. || T. Apic. Action de transporter les abeilles d'une ruche dans une autre.

TRANSVASER. v. a. [Pr. transva-zer] (lat. trans, au delà; vas, vase). Verser une liqueur d'un vase dans un autre. Il faut t. ce vin. == TRANSVASÉ, ÉE. part.

TRANSVERSAL, ALE. adj. (lat. trans, en travers; versus, tourné). Qui coupe en travers. Ligne, section transversale. La coupe transversale du fruit fait voir que... Cette gousse est divisée par des cloisons transversales. || T. Anat. Qui est placé, qui se dirige obliquement. Le muscle t. du nez. Artère transversale de la face.

TRANSVERSALEMENT. adv. D'une manière transversale.

TRANSVERSE. adj. 2 g. (lat. transversus, m. s., de trans, en travers, et versus, tourné). Oblique. T. Anat. Apophyses transverses des vertèbres. Le muscle t., ou substant., Le t. du bas-ventre. Etc. || T. Géom. Axe t. de d'hyperbole, celui qui coupe la courbe.

TRANSYLVANIE, grande division de l'Empire austro-

Fig. 1.   Fig. 2.

que les deux parties s'appliquent exactement l'une sur l'autre. La droite qui joint les milieux des côtés non parallèles d'un t. est parallèle aux bases, et égale à leur demi-somme : elle passe par les milieux des diagonales, et la partie

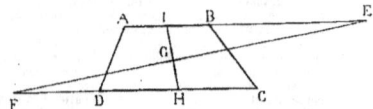

Fig. 3.

de cette droite comprise entre les deux diagonales est égale à la demi-différence des bases.

Une diagonale d'un t. partage le t. en deux triangles, et l'on reconnaît immédiatement que l'aire du trapèze a pour mesure le produit de la hauteur par la demi-somme des bases. La hauteur est la distance des deux bases.

Le centre de gravité d'un t est sur la droite qui joint les milieux des bases, parce que cette droite divise en deux parties égales toutes les parallèles aux bases Il est aussi sur la droite qui joint les centres de gravité des deux triangles formés par une diagonale Il est donc à l'intersection de ces deux droites, ce qui permet de le déterminer. Il existe une construction plus simple qu'on trouve en prenant les moments des aires des deux triangles par rapport à deux plans perpendiculaires au plan du t. et passant par les deux bases. On démontre ainsi que si G est le centre de gravité du t. (Fig. 3), III la droite qui joint les milieux des bases, a la base AB, et b la base CD, on aura :

$$\frac{GI}{GII} = \frac{a + 2b}{b + 2a}$$

Alors, il suffit de prolonger AB d'une longueur BE = DC et DE, dans l'autre sens, d'une longueur DF = AB, puis de joindre EF. Le point d'intersection G de EF avec III est le centre de gravité (Fig. 3).

TRAPÉZOÈDRE. s. m. (gr. τραπέζιον, trapèze; ἕδρα, base). T. Cristall. Solide compris sous 24 faces qui sont des quadrilatères, et qu'on appelle mieux *icositetraèdre* Voy. CRISTALLOGRAPHIE, IV, 1.

TRAPÉZOÏDAL, ALE. adj. (gr τραπέζιον, trapèze; εἶδος, ressemblance) Qui ressemble à un trapèze; qui en a la forme. *Voir trapézoïdale.*

TRAPÉZOÏDE. s. m. et adj. 2 g. (gr τραπεζοειδής, m. s, de τραπέζιον, trapèze, et εἶδος, ressemblance). T. Géom. Syn. de quadrilatère. || T. Didact. Qui a la forme d'un trapèze. || En T. Anat., se dit encore adjectiv. et substant., d'un os et d'un ligament qui ressemblent à un trapèze. *L'os t.* ou *le t. est le second os de la deuxième rangée du carpe. Le ligament t. affermit l'articulation de la clavicule avec l'omoplate.*

TRAPP. s. m. (suéd. *trapp*, escalier). T. Minér. Sous les noms de *Roches trappéennes* et de *Trapps* on a réuni un certain nombre de roches éruptives pyroxéniques ou amphiboliques, qui sont assez différentes au point de vue de la composition minéralogique, mais qui se ressemblent surtout par les caractères extérieurs. Ce sont des roches compactes ou à grain très fin, de couleur noirâtre ou vert foncé, qui présentent une grande analogie avec les basaltes. En empâtant de petits cristaux feldspathiques ou pyroxéniques elles peuvent prendre une texture porphyrique et passer au mélaphyre. Elles se trouvent en filles isolées ou en plateaux plus ou moins étendus. Leur masse, divisée en colonnes prismatiques, offre tous les caractères des colonnades et des chaussées de basalte. Souvent elles sont disposées en gradins et c'est ce qui leur a valu leur nom. Souvent aussi elles se présentent sous la forme de filons, qui se terminent supérieurement par une partie effilée ou qui envoient de petites ramifications dans les roches de nature variable qu'elles traversent. Elles sont très abondantes dans les terrains houillers ; c'est ce qui a lieu, par ex., en Angleterre et en France, dans la vallée de la Quenne et sur les bords de l'Alber. On les rencontre aussi dans les dépôts jurassiques, par ex., dans le Yorkshire, en Écosse, etc., et même dans le terrain crétacé, où elles s'intercalent parfois en bancs épais, ainsi qu'on le voit en Irlande.

TRAPPE. s. f. [Pr *tra-pe*] (bas lat. *trappa*, de *trabs*, poutre). Espèce de porte posée horizontalement sur une ouverture à rez-de-chaussée, ou au niveau d'un plancher *Lever, ouvrir une t. Monter dans un grenier par la t.* Voy. THÉÂTRE, IV. || Espèce de porte, de fenêtre qui se hausse et qui se baisse dans une coulisse *Aux loges des bêtes féroces, il y a ordinairement des trappes.* || T. Techn. Rideau de tôle qui se baisse ou se hausse devant une cheminée. || Sorte de piège pour prendre des bêtes, par exemple un trou creusé en terre, et recouvert d'une bascule ou de branchages et de feuillages, afin que la bête, venant à passer, tombe dans le trou. *Tendre, dresser une t. Le renard s'est pris dans la t.* || T. Guerre. Nom donné à certaines fosses appelées aussi *trous à loup*, qu'on creuse dans la terre pour en faire un moyen de défense. Voy. FORTIFICATION, G, 3e. = Couvent de *Trappistes.* Voy. ce mot.

TRAPPÉEN, ENNE. adj. [Pr. *trap-pé-in*, ène]. T. Géol. Voy. TRAPP.

TRAPPEUR. s. m. [Pr. *tra-peur*] (angl *trapper*, m. s., de *to trapp*, prendre à la trappe). T. Relat. Se dit, dans l'Amérique du Nord, des chasseurs de profession qui parcourent les parties inhabitées de ces régions, parce qu'ils font un continuel usage de ce genre de piège.

TRAPPILLON. s. m. [Pr. les *ll* mouillées] (Dimin. de *trappe*). T. Techn Ce qui tient fermée une trappe. || Espèce d'ouverture pratiquée dans le plancher d'un théâtre. Voy. THÉÂTRE, IV.

TRAPPISTE. s. m. [Pr. *tra-piste*]. T. Hist. relig. En 1122, le comte du Perche, Rotrou II, fonda, entre Laigle et Mortagne, dans le département actuel de l'Orne, une abbaye qui prit le nom de *Notre-Dame de la Maison-Dieu* ou *de la Trappe*, du lieu où elle avait été bâtie, et dont les religieux furent appelés *Trappistes.* Ce monastère, à l'origine, appartenait à l'ordre des Bénédictins; mais, en 1148, son cinquième abbé, Serlon, à la sollicitation de saint Bernard, adopta la réforme introduite par ce dernier dans la congrégation de Cîteaux. La règle de Cîteaux était fondée sur la pauvreté, le travail, l'abstinence et le silence; les Trappistes y restèrent longtemps fidèles. Cependant ils finirent par tomber dans le relâchement, de sorte qu'une nouvelle réforme était devenue nécessaire. Elle fut accomplie en 1662 par le célèbre Armand-Jean le Bouthillier de Rancé, qui y rétablit l'étroite observance de saint Bernard. C'est de cette réforme que date la grande réputation de la Trappe. Les Trappistes sont vêtus d'une robe de laine blanche pour les pères, et brune pour les frères convers. Ils se nourrissent uniquement de pain grossier et de légumes cuits à l'eau. Ils partagent leur temps entre le travail manuel et la prière, observent le silence le plus absolu et ont sans cesse devant les yeux les images de la mort qu'ils semblent appeler de leurs vœux. À l'époque de la Révolution, l'abbaye de la Trappe fut supprimée. Les religieux, qui s'étaient réfugiés en Suisse, puis en Lithuanie, en Allemagne et en Espagne, revinrent en France en 1815, et se réunirent, en 1817, dans l'ancienne abbaye de la Meilleraie, dans la Loire-Inférieure. Leurs maisons, soit d'hommes, soit de femmes, s'étant multipliées avec rapidité, en 1834, une bulle du pape Grégoire XVI les réunit toutes sous le nom de *Congrégation des religieux cisterciens de Notre-Dame de la Trappe.* Outre les maisons qu'il possède en France, l'ordre en a en Angleterre et plusieurs en Amérique. En 1844, il a fondé une colonie agricole en Algérie.

TRAPU, UE. adj. (orig. celt. ou germ.). Gros et court. *Un petit homme t. Jument trapue.*

TRAQUE. s. f. [Pr. *tra-ke*]. T. Chasse. Action de traquer.

TRAQUENARD. s. m. [Pr. *trake-nar*] (R. *traquer*, et *renard*, ou bien du même rad. que *traconoir*, dévidoir). Piège en forme de trébuchet dont on se sert pour prendre certains animaux nuisibles, comme renards, fouines, belettes, etc || Fig. *Tomber dans un t.*, tomber dans un piège. || T. Man. Allure défectueuse du cheval, qui consiste en une espèce de trot décousu. *Le t. est aussi appelé amble rompu et entre-pas. Ce cheval va le t.* — On appelle encore *Traquenard*, Un cheval qui a cette allure.

TRAQUER. v. a. [Pr. *tra-ker*] (orig. germ. : holl. *trekken*, tirer). T. Chasse. Battre un bois pour en faire sortir le gibier, et, plus particulièrement, Faire une enceinte dans un bois, de manière qu'on la resserrant toujours, on oblige les bêtes que l'on chasse d'entrer dans les toiles ou de passer sous le coup des chasseurs. Onait, T. *un bois pour prendre un loup*, ou *T. un loup dans un bois.* || Par ext., Resserrer quelqu'un dans une enceinte pour le prendre. *T. des voleurs, des contrebandiers. Il est traqué par les gendarmes* = TRAQUÉ, ÉE. part.

TRAQUET. s. m. [Pr. *tra-kè*] (R. *traquer*). T. Chasse. Piège qu'on tend aux bêtes puantes. *Il trouva dans le bois un renard pris au t.* – Fig. et fam., *Donner dans le t.*, Se laisser tromper par quelque artifice. Vx. || T. Meunier. T. de moulin, Claquet, morceau de bois attaché à une corde, lequel passe au travers de la trémie, et dont le mouvement fait tomber le blé dans la meule du moulin. — Fig. et fam., on dit d'une personne qui parle beaucoup, *C'est un t. de moulin, sa langue va comme un t. de moulin.* || T. Ornith. Voy. plus bas.

Ornith. — Les *Traquets* (Saxicola) forment, dans la

méthode de Cuvier, le premier groupe de sa section des *Becsfins*, dans la famille des *Passereaux dentirostres*. Ces oiseaux ont le bec légèrement déprimé et un peu large à sa base, très fendu, presque droit, échancré à l'extrémité de la mandibule supérieure. Ils ont, en outre, des ailes longues ou moyennes, et des tarses minces, allongés, comprimés. Enfin, ils sont assez hauts sur jambes et ont le corps ramassé. — Les *Traquets* appartiennent tous à l'ancien continent. Ils vivent en général dans les lieux pierreux et découverts, dans les landes stériles, et s'éloignent des grands bois. Leur vivacité et leur défiance sont extrêmes : aussi est-il difficile

B LAISE

de les aborder. A chaque départ, à chaque pause, ils agitent violemment les ailes et la queue, et abaissent brusquement le corps à plusieurs reprises en fléchissant les pattes. Leur nourriture se compose d'insectes et de baies de divers arbustes. Ils nichent à terre et leur ponte est de 4 à 6 œufs d'un blanc bleuâtre ou verdâtre. A l'époque des amours, les mâles font entendre un chant flûté assez agréable. La chair de ces oiseaux est un mets délicat. Parmi les espèces qui composent ce groupe, nous nous contenterons d'en citer trois qui sont communes chez nous. — Le *T. commun* ou *T. pâtre* (*Sax. rubicola*) [Fig. ci-dessus], appelé aussi vulgairement Piednoir, est un petit oiseau brun à poitrine rousse, à gorge noire, avec du blanc aux côtés du cou, sur l'aile et au croupion. On le trouve chez nous voltigeant sans cesse sur les ronces et buissons, et poussant un petit cri semblable au tic-tac d'un moulin, ce qui lui a valu son nom. En automne, lorsque les insectes, dont il fait sa principale nourriture, commencent à devenir rares, il émigre vers le sud : et c'est alors que sa chair est fort estimée. — Le *Tarier* (*Sax. rubetra*), un peu plus grand que le précédent, lui ressemble beaucoup par son plumage et par ses mœurs; mais son noir, au lieu d'être sur la gorge, est sur la joue. Cet oiseau est très commun dans la Lorraine, où on lui donne le nom de *toc-toc*. — Le *Motteux* (*Sax. œnanthe*), appelé aussi *Cul-blanc* et *Imitateur*, doit le premier de ces noms à l'habitude qu'il a de se poser sur les mottes les plus élevées dans les champs nouvellement labourés, le second aux plumes blanches qui recouvrent le croupion et forment une partie de la queue, et enfin le troisième à la facilité extraordinaire qu'il a de contrefaire tous les sons qui frappent son oreille. Cet oiseau a le dessus cendré, le dessous blanc roussâtre, l'aile et une bande sur l'œil noires. La femelle a le dessus brunâtre et le dessous roussâtre. Le Motteux se tient dans les champs qu'on laboure pour prendre les vers que le sillon met à nu.

TRAQUEUR. s. m. [Pr. *tra-keur*]. T. Chasse. Celui qu'on emploie pour traquer. *Les traqueurs sont ordinairement armés de bâtons pour battre les buissons.*

TRASIMÈNE (Lac), anj. lac de Pérouse, lac d'Étrurie, sur les bords duquel Annibal battit le consul Flaminius en **217** av. J.-C.

TRAS-OS-MONTES, prov. du Portugal, au N.; pop. 396,700 hab.; ch.-l. *Bragance.*

TRASS. s. m. (holl. *tiras*, ciment). T. Géol. Espèce de tuf volcanique. Voy. TUF.

TRAUMA. s. m. (gr. τραῦμα, blessure). T. Chir. Nom générique pour désigner les blessures, chocs, contusions, etc.

TRAUMATICINE. s. f. (gr. τραῦμα, τραύματος, blessure).

T. Méd. Topique contre les blessures composé de gutta-percha dissoute dans le chloroforme.

TRAUMATIQUE. adj. 2 g. (lat. *traumaticus*, gr. τραυματικός, m. s., de τραῦμα, blessure). T. Méd. Qui a rapport aux plaies et aux blessures, ou qui est causé par une plaie. *Maladies traumatiques. Fièvre t Hemorragie t. Teinos t.*

TRAUMATISME. s. m. (gr. τραῦμα, τραύματος, blessure). T. Méd. État général mauvais qui résulte d'une blessure, d'un choc, etc.

TRAVADE. s. f. (portug. *travado*, m. s., de *travar*, tourner). T. Mar. Vent irrégulier et violent qui fait le tour du compas en peu de temps. Vx.

TRAVAIL. s. m. [Pr. *traval*, l mouillée] (ital. *travaglio*, du lat. *trabs*, poutre). Machine de bois à quatre piliers entre lesquels les maréchaux attachent les chevaux vicieux pour les ferrer ou pour les panser. *Mettre un cheval au t. pour le ferrer.* = Pl. *Des travails.*

TRAVAIL. s. m. [Pr. *traval*, l mouillée] (R. *traval* de *maréchal*). Effort que l'on fait, peine que l'on prend pour faire une chose. *Grand, long t. T. pénible. Aimer le t Se mettre au t. Se faire, s'endurcir au t.* — *Homme de t.*

Le père fut sage
De leur montrer, avant sa mort,
Que le travail est un trésor.

LA FONTAINE.

Celui qui gagne sa vie par un métier pénible. *Maison de t., Maison de détention où l'on fait travailler les détenus.* || La manière dont on travaille habituellement. *Il a le t. facile, lent.* || L'ouvrage qui est à faire, ou que l'on fait actuellement. *Distribuer le t. aux ouvriers. Je ne puis faire cela à ce prix, il y a trop de t. On a commencé, suspendu, interrompu, repris, continué les travaux.* || L'ouvrage même de quelque nature qu'il soit, et la manière dont il est fait. *T. exquis, délicat. Un t. de longue haleine. Je lui ai fait voir mon t. Ce bijou est d'un beau t.* || *Travail*, se dit particulièrement des remuements de terre que font des troupes, soit pour attaquer, soit pour se défendre, et principalement de la tranchée que font les assiégeants pour attaquer une place. *Cet officier était à la tête du t. Le t. de cette nuit a été poussé jusqu'à tel endroit.* — Il se dit encore, mais ordinairement au pluriel, des ouvrages qu'on fait pour la fortification, l'attaque ou la défense d'une place, d'un poste, d'un camp, etc., ou pour la construction des routes, ponts, chemins de fer, et autres entreprises d'utilité publique, ou encore pour l'embellissement ou l'assainissement des villes, etc. *Beaux, grands travaux. Des travaux avancés. Visiter les travaux. Ruiner les travaux des assiégeants. Le ministère, le budget des travaux publics.* Voy. MINISTÈRE. || Se dit encore, au pluriel, de certaines entreprises remarquables. *Il est au terme de ses travaux. Il poursuit ses travaux. La mort l'a interrompu au milieu de ses travaux.* — *Les travaux d'Hercule.* Voy. HERCULE. || Le compte que chaque ministre rend au chef de l'État des affaires de son département, et le rapport que les commis font au ministre de celles qui leur ont été renvoyées. *C'est aujourd'hui jour de t. de tel ministre avec l'empereur. C'est l'heure de son t. avec ses commis. Ce ministre a eu plusieurs travaux cette semaine avec le chef de l'État* Vx. dans ce sens. || T. Législ. *Travaux forcés* et *Travaux ou simpl., publics.* Voy. ci-après. || T. Méd. *T. d'enfant, Travail* Voy. ACCOUCHEMENT. = Syn. Voy. LABEUR.

Écon. politique. — I. Idée et définition du *travail*. — Dans son acception la plus générale, le *Travail* est l'application des forces ou facultés physiques et intellectuelles de l'homme à une production quelconque. Dans des sens plus restreints, on entend par ce mot, tantôt le t. manuel seul; tantôt les résultats d'un t. ou d'une production; tantôt enfin on en fait un synonyme du mot industrie, c.-à-d. de l'action combinée du t. et du capital. Nous laisserons de côté ces dernières significations, dont l'emploi peut donner lieu à des malentendus et même à des erreurs graves, et nous prendrons toujours le mot t. dans son sens purement économique, savoir: l'exercice des facultés de l'homme dans un but de production. Le t. est l'un des trois agents généraux de la production, et même, il peut, en principe, être considéré comme la source unique de la richesse, le mot richesse étant considéré au point de vue de la valeur échangeable des produits. Voy. Richesse. En effet : 1° il n'y a pas de production sans t.; 2° le capital lui-même est un résultat du t.; 3° il est permis de faire abstraction du concours des forces naturelles extérieures, attendu que ce concours, quel qu'on soit l'importance, n'exerce aucune influence sur le prix ou sur la valeur échangeable des produits.

II. *Rôle et importance du travail.* — Le t. n'est pas seulement pour l'humanité une loi imposée par la nécessité et par la nature même des choses; il est la condition essentielle de tout développement, de tout progrès. C'est par le t. incessant et accumulé des générations, par la constante mise en jeu de ses facultés physiques, intellectuelles et morales, que l'homme a pu conquérir la matière, qu'il est arrivé, si l'on peut dire, à la conquête de lui-même, et qu'il s'est fait cette part de loisir sans laquelle eussent été impossibles les découvertes scientifiques, les œuvres purement intellectuelles et les arts. Le t. est essentiellement moralisateur. L'homme qui compte exclusivement sur son t., d'abord pour vivre lui-même, puis pour soutenir et élever sa famille, s'habitue à la prévoyance, à l'épargne, à l'ordre, et acquiert à un degré éminent ce sentiment de la liberté et de la responsabilité qui constitue le fondement de toute dignité humaine.

Le progrès économique, conséquence du progrès de la science et de ses applications, consiste uniquement en ce que l'homme obtient de plus en plus des produits avec de moins en moins de travail. Un exemple saisissant est fourni par le développement de l'industrie des transports. A l'origine, l'homme porte tout à force de bras, comme cela a lieu encore de nos jours dans une partie de l'Afrique, de l'Inde et de l'Amérique du Sud, où des milliers de malheureux prêtent leurs bras au transport des hommes et des marchandises. Mais lorsque, par son intelligence, l'homme est parvenu à dompter certains animaux, comme l'âne, le cheval, le chameau, le bœuf, l'éléphant, il se sert de leur force musculaire pour se délivrer lui-même d'un t. écrasant. Bientôt, l'invention du chariot et de celle du navire viennent encore diminuer sa peine et ses frais dans des proportions considérables. Enfin, l'application de la vapeur à la navigation ainsi qu'aux transports par terre achève l'affranchissement de l'homme sous ce rapport. Dès ce moment il n'a plus qu'à surveiller la machine automotrice qu'il a créée; l'effort musculaire qui, au commencement était tout, se trouve presque réduit à zéro. En même temps, les quantités transportées se trouvent augmentées et les frais de transport diminués dans des proportions extraordinaires.

Certains économistes ont distingué le t. *productif* et le t. *improductif.* Le premier est celui qui aboutit à la création d'un objet matériel, le second comprend toutes les autres occupations de l'humanité. Cette distinction est inutile, car, comme l'a dit Bastiat, tous les phénomènes économiques se réduisent à l'échange de services contre des services. Peu importe que le service rendu consiste à *faire quelque chose de matériel,* ou à faire autre chose. Le professeur qui *fait* un cours échange les services qu'il rend contre ceux que lui rendent le boulanger qui *fait* son pain, le cordonnier qui *fait* ses souliers, etc. De plus, les mots productif et improductif sont assurément très mal choisis. Il n'y a de réellement improductif que le travail qui n'est utile à personne. Celui qui fabrique des objets que personne ne veut acheter fait un travail tout aussi improductif que le savant qui écrit des mémoires que personne ne veut lire et qu'aucun imprimeur ne veut éditer. Le premier ne rend à coup sûr aucun service à personne; le travail du second paraît, momentanément, tout aussi inutile. Cependant, si ce peut que ces mémoires dédaignés contiennent quelques idées nouvelles qui deviendront plus tard fécondes. Quoi qu'il en soit, il est bizarre de qualifier d'*improductif* le t. de ceux qui assurent à leurs semblables la sécurité, la justice, l'instruction, etc., sans parler ici du t. des commerçants. Voy. Commerce.

III. *De la coopération et de la division du travail.* — La productivité du t. varie suivant les circonstances et les conditions au milieu desquelles il s'exerce. Les principales de ces circonstances sont : les avantages naturels qui dépendent du sol, du climat et de la situation géographique; la sécurité de l'état social; l'application d'efforts plus énergiques et plus soutenus; la supériorité d'intelligence, de talent ou d'instruction; le concours que se prêtent les hommes dans leurs travaux, etc. — Le concours ou la réunion des efforts de plusieurs dans un but commun est ce qu'on appelle la *Coopération.* Cette coopération est de deux sortes : elle est *simple,* lorsque plusieurs personnes s'entr'aident dans une besogne spéciale; elle est *complexe,* quand des travaux différents exécutés par diverses personnes se résolvent définitivement en un certain produit. Dans le premier cas, la coopération est manifeste à tous ceux qui la pratiquent. C'est ce qui a lieu, par ex., pour l'abatage des arbres dans les forêts, le sciage des bois, le déplacement des lourds fardeaux, l'enfoncement de pilotis à l'aide d'une sonnette, etc. Dans le second cas, peu de travailleurs ont conscience de leur coopération, parce qu'elle est masquée par ce qu'on appelle la *division du t.* « Dans l'état actuel de la société, dit Stuart Mill, l'élevage et l'engraissement des moutons sont l'occupation d'un groupe, d'une classe d'hommes; le lavage et la préparation de la laine sont celle d'une autre classe; la filature, le tissage, la teinture, la fabrication des habits sont autant d'opérations livrées à des ouvriers différents, sans parler encore des voituriers, des marchands, des facteurs, des boutiquiers, mis en mouvement à chacune des grandes opérations ci-dessus mentionnées. Toutes ces personnes, inconnues les unes aux autres et sans aucune intelligence entre elles, coopèrent cependant à la production d'un produit dernier, un *habit.* Mais tu ne se borne pas le nombre des coopérateurs, car chacun d'eux exige des aliments, des objets de consommation de toute espèce, et, à moins qu'il n'ait compté sur la coopération d'autres travailleurs pour se les procurer, il n'aurait certes pas employé tout son temps, tous ses efforts, à l'une des opérations ci-dessus indiquées et nécessaires à la confection d'un habit. Tous ceux donc qui ont coopéré à produire la nourriture et à construire les logements de cette série de producteurs, quelque éloignés qu'ils soient de cette pensée, ont combiné leurs efforts avec ceux de ces premiers, et ont coopéré à l'acte de la production de l'habit. C'est par un concert réel, bien que sous-entendu, que le groupe qui produit plus d'aliments qu'il n'en consomme peut échanger son surplus avec le groupe qui produit plus d'habits qu'il ne lui en faut; et si les deux groupes étaient séparés, soit par la distance, soit par toute autre cause, ils ne pourraient diviser en deux parties distinctes l'opération complète qui consiste à produire assez d'aliments et assez de vêtements pour tous, à moins de se reformer chacun en deux nouveaux groupes, chargés à leur tour de leur part dans l'opération. » Ce seul exemple suffit à démontrer que la division du t. n'est pas, comme on l'a répété, le triomphe de l'isolement, mais bien l'expression la plus nette et la plus saisissante de la sociabilité humaine. C'est elle qui permet et favorise l'échange sur une échelle de plus en plus étendue; c'est elle qui contraint, pour ainsi dire, les habitants d'un même pays, et plus tard des différentes contrées, à une sorte de fraternité pratique et d'étroite solidarité, en les poussant à compter les uns sur les autres et en mêlant de toutes manières leurs intérêts. Loin d'être une combinaison artificielle, la division du t. existe par la forme même des choses. Chaque homme sait faire d'une chose beaucoup au delà de ce qu'il faut pour satisfaire le besoin qu'il a de cette chose, et il échange le surplus contre d'autres objets que la civilisation lui rend nécessaires. L'intérêt de chaque individu lui fait donc une loi de choisir une seule occupation et de s'y tenir, afin de produire le plus possible d'objets échangeables. Sans la séparation des emplois, il est fort peu de produits qui pourraient être confectionnés; jamais du moins la production ne pourrait avoir lieu sur une grande échelle, et les premiers éléments de toute civilisation industrielle seraient paralysés dans leur germe.

Si des individus on passe aux nations, on voit le même fait se reproduire. Comme les individus, les nations semblent douées de certaines aptitudes productives. « La France, dit Jos. Garnier, a surtout du vin, la Russie du chanvre et du goudron, la Pologne du blé, l'Espagne des laines; et, s'il est préférable à un cordonnier d'acheter ses meubles à son voisin l'ébéniste, et réciproquement pour celui-ci de se faire habiller par son voisin le tailleur, de même la Russie ne doit pas vouloir faire du vin dans ses steppes, ni la France du goudron avec ses vignes. »

A. *Puissance de la division du travail.* — A mesure que la division du t. devient de plus en plus grande, à mesure que chaque procédé de l'industrie se sépare en parties de plus en plus distinctes, de façon à rétrécir de plus en plus le cercle des opérations confiées à chaque travailleur, on voit la puissance productrice du t. s'accroître d'une manière vraiment prodigieuse. Quelques exemples suffiront pour en donner une idée. « Le t. du fabricant d'épingles, dit Adam Smith, se divise en 18 opérations distinctes... J'ai vu une petite manufacture où 10 ouvriers seulement étaient chargés de toutes les opérations, et où, par conséquent, certains d'entre eux en accomplissaient plusieurs. Bien qu'ils fussent très pauvres et que leurs outils se ressentissent de cette pauvreté, ils pouvaient entre eux fabriquer environ 12 livres d'épingles par jour. Or, une livre d'épingles en contient plus de 4000 de grosseur moyenne. Ces 10 ouvriers fabriquaient donc par jour plus de 48,000 épingles. C'était pour chacun d'eux plus de 4,800 épingles. Si, au lieu de combiner leurs efforts, ces 10 personnes eussent travaillé séparément et sans assistance mutuelle, et sans avoir appris cette besogne, il est probable que chacun d'eux n'aurait pas fait 20 épingles dans sa journée, peut-être pas une seule! » Selon J.-B. Say, dans l'industrie du cartier, une carte à jouer subit 70 opérations successives, « J'ai vu, dit-il, une fabrique de cartes à jouer composée de 30 ouvriers, et qui fabriquait par jour 15,500 cartes, soit plus de 500 cartes par homme. Si chacun d'eux eût été obligé d'exécuter les 70 opérations exigées pour la confection de chaque carte, il n'eût peut-être pas terminé deux cartes par jour. »

Adam Smith attribue à trois causes la puissance productrice de la division du t. La première est l'adresse singulière que possède l'ouvrier qui exécute constamment la même opération. La deuxième est l'épargne du temps que fait toujours perdre le changement de place, d'occupation et d'outils. La troisième est la facilité relative avec laquelle celui qui se consacre à une occupation unique peut découvrir les procédés les plus expéditifs et réduire chaque opération à une tâche fort simple et toujours répétée, tandis que celui qui se livre à des occupations multiples y disperserait son attention et aurait moins de chance de trouver des améliorations aux méthodes connues. — Un quatrième avantage de la division du t. consiste dans la possibilité d'employer les ouvriers selon leurs aptitudes et leurs forces. Elle permet, dit Ch. Babbage, de proportionner les forces employées à l'effort à accomplir. Dans une manufacture où le t. est très divisé, on peut utiliser pour les emplois inférieurs les femmes et les enfants, et réserver les ouvriers habiles pour les besognes qui présentent le plus de difficulté.

B. *Limites de la division du travail.* — Bien que la division du t. tende constamment à s'accroître avec les progrès industriels, elle se trouve cependant limitée par diverses causes. La première est l'étendue du marché, c.-à-d. la possibilité et la facilité d'écouler les produits fabriqués. Si, au moyen de dix opérations, par exemple, on peut livrer 48,000 épingles par jour, il est évident que, pourvu qu'il se trouve des consommateurs pour ce nombre, la division opérée dans le t. de la fabrication des épingles est avantageuse; mais, si la demande n'est que de la moitié, il n'y a nulle raison de porter cette division aussi loin. Outre la demande des produits, diverses circonstances peuvent contribuer à la limitation du marché. Ainsi, dit Stuart Mill, « la population peut être trop distante et trop éparse pour être aisément accessible; les routes peuvent manquer, ainsi que les rivières navigables; enfin la population peut être trop pauvre, et sa puissance de t. trop bornée, pour lui permettre de consommer largement. L'indolence, le défaut d'habileté, parmi ceux qui pourraient devenir consommateurs, limitent la coopération parmi ceux qui pourraient produire » L'accroissement général de la richesse, la liberté des échanges, les progrès de l'art nautique, l'amélioration des voies de communication, la création de canaux et de chemins de fer, en facilitant la circulation des produits, tendent à imprimer une plus grande activité à la production, et par suite poussent à la division du t. Nous en dirons autant des capitaux. Pour que la division du t. soit grande, il faut un très grand nombre de travailleurs, et, pour cela, il faut un local spacieux, un approvisionnement considérable en matières premières, un grand outillage, des machines nombreuses, etc., c.-à-d. de puissants capitaux. Enfin, la nature des occupations limite, en bien des cas, la division du t. Cette division semble particulièrement propre aux travaux manufacturiers. L'agriculture, dont les diverses opérations ne sont pas simultanées, comporte une division généralement fort restreinte. En effet, l'ouvrier agricole qui se bornerait à une seule opération, comme à labourer, à semer ou à récolter, resterait oisif onze mois sur douze. Le même individu peut donc accomplir une foule d'opérations successives, et il lui reste encore beaucoup de temps de reste. Aussi voit-on toujours une grosse ferme occuper moins de bras que la plus petite manufacture. La culture sur une vaste échelle et qui met à profit le perfectionnement des machines agricoles exige, il est vrai, beaucoup plus de travailleurs, mais tous, en général, travaillent de la même façon. On en peut dire autant de certains travaux, comme le creusement d'un canal, l'endiguement d'une rivière, etc. La coopération d'un grand nombre d'ouvriers y est nécessaire; mais tous, excepté l'ingénieur et quelques commis, sont de simples terrassiers. Dans les travaux délicats, la division du t. se réduit en général à peu de chose,

par la raison qu'on fabrique peu d'objets et qu'ils sont par leur prix à la portée d'un petit nombre d'acheteurs. Tel est le cas de la bijouterie fine.

Législ. — Au mot MANUFACTURE, nous avons exposé, dans ses grandes lignes, la réglementation du t. et de l'industrie dans notre pays (Loi sur le t. des enfants, des filles mineures et des femmes dans les établissements industriels ; Conseil supérieur du t.; Chambres consultatives des Arts et Manufactures, etc.). Il nous reste à examiner ici les Conseils du t., récemment institués, la législation sur la conciliation et l'arbitrage, enfin le projet actuellement en cours de discussion devant le Parlement sur les retraites ouvrières.

I. *Conseils du travail.* — Les *Conseils du travail* ont été institués par le décret du 17 septembre 1900, modifié par celui du 2 janvier 1901. Le Ministre du Commerce et de l'Industrie décide la création desdits conseils dans toute région industrielle où l'utilité en est constatée. Les conseils du t. ont pour mission : 1° de donner leur avis, soit à la demande des intéressés, soit à la demande du Gouvernement, sur toutes les questions du t.; 2° de collaborer aux enquêtes, réclamées par le Conseil supérieur du t. et ordonnées par le Ministre du Commerce et de l'Industrie; 3° d'établir, dans chaque région, pour les professions représentées dans ces conseils et, autant que possible, en provoquant des accords entre syndicats patronaux et ouvriers, un tableau constatant le taux normal et courant et la durée normale et courante de la journée de t.; 4° de rechercher et de signaler aux pouvoirs publics les mesures de nature à remédier, le cas échéant, au chômage des ouvriers de la région; 5° de présenter aux administrations compétentes des rapports sur la répartition et l'emploi des subventions accordées aux institutions patronales et ouvrières de la circonscription; 6° de présenter sur l'exécution des lois, décrets et arrêtés réglementant le t. et sur les améliorations dont ils seraient susceptibles un rapport annuel adressé au Ministre du Commerce et de l'Industrie. — Les conseils sont divisés en sections composées de représentants patrons et ouvriers appartenant à la même profession ou à des professions similaires. Dans chaque section, sont éligibles les Français, de l'un et l'autre sexe, âgés de 25 ans au moins, résidant dans la circonscription, non déchus de leurs droits civiques et politiques, appartenant aux professions représentées dans la section ou y ayant appartenu pendant 10 ans. Dans chaque section sont électeurs patrons, les associations professionnelles légalement constituées, chaque association disposant d'une voix par 10 membres ou fractions de 10 membres; dans chaque section, sont électeurs ouvriers, toutes les associations professionnelles légalement constituées, chacune disposant d'une voix par 25 membres ou fractions de 25. Les membres élus le sont pour 2 ans, les conseils étant renouvelés par moitié chaque année. — Il a été créé des conseils du t. à Paris (5 conseils), Lille, Lens (Pas-de-Calais), Lyon, Marseille, Donai.

II. *Conciliation et arbitrage entre ouvriers et patrons.* — Les patrons, ouvriers ou employés, entre lesquels s'est produit un différend d'ordre collectif portant sur les conditions du t. peuvent soumettre les questions qui les divisent à un comité de conciliation et, à défaut d'entente dans ce comité, à un Conseil d'arbitrage, ces deux assemblées délibérant sous la présidence du juge de paix. C'est à ce magistrat que doivent s'adresser les patrons, ouvriers ou employés pour obtenir la convocation des comités dont il s'agit. C'est seulement dans le cas où l'accord ne s'établit pas au sein du comité de conciliation que les parties en cause sont appelées à désigner soit chacune un ou plusieurs arbitres, soit un arbitre commun. En cas de grève et à défaut d'initiative de la part des intéressés, le juge de paix invite d'office les patrons, ouvriers ou employés, à faire connaître s'ils entendent recourir à la procédure de la conciliation ou de l'arbitrage. Les décisions prises par les comités de conciliation ou des arbitres sont notifiées au maire de chacune des communes où s'étend le différend et rendues publiques par affichage. — Cette double institution, qui date seulement de 1892, a déjà rendu des services très appréciés en mettant fin à de nombreux conflits entre patrons et ouvriers. Voy. COALITION.

III. *Limitation des heures de travail.* — Voy. MANUFACTURE.

IV. *Retraites ouvrières.* — La question des retraites ouvrières a été, on peut le dire, agitée de tout temps en France, mais, tandis qu'on y recherchait des solutions idéales, comme le firent les assemblées de 1848, les nations voisines mettaient en application les idées que notre pays avait lancées dans le monde. Depuis 1889, on ne compte pas moins de 60 projets déposés au Parlement en vue d'assurer aux travailleurs des ressources pour la vieillesse ou en cas d'invalidité prématurée. Le Gouvernement a soumis à la Chambre des députés un projet dont la discussion a commencé en juin 1901. Ce projet, longuement étudié et remanié par la Commission d'assurance et de prévoyance sociales, subira sans doute plus d'une modification, mais on peut dire qu'il envisage la question au point de vue pratique et qu'il mérite un examen sérieux de tous ceux qui s'intéressent à la vie sociale de notre pays. Nous en donnons ci-après les dispositions essentielles. Tout ouvrier ou employé de l'industrie, du commerce et de l'agriculture, tout sociétaire ou auxiliaire employé par une association ouvrière de production, a droit, s'il est de nationalité française et dans des conditions déterminées par la présente loi, à une retraite de vieillesse à 65 ans et, le cas échéant, à une retraite d'invalidité. Ces retraites sont assurées par la Caisse nationale des retraites ouvrières, les Sociétés de secours mutuels et les Caisses patronales ou syndicales. — Tout travailleur appartenant aux catégories ci-dessus et âgé de moins de 65 ans doit subir sur son salaire, avant payement, une retenue comme suit : 0 fr. 05 par journée de t., s'il n'a pas 18 ans ou si son salaire est inférieur à 2 francs par jour ; 0 fr. 10 par journée de t., s'il n'a pas 18 ans ou si son salaire est supérieur à 2 francs par jour et inférieur à 5 francs ; 0 fr. 15 par journée de t. s'il gagne un salaire égal ou supérieur à 5 francs par jour. Les employés recevant un traitement supérieur à 4,000 francs ne sont pas admis au bénéfice de la loi. D'autre part, tout employeur, toute association ouvrière de production doit, sous sa responsabilité, effectuer, chaque mois, sur les sommes dues aux travailleurs visés ci-dessus, les retenues fixées ainsi que nous l'avons indiqué et y joindre une contribution personnelle d'égale quotité. Pour les travailleurs étrangers, l'employeur n'opère pas de retenue. Il verse directement, pour chaque journée de t., uniformément 0 fr. 25 sans distinction d'âge, ni de salaire. — Il est institué, sous la garantie de l'État, une Caisse nationale des retraites ouvrières, dont la gestion administrative est placée sous l'autorité du Ministre du Commerce, sous la surveillance d'une Commission supérieure et dont la gestion financière est confiée à la Caisse des dépôts et consignations. — Tout travailleur peut réclamer la liquidation de sa retraite à partir de l'âge de 55 ans. Cette liquidation s'opérera sur le montant des versements effectués tant par le travailleur que par le patron. Lorsque les travailleurs sont atteints d'invalidité prématurée avant 65 ans et en dehors des cas régis par la loi du 9 avril 1898, ils ont droit à tout âge, si les versements à leur compte représentent au moins 2,000 journées de t., à la liquidation anticipée de leur retraite, à raison des versements effectués. Cette retraite est majorée d'une de ressources provenant de contributions imposées à l'État, au département et à la commune. Moyennant certaines conditions, les sociétés de secours mutuels et les caisses patronales ou syndicales peuvent recevoir les retenues auxquelles les employeurs sont assujettis. Enfin, des amendes pouvant aller jusqu'à 5,000 francs sont prévues à l'égard des employeurs qui ne se conformeraient pas à la loi, en ce qui touche les versements qui leur sont imposés.

Dr. crimin. — Les *Travaux forcés* sont une des peines afflictives et infamantes admises par notre loi pénale. Les hommes condamnés à cette peine, et qu'on appelait autrefois *Forçats*, étaient employés aux travaux les plus pénibles ; ils traînaient à leur pied un boulet, ou étaient attachés deux à deux avec une chaîne, lorsque la nature des travaux auquel ils étaient employés le permettait. Le décret du 27 mars 1852 supprima implicitement les bagnes et décida que la peine des travaux forcés serait subie sur le territoire d'une ou plusieurs colonies pénitentiaires. La nature de la peine fut également modifiée. Les condamnés furent désormais employés aux travaux les plus pénibles de la colonisation et à tous autres travaux d'utilité publique. La chaîne et le boulet ne furent plus appliqués qu'à titre de punition ou par mesure de sûreté. Un décret du 3 septembre 1863 a désigné la Nouvelle-Calédonie comme lieu de transportation. Les travaux forcés sont de deux sortes, *à perpétuité* et *à temps*. La première de ces peines dure autant que la vie du condamné. La durée de la seconde est de 5 ans au moins et de 20 ans au plus. Avant la loi de 1832, qui a aboli la *marque*, tout forçat, soit à perpétuité, soit à temps, subissait en place publique cette douleur et cette flétrissure. Voy. MARQUE. De plus, jusqu'en 1854, tout condamné à perpétuité était frappé de mort civile. Aujourd'hui les forçats sont simplement frappés de dégradation civique et d'interdiction légale. Tout condamné à moins de 8 ans de travaux forcés est tenu, à l'expiration de sa peine, de résider dans la colonie pendant un temps égal à sa condamnation. Si la peine est de 8 années, il est tenu d'y résider tout le reste de sa vie. Le gouvernement a la faculté d'accorder des concessions provisoires ou définitives aux individus qui restent dans la colonie après l'expiration de leur peine. Quant aux femmes condamnées aux travaux forcés, elles subissent leur peine dans une maison centrale. — On ne doit pas confondre avec la peine des travaux forcés celle des *travaux publics*, qui est prévue par le Code de justice militaire. Ceux qui sont frappés de cette peine sont employés à des travaux militaires ou civils.

Méc. — I. *Définition et expression analytique du travail.* — On appelle *travail* d'une force *constante* F pendant un certain temps le produit de l'intensité de cette force par la projection sur sa direction du chemin qu'a décrit pendant le même temps son point d'application. Ainsi, si le point d'application A s'est transporté de A en B suivant une trajectoire quelconque, et si B' est la projection de B sur la droite AF, le t. de la force *constante* F est AF × AB'. Si la trajectoire est rectiligne, il revient au même de multiplier le déplacement par la projection de la force sur le déplacement : AB × AF' (Fig. 1). Ces deux produits sont en effet égaux au produit de la force par le déplacement et par le cosinus de leur angle : AF.AB cos(AF, AB). On voit ainsi que le t. est positif si le déplacement fait un angle aigu avec la direction de la force, et négatif si cet angle est obtus. Le t. est nul lorsque le déplacement est perpendiculaire à la direction de la force. Si la force n'est pas constante, on partage le temps en intervalles assez courts pour que, pendant chacun d'eux, la force puisse être considérée comme constante, et on fait la somme des travaux correspondant à ces différents intervalles. Le travail, pendant le temps considéré, est la limite vers laquelle tend cette somme quand les intervalles de temps tendent vers 0. On voit ainsi que le t. est donné par une intégrale. Si dt est le travail *élémentaire*, c.-à-d. le travail pendant le temps infiniment petit dt, F la force, ds, l'arc infiniment petit de la trajectoire décrit pendant le temps dt, et α l'angle de F avec ds, on aura :

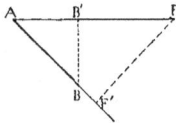

Fig. 1.

$$d\tau = F \cos\alpha\, ds \qquad et \qquad \tau = \int F \cos\alpha\, ds.$$

Le t. de la résultante de plusieurs forces est égal à la somme des travaux des composantes pendant le même temps. — En effet, la projection de la résultante sur la tangente à la trajectoire est égale à la somme des projections des composantes sur la même tangente. Si on multiplie les deux termes de cette égalité par $\cos\alpha\, ds$, on aura, d'une part, le travail élémentaire de la résultante, d'autre part la somme des travaux élémentaires des composantes. Ces deux différentielles étant égales, les intégrales correspondantes sont égales aussi. On démontre par le même raisonnement que :

Le t. d'une force correspondant à un mouvement résultant est la somme des travaux de la même force correspondant à chacun des mouvements composants.

Remarquons enfin que si la trajectoire est constamment normale à la force, le t. total est nul puisque le travail élémentaire est constamment nul.

Si l'on désigne par X, Y, Z, les projections de la force F sur trois axes rectangulaires, par x, y, z, les coordonnées variables de la position du mobile à un instant quelconque, on pourra décomposer le mouvement de ce mobile en trois mouvements rectilignes suivant les trois axes, et les déplacements élémentaires correspondants seront dx, dy, dz. Alors, par l'application des théorèmes précédents, le travail élémentaire $d\tau$ sera la somme des 9 travaux des trois forces X, Y, Z correspondant à chacun des trois déplacements dx, dy, dz; mais sur ces 9 travaux, il y en a 6 de nuls parce que le déplacement est perpendiculaire à force : il ne reste donc que les trois travaux correspondant à des déplacements de même direction que la force, et l'on a :

$$d\tau = X dx + Y dy + Z dz \qquad \tau = \int (X dx + Y dy + Z dz).$$

Dans le cas le plus général, $d\tau$ n'est pas une différentielle exacte, et le travail de la force correspondant au déplacement du mobile de A en B dépend du chemin parcouru par le mobile pour aller de A en B. Dans les cas particuliers où $d\tau$ est une différentielle exacte, le t. ne dépend que des positions extrêmes du mobile. On dit alors qu'il y a une *fonction des forces*. Voy. POTENTIEL, ÉLECTRICITÉ, X.

II. *Théorème des forces vives.* — *La force vive,* ou mieux *la puissance vive* d'un point matériel, est le produit de sa masse m par le carré de sa vitesse v : mv^2.

La force vive d'un système matériel est la somme des forces vives des différents points matériels qui le composent. Le théorème des forces vives, l'un des plus importants de la mécanique, consiste en ce que :

L'accroissement de force vive d'un système matériel pendant un temps donné est égal au double de la somme des travaux de toutes les forces qui agissent sur lui.

Pour le démontrer, considérons d'abord un seul point matériel. Les forces qui agissent sur lui peuvent être composées en une seule F, dont le t. sera la somme des travaux de toutes les composantes. Cette force est égale au produit $m\gamma$ de la masse m du mobile par son accélération γ. Voy. FORCE. Mais les forces et les accélérations peuvent être décomposées suivant les trois axes des coordonnées rectangulaires, et si l'on désigne par X, Y, Z, les composantes de la force, par γ_x, γ_y, γ_z celle de l'accélération, on aura :

$$X = m\gamma_x, \qquad Y = m\gamma_y, \qquad Z = m\gamma_z.$$

Mais on a aussi (Voy. MOUVEMENT) :

$$\gamma_x = \frac{d^2x}{dt^2},\ \gamma_y = \frac{d^2y}{dt^2},\ \gamma_z = \frac{d^2z}{dt^2},$$

Donc :

$$X = m\frac{d^2x}{dt^2}, \qquad Y = m\frac{d^2y}{dt^2}, \qquad Z = m\frac{d^2z}{dt^2}$$

qui sont les équations fondamentales de la dynamique. Alors le t. élémentaire sera :

$$d\tau = X\,dx + Y\,dy + Z\,dz = m\left(\frac{d^2x}{dt^2}dx + \frac{d^2y}{dt^2}dy + \frac{d^2z}{dt^2}dz\right)$$

ou encore :

$$d\tau = m\left(\frac{dx}{dt}\frac{d^2x}{dt^2} + \frac{dy}{dt}\frac{d^2y}{dt^2} + \frac{dz}{dt}\frac{d^2z}{dt^2}\right)dt.$$

D'autre part le carré de la vitesse est (Voy. MOUVEMENT) :

$$v^2 = \left(\frac{dx}{dt}\right)^2 + \left(\frac{dy}{dt}\right)^2 + \left(\frac{dz}{dt}\right)^2$$

La force vive H $= mv^2$, et sa dérive :

$$\frac{dH}{dt} = 2mv\frac{dv}{dt}\,2m = \left(\frac{dx}{dt}\frac{d^2x}{dt^2} + \frac{dy}{dt}\frac{d^2y}{dt^2} + \frac{dz}{dt}\frac{d^2z}{dt^2}\right).$$

ce qui est le double de la valeur de $\frac{d\tau}{dt}$. On aura donc :

$$2\frac{d\tau}{dt} = \frac{dH}{dt}\ 2\,d\tau = dH$$

et en intégrant : $\qquad 2\tau = H_1 - H_0$

ce qui est le théorème.

Si maintenant nous considérons un système matériel quelconque, chaque point matériel de ce système pourra être considéré comme libre, pourvu qu'on ajoute aux forces qui agissent sur lui les forces dites de *liaisons*. Voy. MÉCANIQUE, STATIQUE. Alors l'accroissement de force vive de chaque point du système sera le double de la somme des travaux de toutes les forces qui agissent sur lui, y compris les forces de liaisons, et il faudra faire la somme de tous ces travaux pour le système entier. Mais, dans le système entier, la somme des travaux des forces de liaison est nulle, et par conséquent l'accroissement de force vive du système est bien égal au double des travaux de toutes les forces qui agissent sur le corps.

III. *Application aux machines.* — L'importance du théorème des forces vives a été montrée au mot MACHINE où nous avons expliqué ce qu'il fallait entendre par t. moteur, t. résistant. Au mot FORCE, nous avons expliqué que la valeur industrielle d'une machine motrice dépend de la quantité de travail qu'elle est capable de fournir dans un temps donné. L'unité de

travail est le *kilogrammètre* qui est le t. d'une force d'un kilogramme dont le point d'application se déplace de 1 mètre. La *puissance* d'une machine s'évalue par le nombre de kilogrammètres qu'elle peut fournir en une seconde. On appelle *cheval-vapeur*, la puissance d'une machine qui fournit 75 kilogrammètres par seconde. Pour mesurer le t. que peut fournir une machine, on emploie souvent l'appareil fort simple imaginé par Prony qui lui a donné le nom de *Frein dynamométrique*.

Fig. 2.

(Fig 2). Cet appareil se compose d'un levier AB garni d'un coussinet de bois CC' dont la surface inférieure s'emboîte exactement autour d'un arc assez grand de l'arbre D dont on veut mesurer le travail. Une chaîne formée de plaques de tôle articulées les unes aux autres est également garnie de petits morceaux de bois qui viennent s'appliquer sur la partie inférieure de la surface du même arbre Deux boulons à vis E et E', fixés aux extrémités de la chaîne et traversant le levier, servent à presser ces morceaux de bois contre l'arbre aussi fortement qu'on le veut. Deux arrêts M et N, placés de chaque côté, empêchent le levier de s'incliner trop fortement d'un côté ou de l'autre. A l'extrémité B de ce levier se trouve un plateau destiné à recevoir des poids. Si l'on serre le frein contre l'arbre, celui-ci tend à l'entraîner dans son mouvement; mais en ajoutant des poids dans le plateau on arrive à maintenir le levier horizontal. On règle l'intensité de la pression et le nombre des poids mis sur le plateau, de telle façon que le mouvement de l'arbre muni du frein soit le même que celui qui se produirait si la machine était employée à effectuer son travail habituel. Les choses étant ainsi, la résistance due au frottement équivaut à un travail ordinaire; l'expression de son t. sera donc celle du t. fourni par l'arbre. Or le t. résistant dû au frottement est facile à évaluer. Il est le même que si, l'arbre étant fixe, le frein tournait dans le même temps sous l'influence d'une force égale au poids total P qu'il soutient. Or, le t. de ce poids en une seconde est égal à P multiplié par le chemin que le point d'application parcourt pendant ce temps, ou $2\pi l n$, en appelant l la distance BD, et n le nombre de tours accomplis pendant une seconde. Le travail que transmet l'arbre en une seconde est donc égal à $2\pi l n \times P$. Il suffit de diviser cette quantité par 75 pour obtenir la puissance de la machine exprimée en chevaux-vapeurs.

TRAVAILLER. v. n. [Pr. *trava-ller*, ll mouillées]. Faire un ouvrage, faire de l'ouvrage; se donner de la peine pour faire, pour exécuter quelque chose. T. *sans relâche*. T. *assidûment*. T. *jour et nuit*. T. *pour soi*. Il se tue à t. Il s'est épuisé à t. T. à la vigne, à la terre, à un bâtiment, à un ouvrage d'esprit, à une tragédie, à un tableau, etc. T. en or, en cuivre, en bronze. T. en linge. T. en couture. T. de l'aiguille, à l'aiguille. T. en boutique, en chambre. T. de corps, t. d'esprit. — T. à la tâche. Faire une partie d'ouvrage pour un prix convenu. T. à la toise, T. pour un prix convenu, à tant par toise. T. à ses pièces, T. pour un prix convenu, à tant par pièce. — T. en grand, T. sur un vaste plan, d'après une vue générale et d'ensemble. Cet homme ne sait point t. en grand, il ne s'entend qu'aux détails il Avoir de l'occupation, de l'ouvrage. Ce cordonnier travaille beaucoup. Ces pauvres gens n'ont pas travaillé de tout cet hiver. || Travailler à, signifie encore s'occuper, s'efforcer de. T. à sa fortune, à son salut, T. au bonheur des hommes. T. à la perte, à la ruine de quelqu'un. Je travaille à les réconcilier. || Fig., Ce bois travaille, Il se déjette. Cette poutre travaille, Elle se déjette parce qu'elle est trop chargée. Ce mur travaille, Il déverse, il s'entr'ouvre Ce volcan travaille, il s'y agite des matières en ébullition. || Fig., Son estomac travaille, Il a de la peine à digérer. || Fig. Faire t. son argent, Le placer de manière qu'il produise un revenu || Fig., Ce vin travaille, Il fermente. Quand la vigne est en fleur, le vin travaille. || Fig., Son esprit, sa tête, travaille, se dit de quelqu'un qui est fort préoccupé par quelque projet, par quelque ouvrage. == TRAVAILLER. v. a. Façonner. Ces gens-là travaillent bien le fer, le bois, etc. On ne peut pas mieux *t. le marbre. T. son champ, sa terre*, Les boulangers disent aussi *T. la pâte.* || Exécuter avec soin, soigner. *Il a bien travaillé ce bijou. Vous n'avez pas assez travaillé ce mémoire. Il faudrait t. un peu plus votre style. T. ses vers.* | Fig., Tourmenter, causer de la peine. *Cette fièvre le travaille. L'inquiétude, la jalousie, qui le travaille.* || T. Man. *T. un cheval*, L'exercer, le manier ou le fatiguer. *Ce cheval a été trop travaillé.* ≡ SE TRAVAILLER, v. pron. Se tourmenter, s'inquiéter. *C'est un homme qui se travaille pour rien. Vous vous travaillez mal à propos.* On dit de même, Se *t. l'esprit, l'imagination.* ≡ TRAVAILLÉ, ÉE. part. *Ouvrage bien travaillé. Style travaillé. Un homme travaillé de la fièvre, de la goutte.* || Ce cheval a les jambes *travaillées*, Il a les jambes fatiguées, ruinées par le travail.

TRAVAILLEUR, EUSE. adj. [Pr. *trava-lleur, euze*, ll mouillées]. Celui, celle qui travaille. *Ce n'est pas un fort habile ouvrier, mais c'est un t. infatigable. Les champs étaient couverts de travailleurs. Cette femme est une excellente travailleuse.* || *Travailleurs*, au plur., se dit aussi des soldats qu'on emploie à remuer la terre, soit pour l'attaque d'une place, soit pour élever des retranchements, etc. *Les assiégés firent une sortie et tombèrent sur nos travailleurs.*

TRAVANCOR, État indigène de l'Hindoustan ; 2,401,000 hab.

TRAVE, riv. d'Allemagne, arrose Lubeck, et se jette dans la Baltique ; 100 kilomètres.

TRAVÉE. s. f. (bas lat. *trabea*, du lat., *trabs* ou *trabes*, poutre, en gr. τραχύς, pilier, poteau). T. Archit. L'espace compris entre deux poutres, et qui est rempli par un certain nombre de solives. — *T. de comble*, Distance comprise entre deux fermes. Voy. COMBLE. — *T. d'un pont de bois*, Poutres placées horizontalement pour soutenir le tablier. Voy. PONT, I, B. | En parlant de certaines églises, *Travée* se dit des galeries supérieures qui règnent au-dessus des arcades de la nef. || *T. de balustres*, Rang de balustres entre deux colonnes ou piédestaux. — *T. de grille*, Rang de barreaux entre deux pilastres.

TRAVERS. s. m. [Pr. *tra-ver*] (lat. *transversum*, traversé, de *trans*, à travers, et *versus*, tourné). L'étendue d'un corps considéré dans sa largeur ou son épaisseur. *Il s'en faut de deux travers de doigt que ces planches ne se joignent.* || Le biais, l'irrégularité d'un lieu, d'une place, d'un jardin, d'un bâtiment, d'une chambre, etc. *Il y a bien du t. dans ce bâtiment.* || T. Techn. Bande de marbre qui va d'un montant à l'autre sous la tablette d'un chambranle. — Filet qui va d'une extrémité à l'autre sur le dos d'un livre relié. — Cordage qui lie des canons sur un chariot. — Bûche qu'on place sur une voie de bois, dans le sens de la largeur, quand elle est cordée. || Fig., Bizarrerie, caprice, irrégularité d'esprit et d'humeur. *Il a du t. dans l'esprit, dans l'humeur. Il avait un singulier t. d'esprit. Se donner des travers.* — Fam., Donner dans le *t.*, Tomber dans l'inconduite. || T. Marine. Le flanc, le côté d'un bâtiment. *Notre navire présentait le t. à l'ennemi.* ≡ A TRAVERS. AU TRAVERS, loc. prép. Au milieu, par le milieu. *Il passa la main à t. les barreaux. Aller à t. les bois, à t. champs. Il se fit jour au t. des ennemis. Il ne craint point les périls, il se jette au t., tout au t.* On ne voyait le soleil qu'à t. les nuages, qu'au t. du brouillard. — Fig., *Je vois clair au t. de toutes ces finesses. A t. ces artifices, au dé-travers que... Au t. de tout ce qu'il dit, il est aisé de remarquer que...* || Sign. encore de part en part. *Un coup d'épée au t. du corps, à t. le poumon.* ≡ DE TRAVERS, loc. adv. Obliquement. *Si vous mettez cela de t., vous ne le ferez pas passer. Il est louche, il regarde de t.* Fig., *Regarder quelqu'un de t.* Voy. REGARDER. Mettre son bonnet *de t.* Voy. BONNET. || Sign. aussi de mauvais sens, à contre-sens tout autrement qu'il ne faudrait. *Il va tout de t. Cela est mis de t., est fait tout de t. Il écrit tout de t.* Fig., *Cet homme entend tout de t., prend tout de t. Juger, parler, répondre tout de t. Cet homme a l'esprit de travers de t.*, Il a l'esprit mal fait, mal tourné. ≡ EN TRAVERS DE. loc. prép. d'un côté à l'autre, suivant la largeur. *Nous mîmes des barres en t. de la porte pour la consolider.* On dit aussi ellipt., *Mettez une barre en t.* || T. Mar. Se mettre en t., Se mettre en panne. On dit de même, *Être, se tenir en t.* ≡ A TOUT ET À TRAVERS, loc. adv. Voy. TOUT. ≡ PAR LE TRAVERS DE. locut. prépos. A la hauteur, vis-à-vis. *La flotte était par le t. de tel cap.*

Obs. gram. — *A travers* est toujours suivi d'un régime direct, tandis qu'*au t.* l'est toujours de la prép. *de.* On va *à t. champs*; on navigue *au t. des écueils.* Bien que ces deux locutions signifient également au milieu, par le milieu, elles s'appliquent néanmoins dans des sens très différents. *A t.* désigne purement et simplement l'action de passer par un milieu vide et libre, d'aller par delà ou d'un bout à l'autre. *Au t.* exprime l'action et l'effet de pénétrer dans un milieu en traversant des obstacles, de le percer de part en part. Un fil passe *à t.* l'aiguille qui est percée ; l'aiguille passe *au t.* de la peau qu'elle perce. On passe sa main *à t.* les barreaux ; un soldat se jette *au t.* d'un bataillon ennemi.

TRAVERSANT. s. m. (R. *traverser*). Ligne diagonale. Vx. — Fléau de balance. — Filet de pêche à la tête duquel sont attachées des lignes.

TRAVERS-BANCS. s. m. [Pr. *tra-ver-ban*]. T. Min. Galerie oblique percée de manière à rencontrer plusieurs gîtes successifs. Voy. MINE, I.

TRAVERSE. s. f. (R. *travers*). Pièce de bois ou de fer qu'on met en travers dans certains ouvrages, etc., pour assembler ou affermir certaines pièces. *Les traverses d'une porte, d'une fenêtre. Il faut mettre une t. à ce châssis. Les traverses d'un chemin de fer.* Pièces de bois placées en travers de la voie pour supporter les rails. Voy. CHEMIN DE FER. — *Les traverses d'une grille*, Les barres transversales qui servent à maintenir et à fortifier les barreaux. | Route qui conduit à un lieu où ne mène pas le grand chemin, ou qui est plus courte. *Prendre la t. Vous trouverez un chemin de t. qui conduit à tel endroit.* — *Rue de t.*, Petite rue qui va d'une grande rue à une autre. || Fig., Obstacle, empêchement, opposition, revers. *Il a eu bien des traverses. Essuyer de grandes traverses.* || T. Blas. Barre diminuée. Voy. HÉRALDIQUE, II. || T. Guerre. Masse de terre qu'on élève en travers d'un parapet pour se protéger contre les feux d'enfilade. Voy. FORTIFICATION, IV. || T. Mar. Banc de vase où de sable qui barre en travers l'entrée d'un port, d'un havre, etc. ≡ A LA TRAVERSE. loc. adv. Se dit de ce qui survient inopinément à quelque obstacle. *L'affaire eût été conclue si un tel ne fût venu se jeter à la t.*

TRAVERSÉE. s. f. (part. pass. de *traverser*). T. Mar. Trajet qui se fait par mer d'un pays à un autre. *Une longue t. La t. de Calais à Douvres, du Havre à New-York. Une t. de tant de jours. Notre t. fut heureuse. Pendant la traversée.*

TRAVERSELLITE. s. f. [Pr. *traverset-lite*]. T. Minér. Variété d'hédenbergite de Traverselle (Piémont).

TRAVERSER. v. a. (R. *travers*). Passer à travers, d'un côté à l'autre. *T. une plaine, une forêt, une rivière, un marais. Vous n'avez que la rue à t. T. une rivière à la nage.* — T. Mar. *T. la lame*, La prendre debout en allant de l'avant. || Par analogie, se dit aussi des choses. *La Seine traverse Paris. La grande route traverse son domaine. Prenez l'allée qui traverse le jardin.* || Percer de part en part. *La pluie a traversé son manteau, ses habits. Une balle lui a traversé le bras.* | Fig., Susciter des obstacles. *T. quelqu'un dans ses desseins. Je traverserai son dessein. Cet homme me traverse en tout.* ≡ TRAVERSER. v. pron. Être posé en travers. *Cette poutre traverse d'un mur à l'autre.* ≡ SE TRAVERSER. v. pron. Être traversé. *Cette rivière peut se t. à la nage.* || Se susciter mutuellement des obstacles. *Ils s'étudient à se t. l'un l'autre.* || T. Manège. Ce cheval se traverse, Ses jambes et ses épaules ne sont point exactement sur la même ligne qu'il doit décrire. *Ce cheval se traverse les hanches.* ≡ TRAVERSÉ, ÉE. part. *Un homme tout traversé de la pluie*, Tout trempé, tout mouillé par la pluie. || T. Man. *Un cheval bien traversé*, Un cheval fort du dessous et large du poitrail. || T. Blas. Se dit des pièces enfilées par d'autres.

TRAVERSIER, IÈRE. adj. (R. *traverser*). Qui traverse ou sert à traverser. *Rue traversière.* || T. Mus. *Flûte traversière.* Voy. FLÛTE, II. || T. Mar. *Vent t.* ou subst. *t.*, vent qui souffle d'un cap à l'autre. — Vent qui souffle dans la direction d'un port et empêche d'en sortir. — *Barque traversière*, barque employée à de courtes traversées. ≡ TRAVERSIER. s. m. T. Techn. Bâton qui fait communiquer les marches du métier à tisser avec les lames. || T. Mar. Verge qui forme la croix du haut d'une bannière.

839

TRAVERSIN. s. m. (R. *travers*). Oreiller long qui s'étend de toute la largeur du lit, et sur lequel on repose la tête. *Ce t. n'est pas assez haut.* — *Faux t.*, Oreiller long que l'on met au pied du lit, pour faire symétrie avec celui qui est placé à la tête. || **T.** Mar. Se dit des pièces de bois posées en travers de la charpente d'un bâtiment. *T. d'écoutille, de hune, etc.* || **T.** Techn. Fléau de balance.

TRAVERTIN. s. m. (ital. *travertino*, m. s., pour *Tivertino*, de Tibur, de Tivoli). T. Min. Tuf calcaire qu'on rencontre particulièrement aux environs de Tivoli (Italie), où il est employé aux constructions. Voy. Tuf.

TRAVESTIR. v. a. (R. *tra*, pour *trans*, préf., et *vestir*, anc. forme de vêtir). Déguiser en faisant prendre l'habit d'un autre sexe ou d'une autre condition. *On le travestit en femme pour le sauver de prison.* || Fig., *T. un auteur, un ouvrage,* Faire une sorte de traduction libre d'un ouvrage sérieux, pour le rendre comique, burlesque. *Scarron a travesti l'Enéide.* — *T. la pensée de quelqu'un,* L'interpréter mal, la rendre d'une manière inexacte, infidèle. — SE TRAVESTIR. v. pron. Se déguiser. *Elle se travestit souvent; Il s'était travesti en moine.* || Changer sa manière d'être, déguiser son caractère. *C'est un esprit souple, facile; il se travestit facilement. Il a le don de se t. comme il lui plaît.* = TRAVESTI, IE. part. || **T.** Théât. *Jouer un rôle travesti,* se dit d'une actrice qui joue un rôle d'homme. — Subst. *Le travesti,* rôle d'homme joué par une actrice. — *Bal travesti,* bal où l'on est déguisé. = Syn. Voy. DÉGUISER.

TRAVESTISSEMENT. s. m. [Pr. *travestise-man*]. Déguisement. *Son t. ne lui a pas réussi. Cet acteur, dans ce rôle, prend plusieurs travestissements.*

TRAVETEAU. s. m. [Pr. *trave-to*] (anc. fr. *tref*, m. s., du lat. *trabs*, poutre). Soliveau.

TRAVOT, général fr. (1776-1836).

TRAXILLO. v. du Pérou.

TRAYON. s. m. [Pr. *trè-ion*] (R. *traire*). Bout du pis d'une vache, d'une chèvre, etc., que l'on prend dans les doigts pour traire le lait.

TRÉBELLIANIQUE ou **TRÉBELLIENNE.** adj. f. (R. *Trebellius*, n. d'un jurisc. rom.). T. Jurisp. rom. *Quarte t.*, Le quart que l'héritier institué avait droit de retenir sur la succession grevée de fidéicommis, en remettant l'hérédité.

TRÉBELLIUS POLLION, historien latin (IVe s.), dont il ne reste que les *Vies des empereurs Valérien, Gallien, des Trente Tyrans et de Claude II.*

TRÉBIE, riv. d'Italie, affluent de droite du Pô, Victoire d'Annibal sur les Romains en 218 av. J.-C.; défaite des Français en 1799.

TRÉBIZONDE, v. de la Turquie d'Asie, sur la mer Noire; 32,000 hab. Siège d'un empire grec du XIIIe au XVe siècle.

TRÉBUCHANT, ANTE. adj. Qui trébuche; ne se dit guère qu'en parlant de monnaies d'or et d'argent, et sign., qui est de poids. *Ces pièces de monnaie sont trébuchantes.* = TRÉBUCHANT. s. m. T. Monnay. L'excédent de poids qu'on donnait à chaque pièce pour qu'elle ne devînt pas trop tôt légère par l'usure.

TRÉBUCHEMENT. s. m. [Pr. .. *che-man*]. Action de trébucher. Inus.

TRÉBUCHER. v. n. (R. *tra*, préf., et vx fr. *buc*, tronc humain, terme, qui est d'orig. germ.). Faire un faux pas. *Il ne peut faire un pas sans t. Une pierre le fit t.* — Fig., T. *dans une affaire,* Broncher, faire un faux pas dans une affaire. || Sign. quelquefois Tomber. *Le pont fondit sous leurs pieds, et ils trébuchèrent dans la rivière.* — Fig., T. *du faîte des grandeurs.* Cette acception a vieilli.

Ce poète orgueilleux, trébuché de si haut.

BOILEAU.

|| T. Métrol. Se dit d'une chose qui emporte par sa pesanteur

celle contre laquelle elle est posée. *Une pièce qui trébuche,* qui fait pencher la balance. = Syn. Voy. BRONCHER.

TRÉBUCHET. s. m. [Pr. *trébu-chè*] (R. *trébucher*). Piège en forme de cage qui sert à attraper les oiseaux. *Lorsqu'un oiseau se pose sur le t., il fait partir un ressort qui ferme la cage, de sorte qu'il se trouve pris.* — Fig. et fam. *Prendre quelqu'un au t.*, L'amener par adresse à faire une chose qui lui est désavantageuse, ou qui est contraire à ce qu'il avait résolu. || T. Techn. Petite balance pour peser des corps légers. Voy. BALANCE.

Art. milit. — Parmi les machines de guerre employées au moyen âge, on désignait sous le nom de *Trébuchets, Mangonneaux, Bricoles,* etc., des engins qui servaient, comme la baliste et la catapulte des anciens, à lancer des pierres et des traits. Mais, tandis que ces dernières avaient pour moteur la force de torsion des câbles de nerfs, toutes les machines du moyen âge, étaient mues par des contre-poids. Le t. consistait en une longue poutre, appelée *verge* ou *flèche,* qui tournait autour d'un axe horizontal porté par des montants. À l'une des extrémités de la verge on fixait un contre-poids, et à l'autre une fronde qui contenait le projectile. Pour bander la machine, c.-à-d. pour abaisser la verge, on se servait d'un treuil. La fronde était la partie la plus importante de cet engin. Il résulte des expériences et des calculs du colonel Dufour que cette fronde augmentait tellement la portée de la machine, qu'elle faisait plus que doubler, c.-à-d. que, si la flèche eût été terminée en cuilleron, comme cela avait lieu dans certaines machines antiques, le projectile eût été lancé, toutes choses égales d'ailleurs, moitié moins loin qu'avec la fronde. Un t. dont le petit bras de la verge aurait eu 2 mètres et le grand bras 6, avec un contre-poids de 3,000 kilogrammes, devait lancer un projectile de 100 kilogrammes à 76 mètres. Ces engins avaient un tir courbe. Les projectiles qu'ils lançaient étaient des pierres sphériques régulièrement arrondies, ou bien des pierres irrégulières armées d'une mèche incendiaire, des tonneaux remplis, soit de feu grégeois, soit de morceaux de fer rougis au feu. Dans ce dernier cas, la poche de la fronde était de fer. Le poids du projectile variait en général de 1 à 150 kilogrammes. Néanmoins il était parfois beaucoup plus considérable. Ainsi, au siège de Nidau par les Bernois, en 1388, il y avait 5 trébuchets qui jetaient dans la place des blocs de pierre pesant jusqu'à 12 quintaux, et au siège de Chypre par les Génois, en 1373, les assiégeants avaient un t. qui lançait des pierres de 12 à 18 cantari, ou environ 1,287 kilogrammes.

TRÉCHEUR. s. m. Voy. TRESCHEUR.

TRÉCHUS. s. m. [Pr. *tré-kus*] (gr. τρέχω, je cours). T. Entom. Genre d'insectes Coléoptères. Voy. CARABIQUES.

TRÉCUL, botaniste fr. (1818-1896).

TRÉFILAGE. s. m. Action de tréfiler, ou le résultat de cette action.

TRÉFILER. v. a. (lat. *trans*, à travers; *filum*, fil). Faire passer un fil métallique par la filière. = TRÉFILÉ, ÉE. part

TRÉFILERIE. s. f. L'art de réduire les métaux en fils plus ou moins déliés. || L'atelier où l'on tréfile. Machine à tréfiler.

Techn. — La *Tréfilerie* peut s'appliquer à tous les métaux ductiles, mais surtout à l'or, au cuivre, à l'argent, au fer et à l'acier. De quelque métal qu'il s'agisse, la t. a pour but de transformer une tige cylindrique que l'on nomme *machine,* en un fil d'une finesse quelconque en faisant passer cette tige métallique dans une *filière,* c.-à-d. dans un trou conique, de calibre convenable, percé dans une plaque d'acier fondu, qu'on trempe ensuite de tout son dur, et qu'on fixe sur un corps inébranlable. La tige est obtenue au préalable à un train de laminoir qui transforme la *billette* ou lingot; elle passe à la filière, après qu'elle a été chauffée au rouge vif. Pour cette opération, on commence par amincir le bout de la tige de métal, de façon qu'il entre dans le trou de la filière. Une tenaille spéciale appelée *chien* le saisit alors, et un moteur quelconque en tirant celle-ci force la tige à passer tout entière par le trou de la filière dont elle prend le calibre. À sa sortie, le fil s'enroule au fur et à mesure autour d'une grosse bobine. On le fait ensuite circuler à travers des filières de plus en plus petites, en le présentant par le même bout, pour qu'il soit tiré dans le même sens, et l'on arrive ainsi à obtenir un fil aussi ténu qu'on le désire. L'appareil qui sert généralement à la t. s'appelle *banc à tirer*. Il consiste en une longue pièce de bois inclinée, à la partie inférieure de laquelle est fixée la filière; quelquefois aussi, le banc à tirer est de fonte, formant une sorte de table bien horizontale. Les tenailles tirent le fil le long de cette pièce, puis le lâchent lorsqu'elles sont arrivées en haut, pour revenir le saisir à la sortie de la filière. Pour le fer, l'acier et le cuivre, les tréfileries nouvelles traitent directement les billettes par des passages successifs à travers les cannelures de plus en plus petites de trains de laminoirs placés les uns à la suite des autres, ou parfois parallèles les uns aux autres. Ce dernier procédé, dit *serpentage*, donne de moins bons résultats que le précédent, car le métal se refroidit plus rapidement et il peut se produire des pailles dans sa masse. Avec l'ancien système, celui de la filière, chaque métal exige des soins particuliers. Le fer doit être de choix, et recuit de temps à autre hors du contact de l'air, qui l'oxyderait. L'acier doit aussi être recuit fréquemment dans une marmite hermétiquement fermée et remplie de poussier de charbon pour l'empêcher de se désaciérer. Il faut également faire recuire le laiton en l'étirant. Quant à l'or et à l'argent, on frotte le lingot avec de la cire neuve afin qu'il glisse mieux dans la filière. Après l'opération du tréfilage, les métaux ont acquis un degré de dureté qu'ils ne possédaient pas auparavant, ils se trouvent *écrouis* par suite des pressions considérables qu'ils ont subies, soit au passage des filières, soit à celui des cannelures des laminoirs. Une fois fabriqués, les fils sont livrés au commerce non seulement avec indications de leurs numéros de grosseur correspondant aux mesures de jauges couramment admises, mais aussi sous divers noms donnés suivant leur nature. C'est ainsi que commercialement on distingue les *fils clairs*, *étamés*, *cuivrés*, *galvanisés*, *recuits*, *goudronnés*, etc. Les métaux précieux, avant d'être tréfilés, doivent être portés à l'hôtel des Monnaies où l'on vérifie leur titre, après quoi on les passe à l'*Argue*, machine qui dégrossit le lingot jusqu'au calibre d'un tuyau de plume. Le fabricant emporte alors le métal à sa propre t., où il lui donne la dimension voulue. Pour les fils d'or des épaulettes, galons, brocarts, etc., on revêt le lingot d'argent d'une mince couche d'or, avant de le passer aux plus grosses filières. Mais telle est la ductilité de l'or, que le tréfilage réduisant ce lingot à un fil aussi mince qu'un cheveu, ce fil est encore recouvert d'or, de manière à ne pas laisser apercevoir le noyau qui est d'argent. — Bien que le travail de la t. soit essentiellement le même pour tous les métaux, on ne donne le nom de *Tréfileur* qu'à l'ouvrier qui tréfile le cuivre, le fer et l'acier, et l'on nomme *Tireur* ou *Fileur d'or et d'argent*, celui qui tréfile ces deux métaux.

TRÉFILEUR, s. m. Celui qui tréfile.

TREFFORT, ch.-l. de c. (Ain), arr. de Bourg; 1,700 hab.

TRÉFLAGE, s. m. T. Techn. Accident consistant en ce qu'une médaille frappée au marteau présentait deux empreintes, à cause du rebondissement du marteau. Voy. MONNAYAGE, I.

TRÈFLE, s. m. (lat. *trifolium*, m. s., de *tres*, trois, et *folium*, feuille). T. Bot. Genre de plantes Dicotylédones (*Trifolium*) de la famille des *Légumineuses*, tribu des *Papilionacées*. Voy. LÉGUMINEUSES. — *T. d'eau*, Nom vulgaire du *Ményanthes trifoliata*. Voy. GENTIANÉES. || T. Architect. Ornement imité de la feuille de trèfle. || T. Jeu. Une des couleurs du jeu de cartes. Voy. CARTE.

Agric. — On cultive surtout les espèces suivantes : *T. rouge* ou *commun* (*Trifolium pratense*); *T. blanc* (*T. repens*); *T. hybride* (*T. hybridum*); *T. farouch* ou *incarnat*. (*T. incarnatum*); *T. minette* (*Medicago lupulina*). — De tous les fourrages artificiels, le t. rouge est celui dont la culture est le plus étendue en France; ce qui tient sans doute à la facilité d'entrer sans en déranger l'ordre, dans l'assolement triennal, encore suivi trop généralement. Sous ce rapport, cette plante a rendu les plus grands services, en contribuant plus qu'aucune autre à la suppression de la jachère, et en démontrant que cette dernière peut être remplacée avec profit par une année de récolte. Il est à souhaiter néanmoins que cette manière d'utiliser la t. soit remplacée par une autre moins défectueuse; car les terres où l'on ramène sa culture à des intervalles trop rapprochés en sont bientôt lassées. Mais une autre considération milite en faveur de sa culture bien comprise; son fourrage, consommé vert ou sec, est l'une des meilleures nourritures pour les bestiaux. On a toutefois constaté que,

pour les bêtes de trait, le t. sec ne vaut pas le foin des prairies naturelles; mais il lui est préférable pour les espèces laitières ou à l'engrais. Aujourd'hui, le t. rouge est devenu la base de l'agriculture des climats humides. La sécheresse nuit en effet à sa première évolution au printemps, et empêche la végétation vigoureuse des tiges pendant l'été; c'est donc surtout dans les sols argilo-calcaires, profonds, que cette plante développe toute sa vigueur. — Le t. possède l'avantage, comme les autres plantes légumineuses, de se fournir, sans le secours de l'engrais, de toute la quantité d'azote nécessaire à sa pleine végétation, mais il est très avide de chaux et de potasse, qu'il doit trouver dans le sol. La cendre de son foin renferme d'ailleurs, d'après Boussingault : potasse, 26,6; chaux, 24,6; magnésie, 6,3; acide phosphorique, 6,3. — Le t. se plaît dans un sol profondément ameubli, privé de mauvaises herbes et surtout de chiendent, avide aussi de calcaire et de potasse. Il y a donc nécessité de cultiver cette plante après une récolte sarclée. A l'égard des cultures qui peuvent lui succéder, le t. est la plante dont l'heureuse influence est la plus remarquable. Mais si l'action efficace qu'il exerce notamment sur les récoltes du blé, de l'avoine, de la pomme de terre, ne se fait pas sentir sur lui-même, lorsqu'on le fait reparaître trop fréquemment sur le même sol, hâtons-nous d'expliquer que la raison de cette apparente contradiction vient de ce que le t. enrichit le sol d'azote combiné, le plus important et le plus cher des engrais, dont les récoltes qui lui succèdent tirent un grand profit, tandis qu'il appauvrit ce même sol de potasse, de chaux, de magnésie, d'acide phosphorique, dont il est avide. Le t. est semé au printemps, dans une autre récolte. Aussi n'est-ce pas pour lui seul qu'on prépare la terre. Les engrais qu'il préfère sont les cendres, la charrée, le noir animal, la marne, la craie exposée depuis longtemps au contact de l'air, mais surtout le plâtre en poudre qu'on répand sur ses feuilles au printemps, par un temps humide. — Il faut au t., lorsqu'il commence à lever, un abri qui empêche le sol de se dessécher sous l'ardeur du soleil et qui garantisse le jeune plant des froids tardifs du printemps; or, c'est en le semant au milieu d'une récolte déjà venue ou d'une végétation plus rapide que la sienne, qu'on peut lui fournir cet abri. Cette pratique offre d'ailleurs un autre avantage: le produit du t. étant peu important pendant la première année, la récolte dans laquelle on le sème vient compenser la période de non-production. Les récoltes dans lesquelles on peut semer le t. sont toutes celles qui ne sont pas rampantes, qui n'exigent pas de binages pendant l'été et qui ne croissent ni trop dures ni trop vigoureuses; de ce nombre sont l'orge, le seigle, le froment, l'avoine, le sarrasin, le lin, la navette d'été, etc. Il est important de recouvrir à peine les graines de t.; une couverture de 1 à 2 centimètres de terre est la plus convenable. En général on sème de 14 à 16 kilogrammes de graines par hectare. — Lorsque le t. a été semé avec les soins nécessaires, il ne réclame ordinairement, jusqu'au moment où on le rompt, d'autre entretien que le plâtrage qui agit si merveilleusement sur sa végétation. — Pour mieux favoriser la germination et la levée du t., on enrobe les graines avant de les semer. Voici comment on opère cette espèce de pralinage. On mouille d'abord les graines, puis on les étend sur un grand linge; quand elles n'offrent plus qu'un certain degré d'humidité, on les saupoudre de plâtre très fin. On sème immédiatement après. — On constate les accidents de *météorisation* que produit le t. vert sur les bestiaux; on a observé que les animaux y sont d'autant plus exposés, 1° que le t. leur succède sans transition à une nourriture sèche, et qu'ils le mangent avec plus d'avidité; 2° que le t. est plus jeune et plus succulent; 3° qu'il est mouillé par la rosée lorsqu'on le fait pâturer sur place; 4° qu'on le fait consommer à l'étable après que, fauché au soleil, il s'est échauffé en tas; 5° enfin, qu'on fait boire les animaux immédiatement après leur repas. Il est donc prudent d'administrer cette nourriture aux bestiaux d'abord par petites quantités, de choisir le moment où la rosée a été séchée par le soleil, et à l'étable de le hacher avec son volume de paille ou de foin. — Bien que le t. rouge soit une plante vivace, les cultivateurs intelligents ne le conservent cependant pas plus de deux années, y compris celle de l'ensemencement. Pendant la seconde année, on peut obtenir deux coupes et quelquefois trois; mais il y a peut-être avantage à enterrer cette dernière. L'opération doit être faite assez tôt pour que le blé qu'il convient de lui faire succéder puisse être ensemencé en temps opportun. — Le rendement moyen du t., pendant la seconde année, est de 7,000 kilogrammes à l'hectare. Le t., transformé en foin perd environ les deux tiers de son poids.

Le *t. blanc* résiste dans les terres sèches et légères où il peut être employé pour faucher; mais son produit utilisé de cette manière est peu considérable. On l'emploie fréquemment, avec beaucoup d'avantage, pour garnir le fond des pâturages et des gazons où vivent les graminées. Cette sorte de t. est très recherchée par tous les animaux; la dent qui la mutile ne contrarie pas sa vigueur, et le pied qui la froisse semble aider à sa multiplication. Seule, on la sème à raison de 12 kilogrammes à l'hectare.

Le t. hybride trouve son emploi dans l'établissement des prairies artificielles de longue durée, où on le sème mélangé avec des graminées vivaces. Son aptitude pour les terrains froids et humides, sa végétation vigoureuse, sa durée indéfinie sur le même sol, où il se perpétue par sa propre graine, le rend éminemment propre à ce genre de culture.

Le t. farouch ou incarnat est annuel. Quoique cette sorte ne donne qu'une seule coupe, elle rend cependant les plus grands services à l'agriculture, attendu que presque sans frais, sans soins, sans déranger l'ordre des cultures, on peut en obtenir d'abondantes récoltes. Elle a de plus le mérite d'être très précoce, et d'offrir au printemps, avant toute autre récolte, une nourriture fraîche pour le bétail. On sème en août, ou au commencement de septembre; si l'on se sert de graine mondée, il est nécessaire d'ameublir d'abord la surface de la terre par des hersages, et de répéter l'opération quand la semence a été répandue. Si l'on utilise la graine en gousse, il suffit de la répandre sur le chaume sans aucune façon préalable, et de passer ensuite le rouleau. On voit par là avec quelle facilité les pays dépourvus de fourrages peuvent améliorer leur situation agricole. On emploie, pour la semence, de 18 à 20 kilogrammes de graine mondée, et de 45 à 50 kilogrammes de graine en gousse, à l'hectare.

Le t. minette ou trèfle jaune possède l'avantage de réussir sur les terres sèches et de médiocre qualité; il est bisannuel, et peut occuper, dans les assolements des terres à seigle, la même place que le t. commun dans ceux des terres à froment. Son fourrage moins abondant est fin, de bonne qualité et presque sans danger pour les bestiaux. Au reste, le pâturage de la minette par les moutons est peut-être plus avantageux que sa conversion en foin; sa grande précocité la rend surtout utile au printemps. On sème avec les grains de mars, et à raison de 15 kilogrammes par hectare.

TRÉFLÉ, ÉE. adj. T. Blas. *Croix tréflée*, Croix dont les extrémités se terminent par un trèfle. || T. Numism. *Médaille tréflée*, Qui présente deux empreintes. Voy. TRÉFLAGE.

TRÉFONCIER. s. m. Le propriétaire du fonds et du tréfonds.

TRÉFONDS. s. m. [Pr. tré-fon] (lat. *terræ fundus*). Le fonds qui est sous le sol et qu'on possède comme le sol même. *Vendre le fonds et le t.* On écrit parfois *Très-fonds.* || Fig. et fam., *Savoir le fonds et le t. d'une affaire*, La posséder parfaitement.

TRÉGUIER, ch.-l. de c. (Côtes-du-Nord), arr. de Lannion; 2,800 hab.

TRÉHALA. s. m. Nom d'une espèce de manne déposée par un insecte sur une plante du genre *Échinope* (Composées).

TRÉHALASE. s. f. [Pr. tré-ala-ze] (R. *tréhala*). T. Chim. Diastase qui dédouble la tréhalose en deux molécules de glucose.

TRÉHALOSE. s. f. [Pr. tré-alo-ze] (R. *tréhala*). T. Chim. Matière sucrée contenue dans la manne de tréhala et dans certains champignons. On l'obtient facilement en épuisant le tréhala par l'alcool chaud. La t. a pour formule $C^{12}H^{22}O^{11}$. Elle cristallise, avec deux molécules d'eau, en octaèdres orthorhombiques, purs, d'une saveur très sucrée. Elle est dextrogyre, peu soluble dans l'eau, et ne paraît pas pouvoir fermenter directement. Sous l'action des acides étendus elle fixe de l'eau et se dédouble en deux molécules de glucose.

TREIGNAC, ch.-l. de c. (Corrèze), arr. de Tulle, sur la Vézère; 2,900 hab.

TREILHARD, homme politique et jurisconsulte fr., un des rédacteurs du Code civil (1742-1810).

TREILLAGE. s. m. [Pr. trè-llaje, ll mouillées] (R. *treille*).

Assemblage de perches, de lattes ou d'échalas, liés entre eux de manière à former des carrés ou des losanges. Les treillages servent principalement à faire des berceaux, des palissades ou des espaliers dans les jardins. *Un grand t. Un berceau de t. Un mur garni de t. Arcade de t.*

TREILLAGER. v. a. [Pr. trè-lla-jer, ll mouillées]. Faire un treillage. Garnir d'un treillage. = TREILLAGÉ, ÉE. part.

TREILLAGEUR. s. m. [Pr. trè-lla-jeur, ll mouillées]. Ouvrier qui fait des treillages ou des treillis.

TREILLE s. f. [Pr. trè-lle. ll mouillées] (lat. *trichila*, m. s.). Espèce de berceau fait de ceps de vigne entrelacés et soutenus par un treillage, par des perches ou par des barreaux de fer. *À l'ombre d'une t. Sous la t. Les grappes qui pendent à la t.* || Par ext., se dit de ceps de vignes qui montent contre une muraille ou contre un arbre. *Une t. de muscat.* — Fig., *Le jus de la t.*, Le vin.

TREILLIS. s. m. [Pr. trè-lli, ll mouillées] (bas lat. *tralicinum*, m. s., formé sur le modèle de *trilix*, à trois fils). Ouvrage de métal ou de bois qui imite les mailles en losange d'un filet, et qui sert de clôture, sans intercepter l'air ni la vue. *T. de bois, de fer, de fil d'archal. Cage de t. Garde-manger de t.* || Par anal., se dit d'une grosse toile de chanvre avec laquelle on fait des sacs, des emballages, etc. — Se dit aussi d'une sorte de toile gommée, lisse, luisante, et ordinairement teinte en noir, dont on se sert pour faire des coiffes à chapeaux, des doublures de cuisses, etc. || T. Blas. Meuble héraldique formé de huit ou dix petites cotices entrelacées. Voy. HÉRALDIQUE, III. || T. Peint. Châssis divisé en plusieurs compartiments, à l'aide duquel on peut copier un tableau dans des dimensions plus grandes ou plus petites.

TREILLISSER. v. a. [Pr. trè-lli-ser, ll mouillées]. Garnir de treillis de bois ou de métal. *T. une fenêtre.* = TREILLISSÉ, ÉE. part. *Fenêtre treillissée.*

TREIZE. adj. numéral, 2 g. [Pr. trè-ze] (lat. *tredecim*, m. s., de *tres*, trois, et *decem*, dix). Nombre impair composé de dix et de trois. *T. personnes. Cette étoffe coûte t. francs le mètre. Ils étaient t. à table. La somme de t. cents francs.* || Se dit quelquefois pour Treizième. *Page t. Chapitre t. Grégoire t. Louis t.* On écrit ordinairement, *Grégoire XIII, etc.* = TREIZE. s. m. Le nombre t. *Le produit de t. multiplié par trois. Le nombre t. Le numéro t.* || *Le t. du mois,* ou simpl., *Le t.,* Le treizième jour du mois. *Le t. de la lune.* — Elliptiq., *Le t. mai.* || *T. à la douzaine,* usage commercial qui consiste à livrer à celui qui achète une douzaine d'objets, un treizième par dessus le marché. || Prov. *On n'en a pas t. à la douzaine,* c'est une chose rare.

TREIZIÈME. adj. 2 g. [Pr. trè-zième]. Nombre ordinal de treize. *La t. place. Le t. chapitre d'un roman. Le t. siècle. Le t. régiment de ligne,* ou elliptiq., *le t. de ligne. Le t. jour du mois.* || Se dit substant., au masc., en parlant de parties d'un tout qui est ou que l'on conçoit divisé en treize parties égales. *Payer le t. Il est pour un t., pour quatre treizièmes dans cette affaire.*

TREIZIÈMEMENT adv. [Pr. tre-zième-man]. En treizième lieu.

TRÉLAZÉ, bourg à 9 kil. d'Angers (Maine-et-Loire); 5,500 hab. Ardoisières.

TRÉLON, ch.-l. de c. (Nord), arr. d'Avesnes; 4,300 hab.

TRÉMA. s. m. (gr. τρημα, trou, et point, de τρέω, je perce). T. Gramm. Le *Tréma* est un signe d'accentuation consistant en deux points (··) qu'on place sur une voyelle pour avertir qu'elle se détache de la voyelle précédente ou suivante et qu'elle doit se prononcer séparément. Le t. ne se met que sur les 3 voyelles *ë, ï, ü,* comme dans les mots : *noël, naïf, Saül.* On n'emploie pas le t. lorsqu'on peut le remplacer par un autre accent : c'est ce qui a lieu, par ex., dans les mots *poète, poésie* et *Chloé.* — Les latins faisaient usage du t. dans les cas de diérèse : alors ils écrivaient *aulaï* pour *aulæ, vitaï* pour *vitæ,* etc.

TRÉMAIL. s. m. [Pr. l'l mouillée]. Voy. TRAMAIL.

TRÉMAILLÉ, ÉE. adj. [Pr. *tréma-llé*, *ll* mouillées]. En forme de trémail.

TRÉMANDRE. s. m. (gr. τρῆμα, trou; ἀνὴρ, mâle). T. Bot. Genre de plantes Dicotylédones (*Tremandra*) de la famille des *Trémandrées*. Voy. ce mot.

TRÉMANDRÉES. s. f. pl. (R. *Trémandre*). T. Bot. Famille de végétaux Dicotylédones de l'ordre des Dialypétales superovariées diplostémones.
Caract. bot.: Arbrisseaux grêles ayant l'aspect de Bruyères, munis de poils ordinairement glanduleux. Feuilles alternes ou verticillées, entières ou dentées et dépourvues de stipules. Pédoncules solitaires, axillaires et uniflores. Fleurs souvent grandes et belles. Sépales 4 ou 5, égaux, à préfloraison valvaire, légèrement soudés à la base. Pétales égaux en nombre aux sépales, à préfloraison convolutive, beaucoup plus grands que le calice. Étamines hypogynes, distinctes, 2 devant chaque

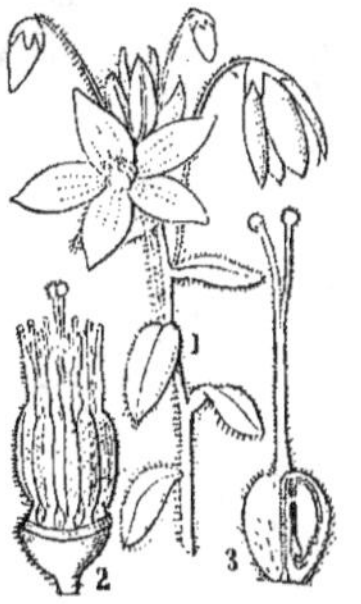

pétale, et par conséquent au nombre de 8 ou 10; anthères bi- ou quadri-loculaires, s'ouvrant par un pore au sommet. Pistil formé de 2 carpelles clos et concrescents en un ovaire biloculaire; ovules, 1 ou 2 dans chaque loge, suspendus et anatropes avec un sommet recourbé; styles 1 ou 2. Fruit capsulaire, biloculaire, à déhiscence loculicide. Graines suspendues, ovées, avec un appendice en forme de crochet situé près de la chalaze. Embryon cylindrique, droit, dans l'axe d'un albumen charnu; la radicule près du hile. [Fig. 1. *Tetratheca hirsuta*; 2. Étamines; 3. Le pistil, avec une des loges ouvertes.] — Cette petite famille se compose de 3 genres (*Tremandra*, *Platytheca*, *Tetratheca*) et de 21 espèces, toutes originaires de l'Australie extra-tropicale. On ne sait rien de leurs propriétés.

TRÉMATODES. s. m. pl. (gr. τρηματώδης, plein de trous, de τρῆμα, trou). T. Zool. Classe de *Vers Plathelminthes* dont le corps aplati, mollasse, est pourvu de suçoirs. Ils forment plusieurs genres distincts, et la plupart sont androgynes. Nous nous contenterons de citer ceux qui ont été rencontrés chez l'Homme. Dans le genre *Douve* ou *Fasciole*, improprement appelé *Distome*, on connaît surtout la *Douve du foie* (*Fasciola hepatica*) [Fig. 1. Individu très développé, vu en dessous, d'après E. Blanchard]. En général, cet entozoaire n'a que 20 à 30 millimètres de longueur sur 6 à 10 de largeur. Sa couleur est d'un brun grisâtre plus ou moins livide. Sa forme est celle d'une petite feuille ovale, pointue en arrière, ayant en avant une petite partie rétrécie, à l'extrémité de laquelle est une cupule où se trouve l'orifice buccal, qui

Fig. 1.

donne dans une sorte d'œsophage d'où partent des canaux qui se ramifient par tout le corps et y portent la bile dont cet animal se nourrit. Au-dessous, on aperçoit un petit tubercule qui est l'organe mâle, et plus bas une seconde cupule, regardée par les uns comme un suçoir, et par les autres

comme un organe d'adhérence. La Douve est ovipare : ses œufs sont très petits, elliptiques, déprimés et demi-transparents. Ils tombent dans l'intestin par les voies biliaires et sont rejetés avec les excréments. Leur développement se fait dans l'eau. De l'œuf sort une petite larve ciliée qui va se loger, en nageant, dans un Mollusque Gastéropode aquatique, une Lymnée par ex. Là elle se transforme en une seconde forme larvaire appelée *Rédie* qui produit elle-même, par bourgeonnement interne, une troisième forme qui rappelle déjà l'état adulte, la *Cercaire*. C'est cette cercaire qui avalée par l'Homme ou un autre mammifère se transformera en Douve (Fig. 2. Métamorphose de la Douve). La Douve du foie se trouve, chez l'Homme, dans la vésicule biliaire, dans les canaux hépatiques, et peut-être aussi dans le tissu du foie.
Le genre *Festucaire* ou *Monostome* de Zeder ne diffère du précédent que par l'absence de cupule abdominale. La seule espèce observée chez l'Homme est la *Festucaire lenticole* (*Festucaria lenticola*); elle a été rencontrée dans le cristallin, d'où son nom. Les espèces qui appartiennent aux genres *Tristome*, *Amphistome* ou *Strigée*, etc., sont particulières à divers animaux. L'*Hématobie* (*Thécasome san-*

Fig. 2.

guicole de Moquin-Tandon) habite dans la veine porte et dans les veines hépatique, rénale, mésaraïque, etc. L'Hématobie mâle, dit-on, est mou, lisse, blanchâtre, et long de 7 à 9 millimètres. La partie antérieure du corps présente à son côté inférieur deux cupules, et, à partir de la seconde, une rainure longitudinale où se trouve logée la femelle, qui est beaucoup plus petite que le mâle et de forme rubanée. Toutes les analogies donnent lieu de croire, comme le remarque très bien Moquin-Tandon, que l'on a confondu les deux vers, que c'est la femelle qui est plus grande que le mâle, et qu'elle porte ce dernier sous son abdomen.

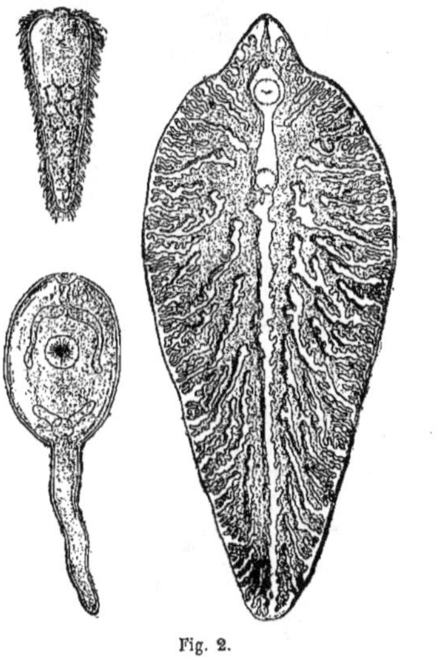

TREMBLADE (LA), ch.-l. de c. (Charente-Inférieure), arr. de Marennes; 3,900 hab.

TREMBLAIE. s. f. [Pr. *tran-blè*]. Lieu planté de trembles.

TREMBLANT, ANTE. adj. [Pr. *tran-blan*]. Qui tremble. *Pâle et t. T. de froid, de peur. Écrire d'une main tremblante. Voix tremblante.* ‖ *Pièce de bœuf tremblante,*

Pièce de bœuf si grosse et si entrelardée de graisse, qu'elle tremble au moindre mouvement.

TREMBLE. s. m. [Pr. tran-ble] (R. *trembler*). T. Bot. Nom vulgaire du *Populus tremula*. Voy. SALICI-NÉES.

TREMBLÉ, ÉE. adj. [Pr. *tran-blé*] (part. passé de *trembler*). *Écriture tremblée*, Écriture tracée par une main tremblante ; ou bien, Écriture particulière dont les traits, au lieu d'être droits, sont sinueux. On dit également, *Des lignes tremblées.* — TREMBLÉ. s. m. T. Typogr. Filet serpentant et alternativement gras et maigre.

TREMBLEMENT. s. m. [Pr. *tran-bleman*] (R. *trembler*). Agitation involontaire du corps ou de quelque membre par petites oscillations compatibles avec l'exécution des mouvements volontaires qui perdent alors leur précision. *Il a un t. dans le bras droit. Il eut un t. par tout le corps.* — *T. métallique,* Celui qui est produit par le mercure ou par le plomb. || Fig., Une grande crainte. *Il ne faut point de t. dans cette affaire.* || T. Mus. Voy. TRÉMOLO.

Géol. — *Tremblements de terre.* — I. — Les *Tremblements de terre,* ainsi que leur nom l'indique, consistent en secousses, en ébranlements plus ou moins intenses qu'éprouve la croûte terrestre sur une portion plus ou moins grande de la surface du globe. En général, un t. de terre ne dure que quelques secondes ; mais dans certains pays, les agitations du sol se manifestent à des intervalles plus ou moins rapprochés pendant des semaines et des mois entiers. On a vu, au Pérou, des tremblements de terre se répéter chaque jour pendant plusieurs années de suite. La plupart du temps, les effets de ce mouvement ne se font sentir que sur un espace assez restreint ; mais, d'autres fois, l'ébranlement se propage à la distance de plusieurs centaines de lieues autour de son point d'origine. Il y a des tremblements de terre à peine sensibles ; au contraire, d'une violence prodigieuse. Les tremblements intenses s'accompagnent habituellement de bruits souterrains qui ont été comparés à de lointaines détonations d'artillerie ou au fracas de voitures roulant sur un pavé inégal. La violence des secousses est parfois telle, que non seulement elles renversent tous les édifices, mais encore qu'elles bouleversent toute la profondeur du sol, changent le cours des rivières, engloutissent des montagnes ou en font surgir de nouvelles, et même soulèvent d'une manière permanente d'immenses étendues de terrain. Après un phénomène pareil, il arrive souvent que la terre reste crevassée, déchirée, et que des fissures qui s'y sont formées, il s'échappe des gaz, des vapeurs, des flammes, des torrents d'eau et de boue, comme dans une éruption volcanique. Il n'est aucune portion de la surface du globe, soit continentale, soit océanique, qui ne soit exposée aux tremblements de terre ; néanmoins certaines régions, comme le Pérou et le Japon y sont beaucoup plus sujettes que les autres.

II. — Le nombre des tremblements de terre enregistrés par les historiens est extrêmement considérable, et, naturellement, il semble augmenter à mesure qu'on les note avec plus de soin. Nous nous contenterons d'en signaler quelques-uns parmi ceux qui sont arrivés dans les deux derniers siècles. — L'an 1692, l'île de la Jamaïque fut ravagée par un t. de terre qui se fit sentir dans une direction parallèle à la surface du terrain. Le sol fut gonflé et semblait onduler, comme si c'eût été la surface de la mer. Des masses énormes de terre se détachèrent des montagnes Bleues, et une multitude d'arbres précipités de leurs flancs couvrirent la mer comme des îles flottantes. L'île fut traversée par de nombreuses crevasses ; deux ou trois cents d'entre elles s'ouvrirent et se fermèrent avec rapidité. Un grand nombre d'habitants furent engloutis ou écrasés dans ces déchirures. Quelques-uns en sortirent ensuite, rejetés sur le sol par une grande quantité d'eau qui s'en échappait. L'agitation de la mer était la même que dans une violente tempête, et la frégate *le Cygne,* qui était en radoub le long du quai, fut poussée par les vagues au-dessus du faîte des maisons, où elle sauva la vie à plusieurs centaines de personnes qui s'y réfugièrent. — L'année suivante, c.-à-d. le 11 janvier 1693, la Sicile fut agitée par de violentes secousses de t. de terre. Catane et 49 autres villes ou villages furent détruits, et il périt environ 100,000 personnes. De nombreuses et longues fissures de différentes largeurs s'ouvrirent dans différentes directions. Quelques-unes lancèrent de l'eau sulfureuse, et l'une d'elles, dans la plaine de Catane, à quelques kilomètres de la mer, rejeta de l'eau salée.

Le 29 octobre 1746, la ville principale du Pérou, Lima, qui avait déjà été treize fois presque entièrement renversée depuis 1582, fut complètement détruite, et toute la côte du bas Pérou fut dévastée par la mer. La ville de Callao, qui est le port de Lima, fut emportée par la mer avec tous ses habitants au nombre de 4,000 : il n'échappa que 200 personnes à ce désastre. Enfin, de 23 navires qui se trouvaient dans le port de Callao, 19 furent coulés, et les 4 autres, parmi lesquels était une frégate appelée *le Saint-Firmin,* furent entraînés à une grande distance par la force de la vague.

Le 24 mai 1750, l'ancienne ville de la Conception, dans le Chili, fut détruite par de violentes secousses, et l'emplacement qu'elle occupait fut entièrement couvert par les eaux de la mer. En conséquence, les habitants construisirent leur nouvelle ville à 16 kilomètres de la côte pour être désormais à l'abri de telles inondations.

L'année 1755 est célèbre pour avoir vu le plus terrible t. de terre qu'ait éprouvé l'Europe. Le 1er novembre, à 9 h. 45 m. du matin, on entendit à Lisbonne un bruit souterrain semblable à celui du tonnerre, et, immédiatement après, une secousse des plus violentes renversa la plus grande partie de la ville. Les secousses se succédèrent pendant 6 minutes, et, dans ce court espace de temps, plus de 60,000 individus trouvèrent la mort sous les ruines des églises et des édifices. La mer, qui d'abord s'était retirée, se précipita sur la ville en formant une montagne d'eau haute de plus de 16 mètres. Le quai de Prada, récemment et solidement construit en marbre, et où une multitude de personnes s'étaient réfugiées, s'affaissa tout à coup ; un grand nombre de bateaux et de petits navires amarrés au quai et tous remplis de monde furent engloutis avec le quai ; l'abîme qui s'était formé dans le fond de la mer se referma de telle sorte que pas un seul cadavre ne vint ensuite flotter à la surface des eaux. Aujourd'hui, dans ce point, l'eau a 100 brasses de profondeur. En même temps, les montagnes d'Arabida, d'Estaella, de Marao et de Cintra, qui appartiennent aux plus grandes chaînes du Portugal, furent violemment ébranlées. Plusieurs d'entre elles s'ouvrirent à leur sommet et se fendirent jusqu'à leur base ; d'énormes blocs de rochers roulèrent dans les vallées voisines. On vit même des flammes et une colonne de fumée sortir près de la ville, d'une crevasse nouvellement formée dans le rocher d'Alvidras ; plus les détonations devenaient intenses, plus cette fumée s'épaississait. L'action de ce t. de terre s'étendit à des distances prodigieuses, c.-à-d. dans une grande partie de l'Europe, en Afrique et jusqu'en Amérique. Le port de Sétubal, à 28 kilomètres de Lisbonne, fut englouti. A Cadix, on vit venir du large, à 12 kilomètres de distance, une montagne d'eau de 20 mètres de hauteur, qui se jeta avec impétuosité sur les côtes et ruina un grand nombre d'édifices. La mer s'éleva et retomba 18 fois à Tanger, sur la côte d'Afrique, et 15 fois à Funchal, dans l'île de Madère. A Alger et à Fez, les secousses qu'éprouva le sol furent telles que plus de 10,000 personnes périrent sous les débris des édifices. A Kinsale, en Irlande, une masse d'eau envahit le port, et plusieurs vaisseaux pirouettèrent et allèrent tomber sur la place du Marché. Tous les lacs de la Suisse furent violemment agités. Il en fut de même de ceux de l'Écosse. Les eaux de la mer, sur les côtes de la Norvège et de la Suède, furent très sensiblement soulevées. Enfin, plusieurs des Antilles, notamment Antigua, la Barbade et la Martinique, bien qu'éloignées de 6,000 kilomètres des côtes du Portugal, ressentirent les secousses de cet épouvantable t. A la Barbade, la mer, qui, à la marée, ne dépasse jamais 64 à 75 centimètres, s'éleva à 6 mètres dans la baie de Carlisle, et l'eau devint en même temps noire comme de l'encre.

Le t. de terre de la Calabre est aussi un des plus curieux à étudier, bien qu'il ne se soit fait sentir que dans une étendue relativement fort limitée. Les secousses commencèrent en février 1783 et durèrent près de 4 ans, jusqu'en 1786. On assure qu'il y en eut 949, dont 501 du premier degré de force, dans la seule année 1783 ; l'année suivante, il n'y en eut que 151, dont 98 de première force. Les convulsions de la terre et de la mer s'étendirent sur toute la Calabre ultérieure, la partie sud-est de la Calabre citérieure, ainsi qu'à Messine et aux environs. Les secousses se répandirent plus loin encore, mais la surface sur laquelle elles agirent avec assez de force pour exciter une grande alarme n'excéda guère 500 milles carrés d'étendue. Enfin, si l'on prend pour centre la ville d'Oppido en Calabre, et que l'on décrive autour un cercle de 22 milles de rayon, cet espace comprendra la surface du pays qui subit les plus grandes altérations, et sur laquelle toutes les villes et tous les villages furent détruits. La première secousse, le 5 février, renversa en 2 minutes la plus grande partie des maisons depuis le versant occidental des Apennins, dans la Calabre ultérieure, jusqu'à Messine en Sicile, et bouleversa toute la surface du pays. La secousse du 28 mars eut presque autant de violence. La terre se fendit en une foule d'endroits, de telle manière que, tantôt le sol était au même niveau des deux côtés des crevasses, et que tantôt il y avait soulèvement d'un côté et abaissement de l'autre. Dans le territoire de Soriano, par ex., sur les côtés de plusieurs longues fissures, les masses stratifiées avaient changé leur position relative de 2 mètres à 3 mètres et demi. Dans la ville de Terra-Nuova, quelques maisons furent élevées au-dessus du niveau ordinaire, et d'autres à côté s'enfoncèrent dans le sol. Les déchirures et les crevasses qui se produisirent en nombre prodigieux dans le sol affectèrent les formes les plus diverses. Beaucoup d'entre elles s'ouvrirent et se fermèrent alternativement, comme si la terre eût été tout à coup soulevée et abandonnée à elle-même. Lorsqu'elle s'entr'ouvrait, des animaux, des hommes, des arbres, des maisons même, étaient engouffrés à l'instant, et lorsque le terrain redescendait, le sol se refermait sur eux. Plusieurs de ces crevasses restèrent béantes plus ou moins longtemps, et quelques-unes offraient des dimensions considérables, soit en longueur, soit en largeur. Dans le territoire de San-Fili, il se forma une crevasse longue d'environ 900 mètres, large de 80 centimètres, et profonde de 8 mètres; il s'en produisit une de mêmes dimensions dans le territoire de Rosarno. Un ravin de près de 1,850 mètres de long, de 54 de large et de 10 de profondeur, s'ouvrit dans le district de Plaisance. Dans ce même district, se forma deux gouffres, l'un d'environ 1,400 mètres de long sur 50 de large et 34 de profondeur, l'autre de 460 mètres de long sur 40 de large et 73 de profondeur. Des gouffres semblables se produisirent en divers lieux. Dans le voisinage de Serosinara, il se forma soudainement un lac par suite de l'ouverture d'une grande crevasse du fond de laquelle l'eau s'élança brusquement. Ce lac, qui reçut le nom de lac del Toltilo, avait 627 mètres de longueur, 330 de largeur et 18m,50 de profondeur. Le nombre des personnes qui furent victimes du t. de terre dans les deux Calabres et en Sicile a été évalué à 40,000; en outre, 20,000 périrent de misère ou de maladie.

Le t. qui, le 4 février 1797, renversa la ville de Riobamba, dans l'Équateur, présenta des phénomènes semblables à ceux qui avaient été déjà observés dans la Calabre, et d'autres analogues à ceux que produirait l'explosion d'une mine. « Ce t. de terre, dit M. de Humboldt, ne fut ni annoncé ni accompagné par aucun bruit souterrain. Une immense détonation se produisit seulement 18 ou 20 minutes plus tard sous les deux villes de Quito et d'Ibarra, et ne fut entendue, ni à Tacunga, ni à Hambato, ni sur le théâtre même du désastre. Lorsque les secousses commencèrent, le sol se déchira sur une foule de points... Un fait qui semble particulier à ce t. de terre, c'est qu'un grand nombre d'habitants furent lancés presque verticalement en l'air, et tombèrent sur une colline appelée la Culca, qui est haute de plusieurs centaines de pieds et qui est séparée de Riobamba par un ruisseau nommé Lican. »

Durant les années 1811 et 1812, une partie de l'immense bassin du Mississipi fut agitée par des secousses presque continuelles de t. de terre. Le sol, près de New-Madrid, fut tellement bouleversé, que le fleuve fut arrêté dans son cours et qu'il y eut un reflux temporaire. Dans l'espace d'une heure, il se forma de vastes lacs n'ayant pas moins de 20 milles d'étendue, tandis que d'autres furent desséchés. Il se produisit dans le sol plusieurs centaines de fissures profondes qui restèrent ouvertes plusieurs années.

Le t. de terre qui, en juin 1819, agita le delta de l'Indus, détermina plusieurs effets qui méritent d'être signalés. Les secousses durèrent depuis le 16 jusqu'au 20 du mois, jour où le volcan de Dinodur, situé à environ 50 kilomètres de la ville de Bhouly, fit éruption et où cessèrent les mouvements du sol. Cette ville, ainsi que plusieurs autres situées dans le territoire bas qui se trouve entre les bras oriental de l'Indus et la rivière de Lonni, furent détruites ou submergées par l'affaissement du sol, lequel fut lui-même converti en lagune, et à Luckput, le fleuve, qui auparavant n'avait à marée basse que 30 centimètres de profondeur, se trouva avoir 6 mètres d'eau après le choc. D'autre part, immédiatement après la secousse principale, il se forma par le travers de la branche orientale du fleuve un monticule long d'environ 80 kilomètres de l'est à l'ouest, sur 26 de largeur en quelques endroits, avec une hauteur de 3 mètres.

La manière dont les tremblements de terre, très fréquents au Chili, affectent les côtes de ce pays, est également du plus haut intérêt. Le 19 novembre 1822, un violent t. de terre agita le Chili, et le choc fut ressenti sur un espace de 2,000 kilomètres du nord au sud. Santiago, Valparaiso et quelques autres villes furent très endommagées. Mais, lorsqu'on examina le terrain dans la matinée qui suivit le choc, on trouva que toute la ligne de la côte, sur une longueur de plus de 180 kilomètres, avait été élevée au-dessus de son premier niveau. A Valparaiso, l'élévation était de 1 mètre et, à Quintero, de 1m,22. Une partie du lit de la mer resta, à la marée haute, découverte et à sec, avec des bancs d'huîtres, de moules et autres coquillages adhérents aux rochers sur lesquels ils avaient vécu. Une vieille carcasse de navire naufragé, que l'on ne pouvait approcher avant le t. de terre, était devenue accessible par terre, sans que sa distance à l'ancien rivage eût en rien diminué. Enfin, un cours d'eau qui faisait mouvoir un moulin situé à environ 1,800 mètres de la mer, avait acquis une pente de 35 centimètres dans moins de 400 mètres de longueur. Une partie de la côte ainsi soulevée consistait en granit dans lequel il s'était formé des fissures parallèles dont plusieurs s'étendaient jusqu'à 900 mètres dans les terres. La surface sur laquelle se produisait cette altération permanente de niveau a été évaluée à environ 340,000 kilomètres carrés. Sur le rivage, l'élévation était de 60 centimètres à 1m,20; à la distance d'un mille dans les terres, elle variait de 85 à 2 mètres. Le t. de 1835 fut assez semblable par ses effets à celui de 1822. Le choc le plus intense, qui eut lieu le 20 février, renversa une grande partie des villes de la Conception, de Talcahuano et de Chillan, et cette partie de la côte éprouva un soulèvement de 1m,20 à 1m,50. Toutefois elle s'affaissa ensuite graduellement, de sorte qu'au bout de deux mois, son élévation au-dessus de son ancien niveau n'était plus que de 60 centimètres.

Parmi les autres tremblements de terre du XIXe siècle, nous nous contenterons de citer celui de l'île d'Ischia, près de Naples qui eut lieu le 28 juillet 1883 et fit plus de 4,000 victimes; celui de l'île de Krakatoa, le 27 août 1883, qui constitue l'événement géologique le plus important des temps historiques et sur lequel nous allons revenir; ceux qui, les 25, 26 et 27 décembre 1884 ravagèrent la province de Grenade en Espagne et détruisirent les villes d'Alhama, d'Albunuelas et d'Albuquerque, et firent plus de 1,200 victimes; et enfin celui de Nice du 23 février 1887.

L'île de Krakatoa est située dans le détroit de la Sonde, entre les îles de Sumatra et de Java : elle avait environ 16 kilomètres de tour. Le détroit de la Sonde marque dans la géographie maritime les plus grandes profondeurs connues : la sonde y est descendue à 8,000 mètres sans toucher le fond. Les nombreux îlots qui le sillonnent sont les sommets de montagnes deux fois plus hautes que le Mont-Blanc. Toute cette région est volcanique : dans l'île même de Krakatoa se trouvait un volcan, le Payandayang. Le 27 août 1883, vers 6 heures du matin, ce volcan se mit à vomir des flammes et des torrents de lave. En même temps l'île entière s'abîmait subitement dans la mer, la montagne elle-même s'effondrait et était remplacée par une nappe qui continuaient à lancer des flots de vapeur et de lave embrasée. La catastrophe fut si soudaine, et l'eau de la mer tellement agitée par cette brusque convulsion qu'il se produisait un raz de marée, une vague immense de 35 mètres de hauteur qui, avec une vitesse prodigieuse, alla se répandre des deux côtés sur les deux rives du détroit. Dans l'île de Sumatra le petit port de Telobaktœng fut entièrement détruit; mais sur la côte de Java, la catastrophe fut plus terrible à cause de la présence de la ville relativement importante d'Anjer. Les maisons, dont les habitants commençaient à se lever furent subitement submergées par la vague immense qui, en se retirant les emporta dans la mer. Le nombre des victimes dépassa assurément 40,000, et de la gracieuse cité javanaise, il ne resta rien qu'un sol dénudé, sans une maison, sans un arbre. Cependant les cendres vomies par le volcan obscurcissaient le ciel : durant 18 heures, une nuit noire, entrecoupée d'éclairs sinistres, pesa sur toute cette contrée. Pendant plusieurs jours, la mer fut littéralement couverte de pierres ponces qui flottaient sur les flots et dont plusieurs avaient de 2 à 3 mètres d'épaisseur. La géographie du détroit a été profondément modifiée : l'îlot Poolsche Wœdje a disparu totalement ; certaines îles ont augmenté de superficie; des îles nouvelles ont surgi, formées par les amas de pierre ponce qui ont comblé les bas fonds. L'île de Krakatoa elle-même fut réduite à un îlot, et la montagne centrale remplacée par sept cimes. L'ébranlement de la mer se fit sentir jusqu'à des distances prodigieuses : le lendemain, la vague arrivait à Colon, dans l'isthme de Panama ayant encore 0^m,40 de hauteur. Aux Seychelles, à la Réunion, au Japon, à Ceylan, à Aden, le flot se fit sentir en dehors de l'heure des marées. La vitesse de propagation de ce flot a pu être facilement mesurée : elle augmentait avec la profondeur de la mer, et sa valeur moyenne était d'environ 400 kilomètres par heure. Le bruit des détonations s'entendit jusqu'à plus de 3,000 kilomètres de distance; mais ce qu'il y a de plus curieux, c'est que l'éruption produisit une onde atmosphérique qui fit trois fois le tour du monde. Sur le globe entier on observa une variation brusque de la pression barométrique, qui se renouvela jusqu'à trois fois de suite à 35 heures d'intervalle, et à des époques correspondant à la distance de la station à Krakatoa. Cette onde a donc fait le tour du monde en 35 heures, et cela trois fois de suite avant qu'elle s'éteindre. C'est à peu près la vitesse du son; mais, tandis que la longueur d'onde du son le plus grave est de 20 mètres, l'onde atmosphérique de Krakatoa avait une longueur de 1 million de mètres qui a pu être mesurée en observant la durée de la perturbation barométrique, ou le temps qui séparait le maximum du minimum. Un savant a calculé que la quantité des matières lancées par le volcan était de 18 milliards de mètres cubes. On peut contester les bases mêmes de ce calcul; mais ce qui est certain, c'est que des poussières furent projetées à des hauteurs considérables, peut-être jusqu'aux limites de notre atmosphère, que les courants aériens les ont dispersées tout autour du globe, et qu'elles ont mis des années à retomber sur le sol. La preuve en est dans les singuliers phénomènes optiques qui ont suivi la catastrophe de la mer des Indes et qu'on ne peut expliquer que par la présence de poussières très ténues dans les hautes régions de l'atmosphère. En certaines régions de l'Inde, le Soleil parut verdâtre à son coucher; partout, sur le globe entier, on le vit, à son lever ou à son coucher, entouré d'une auréole d'un rouge pâle, et, dès qu'il avait disparu sous l'horizon, le ciel s'illuminait d'une lueur rouge magnifique dont le foyer coïncidait avec la position du soleil. Les lueurs crépusculaires ont à peu près disparu vers la fin de 1884, mais l'auréole solaire était encore observable en 1885. On voit qu'aucune éruption volcanique connue ne peut être comparée à celle de Krakatoa dont l'influence s'est fait sentir sur le globe entier, et qui constitue bien, comme nous l'avons déjà dit, le plus grand événement géologique qui se soit produit depuis l'origine des temps historiques.

III. — L'observation des tremblements de terre est entrée dans une phase véritablement scientifique depuis qu'on a imaginé d'enregistrer les moindres mouvements du sol au moyen d'appareils appelés sismographes, et qui consistent essentiellement en un pendule dont la partie inférieure porte un style capable de laisser une trace sur un papier placé horizontalement au-dessous de lui. Il y a deux sortes de sismographes. Dans les uns, le pendule formé d'un simple fil peut osciller dans tous les plans verticaux; dans les autres, le pendule formé d'une tige rigide ne peut osciller que dans un seul plan vertical : alors l'appareil complet comprend deux pendules oscillant dans deux plans perpendiculaires, et donnant ainsi les composantes du mouvement suivant deux directions perpendiculaires.

Un premier fait, mis hors de doute par les observations, c'est que les secousses sismiques sont extrêmement fréquentes. Il ne se passe pas de jour, pas d'heure peut-être, où la terre ne tremble quelque part. Sous le rapport de l'intensité du phénomène, les observateurs adoptent généralement l'échelle de MM. Forel et Rossi comprenant 10 termes nommés : 1, secousse micro-sismométrique; 2, secousse extrêmement faible; 3, très faible; 4, faible; 5, d'intensité moyenne; 6, assez forte; 7, forte; 8, très forte; 9, extrêmement forte; 10, d'intensité extrême. Le premier terme comprend les secousses qui ne sont sensibles qu'aux appareils les plus délicats. Les secousses comprennent trois sortes de mouvements qu'on observe quelquefois simultanément : 1° Un mouvement vertical; 2° un mouvement horizontal; 3° un mouvement giratoire ou tournoiement. Il résulte d'observations faites au Japon que le mouvement horizontal se compose de deux espèces d'ondes; l'une, la plus importante dirigée dans le sens de la propagation de l'ébranlement; l'autre dans le sens perpendiculaire, et paraissant due à la réaction des matières comprimées. La longueur de l'onde, c.-à-d. de l'intervalle entre deux maxima ou minima de pression, est de quelques millimètres, et la durée de la période est comprise entre 1 seconde et une demi-seconde. Ces deux éléments varient nécessairement avec l'élasticité des roches. La région où le phénomène

se manifeste avec le plus d'intensité a reçu le nom d'*épicentre* : elle est peu étendue relativement à l'aire où le phénomène se fait sentir. Les observations sismographiques permettent de tracer des courbes reliant tous les lieux où la secousse s'est fait sentir en même temps, et d'autres courbes appelées *isoséistes* qui relient les lieux où le phénomène s'est fait sentir avec la même intensité. L'examen de ces courbes permet de déterminer d'une part la vitesse de la propagation, et d'autre part la position du centre d'ébranlement. La vitesse de propagation varie depuis 300 mètres par seconde dans le sable, jusqu'à 3,000 mètres dans le granit. Le centre d'ébranlement est généralement situé à 1 ou 2 kilomètres au-dessous de l'épicentre. Il est rare qu'un t. de terre ne se compose que d'une seule secousse : il y en a généralement plusieurs. Les observations de M. Forel, en Suisse, ont révélé que la terre tremble plus souvent la nuit que le jour, et plus souvent l'hiver que l'été. D'autre part, Alexis Perrey, qui avait relevé des milliers de tremblements de terre de 1851 à 1872, a cherché leurs relations avec le mouvement de la lune : il les a trouvées plus fréquents à la nouvelle lune et à la pleine lune qu'aux quadratures, plus fréquents quand la lune est au périgée que quand elle est à l'apogée. Les écarts sont faibles, mais très nets.

Malgré le grand nombre d'observations, on est bien loin de connaître la véritable cause des tremblements de terre. Beaucoup de théories ont été proposées; aucune n'est pleinement satisfaisante. Il est d'abord certain que tous les tremblements de terre ne reconnaissent pas la même origine et ne dépendent pas d'une seule cause. On a remarqué une connexion assez frappante entre les grands tremblements de terre et les éruptions volcaniques. Cependant il se produit des tremblements de terre dans des régions qui ne sont nullement volcaniques, en Suisse par ex. Il faudrait donc commencer par faire une classification des phénomènes observés. M. Forel appelle *tremblements de terre orogéniques*, ceux qui résultent d'une fracture ou d'un déplacement des couches terrestres sous l'action des pressions ou distensions que subissent ces couches dans le plissement de l'écorce terrestre. Cette définition indique l'une des causes des tremblements de terre : le refroidissement graduel de la Terre qui, par la contraction qu'il détermine, oblige les couches intérieures à se plisser pour recouvrir un volume moindre. Il serait difficile d'établir une démarcation bien tranchée entre cette cause et ceux qui résultent d'un simple éboulement comme il s'en produit si souvent dans les montagnes. Enfin d'autres sismes peuvent être produits par l'effondrement de la voûte d'une cavité souterraine de quelque étendue, et cet effondrement peut être causé par la destruction progressive, sous l'action des eaux, des piliers qui soutenaient la voûte. Le 30 octobre 1873, un éboulement considérable se produisait dans la mine de sel gemme de Narangoville-Saint-Nicolas, près de Nancy, précisément parce que les piliers qui soutenaient le plafond de la mine avaient été rongés par des infiltrations d'eau. Or, quelques minutes après, on ressentit un t. de terre à Nancy. Il est probable que des événements analogues se produisent de temps à autre dans l'intérieur des couches terrestres. Le professeur Palmieri, ayant remarqué que le t. de terre d'Ischia avait présenté cette particularité de ne pas ébranler l'île entière, l'attribua à l'effondrement des grottes creusées dans l'argile par les eaux thermales. — Quant aux tremblements de terre volcaniques, il reconnaissait la même cause que les éruptions volcaniques. On admet assez généralement que le globe terrestre est formé de matériaux en fusion et à très haute température recouverts d'une très mince écorce solide. Voy. GÉOLOGIE. Dans cette hypothèse, dite *hypothèse du feu central*, on explique les éruptions volcaniques en disant que ces matières en fusion se font jour au travers d'une déchirure de l'écorce, et les tremblements de terre seraient les secousses que reçoit l'écorce du mouvement du liquide inférieur. Cependant l'hypothèse du feu central n'est pas acceptée universellement : on lui a objecté que le globe liquide intérieur subirait des marées qui briseraient deux fois par jour la mince écorce qui l'enveloppe. D'ailleurs, il paraît que l'échauffement progressif du sous-sol, qui est à la surface de 1° par 30 mètres de profondeur, devient beaucoup moins rapide à mesure qu'on descend plus bas, ce qui permet d'attribuer à l'écorce solide une épaisseur beaucoup plus grande. Quoi qu'il en soit, on peut expliquer les éruptions volcaniques et les tremblements de terre sans faire intervenir la masse liquide ou pâteuse intérieure à l'écorce. C'est Daubrée qui a imaginé cette explication dans laquelle l'eau joue le principal rôle, ce qui concorde avec le fait géographique que tous les volcans sont voisins de la mer. Il suffit d'admettre qu'il existe dans l'intérieur de la Terre, et à la profondeur où la température est celle de la lave fondue, des cavités contenant des lacs de cette substance. Si, par une fissure ou par simple porosité, l'eau de la mer pénètre dans cette cavité, elle s'y transformera en vapeur pouvant acquérir en peu de temps une tension considérable, capable de produire des explosions gigantesques. Cette théorie explique pourquoi les volcans rejettent tant de vapeur d'eau; si l'on réfléchit à la puissance mécanique considérable que possède une grande masse d'eau subitement transformée en vapeur, puissance dont les explosions de nos chaudières industrielles nous montrent les effets destructeurs, on comprendra facilement comment la vapeur d'eau s'accumulant dans l'une des cavités dont nous venons de parler finira par y prendre une pression explosive capable d'ébranler toutes les roches jusqu'à des distances de plusieurs centaines de kilomètres. On comprend aussi que les tremblements de terre de cette sorte doivent être beaucoup plus terribles que ceux qui sont dus à un simple glissement de l'écorce : il y a entre eux la même différence qu'entre un éboulement et une explosion. Au reste l'intensité d'un t. de terre ne dépend pas seulement de l'énergie de la cause qui lui a donné naissance, mais aussi de la constitution géologique des terrains. On a observé que les tremblements de terre les plus destructeurs s'étaient toujours produits le long des grandes failles, là où les roches sont disloquées, brisées, et les stratifications dérangées. Il est évident que les régions ainsi constituées présentent moins d'élasticité que celles où les stratifications sont restées horizontales, et sont beaucoup plus sujettes à des ruptures et à de nouvelles dislocations. Cette circonstance explique pourquoi les tremblements de terre les plus terribles sont produits quelquefois assez loin du centre d'ébranlement : la vague sismique s'est propagée longtemps sans trop faire de dégâts jusqu'à ce qu'elle rencontre un terrain peu résistant comme ceux dont nous venons de parler. Cette circonstance s'est produite dans le t. de terre de Lisbonne de 1755 dont le centre d'ébranlement paraît avoir été aux îles Açores.

En dehors des causes générales, il y a lieu de faire intervenir les causes occasionnelles. Qu'il s'agisse d'un t. de terre volcanique ou orogénique, il est clair que si une région de l'écorce terrestre se trouve dans un état d'équilibre instable, la moindre cause pourra suffire pour déterminer la rupture de cet équilibre et produire l'explosion ou la dislocation. C'est ainsi qu'on a pu signaler l'action des brusques variations de la pression atmosphérique comme celles qui ont précédé les tremblements de terre d'Espagne de 1884, l'influence du refroidissement qui est manifeste par la plus grande fréquence des sismes la nuit et l'hiver, et enfin l'action des marées de la grande masse fluide ou pâteuse de l'intérieur du globe, action rendue manifeste par la statistique de Perrey qui nous montre une plus grande fréquence aux syzygies et aux époques où la lune est périgée.

Bibliogr. — L'Astronomie, Revue mensuelle, de 1883 à 1886; — HEIM, Les Tremblements de Terre, leur étude scientifique, Zurich, 1880; — Flammarion, L'Éruption du Krakatoa et les Tremblements de terre, 1890.

TREMBLER. v. n. [Pr. tran-bler] (lat. tremulare, m. s., de tremulus, tremblant, de tremere, trembler; gr. τρέμω). Être agité, être mû par de fréquentes secousses. Les feuilles des arbres tremblent au moindre vent. T. de peur, de froid. T. de tous ses membres. Tout le corps lui tremble. La terre trembla par deux fois. Au bruit du canon, toute la maison tremblait. || Activ. et popul., T. la fièvre, Être dans le frisson de la fièvre. || Se dit des choses qui ne sont pas fermes, qui s'ébranlent facilement. On ne peut avec sûreté passer sur ce plancher, sur ce pont, il tremble. || Fig., Craindre, appréhender, avoir grand'peur. Ce prince est redoutable, il fait t. toute l'Europe. Toute la terre tremblait devant lui. — Fam. et par exagér., Il mange, il boit, etc., à faire t.

TREMBLEUR, EUSE. s. [Pr. tran-bleur, euze]. Celui, celle qui tremble; ne se dit guère qu'au figuré, en parl. d'une personne trop circonspecte, trop craintive. Vous ne t'engagerez jamais dans cette affaire, c'est un t. || T. Hist. relig. Voy. QUAKER. || T. Techn. T. électrique. Appareil employé sur les lignes des chemins de fer, et composé d'une sonnerie qui sonne tant qu'un signal est formé. On dit aussi Trembleuse électrique, sonnerie trembleuse ou simplement Trembleuse. || T. Pêche. Pêche à la trembleuse, Avec une ligne qu'on agite dans l'eau.

TREMBLEY, naturaliste suisse (1700-1784).

TREMBLOTANT, ANTE adj. [Pr. tran-blotan]. Qui tremblote. Je le trouvai tout t. de froid Une voix tremblotante.

TREMBLOTEMENT. s. m. [Pr. tran-blote-man]. Action de trembloter.

TREMBLOTER. v. n. [Pr. tran-bloter] (dimin. de trembler) Le froid le faisait t. Il a eu peu de frisson, il a seulement trembloté. Fam.

TRÉMELLACÉES s. f. pl. [Pr. trémel-la-sé] (R. Trémelle). T. Bot. Famille de Champignons de l'ordre des Basidiomycètes.
Caract. bot. : Appareil sporifère ordinairement gélatineux ou cartilagineux par suite de la gélification de la couche externe de la membrane des filaments, rarement sec ou charnu et cireux. Forme de l'appareil et dimensions très variables. C'est tantôt un disque demi-circulaire attaché par sa face plane, muni d'appendices épineux sur sa face inférieure (Tremellodon), tantôt une coupe ou un entonnoir pédicellé, de couleur rouge ou pourpre, portant les spores sur sa face inférieure (Gyrocephalus) ; dans les Exidia, c'est une coupe pédicellée ou un disque sessile, sporifère seulement sur la face supérieure; dans les Auriculaires, c'est une lame concave, attachée au support par une partie de sa face inférieure convexe; dans les Trémelles, c'est aussi une lame contournée sur elle-même, cérébriforme, attachée par un thalle par une portion de sa face inférieure et sporifère sur toute son étendue. Dans l'Ecchyna, c'est une sphère pédicellée qui produit ses basides à une certaine profondeur au-dessous de la surface.
Basides, produites par le renflement terminal de certaines branches périphériques, toujours cloisonnées, mais de deux façons différentes. Tantôt le renflement terminal est allongé, prend trois cloisons transversales et se partage ainsi en 4 cellules superposées dont chacune pousse latéralement sous la cloison un rameau qui s'allonge à travers la gelée et, parvenu au dehors, se renfle au une spore qui se dissémine dans l'air. Tantôt le renflement terminal est sphérique ou ovoïde et se divise par deux cloisons en croix en 4 cellules juxtaposées, qui poussent chacune au sommet un long stérigmate, terminé par une spore. En germant, les spores des Trémellacées poussent un tube bientôt cloisonné en cellules et ramifié, dont les rameaux, dans des conditions favorables, donnent un thalle adulte capable de former à son tour des appareils sporifères. Les Trémellacées sont aussi susceptibles de former des conidies de forme constante et déterminée pour chaque genre.
Cette famille comprend 13 genres et environ 50 espèces vivant presque toujours sur le bois mort, rarement en parasites sur les tiges ligneuses encore vivantes, un directement sur la terre; un certain nombre d'entre elles sont comestibles. On divise les Trémellacées en 3 tribus :
TRIBU I. — Auriculariées. — Basides cloisonnées en travers et extérieures (Auricularia, Platygloea, Pilacrella, etc.).
TRIBU II. — Ecchynées. — Basides cloisonnées en travers et internes (Ecchyna).
TRIBU III. — Trémellées. — Basides cloisonnées en long et extérieures (Tremella, Exidia, Sebacina, Tremellodon, Gyrocephalus, etc.). Toutes les Trémelles sont comestibles ou inoffensives; on consomme surtout la Tr. orangée (Tr. mesenterica) et la Tr. jaunâtre (Tr. lutescens).

TRÉMELLE. s. f. (lat. tremella, m. s., de tremere, trembler). T. Bot. Genre de Champignons de la famille des Trémellacées. Voy. ce mot.

TRÉMELLÉES. s. f. pl. (R. Trémelle). T. Bot. Tribu de Champignons de la famille des Trémellacées Voy ce mot.

TRÉMIE. s. f. (lat. trimodia, vase qui contient trois mesures). La t. d'un moulin, sorte de grande auge où l'on met le grain, et d'où il passe entre les meules. Voy. MOULIN, II. || T. Techn. Conduit en planches par lequel on fait couler du mortier, du béton. — Entonnoir par lequel on jette le minerai. || T. de cheminée, Ouverture ménagée dans un comble pour donner passage au tuyau d'une cheminée. Voy. COMBLE, III, et Ouverture ménagée dans un plancher pour placer le foyer d'une cheminée. Voy. CHARPENTERIE. || Cristaux en t. Voy. CRISTALLOGRAPHIE, XI. ||

Trémie, se dit encore d'une sorte de boîte dans laquelle on donne à manger aux faisans parqués.

TRÉMIÈRE. adj. f. (par corrupt. de *ultra*, outre; *mare*, mer). Ne se dit que dans cette loc., *Rose t.*, Nom vulgaire de l'*Althæa rosca*. Voy. MALVACÉES.

TRÉMOIS. adj. et s. m. [Pr. *tré-moua*] (lat. *tres*, trois, et fr., *mois*). T. Bot. Nom d'une variété de Froment, appelée aussi *Blé de Mars*. Voy. FROMENT. || T. Agric. Mélange de froment, de seigle, d'avoine, de vesce, qu'on sème pour être coupé en vert au printemps et donné aux bestiaux.

TRÉMOLITE. s. f. (R. *Tremola*, n d'une vallée du Piémont, et gr. λίθος, pierre). T. Min. Voy. AMPHIBOLE.

TRÉMOLO. s. m. Mot ital. qui signifie *Tremblement*. T. Mus. Mouvement rapide et continu sur une même note.

TRÉMOLOPHONE. adj. 2 g. (ital. *tremolo*; gr. φωνή, voix). T. Mus. Se dit d'un piano qui permet d'exécuter le trémolo. Voy. PIANO.

TRÉMOUSSEMENT. s. m. [Pr. *trémouse-man*]. Action de se trémousser. T. *des ailes, du corps, des membres*.

TRÉMOUSSER (SE). v. pron. [Pr. *trémou-ser*] (lat. *tremere*, trembler, par une dérivation difficile à expliquer). Se remuer, s'agiter d'un mouvement vif et irrégulier. *Ce n'est pas là danser, ce n'est que se t. Un chien qui se trémousse.* — On dit aussi neutral., en parlant des oiseaux, *Ces oiseaux trémoussent de l'aile.* || Fig. et fam., Faire des démarches, se donner beaucoup de mouvement pour faire réussir une affaire. *L'affaire est importante, trémoussez-vous un peu plus.*

TRÉMOUSSOIR. s. m. [Pr. *trémou-souar*]. Machine propre à se donner du mouvement et de l'exercice sans sortir de la chambre.

TREMPAGE. s. m. [Pr. *tran-paje*]. Action de tremper.

TREMPE. s. m. [Pr. *tran-pe*] (R. *tremper*). T. Métall. Opération qui consiste à refroidir brusquement un métal ou le plongeant dans l'eau froide après l'avoir porté à une température élevée. *La t. a pour effet de donner au fer une grande dureté. Par la t., au contraire, l'alliage dont sont faits les tamtams devient ductile et malléable. Cet homme entend bien la t. du fer. Donner la t. à une lame d'épée.* Voy. ACIER. — Par la t. le verre devient plus difficile à casser; mais quand il le brise, la pièce tout entière se réduit en poudre ou en petits morceaux. Voy. VERRE || Par ext., La qualité qu'un métal acquiert par cette opération. *Cette épée est d'une bonne t. La t. de cet acier est excellente.* || Fig., La constitution du corps de l'homme, et la qualité de son âme, de son caractère. *Rien ne peut altérer sa santé, c'est un corps d'une t. excellente. Un esprit de bonne t. Les âmes d'une certaine t.* || T. Typogr. Action de tremper, d'humecter le papier sur lequel on veut imprimer. On dit aussi, *Trempage.*

TREMPER. v. a. [Pr. *tran-per*] (lat. *temperare*, modérer). T. *son vin*, Y ajouter assez d'eau pour diminuer notablement sa force. || Mouiller une chose en la mettant dans quelque liqueur. T. *un linge dans de l'eau.* T. *du pain dans du vin.* T. *la soupe*, Verser le bouillon sur les tranches de pain. — T. *le papier*, L'humecter pour lui donner de la souplesse, avant de le soumettre à l'impression. — Fig., T. *ses mains dans le sang*, Commettre un meurtre, ou seulement l'ordonner, le conseiller, y consentir. || T. *du fer, de l'acier*, Le plonger tout rouge dans de l'eau ou de l'huile pour le refroidir brusquement, ce qui le durcit. Voy. ACIER. || *La pluie a trempé la terre*, Il a plu abondamment, et la terre est pénétrée d'eau. = TREMPER, SE. Demeurer quelque temps dans un liquide. *Mettez ce linge t. Faire t. de la morue pour la dessaler.* — Fig., T. *dans un crime, dans une conspiration, etc.*, En être complice. *Il n'a point trempé dans ce complot.* = TREMPÉ, ÉE. part. *Boire du vin trempé.* || *Cet homme est tout trempé, il a son habit tout trempé*, Il a été extrêmement mouillé. || *Il est trempé de sueur*, Il est tout couvert de sueur. || *Un caractère bien trempé*, qui a contracté de la fermeté.

TREMPERIE. s. f. [Pr. *tran-perie*]. L'endroit d'une imprimerie où l'on trempe le papier.

TREMPETTE. s. f. [Pr. *tran-pè-te*]. Action de tremper du pain dans du vin, du lait, etc. *Faire une t.* Fam.

TREMPLIN. s. m. [Pr. *tran-plin*] (ital. *trampelino*, m. s., dérivé du vx fr., *treper*, sauter qui a donné *trépigner*). Planche inclinée et très élastique sur laquelle courent les sauteurs pour s'élancer et faire des sauts périlleux. || Fig., Trait de force, d'adresse dans la conduite — Circonstance favorable pour l'exécution d'un projet. *C'est un bon t. électoral.*

TREMPOIRE. s. f. [Pr. *tran-pouare*] (R. *tremper*). T. Techn. Vase où l'on fait tremper les feuilles d'*indigo*. Voy. ce mot.

TRENCK (baron DE), officier allem., d'une grande bravoure mais d'une férocité plus grande encore, né en Calabre (1711-1749). || TRENCK (baron DE), cousin du précédent, né à Kœnigsberg. Célèbre par ses malheurs, sa longue captivité, mourut sur l'échafaud (1726-1794).

TRENTAIN. adj. invar. [Pr. *tran-tin*] (R. *trente*). T. Jeu de paume, qui se dit pour marquer que les joueurs ont chacun trente. *Nous sommes t.*

TRENTAINE. s. f. coll. [Pr. *tran-tène*]. Nombre de trente ou environ. *Une t. de francs, d'écus. Une t. d'années. Nous étions une t. à ce dîner.* || Absol. et fam., L'âge de trente ans. *Elle a passé la t.*

TRENTE. adj. numéral 2 g. [Pr. *tran-te*] (lat. *triginta*, m. s.). Nombre pair composé de trois fois dix. T. *hommes.* T. *francs.* T. *lieues. Il est âgé de t. ans.* T. *et un. T.-deux T.-quatre.* || Se dit quelquefois pour Trentième. *Page t. Chapitre t.* = TRENTE. s. m. Le nombre composé de trois, unités. On dit de même, *Le nombre t., le numéro t.* || *Le t. du mois*, ou simplem., *Le t.*, Le trentième jour du mois. Elliptiq., *Le t. mars, le t. juin.* || T. Jeu. *Le t. et quarante*, Sorte de jeu de hasard qui se joue avec six jeux de cartes entiers. *Le t. et un*, Jeu de hasard qui se joue avec un ou plusieurs jeux dont on a retiré les cartes basses

TRENTE, v. d'Autriche (Tyrol), sur l'Adige; 19,000 hab. — Concile œcuménique tenu de 1545 à 1563 contre les protestants.

TRENTENAIRE. adj. 2 g. [Pr. *tran-tenè-re*]. T. Jurispr. De trente ans, par trente ans. *La possession t. Prescription t.*

TRENTIÈME. adj. 2 g. [Pr. *tran-tième*] (R. *trente*). Nombre ordinal de trente. *Il est le t. sur la liste. Elle est dans sa t. année. La t. partie d'un tout. Le t. jour du mois*, ou ellipt., *Le t. du mois.* || Se dit substant., au masc., de chaque partie d'un tout qui est ou que l'on conçoit divisé en trente parties égales. *Il est intéressé pour un t. dans cette affaire. Recevoir les neuf trentièmes.*

TRENTON, v. des États-Unis (New-Jersey); 30,000 hab.

TRÉPAN. s. m. (bas lat. *trepanum*, gr. τρύπανον, tarière). T. Techn. Sorte de tarière très forte dont on se sert pour percer la pierre, le marbre ou le bois. || T. Chir. Instrument qui sert à faire une ouverture dans un os. Voy. TRÉPANATION.

TRÉPANATION. s. f. [Pr. . . *sion*] (R. *trépaner*). T. Chir. Opération qui consiste à pratiquer sur les os, une ouverture permettant d'évacuer les produits pathologiques qu'ils renferment ou qu'ils contiennent; on fait également cette opération dans un but d'exploration, c.-à-d. simplement pour se rendre compte de l'état des tissus sous-jacents. On emploie pour la t. un instrument spécial le *trépan*, ayant la forme d'un vilebrequin. On distingue le *trépan perforatif*, le *trépan exfoliatif* et le *trépan à couronne.* Le premier consiste en une forte lame d'acier pyramidale que termine une pointe quadrangulaire tranchante sur les côtés. Le second est une lame dont le bord inférieur est tranchant et présente à sa partie moyenne une épine saillante qui le partage en deux moitiés taillées en sens inverse l'une de l'autre. Le troisième enfin représente un tube d'acier dont la partie inférieure est

dentelée de manière à figurer une scie circulaire. Au contre
ou tube ou de la couronne, on remarque en outre une tige
d'acier appelée *pyramide*, qui sert à assujettir la couronne
au lieu où elle doit agir. La *Trépanation* est souvent pratiquée sur le crâne; l'application de nos connaissances actuelles sur les localisations cérébrales et de la radiographie a multiplié les succès dus à cette opération qui a permis de guérir
certaines paralysies, d'enlever les corps étrangers (balles,
kystes) du cerveau, de guérir radicalement les suppurations
mastoïdiennes et d'évacuer le contenu d'abcès du cerveau, etc.
On doit éviter de trépaner au niveau des régions traversées
par les vaisseaux, les sinus. — Pour faire l'opération, on rase
la tête du malade, on l'appuie sur une planche garnie d'un
oreiller, et on la fait solidement maintenir par des aides. Après
avoir nettoyé la région on divise les téguments par une incision en T ou en croix, puis on relève les lambeaux et avec eux
le périoste, que l'on a préalablement détaché avec une rugine;
alors on fait agir sur l'os mis à nu le trépan muni de son
perforatif et de sa couronne. Le perforatif creuse son trou
d'abord, et bientôt les dents de la couronne touchent l'os
et y tracent leur rainure circulaire. Quand leur voie est
assez profonde pour que la couronne ne puisse s'échapper,
on retire le perforatif devenu inutile, on le remplace par un
tire-fond, et l'on continue à faire jouer l'instrument. Lorsque
le disque se détache complètement, on entend un craquement
bien distinct, et l'on enlève aussitôt le trépan. Quelquefois
la pièce sort en même temps que la couronne. Dans le cas
contraire, on la fait sauter avec l'extrémité d'un élévatoire
employé comme levier du premier genre. Quelquefois une
seule couronne ne suffit pas. On applique alors le trépan
à quelque distance et l'on emporte avec le ciseau et la
scie le pont osseux qui sépare les deux ouvertures. L'ouverture faite, on poursuit l'opération selon le but qu'on se
propose. S'il s'agit de relever des pièces d'os enfoncées,
on glisse un élévatoire entre le crâne et la duremère pour
diviser cette membrane. S'il existe un épanchement au-
dessous, on la divise avec beaucoup de prudence, en portant perpendiculairement sur elle la pointe d'un bistouri.
Au lieu de notre trépan en forme de vilebrequin, les
chirurgiens anglais emploient un instrument particulier qu'ils
nomment *Tréphine*, et qui ressemble à une simple vrille,
c-à-d. qui consiste en une tige d'acier surmontée d'un manche
transversal, tandis que son autre extrémité est armée d'une
couronne et d'un perforatif. — Le mode de pansement varie.
S'il faut entretenir l'ouverture extérieure, à cause de quelque
épanchement, on porte jusqu'au foyer une très mince bandelette de linge effilé ou *Sindon*. On recouvre la plaie d'un linge
criblé de trous; des compresses et une bande modérément
serrée complètent l'appareil. S'il n'existe aucun épanchement,
on réunit les lambeaux par première intention par une suture. Le périoste sécrète une substance qui finit par s'os-
sifier et oblitérer l'orifice. — La t. peut être également pratiquée sur certains os du tronc et des membres. Dans ces cas,
le procédé a toujours beaucoup d'analogie avec celui qui est
employé pour le crâne.

TRÉPANER. v. a. Faire à quelqu'un l'opération du trépan.
On l'a trépané. = Trépané, ée. part.

TRÉPANG. s. m. [Pr. *tré-pan*]. T. Zool. Nom d'une
espèce d'*Échinoderme*. Voy. Holothuries.

TRÉPAS. s. m. [Pr. *tré-pa*] (lat. *trans*, au delà ; *passus*,
passé. Décès, passage de la vie à la mort ; ne se dit qu'en
poésie et dans le style soutenu. *Un glorieux t. Affronter,
mépriser le t. Les horreurs du t.* || Fam., *Aller de vie à
t.*, Mourir.

TRÉPASSEMENT. s. m. [Pr. *trépase-man*]. Trépas. Vx.

TRÉPASSER. v. n. [Pr. *trépa-ser*]. Mourir, décéder. Ce
verbe est peu usité et ne se dit que des personnes qui meurent de mort naturelle. *Il trépassa sur le minuit. Il y a
deux heures qu'il est trépassé. Il a trépassé à telle heure.*
= Trépassé, ée. part. || Subst., *Il est pâle comme un tré-
passé. Prier Dieu pour les trépassés. La fête des trépassés*, la fête des morts.

TRÉPHINE. s. f. T. Chir. Instrument employé pour la
trépanation. Voy. Trépanation.

TRÉPIDATION. s. f. [Pr. ...sion] (lat. *trepidatio*, m. s.,
de *trepidus*, agité, de *trepo*, je tourne ; gr. τρέπω). Se
disait autrefois du tremblement des membres, des fibres, etc.,
et se dit encore d'un mouvement vibratoire qui a lieu de bas
en haut, comme celui qu'on éprouve sur le pont d'un bâtiment à vapeur.

TRÉPIED. s. m. [Pr. *tré-pié*](lat. *tres*, trois, et fr. *pied*).
Siège ou support à trois pieds.

Archéol. — On désigne communément sous ce nom un
ustensile de cuisine qui est muni de trois pieds, et qui sert
à soutenir sur le feu un poêlon, un chau-
dron, etc. Mais les anciens appliquaient
ce nom à des objets fort divers, et qui
n'avaient de commun que d'être supportés par trois pieds. Ils appelaient ainsi,
un chaudron ou une marmite pourvue de
trois pieds ; un tabouret commun à trois
pieds qui servait de siège ; une espèce de
table étroite et haute, à trois pieds, sur
laquelle on déposait des lampes, des
vases, etc. ; un petit autel portatif de
bronze, pourvu de trois pieds, sur lequel
on brûlait de l'encens et l'on déposait des
offrandes ; le siège sacré sur lequel se
plaçait la Pythie de Delphes pour rendre
ses oracles. La Fig. ci-contre représente

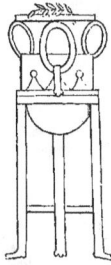

ce t. célèbre, d'après Olff. Müller. Il était
muni de trois poignées et renfermait un
vase en forme de chaudron, recouvert
d'une plaque ronde et unie sur laquelle
s'asseyait la Pythie, et sur laquelle, dans
tout autre moment, on déposait une couronne de laurier.
Le t. était de bronze très mince, dans le but, croit-on,
d'augmenter la force des bruits prophétiques qui sortaient de
dessous terre. La célébrité de ce t. on fit produire des imitations extrêmement nombreuses, connues sous le nom de
trépieds delphiques. Elles étaient de bronze, de marbre ou
de métaux précieux, et on les consacrait surtout à Apollon et
à Bacchus. On les plaçait comme objets d'ornement dans les
temples. Le prix donné aux vainqueurs dans les jeux Pythi-
ques ou autres jeux célébrés en l'honneur d'Apollon, consistait en un t. de bronze. Par un motif analogue, à Athènes,
le prix attribué au chorége dont la troupe avait le mieux
chanté ou joué, était également un t. que ce dernier consacrait
ensuite à Bacchus.

TRÉPIGNEMENT. s. m. [Pr. *trépigne-man*, *gn* mouil.].
Action de trépigner.

TRÉPIGNER. v. n. [Pr. *trépi-gner*, *gn* mouillées]
(vx fr., *treper*, sautiller, de la rac. germ. *trap*, *trip*,
qui marque mouvement du pied). Frapper des pieds contre
terre par un remuement d'un mouvement prompt et fréquent.
*Il trépigne d'impatience, de colère. Ce cheval ne fait
que t.*

TRÉPOINTE. s. f. [Pr. *tré-pouin-te*] (anc. fr. *trespoindre*,
de *tres*, représentant le lat. *trans*, à travers, et *poindre*,
piquer à travers). Bande de cuir mince que les cordonniers,
les coffretiers, les bourreliers, etc., mettent entre deux cuirs
plus épais qu'ils veulent coudre ensemble, afin de soutenir la
couture.

TRÉPORT (le), comm. du canton d'Eu (Seine-Inférieure),
à 183 kil. de Paris, port sur la Manche; 4,600 hab. = Nom
des hab. : Tréportais, aise.

TRÈS. adv. (lat. *trans*, au delà). Particule qui marque
le superlatif absolu, et qui se joint à un adjectif, à un participe ou à un adv. *Très bon. T. mauvais. T. estimé. T. vaillant. T. sagement. T. peu. T. rarement.*

Syn. — *Bien. Fort.* — *Très bien* et *fort*, sont des particules qu'on place devant les adjectifs, les participes et les
adverbes pour porter au superlatif l'idée qu'ils expriment.
Mais *t.* est absolu, et marque simplement ce superlatif sans
y ajouter d'autre idée. *Bien* est relatif, et il ajoute une idée
d'approbation, d'admiration. Enfin, *fort* est tantôt absolu,
tantôt relatif, et il ajoute une idée d'intensité. Cet homme
est *t.* malheureux, énonce simplement le fait ; cet homme
est *bien* malheureux, marque qu'on ressent de la compassion
pour lui ; cet homme est *fort* malheureux, exprime le fait avec
énergie, avec insistance. — Dans l'écriture, la particule *très*
devait être réunie au mot suivant par un trait d'union.
D'après une décision de l'Académie française (1877), ce trait

d'union doit être supprimé, sauf dans les mots *très-fonds* et le *Très-Haut* qui signifie Dieu.

TRÉSALLER. v. n. [Pr. *tré-za-ler*]. Passer, disparaître. Vx. || Se détériorer. = TRÉSALLÉ, ÉE. part. *Faïence tresallée.* Que la chaleur a fait fendiller.

TRESCHEUR ou TRÉCHEUR. s. m. [Pr. *tré-keur*]. T. Blas. Orle fleuronnée. Voy. HÉRALDIQUE.

TRÉ-SEPT. s. m. [Pr. *tré-set*] (ital. *tresette*, m. s., de *tre*, trois, et *sette*, sept). Sorte de jeu de cartes, ainsi nommé à cause de l'importance qu'on y donne aux nombres trois et sept. *Le t.-sept est passé de mode.*

TRÈS-FONDS. s. m. Voy. TRÉFONDS.

TRÉSILLON. s. m. [Pr. *tré-zi-llon*, *ll* mouillées). T. Mar. Petit levier qui sert à souquer deux cordages ensemble.

TRÉSILLONNER. v. a. [Pr. *tré-zi-llo-ner*, *ll* mouillées]. T. Mar. Serrer à l'aide d'un trésillon. = TRÉSILLONNÉ, ÉE. part.

TRÉSOR. s. m. [Pr. *tré-zor*] (lat. *thesaurus*, gr. θησαυρὸς, m. s., du radical θε, qui est dans τίθημι, je pose). Amas d'or, d'argent ou d'autres choses précieuses mises en réserve. *Riche t. Un t. inépuisable. Enfouir des trésors. Les anciens déposaient leurs trésors dans les temples.* — Se dit aussi du lieu où le *t.* est renfermé. *Il a toujours sur lui la clef de son t. Le t. d'Atrée, à Mycènes.* || *T. public ou t. de l'État,* Les sommes appartenant à l'État, et destinées aux services publics. *Cette guerre a épuisé le t. de l'État, le t. public.* — Se dit encore du lieu où les revenus de l'État sont déposés et administrés. *Aller au T. Employé du T.* || Dans les églises, *T.* se dit des vases précieux, des ornements, des chasses, des reliques qu'elles possèdent, ainsi que du lieu où l'on garde ces objets. *Cette église possède un riche t. Des voleurs s'introduisirent dans le t. de Notre-Dame.* || *T.* Jurisp. Toute chose cachée ou enfouie sur laquelle personne ne peut justifier sa propriété. *La propriété d'un t. appartient à celui qui le trouve dans son propre fonds; mais si le t. est trouvé dans le fonds d'autrui, il appartient par moitié à celui qui l'a découvert et au propriétaire du fonds.* || *Trésors,* au plur., se dit pour exprimer de Grandes richesses. *Les trésors de Crésus ont passé en proverbe. Les trésors de ces mines recèlent. Il y a des trésors à gagner dans ce commerce.* || Fig., *T.* se dit d'une personne ou d'une chose que l'on aime exclusivement. *Cet enfant est son t.* || Fig., se dit encore de tout ce qui est d'une excellence, d'une utilité singulière. *Un véritable ami est un grand t. Cette femme est un t. Les trésors de la science.* — *Ce livre est un t. de doctrine, d'érudition, de recherches,* Il renferme beaucoup de science, d'érudition, de recherches précieuses. Par allus. à ce sens, on a donné le titre de *T.* à certains livres, et particulièrement à de grands ouvrages d'érudition. *Le T. de la langue grecque de Henri Estienne. T. de numismatique et de glyptique.* || Poétiq., on dit : *Les trésors de la terre,* Les productions de la terre; *Les trésors de Cérès,* Les moissons, le blé; *Les trésors de Bacchus,* Les raisins, le vin ; *Les trésors de Pomone,* Les fruits; *Les trésors du printemps,* Les fleurs, etc. || Dans le langage de l'Écriture, *T.* se dit encore fig., D'un amas, d'une réunion de diverses bonnes ou mauvaises. *Il est dit dans l'Évangile : Amassez-vous des trésors que les voleurs ne puissent point dérober. Dieu tire de ses trésors les vents et les pluies. Le t. des miséricordes divines.* || Le lieu où l'on gardait les archives, les titres, les papiers d'une seigneurie, d'une communauté. *Le t. des chartes de telle abbaye. Le t. d'une seigneurie.*

TRÉSORERIE. s. f. [Pr. *tré-zo-re-rie*]. Lieu où l'on garde et administre le trésor public. *Aller à la t. Employé à la t.* — *Service de t.,* opérations de t., se dit du mouvement des fonds qui appartiennent au Trésor, et des opérations de finances faites par le Trésor public. En Angleterre, le département des finances. *Les lords de la t.* Voy. ÉCHIQUIER. || Le bénéfice dont était pourvu celui qu'on appelait trésorier dans un chapitre. *La t. de la sainte Chapelle.* || La maison affectée pour le logement du trésorier d'une église. || Bureaux d'un trésorier-payeur général.

TRÉSORIER. s. m. [Pr. *tré-zorié*]. Officier établi pour recevoir et pour distribuer les deniers d'un prince, d'une communauté, etc. *Le t. de la maison du roi. Le t. des Invalides. Le t. de la ville.* — *Trésoriers de France,* Officiers qui étaient proposés pour travailler à la répartition des tailles, et pour connaître de plusieurs autres affaires de finances, du domaine, des ponts et chaussées et des chemins publics. *T. de France en la généralité de Paris.* — *T. payeur général.* Voy. FINANCE. || Celui qui était pourvu d'une dignité ecclésiastique qu'on appelait Trésorerie, et qui était la première dans quelques chapitres. *T. de la sainte Chapelle.*

TRÉSORIÈRE. s. f. [Pr. *tré-zorière*]. Celle qui, dans une communauté, dans une association de femmes, reçoit les revenus, le montant des souscriptions, etc.

TRESSAILLÉ, ÉE. adj. [Pr. *tre-sa-llé*, *ll* mouillées] (R. *tressaillir*). Se dit d'un tableau dont la surface est couverte de gerçures, et d'une poterie dont la couverte s'est fendillée au feu.

TRESSAILLEMENT. s. m. [Pr. *tré-sa-lleman*, *ll* mouillées], Action de tressaillir. Frémissement qui parcourt le système cutané par suite d'une vive impression morale, d'une émotion subite causée par une surprise. *A cette vue il éprouva un t. La peur et la joie donnent des tressaillements.* || Vulg., *T. de nerfs,* Mouvement soudain et convulsif dans les tendons.

TRESSAILLIR. v. n. [Pr *tré-sa-llir*] (lat. *transilire*, propr. sauter par delà, de *trans*, au-delà, et *salire*, sauter). Être subitement ému, éprouver une agitation vive et passagère, *T. de joie, de peur. La pensée seule m'en fait encore t.* || T. Techn. Se dit de la couverte d'une poterie qui se fendille au feu du four. Voy. PORCELAINE, 1°. = Conj. Voy. ASSAILLIR

TRESSAILLURE. s. f. [Pr. *tre-sa-llure*, *ll* mouillées] (R. *tressaillir*). Fente, gerçure d'une peinture ou d'une poterie tressaillée.

TRESSAUTER. v. n. [Pr. *tré-so-ter*]. Tressaillir fortement.

TRESSE. s. f. [Pr. *trè-se*] (orig. germ.). Tissu plat fait de petits cordons, de fils, de cheveux, etc., entrelacés. *T. de soie, d'argent, de cheveux. Faire une t. Ses cheveux tombaient en tresses sur ses épaules.* Voy. RUBAN. || Se dit aussi des cheveux assujettis sur trois brins de soie, dont les perruquiers font les perruques.

TRESSER. v. a. [Pr. *tre-ser*]. Mettre en tresses. *T. du fil, des cheveux, de la paille.* = TRESSÉ, ÉE. part.

TRESSEUR, EUSE. s. [Pr. *trè-seur*, *euze*]. Celui, celle qui tresse des cheveux pour en faire une perruque.

TRÉTEAU. s. m. [Pr *trè-to*] (bas lat. *trestellum*, m. s., dont l'orig. est sans doute celtique) Pièce de bois longue et étroite, portée ordinairement sur quatre pieds, et qui sert à soutenir des tables, des échafauds, des théâtres, etc. *Il faut deux tréteaux pour soutenir cette table. Il renversa table et tréteaux.* || Au plur., se dit d'un théâtre d'opérateur, de saltimbanque, et, par ext., d'un théâtre où l'on représente des pièces bouffonnes et populaires. *C'est un comédien qui n'est bon qu'à monter sur les tréteaux. Il faut renvoyer cette pièce aux tréteaux de la foire.* — On dit aussi, par dénigr., *Monter sur les tréteaux,* Monter sur le théâtre, se faire comédien.

TRETS, ch.-l. de c. (Bouches-du-Rhône), arr. d'Aix, 2,600 hab.

TREUIL. s. m. [Pr. *treul*, *l* mouillée] (lat. *torculum*, pressoir, de *torquere*, tordre). T. Méc. Le Treuil, appelé aussi *Tour,* est une machine qui sert à élever des fardeaux. Il se compose d'un cylindre de bois ou de fonte BB, qui se termine à chacune de ses extrémités par un tourillon C reposant sur un coussinet fixe. Le cylindre peut tourner autour de son axe, et on le fait ordinairement mouvoir au moyen d'une manivelle fixée à l'un des tourillons. Enfin une corde, dont un bout est fixé sur le contour du cylindre et dont l'autre s'attache au corps qu'il s'agit d'élever, complète l'appareil. Quand on fait tourner le cylindre, la corde s'enroule autour de lui, et le poids s'élève. Pour que le t. soit en équilibre, il faut que les moments du poids à soulever et de la puissance appliquée à la manivelle F soient égaux. Les deux forces seront donc en raison inverse de leurs bras de levier, c.-à-d. dans le rapport du rayon de la manivelle à celui du

cylindre. Si, par ex., le demi-diamètre du cylindre est 4 fois plus petit que le levier CF, on peut, avec une force de 25 kil., faire équilibre à un poids de 100 kil. On fait aussi usage dans la marine d'une sorte de t. appelé *Singe*, pour élever et descendre les fardeaux. — Le *Cabestan* (Voy. ce mot) n'est qu'un t. dont l'axe ou cylindre est vertical.

Pour extraire les pierres des carrières, on fait usage d'un t. dont la manivelle est remplacée par une grande roue de plusieurs mètres de diamètre dont la circonférence est munie d'échelons. Un ouvrier monte ses échelons et fait ainsi tourner la roue; il retombe en effet au point où il fait équilibre au poids de la pierre et la roue tourne sous ses pieds tandis qu'il reste à la même hauteur et que la pierre s'élève.

On peut augmenter la puissance du t. en faisant agir la manivelle sur une grande roue dentée engrenant avec un petit pignon monté sur l'axe. Si n et n' sont les nombres de dents respectives de la roue et du pignon, r le rayon du cylindre, et R celui de la manivelle, ou aura, P étant la puissance et Q la résistance :

$$P = \frac{n'}{n} \times \frac{r}{R} \times Q.$$

On peut aussi employer le t. différentiel qui se compose de deux cylindres de diamètres inégaux ayant le même axe et placés à la suite l'un de l'autre. Une corde s'enroule sur l'un des cylindres, descend au fond du puits où elle contourne la gorge d'une poulie mobile, et vient enfin s'enrouler en sens inverse sur l'autre cylindre. On fait tourner l'axe au moyen de la manivelle, de manière que la corde s'enroule sur le gros cylindre et se déroule sur le petit. Alors la longueur de la corde pendante diminue, et le fardeau, attaché à la poulie mobile remonte. Il est facile de voir que le rapport de la puissance à la résistance est égal à celui de la demi-différence des rayons des cylindres Q au rayon de la manivelle. On peut donc diminuer ce rapport autant qu'on veut, mais il faut des longueurs de cordes considérables.

Souvent le t. est mû par la vapeur. Dans ce cas la manivelle est remplacée par une poulie sur laquelle s'enroule une courroie de transmission. Il faut alors, dans les calculs précédents, remplacer le rayon de la manivelle par celui de la poulie motrice.

TRÈVE. s. f. (all. *treue*, foi). Cessation de tout acte d'hostilité pour un certain temps, par convention faite entre deux États, deux partis qui sont en guerre. *Longue, courte. T. pour tant de jours. Faire, demander, consentir une t. Prolonger la t. Rompre la t.* || Fig., Relâche. *Donnez quelque t. à votre esprit. Son mal ne lui donne ni paix ni t.* || Fig et fam., *T. de cérémonie, t. de compliments,* Ne faisons plus de cérémonie, plus de compliments. *T. de raillerie,* Cessons de railler. *Faites t. à vos plaintes,* Suspendez vos plaintes.

Droit int. — Une *Trêve* est une convention par laquelle deux parties belligérantes s'engagent à s'abstenir, pendant un certain temps, de tout acte d'hostilité. Par ext., on applique ce mot au temps même durant lequel a lieu cette suspension.

La t. est ordinairement générale, c.-à-d. étendue à tous les pays soumis aux deux puissances belligérantes; quand elle est partielle, c.-à-d. restreinte à quelque lieu en particulier, on lui donne le nom d'*Armistice*. On l'appelle *Suspension d'armes*, lorsqu'elle est motivée par quelque circonstance spéciale, comme les négociations pour la reddition d'une place, l'inhumation des morts, etc. Enfin, on nomme *T. marchande*, une t. durant laquelle le commerce est permis entre deux États qui sont en guerre. Comme la t. n'a pour effet que de suspendre les actes d'hostilité, il n'est pas besoin, après le terme expiré, d'une nouvelle déclaration de guerre.

Hist. — Au XIe siècle de notre ère, alors que les guerres privées que les barons féodaux se faisaient incessamment entre eux désolaient la France entière, décimaient la population serve, et forçaient cette dernière à laisser incultes les terres les plus fécondes, le clergé, qui seul jouissait de quelque autorité sur les esprits, résolut d'user de son influence pour mettre un terme à ces maux De toutes parts il convoqua des conciles provinciaux auxquels furent invités les seigneurs, et là, au nom du Dieu de paix, ceux-ci s'engagèrent à suspendre les hostilités durant certaines périodes et pendant certains jours de l'année. Cette convention est connue dans l'histoire sous le nom de *Paix* et de *Trève de Dieu*. La t. de Dieu durait depuis l'Avent jusqu'à l'Épiphanie, et depuis le dimanche de la Quinquagésime jusqu'à la Pentecôte. Elle avait lieu aussi pendant les Quatre-Temps et les principaux jours de fête, et enfin, dans chaque semaine, depuis le mercredi soir jusqu'au lundi matin suivant. La sanction de ce règlement était l'excommunication prononcée par les conciles contre les violateurs de la t. Ces dispositions furent souvent renouvelées, mais elles furent aussi fréquemment violées. Malgré tout, la paix de Dieu fut un bienfait pour la masse de la population Saint Louis continua l'œuvre commencée par l'Église, en établissant la *Quarantaine du roi.* En vertu de l'ordonnance qui porte ce nom, il y avait, de par le roi, trève pendant 40 jours entre l'offensé et l'offenseur, à dater de l'offense faite. Celui qui, dans cet intervalle, tuait un des parents de l'offenseur, était réputé traître et puni Cette ordonnance, l'affermissement de l'autorité royale et les progrès de la civilisation, arrêtèrent enfin l'effusion du sang.

TRÈVES, v. de la Prusse rhénane, sur la Moselle; 26,000 hab. — Antiquités romaines. == Archevêché-Électorat de Trèves, un des trois électorats ecclésiastiques de l'ancien Empire d'Allemagne, fut démembré à la paix de Lunéville en 1801.

TRÉVIÈRES, ch.-l. de c. (Calvados), arr. de Bayeux; 1,100 hab.

TRÉVIRE. s. m. (R. *tré*, représentant le lat. *trans*, au-delà, et *virer*). T. Marine. Cordage plié en deux, dont on se sert pour rouler une barrique ou un corps cylindrique quelconque sur un plan incliné.

TRÉVIRES, peuples gaulois de la Belgique, cap. *Trèves.*

TRÉVISANI, peintre ital. (1656-1746)

TRÉVISE, v d'Italie (prov. de Venise); 28,500 hab. == Nom des hab. : Trévisain, aine.

TRÉVISE (Duc de). Voy. Mortier.

TRÉVOUX, ch.-l. d'arr. du dép. de l'Ain, à 49 kil. S.-O. de Bourg, sur la Saône, 2,700 hab. — Anc. cap. de la principauté de Dombes. Imprimerie qui publia le *Dictionnaire universel de Trévoux* (1704) et le *Journal de Trévoux* (1701).

TRÉZEL, général fr. (1780-1860), se distingua en Algérie, et fut ministre de la guerre sous Louis-Philippe.

TRÉZÈNE, v. de l'anc. Argolide (Grèce), près du golfe Saronique.

TRI. s. m. (lat. *tres*, trois). Sorte de jeu d'hombre qu'on joue à trois, et où l'on ne conserve en carreau que le roi.

TRI. s. m Se dit, par apocope, pour Triage. *Le t. des lettres. Le t. des soies.*

TRI—. Préf. qui vient du gr. τριάς, *trois*, ou du lat. *tres*, et qui entre dans la composition d'une foule de mots scientifiques, comme *Triacanthe, Triadelphe, Triandre, Triangulé, Tridenté, Trifide, Trifolié, Trilobé, Triloculaire, Tripartite, Tripenné, Triponctué, Trivalve, etc.*, lesquels signifie qui a trois épines, trois faisceaux d'étamines, trois étamines, trois angles, etc.

TRIADE. s. f. (lat. *trias, triadis*, gr. τριάς, τριάδος, nombre ternaire). Assemblage de trois unités, de trois personnes, de trois divinités. *La t. jouait un rôle important dans la philosophie de Pythagore et dans celle de Platon.*

TRIADELPHE. adj. 2 g. (gr. τρεῖς, trois; ἀδελφός, frère). T. Bot. Qui a trois faisceaux d'étamines.

TRIAGE. s. m. Action par laquelle on *trie*, on choisit, et la chose choisie. *Faire le t. Voilà un beau t.* || T. Adm. for. Se dit de certains cantons de bois, eu égard aux coupes qu'on en fait. *On a coupé six arpents dans tel t.*

TRIAIRE. s. m. [Pr. *tri-ère*] (lat. *triarius*, m. s., de *tres*, trois). T. Antiq. rom. Nom donné aux soldats qui formaient le troisième rang de la légion. Voy. LÉGION.

TRIAKÈNE. s. m. (R. *tri*, préf., et *akène*). T. Bot. Fruit composé de trois akènes.

TRIAL, chanteur fr. de l'Opéra-Comique (1737-1795), dont le nom sert à désigner l'emploi de ténor comique.

TRIAMIDOAZOBENZÈNE. s. m. [Pr. ...*bin-zène*] (R. *tri*, préf., *amido*, préf., *azo*, préf., et *benzène*). T. Chim. Composé amido-azoïque analogue à la chrysoïdine et répondant à la formule :

$$C^6H^4(AzH^2).Az:Az.C^6H^3(AzH^2)^2.$$

On l'obtient en diazotant la méta-phénylènediamine. La matière colorante connue sous le nom de *Brun Bismarck* ou *Brun de phénylène* est constituée en majeure partie par le chlorhydrate de t

TRIAMINE. s. f. (R. *tri*, préf., et *amine*). T. Chim. Nom générique des composés qui dérivent des hydrocarbures par la substitution de trois groupes amidogène AzH² à trois atomes d'hydrogène. Tel est le *triamido-benzène* C⁶H³(AzH²)³ qu'on obtient par la réduction de l'aniline trinitrée; il se présente sous la forme d'une masse cristalline rouge, fusible à 103°, soluble dans l'eau. Les triamines sont moins bien connues et moins importantes que les diamines.

TRIAMYLÈNE. s. m. (R. *tri*, préf., et *amylène*). T. Chim. Voy. PENTÈNE.

TRIANDRE. adj. 2 g. (gr. τρεῖς, trois; ἀνήρ, ἀνδρός, mâle). T. Bot. Qui a trois étamines.

TRIANDRIE. s. f. (R. *triandre*). T. Bot. Troisième classe du système de Linné renfermant les plantes à trois étamines.

TRIANGLE. s. m. (R. *tri* et lat. *angulus*, angle). T. Géom. Figure qui a trois angles et trois côtés. Voy. plus bas. || T. Astron. *Triangle* boréale. — *Le t. austral*, constellation australe. Voy. CONSTELLATION. || T. Menuis. Sorte d'équerre formée de deux pièces de bois assemblées à angle droit, et dont une des branches est beaucoup plus mince que l'autre, de manière que la plus épaisse s'appuie contre la pièce de bois sur laquelle on veut tracer un trait ou un carré d'équerre. || Attribut de la franc-maçonnerie. || Symbole de la Trinité. || T. Mus. Instrument de percussion formé d'une verge d'acier pliée en forme de triangle, sur laquelle on frappe avec une tige de même métal.

Géom. — *Définitions.* — Un *Triangle* est une portion de plan limitée par trois segments de droites qui ont deux à deux une extrémité commune. Un t. a donc trois *côtés* et trois *angles*. Certains triangles ont reçu des noms particuliers. On appelle *T. équilatéral*, celui qui a ses trois côtés égaux; *T. scalène*, celui qui a ses trois côtés inégaux; *T. isocèle*, celui dont deux côtés seulement sont égaux; *T. rectangle*, celui dont un des angles est droit; *T. obtusangle*, celui dont un des angles est obtus; *T. acutangle*, celui dont les trois angles sont aigus. On peut aussi construire des triangles sur la surface d'une sphère; alors, les côtés, au lieu d'être rectilignes, sont des arcs de grand cercle. Les dénominations précédentes s'appliquent aussi aux triangles sphéri-

ques. On nomme *Sommet* d'un t., le sommet de l'un quelconque de ses angles, et alors le côté opposé reçoit le nom de *Base*; toutefois, dans le t. isocèle, c'est toujours au côté du t. qui n'est égal à aucun autre que l'on réserve ce nom. Dans le t. rectangle, on appelle *Hypoténuse* le côté opposé à l'angle droit. Enfin, la *Hauteur* d'un t. est la distance d'un de ses sommets au côté opposé.

Nous nous bornerons, dans cet article, à signaler les principales propriétés des triangles, en renvoyant pour le détail des démonstrations, qui sont très simples, aux traités de Géométrie élémentaire.

Le t. isocèle jouit de cette propriété importante qu'*il est superposable à lui-même après retournement*, c.-à-d. que

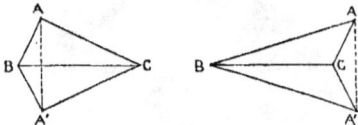

Fig. 1.

si l'on découpe un t. isocèle dans un plan, on peut le replacer dans l'ouverture ainsi formée après l'avoir retourné face pour face, de manière que la partie qui était à droite vienne à gauche, et réciproquement. De cette propriété résulte la symétrie du t. isocèle par rapport à la hauteur abaissée du sommet sur la base. On en déduit que : 1° *Dans tout t. isocèle, les angles opposés aux côtés égaux sont égaux*; 2° *Si un t. a deux angles égaux, les côtés opposés à ces angles sont égaux.*

Deux triangles sont égaux :

1° *S'ils ont un côté égal adjacent à deux angles égaux, chacun à chacun*;

2° *S'ils ont un angle égal compris entre deux côtés égaux, chacun à chacun*;

3° *S'ils ont les trois côtés égaux, chacun à chacun.*

Les deux premiers cas se démontrent sans difficulté par superposition directe. On a indiqué plusieurs démonstrations du troisième. La plus simple, qui s'applique aussi aux triangles sphériques, consiste à juxtaposer les deux triangles par un de leurs côtés égaux, ABC, A'BC (Fig. 1). On reconnaît immédiatement que les deux triangles ABA', ACA' sont isocèles, d'où il suit que les angles BAC et BA'C sont égaux comme sommes ou différences d'angles égaux suivant que la droite AA' tombe à l'intérieur ou à l'extérieur des triangles.

Dans tout t., un côté quelconque est plus petit que la somme des deux autres.

Cette proposition importante a été démontrée par Euclide. Elle a été supprimée par Legendre dont les *Éléments* ont été la base de l'enseignement pendant la plus grande partie du XIX° siècle. Legendre considérait cette proposition comme un axiome évident, et définissait la ligne droite comme étant le plus court chemin d'un point à un autre. L'idée de Legendre n'était pas heureuse, et l'on revient aujourd'hui à une conception plus philosophique des principes fondamentaux de la géométrie. Dire que la ligne droite est le plus court chemin d'un point à un autre suppose qu'on a une idée nette de la longueur d'une ligne courbe, et nous avons vu au mot LONGUEUR, combien au contraire est complexe cette question de la longueur d'une ligne courbe. D'un autre côté, il est mauvais de donner comme axiome, comme principe fondamental, une proposition qui peut se déduire logiquement des propositions précédentes, si simple et si évidente que puisse paraître cette proposition. Voy. AXIOME, GÉOMÉTRIE, LONGUEUR. Quoi qu'il en soit le théorème qui nous occupe se démontre aisément.

On établit d'abord que tout angle *extérieur* d'un t., c.-à-d. l'angle formé par un côté et le prolongement d'un autre, est plus grand que chacun des deux angles intérieurs non adjacents. On en déduit, en s'appuyant sur les propriétés

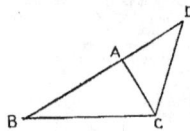

Fig. 2.

du t. isocèle, que si un t. a deux côtés inégaux, au plus grand côté est opposé un plus grand angle. Il s'en suit évidemment que si deux angles d'un t. sont inégaux, le plus grand est opposé à un plus grand côté. Alors, prenant un t. ABC, on prolonge BA d'une longueur AD égale à BC, et l'on montre aisément que dans le t. BDC (Fig. 2), l'angle BCD est plus grand que l'angle D, d'où résulte que BD est plus grand que BC, C.Q.F.D.

Les triangles rectangles admettent deux cas d'égalité qui ne rentrent pas dans les cas généraux et qui se démontrent aisément par l'application des propriétés des perpendiculaires et des obliques :

Deux triangles rectangles sont égaux s'ils ont :

1° *L'hypoténuse égale et un angle aigu égal, chacun à chacun ;*

2° *L'hypoténuse égale et un côté de l'angle droit égal, chacun à chacun.*

Toutes les propositions qui précèdent sont indépendantes du postulatum d'Euclide, aussi elles s'appliquent aux triangles sphériques, à condition qu'on distingue les *triangles égaux* et les *triangles symétriques* Voy. TRIÈDRE. Il n'en est pas de même de la suivante qui est au contraire équivalente à ce postulatum. Voy. PARALLÈLE, GÉOMÉTRIE.

La somme des angles d'un t. est égale à deux angles droits.

On en conclut immédiatement que tout angle extérieur d'un t. est égal à la somme des angles intérieurs non adjacents, tandis que, si on ne veut pas invoquer le postulatum d'Euclide, on peut seulement établir qu'un angle extérieur est plus grand que chacun des angles extérieurs non adjacents, ainsi que nous l'avons dit plus haut.

THÉORÈME DE PYTHAGORE. — *Dans tout t. rectangle, le carré construit sur l'hypoténuse est équivalent à la somme des carrés construits sur les deux autres côtés.* — Soit (Fig 3) le t. BAC rectangle en A. Je construis un carré sur chacun de ses côtés ; du sommet A j'abaisse sur BC la perpendiculaire AL que je prolonge jusqu'au point M; je mène les diagonales BK et AE, et je dis que le carré BCDE est équivalent à la somme des carrés ABFG et ACKH. Les triangles BCK et AEC sont égaux, comme ayant un angle égal compris entre deux côtés égaux, savoir BC=CE, CK=AC, comme côtés des mêmes carrés, et KCB=ACE, comme étant formés tous deux par un angle droit, *plus* le même angle aigu ACB. Or, d'une part, le t. ACE est équivalent à la moitié du rectangle LCME, car ces deux surfaces ont même base CE et même hauteur CL, et, d'autre part, le t. BCK est équivalent à la moitié du carré ACHK, comme ayant même base CK et même hauteur CA. Donc la moitié du rectangle LCME équivaut à la moitié du carré ACHK ; donc le rectangle entier équivaut au carré entier. On peut prouver de même que le rectangle BLDM équivaut au carré BAFG, par conséquent, la somme des deux rectangles ou le carré construit sur l'hypoténuse équivaut

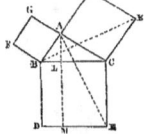

Fig. 3.

à la somme des carrés construits sur les deux autres côtés du t. rectangle.

Réciproquement, si, dans un t., *le carré d'un côté équivaut à la somme des carrés des deux autres côtés, l'angle compris entre ces deux côtés est droit.* On établit cette réciproque en considérant un triangle quelconque et en démontrant que le carré construit sur un de ses côtés est plus grand ou plus petit que la somme des carrés construits sur les deux autres suivant que l'angle opposé est aigu ou obtus, de sorte qu'il ne peut y avoir égalité que si cet angle est droit. Si a, b, c désignent les nombres qui mesurent les trois côtés d'un t., la condition nécessaire et suffisante pour que le t. soit rectangle à A est :

$$a^2 = b^2 + c^2.$$

Le théorème de Pythagore peut aussi se démontrer par les triangles semblables. On observe que la hauteur AL partage le t. ABC en deux triangles semblables entre eux et semblable au grand t. La similitude des triangles ABC, ABL donne facilement l'égalité :

$$\overline{AB}^2 = BC \times BL,$$

qui traduit l'équivalence du carré ABFG et du rectangle

BLDM. De même la similitude des triangles ABC, ALC donne :

$$\overline{AC}^2 = BC \times LC,$$

et l'addition de ces deux égalités :

$$\overline{AB}^2 + \overline{AC}^2 = BC(BL + LC) = \overline{BC}^2.$$

On a désigné sous le nom de *géométrie du t.*, l'étude des propriétés de certaines lignes qu'on peut tracer dans un t., telles que le cercle inscrit, le cercle circonscrit, les cercles exinscrits, c-à-d. tangents aux trois côtés du t., mais situés en dehors du t., etc., et de certains points remarquables tels que le point de concours des trois médianes, celui des trois hauteurs, celui des trois droites symétriques de la médiane par rapport à la bissectrice de l'angle correspondant, etc.

Les propriétés des *triangles sphériques* présentant la plus grande analogie avec celles des trièdres, nous en parlerons à ce mot. Voy. TRIÈDRE.

Arith. — *Triangle arithmétique.* — *Nombres figurés.* — On appelle *nombres figurés*, des suites de nombres qui dérivent d'une progression arithmétique dont le premier terme est l'unité, et dont la différence est un nombre entier. On forme ces suites en prenant successivement la somme des deux termes premiers, des trois premiers, des quatre premiers, etc., termes de la progression, puis en opérant sur la suite ainsi obtenue de la même manière que sur la progression primitive, afin d'obtenir une seconde suite et ainsi de suite. — Prenons, par ex., la progression des nombres naturels dont la différence commune est 1 ; la progression et les différentes suites de nombres figurés qu'on en déduira successivement, seront comme il suit :

A 1	2	3	4	5	6	7
B 1	3	6	10	15	21	28
C 1	4	10	20	35	56	84
D 1	5	15	35	70	126	210

La première ligne A est la progression dont toutes les suites sont dérivées. La seconde ligne B est la suite des *nombres triangulaires* ou *nombres polygonaux* du premier ordre. Son mode de génération est évident, chacun de ses termes étant la somme du terme correspondant et de tous les termes précédents de la progression. La troisième ligne C présente la suite des *nombres pyramidaux triangulaires*. Elle dérive de la série B, absolument de la même manière que celle-ci dérive de la suite A. La quatrième ligne D se forme de la série C, comme C se forme de la suite B, ou B de la suite A.

On peut encore définir la formation du tableau précédent en disant que *chaque nombre de ce tableau est égal à la somme de celui qui est au-dessus de lui et de celui qui est à sa gauche.* Si la progression primitive était 1,3,5,7,9,11, dont la différence commune est 2, les suites des nombres figurés qu'on en dériverait seraient :

1	4	9	16	25	36
1	5	14	30	55	91, etc.

La première de ces suites est la série des *nombres carrés*, et la seconde celle des *nombres pyramidaux quadrangulaires*. De même, si nous prenions une progression ayant 3 pour différence commune, les deux successives que nous obtiendrions par ce procédé formeraient les suites des *nombres pentagones*. Si la différence de la progression prise pour génératrice est 4, on aura les séries des *nombres hexagones*, et ainsi de suite. La seule inspection du tableau suivant suffit pour faire comprendre la formation de ces différents ordres de nombres figurés.

PROGRESSIONS.	POLYGONES DU 1ᵉʳ ORD.	POLYGONES DU 2ᵉ ORD.
1 2 3 4	Tri. . 1 3 6 10	1 4 10 20
1 3 5 7	Carr. . 1 4 9 16	1 5 14 30
1 4 7 10	Pent. . 1 5 12 22	1 6 18 40
1 5 9 13	Hex. . 1 6 15 28	1 7 22 50

Les nombres dont nous venons de parler ont reçu les noms de *triangulaires, carrés, pentagones,* etc., à cause des analogies qu'ils présentent avec les figures géométriques qui portent les mêmes dénominations. Ainsi, par ex., dans la seconde colonne du tableau ci-dessus qui renferme les nombres polygonaux du premier ordre, les termes qui forment la première ligne sont les différents nombres de points que l'on peut placer à égale distance les uns des autres, de manière à former un t. équilatéral en plaçant successivement soit 1, soit 2, soit 3, etc., points sur le côté de ce t. La seconde ligne donne les différents nombre de points que l'on peut disposer en carré; la troisième, les nombres de points qui forment des pentagones réguliers, et ainsi de suite. Dans la troisième colonne du tableau, la première série contient les différents nombres de points que l'on peut disposer de façon à former une pyramide triangulaire : ce sont les nombres de boulets contenus dans une pyramide triangulaire qui aurait sur le côté soit 1, soit 2, soit 3 boulets, etc.; la seconde, ceux qui produisent une pyramide quadrangulaire, etc. Les différentes suites obtenues comme il vient d'être dit, possèdent diverses propriétés curieuses, dans l'exposé desquelles notre cadre ne nous permet pas d'entrer.

Le *Triangle arithmétique* est un tableau imaginé par Pascal, où les nombres figurés dérivés de la suite naturelle des nombres sont disposés en t. C'est donc notre tableau A,B,C,D, disposé autrement. La première colonne verticale du t. arithmétique de Pascal ne renferme que des unités; la seconde contient la série des nombres naturels; la troisième, la série des nombres triangulaires; la quatrième celle des nombres pyramidaux; et ainsi de suite :

```
1
1   1
1   2    1
1   3    3    1
1   4    6    4     1
1   5   10   10     5    *1
1   6   15   20    15     6    1
1   7   21   35    35    21    7    1
1   8   28   56    70    56   28    8    1
1   9   36   84   126   126   84   36    9   1
. . . . . . . . . . . . . . . . .
```

On observera que les lignes diagonales en descendant de gauche à droite présentent les mêmes chiffres que les colonnes verticales. L'une des propriétés principales de ce t. est que les nombres pris sur une même ligne horizontale sont les coefficients des termes du développement d'une même puissance d'un binôme, c.-à-d. des nombres de combinaisons. Ainsi la troisième ligne contient les coefficients du développement de $(x+a)^2$, la quatrième ceux de $(x+a)^3$ et ainsi de suite. Il en résulte que la deuxième colonne contient les nombres de combinaisons de plusieurs objets, pris 1 à 1, la troisième les nombres de combinaisons 2 à 2, la troisième 3 à 3, et ainsi de suite, d'où l'on voit que l'on peut calculer tous les nombres de combinaisons par de simples additions. Voy. Binôme, Combinaison.

TRIANGULAIRE. adj. 2 g. (lat. *triangularis*, m. s.). Qui a la forme d'un triangle. *Feuille t.* ‖ T. Anat. Se dit adj. et subst. De certains muscles *Le muscle t. du nez*, Le transversal du nez. *Le t. des lèvres*, L'abaisseur de l'angle des lèvres, etc.

TRIANGULATION. s. f. [Pr. ...*sion*] (R. *triangle*). T. Géod. Opération par laquelle on mesure une grande ligne géodésique sur la surface terrestre, ou bien l'on dresse la carte d'une grande région au moyen d'un réseau de triangles dont on mesure tous les angles. Voy. Terre, III.

TRIANGULÉ, ÉE. adj. T. Bot. Qui a la forme d'un triangle. *Feuille triangulée.* Voy. Feuille.

TRIAS. s. m. (gr. τριάς, nombre ternaire). T. Géol. L'étage le plus ancien des terrains secondaires. Voy. Géologie et Secondaire.

TRIASIQUE. adj. 2 g. [Pr. *tria-zike*]. Qui appartient au trias. *Les terrains triasiques.*

TRIATOMIQUE. adj. 2 g. (R *tri*, préf., et *atome*). T. Chim. Syn. de *trivalent*.

TRIAZINE s. f. (R. *tri* préf., et *azine*). T. Chim. Composé constitué par une chaîne hexagonale, analogue à celle du benzène, mais renfermant trois atomes d'azote dans le noyau. On prévoit l'existence de trois triazines fondamentales; elles diffèrent par les positions que les atomes d'azote occupent sur le noyau; elles sont représentées par les formules suivantes :

Triazine 1.2.3.   Triazine 1.2.4.   Triazine 1.3.5.

Elles n'ont pas été isolées et l'on ne connaît encore qu'un petit nombre de dérivés des deux premières. La troisième, c.-à-d. la triazine symétrique 1.3.5. est quelquefois désignée sous le nom d'*acide tricyanhydrique*; elle existerait, d'après certains chimistes, dans l'acide ferro-cyanhydrique. Ses dérivés, autrefois appelés *cyanidines* et *tricyanures*, comprennent, entre autres, l'acide et les éthers cyanuriques, la mélamine, la cyaphénine, etc Voy. Cyanurique et Cyanalkine.

TRIAZOL. s. m. (R. *tri*, préf., et *azol*). T. Chim. Composé cyclique dont la chaîne est pentagonale et analogue à celle du pyrrol, mais contient trois atomes d'azote dans le noyau. Ces atomes peuvent occuper différentes positions que l'on indique par des chiffres comme dans le cas du pyrrol. Il existe trois isomères dont les formules sont :

Triazol 1.2.5.   Triazol 1.2.4.   Triazol 1.2.3.
(Osotriazol)

Le premier a été appelé *osotriazol*, *osotriazone* et *pyrrodiazol*. Il fond à 22° et bout à 204°. Ses dérivés de substitution portent aussi le nom générique d'*osotriazone*. Voy. ce mot.

Le triazol 1.2.4. cristallise en aiguilles très solubles dans l'eau et dans l'alcool; il fond à 121° et bout à 260°. Ses dérivés sont des corps solides, très stables vis-à-vis des agents d'oxydation; ils fonctionnent comme des bases très faibles; ils peuvent aussi échanger l'hydrogène du groupement AzH contre un métal. Ils prennent naissance par l'action des amides sur les hydrazides. On les obtient aussi en faisant réagir les anhydrides d'acides sur la *dicyanophénylhydrazine*, composé résultant de l'union de la phénylhydrazine avec le cyanogène. — Les *triazolones* peuvent être considérées comme des dérivés du triazol 1.2.4. dans lequel un groupe CH est remplacé par du carbonyle CO. Les *urazols* contiennent deux groupes CO et s'obtiennent par l'action des hydrazines sur les urées ou sur le biuret.

Le triazol 1.2.3. bout à 209°. — Les *azimides* (Voy. ce mot) sont constitués par la soudure d'un noyau de ce triazol avec un noyau aromatique. — Les *pseudo-azimides*, qu'on obtient en oxydant les dérivés ortho-amidés des composés azoïques, sont constituées de même; mais leur noyau de triazol paraît être légèrement modifié et serait représenté par le schéma :

TRIAZOLONE. s. f. T. Chim. Voy. Triazol.

TRIBADE. s. f. (lat. *tribas*, gr. τρι6άς, m. s., de τρί6ω, je frotte). Femme qui cherche avec une autre femme des jouissances sensuelles.

TRIBALLES, peuple thraco qui habitait au S. du bas Danube près des Daces.

TRIBASIQUE. adj 2 g. [Pr. *triba-zike*] (R. *tri*, préf., et *base*). T. Chim. Se dit des acides qui contiennent trois atomes d'hydrogène pouvant être remplacés chacun par un atome de métal. *L'acide phosphorique ordinaire est t.*

TRIBONIEN, jurisconsulte romain, eut la direction des

travaux législatifs accomplis sous le règne de Justinien (475-545).

TRIBORD. s. m. [Pr *tri-bor*] (Ce mot, d'orig. germ. sign. propr. *bord du gouvernail*, parce qu'on avait autrefois l'habitude d'attacher le gouvernail à tribord : angl. *to steer*, gouverner une embarcation, *bord*, bord d'un navire. On disait autrefois *stribor*). T. Mar. Bord de droite d'une embarcation. Voy. BÂBORD. — Moitié de l'équipage qui alterne avec l'autre le service du quart.

TRIBOULET, fou de Louis XII et de François Ier, m. en 1536.

TRIBRAQUE. s. m. (gr τρεῖς, trois ; βραχὺς, bref). T. Versific. anc. Pied employé dans les vers grecs et latins, et qui se compose de trois syllabes brèves

TRIBU. s. f. (lat. *tribus*, m. s.). En parlant des peuples, se dit de certaines divisions fondées soit sur la descendance, soit sur le territoire occupé. || T. Hist. nat. Se dit d'une subdivision qui se place entre la famille et le genre.

Hist — Dans l'antiquité, on donnait le nom de *Tribus* à certaines divisions de la population dont la réunion formait la totalité d'un peuple. — Chez les Juifs, la nation était divisée en douze tribus, et chacune d'elles tirait son origine d'un patriarche. Dix de ces tribus étaient issues de dix fils de Jacob ; les deux dernières devaient leur nom aux fils de Joseph, Ephraïm et Manassé. Quant aux descendants de Lévi, le douzième fils de Jacob, ils étaient consacrés au culte de Dieu, et pour cette raison ils avaient été répartis par Moïse dans toutes les tribus.

À l'origine, la population hellénique paraît avoir été aussi divisée par tribus, dont chacune prétendait être issue d'un ancêtre commun. Le lien naturel qui existait ainsi entre les membres d'une même t. était en outre cimenté par des rites religieux et des sacrifices communs. Après les temps héroïques, les tribus continuèrent à exister, mais elles se développèrent et prirent un caractère politique. — Les tribus attiques paraissent, à l'origine, avoir été au nombre de 4. Sous le règne ou peu après le règne de Cécrops, elles portaient les noms de *Cecropis*, *Autochthon*, *Actæa* et *Paralia*. Sous le règne de Cranaüs, ces noms furent changés en ceux de *Cranais*, *Atthis*, *Mesogæa* et *Diacris* Plus tard on trouve de nouveaux noms, *Dias*, *Athenais*, *Posidonias* et *Hephæstias*, évidemment dérivés des divinités honorées dans le pays Mais toutes ces tribus furent remplacées par 4 autres, qui semblent avoir été propres à la race ionienne ; ces nouvelles tribus portaient les noms de *Geleontes*, *Hopletes*, *Argades* et *Ægicores*, qui, à en croire Hérodote, tiraient leur origine des fils de Ion, fils de Xuthus, mais qui, d'après la signification des trois derniers noms, venaient évidemment des occupations propres à chacune d'elles. En effet, *Hopletes* désigne les guerriers, *Argades* les laboureurs, et *Ægicores* les bergers. Quant au mot *Geleontes*, dont la signification est controversée, il désignait peut-être une t. sacerdotale. Toutefois il y a lieu de croire qu'à l'époque de Thésée, ces noms, qui semblent impliquer une division par castes, avaient perdu cette signification, car, d'après les historiens grecs, Thésée divisa chacune de ces tribus en trois parts distinctes, savoir : les *Eupatridai* ou nobles, les *Geomoroi* ou agriculteurs, et les *Démiourgoi* ou artisans et ouvriers A cette époque, ou peu après Thésée, chaque tribu (φυλή) se divisait en 3 *phratries*, terme équivalent à fraternité. Chaque phratrie se subdivisait en 4 *naucraries*, terme qui équivaut à peu près au mot dème employé plus tard, et se composait de 30 γένη, terme qui correspond au mot *gentes* des Romains. Enfin, chaque γένος, ou *gens*, se distinguait par un nom patronymique dérivé d'un ancêtre mythique. Après Thésée, la monarchie ayant été d'abord limitée, puis abolie, les *Eupatrides*, ou nobles, s'emparèrent du pouvoir et de toutes les fonctions civiles, religieuses et militaires. De là les discordes et les troubles qui agitèrent la population de l'Attique jusqu'à l'époque où Solon, pour y mettre un terme, fut chargé de donner au pays une nouvelle constitution et de nouvelles lois. Lorsque le pouvoir fut remis aux mains de Solon, il trouva les habitants divisés en trois partis, les Πεδιαῖοι, ou habitants de la plaine, les Διάκριοι, ou habitants de la montagne, et les Πάραλοι, ou habitants des côtes. Ces partis hostiles représentaient jusqu'à un certain point les classes établies par Thésée, les habitants de la plaine comprenant les nobles ou les possesseurs de la partie la plus fertile du pays, les habitants de la montagne représentant les petits

cultivateurs et les bergers, et les habitants des côtes représentant les classes industrielles et commerçantes. Selon conserva les quatre tribus primitives, mais il abolit toutes les distinctions de rang qui existaient avant lui, ou du moins il en diminua beaucoup l'importance, en divisant la population tout entière en 4 classes basées sur le revenu de chaque citoyen et la quotité d'impôt payée par lui. Enfin, lorsque Clisthène fit sa grande réforme démocratique, il abolit les vieilles tribus, et il en créa dix nouvelles, en prenant pour point de départ la division géographique de l'Attique. Néanmoins il imposa à ces tribus nouvelles des noms empruntés à d'anciens héros · *Erechtheis*, *Ægeis*, *Pandionis*, *Leontis*, *Acamantis*, *Œneis*, *Cecropis*, *Hippothoontis*, *Acanthis* et *Antiochis*. Chacune de ces tribus fut divisée en dix *dèmes*. A sa tête était un chef, appelé *Phylarque*, qui, en temps de guerre, commandait la cavalerie de la t Clisthène laissa subsister les anciennes phratries, mais il leur enleva toute importance politique, et les naucraries disparurent Tous les étrangers admis au droit de cité étaient incorporés dans une t., mais ils ne pouvaient appartenir à une phratrie. La plupart des fonctions que remplissaient les anciennes tribus furent transférées aux *dèmes* (Voy. ce mot). Les réformes de Clisthène subsistèrent jusqu'à la chute de l'indépendance d'Athènes En 307, Démétrius Poliorcète porta le nombre des tribus à *treize*, en créant deux nouvelles qu'il nomma *Antigonias* et *Démétrias*, et qui plus tard furent appelées *Ptolémais* et *Attalis*. Enfin Adrien en ajouta une treizième, à laquelle il donna son propre nom.

Chez les Romains, la division par tribus, d'abord fondée sur une distinction de race, puis reconstituée par Servius Tullius sur une base purement territoriale, a joué un grand rôle dans l'histoire de ce peuple Mais nous en avons trop longuement parlé aux mots PATRICIENS, PLÉBÉIENS, COMICE, etc., pour que nous ayons à y revenir ici

TRIBULATION s. f. [Pr. ...*sion*] (lat. *tribulatio*, m. s., de *tribulare*, presser, tourmenter). Affliction, adversité considérée surtout au point de vue religieux. *Il a passé par toutes sortes de tribulations.*

TRIBULE. s. m. (lat. *tribulus*, gr. τρίβολος, m. s, propr herse, objet à trois pointes, de τρεῖς, trois, et βολή, action de jeter, ainsi dit à cause de la forme du fruit). T. Bot. Genre de plantes Dicotylédones (*Tribulus*) de la famille des Zygophyllées Voy. ce mot.

TRIBUN. s. m. (lat. *tribunus*, m. s., de *tribus*, tribu). T Hist. Nom donné à des magistrats de l'ancienne Rome et, en France, aux membres de l'assemblée établie par la Constitution de l'an VIII sous le nom de *tribunat*. Voy. plus bas, et TRIBUNAT. || Démagogue. *Un discours de t.*

Hist. — I. — Dans les premiers temps de Rome, on appelait *Tribuns* (*tribuni*) les magistrats qui étaient à la tête des trois tribus primitives, savoir : les *Ramnes*, les *Taliens* et les *Lucères*. Leurs principales fonctions consistaient à représenter leurs tribus dans les affaires civiles, à présider aux cérémonies religieuses propres à chacune d'elles, et à les commander en temps de guerre Lorsque le roi Servius Tullius eut partagé la population romaine en 30 tribus locales, nous voyons encore des *tribuns* placés à la tête de chaque t : il paraît qu'alors leur fonction principale consistait à tenir un registre sur lequel ils inscrivaient les habitants de leur tribu et les biens de chacun d'eux, afin de déterminer les taxes et de lever les troupes nécessaires pour les armées. Outre ces tribuns de tribus, il existait encore à Rome d'autres magistrats également appelés *tribuns*, qui remplissaient des fonctions diverses. Ainsi le *T. des Célères* (*tribunus Celerum*) était le commandant d'un corps de cavalerie, composé de cent jeunes gens pris dans les trois tribus patriciennes primitives et dont Romulus avait formé sa garde Les *Tribuns du trésor* (*tribuni ærarii*) étaient des officiers plébéiens élus par les tribus, et qui, lorsque la coutume s'établit à Rome de solder les troupes (406 av. J.-C.), furent chargés de recouvrer les tributs et de payer la solde aux soldats. Plus tard, leurs fonctions se réduisirent à lever les fonds destinés à la guerre, lesquels étaient ensuite remis aux questeurs de l'armée, qui payaient eux-mêmes les troupes. Les *Tribuns militaires* (*tribuni militum*) étaient les principaux officiers des légions (Voy. LÉGION). Il ne faut pas les confondre avec les magistrats désignés sous le même titre, qui, pendant une certaine période, remplacèrent les consuls (Voy. CONSUL).

II. — Lorsque les plébéiens, appauvris par de longues guerres et opprimés par les patriciens, se retirèrent sur le mont Sacré (494 av. J.-C.), les patriciens se virent obligés d'accorder aux plébéiens le droit de nommer de nouveaux magistrats, chargés de défendre les intérêts de ces derniers, et possédant à cet effet des pouvoirs plus efficaces que n'en avaient auparavant les chefs des tribus : ces nouveaux magistrats reçurent le nom de *Tribuns du peuple* (*tribuni plebis*). Dès le principe, la personne des tribuns fut déclarée sacrée et inviolable : tout individu qui portait atteinte à cette inviolabilité était mis hors la loi et ses biens étaient confisqués au profit du temple de Cérès. La loi même qui établit ces peines décréta que nul ne pourrait faire opposition au tribun ou l'interrompre lorsqu'il s'adressait au peuple. Les tribuns étaient par excellence les représentants et les organes de l'ordre plébéien, et leur action s'exerçait exclusivement dans les comices par tribus ; ils n'avaient rien à voir dans les affaires des patriciens et dans leurs comices. Ils ne possédaient non plus aucun pouvoir judiciaire, et ils ne pouvaient infliger aucune peine ; ils avaient simplement le droit de proposer au peuple l'imposition d'une amende (*mulctam irrogare*). Mais, par la suite, leur pouvoir s'accrut tellement, qu'il surpassa celui de tous les autres magistrats, et que l'oligarchie patricienne et le sénat furent obligés de recourir à la violence pour se défendre.

A l'origine, il y eut seulement deux tribuns du peuple. Quelque temps après, leur nombre fut porté à cinq, de sorte que chaque classe en eut un. Enfin, en 457 av. J.-C. le nombre des tribuns fut porté à dix, et ce nombre resta désormais invariable. Les plébéiens seuls pouvaient être nommés à cette charge. Ainsi, lorsque, vers la fin de la république, des patriciens aspirèrent au tribunat, ils durent renoncer à leur ordre et devenir plébéiens. Tite-Live ne mentionne qu'un seul exemple de patricien élevé au tribunat, et ce fait isolé fut vraisemblablement le résultat d'une tentative pour partager la puissance tribunitienne entre les deux ordres.

Bien que, dans le principe, l'institution du tribunat ait eu pour objet unique de protéger les plébéiens contre les entreprises des patriciens, les plébéiens considérèrent leurs tribuns comme des médiateurs et des arbitres dans les affaires mêmes qui s'agitaient entre individus de leur ordre. Le pouvoir possédé par le collège des tribuns était désigné sous le nom de *tribunitia potestas*; mais il ne s'étendait qu'à environ 1,600 mètres au delà des murs de Rome. Dès l'an 456 av. J.-C., les tribuns, malgré les consuls, s'arrogèrent le droit de convoquer le sénat, pour y porter certaines propositions de loi (*rogationes*), car jusqu'alors les consuls seuls avaient eu le droit de soumettre les plébiscites à l'approbation du sénat. Lors du second décemvirat, la magistrature tribunitienne fut suspendue; mais elle fut rétablie quand les lois nouvelles furent achevées ; dès ce moment, par suite des modifications apportées dans les tribus, elle prit un autre caractère. Les tribuns eurent le droit d'assister aux délibérations du sénat, mais ils ne pouvaient siéger parmi les sénateurs. L'inviolabilité des tribuns, qui avait reposé jusqu'alors sur une convention entre les deux ordres, fut confirmée et sanctionnée par la loi Horatia. De plus, comme à cette époque les tribus comprenaient également les patriciens et leurs clients, les tribuns furent naturellement appelés à interposer leur autorité en faveur d'un citoyen quelconque, soit patricien, soit plébéien. C'est ainsi que l'un des plus fougueux patriciens, l'ex-décemvir Appius Claudius, se vit obligé d'implorer la protection des tribuns. Avant l'an 394 av. J.-C., les affaires dans le collège des tribuns se décidaient à la majorité des voix. Vers cette époque, mais on ne sait comment et à quel sujet s'opéra ce changement, il suffit de l'opposition ou du veto (*intercessio*) d'un seul tribun pour rendre nulle une résolution prise par tous ses autres collègues. Toutefois Tiberius Gracchus fit plus tard passer un plébiscite portant que, lorsqu'un tribun persévérerait dans son veto contrairement à l'avis de tous ses autres collègues, il pourrait être privé de sa charge. Par suite du droit qu'ils avaient d'assister aux séances du sénat et de prendre part à ses discussions, ainsi qu'en leur qualité de représentants du peuple entier, les tribuns s'arrogèrent insensiblement le droit d'arrêter par leur veto l'action de tout magistrat quelconque, sans être même obligés de donner aucun motif de leur opposition. C'est ainsi que nous voyons les tribuns empêcher un consul de convoquer le sénat, interdire la proposition de nouvelles lois, interdire les élections dans les comices, arrêter les censeurs dans l'exercice des fonctions de leur charge, et même empêcher l'exécution d'une ordonnance rendue par le préteur. Un tribun pouvait également mettre son veto sur un décret du sénat et obliger ce corps, soit à soumettre la question à une nouvelle délibération, soit à lever la séance.

Lorsque les tribuns voulaient proposer une mesure au sénat, ils avaient le droit de le convoquer, et, si la convocation avait été faite par un consul, ils pouvaient faire leur proposition même lorsqu'elle se trouvait en opposition avec celle du consul, droit que n'avait aucun autre magistrat. D'autre part, le sénat lui-même avait, dans certains cas, recours aux tribuns. C'est ainsi que, l'an 431 av. notre ère, il prit les tribuns de forcer les consuls à nommer un dictateur, et ceux-ci, menacés de la prison par les tribuns, élurent en effet Aulus Posthumius Tubertus. — En ce qui touche leurs rapports avec les autres magistrats, les tribuns n'avaient pas seulement le droit de veto, c.-à-d. le droit de s'opposer à ceux de leurs actes qui leur paraissaient iniques ou contraires aux intérêts des plébéiens, ils avaient encore le pouvoir de faire appréhender par leurs *viateurs* (*viatores*), c.-à-d. par les agents qu'ils avaient sous leurs ordres, un consul ou un censeur, de le mettre en prison ou de le faire précipiter du haut de la roche Tarpéienne. Après l'adoption de la loi Hortensia (286 av. J.-C.), la puissance tribunitienne se trouva tellement accrue, qu'elle n'avait pas son égale dans l'État. Le pouvoir des tribuns fut considérablement amoindri par Sylla, qui s'efforça de rendre la prépondérance au parti aristocratique. L'an 82 av. J.-C., il fit passer une loi par laquelle tout citoyen qui avait été t. du peuple était déclaré incapable de parvenir à aucune autre magistrature. Par la même loi, il ôta aux tribuns le droit de porter devant les comices ou devant le sénat aucune proposition sans qu'elle eût été préalablement approuvée par le sénat. Mais après Sylla, l'an 75 av. notre ère, Cotta leur rendit le droit de parvenir aux charges, et, l'an 70, le grand Pompée les rétablit dans toutes leurs prérogatives. Cet état de choses dura jusqu'à l'année 730 de Rome (24 av. J.-C.), où l'empereur Auguste se fit déférer par le sénat toute l'autorité tribunitienne. Ce prince en jouit, et, après lui, elle passa successivement à tous les empereurs. Néanmoins on continua de nommer des tribuns, qui furent choisis ordinairement parmi les sénateurs, mais parfois aussi parmi les chevaliers. Dans ce dernier cas, les chevaliers, en sortant de charge, devenaient de droit membres du sénat. L'office de t. du peuple continua de subsister jusqu'au Ve siècle de notre ère; mais depuis Néron, il ne fut qu'un vain titre, sans fonction et sans autorité.

TRIBUNAL. s. m. (lat. *tribunal*, m. s.), propr. le siège élevé sur lequel se plaçait le tribun, *tribunus*). Siège du juge, du magistrat. *Quand le juge est dans son t., est assis sur son t.* || La juridiction d'un magistrat ou de plusieurs qui jugent ensemble ; et ces magistrats mêmes. *T. civil, criminel, militaire. Le t. de police correctionnelle, de première instance, d'appel, de commerce. Instituer, établir des tribunaux. Le t. l'a condamné à tant.* Voy. JUDICIAIRE. — *T. révolutionnaire*, Tribunal exceptionnel créé par la Convention, le 10 mars 1793, et dont les jugements étaient sans appel. *Le t. révolutionnaire se composait de trois juges au moins, de douze jurés et d'un accusateur public.* — *T. de famille*, Assemblée de parents qui jugent les contestations élevées entre mari et femme, père et mère, frère et sœur, etc. — *Prendre la voie des tribunaux.* Avoir recours à la justice, pour faire décider une affaire. || Fig., *Le t. de la pénitence.* Voy. PÉNITENCE. — *Le t. de la conscience*, la conscience même. *Il n'y a point de t. plus redoutable que celui de la conscience. Le t. de Dieu*, La justice de Dieu. *Il le cita en mourant au t. de Dieu*, On dit, dans un sens anal ; *Le t. de l'opinion publique, de la postérité.* || T. Architect. La partie postérieure des basiliques qui a couvert la forme d'un hémicycle.

TRIBUNAT. s. m. [Pr. *tribu-na*] (lat. *tribunatus*, m. s.). Charge de tribun. *Demander, briguer le t.* || Le temps de l'exercice de cette charge. *Durant son t.*

Hist. — Dans notre histoire parlementaire, on désigne sous ce nom l'une des assemblées établies par la Constitution du 22 frim. an VIII (13 déc. 1799), pour concourir à l'élaboration des lois. Le *Tribunat* délibérait sur les projets de lois qui lui étaient soumis, et nommait des orateurs pour les discuter contradictoirement avec les orateurs du gouvernement devant le Corps législatif, qui seul avait le droit de voter. Il pouvait, en outre, proposer des améliorations dans la législation et dans toutes les parties du service public. Cette assemblée, qui siégeait au Palais-Royal, se composait de 100 membres appelés *Tribuns*, lesquels étaient élus par le Sénat. Ils devaient avoir 25 ans au moins, et se renouvelaient tous les ans par cinquième. Réduit à 50 membres par le sénatus-consulte organique du 16 thermidor an X (4 août 1802), le t. fut supprimé par un autre sénatus-consulte en date du 19 août 1807.

TRIBUNE. s. f. (bas lat. *tribuna*, par corrupt. de *tribunal*). Le lieu élevé, l'estrade d'où les orateurs grecs et romains haranguaient le peuple, et d'où parlent les orateurs modernes dans la plupart des assemblées délibérantes. *La t aux harangues. La t. de la chambre des députés. Discours prononcés à la t. Monter à la t. Quand l'orateur descendit de la t.* — *L'éloquence de la t.*, Le genre d'éloquence propre aux débats des assemblées politiques. || Par analogie, dans le style soutenu, on appelle *T. sacrée*, La chaire où montent les ecclésiastiques pour parler au peuple. || Se dit encore d'un lieu plus ou moins élevé, où se mettent certaines personnes qui doivent occuper une place séparée dans les églises, dans les grandes salles d'assemblées publiques, etc. *La t. des musiciens est mal placée. La t. des autorités. J'entendis la messe dans la t. Les tribunes publiques des Chambres. La t. diplomatique. La t. des journalistes.* — *T. d'orgues*, Grande t. où est placé le buffet d'orgues, dans une église. || Salle où sont réunis les plus beaux tableaux, statues, etc. *La t. du musée de Florence.*

TRIBUNITIEN, IENNE. adj. [Pr. *tribuni-si-in*, *siène*] (lat. *tribunitius*, m. s.). T. Antiq. Qui appartient au tribunal. *La puissance tribunitienne.* Voy. TRIBUN. || Fig. *Éloquence tribunitienne*, éloquence démagogique.

TRIBUR. bourg de la Hesse-Darmstadt, où une diète déposa Charles le Gros en 887 ; 1,900 hab.

TRIBUT. s. m. [Pr. *tri-bu*] (lat. *tributum*, de *tribuere*, accorder). Redevance qu'un État paye à un autre, comme marque de dépendance. *Le vainqueur imposa un t. aux vaincus.* — *Enfants de t.*, Les enfants que le Sultan levait autrefois en certains pays, par forme de t., sur les chrétiens qui étaient ses sujets. || Se dit quelquefois des impôts qu'un souverain lève dans ses États. *Ce prince tire de grands tributs de ses sujets. Lever, imposer un t. Payer le t.* || Fig., au sens moral, ce qu'on est obligé d'accorder, de souffrir, de faire. *L'estime, le respect est un t. qu'on doit à la vertu, au mérite.* || *Je vous paye avec plaisir le t. d'estime, de reconnaissance, d'éloges que je vous dois. Cet écrivain a payé le t. au goût de son siècle. Payer le t. à la nature*, Mourir. *Payer le t. à l'humanité*, Avoir quelque défaut, quelque imperfection. — *Fig.* et fam., *Il a payé le t. à la mer*, se dit d'un homme qui s'est embarqué sur mer pour la première fois, et qui s'en est trouvé incommodé. — Fig. et poétiq., *Les fleuves portent à la mer le t. de leurs eaux.*

TRIBUTAIRE. adj. et s. 2 g. [Pr. *tribu-tère*] (lat. *tributarius*, m. s.). Qui paye tribut à un prince. *Les peuples, les nations tributaires. Les tributaires de la Turquie.* || Fig., *Nous sommes tous tributaires de la mort. Tous les pays sont tributaires les uns des autres pour certains genres de produits. Les fleuves tributaires du Mississipi.*

TRICAGE. s. m. T. Mar. Action de triquer, travail qui consiste à dresser les faces opposées des pièces avec lesquelles on veut construire un mât d'assemblage.

TRICARBALLYLIQUE. adj. 2 g. [Pr. ...*bal-li-like*] (R. *tri*, préf., et *carballylique*). T. Chim. *L'acide tricarballylique* est un acide tribasique qui a pour formule :

$$CO_2H.CH_2.CH(CO_2H).CH_2.CO_2H.$$

Il cristallise en prismes incolores, solubles dans l'eau et dans l'alcool, fusibles à 158°. Il prend naissance dans la réduction des acides aconitique et citrique. Il existe à l'état naturel dans la betterave et l'on rencontre parfois des cristaux dans les appareils servant à évaporer les jus sucrés.

TRICASSES. peuple de l'anc. Gaule, cap. *Troyes*.

TRICEPS. adj. et s. m. [Pr. *tri-sepse*] (lat. *tres*, trois; *caput*, tête). T. Anat. Se dit des muscles dont l'extrémité supérieure présente trois faisceaux distincts. *Le muscle t. brachial. Le t. crural.*

TRICHALCITE. s. f. [Pr. *tri-kal-site*] (gr. τρεῖς, trois; χαλκὸς, cuivre). T. Minér. Arséniate hydraté de cuivre, en

masses rayonnées ou en dendrites, d'une couleur vert-de-gris.

TRICHER. v. a. (orig. germ.; sign. primit. tromper). Tromper au jeu. *Prenez garde, il vous triche.* — Absolum., *Ne trichons point. Il aime à t.* || Fig., Tromper en quelque chose que ce soit, principalement en de petites choses et par des voies petites et basses. *Cet homme-là cherche à t. Il triche sur tout.* = TRICHÉ, ÉE. part.

TRICHERIE. s. f. Action de tricher, tromperie au jeu. *Il a gagné par t.* || Fig., *Il m'a fait une t.* || Prov. *La t. revient à son maître*, le trompeur est souvent victime de sa tromperie.

TRICHEUR, EUSE. s. Celui, celle qui a l'habitude de tricher au jeu.

TRICHIASIS. s. m. [Pr. *tri-kia-zis*] (gr. τρίχιασις, m. s., de θρίξ, τριχὸς, poil). T. Méd. Renversement des cils vers le globe de l'œil. Voy. ŒIL, III, M.

TRICHIE. s. f. [Pr. *tri-ki*] (gr. θρίξ, τριχὸς, poil). Genre d'insectes Coléoptères. Voy. SCARABÉIDES.

TRICHILIA. s. m. [Pr. *tri-kilia*] (gr. τρεῖς, trois; χεῖλος, lèvre). T. Bot. Genre de plantes Dicotylédones de la famille des *Méliacées*, type des *Trichiliées*. Voy. MÉLIACÉES.

TRICHILIÉES. s. f. pl. [Pr. *tri-kilié*] (R. *Trichilia*). T. Bot. Tribu de plantes Dicotylédones de la famille des *Méliacées.* Voy. ce mot.

TRICHINE. s. f. [Pr. *tri-kine*] (lat. *trichina*, m. s., du gr. τριχίνος, mince comme un cheveu; de θρίξ, τριχὸς, cheveu). T. Zool. Genre de Vers Nématodes, type de la famille des *Trichotrachélides.* Voy. ce mot.

TRICHINOSE. s. f. [Pr. *tri-kino-ze*] (R. *trichine*). T. Méd. Affection morbide causée par les trichines. Voy. TRICHOTRACHÉLIDES.

TRICHIURE. s. m. [Pr. *tri-kiure*] (gr. θρίξ, poil; οὐρά, queue). T. Icht. Genre de Poissons osseux. Voy. TÆNIOÏDES.

TRICHLORACÉTIQUE. adj. 2 g. [Pr. *tri-klora-sétike*] (R. *tri*, préf., *chlore*, et *acétique*). T. Chim. *L'acide trichloracétique* est le dérivé tri-chloré de l'acide acétique et répond à la formule $CCl_3.CO_2H$. Il prend naissance par l'action du chlore sur l'acide acétique, ou par l'action de l'acide azotique fumant sur le chloral. Il cristallise en rhomboèdres incolores, déliquescents, fusibles à 55° ; il bout à 195°. Chauffé avec une dissolution aqueuse d'ammoniaque, il se transforme en chloroforme. Traité par le perchlorure de phosphore, il donne naissance au chlorure de trichloracétyle $CCl_3.COCl$, liquide incolore, qui bout à 118°.

TRICHLOROPURINE. s. f.[Pr. *tri-kloro-purine*] (R. *tri*, préf., *chlore*, et *purine*). T. Chim. Dérivé trois fois chloré de la purine. Voy. PURINE.

TRICHOCÉPHALE. s. m. pl. [Pr. *triko-séfale*] (gr. θρίξ, τριχὸς, poil; κεφαλὴ, tête). T. Zool. Genre de Vers Nématodes, type de la famille des *Trichotrachélides.* Voy. ce mot.

TRICHODESMA. s. m. [Pr. *tri-ko-desma*] (gr. θρίξ, τριχὸς, cheveu; δεσμὸς, lien). T. Bot. Genre de plantes Dicotylédones de la famille des *Borraginées*, tribu des *Borragées.* Voy. BORRAGINÉES.

TRICHOGYNE. s. m. [Pr. *tri-ko-jine*] (gr. θρίξ, τριχὸς, cheveu; γυνὴ, femelle). T. Bot. Nom donné au poil qui prolonge l'oosphère des *Floridées.* Voy. ce mot.

TRICHOMA. s. m. [Pr. *tri-kôma*] (gr. τρίχωμα, chevelure, de θρίξ, τριχὸς, cheveu). T. Méd. Syn. de *Plique.* Voy. ce mot.

TRICHOPHYTIE. s. f. [Pr. *triko-fiti*] (R. *Trichophyton*). T. Méd. Maladie causée par un champignon, le *trichophyton tonsurans*, et comprenant d'après le siège des lésions, trois variétés :

1° La *Trichophytie du cuir chevelu*, ou *t. tondante*, débute par une plaque érythémateuse au niveau de laquelle les poils ne tardent pas à se casser à quelques millimètres de la peau ; il se produit ainsi une sorte de tonsure. Ces plaques sont plus ou moins étendues (surface d'une pièce de 0 fr. 50 à celle d'une pièce de 5 fr.) et plus ou moins rapprochées ; elles se distinguent de celles de la pelade qui sont absolument glabres et luisantes.

Le *traitement* consiste à couper les cheveux aussi courts que possible et à badigeonner les surfaces malades avec la teinture d'iode, l'essence de térébenthine ; on fait ensuite des lotions antiseptiques avec une solution de sublimé, de phénosalyl, etc. La guérison est assez facilement obtenue.

Des *mesures prophylactiques* sévères sont nécessaires ; les objets de toilette, peignes, brosses, etc., des teigneux ne doivent pas servir à d'autres ; on doit se désinfecter fréquemment. L'inspection du cuir chevelu doit être faite rigoureusement dans les agglomérations, casernes, écoles ; les malades sont mis dans l'impossibilité de contaminer leurs voisins.

2° La *Trichophytie de la barbe*, ou *Sycosis parasitaire*, siège de préférence au menton et au cou et est caractérisée par un érythème et l'altération des poils.

Contre cette affection, on procède à l'épilation de la région malade, en empiétant sur les parties saines ; on fait ensuite des lotions antiseptiques accompagnées de badigeonnages de teinture d'iode.

3° La *Trichophytie des parties glabres* (érythème trichophytique, *herpès circiné*) débute par un point rouge qui ne tarde pas à s'étendre et arrive aux dimensions d'une pièce de 2 francs, même d'une pièce de 5 francs ; à cette période, sa partie centrale est généralement guérie. La plaque ainsi constituée a une coloration rosée, elle est squameuse et présente parfois de petites vésicules renfermant souvent du liquide. Les plaques peuvent être multiples et siéger au cou, à la face, à la partie dorsale des mains. Le parasite se trouve dans la couche cornée de l'épiderme. Les applications iodées suivies de lotions antiseptiques constituent la base du traitement.

TRICHOPHYTON. s. m. [Pr. *tri-ko-fiton*] (gr. θρίξ, τριχὸς, cheveu ; φυτὸν, plante). T. Bot. Genre de Champignons qui végète sur le cuir chevelu et produit la maladie appelée *Trichophytie*. Voy. ce mot.

TRICHOPTÈRES. s. m. pl. [Pr. *tri-koptère*] (gr. θρίξ, τριχὸς, cheveu ; πτερόν, aile). T. Entom. Mot employé comme syn. tantôt de *Plicipennes*, tantôt de *Phryganides*. Voy. ces mots.

TRICHOPTÉRYGIDES. s. m. pl. [Pr. *tri-ko-ptéri-jides*] (gr. θρίξ, τριχὸς, poil ; πτέρυγον, petite aile). T. Entom. Famille d'insectes Coléoptères Pentamères dont le principal genre, *Trichopteryx*, renferme plus de trente espèces habitant l'Europe ; on les trouve avec leurs larves dans le bois sec et sur les arbres vieux.

TRICHOPYRITE. s. f. [Pr. *tri-ko-pirite*] (gr. θρίξ, τριχὸς, cheveu, et fr. *pyrite*). T. Minér. Syn. de *Millérite*.

TRICHOSANTHE. s. m. [Pr. *tri-ko-zante*] (gr. θρίξ, τριχὸς, poil ; ἄνθος, fleur). T. Bot. Genre de plantes Dicotylédones (*Trichosanthes*) de la famille des Cucurbitacées. Voy. ce mot.

TRICHOSOME. s. m. [Pr. *tri-ko-some*] (gr. θρίξ, τριχὸς, poil ; σῶμα, corps). T. Zool. Genre de Vers Nématodes. Voy. TRICHOTRACHÉLIDES.

TRICHOTOME. adj. 2 g. [Pr. *tri-ko-tome*] (gr. τρίχα, en trois ; τομή, section). T. Bot. Se dit des parties qui se divisent et se subdivisent par trois. *Tige, rameau t.*

TRICHOTRACHÉLIDES. s. m. pl. [Pr. *triko-tra-kélide*] (gr. θρίξ, τριχὸς, poil ; τραχεία, trachée). T. Zool. Famille de Vers Nématodes dont la taille est en général petite et la partie antérieure du corps terminée en pointe. La bouche, petite, n'a pas de papilles ; l'anus terminal est quelquefois remplacé par un cloaque chez le mâle. Genres principaux : *Trichocéphalus, Trichosomum, Trichina.*

Les *Trichocéphales* sont de très petits vers qui vivent dans les intestins de l'Homme et des Mammifères. La partie antérieure de leur corps est très longue et ténue comme un cheveu ; la partie postérieure est au contraire cylindrique et arrondie ; droite chez la femelle, elle est recourbée chez le mâle. Ces animaux pondent des œufs à coque très résistante

et dont la forme rappelle celle du citron ; ces œufs sont rejetés avec les excréments de l'hôte et meurent quand ils restent trop longtemps dans un endroit sec. Leur développement se fait en effet dans l'eau ou, au moins, dans un endroit humide ; du reste ce développement s'arrête au bout d'un certain temps et ne reprend que si l'œuf embryonné est reporté dans l'intestin du mammifère avec les aliments ou avec les boissons. Le *T. dispar* vit dans le côlon de l'Homme, le *T. affinis* dans celui des moutons, le *T. crenatus* dans celui du porc ; le lièvre, le lapin, le chien, le rat, la souris et probablement beaucoup d'autres mammifères ont leurs Trichocéphales spéciaux.

Les *Trichosomes* ont le corps entièrement filiforme ; chez le mâle, qui est beaucoup plus petit, vit logé dans l'utérus de sa femelle ; on en trouve même souvent deux ou trois pour une seule femelle. Ces vers peuvent habiter également le tube digestif, mais on les trouve le plus habituellement dans la vessie de Vertébrés supérieurs. Le *T. tenuissimum* vit dans le duodénum du pigeon, le *T. plica*, dans la vessie du renard ; le *T. dispar*, dans l'œsophage du busard ; le *T. muris*, dans le gros intestin de la souris, etc.

Les *Trichines* ont également le corps capillaire, mais au lieu de se reproduire en dehors de leur hôte, les femelles vivipares pondent de petits embryons qui traversent immédiatement les parois du tube digestif et de la cavité générale ; ils arrivent ainsi, soit directement, soit portés par le courant sanguin dans les muscles striés où ils s'enkystent. Ils peuvent vivre là, enroulés dans leur kyste, pendant des années ; ils ne continuent et n'achèvent leur développement que lorsque les muscles où ils se trouvent sont mangés par un autre mammifère ; arrivés dans l'intestin, leur kyste est détruit par les sucs digestifs et, une fois en liberté, ils acquièrent bientôt les organes sexuels. La *Trichine enroulée* (*T. spiralis*) vit habituellement dans les muscles des rats qui se mangent souvent entre eux ; si un porc mange le cadavre d'un rat trichiné, il peut être envahi par la trichine et transmettre lui-même le parasite à l'Homme. Il en résulte une maladie, la *Trichinose*, qui est très dangereuse pour notre espèce.

TRICHROÏQUE. adj. 2 g. [Pr. *tri-kro-ike*] (gr. τρεῖς, trois ; χρόα, couleur). T. Phys. Se dit d'un corps qui présente le phénomène du *Trichroïsme*.

TRICHROÏSME. s. m. [Pr. *tri-kro-isme*] (gr. τρεῖς, trois ; χρόα, couleur). T. Phys. Phénomène offert par un corps qui présente trois couleurs différentes suivant la manière dont on le regarde. Voy. POLARISATION, VIII.

TRICK. s. m. [angl. *trick*, m. s.]. T. Jeux. Levée qu'une partie fait de plus que la partie adverse, au whist.

TRICLASITE. s. f. [Pr. *trikla-zite*] (gr. τρεῖς, trois ; κλάσις, fracture). T. Min. Voy. FAHLUNITE.

TRICLINIQUE. adj. 2 g. T. Minér. Qui se rapporte au système du prisme oblique à base de parallélogramme. Voy. CRISTALLOGRAPHIE, IV, 6°.

TRICLINIUM. s. m. [Pr. *tri-kliniome*] (mot lat. formé de τρεῖς, trois, et κλίνη, lit). T. Ant. Salle à manger où il y avait trois lits. Voy. REPAS.

TRICOISES. s. f. pl. [Pr. *tri-koua-ze*] (R. *turcoises*. tenailles turques). Tenailles dont se servent les maréchaux pour ferrer et déferrer les chevaux.

TRICOLOR. s. m. [lat. *tri*, de *tres*, trois, et *color*, couleur]. T. Bot. Espèce d'amarante dont les feuilles, d'abord vertes, deviennent mêlées de jaune, de vert et de rouge. *Mettre des tricolors dans des vases.*

TRICOLORE. adj. 2 g. [lat. *tri*, de *tres*, trois, et *color*, couleur]. Qui est de trois couleurs. *Fleur tricolore. Ruban t.* || Se dit partic. des trois couleurs nationales adoptées depuis 1789 par les Français, et qui sont le bleu, le blanc et le rouge. *Le drapeau t. Cocarde t.*

TRICOPHYTIE. s. f. TRICOPHYTON. s. m. Voy. TRICHOPHYTIE et TRICHOPHYTON.

TRICORNE. adj. 2 g. [R. *tri*, préf., et *corne*). T. Didact. Qui a trois cornes ou trois points. = TRICORNE. s. m. Chapeau à trois cornes.

TRICOSANE ou **TRI-ICOSANE**. s. m. [Pr. *triko-zane, tri-iko-zane*], T. Chim. Hydrocarbure gras saturé, dont la formule est $C^{23}H^{48}$. Il cristallise en lames brillantes, fusibles à 48°. On le rencontre dans l'huile de paraffine provenant de la distillation des lignites. — A cet hydrocarbure correspond un *alcool tricosylique* $C^{23}H^{48}O$ cristallisé, insoluble dans l'eau, fusible à 76°; on l'obtient en réduisant la laurone par le sodium.

TRICOT. s. m. [Pr. *tri-ko*] (R. *trique*). Bâton gros et court *Il le menaça de coups de t.* Fam. et Vx.

TRICOT. s. m. [Pr. *tri-ko*] (R. *tricoter*). Tissu de laine ou de coton fait en mailles, soit à la main avec de longues aiguilles mousses, soit au métier fonctionnant au moyen de mains et des pieds de l'ouvrier bonnetier, soit effectuant le travail automatiquement. *Faire du t. On fait avec le t. des bas, des chaussons, des camisoles, etc. Un caleçon de t.* Il Par ext., se dit de dentelles de fil ou de soie qui se font sur un oreiller avec des épingles et des fuseaux.

Techn. — Pendant des siècles, on a fabriqué le t. à la main et en faisant usage de divers procédés. Primitivement, on employait des aiguilles de bois, puis des aiguilles de fer ou d'acier dont les pointes étaient préalablement émoussées. Le nombre de ces aiguilles variait suivant la nature du t. que l'ouvrier, le plus souvent une femme, voulait obtenir. Pour les tricots en forme de nappes, comme les fichus, les châles, etc., il suffisait de deux aiguilles pour atteindre le résultat final. Lorsqu'il s'agissait de fabriquer des tricots, bas, chaussettes, mitaines, jupons, etc., le nombre des aiguilles nécessaires variait de trois à cinq. Aujourd'hui encore, quantité de ménagères font usage de ces aiguilles afin de confectionner des tissus tricotés destinés à recouvrir et protéger contre les intempéries, les régions les plus diverses du corps humain. Il est certainement probable que ce mode de fabrication ne cessera d'exister puisque les femmes apprennent dès leur enfance, à tricoter des bas, des chaussettes, etc., dont elles trouvent la destination immédiate dans leurs familles.

Cependant, ce procédé, qui n'a rien d'industriel et ne permet pas de répondre aux besoins constamment croissants de la population, a cédé le pas au *métier rectiligne* ou *circulaire* automatique dont le mécanisme assez compliqué fabrique des pièces rétrécies ou élargies suivant les endroits et tissées avec une perfection absolue, tout comme si elles l'avaient été par le plus habile des ouvriers. Avec ces machines, très ingénieuses, on arrive à fabriquer tous les objets de bonneterie à des prix fabuleux de bon marché. En effet, elles produisent en un temps relativement très court, des ouvrages qui exigent, de la part des ouvrières tricoteuses à l'aiguille, un travail plus que décuple en durée.

Pour obtenir cette variété spéciale de tissu constituée par une succession ininterrompue de mailles, on a recours à l'emploi de matières premières telles que le coton, la laine, la soie et parfois le lin. Cette industrie qui a reçu le nom générique de bonneterie, embrasse la fabrication d'un grand nombre d'objets de consommation courante et d'articles de fantaisie : les caleçons, camisoles, jupons, capelines, cache-nez, châle-laines, fichus, etc., etc. Voy. TRICOTEUSE. Les tricots fabriqués le plus couramment aujourd'hui sont unis, à côtes pleines ou partielles, à jour, etc. Les lieux principaux de production de ces tissus sont, pour ceux de soie : Paris, Lyon, Saint-Just, Troyes, Nîmes, le Vigan. Les tricots de laine se fabriquent spécialement à Roye, Troyes, Hangest, Harbonnières, Villers-Bretonneux, Santerre. Ceux de lin sont surtout fournis par les usines du département du Pas-de-Calais; enfin le t. de coton, le plus répandu aujourd'hui, se fabrique à Troyes, Saint-Just, Falaise, Romilly et Moreuil.

TRICOTAGE. s. m. Le travail d'une personne qui tricote, et l'ouvrage qu'elle fait. *Apprendre le t. Ce t. est trop lâche.*

TRICOTER. v. a. (all. *stricken*, propr. faire des nœuds). Faire du tricot, faire un tissu en mailles de tricot. *Apprendre à t. T. des bas. T. de la dentelle. Elle tricote bien.* = TRICOTER. v. n. Avancer à petits pas, en ramenant vivement un pied vers l'autre. = TRICOTÉ, ÉE. part. *Des bas tricotés. Couverture tricotée.* Il T. Minér. *Structure tricotée*, Qui ressemble à un tricot.

TRICOTETS. s. m. pl. (R. *tricoter*). Sorte de danse ancienne d'un mouvement très rapide. *Danser les tricotets.* Vx.

TRICOTEUR, EUSE. s. [Pr. *triko-teur, euze*]. Celui, celle qui tricote. = TRICOTEUSE. s. f. T. Techn. Machine avec laquelle on tricote les fils de laine ou de coton. Voy. ci-après. Il T. Hist. *Les tricoteuses*, femmes qui assistaient aux exécutions ou aux séances des assemblées pendant la Révolution, en apportant leur tricot.

Techn. — Les machines à tricoter, ou *tricoteuses*, se divisent en deux grandes classes, suivant leur forme. Les *tricoteuses rectilignes* dites aussi *métiers français* et les *tricoteuses circulaires* de création relativement récente et que l'on emploie de préférence aux autres par suite du fini du travail que l'on obtient avec elles.

Nous avons vu au mot TRICOT, qu'autrefois on se bornait à tricoter en faisant usage d'un nombre plus ou moins considérable d'aiguilles de bois, de fer ou d'acier que l'on manœuvrait à la main. Nous n'aurons donc pas à revenir sur ce sujet et nous nous bornerons dès lors, à exposer les principes généraux du mécanisme assez compliqué que présentent les trico-

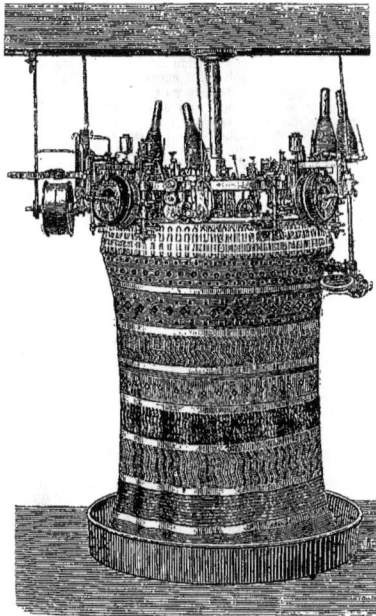

teuses mécaniques, en disant quelques mots sur les perfectionnements successifs apportés à ces machines.

L'antique t. rectiligne, celle qui était le type vrai du métier français nécessitait pour son fonctionnement les mains et les pieds de l'ouvrier bonnetier. C'est en 1846 que se produisit le premier perfectionnement dû à deux simples ouvriers, Verdier et Talhouis; il consistait à augmenter d'une manière sensible le nombre de mailles que confectionnait la machine, sans avoir besoin de déplacer l'ouvrage terminé. En 1856, nouveau perfectionnement apporté à la t. rectiligne par Mandella et Hinc. En 1860, Talhouis supprima complètement l'emploi de la main du bonnetier, en transformant le mécanisme existant et en donnant au métier à tricoter un fonctionnement autonome; de plus, la nouvelle machine créée par lui permit d'obtenir d'un seul coup les accrues et rapetissures des mailles de manière à former le mollet, la cheville et le pied du bas que jusqu'alors on devait réunir par une couture ultérieurement exécutée.

Quant aux tricoteuses circulaires, dont il existe un très

grand nombre de types différents tels que les tricoteuses à *double fonture*, à *chutes multiples*, *etc.*, elles permettent de tricoter à côtes souhaitables ou variées, en uni, à jour, etc., ou en un mot, d'obtenir tous les objets et articles relevant de la bonneterie.

Les pièces principales et indispensables d'une t. rectiligne ou circulaire sont les *platines* et les *aiguilles*. La platine, constituée par une tige de forme particulière possède plusieurs parties ayant reçu des noms spéciaux. On a ainsi le *bec*, l'*avant-bec*, la *tête*, le *ventre*, la *gorge* et la *queue*. Ces organes se divisent en *platines fixes* et en *platines mobiles* ou *abaisseuses*. Les unes et les autres s'intercalent régulièrement et alternativement entre elles. Des tringles horizontales appelés *ondes*, et assemblées une à une avec les platines, au moyen de charnières, leur communiquent un mouvement déterminé et voulu. L'aiguille, qui est munie d'un trou circulaire, dit *chas* ou *chasse*, est placée horizontalement à proximité de chacune des platines. D'un côté, elle se trouve encastrée dans une pièce rigide en plomb, tandis que son autre extrémité est libre et se termine par une pointe flexible recourbée. L'ensemble des aiguilles contenues dans une machine à tricoter ou *t.*, et dont le nombre diffère dans une proportion directe avec celui des platines, prend le nom de *Fonture*.

Le fil de coton, de laine ou de soie, avec lequel doit être fait le tricot, est placé sans tension sensible, le long de la rangée des aiguilles; il subit toute une succession de mouvements que lui impriment les différents organes de la t. Les opérations principales voulues, pour déterminer avec le fonctionnement régulier de la machine à tricoter la production d'un ouvrage exempt de défauts, sont assez variées. En premier lieu, vient le *cueillage* ou *cueillement*; il s'obtient de la manière suivante : Le fil de coton, de laine, de soie ou de lin avec lequel doit être fait le tricot, est placé non tendu le long de la rangée des aiguilles. Cela fait, on communique aux platines un mouvement de translation vertical de haut en bas. Au moment où se produit ce mouvement, l'avant-bec de la platine appuyant sur le fil, le pousse à travers les intervalles libres qui existent entre les différentes aiguilles. L'abaissement des platines n'est pas exécuté d'une manière simultanée; ce sont d'abord les platines de rang impair qui s'abattent, puis celles de rang pair. On évite ainsi de communiquer au fil des tensions inégales. Chaque platine impaire descend d'une quantité double de celle de la platine paire correspondante; ce mouvement donne au fil une disposition particulière rappelant la forme d'un feston régulier. On dit alors que le cueillage ou cueillement est fait. On nomme *formage* l'opération suivante : Elle se produit, quand les platines paires étant abaissées, celles de rang impair se relèvent au moment précis où les premières s'abattent. L'*aménage* ou *assemblage* consiste en un mouvement de translation donné horizontalement à chaque groupe de platines immédiatement après la formation du feston. Lorsque se produit ce mouvement, l'avant-bec de la platine soutenant la boucle formée et obtenue par l'entrecroisement des fils, entraîne celle-ci jusqu'à ce qu'elle soit parvenue au niveau de la tête de l'aiguille et la fait glisser sous sa pointe qui la soutient. C'est alors qu'une sorte de règle appelée *presse*, ferme la tête de l'aiguille en la faisant pénétrer dans le trou ou chas dont elle est munie; cette opération prend le nom de *pressage*. La machine n'a plus alors qu'à accomplir son dernier travail, celui du *crochetage* ou *abattage*; elle y parvient de la manière suivante : Dès que la règle ou presse a fermé les têtes d'aiguilles, et que les boucles formées sont maintenues par les aiguilles, ces boucles se trouvent poussées au-dessus des becs par un mouvement horizontal de la platine dirigé de la droite vers la gauche; le feston que forme le fil se trouve subitement dégagé et constitue alors autant de mailles qu'il y a de têtes d'aiguilles. Telles sont les opérations assez complexes qui se produisent automatiquement dans les tricoteuses. Ajoutons en terminant, en ce qui concerne les métiers à tricoter circulaires que le principe du travail qu'ils exécutent est absolument le même que celui du métier rectiligne. Seules les dispositions des organes similaires, platines et aiguilles, diffèrent.

TRICOUPIS, nomme d'État et écrivain grec (1788-1873).

TRICTRAC. s. m. (Onomatopée, du bruit fait par les dés qu'on jette). T. Jeu. Le *Trictrac* est un jeu à la fois de hasard et de combinaison, qui se joue à deux personnes, au moyen de dames et de dés. La table sur laquelle on joue, et qu'on nomme aussi *Trictrac*, présente deux compartiments, appelés *Tabliers*, qui sont séparés l'un de l'autre par une

petite cloison et entourés d'un rebord plus élevé. Sur le fond noir de chaque tablier sont peintes 24 flèches de deux couleurs différentes et opposées pointe à pointe. De chaque côté des bords sont douze petits trous, où se place un fichet pour marquer le gain de douze points successifs. Les joueurs ont chacun 15 dames d'une couleur tranchée, et qui sont d'abord empilées à leur gauche. Chaque joueur jette tour à tour deux dés après les avoir agités dans un cornet, et joue selon les points qu'ils amènent. Néanmoins les règles du jeu sont combinées de telle sorte que le joueur, tout en obéissant à l'inflexible loi du hasard, est presque toujours libre de jouer de plusieurs manières. Lorsque l'un des joueurs a rempli toutes les cases du tablier de gauche, on dit qu'il a *fait son petit jan*; quand il a rempli celles du tablier de droite, il a fait son *grand jan*; lorsqu'après avoir passé toutes ses dames dans le jeu de son adversaire, le joueur revient dans son propre jeu, on dit qu'il fait son *jan de retour*, etc. Le jeu de t., l'un des plus intéressants que l'on puisse imaginer à cause de la multitude de combinaisons qu'il permet à un joueur habile, était déjà cultivé par les Grecs et par les Romains. Les premiers l'appelaient *digrammismos*, et les seconds, *ludus scriptorum duodecim* ou *duodena scripta*. Les peuples modernes l'ont tous adopté sous des noms différents; mais il est aujourd'hui passé de mode et ne se joue plus guère.

TRICUSPIDE. adj. 2 g. (lat. *tri*, de *tres*, trois, et *cuspis*, pointe). T. Bot. Qui a trois pointes ou trois sommets aplatis. *Houblon t. Saxifrage t.* || T. Anat. *Valvule t.* Valvule qui se trouve à la communication de l'oreillette droite avec le ventricule droit du cœur. Voy. **Cœur**.

TRICYANHYDRIQUE. adj. 2 g. (R. *tri*, préf., *cyanogène* et *hydrogène*). T. Chim. *Acide t.* Voy. **Thiazine**.

TRICYANIQUE. adj. 2 g. (R. *tri*, préf., et *cyanogène*). T. Chim. Syn. de *Cyanurique*.

TRICYANURE. s. m. [R. *tri*, préf., et *cyanogène*]. T. Chim. Voy. **Thiazine**.

TRICYCLE. s. m. (lat. *tri*, et gr. χύχλος, cercle, roue). Voiture à trois roues. Se dit de petites voitures à bras qui ont trois roues et qui servent à transporter les bagages dans les gares de chemin de fer, et des vélocipèdes à trois roues mus par les pieds ou par un moteur mécanique. *T. à pétrole*. Voy. **Vélocipède**.

TRIDACNE. s. f. (gr. τρεῖς, trois; δάκνω, je mors). T. Zool. Genre de Mollusques *Lamellibranches*. Voy. **Chamacés**.

TRIDACTYLE. s. m. τρεῖς, trois; δάκτυλος, doigt). T. Ornith. Voy. ci-après. || T. Entom. Genre d'Insectes Orthoptères. Voy. **Gryllides**.

Ornith. — Les *Tridactyles* (*Hemipodius*) constituaient, dans la méthode de Cuvier, un petit groupe de Gallinacés que l'on a

rangés depuis dans la famille des *Tinamidés*. Ces oiseaux manquent de pouce et n'ont que trois doigts, qui sont dirigés en avant. En outre, leur bec, médiocre et comprimé, forme une petite saillie sous la mandibule inférieure. Ce groupe comprend deux genres, les *Turnix* et les *Syrrhaptes*. — Les *Turnix*

(*Ortyyis*) ont le bec droit, comprimé, à arête élevée et courbée vers la pointe, les tarses allongés et les doigts entièrement divisés. Ces oiseaux se rapprochent beaucoup des Cailles tant par le port que par les mœurs. Ils habitent les régions chaudes de l'ancien continent et de l'Australie, où ils vivent solitaires dans les plaines sablonneuses et stériles, et dans les hautes herbes. Au moindre danger, ils se cachent et prennent la fuite plutôt en courant qu'en volant. S'ils se décident à prendre leur vol, ils s'élèvent tout au plus au-dessus des grandes herbes et, après ce premier vol, ils se blottissent si obstinément, qu'ils se laissent pour ainsi dire écraser sous les pieds plutôt que de fuir. Leur nourriture consiste surtout en graines et en insectes. Nous citerons comme type le *T. tachydrome* (*Ort. tachydromus*) [Fig. ci-contre], qui habite l'Afrique, surtout la Barbarie, mais qui se montre accidentellement en Andalousie et vit sédentaire en Sicile. Chaque plume du dessus de son corps est rayée en travers de noir et de fauve, et bordée de blanc, le dessous du corps est d'un blanc roussâtre. Le bec est couleur de chair et les pieds sont rougeâtres. — Le genre *Syrrhaptes* (*Syrrhaptes*) s'éloigne tellement du type général des Gallinacés, dit Cuvier, que l'on est tenté de douter s'il doit entrer dans cet ordre. Il est caractérisé par ses tarses courts, garnis de plumes, par ses doigts très courts, réunis sur une partie de leur longueur et également garnis de plumes, enfin par ses ailes extrêmement longues et pointues. On n'en connaît qu'une espèce, le *Syrrhaptes hétéroclite* (*Syr. heteroclitus*), qui a les parties supérieures d'un jaune cendré, avec des bandes noires à l'extrémité des plumes du dos, la gorge et le haut du devant du cou d'un orangé foncé, le bas du cou et la poitrine cendrés. Cet oiseau, qui habite les steppes nus et stériles de la Boukharie, ainsi que les déserts de la Tartarie, marche très mal, vole avec rapidité et vit de petits grains qu'il cherche dans le sable.

TRIDE. adj. 2 g. (esp. *trido*, m. s.). T. Manège. Vif, prompt, serré. *Cheval a des mouvements trides.*

TRIDÉCANE. s. m. (gr. τρεῖς, trois; δέκα, dix, à cause des 13 atomes de carbone). T. Chim. Hydrocarbure gras saturé qui a pour formule $C^{13}H^{28}$. Il se congèle à —6° et bout à 234° Le *Tridécylène* $C^{13}H^{26}$, qu'on rencontre dans le pétrole de Birmanie, est l'un des hydrocarbures éthyléniques qui correspondent au tridécane; il est liquide et bout à 233°.

TRIDÉCYLÈNE. s. m. T. Chim. Voy. TRIDÉCANE.

TRIDENT. s. m. [Pr. *tri-dan*] (lat. *tridens*, m. s., de *tres*, trois, et *dens, dentis*, dent). Fourche à trois dents ou à trois pointes qu'on donne pour sceptre à Neptune. Voy. NEPTUNE. || T. Agric. Sorte de bêche à trois dents. || T. Pêche. Sorte de fourche à trois pointes avec laquelle on prend du poisson en le piquant dans l'eau.

TRIDENTÉ, ÉE. adj. [Pr *tri-danté*]. T. Bot. Qui a trois divisions en forme de dents.

TRIDI. s. m. (lat. *tri*, pour *tres*, trois; *dies*, jour). Le troisième jour de la décade dans le calendrier républicain. Voy. CALENDRIER.

TRIDIGITÉE. adj. f. (lat. *tri*, de *tres*, trois; *digitus*, doigt). T. Bot. *Feuille tridigitée*, Feuille qui a un pétiole commun terminé par trois folioles.

TRIDUO ou **TRIDUUM** s. m. [Pr. *tridu-ome*] (lat. *triduum*, m. s., de *tres*, trois, et *dies*, jour). T. Liturg. Exercice religieux prolongé pendant trois jours.

TRIDYMITE. s. f. (gr. τρίδυμος, triple). T Minér. Variété cristallisée de silice anhydre. Voy. SILICE.

TRIE. ch.-l. de c. (Hautes-Pyrénées), arr. de Tarbes; 1,600 hab.

TRIÈDRE. adj. 2 g. (gr. τρεῖς, trois; ἕδρα, base). T. Géom. Se dit d'un angle formé par la réunion de trois faces ou d'une pyramide terminée par trois faces. *Angle t. Pyramide t.*

Géom. — Nous nous bornerons à indiquer les principales propriétés des *angles trièdres*, en renvoyant, pour le détail des démonstrations, aux traités de géométrie.

I. — Un *angle t.*, ou simplement un *t.*, est l'espace compris entre trois plans qui passent par un même point et qu'on

limite à leurs intersections mutuelles. On y distingue un sommet S (Fig. 1), trois *arêtes*, SA, SB, SC, trois *faces* qui sont des angles plans : BSC, CSA, ASB, et trois angles dièdres. Nous désignerons d'une manière générale les faces par a, b, c, et les dièdres par A, B, C. L'angle t. est le plus simple des angles polyèdres.

Dans tout angle trièdre, une face quelconque est plus petite que la somme des deux autres, et la somme des faces est plus petite que 4 droits.

Si a est la plus grande face, on aura :

$$a < b + c \qquad a + b + c < 4^{dr}.$$

Ces conditions sont nécessaires et suffisantes pour qu'on puisse construire un t. avec trois angles donnés a, b, c, pour faces. On démontre que, si elles sont remplies, il existe deux trièdres et deux seulement ayant pour faces les trois angles donnés. Ces deux trièdres ont respectivement les mêmes faces et les mêmes dièdres; mais ils ne sont pas superposables : ils sont *symétriques*. Voy. SYMÉTRIE.

Si on prolonge les arêtes d'un t. SABC au delà du sommet on obtient un t. symétrique SA'B'C'. Il est aisé de reconnaître qu'on ne peut faire coïncider ces deux trièdres de manière que SA s'applique sur SA', SB sur SB', et SC sur SC'. La superposition n'est possible que si le t. est *isocèle*, c.-à-d. s'il a deux faces égales, par ex. $\widehat{ASC} = \widehat{CSB}$. Alors on pourra appliquer SA' sur SA, SB' sur SC, et SC' sur SB. La propriété du t. isocèle d'être superposable à son symétrique correspond à la propriété du t. isocèle d'être superposable à lui-même après retournement. On en déduit que, si un t. a deux faces égales, les dièdres opposés à ces faces sont égaux, et réciproquement, si un t. a deux dièdres égaux, les faces opposées sont égales.

Deux trièdres sont égaux ou symétriques s'ils ont :

1° *Une face égale adjacente à deux dièdres égaux, chacun à chacun;*

2° *Un dièdre égal compris entre deux faces égales, chacune à chacune;*

3° *Les trois faces égales, chacune à chacune,*

Ces trois cas d'égalité correspondent aux trois cas d'égalité des triangles plans. On démontre les deux premiers par la superposition directe; le troisième résulte de ce qu'il n'y a que deux trièdres qui admettent trois faces données. On peut aussi le démontrer par un raisonnement tout semblable à celui qui a servi pour établir que deux triangles qui ont les trois côtés égaux sont égaux. Voy. TRIANGLE.

II. *Trièdres supplémentaires.* — On appelle t. supplémentaire d'un t. donné, le t. formé des perpendiculaires à chacune des faces du t. donné, menées par le sommet, chacune du côté où se trouve le t. par rapport à la face à laquelle elle est perpendiculaire. Ainsi pour former le t. supplémentaire du t. SABC, on mène SA' perpendiculaire au plan SBC du même côté par rapport à ce plan que SA; SB' perpendiculaire à SAC du côté de SB; et SC' perpendiculaire à SAB du côté de SC. On établit d'abord que la propriété du t. supplémentaire est réciproque, c.-à-d. que si on construit le t. supplémentaire de SA'B'C', on retrouve SABC. Ensuite on démontre que si deux trièdres sont supplémentaires, les dièdres de l'un sont supplémentaires des faces de l'autre. Si on désigne par des lettres accentuées les éléments du second t., on aura :

$$a' = 2^{dr} - A, \qquad b' = 2^{dr} - B, \qquad c' = 2^{dr} - C,$$
$$A' = 2^{dr} - a \qquad B' = 2^{dr} - b \qquad C' = 2^{dr} - c.$$

De là résulte une méthode de transformation des propositions qui constitue un cas particulier du principe de *dualité*. Voy. ce mot. Si, en effet, on a pu établir un théorème se traduisant par une équation entre les faces et les dièdres d'un t. :

$$F(a, b, c, A, B, C) = 0,$$

on pourra appliquer cette relation au t. supplémentaire d'un t. donné, ce qui revient à accentuer les lettres de l'équation précédente. Si alors on remplace les lettres accentuées par leurs valeurs, on obtiendra la nouvelle relation :

$$F(2 - a, 2 - b, 2 - c, 2 - A, 2 - B, 2 - C) = 0$$

qui constitue un nouveau théorème. Les deux théorèmes qui se déduisent ainsi l'un de l'autre sont dits *corrélatifs*.

Par ex., les inégalités que nous avons données plus haut entre les faces conduisent à des inégalités entre les dièdres qui sont, toutes réductions faites :

$$A + B + C > 2 \qquad A > B + C - 2$$

c.-à-d. que, *dans tout t., la somme des dièdres est supérieure à deux droits, et le plus petit dièdre est plus grand que la somme des deux autres diminuée de deux droits*.

Les deux premiers cas d'égalité sont corrélatifs l'un de l'autre; le troisième conduit à un quatrième cas d'égalité qui n'a pas son analogue dans la théorie des triangles plans : *Deux trièdres sont égaux ou supplémentaires s'ils ont leurs trois dièdres égaux, chacun à chacun*.

III. *Triangles sphériques.* — Un triangle sphérique est formé de trois arcs de cercle dont chacun est plus petit qu'une demi-circonférence. Si l'on joint les trois sommets au centre de la sphère, on obtient un t. qui a pour face les côtés du triangle sphérique, et pour dièdres les angles de ce triangle. Donc, la théorie des triangles sphériques est identique à celle des trièdres. On en déduit les inégalités signalées plus haut entre les côtés et les dièdres Il suffit de supposer que *a,b,c* désignent les côtés, et A,B,C, les angles du triangle sphérique. Par ex., dans tout triangle sphérique, un côté est plus petit que la somme des deux autres, et cette proposition, généralisée comme on le fait dans le plan de la proposition analogue, montre que l'arc de grand cercle est le plus court chemin d'un point à un autre sur la sphère. Les quatre cas d'égalité des trièdres s'appliquent aussi aux triangles sphériques. Ainsi ces sortes de triangle admettent les trois cas d'égalité des triangles plans, sauf au lieu de conclure à l'égalité, il faut conclure à l'égalité ou à la symétrie. De plus, deux triangles sphériques sont égaux ou symétriques s'ils ont leurs trois angles égaux chacun à chacun Deux triangles sphériques sont ceux qui ont leurs sommets respectivement placés aux deux extrémités d'un même diamètre, ou qui sont égaux respectivement à deux triangles ainsi placés

Deux trièdres supplémentaires placés au centre de la sphère découpent sur celle-ci deux triangles tels que les sommets de l'un sont les pôles des côtés de l'autre. Si par ex. les deux trièdres sont OABC et OA'B'C', A' sera l'un des pôles de BC, B' l'un des pôles de CA, et C' l'un des pôles de AB. A la théorie des trièdres supplémentaires correspond donc celle des *triangles sphériques polaires* qui donne lieu aux mêmes transformations. On en fait grand usage dans la trigonométrie sphérique Voy. TRIGONOMÉTRIE.

Il résulte aussi de ces inégalités que la somme des angles d'un triangle sphérique dépasse toujours 2 droits. La différence $A + B + C - 2$ s'appelle l'*excès sphérique*. On démontre que l'aire d'un triangle sphérique est proportionnelle à son excès sphérique. Si l'on prend pour unité de surface le triangle sphérique *trirectangle*, c.-à-d. formé par trois quarts de grand cercle perpendiculaires deux à deux, et pour unité d'angle, l'angle droit, la surface du triangle sphérique et son excès sphérique seront mesurés par le même nombre. Mais le triangle trirectangle est la huitième partie de la surface de la sphère, laquelle est donnée par la formule $4 \pi R^2$, R représentant le rayon de la sphère. Si donc l'excès sphérique *e* est évalué en degrés, la surface du triangle, évaluée en mètres carrés, sera donnée par la formule :

$$S = \frac{1}{2} \pi r^2 \frac{\varepsilon}{90}.$$

TRIENNAL, ALE. adj. [Pr. *triènn-nal*] (lat. *triennalis*, m. s., de *tri*, pour *tres*, trois, et *annus*, année). Qui dure trois ans; ou qui est conféré pour trois ans; ou qui est élu, nommé pour trois ans. *Le parlement était alors t. Emplois triennaux. Dignité triennale.* || Se disait autrefois de charges qui ne s'exerçaient que de trois années l'une, et des titulaires qui en étaient pourvus. *Charge triennale. Officier t.*

TRIENNALITÉ. s. f. [Pr. *tri-ènn-nalité*] (R. *triennal*). Se dit d'un emploi, d'une dignité, d'une fonction dont l'exercice dure trois ans

TRIENNAT. s. m. [Pr. *triènn-na*] (lat. *triennis*, triennal). L'espace de trois ans; l'exercice d'un emploi pendant trois ans.

TRIENS. s. m. [Pr. *tri-ins*] (mot lat. formé de *tres*, trois,

et *as*). T. Métrol. Anc. mesure de poids et monnaie latine qui valait le tiers de l'as. Voy. MONNAIE et POIDS.

TRIER. v. a. (étym. douteuse). Choisir, tirer d'un plus grand nombre avec choix, avec préférence. *T. des raisins, des pois, des lentilles. T. du café. T. des laines, des chiffons. Il a trié les médailles les plus curieuses. On a trié ces soldats parmi les meilleures troupes. Dans cette dernière phrase, on dit plus ordin., Choisir.* ||Fig. et prov., *T. sur le volet.* Voy. VOLET. == TRIÉ, ÉE. part. = Conj. Voy. PRIER.

TRIÉRARQUE. s. m. (gr. τριήρης, galère; ἀρχός, chef). T. Antiq. Le chef d'une galère. || Par extens., se disait, à Athènes, des citoyens obligés par la loi d'armer une galère et de l'équiper, du moins en grande partie. *Les triérarques fournissaient les galères et ne les commandaient pas toujours.*

TRIÈRE. s. f. (lat. *trieris*, gr. τριήρης, m. s.). T. Antiq. Galère à trois rangs de rames. Voy. GALÈRE, II.

TRIESTE, anc. Tergeste, v. et port du littoral (Autriche-Hongrie), sur le golfe de Trieste, dans l'Adriatique; 133,000 hab. Grand commerce.

TRIÉTÉRIDE. s. f. (gr. τριετηρίς, m. s., de τρεῖς, trois, et ἔτος, année). T. Chron. Période de trois ans.

TRIÉTHYLAMINE. s. f. (R. *tri*, préf., *éthyle*, et *amine*). T. Chim. Voy. ÉTHYLAMINE.

TRIÉTHYLCARBINOL. s. m. (R. *tri*, préf., *éthyle*, et *carbinol*). T. Chim. Voy. HEPTYLIQUE.

TRIÉTHYLMÉTHANE. s. m. (R. *tri*, préf., *éthyle*, et *méthane*). T. Chim Voy. HEPTANE.

TRIEUR, EUSE. s. Ouvrier, ouvrière qu'on emploie à trier des chiffons, des épingles, etc. == TRIEUR. s. m. Machine à nettoyer le grain, à diviser le résidu de la houille brûlée. == TRIEUSE. s. f. Machine à éplucher la laine.

TRIFACIAL. adj. m. (R. *tri*, préf., et *facial*). T. Anat. *Nerf t.*, Voy. ENCÉPHALE, I, B.

TRIFIDE. adj. 2 g. (lat. *trifidus*, m. s., de *tri*, pour *tres*, trois, et *findere*, diviser). T. Bot. Qui est divisé en trois parties, segments ou lobes. *Calice t.*

TRIFLORE. adj. 2 g. (lat. *tri*, pour *tres*, trois, et *flos*, *floris*, fleur). T. Bot. Qui a trois fleurs.

TRIFOLIÉ, ÉE. adj. (lat. *tri*, pour *tres*, trois, et *folium*, feuille). T. Bot. Qui a des feuilles disposées trois par trois à l'extrémité des pétioles.

TRIFORIUM. s. m. [Pr. *tri-foriome*] (lat. *tri*, pour *tres*, trois, et *foris*, porte). T. Archit. Galerie étroite qui circule autour de la nef d'une église gothique. Voy. CLAIR-ÉTAGE.

TRIFURCATION. s. f. [Pr. ...*sion*] (R. *trifurqué*). T. Didact. Division en trois branches.

TRIFURQUÉ, ÉE. adj. (lat. *tri*, trois, et *furca*, fourche) Dont le sommet est divisé en trois parties déliées.

TRIGAUD, AUDE. adj. et s. [Pr. *tri-gô*, *gôde*] (lat. *tricaldus*, m. s., de *tricari*, user de finesse). Qui n'agit pas franchement, qui se sert de détours, de mauvaises finesses. *Il est t. Il a la mine trigaude. C'est un t. C'est une vraie trigaude.* Pop.

TRIGAUDER. v. n. [Pr. *tri-gô-der*] (R. *trigaud*). N'agit pas franchement, se servir de mauvais détours, de mauvaises finesses. *Il ne fait que t.* Pop.

TRIGAUDERIE. s. f. [Pr. *tri-gôderie*]. Action de trigaud. *Je connais ses trigauderies.* Pop.

TRIGÉMINÉ, ÉE. adj. (lat. *trigeminus*, m. s.). Qui a trois couples. *Cristallisation trigéminée*, combinaison de six solides semblables deux à deux.

TRIGÉNIQUE. adj. 2 g. [Pr. *trijé-nike*] (gr. τρεῖς, trois; γονὴ, génération). T. Chim. L'*acide t.* se forme par l'action de l'acide cyanique sur l'aldéhyde ordinaire à basse température. Il cristallise en petits prismes peu solubles dans l'eau. On le considère comme un dérivé du biuret et on lui attribue la formule de constitution :

$$\text{COAzH}$$
$$\text{AzH}\begin{cases}\\\end{cases}\text{CH.CH}^3.$$
$$\text{COAzH}$$

TRIGLE. s. m. (lat. *trigla*, gr. τρίγλη, m. s.). T. Icht. Genre de *Poissons osseux.* Voy. JOUES CUIRASSÉES.

TRIGLOCHIN. s. m. [Pr. *triglo-chin*] (gr. τρεῖς, trois; γλωχίν, pointe). T. Bot. Genre de plantes Monocotylédones de la famille des *Triglochinées.* Voy. ce mot et TROCART.

TRIGLOCHINE. adj. f. [Pr. *triglo-kine*] (gr. τρεῖς, trois; γλωχίν, pointe). T. Anat. *Valvule t.*, autre nom de la valvule tricuspide. Voy. TRICUSPIDE et CŒUR.

TRIGLOCHINÉES. s. f. pl. [Pr. *triglo-chiné*] (R. *Triglochin*). T. Bot. Famille de végétaux Monocotylédones de l'ordre des Joncinées.

Caract. bot. : Plantes herbacées, aquatiques ou marécageuses, à port de Jonc. Fleurs hermaphrodites, peu apparentes, blanches ou vertes, en épis ou en grappes. Sépales et pétales petits et peu différents les uns des autres. Étamines 6, rarement 3 ou 4; anthères ordinairement extrorses et s'ouvrant longitudinalement. Carpelles 3, 4 ou 6, libres, unis ou distincts; ovules 1 ou 2, très rapprochés à leur base, dressés ou pendants. Fruit formé d'autant de follicules que de carpelles; rarement un akène. Graine sans albumen; embryon ayant la même direction que la graine, avec une fente latérale pour l'émission de la gemmule [Fig. 1. *Triglochin palustre;* 2. Fleur; 3. Fruit mûr; 4. Un carpelle mûr ouvert et montrant une graine; 5. Embryon].

Cette famille se compose de 4 genres (*Triglochin, Tetruncium, Lilæa, Scheuchzeria*) et de 17 espèces répandues dans le monde tout entier. — Le *Triglochin palustre*, vulg. appelé *Trocart des marais*, a une saveur salée.

TRIGLYPHE. s. m. (lat. *triglyphus*, gr. τρίγλυφος, m. s., de τρεῖς, trois, et γλυφὴ, entaille). Sorte d'ornement de la frise dorique. Voy. Ordre. II, 2.

TRIGONE. adj. 2 g. (gr. τρίγωνος, triangulaire, de τρεῖς, trois, et γωνία, angle). T. Didact. Qui a trois faces et trois angles. *Une tige t.* ‖ T. Astron. anc. *Aspect t.* Situation de deux planètes éloignées l'une de l'autre d'un tiers de cercle, ou de 120°. — TRIGONE. s. m. T. Anat. *T. cérébral.* Voûte à trois piliers du cerveau. Voy. ENCÉPHALE, I. A. — *T. vésical*, Espace triangulaire situé à la partie inférieure de la *Vessie.* Voy. ce mot. ‖ T. Mus. anc. Espèce de harpe de forme triangulaire. Voy. HARPE, 1.

TRIGONELLE. s. f. [Pr. *trigonè-le*] (Dimin. de *trigone*). T. Botan. Genre de plantes Dicotylédones (*Trigonella*) de la famille des *Légumineuses*, tribu des *Papilionacées*. Voy. LÉGUMINEUSES.

TRIGONELLINE. s. f. [Pr. *trigonel-line*] (R. *Trigonelle*). T. Chim. Alcaloïde contenu dans les semences du Fenugrec (*Trigonella fœnum græcum*). La t. renferme un noyau de pyridine et répond à la formule $C^9H^9O^2Az$. On peut l'obtenir synthétiquement par l'action de l'iodure de méthyle sur l'acide nicotinique. Elle cristallise en longues aiguilles brillantes contenant une molécule d'eau qu'elle perd à 100°; anhydre, elle fond à 218°.

TRIGONIDÉS. s. m. pl. (R. *Trigonie*). T. Zool. Famille de Mollusques *Lamellibranches* possédant une coquille équivalve, fermée, de forme triangulaire. Les dents cardinales de

Fig. 1.

la coquille sont divergentes et souvent striées en travers. Le pied est organisé pour ramper.

Le genre principal de cette famille est le genre *Trigonie*

Fig. 2.

(*Trigonia*) dont les représentants étaient énormément nombreux à l'époque secondaire dans les terrains oolithiques surtout. La coquille des Trigonies est épaisse avec des côtes

Fig. 3.

concentriques ou radiées; la valve gauche porte quatre dents, la valve droite, deux seulement. Comme forme vivante, nous citerons *T. pectinata*; comme formes fossiles : *T. costata* [Fig. 1], *T. caudata* [Fig. 2] et *T. clavellata* [Fig. 3].

TRIGONIE. s. f. (gr. τρίγωνος, triangulaire). T. Bot. Genre de plantes Dicotylédones (*Trigonia*) de la famille des *Vochysiacées.* Voy. ce mot. ‖ T. Zool. Genre de Mollusques *Lamellibranches.* Voy. TRIGONIDÉS.

TRIGONIÉES. s. f. pl. (R. *Trigonie*). T. Bot. Tribu de végétaux de la famille des *Vochysiacées.* Voy. ce mot.

TRIGONOCÉPHALE. s. m. (gr. τρίγωνος, triangulaire; κεφαλὴ, tête). T. Erpétol. Genre principal de la famille des *Trigonocéphalidés.* Les reptiles qui composent cette famille

842

d'Ophidiens venimeux ont la plus grande analogie avec les Crotales. Ils s'en rapprochent surtout par les excavations ou fossette qu'ils présentent derrière les narines, mais ils s'en distinguent sur-le-champ par l'absence du bruyant appareil caudal qui caractérise les Crotales Au reste, le venin des Trigonocéphalidés n'est pas moins redoutable que celui de ces derniers. — Cette famille se compose de six genres, dont nous nous contenterons de mentionner les trois principaux. — Le genre *Lachésis* ne comprend qu'une seule espèce, le *Lachésis muet* (*Lach. mutus*), appelé aussi *T. à losanges*, qui est propre au Brésil, où, suivant Spix, il atteint parfois jusqu'à 3 mètres de longueur. — Le genre *T.* a pour type le *T. piscivor* (*Trigonocephalus piscivorus*), appelé vulg. *Moccassin d'eau*. Cette espèce, qui habite la partie méridionale des États-Unis, se trouve dans les lieux humides et marécageux, même dans l'eau. Elle est la terreur des nègres occupés aux plantations de riz. — Dans le genre *Bothrops*, dont le nom est dérivé du grec βόθρος, fossette, et ὄψ, visage, nous mentionnerons seulement le *Bothrops fer-de-lance* (*B. lanceolatus*), appelé aussi *T. jaune* et *Vipère fer-de-lance* [Fig. ci-dessous]. Ce reptile, qui paraît être propre à quelques-unes des

petites Antilles, savoir : à la Martinique, à Sainte-Lucie et à la petite île de Boquia, près de Saint-Vincent, est un fléau pour ces pays. Il est jaunâtre ou grisâtre, et plus ou moins varié de brunâtre. Il atteint jusqu'à 2 mètres de longueur. Sa fécondité est extrême, car on trouve souvent de 50 à 60 petits dans le corps des femelles, lorsqu'on les tue au moment où elles vont produire. Il est en outre d'une activité et d'une vivacité de mouvements extraordinaires. Il se jette impétueusement sur les passants, soit en débandant les ressorts que forme son corps roulé en cercles concentriques et en s'élançant comme un trait, soit en les poursuivant au moyen d'élans rapides et multipliés, soit en grimpant après eux sur les arbres, soit en les menaçant dans une position verticale, dressé sur la queue et égalant alors l'homme en hauteur. Il se tient de préférence dans les marais, les forêts humides, les fourrés épais et les cultures. A la Martinique, on ne moissonne pas un champ de cannes à sucre sans y trouver un plus ou moins grand nombre de Fers-de-lance. Ce serpent se nourrit de lézards, de petits oiseaux et surtout de rats. Les nègres qui cultivent la Canne sont fréquemment victimes de ce reptile dangereux, et l'on dit qu'il ne périt pas moins de 50 personnes, année moyenne, par sa morsure. On a essayé de divers moyens pour détruire cette espèce, sans avoir obtenu de résultats satisfaisants.

TRIGONOCÉPHALIDÉS. s. m. pl. (R. *Trigonocéphale*). T. Erpét. Famille d'*Ophidiens* venimeux. Voy. TRIGONO-CÉPHALE.

TRIGONOMÉTRIE. s. f. (gr. τρίγωνον, triangles; μέτρον, mesure). T. Géom. Ainsi que son l'indique, la *Trigonométrie* est cette branche de la géométrie générale qui a pour objet la mesure des triangles, ou plutôt la détermination par le calcul, de tous les éléments pour lesquels on a un nombre suffisant de données. On arrive à ce résultat par la considération de certaines fonctions qui ont reçu le nom de *fonctions circulaires*, de sorte que le premier chapitre de la t. doit être l'étude des fonctions circulaires.

I. *Fonctions circulaires.* — La t. constitue un système logique qui se suffit à lui-même, fournit une méthode d'application de calcul à la géométrie, et n'emprunte à celle-ci que les propriétés les plus simples de la droite et du cercle, et la théorie des projections sur un axe. Voy. VECTEUR. Il y a six fonctions circulaires; mais les plus importantes sont le *sinus*, le *cosinus* et la *tangente*, que nous allons définir.

Considérons d'abord un cercle A (Fig. 1) dont on suppose le rayon égal à l'unité de longueur, et qu'on appelle le *cercle trigonométrique*. Sur cette circonférence marquons un point B qui s'appellera l'*origine* et à partir duquel nous compterons les arcs. Faisons choix d'un sens de rotation positif, par ex. de droite à gauche, ce qui est le sens inverse du mouvement des aiguilles d'une montre, de telle sorte que les arcs comptés sur la circonférence à partir de B seront mesurés par des nombres positifs, s'ils sont décrits dans ce sens-là, et par des nombres négatifs, s'ils sont comptés en sens inverse. Soit BC un de ces arcs : B est son *origine*, et C son extrémité. On appelle *cosinus* d'un arc, la projection du rayon de l'extrémité de l'arc sur le rayon de l'origine. Ainsi le cosinus de l'arc BC est la projection AH de AC sur AB,

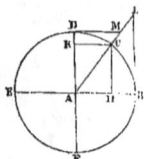

Fig. 1.

compté positivement de A vers B. Il suit immédiatement de là que le cosinus ne peut varier qu'entre −1 et +1, qu'il est positif quand l'arc se termine dans le premier ou le quatrième quadrant, négatif, si l'arc se termine dans le deuxième ou troisième quadrant, et qu'enfin deux arcs qui ont la même valeur absolue et des signes contraires ont le même cosinus, ce qu'on écrit :

$$\cos(-x) = \cos x.$$

Le cosinus est donc une *fonction paire*.

Le *sinus* d'un arc est la projection du rayon de l'extrémité de cet arc sur le rayon de l'origine qu'on aurait fait tourner d'un angle droit dans le sens positif. Ainsi, faisons tourner AB d'un angle droit dans le sens positif, nous aurons le rayon AD qui s'appelle l'*axe des sinus*, et le sinus de l'arc BC est la projection AK de BC sur AD compté positivement dans le sens de AK. Il est clair que le sinus est aussi représenté par le segment HC égal à AK et de même sens. Il résulte de cette définition que le sinus est toujours compris entre −1 et +1, qu'il est positif si l'arc se termine dans le premier ou le deuxième quadrant, négatif s'il se termine dans le troisième ou le quatrième, et enfin que les sinus de deux arcs qui ont la même valeur absolue et des signes contraires ont aussi la même valeur absolue et des signes contraires :

$$\sin(-x) = -\sin x.$$

Le sinus est donc une *fonction impaire*.

La *tangente* est le quotient du sinus par le cosinus :

$$\tan x = \frac{\sin x}{\cos x}.$$

Il est aisé de voir que la tangente est représentée par le segment BL compté sur la tangente à l'origine de l'arc depuis l'origine de l'arc jusqu'au prolongement du rayon de l'extrémité, ce segment, parallèle à l'axe des sinus, étant compté positivement dans le même sens que le sinus. On a, en effet, les deux triangles homothétiques AHC, ABL qui donnent, en grandeur et en signe, la proportion :

$$\frac{BL}{AB} = \frac{HC}{AH}$$

ou

$$\frac{\tan x}{1} = \frac{\sin x}{\cos x}.$$

La tangente prend toutes les valeurs possibles de −∞ à +∞; elle est positive si l'arc se termine dans le premier ou le troisième quadrant, négative s'il se termine dans le second ou le quatrième. Quand l'arc atteint et dépasse la valeur d'un quadrant laquelle est égale à $\frac{\pi}{2}$, puisque c'est le quart de la circonférence dont la longueur est égale à 2π, la tangente passe brusquement de +∞ à −∞, puisque son dénominateur cos x s'annule en passant d'une valeur positive à une valeur négative. De même quand l'extrémité de l'arc traverse le point F, c.-à-d. quand l'arc atteint et dépasse la valeur $\frac{3\pi}{2}$, la tangente passe brusquement $-\infty$ à $+\infty$. Quand l'arc croît, la tangente va constamment en croissant, sauf les discontinuités qui correspondent aux points D et F. La tangente est donc une fonction croissante. Si l'arc change de signe sans changer de valeur absolue, il en est de même de la tangente ; celle-ci est donc une fonction impaire :

$$\tan(-x) = -\tan x.$$

La *sécante*, la *cosécante* et la *cotangente* sont respectivement les inverses du cosinus, du sinus, et de la tangente :

$$\sec x = \frac{1}{\cos x} \qquad \csc x = \frac{1}{\sin x} \qquad \cot x = \frac{1}{\tan x}$$

Si l'on imagine un mobile qui, partant du point B, parcourt la circonférence dans un sens ou dans l'autre, ce mobile en pourra faire plusieurs fois le tour, ce qui conduit à considérer des arcs plus grand que la circonférence. Comme les fonctions circulaires ne dépendent que de l'origine et de l'extrémité de l'arc, ces fonctions ne changent pas quand on ajoute à l'arc un nombre entier de circonférences positives ou négatives. Comme la longueur de la circonférence est 2π, on voit que les six fonctions circulaires vérifient l'égalité :

$$f(x + 2k\pi) = f(x),$$

où k représente un nombre entier quelconque positif ou négatif. On exprime cette propriété en disant que les fonctions circulaires sont des fonctions *périodiques* dont la période est 2π. Cependant la tangente et la cotangente admettent une période dédoublée π. On reconnait, en effet, que si l'on ajoute π à un arc, l'extrémité de cet arc se trouve reportée au point diamétralement opposé et que $\sin x$ et $\cos x$ changent de signe sans changer de valeur absolue. Donc leur quotient qui est la tangente reste le même. Si l'on répète plusieurs fois l'opération, on aura :

$$\tan(x + k\pi) = \tan x.$$

Les fonctions circulaires sont quelquefois appelées *lignes trigonométriques*. Cette dénomination est vicieuse, car elle laisse supposer que ces fonctions sont des longueurs. Or, il n'en est rien : les fonctions circulaires, d'après leur définition même, sont indépendantes de l'unité de longueur. Au lieu de supposer que le rayon du cercle trigonométrique est égal à l'unité de longueur, on pourrait laisser ce rayon arbitraire ; mais alors les fonctions circulaires, au lieu d'être égales aux segments qui les représentent, seraient égales aux rapports de ces segments et au rayon du cercle :

$$\cos x = \frac{AH}{AB} \qquad \sin x = \frac{HC}{AB} \qquad \tan x = \frac{BL}{AB}.$$

Les fonctions circulaires d'un angle sont celles de l'arc que cet angle intercepte sur ses côtés quand on place son sommet au centre du cercle trigonométrique.

On peut mesurer l'arc par sa longueur sur une circonférence de rayon 1. Alors l'arc unité est celui qui est égal au rayon. C'est avec ce choix d'unité que le sinus et le cosinus sont représentés par les séries que nous avons données au mot Sinus. Dans la pratique des calculs, on exprime les arcs en degrés, minutes, et secondes. C'est ainsi que sont calculées les tables qui servent aux calculs numériques et dont nous parlerons plus loin.

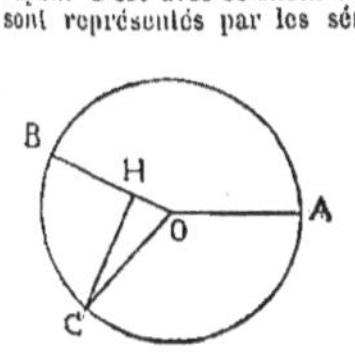

Si l'on place sur le cercle trigonométrique deux arcs successifs $a = \overset{\frown}{AB}$, $b = \overset{\frown}{BC}$, l'arc AC sera la somme de AB et BC. Construisons le cosinus OH et le sinus HC de l'arc BC, et projetons sur OA les deux chemins

Fig. 2.

OC et OHC (Fig. 2). En écrivant que la projection de OC est égale à la somme des projections de OH et HC (Voy. Vecteur) on trouvera :

$$(1) \qquad \cos(a + b) = \cos a \cos b + \sin b \cos\left(a + \frac{\pi}{2}\right)$$

qui est vraie dans tous les cas, et qui peut être considérée comme l'équation fondamentale de la théorie des fonctions circulaires. Si l'on y fait $a = \frac{\pi}{2}$ et qu'on observe que $\cos\frac{\pi}{2} = o$, $\cos\pi = -1$, on aura :

$$(2) \qquad \cos\left(b + \frac{\pi}{2}\right) = -\sin b.$$

En remplaçant b par $-x$, et en écrivant x à la place de b, on aura, en se rappelant que $\sin x$ est une fonction impaire :

$$\cos\left(\frac{\pi}{2} - x\right) = \sin x,$$

ou, en posant :

$$\frac{\pi}{2} - x = y$$

$$\cos y = \sin\left(\frac{\pi}{2} - y\right),$$

ce qui montre que le cosinus d'un arc est le sinus de l'arc *complémentaire*. C'est même cette propriété qui servait autrefois de définition au cosinus, et qui a été l'origine du nom donné à cette fonction. On en conclut que la cotangente et la cosécante d'un arc x sont respectivement la tangente et

la sécante de l'arc complémentaire $\frac{\pi}{2} - x$, d'où le nom de

fonctions complémentaires donné au cosinus, à la cotangente et à la cosécante. Quant au mot Sinus, c'est un mot latin qui signifie pli et qui vient de ce que dans les débuts, on a naturellement considéré les cordes des arcs. Plus tard, on a eu l'idée de plier la figure en deux autour du rayon qui passe par le milieu de l'arc, et la demi-corde a pris le nom de sinus.

Si dans l'équation (1) on remplace b par $-a$, on aura, en tenant compte des relations précédentes :

$$(3) \qquad 1 = \cos^2 a + \sin^2 a,$$

qui établit la relation entre le sinus et le cosinus. On trouve cette relation par la géométrie en observant (Fig. 1) que le triangle ABC est rectangle, et que son hypoténuse est égale à l'unité. Inversement cette relation fournit une démonstration trigonométrique du théorème de Pythagore, comme nous le verrons plus loin.

Les formules (1) et (2) combinées donnent la *formule d'addition des arcs* :

$$\cos(a + b) = \cos a \cos b - \sin a \sin b.$$

En y remplaçant b par $\frac{\pi}{2} + b$ et en tenant compte de (2) on aura :

$$\sin(a + b) = \sin a \cos b + \sin b \cos a,$$

formules qui permettent de calculer le sinus et le cosinus de la somme de deux arcs quand on connaît ceux de ces deux arcs.

Tables trigonométriques. — En se servant des séries données au mot *sinus*, on peut calculer facilement, avec un grand nombre de décimales, le sinus et le cosinus d'un petit arc α, par ex. d'un arc d'une minute ou d'une seconde. Alors, l'application répétée des formules d'addition permettra de calculer de proche en proche le sinus et le cosinus d'une suite d'arcs qui sont les multiples de α : 2α, 3α, 4α, etc. On y joint les tangentes faciles à calculer par division, et l'on a ainsi une table donnant les valeurs des fonctions circulaires d'une suite d'arcs en progression arithmétique. Il est plus avantageux de calculer, au lieu des fonctions circulaires, leurs logarithmes. On fait surtout usage de deux sortes de tables : les *tables à cinq décimales* qui donnent, avec cinq décimales exactes, les logarithmes des sinus, cosinus, tangente et cotangente, de tous les arcs de minute en minute de 0° à 90° ; et les *tables à sept décimales* qui donnent, avec sept décimales, les logarithmes des mêmes fonctions pour tous les arcs de 10″ en 10″. Enfin, on a aussi construit des tables où les arcs sont exprimés en *grades*, et parties décimales du grade. Le grade est la 400ᵐᵉ partie d'un angle droit. Toutes ces tables permettent de calculer, à la suite d'une interpolation facile, soit le logarithme d'une des fonctions circulaires d'un arc donné, soit un arc quand on connaît le logarithme d'une de ces fonctions circulaires.

II. *Trigonométrie rectiligne.* — Nous allons indiquer les principales formules qui servent à calculer les éléments d'un triangle quand on connaît trois d'entre eux.

Triangles rectangles. — Il suffit de se reporter à la définition des fonctions circulaires au moyen de la Fig. (1), on y supposant que le rayon du cercle soit quelconque pour obtenir les formules suivantes, où a désigne l'hypoténuse, b et c les deux côtés de l'angle droit, B et C les deux angles complémentaires respectivement opposés à b et à c :

$$\sin B = \frac{b}{a} \qquad \cos B = \frac{c}{a} \qquad \tan B = \frac{b}{c}$$

Ces formules peuvent servir à résoudre tous les problèmes qu'on peut se poser sur les triangles rectangles; les deux premières peuvent s'écrire :

$$b = a \sin B \qquad c = a \cos B,$$

c.-à-d. que le côté d'un angle droit d'un triangle rectangle est égal à l'hypoténuse multipliée par le sinus de l'angle opposé, ou par le cosinus de l'angle adjacent. Si l'on ajoute les carrés des valeurs de b et c, on aura, en tenant compte de l'équation (3) :

$$b^2 + c^2 = a^2,$$

ce qui est le théorème de Pythagore.

Triangles quelconques. — Si l'on projette sur BC (Fig. 3) le chemin BAC, on a immédiatement une relation entre les angles et les côtés : il y a évidemment trois relations analogues qui sont :

$$(4) \qquad \begin{aligned} a &= b \cos C + c \cos A \\ b &= c \cos A + a \cos B \\ c &= a \cos B + b \cos C. \end{aligned}$$

Si on multiplie la première par $-a$, la seconde par b, la troisième par c, et qu'on ajoute, on aura, après quelques transpositions, l'équation suivante :

$$(5) \qquad a^2 = b^2 + c^2 - 2bc \cos A.$$

Il y en a évidemment deux autres qui dérivent de celle-ci par des permutations tournantes.

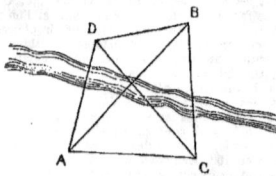

Fig. 3.

Si on élimine a et A entre les équations (4), on trouve que *dans tout triangle, les côtés sont proportionnels aux sinus des angles opposés.*

$$\frac{a}{\sin A} = \frac{b}{\sin B} = \frac{c}{\sin C}.$$

Cette proposition peut encore s'établir facilement si on exprime la hauteur AH du triangle dans les deux triangles rectangles AHB, ACH (Fig. 3) :

$$h = b \sin C = c \sin B.$$

Si l'on joint à ces formules la relation bien connue :

$$A + B + C = 180^\circ,$$

on aura toutes les équations nécessaires pour résoudre les problèmes que l'on peut se poser sur les triangles.

La surface d'un triangle s'exprime par un grand nombre de formules différentes qu'on peut faire toutes dériver de la formule principale $S = \frac{1}{2} ab \sin C$, laquelle s'obtient en remplaçant, dans l'expression bien connue $S = \frac{ah}{2}$, la hauteur h par la valeur trouvée tout à l'heure.

L'une des applications les plus simples de la t. rectiligne est la mesure des distances inaccessibles. Supposons qu'on veuille mesurer la distance du point A à un point B dont on ne peut approcher, par ex., parce qu'on en est séparé par une rivière (Fig. 4). Dans la partie accessible du terrain, on mesurera avec la chaîne d'arpenteur une longueur AC ; puis avec le graphomètre ou le théodolite, on mesurera les angles BAC, BCA. On aura alors dans le triangle ABC :

$$B = 180^\circ - (A + C),$$

et

$$AB = AC \frac{\sin C}{\sin B},$$

ce qui fait connaître le côté AB. De même, si l'on veut déterminer la distance BD de deux points inaccessibles, on mesurera la base AC et tous les angles ayant leurs sommets en A et en C ; on pourra alors, par la méthode précédente, calcu-

ler AB et AD. Alors, dans le triangle BAD, on connaîtra deux côtés et l'angle compris, ce qui permettra de calculer le troisième côté BD. — Une application plus importante est celle qu'on fait de la t. aux grandes opérations géodésiques de triangulation. Voy. TRANG, III.

III. *Trigonométrie sphérique.* — Dans les triangles sphériques, les côtés sont les arcs de grand cercle compris entre les deux rayons de la sphère qui aboutissent à leurs extrémités. Ce sont donc à proprement parler des angles ; aussi les côtés et les angles peuvent être exprimés avec la même unité angulaire, soit en parties de rayons, soit en degrés, minutes et secondes. La théorie de ces triangles est du reste identique à celle des *trièdres.* Voy. ce mot. On a l'habitude de désigner les côtés par a, b, c, et les angles opposés par A, B, C. La formule fondamentale de la t. sphérique

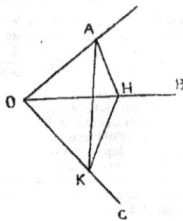

Fig. 5.

est celle qui donne un côté en fonction des deux autres et de l'angle opposé. Il y a trois de ces formules qui fournissent le système :

$$(6) \qquad \begin{aligned} \cos a &= \cos b \cos c + \sin b \sin c \cos A \\ \cos b &= \cos c \cos a + \sin c \sin a \cos B \\ \cos c &= \cos a \cos b + \sin a \sin b \cos C. \end{aligned}$$

On peut démontrer ces formules par les projections. On les obtient aussi aisément par le procédé suivant. Soit OABC le trièdre, et OA=1 (Fig. 5). Menons en A, dans le plan des faces, les perpendiculaires AH et AK jusqu'à leur rencontre avec OB et OC, et désignons par x la longueur HK. On aura, dans les deux triangles AHK, OHK, en tenant compte des formules (5), les équations :

$$x^2 = \text{tg}^2 b + \text{tg}^2 c - 2 \, \text{tg} b \, \text{tg} c \cos A = \frac{1}{\cos^2 b} + \frac{1}{\cos^2 c} - 2 \frac{\cos a}{\cos b \cos c}$$

qui, résolues par rapport à $\cos a$, donneront, après quelques transformations faciles, la première des formules (6).

Si on écrit les deux dernières :

$$\begin{aligned} \sin c \cos B \sin a &= \cos b - \cos c \cos a \\ \sin b \cos C \sin a &= \cos c - \cos b \cos a \end{aligned}$$

et qu'on retranche les carrés des deux membres, on trouvera, après quelques transformations faciles :

$$\sin^2 c \cos^2 B - \sin^2 b \cos^2 C = \cos^2 b - \cos^2 c = \sin^2 c - \sin^2 b$$

ou

$$\sin^2 c \sin^2 B = \sin^2 b \sin^2 C$$

et, en extrayant les racines carrées :

$$\sin c \sin B = \sin b \sin C,$$

ce qui montre que, dans tout triangle sphérique, les sinus des côtés sont proportionnels aux sinus des angles opposés :

$$(7) \qquad \frac{\sin a}{\sin A} = \frac{\sin b}{\sin B} = \frac{\sin c}{\sin C},$$

formules connues sous le nom d'*analogie des sinus.*

Les formules (5) permettent de calculer les angles A, B, C, en fonction des côtés ; mais on obtient ces angles donnés par leur cosinus, et les formules obtenues ne sont pas calculables par logarithmes. Il est préférable de calculer $\sin \frac{1}{2} A$ et $\cos \frac{1}{2} B$ au moyen des formules :

$$\sin \tfrac{1}{2} A = \sqrt{\frac{1 - \cos A}{2}} \qquad \cos \tfrac{1}{2} A = \sqrt{\frac{1 + \cos A}{2}}$$

qu'on démontre dans la théorie des fonctions circulaires. On obtient ainsi, p désignant le demi-périmètre :

$$(8) \qquad \begin{aligned} \sin \tfrac{1}{2} A &= \sqrt{\frac{\sin (p-b) \sin (p-c)}{\sin b \sin c}} \\ \cos \tfrac{1}{2} A &= \sqrt{\frac{\sin p \sin (p-a)}{\sin b \sin c}} \end{aligned}$$

et en divisant membre à membre :

$$(9) \qquad \text{tg} \tfrac{1}{2} A = \sqrt{\frac{\sin (p-b) \sin (p-c)}{\sin p \sin (p-a)}},$$

et deux autres analogues qui servent à résoudre un triangle connaissant les trois côtés.

Des formules (8) on déduit facilement les *analogies de Delambre* :

$$\text{(10)} \quad \frac{\sin\frac{1}{2}(B+C)}{\cos\frac{1}{2}A} = \frac{\cos\frac{1}{2}(b-c)}{\cos\frac{1}{2}a} \quad \frac{\cos\frac{1}{2}(B+C)}{\cos\frac{1}{2}A} = \frac{\sin\frac{1}{2}(b+c)}{\cos\frac{1}{2}a}$$

$$\frac{\sin\frac{1}{2}(B-C)}{\cos\frac{1}{2}A} = \frac{\sin\frac{1}{2}(b-c)}{\sin\frac{1}{2}a} \quad \frac{\cos\frac{1}{2}(B-C)}{\sin\frac{1}{2}A} = \frac{\sin\frac{1}{2}(b+c)}{\sin\frac{1}{2}a}$$

qui, divisées membre à membre, donnent les *analogies de Néper* :

$$\text{(11)} \quad \operatorname{tg}\frac{1}{2}(B+C) = \frac{\cos\frac{1}{2}(b-c)}{\cos\frac{1}{2}(b+c)} \operatorname{cotg}\frac{1}{2}A$$

$$\operatorname{tg}\frac{1}{2}(B-C) = \frac{\sin\frac{1}{2}(b-c)}{\sin\frac{1}{2}(b+c)} \operatorname{cotg}\frac{1}{2}A$$

$$\operatorname{tg}\frac{1}{2}(b+c) = \frac{\cos\frac{1}{2}(B-C)}{\cos\frac{1}{2}(B+C)} \operatorname{tg}\frac{1}{2}a$$

$$\operatorname{tg}\frac{1}{2}(b-c) = \frac{\sin\frac{1}{2}(B-C)}{\sin\frac{1}{2}(B+C)} \operatorname{tg}\frac{1}{2}a.$$

Les formules (10) et (11) servent à résoudre un triangle sphérique quand on connaît deux côtés et l'angle compris, ou deux angles et le côté adjacent.

Des formules précédentes, on en déduit de nouvelles en appliquant les formules connues au *triangle polaire* du triangle donné (Voy. TRIÈDRE). Il suffit de remplacer A, B, C, par a, b, c respectivement par $180^\circ - a$, $180^\circ - b$, $180^\circ - c$, $180^\circ - A$, $180^\circ - B$, $180^\circ - C$. Ainsi les formules (5) donneront :

$$\cos A = -\cos B \cos C + \sin B \sin C \cos a,$$

et deux autres analogues. Les formules appelées *analogies* se reproduisent les unes les autres par ce procédé.

On obtient les formules relatives au triangle rectangle en supposant dans les formules précédentes que l'un des angles soit droit, par ex., en remplaçant A par 90°.

Les formules de la t. rectiligne peuvent se déduire de celles de la t. sphérique. Il suffit de supposer que le rayon de la sphère grandit indéfiniment, ce qui revient à supposer les côtés infiniment petits. On remplace $\sin a$ et $\cos a$ par leurs valeurs sous forme de série (Voy. SINUS), et l'on ne conserve que les termes de moindre degré. Il suffit de remplacer $\sin a$ par a et $\cos a$ par $1 - \frac{a^2}{2}$. Ainsi la première des formules (6) donne :

$$1 - \frac{a^2}{2} = \left(1 - \frac{b^2}{2}\right)\left(1 - \frac{c^2}{2}\right) + bc \cos A,$$

ou, en négligeant le terme du 4me degré $b^2 c^2$:

$$a^2 = b^2 + c^2 - 2bc \cos A,$$

ce qui est la formule (5).

De même les formules 9 donnent les formules qui servent à résoudre un triangle rectiligne dont on connaît les trois côtés.

$$\operatorname{tg}\frac{1}{2}A = \sqrt{\frac{(p-c)(p-c)}{p(p-a)}}.$$

Les applications les plus importantes et la T. sphérique sont relatives à l'astronomie, parce que les positions apparentes des astres sont rapportées à une sphère idéale qui a son centre dans l'œil de l'observateur et qu'on appelle la *sphère céleste*, de sorte que les configurations des astres sont des figures sphériques. Voy. SPHÈRE.

TRIGYNIE. s. f. [Pr. *tri-jini*] (gr. τρεῖς, trois ; γυνὴ, femelle). Nom donné à un des ordres du système de Linné, comprenant dans chacune des quatorze premières classes, les plantes pourvues de trois styles.

TRI-ICOSANE. s. m. [Pr. *trilko-zane*]. T. Chim. Voy. TRICOSANE.

TRI-ISOBUTYLÈNE. s. m. [Pr. *tri-izo...*]. T. Chim. Voy. DODÉCYLÈNE.

TRIJUGUÉ, ÉE. adj. [Pr. *tri-jughé*, *g* dur] (lat. *tri*, pour *tres*, trois ; *jugum*, paire). T. Bot. Se dit des feuilles pennées qui sont composées de trois paires de folioles.

TRIJUMEAU. adj. et s. m. [Pr. *triju-mo*] (lat. *tergeminus*, triple). T. Anat. *Nerf t.*, Nerf de la face, qui se partage en trois faisceaux. Voy. ENCÉPHALE, I, E, et NERF, I, 3°, A.

TRILATÉRAL, ALE. adj. (lat. *trilaterus*, m. s., de *tri*, pour *tres*, trois, et *latus*, *lateris*, côté). Qui a trois côtés.

TRILAURINE. s. f. (R. *tri*, préf., et *laurine*). T. Chim. Syn. de *Laurine*. Voy. ce mot.

TRILINGUE. adj. 2 g. [Pr. *tri-linghe*, *g* dur] (lat. *trilinguis*, m. s., de *tres*, trois, et *lingua*, langue). Qui est en trois langues. *Inscription t.*

TRILLE. s. m. [Pr. *tril* ou *tri-lle*, *ll* mouillées] (ital. *trillo*, m. s., tremblement). T. Mus. Le *Trille* consiste en un battement répété de deux notes voisines, soit avec la voix, soit sur un instrument. Le t., qu'on appelait autrefois improprement *Cadence*, est un des plus beaux agréments du chant. La perfection dans l'exécution du t. vocal est difficile à acquérir ; on peut dire qu'il est un don de la nature. Quant au t. exécuté sur les instruments, sa difficulté dépend en grande partie du genre même de l'instrument, et de la manière dont on combine cet ornement avec la mélodie. Le t. s'indique ordinairement, dans la musique écrite, par les deux lettres *t.* placées au-dessus de la note principale ou par une croix.

TRILLION. s. m. [Pr. *tri-lion*] (lat. *tres*, trois et la désinence de million). T. Arithm. Mille billions ou un million de millions. Voy. NUMÉRATION.

TRILOBÉ, ÉE. adj. (R. *tri*, préf., et *lobe*). T. Bot. Qui a trois lobes, qui est partagé en trois lobes.

TRILOBITES. s. m. pl. (R. *trilobé*). T. Zool. Ordre de *Crustacés* qui ne renferme que des espèces fossiles. Leur corps est composé d'une série d'anneaux, et divisé en trois lobes par deux dépressions latérales : de là le nom par lequel on les désigne. Il n'est pas facile de déterminer à quel anneau le thorax se termine et l'abdomen commence, et le nombre des segments thoraciques varie de cinq à vingt dans les différentes familles. Les lobes latéraux du segment anté-

Fig. 1.

Fig. 2.

rieur ou encéphalique supportent les yeux, qui sont proéminents, en forme de rein, composés, et souvent dans un état de parfaite conservation. La bouche est entourée par quatre paires de pattes mâchoires dont la dernière est très développée. Dans aucune espèce on n'a trouvé d'antennes. Des pattes locomotrices régnaient sur la face ventrale de tous les anneaux du corps ; à leur extrémité se trouvaient les branchies. Certaines espèces avaient la faculté de se rouler en boule, d'où l'on peut conclure que l'abdomen n'avait pas d'appendices spéciaux à son extrémité. Enfin, la partie tégumentaire de ces Crustacés se compose en général de deux couches distinctes : la couche extérieure est mince, souvent granulée et ornée ; la couche intérieure, qui ne manque jamais, est beaucoup plus dense et épaisse. Les Trilobites étaient vraisemblablement tous des animaux marins ; leur développement se faisait sans métamorphoses proprement dites. Ils appartiennent exclusivement aux terrains paléozoïques, c.-à-d. aux terrains silurien et dévonien : aucun ne dépasse l'étage carbonifère. — Les espèces actuellement connues ont été réparties dans un grand nombre de genres, dont on peut former cinq familles. — 1° Les *Asaphides* avaient la faculté de se rouler en boule ; leur axe dorsal n'est pas contracté postérieurement ; et leur carapace est souvent sillonnée de lignes, mais rarement granulée. La plupart des genres ont moins de dix anneaux au thorax. Cette famille comprend les genres *Illenus*, *Bumaster*, *Archegonus*, *Dysplanus*, *Amphyx* et *Asaphus* (Fig. 1. *Asaphe caudigère* ou *Asaphus caudatus*).. — 2° Les *Calyménides* pouvaient également se rouler en boule ; leur axe dorsal de leur corps est contracté postérieurement ; leur carapace est souvent granulée, et sa partie thoracique compte ordinairement plus de dix anneaux. On range dans cette section les genres *Calymene* (Fig. 2), *Cyphaspis*, *Phacops*, *Dalmanites*, *Æonia* et *Homalonotus*.

 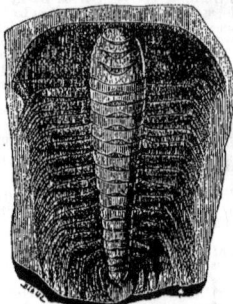

Fig. 3.　　　　　　　　Fig. 4.

(Fig. 3. *Homalonote à tête de dauphin*, ou *Homalonotus delphinocephalus*). — 3° Chez les *Harpésides*, les lobes latéraux des anneaux du corps ne s'étendent pas horizontalement dans toute leur longueur, et, au lieu de finir en pointe, se terminent par une extrémité arquée et arrondie. Ce groupe comprend les genres *Conchocephalus*, *Ellipsocephalus* et *Harpes*. — 4° Les *Ogygides* étaient incapables de se rouler en boule. Les lobes latéraux des anneaux du corps sont situés sur le même plan, et se terminent postérieurement ou une pointe ou épine plus ou moins saillante, parfois très longue. Le bouclier abdominal est tantôt aussi long que le thoracique, tantôt beaucoup plus court, et composé, suivant sa longueur, d'un grand ou d'un petit nombre de segments. On place dans cette famille les genres *Ogygia*, *Trinucleus*, *Paradoxides*, *Olenus*, *Odontopleura*, *Arges* et *Bronteus*. La Fig. 4 représente le *Paradoxide spirulleux*, ou *Paradoxides spinulosus*. — 5° La famille des *Battoïdes*, appelés aussi Trilobites *anormaux*, ne se compose que du seul genre *Agnoste* (*Agnostus*), qui est essentiellement caractérisé par la forme de son corps, laquelle est demi-circulaire ou réniforme, tandis que, dans tous les autres Trilobites, il est ovale ou elliptique.

C'est dans les Trilobites que l'on trouve la plus ancienne trace d'un organe visuel. Ce sont là sans doute les premiers êtres qui ont vu.

TRILOCULAIRE. adj. 2 g. (lat. *tri*, pour *tres*, trois; *locula*, loge). T. Bot. Qui a trois loges, qui se partage en trois loges.

TRILOGIE. s. f. (gr. τριλογία, m. s., de τρεῖς, trois, et λόγος, discours). Se dit de trois pièces dramatiques qui se lient ensemble. *Le Barbier de Séville, le Mariage de Figaro et la Mère coupable de Beaumarchais constituent une t.* Voy. TRAGÉDIE. || Par ext., se dit d'un poème divisé en trois parties. *La Divine comédie de Dante est une t. qui comprend trois poèmes, l'Enfer, le Purgatoire et le Paradis.*

TRIMBALAGE. s. m. [Pr. *trin-balaje*]. Action de trimbaler. Fam.

TRIMBALEMENT. s. m. [Pr. *trin-bale-man*]. Syn. de *Trimbalage*.

TRIMBALER. v. a. [Pr. *trin-baler*] (orig. inconnue). Traîner, mener, porter partout. *Elle trimbale son enfant dans tout le voisinage.* Popul. = TRIMBALÉ, ÉE. part.

TRIMELLIQUE ou **TRIMELLITIQUE.** adj. 2 g. [Pr. *trimel-like* ou *trimel-litike*] (R. *tri*, préf., et *mellique* ou *mellitique*). T. Chim. L'acide *trimellique* est un acide tribasique qu'on obtient en oxydant la colophane à l'aide de l'acide azotique. Il cristallise en petites aiguilles fusibles à 216°, assez solubles dans l'eau. C'est l'un des trois acides benzène-tricarboniques qui ont pour formule $C^6H^3(CO^2H)^3$: les groupes CO^2H occupent ici les positions 1. 2. 4. sur le noyau de benzène.

L'acide *trimésique* a la même formule, mais les groupes CO^2H y sont en position 1. 3. 5. Il cristallise en prismes qui se subliment sans fondre à partir de 200°. Il est assez soluble dans l'eau bouillante, très soluble dans l'alcool. On le prépare en oxydant l'acide mésitylénique ou l'acide uvitique à l'aide du mélange chromique.

Le troisième acide benzène-tricarbonique est l'acide *hémimellique* dont nous avons parlé à l'article HÉMELLITHÈNE.

TRIMER. v. n. (orig. inconnue). Marcher vite et avec fatigue. — Par ext. Faire avec activité un travail fatigant. *J'ai trimé toute la journée.* Pop.

TRIMÈRE. adj. 2 g. (gr. τρεῖς, trois ; μέρος, partie). T. Chim. Se dit d'un corps dont la formule est triple de celle d'un autre corps. Voy. POLYMÉRIE.

TRIMÈRES. s. m. pl. (gr. τρεῖς, trois ; μέρος, partie). T. Entom. Dans la méthode entomologique de Latreille, on désignait sous le nom de *Trimères*, les insectes de l'ordre des *Coléoptères* qui ne paraissaient avoir que trois articles à tous les tarses. On s'est aperçu depuis qu'il existait un quatrième article rudimentaire, d'où le nom de *Cryptotétramère* que l'on donne maintenant à ce groupe. Voy. CRYPTOTÉTRAMÈRES.

TRIMÉSIQUE. adj. 2 g. [Pr. *trimé-zike*]. T. Chim. Voy. TRIMELLIQUE.

TRIMESTRE. s. m. (lat. *trimestris*, m. s., de *tres*, trois, et d'un primitif allié à *mens*, mois). Espace de trois mois. *Il a fini son t. Les intérêts sont payés par t. Le premier, le second t. de l'année.* || Ce que l'on paye à quelqu'un au commencement ou à la fin de chaque t. *Payer le t. échu.*

TRIMESTRIEL, ELLE. adj. (R. *trimestre*). Qui dure trois mois, qui paraît ou qui revient tous les trois mois. *Un recueil t. Des payements trimestriels.*

TRIMÉTHANAL. s. m. (R. *tri*, préf., et *méthane*). T. Chim. Syn. de Trioxyméthylène.

TRIMÉTHYLACÉTIQUE. adj. 2 g. (R. *tri*, préf., *méthyle* et *acétique*). T. Chim. Acide t. Syn. de *pivalique*.

TRIMÉTHYLAMINE. s. f. (R. *tri*, préf., *méthyle* et *amine*). T. Chim. Voy. MÉTHYLAMINE.

TRIMÉTHYLBENZÈNE. s. m. [Pr. ...*bin-zène*] (R. *tri*, préf., *méthyle* et *benzène*). T. Chim. Hydrocarbure dérivant du benzène et répondant à la formule $C^6H^3(CH^3)^3$. Ces hydrocarbures sont au nombre de trois : l'*Hémellithène*, le *Mésitylène* (Voy. ces mots), et le *Pseudocumène* (Voy. *Cumène*).

TRIMÉTHYLCARBINOL. s. m. (R. *tri*, préf., *méthyle* et *carbinol*). T. Chim. Voy. BUTYLIQUE.

TRIMÉTHYLÈNE. s. m. (R. *tri*, préf., et *méthyle*). T. Chim. Hydrocarbure cyclique répondant à la formule

$$CH^2 \triangleleft \genfrac{}{}{0pt}{}{CH^2}{CH^2}$$

C'est un gaz fortement odorant, qu'on obtient en traitant le bromure de t. par la poudre de zinc. Il s'unit au brome et à l'acide iodhydrique, mais moins facilement que son isomère le propylène.

On donne aussi, le nom de *triméthylène* au radical bivalent $CH^2.CH^2.CH^2$. — Le *Bromure de t.*, qui a pour formule $CH^2Br.CH^2.CH^2Br$, se prépare en combinant l'acide bromhydrique concentré avec le bromure d'allyle qui provient de l'action du tribromure de phosphore sur l'alcool allylique. Le bromure de t. est un liquide incolore qui bout à 160°. Traité par une solution alcoolique d'ammoniaque, il donne naissance à la propylènediamine. — L'*oxyde de t.* obtenu en partant du propylglycol, a pour formule $(CH^2)^2O$; c'est un liquide incolore, soluble dans l'eau; il bout à 50°.

TRIMÉTHYLÉTHYLÈNE. s. m. (R. *tri*, préf., *méthyle* et *éthyle*). T. Chim. Voy. PENTÈNE.

TRIMÉTHYLÉTHYLMÉTHANE. s. m. (R. *tri*, préf., *méthyle*, *éthyle* et *méthane*). T. Chim. Voy. HEXANE.

TRIMÉTHYLMÉTHANE. s. m. (R. *tri*, préf., *méthyle* et *méthane*). T. Chim. Voy. BUTANE.

TRIMÈTRE. s. m. (gr. τρεῖς, trois; μέτρον, mesure). T. Versific. latine. Vers de trois pieds. Voy. IAMBE.

TRIMOUILLE (LA), ch.-l. de c. (Vienne), arr. de Montmorillon; 1,700 hab.

TRIMOURTI. s. f. T. Relat. Trinité indienne composée de *Brahma*, *Vischnou* et *Siva*. Voy. BRAHMANISME.

TRINACRIE. s. f. Nom ancien de la Sicile.

TRINCOMALI, Voy. TRINQUEMALE.

TRINE. adj. m. (lat. *trinus*, m. s., de *tres*, trois). T. Astron. anc. *Aspect t.* ou *T. aspect*, se dit de deux planètes éloignées l'une de l'autre du tiers du zodiaque ou de 120 degrés. Voy. ASTROLOGIE.

TRINGA. s. m. (ital. *tringa*, m. s.). T. Ornith. Nom d'une variété d'un *Échassier*, le COMBATTANT. Voy. ce mot.

TRINGLE. s. f. (holl. *tingel*, m. s.). Verge de fer ronde et longue qui sert à soutenir des rideaux, des draperies. || Baguette équarrie, longue, plate et étroite, qui sert à plusieurs usages dans la menuiserie. || Pièce de bois longue et étroite, garnie de clous, de chevilles ou de crochets, auxquels les bouchers, les merciers, etc., suspendent les marchandises || Moulure plate à la partie inférieure du triglyphe dorique. || Ligne droite que le charpentier trace sur le bois à l'aide d'un cordeau blanchi à la craie.

TRINGLER. v. a. Tracer sur une pièce de bois qu'on veut façonner, une ligne droite avec un cordeau frotté de craie ou de sanguine. = TRINGLÉ, ÉE. part.

TRINGLETTE. s. f. (Pr. *tringlè-te*). T. Techn. Petite tringle. — Lame de fer ou d'ivoire pour ouvrir les rainures de plomb où s'enchâssent les vitraux.

TRINIDAD, v. de l'île de Cuba sur la côte S.; 15,000 hab.

TRINITAIRE. adj. 2 g. (Pr. *trini-tère*) Qui a rapport à la Trinité. *La doctrine t. des Hindous.* = TRINITAIRE. s. f. T. Bot. Nom vulg. de l'Hépatique à trois lobes. Voy. RENONCULACÉES, II. = TRINITAIRES. s. m. pl. T. Hist. relig. Voy. MERCI.

TRINITÉ. s. f. (lat. *trinitas*, m. s. de *trinus*, triple). T. Théol. Nous exposons ci-après, sans commentaires, la doctrine de l'église catholique concernant la théologie, après quoi nous ajouterons quelques remarques.

I. *Du dogme de la Trinité.* — Le mystère de la sainte *Trinité* est un seul Dieu en trois personnes, le *Père*, le *Fils* et le *Saint-Esprit*. Il n'y a qu'un seul Dieu : cette vérité est le fondement de la foi chrétienne, mais cette même foi enseigne que l'unité de Dieu est féconde, que la personne, sans cesser d'être une, se communique par le Père au Fils, et par le Père et le Fils au Saint-Esprit, sans aucune division ou diminution de ses attributs ou de ses perfections. Ces trois personnes sont réellement distinctes. Le Père est Dieu, le Fils

est Dieu, le Saint-Esprit est Dieu, et cependant ce ne sont pas trois dieux. La personne du Père, celle du Fils et celle du Saint-Esprit subsistent dans la nature divine, qui est une seule et même nature en trois personnes, une seule et même divinité. Ainsi, le mot *Trinité* signifie l'unité des trois personnes divines quant à leur nature, et leur distinction réelle quant à leur personne.

Ces trois personnes, ainsi que l'enseigne l'Église, ont toutes trois une seule et même substance; elles sont toutes coéternelles, consubstantielles, coégales en toutes choses à raison de l'unité parfaite de la substance divine qui est commune au Père, au Fils et au Saint-Esprit, et qui est indivise et tout entière dans chaque personne. « Il faut donc, dit le cardinal Gousset, chercher ailleurs que dans la substance divine ce qui distingue le Père, le Fils et le Saint-Esprit. En effet, ce qui les distingue, ce sont les propriétés *relatives* ou *personnelles*, qu'on appelle aussi simplement *relations*. Or, les propriétés relatives sont la *Paternité*, la *Filiation* et la *Spiration*. La paternité distingue le Père du Fils et du Saint-Esprit, qui n'ont ni l'un ni l'autre la qualité de Père; la filiation distingue le Fils du Père et du Saint-Esprit, qui ne sont point engendrés; la spiration, en tant qu'elle est *passive*, distingue le Saint-Esprit du Père et du Fils. La paternité constitue la personne du Père qui n'est d'aucun autre; il est le principe du Fils et le principe du Saint-Esprit conjointement avec le Fils. La filiation constitue la personne du Fils, qui est engendré du Père, et qui, avec le Père, est un seul et même principe, d'où procède le Saint-Esprit. La spiration constitue la personne du Saint-Esprit, qui procède du Père et du Fils; le Père et le Fils sont l'un et l'autre le principe de la spiration qui produit le Saint-Esprit. Ainsi, la personne du Père vient en premier lieu, et se nomme la *première personne* de la Trinité; la personne du Fils vient en second lieu, et se nomme la *seconde personne*; la personne du Saint-Esprit vient en troisième lieu, et se nomme la *troisième personne*. Néanmoins ces trois personnes sont éternelles. — Quand il s'agit d'exprimer l'origine de la seconde et de la troisième personne de la sainte Trinité, continue l'éminent théologien, on doit se conformer au langage de l'Église, et distinguer la *Génération* du Fils de la *Procession* du Saint-Esprit. Le Fils, en effet, est *engendré* et non *procédant;* le Saint-Esprit est *procédant* et non *engendré*: 1° Il est de foi que le Fils est engendré du Père et du Père seul, *Filius a Patre solo est genitus*, car, suivant les symboles de Nicée et de Constantinople, nous devons croire en un seul Seigneur Jésus-Christ, Fils unique de Dieu, né du Père avant tous les siècles, Dieu de Dieu, lumière de lumière, vrai Dieu du vrai Dieu, engendré et non fait, *genitum, non factum;* 2° Il est aussi de foi que le Saint-Esprit procède du Père, comme il est dit dans le symbole de Constantinople, conformément à l'enseignement des Livres saints et des Pères de l'Église; 3° Il est encore de Foi que le Saint-Esprit procède du Père et du Fils. » Ce dernier article, bien que certains auteurs l'aient toujours été professé par l'Église catholique. Suivant saint Jean Chrysostôme, « le Saint-Esprit, procédant du Père et du Fils, distribue ses dons à chacun comme il lui plaît ». Saint Augustin et saint Ambroise s'expriment sur la procession du Saint-Esprit de la manière la plus formelle : « Nous ne pouvons pas dire, écrit le premier, que le Saint-Esprit ne procède pas aussi du Fils, car ce n'est point en vain que le Saint-Esprit est appelé l'Esprit du Père et du Fils ». « Le Saint-Esprit, dit le second, n'est pas séparé du Père ni du Fils, parce qu'il procède du Père et du Fils. » Ainsi, lorsque le concile œcuménique de Florence, de 1439, ajouta au symbole l'expression *Filioque*, il ne fit que formuler plus explicitement la croyance de l'Église, afin de prémunir les fidèles contre toute équivoque.

« La *Mission*, dans les personnes divines, dit le théologien que nous venons de citer, est l'envoi de l'une de ces personnes par une autre, pour opérer parmi les hommes quelque effet extérieur et sensible. Telle est la mission du Fils, que le Père a envoyé sur la terre pour le salut du genre humain; telle est celle du Saint-Esprit que le Père et le Fils ont envoyé aux apôtres le jour de la Pentecôte. »

II. — Le dogme de la t. est assurément très difficile à comprendre. Les théologiens chrétiens déclarent que c'est un mystère qui dépasse notre raison. Sans doute, la foi peut accepter des propositions que la raison ne comprend pas; mais l'esprit humain se révolte contre la contradiction, et il faudrait au moins montrer que la notion d'un seul Dieu en trois personnes est exempte de contradiction. C'est cette démonstration qu'ont essayée nombre de théologiens, nous ne dirons pas avec quel succès. Toujours est-il que les adversaires de la doctrine chrétienne considèrent la contradiction comme irrémédiable. L'une des divergences qui éloignent le plus de nous les peuples mahométans est précisément la notion de la t. qu'ils ne peuvent accepter et qui leur fait dire que nous adorons trois dieux. Cependant l'idée même de la t. est beaucoup plus ancienne que le christianisme. On la retrouve, sous diverses formes, dans toutes les doctrines ésotériques qui étaient enseignées depuis une haute antiquité, à quelques initiés, dans le secret des temples de l'Asie, de l'Égypte et de la Grèce. On sait que les adeptes de ces doctrines attachaient une grande importance à certaines propriétés mystiques des nombres : l'école de Pythagore a beaucoup insisté sur ce point. Or, la t., considérée de ce point de vue spécial, est l'application à l'essence divine de la loi du ternaire qui se résout dans l'unité, loi que les enseignements ésotériques retrouvaient dans toutes les productions de la nature et de la pensée, et que proclament encore les occultistes de nos jours. L'ancienne religion de l'Inde avait sa t. ou *trimourti* composée de *Brahma* qui représente la puissance et le passé, *Vischnou*, la sagesse et le présent, et *Siva*, le feu destructeur et aussi la justice et l'avenir, lesquels constituent à eux trois l'être suprême ou *Parabrama*. Voy. Brahmanisme. L'Égypte adorait la triade divine formée par *Osiris*, *Isis*, sa sœur et son épouse, et *Horus*, leur fils. L'accumulation des légendes mythologiques masquait le caractère métaphysique de cette t. qui reprenait, dans l'enseignement ésotérique, toute sa signification, à peu près semblable à celle de la t. indienne. Tel est le fonds primitif qui, plus ou moins modifié, passa plus tard dans la philosophie de Platon, créateur de la théorie du *Logos* ou *Verbe*, puis dans l'école néo-platonicienne d'Alexandrie, et enfin dans le christianisme.

Il ne paraît pas que les Juifs, profondément attachés à l'idée monothéiste aient beaucoup goûté ces conceptions mystiques de l'Orient, et les premiers chrétiens, pris dans le sein du judaïsme, ne semblent pas avoir considéré le Christ comme l'égal du Père. Du moins, il n'y a rien dans les trois premiers évangiles qui fasse allusion à cette égalité. Jésus y est au contraire représenté comme le fils de Dieu subordonné à son père. C'est dans l'évangile de Saint-Jean que se trouve le germe de la théorie trinitaire, telle qu'elle fut acceptée plus tard par l'Église. On connaît le début de cet évangile : « Au commencement était le Verbe, et le Verbe était en Dieu, et le Verbe était Dieu. Toutes choses ont été faites par lui, et rien n'a été fait sans lui.... Et le Verbe s'est fait chair, et il a habité parmi nous. » À part l'incarnation, cette théorie du Logos est exactement celle de Philon d'Alexandrie. Logos un prix veut dire parole, et aussi raison, sagesse. Le Verbe est donc la première manifestation de Dieu, la parole qui fait sortir les êtres du néant. C'est, dit Philon, l'image, l'empreinte de Dieu, son organe, son fils unique, son premier né, un second Dieu. L'originalité de l'évangile de Saint-Jean est d'avoir identifié le Christ avec le Verbe divin, et de l'avoir considéré comme le *Verbe incarné*, conception qui est devenue le dogme le plus important de la religion chrétienne. Quant au Saint-Esprit, on peut aussi en trouver l'analogue dans la philosophie alexandrine qui faisait émaner de Dieu toute une série d'êtres supérieurs appelés *éons*. Voy. Émanation. Le Verbe est le premier de ces éons, l'*Ame* vient ensuite, et cette âme émanée de Dieu est bien voisine de l'Esprit-Saint des catholiques. Quoi qu'il en soit, on peut affirmer que le dogme de la t. dérive d'un mélange des traditions ésotériques les plus anciennes avec les idées de la philosophie néo-platonicienne.

Cependant ce dogme ne fut pas, dès le début, universellement accepté; on conçoit facilement qu'il devait soulever des résistances et des disputes. Il ne fut définitivement fixé dans l'église qu'à la suite du concile de Nicée rassemblé en 425 pour mettre fin à la querelle d'Arius et d'Athanase, deux prêtres d'Alexandrie. Athanase enseignait la consubstantialité et la coéternité du fils de Dieu, tandis qu'Arius prétendait que le fils avait été engendré dans le temps, et était seulement d'une substance semblable à celle du Père. Athanase disait que le Fils était ὁμοούσιος, c.-à-d. de la même essence, tandis que pour Arius il était seulement ὁμοιούσιος, c.-à-d. d'une essence semblable. Cet ι fit couler des flots de sang, car les partisans d'Arius, les Ariens, comme on les appela, quoique condamnés par le concile de Nicée, ne se tinrent pas pour battus. Pendant longtemps, l'hérésie des Ariens se dressa contre l'orthodoxie. Le monde chrétien fut divisé en deux partis hostiles, et l'unité ne put être obtenue qu'à la suite de troubles et de guerres qui ensanglantèrent la chrétienté pendant plus de deux siècles

TRINITÉ (La), la plus grande des petites Antilles anglaises; 166,700 hab. Ch.-l. *Port-of-Spain*.

TRINITÉ-PORHOËT (La), ch.-l. de c. (Morbihan), arr. de Ploërmel; 1,200 hab.

TRINITROGLYCÉRINE. s. f. (R. *tri*, préf., *nitro*, préf. et *glycérine*). T. Chim. Ordinairement appelée *Nitroglycérine* (Voy. ce mot).

TRINITROPHÉNOL. s. m. (R. *tri*, préf., *nitro*, préf. et *phénol*). T. Chim. Syn. d'*acide picrique*. Voy. Picrique.

TRINÔME. s. m. (gr. τρεῖς, trois; νομὴ, part). T. Alg. Polynôme composé de trois termes.

TRINQUART. s. m. [Pr. *trin-kar*]. T. Mar. Petit bâtiment qui sert, sur les côtes de la Manche, à la pêche du hareng.

TRINQUEMALE, TRINQUEMALAY, ou TRINCOMALI. v. et port sur la côte N.-E. de l'île de Ceylan; 20,000 hab.

TRINQUER. v. n. [Pr. *trin-ker*] (all. *trinken*, boire). Boire en choquant les verres et en se provoquant l'un l'autre. *Trinquons. Il aime à t.* Fam.

TRINQUET. s. m. [Pr. *trin-kè*] (ital. *trinchetto*, m. s.). T. Marine. Le mât de misaine des bâtiments gréés en voiles triangulaires ou marines. On dit aussi *arbre de t.* || T. Jeu. La courte paume. Voy. Paume.

TRINQUETTE. s. f. [Pr. *trin-kète*] (R. *trinquet*). T. Mar. Voile de misaine des bâtiments gréés en voiles latines. Voy. Voile.

TRIO. s. m. T. Mus. Mot ital., dérivé du lat. *tres*, trois, qui signifie Morceau de musique à trois parties. *T. vocal, instrumental. Chanter, jouer, exécuter un t. Le t. de Guillaume Tell. Ce compositeur a fait de beaux trios.* || Fig. et par raillerie, *C'est un beau t.*, se dit de trois personnes réunies, ou qui sont liées ensemble de parenté, d'intérêts, d'opinions.

TRIOBOLE. s. m. (g. τριώβολον, m. s., de τρεῖς, trois, et ὄβολος, obole). T. Ant. Ancienne monnaie grecque qui valait trois oboles. Voy. Monnaie.

TRIŒCIE. s. f. [Pr. *tri-ésie*] (gr. τρεῖς, trois; οἰκία, demeure). T. Bot. Nom donné à la 23e classe de végétaux de la classification de Linné, classe appelée autrement *Polygamie*. Voy. Botanique.

TRIOLET. s. m. [Pr. *trio-lè*] (dimin. de *trio*). T. Versif. et Mus.

Versif. — Le Triolet est une petite pièce de poésie qui ne contient que huit vers, ordinairement de huit syllabes. Le premier vers est répété trois fois, et c'est de cette triple répétition que vient le mot de *triolet*. Le quatrième vers est le même que le premier, et il est suivi d'un repos. Le septième et le huitième sont de même la répétition des deux premiers, et ils doivent être enchaînés par le sens à ce qui les précède. Le mélange des rimes n'est pas déterminé. Le triolet a de la grâce, lorsque l'idée qui en forme le fond est agréable, et que les refrains arrivent sans effort. Nous citerons le suivant qu'on doit au poète Ranchin :

> Le premier jour du mois de mai
> Fut le plus heureux de ma vie.
> Le beau dessein que je formai
> Le premier jour du mois de mai!
> Je vous vis et je vous aimai;
> Et ce dessein vous plut, Sylvie.
> Le premier jour du mois de mai
> Fut le plus heureux de ma vie.

Mus. — En terme de Musique, on appelle *Triolet* un petit groupe de trois notes qui équivaut à la valeur de deux dans la mesure, et sur lequel on place ordinairement le chiffre 3. Deux triolets réunis en croches, doubles croches ou triples croches, etc., portent le chiffre 6 et s'appellent *Sixtines* ou *Sextolets*.

TRIOMPHAL, ALE. adj. [Pr. *trion-fal*] (lat. *triumphalis*, m. s.). Qui appartient au triomphe. *Char t. Arc t. Cou-*

onue triomphale. Marche triomphale. Ornements triom-phaux.

TRIOMPHALEMENT. adv. [Pr. *trion-faleman*]. En triomphe.

TRIOMPHANT, ANTE. adj. [Pr. *trion-fan*]. Qui triomphe *Il a vaincu ses ennemis, il est t., il est glorieux et t.* — Famil., *Air t.*, L'air de confiance et de contentement que donne un succès obtenu ou espéré. — *Un argument t.*, destiné à avoir un plein succès. || Victorieux, qui a vaincu. *Le parti t. Il est sorti t. de la lutte. Bras t. Armes triomphantes.* — *Église triomphante.* Voy. ÉGLISE. || Pompeux, superbe. *On ne vit jamais d'entrée si triomphante.* Vx.

TRIOMPHATEUR, TRICE. s. [Pr. *trion-fateur*] (lat. *triumphator, trix*, m. s.). Le général d'armée qui entrait en triomphe à Rome après une victoire. || Par ext., Celui, celle qui a remporté une victoire.

TRIOMPHE. s. m. [Pr. *trion-fe*] (lat. *triumphus*, m. s., du gr. θρίαμβος, surnom de Bacchus, et procession en l'honneur de ce dieu). Honneur accordé chez les Romains à des généraux d'armée après de grandes victoires. — Par ext., *Porter quelqu'un en t.*, Le soulever de terre, le porter sur les bras pour lui faire honneur. *Son entrée fut un t.*, un *véritable t.*, On l'accueillit à son arrivée, par de grandes démonstrations de joie, d'enthousiasme, etc. *Jour de t.*, Jour marqué par quelque événement glorieux, par quelque grand avantage qu'on a remporté sur ses ennemis ou sur ses rivaux. *Ce fut pour lui un jour de t.* || Victoire, grand succès militaire. *Les triomphes de ce prince. Les triomphes d'Alexandre.* || Par analogie se dit encore de tout succès éclatant, signalé. *J'ai été témoin de votre t. J'ai joui de votre t. C'est un beau t.* — *C'est son t.*, se dit d'une chose où quelqu'un excelle, où il réussit particulièrement. *Ce rôle est le t. de cet acteur.* || Fig. *Le t. de la vertu, de la vérité*, etc., Les victoires que la vertu, que la vérité remportent sur le vice, sur l'erreur, etc. — Poét., *Le t. de l'amour, le t. de la beauté, de l'éloquence*, Les grands effets de l'amour, de la beauté, etc.

Hist. — On désignait sous ce nom, chez les Romains, la procession solennelle qui avait lieu lors de la rentrée à Rome d'un général victorieux.

I. — Denys d'Halicarnasse rapporte l'origine de cette institution à Romulus lui-même, lorsque ce prince rentra à Rome avec son armée victorieuse, après avoir défait les Céciniens et tué de sa propre main Acron, leur chef ou leur roi. Mais Plutarque ne regarde point cette entrée comme un véritable t., car, dans un t., le général victorieux était toujours monté sur un quadrige : or, toutes les statues triomphales de Romulus qui se voyaient de son temps étaient des statues pédestres. Il ajoute que Tarquin l'Ancien, selon les uns, ou Publicola, selon d'autres, fut le premier qui triompha sur un char. A l'appui de cette opinion, on trouve que le premier t. dont il soit fait mention dans Tite-Live est celui de Tarquin, après sa victoire sur les Sabins. Quoi qu'il en soit, un t. régulier (*justus triumphus*) était considéré comme l'apogée de la gloire militaire, et, comme tel, il était la chose la plus ardemment ambitionnée par tout général romain. — Lorsqu'un général avait remporté une victoire décisive ou conquis une province, il adressait au sénat une dépêche entourée de laurier et contenant le récit de ses exploits. Si ces nouvelles lui paraissaient satisfaisantes, le sénat ordonnait de publiques actions de grâces, ce qui presque toujours présageait le t. La guerre terminée, le général revenait à Rome avec son armée, ou lui enjoignait de le rejoindre à un jour donné; mais il n'entrait point dans la ville avant la décision du sénat. Celui-ci s'assemblait dans le temple de Bellone ou d'Apollon, et examinait s'il y avait lieu ou non à accorder le t. Bien que ce corps eût un pouvoir discrétionnaire en cette matière, néanmoins il observait en général avec la plus grande rigueur les règles suivantes : 1° Nul ne pouvait triompher, s'il n'était dictateur, consul ou préteur. C'est pour ce motif que P. Scipion ne put obtenir les honneurs du t. lorsqu'il eut chassé d'Espagne les Carthaginois, car il y commanda *sine ullo magistratu.* 2° Le général devait avoir été *in imperio* à l'époque de la victoire remportée, et l'être encore au moment de la célébration du t. Cependant, plus tard, l'usage s'introduisit d'accorder une prorogation (*prorogatio imperii*) à un général dont la charge était expirée. Le premier, dit-on, qui obtint cette faveur fut L. Publilius Philo. 3° La guerre devait avoir été faite ou la

bataille gagnée sous les auspices, dans la province et avec les troupes du général qui aspirait au t. Ainsi, quand une bataille avait été gagnée par le lieutenant d'un général absent de l'armée, l'honneur de la victoire appartenait, non au lieutenant, mais au général, attendu qu'elle avait été remportée sous les auspices de ce dernier. 4° Il fallait en outre que 5000 ennemis au moins fussent restés sur le champ de bataille; que l'avantage remporté ne fût pas une revanche prise après une défaite des fils de Pompée, il souleva contre lui l'animadversion publique. 5° Il fallait de plus que la victoire remportée l'eût été sur les ennemis extérieurs de la république, une guerre civile ne pouvant donner lieu au t. C'est pour cette raison qu'il n'y eut pas de t. après la victoire de Catulus sur Lépide, d'Antoine sur Catilina, de Cinna et de Marius sur les partisans de Sylla, de César sur Pompée, et, lorsque César se fit décerner le t. après la défaite des fils de Pompée, il souleva contre lui l'animadversion publique. 6° Il fallait aussi que la guerre eût eu pour résultat d'agrandir la république. En conséquence, on n'accorda point le t. à Fluvius pour avoir repris Capoue sur les Carthaginois. 7° Enfin, le pays contre lequel on avait fait la guerre devait être entièrement subjugué et pacifié, de sorte que l'armée pût revenir à Rome, la présence des soldats victorieux étant une condition indispensable du t. C'est pour ce motif que le t. fut refusé à Marcellus après la prise de Syracuse. — Bien que le sénat prétendit avoir seul le droit de décerner le t., cependant on vit plusieurs fois le peuple l'accorder à un général victorieux, malgré la résolution contraire des sénateurs. Enfin, le consul Appius Claudius Pulcher (143) se décerna lui-même le t., nonobstant le refus du sénat et du peuple. Mais il fit monter sur son char sa fille Claudia, qui était vestale, et dut à cette intervention de ne pas être arrêté par les tribuns. Toutefois il était rare qu'un général à qui l'on refusait le t., eût recours à ces moyens. Il se contentait de se rendre processionnellement, suivi de ses troupes et du peuple, sur le mont Albain, qui était situé en dehors de l'enceinte de Rome, et il y offrait un sacrifice solennel dans le temple de Jupiter : c'est pour cela qu'on appelait « triompher sur le mont Albain. »

II. — A l'origine, la cérémonie du t. était d'une grande simplicité. Les chefs de l'armée vaincue et les autres prisonniers précédaient le char du triomphateur; les étendards militaires étaient portés devant les troupes, qui venaient ensuite chargées de leur butin; enfin, derrière les soldats marchait la multitude du peuple, chantant des chants de victoire, se livrant à la joie et donnant cours à ses plaisanteries, comme cela avait toujours lieu en pareil cas. Plus tard, le t. fut entouré d'une pompe et d'une splendeur extraordinaires, et présentait un spectacle des plus imposants. Lorsque le jour fixé était arrivé, la population tout entière en habits de fête se répandait dans les lieux que devait parcourir le cortège triomphal. Les uns stationnaient sur les degrés des édifices publics qui entouraient le forum et tout le long de la voie Sacrée; les autres montaient sur des échafaudages dressés à cet effet, qui permettaient de jouir parfaitement du spectacle. Tous les temples étaient ouverts; les images des dieux étaient toutes décorées de guirlandes de fleurs, et l'encens brûlait sur tous les autels. Quant au triomphateur, après avoir harangué ses soldats, loué leur valeur, décoré des récompenses à ceux qui s'étaient le plus distingués, et distribué à chaque homme une part d'argent en raison de la valeur du butin, il montait sur le char de t. et s'avançait vers la porte Capène, appelée pour cela porte Triomphale (*porta triumphalis*). Là, il rencontrait le sénat ayant en tête les magistrats de la cité. Alors le cortège défilait dans l'ordre suivant : 1° Le sénat précédé des magistrats; 2° un corps de trompettes; 3° une suite de chariots chargés des dépouilles enlevées à l'ennemi, les plus remarquables par leur richesse étaient disposées de façon à être vues de tout le monde. Des inscriptions en grosses lettres indiquaient les noms des nations vaincues et des provinces conquises. De modèles de bois ou d'ivoire représentaient les villes qui avaient été prises. Des peintures représentaient de même les fleuves, les montagnes et les curiosités naturelles des régions subjuguées. Enfin, on portait sur des estrades l'or et l'argent monnayés ou en lingots, les armes prises sur l'ennemi, les tableaux, les statues, les objets d'art de tout genre enlevés aux nations vaincues; 4° une troupe de joueurs de flûte; 5° les bœufs blancs aux cornes dorées et ornés de guirlandes et de bandelettes, qui étaient destinés aux sacrifices : derrière ces animaux marchaient les prêtres, les victimaires et leurs assistants portant des patères et autres instruments sacrés; 6° les éléphants ou les animaux curieux indigènes du pays conquis; 7° les armes et les insignes des chefs ennemis; 8° ces chefs eux-mêmes et ceux de leurs parents qui avaient été faits prisonniers, suivis de tous les captifs enchaînés; 9° les couronnes et autres objets, témoignages de gratitude et de respect, décernés au triomphateur par les rois et les États alliés; 10° les licteurs, marchant sur une seule file et ayant leurs faisceaux enlacés de lauriers; 11° le triomphateur, monté sur un char circulaire et fermé tout autour, que traînaient quatre chevaux quelquefois, mais rarement blancs. (La Fig. ci-jointe qui représente le revers d'une médaille des Antonins, en donne une idée). Les panneaux de ce char étaient décorés de sculptures d'ivoire; de là vient que le char triomphal est parfois appelé *currus eburneus*. Le triomphateur était revêtu d'une tunique brodée de palmes (*tunica palmata*), et d'une toge également ornée de broderies (*toga picta*). Sa main droite tenait une branche de laurier, et sa gauche un sceptre; enfin son front était ceint d'une branche de laurier de Delphes. En même temps un esclave public, placé derrière, tenait au-dessus de sa tête une couronne d'or étrusque enrichie de pierreries. Souvent le triomphateur était accompagné sur son char par ses plus jeunes enfants ou par ses amis les plus chers. Si l'on en croit Tertullien, l'esclave qui tenait la couronne d'or répétait de temps à autre au triomphateur, comme pour empêcher qu'il ne se crût au-dessus de la nature humaine : *Respice post te, hominem memento te.* 12° les fils aînés du général, ses lieutenants, les tribuns militaires et les chevaliers, tous à cheval, accompagnaient le char triomphal; 13° enfin, derrière eux venaient les soldats des légions, portant des branches de laurier dans leurs mains et des guirlandes du même feuillage autour de leur tête. Les uns poussaient le cri : *Io triomphe*, ou chantaient des hymnes aux dieux, tandis que les autres échangeaient des plaisanteries et des railleries souvent fort grossières et fort blessantes pour le triomphateur; mais, ce jour-là, les soldats avaient pleine liberté de tout dire. Pendant le cours de sa marche, la procession passait sous un ou plusieurs portiques de bois érigés dans les rues principales. Ces portiques, plus ou moins richement ornés, étaient appelés *Arcs de triomphe* (*arcus triomphales*); mais on les démolissait après la cérémonie (Voy. ANC). — Quand le cortège était arrivé au mont Capitolin, on conduisait les principaux d'entre les chefs vaincus dans la prison voisine, où ils étaient aussitôt livrés au bourreau. Une fois ces sacrifices humains accomplis, on immolait les victimes, on offrait une partie des dépouilles à Jupiter, et le triomphateur déposait sa couronne de laurier dans le giron du dieu. Le général assistait ensuite à un festin public qui avait lieu dans le temple même, et auquel les cousins, quoique invités, n'assistaient jamais, afin de laisser au triomphateur les honneurs de la préséance. Après le festin, il revenait chez lui, à la lueur des torches, au son des instruments, et suivi d'un nombreux cortège de citoyens. Ordinairement la cérémonie du tr. ne durait qu'un jour; cependant on pouvait la prolonger lorsque le butin était considérable et l'armée fort nombreuse; c'est ainsi que le t. de Flaminius dura trois jours consécutifs. Après le tr., il était d'usage d'assigner au triomphateur, aux frais du trésor public, un terrain pour s'y faire construire une maison, qu'on appelait *domus triumphalis*. Après sa mort, sa famille avait le droit de déposer ses cendres dans l'intérieur de Rome et de lui ériger des *statues triomphales*, c.-à-d. des statues où il était représenté sur un char de tr. et la tête ceinte d'une couronne de laurier. — Le *Tr. naval* ne différait que par une pompe moindre de celui que nous venons de décrire. Il était surtout caractérisé par l'exposition qu'on y faisait des éperons des navires pris à l'ennemi et par d'autres trophées nautiques. Le premier tr. de ce genre fut décerné à C. Duilius qui, dans la première guerre punique, jeta les fondements de la suprématie maritime de Rome.

III. — Les Romains admettaient encore une sorte de tr. moins solennel et moins pompeux, qu'ils nommaient *Ovation*. Dans l'ovation ou petit tr., le général victorieux faisait son entrée à pied, et non sur un char traîné par quatre chevaux. Au lieu d'être vêtu de la toge peinte, il portait simplement la toge prétexte; il se couronnait la tête de myrte et non de laurier, et n'avait pas de sceptre à la main. La procession n'était pas précédée par des trompettes, mais par des joueurs

de flûte; le sénat n'y paraissait point, et le cortège était formé par les chevaliers, les plébéiens et les soldats : parfois même ces derniers n'y figuraient pas. Enfin la cérémonie s'achevait au Capitole, où l'on sacrifiait un bélier (*ovis*) au lieu d'un taureau : de là le nom donné à cette sorte de tr. L'ovation remplaçait le tr. : lorsque l'avantage remporté était trop peu considérable pour que le sénat accordât ce dernier; lorsque la victoire avait été peu sanglante, qui eut lieu pour le consul Posthumius Tubertus, le premier qui reçut cet honneur, en l'an de Rome 253; lorsque la guerre n'était pas complètement terminée, raison qui fit refuser le tr. à Marcellus après son retour de Sicile; lorsque le général avait eu à combattre des ennemis indignes des armes romaines, comme des pirates ou des esclaves; et lorsque la guerre n'avait pas été déclarée dans toutes les formes.

IV. — A partir de l'empire, les triomphes devinrent extrêmement rares, et ne furent accordés qu'aux membres de la famille impériale. Le dernier dont les historiens font mention est celui de Bélisaire, lorsqu'il revint à Constantinople après avoir reconquis l'Afrique sur les Vandales. Le nombre des triomphes qui eurent lieu jusqu'à cette époque s'élève à environ 350. Paul Orose en compte 320 de Romulus à Vespasien, et Pitiscus estime qu'il y en eut 30 de Vespasien à Bélisaire.

TRIOMPHE. s. f. [Pr. *trion-fe*]. Sorte de jeu de cartes qui ne diffère de l'écarté que parce qu'on n'y écarte pas, et qu'on ne marque pas de point pour le roi. || À certains jeux de cartes, la couleur de la carte qu'on retourne après qu'on a donné aux joueurs le nombre de cartes qu'il faut, ou la couleur que celui qui fait jouer a nommée, et qui emporte toutes les autres cartes. *La t. est de cœur. Combien avez-vous de triomphes?* Vx. On dit aujourd'hui *atout*.

TRIOMPHER. v. n. [Pr. *trion-fer*] (lat. *triumphare*, m. s., de *triumphus*, triomphe). Faire une entrée pompeuse et solennelle dans Rome après quelque grande victoire. *Pompée triompha trois fois.* — *Scipion triompha de l'Afrique*, il obtint les honneurs du triomphe pour avoir soumis l'Afrique. || Vaincre par la force des armes. *Ce prince triompha de tous ses ennemis. La discipline militaire triompha de la force et du nombre.* || Fig. Remporter quelque avantage que ce soit sur quelqu'un.

A vaincre sans péril on triomphe sans gloire.

CORNEILLE.

T. de ses adversaires, de ses envieux. T. de quelqu'un dans une discussion. L'innocence a triomphé. Faire t. le bon droit. || Fig., au sens moral, vaincre, subjuguer, succomber. *T. de ses passions. Sa sagesse a triomphé de tous les dangers. À la longue, la vérité triomphe de l'erreur.* || Exceller en traitant un sujet, en faisant une chose. *Quand il est sur cette matière, il triomphe. Ce peintre triomphe quand il peint des fleurs, des animaux.* || Être ravi de joie. *Quand on lui parle de ses enfants, elle triomphe.* || Faire vanité d'une chose. *Il triomphe de son crime. Il triomphe d'avoir gagné son procès.*

TRIONAL. s. m. T. Chim. Sulfone répondant à la formule :

$$C^2H^5 \big\} C(SO^2C^2H^5)^2$$
$$CH^3$$

C'est un corps solide, fusible à 76°, peu soluble dans l'eau. Il possède les mêmes propriétés soporifiques que le sulfonal.

TRIONYX. s. m. [Pr. *trio-niks*] [gr. τρεῖς, trois; ὄνυξ, ongle). T. Erpét. Tortue de fleuves. Voy. CHÉLOXIENS, III.

TRIORCHIDE. s. m. [Pr. *trior-kide*] (gr. τρί, trois; ὄρχις, testicule). T. Térat. Individu portant trois testicules.

TRIOSTÉUM. s. m. [Pr. *triosté-ome*] (gr. τρεῖς, trois; ὀστέον, os). T. Bot. Genre de plantes Dicotylédones de la famille des *Caprifoliacées*, tribu des *Lonicérées*. Voy. CAPRIFOLIACÉES.

TRIOXYBENZÈNE. s. m. [Pr. *trio-ksibin-zène*] (lt. *tri*, préf., *oxy*, préf., et *benzène*). T. Chim. Nom donné aux dérivés trois fois oxhydrylés du benzène. Voy. PYROGALLOL, PHLOROGLUCINE et OXYHYDROQUINONE.

TRIOXYBENZOPHÉNONE. s. f. [Pr. *trio-ksibin-zofé-*

none| (R. *tri*, préf., *oxy*,|préf., *benzène* et *phénol*). T. Chim. Syn. de *Salicylrésorcine*.

TRIOXYGLUTARIQUE. adj. 2 g. [Pr. *trioksi*...] (R. *tri*, préf., *oxy*, préf., et *glutarique*). T. Chim. Voy. GLUTARIQUE.

TRIOXYMÉTHYLÈNE. s. m. [Pr. *trioksi*...] (R. *tri*, préf., *oxy*, préf., et *méthylène*). T. Chim. Composé cyclique formé par la polymérisation de l'aldéhyde méthylique. On lui attribue la constitution représentée par la formule :

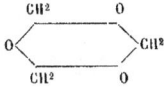

$$
\begin{array}{ccc}
& CH^2 & O \\
O & & CH^2 \\
& CH^2 & O
\end{array}
$$

Le t. se présente en croûtes cristallines, insolubles dans l'eau, dans l'alcool et dans l'éther. Il fond à 152°, mais se sublime déjà à 100°. Sous l'action de la chaleur il se transforme en aldéhyde méthylique. Quand on le laisse en contact avec un lait de chaux, il donne naissance à une matière sucrée, appelée *formose* (Voy. ce mot). Chauffé à 115°, en vases clos, avec une trace d'acide sulfurique, le t. se convertit en un isomère qui cristallise en aiguilles fusibles à 60°. — L'acide sulfhydrique transforme le t. en *trisulfométhylène* $(CH^2S)^3$ cristallisé, fusible à 216°.

TRIOXYXANTHONE. s. f. [Pr. *trioksi-gzan-tone*]. T. Chim. La *trioxyxanthone*, qu'on appelle aussi *Gentiséine*, est un triphénol dérivant de la xanthone et répond à la formule :

$$
\begin{array}{ccc}
& CO & \\
C^6H^3OH & & C^6H^2(OH)^2.
\end{array}
$$

La t. est solide, fusible à 315°, soluble dans les lessives alcalines. Le gentisin contenu dans la racine de gentiane est son éther méthylique; il se transforme en t. quand on le traite par l'acide iodhydrique. On peut aussi obtenir la t. en combinant l'acide gentisique avec la phloroglucine en présence d'anhydride acétique.

TRIPAILLE. s. f. collect. [Pr. *tripa-lle*, *ll* mouillées]. Amas de tripes; ne se dit qu'en termes de mépris ou de dégoût. *Ce n'est que de la t. Un tombereau de tripailles. Des tripailles de morue.*

TRIPARTI, IE et TRIPATIT, ITE. adj. (lat. *tri*, pour *tres*, trois, et *partitus*, divisé). T. Hist. nat. Qui est partagé en trois divisions profondes. *Calice t. Corolle tripartite.* || T. Littér. *Histoire tripartite*, Titre d'un ouvrage historique qui est l'abrégé des histoires d'Eusèbe, de Socrate et de Sozomène.

TRIPARTITION. s. f. [Pr. *triparti-sion*] (R. *tri*, préf., et *partition*). Action de diviser une quantité en trois parties égales.

TRIPE. s. f. (orig. celt. : kymri, *tripa*, boyau). Se dit des intestins des animaux et de certains de leurs viscères. *Cela sent la t. Vendre des tripes. Des tripes à la mode de Caen.* || T. Cuis. *Œufs à la t.*, Œufs durs coupés par tranches et fricassés. || T. Tanneur. *Cuir en tripes.* Voy. CUIR, 1, A. || T. *de velours*, ou simpl. *Tripe*, Étoffe veloutée dont l'endroit est de laine et le fond de fil de chanvre.

TRIPENNÉ, ÉE. adj. [Pr. *tripenn-né*] (R. *tri*, préf., et lat. *penna*, aile). T. Bot. Se dit des feuilles dont le pétiole commun porte latéralement des pétioles secondaires qui, à leur tour, en produisent d'autres sur les côtés desquels les folioles sont implantées.

TRIPERIE. s. f. Lieu, boutique où l'on vend des tripes.

TRIPÉTALE. adj. 2 g. (R. *tri*, préf., et *pétale*). T. Bot. Dont la corolle est formée de trois pétales.

TRIPETTE. s. f. [Pr. *tripè-te*]. Petite tripe. Pop., *Cela ne vaut pas t.*, Cela ne vaut rien.

TRIPHASIA. s. m. [Pr. *tri-fa-zia*] (gr. τριφάσιος, triple, de τρεῖς, trois, et φημι, je parle). T. Bot. Genre de plantes

dicotylédones de la famille des *Rutacées*, tribu des *Citrées*. Voy. RUTACÉES.

TRIPHASÉ, ÉE. adj. (R. *tri*, préf., et *phase*). T. Électr. *Courant t.* Voy. POLYPHASÉ.

TRIPHÉNOL. s. m. T. Chim. Composé qui possède trois fonctions phénol. On applique en particulier ce nom aux trioxybenzènes.

TRIPHÉNYLCARBINOL. s. m. T. Chim. Voy. TRIPHÉNYL-MÉTHANE.

TRIPHÉNYLMÉTHANE. s. m. T. Chim.
I. — Le T. est un hydrocarbure constitué par du méthane dans lequel trois atomes d'hydrogène sont remplacés par trois radicaux phényle. Il a pour formule $CH(C^6H^5)^3$. On le prépare en faisant agir le tétrachlorure de carbone (méthane tétra-chloré) ou le chloroforme sur le benzène en présence du chlorure d'aluminium. Il cristallise en aiguilles insolubles dans l'eau, solubles dans l'alcool, l'éther et le benzène. Il fond à 93° et bout à 359°. Au point de vue théorique il présente une grande importance, parce qu'il constitue le noyau de la fuchsine et d'un grand nombre de matières colorantes; ces substances donnent naissance au t. quand on les réduit par la poudre de zinc. — Les dérivés de substitution du t. sont très nombreux; nous parlerons d'abord de ceux qui proviennent d'une substitution dans le groupement CH du t.; ce sont le triphénylcarbinol et ses éthers. Nous considérerons ensuite les dérivés qui résultent d'une ou plusieurs substitutions dans les groupes benzéniques C^6H^5.
II. — Le *Triphénylcarbinol* $COH(C^6H^5)^3$ est un alcool tertiaire. On le prépare en oxydant le t. par l'acide chromique en solution acétique. Il est cristallisable, insoluble dans l'eau, très soluble dans l'alcool, l'éther et le benzène; il fond à 159° et ne bout qu'au-dessus de 360°. En le traitant par le perchlorure de phosphore on obtient son éther chlorhydrique, le *Chlorure de t.* $CCl(C^6H^5)^3$ qui cristallise en fines aiguilles et qui se décompose à 130°. L'éther bromhydrique, appelé *Bromure de t.*, a pour formule $CBr(C^6H^5)^3$; on le prépare en faisant agir le brome sur le t. en dissolution dans le sulfure de carbone; il fond à 152° et se décompose à 200°. L'action de l'ammoniaque ordinaire ou des ammoniaques composées sur le chlorure ou le bromure de t. donne naissance à des amines telles que le *Triphénylamido-méthane* $CAzH^2(C^6H^5)^3$, composé cristallisable, fusible à 103°, insoluble dans l'eau.
III. — *Dérivés du triphénylméthane et du triphénylcarbinol.* — Les dérivés produits par substitution dans les noyaux benzéniques du t. sont incolores; ils s'oxydent facilement pour donner naissance aux carbinols substitués qui dérivent du triphénylcarbinol. Ces carbinols sont généralement des matières colorantes, sauf dans le cas d'une substitution unique; par réduction ils se décolorent en régénérant les dérivés du t.; ces derniers sont donc les leucobases des matières colorantes correspondantes. Pour la teinture on utilise, non pas les carbinols eux-mêmes, mais leurs éthers; ceux-ci étaient autrefois considérés comme des sels et l'on a conservé l'habitude de les nommer comme tels; c'est ainsi que la fuchsine, qui est l'éther chlorhydrique de la rosaniline, est toujours désignée comme étant le chlorhydrate de rosaniline.
A. — Les dérivés *monosubstitués* du t. se préparent en faisant réagir le benzhydrol sur les dérivés monosubstitués du benzène en présence d'un corps déshydratant. Si l'on chauffe par ex. le benzhydrol avec de l'aniline en présence du chlorure de zinc, on obtient l'*Amido-triphénylméthane* $(C^6H^5)^2CH(C^6H^4AzH^2)$, base cristallisable, fusible à 48°, insoluble dans l'eau, soluble dans le benzène. Ces dérivés monosubstitués n'ont pas d'importance pratique; car les carbinols qu'ils fournissent par oxydation ne sont pas des matières colorantes.
B. — Les dérivés *disubstitués* du t. se préparent généralement par l'action de l'aldéhyde benzylique sur les dérivés monosubstitués du benzène. C'est ainsi qu'en chauffant cette aldéhyde avec de l'aniline en présence du chlorure de zinc, on obtient le *Diamido-triphénylméthane* $C^6H^5.CH(C^6H^4AzH^2)^2$, base cristallisable, incolore. L'oxydation de cette base remplace le groupe CH par COH en donnant naissance au *Diamido-triphénylcarbinol*, matière colorante bleue. — Si, au lieu d'aniline, on emploie la diméthylaniline, on arrive de même à la leucobase du vert malachite, puis, par oxydation, au carbinol correspondant, le *Tétraméthyl-diamido-triphé-*

nylcarbinol, qui a pour formule $C^6H^5.COH(C^6H^4.Az(CH^3)^2]^2$. Les *verts malachite* du commerce sont les éthers chlorhydrique ou oxalique de ce carbinol. Le *vert brillant* s'obtient en partant de la diéthyl-aniline; sa formule ne diffère de celle du vert malachite que par la substitution du radical éthyle C^2H^5 au radical méthyle CH^3.

Le *Dioxy-triphénylméthane* est connu sous le nom de *Leucobenzaurine*; c'est la leucobase du *Dioxytriphénylcarbinol*. Voy. BENZAURINE.

C. — On obtient directement des dérivés *trisubstitués* lorsqu'on traite le t. par le brome, par l'acide azotique ou par l'acide sulfurique. Le *Trinitro-triphénylméthane* qui se produit par l'action de l'acide azotique fumant, a pour formule $CH(C^6H^4AzO^3)^3$; il forme de petites aiguilles peu solubles, fusibles à 206°.

La *Paraleucaniline* $CH(C^6H^4AzH^2)^3$ est un *Triamidotriphénylméthane* qu'on pourrait obtenir par la réduction de ce dérivé trinitré; mais on la prépare plus aisément en réduisant la pararosaniline par le zinc et l'acide chlorhydrique. La paraleucaniline cristallise en paillettes incolores, insolubles dans l'eau, très solubles dans l'alcool, fusibles à 197°. Par oxydation elle reproduit la *Pararosaniline*, c.-à-d. le *Triamido-triphénylcarbinol* dont elle est la leucodérivé. Nous avons déjà parlé de ce composé à l'article ROSANILINE. La substitution de radicaux éthyle ou méthyle à l'hydrogène contenu dans les groupes AzH^2 de la pararosaniline donne naissance au *Violet de Paris* et aux *Violets cristallisés*. Voy. ANILINE.

Le *Trioxytriphénylméthane*, c.-à-d. le triphénol qui répond à la formule $CH(C^6H^4OH)^3$, est connu sous le nom de *Leucaurine*. Le *Trioxytriphénylcarbinol* $COH(C^6H^4OH)^3$ est l'*Acide pararosolique*, dont l'anhydride est une matière colorante appelée *Aurine*. Voy. CORALLINE.

Les homologues de ces dérivés trisubstitués sont d'une très grande importance dans l'industrie des matières colorantes. Ils dérivent d'un *Méthyltriphénylméthane*

$$(C^6H^5)^2CH(C^6H^4.CH^3)$$

et d'un *Méthyltriphénylcarbinol* $(C^6H^5)^2COH(C^6H^4.CH^3)$ dans lesquels le radical CH^3 est en position ortho. Les dérivés oxhydrylés sont l'*Acide leucorosolique* et la *Rosaurine* ou *Acide rosolique*. Les dérivés amidés sont la *Leucaniline* et la *Rosaniline*. Voy. ces mots. Voy. aussi FUCHSINE et ANILINE.

TRIPHTHONGUE. s. m. [Pr. *trif-tonghe*] (gr. τρεῖς, trois; φθόγγος, son). T. Gramm. Son représenté dans l'écriture par trois voyelles. Voy. DIPHTHONGUE.

TRIPHYLINE. s. f. (R. τρεῖς, trois; φύλη, famille; parce que la t. contient trois phosphates). T. Minér. Phosphate de fer, de manganèse et de lithium; en cristaux orthorhombiques ou en masses clivables, d'un gris bleuâtre ou verdâtre.

TRIPHYLLE. adj. 2 g. [Pr. *trifil-le*] (gr. τρεῖς, trois; φύλλον, feuille). T. Bot. Qui est composé de trois pièces. *Calice t. Feuille t.*

TRIPIER. adj. m. (R. *tripe*). T. Fauconn. Se dit des oiseaux de proie ignobles, c.-à-d. qui ne peuvent être dressés, et qui s'attaquent à la volaille.

TRIPIER, IÈRE. s. Celui, celle qui vend en détail les issues des animaux tués à la boucherie.

TRIPIER, avocat fr. (1765-1840).

TRIPILE. adj. 2 g. (lat. *tri*, pour *tres*, trois; *pilus*, poil). T. Zool. Qui porte trois poils ou soies. *Mouche t.*, Se dit des *Ichnenmonides*. Voy. PUPIVORES, II.

TRIPLARIDE. s. m. T. Bot. Genre de plantes Dicotylédones (*Triptaris*) de la famille des *Polygonacées*. Voy. ce mot.

TRIPLARIDÉES. s. f. pl. (R. *Triplaride*). T. Bot. Tribu de végétaux de la famille des *Polygonacées*. Voy. ce mot.

TRIPLE. adj. 2 g. (lat. *triplex*, m. s.). Qui contient trois fois une chose, une grandeur, un nombre. *Des souliers à t. semelle. Un bâtiment à t. étage.* — Fig. et fam., *Un menton à t. étage.* Un menton qui descend fort bas, et qui fait plusieurs plis. || T. Mus. *T. croche.* Voy. NOTATION. || T. Chim. *Sel t.*, composé d'un acide et de trois bases. = TRIPLE. s.

m. Trois fois autant. *Neuf est le t. de trois. Je vous payerai le t. Rendre au t. Augmenter du t.*

TRIPLÉ, ÉE. adj. Rendu triple.

TRIPLEMENT. s. m. [Pr. *triple-man*]. L'action de tripler, augmentation jusqu'au triple. *Le t. d'un capital, d'une taxe.*

TRIPLEMENT. adv. [Pr. *triple-man*]. En trois façons. *Il est t. coupable. A mon avis, il a t. raison.*

TRIPLER. v. a. (R. *triple*, m. s.). Prendre trois fois le même nombre. *T. un nombre. Triplez deux, vous aurez six. Triplez la somme.* = TRIPLER. v. n. Être augmenté au triple. *Depuis ce temps la somme a triplé. Cette terre a triplé de valeur.* = TRIPLÉ, ÉE. part. || T. Math. *Raison triplée*, Le rapport qui est entre des cubes.

TRIPLICATA. s. m. (lat. *triplicata* [*littera*], m. s.). La troisième copie, la troisième expédition d'un acte. *Délivrer un t. Expédier un acte en t.*

TRIPLICATION. s. f. [Pr. ...*sion*] (lat. *triplicare*, tripler). Action de tripler.

TRIPLICE. s. f. (lat. *triplex*, *triplicis*, triple). T. Hist. Se dit de la triple alliance de l'Allemagne, de l'Autriche et de l'Italie.

TRIPLICITÉ. s. f. (lat. *triplicitas*, m. s.). Nombre ou quantité triplée; qualité de ce qui est triple. *Dans cette pièce, il y a t. d'action.* Peu us. || En T. Théol., se dit de la *Trinité. Dans la Trinité, il y a t. de personnes, mais non t. de substances.*

TRIPLINERVÉ, ÉE. adj. (lat. *triplex*, triple; fr. *nerve*). T. Bot. Se dit d'une feuille dont la base du limbe offre, de chaque côté de la nervure moyenne, une nervure partant de cette dernière, mais plus grosse que les suivantes.

TRIPLITE. s. f. (R. *triple*). T. Minér. Phosphate de fer et de manganèse, avec fluorures des mêmes métaux; se présente en masses cristallines, brun foncé, possédant trois clivages rectangulaires inégaux.

TRIPLOCLASE. s. f. [Pr. *triplokla-ze*] (R. *triple*, et gr. κλάσις, action de briser). T. Minér. Syn. de *Thomsonite*.

TRIPOLÉEN, ENNE. adj. [Pr. *tripolé-in*, *ène*]. Qui est rude au toucher, comme du tripoli.

TRIPOLI, v. du pachalik de Beyrouth (Turquie d'Asie). près de la mer; 20,000 hab.

TRIPOLI (RÉGENCE DE). Voy. TRIPOLITAINE.

TRIPOLI. s. m. (R. *Tripoli*, v. de Syrie). T. Minér. Le *Tripoli* est une substance minérale pulvérulente, d'apparence argileuse, âpre au toucher, et composée en très grande partie de particules de silice presque impalpables, réunies en feuillets minces. On distingue des tripolis d'origines diverses : les uns sont des argiles torréfiées naturellement par les feux des volcans ou des houillères embrasées, ou bien des schistes altérés par la décomposition spontanée des pyrites qui les accompagnent; les autres, et c'est le cas le plus ordinaire, sont formés presque exclusivement de carapaces siliceuses de Diatomacées (Voy. DIATOMACÉES). Quant à leur couleur, elle varie du jaune pâle au rougeâtre. — Les tripolis, à raison de leur dureté, servent à polir les pierres dures, le verre et les métaux. On les délaye le plus souvent avec de l'eau, quelquefois avec de l'huile, ou bien encore on les mêle avec un tiers de soufre, et l'on étend ce mélange sur un cuir pour s'en servir. La plus grande partie du t. du commerce se tirait autrefois de la ville de Tripoli, en Barbarie; de là le nom sous lequel on désignait cette substance. On estime surtout le t. dit de Venise, qui vient de l'île de Corfou; mais on emploie également les tripolis de Toscane, de Bohême, d'Auvergne et de Bretagne.

TRIPOLIR. v. a. Polir avec du tripoli. = TRIPOLI, IE. part.

TRIPOLITAINE, anc. prov. romaine de l'Afrique ancienne, correspondant à peu près à la Régence de Tripoli. || Auj. province africaine de l'Empire turc, entre la Méditerranée au nord, la Tunisie, à l'ouest, le Sahara au sud, l'Égypte à l'est; 4,000.000 d'hab. Un golfe important, autrefois grande Syrte, aujourd'hui golfe de la Sidre, se creuse sur ses côtes. À l'est s'arrondit la demi-presqu'île de Barcah, ancienne Cyrénaïque, qui fit partie des royaumes de Cambyse et des Ptolémées. Vers le Sahara, s'avancent les oasis du Fezzan. Ces contrées, nommées dans l'antiquité Lybie maritime et habitées alors par les Gara-

mantes, furent soumises à l'Empire romain par Auguste, puis conquises par les Arabes de 643 à 647 et enfin par les Turcs au XVIe siècle.

Les villes principales sont Tripoli, port de mer, 30,000 hab. Benghazi sur la côte de Barcah, Mourzouk dans le Fezzan, Ghat et Ghadamès aux limites du désert. On donne aux habitants le nom de *Tripolitains*.

TRIPOLITZA, anc. Tripolis, ch.-l. de l'Arcadie (Grèce); 10,000 hab.

TRIPOLITZA, v. de Grèce, dans la Morée; 7,500 hab.

TRIPONCTUÉ, ÉE. adj. (R. *tri*, préf., et *ponctué*). Qui est marqué de trois points.

TRIPOT. s. m. [Pr. *tri-po*] (vx fr. *triper*, *treper*, faire de petits pas, sautiller, du rad. germ. *trop*, *trip*). T. Jeu de paume. Lieu pavé de pierre ou de carreau et entouré de murailles, dans lequel on joue à la courte paume. *T. convert, découvert*. On dit maintenant *Jeu de paume*. || Par ext., se dit d'une maison de jeu, ainsi que d'une maison où s'assemble mauvaise compagnie. *Il perdit tout son argent dans un t. Il ne fréquente que des tripots*. || Fam. et par dénigrement. *Le t. comique*, se dit d'une assemblée de comédiens.

TRIPOTAGE. s. m. (R. *tripoter*). Mélange qui produit quelque chose de malpropre ou de mauvais goût. *Ces femmes, en essayant de faire des confitures, ont fait un étrange t.* || Fig., Assemblage confus de choses qui ne s'accordent point. *Je n'entends rien à ce t.* || Fig., se dit encore des intrigues, des calomnies, des médisances qui tendent à brouiller une affaire, à semer la discorde entre des personnes. *Je le crois incapable de faire un pareil t. Des tripotages de Bourse*.

TRIPOTÉE. s. f. (R. *tripoter*). Volée de coups. Fam.

TRIPOTER. v. n. (R. *tripot*). Brouiller, mélanger différentes choses ensemble, et en faire quelque chose de mauvais ou de malpropre. *Ces enfants ont tripoté tout le jour avec de la terre et de l'eau*. || Fig., en part. d'affaires, signifie aussi Brouiller. *Il est entré dans cette affaire pour*

l'accommoder; *mais il a tripoté de telle sorte, qu'il a tout gâté*. || Fig., signifie encore, Intriguer, calomnier, médire dans la vue de brouiller une affaire, de semer la discorde entre des personnes. *C'est un homme qui aime à t.* == TRIPOTER. v. a. Se dit dans les trois acceptions qui précèdent. *Qu'est-ce que vous tripotez-là pour avoir les mains si sales? Je ne sais ce qu'ils tripotent ensemble.* == TRIPOTÉ, ÉE. part.

TRIPOTEUR, EUSE. s. Celui, celle qui tripote.

TRIPOTIER, IÈRE. s. Celui, celle qui fait des tripotages, de petites et basses intrigues.

TRIPSACUM. s. m. [Pr. *tripsa-kome*] (gr. τρίψις, morsure). T. Bot. Genre de plantes Monocotylédones de la famille des *Graminées*. Voy. ce mot.

TRIPSINE. s. f. (gr. τρίψις, action de broyer). T. Chim. Ferment soluble qui se trouve dans le suc pancréatique et qui digère les matières grasses. Voy. DIGESTION, III, 3e.

TRIPTÈRE. adj. 2 g. (gr. τρί, pour τρεῖς, trois; πτερόν, aile). Muni de trois ailes.

TRIPTOLÈME, roi d'Éleusis, apprit de Cérès l'art de cultiver la terre et l'enseigna aux habitants de l'Attique (Mythol.).

TRIPTOTE. adj. 2 g. (gr. τρί, pour τρεῖς, trois; πτῶσις, chute). T. Gramm. Se dit d'un nom qui n'a que trois terminaisons différentes.

TRIPTYQUE. s. m. (gr. τρίπτυχος, plié en trois, de τρεῖς, trois, et πτύσσω, je plie). T. Archéol. Tableau à trois compartiments dont les extrêmes peuvent se rabattre sur celui du milieu. Voy. DIPTYQUE.

TRIQUE. s. f. [Pr. *tri-ke*] (orig. germ. allem. *strecchen*, frapper). Gros bâton. *On lui donna des coups de t.* Popul.

TRIQUEBALLE. s. m. [Pr. *trike-bale*]. T. Artill. Sorte de voiture propre à transporter des pièces de canon.

TRIQUE-MADAME. s. f. [Pr. *tri-ke...*]. T. Bot. Nom vulg. de l'orpin blanc ou petite joubarbe.

TRIQUER. v. a. [Pr. *tri-ker*] (R. *trique*). T. Mar. Faire le triage des pièces dont un mât se compose.

TRIQUET. s. m. [Pr. *tri-kè*] (R. *trique*). Espèce de battoir fort étroit dont on se sert pour jouer à la paume.

TRIQUÈTRE. adj. 2 g. [Pr. *tri-kètre*] (lat. *triquetrum*, triangle, du gr. τρίχη, triplement, et ἕδρα, base). T. Bot. Qui a trois angles saillants séparés par trois angles rentrants. *Tige t.* == TRIQUÈTRE. s. f. T. Numis. Réunion de trois cuisses avec leurs jambes et leurs pieds, qu'on trouve sur certaines médailles antiques. *La t. était le symbole particulier de la Sicile.*

TRIRÈGNE. s. m. [Pr. *gn* mouil.] (ital. *triregno*, m. s., de *tri*, pour *tres*, trois, et *regnum*, règne). La tiare du pape.

TRIRÈME. s. f. (lat. *triremis*, m. s., de *tri*, pour *tres*, trois, et *remus*, rame). T. Antiq. Galère à trois rangs de rameurs. Voy. GALÈRE, II.

TRISAGION. s. m. [Pr. *tri-za-jion*] (gr. τρισάγιος, trois fois saint, de τρεῖς, trois, et ἅγιος, saint). T. Liturg. Hymne qui commence par le mot saint, répété trois fois. On l'appelle aussi *sanctus*.

TRISAÏEUL, EULE. s. [Pr. *tri-za-ïeul*, *ll* mouillées]. Le père, la mère du bisaïeul ou de la bisaïeule. *Louis XIII était t. de Louis XV.*

TRISAMARE. s. f. [Pr. *tri-samare*] (R. *tri*, préf., et *samare*). T. Bot. Fruit composé de trois samares.

TRISECTEUR, TRICE. adj. [Pr. *tri-sekteur*] (R. *tri*, préf., et *secteur*). T. Géom. Qui divise en trois parties. *Courbe trisectrice*.

TRISECTION. s. f. [Pr. *tri-sek-sion*] (R. *tri*, préf., et *section*). T. Géom. On donne le nom de *Trisection* à toute opération qui a pour objet de diviser une chose en trois parties égales; mais il se dit surtout de la division d'un angle en trois angles égaux. Le problème de la t. de l'angle est célèbre dans l'histoire des mathématiques. Ce problème ne peut être résolu à l'aide seulement de la règle et du compas, car sa solution dépend d'une équation du troisième degré; mais on peut l'effectuer au moyen des sections coniques et de quelques autres courbes, comme la quadratrice. Pappus d'Alexandrie est le premier qui ait donné cette solution, en montrant qu'on peut obtenir la t. de l'angle au moyen d'une hyperbole.

TRISÉPALE. adj. 2 g. (R. *tri*, préf., et *sépale*). T. Bot. Dont le calice est formé de trois pièces.

TRISÉQUER. v. a. [Pr. *tri-séker*] (lat. *tri*, pour *tres*, trois; *secare*, couper). T. Bot. Partager en trois. = SE TRISÉ-QUER, v. pron. Se partager en trois. == TRISÉQUÉ, ÉE. part.

TRISÉRIÉ, ÉE. adj. [Pr. *tri-sérié*] (R. *tri*, préf., et *série*). Qui est disposé sur trois rangs ou séries.

TRISMÉGISTE. adj. m. (gr. τρεῖς, trois; μέγιστος, très grand). T. Myth. Surnom donné par les Grecs au Mercure égyptien ou Hermès. Voy. TRISMÉGISTE. s. m. T. Typogr. Sorte de caractère. Voy. CARACTÈRE.

TRISMUS ou **TRISME,** s. m. [Pr. *tris-mus*] (gr. τρισμός, m. s., de τρίζειν, grincer). T. Méd. Renversement tétanique des mâchoires. Voy. TÉTANOS.

TRISOC. s. m. [Pr. *tri-sok*] (R. *tri*, préf., et *soc*). Instrument aratoire à trois socs servant comme scarificateur.

TRISPERME. adj. 2 g. (gr. τρεῖς, trois; σπέρμα, graine). T. Bot. Qui renferme trois graines.

TRISPLANCHNIQUE. adj. et s. m. [Pr. *trisplank-nike*] (gr. τρεῖς, trois; σπλάγχνον, viscère). T. Anat. Syn. de *Grand sympathique.* Voy. NERVEUX, et SYMPATHIQUE.

TRISSE. s. f. [Pr. *tri-se*]. T. Mar. Corde ou palan qui sert à approcher ou à éloigner les canons des sabords.

TRISSER. v. a. [Pr. *tri-ser*] (lat. *tres*, trois). Faire dire trois fois un morceau de musique. == TRISSÉ, ÉE. part.

TRISSYLLABE. adj. 2 g. et s. m. [Pr. *tri-sil-labe*] (R. *tri*, préf., et *syllabe*; lat. *trisyllabus*, gr. τρισύλλαβος, m. s.). Qui est composé de trois syllabes. *Le mot amitié est t., est un t.*

TRISSYLLABIQUE. adj. 2 g. [Pr. *tri-sil-labike*]. Qui a trois syllabes.

TRISTACHYÉ, ÉE. adj. [Pr. *tri-sta-kié*] (gr. τρεῖς, trois; στάχυς, épi). T. Bot. Dont les fleurs forment trois épis.

TRISTAN D'ACUNHA (Îles). Groupe d'îles anglaises dans l'Océan Atlantique au S.-O. du cap de Bonne-Espérance.

TRISTAN L'HERMITE (LOUIS), grand prévôt des maréchaux de France sous Charles VII et Louis XI. || FRANÇOIS TRISTAN L'HERMITE, auteur dramatique fr. (1601-1655), célèbre par sa tragédie de *Mariane.*

TRISTE. adj. 2 g. (lat. *tristis*, m. s.). Affligé, chagrin, mélancolique. *Il est si t., qu'il ne saurait parler. Il est naturellement t. Avoir l'air t., le visage t., la figure t., une figure t. Avoir l'œil, le regard t.* Se dit aussi des animaux. *Parmi les chiens, les lévriers sont tristes.* — Fam., *Avoir une t. figure, une t. mine,* Avoir mauvaise mine. *Faire t. mine,* Avoir la mine chagrine, *Faire t. mine à quelqu'un,* Le recevoir très froidement, ou lui faire un mauvais accueil. *Faire une t. figure quelque part,* Y avoir l'air gêné, s'y trouver déplacé et mal à l'aise. — Fam., *Cet homme a le vin t.,* Lorsqu'il a bu, il est tout mélancolique. || Qui est inspiré par le chagrin, par la mélancolie. *Tomber dans une t. et profonde rêverie. J'ai fait de tristes réflexions à ce sujet. Dire un t. adieu.* — Subst., *Les Tristes d'Ovide,* Recueil de pièces élégiaques qu'Ovide écrivit de son exil à ses amis de Rome et à l'empe-

reur Auguste. || Qui inspire de la mélancolie, du chagrin, de l'ennui. *Un t. souvenir. Un t. événement. Un t. spectacle. Je n'ai que de tristes nouvelles à vous donner. Ce chant est bien t. Mener une t. vie. Il faut chasser ces idées tristes.* — Avec l'auxiliaire *Être* pris impersonn., *Triste* signifie Pénible, fâcheux, difficile à supporter. *Il est t. de se voir traité de la sorte après avoir bien servi.* || Malheureux, funeste, déplorable. *Voilà le t. effet de votre négligence. Cet homme a fait une t. fin. Est-il une destinée plus t. que la sienne?* || Sign. quelquefois, Obscur, sombre, ou qui a un aspect peu agréable. *Cette chambre, cet appartement, cette maison est t. Ce jardin est t. Cette couleur est trop t. — Le temps est t.,* il est obscur, couvert, etc. || Signifie encore, qui offre peu de ressources, qui est très insuffisant, qui est fort au-dessous de ce qu'on a attendu; dans ce sens, *Triste* précède toujours le subst. *Cet auteur a choisi un t. sujet de poème. Un t. divertissement. Une t. consolation. Une t. ressource. C'est un t. écrivain. Ce jeune homme est un t. sujet. Faire une t. repas,* se dit d'un repas où il n'y a point de gaieté, ainsi que d'un repas insuffisant ou mauvais.

TRISTEMENT. adv. [Pr. *triste-man*]. D'une manière triste. *Il me regarda t. Il est pauvre et vit bien t.*

TRISTEMMA. s. m. [Pr. *tris-tèm-ma*] (gr. τρεῖς, trois; στέμμα, couronne). T. Bot. Genre de plantes Dicotylédones de la famille des *Mélastomacées.* Voy. ce mot.

TRISTESSE. s. f. [Pr. *tristè-se*]. Affliction, déplaisir, abattement de l'âme, causé par quelque accident fâcheux. *Grande, profonde, extrême t. Être accablé de t. Il est dans une t. mortelle. S'abandonner à la t. La t. se répandit sur son visage. Chasser, dissiper la t.* || Mélancolie de tempérament. *C'est un homme qui est né avec un fond de t.* || Fam., *Tristesse* se dit encore des choses qui manquent d'agrément, qui ne procurent pas le plaisir qu'on doit en attendre. *Les appartements de cette maison sont d'une grande t. Le dîner, le bal, le carnaval a été d'une grande t.* == Syn. Voy. AFFLICTION.

TRISTIQUE. adj. 2 g. (gr. τρεῖς, trois; στίχος, rang). Qui est disposé sur trois rangs.

TRISTYLE. adj. 2 g. (R. *tri*, préf., et *style*). T. Bot. Qui a trois styles.

TRISUBSTITUÉ, ÉE. adj. [Pr. *tri-sub-stitué*] (R. *tri*, préf., et *substituer*). T. Chim. Se dit des composés dans lesquels trois atomes d'hydrogène ont été remplacés par des corps simples ou des radicaux.

TRISULCE. adj. 2 g. [Pr. *tri-sulce*] (lat. *tri*, trois; *sulcus*, sillon). T. Zool. Se dit des quadrupèdes qui ont trois sabots aux pieds.

TRITERNÉ, ÉE. adj. (R. *tri*, préf., et *terné*). T. Bot. Se dit des feuilles dont le pétiole commun se divise en trois pétioles secondaires, subdivisés eux-mêmes en trois autres, dont chacun porte trois folioles.

TRITHIONIQUE. adj. 2 g. (R. *tri*, préf., et *thionique*). T. Chim. Voy. SOUFRE, V.

TRITICIDE. s. f. (lat. *triticum*, froment). T. Minér. Épi de blé fossile.

TRITICINE. s. f. (lat. *triticum*, blé). T. Chim. Hydrate de carbone contenu dans la racine de chiendent (*Triticum repens*). On l'obtient sous forme de masse gommeuse ou de poudre incolore, extrêmement soluble dans l'eau, insoluble dans l'alcool. Elle a pour formule $C^{12}H^{22}O^{11}$. L'ébullition avec l'eau acidulée la transforme en lévulose.

TRITOMITE. s. f. T. Minér. Silicate de cérium, de lanthane, de didyme, de chaux et de thorium, avec fluor.

TRITON. s. m. (bas lat. *tritonum*, gr. τρίτονον, m. s., de τρί, pour τρεῖς, trois, et τόνος, ton). T. Mus. Intervalle de quatre notes qui est composé de trois tons. Voy. INTERVALLE.

TRITON. s. m. (gr. τρίτων, m. s.). T. Mythol. Se dit des dieux marins qui ont l'apparence humaine depuis la tête jusqu'à a ceinture, et qui se terminent en poisson. || T. Zool. Nom donné à un genre de *Batruciens* (Voy. SALAMANDRE) et à un genre de Mollusques *Gastéropodes*. Voy. TRITONIDÉS.

TRITONIEN, IENNE. adj. [Pr. *tritoni-in*, *iène*] (R. *triton*). T. Géol. Qui contient des débris d'animaux marins.

TRITONIDÉS. s. m. pl. (R. *Triton*). T. Zool. Petite famille de Mollusques *Gastéropodes* dont la coquille présente un long canal droit ou à peine recourbé. Le genre *Triton* présente sur sa coquille des varices disposées irrégulièrement; il date du Crétacé, se continue pendant tout le Tertiaire et est représenté actuellement par quelques espèces. Voy. TÆNIOGLOSSES.

TRITONIE. s. f. (lat. *Tritonia*, nom myth.). T. Zool. Espèce de Mollusques *Gastéropodes*. Voy. NUDIBRANCHES.

TRITONIIDES. s. m. pl. T. Zool. Voy. TRITONIDÉS.

TRITURABLE. adj. 2 g. Qui peut être trituré.

TRITURATION. s. f. [Pr. ... *sion*]. L'action de triturer, et le résultat de cette action.

TRITURE. s. f. (lat. *tritura*, m. s., de *tritum*, sup. de *terere*, écraser). Se dit au figuré pour désigner l'habitude, la pratique des affaires. *Ce n'est pas un homme bien savant, mais il a la t. des affaires.*

TRITURER. v. a. (lat. *triturare*, m. s., forme redoublée de *terere*, broyer). Réduire une substance en parties très menues ou même en poudre, en la broyant circulairement entre l'extrémité du pilon et le fond du mortier. *T. du quinquina.* || Par analogie, *Les dents molaires servent à t. les aliments. Le gésier, dans certains oiseaux granivores, leur sert à t. les grains dont ils se nourrissent.* || Fig. *T. les affaires*, les manier à fond. = TRITURÉ, ÉE. part.

TRIUMFETTA. s. m. [Pr. *tri-onfet-ta*] (R. *Trionfetti*, n. d'un bot. ital.). T. Bot. Genre de plantes Dicotylédones de la famille des *Malvacées*, tribu des *Tiliées*. Voy. MALVACÉES.

TRIUMVIR. s. m. [Pr. *triom-vir*] (lat. *tres*, trois; *vir*, homme). T. Hist. À Rome, *Triumvir* était un titre générique qui se donnait à diverses catégories de magistrats ou de commissaires, lorsqu'ils étaient au nombre de trois pour remplir une même fonction ou un même office. Tels étaient, par ex. : les *Triumvirs agraires* (*triumviri agro dividendo* ou *coloniæ deducendæ*), qui étaient chargés de diriger l'établissement d'une colonie nouvelle; les *Triumvirs capitaux* (*T. capitales*), qui, l'an 292 avant notre ère, remplacèrent les questeurs criminels; les *Triumvirs épulons* (*T. epulones*); les *Triumvirs monétaires* (*T. monetales*, *T. æri*); les *Triumvirs nocturnes* (*T. nocturni*), qui étaient chargés de la police, des incendies, etc. — Mais on désigne d'une façon absolue, par le nom de *Triumvirs*, plusieurs personnages célèbres qui s'associèrent à Rome pour s'emparer de l'autorité suprême de la république. La première association de ce genre fut la ligue toute privée que formèrent, l'an 60 av. J.-C., César, Crassus et Pompée. On l'appelle le *premier triumvirat*, bien que jamais ses membres n'aient porté le titre de triumvirs. Le *second triumvirat* fut formé, l'an 43 av. J.-C., entre Octave, Antoine et Lépide; mais celui-ci reçut une consécration officielle. En effet, une loi rendue sur la proposition du tribun Publius Titius, conféra à ces trois personnages le titre de *triumviri reipublicæ constituendæ*, et les investit, comme magistrats extraordinaires, de la puissance suprême pour cinq ans. À l'expiration de ce terme, ils furent encore prorogés pour cinq ans. Ce dernier triumvirat porta le coup fatal à la liberté et à la république. Octave, s'étant brouillé avec ses collègues, leur fit la guerre, les vainquit, et demeura seul maître de l'empire. — Enfin, pendant la révolution romaine de 1848, on désigna sous le nom de *Triumvirs* les trois hommes chargés du pouvoir exécutif, Mazzini, Armellini et Saffi.

TRIUMVIRAL, ALE. adj. [Pr. *triom-viral*] (lat. *triumviralis*, m. s.). Qui appartient aux triumvirs. *La puissance triumvirale. Le despotisme t. se signala par des proscriptions.*

TRIUMVIRAT. s. m. [Pr. *triom-vira*] (lat. *triumviratus*,

m. s.). L'association de trois citoyens puissants qui s'unissent pour envahir toute l'autorité. *Sous le t. d'Octave, d'Antoine et de Lépide.* || Par ext., se dit quelquefois de trois personnages qui exercent en commun une grande influence.

TRIURET. s. m. (R. *tri*, préf., et *urée*). T. Chim. Syn. d'*Acide cyanurique*.

TRIURIDACÉES. s. f. pl. (gr. τρί, pour τρεῖς, trois; οὐρά, queue). T. Bot. Nom donné par Lindley à une petite famille aujourd'hui démembrée de végétaux qu'il plaçait dans son groupe des Dictyogènes, et qui comprenait 2 genres (*Triuris* et *Pellophyllum*) et 2 espèces (*T. hyalina* et *P. luteum*) propres au Brésil où on les trouve dans les lieux humides et ombragés. [Fig. 1. Fleur de *Pellophyllum luteum*; 2. Carpelle du même; 3. Anthère de *Triuris hyalina*.]

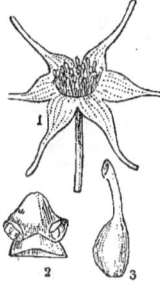

TRIVALENT, ENTE. adj. [Pr. *triva-lan*, *ante*] (lat. *tri*, pour *tres*, trois, et *valens*, qui peut). T. Chim. Qui possède une triple valence. Voy. ATOMICITÉ. || Qui possède trois fonctions de même espèce. *La glycérine est un alcool trivalent.*

TRIVALVE. adj. 2 g. (R. *tri*, préf., et *valve*). T. Bot. Qui a trois valves.

TRIVELIN. s. m. (ital. *trivellino*, foret). Instrument de dentiste qui sert à extraire les racines, les grosses molaires. On l'appelle aussi *Languc de carpe*.

TRIVELIN. s. m. (ital. *Trivellino*, nom propre). Nom d'un comédien de l'ancienne troupe italienne qu'on applique à un farceur, à un bouffon. *Cet acteur est un vrai t.*

TRIVIAIRE. adj. m. [Pr. *trivi-ère*] (lat. *trivium*, de *tres*, trois, et *via*, voie). *Carrefour t.*, Carrefour où aboutissent trois chemins, trois rues. Peu us.

TRIVIAL, ALE. adj. (lat. *trivialis*, m. s., de *trivium*, carrefour). Se dit des pensées et des expressions, et sign., Qui est extrêmement commun, usé, rebattu. *C'est une pensée triviale. Cet auteur ne dit que des choses triviales. Phrases, expressions triviales. Détails triviaux.* = Syn. Voy. COMMUN.

TRIVIALEMENT. adv. [Pr. ...*le-man*]. D'une manière triviale. *Il parle t.*

TRIVIALITÉ. s. f. Caractère, qualité de ce qui est trivial. *Cela est d'une t. choquante.* || Se dit aussi des choses triviales. *Ce discours est plein de trivialités.*

TRIVOCALE. s. f. (R. *tri*, préf., et *vocal*). T. Gram. Voix simple, exprimée par trois voyelles.

TRIVULCE, maréchal de France, né à Milan, aida Charles VIII et Louis XII dans la conquête du Milanais, et fut nommé gouverneur de Milan. Il fut disgracié par François Iᵉʳ (1448-1518).

TRIZONÉ, ÉE. adj. (R. *tri*, préf., et *zone*). Qui est marqué de trois bandes colorées.

TROADE, anc. contrée de l'Asie Mineure, sur l'Hellespont; cap. *Troie*.

TROC. s. m. (R. *troquer*). Échange d'un objet contre un autre objet. *Faire un t. Donner un cheval en t. pour une montre.* — *T. pour t.*, Échange d'une chose contre une autre, sans donner de supplément, de retour.

TROCADÉRO, fort de la baie de Cadix, pris par les Français en 1823. A donné son nom à une place de Paris et à un palais construit en 1866-67 par l'architecte Bourdais.

TROCART. s. m. [Pr. *tro-kar*] (corrupt. de *trois*, et *carre*). T. Bot. Genre de plantes Monocotylédones (*Triglochin*), de la familles des *Triglochinées*. Voy. ce mot.

Chir. — Instrument consistant dans une tige métallique à *pointe triangulaire* avec manche, glissant dans une canule également métallique. On emploie le t. pour pratiquer les ponctions afin d'évacuer le liquide contenu dans une cavité, dans le traitement de l'ascite, par ex. Pour opérer, on enfonce l'instrument monté dans la cavité, puis on retire la tige pointue en laissant en place la canule dans laquelle s'engage le liquide.

TROCHAÏQUE. adj. et s. m. [Pr. *tro-ka-ike*] (lat. *trochaicus*, gr. τροχαϊκός, m. s.). T. Versif. anc. Qui a rapport au trochée. Voy. TROCHÉE.

TROCHANTER. s. m. [Pr. *tro-kanter*]. (gr. τροχαντήρ, m. s., de τροχός, roue). T. Anat. *Grand et petit tr.* Nom donné à deux apophyses du fémur. Voy. SQUELETTE. || T. Entom. Deuxième partie des pattes des Insectes. Voy. IN-SECTE, II.

TROCHANTÉRIEN, IENNE. adj. [Pr. *tro-kanté-ri-in, 'éne*]. Qui appartient au grand trochanter.

TROCHE. s. f. [Pr. *tro-che*]. Faisceau, assemblage de choses de même nature. || T. Chasse. Fumée à demi formée des bêtes fauves.

TROCHÉE. s. m. [Pr. *tro-ché*] (lat. *trochæus*, gr. τροχαῖος, m. s., de τρέχω, course en rond). T. Versif. anc. Dans la métrique grecque ou latine, on donne le nom de *Trochée* ou celui de *Chorée* à un pied qui se compose de deux syllabes, une longue et une brève ; *Rŏmā*, *āmné*. Ce pied a été appelé trochée et chorée (de χορεία, danse), à cause de la rapidité du mouvement qu'il imprime au vers. Les vers qui étaient principalement composés de trochées étaient appelés *vers trochaïques*. Le trochaïque composé de trois trochées et demi, a été souvent employé par Horace :

immĕ-|-mŏr strŭ-|-is dō-|-mŏs. (Hor.)

C'est le trochaïque rigoureux, que les grammairiens nomment encore *trochaïque dimètre catalectique*, parce que le dernier pied est incomplet. Lorsque ce vers reçoit au second pied un dactyle ou un spondée, on l'appelle *vers glyconique*, ou plus particulièrement *vers choriaque* ; tel est ce vers de Sénèque :

Fātā|sĭ lĭcĕ-|-āt mĭ-|-hi.

Le vers saphique et le vers phalécien sont des trochaïques de cinq pieds, et le *vers priapéen* est un trochaïque trimètre de six pieds, partagé en deux hémistiches :

Quā dŏ-|-mŭs tŭā|Lămpsācĭ ēst || quāquē|sīlvā, Prī-|-āpĕ. CAT.

Enfin, les Latins employaient souvent au théâtre le vers trochaïque tétramètre catalectique, qu'ils nommaient *septenarius*. Lorsque ce vers est rigoureux, dit Quicherat, il n'a le trochée ou le tribraque aux lieux impairs, et les lieux pairs prennent le tribraque, le spondée, le dactyle et l'anapeste : tel est ce vers de Sénèque le tragique :

Vōs prŏ-|-cŏr, vŭl-|-gūs sĭ-|-lēntūm, ||vōsquē|fĕrā|-lēs dŏ-|-ōs.

TROCHÉE. s. m. [Pr. *tro-ché*] (R. *troche*). T. Sylvicult. L'ensemble des rameaux qui pousse un arbre venu de graine, quand on l'a coupé à quelques centimètres de terre.

TROCHET. s. m. [Pr. *tro-chè*] (R. *troche*). T. Jardin. Se dit des fleurs et des fruits qui viennent et qui croissent ensemble comme par bouquets. *Un t. de fleurs. Les noisettes viennent ordinairement par trochets.* Peu us.

TROCHIDÉS. s. m. pl. [Pr. *tro-kidé*] (R. *Troque*). T. Zool. Famille de Mollusques Gastéropodes. Voy. CYCLOSTOMIDES.

TROCHILE. s. m. [Pr. *tro-kile*] (gr. τροχίλος, roue). T. Architect. Sorte de moulure appelée aussi *nacelle*. Voy. MOULURE.

TROCHILIDÉS. s. m. pl. [Pr. *tro-kilidés*] (gr.τρόχιλος, roitelet, de τροχός, roue). T. Ornith. Famille de *Passereaux*. Voy. COLIBRI.

TROCHISQUE. s. m. [Pr. *tro-chiske*] (lat. *trochiscus*, gr.

τροχίσκος, rondelle, dimin. de τροχός, roue), T. Pharm. Voy. plus bas. || T. Comm. Petit bâs de couleur broyée et séchée.

Pharm. — On appelait autrefois *Trochisques*, des médicaments composés d'une ou de plusieurs substances sèches réduites en poudre, et agglutinées à l'aide d'un intermède convenable non sucré, tel qu'un mucilage, un suc végétal, etc. Dans le principe, on donnait à ces préparations la forme d'une tablette ronde, d'où le nom sous lequel on les désignait ; mais plus tard, on modifia leur forme, et l'on fit des trochisques coniques, cubiques, pyramidaux, etc. Aujourd'hui, on ne fait plus usage de trochisques, si ce n'est des *trochisques escharotiques*, dont le sublimé corrosif constitue le principe actif. On s'en sert surtout pour ouvrir certaines tumeurs. — Par analogie, les marchands de couleurs appellent aussi *Trochisques* des tablettes de couleurs sèches préparées pour l'usage des peintres.

TROCHLÉAIRE. adj. 2 g. [Pr. *tro-klé-ère*] (R. *trochlée*). Qui ressemble à une poulie ou à une bobine.

TROCHLÉE. s. f. [Pr. *tro-klé*] (lat. *trochlea*, poulie, du gr. τροχός, roue). T. Anat. Éminence articulaire, en forme de poulie, que présente en dedans l'extrémité inférieure de l'humérus.

TROCHLÉENNE. adj. f. [Pr. *tro-klé-ène*] (R. *trochlée*). T. Anat. *Articulation t.*, Articulation en forme de poulie. Voy. ARTICULATION.

TROCHODENDRE. s. m. [Pr. *tro-ko-din-dre*] (gr. τροχός, roue; δένδρον, arbre). T. Bot. Genre de plantes Dicotylédones (*Trochodendron*) de la famille des *Magnoliacées*. Voy. ce mot.

TROCHODENDRÉES. s. f. pl. [Pr. *tro-ko-dindré*] (R. *Trochodendre*). T. Bot. Tribu de végétaux de la famille des *Magnoliacées*. Voy. ce mot.

TROCHOÏDE. adj. 2 g. [Pr. *tro-ko-ide*] (gr. τροχοειδής, m. s., de τροχός, roue). Qui est en forme de roue tournant sur son axe. || T. Anat. *Articulation t.*, où un os tourne sur un autre. = TROCHOÏDE. s. f. T. Géom. Autre nom de la *Cycloïde*, ou *roulette*. Voy. CYCLOÏDE. = TROCHOÏDES. s. m. pl. T. Zool. Groupe de Mollusques *Gastéropodes*.

Zool. — Nous conserverons, avec plusieurs auteurs, le nom de *Trochoïdes* créé par Cuvier, pour tout un groupe de Mollusques *Gastéropodes*. Ces animaux sont caractérisés par leur coquille en spirale, dont l'ouverture est entière et garnie d'un opercule ou de tout autre organe qui le remplace. De même que les Capuloïdes, ils n'ont point de siphon à l'aide duquel ils puissent respirer sans sortir de leur coquille. Cette famille se compose d'un très grand nombre de genres (nous en citerons seulement quelques-uns comme exemples), que Cuvier avait répartis en trois tribus, d'après la forme de l'ouverture de la coquille. Ce sont les *Troques* ou *Toupies*, les *Sabots* ou *Turbos*, et les *Hémicyclostomiens*. La plupart de ces genres appartiennent au groupe des *Prosobranches-Cténobranches*, quelques-uns à celui des *Prosobranches-Aspidobranches*.

A. Chez les mollusques qui composent la première tribu, l'ouverture de la coquille, anguleuse à son bord externe, est plus ou moins quadrangulaire, et se trouve dans un plan oblique par rapport à l'axe de la coquille, parce que la partie du bord voisine de la spire avance plus que le reste. La spire de la coquille est plus ou moins élevée et terminée en pointe. Enfin, sa circonférence est tranchante ou carénée. Tous ces mollusques ont le pied court, le manteau ordinairement garni sur le bord de deux ou trois paires d'appendices filiformes, les yeux placés sur un renflement de la base des tentacules, la bouche armée d'une sorte de langue enroulée en

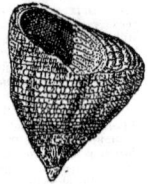

Fig. 1.

spirale, l'opercule corné et présentant des tours de spire nombreux. On subdivise d'ailleurs cette tribu en plusieurs groupes, d'après la présence ou l'absence d'un ombilic et quelques autres caractères peu importants. — Les *Troques* proprement dits (*Trochus*) sont ombiliqués pour la plupart, et ils ont l'angle extérieur tranchant. Le *T. tente* (*T. tentorium*) [Fig. 1] habite l'Inde. Sa coquille, très ombiliquée, plissée, rugueuse, à tours de spire noduleux en dessus, est de couleur verdâtre et hyaline sous l'épiderme. Le *T. agglutinant* (*T. agglutinans*), vulgairement appelé *Fripière* ou *Maçonne*, jouit de la propriété singulière de coller et d'incorporer même à sa coquille, à mesure qu'elle s'accroît, les corps étrangers mobiles sur le sol où elle repose, tels que petits cailloux, fragments de coquilles, etc. Cette espèce est de couleur blanc sale et habite la mer des Antilles. Le *T. cinéraire* (*T. cinerarius*) [Fig. 2], petite espèce très commune sur nos côtes, a une coquille de couleur cendrée, avec des stries obliques d'un rouge violacé. Nous citerons aussi le *T. Pharaonis*, appelé vulg. *Coquille* ou *Toupie de Pharaon*. — Les *Cadrans* (*Solarium*) se distinguent des autres Toupies par une spire en cône très évasé, dont la base est creusée d'un ombilic extrêmement large, où l'on suit de l'œil les bords intérieurs de tous les tours marqués par un cordon crénelé. Le *Cadran strié* (*Sol. striatum*), blanc avec des lignes obliques noires, se trouve dans la Méditerranée.

B. Les *Sabots* ou *Turbos* ont la coquille complètement et régulièrement turbinée, et la bouche tout à fait ronde. Les *Sabots* proprement dits (*Turbo*) se distinguent par leur coquille ronde ou ovale, épaisse, et dont l'ouverture est complétée par l'avant-dernier tour de spire. Les uns sont ombiliqués, et les autres dépourvus d'ombilic. L'animal a deux longs tentacules présentant à la base des yeux pédonculés, et sur les côtés du pied, des ailes membraneuses, tantôt

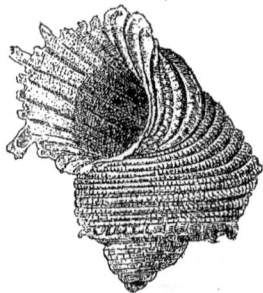

Fig. 3.

simples, tantôt frangées, tantôt munies d'un ou deux filaments. Leur opercule est tantôt corné, tantôt pierreux et extrêmement épais. Nous citerons comme type le *Sabot bouche d'argent* (*Turbo argyrostomus*) [Fig. 3], vulgairement appelé *Bouche d'argent épineuse*, qui a la coquille d'un blanc roussâtre avec des taches brunes ou noires et la bouche nacrée, excepté sur les bords. On le trouve dans l'océan Indien. — C'est à la même mer qu'appartiennent le *Sabot marbré* (*T. marmoratus*), vulgairement appelé *Sabot limaçon*, *Burgau* et *Princesse*. Sa coquille, qui est grande, est marbrée de vert, de blanc et de brun en dehors, et très nacrée en dedans. La nacre qu'elle fournit, et qu'on nomme dans le commerce *Burgaudine*, est fort recherchée. — Les *Dauphinules* (*Dauphinula*) ont la coquille épaisse comme les précédents, mais enroulée presque dans le même plan; l'ouverture est en complètement formée par le dernier tour et sans bourrelet. — Les *Scalaires* (*Scalaria*) et les Janthines ont été décrites au mot PTÉNOGLOSSES. — Les *Cyclostomes* (*Cyclostoma*), les *Turritelles*, les *Valvées*, les *Paludines*, les *Ampullaires* et les *Littorines* ont été décrites au mot TÆNIOGLOSSES.

C. La tribu des *Hémicyclostomiens* se compose de mollusques aquatiques et respirant par des branchies. Ils se rapprochent des Hélix par la forme de leur coquille, laquelle forme à l'avant-dernier tour un arc rentrant qui donne plus ou moins à l'ouverture la figure d'un croissant. — Les *Phasianielles* (*Phasianiella*) ont la coquille oblongue ou pointue, l'ouverture plus haute que large et munie d'un opercule pier-

roux, et le bas de la columelle sans ombilic et sensiblement aplati. Leurs couleurs, douces et agréablement nuancées, les font rechercher des amateurs. Toutes les espèces appartiennent aux mers de l'Inde. — Les *Nérites* ont leur columelle en ligne droite, ce qui rend l'ouverture de leur coquille demi-circulaire ou demi-elliptique. Cette ouverture, généralement grande, est toujours munie d'un opercule qui la ferme complétement. On les subdivise en *Natices*, *Nérites* proprement dites et *Nérilines*. Les *Natices* (*Natica*) ont la coquille ombiliquée. Leur animal a un grand pied, des tentacules simples et un opercule corné. Les *Nérites* proprement dites (*Nerita*) n'ont pas d'ombilic. Leur coquille est épaisse, leur columelle dentée, et leur opercule pierreux. Quant à l'animal, il n'a qu'un pied médiocre. La *Nérite saignante* (*N. peloronta*), vulgairement appelée *Quenotte saignante* [Fig. 4], est de couleur cendrée ou fauve, ornée de bandes noires, roses ou violettes en zigzag. Elle est commune dans l'océan des Antilles et de l'Amérique méridionale. Enfin, les *Nérilines* (*Neritina*) ont la coquille mince et sans ombilic, et l'opercule corné. L'animal est le même que dans les Nérites proprement dites. Ces mollusques vivent dans les eaux douces. La

Fig. 4.

Néritine parée (*N. fluviatilis*), dont la couleur est agréablement variée de taches ou de linéoles violacées sur un fond blanc, est commune dans nos rivières.

TROCHOSPHÈRE. s. f. [Pr. *tro-ko-sfère*] (gr. τροχός, roue; σφαῖρα, sphère). T. Zool. Sorte de larve. Voy. LARVE.

TROCHOZOAIRES. s. m. pl. [Pr. *tro-ko-zo-ère*] (gr. τροχός, roue; ζωάριον, petit animal). T. Zool. Se dit des animaux dont la larve est une trochosphère. Voy. LARVE.

TROCHU, général fr., nommé président du gouvernement de la Défense nationale le 4 septembre 1870, fut gouverneur de Paris pendant le siège, et donna sa démission le 26 janvier 1871 (1815-1896).

TROCHURE. s. f. [Pr. *tro-chure*] (R. *troche*). T. Vén. Le quatrième andouiller de la tête du cerf.

TROCHUS. s. m. [Pr. *tro-kus*] (n. lat. formé du gr. τροχός, roue). T. Zool. Genre de *Mollusques* gastéropodes appartenant au sous-ordre des Aspidobranches et à la famille des *Trochoïdes*. Voy. ce mot.

TROEGÉRITE. s. f. T. Minér. Voy. TRÆGÉRITE.

TROÈNE. s. m. (bas lat. *tronus*, m. s., dont l'orig. est inconnue). T. Bot. Genre de plantes Dicotylédones (*Ligustrum*) de la famille des *Oléacées*, tribu des *Oléées*. Voy. OLÉACÉES.

TROGLODYTE. s. m. (lat. *troglodyta*, gr. τρωγλοδύτης, m. s., de τρώγλη, caverne, et δύειν, entrer). Nom donné par les anciens à une race d'hommes qui vivaient en Afrique dans les cavernes. || T. Zool. Nom donné à une espèce de Singe, Voy. CHIMPANZÉ; et à une espèce de Passereau, Voy. ROITELET.

Anthrop. — Les anciens ne nous ont laissé que des traditions très vagues sur les peuples qu'ils appelaient *Troglodytes* : ils les plaçaient au S.-E. de l'Égypte, le long de la mer Rouge, et les représentaient comme plongés dans la plus complète barbarie. — Aujourd'hui, on désigne sous ce nom les peuplades sauvages qui ont habité la terre pendant une longue période de l'époque quaternaire, à la fin de la période glaciaire, et dont on a trouvé des traces dans les pays les plus divers, au fond des cavernes. L'époque des Troglodytes ou *Hommes des cavernes* est la première période de l'âge de pierre. Voy. PIERRE.

TROGLODYTIQUE. adj. 2 g. Qui appartient aux Troglodytes ou à leur pays.

TROGNE. s. f. [Pr. *gn* mouil.] (orig. celt.). Se dit fam. et par plaisanterie, d'un visage plein qui a quelque chose de facétieux, et qui annonce l'amour du vin et de la bonne chère. *Il a une bonne t., une grosse t.* — *Rouge t., t. enluminée.* Le visage d'un ivrogne.

TROGNON. s. m. [Pr. *gn* mouil.] (altér. de *troncone*,

844

forme ital. de tronçon?i. Le milieu d'un fruit à pepin dont on a ôté tout ce qu'il y avait de meilleur à manger. *Un t. de pomme.* — *T. de chou,* La tige d'un chou dont on a ôté les feuilles. ‖ Fig. et pop., on dit d'une jeune fille, *Voilà un joli petit t.*

TROGNONNER. v. n. [Pr. *trogno-ner, gn mouill.*]. Prendre l'apparence d'un trognon.

TROGONIDÉS. s. m. pl. (gr. τρώγω, je ronge). T. Ornith. Famille de Grimpeurs. Voy. COUROUCOU.

TROGONOPHIDE. s. m. (gr. τρώγω, je ronge; ὄφις, serpent). T. Erpétol. Genre de *Sauriens.* Voy. DOUBLE-MARCHEUR.

TROGUE-POMPÉE, historien latin du temps d'Auguste, composa une Histoire de l'empire macédonien dont il ne reste que des extraits faits par Justin.

TROIE, appelée aussi *Ilion* et *Pergame,* v. de l'anc. Asie Mineure, cap. de la Troade, fut prise par les Grecs après un siège de dix ans immortalisé par Homère (12ᵉ siècle av. J.-C.).

TROÏLITE. s. f. T. Minér. Protosulfure de fer, en nodules ou en grains dans le fer météorique.

TROÏLUS, fils de Priam et d'Hécube, fut tué par Achille.

TROIS. adj. numér. 2 g. [Pr. *troua*] (lat. *tres,* m. s.). Nombre impair qui contient deux et un. *T. hommes. T. arcs. Nous allions t. à t. Nous avons fait les trois quarts du chemin.* — Fam., *Les trois quarts du temps,* La plus grande partie du temps, le plus ordinairement. ‖ Se dit quelquefois pour Troisième. *Page t. Folio t. Henri t. Georges t.* On écrit plus ordinairement, *Henri III,* etc. == Trois. s. m. Le nombre trois. *T. multiplié par t. donne neuf.* On dit de même, *Le nombre t., le numéro t.* — *Le t. du mois,* Le troisième jour du mois. Ellipt., *Le t. juin,* Le troisième jour de juin. ‖ Le chiffre qui exprime le nombre trois. *Le chiffre t.* (3). *Ce ballot est marqué d'un t. Trente-t. s'écrit par deux t.* (33). ‖ T. Jeu de cartes. *Un t. de pique, de cœur,* etc., Une carte marquée de trois piques, etc. ‖ T. Jeu de dés. *Un t.,* La face du dé marquée de trois points. ‖ T. Mus. *Me-sure à t. quatre* (¾), *à t. huit* (⅜), etc., Voy. NOTATION. ‖ T. Math. *Règle de trois.* Voy. PROPORTIONNEL. ‖ T. Fin. *Le t. pour cent,* rente sur l'État qui rapporte annuellement trois francs pour cent francs du capital nominal. — *Le t. et demi pour cent,* qui rapporte 3 fr. 50.

TROIS-ÉVÊCHÉS (LES), Metz, Toul, Verdun, acquis à la France sous Henri II (1552).

TROISIÈME. adj. 2 g. [Pr. *troua-zième*]. Nombre ordinal de trois. *Le t. jour. Il arriva le t. Loger au t. étage. Il a obtenu la t. place. Il est arrivé lui t.,* Il est venu accompagné de deux autres personnes. ‖ Par ellipse, *Troisième* s'emploie subst., et alors il est tantôt masc., tantôt fém. *Nous sommes au t. de la lune,* Au t. jour de la lune. — *Nous n'étions que deux, il nous arriva un t.,* Une t. personne. *Loger au t.,* Loger au t. étage d'une maison. On dit de même, *Monter à un t. Tomber d'un t.* — *Cet écolier est en t.,* Il est dans la t. classe. On dit de même, *Ce professeur fait la t., est chargé de la t. Un élève de t.,* on ellipt., *Un t.* — *La t. des enquêtes,* La t. chambre des enquêtes au parlement de Paris.

TROISIÈMEMENT. adv. [Pr. *troua-zième-man*]. En troisième lieu.

TROIS-MÂTS. s. m. [Pr. *troua-ma*]. T. Mar. Dénomination générique qui s'applique à tout navire de commerce muni de trois mâts portant des voiles carrées, savoir, un grand mât, un mât de misaine et un mât d'artimon.

TROIS-MOUTIERS, ch.-l. de c. (Vienne); arr. de Loudun; 1,200 hab.

TROIS-PIEDS. s. m. [Pr. *troua-pié*]. Cercle en fer soutenu par trois pieds et destiné à supporter une grande chaudière.

TROIS-QUARTS. s. m. [Pr. *troua-kar*]. Nom ancienne-ment donné au fiacre. ‖ Petit violon sur lequel on fait jouer les enfants. ‖ T. Chir. Voy. TROCART.

TROIS-SIX. s. m. [Pr. *troua-sis*]. Alcool le plus concen-tré qu'on puisse obtenir par distillation et qui marquait 36° à l'aéromètre de Cartier. Il marque 90° à l'alcoomètre centésimal de Gay-Lussac. Voy. ALCOOL.

TRÔLE. s. f. (R. *trôler*). Colportage par un ouvrier, sur-tout un ébéniste, de la marchandise qu'il a fabriquée lui-même.

TRÔLER. v. a. (orig. celt.). Mener, promener de tous côtés, indiscrètement et hors de propos. *C'est un homme qui trôle sa femme partout.* == TRÔLER. v. n. Courir çà et là. *C'est un homme qui ne fait que t. tout le long du jour.* == TRÔLÉ, ÉE. part. Ce verbe est du langage populaire.

TROLLE. s. f. [Pr. *tro-le*] (R. *trôler*). T. Vénerie. Action de découpler les chiens dans un grand pays de bois, pour quêter et lancer un cerf, parce que l'on n'a pas eu la précau-tion de le détourner avec le limier. *Aller à la trolle.*

TROLLÉITE. s. f. [Pr. *trol-léite*]. T. Minér. Phosphate hydraté d'alumine.

TROLLEY. s. m. [Pr. *trol-lé*] (mot angl.). T. Techn. Sorte de petit chariot ou de roulette, placé en haut d'une tige mo-bile dressée au-dessus d'un tramway électrique et par la-quelle le moteur reçoit le courant électrique qui circule sur les fils aériens. — Se dit aussi de la tige elle-même,' et du système de traction composé des fils tendus sur des poteaux et du t. proprement dit. Voy. TRAMWAY.

TROLLOPE (mistress), femme de lettres anglaise (1791-1863), auteur de voyages et de romans.

TROMBE. s. f. [Pr. *tron-be*] (on écrivait autrefois *trompe,* ce qui sign. toupie, et trompette; vient du lat. *tuba,* tube, trompette). T. Météor. Tourbillon atmosphérique qui descend d'un nuage jusqu'au sol ou jusqu'à la mer, et qui est entouré d'une gaine de vapeur condensée qui le rend visible. Voy. TEMPÊTE.

TROMBIDION. s. m. [Pr. *tron-bidion*]. T. Zool. Genre d'*Arachnides.* Voy. HOLÉTRES.

TROMBLON. s. m. [Pr. *tron-blon*] (ital. *tromba,* tube, arme à feu). T. Arqueb. Grosse espingole. Voy. ESPINGOLE.

TROMBONE. s. m. [Pr. *tron-bone*] (ital. *trombone,* augmentatif de *tromba,* trompette). T. Musiq. Le *Trombone* est un instrument à vent et de cuivre du genre de la trom-pette, mais beaucoup plus grand. Il consiste en un tube dont le dia-mètre est égal dans toute sa lon-gueur et qui n'est pas percé de trous; mais on modifie ses intonations en allongeant ou en raccourcissant son tube au moyen d'une pompe ou *coulisse.* Cette coulisse est mise en mouvement par la main droite de l'exécutant, qui maintient le corps principal de la main gauche. Le t. s'embouche au moyen d'un bocal. Grâce à son mécanisme, aussi simple qu'ingénieux, le t. donne des tons d'une justesse parfaite. A chaque point où s'arrête la coulisse, l'instru-ment fournit non seulement le degré diatonique déterminé par la longueur du conduit sonore, mais encore la tierce, la quinte, etc., de ce même ton, car il se trouve exactement à cet égard dans les mêmes conditions que le cor. — On distingue plusieurs sortes de trombones. Le plus usité est le *T. ténor,* dont le ton fonda-mental est le *si bémol* au-dessous de la portée de la clef de *fa.* Le *T. alto* est en *fa,* c.-à-d. une quinte plus haut, tandis que le *T. basse* est à l'octave infé-rieure du t. alto. Tous ces trombones ne diffèrent entre eux que par leur dimensions. Le *T. coulisse,* que représente la

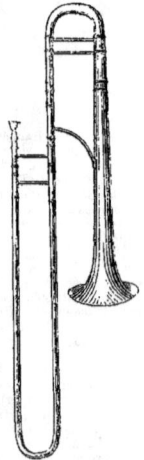

ig. ci-contre, est un t. perfectionné par le facteur Michaud, qui, par le moyen de tubes inégaux, prétend avoir donné à cet instrument plus de justesse et d'égalité de sons. — Le t. est un instrument fort ancien, qu'on appelait autrefois *Saquebute* et dont la forme paraît n'avoir pas varié depuis plusieurs siècles. Son rôle le plus ordinaire est de compléter l'harmonie des instruments de cuivre. Il donne à l'ensemble de la force, du brillant, un caractère martial, ou une teinte sombre et lugubre. Les symphonies, les ouvertures, les marches triomphales, les évocations magiques acquièrent par son emploi l'apparence la plus solennelle. Il tient aussi un rang très distingué dans la musique militaire. — On appelle aussi t. celui qui joue du t.

TROMMEL. s. m. [Pr. *tro-mel*] (mot. all. qui sign. *tambour*). T. Métall. Cylindre à claire-voie qu'on fait tourner après l'avoir empli de minerai, et qui sert, comme un crible, à séparer les parties de différentes grosseurs.

TROMP (MARTIN), marin hollandais (1597-1653), remporta de brillantes victoires sur les Espagnols et sur les Anglais, et périra jusque dans la Tamise. ‖ Son fils, CORNEILLE TROMP (1629-1691), fut un amiral distingué.

TROMPE. s. f. [Pr. *tron-pe*] (ital. *tromba*, trompette, probabl. du lat. *tuba*, m. s.). T. Mus. Instrument ancien aussi *Cor de chasse*. Sonner de la t. Voy. COR. — Se disait autrefois pour Trompette. *Publier à son de t.*, crier à

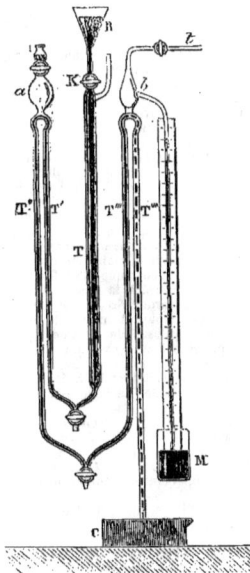

son de t., Publier quelque chose au son de la t. Fig. et fam., *Publier à son de t.*, Annoncer une chose, la raconter à beaucoup de gens, afin qu'elle se divulgue. — Se dit quelquefois pour Guimbarde. ‖ T. Anat. T.] *d'Eustache.* Conduit qui fait communiquer la cavité tympanique avec l'arrière-cavité des fosses nasales, Voy. OREILLE, I, B. — *Trompes de Fallope*, Les deux conduits qui partent du fond de la matrice, l'un d'un côté, l'autre de l'autre, et qui se portent vers l'ovaire correspondant. ‖ T. Archit. Portion de voûte en saillie qui sert à porter l'encoignure d'un bâtiment ou toute autre construction se soutenant en l'air. *T. en niche. T. rampante.* — *T. de voûte*, Pierre ronde faisant partie des voussoirs d'une niche. ‖ T. Mécan. Appareil dans lequel on emploie l'écoule-

ment d'un liquide pour aspirer l'air ou un gaz quelconque, soit afin d'obtenir un courant d'air, soit pour faire le vide. Voy. SOUFFLERIE, et plus bas. ‖ T. Zool. Nom donné aux fosses nasales démesurément allongées des Proboscidiens. Voy. ÉLÉPHANT. — Nom donné également aux mâchoires allongées et accolées des papillons. Voy. INSECTE, III.

Phys. — Dans les laboratoires de physique, on se sert pour faire le vide de *trompes à eau* et *à mercure.* La t. à eau consiste essentiellement en un ajutage finement effilé par où l'eau s'écoule dans une sorte d'entonnoir placé un peu plus bas. L'ajutage et l'entonnoir sont montés dans une sorte de boîte étanche qui communique avec le récipient où l'on veut faire le vide. L'eau en s'écoulant entraîne de l'air, et au bout d'un temps plus ou moins long, on obtient un vide assez parfait.

La t. à mercure inventée par Sprengel a pour but de faire un vide aussi parfait que possible dans les tubes ou récipients en verre. La figure ci-contre montre le principe de cet appareil. Quand on ouvre le robinet K, le mercure qui est dans l'entonnoir R remplit le tube T, de là il passe aux tubes T', T''. Chemin faisant, il abandonne dans l'ampoule a la petite quantité d'air qu'il a pu entraîner avec lui. Il arrive alors dans la partie essentielle de la t. T'' T'''. Le tube que l'on veut vider est fixé au tube t. Le tube T'' se termine en haut de la boucle par un petit orifice ne laissant passer le mercure que goutte à goutte. Le mercure se divise en gouttelettes en haut de cette boucle entraînant avec lui, bulle à bulle, l'air de l'ampoule b et du tube fixé à t. Il s'écoule ensuite par le tube T''' dans le réservoir C. On voit en M un manomètre barométrique servant à indiquer la pression. Bien entendu, il faut renouveler la provision de mercure dans R au fur et à mesure qu'il s'écoule. La t. de Sprengel donne le vide le plus parfait que l'on connaisse. Son fonctionnement est lent. On peut le rendre plus rapide en multipliant le nombre des tubes à chute de mercure et surtout en commençant à faire le vide avec une machine pneumatique. On peut aussi adjoindre à la t. une pompe à mercure. Voy. PNEUMATIQUE.

La t. à mercure sert à faire le vide dans les ampoules des lampes à incandescence, les tubes de Geissler, les tubes de Crookes, etc.

Trompe soufflante ou *à compression.* Voy. SOUFFLANT.

TROMPE-L'ŒIL. s. m. [Pr. *tron-pe-leull*, ll mouillées]. T. Peint. Sorte de tableau où des objets de nature morte sont représentés avec une vérité qui fait illusion. ‖ Fig. Apparence trompeuse. = Pl. *Des trompe-l'œil.*

TROMPER. v. a. [Pr. *tron-per*] (anc. jouer de la *trompe*, puis *se moquer*, et enfin le sens actuel). Décevoir, user d'artifice pour induire en erreur. T. *adroitement, finement, effrontément. T. au jeu. Je ne veux t. personne. Se laisser t. par de belles promesses.* — *Cette femme trompe son mari.* Elle lui est infidèle. ‖ Fig., Donner lieu à quelque erreur, à quelque méprise. *L'apparence du beau temps m'a trompé. Cet homme a une mine qui trompe. Je crains que mes yeux ne me trompent. La ressemblance m'a trompé.* — Fam., *C'est ce qui vous trompe*, À cet égard, vous êtes dans l'erreur. ‖ Fig., Éluder, mettre en défaut. *Le prisonnier parvint à t. la vigilance de ses gardes*, ou à *t. ses gardes. Nous trompâmes leur poursuite à la faveur de la nuit. T. la loi.* ‖ Fig., Faire en dire quelque chose de contraire à l'attente de quelqu'un, soit en bien, soit en mal. *S'il m'accorde cette grâce, il m'aura trompé bien. On attendait beaucoup plus de lui, il a trompé tout le monde. Il a trompé mes espérances.* — Se dit aussi des choses. *L'événement a trompé leurs calculs.* ‖ Fig., T. *la bonté, la confiance, la crédulité de quelqu'un*, Abuser de sa bonté, etc., pour le t. ‖ Fig., T. *son ennui, ses ennuis, ses peines*, Se distraire de ses ennuis, etc. — T. *les heures, t. le temps*, S'amuser, s'occuper à quelque chose, afin de ne pas trouver le temps long. = SE TROMPER. v. pron. Errer, s'abuser. *Je puis me t. dans mes conjectures. Il s'est trompé de chemin. Vous vous trompez de date. Vous vous trompez du tout au tout. Cela ressemble, à se t., à s'y t.*, Au point qu'on y peut être trompé. — Fig. et ironiq., *C'est un homme qui ne se trompe qu'à son profit*, C'est un homme qui ne s'abuse que dans les choses où l'erreur peut tourner à son avantage. — *Si je ne me trompe*, se dit quand on n'est pas parfaitement certain d'un fait, ou quand on veut éviter le ton d'assurance et de présomption en donnant son avis. On dit passivement. *Je suis bien trompé, je suis fort trompé, si telle chose n'est pas ainsi*, On je me trompe fort, on telle chose est ainsi. = TROMPÉ, ÉE. part. = Syn. Voy. ABUSER et DUPER.

TROMPERIE. s. f. [Pr. *tron-peri*]. Fraude, artifice employé pour tromper. *T. insigne, manifeste. Il y a là de la t., prenez-y garde.*

TROMPETER. v. a. [Pr. *tron-péter*] (R. *trompette*). Publier, crier à son de trompe, se disait autrefois des personnes que l'on assignait ainsi à comparaître à trois briefs jours. *T. un homme.* || Fig. et fam., Divulguer une chose qu'on devait tenir cachée. *On lui avait recommandé le secret sur cette affaire, il a été la t. partout.* = TROMPETER. v. n. Se dit du cri de l'aigle. *Le corbeau croasse, l'aigle trompète.* = TROMPETÉ, ÉE. part. = Conj. comme ACHEVER ou comme JETER. Voy. ces mots.

TROMPETEUR. s. m. [Pr. *tron-peteur*]. Celui qui sonne de la trompette. || T. Anat. Muscle qui sert à gonfler les joues.

TROMPETTE. s. f. [Pr. *tron-pète*] (Dimin. de *trompe*). Instrument à vent, qui consiste essentiellement en un tuyau de métal, et qui a un son très éclatant. *Sonner de la t. Emboucher la t. — Jeu de trompettes.* Voy. ORGUE, I. — *T. marine,* instrument à corps de bois à une seule corde qu'on joue avec un archet. — Fig., *Emboucher la t.,* Prendre le ton élevé, sublime; ne se dit guère que des poètes. || *Décamper sans tambour ni t.,* sans signal qui avertisse l'ennemi et Fig. Se retirer sans bruit. || *Avoir le nez en t.,* le nez relevé. || Prov. *A gens de village t. de bois,* à chacun selon sa condition. || Fig. et fam., se dit d'une personne qui a coutume de publier tout ce qu'elle sait. *Cet homme est une vraie t. C'est la t. de la ville, du quartier.* — *T. de discorde,* personne qui donne le signal de la discorde. || T. Phys. *T. parlante,* Syn. de Porte-voix. || T. Conchyl. Nom vulgaire du *Triton émaillé.* Espèce de grand coquillage. Voy. TÆNIOGLOSSES et TRITONIDES.

Mus. — La *Trompette* est un instrument à vent et de cuivre, qui, dans son état naturel, n'a aucun trou le long de son canal, et n'est ouvert qu'à ses deux extrémités. Son invention remonte à la plus haute antiquité : les Égyptiens en faisaient honneur à Osiris. D'après la tradition juive, Moïse reçut de Dieu l'ordre de fabriquer des trompettes pour servir à donner des signaux et à sonner à la tête des armées. Les Grecs et les Romains attribuaient l'invention de la t. aux Étrusques, et ils en distinguaient deux sortes. La première, appelée *tuba* et σάλπιγξ (Fig. 1), consistait en un tube de bronze, long et droit, augmentant graduellement, avec une embouchure en forme d'entonnoir. C'était proprement un instrument de musique militaire; néanmoins on l'employait aussi dans les jeux, aux funérailles, etc. La seconde espèce

Fig. 1.   Fig. 2.

de t. était formée d'un long tuyau droit semblable à la *tuba*, mais recourbé à son extrémité (Fig. 2). Les Romains la nommaient *lituus,* comme le bâton augural, et les Grecs ιερατική σάλπιγξ, c.-à-d. t. sacerdotale, parce qu'elle était réservée aux cérémonies religieuses. Les Romains et les Grecs avaient encore une sorte de t., tantôt droite, tantôt courbe, qu'ils nommaient *Buccina* et βυκάνη, parce que son tube était contourné en spirale comme le coquillage appelé *buccinum,* et que nous désignons aussi sous le nom de *buccin;* mais cet instrument, qui, à l'origine, servait à Rome à rassembler les citoyens, fut de bonne heure abandonné aux bouviers pour rappeler et réunir leurs troupeaux. — Chez les modernes, la t. a reçu des modifications nombreuses qui ont totalement modifié sa forme. La plus simple de toutes est le *Clairon* ou *Cornet* (Fig. 3), qui consiste en un simple tube recourbé deux fois sur lui-même, et qui n'a point de corps de rechange. La *T. d'ordonnance* n'en diffère guère que par des dimensions un peu plus grandes, et par ses sons plus graves et moins stridents. Dans notre armée, celle-ci est à l'usage de la cavalerie, tandis que celui-là est propre à l'infanterie. Les clairons alternent dans les marches avec les tambours, et jouent, soit à l'unisson, soit en harmonie. Néanmoins la t. peut changer de ton au moyen de tubes supplémentaires qu'on nomme également *tons;* mais chaque ton ne fournit qu'un certain nombre de notes; les autres ne se trouvent pas dans l'instrument. Divers essais ont été faits depuis le commencement du XIXᵉ siècle pour remédier à cet inconvénient. Ainsi un facteur parisien, Legoran, a imaginé une *T. à coulisse,* dans laquelle on modifie la longueur du tube au moyen d'une coulisse analogue à celle du trombone : la Fig. 4 représente une t. d'ordonnance dans ce dernier système. L'Anglais Halliday, au contraire, a adapté des clefs à la t., et a donné le nom de *Bugle* à l'instrument ainsi modifié. Mais la qualité de son du bugle

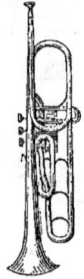

Fig. 3.   Fig. 4.   Fig. 5.

n'est plus celui de la t. ordinaire. Enfin, on a appliqué à la t. les pistons ou cylindres imaginés pour le cor par l'Allemand Stœlzel, et l'on a obtenu des instruments qui n'ont rien perdu de l'éclat et de la sonorité de la t. primitive, et qui cependant peuvent, au moyen de tubes de rechange, moduler dans tous les tons et exécuter toutes sortes de passages. La Fig. 5 représente une *T. à cylindre.* La t. à coulisse, le bugle et la t. à cylindre sont aujourd'hui des instruments qu'on emploie dans l'orchestre aussi bien que dans la musique militaire. — Nous ne pouvons terminer cet article sans dire un mot de la *T. marine,* instrument actuellement inusité, mais qui charmait, comme tout le monde le sait, le Bourgeois gentilhomme de Molière. La t. marine n'était point un instrument à vent, ainsi qu'on pourrait le croire, mais une caisse de bois de forme à peu près triangulaire, qui allait en s'élargissant à partir du manche, lequel était fort long et semblable à celui d'une contre-basse. A la face antérieure de l'instrument s'étendait une corde très grosse, qu'on faisait vibrer avec un archet en appuyant dessus le pouce de la main gauche. Tout l'effet naissait du chevalet, qui était placé sur la caisse de manière à n'y poser que d'un côté. Sa partie opposée venant vibrer à ras bois sur une petite plaque de verre, d'ivoire ou de métal collée à la table, produisait un frémissement qui avait de l'analogie avec les sons de la t.

TROMPETTE. s. m. [Pr. *tron-pè-te*]. Celui qui a pour fonction de sonner de la t. *Il est t. dans les hussards. On envoya un t. sommer la place.* — Fig. et prov., *Il est bon cheval de t.* Voy. CHEVAL. || *Le t. de ville,* anciennement, le crieur public. || Fig. Celui qui publie quelque chose.

TROMPETTISTE. s. m. [Pr. *tron-pè-liste*]. Joueur de trompette dans un orchestre.

TROMPEUR, EUSE. adj. [Pr. *tron-peur, euze*]. Qui trompe. *Une femme trompeuse. Guide t. Visage t. Discours trompeurs. Apparence trompeuse. Promesses trompeuses.* || Se dit aussi subst., en parl. des personnes. *C'est un t., une trompeuse. Souvent les trompeurs sont trompés.* Prov., *A t., t. et demi,* Un t. trouve souvent un t. plus fin que lui.

C'est double plaisir de tromper le trompeur.

LA FONTAINE.

Syn. — *Fallacieux.* — Ce qui trompe ou induit à erreur de quelque manière que ce soit est *t.;* ce qui trompe ou jette dans l'erreur avec intention, avec l'artifice et l'appareil le plus propre à abuser, est *fallacieux. T.* est un mot générique et vague : tous les genres de signes et d'apparences incertains sont *trompeurs. Fallacieux* désigne la fausseté, la fourberie, l'imposture étudiée.

TROMPEUSEMENT. adv. [Pr. *tron-peu-ze-man*]. D'une manière trompeuse.

TROMPILLON. s. m. [Pr. *trompi-llon*, *ll* mouillées]. T. Archit. Petite trompe de voûte.

TROMSŒ, prov. de Norvège; 54,000 hab. Cap. *Tromsœ*, dans l'île du même nom.

TRONA. s. f. T. Minér. Sesquicarbonate de soude. Voy. SODIUM, IV, 2ᵉ, C.

TRONC. s. m. [Pr. *tron*] (lat. *truncus*, m. s., propr. coupé). La partie de la tige ligneuse des arbres qui s'étend depuis le sol jusqu'aux premières branches. *Le t. de cet arbre est creux, est pourri.* Voy. TIGE. || Par anal., La partie principale du corps à laquelle les membres sont attachés, et qui comprend la tête, le thorax et le bassin. Se dit encore du corps humain dont on a séparé la tête et les membres. *Un cadavre dont il ne reste que le t.* || T. Anat. La partie la plus considérable d'une artère, d'une veine, d'un nerf, lorsqu'elle n'a encore fourni aucune branche. || T. Archit. *T. de colonne*, Fragment d'un fût de colonne. || T. Géom. *T. de cône, de pyramide*, etc., Solide formé d'un cône, d'une pyramide qu'on aurait coupé par un plan de manière à enlever le sommet. || Fig., en parl. de généalogie, la ligne directe des ascendants et des descendants, d'où partent les branches ou lignes collatérales. *Ces deux familles sont de deux branches qui sortent du même t.* || Boîte de fer ou de bois posée ordinairement dans les églises, et qui a une fente pour recevoir l'argent des aumônes. *T. des pauvres. T. pour les prisonniers. Mettre un t. dans une église.* — Fig. et proverb., *Voler le t. des pauvres*, Faire des profits illégitimes aux dépens de ceux qui sont dans la nécessité.

TRONCATULÉ, ÉE. adj. Qui est légèrement tronqué.

TRONCATURE. s. f. (lat. *truncare*, tronquer). Endroit où un objet est tronqué. || T. Cristall. Se dit des faces qui remplacent les arêtes ou les angles des cristaux. Voy. CRISTALLOGRAPHIE, II.

TRONCE. s. f. Voy. TRONCHE.

TRONCHE. s. f. (forme fém. de *tronc*). T. Charpent. Pièce de bois grosse et courte, comme un bout de poutre.

TRONCHET. s. m. (R. *tronc*). Gros billot de bois qui porte sur trois pieds.

TRONCHET, jurisconsulte et magistrat fr. (1726-1806), fut choisi par Louis XVI pour l'un de ses défenseurs et collabora, sous le Consulat, au Code civil.

TRONCHIN, jurisconsulte suisse (1710-1793).

TRONCHIN (THÉODORE), médecin célèbre, né à Genève (1709-1881), s'établit à Paris.

TRONÇON. s. m. (lat. pop. *truncio*, de *truncus*, tronc). Morceau coupé ou rompu de quelque objet plus long que large. *T. de lance. T. d'épée. Des tronçons de colonnes.* || Se dit aussi de morceaux de poissons, de reptiles qui ont été coupés et qui ont plus de longueur que de largeur. *Voilà un beau t. d'anguille, de brochet. Ces tronçons de serpent remuent encore.*

TRONCONIQUE. adj. 2 g. [Pr. *tron-ko-nike*]. Qui a la forme d'un tronc de cône.

TRONÇONNEMENT. s. m. [Pr. *tron-so-ne-man*]. Action de tronçonner.

TRONÇONNER. v. a. [Pr. *tronso-ner*]. Couper une chose par tronçons. *T. un brochet, une anguille.* = TRONÇONNÉ, ÉE. part.

TRONCULAIRE. adj. 2 g. [Pr. *tron-ku-lère*]. T. Anat. Qui a rapport aux troncules.

TRONCULE. s. m. (Dimin. de *tronc*). T. Anat. Tronc vasculaire très petit.

TRONDHJEM. Voy. DRONTHEIM.

TRÔNE. s. m. (lat. *thronus*, gr. θρόνος, m. s.). Siège élevé où les rois, les empereurs, les papes, les évêques se placent dans certaines cérémonies solennelles. *T. magnifique, superbe. L'empereur se plaça sur son t. pour recevoir les ambassadeurs. La salle du t. Le t. épiscopal est ordinairement placé au haut du chœur de la cathédrale.* || Fig., La puissance souveraine des rois, des empereurs, etc. *Monter sur le t.*, Prendre possession de la royauté. *Chasser un prince du t. Soutenir un t. chancelant. Relever un t. abattu. Aspirer au t. Tomber, descendre du t. T. électif, héréditaire. L'héritier du t.* — *Le discours du t.*, Le discours que le chef de l'État prononce à l'ouverture de chaque session des chambres législatives. || Fig., se dit quelquefois pour la personne même qui est revêtue du pouvoir suprême. *L'esprit philosophique commençait à gagner les trônes.* || T. Théol. Voy. ANGE.

TRÔNER. v. n. Être sur le trône, régner, gouverner. || Fig., *Elle trône dans son salon. Il se prélasse et trône au milieu de ses subordonnés.* — Ce v. est fam.

TRÔNIÈRE. s. f. Embrasure d'une batterie de canons.

TRONQUEMENT. s. m. [Pr. *tron-ke-man*]. Action de tronquer.

TRONQUER. v. a. [Pr. *tron-ker*] (lat. *truncare*, m. s., de *truncus*, tronc). Ôter à une chose considérée comme un tout une portion qui la rend incomplète, qui la défigure : ne se dit guère qu'en parlant de statues, et Fig., en parlant des ouvrages d'esprit. *Les Goths ont tronqué la plupart des statues de Rome. Il a tronqué ce livre et en a ôté deux chapitres. Vous tronquez ce passage.* = TRONQUÉ, ÉE. part. *Statue tronquée.* || Fig., Cet ouvrage est tronqué, Il y manque quelque partie essentielle, soit que l'auteur l'ait omise, soit que l'éditeur l'ait retranchée. || T. Archit. Colonne tronquée, Moitié de fût de colonne, qui sert de support à un vase ou à un buste, ou fût de colonne brisé par le haut que l'on dresse sur une tombe. || T. Géom. *Cône tronqué, pyramide tronquée*, Cône, pyramide dont on a retranché la partie voisine du sommet par un plan soit parallèle à la base, soit incliné d'une manière quelconque. || T. Hist. nat. Qui est terminé brusquement à son extrémité, comme si on l'avait coupé transversalement. *Racine tronquée. Les feuilles du tulipier sont tronquées. La coquille de ce mollusque est tronquée. Ce cristal est tronqué sur ses angles. Racine tronquée.*

TRONSON DU COUDRAY, avocat fr. (1750-1798), défendit Marie-Antoinette devant le tribunal révolutionnaire. S'étant déclaré contre le Directoire au 18 fructidor 1797, il fut déporté à Sinnamary.

TROOSTITE. s. f. (R. *Troost*, n. d'un chimiste fr.). T. Minér. Silicate de zinc et de manganèse; en petits cristaux verts, jaunes ou roses.

TROP. adv. de quantité [On ne fait sentir le p que devant une voyelle ou une h muette.] (ital. *troppo*, provenç. *trop*, prop. troupeau. Ce mot était primitivement un subst. sign. une grande quantité). Plus qu'il ne faut, avec excès. *Ce vase est t. plein. Cette viande est t. cuite. Vous allez t. vite, t. lentement. Il a t. bu. Il n'y a pas dans son discours un mot de t. Vous le traitez avec t. de rigueur.* Prov., *Chacun le sien, ce n'est pas t. Rien de t.*, Tout excès est condamnable. — Fam., *Vous n'êtes pas de t.*, se dit à une personne pour lui témoigner qu'elle peut rester, qu'on n'a rien à lui cacher de ce qu'on veut dire. || *Par t.*, Excessivement, d'une manière fatigante, importune, révoltante. *Cet homme est aussi par t. ennuyeux, par t. insolent.* || *Pas t.*, signifie guère, médiocrement. *Ce vin n'est pas t. bon. Cela n'est pas t. bien. Il ne faudrait pas t. vous y fier.* || *T. peu*, Pas assez. *Il a montré t. peu de prévoyance. Il en a t. peu. Il n'en faut pas t., ni t. peu.* = TROP. s. m. Excédant, excès. *Ôtez le t. Il ne se plaint que du t. Il a été victime de son t. de confiance.*

TROPÆOLUM. s. m. [Pr. *tropé-olome*] (gr. τροπαίολο; m. s., de τρόπαιον, trophée). T. Bot. Nom scientifique du genre Capucine. Voy. GÉRANIACÉES, II.

TROPATE. s. m. T. Chim. Nom générique des sels de l'acide tropique.

TROPE. s. m. (lat. *tropus*, gr. τρόπος, tour). T. Rhét. Figure de mots qui a pour effet de changer ou de modifier la signification propre des termes qu'on emploie dans le discours. Cependant on étend parfois cette dénomination à toutes les figures, soit de mots, soit de pensées. Ainsi, on fait des tropes, lorsqu'on dit : *les travaux de Mars*, pour les travaux de la guerre; *cent voiles*, pour cent vaisseaux; et lorsqu'en parlant d'un guerrier courageux, on l'appelle *un lion*. Les principaux tropes proprement dits sont : la *Métaphore*, l'*Allégorie*, la *Catachrèse*, la *Métonymie*, la *Métalepse*, la *Synecdoche*, l'*Antonomase* et l'*Antiphrase*. Nous ne les définirons pas ici, attendu que nous avons consacré à chacun d'eux un article particulier.

TROPÉINE. s. f. T. Chim. Nom donné aux éthers que forme la tropine en se combinant avec les acides. Voy. TROPINE.

TROPÉOLÉES. s. f. pl. (R. *Tropæolum*). T. Bot. Tribu de végétaux Dicotylédones de la famille des *Géraniacées*. Voy. ce mot.

TROPÉOLINE. s. f. (R. *Tropæolum*). T. Chim. Nom donné à des matières colorantes de couleur orangée qui sont des dérivés sulfonés des corps oxyazoïques. Voy. COLORANTES, IV, 6°, et AZOÏQUE, IV.

TROPHÉE. s. m. [Pr. *tro-fé*] (lat. *tropæum*, gr. τρόπαιον, m. s., de τρέπειν, mettre en fuite). La dépouille d'un ennemi vaincu que l'on mettait ordinairement sur un tronc d'arbre dont on avait coupé les branches. || Par analogie, Assemblage d'armes élevées et disposées avec art, pour conserver le souvenir d'une victoire, d'une conquête. *Dresser, élever, ériger un t. Peindre des trophées d'armes. Sculpter des trophées sur un arc de triomphe.* — Fig. et dans le style soutenu, se dit pour Victoire. *Tout fier de ses trophées. De glorieux trophées.* On dit encore, mais en mauvaise part, *Faire t. d'une chose*, En tirer vanité, s'en faire gloire. *Il fait t. de ses vices.* || T. Beaux-Arts, se dit, par ext., d'une espèce d'ornement représentant un assemblage de divers objets employés dans une science ou dans un art, et qui en sont comme les attributs. *Il avait fait sculpter sur les lambris de son salon des trophées de musique, d'astronomie, de chasse, de labourage, etc.* || T. Chasse. *T. de chasse*, souvenir de chasse, tête de daim, de cerf, de sanglier, etc.

TROPHIQUE. adj. 2 g. [Pr. *tro-fike*] (gr. τροφή, nourriture). T. Méd. Propre à nourrir. — Relatif à la nutrition. *Troubles trophiques*, Troubles dans la nutrition des tissus se traduisant par des formations morbides.

TROPHIS. s. m. [Pr. *tro-fis*] (gr. τροφή, nourriture). T. Bot. Genre de plantes Dicotylédones de la famille des *Urticacées*, tribu des *Artocarpées.* Voy. URTICACÉES.

TROPHONEUROTIQUE. adj. 2 g. [Pr. *tro-fo-neurotike*] (gr. τροφή, nourriture : νεῦρον, nerf). T. Méd. Relatif à un vice de nutrition des nerfs.

TROPHONÉVROSE. s. f. [Pr. *tro-fo-névroze*] (gr.τροφή, nourriture; νεῦρον, nerf). T. Méd. Maladie dont la cause est un vice de nutrition des nerfs.

TROPHONIUS, architecte grec, constructeur du temple de Delphes. Son tombeau devint célèbre par ses oracles.

TROPHOSPERME. s. m. [Pr. *tro-fo-sperme*] (gr. τροφή, nourriture ; σπέρμα, graine). T. Bot. Syn. de *Placenta.* Voy. ce mot, et PISTIL.

TROPICAL, ALE. adj. Qui appartient au tropique, qui se trouve sous un tropique. *Plantes tropicales. Chaleur tropicale. Les régions tropicales.*

TROPIDINE. s. f. (R. *tropine*). T. Chim. Alcaloïde de la formule C⁸H¹³Az, qu'on obtient en déshydratant la tropine à l'aide de l'acide chlorhydrique concentré. La t. est liquide, peu soluble dans l'eau, très soluble dans l'alcool; elle bout à 162°. Traitée par l'acide iodhydrique et le phosphore, elle fixe deux atomes d'hydrogène et se convertit en une nouvelle base, l'*Hydrotropidine* C⁸H¹⁵Az, qui bout à 167°.

TROPIGÉNINE. s. f. (R. *tropine*, et gr. γενεά, origine). T. Chim. Base obtenue en traitant la tropine par le permanganate de potasse. Elle a pour formule C⁷H¹³AzO. Elle est solide, soluble dans l'eau, et fond à 161°.

TROPINE. s. f. (R. *atropine*). T. Chim. Base qui répond à la formule C⁸H¹⁵AzO et qu'on obtient par la saponification de l'atropine ou de l'hyoscyamine. Ces deux alcaloïdes naturels sont des éthers résultant de la combinaison de la t. avec l'acide tropique; ils se dédoublent en leurs générateurs quand on les chauffe avec de l'acide chlorhydrique étendu ou avec de l'eau de baryte. — La t. cristallise en lamelles incolores, solubles dans l'eau et dans l'alcool ; elle fond à 61° et bout à 229°. Elle présente une réaction fortement alcaline, précipite les sels d'argent ou de cuivre, et se comporte généralement comme une base vis-à-vis des acides en formant avec eux des sels bien cristallisés. Mais, outre sa fonction basique, elle possède une fonction d'alcool secondaire qui lui permet de former aussi des éthers avec les acides; ces éthers ont la t. ont reçu le nom générique de *tropéines*. C'est ainsi que la combinaison de la t. avec l'acide tropique fournit d'abord un sel, le tropate de t.; mais, si l'on chauffe ce sel avec de l'acide chlorhydrique, il se transforme en un éther qui est identique avec l'atropine de la belladone. De même l'homatropine est l'éther formé par la combinaison de la t. avec l'acide mandélique.

La *Pseudotropine* est un isomère de la t.; elle cristallise en prismes hygroscopiques, fusibles à 108°; elle bout à 241°.

TROPIQUE. adj. 2 g. (R. *tropine*). T. Chim. L'*acide tropique* ou *phénylhydracrylique* est un acide-alcool qui a pour formule :

$$C^6H^5 . CH \begin{cases} CO^2H \\ CH^2OH \end{cases}$$

Il cristallise en longues aiguilles fusibles à 118°. Il perd assez facilement une molécule d'eau pour se convertir en acide atropique. Il prend naissance dans la saponification de l'atropine et de l'hyoscyamine. Voy. TROPINE. Pour le préparer on chauffe l'atropine à 60° avec de l'eau de baryte; si l'on chauffait davantage on obtiendrait de l'acide atropique, par suite de la déshydratation de l'acide t.

TROPIQUE. s. m. (lat. *tropicus*, gr. τροπικός, m. s., de τρέπειν, tourner). T. Astr. *Tropiques célestes*, Chacun des deux petits cercles de la sphère, parallèles à l'équateur, qui passent par les points solsticiaux. *Le t. du Cancer, du Capricorne.* || T. Géogr. *Tropiques terrestres*, Chacune des deux parallèles qui limitent la zone torride. *La région située entre les deux tropiques. Passer le t.* Voy. SPHÈRE, SAISON, etc. ═ TROPIQUE. adj. 2 g. T. Astron. *Année t.*, Le temps qui s'écoule entre deux retours consécutifs du Soleil à l'équinoxe du printemps. C'est la durée du retour périodique des saisons et la base des calendriers solaires. Voy. ANNÉE, CALENDRIER. || T. Bot. *Plantes tropiques*, Celles dont les fleurs s'ouvrent le matin et se ferment le soir.

TROPISME. s. m. (gr. τρόπος, tour). T. Biol. Déplacement d'une cellule ou d'un groupe de cellules sans que l'ensemble dont elles font partie soit désuni. Voy. TACTISME.

TROPOLOGIE. s. f. (lat. *tropologia*, gr. τροπολογία, m. s., de τρόπος, tour, et λόγος, discours). Langage figuré.

TROPOLOGIQUE. adj. 2 g. (gr. τροπολογικός, m. s.). T. Rhét. Figuré. *Le sens t. d'un emblème.* Peu usité.

TROPLONG, jurisconsulte fr. (1795-1869), auteur du *Droit civil expliqué*, fut président du Sénat du second Empire.

TROPPAU, cap. de la Silésie autrichienne; 22,000 hab.

TROP-PLEIN. s. m. [Pr. *tro-plin*] Ce qui excède la capacité d'un vase, ce qui en déborde. *Le t.-plein du tonneau s'est répandu de tous côtés.* On dit de même, *Le t.-plein d'un étang, d'un canal*, etc.

TROQUE. s. m.[Pr. *tro-ke*](gr. τροχός, toupie). T. Zool. Genre de Mollusques Gastéropodes (*Trochus*). Voy. TROCHOÏDES.

TROQUE. s. f. [Pr. *tro-ke*] (R. *troc*). Le commerce qui se fait, sur la côte occidentale de l'Afrique, entre les Européens et les indigènes, parce qu'il s'opère le plus souvent par la voie d'échanges directs.

TROQUER. v. a. [Pr. *tro-ker*] (R. *troc*). Échanger une chose contre une autre, sans employer l'intermédiaire de la monnaie. *Il a troqué son cheval contre un tableau. Je n'ai rien à t.* — Fig. et prov., *T. son cheval borgne contre un aveugle.* Voy. CHEVAL. == TROQUÉ, ÉE. part.

TROQUEUR, EUSE. adj. [Pr. *tro-keur, euze*]. Celui, celle qui troque, ou qui aime à troquer.

TROSCART. s. m. T. Bot. Voy. TROCART.

TROT. s. m. [Pr. *trô*] (R. *trotter*). Le *Trot* est l'allure naturelle du cheval, et de quelques autres bêtes de somme, telles que le mulet, l'âne et le chameau, qui, pour la vitesse, est entre le pas et le galop. Il a lieu en deux temps. L'animal élève deux jambes en l'air et pose les deux autres à terre; mais ce ne sont, ni les pieds du bipède antérieur ou postérieur, comme dans le galop, ni ceux du bipède latéral, comme dans l'amble, qui se lèvent, puis se posent à la fois; ce sont ceux du bipède diagonal, c.-à-d. que le pied antérieur droit et le postérieur gauche se lèvent pendant que l'antérieur gauche et le postérieur droit touchent au sol, et réciproquement. On distingue le *Petit t.*, le *Grand t.* et le *T. allongé.* On dit qu'un cheval a le t. *franc*, ou *égal*, quand il lève peu les pieds de derrière. En moyenne, chaque temps du t. embrasse 1m,20, et, comme on en compte de 160 à 180 par minute, cette allure donne une vitesse de 10 à 12 kilomètres à l'heure.

TROTTABLE. adj. 2 g. [Pr. *tro-table*]. Où l'on peut trotter.

TROTTE. s. f. [Pr. *tro-te*] (R. *trot*). Espace de chemin. *Il y a une bonne t. d'ici là.* Popul.

TROTTE-MENU. adj. [Pr. *tro-te-menu*]. Qui trotte à très petit pas. *La gent t.*, Les souris.

TROTTER. v. n. [Pr. *tro-ter*] (lat. *ire tolutim*, aller au trot, par l'intermédiaire d'un verbe *tolutare*, trotter). Aller le trot. *Ce cheval trotte mal. Je fis t. mon cheval.* || Par ext., se dit fam. De quelqu'un qui marche beaucoup à pied, et aussi Fig., De quelqu'un qui fait beaucoup de courses, de démarches pour une affaire. *Nous avons bien à t. pour nous rendre à tel endroit. J'ai trotté par toute la ville. Elle trotte du matin au soir pour ses emplettes.* || Fig. et fam., *Cette idée lui trotte dans la tête, par la tête, dans la cervelle,* Cette idée l'occupe, il y pense souvent. || Prov. On entend dire *t. une souris*, on entendrait le plus léger bruit. — *Qui ne peut galoper, qu'il trotte,* il ne faut demander à quelqu'un que ce qu'il peut.

TROTTEUR, EUSE. s. m. [Pr. *tro-teur, euze*] (R. *trotter*). Cheval, jument qu'on a dressé à n'aller que le trot dans un manège. *Il ne monte encore que le t.* || *Ce cheval est bon t., mauvais t.*, Il trotte bien ou mal. || On dit subst., Un bon trotteur, une bonne trotteuse.

TROTTIN. s. m. [Pr. *tro-tin*] (R. *trotter*). Se dit par mépris, d'un petit laquais. *Elle n'a qu'un t., qu'un petit t.* Vx. || Se dit aujourd'hui d'une jeune fille à qui on fait faire les courses et les commissions dans les ateliers de modes ou de couture.

TROTTINER. v. n. [Pr. *troti-ner*] (Dimin.). Trotter en raccourci. *Ce cheval ne fait que t.* || Par ext. et fam., Marcher à pas petits et pressés. *La petite fille trottinait derrière son père.*

TROTTOIR. s. m. [Pr. *tro-touar*] (R. *trotter*). Sorte de chemin élevé que l'on pratique à droite et à gauche des quais et des rues, pour la commodité des piétons. *T. de granit. T. de lave de Volvic. T. de bitume. Les trottoirs du Pont-Neuf.* || Fig. et fam., *Être sur le t.*, Être dans le chemin de la considération, de la fortune. — *Fille de t.*, Raccrocheuse. — *Faire le t.* Raccrocher les passants.

Mécan. — *Trottoir roulant.* — Pendant l'exposition universelle de 1900, on avait installé, pour faciliter aux visiteurs les déplacements, une plateforme qui faisait le tour d'une partie de l'enceinte et qui, montée sur des galets se déplaçait par le moyen d'un moteur électrique. Cette plate-forme, à laquelle le public a donné le nom de *t. roulant*, était composée de trois parties parallèles : la première immobile à laquelle on accédait par des escaliers, la seconde se déplaçant à une vitesse d'environ 4 à 5 kilomètres à l'heure, et la troisième à une vitesse double. On pouvait passer aisément de la partie fixe sur la partie intermédiaire et de celle-ci sur la troisième. Inversement, on retournait sur la partie fixe quand on arrivait au point où l'on voulait s'arrêter. Ce mode de locomotion est assez commode ; mais il est peu rapide et très coûteux. Il est douteux qu'il se généralise, en dehors de quelques cas spéciaux.

TROU. s. m. (bas lat. *traugum*, dont l'origine est germanique). Ouverture naturelle ou artificielle dont la largeur et la longueur sont à peu près égales, ce qui distingue le Trou de la Fente, qui est une ouverture étroite et longue. *Grand, petit t. Faire un t. à la muraille, à un plancher. Regarder par le t. de la serrure. Il est blessé, il a un t. à la tête, un t. à la jambe. T. de taupe. T. de renard. T. de souris.* — Fig. et fam., *Autant de trous, autant de chevilles.* Voy. CHEVILLE. *Boucher un t.*, Voy. BOUCHER. *Faire un t. à la lune,* Voy. LUNE. *Mettre la pièce à côté du t.*, Employer, pour remédier à quelque chose, un autre moyen que celui qu'il faudrait. *On le ferait mettre dans un t., dans un t. de souris,* Voy. SOURIS. *Souris qui n'a qu'un t. est bientôt prise.* Celui qui n'a qu'un expédient, qu'une ruse, qu'une finesse, a bien souvent de la peine à se tirer d'affaire, à réussir. *Boire comme un t.,* Voy. BOIRE. || Fig. et fam., se dit De tout lieu habitable dont on veut indiquer la petitesse d'une manière exagérée. *Ce n'est pas une ville, ce n'est qu'un t. On n'a logé dans un t. Le moindre t. me suffira.* || T. Anat. Se dit de certaines cavités percées de part en part. *T. occipital.* Voy. CRÂNE. || *T. ovale du t. de Botal,* Voy. CŒUR, I. || T. Guerre. *T. de loup,* Voy. FORTIFICATION, I, G, 3°. || T. Marine. *T. d'écoutes,* Ouverture pratiquée dans l'épaisseur de la muraille d'un bâtiment, pour le passage des écoutes des basses voiles. *Trous du chat,* se dit d'ouvertures pratiquées aux deux côtés inférieurs des hunes d'un mât, et par lesquelles passent les hommes qui montent au haut du mât. || T. Trictrac. Avantage de douze points que le gagnant marque en plaçant un fichet dans un des trous qui présente le rebord du tablier. *Je marque un t. Il faut deux trous pour gagner la partie.* || T. Techn. *T. d'homme.* t. pratiqué dans la partie supérieure d'une chaudière pour faciliter le nettoyage. || T. Peint. *Un tableau où il y a des trous,* où il y a des intervalles trop entre les objets mal groupés. || T. Littér. *Une comédie où il y a des trous,* où il y a des lacunes, dans l'action ou dans les caractères.

TROUBADOUR. s. m. (prov. *trobador,* de *trobar,* trouver, inventer). T. Hist. Littér. Les *Troubadours* et les *Trouvères* sont les créateurs de la poésie française, avec cette différence que les premiers ont écrit en langue d'oc et les seconds en langue d'oïl. Le nom des uns et des autres a d'ailleurs la même origine : il vient du languedocien *trobar,* et du français *trover, trouver,* qui ont la même signification que le verbe grec ποιεῖν, faire, créer, d'où sont venus les mots ποιητής, *poeta* et *poète.*

Les poésies des *troubadours* représentent tout ce qui reste de la littérature dite *provençale,* en s'étendant, comme on le faisait au moyen âge, le nom de Provence à toutes les contrées situées au sud de la Loire. Le premier t. dont les œuvres aient été conservées, fut Guillaume IX, comte de Poitiers, mort en 1126. Cependant la poésie paraît avoir été peu cultivée dans la première moitié du XIIe siècle, quoique l'on cite les noms des troubadours Cercamous, Marcabrus et Pierre de Valeira, tous les trois nés en Gascogne; Pierre d'Auvergne, et le Toulousain Giraud le Roux. Mais la seconde moitié de ce siècle fut l'âge d'or des troubadours, dont le nombre devint si grand, qu'à peine peut-on les compter. Le Périgord et le Limousin produisirent alors les plus éminents : Bertrand de Born, seigneur de Hautefort, que l'on a appelé le Tyrtée du moyen âge; Bernard de Ventadour, un des plus doux génies de ce temps; Giraud de Borneil, le plus brillant et le plus suave de tous; Gui d'Ussel, le pauvre châtelain; Gaucelm Faydit, le joyeux bourgeois d'Uzerche; Arnaud Daniel, le maître par excellence, au dire des *poètes* italiens du XIVe siècle, et Arnaud de Marœuil, qui venait, dans leur estime, immédiatement après. A la même époque, la Provence proprement dite ne posséda guère que deux hommes d'un mérite supérieur, Rambaud de Vaqueiras, un des héros de la croisade grecque, et Folquet de Marseille, qui, renonçant plus tard à la poésie, devint évèque de Toulouse. Quant aux troubadours du Languedoc proprement dit, on compte parmi les plus célèbres : Raymond de Miraval, Pierre Vidal, Hugues Brunel de Rodez et, enfin, Guillaume Cabestaing, le héros tragique de la galanterie chevaleresque. Les troubadours furent également très nombreux au XIII° siècle : l'un des plus fameux fut Pierre Cardinal, du Puy, dont les chants satiriques jouirent pendant longtemps d'une grande popularité. Mais la croisade des Albigeois, en supprimant la nationalité des provinces méridionales, détruisit leur langue, en tant que langue littéraire, et, par suite, leur littérature. Les troubadours ont brillé pendant deux siècles environ. Durant cette période, la poésie provençale fut cultivée dans toutes les contrées comprises entre la Loire et les Pyrénées, les Alpes et l'Atlantique, mais en formant plusieurs foyers distincts, dont quelques-uns s'éteignirent plus vite ou jetèrent un plus vif éclat que les autres. — Les poésies des troubadours étaient le plus souvent du genre lyrique et destinées à être chantées. Fréquemment les troubadours composaient eux-mêmes les paroles et la musique. Parfois encore ils chantaient leurs œuvres ; mais, en général, ils se faisaient suivre d'artistes, appelés *Jongleurs*, qui étaient spécialement chargés du chant, et qui s'accompagnaient ordinairement de quelque instrument. Il y avait aussi des jongleurs qui, après avoir appris les meilleures pièces des troubadours les plus en renom, allaient les chanter ou les réciter de château en château. Les troubadours donnaient génériquement le nom de *Vers* ou *Canso* (chanson) à toutes leurs œuvres ; mais la chanson était toujours divisée en couplets : de plus, ce terme s'appliquait plus particulièrement aux pièces destinées à être chantées, et dont l'amour ou la louange étaient le sujet. Le mot *Planh* (complainte) désignait une pièce qui avait pour objet de célébrer la mémoire d'une amante, d'un ami, d'un bienfaiteur, ou bien encore de déplorer quelque calamité publique : elle était partagée en couplets et probablement chantée. La *Tenson* ou *tenso* (du lat. *contentio*, débat) était une pièce dialoguée dans laquelle deux interlocuteurs défendaient tour à tour, et par couplets d'égale mesure et en rimes semblables, leurs sentiments contradictoires sur une question d'amour, de morale ou de chevalerie, etc. Assez souvent la tenson était un poème satirique ; mais toujours le poème avait la forme du dialogue. Enfin, quelques tensons consistaient en plaintes amoureuses que deux amants s'adressaient alternativement. Les troubadours donnaient aussi aux tensons les noms de *Contencio*, *Partiz* et *Partimen*. Toutefois ils réservaient particulièrement ce dernier à celles qui roulaient sur une question d'amour. Lorsque la tenson avait plus de deux interlocuteurs, on l'appelait *Torneyamen*, en français *Tournoyement*, *Tournoy*, parce que chaque interlocuteur répondait à son tour. Un autre genre de poésie très familier aux troubadours était la *Sirvente*. On appelait ainsi des pièces satiriques, dans lesquelles le poète attaquait, toujours avec une causticité des plus mordantes, souvent avec une violence extrême, les passions et les vices des particuliers et des gouvernements. Les sirventes étaient quelquefois chantés. Ceux qui avaient cette destination étaient distingués par l'épithète de *joglaresques*, parce que vraisemblablement l'auteur les livrait à des jongleurs chargés de les faire connaître. Les sirventes les plus remarquables, surtout sous le rapport historique, furent composés à l'occasion des luttes de la France et de l'Angleterre, et des horreurs de la croisade contre les Albigeois. On trouve des modèles parfaits de ces poésies politiques dans les œuvres de Bertrand de Born et de Pierre Cardinal. La *Pastorelle* était une espèce d'églogue dialoguée entre le poète et un berger ou une bergère. L'*Alba* ou aubade et la *Serena* ou sérénade étaient des poésies amoureuses, dans lesquelles un amant exprimait ses transports ou ses douleurs. Parmi les autres formes que présentent les poésies des troubadours, nous citerons encore la *Ballade*, la *Danse* et la *Ronde*, qui étaient probablement destinées à être chantées et accompagnées de danses. Toutes les pièces qui précèdent étaient divisées en couplets. Les plus importantes, parmi celles qui n'offraient pas cette disposition, étaient l'*Épitre* et la *Nouvelle*. Les épitres amoureuses se nommaient souvent *Salutz*, quand elles commençaient par une salutation à la dame, et *Donaire*, quand c'était par le mot *dona*, dame. Quant aux *Novas* ou *Novelles*, c'étaient des poèmes de peu d'étendue dans lesquels en général le poète racontait des anecdotes galantes relatives à quelque seigneur ou à quelque dame. Enfin, plusieurs troubadours composèrent des œuvres de très longue haleine, appelées *Cansos* ou *Romans*; mais, à l'exception de quatre ou cinq, tous ces poèmes ont péri. Le

plus important de ceux qui nous sont parvenus, a pour objet la croisade des Albigeois ; il a été composé de 1205 à 1219 par un auteur inconnu, et publié, pour la première fois, en 1837, par Fauriel.

Les *Trouvères*, appelés aussi quelquefois *Trouveurs*, ont fleuri en même temps que les premiers troubadours, c.-à-d. dès le XI° siècle. Les principaux d'entre eux étaient d'origine picarde ou normande. Quant à leurs poésies, elles sont beaucoup moins riches de formes que celles des troubadours ; le sentiment poétique, sauf un petit nombre d'exceptions, y est aussi beaucoup moins développé ; leur caractère le plus saillant est la naïveté et la causticité. Ce qui domine dans les œuvres des premiers trouvères, ce sont ces romans en prose rimée, que l'on appelait *Chansons de geste*, et qui avaient pour objet de célébrer les hauts faits (*gesta*) des anciens héros ou des héros nationaux, et les contes appelés *Fabliaux*. Les premiers formaient des groupes ou *Cycles*, dont chacun constituait l'histoire, profondément travestie ou même créée de toutes pièces, du roi Arthur, de Charlemagne, d'Alexandre, etc. Les plus célèbres furent écrits pendant le XI° et le XII° siècle par Huon de Villeneuve, Robert Wace, Jean Bodel, Lambert li Cors, Alexandre de Paris, Gautier de Châtillon, et Chrestiens de Troyes. On trouve dans les œuvres de ce dernier, qui vivait au XIII° siècle, l'opinion déjà très répandue de son temps, que la France avait hérité de la supériorité intellectuelle de la Grèce et de Rome. Ce même siècle vit disparaître le poème chevaleresque, mais Guillaume de Lorris créa le poème allégorique en commençant le prolixe *Roman de la rose*, terminé plus tard par Jehan de Meung. Nous avons caractérisé ailleurs les contes ou *fabliaux*, dont il faut rapprocher les *lais*, les *apologues*, etc. (Voy. FABLIAU). La poésie lyrique ne répandit pas dans le nord de la France le même éclat que dans le midi. Cependant Thibaut IV, comte de Champagne, qui vivait au XIII° siècle, non seulement fut le premier des trouvères lyriques, mais encore il peut rivaliser avec les plus charmants poètes de la langue d'oc. Il existe encore de lui un recueil de *chansons* amoureuses d'une grâce inimitable. A la fin du règne de saint Louis et dans les temps qui suivirent jusqu'à l'époque de Philippe le Bel, l'esprit français se montre surtout sous la forme satirique : c'est alors que fleurirent Rutebœuf, dont les *complaintes*, les *satires* et les *dits* sur les croisades furent populaires de 1255 à 1270. Il eut pour successeur Jehan de Meung, Guyot de Provins et Guillaume Guiart, qui tous flagellèrent avec une hardiesse inouïe les vices de leurs contemporains, sans épargner ni l'Église, ni la royauté. Comme celles des troubadours, les poésies des trouvères étaient destinées, les unes à être chantées, les autres à être simplement récitées. Dans le principe aussi, les trouvères allèrent chanter eux-mêmes ou réciter leurs poésies de château en château; peu à peu, cependant, ils abandonnèrent ce soin à des jongleurs. Mais ceux-ci, par une dégradation insensible, ne tardèrent pas à devenir de simples artistes ambulants et des chanteurs de carrefours.

Bibliogr. — LACURNE DE SAINTE-PALAYE, *Histoire littéraire des Troubadours*, publié par MILLOT en 1774 ; — RAYNOUARD, *Des Troubadours et des Cours d'amour*, Paris, 1816 ; — L'abbé de LA RUE, *Essais historiques sur les Bardes, les Jongleurs et les Trouvères normands et anglo-normands*, Caen, 1834 ; — DIEZ, *Dictionnaire étymologique des Langues romanes*, 1857 ; — E. BARET, *Les Troubadours*, 1867 ; — FAURIEL, *Épopée chevaleresque au Moyen-Age*.

TROUBLANT, ANTE. adj. Qui trouble.

TROUBLE. s. m. (lat. *turbula*, dimin. de *turba*, foule). État contraire à celui de paix, de tranquillité ; désordre, agitation désordonnée ; mouvement tumultueux ; se dit au sens physique et au sens moral. Le *t.* des éléments, de l'air, des eaux. Le *t.* s'est mis dans cette famille. Le *t.* des passions. Le *t.* de son âme, de son esprit, de son cœur, se remarquait sur son visage. — Porter le *t.* dans un ménage, en altérer l'union. — Le *t.* des sens, le *t.* de la voix, L'altération causée dans les sens, dans la voix, par l'agitation de l'esprit. || *Troubles*, au pl., se dit surtout en parl. des dissensions civiles et politiques, des émotions et des soulèvements populaires. *Exciter, fomenter des troubles dans l'État. De nouveaux troubles éclatèrent. Des troubles civils, religieux.* || T. Jurispr. L'action par laquelle on inquiète un possesseur dans la jouissance de sa propriété. *T. de fait*, Celui qui résulte d'une action qui nuit au possesseur, comme quand quelqu'un prend possession du même héritage, le fait cultiver, ou empêche le possesseur de le faire. *T. de droit*, Celui qui, sans faire obstacle à la possession, est un obstacle à la prescription, comme lorsqu'on fait signifier au possesseur un acte pour interrompre sa possession. || *T. Méd.* Se dit, le plus souvent au pluriel, de tout désordre dans les fonctions d'un organe. *Troubles respiratoires, Troubles digestifs.*

TROUBLE. adj. 2 g. (R. *trouble*, subst.). Qui est brouillé, qui n'est pas clair. *Vin t. Eau t. La rivière est t.* Fig., *Pêcher en eau t.* Voy. Eau. — *L'air est t., le temps est t.,* Il y a beaucoup de nuages, de brouillard, le temps n'est pas serein. — *Ce verre est t.,* Il n'est pas bien clair, bien transparent. On dit de même, *Ces lunettes sont troubles.* || *Avoir la vue t.* et adverbial., *Voir t.,* Ne voir pas nettement, distinctement, par quelque vice dans l'organe de la vue.

TROUBLE. s. f. Voy. TRUBLE.

TROUBLEAU. s. m. [Pr. *trou-blo*]. T. Techn. Filet dormant, ainsi nommé parce qu'après l'avoir posé, on trouble l'eau pour prendre le *poisson*.

TROUBLE-FÊTE. s. m. Un importun, un indiscret, qui vient interrompre la joie, les plaisirs d'une réunion publique ou particulière. *C'est un t.-fête.* || Se dit aussi d'une chose, d'un événement qui produit le même effet. — Fam. dans les deux sens. == Pl. *Des trouble-fêtes.*

TROUBLE-MÉNAGE. s. m. Celui, celle qui trouble l'union d'un ménage. == Pl. *Des trouble-ménage.*

TROUBLEMENT. s. m. [Pr. *trouble-man*]. Action de troubler.

TROUBLER. v. a. (R. *trouble*). Rendre trouble; se dit d'un liquide qui était clair. *Les pluies ont troublé la rivière. Si vous remuez ce vin, vous le troublerez.* — Fig., et fam., *On dirait qu'on ne sait pas t. l'eau,* se dit d'une personne qui paraît simple, mais qui ne l'est pas. || Agiter d'une manière désordonnée; détruire l'ordre, la tranquillité, la bonne intelligence. *La tempête trouble les airs. Des rêves affreux troublent son sommeil. T. l'ordre public, la tranquillité publique. T. les sens. T. l'esprit, le jugement, la mémoire. Le vin lui avait troublé la tête.* || Interrompre d'une manière désagréable. *T. un entretien. T. la conversation. On est venu t. mon sommeil. Un accident troubla la fête.* — *Cela trouble la digestion, les fonctions digestives,* Cela empêche que la digestion ne se fasse bien. || *T. quelqu'un,* sign. L'interrompre dans ses occupations, dans ses plaisirs : *J'écrivais, il est venu me t.;* ou *T.* son attention, sa mémoire, son jugement, etc. : *Ne faites pas tant de bruit, vous me troublez;* ou encore, Lui faire perdre la présence d'esprit : *Cette vue le troubla tellement, qu'il ne sut que répondre;* ou enfin, en T. Jurispr., Inquiéter dans la possession, dans la jouissance de quelque bien. *Il a été troublé dans la jouissance de sa propriété.* == SE TROUBLER, v. pron. Devenir trouble. *Ce vin se trouble.* — *Le temps commence à se t.,* Il commence à se charger de nuages. — *Ma vue, mes yeux se troublent,* Ma vue s'obscurcit. — *Son esprit se trouble* Ses idées se confondent, et il perd la lucidité d'esprit. || Éprouver une émotion, qui fait qu'on s'embarrasse, qu'on ne sait plus que dire, que répondre. *L'orateur s'est troublé au milieu de son discours. Elle s'est troublée et n'a pu répondre.* On dit dans un sens anal., *Sa mémoire se trouble.* == TROUBLÉ, ÉE, part.

TROUÉE. s. f. (part. pass. de *trouer*). Espace vide ou abattis fait à dessein, qui perce tout au travers d'un bois, d'une haie. *On fit une t. dans le bois pour faire passer les troupes. Dans cette haie, il y a une t. par où l'on peut passer.* || L'ouverture que fait dans une ligne ennemie l'effet du canon, ou une charge de cavalerie ou d'infanterie. *La cavalerie, venant à charger, fit une t. épouvantable.*

TROUELLE. s. f. [Pr. *trou-èle*]. T. Pêche. Baguette que l'on passe entre les mailles de quelques filets à manche, pour les maintenir ouverts.

TROUER. v. a. (R. *trou*). Percer, faire un trou. *T. une planche avec le vilebrequin. Les vers ont troué cette étoffe,* == SE TROUER, v. pron. Se percer. *Votre habit commence à se t.* == TROUÉ, ÉE. part. — Conj. Voy. JOUER.

TROUILLOTTE. s. f. [Pr. *trou-ilote, ll* mouillées] (Dimin. de l'anc. fr. *trouille*, truble). T. Pêche. Espèce de tube sans manche.

TROU-MADAME. s. m. Espèce de jeu auquel on joue avec de petites boules ordinairement d'ivoire, qu'on lâche de pousser dans des ouvertures en forme d'arcades, et marquées de différents chiffres. *Jouer au t.-madame.* || L'espèce de machine qui sert à ce jeu. *Il a acheté deux trous-madame pour ses enfants.*

TROUPE. s. f. (lat. *turba*, foule). Nombre plus ou moins considérable de gens assemblés. *Une t. de paysans. Une t. de voleurs. Leur t. grossissait. Une t. nombreuse.* Se dit quelquefois des animaux. *Nous rencontrâmes une t. de bisons. Une t. d'oies sauvages.* — Au pl., se dit des divers corps de gens de guerre qui composent une armée. *Troupes d'élite. Troupes réglées. Troupes de ligne. Troupes légères. Troupes à pied, à cheval. Lever, rassembler, solder des troupes. Passer les troupes en revue.* On dit aussi au singulier, *La t. de ligne.* On dit de même, surtout parmi le peuple : *Voici de la t. qui passe. Il y a bien de la t. dans cette ville.* — Au sing., Troupe se dit également d'un corps de troupes considéré isolément. *Le capitaine marchait en tête de sa t. Cet officier conduit bien sa t. Voilà une belle t.* Se dit encore des sous-officiers et des soldats, par opposition aux officiers. *Pourvoir au logement des officiers et au casernement de la t. Enfant de t.* = Syn. Voy. COMPAGNIE.

TROUPEAU. s. m. [Pr. *trou-po*] (R. *troupe*). Troupe d'animaux domestiques de même espèce, qui sont élevés et nourris dans un même lieu. *T. de bœufs, de vaches. T. de moutons, de brebis. T. de cochons. T. d'oies, de dindons. Garder les troupeaux. Faire paître des troupeaux. Le berger et son t. La maladie se met dans son t.* — Employé absol., sign. en général Un t. de moutons et de brebis. *Il a un beau t. De riches troupeaux.* || Fig., *Le t. de Jésus-Christ,* L'Église. — *Le t. de l'évêque, du curé,* le peuple de son diocèse, de sa paroisse. *Le bon pasteur donne sa vie pour son t.* || Fig. et par mépris, on dit, *Un t. d'imbéciles, d'ignorants,* en parlant d'une multitude d'imbéciles, etc. *Le servile t. des imitateurs.*

TROUPIALE. s. m. (R. *troupe*). T. Ornith. Groupe de Passereaux. Voy. CASSIQUE, Ik.

TROUPIER. s. m. [Pr. *trou-pié*] (R. *troupe*). T. popul. qui se dit pour Soldat. *Un vieux t. Voilà de fameux troupiers.*

TROUSQUIN. s. m. Voy. TROUSQUIN.

TROUSSE. s. f. [Pr. *trou-se*] (ital. *torciare,* tordre, même origine que le lat. *torquere*). Faisceau de plusieurs choses liées ensemble. *T. de linge mouillé. T. d'herbes, de fourrage vert. T. de chaume. T. de cordages.* || Sorte de portefeuille, d'étui, de poche où les chirurgiens, les barbiers, etc., mettent les instruments dont ils se servent le plus habituellement. *T. de chirurgien, de barbier, etc.* — Dans un sens anal., Trousse se disait autrefois d'un carquois. *Une t. d'ivoire. Lorsqu'il eut épuisé sa t.* || T. Techn. Paquet de petites barres d'acier dont on forge les lames du sabre. — Assemblage des couteaux de la machine à fendre le fer. || Au pl., se dit ordin. des chausses que portaient autrefois les pages. *Il venait de quitter ses trousses.* == AUX TROUSSES. loc. prép. et famil. À la poursuite. *Il est aux trousses des ennemis,* Il les poursuit de près. *Je mettrai un huissier à ses trousses. Être aux trousses de quelqu'un,* Être toujours à sa suite, ne pas le quitter. *Quand finira-t-il d'être à mes trousses?* == EN TROUSSE. loc. adv. Se dit d'une personne qui est sur la croupe d'un cheval, derrière un cavalier qui est en selle. *Il prit la femme en t. derrière lui.* On dit plus ordin., *En croupe.* — Se dit aussi en parl. des valises, des paquets qu'un cavalier porte derrière lui sur son cheval. Il portait sa valise en t.

TROUSSEAU. s. m. [Pr. trou-so] (Dimin. de trousse). Petite trousse, faisceau. Un t. de clefs. Divers trousseaux de fibres tendineuses affermissent encore cette articulation. On disait de même autrefois, Un t. de flèches. || Sign. ordinairement, Les habits, le linge, les nippes qu'on donne à une fille lorsqu'on la marie ou qu'elle se fait religieuse, ou qu'on fournit à un élève au moment où il entre dans une maison d'éducation. Elle a un beau t. On travaille à son t. Son t. est tout prêt.

TROUSSEAU. Célèbre médecin fr. (1801-1867).

TROUSSE-ÉTRIERS. s. m. [Pr. trou-sétrié]. Voy. PORTE-ÉTRIERS. == Pl. Des trousse-étriers.

TROUSSE-GALANT. s. m. [Pr. trou-se-galan]. Maladie violente et rapide qui emporte le malade en peu de temps. — On a donné ce nom au choléra.

TROUSSE-PET, PÈTE. s. [Pr. trou-se-pè]. T. trivial qui se dit quelquefois d'un petit garçon, d'une petite fille faisant des embarras. Taisez-vous, trousse-pète.

TROUSSE-PIED. s. m. [Pr. trou-se-pié]. T. Art vét. Lanière avec laquelle on tient pliée la jambe de devant d'un cheval, afin de l'empêcher de frapper, quand on veut lui faire subir quelque opération. == Pl. Des trousse-pied.

TROUSSE-QUEUE. s. m. [Pr. trou-se-keu]. Morceau de cuir, de toile, etc., garni de boucles, dans lequel on fait passer le haut de la queue d'un cheval, en retroussant le reste. == Pl. Des trousse-queue.

TROUSSEQUIN. s. m [Pr. trou-se-kin] (R. trousser). La partie postérieure et élevée de l'arçon de la selle. Voy. SELLE. || T. Teclın. Voy. TRUSQUIN.

TROUSSEQUINER. v. a. [Pr. trou-se-kiner]. Voy. TRUS-QUINER.

TROUSSER. v. a. [Pr. trou-ser] (R. trousse). Charger, imposer. T. un fardeau. Vx et inus. — Fig. et fam., T. bagage, Voy. BAGAGE. T. quelqu'un en malle, L'enlever. La gendarmerie l'a attrapé et l'a troussé en malle. Vx. || Par ext., en parlant des vêtements qu'on a sur soi. Replier, relever. T. sa robe, son manteau, ses jupes. — En parlant des personnes, Relever leur vêtement. Troussez cet enfant pour qu'il marche mieux. Fam., et dans un sens libre, T. une femme, Lui lever les jupes. || T. une volaille, Rapprocher du corps les ailes et les cuisses, la préparer pour la mettre à la broche. Fig. et fam., T. une affaire, L'expédier précipitamment. Dans un sens analogue, on dit qu'Une maladie a troussé une personne en deux jours, pour sign. qu'Elle l'a fait mourir en deux jours. == TROUSSER. v. n. T. Man. Se dit d'un cheval qui, dans le trot, relève ses membres antérieurs plus que dans l'allure ordinaire, et des mouvements convulsifs d'un cheval atteint d'Éparvin. Voy. ce mot. == SE TROUSSER. v. pron. Relever ses vêtements. Troussez-vous de peur de vous crotter. — Troussé, ÉE. part. || Fig. et fam., on dit d'une personne ou d'une chose qui est bien faite, qui a bonne grâce, qu'Elle est bien troussée. Une robe bien troussée. C'est un petit homme bien troussé. Voilà un cheval bien troussé. Un compliment bien troussé. — On dit, dans le sens contraire, Cela est bien mal troussé. Cela est troussé à la diable, Cela est fort mal arrangé.

TROUSSIS. s. m. [Pr. trou-si] (R. trousser). Pli qu'on fait à une robe, à une jupe, pour la raccourcir et pour l'empêcher de traîner.

TROUVABLE. adj. 2 g. Qui peut être trouvé.

TROUVAILLE. s. f. [Pr. trouva-lle, ll mouil'dés] (R. trouver). Chose trouvée heureusement. C'est une bonne t. Fam. || Faire une t., Rencontrer heureusement quelque chose par hasard.

TROUVER. v. a. (lat. turbare, m. s.). Rencontrer quelqu'un ou quelque chose, soit qu'on le cherche, soit qu'on ne le cherche pas, Je l'ai trouvé par hasard. J'ai trouvé cela dans la rue, sur mon chemin. Je l'ai trouvé à table. Il a trouvé un trésor en faisant creuser un fossé. — On le trouve tous les matins chez lui, On peut l'y trouver. Aller t., venir t. quelqu'un, L'aller voir, venir lui parler. — Fig. et prov., Il a trouvé à qui parler. Voy. PARLER. Il a trouvé son maître. Voy. MAÎTRE. T. quelqu'un en son chemin, sur son chemin. Voy. CHEMIN. T. la pie au nid. Voy. NID. Surprendre. On le trouva prêt à s'évader. On les trouva escaladant le mur du jardin. On le trouve toujours en faute. || Trouver, se dit par rapport à l'état où est une personne ou une chose au moment où on la voit, où on l'examine, où l'on s'en occupe, etc. Je l'ai trouvé malade et dénué de tout, Vous trouverez ses affaires bien embrouillées. Je l'ai laissé tel que je l'avais trouvé. || Fig., se dit encore de choses, des personnes qui arrivent, qui se présentent, qui se montrent, qu'on rencontre. Il a trouvé la mort dans les combats. Je trouve dans ces veillées une sorte de charme que je ne puis vous expliquer. Il trouve du plaisir à contrarier les autres. Il a trouvé bien des difficultés dans cette entreprise. On trouve des hommes de tous les caractères. T. des protecteurs, T. un appui. Vous trouverez en lui un juge sévère. — T. grâce aux yeux de quelqu'un, Voy. GRÂCE. T. son compte à quelque chose. Voy. COMPTE. || Découvrir, inventer au moyen de l'étude, de la méditation. Ce médecin a trouvé un bon remède. T. un procédé, un moyen, un expédient. T. la solution d'un problème. T. le mot d'une énigme. Il a trouvé l'art de concilier les esprits. — Fam. et par reproche. Où avez-vous trouvé cela? Qu'est-ce qui vous fait imaginer une pareille chose? || Estimer, juger, se dit des sens et de l'esprit. J'ai trouvé ce mets excellent. Il trouve ce vin trop capiteux. Je trouve cette odeur trop forte. Je trouve la femme fort belle et le mari fort aimable. Je trouve ces vers fort beaux, fort mauvais. Je vous trouve plaisant de venir me dire pareille chose. — T. bon, t. mauvais que quelqu'un fasse une chose, Approuver, désapprouver, consentir, ne pas consentir qu'il la fasse. Je trouve bon que vous alliez le voir. Je trouve mauvais qu'il ait fait cela. Je ne trouve pas bon qu'il vous voie si souvent. — Fig. et fam., T. le temps long, S'ennuyer. || Remarquer, reconnaître en quelqu'un, en quelque chose certaine qualité, certain état. Je vous trouve bon visage. Le médecin lui a trouvé un peu de fièvre. Je lui trouve de l'esprit, de la douceur. Il se trouve du talent. || Trouver à, Trouver le moyen, l'occasion de. Cet avoué trouve enfin à se défaire de son étude. Cette jeune personne ne trouvera pas facilement à s'établir. — T. à redire, Trouver quelque défaut, quelque sujet de blâme. Il trouve à redire à tout ce qu'on fait. Je n'y trouve rien à redire. T. à dire, se dit quelquefois dans l'acception précédente : Que trouvez-vous à dire au parti qu'il a pris? mais autrefois cette locution s'employait souvent pour s'apercevoir de l'absence d'une personne, du manque de quelque chose. On vous a trouvé à dire dans cette réunion. J'avais mis cent livres dans cette bourse, j'en trouve cinq à dire. == SE TROUVER. v. pron. Se rencontrer quelque part, ou se rendre en un lieu, y être. Nous nous sommes trouvés nez à nez à la promenade. Je me trouverai chez vous à telle heure. Il s'est trouvé à telle bataille. — En parlant des choses, se dit le plus souvent du lieu où elles sont, de l'endroit où l'on peut se les procurer. Son livre se trouve chez tel libraire. Cet ouvrage ne se trouve plus nulle part, ne se trouve plus. Cette occasion se trouva bientôt. Proverb., Cela ne se trouve pas sous le pas d'un cheval. Voy. PAS. || Fig., se dit par rapport à l'état, à la situation d'une personne ou d'une chose. Se t. en danger, dans l'embarras, dans le besoin, dans une alternative fâcheuse. Se t. embarrassé. Se t. sans défense, sans appui, sans protecteur. Son départ se trouva retardé. || Estimer, juger, sentir qu'on est dans telle situation, qu'on jouit de tel avantage, qu'on éprouve tel inconvénient. Après avoir usé de ce remède, il se trouva tout autre. Il se trouve malheureux. Elle se trouve belle. || Se t. bien, Éprouver du bien-être. Ce malade se trouve bien ; il se trouve mieux. Signifie aussi, Être satisfait de sa position. Je me trouve bien dans mon nouvel appartement. Je m'y trouve mieux que dans l'ancien. — On dit dans un sens contraire, Se t. mal. Se t. mal, dans un sens particulier, signifie encore, Tomber en faiblesse, s'évanouir. — Se t. bien de quelqu'un, de quelque chose, Avoir sujet d'en être content. Je me trouve bien de tel régime, de ce domestique. Suivez ce conseil, vous vous en trouverez bien. || Se trouver, s'emploie quelquefois impersonnellement. Il se trouva un homme assez hardi pour lui dire la vérité, Il y eut un homme, etc. Il se trouva de nouveaux obstacles. On rencontra de nouveaux obstacles. — *Il se trouva que*, il arriva que, on reconnut que... *Lorsqu'on croyait finir cette affaire, il se trouva qu'on y mit des entraves. Tout bien calculé, il se trouve qu'il est redevable de mille écus.* — TROUVÉ, ÉE. part. || *Un enfant trouvé*, Voy. ENFANT, III. || *Un mot trouvé, une expression trouvée*, Une expression neuve et heureuse. — Syn. Voy. DÉCOUVRIR, INVENTER.

TROUVÈRE ou **TROUVEUR.** s. m. (anc. fr. *trovere*, de *troveor*, trouveur). T. Hist. Litt. Poète de la langue d'oïl, au moyen âge. Voy. TROUBADOUR.

TROUVEUR, EUSE. s. Celui, celle qui trouve.

TROUVILLE, ch.-l. du c. (Calvados), arr. de Pont-l'Évêque, à l'embouchure de la Touques, à 50 kilomètres de Caen; 6,200 hab. Bains de mer très fréquentés. ⇒ Nom des hab. : TROUVILLOIS, OISE.

TROUVILLE-EN-BARROIS (Meuse), arr. de Bar-le-Duc; 800 hab. Manufacture française d'outils (Godchenberg). Grande usine à chaux hydraulique.

TROX. s. m. (Pr. *troks*) (gr. τρώγω, je ronge). T. Entom. Genre d'Insectes *Coléoptères*. Voy. SCARABÉIDES.

TROY, v. des États-Unis (New-York), sur l'Udson; 50,700 hab.

TROYES, anc. cap. de la Champagne, ch.-l. du dép. de l'Aube, sur la Seine, à 166 kil. S.-E. de Paris; 50,300 hab. Évêché. Fabriques de bonneterie. || Traité de 1420 par lequel le roi d'Angleterre Henri V était reconnu héritier de la couronne de France. ⇒ Nom des hab. : TROYEN, ENNE.

TROYON (CONSTANT), peintre fr., paysagiste (1813-1865).

TRUAND, ANDE. s. (bas lat. *trutanus*, vagabond, peut-être d'origine celtique). Vaurien, vagabond, qui mendie par fainéantise, *Cet homme est un vrai t.*

TRUANDAILLE. s. f. coll. (Pr. *truanda-lle*, ll mouillées). Ceux qui truandent. *Ce n'est que de la t.*

TRUANDER. v. n. Gueuser, mendier.

TRUANDERIE. s. f. Profession de truand, de mendiant vagabond.

TRUBLE. s. f. (lat. *tribula*, herse). T. Pêche. Filet en forme de poche, monté sur un cercle, et traversé par une perche qui sert de manche. *On se sert de la t. pour prendre le poisson dans un réservoir.*

TRUBLEAU. s. m. (Pr. *tru-blo*) (Dimin.). Petite truble.

TRUC ou **TRUCK.** s. m. (angl. *truck*, m. s.). Sorte de grand billard plus long et plus large que les billards ordinaires. || Dans les Chemins de fer, plate-forme au moyen de laquelle on hisse les voitures qui doivent être transportées sur les voies ferrées. || Au Théâtre, Appareil propre à faire mouvoir certains décors et à exécuter des changements à vue. || Se dit aussi d'un moyen propre à exécuter un tour de passe-passe ou de physique amusante. — Fig. et pop., *Avoir le t.*, Être habile dans un métier, dans un art.

TRUCAGE. s. m. Industrie qui consiste à donner à des objets modernes, l'apparence d'objets antiques. — Emploi de moyens habiles, de tours de main, dans la composition d'un tableau, etc.

TRUCHEMAN ou **TRUCHEMENT.** s. m. (turc, *tordjiman*, m. s.). Interprète; celui qui explique à deux personnes qui parlent deux langues différentes, ce qu'elles se disent l'une à l'autre. *S'expliquer par t. Il n'a pas besoin de t. Ce sont des truchements.* || Fig., se dit d'une personne qui parle à la place d'une autre, qui explique les intentions d'une autre. *Cela s'entend bien sans t.*

TRUCHER. v. n. (R. *truc*). Mendier par fainéantise. — Pop.

TRUCHEUR, EUSE. s. Celui, celle qui truche, qui mendie. — Pop.

TRUCK. Voy. TRUC.

TRUCULENT, ENTE. adj. (Pr. *tru-kulan, ante*) (lat. *truculentus*, m. s.). Sauvage, féroce, brutal.

TRUDAINE, administrateur fr., fondateur de l'École des Ponts et Chaussées (1703-1769). || Son fils, intendant des Finances (1733-1777).

TRUELLE. s. f. (Pr. *truè-le*) (lat. *trulla*, m. s., dimin. de *trua*, cuiller). Instrument formé d'une lame triangulaire de fer ou de cuivre, et d'un manche recourbé garni d'une poignée de bois, dont les maçons se servent pour employer le plâtre et le mortier. *Se servir de la t. Enduire avec la t.* Fam., *Aimer la t.*, Aimer à faire bâtir. || Instrument d'argent, à peu près de la même forme, avec lequel on découpe et l'on sert le poisson à table.

TRUELLÉE. s. f. (Pr. *truè-lée*). La quantité de plâtre ou de mortier qui peut tenir sur une truelle.

TRUFFE. s. f. (Pr. *tru-fe*) (lat. *tuber*, tubercule). T. Bot. La *Truffe* (*Tuber*) constitue un genre de Champignons de la famille des Périsporiacées. Ce genre est caractérisé par un périthèce charnu, plus ou moins globuleux, lisse ou verruqueux, indéhiscent, compact à l'intérieur, parsemé de veines membraneuses, et présentant des spores renfermées dans des sporanges arrondis ou ovoïdes, sessiles ou pédicellés et transparents. Il est peu nombreux en espèces. Celles-ci croissent sous la terre dans presque tous les pays, excepté dans ceux qui sont essentiellement froids.
L'espèce la plus intéressante de ce genre est la *T. comestible* ou *T. noire* (*T. melano-spermum*), dont la surface est recouverte de verrues prismatiques plus ou moins saillantes. C'est à son goût et à son odeur que ce champignon doit particulièrement son mérite. Quand il est encore jeune, son parenchyme est blanc, et il constitue ce qu'on appelle la *T. blanche*, qui est dure, insipide et indigeste. Mais, dans son état parfait, la *T.* a une odeur *sui generis* très difficile, et qui a fait reconnaître mieux que tous les caractères que l'on pourrait lui assigner. Sa grosseur varie alors depuis le volume d'une noix jusqu'à celui d'un œuf de poule. Dans le commerce, on même souvent à cette dernière la *T. d'été* (*T. æstivum*), la *T. d'hiver* (*T. brumale*) et la *T. mésentérique* (*T. mesentericum*), qui ont la même forme, mais qui pour la saveur sont d'une qualité inférieure. La *T. grise* (*T. griseum*), qu'on appelle aussi *T. blonde* et *T. à l'ail*, est ronde, allongée, à surface lisse, de couleur rousse ou gris sale. Son volume varie de celui d'une noix à celui d'une pomme ordinaire. Elle est fort commune dans le Piémont, mais elle est peu goûtée par les amateurs, à cause de son odeur alliacée. On l'emploie néanmoins comme condiment.
Les Truffes croissent dans les terres sablonneuses et argileuses, légères et humides, ordinairement dans les forêts de chênes, de charmes, de châtaigniers. Elles végétent à une profondeur de 15 à 20 centimètres et se reproduisent, comme les autres champignons, par leur mycélium. C'est d'octobre en février qu'on fait la récolte de ces végétaux. Pendant le reste de l'année on n'en trouve plus, ou bien ils manquent de saveur. Les lieux où ils se produisent, et qu'on appelle *Truffières*, présentent à leur surface, lorsque les Truffes grossissent, un exhaussement et des gerçures. L'odeur que répandent ces champignons est à peine sensible, si ce n'est près de la surface de la terre. Le plus souvent on emploie à leur recherche des porcs et des chiens dressés, à cause de la finesse de leur odorat. L'avidité des premiers pour les Truffes est telle, qu'ils n'ont pas besoin d'autre stimulant pour bouleverser le terrain et les déterrer; mais ils les dévorent, si on ne les arrête à temps. Les Truffes se conservent assez bien, après avoir été cueillies, pendant un mois environ, si on les tient à sec dans la terre ou dans du sable bien sec. Quand on veut les conserver longtemps, on les fait sécher au four ou confire dans la graisse. Le sud-est de la France est renommé pour la production des Truffes. On en trouve aussi en Alsace et en Dauphiné; mais elles sont moins renommées que celles du Périgord et du Quercy. Les Truffes noires du Périgord valent sur place 4 à 5 francs le kilogramme; mais rendues à Paris leur prix s'élève à 12 et 15 francs, et même au double, quand la récolte a été peu abondante. Nous n'avons pas besoin de dire que ces champignons sont surtout employés comme condiment et combien ils sont estimés des gourmets. Quant aux vertus aphrodisiaques qu'on leur attribue vulgairement, elles sont plus que douteuses.

TRUFFER. v. a. [Pr. *tru-fer*]. Garnir de truffes. *T. une dinde.* = Truffé, ée. part. *Chapon truffé. Pâté truffé. Saucisses truffées.*

TRUFFIER, IÈRE. adj. [Pr. *tru-fié*]. Qui a rapport aux truffes. — *Chênes truffiers*, Chênes dans le voisinage desquels la truffe trouve un terrain convenable à son développement

TRUFFIÈRE. s. f. [Pr. *tru-fière*] (prov. *trufiero*, m. s.). Terrain dans lequel on trouve des truffes.

TRUGUET, amiral fr. (1752-1836), se distingua dans la guerre d'Amérique et fut ministre de la marine sous le Directoire.

TRUIE. s. f. (lat. *porcus trojanus*, en ital., *porco di Troja*, porc rôti dont l'intérieur était farci d'autres animaux cuits, comme le cheval de Troie était garni de soldats). T. Mamm. La femelle du *Cochon*. Voy. ce mot.

TRUISME. s. m. (angl. *truism*, m. s., de *true*, vrai). Vérité d'une telle évidence qu'il semble inutile de l'énoncer.

TRUITE. s. f. (lat. *tructa*, m. s.). T. Icht. Espèce de *Poissons osseux*. Voy. Salmonides.

TRUITÉ, ÉE. adj. Marqué de petites taches rougeâtres comme une truite. *Cheval alezan truité. Chien t. Porcelaine truitée.* Voy. Porcelaine, 1°. || *Fonte truitée*, fonte blanchâtre, tachetée de gris.

TRUITER (se). v. pron. (R. *truitée*). T. Techn. Se dit d'une porcelaine dont la couverte s'est fendillée au feu. = Truité, ée. part.

TRUJILLO. Voy. Truxillo.

TRULLISATION. s. f. [Pr. *trul-liza-sion*] (lat. *trullisatio*, m. s.). T. Archit. Travail de diverses sortes d'enduits ou de crépis qu'on fait avec la truelle.

TRUMEAU. s. m. [Pr. *tru-mo*] [vx fr. *trumel*, jambe, cuisse, gigot de mouton). T. Boucherie. Le jarret d'un bœuf, la partie d'au-dessus de la jointure du genou d'un bœuf, lorsqu'elle est coupée pour être mangée. || T. Archit. La portion d'un mur qui est entre deux fenêtres. *Les trumeaux de ce bâtiment sont trop étroits.* || Par extens., Parquet de glace qui occupe l'espace d'un mur entre deux fenêtres, dans l'intérieur d'un appartement. — Se dit aussi d'un parquet de glace placé au-dessus d'une cheminée.

TRUN, ch.-l. de c. (Orne), arr. d'Argentan; 1,400 hab.

TRUQUER. v. n. [Pr. *tru-ker*]. User de trucs. = v. a. Revêtir un objet moderne d'une apparence antique. = Truqué, ée. part. *Tableau truqué.*

TRUQUEUR, EUSE. s. [Pr. *tru-keur, euze*]. Celui, celle qui truque.

TRUSQUIN ou **TROUSSEQUIN.** s. m. T. Techn. Outil de menuisier qui est formé d'une planchette que traverse à frottement une tige carrée portant latéralement une pointe, et qui sert à tracer des lignes parallèles au bord d'une planche.

TRUST. s. m. [Pr. *treust*]. T. Fin. Le mot *trust* qui est anglais sign. prop. confiance. On appelle, en Angleterre et aux États-Unis, *trustee*, un homme de confiance, un fidéicommissaire chargé d'administrer les revenus d'un tiers, d'une société, d'une fondation utile qu'un hôpital, une université, un observatoire, etc. Plus tard le mot *tr.* a été étendu à des associations de capitalistes réunis en vue de s'assurer la direction d'une entreprise industrielle ou d'un ensemble d'entreprises similaires. Ce qui caractérise le tr. primitif, c'est que les sociétaires, après avoir fait les sacrifices nécessaires pour acquérir la grande majorité des actions, mais ne pouvant néanmoins en conserver une aussi grande quantité, remettent en vente non les actions elles-mêmes, mais de simples certificats, qui donnent droit à la même part de bénéfice que les actions, mais ne confèrent pas le droit de vote dans les assemblées d'actionnaires. De la sorte, les sociétaires faisant partie du tr. ont, dans ces assemblées, une influence prépondé-

rante qui annihile celle des actionnaires restés indépendants, et la direction de l'entreprise est rendue indépendante des modifications que peut subir le personnel des actionnaires. Cette combinaison ingénieuse est favorable à la prospérité de l'entreprise parce qu'elle donne à la direction une unité et une stabilité qui lui permet mieux de compter sur l'avenir et qui rend possibles les opérations à longue échéance. Plus tard, le même mécanisme a été étendu à plusieurs sociétés exploitant des industries similaires dont les principaux actionnaires se syndiquaient en un tr. unique. Dans ce cas, chaque certificat vendu par les membres du tr. donne droit à une part de bénéfices, non pas seulement sur ceux de la société particulière à laquelle appartient l'action correspondante, mais sur ceux de l'ensemble de toutes les sociétés syndiquées. Telle est, en particulier, l'organisation du grand tr. des pétroles fondé en 1882 sous le nom de *Standar oil Trust*, qui englobe presque toute la production du pétrole dans ce pays, et est le maître du marché dans ce pays, et dont l'action s'étend aussi en Europe. Enfin, on désigne maintenant sous le nom de tr. toute espèce de syndicat formé entre plusieurs sociétés anonymes en vue de réduire les frais généraux et de diminuer les prix de revient, quelle qu'en soit l'organisation. Le tr. de l'acier est aujourd'hui célèbre.

Il est incontestable que les trusts ont réussi à diminuer, dans de notables proportions, le prix de revient : ils obtiennent des matières premières à meilleur marché, et les compagnies de chemin de fer et de navigation leur font d'importantes concessions. Le consommateur bénéficie, au moins en partie, de ces avantages; mais, on fait aux trusts de graves reproches qui nous paraissent bien fondés. Il est certain que tout tr. vise à l'accaparement, et se constitue, quand il réussit, un monopole de fait qui le rend à peu près maître des prix de vente et de main-d'œuvre. Si les actionnaires y trouvent leur avantage, le consommateur a tout lieu de croire qu'il ne paye pas meilleur marché que sous le régime de la concurrence; mais, ce qu'il y a de plus grave, c'est que les ouvriers occupés par ces gigantesques associations ont perdu toute possibilité de trouver à s'occuper ailleurs ; ils tombent ainsi à la merci des capitalistes, et s'ils se trouvent mécontents de leur sort, ils prennent en haine ceux qui les occupent, et n'ont plus d'autre ressource qu'une désertion en masse du travail, accompagnée de tous les excès que peut comporter une grève aussi considérable. Il y a là un véritable danger social que se manifeste déjà aux États-Unis par d'inquiétants symptômes et qui, si l'on n'y trouve quelque remède, peut amener, dans un avenir plus ou moins lointain, de terribles catastrophes.

TRUXALE. s. m. [Pr. *tru-ksale*] (gr. τρύξαο, je murmure). T. Entom. Genre d'*Insectes Orthoptères*. Voy. Criquet.

TRUXILLO ou **TRUJILLO**, v. et port du Pérou; 10,000 hab.

TRYPSINE. s. f. (mot mal formé du gr. θρύψις, amollissement, de θρύπτω, j'amollis). T. Chim. Diastase contenue dans le suc pancréatique, et jouissant de la propriété de transformer les matières albuminoïdes en peptones.

TSANA. Voy. Dembéa.

TSAR, TZAR ou **CZAR.** Empereur de Russie. — On varie à l'égard de l'orthographe de ce nom. Anciennement il s'écrivait toujours *Czar*; mais, depuis le commencement de ce siècle, l'usage d'écrire *Tsar* ou *Tzar* s'est établi insensiblement. La forme *Tsar* est la seule qui se rapporte exactement à la prononciation russe. La forme *Czar* vient du polonais; mais loin de prononcer ce mot *Czar*, comme nous faisons en France, les Polonais disaient *Tchar* : ils écrivent maintenant *Car*, et prononcent *Tsar* aussi bien que les Russes, car leur C équivaut à TS, et n'a rien de commun avec le K.

On a cru voir dans l'orthographe *Czar*, l'étymologie du mot, qu'on supposait dérivé de *Cæsar*, César, empereur. Cependant, cette supposition tombe dès qu'on sait que la forme exacte est *Tsar*, lequel est un mot russe. Au reste, dans la version du Nouveau Testament en vieux slavon, le mot de *César* se présente toujours sous la forme *Kesar* ou *Keçar*, et le titre de *Tsar* y est donné aux rois (David, Salomon, etc.), non aux empereurs. L'empereur de Constantinople reçoit bien des annalistes russes la qualification de *Tsar*, mais les plus anciens lui donnent celle de *Keçar*, etc.

Ce fut Ivan IV qui, le premier, s'attribua le titre de *Tsar* en 1547; mais ce titre avait déjà été maintes fois donné à plusieurs des grands princes de Moscou, par ex., au XIVᵉ et même au XIIᵉ siècle. On continua cependant de faire une distinction formelle entre *Tsar* et *Césur*, distinction que Pierre le Grand reconnut en commençant à s'attribuer ce dernier titre, ainsi que celui d'empereur (1721), et en substituant la qualification de *Césarevna* à celle de *Tsarevna*, jusqu'alors donnée aux princesses ses filles. Évidemment, en s'arrogeant ce nouveau titre, il voulut simplement prendre, à l'égard des puissances étrangères, un rang nominalement égal à celui de l'empereur d'Allemagne. Le titre de *Tsarine* ou *Czarine*, donné aujourd'hui à la souveraine ou à la femme du souverain de la Russie, était en russe *Tsaritsa*; celui des enfants du *Tsar* était *Tsarévitch* pour les garçons, et *Tsarevna* pour les filles. Pierre le Grand transforma d'abord le titre de *Tsarevna* en celui de *Césarevna* ou de *Tsesarevna*, pour écrire comme on prononce. Plus tard, Catherine II donna celui de *Césarévitch*, au lieu de *Tsarévitch*, à son fils Paul. Enfin, l'empereur Nicolas, par un ukase du 10 septembre-29 août 1831, attacha ce dernier titre à la personne de l'héritier présomptif du trône, car les autres membres de la famille impériale s'appellent actuellement *Grands-ducs* et *Grandes-duchesses* (*Grands-princes* ou *Grandes-princesses*), et non *Césarévitchs* ou *Césarevnes*. Aujourd'hui, les titres de *Tsar, Tsarevna* et *Tsurévitch, Grand-Duc* et *Grande-Duchesse* sont les seuls en usage.

TSARINE, TZARINE ou **CZARINE**. s. f. L'impératrice de Russie.

TSCHEFFKINITE ou **TCHEWKINITE**. s. f. [Pr. *tcheff-kinite*]. T. Minér. Minéral rare constitué par la combinaison des acides silicique et titanique avec les oxydes de cérium, de lanthane, de didyme, de fer, de manganèse et de calcium.

TSCHERMIGITE. s. f. [Pr. *tcher-mijite*]. T. Minér. Alun d'ammoniaque naturel trouvé à Tschermig (Bohême).

TSÉTSÉ. s. f. T. Entom. Espèce de *Diptères*. Voy. TABANIDES.

TSIAFAJAWNA, le plus élevé des pics de Madagascar; 2,700 mètres.

TSJAMPAC. s. m. [Pr. *tjan-pak*]. T. Bot. Nom vulgaire du *Michelia tsjampaca*. Voy. MAGNOLIACÉES, I.

TU, TOI, TE. pron. de la 2ᵉ pers., des 2 genres et du nombre singulier. Ces pronoms ne diffèrent entre eux que par la place qui leur est assignée dans le discours. — Fam., *Être à tu et à toi avec quelqu'un*, Être tellement lié avec lui, qu'on le tutoie et qu'on est tutoyé par lui. *Employer le tu*, tutoyer une personne.

Obs. gram. — Les pronoms *Tu, toi, te*, ne se disent que des personnes et des choses personnifiées.

Tu, ainsi que le pronom *Je*, ne peut jamais être que le sujet de la proposition. Il ne peut être séparé du verbe que par un autre pronom personnel ou par une des particules *Ne*, en, y : *Tu es prudent; Tu lui parleras. Tu ne peux te nier ; Tu ne le nieras pas; Tu t'en repentiras; Tu en sortiras; Tu y étais*. Quand la phrase est interrogative, *Tu* se met immédiatement après le verbe, auquel on le joint par un trait d'union : *Iras-tu?*

Toi peut être sujet, régime direct et régime indirect. — Quand on l'emploie seul comme réponse, *Toi* par ellipse tient lieu d'une phrase entière, et alors il doit être considéré, selon les cas, comme sujet ou comme régime direct. *Qui sera chargé de la reconduire? Toi*, c.-à-d., Tu seras chargé de la reconduire. *Qui a-t-on voulu désigner? Toi*, c.-à-d., On a voulu te désigner. — *Toi* s'emploie quelquefois par opposition et réduplication, soit comme sujet, soit comme régime, pour donner plus d'énergie à l'expression; *Toi, tu n'oserais jamais! Toi, tu prétends avoir raison*, et lui soutient que tu as tort *Que répondras-tu à cela, toi qui*... On dit aussi elliptiq., *Toi, me trahir! Faire une bassesse, toi!* pour signifier, Serais-tu capable de me trahir, de faire une bassesse, etc.; ou bien, As-tu pu me trahir, etc. — *Toi* se joint souvent à un autre nom ou à un pronom, mais alors on fait suivre du pronom *Nous* ou *vous* qui devient le sujet ou le régime du verbe. *Toi et moi nous avons fait ce que nous devions; Toi et ton frère vous êtes de mes amis; Il veut vous inviter toi et ta femme. — Toi* se construit encore avec les pronoms *Ce* et *il* dans les phrases suivantes et autres semblables : *C'est toi qui l'as fait; Ce ne peut*

être que toi; Il n'y a que toi qui puisses faire ce travail. — Après une préposition, on emploie toujours le pronom *Toi* pour exprimer la seconde personne du singulier : *On a parlé de toi; C'est de toi qu'il s'agit; Je pensais à toi; C'est à toi qu'il veut parler; Je partirai avec toi; Je compte sur toi; Cela est pour toi*. Il en est de même après une conjonction : *Ta sœur et toi; Ton frère ou toi; Ni ton frère ni toi; Je n'aime que toi*. — Dans les phrases impératives, *Toi* peut être régime direct ou régime indirect, et on le joint au verbe par un tiret : *Fais-toi; Retire-toi; Fais-toi soldat; Laisse-toi conduire; Fais-toi payer. Fais-toi rendre ton argent*. « Lorsque *Toi* se trouve ainsi après la seconde personne de l'impératif et qu'il est suivi de l'une des particules *En* ou *y*, dit l'Académie, on élide toujours la diphthongue *oi* : *Va-t'en; Garde-t'en bien; Fais-t'en donner la moitié; Mets-t'y; Jette-t'y*. Il ne serait pas incorrect de dire : *Mets-y-toi; Jettes-y-toi*; mais on évite ordinairement ces façons de parler. La première construction n'est elle-même usitée qu'avec un très petit nombre de verbes. Ainsi, par ex., on ne dirait pas : *Accroche-t'y. Réfugie-t'y, etc.*; il faut prendre un autre tour.

Te, de même que *me*, ne peut jamais être que le régime direct ou le régime indirect du verbe. En outre, on l'élide devant une voyelle : *Il te prie d'y aller; Il t'aime trop pour cela; Je t'en avais prévenu; Je te donne cela; Je te l'avais bien dit*. Comme on le voit, *Te* se place avant le verbe dont il est le régime : *Je veux te convaincre; Comment a-t-elle pu te faire consentir à cela?* Cependant on dit aussi : *Je veux te convaincre; Je te viens chercher*; mais cette séparation ne peut avoir lieu dans un temps composé. Par conséquent, il serait incorrect de dire : *Comment t'a-t-elle pu faire consentir à cela*.

On ne se sert ordinairement des pronoms *Tu, toi, te*, ainsi que de l'adjectif possessif *Ton*, et du relatif *Le tien*, que lorsqu'on parle à des personnes fort inférieures ou avec qui l'on est en très grande familiarité. Mais, dans le style oratoire ou poétique, on emploie très fréquemment ces pronoms et ces adjectifs en s'adressant aux personnes qu'on respecte le plus, aux rois, aux princes, et à Dieu même. On s'en sert encore en faisant parler certaines nations, et principalement les Orientaux, lorsqu'on parle leur langage ou pour conserver un caractère étranger. Hors de là, on emploie le pronom pluriel *Vous*, l'adjectif possessif *Votre*, et le relatif *Le vôtre*.

TUABLE. adj. 2. g. Se dit des animaux domestiques bons à tuer. *Ce cochon est t.*, Il est temps de le tuer, il est assez gras. Fam.

TUAMOTOU (Îles). Voy. POMOTOU.

TUANT, ANTE. adj. Fatigant, qui cause beaucoup de peine. *Ce travail est t.* || Ennuyeux, importun. *Conversation tuante. C'est un homme t.* Il est d'ordinairement, *Assommant*. — Fam. dans les deux sens.

TU-AUTEM. s. m. [Pr. *tu-ô-tème*]. Expression fam. empruntée du latin qui signifie *Quand à toi*, et dont on se sert pour dire, le point essentiel, le nœud, la difficulté d'une affaire. *C'est là le tu-autem, il en suit le tu-autem.*

TUBAGE. s. m. T. Techn. Action de tuber. T. Chir. On nomme ainsi l'introduction, dans le larynx des enfants atteints de *croup*, d'un *tube* destiné à faciliter le passage de l'air nécessaire à la respiration. Le t. semble réussir particulièrement chez les enfants au-dessous de deux ans, qui supportent mal la trachéotomie; du reste, dans la grande majorité des cas, il est substitué à cette dernière opération. Le t. s'est vulgarisé depuis l'emploi du sérum de Roux qui abrège la durée de la maladie et rend moins longue la présence du tube dans le larynx.

TUBAIRE. adj. 2 g. [Pr. *tu-bère*]. Qui a rapport à un tube. || *Grossesse t.*, Celle où l'œuf se développe dans la trompe utérine. || T. Méd. *Souffle t.*, Voy. AUSCULTATION.

TUBALCAÏN, fils de Lamech, aurait inventé l'art de travailler le fer et l'airain (Bible).

TUBE. s. m. (lat. *tubus*, m. s.). Tuyau d'un diamètre généralement étroit par où l'air, les gaz, les liquides, etc., peuvent passer et avoir une issue libre. *T. de verre, de plomb, de fer. Le t. d'un baromètre. Le t d'un télescope. Des tubes capillaires.* || T. Anat. Se dit parfois d'un conduit naturel. Le t. intestinal, Le t. aérien. || T. Chir. T. laryngien, Espèce de sonde que l'on introduit dans le larynx par la bouche ou par les fosses nasales, afin d'insuffler de l'air dans la poitrine des asphyxiés, ou des malades dont la respiration est gênée. || T. Minér. T. fulminaire. Sorte de tube produit par un coup de foudre dans un sol sableux. Voy. FOUDRE, IV, 5°. || T. Bot. Nom donné à la portion rétrécie d'une corolle gamopétale. Voy. FLEUR.

Chim. — En termes de Chimie, on appelle *Tubes de sûreté*, des tubes disposés d'une manière particulière, qui ont pour but d'éviter les explosions des appareils, et d'empêcher le mélange des liquides dans les divers vases qui les contiennent. — Supposons, par ex., un ballon A (Fig. 1) dans lequel se produit un dégagement de gaz chlore, par la réaction de l'acide chlorhydrique sur le peroxyde de manganèse, et soit une éprouvette B remplie d'une dissolution de potasse sur laquelle nous voulons faire réagir le chlore, qui a pour elle une grande affinité. Nous amenons le chlore par le tube de dégagement *abc* au fond de l'éprouvette B. Tant que le chlore se dégage en abondance du ballon A, l'opération marche régulièrement, et des bulles de gaz traversent la dissolution de potasse. La force élastique du gaz, dans le ballon A, fait équilibre à la pression de l'atmosphère extérieure, laquelle s'exerce sur le

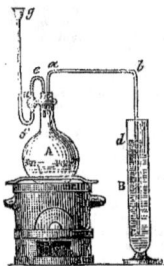

niveau de la dissolution de potasse, augmentée de la pression qui est due à une colonne de dissolution de potasse *dc*, ayant pour hauteur la distance entre le niveau du liquide dans l'éprouvette et l'extrémité *c* du tube de dégagement. Maintenant, supposons que la production du gaz chlore vienne à s'arrêter dans le ballon A, soit parce que la quantité d'acide chlorhydrique que nous y avons mise se trouve épuisée, soit parce que le ballon s'est beaucoup refroidi, la dissolution de potasse renfermée dans le tube de dégagement *bc* va continuer à absorber le chlore contenu dans le ballon A; la force élastique du gaz va diminuer graduellement dans l'appareil, et la pression constante de l'atmosphère, laquelle s'exerce à la surface du

Fig. 1.

liquide s'élever dans le tube de dégagement *bc*. Si l'opérateur est présent, il peut sauver l'expérience en débouchant rapidement le ballon A; mais s'il est absent, la dissolution de potasse montera bientôt jusqu'au sommet du tube de dégagement, et, l'absorption du chlore par la potasse continuant, la plus grande partie de la dissolution de potasse pourra passer dans le ballon A. On dit alors qu'il y a *absorption*, et l'opération est perdue. On rend impossible un accident de cette nature en adaptant, sur le ballon A et dans le même bouchon, un tube recourbé *efg* portant une boule *u*, ainsi qu'on le voit dans la figure 1. Cette forme a fait donner à ce tube le nom de *Tube en S*. On verse dans ce tube une petite quantité du liquide qui exerce la réaction chimique dans le ballon A: ici ce sera de l'acide chlorhydrique. Lorsque l'opération marche régulièrement et que les gaz se dégagent à l'extrémité *c* du tube abducteur, la force élastique du gaz intérieur est supérieure: d'une part, à la pression de l'atmosphère sur l'éprouvette et d'une colonne de dissolution de potasse *dc*; d'autre part, à la pression de l'atmosphère sur le niveau du tube en S, et d'une colonne d'acide chlorhydrique égale à la différence des niveaux dans ce tube. Supposons maintenant que le dégagement du gaz s'arrête, et que, par suite de l'absorption du chlore par la dissolution de potasse, la force élastique du gaz dans le ballon A devienne moindre que celle de l'atmosphère; on va voir qu'il n'y a plus à craindre qu'il y ait absorption de la dissolution de potasse dans le ballon. En effet, à mesure que la force élastique du gaz dans ce ballon s'abaissera au-dessous de celle de l'atmosphère, la dissolution de potasse s'élèvera dans le tube *bc*; mais, en même temps, l'acide chlorhydrique descendra dans la branche *fg* du tube en S. Si le liquide atteint le point le plus bas *f*, avant que la dissolution de potasse atteigne le sommet *b* du tube de dégagement, l'air atmosphérique rentrera par le tube en S, et empêchera que la force élastique intérieure ne devienne plus faible. L'absorption sera donc devenue impossible, et l'opération pourra être remise en train, en ajoutant de l'acide chlo-

rhydrique, ou en élevant la température du ballon. La boule *u* du tube en S a pour but d'éviter, par sa grande capacité relative, que le niveau du liquide ne s'élève beaucoup dans la branche *fe*, par suite de l'introduction du liquide contenu précédemment dans la branche *fg*; l'air s'introduit donc dans l'appareil lorsque la force élastique intérieure est devenue très peu inférieure à celle de l'atmosphère. Cette boule est utile aussi, parce qu'elle renferme la quantité de liquide nécessaire pour remplir complètement la branche *fg*, lorsque la force élastique du gaz intérieur devient beaucoup supérieure à celle de l'atmosphère. Cette force élastique ne peut d'ailleurs pas augmenter indéfiniment; elle ne peut surpasser la pression de l'atmosphère extérieure d'une quantité plus grande que celle qui fait équilibre à la colonne liquide que peut contenir la branche *fg*; car alors cette colonne serait lancée au dehors du tube, et le gaz intérieur communiquerait librement avec l'atmosphère. Cette dernière circonstance se présente fréquemment dans l'expérience que nous avons prise pour exemple. Le tube *bc* se bouche souvent par le dépôt de matières cristallisées qui se forment dans la réaction du chlore sur la potasse. Le gaz continuant à se

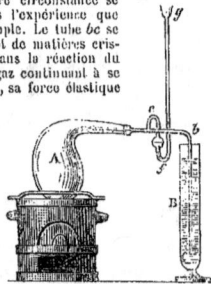

développer dans le ballon A, sa force élastique croît continuellement, s'il ne trouve pas d'autre issue, et bientôt cette force devient assez considérable pour faire éclater le ballon. Avec l'addition du tube en S, ce danger n'est plus à craindre; c'est donc avec raison que l'on a donné à ce tube le nom de *tube de sûreté*. Le tube en S a encore une autre utilité. Il permet d'ajouter, successivement et à mesure du besoin, l'acide chlorhydrique nécessaire à l'expérience, sans qu'on soit obligé de déboucher le ballon. — Lorsque le vase dans lequel se développe le gaz est une cornue à une seule ouverture, on emploie un tube abducteur sur lequel se trouve soudé un tube en S, comme le montre la figure 2. Ce tube ne sert alors que comme tube de sûreté et pour éviter l'absorption. On ne peut plus l'utiliser pour introduire les liquides nécessaires à la réaction. Cette disposition de tube porte le nom de *Tube de Welter*, du nom du chimiste qui l'a imaginée. On peut placer dans ce tube un liquide quelconque qui n'exerce pas d'action chimique sur le gaz. Le vase employé pour la réaction chimique est souvent un flacon à deux tubulures, comme dans la préparation du gaz hydrogène ou dans celle du bioxyde d'azote. On emploie alors, comme tube de sûreté, un simple tube droit (Fig. 3), qui est surmonté d'un entonnoir et qui descend pour une petite quantité dans le liquide. Enfin, on emploie des dispositions analogues lorsqu'on veut faire passer successivement un même gaz à travers une série de flacons qui renferment des dissolutions soit différentes, soit identiques, mais capables de l'absorber.

Fig. 2.

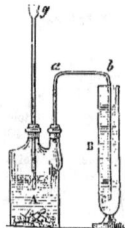

Fig. 3.

TUBER. v. a. T. Techn. Revêtir de tubes un trou foré dans la terre pour empêcher son obstruction. *T. un puits artésien.* || T. Chir. Placer un tube dans le larynx pour faciliter la respiration. = TUBÉ, ÉE. part.

TUBERCULE. s. m. (lat. *tuberculum*, dimin. de *tuber*, bosse). T. Bot. Nom donné aux racines ou aux tiges souterraines renflées. Voy. RACINE, TIGE. || T. Anat. S'applique à de petites saillies ou éminences. *T. lacrymal*, Petite saillie de la paupière. Voy. LACRYMAL. *Tubercules mamillaires* (cerveau). || T. Pathol. *T. anatomique.* Lésion cutanée contractée par les médecins au cours des dissections. — Désigne principalement la lésion caractéristique de la *tuberculose*, lésion produite par le bacille de Koch. Voy. TUBERCULOSE. — Se dit aussi des productions morbides qui se forment sur la peau dans certaines maladies tuberculeuses ou non, et qui offrent l'apparence de petites bosses. Nous citerons par ex., le *Lupus* appelé quelquefois dartre rongeante, qui est une tuberculose de la peau, le *Pian*, ou *Framboesia*, maladie d'Amérique qui attaque surtout les nègres mal nourris et débilités; c'est une maladie qui paraît contagieuse, dont la nature est mal connue, qui consiste dans la production, sur la peau de parties variées du corps, d'éminences rougeâtres en forme de framboise, qu'il peut se prolonger des années, et même toute la vie sans apporter d'autres troubles qu'une démangeaison vive; mais qui peut aussi envahir les tissus sous-jacents et causer la mort. Mentionnons aussi la *Lèpre*, et chez les animaux la *Morve*. Voy. LUPUS, LÈPRE, MORVE.

TUBERCULEUX, EUSE. adj. [Pr. *tuberku-leu, leuze*]. Qui offre de petites saillies ressemblant à des espèces de bosses. *Racine, tige tuberculeuse.* — Qui offre l'aspect ou qui est de la nature du tubercule. *Renflement t. Matière tuberculeuse.* || T. Méd. Qui est le siège de tubercules. *Le poumon était t.* Qui est une manifestation de la maladie appelée tuberculose. *Méningite tuberculeuse.* — Qui est affecté de tuberculose. *Cette jeune fille est tuberculeuse.* — On dit aussi subst., *Un t., une tuberculeuse.*

TUBERCULIFORME. adj. 2 g. (lat. *tuberculum*, tubercule; *forma*, forme). T. Méd. Qui a la forme d'un tubercule. — Qui produit des formations morbides ressemblant à des tubercules. *Morve t., Lèpre t.*

TUBERCULISATION. s. f. [Pr. *tuber-kuli-za-sion*]. Formation de tubercules.

TUBERCULISER. v. a. [Pr. *tuber-kuli-zer*]. Produire des tubercules. == TUBERCULISÉ, ÉE. part.

TUBERCULOSE. s. f. [Pr. *tuberku-loze*] (R. *tubercule*). La t. est une maladie générale, infectieuse, inoculable, causée par le *bacille de Koch*. La contagiosité de la t. a été démontrée en 1865 par un médecin français, *Villemin*; prenant des produits tuberculeux (débris anatomiques, crachats), il les inoculait sous la peau d'animaux qui peu après étaient atteints de la t. Le microbe, l'agent spécifique de la maladie, a été découvert en 1882 par le médecin allemand *Koch*; il a la forme d'un bâtonnet d'une longueur de 3 à 4 millièmes de millimètre; il existe, en grande abondance, dans les crachats des phtisiques; on le trouve également dans les infiltrations caséeuses des ganglions, des articulations, dans les ulcérations tuberculeuses des différentes muqueuses, dans les pus des abcès froids, etc. Si on isole le bacille de Koch (méthode des cultures), et si on l'inocule à différents animaux (cobaye, lapin), il détermine chez eux la t.

Anatomie pathologique. — Les lésions anatomiques causées par la t. des divers organes revêtent deux formes, l'une circonscrite (tubercule), l'autre diffuse (infiltration tuberculeuse).

1° Le *tubercule* ou granulation *tuberculeuse* est un petit nodule généralement visible à l'œil nu, ayant parfois la grosseur d'un grain de chènevis, présentant une teinte grisâtre et constitué lui-même par l'agglomération de granulations élémentaires ou *follicules tuberculeux*. Le follicule tuberculeux est l'élément primitif; on trouve à sa partie centrale une cellule volumineuse dite *cellule géante*, entourée d'autres cellules plus petites; il renferme des bacilles. Le tubercule finit par se ramollir, il devient caséeux et purulent; dans les cas favorables, il se sclérose et devient fibreux ou se calcifie.

2° L'*infiltration tuberculeuse* se caractérise par ce fait que les follicules tuberculeux, au lieu d'être réunis en tubercules, sont disséminés; comme dans la forme précédente, ils peuvent devenir caséeux ou se scléroser. Cette variété s'observe souvent dans la phtisie; mais on peut trouver, dans un même organe, ces deux sortes de lésions.

Formes cliniques. — La t. peut revêtir les allures d'une maladie aiguë comme dans la *t. granuleuse aiguë* ou *granulie*, décrite au mot PHTISIE ou, au contraire, évoluer d'une façon lente, chronique, dans un organe quelconque; il s'agit alors d'une *t. locale.*

La t. du poumon a été étudiée au mot PHTISIE. Les tuberculoses locales se rencontrent dans les divers organes et appareils de l'économie : articulations (*tumeurs blanches*), méninges (*méningite tuberculeuse*), péritoine (*péritonite tuberculeuse*), plèvres, ganglions (*adénites*, *carreau*), peau (*lupus*), testicules, os, intestin, larynx, amygdales, etc., etc. Ces différentes variétés peuvent apparaître au cours de la t.

pulmonaire ou se développer primitivement, rester localisées et quelquefois, plus tard, se généraliser, c.-à-d. envahir le poumon et d'autres organes. L'invasion de l'économie par la t. provoque généralement, indépendamment des troubles locaux variables avec l'organe atteint, un amaigrissement notable, de la fièvre, des sueurs.

La gravité dépend du siège des lésions.

Chez les animaux la t. atteint volontiers le bœuf, le porc; la chèvre paraît réfractaire à la maladie.

Causes. — L'*hérédité* joue un grand rôle dans le développement de la t.; elle prépare le terrain. L'enfant de parents tuberculeux naît le plus souvent non pas tuberculeux, mais *tuberculisable*, c.-à-d. que son organisme offre peu de résistance au bacille de Koch; les conséquences de cette tare peuvent être évitées par l'application de mesures appropriées. Les *mauvaises conditions hygiéniques de l'existence* (logements insalubres, misère, alimentation défectueuse, excès, surmenage, etc.), l'*alcoolisme*, les *maladies de l'appareil respiratoire* et celles qui débilitent l'organisme (diabète, fièvre typhoïde, etc.), sont autant de conditions favorables au développement de la t.

Mesures préventives. — Traitement. — Nous avons dit que l'agent pathogène de la t. était le bacille de Koch; c'est donc à la destruction de ces bacilles ou à la neutralisation de leurs propriétés nocives que tendent les divers moyens préconisés contre la t.; on ne saurait trop montrer le danger des *crachats* des phtisiques, riches en bacilles qui sont répandus dans l'air par le vent après la dessiccation de ces crachats. Il faut donc généraliser l'emploi des crachoirs renfermant une substance antiseptique (solution de sublimé, d'acide phénique, de sulfate de cuivre, etc.); il serait bon également de vulgariser l'emploi de petits crachoirs portatifs dits *crachoirs de poche*, car l'habitude de cracher dans un mouchoir est également dangereuse; les tuberculeux doivent être isolés des autres malades; le mariage leur est interdit. La t. peut être contractée par les aliments contaminés (viande, lait); il est prudent de soumettre systématiquement le lait à l'ébullition ou à la stérilisation; la viande doit être très cuite. L'usage du lait de chèvre offre une sécurité complète, cet animal ne contractant pas la t.

La t. est une maladie grave, mais *curable*; on la guérit à la condition d'instituer à temps un traitement énergique; ce traitement varie suivant l'état de l'organisme et le siège de la maladie. Nous ne ferons qu'indiquer ici les préceptes suivants qui s'appliquent à tous les cas : hygiène rigoureuse, séjour à la campagne, alimentation substantielle, hydrothérapie, exercices modérés, etc.

TUBÉRÉES. s. f. pl. (lat. *tuber*, truffe). T. Bot. Tribu de Champignons de la famille des *Périsporiacées*. Voy. ce mot.

TUBÉREUSE. adj. f. [Pr. *tubéreu-ze*] (lat. *tuberosus*, plein de bosses, de *tuber*, bosse). T. Bot. *Racine t.* Voy. RACINE. == TUBÉREUSE. s. f. T. Bot. Nom vulgaire du *Polianthes tuberosa*. Voy. LILIACÉES, t.

TUBÉRIFIER (SE). v. pron. (lat. *tuber*, bosse; *ficare*, faire). T. Bot. Se couvrir de tubercules. Se dit des tiges et des racines.

TUBÉROSITÉ. s. f. [Pr. *tubéro-zité*] (lat. *tuber*, bosse). T. Anat. Éminence plus ou moins volumineuse, à surface inégale, qui se trouve sur un os, et où s'attachent des muscles ou des ligaments. *La t. du tibia.* — Se dit aussi des renflements qu'on remarque sur un organe quelconque. *T. de l'estomac.* || T. Bot. Épaississement ou nodosité en forme de tubercule. *Ce tronc est plein de tubérosités.*

TUBICOLES. s. m. pl. (lat. *tubus*, tube; *colere*, habiter). T. Zool. Les Vers auxquels Cuvier a donné le nom d'*Annélides tubicoles*, vivent dans des tubes soit calcaires, soit sableux, soit plus ou moins membraneux; ils répondent aux *Annélides sédentaires* de Milne-Edwards. Ces animaux n'ont ni tête distincte, ni yeux, ni antennes; mais l'extrémité antérieure de leur corps est garnie d'un grand nombre d'appendices dont les uns constituent des branchies en forme de panaches ou d'arbuscules, et les autres servent à la préhension des aliments ou même à la locomotion. Leurs pieds sont peu saillants et ne leur servent guère que pour s'élever ou pour descendre dans le tube qu'ils habitent. La plupart ne peuvent, ni nager, ni marcher, et ceux qui peuvent se traîner sur le sol se déplacent à l'aide des longs tentacules dont leur bouche est entourée, à peu près de la même manière que marchent les Céphalopodes. — Les *Serpules* (*Serpula*), vulgairement appelés *Tuyaux de mer*, sécrètent un tube calcaire, qu'elles fixent sur les pierres, sur les coquilles, et sur les corps sous-marins autour desquels elles s'entortillent. La coupe de ces tubes est tantôt ronde et tantôt anguleuse selon les espèces. L'animal a le corps composé d'un grand nombre de segments. Sa partie antérieure s'élargit en un disque armé de chaque côté de plusieurs paquets de soies raides, et de chaque côté de sa bouche est un panache de branchies en forme d'éventail ordinairement teint de vives couleurs A la base interne de chaque panache est un filament charnu, et l'un de ces filets est toujours prolongé et dilaté à son extrémité en un disque diversement configuré, qui sert d'opercule et bouche l'ouverture du tube quand l'animal s'y retire. Une espèce commune sur nos côtes est la *Serpule contournée* (S. *contortuplicata*). Son opercule est en entonnoir et ses branchies sont souvent d'un beau rouge ou variées de jaune et de violet. Nous avons représenté ailleurs la *Serpule lactée* (Voy. ANNÉLIDES, Fig. 3). — Les *Sabelles* (*Sabella*) ont le même corps et les mêmes branchies en éventail que les Serpules ; mais les deux filets charnus adhérents aux branchies se terminent l'un et l'autre en pointe et ne forment pas d'opercule ; ils manquent même quelquefois. Leur tube est rarement calcaire ; il est le plus souvent composé de grains d'une argile ou d'une vase très fine retenus dans une membrane vaginale. Les espèces connues sont assez grandes, et leurs panaches branchiaux sont d'une délicatesse et d'un éclat admirables. — Les *Térébelles* (*Terebella*) habitent, comme la plupart des Sabelles, un tube factice ; mais il est composé de grains de sable ou de fragments de coquilles. En outre, leur corps a beaucoup moins d'anneaux et leur tête est autrement ornée De nombreux tentacules filiformes, susceptibles de beaucoup d'extension, entourent leur bouche, et sur leur cou sont des branchies en forme d'arbuscules et non pas d'éventail — Les *Amphitrites* (*Amphitrite*) sont faciles à reconnaître aux appendices de couleur dorée, rangés en peigne ou en couronne, sur un ou plusieurs rangs, à la

partie antérieure de la tête, où ils leur servent probablement de défense ou peut-être de moyen de ramper ou de ramasser les matériaux de leur tuyau. Autour de la bouche sont de très nombreux tentacules, et sur le commencement du dos des branchies en forme de peigne. Parmi les espèces qu'on trouve sur nos côtes, nous citerons l'*Amphitrite à ruche* (A alveolata), dont les tuyaux unis les uns aux autres en une masse compacte présentent leurs orifices régulièrement disposés comme des alvéoles d'abeilles. — Les *Spirorbes* (*Spirorbis*) ont un test adhérent dans toute son étendue, s'enroulant régulièrement à plat, et formant une sorte de coquille en forme d'hélice ou de spirale Chaque individu est solitaire et ne se réunit jamais avec d'autres pour former des groupes ou faisceaux Il se fixe aux fucus, aux coquilles et à d'autres corps sous-marins. Le *Spirorbe nautiloïde* (Sp.nautiloides) [Fig. ci-dessus], qu'on trouve dans les mers de Norvège, a la spirale interrompue par des étranglements, avec des cloisons semi-lunaires très brunes.

TUBINGUE ou **TUBINGEN**, v. de Wurtemberg, sur le Neckar ; 12,550 hab.

TUBIPORE. s. m. (R. *tube* et *pore*). T. Zool. Famille de *Polypes*. Voy. ALCYONAIRES.

TUBITÈLES. s. f. pl. (lat. *tubus*, tube ; *tela*, toile) T. Entom. Famille d'*Arachnides*. Voy. ARAIGNÉE.

TUBULAIRE. adj. 2 g. [Pr. *tubulè-re*] (lat. *tubulus*, dimin. de *tubus*, tube). T. Techn. Qui est composé de tubes. *Chaudière t.* Voy. LOCOMOTIVE. *Pont t.* Voy. PONT, I, C = TUBULAIRES. s. m. pl. T. Zool. Sous-ordre d'*Hydroïdes* Voy. ce mot.

TUBULÉ, ÉE. adj. (lat. *tubulatus*, m s.). T. Chim Qui a

une ou plusieurs tubulures. *Flacon t. Cornue tubulée.* || T. Bot. Qui est en forme de tube. *Corolle tubulée.* Voy. FLEUR. || T. Archéol. *Draperie tubulée*, Draperie qui, dans les statues anciennes, tombe par plis arrondis en forme de tubes ou tuyaux.

TUBULEUX, EUSE. adj. [Pr. *tubu-leu, euze*] (lat. *tubulus*, dimin. de *tubus*, tube). Qui est long et creux intérieurement comme un tube. *Calice t.* Voy. FLEUR.

TUBULIBRANCHES. s. m. pl. (lat. *tubulus*, dimin. de *tubus*, tube ; *branchia*, branchies). T. Zool. Nom donné par certains auteurs à une division de Mollusques du groupe des *Tœnioglosses*.

TUBULIFLORES. s. f. pl. (lat. *tubulus*, dimin. de *tubus*, tube ; *flos*, *floris*, fleur). T. Bot. Tribu de plantes de la famille des *Composées*. Voy. ce mot

TUBULINÉES. s. f. pl (lat. *tubulus*, dimin. de *tubus*, tube). T. Bot. Tribu de Champignons de la famille des *Endomyxées*. Voy. ce mot.

TUBULIPORE. s. m. (lat. *tubulus*, dimin. de *tubus*, tube ; *porus*, ouverture). T. Zool. Genre de *Bryozoaires*. Voy. ce mot.

TUBULURE. s. f. (lat. *tubulus*, dimin. de *tubus*, tube). Ouverture particulière de certains vases usités principalement en chimie, et qui est ordinairement destinée à recevoir un tube. *Flacon à deux, à trois tubulures. Les tubulures d'une chaudière à vapeur.* || Se dit aussi des petits tubes ou tuyaux dont certaines productions naturelles sont traversées. *La tige du rotin est percée d'une infinité de petites tubulures longitudinales.*

TUCHAN, ch.-l. de c (Aude), arr. de Carcassonne ; 1,500 hab.

TUDELA, v. d'Espagne (Navarre), sur l'Èbre ; 8,000 hab.

TUDESQUE. adj. 2 g. Ce mot, qui sign. proprement Germanique, se dit au propre de la langue allemande ancienne. *La langue t. Grammaire t.* — S'emploie aussi substant., en parlant de cette langue. *Le t. est un idiome très ancien.* || Par dénigrement, se dit encore des expressions, du style, des manières, etc., qui manquent d'élégance et de grâce, qui ont quelque chose de rude et de grossier. *Il a des manières tudesques, un langage t. Leur style, leur jargon t.*

TUDIEU, interj. (abrév de *vertu Dieu*). Sorte de juron.

TUDOR, maison royale d'Angleterre, qui donna cinq souverains à l'Angleterre, de 1485 à 1603 : Henri VII, Henri VIII, Édouard VI, Marie et Élisabeth.

TU-DUC, empereur d'Annam (1830-1888).

TUE-CHIEN. s. m. [Pr. *tu-chi-in*]. Nom vulgaire du Colchique d'automne

TUE-LOUP. s. m. [Pr. *tu-lou*]. Nom vulgaire de l'Aconitum lycoctonum (Renonculacées).

TUER v a. (bas lat. *tutare*, éteindre, du lat. *tuditare*, frapper). Ôter la vie d'une manière violente. *T. d'un coup d'épée, d'un coup de pistolet.* On n'emploie jamais le v. *Tuer*, en parlant des morts violentes par autorité de justice, ni en parlant de ceux qui ont été noyés ou étouffés. || Se dit aussi de toute mort violente ou arrivée par accident, et même de toute mort prompte causée par une maladie. *Une tuile lui tomba sur la tête et le tua. Le venin de ce serpent tue en quelques minutes. Il a été tué d'un coup de tonnerre. Le choléra l'a tué en deux heures.* || Se dit de tout ce qui cause, qui occasionne la mort. *Ce charlatan vous tuera. La débauche, le chagrin l'a tué. L'excès de travail le tuera.* = *Tuer*, se dit également en parlant des animaux que les bouchers assomment ou égorgent. *T. des bœufs, des moutons.* On dit encore fam., *Ce boucher tue de meilleure viande que tel autre* ; et absol., *Ce boucher ne tue qu'une fois la semaine.* || Se dit encore en parlant d'autres animaux. *T un chevreau, un lapin, un lièvre. T. des poulets, des pigeons, des perdrix. Nous avons chassé toute la* matinée, *et nous n'avons rien tué.* || Se dit encore des animaux, et même des plantes qu'une cause accidentelle fait périr. *La gelée tuera les insectes. Le froid a tué les oliviers.* = *Tuer*, s'emploie aussi au figuré. Ainsi, il se dit tant au sens physique qu'au sens moral, pour fatiguer excessivement, au point d'altérer la santé. *Cet homme porte des fardeaux trop lourds; cela le tue. Le chagrin le tue. Il mène une vie qui le tue. Vous tuez votre cheval de le mener toujours au grand galop.* || Sign. aussi, importuner extrêmement *Ce bruit continuel me tue. Il tue tout le monde avec ses compliments. Ce récit est d'une longueur qui tue.* || En parlant des choses, signifie quelquefois ruiner. *Cette révolution tua le crédit. Les grandes entreprises tuent les petites fabriques.* || On dit encore fam., *T. un auteur; t. son original, son modèle,* Le surpasser au point de le faire oublier. — *T. un ouvrage,* Le jouer si mal, qu'il n'ait point de succès. — *Les acteurs ont tué sa pièce.* — *Cela tue l'effet du spectacle; cela tue tout le plaisir de la partie,* Cela le contrarie, le détruit, le réduit à rien. — *T. le temps,* S'amuser à des riens, afin de passer le temps sans ennui. || *La lettre tue et l'esprit vivifie,* Pour bien comprendre une loi, un précepte, etc., souvent, au lieu de s'attacher servilement au sens de l'expression, il faut chercher à saisir la pensée, l'intention de l'auteur. = SE TUER. v. pron. Se donner la mort. || *Il s'est tué d'un coup de pistolet. Les deux adversaires ont tiré en même temps et se sont tués l'un l'autre.* || Être tué par accident. *Le couvreur tomba du haut du toit et se tua.* || Se fatiguer excessivement au point d'altérer sa santé. *Il se tue à force de boire, à force de travailler, à force de travail,* et elliptiq., *Il se tue de travail.* — Fam. et par exagération, *Se t. le corps et l'âme,* et absol., *Se tuer,* Se donner beaucoup de peine. *Il s'est tué le corps et l'âme pour amasser de l'argent. On se tue à lui faire des remontrances. Il se tue à rimer.* — On dit aussi fam., *Se t. à plaisir,* Faire sans nécessité des choses évidemment nuisibles à sa santé. — On dit encore, fam. et par exagération, *On s'y tue,* en parlant d'une grande affluence de monde en quelque endroit. *La pièce nouvelle a un succès fou; on s'y tue.* = TUÉ, ÉE. part. || Fam., et en parlant d'une discussion, Être tué, Être réfuté complètement, n'avoir plus rien à répliquer. *Si vous dites cela, vous êtes tué. Je ne me tiens pas encore pour tué.* On dit plus ordinairement. *Battu.* || Prov. *Tant de tués que de blessés il n'y a personne de mort,* le mal n'a pas été si grand qu'on le croyait. = Conj. Voy. JOUER.

TUERIE. s. f. [Pr. *tu-ri*]. Carnage, massacre. *La déroute fut suivie d'une t. effroyable.* — Fam., et par exagération, N'allez pas là, c'est une t., se dit pour détourner quelqu'un d'aller dans un lieu où il y a une telle foule, qu'il est difficile de s'en tirer sain et sauf. || Se dit quelquefois pour Abattoir. *Il y a une t. dans ce quartier.* Vx. = Syn. Voy. MASSACRE.

TUÉSITE. s. f. [Pr. *tu-é-zite*]. T. Minér. Lithomarge blanche des bords de la Tweed (Écosse).

TUEUR, EUSE. s. Celui, celle qui tue; n'est guère usité que dans cette phrase fam., *C'est un t. de gens,* qui se dit d'un homme qui fait le brave, ou de quelqu'un qui a tué plusieurs personnes en duel.

TUE-TÊTE (À). loc. adv. [Pr. *a-tu-tête*]. Qui n'est usité que dans ces phrases familières, *Crier à tue-tête. Chanter à tue-tête,* Disputer à tue-tête, Crier, chanter, disputer de toute sa force.

TUF. s. m. (lat. *tofus*, m. s.). T. Minér. On désigne vulgairement sous le nom de *Tuf* une substance blanchâtre et sèche qui tient plus de la nature de la pierre que de celle de la terre, et qu'on trouve assez ordinairement au-dessous de la terre végétale. Dans le langage de la Géologie, cette dénomination s'applique à des roches de natures diverses, mais qui sont généralement plus ou moins poreuses ou caverneuses. Ainsi, on distingue les *Tufs calcaires,* les *Tufs siliceux* et les *Tufs volcaniques.* — Les *Tufs calcaires* ne sont autre chose que du carbonate de chaux formant parfois des masses considérables à la surface du sol, où il a été déposé par des eaux qui se sont chargées de matières calcaires en traversant des dépôts plus anciens. Ces tufs sont plus ou moins compacts, plus ou moins fins, et plus ou moins tendres, et ils renferment fréquemment des débris de plantes et de coquilles terrestres ou fluviatiles. Parmi les variétés de ce calcaire, on remarque surtout le *Travertin* (*Travertino* des Italiens), qu'on exploite sur une vaste échelle à Tivoli, près de Rome.

Ce tuf, qu'on appelle aussi *pierre de Tivoli,* a la propriété de durcir à l'air. La plupart des édifices, soit modernes, soit antiques de Rome, sont construits en travertin. Au contraire, l'espèce de tuf appelée *Craie tuffeau,* ou simplement *Tuffeau,* est en général sableuse et friable. Faute de mieux, dans certains pays, on en fait usage pour les constructions; mais elle s'écrase aisément et se désagrège rapidement sous l'action de la pluie ou de l'air humide. Il existe aussi des tufs calcaires qui renferment une certaine quantité de silice. Ces tufs sont surtout formés par certaines eaux thermales, qui déposent de la silice en même temps que du carbonate de chaux. — Toutefois on rencontre dans quelques lieux des tufs complètement *siliceux,* et qui sont également produits par des eaux minérales chaudes. Tels sont surtout ceux des geysers en Islande, dont les dépôts, de 3 à 4 mètres de puissance, s'étendent quelquefois très loin. On en connaît encore d'analogues, mais souvent mélangés de matières étrangères, à Saint-Michel des Açores, dans l'Inde, et dans les montagnes Rocheuses, aux États-Unis. — Les *Tufs volcaniques* sont formés par des amas de petits fragments scoriacés, ou lapilli, accumulés autour des volcans, ou de matières terreuses qui en renferment une plus ou moins grande quantité. Ces tufs, quand ils ont été remaniés et agglutinés par les eaux, donnent des pierres de construction d'excellente qualité. On exploite des tufs de ce genre au Puy en Velay, sur les bords du Rhin, dans la campagne de Rome, et dans la Hongrie occidentale. On emploie aussi pour la construction certains *Tufs ponceux,* c.-à-d. formés de fragments de ponce. A Tokay, en Hongrie, ils constituent une pierre blanche, légère, très solide, qui se laille facilement et conserve bien ses arêtes. Le *Trass* ou *Tirasse* est aussi une sorte de tuf qui résulte de la décomposition de roches d'origine ignée, notamment du trachyte et du porphyre. Il est généralement composé de silice, d'alumine, de carbonate de chaux et d'oxyde de fer. Lorsqu'il est à l'état friable, on l'emploie, comme la pouzzolane, pour faire des mortiers hydrauliques; c'est même de cet usage que cette substance tire son nom, *tiras* en hollandais signifiant *ciment.* Mais quelquefois on le rencontre à l'état compact et solide, et alors on peut s'en servir comme pierre à bâtir.

TUFACÉ, ÉE. adj. (lat. *tofaceus,* m. s.). Qui est de la nature du tuf. *Terrain t.*

TUFFÉ, ch.-l. de c. (Sarthe), arr. de Mamers; 1,600 hab.

TUFFEAU ou **TUFEAU.** s. m. [Pr. *u-fo*] (R. *tuf*). T. Minér. Espèce de tuf sableux et friable. — S'emploie aussi adject. *Craie tuffeau.* Voy. TUF.

TUFIER, IÈRE. adj. Syn. de *Tufacé.* Peu usité. *Terre tufière,* terre maigre parce qu'elle est trop voisine du tuf.

TUFIÈRE. s. f. Carrière de tuf.

TUGELA, riv. de l'Afrique australe, dans la République d'Orange.

TUGGURT. Voy. TOUGGOURT.

TUGUE. s. f. Voy. TEUGUE.

TUILE. s. f. (lat. *tegula,* m. s. de *tegere,* couvrir). Pièce d'argile cuite qui est peu épaisse, tantôt courbée en demi-cylindre, et dont on se sert pour couvrir les maisons. *T. plate. T. creuse. T. vernie. Une maison couverte de tuiles.* || Se dit aussi de Morceaux de marbre, de pierre ou de bronze, qui ont la même forme et servent aux mêmes usages que les tuiles de terre cuite. *Ce temple est couvert de tuiles de marbre.* || Fam. *Être logé près des tuiles, sous les tuiles,* Être logé au plus haut étage de la maison. On dit aussi Fig., en parl. D'un accident imprévu, et que l'on n'a pu éviter. *C'est une t. qui lui est tombée, ou qui m'est tombée sur la tête.* || Prov. *Il ne trouverait pas du feu sur une t.,* on ne lui prêterait pas la moindre chose.

Techn. — Les *Tuiles* sont de minces plaques de terre argileuse qu'on fait durcir par la cuisson. L'argile employée pour la fabrication des tuiles est comme plasticité semblable à celle qui sert à la confection des briques, mais mieux corroyée et soumise à une pression beaucoup plus considérable. On la mélange quelquefois avec du sable lorsque cette argile est trop grasse. Au reste la fabrication des tuiles est tout à fait analogue à celle des briques et se fait au moyen de moules dans lesquels on tasse la pâte argileuse en la soumettant ensuite à l'action de presses hydrauliques puissantes. On distingue les *Tuiles plates*, les *Tuiles courbes*, les *Tuiles creuses*, les *Tuiles mécaniques*, etc. Les premières ont environ 35 centimètres de longueur sur 23 de largeur; il y en a de plus petit modèle qui ont 24 centimètres sur 19; l'épaisseur est d'environ 12 millimètres. Elles sont munies à leur extrémité supérieure d'une sorte de crochet ou d'*embase* venu de moulage, qui sert à les accrocher à des lattes clouées parallèlement aux chevrons du comble. On pose ces tuiles de telle manière que la supérieure recouvre en partie l'inférieure, et que les joints de deux tuiles voisines répondent au plein de la t. de dessous. Les *Tuiles courbes* ou *à dos d'âne*, n'ont pas besoin de crochet. On les place sur un bain de mortier, .e telle manière qu'une rangée verticale de tuiles tourne ..a convexité vers l'extérieur et vienne s'appliquer exactement vers la partie médiane d'une seconde file de tuiles ayant sa concavité visible. Il en est de même pour les tuiles creuses et ainsi de proche en proche sur toute la toiture avec ces deux types. Les tuiles mécaniques dont il existe différents types n'exigent pas. pour leur mise en place sur les toitures, un bain de mortier. Leur profil moulé est tel qu'elles se recouvrent mutuellement en partie et qu'il suffit de les superposer pour avoir une couverture solide et tout à fait étanche. Actuellement, les tuiles mécaniques sont universellement employées dans toutes les constructions de quelque importance. Outre qu'elles sont plus légères que les tuiles ordinaires, plates ou cintrées, elles sont plus résistantes aux intempéries. Fréquemment on vernit au feu leur surface. Les meilleures tuiles sont celles qui ne contiennent pas de calcaire et qui sont un peu vitrifiées par l'action du feu. On reconnaît leur qualité au son qu'elles rendent quand on les frappe avec un morceau de bois : ce son doit être clair et en quelque sorte métallique.

TUILÉ, ÉE. adj. Qui est en forme de tuile.

TUILEAU. s. m. [Pr. *tui-lo*). Morceau, fragment de tuile cassée. *Faire un dire avec des tuileaux.*

TUILER. v. a. T. Franc-maçon. Constater si celui qui se dit franc-maçon l'est réellement. == TUILÉ, ÉE. part.

TUILERIE. s. f. Lieu où l'on fait de la tuile. *Il y a une t. en tel endroit.* || Absol., *Les Tuileries*, Le palais que le chef de l'État habitait à Paris et le jardin qui en dépendait. *Le palais des Tuileries. Le jardin, la cour des Tuileries. Aller aux Tuileries.* — T. Hist. *Le cabinet des Tuileries*, Le gouvernement français, avant 1874, considéré dans ses relations avec les puissances étrangères. — Le palais des Tuileries, construit par Catherine de Médicis, a été brûlé en 1871, pendant l'insurrection; il n'a pas été rebâti. Le jardin existe toujours.

TUILEUR. s. m. Celui qui, dans une loge maçonnique, est chargé de tuiler les visiteurs. *Il était alors Frère t.*

TUILIER. s. m. Ouvrier qui fait des tuiles.

TULIPE. s. t. (pers. *dulband*, m. s., propr. *turban*). Genre de plantes Monocotylédones (*Tulipa*) de la famille des *Liliacées*, tribu des *Lillées.* Voy. LILIACÉES. || Verre à boire de forme ovoïde, rempli au milieu.

TULIPIER. s. m. T. Bot. Nom vulgaire du *Liriodendron tulipiferum*, arbre de la famille des *Magnoliacées*.

TULLAMORE, v. d'Irlande; 5,000 hab., capitale de *King's County*.

TULLE. s. m. [Pr. *tu-le*] (orig. inconnue et non pas, comme on le répète à tort, la ville de Tulle, département de la Corrèze, où ce tissu n'a jamais été fabriqué). T. Techn. Sorte de tissu en forme de réseau, extrêmement mince et léger. Le *Tulle* a été fabriqué pour la première fois par un Anglais, Hammond, qui, laissant voler l'idée de se servir de son métier pour obtenir un tissu léger à mailles larges et régulières, eut l'idée de se servir de son métier pour obtenir un tissu léger à mailles larges et régulières, de forme polygonale. Cette invention, qui date de 1768, est restée pendant plus de dix années un simple objet de curiosité. Un Français nommé Caillon mis au courant de la découverte d'Hammond, qui avait donné au produit obtenu par lui le nom de *tricot-dentelle*, étudia à nouveau la question et, en 1779, parvint à fabriquer un t. clair, mais plus régulier que celui du premier inventeur. Il fallut

que s'écoulât un intervalle de vingt ans, pour qu'un industriel de Nottingham (Angleterre), Lindley, simplifiât et améliorât la production, par l'emploi de bobines spéciales, portant le fil destiné à l'obtention de ce que l'on appelait alors la *dentelle au fuseau*. Tous ces innovateurs d'une industrie qui devait prendre une extension considérable ne faisaient usage que de l'antique métier à bas ayant aidé Hammond à faire sa découverte. Vers 1807, un autre Anglais, Heathcoat apporta de profondes modifications au mode de fabrication du t. Les produits qu'il obtint, en combinant le métier à bas avec le métier à tisser, devinrent remarquables à tous égards. En France, son procédé ne tarda pas à être adopté par l'industrie jusqu'au moment où apparut dans notre pays la mécanique Jacquard, qui reçut de suite une utile application à la fabrication du t., devenu aujourd'hui une véritable dentelle par la diversité des dessins que l'industrie est parvenue à imaginer et la délicatesse de ses dessins. Déjà, en 1835, Champollier avait réussi à importer en France et à fabriquer un t. spécial à l'Angleterre, le *t. point d'esprit* représentant un immense progrès sur tout ce que l'on avait créé jusqu'alors. À l'heure actuelle, il n'est pas de combinaisons de dessins que l'on ne puisse reproduire couramment chez nous et qui constituent, à proprement dire, la dentelle mécanique, livrée au commerce à des prix fabuleux de bon marché, bien que la perfection de l'ouvrage produit soit irréprochable.

Le *T.* est un tissu très mince et très léger, en forme de réseau, qu'on fabrique sur une espèce de métier à bas. Ce tissu qui, de nos jours, est de tous points semblable à la dentelle, se fait avec du coton, quelquefois avec du lin ou de la soie. Au moyen de mécanismes ingénieux, on donne aux mailles de ce réseau des formes gracieuses et variées, et les produits pourraient être considérés comme de véritables objets de luxe, si la modicité de leur prix ne les mettait à la portée des classes les plus modestes de la société. — L'industrie lyonnaise ne tarda pas à se distinguer par la variété des espèces de tulles qu'elle produisit successivement sous les noms de tulles *blondes, illusion, Bruxelles*, etc. Les tulles de coton anglais, qui sont réputés supérieurs, s'exportent sur tous les marchés du monde. Les manufacturiers anglais doivent leur supériorité à la perfection de leurs machines, à la finesse des fils de coton qu'ils emploient et qui sont beaucoup moins chers que chez nous. Nos tulles ne se vendent en quelque sorte qu'en France. Nos principaux centres de fabrication sont Calais, Cambrai, Caudry, le Cateau, Lille, Lyon, Nîmes, Paris, etc. Le t. est *uni, brodé* ou *broché*. On le fabrique en *bandes*, larges de 1 à 30 centimètres, qui servent à faire des garnitures de robes, des cols. etc.; ou en *laizes*, larges de 90 centimètres à 3m,60 pour écharpes, bonnets, etc. Les diverses variétés de tulles qui, dans le commerce, reçoivent des noms spéciaux, sont assez nombreuses ; néanmoins on peut les ramener à deux catégories principales. L'une, dite *Tulle mecklin*, se fait avec un métier, appelé *mecklin* (*Warp machine*). Ce tissu a la maille épaisse et se lave mal; aussi est-il peu estimé. L'autre espèce, ou *T. bobin*, se fabrique avec une machine où les fils sont enroulés sur des *bobines* de cuivre (d'où le nom du tissu) qui remplacent les fuseaux de la dentellière. Ce t. se prête très facilement au lavage; il est, en outre, très solide et très régulier. C'est pour ces raisons qu'il est préféré au précédent.

TULLE, ch.-l. du dép. de la Corrèze, sur la Corrèze, à 480 kilomètres S.-S.-O. de Paris; 19,000 hab. == Nom des hab. : TULLISTE, 2 g.

TULLIE, fille de Servius Tullius, poussa son mari Tarquin le Superbe à l'assassinat de son père, et fit, dit-on, passer son char sur le corps de ce malheureux.

TULLINS, ch.-l. de c. (Isère), arr. de Saint-Marcellin; 4,700 hab.

TULLUS HOSTILIUS, 3e roi de Rome (671-646 av. J.-C.); sous son règne eut lieu le combat des Horaces et des Curiaces. Les Albains vaincus furent transportés à Rome.

TUMÉFACTION. s. f. [Pr. *tuméfak-sion*] (R. *tuméfier*]. T. Méd. Enflure, augmentation de volume d'une partie quelconque du corps. *La t. est à craindre.*

TUMÉFIER. v. a. (lat. *tumefacere*, m. s., de *tumor*, tumeur, et *ficare*, faire). Causer de la tuméfaction. *Cette fluxion a tuméfié toute la joue.* == SE TUMÉFIER. Augmenler de volume. *La paupière se tuméfie. Elle s'est tuméfiée.* = **Tuméfié, ée.** part. = Conj. Voy. **Plier.**

TUMEUR. s. f. (lat. *tumor*, m. s.). T. Méd. On appelle communément *Tumeur*, toute éminence circonscrite anormale, tout gonflement d'un volume quelconque développé dans une partie du corps et présentant un caractère de persistance. Cependant, ce mot s'applique plus particulièrement aux néoplasmes survenus en dehors de toute inflammation ou infection et constitués par des tissus de *formation nouvelle*. L'hérédité, les traumatismes paraissent avoir une certaine influence sur le développement des tumeurs; leur origine parasitaire n'est pas encore démontrée; elles surviennent généralement vers l'âge de quarante ans, la gravité dépend de la constitution anatomique et du siège de la t. On distingue, parmi elles, plusieurs variétés : les *Tumeurs épithéliales* (carcinomes, adénomes, épithéliomes, etc.), les *Tumeurs musculo-conjonctives* (sarcomes, fibromes, lipomes, chondromes, ostéomes, lymphadénomes, etc.), les *myomes* (t. à fibres musculaires), les tumeurs rappelant la structure du système nerveux (*névromes, gliomes*); enfin, on décrit généralement avec les tumeurs, les *kystes* (kystes dermoïdes, hydatiques, sébacés, etc.). Les tumeurs peuvent se transformer, c.-à-d. que leur constitution anatomique peut se modifier; elles prennent alors les caractères d'un autre groupe. En clinique, on distingue les *Tumeurs bénignes* évoluant lentement et ayant peu de retentissement sur l'état général, et les *Tumeurs malignes* qui font de rapides progrès, s'ulcèrent, donnent lieu à des hémorragies, altèrent rapidement la santé, provoquent la cachexie cancéreuse et la mort après peu d'années. Chacune des variétés de t. peut donner naissance à des tumeurs bénignes ou malignes; on range parmi les premières, les adénomes, les papillomes, les cancroïdes de la peau, les myxomes, les fibromes, les lipomes; les tumeurs malignes comprennent les carcinomes (cancer, squirrhe), les épithéliomes, les sarcomes. Le traitement varie suivant la nature de la t., et son siège; en principe, il faut procéder à la destruction ou à l'extirpation de la t. le plus tôt possible. Sous le nom de *T. blanche*, on décrit une variété d'arthrite chronique de nature *tuberculeuse*, souvent localisée au genou et à la hanche (*coxalgie*).

TUMULAIRE. adj. 2 g. [Pr. *tumu-lère*] (lat. *tumulus*, tombeau, de *tumere*, être enflé). Qui appartient, qui a rapport aux tombeaux. *Pierre t. Inscription tumulaire.*

TUMULTE. s. m. (lat. *tumultus*, m. s., de *tumere*, être enflé). Grand mouvement accompagné de bruit et de désordre. *On entendit un grand t. Il s'éleva du t. On eut beaucoup de peine à apaiser le t., le t. populaire. Cette affaire peut causer du t.* | Fig., *Le t. des passions, L'agitation, le trouble que les passions excitent dans l'âme.* — *Le t. du monde, des affaires, L'agitation qui règne dans le monde, celle que causent les affaires. Quitter le t. du monde. Ce n'est pas exister que de passer sa vie dans le t. des affaires.* = **En tumulte.** loc. adv. En confusion, en désordre. *Ils allèrent en t. Ils s'assemblèrent en t.* Syn. — *Vacarme, Fracas.* — *Tumulte* exprime le bruit confus d'une foule, d'un certain nombre de personnes ; il est le résultat d'un désordre, du mélange d'une multitude de cris. *Vacarme* est du langage familier, et n'emporte pas l'idée de collectivité : un seul enfant fait quelquefois beaucoup de *vacarme*. L'idée de désordre s'attache surtout au mot *tumulte*, et l'idée de bruit au mot *vacarme*. — *Fracas* ajoute à l'idée du bruit celle d'objets brisés.

TUMULTUAIRE. adj. 2 g. [Pr. *tumul-tuère*] (lat. *tumultuarius*, m. s.). Qui est fait avec tumulte, avec précipitation, contre les formes et les lois. *Il se fit une assemblée t. Résolution t.*

TUMULTUAIREMENT. adv. [Pr. *tumultuè-reman*]. D'une manière tumultuaire. *Cela fut résolu t. On procéda t. à cette élection.*

TUMULTUEUSEMENT. adv. [Pr. *tumultueu-ze-man*]. En tumulte. *Les mécontents se portèrent t. à l'hôtel de ville.*

TUMULTUEUX, EUSE. adj. [Pr. *tumultu-eu, euze*] (lat. *tumultuosus*, m. s.). Qui se fait avec tumulte, avec bruit et confusion. *Assemblée tumultueuse. Un bruit t. Des cris tumultueux.*

TUMULUS. s. m. [Pr. l's finale] (mot lat. qui sign. propr. *Amas de terre* ou *de pierres* et qui vient de *tumere*, être enflé). T. Archéol. Grand amas de terre ou de pierres maçonnées ou non que certains peuples anciens élevaient au-dessus de leurs sépultures. Voy. **Tombeau, 1.**

TUNEILE. s. f. [Pr. *tu-nèle*]. Groupe de tuyaux disposés en faisceaux dans un orgue. Voy. **Orgue, II.**

TUNGSTATE. s. m. Nom des sels formés par l'acide tungstique. T. Chim. Voy. **Tungstène.**

TUNGSTÈNE. s. m. (suédois *tungsten*, pierre pesante). T. Chim. Le *Tungstène*, qui porte aussi le nom de son principal minerai, le *Wolfram*, est un corps simple, métallique, dont la densité est considérable, car elle s'élève à 18,7. Il est plus difficilement fusible que le chrome, et l'on ne peut le fondre en masses un peu considérables qu'au four électrique; mais il possède comme le fer la propriété de se souder à lui-même par le martelage lorsqu'il est au-dessous du son point de fusion. Inaltérable à froid dans l'air humide, il s'oxyde à une température élevée; lorsqu'il est en poudre fine, il brûle dans l'oxygène en donnant de l'acide tungstique et il décompose l'eau au rouge. Il n'est que très difficilement attaqué par les acides: toutefois un mélange des acides fluorhydrique et azotique le dissout rapidement. Le t. peut se combiner à chaud avec le chlore, le brome et le soufre. Il s'unit facilement au carbone en donnant une *fonte de t.* qui est très blanche, brillante, et notablement plus dure que le métal pur, car elle raye le verre. Avec un excès de carbone on obtient un *carbure de t.* qui raye le corindon. Le t. est tétravalent; son poids atomique est 183; son symbole est Tu ou W. L'*Anhydride tungstique* TuO³ est le plus important des oxydes du t. C'est une poudre cristalline jaune, insoluble dans l'eau, fusible au feu de forge. Cet anhydride se dissout facilement dans les dissolutions des sels alcalins en formant des sels appelés *Tungstates*. Les solutions de ces sels, traitées par l'acide chlorhydrique, donnent un précipité d'*Acide tungstique*. En faisant réagir cet acide sur les tungstates, on obtient les *Métatungstates* qui ne précipitent plus par l'acide chlorhydrique parce que l'*Acide métatungstique* correspondant est très soluble. Le *Tungstate de soude* TuO⁴Na² et le *Paratungstate de soude* Tu¹⁰O¹¹Na¹⁰ se préparent industriellement en fondant le wolfram (tungstate de fer et de manganèse) avec du carbonate de soude. Ils sont cristallisables, très solubles dans l'eau, fusibles au rouge. Ils peuvent servir à préparer par double décomposition la plupart des autres sels tungstiques. Quant à l'anhydride tungstique on le rencontre dans la nature (*Wolframocre*), mais on l'extrait ordinairement du wolfram : on épuise ce minéral par l'eau régale et l'on dissout le résidu dans l'ammoniaque; on obtient ainsi le *Tungstate d'ammoniaque*, que l'on fait cristalliser et qu'on décompose ensuite par la chaleur. L'*Acide tungstique* peut s'associer aux acides borique, silicique et phosphorique pour donner, avec ces bases, des *Borotungstates*, des *Silicotungstates* et des *Phosphotungstates*. L'*Acide phosphotungstique* est employé dans les laboratoires comme réactif très sensible des alcaloïdes; sa préparation est analogue à celle de l'acide phosphomolybdique. Outre l'anhydride tungstique on connaît encore un *Oxyde brun* ou *Bioxyde de t.* TuO², qu'on obtient par la réduction de l'anhydride, et un *Oxyde bleu* Tu²O⁵ que fournit la calcination du tungstate d'ammoniaque à l'abri de l'air. Le t. ne se rencontre pas à l'état natif; mais certains tungstates, où prédomine le tungstate de fer et de manganèse appelé *Wolfram* ou *Wolframite*, se trouvent en assez grande abondance dans les gisements d'étain. La *Scheelite* est un tungstate de chaux; la *Scheelitine*, un tungstate de plomb. La *Wolframine* ou *Wolframocre* est de l'anhydride tungstique. C'est dans la Scheelite, alors appelée *Tungsten*, que Scheele en 1781 découvrit l'acide tungstique. En 1783 les frères d'Elhujar, chimistes espagnols, réduisirent cet acide et en isolèrent le métal. Le t. et les alliages qu'il forme avec le fer et le manganèse se préparent sur une grande échelle pour être utilisés dans la fabrication de l'acier. Dans l'industrie, on obtient le t. en partant du wolfram : on purifie ce minerai en le grillant et en le traitant par l'acide chlorhydrique étendu, puis on le réduit par le charbon dans un creuset brasqué. En fondant avec du fer le produit de cette réduction l'on obtient le *fer au t.*; on peut aussi faire agir directement la fonte de fer sur le wolfram purifié. L'acier contenant 8 ou 9 pour 100 de t., avec 2 pour 100 de manganèse, est extrêmement dur

TUN

et tenace; il se laisse facilement forger et souder à lui-même. Les aciers riches en t. retiennent l'aimantation avec plus d'énergie que les aciers ordinaires et servent à faire des barreaux aimantés. — Parmi les composés du t., le plus important au point de vue des applications est le tungstate de soude; on l'emploie pour rendre incombustibles les étoffes, les bois, les décors de théâtre, etc. (Voy. INCOMBUSTIBLE); on peut aussi l'utiliser en teinture, comme mordant, au lieu des sels d'étain. Les tungstates de chrome et de cuivre ont été proposés pour la fabrication du noir d'aniline. Le tungstate de chaux sert à faire des écrans fluorescents pour les rayons X. Dans la peinture on emploie l'oxyde bleu sous le nom de *Bleu minéral*, et l'anhydride tungstique sous le nom de *Jaune minéral*; les tungstates de baryte et de zinc peuvent remplacer la céruse. Par une réduction partielle des tungstates alcalins, sous l'action de l'étain, de l'hydrogène ou du gaz d'éclairage, on obtient des bronzes de couleur connus dans le commerce sous le nom de *Bronzes de t.*; ce sont des poudres à éclat métallique qui présentent des colorations intenses : jaune d'or, bleu, rouge et violet.

TUNGSTÉNITE. s. f. T. Minér. Syn. de *Scheelite*.

TUNGSTIQUE. adj. 2 g. T. Chim. Voy. TUNGSTÈNE. = TUNGSTITE. s. f. T. Minér. Anhydride tungstique, pulvérulent ou terreux, de couleur jaune ou verdâtre.

TUNICIERS. s. m. pl. (lat. *tunica*, tunique). T. Zool. Cuvier désignait sous le nom de *Tuniciers* ou d'*Acéphales sans coquille*, le premier ordre de ses *Mollusques Acéphales*. Depuis, on remarqua que ces prétendus Mollusques différaient des Acéphales ou Lamellibranches, non seulement par l'absence de coquille, laquelle est remplacée par une substance cartilagineuse quelquefois si mince, qu'elle est flexible comme une membrane, mais encore par leur mode de développement et par leur configuration générale et diverses particularités d'organisation. Ainsi, par ex., leurs branchies prennent des formes diverses, mais ne sont jamais divisées en quatre feuillets. Leur manteau constitue, tantôt un sac, tantôt un tube ouvert à ses deux bouts. Enfin, ils n'ont ni pied ni bras. Mais les zoologistes ne sont pas d'accord pour les placer dans les classifications. Les uns en font une classe distincte de l'embranchement des *Mollusques*. D'autres une sous-classe des *Protochordes* sous le nom d'*Urochordes*; d'autres encore les ont rapprochés des Bryozoaires et des Brachiopodes pour en faire un embranchement spécial, celui des *Molluscoïdes*. Enfin le plus grand nombre en fait un embranchement spécial (*Tunicata*) ayant des rapports étroits avec les Vertébrés. Cuvier, dont la classification peut être maintenue, répartissait ces animaux en deux familles, les *Tuniciers* proprement dits, qui comprennent les genres dont les individus sont isolés et sans connexion organique les uns avec les autres, quoiqu'ils vivent souvent en société ; et les *Agrégés*, qui vivent réunis en une masse commune.

I. TUNICIERS PROPREMENT DITS. — *Principaux genres.* — Les Biphores ou Salpes (*Salpa*) ont une organisation assez compliquée. Leur corps est complètement diaphane, tubiforme ou cylindroïde, plus ou moins allongé, tronqué aux extrémités, et parfois muni antérieurement d'appendices tentaculiformes.

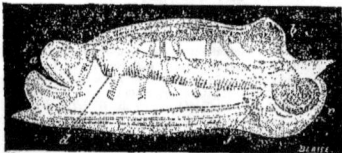

Fig. 1.

Leur manteau, portant des bandes musculaires transversales, qui permettent au corps de se contracter, est renfermé dans une enveloppe cartilagineuse transparente et ouverte aux deux bouts. L'ouverture postérieure est transverse, large et munie d'une valvule qui permet l'entrée de l'eau et non sa sortie. Du côté de la bouche, l'ouverture est tubuleuse. Les branchies forment un seul tube ou ruban muni de vaisseaux réguliers, placé en écharpe au milieu de la cavité tubuleuse du manteau, en sorte qu'elles sont sans cesse en contact avec

l'eau qui traverse cette cavité. Le cœur, le foie et les viscères, sont réunis en une petite masse près de la bouche ; l'anus est situé assez loin en arrière (Fig. 1. *Biphore birostré* [*Salpa maxima*] : *b*, bouche; *a*, anus; *c*, masse viscérale et estomac ; *d*, branchie; *f*, cœur). L'animal se déplace en faisant entrer de l'eau par l'ouverture postérieure et en la ressortant avec force du côté de la bouche ; en conséquence il nage en rétrogradant. Pendant leur jeunesse, les Biphores sont souvent réunis, soit en rosaces, soit en rubans fort allongés, et nagent ainsi pendant longtemps. A l'âge adulte, ils deviennent libres. Un fait digne d'attention, qui a été signalé pour la première fois par Chamisso, c'est l'alternance du mode de génération. Les Biphores agrégés produisent, après être devenus libres aussi dont la forme diffère de la leur, et ces derniers donnent à leur tour naissance à des individus agrégés. Ces animaux, dont le manteau brille au soleil des couleurs de l'iris, abondent dans la Méditerranée et dans les mers équatoriales. Ils vivent en haute mer, et, pendant les temps calmes, on les voit près de la surface des eaux.

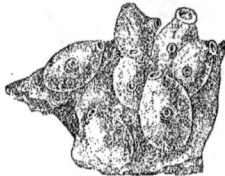

Fig. 2.

— Les *Ascidies* (*Ascidia*), appelées *Thetyon* par les Grecs, ont le manteau en forme de sac clos de toutes parts, sauf deux orifices, dont l'un sert de passage à l'eau et l'autre d'issue aux excréments. L'intérieur de cette cavité est tapissé par le réseau des vaisseaux branchiaux. La bouche et le noyau constitué par la masse viscérale sont fixés au fond du grand sac branchial (Fig. 2. *Ascidie crustiforme*). Ces animaux vivent fixés sur les rochers ou autres corps. Leur principal signe de vie consiste dans l'absorption et l'évacuation de l'eau par un de leurs orifices ; ils la lancent assez loin quand on les inquiète. On en trouve un grand nombre dans toutes les mers, et l'on en mange certaines espèces. Les Ascidies constituent plusieurs sous-genres bien distincts. Nous nous contenterons de mentionner les principaux. Les *Cynthies* (*Cynthia*) ont le corps sessile, le test coriace, et le sac branchial plissé longitudinalement. La *Cinth. papilleuse* (*C. papillosa*) a le corps hérissé de tubercules écarlates, et vit sur les côtes de la mer Adriatique. Les *Phallusies* diffèrent des précédentes en ce que leur sac branchial n'est pas plissé et que leur test est gélatineux. Enfin, les *Boltenies* (*Boltenia*) sont essentiellement caractérisées par le long pédicule auquel leur corps est suspendu. En outre, leur enveloppe est coriace.

II. AGRÉGÉS. — Ce groupe se compose d'animaux plus ou moins analogues aux Ascidies, mais qui vivent réunis en une masse commune et paraissent communiquer organiquement ensemble. Les branchies représentent un sac que les aliments doivent traverser avant d'arriver à la bouche. « Leur propagation, dit Milne Edwards, semble se faire de deux manières : tantôt la masse s'accroît par le développement de bourgeons reproducteurs dans le tissu commun ; tantôt de jeunes individus formés dans un ovaire sont expulsés au dehors et nagent librement pendant quelque temps jusqu'à ce qu'ils se soient fixés sur quelque corps sous-marin où ils vont établir une nouvelle colonie. » Cuvier avait distribué cette

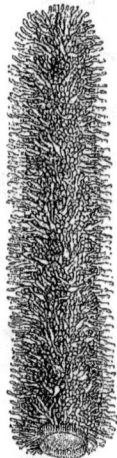

Fig. 3.   Fig. 4.

famille en trois genres : les *Botrylles*, les *Pyrosomes* et les *Polyclines*. — Les premiers sont de forme ovoïde, et représentent, par la manière particulière dont ils sont groupés, une étoile à dix ou douze rayons, chaque individu constituant un de ces rayons. Les Botrylles ont deux orifices : l'un est situé à l'extrémité périphérique du rayon, et l'autre aboutit à une cavité commune au centre de l'étoile. Lorsqu'on irrite un orifice périphérique, un animal seul se contracte, tandis que tous se contractent à la fois si l'on irrite l'orifice central. Ces animaux, dont la politesse est extrême, s'attachent sur certaines ascidies et sur certains fucus. (Fig. 3. *Botrylle doré* fixé sur un fucus, d'après Milne Edwards.) — L'organisation des *Pyrosomes* est assez analogue à celle des espèces précédentes ; mais ils se réunissent en très grand nombre et forment un cylindre creux ouvert à l'une de ses extrémités. Ces petits animaux se terminent en pointe à l'extérieur, de façon que la surface externe du cylindre est toute hérissée. Ce cylindre nage dans la mer par l'effet de la contraction et de la dilatation simultanée de tous ces animaux. (Fig. 4. *Pyrosome*

Fig. 5.   Fig. 6.

géant.) Ils sont fort communs dans l'Océan et dans la Méditerranée ; pendant la nuit ils sont phosphorescents, et c'est à cette propriété qu'ils doivent leur nom (gr. πῦρ, feu ; σῶμα, corps). — Chez les *Polyclines*, l'anus et l'orifice branchial sont rapprochés à la même extrémité. (Fig. 5. *Polycline constellé*; 6, *Synoïque sublobé*.)

Nous opposons à la classification de Cuvier, parmi les nombreuses classifications qui ont été faites depuis, celle qui est la plus répandue aujourd'hui.

Sous-classes.	Ordres.
I. APPENDICULAIRES.	(*Appendicularia, Fritillaria*).
II. THALIADES ou THALIACÉS.	1° Salpes (*Salpa*); 2° Doliolides ou Barillets (*Doliolum, Anchinia*); 3° Pyrosomes (*Pyrosoma*).
III. ASCIDIACÉS.	1° Ascidies simples (*Ascidia, Molgula, Clavellina*); 2° Ascidies composées ou Synascidies (*Botryllus, Didenchum*).

TUNICINE. s. f. (R. *Tuniciers*). T. Chim. Variété de cellulose contenue dans l'enveloppe des Tuniciers et dans les ailes des Coléoptères. Elle présente les propriétés générales de la cellulose ordinaire, mais elle résiste mieux à l'action des réactifs. La liqueur de Schweizer ne la dissout pas. L'iode la colore en jaune. L'acide sulfurique la transforme lentement en glucose.

TUNIQUE. s. f. (lat. *tunica*, m. s.). T. Antiq. La *Tunique* (*tunica*) était le vêtement de dessous des Romains ; les Grecs, qui la portaient aussi, l'appelaient *Chiton* (χιτών). Chez les deux peuples, cette sorte de vêtement était également à l'usage des deux sexes.

I. Chez les Grecs, on doit distinguer la *T. dorienne* et la *T. ionienne*. La première consistait en une chemise de laine courte et sans manches : la seconde, au contraire, était un long vêtement de lin muni de manches. La première paraît avoir été originairement portée dans toute la Grèce ; la seconde paraît avoir été introduite à Athènes par les Ioniens de l'Asie. Les deux sexes la portaient à Athènes, à l'époque des guerres contre les Perses ; mais il semble qu'au temps de Périclès les hommes l'avaient complètement abandonnée pour revenir à la t. dorienne, qui, dès lors, fut la seule t. en usage pour les hommes chez tous les peuples de race hellénique. Quant aux femmes, elles continuèrent de porter l'une ou l'autre de ces tuniques. A Sparte, les jeunes filles portaient pour tout vêtement la simple t. dorienne ; mais, lorsqu'elles

étaient mariées, elles portaient par-dessus un second vêtement. Cette t. dorienne, ainsi que nous venons de le dire, était toute de laine, sans manches, et se serrait très bas autour des hanches par une ceinture. Elle se fixait au-dessus de chaque épaule au moyen d'une agrafe ou d'une broche ; de là le nom d'ἐπωμίς qu'on lui donnait quelquefois. Enfin, elle ne tombait jamais plus bas que le genou, et souvent elle n'atteignait guère que le milieu de la cuisse. Telle est l'espèce de t. que porte la statue de Diane chasseresse représentée dans la Fig. 1. Parfois cette t. présentait du côté droit une longue fente, destinée à laisser toute liberté aux mouvements, et qui laissait à découvert la plus grande partie de la cuisse : on l'appelait alors σχιστὸς χιτών, c.-à-d. t. fendue. Comme cette t. était communément portée par les jeunes filles spartiates, on désignait celles-ci sous le nom de φαινομηρίδες, c.-à-d. celles qui montrent leurs cuisses. — Au contraire, la t. ionienne, outre qu'elle était de lin et munie de manches, tombait jusqu'aux pieds ; aussi la qualifiait-on de ποδήρης. Les manches ne couvraient ordinairement que la partie supérieure du bras : on les voit rarement, dans les œuvres d'art, descendre plus bas que le coude. Souvent encore elles étaient

Fig. 1.   Fig. 2.

fendues et attachées par une rangée de broches. Dans la Fig. 2, la t. de la femme de droite montre cette sorte de disposition. — Dans les derniers temps de la Grèce, le χιτών porté par les hommes était de deux sortes, l'ἀμφιμάσχαλος et l'ἑτερομάσχαλος, l'un à l'usage des hommes libres, et l'autre à l'usage des esclaves. Le χιτών ἀμφιμάσχαλος se serrait au-

Fig. 3.   Fig. 4.

tour des reins, descendait jusqu'aux genoux, et avait deux manches courtes qui ne recouvraient que la partie supérieure du bras. La partie industrieuse de la population portait cette sorte de t. sans autre vêtement pendant qu'elle se livrait à ses travaux. Le χιτών ἑτερομάσχαλος, au contraire, n'avait qu'une seule manche. Elle couvrait seulement l'épaule gauche, laissant la droite entièrement découverte (Fig. 3, d'après une statue antique) : on l'appelait aussi ἐξωμίς. Enfin, on donnait le nom de χιτών ὀρθοστάδιος à une t. qui n'était pas retenue autour du corps par une ceinture.

II. — Chez les Romains, la *T.* (*tunica*) était un vêtement de dessous, de laine, sur lequel on mettait la toge. C'était l'*indumentum* ou *indutus* par opposition à l'*amictus*, terme général sous lequel on comprenait la toge, le pallium, et autres vêtements de dessus. Les Romains passent pour n'avoir pas ou à l'origine d'autre vêtement que la toge. Lorsque l'usage de la t. s'introduisit chez eux, elle consista d'abord en une sorte de vêtement court, sans manches, et qu'on appelait *colobium*; mais plus tard on lui donna des manches courtes, qui ne convraient que la partie supérieure du bras, comme l'ἀμφιμάσχαλος des Grecs. Elle descendait un peu au-dessous du genou, et se fixait au-dessus des hanches avec une ceinture (Fig. 4, d'après une peinture de Pompéi). C'était une marque de mollesse chez un homme que de porter des tuniques à longues manches (*manicatæ*), ou qui descendaient jusqu'aux pieds (*talares*); cependant Jules César avait l'habitude de porter une t. à manches ornée de franges au poignet. Vers la fin de l'empire, les tuniques à manches et les tuniques descendant jusqu'aux pieds devinrent fort communes. La t., avons-nous dit, se fixait autour de la taille avec une ceinture; on la portait flottante lorsqu'on était chez soi ou quand on voulait se mettre à son aise. C'est pourquoi les épithètes *cinctus*, *præcinctus* et *succinctus* s'appliquaient aux personnes actives et diligentes, tandis que l'expression de *discinctus* désignait une personne paresseuse ou dissolue. — Les deux sexes portaient ordinairement deux tuniques, une de dessus et une de dessous. Cette dernière, qui touchait la peau, correspondait à notre chemise. — De même que le vêtement de l'homme consistait or-

Fig. 5.

dinairement en une t. de dessous, une t. de dessus et une toge, de même la femme avait une t. de dessous (*tunica intima*), une t. de dessus et une espèce de manteau formant les plis nombreux, appelé *palla*. La t. de dessus des matrones romaines s'appelait proprement *stola* (Voy. ce mot). La t. des femmes était plus large et plus longue que celle des hommes, et elle avait toujours des manches. Toutefois, dans les œuvres d'art de l'antiquité, ces manches ne couvraient habituellement que la partie supérieure du bras. Les tuniques étaient quelquefois enrichies d'ornements d'or nommés *toria* (la Fig. 5 représente une impératrice romaine ou déesse de la Concorde ou de l'Abondance. On y reconnaît très bien la t. intérieure, la stola et la palla). — Les gens du peuple trop pauvres pour acheter une toge ne portaient qu'une simple t.; c'est pour cela que les écrivains latins les désignent quelquefois sous le nom de *tunicati*. Pendant le travail, on ne portait jamais que la tunique.

III. — Le mot T. s'emploie encore aujourd'hui pour désigner une sorte de vêtement de dessus qui a fort peu d'analogie avec celui auquel les anciens appliquaient ce nom. En effet, il désigne habituellement une espèce de redingote d'uniforme assez courte et à col droit que portent plusieurs corps de notre armée ou des élèves de certains collèges. Il se dit aussi d'une sorte de vêtement ecclésiastique appelé autrement *dalmatique* (Voy. ce mot). Enfin, il a passé dans le langage de l'Anatomie et de la Botanique. Les anatomistes appellent *Tuniques*, les membranes qui enveloppent ou même constituent certains organes. Ainsi, ils disent : les *Tuniques de l'œil*, les *Tuniques de l'estomac*, la *T. péritonéale du foie*, les *Tuniques artérielles*, etc. Quant aux botanistes, ils nomment *Tuniques*, les membranes qui enveloppent la graine, et les pellicules plus ou moins minces qui constituent certaines sortes de bulbes, les bulbes de l'oignon, par exemple.

TUNIS, v. de l'Afrique septentrionale, sur le lac Boghar ou El-Bahira, à 10 kilomètres de la Méditerranée, avec laquelle elle communique par le canal de la Goulette; cap. de la régence de Tunis; 45 000 hab. == Nom des hab. : TUNISIEN, ENNE.

TUNISIE. Régence de l'Afrique septentrionale placée sous le protectorat de la France. Elle est bornée au nord et à l'est par la Méditerranée, au sud par la Tripolitaine et le Sahara, à l'ouest par l'Algérie. C'est une région très montagneuse dans la partie septentrionale où se prolonge, le long de la mer, le Tell algérien avec les monts de la Medjerda qui aboutissent au cap Blanc, et plus au sud une ramification du Djebel Aurès qui se continue jusqu'au cap Bon. Au cœur de ces dernières montagnes s'ouvre le défilé de la Hache où les Carthaginois écrasèrent leurs mercenaires révoltés.

Entre ces chaînes coule la Medjerda qui, grossie à droite de

son principal affluent l'Oued-Mellog, va se jeter dans le golfe de Tunis. Au sud de la seconde chaîne serpente l'Oued-Zeroud qui se déverse dans le golfe de Hammamet.

La région méridionale est en général plate et sablonneuse, c'est le commencement du désert. Parfois même plus basse que la mer, elle renferme de grands lacs salés (Chott Gharsa, Chott el Djerid, Chott el Fedjed) dont le niveau est sensiblement celui de la Méditerranée et qui paraissent avoir été jadis réunis à cette mer à l'endroit où se creuse le golfe de Gabès.

Les principales îles du littoral sont : Tabarka et les îles de la Galite au nord près de la frontière algérienne, Zembra en face Tunis, Pantellaria au large, Korkenna à l'est vis-à-vis Sfax et enfin la plus grande, Djerba, au sud du golfe de Gabès.

La Tunisie est la terre à laquelle les Anciens donnaient le nom d'Afrique, le continent africain portant alors le nom de Libye. Elle était peuplée par les Gétules et les Numides. Vers le XIIe siècle avant Jésus-Christ les Phéniciens commencèrent à coloniser sur ses côtes. On raconte qu'une reine d'origine phénicienne, Didon, fonda Carthage, près de laquelle plus tard s'éleva Tunes, aujourd'hui Tunis; puis, plus à l'ouest, s'élevèrent Utique à l'embouchure de la Medjerda (alors appelée Bagradas) et Hippozaryte, aujourd'hui Bizerte, au goulet d'une immense rade; à l'est, Adrumète et Leptis Minor (Sousse et Monastir) et enfin Byzacium (Gabès) et Gapsa (peut-être la même qu'aujourd'hui Gafsa).

Carthage, devenue par la suite la plus puissante, subjugua toutes les autres, toute la Numidie, et fut à son tour, après avoir dominé toute la Méditerranée occidentale (Voy. CARTHAGE, PHÉNICIE et MÉDITERRANÉE), écrasée par les Ro-

TUN TUN 1031

mains à Zama, non loin du Kairouan actuel. L'Afrique, comme on l'appelait alors, était si fertile qu'on disait d'elle qu'elle était le grenier de Rome. Les Vandales, venus de Germanie par la Gaule et l'Espagne, y fondèrent un royaume barbare de 429 à 534, date à laquelle Bélisaire, général de l'empereur byzantin Justinien, rattacha l'exarchat de Carthage à l'Empire d'Orient. Mais de 670 à 680, les Arabes, sous la conduite d'Akbar, traversèrent une première fois tout ce nord africain, y fondèrent Kairouan et, après un recul, revinrent en 698 sous la direction d'Hassan et détruisirent complètement Carthage. Le pays porta le nom de Maghreb (Occident) et fut définitivement soumis à l'Islam. Kairouan resta la ville sainte, mais Tunis s'accrut de la mort de Carthage et lui succéda dans le golfe où depuis tant de siècles elles avaient vécu côte à côte. Saint Louis, roi de France, vint l'assiéger en 1270 et mourut sous ses murs. Par la suite, les beys ou princes du pays, tributaires de la Turquie, y installèrent leur résidence. Pendant de longs siècles, la Régence de Tunis ne joua aucun rôle dans l'Histoire, sinon que, comme tous les états barbaresques et musulmans, elle était un des repaires de ces pirates qui infestaient la Méditerranée et ses côtes, pillant, incendiant, volant les filles et les femmes qu'ils allaient vendre sur les marchés de l'Orient. Les leçons données à ces petits États par Charles-Quint et Louis XIV n'avaient fait que châtier ces crimes. La prise d'Alger par les Français en 1830 et le développement de notre puissance africaine y mirent seuls un terme. Tunis se civilisa sous l'action politique de la France et sous l'influence commerciale des Italiens.

Les tribus Tunisiennes n'en étaient pas plus disciplinées : à chaque instant elles franchissaient la frontière algérienne. En 1881, à la suite d'une incursion des Kroumirs, le gouvernement de la République fit envahir la Tunisie par l'ouest, tandis que le général Bréart, accompagné d'un petit corps expéditionnaire, débarquait à Tunis et faisait signer au Bey le traité du Bardo, par lequel la Tunisie était placée sous le protectorat de la France. Les tribus se soulevèrent mais la prise de Sfax par nos marins, celle de Kairouan par les troupes de terre, mirent fin à la campagne, qui avait été fort peu sanglante.

Les Italiens qui étaient environ au nombre de 60,000 à Tunis, alors que les Français n'étaient guère que 20,000, conçurent un violent dépit de cette mainmise, nécessaire pourtant à la conservation de notre colonie algérienne. La France chercha à dédommager l'Italie en lui abandonnant ses droits sur plusieurs points de la mer Rouge où cette nation put fonder l'Érythrée. Puis elle entreprit en Tunisie une série de travaux, une œuvre de colonisation, qui développèrent rapidement la prospérité du pays. Tunis s'est embellie; les ruines de Carthage ont été déblayées, de grandes cultures ont été entreprises, des voies ferrées ont été tracées de divers côtés. Le commerce s'est considérablement accru. Les finances prospèrent. Un moment il a été question de relier les Chotts à la mer et de former une mer intérieure pouvant faciliter les cultures et le commerce en des régions arides. Ce projet a été jusqu'à présent écarté.

Le bey de Tunis conserve son titre et continue à régner. Un résident supérieur est attaché auprès de lui par le Ministre des affaires étrangères de France. Les cheiks arabes ont gardé toute leur autorité sous le contrôle de la France. Une garde beylicale, exclusivement Tunisienne, est au service du Bey. Une division française occupe le territoire; elle comprend des troupes exclusivement françaises, 4e zouaves, 3e, 4e, 5e bataillons d'infanterie légère, 1re compagnie de fusiliers de discipline, 4e chasseurs d'Afrique, 7 batteries d'artillerie, 2 compagnies du génie, 2 de gendarmerie, des détachements du train, etc., et des troupes indigènes encadrées de cadres partie indigènes, partie français, 4e tirailleurs et 4e spahis.

TUNNEL. s. m. [Pr. *tu-nel*] (mot angl. qui sign. *tuyau* et qui dérive lui-même du mot français *tonnelle*). — On appelle Tunnel une voûte en berceau, droite ou légèrement courbe, ordinairement d'une grande longueur, destinée à former le passage d'une voie de communication à travers d'un massif de terrains.

Techn. — I. — On construit des tunnels dans les endroits où la nature du terrain est telle que la largeur à donner à l'excavation, pour que les talus puissent se soutenir, occasionnerait des dépenses trop considérables. On admet qu'il y a économie à établir un de ces ouvrages, quand les tranchées atteignent une hauteur de 16 à 18 mètres. Il existe cependant des exemples de tranchées beaucoup plus profondes; mais ce sont des exceptions qui résultent de l'existence, sur les points où on les remarque, d'un terrain assez consistant pour que

les talus se soutiennent avec une faible inclinaison, ce qui a réduit nécessairement le volume de l'excavation à produire. La forme de voûte généralement admise pour les tunnels comme offrant le plus de résistance, est le plein-cintre. Toutefois on rencontre, notamment en Angleterre, des tunnels avec voûte elliptique. La voûte a une épaisseur variable suivant la nature du terrain que l'on traverse. Si ce terrain est un rocher dur et compact et que la maçonnerie n'ait guère qu'un but de revêtement, une épaisseur de 0m,30 est suffisante. Il faut augmenter cette dimension, si le terrain a besoin d'être soutenu. L'épaisseur de 1 mètre doit être considérée comme un maximum et suffit dans les circonstances les plus défavorables. Quand le terrain n'exerce qu'une simple poussée verticale, on fait supporter la voûte par deux murs longitudinaux qui revêtent les parois de l'excavation et forment pieds-droits. Lorsqu'au contraire le terrain est susceptible d'exercer une poussée latérale, ce qui a lieu quand il a une disposition à se détremper dans les saisons humides et à se gonfler, on supprime les murs droits, et l'on prolonge la voûte jusqu'au radier. L'établissement d'un t. est un travail fort long et souvent très difficile. Comme toutes les grandes constructions, il exige plusieurs opérations préparatoires qui consistent en sondages, tracés et percements de puits dans l'axe de l'ouvrage. Les sondages ont pour objet de reconnaître la nature du sol à traverser, et c'est d'après leurs résultats qu'on rédige le projet. Le tracé consiste à rapporter sur le terrain l'alignement qui a été adopté sur le plan, de manière que l'excavation se raccorde bien dans toutes ses parties, ainsi qu'avec les deux extrémités du canal, du chemin de fer ou de la route, qui, le plus souvent, sont déjà construites en avant et en arrière. Les puits se creusent sur certains points intermédiaires du trajet que doit suivre le t. On les établit à environ 200 mètres l'un de l'autre, à moins que quelque obstacle n'oblige à les espacer davantage. Ces puits permettent d'attaquer le terrain sur un grand nombre de points à la fois, et, quand la construction est terminée, ils servent à l'aération du t. une fois traversé. Le percement du t. se fait de plusieurs manières qui toutes peuvent se ramener à deux méthodes principales : l'une appelée la *méthode belge* ou *française*, à peu près seule employée en France, l'autre appelée la *méthode anglaise* qui convient surtout aux terrains tendres tels que les terrains houillers. Tout percement de t. commence par l'ouverture, dans l'axe de l'ouvrage, d'une galerie étroite que l'on soutient fortement et que l'on élargit ensuite par parties successives; cette galerie étroite s'appelle la *galerie d'avancement*. Dans la *méthode belge*, cette galerie se place au sommet de la section à percer; puis on l'élargit, en abattant le terrain à droite et à gauche de manière à dégager l'emplacement de la partie supérieure de la voûte; on construit ensuite cette partie de voûte en la faisant appuyer sur le terrain naturel; on enlève le *strauss* ou partie inférieure du déblai et on termine le travail par la construction, en sous-œuvre, des pieds-droits et par l'établissement du radier. On a soin de s'assurer une issue aux eaux provenant des terrains supérieurs en ménageant, aux alentours de la voûte, des canivaux en pierres sèches et des barbacanes qui évacuent l'eau dans la rigole centrale du t. Les diverses opérations indiquées ci-dessus sont exécutées par des ateliers différents marchant à la suite l'un de l'autre et se suivant d'un pas égal. Le système que nous venons de décrire et qui consiste à construire la voûte par fragments successifs au fur et à mesure de l'élargissement du déblai n'offre plus de garantie de réussite quand il s'agit d'un terrain mou susceptible de se déformer et ne présentant pas un appui immuable aux parties déjà construites. On a recours alors à la *méthode anglaise*. Dans cette dernière méthode on commence par ouvrir une galerie d'avancement mais qui, ici, se trouve placée sur le sol de la section du t. et non au sommet comme dans la méthode précédente; puis on déblaie de suite la pleine section de la voûte en étayant au moyen d'un boisage en éventail; enfin on construit la voûte et le radier tout d'une pièce de manière à former un ensemble complet présentant des conditions de résistance définitive et conséquemment indéformable sous les pressions extérieures. Le point délicat de cette méthode est la grande surface de front qui est découverte en avant et qu'on ne peut maintenir que par un boisage spécial appelé *bouclier* qui se déplace en avançant à chaque étape du chantier. — L'avancement moyen par des souterrains ordinaires de chemins de fer est de 12 à 18 mètres par mois; le prix est de 2,000 à 3,000 francs par mètre de longueur; mais ce prix peut aller, si les difficultés de terrain augmentent, jusqu'à 3,000 et 3,600 francs.

II. — Le plus ancien t. dont l'histoire fasse mention est

celui que Sémiramis fit percer à Babylone, sous l'Euphrate, pour mettre en communication deux palais situés sur les bords de ce fleuve. Les Romains établirent aussi des tunnels. Celui qu'Agrippa, gendre d'Auguste, fit exécuter sous le mont Pausilippe, pour abréger la route de Naples à Pouzzoles, existe encore et sert au même usage. Il est long de 700 mètres et large de 6ᵐ,30. Quant à sa hauteur, elle est de 8 mètres du côté de Pouzzoles, et de 24 mètres du côté de Naples. Les tunnels ne sont donc pas une chose nouvelle, comme on le croit généralement. Seulement, ce n'est qu'à notre époque que leur établissement est devenu un art véritable, et ce progrès a été provoqué par l'invention des chemins de fer. Ainsi, pour l'établissement de notre réseau de voies ferrées, on a été obligé, attendu la figure accidentée du territoire de la France, d'établir un fort grand nombre de tunnels. Les plus remarquables par leur longueur sont : le *T. de la Nerthe*, ch. de fer de Marseille à Avignon, 4,620 mètres; le *T. de Blaisy*, ch. de fer de Paris à Lyon, 4,100 mètres; le *T. du Crédo*, ch. de fer de Lyon à Genève, 3,900 mètres; le *T. de Rilly*, ch. de fer de l'Est embranchement de Reims, 3,500 mètres; le *T. de Hommarting*, ch. de fer de l'Est, 2,780 mètres; le *T. de Rollebeise*, ch. de fer de Paris à Rouen, 2,642 mètres; le *T. de Pissy-Poville*, ch. de fer de Rouen au Havre, 2,210 mètres; et le *T. de Terre-Noire*, ch. de fer de Saint-Étienne à Lyon, 1,500 mètres. À l'étranger, nous citerons le *T. du Hohenstein*, sur le ch. de fer central, en Suisse, qui a 2,500 mètres; et le *T. de Kilsby*, sur le ch. de fer de Londres à Birmingham, en Angleterre, qui compte 2,204 mètres.

Mais tous ces ouvrages ont été dépassés par les *tunnels du Mont-Cenis* et du *Saint-Gothard*. Nous allons dire quelques mots du *T. du Mont-Cenis*, parce que cet ouvrage a ouvert, en quelque sorte, l'ère des grands travaux de cette nature. Ce t. joint les voies ferrées de France et d'Italie, entre Modane et Bardonnèche, perçant les Alpes sur une longueur de 12 kilomètres. Eu égard à la hauteur du massif traversé, on ne pouvait songer à faire des puits qui auraient eu plus de 1,000 mètres de profondeur avec une ouverture au-dessus des neiges perpétuelles. Il a donc fallu attaquer la percée par les deux têtes. Par les procédés usuels, le percement d'une telle longueur aurait duré cinquante ans au moins et n'aurait pas été possible, car les moyens ordinaires d'aérage eussent été complètement insuffisants à 6,000 mètres de distance. Pour triompher de ces deux difficultés : rapidité d'exécution et aérage, il a fallu recourir aux moyens mécaniques en utilisant la chute des torrents qui offraient là un moteur à la fois puissant et économique; d'autre part, pour transmettre l'action de ce moteur, on fit très judicieusement choix de l'air comprimé qui assurait en même temps l'aérage des galeries. Nécessairement, avec un tel programme, on a été amené à créer un outillage spécial, composé d'appareils très ingénieux parmi lesquels il convient de citer, en première ligne, les compresseurs d'air actionnés directement par les moteurs hydrauliques et comprimant l'air à 5 atmosphères et, d'autre part, des machines perforatrices destinées à préparer les trous de mines sur le front d'attaque par batterie de 8 à 10 fleurets montés sur un affût roulant et capables de percer, dans la roche, une centaine de trous en l'espace de six heures, ce qui permettait un avancement moyen de 2 mètres par jour. — Ce grand travail, qui a été exécuté par le gouvernement italien avec le concours financier de la France, n'a duré que treize ans, de 1858 à 1871, et a coûté 100 millions de francs. Il a été exécuté par MM. Grandis et Grattoni ingénieurs italiens et par M. Sommeiller ingénieur français, qui a pris l'on doit tous les moyens mécaniques qui ont eu une si grande part dans le succès. — Depuis l'achèvement du t. du Mont-Cenis, une nouvelle percée a été réalisée sous les Alpes, celle du Saint-Gothard qui relie la Suisse et l'Italie par la ligne de Zurich à Milan. Ce t. a 14,900 mètres de longueur et a été exécuté à l'aide des procédés appliqués au t. du Mont-Cenis; le travail, qui avait été adjugé moyennant la somme de 58,000,000 de francs, a été terminé en octobre 1880, après une durée de sept ans et cinq mois.

III. — D'après ce qui a été dit plus haut, un t. est destiné, dans l'acception propre du mot, à ouvrir un passage à travers un massif élevé formant saillie à la surface du sol. Mais on conçoit aisément qu'on puisse aussi avoir recours à un ouvrage de cette nature quand il s'agit d'établir, entre deux points donnés, une voie de communication avec la condition de ne pas rencontrer les routes, chemins de fer ou voies navigables qui pourraient exister entre les deux points. On construit alors un ouvrage souterrain qui plonge sous terre avec une pente convenable, pour passer sous les voies qu'il

s'agit d'éviter, et remonte ensuite à la surface par une rampe appropriée. Dans cet ordre d'idées, il convient de citer la plupart des lignes de chemins de fer métropolitains et, plus particulièrement, le t. établi à Londres, sous la Tamise dont nous allons dire quelques mots. Avant la construction du *pont de la Tour* qui est un ouvrage à bascule (Voy. PONT, II, B), on ne pouvait songer à établir, en aval du pont de Londres, d'autres ponts sur la Tamise, sans gêner la navigation dans cette partie du fleuve qui constitue le port de la capitale de l'Angleterre. Les quartiers opposés de la ville ne pouvaient donc communiquer entre eux qu'au moyen de bateaux. Dès 1779, on avait songé à creuser en dessous du fleuve un passage qu'on ne pouvait établir en dessus. En 1804, on mit à exécution un projet qu'on poussa assez loin, mais qu'une irruption des eaux força d'abandonner. Le peu de succès de cette tentative y avait fait renoncer, lorsqu'en 1823, un ingénieur français, Marc-Isambert Brunel, proposa un nouveau plan pour réaliser cette gigantesque entreprise. Il consistait à construire au-dessous de la Tamise, et à 3,200 mètres en aval du pont de Londres, une double galerie qui mettrait en communication les deux quartiers de Rotherhithe et de Wapping, au seul endroit peut-être où un pareil passage pouvait être établi sans nuire à quelqu'un des nombreux établissements situés sur les deux rives de la Tamise. Une société s'étant formée au mois de février 1824, elle obtint par un acte du parlement toutes les autorisations nécessaires. Le 4 avril 1824, on reconnut que l'emplacement choisi présentait une couche d'argile bleue suffisamment épaisse et assez consistante pour permettre d'effectuer la construction projetée; mais il n'en fallait pas sortir, même par en bas, parce qu'il existait immédiatement au-dessous une nappe de sables mouvants de 15 mètres d'épaisseur. On commença donc aussitôt le travail. À 38 mètres du fleuve, sur la rive de Rotherhithe, Brunel fit ouvrir un puits circulaire de 15ᵐ,25 de diamètre. À cet effet, il établit sur 24 pilotis une tour de brique du diamètre du puits, ayant une hauteur de 12ᵐ,85, et une épaisseur de 92 centimètres. Cette tour était munie, à sa partie inférieure, d'un couteau circulaire de fonte faisant fonction d'emporte-pièce. On fit descendre peu à peu cette tour par son propre poids jusqu'à la profondeur de 11 mètres, après avoir établi au-dessus une machine à vapeur chargée de faire les déblais et les épuisements. Arrivée à cette profondeur, on reprit la tour en sous-œuvre jusqu'à la profondeur de 20 mètres. À partir de ce point, on se servit d'une autre tour de 7ᵐ,62 de diamètre qui devait être descendue au fond comme la première et servir de puisard. Après l'exécution de la tour et du puisard, on procéda au creusement de la galerie horizontale, que l'on établit à la profondeur de 18 mètres. Afin de laisser une épaisseur suffisante de terrain au-dessous de la plus grande profondeur du fleuve, on donna à l'excavation destinée au t. une inclinaison descendante de 22 millimètres par mètre. On arrivait ainsi à avoir entre le niveau des hautes eaux et le fond de la galerie une distance de 22ᵐ,16 et une épaisseur de terre de plus de 4 mètres au-dessus de l'extrados des voûtes. Pour opérer l'excavation horizontale, les procédés connus jusqu'alors auraient été impuissants. Brunel imagina un appareil de fonte, composé de 12 grands châssis mobiles, ayant 6ᵐ,71 de hauteur sur 92 centimètres de largeur, auquel il donna le nom de *Bouclier*. Chaque châssis était en outre divisé en 3 compartiments ou étages, dans chacun desquels pouvait se tenir un ouvrier avec ses outils. Il résultait de là que 36 ouvriers pouvaient à la fois travailler à l'excavation sur une surface de 74 mètres carrés. Dans l'épaisseur des plaques de fonte on avait ménagé une suite de tiges horizontales formant vis de pression et maintenant le terrain au moyen de planchettes. Quand un ouvrier voulait excaver, il desserrait la vis qui maintenait une planchette, puis il enlevait quelques centimètres de terre, remettait la planchette en place, et passait à une autre. Enfin, lorsque tous les ouvriers avaient exécuté la même manœuvre sur toute la hauteur et la largeur du châssis, on faisait avancer ce dernier à l'aide de grandes vis de pression, et aussitôt les maçons abordaient le revêtement à l'aide des matériaux qu'on leur apportait sur un chariot roulant qui suivait les mouvements du bouclier. Comme on le voit, le bouclier avait pour but de n'enlever successivement que la quantité de terre qu'on pouvait remplacer immédiatement par la maçonnerie des deux voûtes et de soutenir l'excavation dans toutes les directions. En opérant ainsi, on parvint d'abord à avancer de 160 mètres en 18 mois; mais lorsqu'on arriva vers le milieu du fleuve, la couche d'argile devint si mince, qu'elle ne put empêcher les infiltrations. Il se produisit même une sorte d'entonnoir par lequel l'eau inonda les travaux. On no put combler le trou qu'on y jetant 3,000 mètres cubes d'argile, qui, formant une nouvelle couche suffisamment résistante, permirent d'épuiser les eaux qui avaient envahi les galeries et de reprendre les travaux. Deux autres irruptions eurent encore lieu dans le cours de cette difficile entreprise : on réussit à s'en rendre maître par les mêmes moyens. Les travaux restèrent aussi longtemps interrompus faute de fonds, car les prévisions de l'ingénieur et des actionnaires avaient été de beaucoup dépassées. Mais le gouvernement étant venu au secours de la société, le t. fut enfin terminé. Le 13 août 1841, Brunel put parcourir pour la première fois le t. dans toute sa longueur. Le 1er août 1842, on livra au public l'une des galeries du t.; l'autre ne fut livrée à la circulation que le

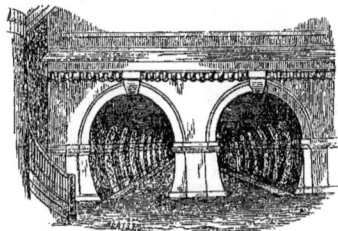

25 mars suivant. (La Fig. ci-dessus représente l'entrée du t. proprement dit.) L'une des deux galeries est destinée au passage des voitures dans un sens, l'autre dans le sens opposé; quatre trottoirs sont destinés aux piétons. De distance en distance, dans le pilier longitudinal sur lequel s'appuient les deux voûtes, on a percé après coup des arceaux qui font communiquer les deux galeries, lesquelles sont éclairées par de nombreux candélabres. Toute la construction est en maçonnerie de briques reliées avec un ciment hydraulique qui a la propriété de durcir en très peu de temps. Les dimensions du t. proprement dit sont les suivantes : longueur, 400m,67; hauteur, 6m,96; largeur, 12m,35. Pour arriver au t., on a pratiqué, dans les deux tours qui se trouvent aux extrémités, un escalier circulaire pour les piétons; pour les voitures, on a construit un plan incliné hélicoïdal sur un diamètre de 61 mètres, affectant une pente qui n'excède nulle part 4 centimètres par mètre. La dépense totale de l'entreprise s'est élevée à 631,000 livres st., ou 15,850,000 francs. Malheureusement, les services réels qu'on retire de cet ouvrage colossal ne sont point en rapport avec les sommes qu'il a coûté. De plus, malgré les soins qu'on a apportés dans la construction des murailles et des voûtes, les infiltrations sont aujourd'hui si abondantes, qu'on est obligé d'y tenir constamment en action de puissantes pompes à vapeur. Sans cette précaution, le t. se trouverait rempli d'eau au bout de fort peu de temps.

Nous mentionnerons seulement pour mémoire le projet, assez extraordinaire, mais non irréalisable, émis à plusieurs reprises depuis 1830, et particulièrement en 1857, de creuser un t. sous le Pas-de-Calais, entre Douvres et le cap Gris-nez, pour mettre en communication l'Angleterre et l'Europe continentale. Ce projet grandiose fut repris sérieusement dans les dernières années du XIXe siècle; mais il ne fut pas goûté des Anglais qui tiennent à rester les insulaires, trouvant que cette situation leur donne plus de sécurité.

TUPA. s. m. T. Bot. Genre de plantes Dicotylédones de la famille des *Campanulacées*, tribu des *Lobéliées*. Voy. ce mot.

TUPÉLO. s. m. T. Bot. Nom donné dans l'Amérique du Nord à certaines espèces du genre *Nyssa*. Voy. COMBRÉTACÉES.

TUPAÏA. s. m. T. Mamm. Genre d'*Insectivores*. Voy. ce mot.

TURACINE. s. f. T. Chim. Pigment violet contenu dans les plumes des *Touracos*, oiseaux originaires d'Afrique. C'est une substance cristallisable, soluble en bleu dans les dissolutions alcalines. Elle renferme de l'azote et près de 6 pour 100 de cuivre.

TURANOSE. s. f. [Pr. *turano-ze*]. T. Chim. Voy. MÉLÉZITOSE.

TURBAN. s. m. (persan *dulband*, écharpe mise en tour). Coiffure des Turcs et de plusieurs peuples orientaux, faite avec une longue pièce d'étoffe qui est enroulée et entrelacée autour d'un bonnet. *Il n'est permis qu'à ceux qui sont issus de la race de Mahomet de porter le t. vert.* — Fam., *Prendre le t.*, Se faire mahométan.

TURBANET. s. m. [Pr. *turba-né*]. T. Hortic. Variété de *Courge*. Voy. ce mot.

TURBE. s. f. (lat. *turba*, troupe). T. Procéd. anc. *Enquête par turbes*, Enquête faite en prenant le témoignage de plusieurs habitants pour constater les usages, les coutumes des lieux. *Les témoins entendus dans les enquêtes par turbes se nommaient* turbiers, *et dix turbiers ne faisaient qu'un seul témoin.*

TURBÉ. s. m. (mot arabe). Espèce de petit chapelle élevée sur le tombeau d'un personnage regardé comme un saint, chez les peuples musulmans de l'Afrique.

TURBELLARIÉS. s. m. pl. [Pr. *turbel-larié*] (lat. *turbo*, disque, toupie). T. Zool. Ordre de *Vers Plathelminthes* caractérisés par leur corps plus ou moins déprimé, présentant à peine quelques traces d'anneaux, et entièrement couvert de cils vibratiles d'une petitesse extrême. En général, les

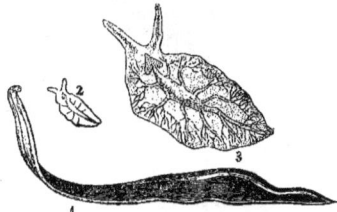

Turbellariés n'ont pas d'anus, et leur appareil digestif est ramifié et terminé en cul-de-sac. Leur système nerveux se compose de deux cordons latéraux terminés antérieurement dans une paire de ganglions, et ils possèdent des vaisseaux sanguins bien constitués. On les divise en *Rhabdocœles*, corps rond plus ou moins aplati, et en *Dendrocœles* au corps large et aplati portant en avant des appendices tentaculiformes.

Les *Planaires*, qui sont les types les plus communs de cet ordre, habitent pour la plupart des eaux douces, et sont remarquables par leur forme aplatie et par la diffluence de leur tissu. [La Fig. 1 représente la *Planaire terrestre*, et la Fig. 2, la *Planaire cornue*. La Fig. 3 n'est autre chose que la deuxième grossie.]

TURBIGO, bourg d'Italie, prov. de Milan; victoire des Français sur les Autrichiens, le 3 juin 1859.

TURBINE. s. f. (lat. *turbo*, toupie). T. Mécan. On désigne généralement sous le nom de *Turbines* des machines hydrauliques à roues ou couronnes horizontales et à axe vertical, qui fonctionnent par l'effet d'une chute, et qui jouissent de la propriété de tourner, quoique complètement immergées, sous l'eau. Elles sont généralement constituées par deux couronnes superposées ou concentriques. L'une est fixe et munie d'aubes dites directrices amenant l'eau dans la seconde, mobile, ayant également des aubes appelées *aubes motrices*. On donne encore le nom de *Turbines* à des machines dans lesquelles l'eau est remplacée par la vapeur pour le fonctionnement de l'appareil. Nous étudierons successivement les turbines à eau, puis celles à vapeur; dans les unes et les autres, en effet, l'action de l'eau ou de la vapeur se produit d'une manière à peu près identique.

1. — Les premières recherches entreprises pour faire mouvoir des roues horizontales par le seul écoulement du liquide contre leurs aubes, remontent au milieu du XVIIIe siècle, et sont dues à Segner. Bientôt après (1754), Euler s'occupa de recherches du même genre et créa une sorte de t. qui porte encore son nom mais qui était plutôt une machine théorique que réellement pratique. Durant les premières années du XIXe siècle, Manoury d'Ectot imagina une roue à cuve, qu'il nomma *Danaïde*, et qui

847

reçut l'approbation de l'Académie des sciences (1813). Cette
t. consistait essentiellement en une cuve cylindrique divisée
par des diaphragmes en forme de spirale, et dont le fond
était percé d'un orifice circulaire par lequel l'eau s'écoulait.
Cette machine ne donna pas les résultats qu'on en espérait,
car elle tomba dans l'oubli. Enfin, en 1824, un ingénieur des
mines, Burdin, frappé de l'énorme perte de force motrice
qu'entraînaient tous les systèmes de roues horizontales connus jusqu'alors, chercha les moyens de les perfectionner,

Fig. 1.

et imagina à cet effet diverses combinaisons aussi nouvelles
qu'ingénieuses. Le mémoire qu'il publia sur son système de
Turbines appela l'attention sur cette importante question
de mécanique, qui ne tarda pas à recevoir de nombreuses et
ingénieuses solutions pratiques. Les turbines actuelles installées dans de bonnes conditions atteignent un rendement de
près de 90 p. 100, c.-à-d. que le travail transmis à l'arbre
moteur représente presque les 90 centièmes du travail de la
chute d'eau.

On divise ordinairement les types existants de turbines
hydrauliques en plusieurs classes : Les *turbines en dessous à
simple aubage*, les *turbines en dessous à double aubage*;
les *turbines centrifuges*, où la couronne fixe est à l'intérieur
de la couronne mobile, les *turbines hélicoïdales* et, enfin,
les *turbines centripètes*, où la couronne fixe entoure la couronne mobile.

Dans les turbines en dessous à simple aubage, qui sont
actuellement abandonnées par l'industrie, comme moteurs
hydrauliques, l'arrivée de l'eau à travers la couronne fixe
placée immédiatement au-dessus de la couronne mobile se
faisait perpendiculairement ou à peu près, par rapport à la
surface de celle-ci. Avec la t. à double aubage qui a pour
type la t. Fontaine, et que l'on emploie avec avantage dans les
très faibles chutes, ne dépassant pas 1m,50, et par suite susceptibles d'éprouver de notables fluctuations, on a recours à
un dispositif particulier. Entre les couronnes fixe et mobile,
existe une couronne intermédiaire permettant d'obtenir en
quelque sorte deux séries d'aubages, dans lesquels celui de la
couronne directrice est d'un tiers plus petit que celui de la
couronne motrice.

Dans cette catégorie de turbines à double aubage, rentre
la t. de Jouval que, depuis sa création, Koechlin a transformée
et perfectionnée. Cette machine hydraulique permet de supprimer l'obligation dans laquelle on se trouvait de disposer la
t. au bas de la chute. Avec elle, les couronnes fixe et mobile
sont installées à une hauteur choisie, tout en faisant communiquer l'appareil avec le bief inférieur au moyen d'une con-

duite qui plonge constamment dans l'eau de ce bief, de manière que la force entière de la chute est utilisée.

Comme type de turbines centrifuges, nous citerons tout
d'abord celle de Fourneyron, que nous décrirons avec quelques détails. Cette t. a mis en plein relief les avantages de ce
genre de moteurs hydrauliques. La Fig. 1 représente la machine dans ses organes essentiels. L'eau du bief d'amont AA
descend dans le bief d'aval BB, en traversant une cuve à
section horizontale circulaire dont CD est l'ouverture supérieure. Cette cuve, fixe, repose sur des ap-
puis de maçonnerie, et se prolonge inférieurement par un autre cylindre circulaire de
fonte EGIF, mobile verticalement, et qu'on
peut abaisser plus ou moins. Ce réservoir
de fonte descend jusqu'au-dessous du niveau
du bief d'aval. De plus, il est fermé à sa
base, mais il est ouvert latéralement en
GK, IL, sur tout son pourtour. Le fond
K,K',K'',L,L',L'' du cylindre est relié à un
tube creux *abcd*, appelé *tuyau porte-fond*,
qui sert à préserver du contact de l'eau
l'arbre vertical *ef*, auquel la chute doit en
définitive communiquer un mouvement de
rotation. Cet arbre se termine inférieurement par un pivot qui s'appuie sur le levier
OV, mobile autour du point O. La tige VV,
articulée à l'extrémité V du levier, se termine à sa partie supérieure par une vis
dans laquelle s'engage un écrou qui est fortement soutenu par des pièces fixes. Au
moyen de ce levier, on peut soulever tant
soit peu l'arbre *ef*, lorsque l'usure des surfaces frottantes a produit une légère descente de ce dernier. L'eau du bief d'amont
doit, après avoir traversé la cuve et le
cylindre de fonte, s'échapper par l'espace
circulaire GK, IL qui se trouve au-dessus
du fond de ce dernier, en formant une nappe
continue et étalée dans tous les sens. Or,
c'est précisément en regard de cette ouverture circulaire que se trouve disposée la t.
proprement dite ZZ. Celle-ci consiste en une
roue annulaire horizontale, reliée à l'arbre
vertical *ef*, et munie d'aubes courbes contre
lesquelles vient frapper la nappe d'eau qui
s'écoule par le pourtour inférieur du cylindre.
La t. se trouve ainsi comprise entre deux plateaux annulaires
SRMN,UTPQ, qui sont reliés entre eux par les aubes de la roue,
et dont l'inférieur est en outre relié à l'arbre par une espèce de
calotte de fonte TXXP, calée sur celui-ci, de manière à former
un tout parfaitement solidaire. Quand l'eau, en s'échappant du

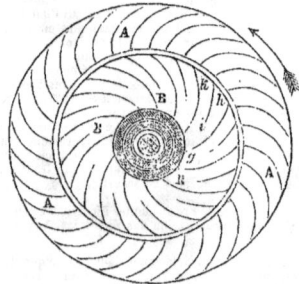

Fig. 2.

cylindre et en frappant les aubes de la t., fait tourner celle-
ci, l'arbre vertical *ef* exécute également un mouvement de
rotation. Toutefois, si l'appareil était construit tel que nous
venons de le décrire, la t. n'utiliserait qu'une bien faible
partie de la puissance motrice, à cause des chocs que l'eau
produirait sur les aubes et des remous qui en résulteraient.
Pour éviter cet inconvénient, Fourneyron a disposé à l'intérieur du cylindre de fonte EGIF une série de cloisons courbes

de tôle qui sont soutenues par le plateau KL, et qui sont destinées à diriger l'eau à sa sortie du cylindre. La Fig. 2 représente la coupe horizontale de la t. proprement dite ou de la roue hydraulique AAA, ainsi que du cylindre BBB, à la hauteur de la t. Parmi les cloisons directrices du cylindre, les unes, telles que gh, partent de l'axe et vont rejoindre les parois; les autres, telles que ik, sont plus courtes, afin d'éviter un trop grand rapprochement de ces cloisons vers leurs extrémités voisines de l'axe. Comme on le voit, la courbure de ces cloisons est dirigée en sens contraire de celles des aubes de la t. Il en résulte que l'eau sort du cylindre en se mouvant partout obliquement à sa surface. Par conséquent, lorsqu'on sortant, elle rencontre les aubes de la t., elle exerce de tous côtés sur celles-ci des pressions qui font tourner la t. dans le sens indiqué par la flèche. Mais, comme, dans toute t. pratiquement établie, il faut régler la dépense d'après le volume d'eau fourni, et pouvoir débiter moins quand l'alimentation diminue, Fourneyron a dû se préoccuper de ce point important et il a résolu le problème très ingénieusement et simplement. C'est le cylindre de fonte EGFI (Fig. 1) qui remplit cette fonction régulatrice. Il est donc mobile de haut en bas et de bas en haut. Il suffit de l'abaisser plus ou moins pour rétrécir l'ouverture annulaire GK,IL, par laquelle l'eau s'échappe pour se rendre dans la t. Le mouvement d'élévation et d'abaissement du cylindre, qu'on appelle aussi vanne, à cause de sa fonction, s'obtient au moyen de trois tiges verticales, telles que m et n, qui lui sont attachées en trois points formant les sommets d'un triangle équilatéral et horizontal. Les tiges en question sont munies à leur partie supérieure de filets de vis, dans lesquels s'engagent des écrous qu'il suffit de faire tourner ensemble dans le sens convenable. On remarquera, en passant, l'appendice circulaire de bois GG",IL", qui garnit intérieurement la partie inférieure du cylindre, et qui présente des bords arrondis. Cette addition a pour objet d'évaser l'orifice de sortie du liquide. Mais il y a un inconvénient grave à obturer ainsi en partie l'ouverture GK,IL. En effet, les veines fluides qui sortent par ces ouvertures entrent immédiatement dans des canaux de section plus grande, où elles coulent nécessairement à plein tuyau, puisque la t. est au-dessous du bief d'aval. Il se produit donc là un changement brusque de section, d'où résulte une perte de force motrice plus ou moins considérable. Pour y remédier, Fourneyron divise la hauteur verticale de sa roue hydraulique en plusieurs étages au moyen de deux ou trois plateaux et de filets annulaires et horizontaux. En supposant, par ex., trois étages, ainsi que le représente la Fig. 1, ZZ, on voit qu'il n'y aura pas de changement brusque de section, quand on abaissera la vanne cylindrique de manière à fermer un tiers ou les deux tiers ou la totalité de la hauteur de la t.

Depuis l'invention de la t. Fourneyron, divers ingénieurs l'ont modifiée ou bien ont créé des appareils plus ou moins analogues. C'est ainsi que Cadiat a apporté à cette machine hydraulique quelques changements. Il a supprimé la couronne fixe ou couronne des directrices, en amenant l'eau directement sur les aubes de la couronne mobile. Cette t. a des aubes dont la forme se rapproche de celle de tores creux; grâce à ce dispositif, il devient possible d'obtenir une dérivation suffisante dans l'amenée de l'eau.

La t. centrifuge de Callon diffère de celles de Fourneyron et de Cadiat. Nous retrouvons avec elle la couronne fixe; seulement le nombre des aubes directrices est exactement le même que celui des aubes motrices de la couronne mobile. Les premières, au lieu de se continuer jusqu'à l'axe central, constituent une sorte d'anneau contenant un certain nombre de petites vannes accouplées deux à deux qui livrent accès à l'eau qui vient agir sur les aubes motrices. La t. Callon fonctionne dans une chambre d'eau forcée par l'action de l'air comprimé, ce qui facilite l'emploi de cette machine hydraulique pour des chutes de hauteur considérable.

La t. ainsi constituée a reçu le nom de Turbine hydropneumatique.

La turbine à hélice ou turbine hélicoïdale, si elle offre une très grande simplicité dans ses organes, présente de graves inconvénients en ce qui concerne le travail utile que l'on recueille avec elle. Le dispositif des turbines centrifuges est remplacé par une unique hélice montée sur un axe vertical. L'eau qui passe du bief supérieur glisse de haut en bas sur la surface hélicoïdale en exerçant sur celle-ci un certain effort vertical de manière à faire tourner l'hélice, qui est simple mais le plus souvent double. Dans ce dernier cas, l'action de l'eau agit dans le même sens sur l'ensemble. Cependant, avec ce système de t., on ne peut s'opposer à ce que l'eau sortant de la machine ait conservé une vitesse très considérable qui nuit au rendement de la machine hydraulique.

La turbine Decœur ou turbine centripète présente cette particularité que les directrices sont placées à l'extérieur, lançant horizontalement l'eau sur les aubes motrices. Au lieu d'être fixes, les directrices sont mobiles autour de l'axe vertical. On peut, grâce au mouvement de rotation dont elles sont susceptibles, changer l'importance du débit d'une manière très variable, c.-à-d. le rendre aussi minime ou aussi grand que le comportent les circonstances pour augmenter l'effet utile de cette machine hydraulique.

Enfin, avant de terminer l'étude des turbines fonctionnant par l'action directe de l'eau, nous dirons quelques mots sur la t. Canson appelée par l'inventeur Turbine agricole ou rurale, à axe vertical ou horizontal. Dans cette machine, les aubes directrices se trouvent remplacées par des tuyaux rectangulaires auxquels on a donné une forme doublement cintrée et qui servent à l'amenée de l'eau sur les aubes motrices.

II. Turbine à vapeur de Laval (Fig. 3). — Depuis quelque temps, les ingénieurs ont cherché à substituer à l'action matérielle de l'eau à l'état liquide sur les turbines, celle de la vapeur. Tout d'abord, les résultats obtenus avec le nouveau mode de procéder sont demeurés négatifs. Cela tient à ce qu'en changeant l'appareil initial du tout au tout, on le faisait fonctionner dans des conditions identiques à celles qui étaient généralement admises pour la marche des machines à vapeur ordinaires. La vapeur arrivant en pression dans ces nouveaux moteurs et possédant un mouvement rapide de rotation, la détente s'opérait dans une série de distributeurs fixes. Il en résultait l'obligation d'ajuster avec précision les pièces tournantes, de manière à ne laisser que le jeu strictement nécessaire pour éviter le frottement entre les parties fixes et les parties mobiles, afin de diminuer autant que possible les pertes de vapeur. En effet, la vapeur arrivant au moteur en pression et, par conséquent, ayant une température élevée, de plus, la détente s'opérant dans le moteur même, il était à peu près impossible de réaliser une étanchéité complète, condition absolue du bon fonctionnement de l'appareil. Au lieu d'utiliser la pression de la vapeur, il fallait, pour obtenir une solution pratique du problème, laisser cette vapeur se détendre d'elle-même, puis utiliser la vitesse déterminée par la pression intermédiaire, c.-à-d. celle de la chaudière et de celle de l'atmosphère, puis d'utiliser cette énergie dans un appareil analogue à la t. ordinaire, en communiquant à celui-ci sa quantité de mouvement, par une modification continue de la direction de la vitesse relative et une réduction graduelle de la vitesse absolue. Ces considérations ont conduit l'ingénieur de Laval à utiliser uniquement la force vive de la vapeur.

Sa t. est basée sur ce principe que la vapeur à haute pression arrive entièrement détendue sur les aubes de la roue réceptrice. La détente se produit dans le trajet de la valve d'introduction à l'orifice du tube distributeur de vapeur. Elle a acquis pendant ce trajet une force vive, due à sa propre détente, force égale au travail qu'elle aurait fourni en se détendant graduellement derrière un piston. Il s'ensuit que cette force vive se trouve ramassée au bas de la roue comme celle de l'eau dans une t. ordinaire.

En somme, la t. à vapeur de Laval est analogue à une t. Euler à axe horizontal, à introduction partielle et à libre écoulement. Cette t. est constituée par une roue à aubes sur laquelle la vapeur complètement détendue est amenée par un certain nombre d'ajutages dont l'axe est faiblement incliné sur le plan de la roue. La vapeur pénètre dans le récepteur en glissant le long des aubes en vertu de sa vitesse relative, tout en leur communiquant sa force vive. La vapeur sort sur la face opposée de la t. avec une vitesse absolue que l'on cherche à rendre aussi faible que possible en donnant aux aubes un profil approprié. Le corps de la t. à vapeur est monté sur un axe en acier reposant sur deux coussinets à ses extrémités, et l'ensemble tourne dans une chambre dont une partie vient de fonte avec un conduit de distribution et porte les ajutages destinés à détendre et à diriger le jet de vapeur. Une autre tubulure forme conduit d'échappement.

Avec cette t. la vapeur s'écoulant dans l'atmosphère sous pression à travers un orifice de très petite section, acquiert une vitesse considérable variant de 735 mètres par seconde à 1,200 mètres suivant la pression. La vitesse de la vapeur à la sortie de l'appareil étant considérable, il en est de même de la vitesse de rotation de la t. proprement dite ou roue réceptrice, laquelle tourne suivant le type, de 7,500 à 30,000 tours par minute. Il s'ensuit qu'un travail plus puissant peut être transmis à l'arbre de la roue avec des organes de très faibles dimensions. C'est ainsi que pour une t. de la force de *dix chevaux vapeur*, le disque n'a que *douze centimètres* de diamètre avec une vitesse de *vingt-quatre mille tours* à la minute. Ce diamètre n'atteint que *trente centimètres* pour une t. de *cent chevaux* tournant à *quinze mille tours* à la minute. Avec des vitesses aussi considérables, on pouvait craindre de très graves inconvénients en ce qui concerne l'arbre de la t. par suite de l'action qu'exerce sur lui la force centrifuge. Des échauffements dans les coussinets, des ruptures même de l'arbre étaient à craindre. De Laval a heureusement tourné cette difficulté en utilisant les propriétés gyrostatiques des corps, en montant sa roue sur un arbre très mince et par suite flexible. En fait, les arbres de cette t. à vapeur sont en acier et de diamètre extrêmement faible. Les portées sont très longues et reposent dans des coussinets en bronze; un graissage continu, mais modéré, permet d'éviter tout grippement.

Dans ces conditions, la t. de Laval peut, avec avantage, remplacer les moteurs à vapeur ordinaires dans toutes leurs applications. S'il s'agit de commander une dynamo, on peut accoupler directement les deux appareils. La t. peut également actionner une pompe rotative à grand débit, et alors l'écoulement de l'eau se fait d'une façon continue et sans

aucune secousse. En définitive, la mise en marche de ce type de t. est facile et rapide. Son entretien est des plus simples.

TURBINÉ, ÉE. adj. (lat. *turbinatus*, m. s., de *turbo*, toupie). T. Conchyl. Se dit des coquilles univalves qui ont la forme d'une toupie ou d'un cône contourné en spirale. ‖ T. Bot. Qui a la forme d'un cône renversé. *La racine de la rave est turbinée.*

TURBINELLE. s. m. [Pr. *turbinè-le*] (Dimin. du lat. *turbo*, disque, toupie). T. Zool. Le genre *Turbinelle* (*Turbinella*) est le genre type de la famille des *Turbinellidés*. Les Turbinelles ont des coquilles à canal droit, sans varices, comme les Fuseaux, mais elles s'en distinguent par leur columelle qui offre, vers son milieu, de gros plis transverses. Elles se rapprochent beaucoup des volutes coniques et forment la transition entre ces dernières et les Murex. On connaît peu d'espèces fossiles de ce genre, qui apparaît à l'époque éocène. Parmi les vivantes, nous citerons l'espèce type, la *T. cornigère*, appelée vulgairement *Dent de chien*, à cause des rangées d'épines dont elle est armée; elle se trouve dans les Indes et aux Moluques.

TURBITH. s. m. (ar. *turbid*, m. s.). T. Bot. Nom vulg.

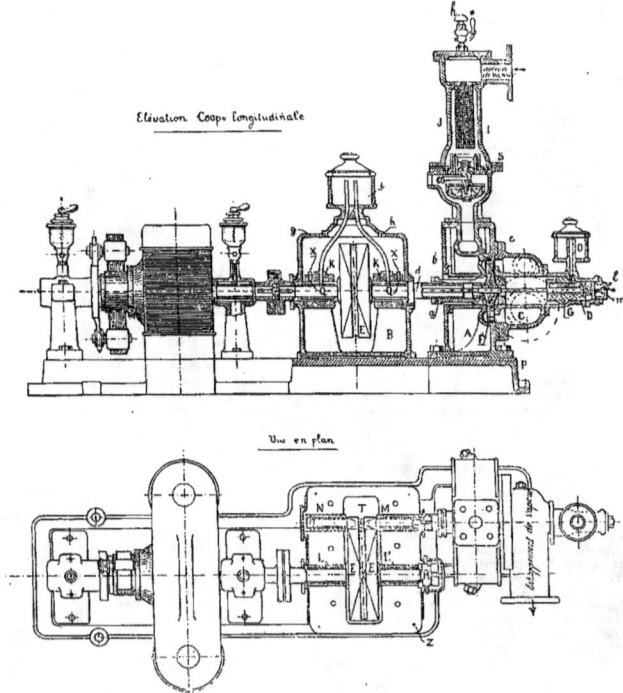

Elévation. Coupe longitudinale

Vue en plan

Fig. 3.

A, Boîte de distribution. — B, Boîte à engrenages. — C, Boîte d'échappement. — D, Boîte du coussinet à rotule. — E, Roue d'engrenage. — F, Disque monté sur arbre avec pignon. — G, Coussinet à rotule. — H, Boîte de l'obturateur du régulateur. — I, Boîte d'arrivée de vapeur. — J, Crépine. — K-K, Chapeaux des paliers des coussinets. — L-L', Coussinets de la roue d'engrenage. — M, Coussinet en deux pièces de l'arbre du disque. — N, Coussinet du bout de l'arbre du disque. — P, Plaque de fondation. — R, Régulateur. — S, Obturateur. — XX, Vis à pointes pénétrant dans les chapeaux des coussinets et assurant leur position dans les paliers. — a, Douille de l'arbre du disque. — b, Presse-étoupe. — c, Bague en deux pièces. — d, Tube de jonction de la douille a avec le coussinet M. — e, Écrou de jonction du tube d sur le coussinet M. — g, Couvercle de la boîte à engrenages. — h, Collerette en deux pièces du régulateur R. — i, Graisseur multiple de la boîte d'engrenages. — k, Graisseur de la boîte d'arrivée de vapeur. — m, Tige du ressort du coussinet à rotule.

du *Globularia alypum*, Sélaginacées ; et de l'*Ipomæa turpe-thum*, Convolvulacées. || T. Chim. anc. *T. minéral*, Sulfate tribasique de mercure ; *T. ammoniacal*, Sulfate de mercure-ammonium ; *T. nitreux*, Azotate mercureux. Voy. MER-CURE, IV.

TURBO. s. m. (lat. *turbo*, disque, toupie). T. Zool. Genre de Mollusques *Gastéropodes*. Voy. TROCHOÏDES.

TURBOT. s. m. [Pr. *tur-bo*] (orig. celt.). Genre de *Poissons osseux*. Voy. PLEURONECTES.

TURBOTIÈRE. s. f. Vaisseau de cuivre destiné à faire cuire des turbots, et qui est à peu près de la forme de ce poisson.

TURBOTIN. s. m. (Dimin.). Petit turbot.

TURBULEMMENT. adv. [Pr. *turbu-la-man*]. D'une manière turbulente. *Agir t.* Peu us.

TURBULENCE. s. f. [Pr. *turbu-lanse*] (lat. *turbulentia*, m. s.). Caractère, défaut de celui qui est turbulent. *Cet enfant est d'une grande t. La t. de son caractère le rend insupportable.*

TURBULENT, ENTE. adj. [Pr. *turbu-lan, lante*] (lat. *turbulentus*, m. s.). Qui est porté à faire du bruit, à s'agiter ou à exciter du trouble, du désordre. *Cet enfant est trop t. Cet homme est d'un caractère t. C'est un esprit t.* || Qui se manifeste par du bruit, du désordre. *Une joie turbulente*

TURC, TURQUE. s. Habitant de la Turquie. — Pop., *Se faire Turc*, Se faire mahométan. — Prov. et fam., *Cet homme est fort comme un Turc*, Il est extrêmement robuste. || Fig. et fam., *Cet homme est un vrai Turc*, Il est inexorable, sans pitié. *Traiter quelqu'un de Turc à More.* Voy. MORE. || Adjectiv., *Chien t.* Voy. CHIEN. = A LA TURQUE. loc. adv. A la façon des Turcs. *Être habillé à la turque.* — Pop., *Traiter quelqu'un à la turque*, Le traiter sans ménagement. = TURC. s. m. La langue turque. C'est une langue agglutinante appartenant au groupe des langues tartares.

TURC. s. m. Nom vulg. qui désigne diverses larves d'insectes qu'on trouve entre l'écorce et le bois de certains arbres, et qui font beaucoup de mal à ces arbres.

TURCIE. s. f. (lat. *turgere*, s'enfler). Levée au bord d'une rivière, pour en contenir les eaux et en empêcher le débordement.

TURCIQUE. adj. 2 g. (R. *turc*, par comparaison avec une selle turque). T. Anat. Ne se dit que dans l'expression *selle t.* Voy. SELLE.

TURCO. s. m. (ital. *turco*, turc). Surnom donné aux tirailleurs algériens par les Russes qui, aux batailles de l'Alma et d'Inkermann, les prirent pour des Turcs d'après leur costume. — Organisés en 1837, sous le nom de *tirailleurs de Constantine*, à l'effectif d'un bataillon de 6 compagnies, les *tirailleurs algériens* comptent actuellement 4 régiments à 4 bataillons de 4 compagnies, plus une compagnie de dépôt, tous stationnés en Algérie ou en Tunisie. Ils sont recrutés parmi les indigènes au moyen d'engagement volontaire ou de rengagement ; il n'y a, comme éléments français, dans chaque compagnie, que 5 sous-officiers, 4 caporaux et 8 soldats. La moitié des lieutenants ou sous-lieutenants sont indigènes, mais, à partir du grade de capitaine, tous les officiers sont français.

L'uniforme est le même que celui des zouaves sauf la couleur du drap (bleu de ciel au lieu de bleu foncé) et des ornements (jonquille au lieu de garance) ; il comprend un collet à capuchon, un pantalon, un gilet et une veste de forme arabe en drap bleu de ciel, des guêtres-jambières et une chéchia avec turban de coton blanc.

Les tirailleurs algériens se sont distingués en Crimée, à l'assaut de Malakoff, en Italie, à Turbigo, pendant la campagne de 1870, et dans toutes les expéditions auxquelles ils ont pris part.

TURCMANS ou **TURKOMANS**, peuple de race turque répandu dans toute l'Asie occidentale.

TURCS, peuples de race scythique ou tartare, habitant le Turkestan, le S.-O. de la Sibérie, la Russie entre l'Oural et le Volga, la Crimée, l'Asie Mineure et quelques parties de la Turquie d'Europe. Voy. TURQUIE.

TURDIDÉS. s. m. pl. (lat. *turdus*, grive ; gr. εἶδος, apparence). T. Zool. Famille de *Passereaux*. Voy. MERLE.

TURELURE. s. f. Mot sans signification qui sert de refrain à certaines chansons populaires, et s'emploie subst. dans cette loc. fam., *C'est toujours la même t.*, pour dire, C'est toujours la même chose, la même façon.

TURENNE (vicomte DE), général fr., s'illustra sous le règne de Louis XIV, notamment en Alsace (1674), et fut tué à Salzbach au moment où il allait remporter une victoire décisive sur les Impériaux (1611-1675).

TURF. s. m. (angl. *turf*, m. s.). Lieu où ont lieu les courses de chevaux. Voy. COURSE.

TURGESCENCE. s. f. [Pr. *turjes-san-se*] (R. *turgescent*). Le mot *Turgescence* signifie gonflement ou enflure, mais il se dit seulement du gonflement qui résulte d'un afflux de liquide dans une partie qui, par suite, acquiert un volume supérieur à celui qu'elle présentait auparavant. Le phénomène de la t. est un phénomène plus souvent physiologique que pathologique. Un fait de t. remarquable par sa rapidité et qui s'observe sur des organes extérieurs est celui que présente la caroncule du Dindon lorsqu'il se met en colère : son organe riche en tissu érectile peut devenir turgescent. On explique ce phénomène par une dilatation momentanée des vaisseaux, consécutive à une excitation nerveuse.

TURGESCENT, ENTE. adj. [Pr. *turjes-san, sante*] (lat. *turgescens*, m. s., de *turgere*, se gonfler). Qui se gonfle.

TURGITE. s. f. T. Minér. Minerai de fer très abondant, constitué par un hydrate de sesquioxyde de fer $2Fe^2O^3, H^2O$; en masses compactes, fibreuses, d'un noir rougeâtre, donnant une poussière rouge clair.

TURGOT, économiste fr. (1727-1781), fut deux ans ministre de Louis XVI et tenta d'utiles réformes ; mais il fut attaqué violemment par les privilégiés et abandonné par le roi.

TURGOVIE, l'un des cantons de la Suisse.

TURIN, v. d'Italie (Piémont), sur le Pô ; 252,800 hab. = Nom des hab. : TURINOIS, OISE.

TURION. s. m. (lat. *turio*, m. s.). T. Bot. Le *Turion* est un bourgeon souterrain. Il est par conséquent propre aux plantes vivaces, c.-à-d. dont la partie extérieure ou aérienne meurt chaque année. C'est lui qui, en se développant sur le rhizome ou tige souterraine, produit chaque année les nouvelles tiges. Sa structure est absolument la même que celle du bourgeon aérien ; néanmoins il offre ordinairement une forme particulière, son axe épais et charnu s'allongeant beaucoup avant de produire des feuilles. L'Asperge en présente un exemple familier à tout le monde : la partie de cette plante que nous mangeons n'est autre chose qu'un turion. Quelquefois les turions naissent de racines ligneuses, en même temps que les branches du végétal émettent de vrais bourgeons. C'est ce qu'on voit dans le Sumac, le Vernis du Japon (*Ailante*), le Robinier faux-Acacia, etc.

TURKESTAN ou **TARTARIE INDÉPENDANTE,** vaste région de l'Asie centrale et occidentale entre la Sibérie, l'Afghanistan, la mer Caspienne et la mer d'Aral ; 9,000,000 hab.

TURKESTAN CHINOIS ou **PETITE-BOUKHARIE** ou **KACHGARIE,** prov. de l'empire chinois qui fut indépendante quelques années sous un prince Ouzbek ; 500,000 hab.

TURKOMANS. Voy. TURCMANS.

TURLUPIN. s. m. Surnom d'un acteur (Henri Legrand, XVIIe siècle) de nos anciennes farces, qu'on donne par mépris à un homme qui fait des plaisanteries basses et insipides, de mauvais jeux de mots. *C'est un t., un vrai t.*

TURLUPINADE. s. f. Mauvaise plaisanterie digne de Turlupin. *Faire des turlupinades.*

TURLUPINER. v. n. Faire des turlupinades. *Cet homme ne fait que t.* = TURLUPINER. v. a. Se moquer de quelqu'un, le tourner en ridicule par des turlupinades. *Il a turlupiné un tel. Il turlupine tout le monde.* = TURLUPINÉ, ÉE. part.

TURLUT. s. m. [Pr. *turlu*] (onomat. du chant de l'oiseau), T. Ornith. Nom vulg. de la *Farlouse.*

TURLUTAINE. s. f. [Pr. *turlu-tène*] Serinette. || Fig. Ce qu'on répète sans cesse, une marotte.

TURME. s. f. (lat. *turma*, m. s., mot de même orig. que *turba*, foule). T. Antiq. rom. Escadron, troupe de cavaliers. Voy. LÉGION, II.

TURNBULL (*Bleu de*). T. Chim. Voy. FERRICYANURE.

TURNÈBE, savant philosophe fr. (1512-1565).

TURNEP. s. m. (angl. *turnip*, navet). T. Bot. Nom donné souvent à la *Rave.* Voy. CHOU.

TURNER (SHARON), historien angl. (1768-1847).

TURNER, peintre angl. (1775-1851).

TURNÈRE. s. m. (R. *Turner*, n. d'un botan. angl.). T. Bot. Genre de plantes Dicotylédones (*Turnera*) de la famille des *Bixacées*, tribu des *Turnérées.* Voy. BIXACÉES.

TURNÉRÉES. s. f. pl. (R. *Turnère*). T. Bot. Tribu de végétaux de la famille des *Bixacées.* Voy. ce mot.

TURNHOUT, v. de Belgique, prov. d'Anvers; 17,000 hab.

TURNIX. s. m. T. Ornith. Genre de *Gallinacés.* Voy. TRIDACTYLE.

TURNUS, roi légendaire des Rutules, fiancé de Lavinie, fille de Latinus, fut tué par Énée.

TURONIEN, ENNE. adj. [Pr. *turoni-in*, *ièn*e] (lat. *Turones*, n. de la ville de Tours). T. Géol. Se dit d'un terrain particulier qu'on rencontre aux environs de Tours. Voy. SECONDAIRE, C.

TURONS, peuple gaulois établi sur les bords de la Loire (Tours).

TURPÉTHINE. s. f. T. Chim. Glucoside extrait de la racine de turbith (*Ipomœa turpethum*). La t. est amorphe, jaune brunâtre, insoluble dans l'eau et dans l'éther, soluble dans l'alcool. Elle fond vers 183°. Les dissolutions alcalines bouillantes la transforment en *Acide turpéthique* $C^{34}H^{60}O^{18}$, acide bibasique, amorphe, jaune, très soluble dans l'eau. Les acides minéraux étendus et bouillants dédoublent la t. en glucose, acide iso-butyrique et acide turpétholique. — *L'Acide turpétholique* a pour formule $C^{16}H^{32}O^4$; il cristallise en aiguilles microscopiques, fusibles à 87°, solubles dans l'alcool, peu solubles dans l'eau; il est monobasique.

TURPIN, moine de Saint-Denis, archevêque de Reims (753), à qui l'on a attribué une chronique latine sur la vie de Charlemagne et de Roland.

TURPITUDE. s. f. (lat. *turpitudo*, m. s., de *turpis*, honteux). Ignominie qui résulte de quelque action honteuse. *Il y a une grande t. dans l'action dont vous parlez. Cela fait voir sa t.* — *Découvrir, révéler la t. de quelqu'un, la t. d'une famille*, Découvrir quelque chose qui doit faire honte à quelqu'un, à une famille. *Il passe pour homme de bien; mais le temps découvrira la t. de sa vie.* On dit dans le même sens, *Cacher, couvrir la t. de quelqu'un.* || Se dit aussi des actions honteuses. *Révéler les turpitudes de quelqu'un.*

TURQUET. s. et adj. m. [Pr. *tur-kè*] (R. *turc*). T. Agric. Nom vulgaire du maïs ou blé de Turquie. [Voy. MAÏS.] || Petit chien à nez camus et à poil ras, d'origine turque.

TURQUETTE. s. f. [Pr. *turkè-te*] (R. *turc*). T. Bot. Nom vulgaire de l'*Herniaria glabra.* Voy. ILLÉCÉBRÉES.

TURQUIE, Empire partie européen, partie asiatique, partie africain; on la divise naturellement en Turquie d'Europe, Turquie d'Asie et Turquie d'Afrique.

La Turquie d'Europe est bornée au nord par le Monténégro, l'Herzégovine, la Bosnie, la Serbie et la Bulgarie, à l'est par la mer Noire (ancien Pont Euxin) et le Bosphore, au sud par la mer de Marmara (ancienne Propontide), les Dardanelles, l'Archipel ou mer Égée et la Grèce, à l'ouest par la mer Ionienne, le canal d'Otrante et l'Adriatique. Elle s'étend sensiblement du 39° au 43° degré de latitude nord et du 17° au 29° degré de longitude est de Paris.

La chaîne des Balkans (ancien Hémus) suit à peu près sa frontière septentrionale et vient aboutir au Bosphore.

Les fleuves principaux sont le Vardar qui se jette dans le golfe de Salonique, le Strouma dans le golfe de Contessa, et la Maritza, tributaire de l'Archipel. Entre ces deux golfes s'avance la presqu'île de Chalcidique, terminée elle-même par trois longues presqu'îles où se creusent à l'ouest le golfe de Cassandre, à l'est celui du mont Athos. Le mont Athos se dresse à la pointe la plus orientale des trois presqu'îles.

La Turquie d'Asie est bornée au nord par le détroit des Dardanelles, la mer de Marmara, le Bosphore et la mer Noire, à l'est par les provinces caucasiennes de la Russie, la Perse et le golfe Persique, au sud par l'Arabie déserte, à l'ouest par la mer Rouge, l'Égypte, la Méditerranée et l'Archipel. Elle s'étend du 18° au 42° degré de latitude nord et du 24° au 46° degré de longitude est de Paris.

La partie comprise entre la mer Noire et la Méditerranée, appelée Asie Mineure ou Anatolie, est traversée de l'est à l'ouest par deux chaînes de montagnes, le Taurus au sud, l'Anti-Taurus au nord. Les deux chaînes se rejoignent au nord-est au mont Ararat près de la frontière russe. La côte orientale de la Méditerranée est longée par le Liban et l'Anti-Liban.

Le principal fleuve de l'Asie Mineure est le Kizil Ermak qui se jette dans la mer Noire. Mais les plus grands fleuves de la Turquie d'Asie sont l'Euphrate et le Tigre qui, prenant leurs sources dans l'Anti-Taurus et les montagnes d'Arménie, coulent presque parallèlement du nord-ouest au sud-est et se rejoignent pour former le Chat-el-Arab, peu avant de se jeter dans le golfe Persique. Du Liban descendent l'Oronte, tributaire de la Méditerranée, et le Jourdain, qui se perd dans le lac Asphaltite ou mer Morte.

La Turquie possède encore entre l'Europe et l'Asie une bonne part des îles grecques de l'Archipel : Tassos, Samothrace, Imbros, Lemnos, Lesbos ou Mytilène (du nom de sa capitale), Ipsara, Chio, Samos, Nicaria, Stanco, Rhodes, Scarpanto, etc. Chypre, qu'elle possédait depuis des siècles, a été cédée à l'Angleterre en 1878, et la Crète (ou Candie) s'est révoltée et s'est rendue libre avec le concours de l'Europe en 1899.

La Turquie d'Afrique ne comprend plus que la *Tripolitaine.* Voy. ce mot.

La Turquie d'Europe est formée des anciennes provinces grecques d'Illyrie, de Thrace et de Macédoine, qui furent le berceau de l'Empire d'Alexandre et de ses successeurs, et furent soumises par les Romains au II° siècle avant Jésus-Christ. Une des principales villes de Thrace, Byzance sur le Bosphore, devint la Constantinople de l'Empereur Constantin, et, après le partage de l'Empire romain, par Théodose, en 395, fut la capitale de l'Empire d'Orient.

La Turquie d'Asie comprend les anciens royaumes de Bithynie, de Phrygie, de Mysie, de Lydie, de Carie, de Paphlagonie, de Pont, de Cappadoce, de Cilicie, d'Arménie, de Phénicie, de Syrie, de Palestine, de Mésopotamie, d'Assyrie et de Babylonie, qui firent successivement partie des Empires de Cyrus, de Darius, d'Alexandre, des Séleucides, des Romains, des Parthes, des Arabes. Voy. MÉDITERRANÉE, PALESTINE, PERSE, PHÉNICIE.

Les Turcs, qui occupent aujourd'hui ces régions, vinrent des vastes plaines asiatiques situées entre l'Oural et le Pamir, désignées aujourd'hui sous le nom de Turkestan et, dans l'antiquité, sous le nom de Touran, par opposition à l'Iran, Arie ou Aryano (Perse). Ils sont donc Touraniens, par opposition aux Iraniens ou Aryans, et par conséquent frères des Huns et des Hongrois. Leurs croisements avec les Grecs, les Perses, les Chaldéens, les Juifs et les Arabes ont d'ailleurs singulièrement modifié leur type primitif.

Du XI° au XIII° siècle, leurs chefs ou khans, les Seldjoucides, de la dynastie de Sedjouk, envahirent la Perse, la Mésopotamie, la Géorgie, l'Arménie, l'Asie Mineure, la Syrie, et se convertirent au mahométisme, installé dans ces contrées par les Arabes.

Les Ottomans, de la dynastie d'Othman Ier, qui leur succéda (1292), continuèrent la conquête de l'Empire d'Orient, envahi déjà en Europe, par les Bulgares et les Serbes. Arkhan s'empara de Brousse en Asie Mineure et y fixa sa capitale (1326). Orkhan prit en Europe Gallipoli, et Amurat Ier Andrinople, devenue à son tour capitale (1360). Celui-ci battit

à Kossovo les rois de Serbie, de Bulgarie, de Bosnie et d'Albanie (1389), et Bajazet l'Éclair écrasa à Nicopolis la croisade française de Jean sans Peur, unie aux Hongrois (1396). Après une invasion du Mongol Timour-Ling ou Tamerlan, Amurat II s'avança jusqu'en Transylvanie. Repoussé par le Hongrois Huniade, il le battit à une seconde bataille de Kossovo (1448).

Constantinople, encore libre et chrétienne, était donc depuis longtemps enveloppée de toutes parts. Mahomet II l'enleva en 1453; il conquit la Crimée, la Morée, Otranto; Selim Ier, la Mésopotamie, l'Égypte (1500); Soliman II, Belgrade et Rhodes. Ce dernier guerroya contre la Perse, contre Venise, contre l'Allemagne, et vint mettre le siège jusque devant Vienne. Selim II (1566) conquit Chypre et l'Yémen sur la mer Rouge. Amurat III prit Tauris, en Perse.

En dehors de ces conquêtes, l'histoire de la Turquie n'est qu'une longue série d'atrocités. Les empereurs ou sultans, la plupart adonnés à l'ivrognerie, ne régnaient que par le meurtre. Amurat II mit à mort son frère révolté; Selim Ier, ses deux frères, ses neveux et 40,000 de ses sujets; Soliman II, deux de ses fils et cinq de ses petits-fils; Amurat III, ses cinq frères; Mahomet III, ses dix-neuf frères. Les Turcs étant polygames, leurs pirates enlevaient partout des femmes et des filles qui se vendaient sur les marchés d'Orient. Puis les sultans ne furent plus gouvernés que par les femmes du sérail, leur palais de Constantinople, devenue Stamboul. Ils en étaient arrivés à ce point d'orgueil qu'ils ne recevaient les ambassadeurs chrétiens qu'à la Porte du Palais, la sublime Porte comme ils l'appelaient.

Le désastre de Lépante en 1571 commença pour cet empire l'ère de la décadence. Le XVIIe siècle est rempli des révoltes des Janissaires, sorte de garde prétorienne. Ibrahim fut étranglé par eux (1648). Sous Mahomet IV, l'empereur d'Allemagne reprit Bude; Venise, la Dalmatie, le Péloponèse et l'Attique. Sous

Achmet II, défaite à Salankemen; sous Mustapha II, défaite à Zenta; abandon à l'Allemagne, par la paix de Carlovitz, de la Transylvanie et du cours de la Theiss jusqu'au Danube; abandon de la Podolie et de l'Ukraine à la Pologne; d'Azov à la Russie (1690). Sous Mustapha III, perte de la Crimée (1757), perte de la Moldavie, de la Valachie, restituées par le traité de Roustchouk-Kainardji (1774).

Bien que les sultans se fussent singulièrement civilisés et adoucis, Othman III (1754) mit à mort trois de ses neveux. Les enlèvements de femmes et de filles chrétiennes étaient un fait constant. Encore à la fin du XVIIIe siècle, une jeune fille noble de la Martinique, cousine de celle qui fut l'impératrice Joséphine, femme de Napoléon, fut enlevée et vendue au Sultan. En 1812, la Russie put étendre ses frontières jusqu'au Pruth. Dès lors, la révolte des chrétiens en Turquie d'Europe, où ils étaient plus de 20 millions contre 4 million de Turcs, se prépare activement. Étouffée en Moldavie et en Valachie en 1821, elle réussit en Grèce avec le concours de la France, de la Russie et de l'Angleterre dont les flottes détruisent la flotte turque à Navarin (1828). Une armée française délivre la Morée (Voy. GRÈCE). En 1833, le pacha d'Égypte Mehemed-Ali se rend indépendant, prend Saint-Jean d'Acre, bat le sultan à Konieh et à Nizib (1839). La question d'Orient préoccupe l'Europe. La Russie se fait menaçante. La France et l'Angleterre interviennent en Crimée, secondées plus tard par le Piémont (1853-1856).

La Turquie, sauvée, ne se signale que par des emprunts. En vingt années, elle n'en souscrit pas moins de quinze, dont les rentes, bientôt, ne sont plus que partiellement payées. En 1873, elle reconnaît l'indépendance de l'Égypte; en 1878, à la suite d'une invasion russe qui aboutit au traité de San-Stefano et à l'entrée des troupes russes à Constantinople, elle abandonne la Bosnie et l'Herzégovine à l'Autriche, une partie de l'Arménie à la Russie, Chypre à l'Angleterre, reconnaît l'indépendance de la Roumanie, de la Serbie, du Monténégro jusqu'alors tributaires, l'autonomie, sous la suzeraineté nominale, de la Bulgarie, à laquelle s'adjoint bientôt la Rou-

TURQUIE D'ASIE

E. Morieu, Gr.

mélie. En 1881, la Tunisie, qui était aussi tributaire, passe sous le protectorat de la France. Pendant près de 20 ans encore les révoltes se multiplient en Macédoine et en Crête. De grands massacres d'Arméniens chrétiens ont lieu dans tout l'Empire. La Grèce qui intervient en Macédoine est battue surtout par les généraux allemands qui commandent l'armée turque, mais les Puissances européennes imposent l'autonomie de la Crête sous le gouvernement d'un prince grec et sous la suzeraineté du Sultan. En 1901, la France, dont certains droits sont depuis longtemps lésés, occupe les ports de Mytilène, des Oliviers et de Kiloni dans l'île de Lesbos. Satisfaction leur est immédiatement donnée.

Le gouvernement de la Turquie est une autocratie absolue. Depuis 1878 cependant un parlement avait été institué, mais il paraît ne guère fonctionner ou du moins n'avoir aucune influence. Le premier ministre du Sultan porte le nom de Grand Vizir. Le pays, au point de vue administratif, est divisé en provinces ou Vilayets, de Constantinople, d'Andrinople, de Salonique (Macédoine), d'Albanie, en Europe; en Asie, Constantinople (Asiatique), Brousse, Lydie, Kastamouni (Paphlagonie), Angora, Konieh, Adama (Cilicie) Trebizonde, Sivas (Cappadoce), Erzeroum (Arménie), Diarbekir, Bagdad (Babylonie ou Irak-Arabi), Alep, Syrie, Hedjaz, Yemen et Hedjer. En Afrique, la Tripolitaine forme un Vilayet.

Les villes principales sont en Europe : Constantinople (900,000 habitants, moitié Turcs, moitié Grecs), Salonique; en Asie : Smyrne, Beyrouth, Mytilène, Saint-Jean-d'Acre, Jaffa, Damas, Bassora, et Bagdad, près des ruines de Babylone, Mossoul, près des ruines de Ninive (Assur).

La population de la Turquie d'Europe est d'environ 4,000,000 d'habitants, celle de la Turquie d'Asie de 14,000,000. Cet empire exporte surtout des tapis, des figues, des armes, des étoffes teintes, des parfums, des cuirs, quelques vins doux tels que ceux de Samos et de Smyrne, du tabac, de la garance, du coton. L'Arménie et l'Asie Mineure produisent du cuivre.

Liste chronologique des sultans ottomans. — Othman, émir de Bithynie, vers 1300. — Orkhan, sultan, 1326; il conquiert l'Asie Mineure. — Amurat Ier, 1360; s'empare d'Andrinople et de plusieurs provinces en Europe. — Bajazet Ier, 1389. — Soliman Ier, 1402. — Mousa, 1410. — Mahomet Ier, 1413. — Amurat II, 1421. — Mahomet II, 1451; prend Constantinople en 1453. — Bajazet II, 1481. — Sélim Ier, 1512. — Soliman II, 1520. — Sélim II, 1566. — Amurat III, 1574. — Mahomet III, 1595. — Achmet Ier, 1603. — Mustapha Ier, 1617. — Othman II, 1678. — Mustapha Ier, rétabli, 1622. — Amurat IV, 1623. — Ibrahim, 1640. — Mahomet IV, 1649. — Soliman III, 1687. — Achmet II, 1691. — Mustapha II, 1695. — Achmet III, 1703. — Mahmoud Ier, 1730. — Othman III, 1754. — Mustapha III, 1757. — Abdul-Hamid Ier, 1774. — Sélim III, 1789. — Mustapha IV, 1807. — Mahmoud II, 1808. — Abdul-Medjid, 1841. — Abdul-Azis, 1861. — Mourad V (Mourad est le même nom d'Amurat), 1876. — Abdul-Hamid II, 1876.

TURQUIN, INE. adj. [Pr. *tur-kin*] (ital. *turchino*, de Turquie). Foncé, couvert; ne se dit qu'avec *Bleu. Taffetas bleu t. Marbre bleu t.*

TURQUIS. s. m. [Pr. *tur-ki*] (R. *turc*). Nom vulgaire du Maïs dans quelques provinces.

TURQUOISE. s. f. [Pr. *tur-koua-ze*] (R. *turc*). T. Minér. La *Turquoise* est une matière opaque, d'un bleu clair ou verdâtre, qui est assez dure pour prendre un beau poli et qu'on emploie dans la joaillerie comme pierre d'ornement. On en distingue deux espèces : la *T. pierreuse* ou *Calaïte*, et la *T. osseuse* ou *Odontolithe*. La première, qu'on appelle aussi *T. orientale* et *T. de la vieille roche*, est d'un bleu pâle qui tire sur le verdâtre. C'est un phosphate hydraté d'alumine coloré par quelques centièmes d'oxyde de cuivre. Cette pierre est plus dure que le verre; mais elle est rayée par le quartz. On la trouve en Perse et en Syrie, dans les terrains d'alluvion. On la taille en cabochon et on la monte fréquemment avec un entourage de diamants ou de rubis. La seconde espèce, qu'on désigne encore sous les noms de *T. occidentale,* de *fausse T.* et de *T. de la nouvelle roche*, a beaucoup moins de prix que la précédente. Ce n'est qu'un fragment d'ivoire ou d'os fossile, coloré par du phosphate de fer. On la distingue de la *T. orientale* en ce qu'elle fait effervescence dans les acides, et en ce que sa couleur pâlit et devient d'un bleu grisâtre à la lumière d'une bougie. On la

trouve, en France, dans le département du Gers, et, en Suisse, dans le canton d'Argovie.

TURRICULÉ, ÉE. adj. [Pr. *tur-rikulé*] (lat. *turris,* tour). T. Conchyl. Se dit des coquilles univalves dont la spire est déposée de manière à présenter l'aspect d'une petite tour.

TURRILITE. s. f. [Pr. *tur-rilite*] (lat. *turris,* tour; gr. λίθος, pierre). T. Zool. Genre de Mollusques *Céphalopodes fossiles.* Voy. AMMONITIDES.

TURRITELLE. s. f. [Pr. *tur-ritèle*] (lat. *turritus,* garni de tours). Genre de Mollusques *Gastéropodes.* Voy. TURRITELLIDES.

TURRITELLIDES. s. f. pl. [Pr. *tur-ritelides*] (lat. *turritus,* garni de tours). T. Zool. Famille de *Gastéropodes Cténobranches* dont la coquille unique forme des spires accolées les unes contre les autres. L'ouverture de cette coquille est ronde et peut être fermée par un opercule corné, spiral. Le pied de l'animal est assez gros, et le bord de son manteau frangé. Les yeux sont situés à la base des tentacules, la tête est saillante et en forme de mufle. Il n'y a qu'une seule branchie.

Toutes les Turritellides habitent la mer. Le principal genre (*Turritella*) a une coquille rayée en spirale avec une ouverture arrondie; le péristome de la bouche est interrompu en dessus et un peu échancré en avant.

TUSCULUM (auj. *Frascati*), v. de l'Italie anc. : Cicéron y écrivit ses *Tusculanes* (traité de morale).

TUSSAH. s. m. (mot indien). Variété de soie produite par le Bombyx du Ricin. Voy. BOMBYCITES.

TUSSILAGE. s. m. [Pr. *tusi-laje*] (lat. *tussilago,* m. s., de *tussis,* toux, et *ago,* je pousse, je chasse). T. Bot. Genre de plantes Dicotylédones de la famille des *Composées,* tribu des *Radiées.*

TUTÉLAIRE. adj. 2 g. [Pr. *tuté-lère*] (lat. *tutelaris,* m. s.). Qui tient sous sa garde, sous sa protection, *Un Dieu t. Le génie t., les dieux tutélaires d'un empire. Chaque homme a son ange t.* — Fig., *Vous êtes mon ange t.* || Se dit aussi des choses. *Bonté, puissance t.*

TUTELLE. s. f. [Pr. *tutè-le*] (lat. *tutela,* rempart, protection). Autorité donnée, conformément à la loi, pour avoir soin de la personne et des biens d'un mineur ou d'un interdit. — *Ces enfants sont en t., sont hors de t.,* Ils sont encore, ou ils ne sont plus sous l'autorité d'un tuteur. || Fig., *Il est en t., comme en t.; on le tient en t.,* se dit d'un homme qui est gêné et contraint par quelque personne qui a pris une grande autorité sur lui, en sorte qu'il ne peut pas faire ce qu'il veut. || Fig., se dit pour Protection. *Les citoyens sont sous la t. des lois. Je me mets sous votre t.*

Législ. — Dans notre système de Législation civile, la *Tutelle* proprement dite s'applique aux mineurs non émancipés et aux interdits. La personne à qui une t. est confiée prend le nom de *tuteur;* celle qui est placée sous cette autorité est appelée *Pupille.*

I. *Des diverses sortes de tutelles.* — Le tuteur tient toujours son autorité de la loi; mais tantôt celle-ci la défère directement à certaines personnes à raison de leur qualité, comme au père, à la mère, et, à leur défaut, aux ascendants du mineur : c'est la T. *légitime* ou *légale;* tantôt elle permet à certaines personnes de la déférer, c'est la T. *dative;* telle est celle qui est déférée par testament du père ou de la mère, ou par le conseil de famille.

A. T. *légale.* — Pendant le mariage de leurs père et mère, les enfants mineurs et non émancipés sont exclusivement soumis à la puissance paternelle. S'ils ont des biens personnels, le père en a l'administration, et il est comptable, quant à la propriété et aux revenus, des biens dont il n'a pas la jouissance; et, quant à la propriété seulement, de ceux dont la loi lui donne l'usufruit. Après la dissolution du mariage arrivée par la mort de l'un des époux, la t. des enfants appartient de plein droit au survivant. Toutefois le père peut adjoindre à la mère survivante un conseil spécial, appelé *Conseil de t.,* chargé de donner son avis sur tous les actes relatifs à la t. ou sur tels de ces actes qu'il spécifie. La nomination de ce conseil doit être faite, soit par acte de dernière volonté, soit par une déclaration devant le juge de paix ou devant un nafaire. La mère n'est point tenue d'accepter la t. ; néanmoins, en cas de refus, elle doit en remplir les devoirs jusqu'à ce qu'elle ait fait nommer un tuteur. Si, à la mort du mari, la femme est enceinte, il est nommé un *Curateur au ventre* par le conseil de famille, et, à la naissance de l'enfant, la mère en devient tutrice de droit. Si la mère tutrice veut se remarier, elle doit préalablement assembler le conseil de famille, qui décide si la t. doit lui être conservée. S'il a lui conserve, il lui adjoint nécessairement comme *Cotuteur* le second mari, lequel devient solidairement responsable avec sa femme de la gestion postérieure au mariage. A défaut de cette convocation, elle perd la t. de plein droit, et son nouveau mari est solidairement responsable de toutes les suites de la t. qu'elle a indûment conservée (C. civ., 389-96). — A défaut du père et de la mère, et si ce dernier mourant n'a pas été maintenue dans la t. des enfants de son premier mariage, celle-ci appartient de plein droit à l'aïeul paternel du mineur, et, à son défaut, à l'aïeul maternel ; et ainsi en remontant, de manière que l'ascendant paternel soit toujours préféré à l'ascendant maternel du même degré (C. civ., 402-4).

B. *T. dative*. — Le père survivant, ou la mère survivante, a la faculté, faculté à laquelle nous venons de faire allusion, de choisir, pour l'époque qui suivra son décès, un tuteur aux enfants mineurs. Cette nomination doit être faite dans la même forme que celle du conseil que le mari adjoint à la femme survivante. Toutefois la femme remariée, et qui n'a pas été maintenue dans la t. des enfants de son premier mariage, ne peut déférer la t.; et le cas même où elle a été maintenue, son choix d'un tuteur n'est valable qu'autant qu'il a été confirmé par le conseil de famille (C. civ. 396-40). — A défaut des trois espèces de t. que nous venons de mentionner, il est pourvu à la nomination d'un tuteur par le conseil de famille. Ce conseil, présidé par le juge de paix du canton, doit être composé de six parents ou alliés pris, moitié du côté paternel, moitié du côté maternel, en suivant l'ordre de proximité dans chaque ligne. En cas d'insuffisance des parents ou alliés de l'une ou l'autre ligne, on appelle des amis du père ou de la mère du mineur. Le conseil de famille est convoqué, soit d'office par le juge de paix lui-même, soit sur la réquisition et à la diligence des parents du mineur, ou de ses créanciers, ou d'autres parties intéressées. Tout membre convoqué qui, sans excuse légitime, ne se rend point, en personne ou par mandataire, à l'assemblée, encourt une amende qui ne peut excéder 50 francs. L'assemblée se tient de plein droit chez le juge de paix, à moins qu'il ne désigne lui-même un autre local. Il la préside et y a voix délibérative et prépondérante en cas de partage. Pour que le conseil délibère, il est nécessaire que les trois quarts au moins des membres convoqués soit présents. Lorsque le mineur domicilié en France possède des biens dans les Colonies, ou réciproquement, l'administration spéciale de ces biens est donnée à un *Protuteur*, qui reste indépendant et seul responsable de sa gestion particulière (C. civ., 405-18).

B. *Du tuteur et du subrogé tuteur*. — En règle générale, le tuteur ne peut refuser la t., l'intérêt des mineurs faisant considérer cette fonction comme une charge publique. Toutefois, la loi admet un certain nombre de cas où la personne appelée à la t. est libre d'y renoncer. Sont dispensés de la t. : les membres de la Cour de cassation et les préfets ; les citoyens exerçant une fonction publique dans un département autre que celui où la t. s'établit ; les militaires en activité de service ; les citoyens non parents ni alliés du mineur, lorsqu'il existe dans la distance de 4 myriamètres des parents ou alliés en état de gérer la t. ; les personnes âgées de 65 ans accomplis ; celles qui sont atteintes d'une infirmité grave et dûment justifiée ; ceux qui ont 5 enfants légitimes en comptant les enfants vivants et ceux qui sont morts au service ; ceux qui ont ou déjà cinq t., ou plus. Si le tuteur nommé est présent à la délibération qui lui défère la t., il devra sur-le-champ, et sous peine d'être déclaré non recevable dans toute réclamation ultérieure, proposer ses excuses sur lesquelles le conseil de famille délibérera. S'il est absent, il doit faire convoquer le conseil de famille pour délibérer sur ses excuses, dans les 3 jours, à partir de la notification qui lui est faite de sa nomination, augmentés d'un jour par 3 myriamètres de distance du lieu de son domicile à celui de l'ouverture de la t. — Tandis que les excuses sont facultatives et peuvent ne pas être invoquées par les personnes appelées à la t., les incapacités, exclusions ou destitutions, qui sont prononcées dans l'intérêt des mineurs, sont absolues et forcées. Ainsi, ne peuvent être tuteurs, ni membres du conseil de famille : les mineurs, excepté le père ou la mère ; les interdits, les femmes autres que la mère et les ascendantes ; tous ceux qui ont ou

dont les père ou mère ont avec le mineur un procès dans lequel l'état de ce mineur, sa fortune ou une partie notable de ses biens sont compromis. Sont exclus de la t., s'ils n'ont pas commencé à l'exercer, les individus condamnés à une peine afflictive et infamante, et les gens d'une inconduite notoire. Ces mêmes personnes, si elles exerçaient déjà la t., comme aussi toute autre personne dont la gestion attesterait l'incapacité ou l'infidélité, doivent être destituées de la t. ; le conseil de famille, motivant sa délibération après avoir entendu ou appelé le tuteur. Tout tuteur exclu ou destitué ne peut être membre d'un conseil de famille (C. civ. 427-49). — Dans toute t. il y a un *Subrogé tuteur*, qui est nommé par le conseil de famille, et qui a pour fonctions de surveiller la gestion du tuteur, et d'agir pour les intérêts du mineur, lorsqu'ils sont en opposition avec ceux du tuteur. Dans le cas où il y a eu un curateur au ventre, ce curateur devient de plein droit le subrogé tuteur à la mère tutrice. Quand la t. est conférée par le conseil de famille, la nomination du subrogé tuteur a lieu immédiatement après celle du tuteur. Dans les autres espèces de tutelles, le tuteur, avant d'entrer en fonctions, doit faire convoquer un conseil de famille pour nommer un subrogé tuteur. Si, avant d'avoir rempli cette formalité, il s'est ingéré dans la gestion, le conseil, convoqué sur la réquisition des parents, ou des parties intéressées, ou bien d'office par le juge de paix, peut, s'il y a ou doit de la part du tuteur, lui retirer la t., sans préjudice des indemnités dues au mineur. Le subrogé tuteur doit, sous sa responsabilité personnelle, veiller à la confection de l'inventaire après la dissolution du mariage de deux époux mariés sous le régime de la communauté, et requérir des inscriptions hypothécaires au nom du mineur sur les immeubles du tuteur. Les fonctions du subrogé tuteur cessent à la même époque que la t., et tout ce qui concerne les excuses, incapacités, exclusion et destitution des tuteurs s'applique également aux subrogés tuteurs (C. civ., 420-27). — Dans certains cas, il est nommé à quelques mineurs un *Tuteur ad hoc*, c.-à-d. un tuteur pour un objet déterminé. C'est ainsi qu'à défaut de parents, un enfant naturel, âgé de moins de 21 ans, ne peut se marier sans le consentement d'un tuteur nommé à cet effet (C. civ., 159).

III. *De l'administration du tuteur*. — Le tuteur a pour fonctions de prendre soin du mineur et de le représenter dans tous les actes de la vie civile. Il commence à agir et à administrer le jour de sa nomination, soit à elle ou lieu ou sa présence, sinon du jour où elle lui a été notifiée. Complétant les dispositions du Code civil sur l'administration du tuteur, la loi du 27 février 1880 a, dans l'intérêt des incapables, prescrit des règles spéciales relatives à l'aliénation des valeurs mobilières appartenant aux mineurs ou aux interdits et à la conversion de ces mêmes valeurs en titres au porteur. Dans les dix jours qui suivent sa nomination, le tuteur doit requérir la levée des scellés, s'il y en a, et faire procéder à l'inventaire des biens du mineur, en présence du subrogé tuteur. Dans le mois qui suivra la clôture de l'inventaire, il fera vendre aux enchères, par un officier public et toujours en présence du subrogé tuteur, les meubles appartenant au mineur, à moins qu'il n'en ait l'usufruit légal ou que le conseil de famille ne l'autorise à les garder en nature. Toute autre personne que le père ou la mère doit, lorsqu'elle est chargée de la t., faire déterminer par le conseil de famille, lors de son entrée en exercice, la somme à laquelle pourra s'élever la dépense annuelle du mineur, ainsi que celle de l'administration de ses biens. Le tuteur doit faire déterminer de même la somme à laquelle commencera pour lui l'obligation d'employer l'excédent des revenus sur la dépense, à peine de devoir, après six mois, les intérêts de toute somme non employée, quelque modique qu'elle soit. Le tuteur doit administrer les biens de son pupille en bon père de famille. Il en perçoit les revenus, reçoit le remboursement des capitaux, passe les baux qui n'excèdent pas neuf ans, intente les actions mobilières, y acquiesce et y défend, et, dans tous les cas, il est responsable de sa mauvaise gestion. D'autre part, le tuteur doit dans les trois mois qui suivent l'ouverture de la t., sauf exception dont le conseil de famille est juge, convertir en titres nominatifs les titres au porteur appartenant au mineur En vue d'éviter le danger résultant de la facilité que présente l'aliénation des valeurs au porteur, la loi de 1880 a pris des précautions spéciales en décidant notamment que la conversion des titres nominatifs en titres au porteur serait soumise aux mêmes règles que l'aliénation de ces valeurs (Voy. ci-après). La loi décide en outre que l'aliénation devra être opérée par le ministère d'un agent de change, que le tuteur doit faire employer dans les trois mois de tout capital disponible, enfin, que le conseil de famille peut, en autorisant le tuteur à conserver des titres au porteur, proscrire le dépôt de ces titres dans un établissement financier. Pour les actes qui excèdent la simple administration, le tuteur a besoin de l'autorisation du conseil de famille et parfois même aussi de celle du tribunal. Il n'a besoin que de l'autorisation du conseil de famille : 1° pour introduire en justice une action relative aux droits immobiliers des mineurs ou pour acquiescer à une demande relative aux mêmes droits; 2° pour aliéner jusqu'à concurrence de 1500 francs en capital, les rentes, actions, parts d'intérêt, obligations, et autres meubles incorporels appartenant au mineur; 3° pour accepter une donation faite au mineur; 4° pour accepter ou répudier une succession qui lui est échue (toutefois l'acceptation d'une succession ne peut être faite que sous bénéfice d'inventaire); 5° pour provoquer un partage, lequel, de plus, devra être fait en justice, après estimation faite par experts désignés par le tribunal de première instance. Il faut, au contraire, outre l'autorisation du conseil de famille, l'homologation du tribunal de première instance : 1° pour emprunter ou transiger au nom du mineur; 2° pour aliéner ou hypothéquer ses biens immeubles ou ses biens meubles, pour une valeur supérieure à 1500 francs en capital. Bien plus, toute transaction faite au nom du mineur doit être précédée de l'avis de trois jurisconsultes désignés par le procureur de la République. Enfin, le tuteur ne peut accepter la cession d'aucun droit ou créance contre son pupille, ni acheter ses biens, ni les prendre à ferme, à moins que le conseil de famille n'ait autorisé le subrogé tuteur à lui en passer bail. — Pendant la durée de la t., tout tuteur autre que le père et la mère peut être tenu de remettre, aux époques fixées par le conseil de famille, des états de situation de sa gestion au subrogé tuteur. Lorsque le pupille a atteint sa majorité ou obtenu son émancipation, tout tuteur, sans exception pour le père ou la mère, est tenu de lui rendre un compte définitif de sa gestion. Dans ce compte, appelé Compte de tutelle, on alloue au tuteur toutes les dépenses suffisamment justifiées et relatives à l'objet était utile. La somme à laquelle s'élève le reliquat dû par le tuteur porte intérêt, au profit du pupille, sans demande et à compter de la clôture du compte. Au contraire, les intérêts de ce qui peut être dû au tuteur par le mineur ne courent que du jour de la sommation de payer faite après la clôture du compte. Tout traité intervenu entre le tuteur et le mineur devenu majeur est nul, s'il n'a été précédé de la reddition d'un compte de t. détaillé et de la remise des pièces justificatives, le tout constaté par un récépissé du pupille, dix jours au moins avant le traité. Toute action du mineur contre son tuteur relativement aux faits de la t., se prescrit par dix ans à compter de la majorité. (C. civ., p. 450-75.) La t. étant une charge personnelle, ne passe point aux héritiers du tuteur. Ceux-ci sont seulement responsables de la gestion de leur auteur; et s'ils sont majeurs, ils sont tenus de la continuer jusqu'à la nomination d'un nouveau tuteur. (C. civ., 419.) Voy. Interdiction.

IV. De la tutelle officieuse. — On appelle Tutelle officieuse, une sorte de contrat par lequel une personne âgée de plus de 50 ans, sans enfants ni descendants légitimes, s'oblige à nourrir, à élever un mineur âgé de moins de 15 ans, à le mettre en état de gagner sa vie et à administrer ses biens personnels qu'il peut avoir. Les demandes et consentements relatifs à la t. officieuse sont portés devant le juge de paix du domicile de l'enfant. Un époux ne peut devenir tuteur officieux sans le consentement de l'autre conjoint. Le consentement des père et mère de l'enfant ou, à leur défaut, d'un conseil de famille est également nécessaire. Si le tuteur officieux, après 5 ans révolus depuis la t., et dans la prévoyance de son décès avant la majorité du pupille, lui confère l'adoption par acte testamentaire, cette disposition est valable, pourvu que le tuteur ne laisse point d'enfants légitimes. Dans le cas où le tuteur officieux mourrait sans avoir adopté son pupille, il est alloué à celui-ci, pendant sa minorité, des moyens nécessaires pour subsister. Si, à sa majorité, le pupille consent à être adopté par son tuteur, il est procédé à l'adoption. Lorsque le pupille ne se trouve point en état de gagner sa vie, et que, dans les trois mois qui suivront sa majorité, les réquisitions qu'il aura faites à son tuteur, à fin d'adoption, sont restées sans effet, celui-ci pourra être condamné à indemniser le pupille. Enfin, le tuteur officieux qui aurait eu l'administration de quelques biens pupillaires en devra rendre compte dans tous les cas. (C. civ., 361-70.) Voy. Adoption.

V. Tutelle en cas de déchéance de la puissance paternelle. — La loi du 24 juillet 1889, en même temps qu'elle édictait à l'égard des parents indignes la déchéance de la puissance paternelle, a dû organiser la protection des enfants soustraits à l'influence pernicieuse de leurs père et mère. Cette loi décide que si la mère est prédécédée ou si elle a été déclarée déchue ou si l'exercice de la puissance paternelle ne lui est pas attribué, le tribunal décide si la t. sera constituée dans les termes du droit commun, sans qu'il y ait toutefois obligation pour la personne désignée d'accepter cette charge. Si la t. n'est pas constituée, elle est exercée par l'Assistance publique, laquelle peut, tout en gardant la t., remettre les mineurs à d'autres établissements et même à des particuliers. Enfin, pendant l'instance en déchéance, toute personne peut s'adresser au tribunal pour obtenir que l'enfant lui soit confié à condition de se conformer aux obligations que nous avons exposées plus haut pour la t. officieuse. (Loi 24 juillet 1889, art. 10 à 13.)

TUTEUR, TUTRICE. s. (lat. tutor, protecteur, de tueri, défendre). Celui, celle à qui la tutelle est confiée. Voy. Tutelle. — Subrogé-t. Voy. Tutelle. — Fam., Il n'a pas besoin de t., se dit d'un homme entendu, qui sait conduire ses affaires. || T. Jardin. Forte perche qu'on met en terre à côté d'un jeune arbre ou d'une plante à tige trop faible, et à laquelle on l'attache pour le soutenir ou pour le redresser.

TUTHIE ou **TUTIE.** s. f. (ar. toutia, m. s.). T. Minér. Mélange de zinc en poudre et d'oxyde de zinc qui se produit dans la calcination de certains minerais. Voy. Zinc.

TUTOIEMENT ou **TUTOÎMENT.** s. m. [Pr. tu-toua-man]. Action de tutoyer. Le t. entre égaux est un signe de familiarité.

TUTOYER. v. a. [Pr. tu-to-ier, ou tu-toua-ier]. User des mots de Tu et de Toi en parlant à quelqu'un. Il est familier, il tutoie tout le monde. || Avec le pronom pers., Ces deux personnes se tutoient. = Tutoyé, ée. part. = Conj. Voy. Employer.

TUTTI. s. m. [Pr. tut-ti] (ital. tutti, tous, plur. de tutto, tout). T. Mus. Passage où toutes les parties d'un orchestre jouent ensemble. Reprendre le t.

TUYAU. s. m. [Pr. tu-iô] (orig. germ. : anc. haut all. tûda, holl. tuit, m. s.). Canal ou conduit, qui sert à l'écoulement des liquides, de l'air, de la vapeur, des gaz, de la fumée, etc., et qu'on fait de fer, de plomb, de cuivre, de bois, de terre cuite, etc., suivant sa destination. T. de fontaine. T. de conduite. T. de descente. T. de poêle. T. d'orgue. Le t. de la cheminée est trop étroit. Le t. du privé est engorgé. || Se dit aussi du bout creux de la plume d'une plume d'oie. Il aspirait le vin à l'aide d'un t. de paille. || T. cylindrique que l'on fait à du linge empesé. Collerette à tuyaux. || Fam., Parler dans le t. de l'oreille, dire quelque chose dans le t. de l'oreille, Parler bas à quelqu'un, lui dire quelque chose en secret. || Fam. Renseignement secret; se dit surtout en matière de courses de chevaux. On dit fam. que le t. a crevé quand le prétendu renseignement s'est trouvé faux, c.-à-d. quand le cheval qu'on avait indiqué comme devant gagner la course a été battu.

TUYAUTER. v. a. [Pr. tu-ioter] (R. tuyau). Faire avec un fer chaud des plis cylindriques dans du linge empesé. T. une ruche, un bonnet. || Fam. Donner des renseignements secrets ou confidentiels appelés tuyaux. = Tuyauté, ée. part. Collerette tuyautée.

TUYEN-QUANG, v. du Tonkin où une faible garnison française soutint victorieusement contre une armée chinoise un siège de plus de trois mois (1884-1885).

TUYÈRE. s. f. [Pr. tu-ière] (R. tuyau). Ouverture pratiquée à la partie inférieure et latérale d'un fourneau, destinée à recevoir le tuyau ou le bec des soufflets. Voy. Fer, VIII (Fig. 1).

TVER ou **TWER**, v. de la Russie d'Europe, ch.-l. de gouvernement; 30,100 hab. Le gouvernement a 1,618,000 hab.

TWEED, petite rivière qui sépare l'Angleterre de l'Écosse, 160 kilomètres.

TYCHO-BRAHÉ, astronome danois (1546-1601).

TYCHSEN, orientaliste allem., a été le véritable fondateur de la paléographie arabe (1734-1815).

TYLOPHORE. s. f. [Pr. *tilo-fore*] (gr. τύλος, callosité; φορός, qui porte). T. Bot. Genre de plantes Dicotylédones (*Tylophora*) de la famille des *Asclépiadées*. Voy. ce mot.

TYMBON. s. m. [Pr. *tim-bon*]. T. Archéol. Le timbre d'un casque. Voy. CASQUE.

TYMPAN. s. m. [Pr. *tin-pan*] (gr. τύμπανον, tambour). T. Anat. Cavité creusée dans l'intérieur du temporal, qui constitue l'oreille moyenne et qui est fermée par une membrane dite *membrane du t.* Le mot *tympan* s'emploie aussi pour désigner cette membrane. Voy. OREILLE, I, B. || Fig. *Briser le t. à quelqu'un*, crier ou parler trop fort. || T. Archit. Espace uni ou orné de sculptures, encadré entre les corniches du fronton. Voy. FRONTON et ARCADE. — Maçonnerie qui se trouve au-dessus des piles d'un pont, entre les arches. Panneau de menuiserie renfermé entre des moulures. || T. Imprim. Cadre de bois sur lequel on place les feuilles à imprimer. Voy. TYPOGRAPHIE, III, A, 4°. || T. Mécan. Sorte de roue hydraulique élévatoire. Voy. NORIA. — Pignon enté sur un arbre et qui engrène dans les dents d'une roue.

TYMPANIQUE. adj. 2 g. [Pr. *tin-panike*]. T. Anat. Qui a rapport au tympan. *Cavité t. Artère t.* — Se dit de l'un des os du crâne des Poissons. || T. Physiol. *Son t.*, analogue à celui du tambour, que rend une cavité remplie de gaz.

TYMPANISER. v. a. [Pr. *tin-pani-zer*] (lat. *tympanizare*, battre du tambour). Décrier hautement et publiquement quelqu'un, déclamer contre lui. *Il l'a tympanisé partout. Il a eu peur que l'avocat de sa partie ne le tympanisât.* Fam. = SE TYMPANISER. v. pron. T. Méd. Se dit des cavités intestinales quand elles se remplissent de gaz qui les distendent. = TYMPANISÉ, ÉE. part.

TYMPANITE. s. f. [Pr. *tin-panite*] (gr. τυμπανίτης, m. s., de τύμπανον, tambour). T. Méd.
Méd. — La *Tympanite* est le gonflement de l'abdomen causé par l'accumulation de gaz développés dans la cavité abdominale. Cette affection a été ainsi nommée parce que le ventre est ballonné et résonne comme un tambour quand on le frappe. Elle s'observe chez l'homme et chez les animaux. Chez l'homme, on distingue la T. *intestinale* et la T. *péritonéale*. La t. intestinale peut résulter de la décomposition de quelques matières organiques, comme on l'observe parfois dans la fièvre typhoïde; mais elle est le plus souvent produite par la fermentation des substances introduites dans le tube digestif. La t. est souvent très marquée chez les hystériques; parfois elle persiste en dehors des attaques; elle s'accompagne de vomissements, de constipation et de douleurs très vives; ces symptômes ont pu parfois faire penser à une péritonite, à une grossesse. La respiration peut être gênée. Voy. PNEUMATOSE. La t. est donc un symptôme; elle ne présente pas de gravité réelle.
Méd. vét. — Parmi les animaux, la T. s'observe surtout dans l'espèce bovine et dans l'espèce ovine. Les vétérinaires la désignent habituellement sous les noms de *Météorisme* et d'*Indigestion intestinale*. Chez les *Ruminants*, c'est la panse qui est habituellement le siège primitif de la production et de l'accumulation des gaz. La maladie est en général due à l'usage d'aliments chargés de rosée, ou de fourrages récemment coupés et pris en grande quantité. Elle se manifeste, chez l'animal, par la gêne de la respiration et par un développement plus ou moins considérable de l'abdomen, spécialement du flanc gauche, côté de la panse. Cette affection survient rapidement, parfois avant la fin du repas, et elle peut devenir promptement mortelle, si l'on ne se hâte d'y porter remède, car le développement des gaz est souvent tel qu'il empêche la respiration et cause l'asphyxie. Les animaux atteints ne peuvent être sauvés que par l'évacuation des gaz. Aussi, quand les moyens internes, tels que l'eau de cendres, l'eau de savon, l'eau de chaux, l'ammoniaque, n'ont pas réussi à arrêter la production gazeuse et à saturer le gaz produit (ce gaz est essentiellement de l'acide carbonique), il faut avoir recours à la ponction de la panse. Les cas de météorisme ne sont pas rares chez le cheval, et la maladie n'est pas moins dangereuse pour lui que pour le bœuf. Le traitement est également le même; seulement, chez lui, la ponction intestinale doit se pratiquer au flanc droit.

TYMPANON. s. m. [Pr. *tin-panon*] (gr. τύμπανον, m. s.). Instrument en forme de trapèze et monté avec des cordes d'acier, que l'on frappe avec une petite baguette de bois recourbée vers le bout. || T. Antiq. Sorte de tambour de basque que les Romains appelaient *Tympanum*. Voy. TAMBOUR.

TYMPE. s. f. [Pr. *tin-pe*]. Paroi inférieure d'un haut fourneau qui ne descend pas jusqu'au creuset. Voy. FER, VIII, B, 2°.

TYNDARE, mari de Léda, père de Castor et Pollux, d'Hélène et de Clytemnestre (Mythol.).

TYNE, fleuve d'Angleterre, arrose Newcastle et se jette dans la mer du Nord; 60 kilomètres.

TYNEMOUTH, v. d'Angleterre et port sur la Tyne; 44,100 hab.

TYPE. s. m. (lat. *typus*, gr. τύπος, m. s.). Modèle, figure originale. *Suivant les platoniciens, les idées de Dieu sont les types de toutes les choses créées. Le t. du beau.* || T. Sciences physiques et naturelles. L'ensemble des caractères distinctifs d'un groupe, d'une famille, d'une race. *Le t. caucasien. Le t. mongol. Le t. des vertébrés. La t. de cette race est bien tranché. Les minéralogistes admettent six types cristallins.* — Se dit aussi de quelque individu qui présente les caractères distinctifs d'un groupe, d'une famille, etc. *Le faucon est le t. des oiseaux de proie. En prenant le lis blanc comme t. des végétaux liliacées.* — Par analogie, en parlant d'œuvres littéraires et artistiques, se dit caractères fortement tracés, de personnages présentant un ensemble de qualités qui constituent une individualité bien tranchée, soit au physique, soit au moral. *Harpagon nous offre le t. de l'avare. Chacun des principaux héros d'Homère constitue un t. particulier. Le t. des vierges de Raphaël.* || T. Méd. Ordre dans lequel se développent et se succèdent les symptômes d'une maladie. *Le t. est continu, rémittent ou intermittent. T. quotidien, tierce, quarte.* Vx. || T. Numism. Tout sujet représenté sur une médaille. Voy. NUMISMATIQUE. || T. Typogr. Caractère d'imprimerie. *Des types mobiles, De beaux types.*

TYPHA. s. m. [Pr. *ti-fa*]. T. Bot. Nom scientifique du genre *Massette*. Voy. ce mot et TYPHACÉES.

TYPHACÉES. s. f. pl. [Pr. *tifa-sé*] (R. *Typha*). T. Bot. Famille de végétaux Monocotylédones de l'ordre des Graminées.
Caract. bot. — Plantes herbacées croissant dans les marais ou dans les fossés pleins d'eau. Tiges dépourvues de nœuds, naissant d'un rhizome rampant et vivace. Feuilles rubanées et engainantes. Fleurs unisexuées et monoïques, disposées en épis ou en capitules, les uns mâles, les autres femelles. Sépales formés de simples écailles, au nombre de 3 ou davantage, ou quelquefois d'un simple bouquet de poils. Pétales nuls. Fleurs mâles: Étamines, 3 ou 6; anthères cunéiformes, attachées par leur base à de longs filets qui sont

parfois monadelphes. Fleurs femelles : un seul carpelle dont l'ovaire contient un seul ovule solitaire, suspendu, anatrope ; style court; stigmate simple, linéaire. Fruits secs, indéhiscents, uniloculaires, monospermes, rendus anguleux par la compression. Graine suspendue, avec un tégument membraneux, adhérent au péricarpe. Embryon situé au centre d'un albumen farineux, droit, effilé, avec une fente latérale où est logée la gemmule; radicule près du hile. [Fig. 1. *Typha latifolia* ; 2. Fruit; 3. Coupe d'une graine ; 4. Embryon ; 5. Étamine.] Cette famille ne se compose que de 2 genres (*Typha, Sparganium*) renfermant 16 espèces, qui, pour la plupart, appartiennent aux régions septentrionales du globe. On connaît 5 *Typha* et 8 *Sparganium* fossiles rencontrés dans le tertiaire. — La *Massette à feuilles étroites* (*Typha angustifolia*) et la *Massette à feuilles larges* (*T. latifolia*), vulg. appelée *Roseau de la passion, Roseau des étangs, Masse d'eau, Chandelle*, etc., sont si répandues, qu'on a cherché à les utiliser de diverses manières. Ainsi, on emploie leurs feuilles pour la confection de nattes et de paillassons, et pour couvrir des habitations rustiques. Leurs rhizomes volumineux, d'un tissu charnu et féculent, servent de nourriture aux Kalmoucks. Dans certaines parties de l'Europe, on les récolte, lorsqu'ils sont encore jeunes, pour les confire au vinaigre. Comme ils sont quelque peu astringents et diurétiques, on les administre dans certaines contrées dans les cas de dysenterie, de gonorrhée, etc. Leur pollen est inflammable et tellement abondant, qu'on le recueille, dans nos départements méridionaux, pour remplacer la poudre de Lycopode. L'aigrette qui accompagne les fleurs sert à divers usages. En Perse, on mêle ces poils avec de la cendre et de chaux, et l'on obtient ainsi un mortier d'une grande dureté; dans certains pays, on les emploie pour garnir les matelas et les coussins ; dans d'autres, on les mêle avec de la poix pour calfater les bateaux. On est encore parvenu à les filer et à confectionner des tissus avec ces fils ainsi obtenus. Enfin on les applique sur les engelures excoriées et sur les brûlures, en guise de duvet. Les feuilles du *Sparganier* (*Sparganium*), vulg. appelé *Rubanier* et *Ruban d'eau*, passent pour être astringentes. Dans les campagnes, on s'en sert pour faire des nattes, des couvertures de toits et de la litière pour les bestiaux.

TYPHÉE, chef des géants qui escaladèrent le ciel ; il fut foudroyé par Jupiter (Mythol.).

TYPHIQUE. adj. et s. 2 g. [Pr *ti-fike*]. T. Méd. Qui a rapport au typhus ou à la fièvre typhoïde. — Se dit de celui, de celle qui est atteint ou atteinte de l'une de ces maladies.

TYPHLITE. s. f. [Pr. *ti-flite*] (gr. τυφλὸς, aveugle, pris comme syn. de *cæcum*). T. Méd. La t. ou inflammation du cæcum (Voy. INTESTIN, I, 2°) est beaucoup plus rare qu'on ne le pensait encore récemment; elle est généralement d'origine tuberculeuse ou typhique. La *t. tuberculeuse* est caractérisée par la présence d'une tumeur dans la fosse iliaque droite ; il existe de plus des signes d'obstruction intestinale ; la constipation est opiniâtre et est parfois suivie de périodes de diarrhée; l'amaigrissement est notable. Cette maladie peut être guérie par l'intervention chirurgicale.

On décrivait, il y a quelques années encore, sous le nom de t., une série de manifestations pathologiques inflammatoires et siégeant dans le voisinage du cæcum. On a reconnu depuis que ces lésions étaient consécutives à l'inflammation de l'appendice iléo-cæcal (appendice vermiculaire ou vermiforme) Voy. INTESTIN, I, 2°, de sorte que l'ancienne t. est devenue l'appendicite. Cette maladie peut être d'origine lithiasique (calcul formé dans l'intérieur de l'appendice et l'irritant), ou infectueuse (action des microbes retenus dans l'appendice clos par une cause quelconque: bride, calcul, etc.). L'hérédité, la constipation habituelle, la grossesse et, pour quelques rares auteurs maintenant, la pénétration de corps étrangers dans l'appendice (pépins de fruit), sont les conditions qui semblent favoriser le développement de l'appendicite. Cette affection s'annonce par une douleur vive siégeant dans la partie moyenne de la fosse iliaque droite (point de Mac Burney); cette douleur est réveillée par la pression, les mouvements respiratoires, la toux ; la fièvre apparaît rapidement, le ventre est ballonné et le malade a bientôt des nausées. Dans certains cas, il ne survient pas de nouveaux accidents, les symptômes s'amendent et la guérison se produit après quelques jours, mais des récidives sont fréquentes. Parfois, au contraire, la fièvre augmente, la température s'élève à 40°, les vomissements apparaissent, le ventre est très douloureux, ballonné, la constipation marquée; on note tous les symptômes de la *péritonite*; il se forme des abcès dans le voisinage du cæcum, et la mort peut survenir en quelques jours.

L'appendicite est une maladie grave qui doit être traitée à temps. Le malade sera mis, dès le début, à la diète; des cataplasmes laudanisés ou des vessies de glace seront placés sur le ventre ; on évitera soigneusement les purgatifs; si les symptômes ne s'amendent pas, si l'état général devient plus mauvais, il est nécessaire d'opérer, de pratiquer la laparotomie qui permettra d'évacuer le pus et de désinfecter le péritoine. Si, au contraire, grâce au traitement médical, la poussée aiguë disparaît, on conseillera l'opération « à froid » quand il n'y aura plus de fièvre, quand l'état général sera satisfaisant, c.-à-d. un mois environ après la disparition des accidents (Walther). Cette opération consiste dans l'ablation de l'appendice; on supprime ainsi toute chance de récidive, accident fréquent après une première poussée.

TYPHLOPS. s. m. [Pr. *ti-flops*] (gr. τυφλὸς, aveugle ; ὤψ, aspect). T. Erpét. Genre de *Sauriens*. Voy. DOUBLE-MANCHEUR.

TYPHOÏDE. adj. 2 g. [Pr. *ti-fo-ïde*] (R. *typhus*, et gr. εἶδος, apparence). T. Méd. Sous le nom de maladies typhoïdes, on classe un certain nombre d'affections : fièvre typhoïde, typhus, exanthème, peste, qui dans cet ouvrage sont décrites à part. Nous n'aurons donc en vue, dans cet article, que la *fièvre typhoïde*, qu'on a appelée quelquefois *fièvre putride*.

Causes. — La fièvre t. (dothiénenterie, typhus abdominal) est une maladie microbienne, contagieuse; elle existe à l'état endémique dans les grands centres et revêt, dans certaines conditions, la forme épidémique. La fièvre t. se transmet par contagion, qui peut être directe, comme dans les cas de transmission aux personnes approchant et soignant les typhiques, ou indirecte quand le germe est introduit dans l'économie par l'ingestion d'eau provenant de puits ou de cours d'eau souillés par les selles de malades parfois très éloignés. La fièvre t. frappe particulièrement les jeunes gens de quinze à trente ans, particulièrement ceux qui viennent des campagnes à Paris et dans les grandes villes où, par suite de la grande modification de leur existence, ils présentent un état de moindre résistance de l'économie, surtout si, ce qui arrive souvent, ils vivent dans des conditions hygiéniques défectueuses : surmenage, excès, mauvaise alimentation, chagrins, etc. Une première atteinte de fièvre t. confère généralement l'immunité.

L'agent pathogène de cette maladie a été découvert par Eberth (1880) et est décrit sous le nom de *bacille d'Eberth* ; il s'agit d'un bâtonnet très mobile, arrondi aux extrémités et d'une longueur de 2 à 5 millièmes de millimètre. (Voy. Fig. Bacilles de la fièvre typhoïde grossis 1000 fois.)

Lorsqu'on inocule des lapins, cobayes ou souris avec des cultures du bacille, on obtient rapidement leur mort avec gonflement de la rate et lésions des plaques de Peyer, signes anatomiques de la fièvre typhoïde. Mais cette mort rapide est plutôt due à un empoisonnement par les toxines des cultures qu'à une infection; d'ailleurs le microbe ne pullule pas. En effet, des cultures chauffées à 100° tuent autant que des cultures vivantes. Il y a aussi vaccination lorsque les doses inoculées sont faibles ; les souris résistent alors à de fortes doses. On a rencontré ce bacille dans presque tous les cas de fièvre typhoïde, dans les matières fécales, dans la rate et l'intestin, dans les ganglions mésentériques, la plèvre (pleurésie typhique), le poumon (pneumonie typhique), le cerveau (méningite), etc. Dans le sang, il est exceptionnel. On l'a trouvé aussi pendant tout le cours de la maladie dans le sang de la rate retiré après une petite ponction aspiratrice et en ensemençant des milieux nutritifs. C'est là un des meilleurs moyens de reconnaître la maladie dès le début. Les complications de la fièvre typhoïde sont presque toujours dues à des infections par des microbes autres. C'est l'eau dans laquelle le bacille se conserve très longtemps qui sert de transport à la maladie. *De l'eau sans bacille typhique ne donne pas la fièvre t.* À Paris, quand on distribue l'eau de Seine, la fièvre t. augmente; et c'est très net, car ce sont les arrondissements à eau de Seine qui sont le plus éprouvés. Toutes les fois qu'il y a eu épidémie de fièvre typhoïde, on a pu retrouver le bacille soit dans la canalisation, soit dans les réservoirs privés, soit dans les puits (Clermont-Ferrand, Pierrefonds, le Havre). Les eaux ne peuvent être contaminées que par les matières fécales de typhiques non désinfectées et jetées dans des fosses d'aisances peu étanches et voisines de puits, citernes, canaux, et sur des terrains de culture à sous-sol calcaire, ce qui fait que les sources sont infectées. On a aussi cité des cas de fièvre typhoïde par l'air et les poussières (ex. : caserne russe de Moscou), par des aliments souillés. La filtration au filtre de porcelaine et non avec les prétendus filtres de ménage, ou l'*ébullition* de l'eau sont les moyens d'éviter la maladie. Il faut désinfecter en outre les matières fécales des typhiques, soit par un lait de chaux vive à ajouter à partie égale, soit par l'acide phénique à 5 °/₀ acidulé d'acide chlorhydrique à 1 °/₀₀, en agitant et laissant longtemps agir, soit, à défaut de ces produits, en versant de l'eau bouillante dans le vase qui les renferme.

Les huîtres peuvent contenir des bacilles d'Eberth et communiquer la maladie.

Symptômes. — Après un *stade d'incubation* variable, la fièvre t. s'annonce généralement par quelques prodromes : malaise, lassitude, abattement, perte de l'appétit, diarrhée, *épistaxis*; parfois la maladie débute brusquement, la fièvre éclate d'emblée.

La *période d'ascension* ou première période dure 5 ou 6 jours; elle est caractérisée par les symptômes suivants : frissons, fièvre, insomnie, bourdonnements d'oreilles, épistaxis, anorexie, diarrhée, bronchite légère. La température s'élève le soir à 39 ou 40°.

La *période d'état* dure environ 12 ou 15 jours; à son début, on constate sur la peau de l'abdomen, du thorax, l'apparition de *taches rosées lenticulaires*, petites papules persistant quelques jours et s'effaçant à la pression. Cette éruption peut durer 15 jours. Le malade présente les signes suivants : surdité assez prononcée, stupeur, délire; il est dans le décubitus dorsal; il urine peu. La langue est sèche, *rôtie*, la *diarrhée* abondante est constituée par des selles très fétides renfermant en assez grand nombre des bacilles d'Eberth; dans quelques cas rares il existe de la constipation. Le ventre est ballonné; on constate du *gargouillement* de la fosse iliaque droite qui est douloureuse à la pression; la bronchite est devenue plus sérieuse et est parfois accompagnée de congestion pulmonaire. La *rate* est hypertrophiée. La température se maintient à 40° le soir avec légère rémission matinale; on compte 110 ou 120 pulsations à la minute. La peau est couverte de sudamina.

La *période de déferverscence* survient du 15ᵉ au 20ᵉ jour; la température commence à être moins élevée le matin, puis le soir, pour devenir normale après 4 ou 5 jours; les symptômes précédents s'amendent, la langue devient humide, le sommeil reparaît, la diarrhée est moins abondante. La convalescence commence vers le 21ᵉ jour; elle est de longue durée, car le malade est très amaigri et débilité; la chute des cheveux se produit fréquemment au cours de la fièvre t.; mais cette alopécie est temporaire.

Variétés. — La fièvre t. ne se présente pas toujours sous cet aspect; parfois les symptômes sont à peine accusés; cette forme légère est appelée communément *fièvre muqueuse*. Dans quelques cas, *typhus ambulatorius*, le malade se sent à peine souffrant, il continue à vaquer à ses occupations, à manger, et le soir seulement présente un peu de fièvre; cette forme est généralement assez sérieuse, car des complications graves sont à redouter. On désigne sous le nom de *typhus abortif* une variété de fièvre t., caractérisée par la brièveté de sa durée; la convalescence commence vers le 14ᵉ jour.

La fièvre t. est dite à forme *adynamique* quand le malade est dans une prostration complète avec pouls faible, délire tranquille; dans la forme *ataxique*, au contraire, il y a exagération de tous les symptômes, l'agitation est extrême, le délire violent. Dans quelques cas, la fièvre t. passe par ces deux phases (forme *ataxo-adynamique*); le pronostic de ces variétés est grave.

Complications. — La fièvre t. peut présenter certaines complications qui en aggravent singulièrement le pronostic; citons parmi les plus fréquentes : les hémorrhagies intestinales avec méléna, la péritonite généralement consécutive à la perforation intestinale, l'appendicite para-typhoïde, l'*hépatite*, les ulcérations du larynx, la congestion pulmonaire, l'inflammation du cœur (*myocardite*), l'artérite, la phlébite, l'albuminurie, les *complications cérébrales* pouvant entraîner la perte de la mémoire, l'imbécillité, des paralysies, des abcès multiples surtout à la période de convalescence, etc. La *mort subite* est un accident à redouter au cours de toute fièvre t.; la *rechute* survient généralement à la fin de la maladie, qui se trouve ainsi prolongée d'une dizaine de jours.

Anatomie pathologique. — Les lésions caractéristiques de la fièvre t. siègent dans l'intestin grêle et consistent dans l'inflammation et l'ulcération des follicules clos et des *pla-*

ques de Peyer; les ganglions mésentériques sont tuméfiés, la *rate* est volumineuse, le foie est congestionné.

Diagnostic. — Au début de la maladie, il existe parfois quelques difficultés à reconnaître la fièvre t.; il faut savoir que la grippe, la méningite cérébro-spinale, la granulie (tuberculose aiguë), peuvent, les premiers jours, faire penser à la fièvre t. Les erreurs sont devenues plus rares depuis l'application du *séro-diagnostic* (Widal); cette méthode repose sur ce fait que le sérum du sang de malades atteints de fièvre t. présente la propriété de réunir en masses, d'agglomérer les bacilles d'Eberth disséminés dans un bouillon de culture; cette propriété *agglutinante* appartient seulement au sérum des typhiques.

Traitement. — Le malade est mis dès le début à la diète liquide; il doit prendre beaucoup de lait; on permettra les boissons acidulées, diurétiques; il est important en effet d'augmenter la quantité d'urine; afin de pratiquer l'antisepsie intestinale, on aura recours au début aux purgatifs légers, puis aux laxatifs; le benzonaphtol, le charbon, seront utilisés pour cet objet; l'eau de Rabel sera employée contre les hémorrhagies intestinales; les toniques (quinquina, champagne, acétate d'ammoniaque, injections d'éther) sont indiqués dans la forme adynamique; dans la forme ataxique, au contraire, on prescrira les calmants : bromure, chloral. Pour combattre l'élévation de la température, il faut recourir aux *bains froids*, qui doivent être donnés dès que la température dépasse 39° et tant qu'elle s'y maintient; le malade est placé dans un bain à 25°, qu'on abaisse à 20° pendant le séjour du malade dans la baignoire, dans laquelle on le laisse 10 minutes environ. Le chiffre de la mortalité par fièvre t. a considérablement baissé depuis l'application de la balnéothérapie au traitement de cette maladie.

En ce moment même, le professeur Chantemesse, appliquant la *sérothérapie* au traitement de la fièvre t., paraît avoir obtenu des résultats qui, s'ils sont confirmés, amèneront la généralisation de la méthode; après l'injection de sérum, la maladie serait enrayée. — *Les mesures préventives* à prendre contre la fièvre t. ont été indiquées avec les *Causes.*

TYPHON. s. m. [Pr. *ti-fon*] (gr. τυφών, tourbillon). T. Météor. Tempête tournante des mers de la Chine. Voy. **TEMPÊTE.**

TYPHON, dieu de l'anc. Égypte, le dieu du mal, tua son frère Osiris, et fut tué à son tour par Horus.

TYPHOTOXINE. s. f. [Pr. *ti-foto-ksine*] (R. *typhoïde*, et *toxine*). T. Chim. Ptomaïne contenue dans les bouillons de culture du bacille de la fièvre typhoïde. C'est une base qui a pour formule $C^7H^{17}AzO^2$.

TYPHUS. s. m. (gr. τύφος, stupeur). T. Méd. Le typhus, plus souvent appelé t. *exanthématique*, est une maladie infectieuse, contagieuse, épidémique. Il en existe deux foyers en Europe : la Silésie et l'Irlande. La contagion peut se produire par contact direct ou par inhalation de poussières provenant des crachats desséchés des malades; l'agent pathogène est encore mal connu.

Après une période d'*incubation* de dix jours environ, le t. s'annonce généralement par un accès de fièvre, avec courbature, nausées, agitation, insomnie, catarrhe des premières voies respiratoires; trois ou quatre jours plus tard apparaît l'éruption caractérisée par des taches rosées se manifestant d'abord à l'abdomen, puis au reste du corps, mais respectant cependant le visage, contrairement à l'éruption de la rougeole dont elle se rapproche comme aspect. Ces taches se modifient après quelques jours, elles pâlissent, ne disparaissent pas par la pression et prennent une teinte brunâtre (typhus *pétéchial*); la peau est ensuite le siège de desquamation. À cette période le délire est violent, le malade a des idées de suicide; plus tard, il est dans la stupeur, il est apathique et indifférent à ce qui se passe autour de lui; la constipation est la règle; les urines sont rares, la rate est hypertrophiée. Dans les cas graves, la mort arrive vers le douzième jour; cette terminaison survient généralement dans la proportion de 15 pour 100. le plus souvent, le t. guérit; une amélioration soudaine se produit vers le douzième ou treizième jour de la maladie; la fièvre tombe, une transpiration abondante s'établit, les urines reparaissent. La convalescence peut être de longue durée, le t. provoque souvent en effet des complications sérieuses : troubles de la motilité (paralysies), de la sensibilité, de la nutrition, etc.

Le t. est plus contagieux que la fièvre typhoïde; il s'en

distingue par l'intensité et la soudaineté de ses symptômes, l'absence de diarrhée, de tympanisme; les plaques de Peyer sont intactes.

Les malades atteints de t. doivent être isolés; la quinine, les lotions froides seront utiles contre l'élévation de la température; le lait constituera la base de l'alimentation.

TYPIQUE, adj. 2 g. (lat. *typicus*, gr. τυπικὸς, m. s., de τύπος, type). Symbolique, allégorique. *Le sens t. de ce passage l'ersonnage t.* || *Caractères typiques.* Ceux qui sont essentiels à tout objet qu'on prend comme type d'une classe, d'une famille, d'un genre, etc.

TYPOGRAPHE. s. 2 g. (gr. τύπος, type, γράφω, j'écris). Celui, celle qui sait, qui exerce l'art de la typographie.

TYPOGRAPHIE. s. f. (gr. τύπος, empreinte; γράφω, j'écris). La *typographie* est l'art de reproduire, au moyen de lettres ou caractères métalliques, dits *caractères d'impression*, un manuscrit quelconque, en assemblant ces caractères de manière qu'ils forment des mots, des lignes et des phrases. L'industrie typographique se divise en trois sections principales : la *fonte des caractères*, la *composition*, et le *tirage*.

I. — La *fonte des caractères* peut s'obtenir aujourd'hui avec des machines d'invention récente, appelées *machines à composer* ou *Composeuses*, telles que la *Linotype*, la *Monotype*, etc., qui, en même temps qu'elles fondent les caractères composent, c.-à-d. réunissent dans l'ordre voulu les caractères d'impression, à l'aide d'un mécanisme des plus compliqués et ingénieux. L'agencement des lettres se fait automatiquement sous l'impulsion qu'impriment à des organes spéciaux les ouvriers dont les doigts font mouvoir les différentes touches d'un clavier analogue à celui des machines à écrire. La première de ces machines compose et fond simultanément tous les caractères d'une ligne complète, accomplissant ainsi un véritable clichage. La seconde, au contraire, tout en composant, fond des caractères isolés, comme son nom l'indique, et les met en place comme sur le composteur du typographe. Le plus souvent, cependant, la fonte des caractères appartient à une industrie spéciale, celle des *fondeurs en caractères d'imprimerie*, qui livrent aux imprimeurs typographes, des lettres de tous échantillons qu'ils fabriquent de toutes pièces.

II. — En t., on a encore couramment recours à la *Composition manuelle* qui constitue la *seconde section de l'art typographique.* Dans ce genre de composition, encore le plus répandu, il s'agit de reproduire le manuscrit d'un auteur à l'aide de lettres mobiles que l'ouvrier typographe assemble pour former des mots et des phrases, et qui, après l'impression, peuvent être désunies de manière à servir de nouveau à la reproduction d'autres ouvrages. Cette composition comprend non seulement la combinaison des caractères mobiles et la formation des pages, mais aussi les diverses opérations précédant le *tirage*, c.-à-d., outre la *composition proprement dite*, la *mise en pages*, l'*imposition* et la *correction des épreuves typographiques.* La première de ces opérations successives consiste à assembler dans l'ordre voulu, en suivant la copie de l'auteur, les lettres une à une jusqu'à ce que la page soit complète. Pour obtenir ce résultat, l'ouvrier se place devant un pupitre incliné nommé *Rang*, sur lequel se trouve une sorte de tiroir qui est divisé en un grand nombre de compartiments de dimensions inégales, dont l'ensemble constitue la *Casse* et dans chacun desquels les caractères typographiques sont méthodiquement rangés. L'ouvrier tient d'une main une sorte de lame plate de fer dont le bord se relève d'équerre sur toute sa longueur. Cet instrument s'appelle *Composteur ;* il porte à l'un des bouts une pièce verticale fixe de la largeur de la lame. Le long de cette lame glisse à frottement doux une seconde plaque verticale que l'on peut arrêter en un point quelconque, au moyen d'une vis de pression. Cette dernière plaque se place à une distance telle que l'intervalle compris entre la première et la seconde représente exactement la longueur que la ligne doit avoir après son impression. C'est ce que l'on nomme la *justification.*

Tout en lisant le manuscrit, l'ouvrier typographe tient son composteur horizontalement, prend de l'autre main, dans les compartiments de la casse, ou *cassetins*, les lettres qui lui sont nécessaires, les unes après les autres, et les place dans son composteur en ayant bien soin que leurs crans se trouvent toujours en dessous; ces crans sont de petites entailles faites au bas de la lettre afin d'en faciliter la mise en place dans la osition convenable. Cette opération prend le nom de *levée*

de la lettre. Il continue ainsi jusqu'au moment où le mot qu'il compose est complet. A ce moment, il pose à la droite du mot ainsi formé une mince lame de métal d'une hauteur un peu moindre que celle du caractère et qui est destinée à séparer le premier mot du second qu'il va composer. Cette lame est dite *espace.* Le compositeur continue ainsi de proche en proche, jusqu'au moment où la ligne complète est composée. Dès que la ligne est achevée, l'ouvrier consolide l'ensemble, il *justifie*, en intercalant des *espaces* plus petites que les premières employées par lui et qui servent à serrer énergiquement les lettres les unes contre les autres, en formant coins entre les mots de telle sorte que ceux-ci soient très exactement espacés. Au-dessous de la ligne, il place une *interligne*, c.-à-d. une lamelle métallique de même hauteur que les espaces et qui représente l'intervalle existant entre deux lignes successives superposées l'une à l'autre. Aussitôt que le composteur se trouve rempli par les lignes (dont l'ensemble, maintenu au moyen d'une ficelle fortement serrée, doit constituer un *paquet*), le compositeur enlève le tout de son composteur et le place sur une espèce de planchette en bois ou en tôle dont deux des bords sont relevés en équerre. Cette planchette est la *galée*, qui successivement reçoit les différents paquets dont la totalité constituera une page de l'ouvrage imprimé, après que l'on aura procédé au travail de la *mise en pages*. Quelquefois la galée a un double fond, le fond supérieur étant constitué par une planchette de bois qu'on nomme *coulisse*, qui peut glisser dans deux rainures et est munie d'une poignée. Cette disposition s'emploie pour les pages de grandes dimensions qui seraient trop lourdes pour qu'on puisse les enlever à la main sans danger. La mise en pages ne doit s'exécuter qu'après une première correction dont nous parlerons plus loin. Elle consiste, après le rangement des paquets sur la galée, à prendre dans ceux-ci le nombre de lignes qui, ajoutées les unes aux autres, formeront la page en les accompagnant du titre courant, du folio et de la signature, c.-à-d. les numéros d'ordre que comporte chacune des feuilles.

L'*Imposition* a une importance capitale en t. Elle a pour but, dès que la mise en pages est achevée, de disposer dans un ordre déterminé, à l'intérieur d'une sorte de cadre appelé *châssis* ou *forme*, les différentes pages que l'on doit imprimer sur le même côté d'une feuille, de telle sorte que le tirage se trouvant terminé, c.-à-d. l'impression de l'ouvrage achevée sur les deux faces de cette feuille de papier, il soit possible de plier cette dernière de telle manière que les pages se succèdent dans l'ordre régulier de la pagination arrêtée d'avance. Pour exécuter cette opération, on prend les pages l'une après l'autre en suivant l'ordre des leurs folios, et on les place successivement sur le marbre suivant une disposition qui varie pour chaque format. Dans tous les cas, le nombre de pages composant la feuille se trouve divisé en groupes égaux, dont chacun est destiné à imprimer l'un des côtés du papier. Les pages étant rangées conformément à l'ordre prescrit par leur format, on remplit les intervalles qui les séparent avec des pièces ou *Blocs* de métal que l'on désigne sous le nom de *Garnitures*. Chacune des feuilles a deux formes : l'une se nomme *côté de première*, parce qu'elle renferme la première page de la feuille, et l'autre *côté de seconde* ou *de deux*, parce qu'elle contient la seconde page. La Fig. 1 représente l'imposition d'une feuille in-quarto. Le châssis est un cadre rectangulaire formé par quatre bandes de fer, et divisé en deux parties égales par une cinquième bande plus étroite, appelée *Barre*. Quelquefois cette barre est mobile et peut s'enlever à volonté. Quand on l'enlève, le châssis se nomme *Ramette*. Les garnitures représentent les marges du papier. Il y en a de plu-

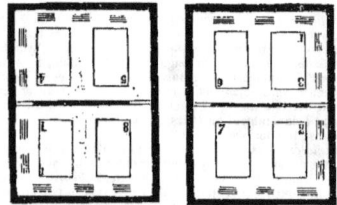

Fig. 1.

sieurs sortes, que l'on appelle, suivant leur forme, *réglettes*, *biseaux*, etc. Quand elles sont en place, on enlève la ficelle qui entoure les pages, en commençant par les plus rapprochées de la barre du châssis ; puis on applique dessus un morceau de bois de forme rectangulaire, appelé *Taquoir*, sur lequel on frappe avec un marteau, pour niveler toutes les lettres et abaisser celles qui ne portent pas sur le marbre. Enfin, on introduit de force des coins de bois entre les côtés du châssis et les biseaux qui les touchent. De cette manière, la forme devient aussi solide qu'une planche, et s'enlève tout d'une pièce.

Disons en passant que dans tout atelier typographique, jusques et y compris la mise en pages et l'imposition, outre les typographes que l'on paie au mille de lettres levées, il y a des ouvriers *en conscience*, ou comme on dit par abréviation, de la *Conscience*. On appelle ainsi des ouvriers que l'on charge des travaux que certaines difficultés particulières d'exécution ne permettent pas de tarifer. Or, comme leur travail est difficile à apprécier, on les paie à l'heure ou à la journée, et c'est de là que vient leur nom, parce qu'on suppose qu'ils travaillent consciencieusement.

Lorsque le travail d'imposition est terminé, on procède au *tirage des épreuves*, afin d'en fournir aux *Correcteurs de l'imprimerie*, lesquels signalent les fautes que les ouvriers ont pu faire en composant.

Le tirage des épreuves préliminaires exige, avant de donner des résultats utiles, certaines précautions. Il faut procéder à une préparation particulière du papier, que l'on nomme *Trempe* ou *Trempage*, et qui a pour objet de lui donner le degré d'humidité nécessaire pour qu'il reçoive bien l'empreinte des lettres et ne se déchire pas sous l'action de la presse. A cet effet, le *Trempeur*, ou l'ouvrier chargé du trempage, étale une poignée de feuilles sur une planche qui déborde de tous les côtés, puis il les asperge avec un petit balai de bouleau trempé dans de l'eau pure : c'est la *trempe au balai*. Quelquefois il se contente de passer rapidement les feuilles dans une bassine pleine d'eau, après quoi il les laisse égoutter pendant quelques secondes : c'est la *trempe à la main*. Puis il traite une seconde poignée de la même manière, l'étend sur la première, et continue ainsi jusqu'à ce qu'il ait épuisé tout le papier. Le papier une fois trempé, on le met en presse, soit au moyen d'une machine *ad hoc*, soit simplement en le plaçant entre deux ais dont le supérieur est fortement chargé. On le laisse dans cet état pendant quelques heures, afin que l'humidité pénètre également toutes ses parties. Enfin, pour que cette humidité soit mieux répartie, on *remanie* le papier après quelques heures, c.-à-d. on le retourne dans un sens opposé pour déplacer les feuilles qui pourraient être plus sèches ou plus humides, et l'on procède à une nouvelle mise en presse. Le papier peut alors être livré aux pressiers. Quelquefois, cependant, et en particulier pour les ouvrages de luxe, on lui fait subir une autre opération, pour faire disparaître les rugosités, souvent imperceptibles, que la trempe a fait ressortir. Cette opération, qui constitue le *Glaçage*, consiste à placer les feuilles, une à une, entre deux plaques de métal, puis à les soumettre par groupes de 25 environ, formant ce qu'on appelle un *Jeu*, à l'action d'un laminoir. La pression qu'éprouve alors le papier unit parfaitement sa surface, et il la dispose à recevoir une impression parfaitement égale, où les moindres finesses de la lettre et même de la gravure peuvent apparaître sans que le grain du papier y fasse obstacle. Quand la trempe est parfaite, on tire, avant la mise en pages, une première épreuve, qui porte le nom de *placard*. Après avoir, au moyen d'un rouleau d'imprimerie, humecté d'encre la surface des caractères laissés en paquet rangés convenablement sur une forme provisoire, on applique sur eux une feuille de papier trempée et l'on soumet le tout à l'action énergique d'une presse. Les caractères d'imprimerie qui offrent un relief au-dessus de la forme prennent cette encre. Il s'ensuit que, grâce à la pression subie, les caractères impriment à la surface de la feuille les lettres qu'ils représentent. On a ainsi obtenu la première épreuve, qui, de suite, est remise au *Correcteur*, en même temps qu'on lui donne la copie de l'auteur. Un second employé appelé *Teneur de copie* lit à haute voix le manuscrit tandis que le correcteur suit des yeux sur l'épreuve le travail exécuté par l'ouvrier typographique. Au moyen de signes conventionnels, il indique en marge les corrections qui doivent être apportées à ce travail, en marquant toutes les fautes typographiques et autres commises. Voy. ÉPREUVE.

La première épreuve ainsi revue et corrigée est remise entre les mains du metteur en pages. Ce dernier place les formes sur le *marbre*, sorte de table de pierre ou de fonte

et après les avoir desserrées donne à chacun des ouvriers les parties qu'ils ont composées afin d'exécuter les corrections indiquées. Chacun d'eux procède à ce travail en substituant aux lettres fautives, qu'ils enlèvent en se servant de petites pinces ou en ayant uniquement recours à leurs doigts, des caractères corrects. Cette opération terminée, le metteur en pages resserre les formes, et il est alors procédé au tirage d'une *seconde épreuve*. Celle-ci est envoyée à l'auteur pour qu'à son tour il puisse signaler les corrections qu'il désire apporter encore. Une troisième épreuve est alors tirée, suivie fréquemment d'une quatrième et même d'une cinquième. Toutes passent successivement sous les yeux de l'auteur. Le tirage définitif ne peut se faire que lorsque l'intéressé a inscrit de sa main, sur l'épreuve, l'annotation *Bon à tirer* en l'accompagnant de son visa.

III. — Le *Tirage* constitue la troisième et la dernière section de l'industrie typographique. On l'obtient en faisant usage de machines dites *Presses*, fonctionnant quelquefois à la main, mais le plus souvent mécaniquement. Qu'il nous soit permis à ce sujet d'ouvrir une parenthèse et de rappeler un souvenir historique. Nul n'ignore que la création de l'art typographique est due à l'allemand Gutenberg et que son invention date approximativement de l'année 1436. La presse employée par lui dans son atelier de Mayence, ville où il était né, consistait en une sorte de pressoir de forme rudimentaire. L'ouvrier était obligé d'exercer au moyen d'un levier une pression considérable sur une grosse vis en bois, afin de pouvoir obtenir sur une feuille de papier la reproduction des caractères d'imprimerie taillés en relief dans une épaisse planche de bois dur. Sa machine, de tous points primitive, a, depuis cette époque lointaine, reçu des perfectionnements tels qu'aujourd'hui elle paraîtrait puérile. Si tant de progrès se sont accomplis, il convient de reconnaître qu'ils sont dus aux encouragements de toutes sortes, donnés successivement aux premiers imprimeurs par la presque totalité des souverains français et étrangers, à dater de Louis XI. C'est en effet ce monarque qui, vers 1450, se préoccupa d'introduire en France cet art à peine connu au delà du territoire allemand.

Tout en nous occupant du tirage proprement dit, nous estimons qu'il est nécessaire de donner quelques renseignements aussi succincts que possible sur les différents systèmes de presses typographiques employées depuis Gutenberg. Les préparatifs auxquels on est obligé de s'assujettir, ainsi que la grande majorité des organes imprimeurs, se reproduisant à peu près exactement quel que soit le type de presse employé. On doit utile de considérer les combinaisons principales de ces organes dans les deux grandes classifications faites en ce qui concerne les machines typographiques et d'être fixé sur le fonctionnement et la dissemblance de chacune d'elles. Les presses typographiques se distinguent en *Presses manuelles* et en *Presses mécaniques*. La plus ancienne est la *presse à bras*; la plus récente, la *Presse rotative* qui fonctionne mécaniquement et que l'on utilise spécialement pour les tirages rapides fournissant de très nombreux exemplaires, tandis que la première ne donne qu'un tirage restreint ne dépassant guère, entre les mains d'un très habile ouvrier, cent exemplaires à l'heure. Mais, entre ces deux modèles extrêmes viennent se placer une grande quantité d'autres presses qui, toutes, ont leur destination spéciale.

A. *Presses manuelles.* — Les presses manuelles se divisent, suivant leurs qualités, en *presses à bras* ou à levier, et en *presses à pédales*, parmi lesquelles celle qu'on a appelée *Minerve* tient le premier rang par suite de la régularité et de la perfection des résultats qu'elle donne.

1° La *presse à bras*, appelée aussi *presse à levier*, est constituée par une sorte de table nommée *marbre*, sur laquelle on dépose la forme prête pour le tirage. Sur cette forme mise en place peut s'abattre une planche rectangulaire dite *tympan* dont la surface est recouverte de drap. C'est sur ce tympan que se met la feuille de papier dans une position rigoureusement déterminée au préalable et obtenue en faisant la *marge*. Faire la marge, veut dire coller sur le tympan une feuille de papier exactement semblable comme dimension à celle de la page que l'on doit imprimer. Cette marge sert d'indication à l'imprimeur typographe comme comparaison pour toutes les pages qu'il a à tirer. Dès que la marge est faite, on assujettit sur le tympan les *pointures* : ce sont deux petits ardillons dont le rôle est de percer un trou dans la feuille. Ce trou minuscule sert de point de repère à l'imprimeur. Sur la feuille peut se rabattre un second cadre à jour, la *frisquette*, dont les bords sont recouverts de plusieurs papiers superposés et collés. Après avoir placé la feuille exactement à l'endroit qu'elle occupera pour le tirage, l'imprimeur rabat la frisquette sur le tout, il encre alors sa forme, c.-à-d. qu'à l'aide d'un *rouleau* enduit d'un mélange de colle gélatineuse et de miel, ou mieux de mélasse, il cueille l'encre d'imprimerie sur une table *ad hoc* nommée *encrier*, puis il étend cette encre sur la forme et en égalise l'épaisseur en faisant aller et venir le rouleau. Antérieurement à l'emploi du rouleau, on avait recours pour déposer l'encre sur les caractères de la forme à des espèces de *tampons* appelés *balles* et qui étaient composés d'un coussin intérieur de laine recouvert de cuir. La substitution des rouleaux aux balles est un perfectionnement notable dans les fastes de l'imprimerie. Elle a singulièrement abrégé le temps que passait l'ouvrier à prendre l'encre et, en outre, elle a permis de procéder à un tirage beaucoup plus régulier. Cette invention est due à Ganal.

La forme reçoit alors le tympan et la frisquette, et l'ouvrier fait glisser le tout, qui porte le nom de *train*, sous une plaque métallique horizontale désignée sous le nom de *platine* et qui est supportée à l'extrémité inférieure d'une vis verticale qui a son pas emboîté dans un écrou fixe maintenu entre deux

2e La *presse à pédale*, dont le type le plus répandu est la presse appelée *Minerve*, a été imaginée par Berthier. Au lieu d'utiliser le volant de la machine précédente, l'ouvrier appuie le pied sur une pédale actionnant, par l'intermédiaire d'une bielle, un arbre coudé qui porte à l'une de ses extrémités un volant et qui transmet son mouvement à un second arbre, au moyen d'un pignon et d'un plateau. La manivelle, calée sur un troisième arbre, a son extrémité guidée par une sorte de gorge pratiquée sur la face intérieure de ce plateau. Le troisième arbre se déplace angulairement et entraîne la platine portant la feuille de papier à imprimer. La forme s'appuie contre la platine et est maintenue en place dans un châssis mobile se prolongeant à la partie inférieure en deux jambes traversées dans le bas par un axe horizontal. L'ensemble ci-dessus peut basculer autour de ce dernier arbre. De plus, deux bras placés de chaque côté supportent les tables à encre et l'encrier. Les jambes ont chacune une console venue de fonte qui traverse un arbre portant des balanciers qui peuvent pivoter autour de ses extrémités. Ces

Fig. 2.

montants de fonte appelés *jumelles*. La partie supérieure de la vis est assujettie par un clavetage ou un assemblage au centre d'un volant à qui l'on peut imprimer à la main un mouvement de rotation dans un sens ou dans l'autre. Le volant entraîne avec lui la vis et la platine qu'il fait monter ou descendre suivant le cas. C'est en tournant ce volant que l'ouvrier vient presser la platine sur le tympan et sa frisquette et par suite sur la feuille de papier qui, à la suite de la pression énergique qu'elle subit, reçoit l'impression des caractères de la forme. Pendant cette opération, les papiers collés sur les côtés de la frisquette servent d'écrans à la feuille et empêchent toute maculature sur les parties qui doivent rester blanches. L'ouvrier n'a plus alors, après desserrage de la vis, qu'à ramener en arrière le marbre et le tympan, à enlever la feuille qui est imprimée et à la remplacer par une autre. Dans un grand nombre de presses, le volant est remplacé par un levier appelé *barreau*: l'ouvrier en amenant ce levier à lui fait tourner la vis suffisamment pour produire la pression nécessaire. Dans ces presses la frisquette, quand elle est relevée, au lieu d'être maintenue par une tringle faisant partie de la machine s'appuie sur un morceau de bois ou de fer qu'on appelle *servante* et qui est cloué au plafond de l'atelier.

balanciers entrecroisés soutiennent les rouleaux encreurs. Le tout constitue un cadre pouvant osciller autour de l'axe dont il vient d'être question que terminent deux tourillons excentrés. C'est sur ces tourillons que les bielles se trouvent articulées, bielles dont les extrémités se relient par l'intermédiaire de mannetons aux plateaux. Comme on le voit par ce qui précède, l'encrage se fait automatiquement, ce qui supprime une grande perte de temps et facilite dans une mesure très appréciable le travail de l'ouvrier, qui se borne à placer aux points voulus la feuille à imprimer sur la platine.

B. *Presses mécaniques.* — On divise les *presses mécaniques* en deux catégories principales. Celles qui n'impriment qu'un seul côté de la feuille et qui reçoivent le nom de *Presses typographiques en blanc;* celles qui impriment les deux côtés de cette feuille et qui sont les *Presses en retiration.* Viennent ensuite les *Presses à réaction* et les *Presses rotatives.*

1° *Presse en blanc.* — La presse en blanc qui, ainsi que nous venons de le dire, n'imprime qu'un seul côté de la feuille, comprend essentiellement un *marbre* susceptible de recevoir un mouvement alternatif de va-et-vient de manière qu'il puisse passer sous un gros cylindre; le marbre reçoit le mouvement d'une crémaillère fixée sur le côté et engrenant avec une roue dentée que porte le cylindre. C'est grâce à ce cylindre que la feuille, saisie par lui, est imprimée. A cet effet, la forme assujettie sur le marbre se trouve encrée par des rouleaux en contact avec l'encrier pendant son parcours et la feuille pressée par le cylindre sur elle, reçoit l'impression des caractères. Avec cette presse, il suffit de deux ouvriers, le *margeur* et le *receveur*, pour opérer le travail. Le premier place la feuille à imprimer sur un panneau situé au-dessus du cylindre muni de griffes qui la saisissent et l'entraînent avec elle. Le receveur prend la feuille imprimée ayant fait le tour du cylindre et la place sur un deuxième panneau à sa portée, de manière à la faire sécher. Dans certaines presses de ce genre plus perfectionnées que celle que nous venons de décrire très brièvement, un organe spécial désigné sous le nom de *receveur automatique*, remplace l'ouvrier receveur. Ce perfectionnement est dû surtout à Alauzet, Tiquet, Marinoni, etc.

B. *Presse en retiration.* — La *presse en retiration* est constituée par deux cylindres qui se touchent presque, par deux encriers et par un seul marbre qui, dans le sens longitudinal, est divisé en deux parties, la première recevant la forme du recto de la feuille, c.-à-d. celle qui imprimée représente le *recto*. Une seconde forme représentant le *verso*, occupe la seconde partie du marbre. Le premier cylindre entraîne la feuille et la forme du recto imprime ses caractères sur un côté. Lorsque le marbre revient en arrière et qu'il arrive au point de contact des deux cylindres, elle se trouve entraînée par le second qui, l'amenant sur la seconde forme, imprime le verso, par pression. Dès que cette opération est terminée, la feuille est prise par le receveur après qu'elle a été amenée jusque sur la table à recevoir. Lorsque ce genre de presse, il s'agit de procéder à l'impression d'ouvrages illustrés, un margeur supplémentaire a soin, avant que la feuille à imprimer ne passe sous le second cylindre, de faire glisser sur ce dernier une feuille dite *décharge* qui a pour objet de nettoyer la surface en s'opposant ainsi à tout maculage. Comme dérivée de la presse en retiration, existe dans l'industrie typographique une *presse à labeurs soignés* pouvant tirer à volonté en blanc ou en retiration que l'on emploie principalement pour les *travaux de ville*, c.-à-d. pour les tirages d'une importance moyenne, supérieurs pourtant aux tirages que peut donner la machine en retiration ordinaire.

C. *Presse à réaction.* — La presse à réaction est d'invention toute française. Elle se compose d'un nombre de cylindres imprimeurs variant de *deux* à *quatre*, et a été imaginée par Bourlier et Marinoni, puis perfectionnée par Normand et Gaveaux ainsi que par d'autres constructeurs. On affirme cependant que la première idée de la presse à réaction est due à un simple ouvrier typographe du nom de Joly. Le principe fondamental de ce genre de presse repose sur ce fait que le cylindre imprimeur, au lieu d'accomplir plusieurs tours complets de révolution, n'exécute seulement qu'un seul tour dans un sens, pour revenir en sens contraire. En prenant comme exemple une presse à réaction à quatre cylindres, ce qui est le cas le plus fréquent, le marbre qui porte le recto et le verso de la feuille passe entièrement et successivement sous les quatre cylindres. Les feuilles sont engagées par les margeurs sur ces cylindres; un dispositif spécial les maintient en place jusqu'à ce que l'impression d'un côté soit achevée. A ce moment, elles s'enroulent autour d'une sorte de tambour et se trouvent alors appelé *registre* et se retournent de manière à revenir sous les cylindres tournant dans un sens contraire au premier mouvement de rotation, et recevoir l'impression du verso. Cela fait, les feuilles conduites automatiquement viennent à tour de rôle se placer sur la table à recevoir. Ce type de machine s'utilise le plus souvent pour le tirage rapide des journaux, bien qu'il ait été en partie détrôné par la machine rotative dont le fonctionnement et la production sont beaucoup plus rapides.

D. *Presse rotative.* — Cette machine (Fig. 2) est utilisée presque uniquement pour les tirages extra-rapides comme ceux des journaux; elle peut fournir de nombreux milliers d'exemplaires à l'heure. Il devient possible d'employer un papier continu enroulé sur des bobines, au lieu d'avoir recours à des feuilles débitées en rames. Avec la *presse rotative*, la composition faite en caractères mobiles est ensuite clichée par des ouvriers spéciaux dits *clicheurs* (Voy. CLICHAGE). Les clichés ainsi obtenus après avoir été fondus dans des moules curvilignes dont les rayons correspondent rigoureusement à ceux de deux cylindres superposés appelés *cylindres de clichés*, sont assemblés sur leur périphérie. A chaque cylindre de clichés, correspond un autre cylindre dont la surface extérieure est recouverte d'étoffe, on les

nomme *cylindres de blanchet*. C'est entre ceux-ci et les cylindres de clichés préalablement encrés par des rouleaux encreurs que circule le papier qui s'imprime d'un côté en passant en pression sur le premier cylindre de clichés, puis de l'autre côté en passant sur le second cylindre.

Continuant sa course dans la machine, la partie de la bobine de papier qui vient d'être imprimée passe entre d'autres cylindres qui découpent le papier perpendiculairement à la longueur de cette bobine, en même temps que des couteaux divisent, suivant les dimensions que doit avoir le journal, le papier dans l'autre sens. Chacune des feuilles ainsi séparées, contient le texte complet d'un exemplaire du journal. A partir de cet instant, les feuilles entraînées automatiquement viennent se superposer sur un organe particulier, l'*accumulateur*, qui recueille ainsi successivement cinq feuilles pour les déposer ensuite sur la table à recevoir où elles s'empilent jusqu'au nombre de cent. Chaque cent se trouve séparé mécaniquement de celui qui le précède comme aussi de celui qui va le suivre. Il ne reste plus qu'à enlever successivement chacun des paquets contenant cent exemplaires, à les plier et à les livrer aux marchands qui les débitent au public. Dans les derniers types de presses rotatives on est parvenu à supprimer à peu près complètement la main-d'œuvre. Des *plieurs mécaniques* exécutent l'opération du pliage qui, primitivement, se faisait à la main.

Avant de terminer l'importante question de l'art de la t., nous devons dire quelques mots sur la *mise en train*, opération indispensable précédant tout tirage avec les *machines manuelles* aussi bien qu'avec les *presses mécaniques*. La mise en train a pour but d'assurer à la forme et aux caractères mobiles qui la composent, un niveau rigoureusement régulier afin d'éviter ce que l'on nomme le *foulage* et d'arriver à rendre l'impression d'une uniformité absolue. Dès que la première épreuve a été tirée, on s'aperçoit immédiatement s'il existe sur la feuille des *faibles* et des *forts*. Les faibles ou *feintes* sont les parties imprimées qui n'ont subi qu'une pression insuffisante; les forts, au contraire, correspondent aux parties de la feuille qui ont subi une trop forte pression contre la forme. Il convient de corriger ces défauts. On y parvient quelquefois en se bornant à desserrer légèrement la forme et en frappant à l'aide d'un taquoir sur les têtes des caractères dont le pied ne porte plus sur le marbre. Le plus souvent ce travail est insuffisant; il faut alors avoir recours, dans le cas d'une impression typographique ordinaire, à d'autres moyens plus efficaces. L'ouvrier découpe la feuille et en enlève des parcelles aux endroits des forts; au contraire, il colle de minces fragments de papiers aux points faibles. De cette façon, les épaisseurs se trouvent diminuées dans le premier cas, tandis qu'elles augmentent dans le second. Dès lors, la feuille subit, lorsqu'elle est remise à la presse, un serrage uniforme faisant disparaître le défaut de foulage et la mise en train est terminée.

Lorsque les feuilles à imprimer ont, dans leur texte, des figures intercalées, l'opération de la mise en train exige de plus grandes précautions encore. Ces illustrations sont gravées sur clichés en zinc ou sur bois et reproduits alors en *galvanos*; il importe que leur tirage soit parfait. Afin d'arriver au résultat désiré, l'ouvrier découpe successivement les différents détails des dessins; il les colle progressivement soit sur le tympan quand il s'agit de presses manuelles ou sur le cylindre avec les presses mécaniques. Il augmente ainsi les épaisseurs aux points faibles et les diminue aux points forts. Ce travail nécessite de la part du metteur en train une habileté incontestable.

TYPOGRAPHIQUE. adj. 2 g. Qui a rapport à la typographie. *Presse t. Caractères typographiques. Corrections typographiques*, corrections qui portent sur les fautes d'impression et non sur le texte.

TYPOGRAPHIQUEMENT. adv. [Pr. *tipografi-ke-man*]. D'après les procédés de la typographie.

TYPTOLOGIE. s. f. (gr. τύπτω, je frappe ; λόγος, discours) T. Spiritisme. Moyen d'obtenir des communications spirites par des coups frappés ou par les mouvements d'une table. Voy. SPIRITISME.

TYR, v. de l'Asie anc. (Phénicie), sur la Méditerranée, célèbre dans l'antiquité par son commerce et son industrie de la pourpre. ═ Nom des hab. : TYRIEN, ENNE. ═ Voy. PHÉNICIE.

TYRAN. s. m. (lat. *tyrannus*, gr. τύραννος, m. s.). Celui qui, dans l'antiquité, avait usurpé, envahi la puissance souveraine dans un État. Denys le t. Les trente tyrans d'Athènes. || Aujourd'hui, se dit d'un chef d'État qui gouverne avec cruauté, avec injustice et sans aucun respect des lois. || Par ext., se dit encore de tous ceux qui abusent de leur autorité contre le droit et la raison. Les seigneurs féodaux du moyen âge étaient autant de petits tyrans Ce magistral s'est rendu le t. de la province — Il est le t. de sa compagnie, se dit d'un homme qui a pris dans sa compagnie une autorité, une influence dont il abuse. Il est le t. de sa famille, de sa femme, de sa maison, se dit d'un homme qui exerce durement son autorité. On dit de même, Ce chef est un t. pour ses subordonnés. || Fig., L'opinion est souvent un t bien absurde. L'usage est le t. des langues. L'usage prévaut sur les règles de la grammaire. || T. Ornith Genre de Passereaux. Voy. GOBE-MOUCHES.

TYRANNEAU. s. m. [Pr. tira-no]. Tyran subalterne. Fam.

TYRANNICIDE. s. m. [Pr. tira-ni-side] (lat. tyrannicidium, m. s., de tyrannus, tyran, et cædere, tuer). Le meurtre d'un tyran.

TYRANNICIDE. s. (lat. tyrannicida, m. s.). Celui, celle qui tue un tyran.

TYRANNIE. s. f. [Pr. tira-ni] (R. tyran). Domination usurpée et illégale. Il veut opprimer la république, il aspire à la t. Le joug de la t. || Se dit le plus souvent d'un gouvernement injuste et cruel, abstraction faite de toute considération d'origine. User de t. S'affranchir de la t. C'est une horrible, une cruelle t. Des actes de t. || Par ext., se dit de toute sorte d'oppressions et de violences. La province se plaint des tyrannies de son gouverneur. Il y a de la t. à cela. C'est une insupportable t. || Fig., Pouvoir que certaines choses ont ordinairement sur les hommes. L'éloquence exerce une espèce de t. La t. de la beauté. La t. de la coutume, de la mode. La t. des passions.

TYRANNIQUE. adj. 2 g. [Pr. tira-nike] (lat. tyrannicus, gr. τυραννικός, m. s., de τύραννος, tyran). Qui tient de la tyrannie, qui est injuste, violent, contre droit et raison. Gouvernement t. Pouvoir t. Loi t. || Une amitié t., Une amitié trop exigeante.

TYRANNIQUEMENT. adv. [Pr. tira-nike-man]. D'une manière tyrannique. Gouverner t.

TYRANNISER. v. a. [Pr. tira-ni-zer]. Traiter tyranniquement. Ce prince, ce gouverneur tyrannise les peuples. T. les consciences. Il tyrannise toute sa famille. || Se dit aussi des choses morales. Les passions tyrannisent l'âme. L'envie et l'ambition le tyrannisent. = TYRANNISÉ, ÉE. part.

TYRITE. s. f. (gr. τυρός, fromage). T. Minér. Variété de Fergusonite.

TYROL, prov. de l'empire d'Autriche, au N. de la Lombardie; 842,000 hab., cap. Inspruck. = Nom des hab. : TYROLIEN, ENNE.

TYROLIENNE. s. f. [Pr. tiroli-ène]. T Mus. Se dit de mélodies originaires du Tyrol ou de mélodies composées à leur imitation. La mesure de la t. est à trois temps et d'un mouvement modéré.

TYROLITE. s. f. (gr. τυρός, fromage ; λίθος, pierre). T. Minér. Arséniate hydraté de cuivre, avec carbonate de chaux.

TYRONE, comté d'Irlande, prov. d'Ulster, 1,743,100 hab.; ch.-l. Omagh.

TYROSINASE. s. f. [Pr. tiro-zina-ze] (R. tyrosine, et le term. ase, des diastases). T. Chim. Diastase qui provoque l'oxydation de la tyrosine au contact de l'air.

TYROSINE. s. f. [Pr. tiro-zine] (gr. τυρός, fromage). T. Chim. Substance azotée qui prend naissance, en même temps que la leucine, par le dédoublement de la plupart des matières protéiques, lorsque ces matières se putréfient, ou lorsqu'on les traite à chaud par les alcalis ou par l'acide sulfurique. On rencontre la t. dans les tubercules du dahlia et de la pomme de terre, dans les betteraves et les mélasses de betterave, dans certains champignons, dans la cochenille. On l'a aussi signalée dans le foie, la rate, le pancréas et l'urine. On la prépare ordinairement en traitant la corne par de l'acide sulfurique étendu et bouillant. Voy. LEUCINE. — La t. cristallise en fines aiguilles soyeuses, peu solubles dans l'eau, assez solubles dans l'ammoniaque. Elle fond à 235° et se décompose vers 270°. Elle donne une coloration rouge très sensible avec le réactif de Millon. La t. a la constitution d'un acide oxy-phény-amido-propionique et répond à la formule $C^6H^4(OH).CH^2.CHAzH^2.CO^2H$; elle fonctionne comme acide monobasique, comme amine et comme phénol. Aussi peut-elle se combiner aussi bien avec les acides qu'avec les bases, en formant des sels cristallisés ; dans le premier cas on obtient des sels de t.; dans le second cas, des tyrosinates.

TYROTOXINE. s. f. [Pr. tiroto-ksine] (gr. τυρός, fromage, et fr. toxine). T. Chim. Ptomaïne vénéneuse, trouvée dans le fromage et le lait gâtés.

TYRRHÉNIENNE (Mer), partie de la Méditerranée occidentale située entre la Corse, la Sardaigne, la Sicile et l'Italie.

TYRRHÉNIENS, tribu pélasgique qui s'établit entre la Macra et le Tibre.

TYRTÉE, poète athénien, du VIIe siècle av. J.-C., composa des hymnes guerriers.

TZAR. s. m. Voy. TSAR.

TZARITZIN, v. de Russie sur le Volga ; 31,200 hab.

TZARSKOË-SELO, v. de Russie (gouv. de Saint-Pétersbourg) ; 10,000 hab. Palais impérial.

TZETZÈS, poète et grammairien grec, né à Constantinople (1120-1183).

U

U. s. m. La vingt et unième lettre de l'alphabet et la cinquième des voyelles. *Un grand* U. *Un petit* u.

Ling. — Les lettres U et V étaient autrefois représentées par un seul caractère, V, ainsi qu'on le voit dans les inscriptions latines et dans les anciens livres imprimés. On distinguait alors le V voyelle que nous représentons aujourd'hui par la figure U, et le V consonne qui a conservé sa forme primitive. Au reste l'U n'est que le V arrondi. C'est le philosophe Ramus qui, le premier, dans sa *Grammaire française*, publiée en 1562, proposa de figurer par des caractères différents le V voyelle et le V consonne; mais ce fut Zeltner, imprimeur à Strasbourg qui, en 1629, introduisit cette réforme dans la typographie. — La prononciation de l'U varie selon les langues. Chez les Grecs, la prononciation de cette lettre a varié suivant les époques. Les Grecs modernes la prononcent *i*. Les Latins la prononçaient *ou*. Les Allemands lui donnent les deux prononciations *ou* et *u*; dans ce dernier cas, ils l'écrivent *ü*. Les Anglais la prononcent *ou* (*bull*), *iou* (*tube*), *eu* (*burn*). Dans *tub*, le son est intermédiaire entre *u* et *eu*. Dans notre langue, de même que dans plusieurs autres, l'U se combine avec d'autres voyelles, pour représenter certaines voyelles auxquelles on n'a pas assigné de caractère graphique propre, comme les voyelles *ou* (*route*), EU (*feu*), OEU (*cœur*), et la voyelle nasale UN (*lundi*).

Obs. gram. — En français, la voyelle U a en général qu'un son unique, celui qu'on lui donne dans les mots : *Ulcère, lune, musulman, quintuple, pointu*, etc. Cependant on la prononce, à la manière des Latins, *ou*, dans quelques mots tirés de la langue latine, comme *Quadratique, quadragésime*, etc. Nous venons de dire que l'U se combine avec d'autres voyelles pour figurer des voyelles qui ne sont pas présentées par un signe particulier. Mais il se joint encore avec d'autres voyelles pour représenter des voyelles qui sont déjà exprimées par un caractère spécial : c'est ce qui a lieu dans la combinaison AU (*faux*). Dans la combinaison EU, il arrive parfois que le son u persiste seul, comme dans les mots : *J'ai eu*. L'U est presque toujours muet après le Q, comme dans *Qualité, querelle, quittance*. Il n'y a exception que pour quelques mots provenant du latin, et alors il a, tantôt le son *u* (*Quintuple, quinquennal*), tantôt le son *ou* (*Aquatique, équateur*). L'U est également muet après le G, dont il rend le son guttural, comme on le voit dans les mots *Guitare, figue*, etc. Enfin, lorsqu'il est placé devant une autre voyelle, U forme avec elle une diphtongue, comme *lluer, lui, puits*. — Lorsqu'on ne veut pas qu'il y ait liaison entre l'U et la voyelle qui le précède, on doit le surmonter d'un tréma, comme dans *Esaü, Saül*, que l'on prononce *Eza-u, Sa-ule* · on l'appelle alors U tréma.

UBALDINI (ROGER D'), archevêque de Pise en 1276, fit enfermer Ugolin et ses fils dans une tour où il les laissa mourir de faim, XIII siècle.

UBERTI (FARINATA DEGLI), chef des Gibelins de Florence, au XIII siècle, fut chassé en 1250, et rentra dans Florence en 1260.

UBICINI, publiciste fr. (1818-1884).

UBIQUISTE. s. m. [P. *ubi-kuiste*] (lat. *ubique*, partout). Se disait autrefois dans l'université de Paris d'un docteur en théologie qui n'était attaché à aucune maison particulière, telle que les maisons de Sorbonne, de Navarre, etc. || Fam., *Il est u.*, se dit d'un homme à qui les lieux sont indifférents, qui se trouve bien partout.

UBIQUITAIRE. s. g. [Pr. *ubi-kui-tère*] (lat. *ubique*, partout) Membre d'une secte protestante qui, pour repousser le dogme de la transsubstantiation, admettait que le corps de Jésus-Christ est partout présent.

UBIQUITÉ. s. f. [Pr *ubi-kuité*]. État de ce qui est partout. *L'u. n'appartient qu'à Dieu.*

UCAYALE, riv. du Pérou, affl. du Maragnon ; 950 kilomètres.

UCHARD (MARIO), auteur dramatique et romancier **fr.** (1824-1893).

UDDEVALLITE. s. f. T. Minér. Fer titané rhomboédrique d'Uddevala (Suède).

UDINE, v. d'Italie, dans la Vénétie; anc. cap. du Frioul; 32,000 hab.

UDINE (JEAN D'), peintre ital. (1489-1561), travailla, sous Raphaël, aux arabesques des *Loges* du Vatican.

UDOMÈTRE. s. m. (gr. *ὕδωρ*, eau, *μέτρον*, mesure). T. Phys. Syn. de *Pluviomètre*. Voy. PLUIE, II.

UGINES, ch.-l. de c. (Savoie), arr. d'Albertville; 2,200 hab.

UGOLIN, tyran de Pise, en Italie; il fut renversé et enfermé avec sa famille dans une tour où tous moururent de faim (1288). La légende, dont s'est emparé Dante, prétend qu'il prolongea sa vie en se nourrissant des corps de ses enfants.

UHLAN, HULAN ou **HOULAN**. s. m. [Pr. *hulan, h* aspiré]. Dans les armées russe, autrichienne et prussienne, on nomme ainsi certains régiments de cavalerie légère qui ont pour arme principale une lance longue de 3 mètres environ ornée sous le fer d'une flamme aux couleurs nationales. Ces cavaliers portent en outre le sabre, la carabine de cavalerie et le revolver; ils sont porteurs de pétards de dynamite pour faire sauter les voies et d'outils spéciaux pour détruire les fils et poteaux télégraphiques. Ils ont pour coiffure le schapska polonais avec une aigrette de crins. C'est chez les Polonais qu'on trouve la première mention des Uhlans, et c'est à eux que les autres nations ont emprunté cette sorte de cavalerie. On fait venir leur nom d'un chef tartare nommé Oullan ou Hullan.

UHLAND, poète allemand (1772-1862).

UHRICH, général fr., né à Phalsbourg (1802-1886).

UIGITE. s. f. T. Minér. Variété de Thomsonite.

UJVIDEH. Voy. Neusatz.

UKASE. s. m. [Pr. *uka-ze* ou *oukâ-ze*] (russe *ukasati,* m. s.). Mot russe qui signifie *Édit*, et par lequel on désigne toute ordonnance émanée de l'empereur de Russie. *Les ukases impériaux.* — On écrit aussi *Oukase.*

UKRAINE, vaste contrée de la Russie d'Europe comprenant les gouvernements de Kief, Pultava, Tchernigov et Kharkof, arrosée par le Dnieper. Vastes pâturages. = Nom des hab. : Ukranien, enne.

ULCÉRATIF, IVE. adj. T. Méd. Qui a la propriété d'ulcérer.

ULCÉRATION. s. f. [Pr. *ulséra-sion*] (lat. *ulceratio,* m. s., de *ulcerare, ulcérer*). Ulcère superficiel résultant d'une inflammation ayant provoqué une désagrégation des molécules organiques d'un tissu.

ULCÈRE. s. m. (lat. *ulcus, ulceris,* m. s.). L'u. est une plaie qui a peu de tendance à se cicatriser ; cette lésion peut être une manifestation locale d'une maladie générale : cancer, syphilis, diabète, scrofule, etc., ou être provoquée par une inflammation de voisinage : ostéite, arthrite, irritation causée par la présence d'un corps étranger ; dans ce cas le traitement de l'u. est celui de la maladie ou de la lésion causale.

Nous aurons surtout en vue ici une 3ᵉ variété d'u. ne rentrant pas dans les deux catégories que nous venons d'indiquer, ce sont les *ulcères simples.* Ils siègent généralement au membre inférieur et apparaissent de préférence chez les gens de haute taille ou chez ceux que leur profession oblige à être souvent debout : cuisiniers, forgerons, blanchisseuses, etc. ; ils reconnaissent généralement pour causes : les *varices* qui sont même parfois à peine apparentes, les altérations des artères (dégénérescence athéromateuse), des nerfs (u. trophiques). L'arthritisme prédispose à ces différents troubles qui, sous l'influence d'un *traumatisme* même léger, provoquent le développement de l'u.

Les bords de l'u. sont généralement taillés à pic, le fond est saignant, grisâtre, le suintement est fétide ; la peau est épaissie à la périphérie. La douleur est nulle. Avec le temps et le repos absolu du membre, la guérison peut être obtenue ; mais il faut craindre les complications suivantes : phagédénisme, gangrène, inflammation.

L'u. est une plaie tenace, son traitement comprend de nombreux moyens : repos absolu du membre, application de bandelettes de diachylon ou d'emplâtre de Vigo sur la peau, compression au moyen d'une bande élastique, lotions répétées 2 ou 3 fois par jour avec de l'eau bouillie chaude, pansements à la teinture iodoformée, etc. L'ablation des paquets variqueux a parfois été utile.

L'U. *de l'estomac* ou u. *rond* consiste en une ulcération de la muqueuse gastrique, siégeant généralement dans le voisinage de la petite courbure. Cette lésion cause de la douleur qui est augmentée par les mouvements et l'ingestion des aliments, des vomissements avec des hématémèses. Cette maladie guérit avec le régime lacté, les alcalins, etc. ; on ne doit pas la confondre avec le cancer de l'estomac qui entraîne la mort en peu de temps.

ULCÉRER. v. a. (lat. *ulcerare,* m. s.). Produire, causer un ulcère. *Cette humeur âcre lui a ulcéré la paupière.* ‖ Fig., Faire naître dans le cœur de quelqu'un un ressentiment profond et durable, *Je ne sais qui l'a ulcéré contre vous. Ce discours l'a fort ulcéré.* = S'Ulcérer, v. pron. Prendre le caractère d'un ulcère. *Sa plaie s'est ulcérée.* = Ulcéré, ée. part. ‖ Fig., *Une conscience ulcérée,* Une conscience chargée de crimes, et pressée de remords depuis longtemps, — *Un cœur ulcéré,* Un cœur qui garde un profond ressentiment. = Conj. Voy. Céder.

ULCÉREUX, EUSE. adj. [Pr. *ulsé-reu, euze*] (lat. *ulce-rosus,* m. s.). Qui a le caractère de l'ulcère ; ou qui est couvert ou plein d'ulcères.

ULEABORG, v. de Russie (Finlande), ch.-l. de province ; 11,400 hab. La prov. a 227,000 hab.

ULÉMA. s. m. Mot turc qui sign. *Savant* et qui désigne les docteurs de la loi, les interprètes du Coran chez les Musulmans. Voy. Mahométisme.

ULEXINE. s. f. [Pr. *ulè-ksine*]. T. Chim. Alcaloïde cristallisable contenu dans l'ajonc (*Ulex Europæus*). C'est un poison qui paralyse la respiration.

ULEXITE. s. f. [Pr. *ulè-ksite*] (lat. *ulex,* sorte de plante qui pousse dans les lieux humides). T. Minér. Borate hydraté de chaux et de soude, que l'on trouve au Pérou

ULIGINEUX, EUSE. adj. [Pr. *uliji-neu, neuze*] (lat *uligo, uliginis,* humidité de la terre). *Plantes uligineuses,* Celles qui croissent dans les prairies humides et marécageuses. ‖ *Terrains ul.,* Terrains marécageux ou extrêmement humides.

ULLMANNITE. s. f. [Pr. *oul-mann-nite*] (R. *Ullmann,* n. d'homme). T. Minér. Antimonio-sulfure de nickel NiSbS, en cristaux cubiques d'un gris d'acier.

ULLOA, fleuve de l'Amérique centrale (Honduras), tributaire du golfe de Honduras ; 280 kilomètres.

ULLOA (Saint-Jean d'), un des forts de la Vera-Cruz (Mexique) ; bombardé par les Français en 1838.

ULLOA (Antoine de), voyageur espag., né à Séville (1716-1796).

ULLUQUE. s. m. [Pr. *ul-luke*] (R. *ulluco,* mot mex.). T. Bot. L'*Ulluque* (*Ullucus*) constitue un genre de plantes Dicotylédones de la famille des *Chénopodiacées,* tribu des *Basellées.* Ce genre se compose de plantes herbacées, vivaces, qui ont pour caractères : un calice à 2 sépales opposés, concaves, tombants ; une corolle à 5 pétales en cœur plus longs que le calice ; 5 étamines à filets très courts et à anthères biloculaires, dressées ; un ovaire uniloculaire et une capsule monosperme. L'*Ull. tubéreux* (*Ullucus tuberosus*) se cultive en grand dans toute la région haute du Pérou et de la Bolivie. Les tubercules qu'il donne sont volumineux, jaunes et lisses ; ils renferment une assez forte proportion d'une fécule à gros grains. Les Américains les mangent soit en nature, soit préparés en *chimo,* c.-à-d. alternativement écrasés et soumis à l'action de la gelée.

ULM, v. d'Allemagne (Wurtemberg), sur le Danube, prise par Napoléon en 1805 ; 33,600 hab.

ULMAIRE. s. f. [Pr. *ul-mère*]. T. Bot. Un des noms vulgaires de la *Spiræa ulmaria,* plante de la famille des *Rosacées,* tribu des *Spirées.* Voy. Rosacées.

ULMÉES. s. f. pl. (lat. *ulmus,* orme). T. Bot. Tribu de plantes Dicotylédones de la famille des *Urticacées.* Voy. ce mot.

ULMINE. s. f. (lat. *ulmus,* orme). T. Chim. Corps qui se trouve dans l'*Humus.* Voy. ce mot.

ULMIQUE. adj. 2 g. (lat. *ulmus,* orme). T. Chim. *Acide ul.,* Qui se trouve dans l'*Humus.* Voy. ce mot.

ULNAIRE. adj. 2 g. [Pr. *ul-nère*] (lat. *ulna,* cubitus). T. Anat. Qui a rapport à l'os cubital.

ULOBORE. s. m. (gr. οὖλος, velu ; βορός, dévorant). T. Zool. Genre d'*Arachnides.* Voy. Araignée.

ULOTRIQUE. adj. 2 g. (gr. οὖλος, crépu ; θρίξ, cheveu). T. Physiol. Qui a les cheveux crépus. Voy. Homme, II.

ULPHILAS, évêque goth qui traduisit la Bible en ancien allemand, au IVᵉ siècle.

ULPIEN, jurisconsulte romain, mort en 228 ap. J.-C.

ULRIQUE-ÉLÉONORE, reine de Suède, succéda à son frère Charles XII (1719-1741).

ULSTER. s. m. (n. d'une prov. d'Irlande). Sorte de manteau, de pardessus très long, et où les manches sont remplacées par de larges pans d'étoffe qui tombent des épaules.

ULSTER. La plus septentrionale des quatre grandes provinces de l'Irlande. Elle compte 9 comtés et 1,743,100 hab.

ULTÉRIEUR, EURE. adj. (lat. *ulterior*, de *ultra*, au delà). T. Géogr. Qui est au delà, par opposition à Citérieur. *La Calabre ultérieure est plus près de la Sicile que la Calabre citérieure.* || Fig., Qui se fait après, qui arrive après. *Dans les négociations, on se réserve la faculté d'ajouter des demandes ultérieures aux demandes préliminaires. Renseignements ultérieurs.*

Obs. gram. — *Ultérieur* étant déjà un comparatif n'admet pas les degrés de comparaison. On ne doit donc pas dire *plus u.*

ULTÉRIEUREMENT adv. [Pr. *ultérieure-man*]. Par delà, outre ce qui a été dit ou fait. || Plus ordinair., Postérieurement, ensuite.

ULTIMATUM. s. m. [Pr. *ultima-tome*] (lat. *ultimus*, dernier). T. Diplom. Les dernières conditions que l'on met à un traité, et auxquelles on tient irrévocablement. *Envoyer un ul. Lorsqu'un ul. est rejeté, les négociations sont rompues. Des ultimatums supposent deux États prêts à se faire la guerre.*

ULTIME. adj. 2 g. (lat. *ultimus*, superl. de *ulter*, outre). Qui est placé au dernier rang.

Obs gramm. — *Ultime* étant déjà un superlatif n'admet pas les degrés de comparaison. On ne doit donc pas dire *plus u.*

ULTRA. s. 2 g. Mot latin qui sign. *Au delà*, et qui se joint quelquefois à une épithète qualificative de quelque parti politique, pour désigner une personne qui pousse à l'extrème les tendances de ce parti. *Un ul.-royaliste. Un ul.-révolutionnaire.* || S'emploie quelquefois seul. *Tout parti a ses ultras.* — Naguère, il se disait surtout des partisans absolus de la prérogative royale. *Les ultras de la Restauration.*

ULTRAMONTAIN, AINE. adj. [Pr. *ultramon-tin, tène*] (lat. *ultra*, au delà; *mons, montis*, montagne). Qui est situé, qui habite au delà des Alpes, par rapport à celui qui parle. *Pays ul. Auteur ul.* || Se dit ordinairement de ceux qui veulent étendre le plus possible le pouvoir spirituel et temporel du pape. *Un prêtre ul. Le parti ul.* — Se dit aussi des doctrines que professent ces personnes. *Principes ultramontains. Maximes ultramontaines.* || Subst., *Les ultramontains prétendent que le pape est supérieur au concile général.*

ULTRAMONTANISME. s. m. Le système, la doctrine des ultramontains.

ULULATION. s. f. [Pr. ...*sion*] (lat. *ululatio*, m. s.). Gémissement en forme de hurlement.

ULULEMENT. s. m. [Pr. *utule-man*] (lat. *ululare*, hurler). Cri de la chouette, du hibou.

ULULINÉES. s. f. pl. (lat. *ulula*, chouette, de *ululare*, hurler). T. Ornithol. Sous-famille de Rapaces nocturnes. Voy. CHOUETTE.

ULVE. s. f. (lat. *ulva*, n. d'une plante marécageuse qui n'a aucun rapport avec celle-ci). T. Bot. Genre d'Algues (*Ulva*) de la famille des *Confervacées.* Voy. ce mot.

ULYSSE, en gr. Οδυσσεύς, roi d'Ithaque, mari de Pénélope et père de Télémaque. Après avoir combattu devant Troie, il erra 10 ans sur la mer avant de pouvoir rentrer dans son royaume. Ses aventures pendant ce long voyage sont racontées dans le poème légendaire appelé l'*Odyssée.*

UMBELLIFÉRONE. s. f. UMBELLIQUE. adj. [Pr. *onbel-liférone, onbel-lik*]. T. Chim. Voy. OMBELLIFÉRONE.

UMBLE. s. m. [Pr. *omble*] (corrupt. de *ombre*). T. Icht. Syn. d'*Ombre* et d'*Ombre-chevalier.* Voy. SALMONIDES.

UMBRACULE. s. m. [Pr. *on-brakule*] (lat. *umbraculum*, de *umbra*, ombre). T. Bot. Sorte de disque qui couronne le pédicule de certains Cryptogames.

UMBRACULIFORME. adj. 2 g. [Pr. *onbra...*] (lat. *umbraculum*, ombrelle; *forma*, forme). T. Bot. Qui est en forme de parasol.

UMÉA, fl. de Suède, sort des monts Kiœlen et se jette dans le golfe de Bothnie; 450 kil.

UMÉRAPURA, anc. cap. de l'empire Birman, sur l'Iraouaddy.

UN. s. numéral (lat. *unus*, m. s.). Le premier de tous les nombres. *Un, deux, trois. Un et un font deux. Un pour cent. Un entre mille. Il n'en est resté qu'un. N'en prenez qu'un à la fois.* || Le chiffre qui marque Un (1). *Il faut ajouter là un un. Trois un de suite font cent onze* (111).

UN, UNE. adj. numéral. *J'ai payé cela un écu. À ce bal, il y avait un homme pour deux femmes. Nous étions huit, et nous n'avons trouvé qu'une voiture. Il était une heure après midi.* — Fam., *Sur les une heure, Vers une heure, à une heure environ. Dans cette phrase, on prononce les comme si la première syllabe d'une était aspirée.* — Fam., *Les deux ne font qu'un,* ou *N'être qu'un,* se dit pour exprimer une intime union entre deux personnes. || Seul, unique, qui n'admet pas de pluralité, de division. *Dieu est un. La nature est une. L'organisme animal est un. La vérité est toujours une, Elle n'est jamais contraire à elle-même.* — Fam., *C'est tout un, ce m'est tout un,* Il n'importe, cela est égal, cela revient au même. *Qu'il vienne ou qu'il ne vienne pas, c'est tout un, ce m'est tout un.* || Simple. *Il faut que dans un poème l'action soit une.* || *Un, une,* s'emploient souvent avec la signification de Quelque, certain, pour indiquer quelqu'un ou quelque chose d'une manière indéterminée. *J'ai vu un homme qui prétendait... Un philosophe a dit que... Allez m'acheter un manteau, une valise. C'est un César, c'est un Cicéron,* C'est un homme aussi intrépide que César, aussi éloquent que Cicéron, etc. || Signifie encore Tout et Quiconque. *Un homme peut-il raisonner de cette manière? Une terre bien cultivée doit produire.* — Dans ces deux derniers sens, *un* est un article indéfini. Voy. ARTICLE. || *Un* s'oppose fréquemment à Autre; alors on y joint l'article, et il tient lieu d'un subst. *L'un est riche et l'autre est pauvre. Il ne veut ni l'un ni l'autre. L'un vaut l'autre. Ils se gâtent l'un l'autre. On a pris l'un pour l'autre. Vis-à-vis l'un de l'autre. L'un après l'autre. L'un dans l'autre. Les uns sont de cet avis, les autres n'en sont pas.* — Fam., *Les uns et les autres,* Tout le monde sans distinction. *Il dit* ou *glose secret; il dit tout ce qu'il sait aux uns et aux autres.* = UN À UN. loc. adv. L'un après l'autre et un seul à la fois. *Ils ne pourront passer là qu'un à un. Je les ai comptés un à un.* = L'UN DANS L'AUTRE, L'UN PORTANT L'AUTRE. Voy. PORTER.

UNANIME. adj. 2 g. (lat. *unanimis*, m. s., de *unus*, un seul, et *animus*, esprit). Qui réunit tous les suffrages, qui est d'un commun accord, d'un même sentiment. *Consentement u. Résolution u. Un avis u. Mouvement u. D'une voix u. Les opinions furent unanimes.* || Se dit aussi des personnes *Nous avons été unanimes sur cette question.*

UNANIMEMENT. adv. [Pr. ...*me-man*]. d'une commune voix, d'un commun sentiment. *Ils conclurent tous u. à... Ils décidèrent u. que.*

UNANIMITÉ. s. f. (lat. *unanimitas*, m. s.). Conformité de sentiments, accord de suffrages entre toutes les personnes dont on parle. *Il y eut u. dans l'assemblée. Il a obtenu l'u. des suffrages. La loi a été adoptée à l'u. moins deux voix.*

UNAU. s. m. T. Mamm. Famille d'*Édentés.* Voy. TARDIGRADES.

UNCARIA. s. m. [Pr. *on-karia*] (lat. *uncus*, ongle, crochet). T. Bot. Genre de plantes Dicotylédones de la famille des *Apocynées,* tribu des *Pédaliées.* Voy. GESNÉRACÉES.

UNCIAL, E. adj. Voy. ONCIAL.

UNCIFORME. adj. 2 g. [Pr. *onsi-forme*] (lat. *uncus*, crochet; *forma*, forme). T. Bot. Qui a la forme d'un crochet.

UNCINARIOSE. s. f. T. Méd. Maladie parasitaire produite par un ver rond de l'ordre des Nématodes nommé *Uncinaria trigonocephala;* elle attaque presque tous les animaux domestiques et l'homme même, mais surtout les chiens vivant en meute. Les symptômes sont ceux d'une anémie pernicieuse. Voy. ANKYLOSTOMASIE.

UNCINÉ, ÉE. adj. [Pr. *onsi-né*] (lat. *uncus*, crochet). T. Bot. Qui se termine par une pointe recourbée en crochet.

UNCIROSTRE. adj. 2 g. [Pr. *onsi...*] (lat. *uncus*, crochet; *rostrum*, bec). Qui a le bec crochu.

UNDÉCANAPHTÈNE. s. m. [Pr. *on-déka-naf-tène*] (lat. *unus*, un; gr. δέκα, dix; fr. *naphtène*). T. Chim. Naphtène de la formule $C^{11}H^{22}$, contenu dans le pétrole de Bakou.

UNDÉCANE. s. m. [Pr. *on-décane*] (lat. *unus*, un, gr. δέκα, dix). Hydrocarbure gras, saturé, répondant à la formule $C^{11}H^{24}$. L'*u. normal* est un liquide qui bout à 195° et qui se congèle à — 26°,5; on le rencontre dans le pétrole d'Amérique.

UNDÉCOLIQUE. adj. 2 g. [Pr. *on-dékolike*] (lat. *unus*, un; gr. δέκα, dix). T. Chim. Voy. UNDÉCYLÉNIQUE.

UNDÉCYLÈNE s. m. [Pr. *on-dé-silène*] (lat. *undecim*, onze, de *unus*, un, et *decim*, dix; avec les suffixes *yle*, du gr. ὕλη, matière, et *ène*, qui est la terminaison de certains carbures d'hydrogène). T. Chim. Hydrocarbure éthylénique répondant à la formule $C^{11}H^{22}$. Le bromure undécylique, la paraffine, les sels de chaux provenant de la saponification de l'huile de poisson, donnent naissance, sous l'action de la chaleur, à divers undécylènes, liquides dont les points d'ébullition sont voisins de 194°.

UNDÉCYLÉNIQUE. adj. 2 g. [Pr. *on-dé-silénike*] (R. *undécylène*). T. Chim. L'*acide u.*, dont la formule est $C^{11}H^{20}O^2$, a été obtenu en distillant à basse pression l'huile de ricin. Il est cristallisable, fusible à 24°,5; il bout vers 275° en se décomposant. Dissous dans le sulfure de carbone, il peut fixer deux atomes de brome. Le dibromure ainsi obtenu se transforme, sous l'action de la potasse alcoolique, en *Acide undécolique* $C^{11}H^{18}O^2$ qui cristallise en minces lamelles, fusibles à 60°, presque insolubles dans l'eau.

Un autre acide u., appelé acide pétroléique, a été rencontré dans le pétrole; il est liquide et bout vers 260°.

UNDÉCYLIQUE. adj. 2 g. [Pr. *on-dé-silike*] (lat. *undecim*, onze, et le suffixe *yle*, du gr. ὕλη, matière). T. Chim. Les *Alcools undécyliques* ont pour formule $C^{11}H^{24}O$. En réduisant l'essence de rue par le sodium, on obtient un alcool u. secondaire qui correspond à la méthylnonylcétone. Cet alcool est un liquide épais, insoluble dans l'eau; il bout à 228°. Traité par l'acide bromhydrique il se transforme en un *Bromure u.* $C^{11}H^{23}Br$ qui se décompose à la distillation en donnant un undécylène.

Les *Acides undécyliques* répondent à la formule $C^{11}H^{22}O^2$. La réduction de l'acide undécylénique par l'acide iodhydrique et le phosphore fournit un *acide u.* cristallisé en *acide u.*, fusible 28°,5, insoluble dans l'eau, très soluble dans l'alcool. — Un autre acide u. a reçu le nom d'acide *umbellulique*, parce qu'on le rencontre, à l'état de glycéride, dans les graines de l'*Umbellularia californica*; il est cristallisable, fond à 23° et bout vers 280°.

UNDERWALD. Voy. UNTERWALD.

UNGHWARITE. s. f. [Pr. *ong-varite*] (R. *Unghvar*, n. d'une ville d'Autriche). T. Minér. Syn. de *Chloropale*.

UNGUÉAL, ALE. adj. [Pr. *on-gué-al*] (lat. *unguis*, ongle). T. Anat. Qui a rapport aux ongles. *Phalanges unguéales*, Celles qui portent les ongles. *Matrice unguéale.* Voy. ONGLE.

UNGUIFÈRE. adj. 2 g. [Pr. *on-gui-fère*] (lat. *unguis*, ongle; *fero*, je porte). Qui porte les ongles.

UNGUIS. s. m. [Pr. *on-guis*] T. Anat. Très petit os de la face, mince et transparent comme un ongle. Voy. CRÂNE, II. || T. Méd. Maladie de l'œil appelée aussi *onglet* et *pterygion.* Voy. ŒIL, III, A.

UNI—. Préf. qui vient du latin *unus*, un, et qui entre dans la composition d'un grand nombre de mots scientifiques, tels que *Unicorne, Unicuspide, Unifolié, Unilabié, Uni-*lobé, *Uniloculaire, Unipétale*, etc., Qui n'a qu'une corne, qu'une pointe, qu'une fleur, qu'une feuille, qu'une lèvre, qu'une loge, etc.

UNI, IE. adj. [part. pass. de *unir*]. Qui ne présente aucune inégalité. *Une surface unie Un lac uni.* — *Toile unie.* Toile où il n'y a pas de nœuds, d'aspérités, et qui est également serrée partout. *Fil uni*, Fil qui est filé bien également. || Qui n'a aucun ornement. *Étoffe unie, toute unie. Il porte du linge uni. Il avait un habit uni, tout uni.* || Fig., *Un style uni, un chant uni*, Simple et sans ornements. — *Une vie, une conduite unie*, Une vie, une conduite égale, uniforme. — *Un homme tout uni*, Un homme simple, sans façon, ou qui a un extérieur modeste. || T. Manège. *Galop uni*, Celui dans lequel la jambe de derrière suit exactement celle de devant. On dit aussi, *Ce cheval est uni*, Il galope régulièrement. ⟹ UNI ,s'emploie quelquefois adverb., pour dire Uniment, également. *Cela est filé bien uni.*

UNIANNULAIRE. adj. 2 g. [Pr. *uni-a-nulaire*] (R. *uni*, préf., et *annulaire*). Qui n'offre qu'un seul anneau.

UNIARTICULÉ, ÉE. adj. [Pr. *uni-artikulé*] (R. *uni*, préf., et *articulé*). Qui n'a qu'une seule articulation.

UNICAPSULAIRE. adj. 2 g. (R. *uni*, préf., et *capsulaire*). T. Bot. Dont le fruit consiste en une seule capsule.

UNICAULE. adj. 2 g. [Pr. *uni-kole*] (lat. *unus*, un ; *caulis*, tige). Qui n'a qu'une seule tige.

UNICELLULAIRE. adj. 2 g. [Pr. *uni-sèlu-lère*] (R. *uni*, préf., et *cellule*). Qui est formé d'une seule cellule.

UNICHROÏSME. s. m. [Pr. *uni-kro-isme*] (R. *uni*, préf. et gr. χρόα, couleur). T. Minér. Propriété de certains minéraux de donner toujours la même couleur quel que soit le sens dans lequel ces rayons lumineux les traversent.

UNICHROÏTE. adj. 2 g. [Pr. *uni-kro-ite*]. T. Minér. Qui offre l'unichroïsme.

UNICITÉ. s. f. Caractère de ce qui est unique.

UNICOLORE. adj. 2 g. (lat. *unus*, un; *color*, couleur). Qui est d'une seule couleur.

UNICURSAL, E. adj. (lat. *unus*, un, *cursus*, course). T. Géom. On dit qu'une courbe est *unicursale* quand on peut exprimer les coordonnées de chacun de ses points en fonction d'une certaine variable, au moyen de fractions rationnelles de cette variable. Par exemple, l'ellipse

$$\frac{x^2}{a^2} + \frac{y^2}{b^2} - 1 = 0$$

est unicursale parce qu'on peut poser :

$$x = a\frac{1 - t^2}{1 + t^2} \qquad y = b\frac{2t}{1 + t^2},$$

et x et y vérifieront l'équation quelle que soit la valeur de t. On obtiendra donc toute la courbe en faisant varier t de $-\infty$ à $+\infty$. De plus, la courbe est ainsi décrite d'un mouvement continu, ce qui justifie le nom d'*unicursal*. Les valeurs de t qui annulent le dénominateur donnent les points à l'infini.

On démontre que les courbes unicursales sont celles qui présentent le plus grand nombre de points multiples que comporte leur degré.

UNICUSPIDÉ, ÉE. adj. (lat. *unus*, un ; *cuspis*, pointe). Qui n'a qu'une seule pointe.

UNIÈME. adj. 2 g. Nombre ordinal de un; ne s'emploie qu'avec les nombres Vingt, trente, quarante, cinquante, soixante, quatre-vingts, cent et mille, *Le vingt et u. du mois.*

UNIÈMEMENT. adv. [Pr. *unième-man*]. Il s'emploie, comme *unième*, avec les mots Vingt, trente, etc. *Vingt et unièmement.*

UNIFICATION. s. f. [Pr. *unifika-sion*] (lat. *unus*, un; *ficare*, faire). Action de s'unir avec un autre être, de façon à ne plus faire qu'un avec lui. *Suivant les néo-platoniciens, la fin de l'âme était l'u. avec Dieu.*

UNIFIER. v. a. (bas lat. *unificare*, m. s., de *unus*, un, et *ficare*, faire). Ramener à l'unité. = UNIFIÉ, ÉE. part. T. Bot. Qui ne porte qu'une fleur).

UNIFLORE. adj. 2 g. (lat. *unus*, un; *flos, floris*, fleur). T. Bot. Qui ne porte qu'une fleur.

UNIFOLIÉ, ÉE. adj. (lat. *unus*, un; *folium*, feuille). T. Bot. Qui n'a qu'une seule feuille.

UNIFORME. adj. 2 g. (lat. *uniformis*, m. s., de *unus*, un, et *forma*, forme). Qui a la même forme, où l'on n'aperçoit aucune différence, aucune variété, qui ne subit aucun changement. *Une plaine u. Une architecture u. Son style est trop u.* — *Mouvement u.* Voy. MOUVEMENT. || Se dit aussi de plusieurs choses qui présentent exactement le même aspect, la même disposition, qui se ressemblent entre elles. *Des bâtiments, des allées uniformes. Des habits uniformes.* — Fig., *Des sentiments uniformes.*

UNIFORME. s. m. Habit fait suivant un modèle proscrit; se dit en parlant du costume imposé aux différents corps de l'armée, aux employés de certaines administrations, aux élèves des lycées, etc. *Un bel u. Les différents uniformes de l'armée. L'u. du collège.* On dit aussi adject., *Un habit u.* || Employé absol., *L'uniforme* signifie le plus souvent L'uniforme militaire. *Il porte bien l'u. Endosser l'u.* Fig., *Quitter l'u.*, Se retirer du service militaire.

UNIFORMÉMENT. adv. D'une manière uniforme. *Ils ont tous opiné u. Tous les Pères ont écrit u. sur ce sujet.* — *Mouvement u. varié, u. accéléré, u. retardé.* Voy. MOUVEMENT.

UNIFORMISATION. s. f. [Pr. *uniformi-za-sion*]. Action d'uniformiser.

UNIFORMISER. v. a. [Pr. *uniformi-zer*]. Rendre uniforme. = UNIFORMISÉ, ÉE. part.

UNIFORMITÉ. s. f. (lat. *uniformitas*, m. s., de *unus*, un, et *forma*, forme). Ressemblance des parties d'une chose, ou de plusieurs choses entre elles. *L'u. d'un jardin. L'u. d'une vie tranquille. L'u. des avis, des opinions.*

L'ennui naquit un jour de l'uniformité.
BOILEAU.

UNIJUGUÉ, ÉE. adj. [Pr. *uniju-ghé, g* dur] (lat. *unus*, un; *jugum*, couple). Qui ne forme ou n'offre qu'un seul couple.

UNILABIÉ, ÉE. adj. (lat. *unus*, un; *labium*, lèvre). Qui n'a qu'une seule lèvre.

UNILATÉRAL, ALE. adj. (lat. *unus*, un; *latus, lateris*, côté). Qui est disposé d'un seul côté. *Épi u.* || T. Jurispr. *Contrat u.*, Qui n'oblige qu'une personne.

UNILATÉRALEMENT. adv. [Pr. *...le-man*]. D'une manière unilatérale.

UNILINGUE. adj. 2 g. [Pr. *uni-linghe, g* dur] (lat. *unus*, un; *lingua*, langue). Qui est en une seule langue.

UNILOBÉ, ÉE. adj. (R. *uni*, préf., et *lobe*). Qui n'a qu'un seul lobe.

UNILOCULAIRE. adj. 2 g. (lat. *unus*, un; *loculus*, loge). T. Bot. et Zool. Qui n'a qu'une seule loge.

UNILOCULARITÉ. s. f. État d'un corps uniloculaire.

UNIMENT. adv. [Pr. *uni-man*]. D'une manière unie, sans inégalité. || Fig. Sans façon.

UNIMIXTE. adj. 2 g. [Pr. *unimiks-te*] (R. *uni*, préf., et *mixte*). T. Minér. Se dit d'un cristal produit en vertu de deux décroissements, l'un par une rangée, l'autre mixte.

UNIMUSCULAIRE. adj. 2 g. (lat. *unus*, un seul; *musculus*, muscle). T. Zool. Se dit des Mollusques à coquille bivalve qui n'ont qu'un seul muscle d'attache à leur coquille. Voy. CONCHYLIOLOGIE, III, B.

UNINERVE. adj. 2 g. ou **UNINERVIÉ, ÉE.** adj. (lat. *unus*, un seul; *nervus*, nerf). T. Bot. Qui ne présente qu'une seule nervure.

UNINOMINAL, ALE. adj. (lat. *unus*, un; *nomen*, nom). Qui se fait sur un seul nom. *Scrutin u.*

UNIO. s. m. (lat. *unio*, union, par allusion à la charnière). T. Zool. Nom scientifique du genre *Mulette*, Mollusque *Lamellibranche*.

UNION. s. f. (lat. *unio*, m. s., de *unire*, unir). Jonction de deux ou de plusieurs choses ensemble. *L'u. de l'âme avec le corps. L'u. des parties d'un même tout. L'u. de certains mots. L'u. de deux terres, de deux fiefs. L'u. de deux charges. L'u. de l'Écosse et de l'Angleterre mit fin aux querelles perpétuelles qui divisaient les deux pays.* En Théol., *U. hypostatique*, L'union de la nature divine et de la nature humaine dans la personne de Jésus-Christ. || Association, alliance. *L'u. des efforts pour un but commun. L'u. fait la force. L'u. de ces deux princes les rendit les arbitres de la paix et de la guerre.* || Se dit aussi pour Confédération. *L'u. helvétique menaçait de se dissoudre.* — Absol., et dans ce sens, *Union* désigne la Confédération des États-Unis de l'Amérique du Nord. *Le président de l'Union. La puissance maritime de l'Union.* || Employé absol., signifie parfois Mariage. *Une u. bien assortie. Le ciel a béni leur u.* — On dit aussi, dans un sens analogue, *U. illégale, criminelle.* || Fig., se dit souvent pour Liaison étroite, concorde, bonne intelligence. *L'u. conjugale. L'u. fraternelle. L'u. de ces cœurs, des âmes. Ils vivent ensemble dans l'u. la plus parfaite. Cet événement a rompu l'u. qui existait entre eux. Il n'y a point d'u. dans cette compagnie.* — *Esprit d'u.*, Esprit de paix et de concorde. || T. Chancellerie anc. *Lettres d'u.*, Lettres du roi qui unissaient une charge à une autre, une terre à une autre, etc. *Bulles d'u.*, Les bulles du pape qui unissent un bénéfice à un autre, ou à une communauté. || T. Gramm. *Trait d'u.*, Voy. PONCTUATION. || T. Peint. *U. de couleurs*, L'accord des couleurs qui conviennent bien ensemble, et qui sont bien assorties par rapport à la lumière du tableau. || T. Procéd. *Contrat d'u.*, Contrat par lequel des créanciers s'unissent pour agir de concert, et renoncent à faire des poursuites séparées contre le débiteur commun. — *État d'u.*, Voy. FAILLITE, IV, E. = Syn. Voy. JONCTION.

UNION (Îles), dans l'Océanie (Polynésie); à l'Angleterre.

UNIONISTE. s. m. Partisan de l'union des différentes provinces en un seul État. *Les unionistes et les séparatistes.* || On dit aussi adj., *Le parti u.*

UNIONITE. s. f. T. Minér. Variété de Zoïsite.

UNIOVULÉ, ÉE. adj. (R. *uni*, préf., et *ovule*). T. Bot. Qui n'a qu'un seul ovule.

UNIPARE. adj. 2 g. (lat. *unus*, un; *parere*, enfanter). Se dit des femelles qui normalement ne font qu'un petit à chaque portée. || T. Bot. *Cyme u.* Voy. INFLORESCENCE, II.

UNIPERSONNEL, ELLE. adj. [Pr. *uniperso-nel, nèle*] (lat. *unus*, un; *persona*, personne). T. Gramm. Voy. IMPERSONNEL.

UNIPERSONNELLEMENT. adv. [Pr. *unipersonè-leman*]. A la manière d'un verbe unipersonnel. *Faire s'emploie u. dans les locutions; il fait froid, il fait chaud.*

UNIPÉTALE. adj. 2 g. (R. *uni*, préf., et *pétale*). T. Bot Qui n'a qu'un seul pétale.

UNIPOLAIRE. adj. 2 g. [Pr. *unipo-lère*] (R. *uni*, préf., et *pôle*). Qui n'a qu'un seul pôle. || T. Phys. Se dit des conducteurs qui, mis en communication avec les pôles d'une pile voltaïque, et en même temps avec le sol, ne conduisent qu'une sorte d'électricité, soit la positive, soit la négative.

UNIPOLARITÉ. s. f. État d'un corps unipolaire.

UNIPONCTUÉ, ÉE. adj. (*uni*, préf., et *ponctué*). Qui n'est marqué que d'un seul point coloré.

UNIQUE. adj. 2 g. (lat. *unicus*, m. s,, de *unus*, un). Seul. *Fils u. C'est son frère u. Son u. héritier. On ne trouve plus ce livre, j'en ai l'u. exemplaire qui reste. C'est son u. soin, son u. occupation.* || Qui est sans précédent, qui n'a pas son semblable. *C'est un fait u. dans l'histoire. Nous étions dans une position u.* — Fam., On dit, le plus souvent en mauvaise part, D'une chose à laquelle on ne s'attendait pas ; *C'est u. Voilà qui est u.* || Fig., et par exagération, Qui est infiniment au-dessus des autres, et auquel les autres ne peuvent être comparés, *C'était l'u. capitaine, c'était l'u. orateur qu'il y eût en ce temps-là. Ce peintre est u. dans son genre. C'est un homme u. en vertu, en mérite. C'est une femme u.* — Ironiq., on dit d'un homme ridicule, d'un extravagant : *C'est un homme u. en son espèce. Vous êtes u.*

Syn. — **Seul.** — Ce qui est *unique* est sans pair ; ce qui est *seul* est sans compagnon. Un enfant qui n'a ni frères ni sœurs, est *u.* ; un homme abandonné de tout le monde, reste *seul.* Une chose est *u.* quand il n'y en a pas d'autre comme elle ; elle est *seule* lorsqu'il n'y en a pas d'autre avec elle. Lorsqu'au lieu d'être placés après le nom auquel ils se rapportent, *u.* et *seul* le précèdent, *u.* prend un sens absolu, et *seul* un sens relatif. Ainsi, mon *u.* bien, mon *u.* ami, c'est le bien ou l'ami pour moi essentiel, véritable, tandis que mon *seul* bien, mon *seul* ami, est le seul qui me reste, que le sort m'ait conservé.

UNIQUEMENT. adv. [Pr. *unike-man*]. Exclusivement à toute autre chose. *Il s'applique u. aux mathématiques. Il est u. occupé de cette affaire.* || Au-dessus de tout, préférablement à tout. *Il l'aime u.*

UNIR. v. a. (lat. *unire*, m. s., de *unus*, un). Joindre deux ou plusieurs choses ensemble. *U. deux tuyaux par leurs extrémités. U. deux pièces de métal par une soudure. Ils ont uni leurs forces, leurs armées. Cela a été uni au domaine.* || Mettre en communication. *Le canal du Languedoc unit l'Océan à la Méditerranée. Toutes les principales villes de la province sont unies entre elles par un chemin de fer.* || Fig., en parlant des personnes qui ont des liens entre elles. *C'est un intérêt commun, c'est l'amitié qui les unit. U. deux familles, deux maisons par un mariage. U. les époux.* = s'UNIR. v. pron. Se joindre, s'allier. *Ils se sont unis pour repousser l'ennemi commun, contre l'ennemi commun. S'u. par le mariage. S'u. d'intérêts. Unissez-vous à lui.* = UNI, IE. part. *Ce sont des gens bien unis. C'est un ménage bien uni.* || Provinces-Unies, Les provinces qui composaient la république de Hollande. — *États-Unis*, Les États qui forment la confédération de l'Amérique du Nord.

UNIR. v. a. Aplanir, rendre égal, ôter les aspérités, les inégalités. *Il faut u. cette pierre, cette planche, cette allée, ce chemin, etc.* = UNI, IE. part. — Voy. UNI, IE. adj.

UNIRÉFRINGENT, ENTE. adj. [Pr. *uniréfrin-jan, jante*] (R. *uni*, préf., et *réfringent*). Qui ne produit qu'un seul rayon réfracté.

UNISÉRIÉ, ÉE. adj. [Pr. *uni-sérié*] (R. *uni*, préf., et *série*). Qui ne renferme qu'une seule série. — Qui est disposé sur un seul rang. = UNISÉRIÉS. s. m. pl. T. Zool. Famille de *Bryozoaires.*

UNISEXUÉ, ÉE. adj. [Pr. *unisè-ksué*] ou **UNISEXUEL, ELLE.** adj. [Pr. *unisè-ksuel, èle*] (R. *uni*, préf., et *sexe*). T. Bot. Se dit d'une fleur qui n'a que des étamines ou que des carpelles. Voy. FLEUR.

UNISSANT, ANTE. adj. [Pr. *uni-san*]. Qui unit. *Bandage u. Substance unissante.*

UNISSON. s. m. [Pr. *uni-son*] (lat. *unus*, un ; *sonus*, son). T. Mus. Accord soit de plusieurs voix, soit de plusieurs instruments qui ne font entendre qu'un même ton. *L'u. est la plus simple de toutes les consonances. Chanter à l'u. Monter deux instruments à l'u.* Voy. INTERVALLE. || Fig., au sens moral, *Il se met à l'u. de tout le monde. Leurs esprits sont à l'u.*

UNITAIRE. s. et adj. 2 g. [Pr. *uni-tère*] (R. *unité*). T. Théol. Nom d'une secte qui, en admettant la révélation, ne reconnaît qu'une seule personne en Dieu. || T. Physiol. *Monstres unitaires*, chez lesquels on ne trouve que les éléments complets ou incomplets d'un seul individu. Voy. TÉRATOLOGIE.

UNITARIEN. s. m. [Pr. *unitari-in*]. T. Théol. Sectateur de l'unitarisme.

UNITARISME. s. m. T. Théol. Doctrine des unitaires.

UNITÉ. s. f. (lat. *unitas*, de *unus*, un). Qualité de ce qui est un. || Caractère de ce qui est unique. *Le dogme de l'u. de Dieu* || Caractère de ce qui n'a pas de parties. *L'u. du moi.* || T. Théât. *L'u. d'action*, caractère d'une action où tout concourt à un événement principal. — *U. de lieu*, caractère d'une action où tout se passe dans un même lieu. — *U. de temps*, caractère d'une action qui s'accomplit dans un temps limité. || T. Psychol. *U. d'un caractère*, son accord avec lui-même. || T. Math. Grandeur type choisie comme terme de comparaison pour mesurer les grandeurs de même espèce. *Le mètre est l'u. de longueur.* Voy. plus bas. || T. Arith. Les nombres plus petits que dix. *La colonne des unités dans une addition.* — *Unités des divers ordres.* Voy. NUMÉRATION.

Physiq. — Au mot MESURE, nous avons expliqué que pour mesurer une grandeur, il faut d'abord choisir une grandeur de même espèce qu'on appelle *unité* ; on détermine ensuite le *rapport* (Voy. ce mot) de la grandeur à mesurer avec son u. Dans cet article, nous allons donner les définitions des unités employées par les physiciens pour la mesure des principales grandeurs dont ils s'occupent, et nous indiquerons les relations qui existent entre les diverses espèces de grandeurs, et entre leurs unités.

I. *Grandeurs géométriques.* — Les grandeurs géométriques sont les angles, les longueurs, les surfaces et les volumes. On pourrait choisir arbitrairement une u. pour chacune de ces quatre grandeurs. Cependant, il y a longtemps qu'on a reconnu qu'il y a un avantage évident à prendre pour u. de surface la surface du carré construit sur l'u. de longueur, et pour u. de volume, le volume du cube construit sur l'u. de longueur.

En ce qui concerne les angles, l'u. fondamentale qui paraît s'imposer est le *tour complet*, ou le *quart de tour* qui est l'angle droit ; mais comme avec l'angle droit pour u., tous les angles seraient mesurés par des fractions, on a trouvé plus commode de partager l'angle droit en 90 *degrés* ou en 100 grades. Le degré ou le grade, avec leurs subdivisions, *minutes* et *secondes* sont ainsi les unités pratiques d'angle. Ces unités apparaissent sans relation avec l'u. de longueur. Il est cependant possible de faire servir l'u. de longueur à la mesure des angles : il suffit de remarquer que les angles dont le sommet commun se trouve au centre d'une circonférence sont proportionnels aux longueurs des arcs qu'ils interceptent entre leurs côtés sur cette circonférence. La mesure d'un angle peut donc être remplacée par celle d'un arc de cercle, lequel est une longueur. Alors, l'u. théorique d'angle, ou, comme on dit, l'*u. absolue*, est l'angle qui est placé au centre d'une circonférence d'un rayon égal à l'u. de longueur, intercepte sur cette circonférence un arc d'une longueur égale à l'u. Cet angle est d'environ 57°18'. Ainsi toutes les grandeurs géométriques peuvent être mesurées dès qu'on connaît l'u. de longueur. Pour cette raison, l'u. de longueur est dite *fondamentale*, tandis que les unités de surface, de volume et d'angle sont des unités *dérivées*.

II. *Grandeurs physiques.* — Les grandeurs physiques sont en nombre considérable. La distinction entre les unités fondamentales et les unités dérivées qui s'est déjà imposée en Géométrie prend ici une importance capitale. C'est que ces sortes de grandeurs sont liées les unes aux autres soit par définition même, soit par les lois démontrées par l'expérience, et au moyen desquelles nous nous représentons tous la marche des phénomènes naturels. Un exemple simple de grandeurs liées par définition est fourni par la *vitesse*. La vitesse d'un mobile est généralement définie par le chemin parcouru par ce mobile pendant l'u. de temps ; si le mouvement est uniforme, on obtient la vitesse en divisant le nombre qui mesure le chemin parcouru par le nombre qui mesure le temps. Il est donc impossible de choisir à priori l'u. de vitesse : celle-ci est imposée dès qu'on s'est donné l'u. de longueur et l'u. de temps. Mais on pourrait aussi définir autrement la vitesse et comparer directement les vitesses. Alors l'unité pourrait être arbitraire ; mais il est clair que cela compliquerait les for-

unités. La vitesse sera donc une grandeur dérivée. Un exemple important de grandeurs liées par une loi naturelle est celui de la chaleur. On sait que la chaleur peut se transformer en travail mécanique, ou inversement, de telle sorte que 1 calorie équivaut à 425 kilogrammètres environ. Voy. CHALEUR, THERMODYNAMIQUE. Il en résulte qu'il est, à la rigueur, inutile d'avoir une u. spéciale pour la chaleur. On pourrait prendre pour u. de chaleur la quantité qui équivaut à 1 u. de travail. L'u. de chaleur est donc une u. dérivée; mais le travail est le produit d'une force par le chemin que parcourt son point d'application dans la direction de la force. L'u. de travail est donc elle-même dérivée des unités de force et de longueur. Si l'on fait un travail d'analyse analogue pour toutes les grandeurs usitées en physique, on reconnaîtra que toutes les unités qui servent à mesurer les grandeurs physiques sont dérivées de trois d'entre elles seulement, savoir : la longueur, le temps, et la masse ou la force. Ces trois unités sont les unités fondamentales. On a le choix entre la masse et la force, parce que ces deux grandeurs sont liées par l'équation fondamentale de la dynamique :

$$F = m\gamma$$

qui exprime que la résultante F des forces qui agissent sur un mobile est égale au produit de la masse m de ce mobile par son accélération γ; mais l'accélération est le quotient d'une vitesse par un temps : elle dépend seulement des unités de longueur et de temps. Dès lors on pourra prendre arbitrairement l'u. de masse et définir la force par l'équation précédente, ou bien choisir l'u. de force et définir la masse par l'équation précédente ou l'équation équivalente :

$$m = \frac{F}{\gamma}$$

Unités absolues et unités pratiques. — Lorsqu'on laisse indéterminé le choix des unités des diverses grandeurs qui sont liées entre elles soit par définition, soit par une loi naturelle, la formule qui exprime cette liaison contient un ou plusieurs coefficients dont les valeurs dépendent du choix des unités. Par ex., la loi qui, dans le mouvement uniforme, lie l'espace parcouru, e le temps b et la vitesse v s'écrira :

$$e = kvt,$$

k étant un coefficient numérique qui peut prendre toutes les valeurs possibles quand on choisit arbitrairement les unités de longueur, de vitesse et de temps. Si par ex. on prend pour u. de vitesse la vitesse d'un mobile qui parcourt l'u. de longueur pendant l'u. de temps, le coefficient k sera égal à 1 ; mais si l'on exprime la longueur en mètres, le temps en secondes, et la vitesse en kilomètres par heure, le chemin parcouru pendant 1 heure sera v kilomètres ou 1000 v mètres ; t vaudra 3600, et la formule donnera :

$$1000\,v = kv \times 3600$$

d'où

$$k = \frac{1}{3,6}$$

De même, la loi physique qui exprime la transformation de la chaleur en travail s'exprime par l'équation :

$$Q = E\tau$$

où Q est la quantité de chaleur, τ, le travail correspondant, et E un coefficient numérique que l'on appelle l'*équivalent mécanique de la chaleur* et dont la valeur dépend essentiellement des unités choisies pour mesurer d'une part le travail τ, et d'autre part la quantité de chaleur Q. On dit qu'un système d'unités est *absolu* lorsque les diverses grandeurs dérivées qui font partie du système sont choisies de telle sorte que les coefficients numériques des formules soient tous égaux à 1. Ainsi, dans un pareil système, on exprimera toujours la vitesse par le nombre d'unités de longueurs parcourues pendant l'u. de temps, et l'on prendra pour u. de chaleur la quantité de chaleur qui se transforme en l'u. du travail. Alors les formules précédentes deviendront :

$$e = vt. \qquad Q = \tau.$$

L'emploi des unités absolues simplifie les formules et se prête très commodément aux recherches théoriques; dans la pratique, il présente certains inconvénients. En premier lieu, les unités absolues déterminées par la convention précédente peuvent être beaucoup trop grandes ou beaucoup trop petites pour mesurer commodément les grandeurs que l'on rencontre habituellement ; on remédie à cet inconvénient en remplaçant l'u. absolue par un de ses multiples ou un de ses sous-multiples. Par ex., on considère une u. 1 000 000 de fois plus grande ou plus petite que l'u. absolue. Mais il y a plus : il est généralement facile de comparer entre elles des grandeurs de même espèce ; mais la comparaison d'une grandeur avec une autre d'espèce différente à laquelle elle est liée par une loi naturelle exige une étude expérimentale du phénomène, qui peut être très difficile. Par ex , il est relativement facile de mesurer une quantité de chaleur en prenant pour u. une autre quantité de chaleur; mais si l'on veut se conformer au principe des unités absolues, il faut déterminer par l'expérience quelle est la quantité de chaleur qui correspond à l'u. de travail, détermination difficile et délicate. Pour instituer les expériences nécessaires, il est indispensable de choisir d'abord une u. provisoire de chaleur, afin de pouvoir mesurer les quantités de chaleur qui se trouveront en jeu dans les phénomènes observés. Alors les mesures effectuées pourront faire connaître le coefficient E qui figure dans l'équation :

$$Q = E\tau,$$

et ce n'est qu'une fois ce coefficient déterminé qu'on connaîtra le rapport entre l'u. provisoire et l'u. absolue. On appelle *unités pratiques*, les unités qui sont définies au moyen d'une grandeur de même espèce que celle qu'on veut mesurer, sans avoir égard aux autres grandeurs avec lesquelles elle peut être liée. Ainsi, l'u. pratique de chaleur est la *calorie*, c.-à-d. la quantité de chaleur qu'il faut fournir à 1 kilogramme d'eau pour élever sa température de 0° à 1°. L'u. pratique est généralement arbitraire, et la détermination du rapport entre l'u. pratique et l'u. absolue revient à la détermination des coefficients numériques qui figurent dans la formule établissant une relation entre la grandeur considérée et d'autres grandeurs.

Dimensions des unités dérivées. — Nous avons déjà dit qu'il n'y a que trois unités fondamentales. Donc, dans un système d'unités absolues, toutes les autres unités sont déterminées dès qu'on a choisi ces trois-là que je désignerai provisoirement par A,B,C. Une u. dérivée peut dépendre d'une seule, de deux, ou des trois unités fondamentales. Si elle dépend de A, elle sera modifiée si l'on vient à changer A. Cette modification consiste en ce que si A est multiplié par un nombre k, l'u. considérée sera multipliée ou divisée par une certaine puissance de k, ou ce qui revient au même, multipliée par une certaine puissance positive ou négative de k. C'est l'exposant de cette puissance qu'on appelle la *dimension* de l'u. considérée par rapport à A. Par ex., si l'on multiplie l'u. de longueur par k, le carré construit avec cette u. qui est l'u. de surface sera multiplié par k^2, et le cube correspondant qui est l'u. de volume sera multiplié par k^3. L'u. de surface est donc du second degré par rapport à l'u. de longueur ; elle a la dimension 2, et l'u. de volume qui est du 3e degré a la dimension 3. Si l'on multiplie l'u. de longueur par h, et l'u. de temps par k, le nombre qui représente la vitesse $\frac{e}{t}$ d'un mobile sera divisé par h, et multiplié par k, comme si l'u. de vitesse avait été multipliée par h et divisée par k. Donc l'u. de vitesse a la dimension 1 par rapport à l'u. de longueur, et la dimension -1 par rapport à l'u. de temps. Suivant qu'on prend pour grandeur fondamentale la longueur, le temps et la force, ou bien la longueur, le temps et la masse, on aura pour les unités ou les grandeurs dérivées deux systèmes différents de dimensions, que nous indiquons dans les tableaux suivants. L,T,F,M, désignent respectivement la longueur, le temps, la force et la masse, et les dimensions sont indiquées par les exposants. Nous ne comprenons pas dans les tableaux les unités des grandeurs électriques dont nous parlerons plus loin.

Quel que soit le système d'unités absolues choisi, il est évident que les formules qui représentent la marche des phénomènes naturels doivent rester les mêmes quand on modifie les unités fondamentales, car les formules n'expriment que des rapports et les unités fondamentales sont essentiellement arbitraires. Cette condition exige que tous les termes de la formule soient multipliés par un même nombre quand on modifie l'une des unités fondamentales, ou, ce qui revient au même, que tous les termes soient du *même degré* par rapport à chacune des trois unités fondamentales. On exprime ce fait en disant que les formules doivent être *homogènes* par rapport à chacune de ces trois unités. Tel est le principe de l'*homogénéité* qui a une très grande importance théorique et, qui de plus est un précieux instrument de vérification. La connaissance des dimensions des diverses unités dérivées permet de vérifier que tous les termes d'une formule sont homogènes comme ils doivent l'être. Voy. HOMOGÉNÉITÉ.

Système métrique et système CGS. — Nous ne reviendrons pas ici sur les considérations qui ont servi à l'établissement du système métrique, ni sur les avantages que présente l'emploi de ce système tant pour les usages scientifiques que pour la pratique ordinaire du commerce. Voy. Métrique.

Nous nous bornerons à donner la liste des principales unités de ce système, telles qu'elles sont employées pour les usages scientifiques, avec leurs définitions, leurs valeurs et leurs dimensions. Dans le système métrique, l'u. de force est considérée comme u. fondamentale; c'est le gramme ou plus souvent le kilogramme : le kilogramme est le poids qu'aurait dans le vide, à la latitude de 45° et au niveau de la mer, 1 décimètre cube d'eau distillée prise à la température du maximum de densité, soit 4°,1. Or, le poids d'un corps est l'attraction qu'exerce sur lui la masse de la terre, diminuée de la partie de cette attraction qui est employée à la maintenir dans le cercle que décrit chaque jour, par suite de la rotation de la terre, le point de la terre où est placé ce corps. Cette composante de l'attraction terrestre est la *force centrifuge*. Ainsi, le poids d'un corps dépend essentiellement de sa position à la surface de la terre puisque les deux éléments dont il est la différence, attraction et force centrifuge varient avec cette position, l'attraction augmentant quand on se rapproche du centre, et la force centrifuge, quand on s'éloigne de l'axe. C'est pourquoi on a dû préciser cette position dans la définition du kilogramme. Pour cette raison, plusieurs physiciens ont préféré prendre pour u. fondamentale, l'u. de *masse*, au lieu de l'u. de *poids*, la masse d'un corps restant invariable quelle que soit la position de ce corps par rapport au reste de l'univers. Un congrès de physiciens réuni à Paris en 1881, à propos d'une exposition internationale d'électricité, s'est arrêté à un système complet d'unités absolues dans lequel les unités fondamentales sont le *centimètre*, pour la longueur, la *seconde* sexagésimale du temps moyen pour le temps, et le *gramme-masse*, c.-à-d. la masse d'un centimètre cube d'eau distillée, prise à la température du maximum de densité. C'est à cause de ces trois unités fondamentales que le système a pris le nom de système CGS. On peut regretter que les auteurs aient conservé, pour désigner une masse, le mot gramme qui désignait déjà un poids. On évite toute confusion en disant gramme-masse et gramme-poids. Le passage d'un système à l'autre dépend de la relation entre la masse et le poids du centimètre cube d'eau. Si l'on désigne par g l'accélération de la pesanteur à la latitude de 45° et au niveau de la mer, c.-à-d. l'accélération que prend un corps quelconque en tombant librement dans le vide, on a, entre le poids et la masse d'un corps quelconque, la relation :

$$P = Mg$$

ou

$$M = \frac{P}{g}$$

Or, $g = 9^m,8098$. Dans le système métrique, si l'on considère un poids de 1 gramme, on aura donc :

$$\text{gramme-masse} = \frac{\text{gramme-poids}}{9,8098}$$

Si l'on prend pour u. de poids le kilogramme, on aura :

$$\text{gramme-poids} = \frac{1}{1000},$$

et

$$\text{gramme-masse} = \frac{1}{9809.8}$$

Dans le système CGS, $g = 980,98$; l'u. de force est la force qui communique à une masse de 1 gramme une accélération de 1 centimètre. On lui a donné le nom de *dyne*. Or, l'équateur $P = Mg$ appliqué au gramme-masse donne :

$$\text{gramme-poids} = 1 \times g = 980,98$$

et kilogramme-poids $= 980,98 \times 1000 = 980\ 980$ dynes.

En nombres ronds, le kilogramme vaut environ 1 million de dynes, et la dyne équivaut à peu près au milligramme. Telle est la relation fondamentale qui sert à trouver les rapports des unités correspondantes des deux systèmes.

Pour désigner les multiples et les sous-multiples des unités absolues, on se sert des mêmes préfixes que dans le système métrique; cependant on n'emploie guère que *kilo* qui veut dire mille, et *hecto* qui veut dire cent; mais, à cause de l'excessive grandeur ou de l'excessive petitesse de quelques unités, on a été amené à inventer deux nouveaux préfixes : *méga* (gr. μέγας, grand) qui veut dire 1 million, et *micro* (gr. μικρός, petit) qui veut dire 1 millionième. Ainsi la *mégadyne* vaut 1 000 000 de dynes, c.-à-d. un peu plus de 1 kilogramme.

Dans les tableaux suivants, nous ne donnons pas la définition des unités fondamentales; le lecteur pourra se reporter au mot Métrique pour la longueur et la force, et au mot Temps.

Observations. — La température ne figure pas dans ces tableaux parce que la température n'est pas à proprement parler une grandeur. On *repère* les températures plutôt qu'on ne les mesure. Pour ce qui concerne les températures absolues, Voy. Température. La chaleur n'y figure pas non plus parce que l'u. absolue de chaleur est la même que l'u. absolue de travail.

Le travail ou *énergie* est défini, dans le premier tableau, comme un travail, c.-à-d. comme le produit d'une force par une longueur, tandis que, dans le second, il est défini comme une puissance vive, c.-à-d. comme le demi-produit d'une masse par le carré d'une vitesse. Ces deux définitions sont équivalentes à cause du théorème des forces vives. Voy. Travail. — La dernière colonne du second tableau donne les rapports des unités des deux systèmes. Ainsi on y voit que la dyne vaut un peu plus de 1 millionième de kilogramme et l'erg un peu plus de 1 cent-millionième de kilogrammètre. Ces valeurs très petites ont fait créer les multiples *kilodyne*, qui vaut 1000 dynes ou environ 1 gramme-poids, *mégadyne*, qui vaut 1 million de dynes ou un peu plus de 1 kilogramme, et *mégerg*, qui vaut 1 million d'ergs ou un peu plus de 1 centième de kilogrammètre.

TABLEAU 1. — UNITÉS DU SYSTÈME MÉTRIQUE.

GRANDEURS A MESURER	NOM DE L'UNITÉ	DÉFINITION DE L'UNITÉ	DIMENSIONS
Longueur	mètre	Unité fondamentale	L^1
Surface	mètre-carré	Carré d'un mètre de côté	L^2
Volume	mètre-cube	Cube d'un mètre de côté	L^3
Angle		Angle qui intercepte un arc égal au rayon	zéro
Temps	seconde	Unité fondamentale	T^1
Vitesse	mètre-seconde	Un mètre par seconde	L^1T^{-1}
Accélération	mètre-seconde	La vitesse s'accroît d'un mètre par seconde	L^1T^{-2}
Force	kilogramme	Unité fondamentale	F^1
Travail ou puissance vive	kilogrammètre	Travail d'une force de 1 kilogramme dont le point d'application se déplace de 1 mètre dans le sens de la force	L^1F^1
Puissance motrice	kilogrammètre-seconde	Machine qui produit 1 kilogrammètre par seconde	$L^1F^1T^{-1}$
Pression	kilogr. par mètre carré	Force de 1 kilogramme s'exerçant sur un mètre carré	FL^{-2}
Masse		Masse sur laquelle une force de 1 kilogramme produit une accélération égale à 1	$L^{-1}F^1T^2$
Densité		Quotient de la masse par le volume, ou densité d'un corps dont 1 mètre cube a une masse égale à 1	$L^{-4}F^1T^2$
Poids spécifique		Quotient du poids par le volume, ou corps dont un volume de 1 mètre cube pèse 1 kilogramme	$L^{-3}F^1$

Unités pratiques. — En dehors des multiples et des sous-multiples des unités précédentes, tels que nous les avons définis soit plus haut, soit dans notre article *métrique*, et des diverses unités de temps (Voy. TEMPS), on emploie dans la pratique quelques autres unités. Par ex , la puissance vive les machines s'évalue souvent en *chevaux-vapeur* Un cheval-vapeur représente la production de 75 kilogrammètres par seconde, ou d'environ 7 500 mégergs. — La pression s'évalue en centimètres de mercure ou en atmosphères. Le poids spécifique du mercure étant d'environ 13ᵍʳ,60 par centimètre cube, la pression exercée sur 1 centimètre carré par une colonne de mercure est égale à 13ᵍʳ,60 multiplié par le nombre de centimètres de la hauteur de la colonne. Il résulte de là qu'une pression de un centimètre de mercure vaut 13ᵍʳ,60 par centimètre carré ou 136 kilogrammes par mètre carré. Elle équivaut donc à 136 unités du système métrique ou 136 × 98,098 unités du système CGS, soit environ 13 500. La pression atmosphérique est de 1 033 grammes par centimètre carré. Une pression de 1 atmosphère vaut donc 10 330 unités du système métrique et 10 330 × 98,098 ou environ 1 million d'unités du système CGS. — Enfin les densités et les poids spécifiques s'évaluent le plus souvent par comparaison avec l'eau pour les solides et les liquides, avec l'air pour les gaz. Voy. DENSITÉ.

III. *Unités électriques.* — On ne peut définir la masse ou quantité d'électricité que par les effets mécaniques qu'elle produit. On pourra donc instituer trois systèmes d'unités électriques absolues suivant qu'on prendra pour base les actions attractives ou répulsives qui s'exercent : 1° entre deux conducteurs électrisés ; 2° entre deux conducteurs parcourus par des courants électriques ; 3° entre un courant et un aimant. Ce sont les systèmes *électro-statique, électro-dyna-mique* et *électro-magnétique* ; or, les deux derniers systèmes sont ramenés à l'identité par l'assimilation des aimants aux solénoïdes ; mais il reste deux systèmes fort différents. Dans le système électro-statique, on n'a à mesurer que des masses électriques, des potentiels et des capacités. L'u. *de masse électro-statique* est la masse d'électricité qui exerce sur une masse égale, placée à l'u. de distance, une force égale à l'u., soit à une *dyne* si l'on prend le système CGS. Or, d'après la loi de Coulomb, les répulsions électriques sont proportionnelles aux produits des masses et à l'inverse du carré des distances. Le coefficient de la formule se réduit à l'u. par le choix de l'u. précédente et l'on a. en désignant par F la force, par m et m' les masses et par r la distance :

$$F = \frac{mm'}{r^2}$$

Si les masses sont égales, on a :

$$F = \frac{m^2}{r^2}$$

ou

$$m = r\sqrt{F}.$$

La masse électro-statique est donc de la dimension 1 par rapport à l'u. de longueur, et de la dimension $\frac{1}{2}$ par rapport à la force ; mais si, conformément au système CGS, on prend pour u. fondamentale la masse matérielle, la force F a pour dimensions $L^1 T^{-2} M$. La masse électrique sera donc représentée par la formule de dimensions :

$$m = L\sqrt{L^1 T^{-2} M} = L^{\frac{3}{2}} T^{-1} M^{\frac{1}{2}};$$

ses dimensions sont $\frac{3}{2}$ par rapport à la longueur, — 1, par rapport au temps, 1 par rapport à la masse.

Le potentiel en un point a pour expression $\Sigma \frac{m}{r}$ (Voy. PO-TENTIEL). On sait qu'il est le même pour tous les points d'un conducteur électrisé. Si l'on considère une sphère électrisée, le potentiel au centre, et par suite en tous les points, sera $\frac{m}{r}$, m étant la masse électrique répartie sur la surface, et r le rayon. L'u. de potentiel sera donc le potentiel d'une sphère du rayon 1 chargée d'une masse électrique égale à 1. La formule de dimensions du potentiel V sera :

$$V = L^{\frac{1}{2}} T^{-1} M.$$

La capacité d'un conducteur est le quotient de sa charge par son potentiel. Si on considère une sphère, ce sera :

$$m : \frac{m}{r} = r,$$

c.-à-d. le rayon même de la sphère. Ainsi la capacité est une longueur, son u. est le centimètre.

Dans le système électro-magnétique, il faut considérer, outre les grandeurs précédentes : la masse d'un pôle magnétique, l'intensité d'un courant, et la résistance d'un conducteur. Le potentiel est équivalent à la force *électromotrice*. On y joint l'énergie ou travail électrique et la puissance électrique qui ne diffèrent pas de l'énergie et de la puissance mécanique. Le système des unités absolues a été établi au congrès de 1881 dont nous avons déjà parlé. On n'a pas donné de noms spéciaux à ces unités absolues parce qu'en même

TABLEAU 2. — UNITÉS DU SYSTÈME CGS.

GRANDEUR A MESURER	NOM DE L'UNITÉ	DÉFINITION DE L'UNITÉ	DIMEN-SIONS	VALEUR DANS LE SYSTÈME MÉTRIQUE
Longueur............	centimètre............	Unité fondamentale............	L^1	10^{-2}
Surface............	centimètre-carré........	Carré d'un centimètre de côté........	L^2	10^{-4}
Volume............	centimètre-cube........	Cube d'un centimètre de côté....	L^3	10^{-6}
Temps............	seconde............	Unité fondamentale............	T^1	1
Vitesse............	centimètre-seconde........	Un centimètre par seconde........	$L^1 T^{-1}$	10^{-2}
Accélération............	centimètre-seconde........	Accroissement de vitesse d'un centi-mètre par seconde............	$L^1 T^{-2}$	10^{-2}
Masse............	gramme............	Unité fondamentale............	M	$\dfrac{1}{9809,8}$
Puissance vive ou travail.	erg............	$\frac{1}{2}mv^2$; puissance vive d'une masse égale à 1, animée d'une vitesse = 1 ..	$L^2 T^{-2} M$	$\dfrac{1}{98\,098\,000}$
Puissance motrice.....	erg-seconde............	Machine qui produit un erg par seconde.	$L^2 T^{-3} M$	$\dfrac{1}{98\,098\,000}$
Force............	dyne............	Force imprimant à une masse de 1 gramme une accélération de 1 cen-timètre............	$L^1 T^{-2} M$	$\dfrac{1}{980\,980}$
Pression............	....	Une dyne par centimètre carré......	$L^{-1} T^{-2} M$	$\dfrac{1}{98,098}$
Densité............	....	Corps dont un centimètre cube a une masse égale à 1 (eau)........	$L^{-3} M$	$\dfrac{10^6}{9809,8} = \dfrac{1000}{9,8098}$
Poids spécifique........	....	Corps dont un centimètre cube pèse 1 dyne............	$L^{-2} T^{-2} M$	$\dfrac{10^6}{980\,980} = \dfrac{1}{0,980980}$

temps on a établi un autre système dit *pratique* pour lequel on a réservé des noms choisis parmi ceux des grands physiciens. Alors les unités absolues sont simplement désignées par le nom de la grandeur correspondante. Le point de départ est la *masse magnétique d'un pôle d'aimant*. L'u. est la masse magnétique qui exerce sur une masse égale placée à l'u. de distance une répulsion égale à 1 dyne. Comme les actions magnétiques suivent la loi de Coulomb, on peut répéter pour les masses magnétiques ce que nous avons dit des masses électro-statiques, de sorte que l'u. de masse magnétique a les mêmes dimensions que l'u. de masse électro-statique :

$$L^{\frac{3}{2}} T^{-1} M^{\frac{1}{2}}.$$

La formule de Laplace établit la relation entre l'intensité d'un courant et son action sur un pôle magnétique :

$$f = k \frac{m i\, ds}{r^2} \sin\alpha$$

f désignant la force, m la masse magnétique du pôle, i l'intensité du courant, ds la longueur infiniment petite d'un arc du courant, r la distance de cet arc au pôle, et α l'angle de la direction du courant avec la droite qui joint l'élément du courant au pôle. Si on suppose le courant circulaire et ayant son centre au pôle, qu'on désigne par l sa longueur, et qu'on réduise le coefficient à l'u., on aura, $\sin\alpha$ étant égal à 1 :

$$f = \frac{m i l}{r^2} \quad \text{ou} \quad i = \frac{f r^2}{m l}.$$

L'u. d'intensité sera donc l'intensité d'un courant dont une longueur de 1 centimètre, enroulée sur un cercle de rayon 1 ayant son centre en un pôle chargé de l'u. de magnétisme exercerait sur ce pôle une force de 1 dyne. Quant à la dimension de l'intensité, elle nous donnée par la formule :

$$i = \frac{F L}{m} = \frac{L^1 T^{-2} M L}{L^{\frac{3}{2}} T^{-1} M^{\frac{1}{2}}} = L^{\frac{1}{2}} M^{\frac{1}{2}} T^{-1}.$$

L'intensité d'un courant est la quantité d'électricité q qui traverse une section avec l'u. de temps ; si q désigne la quantité d'électricité transportée par le courant dans le temps t on aura :

$$q = it.$$

L'u. de quantité sera donc la quantité d'électricité transportée en 1 seconde par un courant d'intensité 1. Ses dimensions sont données par la formule :

$$q = L^{\frac{3}{2}} M^{\frac{1}{2}}.$$

La loi de Joule qui établit une relation entre l'intensité d'un courant, la résistance du circuit, et la quantité de chaleur dégagée, nous fournira la définition de l'u. de résistance. Cette loi est donnée par la formule suivante, où l'on a réduit le coefficient à l'u. :

$$Q = i^2 R t$$

Q désignant la quantité de chaleur dégagée pendant le temps t, i l'intensité, R la résistance. Q peut être considérée aussi comme étant l'énergie dégagée par le courant, et par conséquent, mesurée en ergs ; on aura donc :

$$R = \frac{Q}{i^2 t}.$$

L'u. de résistance est donc celle d'un circuit qui, parcouru par un courant d'intensité 1, dégagerait en 1 seconde un travail de 1 erg. On en trouvera facilement les dimensions.

L'u. de potentiel se déduit de la loi de Ohm :

$$V_1 - V_0 = i R,$$

où $V_1 - V_0$ désigne la différence du potentiel en deux points du courant, et R la résistance entre ces deux points. La force électromotrice est un potentiel. L'u. de potentiel ou de force électromotrice est donc la différence du potentiel de deux points d'un conducteur parcouru par un courant d'intensité 1, si la résistance entre ces deux points est égale à 1.

L'u. de capacité se définit comme en électro-statique, à la condition de substituer l'u. de quantité électrique à l'u. de masse électro-statique. Enfin, l'u. de travail ou d'énergie est l'erg, et l'u. de puissance l'erg-seconde.

Les unités absolues ainsi définies ont des valeurs qui s'accordent mal avec les besoins de la pratique : elles conduisent, pour les mesures courantes à des nombres beaucoup trop grands ou beaucoup trop petits. C'est pourquoi on a imaginé le système dit *pratique* qui diffère du précédent en ce que les unités v sont des multiples ou des sous-multiples des unités absolues, celles-ci étant multipliées ou divisées par certaines puissances de 10. Les unités pratiques sont encore choisies de manière que les coefficients des formules qui expriment les lois de Ohm et de Joule soient réduits à l'u. On a donc entre les cinq quantités q, i, Q, R et V trois relations qui sont les lois de Ohm et de Joule, et l'équation $q = it$. Il résulte de là qu'il a suffi de se donner deux d'entre elles pour que les trois autres fussent déterminées. Or, c'est surtout l'u. de résistance absolue qui est beaucoup trop petite pour servir à la mesure des résistances des lignes télégraphiques, téléphoniques, etc. Elle équivaut en effet à peu près à la résistance d'une colonne de mercure de 1 mètre carré de section sur 1 millimètre de longueur. On a pris alors une u. 1 milliard de fois (10^9) plus grande, qu'on a appelée *Ohm*. L'u. de potentiel ou de force électromotrice était aussi trop petite. On l'a remplacée par le *Volt* qui vaut 100 millions de fois (10^8) l'u. absolue, et qui équivaut à peu près à la force électromotrice d'un élément Daniell. On en a déduit ensuite toutes les autres unités que nous donnons dans le tableau ci-dessous.

Pour les besoins de la pratique, il a fallu représenter matériellement la résistance d'un Ohm. L'*Ohm légal* qui se rapproche beaucoup de l'Ohm théorique est la résistance d'une colonne de mercure de 1 millimètre carré de section, et de 106 centimètres de longueur à la température de 0°. Voy. Ohm.

Le *Farad* est une u. beaucoup trop grande. Il est égal à la capacité d'une sphère isolée qui aurait environ 9 millions de kilomètres de rayon. Aussi se sert-on dans la pratique du *microfarad* qui en est le millionième partie et dont on peut construire des étalons. La capacité de la Terre considérée comme une sphère conductrice isolée est de 708 microfarads.

Le tableau ci-dessous donne la valeur du joule en ergs.

$$1\ \text{Joule} = 10^7\ \text{ergs. Or, 1 erg vaut un peu plus de } \frac{1}{100\,000\,000}$$

de kilogrammètre ou $1\cdot 8$. Donc, 1 joule vaut un peu plus de 1 dixième de kilogrammètre. De même un watt vaut

$$\text{environ } \frac{1}{10} \text{ de kilogrammètre-seconde ou un peu plus de } \frac{1}{750}$$

UNITÉS PRATIQUES DES GRANDEURS ÉLECTRIQUES

GRANDEURS A MESURER	NOM DES UNITÉS	DÉFINITION DES UNITÉS	VALEURS EN UNITÉS ABSOLUES
Résistance	Ohm	»	10^9
Force électromotrice	Volt	»	10^8
Intensité	Ampère	Courant produit par 1 volt dans un circuit dont la résistance totale est 1 ohm	10^{-1}
Quantité d'électricité	Coulomb	Quantité d'électricité qui traverse en une seconde la section d'un courant de 1 ampère	10^{-1}
Capacité	Farad	Capacité d'un conducteur qui se charge d'1 coulomb pour un potentiel de 1 volt	10^{-9}
Énergie	Joule	Énergie produite par 1 courant de 1 ampère en une seconde ou par 1 coulomb dont le potentiel diminue de 1 volt	10^7
Puissance	Watt	1 joule par seconde	10^7

de cheval-vapeur. Il faut un peu moins de 750 watts pour faire un cheval-vapeur. Dans l'industrie, on se sert couramment de l'hectowatt qui vaut 0,136 cheval-vapeur et du kilowatt qui en vaut 1,36. Les compteurs électriques mesurent l'énergie dépensée par le courant On paye donc proportionnellement au nombre de joules; dans l'industrie on compte par watt-seconde ou par hectowatt-heure, c.-à-d. qu'on fait le produit du nombre des watts par le nombre des heures. Il est clair qu'on retrouve le nombre de joules en multipliant le nombre de watt-heures par 3600, nombre de secondes contenue dans une heure. Ainsi un courant de 15 hectowatts utilisé pendant 1 heure produit 1500×3600 = 5 400 000 joules.

Comparaison des unités électro-statiques et électro-magnétiques. — Si nous nous reportons aux formules de dimensions de la masse électro-statique m, et de la quantité d'électricité dynamique q, nous verrons que le quotient $\dfrac{m}{q}$ a pour dimensions L^1T^{-1}. Cela veut dire que le quotient des nombres qui mesurent une même quantité d'électricité dans les deux systèmes a la dimension d'une vitesse; mais le quotient de ces deux nombres est l'inverse du rapport des unités, car la mesure augmente quand l'unité diminue Donc le rapport de l'unité de quantité à l'unité de masse est une vitesse. Or, l'expérience a montré que cette vitesse est celle de la lumière : 300 000 kilomètres par seconde ou 3×10¹⁰ dans le système CGS. Cette circonstance qui n'est nullement due au hasard a été l'origine de la théorie électro-magnétique de la lumière fondée par Maxwell. L'assimilation de la lumière à un phénomène électrique est devenue plus qu'une probabilité depuis qu'on a su réaliser des ondulations électriques à grande fréquence qui présentent les plus grandes analogies avec les ondulations lumineuses et ne paraissent en différer que par la valeur de la longueur d'onde. Ce sont ces ondulations qu'on utilise dans la télégraphie sans fil. Voy. ONDULATION.

UNITÉGUMENTÉ, ÉE. adj. [Pr. *unitégu-man-té*] (R. *uni*, préf., et *tégument*). T. Bot. Qui n'est recouvert que d'un seul tégument.

UNITIF, IVE. adj. (lat. scol. *unitivus*, m. s., de *unire*, unir). T. Mysticité. *Vie unitive*, État de l'âme dans l'exercice du pur amour.

UNITON. s. m. (R. *uni*, préf., et *ton*). T. Mus. Syn. peu usité de *Unisson*.

UNIVALVE. adj. 2 g. (R. *uni*, préf., et *valve*). T. Bot. Se dit d'un péricarpe qui ne s'ouvre que d'un seul côté. || T. Zool. Se dit des Mollusques testacés dont la coquille n'est composée que d'une seule pièce. *Coquillage u.* || Subst., *Les univalves et les bivalves.* Voy CONCHYLIOLOGIE.

UNIVERS. s. m. [Pr. *uni-ver*] (lat. *universus*, entier, de *unus*, un, et *vertere*, tourner, propr. rassemblé en un). Le monde entier; l'ensemble de toutes les choses créées *Suivant les panthéistes, l'u. est infini* || Dans un sens particulier, et par exagération, se dit fréquemment pour désigner la Terre, ou même Une partie de la terre. *L'u. de l'u. Il n'y a rien de pareil dans l'u. Son nom vole par tout l'u.* || Se dit aussi des habitants de la terre. *Tout l'u. tremblait devant Alexandre.*

Mais de tout l'univers vous devenez jaloux !
Molière.

UNIVERSALISER. v. a. [Pr. *universa-li-zé*]. Rendre universel, répandre dans l'univers.

UNIVERSALISME. s. m Opinion des universalistes.

UNIVERSALISTE. s. m. Syn. de *Latitudinaire.* Voy. ce mot. = Adj. 2 g. Qui embrasse le monde entier.

UNIVERSALITÉ. s. f. (lat. *universalitas*, m. s.). L'ensemble, la totalité absolue des choses dont on parle. *L'u. des êtres L'u. des sciences, des arts.* || T. Jurispr. Totalité. *L'u. des biens.* || T. Logiq. La qualité d'une proposition universelle. *L'u. de cette proposition.*

UNIVERSAUX. s. m. pl. (anc. forme du pl. de l'adj. *universel*). T. Phil. scolast. La querelle soulevée au sujet de la question des idées générales qu'on appelait les *Universaux*, est célèbre dans l'histoire de la philosophie du moyen âge, car, pendant une durée de près de trois siècles, elle ne cessa d'agiter les écoles. Les scolastiques distinguaient cinq sortes d'universaux, savoir : le *genre*, l'*espèce*, la *différence*, le *propre* et l'*accident*. Par genre, ils entendaient une idée générale qui contenait plusieurs autres idées générales, mais d'une moindre généralité : ainsi, par ex . l'idée d'un arbre constitue un genre par rapport à l'idée du chêne, du poirier, du platane, du peuplier, etc. Chacune des idées générales comprises dans le genre est relativement à lui une *Espèce*. L'idée du chêne que nous venons de nommer est une espèce par rapport au genre arbre; mais il est aussi une idée générale, car il comprend sous lui des idées plus particulières, comme celles de chêne commun, de chêne-liège, de chêne à grappes, etc Dans chaque espèce, il y a évidemment quelque chose de particulier, sans quoi l'espèce ne saurait être conçue : c'est ce qui distingue les espèces entre elles, et ce qu'on nomme la *Différence.* Le *Propre* est un attribut analogue à celui qui constitue la différence; mais il n'est point caractéristique de l'espèce, de manière qu'on peut concevoir l'espèce sans cet attribut : toutefois cela ne saurait se faire sans que l'espèce souffre quelque changement. Nous citerons comme exemple l'absence de cornes qui distingue une certaine race de l'espèce appelée bœuf commun. Enfin, on appelle *Accident*, ce qui peut se trouver dans l'espèce, ou ne pas s'y trouver, sans que l'idée d'espèce en reçoive aucune modification. Ainsi, par ex., être en bonne santé ou être malade, être prudent ou manquer de prudence, être habillé ou être nu, être couché ou être debout, sont des choses accidentelles par rapport à l'homme. On appelait *entités*, les idées de qualités considérées en dehors de leur sujet; ainsi, *rondeur, beauté, bonté*, etc., désignent des entités. Les entités sont aussi des idées générales. — Maintenant il s'agit de savoir si les idées générales, ainsi classées par les scolastiques, sont de pures conceptions de notre esprit sans réalité objective, ou si ces idées générales représentaient des essences ayant une existence réelle ?

Les deux solutions opposées ont été affirmées dans l'antiquité, la première par l'école d'Aristote et celle du Portique, la seconde par l'école de Platon et par l'école Alexandrine. Celle-ci régna généralement dans les écoles du moyen âge, jusque vers la fin du XIª siècle (vers 1080), où Roscelin, chanoine de Compiègne, vint soutenir la thèse opposée, et affirmer hardiment que les idées générales ne sont que des abstractions formées après la perception des objets (*universalia post rem*), et n'ont d'existence que par les mots ou les *noms* au moyen desquels nous les désignons : c'est le nom de *Nominalisme* employé pour désigner sa doctrine, et celui de *Nominalistes* ou *Nominaux* appliqué à ses partisans. Par opposition, on appela *Réalisme* la doctrine contraire qui admettait l'existence réelle des universaux, c.-à-d. l'existence en dehors de notre esprit, de types constitutifs des genres et des espèces. De même, les partisans du réalisme furent désignés sous le nom de *Réalistes*. Lorsque Roscelin souleva la querelle, il rencontra surtout pour adversaires Guillaume de Champeaux, et le célèbre saint Anselme, plus tard archevêque de Cantorbéry. Un troisième nom, moins illustre dans l'histoire de la philosophie du moyen âge, Abailard, attaqua la fois le réalisme et le nominalisme. Pour lui, les idées générales ne sont ni des types, ni de simples mots, mais des conceptions de notre esprit, et par là possèdent non une existence objective, mais simplement une existence subjective. La théorie d'Abailard a reçu le nom de *Conceptualisme* Mais il est évident que le conceptualisme n'est au fond que le nominalisme ; c'est un nominalisme plus intelligent, c.-à-d formulé d'une manière plus exacte, et les nominalistes postérieurs furent tous des conceptualistes Si la discussion à laquelle donna lieu la question des universaux, qui n'est, en d'autres termes, que celle des idées générales, passionna d'abord toutes les écoles, ce ne fut pas tant à cause de son importance qu'à raison de certaines circonstances particulières. En effet, Roscelin avait eu la malheureuse idée d'appliquer la théorie nominaliste à l'explication du dogme de la Trinité Il prétendait que les trois personnes de la Trinité n'étaient qu'un trois aspects sous lesquels l'idée de Dieu se présente à notre esprit, et par conséquent qu'elles n'étaient qu'une abstraction, n'ayant pas d'existence réelle hors de notre esprit. C'était renouveler l'hérésie de Sabellius; il fut donc anathématisé par le concile de Soissons (1092), et tout aussitôt le nominalisme devint suspect à ce point, qu'orthodoxie et nominalisme parurent longtemps incompatibles. Le réalisme régna à peu près sans conteste pendant un siècle, jusqu'à l'époque où Amaury de Chartres (vers l'an 1200) vint à son tour prouver que le réalisme appliqué à la théologie pouvait devenir, lui aussi, une source de graves difficultés. En effet, Guillaume de Champeaux avait dit que l'essence, en se particularisant, constituait les diverses individualités. Or, Amaury, en tirant à ce principe toutes les conséquences qu'il renfermait, arriva ainsi au panthéisme le plus absolu, au panthéisme de Jordano Bruno et de Spinosa, lequel absorbe toutes choses dans l'être infini. Pendant le XIIIe siècle et jusque dans les premières années du XIVe, les doctrines réalistes dominèrent encore; néanmoins le réalisme, chez un certain nombre de philosophes, fut assez mitigé pour se rapprocher beaucoup du nominalisme; tel fut le réalisme idéologique de saint Thomas d'Aquin. Enfin, Guillaume d'Occam vint relever la bannière de ce dernier. Selon lui, les idées générales ne sont à l'état d'être, ni dans les choses, ni en Dieu; elles ne sont que dans l'esprit à l'état d'idées, et dans le langage comme noms.

La querelle des nominaux et des réalistes se termina en définitive par le triomphe des premiers; mais ce triomphe ne fut pas de longue durée, car l'ère de la renaissance s'ouvrait, et la philosophie allait se précipiter dans de nouvelles voies. La dispute relative aux universaux non seulement tomba dans l'oubli, mais encore fut traitée par ceux qui daignèrent encore la mentionner avec un dédain qu'elle ne méritait pas. Ajoutons que la querelle des universaux fut le résultat d'un travail purement logique qui n'avait pas été précédé d'une analyse suffisante de ce qu'on appelait les idées générales. En effet, les nominalistes comme les réalistes étaient également dans le faux et dans le vrai. D'une part, il y a dans notre entendement des idées générales qui ont leur origine dans l'expérience et qui sont exclusivement le produit de l'abstraction et de la généralisation. D'autre part, il y a chez l'homme des idées absolues et nécessaires, qui deviennent présentes à l'esprit à l'occasion de l'expérience, mais qui ne tirent point leur origine des phénomènes. La première catégorie d'idées donne raison aux nominalistes; la seconde, qui comprend ce que l'on appelle aujourd'hui les concepts de la raison, donne raison aux réalistes. — Voy. IDÉE, RAISON, GENRE, etc.

UNIVERSEL, ELLE. adj. (lat. *universalis*, m. s., de *universus*, entier). Général, qui s'étend à tout, qui s'étend partout. *Un bien u. Un mal u. Déluge u. Une désolation universelle. Remède u. Jouir de l'estime universelle.* || Qui embrasse, qui renferme tout, ou qui s'applique à tout. *Science universelle. — L'Église universelle,* l'Église catholique. — *Domination universelle,* s'étendant sur toute la terre. — *Histoire universelle,* histoire comparée des divers peuples durant une période déterminée. — *Légataire u.,* à qui on a légué la totalité des biens. — *Suffrage u.,* donné à tous les citoyens sans exception. — *Méthode universelle. Esprit u. Proposition universelle.* Voy. PROPOSITION. — Par exagération, on dit de quelqu'un qui a une grande étendue de connaissances, *C'est un homme u.* || T. Philos. scolastique. Se dit subst. De ce qu'il y a de commun dans les individus d'un même genre, d'une même espèce. *L'u.* à part rei, *et l'u.* à part mentis. En ce sens *Universel* fait *Universaux* au pluriel. Voy. UNIVERSAUX = Syn. Voy. GÉNÉRAL.

UNIVERSELLEMENT. adv. [Pr. *universè-le-man*]. Généralement. *Cela est u. reçu, u. approuvé, u. condamné.*

UNIVERSITAIRE. adj. 2 g. [Pr. *universi-tère*]. Qui appartient à l'université. *Le corps u. Le régime universitaire.* = Subst. *Un u.,* un professeur de l'Université de France.

UNIVERSITÉ. s. f. (lat. *universitas*, m. s., de *universus,* universel). On donne le nom d'*Université* à des institutions scolaires de l'ordre le plus élevé, dont l'enseignement embrasse les diverses branches de l'instruction supérieure, et s'adresse particulièrement à la jeunesse adulte. Il existe des établissements de ce genre dans tous les pays civilisés.

Hist. et Admin. — I. — Parmi les universités qui ont été créées en Europe, la plus célèbre et la première en date est l'ancienne Université de Paris, qui a servi de modèle à la plupart de celles qui se sont fondées plus tard. Dès le milieu du XIe siècle, Paris, grâce à ses nombreuses écoles, dont les principales étaient celles de Notre-Dame, de Saint-Victor et de Sainte-Geneviève, et à la réputation des maîtres qui y enseignaient, tels que Roscelin, Guill. de Champeaux, Abailard, Hug. de Saint-Victor, P. Lombard, etc., Paris, disons-nous, était devenu le rendez-vous de la jeunesse studieuse qui y affluait de toutes les parties de l'Europe. En 1200, Philippe-Auguste conçut l'idée de constituer ces écoles en corporation, et, en 1215, l'Anglais Robert de Courzon fut chargé d'en rédiger les statuts. Cette corporation reçut le nom d'*Université,* soit parce qu'elle embrassait l'universalité des arts et des sciences (*universitas artium et scientiarum*), soit parce qu'elle comprenait l'universalité des maîtres et des étudiants (*universitas magistrorum et auditorum*). Pour maintenir l'ordre parmi cet immense concours d'écoliers venus de tous les pays voisins, on imagina de les classer par *nations* Cette classification comprit d'abord les quatre nations : de France, de Picardie, de Normandie et d'Angleterre. Mais sous Charles VI, lorsque l'expulsion des Anglais hors du territoire fut devenue la pensée nationale, la nation d'Angleterre fut remplacée par celle d'Allemagne. Les grandes divisions de l'enseignement reçurent le nom de *Facultés.* Dans le principe, celles-ci furent au nombre de deux seulement : la *Faculté de théologie* et la *Faculté des arts,* qui embrassait les lettres et les sciences. Plus tard, à ces deux facultés on ajouta la *Faculté de droit* et la *Faculté de médecine.* L'U. conférait à ses écoliers les grades de bachelier, de licencié et de docteur. L'administration des affaires de chaque faculté était confiée à un des professeurs, qui prenait le titre de *Doyen.* A la tête de la corporation entière était un *Recteur,* qui était élu par les députés des quatre nations. La durée de ses fonctions, d'abord limitée à 6 semaines, puis à 3 mois, fut plus tard étendue jusqu'à 2 ans. L'U. jouissait de nombreux privilèges. Outre le privilège exclusif d'enseigner, elle avait le droit de députer aux conciles, d'envoyer des représentants aux États généraux, et de ne contribuer à aucune charge de l'État. Les écoliers n'étaient pas soumis aux juges ordinaires : une bulle de Célestin IV les avait soustraits à la juridiction civile pour les mettre dans le ressort de la justice ecclésiastique. Enfin, un fonctionnaire particulier, le *Syndic,* était chargé de veiller au maintien de ces privilèges. Plusieurs souverains cependant tentèrent de toucher aux immunités de l'U.; mais ils éprouvèrent de sa part une violente résistance. Dans ses luttes avec le pouvoir, l'arme principale de l'U. consistait dans la suspension de ses cours. Pendant une de ces suspensions, qui dura de 1229 à 1231, les Dominicains et les Franciscains ayant ouvert des écoles rivales, l'U., aussitôt qu'elle reprit son enseignement, ordonna leur fermeture; mais condamnée par le pape et abandonnée par le roi, elle se vit obligée de partager avec ces facultés religieuses le droit d'enseignement. Au XIVe siècle, ainsi qu'au XVe, l'U. prit une grande part aux affaires publiques, soit politiques, soit religieuses. Elle appuya Philippe le Bel, dans ses longs démêlés avec le saint-siège. En 1317, consultée par Philippe le Long sur l'interprétation de la loi salique, elle opina pour que la couronne lui fût maintenue au préjudice de la fille de Louis le Hutin. Sous Charles V, en récompense des services qu'elle avait rendus au pouvoir royal, l'U. reçut de ce prince le titre de *Fille aînée des rois,* et dès lors elle prit rang immédiatement après les princes du sang. Pendant le grand schisme d'Occident, elle joua un rôle important dans les querelles soulevées par les divers prétendants à la tiare. Gerson, l'illustre chancelier de l'U., fut l'âme du concile de Constance, qui déposa le pape Jean XXIII, et élut le pape Martin V. La Sorbonne, le principal de ses établissements théologiques, fut pendant longtemps l'un des oracles de l'Église. En 1557, les Jésuites demandèrent à être agrégés à l'U. Celle-ci s'y refusa et ils furent déboutés de leur demande par le parlement; mais ils demeurèrent maîtres d'ouvrir des établissements d'éducation en concurrence avec les collèges universitaires Les derniers vestiges de l'importance politique de l'U. disparurent devant l'autorité absolue de Richelieu, puis de Louis XIV. A partir de cette époque, l'histoire de l'U. de Paris n'est plus que celle des hommes qui, comme Rollin et Crevier, ont illustré son enseignement. La Sorbonne toutefois continua de jouer un rôle assez important dans les disputes religieuses et philosophiques qui signalèrent le XVIIe et le XVIIIe siècle. Enfin, la révolution emporta l'U. comme toutes les autres institutions du passé. Un décret de la Convention, en date du 20 mars 1794, la supprima, ainsi que les universités provinciales qui existaient alors. Quelques-unes de ces dernières avaient aussi joui d'une grande célébrité; mais il nous suffira de mentionner ici la date de leur fondation. — Aix, 1409; Angers, 1364; Besançon, 1676; Bordeaux, 1473; Bourges, 1465; Caen, 1436; Cahors, 1322 (réunie en 1751 à celle de Toulouse); Dijon, 1722; Dôle, 1422 (transférée à Besançon en 1676); Douai, 1572; Grenoble, 1339 (transférée en 1454 à Valence); Montpellier, 1289; Nancy,

1769; Nantes, 1460; Orange, 1365; Orléans, 1305; Pau, 1722; Poitiers, 1431; Pont-à-Mousson, 1572; Reims, 1548; Toulouse, 1223; Valence, 1454.

II. — Pendant la période révolutionnaire, l'instruction publique était tombée dans un état déplorable de désordre et d'impuissance, lorsque Napoléon résolut de la relever et de la mettre en harmonie avec la société nouvelle issue de la révolution. A cet effet, par la loi du 10 mai 1806, il créa, sous le nom d'*U. impériale de France*, une grande corporation laïque, dont tous les membres étaient nommés par le gouvernement, et qui fut exclusivement chargée de l'enseignement à tous ses degrés dans toute l'étendue de l'empire; il admit seulement quelques corporations religieuses à concourir, avec les instituteurs au choix du gouvernement, à la distribution de l'enseignement primaire. Le chef de la nouvelle U. reçut le titre de *Grand Maître*. Son pouvoir s'étendait sur le corps tout entier, mais il était assisté dans ses travaux par un *Conseil de l'U.*, composé d'hommes éminents pris parmi les membres de l'U. même. Tout le territoire de l'empire fut divisé en un certain nombre de circonscriptions, appelées *Académies*, dont chacune avait à sa tête un *Recteur*, lequel, avec l'assistance d'un *Conseil académique*, était chargé de la direction et de la surveillance de l'enseignement dans les établissements d'instruction de tous degrés compris dans sa circonscription. Enfin, des *Inspecteurs généraux* et des *Inspecteurs particuliers* avaient mission de vérifier chaque année l'état des études et de la discipline, de s'assurer de l'aptitude des maîtres et des progrès des élèves, de surveiller l'administration et la comptabilité. L'enseignement public était divisé en 3 branches, savoir : l'enseignement supérieur, qui était donné par les *Facultés*; l'enseignement secondaire, qui était donné par les *Lycées* et les *Collèges*; et l'enseignement primaire, qui était distribué par les *Écoles primaires*. Aucune école, aucun établissement quelconque d'instruction, ne pouvait être formé hors de l'U. même et sans l'autorisation de son chef; nul ne pouvait ouvrir d'école, ni enseigner publiquement sans être membre de l'U. et gradué dans l'une de ses Facultés. Les grands séminaires étaient seuls exempts de cette règle. La grande institution de l'U. de France a répondu aux espérances de son fondateur et obtenu la consécration du temps. Malgré les vicissitudes qu'elle a éprouvées depuis la chute du premier empire jusqu'à nos jours, malgré les modifications assez nombreuses qui ont été introduites dans son organisation, elle subsiste encore dans son ensemble, et son plan général est resté le même. Seulement la loi du 15 mars 1850, en consacrant le principe de la liberté de l'enseignement, lui a retiré un privilège dont elle n'avait pas besoin. S'il n'y a plus aujourd'hui de grand maître de l'U., il y a un Ministre de l'Instruction publique qui a hérité de toutes ses attributions, en ce qu'elles ont de compatible avec cette liberté. L'ancien Conseil de l'U. a également disparu; mais ses fonctions sont en partie remplies par un *Conseil supérieur de l'instruction publique*, où siègent les représentants des grandes écoles et les trois ordres d'enseignement en France. Depuis la création de l'U. de France jusqu'à la révolution de février, le nombre des *Académies* fut égal à celui des Cours d'appel, et les circonscriptions étaient identiques (toutefois la Corse dépendait de l'Académie d'Aix). En 1848, un décret de l'Assemblée constituante réduisit ce nombre à 20, puis la loi du 15 mars 1850 le porta à 86, en établissant une académie par département. Actuellement le territoire français est partagé en 17 académies, y compris l'académie d'Alger. Voy. ACADÉMIE.

Aux mots *Collège*, *Lycée* et *Instruction publique*, nous avons exposé l'organisation générale de l'instruction publique en France, ainsi que celle en particulier de l'enseignement secondaire et de l'enseignement primaire. Il nous reste à étudier ici le fonctionnement de l'ordre le plus élevé de l'enseignement qui se donne dans les institutions nouvelles dites *Universités*.

Dès l'année 1890, M. Bourgeois, Ministre de l'instruction publique, avait déposé au Sénat un projet portant création d'un certain nombre d'universités dans notre pays. Il ne fallut pas moins de six années pour faire aboutir cette institution. Ce fut, en effet, une loi en date du 10 juillet 1896 qui créa les Universités, titre réservé aux corps formés par la réunion de plusieurs facultés de l'État dans un même ressort académique. Il existe seize Universités en France correspondant au chef-lieu des académies. Chacune d'elles a, en quelque sorte, son autonomie, sa vie propre : elle a son budget, son conseil, dont les attributions disciplinaires s'étendent à la fois aux professeurs de l'enseignement supérieur public et aux étudiants. Les facultés qui constituent

l'U. et qui ont également chacune leur budget et leur administration propre se rattachent à cinq ordres : théologie, droit, médecine, sciences, lettres. Il existe actuellement en France 2 facultés de théologie protestante, 13 de droit, 7 de médecine, 15 de sciences, 15 de lettres. Outres les facultés, les établissements d'enseignement supérieur comprennent les écoles de lettres, sciences, droit et médecine, qui remplacent, en Algérie, les facultés de l'ordre correspondant, les écoles de plein exercice et les écoles préparatoires de médecine et de pharmacie, les écoles supérieures de pharmacie, les écoles préparatoires de sciences et de lettres.

La plupart des universités confèrent après examens les grades de *bachelier*, de *licencié* et de *docteur*. Les programmes et les règlements relatifs aux examens que doivent subir les candidats à ces grades diffèrent suivant les facultés. Pour le grade de docteur qui est le plus élevé, il faut présenter une ou deux *thèses* qui sont des travaux originaux, et répondre, en séance publique, aux objections que les examinateurs peuvent faire sur ces travaux. C'est ce qu'on appelle *soutenir sa thèse*.

Les diverses facultés et écoles de l'État ont leur siège dans les villes suivantes ;

Facultés de théologie protestante. — Paris, Montauban.

Facultés de droit. — Paris, Aix, Bordeaux, Caen, Dijon, Grenoble, Lille, Lyon, Montpellier, Nancy, Poitiers, Rennes, Toulouse.

Facultés de médecine. — Paris, Montpellier, Nancy.

Facultés mixtes de médecine et de pharmacie. — Bordeaux, Lille, Lyon, Toulouse.

Facultés des sciences. — Paris, Besançon, Bordeaux, Caen, Clermont, Dijon, Grenoble, Lille, Lyon, Marseille, Montpellier, Nancy, Poitiers, Rennes, Toulouse.

Facultés des lettres. — Paris, Aix, Besançon, Bordeaux, Caen, Clermont, Dijon, Grenoble, Lille, Lyon, Montpellier, Nancy, Poitiers, Rennes, Toulouse.

Écoles supérieures de pharmacie. — Paris, Montpellier, Nancy.

Écoles de médecine et de pharmacie de plein exercice. — Alger, Marseille, Nantes, Rennes.

Écoles préparatoires de médecine et de pharmacie. — Amiens, Angers, Besançon, Caen, Clermont, Dijon, Grenoble, Limoges, Poitiers, Reims, Rouen, Tours.

Écoles de droit. — Alger, Fort-de-France, Pondichéry.

École des sciences. — Alger.

École des lettres. — Alger.

Écoles des sciences et des lettres. — Chambéry, Nantes, Rouen.

Le personnel des facultés ou écoles d'enseignement supérieur comprend : 1° le doyen ou directeur qui préside l'Assemblée et le Conseil des professeurs, surveille les étudiants, veille à l'exercice régulier des cours, conférences et examens, et représente la Faculté, au point de vue administratif et financier; 2° le secrétaire chargé de la partie administrative, sous l'autorité du doyen ou directeur; 3° les professeurs titulaires nommés par décret du Président de la République, sur la proposition du Ministre de l'instruction publique et pour les chaires déjà existantes, sur présentations du Conseil de la faculté et de la section permanente du Conseil de l'instruction publique; 4° les professeurs adjoints, également nommés par décret et dont la situation à peu près la même que celle de la catégorie précédente; 5° les chargés de cours et maîtres de conférences, nommés par arrêté ministériel, généralement pour un an; 6° les agrégés nommés après concours, conformément aux statuts spéciaux de chaque ordre d'agrégation. Les peines que peuvent encourir les professeurs de l'enseignement supérieur sont les suivantes : réprimande devant le Conseil de l'U., censure devant le Conseil supérieur, suspension pendant un an au plus et sans aucune privation de traitement, peines prononcées par le Ministre; mutation pour un emploi inférieur infligée par le Ministre après avis conforme du Conseil supérieur; suspension pendant plus d'un an ou avec privation totale ou partielle de traitement, retrait d'emploi, révocation, interdiction du droit d'enseigner. Ces dernières pénalités sont prononcées par jugement du Conseil de l'U., sauf recours au Conseil supérieur. Des décrets rendus en 1897 ont déterminé les règles concernant l'*immatriculation* des étudiants dans les Universités, les inscriptions en vue des examens, les rétributions universitaires, enfin, la discipline des étudiants. Relèvent de la juridiction du Conseil de l'U. : 1° les étudiants immatriculés ou inscrits sur les registres des facultés ou écoles d'enseignement supérieur; 2° les candidats aux grades et titres de l'enseignement supérieur ou aux baccalauréats de l'enseignement secondaire, pour toute faute commise à l'occasion d'un examen. Les peines de discipline qui peuvent être prononcées par le Conseil de l'U. consistent en réprimandes, interdiction de prendre des inscriptions ou de subir des examens, exclusion temporaire ou à toujours d'une faculté, d'une U ou de toutes les facultés ou écoles d'enseignement supérieur public ou libre.

III. — Parmi les universités étrangères, les universités *allemandes* sont celles dont l'organisation, l'esprit, le régime et les mœurs, ont pris le développement le plus original. Une u. allemande se compose au moins de quatre facultés, la théologie, le droit, la médecine et les sciences philosophiques : cette dernière dénomination comprend toutes les matières qui forment ensemble le programme de nos facultés des lettres et des sciences. Quelques-unes possèdent une faculté des sciences *camérales*, c.-à-d. administratives et politiques. Les professeurs de toutes les facultés forment le *Sénat académique*, lequel est chargé de diriger les affaires générales de la corporation universitaire, et exerce une juridiction disciplinaire sur les étudiants. Chaque année, le sénat élit dans son sein le *Recteur* ou *Prorecteur*, qui est le premier dignitaire de l'u. Enfin, chaque faculté nomme pour un an le *Doyen*, qui doit la présider. De même que les professeurs, les étudiants forment un corps reconnu et légalement constitué. La liste suivante indique les villes de l'Allemagne qui possèdent des universités, et la date respective de la fondation de celles-ci. — Berlin, 1810; Bonn, 1818; Breslau, 1702; Cologne, 1389 (supprimée); Erfurt, 1392 (suppr.); Erlangen, 1743; Francfort-sur-l'Oder, 1506 (réunie à Berlin en 1810); Fribourg en Brisgau, 1457; Giessen, 1807; Gottingue, 1735; Grütz, 1846; Greifswald, 1456; Halle, 1694; Heidelberg, 1386; Helmstadt, 1575 (suppr.); Iéna, 1558; Ingolstadt, 1472 (suppr.); Inspruck, 1672; Kiel, 1665; Kœnigsberg, 1544; Landshut, 1800 (transférée en 1826 à Munich); Leipzick, 1409; Marbourg, 1527; Mayence, 1477 (suppr.); Munich, 1826; Munster, 1631 (transférée à Bonn en 1818); Ollmutz, 1527; Prague, 1348; Rostock, 1419; Stuttgart, 1775 (suppr.); Trèves, 1454 (suppr.); Tubingue, 1477; Vienne, 1365; Wittemberg, 1502 (réuni à Halle en 1816); Wursbourg, 1589.

L'*Angleterre* possède deux universités célèbres, celle d'*Oxford* et celle de *Cambridge*. Fondées, la première en 1249 et la seconde en 1257, elles ont conservé leur antique organisation et se répondent qu'imparfaitement aux idées et aux besoins de l'âge moderne. Étudiants et professeurs vivent répartis dans un certain nombre de corporations appelées *Collèges*, et richement pourvues de bourses et de prébendes. Quelques collèges tiennent à des séminaires pour la sévérité de la discipline qui y règne, ont chacun leur administration et leurs règlements particuliers. Le caractère exclusif et intolérant de la suprématie qu'y exerce le haut clergé anglican a déterminé, en 1825, la création de l'*U. de Londres*, établie sur un plan beaucoup plus large, qui admet toutes sortes d'élèves sans distinction de religion. Cette u., fondée par actions sous le patronage des chefs du parti libéral, a été ouverte en 1828. Son organisation est assez semblable à celle d'une université française renfermant les diverses facultés, sauf la théologie. Cette création suscita aussitôt une création rivale, celle-ci due au parti tory, et professant les mêmes principes que les universités d'Oxford et de Cambridge : le nouvel établissement prit le titre de *King's college*, c.-à-d. collège royal. Les universités écossaises de *Glasgow*, d'*Aberdeen* et d'*Edimbourg*, dont la fondation remonte respectivement aux années 1450, 1506 et 1582, se rapprochent beaucoup de celles de l'Allemagne pour la forme et pour l'esprit de leur enseignement. L'Irlande ne possède qu'une seule u., celle de *Dublin*, fondée en 1591. Elle est soumise à la suprématie de l'Église anglicane.

Les universités du nord de l'Europe et de la Suisse sont généralement modelées sur le plan des universités allemandes. Nous citerons : dans les *Pays-Bas*, celles de Leyde (1475), Groningue (1614) et Utrecht (1636); en *Danemark*, l'u. de Copenhague (1486); en *Suède*, celle d'Upsal (1476); en *Pologne*, celle de Cracovie (1364); en *Hongrie*, celle de Pesth (1780); en *Russie*, les universités de Dorpatt (1632), Moscou (1803), Wilna (1803) et Saint-Pétersbourg (1810); en *Suisse*, celles de Bâle (1459); Zurich (1832) et de Berne (1834); enfin, en *Belgique*, celles de Louvain (1436), de Liège et de Gand (1816), et de Bruxelles (1834).

Les pays du midi de l'Europe n'ont pas été moins riches en universités que ceux du nord. Mais tandis que les universités de l'Italie ont produit des hommes éminents dans toutes les branches du savoir humain, celles de l'Espagne, dominées

par l'esprit purement théologique, n'ont produit que des théologiens et des littérateurs. Les universités les plus célèbres de l'*Italie* sont dans l'ordre de leur fondation : Bologne (1158), Naples (1224), Padoue (1228), Rome (1245), Pérouse (1307), Pise (1333), Florence (1349), Pavie (1361), Sienne (1330), Palerme (1394), Turin (1405) et Parme (1482). Des nombreuses universités que possédait jadis l'*Espagne*, il n'en subsiste aujourd'hui que 10, savoir : Salamanque (1255), Valladolid (1346), Barcelone (1430), Saragosse (1474), Valence (1500), Séville (1504), Santiago (1509), Grenade (1531), Oviedo (1604), auxquelles il faut ajouter l'u. de Madrid, dont la fondation est récente, car elle est de 1836. Le *Portugal* compte des universités : la plus célèbre, celle de Coïmbre, date de 1279, et celle de Lisbonne de 1200.

Les États-Unis d'Amérique possèdent aussi un grand nombre d'établissements analogues dont les principaux sont, avec la date de leur fondation : *Harvard College* (Cambridge, Massachusetts, 1636); *Jale College* (Newhaven, Connecticut, 1700); *Trinity College* (Amherst, Massachusetts, 1821), etc.

UNIVOCATION. s. f. [Pr. *univoka-sion*] (lat. *unus, un, vocare*, appeler]. T. Philos. scol. Caractère de ce qui est univoque.

UNIVOQUE. adj. 2 g. [Pr. *uni-voke*](lat. *univocus*, m. s.) T. Logiq. Se dit des noms qui s'appliquent dans le même sens à plusieurs choses, soit de même espèce, soit d'espèces différentes. Animal *est un terme u. à l'aigle, au lion, au requin et à l'huître. Homme est u., soit qu'il s'applique à Pierre, soit qu'il s'applique à Paul*. ‖ T. Gramm. Se dit des mots qui ont le même son, quoiqu'ils aient une signification différente. *Son est u. à l'enveloppe du grain de blé et au bruit*. ‖ T. Pathol. *Signes univoques*, qui sont caractéristiques d'une maladie.

UNNA, riv. de la Bosnie qu'elle sépare de la Croatie; se jette dans la Save (riv. dr.), 220 kilomètres.

UNST, la plus septentrionale des îles Shetland.

UNTERWALD ou **UNTERWALDEN** (sous les forêts). c. de la Suisse, sur la rive occidentale du lac des Quatre-Cantons. Il est divisé en deux républiques : l'*Obwalden*; 15,100 hab., ch.-l. Sarnen, et le *Nidwalden*; 12,000 hab., ch.-l. Stanz. Il fut l'un des trois cantons qui s'unirent contre l'Autriche, en 1807. = Nom des hab. : UNTERWALDIEN, ENNE.

UPAS. s. m. (mot malais qui sign. *poison*). T. Bot. Sous le nom d'*Upas antiar*, les naturels de Java désignent le suc de l'*Antiaris toxicaria* (Urticacées), avec lequel ils préparent un composé qui sert à empoisonner leurs flèches, et sous celui d'*Upas Tieuté*, ils désignent l'extrait aqueux qu'ils préparent avec l'écorce du *Strychnos Tieute* (Loganiées) et qu'ils emploient au même usage. Voy. URTICACÉES, IV, et LOGANIÉES.

UPSAL, v. de Suède, anc. résidence des rois; 20,300 hab. Université et bibliothèque.

UR, v. de Chaldée, patrie d'Abraham (Bible).

URACILE. s. m. (R. *urée*). T. Chim. Uréide à chaîne fermée, qu'on peut regarder comme un dérivé de la pyrimidine, et dont la constitution est représentée par la formule :

$$CO \begin{smallmatrix} AzH—CH \\ \\ AzH—CO \end{smallmatrix} CH$$

L'u. n'a pas été isolé, mais on connaît un certain nombre de ses dérivés. Le *Méthyluracile* $C^4H^3(CH^3)Az^2O^2$ se prépare en faisant réagir l'éther acétylacétique sur l'urée. D'autres dérivés s'obtiennent par l'action de cet éther sur le sulfo-urée et sur la guanidine.

URACONISE. s. f. [Pr. *urakoni-ze*] (R. *urane*, et gr. χόνις, poussière). T. Minér. Sulfate hydraté d'urane, formant des enduits jaunes sur les minerais d'urane.

URAGOGA. s. m. (gr. οὖρον, urine; ἄγω, je chasse). T. Bot. Genre de plantes Dicotylédones de la famille des Rubiacées auquel la plupart des botanistes réunissent aujourd'hui les genres *Cephælis*, *Psychotria* et *Ronabwa*.

URALITE. s. f., **URALORTHITE**. s. f. T. Minér. Voy. Ouralite et Ouralorthite.

URAMILE. s. m. (R. urée) Acide amido-barbiturique. Voy. Barbiturique.

URANATE. s. m. (R. urane). T. Chim. Voy. Uranium.

URANE. s. m. (R. Uranus, n. mythol. donné à une planète qui fut découverte peu de temps avant cette substance). T. Chim. Ancien nom de l'uranium. || Oxyde uraneux. Voy. Uranium.

URANEUX. adj. m. [Pr. ura-neu] (R. urane). T. Chim. Voy. Uranium.

URANIDES. s. f. pl. (gr. Οὐρανίδαι, m. s., de οὐρανός, ciel). T. Mythol. Nymphes du ciel. Voy. Nymphe.

URANIE. s. f. (gr. Οὐρανία, m. s., de οὐρανός, ciel). T. Mythol. Muse de l'Astronomie. Voy. Muse.

URANINE ou **URANINITE**. s. f. (R. urane). T. Minér. Syn. de Pechblende.

URANIQUE. adj. 2 g. [Pr. urani-ke] (R. urane). T. Chim. Voy. Uranium.

URANITE. s. f. (R. urane). T. Minér. Syn. d'Autunite.

URANIUM. s. m. [Pr. ura-niome] (R. urane). T. Chim. Klaproth, en 1789, signala dans la pechblende l'existence d'un nouvel élément métallique qu'il appela urane et qu'il chercha à isoler. Le corps qu'il obtint et qu'il décrivit sous ce nom fut longtemps considéré comme le métal lui-même, mais ce n'est en réalité qu'un de ses oxydes. Le vrai métal ne fut isolé qu'en 1842, par Péligot, qui proposa de l'appeler uranium, en réservant le nom d'urane à l'oxyde décrit par Klaproth. L'u. pur est un corps simple, métallique, tétravalent, dont le symbole est U et le poids atomique 240. Sa couleur est d'un blanc d'argent. Sa densité et sa fusibilité sont voisines de celles du fer. Chauffé à l'air, l'u. s'oxyde avec incandescence au-dessous de 200°. Il ne décompose pas l'eau à froid; mais il se dissout facilement, avec dégagement d'hydrogène, dans les acides étendus. Il brûle dans le chlore en donnant un tétrachlorure volatil; il se comporte de même avec le fluor. Chauffé dans la vapeur de soufre, il se convertit en un bisulfure. A une température élevée, il peut aussi se combiner avec le carbone, en donnant une fonte d'u. ayant au moins carburée, et même un carbure cristallisé répondant à la formule C³U². Enfin l'u. montre de l'affinité pour l'azote : il s'unit à ce gaz vers 1000° en se recouvrant d'une couche d'azoture jaunâtre; il peut même, lorsqu'il est très divisé, décomposer le gaz ammoniac au-dessous du rouge.

Il existe plusieurs oxydes d'u. L'Urane ou Oxyde uraneux, qu'on avait pris d'abord pour un corps simple, répond à la formule UO². C'est un oxyde basique, correspondant aux sels uraneux. On l'obtient par la réduction de la pechblende. A l'état d'hydrate, il se dissout facilement dans les acides. Le groupement UO² peut fonctionner comme un radical bivalent; il porte alors le nom d'Uranyle. — L'Oxyde uranique UO³ peut être considéré comme l'oxyde d'uranyle. A l'état hydraté il est jaune, insoluble dans l'eau. Il joue le rôle d'un acide vis-à-vis des bases en formant des sels appelés uranates. Vis-à-vis des acides il fonctionne au contraire comme une base et fournit les sels uraniques, qui contiennent le radical uranyle. — La combinaison des deux oxydes précédents donne naissance à plusieurs composés intermédiaires. Le plus important est l'Oxyde vert d'u. qui a pour formule U³O⁸; c'est une poudre d'un vert foncé qui se dissout dans les acides concentrés; à l'état naturel, cet oxyde constitue la Pechblende. — Les oxydes uraneux et uranique se transforment en oxyde vert quand on les soumet à un grillage modéré en présence de l'air. A une température très élevée tous ces oxydes se convertissent en Oxyde noir d'u., qui répond à la formule UO⁸.

Les Uranates, formés par la combinaison de l'oxyde uranique avec les bases et avec les sels jaunes ou orangés, la plupart insolubles dans l'eau, mais solubles dans les acides. L'Uranate de soude U²O⁷Na² et l'Uranate d'ammoniaque U²O⁷(AzH⁴)² ont reçu des applications dont nous parlerons plus loin. Les Sels uraniques, qu'on appelle aussi Sels d'uranyle ou d'urane, présentent une belle fluorescence jaune verdâtre et une grande sensibilité à l'action chimique de la lumière. Tel est l'Azotate uranique qui a pour formule

(AzO³)²(UO²)+3H²O et qui se présente en grands cristaux orthorhombiques, jaunes, solubles dans l'eau, dans l'alcool et dans l'éther. — Les Sels uraneux, qu'on obtient en traitant les sels uraniques par les agents de réduction, donnent des solutions vertes, qui ne sont pas stables à l'air, car elles s'oxydent pour régénérer les sels uraniques.

L'u. est peu répandu dans la nature. La Pechblende ou Pechurane est son principal minerai; elle est formée en grande partie par l'oxyde vert U³O⁸, avec des impuretés qui lui communiquent une couleur grise ou noire. Voy. Pechblende. L'Uranite est un phosphate hydraté d'u. et de calcium, qu'on appelle aussi Autunite parce qu'elle est assez abondante aux environs d'Autun. La Chalcolite est un phosphate hydraté d'u. et de cuivre. L'u. se rencontre encore à l'état de sulfates (Uraconise, Johannite) et d'arséniates (Traegerite, Uranospinite, Zeunérite); mais ces minéraux sont assez rares.

Dans l'industrie on prépare les composés de l'u. en partant de la pechblende que l'on purifie par grillage et qu'on transforme en uranates de soude ou d'ammoniaque. L'uranate de soude est employé, sous le nom de Jaune d'urane, pour la peinture sur porcelaine et pour l'émaillerie; il sert aussi à fabriquer le Verre d'urane, qui est d'une couleur jaune verdâtre avec fluorescence verte. L'uranate d'ammoniaque sert à préparer divers composés de l'u., entre autres des couleurs jaunes pour la peinture sur verre et pour l'émail; comme il se transforme en oxyde noir par une forte calcination, il fournit une couleur noire grand feu pour porcelaine. L'azotate d'urane, qui par la calcination donne de l'oxyde vert très pur, est aussi utilisé pour la décoration de la porcelaine; sa sensibilité à l'action chimique de la lumière l'a fait employer en photographie.

URANOCALCITE. s. f. (R uranium, et lat. calx, calcis, chaux). T. Minér. Sulfate et uranate hydraté de chaux et de cuivre; amorphe, d'une couleur vert d'herbe.

URANOCRE. s. f. (R. uranium, et ocre). T. Minér. Syn. d'Uraconise.

URANOGRAPHE. s. m. Celui qui s'occupe d'uranographie, qui fait une description du ciel.

URANOGRAPHIE. s. f. (gr. οὐρανογραφία, de οὐρανός, ciel, et γράφω, je décris). Description du ciel. Voy. Constellation.

URANOGRAPHIQUE. adj. 2 g Qui appartient à l'uranographie.

URANOLITHE. s. m. (gr. οὐρανός, ciel; λίθος, pierre). Pierre tombée du ciel. Cette dénomination est préférable à celle d'Aérolithe. Voy. ce mot.

URANOMÉTRIE. s. f. (gr. οὐρανός, ciel; μέτρον, mesure). Relevé des étoiles du ciel ou d'une portion du ciel, avec l'indication exacte de leurs coordonnées.

URANO-NIOBITE. s. f. (R. uranium, et niobite). T. Minér. Syn. de Samarskite.

URANOPHANE. s. m. (R. urane, et gr. φαίνω, je parais). T. Minér. Silico-uranate hydraté d'alumine, avec chaux, magnésie, etc.; en cristaux microscopiques jaunes, ou en masses d'un vert jaunâtre.

URANOPLASTIE. s. f. (gr. οὐρανός, ciel, et palais de la bouche; πλάσσω, je façonne). T. Chir. Restauration du voile du palais. Voy. Autoplastie.

URANOSCOPE. s. m. (gr. οὐρανοσκόπος, m. s., de οὐρανός, ciel, et σκοπέω, je regarde). T. Icht. Genre de Poissons osseux. Voy. Percoïdes, II.

URANOSPHÉRITE. s. f. (R. urane, et sphère). T. Minér. Oxyde hydraté de bismuth et d'uranium; en globules d'un jaune orangé.

URANOSPINITE. s. f. (R. urane, et lat. spina, épine). T. Minér. Arséniate hydraté d'urane et de chaux; en écailles vert-serin.

URANOTANTALE s. m. (R. urane, et tantale). T. Minér. Syn. de Samarskite.

URANUS. s. m. (Pr l's finale) (gr. οὐρανὸς; m. s., propr. ciel). T. Mythol. Dieu du ciel, fils de la Terre dont il fut aussi l'époux. Il fut le père des Titans dont le dernier Kronos, ou Saturne, le détrôna. Voy. SATURNE. || T. Astron. L'une des grosses planètes. Voy. PLANÈTE.

URANYLE. s. m. (R. *uranium*, et le suff. *yle*, du gr. ὕλη, matière). T. Chim. Oxyde uraneux considéré comme radical. Voy. URANIUM.

URAO. s. m. T Chim. Sesqui-carbonate de soude naturel. Voy. SODIUM, IV, 2°, C.

URASE. s. f. Voy. URÉASE.

URATE. s. m. T. Chim. Nom des sels de l'acide urique. Voy. URIQUE.

URAZOL. s. m. (R. *urée*, et le suff. *azol*). T. Chim. Voy. THIAZOL.

URBAIN, nom de huit papes. Le 1er, SAINT URBAIN, fut pape de 222 à 230. On le fête le 25 mai. — Le 2e prêcha la 1re croisade (1095). — Le 6e vit commencer le schisme d'Occident par l'élection de Clément VII (1378). — Le 8e (BARBE-RINI) condamna le livre de Jansénius (1641).

URBAIN, AINE adj. [Pr. urbin, bène] (lat. *urbanus*, m. s., de *urbs*, ville). De ville, de la ville, par opposition à Rural; ne se dit guère qu'en T. d'Admin. et Jurispr. *La milice urbaine. La vente des maisons urbaines. Servitudes urbaines*

URBANITÉ s. f. (lat. *urbanitas*, m. s.). Se disait de la politesse des anciens Romains. *L'u. romaine.* || Se dit aussi de la politesse que donne l'usage du monde. *Il est plein d'u. Les habitants de ce lieu reculé ont fort peu d'u.*

URBIN, v. d'Italie, dans la prov. de Pesaro; 16,400 hab. Patrie de Raphaël.

URCÉOLE. s. f. (lat. *urceolus*, dimin. de *urceus*, cruche). T. Bot. Genre de plantes Dicotylédones (*Urceola*) de la famille des *Apocynées*, Voy. ce mot.

URCÉOLÉ, ÉE. adj. (lat. *urceolus*, dimin. de *urceus*, cruche). T. Bot Se dit d'une fleur gamopétale quand elle affecte la forme d'un grelot, comme celle de la Bruyère, par exemple. Voy. FLEUR.

URDITE. s. f. T. Minér. Syn. de *Monazite*.

URE. s. m. (lat. *urus*, m. s.). T. Mamm. Syn. d'*Aurochs* et d'*Urus*. Voy. ces mots.

URÉASE. s. f. (R. *urée*, et la term. *ase* des diastases). T. Chim. Diastase qui est sécrétée par le bacille qu'on rencontre dans l'urine, et qui transforme l'urée en carbonate d'ammoniaque. Voy. URÉE.

URÉCÉMIE. s. f. Voy. URICÉMIE.

URÉCHITINE et **URÉCHITOXINE.** s. f. [Pr. uré-ki...]. T. Chim. Glucosides vénéneux, cristallisables, contenus dans les feuilles de l'*Urechites suberecta* qui croît à la Jamaïque.

URÉDINÉES. s. f. pl. (R. *Uredo*). T. Bot. Famille de Champignons parasites qui constituait autrefois à elle seule un ordre portant le même nom, et que l'on place aujourd'hui dans l'ordre des Basidiomycètes à côté des Trémellacées. On lui donne aussi le nom de *Puccéniacées*.
　Caract. bot. : Thalle formé de filaments cloisonnés et ramifiés, s'étendant dans les méats cellulaires de l'hôte et enfonçant çà et là dans ses cellules de petits suçoirs arrondis ou ramifiés en pinceau. La croissance achevée, il se multiplie. Parfois il ne produit qu'une seule sorte de cellules reproductrices (*Probasides*) à l'intérieur de chacune desquelles les deux noyaux conjugués se sont fusionnés en un seul. Mais le plus souvent il donne naissance à 1, 2, 3, 4 et jusqu'à 5 sortes de spores ou de conidies appropriées chaque fois à la multiplication la plus efficace dans les conditions nouvelles. Il y a alors un polymorphisme très étendu dans l'appareil sporifère. Pour produire toutes les spores dont il est ca-

pable, le thalle doit quelquefois habiter alternativement deux hôtes différents.
　L'exemple le plus frappant de ce polymorphisme avec changement d'hôte, est fourni par la *Puccinie du gramen* (*Puccinia graminis*) que nous prendrons comme type. Pendant l'été, le thalle de cette plante produit par places, sur la tige et les feuilles du Blé, un grand nombre de rameaux, perpendiculaires à la surface, étroitement serrés, qui se terminent par une conidie dont le protoplasme renferme des granules orangés et dont la membrane verruqueuse est percée de 4 pores germinatifs (III, *ur*). Il en résulte autant de proéminences rougeâtres, allongées parallèlement aux nervures, le long desquelles l'épiderme se déchire pour mettre à nu les conidies et permettre leur dispersion. Ces conidies tombent sur les feuilles de la même plante ou des plantes voisines et, après quelques heures, elles germent en produisant un tube qui pénètre dans la plante par un stomate et devient le point de départ d'un nouveau thalle. Au bout de 6 à 10 jours, celui-ci a achevé sa croissance et pousse au dehors un nouveau bourrelet de conidies. Durant tout l'été la Puccinie se multiplie ainsi de proche en proche sur le Blé : c'est la *Rouille*

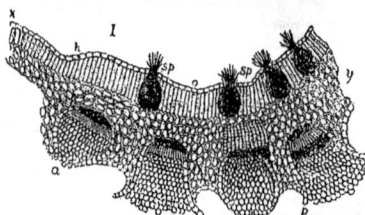

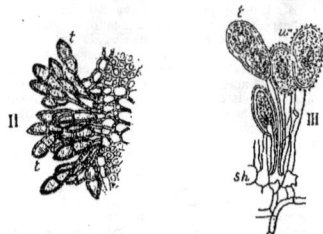

orangée des agriculteurs, l'*Uredo linearis* des anciens botanistes.
　[Fig. 1. — Puccinie du gramen (*Puccinia graminis*); *sp*, Écidioles sur la face supérieure de la feuille de l'Épine-vinette; *a*, Écidies sur la face inférieure; *p*, enveloppe de l'Écidie, *t.* — II. Feuille d'*Agropyrum repens* avec amas de Probasides, *t.* — III. *ur*, Urédospores; *t*, Probasides; *sh*, filaments du thalle.]

　A l'automne, les rameaux serrés des proéminences linéaires, produisent à leur sommet des cellules reproductrices allongées, divisées en deux par une cloison transversale, à membrane épaisse, brune et à pédicelle cutinisé : c'est alors la *Rouille noire*. Ces cellules passent l'hiver sur les tiges et les feuilles du Blé : ce sont les *Téleutospores* ou *Probasides*, ici groupées par deux (III, *t* et II, *t*).
　Au printemps, les probasides germent dans l'air humide et chacune des deux cellules donne naissance à un tube simple qui se divise par 3 cloisons transversales en 4 cellules superposées; ce tube n'est autre chose qu'une baside cloisonnée, dont chaque cellule émet sous la cloison un petit rameau grêle qui se termine par une spore ovale et incolore. Ces spores très légères sont enlevées par le vent et déposées sur des plantes voisines; mais leur germination ne s'effectue que si elles viennent à tomber sur les jeunes feuilles de l'*Épine-Vinette* (*Berberis vulgaris*). Elles poussent alors un tube grêle qui perfore la paroi des cellules épidermiques, puis s'allonge et se ramifie dans tous les espaces intercellulaires du parenchyme, pour constituer un thalle qui produit des spores de

deux sortes, les premières sur la face supérieure du limbe, les secondes sur la face inférieure.

Du côté supérieur, les filaments du thalle forment des sortes de bouteilles (*Écidioles* avec *Écidiolispores*) dont la paroi interne est tapissée par des poils qui se montrent au dehors en forme de pinceau. Ces bouteilles avaient reçu des anciens mycologues le nom d'.*Écidiolum exanthematum* (I, *sp*). Au fond de la bouteille naissent des rameaux serrés qui se terminent chacun par un chapelet de conidies. Ces conidies très légères sont emportées par le vent à de grandes distances. Si elles tombent sur un milieu nutritif convenable, elles germent, bourgeonnent et produisent des conidies secondaires, qui, parvenues à leur tour sur les feuilles de l'Épine-Vinette, y germent et se développent en un nouveau thalle. Le parasite va se multipliant ainsi de proche en proche sur son hôte.

Sur la face inférieure de l'Épine-Vinette, les filaments du thalle forment des tubercules de pseudoparenchyme (I, *p*), qui grandissent, percent l'épiderme et s'ouvrent largement au sommet en une coupe (*Écidies* avec *Écidiospores*), dont le fond présente une assise de cellules allongées, terminées chacune par un chapelet de conidies orangées (I, *a*). Ces coupes portaient autrefois le nom d'*Écidium Berberidis*. Les conidies de ces coupes, disséminées dans l'air retombent sur les feuilles de l'Épine-Vinette et sur celles des plantes voisines. Mais elles ne germent que si elles viennent à se déposer à la surface d'une tige ou d'une feuille de Blé. Elles produisent alors un tube qui pénètre par une ouverture stomatique pour s'allonger et se ramifier abondamment dans les méats intercellulaires. Le thalle ainsi constitué produit, après une croissance de 6 à 12 jours, des coussinets linéaires, à spores orangées, c.-à-d. la rouille orangée qui a été décrite tout d'abord, de sorte que le cycle évolutif du parasite a été parcouru en son entier. Ce cycle de la végétation du *Puccinia graminis* présente durant une année à partir des probasides formées à l'automne, trois phases distinctes : 1° Une phase de végétation libre sur le sol, phase terminée par la formation de spores que le vent emporte et dissémine sur la plante nourricière ; 2° Une phase parasitaire sur le *Berberis vulgaris*, durant laquelle le Champignon développe au printemps d'abord, dans des bouteilles, des conidies de dissémination qui multiplient sur le *Berberis*, puis, dans des coupes, des conidies de passage au Blé ; 3° Une phase parasitaire sur le Blé, durant laquelle le Champignon forme, en été, des conidies de dissémination sur le Blé, puis en automne des coupes de probasides qui lui permettent de passer l'hiver à l'état de vie latente.

Toutes les Urédinées qui ont, comme le *Puccinia graminis* leur cycle de développement parasitaire coupé en deux tronçons avec changement d'hôte au milieu, sont dites *hétéroïques*; celles qui développent leurs trois sortes de conidies et finalement leurs probasides sur une seule et même plante nourricière sont dites *autoïques*.

Les autres genres de la famille ont leur développement calqué sur celui des Puccinies dont ils se distinguent surtout par le groupement de leurs probasides. Les *Uromyces* qui comptent de nombreuses espèces sont caractérisées par des probasides unicellulaires avec un pore germinatif terminal. Les *Triphragmium* sont des Urédinées autoïques caractérisées par leurs probasides groupées par trois, en triangle, deux en haut, une en bas. Les *Phragmidium* ont des probasides superposées en file de 4 à 11, munies chacune de 4 pores germinatifs, sauf la terminale qui n'en a qu'un. Dans l'*Endophyllum*, les probasides sont aussi superposées en chapelet, mais elles se séparent avant de germer. Dans le *Gymnosporangium*, les probasides, superposées par 2, sont unies par une matière gélatineuse provenant de la gélification de la membrane du pédicelle. Dans les *Chrysomyxa* et les *Cronartium*, les probasides germent immédiatement sur la plante hospitalière et y produisent leurs basides et leurs spores. Dans les *Coleosporium*, la probaside, qui est solitaire, se divise en quatre cellules superposées, qui ne devient la baside, avant la maturité. Bientôt après, elle germe en poussant par chaque cellule un stérigmate terminé par une spore. La phase de probaside est aussi courte que possible et tend à la suppression.

Cette famille comprend 41 genres avec plus de 1700 espèces, parasites dans les végétaux terrestres et provoquant de graves maladies aussi bien dans les plantes cultivées, notamment dans les céréales, que dans les arbres des forêts. Les conidies dont beaucoup d'entre elles sont abondamment pourvues, d'ordinaires colorées en jaune rougeâtre, et c'est sur les feuilles et sur les tiges comme des taches de rouille ; d'où le nom de *Rouille*, donné dans les campagnes aux diverses maladies provoquées par ces parasites. Ces nombreuses espèces sont groupées en 3 tribus .

Tribu I. — *Pucciniées*. — Probasides non gélatineuses, poussant chacune une baside (*Puccinia*, *Uromyces*, *Triphragmium*, *Endophyllum*, etc.).

Tribu II. — *Gymnosporangiées*. — Probasides gélatineuses, poussant chacune une baside (*Melampsora*, *Gymnosporangium*, etc.).

Tribu III. — *Coléosporiées*. — Probasides devenant chacune une baside (*Coleosporium*, *Cronartium*, *Chrysomyxa*).

URÉDO. s. m. (lat. *urere*, brûler), T. Bot. Nom générique donné autrefois à un groupe renfermant de prétendues espèces de Champignons qui ne sont en réalité que des formes conidiennes produites au cours du cycle évolutif de certaines Urédinées. Tels sont notamment l'*U. linearis* et l'*U. rubigo vera* qui produisent sur les céréales la maladie connue sous le nom de *Rouille des blés* et qui constituent, le premier une forme conidienne du *Puccinia graminis*, le second une forme conidienne du *Puccinia coronata*.

URÉE. s. f. (gr. οὖρον, urine). T. Chim. L'urée est une des amides qui dérivent de l'acide carbonique. Comme cet acide est bibasique, il peut fournir une amide acide, dont nous avons parlé à l'article CARBAMIQUE, et une di-amide ou amide neutre appelée *Urée* et *Carbamide*, dont nous nous occuperons ici. La formule de l'urée est $CO(AzH^2)^2$ et sa constitution est représentée par le schéma :

$$O=C\begin{cases}AzH^2\\AzH^2\end{cases}$$

L'u. existe dans la plupart des liquides de l'organisme, comme dans le sang, le chyle, la lymphe, le lait, etc.; mais on ne la rencontre en abondance que dans l'urine de l'homme et des animaux carnivores. Pour l'extraire, on concentre l'urine par évaporation et l'on y ajoute de l'acide azotique ; on obtient ainsi une masse cristalline d'azotate d'urée qu'on purifie par le noir animal et par cristallisation ; puis on met l'u. en liberté à l'aide du carbonate de potasse ou de baryte, on évapore à sec et l'on reprend le résidu par l'alcool qui ne dissout que l'u. Il est plus avantageux de préparer l'u. par synthèse : on chauffe ensemble 40 parties de ferrocyanure de potassium et 5 parties de bioxyde de manganèse ; on épuise la masse par de l'eau froide; la solution obtenue est soumise à l'ébullition avec 7 parties de sulfate d'ammoniaque; il se forme du sulfate de potasse qui se dépose et qu'on enlève; enfin on évapore la liqueur à sec et l'on reprend le résidu par de l'alcool bouillant. C'est Wœhler qui, en 1828, a réalisé la première synthèse de l'u. par l'action de l'ammoniaque sur l'acide cyanique; le cyanate d'ammoniaque, en solution aqueuse, se convertit spontanément en u. par suite d'une transposition moléculaire, selon l'équation :

$$COAz(AzH^4)=CO(AzH^2)^2.$$

L'u. cristallise en prismes quadratiques, incolores, fusibles à 132°, solubles dans l'eau et dans l'alcool. Chauffée au-dessus de son point de fusion, elle se décompose en donnant de l'ammoniaque, du biuret, de l'acide cyanurique et de l'acide mélanurique. L'u. s'unit aux acides en formant des sels bien cristallisés, mais décomposables par les bases et même par les carbonates alcalins. L'*Azotate d'u.*, qui a pour formule $COAz^2H^4.AzO^3H$, est très peu soluble dans l'eau froide, de même que l'*Oxalate*; quant au *Chlorhydrate d'u.*, qu'on obtient par l'action de l'acide chlorhydrique sec, il est décomposé par l'eau. L'u. peut aussi s'unir avec des oxydes basiques en donnant des combinaisons telles que l'*U. argentique* $2COAz^2H^4.3Ag^2O$. Enfin elle se combine avec certains sels; c'est ainsi qu'avec le sel marin elle forme un composé cristallisé, déliquescent, qui a pour formule :

$$COAz^2H^4.NaCl+H^2O.$$

Chauffée à 140° avec de l'eau pure, ou à 100° avec un alcali aqueux, l'u. fixe deux molécules d'eau et se transforme en carbonate d'ammoniaque. Une diastase spéciale, l'*uréase*, qui est sécrétée par divers microbes, peut produire cette hydratation à la température ordinaire; et c'est en cela que consiste la *fermentation ammoniacale* de l'u. — L'acide azoteux décompose l'u. en eau, azote et anhydride carbonique. Les hypochlorites alcalins, en réagissant sur une solution bouillante d'u., déterminent la même décomposition. Les hypobromites la produisent déjà à froid et on utilise cette réaction pour doser rapidement l'u. dans les urines : on emploie une solution d'hypobromite de sodium avec un excès de soude; l'anhydride carbonique engendré par la décomposition est retenu par la soude, et le seul gaz qui se dégage est de l'azote; on mesure son volume et l'on en conclut le poids de l'u.

L'u. donne naissance à un très grand nombre de dérivés. Les *urées substituées* ou *composées* résultent de la substitution d'un radical à l'hydrogène de l'u.; il existe des urées mono, di, tri et tétra-substituées. On les divise en *uréines* et en *uréides*, suivant que le groupe substitué est un radical hydrocarboné ou un radical d'acide. Si ce groupe conserve encore une fonction acide, on a un acide uréique; s'il possède une fonction alcool, on a une urée alcoolique. Un radical polyvalent peut se souder à la fois aux deux atomes d'azote de l'u. et former ainsi une urée à chaine fermée. Voy. URÉINE et URÉIDE. — La substitution du soufre à l'oxygène de l'u. donne naissance aux urées sulfurées ou *sulfo-urées*.

URÉIDE. s. f. (R. *urée*). T. Chim. Les *uréides* sont formées par l'union d'un acide organique et de l'urée, avec élimination d'eau. Comme l'urée, vis-à-vis des acides, joue le rôle d'une base faible analogue à l'ammoniaque, les uréides peuvent être regardées comme des amides d'un genre particulier. Elles sont constituées par de l'urée dans laquelle un radical d'acide s'est substitué à un ou plusieurs atomes d'hydrogène; le groupement CO du radical est directement attaché à l'azote de l'urée. On prépare les uréides soit en combinant un acide organique avec l'urée et déshydratant ce qui s'obtient, soit en faisant réagir l'anhydride ou le chlorure de l'acide sur l'urée, soit encore en traitant l'amide de ce même acide par le chlorure de carbonyle. Les uréides sont des corps solides et cristallisables. Les unes sont neutres, les autres se comportent comme des acides. Par hydratation (par ex. quand on les chauffe avec l'hydrate de baryte) elles se dédoublent en régénérant l'acide primitif et en donnant du carbonate d'ammoniaque.

Un acide monobasique, par une seule substitution de son radical, donne naissance à une u. simple; par une double substitution, il fournit une di-u. C'est ainsi par ex. qu'à l'acide acétique correspondent deux composés : une u., fusible à 212°, qui est l'*acétylurée* AzH². CO.AzH(COCH³), et une di-u., la *diacétylurée*, qui fond à 153° et qui a pour formule :

CO < AzH(COCH³) / AzH(COCH³)

Un acide bibasique, tel que l'acide oxalique, peut fournir un radical monovalent, possédant encore une fonction acide, et un radical bivalent. La substitution du radical monovalent dans l'urée donne naissance à un *acide uramique*, c.-à-d. à un composé qui est en même temps un acide et une u.; l'acide *oxalurique* (Voy. ce mot) est un pareil composé. Le radical bivalent peut s'attacher à la fois aux deux atomes d'azote de l'urée; on obtient alors une u. à chaine fermée. Les uréides de ce genre se comportent ordinairement comme des acides. Tels sont l'*oxalylurée*, l'acide *barbiturique*, l'acide *dialurique* et l'*alloxane*, qui ont été décrits à leur rang alphabétique; nous donnons ici les formules de constitution de ces trois derniers corps :

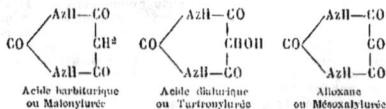

CO < AzH—CO / AzH—CO | CH²   CO < AzH—CO / AzH—CO | CHOH   CO < AzH—CO / AzH—CO | CO

Acide barbiturique ou Malonylurée   Acide dialurique ou Tartronylurée   Alloxane ou Mésoxalylurée

Les acides qui possèdent une fonction alcool peuvent donner des composés à chaine fermée qui sont à la fois uréides et uréines. L'*hydantoïne* ou *glycolylurée* est un composé pareil qui dérive de l'acide glycolique. La *lactylurée* est une *méthylhydantoïne* qui fond à 145° et qui correspond à l'acide lactique. L'*acétonylurée* est une *diméthylhydantoïne* fusible à 175° et correspond à l'acide diméthoxalique.

Les uréides à chaine fermée peuvent quelquefois, par la soudure de deux de leurs molécules, donner naissance à des composés plus complexes qui portent aussi le nom générique de di-uréides. C'est ainsi par ex. que l'*alloxanthine* se forme par l'hydrogénation de deux molécules d'alloxane, ou par la déshydrogénation de deux molécules d'acide dialurique, ou encore par l'union directe de ces deux corps. L'acide *hydurilique* peut être considéré comme constitué par la soudure de deux molécules d'acide barbiturique. On se rendra compte

de ces filiations en comparant les formules de constitution données plus haut avec les formules suivantes :

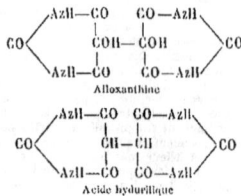

CO < AzH—CO / AzH—CO | COH — COH | CO—AzH / CO—AzH > CO

Alloxanthine

CO < AzH—CO / AzH—CO | CH — CH | CO—AzH / CO—AzH > CO

Acide hydurilique

Les *uréides sulfurées* dérivent des uréides ordinaires par la substitution d'un atome de soufre à l'atome d'oxygène contenu dans l'urée. Voy. SULFO-URÉE.

URÉINE. s. f. (R. *urée*). T. Chim. Les *uréines* sont constituées par de l'urée dans laquelle l'hydrogène est remplacé, en partie ou en totalité, par des radicaux hydrocarbonés. Suivant que la substitution porte sur un ou plusieurs atomes d'hydrogène, on a des uréines mono, di, tri ou tétra-substituées. On les désigne par le nom générique d'*urée* que l'on fait précéder du nom du radical, en ajoutant, s'il y a lieu, l'un des préfixes di, tri ou tétra. Voy. ÉTHYLURÉE et MÉTHYLURÉE.

Les uréines *mono-substituées* répondent à la formule générale AzH².CO.AzHR, où R désigne un radical hydrocarboné monovalent. On les obtient en traitant les éthers cyaniques par l'ammoniaque, ou en faisant réagir l'acide cyanique sur une amine primaire telle que la méthylamine, l'éthylamine, etc. Elles sont solides, solubles dans l'eau; on peut les fondre, mais elles se décomposent quand on cherche à les vaporiser, tandis que les uréines des classes suivantes sont volatiles sans décomposition. Chauffées avec les alcalis en solution aqueuse, les uréines monosubstituées s'hydratent et se dédoublent en donnant de l'anhydride carbonique, de l'ammoniaque et l'amine qui a pour formule AzH²R.

Les uréines *di-substituées symétriques* ont pour formule AzHR.CO.AzHR, où R désigne un radical hydrocarboné monovalent. On les prépare en traitant les amines primaires par le chlorure de carbonyle ou par les éthers cyaniques. L'hydratation par les alcalis aqueux dédouble ces uréines en anhydride carbonique et en deux molécules d'amine, mais sans donner d'ammoniaque. — Les uréines *di-substituées dissymétriques* AzH².CO.AzR² se forment par l'action de l'acide cyanique sur les amines secondaires telles que la di-éthylamine. Par l'hydratation elles se décomposent de la même façon que les uréines mono-substituées, mais en donnant une amine secondaire de la formule AzHR².

Les uréines *tri-substituées* AzHR.CO.AzR² s'obtiennent en traitant les amines secondaires par des éthers cyaniques; les uréines *tétra-substituées* AzR².CO.AzR², en traitant les mêmes amines par le chlorure de carbonyle. Les unes et les autres se dédoublent, par hydratation, en anhydride carbonique et en deux molécules d'amines, sans produire d'ammoniaque. Les uréines tétra-substituées sont liquides à la température ordinaire, tandis que les autres sont solides.

Les uréines mono-substituées et les di-substituées symétriques sont transformées par l'acide azoteux en *nitroso-urées* qui renferment un groupement AzO à la place de l'un des atomes d'hydrogène. Par réduction, ces dérivés nitrosés peuvent se convertir en semi-carbazides.

Quand le radical substitué dans l'urée possède une fonction acide, l'uréine qui résulte de cette substitution est elle-même acide. Tels sont les acides *hydantoïque* et *allophanique*. Voy. HYDANTOÏQUE et BIURET. On connaît aussi quelques uréines à fonction alcoolique qu'on appelle *uréols*.

Un radical bivalent peut s'unir en même temps aux deux atomes d'azote de l'urée; on a alors une uréine à chaine fermée, comme l'*éthylidène-urée* (Voy. ce mot). Les composés de ce genre s'obtiennent par l'action des aldéhydes sur l'urée ou sur les uréines di-substituées symétriques.

Pour les *uréines sulfurées*. Voy. SULFO-URÉE.

URÉIQUE. adj. 2 g. (R. *urée*). T. Chim. Qui a rapport à l'urée. L'*acide hydantoïque est un acide u.*

URÈNE. s. f. (lat. *urens*, brûlant). Genre de plantes Dicotylédones (*Urena*) de la famille des *Malvacées*, tribu des *Malvées*. Voy. MALVACÉES.

URETÈRE. s. m. (gr. οὐρητήρ, m. s., de οὐρέω, j'urine). T. Anat. Chacun des deux canaux qui conduisent l'urine du rein dans la vessie. Voy. REIN.

URÉTHANE. s. m. (R. urée). T. Chim. Nom servant à désigner en général les éthers carbamiques, et en particulier l'éthyluréthane. Voy. CARBAMIQUE.

URÉTHRAL, ALE ou **URÉTRAL, ALE.** adj. Qui appartient, qui a rapport à l'urèthre. Rétrécissement u. Névralgie uréthrale.

URÈTHRE ou **URÈTRE.** s. m. (lat. urethra, m. s.; gr. οὐρήθρα). Le canal excréteur de l'urine dans les deux sexes, qui conduit l'urine de la vessie au dehors.

Anat. — L'u. est le canal destiné à l'excrétion de l'urine, il s'étend du col de la vessie au méat urinaire.

Chez l'homme, l'u. sert également à l'excrétion du sperme; il occupe une partie du périnée (portion prostatique, membraneuse) et toute la longueur de la verge (portion pénienne, spongieuse). Voy. PÉNIS; cette dernière est seule mobile. Le calibre de l'u. est variable, il présente en effet, en avant, au niveau du gland, un renflement dit fosse naviculaire; dans le reste du pénis, son diamètre est de 6 millimètres environ; il existe un nouveau renflement au niveau du bulbe (partie postérieure de la région spongieuse).

L'orifice antérieur de l'u. ou méat est une fente verticale de cinq à six millimètres de longueur; l'orifice postérieur ou vésical est toujours fermé par suite de la tonicité du sphincter de la vessie. Les parois de l'u. sont formées d'une tunique externe ou musculaire et d'une tunique interne ou muqueuse tapissée d'un épithélium pavimenteux et pourvue de glandes disséminées dans ses parois. Les artères de l'u. proviennent de l'artère honteuse interne et les nerfs du honteux interne : ses lymphatiques aboutissent aux ganglions de l'aine.

Chez la femme, l'u. est logé dans la paroi supéro-antérieure du vagin; sa longueur est de trois centimètres seulement, son diamètre est de 7 millimètres; il est très facilement dilatable.

Pathol. — Les malformations ont été décrites aux mots EPISPADIAS, HYPOSPADIAS, et les lésions de la verge à l'article PÉNIS.

L'uréthrite infectieuse causée par le gonocoque et appelée vulgairement chaudepisse a été mentionnée à l'article BLENNORRHAGIE; disons seulement que cette affection, en passant à l'état chronique, peut provoquer des rétrécissements de l'u. qui gênent la miction et arrivent parfois à l'empêcher; on les traite par la dilatation progressive au moyen de sondes spéciales et de Béniqué. Si le rétrécissement est très marqué et ne peut guère être amélioré par le cathétérisme, on recourt à l'uréthrotomie interne, c.-à-d. à la section des anneaux ou points rétrécis. Le rétrécissement négligé peut provoquer à la longue l'infiltration urineuse; l'urine ne pouvant plus s'écouler par l'u., pénètre dans les tissus sous-jacents; il se produit ainsi des abcès urineux, des fistules, etc. Le traitement de choix, dans ce cas, consiste à pratiquer l'uréthrotomie externe; dans cette intervention l'u. n'est plus seul incisé dans l'uréthrotomie interne, mais la peau et les tissus sont incisés couche par couche jusqu'au canal.

Les corps étrangers de l'u. viennent de la vessie (calcul), ou ont été introduits volontairement dans le canal; ils gênent la miction : on ne les retire parfois qu'avec beaucoup de difficulté et à l'aide d'instruments spéciaux.

URÉTHRITE ou **URÉTRITE.** s. f. T. Méd. Inflammation de l'urèthre. Voy. VESSIE.

URÉTHROTOMIE. s. f. (gr. οὐρήθρα, urèthre, τομή, section). Incision de l'urèthre. Voy. URÈTHRE, pathol.

URÉTHYLANE. s. m. (R. urée, et éthyle). T. Chim. Syn. de Méthyluréthane. Voy. CARBAMIQUE.

URFÉ (HONORÉ D'), romancier fr., auteur de l'Astrée (1568-1625).

URGEL ou la **SEU-D'URGEL**, v. forte et épiscopale d'Espagne (Catalogne); 6,000 hab.

URGEMMENT. adv. [Pr. urja-man]. D'une manière urgente.

URGENCE. s. f. [Pr. ur-janse]. Qualité de ce qui est urgent. Attendu l'u. du cas. L'u. des besoins. Il y a u. Vu l'u. En cas d'u.

URGENT, ENTE. adj. [Pr. ur-jan, jante] (lat. urgere, presser). Pressant, qui ne souffre point de retardement Un besoin u. Une urgente nécessité. Le cas était u Des affaires urgentes. == Syn. Voy. IMMINENT.

URI, un des cantons de la Suisse; 23,700 hab. Ch.-l. Altorf. == Nom des hab. : URANIEN, ENNE.

URIAGE ou **SAINT-MARTIN D'URIAGE**, bourg de l'Isère, près de Grenoble; 2,200 hab.

URIE, mari de Bethsabée (Bible).

URICÉMIE. s. f. (R. urique, et gr. αἷμα, sang). T. Méd. État pathologique ayant pour résultat l'accumulation d'acide urique dans le sang.

URINAIRE. adj. 2 g. [Pr. uri-nère]. T. Anat. et Méd. Qui a rapport à l'urine. Conduit u. Voies urinaires (reins, uretères, vessie, urèthre). Fistule u. || Sécrétion u. Voy. URINE.

URINAL. s. m. (lat. urinal, m. s.). Vase à col incliné, où les malades urinent commodément. || Espèce de réservoir qu'on adapte, dans quelques cas d'incontinence d'urine, de manière à recevoir ce liquide à mesure qu'il s'écoule.

URINATION. s. f. [Pr. urina-sion]. T. Physiol. Action d'uriner ou formation de l'urine. Peu us.

URINE. s. f. (gr. οὖρον). T. Physiol.

L'u. est un liquide excrémentitiel formé au niveau des glomérules du rein; il passe des capillaires sanguins dans la cavité du glomérule; de là, l'u. suit le tube de Terrein et gagne les tubes urinifères, les papilles, les calices, les bassinets; elle est amenée, par les uretères, dans la vessie d'où elle est expulsée, au moment de la miction, par l'urèthre. Pour quelques auteurs, le rein joue simplement le rôle de filtre; pour d'autres le liquide sorti des capillaires subit au niveau du rein, certaines modifications qui lui donnent seulement alors les caractères de l'u. C'est la pression (vis a tergo) qui pousse l'u. dans les tubes urinifères (Voy. REIN), dans les uretères et de là dans la vessie qui est un organe très dilatable; mais quand ce réservoir est trop distendu, sa tunique musculaire se contracte et provoque ainsi le besoin d'uriner; la miction se produit donc par suite de la contraction de la vessie et aussi après un effort que nous faisons, et qui est nécessaire pour vaincre la résistance offerte par l'accolement des parois de l'urèthre.

La quantité d'u. sécrétée dans les 24 heures est de 1,200 à 1,500 grammes, en moyenne; mais elle varie suivant l'excitabilité nerveuse, l'abondance des boissons ingérées; elle diminue avec l'augmentation de la sueur. L'u. a une odeur spéciale due à la présence des acides phénique, taurocholique, etc.; sa saveur est légèrement salée, sa réaction acide, mais elle devient rapidement alcaline au contact de l'air par suite de la formation de l'ammoniaque due à la décomposition de l'urée; l'u. est normalement alcaline chez les herbivores; la densité de l'u. est de 1,015. L'u. est une solution dans l'eau de divers principes qui constituent le résidu solide dont la quantité par 24 heures varie peu et est en rapport avec le poids du corps; elle est en moyenne de 60 grammes par jour; ces matériaux solides sont constitués par l'urée, l'acide urique, la créatine, du chlorure de sodium; on y trouve également des matières colorantes : urobiline, indican. Généralement l'u. abandonnée à elle-même se trouble plus ou moins par la formation d'une sorte de nuage de matière blanchâtre appelé énéorème. Souvent aussi il se dépose au fond du vase un précipité rougeâtre appelé sédiment, formé principalement d'acide urique. — La composition de l'u. peut être modifiée après l'ingestion de certains principes; ainsi elle renferme des oxalates si l'on absorbe une certaine quantité d'oseille, de tomate, etc. — L'u. normale, renfermant les produits de désassimilation dont l'organisme se débarrasse, est toxique; le pouvoir toxique varie avec l'état de santé.

Pathol. — Dans la plupart des maladies les caractères de l'u. sont modifiés; dans la fièvre, les urines sont troubles et riches en acide urique; les urines du diabétique tachent le linge; les urines albumineuses sont généralement mousseuses; elles sont d'un jaune safrané quand elles renferment de la bile; elles sont dites chyleuses quand elles contiennent une substance blanchâtre riche en graisse. On appelle u. nerveuse, l'u. très limpide et émise en grande abondance (polyurie) à la suite d'excitations nerveuses (émotions, crises hystériques, etc.), elle est dite *jumenteuse* quand elle est jaune et trouble. La présence de sable et de *calculs* dans l'u. est un indice de gravelle. Voy. ce mot.

URINER. v. n. Évacuer l'urine. *Il urine abondamment. Il a une difficulté d'u.*

URINEUX, EUSE. adj. [Pr. *uri-neu, euze*]. Qui est de la nature de l'urine, qui a rapport à l'urine. *Abcès u. Odeur urineuse.*

URINIFÈRE et **URINIPARE.** adj. 2 g. (lat. *urina*, urine; *fero*, je porte, et *pareo*, je produis). T. Anat. *Tubes urinifères* ou *urinipares*, qui composent le parenchyme du rein. Voy. REIN.

URINOIR. s. m. [Pr. *uri-nouar*]. Vase destiné à uriner, ou endroit disposé dans un lieu public, de manière qu'on puisse y uriner.

URIQUE. adj. 2 g. (R. *urée*). T. Chim. *L'acide urique* $C^5H^4Az^4O^3$ existe dans l'urine de l'homme et des carnivores; il s'y trouve soit à l'état libre, soit en combinaison avec l'ammoniaque ou la soude. Il est surtout abondant dans les excréments des reptiles ou des oiseaux et dans le guano. Le sang de l'homme et de divers animaux en renferme de petites quantités. Enfin certains calculs vésicaux et les concrétions qui se forment au voisinage des articulations chez les goutteux sont constitués en grande partie par de l'urate de soude. L'acide u. s'extrait ordinairement du guano ou des excréments de serpents; les procédés employés consistent essentiellement à traiter ces matières par la potasse, qui dissout l'acide u., puis par l'acide chlorhydrique, qui le précipite. On peut aussi l'obtenir par synthèse en chauffant vers 250° le glycocolle avec de l'urée. — L'acide u. cristallise en mamelons ou en paillettes incolores, inodores, insipides, insolubles dans l'alcool et dans l'éther, extrêmement peu solubles dans l'eau. Il se dissout dans les solutions alcalines, en particulier dans la potasse, et surtout dans la lithine ainsi que dans le carbonate de lithium. Il est aussi soluble dans la glycérine. Chauffé avec de l'eau, il se dédouble peu à peu en urée et en acide dialurique. L'acide azotique le décompose à froid en urée et en alloxane; à chaud, on obtient de l'urée, de l'anhydride carbonique et de l'oxalylurée. Le permanganate de potasse donne de l'anhydride carbonique et de l'allantoïne. Vis-à-vis des bases, l'acide u. fonctionne comme un acide bibasique en formant des sels neutres et des sels acides, qu'on appelle *urates*. Les urates neutres de potasse, de soude et de lithine sont assez solubles dans l'eau; les urates acides des mêmes bases le sont beaucoup moins; les autres sels sont insolubles. En réalité l'acide u. n'est pas un acide proprement dit; c'est une uréide complexe qui dérive de la purine, et dont la constitution est représentée par la formule :

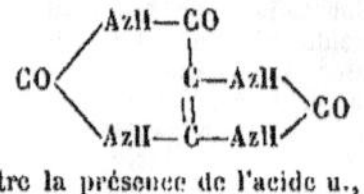

$$\begin{array}{c} AzH\!-\!CO \\ CO \diagup\qquad\diagdown C\!-\!AzH \\ \diagdown\quad\; \|\qquad\diagup\;CO \\ AzH\!-\!C\!-\!AzH \end{array}$$

Pour reconnaître la présence de l'acide u., par ex. dans les calculs urinaires, on chauffe la matière avec de l'acide azotique, on évapore à sec, puis on ajoute de l'ammoniaque, qui produit une coloration pourpre de murexide. Le dosage de l'acide u. dans les urines est basé sur son insolubilité presque complète dans l'eau : on acidule l'urine avec de l'acide chlorhydrique qui décompose l'urate de soude et précipite l'acide u.; après un repos de 24 heures on filtre et l'on pèse le précipité. Si l'urine était albumineuse on se servirait d'acide phosphorique ou acétique.

Par l'action de l'iodure de méthyle sur l'urate de plomb, on obtient un acide *diméthylurique* $C^5H^2(CH^3)^2Az^4O^3$, cristallisable, peu soluble dans l'eau. On connaît aussi des acides *mono, tri* et *tétra-méthyluriques.*

URNE. s. f. (lat. *urna*, m. s.). Vase que les anciens employaient à divers usages. Particulièrement, Vase destiné à recevoir les cendres des morts. || Vase ou boîte où l'on dépose les bulletins de vote, ou les numéros d'un tirage au sort. || T. Bot. Organe de la fructification des *Mousses*. Voy. ce mot.

Hist. — Dans l'antiquité, on donnait le nom d'*Urne* à un vase de forme oblongue, à corps renflé et à col étroit, qui servait à divers usages. L'*u.* paraît avoir été primitivement destinée à prendre de l'eau à la fontaine et à la rivière, ce qui la fit assigner comme emblème aux dieux et aux déesses des fleuves et des sources. Elle était ordinairement

de poterie ou de métal, et on la portait sur la tête ou sur l'épaule. Chez les Romains, l'*u.* devint même une mesure de capacité, qui contenait 4 conges ou la moitié d'une amphore. On se servait encore d'une *u.*, soit pour tirer au sort l'ordre dans lequel on devait voter dans les comices, soit pour recueillir les votes, soit pour recevoir, dans un tribunal, les bulletins des juges quand ils prononçaient leur sentence. Mais les urnes les plus célèbres sont celles qui, sous le nom d'*Urnes cinéraires, funéraires* ou *sépulcrales*, étaient destinées à recevoir les cendres d'un mort recueillies sur le bûcher. Ces urnes, que l'on déposait dans le sépulcre, ou que l'on confiait quelquefois simplement à la terre, étaient de terre cuite, de marbre, de porphyre, de bronze, d'argent, etc. La forme de ces urnes était excessivement variable, et s'éloignait parfois beaucoup de celle de l'u. ordinaire. L'u. funéraire que représente la Fig. 1, paraît remonter au siècle d'Auguste, et a été découverte dans un champ près de Pézénas. Elle est de marbre blanc, et contenait des ossements sur lesquels on pouvait reconnaître des traces de combustion. Elle a 65 centimètres de hauteur sur 38 centimètres dans son plus grand diamètre, et représente sur l'une et l'autre côté de son pourtour deux griffons tenant un vase.

Fig. 1.

Ces animaux font évidemment allusion à la destination du monument, car les griffons, suivant les anciens, étaient chargés de veiller à la conservation des trésors et des choses cachées. La

Fig. 2.

Fig. 2 représente une u. de forme rectangulaire, richement ornée de feuillage, et flanquée de chaque côté par des pilastres. Comme l'indique l'inscription, cette u. contenait les cendres d'une femme appelée Cossutia Prima. Sous l'inscription, on voit un génie qui conduit un char traîné par quatre chevaux. La hauteur de cette u. est de 53,3 centimètres, et sa largeur à la base de 37,4.

UROBILINE. s. f. (R. *urée*, et *bile*). T. Chim. *L'urobiline* ou *urochrome* est la principale matière colorante de l'urine normale. On l'extrait sous la forme d'une poudre brillante, de couleur rouge brun, soluble en rouge dans le chloroforme, en jaune dans l'alcool et dans l'eau alcaline. La réduction de la bilirubine et de la biliverdine par l'hydrogène naissant fournit une u. qui ressemble beaucoup à la précédente et que l'on rencontre dans les urines pathologiques ainsi que dans la bile. L'*urohématine*, qui colore les urines rouges des rhumatisants, et l'*urolutéine*, qui est brune, paraissent être des variétés d'u.

UROCANIQUE. adj. 2 g. (lat. *urina*, urine; *canis*, chien).

¶ Chim. L'acide *urocanique* a été trouvé dans l'urine du chien. Il cristallise en longues aiguilles incolores, solubles dans l'eau bouillante. Il a pour formule $C^{12}H^{12}Az^2O^4$. Chauffé à 212°, il fond et se décompose en dégageant de l'anhydride carbonique et en donnant de l'*urocanine* $C^{11}H^{10}Az^4O$, base amorphe de couleur verdâtre.

UROCÈRES. s. m. pl. (gr. οὐρά, queue; κέρας, corne). T. Entom. Sous-famille d'Insectes *Hyménoptères*. Voy. PORTE-SCIE.

UROCHLORALIQUE. adj. 2 g. (It. *urine*, et *choral*). T. Chim. L'acide *urochloralique* se rencontre dans l'urine des malades auxquels on a administré du chloral. Il est cristallisable, fusible à 142°, très soluble dans l'eau et dans l'alcool. Il a pour formule $C^8H^{11}Cl^3O^7$. Par ébullition avec les acides étendus il se décompose en donnant de l'acide glucuronique.

UROCHORDES. s. m. pl. (gr. οὐρά, queue; χορδή, corde). T. Zool. Syn. de *Tuniciers*. Voy. ce mot, et PROTOCHORDES.

UROCHROME. s. m. [Pr. *uro-krome*] (R. *urine*, et gr. χρῶμα, couleur). T. Chim. Voy. UROBILINE.

URODÈLE. adj. 2 g. (gr. οὐρά, queue; δῆλος, apparent). T. Hist. nat. Qui est pourvu d'une queue, *Larve u.* = URODÈLES. s. m. pl. T. Erpét. Ordre de BATRACIENS. Voy. ce mot.

UROÉRYTHRINE. s. f. (gr. οὖρον, urine; ἐρυθρός, rouge). T. Chim. Matière colorante rouge, qui verdit sous l'action des alcalis, et qu'on rencontre dans les sédiments des urines riches en acide urique.

UROMANCIE. s. f. (gr. οὖρον, urine; μαντεία, divination). L'art prétendu de deviner les maladies par l'inspection des urines.

UROMANCIEN. s. m. [Pr. *uromansi-in*]. Celui qui pratique l'uromancie.

UROMÈLE. s. m. (gr. οὐρά, queue; μέλος, membre). T. Tératol. Monstre qui a les deux membres abdominaux très incomplets, terminés par un pied simple, dont la pointe est tournée en avant.

UROPHÉRINE. s. f. (gr. οὖρον, urine; φέρω, je porte). T. Chim. Voy. THÉOBROMINE.

URORUBINE. s. f. (R. *urine*, et *rubis*). T. Chim. Matière colorante rouge, trouvée dans certaines urines morbides. Elle est insoluble dans l'eau, soluble en rouge cerise dans l'alcool, l'éther et le chloroforme; elle est décomposée par les acides minéraux.

UROSCOPIE. s. f. (gr. οὖρον, urine; σκοπεῖν, considérer). Inspection des urines.

UROSCOPIQUE. adj. 2 g. Qui a rapport à l'uroscopie.

URPÉTHITE. s. f. T. Minér. Variété d'ozocérite très fusible et très soluble dans l'éther.

URQUIJO, homme d'État esp. (1765-1817).

URSIDÉS, URSIENS et **URSINÉS.** s. m. pl. (lat. *ursus*, ours). T. Mamm. Famille de Mammifères *Carnivores*. Voy. OURS, et RATON.

URSINS (JUVÉNAL DES). Voy. JUVÉNAL DES URSINS.

URSINS (PRINCESSE DES), femme politique française (1642-1722); elle exerça une grande influence sur Philippe V, roi d'Espagne.

URSON. s. m. (Dimin. du lat. *ursus*, ours). T. Mamm. Genre de *Rongeurs*. Voy. PORC-ÉPIC.

URSONE. s. f. (lat. *ursus*, ours, parce que la Busserole s'appelle vulg. *raisin d'ours*). T. Chim. Substance cristallisable, non azotée, extraite des feuilles de la Busserole (*Arctostaphylos uva ursi*). Elle est insoluble dans l'eau, dans les acides et dans les alcalis, un peu soluble dans l'alcool et dans l'éther.

URSULE (SAINTE), subit le martyre à Cologne en 382 ou 383. Fête le 21 octobre.

URSULINES. s. f. pl. T. Hist. relig. En 1537, la bienheureuse Angèle Merici fonda à Brescia, en Italie, sous l'invocation de sainte Ursule, et sous le nom d'*Ursulines*, une congrégation de filles et de veuves, libres de tous vœux, qui se consacraient à l'éducation chrétienne des jeunes personnes de leur sexe. Le pape Paul III, en 1541, approuva cet institut, et Grégoire XIII, en 1572, l'érigea en ordre religieux en lui imposant la règle de Saint-Augustin, et en obligeant les Ursulines à la clôture. Aux trois vœux ordinaires de religion, elles en ajoutèrent un quatrième, celui d'élever gratuitement les jeunes filles. Le premier établissement des Ursulines en France eut lieu à Aix, en 1594. En 1611, une maison fut fondée à Paris, rue Saint-Jacques. A l'époque de la Révolution, l'ordre était divisé en 11 provinces, comptant près de 300 couvents. Le costume de ces religieuses est noir. Autrefois elles portaient une discipline attachée à une ceinture de cuir.

URTICACÉES. s. f. pl. (lat. *urtica*, ortie). T. Bot. Famille de végétaux Dicotylédones de l'ordre des Apétales superovariées. *Caract. bot.* : Arbres, arbrisseaux, ou herbes, quelquefois volubiles. Feuilles ordinairement alternes, quelquefois distiques, rarement opposées, couvertes tantôt d'aspérités, tantôt

Fig. 1.

de poils sécréteurs ou de poils urticants, et pourvues de stipules persistantes ou caduques, rarement avortées. Beaucoup de ces plantes sont munies de laticifères et un plus grand nombre encore de ces incrustations calcaires connues sous le nom de cystolithes. Fleurs ordinairement monoïques, rarement dioïques (Houblon, Chanvre, Figuier, etc.), ou hermaphrodites (Orme, Pariétaire, etc.), très rarement solitaires (Antiar), le plus souvent disposées en grappe, en épi, ou en capitule. Réceptacle du capitule renflé en cône ou en sphère (Broussonétie, Artocarpe, etc.), dilaté en plateau (Dorsténie, etc.), ou creusé en bouteille à col étroit (Figuier). Bractées mères des fleurs quelquefois développées (Ortie, Chanvre, Houblon, etc.), et portant parfois des poils glanduleux (fleurs femelles de Houblon), le plus souvent avortées. Calice le plus souvent à 4 sépales (Ortie, Pariétaire, Mûrier, etc.), quelquefois à 5 (Orme, etc.), 3 ou 2, parfois nul; sépales ordinairement libres, quelquefois concrescents, surtout dans les fleurs hermaphrodites et femelles. Étamines ordinairement en même nombre que les sépales, quelquefois en nombre double ou plus considérable, ou en nombre moindre, à filets tantôt droits (Orme, Figuier, Chanvre, etc.), tantôt recourbés en dedans et se déployant brusquement au moment de l'épanouissement (Ortie, Mûrier, etc.); anthères à 2 loges s'ouvrant longitudinalement. Un seul carpelle, rarement 2; un style et un stigmate, ovule solitaire, tantôt dressé et orthotrope (Ortie, Pariétaire, etc.), tantôt pendant et campylotrope (Mûrier, Chanvre, etc.), ou anatrope (Orme, Artocarpe, etc.). Fruit : tantôt un akène (Ortie, Chanvre, etc.), tantôt une samare ailée (Orme), ou bien une drupe (Mûrier, Figuier, etc.). Dans le

Mûrier, toutes les drupes de l'inflorescence enveloppées par les calices persistants et charnus se soudent en un fruit composé qui est la mûre ; dans le Figuier, elles sont toutes enfermées dans la bouteille charnue qui constitue la figue ; celle de la Broussonetie sont enchâssées dans le réceptacle qui s'accroît et devient charnu. Dans l'*Artocarpus incisa* et dans l'*A. integrifolia*, les akènes sont enchâssés dans la substance du réceptacle sphérique, qui s'accroît en une masse charnue et amylacée. Embryon droit ou courbé ; albumen charnu, ordinairement peu développé, souvent nul (Orme, Micocoulier, Artocarpe, etc.).

Cette famille, avec l'extension qu'on lui donne actuellement, comprend 108 genres, avec environ 1,500 espèces répandues dans toutes les régions du globe. On en connaît un bon nombre d'espèces fossiles rencontrées depuis le crétacé et surtout dans le tertiaire, appartenant les unes à des genres vivants (*Urtica*, *Ficus*, *Artocarpus*, *Humulus*, *Ulmus*, *Celtis*, etc.), les autres à des genres éteints (*Protoficus*, *Artocarpidium*, etc.).

La famille des Urticacées est divisée en 8 tribus :

Tribu I. — *Thélygonées*. — Ovule dressé, orthotrope ; étamines nombreuses (*Thelygonum*).

Tribu II. — *Urticées*. — Ovule dressé, orthotrope ; filets ployés (*Urtica*, *Pilea*, *Procris*, *Bœhmeria*, *Parietaria*, etc.). [Fig. 1. — 1. *Procris splendens* : branche ; 2. Groupe de fleurs mâles et femelles ; 3. Fleur mâle au moment de l'anthèse ; 4. la même, épanouie ; 5. Fruit entier de *Parietaria officinalis* ; 6. Coupe verticale du même pour montrer l'embryon.]

Le principal caractère des Urticées réside dans l'extrême causticité du liquide que renferment les poils des feuilles et de la tige, comme on le voit dans nos Orties indigènes, l'*Ortie dioïque* (*Urtica dioïca*), vulgairement Grande Ortie, l'*Ortie brûlante* (*U. urens*), vulgairement Ortie grièche, et l'*Ortie romaine* (*U. pilulifera*). Cependant cette causticité est encore plus forte dans certaines espèces intertropicales, telles que l'*U. crenulata* de Calcutta, l'*U. stimulans* de Java, l'*U. urentissima*. Au Brésil, on emploie les feuilles de la *Bœhmerie à queue* (*Bœhmeria caudata*), pour préparer des bains vantés contre les douleurs que causent les hémorrhoïdes. Dans le même pays, on administre l'extrait du *Pilea muscosa* dans les cas de dysurie. L'*Ortie dioïque* passe pour astringente et diurétique. Une décoction fortement salée de cette plante coagule le lait sans lui communiquer aucune saveur désagréable. Les parties herbacées et les graines de l'*Ortie membraneuse* (*U. membranacea*) sont regardées en Égypte comme emménagogues et aphrodisiaques. Plusieurs espèces du genre *Pariétaire* (*Parietaria*) s'emploient comme diurétiques sous forme de décoction. Telles sont la *Pariétaire officinale* (*P. officinalis*), vulgairement Perce-muraille, Herbe des murailles et Herbe de Notre-Dame ; la *Pariétaire dressée* (*P. erecta*), et la *Pariétaire diffuse* (*P. diffusa*). Certaines espèces d'Orties sont encore utiles comme plantes alimentaires. Ainsi, par ex., les indigènes de l'Inde mangent les tubercules charnus de l'*Ortie tubéreuse* (*U. tuberosa*). Les parties vertes de l'*Ortie dioïque* peuvent également servir à la nourriture de l'homme et des animaux. Ses jeunes pousses, préparées à la manière des Épinards, constituent un mets assez agréable. Ses feuilles, hachées très menu, forment la base d'une pâtée dont on se sert pour élever la volaille. Les vaches qui mangent de l'Ortie fournissent, dit-on, en abondance un lait qui contient plus de crème, et qui donne un beurre plus jaune et plus agréable. Mais un genre d'utilité bien supérieur que présentent certaines espèces d'Urticées, réside dans leurs fibres, dont la ténacité et la finesse sont telles qu'on en peut fabriquer des cordages et des tissus. Les tiges de notre *Ortie dioïque*, coupées au milieu de l'été et rouies, fournissent, comme le Lin et le Chanvre, une filasse qui peut être employée aux mêmes usages que celle de ces plantes, ainsi qu'on le fait en Suède. Les habitants du Kamtchatka font des cordages, des filets de pêche et des toiles grossières avec les fibres de l'*Ortie à feuilles de chanvre ou chanvre piquant* (*U. cannabina*). L'*Ortie du Canada* (*U. canadensis*) se cultive dans ce pays comme plante textile. L'*Ortie très tenace* (*U. tenacissima*), appelée *Calloui* à Sumatra, sert à fabriquer des cordes qui sont d'une extrême solidité. Mais l'espèce la plus utile à ce point de vue est la Ramie (*Bœhmeria nivea*), qui est très cultivée en Chine et dans tout l'archipel indien, pour ses fibres textiles ; cette espèce a été introduite en Europe, non sans succès, et sa culture a donné dans certains pays des résultats satisfaisants.

Tribu III. — *Conocéphalées*. — Ovule dressé, orthotrope ;

filets droits (*Cecropia*, *Conocephalus*, *Pourouma*, *Musanga*, etc.).

Les fruits du *Pourouma acuminata* sont comestibles et servent à préparer des boissons rafraîchissantes. Le *Cecropia peltata* ou *Coulequin*, *Bois-canon*, *Figuier de Surinam* fournit un bois très léger et poreux dont les habitants de la Guyane et de la Jamaïque se servent comme d'amadou ; son écorce, douée de propriétés astringentes, est proscrite dans la diarrhée, et les amandes de son fruit servent à faire des émulsions. La décoction des feuilles du *Musanga Smithii* est préconisée au Congo comme un emménagogue puissant.

Tribu IV. — *Artocarpées*. — Ovule pendant, anatrope ou

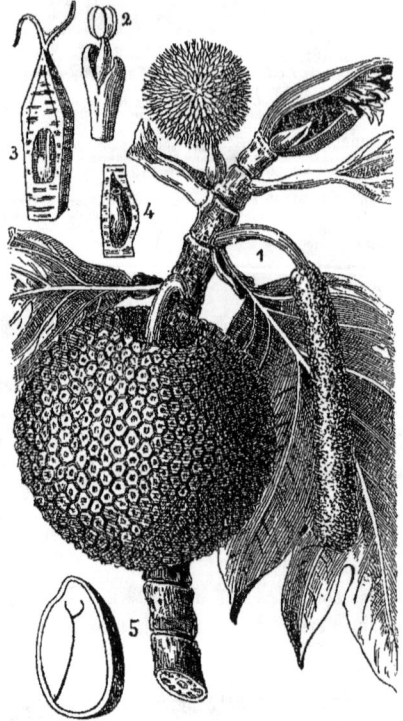

Fig. 2

campylotrope ; latex ; filets droits (*Ficus*, *Brosimum*, *Artocarpus*, *Castilloa*, etc.). [Fig. 2. — 1. *Artocarpus incisa*, avec un fruit mûr, un capitule globuleux de fleurs femelles et un épi de fleurs mâles. 2. Fleur mâle. 3. Fleur femelle enlevée du capitule. 4. Coupe de l'ovaire pour montrer la position de l'ovule. 5. Coupe d'une graine.]

Dans le genre *Artocarpus*, il faut surtout citer deux espèces : l'*Arbre à pain* ou *Rimier* (*A. incisa*), et le *Jaquier* (*A. integrifolia*). Le premier est un arbre de 10 à 16 mètres de hauteur, dont le tronc est très gros, et dont les branches nombreuses et étalées forment une tête large et touffue. Ses feuilles qui atteignent 1 mètre de long sur un demi-mètre de large, sont découpées en trois à neuf lobes pointus. Son fruit est presque globuleux, jaune verdâtre à l'extérieur et blanc au dedans (Fig. 2, 1). Il excède rarement 16 centimètres de diamètre, et se compose avant sa maturité, d'une chair blanche, ferme et un peu farineuse. C'est à ce moment qu'on le cueille.

On le fait souvent cuire au four pour le manger en guise de pain, ou bien on le fait bouillir et on l'accommode de différentes manières. Sa saveur ressemble à celle du pain de froment, mais avec un léger goût d'artichaut. Les habitants de la Polynésie préparent avec ce fruit une pâte fermentée qui se conserve assez longtemps, et dont ils se nourrissent pendant les quatre mois de l'année où l'arbre ne donne pas de récolte. Lorsqu'on le laisse arriver à maturité parfaite, ce fruit devient pulpeux et douceâtre; mais alors il est laxatif et malsain. Le *Jaquier* ressemble, par son port, à l'Arbre à pain; mais ses feuilles sont entières, et longues seulement de 10 à 15 centimètres. Son fruit est oblong; il atteint une longueur de 32 à 80 centimètres sur 16 à 32 de diamètre; son poids varie de 5 à 30 kilogrammes; mais la fécule qu'il produit ne vaut pas celle de l'Arbre à pain. L'écorce de cet arbre fournit en outre des fibres flexibles dont on fabrique des tissus, et l'épi des fleurs mâles est employé en guise d'amadou. Le bois du Jaquier est bon pour l'ébénisterie; quand il a été exposé quelque temps à l'air, il prend la couleur de l'acajou.

L'arbre le redoutable, connu sous le nom d'*Upas* ou *Arbre-poison* (*Antiaris toxicaria*) et qui sert à préparer le poison appelé *U. antiar*, appartient également à cette famille. L'Upas antiar est constitué par le latex qui découle du tronc et des branches de l'*Antiaris*, au moyen d'entailles qu'on y pratique. Les habitants de Java et de Bornéo l'emploient pour empoisonner leurs flèches. Le fameux *Arbre à la vache* ou *Palo de vaca* (*Brosimum utile*), qui se trouve dans la Cordillère de Venezuela, Amérique du Sud, donne une grande quantité d'un liquide blanc et épais qui a le goût et quelques-unes des qualités du lait véritable. Une autre espèce, appelée *Piratinier* (*Piratinera guianensis*), fournit aussi, quand on incise son écorce, un suc laiteux et nourrissant que recueillent les indigènes. Cet arbre, qui atteint une hauteur de 18 à 22 mètres, se fait encore remarquer par la dureté et la compacité de son bois. Celui-ci est blanc; mais il a au centre une tache d'un rouge foncé, mouchetée de noir, qui simule des caractères d'écriture : de là le nom vulgaire qu'on lui a donné de *Bois de lettres* et de *Bois-serpent*. Le *Brosimum alicastrum* contient en abondance un suc laiteux et visqueux; les bestiaux aiment beaucoup ses feuilles et ses jeunes tiges, mais celles-ci, en vieillissant, cessent d'être innocentes. Le *Bagassier* (*Bagassa*) est un arbre qui croît à la Guyane. Son fruit, qui a la grosseur d'une orange et se compose de nucules ovoïdes, est recherché des Indiens, qui se servent aussi du tronc de l'arbre pour faire des pirogues.

Le *Castilloa elastica*, qui croît dans la Colombie, le Nicaragua, au Mexique, et qui s'acclimate aux Indes, fournit le caoutchouc connu sous le nom de *Caoutchouc de Nicaragua ou de Savanille*. Un certain nombre d'espèces de *Ficus* fournissent aussi du caoutchouc; il faut citer notamment les *F. elastica, religiosa, indica, glomerata, oppositifolia, annulata, baccifera, obtusifolia*, etc., qui fournissent les *Caoutchoucs d'Assam, de Siam, de Malacca, de Java*. Le suc de certaines espèces de *Ficus* est doux et s'emploie comme boisson, néanmoins ce suc est généralement très âcre : celui du *F. septica* est émétique, et celui du *F. toxicaria*, ainsi que du *F. dæmona*, est un poison fort actif. Le suc du *Figuier* cultivé (*F. carica*) lui-même est remarquable par son âcreté. C'est sur les *F. indica, religiosa, bengalensis, laccifera*, etc. que vit un insecte, le *Carteria lacca*, dont les piqûres déterminent sur les rameaux de ces arbres une exsudation résineuse qui constitue la *Résine laque* ou *Gomme laque*. Nonobstant l'âcreté du suc de ces végétaux, les fruits de beaucoup d'espèces servent d'aliment : nous citerons celles connues sous les noms de *F. religiosa, benjamina, pumila, aspera, auriculata, Rumphii, granatum*, et *sycomorus*. Mais les fruits que donnent ces Figuiers sont fort inférieurs à ceux qui proviennent des nombreuses variétés de l'espèce cultivée (*F. carica*). Tout le monde sait quelle énorme consommation l'on fait de ces fruits, soit à l'état frais, soit à l'état sec, surtout dans l'Europe méridionale. Les anciens préparaient avec les figues une liqueur fermentée, et, en laissant aigrir cette liqueur, ils obtenaient du vinaigre. De nos jours, on en fabrique encore de l'alcool. En pharmacie, on emploie comme fruits pectoraux et émollients les *Figues violettes* et les grosses *Figues jaunes*. Certaines espèces du genre Figuier sont encore de quelque usage en médecine. La racine du *F. anthelmintica* est employée au Brésil comme vermifuge. Les graines du *F. religiosa*, ou *Figuier des pagodes*, passent dans l'Inde pour être tempérantes et rafraîchissantes. L'écorce du *Figuier à grappes* (*F. racemosa*) est légèrement astringente et s'emploie dans l'hématurie et la ménorrhagie; le suc de sa racine est en outre regardé comme un puissant tonique. Le suc laiteux du *F. indica*, ou *Figuier des Banians*, s'applique sur les dents et sur les gencives, dans les cas d'odontalgie; on l'emploie encore en topique dans les fissures et les inflammations qui surviennent à la plante des pieds; enfin son écorce, que les docteurs hindous disent être un tonique très énergique, s'administre dans le diabète. Les racines adventives de cette espèce, ainsi que celles du *F. des pagodes*, descendent vers le sol, s'y implantent et forment des arcades qui se propagent de tous côtés, à de grandes distances du tronc; le fameux Figuier de Nerbuddah occupe ainsi une surface de 700 mètres de circonférence, sur laquelle on compte plus de 300 colonnes provenant de racines adventives. Le bois du *Figuier Sycomore* est très léger et passe pour incorruptible.

TRIBU V. — *Morées*. — Ovule pendant, campylotrope; latex; filets ployés (*Morus, Broussonetia, Maclura, Dors-*

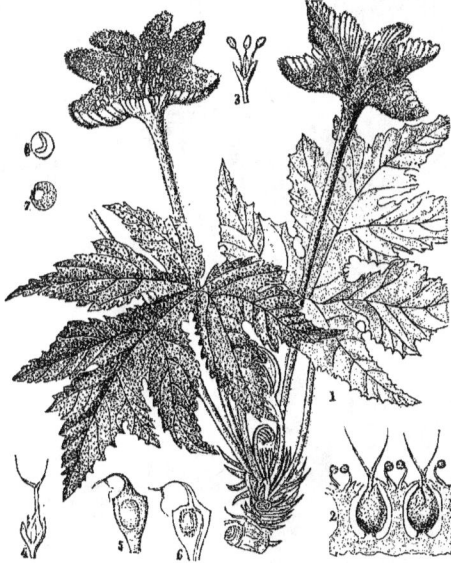

Fig. 3.

tenia, etc.). [Fig. 3. — 1. *Dorstenia contrayerva*; 2. Portion du réceptacle, où l'on voit 2 fleurs femelles et 2 fleurs mâles diandres; 3. *Ficus carica*, Fleur mâle; 4. Fleur femelle; 5. Fruit; 6. Coupe du même pour faire voir la graine; 7. Graine; 8. La même, coupée pour montrer l'embryon.]

Parmi les espèces du genre *Mûrier*, la plus importante est le *Mûrier blanc* (*Morus alba*), qui est si répandu chez nous dans tous les lieux où l'on se livre à l'éducation du ver à soie, attendu que c'est avec ses feuilles que l'on nourrit ces précieux insectes. On en connaît plusieurs variétés. Le *Mûrier multicaule* (*M. multicaulis*), originaire de Manille, et dont l'introduction en France date de 1824, est aussi, dans le même but, l'objet d'une culture fort étendue. Quant au *Mûrier noir* (*M. nigra*), qui doit, comme le Mûrier blanc, son nom à la couleur de son fruit, sa feuille, trop dure et trop rude, est peu propre à la nourriture du ver à soie, qui ne donne alors qu'une soie grossière. Son fruit, appelé *Mûre noire*, a une saveur sucrée et légèrement acidule, tandis que la *Mûre blanche* est fade; il sert à préparer un sirop fort usité dans les inflammations légères de la gorge. Son suc sert aussi à donner de la couleur aux vins, aux liqueurs, etc. On prétend que la racine du *Mûrier blanc* et celle du *Mûrier noir* sont cathartiques et anthelmintiques. Les autres genres de la tribu sont d'une utilité beaucoup plus limitée. Diverses espèces du genre *Dorstenia*, telles que le *D. contrayerva*, *D. brasiliensis* et *D. opifera*, sont usitées en médecine. Leur racine fraîche a une odeur désagréable, une saveur amère et âcre. Elle passe pour émétique, sudorifique, stimulante et tonique. En Amérique, on l'emploie contre la morsure des serpents venimeux, mais il paraît qu'elle perd ses propriétés et devient inerte avec le temps. L'écorce du *Broussonnetia papyrifera*, vulgairement nommé *M. à papier* et *Papyrier*, sert, au Japon et dans plusieurs autres contrées des Indes, à fabriquer d'excellent papier. Mais les indigènes des îles de la Société et de la Nouvelle-Zélande en font une sorte d'étoffe qu'ils emploient en guise de vêtement. Pour cela, ils divisent cette écorce en lanières qu'ils font macérer dans l'eau

Fig. 4.

courante, après quoi ils raclent l'épiderme et le parenchyme sur une table de bois. Pendant l'opération, ils plongent souvent ces lanières dans l'eau pour les nettoyer. Ensuite, ils placent sur une autre planche plusieurs de ces lanières encore humides, de manière qu'elles se touchent par les bords; puis ils en appliquent deux ou trois autres couches par-dessus, en ayant soin qu'elles aient partout une égale épaisseur. Au bout de 24 heures, ces lanières adhèrent ensemble et ne forment plus qu'une seule pièce. Alors ils posent celle-ci sur une table bien polie et la battent avec de petits maillets de bois dont chaque face est sillonnée de rainures de différentes largeurs. L'écorce s'étend et s'amincit sous les coups du maillet, et l'impression des rainures lui donne l'apparence d'un tissu. Ces sortes d'étoffes blanchissent à l'air, mais ce n'est guère qu'après avoir été lavées et battues plusieurs fois qu'elles acquièrent toute la souplesse et toute la blancheur qu'elles peuvent avoir. Le fruit du *Broussonnetia* est charnu et se mange; mais il est insipide. Celui du *Maclure tinctorial* (*Maclura tinctoria*, *Morus tinctoria*) est employé, dans l'Amérique du Nord, aux mêmes usages médicaux que la mûre noire en Europe. Son bois est usité dans la teinture, sous le nom de *bois jaune*. Le *Maclure épineux* (*M. aurantiaca*), vulgairement nommé *Oranger des Osages* et *Bois d'arc*, produit un fruit gros comme le poing, de couleur orange, et

rempli d'une pulpe jaune fétide, dont les indigènes du Brésil se barbouillent la figure quand ils vont à la guerre. En général, le bois des Morées est peu recherché dans l'industrie, parce qu'il est ordinairement mou et spongieux. Cependant le bois du *Maclure noir* s'emploie dans la fabrication des futailles; on prétend qu'il améliore le vin. Enfin, les sauvages du Brésil font des arcs avec le bois du *Macl. aurantiaca*, parce qu'il a beaucoup d'élasticité. Le *Trophis aspera* donne des fibres fort solides qu'on pourrait utiliser.

Tribu VI. — *Cannabinées*. — Ovule pendant, campylotrope; pas de latex; filets droits; fleurs dioïques (*Humulus*, *Cannabis*) [Fig. 4. — 1. *Humulus lupulus*; 2. Fleur mâle; 3. Fleur femelle; 4. Coupe de l'ovaire; 5. Fruit mûr; 6. Coupe de l'ovaire, montrant l'embryon; 7. Grain de lupuline].

Tout le monde sait que le *Chanvre* (*Cannabis sativa*) est une plante textile des plus précieuses; cependant, on ne s'en servait autrefois que pour la fabrication des cordes. C'est seulement à une époque assez récente qu'on a su obtenir du chanvre d'assez belle qualité pour en faire de la toile. Au XVIe siècle, on citait comme une rareté deux chemises de chanvre que possédait Catherine de Médicis. Aujourd'hui, bien que l'on connaisse, en agriculture, plusieurs variétés de chanvre cultivé, il est bien constaté que toutes se rapportent à une seule espèce. Les différences qu'elles présentent tiennent au sol et au climat du pays où on le cultive, et disparaissent au bout de 2 ou 3 générations quand on les a transplantées ailleurs. C'est ce qui est arrivé notamment sous le climat de Paris aux Chanvres de Russie et de Bologne qui ont promptement dégénéré. La plus grande partie du chanvre que consomme la marine des diverses puissances européennes provient de la Russie. Chez nous, le chanvre est principalement cultivé dans la Champagne, la Picardie, la Bourgogne, l'Alsace, l'Anjou, la Touraine et la Bretagne; cependant notre production est loin de suffire aux besoins du pays. La culture du chanvre ne réussit que dans les terres à la fois légères, fertiles et très riches en humus. On le sème, plus tôt ou plus tard, selon le climat local, mais toujours quand les gelées tardives du printemps ne sont plus à craindre, car cette plante est très sensible au froid. La quantité de semence varie de 2 à 4 hectolitres par hectare, selon qu'on désire avoir du chanvre fin pour le tissage ou du gros chanvre pour la corderie. Le rendement en filasse varie de 650 à 700 kilogrammes par hectare. La graine, appelée *Chènevis*, fournit une huile excellente pour l'éclairage, et qu'on emploie aussi dans la fabrication des savons, etc. Le marc, qui reste après l'extraction de l'huile, sert à engraisser les porcs. La tige du Chanvre, une fois dépouillée de sa filasse, prend le nom de *Chènevotte*, et s'emploie dans la fabrication des allumettes soufrées. Les tiges du chanvre se récoltent à deux reprises différentes; celles du chanvre mâle mûrissent les premières, après que le pollen de leurs fleurs s'est échappé; celles du chanvre femelle ne mûrissent que 5 à 6 semaines plus tard, parce qu'elles ont la graine à nourrir. Dans nos campagnes, on donne le nom de chanvre mâle au chanvre femelle, et réciproquement; cette idée repose sur l'idée fausse que la plus robuste doit être mâle, et la plus faible, femelle. Les tiges sont soumises, comme celles du Lin, au rouissage, au teillage, au sérançage, opérations qui ont pour objet d'en isoler la filasse. Voy. LIN.

Le chanvre possède des propriétés narcotiques très prononcées qui ne sont pas sans analogie avec celles de l'opium. Les Turcs s'en servent pour faire une préparation enivrante appelée *Hadschi* et *Mulach*; les Arabes le nomment *Hachich*, et les Hottentots *Dacha*. Les sauvages du Brésil en font également leurs délices. Voy. HACHICH.

Le *Houblon* (*Humulus lupulus*) est cultivé en grand dans tous les pays où la bière constitue la boisson habituelle des habitants; car ce sont les cônes des fleurs femelles qui servent à communiquer aux bonnes bières cette saveur franchement amère et aromatique qu'elles possèdent, ainsi que les propriétés toniques dont elles jouissent. Dans la brasserie et dans le commerce, quand on parle de *Houblon*, on entend seulement les cônes fructifères de la plante, et nullement la plante elle-même. Les cultivateurs distinguent quatre variétés de Houblon, le *Houblon sauvage*, type de l'espèce; le *Houblon rouge*, le *blanc long* et le *blanc court*. La culture de cette plante exige un sol très profond et très riche; peu de terrains lui conviennent; il faut, de plus, que l'exposition soit à l'abri des vents violents. La plante, vivace seulement par sa racine, émet de bonne heure, au printemps, un grand nombre de tiges sarmenteuses, qui reçoivent comme appui, des perches ou des fils de fer. Chaque souche donne beaucoup plus de pousses qu'elle n'en peut nourrir; celles qu'on supprime sont utilisées dans tout le nord de l'Europe: on les mange comme des pousses d'asperge. Le produit d'une *Houblonnière* est excessivement variable, car peu de récoltes ont, autant que celle-là, à redouter les influences contraires des vicissitudes atmosphériques. La récolte des cônes se fait aussitôt qu'ils sont parvenus à maturité, ce qu'on reconnaît à la couleur des bractées, lesquelles deviennent brunes de vertes qu'elles étaient auparavant. Alors on coupe les tiges de la plante à 1 mètre environ du sol, et l'on détache les cônes au fur et à mesure. Le bon houblon se reconnaît à son odeur forte et à son amertume. Les cônes, une fois recueillis, sont soumis à une dessiccation bien égale et bien complète dans des fours de briques construits spécialement pour cet usage. Après cela, on les étend dans une chambre très sèche et bien aérée, où on les laisse environ trois semaines; cette seconde opération a pour effet de leur enlever leur extrême friabilité, qui les endommagerait lorsqu'on les met dans des sacs pour les livrer au commerce.

Les propriétés pour lesquelles on recherche les cônes du Houblon sont dues presque uniquement aux glandes oléo-résineuses qui entourent les fruits et qui portent le nom de *Lupulin*. Les cônes de Houblon sont fort usités en médecine sous forme de simple infusion aqueuse. On en fait usage dans les cas excessivement nombreux où les toniques amers sont indiqués, et particulièrement dans les dyspepsies et les affections scrofuleuses. Le lupulin est employé comme antispasmodique.

TRIBU VII. — *Celtidées*. — Ovule pendant, campylotrope; pas de latex; filets droits; fleurs polygames monoïques; drupe (*Celtis, Trema,* etc.). — Les feuilles du *Celtis austral* (*Celtis australis*), vulgairement appelé *Micocoulier de Provence, Fabrecoulier, Fabreguier,* s'emploient en infusion dans les cas de diarrhée, de dysenterie, etc. Son fruit, qui est noirâtre, de la grosseur d'une merise et d'un goût douceâtre, a une certaine astringence, et son amande donne une huile qu'on utilise. Le bois de cet arbre, remarquable par sa souplesse, est employé par les menuisiers, les ébénistes, les sculpteurs et les fabricants d'instruments de musique. Les drupes du *Celtis occidental* (*C. occidentalis*), vulgairement appelé *Micocoulier de Virginie,* s'administrent, aux États-Unis, dans les cas de dysenterie. La racine, l'écorce et les feuilles du *Celtis d'Orient* (*C. orientalis*) sont légèrement aromatiques. Les Orientaux les administrent contre l'épilepsie.

Fig. 5.

TRIBU VIII. — *Ulmées*. — Ovule pendant, anatrope; pas de latex; filets droits; fleurs polygames ou hermaphrodites; akène ou samare (*Ulmus, Planera,* etc.). [Fig. 5.—1. *Ulmus campestris*; 2. Fleur; 3. Pistil; 4. Fruit; 5. Embryon.] L'écorce intérieure de l'*Orme* (*Ulmus*) est légèrement ambrée, astringente et diurétique. On l'a employée dans quelques maladies de la peau; mais elle ne paraît pas douée de propriétés bien efficaces. Le bois de l'Orme est brunâtre, dur, à grain assez fin. On s'en sert beaucoup pour le charronnage. En outre, comme il se conserve longtemps dans l'eau, on en fait aussi des tuyaux de conduite, des pilotis, et il est recherché pour les constructions maritimes. Voy. ORME. Le bois du *Planera abelicea* est aromatique.

URTICAIRE. s. f. [Pr. *urti-kère*] (lat. *urtica,* ortie). T. Méd. L'u. ou *fièvre ortiée* est caractérisée par une éruption subite de papules plus ou moins saillantes, de la dimension d'une pièce de 20 centimes à 5 francs en argent, rosées à la périphérie, blanches au centre, rappelant, par leur aspect, les lésions causées par les piqûres d'ortie et causant de vives démangeaisons.

La plaque d'u. est due à une infiltration œdémateuse de la peau; elle persiste parfois pendant un temps très court, une

heure, mais peut durer plusieurs jours. — L'u. siège de préférence au thorax, à l'abdomen, mais on peut rencontrer des papules sur les membres et même sur les muqueuses.

Cette maladie reconnaît pour causes : les piqûres de certains insectes : punaises, cousins; l'ingestion de certains aliments : fraises, framboises, poissons, moules, crustacés, charcuterie, et de quelques médicaments : térébenthine, copahu, quinine; les émotions. Les névropathes et certains dyspeptiques sont sujets aux poussées d'u.

Le traitement consiste d'abord à supprimer la cause; la diète lactée est indiquée; l'administration d'un purgatif débarrasse le tube digestif des principes toxiques qui ont causé la maladie; on prescrit le bromure aux nerveux. Localement, pour calmer les démangeaisons, il faut recourir aux lotions chaudes avec eau additionnée d'acide phénique ou l'eau de laurier cerise.

URTICANT, ANTE. adj. (lat. *urtica,* ortie). Qui produit une sensation analogue à celle que cause la piqûre des orties. *Poil u.* T. Bot. Voy. POIL.

URTICATION. s. f. [Pr. *urtika-sion*] (lat *urtica,* ortie). Sorte de flagellation faite avec des orties fraîches pour déterminer une vive irritation à la peau. *L'u. ne s'emploie guère que dans certains cas de paralysie ou pour favoriser le développement de l'exanthème dans les fièvres éruptives.*

URTICÉES. s. f. pl. T. Bot. Tribu de végétaux de la famille des Urticacées. Voy. ce mot.

URUBU. s. m. (mot brésilien). T. Ornith. Espèce de *Rapaces.* Voy. VAUTOUR.

URUGUAY, fleuve de l'Amérique du Sud qui a donné son nom à un État fondé sur ses bords.

Le fleuve prend sa source dans la Sierra Tayo, au Brésil,

non loin du littoral de l'Atlantique entre le 28ᵉ et le 29ᵉ degré de latitude australe. Après avoir coulé vers l'ouest, puis vers le sud-ouest, il se dirige à partir du 30ᵉ degré vers le sud et par sa réunion avec le Paraguay qui arrose la République Argentine, il forme le Rio de la Plata ou Rivière de l'Argent.

L'État de l'Uruguay s'étend de la rive gauche du fleuve à l'Atlantique, du 30ᵉ au 35ᵉ degré de latitude sud et du 55ᵉ au 61ᵉ degré de longitude ouest. Il est borné au nord par le Brésil, à l'ouest par la République Argentine, au sud par le Rio de la Plata, à l'est par l'Atlantique et la Lagune de Mérim. Sa superficie est de 180,000 kilomètres carrés. Ce pays est traversé par la Sierra de Saint-Paul, dernière ramification des montagnes du Brésil. La principale saillie sur l'Atlantique est le cap Sainte-Marie.

Le Rio de la Plata et les côtes de l'Uruguay furent visités pour la première fois par Solis en 1516, puis par Magellan en 1519, et devinrent possessions Espagnoles en 1535. L'Uruguay se révolta en 1814 et fut d'abord incorporé au Brésil. Revendiqué par la République Argentine, il fut l'objet d'une guerre entre ces deux États et devint indépendant en 1828.

La capitale est Montévidéo, la ville principale Maldonato.

L'Uruguay est surtout fertile en blés. Il fournit environ 4,000,000 d'hectolitres de froment par an. Il exporte aussi des peaux en grand nombre.

URUS. s. m. [Pr. l's finale]. T. Mamm. Espèce de *Bœuf* appelé aussi *Aurochs*. Voy. BISON.

URUTAU. s. m. T. Ornith. Espèce de *Passereaux*. Voy. ENGOULEVENT.

US. s. m. pl. [Pr. l's finale] (lat. *usus*, m. s.). T. Jurispr. qui signifie *Usages*, et se joint presque toujours avec *Coutumes*. Il se dit en parlant des règles, de la pratique qu'on a coutume de suivre en quelque pays, en quelque lieu, touchant certaines matières. *Les us et coutumes de la mer. Garder les us et coutumes.*

USABLE. adj. 2 g. [Pr. *uza-ble*]. Qui peut s'user.

USAGE. s. m. [Pr. *u-za-je*] (bas lat. *usaticum*, m. s., du lat. *usus*, m. s.). Emploi d'une chose. *Faire u. d'un aliment, d'un remède. Faire un mauvais usage de ses richesses, bon u. de son temps. Des livres à l'u. des collèges.* || Le droit de se servir personnellement d'une chose dont la propriété est à un autre. *Il n'a que l'u. de cette maison. C'est un u. immémorial. C'est l'u.* || Habitude, pratique d'une chose. *Il a l'u. de ces matières, de ces termes. Les langues ne s'apprennent bien que par l'u.* || Dans un sens particulier, se dit de l'expérience de la société, de l'habitude d'en pratiquer les modes, d'en observer les usages. *L'u. du monde, de la vie,* ou simpl., *L'u. C'est un homme qui a beaucoup d'u., qui a peu d'u.* Il *manque d'u.* || Se dit quelquefois pour *Faculté. Cet enfant n'a pas encore l'u. de la parole. Il a perdu l'u. de l'ouïe.* || En parlant des mots d'une langue, *Usage* se dit de l'emploi qu'on en fait conformément aux règles imposées par la coutume, soit de la manière particulière dont un individu s'exprime, suivant son talent ou son inexpérience, son bon ou son mauvais goût. *L'u. est l'arbitre souverain des langues. Ce mot n'est plus d'u., n'est plus en u., est hors d'u. Il a fait de ce mot un u. heureux. L'u. que vous avez fait de ce terme est vicieux.* || *Usages,* au pl., se dit, en Librairie, des livres dont on se sert pour le service divin, comme bréviaires, rituels, missels, heures, etc. Vx.

Législ. — *Droit d'usage.* Voy. USUFRUIT.

En termes d'Administration forestière, on appelle *Droit d'usage* une servitude réelle, discontinue et non apparente, qui donne à celui à qui elle appartient le droit d'exiger, pour ses besoins et à raison de son domicile, certains produits de la forêt d'autrui. Il ne faut pas confondre avec ce droit celui qu'ont les habitants d'une commune à une portion des produits de la forêt qui appartient à cette commune. Ce dernier droit n'est pas une servitude réelle, c'est seulement l'expression d'un mode de jouissance. On suppose communément que la plupart de ces droits ont été constitués lors de l'affranchissement des communes; mais il y a lieu de croire qu'ils existaient déjà de temps immémorial, et qu'à cette époque on ne fit que les déterminer plus exactement. On les divise en deux catégories : 1° les *droits au bois,* parmi lesquels on distingue le droit au bois de chauffage ou droit d'*affouage,* et le droit au bois de construction ou droit de *maronage;*

2° les *droits dits de parcours,* comprenant le droit de *pâturage* pour toutes espèces de bestiaux, le droit de *pacage* des bêtes aumailles et des bêtes chevalines, le droit de *panage* ou parcours des forêts par les porcs, et le droit de *glandée,* comprenant le panage et le ramassage des glands. Le Code forestier, qui régit la matière, n'a admis à exercer un droit d'us. sur les forêts de l'État que ceux dont les droits ont été reconnus fondés lors de la promulgation de ce code, et que ceux qui, étant en jouissance à cette époque, sans pouvoir se prévaloir de titres ni d'instances devant les tribunaux, ont intenté leur action en maintenue dans les deux ans de la promulgation. Le gouvernement peut affranchir les forêts de l'État de tout droit d'us. en bois, moyennant un *Cantonnement,* qui rend le possesseur du droit, ou comme on dit l'*Usager,* propriétaire d'une partie du fonds asservi à son droit. Ce cantonnement est réglé, soit de gré à gré, soit par les tribunaux. Les autres droits d'us. peuvent être rachetés moyennant indemnité. Les usagers ne peuvent vendre ou échanger les bois provenant de l'us., ni se servir de crochets ou ferrements pour l'enlèvement du bois sec et gisant; leurs bestiaux doivent être marqués d'une marque spéciale, etc. Les dispositions applicables à l'exercice des droits d'us. dans les bois de l'État le sont également à l'exercice des mêmes droits dans les bois des communes et des particuliers, sauf quelques exceptions.

USAGER, ÈRE. adj. [Pr. *uza-jé*]. Destiné à l'usage habituel. = USAGER. s. m. T. Jurispr. Personne qui a un droit d'usage. Voy. USAGE et USUFRUIT.

USANCE. s. f. [Pr. *u-zanse*] (R. *user*). Usage reçu. *L'u. du pays, des lieux.* Vx. || En parlant de lettres de change, sign. Le terme fixé par l'usage pour le payement. *Comme l'u. n'était pas uniforme, l'ordonnance de 1673 décida que le délai serait de trente jours.* Voy. CHANGE.

USANTE. adj. f. [Pr. *u-zante*]. T. Jurispr. Ne se dit que dans cette phrase. *Fille majeure u. et jouissante de ses droits,* Fille majeure qui n'a ni père ni mère, et qui n'est sous l'autorité de personne.

USBEKS, tribus turcomanes du Turkestan et de la Sibérie.

USER. v. n. [Pr. *u-zer*] (lat. *uti,* se servir, par l'intermédiaire d'un fréquentatif *usari,* dérivé du supin, *usum*). Faire usage d'une chose, s'en servir. Ne s'emploie qu'avec le prép. *de,* ou avec *en,* qui en est l'équivalent. *Il usa d'abord modérément de ses richesses. Usez-en sobrement. U. d'un mot, d'un terme. Il use de son droit dans toute son étendue. U. de menaces. U. de prières. U. de rigueur, d'indulgence, de modération.* Absol. et prov., *Usez, n'abusez pas,* Usez modérément. *Ce n'est pas u., mais abuser,* Ce n'est pas u. raisonnablement. || *U. bien, u. mal d'une chose,* En faire un bon ou un mauvais usage. *Il use bien de son crédit, du pouvoir qu'il a.* || *En u. bien, en u. mal avec quelqu'un,* Agir bien ou mal avec lui. *Il en use fort bien avec moi. Il en use très mal avec son bienfaiteur.* — On dit aussi, *En u. librement, familièrement avec quelqu'un,* Avoir avec quelqu'un un procédé libre, une manière d'agir familière. *Je vous demande pardon si j'en use si familièrement, si librement avec vous.* — On dit encore absolument, *En u.,* Agir de telle et telle manière. *Il faut savoir comment on en use dans ce pays. On en use ainsi entre gens d'honneur.* = USER. v. a. Consommer les choses dont on se sert. *On use bien du bois dans cette maison. Il use tant de livres de bougie dans un hiver.* || Détériorer peu à peu les choses à force de s'en servir. *Les enfants usent beaucoup de souliers.* || Diminuer, amincir, polir par le frottement. *U. sur la pierre la pointe d'un couteau.* — En T. Chir., on dit quelquefois, *U. les chairs,* Réduire des chairs fongueuses au moyen des cathérétiques. || Fig., *U. ses ressources,* Les prodiguer, ou s'en épuiser. — *U. ses yeux à force de lire,* S'affaiblir la vue à force de lire. — *U. sa vie dans la débauche,* Ruiner sa santé, abréger sa vie par la débauche. On dit dans le même sens. *Il n'y a rien qui use tant un homme que la débauche, qui use tant le corps que les longues veilles.* — *U. sa jeunesse auprès de quelqu'un,* Passer sa jeunesse à servir quelqu'un. || Fig., au sens moral, Affaiblir. *La jouissance use l'amour. Le chagrin use l'âme et le corps.* = s'USER. v. pron. Se détériorer par l'usage, ou par le laps du temps. *Les habits s'usent à force de servir. Les espèces d'or et d'argent s'usent à force de circuler.* || Fig., *Ma*

santé s'use à ce travail incessant. Tout s'use à la longue.
= Usé, ÉE. part. *Des meubles usés. Un manteau usé.* || *Ce cheval est usé, a les jambes usées, Ses jambes ne valent plus rien.* — Fam., *C'est un homme usé,* Il est très affaibli par le travail, par les maladies ou par la débauche. || Fig., *Avoir le goût usé,* Avoir le goût émoussé par le trop fréquent usage des ragoûts excitants ou des liqueurs fortes.|| Fig., *Une pensée usée,* Une pensée qui a été employée souvent et à laquelle on ne fait plus attention. On dit de même : *Ce sujet-là est usé; Ces moyens-là sont usés.* — *Une passion usée,* Un amour refroidi, diminué par le temps. = Syn. Voy. EMPLOYER.

USER. s. m. [Pr. *u-zé*] (R. *user*, v.). Usage. *Il y a des étoffes qui deviennent plus belles à l'u.* — Fig. et fam., *On ne connaît bien les hommes qu'à l'u.* || *Cette étoffe est d'un bon u.,* Elle est d'un bon usage, elle dure longtemps. – Fig. et fam., *Cet homme est bon à l'u.,* Plus on le fréquente, plus on est satisfait de ses relations avec lui.

USHER, savant prélat anglican, né à Dublin (1580-1656).

USINE. s. f. [Pr. *u-zine*] (lat. *usus*, usage). Se dit de tout établissement important, comme haut fourneau, forge, verrerie, papeterie, etc., dans lequel s'exécutent sur une grande échelle des ouvrages d'industrie ou d'art. *L'u. d'Indret. Les usines du Creusot.*

USINIER, IÈRE. s. [Pr. *u-zi-nié*]. Celui, celle qui exploite une usine.

USITÉ, ÉE. adj. [Pr. *u-zité*] (lat. *usitatus*, m. s., part. pass. de *usitare*, fréq. de *uti*, se servir). Qui est en usage, qui est pratiqué communément. *Cela est fort u. dans ce pays. Cela était fort u. en ce temps-là. Ce mot n'est u. que dans le style soutenu. Une façon de parler peu usitée.*

USNÉE. s. f. (ar. *ouchna*, mousse, lichen). T. Bot. Genre de Champignons (*Usnea*), de la famille des *Lichens.* Voy. ce mot.

USNÉINE. s. f. (R. *Usnée*). T. Chim. Syn. d'*Acide usnique.*

USNIQUE. adj. 2 g. (R. *Usnée*). T. Chim. L'acide *u.* est fourni par divers lichens du genre *Usnea*, d'où on l'extrait à l'aide de l'éther. Il cristallise en paillettes ou en aiguilles d'une couleur jaune paille, fusibles vers 198°, insolubles dans l'eau, très solubles à chaud dans l'éther et le benzène. C'est un acide très faible, qui se dissout dans les alcalis en formant des sels cristallisables, peu solubles dans l'eau. Traité par l'acide sulfurique concentré, il se transforme en *acide usnotique*, qui cristallise en petits prismes jaunes, fusibles à 213°. Si l'on fait bouillir l'acide *u.,* à l'abri de l'air, avec une solution aqueuse de potasse, on obtient deux nouveaux acides cristallisables, incolores, appelés *pyro-u.* et *pyro-usnétique.*
La *Décarbusnéine* se forme quand on chauffe l'acide *u.* à 150°, en tubes scellés, avec de l'alcool. Elle cristallise en aiguilles fusibles à 178°. L'ébullition à l'abri de l'air avec de la potasse aqueuse convertit la décarbusnéine en *acide décarbusnéique* qui cristallise en prismes jaune-citron, fusibles à 199°.

USNOLIQUE. adj. 2 g. (R. *Usnée*). T. Chim. Voy. USNIQUE.

USQUEBAC. s. m. Voy. SCUBAC.

USSEL, ch.-l. d'arr. du dép. de la Corrèze, à 61 kil. N.-E. de Tulle; 4,800 hab.

USTARITS, ch.-l. de c. (Basses-Pyrénées), arr. de Bayonne; 2,500 hab.

USTENSILE. s. m. [Pr. *us-tan-silé*] (bas lat. *utensile,* m. s., de *uti,* se servir). Se dit de toutes sortes de petits meubles servant au ménage, et principalement aux usages culinaires. *Tout l'inventaire ne consistait qu'en quelques ustensiles de cuisine.* || Se dit aussi de divers instruments propres à certains arts. *Les ustensiles aratoires. Les ustensiles du jardinage.*

USTICA, île de la Méditerranée, à l'O. des îles Lipari; 3,000 hab.

USTILAGE. s. m. (lat. *ustilago*, charbon, de *ustulare,* brûler). T. Bot. Genre de Champignons (*Ustilago*), de la famille des *Ustilaginées.* Voy. ce mot.

USTILAGINÉES s. f. pl. (R. *Ustilago*). T. Bot. Famille de Champignons parasites de l'ordre des Basidiomycètes.
Caract. bot. : Thalle vivant rarement dans la feuille de l'hôte, le plus souvent envahissant la plante entière et formant des spores dans la fleur, tantôt dans l'ovule seulement, ou l'ovaire, ou les étamines, tantôt dans la fleur tout entière. Ce thalle est formé de filaments rameux, donnant naissance, quand il est parvenu au terme de son développement, à des cellules reproductrices à membrane épaisse, colorée en brun, en violet et en noir, dans chacune desquelles se fusionnent les deux noyaux conjugués : ces cellules sont les *Probasides.* Ces probasides conservent leur faculté germinative pendant longtemps : sept ans et demi dans l'*Ustilago segetum* et jusqu'à huit ans et demi dans le *Tilletia Caries.* Elles sont tuées par une immersion de quatre heures dans une dissolution de sulfate de cuivre à un demi pour cent. Quelque temps après sa dissémination, la probaside germe dans l'air humide et donne naissance à un tube bientôt arrêté dans sa croissance, qui est une *Baside.* Tantôt cette baside se divise en 4 cellules superposées, chacune d'elles poussant sous la cloison un stérigmate qui se termine par une spore incolore; tantôt la baside ne se cloisonne pas et produit autour de son sommet un verticille de spores incolores, plus ou moins allongées et en nombre variable. Dans les deux cas, les spores ont une tendance à s'unir 2 par 2 par une anastomose transverse, en forme d'H. Parvenues sur la plante hospitalière au moment où celle-ci commence à se développer, elles poussent un filament qui perce le jeune épiderme, puis s'allonge et se ramifie à l'intérieur à mesure que la plante s'accroît, en se concentrant seulement dans son bourgeon terminal.
Les Ustilaginées comprennent 27 genres avec 470 espèces parasites, qui se développent dans le corps des Phanérogames terrestres, notamment des Graminées, et y provoquent diverses maladies connues sous les noms de *Charbon* et de *Carie.*
On les divise en 3 tribus :
TRIBU I. — *Sorosporiées.* — Pas de basides; la probaside germe directement en un filament cloisonné (*Sorosporium*). Le *Sorosporium Saponariæ* envahit les étamines, les ovaires et parfois les feuilles supérieures de quantité de Caryophyllées. Le *S. scabies* vit sur les tubercules de la Pomme de terre. Le *S. antarcticum* ravage les feuilles de l'*Azorella glebaria.*
TRIBU II. — *Ustilagées.* — Basides à spores latérales, cloisonnées (*Ustilago, Sphacelotheca, Tolyposporium, Schizonella,* etc.). Le genre *Ustilago* est le plus nuisible et le plus riche en espèces. L'*U. segetum* attaque non seulement le blé, l'avoine et l'orge, mais encore quantité de graminées fourragères. L'*U. destruens* détruit l'épi du millet encore enfermé dans la glume naissante. L'*U. maidis* produit sur les tiges, les feuilles et les épis du maïs des excroissances volumineuses pleines d'une poussière noirâtre de probasides. Nombre d'autres espèces ravagent les Graminées et les plantes bulbeuses. Le *Sphacelotheca hydropiperis* se développe sur les ovaires du *Polygonum.* Les *Tolyposporium* ravagent les pédicelles et les ovaires des *Juncus.*
TRIBU III. — *Tilletiées.* — Basides à spores terminales, entières (*Tilletia, Urocystis, Entyloma, Tuburcinia, Thecaphora,* etc.). Le *Tilletia Caries* produit la maladie redoutable connue sous le nom de *Carie.* Les spores de cette espèce ont une odeur repoussante; elles sont encore enfermées dans les grains de Blé, au moment de la récolte. Le genre *Urocystis* comprend un grand nombre d'espèces. L'*U. occulta* envahit la tige et les feuilles du Seigle; l'*U. cepulæ* vit dans les bulbes de l'Oignon et cause de grands ravages dans les cultures; l'*U. Violæ* envahit les feuilles et les sillons des Violettes; l'*U. Anemones* ravage les pétioles et les tiges des Anémones. Chez les *Entyloma,* les filaments rameux du thalle sont exclusivement localisés dans les espaces intercellulaires de la plante nourricière; ces parasites forment çà et là des pustules sur les feuilles. L'*E. canescens* envahit les feuilles des *Myosotis;* l'*E. Ranunculi* vit sur les feuilles de plusieurs Renoncules. Les filaments rameux du thalle des *Tuburcinia* perforent les membranes de leurs cellules pour enfoncer des suçoirs dans leur intérieur. Le *T. Trientalis* envahit les feuilles et les tiges du *Trientalis europæa,* de l'*Euphrasia lutea,* du *Paris quadrifolia.*

USTION. s. f. (lat. *ustio*, m. s., de *urere*, brûler). Action de brûler. || T. Chim. Calcination par laquelle on réduit en cendres une substance. || T. Chir. Cautérisation par le cautère actuel. Voy. CAUTÉRISATION, 11.

USUCAPION. s. f. [Pr. *uzu-kapion*] (lat. *usucapio*, m. s., de *usu capere*, acquérir par l'usage). T. Droit romain. Manière d'acquérir par la possession, par l'usage. *La propriété s'acquérait par u. au bout d'un an pour les meubles, et de deux ans pour les immeubles.*

USUEL, ELLE. adj. [Pr. *u-zu-el*, *èle*] (lat. *usualis*, m. s.). Dont on se sert ordinairement. *Meubles usuels. Plantes usuelles. Langage u. Termes usuels.*

USUELLEMENT. adv. [Pr. *u-zu-èle-man*]. Communément, à l'ordinaire. *Cela se dit u.*

USUFRUCTUAIRE. adj. 2 g. [Pr. *u-zu-fruktu-ère*] (lat. *usufructuarius*, m. s., de *usus*, usage, et *fructus*, fruit). T. Droit. Qui ne donne que la faculté de jouir des fruits. *Le douaire des femmes est un droit u. — Réparation u.*, qui est à la charge d'un usufruitier.

USUFRUIT. s. m. (lat. *usufructus*, m. s., de *usus*, usage, et *fructus*, fruit). T. Droit. On donne le nom d'*Usufruit* au droit de jouir des choses dont un autre a la propriété, comme le ferait le propriétaire lui-même, mais à la charge d'en conserver la substance. L'u. peut être établi sur toute espèce de biens, meubles ou immeubles, soit purement et simplement, soit pour un temps déterminé, soit sous certaines conditions. Il est légal ou conventionnel, selon qu'il a été séparé de la nue propriété par la loi ou par la volonté de l'homme (C. civ. 578-81). Ainsi que nous l'avons déjà exposé au mot *Servitude*, les droits d'usufruit ou d'usage ou d'habitation diffèrent des servitudes proprement dites en ce que, à la différence de ces dernières, ils constituent des droits attachés à la personne et s'éteignent avec elle.

I. *Droits de l'usufruitier.* — L'usufruitier a le droit de jouir de toute espèce de fruits, soit naturels, soit industriels, soit civils, que peut produire l'objet dont il a l'u. Les fruits *naturels* sont ceux qui sont le produit spontané de la terre, ou bien aussi le produit et le croît des animaux. Les fruits *industriels* d'un fonds sont ceux qu'on obtient par la culture. Les fruits *civils* sont les loyers des maisons, les intérêts des sommes exigibles, les arrérages des rentes, les prix des baux à ferme. Les fruits naturels et industriels pendants par branches ou par racines, au moment où l'u. est ouvert, appartiennent à l'usufruitier. Ceux qui sont dans le même état au moment où finit l'u., appartiennent au propriétaire, sans récompense de part ni d'autres des labours et des semences, mais aussi sans préjudice de la portion des fruits qui pourrait être acquise au colon partiaire, s'il en existait un au commencement et à la fin de l'u. Les fruits civils, au contraire, sont réputés s'acquérir jour par jour, et appartiennent dans tous les cas à l'usufruitier à proportion de la durée de son u. Si l'u. comprend des choses dont on ne peut faire usage sans les consommer, comme l'argent, les grains, les liqueurs, etc., l'usufruitier a le droit de s'en servir, mais à la charge d'en rendre de pareille quantité, qualité et valeur, ou leur estimation, à la fin de l'u. Si l'u. comprend des choses qui se détériorent par l'usage, comme du linge ou des meubles, l'usufruitier doit les rendre dans l'état où elles se trouvent, à moins qu'elles ne soient détériorées par son dol ou par sa faute. Quand l'u. comprend des bois taillis, l'usufruitier peut effectuer des coupes de ces bois, à la charge d'observer pour l'ordre et la qualité de ces coupes l'aménagement établi par les propriétaires du fonds, ou, à défaut, par l'usage des propriétaires voisins. L'u. peut également jouir, en suivant l'usage des anciens propriétaires, des bois de haute futaie qui avaient été mis en coupes réglées, et des mines et carrières qui étaient en exploitation, avant l'ouverture de l'u. Mais, à moins que son titre n'exprime formellement le contraire, il n'a aucun droit aux mines et carrières non ouvertes, ni aux bois de haute futaie qui n'auraient pas été mis en coupes réglées, parce qu'on ne peut en pareil cas considérer ces produits du sol comme des fruits. Enfin, l'usufruitier peut jouir par lui-même, donner à ferme l'usage d'autrui, et même vendre son droit ou le céder à titre gratuit. (C. civ., 582-99.)

II. *Obligations de l'usufruitier.* — L'usufruitier prend les choses dans l'état où elles sont; mais il ne peut entrer en jouissance : 1° qu'après avoir fait dresser, en présence du propriétaire, un inventaire des meubles et un état des immeu-

bles sujets à l'u.; 2° qu'après avoir donné caution de jouir en bon père de famille, à moins toutefois qu'il n'ait été dispensé de la caution par l'acte constitutif de l'u. Cette dispense existe même de plein droit à l'égard des père et mère qui ont l'u. légal du bien de leurs enfants et des vendeurs ou donateurs sous réserve d'u. L'usufruitier est tenu, pendant sa jouissance, de toutes les charges annuelles de l'héritage, telles que les contributions et autres qui, dans l'usage, sont censées charges des fruits, ainsi que de toutes les réparations d'entretien. Lorsque l'u. a été constitué sur tous les biens d'une personne ou sur une quotité de ces biens, comme la moitié, le tiers, etc., l'usufruitier doit contribuer avec le propriétaire au payement des dettes. Il en est autrement quand l'u. n'a été constitué que sur des objets déterminés. — La nue propriété serait même droit illusoire, si l'u. pouvait durer indéfiniment. La loi a donc admis plusieurs causes d'extinction de l'u.; tels sont : la mort naturelle de l'usufruitier; l'expiration du temps pour lequel l'u. a été accordé; le non-usage pendant 30 ans; la perte totale de la chose sur laquelle l'u. était établi. L'u. peut aussi cesser par l'abus que l'usufruitier fait de la jouissance, soit en commettant des dégradations sur le fonds, soit en le laissant dépérir faute d'entretien. L'u. qui est accordé au profit d'une corporation ou communauté ne dure que 30 ans. Enfin, l'u. accordé jusqu'à ce qu'un tiers ait atteint un âge fixe dure jusqu'à cette époque, encore que le tiers soit mort avant l'âge indiqué. (C. civ., 600-24.)

III. *De l'Usage et de l'Habitation.* — Le droit d'*Usage* est le droit personnel qu'a un individu de se servir d'une chose appartenant à autrui, ou d'en percevoir les fruits dans la proportion de ses besoins. Quand l'usage s'exerce sur une maison, il prend le nom de *droit d'Habitation*. — Les droits d'usage et d'habitation s'établissent et se perdent de la même manière que l'u. Celui auquel ce droit est concédé, ou l'*Usager*, doit en jouir en bon père de famille, après avoir donné caution et fait inventaire. Lorsque l'étendue de ces droits n'a pas été déterminée par le titre qui les a établis, la loi les règle ainsi qu'il suit. Celui qui a l'usage des fruits d'un fonds ne peut en exiger qu'autant qu'il lui en faut pour ses besoins et ceux de sa famille, y compris même les enfants qui lui sont survenus depuis la concession de l'usage. Celui qui a un droit d'habitation dans une maison peut y demeurer avec sa famille, quand même il n'aurait pas été marié à l'époque où ce droit lui a été donné. Le droit d'habitation se restreint à ce qui est nécessaire pour l'habitation de celui à qui il a été concédé et de sa famille. Ce droit, comme celui d'usage, ne peut être ni cédé ni loué. Si l'usager absorbe tous les fruits du fonds, ou s'il occupe la totalité de la maison, il est assujetti aux frais de culture, aux réparations d'entretien et au payement des contributions, comme l'usufruitier. S'il ne prend qu'une partie des fruits, ou s'il n'occupe qu'une partie de la maison, il contribue au prorata de ce dont il jouit. (C. civ., 625-36.)

USUFRUITIER, IÈRE. s. [Pr. *u-zufrui-tié*]. T. Droit. Celui, celle qui a l'usufruit. *Les obligations de l'u. Elle n'est qu'usufruitière de ce domaine.* || Adject., *Réparations usufruitières*, Celles qui sont à la charge de l'u.

USURAIRE. adj. 2 g. [Pr. *u-zu-rère*] (lat. *usurarius*, m. s.). Qui est entaché d'usure. *Contrat u. Prêt u. Intérêt u.*

USURAIREMENT. adv. [Pr. *u-zurè-reman*]. D'une manière usuraire.

USURE. s. f. [Pr. *u-zure*] (lat. *usura*, usage, de *usum*, sup. de *uti*, se servir). Intérêt, profit qu'on exige d'un argent ou d'une marchandise prêtée au-dessus du taux fixé par la loi ou établi par l'usage en matière de commerce. *Grosse u. Prêter, emprunter à u. Exercer l'u. Se livrer habituellement à l'u. — Fig., Rendre, payer avec u.*, Rendre, en bien ou en mal, au delà de ce qu'on a reçu. *Il vous a fait du mal, mais vous l'en avez payé avec u.* On dit aussi, *La terre rend avec u. ce qu'on y a semé.* || Fam., se dit aussi du dépérissement de certains objets par le long usage qu'on en fait. *Son habit est percé, ce n'est pas accident, c'est u.*

Légis. — L'intérêt des capitaux prêtés s'appelait autrefois *Usure*, et, suivant l'observation de J.-B. Say, c'était le mot propre, puisque l'intérêt est un prix, un loyer, qu'on paye pour avoir la jouissance d'une valeur. Mais ce mot aujourd'hui est pris en mauvaise part et n'éveille plus que l'idée d'un intérêt illégal et exorbitant. D'après notre législation actuelle, tout intérêt excédant 5 pour 100 en matière civile constitue une *usure.* La loi considère comme un délit, non le prêt usuraire, mais bien l'habitude de l'usure. En conséquence, tout individu prévenu de se livrer habituellement à l'u. peut être traduit devant le tribunal correctionnel, et, en cas de conviction, condamné à une amende qui ne peut excéder la moitié des capitaux prêtés et à un emprisonnement de 6 jours à 6 mois. En cas de récidive, les peines peuvent être doublées. Les faits d'u. peuvent être prouvés par les dépositions de ceux qui en ont été victimes, par la preuve testimoniale, par des présomptions telles qu'une série de prêts à intérêt, la ruine des débiteurs, etc. La poursuite appartient au ministère public, lequel d'ailleurs n'agit guère que sur la dénonciation de la partie intéressée. Voy. les lois du 3 septembre 1807, et du 19 décembre 1850. Il importe d'observer que le délit d'u. n'existe plus qu'en matière civile. La loi du 12 janvier 1886 a, en effet, consacré la liberté du taux de l'intérêt en matière commerciale.

USURIER, IÈRE. s. [Pr. *u-zu-rié*]. Celui, celle qui prête à usure. *Un infâme u. C'est une usurière qui prête sur gages.* || Par ext., se dit de ceux qui profitent des malheurs ou des nécessités d'autrui pour accroître leur fortune.

USURPATEUR, TRICE. s. [Pr. *u-zur-pateur*] (lat. *usurpator, trix,* m. s.). Celui, celle qui usurpe. Celui, celle qui, par violence ou par ruse, s'empare d'un bien, d'un pouvoir, d'une dignité, d'un titre qui ne lui appartient pas. *Les usurpateurs sont rarement tranquilles.* || Absol., Celui qui a usurpé la souveraineté dans un pays, *L'u. fut renversé du trône. Les usurpateurs ont souvent plus de peine à se soutenir qu'à s'élever.*

USURPATION. s. f. [Pr. *u-zurpa-sion*] (lat. *usurpatio,* m. s.). Action d'usurper, ou l'occupation de la chose usurpée. *U. de l'autorité souveraine. L'u. d'un droit, d'un titre. Une u. de terrain. Son u. ne fut pas de longue durée.* || La chose même qui est usurpée. *La plupart des terres de cette seigneurie n'étaient que des usurpations.*

USURPATOIRE. adj. 2 g. [Pr. *u-zurpa-touare*]. Qui a le caractère de l'usurpation.

USURPER. v. a. [Pr. *u-zurper*] (lat. *usurpare,* m. s., qui est probabl. une contraction de *usu capere,* prendre par l'usage). S'emparer, par violence ou par ruse, d'un bien, d'une dignité, d'un titre qui appartient à un autre. *U. le trône. U. la couronne. U. un domaine. U. un titre. U. un droit.* || Fig., *U. la réputation, la gloire, l'estime,* L'obtenir par fraude, sans droit légitime. == Usurper, v. n. *Vous usurpez sur mes droits, sur mes possessions. Ce cultivateur tâche toujours d'u. sur ses voisins,* c.-à-d. d'accroître son terrain en poussant sa culture sur le leur. == Usurpé, ée. part. *Un trône, un titre usurpé.* || Fig., *Réputation usurpée,* Qui n'est fondée sur rien, ou qui surpasse de beaucoup le mérite de celui qui l'obtient.

UT. s. m. [Pr. *le t* final]. T. Mus. Première note de la gamme. Voy. GAMME et NOTATION.

UTAH, territoire des États-Unis d'Amérique, peuplé en partie par les Mormons. Cap. *Salt Lake City* ; 230,000 hab.

UTELLE, ch.-l. de c. (Alpes-Maritimes), arr. de Nice ; 2,400 hab.

UTÉRIN, INE. adj. (lat. *uterinus,* m. s., de *uterus,* matrice). Qui concerne l'utérus. *Nerfs utérins. Artère utérine. — Fureur utérine,* syn. de Nymphomanie. || T. Jurispr. Qui est né de la même mère et non du même père. *Il a deux frères utérins. C'est sa sœur utérine.* || Subst., au pl., Les *utérins* et les *consanguins.*

UTÉRINITÉ. s. f. Droit, état, position d'un parent utérin.

UTÉRO-LOMBAIRE. adj. 2 g. [Pr. *utérolon-bère*]. T. Anat. Qui se rapporte à l'utérus et aux lombes.

UTÉRO-OVARIEN, IENNE. adj. [Pr. *utéro-ovari-in, ième*]. T. Anat. Qui se rapporte à l'utérus et aux ovaires.

UTÉRO-PLACENTAIRE. adj. 2 g. [Pr. *utéropla-sintère*]. T. Anat. Qui concerne l'utérus et le placenta.

UTÉRO-SACRÉ, ÉE. adj. Qui appartient à l'utérus et au sacrum.

UTÉROSCOPIE. s. f. (R. *utérus* et gr. σκοπεῖν, examiner). Examen de l'utérus à l'aide d'instruments appropriés.

UTÉROTOME. s. m. (R. *utérus,* et gr. τομή, section). Instrument employé pour la section de l'utérus.

UTÉRO-VAGINAL, ALE. adj. Qui appartient à l'utérus et au vagin.

UTÉRUS. s. m. (lat. *uterus,* gr. ὑστέρα, m. s.). T. Anat. — L'u. ou *matrice* est l'organe destiné à recevoir le produit de la conception depuis la fécondation jusqu'à la naissance ; il fournit le sang de la menstruation. Il est situé, chez la femme, dans le petit bassin, entre la vessie et le rectum, au-dessus du vagin ; il a la forme d'une poire dont la grosse extrémité ou fond est tournée en haut et dont le sommet tronqué est tourné en bas ; la partie supérieure constitue le *col* répond à la partie inférieure. La face antérieure de l'u. est en rapport avec la vessie ; le péritoine qui tapisse ces deux organes forme entre eux une dépression, le cul-de-sac vésico-utérin ; de même, il sépare sa face postérieure du rectum par le cul-de-sac recto-vaginal, plus prononcé que le précédent. Le fond de l'u. est convexe et recouvert par la séreuse péritonéale. Des bords de l'u. partent les ligaments larges (ovaire, ligament rond, etc.). Le col comprend une partie susvaginale placée au-dessus de l'insertion du vagin et se continuant avec le corps, et une partie sous-vaginale ou *museau de tanche,* visible au spéculum et dont l'aspect et la consistance dépendent de nombreuses causes : grossesse, virginité, etc. Le poids de l'u. est d'environ 40 grammes ; ses dimensions sont variables, sa longueur moyenne est de 65 millimètres, sa largeur de 40 millimètres et son épaisseur de 23 millimètres. La direction de l'u. correspond à celle du petit bassin, mais elle est modifiée par l'état de réplétion de la vessie ou du rectum ; cet organe jouit d'ailleurs d'une certaine mobilité. La cavité de l'u. mesurée du museau de tanche au fond de l'u. est de 52 millimètres environ chez les nullipares et de 57 millimètres chez les multipares. La matrice est maintenue en place par les *ligaments larges* qui la fixent aux parois latérales du petit bassin, par les ligaments ronds qui la rattachent au pubis et par les ligaments *utéro-sacrés* qui la retiennent au sacrum. — Au point de vue de sa structure, l'u. est constitué par une couche séreuse ou péritonéale qui en tapisse le fond, une couche musculaire ayant 1 centimètre d'épaisseur environ et enfin une couche muqueuse qui en tapisse la cavité et qui est recouverte d'un épithélium cylindrique à cils vibratiles dans le corps et la moitié supérieure du col ; cet épithélium est pavimenteux au niveau du museau de tanche comme au vagin. — Le sang est amené dans la matrice par les artères utérines et utéro-ovariennes ; les lymphatiques se rendent aux ganglions pelviens et lombaires ; les nerfs sont fournis par les plexus ovarique et hypogastrique.

Pathol. — Nous commençons par les *vices de conformation* de l'u. qui peut manquer ou être rudimentaire ; il s'agit là de malformations congénitales ; l'arrêt de développement est parfois consécutif à la naissance, *u. infantile* ; l'absence des règles, la stérilité, sont la conséquence de cet état.

Les *déplacements* comprennent plusieurs variétés ; les *prolapsus* ou abaissements *(chutes de la matrice)* connaissent pour causes habituelles les accouchements, surtout quand ils sont accompagnés de déchirures du périnée ; l'u. n'étant plus soutenu, tend à s'abaisser de plus en plus avec le temps ; cette lésion provoque de la gêne, de la pesanteur au niveau du périnée, des troubles de la miction, etc. ; l'examen permet de reconnaître facilement la maladie. Le traitement peut être palliatif et consiste alors simplement dans l'emploi de pessaires, ou curatif : on a recours à l'intervention chirurgicale pour refaire un périnée *(périnéorraphie)* ou pour fixer le corps de l'u. à la paroi abdominale antérieure *(hystéropexie)*.

Les *déviations* ou inclinaisons de la matrice en avant, en arrière, sur le côté (antéversion, rétroversion, latéro-version), et les *flexions* ou incurvations du corps sur le col (antéflexion, rétroflexion) reconnaissent pour causes les traumatismes, les accouchements, les avortements. Ces lésions provoquent des troubles divers : dysménorrhée, dysurie, modification du caractère, symptômes de métrite, etc. Le repos, l'emploi de pessaires, de ceintures abdominales, et le curetage en cas de métrite, constituent la base du traitement de ces lésions.

Dans l'*inversion* ou renversement plus ou moins complet de l'u., cet organe a tendance à se retourner sur lui-même à la façon d'un doigt de gant; cette lésion se produit parfois au cours d'un accouchement. On doit procéder à la réduction immédiate.

Les *tumeurs* comprennent plusieurs variétés : une des plus fréquentes est le *corps fibreux* ou *fibrome*, qui peut acquérir un développement considérable et amener ainsi une notable augmentation du volume du ventre. Cette tumeur est bénigne; elle cause habituellement les troubles suivants : métrorrhagie, compression des organes du petit bassin (vessie, rectum), leucorrhée, etc. Le traitement consiste, au moment des hémorragies, dans le repos au lit et des injections vaginales très chaudes. Si les hémorragies persistent ou se reproduisent fréquemment et si la malade est loin de la ménopause, époque à laquelle les fibromes disparaissent souvent, il faut recourir à l'ablation de la tumeur par l'*hystérectomie* vaginale (Segond) ou abdominale; l'u. et la tumeur sont enlevés, selon la méthode adoptée, par le vagin ou par l'abdomen après laparotomie. Le nom de *polype* est souvent donné a de petits fibromes utérins, faisant saillie dans le vagin.

Le *cancer de l'u.* commence habituellement par le col, qui est ulcéré et déchiqueté; cette redoutable maladie donne lieu à des métrorrhagies avec leucorrhée fétide; l'amaigrissement est notable, le teint devient jaune; la malade se plaint de douleurs névralgiques abdominales. Cette affection cause la mort après quelques années. Le traitement est purement symptomatique; cependant, tout au début de la maladie, quand les lésions sont très peu avancées, on peut tenter, avec chances de succès, l'hystérectomie.

Les *inflammations de l'u.* ont été étudiées au mot MÉTRITE.

UTICA, v. des États-Unis (New-York); 36,000 hab.

UTILE. adj. 2 g. (lat. *utilis*, m. s.). En parlant des choses, qui est propre à satisfaire un besoin quelconque; et en parlant des personnes, qui est propre à rendre un service quelconque. *Cet outil-là m'est fort u. Un travail u. Cela est plus agréable qu'u. Cet homme vous sera u. dans vos affaires. Il lui a rendu des services qui lui ont été très utiles.* — Subst.: Ce qui est utile. *Préférer l'honnête à l'u. Joindre l'agréable à l'u.* || T. Procéd. *Jours utiles,* Les jours qui sont comptés dans les délais accordés par les lois, et dans lesquels les parties peuvent réciproquement agir en justice. *Les dimanches ne sont point au nombre des jours utiles.* — *Ordre u.,* Le rang des créanciers qui, d'après la date de leur hypothèque, peuvent être payés sur les biens du débiteur. — *En temps u.,* Dans le temps prescrit, déterminé. *Faire sa déclaration en temps u.* — *Domaine u.,* Les fruits, les revenus.

UTILEMENT. adv. [Pr. *utile-man*]. D'une manière utile. *Il a travaillé u. pour lui et pour les siens. Employer son temps u. Servir u. l'État.* || T. Procéd. *Être u. colloqué,* Être colloqué en ordre utile.

UTILISABLE. adj. 2 g. [Pr. *utili-zable*]. Qui peut être utilisé.

UTILISATION. s. f. [Pr. *utili-za-sion*]. Action d'utiliser.

UTILISER. v. a. [Pr. *utili-zer*]. Tirer de l'utilité, tirer parti d'une chose. *Vous venez de bâtir, il vous faut u. les matériaux qui vous restent.* = s'UTILISER. v. pron. Être employé utilement, ou se rendre utile. *Cela peut encore s'u. Prenez cet homme, il trouvera à s'u. chez vous.*

UTILITAIRE adj. 2 g. [Pr. *utili-tère*]. Qui se rapporte à l'utilité. *Le point de vue u.* || Qui prend l'utilité comme le principe de la morale. *L'école u. Les doctrines utilitaires.* || Se dit substant. des partisans de la théorie utilitaire. *Les utilitaires.* Voy. MORALE, VI.

UTILITARISME. s. m. Système des utilitaires. Voy. MORALE, VI.

UTILITÉ. s. f. (lat. *utilitas*, m. s.). La qualité des choses qui fait qu'elles sont propres à satisfaire un besoin quelconque. *L'u. des choses ne doit pas être confondue avec leur valeur.* Bentham *estime les vertus en raison de leur u.* Voy. VALEUR. | Se dit ordinairement pour profit, avantage. *Cela n'est pas de grande u., d'une grande u. L'u. publi-*

que. *L'u. particulière.* — *Expropriation pour cause d'u. publique.* Voy. EXPROPRIATION, II. || Au Théâtre, *Utilités,* au plur., se dit de l'emploi des acteurs qui jouent toutes sortes de rôles de peu d'importance. *Elle joue les utilités.* = Syn. Voy. AVANTAGE.

UTIQUE, anc. v. de l'Afrique anc., au N.-O. de Carthage.

UTOPIE. s. f. (gr. où, non; τόπος, lieu, c.-à-d. nulle part). Plan de gouvernement, de société imaginaire, où tout est parfaitement réglé pour le bonheur de chacun, comme au pays fabuleux d'Utopie, décrit par Thomas Morus dans un livre qui porte ce titre. *Chaque rêveur imagine son u. De vaines utopies.*

UTOPISTE. adj. 2 g. Qui présente le caractère d'une utopie. *Système u. Rêverie u.* || Se dit substant., de celui ou de celle qui a imaginé une utopie ou croit à une utopie. *Des rêves d'u. Vous êtes un u.*

UTRAQUISTES. s. pl. [Pr. *utra-kuiste*] (lat. *utraque,* l'une et l'autre). T. Hist. Nom donné aux Hussites de la Bohême qui communiaient sous les deux espèces.

UTRECHT, v. de Hollande, sur le Vieux Rhin; 77,400 hab. Ch.-l. de la prov. d'Utrecht, qui a 209,300 hab. Fabrique de velours longtemps célèbre. — Traité d'Utrecht, qui mit fin, en 1713, à la guerre de succession d'Espagne.

UTRERA, v. d'Espagne dans la prov. de Séville; 14,000 hab.

UTRICULAIRE. s. f. [Pr. *utri-ku-lère*] (R. *utricule*). T. Bot. Genre de plantes Dicotylédones (*Utricularia*), de la famille des *Utriculariées.* Voy. ce mot.

UTRICULAIRE. adj. 2 g. [Pr. *utri-ku-lère*]. Qui a la forme d'une utricule. *Feuille u. Glandes utriculaires.* || Qui est composé d'utricules. *Le tissu u.* On dit aujourd'hui *cellulaire.* Voy. ce mot.

UTRICULARIÉES. s. f. pl. (R. *Utriculaire*). T. Bot. Famille de végétaux Dicotylédones de l'ordre des Gamopétales supérovariées.

Caract. bot. : Herbes vivaces, tantôt aquatiques submergées, dépourvues de racines, à feuilles isolées, découpées en segments filiformes, dont quelques-unes se différencient en

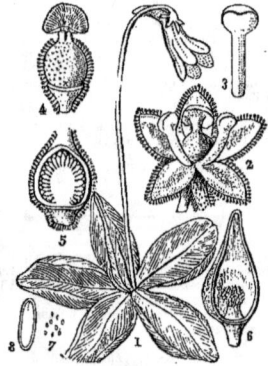

ascidies operculées (Utriculaires), tantôt terrestres à feuilles de 2 sortes, les unes entières, les autres filiformes, avec ascidies; tantôt marécageuses à feuilles toutes entières, disposées en rosette, pourvues de poils sécrétant un liquide qui paraît doué de propriétés digestives. Fleurs hermaphrodites, disposées en grappes, en épis ou en ombelles. Calice à 5 divisions. Corolle irrégulière, bilabiée. Étamines 2, insérées à la base de la corolle. Pistil formé de 2 carpelles concrescents ou un ovaire uniloculaire; style 1, très court; stigmate bilabié; ovules nombreux, anatropes, placés sur un placenta libre central Fruit capsulaire à une seule loge Graines petites, dépourvues d'albumen; embryon muni soit de 2 cotylédons, soit d'un seul cotylédon. | Fig. 1 *Pinguicula vulgaris*; 2. Calice, etc.; 3. Étamines; 4. Pistil, 5. Coupe longitudinale du même; 6. Coupe du fruit; 7. Graines; 8. Embryon très grossi] — Cette famille se compose de 4 genres (*Utricularia, Genlisea, Pinguicula, Polypompholyx*), et d'environ 190 espèces, qui sont répandues dans toutes les parties du monde, mais surtout dans les régions tropicales. L'*Utriculaire commune* (*U. vulgaris*) était jadis préconisée comme diurétique; c'est encore un topique populaire contre les brûlures. Les feuilles du *Pinguicula vulgaris*, communément appelé *Grassette*, passent pour être légèrement purgatives et vulnéraires. En outre, elles sont, à ce qu'on prétend, vénéneuses pour les Moutons. Elles jouissent de la propriété singulière de coaguler le lait, et d'empêcher sa séparation en petit-lait et en crème.

UTRICULE. s. f. (lat. *utriculus*, dimin. de *uter*, outre). Organe ressemblant à une petite outre membraneuse. *U. cellulaire. U. pollinique. U. prostatique. U. de l'oreille.* Voy. OREILLE, 1, C. || T. Biol. Nom donné par Malpighi à ce que les biologistes ont appelé plus tard la *cellule*. Voy. CELLULE et HISTOLOGIE.

UVAGE. s. m. T Techn. Glacis de terre cuite qui forme l'encaissement d'une chaudière à sucre.

UVAIRE. s. m. (lat. *uva*, grappe de raisin). T. Bot. Genre de plantes Dicotylédones (*Uvaria*) de la famille des Anonacées. Voy. ce mot.

UVALDI (Monts), montagnes de la Russie d'Europe qui se détachent de l'Oural vers l'Ouest. Voy. RUSSIE.

UVÉE. s f. (lat. *uva*, grappe de raisin). T. Anat. Tunique moyenne de l'œil, entre la sclérotique et la rétine. Voy. ŒIL, 1, 2, et bas, 1.

UVETTE. s. f. [Pr. *uvè-te*] T. Bot. Nom vulgaire de l'*Ephedra distachya*, dont les fruits se mangent, sous le nom de Raisin de mer. Voy. GNÉTACÉES.

UVIFORME adj. 2 g. (lat. *uva*, grappe de raisin ; *forma*, forme). Qui a la forme d'une grappe de raisin.

UVIQUE adj. 2 g. (lat. *uva*, grappe de raisin). T Chim. L'*acide u*, ainsi appelé parce qu'on le prépare à l'aide de l'acide pyruvique, est identique avec l'*acide pyrotritarique* (Voy. Tome VII, page 838, où ce mot se trouve imprimé par erreur PYROTARTRIQUE à la suite de PYROTECHNITE).

UVITIQUE. adj 2 g. (lat. *uva*, grappe de raisin). T Chim. L'acide uvitique dérive du mésitylène et répond à la formule $C^6H^3(CH^3)(CO^2H)^2$. On peut le préparer en chauffant l'acide pyruvique avec de l'eau de baryte On l'obtient aussi, en même temps que les acides mésitylénique et trimésique, lorsqu'on traite le mésitylène par l'acide azotique étendu; après avoir séparé l'acide mésitylénique par distillation, on précipite l'acide trimésique dans le résidu à l'aide du chlorure de baryum L'acide u. cristallise en fines aiguilles incolores, fusibles à 287°. Il est bibasique. Chauffé avec un excès de chaux, il se décompose en anhydride carbonique et en toluène. Oxydé par le mélange chromique il se transforme en acide trimésique.

UVULAIRE. s. f. (lat. *uvula*, dimin. de *uva*, grappe de raisin). T. Bot. Genre de plantes Monocotylédones (*Uvularia*), de la famille des *Liliacées*, tribu des *Colchicées* Voy. LILIACÉES.

UVULAIRE. adj. 2 g. (lat. *uvula*, luette, dimin. de *uva*, grappe de raisin). T. Anat. Qui a rapport à la luette.

UXELLODUNUM, anc. v. de la Gaule (pays des Cadurques), auj. *Luzech* ou le *Puy-d'Issolu*, prise par César (50 ans av. J.-C.).

UZEL, ch.-l. de c. (Côtes-du-Nord), arr. de Loudéac; 1,400 hab.

UZERCHE, ch.-l. de c. (Corrèze), arr. de Tulle, sur la Vézère. 4,350 hab.

UZÈS, ch.-l. d'arr. du dép. du Gard, à 25 kilomètres N de Nimes; 5,000 hab. Capitale d'un ancien duché. == Nom des hab. : UZÉOIS, 2 g

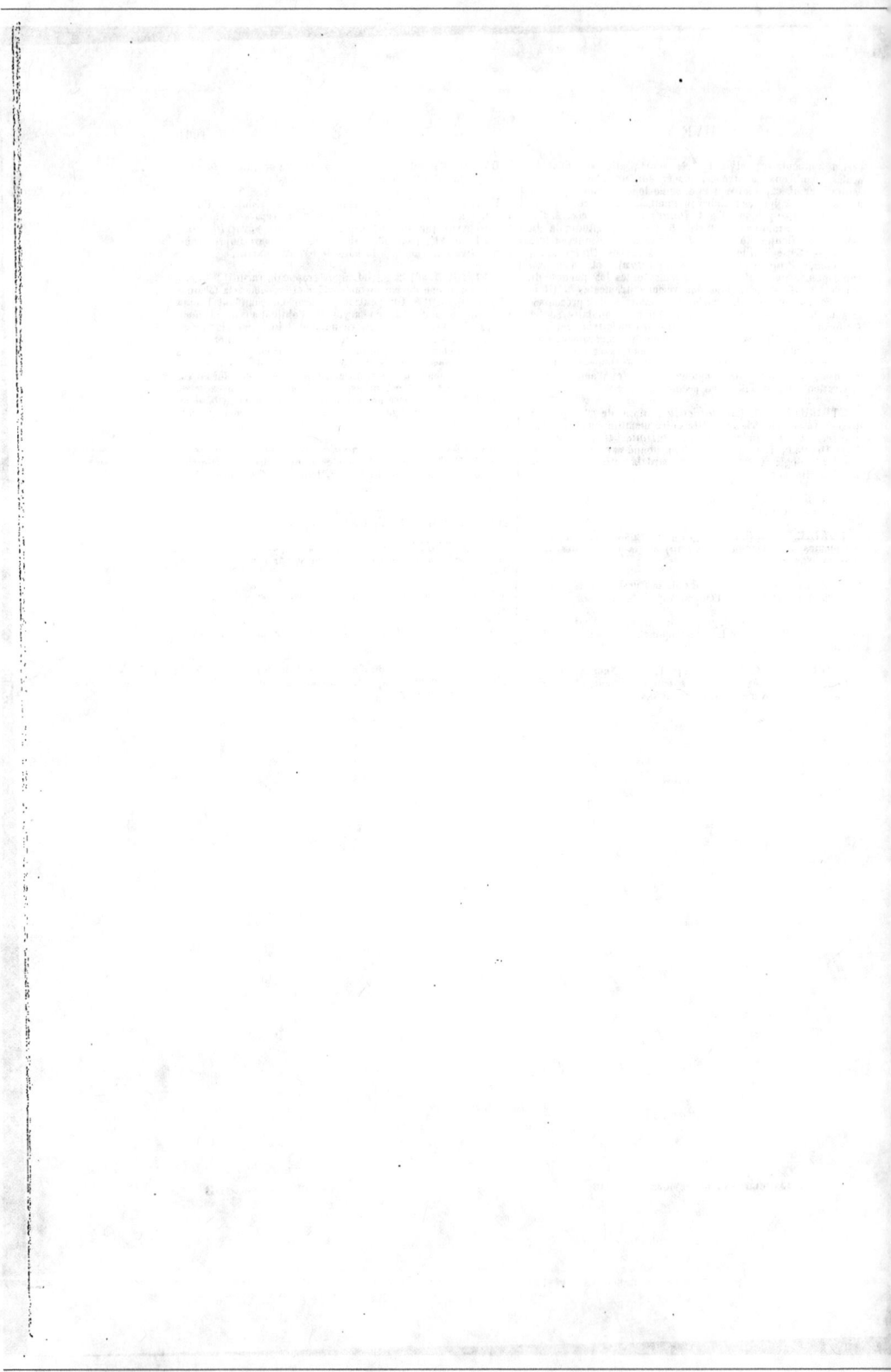

V

VAC

V, s. m. La vingt-deuxième lettre de l'alphabet et la dix-septième des consonnes, qu'on appelait abusivement *U con-sonne*, et que, suivant l'usage moderne, on nomme *Vé* ou *Ve*.

Obs. gram. — La lettre V représente l'articulation semi-labiale faible dont la forte est F; aussi ces deux lettres sont-elles quelquefois substituées l'une à l'autre. Ainsi, par ex., à la fin des mots placés devant ceux qui commencent par une voyelle, l'F, pour adoucir la prononciation, se prononce comme V : *Neuf arbres, neuf hommes*, se prononcent *Neu-varbre, neu-vomes*, et non *neu-farbre*. Les adjectifs termi-nés en F changent l'F en V lorsqu'ils passent au genre fémi-nin. Ainsi *bref* fait *brève*, *vif* fait *vive*, *veuf* fait *veuve*.

Ling. — Dans l'épigraphe latine, V représente à la fois notre consonne V et notre voyelle U. En conséquence, dans les abré-viations, il signifie : *Valerius, venerabilis, via, victor, vir, vale, urbs*, etc.; V. C. signifie, *vir consularis*; A. V. C. signifie, *ab urbe condita* (depuis la fondation de Rome). V était un signe monétaire sur beaucoup de médailles des famil-les romaines. Dans les inscriptions, on trouve quelquefois V pour B : *Danuvius* pour *Danubius*, *velli* pour *belli*; et aussi B pour V : *Bixit* pour *Vixit*. Dans la numération romaine, V représentait le nombre 5; IV, cinq moins un, ou 4; VI, cinq plus un, ou 6; VII, cinq plus deux, ou 7 ; VIII, cinq plus trois, ou 8; enfin, surmonté d'un trait, V vaut 5000. Chez nous, **V. M.** signifie Votre Majesté; **V. S.** Votre Sainteté; **V. E.**, Votre Excellence ou Votre Éminence ; **VV. NN. PP.**, Vos Nobles Puissances. Dans le commerce, V°, signifie *verso*. En musique, V. indique les parties de violon. Il veut dire aussi, *volti*, tournez; et **V. S.**, signifie *volti subito*, tournez vite.

VA. Impératif du verbe *Aller*. Il s'emploie adv. et fam. pour dire, Soit, j'y consens. || Aux jeux du pharaon, de la bas-sette, etc., on dit subst., *Sept et le va, Quinze et le va*, etc., pour dire Sept fois, quinze fois la vade. *J'ai gagné deux sept et le va dans cette taille. Je fais quinze et le va au dix.*

VABRE, ch.-l. de c. (Tarn), arr. de Castres ; 2,500 hab.

VACANCE. s. f. (lat. *vacare*, être vacant). Le temps pen-dant lequel une place, une dignité n'est pas remplie; en ce sens, il ne se dit qu'au sing. *Durant la v. du saint-siége. La v. du trône. La v. d'un bénéfice.* — *V. d'une suc-cession*, état d'une succession à laquelle on a renoncé ou que personne ne réclame. || *Vacances*, au pl., sign. Le temps pendant lequel les études cessent dans les écoles, et Celui où les membres des tribunaux, les personnes attachées à cer-taines administrations, interrompent leurs travaux. *Voilà le temps des vacances. Où irez-vous passer les vacances? Pro-longer les vacances*, Ne pas reprendre le travail aussitôt après que les vacances sont finies. — On dit aussi au sing., *Un jour de v.*

VACANT, ANTE. adj. (lat. *vacans*, m. s., part. prés. de *vacare*, être vacant) Qui n'est pas occupé, qui est à remplir. || Au propre, se dit des maisons, des lieux et places qui ne sont pas occupés. *Maison vacante, Lit v. dans un hôpital. Il y a un appartement v. dans cette maison.* || Fig., se dit des emplois, des places, des dignités, etc. *Le saint-siége était v. On lui promit de le nommer à la première abbaye vacante. Il y a plusieurs places vacantes, plu-*sieurs emplois vacants dans cette administration.* — *Cette compagnie est vacante, ce régiment est v.*, Le grade de capitaine, de colonel n'est pas rempli. Vx. || T. Jurispr. *Succession vacante.* Voy. **SUCCESSION**, IV, D.

VACARME. s. m. (holl. *wacharme*, exclamation, de *wach*, hélas, et *arm*, pauvre). Tumulte, grand bruit; bruit de gens qui se querellent ou qui se battent. *Il y a du v. dans cette maison. Faire v., un grand v., un v. épouvantable. Apaiser, faire cesser le v.* — Fam., *Il est allé faire du v. dans cette maison*, Il y est allé quereller quelqu'un, faire du bruit. = Syn. Voy. **TUMULTE**.

VACATION. s. f. [Pr. *vaka-sion*] (lat. *vacatio*, m. s., de *vacare*, être vacant). Métier, profession. *De quelle v. est-il?* Vx et inus. || Se dit quelquefois en parlant de choses non occupées, et signifie alors Vacance. *Cette place, v. avenante, a été promise à un tel.* || L'espace de temps que certaines personnes chargées d'un office public, comme notaires, avoués, greffiers, huissiers, commissaires-priseurs, experts, etc., em-ploient à travailler à quelque affaire. *On paye tant aux experts par chaque v. Il y a eu ce jour-là deux vacations.* = *Vacations*, au plur., se dit des honoraires qu'on paye aux gens d'affaires, aux gens de loi. *Ce notaire s'est fait payer tant de vacations pour cet inventaire. On lui a taxé ses vacations.* || Se dit aussi de la cessation des séances des gens de justice. *Le temps des vacations. J'ai fait cet ouvrage durant les vacations.*

Jurispr. — *Chambre des vacations.* — Chaque année des vacances sont accordées aux membres des tribunaux du 15 août au 15 septembre. Le temps pendant lequel l'exercice de la justice est ainsi normalement suspendu est appelé *va-cances* ou *vacations*. Prévoyant le cas où des affaires récla-ment une prompte solution, la loi a institué une chambre siégeant pendant cette période de temps et connue sous le nom de *Chambre des vacations*. Cette chambre se compose de trois juges au moins, dans les tribunaux de 1re instance, d'un président et de sept conseillers, dans les Cours d'appel.

VACCAIRE. s. f. [Pr. *vak-kère*] (lat. *vacca*, vache). T. Bot. Nom vulgaire du *Saponaria vaccaria* Voy. **CARYO-PHYLLÉES**, I.

VACCARO, peintre ital., né à Naples (1598-1670).

VACCÉENS, anc. peuple de l'Ibérie (Tarraconaise).

VACCIN. adj. et s. m. [Pr. *vak-sin*] (lat. *vaccinus*, de *vacca*, vache) T. Méd. Le v. est le virus de la vaccine, c.-à-d. de la maladie qui préserve de la variole; c'est un liquide visqueux et transparent qui conserve sa virulence, soit à l'état liquide, soit à l'état desséché pendant deux mois envi-ron; la chaleur prolongée en diminue l'énergie. On peut le recueillir soit sur les pustules d'une génisse atteinte de *cow-pox* ou *picote* (éruption pustuleuse se développant sur les pis), soit chez le cheval atteint de *horse-pox* ou *eau des jambes*, soit chez la génisse inoculée (v. *animal*), soit chez l'enfant, six ou sept jours après l'inoculation vaccinale (v. *humain*); on choisit les pustules bien formées. Le v., comme nous l'avons dit, peut se conserver, mais il doit être mis à l'abri de la lumière et de l'air; dans ce but, le v. humain est recueilli dans des tubes capillaires de verre, que l'on ferme ensuite en en plongeant les extrémités dans de la cire à cacheter fondue, quand on veut utiliser le v. il suffit de casser les extrémités du tube ; on en chasse ensuite le contenu sur une plaque de verre aseptique ; si le v. a perdu sa limpidité et est floconneux, il doit être rejeté car ce sont là des signes d'altération. — Le v. animal peut être naturel, c.-à-d. fourni par les génisses atteintes de cow-pox, mais il est le plus souvent recueilli sur des génisses de 2 ou 3 mois préalablement inoculées ; le v. ainsi produit peut être conservé, soit sous forme de lymphe liquide dont on a retiré la couche fibrineuse au moyen d'une aiguille aseptique, soit sous forme de pulpe glycérinée ; dans ce cas, le contenu des pustules datant de 6 jours, est mélangé à de la glycérine. La pulpe est plus active que la lymphe. Ces principes sont recueillis dans des tubes de verres, stérilisés par la chaleur ces tirés àchaque bout, et enfin fermés, au moyen du chalumeau à gaz. Dans la pratique, on tend de plus en plus, avec raison, à substituer le v. animal au v. humain ; la vaccination de bras à bras (v. humain) ne doit être accepté que si le sujet vaccinifère est vigoureux, ne présente aucune tare pathologique personnelle ou héréditaire et s'il n'a pas été vacciné antérieurement. Il faut savoir que la syphilis, certaines affections herpétiques : eczéma, impétigo, ont été transmises avec le v. humain ; ces accidents ne sont pas à craindre avec le v. animal.

VACCINAL, ALE. adj [Pr. vak-sinal]. Qui a rapport au vaccin. Pustule vaccinale.

VACCINATEUR. adj. et s m. [Pr. vak-sinateur]. Celui qui se livre particulièrement à la pratique de la vaccination. Un v. Médecin v.

VACCINATION. s f. [Pr. vak-sina-sion]. Action de vacciner.
Méd. — La v. est l'opération par laquelle on inocule le vaccin ; elle peut se faire en toute saison ; on la pratique chez les nouveau-nés dans les trois premiers mois. Le vaccin est généralement inoculé au bras, au-dessous de l'insertion du deltoïde et parfois aussi, surtout chez les petites filles, à la jambe ; on se sert habituellement d'un instrument spécial, la lancette, qu'on stérilise d'abord et qu'on charge ensuite de vaccin. La région, sur laquelle on doit opérer ayant été lavée, on fait l'inoculation, au moyen de la lancette, soit par ponction, la pointe de l'instrument étant poussée obliquement sous l'épiderme, soit par scarification : on fait, en ce cas, avec la pointe de l'instrument des éraillures d'une longueur de 3 millimètres et allant jusqu'au derme. On doit éviter l'écoulement du sang — On pratique, en général 3 piqûres ou scarifications pour chaque bras, distantes de 3 centimètres l'une de l'autre Les régions inoculées doivent être maintenues à l'air pendant quelques minutes jusqu'à dessiccation des piqûres, on recouvre ensuite celles-ci d'un morceau de toile fine. La v. est inoffensive à la condition qu'on emploie du vaccin de bonne qualité et aussi qu'on prenne les précautions antiseptiques qui viennent d'être indiquées. — La lancette doit être rendue aseptique après chaque v. — L'immunité contre la variole conférée par la v. suivie de succès, cesse après 7 à 10 ans environ ; on doit donc, recourir après ce délai, à une revaccination.
La v. n'est pas seulement pratiquée contre la variole ; cette opération est faite, dans un but préventif, contre plusieurs maladies infectieuses : charbon des animaux, diphtérie, tétanos, rage, etc. ; elle consiste dans l'injection sous-cutanée de liquides immunisants renfermant des virus atténués (Voy. SÉRUMTHÉRAPIE, CHARBON, DIPHTÉRIE, etc.). Cette méthode, encore à l'étude aujourd'hui, paraît devoir donner des résultats remarquables.

VACCINE. s f. [Pr. vak-sine] (lat. vaccinus, de vache). T. Méd. Dans certaines circonstances, il se développe spontanément sur le pis des vaches une éruption pustuleuse particulière, qu'on nomme vulgairement Picote et que les Anglais appellent Cow-pox, c.-à-d variole des vaches, de cow, vache, et pox, variole. Les pustules qui constituent cette éruption contiennent un fluide virulent appelé Virus vaccin, ou simplement Vaccin, lequel, inoculé à l'homme, détermine à son tour une éruption spéciale nommée Vaccine, qui a la propriété de préserver l'individu de la variole. Quoique la v. ait été pratiquée il y a des siècles par les médecins hindous, quoiqu'on l'ait également trouvée chez une tribu nomade de la Perse, ainsi que chez les habitants de la cordillère des Andes, quoique enfin nos paysans eussent très bien observé que les individus qui avaient, en trayant les vaches atteintes de picote,

été affectés de cette éruption, se trouvaient désormais à l'abri de la variole, on ne saurait refuser au médecin anglais Édouard Jenner l'honneur d'avoir le premier reconnu la vertu préservatrice de la vaccine et popularisé cette admirable découverte Ce fut en 1798, après 12 ou 13 ans de recherches assidues, qu'il publia les premiers travaux qui ont immortalisé son nom et lui ont assigné une place éminente parmi les bienfaiteurs de l'humanité. Avant Jenner, on savait se préserver à peu près de la variole par des inoculations préventives du liquide des pustules varioliques, car cette maladie ne récidive pas. Ces inoculations préventives étaient pratiquées dès 1721 par le médecin anglais Mead.
Quant à la v., c'est donc une maladie particulière provoquée volontairement par l'inoculation d'un virus spécial, dans le but de rendre l'organisme réfractaire à la variole. La v évolue en plusieurs stades. La période d'incubation de la v. dure ordinairement de 3 à 4 jours. La légère rougeur qui entoure presque toujours la piqûre, aussitôt après qu'on a pratiqué l'inoculation (Voy. VACCINATION), disparaissant au bout d'un moment, on n'aperçoit rien pendant cette période, car la partie vaccinée ne présente aucun changement. La période d'éruption commence vers la fin du troisième ou quatrième jour. On sent alors, au niveau des piqûres, un point dur et saillant qu'entoure une légère rougeur Le cinquième jour, l'élevure devient plus rouge, circulaire, ombiliquée au centre. Le sixième, la tache rouge de l'élevure s'éclaircit, le bourrelet, entouré d'un cercle rouge d'un millimètre de diamètre, s'élargit, s'aplatit, se creuse davantage à son centre et prend une teinte d'un blanc bleuâtre. Au septième et au huitième jour, la pustule augmente, s'entoure d'une auréole circonscrite d'un rouge vif, dont le diamètre est très variable, l'inflammation gagne le tissu cellulaire. C'est à ce moment de l'éruption que l'on doit recueillir le virus vaccin, soit pour le conserver, soit pour vacciner immédiatement d'autres sujets. Au neuvième et au dixième jour, l'auréole s'étend et l'engorgement augmente. Il y a parfois alors un peu de fièvre, d'agitation et de malaise ; mais ces phénomènes de réaction sont souvent à peine marqués et même ils manquent en général tout à fait chez les enfants, quelque jeunes qu'ils soient. Il n'en est pas de même des adultes ; chez eux, en effet, la fièvre est plus forte, la rougeur et l'induration phlegmoneuses sont parfois très étendues ; enfin, les ganglions axillaires sont toujours tuméfiés et douloureux. La période de dessiccation commence au onzième jour Le fluide de la pustule offre l'aspect purulent ; celle-ci se flétrit et brunit, l'auréole pâlit et jaunit. Du douzième au treizième jour, la dessiccation s'opère. Enfin, la croûte tombe du vingtième au vingt-cinquième jour et laisse à découvert une cicatrice gaufrée et rayonnée, qui ne s'efface jamais.
Parfois les pustules se produisent plus tôt et se dessèchent plus vite sans laisser de cicatrices ; c'est ce qu'on appelle la fausse v. ; il s'agit en réalité d'une v. atténuée, mais ayant cependant un certain degré d'efficacité.

VACCINER. v. a. [Pr. vak-siner] (R. vaccin). T. Méd. Inoculer le virus vaccin. V. un enfant. Par extens., Inoculer préventivement un virus atténué de nature quelconque. V. des bœufs contre le charbon. Voy VACCINATION, SÉRUMTHÉRAPIE, CHARBON, etc.

VACCINIDE. s. f. [Pr. vak-sinide]. On désigne ainsi une éruption vaccinale généralisée ; cette affection est peu grave et disparaît au bout d'une semaine ; elle modifie peu l'état général.

VACCINIÉES. s. f. pl [Pr. vak-sinié] (lat. vacca, vache). T. Bot. Tribu de plantes Dicotylédones de la famille des Ericacées. Voy. ce mot

VACHE. s. f. (lat. vacca, m s.) La femelle du taureau. V blanche, noire. V. grasse, maigre. V. laitière. Garder les vaches. Traire une v. Étable à vaches. De la bouse de v Voy BŒUF || Fam., Poil de v., Poil roux. Être roux comme une v , Être extrêmement roux. — Fig. et prov. Manger de la v. enragée, Éprouver beaucoup de privations et de fatigues. Parler français comme une vache espagnole, Parler fort mal le français S'il ne tient qu'à cela, la v est à nous, Nous sommes sûrs de réussir Bonhomme, garde ta v , Voy BONHOMME Le plancher des vaches. Voy. PLANCHER. — Fig. et fam , V. à lait, se dit d'une personne ou d'une chose dont on tire un profit continuel. Ce plaideur, ce procès est une v à lait pour ce procureur — Prov. Les sept vaches grasses et les sept vaches maigres, rève du roi d'Égypte annonçant sept années d'abondance suivie de sept années de disette (Bible), et par extens. Disette suivant l'abondance. — *Chacun son métier, et les vaches seront bien gardées*, Tout va bien quand chacun fait son état. — *La v. à Colas*, Le protestantisme par allusion à la v d'un paysan, Colas, qui étant entrée dans un prêche de protestants aurait été tuée et mangée par eux. — Fig et par moquerie, *C'est une v., une vraie v., une grosse v.*, se dit d'une femme qui a trop d'embonpoint. *Elle devient v.*, Elle prend trop d'embonpoint. || T. Techn. La peau de v. corroyée et propre à faire des souliers, des bottes, des harnais de chevaux, etc. *La v. est bien chère. V. de Russie. V. de pays. V. parée. Souliers de v.* || Panier revêtu de cuir, qu'on place sur l'impériale des voitures de voyage, et qui en a les dimensions.

VACHER, ÈRE. s. Celui, celle qui mène paître les vaches et qui les garde.

VACHERIE. s. f. Lieu destiné à retirer les vaches.

VACIET. s. m. [Pr *va-siè*] (lat. *vaccinium*, m. s., de *vacca*, vache). Nom vulgaire du *Vaccinium Myrtillus*. Voy. ÉRICACÉES, III.

VACILLANT, ANTE. adj. [Pr. *vasil-lan*]. Qui vacille. *Démarche vacillante. Pied v. Avoir la main vacillante.* || Fig., Incertain, irrésolu, chancelant. *Esprit v. Ces témoins sont vacillants dans leurs dépositions.*

VACILLATION. s. f. [Pr. *vasil-la-sion*] (lat. *vacillatio*, m. s.). Mouvement de ce qui vacille. *La v. d'une barque. La v. de la lumière.* || Fig., Incertitude, irrésolution, variation. *V. dans les sentiments. V. dans les opinions, dans les projets.*

VACILLATOIRE. adj. 2 g. (Pr. *vasil-la-touare*). Qui est de la nature de la vacillation.

VACILLER. v. n. [Pr. *vasil-ler*] (lat. *vacillare*, m. s.). Branler, chanceler, n'être pas bien ferme. *La main lui a vacillé. Il faut mettre cette pendule sur quelque chose qui ne puisse v.* || Osciller. *Cette lumière, cette lueur, cette clarté vacille.* || Fig., *Cet homme vacille toujours, ne fait que v.*, Il est incertain, irrésolu, il n'est point ferme dans ce qu'il veut. — *V. dans ses réponses*, Répondre tantôt d'une façon, tantôt d'une autre. = Syn. Voy. CHANCELER.

VACQUERIE (AUGUSTE), littérateur et auteur dramatique fr., né à Villequier, Seine-Inférieure (1819-1895).

VACUITÉ. s. f. (Pr. *va-kuité*) (lat. *vacuitas*, m. s.). L'état d'une chose vide. *La v. de l'estomac cause des tiraillements.*

VACUOLE. s. f. (lat. *vacuus*, vide). T. Anat. et Bot. Petite cavité d'un tissu ou d'un élément anatomique, pleine de gaz ou de liquide, et paraissant vide par rapport au tissu qui l'entoure.

VADÉ (JEAN-JOSEPH), poète burlesque fr. (1719-1757).

VADE. s. f. (mot lat. qui sign. *va*). T. Jeu de brelan et autres jeux. La somme, quelle qu'elle soit, dont un des joueurs ouvre le jeu. *La v est de cent francs* || Fig. et fam., *Dans cette affaire chacun est pour sa v.*, Chacun y est pour son intérêt, pour son compte. Peu usité.

VADEMANQUE. s. f. [Pr. *vade-manke*]. T. Banque. Diminution des fonds d'une caisse. Vx.

VADE-MECUM s. m. [Pr *vadé-mékome*]. Terme composé de deux mots latins qui signifient, *Viens avec moi*. Se dit d'une chose qu'on porte ordinairement et commodément sur soi. *Ce petit livre est mon v.-mecum.* || On dit aussi quelquefois, *Veni-mecum.*

VADICASSES ou **VIDUCASSES**, anc. peuple de la Gaule qui habitait un pays situé dans le dép. actuel du Calvados.

VADIMON (Lac), auj. lac de Bassano (Toscane).

VADROUILLE. s. f. [Pr. *va-drou-lle, ll* mouillées] (Dimin. du vx fr. *vadeau*, de l'angl. *wad*, paquet). T. Mar. Tampon de laine fixé au bout d'un bâton pour nettoyer le pont. || Fig et Pop. Mauvais drôle.

VADUTZ, v. d'Autriche; 1,000 hab., cap. de la principauté de Lichtenstein, près de la rive droite du Rhin qui sépare les principauté de la Suisse.

VA-ET-VIENT. s. m [Pr. *va-é-vi-in*]. Partie d'une machine qui va et vient d'un point à un autre, lorsque la machine est en mouvement. On dit de même, *Mouvement de va-et-vient.* || Petit bac qui sert à traverser une petite rivière. || T. Mar. Cordage établi entre la terre et un navire, et au moyen duquel on peut se haler et communiquer du bord à la côte. *A l'aide d'un va-et-vient, l'équipage put gagner la côte sain et sauf.*

VAGABOND, ONDE. adj. (lat. *vagabundus*, m. s., de *vagari*, errer çà et là). Qui erre çà et là. *Des hordes vagabondes. Des troupeaux errants et vagabonds.* || Fig., Désordonné, déréglé. *Une vie vagabonde. Esprit v. Une tête, une imagination vagabonde.* — Poétiq., *Course vagabonde* = VAGABOND. s. m. Celui qui erre, qui n'a pas de domicile. Voy. VAGABONDAGE.

VAGABONDAGE. s. m. État, habitude de vagabond.

Législ. — Dans notre législation pénale, on donne le nom de *Vagabonds* ou de *Gens sans aveu*, aux individus qui n'ont ni domicile certain, ni moyen de subsistance, et qui n'exercent habituellement ni métier ni profession. L'habitude de vagabonder, ou le *Vagabondage*, est considérée comme un délit. La présence dans une commune de vagabonds pouvant compromettre l'ordre et la sûreté publics, dont le maintien est confié à l'autorité municipale, un maire peut statuer, par arrêté de police, que tout individu étranger à la commune et en état de v., sera arrêté et mis à la disposition du procureur de la République Tout vagabond qui est déclaré tel par un jugement correctionnel, encourt la peine de 3 à 6 mois d'emprisonnement. En outre, après avoir subi sa peine, il encourt l'interdiction de certains lieux (autrefois la surveillance de la haute police) pendant 5 ans au moins et 10 ans au plus. Toutefois les vagabonds de moins de 16 ans ne sont point condamnés à l'emprisonnement; mais, sur la preuve des faits de v., ils sont frappés de l'interdiction de certains lieux jusqu'à 20 ans accomplis Si les individus déclarés vagabonds sont étrangers, ils peuvent être expulsés du territoire. (C. Pénal, art. 269-73.) La loi du 27 mai 1885 sur les récidivistes a étendu les dispositions du Code pénal sur le v., en vue d'atteindre les individus vivant habituellement de la prostitution des femmes : « Sont considérés comme gens sans aveu et punis des peines édictées contre le v. tous individus qui, soit *qu'ils aient ou non un domicile certain*, ne tirent habituellement leur subsistance que du fait de pratiquer et de faciliter sur la voie publique l'exercice de jeux illicites ou la prostitution d'autrui. »

VAGABONDER. v. n. Être vagabond, faire le vagabond. Fam.

VAGIN. s. m. (lat. *vagina*, gaine). T. Anat. Canal cylindroïde qui part de la vulve et conduit à la matrice.

Anat. — Le v. est un conduit membraneux allant de la vulve au col de l'utérus; il est destiné, pendant le coït, à loger le pénis qui y verse le sperme. Il est dirigé de haut en bas et d'arrière en avant; il présente deux parois, une antérieure et une postérieure, appliquées l'une contre l'autre; il est élastique et se dilate facilement; sa longueur est d'environ 11 centimètres. Son extrémité antérieure ou inférieure constitue l'ouverture; elle est en rapport avec la vulve; on trouve, chez la vierge, à ce niveau, une membrane formée par un repli de la muqueuse vaginale et appelée *hymen*; cette membrane est déchirée après les premiers rapports sexuels et les lambeaux qui en résultent se rétractent et forment de petites saillies appelées *caroncules myrtiformes*. L'extrémité postérieure ou supérieure se fixe autour du col de l'utérus. Sur chacune des faces du v. on trouve un fort pli longitudinal dit *colonne antérieure* ou *colonne postérieure*; la première proémine à la vulve sous le nom de *tubercule antérieur*. La face antérieure du v. est en rapport avec l'urètre et la vessie, la face postérieure avec le cul-de-sac rétro-utérin et le rectum.

Le v. est constitué par trois tuniques; la tunique externe est mince et composée de tissu cellulo-fibreux; la tunique moyenne est riche en fibres musculaires lamineuses et élastiques; la tunique interne est épaisse de 1 millimètre environ et sa face superficielle présente un grand nombre de saillies et papilles assez volumineuses; l'épithélium qui tapisse cette muqueuse est pavimenteux. On donne le nom de *bulbe du vagin* à un organe érectile situé à l'entrée de l'orifice vaginal dont il occupe la moitié supérieure; il est situé au-dessous du clitoris; c'est un corps spongieux, composé de tissu érectile.

L'artère vaginale vient de l'hypogastrique; les veines se rendent aux veines hypogastriques; les lymphatiques aboutissent aux ganglions inguinaux.

Pathol. — Les *vices de conformation* (absence, rétrécissement, oblitération) sont rares; cependant le *cloisonnement*, dont le résultat est l'existence de deux vagins, se rencontre plus fréquemment. Cette anomalie peut longtemps passer inaperçue, elle entrave parfois l'écoulement menstruel; une intervention chirurgicale est souvent nécessaire.

Les *corps étrangers*, oubliés ou laissés par négligence un certain temps dans le v., comme il arrive parfois pour les pessaires, peuvent déterminer des accidents inflammatoires qui disparaissent vite après leur extirpation et quelques injections antiseptiques.

Les *fistules* vésico-vaginales ou recto-vaginales font communiquer le v. soit avec la vessie, soit avec le rectum; elles constituent une infirmité très gênante; elles reconnaissent plusieurs causes: propagation d'un cancer, ablation d'une tumeur, etc. Le traitement chirurgical est le seul efficace.

Le *prolapsus* ou *chute* du v. accompagne souvent l'abaissement de l'utérus; la paroi antérieure entraîne avec elle la vessie (cystocèle), le rectum suit la paroi postérieure (rectocèle). Les pessaires, certaines ceintures, rendent de grands services dans le traitement de cette lésion; l'intervention chirurgicale (périnéorraphie) peut être nécessaire.

La *vaginite* est l'inflammation du v.; elle reconnaît souvent une origine vénérienne, excès de coït; elle est souvent infectieuse et causée par le microbe de la blennorragie, le *gonocoque*; l'anémie, la chlorose l'entretiennent. Cette maladie cause une sensation de chaleur pénible; la marche est parfois gênée; il existe un *écoulement blanc* ou verdâtre; la muqueuse peut être ulcérée; cette inflammation devient facilement chronique, elle peut également se propager aux organes voisins: urètre et vessie, utérus, et se compliquer ainsi de cystite, de métrite.

Le traitement consiste dans l'emploi d'injections chaudes avec une solution d'acide borique, de sublimé; dans la vaginite due au gonocoque, les injections avec une solution de permanganate rendent de grands services.

VAGINAL, ALE. adj. Qui est en forme de gaine. *Enveloppe vaginale.* || Qui appartient au vagin. *Mucus v. Ligaments vaginaux.*

Anat. — *Apophyse vaginale.* — Bord postérieur de la lamelle qui forme la paroi antéro-inférieure du conduit auditif externe.

Artère vaginale. — Branche de l'artère iliaque allant au vagin.

Tunique vaginale. — Membrane séreuse qui forme l'enveloppe la plus profonde des bourses. On l'appelle aussi *la vaginale.* Voy. SCROTUM et TESTICULE.

VAGINALE. s. f. T. Anat. *La tunique v.* || T. Ornith. Un des noms vulg. du CHIONIS. Voy. ce mot.

VAGINALITE. s. f. T. Méd. Inflammation de la tunique vaginale.

VAGINÉ, ÉE. adj. Qui est embrassé par une gaine.

VAGINIFORME. adj. 2 g. Qui ressemble à une gaine.

VAGINISME. s. m. (R. *vagin*). T. Méd. On nomme ainsi une affection causée par une exagération de la sensibilité (hyperesthésie) de la vulve qui rend le coït insupportable. Le v. peut être causé par une excoriation ou une fissure de la muqueuse; parfois on ne rencontre aucune lésion. Le traitement consiste dans la dilatation du vagin qui amène la guérison de la fissure. Dans les autres cas, on est obligé souvent de recourir à l'excision des débris de l'hymen. L'application de vaseline iodoformée ou cocaïnée, dans le but d'insensibiliser la région, doit être tentée avant toute intervention.

VAGINITE. s. f. T. Pathol. Inflammation du *Vagin.* Voy. ce mot.

VAGINULE. s. f. (lat. *vaginula*, dimin. du lat. *vagina*, gaine). T. Bot. Nom donné à la gaine, qui dans certaines Hépatiques, entoure la base du sporogone.

VAGIR. v. n. (lat. *vagire*, m. s.). Pousser des vagissements. *J'ai entendu v. un enfant.*

VAGISSEMENT. s. m. [Pr. *vaji-seman*]. Cri d'un enfant nouveau-né.

VAGON. s. m. Voy. WAGON.

VAGUE. s. f. (anc. haut all. *vâc*, d'un rad. sanscrit qui sign. porter, couler). Se dit de l'eau, soit de la mer, soit d'un lac ou d'une rivière, quand elle est agitée par les vents, par la tempête, par un tremblement de terre, etc. *De grandes vagues. Des vagues hautes comme des montagnes. La fureur des vagues. Aller au-devant de la v* = Syn. Voy. ONDE.

Physiq. — La hauteur des vagues dépend de la violence du vent, de la profondeur de la mer et de la configuration des côtes. Le mouvement des vagues est une oscillation verticale qui se propage avec une vitesse plus ou moins grande suivant la profondeur du lit. La crête de la v. s'avance par l'effet de cette propagation; mais l'eau n'est animée d'aucun mouvement horizontal, comme on le vérifie en considérant un objet flottant qu'on voit s'élever puis s'abaisser sans avancer à mesure qu'il est atteint par la crête ou par le creux de la v. On dit que la v. *déferle* quand sa crête se recourbe en forme de volute et finit par se briser en produisant de l'écume. Les vagues qui ne déferlent pas constituent la *houle.* Celles qui déferlent fatiguent beaucoup plus les navires à cause des chocs que produit l'eau qui retombe de la crête brisée. On empêche les vagues de déferler en répandant à la surface de la mer une petite quantité d'huile. Cette propriété de l'huile, aujourd'hui bien constatée, s'explique par la théorie de la tension superficielle des liquides. Voy. CAPILLARITÉ.

VAGUE. adj. 2 g. (lat. *vagus*, de même orig. que *vagari*, errer). Indéfini, qui n'a point de bornes fixes et déterminées. *Lieux vagues. Espaces vagues. Douleurs vagues.* — *Terres vaines et vagues,* Terres incultes et dont rien ne marque les limites. || Fig., Incertain, qui manque de fixité, de solidité, de netteté, de précision. *Un esprit v. Désir v. Sentiment v. Discours v. Propositions, promesses vagues. Une v. et douce mélancolie.* — On dit de même, substant., *Il y a du v. dans sa pensée. Il y a beaucoup de v. dans ses discours.* || T. Peint. *Vague,* sign. Qui manque de précision, de netteté; mais il se dit souvent par éloge, en parlant des formes indécises, des teintes aériennes ou vaporeuses qui donnent à certaines compositions un charme particulier. *Couleur v. Lumière v.* — Substantiv., *Le v. des contours et de la lumière donne un charme mystérieux à son tableau.* || T. Anat. *Nerf v.* ou *pneumogastrique,* Voy. ENCÉPHALE, I, E. || T. Chronol. *Année v.,* Voy. ANNÉE. = **VAGUE.** s. m. Grand espace, espace vide, où qu'on se figure comme tel. *Le v. de l'air. Dans le v. des airs.* || Fig., Se perdre dans le v., Faire de longs raisonnements sans solidité, sans conclusion.

VAGUEMENT. adv. D'une manière vague; ne se dit qu'au fig. *Il n'en a parlé que v. Il a répondu vaguement.*

VAGUEMESTRE. s. m. (all. *wagenmeister*, maître de chariot). Officier chargé de la conduite des équipages d'une armée. *V. général.* || *V. du régiment.* Sous-officier qui, dans chaque régiment, a la surveillance des équipages, et qui en outre est chargé d'aller chercher au bureau de poste les lettres et paquets adressés aux officiers et soldats du régiment, et de les distribuer à qui de droit. Se dit aussi du marin chargé de la distribution des lettres dans un vaisseau. || Se dit aussi d'un officier de la maison du roi et de celle des princes.

VAGUER. v. n. (lat. *vagari*, m. s.). Errer çà et là, aller de côté et d'autre à l'aventure. *V. par les champs.* = Syn. Voy. ERRER.

VAIGATZ (Île de), île russe de l'Océan Glacial arctique, et Détroit du même nom qui la sépare du continent.

VAIGRAGE. s. m. T. Mar. L'ensemble des vaigres.

VAIGRES. s. f. pl. (orig. germ.: holl. *weeger*, m. s.). T.

Mar. Planches ou bordages qui revêtent la muraille intérieure d'un bâtiment.

VAIGRER. v. a. *V. un bâtiment*, Le revêtir de ses vaigres. == VAIGRÉ, ÉE. part.

VAILLAMMENT. adv. [Pr. *va-lla-man*, *ll* mouillées] (R. *vaillant*). Avec valeur. *Il a v. combattu*.

VAILLANCE. s. f. [Pr. *va-llan-se*, *ll* mouillées] (lat. *valentia*, force). Valeur, courage, *Grande v. Héroïque v.*

VAILLANT, ANTE. adj. [Pr. *va-llan*, *ante*, *ll* mouillées] (lat. *valens*, fort courageux). Valeureux, courageux. *Un v. capitaine. C'est une nation fort vaillante.* || Fig., *Ce héros mit toujours sa vaillante épée au service de la religion.*

VAILLANT. s. m. [Pr. *va-llan*, *ll* mouillées] (lat. *valens*, qu ia de la valeur). Se dit de toute la fortune, de tout ce qui compose le bien d'une personne. *Il a mis tout son v. à cette terre.* Vx. || Adverb., *Il a dix mille écus v. Il n'a plus rien v. Il n'a pas un sou v.* — Ce mot est familier.

VAILLANT (J.-F.), numismate fr. (1632-1706).

VAILLANT (Sébastien), botaniste fr. (1669-1722).

VAILLANT, maréchal de France (1790-1872), ministre de la guerre sous le second Empire (1854-1859), puis ministre de la maison de l'Empereur (1860-1870).

VAILLANTISE. s. f. [Pr. *va-llan-tize*, *ll* mouillées] (R. *vaillant*). Action de la valeur. *Voilà une belle v. Il nous raconta ses vaillantises.* Fam. et peu us.

VAILLY, ch.-l. de c. (Aisne), arr. de Soissons, sur l'Aisne; 1,600 hab.

VAILLY-SUR-SAULDRE, ch.-l. de c. (Cher), arr. de Sancerre; 1,200 hab.

VAIN, VAINE. adj. [Pr. *vin*, *vène*] (lat. *vanus*, m. s.). Inutile, qui ne produit rien. *Faire de vains efforts. — Terres vaines et vagues.* Voy. VAGUE. *Vaine pâture.* Voy. PÂTURAGE. || Frivole, chimérique, qui n'a aucun fondement solide et raisonnable. *Espérance vaine. Une vaine crainte. De vains songes. Des promesses, des paroles vaines.* || Orgueilleux, superbe. *Il est v., extrêmement v. C'est une âme vaine.* — *Vaine gloire*, Orgueil, sotte gloire. *Il est rempli de vaine gloire, tout plein de vaine gloire.* Vx et peu usité. == EN VAIN. loc. adv. Inutilement. *Il travaille en v. C'est en v. qu'il fait toutes ces démarches.* || *Prendre le nom de Dieu en v.*, L'employer dans un serment sans nécessité..

Syn. — *Vaniteux.* — *Vain* et *vaniteux* signifient également qui est fier d'avantages frivoles ou chimériques; mais *vain* exprime le défaut d'une manière générale, tandis que *vaniteux* désigne celui qui est ou a été *vain* dans un certain cas, ou pour certaines choses déterminées. En second lieu, le *vaniteux* présente tous les détails et toutes les minuties de la vanité poussée à l'excès. Le *vaniteux* est *vain* des choses les plus puériles et qui en valent le moins de peine.

VAINCRE. v. a. [Pr. *vin-kre*] (lat. *vincere*, m. s.). Remporter quelque grand avantage sur ses ennemis, dans la guerre. *Les Romains ont vaincu les plus belliqueuses nations de la terre. V. par ruse. Il faut v. ou mourir.* || Se dit des avantages qu'on remporte sur ses concurrents, ses compétiteurs. *V. quelqu'un à la course, à la lutte.* || Surpasser, lorsqu'il y a une sorte d'émulation entre les personnes. *V. quelqu'un en générosité, en libéralité, en grandeur d'âme.* || Surmonter. *V. des obstacles, des difficultés. J'ai vaincu sa résistance, son obstination.* — On dit aussi, au sens moral, *V. sa colère, son amour, ses passions, etc.* — SE VAINCRE. v. pron. *Se v. soi-même*, Dompter sa passion, ses passions. || *Se laisser v. à la pitié, à des raisons*, un absol., *Se laisser v.*, Se laisser toucher, se laisser persuader. *Se laisser v. aux tentations*, Succomber aux tentations. = VAINCU, UE. part. *Un ennemi vaincu. Vaincu par les prières, par les instances de quelqu'un.* || Se dit aussi au masc. *Le vaincu est contraint d'obéir. Le vainqueur et le vaincu. Épargner les vaincus.* == Syn. Voy. BATTRE.

Conj. — *Je vaincs, tu vaincs, il vainc; nous vainquons,*

vous vainquez, ils vainquent. Je vainquais; nous vainquions. Je vainquis; nous vainquîmes. Je vaincrai; nous vaincrons. Je vaincrais; nous vaincrions. Vainquons. Que je vainque; que nous vainquions. Que je vainquisse; que nous vainquissions. — Le présent et l'imparfait de ce verbe sont fort peu usités.

VAINEMENT. adv. [Pr. *vène-man*]. En vain, inutilement. *Il a parlé v. Travailler v. et sans fruit.*

VAINQUEUR. s. m. [Pr. *vin-keur*]. Celui qui a vaincu. *Un v. généreux. Un v. inhumain, farouche, cruel. Entrer en v. dans une ville.* — *Le v. de Pharsale, de Rocroy, d'Austerlitz, etc.*, Celui qui a vaincu à Pharsale, etc. || Celui qui a remporté quelque avantage sur son concurrent. *Être v. à la course, à la lutte. V. aux jeux Olympiques. Il sortit v. du débat.* || Se dit aussi en parlant des obstacles qu'on surmonte, des passions que l'on dompte. *V. de tous les obstacles qu'on lui avait opposés. Le sage est v. de ses passions.* || Se dit quelquefois adjectiv. *Un ascendant v. Des charmes vainqueurs.* — Ironiq.. *Un air v.*, des airs vainqueurs, Un air de hardiesse, de suffisance, de confiance extrême.

VAIR. s. m. [Pr. *ver*] (lat. *varius*, varié). Nom donné autrefois à une fourrure blanche et grise; ne se dit aujourd'hui qu'en termes de blason. Voy. ÉMAIL.

VAIRÉ, ÉE. adj. [Pr. *vè-ré*]. T. Blas. Orné de vair.

VAIRON. adj. m. [Pr. *vè-ron*] (R. *vair*, du lat. *varius* varié). Se dit des hommes et des chevaux dont l'iris est entouré d'un cercle blanchâtre, ou de ceux qui n'ont pas les deux yeux de la même couleur. *Ce cheval a l'œil v.*

VAIRON ou **VÉRON.** s. m. (R. *vairon*, adj.). T. Icht. Espèce de Poissons osseux. Voy. ABLE

VAISON, ch.-l. de c. (Vaucluse), arr. d'Orange; 2,800 hab.

VAISSEAU. s. m. [Pr. *vè-so*] (lat. *vascellum*, dimin. de *vas*, vase). Vase, ustensile destiné à contenir des liquides. *V. de terre, de bois, de cuivre, d'argent.* || Par analogie, se dit en T. Hist. natur., De tous les canaux ou conduits qui, chez les êtres organisés, soit animaux, soit végétaux, servent à la circulation des fluides. *Les vaisseaux sanguins, artériels, veineux. Les vaisseaux lymphatiques. Vaisseaux capillaires.* || Signifie encore un grand bâtiment de bois ou de fer, construit d'une manière propre à naviguer sur mer et à transporter des hommes et des marchandises; néanmoins les marins ne donnent ordinairement le nom de *Vaisseau* qu'aux bâtiments de l'État. *V. de guerre. V. marchand. V. de transport. Un v. à deux, à trois ponts. Une flotte de tant de vaisseaux.* — Fig., *Le v. de l'État*, L'État considéré par rapport à la manière dont il est ou doit être gouverné. *Conduire, diriger le v. de l'État.* || Se dit encore d'une grande pièce, d'un bâtiment considéré en dedans. *Cette église est un beau v., un grand v.*

Mar. — Le problème à résoudre lorsqu'il s'agit de construire un grand v., offre de nombreuses difficultés préliminaires. Connaissant le tonnage que doit avoir le futur navire, sa destination, marchandises, voyageurs ou guerre, il est essentiel de déterminer le déplacement d'eau de mer auquel doit correspondre ce tonnage. Or, le volume de la carène, ou le volume de déplacement, est équivalent à celui de l'eau que le vaisseau déplace quand il est à flot. Après l'avoir évalué en mètres cubes, on multiplie le nombre obtenu par 1,026 kilogrammes, poids d'un mètre cube d'eau de mer, et le produit de la multiplication exprime le poids du liquide déplacé, poids qui doit toujours être égal à celui du navire, c.-à-d. à la somme des poids de la coque, de la mâture, du grément, de l'armement, des machines, des vivres, et en général des objets de toute nature qui forment la charge que le bâtiment doit transporter. La quantité d'eau que le navire déplace sert de base pour la détermination de la forme qu'il convient d'adopter. Plus un navire est long et étroit, plus il est propre à recevoir de l'impulsion du vent ou de tout autre moteur un sillage rapide; mais aussi plus promptement il se déforme, et d'ailleurs plus il est difficile à manœuvrer. Au contraire, il est court et arrondi, il résiste parfaitement à l'action de la mer, s'incline fort peu, quoique couvert de voiles; en revanche, il est peu sensible au gouvernail, marche mal, et peut briser sa mâture par les brusques mouvements du roulis et du tangage. Si l'ingénieur se trompe dans ses calculs, le navire, définitivement armé, sera trop chargé ou ne le sera pas assez. Dans le premier cas, sa marche sera ralentie, tandis que, dans le second, en s'écartant de l'assiette qui lui assigne la stabilité nécessaire pour affronter, sans crainte des naufrages, les mouvements de la mer, il se trouvera avoir perdu une de ses plus indispensables qualités.

Sans nous préoccuper de la question des vaisseaux datant de la haute antiquité, de ceux que construisaient les Romains, les Grecs et les Phéniciens et auxquels on a donné le nom de GALÈRES (Voy. ce mot), navires marchant le plus souvent à la rame de manière à aider l'action des voiles ou inversement, nous dirons quelques mots de la constitution des navires en bois dont il existe encore de nombreux exemplaires dans la marine marchande, et aussi des pièces principales dont la réunion constitue le v. proprement dit, et qui, dans les bâtiments construits en tôle de fer ou d'acier, conservent le même nom.

Un v. est, à proprement parler, une grande construction susceptible de flotter sur l'eau et que l'on emploie à la navigation. On nomme *Coque*, le corps du navire, c.-à-d. la partie qui livrée à elle-même sur l'élément humide peut se maintenir à sa surface. Une partie de cette coque plonge dans l'eau; elle prend le nom d'*Œuvre vive de la carène* par opposition à toute la portion de la coque émergeant et qui s'appelle *Œuvre morte*. La ligne ou plutôt le plan horizontal séparant l'œuvre vive de l'œuvre morte est le *plan de flottaison*. La *quille* forme la base de tout l'édifice dont l'ensemble constitue le v. C'est souvent une pièce rectiligne horizontale ayant une longueur à peu près égale à celle que possède le bâtiment; fréquemment aussi, la quille à sa partie inférieure, en particulier dans les vaisseaux dont la voilure est considérable, n'est plus parallèle au plan de flottaison. On lui donne à l'arrière une hauteur beaucoup plus grande qu'à l'avant, afin d'assurer un équilibre et une stabilité aussi parfaits que faire se peut A l'avant, la quille se termine par une partie courbe, le brion et une partie droite. Le brion sert d'appui à une grande pièce, l'*étrave*, ou avant du navire. A l'arrière, à l'opposé du brion, existe une forte pièce à peu près verticale, l'*Étambot* soutenant le gouvernail.

Dans les vaisseaux en bois, les espaces compris entre l'étrave et l'étambot présentent des séries de pièces courbes traversales prenant leurs points d'appui inférieur sur la quille; on les nomme la *carcasse* du bâtiment; elles déterminent les contours de la carène Chacune de ces pièces s'appelle *couple* Elle comprend trois parties : une partie à peu près horizontale s'attachant directement à la quille, c'est la *varangue*; immédiatement au-dessus existe une seconde partie bombée qui est le *genou* et enfin l'*allonge* venant jusqu'au *bordage*. On appelle *Carlingue* l'assemblage formé par deux ou trois pièces de bois se trouvant dans la direction de la quille au-dessus de celle-ci. La carlingue recouvre les milieux des varangues des couples, et supporte des couples de liaison intérieurs appelés *Porques* L'ensemble de ces côtes constitue la *Membrure*. Elles sont unies et consolidées ensemble, à l'extérieur, par des *Bordages* de chêne qui les croisent à angle droit, et, à l'intérieur par un revêtement parallèle et semblable qu'on appelle *Vagrage*. Les coutures ou jointures que les bordages laissent entre eux sont remplies de bourrelets d'étoupe qu'on chasse dans ces vides, après quoi on applique sur toute la surface extérieure de la carène une couche de goudron, que recouvre ensuite le *Doublage* (Voy. ce mot). Dans les bâtiments de guerre, comme les *sabords*, ouvertures par où passe la gueule des canons, tendent à affaiblir la muraille, on la renforce en appliquant à l'extérieur, au-dessous de chaque ligne de sabords et sur toute la longueur du navire, une large et forte ceinture de bois, appelée *préceinte*, qui contribue à lier les couples. Tout bâtiment présente supérieurement un plancher qui en forme, pour ainsi dire, le toit, et qu'on nomme *Tillac*, plus ordinairement *Pont*. Ce plancher est supporté par des poutres appelées *Baux*, qui traversent le navire dans sa largeur, se lient avec la membrure, et sont en outre soutenues de distance en distance par des pièces de bois verticales, qu'on nomme *Épontilles*. Les grands bâtiments sont en outre partagés intérieurement en deux, trois et quatre étages, par un, deux et trois planchers superposés, que l'on désigne également sous le nom de *Ponts*. Dans les bâtiments à deux et à trois ponts, on appelle *premier pont* celui qui est le plus près de l'eau. Quant au pont supérieur, on nomme *Gaillard d'avant* la partie de ce pont qui s'étend du mât de misaine à l'extrémité antérieure du bâtiment, et *Gaillard d'arrière* celle qui est comprise entre le

couronnement de la poupe et le grand mât. Dans la plupart des bâtiments, le gaillard d'arrière est surmonté d'une *Dunette* (Voy. ce mot). Enfin, tout à fait à la partie antérieure du bâtiment, on remarque un assemblage de pièces de charpente qui forment une portion de cercle terminée en pointe, et qui font saillie en dehors de l'étrave : c'est la *Guibre*, appelée aussi, mais abusivement, *Éperon*. On nomme *Poulaine* l'espèce de galerie qui la surmonte en formant ainsi la continuation du pont.

Ainsi que nous venons de le dire, la capacité intérieure du navire est divisée par des planchers horizontaux en un certain nombre d'étages, qu'on nomme également *Ponts*, comme les planchers qui les forment. Ces étages sont eux-mêmes partagés, par des cloisons verticales, en compartiments auxquels on donne le nom générique d'*Emménagements*. En outre, ils communiquent entre eux au moyen d'ouvertures à peu près carrées, appelées *Écoutilles*, pratiquées dans les planchers, et qui se correspondent les unes aux autres, afin de faciliter le chargement et le déchargement des approvisionnements et autres objets. Le pont intérieur ou le *faux pont* est le plancher le plus rapproché de la quille : il donne son nom à l'étage qu'il forme. L'espace immédiatement situé au-dessous est la *Cale*; mais il est à remarquer que, sur les bâtiments qui n'ont pas de faux pont, on appelle généralement ainsi tout l'intérieur du navire. Tous les autres compartiments se nomment *Soutes*. Au-dessus de la cale proprement dite et en dessous du faux pont, règne une plate-forme dont les différentes pièces sont mobiles afin qu'on puisse prendre au besoin les objets qu'elles recouvrent, et sur laquelle sont arrimés les barils de farine, les caisses de salaison, etc. C'est aussi sur cette plate-forme qu'est placée la *Cambuse*, sorte de magasin où l'on pèse, mesure et distribue les rations de vivres à l'équipage. Autrefois le faux pont était occupé par les logements des officiers et des matelots; aujourd'hui les cabines réservées aux officiers sont placées sur le gaillard, les logements des matelots se trouvant à un étage intermédiaire sous le pont supérieur que l'on appelle l'*Entre-pont*. Le faux pont est divisé en compartiments où l'on dépose les sacs des matelots. Comme l'entre-pont, il est éclairé par des ouvertures circulaires, de 20 centimètres de diamètre, appelées *Hublots*, faits de glaces d'une extrême épaisseur, qui sont pratiquées dans la muraille, et que l'on est obligé, lorsque la mer est mauvaise, de tenir fermées pour empêcher l'eau d'inonder l'entre-pont et le faux pont.

Chacun sait à quel degré de perfection les anciens avaient déjà porté l'architecture navale. Les auteurs font mention de galères dont les dimensions étaient peu inférieures à celles de nos plus grandes constructions maritimes. L'invention de la poudre et des armes à feu, puis, bientôt après, la découverte de l'Amérique et les grandes expéditions qui en furent la suite, firent sentir la nécessité de nouveaux perfectionnements. Cependant les véritables progrès ne commencèrent que très tard, c.-à-d. dans la première moitié du XVIIIe siècle Ils furent provoqués par notre Académie des sciences qui s'empressa d'appeler l'attention des hommes de science et de pratique sur les améliorations qu'il serait utile d'introduire dans toutes les branches de l'art naval. Tout en encourageant la fabrication des instruments nautiques, elle ouvrit des concours sur les modifications que pouvaient recevoir les formes, l'arrimage, la voilure et la propulsion des navires, et demanda aux plus grands géomètres la solution d'une foule de questions que les constructeurs seuls n'auraient pu résoudre. Les savants les plus distingués répondirent à son appel, et l'art des constructions navales fit des progrès rapides. Ce fut dans notre pays que les nouveaux perfectionnements indiqués par la science furent d'abord mis en pratique, et ce fut un Français, le célèbre ingénieur Sané, qui construisit les bâtiments les plus parfaits qu'on eût encore mis à la mer. Malheureusement, pendant les guerres de la Révolution, plusieurs de ces vaisseaux tombèrent au pouvoir des Anglais, qui les employèrent comme modèles pour renouveler leur matériel naval. Toutefois, si les ingénieurs français durent à une éducation scientifique plus élevée de trouver les principes fondamentaux de l'architecture navale, les ingénieurs anglais, beaucoup plus avancés quant aux moyens d'exécution, y introduisirent une multitude de perfectionnements de détail aussi utiles aux bâtiments de commerce qu'aux bâtiments de guerre. Ainsi, par ex., ce fut un Anglais, Fairbairn, qui, vers 1836, proposa de substituer le fer au bois dans les constructions navales, afin de les rendre à la fois plus légères et plus solides. L'emploi de la vapeur pour la propulsion des navires, a ouvert une voie nouvelle de progrès au génie naval. Dès 1825, quand on eut reconnu que les bateaux à vapeur étaient éminemment propres au service de mer, les constructeurs anglais et américains se mirent à l'œuvre pour en tirer tout le parti possible, et, au bout de quelques années, les mers furent sillonnées de bâtiments ayant des dimensions inouïes jusqu'alors, et marchant avec une rapidité et une régularité que ne pouvaient contraver, ni les vents contraires, ni l'immobilité des calmes. Ce sont ces créations nouvelles arrivées à un degré de perfection absolu, que nous allons étudier et décrire à présent.

Un v. tel que nous le comprenons de nos jours, quelle que soit sa destination future, doit offrir de très nombreux avantages. Il faut que sa capacité soit considérable, que sa stabilité ne laisse rien à désirer en même temps que la vitesse qui peut lui être donnée, soit aussi rapide que possible; enfin, que la solidité de sa membrure donne toute satisfaction et que par ce fait le navire soit à l'abri des coups de mer les plus formidables qu'il est appelé à subir. Une dernière condition est encore indispensable, surtout s'il s'agit d'un v. de combat. Celui-ci, qui est devenu par la force des choses une véritable forteresse flottante doublée d'une grande usine, fabrique, transmet, utilise et transforme la force à l'aide des procédés les plus divers et d'un outillage infiniment complexe; un tel navire doit donc, en fin de compte, posséder une grande puissance. Nous examinerons plus loin des types divers se rattachant au navire de guerre proprement dit.

Le besoin de communications rapides et fréquentes entre l'Ancien et le Nouveau Monde, a conduit les ingénieurs à créer un type de bâtiment jusqu'alors inconnu, dont le rôle est de rapprocher les distances; nous voulons parler du paquebot employé à peu près uniquement au transport des dépêches et des voyageurs, à travers les divers océans. Si les navires de guerre actuels sont des citadelles flottantes, les paquebots construits avec toutes les ressources de l'industrie moderne sont de véritables hôtelleries flottantes, aux dimensions colossales comprenant à l'intérieur les aménagements les plus confortables et pouvant circuler et se déplacer avec des vitesses analogues à celles de nos trains express internationaux. Après avoir étudié les principaux types des vaisseaux de guerre tant au point de vue de leur construction que de leur armement, nous nous arrêterons à l'examen de ces navires connus sous le nom de transatlantiques et qui sont des merveilles de légèreté, de célérité et de confortable, comme leurs frères destinés au combat, sont des merveilles de robustesse, de force, d'énergie et de résistance. Les uns et les autres, disons-le en passant, tout comme les grands vaisseaux destinés au commerce et de construction récente, possèdent non plus des coques de bois mais de tôle de fer ou de tôle d'acier.

Les vaisseaux de guerre actuels, qui ont remplacé les anciens navires de ligne aux membrures de bois, sont par excellence des bâtiments de combat. Le type le plus important est le cuirassé d'escadre. Viennent ensuite par ordre de puissance, le cuirassé de croisière ou croiseur cuirassé, les gardes-côtes, les torpilleurs, contre-torpilleurs, canonnières cuirassées, batteries flottantes et enfin les bateaux submersibles ou sous-marins qui, en dépit de leurs dimensions réduites, sont certainement appelés dans un avenir très prochain à jouer un rôle des plus considérables, dans une bataille navale.

La grande puissance, la vitesse relativement considérable, l'armement formidable et la pesante cuirasse, la stabilité, les forts approvisionnements de combustible, sont autant d'éléments nécessaires au cuirassé d'escadre qui, ayant un énorme tonnage, ne déplace pas moins de dix à quinze mille tonneaux. Au début, les cuirassés d'escadre, comme la Solférino et le Magenta par ex., étaient munis d'une véritable armure de faible épaisseur, mais allant du dessous du pont de flottaison jusqu'au pont supérieur. Plus tard, l'épaisseur de la cuirasse fut augmentée et l'on réduisit la surface protégée en cherchant principalement à mettre hors d'atteinte les œuvres vives du bâtiment. C'est ainsi que les cuirasses actuelles qui forment ceinture autour du v., à hauteur du plan de flottaison, ont leur plus forte épaisseur, variant de 40 à 45 centimètres, vers le milieu du cuirassé. Cette épaisseur va en diminuant progressivement de ce point vers l'avant et l'arrière, de telle sorte qu'elle ne dépasse guère 5 à 14 centimètres à l'avant et 10 à 15 centimètres à l'arrière; il en est de même des parties qui sont situées au-dessous du plan de flottaison. Voy. Cuirassé.

Un pont blindé établi au-dessus des appareils moteurs les protège ainsi que les munitions et toutes les parties du navire situées au-dessous du plan de flottaison. Ce blindage a une épaisseur de 8 à 10 centimètres. Lorsque la coque n'est pas double, c.-à-d. constituée par deux enveloppes métalliques s'emboîtant l'une dans l'autre, ainsi qu'il existe pour le cuirassé d'escadre le Carnot, on ménage un double fond que subdivisent des cloisons étanches compartimentées cofferdams qu'autrefois on bourrait de cellulose, matière gonflant et foisonnant au contact de l'eau mais qui offre l'inconvénient de se désagréger assez rapidement, de telle sorte qu'elle ne remplit plus les conditions requises. C'est pourquoi on a actuellement renoncé à son emploi et l'on préfère laisser rempli d'air l'intérieur des cloisons étanches. Disons de suite que la plupart des vaisseaux de guerre, à quelque catégorie qu'ils appartiennent, possèdent ces moyens de défense. La hauteur intérieure d'un de ces navires se trouve partagée en trois ou quatre ponts superposés les uns aux autres et constituant autant de tranches horizontales que séparent en compartiments distincts des cloisons plus ou moins rapprochées, chacun de ces compartiments ou soutes ayant une destination spéciale et de dimensions différentes. Seul, l'entrepont est destiné à recevoir l'artillerie moyenne et à servir de logement à l'équipage. Les soutes et les ponts inférieurs contiennent les divers approvisionnements de munitions, de combustible, etc.

Entre parenthèses, ajoutons que la longueur d'un cuirassé d'escadre n'est pas inférieure à 100 mètres et dépasse souvent 110 mètres; sa largeur oscille entre 18 et 21 mètres, toutes œuvres comprises; son tirant d'eau est rarement supérieur à 8m,50.

La puissance offensive d'un de ces bâtiments est généralement constituée par des canons de 27, 30 ou 34 centimètres en tourelles-barbettes établies dans la région centrale du navire, sur les flancs, et de pièces tout aussi puissantes en tourelles fermées, l'une à l'avant, l'autre à l'arrière. De plus existent, comme artillerie moyenne, établies dans la batterie, 15 à 20 pièces de 14 centimètres, un nombre plus ou moins considérable de canons de 47 millimètres à tir rapide, une quantité semblable de canons-revolvers et, enfin, plusieurs tubes de lancement pour torpilles automobiles. Les grosses pièces protégées par la cuirasse des tourelles, cuirasse ayant en moyenne 40 centimètres d'épaisseur, peuvent lancer à une distance de huit kilomètres des projectiles en acier chromé pesant plus de 400 kilogrammes et ayant une vitesse initiale de 550 mètres à la seconde.

La puissance motrice d'un cuirassé d'escadre, comme le Carnot, dont nous avons parlé plus haut, comprend d'abord l'appareil d'évaporation constitué par huit chaudières cylindriques à trois foyers chacuns, timbrées à 6 kilogrammes et groupées deux par deux pour la chauffe. Ces chaudières fournissent la vapeur à deux machines compound indépendantes, actionnant chacune une hélice, de telle manière qu'à tirage forcé, la puissance motrice développée par les deux machines peut atteindre 15,000 chevaux vapeur avec une vitesse de 17 nœuds et de 15 au tirage naturel. Le v. dont nous parlons n'est pas le seul à avoir deux hélices. Tous les navires de guerre nouveaux en possèdent deux, disposition qui présente un double avantage : d'abord, les évolutions du cuirassé sont plus rapides, plus sûres, d'un rayon plus court; ensuite, on peut séparer les chaudières et les machines en deux groupes totalement indépendants, de telle sorte qu'une machine venant à manquer, le navire n'est pas réduit à l'impuissance. En dernier lieu, ce dédoublement permet d'éviter les dimensions monstrueuses des organes avec les multiples inconvénients qui en résultent toujours.

Nous ne sommes suffisamment étendu sur le v. cuirassé d'escadre, pour ne pas nous appesantir outre mesure sur les autres cuirassés secondaires. Disons cependant que ce qui différencie le plus le croiseur du cuirassé de guerre précédent que nous avons pris comme type, c'est que la protection de ce croiseur ne consiste guère qu'en un pont blindé et, qu'en temps de guerre, il ne peut compter que sur sa vitesse pour échapper aux coups de l'ennemi. Ses dimensions et son tonnage sont moindres que ceux du cuirassé : le Surcouf, par ex., ne jauge que 1,800 tonnes; c'est un croiseur de 3e classe. Le Dupuy-de-Lôme et le Pothuau, tous deux croiseurs de première classe, jaugent respectivement 6,000 tonneaux et 5,500 tonneaux. La vitesse de ces navires atteint 20 à 21 nœuds; quelques-uns de ces croiseurs possèdent trois hélices, mais le plus grand nombre n'en a que deux.

Nous terminerons cet article en donnant quelques détails succincts sur les paquebots à voyageurs, et notamment sur ceux qui sont appelés transatlantiques et qui, depuis 1864, font un service régulier postal entre la France et les États-Unis d'Amérique. Ainsi que nous l'avons fait pour les navires de guerre, nous choisirons parmi tous ces paquebots français le plus récent d'entre eux, celui dont la vitesse est la plus considérable et qui offre pour le bien-être des passagers un confortable absolu ; nous voulons parler du transatlantique la *Lorraine*.

Ce paquebot, mis en service vers la fin de l'année 1901, a une longueur totale de 177m,50 ; sa largeur extrême est de 18m,50 avec une profondeur maximum de 12 mètres. Son tirant d'eau moyen est de 7m,75. Sa coque est en tôle d'acier et est munie de 25 cloisons étanches. Le nombre des ponts est de 4. Deux machines à triple expansion et à 4 cylindres juxtaposés reçoivent la vapeur nécessaire de 16 chaudières cylindriques ayant chacune 4 foyers et dont la surface totale de chauffe atteint 4,233 mètres carrés. Ces chaudières consomment journellement 380 *tonnes* de charbon. Chaque machine actionne une hélice ; lorsqu'elles fonctionnent toutes deux, elles développent une vitesse de 22 nœuds, soit 40,740 mètres à l'heure, tandis qu'une seule hélice imprime au navire une vitesse de 20 nœuds. Outre les appareils moteurs et d'évaporation, la *Lorraine* possède un total de 80 appareils auxiliaires à vapeur tels que : treuils, machine électrique de 300 chevaux, machines frigorifiques, bouilleurs, ventilateurs, pompes pour l'alimentation des chaudières, pour l'air comprimé, le service des cales, pompes à incendie, etc. 440 cabines de luxe sont réservées aux voyageurs de première classe ; ceux de seconde classe ont 120 cabines à leur disposition ; ceux de troisième, 400. Nous ne parlerons que pour mémoire du luxe vraiment extraordinaire qu'offrent les salons, fumoirs, salles à manger, etc., de ce splendide paquebot qui ne compte pas moins de 382 hommes d'équipage.

VAISSELÉE. s. f. [Pr. vè-se-lée]. T. Techn. Quantité de laine, d'étoffe, que peut contenir un vaisseau à fouler.

VAISSELIER. s. m. [Pr. vè-se-lié]. Meuble sur lequel on range la vaisselle.

VAISSELLE. s. f. coll. [Pr. vè-sèle] (R. *vaisseau*). Tout ce qui sert à l'usage ordinaire de la table, comme plats, assiettes, soupières, etc. V. d'or, d'argent, de vermeil. V. de terre, de porcelaine. V. unie, ciselée. Nettoyer la v. — V. montée, V. d'or ou d'argent qui est composée de plusieurs pièces jointes ensemble avec la soudure. V. plate. Voy. PLATE.

VAISSELLERIE. s. f. [Pr. vè-sele-rie] (R. *vaisselle*). Réunion d'articles comprenant les seaux, les sébiles, les écuelles, gamelles, salières, etc.

VAISSÈTE (Dom), savant bénédictin français (1685-1756), auteur d'une *Histoire générale du Languedoc*, etc.

VAKOUF. s. m. (mot arabe). Bien dépendant d'une mosquée. Voy. MOSQUÉE.

VAL. s. m. (lat. *vallis*, m. s.). Vallée, espace de terre contenu entre deux coteaux. Ne se dit plus que dans les noms propres. *L'abbaye du Val. Château du Val. L'église du Val-de-Grâce.* — Le plur., *Vaux*, ne se dit que dans la loc., *Par monts et par vaux*, et dans quelques noms de lieux, comme *Les vaux de Cernay*.

VALABLE. adj. 2 g. (lat. *valere*, valoir). Qui doit être reçu en justice. *Cet acte n'est pas v. Quittance v. Caution bonne et v.* || Fam., *Cette excuse, cette raison n'est pas v. Elle n'est pas recevable, elle n'est pas bonne.*

VALABLEMENT. adv. [Pr. *valable-man*]. D'une manière valable. *Ce mineur est v. autorisé, Vous êtes bien et v. déchargé.*

VALACHIE ou **VALAQUIE**, principauté qui, réunie à la Moldavie, forme aujourd'hui la ROUMANIE. Voy. ce mot. = Nom des hab. : VALAQUE. 2 g.

VALAIS, un des 22 cantons de la Suisse ; 1,000,000 d'hab. Cap. *Sion.* = Nom des hab. : VALAISAN, ANE, ou VALAISIEN, ENNE.

VALAZÉ, membre de la Convention, né en 1751, guillotiné avec les Girondins en 1793.

VALBONNAIS, ch.-l. de c. (Isère), arr. de Grenoble ; 2,000 hab.

VALDAÏ (Plateau de), montagne de la Russie d'Europe, à l'ouest de l'Oural, formant la ligne de partage des eaux entre l'Océan glacial et la mer Caspienne. — Lac de *Valdaï*, dans le gouvernement de Novgorod.

VALDEMAR. Voy. WALDEMAR.

VAL-DE-PÉNAS, v. d'Espagne (N.-Castille) ; 13,600 hab. Vins renommés.

VALDIEU (Col de), dans la trouée de Belfort, entre le Jura et les Vosges.

VALDISME. s. m. La religion des Vaudois.

VALDIZIA, fleuve du Chili (Araucanie) ; 200 kil. || V. du Chili ; 6,000 hab.

VALDIZIA (PIERRE DE), un des compagnons de Pizarre, acheva la conquête du Chili (1510-1560).

VALDO. Nom latinisé de PIERRE DE VAUX, hérésiarque français, chef de la secte des Vaudois (XIIe siècle).

VALÉE (Comte), maréchal de France (1773-1846) : il s'empara de Constantine en 1837.

VALENÇAY, ch.-l. de c. (Indre), arr. de Châteauroux ; 3,600 hab.

VALENCE. s. f. [Pr. *va-lan-se*] (R. *valoir*). T. Chim. Voy. ATOMICITÉ. Les mots *atomicité, monatomique, diatomique, triatomique, tétratomique*, etc., tendent de plus en plus à tomber en désuétude et à être remplacés par *valence, monovalent, divalent, trivalent, tétravalent*, etc.

VALENCE, v. d'Espagne, ch.-l. de la province de son nom, près de l'embouchure du Guadalaviar ; 144,800 hab. La prov. a 708,500 hab.

VALENCE, ch.-l. du dép. de la Drôme sur le Rhône, à 618 kil. S.-E. de Paris ; 25,500 hab. Évêché. École d'artillerie. = Nom des hab. : VALENTINOIS, OISE.

VALENCE, ch.-l. de c. (Gers), arr. de Condom ; 1,550 hab.

VALENCE-D'AGEN, ch.-l. de c. (Tarn-et-Garonne), arr. de Moissac ; 3,400 hab.

VALENCE-EN-ALBIGEOIS, ch.-l. de c. (Tarn), arr. d'Albi ; 1,550 hab.

VALENCIA NUEVA, v. du Venezuela ; 36,000 hab.

VALENCIENNES, ch.-l. d'arr. du dép. du Nord, sur l'Escaut, à 51 kil. S.-E. de Lille ; 28,700 hab. La dentelle dite de *Valenciennes* se fabrique aujourd'hui à Bailleul. = Nom des hab. : VALENCIENNOIS, OISE.

VALENS, empereur romain, frère de Valentinien Ier, qui se l'associa. Il gouverna l'empire d'Orient de 364 à 375, année où il fut vaincu et tué à Andrinople par les Wisigoths.

VALENSOLE, ch.-l. de c. (Basses-Alpes), arr. de Digne ; 2,800 hab.

VALENTIA, petite île à l'extrémité occidentale de l'Irlande, point de départ de 4 câbles transatlantiques aboutissant en Amérique.

VALENTIN, hérésiarque du IIe siècle, né en Égypte, chef d'une secte de gnostiques.

VALENTIN, pape en 827.

VALENTIN (BASILE), célèbre alchimiste du XVe siècle.

VALENTIN, peintre fr. (1594-1684).

VALENTIN (EDMOND), homme politique fr., se distingua en 1870-1871 par sa bravoure (1823-1879).

VALENTINA, ville de Grèce (Thessalie), anc. *Phères*.

VALENTINE DE MILAN, princesse italienne, femme de

Louis d'Orléans, frère de Charles VII, aïeule de Louis XII et de François Ier.

VALENTINIANISME. s. m. [Pr. *valan...*]. Système de gnosticisme qui s'éloigne le plus du christianisme.

VALENTINIEN Ier, empereur romain (364-375). ‖ VALEN-TINIEN II, fils du précédent, né en 371, empereur romain de 375 à 379, élu empereur d'Occident de 379 à 390, tué par le franc Arbogast. ‖ VALENTINIEN III, empereur d'Occident (454-455).

VALENTINIENS. s. m. pl. [Pr. *valan-tini-in*]. Secte de gnostiques, partisans de Valentin.

VALENTINITE. s. f. [Pr. *va-lan...*] (R. *Valentin*, n, d'un méd. all.). T. Minér. Syn. d'*Exitèle*.

VALENTINOIS, anc. pays de France (Dauphiné), cap. *Valence*; adj. compris dans le dép. de la Drôme.

VALÉRAL. s. m. (R. *valérique*). T. Chim. Aldéhyde iso-valérique. Voy. VALÉRIQUE.

VALÉRAMIDE. s. f. (R. *valérique*, et amide). T. Chim. Amide valérique, répondant à la formule C4H9.COAzH2. Celle de ces amides qui correspond à l'acide valérique ordinaire cristallise en lames brillantes, fusibles à 127°.

VALÉRATE. s. m. (R. *valérique*). T. Chim. Nom générique des sels et des éthers formés par les acides valériques.

VALÈRE-MAXIME, historien latin (Ier s. ap. J.-C.).

VALÉRÈNE. s. m. (R. *valérique*). T. Chim. Syn. de *Pentène*.

VALÉRIANATE. s. m. T. Chim. Syn. de *Valérate*. Voy. VALÉRIQUE.

VALÉRIANE. s. f. (lat. *valere*, être en bonne santé, par allusion aux propriétés médicales de cette plante). T. Bot. Genre de plantes Dicotylédones (*Valeriana*) de la famille des *Valérianées*. Voy. ce mot.

VALÉRIANÉES. s. f. pl. (R. *Valériane*). T. Bot. Famille de végétaux Dicotylédones de l'ordre des Gamopétales inférovariées.

Car. bot. : Herbes annuelles ou vivaces, parfois grimpantes,

et ordinairement très odorantes et aromatiques. Feuilles en rosette à la base ou distribuées sur la tige opposée, entières, ou partagées en segments pennés, sans stipules. Fleurs hermaphrodites, quelquefois dioïques par avortement, zygomorphes. Calice supère, et à limbe tantôt membraneux, tantôt ressemblant à une aigrette plumeuse. Corolle gamopétale, tubuleuse, insérée au sommet de l'ovaire, ayant de 3 à 6 lobes, régulière ou irrégulière, parfois éperonnée à la base. Étamines 1 à 4, insérées dans le tube de la corolle et alternant avec ses lobes. Pistil formé de 3 carpelles dont 1 seul développe son ovaire; ovule anatrope, solitaire, suspendu; style simple; stigmates de 1 à 3. Fruit sec (akène) couronné par le calice non modifié ou devenu plumeux. Graine solitaire, suspendue; embryon droit, dépourvu d'albumen; radicule supère. [Fig. 1. *Valeriana dioica* : individu mâle par avortement du stigmate; 2. Individu femelle par réduction des étamines à l'état rudimentaire; 3. *V. celtica* : Fleur entière grossie; 4. L'ovaire et le jeune calice; 5. Fruit mûr couronné par le calice plumeux et persistant; 6. Coupe verticale du fruit et de la graine.] — Cette famille se compose de 9 genres (*Valeriana, Valerianella, Centranthus, Fedia*, etc.) et de 300 espèces, qui habitent la plupart des régions tempérées; quelques-unes se trouvent à de très grandes élévations. Elles abondent dans le nord de l'Inde, en Europe et dans l'Amérique du Sud; mais elles sont rares dans l'Afrique et dans l'Amérique du Nord.

Les racines de la *Valériane officinale* ou *Valériane sauvage* (*Valeriana officinalis*), de la *Valériane phu* (*V. phu*), vulgairement appelée *Grande Valériane* et *Valériane des jardins*, et de la *Valériane celtique* (*V. celtica*), vulgairement nommée *Nard celtique*, *Nard de montagne* et *Épi celtique*, sont toniques, amères, aromatiques, antispasmodiques et vermifuges. Elles passent même pour fébrifuges. Leur odeur est très forte, notamment dans la *Valériane de Dioscoride* (*V. Dioscoridis*). Elles exercent une action toute spéciale sur le système cérébro-spinal. Chez les Chats, elles provoquent une sorte d'ivresse, et, prises à haute dose, elles déterminent chez l'homme des éblouissements, de l'agitation et même des spasmes. En France, on administre fréquemment comme antispasmodiques les racines de la *Valériane officinale*, après les avoir réduites en poudre. On a même préconisé cette plante contre l'épilepsie; mais elle n'a d'utilité bien évidente que dans les accidents nerveux fugaces. Les Russes regardent la *Valériane de Sitcha* (*V. sitchensis*), espèce qui est propre au nord-ouest de l'Amérique, comme la plus énergique de toutes les espèces du genre. L'odeur de ces racines n'est pas agréable pour un Européen, et cependant quelques-unes sont fort recherchées comme parfum dans certains pays. Les Orientaux se servent de la *Valériane celtique* (*V. celtica*) et du *V. saliunca*, pour aromatiser leurs bains. C'est dans les montagnes de la Styrie et de la Carinthie qu'on recueille les racines de ces deux plantes, et on les expédie, par Trieste, en Turquie et en Égypte, d'où elles passent jusque dans l'Inde. Le *Nardostachys jatamansi*, le véritable *Épi de nard* des anciens, ou *Nard de l'Inde*, est estimé dans l'Inde, non seulement comme parfum, mais encore comme médicament : en effet, on en fait usage dans l'hystérie et l'épilepsie. Chez nous, on mange en salade les jeunes feuilles de la *Valérianelle potagère* (*Valerianella olitoria*), connue sous les noms vulgaires de *Mâche*, *Bourcette*, *Doucette*, *Clairette*, etc. En Sicile, on mange de la même façon le *Centranthe rouge* (*Centranthus ruber*), vulgairement appelé *Valériane rouge*, *Béhen rouge* et *Barbe-de-Jupiter*. On mange aussi les feuilles du *Fedia cornucopiæ* Au Pérou, les *Astrephias* s'emploient comme vulnéraires. Citons, en terminant, l'*Axie de Cochinchine* (*Axia cochinchinensis*), dont la racine charnue et fusiforme s'emploie comme stimulante, tonique, emménagogue, fébrifuge, et se substitue en Cochinchine au célèbre *Ginseng*.

VALÉRIANELLE. s. f. [Pr. *valéria-nèle*] (Dimin. de *valériane*). T. Bot. Genre de plantes Dicotylédones (*Valerianella*) de la famille des *Valérianées*. Voy. ce mot.

VALÉRIANIQUE. adj. m. T. Chim. Syn. de *Valérique*.

VALÉRIEN, empereur romain de 253 à 260.

VALÉRIEN (Mont). La plus haute colline des environs de Paris; fort d'une grande importance stratégique.

VALÉRINE. s. f. (R. *valérique*). T. Chim. Nom donné aux éthers valériques de la glycérine.

VALÉRIQUE. adj. 2 g. (R. *Valériana*). T. Chim. Se dit des acides et des aldéhydes qui correspondent aux alcools amyliques.

I. — Les *acides valériques* ont pour formule brute $C^9H^{10}O^2$ et sont au nombre de quatre. — Le plus important est *l'Acide v. ordinaire*, qu'on appelle aussi *isovalérique* ou *isopropylacétique*, et dont la constitution est représentée par la formule $(CH^3)^2.CH.CH^2.CO^2H$. Ce corps fut découvert par Chevreul dans l'huile de dauphin et reçut tout d'abord le nom d'*acide delphinique* ou *phocénique*. On le rencontre dans les racines de valériane et d'angélique, dans le bois et l'écorce de la viorne, dans l'assa fœtida, etc. Il prend naissance dans l'oxydation ou la putréfaction d'un grand nombre de matières azotées. On peut l'extraire de la racine de valériane. Mais on le prépare ordinairement en oxydant l'alcool amylique ordinaire par le bichromate de potasse et l'acide sulfurique; la distillation fournit une portion huileuse, renfermant du valéral, que l'on décante, et une portion aqueuse contenant l'acide v. qu'on transforme en valérate de sodium à l'aide du carbonate de soude; on purifie ce valérate par cristallisation, puis on le décompose par l'acide sulfurique. L'acide v. est un liquide mobile, incolore, d'une saveur acide, d'une odeur forte et désagréable rappelant celle du fromage pourri. Il est soluble dans l'eau, et surtout dans l'alcool. Il bout à 174°. C'est un acide monobasique. — En se combinant avec les bases, il donne des sels appelés *Valérates* ou mieux *Isovalérates*. La plupart de ces sels sont solubles dans l'eau. Les valérates d'ammoniaque, de zinc, de quinine, d'atropine sont employés en thérapeutique dans le traitement des névroses. — On donne aussi le nom de *Valérates* ou *Isovalérates* aux éthers que forme l'acide v, en se combinant avec les alcools. Le Valérate de méthyle est un liquide à odeur d'ananas; son point d'ébullition est à 116°. Le Valérate d'éthyle qui bout à 135°, et le Valérate d'amyle, qui bout à 188°, possèdent une odeur de pommes. Ces éthers peuvent se préparer par la distillation du valérate de soude avec les alcools correspondants, mélangés d'acide sulfurique; ils sont utilisés comme essences artificielles de fruits.

L'*Acide v. normal* ou *propylacétique* a pour formule $CH^3.CH^2.CH^2.CH^2.CO^2H$. Il bout à 186°. Il existe dans l'acide pyroligneux brut. On l'obtient en traitant l'iodure de butyle par le cyanure de potassium en saponifiant le produit de la réaction.

L'*Acide v. actif* ou *éthylméthylacétique* se rencontre dans l'essence d'Angélique et répond à la formule :

$$C^2H^5.CH(CH^3).CO^2H.$$

Il peut exister sous trois formes : dextrogyre, lévogyre et racémique.

L'*Acide triméthylacétique* $(CH^3)^3C.CO^2H$ est cristallisable et fond à 35°.

II. — Les *Aldéhydes valériques* ou *amyliques* ont pour formule brute $C^5H^{10}O$. — L'*Aldéhyde v. ordinaire* ou *isovalérale* est ordinairement désigné sous le nom de *Valéral*; sa constitution est représentée par la formule $(CH^3)^2CH.CH^2.CHO$. Le valéral se produit, en même temps que l'acide v. ordinaire, dans l'oxydation de l'alcool amylique (Voy. ci-dessus); il est contenu dans la portion huileuse qui passe à la distillation; on l'en extrait à l'aide du bisulfite de soude qui forme avec le valéral une combinaison cristallisée, facilement décomposable. Le valéral est un liquide incolore, d'une odeur pénétrante et désagréable. Il bout à 93°. Il se mélange en toutes proportions à l'alcool et à l'éther. Il se polymérise au contact du carbonate de potasse. Les agents d'oxydation le transforment en acide isovalérique. L'hydrogénation le convertit en alcool amylique ordinaire. Le gaz ammoniac s'unit à lui par voie d'addition en formant un composé cristallisable, appelé *Valéral-ammoniaque*; sous l'action de l'hydrogène sulfuré, ce composé donne naissance à la *Valéraldine*, base analogue à la thialdine.

L'*Aldéhyde v. normale* $CH^3.CH^2.CH^2.CH^2.CHO$ est liquide et bout à 102°. On l'obtient en distillant l'acide v. normal avec de la chaux et du formiate de chaux. Traitée par l'amalgame de sodium, cette aldéhyde donne naissance à l'alcool amylique normal.

VALÉRIUS FLACCUS. Voy. FLACCUS.

VALÉRIUS PUBLICOLA, l'un des fondateurs de la République romaine; collègue de Brutus en 500 av. J.-C.

VALÉROLACTONE. s. f. (R. *valérique*, et *lactone*). T. Chim. Lactone de l'acide oxyvalérique γ. La v. se rencontre dans l'acide pyroligneux brut. Elle est liquide et bout à 207°. Oxydée par l'acide azotique, elle se transforme en acide succinique.

VALÉRONITRILE. s. m. (R. *valérique*, et *nitrile*). T. Chim. Nitrile valérique, répondant à la formule $C^4H^9.CAz$. Le nitrile qui correspond à l'acide valérique normal porte aussi le nom de *cyanure de butyle*. On l'obtient en traitant l'iodure de butyle pur le cyanure de potassium. Par saponification il donne naissance à l'acide valérique normal. — L'action du cyanure de potassium sur l'iodure d'isobutyle fournit le *cyanure d'isobutyle*, c.-à-d. le nitrile correspondant à l'acide valérique ordinaire.

VALÉRYLE. s. m. (R. *valérique*, et le suff. *yle*, du gr. ὕλη, matière). T. Chim. Nom donné au radical monovalent C^5H^9O contenu dans les acides valériques et leurs dérivés. L'acide valérique ordinaire, traité par le perchlorure de phosphore, fournit un *chlorure de v.* C^5H^9OCl, liquide qui fume à l'air et qui bout à 115°.

VALÉRYLÈNE. s. m. (R. *valéryle*, et le suff. *ène* des carbures d'hydrogène). T. Chim. Hydrocarbure de la formule C^5H^8, qu'on obtient en traitant le bromure d'amylène par la potasse alcoolique. C'est un liquide possédant une odeur alliacée. Il est constitué en majeure partie par un hydrocarbure di-éthylénique, le *Diméthylallène* $(CH^3)^2C=C=CH^2$, qui bout vers 40°.

Il existe plusieurs autres hydrocarbures, les uns éthyléniques, les autres acétyléniques, qui répondent à la formule brute C^5H^8. Ce sont :

Le *Propylacétylène* $CH^3.CH^2.CH^2.C \equiv CH$ qui bout à 48°;
L'*Isopropylacétylène* $(CH^3)^2CH.C \equiv CH$ qui bout à 35°;
Le *Pipérylène* $CH^2=CH.CH^2.CH=CH^2$ qui bout à 42°.

L'*Isoprène*, qu'on obtient dans la distillation du caoutchouc, est un mélange de pareils hydrocarbures.

Sous l'action de la chaleur ou de certains réactifs, le v. et l'isoprène donnent naissance à des hydrocarbures terpéniques. Voy. TERPÈNE.

VALET. s. m. [Pr. *va-lè*] (bas lat. *vassus*, qui a donné aussi *vassal*, et qui vient du celt. *givas*, jeune garçon). Domestique, serviteur, *Bon, mauvais v. Il est à la merci de ses valets. V. d'écurie. V. d'étable. V. de bourreau.* — Les défauts attribués aux valets ont fait ajouter à ce nom une idée de mépris; en conséquence, on dit ordinairement, *Domestique.* Cependant on l'emploie encore, sans y ajouter une idée fâcheuse, dans les locutions suivantes : *V. de ferme. V. de charrue. V. de chambre,* le domestique attaché particulièrement au service de la personne du maître. *V. de place,* Celui qui, dans les villes, se met temporairement au service des étrangers, des voyageurs; et *Maître v.,* Celui qui, dans une terre ou dans une ferme, a autorité sur les autres valets. — Dans la maison des rois et dans celle des princes, on applique encore le nom de *Valet* à ceux qui remplissent certains offices inférieurs. *V. de pied. V. de chiens, etc.* || Prov. *Tel maître, tel v.* Voy. TEL. *Les bons maîtres font les bons valets,* En traitant bien ses domestiques, on les fait servir. — *Il est comme le v. du diable,* il en fait plus qu'on ne lui commande. Fam., *Je suis votre v., je suis son v.,* se dit quand on refuse de faire ou de croire quelque chose. — Fig. et fam., *Cet homme fait le bon v.,* il fait le complaisant, l'empressé. *Faire le bas v., le plat v., Se conduire en v.,* Avoir des habitudes, des mœurs serviles. *Ame de v.,* Ame basse. || Au Théâtre. *V. de comédie,* valet adroit et propre à l'intrigue qu'on fait figurer dans beaucoup de comédies. *Cet acteur joue les valets, fait les rôles de valets. Il a débuté dans les valets.* || T. Jeu. Carte sur laquelle est peinte la figure d'un v., et qui existe dans chacune des quatre couleurs d'un jeu. *V. de cœur, de carreau, de trèfle, etc.* — Fig. et Fam. *V. de carreau,* se dit d'un homme qui ne mérite point de considération. *On le reçut comme le v. de carreau, comme un v. de carreau.* || T. Arts et Méliers, On désigne sous ce nom certains outils, certains organes mécaniques qui font la fonction d'un serviteur ou d'un aide. Ainsi, on appelle *Valet* : Un poids qui est suspendu à une corde derrière une porte, pour qu'elle se referme toute seule sans qu'on y touche; Une barre de fer servant d'arc-boutant au battant d'une porte; Une petite pièce de bois attachée derrière un miroir pour le soutenir; Un instrument de fer qui sert à fixer sur un établi de menuisier le bois qu'on travaille, etc. || T. Chir. On appelle *V. à Patin,* une pince formée de deux branches que l'on peut serrer ou desserrer à volonté au moyen d'un anneau coulant, et dont on se sert pour saisir et pour comprimer les vaisseaux dans l'opération de la ligature. || T. Serrur. *V. à patin,* petite pièce de fer mobile qui retombe dans une entaille du verrou d'une targette, pour le maintenir fermé. || *V. à débotter*, planchette ayant une ouverture où l'on passe le pied pour se débotter.

VALETAGE. s. m. Service de valet. Vx. || T. Agric. Exploitation d'un domaine à l'aide de valets.

VALETAILLE. s. f. coll. [Pr. *vale-ta-lle*, ll mouillées]. Multitude de valets. *Que faites-vous de toute cette v.?* Se dit toujours par mépris.

VALETER. v. n. (R. *valet*). Avoir une assiduité basse et servile auprès de quelqu'un par intérêt. *C'est une âme basse, il n'a fait que v. toute sa vie.* || Faire beaucoup de courses, de démarches qui donnent de la peine et demandent de la patience. *Il m'a fallu v. trois ans pour avoir un emploi.* — Fam. Dans les deux sens.

VALETTE (LA) ou **CITÉ VALETTE**, ch.-l. de l'île de Malte, sur la côte E.; 60,000 hab.

VALETTE, jurisconsulte fr. (1805-1878).

VALÉTUDINAIRE. adj. et s. 2 g. [Pr. *valétudi-nère*] (lat. *valetudinarius*, m. s., de *valetudo*, santé). Maladif, qui a une faible santé, qui est sujet à de fréquentes maladies. *Une femme v. Les vieillards sont ordinairement valétudinaires. Le régime des valétudinaires doit être....* = Syn. Voy. MALADIE.

VALEUR. s. f. (lat. *valor*, de *valere*, valoir). Ce que vaut une chose suivant la juste estimation qu'on en peut faire. *Il faut que vous me rendiez mon cheval ou la v. Ce bien n'a pas été vendu sa v., à sa juste v. Il a doublé la v. de cette terre par une meilleure culture.* — *Cette denrée, cette marchandise est en v.,* Elle se vend avantageusement. *Les blés sont en v.* — *Mettre en v. une terre, une ferme, une vigne, etc.* Y faire les travaux nécessaires pour qu'elle donne un produit convenable. On dit, dans le même sens, *Cette terre, cette ferme est en v.,* Elle est cultivée de manière à rendre ce qu'elle doit produire. || Se dit aussi pour utilité. *Cela n'est pour moi d'aucune v. Pièce de nulle v., papiers de nulle v.,* Pièces, papiers inutiles, et qui ne servent à rien. || Se dit encore de l'estime particulière qu'on fait d'une chose. *Attacher de la v. à quelque chose.* || Se dit quelquefois des personnes, en parlant de leur mérite, des services qu'on en peut attendre, etc. *C'est un homme sans v.* || Fig., se dit de ce qui augmente la force ou la grâce du discours, le mérite d'une action, l'estime qu'on fait d'une chose, l'effet qu'elle produit. *Sa manière de débiter donne de la v. aux moindres choses. La grâce avec laquelle il oblige double la v. du bienfait. Il faut éteindre certains tons pour donner de la v. aux autres.* || T. Comm. Se dit de toute espèce de biens disponibles, et particulièrement des titres de rente, des actions industrielles, des effets négociables de tout genre. *Fournir, déposer des valeurs. Mettre des valeurs en circulation. Créer des valeurs. Valeurs mortes, fictives, fiduciaires, etc.* || T. Gramm. La juste signification des termes, suivant l'usage reçu. *Cet homme ne connaît pas, ne sait pas la v. des termes dont il se sert.* || T. Math. Se dit du nombre qui mesure une grandeur, ou du nombre par lequel on remplace une lettre ou une expression algébrique, ou encore d'une expression algébrique équivalente à une autre. *V. arithmétique,* Celle qui est exprimée en nombres. *V. algébrique,* Celle qui est exprimée par un nombre précédé du signe + ou —. La v. est positive dans le premier cas, négative dans le second. || T. Mus. La durée que doit avoir chaque note, et qu'indique sa figure. *La v. d'une blanche est le double de la v. d'une noire.* || *La v. de,* loc. fam. dont on se sert pour exprimer l'estimation approximative de quelque espace de temps ou de lieu, et de quelque autre chose que ce soit. *Nous avons fait en nous promenant la v. de deux lieues. Il n'a pas bu la v. d'un verre de vin.* || *V. reçue. V. en marchandises. V. en compte,* loc. dont on se sert dans les effets de commerce pour marquer qu'on a reçu la somme qui y est spécifiée, ou son équivalent en marchandises, ou que la somme indiquée devra être portée au compte courant de la personne ou de la société au profit de laquelle la lettre est faite.

Écon. polit. — I. *Notion de la valeur.* — Il est, en Économie politique, peu de termes qui aient donné lieu à des définitions plus diverses que le mot *Valeur.* Tantôt on a entendu par cette expression le degré d'*utilité* inhérent à l'usage des choses, tantôt le *pouvoir d'acquisition* qu'elles possèdent, tantôt leur *prix monétaire*, etc. Ce qui a rendu la notion de la v. difficile à préciser, c'est que le mot *valeur* exprime purement et simplement un rapport entre deux choses. « Les choses, dit Hipp. Passy, dont la possession nous est nécessaire, utile ou agréable, sont nombreuses et diverses, et nul n'obtient celles qui lui manquent qu'à la condition d'en céder d'autres qui soient à sa disposition. De là des échanges qui, en déterminant en quelle quantité une chose est acceptée ou livrée contre une autre, ont pour effet d'établir entre toutes des rapports de v. Peut-on, par ex., avoir 1 hectolitre de vin pour 1 hectolitre de froment? Ce fait assigne aux deux produits leur v. relative. Ils figurent dans le troc pour des quantités pareilles, et l'un *vaut* l'autre. Supposez maintenant que, n'importe par quelle cause, il arrive que, pour avoir 1 hectolitre de vin, il faille donner non plus 1 hectolitre, mais 120 litres de froment ; c'est entre les quantités échangées un nouveau rapport, et les valeurs ne sont plus les mêmes. Celle que possédait le froment à l'égard du vin s'est abaissée dans la proportion même du nombre de litres à livrer contre 1 hectolitre de vin ; celle du vin, au contraire, s'est élevée en raison de la diminution de la quantité de vin à fournir pour obtenir 1 hectolitre de froment. Ce que l'un de ces produits a perdu de sa v., l'autre l'a gagné, et cela dans une mesure exactement semblable. Eh bien, ce qui se passe entre le froment et le vin est ce qui se passe entre tous les produits possibles. Tous donnent lieu à des échanges, et à chacun d'eux revient une v. fondée sur la quantité, soit d'un autre produit, soit des autres produits en général, que dans le moment il permet d'obtenir. » Les économistes français du XVIIIe siècle, tout en continuant à donner au mot *valeur* les différentes acceptions que lui attribue le langage ordinaire, avaient déjà reconnu la nécessité de distinguer d'une manière exacte ces acceptions, en faisant suivre ce mot d'un modificatif qui en déterminait le sens. En conséquence, ils appelaient *V. usuelle*, la qualité qui rend les choses aptes à satisfaire immédiatement les besoins de ceux qui les possèdent, c.-à-d. leur *utilité*; et *V. vénale*, la qualité qui ne les y rend aptes qu'au moyen de l'échange, ou autrement leur puissance d'acquisition. Adam Smith substitua au premier de ces deux termes celui de *V. en usage*, et au second celui de *V. en échange* ou *V. d'échange.* Aujourd'hui, la plupart des économistes évitent d'employer l'expression *v. usuelle* ou *v. en usage*; ils se contentent de dire *utilité*, et, quand ils font usage du mot *valeur*, ils l'emploient toujours dans le sens de *v. d'échange.* C'est ce que nous ferons également dans la suite de cet article.

II. *Conditions de la valeur.* — Le phénomène de la v. ne se manifeste, en d'autres termes, nous n'attribuons une v. quelconque aux choses que sous certaines conditions qui se réduisent à deux : 1° Il faut que les choses soient *utiles*, c.-à-d. propres à satisfaire un besoin quelconque, ou même ce qu'on appelle communément un *caprice.* Quant à la légitimité du besoin ou du caprice qui nous fait désirer la possession de certaines choses, cette considération est en dehors du domaine de l'économie politique. Nul ne consentirait à payer un prix, à céder une chose qui pourrait lui être utile, en échange d'une chose dont il ne retirerait aucune utilité; 2° mais il ne suffit pas qu'une chose soit utile, il faut encore qu'il s'y joigne la *difficulté de l'acquérir.* En effet, quelle que soit l'utilité intrinsèque d'une chose, si l'on peut se la procurer en quantité illimitée, gratuitement et sans effort, nul ne consentira à se dessaisir d'une autre chose qui a coûté du travail, et qui est en quantité limitée, pour obtenir la première. En outre, l'utilité des choses dépend de l'idée que nous y attachons, de l'estime que nous en faisons relativement à notre propre satisfaction. Or, c'est cette estime qui déterminera la limite de la v. attribuée par nous à l'objet désiré. Sa v. ne pourra pas monter plus haut, et même il faudra un concours de circonstances particulières pour qu'elle s'élève jusque-là.

III. *Du principe de la valeur.* — D'après ce qui précède, on voit que l'utilité est une condition essentielle de la v.; mais elle n'en saurait être le principe ou le fondement, comme l'affirmait J.-B. Say. L'utilité exprime un simple rapport entre nos besoins et les choses, tandis que la v. exprime le rapport qui existe entre les choses échangées. La plupart des agents naturels ont de l'utilité sans avoir de la v. parce qu'ils ne donnent lieu à aucun effort, et que chacun peut les obtenir sans difficulté, ainsi qu'en quantité illimitée. L'eau, par ex., lorsque la rivière est proche et que chacun peut y puiser à son gré, est sans v.; mais si, au lieu d'aller chercher moi-même l'eau dont j'ai besoin, j'envoie quelqu'un la puiser à une place, celui-ci prend une peine susceptible de s'évaluer, et qui en effet se rétribue. La v. n'est pas dans l'eau qui est simplement utile; c'est uniquement le travail accompli qui a une v., et que je consens à payer. — Ad. Smith et Ricardo ont placé le fondement de la v. dans le travail. En un certain sens, la proposition est exacte. Lorsque deux producteurs se proposent d'échanger deux articles produits par eux, chacun considère la quantité de travail et de capital (ce dernier, comme nous le savons, tire son origine du travail) que la chose qu'il offre a absorbée. Il est de fait, ainsi que nous pouvons le constater tous les jours, que, lorsque la somme du travail humain et la masse d'avances que coûte une chose viennent à diminuer, sa v. baisse, l'utilité restant la même. Mais ce n'est pas cette circonstance qui influera sur l'échange : c'est le plus souvent l'utilité de la chose pour celui qui la désire, ou bien la difficulté d'acquérir ailleurs cette même chose. Dire que la v. est dans le travail ou, en d'autres termes, que le rapport d'échange entre deux choses est déterminé par le travail, c'est dire que le travail et la v. se servent de mesure réciproque, qu'ils sont proportionnels l'un à l'autre, ce qui est contraire aux faits, à l'expérience de chaque instant. C'est précisément cette idée fausse de la mesure de la valeur par le travail qui est la base des sophismes par lesquels les socialistes essaient de justifier leurs doctrines. Voy. SOCIALISME. Un travail considérable aboutit très fréquemment à une non-v., tandis qu'un tableau merveilleux, une mélodie ravissante, un livre admirable, etc., peuvent avoir coûté fort peu de travail à leur auteur, et cependant avoir une v. énorme. — Ce n'est pas tout. Ad. Smith n'attribuait la caractère de la v. qu'aux choses matérielles et susceptibles d'une certaine durée. Or, c'est là une erreur grave. Si la matérialité était le principe fondamental de la v., il s'en suivrait que là où il n'y a pas de matière, il n'y a pas de v. En conséquence, les services du gouvernement, des magistrats, du clergé, des médecins, des avocats, les leçons des savants, des professeurs, etc., seraient sans v., bien que ceux qui en sentent le besoin n'hésitent pas à céder, pour les obtenir, de fortes quantités des choses auxquelles on attribuerait le privilège de la v., attendu leur matérialité. — Senior et Walras considèrent la rareté comme le principe de la v. Mais le mot rareté signifie simplement la limitation, soit temporaire, soit permanente, de certains produits ou de certains services, limitation qui est telle que tous ceux qui désireraient les obtenir ne peuvent satisfaire ce désir. La rareté est donc relative à l'offre et à la demande : elle n'est donc, tout comme la v., que l'effet d'un rapport entre les quantités des choses. « Elle n'agit, ainsi que le fait judicieusement observer Hipp. Passy, qu'à la condition de ne pas se généraliser. Elle n'agit que privativement, qu'autant qu'elle se confine à certains produits par rapport aux autres; car il est évident que si elle s'étendait à la fois à tout ce qui a place dans les trocs, ses effets disparaîtraient à l'instant même, compensés et annulés les uns par les autres. » A cette considération, il faut ajouter que l'erreur théorique qui fait de la rareté le principe de la valeur, et par suite de la richesse, n'a pas été sans influence sur les systèmes appliqués au règlement des matières commerciales. « Ainsi, dit l'éminent économiste que nous venons de nommer, des écrivains qui ne s'apercevaient pas assez que la rareté n'est qu'un fait de relation, se sont prononcés pour les hauts prix : l'abondance et le bon marché ont compté parmi les adversaires, et les doctrines contraires au développement du bien-être public ont rencontré, dans certains intérêts privés qu'elles semblaient favoriser, des appuis à l'aide desquels elles ont obtenu la sanction des législateurs. » — Ainsi donc, la v. n'a pas un principe propre, elle n'exprime qu'un rapport entre les choses, rapport qui n'arrive à se déterminer que par l'échange. Pour l'homme isolé, pour Robinson seul dans son île, aucune chose ne saurait avoir de v., au sens propre que la science économique attache à ce mot. Il pourra dire, en comparant deux choses : celle-ci m'est plus utile que celle-là, celle-là m'a coûté plus de travail que celle-ci, etc.; mais il ne pourra pas dire que l'une a plus de v. que l'autre. Il n'y a de valeurs que dans l'état social, et elles ne peuvent se déterminer réciproquement qu'au moyen de l'échange.

IV. De la valeur et du prix. — Dans le langage ordinaire, on confond habituellement les mots Prix et Valeur; mais, quand on veut s'exprimer avec la précision qu'exige la science, il est indispensable de les distinguer. On entend par prix la v. d'une chose ou d'un service en échange d'une somme d'argent ou, en d'autres termes, la quantité d'argent que l'on obtient en échange d'une chose ou d'un service; tandis que, lorsqu'on parle de la v. d'une chose, on entend sa puissance d'achat, le moyen que donne sa possession d'obtenir, en cé-

dant, quelque chose qui s'achète et se vende, une quantité de marchandises. Les prix n'expriment que la relation existant entre les quantités pour lesquelles l'argent et les autres produits sont réciproquement mis en balance, et cette relation reste soumise à l'empire des circonstances qui peuvent affecter la quantité disponible de monnaie métallique. Que l'argent vienne à abonder sur le marché, on en offrira davantage pour chacun des produits qu'il sert à acquérir : dans ce cas, sa v. baissera, et les prix s'élèveront. Que l'argent au contraire devienne plus rare, on en cédera moins dans les transactions commerciales : sa v. haussera, et les prix diminueront proportionnellement. Les prix, simples résultats de la v. comparative de l'argent avec tous les autres produits contre lesquels on l'échange, subissent des oscillations qui leur sont particulières; il peut y avoir une hausse ou une baisse générale des prix. Au contraire, la v. n'exprimant qu'un rapport d'échange, il est impossible que toutes les valeurs s'élèvent ou s'abaissent à la fois. En d'autres termes, l'évaluation en monnaie de toutes les marchandises peut donner des chiffres plus élevés ou plus bas; mais il ne peut se produire, ni hausse, ni baisse générale des valeurs. « En effet, dit J.-Stuart Mill, la v. de la marchandise A ne peut s'élever que si l'on obtient en échange de cette marchandise une plus grande quantité des marchandises B et C, et, dans ce cas, celles-ci s'échangeront contre une plus petite quantité de la marchandise A. Toutes choses ne peuvent s'élever en v. relativement à toutes choses. Si la v. d'échange de la moitié des marchandises qui sont sur le marché s'élève, il résulte, des termes mêmes de cette énonciation, que la v. d'échange de l'autre moitié des marchandises a baissé, et réciproquement une baisse implique nécessairement une hausse.... Bien que cette vérité soit fort simple, elle a été méconnue par quelques-uns des théoriciens et même des praticiens les plus accrédités. Nous pouvons citer, comme premier exemple de cette erreur, la grande importance accordée par l'imagination de la plupart des hommes à une hausse ou à une baisse générale des prix. Comme l'élévation du prix d'une marchandise indique ordinairement une augmentation de sa v., les gens imaginent confusément que si la v. de toutes choses s'élève, les propriétaires de toutes choses doivent s'enrichir. Que le prix de toutes les marchandises s'élève ou s'abaisse, tant que la hausse ou la baisse est égale sur toutes les marchandises, la chose en elle-même, et sauf ce qui touche aux contrats existants, sans conséquence : elle n'affecte, ni les salaires, ni les profits, ni la rente de qui que ce soit. Chacun gagne plus de monnaie, s'il y a hausse, moins de monnaie s'il y a baisse; mais il ne gagne, ni une plus grande, ni une moindre quantité de toutes les choses qui s'achètent avec de l'argent. Il n'y a d'autre différence que celle qui résulterait de l'emploi d'un plus ou moins grand nombre de jetons dans un compte. En ce cas, la seule chose qui ait changé de v. est la monnaie, et les seules personnes qui aient gagné ou perdu sont les possesseurs de monnaie, ou ceux qui ont à toucher ou à payer des sommes de monnaie déterminées. »

V. De la mesure de la valeur. — Faute de comprendre que le mot v. exprime purement et simplement une relation, certains économistes se sont évertués à chercher une mesure de la v. C'était chercher le mouvement perpétuel. On ne peut mesurer des valeurs qu'avec une autre v.; or, toutes les valeurs étant variables, comment mesurer des choses variables à l'aide d'un étalon également variable? Parmi les choses auxquelles on a voulu assigner ce rôle d'étalon, nous mentionnerons la monnaie, le travail humain et le blé. Assurément la monnaie peut, à un moment donné, exprimer la v. monétaire de chaque produit, et être par là un terme comparatif applicable à tous; mais loin d'être une v. fixe, à l'abri des oscillations, la monnaie, comme tous les autres produits, a une v. différente selon qu'elle est plus ou moins abondante sur le marché. En conséquence, elle possède un pouvoir d'acquisition qui varie selon les temps, et il lui devient impossible de servir d'étalon fixe aux autres valeurs. Il en est de même du travail humain, dans lequel Smith avait placé l'origine de la v. Inégal en qualité et en intensité selon les individus, il est inégalement demandé et rétribué selon les lieux et les temps, ainsi que le prouvent, par ex., les oscillations qui ont lieu dans le taux des salaires. Les auteurs qui ont proposé de prendre le blé pour mesure de la v., ont supposé très gratuitement que sa production est toujours en raison de la population, et qu'à toutes les époques il entre en même quantité dans la consommation de l'homme. Mais l'expérience démontre que le blé est un des produits dont la v. diffère le plus d'un lieu à un autre, d'une saison à une autre, d'une époque à une autre, selon l'abondance ou la médiocrité des récoltes. Enfin, indépendamment de ces circonstances particulières, la v. relative du blé considérée en général varie : 1° selon les progrès plus ou moins grands de l'art agricole, progrès qui diminuent les frais de production; 2° selon les quantités de produits manufacturés cédés en échange, quantités qui se multiplient en raison du perfectionnement des machines et de la puissance de plus en plus grande du travail.

VI. *Loi de l'offre et de la demande.* — Les variations de toutes les valeurs sont incessantes et perpétuelles; néanmoins ces oscillations n'empêchent point qu'on ne détermine très bien, chaque jour et dans chaque lieu, la v. de chacune des choses (marchandises ou services) mises dans le commerce. Cette détermination se fait en vertu de la *loi de l'offre et de la demande,* loi suprême qui domine tous les échanges sans exception. Par *offre* d'une chose, on entend la quantité qu'on offre de vendre, la quantité que peuvent fournir ceux qui désirent la vendre; par *demande,* on entend la quantité de choses demandée par des individus disposés à acheter et en ayant réellement le pouvoir. La difficulté de se procurer un objet, difficulté qui contribue à en déterminer la v., n'est pas toujours du même genre. Ainsi, il est des objets dont il est matériellement impossible d'augmenter la quantité au delà de certaines limites : tels sont les tableaux des vieux maîtres, les statues antiques, les livres, les médailles rares, les vins qui ne viennent que dans certains sols, etc. Dans ce cas, la rareté élève la v. dans une proportion indéfinie et sans aucun rapport avec ce que la chose a coûté à produire. Il est des objets, au contraire, que l'on peut se procurer en quantité illimitée sans rencontrer d'autre obstacle que l'emploi d'une certaine somme de travail et de capital nécessaire pour satisfaire à la demande. Ainsi, par ex., en employant assez de bras et de capitaux, on pourrait produire mille fois autant de blé, de fer, de cotonnades, etc., qu'on en produit aujourd'hui. Dans ce cas, les choses se passent généralement autrement; néanmoins, comme la plupart de ces articles exigent un certain temps pour être produits et pour arriver sur le marché, il existe souvent une limitation temporaire de leur quantité, qui agit comme si cette quantité n'était pas susceptible d'augmentation. Ce phénomène est surtout manifeste lorsqu'il y a un déficit dans la récolte des céréales, et que les ports sont fermés au blé étranger, car alors il faut attendre une année entière avant qu'il puisse arriver du blé nouveau sur le marché. Ce cas a été parfaitement élucidé par J.-Stuart Mill. « Supposons, dit-il, que la demande d'un article excède l'offre, c.-à-d. qu'il y ait des personnes prêtes à acheter, au prix courant, une quantité plus grande que celle qui est offerte. Les acheteurs entrent en concurrence et la v. de l'article s'élève : de combien? En raison, pense-t-on peut-être, de la quantité qui manque, d'un tiers, par ex., si cette quantité est un tiers. Nullement, car lorsque la v. s'est élevée d'un tiers, il peut arriver que la demande excède encore l'offre. La v. peut s'élever encore sans que la demande soit satisfaite, et alors la concurrence des acheteurs continue. Si l'article est de première nécessité et tel que l'on consente à le payer à tout prix, comme le blé, un déficit d'un tiers peut élever les prix au double, au triple, au quadruple. Au contraire, il peut arriver que la concurrence s'arrête avant que la v. se soit élevée en raison du déficit. Une hausse de moins d'un tiers pourrait porter l'article au delà des moyens ou de la volonté de tous les acquéreurs. A quel point précis s'arrêtera donc la hausse? Au point, quel qu'il qu'il soit, où l'offre et la demande se trouveront en équilibre : au prix qui fait retirer un tiers de la demande, ou qui fait venir une offre d'un tiers de plus. Lorsque, d'une manière ou de l'autre, ou des deux manières à la fois, la demande se trouve exactement égale à l'offre, la hausse ne va pas plus loin. Maintenant au lieu que la demande excède l'offre, supposons que l'offre excède la demande. La concurrence agira sur les vendeurs : la quantité excédante ne pourra trouver des acheteurs qu'à la condition que l'on provoque une demande supplémentaire égale à elle-même. On y parvient par le bon marché : la v. s'abaisse et met l'article à la portée d'un plus grand nombre de consommateurs, ou décide ceux qui existent déjà à faire des achats plus considérables. La baisse de v. nécessaire pour rétablir l'égalité est différente dans les différents cas. Les articles sur lesquels elle est la plus considérable sont aux deux extrémités de l'échelle : ce sont, d'une part, les objets de première nécessité, et d'autre part, les objets de luxe et de goût destinés à une classe peu nombreuse de consommateurs. S'agit-il de céréales? Ceux qui en ont assez n'en prendront pas davantage sous l'influence du bon marché. Il est d'expérience, en effet, que l'accroissement de consommation qui résulte du bon marché des grains n'absorbe qu'une très faible portion de l'excédent produit par une récolte abondante. La baisse ne s'arrête que lorsque les cultivateurs retirent leurs grains du marché et les gardent dans l'espoir que les prix se relèveront, ou lorsque des spéculateurs viennent acheter le blé parce qu'il est à bas prix et l'emmagasinent pour le vendre lorsque la demande augmentera.... La hausse et la baisse ont lieu jusqu'à ce que l'offre et la demande soient exactement égales l'une à l'autre; et la v. à laquelle une marchandise s'élève sur le marché n'est autre que celle qui, sur ce marché, détermine une demande suffisante pour absorber toutes les quantités offertes ou attendues. Telle est la loi de la v. pour toutes les marchandises qui ne peuvent être multipliées à volonté. »

VII. *Loi des frais de production.* — On entend par *Frais de production* les frais de tout genre que coûte un objet quelconque avant d'être amené sur le marché. Ces frais sont de deux sortes; les uns sont inévitables, les autres accidentels. Les premiers consistent en dépenses relatives au travail ou à la main-d'œuvre et en consommations de capital. Pas de produit dont la confection n'absorbe une certaine quantité des unes et des autres. Dans les œuvres du moindre artisan figurent des journées de travail et des consommations du capital opérées sous des formes diverses. Des matières premières ont été acquises et transformées; des outils, des instruments ont été détériorés; il y a eu des risques à courir, des pertes à subir, et de plus un intérêt à attribuer au capital engagé. Il faut donc que le produit réalisé soit échangé à des conditions qui restituent au producteur, et le salaire dû à ses labeurs personnels ainsi qu'au labeur de ses ouvriers, s'il en a appelé à son aide, et le profit nécessaire pour lui rendre la portion du capital qu'il a dû sacrifier durant le cours de son travail. Les circonstances accidentelles qui influent sur les frais de production et concourent à les élever, sont les impôts, les monopoles, les gênes, les restrictions imposées à la liberté des transactions et du commerce, enfin les frais extraordinaires causés par la rareté de quelques objets nécessaires. Or, s'il est vrai que la v., ainsi que nous l'avons démontré, soit, en tout temps et en tout lieu, le résultat de l'offre et de la demande, il est évident qu'il faut que le produit offert sur le marché trouve un prix qui couvre ces frais de production pour que le producteur continue de le produire et d'approvisionner le marché. Il y a donc pour chaque produit un minimum de v. qui est la condition essentielle de sa production permanente et régulière, et ce minimum doit au moins être égal aux frais de production. « Si cette v., dit Stuart Mill, ne suffit pas à couvrir les frais de production et à donner au producteur le profit qu'il est en droit d'attendre, la production de cette marchandise s'arrêtera. Les capitalistes ne persisteront pas à produire à perte; ils ne persisteront même pas si leurs profits ne leur donnent pas de quoi vivre. Ceux dont les capitaux se trouvent déjà engagés et qui ne peuvent pas les réaliser facilement continueront longtemps sans profit, et on les a vus continuer, même à perte, dans l'espérance d'un temps meilleur; mais ils n'auraient pas continué indéfiniment, si rien ne leur avait fait espérer que leur condition deviendrait probablement meilleure. Quant à ceux qui ne sont pas engagés, ils ne placeront pas leurs capitaux s'ils n'espèrent pas, non seulement un profit quelconque, mais un profit aussi grand, eu égard aux diverses circonstances, qu'ils peuvent en espérer de tout autre emploi dans le même temps et le même lieu. Lorsqu'on ne peut obtenir un tel profit dans un emploi, si l'on n'en retire pas les capitaux qui y sont engagés, on ne les y remplace pas lorsqu'ils sont consommés. Le coût de la production, augmenté d'un profit ordinaire, peut être appelé le *Prix* ou la *V. nécessaire* de toutes les choses qui s'obtiennent par du travail et des capitaux. Personne ne produit volontiers avec la perspective de perdre; si l'on perd, c'est à la suite de calculs erronés que l'on corrige aussitôt que possible. Lorsqu'une marchandise est l'œuvre du travail et du capital et qu'elle peut être obtenue en quantité indéfinie, cette v. nécessaire ou minimum des prix auxquels les fabricants peuvent consentir à produire, en même temps, si la concurrence est libre et active, le maximum de ce qu'ils peuvent espérer. En effet, si la v. d'une marchandise est telle qu'elle rembourse les frais de production, non seulement avec le profit ordinaire, mais avec un profit supérieur, aussitôt le capital vient en abondance partager ce profit supérieur et, en augmentant la quantité offerte, il réduit la v. de l'article. En règle générale, les choses tendent donc à s'échanger l'une contre l'autre de façon à rembourser à chaque producteur ses frais de production et à lui donner en outre un profit ordinaire; en d'autres termes, à donner à tous les producteurs le même profit en proportion de leurs avances. Mais pour que le profit soit égal lorsque les avances, qui sont les frais de production, sont égales, il faut que les marchandises s'échangent l'une contre l'autre en raison de leurs frais de production. Celles dont les frais de production sont les mêmes doivent avoir une v. égale. Adam Smith et Ricardo ont appelé cette v. proportionnelle au coût de production d'une chose, *V. matérielle* ou *Prix naturel* de cette chose. Ils désignaient par là le point autour duquel la v. oscille et vers lequel elle tend à retourner; c'est la v. centrale vers laquelle la v. courante gravite toujours, et de laquelle il ne peut y avoir de déviation sans que les forces tendent à la corriger aussitôt. A prendre un nombre d'années suffisant pour que les déviations d'un côté puissent être compensées par les déviations qui ont eu lieu de l'autre, la *V. courante*, celle qu'obtient communément le produit apporté sur le marché, se trouve, en moyenne, la même que la v. naturelle; mais il est bien rare qu'elles se confondent à aucun moment déterminé. En résumé, on peut donc dire que la v. se détermine par la loi de l'offre et de la demande, et qu'elle se règle sur les frais de production.

Il importe encore de remarquer que, comme les frais de production se composent de deux éléments qui peuvent varier entre eux, la v. relative, ou le prix de revient d'un même produit, peut varier elle-même suivant la proportion dans laquelle concourent ces deux éléments. C'est ce qu'explique très bien Hipp. Passy. « A quelques taux que soient dans un pays les salaires et les profits, dit-il, comme les rapports d'échange entre les produits n'en peuvent être altérés, les valeurs ne le sont pas davantage. Il n'en est de même quand le taux d'un seul des éléments de la production subit une modification, et cela par la raison que les produits ne les contiennent pas tous en proportion pareille. Quand les salaires montent, la v. des choses dans le coût desquelles il en entre davantage s'élève naturellement, et celle des choses qui exigent moins de main-d'œuvre de capital décline comparativement. C'est le contraire quand le taux des profits augmente. Dans ce cas, ce sont les choses dont le coût absorbe plus de capital que de main-d'œuvre qui croissent en v., et qui, dans les trocs, obtiennent les autres en quantité considérable. De telles oscillations dans la v. respective des choses sont fréquentes, et, quand elles se produisent, il est aisé d'en constater la cause. On remarquera toutefois que, dans le cours habituel des faits, il y a des choses dont la v. tend à s'abaisser graduellement; ce sont celles qui, pour être fabriquées, requièrent plus de capital. C'est que la civilisation, à mesure qu'elle avance, accumule les capitaux de telle sorte que ceux qui en disposent sont conduits à se contenter de profits de moins en moins élevés. C'est là un changement qui s'opère par la force des choses, et qui ne manque pas de réagir sur les valeurs, de manière à réduire les unes et à rehausser les autres, suivant l'espèce des éléments qui ont concouru en plus ou moins grande quantité à leur formation. »

VIII. En parlant des évaluations données aux marchandises en matière de douanes, on distingue deux sortes de *valeurs*, les *Valeurs officielles* et les *Valeurs actuelles;* nous avons expliqué ailleurs la signification de ces termes. Voy. DOUANE, VI. — En parlant de monnaies, on distingue leur *V. réelle* ou *intrinsèque*, et leur *v. nominale*. Leur v. *réelle* est leur v. proprement dite, c.-à-d. leur v. d'échange, leur puissance d'achat. Leur v. *nominale* est la v. arbitraire que leur attribuait la loi, alors que des gouvernements cupides et ignorants changeaient le titre des espèces métalliques, et enjoignaient néanmoins de les prendre dans les échanges pour la v. qu'elles avaient auparavant. Aujourd'hui que les gouvernements ont cessé de falsifier les monnaies, le mot v. *nominale* ne s'applique plus qu'aux pièces de monnaie qui ont un caractère fiduciaire, comme les monnaies de bronze et d'argent. Voy. MONNAIE.

VALEUR. s. f. (lat. *valor*, m. s., de *valere*, être fort). Bravoure, vaillance, vertu qui consiste à s'exposer courageusement à tous les périls de la guerre.

...Aux âmes bien nées
La valeur n'attend point le nombre des années.
CORNEILLE.

V. héroïque, brillante, éprouvée, reconnue. Avoir de la v. Il est rempli de v. Il faut que tout cède à sa v. La fortune ne seconde pas toujours la v. = Syn. Voy. COURAGE.

VALEUREUSEMENT. adv. [Pr. *valeu-reuze-man*]. Avec valeur. *Il a combattu v. Les assiégés se défendirent v.* Ne se dit guère que dans le style soutenu.

VALEUREUX, EUSE. adj. [Pr. *valeu-reu, reuze*]. Qui est brave, qui a beaucoup de valeur, beaucoup de courage. *C'est un v. soldat. C'est un homme v.*

VALGORGE, ch.-l. de c. (Ardèche), arr. de Largentière; 1,200 hab.

VALGUM et **VALGUS.** adj. m. [Pr. *val-gome, val-gus*] (mot lat. qui sign. *cagneux*). T. Chir. On qualifie ainsi une variété de malformation du genou (*Genu valgum*) ou du pied (*pied bot valgus*); dans le genou v., l'articulation fait saillie en dedans et la jambe est projetée en dehors; dans le pied bot v. (Voy. ce mot), le pied est renversé sur son bord interne. La main bote est aussi dite v. quand elle est déviée en dehors. Voy. PIED, MAIN.

VALHALLA. s. m. Voy. WALHALLA.

VALIDATION. s. f. [Pr. *valida-sion*]. Action de valider. *Cette formalité est nécessaire pour la v. de l'acte. Ce comptable obtient un arrêt de v. La v. d'une élection.*

VALIDE. adj. 2 g. (lat. *validus*, m. s., de *valere*, être fort). Sain, vigoureux; se dit par opposition à malade ou infirme. *On fit une levée en masse de tous les hommes valides.* — Subst., *Cet hospice renferme tant d'infirmes et tant de valides.* || En parlant des choses, Valable, qui a les conditions requises par les lois pour produire son effet. *Cet acte n'est pas v. Le baptême des luthériens est v.*

VALIDÉ. s. f. (ar. *oualida*, mère). Qualificatif donné par les Turcs à la sultane mère.

VALIDEMENT. adv. [Pr. *valide-man*] (R. *valide*). Valablement, avec assurance que la chose dont il s'agit aura son effet. *On ne peut contracter v. avec un mineur.*

VALIDER. v. a. (lat. *validare*, m. s.). Rendre valide. *V., faire v. un acte, une dépense. Le consentement subséquent du père et de la mère a validé le mariage.* || Déclarer valide. *V. une élection.* = VALIDÉ, ÉE. part.

VALIDINE. s. f. T. Chim. Nom donné à une des *bases quinoléiques.* Voy. QUINOLÉIQUE.

VALIDITÉ. s. f. (lat. *validitas*, m. s.). La force et la vertu que certaines choses reçoivent de l'accomplissement des formalités et des conditions qui leur sont nécessaires. *On lui conteste la v. de son titre. La v. d'un acte. La v. des preuves. L'intention de baptiser est nécessaire à la v. du baptême.*

VALISE. s. f. [Pr. *vali-ze*] (ital. *valigia*, m. s.). Espèce de long sac de cuir, propre à être porté sur la croupe d'un cheval, et dans lequel on met des hardes. Par ext. Sac de voyage; petite malle de cuir qu'on peut porter à la main || Fig. *Mettre quelque chose dans sa v. L'emporter en voyage.*

VALKYRIE. s. f. (anc. all. *wall*, l'ensemble de ceux qui ont péri sur le champ de bataille : *küren*, choisir). T. Mythol. scand. Nymphe du palais d'Odin. Voy. WALHALLA.

VALLA (LAURENT), philologue, historiographe du roi d'Espagne, né à Rome (1406-1457).

VALLADOLID, v. d'Espagne, ch.-l. de prov.; 51,000 hab. Magnifique cathédrale. — La prov. de Valladolid a 259,800 hab.

VALLADOLID, ou **MORELLA,** v. du Mexique; 24,000 hab.

VALLAGE, petit pays de l'anc. France réparti dans les départements de la Marne, de la Haute-Marne, de l'Aube et de la Meuse; v. pr : *Bar-sur-Aube, Joinville* et *Vassy.*

VALLAIRE. adj. f. [Pr. *val-lère*] (lat. *vallaris*, m. s., de *vallum*, retranchement). T. Antiq. *Couronne v.* Voy. COURONNE.

VALLEA. s. m. [Pr. *val-léa*] (R. *Vallée*, n. d'homme). T. Bot. Genre de plantes Dicotylédones de la famille des *Malvacées*, tribu des *Tiliées.* Voy. MALVACÉES.

VALLÉCULE. s. f. [Pr. *val-lékule*] (Dimin. de *vallée*).

T. Bot. Nom donné aux canaux sécréteurs situés, au fond des sillons, dans le fruit des *Ombellifères*. Voy. ce mot.

VALLÉE. s. f. [Pr. *va-lée*] (R. *val*). Espace renfermé entre des montagnes. *Une v. longue et étroite. Une belle v. Descendre dans la v. Cette v. est arrosée par un ruisseau. La v. de Tempé.* — *La v. de Josaphat.* Vallée étroite située à l'ouest de Jérusalem, et où, suivant une opinion populaire, doit avoir lieu le jugement dernier. — Fig. *V. de larmes, v. de misère,* le séjour sur la terre par opposition au ciel, séjour de la béatitude. || Se dit quelquefois pour Bassin géographique. *La Sicile est divisée en trois vallées.* — Voy. Topographie.

VALLERAUGUE, ch.-l. de c. (Gard), arr. du Vigan, sur l'Hérault; 2,800 hab.

VALLÈS (Jules), publiciste, socialiste fr. (1833-1885).

VALLET, ch.-l. de c. (Loire-Inférieure), arr. de Nantes; 4,900 hab.

VALLIÈRE. (Jean-Florent de), savant officier du génie fr. (1667-1759). || Joseph-Florent, fils du précédent, officier du génie fr., auteur de perfectionnements importants (1717-1776).

VALLIÈRE (Duchesse de la), Voy. La Vallière.

VALLISNÉRIE. s. f. [Pr. *val-lisnéri*] (R. *Vallisneri,* d'un botan. ital). T Bot. Genre de plantes Monocotylédones (*Vallisneria*) de la famille des *Hydrocharidées*. Voy. ce mot.

VALLISNÉRIÉES. s. f. pl. [Pr. *val-lisnérié*] (R. *Vallisnérie*). T Bot. Tribu de plantes Monocotylédones de la famille des *Hydrocharidées*. Voy. ce mot.

VALLON, ch.-l de c. (Ardèche), arr. de Largentière: 2,500 hab.

VALLON. s. m. [Pr. *va-lon*] (ital *vallone*, grande vallée, du lat. *vallis*, vallée), espace de terre entre deux coteaux || Poétiq., *Le sacré v.* Le v. qui est entre les deux croupes du Parnasse, et qui, selon la Fable, était le séjour des Muses. Fig., Se dit de plusieurs choses qui ont rapport à la poésie. *Il a été nourri dans le sacré v. La gloire du sacré v.*

VALLONNEMENT. s. m. [Pr. *valo-neman*]. Action de disposer en forme de vallons.

VALLONNER. v. a [Pr. *va-lo-ner*]. Disposer en forme de petits vallons. — Vallonné, ée. part. *Un terrain vallonné.*

VALMÎKI, poète hindou d'une époque incertaine, auteur du Râmâyana.

VALMONT DE BOMARE, naturaliste fr. (1731-1807).

VALMORE (Mme Desbordes). Voy. Desbordes.

VALMY, village à 10 kil. de Sainte-Menehould (Marne), près duquel Dumouriez et Kellermann battirent les Prussiens sous le duc de Brunswick (1792). Plus tard Napoléon donna à Kellermann le titre de duc de Valmy.

VALOGNES, ch.-l. d'arr. du dép. de la Manche, à 58 kil. N.-O. de Saint-Lô; 5,800 hab. = Nom des hab. : Valognais, aise.

VALOIR. v. n. [Pr. *va-touar*] (lat. *valere*, m s., propr. être fort). Être de quelque utilité, avoir un certain mérite, être bon à quelque chose. *Cet habit ne vaut plus rien. Cette toile ne vaut rien pour faire des chemises. Ses vers ne valent rien* || On dit aussi qu'*Une chose ne vaut rien,* pour dire qu'elle est mauvaise, relativement à telle ou telle circonstance *Ce régime échauffant ne vaut rien pour vous.* — *Cela ne vaut rien,* veut dire encore, cela ne signifie rien de bon, cela est de mauvais augure *Il s'endort dès qu'il a mangé, cela ne vaut rien.* — Fam , on dit quelquefois d'une personne méchante, dangereuse, qu'*Elle ne*

vaut rien Ne vous fiez point à lui, c'est un homme qui ne vaut rien || Fam., N'avoir rien *qui vaille,* N'avoir rien de bon. *Ce libraire n'a jamais rien qui vaille.* — *Ne faire rien qui vaille.* Faire de mauvaise besogne. *Je lui ai donné de l'ouvrage, il n'a rien fait qui vaille.* = Valoir, dans un sens plus particulier, se dit relativement au prix des choses ou à leur puissance d'achat *Cette étoffe vaut dix francs le mètre. Je veux payer ce meuble ce qu'il vaut, mais pas davantage Le louis d'or valait vingt-quatre francs. Ce billet de banque vaut mille francs De ces deux objets, l'un vaut l'autre.* — Fam., *Cette chose vaut de l'argent,* elle est d'un prix considérable. || Prov., *Cette chose vaut son pesant d'or* Voy. Pesant. *Chacun, chaque chose vaut son prix,* Voy. Prix. *Savoir ce qu'en vaut l'aune,* Voy. Aune. *Le jeu ne vaut pas la chandelle,* Voy. Jeu *Cela ne vaut pas un sou, ne vaut pas un clou à soufflet, ne vaut pas le diable, Cela ne vaut quoi que ce soit, cela n'est bon à rien.* — *Cet homme en vaut bien un autre. Cet homme mérite autant d'estime qu'aucun autre Monsieur vaut bien Madame ou Madame vaut bien Monsieur* Le mari et la femme sont dignes l'un de l'autre. Cette locution se dit le plus souvent dans un sens ironique. — *Cette chose, cette affaire ne vaut pas la peine d'y penser,* se dit d'une chose, d'une affaire de peu de conséquence. On dit, dans le sens contraire, *Cela vaut bien la peine d'y penser, la peine qu'on y pense.* La chose est importante, et elle mérite qu'on prenne du temps pour en délibérer. On dit encore absolument, dans l'un et l'autre sens, *Cela ne vaut pas la peine, n'en vaut pas la peine, en vaut bien la peine,* On dit également, par mépris, d'un homme avec qui on ne veut pas entrer en contestation. *Il ne vaut pas la peine qu'on lui réponde.* || *Valoir mieux,* Être meilleur, préférable. *Ma montre vaut mieux que la vôtre. Les effets valent mieux que les paroles.* Prov., *Un tiens vaut mieux que deux tu l'auras,* Voy. Tenir. — Impersonnell., *Il vaut mieux,* Il est expédient, plus utile ou plus convenable. *Il vaut mieux se taire que de parler. Il vaut mieux que cela soit ainsi.* = Rapporter, reproduire. *Cette ferme vaut mille écus par an.* || Prov., *Tant vaut l'homme, tant vaut la terre.* Voy. Tant = Tenir lieu, avoir la force, la signification de. *L'Empereur partit pour l'Espagne, sa présence seule valant une armée. En chiffres romains,* M *vaut mille,* D *vaut cinq cents,* C *vaut cent. En chiffres arabes,* 1 *devant un* 0 *vaut dix. L'as, au piquet, vaut onze. Une blanche vaut deux noires.* — Prov., *Un bon averti en vaut deux,* Voy. Avertir. *Cela vaut fait,* Voy. Faire. *Autant, vaut, etc.* Voy. Autant. || T. Pratiq., *V. ce que de raison* Voy. Raison = *Faire v. une chose* signifie : 1° En tirer le profit, l'avantage qu'elle peut faire. *Faire v. un domaine, une terre. Faire v. son argent. Faire v. son droit, ses droits. Faire v. ses talents;* 2° Lui donner du prix, la faire paraître meilleure, plus belle. *C'est la pureté de ce diamant, plutôt que sa grosseur, qui le fait tant v. Cet acteur fait v. ses rôles;* 3° En relever, en vanter le mérite, l'importance. *Il fait trop v. ses services. Je ne fais pas v. un si faible sacrifice.* On dit aussi dans un sens analogue, *Faire v. sa marchandise,* en parlant des marchands qui, par leurs discours et par leur adresse, savent donner une grande idée de ce qu'ils veulent vendre; et, Fig., en parlant de ceux qui louent beaucoup tout ce qu'ils ont, et jusqu'aux moindres choses qu'ils font ou qu'ils disent; 4° *Faire v ,* employé absol., signifie, Exploiter soi-même sa terre. || *Se faire v.,* Soutenir sa dignité, ses droits, ses prérogatives. *Il est bon quelquefois de se faire un peu v. Il laisse prendre trop d'autorité à ses subalternes, il ne se fait pas assez v.* — En mauvaise part, s'attribuer des qualités qu'on n'a pas *C'est un fanfaron qui veut se faire v Il se fait v aux dépens des autres.* — Prov., *Un homme ne vaut que ce qu'il se fait v.,* Un homme n'obtient du crédit, de la réputation, qu'autant qu'il sait les occasions et les moyens de faire ressortir son mérite, ses talents, etc = Valoir. v. a Procurer, faire obtenir, produire. *Cette bataille lui a valu le bâton de maréchal de France. Que lui a valu son ambition, sinon de le rendre odieux? Cette action ne lui a valu que de la honte. Ses exploits lui ont valu une gloire immortelle.* == A valoir. Terme de commerce qu'on emploie lorsqu'on fournit soit en créances, soit en billets, soit en marchandises, un acompte sur une plus forte somme qu'on doit. *Je vous envoie trois cents francs à v. sur ce que je vous dois.* On dit aussi. *J'ai reçu telle chose ou telle somme à v. sur....* A porter en déduction de. == Vaille que vaille, Tout coup vaille. loc. adv. et fam A tout hasard *Donnez votre pétition vaille que vaille. Prenez sa pro-*

　　　　　　　　VAM

messe vaille que vaille. ‖ A certains jeux. *Tout coup vaille*, signifie qu'en attendant la décision d'une chose qui est en contestation, on ne laissera pas de jouer. *On ne sait laquelle des deux boules est la plus proche du but; je m'en vais jouer tout coup vaille.* = VALANT, part. prés. *Elle a perdu un diamant valant cinq mille francs. J'ai acheté deux maisons valant, l'une trente mille francs, et l'autre quarante.*

Conj. — *Je vaux, tu vaux, il vaut; nous valons, vous valez, ils valent. Je valais; nous valions. Je valus; nous valûmes. Je vaudrai; nous vaudrons.* — *Je vaudrais; nous vaudrions* — *Vaux; valez.* — *Que je vaille, que nous valions, que vous valiez, qu'ils vaillent. Que je valusse, que nous valussions.* — *Valant. Valu.*

VALOIS, pays de l'anc. France, correspondant à l'E. du dép. de l'Oise et au S. du dép. de l'Aisne; ch.-l. *Crespy*; v. pr. *La Ferté-Milon, Villers-Cotterets, Senlis, Compiègne.* Philippe III le Hardi le donna en apanage à son fils Charles, qui fut le père du roi Philippe VI de Valois.

VALOIS, maison qui a régné sur la France de 1328 à 1589; elle descendait des Capétiens par son chef Charles de Valois, fils de Philippe III le Hardi. Elle a formé trois branches : la 1ʳᵉ compte sept rois, de Philippe VI à Charles VIII; la 2ᵉ, branche des *Valois-Orléans*, un seul, Louis XII; la 3ᵉ, branche des *Valois-Angoulême*, cinq de François Iᵉʳ à Henri III.

VALONÉE. s. f. T. Bot. Nom vulgaire du *Chêne Vélani.* Voy. CHÊNE.

VALPARAISO, v. du Chili, port de commerce sur le Grand Océan; 105,000 hab.

VALRÉAS, ch.-l. de c. (Vaucluse), arr. d'Orange; 5,000 hab.

VALROMEY, anc. petit pays de France (dép. de l'Ain).

VALS, comm. de l'arr. de Privas (Ardèche), à 6 kil. d'Aubenas; 3,600 hab. Eaux minérales froides.

VALSA. s. m. T. Bot. Genre de Champignons de la famille des *Pyrénomycètes*, tribu des *Valsées.* Voy. PYRÉNOMYCÈTES.

VALSALVA, anatomiste ital. (1666-1723).

VALSE. s. f. (R. *valser*). La *Valse* est une danse dans laquelle un couple, composé d'un cavalier et d'une dame, tourne sur lui-même en remplissant chaque mesure par une évolution. On distingue trois sorte de valses : la *V. à trois temps* ou *V. allemande*, dont l'air est à 3/4 ou 3/8, et qui est composé de deux ou trois parties de 8 mesures avec reprises; la *V. à deux temps* ou *Sauteuse*, dont on faisait suivre autrefois la v. à trois temps, et la *V. russe*, qui est à trois temps, mais dont le rythme est plus vif et plus marqué que celui de la v. ordinaire. — La v. est originaire de l'Allemagne, et elle a été introduite en France vers la fin du XVIIIᵉ siècle. En Allemagne, où la v. est une danse de prédilection, les plus grands compositeurs, Haydn, Mozart, Weber, Beethoven, ont écrit pour cette danse des airs également appelés *Valses.*

VALSÉES. s. f. pl. (R. *Valsa*). T. Bot. Tribu de Champignons de la famille des *Pyrénomycètes.* Voy. ce mot.

VALSER. v. n. (all. *walzen*, tourner). Danser la valse, une v. *Il ne sait pas v.*

VALSEUR, EUSE. s. Celui, celle qui valse. *Un bon v. Une valseuse infatigable.*

VALTELINE, vallée de l'Adda supérieur, au-dessus du lac de Côme; ch.-l. *Sondrio.* Richelieu l'enleva à la maison d'Autriche pour la rendre aux Grisons (1624). Elle appartient à l'Italie depuis 1859.

VALUE. s. f. (part. pass. de *valoir*). Se dit dans cette loc., *Plus-v.*, La somme que vaut une chose au delà de ce qu'on l'a prise ou achetée. ‖ On dit quelquefois *Moins-v.*, dans le sens contraire.

VALVAIRE. adj. 2 g. [Pr *val-vère*] (R. *valve*). T. Bot.

Qui a rapport aux valves. *Déhiscence v.*, dans laquelle les carpelles s'ouvrent en deux valves Voy. FRUIT. ‖ Qui offre l'aspect de valves. *Préfloraison v.* Voy. PRÉFLORAISON.

VALVATIDÉS. s. m. pl. (R. *valve*). T. Zool. Famille de Mollusques Gastéropodes *cténobranches* qui renferme des espèces d'eau douce se rapprochant des Gastéropodes pulmonés, mais dont le pied reste petit et étroit. Le genre *Valvata* est surtout caractérisé par une branchie plumeuse faisant saillie hors de la cavité branchiale.

VALVE. s. f. (lat. *valva*, battants de porte). T. Zool. Chacune des deux parties d'une coquille bivalve. Voy. CONCHYLIOLOGIE. ‖ T. Bot. Nom donné aux pièces qui composent les glumes, les spathes, et les péricarpes secs, et qui se soulèvent au moment de la déhiscence. ‖ T. Méc. Soupape à clapet, et par extension soupape qui sert à retenir l'air comprimé dans les bandages pneumatiques des roues et qui s'ouvre quand on les gonfle. Voy. VÉLOCIPÈDE.

VALVÉ, ÉE, adj. (R. *valve*). T. Hist. nat. Qui est muni de valves ou formé de valves. *Péricarpe v. Coquille valvée.* — *Préfloraison valvée.* Voy. PRÉFLORAISON.

VALVÉE. s. f. (R. *valve*). T. Zool. Genre de Mollusques Gastéropodes. Voy. TAENIOGLOSSES.

VALVIFORME. adj. 2 g. (lat. *valva*, valve; *forma*, forme). Qui ressemble à une valve.

VALVULAIRE. adj. 2 g. [Pr. *valvu-lère*]. Qui a beaucoup de valvules.

VALVULE. s. f. (Dimin. de *valve*). T. Anat. Tout repli qui, dans les vaisseaux et conduits du corps, empêche les liquides ou autres matières de refluer, ou qui a pour fonction principale de ralentir ou d'assurer le cours des liquides sur le trajet desquels il se trouve. *Valvules des veines.* — *V. d'Eustachi, V. trioglochine ou tricuspide, V. mitrale, V. sigmoïde ou semi-lunaire.* Voy. CŒUR. — *V. du pylore ou pylorique*, Voy. PYLORE. — *Valvules conniventes* ou de *Kerkring, V. iléocœcale, Valvules de Houston, Valvules semi-lunaires.* Voy. INTESTIN. ‖ T. Bot. Petite valve. *Les lobes de certaines anthères s'ouvrent par des valvules.*

VALVULÉ, ÉE. adj. Qui est muni de valvules.

VALVLÈNE. s. m. T. Chim. Hydrocarbure répondant à la formule $C^{5}H^{8}$. C'est un liquide mobile, possédant une odeur alliacée; il bout à 50°.

VAMPIRE. s. m. [Pr. *van-pire*] (all. *vampir*, m. s., mot qui n'est pas d'orig. allemande). — Dans une partie de l'Europe orientale, en Hongrie, dans les pays slaves et roumains qu'arrose le Danube, dans la Grèce, etc., le peuple croit que les cadavres des individus qui sont morts excommuniés pour cause de magie ou pour d'autres crimes, sortent la nuit de leurs tombeaux, et vont sucer le sang des vivants, tandis que ceux-ci sont plongés dans le sommeil. Ces revenants sont appelés *Vampires* dans les pays qui bordent le Danube; mais les Grecs les nomment *Broucolaques.* Suivant la superstition populaire, l'individu sucé par un v. ne sait rien et ne s'aperçoit en aucune façon de la visite de cet être malfaisant. Mais on soupçonne qu'une personne est visitée par un v. lorsqu'elle tombe en langueur et dépérit sans cause apparente. La croyance aux vampires rappelle la superstition des anciens relativement aux lamies et aux lémures. Par allusion à cette superstition grossière, le mot *Vampire* s'emploie figurément pour désigner les hommes que l'on accuse de s'enrichir aux dépens du peuple et par des voies illicites.

Mamm. — Les zoologistes ont appliqué le nom de *Vampires* à certaines espèces de Chauves-souris, ou *Chéiroptères* (Voy. ce mot), qui, suivant l'opinion populaire, se nourrissent en suçant le sang des animaux et même des hommes, pendant que ceux-ci sont endormis.

VAMPIRIQUE. adj. 2 g. [Pr. *van-pirike*]. Qui a le caractère de vampire.

VAMPIRISME. s. m. [Pr. *van-pirisme*]. État, qualité de vampire. ‖ Fig. Avidité insatiable.

VAMPYRELLE. s. f. [Pr. *van-pirèle*]. T. Bot. Genre de Champignons (*Vampyrella*) de la famille des *Vampyrellées*. Voy. ce mot.

VAMPYRELLÉES. s. f. pl. [Pr. *van-pirel-lé*] (R. *Vampyrelle*). T. Bot. Les Vampyrellées sont des Champignons de l'ordre des Oomycètes qui vivent en parasites sur des végétaux aquatiques, particulièrement sur certaines Algues (Conservacées, Characées, Desmidiées, etc.). Elles se reproduisent par des zoospores qui se fusionnent en petits plasmodes et par des œufs dont la formation a lieu par isogamie. En outre, ces Champignons forment, à une phase quelconque de leur développement, des kystes semblables à ceux des Chytridiacées. Cette famille renferme 8 genres dont les plus importants sont les genres *Protomonas, Protomyxa, Pseudospora, Vampyrella*.

VAN. s. m. (lat. *vannus*, m. s., qui se rattache au sanscrit *vd*, souffler). T. Agric. Sorte de panier très plat, muni de deux anses, pour vanner le grain. Voy. VANNAGE. || T. Techn. Instrument analogue pour sécher les épingles. Voy. ÉPINGLE.

VAN, v. de la Turquie d'Asie, sur le lac de Van, dans l'Arménie; 30,000 hab.

VANADATE. s. m. T. Chim. Voy. VANADIUM.

VANADIFÈRE. adj. 2 g. (R. *vanadium*, et lat. *fero*, je porte). T. Minér. Qui renferme du vanadium.

VANADINE ou **VANADIOCRE.** s. f. (R. *vanadium*; *ocre*). T. Minér. Anhydride vanadique naturel, trouvé à l'état d'enduit jaune sur le cuivre natif du lac Supérieur.

VANADINITE. s. f. (R. *vanadium*). T. Minér. Combinaison du plomb avec l'acide vanadique et le chlore; en cristaux hexagonaux jaunes ou bruns.

VANADIOLITE. s. f. (R. *vanadium*, et gr. λίθος, pierre). T. Minér. Vanadate de chaux, avec silice, magnésie et alumine; en petits cristaux verts.

VANADIQUE. adj. 2 g. (R. *vanadium*). T. Chim. Voy. VANADIUM.

VANADITE. s. f. (R. *vanadium*). T. Minér. Variété de *Descloizite*.

VANADIUM. s. m [Pr. *vanadi-ome*] (R. *Vanadé*, divinité scandinave). T. Chim. Corps simple qu'on range habituellement parmi les métaux, bien que ses propriétés le rapprochent plutôt des métalloïdes de la famille de l'azote. Le v. a été découvert, en 1801, par Del Rio, qui le nomma *Erythronium*; mais Collet-Descotils ayant annoncé que le nouveau métal n'était autre chose que du chrome impur, l'Erythronium fut rayé de la liste des corps simples. En 1830, le chimiste suédois Sefstroem mit hors de doute l'existence de ce même métal, et lui donna le nom sous lequel il est aujourd'hui désigné, nom qui vient de Vanadé, épithète appliquée à Freya, divinité de la mythologie scandinave. Mais le corps qu'on décrivit d'abord sous le nom de v. n'était en réalité qu'un oxyde. Le métal pur ne fut isolé qu'en 1867, par Roscoe, qui l'obtint en réduisant le chlorure de v. par l'hydrogène. Le v. ainsi préparé se présente sous la forme d'une poudre grisâtre, argentée, cristalline, dont la densité est 5,5. Il est presque infusible. À la température ordinaire, il ne s'oxyde que lentement au contact de l'air; mais au rouge, il brûle avec éclat en donnant divers oxydes. Il se combine aussi à chaud avec le chlore et avec l'azote. L'acide sulfurique concentré le dissout avec une coloration jaune, l'acide azotique avec une coloration bleue. La soude caustique en fusion le transforme en vanadate de soude. Le symbole du v. est Va ou V, et son poids atomique est 51.

Le v. fournit une série de combinaisons oxygénées qui présentent la même composition que celles de l'azote. Le *Bioxyde de v*, qui a pour formule VaO ou Va²O², est une poudre grise, cristalline, soluble en bleu dans l'eau régale. C'est cet oxyde que l'on considérait autrefois comme du v. métallique. Le groupement VaO se transporte en effet d'un composé à un autre, à la manière d'un corps simple, et joue le rôle d'un radical trivalent; il porte alors le nom de *Vanadyle*. Le *Trichlorure de vanadyle* VaOCl³ est un liquide jaune, qui émet des vapeurs rouges, et qui est décomposable par l'eau. On l'obtient, en même temps que le *Tétrachlorure de v*. VaCl⁴, lorsqu'on fait passer du chlore sur un mé-

lange d'anhydride vanadique et de charbon, à la température du rouge.

L'*Anhydride vanadique* Va²O⁵ est le plus important des oxydes du v. On l'obtient par la calcination du vanadate d'ammoniaque. Il fond en un liquide rouge qui, par refroidissement, cristallise en longues aiguilles brunes. L'eau le dissout avec une coloration jaune.

Vis-à-vis des bases fortes cet anhydride joue le rôle d'un oxyde acide. En le fondant avec les alcalis ou les carbonates alcalins on obtient trois séries de sels, appelés *Vanadates*, qui présentent la constitution des phosphates, et que l'on distingue, comme ces derniers, par les préfixes méta, pyro et ortho. En outre il existe des polyvanadates de composition plus complexe. Parmi les *Acides vanadiques* correspondants, le seul qui soit stable est l'acide *métavanadique* VaO³H. L'acide *orthovanadique*, qui répondrait à la formule VaO⁴H³, n'a pas été isolé. L'acide *pyrovanadique* Va²O⁷H⁴ se transforme par la dessiccation en acide méta. — Le vanadate le plus important est le *Métavanadate d'ammoniaque* VaO³(AzH⁴) que l'on obtient dans le traitement des minerais ou des scories vanadifères et qui peut servir à préparer les autres composés du v. Il se présente en grains cristallins, incolores. Il se dissout dans l'eau pure, surtout à chaud, mais il est insoluble dans l'eau chargée de sel ammoniac. Sa solution, de même que celle des autres vanadates, donne avec la teinture de noix de galle un liquide noir foncé.

Vis-à-vis des acides forts l'anhydride vanadique se comporte comme une base; il s'y dissout avec une coloration jaune ou rouge en formant des *Sels vanadiques* ou *Sels de vanadyle* qui renferment le radical trivalent VaO. Les agents réducteurs colorent en bleu les solutions de ces sels et les transforment en *Sels hypovanadiques* qui contiennent le radical tétravalent Va²O². C'est ainsi que le sulfate vanadique (SO⁴)³(VaO)² se convertit en sulfate hypovanadique (SO⁴)²Va²O². Le v. se rencontre dans la nature à l'état de vanadates métalliques. Le seul minerai qui soit un peu abondant est la *Mottramite*, vanadate de plomb et de cuivre qu'on trouve dans un grès schisteux cuprifère du comté de Chester. En petites quantités, le v. est disséminé dans un grand nombre de substances minérales, dans certaines argiles, dans les basaltes, et dans beaucoup de minerais de fer. Les scories provenant du traitement de ces minerais peuvent contenir jusqu'à 2 pour 100 de vanadium. Pour extraire le v. de ces scories ou de la mottramite, on les traite par l'acide chlorhydrique, puis on ajoute à la solution un excès de sel ammoniac qui précipite du métavanadate d'ammoniaque. Ce vanadate est employé pour la teinture ou l'impression en noir d'aniline. Voy. ANILINE. En le traitant par une solution de sulfate de cuivre et de sel ammoniac et en chauffant à 75° on obtient de l'acide vanadique sous forme de paillettes d'un jaune d'or; ce produit, connu sous le nom de *Bronze de vanadium*, sert à remplacer l'or en coquilles pour l'enluminure.

VANADYLE. s. m. (R. *vanadium*, et le suff. *yle*, du gr. ὕλη, matière). T. Chim. Nom donné au radical trivalent VaO contenu dans certains composés du vanadium. — Le *Divanadyle* Va²O² est un radical tétravalent contenu dans les sels hypovanadiques. Voy. VANADIUM.

VANCOUVER, navigateur anglais (1750-1798), reconnut les côtes orientales de l'Amérique du N., et donna, avec l'Espagnol Quadra, son nom à une île du Grand Océan. Voy. QUADRA-ET-VANCOUVER.

VANDA. s. m. (mot indien). T. Bot. Genre de plantes Monocotylédones de la famille des *Orchidées*. Voy. ce mot.

VANDALE. s. m. Nom d'un ancien peuple de la Germanie, qui, au Vᵉ siècle, fit irruption dans la Gaule et dans l'Italie, où il se signala par ses dévastations. || Fig., se dit de ceux qui détruisent les monuments des arts, qui voudraient ramener les temps de barbarie. *C'est un V. Les Vandales de la Révolution.*

VANDALISME. s. m. Conduite, opinion de ceux qui sont ennemis des lumières et des arts.

VANDAMME, général fr. (1770-1830), se distingua dans les guerres de la République et du 1ᵉʳ Empire, fut proscrit en 1815.

VANDÉES. s. f. pl. (R. *Vanda*). T. Bot. Tribu de végétaux de la famille des *Orchidées*. Voy. ce mot.

VANDELLIE. s. f. [Pr. *vandel-li*] (R *Vandelli*, n. d'un naturaliste ital.). T. Bot. Genre de plantes Dicotylédones (*Vandellia*) de la famille des *Scrofulariacées*, tribu des *Antirrhinées*. Voy. Scrofulariacées.

VAN-DEN-VELDE. Nom de trois peintres holland. du XVIIe siècle.

VAN-DER-MEULEN, peintre flamand (1634-1690).

VAN-DIÉMEN (*Terre de*) ou **TASMANIE.** Ile au sud de l'Australie (Océanie).

VANDOISE. s. f. [Pr. *van-doua-ze*]. T. Icht. Espèce de Poissons osseux. Voy. Able.

VAN DYCK (Antoine), peintre né à Anvers (1599-1641), élève de Rubens, fut attiré en Angleterre par Charles Ier.

VANESSE. s. f. [Pr. *vané-se*]. T Entom. Genre d'Insectes *Lépidoptères*. Voy. Diurnes, 9e

VANGA. s. m. T. Ornith Espèce de *Passereaux*. Voy. Pie-Grièche.

VANGEROW, jurisconsulte allem. (1808-1860).

VANGEUR. s. m. T. Techn. Ouvrier qui pétrit la terre avec les mains dans une briqueterie.

VANIÈRE (le Père), jésuite fr. et poète latin (1664-1739).

VANIKORO, île de l'archipel de Santa-Cruz (Mélanésie), où La Pérouse périt avec son équipage en 1788.

VANILLATE. s. m. [Pr. *vani-llate*, ll mouillées]. T. Chim. Nom générique des sels et des éthers formés par l'acide vanillique.

VANILLE. s. f. [Pr. les ll mouillées] (esp. *vanilla*, de *ragina*, gaine). T. Bot. Genre de plantes Monocotylédones (*Vanilla*) de la famille des *Orchidées*, tribu des *Néottées*. Voy. Orchidées. Le fruit des différentes espèces du genre. || Le parfum, la saveur de ce fruit. Voy. Vanilline.

VANILLIER. s. m. [Pr. *vani-llé*, ll mouillées]. T. Bot. Syn. du genre l'*Vanille*. Voy. ce mot.

VANILLINE. s. f. [Pr. *vani-lline*, ll mouillées] (R. *Vanille*). T. Chim. Principe odorant de la vanille. Les gousses des diverses sortes de vanille en contiennent 1 à 2 pour 100. On rencontre aussi la v. en petites quantités, dans un grand nombre de fleurs de la famille des Orchidées, dans le benjoin de Siam, dans les mélasses de betterave, etc. On peut l'extraire des gousses de vanille ou les épuisant par l'alcool et l'éther. On peut aussi la préparer par synthèse à l'aide de divers procédés, la plupart imaginés par Tiemann. Ainsi par ex. l'oxydation de la coniférine par le mélange chromique donne naissance à un glucoside, le *Glucovanilline*, que les acides étendus ou l'émulsine dédoublent en v. et en glucose. La distillation sèche de l'acide vanillique avec de la chaux et du formiate de chaux donne directement de la v. L'oxydation de l'eugénol ou de ses éthers en fournit également. — La v. cristallise en aiguilles peu solubles dans l'eau froide, très solubles dans l'eau bouillante, l'alcool et l'éther. Elle possède à un haut degré l'odeur de la vanille. Elle fond à 81° et bout à 285°. Le perchlorure de fer la colore en bleu. La v. est un éther méthylique de l'aldéhyde protocatéchique et répond à la formule C^6H^3
$$C^6H^3 \begin{cases} CHO \\ OCH^3 \\ OH. \end{cases}$$
Elle possède donc à la fois les fonctions d'éther, d'aldéhyde et de phénol. Comme les aldéhydes en général, elle se combine avec le bisulfite de soude, et elle peut donner naissance à un alcool et à un acide. Comme les phénols, elle se dissout dans les solutions caustiques pour former des sels solubles, cristallisables, et elle se combine avec les anhydrides ou les chlorures d'acides en donnant des éthers.

L'*Isovanilline* est un isomère de position de la v On la prépare en partant de l'acide iso-férulique Elle est cristallisable et fond à 117°. Inodore à froid, elle dégage sous l'action de la chaleur une odeur de vanille.

La *Méthyl v.*, qu'on obtient en méthylant la v ou l'isovanilline, est l'éther diméthylique de l'aldéhyde protocatéchique et répond à la formule $C^6H^3(CHO)(OCH^3)^2$. Elle cristallise en aiguilles presque insolubles dans l'eau, et possède l'odeur de la vanille.

VANILLIQUE. adj. 2 g. [Pr. les ll mouillées] (R. *vanille*). T. Chim. L'*Alcool vanillique* se produit par l'hydrogénation de son aldéhyde, la vanilline, et répond à la formule :
$$C^6H^3(CH^2OH)(OCH^3)(OH).$$
Il est cristallisable, fusible à 115°, soluble dans l'eau chaude et dans l'alcool.

L'*Acide v.* est un éther méthylique de l'acide protocaté-chique et a pour formule $C^6H^3 \begin{cases} CO^2H \\ OCH^3 \\ OH. \end{cases}$

On peut le préparer en oxydant la vanilline ou la coniférine Il cristallise en aiguilles fusibles à 207°, peu solubles dans l'eau, très solubles dans l'alcool. C'est un acide monobasique, possédant en outre les fonctions d'éther et de phénol. Distillé sur de la chaux ou de la baryte, il se dédouble en gaïacol et en anhydride carbonique. Son sel de calcium, chauffé avec du formiate de chaux, donne naissance à de la vanilline. — L'*Acide isovanillique* est un isomère de position du précédent. On l'obtient en faisant réagir l'iodure de méthyle sur l'acide proto-catéchique en solution dans de la soude. Il est cristallisable et fond à 250°.

VANINI, célèbre philosophe ital. brûlé à Toulouse (1585-1619).

VANITÉ. s. f. (lat. *vanitas*, m s., de *vanus*, vain) Inutilité, peu de solidité. *Tout n'est que v. dans ce monde. La v. du cérémonial lui était insupportable.* || Amour-propre qui a pour objet des choses frivoles ou étrangères à la personne qui s'en prévaut. *Il a beaucoup de v. Il est plein de v. — Faire v., tirer v. d'une chose*, S'en glorifier, en faire gloire. *Il danse bien et en fait v.* Cette loc. se dit ordinairement en mauvaise part. ═ Sans vanité. loc. adv. et fam., dont on se sert pour faire passer ce qu'on dit d'avantageux en parlant de soi-même. *Sans v. j'en sais plus que lui sur ce sujet. Sans v., je ne crains pas mes concurrents.* ═ Syn. Voy. Orgueil.

VANITEUX, EUSE. adj. [Pr vani-teu, euze]. Qui a une vanité puérile et ridicule, soit en actions, soit en paroles. *C'est l'homme le plus sot et le plus v. Propos v.* Fam. || En parlant des personnes, on dit aussi substant., *C'est un v., une vaniteuse insupportable.* ═ Syn. Voy. Vain.

VANLOO (Jean-Baptiste), peintre fr., né à Aix (1684-1745). || Son frère, Carle, né en 1705 et m. en 1765, fut aussi un peintre célèbre.

VANNAGE. s. m. [Pr. *va-naje*] (R. van). T. Agric. Les grains, après avoir été récoltés et battus, se trouvent en général mêlés à leurs balles, à des semences d'herbes parasites, à de la terre, etc. Pour les nettoyer et les débarrasser de ces corps étrangers, on a recours à une opération qu'on nomme *V.*, et qui consiste à les soumettre à l'action d'un fort courant d'air qui entraîne plus ou moins loin les corps légers auxquels ils sont mélangés. Le plus communément on se sert pour cette opération d'une corbeille d'osier de forme particulière, et munie de deux poignées, qu'on appelle *Van* (Fig. 1). Pour vanner, on se place dans un courant d'air et l'on fait sauter le grain déposé sur le v. Les corps légers sont entraînés par le courant d'air, pendant que le bon grain retombe sur le v. Ce procédé a d'abord été remplacé par l'emploi d'une machine nommée *Tarare* (Fig. 2), qui fait à la fois les fonctions du van et du crible. Dans le tarare, le courant d'air nécessaire pour chasser les matières légères mêlées parmi le grain est produit par un jeu de palettes qui a son axe en A, et qui reçoit son mouvement de rotation d'une manivelle fixée à l'extrémité de l'axe, mais qu'on ne

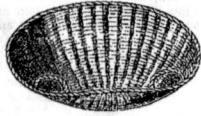

Fig 1

voit pas dans le dessin. A la partie supérieure de la machine est une trémie T qui reçoit le grain, et d'où ce dernier sort par une porte dont l'ouverture se règle à l'aide d'un pas de vis V. Le grain tombe sur une grille G, animée d'un mouvement horizontal de va-et-vient par l'intermédiaire d'une tige B, qui est mue par une sorte de pignon à cames, lequel tourne avec l'axe des palettes Le grain passe au fur et à mesure à travers la grille et se trouve alors en présence du courant d'air qui le ventile fortement. Les balles et autres corps légers sont entraînés très loin hors du tarare. Les corps lourds, tels que les pierres, tombent sur le plan incliné H, d'où ils glissent à terre. Quant au bon grain, il tombe sur le grand plan incliné F, où il se tamise en glissant jusqu'à l'extrémité inférieure. Pour faire fonctionner le tarare, il faut deux hommes : l'un tourne la manivelle, tandis

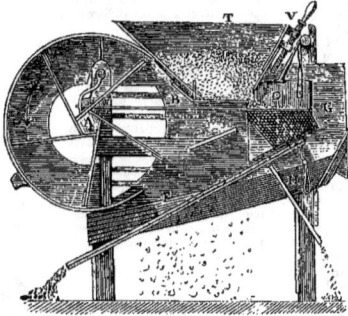

Fig 2.

que l'autre charge la trémie et enlève les menues pailles. Le grain doit passer trois fois dans l'appareil avant d'être assez net pour être livré au commerce. Le nettoyage de 20 hectolitres de blé coûte 5 francs. Le tarare peut être aussi organisé de manière à être mû par un cheval; le nettoyage des 20 hectolitres ne coûterait plus alors que 1 fr. 40. Les tarares ont été extrêmement compliqués dans leurs formes, dans leur construction et même dans leurs annexes; mais, en général, les plus simples sont les meilleurs. Cependant les résultats obtenus étaient encore imparfaits. Si les balles, les graines et les corps étrangers, les grains maigres, chétifs, avortés, étaient éliminés, les poussières séminales des Urédinées et des Ustilaginées, notamment celles de la rouille, du charbon, de la carie, qui diminuent singulièrement la valeur des farines, n'étaient pas chassées. Pour obtenir ce résultat, on a installé dans les minoteries un grand cylindre conique, assez étroit, percé de petits trous très rapprochés, ayant une hauteur de 3 à 4 mètres, fonctionnant verticalement à une vitesse rotative de 300 à 400 tours à la minute. Les grains introduits par l'extrémité supérieure de ce cylindre sont projetés incessamment, avec force, sur ses parois rugueuses et sont ainsi débarrassés de toutes les impuretés qu'un ventilateur entraîne au loin. Le grain de blé recueilli à la base du cylindre se trouve alors dans les meilleures conditions pour faire de la farine pure de toute souillure.

VANNAGE. s. m. [Pr. *vana-je*] (R. *vanne*). T. Techn. Appareil formé par des vannes. — *V. d'une turbine.* Système de petits volets qui ferme ou découvre partiellement les orifices par où l'eau pénètre dans la turbine.

VANNE. s. f. [Pr. *va-ne*] (orig. germ). Sorte de porte de bois qui se lève ou se baisse verticalement entre deux coulisses pour lâcher ou retenir à volonté les eaux d'un étang, d'un moulin, d'un canal, etc. *Lever, abaisser la v. Réparer les vannes* || T. Fauconn. On appelle *Vannes* ou *Vanneaux*, au pl., les plus grandes plumes des ailes des oiseaux de proie.

VANNE, riv. de France, prend sa source à 16 kil. de Troyes, et se jette dans l'Yonne près de Sens; 62 kil. Une partie de ses sources sont amenées à Paris par un aqueduc.

VANNEAU. s. m. [Pr. *va-nó*]. T. Faucon. Voy. VANNE.

VANNEAU. s. m. [Pr. *va-nó*] (R. *van*, à cause de la forme de l'aigrette de ces oiseaux). T. Ornith. Espèce d'*Échassier* Voy. PLUVIER, 3°.

VANNER. v. a [Pr. *va-ner*] (lat. *vannare*, m. s.). Nettoyer les grains au moyen d'un van, d'un tarare, etc. *V. du blé, de l'avoine.* = VANNÉ, ÉE. part.

VANNERIE. s f. [Pr. *vane-rie*]. Le métier de vannier. || La marchandise qu'il fabrique.

VANNES, ch.-l. du dép. du Morbihan, au fond du golfe du Morbihan, à 459 kilomètres O. de Paris; 21,500 hab. Évêché. École d'artillerie et école d'hydrographie.

VANNES. adj. f. pl. (lat. *vanus*, inutile) *Eaux vannes*, Partie liquide contenue dans les fosses d'aisance Voy. VIDANGES. || Eaux chargées de matières en dissolution, qu'on fait écouler, quand elles ont servi, dans certaines industries.

VANNET. s. m. [Pr. *va-nè*] (Dimin. de *van*). T. Blason. Se dit de coquilles qui montrent leur intérieur et ressemblent ainsi à un petit van.

VANNETTE. s. f. [Pr. *vanè-te*] (Dimin. de *van*). Sorte de petit van dont on se sert pour vanner l'avoine, avant de la donner aux chevaux.

VANNEUR, EUSE. s. [Pr. *va-neur, euze*]. Celui, celle qui vanne les grains.

VANNIER, IÈRE. s. [Pr. *va-nié*] (R. *van*). Ouvrier, ouvrière, qui travaille en osier et qui fait des vans, des corbeilles, des hottes, des claies, etc.

VANNOIR. s. m. [Pr. *va-nouar*] (R. *vanner*). Grand bassin de bois, dans lequel on agite les morceaux de laiton coupés pour faire des clous d'épingle, afin de les rendre plus clairs

VANNURE. s. f. [Pr. *va-nure*] (R. *vanner*). Matières séparées du grain par le vannage

VAN OSTADE, peintre hollandais (1610-1685).

VANS (LES), ch.-l. de c. (Ardèche), arr. de Largentière; 2,500 hab.

VANTAIL. s. m. [Pr. *vantal*, l mouillée]. (R. *vent*). Battant d'une porte, d'une fenêtre qui s'ouvre des deux côtés. *Des vantaux.* || *Vantaux d'un triptyque*, parties latérales qui se rabattent sur la partie centrale.

VANTARD, ARDE. adj. et s. [Pr. *van-tar*]. Qui a l'habitude de se vanter. *Un homme v Une femme vantarde. Ce n'est qu'un v, une vantarde.* Fam.

VANTARDERIE. s. f Propos de vantard *Il m'assomme avec ses vantarderies.* Très familier.

VANTARDISE. s. f. [Pr. *vantardi-ze*]. Disposition habituelle à se vanter.

VANTER. v. a. (lat. *vanitare*, fréq. de *vanare*, dire des choses vaines, de *vanus*, vain). Louer quelqu'un ou quelque chose, en dire beaucoup de bien afin d'en inspirer aux autres une idée très avantageuse *Vous vantez bien cet homme-là. Tout marchand vante sa marchandise.* = SE VANTER. v. pron. Se louer *Vous vous vantez trop On se donne un ridicule en se vantant soi-même.* || Suivi del a prép. *de*, ou précédé de la partic relative *en*, il signifie, se glorifier, se faire honneur de. *Il se vante d'avoir fait réussir cette affaire. Il m'a rendu service, mais il s'en vante trop.* Prov., on dit de quelqu'un ou à quelqu'un qui a fait une chose blâmable ou honteuse *Il n'y a pas de quoi se v.* — Signifie quelquefois, se faire fort de. *Il s'était vanté de le faire consentir. . Il se vante d'en venir à bout.* = VANTÉ, ÉE. part. *Les auteurs les plus vantés.* = Syn. LOUER.

VANTERIE. s. f. Vaine louange qu'on se donne à soi-même, et qui marque de la présomption. *Il y a bien de la*

v. dans ce qu'il dit. Il est insupportable avec ses van-teries continuelles. Fam

VANTEUR, EUSE. s. Celui, celle qui se vante.

VANTILER. v. a. (R. *vantail*). Faire une digue en planches pour retenir l'eau.

VA-NU-PIEDS. s. m. Un vagabond, ou un homme très misérable. Fam.

VANVES, ch.-l. de c. (Seine), arr de Sceaux; 8,700 hab.

VAPEUR. s. f. (lat. *vapor*, m. s.). T. Physiq. Toute substance liquide ou solide réduite à l'état gazeux. *La v. d'eau est transparente comme l'air. L'air le plus trans-parent contient toujours de la v. aqueuse. La v. de l'éther est inflammable. La v. de l'iode est violette. La v. du mercure est fort délétère.* — Employé seul, se dit de la v. d'eau. *Bain de v. Machine à v. Bateau à v. Le soleil dissipa bientôt les vapeurs qui couvraient la vallée. Le froid condense les vapeurs.* || Dans le sens vulgaire, se dit de toute espèce d'exhalaison qui s'élève des corps. *V. gros-sière, subtile, légère. V. épaisse, insensible. Une v. mé-phitique. La v. du charbon asphyxie. Les vapeurs em-pestées qu'exhalait cette multitude de cadavres* || T. Mécaniq. *Cheval de v.*, ou *Cheval-v.* Voy. MACHINE, FORCE, TRAVAIL. || *Les vapeurs du vin*, Les fumées du vin, l'effet que le vin, bu en trop grande quantité, produit sur le cer-veau. *Les vapeurs du vin ont troublé sa raison.* — Fig. on dit, *Les vapeurs de l'orgueil, de l'ambition, etc.* || T. Peint. *Vapeur*, au singul., se dit d'une manière douce et assablie qui amortit et cache des objets comme à travers un voile transparent, à l'imitation de la vapeur du ciel. *Il y a de la v. dans ce tableau. Ce peintre a de la v.* || T. Méd. *Vapeurs*, au pl., se dit de certains malaises d'origine nerveuse parce qu'autrefois on les attribuait à des vapeurs qui s'élevaient des viscères abdominaux jusqu'au cerveau. *Elle est sujette aux vapeurs. Mademoiselle a ses vapeurs.*

Phys. — I. *Formation des vapeurs.* — On nomme *Vapeur* tout fluide aériforme qui résulte de l'action de la chaleur sur l'eau ou sur tout autre corps, soit liquide, soit même solide. Cet état se manifeste surtout lorsqu'un li-quide est à son point d'ébullition. Voy. ÉBULLITION et ÉVAPORATION. Les vapeurs sont transparentes comme les gaz, et ordi-nairement incolores. Il n'y a qu'un petit nombre de liquides colorés dont les va-peurs soient colorées. — Longtemps on a cru que les vapeurs ne pouvaient sub-sister par elles-mêmes, qu'elles se pro-duisaient à la surface des liquides par l'action dissolvante de l'air, en que cette même cause était encore nécessaire pour les tenir suspendues dans l'atmosphère. Une expérience fort simple suffit pour démontrer que cette hypothèse est dé-nuée de fondement. Prenons une large cuvette remplie de mercure (Fig. 1), dans laquelle nous disposerons deux ba-romètres *b* et *b'*. Tous les deux nous donnent exactement la pression de l'at-mosphère. Si maintenant, à l'aide d'une pipette recourbée, nous faisons passer un peu d'eau dans le tube *b'*, l'eau, en vertu de sa légèreté spécifique, s'élèvera dans le vide de Torricelli, et aussitôt le sommet de la colonne mercurielle bais-sera de quelques millimètres. Or, on ne peut pas attribuer cet abaissement à

Fig. 1.

la petite couche d'eau qui surnage sur le mercure. On ne peut pas non plus l'attribuer à l'air con-tenu dans cette eau et qui se serait dégagé, car, dans cette expérience, on a pris préalablement le soin de le purger d'air au moyen de l'ébullition. Il faut donc admettre que l'eau s'est vaporisée dans le vide, et que la v. d'eau possède, comme les gaz, une *force élastique* ou *force de tension* plus ou moins considérable, car elle agit sur la colonne mercurielle précisément comme le ferait de l'air introduit dans le vide baromètrique. La mesure de la tension de la v. ainsi formée est donnée par la différence de hauteur des colonnes mercu-rielles dans le baromètre ordinaire *b* et dans le *baromètre*

à v. b' sur lequel on expérimente. Si par ex, dans ce dernier, le sommet *t* est déprimé de 12 millimètres au-dessous du som-met *c*, on voit qu'il s'est développé une force une force élastique qui fait équilibre à une colonne de mercure haute de 12 millimètres. Si l'on prend un troisième baromètre *b"*, qu'on le dispose comme les précédents, puis qu'on y intro-duise, non plus de l'eau, mais un peu d'éther sulfurique, la colonne mercurielle éprouvera une dépression instantanée, et beaucoup plus grande que dans le baromètre *b'*, car elle sera presque égale à la moitié de la hauteur du baromètre; nous en conclurons que la tension de la v. de l'éther est à peu près égale à une demi-pression atmosphérique. Ces expé-riences démontrent donc que, dans le vide, les vapeurs se for-ment instantanément, tandis qu'elles se forment lentement dans l'air libre, comme le prouvent les phénomènes d'évapo-ration et de vaporisation que nous voyons chaque jour. Elles démontrent en outre que les vapeurs sont douées d'une force élastique, et, en expérimentant avec les différents corps vola-tils, que cette force élastique varie pour chaque sorte de v.

II. *Du maximum de tension des vapeurs.* — La force expansive des vapeurs, de même que celle des gaz, s'exerce dans tous les sens, et cela d'une manière indéfinie, c.-à-d. que la plus petite quan-tité de v. se répand de toutes parts dans un espace vide, quelle que soit la grandeur de cet espace vide, et va exercer contre les parois qui le limitent une pression plus ou moins forte. Mais si les vapeurs possèdent une force expansive indé-finie et peuvent ainsi occuper un espace d'une grandeur quelconque, leur force élastique n'est pas susceptible, quand on les soumet à une pres-sion croissante, d'augmenter indéfiniment de ma-nière à résister à cette pression, tout en dimi-nuant constamment de volume, comme le ferait un gaz permanent s'il en existait. En effet, il arrive toujours un point où la v. se *condense* et repasse à l'état liquide. C'est cette *limite de résistance*, où la v. ne peut plus être comprimée davantage sans se liquéfier, qu'on appelle *tension maxi-mum de la v.*, ou *force élastique maxima*. Cette propriété fondamentale se démontre aisément au moyen de l'appareil que représente la Fig. 2. C'est un baromètre dont le tube *t* est très long et dont la cuvette *cb* a près d'un mètre de profondeur. Après avoir fait bouillir dans toute sa longueur le tube plein de mercure, pour le sécher, on achève de le remplir avec une colonne d'éther de 13 ou 14 millimètres d'épaisseur, ou de tout autre liquide volatil, et ensuite on le retourne verticalement pour le plonger dans la cuvette. L'éther gagne la partie supérieure du tube : une partie reste à l'état liquide et l'autre se vaporise dans le vide, de manière à produire une dépression considé-rable. La colonne mercurielle *ns*, par ex, aura seulement 400 millimètres, au lieu de 760 qu'elle prendrait s'il n'y avait pas de v. Cela fait, on enfonce le tube dans la cuvette, pour essayer de réduire à un moindre volume la v. qui s'est for-mée, et l'on observe alors deux phénomènes re-marquables : 1º la colonne de mercure ns conserve exacte-ment la même hauteur, ce qui prouve que la force élastique de la v. reste la même; 2º la couche d'éther liquide augmente sensiblement d'épaisseur, à mesure que l'on enfonce le tube, ce qui prouve que la v. repasse à l'état liquide plutôt que de se laisser comprimer dans un moindre espace. Enfin, si l'on enfonce le tube au point de réduire de plus en plus la cham-bre baromètrique, toute la v. disparaît et repasse à l'état liquide, sans que le sommet *s* ait éprouvé le moindre abaisse-ment. Il en est ainsi de tous les liquides. Placés dans le vide, ils se vaporisent très rapidement, jusqu'à ce que la v. ait pris son maximum de force élastique : on dit alors que l'espace est *saturé* de v. Mais s'il n'y avait pas assez de liquide pour saturer l'espace, tout le liquide disparaîtrait, et la v aurait une tension moindre que le maximum. Tant que l'espace n'est pas saturé, la v., lorsque la pression augmente ou diminue, se comporte comme un gaz qui serait près de son point de liquéfaction et suit une loi plus complexe que la loi de Mariotte. Voy. FLUIDE, GAZ.

III. *Influence de la température sur la force élastique des vapeurs saturées, et équilibre de tension dans un espace inégalement chaud.* — Ainsi que nous venons de le voir, la force élastique d'une v. saturée ne saurait augmenter par la compression, la température restant la même; mais

Fig. 2.

elle s'accroît quand on élève celle-ci. On peut le démontrer au moyen de l'appareil représenté par la Fig. 1. En effet, l'éther sulfurique introduit, à la température de 0°, dans le vide de Torricelli, opère sur la colonne mercurielle une dépression de 182 millimètres, tandis qu'à la température de 30°, la dépression va jusqu'à 637 millimètres. De même la v. d'eau qui se produit à la température ordinaire de l'atmosphère déprime simplement de quelques millimètres la colonne barométrique; mais, à de hautes températures, sa tension acquiert une telle puissance, qu'elle fait éclater les chaudières les plus solides. — Maintenant on peut se demander quelle doit être la tension maximum d'une v. dans un espace dont les diverses parties présentent une température différente? D'après les conditions d'équilibre des corps gazeux, la v. doit avoir la même tension dans tous les points de cet espace. Or, comme la tension ne peut pas être aussi forte dans les points les plus froids que dans les points les plus chauds, il est évident que, dans

Fig. 3.

l'espace entier, la tension de la v. doit être la même que dans le point le plus froid, car, dans les points plus chauds, la v. ne peut pas atteindre le maximum de tension correspondant à leur température propre. On démontre facilement ce principe important, connu sous le nom de *principe de la paroi froide*, au moyen d'un appareil fort simple composé de deux cornues soudées l'une à l'autre (Fig. 3). Après avoir versé une certaine quantité d'eau dans l'appareil, on le porte à l'ébullition pour chasser l'air, qui s'échappe par le tube de verre effilé *d* fixé à la tubulure de la cornue B. On ferme ensuite le tube à la lampe, pendant que l'eau bout encore. Alors on laisse refroidir l'eau, puis on fait passer tout le liquide dans la cornue A, et l'on plonge cette cornue dans un bain maintenu à une température de 60° par ex., tandis que la cornue B, au contraire, est plongée dans un bain à 0°. Aussitôt, la v. produite dans la cornue A se précipite dans la cornue B, où elle se condense immédiatement, et l'équilibre n'est établi que lorsque la totalité du liquide a passé dans la seconde cornue, et que la force élastique est partout égale au maximum correspondant au lieu le plus froid. On observerait encore le même phénomène si on laissait l'air dans l'appareil, mais il se produirait beaucoup plus lentement. L'expérience qui précède a fourni le principe du *condenseur* appliqué par Watt aux machines à v. Voy. MOTEUR, III, B.

IV. *Mesure de la force élastique de la vapeur d'eau.* — On a mesuré la tension de la v. d'eau entre 0° et 100°, et aussi au-dessous de 0°, et au-dessus de 100° jusqu'aux plus hautes températures; mais chacune de ces déterminations exige un appareil différent.

A. *Entre 0° et 100°.* — Les premières recherches à ce sujet ont été faites par le physicien anglais Dalton, au moyen de l'appareil que représente la Fig. 4. Deux tubes barométriques A et B plongent dans une marmite de fonte pleine de mercure et placée sur un fourneau. Le premier constitue un baromètre ordinaire; le second, au contraire, est un baromètre à v., car on a introduit une petite quantité d'eau dans le vide de Torricelli. Les deux baromètres sont entourés d'un manchon de verre qui repose sur le mercure

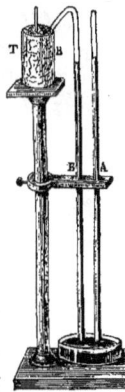

Fig. 4.

de la marmite, et qui est rempli d'eau. Celle-ci ayant été mise très froide dans le manchon, on pourra la faire passer par tous les degrés de température jusqu'à 100°, en chauffant le fourneau, dont la chaleur se communiquera au liquide du manchon par l'intermédiaire de la marmite et du mercure. La température de l'eau, dans les expériences, est donnée par le thermomètre T suspendu entre deux baromètres. Quant à la tension, on l'obtient en mesurant la différence entre les hauteurs des colonnes mercurielles des deux instruments. Les différences entre les deux niveaux devront, bien entendu, être réduites de la colonne de mercure exerçant la même pression que la petite couche d'eau qui, dans le baromètre à v., se trouve au-dessus du mercure, afin d'être assuré que le vide est saturé. Mais, comme il est évident, on ne pourra pousser les expériences que jusqu'à 100°, parce qu'à partir de cette température la tension de la v. est supérieure à la pression atmosphérique. Regnault a modifié le procédé de Dalton de façon à faire disparaître les causes d'erreur tenant, soit à l'inégale température des diverses parties de l'eau du manchon, soit à la difficulté qu'il y avait à viser exactement les niveaux par suite de la courbure du verre.

B. *Au-dessous de 0°.* — La Fig. 5 représente l'appareil employé par Gay-Lussac, pour mesurer la tension de la v. d'eau au-dessous du zéro. A est un baromètre ordinaire; B est un baromètre à v., qui contient un peu d'eau au-dessus du mercure et dont on a recourbé la chambre barométrique pour la faire plonger dans un mélange réfrigérant R. D'après le principe de la paroi froide, toute l'eau du tube B viendra se condenser dans la partie refroidie, et la tension de la v. sera la tension maximum correspondante à la température du mélange réfrigérant. Il suffira donc, pour construire la table des forces élastiques, de mesurer de temps en temps la différence entre les niveaux du mercure dans les baromètres A et B, et noter en même temps la température indiquée par le thermomètre T qui plonge dans le mélange réfrigérant.

C. *Au-dessus de 100°.* — Pendant longtemps on n'a eu que des données fort incertaines sur la force élastique de la v. aux températures supérieures à 100°. Mais l'Académie des sciences ayant chargé Arago et Dulong de faire des recherches sur ce sujet et de les pousser jusqu'aux plus hautes températures dont on fasse usage dans les applications mécaniques de la v., ces savants illustres terminèrent et publièrent leur travail en 1830. — Depuis

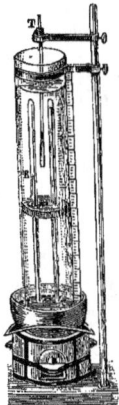

Fig. 5.

cette époque, Regnault a exécuté de nouvelles expériences sur le même sujet. Le procédé employé par notre illustre physicien repose sur ce principe, que, lorsqu'un liquide est en ébullition, sa température est invariable, et que la tension de la v. qu'il émet est égale à la pression que supporte sa surface. En conséquence, il consiste à faire bouillir de l'eau dans un vase sous une pression connue et à mesurer la température à laquelle se produit l'ébullition. L'appareil de Regnault est représenté Fig. 6. A est une chaudière de cuivre hermétiquement fermée et remplie d'eau jusqu'au tiers environ. Quatre thermomètres traversent le couvercle et plongent, deux dans la couche supérieure du liquide, et les deux autres dans la couche inférieure. De la partie supérieure de ce vase part un tube qui va s'adapter au goulot d'un ballon de verre rempli d'air et plongé dans un vase plein d'eau B. Sur le trajet du tube est établi un réfrigérant R. De la partie supérieure du ballon part un tube droit qui, au moyen d'un tube latéral, communique avec un manomètre à air libre M. Enfin, à la partie supérieure de ce tube droit est fixé un tuyau de plomb *t''*, dont l'extrémité doit être mise en communication avec une pompe de compression. Voici maintenant comment on procède dans les expériences. On comprime de l'air dans le ballon jusqu'à une certaine pression, et, en fermant le robinet de la pompe, on maintient cette pression constante. En même temps on chauffe l'eau de la chaudière. Or, tant que le liquide n'est pas en ébullition, la température peut s'élever; par conséquent on sera sûr que l'eau bout lorsque la température indiquée par le thermomètre sera stationnaire. On notera cette température qui sera celle à laquelle la v. d'eau possédera une force élastique égale à celle de l'air du ballon. Cette force élastique est d'ailleurs donnée par le manomètre. On obtiendra ainsi les températures correspondant à autant de forces élastiques qu'on voudra. Le réfrigérant est destiné à condenser la v. et à la faire retomber dans la chaudière à l'état liquide; par cette disposition et eu égard aux grandes dimensions du

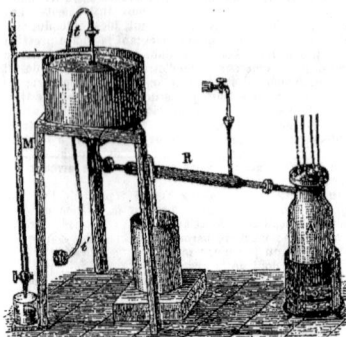

Fig. 6.

ballon, l'eau de la chaudière bout comme elle le ferait à l'air libre.

D. *Construction des tables* — Dans les tables que donnent les traités de physique, les tensions ou forces élastiques de la v. sont indiquées à des intervalles égaux de température; mais il ne faudrait pas croire que, dans les expériences, on ait procédé de la sorte. Les intervalles de température auxquels on a mesuré ces tensions ont été plus ou moins irréguliers, et la nature même des procédés employés doit faire comprendre qu'il ne pouvait pas en être autrement. Seulement, une fois les résultats obtenus, on peut les faire servir à calculer les coefficients constants d'une relation entre la température et la force élastique, dans laquelle ces deux quantités entreront comme variables, et, qui permettra de trouver ensuite la force élastique correspondant à une température quelconque comprise dans les limites pour lesquelles les coefficients ont été calculés : c'est ce qu'on appelle *interpoler*. On pourra aussi, comme on le fait en chimie pour la solubilité des sels, construire une courbe qui représentera la manière dont varie la force élastique correspondant à une température quelconque. On n'aura qu'à porter sur une droite des longueurs égales qui représenteront des degrés de température, et à élever à chaque température pour laquelle on aura expérimenté une perpendiculaire sur laquelle on prendra une longueur proportionnelle à la force élastique trouvée. En joignant par un trait continu les extrémités de ces perpendiculaires, on aura la courbe en question.

Tensions de la vapeur d'eau de — 32° à + 100°, d'après Regnault

TEMPÉRATURE.	TENSIONS en millimètres de mercure à zéro.	TEMPÉRATURE.	TENSIONS en millimètres de mercure à zéro.	TEMPÉRATURE	TENSIONS en millimètres de mercure à zéro.	TEMPÉRATURE	TENSIONS en millimètres de mercure à zéro.
—32	0,31	0	4,60	35	41,83	70	233.09
—30	0,36	5	6,53	40	54,91	75	288,52
—25	0,55	10	9,17	45	71,39	80	354,64
—20	0,84	15	12,70	50	91,98	85	433,04
—15	1,28	20	17,39	55	117,48	90	525,45
—10	1,96	25	23,75	60	148,79	95	633,78
— 5	3,00	30	31,55	65	186,95	100	760,00

Tensions, en atmosphères, de 100° à 230°,9, d'après Regnault.

TEMPÉRATURE.	NOMBRE d'atmosphères.	TEMPÉRATURE.	NOMBRE d'atmosphères.	TEMPÉRATURE.	NOMBRE d'atmosphères.	TEMPÉRATURE	NOMBRE d'atmosphères.
100,0	1	170,8	8	198,8	15	217,9	22
120,6	2	175,8	9	201,9	16	220,3	23
133,9	3	180,3	10	204,9	17	222,5	24
144,0	4	184,5	11	207,7	18	224,7	25
152,2	5	188,4	12	210,4	19	226,8	26
159,2	6	192,1	13	213,0	20	228,9	27
165,3	7	195,5	14	215,5	21	230,9	28

V. *Tension des vapeurs des divers liquides.* — C'est encore à Regnault que l'on doit les recherches les plus rigoureuses sur la tension des vapeurs des liquides. Le tableau qui suit donne les principaux résultats de ses expériences. La force élastique des vapeurs de l'alcool, de l'éther, etc., est exprimée en millimètres de mercure.

TEMPÉRATURE.	ALCOOL.	ÉTHER.	SULFURE de carbone.	CHLOROFORME.	ESSENCE de térébenthine.
— 20	3,3	69,2	.....	......	......
— 10	6,5	113,2	79,0	......	......
0	12,7	182,3	127,3	......	2,1
+ 10	24,1	286,5	199,3	130,4	2,3
20	44,0	434,8	298,2	490,2	4,3
30	78,4	637,0	434,6	276,1	7,0
40	134,1	913,6	617,5	364,0	11,2
50	220,3	1268,0	852,7	524,3	17,2
60	350,0	1730,3	1162,6	738,0	26,9
70	539,2	2309,5	1549,0	976,2	41,9
80	812,8	2947,1	2030,5	1367,8	61,2
90	1190,4	3899,0	2623,1	1814,5	91,1
100	1685,1	4920,4	3321,3	2354,6	134,9
110	2351,8	6249,0	4135,3	3020,4	187,3
120	3007,8	.....	5121,6	3818,0	257,0
130	4331,2	.....	6260,6	4721,0	347,0
140	5637,7	.....	.....	.....	463,2
150	7257,8	.....	.....	.....	604,5
160	.....	.....	.....	.....	777,2
180	.....	.....	.....	.....	1225,0
200	.....	.....	.....	.....	1865,0
220	.....	.....	.....	.....	2690,3

VI. *Chaleur latente des vapeurs.* — Lorsqu'on porte un liquide à l'ébullition pour le transformer en v., il absorbe et rend latente une quantité plus ou moins considérable de chaleur, que l'on appelle *chaleur latente de vaporisation*, et qui est entièrement employée à produire le changement d'état du liquide, car la température de ce dernier reste la même jusqu'à ce que la vaporisation soit complète (Voy. CALORIMÉTRIE). Puis, lorsque la v. vient à se condenser et repasse à l'état liquide, la chaleur qu'elle a absorbée se dégage et devient sensible par l'élévation de température des corps avec lesquels cette v. est en contact. La vaporisation de l'eau et la condensation de la v., s'accompagnant donc d'une tendance à un changement considérable de température. Lorsqu'une masse d'eau se vaporise sans être en communication avec une source de chaleur, elle éprouve nécessairement un abaissement de température. Par conséquent, la tension maximum de la v. qui se forme au-dessus du liquide n'est pas celle qui correspond à la température que ce dernier avait dans le principe : elle est d'autant plus faible que le liquide se refroidit davantage au fur et à mesure que s'opère la vaporisation. De même, de l'eau chauffée à 100° et communiquant librement avec l'atmosphère, entrera en ébullition; mais si l'on cesse de fournir de la chaleur à la masse d'eau, l'ébullition cesse bientôt, attendu que la température du liquide baisse, par suite de la formation de la v. Il faudra donc, pour maintenir l'eau à l'état d'ébullition, lui fournir continuellement une certaine quantité de chaleur, et, selon que cette quantité sera plus ou moins grande dans un temps donné, la quantité de v. produite sera elle-même plus ou moins considérable. Il résulte de là qu'il est d'une très haute importance pour les applications industrielles de la v. de connaître d'une manière exacte la quantité de chaleur qu'exige la transformation en v. d'une masse d'eau donnée, et cela pour les diverses températures auxquelles on peut avoir à opérer cette vaporisation. On doit à notre illustre physicien Regnault, un grand travail sur cette question. Le tableau ci-après offre quelques-uns des résultats auxquels il est parvenu. La 1re colonne indique la température de la v. saturée; la 2e fait connaître la quantité de chaleur nécessaire pour faire passer un kilogramme d'eau à l'état de vapeur saturée, sans qu'il y ait de changement dans la température du liquide: la 3e donne la quantité de chaleur nécessaire pour faire passer un kilogramme d'eau, prise à la température de 0°, en v. saturée à la température indiquée par le chiffre correspondant de la première colonne. L'unité de chaleur adoptée dans ces expériences est la *calorie*, c.-à-d. la quantité de chaleur nécessaire pour élever de 0° à 1° la température d'un kilogramme d'eau.

TEMPÉR. de la vapeur saturée.	CHALEUR latente.	CHALEUR totale.	TEMPÉR. de la vapeur saturée.	CHALEUR latente.	CHALEUR totale.
0°	606,5	606,5	120°	522,3	643,4
20°	592,6	612,6	140°	508,0	649,2
40°	578,7	618,7	160°	493,6	655,3
60°	564,7	628,8	180°	479,0	661,4
80°	550,5	630,9	200°	464,3	667,5
100°	536,5	637,0	220°	449,4	673,3

D'après Regnault, la chaleur totale de vaporisation de l'eau peut être représentée par la formule empirique $606,5 + 0,305t$ calories, t étant la température de vaporisation, et la chaleur latente par la formule $606,5 - 0,695t - 0,00002t^2 - 0,0000003t^3$. Dans la pratique, on néglige les termes en t^2 et t^3 qui sont très petits.

VII. *Densité de la vapeur d'eau.* — Nous avons vu, au mot DENSITÉ, par quels procédés on a déterminé la densité de la v. d'eau. Nous rappellerons seulement qu'il existe pour chaque v. une température de vaporisation totale ou *point critique*, au-dessus duquel le corps ne peut plus exister à l'état liquide mais seulement à l'état de v. ou de gaz. Le point critique de l'eau est 365° et la force élastique de la v. à cette température atteint 200 atmosphères; c'est la *pression critique*. A la température critique, la v. saturée et le liquide ont même densité.

VIII. *Mélanges des gaz et des vapeurs.* — Tout le monde sait que les gaz, dans leurs mélanges, n'obéissent pas, comme les liquides, aux lois de la densité (Voy. GAZ, V). En conséquence, au lieu de se superposer dans l'ordre de leurs densités respectives, ils se mêlent entre eux, de telle sorte que toute partie quelconque du volume total contient les mêmes proportions des gaz mélangés. Or, il en est de même d'un mélange de gaz et de vapeur, et la loi relative du mélange des gaz s'applique également à celui où l'on mêle dans un espace quelconque un gaz avec une ou plusieurs vapeurs. Chacun se répand dans toute l'étendue de cet espace, et *la force élastique du mélange est égale à la somme des forces élastiques que prendrait chacun des fluides, s'il était seul.* Ce principe, dont la découverte est due à Dalton, peut se vérifier au moyen de l'appareil (Fig. 7), imaginé par Gay-Lussac. T est un tube de verre gradué en millimètres, dont l'extrémité inférieure est ouverte, et se termine par un robinet de fer R. A ce tube est soudé un second tube plus étroit S, qui est gradué comme le premier et communique avec lui; mais il est ouvert par le haut. On remplit tout l'appareil de mercure,

Fig. 7.

puis on ouvre le robinet. A mesure que le mercure s'écoule, son niveau baisse dans l'appareil jusqu'au point V. Aussitôt l'air pénètre dans le tube T, et l'on ferme le robinet. Cela fait, on verse du mercure dans le tube S jusqu'à ce que la colonne mercurielle soit exactement au même niveau dans les deux tubes, car alors l'air renfermé dans la partie supérieure du tube T fait précisément équilibre à la pression atmosphérique, et l'on note la hauteur de mercure dans le tube T (supposons que son niveau soit au point n). On introduit de l'eau dans le tube S, et l'on ouvre le robinet R pour faire écouler le mercure, comme tout à l'heure, jusqu'à ce qu'on ait fait passer quelques gouttes d'eau dans le tube T. Enfin, on verse de nouveau du mercure dans le tube S jusqu'à ce que le niveau de la colonne dans le tube T atteigne exactement le point n. Si alors on observe la hauteur du mercure dans le tube S, on trouve qu'elle n'est plus la même qu'après l'introduction de l'air : la colonne mercurielle de S est plus haute que celle de T, parce qu'à la tension de l'air contenue dans la partie supérieure de T s'ajoute la tension de la v. d'eau qui s'est produite dans le même espace. La différence des deux niveaux représentera donc la force élastique de la v. Or, on voit que, dans toutes les circonstances, cette force élastique est égale à celle que prendrait la v. dans le vide, et qu'on obtiendrait en mesurant la dépression produite dans le mercure du baromètre par l'introduction d'une petite quantité d'eau. Les expériences faites avec toute autre v. donnent des résultats parfaitement semblables.

Pour les Machines à v. Voy. CHAUDIÈRE, MOTEUR, LOCOMOTIVE, etc.

VAPOREUX, EUSE. adj. [Pr. *vapo-reu, euze*] (lat. *vaporosus*, m. s.). Qui a de la vapeur; se dit de l'état du ciel lorsque les vapeurs y sont répandues de manière à éclairer les objets. *Un ciel v. Une lumière vaporeuse.* — Se dit aussi, en T. Peint., de la manière d'imiter cette vapeur. *Tableau v. Manière vaporeuse de peindre*, et Fig. *Un style v., une toilette vaporeuse.* || T. Méd. Qui est sujet aux vapeurs. *Un homme v. Une femme vaporeuse.* Subst., *C'est un v.* — Qui est causé, croyait-on, par des vapeurs. *Maladie vaporeuse. Affections vaporeuses.* || Qui cause des flatuosités. *La casse est vaporeuse.* Vx et inus.

VAPORISATEUR. s. m. [Pr. *vapori-za-teur*] (R. *vaporiser*). Instrument qui sert à lancer un liquide en gouttelettes extrêmement fines. Le mot est impropre. Il faudrait dire *pulvérisateur*, car on obtient, par l'emploi de ces appareils une véritable poussière liquide. Voy. INHALATEUR.

VAPORISATION. s. f. [Pr. *vapori-za-sion*] (R. *vaporiser*). Passage d'une substance de l'état liquide à celui de vapeur Voy. VAPEUR, ÉVAPORATION, et ÉBULLITION.

VAPORISER. v. a. [Pr. *vapori-zer*] (lat. *vapor*, vapeur). Faire passer une substance de l'état liquide ou solide à celui de vapeur. — SE VAPORISER, v. pron. Passer à l'état de vapeur. *L'éther chlorhydrique bout et se vaporise à la température ordinaire. Le soufre se vaporise à 460 degrés.* — VAPORISÉ, ÉE. part.

VAQUER. v. n. [Pr. *va-ker*] (lat. *vacare*, m. s.). Être vacant, n'être point occupé, n'être point rempli; se dit des logements, et plus ordinairement des emplois, des charges, des dignités, des bénéfices, etc. *Si l'appartement voisin du mien vient à v., je vous en avertirai. Le pape étant mort, le saint-siège vaqua pendant plus de six mois. Voilà un bel emploi qui vaquera bientôt.* || En parlant des tribunaux, etc., signif. cesser de tenir ses séances pendant quelque temps. *La cour d'appel vaque pendant quelque temps.* || V. à, s'occuper d'une chose, s'y appliquer. *V. à ses affaires. V. à l'étude. V. à l'oraison.*

VAQUOIS. s. m. [Pr. *va-koua*]. T. Bot. Genre de plantes Monocotylédones (*Pandanus*), de la famille des *Pandanées.* Voy. ce mot.

VAR, riv. torrentueuse de France, descend des Alpes-Maritimes, arrose Puget-Théniers et se jette dans la Méditerranée, après un parcours de 135 kilomètres.

VAR (dép. du), formé d'une partie de la Provence; 288,400 hab. Ch.-l. *Draguignan*; 2 autres arr. : *Brignoles* et *Toulon.*

VARA ou **VARE.** s. f. T. Métrol. Mesure de longueur d'origine espagnole, valant en Espagne, 0ᵐ,8356 et au Portugal, 1ᵐ,096. Voy. Longueur.

VARADES, ch.-l. de c. (Loire-inférieure), arr. d'Ancenis, sur la Loire; 3,200 hab.

VARADIN, Voy. Warasdin.

VARAIGNE. s. f. [Pr. *varè-gne, gn* mouil.]. L'ouverture par laquelle l'eau de la mer entre dans le premier réservoir d'un marais salant. *Ouvrir, fermer la v.*

VARAN. s. m. (ar. *ouaral,* lézard). T. Erpét. Les Varans sont le type d'une famille de *Sauriens* qui diffèrent des Lézards par l'absence de dents au palais, alors que les deux mâchoires en sont pourvues. En outre, ces Reptiles ont, pour la

plupart, la queue comprimée latéralement comme les Crocodiles, ce qui leur donne une grande facilité pour nager ; aussi beaucoup vont à l'eau.

Les *Varans* (*Varanus*) sont propres à l'ancien Continent et à l'Océanie. Nous citerons comme exemples, le *V. du Nil* (*V. nilaticus*) (Fig. ci-contre), qui atteint près de 2 mètres et le *V. à deux bandes* (*V. birittatus*), qui a quelquefois 1 mètre de long. Le premier est propre à l'Égypte; le second habite Java, les Moluques et les Philippines. Le dessus de son corps est brun, et il a de chaque côté du cou une belle bande jaune qui se prolonge jusqu'à l'œil. Cuvier désignait ces reptiles sous le nom de *Monitor* pour rappeler la croyance populaire d'après laquelle ils avertiraient par un sifflement de l'approche des Crocodiles et des Caïmans.

A côté des Varans se placent les genres *Salvator*, *Dragonne* et *Améivas*, déjà décrits au mot LACERTIENS.

VARANGUE. s. f. [Pr. *varan-ghe, g dur*] (orig. scandin.), T. Mar. Partie basse et fondamentale de chaque membre d'un navire. Voy. VAISSEAU.

VARE. s. f. Voy. VARA.

VARECH ou **VAREC.** [Pr. *va-rek*] (orig. germ. : anglosax. *wrac, wræc*, m. s.). Se dit de tous les débris que la mer rejette sur ses côtes. — *Droit de v.*, Droit de s'emparer de tout ce qui est rejeté par la mer sur les côtes. Le *droit de v. existait autrefois sur les côtes de la Manche.* || T. Bot. Genre d'Algues (*Fucus*), de la famille des *Fucacées*, tribu des *Fucées*. Voy. FUCACÉES.

VARÈGUES, bannis scandinaves qui, sous Rurik, se fixèrent en Russie (862).

VARENNE. s. f. [Pr. *varè-ne*] (lat. *wahren*, garder). Forme ancienne de GARENNE. Voy. ce mot.

VARENNES-EN-ARGONNE, ch.-l. de c. (Meuse), arr. de Verdun; 1,400 hab. Louis XVI y fut arrêté avec sa famille le 22 juin 1791, au moment où il fuyait à l'étranger.

VARENNES-SUR-ALLIER, ch.-l. de c. (Allier), arr. de Lapalisse; 2,850 hab.

VARENNES-SUR-AMANCE, ch.-l. de c. (Haute-Marne), arr. de Langres; 1,000 hab.

VARÈSE, v. d'Italie, sur le lac du même nom, à 26 kil. de Côme; 12,000 hab.

VAREUSE. s. f. [Pr. *vareu-ze*] (orig. inconnue). Sorte de blouse de grosse toile ou de cotonnade de couleur, qui ne descend pas plus bas que les reins, et qui est à l'usage des matelots, ainsi que de certains ouvriers.

VARIABILITÉ. s. f. (R. *variable*). Disposition habituelle à varier. *La v. du temps, de la température. La v. de ses goûts, de son humeur.*

VARIABLE. adj. 2 g. (lat. *variabilis*, m. s., de *varius*, varié). Sujet à varier, qui change souvent. *Temps v. Vent v. Pouls v. La fortune est v. C'est un homme v. dans ses opinions, dans ses résolutions.* || T. Gramm. *Mot v.*, mot dont la désinence varie selon le genre, le nombre, le cas, le temps, etc. || T. Math. *Quantités variables*, Celles qui sont susceptibles de changer de grandeur, par opposition à *Quantités constantes*, Celles qui ne varient point. || *Variable*, se dit substantivement, pour désigner le degré du baromètre qui indique un temps incertain, sujet à varier. *Le baromètre est au v.*

VARIANT, ANTE. adj. (part. prés. de *varier*). Qui change souvent. *Esprit v. Humeur variante. C'est un homme très v. dans ses résolutions.* Peu us. == VARIANTE. s. f. Se dit de diverses leçons d'un même texte. *J'ai substitué la v. à la leçon ordinaire. Imprimer le texte avec les variantes. Les variantes de la Bible.*

VARIATION. s. f. [Pr. *varia-sion*] (lat. *variatio*, m. s.). Changement. *La v. du temps, de la température, des vents. Il y a beaucoup de v. dans ses dépositions. Les variations qu'une doctrine a subies.* || T. Astron. Se dit de certaines inégalités qui s'observent dans le mouvement des corps célestes et qui font que ces corps ne suivent pas exactement

les lois de Képler. Se dit surtout de la Lune. Voy. PERTURBATION, LUNE, etc. || T. Mar. *La v. de l'aiguille aimantée, de la boussole, du compas,* La déviation de l'aiguille de la boussole, qui, au lieu de regarder droit vers le nord, décline plus ou moins vers l'est ou vers l'ouest. On dit plutôt *Déclinaison*, et l'on réserve le nom de v. aux changements que subissent les éléments du magnétisme terrestre. Voy. BOUSSOLE, MAGNÉTISME. || T. Mus. *Variations*, au pl., se dit de certaines pièces de musique destinées à être jouées ou chantées, et qui sont composées sur un thème ou un motif donné, en y ajoutant des broderies qui laissent subsister le fond de la mélodie, tout en lui donnant une apparence nouvelle. *Composer, exécuter, improviser des variations. Il a fait de charmantes variations sur cet air.*

Math. — On appelle *Calcul des variations* une branche de l'analyse infinitésimale qui a pour objet de résoudre d'une manière générale certaines classes de questions concernant les *maxima* et les *minima*, dont la solution ne peut s'obtenir par les procédés ordinaires du calcul différentiel. Le problème consiste à trouver une fonction qui rende maximum ou minimum une intégrale définie. On le résout en supposant que la fonction inconnue y de la variable x est infiniment peu changée. Alors chaque valeur de y recevra un accroissement δy qui est lui-même une fonction indéterminée de x. Cet accroissement s'appelle la v. de y. On calcule l'accroissement qui résulte dans l'intégrale de la substitution de $y + \delta y$ à y, et c'est ce qu'on appelle la v. de l'intégrale. On observe alors que, si l'intégrale est maximum ou minimum, son accroissement est nul, quelle que soit la modification infiniment petite qu'a subie la fonction y. On obtiendra donc l'équation différentielle qui doit déterminer y en écrivant que la v. de l'intégrale est nulle, c.-à-d. en égalant à zéro le coefficient de dx sous le signe $\int$. Cette méthode équivaut à remplacer y par une fonction de deux variables, la variable donnée x et une autre arbitraire u, et à exprimer que l'intégrale reste constante quand on fait varier u infiniment peu. La méthode des variations est due au génie de Lagrange, qui la découvrit vers 1760, et publia ses premiers essais en 1762. Euler lui donna bientôt des développements considérables (1764), et en même temps lui imposa le nom sous lequel on la désigne aujourd'hui.

VARICE. s. f. (lat. *varix, varicis*, m. s.). T. Méd. Tumeur qui se produit par le gonflement d'une veine. Voy. ci-dessous. || T. Conchyl. Bourrelet saillant qu'on observe sur certaines coquilles. Voy. CONCHYLIOLOGIE, II.

Méd. — On donne le nom de *Varice* à la dilatation permanente d'une veine, produite par l'accumulation du sang dans sa cavité. On distingue les varices *superficielles* et les varices *profondes*; les premières offrent l'apparence d'une nodosité molle, inégale, allongée, sinueuse, indolente, livide, noirâtre, sans pulsation, qui cède facilement à l'impression du doigt, mais qui reparaît dès qu'on cesse de la comprimer. Les varices siègent le plus habituellement aux jambes, quelquefois aux cuisses et aux aines. Les varices profondes causent de la douleur et du gonflement; elles sont toujours dues à des obstacles qui gênent la circulation veineuse; la station prolongée, la longue immersion des jambes dans l'eau, toute fatigue excessive des membres inférieurs, la grossesse chez les femmes et l'emploi de jarrelières en sont les causes les plus ordinaires. Les varices sont souvent indolores et entraînent rarement des accidents graves; néanmoins, quand elles sont un peu considérables, elles peuvent amener l'atrophie de l'organe ou la circulation duquel elles coopèrent; en outre, elles entraînent fréquemment dans les membres qui en sont affectés, soit un œdème plus ou moins considérable, soit des ulcères qui ont une physionomie et une marche particulières, et qu'on désigne pour cette raison sous le nom d'*ulcères variqueux*. Les varices peuvent s'enflammer (phlébite) ou se rompre et donner lieu à des hémorragies assez sérieuses. Les varices du cordon spermatique constituent la varicocèle, celles de l'anus sont appelées hémorroïdes. — Le traitement des varices est palliatif ou curatif. Dans les cas ordinaires, on s'en tient au premier qui peut d'ailleurs amener la guérison, et qui consiste à comprimer les tumeurs variqueuses à l'aide d'un bandage roulé ou d'un *bas* de coutil ou de caoutchouc lacé. Dans les cas graves, on a recours à diverses opérations chirurgicales ; on procède à la résection des paquets variqueux.

VARICELLE. s. f. [Pr. *varisè-le*] (Dimin. irrég. de *variole*). T. Méd. La v. appelée aussi *vérolette, petite vérole volante*, est une maladie infectieuse et contagieuse, frappant surtout les enfants, différente de la variole et caractérisée par une éruption de bulles ou de vésico-pustules renfermant le plus souvent un liquide clair ; dans la variole, au contraire, l'éruption est caractérisée par les pustules, c.-à-d. que le liquide qu'elles contiennent est toujours purulent ; de plus, les vésicules de la v. ne sont jamais ombiliquées. L'éruption se fait par poussées successives et gagne parfois les muqueuses (nez, conjonctive, etc.).

La fièvre et la courbature font spécialement défaut ou sont à peine marquées ; la durée de la maladie est d'une dizaine de jours.

Le traitement est surtout hygiénique ; l'enfant garde la chambre et est soumis au régime lacté. Les parties malades seront lavées à l'eau boriquée tiède et saupoudrées de poudre de talc.

VARICOCÈLE. s. f. (lat. *varix*, varice ; gr. κήλη, tumeur). T. Méd. Varices du cordon spermatique ; cette affection est plus fréquente à gauche, ce qui tient à la compression exercée par l'intestin (S iliaque) sur les veines spermatiques ; elle se développe lentement. La v. cause de la gêne, une sensation pénible de tiraillement et de pesanteur qui parfois impressionne le moral du malade. Le traitement palliatif consiste dans l'usage d'un suspensoir ; la ligature et la résection des varicocèles très dilatées est parfois nécessaire.

VARIER. v. a. (lat. *variare*, m. s., de *varius*, varié). Diversifier. *Dans la peinture, il faut v. les airs de tête et l'attitude des figures. V. les mets, les ornements. V. ses plaisirs.* — Fam. *V. la phrase,* Dire la même chose en d'autres termes. || T. Mus. *V. un air,* Le changer en y ajoutant des notes et des ornements qui en laissent subsister le motif, la mélodie. *Il a varié les airs les plus à la mode.* = Varißa, v. n. Changer. *Le temps varie continuellement. Son humeur varie à chaque instant. Les témoins ont varié dans leurs dépositions.* || Se dit de plusieurs personnes qui sont d'un avis différent, qui rapportent diversement le même fait. *Les historiens varient sur ce fait. On varie sur le lieu de la naissance d'Homère.* || Se dit d'une chose qui diffère d'elle-même, ou de plusieurs choses qui ont des formes, des qualités différentes, suivant les diverses circonstances. *Les mœurs varient suivant les pays, suivant les époques. Les vertus de cette plante varient selon le climat.* || T. Physiq. Se dit de la déclinaison de l'aiguille aimantée. *A telle hauteur, l'aiguille varie de tant de degrés.* = Varié, ée. part. *Ouvrage varié. Style varié. Un parterre varié de mille fleurs. Spectacle varié. Air varié pour la flûte.* = Conj. Voy. Prier.

VARIÉTÉ. s. f. (lat. *varietas*, m. s., de *varius*, varié). Diversité. *La v. d'un paysage, d'un parterre. La v. des objets, des opinions. Il y a dans ces vers une grande v. d'idées et d'images. Spectacle magnifique et plein de v. Cet ouvrage manque de v.* || T. Hist. nat. Se dit d'un individu ou d'un ensemble d'individus qui, bien qu'appartenant à une même espèce d'animaux ou de plantes, se distinguent des autres individus ou du type de l'espèce par quelques particularités ou différences, souvent permanentes et transmissibles par la génération. *Les variétés de la race humaine. Les tulipes ont beaucoup de variétés. C'est une v. de telle espèce de plante.* Voy. Race. — Se dit aussi en parlant des êtres inorganiques. *Il y a plusieurs variétés de porphyre.* || *Variétés,* au pl., se dit de certains recueils qui contiennent des morceaux sur différents sujets. *Variétés morales, littéraires, philosophiques.* = Syn. Voy. Différence.

VARIETUR (NE). [Pr. *né variétur.*] Expression latine qui signifie *Pour qu'il ne soit pas changé,* et qui se dit, au Palais, des précautions que la justice prend pour constater l'état actuel d'une pièce et prévenir les changements qu'on y pourrait faire. *On a ordonné que la pièce serait signée et paraphée, ne varietur.*

VARILHES, ch.-l. de c. (Ariège), arr. de Pamiers, sur l'Ariège ; 1,600 hab.

VARILLAS, historien fr. (1624-1696).

VARIOLAIRE. s. f. [Pr. *vario-lère*] (R. *variole*). T. Bot. Genre de Champignons (*Variolaria*) de la famille des *Lichens.* Voy. ce mot.

VARIOLE. s. f. (lat. *varius*, tacheté). T. Méd. La v.

ou *petite vérole* est une maladie contagieuse caractérisée par une éruption pustuleuse généralisée. — Cette maladie était complètement inconnue des Grecs et des Romains. Ce fut, dit-on, en l'an 622 de notre ère qu'un médecin arabe, nommé Haroun, indiqua pour la première fois la v. sous le nom de *djidri* ; mais c'est seulement au X° siècle que cette maladie fut un peu convenablement décrite par Rhazès. La v. paraît avoir pris naissance dans l'Asie et avoir été importée par les Sarrasins d'abord en Afrique, puis dans le midi de l'Europe, d'où ce fléau s'est ensuite répandu dans le monde entier ; elle a été importée en Amérique par les Espagnols de Cortez, elle sévit dans tous les climats et sur toutes les races humaines, et affecte à peu près indifféremment les individus de tout âge, de tout sexe et de toute condition. Avant l'admirable découverte de Jenner, elle enlevait à elle seule le quatorzième de l'espèce humaine. Aujourd'hui même, elle fait encore périr du sixième au huitième des individus qu'elle attaque ; et, quand elle règne épidémiquement, la mortalité peut s'élever encore.

La v. est contagieuse à toutes ses périodes ; le contage peut exercer ses effets nocifs sur l'entourage immédiat du malade (*contagion directe*) ou sur des personnes éloignées (*contagion indirecte*) quand il a été lancé dans l'atmosphère et transporté loin du foyer ; le sang, lo pus, les débris de *croûtes* provenant des pustules servent de véhicules à l'agent infectieux, c.-à-d. au microbe qui n'est pas encore déterminé aujourd'hui ; les chances de contamination sont augmentées si l'organisme est en état *de réceptivité,* c.-à-d. s'il offre peu de résistance. La v. prend parfois un caractère épidémique. Une première atteinte de cette maladie confère l'immunité.

Symptômes. — Après une période d'*incubation* de 8 ou 9 jours, les symptômes apparaissent ; leur évolution correspond à trois périodes : invasion, éruption, suppuration, dessication. La période d'invasion est marquée par des symptômes plus ou moins graves, tels que frissons, nausées, vomissements, céphalalgie, coryza, larmoiement, courbature, douleurs lombaires et fièvre intense ; il se produit à cette période une éruption consistant en taches rouges surtout marquées à la face interne des cuisses, c'est le *rash* des auteurs anglais.

La *période éruptive* a lieu communément à la fin du deuxième ou durant le troisième jour ; l'éruption se montre d'abord à la *face,* sur le menton et sur la surface cutanée des lèvres, sous la forme de taches rouges lenticulaires, au centre desquelles on voit ou l'on sent avec le doigt une petite élevure dure et pointue, présentant parfois, dès le début, un point vésiculeux. Après la face, l'éruption envahit successivement le tronc, puis les membres supérieurs et inférieurs. L'éruption est complète au bout de 2, 3 ou 4 jours ; à ce moment les symptômes du début se sont un peu amendés. Le nombre des élevures varie beaucoup. Elles sont quelquefois si abondantes, surtout à la face, qu'elles se touchent et se confondent par leur circonférence : on dit alors que la v. est *confluente.* Lorsqu'au contraire l'éruption est disséminée, si les pustules sont séparées par des intervalles de peau saine, la v. est *discrète.* Dans les quatre premiers jours de l'éruption, les élevures de la v. sont réniténtes et entourées d'une auréole rouge ; mais elles augmentent rapidement de volume, s'arrondissent, et à leur centre on observe une dépression centrale ou *ombiliquée* qui existe en général dans toutes les vésicules, le troisième jour de l'éruption. Lorsque la v. est très confluente, il est impossible de constater cette disposition, car la figure du malade semble alors recouverte d'une pellicule blanchâtre et presque uniforme. Ces symptômes s'accompagnent ordinairement de ptyalisme et de gonflement du visage qui est tuméfié. L'éruption envahit parfois les muqueuses : bouche, nez, pharynx, conjonctive ; la déglutition, la respiration, sont gênées ; à ce moment, la fièvre diminue si la v. est discrète.

La *période de suppuration* commence 5 ou 6 jours après le début de l'éruption ; la fièvre, qui s'était calmée et qui parfois avait cessé aussitôt après l'éruption, s'allume de nouveau vers le septième jour. Aussi l'appelle-t-on alors *fièvre secondaire* ou *fièvre de suppuration.* Les pustules s'agrandissent encore et se remplissent d'un liquide opaque et purulent ; elles apparaissent au tronc, au pied ; les intervalles qui les séparent se tuméfient et rougissent ; la face se gonfle ; les paupières cachent les yeux ; la tête acquiert un volume énorme, la salivation est abondante ; les yeux sont larmoyants ; quand les muqueuses sont envahies, des mucosités abondantes encombrent l'arrière-gorge et gênent la respiration, la parole est difficile ; les draps du malade sont constamment souillés par le liquide qui s'écoule des pustules. Cette période est celle où l'on voit survenir le plus grand nombre de *complications infectieuses,* particulièrement du côté de l'appareil respiratoire, circulatoire et intestinal, ainsi que du système nerveux central : néphrite, péricardite, orchite, otite, parotidite. C'est ce qui explique pourquoi la plupart des individus qui sont victimes de la v. succombent dans cette période.

La *période de dessiccation* commence au huitième jour. Ce sont les pustules de la face qui se dessèchent d'abord; souvent la dessiccation y est presque terminée lorsque les pustules des membres sont parvenues à peine à leur maturité. La dessiccation se fait successivement sur le reste du corps et dans l'ordre même de l'évolution des pustules. Aussi elle n'est complète que du quatorzième au seizième jour, à dater de l'éruption. Les pustules se dessèchent; au contact de l'air, il se forme des croûtes fétides sous lesquelles le pus est parfois retenu; c'est là l'origine d'abcès; dans la v. confluente, les croûtes ont l'aspect de larges écailles; quand ces croûtes tombent, on remarque à leur place des *cicatrices* plus ou moins accusées (visage grêlé). À cette période, l'état général s'améliore et la *convalescence* commence, elle est assez longue; des *complications* et *accidents* divers sont à redouter: suppuration, abcès, poussées furonculeuses, arthrites et otites suppurées, fonte purulente de l'œil.

Pronostic. — La v. épidémique est plus grave que la v. sporadique; les formes confluentes hémorragiques sont redoutables; le malade succombe vers le treizième jour. La v. est presque toujours mortelle chez le nouveau-né; elle expose les femmes enceintes à l'avortement. La mort est due à l'altération du sang et à l'intoxication par l'oxyde de carbone, la fonction respiratoire s'accomplissant d'une façon défectueuse; la pyohémie, la bronchopneumonie, tuent également un grand nombre de malades.

Anatomie pathologique. — Les altérations du sang sont notables; on observe souvent la dégénérescence granulo-graisseuse des muscles du cœur, des altérations du foie, de la rate.

Traitement. — Le malade est placé dans une pièce bien aérée; il est mis à la diète; le lait, l'eau vineuse, les boissons fraîches, lui seront seuls permis. Le sulfate de quinine est utile contre la fièvre; l'opium calmera les accidents nerveux; les bains frais, les lotions, sont indiqués, surtout à la période de suppuration; des injections d'éther sont parfois nécessaires. Le varioleux doit être *isolé* jusqu'à complète disparition des croûtes qui, nous l'avons dit, sont un agent de contagion; les personnes qui l'approchent doivent avoir été *vaccinées* et même *revaccinées*. — Nous ajouterons simplement ici que si la vaccination et les revaccinations nécessaires étaient faites d'une façon systématique, la v. disparaîtrait; les cas, malheureusement encore trop fréquents, qu'il est permis d'observer, sont dus à la négligence ou l'ignorance; il appartient aux pouvoirs publics de prendre les mesures nécessaires pour en enrayer les conséquences. — Voy. VACCINATION et VACCINE.

Variole hémorragique. — La v. hémorragique est une variété redoutable; l'hémorragie se produit généralement à la période éruptive; la peau est recouverte d'ecchymoses, le sang apparaît dans les urines; chaque pustule présente une teinte noirâtre due à de petites hémorragies : *v. noire.* L'état général est mauvais; le malade a de la dyspnée; la face se cyanose, les extrémités se refroidissent et il finit par succomber à l'asphyxie.

Varioloïde. — On nomme ainsi toute v. qui ne suppure pas ou qui suppure peu; on ne reconnaît donc, au cours de cette maladie que trois périodes : invasion, éruption, dessiccation. Les symptômes de ces diverses périodes sont généralement moins accusés que dans la v. vraie; les croûtes ne laissent que des cicatrices passagères. Cette maladie ne doit pas être confondue avec la varicelle.

VARIOLETTE. s. f. [Pr. *variolè-te*] (Dimin.). T. Méd. Variole légère.

VARIOLEUX, EUSE. adj. [Pr. *vario-leu, euze*]. T. Méd. Qui a rapport à la variole. *Affection varioleuse.* || Se dit adjectiv. et subst. de celui et de celle qui a la variole. *Traiter les varioleux.*

VARIOLIQUE. adj. 2 g. T. Méd. Qui appartient à la variole. *Pustule v. Éruption v.*

VARIOLOÏDE. s. f. [R. *variole*, et gr. εἶδος, aspect]. T. Méd. Variole qui ne suppure pas ou qui suppure peu. Voy. VARIOLE.

VARIQUEUX, EUSE. adj. [Pr. *vari-keu, euze*] (lat. *varicosus*, m. s., de *varix*, varice). T. Méd. Qui est affecté de varices, ou qui est de la nature des varices. *Anévrisme v.*

Tumeur variqueuse, Ulcère v. || Qui ressemble à une veine gonflée par une varice. *Veine variqueuse. Tumeur variqueuse.* || T. Zool. *Coquille variqueuse*, Coquille qui a extérieurement des renflements assez semblables aux varices.

VARIUS, poète latin, ami de Virgile et d'Horace; ses œuvres ont péri.

VARLET. s. m. [Pr. *var-lè*] (bas lat. *vassaletus*, petit vasal). T. Hist. Nom synon. de celui de Page, dans les temps de l'ancienne chevalerie. Voy. CHEVALERIE.

VARLOPE. s. f. (flam. *voorloper*, qui court devant). T. Techn. Sorte de grand rabot. Voy. RABOT.

VARLOPER. v. a. T. Techn. Travailler à la varlope. *V. une planche.* = VARLOPÉ, ÉE. part.

VARNA, v. de Bulgarie, port sur la mer Noire; 35,300 hab.

VARRE. s. f. [Pr. *va-re*]. T. Pêche. Sorte de barre dont on se sert pour retourner les tortues sur le dos. Voy. CHÉLONIENS, IV.

VARRER. v. a. [Pr. *varer*] (R. *varre*). T. Pêche. Retourner une tortue avec une varre. Voy. CHÉLONIENS, IV. = VARRÉ, ÉE. part.

VARRON (CAIUS TERENTIUS), consul romain, fut vaincu par Annibal à Cannes, en 216 av. J.-C.

VARRON (MARCUS TERENTIUS), polygraphe latin, surnommé le plus savant des Romains (114-26 av. J.-C.). Nous ne possédons que deux de ses ouvrages : le traité *Sur les choses de la campagne (De re rustica)*, et six de ses livres *Sur la langue latine*.

VARSOVIE, v. de Russie, ch.-l. du gouv. de la Pologne, cap. de l'anc. royaume de Pologne, sur la Vistule, à 1,180 kilomètres de Saint-Pétersbourg et 2,100 de Paris ; 535,000 hab. Le gouv. de Varsovie compte 1,343,000 hab.

VARUM, VARUS. adj. m. [Pr. *va-rum, va-rus*] (mot lat. sign. *cagneux*) T. Chir. Cette épithète s'applique à une malformation du genou (*Genu varum*) qui est dévié en dehors, malformation plus fréquente au pied (*pied bot varus*) qui est renversé en dedans avec renversement sur son bord externe. La main bote est dite aussi *varus*, quand elle est déviée en dedans. Voy. PIED, MAIN.

VARUS, général romain, fut surpris et tué avec trois légions par Arminius dans les défilés de Teutborg (9 ap. J.-C.).

VARZY, ch.-l. de c. (Nièvre), arr. de Clamecy ; 2,700 hab.

VASA. Voy. WASA et GUSTAVE.

VASARD, ARDE. adj. [Pr. *va-zar*] (R. *vase*, s. f.). T. Mar. Vaseux. == Subst. *Un v.* Un fond de sable mêlé de vase.

VASARI (GEORGE), peintre, architecte et écrivain florentin (1512-1574), connu surtout par *les Vies des plus excellents peintres, sculpteurs et architectes.*

VASCONS, peuple de l'anc. Espagne, s'établit au N. des Pyrénées, et donna à l'anc. Novempopulanie le nom de Vasconie, d'où Gascogne (VIIe siècle de notre ère).

VASCULAIRE. adj. 2 g. [Pr. *vasku-lère*] (lat. *vascularis*, m. s., de *vasculum*, petit vase). T. Anat. et Bot. Qui appartient, qui a rapport aux vaisseaux, ou qui est rempli, formé de vaisseaux. *Ramifications vasculaires. Système v. Tissu, réseau v. Végétaux vasculaires.*

VASCULARITÉ. s. f. (R. *vasculaire*). État d'un organe, d'un tissu relativement aux vaisseaux qu'il contient. *La grande v. de cet organe le rend très susceptible d'inflammation. Le peu de v. de ce tissu.*

VASCULEUX, EUSE. adj. [Pr. *vasku-leu, euze*]. Syn. de *Vasculaire*; peu us.

VASCULOSE. s. f. [Pr. *vasku-lo-ze*] (lat. *vasculum*, petit vaisseau, et le term. *osc* de *cellulose*). T. Chim. Variété de cellulose qui forme les vaisseaux et les trachées des plantes.

VASE. s. m. [Pr. *va-ze*] (lat. *vas*, m. s.). Sorte d'ustensile qui est fait pour contenir des liqueurs, des fleurs, etc.; ou vaisseau de forme élégante et à bords évasés qui sort d'ornement dans les jardins, dans les palais, etc. *V. d'or, d'argent, de cristal, V. de porcelaine, d'argile. V. pour mettre des fleurs. V. antique. V. ciselé. V. précieux. V. de bronze, de marbre. Le galbe d'un v.* || *Vases sacrés,* Le calice, le ciboire, et quelques autres vases dont on se sert dans l'administration des sacrements; se dit aussi des vases qui servaient au temple de Jérusalem; et de ceux qui servaient aux usages de la religion païenne. || Fig., en style mystique. *V. de miséricorde, v. de pureté, etc.,* Qui est rempli de miséricorde, de pureté, etc. || T. Archit. *V. de chapiteau,* La partie centrale du chapiteau corinthien. Voy. ORDRE, II, 4.

Hist. de l'art. — I. — Parmi les monuments de l'antiquité qui sont parvenus jusqu'à nous, les *Vases* forment une classe particulière non moins digne de l'attention des artistes que de celle des archéologues. Ces vases peuvent se classer d'après la matière dont ils sont faits, d'après leur destination et d'après leur provenance. — Les anciens ont employé, pour la confection des vases de tout genre dont ils se servaient, le bois, la pierre, le marbre, le verre, le bronze, l'argent et l'or, et même les pierres précieuses; mais le plus grand nombre sont de terre cuite. Théocrite et Virgile nous ont laissé des descriptions de coupes de bois sculpté, et l'on sait qu'un célèbre potier de Corinthe, Thériclès, fournit aussi des vases de térébinthe qui étaient fort recherchés. Les Égyptiens ont fait grand usage de vases de pierre; nos musées en renferment de formes variées, de calcaire blanc, de serpentine, de granit et surtout d'albâtre oriental. Les Grecs et les Romains ont aussi employé le marbre et le porphyre; mais les vases faits de ces matières étaient le plus souvent

Fig. 1.

destinés à renfermer les cendres des morts (Voy. URNE) ou à décorer les palais et les jardins : tel était, par ex., le grand cratère de marbre orné de bas-reliefs, appelé v. Borghèse, qui est au musée du Louvre. Les vases de verre antiques sont également fort nombreux : la plupart proviennent des fouilles faites à Herculanum et à Pompéi. Le v. célèbre, dit *de Barberini* ou *de Portland,* actuellement au Musée britannique, a été découvert dans le sarcophage d'Alexandre Sévère. Il est fait d'un verre bleu très foncé, dont la surface est ornée de figures en bas-relief d'une rare élégance. Ces figures sont faites d'un émail blanc opaque et ont été fixées après coup sur le verre au moyen d'une fusion partielle. La Fig. 1 représente un autre v. fort curieux par la manière dont il est travaillé, et qui appartient à la famille Trivulzi. C'est une coupe de verre contenue dans une sorte de réseau également de verre, auquel elle est attachée par une série de petites chevilles courtes et fines, aussi de verre, placées à égale distance l'une de l'autre. Autour du bord de la coupe sont fixées de la même manière vingt lettres de verre qui forment l'inscription : BIBE, VIVAS MULTOS ANNOS. Les caractères de l'inscription sont colorés en vert, le réseau l'est en bleu, tandis que la coupe elle-même présente les teintes chatoyantes de l'opale. Ni le réseau, ni les caractères n'ont

été soudés au v.; mais le tout a été taillé dans une masse solide, à la façon d'un camée. Ces vases de bronze servaient aux usages les plus variés, et il en est parvenu jusqu'à nous un assez grand nombre. Mais la plupart des vases d'or et d'argent, ainsi que ceux de cristal de roche, de jaspe, d'agate et d'onyx, ont péri par des causes diverses qu'il est facile de comprendre. Cependant nous savons par les auteurs anciens jusqu'où les Grecs et les Romains poussèrent le luxe sous ce rapport, et nous savons également, par les rares et précieux échantillons qui sont conservés dans les grands musées de l'Europe, à quel point l'art, dans ces objets, surpassait la matière. Mais aujourd'hui ce sont les vases les plus vils par la matière, c.-à-d. *les vases de terre cuite,* qui attirent d'une façon toute particulière l'attention des modernes. Dans les uns, c'est la variété et l'élégance des formes que l'on admire; les autres, à ce même mérite, joignent celui d'être revêtus de peintures qui nous révèlent une foule de particularités curieuses relatives, soit aux mœurs et aux usages des anciens, soit à leurs croyances et à leurs traditions mythologiques. Les vases de cette classe sont le plus ordinairement désignés sous le nom de *vases peints,* proposé par Millin, et parfois aussi sous celui de *vases céramographiques,* qui a la même signification. La dénomination de *vases étrusques,* que l'usage avait naguère fait prévaloir, est tout à fait fausse, car tant qu'on l'applique à la catégorie entière des vases peints. En effet, si beaucoup de ces vases ont été découverts dans le territoire de l'ancienne Étrurie, cela ne prouve même pas que tous les vases de cette provenance soient *étrusques.* D'ailleurs, le plus grand nombre des vases peints conservés dans les musées et dans les cabinets particuliers (leur chiffre total s'élève à plus de cent mille) proviennent de la Campanie, de la Sicile, de la grande Grèce et de la Grèce proprement dite.

II. — Les vases auxquels on reconnaît une origine étrusque

Fig. 2.

ont été trouvés dans l'ancienne Étrurie, notamment à Volterra, Tarquinia, Pérouse, Orvieto, Viterbe, Acquapendente et Corneto. La terre dont ils sont faits est d'un jaune pâle ou rougeâtre; leur vernis est terne. Les figures sont dessinées en noir sur la couleur naturelle de l'argile : quelquefois un peu de rouge est jeté sur le fond noir des draperies. Le travail en est assez grossier, et le style des figures présente généralement un caractère archaïque. Toutefois, c'est par les sujets représentés que l'on distingue surtout les produits de la céramique étrusque de ceux de la céramique grecque. En effet, sur les premiers, les figures ont le costume particulier à la vieille Italie; les hommes et les héros portent une barbe et une chevelure volumineuse; les dieux et les génies ont de grandes ailes; enfin, on y reconnaît des divinités, des pratiques religieuses, des usages, des armes et des symboles différents de ceux des Grecs. Si une inscription en caractères étrusques, volsques, etc., tracée constamment de droite à gauche, accompagne la peinture, la certitude de l'origine du vase est alors complète. La plupart des caractères de l'ancien alphabet grec ont bien la même forme que ceux de l'alphabet étrusque, mais il y a dans celui-ci quelques signes particuliers qui empêchent toute confusion. Ajoutons que les vases véritablement étrusques sont relativement rares, le plus grand nombre des vases trouvés dans l'ancienne Étrurie étant d'origine grecque, ou tout au moins copiés d'originaux grecs. Les vases peints qui sont d'origine grecque sont faits avec une terre très légère et plus ou moins fine. Leur couverte extérieure paraît être une espèce d'ocre jaune ou rouge, réduite en poussière impalpable, mêlée avec un corps huileux ou gommeux, et appliquée au pinceau. Leur couverte intérieure, qui est noire et à l'éclat de l'émail, semble formée de plombagine ou d'anthracite appliquée sur la pâte encore

Fig. 3.

humide, ou bien délayée dans un coulis d'argile appliqué sur le vase sec et qui a cuit avec lui. Les vases grecs sont divisés en *noirs* ou *jaunes*, suivant la couleur des figures. Dans les premiers, les dessins sont tracés en noir au pinceau, sur un fond rouge ou jaune, en manière de silhouettes (Fig. 2). Les vêtements, les accessoires, les harnais des chevaux et les roues des chars, sont retouchés de blanc. Les vases de cette catégorie sont en général les plus antiques; leurs sujets représentent des événements appartenant aux plus anciennes traditions mythologiques, et les inscriptions qui les accompagnent sont écrites, tantôt de droite à gauche, tantôt en boustrophédon. Dans les vases jaunes, les dessins sont exécutés d'une manière toute différente. On a couvert la surface extérieure de d'une couleur noire en épargnant la place et la forme des figures, qui sont ainsi de la couleur de la pâte, c.-à-d. tantôt jaunes, tantôt rougeâtres : les cheveux, les plis des vêtements, etc., ont été ensuite dessinés en noir (Fig. 3). Les sujets représentés sur les vases grecs sont mythologiques, héroïques et très rarement historiques. Outre les sujets de cette catégorie, beaucoup de vases représentent des combats d'animaux, des jeux, des repas, des travaux intérieurs, des scènes funéraires, etc., ce qui les rend extrêmement précieux pour l'étude de la vie publique et privée des anciens. Il est, en outre, à remarquer, en ce qui concerne spécialement les sujets mythologiques et héroïques, que ces sujets semblent former une mythologie et une histoire héroïque à part de celles que les écrivains grecs ou latins nous ont transmises. On y trouve, en effet, des personnages et des scènes dont ces derniers ne disent rien, qui ne s'expliquent par aucune tradition écrite, ou qui sont figurés avec des cir-

constances dont les auteurs ne nous ont point parlé. Les vases peints des Grecs, surtout les plus anciens, qui sont antérieurs aux textes que nous possédons, nous en apprennent donc plus ou nous apprennent autre chose que ces textes : c'est ce qui donne à l'étude de ces monuments un intérêt si grand et un charme si réel : ils nous initient d'ailleurs authentiquement à la véritable histoire de l'art grec, depuis son origine jusqu'à sa perfection. Les vases grecs ont été trouvés dans la partie de l'Italie appelée autrefois grande Grèce. On en a rencontré également un grand nombre en Sicile, et dans les divers pays habités ou colonisés par la race hellénique.

III. — Les anciens employaient la terre à des usages très variés, et ils en faisaient des vases ayant toutes les dimensions possibles, depuis la vaste jarre ou tonneau (*dolium*, πίθος), qui servait à contenir le vin, l'huile, et autres denrées, jusqu'au petit flacon appelé *lecythus* (λήκυθος), destiné aux parfums les plus précieux. Presque tous les vases peints qui sont parvenus jusqu'à nous ont été découverts dans des tombeaux; c'est ce qui explique leur parfaite conservation. — Il existe un assez grand nombre d'ouvrages sur les vases antiques, et particulièrement sur les vases peints. Nous nous contenterons de nommer ceux de Dubois-Maisonneuve et Millin, de Raoul-Rochette, de Lanzi, de Panofka, de Kramer, de Gerardh, et enfin celui de Lenormant et de Witte, qui a pour titre : *Élite des monuments céramographiques*.

Arboric. — On donne le nom de v. à certaine forme imposée aux arbres fruitiers en plein vent. Ces formes présentent un groupe de branches mères qui, naissant à 0ᵐ,32 du sol environ, s'étendent d'abord horizontalement ou obliquement en rayonnant autour du pied de l'arbre, puis se redressent dans une position verticale, ou s'allongent en décrivant une spirale. L'intérieur de ces arbres est entièrement vide, de manière à simuler une sorte de v. ou gobelet. Il y a quelques modifications dans les formes. Nous allons indiquer les principales. — *V. à branches verticales simples.* Les arbres soumis à cette forme offrent en général un diamètre de 2 mètres. Ils doivent présenter une hauteur égale, mesurée du point où naissent les branches sur la tige. Si l'on dépassait cette limite, la face intérieure du v., située vers la base, resterait privée de l'action du soleil. Les branches qui naissent à 0ᵐ,30 centimètres du sol, s'éloignent de la tige en suivant un angle d'environ 20°, puis s'allongent verticalement jusqu'au sommet. On réserve un intervalle de 0ᵐ,30 entre chacune d'elles; d'où il suit que, si l'arbre a 2 mètres de diamètre, il faudra 20 branches pour garnir suffisamment le pourtour. — *V. à branches verticales ramifiées.* Cette forme ne diffère de la première que par les branches principales, auxquelles on fait développer des branches sous-mères disposées symétriquement de chaque côté. On ne laisse développer à la base que 8 ou 12 branches mères; on les redresse dans une position verticale lorsqu'elles ont dépassé en longueur le diamètre du v.; puis on détermine chaque année, par la taille, la formation d'un nouvel étage de sous-mères destinées à remplir l'espace de 0ᵐ,70, qui sépare les branches mères. Cette forme plus compliquée que la première, ne présente aucun avantage de plus. — *V. pyramide.* Lorsque le v. à branches verticales est complètement formé, on fait développer, au moyen d'un greffe, un bourgeon placé au centre de v. Ce bourgeon donne naissance à une tige verticale qu'on prive de ramifications jusqu'à 0ᵐ,50 environ au-dessus du sommet du v. A ce point, cette tige est terminée par une petite pyramide ou cône, à laquelle on laisse prendre une longueur de 0ᵐ,70 à 1 mètre, suivant la vigueur du v. — Cette disposition peut rendre de grands services. En effet, il arrive souvent, dans les formes précédentes, que la sève s'élançant fougueusement dans les branches verticales, fait pousser celles-ci trop vigoureusement, surtout vers le sommet, et qu'elles produisent peu de fruits. Avec la modification pyramidale, on évite cet inconvénient. Toutefois on ne devra pas abuser de ce moyen, car on verrait bientôt les sujets peu vigoureux dépérir dans la partie en forme de v. Il sera donc nécessaire de veiller avec soin à ce que le cône central abandonnant sa fonction de régulateur, ne prenne trop d'accroissement. — *V. à branches croisées.* Cette forme ne diffère en aucune façon de la forme à branches verticales simples. Seulement, ces branches sont inclinées, suivant l'angle de 30°, alternativement d'un côté et de l'autre, et cessant de s'allonger en suivant la même direction. Cette sorte de v. doit être préférée pour les arbres à fruits, à pépins, chez lesquels elle détermine une fructification plus abondante.

VASE. s. f. [Pr. *va-ze*] (holl. *wase*, m. s.). Boue qui est déposée au fond des eaux, soit de la mer, soit des fleuves et des lacs, soit des étangs et des marais. *Le bateau s'enfonça dans la v.*

VASELINE. s. f. [Pr. *vaze-line*] (R. vase, s. f.). T. Chim. Substance d'apparence graisseuse, présentant la consistance du saindoux, et constituée par un mélange d'hydrocarbures solides et liquides. La v. américaine, qui parut pour la première fois à l'Exposition de Philadelphie en 1876, s'extrait des résidus de la distillation du pétrole. Voy. Pétrole. On décolore ces résidus par le noir animal, on les soumet pendant quelques heures à l'action de la vapeur d'eau surchauffée à 250°, puis on en extrait la v. par filtration. La v. allemande est une dissolution de cérésine dans l'huile de paraffine; on la prépare ordinairement en partant de l'ozokérite et des huiles de schiste; les matières premières, après avoir été épurées par l'acide sulfurique et décolorées par le noir animal, sont également soumises à l'action de la vapeur surchauffée. Bien purifiée, la v. est blanche, inodore et insipide; elle fond entre 40° et 50° en donnant un liquide incolore. Insoluble dans l'eau, elle se dissout dans le chloroforme, le sulfure de carbone, les huiles fixes et volatiles; elle est aussi soluble à chaud dans l'alcool et dans l'éther. Par son aspect et ses propriétés physiques elle ressemble beaucoup aux matières grasses; mais elle en diffère totalement au point de vue chimique. Elle possède, en effet, les propriétés générales des hydrocarbures, ne rancit pas, et n'est attaquée ni par les acides, ni par les solutions alcalines. Comme elle est inodore et inaltérable à l'air, elle remplace avec avantage les matières grasses dans la préparation d'un grand nombre de pommades, d'onguents et de liniments; on l'emploie aussi pour graisser les pièces fines des machines, assouplir le cuir, préserver les métaux de la rouille, etc.

L'huile de v. est un mélange d'hydrocarbures liquides que l'on retire des pétroles de Galicie. Elle peut servir aux mêmes usages que la v. ordinaire.

VASEUX, EUSE. adj. [Pr *va-zeu, vazeu-ze*]. Qui a de la vase, ou qui est de la nature de la vase. *Un fond v. Des terres vaseuses.*

VASIDUCTE. s. m. [Pr. *vazi-dukte*] (lat. *vas*, vaisseau; *ductum*, sup. de *ducere*, conduire). T. Bot. Syn. de *Raphé*. Voy. Graine.

VASIÈRE. s. f. [Pr. *va-zière*]. Trou de vase. || T. Pêche. Parc à moules.

VASILI ou **BASILE**, nom de princes de Russie, dont le 4e porta le premier le titre d'*autocrate* (1505), soumit Novgorod et battit les Tartares. Le 5e, tsar de Russie (1505-1609), eut à lutter contre le faux Dmitri et mourut prisonnier des Polonais.

VASILI-POTAMO, l'anc. *Eurotas*, riv. de Laconie.

VASISTAS. s. m. [Pr. *vazis-tâs*] (all. *was ist das?* qu'est cela?). Petite partie d'une porte ou d'une fenêtre, ou encore, petite fenêtre, qui s'ouvre et se ferme à volonté.

VASO-DILATATION. s. f. [Pr. *va-zo-dilata-sion*] (lat. *vas*, vaisseau, et fr. *dilatation*). T. Physiol. Dilatation des vaisseaux. Voy. Vaso-moteur.

VASO-MOTEUR, VASO-MOTRICE. adj. [Pr. *vazo*...] (lat. *vas*, vaisseau, et fr. *moteur*). T. Physiol. Se dit des nerfs qui agissent sur les vaisseaux, et de l'action qu'ils exercent. *Action vaso-motrice.*

Physiol. — Un homme vaso-moteurs des nerfs, dépendant du grand sympathique, et dont l'action, provoquée par voie réflexe, s'exerce sur les vaisseaux; on les divise en deux groupes : nerfs *vaso-constricteurs*, amenant la contraction des parois musculaires des vaisseaux, et par suite le rétrécissement de ceux-ci et nerfs *vaso-dilatateurs* amenant la parésie musculaire par l'abolition de la tonsion des fibres musculaires des vaisseaux et par conséquent l'augmentation de leur calibre. Quelques nerfs céphalo-rachidiens ont une action analogue. L'excitation des nerfs vaso-moteurs est généralement d'ordre réflexe, mais elle peut succéder à une impression morale comme le fait du rougir ou du pâlir à la suite d'une émotion. On conçoit que les nerfs vaso-moteurs aient une grande influence sur la calorification des organes, qui, on le sait, dépend de l'importance de l'afflux sanguin.

VASQUE. s. f. [Pr. *vas-ke*] (lat. *vasculum*, dimin. de *vas*, vase). Sorte de bassin rond et peu profond dont on se sert comme ornement. V. *de marbre, de bronze, de pierre. L'eau, en tombant, forme une nappe autour de la v.*

VASSAL, ALE. s. [Pr. *va-sal*] (bas lat. *vasalus*, du celt. *gwas*, jeune homme, d'où les mots *gars* et *garçon*). Celui, celle qui relève d'un seigneur à cause d'un fief. *Il était v., elle était vassale de tel seigneur. Les vassaux de tel fief.* Voy. Féodalité.

VASSALITÉ. s. f [Pr. *vasa-lité*]. T. Féod. Dépendance d'un vassal.

VASSELAGE. s. m. [Pr. *vase-laje*]. Condition de vassal. *Le v. engageait à différents devoirs, selon les différentes coutumes.* || *Droit de v.*, Ce que le seigneur avait droit d'exiger de son vassal. Voy. Féodalité.

VASSY, ch.-l. de c. (Calvados), arr. de Vire; 2,700 hab.

VASSY (Haute-Marne). Voy. Wassy.

VASSY-LES-AVALLON. vge près d'Avallon (Yonne), fabrique de ciment romain.

VASTE. adj. 2 g. (lat. *vastus*, m. s.). Qui est d'une fort grande étendue. *Une v. campagne. La v. mer. De vastes déserts.* || Fig., se dit des choses morales, des conceptions de l'esprit, etc *C'est un homme d'une v. ambition. Il a de vastes desseins, des idées vastes. Il a formé le projet le plus v.* — *Cet homme a l'esprit v., c'est un esprit v., un v. génie, C'est un esprit d'une étendue extraordinaire, qui embrasse plusieurs sortes de sciences, de connaissances, ou qui est capable de grandes affaires, de grandes entreprises. On dit de même. C'est un homme d'une v. érudition.* || T. Anat. *V. interne* et *V. externe*, se disent de deux faisceaux musculaires qui concourent, avec le muscle crural, à former le triceps crural.

VASTEMENT. adv. [Pr. *vaste-man*]. D'une manière vaste.

VASTHI, femme du roi de Perse Assuérus; elle fut répudiée et remplacée par Esther (Bible).

VATAN, ch.-l. de c. (Indre), arr. d'Issoudun; 2,700 hab

VATEL, maître d'hôtel du prince de Condé, se tua de désespoir parce que, dans une fête que son maître donnait à Louis XIV, au château de Chantilly, la marée avait manqué (1671).

VATÉRIE. s. f. T. Bot. Genre de plantes Dicotylédones (*Vateria*) de la famille des *Diptérocarpées*. Voy. ce mot.

VATICAN. s. m. Nom d'un Palais qui est la demeure habituelle du pape; se dit quelquefois pour désigner la cour de Rome. *Les foudres du V.*, Les bulles d'excommunication, les interdits, etc., lancés par le pape.

VATIMESNIL (de), magistrat et homme politique fr. (1789-1860), ministre de l'Instruction publique dans le ministère Martignac (1828).

VA-TOUT. s. m. [Pr. *va-tou*] (R. *aller* et *tout*). T. Brelan et autres jeux de renvi. La vade où le renvi de tout l'argent qu'on a devant soi. *Faire un va-t., Tenir le va-t.* || Fig., *Jouer son va-t.*, faire une entreprise où on risque tout. = Pl. *Des va-tout*

VATOUT, historien et écrivain fr. (1792-1848).

VATTEL, publiciste suisse (1714-1767), auteur d'un traité *Sur le droit des gens.*

VATTEVILLE (Jean de), prélat et aventurier fr. (1613-1702).

VAUBAN (Sébastien le Prestre de), maréchal de France (1633-1707), conduisit les sièges du règne de Louis XIV, entoura la France d'une ceinture de forteresses et de places. Parmi ses écrits, on remarque la *Dîme royale*, ouvrage dans lequel il proposait de substituer, à la multitude des taxes arbitraires une contribution unique du dixième du revenu.

VAUBLANC (comte DE), homme politique fr., né à Saint-Domingue (1756-1845).

VAUBOIS (comte DE), général fr. (1748-1839).

VAUCANSON (JACQUES DE), fameux mécanicien, né à Grenoble (1709-1782), connu par ses automates : *le Joueur de flûte, le Joueur de tambourin et de galoubet, les Canards.*

VAUCHÉRIE. s. f. (R. *Vaucher,* n. d'un botan. genevois). T. Bot. Genre d'Algues (*Vaucheria*) de la famille des *Siphonées.* Voy. ce mot.

VAUCHÉRIÉES. s. f. pl. (R. *Vauchérie*). T. Bot. Tribu d'Algues de la famille des *Siphonées* Voy. ce mot.

VAUCLUSE, vge de l'arr. et à 30 kilomètres d'Avignon, près de la *fontaine de Vaucluse.*

VAUCLUSE (Dép. DE), formé du Comtat Venaissin, de la principauté d'Orange et d'une partie de la haute Provence; ch.-l. *Avignon;* 3 autres arr. , *Apt, Carpentras, Orange,* 235,400 hab.

VAUCOULEURS, ch.-l. de c. (Meuse), arr. des Commercy, sur la Meuse; 2,800 hab.

VAUD, un des 22 cantons de la Suisse; 239,000 hab. Cap. *Lausanne.* = Nom des hab. : VAUDOIS, OISE.

VAU-DE-ROUTE (À). Loc. adv. Dans une déroute complète; avec un grand désordre. Voy. ROUTE.

VAUDEVILLE. s. m. [Pr. *vode-vile*] (R. *Vau de Vire.* nom de lieu). S'est dit autrefois de chansons satiriques et mordantes, composées sur un air connu, et qui roulaient sur quelque aventure, quelque événement du jour. Celles de la vallée de Vire (Calvados) avaient une grande célébrité. *Chanter un v.* On fit plusieurs vaudevilles sur cette aventure. || Se dit aujourd'hui d'une pièce de théâtre où le dialogue est entremêlé de couplets. *Faire un v. Jouer un v. Le théâtre du V.,* ou elliptiquement, *Le V.* — *V. final,* La chanson en plusieurs couplets qui termine les pièces de ce genre, et dont chaque personnage chante un couplet. Voy. DRAMATIQUE, II, B.

VAUDEVILLISTE. s. [Pr. *vodevi-liste*]. Celui, celle qui fait des vaudevilles.

VAUDOIS, sectaires de la Provence reconnaissant pour chef Pierre Valdo (XIIIᵉ siècle). Ils furent en partie exterminés par ordre de François Iᵉʳ, et leurs débris, réfugiés en Piémont sous leurs prêtres nommés *barbes,* subsistent encore aujourd'hui.

VAUDONCOURT, général fr., et écrivain militaire, né à Vienne (1772-1845).

VAUDOYER, architecte fr. (1803-1872).

VAUGELAS (CLAUDE FAVRE DE). grammairien fr. (1585-1660), l'un des premiers membres de l'Académie, dirigea les travaux du *Dictionnaire* (1638), publia en 1647 ses *Remarques sur la langue française.*

VAUGIRARD, anc. commune de la banlieue de Paris, annexée en 1860, et formant aujourd'hui le XVᵉ arrondissement.

VAUGNERAY, ch.-l. de c. (Rhône), arr. de Lyon; 2,000 hab.

VAULABELLE (ACHILLE DE), historien fr., auteur d'une *Histoire de la Restauration* (1789-1879).

VAU-L'EAU (À). [Pr. *a-vo-lo*]. Loc. adv. Au gré du courant. || Fig. En déroute, à la débandade.

VAULX-DE-CERNAY (LES), anc. abbaye de l'ordre de Cîteaux, entre Chevreuse et Rambouillet, fondée en 1128, auj. ruinée. Château moderne appartenant à la famille de Rothschild.

VAUQUELIN, marin fr. (1726-1763).

VAUQUELIN (LOUIS-NICOLAS), chimiste fr (1763-1829), découvrit le chrome et la glucine.

VAUQUELIN DE LA FRESNAYE, poète fr (1535-1607). || VAUQUELIN, sieur des YVETEAUX, son fils, poète fr. (1547-1649)

VAUQUELINITE. s. f. [Pr. *vo-ke-linite*] (R. *Vauquelin,* n. d'un chimiste fr.). T. Minér. Chromate de plomb et de cuivre, en petits cristaux monocliniques d'un vert foncé.

VAURIEN, IENNE. s. [Pr. *vori-in, ienne*] (R. *vaut, rien*). Celui, celle qui ne vaut rien, qui est vicieux. *C'est un v., un franc v* || On dit parfois, dans un sens moins sévère, *Cet écolier est un petit v. Un aimable v.,* un jeune homme qui fait des fredaines. — Fam. dans les deux sens.

VAUTOUR. s. m. [lat *vultur,* m. s.]. T. Ornith. Dans la méthode de Cuvier, les *Vautours* forment la première division des Oiseaux de proie ou Rapaces diurnes. L'illustre naturaliste, toutefois, les réunissait en un grand genre qu'il subdivisait en cinq sections qualifiées par lui de sous-genres, tandis que les zoologistes plus modernes ont érigé ce genre en famille sous le nom de *Vulluridés,* et les sous-genres en autant de tribus.

Les oiseaux qui composent cette famille ont les yeux petits.

Fig. 1.

et à fleur de tête; le bec allongé, recourbé seulement au bout ; la tête ordinairement petite relativement à la masse du corps; le cou grêle et long; l'un et l'autre ordinairement plus ou moins dénués de plumes et revêtus d'un duvet court, lanugineux. Chez quelques espèces, la tête est surmontée de caroncules charnues, et, chez quelques autres, la partie infé-

857

rieure du cou est ornée d'une sorte de collerette de plumes allongées. Leurs tarses sont réticulés, c.-à-d. couverts de petites écailles ; leurs doigts sont relativement courts, et armés d'ongles peu robustes et peu recourbés ; enfin leurs ailes, très longues et pointues, égalent ou dépassent la queue, qui est généralement courte, égale, et composée de douze rectrices. Ces oiseaux ont le port incliné, à demi horizontal, et ils n'ont point la noblesse des autres oiseaux de proie. A terre, leur démarche est embarrassée. Leur vol est lent, mais ils s'élèvent à des hauteurs prodigieuses, et c'est en tournoyant qu'ils montent et qu'ils descendent dans l'air. Bien que de grande taille et très forts, les Vautours n'ont pas les serres assez robustes pour attaquer leur proie et l'emporter avec eux ; aussi se servent-ils plutôt de leur bec que de leurs griffes. En conséquence, ils n'attaquent guère les animaux vivants que lorsque ceux-ci sont jeunes et faibles, et ils se nourrissent ordinairement de charognes et de proies mortes. Leurs habitudes leur donnent une physionomie peu intelligente et repoussante. Une odeur infecte s'exhale de leur corps. Une humeur visqueuse et puante découle sans cesse de leurs narines. Lorsqu'ils sont bien repus, le bas de leur œsophage, distendu par les matières alimentaires, ressemble à une vessie et fait saillie au dehors des plumes : alors ils vont se jucher en quelque lieu écarté ; ceux qui vivent loin de l'homme, sur des rochers escarpés ; ceux qui fréquentent les villes, sur le faîte des maisons, et là, accroupis, le cou retiré et la tête appuyée sur le jabot, ils restent immobiles et attendent que la digestion soit achevée. Cet état de repos, l'attitude flegmatique qu'ils prennent alors, contrastant singulièrement avec l'agitation et la voracité qu'ils manifestent lorsqu'ils tombent sur une proie. Ce goût des Vautours pour les cadavres de toute sorte tourne à l'avantage de l'homme ; ce sont eux qui, dans certaines contrées de l'Asie et de l'Amérique, sont chargés de la voirie municipale. L'instinct qui porte les Vautours à se livrer à la recherche des cadavres pour s'en repaître, a donné lieu à des préjugés qui datent des temps les plus reculés. Ainsi, depuis Pline, on n'a cessé de répéter que ces oiseaux avaient un odorat très étendu et très subtil. Sans nier complètement le sens de l'olfaction chez les Vautours, diverses expériences ont démontré qu'ils sont guidés dans la recherche de leur pâture moins par l'odorat que par la vue. Comme ils se tiennent ordinairement rapprochés entre eux par troupes explorant de tous côtés les pays au-dessous desquels ils planent, lorsqu'il arrive à l'un d'eux de découvrir un cadavre, il s'y précipite, et les autres, avertis par ses mouvements, arrivent aussitôt de toutes parts. Une autre erreur, selon Audubon, est de croire que les Vautours préfèrent la chair corrompue à la chair fraîche. Lorsqu'ils ont le choix, c'est sur les animaux fraîchement abattus qu'ils se portent de préférence. Au lieu de vivre solitaires, comme les Rapaces qui se nourrissent de proies vivantes, les Vautours vivent par bandes. Ils établissent leur aire dans les crevasses et dans les parties saillantes des rochers les plus escarpés et dans des positions le plus souvent inaccessibles. Le même couple niche plusieurs années de suite dans le même endroit. La ponte est ordinairement de deux œufs. Les petits naissent couverts d'un duvet lanugineux et sont pendant fort longtemps nourris dans le nid. Le père et la mère remplissent leur jabot de la nourriture qu'ils leur destinent et la dégorgent devant eux. Les Vautours habitent toutes les contrées de la terre ; néanmoins ils sont beaucoup plus répandus dans les régions méridionales que dans celles du nord.

A. Les **Vautours** proprement dits (*Vultur*) ont le bec gros et fort, les narines obliquement percées en dessus, la tête et le cou sans plumes et sans caroncules, et un collier de longues plumes ou de duvet au bas du cou. Toutes les espèces de cette tribu appartiennent à l'ancien monde. Nous en nommerons deux seulement. Le *V. fauve* (*V. fulvus*) (Fig. 1), décrit par Buffon sous le nom de *Percnoptère*, est d'un gris brun tirant sur le fauve. Le duvet de la tête et du cou est cendré, le collier blanc quelquefois mêlé de brun ; les pennes des ailes et de la queue sont brunes, le bec et les pieds plombés, le ventre de l'adulte blanc. Cette espèce, dont le corps égale et surpasse celui du Cygne, se rencontre sur les montagnes de tout l'ancien continent. Le *V. brun* (*V. cinereus*), appelé également *V. arian, V. noir, V. cendré*, etc.,

est d'un brun noirâtre, et son collier remonte obliquement jusque vers l'occiput. Il est encore plus grand que le précédent, et il attaque assez souvent des animaux vivants. Il habite tous les pays qui bordent la Méditerranée.

B. Les *Sarcoramphes* (*Sarcoramphus*) ont le bec droit et robuste, renflé vers l'extrémité ; les narines oblongues, situées vers l'origine de la cire, qui est garnie autour du bec ou à la base de caroncules charnues très épaisses, diversement découpées et surmontant le front et la tête. Celle-ci et le cou sont nus ou garnis seulement de poils très rares. Les deux espèces qui forment cette tribu appartiennent au nouveau monde. Le *Sarcoramphes papa*, ou *Roi des vautours*, appelé aussi *Corbeau blanc*, est grand comme une Oie, noirâtre dans le

Fig. 2.

premier âge, puis varié de noir et de fauve ; enfin la quatrième année, il a le manteau fauve, les pennes et le collier noirs. Sa caroncule est dentelée comme une crête de coq. Son nom lui vient de ce que les Urubus lui cèdent la place lorsqu'il se jette sur un cadavre qu'ils ont commencé à dévorer. Le *Condor*, ou *Grand V. des Andes* (*V. gryphus*), est remarquable par un beau collier composé d'un épais duvet d'un blanc pur qui tranche avec le noir bleu du plumage. Sa taille, que les voyageurs ont beaucoup exagérée, n'excède guère 1m,30 de longueur et 3m,90 à 4m,20 d'envergure. Le mâle, outre sa caroncule supérieure, qui est grande et sans dentelures, en a une sous le bec comme un Coq (Fig. 2) ; la femelle est dépourvue de caroncules. Cet oiseau demeure habituellement dans la Cordillère des Andes, immédiatement au-dessous de la limite des neiges éternelles, d'où il descend dans les vallées et dans les plaines pour chercher sa nourriture, qui consiste en cadavres de grands mammifères.

C. Les *Cathartes*, ou *Gallinazes* (*Cathartes*) ont le gros bec des Sarcoramphes, avec les narines ovales et longitudinales. Leur tête et leur cou sont dénués de plumes ; mais ils n'ont point de crêtes charnues. Nous nous contenterons de citer le *Cath. vautourin* (*V. californianus*), dont le plumage est brun, et qui approche du Condor par la taille. Cette espèce habite la Nouvelle-Californie.

D. Les *Percnoptères* (*Percnopterus*) [Fig. 3], ont le bec grêle, long, très crochu à l'extrémité, les narines longitudinales, la tête nue et le cou emplumé. Leur taille est médiocre et ils n'approchent point, par la force, des autres Vautours. Ils vivent de charognes et de toute espèce d'immondices; aussi se tiennent-ils près des lieux habités. Le *Percn. d'Égypte* (*V. Percnopterus*), vulg. appelé *Poule de Pharaon* en Égypte est grand comme un Corbeau. Il a la gorge et les joues nues.

Fig. 3.

Le mâle adulte a le plumage blanc, sauf les pennes des ailes, qui sont noires; au contraire, le jeune et la femelle ont le plumage brun. Les anciens Égyptiens respectaient cet oiseau à cause des services qu'il leur rendait en dévorant les charognes et les autres immondices qui, en se corrompant, infectaient l'air. Aujourd'hui encore on ne leur fait aucun mal. On trouve, dans les parties chaudes et tempérées de l'Amérique, une espèce voisine de la précédente, à laquelle on donne le nom d'*Urubu* (*Vaut. jota*). Cet oiseau a la taille et la forme du Percnoptère, le corps entier d'un noir brillant, et la tête entièrement nue. C'est sur les Urubus que les habitants du Mexique et d'autres contrées de l'Amérique se reposent du soin de débarrasser leurs villes des immondices qui, sans ces oiseaux, les rendraient inhabitables.

E. La tribu des *Gypaètes* (*Gypaetus*) ne comprend qu'une seule espèce, qui fait la transition entre la famille des Vautours et celle des Aigles. Cet oiseau, que l'on désigne sous le nom de *Gypaète* ou *Griffon barbu*, habite les plus hautes montagnes de l'ancien continent. Les Grecs l'ont mentionné sous le nom de *Phène*, et les Romains sous celui d'*Ossifraga*. Buffon le nomme *Vautour doré*; mais, dans les Alpes suisses,

on l'appelle *Lœmmergeyer*, c.-à-d. *Vautour des agneaux*. Le Gypaète (Fig. 4), se rapproche des Vautours par ses yeux petits et à fleur de tête, par ses serres proportionnellement faibles, et par son jabot bâillant au bord du cou dans l'état de plénitude, mais sa tête est entièrement couverte de plumes. Il a en outre le bec très fort, droit, crochu au bout, renflé sur le crochet; les narines recouvertes par des soies raides dirigées en avant, et les tarses courts et emplumés jusqu'aux doigts. C'est le plus grand des oiseaux de proie de l'ancien continent. Sa taille est de 1ᵐ,47, et il a jusqu'à 2ᵐ,92 et 3ᵐ,24 d'envergure. A l'état adulte, son manteau est noirâtre avec une ligne blanche sur le milieu de chaque plume. Son cou, ainsi que tout le dessous de son corps, est d'un fauve clair et brillant, et une bande noire entoure sa tête. Le Gypaète a les ongles mal organisés pour enlever sa proie; mais il se sert de sa force pour terrasser les ruminants qui lui servent de nourriture, tels que les chamois, les bouquetins, les agneaux, les veaux. Doué d'autant de ruse que de vigueur, il épie le moment où un de ces animaux est sur le bord d'un précipice. Alors tombant sur lui de tout son poids, il le frappe de la poitrine ou le heurte de l'aile, le précipite et l'achève quand il est abattu. Ce n'est que lorsque la chair vivante lui fait défaut qu'il se rabat sur les animaux morts.

Fig. 4.

Le Gypaète ne quitte guère le voisinage des neiges éternelles; il est rare qu'il descende dans les pays plat. On voit parfois plusieurs individus réunis sur la cime de nos Alpes; mais d'ordinaire ils y vivent isolément par paires.

F. Les *Gypohierax* sont des oiseaux de proie qui se rapprochent plutôt des Pygargues que des Vautours. Le type et l'unique espèce de cette tribu est le *Vautour d'Angola* (*Gyp. angolensis*) qui a la taille d'une buse et porte un plumage blanc avec des taches noires sur les épaules, le bout des ailes et la queue; il habite toute la côte d'Afrique depuis la Sénégambie jusqu'à Angola; on le trouve aussi dans le Zanzibar.

VAUTRAIT. s. m. [Pr. *vo-trè*] (R. *vautre*). T. Vénerie. Équipage de chasse pour le sanglier. *Capitaine du v. Toiles du v.*

VAUTRE. s. m. (orig. celt.). Chien qui chasse le sanglier, les bêtes noires.

VAUTRER (SE). v. pron. (R. *vautre*). S'étendre, se rouler. *Le sanglier, le cochon se vautrent dans la fange. Se v. sur un lit, sur l'herbe.* || *Se v. sur un canapé*, s'y étendre de tout de son long. || Fig., *Se v. dans le vice, dans la débauche, dans les voluptés*, S'y abandonner entièrement. = Vautré, ée. part.

VAUVENARGUES. (Marquis de), moraliste français, auteur de maximes (1715-1747).

VAUVERT, ch.-l. de c. (Gard), arr. de Nîmes; 4,300 hab.

VAUVERT, château bâti par Philippe le Bel, au delà de la barrière d'Enfer, près Paris, et qui fut abandonné après la mort de ce roi : il devint alors le repaire d'une bande de brigands qui répandit la terreur dans le voisinage. De là sont venues les locutions *aller au diable-vauvert*, pour exprimer une excursion longue et périlleuse, et *envoyer au diable-vauvert*, pour exprimer qu'on veut se débarrasser de quelqu'un sans aucun ménagement. Ce château en ruines fut donné plus tard aux Chartreux et son emplacement fait partie du jardin du Luxembourg depuis l'an 1804.

VAUVILLERS. ch.-l. de c. (Haute-Saône), arr. de Lure; 1,100 hab.

VAUVILLIERS, helléniste et homme politique fr. (1737-1801).

VAUX, château à 3 kil. de Melun, construit en 1653 par Le Vau, pour le surintendant Fouquet, décoré par Ch. Lebrun et Mignard ; parc dessiné par Le Nôtre.

VAUX-DE-VIRE (Les), vallée de la Normandie, près de Vire, célébrée par Olivier Basselin dans ses chansons ou *vaux-de-vire*.

VAVASSEUR. s. m. [Pr. *vava-seur*] (bas lat. *vassus*, *vassorum*, vassal des vassaux). T. Féod. Arrière-vassal. Voy. FÉODALITÉ.

VAYRAC, ch.-l. de c. (Lot), arr. de Gourdon ; 1,800 hab.

VAYVODE. s. m. [Pr. *vè-vode*] (slave, *woina*, guerre ; *woda*, chef). Titre qui se donnait autrefois aux souverains de la Moldavie, de la Valachie et de la Transylvanie, ainsi qu'aux gouverneurs de province en Pologne.

VAYVODIE s. f. [Pr. *vè-vodi*]. Gouvernement d'un vayvode.

VEAU. s. m. [Pr. *vo*] (lat. *vitellus*, dimin. de *vitulus*, m. s.). Le petit de la vache. *Un v. gras. Un v. mort-né.* — *V. de lait*, Veau qui tette encore sa mère. *Veaux de rivière*, Veaux qu'on engraisse d'une façon particulière, aux environs de Rouen. *V.-marin*. Nom donné vulgairement à certaines espèces de *Phoques*. Voy. PINNIPÈDES. || Se dit d'un v. qu'on a mis en quartiers à la boucherie, et de la chair du v. *Longe de v. Tête de v. V. rôti. Ce v. est bien tendre.* — *Eau de v.*, Eau dans laquelle on a fait bouillir, sans sel, un morceau de v. || Se dit encore du cuir de v. *Des souliers de v. Des livres reliés en v. fauve.* || Fam., *S'étendre comme un v.*, *faire le v.*, se dit d'un homme qui s'étend nonchalamment. *Pleurer comme un v.*, Pleurer immodérément. — Fig. et fam., *Tuer le v. gras*, Faire quelque gala, quelque régal, quelque fête extraordinaire, pour marquer la joie qu'on a du retour de quelqu'un. — Fig., *Adorer le v. d'or*, *plier les genoux devant le v. d'or*, Faire la cour à ceux qui n'ont d'autres mérite que leurs richesses, leur pouvoir, etc. *Faire le pied de v.*, Témoigner à quelqu'un une complaisance basse ou faire auprès de lui une démarche servile.

VECELLIO, nom de famille du Titien.

VECTEUR ou **VECTRICE.** adj. (lat. *vector*, m. s., de *vehere*, porter). T. Géom. Qui entraîne, qui conduit. *Rayon v.*, et subst., *Un v.* Voy. plus bas.

Géom. — Un *vecteur* est un segment de droite qu'on suppose parcouru dans un certain sens et qu'on n'envisage que par rapport à sa longueur et à sa direction, sans avoir égard à sa position. C'est en cela que le *v.* diffère du *segment* qui a une position déterminée, tandis que deux vecteurs parallèles, de même longueur et de même sens sont considérés comme identiques ou *équivalents*. La considération des vecteurs sert de base, par l'intermédiaire du théorème dont nous allons parler, à la géométrie analytique et à la trigonométrie; elle est particulièrement utile à la mécanique où le v. correspond à une réalité concrète : L'axe d'un couple est un v. au sens propre du mot. Voy. STATIQUE. Une force n'est pas un v. parce que, s'il est permis de déplacer la force le long de sa ligne d'action, il n'est pas permis de la déplacer parallèlement à elle-même comme on peut le faire de l'axe d'un couple. On appelle *résultante* ou *somme géométrique* de plusieurs vecteurs, le v. défini de la manière suivante. Remarquons d'abord que tout v. ayant un sens déterminé présente une *origine* et une *extrémité* qu'il n'est pas possible

d'intervertir. On énonce un v. en disant d'abord la lettre qui désigne l'origine et ensuite celle qui désigne l'extrémité. Ainsi le v. AB n'est pas le même que le v. BA. Cela posé, plaçons les vecteurs donnés à la suite les uns des autres de manière que l'origine de chacun d'eux coïncide avec l'extrémité du précédent. La résultante est le v. qui a pour origine et pour extrémités respectives l'origine du premier et l'extrémité du dernier des vecteurs donnés. C'est en somme, la règle de composition des forces. Voy. FORCE. Nous démontrerons plus loin que la résultante de plusieurs vecteurs est indépendante de l'ordre dans lequel on les *compose*.

Pour mesurer les vecteurs qui ont la même direction, mais non pas nécessairement le même sens, il faut non seulement convenir de l'unité de longueur, mais encore choisir l'un des deux sens possibles pour sens *direct*. Alors tous les vecteurs qui seront de ce sens-là seront mesurés par des nombres positifs, et tous ceux qui sont de sens contraires par des nombres négatifs. L'unité de longueur est la même pour tous les vecteurs imaginables, mais il faut faire autant de conventions de sens qu'il y a de directions différentes dans la figure. Un v. de longueur égale à l'unité et de sens direct sera dit *l'unité positive* des vecteurs qui lui sont parallèles.

Théorie des projections sur un axe. — Un système de projections est défini par un axe $x'x$ et un plan P. La projection d'un point A sur cet axe est l'intersection avec l'axe d'un plan parallèle à P mené par le point A. Ce plan s'appelle le *plan projetant*. La projection d'un segment AB est le segment ab de l'axe $x'x$ qui a pour origine et pour extrémité respectives les projections a et b de l'origine A et de l'extrémité B du segment donné. Les propriétés les plus simples des droites parallèles montrent que deux segments égaux, parallèles et de même sens ont des projections égales et de même sens sur le même axe $x'x$. Si on fixe sur l'axe $x'x$ un sens positif, et qu'on mesure les deux projections, on trouvera le deux fois le même nombre positif ou négatif. Ce nombre s'appelle aussi, par abréviation, la projection de chacun des deux segments : ces deux segments ont donc la même projection; mais déplacer un segment parallèlement à lui-même, c'est le considérer comme un v. Donc tout v. a une projection bien déterminée. Un v. dont la projection est nulle est parallèle au plan projetant. Il en résulte que la condition nécessaire et suffisante pour qu'un v. soit nul, c'est que ses projections sur trois axes soient nulles, à condition toutefois que, dans les trois systèmes de projection, les plans de projection ne soient pas parallèles à une même droite, car, dans ces conditions, le v. ne saurait être parallèle aux trois plans projetant à la fois.

La projection de la résultante de plusieurs vecteurs sur un axe est égale à la somme algébrique des projections des vecteurs composants sur le même axe. — En effet

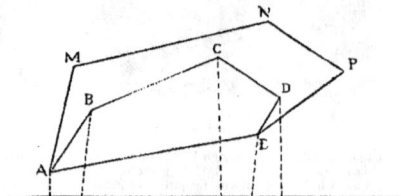

(Fig.) les projections des vecteurs AB, BC, CD, DE forment sur l'axe $x'x$ quatre segments successifs ab, bc, cd, dc, dont la somme algébrique est bien le segment ac, projection de AE. Voy. SEGMENT.

On déduit immédiatement de ce théorème que la condition nécessaire et suffisante pour que deux vecteurs soient équivalents est que leurs projections soient égales dans trois systèmes différents. Considérons en effet les deux vecteurs AB, A'B'. Retournons le second : B'A'. Alors, d'après l'hypothèse, les deux vecteurs AB et B'A' auront des projections de même valeur absolue, mais de signes contraires, dont la somme sera nulle. C'est donc que la résultante de AB et B'A' a une projection nulle dans trois systèmes. Donc cette résultante est nulle, ce qui veut dire que les deux vecteurs AB et B'A' sont égaux, parallèles et de sens contraire. Alors AB et A'B' sont équivalents. De là résulte le théorème annoncé plus haut que la résultante de plusieurs vecteurs est indépendante de l'ordre dans lequel on les compose, puisque, quel que soit cet ordre, la projection de la résultante ne change pas.

Si la résultante de plusieurs vecteurs est *nulle*, le contour formé par les vecteurs observés est *fermé*; alors la somme algébrique de leurs projections sera nulle. On dit en abrégé que *la projection d'un contour polygonal fermé est nulle*. Si deux suites de vecteurs ont la même résultante, cela veut dire qu'en plaçant bout à bout ceux de la première suite, puis ceux de la deuxième suite, ou commençant les deux fois au même point, on obtiendra deux contours ayant même origine et même extrémité. La somme des projections des éléments du premier contour est égale à la somme des projections des éléments du second. On dit en abrégé que *deux contours polygonaux qui ont même origine et même extrémité ont la même projection*. C'est généralement sous cette forme qu'on applique le théorème, et l'on dit que l'on projette les deux chemins. Par ex., si l'on désigne les projections par des parenthèses de manière que (AB) désigne la projection de AB, on aura (Fig. ci-contre) l'équation :

$$(AB) + (BC) + (CD) + (DE) = (AM) + (MN) + (NP) + (PE).$$

Cependant, pour que les équations ainsi obtenues soient de quelque utilité, il faut pouvoir mesurer les projections. On y arrive aisément de la manière suivante. Deux vecteurs parallèles peuvent être placés sur la même droite. Alors l'une des propriétés les plus simples des plans parallèles montre que : *deux vecteurs parallèles sont proportionnels à leurs projections sur un même axe*, l'égalité des deux rapports devant être comprise en grandeur et en signe. Si UV désigne le v. parallèle au v. donné AB est égal à $+1$, on aura donc :

$$\frac{(AB)}{(UV)} = \frac{AB}{UV}, \quad \text{ou, puisque } UV = +1 :$$

$$(AB) = AB \,(UV),$$

c.-à-d. que la *projection d'un v. est égale au nombre algébrique qui mesure ce v. multiplié par la projection de l'unité positive du v. sur le même axe*.

Ce théorème permet de transformer en équation numérique l'égalité fournie par le théorème précédent.

Les projections sont dites *orthogonales* quand les plans projetants sont perpendiculaires à l'axe de projection. Dans ce cas, la projection d'un segment égal à 1 est le cosinus de l'angle que fait la direction de ce segment avec la direction positive de l'axe. Voy. Trigonométrie. Donc :

La projection orthogonale d'un v. sur un axe est égale au nombre algébrique qui mesure ce v. multiplié par le cosinus de l'angle que fait la direction positive de l'axe avec une demi-droite parallèle au v. et dirigée dans le sens positif.

On trouvera au mot Trigonométrie une application importante de cette théorie, qui est la base sur laquelle repose l'établissement des formules de la trigonométrie et de la géométrie analytique. Cette dernière, qui n'est que l'étude de la géométrie par les procédés algébriques, n'emprunte à la géométrie élémentaire que les propriétés les plus simples du premier et du cinquième livre sur lesquelles repose la théorie des projections.

VÉDA. s. m. (mot sanscr. sign. proprement science). T. Hist. litt. Les Védas sont les livres sacrés des Hindous. Il y en a quatre : le *Rig-Véda*, ou livre des hymnes; le *Yadjour-Véda* (blanc et noir); le *Sâma-Véda* et l'*Atharvan-Véda*. Le *Rig-Véda* est le plus ancien des livres hindous que nous connaissions; il remonte à l'époque où les Aryens, venus du Nord, pénétrèrent dans l'Inde et en firent la conquête : c'est un recueil d'hymnes adressées surtout à *Agni*, dieu du feu, et à *Indra*, dieu de l'air et du tonnerre, vainqueur des Titans et de leur chef Vrita. On y trouve la trace de l'inquiétude des émigrants dans ce pays nouveau et surtout la terreur de la nuit, des ténèbres, des bêtes fauves, des ennemis cachés dans l'ombre des forêts. Le *Yadjour-Véda* est un rituel qui contient des formules propres à être récitées pendant les sacrifices. Le *Sâma-Véda* n'est qu'un extrait des deux premiers. Enfin l'*Atharvan-Véda*, beaucoup plus récent que les trois autres, contient des formules d'incantation et d'exorcisme. Il est d'une époque où les Brahmanes font déjà sentir leur autorité despotique, et où le régime des castes, inconnu au Rig-Véda, est définitivement installé après l'asservissement des anciens habitants du pays. Voy. Brahmanisme, Caste.

VEDETTE. s. f. [Pr. *vedè-te*] (ital. *vedetta*, m. s., de vedere, voir, du lat. *videre*, m. s.). Sentinelle de cavalerie. *Une v. avancée. Poser des vedettes.* — *Être en v., mettre en v.*, Être ou mettre un cavalier en fonction de v. ‖ Se dit aussi de petites guérites ou tourelles qui sont placées sur un rempart, et dans lesquelles les sentinelles peuvent se retirer. ‖ Dans une lettre, *Vedette* est la place du titre de la personne à qui l'on écrit, détaché et mis seul au-dessus de la première ligne de la lettre. *Écrivez* Monsieur *en v., et non pas à la ligne.* ‖ *Mettre en v.* le nom de quelqu'un, imprimer son nom sur une affiche, sur une proclamation ce nom en caractères plus gros, qui attirent le regard. — *Avoir les honneurs de la v.*, se dit d'un artiste dont le nom est imprimé en v. sur une affiche théâtrale.

VÉGA. (arabe *ouaki*, tombant). Nom de l'une des plus brillantes étoiles du ciel, α de la Lyre. Voy. Constellation.

VÉGA. Voy. Lope de Véga.

VÉGÈCE (Flavius), écrivain lat. du IVᵉ siècle après J.-C., auteur d'un *Traité de l'Art militaire*.

VÉGÉTABLE. adj. 2 g. Qui végète, qui peut végéter. *Les corps végétables.* Peu us.

VÉGÉTAL. s. m. (lat. *vegetabilis*, de *vegere*, pousser). T. Bot. Les *Végétaux* sont des êtres vivants, généralement pourvus de chlorophylle et pouvant, sous la double influence de cette chlorophylle et de la lumière, fabriquer, au moyen des substances minérales contenues dans l'air et dans le sol, les substances ternaires (glucose, amidon, cellulose, etc.), dont leur corps est constitué. En outre, les végétaux sont dépourvus d'organes des sens, d'organes nerveux et généralement d'organes de mouvement. Les animaux au contraire sont dépourvus de chlorophylle, incapables par conséquent de fabriquer leurs aliments qu'ils sont obligés d'emprunter tout formés aux végétaux, soit directement, soit indirectement; en outre, ils possèdent des organes des sens, des organes nerveux et des organes de mouvement.

Mais ces différences entre les animaux et les végétaux n'ont pas une valeur absolue, et si l'on compare les animaux et les végétaux inférieurs, elles disparaissent entièrement. L'existence de la matière verte n'est pas générale chez les végétaux, et d'autre part un certain nombre d'animaux contiennent de la chlorophylle et se comportent sans doute, au point de vue de la nutrition, comme des végétaux. La présence des sensations n'est pas un meilleur caractère différentiel, car les appareils sensoriels manquent chez beaucoup de Cœlentérés et chez les Protozoaires. Une seule propriété persiste, c'est la motilité; mais cette propriété s'observe aussi chez les végétaux, puisque les cellules reproductrices d'un grand nombre de Cryptogames, Algues, Mousses, Fougères, etc., sont douées de motilité.

En résumé, il n'existe pas à proprement parler un règne animal et un règne végétal distincts, mais un seul groupe d'êtres vivants, un *Règne organique*, comprenant deux séries divergentes d'êtres, reliées l'une à l'autre par de nombreux intermédiaires, et présentant un certain nombre de phénomènes communs. Voy. Animal, Botanique, Règne, Vie.

VÉGÉTAL, ALE. adj. Qui appartient, qui a rapport aux végétaux; ou qui en provient, qui en est tiré. *Le règne v. Matières, substances végétales. Sel v. Rouge v.* ‖ *Terre végétale*, l'humus.

VÉGÉTALINE. s. f. (R. *végétal*). Nom donné au beurre de cacao. Voy. Palmier.

VÉGÉTANT, ANTE. adj. (part. prés. de *végéter*). Qui se nourrit et s'accroît au moyen de matériaux puisés dans la terre et dans l'air atmosphérique.

VÉGÉTARIEN, ENNE. adj. [Pr. *végétari-in, iène*] (R. *végétal*). Adepte du végétarianisme.

VÉGÉTARIANISME. s. m. (R. *végétarien*). Doctrine diététique qui exclut de l'alimentation la chair des animaux. Les hommes qui ne se nourrissent que de matières végétales sont nombreux à la surface de la terre. Il nous suffira de citer les Indiens à qui leur religion défend toute nourriture animale, et les classes pauvres de la Chine qui vivent exclusivement de riz. L'explorateur Mizon a raconté à l'auleur de ces lignes comment se nourrissait la population de toute une région de la Chine. Il y a dans chaque habitation une sorte de tonneau qu'on emplit de riz cuit à l'eau avec du sel; on y ajoute un petit poisson pourri pour donner du goût. Si quelqu'un a faim, il puise dans le tonneau une poignée de riz et la mange. On ne fait pas d'autre repas. Il ne semble pas que les peuples soumis au régime exclusivement végétal se soient jamais fait remarquer par leur vigueur physique ou intellectuelle. Cependant, il s'est trouvé à toutes les époques, et particulièrement à la fin du XIXᵉ siècle, des médecins qui ont recommandé comme régime diététique l'abstention de la chair de tout animal. Au reste, les doctrines végétariennes ont varié dans leurs détails et ont été quelquefois poussées à des exagérations au moins bizarres. C'est ainsi que certains préconisent l'usage exclusif des légumes verts, d'autres celui des fruits, etc. La théorie la plus raisonnable a été formulée par le Dʳ Bonnejoy, du Vexin. Suivant ce physiologiste, les mots végétarien et v. ne viendraient pas de végétal, mais du latin vegetus qui veut dire, bien développé, fort. Le v. est donc le régime diététique qui doit assurer la nutrition dans les meilleures conditions. Or, la nature elle-même a pris soin d'accumuler dans certains tissus des végétaux et des animaux, des réserves nutritives destinées à la consommation des embryons et des jeunes sujets. Ces réserves constituent les aliments les plus facilement assimilables, complètement exempts de substances nocives; c'est d'elles que l'homme doit tirer exclusivement sa nourriture, et cela lui est d'autant plus facile que la culture des végétaux et l'élevage de certains animaux lui ont permis d'augmenter dans des proportions considérables la production de ces matières particulières. Ainsi le Dʳ Bonnejoy ne proscrit pas toute nourriture tirée du règne animal: il exclut seulement la chair proprement dite, le muscle, et recommande au contraire les œufs, le laitage, la graisse qui sont bien des matières de réserve. Dans le règne végétal, les parties vertes sont peu nourrissantes; c'est la fécule accumulée dans les graines, les racines ou parfois même les inflorescences (choux-fleurs) qui doit servir de base à l'alimentation. Quant au muscle animal, il le considère comme un produit peu propre à la nutrition, d'abord parce que son rôle, dans l'économie animale, n'est pas de servir de nourriture, mais bien de remplir une fonction bien déterminée, et ensuite parce qu'il contient des substances véritablement nocives, et qui, à la suite d'une altération minime, peuvent même se transformer en ptomaïnes toxiques. La viande contient un principe, la créatine, qui n'est pas un aliment, mais qui, paraît-il, jouit de propriétés excitantes analogues à celles de la caféine. Voy. Viande. Ce serait même la présence de cette substance excitante qui expliquerait le goût des hommes pour la viande, car on sait que dans tous les temps et dans tous les pays l'humanité a montré un penchant manifeste pour toutes les substances qui agissent plus ou moins violemment sur le système nerveux: alcool, café, thé, opium, etc. Mais l'usage des excitants est dangereux et il est bien préférable de s'en abstenir complètement. De plus cet usage produit le désir d'augmenter constamment la dose quotidienne: un excitant en appelle un autre, et les mangeurs de viande sont prédisposés à l'alcoolisme, tandis que, d'après le Dʳ Bonnejoy, ceux qui voudront bien se soumettre à son régime végétarien perdront le goût de l'alcool et renoncent d'eux-mêmes et sans effort à l'habitude du petit verre après le repas. Cependant le Dʳ Bonnejoy ne défend pas complètement l'alcool: s'il proscrit absolument les liqueurs distillées, il permet l'usage modéré du bon vin naturel, de préférence coupé d'eau.

Il ne paraît pas que cette théorie, du reste vraisemblable, ait fait beaucoup d'adeptes dans notre pays. On peut lui objecter, d'une part que la chair des animaux terrestres ou marins est véritablement, quoi qu'on en dise, un aliment au sens propre du mot, puisque les animaux carnassiers sont bien plus nombreux que ceux qui vivent exclusivement de produits végétaux, et d'autre part, que la conformation de notre système dentaire semble indiquer que nous sommes destinés à un régime mixte, dans lequel la présence des dents canines marque la place de la viande. Quoi qu'il en soit, en cela, comme en beaucoup d'autres choses, la vérité paraît être dans une mesure bien comprise. L'usage exagéré de la viande est mauvais par l'accumulation intempestive des matières azotées qui est une source de maladies graves. Mais il n'est pas prouvé que l'abstention complète de cette sorte d'aliment soit préférable à un régime qui l'admet en proportion modérée; cependant, en fait, la mesure semble souvent dépassée. On mange trop de viande à Paris, et, surtout, on en fait trop manger aux enfants.

VÉGÉTATIF, IVE. adj. (lat. vegetativus, m. s., de vegetare, végéter). Principe v., Ame végétative. Vie végétative. Principe, etc., qui préside aux fonctions physiologiques des plantes, et, en parlant des animaux, qui préside aux fonctions que les animaux ont en commun avec les végétaux. || Êtres végétatifs, Ceux qui n'ont que les fonctions propres aux plantes. || Éléments, tissus végétatifs, Ceux qui, chez les animaux, servent aux fonctions de la vie végétative.

VÉGÉTATION. s. f. [Pr. véjéta-sion] (bas lat. vegetatio, m. s.). Action de végéter. V. faible, vigoureuse, rapide, languissante. || Se dit collectivement des arbres et des plantes. La v. est magnifique dans cette vallée. Voy. Nutrition, II. || T. Méd. Se dit de toute production charnue qui s'élève à la surface d'une plaie ou d'un organe. Voy. Excroissance.

VÉGÉTER. v. n. (bas lat. vegetare, m. s., de vegere, croître). Au prop., se dit des plantes, et sign. se nourrir et croître. Pour les plantes, v. c'est vivre. || Fig., Vivre dans l'inaction ou dans une situation gênée ou obscure. Un petit emploi le fait v. lui et sa nombreuse famille Il végétera toujours dans l'obscurité. Ne faire plus que v. N'avoir presque plus l'usage de ses facultés intellectuelles.

VÉGÉTO-MINÉRALE. adj. f. T. Pharm. Eau v.-minérale. Solution étendue de sous-acétate de plomb.

VÉHÉMENCE. s. f. [Pr. vé-é-manse] (lat. vehementia, m. s., de vehere, porter). Impétuosité, mouvement fort et rapide. Le vent souffle avec v. La v. des vents, des flots. Parler, agir avec v. La v. de ses gestes. La v. de ses passions, de sa colère, de son amour. La v. de ses désirs. || Cet orateur a de la v., Il a une éloquence mâle, vigoureuse, accompagnée d'une action vive.

VÉHÉMENT, ENTE. adj. [Pr. vé-é-man, mante] (lat. vehemens, m. s., de vehere, porter). Impétueux, qui se porte avec ardeur, avec impétuosité à tout ce qu'il fait Esprit v. Passion véhémente. Action véhémente. Ton v. Colère véhémente. || Orateur v., Orateur qui a une éloquence forte et entraînante. Discours v., Discours plein de chaleur, de force, et de rapidité. On dit de même, Éloquence véhémente. ⸗ Syn. Voy. Impétueux.

VÉHÉMENTEMENT. adv. [Pr. vé-é-mante-man]. D'une manière véhémente. || Très fort; ne se dit qu'avec le verbe Soupçonner. Je le soupçonne v. d'avoir fait ce mauvais coup. Il est v. soupçonné d'avoir trempé dans le crime.

VÉHICULE. s. m. (lat. vehiculum, m. s., de vehere, porter). Ce qui sert à conduire, à transmettre. Se dit de toute espèce de voiture, brouette, chariot, etc. — Se dit aussi des vaisseaux et canaux. L'air est le v. du son. Les artères et les veines sont les véhicules du sang. || Se dit encore d'un liquide qui sert à dissoudre ou à tenir en suspension quelque autre substance. Le vin est un bon v. pour le quinquina. La glycérine est un excellent v. pour l'étude de certains éléments anatomiques. || Fig., Ce qui prépare l'esprit à quelque chose. Cette offre, cette espérance servira de v. à la proposition que vous devez lui faire.

VEHME. s. f. (all. fehm, tribunal secret. T. Hist. Au moyen âge, après l'établissement du système féodal, il se forma dans une partie de l'Allemagne des tribunaux secrets qui furent désignés sous le nom de Cours ou Tribunaux véhmiques (en vieil allemand fehmgericht, tribunal pénal), et dont les membres prirent sur eux de faire respecter les lois de la justice par une population et surtout par une noblesse qui ne connaissaient que le droit de la force. Les initiés de cette association secrète, qu'on appelait le Sainte-Vehme (vervehmi), se liaient entre eux par les serments les plus terribles. Ils se donnaient à eux-mêmes les noms de Francs-juges ou Francs-échevins (freischeffen), et se réunissaient le plus souvent la nuit dans une forêt ou dans un souterrain. Le nom du plaignant restait inconnu. Un des francs-juges se portait accusateur, et pour toute preuve n'avait besoin que d'attester sous serment, avec 6 de ses collègues, la culpabilité de l'accusé. Alors celui-ci était cité à comparaître par une sommation clouée de nuit à la porte de sa maison. S'il se présentait, il ne pouvait se purger de l'accusation que par le serment de 21 témoins. Condamné, il était immédiatement mis à mort. Si, à la troisième sommation, l'accusé ne se présentait pas, il était mis au ban de la Sainte-Vehme et abandonné aux francs-juges. Dès cet instant, tout initié avait le droit d'exécuter la sentence. C'est à la fin du XII° siècle que les historiens allemands font remonter l'origine de la Sainte-Vehme. Elle s'organisa d'abord en Westphalie, puis son réseau s'étendit bientôt sur toute l'Allemagne. A la fin du XII° siècle, le nombre des initiés s'élevait, dit-on, à près de 100,000. Ainsi qu'il est facile de le concevoir, si, dans le principe, la Sainte-Vehme put rendre quelque service à la population en faisant trembler les tyrans féodaux et les malfaiteurs, dont le nombre devient toujours d'autant plus considérable que l'administration de la justice est plus défectueuse, cette institution, aussitôt que la justice régulière s'organisa d'une manière rationnelle, dut devenir odieuse à la fois aux peuples et aux gouvernements, par sa procédure arbitraire et secrète. Dès 1461, les villes et les princes allemands formèrent une association pour résister aux francs-juges et pour faire rendre la justice équitablement et au grand jour. Les empereurs firent aussi tous leurs efforts pour détruire la Sainte-Vehme. Enfin, la paix publique de 1495 et la constitution criminelle de Charles-Quint ayant établi sur de nouvelles bases l'administration de la justice en Allemagne, les tribunaux vehmiques perdirent leur influence, et le dernier siégea, dit-on, près de Celle, en 1568.

VEHMIQUE. adj. 2 g. T. Hist. Qui a rapport à la Sainte-Vehme. *Tribunal v. Juge v.*

VÉIES, anc. v. de l'Étrurie, prise par Camille après un siège de dix ans (405-395 av. J.-C.).

VEILLE. s. f. [Pr. vè-*lle*, *ll* mouillés] (lat. *vigilia*, m. s., de *vigil*, celui qui veille). Privation ou absence de sommeil pendant le temps destiné à dormir. *Courte v. Longue v.* Au pl., *Les longues veilles, les veilles continuelles altèrent la santé.* — *L'état de v.,* l'état pendant lequel les sens externes sont en action ; par opposition à *État de sommeil.* Celui dans lequel tout est suspendue. *Être entre la v. et le sommeil,* N'être ni tout à fait éveillé, ni tout à fait endormi. — *Lit de v.* Voy. LIT. — *La v. ou veillée des armes.* Voy. CHEVALERIE, IV. ǁ Garde qui se fait pendant la nuit.

Les veilles cesseront au sommet de nos tours.

MALHERBE.

ǁ T. Mar. *Ancre de v.,* ancre qu'on tient prête à être lancée en cas de besoin. ǁ Réunion du soir dans les villages, où l'on travaille en causant. ǁ *Veilles,* au plur., se dit fig. de la grande et longue application qu'on donne à l'étude, aux productions de l'esprit, ou aux grandes affaires. *Ses doctes veilles. Veilles pénibles. Il consacre ses veilles à la philosophie.* ǁ Par extension, Le jour précédent. *La v. de Pâques. La v. de Noël. J'arrivai la v. de son départ.* — Fig., *Être à la v. de,* Être sur le point de. *Nous sommes à la v. d'un grand événement, à la v. de voir de grandes choses. Il est à la v. de sa ruine.* ǁ Chez les anciens Romains, chacune des quatre parties qui composaient la nuit. *La première v. commençait à six heures du soir, la seconde à neuf, etc.*

VEILLÉE. s. f. [Pr. vè-*llé*, *ll* mouillés] (part. pass. de *veiller*). Veille que plusieurs personnes font ensemble ; ne se dit guère que des assemblées que les paysans ou les artisans font le soir pour travailler ensemble en causant. *Aller tous les soirs à la v. Les veillées sont longues en hiver. Les contes de la v.* ǁ L'action de garder un malade ou un mort pendant la nuit. *Il est dû à cette garde tant de veillées.* ǁ *V. des armes.* Voy. CHEVALERIE, IV.

VEILLER. v. n. [Pr. vè-*ller*, *ll* mouillés] (lat. *vigilare*, m. s., de *vigil*, celui qui veille). S'abstenir de dormir pendant le temps destiné au sommeil. *J'ai veillé toute la nuit. V. auprès d'un malade.* — Absol., sign. ne pas dormir. *Soit que je dorme, soit que je veille. Je doute si je veille.* ǁ Fig., Prendre garde, appliquer ses soins, son attention à quelque chose. *V. au bien, au salut de l'État. On ne peut pas v. à tout.* ǁ Être de garde pendant la nuit.

Et la garde qui veille aux barrières du Louvre
N'en défend pas les rois.

MALHERBE.

ǁ *V. sur une personne, sur une chose,* prendre soin de sa sûreté, de sa conservation. *V. sur soi-même,* surveiller ses actes, ses pensées. ǁ T. Mar. *V. au grain,* surveiller un orage qui menace. ǁ Fig. Surveiller une situation périlleuse.

═ VEILLER. v. a. V. auprès de quelqu'un la nuit. *Il est fort mal, il faut que quelqu'un le veille. Deux prêtres veillent le mort,* Ils passent la nuit en prières auprès du corps. ǁ Fig., *V. quelqu'un,* Prendre garde à sa conduite. *C'est un homme qu'il faut v. Il faut le v. de près.* ǁ T. Fauconn. *V. un oiseau,* Empêcher un oiseau de dormir afin de le dresser ensuite plus aisément. ═ VEILLÉ, ÉE. part.

VEILLEUR, EUSE. s. m. [Pr. vè-*lleur, euze, ll* mouillés]. Celui, celle qui veille ; ne se dit guère que des prêtres, des religieux qui veillent un mort, ou d'individus préposés à certaine surveillance pendant la nuit.

VEILLEUSE. s. f. [Pr. vè-*lleu-ze, ll* mouillés] (R. *veiller*). Petite lampe qu'on laisse brûler pendant la nuit dans une chambre à coucher. *Allumez la v. La v. est éteinte.* ǁ La petite mèche portée sur une petite rondelle de liège qu'on fait brûler dans cette sorte de lampe. *Une boîte de veilleuses.*

VEILLOTTE. s. f. [Pr. vè-*llote, ll* mouillés]. T. Agric. Petit tas de foin séché qu'on forme sur le pré. — Petit tas de blé coupé.

VEINE. s. f. [Pr. vè-*ne*] (lat. *vena*, m. s.). Se dit des canaux par lesquels le sang venant des artères retourne au cœur. *Les veines lui enflent, lui grossissent. Il s'est rompu une v.* — T. Méd. *Ouvrir la v.,* Saigner. *On lui a ouvert la v.* ǁ Fig., *L'âge où le sang bouillonne dans les veines, où le sang est glacé dans les veines,* La jeunesse, la vieillesse. *Le sang lui bout dans les veines,* Voy. BOUILLIR. *N'avoir pas de sang, pas une goutte de sang dans les veines,* Voy. SANG. ǁ Fig., *V. poétique,* et absol., *Veine,* Le génie poétique, le talent pour la poésie. *Il a une v. noble et féconde. La douceur de sa v. Sa v. est tarie.* — Il est en v., Il est dans une disposition d'esprit favorable au travail de la poésie, de l'éloquence, des arts. ǁ T. Bot. Nervure secondaire peu saillante. ǁ T. Géol. *Veine,* se dit de certaines parties longues et étroites d'une roche qui est d'une autre nature, d'une autre couleur que celle qui est contiguë ; mais ce mot est plus usité dans le sens de Filon. *V. de sable. V. de glaise. V. de craie. V. d'or, d'argent, de plomb, de houille. V. riche, abondante.* — Fig., *Cet homme est tombé sur une bonne v.,* Il a rencontré heureusement. *Il est en v. de bonheur, Il sut profiter de la v.* ǁ Se dit encore des marques longues et étroites qui vont en serpentant dans le bois et dans les pierres dures. *C'est un bois qui est plein de veines. Ce marbre a des veines rouges.* ǁ *V. d'eau,* Petite source qui court sous terre. *Il y avait autrefois une v. d'eau en cet endroit, mais aujourd'hui elle est tarie.*

Anat. — Les *Veines* sont les vaisseaux qui ont pour fonction de ramener au cœur le sang que les artères ont distribué à toutes les parties du corps. Ce sang, qui a servi à la nutrition des organes, présente dans les veines une couleur noirâtre, et reçoit le nom de *sang veineux.* Les dernières ramifications veineuses se continuent avec les vaisseaux capillaires, et à mesure que les veines se réunissent entre elles, elles donnent naissance à des troncs de plus en plus volumineux. Les parois des veines sont moins épaisses que celles des artères ; néanmoins, de même que celles-ci, elles sont formées par plusieurs *tuniques* superposées, savoir : une *tunique externe* ou *celluleuse,* qui résulte de l'assemblage de fibres conjonctives ; une *tunique moyenne* formée de fibres élastiques et de fibres musculaires lisses disposées circulairement, et une *tunique interne,* qui est mince, transparente, de texture filamenteuse, très extensible et revêtue d'un épithélium pavimenteux nommé endothélium. Ces deux dernières tuniques forment de distance en distance des replis de forme parabolique, appelés *Valvules.* dont le bord libre est dirigé du côté du cœur, et qui empêchent que le sang ne rétrograde dans ces vaisseaux ; les valvules sont dépourvues de fibres musculaires, elles sont nombreuses aux veines des membres inférieurs. (La Fig. ci-dessus représente un tronçon d'une grosse v. qui a été ouvert pour montrer les valvules.)

L'ensemble des veines constitue ce qu'on nomme le *système veineux.* Toutefois on y distingue : le *système veineux général* qui commence dans tous les organes par des ramuscules fort ténus et qui finit dans le cœur par des veines coronaires et les deux *veines caves* ; et le *système veineux abdominal*, ou *système de la v. porte*. On donne encore le nom de *système veineux pulmonaire* aux vaisseaux qui amènent au cœur le sang qui s'est revivifié au contact de l'air dans les poumons ; par conséquent, les *veines pulmonaires* charrient du sang rouge, c.-à-d. du sang artériel. Les veines qui font partie du système veineux général forment deux plans, l'un qui accompagne les artères, *veines profondes*, l'autre qui est sous-cutané, *veines superficielles*, et dont on peut aisément voir la distribution sur ses propres membres surtout en y pratiquant une ligature. La plupart des veines sont paires, c.-à-d. qu'il existe une v. semblable de chaque côté de la ligne médiane du corps. Il y a exception seulement pour les grands troncs veineux, appelés *v. cave supérieure* et *v. cave inférieure*, qui aboutissent au cœur, pour le *tronc de la v. porte*, et pour une v. qui rampe au-devant de la colonne vertébrale, et qu'on nomme pour ce motif *azygos*, c.-à-d. impaire. Cette dernière v. va de la v. cave supérieure au-dessus du cœur, à un des points de la v. cave inférieure, à laquelle elle s'unit dans la partie inférieure de l'abdomen, soit directement, soit par l'intermédiaire d'une des veines lombaires. Les veines, comme les artères, tirent généralement leur nom des régions auxquelles elles appartiennent ; telles sont les veines *jugulaires*, *sous-clavières*, *iliaques*, *mésentériques*, *hépatiques*, *etc.* Plusieurs, cependant tirent leur nom de quelque circonstance particulière : telles sont la v. *azygos* que nous venons de citer ; la v. *porte*, ainsi appelée parce qu'elle porte au foie le sang des viscères abdominaux ; la v. *basilique*, que l'on voit au pli du bras, et qui doit son nom à l'effet héroïque que, suivant les anciens, produisait sa saignée ; la *saphène*, grosse v. du pied, qui fut ainsi nommée parce qu'elle est très apparente, etc. — La circulation du sang veineux de l'encéphale se fait par l'intermédiaire des *sinus*, sortes de canaux à forme prismatique et toujours béants, dépourvus de valvules et amenant leur contenu dans la v. jugulaire.

Physiol. — Voy. Circulation.

Pathol. — La *section* des veines par instrument piquant ou tranchant détermine parfois l'inflammation de la v. et plus souvent une hémorrhagie qui est en nappe et non en jet succédé comme dans les plaies des artères. La compression au moyen d'un tampon d'ouate aseptique suffit à arrêter l'hémorrhagie, mais la ligature peut être nécessaire. — Les blessures des grosses veines du cou sont dangereuses, car elles exposent à l'introduction de l'air dans les veines, accident qui peut causer la mort subite.

L'inflammation des veines a été décrite au mot Phlébite.

Physiq. — Filet liquide qui s'écoule d'une ouverture pratiquée dans un récipient ou d'un tube. Voy. Hydrodynamique, III.

VEINÉ, ÉE. adj. [Pr. vè-né]. Qui a des veines ; ne se dit guère que du bois, du marbre et de quelques pierres. *Bois v. Marbre v.*

VEINER. v. a. [Pr. vè-ner]. Imiter par des couleurs les veines du marbre ou du bois. = Veiné, ée. part.

VEINEUX, EUSE. adj. [Pr. vè-neu, euze]. Plein de veines. *Les blessures sont à craindre dans les parties veineuses. Le bois de noyer est très v.* || Qui a rapport aux veines. *Le sang v.*, les vaisseaux veineux, par opposition au sang et aux vaisseaux artériels.

VEINULE. s. f. [Pr. vè-nule] (lat. *venula*, m. s., dimin. de *vena*, veine). Petite veine.

VEIRAT. s. m. [Pr. vè-ra]. T. Icht. Un des noms vulgaires de *Maquereau*. Voy. Scombéroïdes, I.

VÉLABRE, quartier de l'ancienne Rome, de la rive gauche du Tibre au Forum.

VÉLAGE. s. m. Action d'une vache qui vèle.

VÉLANÈDE. s. f. (gr. βάλανος, gland, par l'intermédiaire d'une forme adjective βαλανίνης). T. Bot. Nom donné souvent au *Chêne Vélani.* Voy. Chêne. || T. Comm. Cupule du gland de ce chêne, employée pour le tannage des cuir.

VÉLAR. s. m. T. Bot. Genre de plantes Dicotylédones (*Erysimum*) de la famille des *Crucifères.* Voy. ce mot.

VELARIUM. s. m. [Pr. vélari-ome] (mot lat. dérivé de *velum*, voile). T. Antiq. Grand voile qu'on étendait au-dessus des théâtres et des amphithéâtres. Voy. Amphithéâtre et Théâtre, III.

VELASQUEZ (Diego), compagnon de Christophe Colomb dans son second voyage, soumit Cuba (1511), et chargea Fernand Cortez de conquérir le Mexique.

VELASQUEZ DE SILVA (Diego Rodriguez), grand peintre espagnol, né à Séville (1569-1660), jouit d'une grande faveur auprès du roi d'Espagne Philippe IV.

VÉLAUT. s. m. T. Vén. Cri du chasseur pour annoncer qu'il voit le sanglier, le loup, le renard ou le lièvre. Voy. Taïaut.

VELAY, pays de l'anc. France, dans le Languedoc, a formé une partie du dép. de la Haute-Loire ; ch.-l. le Puy.

VELAY (Monts du) et du **FOREZ**, rameau des Cévennes, entre la Loire et l'Allier.

VELCHE. s. m. (R. *Welsch*). Nom que se donnaient les Gaulois dans leur langue et d'où dérive le lat. Gallus par la substitution habituelle du *g* au *w*. Les Allemands ont donné le qualificatif de *wœlsch*, aux étrangers. Se dit fam., pour désigner un homme ignorant ou sans goût, un ennemi de la raison et des lumières. *Ce sont de véritables Velches. Il est malheureux pour un écrivain d'être jugé par des Velches.*

VELDE (VAN DEN), famille de peintres hollandais (XVIIe s.).

VÉLELLE. s. f. [Pr. vélè-le] (lat. *valella*, petite voile, dimin. de *velum*, voile). T. Zool. Espèce de *Cœlentéré.* Voy. Siphonophores.

VÈLEMENT. s. m. [Pr. vèle-man]. Action d'une vache qui vèle.

VÊLER. v. n. (vx fr. *veel*, veau, du lat. *vitulus*, m. s.). Se dit d'une vache qui met bas. *Cette vache n'a pas encore vêlé*

VELET. s. m. [Pr. ve-lè] T. Techn. Doublure blanche du voile de dessous des religieuses.

VÉLEZ-MALAGA, v. d'Espagne, à 25 kilomètres E. de Malaga ; 24,300 hab. Vin célèbre.

VÉLIN. s. et adj. m. (vx fr. *veel*, veau, du lat. *vitulus*, m. s.). T. Techn. Peau de veau préparée ou parchemin. Par ext. : papier uni. Voy. Parchemin et Papeterie.

VÉLIQUE. adj. 2 g. (lat. *velum*, voile). Qui a rapport aux voiles d'un navire *Centre v.* Point d'application de la résultante des actions exercées par le vent sur les voiles.

VÉLITE. s. m. (lat. *veles*, *velitis*, m. s., de même orig. que *velox*, rapide). T. Antiq. Soldat romain armé à la légère. Voy. Légion, III. || S'est dit aussi d'un corps de chasseurs qui avait été créé en France par Napoléon. *Les vélites de la garde.*

VELLÉDA, prophétesse gauloise, excita la révolte des Gaules contre Rome (69 ap. J.-C.), fut prise et menée à Rome en triomphe (85).

VELLÉITÉ. s. f. [Pr. vel-lé-ité] (lat. *velle*, vouloir). Volonté faible et imparfaite, qui n'a point d'effet. *Ses résolutions ne sont que des velléités. Il lui prit une v. de se marier.*

VELLEIUS PATERCULUS, historien latin du siècle d'Auguste (19 av. J.-C., 31 ap. J.-C.)

VELLETRI, v. d'Italie, à 36 kil. S.-E. de Rome ; 16,000 hab.

VELLOSIE. s. f. [Pr. vel-lo-zie] (R. *Vellozo*, n. d'un botan. portugais). T. Bot. Genre de plantes Monocotylédones (*Vellosia*) de la famille des *Amaryllidacées*, tribu des *Vellosiées.* Voy. Amaryllidacées.

VELLOSIÉES. s. f. pl. [Pr. vel-lo-zié] (R. *vellosie*). T

Bot. Tribu de végétaux de la famille des *Amaryllidacées*. Voy. ce mot.

VÉLOGE. adj. 2 g. (lat. *velox, velocis*, m. s.). Qui se meut avec rapidité.

VÉLOCIPÈDE. s. m. (lat. *velox, velocis*, rapide ; *pes, pedis*, pied). T. Techn. Nom générique de tous les appareils qui servent à la locomotion et dont l'organe principal est une roue motrice actionnée, soit directement, soit avec l'intermédiaire d'une transmission, par des manivelles que l'on fait mouvoir avec les pieds. L'invention des vélocipèdes paraît remonter à l'époque du Directoire. Il existe à la Bibliothèque Nationale une estampe représentant des Incroyables se promenant sur une machine de ce genre, mais si lourde et si mal construite qu'elle ne pouvait en rien justifier le nom qu'on lui donne aujourd'hui. C'est sans doute à cette mauvaise construction que ce véhicule dut d'être retombé rapidement dans l'oubli. Il faut arriver jusque vers la fin du second empire pour voir les débuts vraiment sérieux de l'industrie vélocipédique. C'est un constructeur nommé Michaux qui fabriqua les premiers vélocipèdes pratiques. Le v. Michaux se composait de deux roues de bois, d'environ 1 mètre de diamètre, construites comme les roues de voiture, placées l'une derrière l'autre dans le même plan, et reliées par un ressort sur lequel était placé le siège ou *selle* du cavalier. L'axe de la roue de devant portait deux manivelles se terminant par deux pédales : sur cet axe était fixée une fourche verticale qui embrassait la roue et se terminait à la partie supérieure par une tige fixée à une pièce transversale nommée *gouvernail* ou *guidon*. Le cavalier placé sur la selle, les deux mains aux deux poignées du guidon, faisait tourner les pédales avec ses pieds et maintenait son équilibre en tournant légèrement le guidon du côté où il se sentait tomber. Pour changer de direction, on penchait le corps du côté où l'on voulait aller et l'on tournait en même temps le guidon dans le même sens. Les roues étaient cerclées de fer. Avec cet appareil si peu primitif, on faisait assez facilement de 12 à 14 kilomètres par heure sur une bonne route plate, sèche et bien entretenue. Cette machine utilisait fort mal la force du cavalier qui était obligé de pédaler presque assis sur sa selle, les jambes inclinées en avant. De plus on n'avançait que d'environ 3 mètres à chaque tour des pédales, d'où résultaient des mouvements précipités peu favorables à une longue course.

On s'aperçut bien vite qu'on remédierait à ce double inconvénient en augmentant le diamètre de la roue d'avant qui était la roue motrice, et en diminuant celui de la roue d'arrière ; mais pour ne pas augmenter outre mesure le poids de l'appareil, il fallait modifier la construction de la roue. C'est alors qu'on eut l'idée de fabriquer des roues formées d'une jante de ferblés au moyeu par de simples fils d'acier. Dans ce nouveau système, très ingénieux du reste, les rais ne travaillent plus par compression comme dans les roues de bois, mais bien par traction : le moyeu ne s'appuie plus par l'intermédiaire des rais sur la partie inférieure de la roue : il est, au contraire, suspendu par les fils d'acier à la partie supérieure de la jante, tandis que les fils inférieurs ne supportent aucun effort. A la vérité, la jante a une tendance à se déformer en forme d'ellipse dont le grand axe serait horizontal : il faut qu'elle soit assez rigide pour que cette déformation soit insignifiante, et assez élastique pour reprendre exactement sa forme primitive dès que l'effort vient à cesser. C'est cette forme de la roue qui a fait donner au type dont nous parlons le nom d'*araignée*. A force d'augmenter le diamètre de la roue de devant, et de diminuer celui de la roue d'arrière, on était arrivé à réduire celle-ci à une sorte de galet n'ayant guère que 30 à 40 centimètres de diamètre, tandis que celui de la roue d'avant atteignait jusqu'à 1m.50. Ce diamètre devait du reste être proportionné à la longueur des jambes du cavalier. La fourche de la roue d'arrière était fixée à la partie inférieure d'un tube d'acier appelé *cheval* qui contournait la roue d'avant et venait se fixer au-dessus de la fourche de la roue d'avant. C'est ce cheval qui portait la selle, soit directement, soit par l'intermédiaire d'un ressort. La selle pouvait ainsi être placée très près de la grande roue, et le cavalier se trouvait presque vertical pédalant les jambes allongées au-dessous de lui, et non plus en avant comme dans le v. Michaux. Deux nouveaux perfectionnements vinrent bientôt en même temps améliorer considérablement cette machine. Le premier est le bandage de caoutchouc sans lequel la roue à fils d'acier n'aurait pas eu la solidité nécessaire, les chocs brisant nécessairement les fils. Ce bandage était un anneau de caoutchouc plein ayant la dimension même de la circonférence de la

roue et une épaisseur de 1 à 2 centimètres ; on le collait à la partie extérieure de la jante qui recevait à cet effet un profil creux. Le bandage de caoutchouc diminua considérablement la résistance au roulement, et augmenta la solidité de l'appareil en le soustrayant aux chocs et aux trépidations qui l'auraient vite brisé. Le second perfectionnement qui apparut vers 1875 est le *roulement à billes*, que tout le monde connaît. Au lieu de faire tourner simplement l'axe du moyeu dans un coussinet, on creuse dans sa circonférence un tore creux et on le place dans une cuvette à profil circulaire dont il est séparé par une couronne de billes d'acier. Au frottement des deux pièces de fer, on substitue ainsi le roulement des billes, ce qui diminue le travail absorbé. Le v. ainsi construit a aussi

reçu le nom de *bicycle* (Fig. ci-dessus). C'était une excellente machine, élégante et suffisamment robuste qui permettait à un cavalier médiocrement vigoureux de franchir sur une bonne route plate de 18 à 22 kilomètres à l'heure. L'apprentissage n'en était pas aussi difficile qu'on aurait pu le croire, et la stabilité était excellente : la chute de côté était pour ainsi dire impossible ; le seul danger sérieux, surtout pour les commençants, était la chute en avant qui se produisait dès qu'un obstacle arrêtait ou même ralentissait la roue de devant : le cavalier continuait son mouvement vec sa vitesse acquise, et passait par-dessus la roue en même temps que le v. pivotant autour de son axe se retournait et venait lui tomber sur le dos. Cependant, cette chute, effrayante pour ceux qui en étaient témoins, n'était généralement pas dangereuse, et le plus souvent la victime se relevait sans autre accident que des écorchures aux mains et parfois au visage. Le bicycle était une machine bien supérieure aux premières bicyclettes qui ont été construites, et il est douteux qu'il eût jamais été détrôné par la bicyclette sans l'invention des bandages pneumatiques dont nous parlerons tout à l'heure.

Cependant la hauteur de la selle, la crainte des chutes, la difficulté plus apparente que réelle de l'apprentissage, empêchaient beaucoup de personnes d'utiliser le v. Les constructeurs s'ingénièrent à imaginer de nouveaux instruments à l'usage des personnes timorées. On vit surgir une quantité de modèles de *tricycles*, qui sont tous tombés dans l'oubli. Le tricycle était un v. à trois roues : tantôt c'étaient les deux roues qui étaient à l'avant, tantôt elles étaient à l'arrière. Généralement le système moteur était celui des deux roues; mais pour que le tricycle pût virer, il fallait que les deux roues montées sur le même axe fussent libres de tourner avec des vitesses différentes, car, il est évident que dans un virage, la roue la plus voisine du centre tourne moins vite que l'autre. A cet effet, l'une des deux roues était folle sur l'axe, tandis que l'autre était entraînée par le mouvement des pédales. C'est pour le tricycle à roues motrices en arrière qu'on imagina d'employer la chaîne. Le cavalier placé au centre de l'appareil pédalait au-dessous de lui et faisait ainsi tourner un axe qui, par l'intermédiaire de la chaîne, communiquait son mouvement à l'arbre moteur. Un constructeur eut l'idée d'appliquer le principe de la chaîne au bicycle pour en réduire la hauteur : on conçoit en effet qu'en modifiant le nombre des dents des pignons on puisse établir tel rapport qu'on voudra entre la vitesse du *pédalier* et celle de la roue. Si par ex., le pignon du pédalier a deux fois plus de dents que celui de la roue, celle-ci fera deux tours pendant que le pédalier n'en fera qu'un. Ainsi naquit l'instrument appelé *bicycle de sûreté* qui est le prototype de la bicyclette, avec roue motrice en arrière. Depuis cette époque (1885) la bicyclette a subi une série de transformations qui ont fini par en faire une des machines les plus ingénieuses et les mieux comprises que possède l'industrie. Mais le progrès le plus important est l'invention du *bandage pneumatique* qui a permis de réduire la résistance au roulement dans des proportions extraordinaires. Le bandage pneumatique se compose d'une vessie de toile recouverte dite *chambre à air* et qui n'est autre chose qu'un tube de 40 à 60 millimètres de diamètre dont les extrémités sont soudées entre elles, et dont la longueur totale est égale à celle de la circonférence de la roue. Cette chambre à air porte, en un de ces points un petit appareil appelé *valve* qui se compose d'un tube de cuivre portant une soupape et par lequel on introduit dans l'intérieur de l'air comprimé au moyen d'une pompe à air. Cette soupape laisse entrer l'air qui vient de la pompe et empêche de sortir celui qui est dans la chambre. La chambre à air se place sur la jante, la valve passant un trou disposé à cet effet, et venant faire saillie à l'intérieur de la roue. On recouvre le tout d'une enveloppe de toile recouverte de caoutchouc qui est maintenue en place par les rebords de la jante. On gonfle à plusieurs atmosphères, et le bandage est prêt à fonctionner. L'avantage de ce système est l'élasticité parfaite de l'air comprimé : aucune espèce de ressort ne saurait, sous ce rapport, lui être comparé. Aussi est-ce depuis l'apparition du bandage pneumatique qui date d'environ 1889, que la bicyclette est devenue l'instrument de locomotion véritablement pratique que tout le monde connaît et qui s'est répandu si vite dans toutes les classes de la société.

On construit des bicyclettes dans lesquelles la chaîne est remplacée par un double engrenage conique que l'on nomme *acatènes*; elles n'ont aucune supériorité sur les bicyclettes à chaînes.

Les perfectionnements successifs de la bicyclette ayant eu pour effet de diminuer l'effort nécessaire pour les faire mouvoir, on s'est trouvé conduit à augmenter la vitesse de la roue relativement à celle du pédalier, ou, comme on dit, la *multiplication*. Il est clair, en effet, que plus la résistance sera faible, plus on pourra faire de chemin avec le même effort. Alors, pour ne pas précipiter le mouvement des jambes, on augmente la multiplication, de sorte que chaque tour de pédales fait parcourir de 6 ou 7 mètres par ex. au lieu de 5. C'est très bien tant que la route est plate; mais dès que l'on rencontre une pente, à la résistance au roulement s'ajoute celle qui résulte du poids à soulever. D'après les principes les plus simples de la mécanique, l'effort qu'il faut faire sur les pédales est d'autant plus grand que la multiplication est plus grande; aussi les grandes multiplications, excellentes en plaine, ne permettent de monter les côtes qu'avec une extrême difficulté. Au contraire, avec les petites multiplications, on monte facilement les côtes, mais en plaine on voit sa vitesse limitée, non par l'effort presque nul qu'il faut exercer sur les pédales, mais par la précipitation des mouvements des jambes qui fatigue, essouffle, et fait transpirer sans résultat utile. C'est pourquoi les bicyclistes ont demandé une bicyclette à multiplication variable. On commence à construire des machines ayant deux ou trois multiplications différentes qu'on peut embrayer à volonté sans descendre de machine; mais il est à craindre que les modèles actuels n'aient pas la solidité nécessaire pour résister sans avaries aux fatigues d'un long voyage. Un autre perfectionnement qu'on a apporté récemment à la bicyclette consiste dans l'emploi de la *roue libre*. La roue libre est munie d'un encliquetage qui la force à obéir au mouvement de la chaîne, mais qui la laisse folle dès que pour une raison quelconque elle tourne plus vite que la chaîne. Avec ce système, le cavalier n'est plus obligé de suivre avec ses pieds tous les mouvements de la roue : il peut se lancer et cesser de pédaler : il continuera longtemps à avancer sans faire aucun mouvement des pieds. Si le terrain descend, ou si le vent le pousse, il avancera sans rien faire, et ne pédalera que s'il trouve sa vitesse insuffisante. En revanche, le cavalier ne peut plus se ralentir et s'arrêter en pédalant à contre-sens. Le corollaire nécessaire de la roue libre est donc un bon frein et même doux, car si le premier venait à casser, le cavalier serait complètement à la merci de sa machine, ce qui peut être une cause de danger grave dans les descentes. Tous ceux qui se sont servi de la roue libre sont unanimes à en reconnaître les avantages tant que l'appareil fonctionne bien; mais l'encliquetage est délicat et sujet aux avaries. La question du frein ne paraît pas encore non plus complètement résolue, quoiqu'elle soit bien près de l'être; les meilleurs paraissent être les freins sur jante. Comme on le voit, la bicyclette n'a pas dit son dernier mot et on peut espérer qu'on y apportera encore quelques perfectionnements.

La théorie de la bicyclette soulève des problèmes mécaniques intéressants. Cette théorie a été faite par plusieurs auteurs, notamment par MM. Boussinesq, Carvallo et Bouriet.

On a construit des bicyclettes à deux et trois places, et même davantage, les sièges étant placés les uns derrière les autres entre les deux roues. On les nomme *tandem*, *triplette*, *quadruplette*, etc. Le tandem est encore pratique, quoique moins maniable que la bicyclette; les autres ne sont que des machines de course. On a commencé à fabriquer des bicyclettes munies d'un petit moteur à pétrole; mais un appareil plus répandu est le *tricycle à pétrole* qui permet de franchir sans fatigue de grandes distances à des vitesses pouvant dépasser 30 kilomètres à l'heure. Cependant l'usage de cette machine est dangereux à la longue, à cause des trépidations qui fatiguent le système nerveux. Bien préférables sont les voiturettes et voitures automobiles où ces trépidations sont sinon détruites, du moins considérablement atténuées. Voy. VOITURE.

En France les vélocipèdes non munis d'un moteur sont soumis à une taxe annuelle de 6 francs par place; le propriétaire d'un v. doit en faire la déclaration à la mairie de son domicile, et cette déclaration est constatée par une plaque que délivre l'administration et que l'intéressé doit fixer à sa machine. Les vélocipèdes à moteur, qu'on appelle quelquefois *motocycles*, sont soumis à une taxe plus élevée, variable suivant les types.

VÉLOCIPÉDIQUE. adj. 2 g. Qui a rapport au vélocipède. *Sport v. Course v.*

VÉLOCIPÉDISTE. s. 2 g. Celui, celle qui fait usage du vélocipède.

VÉLOCITÉ. s. f. (lat. *velocitas*, m. s.). Vitesse, rapidité. *Une v. sans pareille. La v. de son cours, de sa course. La v. de sa prononciation. La v. de la pensée.* — Ce mot ne s'emploie guère que dans le style soutenu.

VELOURS. s. m. [Pr. *ve-lour*] (vx fr. *velous*, du lat. *villosus*, velu, de *villus*, poil). Étoffe ordinairement de soie, dont l'endroit offre un poil court et serré. *Une robe de v.* || Fig. et fam., *Marcher sur le v.*, Marcher sur une pelouse fine et douce, *Jouer sur le v.*, Jouer sur son gain, *Faire patte de v.* Voy. PATTE. || Prov. *Habit de v., ventre de son*, se dit d'une personne qui épargne sur la nourriture pour se vêtir luxueusement. || T. Bot. Assemblage de poils serrés, mous et courts que présente la surface de certains organes. || T. Icht. *Dents en v.* ou *de v.* Dents très fines et serrées. Voy. DENT et POISSON.

Techn. — On distingue trois genres de *Velours*, le *V. de soie*, le *V. de coton* et le *V. de laine*. — Le *V. de soie* a deux chaînes; l'une, appelée *chaîne de pièce* ou *chaîne de fond* ou qui sert à former la toile, c.-à-d. à constituer ce tissu serré ou taffetas sur lequel repose le poil; l'autre, appelée *poil*, servant à former le velouté. Les fils de cette dernière chaîne sont moins nombreux d'un tiers ou d'un quart; mais chaque poil est composé de plusieurs brins dont le nombre varie de 1 et 1/2 à 4. Le v. est dit *à poil et demi*, *à deux poils*, etc., selon le nombre de ces brins. Industriellement les velours se classent en deux genres de fabrication bien distincts : Le *V. par chaîne* et le *V. par trame*. Le premier genre emploie comme fibres textiles la *soie*, la laine et le *lin* pour former ce que l'on nomme le *poil*, c.-à-d. la partie du tissu présentant une surface velue très douce au toucher. Le second genre au contraire est presque exclusivement constitué par le coton; cependant, mais très rarement, on a recours à la laine.

Il y a des velours d'une infinité de sortes. Parmi les principales, nous citerons: les *Velours plains* ou *unis*, qui sont sans figures ni rayures; les *Velours minces figurés*, qui ont diverses figures et façons; les *Velours à ramages*, qui sont diversifiés par plusieurs figures ou couleurs, et qu'on appelle *à fond d'or* ou *d'argent*, lorsque le fond du tissu est composé de fils de l'un ou de l'autre de ces métaux; les *Velours ras*, dont les fils ou poils qui forment le velouté sont rangés sur la règle cannelée sans être coupés; les *Velours rayés*, ainsi nommés par rapport aux diverses couleurs qui forment des raies le long de la chaîne; les *Velours ciselés* ou *coupés*, dont la façon est de v. et le fond d'une espèce de taffetas ou gros de Tours; les *Velours épinglés*, qui sont ras et formés de raies très fines et très rapprochées; les *Velours cannelés*, qui présentent deux raies, l'une de v. plein, l'autre de v. ras. — Les *Velours de coton* diffèrent des velours de soie en ce que le velouté ne se produit pas par un poil, mais par une trame qui enverge au tissu. Ils sont en outre moins beaux, et leurs couleurs sont ternes et peu solides. On en distingue plusieurs espèces : les *Velours lisses*, appelés aussi *Velventines* ; les *Veloverettes*, et les *Velours à côtes ou à demi-côtes*. — Enfin, les *Velours de laine*, qu'on appelle aussi *Pannes* ou *Tripes*, se composent d'une chaîne de fil ou de coton, d'une trame de coton, et d'un poil de laine. Il y en a d'unis, de rayés, de gaufrés ou d'imprimés. On les emploie à garnir les meubles, à doubler les voitures, etc. C'est dans la catégorie des velours de laine que se rangent les *Velours d'Utrecht*, ainsi que les *Velours moquette*. Ces velours ont la chaîne de lin, la trame de coton et le velouté de poil de chèvre. La différence entre le v. d'Utrecht et le v. moquette consiste en ce que le premier est coupé, tandis que le second ne l'est pas et reste frisé.

La fabrication des velours de soie remonte à un temps immémorial dans l'Inde et dans la Chine. Lorsqu'elle s'introduisit en Europe, l'Italie s'acquit dans la fabrication de ce riche tissu une réputation qu'elle conserva longtemps. Les Génois surtout furent sans rivaux pendant plusieurs siècles, et nous leur sommes redevables de la première fabrique de v. établie à Lyon, en 1536, où elle fut fondée par Et. Turquely et Barthélemy Nariz. Aujourd'hui il existe de nombreuses fabriques de v. de soie en Italie, en France, en Hollande, en Allemagne et en Angleterre. Le prix du v. de soie étant fort élevé, on imagina en Angleterre, vers le commencement du XVIIIᵉ siècle, de faire des velours entièrement de coton, et cette fabrication s'introduisit en France en 1740. Les villes qui se distinguent le plus dans le tissage du v. sont : Lyon et Gênes, pour les velours de soie ; Manchester et Amiens, pour les velours de coton ; Amiens et Amsterdam, pour les velours de laine. Crefeld, dans la Prusse rhénane, produit beaucoup de v. de soie unis, mais fort légers et à bas prix.

Quelle que soit la variété de v. que l'on considère, sa fabrication consiste toujours à créer un tissu de fond continu qui, entre chacune de ses duites, enserre les fils du *poil*, que ces derniers soient produits par la chaîne ou la trame. Nous examinerons tout d'abord le premier mode de fabrication, dit *par chaîne*. Ce v. nécessite sur le métier, la présence de deux chaînes ayant chacune une destination voulue. La première est constituée par les *fils de fond* ; la seconde par les *fils de poil*. Comme nous l'avons fait observer, ce genre de tissage n'est employé que pour le poil de soie, de jute, de laine ou de lin et jamais pour le poil de coton. Le tisserand passe en premier lieu une, deux ou trois duites de fond se liant avec les deux chaînes, c.-à-d. formant l'*armure*. A ce moment, sur la partie du tissu obtenue, l'ouvrier pose une petite tringle cylindrique autour de laquelle il fait lever les fils devant constituer le *poil*, tandis que ceux du fond sont baissés. Cette tringle s'appelle *fer*. Le tisserand passe alors une ou plusieurs duites suivant l'espèce de tissu qu'il veut obtenir, place un second fer sur lequel il abaisse la chaîne de poil, passe de nouvelles duites, cette chaîne baissée, la relève, et ainsi de suite, en plaçant à chaque fois un nouveau fer. La même opération se continue jusqu'au moment où un certain nombre de ces fers se trouvent engagés dans les fils de poil. L'ouvrier retire alors les fers et l'étoffe produite présente sur sa surface une succession ininterrompue de boucles. Le tissu terminé prend alors le nom de *V. épinglé*, frisé ou bouclé. Mais si, au lieu de laisser subsister ces boucles, le tisserand, avant de retirer les fers, passe sur l'ensemble une sorte de petit rabot qui tranche les *fils de poil*, le v. obtenu s'appelle *V. coupé* ou *V. ordinaire*, ou encore *V. lisse*. La plupart du temps, pour ce mode de fabrication, au lieu de se servir de fers cylindriques, on a recours à des fers parallélépipédiques portant sur une de leurs faces une rainure longitudinale, suivant la direction de laquelle se fait la coupure. On a ainsi produit une succession d'aigrettes en lignes régulières.

La fabrication du v. par chaîne qui, le plus souvent, s'exécute sur des métiers à bras, exige deux ensouples ou rouleaux. Les fils de fond s'enroulent sur le premier, tandis que les fils de poil s'ourdissent sur le second. Néanmoins, à l'heure présente, l'industrie du tissage est arrivée à obtenir des métiers mécaniques au moyen desquels on arrive à obtenir des velours identiques à ceux qui sont fabriqués à la main. Dans ces métiers, le fer se place automatiquement, puis se retire de même ; c'est ce fer qui munit d'une lame tranchante qui coupe le fil de poil au moment voulu.

Le tissage des *Velours par la trame* se fait toujours à l'aide de métiers mécaniques. Le bon marché de ce genre de tissu ne permet pas, en effet, d'avoir recours au métier à bras. Bien que les fabricants de v. par la trame emploient quelquefois une chaîne, le plus souvent ce sont deux trames qui sont mises en œuvre : l'une, celle de fond, fournit l'armure, la seconde donne le poil. Cependant, nous devons ajouter que fréquemment, pour cette sorte de tissu, une trame suffit ; elle fournit à elle seule le fond et le poil. En effet, dans ces divers modes de fabrication, la production du poil n'a lieu qu'après le tissage. C'est plutôt à proprement parler un véritable apprêt que l'on fait subir à l'étoffe achevée, en coupant le poil. Dans la fabrication du v. par la trame, les duites lient celle-ci en constituant une armure que l'on nomme *sergé*, *croisé* ou *toile*. Les duites du poil donnent les aigrettes qui sont ultérieurement coupées.

VELOUTÉ, ÉE. adj. (part. pass. de *velouter*). Se dit des étoffes dont le fond n'est point de velours, mais qui ont des fleurs, des ramages faits de velours. *Satin v. Étoffe veloutée.* || *Papier v.*, Papier de tenture qui imite le velours. Voy. IMPRESSION, II. || Par ext., Qui est doux au toucher comme du velours, qui a l'apparence du velours. Se dit en hist. nat. des organes recouverts d'un duvet court, ras et épais. *Les fleurs des pensées, des amarantes sont veloutées.* || *Vin v.*, Bon vin qui est d'un beau rouge un peu foncé, et sans aucune acidité. || T. Cuisine. *Crème veloutée*, Sorte de crème cuite qui se sert à l'entremets. || T. Joaill. Se dit de pierres qui sont d'une couleur riche et foncée. *Un saphir v.* — Fig. et fam. on dit à peu près de même, *Des yeux veloutés. Une lumière veloutée.* = VELOUTÉ. s. m. Galon fabriqué comme du velours, ou plain ou figuré. *Il faut mettre un v. entre ces deux galons d'argent.* || *Le v. de l'estomac, des intestins, etc.*, La membrane interne de ces parties qui est lubrifiée par un liquide muqueux. On dit aussi, *La membrane veloutée de l'estomac.* \x.

VELOUTER. v. a. (vx fr. *velous*, velours). T. Techn. *V. du papier*, Lui donner l'apparence du velours.

VELPEAU, célèbre chir. fr. (1795-1867).

VELTAGE. s. m. Mesurage fait avec la velte.

VELTE. s. f. Règle graduée dont on se sert pour jauger les tonneaux. || T. Métrol. Anc. mesure de capacité pour le vin dont la valeur variait suivant les localités. Voy. CAPACITÉ.

VELTER. v. a. Mesurer à la velte. = VELTÉ, ÉE. p.

VELTEUR. s. m. Celui qui jauge avec la velte.

VELU, UE. adj. (lat. *villosus*, de *villus*, poil). Couvert de poils ; ne se dit ni par rapport aux cheveux, ni par rapport à la barbe. *Homme v. Estomac v. Mains velues. Il est v. comme un ours.* || T. Bot. Se dit d'organes munis de poils courts, mous, et assez serrés. *Feuilles velues.*

VELVENTINE. s. f. T. Comm. Velours lisse. Voy. VELOURS.

VELVERETTE. s. f. T. Comm. Sorte de velours à côtes. Voy. VELOURS.

VELVOTE. s. f. (Pour *veluote*, de *velu*). T. Bot. Nom vulgaire de la *Linaire élatine* (*Linaria elatine*). Voy. SCROFULARIACÉES, I.

VENACO, ch.-l. de canton (Corse), arr. de Corte ; 1,800 hab.

VENAISON. s. f. [Pr. *vené-zon*] (lat. *venatio*, chasse, de *venari*, chasser). Chair de bête fauve, comme cerf, daim, etc. *Un pâté de v. Cette viande a un goût de v.* || *Les cerfs, les sangliers sont en v.*, Ils sont en graisse.

VENAISSIN, Voy. COMTAT.

VÉNAL, ALE. adj. (lat. *venalis*, m. s., de *venus*, achat). Qui se vend, qui se peut vendre. *Choses vénales. Charge vénale. Offices vénaux.* — *Valeur vénale*, La valeur actuelle d'une chose dans le commerce, ce qu'elle se vend couramment. || Fig., Qui vend sa conscience, qui ne fait rien que par un intérêt sordide, que pour de l'argent. *C'est un homme v. Une âme vénale.* || *C'est une plume vénale*, C'est un auteur qui écrit pour de l'argent ou pour quelque autre intérêt, suivant la passion de ceux qui le payent. On dit de même, *Une éloquence vénale.*

VÉNALEMENT. adv. [Pr. *vénale-man*]. D'une manière vénale. Peu us.

VÉNALITÉ. s. f. (lat. *venalitas*, m. s.). Qualité de ce qui est vénal. *La v. des offices, des charges. Cet agent est d'une v. honteuse.*

VENANT. adj. m. (part. prés. de *venir*). Qui vient. *Il a dix mille francs de rente bien v.,* Son revenu consiste en dix mille francs de rente dont il est payé régulièrement. = **Venant.** s. m. *Les allants et les venants. Les rues sont pleines d'allants et venants.* || *A tout v.,* Au premier venu. *Répondre à tout v. Offrir ses services à tout v.*

VÉNASQUE, v. d'Espagne (Aragon), près de la frontière de France; 5,500 hab.

VÉNASQUE, bourg de France (Vaucluse), arr. de Carpentras; 700 hab.; anc. cap. du Comtat-Venaissin.

VENCE, ch.-l. de c. (Alpes-Maritimes), arr. de Grasse; 3,100 hab. Anc. évêché.

VENCE (de), savant fr., éditeur d'une Bible (1675-1749).

VENCESLAS Ier, duc de Bohême de 920 à 936. || **Venceslas II,** duc de Bohême en 1191, détrôné la même année par le margrave de Ferrare.

VENCESLAS Ier, roi de Bohême, en 1320. || **Venceslas II,** roi de Bohême et de Hongrie en 1278. || **Venceslas III,** roi de Bohême et de Hongrie en 1310. || **Venceslas IV,** roi de Bohême, empereur d'Allemagne en 1378.

VENDABLE. adj. 2 g. [Pr. *van-dable*]. Qui peut être vendu. *Une terre substituée n'est pas v. Cette étoffe est piquée des vers, elle n'est pas v.*

VENDANGE. s. f. [Pr. *van-danje*] (lat. *vindemia*, m. s.). La récolte du raisin destiné à faire du vin. *Belle, bonne, mauvaise v. Aller en v. Faire v. La v. n'a pas rendu cette année.* — Fig. et fam., *Faire v.,* Faire un gain considérable. *Il comptait faire v. dans cette place, on l'a chassé.* — Fig. et prov., *Il prêche sur la v., il ne fait que prêcher sur la v.,* se dit d'un homme qui a le verre en main et qui s'amuse à parler au lieu de boire. || Au pl., se dit, par extens., Du temps où se fait la récolte des raisins. *Les vendanges sont belles cette année. Passer les vendanges à la campagne.* Prov., *Adieu paniers, vendanges sont faites.* Voy. Adieu.

Agric. — La vendange termine la série annuelle des opérations viticoles. Le moment le plus favorable est naturellement celui de la maturité du raisin. Cette maturité est indiquée par l'ensemble des signes suivants : 1° La queue de la grappe passe du vert au brun; 2° la grappe devient pendante; 3° le grain a perdu sa dureté; la pellicule en est devenue mince et translucide; 4° les grains se détachent sans effort; 5° le jus du raisin est savoureux, doux, épais et gluant; 6° les pépins des grains sont vides de toute substance glutineuse. — Toutes circonstances égales d'ailleurs, les raisins colorés présentent ces signes de maturité de meilleure heure que les blancs. — Il est des circonstances où la v. doit précéder ces signes de maturité; il en est d'autres, au contraire, où elle ne doit les suivre que de loin. Ainsi, dans plusieurs localités du nord de la France, le raisin n'arrive que rarement au degré de maturité que nous venons d'indiquer; cependant il n'en faut pas moins procéder à la récolte, sous peine de le voir pourrir par l'humidité de l'automne. Les raisins destinés à la fabrication des vins mousseux doivent aussi être récoltés avant la maturité absolue. Il en est de même des vins blancs du Midi destinés à faire des vins secs. — Au contraire, les vins très liquoreux ne peuvent être obtenus que par le prolongement de la grappe sur le cep. C'est ainsi qu'à Rivesaltes et dans les îles de Candie et de Chypre on laisse se faner le raisin avant de le couper. On procède de même pour les vins liquoreux de l'Espagne. Les vins d'Arbois et Château-Châlons (Franche-Comté), proviennent de raisins qu'on ne v. qu'en décembre. Sur les coteaux de Saumur, dans les grands crus de Sauterne, on attend, pour couper les raisins blancs, que leur pellicule ait éprouvé un commencement de décomposition. — Partout naguère on fixait l'époque de la v. par des bans. Cet usage est à peu près disparu; il avait pour avantage d'enlever tout prétexte au

pillage; mais il offrait de graves inconvénients, surtout dans les pays de petite culture. En effet, les cépages rouges mûrissent plus tôt que les blancs; les vignes jeunes et vigoureuses, ou nouvellement fumées, mûrissent plus tard que les vieilles, ou que celles qui croissent dans des terrains pauvres. Les raisins d'une même espèce pourrissent déjà dans les lieux bas, alors qu'ils ne sont pas encore mûrs sur les coteaux. Il est donc impossible de concilier tous les besoins; mieux vaut alors rendre à chacun la liberté de veiller à ses propres intérêts. — Lorsque le moment de la v. est arrivé, on attend une succession de quelques beaux jours, et l'on ne commence le travail que lorsque le soleil a dissipé la rosée. Les grappes ont ainsi perdu leur humidité surabondante, et le vin est de meilleure qualité. — Dans les vignobles où l'on tient surtout à la qualité du vin, la v. se fait en deux ou trois fois; une première fois, on détache les grappes les plus belles et les plus mûres; c'est le vin de premier choix; une seconde récolte donne un vin de deuxième qualité. Les grappes de rebut se récoltent ensuite, et produisent un vin de troisième sorte.

Les vendangeurs doivent être réunis en assez grand nombre pour que le produit de la récolte du jour suffise pour faire une cuvée. C'est le seul moyen d'obtenir une fermentation bien égale. Pour couper les grappes on se servait autrefois de la serpette; on l'a remplacée presque partout par le sécateur qui opère plus rapidement, et occasionne une moindre perte de grains. Les raisins coupés sont reçus, le plus souvent, dans des paniers ou hottes, doublés de toiles imperméables et portés par des hommes qui versent le contenu dans des cuviers placés dans des voitures qui stationnent à l'une des extrémités du vignoble.

VENDANGER. v. a. [Pr. *van-danje*] (lat. *vindemiare*, m. s.). Faire la récolte des raisins. *V. une vigne. On a tout vendangé.* Absol., *On vendange partout. Il faut aller v.* || Fig., *La pluie, la grêle, l'orage ont tout vendangé,* ils ont fait de grands dégâts, ils ont tout dévasté. — Par ext., se dit parfois des blés et autres fruits de la terre. *La grêle a tout vendangé.* || Fig., au sens moral, *Il vendange tout à l'aise,* se dit de quelqu'un qui fait des profits illicites dans une place sans craindre de la surveillance. = **Vendangé, ée.** part. = Conj. Voy. **Manger.**

VENDANGEUR, EUSE. subst. [Pr. *van-danjeur, euze*] Celui, celle qui vendange, qui cueille les raisins pour faire le vin. *Il a besoin de tant de vendangeurs.*

VENDÉE, riv. de France, prend sa source dans le dép. des Deux-Sèvres, arrose Fontenay-le-Comte, et se jette dans la Sèvre-Niortaise (riv. dr.); 75 kil.

VENDÉE (dép. de la), formé d'une partie de l'anc. Poitou; 442,350 hab. Ch.-l. *La Roche-sur-Yon;* 2 autres arr. : *Fontenay-le-Comte, Les Sables-d'Olonne.*

VENDÉE (Guerres de), insurrection des royalistes de l'Ouest contre le gouvernement de la République en 1793. Hoche pacifia la Vendée en 1796, après 3 ans de luttes sanglantes.

VENDÉMIAIRE. s. m. [Pr. *van-démière*] (lat. *vindemia*, vendange). Premier mois de l'année dans le calendrier républicain, du 22 ou 23 septembre au 22 ou 23 octobre. Voy. **Calendrier.**

VENDETTA. s. f. [Pr. *vin-det-ta*]. Mot ital. qui signifie *vengeance,* et qui se dit, en Corse, de l'usage consacré par les mœurs, qui obligeait tous les membres d'une famille de venger le meurtre de l'un des leurs, soit sur le meurtrier, soit sur une personne de sa famille, au lieu de recourir à l'intervention de la justice. *La loi barbare de la v. existe, sous d'autres noms, chez différents peuples, et notamment chez les montagnards du Caucase et chez les Arabes du désert.*

VENDEUR, DERESSE. s. [Pr. *van-deur, derè-se*]. T. Pratique. Celui, celle qui vend, qui a vendu. *Le v. et l'acquéreur. Le v. et l'acheteur. V. de bonne foi, La venderesse est garantie.*

VENDEUR, EUSE. s. [Pr. *van-deur, euze*]. Celui, celle dont la profession est de vendre. *V. d'eau-de-vie. Vendeuse de fruits.* — Fig., *V. de fumée.* Voy. **Fumée.** || *Faux v.,* Celui qui vend ce qui n'est pas à lui, ou qui use de quelque fraude dans le contrat de vente; celui qui vend à faux poids ou à fausse mesure.

VENDEUVRE, ch.-l. de c. (Aube), arr. de Bar-sur-Aube; 2,000 hab.

VENDICATION et **VENDIQUER** [Pr. *van-dika-sion, vandi-ker*] (lat. *vindicatio, vindicare*, m. s.). Se disaient autrefois pour *revendication* et *revendiquer*. Voy ces mots.

VENDITION. s. f. [Pr. *van-di-sion*] (lat. *venditio*, m. s., de *vendere*, vendre). T. Dr. Vente. Vx.

VENDÔME, ch.-l. d'arr. du dép. de Loir-et-Cher, à 32 kil. N.-O. de Blois, sur le Loir; 9,500 hab. = Nom des hab. : VENDÔMOIS, OISE.

VENDÔME (CÉSAR, duc DE), fils naturel de Henri IV et de Gabrielle d'Estrées (1594-1665), prit part aux intrigues contre Richelieu, et plus tard fut de la cabale des Importants dans la Fronde, avec son fils le duc de Beaufort; puis il se soumit à la cour (1650). || Son fils aîné, Louis, duc de Vendôme (1612-1669), après avoir servi en Piémont, en Hollande, en Espagne, dans le Milanais, entra dans les ordres et devint cardinal (1667). || Louis-Joseph duc DE VENDÔME, fils aîné du précédent (1654-1712), décida la paix de Ryswick par ses succès en Catalogne (1697), remporta plusieurs avantages en Italie sur le prince Eugène (1702-1706), fut vaincu en Flandre à Oudenarde (1708), mais se releva en Espagne par sa victoire de Villaviciosa qui sauva la couronne de Philippe V (1710). || Le chevalier de VENDÔME (1655-1727), grand prieur de France, était son frère.

VENDÔMOIS, pays de l'anc. France, dans la Beauce; ch.-l. Vendôme.

VENDRE. v. a. (lat. *vendere*, m. s.). Aliéner une chose, céder à quelqu'un la propriété d'une chose pour un certain prix. *Il m'a vendu ce cheval cinq cents francs. Il m'a vendu pour mille francs de marchandises, V avec faculté de rachat. V. à vémère. V. avec garantie, sans garantie. V à l'encan. V. aux enchères. V. à l'amiable. V. au plus offrant et dernier enchérisseur.* || Se dit particulièrement de ceux qui exercent quelque commerce. *Il vend toutes sortes d'étoffes, de bijoux, etc. V. cher, à bon marché, à vil prix, à juste prix, à prix fixe. V. en gros et en détail. V. en conscience.* — *Ce n'est pas v., c'est donner*, se dit de choses qu'on vend à vil prix. || Se dit également des services. *Les hommes qui n'ont que leurs bras pour vivre ont à vendre v. leurs services aussi cher qu'ils peuvent.* On dit à peu près dans le même sens, *V. son suffrage, sa protection, sa beauté, etc.*, Se faire payer pour donner son suffrage, pour accorder sa protection, etc. || Fig., *V. bien cher sa vie, v. chèrement sa vie, sa vie, et pop., V. bien cher sa peau.* — *Cet homme vend son honneur*, Il reçoit de l'argent pour faire une action honteuse. *Cette femme vend son honneur*, Elle s'abandonne par intérêt. — *V. son âme au démon*, sacrifier son salut éternel à la possession de certains biens de ce monde. || Fig. et fam., *Cet homme les vendrait tous, il les vendrait à beaux deniers comptants*, Cet homme est plus fin qu'eux, ou plus ordinairement, Cet homme est capable de les sacrifier au moindre intérêt. *Ce n'est pas tout que de v., il faut livrer*, Il ne suffit pas de former un projet, il faut encore avoir les moyens de l'exécuter. Voy. pour d'autres loc. fig., les mots COQUILLE, OURS. || *Vendre*, sign. quelquefois, Trahir, révéler un secret par quelque raison d'intérêt. *V. sa patrie, Il vendrait son ami, son frère à beaux deniers comptants. C'est lui qui nous a vendus.* = SE VENDRE. v. pron. Être vendu, trouver du débit. *Cet article se vend bien. Cela se vend au poids de l'or.* || Devenir l'objet d'un commerce. *Dans les élections anglaises, les suffrages se vendent presque ouvertement. Dans un état corrompu, tout se vend.* || En parlant des personnes. Faire un trafic honteux de sa personne, de ses services, de ses opinions. *Cette femme se vend à qui la paye. Après avoir servi tel parti, il s'est vendu au parti contraire.* = VENDU, UE. *C'est un homme vendu*, Un homme livré à quelqu'un ou à un parti par intérêt. On dit dans le même sens. *Cet homme est vendu à la faveur, au pouvoir, etc.* = Conj. Voy. TENDRE. = Syn. Voy. ALIÉNER.

VENDREDI. s. m. [Pr. *van-dredi*] (lat. *Veneris dies*, le jour de Vénus) Le sixième jour de la semaine. *Il partira v.* — *V. saint*, Le v. de la semaine sainte. || Fig. et prov., *Tel qui rit v., dimanche pleurera.* Voy. RIRE.

VENÈDES, Voy. WENDES.

VÉNÉFICE. s. m. (lat. *veneficium*, m. s., de *venenum*, poison, et *ficare*, faire). T. Procéd. anc. Crime d'empoisonnement, dans lequel on prétend qu'il y a eu du sortilège. *Il fut déclaré coupable de v.*

VENELLE. s. f. [Pr. *vené-le*] (le mot est probabl. pour *veinelle*, dimin. de *veine*, ainsi dit par la même association d'idées qui fait appeler *artères* les grandes rues d'une ville). Petite rue. Vieux, et ne se dit que dans la loc. fig. et prov., *Enfiler la v.*, Prendre la fuite.

VÉNÉNEUX, EUSE. adj. [Pr. *véné-neu, euse*] (lat. *venenosus*, m. s., de *venenum*, poison). Qui agit comme poison ; ne se dit que des végétaux et des animaux qui produisent des effets toxiques, quand leur substance est ingérée comme aliment. *Plante vénéneuse. Arbre, fruit v. La melette vénéneuse. La chair des moules est parfois vénéneuse.* || Par extens. Se dit aussi des substances minérales. *Des sels vénéneux.*

VÉNÉNIFÈRE. adj. 2 g. (lat. *venenum*, poison; *fero*, je porte). T. Hist nat. Qui contient ou produit du poison. *Glandes vénénifères des serpents.* Voy. SERPENT, 11.

VENER. v. a. (lat. *venari*, m. s.). Chasser, courre une bête pour en attendrir la chair ; se dit en parlant des animaux domestiques. *V. des bœufs.* — *Faire v. de la viande.* La faire mortifier. = VENÉ, ÉE, part. *Voilà de la viande qui est un peu venée*, Qui commence à se gâter et à sentir. — Ce verbe ne se dit qu'à l'infinitif et aux temps formés du participe.

VENER, Voy. WENER.

VÉNÉRABLE. adj. 2 g. (lat. *venerabilis*, m. s.). Digne de vénération, de respect, *Une assemblée v. C'est un homme v par son âge et par son mérite. Avoir l'air, la figure v. Une barbe v. Un monument v. Une antiquité v.* || Titre que donnent les francs-maçons au président d'une loge.

VÉNÉRATEUR, TRICE. s. (lat. *venerator*, m. s.). Celui, celle qui vénère.

VÉNÉRATION. s. f. [Pr. *vénéra-sion*] (lat. *veneratio*, m. s.). Respect qu'on a pour les choses saintes, honneur qu'on porte. *Grande, extrême v. Exposer des reliques à la v. des fidèles.* || Profond respect qu'on a pour certaines personnes. *C'est un homme qui mérite la v., qui s'attire la v. de tout le monde. Ma v. pour mon père. J'ai beaucoup de v. pour sa vertu. Sa mémoire est en v.*

VÉNÉRER. v. a. (lat. *venerare*, m. s.). Porter honneur, révérer; se dit propr des choses saintes. *V. les saints. V. les reliques.* || Se dit aussi des personnes pour qui a un respect profond et comme religieux. *Je vous vénère comme un bienfaiteur, comme un second père.* = VÉNÉRÉ, ÉE. part. *Un prince vénéré.* = Conj. Voy. CÉDER.

VÉNÉRICARDE. s. f. (lat. *Venus, Veneris*, Vénus; *cardium*, bucarde). T. Zool. Genre de Mollusques *Lamellibranches.* Voy. MYTILACÉS.

VÉNERIE. s. f. (lat. *venari*, chasser). L'art de chasser avec des chiens courants à toutes sortes de bêtes, et principalement aux bêtes fauves. *Il entend bien la v. Terme de v.* || Se dit aussi du service de la v. et du corps des officiers qui y sont attachés chez le roi, l'empereur. *Les chiens de la v. Lieutenant de la v. Avoir une charge dans la v.* || Le lieu destiné à loger les officiers et tout l'équipage de la v. *Il est logé à la v.*

Hist. — L'art de la v. a été surtout en honneur au moyen âge, où le sol, couvert de forêts, était abondamment garni de gibier. Jusqu'à la révolution, nos rois ont eu des vèneries montées. Au XIIIe siècle, les officiers de la v. furent placés sous le commandement d'un chef unique appelé : *Maître veneur*, en 1231; *Maître de la v.*, en 1344; le *Grand veneur*, en 1414. Au XIVe siècle, cet officier ayant été en outre revêtu de la grande maîtrise des forêts, on l'appela aussi *Grand forestier.* Le grand veneur était un des grands officiers de la couronne. Il commandait à tous les officiers de la v., donnait les provisions à ses subordonnés, et disposait de leurs charges quand elles venaient à vaquer. Le service de la v. royale se composait d'un certain nombre d'équipages destinés chacun à la chasse d'une espèce d'animal. Chaque équipage était sous les ordres d'un *lieutenant*, qui avait pour subordonnés le sous-lieutenant, les pages de v., les piqueurs, les valets de limiers et les valets de chiens. Tout le personnel de la v., à l'exception des piqueurs et autres subalternes, se composait de gentilshommes. Sous l'empire et la restauration, on vit reparaître dans la maison du chef de l'État la v. et l'office de grand veneur. Cette dernière charge, supprimée en 1830, a été rétablie de nouveau en 1853, sous le second empire, et définitivement supprimée en 1870.

VÉNÉRIEN, IENNE. adj. [Pr. *vénéri-in, ièn*e] (lat. *venereus*, de Vénus). Qui a rapport aux plaisirs de l'amour. *Acte v. Excès vénériens. Plaisir v.* On évite d'employer ce mot. || Se dit plus communément des maladies qui sont le résultat d'un commerce impur. *Mal v. Maladie vénérienne.* Voy. CHANCRE, BLENNORRHAGIE, SYPHILIS. = VÉNÉRIEN, IENNE. s. Personne atteinte d'une maladie vénérienne. *L'hôpital des vénériens.*

VÉNÉRUPE. s. f. (lat. *Venus, Veneris*, Vénus; *rupes*, rocher). T. Zool. Genre de Mollusques *Lamellibranches*. Voy. CARDIACÉS.

VÈNÈTES, peuple de l'anc. Gaule, dont la capitale est devenue Vannes (Morbihan). || Peuple de l'anc. Italie, habitant à l'extrémité de l'Adriatique (Vénétie).

VÉNÉTIE, partie N.-E. de l'anc. Italie, à l'extrémité de l'Adriatique; prov. du roy. d'Italie; 2,814,173. Elle fut conquise par la république de Venise aux XIVᵉ et XVᵉ siècles; donnée à l'Autriche en 1797, et cédée à l'Italie en 1866. V pr. *Adria, Aquilée, Padoue, Vérone et Vicence.* = Nom des hab : VÉNITIEN, ENNE.

VENETTE. s. f. [Pr. *venè-te*] (Dimin. du vx fr. *vene, vesne, vesse*). Peur, inquiétude, alarme; ne se dit que dans ces loc. pop., *Avoir la v.*, et *Donner la v.*, Avoir peur, et Inspirer de la peur.

VENEUR. s. m. (lat. *venator*, chasseur). Celui qui est chargé de faire chasser les chiens courants. *Il a un très bon v. — Grand v.* Voy. VÈNERIE.

VÉNÉZUELA, Fleuve et pays de l'Amérique centrale.

Le mot Vénézuela, que nous faisons du masculin, mais qui devrait être du féminin comme presque tous les noms en a des langues latines, signifie « petite Venise ». Ce nom lui fut donné par les premiers navigateurs qui abordèrent ses côtes, à cause des nombreuses lagunes qu'on y rencontre.

Ces côtes sont en effet très déchiquetées : on y remarque de l'ouest à l'est le golfe et la lagune de Maracaïbo, entre la presqu'île de Goajira et celle de Paraguana, les golfes de Puerto Cabello et de Rio Chico, la presqu'île et le golfe de Paria, et enfin les bouches de l'Orénoque.

Ce grand fleuve, dont le bassin tient presque tout le Vénézuela, sort du Brésil sous le nom de Guainia, coule d'abord vers le nord, puis vers l'est, reçoit à gauche la Meta, l'Arauca et l'Apure descendus de la cordillière de Mérida, ramification de la cordillière des Andes, à droite le Venturi, le Caura, le Paragua et le Caroni, qui sortent de la Sierra Pacaraïma; et l'une de ses embouchures va se jeter dans le golfe de Paria, formant avec la bouche principale un immense delta.

Le pays arrosé par ce fleuve fut découvert en 1499 par l'Espagnol Alonso Ojeda et soumis en 1528 au nom de Charles Quint, qui, empereur d'Allemagne en même temps que roi d'Espagne, en donna l'exploitation à une société financière d'Augsbourg. Le Vénézuela ne tarda pas à faire retour à l'Espagne avec Philippe II et fit partie de l'empire de cette puissance jusqu'en 1806. A cette époque, Miranda provoqua un soulèvement et fut nommé Dictateur en 1812. Depuis cette révolution le Vénézuela est indépendant et, à travers bien des péripéties et des guerres civiles qui subsistent encore à l'heure où nous écrivons, a conservé la forme républicaine. C'est une confédération nommée *États-Unis* de Vénézuela comprenant 9 états, 1 district fédéral, 1 territoire et 2 colonies: 1,640,000 kil. carr : 2,324,000 hab. Cap. *Caracas*. V. pr. *Valencia, La Guayra*, port de commerce sur l'Atlantique. = Nom des hab.: VÉNÉZUÉLIEN, ENNE.

Le pays produit du café, du sucre, du cacao, du coton, de l'indigo, nombre de céréales, etc.

VENGEANCE. s. f. [Pr. *van-janse*] (R. *venger*). Action par laquelle on se venge ou par laquelle on punit. *V. mémorable, éclatante, pleine et entière. V. privée, publique. Le sang des innocents crie v. C'est pousser la v. trop loin. Se venger. — La v. divine*, châtiment dont Dieu frappe ceux qui l'ont offensé. || Par ext., Le désir de se venger. *Il a toujours la v. dans le cœur. Mouvement, sentiment, esprit de v.* || Famil., *C'est par v. qu'il a fait telle chose.*

VENGER. v. a. [Pr. *van-jer*] (lat. *vindicare*, propr. obtenir, prendre ou demander quelque chose en compensation). Tirer raison, tirer satisfaction d'une injure, d'un outrage, d'un acte coupable; se dit des choses dont on peut tirer satisfaction ainsi que des personnes qu'on regarde comme offensées. *V. une injure, un affront, un crime, un meurtre, etc. V. la mort de son père. Venger l'honneur de quelqu'un. V. quelqu'un d'un affront. V. son ami. V. sa patrie.* = SE VENGER. v. pron. Se v. avec éclat. Se v. de ses ennemis. *Il m'a joué un mauvais tour, je m'en vengerai. Elle s'est bien vengée.* = VENGÉ, ÉE, p. == Conj. Voy. MANGER.

VENGEUR, GERESSE. s. [Pr. *van-jeur, jerè-se*]. Celui, celle qui venge, qui punit. *Cet outrage contre l'humanité n'aura-t-il point de v.? Il est le v. des crimes.* || Adjectiv., *Un Dieu v. La foudre vengeresse. Divinité vengeresse. Les remords vengeurs.*

VENIAT. s.m. [Pr. *veniate*.] Mot latin qui sign. *Qu'il vienne*, et qui se disait autrefois en T. Palais, De l'ordre donné par un juge supérieur à un juge inférieur de venir se présenter en personne, pour rendre compte de sa conduite.

VÉNÉZUELA
Kilomètres.

VÉNIEL, ELLE. adj. (lat. *venialis*, m s., de *venia*, pardon). T. Théol. Qui peut être pardonné; se dit des péchés légers, et qui ne font pas perdre la grâce, par opposition aux péchés mortels. *Commettre un péché v., une offense vénielle.* Voy. PÉCHÉ. || Fam., *Ce ne sont que des fautes vénielles, que des péchés véniels,* se dit de légers manquements, dans ce qui regarde certains petits devoirs, certaines petites bienséances.

VÉNIELLEMENT. adv [Pr. *vénié-le-man*]. *Pécher v.,* faire une faute légère; se dit par opposition à *Pécher mortellement.*

VENI-MECUM. s. m. [Pr. *vénimé-kome*]. Voy. VADE-MECUM.

VENIMEUX, EUSE. adj. [Pr. *veni-meu, euze*] (vx fr., *venim*, venin). Qui a du venin; se dit propr des animaux. *La vipère est venimeuse. Le scorpion est v.* || Se dit aussi de choses que l'on croit infectées du venin de quelque animal. *On dit que les herbes sur lesquelles la chenille a passé sont venimeuses.* || Fig., *C'est une langue venimeuse,* se dit d'une personne médisante et maligne, dont les propos font du mal.

VENIN. s. m. (lat. *venenum*, m. s.). Liquide malfaisant que sécrètent certains animaux, qui le conservent dans un réservoir particulier pour s'en servir comme de moyen d'attaque ou de défense. *V. prompt, subtil, dangereux, mortel. Le v. de la vipère, du scorpion.* — Fig. et prov., *A la queue le v.,* c'est souvent à la fin des affaires que l'on trouve le plus de difficulté. || Par anal., se dit quelquefois du principe morbifique de certaines affections contagieuses. *C'est un v. qui se communique.* || Fig., Rancune, haine cachée, malignité. *Vous avez bien du v. contre lui. Le v. de la calomnie.* — *Il a jeté tout son v.,* Dans l'emportement de sa colère, il a dit tout ce qu'il avait sur le cœur contre un tel. *C'est un homme sans v., qui n'a point de v.,* il n'a point de rancune, point de malignité.

Méd — Le *Venin* est un liquide doué de propriétés nocives que sécrètent certains animaux au moyen d'un appareil glanduleux particulier. Tous les animaux venimeux sont en outre munis d'un arme propre à l'inoculation du venin spécial qu'ils sécrètent : tels sont, parmi les Vertébrés, un grand nombre de serpents, comme la Vipère, le Crotale, le Naja, le Trigonocéphale, et, parmi les Invertébrés, le Scorpion, la Tarentule, l'Abeille, le Cousin, etc. Le Crapaud est également un animal venimeux. Les venins doivent leurs propriétés à des substances organiques dont la nature et qui paraissent différer dans chaque espèce d'animal; celui des vipères européennes ressemble à de l'huile d'amandes douces, il est incolore, inodore. Les venins agissent, tantôt par la lésion locale qu'ils déterminent, comme le v des Abeilles et des Cousins, tantôt par l'altération spécifique du sang qui résulte de leur introduction dans l'organisme et leur absorption. Ces derniers toutefois diffèrent des *virus*, qui déterminent aussi une altération générale de l'économie, en ce que les parties qui ont subi l'action d'un v. n'exercent elles-mêmes aucune action délétère, tandis que les virus communiquent aux parties affectées la propriété, au moins pour un temps, de transmettre leur propre affection. En outre, les venins sont des sécrétions normales, tandis que les virus, comme par ex. celui de la rage, ne se développent qu'accidentellement et constituent des produits morbides. — On appelle *plaies envenimées* les lésions produites par la piqûre ou par la morsure des animaux venimeux, lésions qui doivent exclusivement leur gravité à l'introduction dans la blessure d'une plus ou moins grande quantité de v — Parmi les plaies de ce genre, celles qui résultent de la piqûre d'Abeilles ou de Guêpes sont les plus fréquentes. Ces piqûres, s'il est vrai, ne sont pas très nombreuses, ne présentent point de gravité; mais, dans le cas contraire, elles peuvent causer la mort par la douleur excessive qu'elles déterminent. La douleur que cause la piqûre de l'aiguillon de ces insectes est ordinairement suivie du développement d'une petite tumeur ronde, dure, circonscrite, et d'une rougeur érysipélateuse. Il convient d'abord d'extraire l'aiguillon que l'insecte laisse presque toujours dans la plaie, mais il faut, pour cela, commencer par couper avec des ciseaux la petite vésicule qui est restée à la base de cet aiguillon, et qui contient encore du v. Sans cette précaution, en saisissant l'aiguillon, on comprimerait la vésicule, et l'on ferait couler le v dans la plaie. Après l'extraction de l'aiguillon, on fait sur celle-ci des fomentations avec de l'eau fraîche ou vinaigrée, ou mieux encore avec l'extrait de Saturne ou l'ammoniaque liquide. A défaut d'autres substances, on emploie avec succès une dissolution de sel commun. L'excision, les cautérisations de la plaie sont parfois utiles. Les injections de *sérum anti-venimeux* ont donné de bons résultats. Si la douleur est vive, il faut employer les calmants.

VENIR. v. n. (lat. *venire*, m. s.). Se transporter d'un lieu à un autre, en se rapprochant de celui qui parle. *Il est venu à pied, à cheval, en poste, en voiture. Le voilà qui vient. Il est venu me trouver. Il vint vers nous tout effrayé. Je viens pour vous dire que...* || Arriver au lieu où est celui qui parle. *Il viendra dans une heure. Il est déjà venu. Vous venez à temps, à propos. Il est venu ici hier. Il vient souvent me voir. Si j'allais à la campagne, il viendrait m'y relancer. Quel jour vient le courrier, viennent les lettres?* || *Venir* se dit : 1° par rapport au lieu d'où l'on est parti. *Je viens de Rome. Il vient de l'armée. Ce bâtiment vient du Brésil. Ce fleuve vient des Alpes. Le vent venait du nord Il vient de l'air de ce côté-là.* — 2° Par rapport au lieu où l'on se rend. *On vient maintenant de Brest à Paris en onze heures Venez avec moi à la promenade. On vient en foule à ce spectacle Il vient dans cette maison toutes sortes de gens.* — Prov., on dit d'un homme qui paraît ignorer ce qui se passe publiquement, et les choses que tout le monde sait : *Il semble qu'il vienne de l'autre monde.* On dit aussi prov, dans le même sens : *D'où venez-vous? De quel pays venez-vous?* || Sign. aussi, S'approcher d'une personne. *La mort vient tous les jours. Je sens v. la mort.* || *Venir,* se construit quelquefois avec les pronoms personnels et la particule En, sans que cela change rien au sens. *Dites-lui qu'il s'en vienne. Nous nous en vînmes ensemble.* || Prov., *Ne faire qu'aller et v.,* Être toujours en mouvement. || *Faire v. quelqu'un ou quelque chose,* Mander quelqu'un, lui donner ordre de v., ou d'envoyer une chose du lieu où elle est à celui où l'on est. *J'ai fait v ma femme à Paris. On a fait v. le médecin. Faites-moi v. une voiture. Il fait v. ses provisions de la campagne.* — Fig., *Faire v quelqu'un à la raison,* le ramener à la raison, l'engager ou le forcer à entendre raison. — Prov., *Faire v. l'eau à la bouche.* Voy. BOUCHE. *Faire v. l'eau au moulin.* Voy. EAU. || *Laisser v.,* Laisser approcher. *Jésus-Christ a dit : Laissez v. à moi les petits enfants.* — Fig., *Laisser v., voir v.,* Attendre, ne se pas presser. *Dans cette affaire, nous n'avons qu'à voir v., qu'à laisser v. Laissons-le v.* — On dit aussi, *Je le verrai v., il faut le voir v.,* Je verrai, il faut voir ce qu'il fera ou quel est son dessein. On dit aussi, *Je vous vois v.,* Je devine ce que vous pensez, et que vous allez faire ou dire. — A différents jeux de cartes, on dit, *Laissez-moi v. cette main.* Laissez-moi faire cette levée. On dit aussi, au Jeu de paume. *Laissez-moi v. ce coup-là,* Laissez-le moi jouer. == *Venir,* signifie encore, couler, sortir, s'échapper. *L'eau venait en abondance de cette fontaine. Ce vin est au bas, il vient trouble.* || Monter, s'élever, et quelquefois descendre. *Les eaux venaient jusqu'au premier étage. Son manteau ne lui venait qu'aux jarrets.* || Tirer son origine. *Cette famille vient d'Espagne. Les arts sont venus de telle contrée. Cette coutume nous vient d'Italie. Ce mot vient du grec, de l'allemand.* || Provenir, procéder, émaner. *Cette plante vient de bouture. Cette marchandise vient de tel pays. Le choléra nous est venu de l'Inde. Sa maladie vient des excès qu'il a faits. Les biens qui viennent du côté paternel. De là vient tout le désordre de l'État. Cela vient d'une personne sûre et bien informée. D'où vient votre colère? D'où vient qu'il est si triste?* — Prov., *Ce qui vient de la flûte s'en retourne au tambour.* Voy. FLÛTE. || Survenir, arriver inopinément. *La nuit vint durant le combat. Il vint un grand orage. Un malheur ne vient jamais seul. S'il vient quelque changement. Il lui est venu une succession. Le bien lui vient en dormant Il me vient un souvenir, une idée. J'écris les choses comme elles me viennent dans l'esprit.* — *V. à la traverse,* se dit d'une personne ou d'une chose qui met inopinément obstacle à un projet, à une affaire. — Elliptiq., *Vienne une maladie, un revers, etc.,* Qu'il arrive une maladie, etc. — Prov., *la balle vient ou va au joueur.* Voy. BALLE. *Tout vient à point à qui peut ou sait attendre.* Voy. ATTENDRE. || Parvenir. *Le bruit en est venu jusqu'à moi. Cette nouvelle est venue aux oreilles de votre père.* || Succéder, arriver suivant l'ordre naturel des choses. *Le jour vient après la nuit, le printemps après l'hiver. Un temps viendra où vous vous repentirez de ce que vous faites aujourd'hui. Sa dernière heure est venue Après la mort du père, la* succession vient à ses enfants. *Ceux qui viendront après nous.* Fig., *Après la pluie vient le beau temps.* Voy. PLUIE. — Ellipt., *Vienne la Saint-Martin, viennent les Rois,* etc., Quand la Saint-Martin arrivera, quand les Rois arriveront. || Naître, croître, être produit. *V. au monde. Les dents viennent à cet enfant. Les plumes commencent à v. à cet oiseau. Ce semis commence à v. Il ne vient point de blé dans ce pays-là. Les orangers viennent là en pleine terre.* Fig., *La raison lui est venue avant l'âge.* || V. bien, Profiler, croître comme il faut, réussir ; on dit dans un sens contraire. *V. mal. Cet enfant vient bien. Cet arbre ne vient pas bien, il a peine à v.* On dit, en parlant d'un accouchement, que *L'enfant vient bien,* Lorsqu'il se présente de la manière la plus naturelle, et que *L'enfant est bien venu,* Lorsque l'accouchement a été heureux et sans obstacle. On dit aussi, en parlant d'impressions, qu'*Une feuille, qu'une estampe est bien venue* ou *mal venue,* Selon qu'elle est sortie bien ou mal tirée de dessous la presse. — *V. à bien,* se dit à peu près dans le même sens. *L'affaire est venue à bien. Les enfants de cette femme ne viennent pas à bien.* — *V. à rien,* se dit de la diminution, du dépérissement, de l'anéantissement des choses. *A force de faire bouillir cette sauce, elle est venue à rien. A force de maigrir, cet enfant vient à rien.* Fig., *Tous ces grands projets viendront à rien.* || *Venir.* avec la prép. *à,* s'emploie souvent pour indiquer le but, la fin d'une chose, ce qui en a été la suite, le résultat. *Les fruits ne viendront pas à maturité. L'enfant est venu à terme, avant terme. V. à son but, à ses fins. V. à bout de ses desseins. V. à bout de faire une chose. V. à bout d'une chose. V. à bout de ses ennemis. Il vint jusqu'à me déclarer…. Il vint à un tel point d'insolence, que…. Ils choses vinrent à un point, que…, à un tel point, que…., si avant, que…. La chose en est venue à ce point…. Ils en vinrent au point de faire telle chose. On en vint aux mains avec les ennemis. En v. aux reproches, aux injures, aux menaces, aux coups, aux prises,* etc. *En v. aux extrémités, à la violence. J'ai voulu en v. à mon honneur.* — *Il faut en v. là,* se dit de la mort et de tout ce qu'on regarde comme nécessaire, inévitable, ou simplement de ce qu'on regarde comme plus expédient. *Après avoir bien discuté, vous verrez qu'il faut en v. là.* — *C'est là que j'en voulais v., c'est où j'en voulais v.,* C'est à ce but que tendaient mes actions, mes discours. On dit de même : *Où veut-il en v.? Où voulez-vous en v.?* — Par menace, on dit : *Qu'il y vienne,* pour qu'il s'en avise, qu'il ait cette hardiesse. || *V. au fait, à la question, à la discussion, à la conclusion,* Passer à l'exposition, à l'examen, à la discussion, à la conclusion d'une chose que l'on avait négligée ou différée, ou dont on s'était écarté. *Pourquoi tout ce préambule? Venons au fait.* || *V. bien à,* Être approprié à la personne, à la chose, lui convenir. *Cette robe vient bien à votre teint. Cette observation vient bien à mon sujet,* Elle convient au sujet de mon discours. || *V. à une succession,* Hériter. *V. à une succession par tête, par souche, par représentation,* etc. *Ce prince vint jeune à la couronne,* Il y parvint jeune — *V. à compte, à partage* à composition, Compter, partager, composer. *V. au sou la livre, au marc le franc,* Partager suivant une certaine proportion. || *Venir à,* se dit quelquefois pour indiquer une chose, une circonstance fortuite ; alors il se construit avec un verbe à l'infinitif, et il est ordinairement précédé de l'une des conjonctions *Si* ou *Quand. Si je viens à mourir. Si le secret venait à être découvert. Quand il viendra à pleuvoir. Nous vînmes à parler de telle chose.* || *Venir de,* joint à l'infinitif d'un verbe, sert à marquer un passé très prochain. *Je viens de dîner,* Il n'y a qu'un instant que j'ai fini de dîner. *Il vient de mourir. Nous venons de nous promener.* Fam., ou dit même, *Il vient de v.* — *Venez-y voir,* locut. famil., qui ne s'emploie que dans cette phrase ironiq., *C'est un beau venez-y voir, voilà un beau venez-y voir,* qui se dit d'une chose qui ne vaut pas la peine qu'on se dérange, qui ne mérite pas d'être remarquée. = *Venir,* s'emploie quelquefois substantiv., comme dans cette phrase. *L'aller et le v.* = A VENIR, loc. qui tient lieu d'adjectif, et signifie, qui doit arriver. *Le temps à v. Les siècles à v.* Voy. AVENIR. = VENU, VÉR. part. || *Soyez le bien venu, la bien venue,* Formule de bienveillance ou de civilité dont on se sert à l'égard d'une personne qui arrive. On écrit aussi, *Bienvenu, bienvenue,* en un seul mot. *Être bien venu partout,* Être bien reçu partout. || *Cet homme est nouveau venu,* Il est nouvellement arrivé. — Subst., *Un nouveau venu,* Un homme qui vient d'arriver ou d'être admis dans une société. On dit de même au fém., *Une nouvelle venue,* et au plur., *Les nouveaux venus, les nou-*

velles venues. || *Le premier venu,* Celui qui arrive le premier. — Fig., *Confier son secret au premier venu, à la première venue,* Le confier sans discernement. — *Le dernier venu,* Celui qui arrive le dernier, le dernier admis. *Les dernières venues ne purent trouver de place.*

Conj. — *Je viens, tu viens, il vient ; nous venons, vous venez, ils viennent. Je venais ; nous venions. Je vins ; nous vînmes. Je viendrai ; nous viendrons.* — *Je viendrais ; nous viendrions.* — *Viens ; venons.* — *Que je vienne ; que nous venions. Que je vinsse ; que nous vinssions.* — *Venir.* — *Venant. Venu, ue.*

VENISE, v. d'Italie, bâtie dans les lagunes à l'extrémité N. de l'Adriatique, à 312 kil. de Milan ; 132,800 hab. Au moyen âge, Venise était la capitale d'une puissante république qui fut détruite en 1797 par le traité de Campo-Formio. Venise, avec la Vénétie, fut cédée à l'Autriche. Elle fut rendue à l'Italie en 1866. C'est une des cités les plus curieuses du monde, avec ses canaux et ses palais de marbre, et d'un aspect unique et inoubliable.

VENISE (Golfe DE), golfe de l'Adriatique, entre les bouches de l'Isonzo et du Pô.

VENLO ou **VENLOO**, v. des Pays-Bas (Limbourg), sur la Meuse ; 9,500 hab.

VENT. s. m. [Pr. *van*] (lat. *ventus,* m. s.). Mouvement plus ou moins rapide d'une masse d'air qui se transporte d'un lieu dans un autre suivant une direction déterminée. Les quatre vents principaux ou cardinaux sont : le v. du nord, le v. du sud, le v. d'est, le v. d'ouest. Vents périodiques, irréguliers, variables. Grand v. V. impétueux, froid, chaud, humide, pluvieux. Le v. souffle. Le v. se lève. Le v. tourne. Être exposé au v., à tous les vents. Le vaisseau flotta trois jours à la merci des vents et des flots. Ses cheveux flottent au gré du v. La force, la vitesse, la violence du v. V. souterrain, V. qui se forme dans quelque cavité de la terre. — Par exagération. *Aller comme le v., aller plus vite que le v.,* se dit d'un homme, d'un cheval, etc., qui est fort léger à la course. || Fig., dans le style soutenu. *Le v. des prospérités, de l'adversité,* La fortune favorable ou défavorable. On dit de même. *Le v. de la faveur,* L'avantage de la faveur du prince. — Fig. et fam., *Être logé aux quatre vents,* Être logé dans une maison mal close et exposée aux vents de tous côtés. *Quel bon v. vous amène?* se dit à une personne qui arrive, pour lui témoigner qu'on est surpris et bien aise de la voir. *Le v. tourne,* Le cours des choses change, il devient favorable ou défavorable. — Fig. et prov., *Petite pluie abat grand v.* Voy. PLUIE ; *C'est une girouette qui tourne à tout v.* Voy. GIROUETTE ; *Jeter la plume au v.* Voy. PLUME ; *Regarder de quel côté vient le v.* Voy. CÔTÉ. *Autant en emporte le v.* Voy. EMPORTER. *A brebis tondue, Dieu mesure le v.* Voy. BREBIS. || *Porter le nez au v., porter au v.,* se dit de certains animaux lorsqu'ils portent la tête haute. Ordinairement les chevaux tartares portent le nez au v., portent au v. — Fig. et fam., *Cet homme porte le nez au v.,* Il tient la tête haute, il a l'air fier, dédaigneux. — *Avoir le nez au v.,* avoir l'air évaporé. || T. Chasse. *Chasser au v., aller dans le v.,* Aller contre le vent. — *Un faucon qui prend le haut du v.,* qui vole au-dessus du v.* — *Aller l'aile au v.,* voler du côté du v.* || T. Jardin. *Arbres en plein v., arbres de plein v.,* Les arbres fruitiers de haute tige, qui ne sont abrités d'aucun côté. — On dit aussi, dans le langage ordinaire et dans un sens analogue. *Un étalage, une boutique, un théâtre en plein v.* || T. Mar. *Avoir v. arrière,* avoir bon v. Avoir un v. qui porte directement le navire vers le point où l'on veut aller ; et, dans un sens opposé, *Avoir v. debout,* avoir v. contraire, Avoir un v. directement opposé à la route que l'on veut faire. *Être v. devant.* Voy. DEVANT. *Avoir le v. en poupe.* Voy. POUPE. — *Avoir v. et marée,* se dit d'un bâtiment qui se trouve avoir en même temps le v. et la marée favorables pour la route qu'il a fait. On dit, dans le cas contraire. *Aller contre v. et marée.* — Fig. et fam., *Cet homme a v. et marée,* Tout favorise ses desseins, et *Il va contre v. et marée,* Il poursuit obstinément son projet, malgré toutes les difficultés qui s'y opposent. — *Selon le v. la voile,* Il faut déployer plus ou moins de voiles, selon que le v. est plus fort ou plus faible, selon qu'il est plus ou moins favorable ; et Fig., il faut proportionner ses entreprises à ses moyens, ses démarches aux circonstances ; ou bien il faut se conduire avec assez d'adresse pour avancer, malgré les difficultés, vers le but qu'on se propose. — *Aller selon le v.*, Régler sa navigation sur le v., *Aller tout d'un v., d'un même v.*, Faire sa route avec un seul v., ce qui ne peut avoir lieu que lorsque le trajet est direct. On dit aussi, Fig. et fam., *Aller selon le v.*, pour signifier, S'accommoder aux temps et aux circonstances. *Prendre le v.*, Suivre la direction favorable. — *Pincer le v., Serrer le v., Rallier le v.* ou *rallier au v. Tenir le v. Aller au plus près du v.*, ou ellipt., *Aller au plus près*, Disposer les voiles de telle sorte que le navire aille le plus près qu'il est possible de la ligne sur laquelle le v. souffle, en remontant vers le côté d'où il souffle. — *Avoir le v. sur un navire. Etre au v. d'un navire. Avoir le dessus du v. Gagner le v.* ou *le dessus du v. à un navire*, Se trouver ou se montrer entre le lieu d'où le v. souffle et le navire dont il s'agit. On dit de même. *Cette île était au v. à nous*, Elle était entre nous et l'endroit d'où soufflait le v.; et, *Cette île nous restait sous le v.*, Nous étions entre cette île et l'endroit d'où le v. soufflait. On dit aussi, Fig. et fam., *Avoir le dessus du v.*, Avoir l'avantage sur quelqu'un; *Etre au-dessus du v.*, Etre en état de ne rien craindre. — *Vent*, se dit encore de l'air qui est agité par quelque moyen particulier. *Faire du v. avec un éventail. avec un soufflet.* — *Le v. d'un boulet de canon*, L'air agité par le passage d'un boulet de canon. *Le v. du boulet est incapable de renverser un homme, encore moins de le blesser.* — *Instruments à v.*, Les instruments de musique dont le son est formé par les vibrations de l'air qu'on y introduit, se dit par opposition à instruments à cordes, où le son est formé par les vibrations des cordes. *La trompette, le cor, la flûte, la clarinette sont des instruments à v.* — *Fusil à v.* Voy. GAZ, IV, C. || *Vent*, se dit quelquefois pour signifier l'air proprement dit. *Un ballon gonflé de v. Une vessie remplie de v.* Mettre *flamberge au v.*, tirer l'épée. — Fig., se dit dans le sens de Vanité, chose vaine. *Toute cette apparence n'est que v., n'est que du v. Il y a bien du v., il n'y a que du v. dans cette tête.* || *Vent*, signifie encore respiration, souffle, haleine. *Perdre son v. Reprendre, retenir son v.* Pop. || Se dit aussi de l'air ou des gaz retenus dans le corps de l'homme ou des animaux. *Avoir des vents* Lâcher un v. *Cela cause des vents.* || En parlant de vases qui renferment des liquides qui sont susceptibles de dégager des gaz ou qui ont besoin d'être mis en contact avec l'air, on dit, *Donner v.*, pour donner issue au gaz ou accès à l'air. *Si vous ne donnez v. à ce tonneau, il jettera ses fonds. Ce vin ne viendra pas, si on ne lui donne v. par en haut.* — Dans un sens analogue, en parlant des bouches à feu, on appelle *Vent*, L'intervalle qui existe entre le projectile et les parois de la pièce, et par lequel les gaz s'échappent sans produire d'effet utile. || T. Véner. L'odeur qu'une bête laisse dans son lieu où elle a passé. *Le cerf est le plus grand v. que le lièvre.* — L'odeur qui vient des émanations d'un corps. *Le sanglier prend le v. de tous côtés avant que de sortir de sa bauge*, Il flaire de tous côtés. *Les corbeaux ont eu le v. d'une bête morte*, L'odeur en est parvenue jusqu'à eux. — Fig. et fam., *Avoir v. de quelque chose, avoir v. que quelque chose se passe*, En recevoir quelque insinuation, quelque avis.

Météor. — **I. Des vents en général.** — Lorsqu'un point quelconque de l'atmosphère vient à s'échauffer, l'air se dilate, et, par cette dilatation, il doit nécessairement refouler l'air extérieur et le chasser avec une force plus ou moins grande. Mais si la cause qui occasionnait la dilatation vient à cesser, il y aura condensation, et par suite formation d'un vide qui sera immédiatement rempli par les couches d'air voisines; il y aura donc encore mouvement de l'air autour de ce point. Dans l'un et l'autre cas, il s'établit un *courant d'air*, c.-à-d. un *V.* D'après ce que nous venons de voir de ces deux modes suivant lesquels peuvent se former ces courants, on distingue deux sortes de vents, ceux qui sont produits par la dilatation de l'air, et ceux qui sont produits par sa condensation. Les premiers sont appelés *Vents par impulsion*, et les seconds, *Vents par aspiration*. Si la cause qui dilate l'air, ou si celle qui le condense dans un espace quelconque agit avec intensité, le v. sera violent; dans le cas contraire, il sera doux et ne pourra acquérir une grande vitesse. Les vents ont pour effet général de mélanger continuellement les couches atmosphériques qui enveloppent notre globe, et d'y entretenir une composition chimique constante. Ils renouvellent l'air des villes, et adoucissent les climats du Nord en leur apportant la chaleur du Midi. Sans eux les pluies seraient inconnues dans l'intérieur des continents, qui se transformeraient en déserts arides. Enfin, ils favorisent la fécondation

des fleurs en agitant les rameaux des plantes et en transportant le pollen à de grandes distances. — Pour indiquer la *direction* des vents, les quatre points cardinaux seraient insuffisants. En conséquence, on partage l'horizon en un certain nombre de parties égales, ainsi que nous l'avons indiqué au mot BOUSSOLE. Les girouettes servent à signaler la direction générale du v. à la surface de la terre, mais, comme on ne peut les établir qu'à une hauteur véritablement minime, il faut consulter la marche des nuages pour connaître la direction des courants aériens supérieurs. — La force inégale du v., ou la variabilité de sa vitesse, est un fait d'observation journalière. On trouve toutes les transitions imaginables entre un souffle à peine sensible et les ouragans qui déracinent les plus gros arbres et renversent les murailles. Les marins appellent : *petite brise*, un v. faible qui parcourt 2 mètres par seconde; *jolie brise* ou *v. frais*, un v. modéré qui en parcourt 4; *v. bon frais*, un v. qui fait 7 mètres; *forte brise*, celui qui parcourt 8 à 9 mètres; *très forte brise* ou *v. grand frais*, celui qui a une vitesse de 10 mètres; *très grand frais*, celui qui en a une de 15. Quand la vitesse atteint 20 ou 30 mètres, on a ce qu'on appelle une *Tempête*. Si elle s'élève de 36 à 40 mètres, il en résulte un *Ouragan*. Dans ce dernier cas, le v. parcourt environ 160 kilomètres par heure, et alors il renverse les édifices et déracine les arbres. Pour donner une idée des effets destructeurs que peut produire un v. animé d'une semblable vitesse, il suffit de citer quelques-uns des faits observés à la Guadeloupe, dans l'ouragan qui dévasta cette île le 25 juillet 1825. Des maisons solidement bâties furent renversées, et un édifice neuf, élevé aux frais de l'État avec la plus grande solidité, eut une aile entièrement complétement rasée. Le v. avait imprimé aux tuiles une telle vitesse, que plusieurs pénétrèrent dans des magasins à travers des portes épaisses. Une planche de sapin, qui avait 1 mètre de long, 25 centimètres de large et 23 millimètres d'épaisseur, se mouvait dans l'air avec une si grande rapidité, qu'elle traversa d'outre en outre une tige de palmier de 45 centimètres de diamètre. Une pièce de bois de 4 mètres de long et de 20 centimètres d'équarrissage, projetée par le v. sur une route ferrée, battue et fréquentée, entra dans le sol près de 1 mètre. Une belle grille de fer, établie devant le palais du gouverneur, fut entièrement rompue. Enfin, trois canons de 21 se déplacèrent jusqu'à la rencontre de l'épaulement de la batterie qui les renfermait. — On mesure la vitesse du v. au moyen d'appareils imaginés à cet effet et qu'on nomme ANÉMOMÈTRES. Voy. ce mot. La vitesse des courants aériens supérieurs se mesure par la rapidité avec laquelle l'ombre d'un nuage se meut à la surface du sol. — Les physiciens divisent les vents en deux classes, les vents généraux et périodiques, et les vents variables ou locaux.

II. Vents généraux et périodiques. — On range dans cette catégorie, les *vents alizés*, les *moussons* et les *brises*.

A. Vents alizés. — L'air se dilate et devient plus léger par l'action de la chaleur, tandis qu'il se contracte et devient plus pesant quand la température s'abaisse. Ainsi l'air échauffé et raréfié sous l'équateur s'élève constamment dans les régions supérieures de l'atmosphère, et s'écoule au nord et au sud vers les pôles; d'autre part, l'air froid et pesant des zones polaires se précipite, le long de la surface de la terre, vers l'équateur, afin de remplir le vide relatif produit entre les tropiques par la raréfaction. Il s'établit donc ainsi, entre chacun des pôles et l'équateur, deux courants d'air en sens inverse, l'un d'air chaud, à la partie supérieure de l'atmosphère, allant de l'équateur aux pôles, et l'autre d'air froid, à la surface du sol, allant des pôles à l'équateur. Nous avons expliqué au mot tempête comment l'air arrivant des latitudes élevées vers l'équateur se trouve en retard sur la rotation de la terre du telle sorte que la direction du v. se trouve inclinée, et que le v., au lieu de souffler du nord au sud, souffle du nord-est au sud-ouest dans l'hémisphère boréal, et du sud-est au nord-ouest dans l'hémisphère austral. Voy. TEMPÊTE (*Théorie des tempêtes*).

Ces vents primitifs de nord-est et de sud-est ont reçu le nom de *vents alizés*. Près de l'équateur, ces vents alizés, arrivés à quelque distance, l'un au nord, l'autre au sud de cette ligne, se neutralisent si complètement, qu'en pleine mer une bougie brûle sans vaciller. La zone intermédiaire, entre les limites de ces deux vents, a une largeur d'environ 5 degrés et demi. On la nomme *région des calmes* ou *région des vents variables*, parce qu'elle est également sujette à des calmes complets, à des pluies torrentielles, et à des orages d'une violence extraordinaire. Par suite de l'inégale distribution de la terre et des eaux dans les hémisphères boréal et austral, l'équateur terrestre n'est pas la ligne de la température maximum. Or, il résulte de là que l'axe de la région des calmes ne saurait coïncider avec la ligne équinoxiale. En effet, il coïncide à peu près avec le 6e parallèle nord. Toutefois il change de position, et la largeur de la région des calmes varie elle-même avec la déclinaison du soleil, sans cependant dépasser jamais du côté du sud la ligne équinoxiale. Quoique les vents alizés s'étendent jusqu'à 28e de latitude de chaque côté de l'équateur, leurs limites varient considérablement dans les différentes parties de l'Océan, et se déplacent de deux ou trois degrés, soit au nord, soit au sud, suivant la position du soleil. Dans l'Atlantique, l'alizé du sud-est est moins constant que celui du sud-est. En outre, le capitaine Maury, de la marine des États-Unis, est porté à croire qu'il y a, sur l'Atlantique, dans la limite de l'alizé du nord-est, une région particulière où les vents dominants sont ceux du sud et de l'ouest. Cette région offre à peu près la forme d'un coin dont

la base est à la côte d'Afrique, entre l'équateur et le 10e degré de latitude nord, et s'étend entre le 12e et le 27e degré de longitude occidentale. On observe en effet, dans cette région, de grands troubles atmosphériques, de violentes bourrasques, des coups de v. soudains, des orages, des pluies considérables, et des calmes plus ou moins longs. On peut expliquer ce fait par la présence de l'immense désert du Sahara. L'air se raréfie au-dessus de cette surface de sable échauffé et s'élève perpendiculairement. L'air de la mer se précipite pour remplir cet espace raréfié, et produit ainsi, le long de la côte occidentale d'Afrique, un vent du sud ou d'ouest. D'autres observations ont montré que les vents alizés sont moins uniformes dans l'océan Pacifique que dans l'Atlantique. Ils ne soufflent d'une manière permanente que dans cette partie du Pacifique qui est comprise entre l'archipel des Galapagos et les îles Marquises. Dans l'océan Indien, l'alizé du sud-est souffle à partir de quelques degrés à l'est de Madagascar jusqu'à la côte de la Nouvelle-Hollande, entre le 10e et le 28e degré de latitude sud. Enfin, les vents alizés ne sont constants qu'à une certaine distance de la terre, parce que les continents et les îles les interceptent et changent leur direction.

Les courants aériens constants qui se portent de l'équateur aux deux pôles dans les régions supérieures de l'atmosphère, constituent les contre-courants des vents alizés. Nous avons expliqué au mot *tempête* comment la rotation de la terre faisait dévier ces *contre-alizés* sur une trajectoire parabolique. Dans l'hémisphère boréal, à partir du 30e de latitude, le contre-alizé souffle du sud-ouest au nord-est. Pour la même raison, c'est un v. du nord-ouest qu'on observe dans les couches supérieures de l'hémisphère austral. L'existence de ces courants supérieurs est démontrée par ces deux faits : que l'on voit fréquemment les nuages suspendus dans les hautes régions de l'atmosphère se mouvoir en sens contraire des nuages plus rapprochés qui obéissent à l'action du v. alizé; et que maintes fois des cendres volcaniques ont été portées à des distances énormes, dans une direction précisément contraire à celle de ce même v. alizé.

B. *Moussons.* — On appelle ainsi, du mot arabe et malais *moussin*, qui veut dire « saison », des vents périodiques qui changent suivant les phases de l'année. Dans l'océan Indien, la régularité des vents alizés est troublée par la configuration des terres que baigne cette mer, et surtout par le continent asiatique. L'alizé du sud-est souffle toute l'année dans la partie sud de cet océan, entre Madagascar et la Nouvelle-Hollande; mais dans la partie septentrionale, laquelle est située au nord de l'équateur, c'est un v. du sud-ouest qui souffle durant six mois de l'année, et un v. de nord-est qui

règne pendant les six autres mois. La mousson du sud-ouest souffle d'avril à octobre, tandis que celle du nord-est souffle d'octobre à avril. L'alternance de ces vents s'explique de la manière suivante. Durant les mois d'hiver, la température du continent asiatique se refroidit; au contraire, les régions situées plus au sud reçoivent du soleil une plus grande quantité de chaleur et s'échauffent : il résulte de là qu'il se produit un courant qui souffle du continent asiatique refroidi vers les régions maritimes plus échauffées, c.-à-d. du nord au sud. Quand, au contraire, le soleil passe de l'hémisphère boréal, les températures relatives du continent asiatique et de l'Océan changent, et la mousson se renverse, c.-à-d. que, pendant l'été, le v. périodique souffle du sud au nord. Mais ces deux vents, par l'effet de la rotation de la terre, se transforment, le premier en un v. du nord-est, et le second en un v. du sud-ouest. Parfois les moussons sont séparées par un calme plus ou moins prolongé; mais en général elles passent brusquement de l'une à l'autre, et le choc de ces deux vents contraires produit presque toujours des bourrasques très fortes et très dangereuses. Ces vents pénètrent fort avant dans les terres; mais leur direction est singulièrement modifiée par la configuration de celles-ci. — Cette succession de vents réguliers n'est nulle part aussi remarquable que dans l'océan Indien. Néanmoins elle se rencontre encore dans d'autres contrées. Les vents qui, durant les grandes chaleurs de l'été, soufflent sur la Méditerranée, et que les Grecs avaient appelés *vents étésiens*, du mot ἔτος, année, saison, peuvent être regardés comme une véritable mousson. La direction de ces vents est dans certaines portions de la zone méditerranéenne du nord au sud; dans d'autres, ils soufflent du nord-est. La cause des vents étésiens réside dans l'échauffement et la raréfaction de l'air au-dessus des déserts de l'Afrique septentrionale, ce qui détermine un courant aérien inférieur qui se porte d'Europe en Afrique pour rétablir l'équilibre.

C. *Brises.* — Bien que les marins appliquent le nom de *Brise* à toute espèce de v., lorsqu'il n'est pas trop violent, les physiciens désignent par ce mot certains vents périodiques qui ne sont sensibles que sur les côtes. « Sur les côtes, lorsque le temps est calme, dit Kæmtz, on ne sent aucun mouvement jusqu'à 8 ou 9 heures du matin; mais alors il s'élève peu à peu un v. léger qui souffle de la mer. Faible d'abord et limité à un petit espace, ce v. augmente peu à peu de force et d'étendue jusqu'à 3 heures de l'après-midi; puis il s'affaiblit pour céder la place à un v. qui souffle de terre. Celui-ci s'élève peu après le coucher du soleil, et atteint son maximum de vitesse et d'étendue au moment du lever de cet astre. Ces vents alternatifs sont appelés *brise de mer* et *brise de terre*. Leur direction est perpendiculaire à celle de la côte; mais, si un autre v. souffle en même temps, alors elle se modifie de diverses manières. L'alternance de ces brises s'explique par l'échauffement inégal de la terre et de la mer. En effet, vers 9 heures du matin, la température est à peu près la même que la terre et sur la mer, et l'air est en état d'équilibre. A mesure que le soleil s'élève au-dessus de l'horizon, le sol s'échauffe plus que l'eau; il en résulte une brise marine qui souffle vers la terre, où l'air se raréfie. Au moment du maximum de température de la journée, cette brise acquiert sa plus grande force; mais, vers le soir, l'air de la terre se refroidit, et, au coucher du soleil, il a la même température que l'air en contact avec la surface de la mer. Il en résulte quelques heures de calme parfait. Pendant la nuit, la terre se refroidit plus que l'eau; de là résulte un v. de terre dont le maximum de force coïncide avec le moment du minimum de la température des vingt-quatre heures, qui est aussi celui où la différence de température entre la terre et la mer est la plus grande possible. » — Le v. de nord-est qui souffle sur la côte ouest de l'Afrique septentrionale, et qui est connu sous le nom d'*Harmattan*, est une véritable brise de terre. Seulement, comme il vient du désert qui occupe la partie ouest de ce continent, où la différence entre la température du sol et celle de la mer est très considérable, sa force est beaucoup plus grande que celle des brises observées dans les autres régions du globe. Ainsi, il lui arrive souvent de porter du sable jusqu'à une distance de plus de 500 kilomètres dans l'Atlantique.

Le savant professeur Fournet, de la Faculté des sciences de Lyon, a fait voir qu'il existe dans les montagnes des brises de jour et de nuit analogues à celles de terre et de mer. Pendant le jour il se produit le long des flancs des montagnes un courant ascendant qui, pendant la nuit, est remplacé par un courant descendant. Ces vents sont connus de temps immémorial, dans certaines localités, sous les noms de *Pontias*, *Vésine*, *Solore*, *Rebas*, *Aiou du vent*, etc. Fournet explique ces alternatives de courant ascendant diurne et de courant descendant nocturne, par l'échauffement des cimes sous l'action du soleil levant, qui détermine un courant ascendant, tandis que l'échauffement de la plaine, plus considérable dans la journée que celui de la montagne, détermine vers le soir un courant descendant.

III. *Vents variables et locaux.* — Le contre-alizé supérieur qui apporte vers le nord l'air raréfié des régions équatoriales s'abaisse de plus en plus, en perdant de sa vitesse et de sa chaleur, à mesure qu'il arrive dans des latitudes plus élevées. Il atteint la surface de la terre au delà du 30e parallèle, où il devient un v. du sud-ouest dans l'hémisphère nord, et du nord-ouest dans l'hémisphère sud. Cependant cette chute du contre-alizé supérieur peut se produire plus ou moins au delà de cette limite; quelquefois même, le contre-alizé reste dans les régions supérieures jusqu'au voisinage du pôle, où il produit des vents circulaires. De plus, le contre-alizé se compose de plusieurs courants juxtaposés qui produisent des tourbillons plus ou moins violents le long de la ligne qui sépare des courants de vitesses différentes. Voy. TEMPÊTE. De là résulte que, aux latitudes élevées, la direction du v. est essentiellement variable. Quoique le sud-ouest et le nord-est y soient les vents dominants, on n'a faut beaucoup qu'on retrouve ici cette alternance régulière qui caractérise les moussons de l'océan Indien, et l'on semble au premier abord qu'il soit impossible de découvrir une loi quelconque au milieu de la variabilité perpétuelle de nos vents. Le tableau suivant donne une idée de cette variabilité, et en même temps il indique la fréquence relative des 8 vents principaux pour différents pays, sur un total de 1,000 jours.

PAYS	N.	N.-E.	E.	S.-E.	S.	S.-O.	O.	N.-O.
Angleterre	82	111	99	81	111	225	171	120
France	126	140	84	76	117	192	135	110
Allemagne	84	98	119	87	97	185	198	131
Danemark	65	98	100	129	92	198	161	156
Suède	102	104	80	110	128	210	159	106
Russie	99	191	81	130	97	143	166	92
Amérique du N.	96	116	49	108	123	197	101	210

En ce qui concerne la France, les chiffres qui précèdent ne s'appliquent pas exactement à son territoire tout entier. Ils ne sont vrais que pour la partie qui constitue ce que Fournet appelle la région atlantique de la France, laquelle comprend le nord-est, le nord et l'ouest de notre pays. D'après ses recherches, les vents du nord et du sud l'emportent sur tous les autres dans le bassin de la Saône et du Rhône jusqu'à Viviers. Dans le bassin de la Garonne et de l'Aude, par suite de la présence des Pyrénées qui amortissent les vents du sud, ce sont ceux du nord-ouest et de l'ouest qui soufflent le plus souvent. Enfin, dans l'espace compris entre Narbonne, Viviers et Toulon, savoir : dans les départements de l'Hérault, du Gard, de Vaucluse et des Bouches-du-Rhône, c'est le v. de nord-ouest appelé *Mistral* dans nos départements du Midi, qui est le plus commun et le plus violent. Le v. du sud-ouest est le v. pluvieux dans toute la France, excepté au pied des Pyrénées et dans le bassin de la Saône et du Rhône.

Bien que, comme nous venons de le dire, les vents, sous nos latitudes, paraissent souffler des divers points de l'horizon d'une manière tout à fait irrégulière et sans qu'on puisse ramener leurs changements à des lois précises, cependant Dove a constaté qu'en général les vents se succèdent dans l'ordre qui suit : *Sud, Sud-ouest, Ouest, Nord-ouest, Nord, Nord-est, Est, Sud-est, Sud*. Cet ordre de rotation des vents s'observe surtout pendant l'hiver, et le savant physicien

a décrit en ces termes les changements du baromètre et du thermomètre qui se lient à cette rotation : « Lorsque le sud-ouest, qui souffle toujours avec plus de force est complètement établi, il élève la température au-dessus de 0°; par conséquent, il ne peut plus tomber de neige, mais il tombe de là pluie, tandis que le baromètre s'abaisse à son minimum de hauteur. Ensuite le v. passe à l'ouest, et alors la chute d'épais flocons de neige, ainsi que l'ascension du baromètre et la chute du thermomètre, coïncide avec la présence d'un v. plus froid. Avec le v. du nord, le ciel s'éclaircit. Avec le v. de nord-est, le froid augmente et le baromètre s'élève encore. Mais peu à peu ce dernier s'abaisse; de légers cirrus, qui apparaissent dans les régions supérieures de l'atmosphère, montrent par la direction de leur marche que le v. commence à changer de direction, et il vire ainsi de l'est vers le sud, quoique la girouette n'indique rien de cette mutation et continue à marquer l'est. Cependant la v. du sud commence à supplanter le v. d'est; le baromètre descend, la girouette marque le sud-est, le ciel se couvre de plus en plus, il tombe de la neige; puis la température s'élève, le v. souffle du sud, et enfin il repasse au sud-ouest en amenant de la pluie. Alors la rotation recommence de la même manière. » — Cette rotation du v. ne s'observe pas toujours d'une manière aussi manifeste, car assez souvent elle présente, pour ainsi dire, une rétrogradation. Cette rétrogradation a lieu beaucoup plus fréquemment du côté occidental que du côté oriental de la rose des vents. Toutefois il est extrêmement rare en Europe de voir une rotation complète du v. en sens contraire, c.-à-d. du sud à l'est, au nord et à l'ouest. Cette loi de la rotation des vents se rattache intimement à la théorie des cyclones. Voy. TEMPÊTE.

IV. *Propriétés physiques de quelques vents.* — « Lorsque les vents viennent de régions éloignées, dit Kaemtz, ils possèdent une partie des propriétés qui caractérisent ces régions. Ainsi, par ex., les vents d'ouest qui soufflent de la mer, sont beaucoup plus humides que ceux d'est qui traversent les continents. Ceux-ci, surtout quand ils sont du nord-est, sont très froids, particulièrement au printemps. Dans le midi de l'Europe, les vents du nord sont redoutés à cause de leur violence et de leur âpreté. L'opposition entre la température élevée de la Méditerranée et les Alpes couvertes de neige, donne lieu à des courants aériens d'une extrême rapidité. Si leur effet s'ajoute à celui du v. du nord général, il en résulte une *Bise* d'une violence dont on ne se fait pas d'idée. En Istrie et en Dalmatie, ce v. est connu sous le nom de *Bora*, et sa force est telle qu'il renverse quelquefois des chevaux et des charrettes. C'en est de même dans la vallée du Rhône, où règne souvent un v. du nord-ouest très froid que les habitants appellent *Mistral*, qui n'est pas moins redoutable que le v. du nord connu en Espagne sous le nom de *Galléga*. » — Mais les vents les plus célèbres sont les vents chauds qui prennent naissance dans les grands déserts et dans les plaines couvertes de peu de végétation qui avoisinent les tropiques En Arabie, en Perse et dans l'Afrique septentrionale, le v. du désert est connu sous les noms de *Simoun*, *Samoun*, *Semoun*, et *Samiel*, qui tous dérivent du mot arabe *samm*, poison. En Égypte, on l'appelle *Khamsin* (cinquante), parce qu'il souffle pendant 50 jours, depuis la fin d'avril jusqu'en juin, au commencement de l'inondation du Nil. Dans la partie occidentale du Sahara, on le nomme *Harmattan*. Les Orientaux, naturellement portés à l'exagération, ont débité au sujet de ce v. des fables sans nombre, et beaucoup de voyageurs les ont répétées avec complaisance. En effet, ce v. n'a nullement les propriétés délétères qu'on lui attribue vulgairement, et il ne cause point la mort à la manière d'un gaz toxique. Sa température est très élevée, parce que l'air de ces régions se trouve en contact avec un sol aride constamment échauffé par l'action des rayons solaires, et la poussière de sable que ce v. transporte avec lui augmente encore l'impression pénible que sa chaleur fait éprouver aux hommes et aux animaux. Lorsque le v. du désert acquiert une certaine force, il enlève une quantité de sable telle, que le ciel s'obscurcit et que le soleil perd son éclat au point de paraître plus pâle que la lune. L'évaporation qui augmente à la surface du corps dessèche la peau, ainsi que la muqueuse des voies aériennes, et cause une soif violente. L'eau contenue dans les outres que les caravanes portent avec elles s'évapore, et c'est ainsi que tant de caravanes ont péri dans le désert. Si les Arabes se couvrent la face, dit Burckhardt, c'est pour empêcher le sable de pénétrer dans leurs yeux et dans leur bouche. C'est pour la même raison que les chameaux tournent la tête du côté opposé au v., et se couchent le nez contre le sol. Le midi de l'Europe, c.-à-d. l'Italie, la Sicile et l'Espagne, a aussi un v.

brûlant, qui vient du sud-est. et qui est nommé *Sirocco*, en italien, et *Solano* en espagnol. Dolomieu, à Malte, et Brydone, à Palerme, ont vu le sirocco faire monter subitement le thermomètre jusqu'à 40 degrés Réaumur (50 centigr.). Pendant qu'il souffle, les habitants se tiennent renfermés chez eux, ils bouchent hermétiquement leurs portes et leurs fenêtres, et suspendent en dedans de celles-ci des couvertures mouillées. Quelque incommode que soit ce v. par sa chaleur dévorante, il n'a jamais eu d'influence sensible sur la santé des habitants, et quelques heures de v. du nord, car ce v. succède ordinairement au sirocco, suffisent pour rendre au corps toute sa vigueur première. A Naples toutefois, ainsi que dans quelques autres endroits de l'Italie, où le sirocco est moins violent qu'à Palerme, mais où il dure plusieurs jours et même plusieurs semaines, il jette la plupart des individus dans un état de langueur particulier, qui certainement peut rendre les individus plus aptes à subir certaines influences morbifiques. — Voy. Climat, Tempête.

VENT (Iles sous le), archipel des Petites Antilles, sur la côte du Vénézuéla.

VENTAIL. s. m. [Pr. *van-tal*, *l* mouillée] (R. *venter*). T. Blas. Partie inférieure de l'ouverture d'un casque, d'un heaume.

VENTE. s. f. [Pr. *van-te*] (lat. *vendita*, choses vendues, part. pass. de *vendere*, vendre). Contrat par lequel on aliène une chose moyennant un prix. *V. volontaire. V. forcée. V. simulée, frauduleuse. V. de biens, de meubles. V. par licitation. Une v. aux enchères. Faire une v. Aller aux ventes publiques.* — *Mettre une chose en v.,* Déclarer, faire savoir qu'on veut la vendre. *Exposer une chose en v.,* La mettre sous les yeux du public, afin qu'elle trouve des acheteurs. *Telle chose est en v.,* On la vend actuellement à ceux qui veulent l'acheter, ou elle est à vendre. *Cette marchandise est de v., de bonne v.,* Elle est de nature à être bien vendue, ou le temps est favorable pour la vendre avantageusement. *Elle est dure à la v.,* Le débit n'en est pas aisé. — *Cette marchandise est hors de v.,* Elle n'est plus de débit. — Les marchands disent, *La v. va, ne va pas,* Lorsqu'ils ont ou qu'ils n'ont pas de débit. || T. Admin. forest. Se dit des différentes coupes qui se font dans une forêt, en des temps réglés. *Il y a plusieurs ventes dans cette forêt. Les ventes de la forêt de Compiègne. Asseoir les ventes,* Marquer le bois qui doit être coupé. — *La partie d'une forêt ou d'un bois qui vient d'être coupée. Acheter du bois dans la v.* On dit, dans ce sens, *Vider, nettoyer les ventes,* Enlever le bois qui est coupé. — *Jeunes ventes,* Les ventes où le bois coupé commence à revenir, à repousser. — *Vieilles ventes,* celles où le bois est près d'être coupé — Dans la société secrète des carbonari, on donnait le nom de *Vente,* à chacune des loges ou sections de la société. || T. Jurispr. féod. *Ventes,* au pl., se dit de la redevance qui était due au seigneur du fief pour la v. d'un héritage compris dans sa censive.

Législ. — I. *De la vente en général.* — La Vente est une convention par laquelle une partie s'engage à livrer une chose moyennant un certain prix que l'autre partie s'engage à lui payer. La v. est donc un contrat bilatéral ou synallagmatique, et commutatif. Elle est parfaite entre les parties, et la propriété est acquise de droit à l'acheteur à l'égard du vendeur, dès qu'on est convenu de la chose et du prix, quoique la chose n'ait pas encore été livrée, ni le prix payé. La v. peut être pure et simple, ou bien elle peut être faite sous condition, soit suspensive, soit résolutoire, ou encore avoir pour objet deux ou plusieurs choses alternatives. Dans ces cas, ses effets sont réglés par les principes généraux des obligations conventionnelles et alternatives. La promesse de v. vaut v., lorsqu'il y a consentement réciproque des deux parties sur la chose et sur le prix; mais si la promesse de v. a été faite avec des arrhes, chacun des contractants est maître de s'en départir, celui qui les a données en les perdant, et celui qui les a reçues en restituant le double. (C. civ., art. 1582-90.) — La faculté d'acheter et de vendre est de droit commun et, par conséquent, appartient à tous. Néanmoins la loi l'interdit formellement à certaines personnes, pour des motifs supérieurs. Ainsi, la crainte des avantages indirects, et la difficulté de concilier la protection due par le mari à la femme avec les intérêts opposés d'un vendeur et d'un acheteur, ont fait prohiber la v. entre époux, sauf dans les trois cas suivants : 1° celui où l'un des deux époux cède des biens à l'autre séparé judiciairement d'avec lui en payement de ses droits;

2° celui où la cession que le mari fait à sa femme, même non séparée, a une cause légitime, telle que le remploi de ses immeubles aliénés, ou de deniers à elle appartenant; 3° celui où la femme cède des biens à son mari en payement d'une somme qu'elle lui aurait promise en dot, lorsqu'il y a exclusion de communauté. — De même, pour empêcher que les administrateurs ne puissent s'enrichir par des combinaisons frauduleuses en sacrifiant les intérêts qui leur sont confiés, toute adjudication directe ou indirecte est interdite aux tuteurs, pour les biens de leurs pupilles; aux administrateurs, pour les biens des établissements publics confiés à leurs soins; aux mandataires, pour les biens qu'ils sont chargés de vendre, etc. (C. civ., 1594-97.) — La v. peut être faite par acte authentique ou par acte sous seing privé. Le prix de la v. doit être déterminé et désigné par les parties : celles-ci cependant peuvent le laisser à l'arbitrage d'un tiers; mais si ce dernier ne veut ou ne peut faire l'estimation, il n'y a point de v. Les frais d'actes et autres accessoires à la v. sont à la charge de l'acheteur. (C. civ., 1591-93.) — Lorsqu'une chose commune à plusieurs personnes ne peut être vendue commodément et sans perte, chacune d'elles peut en provoquer la *Licitation*, c.-à-d. la v. aux enchères, à l'effet de partager ensuite le prix. Chacun des copropriétaires a le droit de demander que les étrangers soient admis à enchérir : ceux-ci sont nécessairement appelés lorsque l'un des copropriétaires est mineur. (C. civ., 1686-88.) — Toutes les choses qui sont dans le commerce peuvent faire l'objet d'une v. Toutefois, on ne peut vendre la succession d'une personne vivante, même de son consentement. Quant à la v. de la chose d'autrui, elle est nulle de soi. (C. civ., 1594-1601.)

II. *Obligations du vendeur.* — Le vendeur a deux obligations principales, celle de *délivrer* et celle de *garantir* la chose qu'il vend. — La *délivrance* est le transport de la chose vendue en la puissance et possession de l'acheteur. La délivrance des immeubles a lieu par la remise des titres de propriété ou par la remise des clefs, s'il s'agit d'un bâtiment. Lorsqu'il s'agit d'effets mobiliers, la délivrance a lieu, soit par la tradition réelle, soit par le seul consentement des parties, si le transport ne peut s'en faire au moment de la v. Si le vendeur n'a pas fait la délivrance dans le temps qui a été convenu entre les parties, l'acquéreur peut à son choix demander la résolution de la v., ou sa mise en possession, si le retard ne vient que du fait du vendeur. Le vendeur n'est pas tenu de délivrer la chose, si l'acheteur n'en paye pas le prix, et que le vendeur ne lui ait pas accordé un délai pour le payement. Il n'est pas non plus obligé à la délivrance, quand même il aurait accordé un délai pour le payement, si, depuis la v., l'acheteur est tombé soit en faillite, soit en déconfiture, à moins que celui-ci ne puisse fournir caution de payer au terme. La chose doit être livrée en l'état où elle se trouve au moment de la v. Depuis ce jour, tous les fruits appartiennent à l'acquéreur. Lorsque la v. d'un immeuble a été faite avec indication de la contenance et à raison de tant la mesure, le vendeur est obligé de livrer à l'acquéreur, si celui-ci l'exige, la quantité indiquée au contrat, et si la chose n'est pas possible ou si l'acquéreur ne l'exige pas, le vendeur doit souffrir une diminution proportionnelle du prix. Si, au contraire, la v. a été faite pour un prix déterminé, l'excédant ou le déficit dans la contenance indiquée par le contrat ne donne lieu à une augmentation ou diminution de prix qu'autant que la différence entre la contenance réelle et la contenance indiquée est au moins d'un vingtième. L'action en supplément ou en diminution de prix se prescrit par un an, à dater du jour du contrat. S'il a été vendu deux fonds par le même contrat et pour un seul et même prix, avec désignation de la mesure de chacun, et qu'il se trouve moins de contenance en l'un et plus en l'autre, on fait compensation jusqu'à due concurrence, et l'action, soit en supplément, soit en diminution du prix, n'a lieu que suivant les règles ci-dessus établies. (C. civ., 1602-24.) — La *garantie* que le vendeur doit à l'acquéreur a deux objets : le premier est la possession paisible de la chose vendue; le second les défauts cachés de cette chose ou les vices rédhibitoires. Bien que, lors de la v., il n'ait été fait aucune stipulation au sujet de la garantie, le vendeur est obligé de droit à garantir l'acquéreur de l'éviction qu'il souffre dans la totalité ou partie de l'objet vendu, ou des charges prétendues sur cet objet et non déclarées lors de la v. On appelle *Éviction* la dépossession de l'acquéreur en vertu d'un droit de propriété prouvé par un tiers. Les parties peuvent convenir que le vendeur ne sera soumis à aucune garantie; mais, dans ce cas, il n'en demeure pas moins tenu de celle qui résulte d'un fait qui lui est personnel, et, en cas d'éviction, il est obligé de rendre à l'acquéreur le prix principal, à moins que celui-ci n'ait connu, lors de la v., le danger de l'éviction et n'ait acheté à ses risques et périls. Lorsque la garantie a été promise ou qu'il n'a rien été stipulé à ce sujet, si l'acquéreur est évincé, il a droit de demander contre le vendeur : 1° la restitution du prix ; 2° celle des fruits, lorsqu'il est obligé de les rendre au propriétaire qui l'évince ; 3° les frais faits sur la demande en garantie de l'acheteur, et ceux qui ont été faits par le demandeur originaire ; 4° enfin les dommages et intérêts, ainsi que les frais et loyaux coûts du contrat. Lorsqu'à l'époque de l'éviction la chose vendue se trouve diminuée de valeur ou considérablement détériorée, soit par la négligence de l'acheteur, soit par des accidents de force majeure, le vendeur n'en est pas moins tenu de restituer la totalité du prix ; mais si l'acquéreur a tiré profit des dégradations par lui faites, le vendeur a droit de retenir sur le prix une somme égale à ce profit. Si, au contraire, la chose vendue se trouve avoir augmenté de prix à l'époque de l'éviction, le vendeur est tenu de lui payer ce qu'elle vaut au-dessus du prix de la v. Lorsque l'acquéreur n'est évincé que d'une faible partie de l'objet vendu, ou lorsqu'il est à présumer que les charges prétendues sur cet objet ne l'auraient pas empêché d'acheter si elles lui eussent été révélées, l'indemnité qu'il a le droit d'obtenir de son vendeur est réglée par la justice. Quand, au contraire, la partie dont il est évincé est tellement considérable, ou quand les charges qu'il a à supporter sont tellement onéreuses, qu'il y a lieu de croire que l'acheteur n'aurait pas acheté s'il avait prévu cette éviction ou connu ces charges, il peut faire annuler la vente. (C. civ., 1625-40.) Le vendeur, ainsi que nous l'avons dit, est encore tenu de la garantie à raison des défauts cachés de la chose vendue qui la rendent impropre à l'usage auquel on la destine ; mais nous en avons parlé au mot RÉDHIBITION.

III. *Obligations de l'acheteur.* — La principale obligation de l'acheteur est de payer le prix aux jour et lieu réglés par le contrat. Il doit l'intérêt du prix de la v. jusqu'au payement du capital, dans les trois cas suivants : s'il en a été ainsi convenu lors de la v. ; si la chose vendue et livrée produit des fruits ou autres revenus ; si l'acheteur a été sommé de payer. Néanmoins, lorsque l'acquéreur est troublé ou a juste sujet de craindre d'être troublé par une action, soit hypothécaire, soit en revendication, il peut, à moins de convention contraire, suspendre le payement du prix jusqu'à ce que le vendeur ait fait cesser le trouble, si mieux n'aime celui-ci donner caution. Le vendeur qui n'a point reçu le payement du prix a, comme tout autre créancier de l'acquéreur, une action personnelle contre ce dernier, au moyen de laquelle il peut faire saisir et vendre tous ses biens ; mais il a de plus, en sa qualité de vendeur, un privilége sur la chose vendue, si elle est remise en vente. Il peut encore demander la résolution de la v. et recouvrer ainsi la propriété de la chose vendue. En matière de v. de denrées et d'effets mobiliers, la résolution de la v. a lieu de plein droit et sans sommation au profit du vendeur, après l'expiration du terme convenu pour le retirement. (C. civ., 1650-57.)

IV. *De la résolution de la vente.* — Indépendamment des causes de nullité ou de résolution communes à toutes les conventions, il existe, pour le contrat de v., deux causes particulières de résolution, savoir : l'exercice de la faculté de rachat, et la vilité du prix. — A. La *faculté de rachat,* désignée encore sous le nom de *pacte de réméré* ou *retrait conventionnel,* est un pacte par lequel le vendeur se réserve de reprendre la chose vendue, moyennant la restitution du prix principal, les frais et loyaux coûts de la v., les réparations nécessaires, c.-à-d. qui ont été faites pour la conservation de la chose, et les réparations utiles, mais celles-ci jusqu'à concurrence seulement de l'augmentation de valeur qu'elles ont donnée à l'immeuble. Quant aux dépenses voluptuaires ou de pur agrément, le vendeur n'est point tenu de les rembourser. La faculté de rachat peut être exercée pendant cinq ans, mais ne saurait l'être pendant un temps plus long. Faute par le vendeur d'avoir exercé son action de réméré dans le délai prescrit, l'acquéreur demeure propriétaire irrévocable. Le vendeur à pacte de réméré peut exercer son action contre un second acquéreur, quand même la faculté de réméré n'aurait pas été déclarée dans le second contrat. Lorsqu'il reprend son bien par l'effet de ce pacte, il le prend exempt de tous les charges et hypothèques dont l'acquéreur l'aurait grevé ; mais il est tenu d'exécuter les baux faits sans fraude par celui-ci. (C. civ., 1659-73.) — B. Le vendeur d'un immeuble peut faire prononcer la *rescision de la v. pour cause de lésion,* lorsque la lésion qu'il a éprouvée est de plus des sept douzièmes, lorsque, par ex., il a vendu moins de 5,000 francs un immeuble qui en valait 12,000. La demande en rescision n'est plus rece-

vable après l'expiration de deux années, à compter du jour de la v. Pour savoir s'il y a lésion, l'immeuble doit être estimé selon son état et sa valeur au moment de la v. La preuve de la lésion ne peut être admise que par un jugement et que sur un rapport de trois experts. Si l'action en rescision est admise, l'acquéreur a le choix, ou de rendre la chose en retirant le prix qu'il en a payé, ou de garder le fonds en payant le supplément du juste prix, sous la déduction du dixième du prix total. La rescision pour lésion n'a pas lieu en faveur de l'acheteur. D'autre part, elle n'est jamais admise dans les ventes qui ont lieu par autorité de justice. (C. civ. 1674-84.)

V. *Des transports ou cessions de créance.* — Une créance, une rente, ou tout autre droit sur un tiers peut, comme un objet corporel, faire la matière d'une v. Ces sortes de ventes sont appelées *Transports* ou *cessions.* Le cessionnaire d'une créance ou de tout autre droit incorporel n'est saisi de la propriété, à l'égard des tiers, que par la signification du transport faite par ce dernier dans un acte authentique. Celui qui vend une créance ou un autre droit incorporel doit en garantir l'existence au temps du transport, quoiqu'il soit fait sans garantie. Il ne répond de la solvabilité actuelle du débiteur que lorsqu'il s'y est engagé, et jusqu'à concurrence seulement du prix qu'il a retiré de la créance. Celui contre lequel on a cédé un droit litigieux, peut s'en faire tenir quitte par le cessionnaire en lui remboursant le prix réel de la cession avec les frais et loyaux coûts, et avec les intérêts à compter du jour où le cessionnaire a payé le prix de la cession à lui faite. Toutefois cette disposition n'a pas lieu lorsque la créance a été faite, soit à un cohéritier ou à un copropriétaire du droit cédé, soit à un créancier en payement de ce qui lui est dû, soit au possesseur de l'héritage sujet au droit litigieux. (C. civ. 1689-1701.)

VI. *Transcription.* — D'après la loi du 23 mars 1855, tout acte entre-vifs translatif de propriété immobilière ou de droits réels susceptibles d'hypothèque, tout acte constitutif d'antichrèse, de servitudes d'usage et d'habitation, tout jugement qui déclare l'existence d'une convention verbale de la nature ci-dessus exprimée, et tout jugement d'adjudication autre que celui qui est rendu sur licitation au profit d'un cohéritier ou d'un copartageant, doit être transcrit au bureau des hypothèques de la situation des biens. Jusqu'à la transcription, le contrat de v. reste sans effet à l'égard des tiers. Les droits résultant des actes et des jugements ci-dessus ne peuvent être opposés aux tiers qui ont des droits sur l'immeuble vendu et qui les ont conservés conformément aux lois. Enfin, tout jugement prononçant la résolution, nullité ou rescision d'un acte transcrit, doit, dans le mois à dater du jour où il a acquis l'autorité de la chose jugée, être mentionné en marge de la transcription faite sur le registre. Le conservateur, quand il en est requis, délivre, sous sa responsabilité, l'état spécial ou général des transcriptions et mentions dont il vient d'être parlé.

VENTEAUX. s. m. pl. (R. *vent*). T. Techn. Ouvertures par lesquelles l'air s'introduit dans un soufflet.

VENTELLE. s. f. [Pr. *van-tèle*] (R. *vantail*). T. Techn. Ouverture pratiquée dans un ouvrage qui soutient une retenue d'eau, dans une porte d'écluse, etc., et qui est fermée par une vanne.

VENTELLERIE. s. f. [Pr *van-lèle-ri*] (R. *ventelle*). T. Techn. Ouvrage qui soutient une retenue d'eau et où l'on pratique des ventelles.

VENTER. v. n. [Pr *van-ter*]. Faire du vent ; s'emploie surtout à la forme impersonnelle. *Il a venté toute la nuit. Qu'il pleuve, qu'il grêle ou qu'il vente, je partirai.* || Avec le mot *Vent,* il signifie proprement, Souffler. *On ne peut pas empêcher le vent de v. Quelque vent qu'il vente.*

VENTEUX, EUSE. adj. [Pr. *van-teu, euze*]. Qui est sujet aux vents. *Cette plage est très venteuse. L'automne est une saison venteuse.* || Qui cause des flatuosités dans le corps. *Légume v. Les pois sont v.* — *Colique venteuse,* Colique causée par des flatuosités.

VENTILATEUR. s. m. [Pr. *van...*](R. *ventiler*). T. Techn. Un *ventilateur* est un instrument qui permet non seulement de renouveler l'air qui se confine et devient sinon irrespirable, tout au moins délétère dans un endroit clos où se trouvent réunis en plus ou moins grande quantité, des êtres humains ou des animaux, mais aussi d'envoyer un courant d'air violent pour activer un feu de forge, celui d'un haut fourneau, etc. Il est en effet de toute nécessité que nos poumons, afin de fonctionner régulièrement, reçoivent un volume d'air frais qui ne doit pas être inférieur à cinq mètres cubes à l'heure et par personne. Peu de locaux, surtout parmi ceux qui sont consacrés à une industrie quelconque possèdent un aérage suffisant pour que pareil fait se produise. Dans les écuries et les étables où vivent nombre d'animaux domestiques, le renouvellement de l'air ambiant est absolument indispensable, tout au moins pendant la nuit, lorsque portes et fenêtres sont fermées. L'endroit où la venue de l'air extérieur, chassant devant lui l'atmosphère viciée au milieu de laquelle travaillent jour et nuit des ouvriers, s'impose plus que partout ailleurs, c'est la mine. Là, les gaz méphitiques pullulent dans les galeries souterraines que creusent sans discontinuer les mineurs. Leur respiration qui surcharge l'air d'acide carbonique, la transpiration de leur corps occasionnée par la chaleur, les émanations produites par la détonation des coups de mine, qu'ils s'effectuent au moyen de la poudre noire ou de la dynamite, sont autant de causes qui aident à altérer l'air. Il importe donc de faire disparaître ces graves inconvénients. On y parvient en établissant dans les galeries et jusque dans les points les plus reculés et sans issues, les *culs-de-sac*, un courant qui entraîne l'air mauvais et le remplace par de l'air frais. On obtient ce résultat à l'aide de *ventilateurs* mécaniques.

S'il s'agit d'endroits où se trouvent momentanément réunies de nombreuses personnes, la même nécessité se fait sentir et, au lieu d'avoir recours à une aération ou ventilation naturelle, en faisant usage de cheminées d'appel, il est préférable, à tous égards, de recourir à un aérage forcé que l'on produit encore au moyen de ventilateurs, principalement lorsque le renouvellement de l'air n'a pas lieu d'une manière spontanée, ce qui, le plus souvent, est le cas.

L'industrie a encore besoin de ventilateurs dans des cas spéciaux. Les malteurs, c.-à-d. ceux qui fabriquent le malt indispensable pour l'obtention de la bière, font usage de cet instrument dans la malterie dite *pneumatique*, pour aspirer l'air extérieur et lui faire traverser la masse de l'orge en germination que l'on a empilée dans des cuves à double fond. Dans l'industrie manufacturière, on a recours à des ventilateurs pour chauffer ou refroidir l'atmosphère de certains ateliers, ou principalement pour fournir une quantité déterminée d'humidité dans les salles de tissage et de filature de lin et de coton.

Les ventilateurs dont il existe un nombre très considérable de types, se divisent généralement en deux classes principales, suivant qu'ils aspirent l'air vicié ou qu'ils refoulent de l'air frais dans les endroits où l'atmosphère se trouve contaminée. On les désigne sous les noms de *ventilateurs aspirants* et de *ventilateurs soufflants*. Quelques machines spéciales aspirent ou refoulent l'air suivant les besoins, sans qu'il soit nécessaire d'avoir recours à d'autres instruments. On les appelle ventilateurs *aspirants* et *soufflants*. D'autres, au contraire, et c'est le plus grand nombre, ne peuvent fonctionner que dans un sens déterminé. Les *ventilateurs aspirants* s'emploient fréquemment pour l'aérage des mines. Mais, pour activer les feux de forge, pour augmenter l'arrivée de l'air dans les hauts fourneaux, ce sont toujours des *ventilateurs soufflants* que sont utilisés quel que soit du reste leur système. L'agriculture elle-même utilise les ventilateurs pour le nettoyage des graines et des céréales. Le *tarare* (Voy. VANNAGE) n'est, en somme, pas autre chose qu'un v. soufflant.

Nous avons dit que les ventilateurs reçoivent les formes les plus variées et possèdent des organes qui diffèrent essentiellement. Ces formes et surtout les organes qui les constituent font donner des noms spéciaux à ces machines aspirantes ou soufflantes. C.-à-d. que l'on distingue les *ventilateurs à force centrifuge*, les *ventilateurs à hélice ou à vis hélicoïdales*, les *pompes rotatoires*, les *ventilateurs ou appareils à pistons*, à *cloches plongeantes*, à *jets de vapeur*, les *ventilateurs réversibles*, etc., et enfin les *ventilateurs électriques*.

Sans nous attarder à énumérer les noms de tous les inventeurs de ventilateurs, très légion, nous nous contenterons, après avoir indiqué sommairement le principe d'un v., d'étudier celles de ces machines, que l'on emploie le plus fréquemment dans les différentes branches qui se rattachent par un point quelconque à l'industrie en général. Nous choisirons comme ex. le v. plus commun et le plus simple, dit *v. à force centrifuge*. Il est constitué par une sorte de tourniquet horizontal ou vertical, muni d'un nombre variable de *palettes* ou *ailettes* rectilignes ou courbes, qui, montées à

demeure sur un axe également horizontal ou vertical, reçoivent par l'intermédiaire de cet axe, un mouvement très rapide de rotation (Fig. ci-dessous). Ces ailettes se meuvent à l'intérieur d'une sorte de boîte cylindrique portant deux ouvertures, l'une de ces ouvertures communique avec l'intérieur du lieu à aérer, soit directement, soit par l'entremise de tuyaux dont la longueur varie. La seconde ouverture est en relation avec l'air extérieur au moyen d'un autre tuyau dont l'orifice est dirigé perpendiculairement par rapport à l'axe des ailettes.

Lorsque le v. est du type *aspirant*, le mouvement circulaire qui entraîne les palettes de la machine, imprime à l'air contenu à l'intérieur de la boîte où celles-ci tournent, un mouvement de rotation, d'où se produit une force centrifuge qui opère une active aspiration de l'intérieur, tout en projetant l'air aspiré à l'extérieur. Quant au contraire, le v. est *soufflant*, c'est l'air extérieur qui est aspiré, entraîné par le mouvement rotatif des ailettes, et qui se trouve refoulé, en suivant des conduits *ad hoc*, jusque dans les endroits qu'il s'agit de ventiler. Tel est, très brièvement décrit, le rôle que doit jouer un v. Nous ne nous appesantirons pas, quant à présent, à déterminer la forme la plus favorable à donner aux ailettes. L'étude des principaux genres de ventilateurs nous édifiera complètement sur ce sujet, du moins en ce qui concerne le système dont nous venons de décrire en quelques mots le principe et qui, à tout bien considérer, est le plus répandu. On croit même que le *v. à force centrifuge*, le plus ancien, du reste, a été imaginé vers 1720, par un mécanicien du nom de Téral.

1. — *Ventilateurs aspirants à force centrifuge.* — Nombreux sont les types de ces ventilateurs, principalement mis en usage pour l'aération des mines. De ce système, nous citerons en particulier ceux de Combes, de Létoret, de Lloyd, de Guibal, etc. Tous ne sont construits que pour fonctionner dans un sens unique. Si l'on se trouve dans l'obligation de refouler l'air provenant de l'extérieur, il faut faire appel à une machine du nom similaire, mais soufflante.

Dans le v. Guibal, les ailettes sont planes et tournent rapidement entre deux parois verticales. A l'origine, on comptait quatre ailettes occupant 2 diamètres à angle droit du cercle dans lequel elles se trouvaient inscrites. Létoret qui a le perfectionné ce genre de v., a augmenté le nombre des palettes. De plus, il a établi une sorte de coursier emboîtant une portion importante de la circonférence qui, primitivement, était ouverte sur la majeure partie de sa périphérie. L'appareil de Létoret qui, en somme, n'était qu'une amélioration du v. Guibal, a été ultérieurement transformé par le premier inventeur. Guibal a rendu mobile le coursier fixe de Létoret; de cette façon il devenait possible de régler selon les besoins, la section de l'ouverture par laquelle s'échappait l'air aspiré de l'intérieur.

Le v. Fabry, a ceci de remarquable, c'est que son dispositif permet de le faire fonctionner comme *appareil aspirant* ou *soufflant* suivant qu'il est besoin d'aspirer ou de refouler l'air. C'est encore un v. à force centrifuge, dans lequel les ailettes se trouvent remplacées par deux roues de diamètre identique munies chacune de trois dents qui viennent engrener exactement les unes avec les autres, les axes de ces roues se trouvant situés parallèlement entre eux et à une distance rigoureusement déterminée, de telle sorte que des que deux des dents se trouvent en contact, il devient de toute impossibilité à l'air extérieur de pénétrer à l'intérieur de la caisse circulaire renfermant les deux roues. Deux bielles actionnées par l'intermédiaire de manivelles les axes portant les roues; elles leur communiquent un rapide mouvement de rotation en sens inverse, mouvement qui se traduit par un énergique appel d'air de l'intérieur, air vicié, qui se trouve refoulé à l'extérieur en s'échappant par un tuyau aboutissant à la boîte hermétiquement close du v. La machine à vapeur qui commande les bielles peut, on le conçoit aisément, donner aux roues une translation circulaire inverse de celle qu'elles possédaient auparavant et transformer le v. aspirant en v. soufflant. C'est pourquoi on a donné le nom de *v. réversible* à ce système tout particulier.

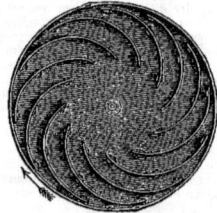

Le v. de Lloyd est constitué en principe, par deux troncs de cônes de dimensions identiques et qui sont opposés l'un à l'autre par leurs petites bases parallèles. A l'intérieur de ces troncs de cônes peuvent se mouvoir, entraînant les troncs de cônes dans un mouvement de rotation, six ailettes courbes; l'ensemble tourne rapidement en face de deux ouvertures auxquelles viennent aboutir les conduits d'aspiration et de refoulement. Ce v. agit comme ceux de Guibal et de Letoret, par aspiration.

II. *Ventilateurs soufflants à force centrifuge.* — Nous donnerons comme type de ces machines, le *v. Bourdon*. Il est constitué par une caisse métallique mobile formée de deux troncs de cônes. Une cloison de tôle partage l'appareil en deux parties égales; la cloison est rigoureusement perpendiculaire au plan de rotation des ailes qui sont simultanément fixées à ces cônes et à la cloison. Le nombre des ailettes est assez considérable; il n'est pas inférieur à trente. De plus les extrémités de ces ailettes sont légèrement cintrées dans le sens même du mouvement imprimé à l'air. Ces parties recourbées le sont de telle manière, qu'elles viennent effleurer perpendiculairement contre les ouvertures d'appel d'air. Le fluide aspiré de l'extérieur pénètre dans la boîte et de là, à travers un orifice annulaire, dans le tuyau de refoulement.

Parmi les *ventilateurs à hélice* ou *à vis*, nous citerons ceux de Stahl, de Pasquet, de Motte, etc., et nous dirons quelques mots de l'un d'entre eux, celui de Motte. Cette machine, d'un emploi courant, se compose de deux surfaces hélicoïdales munies d'un axe commun tournant dans une sorte de cylindre métallique dont l'une des extrémités est en relation directe avec l'orifice du tuyau d'appel, tandis que l'autre extrémité est reliée à l'ouverture du tuyau par lequel s'écoule l'air qui a été aspiré par le v.

Le *v. à pistons* dont il existe deux systèmes principaux dus à Nixon et à Mahaut, comprend, en principe, deux cylindres métalliques parallèles l'un à l'autre. Dans chacun d'eux se meut un piston muni d'un certain nombre de soupapes, tandis que les fonds de ces cylindres sont de même garnis d'un nombre équivalent de soupapes à sections identiques à celles qui se trouvent sur les pistons et qui fonctionnent de bas en haut.

Les *ventilateurs à cloches plongeantes*, que l'on n'emploie plus guère aujourd'hui, pas plus qu'on ne fait usage des *trompes*, des *cagniardelles*, etc., sont des machines extrêmement encombrantes. Ces ventilateurs sont constitués par d'énormes cloches en tôles fixées à chaque extrémité d'un balancier horizontal, quand il est au repos, et auquel un moteur peut imprimer un mouvement alternatif inclinant ses extrémités. Chacune des cloches est en partie immergée par le bas dans un réservoir d'eau de forme annulaire. La portion centrale de ces réservoirs cylindriques, communique avec le lieu d'où l'on doit extraire l'air contaminé; la paroi horizontale et supérieure de chacune des cloches est garnie de soupapes fonctionnant du bas en haut et qui livrent passage à l'air aspiré lorsque la cloche plonge à tour de rôle. — Voy. SOUFFLANT.

III. *Ventilateurs électriques.* — Ce sont les Américains qui, les premiers, ont songé à appliquer la puissance électrique à la commande des ventilateurs et ont créé ce qu'aujourd'hui l'on nomme couramment les ventilateurs électriques. Leurs premiers essais datent de 1879 et depuis cette époque relativement récente du moindre progrès ont été accomplis. Les électriciens des États-Unis se sont tout d'abord ingéniés à utiliser les moteurs dont ils disposaient pour obtenir la lumière électrique et à les faire servir au fonctionnement de ventilateurs de faibles dimensions, destinés le plus souvent à aérer un appartement. Ces premières expériences n'ont pas donné les résultats auxquels on s'attendait et près de dix années s'écoulèrent sans qu'une application pratique de l'électricité, à la manœuvre d'un v., ait vu le jour. Aujourd'hui il n'en est plus de même, puisque l'on est parvenu à faire fonctionner des ventilateurs soufflants, dans un grand nombre d'industries d'une certaine importance. En effet, lorsque plus familiarisés avec cette force si longtemps inconnue, l'*Électricité*, les savants sont parvenus à la maîtriser et à l'utiliser dans des limites bien déterminées par avance, la solution du problème s'est transformée pour eux en un jeu d'enfant; c'est pourquoi ils ont songé, en premier lieu, à se servir de cette puissance pour obtenir de la fraîcheur dans les appartements, les salles de réunion; ce sont les ventilant.

Le premier *v. électrique* construit se composait de six ailettes de 30 centimètres environ de hauteur pouvant tourner à une vitesse voulue et en plein air. Il a été reconnu que l'énergie nécessaire pour assurer le fonctionnement régulier

d'un de ces petits appareils qui, muni d'un pied, sont facilement transportables d'un endroit à un autre, était à peu près égale à celle qu'exige une lampe à incandescence; la dépense du courant reste sensiblement la même. Pour ce genre de v., il suffisait de substituer à une lampe à incandescence un bouchon de prise de courant auquel on reliait les conducteurs du moteur électrique directement attelé au v. Avec deux à trois de ces appareils installés dans une vaste salle, on pouvait ventiler d'une manière satisfaisante. Depuis, on a augmenté les dimensions du v. et on est arrivé à fixer en un point quelconque d'un plafond, un v. soufflant accompagné de son moteur électrique.

L'usage des ventilateurs électriques n'a pas tardé à se répandre de plus en plus jusque dans l'industrie. A l'heure actuelle, des ateliers aux proportions colossales sont parfaitement ventilés au moyen d'appareils dans lesquels moteur et v. ne font qu'un, ce dernier se mettant en marche et accomplissant son utile et hygiénique besogne sans aucun bruit, dès qu'on tourne le commutateur qui lui amène le courant électrique. On est ainsi arrivé à faire conduire un v. par un moteur de plus de 300 watts. Il est bien certain que moteurs et ventilateurs ne tarderont pas, grâce à leur force et à leurs dimensions allant toujours progressant, à recevoir des applications de plus en plus considérables.

VENTILATION. s. f. [Pr. *vantila-sion*] (lat. *ventilatio*, m. s., de *ventilare*, ventiler). T. Jurispr. Action de ventiler. V. *de biens. On a fait la v. du domaine.* || T. Techn. Action d'aérer. Voy. VENTILATEUR.

VENTILER. v. a. [Pr. *van-tiler*] (lat. *ventilare*, m. s., de *ventus*, vent). T. Techn. Aérer, en produisant un courant d'air. || T.Jurispr. Agiter une question en particulier avant de la mettre en délibération. — Estimer, évaluer chacune des portions d'un tout, ou chacun des objets qui ont été vendus en bloc pour un seul et même prix. *On ventile une maison, quand le prix en est à distribuer entre des créanciers privilégiés sur la superficie, et des créanciers hypothécaires ou privilégiés sur le fond.* = VENTILÉ, ÉE. part.

VENTILLON. s. m. [Pr. *van-ti-llon*, ll mouillées] (ll. vent]. T. Techn. Chacune des soupapes qui ferment les venteaux d'un soufflet.

VENTOLIER. s. m. [Pr. *van-tolié*]. T. Fauconn. *Oiseau bon v.*, Celui qui résiste au vent.

VENTÔSE. s. m. [Pr. *van-toze*] (lat. *ventosus*, venteux). Sixième mois du calendrier républicain, du 20 février au 21 mars. Voy. CALENDRIER.

VENTOSITÉ. s. f. [Pr. *van-tozité*] (lat. *ventositas*, m. s., de *ventosus*, venteux, de *ventus*, vent). Amas de vents dans le corps de l'homme et des animaux. *Les fruits et les légumes donnent des ventosités.* Peu usité; on dit *Flatuosité*.

VENTOUSE. s. f. [Pr. *van-touze*] (bas lat. *ventosa*, m. s., de *ventus*, vent). T. Techn. Ouverture pratiquée dans un conduit pour donner passage à l'air par le moyen d'un tuyau. *Il faut mettre des ventouses à cette cheminée pour l'empêcher de fumer. La v. d'une fosse d'aisances.* || T. Chir. Voy. ci-après. || T. Zool. Par anal., se dit d'organes de succion dont se servent certains animaux aquatiques pour s'attacher à différents corps ou faisant le vide. *La sangsue a des ventouses. Les bras des poulpes sont munis de ventouses.*

Chir. — On appelle *Ventouse* une petite cloche de verre qu'on applique sur une partie quelconque de la surface du corps, et dans laquelle on raréfie l'air de manière à faire affluer le sang dans la peau qu'elle recouvre. Pour appliquer une v., on allume un peu de papier ou de coton imbibé d'alcool; l'air est raréfié par la combustion; il se forme un vide dans le vase, et, son ouverture étant aussitôt mise exactement en contact avec la peau, la portion du tégument qui est ainsi soustraite à la pression de l'air atmosphérique, rougit et se gonfle par l'afflux du sang. On laisse la cloche 2 ou 3 minutes en place, puis on la retire en déprimant la peau avec le doigt sur un point de la circonférence du vase pour donner accès à l'air. Ce mode d'application des ventouses, qu'on appelle *V. sèche*, s'emploie lorsqu'on veut simplement produire une dérivation vers la surface cutanée; le nombre des applications varie suivant les cas. Très fréquemment, on pratique de petites incisions ou scarifications sur l'endroit de la peau où l'on veut appliquer les ventouses : alors la v. reçoit le nom impropre de *V. scarifiée*. On a recours aux ventouses scarifiées pour obtenir un écoulement de sang plus abondant que celui que produirait la simple scarification et donner un peu plus de durée à la congestion dérivative déterminée par cette dernière. On peut scarifier la peau avec le bistouri ou la lancette; mais on fait communément usage d'un petit instrument appelé *Scarificateur*. C'est une petite boîte de cuivre d'environ 40 millimètres de diamètre (Fig. ci-contre), qui contient un certain nombre de lames de lancettes (de 12 à 20). Toutes les lames sont placées perpendiculairement sur un axe, auquel on peut, au moyen d'un ressort, faire exécuter rapidement un mouvement de demi-cercle. En passant d'un côté à l'autre de la boîte, les lames traversent des fentes pratiquées sur l'une des faces de celle-ci. En conséquence, si le scarificateur étant armé, c.-à-d. ayant toutes ses lames face munie de fentes, puis qu'on presse sur le bouton B qui permet au ressort de se détendre, les lames passent rapidement du côté opposé, et, dans ce passage, entament la peau dans une épaisseur qui varie avec la saillie qu'on leur a donnée. L'action de cet instrument est tellement instantanée, que le malade n'a, pour ainsi dire, pas le temps de sentir la douleur.

On a imaginé différents appareils pour remplacer, soit la v. ordinaire, soit la v. et le scarificateur. Telle est la *V. à pompe*, qui consiste en une v. ordinaire surmontée d'une tubulure à laquelle s'adapte un corps de pompe aspirante. La tubulure est en outre garnie d'un robinet de cuivre que l'on peut ouvrir ou fermer à volonté. Pour employer cet instrument, il suffit de l'appliquer sur la peau et de tirer le piston afin de faire le vide. Quand on veut l'enlever, on ouvre le robinet; l'air rentre dans la cloche, et celle-ci se détache aussitôt. La v. à pompe est peu usitée à cause de son prix élevé. Le *Bdellomètre* de Sarlandière est aussi une v. à pompe; mais elle est munie de deux tubulures, l'une placée au sommet de la cloche et l'autre sur la paroi latérale. C'est à cette dernière qu'est fixé le corps de pompe, tandis que la supérieure donne passage à une tige terminée inférieurement par une sorte de scarificateur. Cet instrument est trop compliqué pour pouvoir être employé avec avantage. Nous terminerons en mentionnant l'appareil appelé *V. Junod*, du nom de son inventeur. Cette v. représente un cylindre de cuivre formé intérieurement et dans lequel on peut emprisonner un membre tout entier, comme le bras ou la jambe. Une manchette de caoutchouc occupe l'extrémité supérieure du cylindre et s'applique autour du membre, de manière que la cavité de la v. n'ait aucune communication avec l'air extérieur. On raréfie l'air dans cette cavité au moyen d'une pompe aspirante, et l'on mesure le degré de raréfaction au moyen d'un manomètre. Enfin, un robinet placé sur la paroi latérale du cylindre permet de faire rentrer l'air graduellement. La v. Junod, agissant sur une large surface, produit une révulsion puissante qui peut convenir pour quelques cas particuliers. Mais, si l'on produit la raréfaction trop promptement, ou si on la porte trop loin, on peut déterminer la syncope et des accidents plus ou moins graves.

VENTOUSER. v. a. [Pr. *van-touzer*]. T. Chir. Appliquer des ventouses à un malade. *Il a fallu le v.* = VENTOUSÉ, ÉE. part.

VENTOUX (MONT), montagne de France, près de Carpentras (Vaucluse); 1,912 mètres.

VENTRAL, ALE. adj. [Pr. *van-tral*] (lat. *ventralis*, m. s.). Qui a rapport au ventre. *Nageoires ventrales.*

VENTRE. s. m. [Pr. *van-tre*] (lat. *venter*, m. s.). La grande cavité splanchnique qui renferme les intestins. *Avoir mal au v. Avoir le v. gonflé. Avoir le v. libre*, lâche. *Avoir le flux, le cours du v. Il reçut un coup d'épée dans le v. Le v. d'un chien, d'un oiseau, d'un reptile. Le bas-v.* Voy. ABDOMEN. — *Se coucher sur le v.*, à plat v., *Se coucher sur le devant du corps. Il était couché sur le v.*, à plat v. On dit dans le même sens. *Il les fit mettre v. à terre. Il leur cria, V. à terre!* Fig., *Être à plat v. devant quelqu'un*, Lui faire bassement la cour. *Demander pardon*

v. à terre, Demander pardon avec toutes sortes de soumissions. — *Ce cheval va v. à terre*, Il court avec une grande vitesse. *Ce cocher nous a menés v. à terre.* Il fait aller son cheval ventre à terre. On dit encore, *Ce cocher nous a menés v. à terre.* — Fig. et fam., *Passer, marcher sur le v. à quelqu'un.* Voy. PASSER. On dit encore d'un homme qui a été fort maltraité : *On l'a battu dos et v., On lui en a donné dos et v.*, et popul., *On lui a dansé les deux pieds sur le v.* || Fam., *Être le dos au feu, le v. à table*, Prendre toutes ses commodités en mangeant. *Se dépiter, bouder contre son v.*, Voy. BOUDER. || Fig. et fam., *Tout fait v*, Les aliments les plus communs rassasient, nourrissent comme les plus délicats. *Être sujet à son v.*, Se laisser aller à la gourmandise. *Se faire un dieu de son v.*, Préférer à tout les plaisirs de la table. *Boire et manger à v. déboutonné.* Voy. DÉBOUTONNER. *V. affamé n'a point d'oreilles.* Voy. AFFAMÉ. — *Taper sur le v. à quelqu'un*, Être trop familier avec lui. — *Prendre du v.*, Commencer à prendre de l'embonpoint. || *Ventre*, se dit quelquefois, par extension, pour désigner la poitrine. *Il lui arracha le cœur du v.* — Fig. et fam., *Je saurai ce qu'il a dans le v.*, Je ferai épreuve de sa valeur; ou Je découvrirai ce qu'il a dans la pensée; ou encore, Je saurai quelle est sa capacité. *Mettre le feu sous le v. à quelqu'un.* Voy. FEU. *Faire rentrer les paroles dans le v. à quelqu'un*, Le faire repentir de ce qu'il a dit, ou l'empêcher de continuer. *Remettre le cœur au v. à quelqu'un*, Lui redonner du courage. *Cet homme n'a pas six mois*, n'a pas un an dans le v., Il ne saurait vivre encore six mois, un an; ou Il ne restera pas six mois, un an dans le poste, dans la situation où il se trouve. *Il n'avait que cet ouvrage dans le v.*, se dit d'un auteur qui n'a produit qu'un seul ouvrage, ou qui, après en avoir fait un bon, n'en a plus donné que de mauvais. || *Ventre*, signifie encore la partie du corps où se forme et se développe le fœtus. *L'enfant se retourne dans le v. de la mère.* — *Le v. anoblit*, se dit de certains pays et de certaines familles où les femmes transmettent la noblesse à leurs enfants. — T. Jurisprud. *Curateur au v.*, Voy. TUTELLE, I, A. || Par analogie, *Le v. d'une bouteille, d'un flacon, d'un broc, etc.*, La partie la plus grosse et la plus large d'une bouteille, etc. — Le bombement, la convexité que forme un mur qui n'est plus d'aplomb. *Cette muraille fait v., il faut la redresser.* — Partie la plus large d'un haut fourneau. || T. Conchyl. La partie la plus renflée d'une coquille bivalve. || T. Phys. *V. de vibration.* Voy. ACOUSTIQUE. || T. Anat. Partie renflée des muscles.

VENTRÉE. s. f. [Pr. *van-tré*]. Portée, tous les petits que les femelles d'animaux font en une fois. *La truie fait quelquefois douze petits d'une ventrée.*

VENTRICULE. s. m. [Pr. *van-trikule*] (lat. *ventriculus*, petit ventre). T. Anat. Se dit de l'estomac de certains animaux. *Les ruminants ont plusieurs ventricules. Le v. succenturié des oiseaux.* Voy. ESTOMAC, C. *Le v. chylifique des Insectes.* Voy. INSECTE, III. || Par ext., se dit de certaines cavités du corps. *Les ventricules du cerveau, du cœur, etc.* Voy. ENCÉPHALE, CŒUR, etc.

VENTRIÈRE. s. f. [Pr. *van-trière*] (R. *ventre*). La sangle dont on se sert pour soulever les chevaux quand on les embarque ou les tenir suspendus. — Se dit aussi pour *Sous-ventrière*, Pièce du harnais qui passe sous le ventre du cheval. Voy. HARNAIS. || T. Techn. Pièce de bois soutenant par le milieu deux ou plusieurs pièces de bois jointes ensemble. || T. Mar. Chacune des pièces de bois arquées sur lesquelles pose dans sa longueur le corps d'un navire en construction.

VENTRILOQUE. adj. et s. 2 g. [Pr. *van-trilobe*] (lat. *ventriloquus*, m. s., de *venter*, ventre, et *loqui*, parler). Celui, celle qui peut émettre des sons articulés en conservant la bouche presque fermée. Voy. VENTRILOQUIE.

VENTRILOQUIE. s. f. [Pr. *vantrilo-ki*] (R. *ventriloque*). On désigne sous le nom de *Ventriloquie*, ou sous celui d'*Engastrimysme*, une aptitude spéciale que possèdent certaines personnes de produire des sons articulés en conservant la bouche presque fermée et les lèvres presque immobiles, et en même temps d'imprimer à leur voix un timbre tel qu'elle paraisse venir d'un lieu plus ou moins éloigné. — Plusieurs physiologistes pensent que les sons produits par les *Ventriloques* ou *Engastrimythes* sont simplement des modifications singulières du timbre vocal déterminées par la forme donnée à l'appareil buccal. Suivant l'opinion vulgaire, cette sorte particulière de voix tiendrait à ce que le sujet articule pendant l'inspiration : de là le nom de ventriloquie. Mais cette hypothèse n'est pas exacte; car s'il est aisé de comprendre qu'on puisse produire des sons, pendant l'inspiration, par les vibrations de la glotte, ce qui est d'ailleurs fort difficile, on ne voit pas aussi bien quels seraient, dans ce cas, les organes de l'articulation. Le procédé employé par les ventriloques est fort simple. On introduit dans les poumons la plus grande masse d'air possible, en faisant une inspiration profonde, de sorte que le diaphragme refoule les viscères abdominaux en avant. Puis on expire d'une manière toute particulière, en resserrant beaucoup la glotte et en faisant sortir l'air très lentement par la contraction des parois de la poitrine, tandis que le diaphragme conserve la situation qu'il avait pendant l'inspiration et qu'en conséquence le ventre demeure poussé en avant. Cette intonation, au moyen d'un grand rétrécissement de la glotte et d'un souffle très faible déterminé par les seules parois latérales de la poitrine, sans le secours des muscles abdominaux, donne lieu au timbre particulier des sons de ce registre. — Au reste, parmi les effets que produisent les ventriloques, il y en a beaucoup qu'il faut attribuer à de simples illusions d'autres sens, surtout de l'ouïe, comme lorsqu'ils font entendre des paroles qui ont l'air de venir d'un endroit déterminé. En général, nous distinguons très peu la direction du son, et, quand notre attention est dirigée vers un point (c'est ce que le ventriloque ne manque jamais de faire, au moyen de ses gestes et de sa mimique), notre imagination s'empresse d'y rapporter tout ce que nous entendons. — La v. était connue dès la plus haute antiquité, car il en est question dans plusieurs ouvrages très anciens, entre autres dans ceux d'Hippocrate. On dit même que c'était avec le secours des illusions vocales produites par cet art, que les prêtres païens captaient la confiance des peuples et rendaient dans les temples les oracles de leurs dieux.

VENTRIPOTENT, ENTE. adj. [Pr. *van-tripotan, tante*] (lat. *venter*, ventre; *potens*, puissant). Qui a un gros ventre. Fam.

VENTROUILLER (SE) (R. *ventre*). v. pron. Se vautrer dans la boue. *Les cochons aiment à se v.* Vx.

VENTRU, UE. adj. et s. [Pr. *van-tru*]. Qui a un gros ventre, une grosse panse. *Vous devenez furieusement v. C'est une grosse ventrue.* Fam. || T. Bot. Qui est gonflé en manière de ballon.

VENTURA (le Père), prédicateur italien (1792-1861), fit des conférences à Paris.

VENTURON. s. m. T. Ornith. Espèce de *Passereau*. Voy. Linot.

VENUE. s. f. (part. pass. de *venir*). Arrivée. *Dès que j'appris sa v.* — La *v. du Messie*, Son premier avénement. — *Allées et venues.* Voy. Allée. || *Il est d'une belle v.*, se dit d'un jeune arbre grand et droit, ou d'un jeune homme grand et bien fait. — Fam., *Il est tout d'une v.*, se dit d'un homme grand, mal fait, ou d'une taille longue et droite. *Il a la jambe tout d'une v.*, se dit d'un homme qui n'a pas de mollets. — Pop., *On lui en a donné d'une v.*, se dit d'un homme qu'on a maltraité, ou d'un homme à qui on a gagné beaucoup d'argent. || Au Jeu de quilles, *Venue* signifie Le coup qui se joue en jetant la boule de l'endroit dont on est convenu, et se dit par opposition à *Rabat*, qui signifie Le coup qu'un joueur joue de l'endroit où sa boule s'est arrêtée.

VÉNUS. s. f. [Pr. l's finale]. T. Mythol. La déesse de la beauté et la mère de l'Amour. — Poétiq., *Les plaisirs de Vénus*, Les plaisirs de l'amour. || T. Astron. Planète plus près du Soleil que la Terre et plus éloignée que Mercure. Voy. Planète. || T. Chim. anc. Le cuivre. *Vitriol de V.*, Le sulfate de cuivre. *Cristaux de V.*, l'acétate de cuivre. || Minér. *Cheveux de Vénus.* Voy. Rutile. || T. Zool. Genre de *Mollusques Lamellibranches.* Voy. Cardiacés.

Mythol. — Les Romains désignaient sous le nom de *Vénus* la même déesse que les Grecs appelaient Ἀφροδίτη; les uns et les autres la considéraient comme la déesse de la beauté, de l'amour et de la volupté. Elle paraît avoir été chez eux la personnification idéale de la déesse-nature qu'adoraient les populations de l'Asie, car, comme celle-ci, elle présidait à la reproduction et à la conservation des êtres. Le mythe grec le plus ancien la fait maître d'Uranus (le ciel) et d'Héméra (le jour). Une autre tradition lui donne pour père Jupiter, et pour mère la nymphe Dioné. On dit encore que lorsque Saturne mutila son père, quelques gouttes sorties de la blessure tombèrent sur une écume blanchâtre qui flottait à la surface de la mer, et la fécondèrent. De cette écume (ἀφρός) sortit *Aphrodite*, appelée aussi *Anadyomène*, c.-à-d. qui émerge du sein de l'onde. Suivant Varron, ce fut une semence ignée qui tomba du ciel et se mêla avec l'élément humide pour donner naissance à Vénus. Aussitôt après sa naissance, les Heures l'emportèrent vers l'Olympe, où tous les dieux furent ravis de sa beauté. Tous voulurent l'avoir pour épouse; mais Jupiter la donna à son fils Vulcain, le plus laid des immortels, parce que celui-ci lui avait fabriqué les foudres qui lui avaient servi à terrasser les géants. Habituellement nue ou légèrement voilée, elle avait pour principale parure la ceinture merveilleuse que décrit Homère, et qui donnait un charme si irrésistible à celle qui la portait, que Junon l'emprunta pour se faire aimer de Jupiter. Vénus était toujours accompagnée par l'Amour, les Grâces, les Ris, les Jeux et les Plaisirs. L'Amour d'ailleurs était son fils, et les Grâces ses filles. Elle avait eu du premier de Mars, et les secondes de Jupiter. Elle eut encore de Mercure le bel Hermaphrodite, de Bacchus le charmant Hymen et l'immonde Priape, etc. Elle aima également plusieurs mortels, tels que le bel Adonis, fils de Cinyre, roi de Chypre, et de Myrrha, Butès et Anchise. De ce dernier, qui était un prince troyen de la famille de Priam, elle eut Énée, qu'elle porvint, après la ruine de Troie, à établir en Italie. Pendant le siège de cette ville célèbre, elle protégea activement les Troyens, non seulement par affection pour son fils Énée, mais encore parce que Pâris, fils de Priam, lui avait décerné la pomme que

Junon et Minerve avaient osé lui disputer. La colombe était consacrée à Vénus : c'étaient ordinairement des colombes qui traînaient son char; parfois aussi il était attelé de cygnes ou de moineaux. Le myrte et la rose lui étaient également consacrés : celle-ci parce qu'elle était née du sang d'Adonis, lorsqu'il fut tué à la chasse par un sanglier; celui-là, parce que son feuillage avait servi d'abri à la déesse, quand elle était sortie du sein des eaux, sur le rivage de Cythère. On ne sacrifiait guère à Vénus que des colombes et des passereaux; quelquefois cependant on lui immolait un bouc. La déesse de la volupté avait des temples dans toute la Grèce; mais les plus célèbres étaient ceux qu'on lui avait érigés à Corinthe, dans les îles de Chypre, de Cnide, de Cythère et de Lesbos. En Sicile, le temple qui lui était consacré sur le mont Éryx était également renommé. Plusieurs des noms donnés à Vénus venaient des lieux où elle était principalement adorée : tels sont ceux de *Cypris* et de *Cythérée.* On l'appelait aussi *Gnidia, Paphia, Idalia, Amathusia*, etc. Parmi les fêtes nombreuses qu'on célébrait en l'honneur de cette déesse, fêtes qui étaient en général caractérisées par l'extrême licence qui y régnait et par les impudicités qui faisaient partie de son culte, nous mentionnerons seulement les *Adonies*, qui étaient communes à Vénus et à son amant Adonis. Elles duraient plusieurs jours, dont les premiers étaient consacrés au deuil, à la tristesse et aux gémissements, et dont les autres étaient donnés à la joie et aux plaisirs, pour célébrer la résurrection d'Adonis. Les artistes grecs ont lutté entre eux à qui représenterait la déesse de la beauté sous la forme la plus parfaite. Les admirables statues de Vénus qui sont arrivées jusqu'à nous paraissent n'être que des copies ou des imitations des chefs-d'œuvre de Praxitèle, d'Alcamène et d'autres sculpteurs grecs. Les plus célèbres images de cette déesse qui décorent les musées de l'Europe sont la Vénus dite de Médicis et la Vénus Anadyomène, que l'on voit à la tribune de Florence; la Vénus Victrix et la Vénus au bain, qui se trouvent à Rome, au musée Pio Clementino (cette dernière est celle que représente la figure ci-dessus), et les deux Vénus Victrix que possède notre musée du Louvre, et qu'on appelle communément Vénus d'Arles et Vénus de Milo, du nom des lieux où on les a découvertes. Quant à la Vénus de Milo, qui nous est parvenue sans bras, plusieurs artistes ont cherché, sans succès, à reconstituer la position des bras; l'une des hypothèses les plus vraisemblables consiste à supposer que cette admirable statue faisait partie d'un groupe et représentait non une Vénus, mais une Victoire plaçant une couronne sur la tête d'un guerrier. — Jusqu'ici nous avons parlé de la Vénus terrestre, de la Vénus charnelle, qu'adoraient les anciens. Mais les Grecs avaient aussi conçu une Vénus céleste, qu'ils appelaient *Vénus Uranie*, et qu'ils disaient fille d'Uranus (le ciel). Cette Vénus n'avait point eu de mère, et elle était chaste, car elle représentait l'amour idéal, dégagé de toute idée sensuelle.

VENUSIA, v. de l'anc. Apulie (Italie); patrie du poète Horace; auj. Venosa.

VÉNUSTÉ. s. f. (lat. *venustas*, m. s.). Charme d'une personne, d'une chose. Rare.

VENVOLE (À LA). adv. [Pr. *alavan-vole*]. A la légère. Vx.

VÊPRE. s. m. (lat. *vesper*, m. s.). Le soir, la fin du jour. *Sur le v. Je vous souhaite, je vous donne bon v.* Vx et ne se dit plus qu'en plaisantant. == VÊPRES. s. f. pl. T. Liturg. Partie des heures que l'on dit ordinairement vers deux ou trois heures après midi. Voy. BRÉVIAIRE.

VÊPRES SICILIENNES, massacre des Français en Sicile, le lundi de Pâques 1282, au premier coup de vêpres.

VER. s. m. (lat. *vermis*, m. s.). Animal de forme allongée sans vertèbres, ni membres articulés, dont le corps est mou, contractile, divisé comme par anneaux, et dont la tête est peu ou point distincte. *Un gros ver. Un petit ver. Ver de terre. V. aquatique. Ver intestinal. Les vers se sont mis à la viande. Ce bois, ce drap a été tout rongé par les vers. Les enfants sont sujets aux vers. Il a rendu un grand ver.* — Prov., *Être nu comme un ver. Être entièrement nu. Je l'écraserai comme un ver*, se dit de quelqu'un qu'on croit pouvoir battre, confondre ou punir aisément. || Fig., *C'est un ver de terre*, se dit d'un homme qui est dans un état d'abjection. — *Ver rongeur.* Voy. RONGEUR. — Fig. et fam., *Tirer les vers du nez à quelqu'un.* L'amener, par des détours adroits, à révéler ce qu'il voulait garder secret.

Zool. — Dans le langage ordinaire, on donne le nom de *Vers* à tous les animaux rampants qui, par leur forme extérieure, ressemblent au Lombric, appelé vulgairement *Ver de terre*. Aussi l'applique-t-on à des animaux d'espèces et même de classes tout à fait différentes, savoir : à la plupart des Annélides, aux parasites internes ou *Vers intestinaux*, à certains Insectes, et surtout aux larves de ces derniers. C'est ainsi qu'on désigne : le Lombric terrestre sous le nom de *Ver de terre*; le Ténia sous celui de *Ver solitaire*; le Dragonneau sous celui de *Ver de Guinée ou de Médine*; le Lampyre sous celui de *Ver luisant*; la larve du Hanneton sous celui de *Ver blanc*; celle de la Calandre du palmier sous celui de *Ver palmiste*; la chenille du Bombyx du mûrier sous celui de *Ver à soie*; la chenille de la Pyrale et le Cœnure du mouton sous celui de *Ver-coquin*; les larves de certaines Mouches sous ceux de *Vers à viande, Vers à fromage*, etc. Les naturalistes du XVIII° siècle, Linné à leur tête, avaient adopté la dénomination de *Vers* pour désigner la nombreuse série d'animaux qui ne sont ni vertébrés, ni articulés, ce qui était donner à ce mot une signification encore plus fausse que celle qui lui est attachée par le langage vulgaire. Aujourd'hui encore on range dans l'embranchement des Vers un grand nombre d'espèces qui sont certainement très éloignées les unes des autres. Voici comment on caractérise cet embranchement : les vers sont des animaux à symétrie bilatérale; le corps inarticulé, généralement annelé ou formé de segments semblables, pourvus de canaux excréteurs latéraux. Jamais de membres articulés (Clans).

Cet embranchement renferme cinq classes dont nous avons donné les caractères à leur ordre alphabétique; ce sont : 1° les PLATHELMINTHES ou Vers plats qui comprennent quatre ordres : Cestodes, Trématodes, Turbellariés, Némerliens; 2° les NÉMATHELMINTHES ou Vers ronds qui comprennent les *Nématodes* (Ascarides, Trichines, etc.) et les *Acantocéphales*; 3° les ROTIFÈRES; 4° les GÉPHYRIENS; 5° les ANNÉLIDES ou ANNELÉS qui se subdivisent en deux sous-classes : *a.* les HIRUDINÉES, dont les anneaux sont courts ou absents, la

région céphalique non distincte, l'autre extrémité du corps étant pourvue d'une ventouse terminale et ventrale: pas de pieds; hermaphrodites et parasites; *b.* les CHÉTOPODES qui mènent une vie libre, dont la tête souvent distincte est alors pourvue de tentacules et de cirrhes; leur corps est couvert de faisceaux de soies pairs implantés soit dans des cryptes, soit sur des pieds. Les Chétopodes comprennent eux-mêmes deux ordres : les *Oligochètes* et les *Polychètes*. Voy. tous ces noms.

Paléont. — L'embranchement des Vers l'emporte par le nombre des genres et des espèces sur chacun des autres embranchements du règne animal; cependant il ne fournit pas, à beaucoup près, au paléontologiste, des éléments d'études aussi importants et aussi nombreux que le moins riche de ces derniers. On n'en saurait toutefois conclure que la proportion des Vers aux autres classes zoologiques fût bien différente de ce qu'elle est actuellement. En effet, la rareté relative des individus fossiles appartenant à la grande division des Vers s'explique aisément par la mollesse de leur corps et la facilité avec laquelle il se décompose.

La classe des *Annélides* est particulièrement dans ce cas. Ainsi, le seul spécimen bien authentique d'Annélide fossile à corps mou, est l'empreinte d'une *Néréide* découverte en Angle-

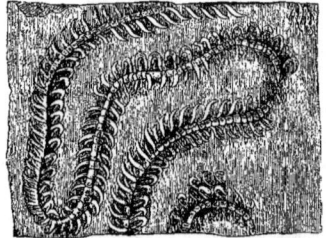

terre dans une roche de l'étage silurien (Fig. ci-dessus, *Nereites cambriensis*). Il en est autrement des Polychètes tubicoles. On a trouvé dans les mers anciennes des tubes assez nombreux, qui permettent de caractériser les espèces d'animaux qui les ont habités. Le genre *Serpula*, par ex., s'étend depuis l'étage dévonien jusqu'aux formations modernes : il atteint son plus grand développement dans la période oolithique, où l'on en connaît plus de 50 espèces. Le genre *Terebella* a des fossiles dans l'oolithe, et le genre *Spirorbis*, dans les terrains crétacés et tertiaires.

VÉRACITÉ. s. f. (lat. *veracitas*, m. s., de *verax, veracis*, sincère, de *verus*, vrai). Attachement constant à la vérité. *La v. de cet historien est un bon garant des faits qu'il rapporte.* || T. Théol. Attribut de la Divinité en vertu duquel elle ne peut jamais tromper. *La v. de Dieu.*

VERA-CRUZ, v. du Mexique, port sur le golfe du Mexique; 10,000 hab.

VERAISON. s. f. [Pr. *verè-zon*]. État des fruits, et surtout des raisins qui commencent à prendre la couleur qu'ils auront quand ils seront mûrs.

VÉRANDA. s. f. (mot indien). Espèce de galerie en saillie qui, dans certains pays tropicaux, règne autour des habitations, et que l'on garnit de rideaux ou de nattes pour se mettre à l'abri de la chaleur.

VÉRATRALBINE. s. f. T. Chim. Alcaloïde amorphe contenu dans le Vératre blanc (*Veratrum album*).

VÉRATRE. s. m. (lat. *veratrum*, m. s.). T. Bot. Genre de plantes Monocotylédones (*Veratrum*), de la famille des Liliacées, tribu des Colchicées. Voy. LILIACÉES.

VÉRATRIDINE. s. f. (R. *Vératre*). T. Chim. Voy. VÉRATRINE.

VÉRATRINE. s. f. (R. *Vératre*). T. Chim. La vératrine

du commerce est un mélange d'alcaloïdes qu'on extrait des semences de cévadille. On l'obtient sous la forme d'une poudre blanche, cristalline, inodore, d'une saveur âcre et brûlante. Respirée en petite quantité, elle provoque de violents éternuements accompagnés de maux de tête. Presque insoluble dans l'eau froide, elle se dissout facilement dans l'alcool et dans l'éther. Elle fond à 115°. Elle présente une réaction alcaline et s'unit aux acides pour former des sels cristallisables. La v. est très vénéneuse. On s'en sert en médecine, principalement contre les affections rhumatismales ou goutteuses et contre les névralgies. A l'extérieur on l'emploie sous forme de liniments ou de pommades. A l'intérieur on ne dépasse pas la dose de 5 milligrammes. Des doses plus fortes produiraient des vomissements, le collapsus et la mort.

Les alcaloïdes qu'on a pu extraire de la v. du commerce sont au nombre de six.

1° La *Vératrine* α ou *Cévadine* répond à la formule $C^{32}H^{49}AzO^9$. Elle cristallise en aiguilles fusibles à 205°, solubles dans l'alcool et dans le benzène. Traitée par la soude à froid ou par l'eau à 160°, elle fixe une molécule d'eau et se dédouble en acide angélique et en cévine.

2° La *Vératrine* β, appelée aussi *Vératridine* et *Asagréïne*, a pour formule $C^{37}H^{53}AzO^{11}$. Elle est amorphe et fond à 180°. Elle se dédouble facilement en acide vératrique et en cévine. Son sulfate est soluble dans l'eau et dans l'alcool, ce qui permet de l'isoler.

3° La *Cévine*, ou *Vérine*, ou *Vératrine* γ, provient du dédoublement des deux alcaloïdes précédents. Elle fond vers 95° et peut cristalliser dans l'éther. Elle est à peu près insoluble dans l'eau et dans l'alcool. Sa formule est $C^{27}H^{45}AzO^8$.

4° La *Vératrine* δ paraît être un isomère de la cévadine, où l'acide angélique serait remplacé par de l'acide crotonique.

5° La *Sabadine* $C^{28}H^{51}AzO^8$ cristallise en fines aiguilles, peu solubles dans l'eau et dans l'éther, très solubles dans l'acétone. Elle fond vers 240° en se décomposant.

6° La *Sabadinine* $C^{27}H^{45}AzO^8$ forme de longues aiguilles assez solubles dans l'eau. Elle se ramollit et se décompose au-dessus de 160°.

VÉRATRIQUE, adj. 2 g. (R. *vératrine*). T. Chim. L'*Acide vératrique* est un éther diméthylique de l'acide protocatéchique et répond à la formule $C^6H^3(OCH^3)^2CO^2H$. On le rencontre en petite quantité dans les semences de cévadille. On peut l'obtenir soit en méthylant l'acide vanillique ou l'acide iso-vanillique, soit en oxydant le méthyl-eugénol. L'acide v. cristallise en aiguilles incolores, fusibles à 179°,5, peu solubles dans l'eau. Distillé sur de la baryte, il perd de l'anhydride carbonique et se transforme en vératrol. Chauffé à 140° avec de l'acide chlorhydrique il se convertit en acide vanillique, puis en acide protocatéchique.

VÉRATROL, s. m. (R. *vératrine*). T. Chim. Le *Vératrol* est un éther diméthylique de la pyrocatéchine; il a pour formule $C^6H^4(OCH^3)^2$. On le prépare en traitant la pyrocatéchine ou le gaïacol par la soude, puis par le chlorure de méthyle. On peut aussi l'obtenir en distillant l'acide vératrique sur de la chaux ou de la baryte. Le v. possède une odeur de pivoine; il fond à 15° et bout à 205°. On l'a conseillé pour le traitement de la tuberculose.

VERBAL, ALE. adj. (lat. *verbalis*, m. s., de *verbum*, parole). Qui n'est que de vive voix et non par écrit. *Ordre v. Promesse verbale.* — *Procès-verbal.* Voy. ce mot. || T. Gramm. Qui vient du verbe. *Adjectif v.,* Voy. ADJECTIF et PARTICIPE.

VERBALEMENT. adv. [Pr. *verbale-man*]. De vive voix et non par écrit. *Il me l'a promis v.*

VERBALISER. v. n. [Pr. *verbali-zer*]. Dire des raisons ou des faits que l'on fait mettre dans un procès-verbal. *Les deux parties se sont trouvées à la levée des scellés et ont verbalisé fort longtemps à quoi bon tant v.?* — Plus ordinairement, dresser un procès-verbal. *Le juge de paix est occupé à v.* || Fam., Faire de grands discours inutiles et qui n'aboutissent à rien. *Il y a longtemps qu'il ne fait que v.* Ce sens, moins injurieux que celui de *Verbiager*, a vieilli.

VERBASCÉES. s. f. pl. (R. *Verbascum*). T. Bot. Tribu de végétaux de la famille des Scrofulariacées. Voy. ce mot.

VERBASCUM. s. m. [Pr. *verbas-kome*] (mot lat. m. s.).

T. Bot. Nom scientifique du genre *Molène.* Voy. SCROFULARIACÉES, I.

VERBE. s. m. (lat. *verbum*, mot, parole). Parole, ton de voix; n'est usité que dans cette phrase familière. *Avoir le v. haut*, qui se dit d'une personne qui parle très haut, et Fig., de quelqu'un qui parle avec présomption, qui décide avec hauteur. || T. Gram. et Théol. Voy. ci-après.

Gramm. — I. — Le *Verbe* est un mot qui exprime l'existence d'un attribut dans un sujet. Quand on dit : *L'homme est imparfait, l'homme* est le sujet de l'objet du jugement que nous énonçons; *imparfait* est l'attribut que nous assurons lui convenir; *est* est le mot, le v. par lequel nous déclarons cette affirmation. Le v. est donc le mot par excellence; il entre dans toutes les phrases pour être le lien de nos pensées, et lui seul a la propriété d'en manifester l'existence. Bien qu'il y ait des jugements négatifs, le v. renferme et exprime toujours l'affirmation. Ainsi, quand nous disons : *La vertu n'est pas inutile*, le v. *est* marque aussi bien l'affirmation que s'il n'était pas accompagné d'une négation. En effet, si cette négation n'y était pas, j'affirmerais que l'inutilité se trouve avec la vertu; mais en joignant la négation au v., j'affirme qu'elle ne s'y trouve pas. Le v. *nier* lui-même a véritablement un sens affirmatif, car il affirme, ou qu'une chose n'est pas, ou qu'elle ne convient pas à une autre. Donc le principal emploi du v. est l'affirmation, c'est là sa qualité essentielle. — La définition du v., telle que nous l'avons donnée, ne convient rigoureusement qu'au verbe *être*, qui exprime simplement l'existence du sujet et de l'attribut, ainsi que leur liaison, sans renfermer lui-même aucune idée d'attribut. Tous les autres verbes, au contraire, ajoutent à l'idée de l'existence celle de l'attribut ou du commencement de l'attribut. Ainsi, lorsqu'on dit : *Paul joue*, c'est comme si l'on disait : *Paul est jouant. Paul* est le sujet, et *joue* est un v. qui renferme lui-même le v. *être* et l'adjectif ou l'attribut *jouant.* En conséquence, le v. *être* est appelé *V. substantif, V. abstrait, V. absolu*, ou encore *Verbe* proprement dit. Par opposition, les autres sont nommés *Verbes attributifs, Verbes adjectifs* et *Verbes concrets.* D'après cela, si l'on veut définir le v. d'une manière plus grammaticale, on peut dire, qu'il est « le mot qui sert à exprimer l'existence d'un attribut dans un sujet, soit que ce mot renferme lui-même l'attribut, soit qu'il ne le renferme pas. »

II. — Les hommes, naturellement portés à varier et à abréger leurs discours, ont trouvé moyen de combiner avec la signification principale du v. plusieurs autres significations. Pour mieux désigner le sujet de la proposition, ils ont établi des différences dans les terminaisons, comme *J'aime, nous aimons, vous aimez :* de là les *Personnes* dans les verbes. (Voy. PERSONNE). En outre, attendu que le sujet de la proposition peut désigner une ou plusieurs personnes, on a adopté certaines modifications pour exprimer les *Nombres*, et particulièrement le singulier et le pluriel. Voy. NOMBRE. Ce n'est pas tout. Il est indispensable d'exprimer à quelle partie de la durée appartient l'action ou l'état exprimé par le v.; en conséquence, on a imaginé d'autres différences pour indiquer cette circonstance, comme *J'aime, j'ai aimé, j'aimerai :* de la diversité des *Temps.* Voy. ce mot. Enfin, on a encore assujetti le v. à d'autres inflexions pour marquer si l'affirmation est absolue, indéterminée, conditionnelle, dépendante ou commandée : de là les *Modes.* Voy. ce mot. Toutefois, bien que, dans la plupart des langues, le v. prenne des formes particulières pour exprimer le nombre, les personnes, les temps, les modes, ces formes ne lui sont point essentielles. Ainsi, par ex., les verbes anglais n'ont presque ni nombres ni personnes, et ils restent à peu près invables. En hébreu, le v. est, à proprement parler, invariable, et l'on forme les temps à venir (le futur et le passé (puisque l'hébreu n'a pas de présent), en accolant quelques formes des pronoms. Quant aux modes eux-mêmes, dans certaines langues, les verbes ne les expriment en aucune façon. Le plus philosophe de nos grammairiens, B. Jullien, cite comme exemple la langue d'une peuplade noire du Sénégal, les Ghiolofs. « Là, dit-il, les verbes sont comme tous les autres mots, absolument invariables. Par eux-mêmes ils ne marquent, ni personnes, ni temps, ni modes; mais on les indique à l'aide d'autres mots qui viennent successivement s'y juxtaposer, et ajouter au sens fondamental du v. le sens particulier qu'ils expriment. Ainsi, de l'infinitif *def* (faire), les Ghiolofs tirent successivement : le présent *def-na* (faire moi), je fais; le prétérit *def-on-na* (faire jadis moi), je fis; le futur *de-na-def* (un jour moi faire), je ferai; le conditionnel *de-na-kon-def* (un jour moi conditionnellement faire), je ferais, etc. »

III. — Quand on considère l'idée propre d'un v. en elle-même et relativement à sa signification, on voit qu'elle peut exprimer une action du sujet sur l'objet : *Je bats le fer. Vous nuisez à votre ami;* une passion, une action que reçoit le sujet : *Je souffre une vive douleur, Il a été battu;* un état du sujet, ou bien une action qui se passe dans le sujet : *Je dors, je dîne.* Les verbes de la première catégorie sont appelés *Verbes transitifs;* mais, les uns sont *transitifs directs : Je bats le fer,* tandis que les autres sont *transitifs indirects : Vous nuisez à votre ami,* parce qu'ils exigent une préposition pour régir leur complément. Les verbes qui forment la seconde catégorie sont des *Verbes passifs.* Enfin, ceux qui forment la troisième constituent ce qu'on appelle les *Verbes intransitifs.* Mais ces distinctions sont peu usitées dans les grammaires élémentaires. Les verbes transitifs directs y sont appelés *Verbes actifs;* les verbes transitifs indirects et les verbes intransitifs y sont appelés *Verbes neutres,* c.-à-d. verbes qui ne sont ni actifs ni passifs. Enfin, les *Verbes passifs* des grammaires sont exclusivement ceux qui sont formés avec le v. *être* suivi d'un participe, tandis que les verbes passifs non composés, tels que *recevoir, éprouver, souffrir, pâtir,* sont rapportés, les uns dans la catégorie des verbes actifs, parce que, bien qu'exprimant une passion, ils prennent un complément direct, comme *recevoir, éprouver,* etc., et les autres dans la catégorie des verbes neutres, parce qu'ils marquent un état, comme *pâtir.* Cette distribution vient de ce que les auteurs se sont attachés à la forme que revêtent les verbes, au lieu de s'attacher à leur signification. Elle est peu philosophique, mais elle se prête admirablement à l'étude des règles grammaticales, parce qu'elle est conforme à l'état de la langue; on a eu raison de s'y tenir, car la grammaire est l'étude du langage tel qu'il est, et non la critique philosophique de la langue.

A. Le *Verbe actif,* ou *V. transitif direct,* est celui qui exprime une action faite par le sujet, et qui en outre a ou peut recevoir un complément direct. Ainsi, par ex., dans cette phrase : *Pierre lit une lettre,* nous dirons que *lire* est un v. actif, car il a pour sujet *Pierre* qui fait l'action, et pour régime le mot *lettre.* On reconnaît qu'un v. est actif toutes les fois qu'on peut, après le présent de l'indicatif, mettre *quelqu'un* ou *quelque chose. Consoler, chanter,* sont des verbes actifs, parce qu'on peut dire : *Je console quelqu'un, Je chante quelque chose.* Enfin, le v. actif, dans ses temps composés, se conjugue toujours avec le v. *avoir.* — Le *V. passif* est le contraire du v. actif. Il présente le sujet comme recevant, comme souffrant une action qui n'a point d'objet direct. Lorsqu'on dit : *La loi protège également tous les citoyens,* la loi, qui est le sujet, exerce l'action exprimée par le v., et ces mots, *tous les citoyens,* sont le régime direct du v. Dans cette autre phrase : *Tous les citoyens sont également protégés par la loi,* le sens est le même que dans la précédente. Seulement, les mots *tous les citoyens,* qui étaient le régime direct du v., sont maintenant le sujet de la proposition, mais ils n'exercent pas l'action exprimée par le v. *sont protégés;* cette action, au contraire, est exercée sur eux *par la loi :* ils la souffrent, au lieu d'en être la cause ou le moteur. Dans la première proposition, le v. est actif; dans la seconde, il est passif. Les verbes sont donc actifs ou passifs, selon que le sujet de la proposition exerce sur autrui, ou souffre lui-même de la part d'autrui, l'action exprimée par le v. Tout v. actif est nécessairement un v. passif, et réciproquement; et l'on désigne sous le nom de *Voix active* et de *Voix passive,* la forme particulière que prend le v. dans ces deux conditions opposées. D'après ce qui précède, il est facile de comprendre qu'on reconnaît immédiatement un v. actif quand on peut le tourner en passif, et un v. passif lorsqu'on peut le changer en actif. Dans notre langue, on fait peu d'usage du v. passif, parce qu'il embarrasse la phrase de petits mots qui gênent la construction et se conjugue dans tous ses temps avec le v. *être.* Dans certaines langues, en latin par ex., la voix passive s'exprime par des flexions particulières et non par des auxiliaires. Il est arrivé alors dans ces langues que certains verbes à forme passive ont cependant un sens actif; ces verbes-là n'ont pas de forme active. On les appelle *déponents.* Tel est le cas du v. lat. *mirari,* admirer.

B. Le *V. neutre* exprime, tantôt un état, tantôt une action, mais dans ce dernier cas, il n'y a pas de régime direct. En conséquence, on ne peut jamais le faire suivre des mots *quelqu'un* ou *quelque chose,* et il ne peut jamais adopter la voix passive. Il y a deux sortes de verbes neutres : les verbes *transitifs indirects,* dont l'action peut se porter au dehors, et qui ont conséquemment un régime indirect, comme : *Aller à Paris, Venir de Rome, Nuire à quelqu'un;* et les verbes

intransitifs, qui expriment un état, comme *dormir, rêver,* etc., ou une action concentrée dans le sujet lui-même, comme *rire, marcher,* etc. Ni les uns ni les autres ne sauraient donc avoir de régime. Parmi les verbes neutres, il y en a qui se conjuguent avec l'auxiliaire *avoir,* comme *régner, vivre, languir,* etc.; d'autres avec *être,* comme *tomber, arriver;* enfin, quelques-uns prennent, tantôt *avoir,* tantôt *être,* comme : *cesser, grandir, passer,* etc.

C. On appelle *Verbes pronominaux* ou *pronominés* ceux qui se conjuguent avec deux pronoms de la même personne. *je me, tu te, il se, nous nous, vous vous, ils se.* Mais ces verbes, semblables quant à la forme, peuvent différer beaucoup par la signification. — Lorsque je dis : *Il se loue hautement, Elle s'est coupée,* les verbes ici ne sont tout simplement des verbes actifs qui ont pour régime la même personne que le sujet. Ce dernier fait sur lui-même l'action marquée par le v.; en conséquence, on a donné à ces verbes le nom de *Verbes réfléchis.* Dans certaines langues, en grec par ex., le v. réfléchi se forme non pas par l'adjonction du pronom régime du v. actif, mais par des désinences particulières; l'ensemble de ces désinences constitue la *voix moyenne.* — Dans ces autres phrases, *Pierre et Paul se louent l'un l'autre, Tous ces hommes se méprisent,* les verbes sont au pluriel et ont plusieurs sujets dont chacun fait sur l'autre l'action indiquée par le v.; ainsi, comme dans le cas précédent, *louer* et *mépriser* sont des verbes actifs ayant pour complément un pronom personnel. Toutefois on les nomme *Verbes réciproques,* à cause de l'action réciproque exprimée par la phrase. — Si maintenant nous examinons la signification du v. dans les phrases suivantes : *Le fer se rouille à l'air humide, La pluie s'absorbe dans le sable, Tout s'use dans ce monde, Cette fente s'élargit chaque jour, L'affaire se fera,* il est évident que le fer ne devient pas rouillé par l'action qu'il exerce sur lui-même, que les choses ne deviennent usées que par l'action exercée sur elles par d'autres choses, qu'une affaire est faite par des personnes. A la différence des verbes réfléchis et réciproques, les verbes employés dans les phrases qui précèdent n'ont donc point une signification active; loin de là, leur signification est absolument passive. Les grammairiens désignent ces verbes sous le nom de *Verbes pronominaux accidentels,* parce que tous sont des verbes actifs susceptibles de la voix passive ordinaire, et auxquels on peut, en outre, donner accidentellement la signification passive au moyen de la forme pronominale. Au contraire, ils appellent *Verbes pronominaux essentiels* ou *absolus,* certains verbes qui ne s'emploient que sous la forme pronominale, et qui, par conséquent, ne sont usités ni à la voix active, ni à la voix passive. Tels sont les verbes *s'abstenir, s'emparer, s'ingénier, se méfier, se repentir,* etc. Bien qu'on ne puisse mettre le complément direct *quelqu'un* ou *quelque chose* après les verbes pronominaux essentiels et qu'on ne puisse dire, par ex., *se repentir quelque chose, s'emparer quelqu'un,* cependant, quand on décompose ces verbes, on voit qu'ils ont une signification active fort clairement indiquée par le sens. Ainsi, *s'abstenir* est pour se tenir loin de; *s'emparer,* pour se mettre en part de; *s'ingénier,* pour se rendre ingénieux, par mal fier soi, etc. L'action exprimée par les verbes essentiellement pronominaux est donc réellement reçue par le second pronom, lequel, par conséquent, est toujours régime direct. Il n'y a d'exception que pour le v. neutre *aller,* qui est susceptible de la forme pronominale *s'en aller.* Parmi les verbes pronominaux accidentels, il en est quelques-uns qui peuvent être en quelque sorte considérés comme pronominaux essentiels : ce sont ceux où le second pronom est tellement lié au v. par le sens, qu'on ne saurait le retrancher sans porter atteinte à la signification du v. Tels sont les verbes *s'apercevoir, s'attaquer, s'attendre, se douter, se plaindre, se prévaloir, se servir,* etc. D'après ce qui précède, on voit que nous ne rangeons point parmi les verbes pronominaux les verbes où le second pronom est régime indirect. Ainsi, dans ces phrases : *Elle s'est coupé le doigt, Il s'est arrogé le droit,* les mots *couper* et *arroger* sont purement et simplement des verbes actifs. Le premier a pour régime direct *le doigt,* et le second *le droit :* dans les deux exemples, *s'est* est régime indirect. — Tous les verbes à forme pronominale prennent le v. *être* pour former leurs temps composés, et toujours le pronom régime suit immédiatement le pronom sujet, sauf l'exception résultant de l'emploi de la forme impérative, interrogative ou négative, comme on le voit dans les exemples suivants : *Je me loue d'avoir pris ce parti; Elle s'était flattée de se séduire; Ils se sont repentis de leurs fautes; Il s'en est allé l'oreille basse; Ils s'étaient arrogé le privilège; Repentez-vous,* pêcheurs! Vous abstiendrez-vous désormais? Ah çà, vous en irez-vous! Je ne m'en suis nullement repenti.

D. Les *Verbes impersonnels* ou *unipersonnels* sont des verbes qui ne sont usités qu'à la troisième personne du singulier : *Il importe, il faut, il pleut.* Dans cette sorte de verbes, le pronom *il* ne tient la place d'aucun nom, et n'est nullement le sujet du v.; c'est un mot indicatif qui, en général, équivaut à *ceci* et qui annonce simplement le sujet du v., comme dans ces phrases : *Il est utile que vous veniez. Il convient que vous suiviez mes conseils*: c.-à-d. ceci, que vous veniez, est utile; ceci, que vous suiviez mes conseils, convient. Parmi les verbes impersonnels, les uns le sont de leur nature, c.-à-d. qu'ils ne s'emploient jamais qu'à la troisième personne du singulier, comme *Il pleut, il neige. il tonne;* d'autres ne le sont qu'accidentellement, comme *Il convient, il arrive,* etc. Les verbes impersonnels se conjuguent, les uns avec *avoir,* comme *Il a plu, il a neigé,* les autres avec *être,* comme *Il est résulté.*

IV. — On donne le nom de *Verbes auxiliaires* aux verbes qui servent à conjuguer les autres et à en former divers temps; nous en avons deux dans notre langue, *avoir* et *être* (Voy. AUXILIAIRE, AVOIR et ÊTRE). Les verbes dits *réguliers,* lorsque, dans tous leurs modes et tous leurs temps, ils prennent exactement les formes qui appartiennent à l'une des quatre conjugaisons typiques. Ils sont appelés *irréguliers,* lorsqu'ils prennent dans quelques temps des formes différentes de celles qui caractérisent la conjugaison à laquelle ils appartiennent, et *défectifs* ou *défectueux,* lorsqu'ils manquent d'un ou de plusieurs temps, ou seulement quand un de leurs temps n'est pas employé à toutes les personnes, comme les verbes *choir, il gît,* etc. (Voy. CONJUGAISON, PARTICIPE, etc.)

Théol. — Le mot *Verbe,* dans l'Écriture sainte, est un des noms par lesquels est désignée la seconde personne de la Trinité, qui est plus souvent appelée le *Fils de Dieu,* ou simplement le *Fils.* Voy. TRINITÉ.

L'*Incarnation du V.* consiste dans l'union du V. divin avec la nature humaine. C'est le V., le Fils de Dieu, la seconde personne de la Trinité qui s'est fait homme, afin d'opérer notre rédemption. Saint Jean l'évangéliste a exprimé le mystère de l'incarnation par deux mots, en disant : *Le V. s'est fait chair.* En vertu de cette union, Jésus-Christ est vrai Dieu et vrai homme, et réunit dans sa personne toutes les propriétés de la nature divine et de la nature humaine.

Le mystère de l'incarnation est la base du christianisme : il tient à tous les autres mystères. Il suppose celui de la trinité; il suppose la nécessité d'une rédemption, et, par conséquent, la chute et la dégradation de la nature humaine par le péché d'Adam. Pour être chrétien, ce n'est pas assez de croire en Jésus-Christ comme envoyé de Dieu, mais il faut croire en Jésus-Christ Dieu, Sauveur et Rédempteur du monde. Voy. TRINITÉ, RÉDEMPTION.

VERBÉNACÉES. s. f. pl. (lat. *verbena,* verveine). T. Bot. Famille de végétaux Dicotylédones de l'ordre des Gamopétales supcrovariées.

Caract. bot. : Arbres ou arbrisseaux, parfois plantes her-

Fig. 1.

bacées. Feuilles généralement opposées, simples ou composées, sans stipules. Fleurs hermaphrodites, zygomorphes, rarement presque régulières, en corymbes opposés ou en épis, parfois en capitules denses, très rarement axillaires et solitaires. Calice ordinairement bilabié, rarement presque régulier, per-

sistant. Corolle gamopétale, le plus souvent bilabiée. Étamines ordinairement 4, didynames, rarement égales, parfois 2. Ovaire 2- ou 4-loculaire. Ovules dressés ou ascendants, campylotropes, rarement orthotropes, solitaires ou géminés; style 1 : stigmate bifide ou indivis. Le fruit est une drupe, un diakène, ou un tétrakène, rarement une capsule à 2-4 valves. Graines dressées ou ascendantes; albumen tantôt nul, tantôt charnu; embryon toujours droit; radicule infère.

La famille des Verbénacées comprend 59 genres et environ 700 espèces. Rares en Europe, dans l'Asie septentrionale et dans l'Amérique du Nord, les plantes qui la composent sont communes au contraire dans les régions tropicales des deux hémisphères et dans les parties tempérées de l'Amérique du Sud. Sous les tropiques, ce sont des arbrisseaux ou même des arbres gigantesques; dans les latitudes plus froides, ce sont des plantes herbacées. On a rencontré un *Vitex* et un *Petræa* dans les couches tertiaires.

Cette famille se divise en deux tribus :

TRIBU 1. — *Verbénées.* — Pas d'albumen (*Lantana, Lippia, Verbena, Callicarpa, Duranta, Tectona, Vitex, Avicennia, Stachytarpheta,* etc. [Fig. 4. — 1. *Callicarpa longifolia;* 2. Fleur ouverte longitudinalement; 3. Fruit du *Callicarpa americana,* dont on a enlevé la moitié du péricarpe; 4. Sa graine.]

Les propriétés des Verbénacées ressemblent à celles des Labiées; mais la plupart n'ont pas d'importance au point de vue médical ou économique. L'espèce type du genre *Verveine (Verbena),* qui a donné son nom à la famille, est la *Verveine officinale (Verb. officinalis).* Cette plante, qu'on trouve communément chez nous le long des chemins et dans les champs, était en grande vénération chez les anciens. Ils s'en servaient pour nettoyer les autels de leurs divinités et pour les aspersions d'eau lustrale. Les hérauts d'armes en ceignaient leur tête lorsqu'ils allaient annoncer la paix ou la guerre. Avant de la cueillir, les druides faisaient un sacrifice à la Terre. Dans le moyen âge, la Verveine était aussi très vénérée de ceux qui s'occupaient de divination, de magie, ou qui composaient des philtres. Elle a été également un certain rôle en médecine; mais de nos jours elle est entièrement inusitée si ce n'est en parfumerie. L'écorce du *Callicarpe laineux (Callicarpa lanata)* a une saveur légèrement amère et aromatique. Les Malais la regardent comme diurétique, et les Cingalais la mâchent quand ils n'ont pas de bétel. Le *Stachytarpheta de la Jamaïque (St. jamaicensis)* est une plante à laquelle les Brésiliens attachent les mêmes fausses notions d'une action puissante que les Européens attachaient autrefois à la Verveine officinale. Quelquefois on emploie ses feuilles pour falsifier le Thé de Chine, et on les vend en Autriche sous le nom de Thé du Brésil. A Tortola, le suc de ses feuilles s'administre aux enfants, comme laxatif, à la dose de 1 ou 2 cuillerées. Dans les Antilles françaises, la décoction de ces mêmes feuilles s'emploie en lavements et comme vermifuge. On la regarde aussi comme emménagogue. Au Brésil, on applique encore sur les ulcères ses feuilles fraîches préalablement contuses. Dans le même pays, on vante les propriétés aromatiques du *Lantana pseudo-thea,* appelé vulgairement *Faux Thé, Thé de piéton,* avec les feuilles duquel on fait une infusion théiforme. On emploie les feuilles et les fleurs aromatiques de plusieurs espèces de *Lantana* contre la toux et les rhumatismes. Le *Lippia citriodora,* appelé souvent *Verveine odorante, Citronnelle,* est aromatique et on peut le comparer à la Sauge et au Thym. Dans le sud du Brésil, l'écorce du *Gattilier Taruma (Vitex taruma)* est usitée contre les affections syphilitiques. L'*Avicennia tomentosa,* connu au Brésil sous le nom de *Manglier blanc,* laisse écouler une résine aromatique dont les naturels de la Nouvelle-Hollande se servent comme d'aliment. Son écorce est fort employée à Rio Janeiro pour le tannage des peaux. Sa racine, mucilagineuse et salée, est considérée comme aphrodisinque. La *Gmelina parviflora* a la propriété de rendre l'eau mucilagineuse, et s'emploie comme tisane dans les inflammations de la muqueuse génito-urinaire. Dans l'Inde, le *Congea villosa,* dont les feuilles ont une odeur très désagréable, s'emploie en fomentations. Dans le même pays, on ajoute une décoction de feuilles aromatiques du *Gattilier incisé (Vitex negundo)* dans les bains chauds qu'on fait prendre aux femmes après l'accouchement. On applique également ses feuilles broyées sur les tempes dans les cas de céphalalgie, et l'on en bourre des oreillers qu'on met sous la tête pour combattre le catarrhe et la céphalalgie qui l'accompagne. Les feuilles du *Gattilier trifolié (V. trifoliata)* sont un résolutif énergique dont les Malais se servent dans les cas de tumeurs. On les administre en décoction et en infusion, et l'on en fait des cataplasmes qu'on applique sur le gonflement de la rate. La décoction préparée avec la racine de la *Premne à feuilles entières* (*Premna integrifolia*) passe pour cordiale et stomachique. On a parfois employé en médecine le *Volkameria inerme* (*Volkameria inermis*) et quelques autres espèces de ce genre, à cause de leurs propriétés légèrement amères et astringentes; mais ces plantes sont sans aucune espèce d'importance. Les fruits drupacés de quelques espèces de la famille sont bons à manger, tels sont, par ex., ceux des *Lantanas* et de la *Premne comestible* (*Premna esculenta*). D'autres sont très âcres : tels sont les fruits du *Gattilier trifolié* (*Vitex trifoliata*), appelés par les Indous *Poivre sauvage*, ceux du *Gattilier incisé* (*V. negundo*) et ceux du *Gattilier agnus-castus* (*V. agnus-castus*), vulgairement appelé *Arbre au poivre*. A Smyrne, les graines de ce dernier sont considérées comme un remède fort efficace contre la colique. Pour cela on les réduit en poudre que l'on étend sur la moitié d'un oignon qu'on applique sur la poitrine. Mais l'espèce la plus intéressante de la tribu est le *Teck* ou *Tek* (*Tectona grandis*) C'est un arbre

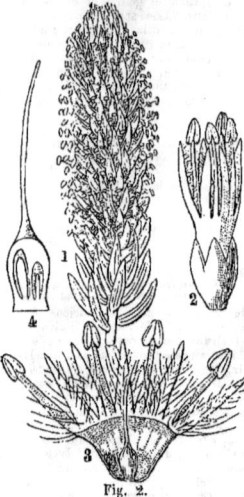

Fig. 2.

énorme qui se trouve dans les forêts des parties montagneuses du Malabar, du Pegu et d'autres contrées des Indes orientales. Le bois du Tek vulgairement appelé *Bois puant*, abonde en particules siliceuses et n'a pas son égal en Asie pour la durée. Il ressemble beaucoup au bois d'acajou grossier, mais il est plus léger et très fort. On en fait un grand usage dans les constructions navales, pour lesquelles on l'estime supérieur à tous les autres bois connus. Endlicher ajoute que ses fleurs sont diurétiques, que ses feuilles donnent une couleur rouge, et enfin que les Malais s'administrent ces dernières en décoction dans le choléra.

Tribu II. — *Stilbées.* — Albumen charnu (*Stilbe, Chloanthes*, etc.). [Fig. 2. — 1. *Stilbe pinastra*; 2. Fleur; 3. La même, coupée et étalée : 4. Coupe verticale d'un ovaire.]

VERBÉRATION. s. f. [Pr. *verbéra-sion*] (lat. *verberatio*, m. s., de *verberare*, frapper). T. Phys. anc. Se disait du choc de l'air qui produit le son. *La v. de l'air.* Inus.

VERBERIE, bourg du dép. de l'Oise, arr. de Senlis, sur l'Oise, où mourut Charles Martel en 741.

VERBÉSINE. s. f. [Pr. *verbé-zine*] (lat. *verbena*, verveine). T. Bot. Nom donné autrefois au *Guizotia oleifera*. Voy. COMPOSÉES, IV.

VERBEUX, EUSE. adj. [Pr. *ver-beu, euze*] (lat. *verbosus*, m. s., de *verbum*, parole). Qui abonde en parole, diffus. *Une éloquence verbeuse. Un avocat v.*

VERBIAGE. s. m. (lat. *verbum*, parole, avec un suff. péjor. *age*). Abondance de paroles qui ne disant presque rien, qui contiennent peu de sens. *Il n'y a que du v. dans ce livre, dans ce discours. C'est un v. continuel.*

VERBIAGER. v. n. (R. *verbiage*). Employer beaucoup de paroles pour dire peu de choses. *Il ne fait que v.* ‖ Conj. Voy. MANGER.

VERBIAGEUR, EUSE. s. Celui, celle qui a le défaut d'employer beaucoup de paroles pour dire peu de chose.

VERBOSITÉ. s. f. [Pr. *verbo-zité*] (lat. *verbositas*, m. s.). Caractère, défaut de ce qui est verbeux. *La v. de cet avocat, de ce mémoire.*

VERCEIL, v. d'Italie, prov. de Novare, sur la Sesia; 29,000 hab.; Victoire de Marius sur les Cimbres en 101 av. J.-C.

VERCEL, ch.-l. de c. (Doubs), arr. de Baume-les-Dames; 1,200 hab.

VERCINGÉTORIX, chef gaulois du pays des Arvernes, héros de l'indépendance nationale dans la lutte contre les Romains, défendit Gergovie (près de Clermont), fut assiégé par César dans Alésia. Obligé de se rendre, il fut conservé pour orner le triomphe de son vainqueur, puis mis à mort (46 av. J.-C.).

VERCONSIN, auteur dram. fr. (1825-1891).

VER-COQUIN. s. m. [Pr. *verko-kin*]. Voy. VER.

VERDÂTRE. adj. 2 g. (R. *vert*, avec le suff. péjor. *âtre*). Qui tire sur le vert. *Couleur v. De l'eau v. Des tons verdâtres.*

VERDÉE. s. f. (ital. *verdea*, m. s.). Sorte de petit vin blanc de Toscane, dont la couleur tire sur le vert.

VERDELET, ETTE. adj. [Pr. *verde-lè, lète*]. (Dimin. de *vert*). Ne se dit que dans cette locut., *Du vin v.*, Du vin qui est un peu vert, qui a une petite pointe d'acide. — Fig. et fam., *Cet homme est encore un peu v.*, se dit d'un vieillard qui a encore de la vigueur. ‖ T. Ornith. Syn. de *Verdier*.

VERDEN, petite ville de Prusse, province du Hanovre; 5,000 hab.

VERDERIE. s. f. (R. *verdier*). T. Eaux et Forêts. Étendue de bois qui était soumise à la juridiction d'un verdier. ‖ Se disait aussi de la juridiction même.

VERDET. s. m. [Pr. *ver-dè*] (R. *vert*). T. Chim. et Techn. Nom vulg. de l'acétate de cuivre appelé aussi vert-de-gris. Voy. CUIVRE, IV, 5°. ‖ T. Bot. Nom d'un Champignon qui se développe sur le maïs altéré.

VERDEUR. s. f. (R. *vert*). Humeur, sève qui est dans le bois lorsqu'il n'est pas encore sec. *Ce bois a encore de la v.* — Fig., se dit de la jeunesse et de la vigueur des hommes. *Dans la v. de l'âge, de son âge. Il était alors dans sa v.* ‖ Acidité du vin. *Ce vin a encore de la v.* — Fig., Âcreté des paroles. *La v. de sa réponse fit faire des critiques.*

VERDI (GIUSEPPE), compositeur ital. (1813-1900). Ses principaux opéras sont *le Trouvère, Rigoletto, la Traviata, Aïda*.

VERDICT. s. m. [Pr. *ver-dikt*] (lat. *veredictum*, dit sincèrement). T. Jurispr. Déclaration du jury en réponse aux questions posées par la cour. *Le v. du jury a été favorable,* L'accusé a été déclaré innocent.

VERDIER. s. m. (R. *vert*). T. Eaux et Forêts. Officier qui était établi pour commander aux gardes d'une forêt éloignée des maîtrises. *Les verdiers connaissaient des délits dont l'objet n'excédait pas cinquante sous.* ‖ T. Ornith. Espèce de *Passereau*. Voy. BRUANT.

VERDIR. v. a.* (R. *vert*). Donner une couleur verte, peindre en vert. *Il faut v. cette porte.* == VERDIR. v. n. Devenir vert; se dit proprement des végétaux. *Au printemps, lorsque tout commence à v.* ‖ En parlant du cuivre, Se couvrir de vert-de-gris. *Si l'on n'a pas soin de nettoyer souvent le cuivre, il verdit.* == VERDI, IE. part.

VERDON, riv. de France, arrose Castellane et se jette dans la Durance (riv. g.); 160 kilomètres.

VERDOYANT, ANTE. adj. [Pr. *verdo-ian*]. Qui verdoie.

Des arbres verdoyants. Les plaines verdoyantes. — *Couleur verdoyante*, Couleur tirant sur le vert.

VERDOYER. v. n. [Pr. *verdo-ier*]. Devenir vert. *Les bois commencent à v.*

VERDUN. s. m. (R. *Verdun*, ville où on le fabriquait). T. Art. milit. anc. Épée lourde à lame courte pouvant servir de hache. Voy. ÉPÉE.

VERDUN, ch.-l. d'arr. du dép. de la Meuse, à 48 kil. N. de Bar-le-Duc; 22,500 hab. Place forte, évêché. — Traité de Verdun en 843 par lequel les fils de Louis le Débonnaire se partagèrent l'empire. = Nom des hab. : VERDUNOIS, OISE.

VERDUN-SUR-GARONNE, ch.-l. de c. (Tarn-et-Garonne), arr. de Castel-Sarrasin; 3,300 hab.

VERDUN-SUR-LE-DOUBS, ch.-l. de c. (Saône-et-Loire), arr. de Châlon; 1,800 hab.

VERDURE. s. f. (R. *vert*). La couleur verte que présentent les plantes, les feuilles des arbres, surtout au printemps. *La v. des prés, des champs, des bois. Ces prés, ces bois ont repris leur v. La v. plaît aux yeux.* || Par ext., se dit des herbes, des plantes et des feuilles mêmes. *Se coucher sur la v. Cabinet de v. Lit de v.* On dit aussi, *Un tapis de v., Un tapis de gazon.* || Dans un sens particulier, se dit des plantes potagères dont on mange les feuilles, comme laitue, chicorée, oseille, persil, cerfeuil, etc. *Marchand de v.* || *Tapisserie de v.*, ou simpl. *Verdure*, Tenture de tapisserie qui représente principalement des arbres. *Une v. d'un beau dessin. Il a une belle v. dans sa chambre.*

VERDURIER, RIÈRE. s. (R. *verdure*). Marchand, marchande de légumes verts, de salades, etc. || Celui qui fournit les salades dans les maisons royales. Vx.

VÉRÉTILLE. s. f. [Pr. les *ll* mouillées] (Dimin. du lat. *veretrum*, verge, de *veru*, broche). T. Zool. Espèce de Polype. Voy. ALCYONAIRES.

VÉREUX, EUSE. adj. [Pr. *véreu, euze*] (R. *ver*). Qui contient des vers; ne se dit que des fruits. *Fruit v. Pommes véreuses.* || Fig. et fam., se dit d'une personne ou d'une chose fortement suspecte d'un vice essentiel et caché. *C'est un homme v. Une caution, une créance véreuse. Un titre v. Un effet v. Il y a quelque chose de v dans cette affaire.* — Prov., *Son cas est v.*, ou *Il sent son cas v.*, Voy. CAS.

VERFEIL, ch.-l. de c. (Haute-Garonne), arr. de Toulouse; 1,900 hab.

VERGE. s. f. (lat. *virga*, m. s.). Petite baguette de bois, d'ivoire, de baleine, etc., plus ou moins longue et flexible. *Il n'avait qu'une v. à la main. La v. de Moïse, d'Aaron. La v. des magiciens de Pharaon.* En parlant d'autres magiciens, on dit ordinairement, *Baguette.* — Fig., *Ce prince gouverne ses peuples avec une v. de fer*, Il les traite durement. || Se dit aussi de plusieurs menus brins d'osier, de bouleau, etc., avec lesquels on fouette, on fustige. Dans ce sens, on dit le plus souvent *Verges*, au plur. *Une poignée de verges. On le fit battre de verges. Cet enfant craint la v.* Dans la discipline militaire, *Faire passer quelqu'un par les verges, par les baguettes*, Le faire passer entre deux rangs de soldats qui sont armés de verges ou baguettes d'osier ou de bouleau, dont ils frappent sur les épaules nues de celui qui passe. *Le supplice des verges n'est plus usité en France.* — Fig., *Il n'est plus sous la v. d'un tel*, Il n'est plus sous sa direction, il ne craint plus ses réprimandes. — Fig. et fam., *Faire baiser les verges à quelqu'un*, Le contraindre à demander pardon après qu'on l'a châtié, ou bien L'obliger à reconnaître la justice du châtiment. *Donner des verges pour se fouetter*, Voy. FOUETTER. || T. Pyrot. Baguette à laquelle on attache une fusée volante. || T. Mar. Tige d'une ancre. || T. Phys. et Techn. Tige ou tringle droite plus ou moins longue, et qui est ordinairement de métal *V. de fer, de cuivre. La v. d'un balancier, d'une girouette, d'une ancre. Les vibrations des verges.* Voy. ACOUSTIQUE. || T. Art milit. anc. Sorte d'épée employée au moyen-âge. || T. Métrol. S'est dit de certaines mesures dont on se servait pour mesurer les terres et les étoffes. || T. Anat. Le membre génital. *Le canal de la v.* Voy. PÉNIS. || T. Jouill. Se dit d'un anneau sans chaton. || T. Bot. *V. d'or*. Nom vulgaire du *Solidago virga aurea*. Voy. COMPOSÉES, IV. — *V. à pasteur*. Nom vulgaire du *Dipsacus pilosus* (Dipsacées).

VERGÉ, ÉE. adj. (lat. *virgatus*, rayé, de *virga*, verge, raie). Se dit d'une étoffe où se trouvent quelques fils d'une soie grossière que le reste, ou d'une teinture soit plus forte, soit plus faible. || *Papier v.*, Papier fait à la main. Voy. PAPETERIE.

VERGÉE. s. f. (R. *verge*). T. Métrol. Anc. mesure de superficie valant environ 2,000 mètres carrés. Voy. ACRAIRE.

VERGENNES (comte DE), diplomate fr. (1717-1787), ministre des affaires étrangères sous Louis XVI (1774), favorisa la révolte des Américains contre les Anglais.

VERGER. s. m. (lat. *viridarium*, m. s., de *viridis*, vert). Lieu planté d'arbres fruitiers. *Un v. bien planté. Se promener dans un v.*

VERGER. v. a. Mesurer avec la verge. || Rayer comme de marques de verge. = VERGÉ, ÉE. part. = Conj. Voy. MANGER.

VERGERETTE. s. f. [Pr. *verjerè-te*] (Dimin. de *verge*). T. Bot. Nom vulgaire de l'*Erigeron canadensis*. Voy. COMPOSÉES, IV.

VERGETER. v. a. Nettoyer avec une vergette. *V. un habit, un chapeau.* = VERGETÉ, ÉE. part. *Teint v., peau vergetée*, Teint, peau où il paraît de petites raies de différentes couleurs, et plus ordinairement rouges. *Elle a la peau toute vergetée.* || T. Blason. *Écu vergeté*, Écu couvert de vergettes, les unes de métal, les autres de couleur, et en nombre égal pour chaque émail. = Conj. Voy. CAQUETER.

VERGETIER. s. m. [Pr. *verje-tié*.] Artisan qui fait des vergettes, des décrottoires, etc.

VERGETTE. s. f., et VERGETTES. s. f. pl. [Pr. *verjè-te*] (dimin. de *verge*). Époussette, brosse composée de soies de cochon, de sanglier, ou de menus brins de bruyère attachés ensemble, et dont on se sert pour nettoyer les habits, les étoffes, etc. *Où est la v.? Donnez deux ou trois coups de vergettes à mon habit.* || T. Blas. Bande verticale de peu de largeur au milieu de l'écu. Voy. HÉRALDIQUE.

VERGETURES. s. f. pl. (R. *vergette*). Se dit propr. des ecchymoses produites par des coups de verges ou de fouet. || Par anal., se dit des éraillures blanchâtres que présente la peau après une forte distension, après la grossesse, par ex., des lividités qu'on observe sur la peau des cadavres dans certaines circonstances, et enfin de marques et impressions quelconques sur la peau.

VERGEURE. s. f. [Pr. *ver-jure*] (R. *verge*). Marque laissée sur le papier vergé par les fils de cuivre de la forme. Voy. PAPETERIE.

VERGLAS. s. m. [Pr. *ver-gla*] (R. *verre*, et *glace*?). Glace mince étendue sur la terre, sur le pavé, et formée par une petite pluie qui se gèle au moment où elle tombe. *Le pavé est couvert de v. Il tombe du v. Il y a du v.*

VERGNE. s. m. [Pr. *gn* mouil.] (bas lat. *vernium*, m. s., d'orig. celtique). T. Bot. Syn. de *verne* ou *aune*.

VERGNIAUD, un des chefs éloquents du parti girondin dans la Convention, fut condamné par le tribunal révolutionnaire et monta sur l'échafaud (1753-1793).

VERGOGNE. s. f. [Pr. *gn* mouil.] (lat. *verecundia*, respect, de *verere*, révérer). Honte. *C'est un homme sans v. Il n'a ni honte ni v.* Fam.

VERGOGNEUX, EUSE. adj. [Pr. *vergo-gneu, euze, gn* mouil.]. Honteux. Vx.

VERGT, ch.-l. de c. (Dordogne), arr. de Périgueux; 1,800 hab.

VERGUE. s. f. [Pr. *ver-ghe, g* dur] (lat. *virga*, verge). T. Mar. Pièce de bois longue et ronde qui est attachée en travers des mâts d'un navire pour en soutenir les voiles, *La grande v. La v. de misaine, de perroquet, d'artimon. — Ces deux bâtiments sont v. à v.*, Ils sont l'un à côté de l'autre, de manière que les extrémités des vergues de l'un et de l'autre se touchent presque.

VÉRICLE. s. f. (lat. *vitrum*, verre, par l'intermédiaire d'une forme dimin. *vitriculum*). T. Jouill. Se dit des pierres fausses contrefaites avec du verre ou du cristal. *Diamants de v.*

VÉRIDICITÉ. s. f. (R. *véridique*). Conformité à la vérité; se dit surtout en parlant d'un discours, d'un témoignage. *On conteste la v. de ce récit, de ce témoignage.* || Se dit aussi du narrateur, du témoin même. *La v. de cet historien, de ce témoin n'est pas contestée.* Dans ce sens, on dit plus ordinairement, l'*véracité*.

VÉRIDIQUE. adj. 2 g. (lat. *veridicus*, m. s., de *verum*, vrai, et *dicere*, dire). Qui dit la vérité, qui a l'habitude de la dire. *C'est un homme v. Un historien v.*

VÉRIDIQUEMENT. adv. [Pr. *véridi-ke-man*]. d'une manière véridique.

VÉRIFICATEUR. s. m. Celui qui est commis pour vérifier des ouvrages, des devis, des comptes, des écritures, etc., pour examiner s'ils sont tels qu'ils doivent être ou tels qu'on les a déclarés. *V. de l'enregistrement. V. des douanes, V. des poids et mesures.*

VÉRIFICATIF, IVE. adj. Qui sert à vérifier. *Mémoire v.*

VÉRIFICATION. s. f. [Pr. ...*sion*]. Action de vérifier. *Il a été admis à la v. de tel fait. Les experts commis pour la v. des écritures. V. faite, on trouva tout ce qui était énoncé.* — Dans le langage parlementaire, *V. des pouvoirs*, se dit de l'examen qu'on fait des titres d'un député, de la validité de son élection, avant de l'admettre à siéger. || Dans l'ancienne législation, *La v. d'un édit*, L'enregistrement d'un édit par le parlement.

VÉRIFIER. v. a. (lat. *verum*, vrai ; *ficare*, faire). Examiner, rechercher une chose est vraie, si elle est telle qu'elle doit être ou qu'on l'a déclarée. *V. un fait. V. un calcul, un compte. V. l'exactitude d'un mémoire, d'une citation. V. des signatures, des écritures. La Chambre s'est occupée à v. les pouvoirs des députés nouvellement élus.* — Dans l'ancienne législation, *V. un édit en parlement*, L'enregistrer. || Faire voir la vérité, l'exactitude d'une chose, d'une proposition, d'une assertion. *V. une allégation par témoins, par des pièces. L'événement a vérifié votre prédiction.* — Se dit, dans un sens analogue, avec le pron. personnel. *Votre prédiction s'est vérifiée.* = VÉRIFIÉ, ÉE. part. = Conj. Voy. PRIER. = Syn. Voy. AVÉRER.

VÉRIN. s. m. (lat. *veru*, broche). Sorte de cric, composé d'une vis et d'un écrou, au moyen duquel on élève de très grands fardeaux dans les ports et sur les grands bâtiments.

VÉRINE. Voy. VERRINE.

VÉRINE. s. f. Nom d'une espèce de tabac qui vient de Varinas, dans l'Amérique du Sud. Vx ; aujourd'hui, on dit *Varinas*, au masculin.

VÉRINE. s. f. T. Chim. Voy. VÉRATRINE.

VÉRITABLE. adj. 2 g. (lat. *veritabilis*, m. s., de *veritas*, vérité). Vrai, réel, naturel ; par opposition à Factice, falsifié, contrefait. *Le v. or. De v. vin de Constance. Vous m'avez rendu un v. service. Il connaît le v. prix des choses.* — *Un v. ami*, Un ami effectif, un ami solide.

> Qu'un ami véritable est une douce chose !
> LA FONTAINE.

> Le véritable Amphitryon
> Est l'amphitryon où l'on dîne.
> MOLIÈRE.

|| Qui est conforme à la vérité. *Ce discours est v. Relation, histoire v.* — *Être v. dans ses paroles, dans ses promesses,*

Dire toujours la vérité, tenir tout ce qu'on promet. || Bon, excellent dans son genre. *C'est un v. capitaine, un v. orateur.*

VÉRITABLEMENT. adv. Conformément à la vérité. *Parlez-moi v.* Peu usité. || Réellement, de fait. *Je suis v. très affligé de ce qui vous arrive.* || A la vérité. *Vous dois cette somme, mais vous m'avez donné du temps pour vous la payer.*

VÉRITÉ. s. f. (lat. *veritas*, m. s., de *verus*, vrai). Conformité de l'idée avec son objet. *La recherche de la v., voilà le but de la philosophie. Substituer l'erreur à la v. Une v. nécessaire et éternelle. Une v. contingente. Une proposition d'éternelle v.* — Se dit aussi pour Réalité phénoménale, quand on oppose *La v. subjective* et *la v. objective*. || Conformité d'un récit, d'une relation avec un fait. *L'historien a souvent bien de la peine à discerner la v. parmi les témoignages contradictoires des auteurs. Ce récit est de la plus exacte v. Altérer, dissimuler la v.* || Conformité de ce qu'on dit avec ce qu'on pense. *Ce que je vous dis est la v. pure. Cacher, déguiser, dissimuler, avancer, confesser la v. Il ne dit pas un mot de la v. Le mensonge est l'opposé de la v.* || Se dit de toute proposition vraie, ou dont l'énoncé exprime la conformité d'une idée avec son objet, d'un récit avec un fait, de la parole avec la pensée. *Une v. physique, métaphysique, morale. Les vérités mathématiques. C'est une v. sensible, palpable. C'est un enchaînement de vérités.* Prov., *Il n'y a que la v. qui offense.* Toutes vérités ne sont pas bonnes à dire. Fam., *Dire à quelqu'un ses vérités*, Dire librement à quelqu'un ses fautes, ses défauts ou ses vices. || Sign. encore Sincérité, bonne foi. *C'est un homme plein de v. Il y a dans tout ce qu'il dit un accent de v. qui me touche.* || Par une sorte de personnification, on dit : *Blesser, trahir, offenser la v. Rendre hommage à la v.* == EN VÉRITÉ, loc. adv. Certainement, assurément, de bonne foi. *Je vous le dis en v. Cela est, en v., fort étrange. En v., seriez-vous capable d'une telle action ? En v., croyez-vous...?* ou simpl., *En v.? ==* A LA VÉRITÉ, loc. adv. Qui se dit, Quand en avouant une chose, on l'explique ou la restreint aussitôt. *A la v. je l'ai frappé, mais il m'avait insulté. A la v. je l'avais promis, mais c'était à la condition que...*

Philos. — Voy. CERTITUDE, PHILOSOPHIE, SCEPTICISME, etc.

VERJUS. s. m. [Pr. *ver-ju*] (R. *vert*, *jus*). Le suc acide qu'on tire des raisins cueillis avant leur maturité. *Sauce au v. Des œufs au v.* — Prov., on dit d'un vin aigre et trop acidité. *Ce vin-là n'est que du v.* || Par extension, se dit du raisin qu'on cueille encore vert, et d'une espèce de raisin dont le suc est toujours fort acide. Voy. VIGNE. || Fig. et prov., *C'est jus vert ou v.*, se dit de deux choses entre lesquelles on ne remarque aucune différence, et dont le choix est indifférent.

VERJUTER. v. a. Assaisonner avec du verjus. == VERJUTÉ, ÉE. part. Où l'on a mis du verjus, ou qui est aigre comme le verjus. *Une sauce verjutée. Du vin v.* Peu usité.

VERLION. s. m. (R. *ver*, et *lion*). T. Entom. Espèce de *Diptère.* Voy. TANYSTOMES.

VERMAND, ch.-l. de c. (Aisne), arr. de Saint-Quentin ; 1,300 hab.

VERMANDOIS, anc. pays de France (Picardie), ch.-l. *Saint-Quentin*, partagé aujourd'hui entre les dép. de l'Aisne et de la Somme.

VERMEIL, EILLE. adj. [Pr. *ver-mel*, *l* mouillée] (lat. *vermiculus*, petit ver, et particulièrement la cochenille du chêne qui donne une belle couleur rouge). Qui est d'un rouge un peu plus foncé que l'incarnat. *Rose vermeille. Bouton* *v. Teint frais et v. Lèvres vermeilles. Du vin v.* || *Une plaie vermeille.* Celle dont les chairs sont d'un rouge vif, ne sont point livides. == VERMEIL. s. m. Argent doré. *Un service de v.* || T. Techn. Composition faite de gomme-gutte et de cinabre mêlés et broyés dans l'essence de térébenthine, et dont on se sert pour donner de l'éclat aux dorures. == VERMEILLE. s. f. T. Jouill. Nom donné à l'hyacinthe, lorsque sa couleur se trouve mêlée d'une teinte rouge.

VERMEILLE (mer) ou golfe de Californie, entre le Mexique et la presqu'île de la Vieille-Californie.

VERMEJO (Rio), riv. de l'Amérique du Sud, sépare la Bolivie de la Confédération Argentine, et se jette dans le Paraguay (riv. dr.); 4,100 kil.

VERMENTON, ch.-l. de c. (Yonne), arr. d'Auxerre, sur la Cure; 2,100 hab.

VERMET. s. m. (lat. *vermis*, ver). T. Zool. Espèce de Mollusques Gastéropodes. Voy. TÆNIOGLOSSES.

VERMÉTIDÉS. s. m. pl. (lat. *vermis*, ver). T. Zool. Les Vermétidés forment une famille de Gastéropodes Cténobranches dont la coquille est en forme de tube plus ou moins irrégulier, avec le commencement seul en spirale, et qui se fixe sur les corps sous-marins. Aussi l'animal qu'elle renferme n'a-t-il point d'organes de copulation et se féconde-t-il lui-même (?) Cet ordre comprend les genres *Vermet, Siliquaire* et *Magile.* — Les deux premiers ont été décrits à l'article TÆNIO-GLOSSES. — Les *Magiles (Magilus)* ont une coquille dont la base est contournée en une spirale courte, ovale, héliciforme: la spire est composée de quatre tours contigus convexes, dont le dernier est plus grand et se prolonge en un tube dirigé en ligne droite ondée et un peu comprimé latéralement. L'animal est de forme conique un peu en spirale, et terminé en mamelon. Les Magiles s'établissent dans les excavations de certains Madrépores, qui, venant à grossir, obligent l'animal à se former un tube, qu'il maintient toujours au niveau de la surface du polypier qu'il habite, et par lequel il peut abandonner la partie spirale de son habitation. Le type du genre est le *M. antique*, qu'on trouve dans la mer Rouge.

VERMICELLE ou **VERMICEL.** s. m. [Pr. *vermi-sèle*] (ital. *vermicello*, petit ver, dimin. du lat. *vermis*, ver). Pâte alimentaire non fermentée, faite avec du gruau de froment, et façonnée en petits tubes minces et pleins ou moins longs. *Potage au v.* || Le potage fait avec cette pâte. *Une assiette de v. V. au gras, au maigre, au lait.*

VERMICELIER, IÈRE. s. [Pr. *vermisè-lié*]. Celui, celle qui fabrique, qui vend du vermicelle, des macaronis, et autres pâtes semblables.

VERMICULAIRE. adj. 2 g. [Pr. *vermiku-lère*] (lat. *vermiculus*, petit ver, dimin. de *vermis*, ver). Qui ressemble à quelque chose d'égard aux vers. *L'appendice v. du cæcum. Le mouvement v. ou péristaltique des intestins.* Voy. INTESTIN. — Pouls v. == VERMICULAIRE. s. f. T. Bot. Nom vulg. de l'Orpin âcre (*Sedum acre*), plante Dicotylédone de la famille des Crassulacées Voy. ce mot.

VERMICULATION. s. f. [Pr. ...*sion*] (R. *vermiculé*). T. Archit. Travail vermiculé.

VERMICULÉ. ÉE. adj. (lat. *vermiculatus*, m. s., de *vermiculé*, petit ver). T. Archit. Se dit des ouvrages travaillés de manière qu'ils représentent des traces de vers de terre. *Bossages vermiculés.*

VERMICULURES. s. f. pl. (lat. *vermiculus*, petit ver). T. Archit. Travail qui représente des traces de vers.

VERMICULITE. s. f. (lat. *vermiculus*, petit ver). T. Min. Mica phlogopite altéré, à éclat nacré. Chauffée au chalumeau, la v. se gonfle énormément en longs cylindres vermiformes.

VERMIDIENS. s. m. pl. [Pr. *vermidi-in*] (lat. *vermis*, ver; gr. *eidos*, apparence). T. Zool. Nom que J. Delage donne à un certain nombre de formes animales disparates rangées parfois, les unes à côté des vers, d'autres près des Mollusques ou des Bryozoaires. C'est dire qu'aucun caractère bien précis et exclusif ne peut être donné à cet embran-

chement qui est encore désigné sous le nom de *Molluscoïdes*. Delage divise les Vermidiens en sept classes : 1° les *Géphyriens* que nous avons classés parmi les vers; 2° les *Bryozoaires* et 3° les *Brachiopodes* qui font l'objet d'articles spéciaux; 4° les *Axobranches* qui diffèrent des Bryozoaires par la présence d'un axe formant squelette à l'intérieur de leurs tentacules, et qui habitent dans des tubes sécrétés par eux; 5° les *Trochelmia* dont l'aspect d'infusoires mais dont le corps renferme un tube digestif complet et un appareil excréteur analogue à celui des Plathelminthes; 6° les *Kinorhynchia* qui ont l'aspect d'un petit annelé microscopique; 7° les *Chætognathes* qui ressemblent à un petit nématode transparent, mais rigide. Presque tous ces animaux sont aquatiques et marins.

VERMIFORME. adj. 2 g. (lat. *vermis*, ver; *forma*, forme). Qui a la forme d'un ver. *Les muscles qui amènent les doigts vers le pouce sont vermiformes. Les larves des Coléoptères sont généralement vermiformes. Certains Mammifères digitigrades, tels que la Civette,* ont été appelés vermiformes par Cuvier, à cause de leur *corps allongé.*

VERMIFUGE. adj. 2 g. et s. m. (lat. *vermis*, ver; *fugare*, chasser). T. Méd. et Pharm. La dénomination de *Vermifuges* et d'*Anthelminthiques* s'applique à tous les médicaments qui ont la propriété de déterminer l'expulsion des vers intestinaux. Le professeur Bouchardat divise ces médicaments en deux séries, savoir : ceux qui sont destinés à faire périr les Ténias et ceux qui sont destinés à chasser les autres espèces de Vers intestinaux. Les premiers sont appelés *Ténifuges*, les seconds constituent les *Vermifuges proprement dits*. On a préconisé jadis contre le Ténia et le Bothriocéphale l'étain et l'essence de térébenthine, mais aujourd'hui ces médicaments sont abandonnés, et l'on n'emploie plus que le rhizome de la Fougère mâle (extrait éthéré), l'écorce de la racine de Grenadier dont le principe actif est la *pelletiérine* et les fleurs de la Bruyère anthelminthique ou Cousso d'Abyssinie. Les vermifuges proprement dits sont, au contraire, fort nombreux. Beaucoup de purgatifs et surtout les drastiques, tels que le jalap, la scammonée, l'aloès, ont été employés avec succès contre les vers. Le calomel et diverses autres préparations mercurielles constituent aussi des vermifuges fort efficaces. Enfin on fait fréquemment usage de différentes substances végétales douées d'une odeur forte et d'une saveur amère, qu'on tire pour la plupart de la famille des Composées : telles sont l'Absinthe, l'Armoise, la Tanaisie et la Santonine. Le mélange v., si employé dans la médecine des enfants sous les noms de *Semen-contra*, de *Semencine* et de *Santonine*, et qui s'administre principalement contre les Lombrics et les Ascarides, n'est autre chose qu'un mélange des fleurons de diverses espèces d'Armoises. On l'administre le plus souvent en poudre, à la dose de 2 à 4 grammes, incorporé dans du sirop ou dans du miel; on emploie également à part la Santonine qu'on retire du Semen-contra. La *Mousse de Corse*, qui n'est pas moins usitée dans la médecine des enfants que le Semen-contra, n'est qu'un mélange de diverses sortes d'Algues, où domine cependant le Plocaria helminthocorion et la Corralline officinale, de la famille des Cryptonémiacées. Le meilleur moyen d'administrer ce médicament à un jeune enfant consiste à le faire prendre dans du lait sucré. Sur 4 à 8 grammes de mousse de Corse on verse 135 grammes de lait bouillant, puis on ajoute 52 grammes de sucre. On prépare aussi avec cette substance une gelée et un sirop qui sont assez fréquemment employés. Enfin, on la fait entrer dans la confection de certains biscuits que les petits enfants mangent sans répugnance. On emploie encore communément, sous le nom de *Poudre v.* ou *anthelminthique*, un mélange de 2 parties de mousse de Corse, 2 de semen-contra, 1 de rhubarbe; et sous celui de *Poudre v. mercurielle*, un mélange de semen-contra (12 grammes) et de calomel (13 centigrammes). Ces poudres s'administrent incorporées dans du miel.

VERMILINGUES. s. m. pl. (lat. *vermis*, ver; *lingua*, langue). T. Zool. Les Vermilingues, appelés encore *Myrmécophages* ou *Fourmiliers*, constituent une famille de Mammifères édentés dont le corps est couvert de poils et dont le museau est très allongé. A l'extrémité de ce museau se trouve une petite bouche complètement dépourvue de dents et d'où sort une langue filiforme très extensible. Ils la font pénétrer dans les nids de Fourmis et de Termites, puis ils retient ces insectes au moyen de la salive visqueuse dont elle est enduite. Leurs ongles de devant, forts et tranchants, et qui varient en nombre suivant les genres, leur servent à déchirer les nids de Termites et leur fournissent une assez bonne défense. Dans l'état de repos, les ongles restent toujours à demi reployés contre une callosité du poignet, et l'animal ne pose le pied que sur le côté; aussi les allures des Fourmiliers sont-elles très lentes. Ils vivent tous dans les parties chaudes et tempérées du nouveau monde, et ne font qu'un petit qu'ils ont l'habitude de porter sur le dos.

Les Vermilingues ne comprennent que trois genres. Le *Tamanoir* ou *Fourmilier à crinière* (*Myrmecophaga jubata*) (Fig. ci-dessous), est long de plus de 1ᵐ,30. Son pelage est gris brun, avec une bande oblique noire et bordée de blanc sur chaque épaule. Sa queue est longue, non préhensile et

garnie de longs poils disposés en panache. Il habite les lieux bas, marche lentement et ne grimpe pas. Il se défend en frappant circulairement avec ses pattes de devant dont les doigts sont terribles.

Le *Tamandua* (*M. tamandua*) a la forme et les pieds du précédent, mais sa taille est moindre de plus de moitié. Sa queue à poil ras, prenante et nue au bout, lui sert à se suspendre aux branches des arbres.

Le *Dyonia* ou *Fourmilier didactyle* est ainsi nommé parce que ses pieds de devant ont deux ongles seulement, dont un très grand. Cet animal est de la taille d'un Rat. Il a le poil laineux et fauve; en outre sa queue est préhensile et nue au bout.

VERMILLER. v. n. [Pr. les *ll* mouillées] (R. *ver*). T. Vénér. Se dit des sangliers qui fouillent la terre avec leur boutoir pour y chercher des vers, des racines, etc. *Les sangliers vont* v. *dans les pacages, dans les prés.*

VERMILLON. s. m. [Pr. les *ll* mouillées] (R. *vermeil*). Cinabre ou sulfure rouge de mercure réduit en poudre fine, qui s'emploie dans la peinture, ainsi que pour colorer certains objets. *Mettre, appliquer du* v. *La draperie de ce tableau est fuite avec de la laque et du* v. Voy. Mercure, II. || Par analogie, La couleur vermeille des joues et des lèvres. *Ses joues ont un beau* v. *Le* v. *de ses lèvres.* || T. Bot. *Arbre au* v., le Chêne au kermès. Voy. Chêne.

VERMILLONNER. v. a. [Pr. *vermi-llo-ner*, *ll* mouillées] (R. *vermillon*). Enduire, peindre de vermillon. = Vermillonné, ée. part.

VERMILLONNER. v. n. [Pr. *vermi-llo-ner*, *ll* mouillées]

(R. *vermiller*). T. Vén. Même signif. que *Vermiller*; ne se dit que du blaireau.

VERMINE. s. f. coll. (lat. *vermis*, ver). Se dit de toute sorte d'insectes malpropres, nuisibles et incommodes, comme poux, puces, punaises, etc. *Cet enfant est plein de* v. *Il s'est rongé de* v. *La* v. *s'est mise sur cet arbre.* || Fig., se dit de toute sorte de gens de mauvaise vie, de garnements dangereux ou incommodes pour la société. *Ce quartier n'est habité que par la* v. *Toute la* v. *du quartier.*

VERMINEUX, EUSE. adj. [Pr. *vermi-neu, euze*] (lat. *verminosus*, m. s., de *vermis*, ver). T. Méd. Qui est causé par des vers intestinaux. *Maladies vermineuses. Fièvre vermineuse.*

VERMISSEAU. s. m. [Pr. *vermi-so*] (lat. *vermis*, ver, par l'intermédiaire d'une forme dimin. *vermicellus*). Petit ver de terre. *Ces oiseaux vivent de moucherons et de vermisseaux.*

VERMONT, un des États-Unis de l'Amérique du Nord; 335,000 hab. Cap. *Montpellier.*

VERMOULER (SE). v. pron. (lat. *vermiculari*, m. s., de *vermis*, ver). Être piqué des vers; ne se dit guère qu'en parlant du bois, du papier et du carton. *Du bois qui commence à se* v. = Vermoulu, ue. part. *Ce coffre, ce buffet est tout vermoulu. Ce livre est vermoulu. Des poutres vermoulues.*

VERMOULURE. s. f. (R. *se vermouler*). La trace que les vers laissent dans ce qu'ils ont rongé. *Il y a de la* v. *dans ce bois.* || La poudre qui sort des trous faits par les vers.

VERMOUT ou **VERMOUTH.** s. m. [Pr. *ver-mout*] (allem. *vermut*, absinthe). Vin blanc dans lequel on a fait infuser de l'absinthe et diverses plantes aromatiques, amères et toniques.

VERNACULAIRE. adj. 2 g. (lat. *vernaculus*, indigène, de *verna* qui est une abrév. de *veriyena*, et veut dire un esclave né dans la maison du maître). Qui est du pays, propre au pays. *Langue* v. *Nom* v.

VERNAL, ALE. adj. (lat. *vernalis*, m. s., de *ver*, printemps). Qui appartient au printemps, qui y arrive au printemps. *L'équinoxe* v. *Fleurs vernales. Fièvres vernales.* || T. Astr. Point v. L'équinoxe de printemps. Voy. Écliptique, Précession, Saison.

VERNATION. s. f. [Pr. *verna-sion*] (lat. *vernatis*, printanier). T. Bot. Syn. de *Préfoliation.* Voy. ce mot.

VERNE. s. m. (lat. *vernus*, printanier). T. Bot. Syn. d'*Aune.*

VERNET (Joseph), peintre de marine fr. (1712-1789). || Carle Vernet son fils (1758-1836), peintre d'histoire, a été le père du peintre de batailles Horace Vernet (1789-1863).

VERNEUIL, ch.-l. de c. (Eure), arr. d'Évreux; 4,300 hab.

VERNIER. s. m. (R. n. de l'inventeur). T. Physiq. Il est souvent nécessaire, dans les arts, dans les sciences aussi bien qu'en mécanique appliquée, construction de machines, etc., d'évaluer la longueur des lignes avec une grande précision. On y parvient de la manière la plus simple à l'aide d'un ingénieux instrument appelé *Vernier*, du nom de son inventeur, habile mathématicien français, né en 1580 à Ornans et mort dans la même ville en 1637. Avant que Vernier n'ait imaginé son appareil qui, encore à l'heure actuelle, rend des services importants et journaliers aux industries se rattachant plus ou moins directement à celles de la mécanique et en astronomie, on faisait usage d'un autre instrument auquel on avait donné le nom de *Nonius*, celui même de l'inventeur, savant mathématicien portugais qui lui avait légué son nom. Aujourd'hui on a complètement abandonné l'emploi du *nonius*. Le vernier est formé de deux règles d'inégale longueur, la plus petite pouvant glisser le long de la première (Fig. 1). La plus grande, AB, est fixe et divisée en millimètres. La plus petite, CD, peut glisser à frottement doux le long de la première : c'est elle qui est proprement le vernier. Pour la graduer, on lui donne une longueur de 9 millimètres seulement, c.-à-d. égale à 9 des divisions de la grande règle ; mais on la divise en 10 parties égales. La longueur de chacune de ces divisions est donc de 9/10e du millimètre. Il en résulte que les traits marqués 1 et I sur les deux règles sont distants de 1/10e de millimètre ; que les traits marqués 2 et II sont distants de 2/10e de millimètres ; que les traits marqués 3 et III sont distants de 3/10e de millimètres, et ainsi de suite. Maintenant, soit à mesurer la longueur d'un objet M. On le place, comme on le voit dans la Fig. 2, le long de la grande règle, et l'on fait glisser la petite jusqu'à ce qu'elle soit en contact avec l'extrémité de l'objet. Cela fait, on cherche où a lieu la coïncidence entre les divisions des deux règles. Dans notre dessin, elle a lieu entre la division 3 du vernier et la division VII de la grande règle. Il est évident que l'objet a une longueur de 4 millimètres, plus une fraction de millimètre égale à la distance qui existe entre le trait IV et le trait C. Or, rien n'est plus aisé que d'évaluer cette fraction. En effet, attendu qu'il y a coïncidence entre les traits 3 et VII des deux règles, la différence entre les traits 2 et VI sera égale à 1/10e de millimètres ; celle entre 1 et V sera égale à 2/10e de millimètres ; enfin, celle entre C et IV, qui est la distance cherchée, sera égale à 3/10e de millimètre. Par conséquent, l'objet dont on se proposait de trouver la longueur a 4 millimètres et 3 dixièmes de millimètre. La disposition que nous venons de décrire n'est pas spéciale aux divisions en *millimètres* ; il est évident qu'en conservant la même proportion entre la petite règle et la grande, on obtiendrait exactement le même résultat, quelle que soit, du reste, l'unité de mesure choisie ou en usage dans une contrée quelconque. L'approximation que l'on peut obtenir n'est pas bornée aux dixièmes. Ainsi, par ex., on obtiendrait des 30e, en donnant à la petite règle une longueur égale, à 29 divisions de la grande, et en divisant la petite en 30 parties égales ; ces divisions ne sont plus guère visibles, dans ce cas, qu'à la loupe, si l'on veut bien distinguer le lieu où se fait la coïncidence.

— Dans la mesure des arcs que l'on évalue toujours en *degrés, minutes et secondes*, on fait usage du *V. circulaire* (Fig. 3). C'est une petite règle circulaire dont l'arc intérieur est du même rayon que la circonférence divisée, et qui est susceptible de glisser à frottement doux le long de cette circonférence. La longueur du vernier embrasse 29 divisions de la circonférence, et est divisée en 30 parties. On peut donc apprécier les 30e de l'une des divisions de la circonférence. Si cette dernière est divisée en demi-degrés, le vernier permettra d'apprécier les 30e de demi-degré, c.-à-d. les 60e de degré, ou les minutes. Les limbes des instruments usités en astronomie étant divisés en intervalles excessivement petits, il en est de même des verniers, ce qui oblige à recourir à l'usage d'une puissante loupe pour trouver les points de coïncidence et évaluer très exactement les fractions.

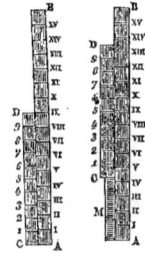

Fig. 1. Fig. 2.

Fig. 3.

VERNIR. v. a. Enduire de vernis. *V. une image, un tableau, une table. V. un pot.* = VERNI, IE. part.

VERNIS. s. m. [Pr. *ver-ni*] (lat. *vitrinus*, adj. de *vitrum*, verre). Enduit liquide et visqueux qu'on applique sur la surface des corps pour la rendre lisse et luisante, ou pour les préserver de l'action de l'air et de l'humidité. ‖ Par ext., Enduit composé de substances vitrifiables, dont on couvre les vases de terre et la porcelaine. ‖ Fig., Ce qui donne une apparence, une couleur favorable ou défavorable. *Il couvre ses vices d'un v. d'élégance. Ce procédé a donné un vilain v. à cette personne. Avoir le v. du monde*, les dehors polis. ‖ T. Bot. *Arbre au v. V. du Japon*, le Rhus vernicifera. Voy. ANACARDIACÉES. — *Faux V. du Japon*, l'Ailante glanduleux, SIMARUBACÉES. Voy. AILANTE.

Techn. — On donne en général le nom de *vernis*, à des liquides onctueux et transparents constitués par la dissolution d'une gomme, d'une gomme résine, ou d'une résine proprement dite dans un liquide servant de véhicule et susceptible de dissoudre l'une de ces substances, soit à froid, soit à chaud, dans des proportions plus ou moins considérables et avec une facilité plus ou moins grande. Ces liquides, appliqués sur un corps quelconque, donnent à sa surface un éclat et un brillant tout particuliers et la colorent diversement suivant leur composition. Il est d'usage encore d'appeler v., des sortes d'enduits dont on recouvre l'intérieur et l'extérieur des porcelaines, faïences et poteries, pour s'opposer à ce que ces terres, plus ou moins poreuses lorsqu'elles sont cuites au four, absorbent les liquides que l'on y verse. Cependant, le terme générique de ces sortes d'enduits est *glaçure*, et le mot v. désigne spécialement une sorte particulière de glaçure. Voy. CÉRAMIQUE, III, D, et aussi FAÏENCE et PORCELAINE.

Les liquides employés industriellement dans la fabrication des vernis constituent autant de classes ou de variétés de ces produits. C'est pourquoi l'on distingue en général : le v. à l'éther, le v. à l'alcool, le v. à l'huile, le v. à l'essence, etc. Ces vernis se subdivisent en outre en deux catégories principales : Les vernis dans lesquels le liquide qui a dissous la gomme ou la résine est très volatil et par suite se sèche rapide et complète évaporation, ne laisse sur la surface du corps verni qu'une très mince pellicule de la substance dissoute. A cette catégorie appartiennent les *vernis à l'éther* et les vernis à l'alcool. Dans la seconde catégorie figurent les vernis dont les liquides dissolvants ne s'évaporent pas d'une manière absolue et restent en partie associés aux matières qu'ils contenaient en dissolution. Tels sont les vernis à l'huile, à l'essence, au goudron, etc. Ajoutons que plus vite le v. sèche, c.-à-d. plus le liquide est volatil et moins la couche est solide et résistante ; plus il sèche lentement, plus le v. résiste au frottement, aux heurts, aux intempéries atteignant la surface des corps qu'il recouvre d'une enveloppe protectrice. On doit encore tenir compte, en ce qui concerne la résistance d'un v., d'un élément qui a son importance : La substance dissoute dans le liquide influe suivant son propre degré de dureté, et il en est de même de la nature du liquide dissolvant.

Le v. à l'éther, le plus siccatif de tous, mais aussi le moins solide, n'a industriellement qu'un nombre restreint d'applications dont la principale, connue sous le nom de *Collodion* (Voy. CELLULOSE), trouve un débouché en photographie et en pharmacopée. On emploie encore le v. à l'éther pour la réparation des émaux et de certaines pierres similaires montées sur des bijoux. Le v. à l'alcool, le plus employé de tous, très siccatif, est utilisé par les peintres pour vernir leurs tableaux, par les ébénistes pour le vernissage au pinceau ou au tampon des meubles et pour celui de menus objets divers. Sa résistance est assez faible aussi. Le v. à l'essence, généralement celle de térébenthine, de romarin, de lavande et le v. à l'huile dit *huile grasse, huile siccative* et comprenant l'huile de lin, celles de coton, de noix, d'œillette, de ricin, etc., sèchent plus lentement, mais sont plus durs, ils sont autrement résistants que les premiers ; on en fait usage pour la carrosserie, le bâtiment et mille autres besoins industriels. Les vernis à huile lourde, comme la créosote, la benzine, le sulfure de carbone, etc., constituent à proprement parler, ceux de gutta-percha, de caoutchouc, etc. L'industrie les emploie couramment pour recouvrir des objets qui craignent l'humidité. Ces vernis sont en effet éminemment hydrofuges. Aujourd'hui, les fabricants de bandages pneumatiques pour bicyclettes, voitures ordinaires et automobiles s'en servent à chaque instant pour sonder ou réparer toutes les pièces caoutchoutées de leurs véhicules.

Maintenant que nous connaissons la majeure partie des liquides qui jouent le rôle de véhicules dans les vernis, nous allons énumérer les différentes matières solides qui, dissoutes dans ces liquides aident à la constitution des vernis. Nous dirons ensuite quelques mots sur le principe général de leur fabrication et nous terminerons cet article en donnant la composition des vernis auxquels on peut avoir le plus souvent recours et qui sont de fabrication relativement facile pour tous.

Nous avons précédemment indiqué que les substances solides se divisaient en *gommes, gommes résines* et *résines*.

Le type des gommes est la *gomme arabique*. Les gommes-résines se composent d'un intime mélange naturel de gommes et de résines; elles renferment une certaine quantité d'huiles et essences volatiles. Les résines sont, de toutes ces matières, celles qu'on emploie le plus fréquemment; leur nombre en est du reste considérable. Celles qui occupent la place la plus importante dans la fabrication des vernis sont : la *gomme laque*, le *benjoin*, la *sandaraque*, le *succin* ou *ambre jaune*, l'*aloès*, les *copals divers*, la *colophane*, la *térébenthine*, le *sandragon*, le *mastic* mondé ou *élémi*, etc. A cette nomenclature, nous devons encore ajouter d'autres substances qui entrent dans la composition de certains vernis : le *caoutchouc*, le *goudron*, le *bitume*, l'*asphalte*, etc.

Le principe ou procédé général de fabrication des vernis consiste à faire dissoudre à froid ou à chaud, suivant leur degré de solubilité, les diverses matières que l'on a soin de pulvériser avant de les verser dans les liquides correspondant aux variétés de vernis que l'on veut obtenir. Lorsque la dissolution doit avoir lieu à chaud, le mélange, afin d'éviter tout accident d'explosion, principalement lorsque l'on fait usage de liquides très volatils, est chauffé au bain-marie simple, au bain de sable ou à celui d'alliages fusibles, suivant le degré de température à atteindre. On a toujours soin d'ajouter dans le liquide une faible quantité de verre finement pulvérisé. Ce verre ne joue ici qu'un rôle absolument mécanique; il s'oppose à ce que la gomme, la gomme-résine ou la résine, s'attache au fond du récipient et brûle, ou à empêcher les particules ténues de ces substances de s'agglutiner ensemble, ce qui se produirait infailliblement au détriment de la qualité du v.

Vernis à l'éther. — Ce v., qu'emploient les bijoutiers, se fabrique en faisant dissoudre à la température ordinaire 15 grammes de copal dans 61 grammes d'éther sulfurique. Il ne peut se conserver que dans des flacons hermétiquement bouchés à l'émeri. Il ne faut pas le confondre avec le collodion qui est une dissolution de nitrocellulose dans l'éther. Voy. CELLULOSE.

Vernis à l'alcool. — Les vernis à l'alcool se préparent en dissolvant l'une quelconque des substances suivantes dans l'alcool à 68° Beaumé : copal, sandaraque, galipot, térébenthine, mastic mondé, sandragon, etc. Les uns sont incolores et les autres colorés en rouge, en jaune, en vert, etc. On obtient un v. *incolore à l'alcool* en ajoutant à 150 grammes d'alcool, 20 grammes de copal et 10 grammes de sandaraque. On porte la masse à 87° centigrades au moyen d'un chauffage extérieur à la vapeur qui doit durer 4 heures. Le v. *coloré à l'alcool* doit sa coloration à des substances que l'on ajoute à la masse. Si l'on veut un v. *rouge*, on emploie, avec l'alcool, le sandragon, le santal ou la cochenille. Pour obtenir du v. *jaune*, on fait usage du curcuma ou de gomme-gutte. Le v. prend une *couleur verte* avec l'acétate de cuivre. On peut aisément fabriquer un excellent v. coloré pour les meubles, en chauffant à une température modérée le mélange suivant : alcool à 68° Beaumé, 978 grammes; verre pulvérisé, 122 grammes; mastic mondé, 91 grammes; térébenthine, 70 grammes; copal, 91 grammes; sandragon, 20 grammes; sandaraque, 184 grammes.

Vernis à l'essence. — Nous avons dit que pour l'obtention de ce genre de v., on pouvait faire usage de différentes essences que nous avons énumérées. Cependant, celle à laquelle on a le plus souvent recours est l'essence de térébenthine qui, bien que moins siccative que l'éther, donne des vernis solides permettant d'enduire du produit une surface en la mettant pour un temps considérable à l'abri des influences atmosphériques. C'est pourquoi les peintres préfèrent ce genre de v. aux autres pour en recouvrir leurs tableaux à l'huile. Dans cette essence de térébenthine, on fait dissoudre des substances comme : le copal, la colophane, le galipot, le mastic élémi ou mondé, etc. Un de ces vernis couramment employé compte parmi ses éléments dans les proportions ci-dessous indiquées, les substances suivantes : Essence de térébenthine, 1,400 grammes; verre pilé, 132 grammes; mastic mondé, 367 grammes; térébenthine, 45 grammes; camphre, 15 grammes. Nous donnerons encore la composition d'une autre variété de v. à l'essence qui, dans les laboratoires de photographie, de chimie, etc., peut donner d'excellents résultats en ce qui concerne le vernissage des cuves en zinc. On broie ensemble, en poudre fine, 15 grammes de colophane, 50 grammes de résine ordinaire, et l'on ajoute à ce mélange 15 grammes de verre en poudre. Le tout est jeté dans 430 grammes d'essence de térébenthine. On agite la masse et l'essence ne tarde pas à dissoudre la résine et la colophane. Après avoir pris soin de bien nettoyer les parois intérieures et extérieures de la cuve en zinc, on applique au pinceau deux

ou trois couches de ce v. qui, dès lors, empêche le métal de s'oxyder sous l'action des produits chimiques.

Vernis à l'huile. — Bien moins siccatifs que les précédents, ces vernis sont beaucoup plus solides. Les huiles que l'on emploie comme véhicules, et dont nous avons donné la nomenclature, sont rendues plus siccatives soit par une ébullition préalable, soit par l'addition d'un peu de litharge. La composition d'un excellent v. usité en carrosserie est la suivante : huile de lin rendue siccative, 730 grammes; térébenthine, 45 grammes; essence de térébenthine, 183 grammes; copal, 184 grammes.

Vernis au caoutchouc. — Ce genre de v., que l'on fabrique au moyen de rognures de caoutchouc ordinaire, et aussi de rognures de caoutchouc vulcanisé, c.-à-d. contenant du soufre, adhère même sur les métaux; de plus, on peut lui communiquer une coloration variant du jaune d'or au brun mat : il sèche très promptement. Pour l'obtenir, on dépose les rognures dans un vase profond de terre muni d'un couvercle fermant exactement. Le récipient est posé sur des charbons allumés. Au bout de quelques minutes, on le retire du feu afin de voir si le caoutchouc est fondu. Lorsque la fusion est complète, on verse le contenu dans une cuvette de fer blanc dont on a graissé avec soin la surface intérieure pour que le caoutchouc n'y adhère pas en refroidissant. Cette masse est alors brisée en menus morceaux et introduite dans un flacon. On verse dessus de l'essence de térébenthine, de la benzine ou du sulfure de carbone et l'on brasse à plusieurs reprises le mélange. La solution étant complète, on décante le liquide afin de le débarrasser des impuretés qu'il renferme; on obtient ainsi un beau et bon v. très limpide, il se conserve dans un flacon à large goulot bouché à l'émeri.

Vernis divers. — Pour avoir un v. d'or pouvant s'appliquer à froid sur le laiton ou le cuivre, on fait macérer pendant quatre ou cinq jours, dans 1,250 grammes d'alcool, 180 grammes de laque en grains, 60 grammes de succin, 35 grammes de sandragon, 2 grammes de safran, 15 grammes de gomme-gutte, 4 grammes d'extrait de santal rouge, et l'on ajoute 120 grammes de verre pulvérisé. Lorsque l'alcool a dissous les matières susceptibles de l'être, on additionne le tout d'un demi pour cent d'acide borique pour augmenter l'adhérence du v. et l'on filtre. Le produit ainsi obtenu s'applique sur les objets en cuivre ou en laiton, à l'aide d'un pinceau. — On prépare un v. *hydrofuge*, en versant 2 kilogrammes de bitume fondu dans un vase posé sur un feu doux; tout en remuant constamment la masse, on ajoute 600 grammes de benzine, puis 250 grammes de térébenthine et enfin 300 grammes de noir de fumée. — Si l'on veut fabriquer un v. *résistant aux acides*, dans 100 litres de goudron, on ajoute 60 litres de ciment romain ou de ciment de Portland. On agite constamment ce mélange qui reste parfaitement liquide et constitue un v. résistant aux influences atmosphériques et aussi à l'action des acides. — Les cuirs, plans et gravures que l'on recouvre d'une mince couche de v. *à la gutta-percha* deviennent imperméables; ils peuvent se conserver même à la pluie. En outre, ce v., qui est d'une transparence absolue, n'enlève aucun des détails et leur donne plutôt une meilleure apparence. On l'obtient très simplement en dissolvant de la gutta-percha à froid, dans du benzol. — On prépare un v. *noir pour métaux* en mélangeant à une température modérée 1 kilogramme de brai de houille ou *huile lourde* avec 3 kilogrammes d'huile de houille légère. On applique le v. encore chaud, soit à la brosse, soit au moyen d'un tampon de laine. Quand le v. est sec, on lui fait subir un polissage pour avoir une surface régulière et miroitante. A cet effet, on le frotte avec un feutre humide saupoudré de pierre-ponce; ensuite avec du tripoli humecté d'huile d'olive et enfin avec de l'amidon, afin de faire disparaître l'huile complètement. — Un autre genre de v. *noir* pour le fer consiste à mélanger à feu doux 1°,250 de bitume de Judée, 1 litre d'huile siccative et 3 litres d'essence de térébenthine. Ce v. s'étend sur le métal comme le précédent et n'a pas besoin de polissage ultérieur. Le v. *anglais*, pour le coaltar, s'obtient par un simple mélange fait à la température ordinaire de 100 grammes de goudron de gaz ou *coaltar*, 10 grammes de pétrole rectifié et 3 grammes d'essence minérale. Si l'on désire avoir un v. rapidement siccatif, on augmente la proportion d'essence minérale en la portant à 5 grammes. — Il est souvent désirable de mettre à l'abri de l'influence atmosphérique certains meubles précieux; on y arrive aisément en préparant un v. spécial, dit v. *pour les meubles précieux.* On fait dissoudre dans un litre d'alcool de vin, 125 grammes de sandaraque, 62 grammes de gomme laque, 62 grammes de mastic mondé et 31 grammes de résine élémi. Ce mélange se fait au bain-marie. On ajoute à la fin de l'opération 62 grammes de térébenthine. Ce v. est étendu ensuite au pinceau fin sur les meubles à protéger.

VERNISSAGE. s. m. Action de vernir. — Séance qui précède l'exposition des tableaux au Salon de peinture et où les artistes sont censés vernir leurs toiles. *Aller au v.*

VERNISSER. v. a. [Pr. *verni-ser*] (R. *vernis*). Vernir; ne se dit guère qu'en parlant de la poterie. *V. un pot de terre.* == VERNISSÉ, ÉE. part.

VERNISSEUR, EUSE. s. m. [Pr. *verni-seur, euze*] (R. *vernisser*). Celui, celle qui vernit. || Artisan qui fait des vernis, ou qui les emploie.

VERNISSURE. s. f. [Pr. *verni-sure*] (R. *vernisser*). Application du vernis.

VERNON, ch.-l. c. (Eure), arr. d'Évreux; 8,300 hab.

VERNONIE. s. f. (R. *Vernon*, n. d'un botan. angl.). T. Bot. Genre de plantes Dicotylédones (*Vernonia*) de la famille des *Composées*, tribu des *Tubuliflores*. Voy. COMPOSÉES.

VERNOUX, ch.-l. de c. (Ardèche), arr. de Tournon; 3,000 hab.

VEROCCHIO. Voy. VERROCCHIO.

VÉROLE. s. f. (lat. *varius*, tacheté?). T. Méd. Voy. SYPHILIS. || *Petite v.* Voy. VARIOLE.

VÉROLÉ, ÉE adj. et s. Qui a la vérole ou syphilis. *Cet homme est v. C'est une vérolée.* On évite par bienséance d'employer ce mot. || T. Techn. *Tuiles vérolées,* trouées à la surface.

VÉROLETTE. s. f. [Pr. *vérole-te*] (Dimin. de *vérole*). Syn. de *Varicelle.* Voy. ce mot.

VÉROLIQUE. adj. 2 g. [Pr. *véro-like*]. Syn. de *Syphilitique.* Peu usité.

VÉRON. s. m. T. Icht. Voy. VAIRON.

VÉRONAIS, AISE. adj. De Vérone. || *Pâques véronaises,* massacre de soldats fr. en garnison à Vérone (1797).

VÉRONE. v. d'Italie, ch.-l. de la prov. du même nom, sur l'Adige, place forte; 69,000 hab. — Nombreuses antiquités romaines. || Nom des hab. : VÉRONAIS, AISE. || *Congrès de Vérone,* congrès dans lequel fut décidée, en 1822, l'intervention de la France en Espagne.

VÉRONÈSE (PAOLO-CALIARI, dit PAUL), grand peintre de l'école vénitienne (1528-1588), a enrichi de nombreux chefs-d'œuvre les palais et les églises de Venise, auteur des *Noces de Cana,* du *Repas chez Simon,* etc.

VÉRONIQUE. s. f. (n. de femme). T. Bot. Genre de plantes Dicotylédones (*Veronica*) de la famille des *Scrofulariacées,* tribu des *Rhinanthées.* Voy. SCROFULARIACÉES.

VÉRONIQUE (SAINTE), nom formé du lat. *verum,* vrai, et du gr. *eikôn,* image, par lequel l'Église désigne une femme juive qui, d'après la tradition, essuya le visage de Jésus-Christ montant sur le Calvaire, avec un linge blanc sur lequel se grava l'empreinte des traits du Sauveur. || Une autre sainte Véronique était une religieuse augustine qui se signala par ses austérités (1445-1497). Fête le 13 janvier.

VERPILLIÈRE (LA), ch.-l. de c. (Isère), arr. de Vienne, 1,200 hab.

VERRAT. s. m. [Pr. *vè-ra*] (lat. *verres,* m. s.). Pourceau qui n'est point châtré. Voy. COCHON. — Pop., *Il écume comme un v.,* se dit d'un homme qui écume de colère.

VERRE. s. m. [Pr. *vè-re*] (lat. *vitrum,* m. s.). Corps transparent et fragile, qu'on obtient en faisant fondre du sable avec un alcali et de la chaux, ou avec un alcali et de l'oxyde de plomb. *V. commun. V. de cristal. V. blanc. V. épais. Tasse, coupe de v. Bouteille de v.* — *V. de fougère,* Sorte de verre dans la composition duquel il entre de la cendre de fougères; d'où l'on dit Fig., dans les chansons bachiques : *Le vin rit dans la fougère.* || *Verre,* se dit d'une pièce de verre dont on se sert pour couvrir un objet. *Il faut mettre un v. devant cette estampe. Je vais mettre ce vase de porcelaine sous v.* Fig. et fam., on dit d'une femme mignonne et bien parée, qu'*Elle est à mettre sous v.* — *Châssis de v.,* Châssis garni de carreaux de verre. || *Verre,* dans un sens particulier, sign. Une sorte de vase à boire, fait de verre. *V. de cristal. Grand v. Petit v. V. à boire, V. à champagne. V. à liqueur. V. à bière. Boire un plein v., à plein v.* — Fam., *Choquer le v.,* Faire toucher son verre plein de vin contre celui d'une personne avec qui l'on boit, en signe de bonne amitié. *Entre les verres et les pots,* À table, en buvant. — Fig. et proverb., *Qui casse les verres les paye,* Celui qui fait quelque dommage doit le réparer. || Par métonymie, La liqueur que contient ou que peut contenir un verre ordinaire. *V. d'eau. V. de vin. Boire un v. d'eau, un v. de limonade.* || *Illumination en verres de couleur,* Illumination formée avec des verres de verre coloré, dans chacun desquels on a placé une lumière. || T. Phys. *V. lenticulaire,* Pièce de verre qui a la forme d'une lentille. *V. ardent,* Lentille de verre de forme biconvexe, au moyen de laquelle on rassemble les rayons solaires pour mettre le feu aux matières qui se trouvent à son foyer. *Verres d'optique,* Les lentilles de toutes sortes employées dans les instruments d'optique. Voy. LENTILLE. || T. Min. *V. de Moscovie,* Nom vulgaire du mica foliacé ou *Moscovite.* Voy. MICA. || T. Pharm. *V. d'antimoine,* Mélange d'oxyde et d'oxysulfure d'antimoine. Voy. ANTIMOINE. || T. Techn. *Papier de v.,* Papier sur lequel on a collé de petits fragments de verre et qui sert à gratter, à polir. Voy. PAPETERIE, III.

1. *Du verre en général.* — Lorsqu'on fait fondre ensemble, en les soumettant à une température convenable, un silicate de potasse ou de soude et un silicate de chaux, ou bien un silicate alcalin avec un silicate métallique, comme ceux de plomb, de zinc, de manganèse, etc., on obtient un produit amorphe, transparent, incolore ou coloré, mais translucide, très dur, insoluble dans l'eau et dans les acides, et rayant la plupart des corps. Ce produit a reçu le nom de *Verre.* — Le v. est fragile, et il présente, quand on le brise une cassure particulière, lisse et brillante, qu'on appelle cassure vitreuse. Il est élastique entre certaines limites, et plus ou moins sonore. Sa densité varie depuis 2,5 jusqu'à 3,6. Les verres les moins denses sont ceux qui contiennent du silicate de chaux; les plus denses ceux où le plomb remplace la chaux. Les verres plombeux sont en outre plus fusibles que les verres qui contiennent du silicate calcique. Au reste, le v. se ramollit bien avant d'arriver à son point de fusion, et, dans cet état pâteux, on peut le souffler, le mouler et lui donner toutes les formes imaginables. — Si on le maintient longtemps à une forte chaleur, le v. perd sa transparence, devient très dur, moins fusible et moins fragile, tout en conservant les formes qu'il avait précédemment. On dit alors qu'il s'est *dévitrifié,* et on lui donne le nom de *Porcelaine de Réaumur,* parce qu'il a l'aspect extérieur de ce genre de poterie, et que c'est le physicien Réaumur qui le premier a étudié ce phénomène. Tous les verres peuvent éprouver la *Dévitrification;* mais les verres à base de soude plus facilement que ceux qui sont à base de potasse. Le v. dévitrifié présente la même composition que le v. transparent : ce phénomène est un fait de dimorphisme. — Lorsqu'on chauffe le v. jusqu'à la température de la fusion, et qu'on le refroidit brusquement, il devient excessivement cassant, parce qu'il subit une sorte de trempe qui lui possède aucune des qualités du véritable v. trempé. Les *larmes bataviques,* qu'on obtient en coulant des globules de v. en fusion dans de l'eau froide, en sont un exemple familier. Dans les verreries même, la simple action de l'air atmosphérique refroidirait les pièces de v. beaucoup trop promptement; elles deviendraient alors tellement cassantes, qu'on ne saurait s'en servir sans courir le risque de les briser, si l'on n'avait recours au *Recuit.* L'opération ainsi appelée consiste à faire séjourner les pièces de v., aussitôt après leur fabrication, dans des fours spéciaux, appelés *carcaises,* chauffés au rouge sombre, où elles se réchauffent, se recuisent, puis se refroidissent très lentement. — L'air humide altère le v. profondément, parce que l'eau sépare les deux silicates dont il est composé, en vertu de son affinité pour le silicate alcalin, qui est soluble. Alors le v. se ternit et perd de sa transparence. On observe cette altération sur les verres antiques trouvés dans les tombeaux. Ces objets ont même subi une

décomposition si avancée, qu'ils sont devenus opaques, et l'on dirait, à les voir, qu'ils sont recouverts d'une espèce de vernis métallique. Il suffit de laisser séjourner de l'eau quelques jours dans un vase pour qu'il se forme sur le vase, au niveau du liquide, une ligne terne indélébile. Mais si l'eau froide attaque le v., l'eau bouillante produit sur lui des effets bien plus considérables. En effet, il est rare que l'eau tenue pendant longtemps en ébullition dans un vase de v. ne devienne pas alcaline, et elle le devient d'autant plus promptement, que la température et la pression sont plus élevées. — Le v. est encore altéré par certains acides et alcalis. Les verres où les silicates alcalins dominent sont surtout attaqués par les acides; ceux, au contraire, où l'acide silicique est en excès ou uni à des bases moins énergiques, sont facilement altérés par les alcalis. Ainsi, par ex., le v. à bouteilles, en raison de la forte proportion de bases que la nécessité de fabriquer à bon marché force à y introduire, est tellement sensible à l'action des acides, que ceux qui sont contenus dans le vin suffisent pour l'attaquer.

II. *Des diverses espèces de verres.* — On distingue plusieurs espèces de verres, en raison, soit de la diversité des substances qui entrent dans la composition de ce produit, soit de la diversité des proportions dans lesquelles on combine ces substances. En général, on divise les différentes sortes de verres en trois grandes classes, d'après leur nature chimique : 1° *Verres composés de silicates de soude ou de potasse et de chaux;* 2° *verres composés de silicate de potasse et de chaux;* 3° *verres formés d'un silicate de soude ou de potasse, avec des silicates de chaux, d'alumine et d'oxyde de fer;* 4° *verres formés uniquement de silicates de potasse et de plomb.* La première classe comprend le *v. à vitres,* le *v. à gobeletterie,* le *v. à glaces,* la seconde, le *v. de Bohême* et le *crown-glass;* la troisième, le *v. à bouteilles;* la quatrième, le *v. cristal,* le *flint-glass* et le *strass.* Ce qu'on appelle assez improprement *V. soluble* n'est qu'un silicate simple de potasse. Voy POTASSIUM. — Quelle que soit l'espèce de v. que le verrier se propose d'obtenir, il faut que les matières destinées à la fabrication soient au préalable finement pulvérisées, puis mêlées aussi parfaitement que possible dans les proportions voulues, et ensuite calcinées jusqu'à ce qu'elles ne forment qu'une seule masse : cette calcination préliminaire est appelée *Fritte.* Alors on les introduit dans de grands creusets ou *pots,* faits d'argile réfractaire, qui sont placés au milieu d'un fourneau particulier. Au bout d'un certain temps, ces matières entrent en fusion et forment un bain, à la surface duquel viennent se réunir toutes les parties hétérogènes, c.-à-d. non susceptibles d'entrer dans la combinaison qui constitue le v. Ces impuretés forment ce qu'on appelle communément le *Fiel du v.* On les enlève avec soin, et, lorsqu'il ne s'en produit plus, la *formation* du v. est terminée. Il s'agit alors de lui donner les *façons* qu'il doit recevoir, lesquelles varient suivant sa destination. En dernier lieu on procède au *recuit.*

III. *Fabrication du verre.* — A. *Verre à vitres.* — Le v. destiné à la confection des vitres, ainsi que celui que l'on

Fig. 1.

emploie pour la gobeletterie et les glaces, est un silicate double de chaux et de soude ou de potasse. Néanmoins l'emploi de l'une ou l'autre de ces bases n'est pas indifférent. « La soude, dit Regnault, donne des verres plus fusibles et plus faciles à travailler; mais ces verres sont toujours un peu colorés. Ils ont une teinte d'un jaune verdâtre, peu sensible si l'on regarde le v. obtenu perpendiculairement à sa surface, mais très prononcée quand on regarde à travers son épaisseur, par ex., par la tranche des carreaux de vitre. Dans chaque manufacture, les proportions des matières que l'on mélange varient dans de certaines limites. L'une des meilleures formules est la suivante : sable siliceux, 100 parties; craie, 35 à 40; car-

bonate de soude sec, 28 à 35 (ou sulfate de soude, 38 à 47, mêlé avec charbon en poudre, 2 à 3); *groisil,* c.-à-d. débris et rognures de v., 60 à 180. On ajoute quelquefois à ces matières 25 centièmes de peroxyde de manganèse pour corriger la teinte verdâtre que pourrait prendre le v., et 20 centièmes d'acide arsénieux pour rendre le mélange fondu plus homogène. Quant au four ancien, il se compose d'un espace voûté V, au milieu duquel se trouve le foyer F. Un peu au-dessus du foyer est établie une grille circulaire tout autour de laquelle règne une banquette de maçonnerie réfractaire sur laquelle on dispose les creusets ou pots I,I. Au-dessus de chacun d'eux, il existe, dans la paroi du four, une ouverture circulaire qui est juste assez grande pour qu'on puisse aisément puiser la matière dans les pots et introduire dans le four les pièces de verrerie qu'on veut façonner. Ces orifices sont appelés *Ouvreaux.* La flamme et la fumée du foyer, en s'élevant, chauffent les pots disposés autour de la grille; puis elles se rendent dans les fours latéraux A, A, nommés *Arches,* d'où elles se dégagent ensuite dans l'atmosphère par les ouvreaux latéraux. C'est dans les arches que se fait la calcination préliminaire ou la fritte du mélange. On y dépose aussi les creusets neufs, avant de s'en servir, pour leur donner plus de consistance et les préparer à recevoir la haute température du four. A chaque pot sont attachés deux ouvriers, un maître verrier et un aide. Lorsque le v. est suffisamment affiné et a le degré de consistance pâteuse convenable, on procède à la confection des pièces. L'outil principal du verrier est un tube

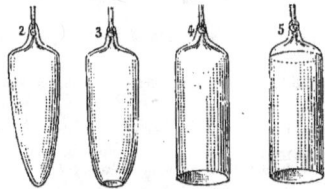

de fer, appelé *Canne,* qui est long de 1ᵐ,50 à 2 mètres, et qui est muni d'un manchon de bois à sa partie supérieure, afin qu'on puisse le manier sans se brûler. L'aide commence par *cueillir* au bout de cette canne une certaine quantité de matière fondue dans le creuset, puis il la tourne et retourne sur une plaque de fer nommée *Marbre,* afin de lui donner la forme qui convient au soufflage : cette opération préliminaire constitue la *Paraison.* Alors, l'aide passe la canne garnie de v. au maître. Celui-ci souffle dans la canne, en ayant soin de la tourner sans cesse, et dilate ainsi la masse de v. dont elle est garnie. Bientôt après il la plonge de nouveau dans le creuset pour cueillir une nouvelle quantité de matière qu'il souffle en tournant comme précédemment, afin de donner au v. la forme d'une boule de 30 centimètres de diamètre environ. Lorsque la pièce a acquis ces dimensions, il la ramène en bas en lui imprimant un mouvement de balancement circulaire, de telle sorte que, sous l'action simultanée de la pesanteur et du soufflage, le ballon de verre s'allonge et prend une forme cylindro-conique (Fig. 2). Il est indispensable que l'ouvrier maintienne constamment la pièce qu'il façonne dans un mouvement convenable, afin de lui conserver sa forme circulaire et de l'empêcher de se déformer par affaissement. Mais il est rare qu'on puisse la terminer en une seule fois : de là la nécessité de la réchauffer dans le four. Lorsque la pièce possède la forme que représente la Fig. 2, l'ouvrier en échauffe l'extrémité de manière à la ramollir, puis il souffle avec violence pour y déterminer une ouverture à sa partie inférieure (Fig. 3). — Dans les fabriques de v. installées avec les perfectionnements voulus, on a supprimé le soufflage exécuté par l'ouvrier verrier par une opération automatique, nous voulons parler du *soufflage à l'air comprimé.* Dès 1842, pour obvier aux inconvénients que l'ancienne opération occasionnait en exposant l'ouvrier souffleur à un très grand nombre d'infirmités, on avait imaginé divers appareils destinés à remplacer le souffle humain. Les premiers essais ne répondirent pas complètement au desideratum voulu, et ce n'est guère qu'à partir de 1879 qu'on est arrivé à créer le véritable *souffleur mécanique*. Cet appareil dû à Appert, consiste en un réservoir principal dans lequel on emmagasine de l'air à une pression de 2 à 3 atmosphères. Des organes secondaires appelés *détendeurs*, règlent, tout en la diminuant, cette pression au moment où l'air comprimé arrive par des conduits en caoutchouc, à l'ancienne embouchure de la canne. Divers dispositifs existent qui permettent de reproduire, avec l'air comprimé, les différentes manœuvres opérées par l'ouvrier avec sa canne. Ce genre de soufflage a, on peut le dire donné d'excellents résultats puisque, grâce au détendeur, l'ouvrier agit avec l'air comprimé, aussi régulièrement qu'il envoyait l'air de ses poumons. — L'opération du soufflage étant terminée, il s'agit, pour obtenir un véritable cylindre, d'enlever les deux calottes hémisphériques des extrémités. A cet effet, l'ouvrier prend dans le creuset une goutte de v. fondu qu'il étire en forme de fil et qu'il enroule aux deux extrémités de la pièce. Aussitôt la séparation se fait de la manière la plus nette (Fig. 4 et 5). Il ne reste plus qu'à fendre le cylindre dans sa longueur, puis à le rabattre et à l'étendre. L'incision se pratique avec la plus grande facilité : il suffit d'appliquer sur le v. un tranchant de fer mouillé d'eau froide. A l'heure actuelle, c'est grâce à l'électricité que l'on arrive à inciser et à couper le v. : on a recours à un courant électrique circulant à travers un fil métallique dont on entoure le cylindre à couper ; le fil par lequel passe le courant est préalablement humidifié avec quelques gouttes d'eau. On arrive ainsi à couper des verres très épais. Cette opération achevée, on réchauffe convenablement le cylindre, puis on le pose sur une plaque de fer, et on le réduit en une plaque bien plane à l'aide d'un rouleau de bois (Fig. 6). Nous n'avons besoin de dire que le travail se termine en faisant recuire. Le procédé de fabrication du v. à vitres que nous venons de décrire a pris naissance dans les verreries de Venise et de la Bohême, et il est usité dans toute l'Europe. Le procédé vénitien a été introduit en France vers 1730, par Drolenvaux, fondateur de la verrerie de Saint-Quirin. De toutes les espèces de verres blancs, le v. à vitres est celui

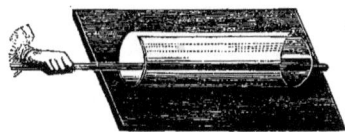

Fig. 6.

dont la consommation est la plus considérable. On l'emploie, non seulement pour faire les vitres des croisées, mais encore pour fabriquer les cylindres au moyen desquels on recouvre les pendules, ainsi que les plaques destinées à la couverture des serres et de certains édifices.

Four Siemens. — Ce four qui constitue un véritable perfectionnement, et qui porte le nom de son inventeur, présente cet avantage qu'il permet de remplacer par une cuve unique les creusets ou *pots* dans lesquels on opérait la fusion des diverses matières entrant dans la composition du v. Siemens a, en 1867, créé un four spécial appelé par lui *four à bassin* ou à *cuve* et dont il existe trois types ayant chacun leur utilité suivant que le travail de la fusion du v. et de son soufflage a lieu à des époques périodiques, qu'il se produit d'une manière continue ou enfin qu'il est nécessaire d'obtenir en même temps des verres de qualités très variables, ce à quoi on arrive en divisant la cuve du four en un nombre plus ou moins considérable de compartiments. Comme l'indique sa destination ce four consiste en une sorte de grand bassin dans lequel on dispose les matières propres à fabriquer le v. Un malaxeur mécanique mélange constamment les divers éléments et c'est dans cette cuve que le verrier plonge l'extrémité de sa canne.

B. Verre à gobeletterie. — Le v. à gobeletterie ordinaire diffère peu du v. à vitres. Les matières employées sont le sable, la chaux éteinte et le sulfate ou le carbonate de soude. Ce dernier n'est guère usité que pour le v. fin appelé dans le commerce *demi-cristal*. C'est avec le v. à gobeletterie que l'on confectionne tout ce qui concerne le service ordinaire de la table dans les ménages, les cafés, les cabarets, etc., ainsi

que les vases et flacons communs à l'usage de la pharmacie, des laboratoires, etc. Pour travailler à la gobeletterie, on fond la masse vitreuse, et, quand elle est à l'état pâteux voulu, on la cueille avec la canne comme nous venons de le voir. Puis on la souffle dans un moule de manière que la pâte en prenne la forme, qu'elle conserve après le refroidissement ; quelquefois on procède au soufflage à l'air libre, de façon à obtenir une boule qu'on allonge et dont on modifie les contours suivant la nature de l'article qu'on veut obtenir, mais ce procédé exige de la part de l'ouvrier verrier une très grande habileté et offre, sauf dans quelques cas particuliers, comme la fabrication des ballons, cornues et matras, une moins grande régularité dans la forme des produits.

C. Verre à glaces. — Il est à base de soude et de chaux, mais la proportion de la soude, relativement à celle de la chaux, doit être plus grande que dans les compositions du v. à vitres et du v. à gobeletterie, afin que le mélange soit plus fusible et plus fluide. Dans la fabrique de Saint-Gobain, qui est la plus considérable de France, le mélange est ainsi formé : sable très blanc et très pur, 300 parties ; carbonate de soude, 100 ; chaux éteinte à l'air, 43 ; groisil, 300. La masse vitreuse est préparée comme pour le v. à vitres, mais passe successivement dans deux creusets. On la fond d'abord dans un creuset conique ; puis, quand elle est affinée, on la transvase dans des creusets plus petits et de forme carrée, appelés *cuvettes*. On chauffe encore une fois le v. dans les cuvettes jusqu'à ce qu'il soit bien fluide ; alors on retire les cuvettes du four et l'on verse leur contenu sur une table de bronze parfaitement dressée, et qui a été préalablement chauffée. Pour la fabrication du *v. à glaces*, on fait également usage du four Siemens qui permet d'affiner, puis d'obtenir le produit voulu avec autant de régularité que si l'on faisait usage des pots.

Les tables de coulage de cette catégorie de v. n'ont pas changé : leurs côtés sont munis de tringles de fer pour retenir la masse vitreuse, laquelle s'étale comme de la lave incandescente ; ensuite on l'étend uniformément en faisant passer dessus un cylindre qui glisse sur les tringles servant de guides au rouleau et donne ainsi une épaisseur régulière de la masse. Le passage de ce cylindre terminé, on pousse la glace, encore rouge et à peine rigide, dans un four particulier où on la laisse jusqu'à ce qu'elle soit entièrement refroidie. On la retire alors, on la visite, on la découpe d'après l'usage qu'on veut en faire, et on l'envoie à l'atelier du polissage pour en polir les deux surfaces. Le polissage comprend trois opérations appelées *Douci* ou *Dégrossi*, *Savonnage* et *Poliment*. Le douci consiste à frotter la glace avec une autre glace de dimensions plus petites, mais déjà polie, en interposant d'abord une bouillie de grès très fin, puis de l'émeri grossier. Le savonnage a pour objet de faire disparaître les aspérités que le grès a pu produire. Il se fait de la même manière que le douci ; seulement on y emploie de l'émeri très fin. Après le savonnage, les glaces sont mates, c.-à-d. qu'elles ont perdu leur transparence ; le poliment a pour objet de la leur redonner. On effectue cette dernière opération au moyen de colcothar délayé dans de l'eau, et on frotte avec de lourds polissoirs revêtus de feutre. — Les glaces sont vendues nues ou étamées. Dans le premier état, elles servent principalement pour vitrer les devantures de magasins. Voy. ÉTAMAGE, ARGENTURE. — En France, la fabrication des glaces est considérable et prend chaque jour plus d'extension. Elle est cependant concentrée dans cinq grands établissements ou *Glaceries*, qui sont situés à Saint-Gobain (Aisne), à Cirey (Meurthe), à Montluçon (Allier), à Jœumont et à Recquignies (Nord).

D. Verre de Bohême. — Ainsi que nous l'avons déjà dit, le v. de Bohême se fabrique avec le silicate de potasse au lieu du silicate de soude. Il se distingue par sa limpidité, sa dureté, son homogénéité, son éclat ; mais ce qui le caractérise surtout, c'est sa légèreté et sa quasi-infusibilité. Les verres de première qualité s'obtiennent en fondant ensemble 110 parties de quartz pulvérisé, 64 de carbonate de potasse raffiné et 24 de chaux caustique. On y ajoute parfois 1 partie de nitre ou 1/4 à 1/2 d'acide arsénieux. Le rôle de ce dernier corps s'explique ainsi : comme il est facilement réductible, il fait passer à l'état de peroxyde les faibles traces de protoxyde de fer qui se trouvent dans les matières premières, et qui donneraient à la masse une certaine teinte verdâtre. Pour la même raison, il fait disparaître la teinte jaune que prend le v. sous l'influence de la fumée. Cette dernière teinte étant due à du charbon, l'acide arsénieux contribue, par son oxygène, à brûler ce corps, et dès lors la teinte disparaît. Enfin, l'acide arsénieux facilite l'affinage du v., parce que l'agitation qu'il imprime à la masse fondue, pour se volatiliser, favorise la sortie des bulles gazeuses qui pourraient se former dans le v. L'action du nitre est analogue à celle de l'acide arsénieux. En raison de la grande proportion de silice qu'il renferme, le v. de Bohême est fabriqué a une très haute température. La Bohême a réussi jusqu'à ce jour à conserver le monopole de cette fabrication bien qu'en France, nos industriels soient parvenus à imiter aussi rigoureusement que possible la fabrication dite de Bohême et à offrir des produits similaires, mais plus chers à cause de la différence du prix de revient.

E. *Crown-glass.* — Le crown-glass est une sorte de v. qui ne s'emploie que pour les instruments d'optique. Sa composition est analogue à celle du v. de Bohême. Bontemps, ancien directeur de la verrerie de Choisy, donne la formule suivante : sable blanc, 120 parties; carbonate de potasse, 35; carbonate de soude, 20; craie, 15; acide arsénieux, 1. Ce v. se fabrique dans un fourneau de fusion ne renfermant qu'un seul creuset, qui est couvert de ce qu'on appelle *moufla*.

F. *Verre à bouteilles.* — Pour la confection de cette espèce de v., on n'emploie que des matériaux communs, car les produits doivent être livrés à bas prix; d'ailleurs peu importe qu'ils présentent une coloration particulière. On préfère les sables les plus oxreux, parce que l'oxyde de fer qu'ils contiennent donne de la fusibilité au v.; la matière alcaline est formée par de la soude de varech brute et par des cendres de bois. On y ajoute encore une forte proportion de cendres lavées, qui introduisent dans le mélange des silicates d'alumine et de potasse. Au reste, la composition et la proportion du mélange varient, pour ainsi dire, dans chaque verrerie. Néanmoins, d'après Payon, on adopte assez généralement le dosage suivant : sable oxreux, 190 parties; soude de varech, 30 à 40; cendres lessivées, ou charrées, 160 à 170; cendres neuves, 80 à 100; argile oxreuse, 80 à 100; *calcin*, c.-à-d. débris de v., 100 à 145. Le v. à bouteilles doit sa coloration plus ou moins verdâtre à la quantité considérable de protoxyde de fer que renferment les matières premières. La fabrication des bouteilles a lieu au moyen du soufflage combiné avec le moulage. Après avoir fritté

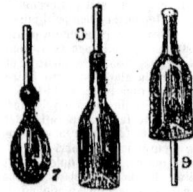

le mélange, on l'introduit dans de grands creusets disposés dans un fourneau analogue à celui qui est employé pour la confection du v. à vitres ou encore dans un four Siemens à cuve ou bassin. Lorsque la fusion est complète, on enlève le fiel du v., et on laisse refroidir jusqu'à ce que la masse ait le degré de consistance pâteuse convenable pour le travail. Alors un ouvrier armé de la canne que nous avons déjà décrite, cueille dans le creuset une certaine quantité de pâte et l'égalise sur le tournant sur une plaque; c'est ce qu'on appelle *parer* le v. Cela fait, il passe la canne au souffleur. Celui-ci souffle légèrement à la bouche ou en faisant usage du procédé de soufflage mécanique de manière à étirer un peu la masse vitreuse en forme de poire (Fig. 7); après quoi il envoie un courant d'air ou il souffle plus fort, afin de la transformer en une sorte de cylindre. Enfin, il l'introduit dans un moule de terre ou de bronze en soufflant toujours, afin de lui donner la forme définitive qu'elle doit conserver. Renversant alors la canne, et l'appuyant contre terre, il enfonce le cul de la bouteille avec un instrument de fer destiné à cet usage et appelé *Molette* (Fig. 8). La bouteille ainsi préparée, l'ouvrier la retourne, détache le goulot de la canne, fixe la bouteille à la canne par son fond, et alors, puisant un peu de pâte vitreuse dans le four, il forme autour du cou de la bouteille l'anneau ou cordon qui sert à renforcer cette partie (Fig. 9). Enfin, quand ce dernier est bien soudé, il livre la bouteille à un aide qui la porte dans un four à cuire.

G. *Cristal.* — Le cristal est un silicate double de potasse et d'oxyde de plomb. Il doit présenter une homogénéité parfaite, une grande transparence et être complètement incolore. Les proportions le plus généralement employées sont : sable très fin et très pur, 300 parties; minium, 200; carbonate de potasse purifié, 100. On augmente quelquefois la proportion d'oxyde de plomb. Dans ce cas, le cristal possède une plus grande densité et des pouvoirs réfringents et dispersifs plus

considérables; mais on ne peut augmenter indéfiniment la proportion de plomb, car dans ce cas, le cristal prend une teinte jaune. On ne saurait employer la litharge pour la fabrication du cristal, attendu que cet oxyde renferme toujours des parcelles de plomb. D'ailleurs, alors même qu'il serait parfaitement pur, il pourrait être réduit en partie par les gaz carburés ou les matières charbonneuses qui pénètrent accidentellement dans le creuset ou le four. L'emploi du minium, c.-à-d. d'un oxyde de plomb à un degré supérieur d'oxydation, fait éviter cet inconvénient. On fabrique un cristal remarquable par sa dureté, sa blancheur et sa limpidité, en remplaçant l'oxyde de plomb, en totalité ou en partie, par de l'oxyde de zinc, en ajoutant au mélange une certaine quantité d'acide borique, qui rend ce cristal plus fusible et plus facile à travailler. Ce perfectionnement est dû à deux industriels distingués, Maës et Clémandot. — La fusion du cristal s'opère généralement dans des creusets couverts ou *moufles*. Quant aux articles de gobeleterie qu'on fabrique avec cette sorte de v., on emploie le soufflage et le moulage, comme pour le v. à bouteilles et la gobeleterie de v. Néanmoins beaucoup d'objets sont simplement moulés. On obtient ces derniers par la compression de la matière à l'état pâteux dans des moules de bronze à plusieurs parties. D'autres pièces sont taillées, on bien ébauchées par le moulage et terminées par la taille. La taille des verres et des cristaux se fait à l'aide de meules verticales de fer, de pierre ou de bois, mises en mouvement par un moteur quelconque. L'objet est d'abord dégrossi, avec du sable, sur une meule de fer. Il est ensuite douci sur une meule de grès avec les boues des sables qui ont déjà servi, puis, sur une meule de bois, avec de l'émeride plus en plus fin. Enfin, on le polit avec une roue de bois et de la potée d'étain, et on lui donne le dernier fini sur une roue de liège ou sur une roue de bois garnie de laine, avec du colcothar délayé dans de l'eau.

H. *Flint-glass.* — Le v. ainsi nommé est à base de plomb; c'est donc simplement une variété de cristal. Le flint-glass se prépare avec un mélange de 100 parties de sable blanc, 100 de minium et 30 de carbonate de potasse très pur. Sa fabrication est la même que celle du crown-glass. Ces deux produits sont d'origine anglaise. Longtemps concentrée en Angleterre, leur fabrication n'a été introduite sur le continent que vers la fin du dernier siècle par le Suisse Guinand, qui, après avoir exploité ses procédés en Suisse, alla, en 1805, s'établir en Bavière. Enfin, en 1828, le fils de cet artiste importa l'invention de son père dans notre pays. Mais, depuis cette époque, nos compatriotes Bontemps et Feil ont beaucoup amélioré la fabrication du flint-glass. On sait que ce cristal, ainsi que le crown-glass, s'emploie exclusivement pour les instruments d'optique. C'est en accolant deux lentilles convenablement taillées, l'une de crown et l'autre de flint, que l'on obtient les *lentilles achromatiques*, qui donnent sensiblement la même convergence à tous les rayons colorés. La fabrication et le travail subséquent de ce cristal sont analogues à ceux du cristal ordinaire.

J. *Strass et Email.* — Le strass est un cristal très riche en plomb, et par conséquent très dense et très réfringent, qui s'emploie pour imiter les pierres précieuses et particulièrement le diamant. L'émail est également un cristal très plombeux; mais il est opaque au lieu d'être transparent comme toutes les autres sortes de verres. Le strass et l'émail ont les mêmes procédés de fabrication que les cristaux précédents. Nous ne nous y arrêterons donc pas.

III. *Produits divers de l'industrie de la verrerie.* — Outre les articles de consommation usuelle que produit l'industrie du verrier, il en est une foule d'autres qui constituent des objets de luxe et d'ornement, parfois même de véritables ouvrages d'art. Nous en dirons ici quelques mots. — Les *Verres colorés* ne sont autre chose que du v. à vitres ou du cristal auquel on communique les teintes les plus variées en ajoutant à leur pâte des substances colorantes convenables. On colore le v. de deux manières, soit dans toute sa masse, soit seulement à sa surface. Dans tous les cas, l'opération repose sur la propriété que possède la matière vitreuse de dissoudre certains oxydes métalliques dont perdre sensiblement sa transparence. On obtient de beaux *verres verts* avec le sesquioxyde de chrome, le bioxyde de cuivre, etc.; de belles nuances bleues, avec l'oxyde de cobalt; des violets, avec le peroxyde de manganèse; des noirs, avec un mélange d'oxyde de cobalt et de protoxyde de fer; des jaunes avec l'oxyde d'antimoine ou de charbon; des rouges très intenses avec l'oxyde de cuivre, etc. — On appelle *Verres craquelés*, des verres ou des cristaux incolores ou colorés dont la surface est couverte de dessins irréguliers qui font saillie et qui

haut de la même couleur ou d'une autre couleur que celle de la masse. On les obtient d'une manière fort simple. Quand il a *paré* la pâte vitreuse cueillie dans le creuset, l'ouvrier la promène sur une plaque de fer où l'on a répandu du v. concassé en fragments irréguliers. Ces fragments adhèrent à la masse vitreuse, après quoi on souffle cette dernière et on la travaille à la manière ordinaire. — Le mérite des *Verres gravés* dépend principalement de l'habileté et du goût du dessinateur, car le procédé de gravure est purement chimique. Voy. Gravure, I, 10. — Les *Verres doublés* se composent de deux couches superposées et d'une couleur différente. En travaillant la couche extérieure par la taille ou par la gravure, jusqu'à la couche intérieure, on produit des dessins d'une nuance autre que celle du fond. Voy. Vitrail. — Les *Verres filigranés* ou *rubanés* présentent, dans leur épaisseur, des filets diversement colorés qui s'entrecroisent. Pour obtenir ces verres, on prend de petits tubes de la couleur et de la nuance voulues; on les place les uns à côté des autres sur une plaque horizontale de terre, puis on roule sur leur surface une *paraison* de verre, sur laquelle ils se collent; puis, lorsque l'adhérence est parfaite, on souffle sur un moule la pièce comme à l'ordinaire. D'autres fois on range les tubes verticalement contre les parois d'un moule; après quoi on introduit dans ce moule et l'on y souffle une paraison de cristal. — Les *Millefiori* se font par un procédé analogue. On appelle ainsi ces objets de v. plein, dans l'intérieur desquels on voit comme une grande quantité de fleurs disposées en bouquets, en guirlandes, etc. On les fabrique avec des tubes d'émail. On coupe ces tubes en très petits tronçons, on les chauffe au rouge sur une plaque de terre pour émousser leurs angles; puis on les loge dans les cavités d'un disque de fonte. Cela fait, on applique sur ce disque une paraison de cristal qu'on enlève aussitôt après que les tubes s'y sont collés. Alors on fait couler tout autour le cristal nécessaire pour former la boule. Enfin, on fait recuire celle-ci et l'on travaille le dessous avec la roue employée pour la taille du v.

Verre filé. — Le v. incandescent est tellement ductile, qu'il est facile de le filer. Pour cela, on prend un tube ou une baguette de v. qu'on soumet à la flamme de la lampe d'émailleur. Aussitôt que le v. est rouge, on saisit avec des pinces une des extrémités du tube et on la fixe sur un dévidoir auquel on imprime un mouvement très rapide. En très peu de temps, le dévidoir se trouve chargé d'un écheveau de *fil de v.* d'une extrême finesse et d'une flexibilité telle qu'on peut le travailler comme du fil ordinaire. On a quelquefois employé ce fil pour faire des perruques, des aigrettes et même, en le combinant avec la soie, pour confectionner des tissus.

Verre trempé — Le v. *trempé* ou *incassable* a été fabriqué industriellement pour la première fois en 1875. Sa découverte est due à de La Bastie. Cette fabrication consiste à chauffer les pièces en v. que l'on veut tremper, à une température très proche de celle à laquelle le v. commence à se ramollir, puis à les plonger brusquement, encore rouges, dans de l'eau froide. Au sortir du bain, le v. n'est plus fragile et ne se brise plus au moindre choc; il est même capable de supporter des heurts violents. Seulement, il arrive parfois qu'un v. trempé se brise subitement en mille pièces sans qu'aucune cause extérieure influe, tout comme le fait la *larme batavique* dont on casse la pointe. C'est une brusque transformation moléculaire qui en est sans aucun doute. Quoiqu'il en soit, le v. trempé a reçu de très nombreuses applications, principalement en gobeletterie et dans l'industrie chimique.

Coton de verre. — Le coton de v., dont les premiers échantillons ont été fabriqués en Allemagne, est une sorte de bourre de fils de v. qui a reçu quelques applications industrielles, notamment pour le filtrage des liquides. Étant inattaquable par les acides, le coton de v. peut resservir indéfiniment après qu'il a été lavé.

IV. *Historique.* — Nous ignorons complètement la date de la découverte du v.; tout ce que nous savons, c'est que sa fabrication remonte à une haute antiquité. Il est certain que les Égyptiens et les Phéniciens ont pratiqué l'art de la verrerie avant tous les autres peuples et l'ont porté à un haut degré de perfection. Les anciens travaillaient, à peu de chose près, le v. de la même manière qu'on le fait aujourd'hui, c.-à-d. par le soufflage, la taille et le moulage. Ils savaient colorer artificiellement le v. avec une grande habileté, mais ils étaient moins heureux pour l'obtenir parfaitement incolore. Ils connaissaient la fabrication du cristal, ainsi que l'a démontré l'analyse du miroir dit de Virgile, et celle de l'émail, comme le prouve le fameux vase Barberini. Enfin, ils exécutaient d'admirables

mosaïques avec des verres colorés. Quoique le v., comme on le voit, leur fût bien connu, les Romains ne l'employèrent pas à vitrer leurs maisons; ils faisaient usage de minces feuilles translucides d'albâtre ou de plaquettes demi-transparentes de sulfate de chaux. D'après les plus anciens écrits, on peut faire dater l'emploi du v. à vitres du IIIe siècle. Cependant les invasions des barbares, au Ve siècle, avaient anéanti, dans tout l'Occident, la verrerie de luxe, qui continua seulement à être cultivée à Constantinople et dans quelques villes de l'Orient. Les Occidentaux ne conservèrent que l'art de fabriquer le v. commun et le v. à vitres, et, pendant deux siècles environ, l'Italie et la France eurent même le monopole de cette fabrication. C'est d'industriels français, de verriers, que les Anglais, au VIIe siècle, apprirent l'art de la verrerie et de la vitrerie. A leur tour, ils l'introduisirent en Allemagne. A l'époque des croisades, au XIIIe siècle, la verrerie de luxe reparut en Occident. Les Vénitiens en conservèrent le monopole jusqu'au XVIe siècle, époque où cette industrie s'établit en Bohême, où elle devint florissante. C'est aux Vénitiens que l'on doit la création de l'industrie de v. à glaces. En ce qui concerne la France, la fabrication de la verrerie de luxe y était encore inconnue lorsque, en 1551, Henri II chargea un verrier vénitien, nommé Theseo Mutio, d'établir à Saint-Germain-en-Laye une manufacture semblable à celles de Venise. Cet essai ne réussit pas, mais on fut plus heureux sous Louis XIV, grâce surtout aux efforts de Colbert qui créa, en 1665, à Tourlaville, près de Cherbourg, le premier établissement de glaces soufflées que nous ayons eu. Bientôt le procédé du soufflage fut remplacé par celui de la coulage. Ce grand progrès est dû à Lucas de Nehou, verrier à Tourlaville, l'un des premiers directeurs de l'établissement de Saint-Gobain, fondé vers 1680. Mais c'est aux Anglais, vers la fin du XVIIe siècle, qu'est due la découverte nouvelle, peut-on dire, de la fabrication du cristal, perdue dans le cours du moyen âge, et ce fut un nommé Lambert qui, en 1781, construisit à Saint-Cloud le premier four à cristal qu'ait possédé la France. Depuis cette époque, l'art de la verrerie a fait des progrès considérables. La plupart sont dus à Bontemps, ancien directeur de la verrerie de Choisy-le-Roi, près Paris.

VERRÉE. s. f. [Pr. vè-ré]. Plein un verre. *Prendre une tisane par verrées.*

VERRERIE. s. f. [Pr. vè-reri]. Lieu où l'on fait le verre et les ouvrages de verre. *Établir une v. Four de v.* || L'art de faire le verre. *Il entend bien la v.* || Collectivement, Toute sorte d'ouvrages de verre. *Une charretée de v.*

VERRÈS (Caïus), préteur en Sicile (74 av. J.-C.), accabla d'impôts et pilla cette province pendant trois ans. Accusé à son retour, il prévint sa condamnation par un exil volontaire. Cicéron publia les cinq discours qu'il devait prononcer contre lui et qui sont connus sous le nom de *Verrines.*

VERRIER. s. m. [Pr. vè-rié]. Ouvrier qui fait le verre et des ouvrages de verre. *Le métier de v. ne dérogeait point à noblesse.* || Celui qui fait des verrières, des vitraux. — Adject., *Gentilhomme v.,* Gentilhomme qui travaillait en verrerie. || Celui qui vend des ouvrages de verrerie, soit en boutique, soit dans les rues. *Acheter des ouvrages de verrerie chez un v.* || Ustensile de ménage ordinairement fait d'osier, dans lequel on range les verres à boire, les carafes, etc.

VERRIÈRE. s. f. [Pr. vè-rière]. Ustensile de table, espèce de cuvette remplie d'eau, dans laquelle on place les verres. || Carreau de verre qu'on met au-devant des châsses, des reliquaires, ou dans les tableaux pour les conserver. || T. Archit. Se dit des grands vitraux d'une église. *Les verrières de cette église ont été brisées.* Voy. Vitrail. || T. Hortic. Cloche formée de petits carreaux de verre assemblés de manière à former des facettes, et avec laquelle les jardiniers couvrent les plantes délicates.

VERRILLON. s. m. [Pr. vè-ri-llon, ll mouillées] (R. verre). Instrument de musique fait de touches de verre, qu'on frappe avec des baguettes drapées.

VERRINE. s. f. [Pr. vé-rine] (R. verre). Cloche de jardinier, dite aussi verrière. || T. Mar. Lampe de verre qu'on suspendait au-dessus du compas de route.

VERROCHIO, statuaire, peintre et architecte ital. (1422-1483).

VERROTERIE. s. f. [Pr. *vè-roteri*] (R. *verre*). T. Comm. Menue marchandise de verre, comme grains, bagues, colliers, patenôtres, etc. *On porte beaucoup de v. aux sauvages pour trafiquer avec eux.*

VERROU. s. m. [Pr. *vè-rou*] (anc. *Verrouil*, du lat. *veruculus*, dimin. de *veru*, broche). Pièce de fer, plate ou cylindrique, qu'on applique à une porte afin de pouvoir la fermer, et qui vient entre deux crampons. *V.* à ressort. *V.* de sûreté. *Mettre, tirer le v. — Tenir quelqu'un sous le v.,* Le tenir enfermé. *Il est sous les verrous,* Il est en prison. On dit, dans un sens anal., *L'or ouvre tous les verrous, force les verrous,* etc.

VERROUILLER. v. a. [Pr. *vè-rou-ller,* ll mouillées]. Fermer au verrou. *V. une porte.* ═ SE VERROUILLER, v. pron. S'enfermer au verrou. *Il s'est verrouillé dans son cabinet.* ═ VERROUILLÉ, ÉE. part.

VERRUE. s. f. [Pr. *vè-ru*] (lat. *verruca*, m. s.). T. Méd. On donne le nom de *Verrue* ou de *Poireau* à une petite excroissance dure, indolente, sessile ou pédiculée, qui se forme à la surface de la peau, particulièrement aux mains. Les verrues sont quelquefois mobiles et superficielles; mais ordinairement elles sont implantées dans l'épaisseur du derme par des filaments blanchâtres, denses et à demi fibreux. Ce sont des hypertrophies des papilles vasculaires du derme, sans ulcération, avec hypertrophie de l'épiderme correspondant, dont les cellules se soudent plus ou moins fortement, comme dans la corne, au point d'être quelquefois l'origine de *cornes cutanées.* La surface des verrues est tantôt lisse, tantôt inégale et raboteuse. On doit, lorsqu'elles deviennent grosses, les faire disparaître, parce qu'à la suite d'écorchures accidentelles, elles deviennent quelquefois le siège d'ulcères épidermiques. L'excision avec un instrument tranchant est le moyen que l'on doit préférer pour les détruire. Les caustiques, tels que la pierre à cautère, l'acide azotique, etc., offrent généralement plus d'inconvénients. On croit vulgairement que les verrues peuvent se gagner par le contact, et que le sang qui s'en écoule parfois lorsqu'on les coupe, a la propriété de faire naître de pareilles excroissances sur des parties où il n'en existait pas encore; mais c'est un préjugé sans fondement. L'*Héliotrope d'Europe,* de la famille des *Borraginées,* tribu des *Ehrétiées,* est quelquefois appelé *Herbe aux verrues,* parce qu'on prétendait jadis que son suc les faisait tomber. Voy. BORRAGINÉES.

VERRUQUEUX, EUSE. adj. [Pr. *ver-ruken, euze*] (lat. *verrucosus,* m. s., de *verruca,* verrue). Qui porte des excroissances arrondies, fermes et peu volumineuses. || Qui a l'aspect d'une verrue.

VERS. s. m. [Pr. *ver*] (lat. *versus,* m. s., de *vertere,* tourner). Assemblage de mots mesurés et cadencés selon certaines règles. *V. alexandrin, V. héroïque,* Grand *v.; V. de dix syllabes, etc.; V. croisés, V. libres, irréguliers.* Voy. VERSIFICATION. || *V. blancs,* Vers syllabiques non rimés. *Les Anglais et les Allemands ont des vers rimés et des vers blancs. La quantité est trop peu marquée dans notre langue, pour que les vers blancs se distinguent de la prose. V. hexamètre, V. pentamètre, V. iambique,* etc. Voy. HEXAMÈTRE, etc. || *V. léonin, V. macaronique, V. soladique* ou *rétrograde,* Voy. LÉONIN, etc. || *V. dorés,* Nom donné à une pièce de vers attribués à Pythagore, à cause des préceptes moraux qui en forment le sujet. || *V. fescennins,* Voy. FESCENNIN. || *V. techniques,* Voy. TECHNIQUE. || *Petits vers,* Petites pièces de poésie sur des sujets légers. — Voy. VERSIFICATION.

VERS. prép [Pr. *ver*] (lat. *versus,* m. s., de *vertere,* tourner). Du côté de. *V. l'orient. V. le nord. V. l'Italie. Tournez-vous v. moi, v. lui.* || *Auprès de. Il fut envoyé v. tel souverain.* || Environ. *V. les trois heures du matin. V. le printemps. V. le commencement, v. la fin, v. le milieu de tel siècle. V. l'année 1360.*

VERSADE. s. f. Action de verser en voiture.

VERSAILLES. ch.-l. du dép. de Seine-et-Oise, à 15 kil. S.-O. de Paris; 51,700 hab. Évêché. Château bâti par Louis XIII, vers 1627, considérablement agrandi par Louis XIV, séjour de la cour de France de 1682 à 1789. Siège du gouvernement et des Chambres de 1871 à 1879. — Grand parc des-

siné par Le Nôtre et décoré de nombreux jeux hydrauliques, et dans lequel sont les petits palais appelés *Grand* et *Petit Trianon.* Le palais de Versailles est aujourd'hui un riche musée de peintures et de sculptures relatives à l'histoire de France. ═ Nom des hab. : VERSAILLAIS, AISE.

VERSANT, ANTE. adj. Qui verse facilement, qui est sujet à verser; se dit en parlant des voitures. *Les carrosses haut suspendus étaient très versants.*

VERSANT. s. m. (part. prés. de *verser*). La pente d'un des côtés d'une chaîne de montagnes. *Le v. septentrional des Pyrénées.* || T. Archit. Chacune des deux surfaces inclinées d'un comble. Voy. COMBLE.

VERSATILE. adj. 2 g. (lat. *versatilis,* m. s.). Qui est sujet à tourner, à changer. *Un esprit v. Un caractère, une volonté v.* || T. Bot. *Anthère v.,* Voy. ÉTAMINE, 11.

VERSATILITÉ. s. f. Qualité de ce qui est versatile. *Une grande v. d'esprit, de caractère, de sentiments. Il a beaucoup de v. dans le caractère, dans ses opinions.*

VERSE (À). loc. adv. Se dit dans cette phrase, *Il pleut à v.,* Il pleut abondamment. Voy. AVERSE.

VERSE. adj. m. (lat. *versus,* tourné). T. Géom. *Sinus v.,* Le sinus v. d'un angle est l'unité diminuée du cosinus de cet angle. Il est égal à deux fois le carré du sinus de la moitié de l'angle. Cette expression est peu us. aujourd'hui.

VERSE. s. f. Action de verser. *La v. des blés.*

VERSÉ, ÉE. adj. (part. pass. de *verser*). Rompu à la pratique d'un art, d'une science, d'un métier. *V dans les affaires, dans la philosophie.*

VERSEAU. s. m. [Pr. *ver-so*] (R. *verse* et *eau,* comme en lat. *aquarius,* et en gr. ὑδρόχοος). T. Astron. Constellation zodiacale. Voy. CONSTELLATION.

VERSECZ, v. de Hongrie; 22,300 hab.

VERSEMENT. s. m. [Pr. *verse-man*]. T. Fin. Action de verser de l'argent dans une caisse. *Faire un v. Un v. de fonds.*

VERSER. v. a. (lat. *versare,* fréq. de *vertere,* tourner, propr. faire tourner le vase pour laisser couler ce qu'il contient). Épancher, répandre, transvaser. *V. du vin dans un tonneau, dans un verre. V. de l'eau à terre. V. de l'eau sur les mains. V. du plomb fondu. V. du blé dans un sac. V. de l'avoine dans un coffre.* — Pris absol., sign. mettre du vin ou quelque autre boisson dans un verre. *Versez à boire. Versez-moi tout plein.* || *V. des larmes,* Pleurer. — *V. son sang pour la foi, pour la patrie,* etc., *Répandre son sang, donner sa vie pour la foi,* etc. *V. le sang humain, v. le sang des hommes,* Faire mourir des hommes, ordonner leur mort. On dit de même, *V. le sang innocent.* [Fig., *V. ses chagrins dans le cœur d'un ami. — V. le mépris, le ridicule sur quelqu'un,* En parler de manière à le rendre méprisable ou ridicule. || En parlant d'argent, apporter à une caisse, soit comme payement, soit comme dépôt, soit comme mise de fonds. *V. des fonds. V. les fonds dans une caisse. Les impôts sont versés dans la caisse du receveur avant de revenir au trésor public. V. des fonds dans une affaire.* — On dit Fig., *V. l'or à pleines mains,* Le prodiguer, en dépenser beaucoup. ═ VERSER. v. n. En parlant d'une voiture, tomber sur le côté. *Les cabriolets qui sont suspendus trop haut sont sujets à v. Le convoi a déraillé et versé au bas du talus.* — Par ext., se dit aussi des personnes qui sont dans la voiture. *Nous avons versé à tel endroit. V. en beau chemin.* || Se dit encore des blés, lorsque le vent ou la pluie les couche. *Le grand vent fait v. les seigles. S'il pleut longtemps, les blés verseront.* || *Verser,* s'emploie aussi activement dans les deux sens qui précèdent. *Ce charretier a versé son tombereau. Ce cocher nous a versés deux fois. L'orage a versé les blés.* ═ VERSÉ, ÉE. part. Voy. VERSÉ. ═ Syn. RÉPANDRE.

VERSET. s. m. [Pr. *ver-sè*] (Dimin. de *vers*). Petite section composée ordinairement de quelques lignes qui forment le plus souvent un sens complet; se dit particulièrement en parlant des livres de l'Écriture. *Les chapitres de l'Écriture sainte sont divisés par versets.* || Se dit aussi de quelques paroles tirées ordinairement de l'Écriture, et suivies quelquefois d'un répons, qu'on dit, qu'on chante dans l'office de l'Église. *Chanter un v. et un répons.* || Par ext., le signe typographique qui sert à marquer les versets, et qui a la forme d'un V barré (℣).

VERSEUR, EUSE. s. Celui, celle qui verse. = VERSEUSE. s. f. Vase pour verser le café, le thé dans les tasses. — Femme employée dans une brasserie au service des clients.

VERSICOLORE. adj. (lat. *versicolor*, m. s., de *versus*, tourné, échangé, et *color*, couleur). T. Bot. Se dit des organes qui changent plusieurs fois de couleur pendant les phases de leur développement, comme la corolle de diverses Borraginées.

VERSICULE ou **VERSICULET.** s. m. (lat. *versiculus*, petit vers, dimin. de *versus*, vers). Diminutif de Vers. *Un faiseur de versicules. Comment trouvez-vous ces versiculets?*

VERSIFICATEUR, TRICE. s. m. (lat. *versificator*, m. s., de *versificare*, versifier). Celui, celle qui fait des vers; ne s'emploie guère qu'accompagné de quelque adjectif, pour dire que quelqu'un versifie bien ou mal, facilement ou difficilement. *Un bon v. Il a le génie poétique, mais c'est un médiocre v.* || Absol., se dit par opposition à poète, en parlant de quelqu'un qui fait facilement les vers, mais est dépourvu du génie poétique. *Nous avons d'excellents versificateurs, mais fort peu de vrais poètes.*

VERSIFICATION. s. f. [Pr. *versi-fika-sion*] (lat. *versificatio*, m. s., de *versificare*, versifier). T. Littér. La mot *Versification* se dit de l'art de faire des vers, et de la facture même des vers. Le génie poétique est tout à fait différent de l'art d'écrire en vers; l'un est un don de la nature et dépend de la manière même dont l'esprit sent les choses; le talent de la v. s'acquiert par l'étude et par la pratique. Il en est de l'un et de l'autre comme de l'éloquence et de la rhétorique. Néanmoins, ainsi que nous l'avons montré ailleurs, l'idée poétique ne peut s'exprimer d'une manière parfaite qu'à l'aide du vers, c.-à-d. du langage rythmique : ainsi donc, sans un système de v. qui ajoute à la parole un élément musical, la poésie est incomplète. Toutefois le système de v. n'est pas unique. Tout le monde sait que, dans les langues sonores et où l'accentuation de chaque syllabe est bien caractérisée, le vers est *prosodique* ou *métrique*, c.-à-d. qu'il est marqué par la durée des sons et la mesure des syllabes longues ou brèves. Au contraire, dans les langues peu musicales et où la variété des tons est peu sensible, le système de v est fondé sur le nombre des syllabes et sur la *rime* ou sur la répétition régulière de certains sons : ce système de v est appelé *syllabique*. Il est facile de comprendre la nécessité de la rime dans ce dernier, car c'est elle seule qui permet à notre oreille de saisir, ou, si l'on veut, de compter le nombre des syllabes du vers. Toutefois, bien qu'au premier abord le système de v. syllabique semble ne résider qu'en une grossière numération de syllabes, il ne faut pas croire qu'il exclue l'élément musical. Toute langue en effet possède cet élément à un degré plus ou moins prononcé, et il est sensible dans la nôtre, qui passe cependant pour la langue la moins musicale de l'Europe. En outre, notre v. est soumise à des conditions de césure, d'hiatus, d'élision, d'enjambement qui n'ajoutent pas peu un caractère mélodique du vers. — Les règles relatives à la v. française sont assez nombreuses. Elles regardent la structure des vers, la rime, et le mélange des vers les uns avec les autres.

Les vers français se nomment d'après le nombre des syllabes qu'ils renferment. Ainsi, nous avons des vers qui ont 12, 10, 8, 7, 6, 5, 4, 3, et même seulement 2 syllabes. Les vers de 12 syllabes sont aussi appelés *vers héroïques, vers alexandrins* ou *grands vers* (Voy. ALEXANDRIN). Voici des exemples de toutes les sortes de vers :

(12.) Mes arcs, mes javelots, mon char, tout m'importune;
       Je ne me souviens plus des leçons de Neptune;
       Mes seuls gémissements font retentir les bois,
       Et mes coursiers oisifs ont oublié ma voix. RACINE.

(10.) Chez les amis, tout s'excuse, tout passe;
       Chez les amants, tout plaît, tout est parfait;
       Chez les époux, tout ennuie et tout lasse;
       Le devoir nuit : chacun est ainsi fait. LA FONTAINE.

(8.) Un ange au radieux visage.
      Penché sur le bord d'un berceau,
      Semblait contempler son image
      Comme dans l'onde d'un ruisseau. REBOUL.

(7.) Les cieux instruisent la terre
      A révérer leur auteur;
      Tout ce que leur globe enserre
      Célèbre un Dieu créateur. J.-B. ROUSSEAU.

(6.) Les compagnes de Flore
      Parfument ces coteaux;
      Une nouvelle aurore
      Semble sortir des eaux. ID.

(5.) Dans ces prés fleuris
      Qu'arrose la Seine,
      Cherchez qui vous mène.
      Mes chères brebis. Mᵐᵉ DESHOULIÈRES.

(4.) Les djinns funèbres,
      Fils du trépas,
      Dans les ténèbres
      Pressent leurs pas. VICTOR HUGO.

(3.) Les quadrilles,
      Les chansons
      Mêlent filles
      Et garçons. ID.

(2.) L'espace.
      Efface
      Le bruit. ID.

Enfin, quelques poètes ont fait des vers d'une syllabe; mais ces vers, qui ne consistent qu'en une rime, ne peuvent entrer que dans des chansons, comme dans ce couplet de Panard :

On y voit (à Paris) des commis
        Mis
Comme des princes,
     Après être venus
        Nus
De leurs provinces.

Ainsi qu'on le voit dans les exemples qui précèdent, lorsque le vers est *masculin*, c.-à-d. se termine par une rime masculine, le nombre des syllabes est précisément celui qui est indiqué par la nature du vers. Dans les vers *féminins*, ou terminés par une rime féminine, c.-à-d par une syllabe muette, il y a une syllabe de plus, attendu que la dernière ne compte pas. — Mais dans l'intérieur du vers toute syllabe muette compte, à moins que, se trouvant devant une voyelle ou devant une h muette, elle ne soit élidée. Dans ce vers :

Quelle fausse pudeur à feindre vous oblige?

les syllabes muettes comptent pour la mesure, tandis qu'elles ne comptent pas dans cet autre :

C'est en vain qu'au Parnasse un téméraire auteur...

Néanmoins il faut remarquer qu'on ne peut admettre dans l'intérieur d'un vers une syllabe qui se termine par une voyelle suivie d'un e muet, à moins que ce dernier ne s'élide. Ainsi, Racine a écrit :

. . . . Une autre Iphigénie
Sur ce bord immolée y doit laisser sa vie.

Mais il n'aurait pu dire :

Sur ce bord immolée doit y laisser sa vie,

quoique l'e muet ne se prononce pas plus dans le second vers que dans le premier (Voy. HIATUS). — Nous venons de voir qu'une syllabe terminée par un e muet compte dans la mesure lorsqu'elle se trouve devant une consonne; mais il y a une exception à cette règle : c'est lorsque la syllabe termine le premier hémistiche, ou, en d'autres termes, se trouve à la césure (Voy. ce mot). Ainsi, il n'est pas permis de dire avec Rotrou :

Privez-le, privez-*le* de cette grâce insigne.

Quand le premier hémistiche finit par un e muet, cet e doit toujours s'élider, comme dans les vers suivants :

Grand Roi, cesse de vaincre. — ou je cesse d'écrire.
Volage Muse, — aimable enchanteresse.

Les règles essentielles relatives à la *rime* ont été exposées ailleurs (Voy. RIME). Nous nous bornerons à donner les règles qui concernent le mélange et la combinaison des vers les uns avec les autres. Ce mélange peut être considéré relativement au nombre des syllabes, et relativement aux rimes. — Quand une pièce de vers se compose exclusivement de vers de même mesure, on les appelle *vers suivis* ou *égaux*. C'est ce que l'on voit dans tous les grands poëmes, et dans presque toutes les pièces de théâtre en vers. Lorsqu'une pièce se compose de plusieurs parties, et que dans chacune d'elles des vers de mesure inégale reviennent symétriquement, on appelle ces vers *vers croisés*. Les odes, les hymnes, les chansons sont presque toujours écrits dans cette forme. Enfin, on appelle *vers mélés* ou *libres*, et encore, mais improprement, *vers irréguliers*, les mélanges de vers de mesures diverses, où l'on ne s'astreint à aucun ordre régulier. La Fontaine a écrit presque toutes ses fables en vers mélés. La difficulté de ce genre de vers est grande, car il est indispensable que l'harmonie produite par le nombre et la rime se retrouve dans les pièces en vers mélés tout aussi bien que dans les vers suivis ou croisés. C'est l'oreille qui doit guider le poëte dans les combinaisons des vers libres. On ne peut poser à ce sujet qu'une seule règle, qui cependant souffre des exceptions, c'est d'éviter l'introduction de vers à mesure impaire au milieu de vers à mesure paire. — Suivant les différentes manières dont on peut arranger les rimes, on les divise en rimes *suivies* ou *plates*, rimes *croisées* et rimes *mélées* ou *libres*. La nature des rimes doit généralement correspondre à celle des vers, c.-à-d. que les rimes suivies vont en général avec les vers suivis, les rimes croisées avec les vers croisés, et les rimes mélées avec les vers libres. Toutefois il importe de remarquer, relativement aux vers suivis, que ces derniers admettent aussi les rimes mélées. Bien plus, on peut dire que les rimes plates ne conviennent d'une manière absolue qu'aux alexandrins, et que les rimes mélées vont mieux que les plates aux poëmes en vers de dix pieds ou ayant moins de dix pieds.

Indépendamment des règles fondamentales relatives à la structure même du vers, il existe un grand nombre de règles subsidiaires qui concernent les *inversions*, les *enjambements* (Voy. ces mots), les licences poétiques, le choix des termes, et toutes les choses du style. On les trouvera exposées avec autant de clarté que de goût dans le *Traité de la v. française*, par L. Quicherat. — Voy. aussi nos articles Poësie, Rime, Césure, Stances, etc.

VERSIFIER. v. n. (lat. *versificare*, m. s., de *versus*, vers, et *ficare*, faire). Faire des vers. *Il versifie bien. Il ne fait que v.* = Versifié, ée. part. Se dit dans ces locut., *Une pièce bien versifiée, mal versifiée,* Une pièce dont les vers sont bien tournés, mal tournés. *Voilà une pièce bien versifiée, mais il n'y a point d'invention.* = Conjug. Voy. Prier.·

VERSION s. f. (lat. *versio*, m. s., de *vertere*, tourner). Traduction d'une langue dans une autre. *V. littérale, fidèle, exacte. Les différentes versions de la Bible sont d'accord sur ce point.* La *v. latine* de saint Jérôme est désignée sous le nom de *Vulgate.* Se dit surtout en parlant des anciennes traductions de l'Écriture. || Dans les collèges, se dit des traductions que les élèves font d'une langue étrangère en leur propre langue. *Il a remporté le prix de v. latine.* || Fig. et fam., La manière de raconter un fait. *Cette v. n'est pas fidèle. Il y a sur ce fait différentes versions.* || T. Chir. Le changement de position que l'accoucheur fait éprouver au fœtus lorsqu'il ne se présente pas dans sa position naturelle.

VERSO. s. m. (lat. *verso folio*, la feuille étant retournée). Deuxième page, revers d'un feuillet. Voy. Recto.

VERSOIR. s. m. [Pr. ver-souar] (R verser). T. Agric. Partie de la charrue attachée au cep qui sert à renverser sur le côté la bande de terre détachée par le coutre. Voy. Charrue.

VERSTE. s. f. T. Métrol. Mesure itinéraire usitée en Russie, et qui vaut 1067 mètres. Voy. Itinéraire.

VERT, VERTE. adj. (lat. *viridis*, m. s.). Qui est de la couleur des herbes et des feuilles des arbres. *Drap v. Satin v. Une robe verte. Sous la verte feuillée. Tout est v. au printemps. Des arbres toujours verts.* || Se dit aussi des arbres et des plantes qui ont encore quelque sève. *Cet arbre n'est pas mort comme vous le croyez, il est encore v.* — Fig. et fam., *Il est encore v.,* se dit d'un homme âgé qui a encore de la vigueur. On dit, dans le même sens, *Une verte*

vieillesse. || Se dit également du bois qui n'a pas encore perdu son humidité naturelle depuis qu'il est coupé. *Ce bois ne brûlera pas, il est trop v.* || En parlant des fruits, signif. Qui n'est pas encore dans la maturité requise. *Ces fruits sont trop verts pour les cueillir. Des raisins encore tout verts. Pois verts,* pois fraîchement écossés. *Haricots verts,* cueillis avant qu'ils aient grossi et formé leurs graines. — Fig. *Fruit v.,* une jeune fille pas encore formée. — Prov. *Il trouve les raisins trop verts,* Il dénigre et fait semblant de dédaigner ce qu'il ne peut obtenir. *Entre deux vertes, une mûre,* se dit lorsque, entre deux choses qui ne sont guère bonnes, il y en a une meilleure que les autres. — Par anal., *Vin v.,* Vin qui n'est pas encore assez fait, qui a trop d'acidité. — Fig. et fam., *La verte jeunesse,* Les premiers temps de la jeunesse, de la grande jeunesse. On dit encore d'un homme ardent, étourdi, évaporé, qui manque de réflexion et d'expérience. *Il a la tête verte, c'est une tête verte.* || Vert, au fig., signif. aussi quelquefois Ferme, résolu. *C'est un homme v. qui ne passe rien, il faut être exact avec lui.* On dit dans le même sens, *Faire une réponse bien verte.* || T. Techn. *Cuir v.,* Cuir qui n'a pas été corroyé. — *Morue verte,* Morue salée, mais non séchée. Voy. Gadoïdes. — *Pierres vertes,* Pierres fraîchement tirées de la carrière. — *Ivoire v.,* pris sur la bête au moment où elle vient d'être tuée, et qui reste plus beau. — *Café v.,* Café qui n'a pas été torréfié. = Vert, s. m. La couleur verte, la couleur des herbes et des feuilles des arbres. *V. clair. V. tendre. V. brun. V. foncé. Gros v. V. d'eau. V. d'émeraude. V.-dragon V.-pomme. V.-pré. Elle était habillée de v. Cela tire sur le v. Le v. réjouit la vue.* Voy. Couleur, Colorantes. || Se dit des herbes qu'on fait manger vertes aux chevaux dans la printemps. *Mettre des chevaux au v. Leur faire quitter le v.* — *Mettre des toiles sur le v.,* les laisser étendues sur le pré, pour qu'elles blanchissent et Fig. *Laisser sur le v.,* ne pas mettre en œuvre. — Fig. et prov., *Manger son blé en v.,* Voy. Blé. Employer le v. et le sec *dans une affaire.* Voy. Sec. — *Jouer au v.,* Jouer, dans le mois de mai, à une sorte de jeu où l'on est obligé, sous de certaines peines, d'avoir toujours sur soi quelques feuilles de vert cueillies le jour même, et où chacun cherche à surprendre son compagnon dans un temps où il n'a point de vert. Fig. et par allusion à ce jeu, on dit, *Prendre quelqu'un sans v.,* Le prendre au dépourvu. || Se dit encore de l'acidité du vin qui n'est pas encore fait. *Ce vin-là a du v., mais ce v. se changera, tournera en sève.* || T. Techn, *V. de Chine,* Matière colorante tirée de l'écorce de Nerprun. Voy. Colorantes, III, D. || T. Minér. *V. antique, V. de Gênes, V. de Suze, etc.,* Sortes de marbres. Voy. Marbre || T. Chim. *V.-de-gris, V. minéral. V. de montagne, V. de Scheele, V. de Schweinfurt, etc.,* Voy. Cuivre et Couleur. *V. de vessie,* Voy. Couleur. *V. de chrome* ou *V. Guignet,* Voy. Chrome. *V. à l'essence, V. alcalin, V. brillant, V. malachite, V. sulfoconjugué.* Voy. Benzylique. *V néthyle, V. lumière.* Voy. Aniline. || T. Hortic. *Verte-longue,* Variété de poire. — *Verte-bonne,* prune de Reine-Claude.

VERT (Cap). Voy. Cap Vert.

VERTAIZON. ch.-l. de c. (Puy-de-Dôme), arr. de Clermont, sur l'Allier; 2,000 hab.

VERTÉBRAL, ALE. adj. Qui a rapport aux vertèbres. *Canal v. Ligaments, nerfs vertébraux.*

VERTÈBRE. s. f. (lat. *vertebra*, de *vertere*, tourner). T. Anat.

I. *Anatomie.* — On nomme *Vertèbres* les os dont la série constitue cette tige flexueuse située, chez l'homme, à la partie médiane et postérieure du tronc et appelée indifféremment *colonne vertébrale, épine dorsale, rachis;* elle loge la moelle épinière et s'appuie inférieurement sur le *sacrum;* tandis que sa partie supérieure supporte le crâne et correspond successivement, en avant, aux organes cervicaux, thoraciques et abdominaux. Ces rapports ont permis de les diviser en trois régions dites : *cervicale, dorsale* et *lombaire,* et les vertèbres elles-mêmes, suivant la région à laquelle elles appartiennent, sont distinguées en *vertèbres cervicales, vertèbres dorsales* et *vertèbres lombaires.* Les premières (Fig. 1) sont au nombre de 7 (c), les secondes de 12 (d), et les troisièmes de 5 (l). Toutes les vertèbres sont construites sur un type commun, celui d'un anneau. Tous ces anneaux nous offrent, ainsi qu'on le voit sur la Fig. 2, qui représente une v. lombaire vue par sa face supérieure :

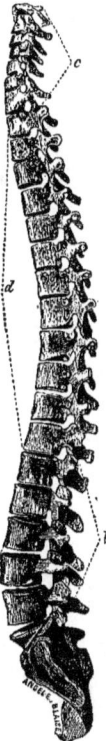

Fig. 1.

un *corps*, ou renflement considérable, par lequel ils se superposent; une partie annulaire proprement dite, destinée à servir de cylindre protecteur à la moelle, ou *trou vertébral*, dont la réunion en série forme le *Canal vertébral*; une saillie allongée en forme d'épine et appelée pour ce motif *Apophyse épineuse* qui constitue un levier destiné au mouvement de la v.; deux saillies qui se portent transversalement en dehors et qu'on nomme *Apophyses transverses*; après quatre éminences, deux supérieures et deux inférieures, appelées *Apophyses articulaires*, parce qu'elles s'articulent avec les éminences correspondantes des vertèbres voisines; enfin, quatre dépressions ou *Échancrures*, creusées à droite et à gauche de l'anneau, deux au-dessus et deux au-dessous de sa circonférence. Ces échancrures, en se réunissant aux échancrures opposées des vertèbres sus-jacentes et sous-jacentes, forment des canaux qu'on nomme *Trous de conjugaison* livrant passage aux nerfs de la moelle et aux vaisseaux qui entrent dans l'étui vertébral ou qui en sortent. En outre, les vertèbres de chaque région se distinguent par des caractères particuliers. Ainsi, les vertèbres cervicales présentent sur les parties latérales de leur corps un trou destiné au passage de l'artère vertébrale, les dorsales offrent, sur les côtés de ce même corps et sur leurs apophyses transverses, une facette articulaire par laquelle a lieu l'articulation de la v. avec la côte correspondante; les vertèbres lombaires ne présentent aucun de ces caractères. Indépendamment de ces différences générales, certaines vertèbres se distinguent des tout les autres par des caractères particuliers; nous citerons seulement les deux premières cervicales appelées *Atlas* et *Axis*. L'*Atlas*, ainsi nommé parce qu'il supporte la tête, représente presque un simple anneau, mais il offre extérieurement deux larges surfaces articulaires par lesquelles il s'articule avec l'occipital. De plus, le trou vertébral est divisé, par un ligament très solide, en deux parties, dont l'antérieure, plus petite, sert de cavité de réception à l'apophyse odontoïde de l'axis, tandis que la postérieure, plus large, est destinée à la moelle épinière. Quant à l'*Axis* (Fig. 3), il doit son nom à une éminence osseuse, arrondie à son sommet et un peu étranglée à sa base, qui surmonte le corps même de la v. Cette éminence, appelée *Apophyse odontoïde* à cause de sa forme, est reçue, comme nous venons de le voir, dans un anneau fibro-osseux correspondant de l'atlas. — Toutes les vertèbres sont unies les unes aux autres par une substance fibro-cartilagineuse, interposée entre les corps à la manière d'un disque : d'où le nom de *Disques intervertébraux* sous lequel

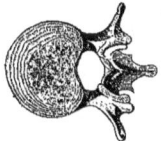

Fig 2.

Fig. 3.

on désigne ces ligaments. De plus, la colonne vertébrale est pourvue de deux ligaments de nature fibreuse, *ligaments vertébraux communs* qui s'étendent de l'axis à la partie supérieure du sacrum. L'un, le *ligament vertébral anté-*

rieur, a la forme d'un long ruban nacré dont la face postérieure adhère aux corps des vertèbres et aux disques intervertébraux; l'autre, le *ligament vertébral postérieur*, se porte de l'occipital au sacrum, en s'élargissant au niveau de chaque disque intervertébral, ce qui lui donne la forme d'une bandelette festonnée. Sa face antérieure s'unit d'une manière intime aux ligaments intervertébraux, mais se trouve séparée du corps des vertèbres par des veines volumineuses. Enfin, les apophyses épineuses sont unies entre elles par des ligaments appelés, d'après leur position, *interépineux* et *surépineux*. Les interépineux n'existent pas à la région cervicale, où ils sont remplacés par de petits muscles. Quant au ligament surépineux, il s'étend de la septième v. cervicale au sacrum, en passant sur le sommet des apophyses épineuses des vertèbres dorsales et lombaires.

Deux os, qu'on désigne sous les noms respectifs de *Sacrum* et de *Coccyx*, continuent inférieurement la colonne vertébrale. Le premier, qui constitue la paroi postérieure du bassin, est de forme pyramidale et triangulaire. Il est percé dans toute sa longueur par un canal appelé *Canal sacré*, qui fait suite au canal vertébral et loge l'ensemble des nerfs émanés de l'extrémité de la moelle épinière et sortant ensuite par des trous dits *Trous sacrés*; ces trous existent à la face antérieure et postérieure de l'os, et correspondent aux trous de conjugaison du rachis. Le sacrum se compose de cinq pièces, qui sont de véritables vertèbres; mais, comme elles sont soudées après l'âge de 18 ans, on les nomme *Fausses vertèbres*, pour les distinguer des vertèbres mobiles qui composent le rachis. Le *Coccyx* est composé de quatre pièces, qui représentent également des vertèbres, mais réduites à un corps rudimentaire. Les fausses vertèbres qui le constituent se soudent entre elles un peu avant celles du sacrum. En outre, vers l'âge de 50 à 60 ans, le coccyx lui-même se soude souvent au sacrum. De même que les pièces du sacrum et du coccyx sont considérées comme des vertèbres, dont le corps est beaucoup plus développé que les autres parties, de même le crâne est considéré par beaucoup d'anatomistes comme formé par une série de vertèbres qui, au contraire, présentent un développement considérable de l'anneau vertébral, tandis que les autres éléments de la v. se modifient pour former les appendices qui constituent les apophyses crâniennes et même les os qui constituent la face. — Il résulte du mode d'articulation des vraies vertèbres entre elles une solidité singulière de la colonne vertébrale et de chaque v. considérée isolément; mais en revanche, le mouvement que chacun de ces os peut exécuter est extrêmement borné. Néanmoins tous ces petits mouvements, en s'ajoutant les uns aux autres, donnent au rachis tout entier une certaine flexibilité qui donne au corps beaucoup de souplesse. Du reste, cette mobilité varie considérablement dans les trois parties que nous avons distinguées dans la colonne vertébrale. Au dos, elle est presque nulle; aux lombes, au contraire, elle est assez prononcée; mais c'est dans la région cervicale qu'elle est le plus marquée. Quant aux mouvements de la tête sur la colonne vertébrale, ils sont très étendus, et le mouvement de rotation est surtout fort remarquable.

« La hauteur de la colonne vertébrale, dit Sappey, est en général de 70 centimètres, ainsi répartis : 15 pour la région cervicale, 28 pour la région dorsale, 16 pour la région lombaire, et 11 pour la région sacro-coccygienne. Verticalement posée, la colonne vertébrale offre plusieurs courbures alternatives. Ces courbures sont antéro-postérieures et se succèdent dans l'ordre suivant sur la face antérieure du rachis : au cou, une convexité; au dos, une concavité; aux lombes, une seconde convexité; au niveau du bassin, une seconde concavité. Sur la partie postérieure de la colonne, les courbures présentent une disposition inverse. Une transition insensible de l'une à l'autre forme le caractère des trois courbures supérieures; mais il n'en est pas ainsi de la dernière. Celle-ci naît brusquement, et de la jonction de la surface concave du sacrum avec la surface convexe des lombes résulte un angle considérable, appelé *Angle sacro-vertébral*, qui joue un rôle important dans le mécanisme de la station et de l'accouchement. Indépendamment de ces courbures antéro-postérieures, on observe encore sur le rachis une légère courbure latérale au niveau des troisième, quatrième et cinquième vertèbres dorsales. Comme ce point est celui où l'aorte s'infléchit pour devenir descendante, elle a été généralement attribuée à la présence de ce vaisseau.

II. *Pathologie* — Les vertèbres sont sujettes à toutes les affections qui peuvent atteindre les os; les *fractures* et les *luxations* offrent ici une gravité particulière, en raison même des rapports du rachis avec la moelle épinière, elles sont souvent mortelles; heureusement ces accidents sont assez rares.

La luxation qui s'observe le plus fréquemment est celle de la première v. sur la seconde, mais on ne la voit guère survenir que sur de jeunes enfants, lorsqu'on veut les soulever en les saisissant par la tête. Dans ce cas, l'apophyse odontoïde se dévie et comprime ou déchire la moelle; il peut en résulter la mort subite.

La *tuberculose* des vertèbres est habituellement désignée sous le nom de *Mal de Pott*; cette grave maladie est traitée au début par l'immobilisation dans une gouttière : la formation d'une *gibbosité* indique généralement la réparation des lésions; il se produit souvent un abcès froid (*abcès par congestion*), le pus apparaît à une certaine distance du foyer malade, on le rencontre dans l'aine; il faut l'évacuer. Cet abcès aggrave le pronostic; le malade finit par devenir cachectique, et succombe habituellement après la généralisation des lésions tuberculeuses.

La colonne vertébrale est souvent le siège de déviations qui produisent fréquemment de véritables difformités : *scoliose, cyphose, lordose, obstipation*, qu'on peut souvent corriger par les moyens orthopédiques.

L'*Hydrorachis* ou *Spina-bifida* est une tumeur siégeant généralement dans la région lombo-sacrée, due à une fissure congénitale des arcs vertébraux à travers laquelle se sont engagées la moelle avec ses enveloppes (méninges) et une certaine quantité de liquide; cette tumeur est recouverte par la peau. La compression, les injections iodées, l'excision de la poche ont donné quelques résultats heureux dans le traitement de cette affection qui doit néanmoins être considérée comme grave.

III. *Colonne vertébrale chez les animaux* — L'existence d'une colonne vertébrale imprime aux animaux qui en sont pourvus un caractère si spécial et les rapproche tellement les uns des autres, quelles que soient les diversités qu'ils présentent d'ailleurs, qu'on ne saurait les séparer absolument les uns des autres. Le type des animaux *vertébrés*, c.-à-d munis d'une colonne vertébrale, nous offre en effet un plan de structure si essentiellement différent du plan ou des plans d'après lesquels sont construits la multitude des animaux inférieurs, que la division de la série zoologique en *Vertébrés* et en *Invertébrés* est assurément une des divisions les plus commodes en zoologie. Chez les *Vertébrés*, le système nerveux est double, et sa partie fondamentale est logée dans un étui osseux qui occupe la face dorsale du corps et en constitue véritablement l'axe. Presque toutes les parties du corps sont paires et disposées symétriquement des deux côtés d'un plan longitudinal qui passe par cet axe. Les diverses parties de la charpente osseuse sont toutes en relation avec cet axe, qui leur sert de point d'appui immédiat ou médiat. Les muscles principaux sont placés d'attache sur cette charpente solide, de manière que le squelette est absolument intérieur. Enfin, ajoutons que, chez les Vertébrés, les membres sont généralement au nombre de 4, mais jamais en plus grand nombre. Tous ont des organes distincts pour la vue, l'ouïe, l'odorat et le goût, logés dans la tête; tous ont le sang rouge, ainsi qu'un appareil circulatoire complet, avec un cœur offrant au moins deux réservoirs distincts; tous ont les sexes séparés. Mais, tandis que chez les animaux qui n'ont pas de colonne vertébrale, ou chez les *Invertébrés*, l'ensemble des viscères de tout genre est enveloppé par un tégument tout à fait extérieur, que l'on a appelé *Exosquelette* et *Dermatosquelette*, qui sert d'appareil protecteur aux organes intérieurs, et qui fournit les points d'attache aux parties qui constituent l'appareil locomoteur. En général, ce tégument extérieur est solide, comme on le voit dans la plupart des Coléoptères; mais parfois aussi il est mou, ainsi qu'on l'observe dans les Aranéides et beaucoup d'Annélides. Mais, tandis qu'il est impossible de ramener les Invertébrés à un même plan typique, le type des Vertébrés est tel, qu'il se reconnaît du premier coup d'œil, soit qu'on l'observe chez l'Homme, qui se trouve placé au sommet de l'échelle, soit qu'on le considère chez les Poissons de la famille des Cyclostomes, qui occupent le degré inférieur de la série. Tout le monde sait que les Vertébrés sont divisés en cinq classes, savoir : les *Mammifères*, les *Oiseaux*, les *Reptiles*, les *Batraciens* et les *Poissons*. Cette division est surtout fondée sur la considération de l'espèce ou de la force de leurs mouvements, laquelle dépend elle-même de la quantité de leur respiration. Mais comme nous exposons ailleurs les caractères différentiels de chacune de ces classes, ce serait faire double emploi que de les donner également ici. Nous dirons la même chose des Invertébrés. Voy. ZOOLOGIE.

VERTÉBRÉ, ÉE. adj. **VERTÉBRÉS** s. m. pl. Zool. Se dit des animaux qui ont des vertèbres. Voy. VERTÈBRES et ZOOLOGIE.

VERTEILLAC, ch.-l. de c. (Dordogne), arr. de Ribérac 1,000 hab.

VERTEMENT. adj. [Pr. *verte-man*]. Avec rigueur. *Il lui répondit v. La place fut v. attaquée.*

VERTEVELLE. s. f. [Pr. *vertevè-le*] (bas lat. *vertabella*, class. *vertibula*, vertèbre). T. Techn. Charnière qui sert à maintenir le gouvernail. || Anneau qui sert à maintenir certains verrous.

VERTEX. s. m. Mot lat. qui sign. *sommet*. T. Anat. Sommet de la tête. Voy. CRÂNE. — Se dit aussi du sommet de la tête des Insectes.

VERTICAL, ALE. adj. (lat. *verticalis*, m. s., de *verticis*, sommet). T. Math. Se dit de la direction suivant laquelle agit la pesanteur. *Ligne verticale*, et subst. *La verticale* Ligne droite qui a cette direction et qui est représentée matériellement par le fil à plomb. *Plan v.* Plan parallèle à la verticale. — *Détermination de la verticale.* Voy. THÉODOLITE, CATHÉTOMÈTRE, NADIR.

VERTICALEMENT. adv. [Pr. *vertika-leman*]. Perpendiculairement au plan de l'horizon.

VERTICALITÉ. s. f. État de ce qui est vertical.

VERTICILLAIRE. s. f. [Pr. *verti-sil-lère*] (R. *verticille*). T. Bot. Genre de plantes Dicotylédones (*Verticillaria*) de la famille des *Clusiacées*. Voy. ce mot.

VERTICILLE. s. m. [Pr. *verti-sile*] (lat. *verticillus*, petit sommet, touffe, de *vertex*, sommet). T. Bot. Se dit d'un ensemble d'organes disposés en cercle sur un même plan horizontal autour d'un axe commun. *La fleur se compose de plusieurs verticilles. Feuilles disposées en v.*

VERTICILLÉ, ÉE. adj. [Pr. *verti-sil-lé*]. T. Bot. Qui est disposé en verticille.

VERTIGE. s. m. (lat. *vertigo*, s. m., de *vertere*, tourner, avec un suff. qui vient d'*ago*, j'agis, je fais). T. Méd. État dans lequel il semble que tous les objets tournent et que l'on tourne soi-même. *Il a le v. Il est sujet à des vertiges. Quand on regarde du haut de cette tour en bas, on éprouve des vertiges.* || Fig., Égarement de sens ou de l'esprit, folie momentanée. *Une sorte de ô. s'empara de tous les esprits.* — *Esprit de v.*, Voy. ESPRIT.

Méd. — Le *vertige* n'est pas une maladie, mais simplement le symptôme soit d'une congestion cérébrale comme dans les prodromes de l'apoplexie, soit au contraire de l'insuffisance de l'irrigation sanguine du cerveau comme dans certains cas d'anémie, soit enfin d'une perturbation fonctionnelle de l'encéphale comme dans les phénomènes précurseurs de l'épilepsie. Tous auteurs ont distingué deux sortes de v., savoir : le V. *simple*, qui consiste dans un tournoiement apparent des objets, sans qu'il y ait obscurcissement de la vue; et le V. *ténébreux*, dans lequel le tournoiement des objets s'accompagne d'un obscurcissement de la vue. Le v. s'observe parfois à la suite des troubles auditifs comme les *bourdonnements d'oreilles*; il est parfois la conséquence de la *dyspepsie* (*v. stomacal* ou *v. a stomacho laeso*), de lésions de l'oreille interne (*Maladie de Ménière* ou *V. ab aure laeso*). En général, on ne doit pas traiter le v. comme un phénomène insignifiant; son traitement varie avec la cause.

Méd. vét. — Voy. VERTIGO.

VERTIGINEUX, EUSE. adj [Pr. *vertiji-neu, neuze*] (lat. *vertiginosus*, m. s., de *vertigo, vertiginis*, vertige). Qui est caractérisé par des vertiges, ou qui s'accompagne de vertiges. *Accidents v. Affection vertigineuse.*

VERTIGO. s. m. (mot lat. sign *vertige*). T. Art vétér. Voy. plus bas. || Fig. et fam., Caprice, fantaisie. *Quand son v. lui prend. Elle a de singuliers vertigos.* Fam.

Méd. vét. — Le V., appelé aussi *Vertige*, est une affection particulière à certains animaux, notamment aux espèces chevaline et bovine, et qui se manifeste par des phénomènes de somnolence et de coma. Cette maladie, qui paraît résulter d'un état de congestion encéphalique, est combattue par la saignée et les applications froides sur la tête et par les purgatifs.

VERTOT (l'Abbé DE), historien fr. (1655-1735).

VERTOU, ch.-l. de c. (Loire-Inférieure), arr. de Nantes, sur la Sèvre Nantaise; 5,600 hab.

VERTU, s. f. (lat. *virtus*, force; de *vir*, homme). La force, l'énergie de caractère nécessaire pour faire quelque chose que l'on ne peut accomplir sans effort. *C'est un homme qui n'a ni force ni v.* — Fam., *Vous avez bien de la v.*, se dit à quelqu'un qui fait une chose qu'on n'aurait pas le courage de faire soi-même. — Prov., *Faire de nécessité v.*, Voy. NÉ-CESSITÉ. *Face d'homme porte v.*, Voy. FACE. ‖ Sign. plus ordinairement. La disposition ferme et constante de l'âme qui porte à faire le bien et le fuir le mal. *V. sublime, rare, émi-nente. Une v. stoïque. C'est un homme de grande v., de haute v. Instruire, former à la v. Exemple de v. Des semences, des actes de v. Suivant Montesquieu, la v. est le véritable fondement du gouvernement républicain. Le bonheur que donne la v. Exercer sa v. On a mis sa v. à l'épreuve.* ‖ Se dit aussi de la loi morale même qui est l'objet de la vertu. *L'amour de la v. Embrasser, pratiquer la v. Renoncer à la v. La sainteté de la v. Le règne de la v.* ‖ Se dit encore des dispositions particulières propres à telle ou telle espèce de devoirs ou de bonnes actions. *V. morale. Les vertus guerrières, civiles, privées, domestiques, etc. Des vertus héroïques. La patience est la v. des forts. C'est un homme qui a de grandes vertus. C'est sa seule v. La mo-destie n'est pas sa v. Les vertus des païens. Les vertus chrétiennes.* ‖ En parlant des femmes, se dit souvent pour Chasteté, pudicité. *Au milieu d'un monde corrupteur, cette femme a su conserver sa v. Elle parle trop de sa v.* ‖ Se dit quelquefois Des personnes vertueuses. *Persécuter la v. Honorer, récompenser la v. Rechercher la v.* ‖ En parlant des choses, sign. Qualité qui les rend propres à produire un certain effet. *V. occulte, secrète. V. spécifique. Les vertus des plantes, des minéraux. La v. magnétique. Ce remède n'a point de v.* ‖ T. Théol. Classe d'anges. Voy. ANGE. = EN VERTU. loc. prép. En conséquence, à cause du droit, du pou-voir. *Il a saisi en v. d'un jugement. En v. de quoi pré-tendez-vous cela? En v. de telle loi.* == SYN. Voy. SAGESSE, FACULTÉ.

Théol. — Les théologiens chrétiens distinguent deux sortes de vertus, les *Vertus naturelles* et les *Vertus chrétiennes* ou surnaturelles. Les premières sont celles qui ont pour objet la pratique du bien, mais qui étant dirigées par des motifs purement naturels, sont stériles pour le salut. Mais ces mêmes vertus deviennent surnaturelles ou chrétiennes, quand celui qui les pratique le fait par un motif tiré de la foi, ce qui ne peut avoir lieu qu'avec le secours de la grâce. Les anciens philosophes rapportaient toutes les vertus naturelles à quatre vertus principales que, pour se motif, ils désignaient sous le nom de *Vertus cardinales*: ces vertus étaient la Prudence, la Justice, la Force et la Tempérance ou la Modé-ration. C'est à ces quatre chefs qu'ils réduisaient tous les de-voirs de l'homme. Mais, ainsi que le fait observer Bergier, « les devoirs du chrétien sont beaucoup plus étendus. L'Évan-gile nous a enseigné des vertus dont les anciens moralistes n'avaient aucune idée, qu'ils regardaient même comme des défauts: l'humilité, le renoncement à soi-même, l'amour des ennemis, le désir des souffrances, etc. Ils ne connaissaient pas les vertus surnaturelles que la révélation nous propose: le désir de plaire à Dieu, de mériter une récompense éter-nelle, etc. Enfin, ils ne sentaient pas la nécessité d'un se-cours surnaturel pour nous aider à pratiquer le bien. » L'Église a condamné, d'une part, les théologiens qui ont pré-tendu que toutes les vertus naturelles sont des vices; mais, d'autre part, elle enseigne que les vertus chrétiennes sont les seules qui font avancer l'homme dans la voie du salut. Les vertus chrétiennes, d'ailleurs, se distinguent en *Vertus mo-rales* et en *Vertus théologales*. Les vertus morales tendent à régler les actions des hommes; les théologales sont celles qui ont un rapport plus direct à la béatitude surnaturelle. On les nomme ainsi, soit parce qu'elles ont Dieu pour objet immédiat, soit parce qu'elles nous viennent de Dieu seul, soit parce qu'elles sont fondées sur la révélation divine. Les vertus théologales sont au nombre de trois, savoir, la Foi, l'Espé-rance et la Charité. La Foi est la v. par laquelle nous croyons fermement tout ce que Dieu a révélé à son Église, parce qu'il est la vérité même. L'Espérance est la v. par laquelle nous attendons avec confiance la béatitude éternelle et les moyens d'y arriver, parce que Dieu nous les a promis. Enfin, la Charité est la v. par laquelle nous aimons Dieu pour lui-même par-dessus toutes choses, et le prochain comme nous-mêmes par amour pour Dieu. Ces trois vertus sont abso-lument nécessaires au salut; néanmoins, suivant l'Apôtre, la charité est la plus excellente des trois: *Major autem horum est charitas.* Voy. FOI, et GRÂCE.

VERTUBLEU, VERTUCHOU. interj. (R. *vertu Dieu*). Juron comique.

VERTUEUSEMENT. adv. [Pr. *vertueu-zeman*]. D'une manière vertueuse. *Elle a toujours vécu v. Il s'est conduit v. dans cette occasion.*

VERTUEUX, EUSE. adj. [Pr. *vertu-eu, euze*]. Qui a de la vertu. *Un homme v. Une âme vertueuse. Un cœur v.* — En parlant des femmes, se dit le plus souvent pour Chaste, pudique. *C'est une femme vertueuse.* ‖ Qui est inspiré par vertu. *Une résolution, une action vertueuse.*

VERTUGADIN s. m. (espag. *vertugado*, de *virtud*, vertu, et *guardare*, garder). Espèce de bourrelet que les dames portaient jadis au-dessous de leurs corps de robe. Les crinolines valent bien les vertugadins. ‖ T. Jardin. Étage circulaire de verdure.

VERTUMNE, s. m. (lat. *vertumnus*, de *vertere*, tourner). T. Mythologie. Le dieu des vergers, chez les Romains. *V.* pré-sidait aussi aux saisons, et particulièrement à l'au-tomne. *V.* était l'époux de Pomone, et, au mois d'octobre, les Romains célébraient en leur honneur des fêtes appe-lées Vertumnales.

VERTUS, ch.-l. de c. (Marne), arr. de Châlons-sur-Marne; 2,800 hab.

VÉRUS (LUCIUS), empereur romain avait été adopté par Antonin avec Marc-Aurèle, et fut associé à l'empire par Marc-Aurèle (130-169).

VERVE. s. f. (lat. *verva*, tête de bélier sculpté, de *vervex*, bélier, qui a été pris dans le sens de caprice). Caprice, bizar-rerie, fantaisie. *Quand sa v. le prend, lui prend.* Vx et Fam. ‖ Chaleur d'imagination qui anime le poète, l'orateur, l'artiste, dans la composition de leurs ouvrages. *V. poétique. Quand il est dans sa v. Être en v., entrer en v. Parler, écrire de v. Sa v. est refroidie. Sa v. s'éteint.*

VERVEINE. s. f. [Pr. *ver-vène*] (lat. *verbena*, m. s.). T. Bot. Genre de plantes Dicotylédones (*Verbena*) de la famille des *Verbénacées.* v. ce mot. ‖ T. Vétér. Maladie des mou-tons appelée aussi bouquet.

VERVELLE. s. f. [Pr. *vervé-le*] (lat. *verticula*, vertèbre). Anneau qu'on met au pied d'un oiseau de fauconnerie, et sur lequel on grave le nom et les armes de celui à qui l'oiseau appartient.

VERVEUX. s. m. [Pr. *ver-veu*] (bas lat. *vertivolum*, de *vertere*, tourner; lat. *verriculum*, drague, de *verrere*, ba-layer). T. Pêche. Sorte de filet en entonnoir avec lequel on prend du poisson.

VERVIERS, v. de Belgique (prov. de Liège); 30,400 hab. Fabriques de drap. == Nom des hab.: VERVIÉTOIS, OISE.

VERVINS, ch.-l. d'arr. du dép. de l'Aisne, à 38 kil. N.-E. de Laon. Tissus. Tricots. — Traité entre la France et l'Es-pagne (1598), qui mit fin aux guerres de religion. = Nom des hab.: VERVINOIS, OISE.

VERZY, ch.-l. de c. (Marne), arr. de Reims; 1,400 hab.

VÉSALE (ANDRÉ), anatomiste belge (1514-1564).

VÉSANIE. s. f. [Pr. *véza-ni*] (lat. *vesania*, m. s., de *vesanus*, fou, formé de *ve*, priv., et *sanus*, sain). T. Méd. Nom générique des différentes espèces de maladies mentales. Voy. ALIÉNATION, HYPOCHONDRIE, HYSTÉRIE, etc.

VÉSANIQUE. adj. 2 g. [Pr. *vé-zanike*]. T. Méd. Qui a rapport à la vésanie.

VESCE. s. f. [Pr. *rè-se*] (lat. *vicia*, gr. βίκος, βίκιον, m. s.). T. Bot. Genre de plantes Dicotylédones (*Vicia*) de la famille

des *Légumineuses*, tribu des *Papilionacées*. Voy. LÉGUMI-
NEUSES.

VESCERON. s. m. [Pr. *vè-seron*] (R. *Vesce*). T. Bot. Nom
vulg. de la *Gesse*. Voy. ce mot.

VESCOVATO, ch.-l. de c. (Corse), arr. de Bastia ; 1,600 hab.

VÉSÉRIS, cité de l'anc. Campanie, près du Vésuve. Victoire des Romains sur les Latins en 340 av. J.-C.

VÉSÉRONCE. Voy. VÉZÉRONCE.

VÉSICAL, ALE. adj. [Pr. *vézi-kal*] (lat. *vesicalis*, m. s.,
de *vesica*, vessie). T. Anat. Qui a rapport à la vessie. *Les
veines vésicales*. *Catarrhe v.*

VÉSICANT, ANTE. adj. [Pr. *vézi-kan*] (lat. *vesicans*,
part. prés. de *vesicare*, produire des vessies, de *vesica*, vessie).
T. Méd. Qui produit la vésication. = VÉSICANTS. s. m. plur.
T. Entom. Groupe d'insectes *Coléoptères*. Voy CANTHARIDE.

VÉSICATION. s. f. [Pr. *vé-zi-kasion*] (lat. *vesicare*, produire des vessies, de *vesica*, vessie). La *Vésication* est un
mode de dérivation ou de révulsion qui consiste à provoquer
une irritation de la surface de la peau pour y déterminer une
sécrétion séreuse par laquelle l'épiderme est soulevé de manière à former une ampoule remplie de liquide. Tous les
agents qui irritent la peau peuvent déterminer la v. lorsque
leur action est suffisamment prolongée ; mais en général on a
recours, pour obtenir la v., à des applications topiques particulières. — La plupart des plantes âcres sont vésicantes,
comme la Renoncule âcre, la Renoncule scélérate, la Clématite, le Tithymale, l'Épurge, l'écorce de Garou, qui provient
du Daphne gnidium et du Daphne mezereum, etc. ; mais les
vésicants dont on se sert le plus fréquemment sont certains
insectes de l'ordre des Coléoptères, que l'on a préalablement
fait dessécher et que l'on a réduits en poudre. Le seul de
ces insectes usité chez nous est la Cantharide. Voy. CAN-
THARIDE, CANTHARIDINE. On désigne sous le nom de l'*vésicatoire* le topique à l'aide duquel on détermine la v. Autrefois
on disait encore adjectivement *emplâtre vésicatoire*, mais
aujourd'hui on dit *emplâtre vésicant*.

Diverses préparations, ayant pour base la Cantharide, sont
employées pour faire un vésicatoire. Parfois on applique
de la *cantharidine* (c'est ainsi qu'on nomme le principe
actif de la cantharide) sur la peau au moyen d'un linge
huilé ; ce procédé produit d'une manière très rapide et très
sûre la v. D'autres fois, on emploie un *papier vésicant*
qu'on trouve tout préparé dans les pharmacies, et dont il suffit
de tailler un morceau de la grandeur que l'on veut donner
au vésicatoire. Mais le moyen le plus usité est le suivant : on
taille un morceau de peau fine, de diachylon, ou même de
linge, un peu plus grand que le vésicatoire que l'on veut établir, puis on y étale l'emplâtre *épispastique*, ou tout autre
emplâtre destiné à servir d'excipient, en ayant soin de laisser
tout autour un espace de 4 à 5 millimètres. On saupoudre cet
emplâtre de Cantharides finement pulvérisées et l'on exerce
une légère pression sur tous les points de la surface, afin
que la couche de poudre fasse corps avec l'emplâtre. On borde
celui-ci avec du diachylon gommé, afin de le faire adhérer à
la peau. Enfin, celle-ci étant convenablement nettoyée, rasée,
frottée avec du vinaigre, on y applique l'emplâtre que l'on
fixe, soit avec une compresse et des bandelettes de diachylon,
soit au moyen d'un bandage contentif approprié. Dans les cas
ordinaires, 6 à 8 heures d'application suffisent pour que l'action du vésicatoire soit complète ; mais habituellement on le
laisse appliqué pendant 12 à 16 heures. Au bout de ce temps
on l'enlève, en ayant soin de ne pas déchirer, s'il est possible,
l'épiderme soulevé.

On distingue deux sortes de vésicatoires, les *vésicatoires
volants* et les *vésicatoires permanents*. Les premiers sont
appliqués dans le but, soit d'irriter la peau, soit de déterminer une évacuation de sérosité, sans laisser s'établir de
suppuration. Dans ce cas, on ouvre simplement l'ampoule
vers sa partie inférieure pour donner issue à la sérosité sans
enlever l'épiderme, et l'on panse avec du linge ou du papier brouillard enduit de cérat ou de vaseline boriquée. Les
vésicatoires volants ne laissent point après eux de cicatrices. Les vésicatoires permanents ont pour but de déterminer une irritation continue, et, par conséquent, ils doivent suppurer un temps plus ou moins long. Dans ce cas,
on enlève toute la portion soulevée de l'épiderme, soit en la

coupant avec des ciseaux tout autour de la bulle, soit en
l'arrachant. On panse le premier jour avec du beurre frais.
Les pansements consécutifs se font, tantôt avec une pommade
aux cantharides, au garou, à la sabine, etc., tantôt avec des
taffetas irritants préparés à l'avance. Lorsque le vésicatoire
permanent a suppuré pendant assez longtemps, le réseau muqueux de la peau se trouve profondément altéré ; en conséquence, il laisse après lui à la cicatrisation des traces ineffaçables.

Dans les cas, assez rares d'ailleurs, où l'on désire produire
la v. avec une très grande rapidité, on a recours à l'*ammoniaque liquide* ou à l'*eau bouillante*. Pour se servir de la
première, il suffit d'imbiber de ce liquide concentré une compresse pliée en plusieurs doubles et d'appliquer le linge sur
la peau ; l'effet est presque instantané Le procédé de l'eau
bouillante offre cet inconvénient, qu'il est très difficile d'en
mesurer les effets. Pour éviter cet inconvénient, le moyen le
plus commode et le plus sûr consiste à tremper un marteau
dans l'eau bouillante, à l'appliquer immédiatement sur la
peau, et à le laisser 10 secondes en contact avec elle.

VÉSICATOIRE. s. m. [Pr. *vé-zika-touare*] (lat. *vesicare*,
produire des vessies, de *vesica*, vessie). T. Pharm. Topique
destiné à produire la vésication. — Voy. VÉSICATION. — *Pluie produite par ce*
topique. — S'employait autrefois adj. *Emplâtre, onguent v.*
— Voy. VÉSICATION.

VÉSICULAIRE. adj. 2 g. [Pr. *vézi-kulère*] Qui a la forme
d'une vésicule. *Glandes vésiculaires.*

VÉSICULARIENS. s. m. pl. [Pr. *vé-zi-kula-riin*]. T.
Zool. Groupe de *Bryozoaires*. Voy. ce mot.

VÉSICULE. s. f. [Pr. *vé-zi-kule*] (lat. *vesicula*, dimin. de
vesica, vessie). T. Anat. Petite vessie. *La v. du fiel. Les vési-
cules séminales.* || T. Pathol. Petite élevure de l'épiderme
contenant une sérosité. || T. Icht. *V. aérienne* ou *Vessie
natatoire*. Voy. POISSON.

Anat. — *Vésicules séminales.* Petites poches, au
nombre de deux, placées entre la vessie et le rectum et en
dehors des canaux déférents et où s'accumule le sperme. Chez
l'homme elles sécrètent un liquide qui se mélange au sperme.
Vésicule biliaire. — Voy. FIEL.

Pathol. — On nomme ainsi une petite élevure de la peau,
de la grosseur d'un grain de millet à celle d'un pois, contenant un liquide généralement clair, mais pouvant devenir
opaque et purulent.

Les vésicules caractérisent certaines maladies : herpès,
suette miliaire, eczéma, etc.

VÉSICULEUX, EUSE. adj. [Pr. *vézi-kuleu, euse*] (lat. *ve-
siculosus*, m. s., de *vesica*, vessie). Qui est renflé à la
manière d'une vésicule, *Astragale v.*|| Qui s'accompagne du
développement de vésicules. *Affections vésiculeuses.*

VÉSICULIFORME. adj. 2 g. [Pr. *vézi-kuliforme*] (lat.
vesicula, petite vessie ; *forma*, forme). Qui est en forme de
vésicule.

VÉSINET (LE). vge près de Saint-Germain-en-Laye
14,300 hab. Asile de vieillards.

VESLE, riv de France, traverse la Champagne Pouilleuse,
passe à Reims, où se jette dans l'Aisne (rive g.) ; 140 kil.

VESOU. s. m. [Pr. *ve-zou*] (mot *créole*). Jus de la canne
à sucre sortant du pressoir. Voy. SUCRE.

VESOUL, ch.-l. du dép. de la Haute-Saône, sur le Drugeon.
à 318 kil. S.-E. de Paris ; 9,800 hab. = Nom des hab. :
VÉSULIEN, ENNE.

VESPASIEN (T. FLAVIUS), chef de la famille des Flaviens,
fut proclamé empereur par les armées d'Orient (69 ap. J.-C)
pendant que ses lieutenants renversaient Vitellius Sous son
règne (69-79), son fils Titus prit Jérusalem, Cérialis soumit
les Gaulois et les Bataves, Agricola conquit la Bretagne.

VESPASIENNE. s. f. [Pr. *vespazi-ène*] (R. *Vespasien*,
n. d'un empereur romain). Urinoir public. On l'appelle ainsi
parce que Vespasien mit un impôt sur les urinoirs.

VESPÉRAL. s. m. (lat. *vesperalis*, m. s., de *vesper*,
soir). T. Liturgie. Livre de l'office du soir.

VESPÉRIE. s. f. (lat. *vesper*, soir). Le dernier acte de théologie ou de médecine, que soutenait autrefois un licencié avant de prendre le bonnet de docteur, et où celui qui présidait donnait quelques avis, quelques instructions en répondant. *Soutenir une v.* || Fig. et fam., Réprimande. *Son père lui a fait une rude v.* Vx.

VESPÉRISER. v. a. [Pr. *vespéri-zer*] (lat. *vesper*, soir). Réprimander quelqu'un. *S'il y retourne, il sera vespérisé.* Vx. = VESPÉRISÉ, ÉE. part.

VESPERTILIENS. s. m. plur. [Pr. *vespertili-in*]. VESPERTILIONIDÉS. s. m. plur. (lat. *vespertilio*, chauve-souris, de *vesper*, soir). T. Mamm. Tribu et famille de *Chéiroptères.* Voy. ce mot.

VESPÉTRO. s. m. (R. *vesse*, *pet*, *rot*). Sorte de ratafia dans lequel on fait entrer des semences d'anis vert, de fenouil, de coriandre, de céleri, des zestes d'orange et de citron, et qu'on emploie comme stomachique et carminatif.

VESPIENS. s. m. pl. [Pr. *vespi-in*] (lat. *vespa*, guêpe). T. Entom. Syn. de *Guêpiaires.* Voy. PORTE-AIGUILLON.

VESPUCE. Voy. AMÉRIC VESPUCE.

VESSE. s. f. [Pr. *vé-se*] (R. *vesser*). Vent d'une odeur désagréable qui sort sans bruit par le derrière. *Faire une v. Lâcher une v.* || T. Bot. *V.-de-loup,* ou *Vesseloup.* Nom vulg. sous lequel on désigne indistinctement les champignons du genre *Lycoperdon.* = Pl. *Des vesses-de-loup* ou des *Vesses-de-loups.*

VESSELOUP. s. m. [Pr. *vé-selou*]. T. Bot. Vesse-de-loup. Voy. VESSE.

VESSER. v. n. [Pr. *vé-ser*] (lat. *visire*, m. s.). Lâcher une vesse. *Il vesse comme un daim.*

VESSEUR, EUSE. s. [Pr. *vé-seur, euze*]. Celui, celle qui a l'habitude de vesser. || Fig. Poltron, poltronne.

VESSIE. s. f. [Pr. *vé-sie*] (lat. *vesica*, m. s.). Réservoir musculo-membraneux destiné à recevoir l'urine et à la contenir. || Cette partie tirée du corps de l'animal et desséchée. *V. de cochon. Enfler une v. Nager avec des vessies remplies d'air.* — Fig. et prov., *Il veut faire croire que des vessies sont des lanternes.* Voy. LANTERNE. — *Donner d'une v. par le nez à quelqu'un,* lui donner sur le nez pour châtier son impudence. || Vulg., Une petite ampoule sur la peau, *La poudre de cantharides fait élever des vessies.* || T. Icht. *V. natatoire.* Voy. POISSON, VI.

Anat. — La *vessie* ou réservoir de l'urine occupe la partie antérieure et médiane de l'excavation pelvienne. Elle est située derrière le pubis, et au-devant du rectum, chez l'homme; au-devant de l'utérus et du vagin, chez la femme. Dans l'état de vacuité, elle est conoïde, pleine, ou piriforme; elle s'agrandit considérablement à mesure qu'elle se dilate par l'urine qui lui est incessamment apportée des reins par les uretères, et alors elle refoule les viscères voisins, et particulièrement l'intestin; si son ampliation continue, elle s'applique contre la paroi abdominale, formant ainsi au niveau de l'hypogastre une tumeur arrondie. À ce degré de dilatation moyenne, elle peut contenir 500 grammes de liquide. Les parois de la v. sont constituées par une *tunique séreuse* dépendant du péritoine, une *tunique musculaire* et une tunique muqueuse recouverte de cellules épithéliales. On distingue dans la v. un *sommet* ou *fond,* qui est supérieur, et une *base* ou *bas-fond,* qui est postérieur et inférieur. Celui-ci présente une surface plate, unie, triangulaire, qu'on appelle *Trigone vésical.* C'est aux deux angles de ce triangle que se trouvent les orifices des uretères, et c'est à l'angle inférieur qu'est situé l'orifice qui la fait communiquer avec le canal de l'urèthre. Cette région, appelée *Col de la v.,* est entourée de fibres musculaires circulaires, qui ont reçu le nom de *Sphincter de la v.* Le col de la v. correspond à la prostate. La v. est maintenue dans sa position : 1° par des faisceaux fibreux (*ligaments antérieurs*), qui s'étendent entre le col et le pubis; 2° par deux replis péritonéaux (*ligaments postérieurs*), qui unissent la v. à l'utérus ou au rectum, suivant le sexe; 3° par un cordon fibreux (*ligament suspenseur*), qui part du sommet de la v. et va s'insérer à l'ombilic et qui n'est autre chose que le vestige de l'*Ouraque,* canal membraneux faisant fonc-

tion de conduit urinaire pendant la vie fœtale et s'oblitérant ensuite. Bien que la sécrétion de l'urine par le rein se fasse sans interruption, et que ce liquide arrive dans la v. au fur et à mesure de sa production, son émission au dehors n'a lieu que lorsque la v. distendue est sollicitée à se contracter. Par cette contraction, qui est en outre accompagnée de la contraction volontaire des parois de l'abdomen, le sphincter s'ouvre et l'urine s'échappe par l'urèthre. En général, le *besoin d'uriner* (Voy. URINE) survient avant qu'il y ait dans la v. tout le liquide qu'elle peut contenir. Lorsque, par des causes quelconques, nous résistons longtemps à ce besoin et lorsque cette résistance devient une habitude, ce viscère finit par augmenter dans ses dimensions. C'est pour cette raison, sans doute, que la v. de la femme est souvent plus grande que celle de l'homme.

Pathol. — L'*exstrophie* de la v. est un vice de conformation, caractérisé par l'absence de paroi antérieure. Cette infirmité oblige le malade à porter constamment un urinal; l'intervention chirurgicale a donné d'assez bons résultats, mais l'urinal est toujours nécessaire pour recueillir les urines, car il y a absence de sphincter.

Les *plaies* peuvent être causées par des instruments piquants et contondants; elles sont caractérisées par l'écoulement de l'urine à l'extérieur: l'urine est mélangée de sang. Dans les cas simples, la cicatrisation s'obtient facilement, mais si le traumatisme a été violent et si les divers organes du petit bassin sont lésés, le malade présente les symptômes particuliers aux contusions de l'abdomen: syncope, angoisse; la péritonite est à craindre; la laparotomie est alors nécessaire.

La *rupture* est une déchirure du réservoir vésical sous l'influence d'un traumatisme; les symptômes rappellent ceux qui sont causés par les plaies, avec cette différence toutefois, que la paroi abdominale n'est pas intéressée. Le pronostic est grave; la péritonite est à redouter. On procède à la suture de la plaie vésicale après laparotomie.

Les *corps étrangers* de la v. sont variables comme nature; l'exploration de la v., la cystoscopie rendent des services pour le diagnostic. Ces corps étrangers provoquent l'inflammation de la v.; ils doivent être extraits.

Les *calculs,* dont l'origine et la nature sont indiqués au mot GRAVELLE, provoquent des envies fréquentes d'uriner qui diminuent par le repos et le séjour au lit; la présence du calcul dans la région du col provoque, vers la fin de la miction, une douleur siégeant habituellement à l'extrémité de la verge près du gland. L'urine renferme souvent du muco-pus et du *sang;* cette hématurie survient souvent après une marche prolongée; pendant la miction, le jet d'urine est parfois interrompu par suite de la présence du calcul au niveau de l'orifice de l'urèthre. Le diagnostic est fait avec certitude au moyen de l'explorateur vésical qui, au contact de la *pierre,* produit un frottement perçu par l'oreille de l'opérateur.

Les calculs doivent être évacués; leur présence dans la v. pouvant provoquer de graves lésions de cet organe; deux opérations ont été pratiquées dans ce but: la *lithotritie* et la *taille.* Voy. ces mots.

L'*inflammation* de la v. a été décrite au mot *Cystite;* disons simplement que la cystite aiguë est souvent consécutive à la blennorrhagie.

Les *tumeurs* de la v. sont bénignes comme les papillomes, les adénomes, les fibromes, ou malignes (cancers) comme l'épithélioma ou le carcinome. Le cancer s'accompagne d'*hématurie* qui survient à la fin de la miction et de douleurs de la région hypogastrique; le malade maigrit, a une teinte jaune paille, devient cachectique et finit par succomber dans le marasme, épuisé par l'hémorrhagie et la douleur.

On nomme *cystocèle* la hernie de la v.; elle survient surtout chez les vieillards, avec l'atonie des tissus: chez les femmes, elle fait souvent saillie dans le vagin et nécessite parfois l'application d'un pessaire. La cystocèle provoque des besoins fréquents d'uriner.

VESSIGON. s. m. [Pr. *vé-si-gon, g* dur] (R. *vessie*). T. Hippiatr. Tumeur molle qui survient parfois sur l'une des parties latérales du jarret du cheval.

VESTA. s. f. T. Mythol. Voy. VESTALE. || T. Astron. L'une des petites planètes entre Mars et Jupiter. Voy. PLANÈTE.

VESTALE. s. f. (lat. *vestalis,* m. s.). Prêtresse de Vesta. Voy. ci-après. || Fig. Femme très chaste.

Mythol. — *Vesta,* appelée *Hestia* en Grèce, était, chez les Grecs et chez les Romains, la déesse du feu. Parmi les mythologues, les uns la disaient fille de Saturne et de Rhéa ou Cybèle ; les autres en faisaient l'épouse d'Uranus et la mère des dieux. V. est l'une des plus anciennes divinités du paganisme ; on l'honorait à Troie longtemps avant la ruine de cette ville, et son culte était en grand honneur dans l'Italie centrale bien avant la fondation de Rome, puisque Rhéa Sylvia, mère de Romulus et de Rémus, était prêtresse de cette déesse à Albe la Longue. On l'honorait comme la déesse du foyer domestique, car c'est elle, suivant la mythologie, qui apprit aux hommes l'usage du feu, et qui leur enseigna l'art de se construire des demeures fixes. A l'entrée de chaque maison, il y avait un autel sur lequel on entretenait constamment du feu en son honneur. De plus, dans certaines villes, cette déesse avait un temple où l'on entretenait de même un feu perpétuel. On la représentait sous les traits d'une noble matrone tenant, tantôt un sceptre, tantôt un *simpulum*, c.-à-d. une espèce de cuiller à long manche qui, dans les sacrifices, servait à puiser le vin dans le cratère, tantôt ces deux symboles à la fois, comme le montre la Fig. 1, d'après une médaille antique. — Nulle part le culte de V. n'était célébré aussi religieusement qu'à Rome. Suivant la tradition, ce fut Numa qui l'introduisit

Fig. 1.　　　　Fig. 2.

dans la ville de Romulus, où il érigea un temple à cette déesse entre le Capitole et le mont Palatin. Comme V. était une déesse vierge, les prêtresses qui étaient consacrées au service de son culte, et qu'on nommait *Vestales*, devaient aussi être vierges. Numa, en organisant le culte de V., choisit quatre vestales ; il en prit deux dans la tribu des Rhamnes et deux dans celle des Tatiens. Plus tard, Tarquin l'Ancien, suivant Plutarque, Servius, suivant Denys d'Halicarnasse, en nomma deux nouvelles, prises dans la tribu des Lucères, et ce nombre de six resta par la suite invariable. A l'origine, le droit de choisir (*capere*) les vestales appartenait aux rois ; mais, après l'expulsion de ceux-ci, il fut dévolu au grand pontife (*pontifex maximus*). Comme il fallait que les vestales fussent vierges, on les prenait dans un âge non suspect, depuis 6 ans jusqu'à 10. On exigeait que les jeunes filles vouées à ce culte fussent exemples de tout défaut corporel, qu'elles fussent nées de parents non seulement libres, mais encore n'ayant jamais été en esclavage, que leur père et leur mère fussent encore vivants, etc. Comme les aspirantes aux fonctions de vestales manquaient quelquefois, le grand pontife, en vertu de la loi Papia, faisait choix de 20 jeunes filles ayant l'âge requis, puis un tirage au sort fait publiquement désignait celle des vingt qui serait consacrée à V. La difficulté de recruter le corps des vestales était, comme on le voit, assez grande. Aussi Auguste en vint à permettre l'admission des filles d'affranchis. Le service des vestales durait 30 années. Pendant les 10 premières, la jeune vestale apprenait les devoirs et les cérémonies de son ministère ; dans les 10 suivantes, elle les exerçait, et, durant les 10 dernières, elle instruisait les novices (*discipulas*). Aussi longtemps qu'elle était au service de la déesse, elle était obligée par son vœu de chasteté. Lorsque son temps était expiré, elle pouvait quitter les emblèmes de son office, se faire déconsacrer (*exaugurare*), retourner au monde et même se marier. Mais peu d'entre elles usaient de cette faculté. La plus ancienne vestale avait le titre de *vestalis* ou *virgo maxima*. La principale fonction de ces prêtresses consistait à surveiller tour à tour, le jour et la nuit, le feu éternel qui brûlait sur l'autel de V., car l'extinction de ce feu était considérée comme

un présage des plus funestes. Lorsque cet accident avait lieu par la négligence de la vestale, elle était cruellement fouettée par le grand pontife, qui seul avait le droit de châtier ces prêtresses. Quant au feu, on le rallumait en frottant ensemble deux morceaux de bois pris à un arbre d'heureux présage (*arbor felix*). Les autres fonctions des vestales consistaient à présenter les offrandes à la déesse aux époques voulues, à purifier et à asperger d'eau le sanctuaire chaque matin, et à exécuter tous les rites prescrits pour le culte de V. Elles assistaient en outre à toutes les grandes cérémonies religieuses de la cité, comme les fêtes de la Bonne Déesse, la consécration des temples, etc. Enfin, elles étaient chargées de garder les reliques sacrées qui étaient considérées comme le gage de la durée de l'empire (*fatale pignus imperii*), et qui étaient déposées dans le sanctuaire du temple, où ne pouvaient entrer que les vestales et le grand pontife. Les auteurs anciens ignoraient quel était l'objet mystérieux auquel les Romains attachaient une si grande importance. Les uns supposaient que c'était le Palladium, les autres que c'étaient les images des dieux de Samothrace, apportées d'abord à Troie par Dardanus, et plus tard en Italie par Énée. La vestale qui avait le malheur de violer son vœu de chasteté était punie de mort. Numa avait condamné la coupable à être lapidée ; mais Tarquin l'Ancien imagina un supplice plus cruel encore. Après l'avoir fouettée de verges, on l'habillait comme un cadavre, on la plaçait dans une litière fermée, et on la conduisait en observant toutes les cérémonies usitées aux funérailles, jusqu'à un endroit nommé *campus sceleratus*, qui était situé en dedans des murs de la cité, tout près de la porte Colline. Là on avait préalablement creusé un petit caveau voûté renfermant un lit, une lampe allumée, et une table avec quelques aliments. Lorsque la procession funéraire était arrivée au lieu fatal, le grand pontife tirait la vestale de sa litière, et la livrait au bourreau qui la faisait descendre dans le caveau au moyen d'une échelle qu'on retirait aussitôt. Enfin, on fermait l'entrée du caveau, on la recouvrait de terre, et l'on abandonnait ainsi la coupable à toutes les horreurs du supplice de la faim. Quant à son complice, il était battu de verges jusqu'à ce qu'il expirât sous les coups. — Si la punition qui atteignait les vestales convaincues d'avoir manqué à leurs devoirs était sévère, en revanche ces prêtresses jouissaient de prérogatives extraordinaires. Elles étaient entretenues aux frais du trésor public ; elles étaient affranchies de l'autorité paternelle, qui était si pesante à Rome ; elles avaient le droit de tester, quoique mineures ; leur témoignage était reçu en justice, sans qu'elles fussent astreintes à prêter serment. Vers la fin de la république, elles avaient le droit d'avoir un licteur qui les précédait dans les rues ; les consuls et les préteurs leur cédaient le pas et faisaient abaisser leurs faisceaux devant elles ; les tribuns du peuple eux-mêmes respectaient leur caractère sacré, et l'on punissait de mort celui qui avait l'audace de passer sous leur litière. Auguste leur accorda le privilège appelé *jus trium liberorum*, c.-à-d. la pension attribuée aux matrones qui avaient trois enfants, et leur assigna une place distinguée dans les théâtres ; déjà, avant cette époque, elles avaient des places réservées aux amphithéâtres où avaient lieu les combats de gladiateurs. Lorsqu'une vestale rencontrait un condamné qu'on

Fig. 3.

menait au supplice, elle avait le droit de demander qu'il fût relâché, à la condition toutefois de prouver que la rencontre était fortuite. L'inviolabilité du temple de V. et de la personne de ses prêtresses faisait qu'on déposait entre les mains de celles-ci les testaments qu'on voulait mettre en sûreté, et parfois même certains traités solennels, comme, par ex., celui qui fut conclu entre les triumvirs et Sextus Pompée. Enfin, pour que les vestales fussent encore honorées après leur mort comme pendant leur vie, leurs cendres étaient inhumées dans l'enceinte de Rome même. — Le costume des vestales consistait en une *stola*, par-dessus laquelle elles mettaient une espèce de veste de lin (*carbasus*). Jamais elles ne sont représentées avec des cheveux flottants ; on coupait en effet leur chevelure à l'époque de leur consécration. La Fig. 2

est empruntée à une pierre gravée qui représente la vestale Tuccia portant, pour prouver sa chasteté soupçonnée, de l'eau dans un crible, depuis le Tibre jusqu'au temple de la déesse. La Fig. 3 est un denier de la *gens Clodia*, dont le revers représente une vestale ayant le *simpulum* à la main, avec la légende VESTALIS, et dont la face offre une tête de Flore avec les mots C. CLODIUS C. F. Cette médaille paraît avoir été frappée pour rappeler la splendeur des fêtes de Flore qui furent célébrées durant l'édilité de C. Clodius Pulcher, l'an 99 avant notre ère. — L'ordre des vestales subsista à Rome plus de 1,100 ans; car il ne fut aboli qu'à la fin du IVe siècle par l'édit de l'empereur Théodose, qui interdit le culte païen. Dans ce long intervalle de temps, il n'y eut, suivant Pitiscus, que 18 vestales condamnées pour avoir violé leurs vœux.

VESTE. s. f. (lat. *vestis*, vêtement). Vêtement qui se portait sous l'habit et qui était à quatre pans, dont les deux de devant avaient des poches. *V. de satin. V. brodée. Le gilet a remplacé la v.* || Habillement long que les Orientaux portent sous leur robe. *V. à la turque. V. de drap d'or.* || Sorte de vêtement qui tient lieu de l'habit, et dont les basques sont beaucoup plus courtes. *Une v. de drap. Une v. de toile. Une v. d'ouvrier. Une v. de chasse. Il était en v.*

VESTIAIRE. s. m. [Pr. *vesti-ère*] (lat. *vestiarium*, m. s., de *vestis*, vêtement). Le lieu où l'on serre les habits dans les communautés, les collèges, les lieux d'assemblée, etc. *Le v. d'un couvent. Le v. des avocats. Le v. du Sénat.* || Se dit aussi de la dépense que l'on fait pour les habits des religieux et des religieuses, ou de l'argent qu'on leur donne pour s'habiller.

VESTIBULE. s. m. (lat. *vestibulum*, m. s., qui est formé de *ve-stis*, vêtement, parce que les anciens Romains y déposaient leur toge. Ovide dit que vestibulum vient de la déesse *Vesta*, parce qu'on y entretenait un feu en l'honneur de cette déesse). La pièce d'un édifice qui s'offre la première à ceux qui entrent, et qui sert de passage pour aller aux autres pièces. *Un beau v. Il n'entra pas dans la salle, il demeura dans le v.* || T. Anat. Cavité irrégulière de l'oreille interne. Voy. OREILLE, I, C.

VESTIGE. s. m. (lat. *vestigium*, m. s.). Empreinte du pied d'un homme ou d'un animal, marquée dans l'endroit où il a marché. *Il n'y paraît aucun v. Je vois les vestiges d'homme.* Se dit surtout dans le style soutenu. — Fig., *Suivre les vestiges de quelqu'un,* L'imiter. || Par ext., se dit de certaines marques qui restent sur la terre et qui montrent qu'il y a eu quelque construction dans le lieu où elles se trouvent. *Il y avait là autrefois un château, on en voit encore les vestiges. J'ai remarqué dans ce pays d'anciens vestiges de temples.* || Fig., au sens moral, *On ne trouve aucun v. de ce fait dans l'histoire. Il ne restait pas chez ce peuple un seul v. de sa grandeur passée. Les derniers vestiges de cette civilisation ont disparu, sont effacés.* = Syn. Voy. TRACE.

VESTITURE. s. f. (lat. *vestitura*, l'ensemble de vêtements, de *vestis*, vêtement). T. Bot. L'ensemble des organes accessoires, comme poils, épines, aiguillons, que présente la surface des végétaux.

VESTON. s. m. (R. *veste*). Vêtement d'homme plus court que la veste.

VESTRIS, danseur de l'Opéra de Paris, né à Florence (1729-1808), maître et compositeur de ballets.

VÉSUVE, volcan de 1,200 mètres de hauteur à 8 kil. S.-E. de Naples, dont la première éruption historique eut lieu en 79 après J.-C. et détruisit Herculanum, Pompéi et Stabies.

VÉSUVIANITE. s. f. [Pr. *vé-zuvianite*] (R. *Vésuve*). T. Minér. Variété d'idocrase qu'on trouve en abondance dans les blocs dolomitiques de la Somma au Vésuve.

VÉSUVIEN, ENNE. adj. [Pr. *vé-zuvi-in*]. Qui a rapport au Vésuve. = VÉSUVIENNE. s. f. T. Minér. Syn. de *Vésuvianite*.

VÉSUVINE. s. f. (R. *Vésuve*). T. Chim. Matière colorante brune, identique au *brun de phénylène*. Voy. TRIAMIDO-BENZÈNE.

VESZPRIM, v. de Hongrie, près du lac Balaton; 15,000 hab.

VÊTEMENT. s. m. [Pr. *vête-man*] (lat. *vestimentum*, action de vêtir, de *vestire*, vêtir). Habillement, ce qui sert à couvrir le corps. *Un v. léger. Un v. chaud, commode. Changer de v. Les vêtements sacerdotaux.* || Par anal., *C'est aux contrées intertropicales qu'appartiennent les oiseaux qui se distinguent par la richesse et l'éclat de leur v.* = Syn. Voy. HABILLEMENT.

VÉTÉRAN. s. m. (lat. *veteranus*, m. s., de *vetus, veteris*, vieux). Chez les Romains, se disait des soldats qui, après un certain nombre de campagnes, obtenaient leur congé et les récompenses dues à leurs services. *La république, dans un si pressant besoin, fit reprendre les armes aux vétérans.* || En France, se disait de soldats qui, en considération de leurs années de service, ont été admis dans des compagnies chargées d'un service sédentaire et facile. *Une compagnie de vétérans. Capitaine de vétérans.* — Se dit encore des soldats qui sont depuis longtemps sous les drapeaux, *Les vétérans ou les conscrits,* ou d'anciens soldats qui, rentrés dans la vie civile, se forment en sociétés. || Par ext., se dit des élèves qui redoublent leurs classes. *Un v. de rhétorique, de seconde.*

VÉTÉRANCE. s. f. Qualité de vétéran.

VÉTÉRINAIRE adj. 2 g. (lat. *veterinarius*, m. s., de *veterinum*, bête de somme, contracté de *vehoterinus*, propre à porter les fardeaux, de *vehere*, porter). Ne se dit qu'en parlant de la médecine qui concerne les animaux. *Art v. Médecine v. Médecin, artiste v. École v.* = VÉTÉRINAIRE. s. m. Celui qui connaît et qui traite les maladies des animaux. *Un excellent v. Le v. du régiment.*

Méd. vétér. — On donne le nom d'*Art* ou de *Médecine vétérinaire* à l'ensemble des connaissances nécessaires pour prévenir et guérir les maladies des animaux. La médecine v. est aussi ancienne que la médecine de l'homme. Du moment, en effet, que l'homme eut soumis les animaux à son empire, qu'il eut compris les immenses avantages qu'il pouvait en tirer, il dut être conduit à chercher des remèdes à des maladies qui le privaient de ces utiles serviteurs. Mais, à l'origine, cette branche de l'art de guérir fut abandonnée à l'empirisme le plus grossier. Aristote, Pline et les anciens ne nous ont transmis que des erreurs sur ce sujet. Végèce, qui le premier a traité d'une manière spéciale de la médecine des animaux, et, après lui, Columelle, ne nous offrent guère qu'un répertoire des préjugés répandus à cet égard dans l'antiquité. Au moyen âge, lorsqu'on commença à protéger le pied des animaux par la ferrure, les maréchaux chargés de ce soin devinrent les médecins des quadrupèdes, et, par suite, de tous les autres animaux domestiques. En conséquence, la maréchalerie et l'art v. furent confondus et rangés parmi les professions mécaniques. Il faut arriver aux temps modernes pour trouver des ouvrages écrits d'après une méthode rationnelle et purgés, au moins en partie, des absurdités qui les remplissaient jusque-là. Ruini, Solleysel et Lafosse commencèrent cette réforme en ce qui concerne l'*Hippiatrique*, c.-à-d. cette partie de la médecine v. qui s'occupe spécialement des chevaux; mais les autres parties de l'art restaient dans l'enfance. Tel était l'état des choses lorsque Bourgelat obtint l'autorisation de fonder à Lyon, en 1761, une école dont l'objet spécial devait être le traitement des animaux malades. Le succès de cette création lui mérita bientôt le titre d'*École royale v.* En 1766, un nouvel établissement du même genre fut créé à Alfort, près de Paris. Enfin, à ces deux écoles on en a joint, en 1828, une troisième dont le siège est à Toulouse. Grâce à cet enseignement et aux travaux persévérants d'hommes tels que Chabert, Flandrin, Gohier, Girard, Huzard, Rodet, Dupuy, Hurtrel d'Arboval, Renault, Magne, etc., l'art v. a pris, dans les sciences médicales, le rang qui lui est légitimement dû, et les services qu'il a rendus ne permettent plus de contester son utilité. — A l'école d'Alfort, l'enseignement des diverses parties de l'art v. est réparti entre six chaires, savoir : 1° Jurisprudence v.; 2° Chimie, physique, pharmacologie; 3° Hygiène générale et appliquée, agriculture, botanique, éducation des animaux domestiques; 4° Anatomie générale et descriptive; physiologie générale et spéciale; extérieur des animaux domestiques; 5° Pathologie et thérapeutique générale et spéciale, anatomie pathologique, police sanitaire et médecine légale; opérations chirurgicales et ferrures; 6° Manuel opératoire théorique et pratique, pathologie chirurgicale, clinique; la durée des études est de quatre années ; les élèves ayant satisfait aux examens de sortie reçoivent le diplôme de v. Les écoles vétérinaires reçoivent des élèves internes, demi-pensionnaires et externes dont la pension est respectivement de 600 francs, 400 et 200 francs. Les élèves des écoles vétérinaires ne font qu'une année de service militaire d'après la loi de 1889. La bactériologie, la pathologie comparée sont étudiées maintenant dans les écoles vétérinaires. Chaque école est administrée par un *directeur* qui surveille toutes les parties de l'enseignement et qui occupe lui-même une des chaires. Les places de professeurs et de chefs de service sont données au concours devant un jury spécial. Les jeunes gens qui veulent suivre les cours d'une école ne peuvent être admis à d'autre titre que celui d'élèves payant pension. Des bourses en fractions de bourses sont accordées par le Ministre de l'agriculture, d'après leur ordre de classement, aux élèves dont les parents sont nécessiteux. Il existe dans chaque école un certain nombre de boursiers militaires qui, une fois reçus, sont envoyés à l'école d'application de Saumur où ils restent une année après laquelle ils sont nommés aides vétérinaires de l'armée. Les candidats aux écoles vétérinaires doivent être âgés de 17 ans au moins et de 25 ans au plus, être en état de forger un fer en deux chaudes, et être pourvus du diplôme de bachelier.

VÉTILLARD, ARDE. s. [Pr. *véti-llar*, *ll* mouillées]. Celui, celle qui s'occupe de vétilles.

VÉTILLE. s. f. [Pr. *véti-lle*, *ll* mouillées] (esp. *vetilla*, de *veta*, raie, filon). Bagatelle, chose de peu de conséquence. *Il ne s'amuse qu'à des vétilles. La moindre v. l'arrête.* = Syn. Voy. MINUTIE.

VÉTILLER. v. n. [Pr. les *ll* mouillées] (R. *vétille*). Faire des difficultés sur de petites choses. *On ne peut rien faire avec lui parce qu'il ne cesse de v.* || S'amuser à des vétilles. *Il ne fait que v.*

VÉTILLEUR, EUSE. s. [Pr. *véti-lleur*, *euze*, *ll* mouillées]. Celui, celle qui s'amuse à des vétilles ou à de petites difficultés. *C'est un grand v. C'est une petite vétilleuse.*

VÉTILLEUX, EUSE. adj. [Pr. *véti-lleu*, *euze*, *ll* mouillées]. Qui demande qu'on prenne des soins minutieux, qu'on fasse attention aux plus petits détails. *Ouvrage v. Occupation vétilleuse.* || Se dit aussi des personnes qui s'amusent, qui s'arrêtent à des vétilles. *Cet homme est bien v.; est trop v. C'est un esprit v.*

VÊTIR. v. a. (lat. *vestire*, m. s., de *vestis*, vêtement). Habiller, donner des habits à quelqu'un. *C'est une œuvre de miséricorde de v. les pauvres. Il est obligé de nourrir et de v. ses enfants.* — *V. un enfant*, Lui donner sa première robe. *Cet enfant devient fort, il est temps de le v. Peu usité.* || *V. une robe, une soutane, une camisole, etc.*, Mettre sur soi une robe, une soutane, une camisole, etc. = SE VÊTIR. v. pron. Mettre un habillement sur soi, s'habiller. *Il est longtemps à se v. Que ne vous vêtez-vous mieux? Il faut se v. selon son état.* — *Se v. à la française, à la turque*, etc., Suivre la mode des Français, des Turcs, etc., dans ses habillements. = VÊTU, UE. part. *Vous voilà bien vêtu pour votre hiver. Il est bien vêtu, mal vêtu. Elle est richement, chaudement vêtue. L'évêque était vêtu de ses habits pontificaux.* || T. Jardin. *L'oignon est fort vêtu cette année*, Ses enveloppes sont plus épaisses qu'à l'ordinaire. *Suivant les jardiniers, quand l'oignon est fort vêtu, c'est signe de grand hiver.* — Proverb., *Être vêtu comme un oignon*, Avoir plusieurs vêtements l'un sur l'autre. || T. Blas. Se dit d'un écu qui est rempli par une grande losange dont les angles touchent les quatre côtés. **Conj.** — *Je vêts, tu vêts, il vêt; nous vêtons, vous vêtez, ils vêtent. Je vêtais: nous vêtions. Je vêtis; nous vêtîmes. Je vêtirai; nous vêtirons. Je vêtirais; nous vêtirions.* — *Vêts: vêtons.* — *Que je vête; que nous vêtions. Que je vêtisse; que nous vêtissions.* — *Vêtant. Vêtu, ue.* Le singulier du présent de l'indicatif et de l'impératif de ce verbe sont peu usités.

VÉTIVER. s. m. [Pr. *véti-vère*] (tamoul, *vettivern*, m. s.). T. Bot. Nom vulgaire de l'*Andropogon muricatus*. Voy. GNAMINÉES.

VETO. s. m. [Pr. *vé-to*] (mot lat. qui signifie *Je défends, je m'oppose*). T. Hist. C'était la formule qu'employait à Rome tout tribun du peuple lorsqu'il s'opposait aux décrets du sénat ou aux actes des magistrats, et empêchait ainsi leur mise à exécution. Par extension, on a appelé *droit du veto*, le droit qu'avait chaque nonce, dans les anciennes diètes de Pologne, d'annuler, par sa simple opposition (*nie pozwalam*, je ne le permets pas), les décisions prises par la diète tout entière. Ce privilège absurde, qui a été une cause permanente de troubles dans ce royaume, avait été attribué aux nonces par une loi de 1652. Dans les gouvernements constitutionnels modernes, on désigne encore sous le nom de *veto*, le droit qu'a le roi ou le chef de l'État de refuser sa sanction aux lois votées par le parlement. Tantôt ce *veto* est seulement *suspensif*, comme dans la constitution française de 1791, où le veto royal cessait de produire son effet, lorsque la loi repoussée avait été adoptée par trois législatures successives. Le président des États-Unis n'a aussi qu'un veto suspensif; mais, dans les États monarchiques actuels, le droit de veto attribué au souverain est *absolu*. Enfin, dans les gouvernements parlementaires où il existe deux chambres ayant le droit de repousser une loi adoptée par l'autre, on dit que chaque chambre a le *veto* sur l'autre. — Dans le langage familier, on dit en plaisantant, quand on veut s'opposer à une chose, *J'y mets mon veto.*

VETTER, Voy. WETTER.

VÊTURE. s. f. (lat. *vestitura*, action de vêtir, de *vestire*, vêtir). Syn. de *Prise d'habit*, cérémonie qui se pratique quand on prend l'habit de religieux ou de religieuse. || Action de fournir des vêtements. *La v. des enfants assistés.*

VÉTURIE, mère de Coriolan.

VÉTUSTÉ. s. f. (lat. *vetustas*, m. s., de *velus*, vieux). Ancienneté; ne se dit que des choses qui se sont détériorées, qui ont dépéri par le laps du temps. *Cette chapelle, cet arbre tombe de v. Ses titres périssent de v.*

VÉTYVER. s. m. Voy. VÉTIVER.

VEUF, VEUVE. adj. [Pr. l'f, même au plur.] (lat. *viduus*, m. s.). Celui dont la femme est morte, et qui n'est point remarié; Celle dont le mari est mort, et qui n'est point remariée. *Un homme v. Une femme veuve. Il est v. Elle est veuve d'un tel.* || Fig., Privé de. *Cette église est veuve de son évêque.* — Absol., *Église veuve*, se dit d'une Église collégiale qui a été cathédrale, et dans laquelle il y avait anciennement un évêque. *L'église de Vienne est une église veuve.* = VEUF, EUVE. s. *Épouser un v. Une riche veuve.* — Fig., *Le denier de la veuve.* Voy. DENIER. — *Avoir affaire à la veuve et aux héritiers*, avoir à compter avec plusieurs parties. || T. Bot. *Fleur de veuve*, scabieuse.

VEUILLOT (Louis), publiciste fr. (1813-1883).

VEULE. adj. 2. g. Mou, faible. Se dit des branches veules. Peu us. || T. Jard. *Terre v.*, Terre trop légère. || T. Techn. *Poil v.*, Poil qui n'a pas la propriété de se fouler.

VEULERIE. s. f. État de celui qui est veule.

VEUVAGE. s. m. État du mari ou de la femme qui a perdu son conjoint. *Triste v. Un long v. Un v. perpétuel. Durant son v.* Voy. MARIAGE et DEUIL.

VEUVE. s. f. (fém. de *veuf*). T. Ornith. Les oiseaux désignés sous ce nom forment, dans la famille des Fringillidés, de l'ordre des Passereaux conirostres, un groupe fort naturel qui est caractérisé par un bec fort, bombé en dessus et entamant les plumes du front, ainsi que par ses ailes moyennes et ses tarses médiocres. De plus, la queue prend à l'époque des amours, mais chez les mâles seulement, des rectrices fort allongées. Toutes les espèces qui composent ce groupe appartiennent à l'Afrique et aux Indes orientales. Elles doivent leur nom de *Veuve* (*Vidua*) à la couleur noire qui fait le fond de leur plumage. Quant à leur taille, elle varie de 12 à 30 centimètres. Ces oiseaux ont, dit-on, un chant agréable. Enfin, suivant quelques voyageurs, leur nid, qui est construit avec du coton, aurait deux étages, dont le mâle habiterait le supérieur, tandis que la femelle couverait au-dessous. Nous citerons la *V. à deux brins* (*V. superciliosa*) [Fig. ci-contre], qui a le plumage noir, mais avec la gorge, le devant du cou, le ventre et les parties postérieures d'un blanc de neige. Une sorte de ceinture noire traverse le blanc de la poitrine. En outre, cet oiseau présente au-dessus des yeux une bandelette blanche qui se prolonge jusque sur les côtés de la nuque, une seconde qui part de la base du bec et s'étend jusqu'au sommet du vertex, et deux autres bandes transversales blanches sur chaque aile. Les deux rectrices intermédiaires de la queue ont

16 centimètres de longueur et dépassent les autres de 11 centimètres. Nous nommerons encore la *V. à épaulettes* (*V. longicauda*), qui a tout le plumage noir, à l'exception des petites couvertures des ailes, qui sont d'un beau rouge, et des moyennes, qui sont d'un blanc pur, et lui forment comme des épaulettes. D'après Levaillant, cette espèce vit en société dans une sorte de république, et se construit des nids très rapprochés les uns des autres. Ordinairement la société est composée d'à peu près 80 femelles, auxquelles 12 à 15 mâles servent en commun.

VEVEY, v. de Suisse (canton de Vaud), sur le lac de Genève; 8,000 hab.

VEXANT, ANTE. adj. [Pr. *vè-ksan*]. Qui vexe. Fam.

VEXATION. s. f. [Pr. *vè-ksa-sion*] (lat. *vexatio*, m. s., de *vexare*, vexer). Action de vexer, *Une pure v. Exercer, commettre des vexations. Éprouver, essuyer des vexations.*

VEXATOIRE. adj. 2 g. [Pr. *vè-ksa-touare*] (R. *vexer*). Qui a le caractère de la vexation. *Impôt v. Administration v.*

VEXER. v. a. [Pr. *vè-kser*] (lat. *vexare*, m. s., qui est le fréq. de *vehere*, *vectum*, dans le sens de traîner, tirailler). Tourmenter, faire de la peine impunément à quelqu'un. *Ce seigneur vexait ses vassaux.* ‖ Pop., *Cela me vexe, je suis vexé de cela*, Cela me fait de la peine, me contrarie. = Vexé, ée. part. = Syn. Voy. Molester.

VEXILLAIRE. s. m. [Pr. *vè-ksil-lère*] (lat. *vexillum*, étendard, de *vectum*, chose portée). T. Antiq. Le porte-étendard d'une centurie dans la légion romaine.

VEXILLAIRE. adj. f. [Pr. *ve-ksil-lère*]. T. Bot. *Préfloraison v.* Voy. Préfloraison.

VEXIN, anc. pays de France, divisé en *V. français*, cap. *Pontoise*, et *V. normand*, cap. *Gisors*.

VEYLE, riv. de France, passe près de Bourg (Ain), et se jette dans la Saône (riv. g.), près de Mâcon; 100 kilomètres.

VEYNES, ch.-l. de c. (Hautes-Alpes), arr. de Gap; 2,000 hab.

VEYRE-MONTON, ch.-l. de c. (Puy-de-Dôme), arr. de Clermont-Ferrand; 1,000 hab.

VÉZELAY, ch.-l. de c. (Yonne), arr. d'Avallon; 1,000 hab. Magnifique église, reste d'une abbaye fondée en 864. C'est là que saint Bernard prêcha la 2ᵉ Croisade en 1147.

VÉZELIZE, ch.-l. de c. (Meurthe-et-Moselle), arr. de Nancy; 1,400 hab.

VÉZÈRE, rive de France, affluent de droite de la Dordogne, 170 kilomètres.

VÉZÉRONCE, vge du dép. de l'Isère, au delà de la Tour-du-Pin; 1,211 hab. Chlodomir y fut tué par les Bourguignons en 524.

VEZINS, ch.-l. de c. (Aveyron), arr. de Millau; 1,800 hab.

VIABILITÉ. s. f. (R. *viable*). T. Physiol. La *Viabilité* est l'aptitude que l'enfant présente, en naissant, à vivre indépendamment de sa mère. Ainsi, d'une part, un fœtus né avant terme n'est pas viable, quoiqu'il soit né en vie, si son développement n'est pas encore assez avancé pour lui permettre de vivre; et, d'autre part, un enfant né à terme et vivant peut n'être pas viable, s'il est affecté de vices de conformation qui font obstacle à la vie extra-utérine. — D'après le Code civil, l'enfant né après le 180ᵉ jour de la gestation, ou même le 180ᵉ jour, est réputé viable (art. 312); l'enfant qui n'est pas né viable, ne peut être l'objet d'un désaveu de paternité (art. 314); il est incapable de succéder (art. 725); enfin la donation ou le testament fait en faveur d'un enfant conçu, mais non encore né, ne peut avoir d'effet que si celui-ci naît viable (art. 906). La loi, en déclarant que la v. commence avec le 7ᵉ mois, a choisi une limite arbitraire, afin de prévenir les débats contradictoires. En effet, en physiologie, la viabilité de l'enfant est déterminée par l'état de développement des organes et non par l'époque de la grossesse. Au civil, comme au criminel, dans les cas d'infanticide, c'est au médecin qu'il appartient de reconnaître les maladies ou les vices de conformation qui ne permettent pas à l'enfant de vivre de la vie extra-utérine. Les signes de la viabilité sont tirés du poids du fœtus, de sa longueur, de sa conformation, du degré de développement des organes essentiels, mais plus particulièrement encore du point de l'abdomen où s'insère le cordon ombilical, de celui auquel correspond la moitié de la longueur totale du corps, de la partie du canal intestinal dans laquelle se trouve le méconium, etc.

VIABILITÉ. s. f. (lat. *via*, route). T. Ponts et chaussées. Se dit de l'état d'entretien d'une route, selon que les voitures y peuvent circuler plus ou moins facilement. *Les routes du département sont en bon état de v.*

VIABLE. adj. 2 g. (lat. *vitæ habilis*, apte à la vie). T. Physiol. Qui présente, au moment de la naissance, une conformation assez régulière pour vivre. Voy. Viabilité.

VIADUC. s. m. (lat. *via*, route; *ducere*, conduire). T. Ponts et chaussées. Ouvrage d'art exceptionnel, sortant des types courants, sur lequel une route, et plus particulièrement un chemin de fer, franchit une vallée profonde, à une grande hauteur.

. **Techn.** — Un v. peut être entièrement en maçonnerie et se compose alors d'une série de voûtes disposées sur un ou deux étages et s'appuyant sur des piles en maçonnerie; il peut être partie en maçonnerie et partie en métal et se compose, dans ce cas, d'une suite de tabliers métalliques reposant sur des piles en maçonnerie; enfin il peut être entièrement métallique et ne comporte, dans ce dernier cas, que des tabliers et des appuis en charpente métallique.

Le choix d'un v., de préférence à un remblai, pour la traversée d'une vallée dans le cas général d'un ouvrage pour chemin de fer à deux voies, se détermine d'après les considérations suivantes: la hauteur à partir de laquelle il devient avantageux de substituer le v. au remblai est de 22 à 24 mètres environ dans les pays de matériaux de granit, de 18 à 20 mètres dans les pays calcaires. Pour un chemin de fer à voie unique, ces hauteurs de transition se placent entre 16 et 18 mètres. A ces hauteurs où commence l'emploi des viaducs, la construction en maçonnerie doit être préférée à la construction métallique à laquelle elle est supérieure et par l'économie et par le résultat obtenu. Au delà de 30 mètres, cet avantage se maintient, du moins en ce qui concerne le résultat obtenu; et, tant que l'on reste dans les hauteurs ordinaires où la construction peut se faire dans la forme la plus simple, sans deuxième étage ni arceaux de contreventement, c.-à-d. jusqu'à une hauteur d'environ 30 mètres, il n'y a pas d'avantage à recourir à l'emploi de viaducs métalliques. Au delà de cette hauteur, la construction en métal est préférable à tous égards, et son avantage devient d'autant plus marqué que la hauteur à franchir est plus considérable.

Le prix de revient d'un v. s'évalue au mètre superficiel de l'élévation du vide à franchir, c.-à-d. de l'élévation totale de l'ouvrage, pleins et évidements compris. Pour un v. en maçonnerie de 24 mètres de hauteur, à deux voies, la dépense est d'environ 404 francs au mètre superficiel d'élévation, prix qui augmente à peu près de 1/100° par mètre de surélévation. La dépense est réduite de 25 pour 100 pour un v. à une voie.

Le prix ci-dessus ne comprend pas les fondations qui ne sont guère susceptibles d'une évaluation moyenne.

Pour les détails de construction des viaducs, consulter l'article Pont.

VIAGER, ÈRE. adj. (vx fr. *viage*, cours de la vie). Qui est à vie, dont on ne doit jouir que durant sa vie. *Pension viagère. Rente viagère. Il n'a qu'un revenu v.* || On dit aussi subs., au masc. *Il n'a que du v.; Il a mis tout son bien en v.* Voy. Assurance et Rente.

VIAGÈREMENT. adv. [Pr. *viajère-man*]. D'une manière viagère.

VIALA (Joseph-Agricole), enfant célèbre par son héroïsme, né à Avignon, tué sur les bords de la Durance en essayant de couper les câbles des pontons pour empêcher les royalistes de passer la rivière (1780-1793).

VIANA, v. du Portugal (prov. de Minho); 8,000 hab.

VIANDE. s. f. (bas lat. *vivenda*, ce qu'il faut pour vivre, de *vivere*, vivre). La chair des mammifères et des oiseaux dont on se nourrit. *V. délicieuse, délicate, exquise, nourrissante, légère, lourde, indigeste. De bonne v. De belle v. V. fraîche. V. faisandée. V. bouillie. V. rôtie. La fumée des viandes. Table chargée de viandes.* — *V. blanche,* La chair de la volaille, du veau, du lapin, etc. *V. noire,* La chair du lièvre, de la bécasse, du canard, etc. *Grosse v. ou v. de boucherie,* La chair du bœuf, du veau et du mouton. *Menue v.,* la volaille, le gibier, etc. *V. neuve,* Viande qui est servie pour la première fois. *Ce hachis est de v. neuve.* || Par extension, se dit de toutes les chairs d'animaux qui servent à la nourriture. *Le saumon n'est pas une v. de malade.* — *Viandes de carême,* le poisson salé, la morue, le hareng, etc. — Chez le roi, *La v. est servie,* se disait les jours maigres comme les jours gras. || Fig. et fam. *V. creuse.* Voy. Creux.

Chim. — Ce qu'on appelle proprement *Viande ou Chair,* n'est autre chose que le tissu musculaire des Animaux vertébrés et de quelques invertébrés; mais, dans un sens plus limité, on n'applique ce nom qu'au tissu musculaire des Vertébrés à sang chaud, c.-à-d. des Mammifères et des Oiseaux. La v. est l'aliment le plus nutritif. Elle se compose essentiellement d'une matière azotée, que l'on nomme *fibrine,* parce qu'elle se montre sous la forme de fibres allongées. Mais, en outre, elle est traversée en tous sens par des nerfs, des tissus adipeux et cellulaires, des vaisseaux sanguins et lym-

phatiques, et se trouve constamment imbibée d'un liquide qui tient en dissolution de l'albumine, des matières extractives, de l'acide lactique et différents sels, notamment des phosphates de potasse et de soude, ainsi que des chlorures alcalins. La fibrine est incolore par elle-même; la chair doit sa couleur rouge au sang qui remplit les capillaires distribués dans sa masse. Bien que la chair de tous les animaux renferme les mêmes principes, elle varie, suivant les différentes espèces et même suivant l'âge dans la même espèce, par les proportions de ces principes. C'est ce que fait voir le tableau précédent.

Parmi les matières solubles dans l'eau que contient la chair musculaire, les chimistes ont distingué 4 principes particuliers : la *créatine,* la *créatinine,* la *sarcosine* et l'*acide inosique.* Voy. ces mots. Ces substances ne sont pas des aliments, mais elles sont douées d'une action excitante et antidéperditrice analogue à celle de la caféine qui explique les propriétés réconfortantes du bouillon. En outre, il y a encore, dans les différentes sortes de viandes, des matières susceptibles de développer, pendant la coction, l'arome qui caractérise chacune de ces viandes; mais ces matières sont encore fort peu connues. Ainsi, par ex., Thénard avait désigné sous le nom d'*Osmazôme* le principe qui donne au bouillon son odeur propre et sa saveur; mais il a été reconnu que ce prétendu principe est un produit complexe, composé de créatine, d'acide inosique, d'acide lactique et de différents sels. — On mange les viandes rôties ou cuites le plus souvent dans l'eau, avec accompagnement de légumes variés et de condiments, notamment dans la confection du classique *pot-au-feu,* pour en relever la saveur et les rendre plus agréables. Voyez à ce propos les mots Chair et Muscle. Voyez aussi Fibrine. — Nous ajouterons seulement que la boucherie donne la préférence, pour ses qualités nutritives, aux viandes des animaux qui ont vécu au plein air, au bœuf âgé de 5 à 6 ans, ayant été soumis au travail pendant quelques mois, au mouton arrivé à sa troisième année. Le genre d'alimentation apporte nécessairement sa grande part d'influence. On trouve les viandes de premier choix dans celles des animaux, bœuf ou mouton, nourris exclusivement par les herbes succulentes des bons pâturages. Par contre, on relègue dans la troisième qualité les mêmes bêtes engraissées à l'étable avec les déchets des sucreries et les tourteaux des graines oléagineuses. Ces sortes de v. sont moins sapides, moins digestives. Déjà la claustration, le manque d'exercice et la trop grande abondance d'aliments riches en azote, ont produit des désordres morbides, principalement dans les organes intérieurs, dans les reins, le foie, les poumons.

Nous avons donné au mot Conserve la description des procédés employés à la conservation des viandes. Nous ajouterons ici quelques mots à ce sujet. La cuisson des viandes, en expulsant la majeure partie de l'eau qu'elles contiennent, en coagulant l'albumine, principe éminemment altérable à l'état liquide, s'oppose avec succès, pendant quelque temps, à la décomposition spontanée. Mais pour la conservation indéfinie de ces matières, il faut absolument avoir recours à la dessiccation, c.-à-d. à l'expulsion rapide de la presque totalité des 77 p. 400 d'eau qu'elles renferment. Au Texas, on prépare un aliment pour la marine et les voyages lointains, qu'on désigne sous le nom de *biscuit-v.,* en faisant bouillir des quartiers de bœuf pendant longtemps dans l'eau, de manière à obtenir un bouillon qu'on débarrasse de la graisse surnageante. On évapore ensuite en sirop, et on convertit en pâte ferme à l'aide de farine de froment. Cette pâte est étendue sous le rouleau, percée de petits trous et découpée en tablettes qu'on fait cuire au four, à la manière des biscuits ordinaires pour la marine. Cet aliment, assez nutritif, ne peut cependant présenter la richesse alibile de la v., puisqu'il ne contient de la chair que les parties solubles dans l'eau bouillante. Un autre *biscuit-v.* préparé chez nous avec de la farine, de la v. cuite desséchée, des légumes dans le même état, et un assaisonnement convenable de poivre et sel, donne des résultats bien préférables; 250 grammes de ce biscuit donnent, avec 2 litres d'eau, 6 rations de soupe grasse, et de plus toute la chair cuite à laquelle le bouillon doit ses qualités.

Pour préserver les matières animales du contact de l'air, plusieurs procédés ont été mis en pratique. L'un consiste à placer ces matières dans un récipient où le vide a été fait ensuite, et à remplacer l'air expulsé par un gaz quelconque, l'hydrogène par ex., ou l'acide carbonique. Une autre méthode fort économique et d'application facile consiste à introduire les viandes dans des vases remplis d'huile, de graisse ou de beurre fondus. Les habitants du Languedoc, du Périgord,

	BŒUF.	VEAU.	COCHON.	PIGEON.	POULET.	CARPE.	TRUITE.
Eau................	77,5	79,7	78,2	76,0	77,3	80,1	80,5
Fibres charnues, vaisseaux et nerfs....	17,5	15,0	16,8	17,5	16,5	12,0	11,1
Albumine et matière colorante rouge...	2,2	3,2	2,4	4,5	3,0	5,2	4,4
Matières solubles dans l'eau, et non coagulables par l'ébullition......	1,3	1,0	0,8	1,5	1,2	1,7	0,2
Matières solubles dans l'alcool......	1,5	1,1	1,7	1,0	1,4	1,0	1,6
Phosphate de chaux avec matière animale..........	0,8	0,1	»	»	0,6	»	2,2

de la Saintonge, du Poitou conservent ainsi, pendant très longtemps, des cuisses et des ailes de volailles au milieu de la graisse fondue de ces mêmes animaux. En 1826, les fouilles faites à Pompéi firent découvrir quelques bouteilles pleines de v. et d'huile. La v. était en très bon état, quoique l'huile, devenue rance, se trouvât convertie en acide gras. En Alsace, on conserve les viandes crues, pendant l'été, en les entourant de lait caillé. Il paraît qu'elles cuisent mieux, sont plus délicates et d'une plus facile digestion. On a pu encore obtenir d'excellents résultats en isolant des morceaux de v. au moyen d'une solution de silicate de potasse, de collodion ou de gélatine. Le sucre et le miel dont on entoure les substances organiques, produisent les mêmes résultats que les agents précédents. Chez les Romains, le poisson des contrées lointaines était apporté dans des vases pleins de miel, ce qui ne lui communiquait aucun goût désagréable. Mais le procédé le plus généralement employé pour la conservation des matières alimentaires a été imaginé par Appert, dès 1804, et modifié heureusement d'abord par Martin de Lignac. Voy. CONSERVE. — Le procédé Marlie, qui repose encore sur la soustraction de l'air, peut se résumer ainsi. Après avoir écorché l'animal sans le souffler, afin de ne pas introduire d'air dans les tissus, on désarticule les membres, sans les couper, puis on les expose au-dessus d'un foyer ardent, pour éliminer l'air, chasser la plus grande partie de l'eau interposée et détruire les ferments; enfin on les enrobe de gélatine préparée avec soin. Le bain de gélatine est maintenu à la température de 80°; on y plonge les viandes au moyen d'un crochet; on les y maintient pendant 5 à 6 minutes; on les suspend ensuite à l'air libre dans un endroit couvert. Les viandes ainsi enrobées sont plongées dans une légère solution de tanin (environ 20 grammes par 5 litres d'eau). Quelques secondes d'immersion suffisent pour rendre la gélatine imputrescible. Les morceaux séchés à l'air sont introduits dans des caisses d'expédition, au milieu de tan ou de sciure de bois. — Le sel marin est un antiseptique très puissant. La manière de saler les substances animales est fort simple. On les divise d'abord en tranches ou morceaux de peu d'épaisseur; puis on roule dans le sel, et l'on forme, dans des pots ou barils, des couches superposées et alternatives de sel et de v. salées; on recouvre d'un dernier lit de sel, puis on ferme hermétiquement. Les charcutiers associent toujours au sel (chlorure de sodium) un peu de salpêtre (nitrate de potasse) qui jouit des mêmes propriétés antiseptiques, d'ailleurs comme beaucoup d'autres sels. Le salpêtre communique aux viandes de porc une teinte rosée qui flatte les yeux. Mais il est certain que les chairs maintenues longtemps dans le sel éprouvent dans leur composition des modifications chimiques qui altèrent leur saveur et les rendent moins digestibles. On remédie en partie à ces désavantages en employant, au lieu du sel marin, le mélange suivant :

Sel marin	3 kil. »
Salpêtre	0 kil. 045
Sucre	0 kil. 500

On fait dissoudre à chaud dans 20 litres d'eau. Le sucre maintient les viandes dans un état de tendreté remarquable. — Enfin il y a la fumigation. Très souvent, on ne se contente pas de saler les viandes et les poissons, mais on les dessèche encore en les exposant à la fumée. L'art de fumer ou de boucaner les viandes, très anciennement connu et pratiqué d'abord par les Canadiens et les Indiens des deux Amériques, a été porté par les Hollandais et les Hambourgeois à une grande perfection. Cet art, cependant assez simple, consiste à exposer, pendant quatre ou cinq semaines, les viandes déposées, salées et suspendues dans une chambre, à l'action de la fumée produite par des copeaux de chêne, de hêtre ou bouleau très secs. — Le saurage du hareng est une opération semblable. Dans le séchage à la fumée, les viandes sont pénétrées d'acide pyroligneux et d'huile pyrogénée, ou créosote, qui constituent la fumée en presque totalité. — Un moyen très simple de conserver les viandes fraîches, dans l'été le plus chaud, pendant plusieurs jours, sans leur faire communiquer l'odeur et le goût de la fumée, consiste à placer une assiette contenant de la créosote immédiatement au-dessous de chaque pièce de v. à conserver, après l'avoir suspendue et recouverte d'un linge. — Enfin on a utilisé, depuis quelques années, des substances antiseptiques telles que les borates, l'acide salicylique, le formol et ses composés. Mais ces moyens de conservation sont illicites et dangereux pour la santé; parce que s'ils arrêtent la putréfaction, ils détruisent aussi les ferments utiles à la digestion, et rendent insipides les aliments qui en sont imprégnés.

VIANDER. v. n. (R. viande). T. Vén. Pâturer; se dit des cerfs et autres bêtes fauves. Le cerf a viandé cette nuit dans la prairie.

VIANDIS. s. m. [Pr. vian-di]. Pâture du cerf et d'autres bêtes fauves; brout de la superficie du jeune taillis. On reconnaît les cerfs à leur viandis.

VIARDOT (LOUIS), littérateur fr. (1800-1883).

VIATIQUE. s. m. (lat. viaticum, provision pour la route, de via, route). Provisions ou argent qu'on donne à quelqu'un pour un voyage. On lui a donné cent écus pour son v. Vx || Fig. et absol., Le sacrement de la sainte eucharistie, quand on l'administre aux malades qui sont en péril de mort Porter le v. a un malade. — Il a communié en v., Sans avoir été obligé d'être à jeun.

VIATKA, v. et gouv. de la Russie orientale. La v. a 45,000 hab.; le gouv., 3,000,000 d'hab.

VIAU (THÉOPHILE DE), plus souvent nommé THÉOPHILE, poète fr. (1590-1626), auteur d'une tragédie de Pyrame et Thisbé.

VIBICES. s. f. pl. (lat. vibices, marques de coup de fouet). T. Méd. Syn. de Vergetures.

VIBORD. s. m. [Pr. vi-bor] (angl. waist board, m. s., de waist, milieu, et board, planche). T. Mar. Grosse planche posée de champ, qui borde et embrasse le pont supérieur d'un vaisseau, et qui lui sert de parapet.

VIBORG ou **WIBORG**, v. de Finlande (Russie), sur le golfe de Finlande, ch.-l. du gouv.; 16,000 hab. Le gouv. a 318,000 hab. || Ville du Jutland (Danemark); 3,000 hab.

VIBRANT, ANTE. adj. T. Phys. Qui vibre, qui exécute des vibrations. Corde vibrante. Lames vibrantes. Voy. ACOUSTIQUE et VIBRATION.

VIBRATILE. adj. 2 g. (R. vibrer). T. Physiol. Cils vibratiles, Très petits filaments qui sont doués d'un mouvement spontané; ils sont constitués par un prolongement filiforme de la cellule qui les porte. On les trouve sur certaines muqueuses des animaux supérieurs, sur le corps des Infusoires pour lesquels ils sont des organes de locomotion, etc. Voy. INFUSOIRES.

VIBRATION. s. f. [Pr. ...sion] (lat. vibratio, m. s.). T. Phys. et Mus. Mouvement rapide du va-et-vient, Le son est produit par les vibrations de l'air. Vibrations des cordes, des verges, des lames. — La théorie de Fresnel attribue la lumière à des vibrations ou ondulations de l'éther.

Phys. — Lorsqu'une particule matérielle est animée de petits mouvements de va-et-vient très rapides de part et d'autre, de sa position d'équilibre, on dit qu'elle effectue des vibrations. L'écart de sa position d'équilibre s'appelle l'élongation; l'écart maximum s'appelle l'amplitude et la durée d'une oscillation complète a reçu le nom de période.

Le cas le plus simple est celui où la particule matérielle exécute des oscillations rectilignes analogues aux petites oscillations du pendule. L'élongation peut alors être représentée par la formule :

$$y = -a \cos \frac{2\pi t}{T}.$$

La vitesse sera $w = \dfrac{dy}{dt} = \dfrac{2\pi a}{T} \sin \dfrac{2\pi t}{T}$. Dans ces formules,

a est l'amplitude, T la période, t le temps correspondant à l'élongation y.

L'angle $\dfrac{2\pi t}{T}$ est la phase de la vibration.

Supposons maintenant qu'une vibration de ce genre se propage dans un milieu élastique en ligne droite, d'un mouvement uniforme et arrive en un point situé à une distance d de l'origine. Désignons par v la vitesse de propagation et cherchons l'élongation et la vitesse en ce point. Nous n'aurons qu'à remplacer t dans les formules précédentes par $t - \dfrac{d}{v}$

puisque le mouvement a mis un temps $\dfrac{v}{d}$ à franchir la distance d. Nous aurons en y_1 et w_1 les quantités cherchées

$$y_1 = -a \cos 2\pi \left(\frac{t}{T} - \frac{d}{vT} \right)$$

et

$$w_1 = \frac{2\pi a}{T} \sin 2\pi \left(\frac{t}{T} - \frac{d}{vT} \right).$$

Mais en appelant λ la longueur d'onde de la v., c.-à-d. la

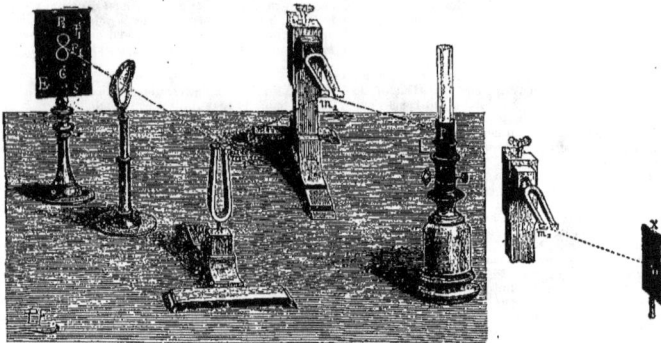

Fig. 1.

longueur à laquelle se propage la v. pendant une période, on a $vT = \lambda$ et finalement

$$y_1 = -a \cos 2\pi \left(\frac{t}{T} - \frac{d}{\lambda} \right)$$

et

$$w_1 = \frac{2\pi a}{T} \sin 2\pi \left(\frac{t}{T} - \frac{d}{\lambda} \right).$$

On appelle différence de phase entre y et y_1 l'angle $\dfrac{2\pi d}{\lambda}$.

Lorsque les vibrations se font dans un milieu élastique dans le sens même de la propagation on dit qu'elles sont *longitudinales*. Telles sont les vibrations sonores dans le cas de la propagation dans l'air et autres milieux par ondes concentriques. Lorsque les vibrations se font perpendiculairement à la direction de propagation, on dit qu'elles sont *transversales*. Exemples : les vibrations d'une corde tendue, les vibrations lumineuses s'effectuant dans l'éther.

Principe de la superposition des petits mouvements. Composition des vibrations. — On admet que l'on obtient le mouvement vibratoire de deux ou plusieurs mouvements vibratoires composants en appliquant les règles de la composition des forces et des vitesses. Ceci s'applique aussi bien aux élongations qu'aux vitesses de vibrations.

Quant à l'intensité, on l'évalue en calculant la force vive de la particule vibrante et l'on trouve qu'elle est proportionnelle au carré de l'amplitude. Les données expérimentales ne permettent pas d'effectuer les calculs d'une manière absolue; aussi se contente-t-on, dans les calculs d'optique, d'évaluer

des quantités proportionnelles aux intensités que l'on cherche.

Nous ne ferons pas ici les calculs des compositions des vibrations. On en trouvera un exemple simple au mot INTERFÉRENCE.

Expérience de Lissajous. — Ces expériences permettent de mettre en évidence, d'une manière très élégante, la composition des vibrations rectangulaires. L'appareil, qu'on a nommé *harmonomètre*, se compose de deux diapasons m_1 et m_2 dont l'un vibre horizontalement et l'autre verticalement. Chacun de ces diapasons est muni d'un petit miroir fixé à l'extrémité d'une de ses branches (Fig. 1). Un rayon lumineux émané d'une lampe est réfléchi successivement sur les deux miroirs et une lentille le projette sur un écran E sous forme d'un point lumineux. On voit que si le diapason m_2

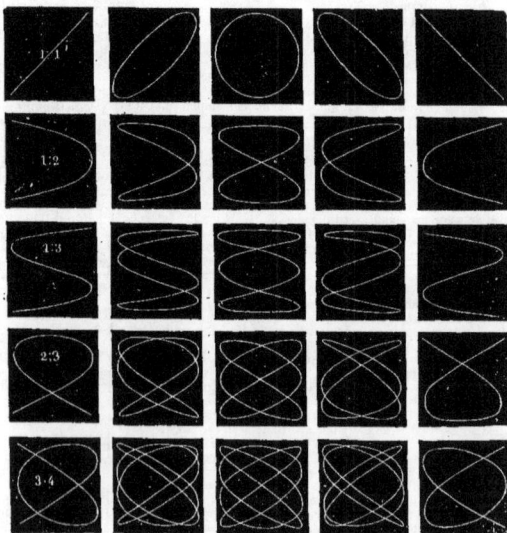

Fig. 2.

seul vibrait, le point lumineux serait déplacé horizontalement. Si, au contraire, le miroir m_1 vibrait seul, le point lumineux tracerait une ligne verticale. Supposons enfin que les deux diapasons vibrent simultanément, le déplacement du point lumineux représentera évidemment la résultante de la composition des deux mouvements rectangulaires des diapasons m_1 et m_2. La courbe étant décrite très rapidement, l'œil en distingue parfaitement l'ensemble en vertu du principe de la persistance des images sur la rétine.

La Fig. 2 représente un certain nombre de ces courbes. On voit, dans la première ligne horizontale, les courbes obtenues par deux diapasons à l'unisson. Si les deux diapasons sont rigoureusement à l'unisson et ont même phase, la courbe se réduit à une ligne droite. Si l'une des vibrations est en retard sur l'autre, d'une fraction de période, on a une ellipse inclinée. Si le retard de l'un des diapasons sur l'autre est un quart de période ou a une ellipse dont les axes sont dirigés dans la direction des vibrations composantes. Lorsque les deux vibrations ont une même amplitude, cette ellipse se réduit à un cercle (c'est le cas de la Fig. 2). Si la différence de phase augmente encore on a de nouveau une ellipse inclinée, puis une droite, etc., etc. On peut réaliser la production successive de ces figures en ajoutant à l'un des diapasons une petite masse additionnelle de manière à ralentir très peu sa vitesse de v. Supposons d'abord que les deux diapasons aient une même phase et donnent comme figure la ligne droite. Le diapason testé va, peu à peu, prendre du retard sur le premier et l'on aura à la suite les uns des autres les courbes que nous avons signalées.

Les rangs suivants de la Fig. 2 montrent les courbes que l'on obtient avec des diapasons dont les périodes sont dans les rapports : 1:2; 1:3 ; 2:3 ; 3:4. — Voy. ACOUSTIQUE, SON, LAME, LUMIÈRE, ONDULATION, etc.

VIBRATOIRE. adj. 2 g. [Pr. *vibra-touare*]. Mouvement *v.*, Celui qui consiste en vibrations.

VIBRAYE. ch.-l. de c. (Sarthe), arr. de Saint-Calais; 3,000 hab.

VIBRER. v. n. (lat. *vibrare*, m. s.). Exécuter des vibrations. *Cette corde vibre encore.* || Fig., Faire v. *certaines cordes*, exciter certains sentiments.

VIBRION. s. m. (lat. *vibrare*, vibrer). T. Microb. Les vibrions sont des microbes présentant la forme de filaments spiralés, se remuant constamment par l'action de cils vibratiles et se reproduisant par spores endogènes. Deux types nous intéressent tout particulièrement : le v. indien ou microbe du choléra et le v. septique ou microbe de la septicémie gangréneuse.

Le *V.* indien, découvert par Koch, en 1884, se présente sous la forme de bâtonnets légèrement arqués, longs de 1 à 2 millièmes de millimètre et ne possédant qu'un seul cil vibratile. C'est un microbe aérobie qui est très sensible à la dessication, à la chaleur et aux antiseptiques ; on le trouve dans les granulations en forme de grains de riz qui accompagnent les selles des cholériques; on l'isole ou le cultivant dans une solution de peptone, de sel et de gélatine.

Le *V.* septique, que l'on confondait autrefois avec la bactéridie charbonneuse, a été isolé pour la première fois par Pasteur; c'est un long filament mobile, vingt à trente fois plus grand que le v. indien et strictement anaérobie. Il sécrète une toxine qui, chauffée à 110°, confère l'immunité. Ce microbe est très répandu partout, dans la terre et dans la vase des eaux; on le trouve même dans l'intestin de l'homme, mais il ne donne la septicémie qu'injecté dans le sang.

VIBRISSES. s. f. pl. [Pr. *vibri-se*] (lat. *vibrissæ*, m. s.). Les poils qui se trouvent en dedans de l'orifice des narines chez l'Homme et les Mammifères, ou à la base du bec chez les Oiseaux.

VICAIRE. s. m. (lat. *vicarius*, lieutenant, qui vient de *vix*, *vicis*, tour, alternative). Celui qui est établi sous un supérieur pour tenir sa place en certaines fonctions. *Il y avait des princes qui se disaient vicaires de l'empire d'Allemagne.* || Se dit ordinairement du prêtre qui assiste un curé dans ses fonctions et le remplace en cas d'empêchement. *Le curé et son v. Il était v. dans telle paroisse. Grand v. ou V. général*, L'ecclésiastique qui représente l'évêque dans l'administration du diocèse. — A Rome, *Cardinal-v.*, Le cardinal à qui le pape a confié particulièrement l'administration ecclésiastique de la ville de Rome. — *V. apostolique.* Titre que le pape confère à un ecclésiastique, chez les peuples hérétiques ou infidèles, pour veiller sur la religion. || Dans certaines communautés. *Le père v.*, Le religieux qui, en l'absence du supérieur, en remplit les fonctions. || Dans l'Église catholique. *Le v. de Jésus-Christ*, Le pape, qui est le chef visible de l'Église dont Jésus-Christ est considéré comme le chef invisible.

VICAIRIE. s. f. La fonction de v. dans une paroisse. On dit ordinairement *Vicariat.*

VICARIAL, ALE. adj. Qui a rapport au vicariat. *Fonctions vicariales.*

VICARIANT. ANTE. adj. (R. *vicarier*). Qui remplace, qui supplée. — T. Physiol. *Organe v.*, Celui qui remplit la fonction d'un autre détruit ou malade.

VICARIAT. s. m. [Pr. *vika-ria*]. Fonction du vicaire. *Le v. de l'empire en telle province. L'évêque l'a élevé au grand v. du diocèse.* || Le territoire sur lequel s'étend le pouvoir du vicaire, soit séculier, soit ecclésiastique. *Tel prince avait tels droits dans son v. Le grand v. de Moulins.*

VICARIER. v. n. (lat. *vicarius*, vicaire). Faire les fonctions de vicaire dans une paroisse. *Il a vicarié pendant dix ans.* || Fig. et fam., Être réduit à une place subalterne. *Je suis las de vicarier.*

VIC D'OSONA. Voy. VICH.

VICE. s. m. (lat. *vitium*, m. s.). Défaut, imperfection. *V. de nature, de conformation, de construction. V. de style, de forme, de raisonnement. V. de prononciation. Ce cheval n'a point de vices. Vices rédhibitoires. Vices cachés de la marchandise vendue, et qui entraînent l'annulation du contrat de vente.* Voy. RÉDHIBITION. || Employé absol., en parlant de l'homme, *Vice* signifie une disposition habituelle au mal, et se dit par opposition à *Vertu. Se plonger dans le v. Haïr, quitter le v. L'ivrognerie est un vilain v. Il s'est abandonné à toutes sortes de vices. Il a tous les vices.* — Proverb., *Pauvreté n'est pas v.* || Dans un sens plus particulier, signifie le débauche, le libertinage. *Croupir dans le v. Il mourra dans le v. et dans le désordre.* — Prov., *Le v. l'a quitté, mais il n'a pas quitté le v.*, se dit d'un homme qui conserve ses inclinations vicieuses, quoiqu'il ne puisse les satisfaire. || Se dit quelquefois des personnes vicieuses. *Punir, châtier le v. Protéger, autoriser le v.* = Syn. Voy. DÉFAUT.

VICE—. Ce mot, qui est emprunté du lat. et signifie *à la place de*, entre comme préfixe, avec cette signification, dans un certain nombre de mots composés, comme *V.-chancelier, V.-consul, V.-roi, etc.*, qui désignent celui qui tient la place du chancelier ou du consul, qui en fait les fonctions, qui représente le roi et gouverne en son nom.

VICE-AMIRAL. s. m. Voy. AMIRAL. || En T. Mar. Se dit aussi du vaisseau que monte le v.-amiral. *Il servait sur le v.-amiral.* = Pl. Des vice-amiraux.

VICE-AMIRAUTÉ. s. f. Charge, grade de vice-amiral. *Il obtint la v.-amirauté du Levant.*

VICE-BAILLI. s. m. [Pr. *viseba-lli*, ll mouillées]. Officier de robe courte qui faisait la fonction de prévôt des maréchaux, et qui jugeait les cas prévôtaux. = Pl. Des vice-baillis.

VICE-CHANCELIER. s. m. Celui qui remplit la fonction de chancelier en l'absence de ce dernier. = Pl. Des vice-chanceliers.

VICE-CONSUL. s. m. Celui qui supplée le consul en son absence, ou qui fait les fonctions de consul dans les lieux où il n'y en a point. = Pl. Des vice-consuls.

VICE-CONSULAT. s. m. Emploi de vice-consul.

VICE-GÉRANT. s. m. Celui qui supplée le gérant en son absence, ou qui le seconde lorsqu'il est présent. = Pl. Des vice-gérants.

VICE-GÉRENT. s. m. [Pr. *vi-se-jé-ran*] (lat. *vices gerens*, faisant fonction). Celui qui tient la place de l'official ou son absence. = Pl. *Des vice-gérents*.

VICE-LÉGAT. s. m. [Pr. *viselé-ga*, *g* dur]. Prélat établi par le pape pour exercer les fonctions du légat en l'absence de celui-ci. = Pl. *Des vice-légats*.

VICE-LÉGATION. s. f. [Pr. *viseléga-sion*, *g* dur]. Emploi de vice-légat. *Le pape a donné la v.-légation de la Romagne.*

VIC-EN-BIGORRE, ch.-l. de c. (Hautes-Pyrénées), arr. de Tarbes; 3,600 hab.

VICENCE, v. d'Italie (Vénétie), sur le Bacchiglione, à 80 kil. O. de Venise, riche en églises et palais construits par Palladio; 39,400 hab. = Nom des hab. : VICENTIN, INE.

VICENCE (duc DE), Voy. CAULAINCOURT.

VICENNAL, ALE. adj. [Pr. *visen-nal*] (lat. *vicennalis*, m. s., de *viceni*, vingt). Qui est de vingt ans, qui se fait après vingt ans. Peu us.

VICE-PRÉSIDENCE. s. f. [Pr. *visepré-zi-danse*]. Fonction, dignité de vice-président. *Il fut nommé à la v.-présidence du sénat.*

VICE-PRÉSIDENT, ENTE. s. [Pr. *visepré-zi-dan*, *ante*]. Celui, celle qui, dans certaines compagnies ou assemblées, exerce la fonction du président ou de la présidente en son absence. *Les vice-présidents de la Chambre des députés. V.-président d'une académie.* = Pl. *Des vice-présidents, entes.*

VICE-RECTEUR. s. m. Celui qui supplée le recteur. || A Paris, celui qui est à la tête de l'Académie, le ministre de l'instruction publique étant le recteur. = Pl. *Des vice-recteurs.*

VICE-REINE. s. f. La femme du vice-roi. *V.-reine du Pérou.* || Se dit aussi d'une princesse qui gouverne avec l'autorité d'un vice-roi. *Il y avait en Portugal une v.-reine lors de la révolution de 1640.* = Pl. *Des vice-reines.*

VICE-ROI. s. m. [Pr. *vise-roua*]. Gouverneur d'un État qui a ou qui a eu le titre de royaume. *L'Espagne avait un v.-roi au Pérou, au Mexique. V.-roi de Sicile. Le v.-roi d'Égypte.* || Le gouverneur de quelques provinces, quoiqu'elles n'aient pas eu le titre de royaume. *V.-roi de Catalogne.* = Pl. *Des vice-rois.*

VICE-ROYAUTÉ. s. f. [Pr. *vise-ro-ioté*]. Dignité de vice-roi. *Le roi d'Espagne lui avait conféré la v.-royauté du Mexique.* || Pays gouverné par un vice-roi. *La v.-royauté du Pérou.*

VICE-SÉNÉCHAL. s. m. T. Hist. Officier secondaire, suppléant le sénéchal. — Officier de robe courte jugeant les cas prévôtaux. = Pl. *Des vice-sénéchaux.*

VICÉSIMAL, ALE. adj. [Pr. *visé-zimal*] (lat. *vicesimus*, vingtième). Qui a pour base le nombre vingt.

VICE VERSÂ ou **VICE VERSA.** [Pr. *vi-sé-versâ*]. Mots latins qui signifient *le tour étant renversé*, dont on se sert adverbialement pour signifier réciproquement. *Il y a des gens dont la figure attire et le caractère repousse, et vice versâ.*

VIC-FEZENSAC, ch.-l. de c. (Gers), arr. d'Auch; 3,600 hab.

VICH ou **VIC D'OSONA,** v. d'Espagne (Catalogne); 13,000 hab.

VICHNOU, deuxième personne de la trinité hindoue, dieu de la force conservatrice de l'univers. — On écrit aussi *Vischnou, Wichnou* et *Wischnou.* Voy. BRAHMANISME.

VICHY, ch.-l. de c. (Allier), arr. de Lapalisse, sur l'Allier; à 365 kil. de Paris; 12,300 hab. Eaux thermales renommées. = Nom des hab. : VICHYSSOIS, OISE.

VIC-LE-COMTE, ch.-l. de c. (Puy-de-Dôme), arr. de Clermont; 2,700 hab.

VICIER. v. a. (lat. *vitiare*; m. s.). Gâter, corrompre. *V. les mœurs d'un peuple. Une littérature propre à c. le cœur et l'esprit.* Peu us. || Se dit ordinairement en T. Jurispr., et signifie alors rendre défectueux ou rendre nul. *Cette omission ne vicie pas l'acte. C'est une règle de droit que ce qui abonde ne vicie pas.* = VICIÉ, ÉE. part = Conj. Voy. PRIER.

VICIEUSEMENT. adv. [Pr. *vi-sieu-ze-man*]. D'une manière vicieuse.

VICIEUX, EUSE. adj. [Pr. *vi-sieu, euze*] (lat. *vitiosus*, m. s.). Qui a quelque vice, quelque défaut, quelque imperfection. *Une conformation vicieuse. Une législation vicieuse. Un acte, un contrat v. Une méthode vicieuse. Une façon de parler, une locution vicieuse. Tirer une conséquence vicieuse.* || Qui a quelque disposition habituelle au mal, et particulièrement au libertinage, à la débauche. *Un homme très v. Cette femme est bien vicieuse. Un caractère v. —* On dit substantiv., dans ce sens. *Il faut fuir les vicieux. Le v. se plaît dans son vice.* || Se dit aussi des choses qui tiennent du vice, qui ont rapport aux vices. *Des passions, des inclinations, des actions vicieuses. Un penchant v. Un goût v.* || En parlant des bêtes de somme, se dit de celles qui sont rétives, ou qui ont l'habitude de mordre, de ruer, etc. *Ce cheval est v., Une mule vicieuse.* || T. Logiq. *Cercle v.* Voy. SOPHISME.

VICINAL, ALE. adj. (lat. *vicinalis*, de *vicinus*, voisin, dérivé lui-même de *vicus*, rue). Se dit des chemins qui servent de moyen de communication entre deux communes. *Chemin v., route vicinale.* Voy. ROUTE, CHEMIN.

VICINALITÉ. s. f. Communication vicinale. — *Chemin de grande v.,* Faisant communiquer les villages entre eux et avec les routes.

VICINE. s. f. (lat. *vicia*, vesce). T. Chim. Base contenue dans les graines de la Vesce (*Vicia sativa*). La v. forme des aiguilles incolores, peu solubles dans l'eau, insolubles dans l'alcool, très solubles dans les acides et les alcalis. Traitée par l'acide sulfurique bouillant, puis par la potasse, elle se transforme en une autre base, la *Divicine*, soluble dans l'eau, cristallisable en prismes aplatis. La *Convicine*, qui accompagne la v. dans les graines de vesce, cristallise en lamelles orthorhombiques minces, peu solubles dans l'eau froide et dans l'alcool; elle n'est attaquée ni par les alcalis ni par les acides étendus et bouillants.

VICISSITUDE. s. f. [Pr. *visis-situde*] (lat. *vicissitudo*, m. s., de *vix, vicis*, tour, alternative). Révolution régulière, changement de choses qui se succèdent régulièrement les unes aux autres. *La v. des saisons. La v. des jours et des nuits.* || Se dit aussi des choses qui se succèdent les unes aux autres, bien que sans aucune régularité. *La vie est une v. continuelle de plaisirs et de peines. Cet homme a connu toutes les vicissitudes de la fortune.* || Se dit encore pour instabilité. *Denis le jeune nous offre un exemple frappant de la v. des choses humaines. Telle est la v. des grandeurs.* || Signifie quelquefois changement de mal en bien, ou, plus souvent, de bien en mal. *Une heureuse v. Voilà une terrible v. Éprouver, subir des vicissitudes. Il a passé par toutes sortes de vicissitudes. Les arts suivent les vicissitudes des croyances et des mœurs.* = On dit aussi d'une personne très changeante. *Il y a beaucoup de vicissitudes dans son humeur.*

VICO, ch.-l. de c. (Corse), arr. d'Ajaccio; 2,000 hab.

VICO (J.-B.), philosophe ital. (1668-1743), auteur de la *Science nouvelle*, ouvrage qui a créé la philosophie de l'histoire.

VICOMTAL, ALE. adj. [Pr. *vi-kon-tal*]. Qui appartient à un vicomte.

VICOMTE. s. m. [Pr. *vi-konte*] (bas lat. *vicecomes*, m. s.). Titre de noblesse, inférieur à celui de comte. Voy. COMTE.

VICOMTÉ. s. f. [Pr. *vi-konté*]. Titre de noblesse attaché à une terre. *Sa terre fut érigée en v.* || Le ressort et l'étendue de la juridiction de certains juges qu'on appelait Vicomtes. *La v. de Paris. La v. de Gisors.*

VICOMTESSE. s. f. [Pr. *vi-kon/è-se*]. La femme d'un vicomte, ou celle qui, de son chef, possédait une vicomté.

VICQ D'AZYR, médecin fr. (1748-1798), fut le 1er secrétaire perpétuel de la Société royale de médecine, fondée en 1776.

VIC-SUR-AISNE, ch.-l. de c. (Aisne), arr. de Soissons; 1,000 hab.

VIC-SUR-CÈRE, ch.-l. de c. (Cantal), arr. d'Aurillac; 1,700 hab.

VIC-SUR-SEILLE, anc. ch.-l. de c. (Meurthe), arr. de Château-Salins, cédé à l'Allemagne, en 1871; 2,500 hab.

VICTIMAIRE. s. m. [Pr. *vikti-mère*] (lat. *victimarius*, m. s., de *victima*, victime). T. Antiq. Celui qui aidait le prêtre dans les sacrifices. Voy. SACRIFICE.

VICTIME. s. f. (lat. *victima*, de *vincere*, lier). Se dit des animaux que l'on immolait et l'on offrait en sacrifice à Dieu chez les Hébreux, aux dieux, chez les peuples polythéistes. *Une v. sans tache. V. expiatoire. Le consul immola plusieurs victimes. Les Phéniciens sacrifiaient à Moloch des victimes humaines.* Voy. SACRIFICE. || Dans la religion chrétienne. *La v. offerte pour le salut des hommes*, Jésus-Christ, qui a voulu mourir sur la croix pour racheter nos péchés. || Fig., se dit de celui qui est sacrifié, qui éprouve des dommages, qui souffre, pour les intérêts ou les passions d'autrui. *Qui pourrait compter les victimes immolées à sa folle ambition? Il a été la v. du ressentiment d'un tel. Il est la v. de la calomnie.* — Se dit aussi de celui à qui ses propres passions ou même ses vertus sont fatales. *Il a péri v. de sa présomption. Il a été la v. de sa bonne foi, de sa générosité.* || T. Hist. *Costume, coiffure à la v.*, que rappelait la toilette des condamnés montant sur l'échafaud.

VICTIMER. v. a. Traiter quelqu'un de manière à en faire sa victime, son souffre douleur. = VICTIMÉ, ÉE. part. Fam.

VICTOIRE. s. f. [Pr. *vik-touare*] (lat. *victoria*, m. s., de *victor*, vainqueur). Avantage qu'on remporte à la guerre sur les ennemis, dans un combat, une bataille. *Une grande v. Une v. sanglante, décisive, complète, glorieuse. Remporter la v. La v. fut longtemps disputée. Cette campagne ne fut qu'une suite de victoires.* [Par extens., se dit de tout avantage qu'on remporte sur un rival, sur un concurrent, sur un adversaire. *Il a remporté la v. sur ses rivaux.* — On dit aussi Fig., *Remporter la v. sur ses passions, sur soi-même.* || *Crier v.*, se dit du cri de joie que poussent des troupes après avoir remporté l'avantage; et l'on dit Fam., *Crier v.*, en parlant de quelqu'un qui se glorifie d'un succès quelconque. *Il ne faut pas chanter v. avant le temps.* || Les Grecs et les Romains avaient fait une divinité de la V., et la représentaient sous la figure d'une femme ayant des ailes, et tenant une couronne d'une main, une palme de l'autre. *Le temple, l'autel de la V. Une statue de la V.* — On la personnifie encore dans certaines phrases figurées. *La v. s'est déclarée pour lui. Enchaîner la v. La v. le suit partout.*

VICTOIRE (SAINTE), martyre en 250. Fête le 23 décembre. || Une autre *Sainte-V.* subit le martyre à Carthage en 304. Fête le 11 février.

VICTOR (SAINT), martyr chrétien (303). Fête le 21 juillet.

VICTOR, nom de plusieurs papes. VICTOR Ier (SAINT), martyr (193 à 202). Fête le 28 juillet. || VICTOR II (1055-1057). || VICTOR III (1086-1087). || VICTOR IV, antipape (1159).

VICTOR, duc de Bellune, maréchal de France (1764-1841), ministre de la guerre sous Louis XVIII.

VICTOR-AMÉDÉE Ier, duc de Savoie, succéda à son père Charles-Emmanuel Ier (1630-1637), s'unit à Richelieu contre l'Autriche. || VICTOR-AMÉDÉE II succéda à son père Charles-Emmanuel II (1675), fut battu par Catinat à Staffarde (1690) et à La Marsaille (1693), et reçut le titre de roi de Sardaigne, en 1720. Il abdiqua en faveur de son fils Charles-Emmanuel (1730), mort en 1732. || VICTOR-AMÉDÉE III, roi de Sardaigne, succéda à son père Charles-Emmanuel III (1773). Il fut battu par Bonaparte et dépouillé de Nice et de la Savoie. Il laissa trois fils, qui ont régné successivement : Charles-Emmanuel IV, Victor-Emmanuel Ier et Charles-Félix.

VICTOR-EMMANUEL Ier, roi de Sardaigne, succéda à son frère Charles Emmanuel IV (1802). Dépouillé de ses provinces continentales par les Français, il les recouvra en 1815, mais fut forcé par une insurrection populaire d'abdiquer en faveur de son frère, Charles-Félix (1821). || VICTOR-EMMANUEL II, fils de Charles-Albert (1820-1878), succéda à son père sur le trône de Sardaigne (1849), devint roi d'Italie en 1860 et mourut en 1878.

VICTORIA. s. f. (n. de femme). Voiture découverte à 4 chevaux. || T. Bot. Genre de plantes Dicotylédones de la famille des *Nymphéacées.* Voy. ce mot.

VICTORIA, cap. de l'île angl. de Hong-Kong (Chine), fondée en 1842; 70,000 hab.

VICTORIA, cap. de l'île *Quadra-et-Vancouver.*

VICTORIA, prov. angl. de l'Australie méridionale; 961,300 hab., cap. *Melbourne.* Mines d'or.

VICTORIA, reine d'Angleterre, née en 1819, monta sur le trône en 1837, morte en 1901.

VICTORIA-NYANZA, grand lac de l'Afrique équatoriale, appelé aussi OUKÉRÉOUÉ, d'où sort le Nil Blanc.

VICTORIEUSEMENT. adv. [Pr. *vikto - rieuze - man*]. D'une manière victorieuse; ne se dit qu'au fig. *Il l'a réfuté v.*

VICTORIEUX, EUSE. adj. [Pr. *viktori-eu, euze*] (lat. *victoriosus*, m. s., de *victoria*, victoire). Qui a remporté la victoire. *Un prince v. L'armée victorieuse.* || Fig., *Sortir v. d'une entreprise. Il fut v. dans cette dispute.*

VICTORINUS, un des trente tyrans de l'empire Romain, assassiné en 265.

VICTUAILLES. s. f. pl. [Pr. *viktu-alle, ll* mouillées] (lat. *victualia*, m. s., de *victus*, nourriture, de *victum*, sup. de *vivere*, vivre). Provisions qui servent à la nourriture des hommes; se disait autrefois en parlant des vivres dont on approvisionne un bâtiment. *Nous mouillâmes à Rio pour faire des victuailles. Avoir soin des victuailles.* || Se dit encore quelquefois fam., et en plaisantant. *Il faut faire provision de victuailles;* et, au singul., *Voilà bien de la v.*

VIDA (JÉRÔME), poète lat. moderne, né à Crémone (1490-1566).

VIDAGE. s. m. Action de vider. — Ce qu'on a retiré en vidant.

VIDAL, sculpteur animalier fr. (1831-1892).

VIDAME. s. m. (lat. *vice-dominus*, qui tient la place du seigneur). T. Féod. A l'origine de la féodalité, c'était le titre de l'officier qui représentait l'évêque dans l'administration de la justice temporelle et dans le commandement de ses troupes, ces deux fonctions étant incompatibles avec le caractère épiscopal. Il n'y avait qu'un seul v. dans l'étendue de chaque évêché, et il était à la nomination de l'évêque. Mais plus tard les vidames se firent seigneurs et changèrent leurs offices en fiefs relevant de l'évêque. La plupart des vidames prenaient leur nom des villes épiscopales, quoique leur fief, qu'on désignait sous le nom de *Vidamé* ou de *Vidamie*, fut souvent fort éloigné du siège de l'évêché. Ainsi, il y avait les vidames d'Amiens, de Chartres, de Reims, de Beauvais, appelés aussi v. de Gerberoy, etc. A l'époque de la révolution, il ne restait plus que cinq ou six vidames en France.

VIDAMÉ. s. m. ou **VIDAMIE.** s. f. (R. *vidame*). T. Féod. Fief d'un *vidame.* Voy. ce mot.

VIDAMESSE. s. f. [Pr. *vidamè-se*]. Fille, femme de vidame.

VIDANGE. s. f. Action de vider. *Ceux qui ont acheté une coupe de bois n'ont qu'un certain temps pour la v. Faire marché pour la v. d'un puits.* || État d'un vase fermé qui contient une liqueur quelconque, mais sans être rempli. *Un tonneau, une bouteille en v.* — Se dit aussi de la liqueur que contient un vase dans cet état. *Ne laissez pas cela en v.* || *Vidanges*, au plur., se dit des immondices qu'on retire d'une fosse d'aisances. || En T. Méd. *Vidanges* est encore syn. de *Lochies*.

Techn. — On peut dire, en s'appuyant sur les ouvrages des Anciens, que la *Vidange* telle qu'elle existe de nos jours, était inconnue des Romains. Jusqu'à Tarquin l'Ancien qui fit construire un immense égout, dénommé le *Grand Cloaque*, égout destiné à transporter dans le Tibre toutes les immondices, les déjections de toutes sortes étaient jetées dans les rues. A partir de cette époque, les habitants furent tenus d'immerger dans le grand cloaque tous les débris et ordures provenant des maisons particulières. Il n'y avait à cette époque lointaine aucun autre moyen de se débarrasser des excréments humains, mais, du moins, les rues ne se trouvèrent plus encombrées par les dépôts fétides qui s'y faisaient couramment auparavant. Le fleuve dès lors reçut toutes ces *eaux-vannes* et les entraîna à la mer. Nos ancêtres, les Gaulois, ignoraient également l'usage des fosses d'aisances et la v. de ces fosses. Au moyen âge, dans les rares châteaux historiques qui sont encore debout et dont la construction remonte à cette époque, on construisait des annexes dans lesquelles se réfugiaient temporairement, afin de satisfaire leurs besoins naturels, châtelains, domestiques et hommes d'armes. Mais, ici encore, les fosses n'existaient que virtuellement; les déjections tombaient la plupart du temps dans les fossés du château et y séjournaient jusqu'à ce que les influences atmosphériques aient accompli leur œuvre destructive. On retrouve néanmoins dans quelques antiques couvents des vestiges de latrines, mais aucune d'elles ne présentait d'étanchéité. Des murs latéraux bornaient l'enceinte réservée pour les besoins intimes, sans qu'il y ait apparence d'un fond maçonné. Les déjections s'infiltraient peu à peu à travers le sol.

A Paris même, avant le XIVe siècle, les rues recevaient dans les ruisseaux toutes les ordures ménagères et autres dont les habitants voulaient se débarrasser. Vers le milieu du même siècle, se construisirent les premières fosses d'aisances mais seulement dans les riches hôtels ou les opulentes maisons bourgeoises; aucune d'elles n'était étanche et le sol se chargeait de drainer, tant bien que mal, les matières fécales que contenaient ces latrines primitives qui, cependant, étaient un réel progrès. Quant au populaire, aux petits bourgeois et manants, ils continuèrent comme par le passé, à tout jeter au milieu des rues. Ce déplorable état de choses se perpétua pendant le XVe et une partie du XVIe siècle. Il fallut un ordre du Parlement pour enjoindre à tous les propriétaires de la capitale, en 1533, d'avoir à munir leurs habitations de fosses d'aisances afin de recevoir toutes les déjections humaines et autres. Bien que, six années plus tard, sous François Ier ait consacré, par une ordonnance nouvelle, l'arrêt du Parlement, le XVIIe siècle naquit et disparut sans que ces réceptacles privés et imposés existassent dans chaque maison. Nul ne prenait soin de vider ces fosses, de procéder à leur v., toutes étaient en effet à fonds perdu. Les mêmes faits se produisirent pendant tout le cours du XVIIIe siècle. Ce n'est qu'au commencement du siècle suivant, vers 1809, qu'un décret ordonna d'établir dans chaque habitation des fosses étanches, c.-à-d. entièrement maçonnées sur toutes leurs faces, et ayant des dimensions intérieures proportionnées au nombre d'individus vivant sous le même toit. Une ordonnance royale, promulguée en 1829, réglementa définitivement les moyens devant assurer la v. périodique des fosses, ainsi que les méthodes les moins insalubres pour procéder à cette v. Ce règlement est encore en vigueur dans nombre de villes importantes et a été ce qui concerne Paris et quelques autres grandes cités, rendu singulièrement plus rigoureux dans un but d'hygiène et d'assainissement publics.

De ce moment date, à dire vrai, l'organisation réelle de la v., le règlement indiquant les limites horaires entre lesquelles on devait vider les fosses, en même temps que les précautions à prendre pour éviter, autant que possible, l'épanchement, dans l'atmosphère avoisinante, des gaz méphitiques qui s'échappaient durant l'opération. A l'origine, le travail de v. était des plus primitifs; il n'avait lieu que pendant la nuit et était terminé à 7 heures du matin, de telle manière que, deux heures après, les voitures transportant au loin le produit des vidanges avaient quitté le territoire *intra-muros* de la capitale.

La v. consistait alors, après qu'on avait descellé la dalle de pierre fermant la fosse, à puiser, au moyen d'un seau de bois, les matières solides et liquides qui la remplissaient et à déverser le contenu du récipient porté en main par un vidangeur, dans un large entonnoir dont la partie la plus mince pénétrait à l'intérieur d'un tonneau préparé *ad hoc*, sur une voiture. Dès qu'un de ces tonneaux était plein, on en recouvrait la bonde d'une fermeture plus ou moins hermétique, le plus souvent un gros bouchon de paille et les ouvriers procédaient à l'emplissage d'un second récipient. L'opération se continuait ainsi jusqu'à ce que la fosse se trouvât vidée à peu près d'une manière complète. A ce moment, on avait tant bien que mal la fosse on y lançant des poignées de paille enflammée, de manière à produire un appel d'air et à chasser le plus possible les gaz délétères qui s'y étaient accumulés. A l'aide d'une échelle, un vidangeur gagnait le fond de la fosse et, puisant avec une sorte de louche ce qui restait de matière, remplissait le seau que ses camarades, demeurés au dehors, tiraient à eux; les murs étaient balayés, puis l'ouvrier remontait. La dalle obstruant l'ouverture était scellée de nouveau et la voiture chargée se rendait directement à l'un des dépotoirs installés hors de Paris, dans la forêt de Bondy, où se vidait le contenu des tonneaux. On conçoit aisément que de nombreux accidents de personnes ne pouvaient manquer de se produire avec un procédé de v. aussi imparfait. Ces accidents étaient fréquemment mortels pour l'ouvrier qui descendait dans la fosse après une aération aussi incomplète que celle à laquelle on avait recours.

C'est pour empêcher ces asphyxies alors fréquentes, que l'administration réglementa plus sévèrement la marche des opérations relatives à la v. Les savants de leur côté cherchèrent et trouvèrent des procédés très simples pour détruire les gaz méphitiques des fosses d'aisances. Lorsque la Ville décida de confier à un seul entrepreneur le soin de procéder à la v. de ces fosses, elle lui imposa en même temps l'obligation de faire usage d'un matériel spécial composé d'énormes tonneaux métalliques montés sur roues et d'une contenance de plusieurs mètres cubes. Lesage, qui fut à cette époque était l'entrepreneur des vidanges, imagina un système auquel il a légué son nom. Ce procédé consiste, pour vidanger une fosse, à faire usage de pompes aspirantes et foulantes, à bras ou à vapeur, à l'aide desquelles on aspire dans la fosse découverte les matières fécales et on les refoule dans les tonneaux métalliques par l'intermédiaire de gros tuyaux en cuir. Au préalable, une quantité déterminée de sulfate de fer est jetée dans la fosse et brassée avec les matières. Les gaz putrides qui se dégagent sont décomposés, détruits par leur transformation en sulfate d'ammoniaque qui est un corps inodore.

Ce procédé qui avait reçu de son inventeur le nom de *système de v. inodore*, ou *système Lesage*, a subi d'importants perfectionnements. On emploie, même actuellement, une pompe aspirante à vapeur reliée par un tube en cuivre au corps cylindrique du tonneau en tôle de fer qui existait lors de la mise en usage du système Lesage. Le tonneau communique lui-même avec la fosse d'aisances, au moyen de gros tuyaux rigides, ou rendus tels. Lorsque la pompe à vapeur fonctionne, elle fait progressivement le vide dans le grand récipient métallique hermétiquement clos. Les matières fécales se trouvent par conséquent aspirées et viennent le remplir peu à peu. Un tube de verre, analogue à celui que, dans les chaudières à vapeur, on appelle *Indicateur de niveau d'eau*, montre la hauteur à laquelle arrivent les matières à l'intérieur de la tonne de métal. Quand celle-ci est pleine, une fermeture automatique jouant le rôle d'obturateur vient clore l'ouverture par où pénétraient les déjections. On enlève alors les tuyaux d'aspiration pour les assujettir sur un autre tonneau vide qui est venu remplacer le précédent. En quelques minutes, grâce à l'action de la pompe à vapeur, le second se trouve rempli à son tour et on lui substitue un troisième récipient. L'opération de la v. se continue ainsi jusqu'à ce que la fosse soit entièrement vidée.

Il existe un mode de v. différent des précédents; nous voulons parler de la *v. des fosses* dites *mobiles*. Ce système est très simple. Dans une cave spécialement destinée à cet usage, viennent aboutir un nombre plus ou moins considérable de *tuyaux de chute*, nombre qui dépend de la quantité de *cabinets privés* ou *cabinets d'aisances* existant dans l'immeuble. A la base de chacun de ces tuyaux ou conduits, d'un diamètre suffisant pour éviter tout engorgement, sont dressés autant de tonneaux métalliques, d'une contenance de *deux* à *trois cents litres*. Chaque tuyau vient s'emmancher dans une ouverture que présente le tonneau correspondant; le joint est luté à la terre glaise afin d'éviter tout dégagement des gaz méphitiques dans la cave. Lorsque l'un de ces récipients est rempli, les ouvriers vidangeurs l'enlèvent et le ferment hermétiquement en intercalant de la glaise sous les bords d'un couvercle maintenu par des brides en fer et qui bouche l'orifice du tonneau dans lequel pénétrait le tuyau de chute. Les tonneaux pleins sont remplacés par d'autres qui sont vides ; les ouvriers chargés du travail de v. montent les premiers jusque sur la chaussée. Là, ils les chargent en les rangeant côte à côte dans le véhicule qui doit les transporter au dépotoir où leur contenu, immédiatement traité par des produits chimiques faisant disparaître toute mauvaise odeur, ne tarde pas à être transformé en un puissant engrais inodore.

Un système de v., qui offre beaucoup de points de ressemblance avec celui que nous venons de décrire, est appelé *système diviseur*. Quelques particularités différencient néanmoins les deux procédés. Dans ce dernier, on fait également usage de tonneaux auxquels on donne fréquemment, en terme de métier, le nom de *linottes*. Au lieu d'être placées dans une cuve fermée, ces linottes, qui reçoivent les tuyaux de chute, sont installées dans des locaux en communication directe avec l'égout longeant souterrainement la rue. Un dispositif particulier facilite l'écoulement, hors du tonneau et jusque dans l'égout, du liquide produit par les urines. Ce liquide constitue ce que l'on nomme les *eaux-vannes*. Seules les matières fécales solides s'accumulent progressivement et finissent par remplir complètement chaque linotte. Comme pour le système précédent, les vidangeurs remplacent par des tonneaux vides, au fur et à mesure des besoins, ceux qui sont pleins. Au moyen de ce procédé, les produits provenant de la v. renferment en plus grande quantité, sous un moindre volume, les principes fertilisants que l'on rend utilisables par des traitements spéciaux. Mais on perd les *eaux-vannes* qui ont, elles aussi, un grand pouvoir fertilisant.

Nous ne pouvons passer sous silence, avant d'aborder la question de la v. *par le tout à l'égout*, certains procédés qui n'ont pas pris une extension aussi considérable que cela paraissait probable, lors de leur mise en vigueur. Il s'agit des systèmes de v. reposant, les uns sur le principe de transformation directe des matières fécales, dans les fosses d'aisances construites dans ce but, en ayant recours à un traitement chimique qui, tout en supprimant la mauvaise odeur des gaz qui s'échappent de ces matières, rendent néanmoins celles-ci utilisables au suprême degré, comme engrais pour l'agriculture. Parmi ces procédés, nous citerons particulièrement ceux de Bonnefin, de Berlier, etc. D'autres ont recours uniquement à l'eau pure, pour obtenir la transformation et la décomposition des matières fécales; telles sont les méthodes imaginées par Goldner, Mouras, etc. Ces divers systèmes ont, il faut le reconnaître, donné d'excellents résultats.

A la suite de délibérations prises par les municipalités qui se sont succédé à Paris, tous les procédés de v., que nous venons d'examiner avec quelques détails, se trouvent virtuellement abolis ou sont appelés à disparaître dans un laps de temps relativement court. En effet, ordre a été donné aux propriétaires d'immeubles d'avoir à supprimer les anciennes fosses d'aisances et à leur substituer un mode de v. spécial appelé *système du tout à l'égout*. Cette mesure est rendue obligatoire depuis l'époque relativement récente, où les égouts, au lieu de se déverser dans la Seine sur divers points de son parcours à travers la capitale, ont leurs eaux-vannes réunies en un point central pour être conduites au moyen d'aqueducs spéciaux jusque dans les plaines de Genneviliers et d'Achères. Là, elles se divisent en une myriade de petits canaux à ciel ouvert et, par infiltration, fertilisent le sol. Le système du tout à l'égout offre cette particularité que les matières fécales, au lieu de séjourner dans des fosses, sont entraînées jusque dans les égouts. Dans chaque maison où ce système est déjà installé, les divers cabinets, ou water-closets, ont leurs tuyaux de chute qui aboutissent dans une conduite centrale en relation directe avec l'égout le plus proche. Les dimensions des tuyaux de chute ainsi que celles de la conduite centrale sont calculées de telle sorte qu'il ne puisse se produire d'engorgement à aucun moment. De plus, dans le but d'activer la descente des matières fécales dans les tuyaux, chaque water-closet est muni d'un bassin de chasse qui envoie un violent et rapide courant d'eau dans les divers conduits. Grâce à ce courant, rien ne peut stationner dans les conduits dont la section intérieure demeure constamment libre sur sa longueur entière. Voy. ÉGOUT.

VIDANGEUR. s. m. Celui qui vide les fosses d'aisances.

VIDART ou **VIDARD.** s. m. (R. *vider*, avec un suff. péjor.). T. Art. vét. Se dit des chevaux qui ont des diarrhées fréquentes.

VIDDIN, v. de Bulgarie; 14,800 hab.

VIDE. adj. 2 g. (lat. *viduus*, veuf). Qui n'est pas rempli, ou qui n'est pas occupé. Dans ce sens, on fait abstraction de l'air qui remplit l'espace ou le lieu que n'occupe pas un autre corps solide ou liquide. *Espace v. Tonneau v. Cette bouteille est à moitié v. Venez près de moi, il y a une place v. Avoir le ventre v., l'estomac v. Sa bourse est v.* || Par extens., se dit du temps, et signifie libre d'occupation. *Il y a dans la journée des moments vides dont un homme sage sait tirer parti.* || Fig., *Avoir la tête v., avoir le cerveau v.,* Avoir peu d'idées, peu de sens. Signifie aussi, être dans un état qui rend incapable d'un travail intellectuel. *Il y a trop longtemps que je n'ai mangé, j'ai le cerveau v.* — *Avoir le cœur v.,* Être sans affection, sans attachement, ou n'éprouver aucune émotion. *Depuis cette perte irréparable, je sens que mon cœur est v. Ces discours amusent l'oreille et laissent le cœur v.* — Les mains vides, se dit dans des acceptions diverses. *Il croyait s'enrichir dans cette affaire, mais il est resté les mains vides,* Il n'y a fait aucun bénéfice. *C'est un homme qui a manié beaucoup d'argent dans sa place; mais il s'est retiré les mains vides,* Sans avoir rien détourné, sans avoir fait de profits illicites. *En Orient, quand on a affaire à un fonctionnaire quelconque, il ne faut pas l'aborder les mains vides,* Il faut lui apporter quelque présent. — *Un ouvrage, un discours v. de sens, de raison,* Un ouvrage, etc., où il n'y a rien de solide || En parlant de pièces dramatiques, on dit Fig. que *La scène est v., reste v.,* Lorsque, dans le courant d'un acte, les acteurs qui étaient sur le théâtre étant sortis, ceux qui leur succèdent commencent une scène qui n'a aucune liaison avec celle qui vient de finir. On dit aussi d'une scène, d'un acte qui manque d'action, de mouvement, d'incidents. *Cette scène est v.; Cet acte est tout à fait v.* — T. arts. s. m. Espace v. *Que faites-vous de ce grand v. dans votre jardin? placez-y une corbeille de gazon et de fleurs. Cette composition n'est pas régulière, elle est pleine de vides.* || Fig., au sens moral, *La mort de sa femme lui a laissé un grand v. dans le cœur. La mort de ce savant fait un grand v. à l'Institut.* || Fig., se dit quelquefois pour Vanité, néant. *Il reconnut de bonne heure le v. des grandeurs humaines.* || T. Archit. Se dit de tout espace qui n'est pas occupé par la maçonnerie ou la charpente. *Il faut proportionner les vides aux pleins. C'est de la relation des vides aux pleins que résulte la légèreté ou la lourdeur de l'architecture.* On dit aussi, *Espacer tant plein que v.* — Ce mur pousse au v.,* Il perd son aplomb, il déverse. || Fig. *Faire le v. autour de quelqu'un,* l'isoler. || T. Physiq. Se dit d'un espace qui ne contient point d'air. *Le v. barométrique.* — *Faire le v. au moyen de la machine pneumatique,* Retirer, au moyen de cette machine, l'air que contient un espace clos. — *V. absolu,* ou quelquefois *Vide,* se dit encore d'un espace où il n'y a absolument aucune matière. — A VIDE. loc. adv. qui signifie que ce dont on parle ne contient rien. *La diligence est partie à v.* — Fig. et fam., *Mâcher à v.,* Se rogner de fausses espérances. || T. Musiq. *Corde à v.,* Celle que l'on fait vibrer dans toute sa longueur. || T. Techn. *Frapper à v.,* frapper à côté de la pièce que l'on enclume. — *Fermer une serrure à v.,* sans que le pêne soit entré dans la gâche.

VIDE-BOUTEILLE. s. m. [Pr. *videboute-lle,* ll mouillées]. Petite maison avec un jardin, près de la ville, où l'on va passer quelques instants pour s'amuser. *Cette maison n'est proprement qu'un v.-bouteille.* Fam. = Pl. *Des vide-bouteilles.*

VIDELLE. s. f. [Pr. *vidè-le*] (R. *vider*). Instrument de confiseur pour vider les fruits à confire. — Instrument de pâtissier pour couper la pâte en bandes minces.

VIDE-POCHES. s. m. Corbeille, petit meuble où l'on dépose en rentrant chez soi, en se couchant, les objets qu'on avait dans les poches. = Pl. *Des vide-poches.*

VIDER. v. a. Rendre vide; enlever, retirer, faire écouler d'un lieu ce qui le remplissait. *V. une bouteille, un tonneau. V. un étang. V. un sac de blé. V. sa bourse. V. un tiroir. V. un appartement. V. une fosse d'aisances.* — Fam., *V. une bouteille, v. un verre,* Boire la liqueur qu'ils contenaient. *V. les bouteilles, les pots, les verres,* Boire beaucoup, faire la débauche. *V. son coffre-fort,* Débourser beaucoup d'argent. — *V. les lieux, v. la province, v. le royaume,* En sortir, les quitter; ne se dit guère que lorsqu'on les quitte par contrainte morale ou physique. — *V. les arçons*, quitter la selle, tomber de cheval. || T. Cuis. *V. une volaille*, v. *du poisson*, En retirer les intestins et autres parties internes qui ne se mangent pas. || T. Fauconn. *V. un oiseau*, Le purger. || T. Maréchalerie. *V. un cheval*, Passer la main dans son fondement pour en retirer les crottins, quand on veut lui donner un lavement. || T. Méd. *Ce médicament lui a fait v. de la pituite*, Lui a fait rendre de la bile, etc. Vx. || T. Palais. *V. ses mains*, Se dessaisir de l'argent qu'on avait entre les mains, et le payer à celui à qui la justice a ordonné de le remettre. || T. Forest. *V. les ventes*, enlever le bois abattu. || T. Techn. *V. une clef*, La forer, la creuser par le bout. || Fig., en parlant d'affaires litigieuses, les terminer, les finir par jugement, par accommodement, ou d'une autre manière. *Ce rapporteur vide bien des procès. V. un partage. V. un différend. V. une querelle les armes à la main.* — *V. ses comptes*, Les terminer. = SE VIDER. v. pron. Se désemplir. *Le tonneau se vide. Le réservoir s'est vidé en moins de rien. La salle se vida en un clin d'œil.* || Rendre ses excréments. *Ce chien se vide.* || Se terminer. *L'affaire se videra devant les tribunaux. Leur différend se vida le verre en main. Les comptes se sont vidés à la satisfaction de toutes les parties.* = VIDÉ, ÉE. part. || T. Man. *Des jarrets bien vidés*, se dit des jarrets d'un cheval, quand ils ne sont ni pleins, ni gras.

VIDEUR, EUSE. Celui, celle qui vide.

VIDIMER. v. a. (lat. *vidimus*, nous avons vu, mot qu'on écrivait autrefois sur les expéditions collationnées). Collationner la copie d'un acte sur l'original, et certifier qu'elle est conforme. *Il faut faire v. cette expédition.* Peu us. = VIDIMÉ, ÉE. part.

VIDIMUS. s. m. [Pr. l'S final]. Mot lat. qui signifie *Nous avons vu*, et qui s'employait autrefois pour dire qu'un acte avait été collationné sur l'original et certifié conforme. *Le juge a mis son v. à cet acte.*

VIDRECOME. s. m. (all. *wiederkomm* [*becher*] m. s., de *wiederkommen*, revenir). En Allemagne, on appelle ainsi un grand verre à boire qui fait le tour de la table, et dans lequel chacun boit à son tour.

VIDUITÉ. s. f. (lat. *viduitas* m. s., de *viduus*, veuf). Syn. de Veuvage. Peu usité, et ne se dit guère qu'en parlant des femmes.

VIE. s. f. (lat. *vita*; gr. βίος, vie). L'état des êtres organisés, *Le principe de la vie. Ceux qui nous ont donné la vie, de qui nous tenons la vie. Il ne donnait plus aucun signe de vie. Défendre, disputer sa vie. Je le soutiendrai au péril de ma vie. Sauver, conserver, arracher la vie à quelqu'un. Cette imprudence pensa lui coûter la vie. La vie de l'éléphant est fort longue. La vie de la plupart des insectes est éphémère. La vie, dans les plantes, se réduit à la nutrition et à la reproduction. Elles n'ont qu'une vie purement végétative.* — *Être en vie*, Être vivant. *Mourir tout en vie*, Mourir quand on semble encore plein de force et de vigueur. *Être entre la vie et la mort.* Voy. MORT. — *Demander la vie à son ennemi*, etc., se dit de quelqu'un qui prie son ennemi de ne pas le tuer. *Donner, accorder la vie à son ennemi*, Ne pas le tuer quoiqu'on le puisse. *Accorder la vie, faire grâce de la vie*, se dit aussi d'un prince qui empêche l'exécution d'un arrêt de mort prononcé contre un coupable. *Il doit la vie à un tel, il lui est obligé de la vie*, se dit de quelqu'un à qui une autre personne a sauvé ou conservé la vie. — Fam., *Revenir de mort à vie*, Revenir, contre toute espérance, d'une maladie très dangereuse. *Aller de vie à trépas*, Mourir. Ces phrases vieillissent. — Fig., *Cela lui a redonné la vie, lui a rendu la vie*, se dit d'une bonne nouvelle, d'un événement heureux qui arrive à une personne, tandis qu'elle était dans les plus vives alarmes. *Sa vie ne tient plus qu'à un fil.* Voy. FIL. || Le principe des phénomènes vitaux; la vitalité. *Il est encore tout plein de vie.* — Fig. *Il n'a qu'un souffle de vie*, se dit d'un homme infirme qui n'a point de vigueur. *Cet homme, cet animal a la vie dure*, Il résiste aux accidents qui devraient le faire mourir, ou il est difficile de le tuer. *Il y a bien de la vie dans cet homme*, se dit d'un vieillard ou d'un malade qui conserve encore de la force. — Fig., *Ce portrait est plein de vie*, Il est plein d'expression et semble animé. *Il y a bien de la vie dans ce tableau*, L'action y est vive, et les figures y sont pleines d'animation, d'expression. On dit aussi : *Ce discours a de la vie; Le style de cet auteur, de cet ouvrage est plein de vie*, Il est plein de force et d'énergie; et, dans le sens contraire : *Ce discours est sans vie; Son style est sans vie.* = *Vie*, signifie encore l'espace de temps qui s'écoule entre la naissance et la mort, et se dit, soit de cet espace de temps tout entier, soit de celui qui s'est écoulé jusqu'au moment où l'on parle, soit de celui qui doit s'écouler depuis ce moment jusqu'à la mort. *La vie la plus longue ne suffirait pas à un pareil travail. Sa vie a été trop courte. Le cours, la durée, la fin de la vie. La vie de l'homme passe, passe comme un songe. Ma vie durant. Il est estropié pour toute sa vie. Il en a pour sa vie.* — *Eau-de-vie.* Voy. ALCOOL. *Élixir de longue vie.* Voy. ÉLIXIR. || Se dit aussi de l'existence de l'âme après la mort, et alors on l'appelle *La vie future, l'autre vie*, par opposition à la *Vie présente. Les biens de la vie future.* — *La vie éternelle*, L'état des bienheureux dans le ciel. = *Vie*, se dit aussi de l'ensemble des choses nécessaires à l'entretien de la vie, et principalement de la nourriture et de la subsistance. *Elle a bien de la peine à gagner sa vie. Chercher sa vie. Demander, mendier sa vie. Il est tout à fait ruiné; mais il a trouvé chez un oncle la vie et le vêtement.* — Fam., *La vie est chère dans ce pays*, Le prix des denrées y est élevé. || Prov., *Être de grande vie, Manger beaucoup*; *Être de petite vie, Manger peu.* Ces phrases vieillissent. = *Vie*, signifie souvent manière de vivre, soit qu'on la considère au point de vue physique, soit qu'on la considère au point de vue moral. || Se dit par rapport aux commodités et aux plaisirs, ou aux incommodités ou aux souffrances de la vie. *Mener une vie aisée, douce, tranquille, heureuse, une vie triste, agitée, misérable. Traîner une vie languissante. Les commodités, les douceurs, les plaisirs de la vie.* — Fam., *Mener une vie de chanoine*, Une vie tranquille et exempte de soucis. *Mener une v. de bâtons de chaise*, une vie très agitée. *Rendre la vie dure à quelqu'un*, Le tracasser, le chagriner à tout propos. *Tourmenter sa vie.* Voy. TOURMENTER. || Se dit par rapport aux occupations et aux professions différentes de la vie. *Choisir un genre de vie. Embrasser la vie religieuse, la vie monastique. La vie champêtre. La vie des camps. La vie civile. La vie politique. Vie laborieuse, fatigante.* — Fam., *C'est sa vie*, se dit d'une chose où l'on se plaît extrêmement, et dont on fait sa principale occupation. *Il joue continuellement, c'est sa vie. Il aime l'étude plus que toutes choses, c'est sa vie.* || Se dit par rapport à la conduite et aux mœurs. *Une vie sage, réglée, pure, chaste. Une vie oisive, déréglée. Une vie de désordre, de débauche. Une vie intègre, honorable, irréprochable. Mener une vie obscure, retirée, cachée. Il a promis de changer de vie. Il se repent de sa vie passée.* — Fam., *Faire bonne vie, mener joyeuse vie*, Passer sa vie à se divertir. *Faire vie de garçon*, Mener une vie libre et peu régulière. *Femme de mauvaise vie*, Prostituée. *Mener une vie de cochon*, Vivre dans la débauche, dans la crapule. *Vie de cochon, courte et bonne*, Vie passée dans la débauche et qui s'abrège par les excès. Absol., *Faire la vie, Faire bonne chère*, se livrer à la débauche. Prov., *Il faut faire vie qui dure.* Voy. DURER. *Telle vie, telle fin* ou *Telle vie, telle mort.* Voy. TEL. = Par extension, *Vie* signifie aussi l'histoire, le récit des choses remarquables de la vie d'un homme. *Il a écrit lui-même sa vie. Les vies des saints. Les vies des hommes illustres par Plutarque*, el. ellipt., *Les Vies de Plutarque. Les vies des peintres de Vasari.* = *Vie*, dans le langage popul., se dit encore pour querelle, gronderie, faite avec emportement et crieries; dans ce sens, le mot *Vie* s'accompagne toujours d'une épithète. *Quand votre femme rentrera, elle vous fera une belle vie, une terrible vie. Ils se querellent toujours dans cette maison, ce sont des vies enragées.* = À VIE. loc. adv. Pendant tout le temps qu'on a à vivre. *Une pension à vie. Bail à vie. Acheter à vie.* = À LA VIE ET À LA MORT. loc. adv. Voy. MORT. || POUR LA VIE. loc. adv. Pour toujours. *Je suis votre ami pour la vie.* || Par exagération. *Cette étoffe est excellente, on en a pour la vie.* = DE LA VIE, DE MA VIE, DE SA VIE, etc. loc. adv. Jamais. *Je n'y consentirai de ma vie. Il ne sera de sa vie aussi habile que son père.* || JAMAIS DE LA VIE, en aucun temps de la vie.

Biol. — I. — A toutes les époques, les philosophes et les savants se sont ingéniés à définir la vie. Toutes les définitions qu'on en a données sont insuffisantes ou fausses. Aristote dit : « La vie est la nutrition, l'accroissement et le dépérissement ayant pour cause un principe qui a sa fin en soi, l'*entéléchie* ».

Ceci est plus qu'une définition, c'est l'affirmation d'une doctrine relative à la cause de la vie. Pour Kant, « la vie est *un principe intérieur d'action* ». Outre que cette formule est trop vague, elle présente le même défaut que la précédente, et, de plus, elle est trop générale, car on pourrait aussi l'appliquer à la pensée, ou à certaines formes de la pensée, par exemple à l'idée de moralité. La célèbre définition de Bichat : « la vie est *l'ensemble des fonctions qui résistent à la mort* » ne définit rien puisqu'elle se contente d'opposer la vie à la mort en laissant entendre de plus qu'il existe, entre l'être vivant et les actions que le milieu où il est plongé exercent sur lui, une sorte d'antagonisme que l'expérience ne montre en aucune façon. D'autres physiologistes ont admis que la vie, au lieu d'être un principe recteur, n'est qu'une résultante de l'activité de la matière organisée; mais qu'est-ce que cette *activité* et en quoi diffère-t-elle de l'activité de la matière brute? Le vice commun à toutes ces définitions est qu'elles visent trop haut. Au lieu de se borner à définir la vie comme un phénomène, on a voulu, plus ou moins consciemment, indiquer, dans la définition même, la cause des phénomènes vitaux. Comme cette cause demeure profondément inconnue, on ne pouvait guère faire autre chose que de se payer de mots. Un peu de réflexion suffit en effet à montrer que toutes les formules précédentes équivalent à peu près à dire que la vie est la vie et rien de plus. Claude Bernard reconnaît avec beaucoup plus de sagesse qu'il est impossible de définir la vie et qu'il suffit de la caractériser, c.-à-d. d'expliquer en quoi un corps vivant diffère d'un corps brut. Au lieu de définir la *vie*, chose abstraite et inaccessible, on se borne à décrire les phénomènes vitaux, et cela est une œuvre déjà difficile, mais que la science peut entreprendre à l'aide de l'expérience et de la réflexion.

II. — Mais les phénomènes de la vie sont nombreux et complexes, en raison du nombre des tissus et des organes qui entrent dans la composition de l'individu que l'on considère, ainsi que des relations qui existent entre ces organes. De plus ils diffèrent suivant les êtres vivants que l'on considère, et se compliquent de plus en plus à mesure qu'on s'élève dans l'échelle des animaux ou des végétaux. Il faut donc chercher dans cette immense variété quel est le phénomène commun, non seulement à tous les êtres vivants, mais encore à tous les tissus dont ils se composent. Or, ce phénomène fondamental : c'est la *nutrition* ou l'*assimilation*. Il y a des êtres réduits à une simple cellule; cependant ces êtres se distinguent essentiellement des corps inorganiques, en ce qu'ils s'accroissent ou tout au moins persistent dans leur état au moyen de la nutrition. Ils puisent dans le milieu ambiant certaines substances de nature, soit inorganique, soit organique, les absorbent, puis les transforment en les assimilant à leur propre substance. De plus, à tout mouvement de combinaison et d'assimilation correspond un mouvement opposé de désassimilation et de décomposition. La vie pouvant être bornée à la nutrition, c'est donc par ce phénomène qu'il faut la définir.

Quant aux phénomènes plus complexes qui apparaissent chez les êtres supérieurs, on leur a donné les noms d'*accroissement*, de *développement*, de *reproduction*, de *sensibilité*, d'*innervation*, de *contractilité* et de *motilité*.

Les phénomènes de nutrition, de développement et de reproduction étant les seuls qu'on observe en général chez les plantes, on leur a donné le nom de *phénomènes de la vie végétative* ou *organique*, et, par suite, on a appelé *propriétés végétatives* ou *propriétés organiques* les propriétés des éléments anatomiques ou des tissus sous l'influence desquelles ils se produisent. Parmi les animaux, il en est qui ne présentent que les phénomènes de la vie végétative; mais le plus grand nombre jouissent à la fois de la contractilité, de la motilité et de la sensibilité. Or, comme les phénomènes de sensibilité, de contractilité et de motilité n'appartiennent guère qu'aux animaux, les physiologistes les ont appelés *phénomènes de la vie animale* ou *de la vie de relation*, et les propriétés qui président aux fonctions de cet ordre ont été nommées *propriétés animales*. Cependant ces désignations ne sont pas absolument correctes car, ainsi que nous l'avons dit au mot VÉGÉTAL, il est impossible d'établir une démarcation entre le règne animal et le règne végétal. De plus, il ne faut pas croire que chaque élément anatomique ou tissu soit réduit à un seul mode d'activité. En effet, la plupart d'entre eux en possèdent plusieurs, dont l'un est toujours relatif à la nutrition. Ainsi, par exemple, la contractilité des muscles suppose nécessairement la nutrition. Les phénomènes de la vie animale sont donc, pour ainsi dire, superposés aux phénomènes de la vie végétative; en d'autres termes, les propriétés végétatives sont la condition préalable de la manifestation des propriétés animales. Il est à peine besoin d'ajouter que les éléments qui composent la matière organique possèdent d'ailleurs toutes les propriétés mécaniques, physiques et chimiques qui appartiennent à la matière inorganique, comme la pesanteur, la ténacité, l'élasticité, et telles ou telles affinités chimiques, et que ces propriétés communes à tous les corps sont comme le support des propriétés vitales tant de la vie organique que de la vie animale.

Après la nutrition, le phénomène le plus important que nous offre la vie est celui de la *reproduction*, qui consiste en ce que l'être vivant a le pouvoir, moyennant certaines conditions, de mettre au jour un être semblable à lui. La reproduction est subordonnée à la nutrition; elle n'est pas essentielle à la vie de l'individu, puisque celui-ci peut vivre sans se reproduire, et que, même, certains individus, comme les *neutres* des Abeilles, des Guêpes, des Fourmis, etc., sont incapables d'accomplir cette fonction. Cependant la reproduction est indispensable à la conservation de la vie, puisque les êtres individuels sont tous condamnés à périr après un temps plus ou moins long.

Vers le milieu du XIX° siècle, on discutait beaucoup sur la matière vivante et la matière morte, sur l'apparition de la vie dans certains liquides organiques, sur la génération spontanée, etc. Comme les observations précises manquaient, ces discussions étaient vouées à la stérilité la plus complète. L'étude des êtres d'une organisation déjà complexe ne pouvait être d'aucune utilité pour ces difficiles questions. Il fallait étudier au contraire les êtres inférieurs afin d'essayer de surprendre les formes les plus simples de la vie : c'est à quoi se sont attachés un grand nombre de naturalistes à la fin du siècle. Les recherches ont été entreprises dans des voies différentes, et par des méthodes variées; mais un nom célèbre domine cette phase de l'histoire de la science : c'est celui de Pasteur qui a démontré l'existence des germes atmosphériques et rattaché à leur développement les faits qu'on attribuait avant lui à la génération spontanée. Outre les immenses services qu'il a rendus à la médecine et à l'industrie, Pasteur est le véritable créateur de cette partie de l'histoire naturelle qui concerne les êtres unicellulaires (Voy. FERMENTATION, MICROBIOLOGIE), partie d'une importance considérable, car ce sont les renseignements qu'on a su y trouver qui ont seuls permis d'arriver à formuler quelques notions précises et générales auxquelles se sont ralliés presque tous les naturalistes :

1° On n'a jamais vu de vie sans organisation. Il n'y a donc pas de distinction à faire entre la matière vivante et la matière morte. La différence entre l'être vivant et le corps brut réside non dans la substance, mais dans la forme, l'organisation, celle-ci disparaissant très vite après la mort.

2° L'organisme le plus simple qui ait été observé est la *cellule*.

3° Tous les êtres vivants sont composés de cellules semblables ou dissemblables.

4° La cellule est un être déjà complexe, puisqu'on y distingue en général une enveloppe, une matière intérieure appelée *protoplasma*, un *noyau*, des *nucléoles*, des points *chromatiques*, c.-à-d. qui se colorent plus que le reste sous l'action des réactifs colorés, etc. Il est probable que la complexité de la cellule nous paraîtrait plus grande encore si nous disposions de microscopes plus puissants.

5° La nutrition de la cellule ne consiste pas dans l'assimilation des matières nutritives du milieu extérieur qui traverseraient simplement la membrane pour s'incorporer au protoplasma. Chaque cellule est un véritable laboratoire dans lequel les matériaux puisés au dehors subissent des modifications chimiques plus ou moins profondes ; une partie des produits ainsi formés est incorporée au protoplasma ou à la matière du noyau : c'est la *nutrition*; le reste est expulsé au dehors : c'est l'*excrétion*.

6° L'action chimique de chaque cellule est spécifique, c.-à-d. que les cellules d'une même espèce produisent toujours les mêmes réactions chimiques et donnent des produits de sécrétion identiques, tandis que les cellules d'espèces différentes donnent des produits différents.

7° La cellule s'accroît en volume par la nutrition; mais cet accroissement n'est pas illimité : si la nourriture est suffisante, la cellule se divise en deux ou plusieurs autres, soit par scissiparité, soit par bourgeonnement, soit par sporulation. C'est la *reproduction*. La *fécondation*, quand elle a lieu, consiste en ce que deux cellules se fusionnent en une seule avant de se diviser pour former d'autres cellules.

8° Les cellules qui résultent de la reproduction d'une cellule donnée sont semblables à la cellule mère : elles ont les mêmes formes, se nourrissent des mêmes matières et accomplissent les mêmes réactions chimiques. Cependant, il peut y avoir entre la cellule mère et les cellules filles, de légères différences qui, s'accentuant à chaque génération, finissent au bout d'un temps plus ou moins long, par produire des êtres notablement différents des premiers parents. Cette *variabilité* de la cellule est la base du transformisme : c'est elle aussi qui permet la constitution des organismes complexes formés de l'association d'innombrables cellules *différenciées*.

9° Toute cellule provient d'une cellule semblable à elle. On n'a jamais vu de cellule se produire spontanément dans un liquide quelconque sans que quelque autre cellule y ait été apportée.

10° La vie de certaines cellules peut être *suspendue* : les cellules qui sont dans cet état de *vie latente* ressemblent à des corps bruts : elles ne se nourrissent pas, ne s'accroissent pas, et peuvent rester dans cet état pendant fort longtemps; pourtant elles ne sont pas mortes, car, dès qu'elles se trouvent dans un milieu favorable à leur développement, elles commencent à vivre activement. La vie latente s'observe quelquefois chez des êtres en pleine activité vitale, quand le milieu cesse d'être favorable à cette activité. Tel est le cas des Rotifères desséchés. Voy. ROTIFÈRES. Mais le plus souvent les cellules à l'état de vie latente ont été formées en vue de cet état et sont destinées à la reproduction : ce sont les *spores*, les *graines*, les *œufs*. Voy. ces mots. Ces sortes de cellules résistent beaucoup mieux que les autres aux influences capables d'anéantir la vie; c'est ce qui explique comment la terre, l'eau, l'atmosphère fourmillent de germes qui n'attendent qu'une occasion favorable pour se développer et accomplir les fonctions de leur espèce.

Tels sont les principes qui se dégagent de l'observation la plus minutieuse, et qui, tant que de nouvelles expériences ne viendront pas les contredire, seront considérés comme les lois fondamentales de la vie à la surface de la terre.

On voit combien ces lois sont déjà compliquées, et combien les phénomènes de la vie unicellulaire sont différents de ceux que nous présente le monde inorganique. Insistons, cependant, sur quelques différences caractéristiques. A quelquefois comparé la constance de la forme des êtres vivants à celle des formes cristallines : la différence est que, dans un cristal, ce qui est constant ce sont les angles, tandis que, chez l'être organisé, c'est la forme générale toujours plus ou moins arrondie qui se conserve sans aucun souci des détails géométriques : si l'on peut parvenir à mesurer des angles, ces angles varient de plusieurs degrés d'un individu à un autre. Il est tout aussi impossible d'assimiler l'accroissement d'un cristal au développement d'une cellule : le cristal s'accroît par la simple juxtaposition des parties similaires, la cellule se développe par son intérieur au moyen de substances qu'elle a fabriquées elle-même à l'aide des matériaux puisés dans le milieu extérieur. Ajoutons que les substances cristallisables ne figurent pas parmi celles qui servent à construire les tissus des êtres vivants. On connaît la distinction entre les corps *colloïdes* et les corps *cristalloïdes*. Voy. ces mots. Toutes les substances qui composent les tissus organisés sont des colloïdes. Si l'on rencontre quelquefois des cristalloïdes dans le corps des animaux ou des végétaux, ce sont ou bien des produits d'excrétion non encore expulsés, ou bien des matières nutritives accumulées en réserve ou dissoutes dans les liquides nutriciers comme le sang, la sève, le lait, et non encore assimilées. Enfin le monde inorganique ne nous offre rien de semblable à la reproduction.

Si nous considérons les êtres formés de plusieurs cellules, nous voyons les phénomènes vitaux se compliquer bien davantage. Certains organismes inférieurs sont formés de cellules toutes semblables entre elles; ceux-là n'offrent rien de bien intéressant. Les autres nommés *métazoaires* sont constitués par des cellules *différenciées* qui se groupent pour former des organes distincts. Voy. HISTOGÉNIE, HISTOLOGIE. Ici la nature met en œuvre le principe de la division du travail. Par exemple, chez un mammifère, certaines cellules se groupent pour former les os, d'autres les muscles, d'autres les vaisseaux sanguins, d'autres le foie, les reins, les nerfs, etc., pendant que les globules sanguins qui sont aussi des cellules voyagent au travers de tout cet organisme pour y porter partout l'oxygène et les matières nutritives, et enlever les matières de déchet. Chacune de ces cellules accomplit une fonction bien déterminée : elle s'accroît et vit pour son propre compte, se reproduit et meurt pour être remplacée par une autre plus jeune. On a souvent comparé le corps d'un animal à

une machine; la comparaison est exacte au point de vue mécanique; mais c'est une machine qui se reforme, se détruit et se renouvelle elle-même. La substance même qui constitue le corps n'y demeure pas; elle ne fait qu'y passer : pendant que les vieux matériaux sont entraînés avec les excrétions, les aliments en apportent de nouveaux qui s'organisent à leur tour pour remplacer les anciens. On a dit qu'au bout de quelques années le corps humain ne contenait plus un seul des atomes qui le constituaient primitivement; on peut en dire autant des cellules qui le composent : celles-là vivent et meurent et sont incessamment renouvelées sans que qu'elles cessent un instant de fonctionner. C'est ainsi que certains physiologistes ont comparé la vie à un fleuve : l'eau qui coule entre les rives s'enfuit et se renouvelle incessamment, et cependant c'est toujours le même fleuve. Pourtant la comparaison n'est pas tout à fait exacte, car, dans le fleuve, il y a au moins les rives qui sont fixes et qui contiennent le cours de l'eau, tandis que, dans le corps de l'animal, il n'y a *rien* de fixe, aucune enveloppe immuable capable de contenir et de définir le flux des parties mobiles : tout y change, tout y vit et y meurt tour à tour, pendant que les appareils les plus délicats conservent sans s'altérer leur forme et leur fonctionnement, que chaque cellule nouvelle vient prendre la place de la cellule morte, et que toutes ces substitutions s'effectuent avec un ordre parfait.

La permanence d'un organisme aussi complexe est assurément un phénomène très remarquable; ce qui l'est plus encore, c'est que l'organisme tout entier, avec ses milliards de cellules dont il est composé, dérive d'une cellule unique, formée par la fusion de l'ovule et du spermatozoïde. Cette seule cellule est la mère de toutes les autres, qui se sont produites par des bourgeonnements successifs. En quelques mois, en quelques semaines, ces cellules filles se sont multipliées et différenciées; chacune a pris une forme et une fonction déterminée, et les combinaisons semblables ou dissemblables se sont développées les unes à côté des autres de manière à former des appareils et des organes en tout semblables à ceux des parents dont provient la cellule initiale. Les recherches des histologistes nous ont appris comment se fait ce développement, dans quel ordre apparaissent les divers organes et les diverses parties de ces organes; mais il est bien clair que cette étude reste entièrement descriptive et qu'elle n'apporte aucune lumière sur la cause mystérieuse qui produit le développement de ces organes complexes suivant une forme et un plan parfaitement déterminés. Voy. HISTOGÉNIE, HISTOLOGIE.

III. — Le mystère de la vie a donné lieu à des systèmes divers et à des discussions interminables, tant parmi les médecins et les physiologistes que parmi les philosophes et les psychologues. Cependant, lorsqu'on a soin de réduire ces systèmes à leurs éléments les plus essentiels, on s'aperçoit qu'ils sont beaucoup moins nombreux qu'ils ne le paraissent être d'abord, et qu'ils peuvent rigoureusement se ramener à cinq. — La vie, selon les uns, se confond avec le mouvement et n'est pas gouvernée par d'autres lois que celles de la mécanique. Cette opinion a été pendant quelque temps celle d'une secte de médecins qu'on désignait sous le nom d'*iatromécaniciens*. On l'aperçoit déjà dans l'atomisme de Leucippe et de Démocrite; mais c'est Descartes qui lui a donné son expression la plus accomplie. C'est lui qui, en comparant les fonctions de l'organisme aux mouvements d'une horloge, ne voyait dans les animaux que des automates, et, dans le corps même de l'homme, qu'une statue animée par une chaleur sans lumière, comme celle qui se dégage dans la fermentation du raisin. — La vie, selon les autres, n'est qu'un résultat de la combinaison des molécules élémentaires dont se compose en général la matière des êtres organisés, un effet de leurs affinités et de l'action qu'elles exercent les unes sur les autres; en un mot, un phénomène purement chimique. C'est l'école dite des *iatrochimistes*. — La vie, si nous en croyons une théorie plus récente, ne s'explique par aucune des lois qui gouvernent la nature brute, ni par les lois de la mécanique, ni par celles de la physique, ni par celles de la chimie. Elle est une propriété particulière de la matière organisée, mais qui change suivant les tissus et suivant les organes dans lesquels elle réside, produisant la motilité dans les muscles, la sensibilité dans les nerfs, dans le foie la sécrétion de la bile, dans le tube intestinal la transformation des aliments en matières animales, etc. Cette doctrine est celle de Bichat et de Broussais. On la désigne sous le nom d'*Organicisme*. — Barthez, médecin de la faculté de Montpellier, a soutenu que la vie est bien plus qu'une propriété inhérente aux tissus dont se compose notre corps. Il la considère comme une force, comme un être à part qu'il nomme *Principe vital*, et qui, doué d'une activité propre, se distingue à la fois de l'âme et des organes, et constitue une seconde âme aussi différente de l'âme pensante que de la matière. Ce système est connu sous le nom de *Vitalisme*. — Enfin, il y a une cinquième opinion d'après laquelle la vie n'est pas autre chose que l'âme elle-même, l'âme intelligente et libre, mais privée à la fois de conscience et de liberté lorsqu'elle préside aux fonctions de l'organisme et à la fonction même des organes. Le *moi*, la personne humaine, l'être moral, ne serait qu'un état particulier ou un degré supérieur de cette force spirituelle qui meut et pénètre le corps après l'avoir construit. Éclairée dans le premier cas par la raison et par le sentiment, elle n'obéirait dans le second qu'à un instinct aveugle et irrésistible. C'est la doctrine dont Aristote a posé le principe dans sa fameuse définition de l'âme, mais dont Stahl a développé les conséquences, et qui est connue dans l'histoire de la philosophie et de la médecine sous le nom d'*Animisme*.

Tous ces systèmes ont été vivement critiqués et avec juste raison. Ceux des iatromécaniciens et des iatrochimistes sont notoirement insuffisants et n'ont plus de partisans. Il faudrait au moins les fondre ensemble, car la vie comporte à la fois du mouvement et des actions chimiques. C'est ce qu'a essayé de faire Hæckel, dont la doctrine est connue sous le nom de *monisme*. L'organicisme n'est qu'une vaine pétition de principe. Dire que la vie est le résultat de l'activité propre des tissus, c'est dire que les tissus vivent parce qu'ils vivent, et pas autre chose. Le vitalisme est obscur parce qu'il est impuissant à définir convenablement le *principe vital* qu'il invoque. Il serait clair, s'il se bornait à dire que les causes de la vie sont différentes des causes des phénomènes physiques ou chimiques; mais, en voulant faire résider ces causes dans un principe unique et particulier, il vise trop haut, et se paye de mots. Il faudrait dire si le principe vital est général ou individuel; dans le premier cas, comment ce principe forme-t-il des êtres aussi variés que ceux que nous montre la nature? Dans le second, survit-il à l'individu ou périt-il avec lui? Comment se transmet-il des parents à leurs descendants? Enfin l'animisme est une pure hypothèse. On reconnaît que la cause de la vie ne doit pas être cherchée dans le monde physique, et on l'identifie avec l'âme individuelle; mais nous ne connaissons l'âme que par l'observation intérieure, et nous n'en pouvons savoir que ce que nous révèle la conscience. Lui accorder des facultés dont nous n'avons pas conscience, la doter d'une activité propre qui s'exerce sans que nous le sachions, c'est en faire un être absolument incompréhensible. De plus, que devient la doctrine appliquée aux végétaux et aux êtres inférieurs? Puisque chaque cellule vit d'une vie propre, il faut que chaque cellule ait une âme; mais il en faut une aussi pour l'être entier, afin de procéder à l'arrangement des cellules. La difficulté s'accentue si l'on considère des êtres susceptibles de division. Une branche de saule ou de peuplier coupée proprement et mise en terre y prend racine, végète pour son compte et reproduit un nouvel arbre. Alors l'âme de l'arbre ne suffit plus, il en faut une pour chaque branche, pour chaque feuille, pour chaque fleur. Il semble bien que les partisans de l'animisme n'ont eu en vue que l'homme et les animaux supérieurs, de même que les partisans des doctrines matérialistes attachent leur attention aux phénomènes de la vie végétative et négligent les phénomènes de conscience. Voy. MATÉRIALISME. Bien rares sont les philosophes qui, en parlant de la vie, ont eu présent à l'esprit l'ensemble des phénomènes si complexes offerts par les deux règnes vivants.

La vérité est que la vie demeure un mystère pour notre science et qu'il est absolument chimérique d'en chercher l'explication, au moins dans l'état actuel de nos connaissances. Les auteurs des systèmes indiqués ci-dessus ont mal posé la question et se sont égarés à la recherche d'un problème qui se présentait d'avance comme entièrement insoluble. La seule manière vraiment philosophique de poser la question est de demander si les phénomènes de la vie peuvent se réduire à ceux que l'on étudie en physique et en chimie, ou si, au contraire, le monde vivant se distingue du monde inorganique par l'action d'une ou de plusieurs causes, inconnues d'ailleurs, mais différentes de celles qui produisent les phénomènes physico-chimiques. On peut se prononcer pour l'une ou l'autre de deux hypothèses; mais il reste à chercher quelle est celle des deux qui paraît le mieux s'accorder avec les faits observés. La première a gagné beaucoup de partisans lorsque les progrès de la chimie ont montré qu'un grand nombre de substances qualifiées autrefois d'*organiques*, parce qu'on ne les rencontre dans les tissus des végétaux ou des animaux, pou-

voient être fabriquées de toutes pièces dans les laboratoires. Peut-être n'a-t-on pas assez réfléchi à l'abîme qu'il y a entre faire de l'alcool, même de la gélatine, et façonner une cellule vivante. Cette doctrine de l'identité des forces vitales avec les forces physico-chimiques a été soutenue dans ces derniers temps par Hæckel sous le nom de *monisme*. On lui a objecté qu'aucune des lois physiques ou chimiques connues ne permet d'expliquer le phénomène vital le plus simple, celui de la nutrition de la cellule. On répond que cela tient à ce que ces lois sont imparfaitement connues et que l'explication viendra quand les lois seront mieux connues. Ce genre d'argumentation est commode, mais il n'est pas démonstratif : il consiste à affirmer comme certain une sorte d'espoir nécessaire aux besoins de la cause. Il se pourrait bien que l'événement vînt tourner à l'encontre, et c'est précisément ce qui est arrivé. La chimie poursuit ses progrès sans rien nous montrer de comparable à la vie. On avait émis l'espoir de rencontrer des substances tenant le milieu entre les êtres organisés et la matière morte; bien au contraire, plus les études biologiques se développent, plus la vie apparaît comme un phénomène distinct. Entre la cellule vivante et la masse homogène et inerte de gélatine ou d'albumine, aucun intermédiaire n'a été trouvé, et la possibilité même de cet intermédiaire semble de moins en moins probable. On avait comparé la nutrition à un phénomène d'endosmose. Voici que les biologistes apprennent que la cellule ne se contente pas d'absorber le suc nutritif qui l'entoure : elle le transforme à sa façon. Enfin, et c'est peut être là le point le plus grave, le monisme implique la possibilité de la génération spontanée, et celle-ci n'est plus acceptée par personne. On le voit, les progrès des sciences biologiques ne sont guère favorables au monisme; loin de nous en rapprocher, ils nous en éloignent, et l'opinion dominante parmi les naturalistes contemporains est que les phénomènes vitaux sont d'un autre ordre que les phénomènes physico-chimiques, et reconnaissent d'autres causes et d'autres lois.

Si des êtres unicellulaires nous passons aux êtres multicellulaires, la divergence s'accentue encore par la difficulté de comprendre la cause mystérieuse de l'agencement des cellules; cette difficulté paraissait si grande à Claude Bernard que cet illustre physiologiste a déclaré qu'on ne pouvait rien comprendre à la vie, si l'on n'admettait pas que l'organisme se développe suivant un plan et pour une fin déterminés d'avance. En d'autres termes, la vie est incompréhensible, si on va la faire dépendre que de causes prochaines : il faut y reconnaître une cause finale. Une idée analogue avait déjà été exprimée par Kant : « C'est dans le tout, dit-il, que réside la cause du mode particulier d'existence de chaque partie du corps vivant, tandis que, pour les masses mortes, chaque partie contient en elle la raison de son existence. »

Jusqu'ici nous n'avons parlé que de la vie végétative. Que dire de la vie animale et de la vie humaine? Croit-on qu'on a expliqué la sensibilité, l'intelligence, la pensée, la morale, quand on a dit que tout cela dépendait des mêmes causes que la chimie, et que nous en aurons l'explication complète quand la chimie sera suffisamment avancée? En résumé, la cause de la vie nous est parfaitement inconnue, et il est chimérique de la chercher; tout ce qu'on peut dire c'est que les phénomènes dont nous sommes témoins ne paraissent pas réductibles les uns aux autres. La vie ne peut pas s'expliquer par les lois du monde inorganique, et nous ajouterons que les phénomènes que nous avons ailleurs appelés *moraux* et dont le plus simple est la sensibilité ne peuvent pas s'expliquer par les phénomènes de la vie végétative. (Voy. MATÉRIALISME.)

IV. *Origine de la vie*. — Voici encore une question qui a donné lieu à d'interminables controverses, et qui est radicalement insoluble dans l'état de nos connaissances. Tous les astronomes et tous les géologues sont unanimes à déclarer que la terre a été autrefois un globe porté à une très haute température, et dont les matériaux qui la composent étaient réduits à l'état de liquides et de gaz incandescents; antérieurement même, on n'était qu'une masse gazeuse, séjour absolument impropre à la vie que nous connaissons. Comment donc la vie est-elle apparue sur la terre? Puisqu'on rejette la génération spontanée, trois hypothèses seulement paraissent possibles. La première est que la vie a toujours existé, même dans les liquides incandescents et dans les gaz dilués de la nébuleuse primitive; cette vie était certainement d'une forme rudimentaire et très différente de ce que nous connaissons, mais enfin c'était la vie, et les êtres organisés d'aujourd'hui sont les descendants de ceux d'alors qui se sont peu à peu modifiés suivant les variations du milieu. Nous ne croyons pas qu'une pareille hypothèse ait beaucoup de partisans. La deuxième consiste à admettre que la génération spontanée, aujourd'hui impossible, a pu se produire autrefois dans des conditions particulières qui ne se rencontrent plus de notre temps. C'est renoncer au principe que tout être vivant provient d'un être vivant semblable à lui; c'est accepter le monisme d'Hæckel. Enfin la troisième hypothèse est que les germes de la vie ont été apportés sur la terre par les innombrables corpuscules qui sillonnent l'espace et qui tombent sur la terre sous forme d'uranolithes ou de poussières cosmiques. Il faut admettre que la vie existe ou existait sur d'autres corps célestes dont les débris se sont répandus dans l'espace emportant avec eux des germes de toutes sortes. Il suffit qu'un de ces germes soit tombé sur la terre et y ait trouvé des conditions favorables à son développement. Sans doute, il s'agit de germes de vie rudimentaire; mais il suffit que la vie ait commencé; le transformisme a fait le reste. Il y a peu d'années une pareille hypothèse eût été rejetée immédiatement comme ridicule; elle est aujourd'hui formulée, à titre de simple possibilité, par plusieurs savants. On lui a fait plusieurs objections: la première est que l'on ne saurait résister au froid de l'espace; mais M. d'Arsonval a montré que les spores de certains microbes ne sont pas tuées par une immersion prolongée dans l'air liquide. Il n'y a rien à répondre. La seconde est qu'un aérolithe pénétrant du dehors dans notre atmosphère avec une vitesse nécessairement très grande y subit de la part de l'air une résistance considérable qui réduit énormément sa vitesse et transforme en chaleur une partie de sa force vive, à tel point que la surface entre en fusion et devient incandescente, comme le montrent les étoiles filantes et les bolides. Les germes seraient alors brûlés. Mais on peut répondre que la surface seule de l'aérolithe montre une couche de fusion, noire et mince, et que d'ailleurs on a ramassé des aérolithes fraîchement tombés, qui s'étaient brisés sous explosion par l'effet de la pression et des variations de température, et dont l'intérieur était froid, alors que la surface était brûlante. De plus, si les germes nous arrivent à l'état de poussière très ténue, ils peuvent avoir perdu progressivement la plus grande partie de leur vitesse par la résistance du milieu très rare qui s'étend sans doute assez loin au-dessus de l'atmosphère proprement dite. Une autre objection est tirée du calcul des probabilités. Étant donnés, d'une part, le rapport extraordinairement minime qui existe nécessairement entre les germes et les autres substances cosmiques, et d'autre part, la rareté des uranolithes, il est bien improbable qu'un seul de ces germes ait pu rencontrer la terre et y trouver les conditions nécessaires à son développement. Toutefois il est juste de remarquer que le nombre des étoiles filantes rencontrées chaque année par notre planète s'élève à plusieurs centaines de milliards. Enfin cette hypothèse ne fait que reculer la difficulté: elle explique l'apparition de la vie sur la terre; elle n'explique pas son apparition dans l'univers.

V. — Les conditions dans lesquelles la vie est possible nous apparaissent comme assez étroites; elles le semblaient bien davantage, il y a peu de temps, et c'est encore l'étude des êtres unicellulaires qui a élargi nos idées à cet égard. Ainsi la présence de l'air était autrefois considérée comme absolument nécessaire à toute manifestation vitale. La découverte des microbes anaérobies qui vivent dans l'intérieur des tissus en décomposition, ou dans les milieux privés d'air, et pour qui l'oxygène de l'air est un poison mortel, est venu montrer combien on se trompait. Il y a des microbes qui vivent dans des milieux qui sont des poisons pour d'autres organismes: on en trouve dans certains acides, comme l'acide acétique ou l'acide nitrique, et dans une foule de substances diverses. Cependant il y a des corps qui non seulement sont impropres à entretenir la vie d'aucun organisme, mais encore détruisent les organismes vivants auxquels on les met en contact: ces substances sont en grand nombre: nous citerons l'acide borique, le bichlorure de mercure, le phénol, etc. On les appelle antiseptiques; la médecine et l'hygiène en font un grand usage pour la destruction des microbes pathogènes. Les conditions qui limitent la vie à la surface de la terre se réduisent à deux: conditions de température et conditions chimiques. Les conditions de température sont assez étroites. Au-dessous de 0°, toute vie active est impossible, mais, comme nous l'avons déjà dit, la vie latente peut subsister pour attendre une température meilleure. Les animaux supérieurs supportent le froid parce qu'ils fabriquent eux-mêmes la chaleur qui leur est nécessaire. Au-dessus de 70 à 75°, la vie active devient également impossible; tous les germes que nous connaissons sont tués par une température de 120°. Les conditions chimiques

sont déterminées par ce fait que les tissus sont composés principalement d'oxygène, d'hydrogène, de carbone et d'azote. La vie ne paraît donc possible que dans les milieux qui comprennent ces 4 substances: l'eau, l'oxygène libre ou combiné, les hydrures et les hydrates de carbone, l'azote ou certains composés azotés sont indispensables. D'autres substances variées, soufre, phosphore, iode, etc., se rencontrent encore dans les tissus vivants, mais elles varient suivant les espèces et la plus grande diversité existe à cet égard. On est tenté d'ériger ces conditions en lois générales et de conclure, de ce que nous voyons sur la terre, à ce qui est nécessaire dans l'Univers entier. Cependant la diversité des conditions accessoires relatives aux espèces variées donne à réfléchir, et il est permis de croire que la vie peut se manifester ailleurs sous des formes absolument différentes de celles que nous lui connaissons. On peut se demander s'il n'est pas possible que des êtres organisés puissent se former dans un monde différent du nôtre, avec d'autres substances chimiques et même à des températures différentes. La nature se montre ici-bas tellement féconde, elle sait si bien approprier la vie aux circonstances les plus variées dans les limites des conditions précédentes, qu'il n'est pas absurde de penser qu'elle peut aussi s'affranchir de ces limites et réaliser des organisations dont nous n'avons pas la moindre idée. La vie s'est développée sur la terre conformément aux conditions du milieu terrestre; il se peut, il est même probable qu'ailleurs elle s'est développée dans une vie toute différente. Toutes les suppositions peuvent être faites; cela peut sembler vain et inutile, puisqu'aucune vérification n'est possible; mais il est légitime de penser que les êtres vivants ont, dans le plan général de l'Univers, autant d'importance que les corps bruts, et que, par suite, la vie est répandue dans l'Univers entier, c.-à-d. sur les innombrables mondes qui circulent autour des innombrables étoiles du ciel, avec la même profusion que nous la voyons à la surface de notre minuscule globe terrestre. Il importe seulement, dans cette conception extra-terrestre de la vie, que nous tenions compte du temps aussi bien que de l'espace. Il n'y a aucune raison pour que notre époque actuelle soit plus importante que les autres dans l'économie générale de l'univers. — Voy. GÉNÉRATION, REPRODUCTION, FÉCONDATION, ANIMAL, VÉGÉTAL, etc.

VIÉDASE. s. m. [Pr. *viéda-ze*] (lat. *visus*, aspect; *asinus*, âne). T. injurieux qui sign. Visage d'âne. *C'est un v.* Ce mot est grossier et peu usité.

VIEIL ou **VIEUX, VIEILLE.** adj. (lat. *vetulus*, dimin. de *vetus*, *veteris*, vieux). Qui est fort avancé en âge. *Un vieil homme. Une vieille femme. De vieilles gens. Il est fort vieux. Être vieux avant l'âge,* Avoir, avant l'âge ordinaire, toutes les apparences de la vieillesse. — Fam., *Vieux comme les rues,* Être extrêmement vieux; se dit des personnes et des choses. *Il ne fera pas de vieux os.* Voy. Os. — *Se faire vieux,* Acquérir de l'âge. *Il est plus vieux qu'il n'est,* Il se dit plus âgé qu'il ne l'est réellement. — Fig., *Dépouiller le v. homme,* Voy. DÉPOUILLER. || Qui a l'apparence, les dehors de la vieillesse. *Il a l'air vieux. Je la trouve vieille quand elle met cette pelisse.* || *Vieux, vieil, vieille,* joints à un substantif qualificatif, veut dire: Qui a cette qualité depuis longtemps. *Un vieux magistrat. Un vieux capitaine. Un v. ami. Cette servante est vieille dans la maison. Un vieux débauché. Une vieille fille.* Une fille qui a passé sa jeunesse sans se marier. On dit de même, *Un vieux garçon.* — Se dit aussi simplement par dénigrement, mais toutefois en parlant d'une personne qui n'est plus jeune. *Un vieux rentier. Un vieux coquin. Un vieux rêveur. Une vieille folle.* || Avec les adverbes *Plus, Moins,* et autres semblables, *Vieux, vieille,* se disent simplement pour marquer une différence d'âge entre deux personnes. *Vous êtes plus vieux que lui; il n'a que vingt-deux ans, et vous en avez vingt-cinq. Sa femme est moins vieille que lui.* || S'empl. aussi comme marque de vénération, en parlant de quelques hommes célèbres morts depuis longtemps *Le v. Homère. Le vieux Corneille.* = En parlant des choses sign. souvent. Qui dure depuis longtemps. *Une vieille passion. Une vieille amitié. De vieilles superstitions. De vieux usages.* || Signifie aussi Ancien, antique; qui est du vieux temps, du temps passé. *Le vieux temps. Le bon vieux temps. De vieux parchemins. Un vieux château. La vieille bourgeoisie. La vieille noblesse. Un vieux tableau. Un vieux dicton.* — *Ce mot est vieux,* Il a cessé d'être en usage. On dit, dans le même sens, *Une vieille locution. Le vieux langage,* etc. || Se dit encore de certaines choses par comparaison et par opposition à nouveau. *La vieille ville* ou *la ville vieille. Le vieux château. De vieux livres. Du vin vieux. La vieille mode. Le Vieux Testament;* on dit ordinair., *L'Ancien Testament.* — T. Chronol. *Vieux style.* Manière de compter les années conformément au calendrier Julien. Voy. CALENDRIER. — T. Jouill. *Turquoise de la vieille roche,* et Fig., *Homme, ami, noblesse de la vieille roche.* Voy. ROCHE. || Se dit encore pour *Usé,* surtout en parlant des habits, hardes et meubles; alors il est opposé à *Neuf. V. habit. Vieux chapeau. Une vieille chemise. Vieux linge. De vieilles bottes. Une vieille tapisserie. Un vieux coffre.* == VIEUX et VIEILLE s'emploient aussi subst. *Elle a épousé un vieux. Une bonne vieille. Une petite vieille. Les jeunes et les vieux. Contes de vieille.* Voy. CONTE. — *Faire le vieux,* Prendre le ton, les habitudes de la vieillesse. *Il fait le vieux pour n'être pas obligé de se gêner.* || *Vieux,* se dit aussi absol., de ce qui est vieux ou usé, par opposition à neuf. *Coudre du vieux avec du neuf. C'est du vieux qui vaut du neuf.* == Syn. Voy. ANCIEN.

Obs. gramm. — Lorsque cet adjectif est employé au masculin, on dit toujours *Vieux,* quand il est placé après le substantif. Mais lorsqu'il est placé devant le substantif, et que ce substantif commence par une voyelle ou par une h non aspirée, on dit ordinairement *Vieil : Mon v. ami. Un v. habit.* Cependant, dans ce cas même, on peut employer le mot *Vieux : Un vieux homme.*

VIEILLARD. s. m. [Pr. *viè-llar,* ll mouillées]. (R. *vieil*). Homme qui est parvenu au dernier âge de la vie. *Un bon, un beau v. Un v. vénérable. Un v. morose.* || Au plur., se dit quelquefois en parlant des personnes âgées des deux sexes. *On doit respecter les vieillards.*

VIEILLE. s. f. [Pr. *viè-lle,* ll mouillées]. T. Icht. Nom vulgaire des *Labres.* Voy. LABRIDES.

VIEILLEMENT. adv. [Pr. *viè-lle-man,* ll mouillées]. D'une manière vieille, en vieux.

VIEILLE-MONTAGNE. Important gisement de minerai de Zinc à *Moresnet,* en Belgique (Prov. de Liège).

VIEILLERIE. s. f. [Pr. *viè-lle-ri,* ll mouillées] (R. *vieil*). Vieilles hardes, vieux meubles. *On ne vend là que de la v. Il aime à acheter des vieilleries.* || Fig. et fam., se dit des idées rebattues, des phrases usées. *Il ne dit que des vieilleries.*

VIEILLESSE. s. f. [Pr. *viè-llè-se,* ll mouillées] (R. *vieil*). Le dernier âge de la vie. *Une grande v. Belle v. Une v. décrépite. Une heureuse v. Il paraint à une extrême v. Mourir de v. Je respecte votre v. Dans la v.* — Fig., *Bâton de v.* Voy. BÂTON. || Se dit aussi des animaux et des arbres. *La v. d'un éléphant, d'un faucon,* etc. *Ces arbres sont morts de v.* || Se dit quelquefois des personnes âgées en général. *La v. est chagrine et soupçonneuse.*

> La vieillesse chagrine incessamment amasse.
>
> BOILEAU.

Prov., *Si jeunesse savait et si v. pouvait.*

VIEILLIR. v. n. [Pr. *viè-llir,* ll mouillées] (R. *vieil*). Devenir vieux. *Il commence à v. Nous vieillissons tous les jours. Il a vieilli dans le service, dans les affaires.* || Se dit de certaines choses qui acquièrent certaines qualités par l'effet du temps. *Ce vin a besoin de v. Il s'améliorera en vieillissant.* || Se dit plus souvent de certaines choses qui, avec le temps, perdent leur vigueur. *L'esprit vieillit comme le corps. Son talent commence à v.* || On dit encore, *Ce mot, cette locution, cette façon de parler, vieillissent, ce terme a vieilli,* Lorsqu'ils commencent à ne plus être usités. *Cette opinion vieillit,* Lorsqu'elle cesse d'être communément admise. *Cette mode vieillit,* Lorsqu'elle commence à s'oublier, et n'inspire plus le même intérêt. || Sign. aussi paraître vieux. *Il a bien vieilli depuis deux ans. Je le trouve bien vieilli. Il est frais et gaillard, il ne vieillit point.* — Fig., *Cet auteur n'a point vieilli et ne vieillira jamais.* == VIEILLIR. v. a. Rendre vieux, ou faire paraître vieux avant le temps. *Les chagrins l'ont bien vieilli. Six mois de détention préventive l'ont vieilli de dix ans. Cette coiffure vous vieillit.* == SE VIEILLIR. v. pron. Se faire paraître vieux. *Il se mit*

---

une perruque et des lunettes pour se v. || Se dire plus âgé qu'on ne l'est réellement. *Les femmes, passé cinquante ans, se vieillissent assez souvent de quelques années; c'est une sorte de coquetterie.* == VIEILLI, IE, part.

VIEILLISSANT, ANTE. adj. [Pr. *viè-lli-san,* ll mouillées]. Qui devient vieux. N'est guère usité qu'en poésie.

VIEILLISSEMENT. s. m. [Pr. *viè-lli-se-man,* ll mouillées]. État de ce qui vieillit. *Le v. d'un mot, d'un usage.* Peu us.

VIEILLOT, OTTE. adj. [Pr. *viè-llo, lote,* ll mouillées] (dimin. de *vieil*). Qui commence à avoir l'air vieux. *Il commence à devenir v. Une petite vieillotte.* Fam., et ne se dit guère que par plaisanterie, et même en parlant de personnes de petite taille.

VIEL-CASTEL (LOUIS, baron DE), littérateur fr., auteur d'une *Histoire de la Restauration* (1800-1873).

VIELLE. s. f. [Pr. *viè-le*] (autre forme de *violé*). T. Mus. Sorte d'instrument de musique. — Prov. *Ils ont accordé leurs vielles,* ils se sont concertés.

Mus. — La *Vielle* est un instrument à cordes et à touches. Les cordes sont faites de boyaux et mises en vibration au moyen d'une roue enduite de colophane qu'on fait tourner à l'aide d'une manivelle extérieure, et qui agit à la manière d'un archet. Les intonations s'obtiennent au moyen des touches sur lesquelles le vielleur appuie les doigts de la main gauche. Selon la touche qu'il presse, il fait varier la longueur de la corde, et par conséquent le son produit par celle-ci. Une corde appelée *Bourdon,* et qui donne toujours la même note, sert d'accompagnement. Lorsqu'on débarrasse la v. de ce bourdon, ses sons offrent une certaine analogie avec ceux du violon, surtout dans la partie aiguë. La v. est un instrument fort ancien, mais on n'en connaît pas l'origine. Au moyen âge, elle était très en vogue, et on l'appelait alors *Symphonie.* Au XVIIIe siècle, elle était encore en honneur. Certains antiquaires croient que la v. dérive d'un instrument analogue employé par les anciens Gaulois et qu'on appelait *rote;* mais ce n'est qu'une conjecture, car la véritable nature de la rote est inconnue.

VIELLER. s. m. [Pr. *viè-ler*]. Jouer de la vielle.

VIELLEUR, EUSE. [Pr. *viè-leur, euze*]. Celui, celle qui joue de la vielle.

VIELMUR, ch.-l. de c. (Tarn), arr. de Castres; 1,000 hab.

VIEN, peintre fr. (1716-1809).

VIENNE, cap. de l'Empire austro-hongrois, sur la rive droite du Danube, à 1,400 kil. de Paris; 1,377,000 hab. — *Congrès de Vienne* (1814-1815), qui régla l'état de l'Europe après la chute de Napoléon 1er. == Nom des hab. VIENNOIS, OISE.

VIENNE, ch.-l. d'arr. du dép. de l'Isère, à 88 kil. N.-O. de Grenoble, sur le Rhône; 24,800 hab. == Nom des hab. : VIENNOIS, OISE.

VIENNE, riv. de France, prend sa source dans le dép. de la Corrèze, passe à Limoges, Châtellerault, se jette dans la Loire (riv. g.); 372 kil.

VIENNE (dép. de la), formé d'une partie du Poitou, de la Touraine et du Berri; ch.-l. *Poitiers :* 4 autres arr. : *Châtellerault, Civray, Loudun, Montmorillon* ; 344,400 hab.

VIENNE (dép. de la HAUTE-), formé du Limousin et de parties de la Marche, du Poitou et du Berri; ch.-l. *Limoges;* 3 autres arr., *Bellac, Rochechouart, Saint-Yrieix* ; 372,900 hab.

VIENNET, poète fr. (1777-1868), auteur d'*Épîtres,* de *Fables,* de tragédies, etc.

VIENNOISE ou **VIENNAISE,** prov. de la Gaule Romaine, cap. *Vienne.*

VIERGE. s. f. (lat. *virgo,* m. s.). Fille qui n'a jamais eu commerce avec aucun homme : s'emploie surtout en poésie et dans les ouvrages de religion. *Une jeune v. Les vierges de Sion. La couronne des vierges. Les vierges consacrées à Dieu. La sainte V.*, ou, par excellence, *La V.* La V. Marie, mère de Jésus. || T. Astron. Signe et constellation du Zodiaque. Voy. ZODIAQUE. || T. Hist. *Les onze mille vierges*, Vierges qui, suivant la légende, auraient été martyrisées à Cologne. — Fig. *Amoureux des onze mille vierges*, Celui qui s'éprend de toutes les filles qu'il rencontre. = VIERGE. adj. 2 g. Se dit des personnes de l'un et de l'autre sexe qui ont vécu dans une continence parfaite. *Une jeune fille encore v. Saint Jean a vécu v.* || Fig., *Une réputation v.*, Une réputation intacte. || *Terre v.*, Celle qui n'a jamais été soumise à la culture. On dit de même, *Terrain v.*, *Sol v.*, *Nature v.* — *Forêt v.*, Celle qui n'a jamais été exploitée. || *Métaux vierges*, Ceux qui se trouvent purs et sans mélange dans le sein de la terre. On dit de même, *De l'or v. Argent v.* || T. Comm. *Cire v.*, *Parchemin v.* Voy. CIRE, PARCHEMIN. — *Huile v.*, Celle qui sort des olives écrasées avant qu'on les soumette à l'action de la pression et de l'eau chaude. || T. Bot. *Vigne v.* Nom vulgaire de l'*Ampelopsis hederacea.* Voy. VITÈES.

Théol. — *La Vierge*, ou mieux la *Sainte V.*, est l'un des titres que l'on donne le plus habituellement à Marie, qui fut élue de Dieu pour enfanter le Sauveur du monde. Suivant le récit des Évangiles, Marie, née à Nazareth, petite ville de la Galilée, était fille de saint Joachim et de sainte Anne. Vers l'âge de 15 ans, elle fut fiancée à saint Joseph qui exerçait à Nazareth la profession de charpentier, et qui était déjà âgé. Peu après, l'ange Gabriel apparut à Marie et lui annonça qu'elle concevrait par la vertu du Saint-Esprit. Environ trois mois après, Joseph, ayant reconnu sa grossesse, voulut la renvoyer en secret; mais l'ange du Seigneur lui apparut en songe et lui dit : Joseph, fils de David, ne crains pas de prendre Marie pour épouse, car ce qui est né en elle est du Saint-Esprit. Elle enfantera un fils, et lui donnera le nom de Jésus ; c'est lui qui délivrera son peuple de ses péchés... Or, Joseph, sortant du sommeil, fit ce que l'ange lui avait ordonné, et reçut Marie pour son épouse. Et il ne l'avait pas connue, quand elle enfanta son fils premier-né, et il lui donna le nom de Jésus. L'empereur Auguste ayant ordonné un recensement général, Joseph et Marie furent obligés de se rendre à Bethléem, d'où leur famille était originaire. Ce fut pendant ce voyage que Marie enfanta le Sauveur. Bientôt après, elle et Joseph se virent contraints de fuir en Égypte, pour soustraire l'enfant aux persécutions d'Hérode, qui, inquiet des récits qu'il avait entendus, voulait le faire périr. De retour en Galilée, après la mort d'Hérode, elle vécut obscurément à Nazareth, auprès de son époux et de son fils. Nous la retrouvons, celui-ci ayant alors douze ans, à Jérusalem où elle se rendait chaque année, avec Jésus et Joseph, pour célébrer la fête de Pâques. A dater de cette époque, les Évangiles ne parlent d'elle que dans quelques circonstances particulières. Ainsi, elle assistait aux noces de Cana, où Jésus accomplit son premier miracle (Jean, II, 1). Une autre fois elle se rendit à Capharnaüm avec les cousins de Jésus, et fit appeler son fils au moment où il repoussait les accusations des scribes. (Marc, III, 31). Enfin, les évangélistes nous la montrent une dernière fois sur le Calvaire, au pied de la croix de son divin fils, qui, en mourant, la recommanda à Jean, son disciple bien-aimé (Matth., XXVII, 56 ; Marc, XV, 40 ; Jean, XIX, 25-27). Les Actes des apôtres ne parlent d'elle qu'une seule fois, pour nous apprendre qu'elle habitait Jérusalem et assistait aux assemblées des disciples (I, 14). C'est dans cette ville que saint Jean Damascène la fait mourir ; mais, suivant une autre tradition qui a été adoptée par les Pères du concile d'Éphèse, au V° siècle, elle mourut dans cette ville, à l'âge de cinquante-neuf ans.

Il est de foi que Marie est véritablement mère de Dieu, parce qu'elle a enfanté, selon l'humanité, Jésus-Christ, fils unique de Dieu, vrai Dieu et vrai homme, réunissant dans une seule personne, qui est la personne du Verbe, la nature divine et la nature humaine.

Il est encore de foi que Marie, en devenant, par un miracle de la toute-puissance divine, mère de Dieu, est demeurée v. Elle était v. quand l'ange lui annonça le mystère qui devait s'opérer en elle ; elle est restée v. en concevant par l'opération du Saint-Esprit ; elle n'a point cessé d'être v. par l'enfantement qui s'est fait d'une manière surnaturelle. L'Église catholique professe que Marie a été exempte de tout péché. Quant au péché *actuel*, ce privilège a de tout temps été attribué à la sainte Vierge. Il était également de tradition que Marie a été exempte même du péché *originel* qui souille toute créature venant au monde, et que, par conséquent, sa conception a été *immaculée*. Cette croyance se trouve implicitement, et parfois même fort explicitement formulée dans plusieurs Pères tant grecs que latins. Cette croyance était si générale en Occident au XI° siècle, que, pour parler seulement de la France, nous voyons les chanoines de Lyon instituer, en 1140, une fête en l'honneur de la conception de Marie. Au commencement du XIII° siècle, les Franciscains ayant embrassé cette doctrine avec ardeur, les Dominicains, par rivalité de corps, adoptèrent et soutinrent l'opinion opposée, et cette lutte empêcha les papes et les conciles de définir rigoureusement la doctrine de l'Église à ce sujet. Cependant, le concile de Bâle (1439) déclare : « Que la doctrine de l'immaculée conception de la sainte V. doit être approuvée, tenue et embrassée par tous les catholiques, comme pieuse et conforme au culte de l'Église, à la foi catholique, à la droite raison et à la sainte Écriture, et qu'ainsi il n'est permis à personne de tenir ni de prêcher le contraire ». En 1457, le concile d'Avignon, présidé par les légats du saint-siège, ordonne d'observer inviolablement le décret du concile de Bâle. Le pape Sixte IV, en 1476, se prononce en faveur de la fête de l'Immaculée Conception, et interdit d'attaquer la croyance qui tient que la V. Marie a été préservée de la souillure du péché originel. En 1496, l'Université de Paris oblige ses membres, sous la foi du serment, à défendre l'immaculée conception, et à ne rien avancer qui lui soit contraire. Le concile de Trente, qui se tint de 1545 à 1563, déclare « que, dans le décret qui regarde le péché originel, son intention n'est pas de comprendre la bienheureuse et *immaculée* V. Marie, mère de Dieu; mais qu'il entend qu'à ce sujet les constitutions du pape Sixte IV. soient observées, sous les peines qui y sont portées ». Après les Pères du concile, les papes Pie V (1567), Grégoire XIII (1579), Paul V (1616), Grégoire XV (1622), Urbain VIII (1641), Alexandre VII (1661), et plusieurs de leurs successeurs se prononcent dans le même sens, et condamnent cette proposition « « ue personne, excepté Jésus-Christ, n'est exempt du péché originel ». Enfin, en 1855, le pape Pie IX, après avoir constaté, par les déclarations de tous les évêques du monde catholique, la croyance commune de l'Église, a défini que la doctrine de l'immaculée conception est un dogme que tout fidèle est tenu de croire.

Il est encore admis, dans l'Église catholique, que la sainte V. est ressuscitée immédiatement après sa mort, et qu'elle a été transportée au ciel en corps et en âme. La résurrection de la V. et son transport en corps et en âme au séjour des bienheureux sont désignés sous le nom d'*Assomption*.

Le culte que l'Église rend à la sainte V. est fondé sur les mêmes raisons et les mêmes motifs que celui qu'elle rend aux autres saints, avec cette différence que le premier est le plus profond et plus solennel : aussi les théologiens le nomment-ils culte d'*Hyperdulie*. Plusieurs fêtes sont consacrées à la V. dans l'Église catholique ; les principales sont : la *Conception immaculée*, qui se célèbre le 8 décembre ; la *Nativité*, le 8 septembre ; la *Présentation*, le 21 novembre ; l'*Annonciation*, le 25 mars ; la *Visitation*, le 2 juillet ; la *Purification*, le 2 février ; et l'*Assomption*, le 15 août. Ces fêtes ont donné leur nom à plusieurs ordres religieux institués sous l'invocation de Marie.

VIERGES (Les), groupe d'îles au N. des Petites Antilles; elles appartiennent aux Anglais, aux Espagnols, etc.

VIERSEN, v. de Prusse, prov. du Rhin ; 22,200 hab.

VIERZON, ch.-l. de c. (Cher), arr. de Bourges, au confluent de l'Yèvre et du Cher, comprenant *Vierzon-Village*, 7,800 hab., et *Vierzon-Ville*, 10,000 hab. Fabrique de pointes, tréllerie, porcelaine, etc.

VIERZONITE. s. f. (R. *Vierzon*, n. de ville). T. Minér. Variété d'argile ferrugineuse.

VIÈTE, mathématicien fr., l'un des créateurs de l'algèbre moderne (1540-1603).

VIEUX. adj. Voy. VIEIL.

VIEUX DE LA MONTAGNE (Le), chef de la secte des Assassins. Voy. ASSASSINS.

VIEUXTEMPS (Henri), célèbre violoniste belge (1820-1881).

VIF, ch.-l. de c. (Isère), arr. de Grenoble ; 2,800 hab.

VIF, IVE. adj. [Pr. l'*f*] (lat. *vivus*. m. s.). Qui est en vie. *On donna l'ordre de le prendre mort ou vif. Il fut brûlé vif. On l'enterra toute vive. Il est plus mort que vif.* On dit subst., en **T.** Jurispr., *Le mort saisit le vif.* Voy. **Succession.** — *Donation entre vifs.* — *Chair vive*, se dit d'un corps vivant, par opposition à Chair morte. *Le chirurgien doit couper jusqu'à la chair vive.* — *Haie vive.* Voy. **Haie.** *Bois vif.* Voy. **Bois.** ‖ Qui a beaucoup d'activité, de vigueur, d'énergie. *Un enfant très vif. Cet animal est fort vif. Un homme d'un naturel vif et ardent.* — *Être vif*, se dit d'une personne qui s'emporte facilement. On dit encore en ce sens, *Vif comme la poudre, comme le salpêtre.* — *Avoir l'esprit vif, l'imagination vive*, Avoir un esprit, une imagination qui conçoit et qui produit promptement et facilement. *Avoir les passions vives*, Les avoir violentes. *Avoir les sens vifs*, Avoir les sens très subtils. *Avoir une foi vive*, Avoir une foi ardente, que rien n'ébranle, ou avoir cette foi qui s'accompagne des œuvres. — *Une attaque vive*, Une attaque prompte et vigoureuse. *Les ennemis firent un feu très vif*, Un feu rapide et continu. On dit de même, *Une vive canonnade, une vive fusillade.* ‖ Animé, brillant, éclatant. *Il a les yeux vifs et pleins de feu. Un regard vif et perçant. Un rouge vif. Une vive lumière. Une vive clarté.* — Fig., *Des expressions vives et brillantes.* Un style vif et animé. ‖ Se dit aussi de certaines choses qui font une forte impression, soit physique, soit morale. *Le froid est très vif. L'air des montagnes est plus vif que celui des plaines. Une vive douleur. Une vive émotion. Un vif plaisir. De vifs regrets. De vives alarmes.* — *Ce spectacle fit sur lui une vive impression, une sensation très vive*, Une impression forte et profonde. On dit de même, *Le discours produisit sur l'assemblée une vive sensation.* ‖ Qui est exprimé avec animation, force, énergie. *Des représentations vives. De vives plaintes. De vifs reproches. Après une vive discussion. Le débat fut très vif.* — *Des traits vifs*, Des traits piquants. *Des propos vifs, Des propos qui approchent de l'insulte.* On dit dans le même sens, *Des paroles un peu trop vives, des expressions vives.* ‖ *Vif, vive*, s'emploie encore dans quelques acceptions qui ont plus ou moins d'analogie avec ces précédentes. — *Arête vive.* Voy. **Arête.** — *Chaux vive.* Chaux anhydre. Voy. **Chaux.** — *Dartre vive*, se dit vulgairement de toute phlegmasie cutanée où l'inflammation est considérable, et surtout où l'épiderme est enlevé. — *Eau vive*, se dit de l'eau qui coule de source, et quelquefois d'une eau qui est trop crue. — *Œuvres vives d'un navire*, partie immergée dont la détérioration amènerait la destruction du navire. — *Roc vif*, Ce qui forme le roc même, par opposition à la terre dont il est souvent recouvert, *Roche vive*, Celle dont la surface n'a pas été altérée par les agents atmosphériques. ‖ **T.** Mécan. *Force vive.* Voy. **Force, IV**, et **Travail.** ‖ **T.** Boucher. *Poids v.* Poids de l'animal vivant. ‖ **T.** *De vive voix. De vive force*, loc. adv. Voy. **Voix** et **Force.** == **VIF.** s. m. La chair vive. *Il faut couper toutes ces chairs mortes jusqu'au vif. Couper dans le vif.* *Le maréchal, en ferrant ce cheval, l'a piqué au vif.* ‖ Fig., *Couper, trancher dans le vif.* Voy. **Couper.** — *Piquer au vif*, Faire une offense très sensible. *Être touché au vif*, Être sensiblement touché de quelque chose. ‖ *Entrer dans le vif de la question, du débat*, Aborder la partie la plus intéressante. ‖ **T.** Peint. *Peindre au vif, sur le vif.* D'après le modèle vivant. — Fig. *Caractère pris sur le vif*, Représenté d'après nature. ‖ **T.** Techn. *Le vif d'un moellon.* La partie la plus dure.

VIF-ARGENT. s. m. [Pr. *vifarjan*]. Métal liquide qu'on nomme plus souvent mercure. On dit aussi quelquefois *argent vif.* Voy. **Mercure.** ‖ Fig. et fam., *Cet homme a du vif-argent dans les veines, dans la tête*, ou *C'est du vif-argent*, Il est d'une telle vivacité, d'une telle mobilité d'esprit, qu'il dit ou fait souvent des étourderies.

VIGAN. s. m. **T.** Techn. Gros drap fabriqué au Vigan.

VIGAN (LE), ch.-l. d'arr. du dép. du Gard, à 82 kil. N.-O. du Nîmes; 5,400 hab. Bassin houiller. Patrie du chevalier d'Assas.

VIGÉE, poète fr. (1758-1820).

VIGÉE (ÉLISABETH). Voy. **Lebrun** (Mme).

VIGEOIS, ch.-l. de c. (Corrèze), arr. de Brive; 3,300 hab.; sur la Vézère.

VIGEVANO, v. d'Italie (Lombardie); 18,500 hab.

VIGIE. s. f. (lat. *vigilia*, surveillance, veille, qui veille). **T.** Mar. *Être en v.*, Être en sentinelle, pour découvrir les objets qui peuvent se présenter à l'horizon et en donner avis. ‖ Le matelot qui est en v. *La v. a signalé un écueil.* ‖ Se dit aussi de petits écueils à fleur d'eau. *Cette v. n'était pas marquée sur la carte.* ‖ **T.** Ch. fer. *V. vitrée*, Poste d'observation des conducteurs de train.

VIGILAMBULISME. s. m. [Pr. *viji-lan-bulisme*] (lat. *vigil*, qui veille; *ambulare*, marcher). **T.** Méd. Se dit par opposition à *somnambulisme*, d'un état particulier qu'on observe quelquefois dans l'hystérie et qui consiste en une sorte de délire avec dédoublement de la personnalité. Voy. **Hystérie, II, B.**

VIGILAMMENT. adv. [Pr. *vijila-man*] (R. *vigilant*). Avec vigilance.

VIGILANCE. s. f. (lat. *vigilantia*, m. s., de *vigil*, qui veille). Attention active et soigneuse que l'on porte sur quelqu'un ou sur quelque chose. *Grande, extrême v. Se reposer sur la v. de quelqu'un. Manquer de v.*

VIGILANT, ANTE. adj. (lat. *vigilans*, part. prés. de *vigilare*, veiller). Attentif, soigneux, qui veille avec beaucoup de soin à ce qu'il doit faire. *Une femme très vigilante. C'est un homme v. et soigneux dans ses affaires. Des soins vigilants.*

VIGILE. s. f. (lat. *vigilia*, m. s.). **T.** Liturgie. Dans l'Église catholique, on appelle *Vigile* le jour qui précède certaines fêtes, telles que la Noël, la Pentecôte, l'Assomption et la Toussaint. L'origine de cette dénomination vient de ce que, durant les premiers siècles du christianisme, les fidèles passaient en prières la nuit qui précédait les grandes fêtes, afin de se préparer à les célébrer dignement. Ils y joignaient aussi le jeûne, et cela dans le même but. C'est pour rappeler cet ancien et pieux usage que l'Église ordonne de jeûner les jours de v. des fêtes citées plus haut. Quant à la veille de Pâques, elle est ainsi nécessairement v.-jeûne, comme appartenant à la période du carême. — On appelle encore *Vigiles des morts*, les matines et les laudes de l'office des morts, qu'on chante, ou aux obsèques d'un défunt, ou au service fait pour lui. Autrefois ces vigiles se chantaient pendant la nuit.

VIGNACOURT, commune du dép. de la Somme, arr. d'Amiens; 3,000 hab. Laines, toiles.

VIGNE. s. f. [Pr. *gn* mouil.] (lat. *vinea*, m. s.). Arbuste sarmenteux de la famille des Ampélidées, qui produit le raisin. *Un cep de v. Feuilles de v. Planter de la v. Tailler la v.* ‖ Étendue de terrain plantée de ceps de vigne. *Un hectare de v. Fumer une v. Arracher une v. Travailler aux vignes.* — *Raisin de v.*, Raisin propre à faire du vin; se dit par opposition à *Raisin de treille* ou *de table*, qui se consomme à l'état de fruit. On appelle aussi *Pêches de v.*, Les fruits des pêchers en plein vent, parce que ces arbres se plantent habituellement dans les vignes. — Fig., *Travailler à la v. du Seigneur*, Travailler à l'instruction des fidèles, ou à la conversion des pécheurs et de ceux qui sont hors de l'Église. — Fig. et popul., *Être dans les vignes.* Être ivre. — *La v. de l'abbé*, Vigne de beau rapport. — Fig. *Se promettre la v. de l'abbé*, D'agréables moments. ‖ Par ext., se dit des maisons de plaisance aux environs de Rome et d'autres villes d'Italie. *La V. Borghèse. La V. Aldobrandine.* On dit aujourd'hui, *Villa.* ‖ Dans le langage vulgaire, on appelle : *V. blanche*, la Bryone dioïque, Cucurbitacées, et la Clématite vitalba, Renonculacées; *V. de Judée*, la Douce-amère, Solanacées; *V. vierge*, l'Ampelopsis hederacea, et diverses espèces du genre Cissus, Vitées. ‖ **T.** Art. milit. anc. Sorte d'abri en clayonnage ou en planches qui servait de communication entre les travaux et les machines des assiégeants.

Agric. — I. — Le genre *Vigne* (*Vitis*) est le seul genre important que renferme la famille des Vitées. Il est formé d'arbrisseaux sarmenteux qui croissent spontanément dans les parties moyennes de l'Asie et dans l'Amérique septentrionale. Le nombre des espèces dont se compose ce genre s'élève à près de 80; nous aurons à nous occuper plus spécialement de l'espèce *Vitis vinifera*, qui produit à peu près exclusivement le vin proprement dit. C'est un arbrisseau dont la tige acquiert quelquefois, avec les années, la grosseur d'un arbre moyen, et qui se divise en nombreux rameaux sarmenteux, longs, souples, munis de nœuds, s'attachant aux corps qui les avoisinent au moyen de vrilles fourchues qui se contournent en spirale, et s'élèvent par ce moyen jusqu'au sommet des plus grands arbres. Ses rameaux sont garnis de feuilles alternes, pétiolées, échancrées en cœur à leur base, ordinairement partagées en 3 ou 5 lobes assez profonds, quelquefois à peine divisées, d'un beau vert et souvent glabres en dessus, plus ordinairement chargées en dessous d'un duvet cotonneux. Les fleurs sont nombreuses, disposées en grappes rameuses, toujours opposées aux feuilles. Les vrilles ne sont que des pédoncules de fleurs avortées, car elles occupent la même place que ceux-ci, et elles les remplacent dans la plus grande partie des rameaux où il n'existe point de fleurs. A chaque fleur succède une baie de forme, de grosseur, de couleur et de saveur différentes, suivant la variété, et ne contenant le plus souvent qu'une à deux graines, ou *pepins*, par avortement des autres.

Les variétés de la v. cultivée sont en si grand nombre, qu'il n'y a pas d'exagération à dire qu'elles s'élèvent à plusieurs milliers. Il y a dix neuf siècles, Virgile écrivait déjà : « Que celui qui voudra connaître le nombre et le nom de toutes les espèces de vignes, veuille aussi connaître le nombre des grains de sable que le vent soulève sur les bords de la mer de Libye. » Aussi les tentatives faites jusqu'à ce jour pour déterminer et classer scientifiquement toutes ces variétés ont échoué. Nous nous contenterons de mentionner celles qui sont le plus généralement cultivées dans notre pays, en les groupant simplement d'après la couleur des raisins et la forme de leurs grains. — 1° *Raisins à grains noirs ronds.* Le plant connu sous le nom d'*Aramon* était jadis spécialement cultivé dans le Languedoc pour la fabrication de l'eau-de-vie. Le *Carbenet* fournit la plus grande partie des vins rouges du Médoc. L'*Enfariné* ne se cultive que dans nos départements de l'Est, où il produit un vin acerbe et assez plat. L'*Espar* ou *Mourvèdre*, est le cépage qui domine dans le dép. du Var et des Bouches-du-Rhône : il donne un vin spiritueux, bien coloré, moelleux, et qui se conserve longtemps. Le *Gamay noir* est très répandu en Bourgogne ; il donne des produits abondants, mais inférieurs, et de là la dégénérescence de divers vignobles jadis renommés. Le *Merlet* ou *Vitraille* est un des plants qui donnent les qualités les plus estimées de vins du Libournais. Le *gros Mollar* et le *petit Mollar* sont cultivés dans les dép. des Hautes et Basses-Alpes : ils donnent un vin léger, agréable et de garde. Le *Morillon noir* et le *Morillon façonné* ou *Plant meunier*, sont répandus dans quelques vignobles de la Bourgogne. Le *Moulan* ou *Brun-Fourca*, ne se rencontre que dans la Provence. Le *Mourastel* ou *Monastel* est surtout cultivé dans le bas Languedoc, où il donne des vins assez plats, mais cependant assez recherchés dans le commerce parce qu'ils sont très riches en couleur. Le *Muscat noir*, ainsi appelé à cause de sa saveur musquée, est surtout cultivé dans le dép. de l'Hérault. Le *Noir-menu* est commun dans les vignes de la Moselle. Le *Pied-rouge*, appelé aussi *Pied-de-Perdrix*, *Auxerrois* et *Cahors*, fait la base des vins du Quercy, du haut Agenais et du Cher, vins qui sont spiritueux et fort colorés. Les variétés appelées *Pineaux* ou *Pinots*, telles que *Pineau noir* ou *Noirien*, le *Pineau mour* ou *Mouret* et le *Pinot rouge*, sont les cépages qui donnent les meilleurs crus de la Bourgogne. Les cépages désignés sous le nom de *Piquepoules* ou *Picpouilles*, sont cultivés dans nos départements du Midi, comme ceux du Vaucluse, du Gard, de l'Hérault et de l'Aude. Le *Quillard* est surtout répandu dans les Basses-Pyrénées, le Tarn et la Dordogne. Les cépages appelés *Sirrah*, qu'on distingue en *grosse* et *petite Sirrah*, donnent les vins célèbres de l'Hermitage, dans le dép. de la Drôme. Le *Tanal* est propre au département des Hautes-Pyrénées, et le *Tarnay* au Bordelais. Le *Teinturier* ou *Gros noir*, est répandu dans les vignobles de tout le centre de la France. Il ne donne que des vins plats, mais on les emploie pour donner de la couleur à ceux qui en manquent. Le *Tibouren*, *Antiboulen* ou *Gaysscrin*, est cultivé dans la Provence; le *Trousseau* ou *Tresseau*, dans le Jura; le *Varenne noir*, dans la Meuse et la Moselle; et les *Verdots*, *gros* et *petit*, dans le Bordelais. — 2° *Raisins à grains noirs ovales.* Le cépage appelé *Carignane*, *Calignane* ou *Crignane*, abonde surtout dans les environs de Narbonne : son produit est presque entièrement destiné à la distillation. Le *Chauché noir* se cultive principalement dans les deux Charentes. Il en est de même de la variété appelée *Folle-noire* ou *Saintongeois*. Le *Grenache*, qu'on nomme aussi *Ali-*

cante, est répandu dans les dép. des Pyrénées-Orientales, de l'Hérault et du Gard : il fournit des vins fort estimés. Le *Liverdun*, ou *Éricé noir*, est très cultivé dans la Lorraine et les Vosges : son produit est abondant, mais fort médiocre. Le *Manosquin*, nommé aussi *Téoulier* et *Plant de Porto*, est répandu dans toute la Provence. Le *Pulsart* ou *Poulsard*, appelé encore *Pendoulat* et *Raisin perle*, fait la base des meilleurs vins rouges du Jura. Le *Saint-Antoine*, qui paraît spécial au dép. des Pyrénées-Orientales, donne un vin que l'on a comparé au Rota. La *Sérine noire*, nommée encore *Corbette noire* et *Damas noir*, domine dans le vignoble de Côte-Rôtie (Rhône). Le *Spiran noir* est très répandu dans les dép. de l'Hérault et de l'Aude : ses raisins sont excellents pour la table. Il en est de même du *Terrel* ou *Tarret noir*, qui appartient aux mêmes départements. Le *Terretbourret*, cultivé dans le bas Languedoc, compose la plus grande partie des vignes dont le vin est destiné à la chaudière. On range aussi dans cette classe le *Verjus*, dont les grains volumineux et allongés ont la peau fort dure et ne sont bons, ni à faire du vin, ni à manger, à cause de leur extrême acidité; mais on les fait confire. — 3° *Raisins à grains gris ou violets, ronds ou ovales*. Cette catégorie est peu nombreuse. Le plant le plus intéressant qu'elle renferme est le *Pineau gris* ou *Burot*, appelé en Champagne *Fromentot* et *Petit-gris*, qui fait la base des vignobles de Sillery et de Versenay. Nous nommerons encore la *Piquepoule* ou *Picpouille grise*, qui est cultivée dans le bas Languedoc. Le *Pineau gris* est à grains ronds, et la *Picpouille grise* à grains ovales. — 4° *Raisins à grains blancs ou dorés ronds*. Dans le dép. de la Charente, on cultive beaucoup le plant appelé *Folle-blanche* ou *Enragea*; il donne les fameuses eaux-de-vie de Cognac. Le *Muscadel doux*, nommé également *Muscquette* et *Guilar musqué*, est cultivé dans le Bordelais. Le *Muscat blanc* donne les meilleurs vins de liqueur de France, c.-à-d. ceux de Rivesaltes (Pyrénées-Orientales), de Lunel et de Frontignan (Hérault), etc. Le *Morillon blanc*, *Auxois* ou *Auvernal blanc*, fournit une partie des vins blancs de la Bourgogne. Il en est de même du *Pineau blanc*, ou *Noirien blanc*, ou *Chardonnet*, ou *Rousseau*, qui forme la base des vins de Montrachet et de Pouilly. La *Roussanne* ou *Roussette*, et la *Marsanne*, sont les cépages qui produisent les vins blancs de l'Hermitage. Le plant appelé *Sémillon*, *Colombar* ou *Chevrier*, est principalement cultivé dans le dép. de la Gironde et de la Dordogne. Nous citerons encore dans cette série le *Chasselas*, qui fournit le meilleur raisin de table que l'on connaisse. Cette variété est cultivée dans la plupart de nos départements vinicoles. On y distingue plusieurs sous-variétés, telles que le *Chasselas de Fontainebleau à gros grains*, le *Chasselas de Montauban à grains transparents*, le *Chasselas rosé*, etc. Il y a encore des *Chasselas à grains rouges*, et même un *Chasselas à grains noirs*. — 5° *Raisins à grains blancs ou dorés ovales*. Les variétés désignées sous les noms de *Calitor*, de *Clairette blanche* ou *Blanquette*, de *Malvoisie blanc*, de *Mauzac blanc*, ne se rencontrent chez nous que dans les départements du Midi. C'est la Clairette et le Mauzac blanc qui donnent la blanquette de Limoux. Le *Maccabéo*, qui donne son nom au vin blanc de Salces, est un cépage à peu près propre au Roussillon. Les variétés appelées *Olivettes*, *Oulliades* ou *Ulliades* et *Panses*, appartiennent à nos départements méditerranéens. Les Panses servent surtout à la préparation des *raisins secs*, et les deux autres se cultivent principalement pour la table. La *Piquepoule* ou *Picpouille blanche*, assez commune dans le dép. du Gers, donne des vins fort spiritueux qui servent à faire les meilleures eaux-de-vie d'Armagnac. Le *Plant Pascal* est très répandu dans les vignes du dép. des Bouches-du-Rhône. Enfin, le cépage appelé *Sauvignon*, *Blanc fumé* ou *Surin*, compose une partie notable des meilleurs vignobles du dép. de la Gironde — Dans les haies et dans les lieux pierreux de nos départements du midi, on rencontre fréquemment deux sortes de vignes qui paraissent n'être que des dégénérescences ou des rétrogradations de la v. cultivée vers l'état sauvage. L'une est appelée *Lambrusque*, *Lambrousque* ou *Lambruche*, et l'autre *Ciotat*, *Cioutat* ou *Raisin d'Autriche*; mais les botanistes nomment celle-ci v. *lacinée* (*Vitis laciniosa*), à cause de la forme de ses feuilles. La première se distingue par ses feuilles petites et cotonneuses, ainsi que par la petitesse de ses fruits, qui ont en outre une saveur moins douce et moins sucrée que ceux de la v. cultivée. Les fruits de la v. lacinée ont beaucoup de ressemblance avec le Chasselas doré, soit pour l'aspect, soit pour le goût. Seulement la grappe est plus petite et les grains en sont moins ronds. — Parmi les variétés étrangères, nous

nous contenterons de mentionner, à cause de la grande consommation qui s'en fait chez nous, celles qui produisent les fruits connus sous le nom de *Raisins de Corinthe*. On connaît un *Corinthe noir*, qui fait la richesse des îles Ioniennes et de l'Archipel; un *Corinthe rose* et un *Corinthe blanc*. Ces variétés produisent des raisins à grains très petits et généralement sans pepins.

Depuis les désastres causés par le phylloxera, de nombreuses variétés de cépages américains ont été introduites en France. Contentons-nous de citer, parmi les plus connues, les groupes des *rotondifolia*, des *labrusca*, des *æstivalis*, etc. Mais toutes ces sortes exotiques ne produisent que des vins détestables. Alors on a essayé de tourner la difficulté. L'idée du greffage est d'abord venue. On a cherché aussi, par l'hybridation entre diverses espèces américaines, à obtenir des variétés qui, en offrant une résistance suffisante aux attaques du phylloxera, seraient plus aptes à végéter dans les terres calcaires et fourniraient des souches plus robustes pour recevoir la greffe française. Alors on a eu les *jacquez*, les *solonis*, les *riparia*, les *rupestris*, etc. Les deux dernières variétés paraissent offrir une résistance suffisante aux ravages de l'insecte; mais, comme toutes les autres espèces exotiques, elles se chlorosent et meurent finalement dans les terrains présentant au moins 30 pour 100 de carbonate de chaux, ou lorsque leurs racines arrivent à un sous-sol de cette nature. Il est bien démontré aujourd'hui que les diverses vignes américaines, mêmes les hybrides obtenus par le croisement des races françaises, ne peuvent digérer le calcaire. De sorte que l'artifice par la greffe française, sur souche américaine, laisserait nos meilleurs vignobles sans espoir de résurrection, puisqu'ils végètent dans des sols calcaires. Mais ce n'est pas tout. L'expérience nous a suffisamment appris que nos meilleurs cépages français, entés sur souches américaines, ne produisent plus que des vins médiocres et sans caractère. Il y a donc eu, encore de ce côté une immense déception. Des chercheurs se sont alors efforcés de trouver une solution dans l'hybridation des espèces américaines avec les espèces françaises et l'on a eu les *Othello*, les *Noah* et les milliers de variétés des *Franck*, des *Terras*, des *Couderc*, des *Seibel*, etc. Tous ces hybrides donnent des vins trop inférieurs pour entrer dans la consommation et meurent dans les sols calcaires. De sorte que, de ce côté encore, l'échec a été complet. Nos grands crus seraient-ils donc voués à une destruction fatale, ou à la perte de leur renommée universelle? — Nullement. Le désastre a pris des proportions lamentables, parce que la viticulture mal conseillée s'est emballée sur de mauvaises voies. On a méconnu les besoins de la v. Des études physiologiques conduites avec persévérance, et sanctionnées par la pratique, font prévoir la fin prochaine du fléau. La théorie est basée sur ce fait acquis par l'inventaire des éléments constituants de ses organes, que la v. malade du phylloxera manque de certaines substances nutritives, non pas de celles qui sont absolument nécessaires à sa végétation, à sa vie, mais de quelques autres indispensables à sa vigueur, à une santé robuste, qui lui procurent l'état de *non-réceptivité* à l'égard de ses parasites venus d'Amérique.

II. — La culture de la v. remonte à la plus haute antiquité. Les Égyptiens l'attribuaient à Osiris, et les Grecs à Bacchus; de son côté, la Genèse nous apprend que c'est Noé qui le premier cultiva ce précieux arbuste, ou qui, tout au moins, fit fermenter le suc de son fruit (IX, 20, 21). Après avoir d'abord été cultivée en Asie, la v. ne tarda pas à se propager dans la Grèce, où elle trouva un climat on ne peut plus favorable; puis de là elle s'étendit graduellement vers l'Occident, c.-à-d. en Italie, en Sicile, en Espagne, et dans les Gaules, où ce végétal fut apporté par la colonie phocéenne qui fonda Marseille (600 av. J.-C.). Lorsque Jules César fit la conquête de la Gaule, les habitants de la république marseillaise et de la Gaule narbonnaise possédaient déjà une grande quantité de vignobles. Plus tard, Pline l'ancien mentionne les vins d'Auvergne, du territoire de Sens et de celui de Vienne, et il ajoute que les vins de la Gaule étaient recherchés en Italie. Mais cet état de prospérité de la v. dans notre pays fut de courte durée, car bientôt après (l'an 92 de notre ère), Domitien, à la suite d'une année où la récolte des vignes avait été fort abondante, tandis que celle du blé avait été extrêmement misérable, ordonna d'arracher toutes les vignes qui se trouvaient dans les Gaules. Vraisemblablement l'empereur supposait que la culture de la v. empêchait la culture des céréales. Cette proscription dura près de deux siècles. En effet, ce ne fut seulement qu'en 281 que l'empereur Probus rendit aux Gaulois la liberté de replanter la v. Depuis cette époque, la culture de la v. s'est répandue chez nous dans toutes les

parties du territoire où les fruits de cet arbrisseau peuvent mûrir d'une façon régulière. Les variétés de plants ou cépages qu'il y a données sont, ainsi que nous venons de le voir, excessivement nombreuses, et les espèces de vins obtenus en France sont de nature, par leur diversité, à satisfaire tous les goûts et tous les besoins. Sur les 89 départements qui composent le territoire de la France, il n'y en a que 14 où la v. ne soit pas cultivée; ce sont : le Calvados, les Côtes-du-Nord, la Creuse, l'Eure, le Finistère, la Manche, la Mayenne, le Morbihan, le Nord, l'Orne, le Pas-de-Calais, l'Ille-et-Vilaine, la Somme et la Seine-Inférieure. Dans les autres départements, les vignes occupent une surface de plus de 2 millions d'hectares, et produisent, année commune, de 44 à 46 millions d'hectolitres de vins, et de 1 million à 1,200,000 hectolitres d'eaux-de-vie. Ces vins et eaux-de-vie représentent, en moyenne, une valeur de 480 à 500 millions de francs. Dans notre pays, la limite septentrionale de la v. forme, de l'ouest vers le nord, une ligne ascendante qui, partant des côtes de l'Océan à peu près à moitié distance entre Nantes et Vannes se dirigerait vers Alençon et viendrait passer un peu plus haut que Paris, Soissons et le confluent de la Moselle avec le Rhin. Cette ligne est donc à peu près parallèle à la direction générale des côtes de la Manche. « Dans cette portion de la France, où la v. est l'objet de grandes cultures, dit P. Duchartre, l'influence de la température se manifeste assez nettement par la nature des produits qu'elle fournit, pour qu'on puisse tracer trois zones assez distinctes. Ainsi, les parties de notre territoire qui longent les Pyrénées, surtout le versant méditerranéen, circonscrit d'un côté par la mer, de l'autre par les Corbières, la montagne Noire, les Cévennes et la ligne tracée sur leur prolongement, produisent spécialement des vins dans lesquels une maturation complète amène la formation d'une grande quantité de principe sucré. Parmi ces vins, beaucoup servent à la fabrication de l'alcool, ou esprit-de-vin commercial, et des eaux-de-vie, tandis que d'autres ont acquis une grande célébrité comme vins de liqueurs. La partie de notre territoire qui s'étend du 47e au 48e de latitude jusqu'à la limite septentrionale de la v., manque, au contraire, de cette chaleur qui est nécessaire pour la maturation parfaite du raisin. Elle ne donne guère que des *vins secs* caractérisés par leur saveur trop acide, et généralement par une assez faible proportion d'alcool. Enfin, c'est dans la portion intermédiaire aux deux zones extrêmes que la v. semble trouver les conditions les plus avantageuses pour sa culture, et qu'elle produit les vins renommés pour lesquels le monde entier est tributaire de la France, qui tiennent en quelque sorte le milieu entre les vins secs et les vins de liqueur, et que notre savant œnologue Jullien appelle *vins moelleux*. »

Les climats tempérés sont plus favorables à la v. que ceux qui sont trop chauds, et elle ne peut réussir dans ceux où les froids sont trop rigoureux. Schiraz, en Perse, vers le 25e de latitude, et Coblentz, en Allemagne, sous le 52e, paraissent être les deux points extrêmes où la v. puisse être cultivée avec profit. Dans les pays septentrionaux et dans tous ceux où les chaleurs de l'été ne sont pas trop brûlantes, la meilleure exposition pour la v. est celle du midi; ensuite viennent celle du levant et celle du couchant. Dans les contrées du nord, les coteaux sont préférables aux plaines, parce que les rayons du soleil y font sentir leur action avec plus de force, et qu'on a moins à y craindre les influences fâcheuses de l'humidité du sol. La v. n'est pas difficile sur le choix du sol : elle peut s'accommoder de presque tous les terrains, sauf les terrains marécageux et ceux qui sont absolument secs et arides. Mais il ne suffit pas de planter la v. dans un terrain où elle puisse vivre, il faut qu'elle donne des fruits ayant les qualités requises pour donner au moins un vin buvable. Sous ce rapport, les terrains qui conviennent le mieux sont ceux qui sont calcaires, sablonneux, caillouteux, et, en général, d'une nature légère, plutôt sèche qu'humide. Ces espèces de terrains conservent mieux la chaleur communiquée par les rayons solaires; ils permettent mieux aux racines de s'étendre, et à l'eau de les humecter sans les pourrir; enfin, ils sont plus perméables aux gaz atmosphériques. Après le choix du terrain, il faut apporter la plus grande attention au choix des cépages qui doivent former la v. On donnera la préférence à tel ou tel plant, selon qu'on se proposera d'obtenir des vins à boire de telle ou telle qualité, ou des vins propres à la distillation. Enfin, si l'on admet dans une même v. plusieurs cépages, il faut les choisir de manière que leur maturité arrive en même temps. — On multiplie la v. par le *semis* de pepins de raisin, par *marcottes* et par *boutures*. Les semis ne sont employés que par les pépiniéristes, lorsqu'ils se proposent d'obtenir des variétés nouvelles. On n'en fait pas usage dans l'agriculture, parce qu'une v. provenant de semis ne rapporte que la septième ou la huitième année. Le genre de marcotte usité pour la multiplication de la v. est désigné sous le nom de *Provignage*, et l'on appelle *Provins* les plants qui en résultent. Pour provigner, on choisit sur le cep quelques sarments que l'on courbe et que l'on enterre dans une portion de leur longueur, en maintenant cette portion en place au moyen de crochets de bois, tandis que l'extrémité de chaque sarment est relevée hors de terre : cette extrémité doit avoir un œil ou tout au plus deux yeux. Quand le sarment a une certaine longueur, on le dispose de telle manière qu'il présente une série de courbures, dont les courbes inférieures sont enterrées, les supérieures restant hors du sol. Les yeux de ces dernières poussent au printemps de nouveaux rameaux, pendant que les autres poussent des racines. Au bout d'une année, on sèvre les provins, c.-à-d. on les détache de la tige mère. Bien que le provignage offre certains avantages, il a aussi des inconvénients qui font en général préférer le procédé de la bouture. Les boutures de v. se font avec des bouts de sarments, longs de 25 à 35 centimètres, ayant au moins deux yeux pour reprendre. Le terrain dans lequel on place les boutures doit avoir été profondément défoncé, et, lors de la plantation, on n'a besoin de faire pour chaque plant qu'un trou suffisant où l'on met la bouture un peu inclinée et où on l'enterre en ne laissant que deux ou trois yeux en dehors. En France, les vignes sont généralement plantées en lignes ou en quinconce. Dans plusieurs provinces du Midi, on plante sur une ou deux lignes, en mettant quelquefois jusqu'à 1 mètre de distance entre les ceps, et en laissant depuis 3 jusqu'à 5 mètres d'espace entre les rangées. Ces intervalles sont ensemencés en céréales ou en légumes. Dans quelques cantons de la Provence, on y plante même des oliviers, des figuiers ou autres arbres fruitiers. Dans la plus grande partie des vignobles du centre et de l'est de la France, chaque cep est soutenu par un échalas, et assez souvent ces échalas sont réunis trois par trois comme un faisceau formé de trois fusils ; mais, dans nos départements du Midi, on ne donne aux ceps aucun soutien, de sorte que les sarments chargés de grappes rampent sur le sol. Enfin, dans certaines localités, la v. est plantée en *Hautains*, c.-à-d. qu'elle reçoit pour points d'appui des arbres élevés dans ce but, et disposés en lignes parallèles. Les arbres choisis à cet effet sont assez fréquemment des mûriers ou des arbres fruitiers. Selon les terrains et les usages locaux, on plante deux, trois et même quatre ceps au pied de chaque arbre ; parfois même, les sarments sont dirigés d'un arbre à l'autre de façon à former des arcades de pampres et de grappes. Quant aux vignes qui fournissent les raisins de table, et particulièrement le chasselas, on les cultive sur treilles et en espaliers. La v. n'a pas besoin d'engrais azotés. La pratique, qui a fait la réputation de nos vins, proscrivait le fumier qui donne des quantités de raisins, il est vrai, mais qui diminue fâcheusement la qualité du vin. Les engrais qui lui conviennent sont : la potasse, sous forme de sulfate ou mieux de silicate, les phosphates assimilables et le chaux dans les sols argileux et schisteux. La v. réclame toujours trois façons au moins, savoir : un labour profond, qui se fait à la bêche ou à la charrue, et deux binages. Le labour se donne en automne après la vendange ; le premier binage, lorsque le raisin commence à nouer, et le second, quand le fruit commence à *tourner*, c.-à-d. à changer de nuance s'il est plus ou moins coloré, ou à devenir transparent s'il s'agit de raisins blancs. Mais l'opération la plus importante peut-être de la viticulture est la taille. « Les principes de la taille rationnelle de la v., dit un agronome distingué, A. Ysabeau, sont basés sur la manière particulière dont elle accomplit le cours annuel de sa végétation. Le fruit de la v. ne peut jamais se produire que sur le jeune bois qui naît chaque année de l'œil ou bourgeon, lequel est en même temps à bois et à fruit. L'œil de la v. porte le nom particulier de *Bourre*, parce qu'il est enveloppé d'un duvet doux et laineux qui sert à le protéger contre le froid, pourvu que ce froid ne soit pas trop rigoureux. Lorsqu'on ne taille point une v., chacune de ses bourres produit un sarment ; mais la branche ayant un trop grand nombre de sarments à nourrir, la plupart des fleurs *coulent* et ne produisent pas de grains de raisin. Les bourres du bas seules donnent une ou deux grappes peu fournies. Dans la taille de la v., on laisse seulement à chaque cep autant de sarments qu'il en peut porter selon sa force ; chacun de ces sarments, après avoir porté un certain nombre de grappes, est taillé sur deux ou trois yeux, quelquefois même sur un seul œil, selon la vigueur du cep. Celui-ci ne peut donc jamais porter que de jeunes sarments, les seuls qui donnent des fruits, et

un certain nombre de *Coursons*, c.-à-d. de branches plus ou moins anciennes sur lesquelles naissent les sarments chargés annuellement de produire une récolte quelconque.... En été, les sarments qui s'allongent outre mesure, en attirant à eux la sève aux dépens du développement du raisin, doivent être plus ou moins raccourcis : cette opération se nomme *Ébourgeonnement*. »

La culture de la v. présente des risques si nombreux, qu'il n'y a nulle exagération à dire qu'elle est la plus précaire des industries agricoles. En premier lieu, les influences météorologiques exercent fréquemment sur la v. une action désastreuse : telles sont les gelées du printemps qui détruisent les fleurs, et les pluies qui empêchent la fécondation des ovules, ce qu'on nomme la *coulure*. De plus, cet arbrisseau est attaqué par diverses sortes d'insectes, parmi lesquels nous avons cité ailleurs la chenille d'une sorte de Pyrale et un petit coléoptère connu sous le nom d'*Eumolpe*. Enfin, la v. est sujette à plusieurs maladies. La plus anciennement étudiée apparut en Europe vers 1840 ; elle est produite par le développement d'un petit champignon parasite qui a été nommé, du nom du savant qui l'a découvert, *Oidium Tuckeri*. On a reconnu depuis que c'était l'état conidien d'une espèce appartenant à l'ordre des Ascomycètes et nommée *Uncinula spiralis*. L'invasion du cryptogame se manifeste d'abord par une efflorescence blanchâtre qui envahit les feuilles, les grappes et les sarments, mais jamais la souche ni les racines. Les feuilles présentent des taches noirâtres ou d'un jaune livide, puis elles se crispent, se flétrissent et tombent. Quant aux altérations qu'offrent les baies des grappes, on y distingue cinq états : 1° La baie se flétrit simplement, puis elle se ramollit un peu et finit par se dessécher ; 2° parvenue à moitié de son volume, la baie cesse de grossir : elle se dessèche, durcit et présente extérieurement une croissance presque ligneuse ; 3° la croissance continue jusqu'à moitié, jusqu'aux trois quarts du volume normal, puis la flétrissure survient et s'accompagne de décomposition putride ; 4° à la base de la fleur, au pédicelle, est constamment couvert par une couche épaisse de mycélium ; cependant sous cette couche, la pellicule est intacte, et l'intérieur de la baie est sain ; 5° la baie, attaquée en totalité ou en partie, poursuit néanmoins son évolution et arrive à pleine maturité, ne gardant d'autres traces de la maladie que quelques taches. Cette maladie se traite par le *soufrage*, ou l'application de la fleur de soufre du commerce sur les parties vertes de la v. malade. Cette opération doit se pratiquer aussitôt qu'on reconnaît sur les ceps des traces de l'oïdium, et on la renouvelle dès que le cryptogame reparaît. Cette maladie de la v. a été observée pour la première fois, en 1845, en Angleterre. Deux ans après, elle se montrait en France ; toutefois elle ne causa pas de grands ravages jusqu'en 1850. Mais, depuis cette époque, elle a été un fléau désastreux pour tous nos départements vinicoles, et en outre elle s'est étendue dans tous les pays de l'Europe où l'on cultive la v., et même jusqu'à Madère. Cependant, cette calamité n'était que l'avant-garde d'autres désastres qui ont fini par détruire la plus grande partie du vignoble français reconstitué depuis. Voy. PHYLLOXERA, MILDIOU, BLACK-ROT, PYRÉNOMYCÈTES.

III. *Culture de la vigne dans le vignoble.* — En France, nous avons dit que les vignes sont généralement plantées en lignes ou en quinconces. Toutefois, dans quelques vignobles, les sarments, qui sont le produit de la plantation primitive, sont recouchés en sens divers, sans régularité ; c'est ce qu'on appelle la *culture en foule*. Cette dernière méthode, généralement suivie naguère dans la Bourgogne et la Champagne, commence à disparaître, parce qu'elle présente de grands désavantages. En effet, la culture en lignes permet de remplacer le travail à la main, pour les labours et les binages, par celui des animaux de trait, bœufs, chevaux et ânes ; substitution qui procure une grande économie de temps et d'argent. Cette culture permet encore une surveillance prompte de tout le vignoble ; les moyens de protection, de soutènement, de palissage, sont plus économiques et plus solides ; les travaux de répartition des engrais et amendements, la sortie des sarments et des produits de la vendange sont plus faciles. Enfin il faut encore ajouter que la circulation de l'air, indispensable à une bonne végétation, ne peut être obtenue au milieu de ceps plantés confusément. La v. doit être maintenue sur des souches très basses et alignées du nord au sud ; dans ces conditions, le soleil, depuis son lever jusqu'à son coucher, frappe constamment tous les ceps ; il échauffe également toute la surface de la terre qui joue le rôle d'un mur d'espalier, activant ainsi les diverses phases de la végétation. — Enfin la v. doit être aménagée sur souche[?]

c.-à-d. ne jamais être ni provignée, ni couchée, si l'on veut faire du vin de premier choix. Tant que la souche d'un cep n'est pas complètement formée, l'élaboration des sucs du raisin est imparfaite, et le vin qui en résulte est relativement médiocre. Jamais une souche, qui compte moins de sept ou huit années d'âge, n'a donné de bon vin; il en est de même d'un sarment recouché s'il a poussé des racines sur sa partie mise en terre. — Il est encore nécessaire de signaler les inconvénients de trop rapprocher les ceps. Les vignes plantées et entretenues de 20,000 à 40,000 pieds à l'hectare sont l'exemple le plus frappant de l'avidité déçue par l'ignorance du vigneron. Une v. à 10,000 ceps produit plus qu'une v. à 40,000. Il y a un minimum d'espace au delà duquel le cep ne peut atteindre son développement physiologique indispensable, et l'observation démontre qu'à moins de 1 mètre carré, pour asseoir ses racines, le cep ne peut vivre et rester fertile que par le provignage et le recouchage, pour lui faire chercher sa vie par des organes supplémentaires qui n'ont qu'une existence éphémère et altèrent la qualité du vin.

IV. De la taille. — Une souche, occupant avec ses racines 1 mètre carré du sol, peut entretenir des rameaux qui couvriraient une bien plus grande superficie; donc, pour dompter l'expansibilité de la v. et conserver la fécondité dans ces limites restreintes, il faut que la taille intervienne avec énergie et sagacité; il faut, pour ainsi dire, tromper la nature et la satisfaire artificiellement. — Le bois de la v. étant spongieux et la moelle très abondante, il convient de tailler les sarments à 0m,15 au-dessus du dernier bouton réservé. La coupe doit être pratiquée au biseau, et du côté opposé au bouton, pour que cet organe essentiel ne soit pas altéré par l'écoulement séveux. — Si la nouvelle plantation a été exécutée avec soin, les deux boutons qu'on a laissés sortir de terre, sur chaque brin, développeront chacun un sarment, pendant l'été suivant. Si ces sarments sont faibles, on retarde d'une année la première taille. Cette opération, si elle est pratiquée, consiste dans la suppression du sarment le plus élevé; on laisse le second immédiatement au-dessus du premier bouton. C'est ce que l'on nomme tailler à bois, parce que ce bouton donne rarement du fruit. L'année suivante, on choisit les deux sarments les plus vigoureux, et on les taille sur un seul bouton, comme la première année. A la troisième taille, les deux sarments fournis par ces deux boutons sont seuls conservés et sont taillés à fruit, c.-à-d. sur deux boutons. A quatre ans, la v. bien plantée a déjà de la force. A cette époque, on peut conserver les quatre sarments développés par les quatre boutons réservés, et chacun d'eux est taillé sur les deux boutons inférieurs. Lors de la cinquième taille, les deux sarments supérieurs sont complètement supprimés, et les autres sont taillés sur deux boutons; c'est ce qu'on nomme des coursons. La v. est alors complètement formée; c.-à-d. que, lors de la sixième année, chacun des sarments supérieurs est supprimé, et que les autres sont taillés sur deux boutons pour former de nouveaux coursons. Le même mode d'opérer est répété indéfiniment. — Cependant il résulte de cette méthode que, malgré le soin que l'on prend d'asseoir toujours la taille sur les sarments les plus rapprochés des ramifications principales de la tige, ces ramifications s'allongent un peu chaque année, éloignant ainsi les grappes du sol; c'est un résultat qui peut nuire à leur bonne maturation. Dans ce cas, il convient de raccourcir les ramifications principales, en les coupant immédiatement au-dessus des sarments les plus rapprochés de la souche; ceux-ci serveut alors à prolonger de nouveau ces ramifications. Tel est, en général, le mode de taille appliqué aux vignes basses; mais il provoque de nombreuses et importantes modifications motivées par le climat, le degré de fertilité du sol, la plus ou moins grande vigueur des diverses sortes de cépages, etc. — Un autre mode de taille, qui diffère sensiblement du précédent, est préconisé par le Dr J. Guyot dans son ouvrage sur la culture de la v. Résumons-le rapidement. A la taille d'hiver, ou taille sèche, deux sarments seulement sont conservés sur chaque souche, et sont maintenus dans toute leur longueur. L'un de ces sarments, branche à bois, a pour fonction de satisfaire l'activité de la v., en lui laissant la plus grande allure possible. Ce sarment et ses expansions sont élevés et soutenus par un échalas. L'autre sarment, qui doit constituer la branche à fruit, est plié en cercle et rattaché au sol, courbé en arc et piqué en terre, ou couché horizontalement et maintenu près du sol au moyen d'une gaulette.

La taille de la v. est exécutée pendant le repos de la végétation, c.-à-d. de novembre en avril, selon les climats. La taille avant l'hiver a pour avantage le développement plus

rapide et plus vigoureux de la v. au printemps, parce que toute la sève, même pendant l'hiver, tourne au profit des boutons conservés; et les effets de cette précocité se font sentir sur les différentes phases de la végétation, même sur la qualité du vin. Mais cette précocité serait précisément désastreuse dans les régions où l'on craint les gelées tardives. Là, il faut tailler très tard, attendre même jusqu'au moment de l'ascension de la sève. Des œnologues prétendent que, dans la zone parisienne et champenoise, la taille peut être retardée sans inconvénient du 15 au 30 mai, après la sortie de tous les bourgeons. On peut alors, disent-ils, choisir à son aise tous les fruits, n'en laisser que la quantité convenable et proportionnée à la force du cep. — Après la taille sèche, vient l'ébourgeonnement. Cette opération consiste à ne conserver sur chaque cep que les bourgeons qui portent des grappes, ou ceux qui servent à asseoir la taille pour l'année suivante. Elle a pour effet de concentrer l'action de la sève sur certains points, en augmentant la vigueur des bourgeons conservés. Il y a aussi moins de confusion sur le cep; les grappes sont plus volumineuses et plus facilement exposées aux rayons du soleil. Moins les vignes sont vigoureuses, que la cause vienne du terrain, de la vieillesse, ou de la nature du cépage, plus l'ébourgeonnement devra être pratiqué de bonne heure. On tâchera de faire ce travail aussitôt qu'on distinguera les jeunes grappes sur les bourgeons. Au contraire, plus la v. est vigoureuse, plus on pourra retarder la suppression des bourgeons, parce qu'alors, cette opération diminuant la vigueur de la v., la maturation du raisin se fera mieux. Dans ce cas, on peut attendre que les bourgeons présentent une longueur de 0m,30. Dans le midi, il est moins nécessaire de modérer la vigueur de la v.; la haute température rend aussi moins nuisible l'ombrage des sarments sur les grappes; aussi cette opération y est-elle négligée sur presque tous les points. — Après l'accolage des bourgeons, vient l'opération du rognage. Elle consiste à couper le sommet des bourgeons, à 0m,30 environ du point où ils ont été attachés. Ce travail a pour effet de diminuer la vigueur des ceps et de hâter la maturation des raisins; aussi est-il surtout exécuté dans les cépages vigoureux du centre et du nord de la France. Le rognage appliqué aux vignes qui poussent peu serait plutôt nuisible. Il faut attendre, pour l'exécution de cette besogne, que le raisin soit noué; avant ce moment, le temps d'arrêt produit dans la végétation par cette suppression suffirait pour faire couler les fruits. — Enfin l'épamprement pratiqué fréquemment dans le centre est beaucoup moins utile dans le midi. Dans tous les cas, pour que cette opération ne soit pas funeste à la récolte, il est nécessaire qu'elle soit conduite avec prudence; et d'abord, il est bon qu'elle se fasse au moins en deux fois. La première doit être exécutée au moment où le raisin a pris toute sa grosseur; autrement, on nuirait à son développement et beaucoup à sa qualité. On n'enlève alors que quelques feuilles en conservant celles qui dérobent les grappes à l'action directe du soleil. On coupe aussi tous les bourgeons anticipés, qui apparaissent à l'aisselle des feuilles et qui augmentent inutilement la confusion du cep. Douze ou quinze jours après, on complète le travail; on enlève une nouvelle quantité de feuilles, surtout celles qui couvrent les grappes.

V. Culture de la vigne en treilles. — Dans le centre et le nord de la France, le raisin de table, cultivé en plein air, n'acquiert souvent qu'une maturité imparfaite, faute d'une chaleur suffisante et assez prolongée pendant l'été. La v. pousse vigoureusement, mais ses sarments ne sont pas suffisamment aoûtés quand viennent les premiers froids d'automne, et la production de raisin de l'année suivante se trouve compromise. Pour obtenir un bon résultat on ne saurait mieux faire que de suivre l'excellente méthode des vignerons intelligents de Thomery, près Fontainebleau, qui, dans un sol ingrat et peu favorable à la culture de la v., ont obtenu le succès que l'on sait, puisque la réputation de leurs raisins est devenue universelle. — La forme à donner aux treilles, généralement adoptée est à cordon horizontal simple; elle permet, mieux que toute autre, de répartir également l'action de la sève sur tous les points du cep, et d'occuper en même temps, sans perte d'espace, toute la surface d'un mur. Mais ces cordons sont soumis à certaines conditions; nous allons indiquer les principales. Les deux bras doivent présenter exactement la même longueur; cette longueur totale des cordons développée par le même cep ne doit pas dépasser certaines limites. Il vaut donc mieux multiplier les ceps contre le mur et concentrer l'action de la sève sur un moins grand développement des bras. Dans les sols légers, et pour les variétés d'une vigueur moyenne, comme les chasselas, on donne une longueur d'environ 1ᵐ,33 à chacun des bras d'un même cep. Le cep ne doit pas porter plusieurs cordons superposés. Afin d'atteindre les meilleures conditions de maturité, on conserve spécialement à la v. une certaine étendue de mur. Ce mur est couvert, du sommet à la base, de cordons superposés, de même longueur, à égale distance les uns des autres, et fournis par des ceps régulièrement espacés. — Au lieu du *cordon horizontal* que nous venons de décrire, on utilise quelquefois le *cordon vertical*. Voici en quoi consiste cette disposition. Les ceps, plantés de mètre en mètre, développent une seule tige qui s'élève verticalement jusqu'au sommet du mur. Cette tige offre de chaque côté une série de coursons disposés irrégulièrement; les bourgeons qu'ils développent chaque année sont palissés obliquement dans l'intervalle qui sépare chaque tige. — Si l'on a remarqué que les *chaperons* très saillants présentent plus d'inconvénients que d'avantages pour la plupart des espèces d'arbres à fruits, il en est autrement pour la v. En effet, ces chaperons tiennent lieu non seulement de ces auvents mobiles si recommandables pour préserver la végétation des intempéries du printemps, mais encore ils éloignent de la v. l'humidité des pluies et des rosées, qui a pour résultat de nuire à la maturation du raisin. Enfin ces auvents, préservant les grappes des premiers froids de l'automne, permettent d'en retarder la récolte et facilitent leur conservation. Tous les murs de Thomery sont ainsi couverts de chaperons en tuile. Leur saillie est d'autant plus grande que les murs sont plus élevés; elle est d'environ 0ᵐ,35 pour les murs de 4 mètres et de 0ᵐ,25 pour ceux de 2ᵐ,60. Ces murs ainsi abrités sont blanchis à la chaux. C'est la couleur qui, dans cette localité, a donné les résultats les plus satisfaisants. Voy. RAISIN.

VI. — Parmi les usages de la v., il en est qu'il est superflu d'indiquer. Tout le monde sait que le suc fermenté de son fruit constitue le vin; que la distillation du vin donne l'eau-de-vie et l'alcool, et que sa fermentation acide produit le vinaigre. On sait également que le raisin, à l'état de maturité parfaite, est un aliment aussi sain qu'agréable; toutefois, mangé en trop grande quantité, il agit comme laxatif. Les *raisins secs* ne sont pas seulement un article de dessert, on les emploie encore en médecine comme fruits pectoraux. Le marc de raisin, qui reste après la fabrication du vin, peut se traiter de manière à fournir une assez grande quantité d'alcool et de tartre: après quoi on n'utilise encore comme engrais. Ce marc est aussi employé pour la fabrication du vert-de-gris ou sous-acétate de cuivre. C'est de la lie du vin qu'on extrait le tartre et la crème de tartre, dont certaines industries font une grande consommation. Enfin, le bois de la v., léger et poreux, ne peut guère s'employer que comme combustible; mais il forme un combustible fort agréable. Les cendres qui résultent de sa combustion sont en outre fort riches en sels de potasse, et certains cultivateurs ont soin de reporter ces cendres sur le sol de la v. même, pour lui restituer la potasse enlevée par la végétation. — Voy. VENDANGE, VIN.

Bibliogr. — ODART: *Ampélographie universelle;* — RENDU: *Ampélographie française;* — A. JULLIEN: *Topographie de tous les vignobles connus;* — GUYOT: *Culture de la v. et vinification;* — GASPARIN: *Cours d'agriculture,* etc.

Archéol. — Les Romains donnaient le nom de v. (*vinea*) à une machine de guerre dont ils faisaient usage dans les sièges, pour mettre à l'abri des projectiles ennemis les soldats employés à miner les murailles ou à les battre avec le bélier. La v. était simplement formée d'un certain nombre de poteaux supportant un toit incliné fait de planches ou de claies. Les poteaux avaient communément 2ᵐ,40 de hauteur, tandis que le toit avait à peu près 5 mètres de longueur sur 2ᵐ,15 de largeur. La machine était en outre formée sur les côtés et en arrière par des claies d'osier, et recouverte extérieurement de cuirs bruts pour la protéger contre l'incendie. Les soldats portaient eux-mêmes la v. jusqu'au pied du mur qu'il s'agissait de renverser; d'autres fois cependant ils la faisaient avancer au moyen de roues attachées aux poteaux. Le plus souvent on réunissait en ligne un certain nombre de vignes afin d'attaquer la muraille sur une plus grande étendue.

VIGNEAU. s. m. [Pr. *vi-gnô, gn* mouil.]. T. Zool. Voy. VIGNOT.

VIGNEMALE, sommet des Pyrénées, à 28 kil. S.-E. de Luz; 3,298 mètres d'altitude.

VIGNERON, ONNE. s. [Pr. *gn* mouil.]. Celui, celle qui cultive la vigne. *Un pauvre v.*

VIGNETTE. s. f. [Pr. *vi-gnè-te, gn* mouil.] (R. *vigne*). Petit dessin ou petite gravure qu'on place en manière d'ornement au titre d'un livre, ou au commencement et à la fin des chapitres, etc. *Les vignettes sont ainsi nommées parce qu'autrefois elles représentaient ordinairement des feuilles de vigne et des raisins. Un livre orné de vignettes. Vignettes en taille-douce.* || Par ext., se dit de dessins qui servent d'encadrement à des gravures, aux couvertures de livres, d'ornements autour d'un mouchoir, etc. — *Papier à vignettes,* Papier à lettres dont les pages sont ornées ou encadrées de petits dessins coloriés.

VIGNOBLE. s. m. [Pr. *gn* mouil.] (R. *vigne*). Étendue de pays planté de vignes. *Un bon v. Il y a beaucoup de vignobles dans la Bourgogne. La Champagne est un pays de v., de vignobles.* || On dit aussi adjectiv., *Un pays v.*

VIGNOLE (JACQUES BAROZZIO, dit), architecte ital., né à Vignola (Modène) (1507-1573), construisit de nombreux et beaux édifices à Rome; il est surtout connu par son livre: *Règles des cinq ordres d'architecture.*

VIGNOT. s. m. [Pr. *vi-gno, gn* mouil.]. T. Zool. Nom vulgaire d'une espèce de Mollusque *Gastéropode.* Voy. TÆNIOGLOSSES. On écrit aussi *Vigneau.*

VIGNY (ALFRED, comte DE), littérateur et poète fr. (1797-1863).

VIGO, v. d'Espagne (prov. de Pontevedra), port sur la baie de Vigo; 8,214 hab. Une flotte espagnole, chargée d'or, y fut coulée par les Anglais et les Hollandais en 1707.

VIGOGNE. s. f. [Pr. *gn* mouil.] (esp. *vicuña,* m. s.). T. Mamm. Espèce de *Ruminant.* Voy. LAMA. || Par ext., se dit de la laine de la v. *Un habit de v. Un chapeau de v.* — On dit elliptiq., *Un v.,* pour un chapeau de v.

VIGOUREUSEMENT. adv. [Pr. *vigoureu-ze-man, g* dur]. Avec vigueur. *Il attaque, il se défend v. Il a soutenu v. son opinion. Ce tableau est v. peint.*

VIGOUREUX, EUSE. adj. [Pr. *vigou-reu, reuze, g* dur]. Qui a de la vigueur. *Un homme v. Ce vieillard est encore v. Un cheval v. Une jeunesse vigoureuse. Une santé vigoureuse.* || Se dit aussi des choses faites avec vigueur, qui montrent de la vigueur. *Attaque, résistance vigoureuse. Action vigoureuse. Discours v.* — En T. Peint. *Un dessin v. Un coloris v. Des tons vigoureux, Une touche vigoureuse.* = Syn. Voy. FORT.

VIGUERIE. s. f. [Pr. *vi-ghe-rie, g* dur]. Charge de viguier. || Le territoire soumis à la juridiction du viguier.

VIGUEUR. s. f. [Pr. *vi-gheur, g* dur] (lat. *vigor,* m. s., de *vigere,* être fort). Force pour agir, énergie. *La v. du corps. Un cheval plein de v. Notre division attaqua l'aile droite de l'ennemi avec la plus grande v.* || Se dit aussi des végétaux. *Cet arbre est sans v. Cette plante a repris v.* || Se dit encore de l'âme et de ses facultés. *La v. de l'âme. La v. du caractère. Ce vieillard a conservé toute la v. de son esprit.* || Se dit encore des choses qui sont faites avec vigueur, qui témoignent de la vigueur. *V. de style. La v. du dessin, du coloris. Il écrit avec v. Son pinceau a de la v. Action de v.* || Être en v., se dit des lois, des coutumes et des maximes que l'on suit, ou auxquelles on doit se conformer. *Cette loi est toujours en v. Cette coutume a cessé d'être en v.*

VIGUIER. s. m. [Pr. *vi-ghié, g* dur] (lat. *vicarius,* lieutenant). T. Hist. Officier de justice subalterne, au moyen âge en Provence. Voy. PRÉVÔT.

VIHIERS, ch.-l. de c. (Maine-et-Loire), arr. de Saumur; 4.700 hab.

VIL, VILE. adj. (lat. *vilis,* m. s.). Qui est de peu de valeur; ne s'emploie en ce sens que joint au mot *Prix. Une chose de vil prix. Une étoffe de vil prix.* — *Cette marchandise est à vil prix,* Elle est beaucoup meilleur marché qu'à l'ordinaire. — *Vendre à vil prix,* Vendre une chose quelconque fort au-dessous de sa valeur courante. || Fig., sign. Bas, abject, méprisable. *Un homme vil. Une âme vile et basse.*

Un vil séducteur. Une femme de vile condition. C'est un trafic trop vil. Des choses viles. De vils préjugés. = Syn. Voy. ABJECT.

VILAGOS, bourg de Hongrie, au N.-E. d'Arad. En 1849, capitulation de Gœrgée, général de l'armée hongroise.

VILAIN, AINE. s. [Pr. *vi-lin*, *lène*] (bas lat. *villanus*, de *villa*, métairie). Se disait autrefois des paysans et des roturiers. *Les nobles et les vilains. Quel noble eût osé épouser une roturière, une vilaine?* — Proverb., *Oignez v., il vous poindra.* Voy. POINDRE. *Jeu de main, jeu de v.* Voy. JEU. || Fam., on dit d'un homme sale et déshonnête, soit en paroles, soit en actions. *C'est un v.* On dit aussi pop., d'une prostituée. *C'est une vilaine.* = VILAIN, AINE. adj. Qui est vil, méchant, déshonnête, infâme. *C'est un v. homme, une vilaine femme. Une vilaine âme. Un v. caractère. Un v. métier. Une vilaine action. Il est dans un v. cas.* Prov., *Tous vilains cas sont niables.* || Qui n'est pas beau, qui déplaît à la vue. *Un v. pays. Une vilaine maison. Une vilaine étoffe. Un v. habit. Une vilaine mode.* || Signifie encore, fâcheux, incommode, et même dangereux. *Un v. temps. Un v. gîte. Un v. jeu. Elle a un v. rhume.* — Fam. et par ellipse. *Il fait v.,* Il fait mauvais temps. On dit aussi, *Il fait v. marcher.* || *Vilain,* dans un sens particulier, se dit subst. et adj., pour Avare. *C'est un v. Je n'ai jamais vu de femme plus vilaine que cette vieille rentière.* — Prov., *Il n'est chère que de v.,* Lorsqu'un avare se résout à donner un repas à quelqu'un, il le fait avec plus de profusion qu'un autre.

VILAINE, riv. de France, descend des collines du Maine, arrose Vitré, Rennes, La-Roche-Bernard et se jette dans l'Atlantique; 220 kil.

VILAINEMENT. adv. [Pr. *vilè-neman*]. D'une vilaine manière; se dit dans les diverses acceptions de l'adjectif Vilain, et autres analogues. *Il m'a v. trahi, v. trompé; il nous a v. abandonnés,* D'une manière infâme. *Il s'enfuit v.,* Honteusement et lâchement. *On l'a reçu v.,* Grossièrement. *Il s'est logé v.,* désagréablement. *Il fait toutes choses v.,* Sordidement. *Il mange v.,* Il mange malproprement.

VILEBREQUIN. s. m, [Pr. *vile-bre-kin*] (R. *virer,* et *brequin,* vx mot qui sign. *mèche, foret,* et qui est d'orig. german. et de même rad. que l'all. *brechen,* rompre). T. Techn. Le *Vilebrequin* est un outil qui sert à pratiquer des trous ronds dans le bois, la pierre, etc. Il se compose de trois pièces (Fig. 1). La première *ab,* est le manche; la partie courbe *bcd,* est la poignée, et *ef,* est la mèche, appelée autrefois *breguin,* qui doit attaquer la pièce à percer et qui est fixée au moyen d'une vis de pression. Pour opérer avec cet outil, l'ouvrier pose la pointe de la mèche sur l'endroit où il veut pratiquer un trou, et contre lequel il presse en appuyant sur le champignon *a* du manche, soit avec la paume de la main gauche, soit avec la poitrine; puis, saisissant avec la main droite la poignée, c.-à-d. la partie courbe de l'instrument, il la fait tourner rapidement autour de l'axe *abd* qui est dans la direction de la mèche. Celle-ci se change à volonté, car il faut que sa forme varie suivant le travail qu'il s'agit d'exécuter. Ainsi, la Fig. 2 représente un *foret,* et la Fig. 3 une *mèche* proprement dite.

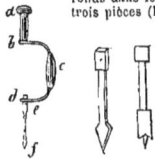
Fig. 1.   Fig. 2. Fig. 3.

VILEMENT. adv. [Pr. *vile-man*]. D'une manière vile.

VILENIE. s. f. (R. *vil*). Action basse et vile. *Il a fait là une grande v. Je connais de lui cent vilenies.* || Paroles, propos sales et obscènes. *Il aime à dire des vilenies.* || Parole injurieuse et grossière. *Il lui a dit mille vilenies.* || Avarice sordide. *Sa v. le fait mépriser de tout le monde:* — Trait d'avarice sordide. *C'est une v. digne d'Harpagon.* || Ordure, saleté. *Cette maison est pleine de vilenies.* || Par anal., se dit d'aliments mauvais et malsains. *Cet enfant mange toutes sortes de vilenies.*

VILETÉ. s. f. (R. *vil*). Le bas prix d'une chose. *La v. des denrées est une ruine pour le cultivateur. Ce vase de terre est un objet d'art précieux, malgré la v. de la matière.* ||

On dit aussi, *La v. du prix,* Lorsqu'on parle d'un prix beaucoup trop bas. — Quelques-uns disent *Vilité.*

VILITÉ. s. f. Voy. VILETÉ.

VILIPENDER. v, a. [Pr. *vili-pan-der*] (lat. *vilipendere,* m. s., de *vilis,* vil, et *pendere,* estimer). Déprimer, traiter avec beaucoup de mépris; n'est usité que dans le langage fam., et se dit des personnes et des choses. *Il ne faut pas tant le v., il a de bonnes qualités. V. une marchandise.* = VILIPENDÉ, ÉE. part. = Syn. Voy. HONNIR.

VILLA. s. f. [Pr. *vil-la*] (lat. *villa,* maison de campagne, métairie). S'est dit d'abord, en Italie, des maisons de plaisance qu'on voit aux environs de Rome et autres villes. *La v. Pamfili. La v. Ludovisi.* = Sign. auj. maison de campagne avec jardin ou parc.

VILLACE. s. f. (R. *ville*). Grande ville mal bâtie et peu peuplée. Fam. et peu usité.

VILLAFRANCA, v. d'Italie (Vénétie). Traité entre la France et l'Autriche, après la guerre d'Italie (1859); 6,000 hab.

VILLAGE. s. m. [Pr. *vi-laje*] (bas lat. *villaticum,* m. s., du lat. *villa,* maison de campagne). Lieu non fermé de murailles, et composé principalement de maisons de paysans, assez souvent séparées les unes des autres. *Un gros v. Le maire, le curé du v. Les gens du v. Fête du v.* || Fig. et proverb., *Cet homme est bien de son v.,* se dit de quelqu'un qui est fort mal instruit de ce qui se passe dans le monde. — *Le coq du v.,* celui qui s'y fait admirer. — *A gens de v. trompette de bois,* il faut traiter ces gens suivant leur condition. — *Quand on est loin du v., on peut se moquer des chiens,* il faut attendre qu'on soit loin du danger pour en rire.

VILLAGEOIS, EOISE. s. [Pr. *vila-joua, joua-ze*]. Habitant du village. *Un pauvre v. Une jeune villageoise.* || Qui appartient au village. *Un air v. Des manières villageoises. Une fête villageoise.*

VILLAINES-LA-JUHEL, ch.-l. de c. (Mayenne), arr. de Mayenne; 2,500 hab.

VILLALOBOS, navigateur esp., mort en 1543; découvrit les Carolines, les Palaos, etc.

VILLAMBLARD, ch.-l. de c. (Dordogne), arr. de Bergerac; 1,500 hab.

VILLANDRAUT, ch.-l. de c. (Gironde), arr. de Bazas; 1,100 hab.

VILLANELLE. s. f. [Pr. *vi-la-nè-le*] (ital. *villanella,* du lat. *villanus,* paysan, de *villa,* métairie). T. Littér. Dans l'ancienne poésie française, on désignait sous le nom de *Villanelle,* qui équivaut à Pastorale, de petits poèmes où l'on faisait parler des bergers et des bergères. La v. suivante de J. Passerat est le chef-d'œuvre du genre :

J'ai perdu ma tourterelle,   Ta plainte se renouvelle;
Est-ce point elle que j'oi ?   Toujours plaindre je me dois :
Je veux aller après elle.   J'ai perdu ma tourterelle.

Tu regrettes ta femelle ?   En ne voyant plus la belle,
Hélas ! aussi fais-je moi ;   Plus rien de beau je ne vois :
J'ai perdu ma tourterelle.   Je veux aller après elle.

Si ton amour est fidèle,   Mort, que tant de fois j'appelle,
Aussi est ferme ma foi ;   Prends ce qui se donne à toi :
Je veux aller après elle.   J'ai perdu ma tourterelle,
                 Je veux aller après elle.

On voit que la pièce se compose d'un certain nombre de tercets, avec un refrain alternant, et se termine par un quatrain où se retrouvent les deux vers qui ont servi de refrain. Le genre de poésie paraît être d'origine italienne.

Le mot *Villanelle* est encore usité en termes de musique. Il désignait autrefois certains airs dans le genre pastoral, soit pour une voix seule, soit pour plusieurs voix. Il y a des villanelles composées pour être chantées, et d'autres pour la danse.

VILLANI (Giovanni), historien ital. (1280-1348).

VILLARD-DE-LANS, ch.-l. de c. (Isère), arr. de Grenoble; 4,800 hab.

VILLARÉAL, v. d'Espagne, prov. du Castellon; 8,000 hab.

VILLARET (Foulques de), grand maître des Hospitaliers, s'empara de l'île de Rhodes et y établit son ordre en 1309; mort en 4327.

VILLARET, historien fr. (1715-1766).

VILLARET DE JOYEUSE, amiral fr. (1750-1812).

VILLARS, ch.-l. de c. (Ain), arr. de Trévoux; 1,550 hab.

VILLARS, ch.-l. de c. (Alpes-Maritimes), arr. de Puget-Théniers; 1,300 hab.

VILLARS (duc de), maréchal de France (1653-1734), sauva la France à Denain (1712).

VILLARSIE. s. f. (R. Villars, n. d'un bot. fr.). T. Bot. Genre de plantes Dicotylédones (Villarsia) de la famille des Gentianées. Voy. ce mot.

VILLARSITE. s. f. (R. Villars, n. d'un botan. fr.). T. Minér. Péridot altéré en voie de passer à l'état de serpentine.

VILLAVICIOSA, v. d'Espagne (Nouvelle Castille), célèbre par une victoire du duc de Vendôme, en 1710; 21,000 hab.

VILLE. s. f. [P. vi-le] (lat. villa, métairie, parce que certaines villes modernes doivent leur origine à l'agglomération de maisons rurales autour de l'église ou du château seigneurial). Assemblage d'un grand nombre de maisons disposées par rues, et souvent entourées d'une enceinte commune. Une grande, une petite v. V. murée, fermée, ouverte, fortifiée, démantelée. V. maritime. V. frontière. V. de guerre. V. de commerce. V. marchande. V. riche. Bâtir, construire, fonder une v. Fortifier, défendre, assiéger, prendre, détruire, raser une v. La v. haute et la basse v. Aller par la v. Il est allé faire un tour en v. Il court un bruit par la v. Fam. La v. est bonne. On y trouve aisément et à bon marché tout ce dont on a besoin. —Bonne v., Qualification honorable accordée par nos rois à certaines villes plus ou moins considérables. V. impériale. Voy. Impérial. V. libre. Voy. Villes-libres. V. hanséatique. Voy. Hanse. — La v. éternelle, Rome. — La v. sainte, Jérusalem. L'hôtel de v., la maison de v. Voy. Hôtel et Maison. Le corps de v., ou simplem., La v., Le corps des officiers municipaux. Sergent de v. Voy. Police. — Il a une partie de son bien sur la v., Il a une partie de son bien en rentes dues par la caisse municipale. — Fam., Monsieur un tel est à la v., Il n'est pas à la campagne; Il est en v., Il n'est pas actuellement chez lui; Il dîne hors de chez lui, || Ville, se dit aussi de la population qui habite une v. Toute la v. est en fête. Toute la v. parlait de cet événement. — Par exag., Il reçoit toute la v. || Se dit encore de la vie qu'on mène à la v., des mœurs qui y règnent, par opposition à la campagne, etc. J'aime mieux la v. que les champs. La v. dégoûte de la province. = Syn. Voy. Cité.

VILLÉ, anc. ch.-l. de c. (Bas-Rhin), arr. de Schlestadt; 1,300 hab., cédé à l'Allemagne, en 1871.

VILLE-D'AVRAY, commune du dép. de Seine-et-Oise, canton de Sèvres; 1,300 hab.

VILLEDIEU, ch.-l. de c. (Manche), arr. d'Avranches; 3,500 hab.

VILLEFAGNAN, ch.-l. de c. (Charente), arr. de Ruffec; 1,500 hab.

VILLEFORT, ch.-l. de c. (Lozère), arr. de Mende; 1,500 hab.

VILLEFRANCHE, ch.-l. de c. (Alpes-Maritimes), arr. de Nice; port; 4,400 hab.

VILLEFRANCHE, ch.-l. de c. (Tarn), arr. d'Albi; 1,400 hab.

VILLEFRANCHE-DE-BELVÈS, ch.-l. de c. (Dordogne), arr. de Sarlat; 1,550 hab.

VILLEFRANCHE-DE-LAURAGUAIS, ch.-l. d'arr. du dép. de la Haute-Garonne, sur le Lers et le canal du Midi; 2,600 hab.

VILLEFRANCHE-DE-ROUERGUE, ch.-l. d'arr. du dép. de l'Aveyron, à 57 kil. O. de Rodez; 9,800 hab.

VILLEFRANCHE-SUR-SAÔNE, anc. cap. du Beaujolais (Rhône), à 32 kil. N.-O. de Lyon; 13,000 hab.

VILLÉGIATURE. s. f. [Pr. vil-léjia-ture] (lat. villegiatura, m. s., de villegiare, séjourner à la campagne, de villa, maison de campagne). Séjour que les personnes aisées font à la campagne durant la belle saison. Il est en v.

VILLEHARDOUIN (Geoffroi de), chroniqueur du XIIIe siècle, avait pris part à la 4e croisade, dont il laissa l'histoire dans un récit intitulé Conquête de Constantinople. C'est un monument précieux de la prose de l'ancien français.

VILLEJUIF, ch.-l. de c. (Seine), arr. de Sceaux; 4,300 hab.

VILLÈLE (comte de), homme d'État fr., ministre sous la Restauration, se rendit impopulaire par ses concessions aux ultra-royalistes (1773-1854).

VILLEMAIN, littérateur fr., ministre de l'Instruction publique de 1839 à 1844 (1790-1870).

VILLEMESSANT, journaliste fr., fondateur du Figaro (1812-1879).

VILLEMUR, ch.-l. de c. (Haute-Garonne), arr. de Toulouse; 4,000 hab.

VILLENAUXE, ch.-l. de c. (Aube), arr. de Nogent-sur-Seine; 2,300 hab.

VILLENAVE, écrivain fr. (1762-1846).

VILLENEUVE, ch.-l. de c. (Aveyron), arr. de Villefranche; 2,900 hab.

VILLENEUVE (Huon de), poète fr., du XIIIe siècle, auteur des Quatre fils Aymon et de Renaud de Montauban.

VILLENEUVE (de), vice-amiral fr. (1763-1806), vaincu par Nelson à Trafalgar (21 oct. 1805).

VILLENEUVE-DE-BERG, ch.-l. de c. (Ardèche), arr. de Privas; 2,000 hab.

VILLENEUVE-DE-MARSAN, ch.-l. de c. (Landes), arr. de Mont-de-Marsan; 2,000 hab., sur le Midou.

VILLENEUVE-L'ARCHEVÊQUE, ch.-l. de c. (Yonne), arr. de Sens, sur la Vanne; 1,800 hab.

VILLENEUVE-LEZ-AVIGNON, ch.-l. de c. (Gard), arr. d'Uzès, sur la rive droite du Rhône, vis-à-vis d'Avignon; 2,600 hab.

VILLENEUVE-SAINT-GEORGES, commune du dép. de Seine-et-Oise, arr. de Corbeil, sur la Seine; 3,000 hab.

VILLENEUVE-SUR-LOT, ch.-l. d'arr. du dép. de Lot-et-Garonne, à 30 kil. N. d'Agen; 13,800 hab. = Nom des hab. : Villeneuvois, oise.

VILLENEUVE-SUR-YONNE ou **VILLENEUVE-LE-ROI**, ch.-l. de c. (Yonne), arr. de Joigny; 5,100 hab.

VILLERÉAL, ch.-l. de c. (Lot-et-Garonne), arr. de Villeneuve-sur-Lot; 1,600 hab.

VILLERMÉ, économiste fr. (1782-1863).

VILLEROI (duc de), maréchal de France (1644-1730), se fit battre par le prince Eugène à Chiari (Italie) en 1701, et prendre à Crémone (1702). Envoyé en Flandre, il perdit la bataille de Ramillies (1706). Il fut gouverneur du jeune roi Louis XV.

VILLERS-BOCAGE, ch.-l. de c. (Calvados), arr. de Caen; 1,100 hab.

VILLERS-BOCAGE, ch.-l. de c. (Somme), arr. d'Amiens; 1,000 hab.

VILLERS - BRETONNEUX, commune du dép. de la Somme, arr. d'Amiens; 5,600 hab. Filatures.

VILLERS-COTTERETS, ch.-l. de c. (Aisne), arr. de Soissons; 4,600 hab. — Ordonnance de 1539 rendue par François 1er pour l'organisation de la justice.

VILLERSEXEL, ch.-l. de c. (Haute-Saône), arr. de Lure; 1,000 hab. — Combat livré aux Allemands par le général fr. Bourbaki (9 janvier 1871).

VILLERS-SUR-MER, vge de l'arr. (Pont-l'Évêque), à 8 kil. O. de Trouville.

VILLES-LIBRES, villes de l'Empire d'Allemagne qui se gouvernaient elles-mêmes et qui formèrent plusieurs associations. Il n'en reste plus que trois dans le nouvel Empire : *Hambourg, Brême* et *Lubeck.*

VILLETTE. s. f. [Pr. *vi-lè-te*]. Diminutif fam. Très petite ville.

VILLETTE (LA), anc. bourg du dép. de la Seine, au N. de Paris, annexé à la capitale en 1860 et formant le 19e arrondissement. Marché aux bestiaux.

VILLETTE (marquis DE), écrivain fr. médiocre, ami de Voltaire (1736-1793).

VILLEURBANNE, ch.-l. de c. (Rhône), arr. de Lyon; 17,900 hab. Produits chimiques.

VILLEUX, EUSE. adj. [Pr. *vil-leu, euse*] (lat. *villosus*, m. s., de *villus*, poil). T. Hist. nat. Qui est revêtu de poils. *Tige villeuse.*

VILLIERS-DE-L'ISLE-ADAM (PHILIPPE DE), grand maître des chevaliers de Rhodes (1464-1534), défendit Rhodes contre Soliman II. Réduit à capituler, il s'établit avec les débris de l'ordre dans l'île de Malte (1530). || AUGUSTE-DE-VILLIERS-DE L'ISLE-ADAM, écrivain fr., d'une originalité remarquable, descendant du précédent (1840-1899).

VILLIERS-SAINT-GEORGES, ch.-l. de c. (Seine-et-Marne), arr. de Provins; 1,000 hab.

VILLON (FRANÇOIS), poète fr. (1431-1489), célèbre par sa vie aventureuse et par son *Grand* et son *Petit Testament.*

VILLOSITÉ. s. f. [Pr. *vil-loxi-té*] (lat. *villositas*, m. s., de *villus*, poil). État des surfaces velues; ensemble des poils qui les recouvrent. || T. Anat. Petites rugosités nombreuses et serrées qui recouvrent certaines surfaces. *Villosités intestinales.* Voy. INTESTIN. *Villosités arachnoïdiennes.* Voy. MÉNINGE, 1, 5°.

VILLOTTE. s. f. [Pr. *vi-lo-te, ll* mouillées]. T. Agric. Petit tas de foin fané qu'on laisse sur le pré en attendant le moment de le rentrer ou de construire une meule.

VILNA, v. de la Russie d'Europe (Lithuanie), ch.-l. de gouvernement; 120,000 hab. Le gouv. a 1,102,000 hab.

VIMAIRE. s. f. [Pr. *vi-mèr*] (lat. *vi majore*, par force majeure). T. Eaux et Forêts. Se dit du dégât causé dans les forêts par un ouragan.

VIMEIRO ou **VIMEIRO**, bourg du Portugal (Estramadure); 1,800 hab. — Défaite de Junot en 1808.

VIMINAL (MONT), une des sept collines de l'anc. Rome, à l'E.

VIMOUTIERS, ch.-l. de c. (Crne), arr. d'Argentan; 3,600 hab. Toiles, cretonnes.

VIMY, ch.-l. de c. (Pas-de-Calais), arr. d'Arras; 1,700 hab.

VIN. s. m. (lat. *vinum*, m. s.). Liqueur que l'on prépare avec le jus du raisin, après avoir en général fait fermenter ce jus. V. *rouge, blanc, rosé. Vin mousseux. Vin bourru. Vin léger, faible, capiteux. Ce vin est malade. Vin falsifié. Vin de Bourgogne, de Bordeaux, de Champagne, du Rhin, de Chypre, etc. Un tonneau, une bouteille, un verre de vin. Boire du vin. Boire son vin pur. Tremper son vin. Le commerce des vins. L'impôt sur les vins.* || *Vin prompt à boire*, Vin qu'il faut boire promptement parce qu'il n'est pas de garde. *Vin prêt à boire*, Vin qui a acquis sa maturité, qui est en état d'être bu. *Vin coupé*, Vin auquel on a mêlé un autre vin pour l'améliorer. *Vin de liqueur*, Vin généreux que l'on boit, en petite quantité, à l'entremets et au dessert. *Vin brûlé*, Vin que l'on a fait chauffer ou y mettant infuser des épices. *Esprit-de-vin.* Alcool obtenu par la distillation du vin. Voy. ALCOOL. *Vin du cru.* Voy. CRU. *Vin de deux feuilles, de trois feuilles, etc.* Voy. FEUILLE. *Vin en cercles.* Vin en tonneau. *Vin de cerneaux.* Voy. CERNEAU. || *V. de copeaux*, Celui dans lequel on fait tremper des copeaux pour le rendre plus tôt clair et bon à boire. || *Vin de l'étrier*, Vin que l'on boit avec des amis au moment où l'on va partir. *Vin de veille*, Vin qu'on met dans la chambre du roi et des princes, en cas qu'ils en aient besoin durant la nuit. *Vins d'honneur* ou *Vins de ville*, Vins que les officiers municipaux offrent à de hauts personnages, lorsque ceux-ci font leur entrée dans certaines villes. || Fig. et prov., *Du vin à faire danser les chèvres*, Du vin très aigre. *Du vin à laver les pieds des chevaux*, Du vin si mauvais, qu'il est impossible de le boire. *A bon vin point d'enseigne.* Voy. ENSEIGNE. *Le vin est tiré, il faut le boire*, se dit pour faire entendre qu'on est trop engagé dans une affaire pour reculer. *Après bon vin, bon cheval.* Quand on a un peu bu, on fait aller son cheval meilleur train, et, au sens moral, on a plus de hardiesse. || Fig. et fam., *Porter bien le vin, porter bien son vin.* Voy. PORTER. *Être en pointe de vin.* Voy. POINTE. *Être entre deux vins*, Approcher de l'ivresse. *Être pris de vin*, Être en état d'ivresse. *Cuver son vin.* Voy. CUVER. *Mettre de l'eau dans son vin.* Voy. EAU. *S'enivrer du vin.* Voy. ENIVRER. *Cet homme a le vin gai, triste, mauvais, etc.*, Il est gai, triste, querelleur, etc., quand il a bu. || Fig. et fam., *Pot de vin*, Ce qui se donne, en manière de présent, au delà du prix apparent qui a été arrêté entre deux personnes pour un marché, tel que vente, location, bail à ferme, etc. *Il a loué son rez-de-chaussée vingt-cinq mille francs par an, et il a exigé cent vingt mille francs de pot de vin. Le pot de vin est un peu fort.* || Pop., *Tache de vin*, Se dit de certaines altérations congénitales de la peau qui offrent une teinte rougeâtre. Voy. ENVIE. || T. Pharm. *Vins médicinaux.* Voy. plus loin.

Techn. — Le vin proprement dit est la liqueur obtenue par la fermentation du jus de raisin. On donne aussi le nom de Vin aux liquides spiritueux fournis par la plupart des fruits sucrés après macération de leur pulpe et expression des jus abandonnés à eux-mêmes, ou par la fermentation de la sève de quelques arbres. On dit alors vin de cerises, de groseilles, de cassis, d'oranges, de dattes, de figues, de palmier, de banane, d'agave, de bouleau, d'érable, etc. Le vin de raisin, le seul qui va nous occuper, est l'un des produits les plus importants et les plus précieux de l'industrie humaine. Depuis de longs siècles, les hommes se sont appliqués à le perfectionner, à le varier à l'infini, mais aussi à l'imiter, à le sophistiquer. Son étude a sollicité l'attention des chimistes les plus illustres. Sa fabrication, sa composition, sa conservation, ses altérations, son analyse, enfin les fraudes et les imitations, dont il est constamment l'objet, ont été le sujet de recherches nombreuses et délicates.

1. — Si la composition chimique du sol exerce une grande influence sur le développement de la vigne et la qualité de ses raisins, il faut ajouter que ses propriétés physiques, sa porosité, sa chaleur spécifique, l'exposition, l'humidité, la température moyenne, les influences météorologiques, le choix des cépages, enfin les soins plus ou moins intelligents de la culture entrent pour une grande part dans la vigueur de l'arbuste, dans la maturité du fruit et dans la valeur du vin. On sait que les années chaudes et sèches sont très favorables à la vigne. Pour qu'elle donne de bon vin, on a calculé les chiffres des températures moyennes de chaque jour, indiquées par le thermomètre, à partir de la reprise de la végé-

tation jusqu'à la maturité, c.-à-d. depuis le 15 avril, jusqu'au 15 octobre, et l'on est arrivé au total de 2,900°. Au-dessous de cette quantité, les acides dominent dans les raisins et la matière sucrée fait plus ou moins défaut. — Étant donnés le même plant et des conditions météorologiques identiques, la quantité de sucre, et partant d'alcool, fournie par la vigne varie peu avec la composition du sol. Toutefois, la nature du terrain influe notablement sur les quantités d'acide tartrique, de tanin, de matières colorantes, mais elle modifie surtout le bouquet des vins. Les sols compacts, où l'argile domine, donnent de la couleur, du tanin, des tartrates; les sols légers, calcaires, sablonneux, produisent des vins plus fins, mais ayant moins de couleur et de vinosité. Pourvu que l'exposition soit convenable, toutes les terres peuvent produire de bon vin. Cependant les plus délicats, les plus bouquetés, les plus fins, sont récoltés dans les régions silico-calcaires, telles que la Bourgogne, la Champagne et le Médoc. Voy. VIGNE.

II. — La composition chimique du raisin est très variable; elle tient au cépage, à la nature du sol, au degré de maturation du fruit. Une des substances les plus importantes, le sucre, varie dans la proportion de 3 p. 100 à 25 p. 100. Pendant la maturation, les acides diminuent, tandis que le sucre augmente. Le raisin dégage alors de l'acide carbonique pendant le jour et la nuit. Dans la pratique, on mélange, le plus souvent, la rafle ou pédoncule qui portait le grain, la pellicule de ces grains et les pépins avec le jus des raisins écrasés, pour obtenir le moût dont la fermentation constituera le vin. Chacune de ces parties apporte son influence sur la qualité et la composition du produit fermenté. La rafle cède surtout au moût de l'acide tannique et une matière amère; les pépins apportent un tanin spécial, deux huiles grasses facilement altérables, dont l'une est soluble dans le sulfure de carbone; les pellicules, la peau, donnent un autre tanin spécial, une catéchine, un térébène, une série d'huiles essentielles, du bitartrate de potassium dont cette partie du fruit est très chargée, car elle contient, d'après les analyses de Berthelot et de Fleurieu, de un quart à trois quarts de l'acide tartrique total de un tiers à deux tiers de tout l'acide libre du fruit mûr. D'après Chancel, de la quantité de raisins capable de fournir 1 litre de vin des cépages du Midi, on peut extraire de 8 à 9 grammes de tartre; le vin correspondant n'en dissolvant que 2ᵉ°,5, la différence reste dans le marc après expression. La partie insoluble de la chair du grain renferme la plus forte proportion d'acide. — La partie liquide du raisin renferme en proportions très variables, suivant le cépage et le degré de maturité, un très grand nombre de substances dont voici l'énumération rapide. Ce sont d'abord les sucres de raisin, glucose, lévulose, trace de saccharose, etc.; de 2 à 3 p. 100 de matières gommeuses; une sorte de dextrine réduisant le réactif cupro-potassique et donnant de l'acide mucique par oxydation; des matières grasses en faible quantité; des albuminoïdes; des acides organiques, malique et surtout tartrique, en partie saturés par la potasse et la chaux, avec de petites quantités de magnésie, d'alumine, de fer, des traces de soude et d'ammoniaque; des phosphates; une faible proportion de chlorure, de silice et même de fluor; enfin 60 à 80 p. 100 d'eau. On y rencontre aussi les gaz azote et acide carbonique, mais pas d'oxygène. D'après Pasteur, 1 litre de moût de raisin blanc renferme : azote, 11ᶜᶜ,0; acide carbonique, 80ᶜᶜ,5; oxygène, 0ᶜᶜ,0. — Il conclut que ni le vin nouveau ni le vin vieux ne renferment trace d'oxygène libre en dissolution; que le vin nouveau ne contient que du gaz acide carbonique pur; enfin que le vin vieux contient bien moins d'acide carbonique que le vin nouveau, et du gaz azote en proportion sensible. — Expliquons que le vin ne renferme pas d'oxygène libre, parce que ce corps se combine rapidement avec les divers éléments de la liqueur vineuse.

III. — Il convient de ne pas attendre, pour cueillir le raisin destiné à faire du vin rouge que la maturité soit complète et qu'elle ait fait disparaître toute trace d'acidité; une maturation absolue n'est recherchée que pour les vins blancs; elle exposerait les vins rouges à rester doux, peu savoureux, pauvres en tanin, sans saveur, se dépouillant mal et d'une conservation difficile. La maturation excessive, ou même la dessiccation sur souche, ou artificielle, n'est pratiquée que pour la fabrication des vins de liqueurs tels que les muscats, le Tokay, le Porto, le Xérès, etc. Mais pour le vin de table, les agréments recherchés, le bouquet, ne peuvent être obtenus que si le raisin est cueilli un peu avant la maturité complète. — La vendange est transportée au cellier et traitée par des méthodes spéciales, selon que l'on veut faire du vin rouge ou du vin blanc. Pour les vins rouges, on foule le raisin après

l'avoir égrappé, si l'on veut supprimer les rafles, comme dans le Bordelais, afin de diminuer l'excès de tanin dont les vins de cette contrée sont trop chargés. Quand cet inconvénient n'est pas à craindre, les grappes sont foulées entières et le tout est introduit dans de grandes cuves où la fermentation s'opère. Ces cuves sont généralement en bois de chêne. Leur capacité doit être proportionnée à l'importance de l'exploitation. Il est nécessaire que chacune d'elles puisse être remplie de vendange en une même journée, afin que la fermentation s'établisse et se termine en même temps dans toutes les parties de la masse. — Les raisins destinés à faire des vins blancs sont traités autrement. Qu'ils soient blancs ou rouges, comme le pinot, le bourguignon, le meunier, qui servent à faire le meilleur champagne, on les presse pour extraire le jus que l'on veut cuver seul et que l'on soumet à divers traitements, selon que l'on veut obtenir une liqueur sucrée ou non. — Les cuves vinaires sont ouvertes par le haut ou fermées. La cuve ouverte, très en usage dans la Bourgogne, expose le vin à l'effervescence du chapeau, c.-à-d. à l'acidité de la couche épaisse des rafles et des pellicules, bien qu'elle soit protégée à la surface par le dégagement incessant d'acide carbonique. Afin d'éviter cet accident, les cuves du Médoc sont fermées avec soin, et, pour éviter tout contact avec l'air extérieur, au trou de bonde ménagé à la partie supérieure est adapté un tuyau recourbé, dont l'extrémité, non engagée dans la cuve, plonge dans un vase rempli d'eau par lequel s'échappe le gaz acide carbonique en barbotant.

Lorsque le raisin a été cueilli par une journée chaude, la fermentation du jus s'établit au bout de quelques heures et ne tarde pas à devenir très active, selon la température du cellier. En même temps, la masse du moût s'échauffe et s'élève de 12° à 18°, jusqu'à 25° ou 35° et même au delà. On sait que le résultat de la fermentation est le dédoublement du sucre de raisin en alcool qui reste dans la liqueur, et en acide carbonique qui se dégage. Si l'on veut que la fermentation s'établisse régulièrement, point essentiel pour obtenir de bon vin, il est nécessaire que la température du cellier soit maintenue entre 12° et 22°. Il faut encore que pendant la fermentation, la masse du moût ne dépasse pas 36°; température extrême à laquelle une partie de la glucose ne se transforme déjà plus en alcool mais en autres produits, tels que la mannite, tandis qu'une notable partie de l'alcool est entraînée par le rapide dégagement d'acide carbonique. La température la plus propice de la masse en fermentation doit osciller entre 28° et 32°. On y arrive soit en mouillant les cuves et en établissant des courants d'air, si le cellier est trop chaud, soit en chauffant le local, en entourant les cuves de couvertures, s'il est trop froid, ou encore, si la température est par trop basse, en versant dans la cuve une certaine proportion de moût artificiellement chauffé.

La première fermentation, dite tumultueuse, dure de 3 à 12 jours, suivant la température, la quantité de sucre à transformer et la nature du vin que l'on oppose plus ou moins de résistance au travail. En Bourgogne, la cuvaison dure de 4 à 8 jours; dans le Bordelais, elle est de 10 à 15; dans le Midi, de 6 à 12 jours. La décuvaison doit être effectuée aussitôt que cette grosse fermentation est terminée. Le moment précis est indiqué par l'arrêt du dégagement énergique de l'acide carbonique, que l'oreille suffirait au besoin à indiquer; par la cessation du barbotage à l'extrémité du tuyau de dégagement, pour les cuves fermées. Il est facile de constater, dans les cuves ouvertes, que le chapeau, soulevé d'abord par le dégagement rapide, s'affaisse et retombe. Alors, la main plongée dans le marc ne perçoit plus de chaleur, celle-ci étant descendue à peine à 5 ou 6° au-dessus de la température ambiante.

Ce que nous venons d'expliquer s'applique surtout à la fabrication des vins rouges ou vins de table, contenant la moindre quantité de sucre. Dans les grands vignobles à vins blancs, on vendange le plus tard possible; on attend que la pellicule du raisin soit arrivée à la désorganisation, qu'elle soit couverte de moisissures pour faire le vin le meilleur et le plus justement renommé. — Lorsqu'un moût contient une forte proportion de sucre, la fermentation, ou la conversion de ce sucre en alcool, s'affaiblit à mesure que le liquide s'enrichit d'éléments spiritueux, et le travail cesse complètement lorsque ce liquide renferme un peu plus de 15 p. 100 d'alcool. Le reste de la matière sucrée reste dans l'état dans le vin. Quand on veut obtenir des vins blancs doux provenant des moûts moins riches en matières sucrées que les précédents, on arrête artificiellement la fermentation avant la complète destruction du sucre. A cet effet, on soutire le vin clair à demi formé, on l'agite à l'air en le transvasant, à plusieurs reprises, dans des tonneaux remplis de vapeurs d'acide sulfureux; ou bien on additionne la liqueur d'alcool, jusqu'à ce qu'elle en renferme au delà de 15 p. 100.

IV. *Vins de liqueur.* — Ces vins sont plus spécialement produits dans l'extrème midi des vignobles de la France, mais leur fabrication pourrait s'étendre, à la rigueur, partout où la vigne est cultivée. Il suffit, pour obtenir de tout raisin un vin de liqueur, de faire évaporer l'eau de son jus jusqu'à ce qu'il marque au moins 20 degrés au glucomètre, c.-à-d. qu'il puisse arriver par une fermentation lente à contenir la somme la plus élevée d'esprit possible, soit 15° à 16°, que l'on porte à 18°, 20° et même 22° par addition successive d'alcool. Le surplus du sucre reste non réduit. On peut obtenir ce résultat par trois méthodes différentes; la première, qui n'est applicable que dans les pays chauds, consiste à laisser évaporer une partie du jus par la dessiccation du raisin sur la vigne. On accélère le résultat cherché en tordant la queue de la grappe, pour qu'elle ne reçoive plus de sève de la tige. Ainsi concentrés dans leur jus, les raisins sont recueillis et l'on sépare les grains les plus flétris de ceux qui le sont moins. Ces derniers sont d'abord écrasés et foulés; le moût plus liquide sert à délayer l'espèce de bouillie fournie par les grains plus desséchés. Le liquide obtenu après expression forme la base des vins de liqueur. — Le second procédé consiste à récolter les raisins au plus haut degré de maturité possible, et à leur faire subir l'évaporation nécessaire sur des claies dans des séchoirs ou étuves. Ce procédé peut être employé dans tous les climats, pourvu que le raisin soit obtenu assez mûr sur la vigne pour qu'il ne contienne plus qu'une faible dose d'acidité, car les moyens artificiels qu'on pourrait employer pour la faire disparaître aplatissent et tuent toute espèce de vin. Aussitôt que la dessiccation arrive à la concentration voulue, et l'on peut s'en assurer au moyen du jus obtenu de quelques grappes et mesuré au glucomètre, on égrappe les raisins, on les écrase et on les soumet au pressoir. — Le troisième moyen, et le moins bon, est malheureusement le plus employé. Il consiste à concentrer le moût des raisins, par ébullition à la chaudière, jusqu'à ce qu'il ait acquis une densité plus grande que celle qui serait nécessaire; par ex. 30° au lieu de 20°. On laisse refroidir, et on le mélange avec une quantité de moût non réduit, la moitié, pour ramener le tout à 20° du glucomètre. Les vins doux et alcooliques des pays chauds sont fabriqués par l'un de ces procédés. On peut citer dans le nombre le madère, le malaga, le xérès, le malvoisie, le vino branco, etc. Cependant il y a des variantes; quelques-uns, comme le malaga, le porto, s'obtiennent en concentrant à chaud une partie du moût qu'on ajoute au reste de la liqueur pendant la fermentation. Le célèbre vin rouge du Priorat, près Tarragone (Espagne), se fabrique en laissant macérer le raisin de grenache égrappé et très mûr dans 12 à 15 p. 100 de son poids de trois-six à 86°, puis soutirant un mois après en laissant vieillir. D'autres enfin, comme le porto, doivent une partie de leur couleur à l'addition de matières colorantes étrangères, et spécialement à la baie de sureau, qu'on écrase avec le raisin. À Madère, on introduit des coques d'amandes grillées dans les fûts remplis de vin et on les expose au soleil. Tous ces vins sont donc artificiels à un certain degré, et l'on ne saurait blâmer que des procédés analogues soient mis en œuvre chez nous pour fabriquer, avec les produits de nos vignobles, les vins dits d'imitation, qui constituent une branche importante des industries de Cette et de Narbonne. D'ailleurs, il est incontestable que les qualités hygiéniques de ces vins ne sauraient être soupçonnées. Il est assez difficile d'expliquer ce singulier phénomène qui se passe dans un grand nombre de ces vins naturels ou d'imitation. Primitivement très doux, ils perdent cette douceur au bout de quelques années, et deviennent secs. Cette transformation du sucre ne s'effectue pas par fermentation, puisque le ferment ne peut agir dans une liqueur à ce point alcoolisée; d'ailleurs, il n'y a nul dégagement d'acide carbonique. En tenant compte de ce fait que la disparition du sucre est accélérée par la chaleur, comme dans les madères exposés au soleil, on pourrait admettre qu'elle résulte de la combinaison de la glucose avec l'alcool. À part ce changement d'état, tous les vins de liqueur vieillissent indéfiniment et ne commencent à acquérir les qualités qui les font susceptibles, qu'à partir de la sixième ou septième année.

V. *Vins mousseux de Champagne.* — Le vin par excellence, le plus connu, le plus populaire, celui qui fait résonner l'artillerie de ses bouchons à tous les coins du monde; le convive aimable qui provoque le rire et verse dans sa mousse la gaîté gauloise aux enfants de la terre. Les vignes champenoises datent de la plus haute antiquité; il en est fait mention, en l'an 530, dans le testament de saint Remy évêque de Reims, qui baptisa Clovis. Au XVIe siècle, les plus puissants monarques d'alors, Charles-Quint, Henry VIII, François Ier et le pape Léon X, possédaient des vignes à Ay, territoire classé dans les premiers crus de Champagne. Cependant à cette époque, les vins n'étaient pas encore mousseux. On les aimait pour leur finesse et leur incomparable bouquet. C'est vers la fin du XVIIe siècle qu'apparaît la *Mousse*, la *Fée crémeuse*, qui devait glorifier la Champagne, et moins de deux siècles après, lui ouvrir le droit de cité dans tous les pays du monde. La légende attribue la découverte de la mousse à Dom Pérignon, moine cellérier de l'abbaye de Hautvillers, près d'Épernay. Cette découverte, due à l'observation, repose sur la propriété fondamentale des vins de Champagne de conserver une grande partie de leur sucre naturel jusqu'au printemps qui suit la vendange, et, à cette époque, d'acquérir une mousse par une nouvelle fermentation. Dom Pérignon mit le premier à profit cette disposition spéciale, et son invention n'a pas été sans mérite, car de son temps les bouteilles étaient fermées avec un tampon d'étoupe suifé. Il a fallu d'abord inventer le bouchon de liège. Le vin de Champagne mousseux apparaît donc seulement vers la fin du règne de Louis XIV. Sous la régence, il fait la joie et l'ornement des soupers du Palais-Royal, c'est de là qu'il est parti à la conquête du monde. Mais sa jeune renommée lui attire des envieux; la Bourgogne jalouse de ses succès rapides s'émeut, et une guerre terrible s'engage entre les deux provinces. On combat en prose et en vers, avec des fortunes diverses. Mais, incident plus grave, les médecins se jettent dans la mêlée et compliquent la situation. La faculté de Beaune déclare tout net que le vin de Reims engendre tous les maux. Les Champenois font expliquer par les écoles de Reims et de Paris que leur vin guérit les fièvres putrides et qu'au contraire le vin de Bourgogne donne la goutte. La guerre dure cent ans. Elle se termine par la déclaration suivante, signée des deux parties : « Autant le vin de Beaune inspire plus de couplets d'amour, celui de Reims fait chanter en meilleure musique; que pour se porter d'*ore* et *demeurer joyeux*, il faut à un homme ces deux vins-là, comme il lui faut ses deux aplomb. »

On doit remonter seulement à l'année 1746 pour trouver les premiers essais industriels du *Tirage*, ou mise en bouteilles du vin mousseux. Les annales du temps rapportent qu'un négociant de Reims tira, cette année là, 6,000 bouteilles. Cette première tentative ne fut pas heureuse; une casse effroyable se déclara à la prise de la mousse et il ne resta que 120 bouteilles intactes. Des essais postérieurs ne furent pas plus heureux. Dans certaines années surtout, la casse était désastreuse, ce fléau devait arrêter pendant quelque temps l'essor des vins mousseux, parce qu'on n'avait aucune donnée sur la production de la mousse; on s'en rapportait à la dégustation pour savoir si le vin contenait assez ou trop de sucre au moment de la mise en bouteilles. Cet état d'incertitude, si préjudiciable aux fabricants, dura jusqu'en 1836, époque où M. François, pharmacien à Châlons-sur-Marne, parvint, au moyen du gluco-œnomètre et de l'évaporation alcoolique d'un volume donné de vin, à déterminer exactement la quantité de sucre que doit contenir le liquide, lors de la mise en bouteilles, pour produire une belle mousse et éviter les désastres de la casse. Depuis cette découverte, la commerce des vins mousseux a pris une extension considérable. Les expéditions de Champagne, qui n'étaient que de 6,635,652 bouteilles, en l'année 1845, se sont élevées à 23,974,751, en l'année 1900. Les contrées qui consomment le plus de vin de Champagne sont l'Angleterre, les États-Unis, la Russie, l'Allemagne, les Indes, la Belgique. En France, la consommation est d'environ 3 millions et demi de bouteilles. Le vin de Champagne, il est vrai, se récolte exclusivement dans les trois arrondissements de Reims, Épernay et Châlons (Marne). La surface consacrée à la culture de la vigne est d'environ 15,000 hectares. Les soins qu'on y apporte sont d'une nature exceptionnelle; la culture intensive est la seule usitée, et le coût de cette culture s'élève, par chaque année, de 1,500 à 2,500 francs par hectare. La majeure partie du vin de Champagne ne vient pas de raisins blancs, comme on pourrait le croire; une faible partie du vignoble, le cinquième environ, est plantée en vignes blanches. Cependant, grâce au mode de pressurage en usage, qui consiste à écraser les raisins noirs sous des presses mécaniques puissantes et à séparer immédiatement le moût de la grappe et de la peau qui contient les matières colorantes, on obtient un liquide à peine teinté, devenant tout à fait incolore, après la première fermentation. — Le vignoble champenois peut se diviser en trois parties : 1° La Montagne de Reims dont les principaux crus sont : Bouzy,

Ambonnay, Verzy, Verzenay, Mailly; 2° les coteaux de la Marne, avec Ay, Mareuil, Hautvillers, Dizy, Épernay, Pierry; 3° la côte d'Avize, spéciale par ses vins blancs et comprenant Cremant, le Mesnil, Oger, Grauves et Cuiz. La première période de la fermentation s'effectue dans des pièces de 2 hectolitres abritées dans des locaux maintenus à 15° ou 20° de chaleur; elle doit marcher doucement pendant 8 ou 15 jours plus ou moins, suivant la température ambiante. Au moment où le jus a perdu la moitié de son sucre par conversion alcoolique, on le descend dans des caves fraîches, à 10° ou 11° de température, où la fermentation se ralentit et devient presque latente. Cette faculté de garder leur sucre et de pouvoir être arrêtés dans le travail de première fermentation prédestinait les vins de Champagne à être les fondateurs de la grande industrie dont ils sont restés les dominateurs légitimes. Pendant l'hiver, les négociants s'occupent des vins des petites années et maintenir les types des cuvées précédentes, ce qui pour le consommateur supprime les transitions ou les rend imperceptibles.

Dès que le printemps met la sève en mouvement, on procède à la mise en bouteille, après avoir reconnu au glucomètre que le sucre non fermenté, restant dans le vin, produira une pression au moins égale à 4 atmosphères et non supérieure à 5. Au-dessous du premier chiffre, la mousse serait insuffisante; au delà du second, peu de bouteilles résisteraient à la force d'expansion. Pour ne pas manquer la mousse et ne pas avoir trop de casse, il convient donc que le vin, au moment de la mise en bouteilles, contienne justement 16 grammes de sucre par bouteille de 80 centilitres. S'il en renferme davantage, on attend que la fermentation ait diminué le poids; s'il y a pénurie, on comble le déficit par une addition de sucre de canne, en premier choix, dissous préalablement dans d'excellent vin. — Les bouteilles remplies, bouchées hermétiquement au moyen d'un outillage spécial, sont emmagasinées dans de vastes caves taillées dans la craie et posées horizontalement; elles n'en sortiront que pour être envoyées au consommateur, après avoir subi toutefois la série des opérations que nous allons décrire. — L'évolution naturelle des ferments, qui se produit surtout à l'époque où la végétation de la vigne reprend son essor, développe un travail plus actif; le sucre originaire ou ajouté se transforme en alcool et en acide carbonique. Ce gaz, à cause du bouchage hermétique, ne peut s'échapper; il reste en dissolution dans le liquide et formera la mousse. En cet état, le vin est dit brut; il serait presque imbuvable. L'acide domine; il s'agit de l'enrober en restituant au vin une partie du sucre qu'il a perdu par fermentation et d'introduire ce sucre dans la bouteille. Voici le procédé qu'on emploie. La fermentation, en développant la mousse, a donné naissance à un dépôt qu'il s'agit d'extraire. A cet effet, dès que le séjour en cave a été suffisant pour que le vin soit arrivé presque à maturité, les bouteilles qui étaient couchées sont reprises, mises sur pointe, c.-à-d. disposées, la tête en bas, sur des tables-pupitres percées de trous pour les recevoir. Chaque jour, pendant deux mois, ces bouteilles sont remuées légèrement, en leur imprimant un déplacement circulaire par un mouvement sec et précipité. Peu à peu, le dépôt descend sur le bouchon, le liquide est devenu d'une limpidité absolue. L'ouvrier prend alors la bouteille et la tient de la main gauche, toujours dans la position horizontale, tandis que la main droite, armée d'un crochet, fait sauter l'agrafe qui retient le bouchon. Celui-ci, poussé par la mousse, se dégage de la bouteille avec explosion, entraînant le dépôt au moment précis où l'ouvrier relève légèrement la bouteille. Pour ramener le vin au goût des consommateurs et suivant les pays, on remplit le vide produit par le dégorgement au moyen d'une liqueur faite de sucre candi et de fin cognac dosés en plus ou moins grande quantité, le tout dissous dans du vin de Champagne des premiers crus. La bouteille est ensuite munie d'un bouchon neuf, marqué à feu, au nom du fabricant et fixé, tantôt avec ficelle et fil de fer, tantôt avec des systèmes différents, suivant le choix des expéditeurs. Il ne reste plus qu'à parer la bouteille de son étiquette, de sa capsule brillante, de l'enfermer dans une caisse, et de l'envoyer, au loin, accomplir sa destinée.

VI. *Vins de seconde cuvée.* — L'opération qui consiste à ajouter au marc, séparé du jus par pression, une certaine quantité d'eau sucrée, puis à remettre le tout en fermentation, fournit des liqueurs qui ont reçu les noms de *piquette*, *vins par procédé, vins de 2° ou de 3° cuvée*. Les boissons ainsi obtenues sont agréables, toniques, alcooliques, elles ont du bouquet et peuvent être conservées, quand elles ont été préparées convenablement. Le jus obtenu par première expression est loin d'avoir dissous ou emporté tout le bitartrate de potassium, les tanins, la matière colorante et les autres substances sapides contenues dans la grappe. La fabrication des vins de seconde cuvée est recommandable, en ce qu'elle permet de tirer un parti avantageux des matières précieuses restées dans les marcs, et, dans les années de faible production, de suppléer en partie au vin manquant, mais cette boisson ne saurait, en aucun cas, être vendue comme vin naturel. Voici comment on la prépare. — Le marc pressé, est délayé dans un peu d'eau, brassé fortement et jeté dans la cuve de fermentation; puis on ajoute : 1° une quantité d'eau égale en volume au premier jus exprimé; 2° autant de fois 1 kil. 500 de glucose par hectolitre d'eau que l'on voudra obtenir de degrés d'alcool, observant toutefois que les matières saccharines restées dans le marc peuvent être comptées pour un degré. On décuve après la fermentation tumultueuse, et le jus clair est mis en barriques ou tonneaux. — Le marc pressé est repris une troisième fois, puis une quatrième; il traité de la même manière. Cependant, il est nécessaire d'ajouter, après la deuxième expression, les substances ci-après, par hectolitre et pour chaque opération successive : Crème de tartre pulvérisée, 200 grammes; tanin, 60 grammes; biphosphate de potasse, 5 grammes par kilogramme de glucose employé. Si vers la 4° ou 5° cuvée la fermentation ne se produisait pas activement, il y aurait lieu d'ajouter à la masse de la lie de vin de première expression, ou un peu du ferment du vin obtenu artificiellement et que l'on peut se procurer dans le commerce.

VII. *Principaux matériaux du vin.* — Les beaux travaux de Pasteur nous ont appris que la fermentation du vin est due au développement dans le moût de végétaux inférieurs qui portent le nom de *ferments* ou de *levures*, et que l'on rencontre sur les pellicules des raisins à l'époque de la maturité du fruit. Le vin, produit du travail de ces organismes microscopiques, est une liqueur très complexe. Personne n'ignore que, pendant la première fermentation, le sucre se transforme en alcool et acide carbonique, avec production d'une petite quantité d'acide succinique, de glycérine, de graisses et de cellulose. Le vin naturel est formé, en majeure partie, de 81 à 94 p. 100 d'eau et de 5,5 à 14,5 p. 100 d'alcool. Ces deux éléments principaux sont accompagnés des matières que la fermentation a respectées, et de celles qu'elle a formées aux dépens des matériaux du jus. L'ensemble de ces dernières, qui différencient surtout les vins entre eux, et leur communiquent la couleur, le bouquet, ne forme que 1,5 à 4 p. 100 du poids total du vin lui-même. Les matériaux qui existaient déjà dans le jus et sont restés dans le vin sont : les sucres et glucoses en faible quantité, combinés en majeure partie aux acides tartrique et malique; des matières pectiques, des gommes, des corps gras, des principes odorants, des matières colorantes solubles dans l'alcool qui s'est formé, et s'oxydant peu à peu; un tanin spécial existant surtout dans les vins rouges; de faibles quantités de matières albuminoïdes; du tartrate acide de potassium, avec un peu de tartrate de calcium; des acides tartrique et malique libres ou combinés à la potasse, à la chaux et à de petites quantités de soude, de magnésie, de fer; des huiles essentielles, des sels minéraux, et principalement du phosphate de calcium, qui représente de 20 à 75 p. 100 des cendres, le plus souvent accompagné d'une faible quantité de sulfates alcalins ou alcalino-terreux et d'une trace de chlorures; enfin les gaz carbonique et azote. — Au nombre des matériaux produits par la fermentation, nous devons signaler, outre l'alcool vinique ou éthylique, les alcools propylique, butylique, amylique, caproïque, etc., des aldéhydes; les éthers acétique, butyrique, œnanthique, la glycérine, les acides acétique, butyrique, propionique, lactique, succinique, valérique, carbonique, etc. — En moyenne, les vins français de table donnent par litre, après évaporation à 100°, de 13,5 à 26 grammes d'extrait. La moitié environ de ce résidu est composé de glycérine, d'acide succinique, de tanin, de bitartrate de potassium et de quelques autres sels; l'autre moitié est représentée par des matières colorantes et odorantes, des substances très oxydables provenant des dédoublements d'une terpine et de substances distillant à de hautes températures, de matières albuminoïdes, etc. — L'étude des matières colorantes du vin n'est pas avancée et n'offre encore rien de précis. On sait que la couleur des vins rouges n'est pas due à une substance unique. Sa composition diffère suivant qu'elle est extraite de tel ou tel cépage. On connaît aujourd'hui trois de ces matières colorantes, l'une rouge, l'autre bleue, la troisième jaune.

VIII. *Bouquet des vins.* — Les substances qui constituent l'agrément des vins peuvent être divisées en deux catégories. Les unes ont pour origine des principes immédiats, ou produits primaires. Ces principes sont logés dans la peau des raisins et n'appartiennent qu'à certaines variétés de vignes plantées dans quelques régions privilégiées qui produisent les vins remarquables par leurs bouquets. Voy. ESSENCE, IV. Les autres ont pris naissance pendant la fermentation des jus du raisin; nous les désignerons sous le nom de produits secondaires. Ces derniers se rencontrent dans tous les vins; ils en forment la base vineuse et fonctionnent comme alcools; nous les avons indiqués dans le paragraphe précédent; ils fortifient l'alcool éthylique, produit le plus abondant de la fermentation sucrée, et sont tenus eux-mêmes en dissolution par cet alcool. — « Il y a certainement dans le vin, a dit Pasteur, une ou plusieurs substances qui lui donnent de la force indépendamment de l'alcool. J'ajoute que ces substances ne sont pas toutes le produit de la fermentation, ni de la vinification. Elles sont, en partie, formées dans le grain du raisin. » Ces dernières sont les produits primaires. Nous allons indiquer brièvement le moyen expérimental de les isoler. On fait macérer dans l'alcool la peau des raisins choisis. L'extrait obtenu par distillation de l'alcool est traité par l'eau bouillante. Cet extrait lavé est alors attaqué par la benzine, ou le sulfure de carbone, qui dissout les corps gras, la chlorophylle et les huiles essentielles. Le résidu est repris par l'éther qui s'empare d'un corps cristallisant en aiguilles soyeuses, blanches, d'une très grande légèreté, dont la formule peut être exprimée par $C^{30}H^{31}O^3$. Dans son état d'isolement, cette substance ne développe ni senteur, ni saveur. Mise en contact avec la série des alcools vineux et leurs dérivés, elle ne tarde pas à se dédoubler. Une partie devient insoluble dans ces mêmes alcools; l'autre partie se combine avec eux pour former une série nombreuse d'éthers à saveurs et senteurs délicates, dont quelques-uns très volatils. L'ensemble constitue plus particulièrement les agréments évoqués par le nom de bouquet. — Il ne reste plus à traiter que les corps dissous par l'éther. Ce dissolvant ayant été chassé, la masse pâteuse est soumise à une distillation fractionnée. Les substances que l'on recueille sont fort nombreuses et varient selon l'origine des raisins soumis au traitement. En général, les huiles essentielles recueillies entre 220° et 234° s'oxydent assez rapidement; elles ont pour fonction, avec l'apport spécial de saveurs, d'enrober les divers éléments du vin, et de communiquer à la masse la plénitude, la longueur, sans lesquelles il n'y a pas de grands vins. Les marcs de ces vins et ceux des grandes communes des Charentes conservent au moins 90 p. 100 des substances que nous venons d'inventorier (Olivier de Rawton).

IX. *Maladies des vins.* — On dit d'un vin, si sa couleur n'est pas franche, qu'il est *louche*; s'il est jeune et que sa clarification ne soit pas complète, on le dira *bourru*. Cependant il y a une différence entre les deux termes. Un vin louche est en état de maladie, il est *cassé* et sa teinte fausse est due à une dégénérescence. Le vin bourru est celui dont la lie n'a pas encore été précipitée par le froid. Ce n'est pas un défaut, mais un état passager. Les vins louches subissent fort souvent des fermentations anormales qui peuvent entraîner leur perte. On les dit *piqués*, *poussés* ou *tournés*, *filants* ou *huileux*. — Les vins piqués, qui tournent au vinaigre, doivent leur altération à la présence de l'oxygène de l'air qui nourrit un ferment spécial, le *Mycoderma aceti*, lequel transforme l'alcool en acide acétique. Le meilleur moyen de guérison consiste dans l'addition à la liqueur d'une quantité déterminée de potasse caustique pure (Pasteur), selon le degré d'acescence. Après quoi, l'on colle et l'on soutire dans un fût préalablement soufré au moyen de la mèche. — Le vin monté, qui a la pousse, se reconnaît à sa saveur fade, analogue à celle d'un vin éventé. Si l'on pratique un fausset à la pièce bien close qui le contient, la liqueur jaillit avec force. Ce phénomène est dû à ce que, sous l'influence de ferments morbides, la liqueur dégage sans cesse de très petites quantités d'un gaz qui paraît être de l'acide carbonique pur. La maladie est due à la présence de filaments très nombreux et d'une extrême ténuité, qui troublent le liquide. Ces filaments paraissent appartenir, selon Pasteur et A. Gautier, à plusieurs parasites, de sorte que le traitement doit différer suivant les cas. Il y a donc lieu de consulter l'état du vin par la dégustation; on

ajoute du tanin s'il est trop mou; de l'acide tartrique, s'il manque d'une légère verdeur, ou de l'alcool, s'il est trop plat. Puis on colle, ou soutire; et on pasteurise, au besoin, par le chauffage.

On distingue deux sortes d'*amertume* dans les vins. La première atteint les vins vers la 2e ou la 3e année; l'autre se rencontre dans les vins très vieux. Cette dernière est la moins grave, elle n'atteint que les vins usés, qui devraient être bus. La première attaque les jeunes qu'elle détruit rapidement; la couleur est d'abord moins vive, le goût devient fade, et l'amertume apparaît. Cette maladie frappe surtout les vins de Bourgogne; mais plus spécialement ceux qui ont été mélangés avec des vins étrangers, ou chaptalisés, etc. C'est un vin perdu.

La maladie de la graisse, vins *filants*, *huileux*, rare dans les vins rouges, est assez fréquente dans les blancs. Ces vins perdent d'abord leur limpidité, deviennent fades ou plats, et filent comme de l'huile quand on les transvase. Cette altération est due, d'après Pasteur, à un ferment qui, vu au microscope, se présente sous la forme de globules sphériques réunis en chapelets par une sorte de matière mucilagineuse. La viscosité ne paraît se produire que dans les vins qui manquent d'astringence et d'alcool; on les rétablit en les additionnant de tanin, ou d'un mélange de tanin et de colle de poisson, puis les remuant vigoureusement avec le fouet. On termine l'opération par un soutirage, après repos, dans un fût fortement soufré avec la mèche. C'est ce qu'on appelle *dégraisser le vin*.

Les vins, par suite de circonstances particulières, peuvent contracter aussi des saveurs désagréables, parmi lesquelles on distingue les goûts de *fût*, de *moisi*, de *soufre*, de *lie*. — Le goût de fût est contracté par une altération spéciale du bois de la futaille. Il ne faut pas le confondre avec le goût de bois provenant de tonneaux neufs mal échaudés. Le goût de fût est caractéristique. Dès qu'on s'en aperçoit, on doit soutirer le vin dans une bonne futaille bien méchée, franche de goût. Ce défaut disparaîtra s'il est encore faible. — Le goût de moisi se communique au vin par une futaille moisie. Dans ce cas, il faut soutirer dans un fût bien propre, franc de goût; on colle et quand le vin est dépouillé, on le tire dans une autre futaille. On ajoute alors 500 grammes d'huile d'olives nouvelle de premier choix, et l'on agite le mélange une ou deux minutes, matin et soir, pendant huit jours. Cette quantité est suffisante pour 1 hectolitre. L'huile essentielle des moisissures, qui produit le mal, est soluble dans l'huile d'olives. Celle-ci, à la fin de l'opération, surnage le liquide, et la séparation s'effectue facilement par un soutirage. — Le *goût de soufre* provient d'entonnage du vin, dans une futaille trop fortement méchée. On s'en débarrasse en effectuant un ou deux soutirages à l'air, ou en le tirant dans un grand baquet et agitant fortement. Le gaz sulfureux se dégage et débarrasse le vin de ce goût particulier. Pour les vins blancs qui n'ont point à redouter la décoloration, on peut employer le procédé suivant. On introduit dans le tonneau environ 150 grammes de charbon de bois en morceaux, maintenus par des ficelles, afin d'en rendre l'extraction facile. On laisse ce charbon pendant 48 heures, et on le renouvelle si c'est nécessaire. — Le *goût de lie* est contracté par un vin qui n'a pas été soutiré convenablement. Le meilleur remède consiste à pratiquer l'opération qui a été négligée; on colle énergiquement, et l'on entonne une seconde fois dans un fût bien préparé et de bon goût.

X. — *Pasteurisation.* — Pasteur a reconnu que les maladies des vins sont engendrées par la multiplication de végétaux microscopiques dont les germes existent, mais à des degrés différents, dans tous les vins, qu'ils soient communs ou de grands crus. De là cette conséquence naturelle que, si l'on parvenait à s'opposer à la germination de ces parasites, on assurerait la conservation de tous les vins. Le moyen heureusement trouvé consiste en une opération fort simple. Des expériences aussi multipliées que précises ont démontré qu'il suffit de porter le vin, ne fût-ce qu'une minute, à la température de 60° pour enlever aux germes des parasites leur faculté de développement et de reproduction. A l'origine, une question était douteuse : l'emploi du procédé de chauffage n'altérerait-il pas les qualités et les délicatesses du vin? L'expérience a prouvé que la pratique du chauffage est avantageuse, même préventivement. Les vins soumis à cette opération vieillissent plus vite et s'améliorent; le dépôt, quand il existe, est toujours adhérent à la bouteille, la couleur s'avive et s'exalte; enfin il y a suppression de toute maladie, notamment de l'amertume si fatale aux grands crus de Bourgogne.

L'industrie a construit des appareils pour la pasteurisation en grand. Voici la méthode employée par Pasteur pour ses expériences. « Le chauffage du vin en bouteilles, écrit-il, se fait avec une grande facilité et à très peu de frais. On a bouché à l'aiguille ou autrement, à la mécanique ou non. On ficelle chaque bouteille, puis on les porte dans un bain-marie. Afin de les manier plus facilement, elles sont placées dans un panier à bouteilles en fer. L'eau doit s'élever jusqu'à la cordeline. Parmi les bouteilles, on en place une pleine d'eau, à la partie inférieure de laquelle plonge la boule d'un thermomètre. Quand celui-ci marque le degré voulu, par ex. 60°, on retire le panier. Il ne faut pas en remettre un autre tout de suite; l'eau trop chaude pourrait faire briser les bouteilles froides. On retire une portion de l'eau chaude et l'on abaisse un peu le degré de celle qui reste en ajoutant de l'eau froide. La dilatation du vin pendant son échauffement tend à faire sortir le bouchon, mais la ficelle (ou le fil de fer) le retient et le vin suinte entre le bouchon et les parois intérieures du goulot. Pendant le refroidissement des bouteilles, le volume du vin diminue, on frappe sur les bouchons pour les renfoncer, on ôte la ficelle et l'on met le vin à la cave, ou dans un cellier quelconque, à l'ombre ou au soleil. Il n'y a pas à craindre que ces diverses manières de le conserver le rendent malade; elles n'auront d'influence que sur son mode de vieillissement, sur sa couleur, etc. (Pasteur. *Étude sur le vin*, p. 197 et suivantes).

XI. *Salage, plâtrage et alunage.* — La pratique consistant à saler et à plâtrer les vins est fort ancienne dans le midi de la France, en Italie et en Espagne. On sale les vins légèrement, soit en suspendant un sachet de sel dans le moût en fermentation, soit en mêlant le sel au blanc d'œuf pour le collage. Ce sel paraît diminuer la solubilité des matières albuminoïdes et extractives du vin; il aide à sa clarification rapide et le rend moins apte à tourner et à s'aigrir. — La pratique du *plâtrage* remonte au temps les plus reculés. Le plâtre blanc est mélangé avec le raisin au moment de la fermentation. La dose ordinaire est de 250 grammes par hectolitre de vendange. Les effets que l'on retire de cette opération sont multiples. Elle hâte le dépouillement du vin qui devient beaucoup moins altérable et ne permet plus le développement facile des mycodermes. En même temps, le plâtre agit sur la crème de tartre et lui enlève, par double décomposition, la moitié de l'acide tartrique, sous forme de tartre neutre de calcium, qui se précipite en entraînant avec lui les corps en suspension dans le liquide. Celui-ci contient alors, d'après Chancel, la moitié seulement de l'acide tartrique qui entrait dans la composition de la crème de tartre; cet acide est à l'état libre, tandis que la potasse est passée tout entière à l'état de sulfate neutre. En résumé, dépouillement rapide du vin nouveau, et, par conséquent, coloration rouge plus franche, plus vive, mais un moins intense; conservation plus assurée du vin, en partie privé de ses matières albuminoïdes et de ses phosphates solubles; substitution à la crème de tartre d'une quantité acidimétriquement équivalente de sulfate de potassium et d'acide tartrique libre, si le plâtre a été pratiqué sur le vin. Au contraire, augmentation notable de ces quantités d'acide tartrique et de sulfate de potassium dissous, lorsque l'addition du plâtre a été faite à la vendange, parce qu'alors le bi-tartrate toujours en excès dans la pulpe se redissout à mesure que le plâtre le transforme en sulfate de potassium et acide tartrique; solution dans le vin en quantité d'autant plus abondante que ce vin est plus récent, de 0gr,2 à 0gr,8 d'après Clémard, de 0gr,25 d'après Chancel, de sulfate de calcium; augmentation de l'acidité réelle du vin après le plâtrage à la cuve, grâce à l'introduction successive de l'acide tartrique correspondant à la crème de tartre cédée par la pulpe, à mesure que le plâtre agit sur le bi-tartrate dissous; enrichissement notable de la liqueur en sels de potassium, soit par la formation successive de sulfate, soit parce que le carbonate calcaire que contient le plâtre, se dissolvant dans les acides du vin, donne des sels solubles qui font double décomposition avec le sulfate de potassium contenu dans la liqueur. Tels sont les principaux effets résultant de la pratique du plâtrage. Cette pratique est-elle nuisible à la santé. Sans nous appesantir sur la diminution des matières nutritives du vin, sur l'augmentation notable du sulfate de potassium qui apporte ses dangers, il est difficile d'admettre que si les eaux potables deviennent dures, indigestes et tendent à fatiguer le rein, à engorger les glandes dès qu'elles contiennent au delà de 1 millième de plâtre, le même état morbide ne soit pas déterminé par le vin. Sans doute, de petites doses de plâtre et de sulfate de potassium peuvent être introduites dans l'économie sans accident. Mais on conviendra facilement qu'il serait préférable de ne pas les

absorber. Il serait d'ailleurs facile de se priver de cette pratique défectueuse, tout en bénéficiant de ses avantages, puisque le plâtre peut être remplacé soit par l'acide tartrique pour les raisins qui n'en contiennent pas assez, soit par le phosphate de chaux. — La loi, qui admet provisoirement le plâtrage, a posé une limite à son emploi en ne tolérant pas au delà de la présence de 2 grammes de sulfate de potassium par litre de vin. La seule méthode de dosage du sulfate recommandable est celle qui consiste à traiter le vin acidulé par le chlorure de baryum, à recevoir le précipité de sulfate de baryte sur un filtre, à le laver, le dessécher, le calciner et le peser. On déduit ensuite la proportion correspondante de sulfate neutre de potasse. — On a quelquefois ajouté de l'*alun* au vin pour aviver la couleur. Le plus souvent, l'alun est mélangé d'avance à des colorants, généralement ceux des baies de sureau, destinés à relever le ton de liqueurs trop pâles. Les sels d'alumine sont dangereux pour la santé, il est donc nécessaire de déceler leur présence. Pour doser l'alumine, on acidifie le vin par l'acide acétique, on précipite par un léger excès d'acétate de plomb, on filtre, on enlève l'excès de plomb par l'acide sulfhydrique, et dans la liqueur filtrée on précipite par le carbonate de sodium l'alumine et l'oxyde de fer; si ce dernier était abondant, on s'en débarrasserait par dissolution dans la potasse et précipitation de l'alumine par le sel ammoniac. L'alumine lavée et calcinée est pesée. Un vin normal ne renferme que 2 centigrammes au plus d'alumine. Le poids trouvé et multiplié par 9,32 donne celui de l'alun de potasse.

XII. *Autres falsifications et analyse des vins.* — Les falsifications auxquelles on soumet les vins dans les pays de production et de consommation sont fort nombreuses. Il est rare aujourd'hui que l'on fabrique des vins de toutes pièces, ou au moyen de solutions alcooliques colorées sur des marcs de raisins. Pour les vins communs, les additions d'eau, d'alcool, de matières colorantes, de vins de raisins secs et de seconde cuvée, sont les fraudes les plus fréquentes. Les coupages avec des vins de moindre valeur sont à prévoir dans la majorité des cas. — Nous ne pouvons, dans le cadre restreint de cet article, ni indiquer d'une façon détaillée comment on opère ces falsifications, ni exposer tous les moyens ingénieux et souvent fort délicats que les chimistes mettent en œuvre pour les reconnaître. On peut consulter, à cet égard, les auteurs suivants : Pasteur: *Études sur le vin*; A. Gauthier : *la Sophistication des vins*; travaux du laboratoire municipal de Paris, dirigé par Gérard; Berthelot et de Fleurieu : *Annales de chimie et de physique*, t. V, p. 185 et 227, etc. Nous bornerons notre étude à la coloration artificielle et au mouillage (addition d'eau) des vins qui avaient pris dans ces derniers temps une extension considérable, et qui ont ensuite perdu beaucoup de leur importance depuis la suppression des droits d'octroi. Ces deux falsifications sont ordinairement pratiquées en même temps, l'une est la conséquence de l'autre. Le plus souvent, on colorait artificiellement le vin, et on l'additionnait en même temps d'alcool jusqu'à la limite autorisée par la loi, avant son entrée dans les villes où le droit d'octroi était très élevé. Après son introduction, le marchand coupait la liqueur avec de l'eau, et obtenait par cette addition un volume de liquide beaucoup plus grand que celui sur lequel il avait payé les droits. Les vins ainsi traités étaient ramenés à la force et à la couleur normales. La recherche de ces falsifications offrant une grande importance au point de vue des transactions commerciales et de l'hygiène publique, nous allons indiquer les méthodes les plus simples proposées pour leur détermination. Avant de rechercher la nature et les propriétés de la matière colorante, il est quelquefois nécessaire, pour établir la comparaison des vins entre eux, ou pour contrôler l'identité du vin livré, d'en vérifier l'intensité colorante et la teinte. Pour cela, on se sert d'instruments appelés colorimètres et que l'on trouve dans l'industrie. Il est inutile de les décrire; leur précision ne laisse rien à désirer: ils donnent le ton exact et le coefficient de coloration. La constatation est toute mécanique. Les principales matières employées comme colorants sont : la mauve noire et la rose trémière, les baies de sureau et d'hièble, dont le suc marron très foncé devient rouge vineux quand il a fermenté, et dont on relève le ton avec l'alun ou l'acide tartrique (teinte d'Ismes); l'extrait des baies de troène, qui communique aux vins une couleur rouge cramoisi; l'extrait des baies de Portugal (phytolacca), peu employé en France à cause de ses propriétés drastiques; les baies de l'airelle myrtille; enfin la fuchsine et ses dérivés. Le bois de campèche et du Brésil, la cochenille et le carmin d'indigo sont délaissés. — D'après A. Gauthier, le vin naturel traité au carbonate de soude dans une éprouvette (vin, 1 centimètre cube;

carbonate titré, ou solution de 1 gramme dans 200 grammes d'eau : 3 à 4 centimètres cubes suivant l'intensité colorante des vins et leur acidité) vire au vert bleuâtre, ou gris légèrement verdâtre, quelquefois gris bleuâtre, avec un léger ton violet, surtout pour les vins jeunes. En portant l'essai à l'ébullition, la liqueur jaunit et tend à se décolorer, le vin teinturier prend un ton brun dichroïque; l'aramon reste lilas. Traité par le même réactif et de la même façon, le vin au bois de campêche présente à froid la même coloration que le vin pur, mais vire à chaud au vineux violacé. Le vin à la cochenille passe, à froid et à chaud, à la couleur grise teintée de lilas. Le vin au phytolacca devient violacé à froid et gris jaune avec une pointe de marron, à chaud. Le vin à la mauve noire devient gris verdâtre à froid, et se décolore, en partie, à chaud. Le vin au sureau passe de la couleur verte assombrie au ton gris verdâtre. Le vin d'hièble prend la couleur verte avec teinte lilas ou gris selon les cépages; à chaud, le vert tend à disparaître. Le vin au troène passe du ton vert assombri, au gris verdâtre, au jaune salé par la chaleur. Le vin de myrtille devient jaunâtre avec une pointe de lilas ou de rose vineux, et gris foncé par la chaleur, etc. Toutes ces réactions seraient assez nettes, si les fraudeurs n'avaient pris pour habitude de pratiquer le mélange de plusieurs colorants. — Pour reconnaître la fuchsine, on traite le vin suspect par l'ammoniaque, ou le chauffe légèrement et on l'agite avec trois fois son volume d'éther; on évapore presque entièrement l'éther et on ajoute une goutte d'acide acétique; il se produit une teinte rose ou violet rose, s'il y a de la fuchsine. On peut aussi, avant d'ajouter l'acide acétique, plonger dans la solution ammoniacale un flocon de laine qui se colore immédiatement, sans intermédiaire, en rouge ou en rose plus ou moins foncé, selon la quantité de fuchsine contenue dans le vin. La fuchsine mélangée au vin a l'inconvénient de se précipiter assez rapidement; en même temps que la rosaniline se transforme en œnotannate insoluble, la matière colorante naturelle est entraînée, et le vin reste beaucoup moins coloré que s'il n'avait pas été additionné de substance étrangère. — Pour reconnaître si un vin a été *mouillé*, on détermine le poids de l'extrait sec d'une quantité de vin et l'on conclut au mouillage lorsque ce poids est notablement inférieur à la moyenne donnée par les vins de même nomé et de même cépage, ou pour les vins de coupage, par les mélanges de vins authentiques faits dans les mêmes proportions. La détermination de l'extrait se par évaporation de l'eau étant une opération délicate, on peut la remplacer dans la pratique par une méthode de dosage beaucoup plus rapide et suffisamment exacte pour la pratique courante. — On détermine le titre alcoolique du vin, et l'on cherche dans la table de Gay-Lussac, donnant les densités des mélanges d'eau et d'alcool à 15°, le poids correspondant du litre d'un mélange d'eau et d'alcool dans les proportions indiquées par le degré centésimal que l'on vient de constater. D'autre part, on prend au densimètre ou œnobaromètre, donnant trois décigrammes par litre, la densité du vin. On fait la différence entre les deux densités, et, si l'on multiplie cette différence par 2,06, on obtient le poids de l'extrait. Cette méthode peut être employée pour les vins ayant 7 à 15 p. 100 d'alcool et 14 à 26 grammes d'extrait par litre; mais elle n'est pas applicable aux vins sucrés. Le poids moyen des extraits des vins rouges français non plâtrés varie de 14 à 25 grammes, suivant A. Gaulthier. Quand les vins ont été plâtrés avant la fermentation, le poids de l'extrait augmente de 3gr,50 par litre.

XIII. *Boissons diverses.* — Par analogie, on désigne encore sous le nom de *Vins* diverses boissons obtenues en faisant subir à certains fruits la fermentation alcoolique. Tels sont le *Vin de prunelles*, le *Vin de sorbes*, etc., que les paysans, dans quelques cantons de notre territoire, préparent avec les prunes sauvages et les sorbes. Le cidre et le poiré sont, au même sens, des vins obtenus par la fermentation du suc des pommes ou des poires. Dans les régions tropicales où croissent le Cocotier, etc., on obtient également des boissons alcooliques appelées *Vin de coco* et *Vin de palme*, en faisant fermenter la sève de diverses espèces de Palmiers. Le *Vin de Canne* est le suc de la canne à sucre fermenté ou non.

Pharm. — On nomme *Vins médicinaux* des préparations médicamenteuses liquides obtenues ordinairement en faisant macérer certaines substances végétales dans le vin, lequel dissout les principes actifs de ces substances. Parmi ces vins, les plus usités sont les suivants : *Vin amer stomachique* ou *Vin de gentiane* : Teinture de gentiane, 24 grammes ; vin rouge, 1 kilogramme. — *Vin antiscorbutique* : Racines fraîches de raifort, 32 grammes ; feuilles récentes de cochléaria, de cresson de fontaine, de trèfle d'eau, 16 grammes de chaque ;

semences de moutarde noire, 16 ; chlorhydrate d'ammoniaque, 8 ; vin blanc généreux, 1000 ; alcoolat de cochléaria composé, 16. On coupe le raifort en tranches minces, on incise les feuilles de cochléaria, etc., on concasse la graine de moutarde, et l'on met le tout avec le sel ammoniac dans un matras ; on ajoute le vin et l'alcoolat, puis on bouche bien le vase. Après 8 jours de macération, on passe avec expression à travers un linge et l'on filtre. La dose est de 16 à 32 grammes, que l'on administre dans une tisane appropriée. — *Vin aromatique* : Espèces aromatiques (feuilles ou sommités d'absinthe, d'hysope, de menthe poivrée, d'origan, de romarin, de sauge, de thym, et fleurs de lavande mêlées en parties égales), 128 grammes. On fait macérer dans vin rouge 7 kilogrammes, et alcoolat vulnéraire, 62 grammes. Ce vin s'emploie en fomentations toniques et résolutives. — *Vin diurétique amer* ou *Vin scillitique* : Écorces de quinquina gris, de Winter, de citron, 32 grammes de chaque ; racines d'asclepias et d'angélique, feuilles d'absinthe et de mélisse, baies de genièvre, squames de scille et macis, 8 grammes de chaque. Le tout grossièrement pulvérisé est mis dans un matras, où l'on verse 2 kilogrammes de vin blanc. On laisse macérer 8 jours, on exprime et on passe la liqueur. Dose 32 à 120 grammes. — Les Vins toniques, reconstituants, ferrugineux, etc., sont aujourd'hui innombrables. Il est impossible d'en donner même la liste. — *Vin de Quinquina*, dans lequel on a fait macérer des écorces de Quinquina. Voy. QUINQUINA.

Fin. — Les impôts sur les vins et boissons alcooliques ont été remaniés en 1900. Cependant les tarifs actuels ne peuvent guère être considérés que comme constituant une expérience, et il faut s'attendre à des modifications nouvelles. Disons seulement que l'État a renoncé au droit d'entrée dans les villes sur les vins, cidres, bière, et autres boissons dites hygiéniques, et que les villes ont supprimé les octrois qui grevaient ces boissons. En revanche, les droits sur les spiritueux ont été notablement augmentés. Voy. OCTROI.

VINAGE. s. m. (R. *viner*). T. Techn. Addition d'alcool au vin, pour qu'il se conserve mieux et puisse voyager. ‖ T. Féod. Droit que percevaient les seigneurs sur le vin récolté dans leurs domaines ou transporté à travers leurs terres.

VINAIGRE. s. m. [Pr. *vi-nègre*] (R. *vin*, *aigre*). Vin rendu artificiellement aigre, acide. *Faire du v. Des concombres confits au v.* ‖ Fig. et prov., *On prend plus de mouches avec du miel qu'avec du v.* Voy. MIEL. — Pop., *Habit de v.*, l'habit trop léger pour la saison.

Chim. et Techn. — Le *Vinaigre*, comme l'indique son nom, est le produit du vin aigri spontanément ou artificiellement ; mais, par extension, on applique cette dénomination à tous les liquides acidifiés résultant de la fermentation acétique des liquides alcooliques de toute origine : tels sont les *Vinaigres de bière*, *de cidre*, *de poiré*, etc. Tous ces vinaigres sont essentiellement constitués par de l'acide acétique très dilué. Il en est de même du *V. de bois*, dont nous avons parlé à l'article PYROLIGNEUX. Ici nous ne nous occuperons que du v. préparé avec le vin.

1. — Le v. exige pour se former le contact de l'air, car son acidité est due à l'oxydation de l'alcool que contient le vin, oxydation qui ne peut avoir lieu sans la présence de l'oxygène atmosphérique. Cependant l'air ne suffit pas pour *acétifier* l'alcool. Lorsque celui-ci est pur, soit qu'il contienne, soit qu'il ne contienne pas d'eau, l'oxygène ne lui fait éprouver aucune altération. Il faut, pour que les phénomènes de l'acétification se produisent, la présence d'un ferment organisé, auquel Pasteur a imposé le nom de *Mycoderme du v.* (*Mycoderma aceti*), et qui est constitué par de petites cellules, longues de 2 à 3 millièmes de millimètre. Ces microbes se multiplient rapidement à la surface du liquide lorsqu'elle est en présence de l'air ; ils se réunissent en plaques qui s'enchevêtrent en formant d'abord des pellicules (*fleurs du v.*), puis un voile mince, plissé et ridé. Les mycodermes qui tombent au fond du liquide cessent de concourir à l'acétification, tant qu'ils sont soustraits au contact de l'air ; ils forment au fond des tonneaux un dépôt gélatineux et gluant, appelé *Mère du v.* On donne aussi ce nom aux tonneaux qui ont déjà servi à la fabrication du v., et qui sont imprégnés de ferment. Le rôle du mycoderme à la surface du liquide consiste à oxyder l'alcool de manière à le transformer en acide acétique aux dépens de l'oxygène de l'air. Une proportion trop forte d'alcool ou d'acide acétique dans le liquide entrave le développement du mycoderme. Toutefois, afin d'empêcher l'éclosion d'autres microbes, il est bon que la liqueur contienne, dès le début, une certaine quantité de v. La tempé-

rature la plus favorable à l'activité du mycoderme est comprise entre 30° et 40°.

II. — Dans l'industrie on fait usage de deux procédés pour la fabrication du v. Le premier est connu sous le nom de *procédé d'Orléans*. Les tonneaux servant à l'acétification ont ordinairement une contenance d'environ 230 litres et sont disposés dans un cellier dont on maintient la température au voisinage de 30°. On verse dans chaque tonneau 100 litres de v., et l'on ajoute 10 à 12 litres de vin qui a filtré sur des copeaux de hêtre où il s'est imprégné de ferment. Au bout de deux ou trois semaines, on soutire 10 litres de v. et on le remplace dans le tonneau par une quantité égale de vin. Dès lors cette double opération peut être renouvelée tous les huit jours, et la fabrication marche ainsi sans interruption jusqu'à ce que l'accumulation du tartre et des lies nécessite le nettoyage ou le remplacement du tonneau. — Le second procédé est connu sous le nom de *procédé allemand*, parce qu'il est dû à un chimiste allemand nommé Schützenbach. Il est très expéditif; mais il ne s'applique pas au vin en nature. Le v. se fait avec de l'alcool d'origine quelconque, qui a été étendu d'eau de manière que la liqueur ne renferme que 20 pour 100 d'alcool pur. On fait tomber ce liquide, goutte à goutte, au moyen de tuyaux de paille ou de ficelles, sur des copeaux de hêtre entassés dans de grands tonneaux. Les copeaux reposent sur un double fond, placé vers la partie inférieure où se rassemble le liquide, et l'on fait repasser celui-ci sur les copeaux autant de fois qu'il est nécessaire. Des trous pratiqués dans les douves du tonneau permettent l'arrivée de l'air, qui s'échappe par le haut, après avoir traversé tous les interstices des copeaux, ce qui le met en contact par des surfaces très multipliées avec la liqueur alcoolique descendante. Le v. obtenu par le procédé allemand est fort inférieur à celui que donne le procédé d'Orléans: aussi le prix du v. de vin est-il bien plus élevé que celui du v. d'alcool.

III. — Le v. renferme ordinairement 6 à 8 pour 100 d'acide acétique, auquel il doit ses propriétés essentielles et caractéristiques. Le v. de vin contient, en outre, la plupart des substances que renfermait le vin, sauf l'alcool dont il ne reste plus qu'une faible quantité. Le bon v. est limpide comme l'eau, a une saveur aigre très franche, et exhale une odeur acide pénétrante. Sa couleur rappelle celle du liquide avec lequel on l'a fabriqué. En général, le v. d'autant plus de force qu'on a employé pour l'obtenir un vin plus chargé d'alcool. On apprécie la force du v. au moyen d'une sorte d'aréomètre, appelé *acétimètre*, à cause de sa destination; mais ses indications sont peu exactes. Il vaut mieux recourir aux épreuves chimiques. Ainsi, 30 grammes de v. doivent neutraliser complètement 3 à 4 grammes de carbonate de potasse, et 100 grammes doivent saturer 100 grammes de craie. — Le v. du commerce est souvent falsifié afin de lui donner plus de force; mais ces falsifications sont faciles à découvrir. Lorsque le v. a été falsifié avec un acide minéral, il suffit d'y verser quelques gouttes d'une solution de violet de Paris; la couleur violette disparaît et fait place à une coloration bleuâtre ou verdâtre. Si l'acide employé est de l'acide sulfurique, en versant dans le v. un peu de baryte, on obtient un précipité blanc de sulfate de baryte insoluble dans les acides. Si c'est de l'acide nitrique, il suffit de verser dans le v. quelques gouttes d'une dissolution de bleu d'indigo dans l'acide sulfurique: celle-ci prend à l'instant une teinte jaune. La falsification par l'acide chlorhydrique se reconnaît à l'aide d'azotate d'argent, lequel fait naître un précipité blanc de chlorure d'argent soluble dans l'ammoniaque. Enfin, si le v. a été falsifié avec des matières végétales âcres, comme le fruit du piment et le bois gentil, on reconnaît la fraude, lorsque le v. conserve sa saveur âcre, après avoir été saturé par un alcali. — Le *V. blanc*, fabriqué avec du vin blanc, est généralement préféré au *V. rouge*: aussi cherche-t-on sans cesse à décolorer ce dernier, notamment en le soumettant à la distillation; mais le *V. distillé* n'a jamais autant de force que le v. blanc naturel. Le *V. radical* n'est autre chose que de l'acide acétique pur, obtenu par la décomposition d'un acétate: c'est avec cet acide qu'on prépare le *sel de v*. Ce qu'on appelle *V. rosat*, *V. surard*, *V. framboisé*, *V. à l'estragon*, etc., est tout simplement du v. ordinaire dans lequel on a fait infuser des roses, des fleurs de sureau, etc.

IV. — Tout le monde connaît les principaux usages du v. Outre son intervention dans l'assaisonnement d'une foule de mets, il sert à confire des fruits et des légumes qui figurent en toute saison sur nos tables. Le v. s'emploie aussi dans la parfumerie et dans la pharmacie, pour dissoudre diverses substances végétales aromatiques ou médicamenteuses. Les vinaigres ainsi chargés de principes particuliers sont appelés,

suivant leur destination, *Vinaigres de toilette* et *Vinaigres médicinaux* ou *Acétolés*. Parmi ces derniers, nous citerons seulement le *V. scillitique* et le *V. antiseptique*, plus connu sous le nom de *V. des quatre voleurs*. Le premier se prépare avec: squames de scille rouge sèches, 125 grammes: v. blanc, 1.500 grammes; alcool, 32 grammes. On laisse macérer la scille pendant 15 jours, en agitant de temps en temps; puis on passe et l'on filtre. Cette préparation s'administre comme diurétique, à la dose de 4 grammes dans une potion. Le *V. des quatre voleurs* s'obtient en faisant macérer dans 4 litres de v. très fort: sommités sèches de grande absinthe, de petite absinthe, de lavande, de menthe, de romarin, de rue et de sauge, 32 grammes de chaque; acore vrai, cannelle fine, girofle, noix muscade, gousses d'ail, 4 grammes de chaque. Après 15 jours de macération, on passe à travers un linge en exprimant fortement, et l'on ajoute 8 grammes de camphre dissous dans 31 grammes d'acide acétique concentré. Enfin, au bout de 2 jours, on filtre au papier gris. Cette préparation fut inventée, dit-on, lors de la peste de Marseille, par quatre galériens qui lui durent de n'être pas atteints par le fléau. En conséquence, on lui attribuait jadis une vertu désinfectante qu'elle ne possède en aucune façon. Son meilleur usage est pour la toilette; mais on s'en sert aussi quelquefois pour ranimer les personnes tombées en syncope. — Le *V. chalybé* est une préparation à l'acétate de fer aujourd'hui inusitée. Voy. FER, VI. — Le *V. de Pennès* est une préparation antiseptique composée d'acide salicylique, d'acétate d'alumine, d'alcoolés d'Eucalyptus, de Lavande, de Benjoin et de Verveine, et d'acide acétique à 8°.

Pour les applications industrielles, on se sert exclusivement de bois, qui est bien meilleur marché que toute autre sorte de v. Voy. PYROLIGNEUX et ACÉTIQUE.

VINAIGRER. v. a. [Pr. *viné-grer*]. Assaisonner avec du vinaigre. = VINAIGRÉ, ÉE. part.

VINAIGRERIE. s. f. [Pr. *viné-greri*]. Fabrique de vinaigre.

VINAIGRETTE. s. f. [Pr. *viné-grè-te*]. Sauce faite avec du vinaigre, de l'huile, du persil et de la ciboule. *Du bœuf à la v.*, *en v.* — La viande apprêtée avec cette sauce. *J'ai déjeuné d'une v.* || Autrefois, petite chaise à deux roues qui était traînée par un homme.

VINAIGRIER. s. m. [Pr. *viné-grié*]. Fabricant ou marchand de vinaigre. || Vase à mettre du vinaigre. || T. Bot. Nom vulgaire du *Rhus Coriaria*. Voy. ANACARDIACÉES, I.

VINAIRE. adj. 2 g. [Pr. *vi-nère*] (lat. *vinarius*, m. s.). Ne se dit que dans ces expressions. *Vases ou vaisseaux vinaires*, Ceux qui sont destinés à contenir du vin, comme cuves, tonneaux, etc. — *L'industrie v.*, Qui a rapport au vin.

VINASSE. s. f. [Pr. *vina-se*]. Se dit du liquide qui reste après qu'on a enlevé par la distillation l'alcool contenu dans ces vins. || Résidu de la distillation des betteraves. Voy. SUCRE, C.

VINAY, ch.-l. de c. (Isère), arr. de Saint-Marcellin; 2,600 hab.

VINÇA, ch.-l. de c. (Pyrénées-Orientales), arr. de Prades, sur le Têt; 1,700 hab.

VINCENNES, ch.-l. de c. (Seine), arr. de Sceaux; 24,600 hab. || Château bâti par Philippe-Auguste, qui servit de résidence aux rois. Il fut abattu par Philippe VI, qui commença le donjon, achevé sous Charles V.

VINCENT DE BEAUVAIS, dominicain, m. vers 1264, auteur du *Speculum majus*, encyclopédie des connaissances de son temps.

VINCENT DE PAUL (SAINT), né près de Dax (1576-1660), célèbre par sa charité, fonda la congrégation des *Prêtres de la Mission* ou *Lazaristes*, l'association des *Filles de la Charité*, les conférences des *Dames de la Charité* et des *Servantes des pauvres*, et se dévoua à l'œuvre des *Enfants trouvés*.

VINCETOXICUM. s. m. [Pr. *vin-sé-toksi-kome*] (lat. *vincere*, vaincre; *toxicum*, poison). T. Bot. Nom scientifique du *Dompte-venin*. Voy. ce mot et ASCLÉPIADÉES.

VINCÉTOXINE. s. f. [Pr. *vin-sèto-ksine*]. T. Chim. Glucoside contenu dans la racine du Dompte-venin (l'*incetoxicum officinale*), d'où on l'extrait à l'aide de la chaux. La v. s'obtient sous la forme d'une poudre jaune, amorphe, soluble dans l'alcool, fusible à 59°, lévogyre. Elle répond à la formule $C^{10}H^{20}O^6$. Elle existe sous deux modifications, l'une soluble, l'autre insoluble dans l'eau. Traitée par l'acide chlorhydrique étendu et bouillant, elle se dédouble en donnant un sucre amorphe, non fermentescible.

VINCI (Léonard de), peintre, sculpteur, architecte, ingénieur, né au château de Vinci, près de Florence (1452-1519), construisit la plupart des canaux de la Lombardie et fut attiré en France par François Ier. Parmi ses œuvres de peinture on cite la *Cène*, dans un ancien couvent de Milan.

VINCY, anc. vge de France, entre Arras et Cambrai, où Charles Martel battit les Neustriens (717).

VINDAS. s. m. [Pr. *vin-da*] (orig. germ. : all. *winden*, rouler, enrouler). T. Mécan. Syn. de *Cabestan*. Voy. ce mot.

VINDÉLICIE, pays de l'anc. Germanie (lac de Constance, N.-E. de la Suisse), auj. compris dans le royaume de Bavière; cap. *Augusta Vindelicorum* (Augsbourg).

VINDEX (C. Julius), chef gaulois, se souleva en faveur de Galba (67 ap. J.-C.), mais vaincu par Virginius Rufus, chef des légions du Rhin, il se tua.

VINDHYA (Monts), dans l'Hindoustan, au N. du Dékan.

VINDICATIF, IVE. adj. (lat. *vindicare*, venger). Qui aime la vengeance, qui est porté à la vengeance. *Un homme v. Une femme vindicative. C'est un esprit v.*, Se prend toujours en mauvaise part.

VINDICATIVEMENT. adv. D'une manière vindicative.

VINDICTE. s. f. (lat. *vindicta*, vengeance). T. Jurispr. La poursuite d'un crime. Ne se dit que dans ces loc., *La v. publique, la v. légale, la v. des lois.*

VINÉE. s. f. Récolte de vin. *Nous aurons grande v. Nous n'avons eu que demi-v.*

VINER. v. a. T. Techn. Additionner d'alcool certains vins pour qu'ils se conservent mieux, puissent voyager. = Viné, ée. part.

VINET (Alexandre), littérateur suisse, défenseur de la liberté de conscience (1797-1847).

VINETIER. [Pr. *vine-tié*] (R. vin). T. Bot. Voy. Vinette.

VINETTE. adj. f. [Pr. *vi-nè-te*] (R. vin). Ne se dit que dans le mot *Epine-v.*, Arbuste de la famille des Berbéridées, qu'on appelle aussi vulgairement *Vinetier*. || T. Ornith. Nom vulg. du *Pipit*. Voy. Farlouse.

VINEUX, EUSE. adj. [Pr. *vi-neu, euze*] (lat. *vinosus*, m. s.). Qui a la couleur, l'odeur ou la saveur du vin. *Couleur vineuse. Rouge v. Bouc vineuse.* || Riche en vin. || *Goût v. Les fraises sont vineuses.* || Se dit aussi du vin qui a beaucoup de force. *Ce vin-là est bien v.* || T. Hortic. *Pêche vineuse* ou subst. *Vineuse.* Variété de *Pêche.* Voy. Pêche.

VINGT. adj. numéral 2 g. [Pr. *vin*] (lat. *viginti*, m. s.). Deux fois dix. *V. ans. V. hommes. V. francs. V. et un chevaux. V. et une livres pesant. V.-deux moutons. Cent v. arbres. V. mille écus.* || Se prend quelquefois pour un nombre indéterminé, et signifie un grand nombre de fois. *Je vous l'ai répété v. fois.* || Se dit aussi pour Vingtième. *Chapitre v. Page v.* — *Le v. du mois*, Le vingtième jour du mois. = Vingt. s. m. Le nombre v, *V. multiplié par cinq fait cent Qui de v. retranche sept, reste treize* — Ou dit de même, *Le nombre v. Le numero v.* || *V. et un*, Sorte de jeu de hasard qui se joue avec des cartes entre un banquier et un nombre indéterminé de pontes, et où le nombre de v.-et-un points est le plus avantageux. *Jouer au v. et un.* — *Obs. gram.* — Le mot *Vingt* se prononce *vin* devant une consonne ou une H aspirée; mais on fait sentir le T devant une voyelle ou une H muette. Ainsi on prononce *vin francs*

el *vin-tècus, vin héros* et *vin-thommes.* — En outre, ce mot prend une *s*, lorsqu'il est multiplié par un autre nombre, et, en même temps, précède immédiatement le substantif auquel il est joint. En conséquence, on écrira : *Quatre-vingts-hommes. Quatre-vingts ans. Cent quatre-vingts soldats;* mais on n'ajoute point cette S, quand *v.* est suivi d'un autre nombre: *Quatre-v.-un. Quatre-v. deux. Quatre-v. trois, etc.*, ou lorsqu'il s'agit de la date des années: *L'an mil six cent quatre-v.* Remarquons en passant que le nombre qui suit *v.* se joint toujours à lui par un trait d'union. Il en est de même des nombres ordinaux formés de *v.* Ainsi on écrit : *V.-deuxième, V.-troisième. Quatre-v.-unième, etc.*, il n'y a d'exception que pour *V. et un* et *V. et unième*, à cause de la présence de la particule conjonctive. — Enfin, nous terminerons en faisant observer que si, dans la manière de compter, on dit toujours *Quatre-vingts*, au lieu d'octante qui serait plus régulier, on ne fait plus usage des locutions : *Six vingts. Sept vingts, Huit vingts, Quinze vingts*, qui avaient cours autrefois.

VINGTAINE. s. f. coll. [Pr. *vin-tène*]. Nombre de vingt ou environ. *Nous étions une v. à table. Cela coûte une v. de francs.*

VINGTIÈME. adj. 2 g. [Pr. *vin-tième*]. Nombre cardinal de Vingt. *Le v. jour. La v. année. Vous êtes le v. sur la liste.* — *Elliptiq., Le v. du mois*, Le v. jour du mois. — *La v. partie*, Chaque partie d'un tout qui est ou que l'on conçoit divisé en vingt parties. = Vingtième. s. m. La v. partie. *Il est héritier pour un v. Il a un v. dans cette affaire.* || Autrefois, se disait d'un impôt établi sur les biens-fonds, et qui était égal à la v. partie du revenu. *Il fallut payer le v.*

VINH-LONG, v. de Cochinchine, au S.-O. de Saïgon, sur un affluent du Cambodge; 7,000 hab.

VINICOLE. adj. 2 g. (lat. *vinea*, vigne; *colere*, cultiver). Qui a rapport, qui s'applique à la culture de la vigne. *Industrie v. Les départements vinicoles. Population v.*

VINIFÈRE. adj. 2 g. (lat. *vinum*, vin, et *fero*, je porte). Qui produit du vin. *Terrain v.* = Vinifères. s. f. pl. T. Bot. Syn. de *Vitées*. Voy. ce mot.

VINIFICATION. s. f. [Pr. *vinifika-sion*] (lat. *vinum*, vin; *ficare*, faire). Fermentation qui produit le vin, || L'art de faire le vin.

VINIQUE. adj. 2 g. Qui a rapport au vin. *Aldéhyde v.* Aldéhyde éthylique. *Éther v.*, Éther ordinaire.

VINOSITÉ. s. f. [Pr. *vino-zité*] (lat. *vinositas*, m. s.). Qualité des liquides vineux.

VINOY, général fr. (1800-1880).

VINTIMILLE, v. d'Italie, sur la frontière de France; port sur le golfe de Gênes, à 32 kil. E. de Nice; 8,500 hab.

VINYLAMINE. s. f. (R. vinyle, et *amine*). T. Chim. Base organique répondant à la formule $CH^2=CHAzH^2$. On ne la connaît qu'à l'état de solution; celle-ci même est peu stable et se décompose spontanément à la température ordinaire. Vis-à-vis des acides, la v. fonctionne comme une base assez énergique. En s'unissant à l'acide sulfureux, elle donne naissance à la taurine.

VINYLE. s. m. (R. vin, et le suff. *yle*, du gr. ὕλη, matière). T. Chim. Nom donné au radical monovalent $CH^2=CH$, contenu dans l'éthylène. — *Le Sulfure de v.*, qui répond à la formule $(CH^2=CH)^2S$, se rencontre dans une variété d'ail, l'*Allium ursinum*. Il est liquide et bout à 101°. Traité par l'oxyde d'argent, il donne naissance à l'*Oxyde de v.*, qui bout à 39° et qui a pour formule $(CH^2=CH)^2O$.

VINYLÉTHYLÈNE. s. m. (R. vinyle, et *éthylène*). T. Chim. Syn d'*Erythrène*. Voy. ce mot.

VIOL. s. m (lat. *vis illata*, violence faite). Le *Viol*, ainsi que l'indique l'étymologie du mot, est un attentat à la pudeur commis avec violence sur une personne du sexe féminin, vierge ou non. Toutefois, d'après la jurisprudence française, le même attentat, commis par ruse, est assimilé à celui qui est commis avec violence. Quiconque a commis le crime de v. est puni des travaux forcés à temps. Si le crime a été commis sur la personne d'un enfant au-dessous de l'âge de 15 ans accomplis, le coupable subit le maximum de la peine des travaux forcés à temps. Si les coupables sont les ascendants de la personne sur laquelle a été commis l'attentat, s'ils sont de la classe de ceux qui ont autorité sur elle, s'ils sont ses instituteurs ou ses serviteurs à gages ou serviteurs à gages des personnes ci-dessus désignées, s'ils sont fonctionnaires ou ministres d'un culte, ou si le coupable, quel qu'il soit, a été aidé dans son crime par une ou plusieurs personnes, la peine est celle des travaux forcés à perpétuité (C. pénal, art. 332 et 333.). — Dans tous les temps et chez tous les peuples, le crime de v. a été puni des peines les plus sévères. Chez les Grecs et chez les Romains, le coupable subissait la peine capitale. Il en a été de même chez nous jusqu'à la fin du XVIIIᵉ siècle.

VIOLACÉ, ÉE. adj. (lat. *violaceus*, m. s., de *viola*, violette). De couleur tirant sur la violette. *Corolle, teinte, tache violacée.*

VIOLACÉES. s. f. pl. (lat. *viola*, violette). T. Bot. Fam. de végétaux Dicotylédones de l'ordre des Dialypétales supérovariées méristémones à carpelles ouverts.

Caract. bot. : Plantes herbacées ou arbrisseaux. Feuilles simples, ordinairement alternes, quelquefois opposées, pourvues de stipules. Inflorescence variable. Sépales 5, persistants, à préfloraison imbriquée, ordinairement appendiculés à la base. Pétales 5, égaux ou inégaux, ordinairement marcescents, et à préfloraison obliquement convolutive. Étamines 5, alternant avec les pétales, parfois opposées à ceux-ci, insérées sur un disque hypogyne, souvent inégales ; anthères biloculaires, séparées ou cohérentes, introrses et s'ouvrant en dedans par une fente longitudinale ; filets très courts, souvent dilatés, et se prolongeant supérieurement de manière à former une espèce de crête. Dans les fleurs irrégulières, il y en a deux qui sont en général pourvus d'un appendice nectarifère enfoncé dans l'éperon du pétale antérieur. Pistil formé ordinairement de 3, rarement de 2, ou de 4 à 5 carpelles concrescents en un ovaire uniloculaire, polysperme, rarement monosperme, avec placentas pariétaux ; style simple, ordinairement décliné, avec un stigmate oblique en capuchon ; ovules anatropes. Fruit capsulaire à 3 valves, rarement une baie. Graines en nombre indéfini ou défini, arrondies ou ailées, ayant fréquemment une caroncule à leur base ; embryon droit, situé dans l'axe d'un albumen charnu.

La famille des *Violacées* comprend 21 genres avec environ 240 espèces répandues par toute la terre. On la divise en 3 tribus :

Tribu I. — *Violées.* — Corolle zygomorphe (*Viola*, *Ionidium*, *Corynostylis*, etc.). [Fig. 1. — 1. *Corynostylis hybanthus*; 2. Groupe d'anthères, dont chacune a son connectif prolongé en forme d'écaille au-dessus de l'anthère; 3. Pétale éperonné; 4. Coupe transversale de l'ovaire, montrant les trois placentas pariétaux; 5. Fruit mûr; 6. Embryon.] Les racines des Violacées paraissent être plus ou moins émétiques, propriété que possèdent à un haut degré les espèces de l'Amérique du Sud, et à un degré beaucoup moindre celles de l'Europe. Telles sont celles qu'en Amérique on désigne vulgairement sous le nom d'*Ipécacuanha*. Le principe actif de ces plantes est un alcaloïde particulier qu'on a nommé *Violine*, et qui serait analogue à l'émétine. L'*Ionidium parviflorum* et autres sont des purgatifs et des émétiques violents, qui sont employés contre l'éléphantiasis. Les habitants des anciennes colonies de l'Espagne, en Amérique, se servent de ces plantes pour remplacer l'Ipécacuanha, et les Brésiliens emploient au même usage l'*Ionidium ponya*. La racine d'une autre espèce, l'*Ionidium itubu*, se vend communément au lieu et place du véritable Ipécacuanha dont elle se rapproche d'ailleurs beaucoup par ses propriétés. A Fernambouc, on la considère comme étant le meilleur remède qu'on puisse employer contre la dysenterie, et les habitants du Rio-Grande do Norte la regardent en outre comme un spécifique contre la goutte. La *Violette de chien* (*Viola canina*) jouit d'une certaine réputation dans les maladies de la peau. L'*Anchétée salutaire* (*Anchietea salutaris*), arbuste rampant qui a une odeur de Chou et un goût nauséabond, est fort usitée au Brésil contre les mêmes affections. Cette espèce est d'ailleurs un purgatif assez énergique : de là sans doute la vertu dépurative qu'on lui attribue. Les pétales de la *Violette*

odorante (*Viola odorata*) ont des propriétés laxatives, et peuvent s'employer dans la médecine des enfants. Les fleurs sont journellement usitées comme pectorales, et s'administrent sous forme de sirop ou d'infusion, dans les rhumes, les catarrhes, etc. La racine de cette espèce est émétique et pur-

Fig. 1.

gative. La teinture aqueuse des fleurs de Violette est un réactif chimique précieux : les alcalis changent sa couleur violette en vert, tandis que les acides la font passer au rouge. L'odeur de la Violette, tout agréable qu'elle est, agit fortement sur certaines personnes très nerveuses. Les feuilles de la *Pensée*, appelée par les botanistes *Violette tricolore* (*V. tricolor*), exhalent, quand on les broie, une odeur qui rappelle celle des amandes du Pêcher. Autrefois on les préservait souvent dans les maladies de la peau, et on les emploie encore en Italie pour guérir la teigne ; les fleurs de la plante sauvage sont employées comme dépuratives. La *Violette ovée* (*V. ovata*) est un des nombreux remèdes préconisés en Amérique contre la morsure du Serpent à sonnettes. — Comme plante d'ornement, la *Violette* est fort recherchée pour ses fleurs violettes ou blanches dont l'odeur est si suave. Les horticulteurs ont tiré de la Violette odorante diverses variétés, les unes à fleurs simples et fleurissant à plusieurs époques, ce qui leur a fait donner le nom de *Violettes des quatre saisons*, les autres à fleurs doubles, parmi lesquelles la plus connue est la *Violette de Parme*. La *Violette tricolore*, ou Pensée, a fourni également de nombreuses et magnifiques variétés qui font l'ornement de nos jardins.

Tribu II. — *Alsodéiées.* — Corolle régulière, sans couronne; capsule à déhiscence dorsale (*Alsodeia*, *Hymenanthera*, etc.).

Tribu III. — *Sauvagésiées.* — Corolle régulière, avec couronne; capsule à déhiscence suturale (*Sauvagesia*, *Lavradia*, etc.). [Fig. 2. — 1. *Lavradia Vellozii*; 2. Fleur étalée; 3. Les étamines avec les écailles extérieures pétaloïdes; 4. Graine; 5. Coupe de la même.] La *Sauvagésie dressée* (*Sauvagesia erecta*, vulgairement appelée *Herbe de*

Fig. 2.

Saint-Martin, est très mucilagineuse. On en fait usage, au Brésil, dans les ophthalmies; au Pérou, dans les affections intestinales; et aux Indes occidentales, dans celles de la vessie.

VIOLANE. s.f. (lat. *viola*, violette). T. Minér. Silicate d'alumine, de chaux et de magnésie, avec un peu de soude et d'oxydes de fer et de manganèse. Ce minéral se rencontre dans les gîtes de manganèse du Piémont, soit en masses lamellaires ou fibreuses, de couleur violette, soit en cristaux qui ressemblent à ceux des pyroxènes.

VIOLANILINE. s. f. (R. *violette*, et *aniline*). Matière colorante violette qu'on extrait des résidus de la préparation de la fuchsine.

VIOLANTINE. s. f. (lat. *viola*, violette). T. Chim. Composé formé par l'union de l'acide violurique et de l'acide dilurique. C'est une poudre cristalline, jaunâtre, que l'ammoniaque colore en bleu. Sous l'action de l'eau, la v. se dédouble en reproduisant les deux acides générateurs.

VIOLARIÉES. s. f. pl. (lat. *viola*, violette). T. Bot. Syn. de *Violacées*. Voy. ce mot.

VIOLAT. adj. m. [Pr. *vio-la*] (lat. *viola*, violette). T. Pharm. *Sirop v.*, Sirop fait avec des violettes; et *Miel v.*, Miel où l'on a mis infuser des violettes. Vx.

VIOLATEUR, TRICE. s. (lat. *violator*, m. s.). Celui, celle qui viole les lois, les traités, etc. *Les violateurs des lois. La première violatrice du traité fut la Russie.*

VIOLATION. s. f. [Pr. *viola-sion*] (lat. *violatio*, m. s.). Action d'enfreindre une loi, une règle, de manquer à un engagement, de porter atteinte à un droit, de profaner une chose sacrée. *La v. des lois. La v. des règles du langage. La v. des traités. La v. du domicile. La v. d'un temple, d'une sépulture.*

Droit. — *Violation de sépulture.* — Le C. pénal punit d'un emprisonnement de trois mois à 1 an et de 16 francs à 200 francs d'amende quiconque se rend coupable de violation de tombeaux ou de sépultures, sans préjudice des peines contre les crimes ou délits qui se seraient joints à celui-ci.

VIOLÂTRE. adj. 2 g. (R. *violet*, avec le suff. péjor. *âtre*). D'une couleur qui tire sur le violet.

VIOLE. s. f. (ital. *viola*, du bas lat. *vitula*, m. s.), lequel vient du lat. *vitulari*, se réjouir, propr. gambader comme un veau, *vitulus*). T. Mus. Ce mot a d'abord été le terme générique servant à désigner tous les instruments de musique à cordes et à archet. Plus tard, il a été appliqué particulièrement à l'instrument un peu plus grand que le violon que l'on appelle aujourd'hui *alto*. Aujourd'hui, on ne s'en sert plus que pour désigner la *v. d'amour*. Voy. ARCHET.

VIOLÉES. s. f. pl. (lat. *viola*, violette). T. Bot. Tribu de plantes de la famille des *Violacées*. Voy. ce mot.

VIOLEMENT. s. m. [Pr. *viole-man*] (R. *violer*). Infraction à la loi, à la règle, etc. Peu us. || Se dit aussi quelquefois pour Viol.

VIOLEMMENT. adv. [Pr. *viola-man*] (R. *violent*). Avec violence, avec impétuosité, avec force. *Le vent souffle v. Ce purgatif agit v. Aimer, haïr v. Il insulta v. son adversaire. Ce qu'il veut, il le veut v.*

VIOLENCE. s. f. [Pr. *vio-lanse*] (lat. *violentia*, m. s., de *violare*, violer). Qualité de ce qui est violent. *La v. du vent, de la tempête, des flots, de la mer, d'un torrent. La v. du mal, de la douleur. La v. d'un remède. La v. de son caractère le fait redouter. La v. des passions. La v. de ses discours.* || Signifie aussi La force dont on use contre le droit, contre la loi, contre la liberté publique, contre les personnes. *User de v. Agir de v. Ces actes de v. exaspérèrent la population.* || Par ext., Acte de violence. *Faire des violences. Faire v. à quelqu'un*, le contraindre à quelque chose en abusant de sa force. — *Faire v. à une femme*, la prendre de force. *Les concussions et les violences des proconsuls romains.* — Fig., *Faire v. à la loi*, Lui donner un sens forcé et contraire à son esprit. — *Se faire v.*, se con-

traindre à quelque chose avec effort. — *Faire une douce v. à quelqu'un*, lui faire accepter une chose dont il a envie et qu'il refuse mollement.

VIOLENT, ENTE. adj. [Pr. *vio-lan, ante*] (lat. *violentus*, m. s., de même rad. que *violare*, violer). Impétueux, qui agit avec une force brusque et considérable. *Un vent v. Tempête violente. Choc v. Remède v. Une explosion violente.* || Se dit aussi pour marquer l'intensité et la vivacité de certaines choses. *Une fièvre violente. Une douleur violente. Un désir v. Une passion violente. De violents efforts. On a de violents soupçons contre lui.* || Qui a recours à la force, qui aime à employer la force; se dit ordinairement de l'emploi inique de la force. *Un gouvernement v. et tyrannique. On prit contre lui une mesure violente. Une persécution violente. Une action violente*, Une action où l'on use abusivement de la force. *Mort violente*, Celle qui est causée par une action de violence ou par un accident. || Qui est très emporté. *Un homme v. Un caractère très v. Une humeur violente.* — *Un discours v. Un discours où l'on dépasse les bornes de la modération.* || Fam., *Cela est v., est trop v.*, se dit de choses que l'on regarde comme oppressives, injustes, exagérées, etc. *Quoi! il réclame mille francs! cela est trop v. Il se plaint de moi! cela est un peu v. La proposition me semble violente.* = Syn. Voy. IMPÉTUEUX et EMPORTÉ.

VIOLENTER. v. a. [Pr. *violan-ter*]. Contraindre par force. *On ne veut point le v. V. les inclinations de quelqu'un. V. les consciences.* = VIOLENTÉ, ÉE. part. = Syn. Voy. CONTRAINDRE.

VIOLER. v. a. (lat. *violare*, m. s.). Enfreindre, agir contre, porter atteinte à. *V. les lois. V. un traité. V. le droit des gens. V. sa foi, son serment, sa promesse. V. ses vœux, ses engagements. V. une capitulation. V. un secret. V. l'hospitalité.* — *V. un asile*, Ne pas respecter les privilèges d'un asile. *V. une sépulture*, La dégrader ou la fouiller dans des intentions coupables. *V. le domicile d'un citoyen*, Y pénétrer malgré lui et sans mandat de l'autorité judiciaire. || *V. une femme*, En abuser à l'aide de la force, de la violence. *Il la viola le poignard sur la gorge.* Absol., *Les soldats eurent l'autorisation de piller et de v. pendant trois jours.* = VIOLÉ, ÉE, part. = Syn. Voy. ENFREINDRE.

VIOLET, ETTE. adj. [Pr. *vio-lè, lète*] (Dimin. du vx fr. *viole*, du lat. *viola*, violette). Couleur violette, Couleur semblable à celle de la fleur qu'on nomme violette. On dit de même, *Teinte violette, Nuance violette*, etc. Qui est de cette couleur. *Satin v. Velours v. Soie violette. Le grand froid m'avait rendu les mains violettes. Des figues violettes.* || Fig. et fam., *Faire feu v.* Voy. FEU. || T. Phys. *Rayon v.*, une des sept couleurs primitives du spectre. = VIOLET. s. m. Couleur violette. *Elle était vêtue de v. Le v. est la couleur particulièrement affectée aux évêques. Les rois de France portaient le deuil en v.* — *V. d'aniline*, Voy. ANILINE. *V. de Paris, V. cristallisé. V. de Lauth*, etc. Voy. COLORANTES, IV.

VIOLETER. v. a. Teinter de violet. = VIOLETÉ, ÉE. part.

VIOLETTE. s. f. [Pr. *vio-lète*] (lat. *viola*, m. s.). T. Bot. Genre de plantes Dicotylédones (*Viola*) de la famille des *Violacées*. Voy. VIOLACÉES. || Fig., Une personne modeste. || Abusivement, on nomme vulgairement, *V. de la Chandeleur*, Le Perce-neige, Amaryllidacées; *V. de Marie*, La Campanule carillon, Campanulacées; *V. du Pérou*, La Belle-de-nuit, Nyctaginées; *V. aux sorciers*, la Pervenche, Apocynées. || *Bois de v.*, Nom vulgaire du Palissandre.

VIOLEUR, EUSE. s. Celui, celle qui viole. Fam.

VIOLIER. s. m. (R. *violette*). Nom vulgaire par lequel on désigne les Giroflées. Voy. CRUCIFÈRES.

VIOLINE. s. f. (lat. *viola*, violette). T. Chim. Alcaloïde doué de propriétés émétiques, contenu dans la racine de la violette commune. Il est probablement identique avec l'émétine de l'ipécacuanha.

VIOLLET-LE-DUC (EUGÈNE), architecte fr., auteur d'un *Dictionnaire de l'Architecture française* du XIe au XVIe siècle, et de nombreuses restaurations de monuments du moyen âge.

VIOLON. s. m. (ital. *violone*, augmentation, de *viola*, viole). T. Mus. Instrument à cordes que l'on fait vibrer avec un archet. *Jouer du v. Danser au v., au son du v. Un concerto de v. Sonate pour piano avec accompagnement de v.* Voy. ARCHET. — Fam., *Donner les violons à quelqu'un,* Payer les violons pour un bal, une sérénade, etc. On dit aussi Fig., *Se donner les violons,* Être content de soi, s'applaudir, se vanter; et *Se donner les violons de quelque chose,* En tirer vanité. Ces loc. vieillissent. || Celui qui joue du v. *Les violons de l'Opéra. Il est premier v. aux Bouffes.* — Fig. et fam., *Les autres ont dansé, et il a payé les violons,* Il a payé les frais d'une chose dont les autres ont eu le profit ou le plaisir. On dit aussi simplement, *C'est lui qui a payé les violons.* || T. Techn. Poulie à caisse en forme de v. — Espèce de touret à main dont se servent les treillageurs et dans lequel est placé un foret que l'on fait mouvoir au moyen d'un archet. — Outil composé de plusieurs cordes tendues, dont les chapeliers se servent pour battre les matières destinées au feutrage. || T. Mar. Bordage découpé en forme de v., de chaque côté du beaupré. — Cordes disposées le long de la table à manger sur les paquebots et qui sert à maintenir les assiettes, verres, bouteilles, etc. || *Violon.* se dit encore d'une espèce de prison contiguë à un corps de garde où l'on dépose momentanément les individus arrêtés. *Il a fait tant de tapage dans la rue, qu'on l'a arrêté et mis au v.*

VIOLONCELLE. s. m. [Pr. *violon-sèle*] (ital. *violoncello*, de *violone*, violon). T. Mus. Instrument à cordes et à archet plus grand et plus grave que le violon. Voy. ARCHET. || Celui qui joue du v. *Il est v. à l'Opéra.*

VIOLONCELLISTE. s. 2 g. [Pr. *violon-sè-liste*]. Celui, celle qui joue du violoncelle.

VIOLONISTE. s. 2 g. Celui, celle qui joue du violon.

VIOLURATE. s. m. T. Chim. Nom générique des sels de l'acide violurique.

VIOLURIQUE. adj. 2 g. (R. *violet*, et *urée*). T. Chim. Dérivé nitrosé de l'acide barbiturique. Voy. BARBITURIQUE.

VIORNE. s. f. (lat. *viburnum*, m. s., de *viere*, lier, à cause de la flexibilité des rameaux). T. Bot. Genre de plantes Dicotylédones (*Viburnum*) de la famille des Caprifoliacées, tribu des *Sambucées.* Voy. CAPRIFOLIACÉES. || *Clématite-v.*, Espèce de Clématite, originaire de l'Amérique du Nord, qu'on cultive dans les jardins comme plante d'ornement.

VIOTTI (J.-B.), violoniste et compositeur piémontais (1753-1824).

VIPÈRE. s. f. (lat. *vipera*, m. s., de *vivipara*, vivipare). T. Erpét. Genre de serpents venimeux. || Fig., on dit d'une personne méchante, perfide, et surtout fort médisante, *C'est une v., une langue de v.* — Dans l'Évangile, les Juifs sont appelés *Engeance de vipères.*

Erpét. — Le genre d'Ophidiens venimeux connu sous ce nom est le type de la tribu des *Vipériens* et de la même famille des *Vipéridés.* Les espèces qui composent cette famille font leurs petits vivants, c.-à-d. sont vivipares, d'où le nom même du *Vipère* donné au genre principal de la famille. La tribu des *Vipériens* se distingue de celles des Trigonocéphalidés et des Crotales par l'absence de fossettes ou d'enfoncements derrière les narines. De plus, elle diffère des Crotales par l'absence du bruyant appareil caudal qui a valu aux Crotales la dénomination vulgaire de Serpents à sonnettes. Cette tribu renferme, outre le genre *Vipère,* les genres *Péliade, Échidné, Céraste, Échis* et *Acanthophis.*

Le genre *V.* (*Vipera*) a le vertex ou sommet de la tête revêtu de petites écailles, sans plaques lisses polygonales, les narines latérales, les *urostèges,* c.-à-d. les écailles qui recouvrent la queue à sa face inférieure, disposées sur deux rangs. — I. La *V. commune* (*V. aspis*) [Fig. 1] est brune, avec une double rangée de taches transverses sur le dos, et une rangée de taches noires ou noirâtres sur chaque flanc. Quelquefois les taches du dos s'unissent en bandes transverses; d'autres fois elles ne forment toutes ensemble qu'une bande longitudinale ployée en zigzag. On trouve aussi, quoique rarement, des individus entièrement noirs. Sa tête est obtuse, amincie vers le museau, et plus large en arrière que le corps, qu'elle dépasse en formant une base cordiforme; elle est en

outre uniquement couverte de petites écailles granulées, et présente deux bandes noires qui se réunissent à sa partie supérieure de manière à figurer la lettre V. La taille de ce serpent dépasse rarement 60 à 70 centimètres, et son diamètre varie de 2 à 3 centimètres. La V. commune est répandue dans une grande partie de la France, où on l'appelle vulgairement *Aspic* dans quelques provinces. Dans certaines localités, elle est extrêmement multipliée : nous citerons entre autres les départements de la Côte-d'Or, de Loir-et-Cher, de la Haute-Marne et de Seine-et-Marne. Dans la Haute-Marne, par ex., dans l'espace de six années, à savoir, de 1856 à 1861, il a été tué 57,000 Vipères. Pendant l'hiver, les Vipères restent engourdies dans des trous profonds, pour ne se réveiller qu'au retour du printemps, époque où elles s'accouplent. Les œufs éclosent dans le ventre de la mère, celle-ci fait ses petits vivants : le nombre des petits d'une même portée varie de 12 à 25 : en naissant, les Vipereaux ont 5 à 6 centimètres de

Fig. 1.

longueur. La V. se nourrit d'insectes, de vers, de grenouilles, de crapauds, de petits mammifères, comme les mulots, les taupes, et de petits oiseaux. La morsure de la V. commune est redoutée avec raison, car elle détermine toujours des phénomènes toxiques plus ou moins intenses. Les symptômes de cet empoisonnement sont ainsi décrits par Ach. Richard. « Quelquefois la douleur causée par la morsure est faible ou nulle, au moment même où elle vient d'être faite; souvent, au contraire, elle est vive et très aiguë. La piqûre produite par l'un des crochets venimeux de l'animal, ou par les deux ensemble, ne se découvre pas d'abord facilement; mais bientôt ce point se trahit par la rougeur et le gonflement qui l'environne. La douleur devient plus cuisante; les parties voisines enflent et prennent une teinte jaune et rouge livide. Cependant le malaise du blessé augmente; il éprouve des maux de cœur suivis de vomissements bilieux, une douleur de tête insupportable; ses yeux se gonflent et rougissent; des larmes abondantes s'en échappent. D'autre part, le gonflement, d'abord circonscrit autour de la plaie, gagne de proche en proche et envahit la totalité du membre attaqué. Dès lors le mal a acquis sa plus grande intensité; la fièvre s'empare du malade; il a des sueurs froides comme visqueuses, et présente tous les phénomènes qui caractérisent l'état adynamique; l'haleine devient fétide; les muscles se relâchent; enfin la mort termine bientôt ses souffrances si une médication énergique ne parvient pas à arrêter les progrès du mal. » Néanmoins il est assez rare que le venin de la V. tue l'homme; les cas de mort s'observent surtout chez les enfants. — Depuis les expériences de Redi et de Fontana, on s'accorde à démontrer que l'un des moyens les plus efficaces pour combattre les effets du venin de la V. consiste à sucer immédiatement la blessure. Cette succion est sans danger avec les lèvres, pourvu qu'elles ne présentent aucune plaie, car ce venin n'est pas absorbé par les surfaces qui ne sont ni dénudées, ni entamées, et il peut être introduit impunément dans l'estomac. Pour aider l'action de ce moyen, on pratique au-dessus de la plaie, c.-à-d. entre la plaie et le cœur, une ligature convenablement serrée, ce qui s'oppose aussi à l'absorption. On peut, dans le même but, poser une ventouse sur la piqûre, après avoir légèrement agrandi celle-ci. La cautérisation est encore utile pour neutraliser ou détruire le venin avant qu'il soit absorbé. À cet effet, on peut employer un fer rouge, un charbon ardent, la pierre infernale ou nitrate d'argent fondu, une goutte d'acide sulfurique ou d'acide nitrique, etc. Mais les cultivateurs et les chasseurs font habituellement usage de l'ammoniaque liquide ou alcali volatil, dont on introduit quelques gouttes dans la plaie. On préconise maintenant pour remplacer l'ammoniaque, le permanganate de potasse en solution. L'ammoniaque peut toujours s'administrer à l'intérieur, comme stimulant : on en administre 5 à 6 gouttes dans une infusion chaude. On a encore recours avec succès aux sudorifiques alcooliques. L'ancienne thérapeutique tirait de la V. une foule de composés pharmaceutiques qui depuis long-

que par la position des narines, qui sont supérieures au lieu d'être latérales. Nous nous contenterons de citer l'*Ech. Atropos*, qui habite l'Afrique australe. Cette espèce a le corps brun foncé en dessus; mais en outre elle présente des taches noires arrondies et irrégulières, et de chaque côté une ligne presque blanche qui commence au cou pour se terminer

Fig. 2.

temps ne sont plus en usage. — Nous mentionnerons encore la *V. ammodyte* (*V. ammodytes*), qu'on rencontre dans le Dauphiné. Cette espèce a les formes générales de la V. commune; mais elle a le museau prolongé en pointe molle et recouvert de petites écailles.

Le genre *Péliade* (*Pelias*) se distingue du genre V. par la présence de plaques polygonales sur le vertex. Il ne renferme

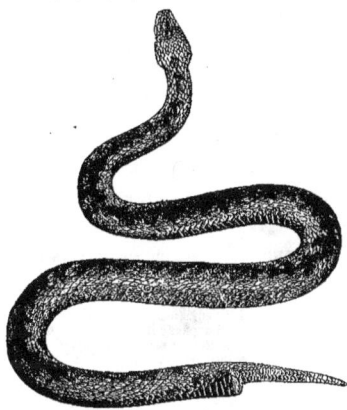

Fig. 3.

qu'une seule espèce, la *Péliade berus* (*P. berus*), appelée communément *Petite Vipère* et *Vipère du Nord* (Fig. 2). Les teintes générales de ce reptile présentent beaucoup de variations, depuis le ton gris pâle jusqu'à la couleur d'acier noirâtre; mais ce gris se mêle au fauve, au noirâtre, au rouillé, ou quelquefois à une nuance d'un vert foncé ou brun.

Le genre *Échidné* (*Echidna*) ne diffère guère du genre V.

et se joindre sur le dessus de la queue avec la ligne opposée. Le dessus de la tête porte aussi quatre taches noires. La longueur de ce serpent ne dépasse pas 56 centimètres.

Le genre *Céraste* (*Cerastes*) se reconnaît immédiatement à la disposition et à l'allongement des écailles qui forment le bord supérieur des sourcils, et qui constituent ainsi une ou plusieurs cornes. L'espèce type de ce genre est le *Céraste d'Égypte* (*C. ægyptiacus*), qu'on nomme communément *Vipère cornue*. Ce qu'on appelle la corne de cet animal est formé par des écailles placées au-dessus des orbites et qui ont pris un développement extraordinaire, tandis que le reste de la peau de tout le vertex n'offre que de très petits tubercules arrondis. En Égypte, où ce serpent n'est pas rare, il se tient presque constamment caché dans le sable en ne laissant sortir que sa tête, dont la teinte, ainsi que celle du tronc, se confond avec la couleur jaune du sable. Dans le même groupe, nous citerons la *V. du Gabon* (Fig. 3).

Le genre *Echis* a tous les caractères des Vipères, si ce n'est que les urostéges sont simples et non en double rangée. L'espèce type est l'*Echis caréné* (*Echis carinata*), qui est propre à l'Égypte. Et. Geoffroy Saint-Hilaire l'a décrite sous le nom de *V. des Pyramides*.

Enfin, le genre *Acanthophis* a les urostéges en partie simples et remplacées à l'extrémité de la queue par des écailles imbriquées, épineuses, et terminées par une épine cornée en forme d'aiguillon. L'espèce la plus connue de ce genre est l'*Acanthophis bourreau* (*Ac. tortor*) de Lesson, ou *Acanthophis cérastin* (*Ac. cerastinus*) de Cuvier. Elle atteint jusqu'à 70 centimètres de longueur, et habite la Nouvelle-Hollande.

VIPEREAU. s. m. [Pr. *vipe-ro*]. Le petit d'une vipère.

VIPÉRIN, INE. adj. (lat. *viperinus*, m. 3.). Qui a rapport à la vipère. || Fig. *Langue vipérine*, Langue très médisante.

VIPÉRINE. s. f. (R. *vipère*, par allusion à la forme du végétal). T. Bot. Genre de plantes Dicotylédones (*Echium*) de la famille des *Borraginées*, tribu des *Borragées*. Voy. BORRAGINÉES.

VIRAGE, s. m. T. Mar. Action de virer au cabestan. — Action de virer de bord. — Espace nécessaire pour virer de bord. || Se dit de certains véhicules comme les vélocipèdes et les voitures automobiles quand ils changent de direction. || T. Phot. Opération qui a pour but de donner aux épreuves positives leur couleur définitive. Voy. PHOTOGRAPHIE, IV, F.

VIRAGO. s. f. (lat. *virago*, m. s., de *vir*, homme). Fille ou femme de grande et forte taille, qui a les allures d'un homme. *C'est une v. Des viragos.* Fam., et ne se dit que par dérision.

VIRE. s. f. (lat. *viria*, bracelet). T. Blas. Anneau.

VIRE, riv. de France, naît sur les confins des dép. de la Manche et du Calvados, passe à Vire, à Saint-Lô, et se jette dans la Manche près d'Isigny ; 110 kil.

VIRE, ch.-l. d'arr. (Calvados), à 59 kil. S.-O. de Caen, sur la Vire ; 4,600 hab. = Nom des hab. : Virois, oise, ou Vi-rais, aise.

VIRÉ. s. m. (R. *virer*). T. Comm. Sorte d'étamine dont la trame est de laine peignée, et la chaîne également de laine peignée teinte en fil, mais doublée avec de la soie de couleur différente. *Les virés se fabriquent exclusivement à Amiens et à Reims.*

VIRELAI. s. m. [Pr. *vire-lè*] (R. *virer*, et *lai*). T. Littér. Petite pièce de poésie française, qui est tonte sur deux rimes, et composée de vers courts avec des refrains. *Le v. était à la mode au XVIe siècle.*

VIREMENT. s. m. [Pr. *vire-man*]. T. Mar. Action de virer. || *V. de bord*, Mouvement d'un vaisseau qui tourne sur lui-même. — *V. d'eau*, Retour de marée.

Fin. — En matière de banque ou de finance, le v. est l'opération qui consiste à transporter une somme d'un compte à un autre compte sans que ce changement de place entre les parties ait pour résultat de modifier l'ensemble de la situation antérieure.

Sous le nom de v., on range des opérations très différentes suivant qu'il s'agit de *virements de comptes courants*, de *virements de crédits* ou de *virements de comptes*.

Virements de comptes courants. — Ces virements sont des opérations de banque qui consistent à compenser entre eux les engagements des particuliers ou des établissements de tout ordre qui ont un compte courant ouvert dans une même banque. Pour cela le débiteur remet à son créancier un *mandat de v.* émis pour le montant de la somme due sur la banque commune : sur le vu de ce mandat, la banque débite le compte courant du premier et crédite le compte courant du second : la situation se trouve ainsi réglée sans déplacement effectif de numéraire. C'est par ce procédé des virements de comptes que fonctionnent les chambres de compensation (Clearing-house) (Voy. Compensation), qui règlent tous les jours des engagements s'élevant à des sommes considérables sans recourir à la monnaie réelle ou fiduciaire.

Tous les titulaires de comptes courants à la Banque de France, ont la faculté de disposer de leurs fonds au moyen de mandats de virements (établis sur papier rose) qui sont reçus en payement dans les caisses du Trésor à Paris et dans les villes pourvues d'une succursale de la Banque.

Virements de crédits. — En matière budgétaire, le v. est l'opération qui consiste à employer à une dépense les crédits ouverts à un autre chapitre du budget pour une autre dépense. Interdits par la loi du 29 janvier 1831, qui avait substitué le vote du budget par chapitres ne contenant que des services corrélatifs et de même nature au vote par section, lion, pratiqués sous le second Empire, après que l'on fût revenu au vote du budget par ministères (sénatus-consulte du 25 décembre 1852), et plus tard (sénatus-consulte du 31 décembre 1861), au vote par sections, les virements ont été défendus par la loi du 16 septembre 1871. Cette loi stipule, en effet, que « le budget est voté par chapitre ». Aucun « v. de crédit » ne peut avoir lieu d'un chapitre à un « autre ». Il y a lieu de remarquer que cette interdiction est limitée aux virements de chapitre à chapitre. La répartition des crédits entre les divers articles d'un même chapitre peut toujours être modifiée par les ministres pendant tout le cours de l'exercice.

Virements de comptes. — Diverses circonstances peuvent donner lieu, dans la comptabilité publique, à des opérations ne comportant aucune entrée ou sortie matérielle de fonds et consistant en transports ou compensation d'un compte à un autre. Ce sont : les rectifications des erreurs reconnues dans les écritures des comptables, des erreurs commises par les ordonnateurs dans l'imputation des dépenses, le remboursement, par un ministère, des avances à lui faites par un autre ministère, en fournitures ou en travaux, le transport des fonds de concours, du compte spécial de ces fonds au budget ou qui bénéficie de ces ressources, le règlement des comptes courants que le Trésor a ouverts comme banquier à un certain nombre d'établissements publics (caisse des dépôts et consignations, etc.), l'imputation définitive des ressources provenant des emprunts, etc. Toutes ces opérations sont constatées par un comptable d'ordre spécial institué à la direction générale de la comptabilité publique sous le titre d'agent comptable des virements de comptes.

VIRER. v. n. (lat. *viria*, bracelet, dont la dimin. *viriola*, a donné virole, m. s.). Aller en tournant ; se v. se joint ordinairement avec *Tourner*. *Vous aurez beau tourner et v. vous ne le trouverez pas.* || Fig., Tourner à une autre couleur. *Faire v. le papier de tournesol.* = Virer. v. a. *Tourner et v. quelqu'un*, Questionner habilement quelqu'un pour le faire parler, pour savoir de lui quelque chose. Pop. || T. Phot. *V. des épreuves*, les faire passer par l'opération du *virage* (Voy. ce mot). = Virer, en T. Marine, s'emploie activement et neutralement. *V. le cabestan*, ou *V. au cabestan*, Faire tourner le cabestan sur son axe, pour lever l'ancre, etc. || En parlant d'un bâtiment, signifie tourner d'un côté sur l'autre. *V. de bord. V. sur l'ancre. V. à la côte. V. au large. V. le cap au nord, au sud, etc.* — Se dit aussi de certains véhicules tels que les vélocipèdes et les automobiles quand ils changent de direction. — Fig. et fam., *V. de bord.* Voy. Bord. = Viré, ée. part.

VIRET, célèbre réformateur suisse (1511-1571).

VIRETON. s. m. (R. *virer*). T. Art milit. Sorte de flèche d'arbalète garnie de plumes disposées en spirale, de manière que le trait tournait sur lui-même.

VIREUX, EUSE. adj. [Pr. *vi-reu, euze*] (lat. *virosus*, de *virus*, poison). Ne se dit qu'en parlant des plantes et des substances végétales qui ont une odeur et une saveur nauséabondes particulières. *La ciguë vireuse. Le datura a une odeur vireuse. La saveur vireuse de l'opium.*

VIREVAU. s. m. [Pr. *vire-vo*] (R. *virer*, et *aval*). Cabestan horizontal tournant sur des tourillons et qui sert à lever les ancres sur les petits bâtiments.

VIREVOLTANT, ANTE. adj. Qui tourne rapidement en tous sens. Vx.

VIREVOLTE. s. f. (R. *virer* et *volte*). T. Man. Tour et retour fait avec vitesse. || Fig. et fam., on dit, *Cet homme fait bien des virevoltes*, et, par corrupt., *des virevousses* ou *des virevousles*. Vx.

VIREVOLTER v. n. Tourner en tous sens. Vx.

VIREVOUSTE ou **VIREVOUSSE.** s. f. Voy. Virevolte.

VIRGILE (Publius Virgilius Maro), grand poète latin, né à Andes, près de Mantoue (70-19 av. J.C.), auteur des *Bucoliques* (dix églogues), des *Géorgiques* et de l'*Énéide*.

VIRGILIEN, ENNE. adj. [Pr. *virjili-in, iène*]. Qui a rapport à Virgile ou à ses œuvres ; qui ressemble à ce qu'a fait Virgile. *Vers v. Style v.*

VIRGINAL, ALE. adj. (lat. *virginalis*, m. s., de *virgo, virginis*, vierge). Qui appartient aux vierges ; qui annonce la virginité. *Pudeur, modestie virginale. Le voile, le bandeau v.* || T. Parfumeur. *Lait v.* Voy. Lait, IV.

VIRGINALEMENT. adv. D'une manière virginale.

VIRGINIE, un des États-Unis d'Amérique (États du S.-E. : 2,000,000 hab. Cap. *Richmond.* — Nom des hab. : Virginien, enne.

VIRGINIE. s. m. Tabac de Virginie.

VIRGINIE, jeune plébéienne de Rome, fut frappée d'un coup de couteau par son père, au moment où elle allait être livrée au décemvir Appius Claudius (449 av. J.-C.).

VIRGINIE OCCIDENTALE, un des États-Unis d'Amérique

(États du Milieu), formé de la partie occidentale de l'anc. Virginie, pop.; 763,000 hab. Cap. CHARLESTOWN.

VIRGINITÉ. s. f. (lat. *virginitas*, m. s., de *virgo, virginis*, vierge). État d'une personne vierge. *Elle a encore sa v. Perdre sa r. Faire vœu de v.*

VIRGOULEUSE. s. f. [Pr. *virgouleu-ze*] (R. *Virgoulie*, ou *Villegoureix*, n. d'un village près de Limoges). T. Hortic. Variété de poire. Voy. POIRIER.

VIRGULE. s. f. (lat. *virgula*, petite verge, dimin. de *virga*, verge). T. Gramm. Signe de ponctuation qui indique un repos peu marqué. Voy. PONCTUATION.

VIRIATHE, chef lusitanien, souleva ses compatriotes contre les Romains (149 av. J.-C.), fut souvent et longtemps vainqueur, périt assassiné à l'instigation du général romain Servilius Cœpion (140 av. J.-C.).

VIRIDINE. s. f. (R. *viridis*, vert). T. Chim. Nom donné aux bases pyridiques de la formule C¹²H¹⁹Az. Le goudron de houille contient une v. liquide, jaunâtre, qui est très soluble dans l'alcool et qui bout à 251°. || T. Techn. Matière colorante verte qu'on obtient en combinant la diphénylamine avec le phénylchloroforme.

VIRIEU, ch.-l. de c. (Isère), arr. de la Tour-du-Pin; 1,000 hab.

VIRIEU-LE-GRAND, ch.-l. de c. (Ain), arr. de Belley; 1,200 hab.

VIRIL, ILE. adj. (lat. *virilis*, m. s., de *vir*, homme). Qui appartient à l'homme, en tant que mâle. *Le sexe v. Le membre v.* || Voy. ÂGE. — *Robe ou'toge virile.* Voy. TOGE. || Fig , au sens moral, *Âme virile. Courage v., action virile*, Âme ferme, courage ou action digne d'un homme de cœur. || T. Droit. *Portion virile*, se dit d'une chose partagée en autant de portions égales qu'il y a de copartageants. *La succession fut partagée par portions viriles.*

VIRILEMENT. adv. [Pr. *virile-man*]. D'une manière virile, en homme de cœur. *Agir v.*

VIRILITÉ. s. f. (lat. *virilitas*, m. s.). L'âge viril. *Il est parvenu à la v.* || Puissance d'engendrer. *Il a donné des preuves de v.* || Fig., au sens moral, force, vigueur dignes d'un homme. *Il a agi avec v. Elle se distinguait parmi toutes les femmes de son temps par la v. de son caractère, de son esprit.*

VIROLE. s. f. (lat. *viriola*, petit bracelet, dimin. de *viria*, bracelet). Petit cercle ou anneau de métal, qu'on met au bout d'une canne, d'un manche de couteau, de ciseau, d'alène, etc., pour lui donner plus de solidité. *Les viroles qu'on ajuste aux fusils de munition pour fixer le canon sur le bois sont appelées capucines.* || T. Monn. Moule d'acier circulaire dans lequel on a frappé les monnaies et médailles et qui est destiné à leur donner une rondeur parfaite.

VIROLER. v. a. T. Techn. Garnie d'une virole. = VIROLÉ, ÉE. part. || T. Blas. Se dit des cornes, des trompes, etc., qui portent des anneaux ou boucles d'un autre émail. *Cornet d'or virolé d'azur.*

VIRTUALITÉ. s. f. T. Didact. Qualité de ce qui est virtuel.

VIRTUEL, ELLE. adj. (lat. scolast. *virtualis*, m. s.). Qui est seulement en puissance et sans effet actuel. *Intention virtuelle. Force virtuelle.* || T. Méc. *Travail v.* Voy. STATIQUE. *Vitesse virtuelle.* Voy. VITESSE. || T. Physiq. *Foyer v. Image virtuelle.* Voy. LENTILLE, RÉFLEXION.

VIRTUELLEMENT. adv. [Pr. *virtuè-le-man*]. D'une manière virtuelle; ne se dit par opposition à Actuellement et à Formellement.

VIRTUOSE. s. 2 g. [Pr. *virtuo-ze*] (ital. *virtuosa*, m. s.). Se dit, en Italie, d'un homme ou d'une femme qui excelle dans les beaux-arts, et surtout dans la musique. En France, il ne se dit que des chanteurs et des instrumentistes. *C'est un homme v., une v. Une troupe de virtuoses ambulants.*

VIRTUOSITÉ. s. f. [Pr. *virtuo-zité*]. Talent du virtuose.

VIRULENCE. s. f. [Pr. *viru-lanse*] (lat. *virulentia*, m. s.). T. Méd. Qualité de ce qui est virulent, de ce qui contient un virus. *La v. d'une humeur.* || Fig., *La v. de ses discours, de ses paroles, de ses écrits, de son style*, La violence satirique et mordante de ses discours, etc.

VIRULENT, ENTE. adj. [Pr. *viru-lan, lante*] (lat. *virulentus*, m. s.). Qui tient de la nature d'un virus. *L'humeur virulente sécrétée par cet ulcère.* || Qui est causé par un virus. *Un ulcère v. Une maladie virulente.* || Fig., se dit des paroles et des écrits violents et mordants. *Un discours, un écrit v. Un style v. Une satire virulente.*

VIRURE. s. f. (R. *virer*). T. Mar. Rangée de bordage qui fait le tour sur la coque d'un navire.

VIRUS. s. m. [Pr. l's finale] (mot lat. qui signifie *poison*). T. Méd. On appelle v. toute substance ou humeur nuisible qui, transportée d'un individu à un autre, communique à celui-ci la maladie du premier; les virus ont un caractère de fixité et d'inoculabilité que ne présentent pas les *miasmes* qui se propagent par l'air. On décrit sous le nom de maladies *virulentes* : la syphilis, la morve, la rage, le charbon ; il est probable que l'agent actif du v. est un microbe ; on connaît maintenant ceux du charbon et de la morve ; restent à découvrir ceux de la syphilis et de la rage (Voy. les noms de ces maladies). Le groupe des maladies dites virulentes peut donc être rangé dans la grande classe des maladies infectieuses. L'action des virus et des miasmes est bien différente de celle des poisons et des venins qui, introduits dans l'organisme, provoquent presque immédiatement des troubles divers ; tandis que, après la pénétration du v. dans un organisme en état de réceptivité, les troubles n'apparaissent qu'après un temps plus ou moins long qui constitue la période d'*incubation* des maladies.

On s'occupe beaucoup actuellement, grâce aux travaux de Pasteur, de l'importante question de l'*atténuation des virus*; on sait que certains virus soumis à l'influence de la chaleur ou de l'air, perdent une partie de leur nocivité. On cherche donc, en diminuant progressivement l'énergie du v., à le rendre presque inoffensif de manière qu'on puisse l'inoculer sans danger dans le but d'obtenir ainsi une vaccine préventive. Cette méthode constitue la sérumthérapie préventive ; elle est déjà appliquée dans un certain nombre de maladies.

L'application la plus ancienne des propriétés des v. atténués est la *Vaccination* découverte par Jenner. Il y a une différence remarquable entre la vaccination contre la variole et les vaccinations modernes, c'est que le vaccin de Jenner n'est pas du v. variolique atténué ; il provient d'une maladie distincte; mais il confère l'immunité et c'est là le point essentiel. En outre, la vaccination a été découverte empiriquement, puisque la théorie microbienne du v. est toute récente, tandis que les inoculations actuelles procèdent d'une idée théorique.

VIS. s. m. [Pr. l's finale] (lat. *vitis*, vrille de vigne). T. Méc. Machine formée d'un cylindre présentant une saillie en forme d'hélice. Voy. plus bas. || *Vis d'Archimède.* Voy. *Hollandaise*, Machine en forme de vis servant à élever l'eau. Voy. NORIA. || *Vis micrométrique*, Vis employée à la mesure des petites longueurs. Voy. MICROMÈTRE. || T. Archit. *Escalier à vis*. Escalier en hélice, autour d'une vis verticale. || T. Zool. Genre de *Mollusques Gastéropodes* dont l'ouverture, l'échancrure et la columelle de la coquille est celle des Buccins, mais dont la forme générale est turriculée, c.-à-d. que leur spire est très allongée en pointe. Le nombre des espèces vivantes dépasse la centaine; il existe aussi plusieurs espèces fossiles.

Mécan. — La *Vis* se compose de deux parties. L'une, qui est la *Vis* proprement dite, est un cylindre droit qu'entoure un cordon adhérent et disposé en hélice à la surface extérieure du cylindre, lequel porte le nom de *Filet*. On appelle *Pas de vis*, l'intervalle qui sépare deux révolutions successives du filet et qui est constamment le même. L'autre partie de la machine consiste en un corps solide creusé en dedans d'une rainure également en hélice, dont la dimension est un peu plus grande que celle de la vis. Cette pièce, qu'on nomme *Écrou*, est comme le moule de la vis, de sorte que la vis peut entrer dans l'écrou et s'y loger exactement (Fig. 2). Ordinairement l'écrou est fixe et la vis tourne dans l'écrou; d'autres fois, au contraire, c'est la vis qui est fixe, et l'écrou qui est mobile et tourne autour de la vis. Il résulte des propriétés de l'*hélice* (Voy. ce mot), que si l'on fait tourner la vis dans l'écrou immobile, il faudra qu'à chaque tour, la vis s'avance dans le sens de son axe d'une longueur égale à son pas. Si la vis est immobile, c'est l'écrou qui s'avancera à chaque tour d'une longueur égale au pas. En général, on fait tourner la vis au moyen d'une roue ou d'une manivelle qui lui est invariablement liée. Soit *r*, le rayon de cette roue ou de cette manivelle, et F la force qui lui est appliquée dans une direction qu'on peut supposer tangente à la roue ou perpendiculaire à la manivelle. Le travail de cette force motrice, pendant un tour complet sera égal au produit de cette force par la longueur de la circonférence :

$$F \times 2\pi r.$$

D'autre part soit Q la force qui s'oppose à la progression de la vis. Le travail résistant sera, pour chaque tour, égal au produit de Q par le pas *h*. Comme l'équilibre exige que le travail moteur soit égal au travail résistant (Voy. STATIQUE), on aura :

$$F \times 2\pi r = Qh$$
d'où
$$\frac{F}{Q} = \frac{h}{2\pi r}.$$

Comme on peut réduire autant qu'on veut, la hauteur *h* du pas, et augmenter la hauteur *r* de la manivelle, on voit qu'il est possible, au moyen de la vis, d'équilibrer une résistance quelconque avec une puissance aussi petite qu'on veut. En réalité, on obtient, en effet, par l'emploi de la vis des efforts considérables, par ex., dans la presse à vis. Voy. PRESSE.

Il y a deux espèces de vis, l'une à *filets carrés* (Fig. 2), l'autre à *filets triangulaires* (Fig. 1). On donne ordinairement au profil du filet de la première espèce autant de largeur que d'épaisseur. Lorsque le profil du filet est triangulaire, on préfère le triangle dont les trois côtés sont égaux. Nous savons qu'on augmente le pouvoir mécanique d'une vis en diminuant la hauteur du son pas; mais comme alors on diminue la force du filet, on l'expose à être brisé par le

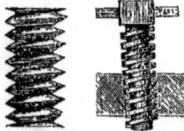

Fig. 1.   Fig. 2.

premier effort. Hunter a fait disparaître cet inconvénient par l'invention de la *vis différentielle*. Son procédé consiste à combiner deux vis dont les filets ont le degré de force que l'on veut, mais n'offrent qu'une petite différence quant au pas de la vis. L'action de la puissance fait avancer la vis qui a le plus grand pas et fait reculer l'autre, de sorte qu'à chaque tour le système des deux vis n'avance que d'une longueur égale à la différence des deux pas. Ce système a donc le même pouvoir mécanique qu'une vis simple qui aurait pour pas la différence des deux vis composantes, différence que l'on peut rendre aussi petite que l'on veut, sans diminuer la force de résistance des filets.

La vis est un instrument qu'on emploie principalement lorsqu'il s'agit d'exercer de très fortes pressions : aussi est-elle l'organe essentiel de la plupart des machines désignées sous la dénomination générique de *presses*. Dans ce cas, on applique le corps à comprimer entre un obstacle fixe et la vis, et l'on fait tourner celle-ci au moyen d'un levier. D'autres fois on fait porter à la vis un poids qu'elle doit soulever en tournant. Le frottement, qui est alors considérable, sert en même temps à retenir le corps comprimé ou élevé, sans le secours d'une action continue.

La vis, au lieu d'être appliquée à un écrou, s'applique fréquemment à une roue dentée pour la faire tourner. Elle prend alors

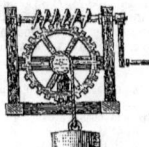

Fig. 3.

le nom de *vis sans fin*, parce qu'elle tourne toujours dans le même sens sans avancer ni reculer, et que le mouvement de la roue peut ainsi se continuer indéfiniment. La Fig. 3 représente une vis sans fin, que l'on fait mouvoir à

l'aide d'une manivelle, et qui met elle-même la roue en mouvement, en agissant sur les dents dont cet munie la circonférence de celle-ci. L'effort exercé par la vis tangentiellement à la roue, se calcule comme l'effort longitudinal que la vis exerce sur un écrou. On peut ensuite considérer cet effort tangentiel comme une puissance directement appliquée à la circonférence de la roue et calculer en conséquence le poids auquel l'effort tangentiel est capable de faire équilibre d'après les principes de l'équilibre du treuil.

Dans les Arts et Métiers, la *vis* et l'*écrou* servent souvent à fixer des objets ensemble. L'écrou est pratiqué dans le corps des objets qu'il s'agit de maintenir joints, et si l'on veut entrer une vis avec un frottement plus ou moins fort, celle-ci les unit d'une manière extrêmement solide. Plus souvent encore, on se sert d'une sorte de vis, qui n'a pas besoin d'écrou, et qui consiste simplement en une espèce de clou qui porte à son extrémité et sur une partie de sa longueur un filet de vis en spirale. En la faisant tourner, en même temps qu'on exerce sur sa *tête* une pression plus ou moins forte, elle pénètre dans le bois où elle pratique elle-même son écrou. Telles sont les vis dont on fait usage pour fixer les serrures aux portes, etc. Une vis, ainsi qu'il est facile de le comprendre, tient beaucoup plus fortement qu'un simple clou. Ces vis sont munies d'une *tête* qui porte une rainure, dans laquelle on introduit un instrument d'acier, appelé *tourne-vis*, parce qu'il sert à faire tourner la vis, soit pour la serrer, soit pour la desserrer. — Pour faire les vis de ce genre, on fait usage d'une *filière taraudée*, c.-à-d. dont le trou est muni d'un écrou. On prend un morceau de fil d'acier ayant la grosseur convenable, et on le fait entrer de force dans la filière taraudée, en maintenant le fil fixe dans un étau et en faisant tourner la filière que l'on manœuvre à l'aide d'un manche dont elle est pourvue. On aplatit ensuite la tête de la vis avec un marteau, et l'on termine en y pratiquant, avec une lime tranchante, la rainure destinée à recevoir le bout du tourne-vis.

VISA. s. m. [Pr. *vi-za*] (mot lat. qui sign. *chose vue*). Formule qu'on met sur un acte pour attester qu'il a été vu et vérifié par celui-là même dont la signature, qui doit accompagner cette formule, rend l'acte authentique ou valable. *Le garde des sceaux met son v. sur les patentes, les lettres de grâce,* etc. *Les évêques mettent leur v. sur les expéditions de la daterie.* ‖ En Matière bénéficiale, on appelait *Visa*, L'acte par lequel un évêque conférait un bénéfice à charge d'âmes, à celui qui lui était présenté par le patron du bénéfice. *L'évêque ne pouvait refuser son v., sans donner par écrit les motifs de son refus.* ‖ T. Administ., Palais, etc. Formule par laquelle un magistrat, un officier de justice, un fonctionnaire administratif certifie qu'un acte lui a été remis ou présenté. *Le président du tribunal a mis son v. Il vous faut encore le v. du préfet. Le maire a donné son v. V. pour timbre.*

VISAGE. s. m. [Pr. *vi-zaje*] (lat. *visus*, vue, action de voir). La face de l'homme ; la partie antérieure de la tête, qui comprend le front, les yeux, le nez, la bouche, les joues, le menton et les oreilles. *V. large, ovale. V. blême, pâle, rouge, enflammé, couperosé,* etc. *Le feu lui monta au v. L'indignation était peinte sur tous les visages. Cette blessure lui a défiguré le v. Son v. ne m'est pas inconnu.* — *Tourner v. aux ennemis,* se dit de soldats qui, après avoir fui, se retournent tout d'un coup pour faire face à ceux par lesquels ils sont poursuivis. — Fig. et fam., *Avoir un v. de pleine lune.* Voy. LUNE. *Trouver v. de bois.* Voy BOIS. *Cela paraît comme le nez au milieu du v.* Voy. NEZ. ‖ Se dit aussi pour l'air du v. *Avoir un v. gai, riant, ouvert, serein. Avoir un v. triste, chagrin, mélancolique, refrogné.* Fam., *Avoir un v. d'excommunié, de déterré, un v. de l'autre monde.* — *Faire bon v., mauvais v. à quelqu'un,* Lui faire bonne ou mauvaise mine. *Se composer le v.,* Prendre un air sérieux. *Changer de v.,* Changer de couleur, rougir, pâlir, etc. On dit encore, *Changer de v.,* et *Se démonter le v. Prendre tel v. qu'on veut,* pour prendre à volonté, selon les circonstances, un air sérieux ou enjoué, triste ou gai, etc. — *Son v. lui fait honneur,* il a bonne mine. — *Avoir le v. défait,* avoir mauvaise mine. — *Épouser un v.,* épouser une femme pour sa figure. ‖ Se dit quelquefois pour désigner les personnes mêmes, en tant qu'on les connaît par le v. *Je n'ai pas vu à ce bal un seul v. de connaissance. Je n'aime pas les nouveaux visages.* — Fam. et par mépris. *Voilà un plaisant v.* == À VISAGE DÉCOUVERT. loc. adv. Sans masque, sans voile. *En Turquie, les femmes ne peuvent se* *montrer dans les rues à v. découvert.* || Fig., *C'est un homme franc, qui ne craint pas de se montrer à v. découvert.*

VISAPOUR ou **BEDJAPOUR**, v. de la présidence de Bombay (Hindoustan), autrefois cap. d'un royaume musulman.

VIS-A-VIS. loc. adv. [Pr. *vi-za-vi*] (anc. fr. *vis*, visage, du lat. *visus*, action de voir). Visage à visage, c.-à-d. en face, à l'opposite. *Nous étions tous les deux vis-à-vis. Je me plaçai vis-à-vis.* == VIS-A-VIS. locut. prép. Se dit dans le même sens. *Il est logé vis-à-vis de moi, vis-à-vis de mes fenêtres. Ces deux arbres sont vis-à-vis l'un de l'autre.* — Fam., On supprime quelquefois la prépos *de*. *Il demeure vis-à-vis l'église.* || Fig., *Il s'est trouvé vis-à-vis de rien,* Il s'est trouvé sans aucun bien et sans aucune ressource, après avoir pris beaucoup de peine ou après avoir eu de grandes espérances. == VIS-A-VIS. s. m. Se dit d'une personne qui est en face d'une autre, à la danse ou à table. *Il était mon vis-à-vis. J'avais pour vis-à-vis une fort jolie femme. Faire vis-à-vis.* Fam. || Ancienne voiture en forme de berline étroite, n'ayant que deux places qui se faisaient face. == Syn. Voy. FACE.

Obs. gram. — Beaucoup de personnes et même quelques écrivains emploient la locution prépositive *vis-à-vis de,* pour exprimer un rapport moral, c.-à-d. dans les cas où il convient d'employer les locutions à *l'égard de* ou *envers.* Ainsi on entend dire tous les jours : *Il s'est fort mal conduit vis-à-vis de son père,* et autres phrases semblables. Ce sont là des incorrections grossières que déjà, au siècle dernier, Voltaire raillait impitoyablement.

VISCACHE. s. f. (mot pérux.). T. Mamm. Espèce de *Rongeur.* Voy. CHINCHILLA.

VISCAOUTCHINE. s. f. [Pr. *vis-ka-out-chine*] (R. *viscine,* et *caoutchouc*). T. Chim. Voy. VISCINE.

VISCÉES. s. f. pl. [Pr. *vis-sé*] (lat. *viscum,* gui). T. Bot. Tribu de plantes Dicotylédones de la famille des *Loranthacées.* Voy. ce mot.

VISCÈNE. s. m. [Pr. *vis-sène*] (lat. *iscus,* gui). T. Chim. Voy. VISCINE.

VISCÉRAL, ALE. adj. [Pr. *vis-sé-ral*] (lat. *visceralis,* m. s.). Qui a rapport aux viscères.

VISCÈRE. s. m. [Pr. *vis-sère*] (lat. *viscera,* m. s., de *viscum,* glu, à cause de la surface visqueuse des viscères). Nom générique qui s'applique à tous les organes contenus dans les trois cavités splanchniques, la tête, le thorax et l'abdomen. *Le cerveau, le cœur, le poumon, le foie, l'utérus, etc., sont des viscères. L'étude des viscères fait l'objet de la splanchnologie.*

VISCHNOU, Voy. VICHNOU.

VISCIDITÉ. s. f. Syn. peu usité de *Viscosité.*

VISCINE. s. f. [Pr. *vis-sine*] (lat. *viscum,* gui). T. Chim. Principe visqueux contenu dans le gui (*Viscum album*). En broyant et malaxant dans de l'eau l'écorce de gui, on obtient la v. brute sous la forme d'une masse jaune et gluante. Après l'avoir lavée à l'alcool pour la débarrasser d'une matière cireuse, on la traite à froid par l'éther, qui dissout la v. et laisse un résidu de viscaoutchine.

La v. pure se présente en masse incolore, inodore, insipide, présentant la consistance du miel et devenant fluide sous l'action de la chaleur. À la distillation sèche elle se décompose et fournit, entre autres produits, un liquide oléagineux très acide, appelé *Viscène,* qui bout à 226° et qui donne avec la soude un sel cristallisé.

La *Viscaoutchine,* résidu de la préparation de la v., forme une masse extrêmement visqueuse et gluante, insoluble dans l'alcool et dans l'éther, jouit dans l'essence de térébenthine.

VISCOÏD. s. m. (R. *viscose*). T. Chim. Voy. VISCOSE.

VISCONTI, illustre famille gibeline de Lombardie, qui s'empara de la souveraineté de Milan en 1277, et finit en 1447. Les plus célèbres de ses membres sont JEAN-GALÉAS (1347-1402); JEAN-MARIE (1389-1412); PHILIPPE-MARIE (1391-1447).

VISCONTI (JEAN), antiquaire ital. (1722-1784). || Son fils (1751-1818), réfugié en France, administrateur du Musée des antiques et des tableaux au Louvre. Il est le père de LOUIS VISCONTI (1791-1853), qui fit le tombeau de Napoléon aux Invalides, et qui donna le plan de la réunion du Louvre aux Tuileries (1852).

VISCOSE. s. f. [Pr. *vis-koze*] (lat. *viscosus,* visqueux, de *viscum,* glu). La *Viscose* est un produit soluble, qu'on prépare à l'aide de la cellulose ordinaire, et qui sert à obtenir une variété de cellulose compacte, susceptible de nombreuses applications industrielles. Comme matière première on peut employer le coton, les déchets de la fabrication du papier, la pâte de bois purifiée à l'acide chlorhydrique, etc. On traite ces matières, en vases clos et à la température ordinaire, par une lessive de soude caustique, puis par le sulfure de carbone, et l'on dissout dans de l'eau le produit de la réaction. On obtient ainsi la v. sous la forme d'une solution très visqueuse, d'une couleur brunâtre; on peut la décolorer et la purifier en la précipitant par le sel marin et en la redissolvant dans de l'eau pure. Les solutions de v. se décomposent lentement à la température ordinaire, rapidement sous l'action de la chaleur, et se dédoublent en soude, en sulfure de carbone et en cellulose. Cette dernière se dépose à l'état insoluble et se transforme par dessiccation en une masse dure et cornée. La cellulose en blocs ainsi obtenue porte le nom de *Viscoïd;* elle se laisse tailler, tourner et polir; elle se ramollit vers 100° et peut se mouler; elle se prête aux mêmes usages que le celluloïd, sur lequel elle a l'avantage d'être bien moins inflammable. Les solutions de v. peuvent servir à encoller le papier, à imperméabiliser les étoffes, à faciliter le mordançage du coton. Réduite en fils la v. fournit une soie artificielle très brillante et très résistante. Enfin l'on fabrique avec la v. des pellicules transparentes et flexibles, qui peuvent remplacer les pellicules de gélatine, de collodion ou de celluloïd; pour les préparer, on coule la v. sur des plaques de verre, on l'abandonne à la dessiccation et l'on complète sa décomposition par un traitement à l'acide acétique.

VISCOSITÉ. s. f. [Pr. *visko-zité*] (lat. *viscosus,* visqueux, de *viscum,* glu). Qualité de ce qui est gluant, visqueux.

VISÉ (DONNEAU DE), écrivain fr., fondateur du *Mercure galant* en 1672 (1638-1710).

VISÉE. s. f. [Pr. *vi-zée*] (part. pass. de *viser*). Direction de la vue à un certain point pour y envoyer un projectile quelconque. *Prenez votre v. plus haut, plus bas. Il a mal pris sa v.* || Fig. et fam., se dit pour Dessein, prétention. *Ses visées sont plus hautes. Il a changé de v.*

VISER. v. n. [Pr. *vi-zer*] (lat. *visum,* sup. de *videre,* voir). Regarder un but pour y atteindre. *Il visait à ce but-là. Où visez-vous? S'il a blessé un tel, c'est par hasard; il n'y visait point.* || Fig., Avoir en vue une certaine fin dans une affaire. *Il ne vise pas à cette charge-là. Il vise plus haut. A quoi visez-vous? Cet artiste vise trop à l'effet.*

VISER. v. a. Se dit dans les deux acceptions qui précèdent. *V. un homme au cœur. Il vise le lion à la tête.* — Fam., *Il vise cet emploi, qui est une véritable sinécure.* || T. Chancell. et Pratiq. Voir, examiner un acte, une expédition, et mettre dessus *Vu, Visa,* ou quelque formule semblable. *Le garde des sceaux n'a pas encore visé ces lettres de grâce. Il faut faire v. votre passe-port à l'ambassade d'Italie. V. et parapher des livres de commerce.* == Visé, ÉE. part. et Prov. *Ce n'est pas mal visé pour un borgne,* Il a mieux fait qu'on ne pouvait attendre de lui. == Syn. Voy. MIRER.

VISIBILITÉ. s. f. [Pr. *vizi-bilité*] (lat. scolast. *visibilitas,* m. s., de *visibilis,* visible). Qualité d'une chose qui est visible. *Chaque nouveau perfectionnement des instruments d'optique étend les limites de la v.*

VISIBLE. adj. 2 g. [Pr. *vi-zible*] (lat. *visibilis,* m. s., de *visum,* sup. de *videre,* voir). Qui peut être atteint par la vision. *Les objets visibles. Cette étoile n'est v. qu'à l'aide d'un télescope. Cette éclipse sera v. à Paris.* || *Visible,* se dit aussi pour Évident, manifeste. *Une fausseté, une imposture v. Cela est trop v. Il est v. que...* || Fam., on dit qu'*Une personne n'est pas v.*, Lorsqu'elle n'est pas en état de recevoir une visite, ou lorsqu'elle ne peut pas recevoir.

VISIBLEMENT. adv. [Pr. *vizi-bleman*]. D'une manière visible. *La rivière hausse v.* || Manifestement, évidemment. *Cela est v. faux. Il vous trompe v.*

VISIÈRE. s. f. [Pr. *vi-zière*] (anc. fr. *vis*, visage). La pièce du casque qui se haussait et se baissait, et à travers laquelle l'homme d'armes voyait et respirait. *Il leva sa v.* Voy. CASQUE. — Fig. et fam., *Rompre en v.*, Attaquer quelqu'un sans ménagement, ou Lui dire en face quelque injure grave. Autrefois cette locution se disait au propre, quand un homme d'armes brisait sa lance dans la visière du casque de son adversaire. || Par analogie, *La v. d'un shako, d'une casquette, etc.*, La partie de cette coiffure qui fait saillie en avant pour abriter le front et les yeux. || Par ext., se prend quelquefois pour la vue, et, dans ce sens, on dit : *Il a la v. nette, la v. trouble.* Fam. — On dit encore Fig. et fam., *Choquer la visière de quelqu'un*, aller directement contre ses idées, ses goûts. *Avoir la v. courte*, Avoir peu de pénétration d'esprit; *Avoir la v. confuse, embarrassée*, N'avoir pas des idées bien nettes; et *Donner dans la v. à quelqu'un*, Lui inspirer de l'amour. || T. Arqueb. La rainure ou le petit bouton de métal qui se met au bout du canon d'un fusil, pour conduire l'œil quand on vise.

VISIGOTHS. Voy. WISIGOTHS.

VISION. s. f. [Pr. *vi-zion*] (lat. *visio*, m. s., de *visum*, sup. de *videre*, voir). T. Physiol. La fonction de l'œil; l'exercice du sens de la vue, l'action de voir. *L'organe de la v. Le phénomène de la v. La théorie de la v. V. directe. V. réfléchie.* Voy. ŒIL, II. || T. Philos. *V. en Dieu*, Voy. MALEBRANCHE. || T. Théol. *V. intuitive*, *v. béatifique.* Voy. PARADIS. || *Vision*, se dit aussi des hallucinations et des choses surnaturelles que voient ou croient voir certaines personnes. *Les visions des prophètes. La v. de Constantin. Les visions de Jeanne d'Arc. — Cette femme a des visions; chaque nuit elle croit voir sa fille qu'elle a perdue.* Voy. APPARITION. || Par anal., Idée chimérique, extravagante. *Ce que vous dites là est une pure v. Il a des visions cornues. C'est un homme à visions.*

VISIONNAIRE. adj. et s. 2 g. [Pr. *vi-zio-nère*]. Qui a des visions, dans les deux dernières acceptions de ce mot. *Cette fille est v. C'est un v. Il n'y a pas de v., si absurde qu'il soit, qui ne trouve des adeptes.*

VISIR. s. m. Relat. Voy. VIZIR.

VISITANDINE. s. f. [Pr. *vi-zitandine*]. Religieuse de l'ordre de la *Visitation*. Voy. ce mot.

VISITATION. s. f. [Pr. *vizi-ta-sion*] (lat. *visitatio*, m. s., de *visitare*, visiter). T. Théol. On appelle *Visitation* la fête que l'Église célèbre en mémoire de la visite que la vierge Marie fit peu après l'Annonciation, à sa cousine sainte Élisabeth, alors enceinte de saint Jean-Baptiste. Cette fête a été d'abord propre à l'ordre des Franciscains : c'est saint Bonaventure, général de cet ordre, qui, dans un chapitre général tenu à Pise l'an 1263, ordonna de la célébrer dans toutes les églises de son ordre. Mais au siècle suivant, le pape Urbain VI étendit cette fête à toute l'Église. On la célèbre le 2 juillet. — Cette fête a donné son nom à un ordre religieux de femme institué sous l'invocation de la sainte Vierge; les religieuses qui le composent sont appelées *religieuses de la Visitation*, et vulgairement *Visitandines*. Cet ordre fut fondé en 1610, à Annecy en Savoie, par saint François de Sales et par sainte Jeanne-Françoise de Chantal. A l'origine, ce ne fut qu'une simple congrégation de filles et de veuves destinées à visiter, à consoler et à soulager les malades et les pauvres; mais bientôt la congrégation fut érigée en ordre religieux par saint François de Sales lui-même. Les religieuses de la Visitation se livrent généralement à l'éducation des jeunes personnes.

VISITE. s. f. [Pr. *vi-zite*] (R. visiter). L'inspection, l'examen que l'on fait pour s'assurer de l'état d'une chose ou d'une personne. *On a fait la v. de ses livres, de sa caisse. Procès-verbal de v. — La v. d'un bâtiment*, L'examen qu'on fait subir à un bâtiment, avant son départ, pour constater son état de navigabilité. — *Visite de cadavre*, L'examen qu'un homme de l'art, désigné par la justice, fait d'un corps mort.

— *V. de matrones*, L'examen que des sages-femmes font, par autorité de justice, de l'état d'une fille ou d'une femme. || Se dit aussi des tournées que fait un évêque dans son diocèse, un général d'ordre dans les maisons de son ordre, etc., pour s'assurer que toutes les choses sont comme elles doivent être. *V. pastorale.* || Signifie encore la recherche, la perquisition que certains fonctionnaires, ayant titre pour cela, font dans certains lieux, soit afin d'y trouver quelque chose ou quelque personne, soit afin de voir si tout y est bien en ordre. *Le commissaire de police a fait la v. de son quartier pour découvrir.... On a ordonné une v. domiciliaire. V. des lieux. On a fait à la douane la v. de tous mes bagages.* — T. Droit internat. *Droit de v.* T. TRAITÉ. || Dans le langage ordinaire, se dit également dans le sens d'inspection, d'examen, de recherche. *Il a fait la v. de tous ses papiers, sans pouvoir trouver cette pièce.* — *Visite*, se dit encore de l'action d'aller voir une personne chez elle, par civilité ou par devoir. *V. ordinaire. V. de cérémonie. Je n'ai pas fini mes visites du jour de l'an. V. longue, courte, ennuyeuse. Être en v. Aller en v. Je lui dois une v. — Rendre v. à quelqu'un, Lui faire une v.; Rendre à quelqu'un sa v.*, Faire à quelqu'un une v. après en avoir reçu une de lui. *Faire ses visites, rendre ses visites*, Faire les visites d'usage en certaines circonstances. — *V. de digestion*, La v. que l'on fait à quelqu'un peu de jours après avoir dîné chez lui. — *Carte de v.* Voy. CARTE. — *Visites académiques*, visites que fait un candidat aux académiciens pour solliciter leur voix. || Par ext., se dit quelquefois des personnes dont on a reçu la visite. *J'ai eu des visites, beaucoup de visites. Attendez que les visites s'en aillent.* || *Visite*, se dit d'un médecin, d'un chirurgien qui va voir un malade. *Ce médecin consacre la matinée à ses visites. On le paye tant par v.* — Signifie encore la tournée qu'un médecin ou un chirurgien d'hôpital fait dans les salles de son service, pour voir les malades et faire ses prescriptions. *Ce médecin fait sa v. à sept heures du matin. La v. va commencer. Vous parlerez au docteur après la v.* || T. Monnaie. *V. de Monnaie.* Médaille frappée avec les coins ordinaires à l'occasion de la v. que fait un souverain ou un grand personnage dans un hôtel des monnaies. || T. Cost. Manteau de dame, pour sortir, faire des visites.

VISITER. v. a. [Pr. *vi-ziter*] (lat. *visitare*, m. s., fréq. de *videre*, voir, sup. *visum*). Inspecter, examiner les lieux et les choses, afin de voir quel est leur état, ou s'assurer si tout est dans l'ordre, s'il n'y a rien contre la règle ou la loi. *Les inspecteurs du génie ont visité les places fortes. L'architecte a visité toute la maison. Les employés de l'octroi voulurent v. sa voiture. V. des denrées, des marchandises.* || Faire une recherche, une perquisition pour découvrir ou saisir une personne ou une chose. *Les agents de police ont visité tous les garnis du quartier. On a visité toute la maison sans y trouver personne.* || Examiner quelque chose pour en tirer quelque connaissance ou quelque conjecture. *Le chirurgien a visité sa plaie. On a visité le cadavre.* || En parlant des pays, des monuments, des œuvres d'art, Les aller voir par curiosité, pour les étudier, etc. *Il a visité toute l'Égypte. Il n'y a pas à Rome un monument qu'il n'ait visité. J'ai visité tous les musées de l'Europe.* || *Visiter*, signifie encore, Aller voir quelqu'un chez lui; n'est guère usité qu'en parlant des visites de médecins. *Il vient de sortir pour v. ses chefs.* || Aller voir par charité ou par dévotion. *V. les pauvres, les malades, les prisonniers. V. les hôpitaux, les églises. V. les saints lieux.* || En T. Écrit. sainte, on dit que Dieu *visite* ses élus, pour signif. qu'il les éprouve par les tribulations, par des afflictions. || *Visiter*, s'emploie quelquefois neutralement dans les deux premières acceptions du verbe. *Il a visité partout. Il a visité par toute la maison. On n'a pas visité chez lui.* == SE VISITER. v. pron. Se faire réciproquement des visites. *Ces dames ne sont pas liées, mais elles se visitent.* Fam. == VISITÉ, ÉE. part.

VISITEUR, EUSE. s. [Pr. *vi-ziteur, euze*]. Celui, celle qui est commis pour visiter. *V. des douanes.* || Dans les ordres religieux, Celui qui est chargé d'aller visiter les maisons de l'ordre dans une province, Le père v. || Fam., *C'est un grand v.*, *une grande visiteuse*, se dit d'une personne qui passe son temps à faire des visites.

VISMIE. s. f. T. Bot. Genre de plantes Dicotylédones (*Vismia*) de la famille des *Hypéricacées.* Voy. ce mot.

VISMIÉES. s. f. pl. (R. *Vismie*). T. Bot. Tribu de végétaux de la famille des *Hypéricacées*. Voy. ce mot.

VISNAGE. s. m. T. Bot. Nom vulgaire de l'*Ammi visnaga*. Voy. OMBELLIFÈRES.

VISO (MONT), un des sommets des Alpes, entre la France et l'Italie (3,836 mètres).

VISON. s. m. T. Mamm. Espèce de *Carnivore*. Voy. MARTRE.

VISON-VISU. adv. [Pr. *vison-vi-zu*] (corrupt. du lat. *visum, visu*, face à face). Loc. adv. et fam. qui signifie vis-à-vis l'un de l'autre. *Nous étions vison-visu.*

VISORIUM. s. m. [Pr. *vizo-riome*] (lat. *visum*, sup. de *videre*, voir). T. Imprim. Planchette servant de pupitre fixée au bord de la casse et sur laquelle le compositeur mettait la copie pour l'avoir sous les yeux. Ce petit appareil est aujourd'hui abandonné.

VISQUEUX, EUSE. adj. [Pr. *vis-keu, euze*] (lat. *viscosus*, m. s., de *viscum*, glu). Gluant. *Liqueur visqueuse. Humeur épaisse et visqueuse.*

VISSAGE. s. m. [Pr. *vi-saje*]. Action de visser.

VISSER. v. a. [Pr. *vi-ser*]. Attacher, fixer avec des vis. *Il faut maintenant v. la serrure.* = SE VISSER, v. pron. Se dit des choses que l'on fixe au moyen de vis, ou qui se fixent à la manière d'une vis. *Ces pitons doivent se v. l'un sur la porte et l'autre sur la chambranle. Le tire-bourre se visse à l'extrémité de la baguette du fusil.* = VISSÉ, ÉE. part.

VISTULE, fleuve d'Europe, traverse la Pologne et la Prusse, et se jette dans la Baltique après un cours de 1,100 kil.

VISU (DE). [Pr. *dé vizu*]. Loc. empruntée au latin, et qui signifie oculairement, pour avoir vu soi-même. *J'ai constaté ce phénomène de visu. Vous pouvez m'en croire, je le sais de visu.*

VISUEL, ELLE. adj. [Pr. *vizu-el, èle*] (lat. *visualis*, m. s.). T. Phys. Qui concerne la vue. *Axe v. Angle v. Les rayons visuels.*

VITAL, ALE. adj. (lat. *vitalis*, m. s.). Qui appartient ou qui a rapport à la vie. *Les forces vitales. Le principe v. Les phénomènes vitaux. Le cœur, le poumon et le cerveau sont des parties vitales. Nœud v.* Renflement de l'encéphale qui est le centre des mouvements respiratoires. Voy. ENCÉPHALE, I, C. — Autrefois. *Esprits vitaux.* Voy. ESPRIT. *Air vital*, Ancien nom de l'*Oxygène*. Voy. ce mot. || Fig. Dont quelque chose dépend absolument. *C'est là une question vitale.*

VITALIEN, pape de 657 à 672.

VITALISME. s. m. Doctrine physiologique qui admet un *principe vital* distinct de l'organisme. Voy. VIE.

VITALISTE. adj. 2 g. Qui a rapport au vitalisme. *Les doctrines vitalistes.* || Se dit aussi subst., au masc., pour partisan du vitalisme. *Les vitalistes et les animistes.*

VITALITÉ. s. f. (lat. scolast. *vitalitas*, m. s.). Se dit de l'ensemble des forces qui président aux fonctions propres des corps organisés. *La v. des animaux, des végétaux.* || S'emploie surtout en parlant de l'énergie, de l'intensité plus ou moins grande de ces forces, en tant qu'elles se manifestent par certains phénomènes. *Cet animal est doué d'une grande v. Les tissus diffèrent par leur degré de v. Ce tissu semble dépourvu de v.*

VITCHOURA. s. m. (polon. *wilczura*, fourrure en peau de loup). Vêtement garni de fourrure, que l'on met par-dessus ses habits pour se garantir du froid. *Le v. nous vient de Pologne, ainsi que le nom qui le désigne.*

VITE. adj. 2 g. (ital. *visto*, vu, du lat. *visum*, sup. de *videre*, voir; propr. rapide comme la vue). Qui se meut, qui se déplace avec célérité, avec rapidité; ne se dit que des animaux et de certaines choses dont le mouvement est rapide. *Ce cheval est v., v. comme le vent. Ce copiste a la main fort v. Ce malade a le pouls v.* || On dit aussi, *Mouvement v.*, Quand il est une chose qui se meut parcourt un grand espace en peu de temps. = VITE, adv. Avec célérité, avec vitesse. *Courez v. Allez-y v. Cette pendule va trop v. Il parle si v., qu'on ne le comprend pas.* || Fam., on dit qu'*Un homme va bien v. dans une affaire*, Lorsqu'il agit avec précipitation et inconsidérément. On dit aussi, *Il va bien v. en besogne*, et, selon ce qui précède ou ce qui suit, cette phrase se prend en bonne ou en mauvaise part. = Syn. Voy. PROMPTEMENT.

VITEBSK, Voy. WITEBSK.

VITÉES. s. f. pl. (lat. *vitis*, vigne). T. Bot. Famille de végétaux Dicotylédones de l'ordre des Dialypétales supérovariées isostémones.
Caract. bot. : Parfois de petits arbres, le plus souvent arbustes grimpant à l'aide de vrilles. Feuilles simples ou composées, avec ou sans stipules à leur base; les feuilles infé-

rieures sont opposées, les supérieures sont alternes. Fleurs petites, verdâtres, disposées en grappes composées, en général opposées aux feuilles. Les inflorescences avortent quelquefois et se transforment alors en vrilles. Calice petit, presque entier. Pétales au nombre de 4 ou de 5, libres ou soudés au sommet, ou soudés entièrement en tube. Étamines en nombre égal à celui des pétales, opposées à ceux-ci; filets distincts ou légèrement adhérents à leur base; anthères ovoïdes oscillantes. Pistil formé de 2 carpelles, rarement de 3 à 6, soudés en un ovaire à 2 loges; style simple, très court; stigmate simple; ovules droits, anatropes. Baie arrondie, pulpeuse, souvent uniloculaire par avortement. Graines au nombre de 4 ou 5, quelquefois en moindre nombre par avortement, osseuses, dressées; albumen corné, deux fois plus long que l'embryon; embryon dressé, à radicule infère. [Fig. 1. *Vigne cultivée* (*Vitis vinifera*). 2. Fleur. 3. La même, ou moment où ses pétales se détachent. 4. Pistil et étamines. 5. Coupe verticale de l'ovaire. 6. Coupe verticale de la graine.

Cette famille, appelée par quelques auteurs *Ampelidées*, comprend 5 genres (*Vitis, Cissus, Leea, Ampelopsis, Pterisanthe*), avec environ 250 espèces répandues dans les contrées tempérées, chaudes et tropicales; on en a trouvé 30 espèces fossiles dans le tertiaire appartenant aux genres *Vitis* et *Cissus*. Il existe un très grand nombre de variétés de la vigne cultivée, et ce précieux végétal est d'une telle importance qu'il a fait l'objet d'un article spécial (Voy. VIGNE). Quant aux produits qu'on en retire directement ou indirectement, il en est question aux mots VIN, VINAIGRE, FERMENTATION, ALCOOL, SUCRE, etc. — Les autres genres de cette famille offrent fort peu d'intérêt. Le genre *Cissus*, appelé vulgairement *Achit*, mérite cependant d'être cité. L'âcreté des feuilles du *Cissus cordata* et du *Cissus setosa* les fait employer comme topique pour amener à suppuration les tumeurs indolentes. Les feuilles et les fruits du *Cissus tinctoria* contiennent une grande quantité de matière colorante verte qui tourne bientôt au bleu. Cette substance est fort estimée par les tribus indigènes du Brésil qui s'en servent pour teindre les tissus de coton. La *Vigne-Vierge* (*Ampelopsis hederacea*), est cultivée chez nous comme arbuste d'ornement pour couvrir les murs et les tonnelles. Plusieurs espèces de *Cissus* sont remplies d'une sève fraîche, agréable au goût, et si abondante que les hommes peuvent s'en servir pour se désaltérer. Aussi ces plantes ont-elles reçu le nom de *Lianes à eau* ou *lianes du chasseur*.

VITELLIN, INE. adj. [Pr. vitel-lin]. T. Anat. Qui appartient au vitellus. *La membrane vitelline.* Voy. ŒUF.

VITELLINE. s. f. [Pr. vitel-line] (lat. *vitellus*, jaune d'œuf). T. Chim. La *Vitelline* est la principale matière protéique du jaune d'œuf. On la rencontre, associée à la lécithine et à la nucléine, dans les œufs des oiseaux et des poissons. Pour la préparer, on épuise le jaune d'œuf par de l'éther aqueux; le résidu insoluble est dissous dans une solution de sel marin; enfin l'on précipite la v. en diluant la solution avec de l'eau ou en l'additionnant de quelques gouttes d'acide acétique. La v. se présente sous la forme d'une masse blanche, grenue, insoluble dans l'eau pure. Elle se dissout dans l'eau salée, dans les alcalis étendus et dans les carbonates alcalins. Elle possède les propriétés générales des globulines, mais elle en diffère en ce qu'elle n'est pas précipitée de ses solutions par un excès de sel marin. La v. dissoute se coagule sous l'action de la chaleur entre 70° et 75°. Elle est aussi coagulée par les acides très étendus; mais un excès d'acide acétique ou chlorhydrique redissout la v. et la décompose lentement en lécithine et en albumine.

La *V. végétale* est une matière protéique cristallisable, qu'on a rencontrée dans divers végétaux et qui présente les mêmes réactions que la v. du jaune d'œuf.

VITELLIUS, empereur romain, renversé par Vespasien, après quelques mois de règne, pendant lesquels il ne se fit remarquer que par ses débauches et ses cruautés (69 ap. J.-C.).

VITELLOSE. s. f. [Pr. vitel-loze] (lat. *vitellus*, jaune d'œuf). T. Chim. Voy. PROPEPTONE.

VITELOTTE. s. f. [Pr. vitelo-te]. T. Bot. Variété de POMME de terre. Voy. ce mot.

VITELLUS. s. m. [Pr. vitel-lus] (mot lat. qui sign. *jaune d'œuf*). T. Anat. Nom donné tantôt au jaune de l'œuf, tantôt à la partie de ce jaune qui, en se développant pour l'embryon; dans ce cas, on l'appelle v. *formatif*; le reste du jaune n'étant qu'une réserve nutritive est alors appelé v. *nutritif.* Voy. ŒUF.

VITEPSK, Voy. WITEBSK.

VITERBE, v. de l'Italie centrale, à 84 kil. de Rome; 20,800 hab. = Nom des hab. : VITERBIEN, ENNE.

VITESSE. s. f. [Pr. vitè-se] (R. *vite*). Célérité, rapidité de déplacement. *La v. d'un cheval, d'un cerf, d'une hirondelle, d'un requin. La v. d'une flèche, d'une balle, d'un boulet. Il accourut avec v. Écrire, lire, parler, prononcer avec v. La v. de la main.* — *Gagner quelqu'un de v.* Voy. GAGNER. = Syn. Voy. CÉLÉRITÉ.

Mécan. — I. — La v. d'un point mobile a été définie au mot MOUVEMENT, avec tous les développements que comporte cette définition. Nous avons donné aussi au même mot la règle de composition des vitesses dans les mouvements simultanés. Nous n'y reviendrons pas ici. Voy. MOUVEMENT.

II. *Vitesse angulaire.* — Lorsqu'un corps solide tourne autour d'un axe, chaque point de ce corps décrit un cercle dont le plan est perpendiculaire à l'axe et dont le centre est sur l'axe. Pendant un temps θ, tous les plans qui passent par l'axe tournent d'un même angle dièdre α. Le mouvement de rotation est dit *uniforme* si cet angle α est proportionnel au temps correspondant θ, et alors, on appelle v. *angulaire* le quotient $\dfrac{\alpha}{\theta}$ de l'angle par le temps, ou ce qui revient au même, l'angle dièdre décrit par un plan passant par l'axe pendant l'unité du temps. Si le mouvement n'est pas uniforme, on procède comme pour les vitesses linéaires. Soit *d*φ l'angle infiniment petit décrit pendant le temps infiniment petit *dt*, par un plan mobile passant par l'axe de rotation. La v. *angulaire* est la limite du rapport $\dfrac{d\varphi}{dt}$ quand *t* tend vers o, c.-à-d. *la dérivée de l'angle* φ *par rapport au temps,* φ est l'angle qui définit la position du solide; il est compris entre la position qu'occupait à l'origine du temps, un plan particulier invariablement lié au solide et passant par l'axe de rotation, et la position qu'occupe le même plan au temps *t*. Voy. ROTATION.

La connaissance de la v. angulaire permet de déterminer les vitesses linéaires de chacun des points du solide. Supposons que les angles φ soient exprimés en parties du rayon, c.-à-d. que l'unité d'angle soit l'angle qui, placé au centre d'une circonférence, intercepte sur cette circonférence un arc égal au rayon. Alors, sur un cercle de rayon *r*, l'angle 1 interceptera un arc égal à *r*, et l'angle φ un arc égal à *r*φ. Si l'on considère un point M situé à une distance *r* de l'axe, ce point, pendant le temps *dt*, décrira un arc égal à *rd*φ, puisque le rayon du cercle tourne d'un angle *d*φ. La v. *v* du point M sera donc $\dfrac{rd\varphi}{dt}$. Si on désigne par ω la v. angulaire $\dfrac{d\varphi}{dt}$, on aura la formule simple :

$$v = \omega r,$$

qui exprime que la v. linéaire d'un point M est égal à la v. angulaire multipliée par la distance du point considéré à l'axe de rotation.

III. *Vitesses virtuelles.* — Nous avons dit au mot STATIQUE qu'on appelait *déplacement virtuel* d'un système matériel un déplacement qui ne se produit pas, mais qui pourrait se produire. On appelle alors *vitesses virtuelles* des différents points du corps, les vitesses qu'ils auraient dans ce déplacement. Le *principe des vitesses virtuelles* consiste en ce que, pour qu'un système matériel soit en équilibre, il faut et il suffit que la somme des produits des vitesses virtuelles de chacun de ces points multipliées chacune par la projection sur la direction de la v. de la résultante des forces appliquées au point considéré soit nulle, et cela pour tous les déplacements virtuels compatibles avec les liaisons. Ce principe est identique avec celui des travaux virtuels, car, le travail étant le produit du déplacement par la projection de la force, et la v. le quotient du déplacement infiniment petit par le temps *dt*, les produits dont il est question dans l'énoncé ne sont autre chose que les travaux virtuels divisés par *dt*. Il est donc plus simple de dire que la somme des travaux virtuels doit être nulle, d'autant plus que le temps *dt* employé à effectuer le déplacement virtuel qui est entièrement hypothétique est tout à fait arbitraire et en dehors de la question. C'est pourquoi, à l'ancien énoncé du principe des vitesses virtuelles, on a substitué celui du principe des travaux virtuels. Voy. STATIQUE, I.

VITET (Louis), littérateur et homme politique fr. (1802-1873), auteur des *États de Blois, des États d'Orléans* (scènes historiques) et d'*Études* sur l'art.

VITEX. s. m. [Pr. vi-teks]. T. Bot. Nom scientifique du genre Gattilier. Voy. VERBÉNACÉES.

VITI (Îles). Voy. FIDJI et OCÉANIE.

VITICOLE. adj. 2 g. (lat. *vitis*, vigne; *colere*, cultiver). Relatif à la culture de la vigne. *La crise v.*

VITICULTEUR. s. m. (lat. *vitis*, vigne; *cultor*, qui cultive). Celui qui se livre à la culture de la vigne.

VITICULTURE. s. f. (lat. *vitis*, vigne, *cultura*, culture). La culture de la vigne. Voy. VIGNE.

VITIGÈS, roi des Ostrogoths d'Italie, au VI° siècle; fut vaincu et pris par Bélisaire en 540.

VITIKIND. Voy. WITIKIND.

VITILIGO. s. m. (lat. *vitulus*, veau, à cause de l'aspect blanchâtre de la peau). T. Méd. Le v. est une affection cutanée caractérisée par des taches blanches, lisses, de dimensions variables, dont les contours sont accusés par une bordure très pigmentée. Il s'agit d'un trouble de pigmentation; les parties blanches sont privées de pigment qui se trouve, au contraire, en plus grande abondance dans les régions non atteintes de v. Le traitement consiste en des injections de pilocarpine, des applications de pommades à l'ichthyol, à la résorcine, à l'acide pyrogallique.

VITORIA ou **VITTORIA**, v. d'Espagne, cap. de la prov. d'*Alava* ; 27,000 hab. — Victoire de Wellington sur les Français en 1813.

VITRAGE. s. m. (R. *vitrer*). Dans un sens collectif, se dit de toutes les vitres d'un édifice. *Le v. de cette maison a coûté tant.* || Se dit aussi de certains châssis garnis de vitres qui servent de cloison, de séparation dans un appartement. *La pièce a été divisée en deux parties par un v.: l'une lui sert de cabinet, et l'autre de chambre à coucher.*

VITRAIL. s. m. [Pr. *vi-tral*, *l* mouillée] (R. *vitre*). Panneau de verre coloré qui sert à orner les croisées des Églises, des monuments, des habitations. On dit aussi, dans le même sens, Verrière. ⸗ Pl. *Des vitraux*.

I. *Historique.* — L'emploi des verres colorés artificiellement et disposés de manière à représenter des personnages ou des dessins de divers genres constitue l'application la plus remarquable de l'art de la verrerie à la décoration monumentale. Les anciens connaissaient parfaitement la peinture sur verre; ils donnaient à cette substance des couleurs variées, soit en la colorant dans sa pâte, soit au moyen de couleurs vitrifiables appliquées à sa surface, et que l'on soumettait ensuite à l'action du feu. Ils imitaient même les pierres précieuses. Diodore de Sicile parle, en effet, d'un secret au moyen duquel les verriers de Thèbes imitaient parfaitement l'hyacinthe, le saphir, le rubis et l'émeraude. L'art de colorer le verre n'a été introduit à Rome qu'au temps de Cicéron; mais les ouvriers de Rome ne se montrèrent pas moins habiles que leurs initiateurs égyptiens ou phéniciens et réussirent à fabriquer des produits remarquables. Telles sont les petites mosaïques créées par eux, de la grandeur d'une pièce de monnaie que l'on portait enchâssées dans des bijoux et qui représentaient des fleurs, des oiseaux, des masques, des figures d'animaux; elles étaient formées de filets d'émail de diverses couleurs. Les Romains employaient aussi le verre coloré pour la décoration des murs, des plafonds et du pavé de leurs appartements. Enfin, lorsque vint l'usage de garnir de vitres les fenêtres des édifices, on y appliqua parfois des verres colorés, au dire de saint Jean Chrysostome. De son côté, Prudence, dès le IV° siècle, parle des vitraux dont était enrichie la basilique de Saint-Paul-hors-des-murs, à Rome. Une inscription placée à Sainte-Agnès apprend que cette basilique, rebâtie par l'empereur Honorius, était décorée de vitraux. Au VI° siècle, Sainte-Sophie de Constantinople reçut également des verres de couleur. Paul le Silentiaire parle avec admiration de leur éclat au soleil levant. L'art de la verrerie, de même que les autres arts, se propagea promptement dans notre pays après la conquête romaine, C'est pourquoi, dès le V° siècle, plusieurs basiliques gauloises étaient, à l'imitation des basiliques romaines décorées de vitres colorées. Toutefois les vitraux qui ornèrent ces anciennes basiliques furent d'abord de véritables mosaïques en verres teints dans la pâte et réunis par de minces tiges de plomb dessinant les principaux motifs du sujet, ainsi que le prouvent les verrières du XII° siècle, les plus anciennes qui soient parvenues jusqu'à nous. L'ensemble de la verrière était solidifié par une armature de fer. Les couleurs

employées dans ces sortes de vitraux sont des blancs, des verts, des violets, des jaunes, et enfin le rouge. Au XII° siècle, les artistes verriers se mirent à rehausser les couleurs de leurs verres avec des noirs vitrifiables, pour accuser les contours et les ombres. On voit des vitraux du XII° siècle dans les églises de Saint-Pierre, à Chartres, de Saint-Maurice et de Saint-Serge, à Angers, et à l'abside de la cathédrale de Bourges. Mais les plus remarquables verrières de cette époque sont celles qui se trouvent au chevet de l'église de l'abbaye de Saint-Denis. Le système des vitraux en marqueterie domina jusqu'au XV° siècle. Néanmoins, vers le commencement de ce siècle, on commença à pratiquer la peinture sur verre. On commença également à employer des verres doublés, c.-à-d. à deux couches, l'une colorée, l'autre incolore, ou toutes deux colorées différemment.

On put par ce moyen obtenir une grande variété de tons juxtaposés sans employer comme autrefois une pièce de verre pour chaque couleur. Mais ce fut au XVI° siècle et au XVII° que le système de la peinture sur verre au moyen de couleurs vitrifiables se substitua au système de vitraux en mosaïque. Ce procédé permit de diminuer le nombre des plombs d'assemblage. Parmi les peintres verriers les plus célèbres de cette période, nous nommerons maître Claude et frère Guillaume: d'après les cartons de Raphaël, ils décorèrent la chapelle du Vatican. Jean de Moiles exécuta les admirables vitraux de la cathédrale d'Auch; Jean Cousin a laissé plusieurs verrières dans la chapelle de Sainte-Geneviève, à Saint-Étienne du Mont, dans le chœur de l'église de Saint-Gervais, et à la Sainte-Chapelle de Vincennes. On attribue enfin à Bernard Palissy les belles vitres peintes en grisaille, représentant les amours de Psyché, d'après les dessins de Raphaël, qui décorèrent la salle des gardes au château d'Écouen. — Après cette période de splendeur, la peinture sur verre ne tarda pas à déchoir. Au XVIII° siècle la décadence fut complète. Enfin, depuis la restauration, cette branche de l'art a pris un nouvel essor. Toutefois les vitraux sortis des mains des artistes contemporains, souvent égaux ou supérieurs pour ce qui concerne le dessin et les procédés d'exécution aux vitraux anciens, n'atteignent point à la vivacité et à l'éclat des tons de ces derniers. Il est probable que la seule supériorité que possèdent les vitraux anciens tient à ce que les verres dont ils sont faits sont moins bien polis, et surtout présentent des irrégularités d'épaisseur qui accroissent l'effet de la lumière.

II. *Fabrication des vitraux.* — Suivant les modes de fabrication et de préparation des verres destinés à entrer dans la constitution d'un vitrail, on classe les produits obtenus, les vitraux, en trois catégories distinctes. La première renferme le v. *ancien*, celui qui est fabriqué avec des verres uniformément colorés, découpés dans un ordre voulu et que les armatures en plomb représentant le profil du dessin maintiennent en place. La seconde classe est composée des *vitraux en verre plaqué* ou *verre doublé*, coloré sur une surface, l'autre incolore ou d'une autre couleur que la première et qui exigent encore l'emploi d'armatures en plomb. Enfin, dans la troisième se trouvent les *vitraux modernes*, ceux que l'artiste fabrique en appliquant sur une feuille de verre incolore des couleurs vitrifiables en fusion; avec ce genre de vitraux, plus n'est besoin d'avoir recours aux armatures en plomb, le sujet que l'on veut représenter se trouvant peint de toutes pièces.

Nous nous occuperons uniquement des anciennes méthodes de fabrication qui comprennent divers travaux préliminaires : le *dessin du vitrail* ou *trace du carton*; la *mise au calibre des pièces* et leur coupe; l'*application de l'émail* et sa cuisson; la *mise en plombs*; le *masticage des pièces*. Sauf ce qui concerne le tracé du carton qui est commun aux trois classes de vitraux, les autres opérations s'adressent aux deux premières catégories; la troisième comprend, outre le dessin, la *peinture* sur le verre et la *cuisson des couleurs* ou *émaux*.

Le dessin s'exécutait dans les vitraux anciens et s'exécute encore aujourd'hui en donnant aux différentes parties les dimensions réelles qu'elles doivent définitivement avoir; il est destiné, après avoir été recouvert par l'artiste verrier des couleurs assorties formant un ensemble harmonieux, à être remis à celui qu'en art on nomme le *praticien* et qui a pour mission, soit de reproduire au moyen de verres colorés, soit de peindre sur un verre incolore, tous les détails de l'œuvre de l'artiste en s'y appliquant aussi fidèlement et exactement que possible.

Avec les anciennes méthodes de fabrication, le praticien décomposait en autant de parties que cela était nécessaire le dessin du verrier, puis découpait sur du papier un nombre équivalent de *calibres*, chacun d'eux représentant exactement la portion unicolore du dessin qu'il recouvrait. Les calibres constituaient les modèles suivant lesquels les verres devaient être coupés, de manière qu'en les assemblant ensuite, leur tout accolé reproduise point par point le dessin. Il était, de plus, nécessaire de tenir compte, lors de la taille de chacun des verres colorés, de l'épaisseur absorbée par les armatures de plomb, si minces qu'aient été ces armatures. Ainsi qu'il est facile de s'en rendre compte par ces quelques détails, le travail dévolu au praticien offrait de très sérieuses difficultés et exigeait de lui une habileté consommée. Lorsque ces opérations multiples étaient terminées, le praticien opérait un montage provisoire du futur v. dans son armature de plomb; il *mettait en plombs*, selon l'expression consacrée. Il lui restait alors à parachever son travail en peignant sur les tronçons de verre les personnages, les plantes, les animaux que l'artiste avait dessinés et à leur faire occuper l'emplacement exact qui était prévu, en combinant les couleurs déposées sur le verre de telle manière qu'elles pussent se fondre et s'harmoniser avec la couleur propre de ce verre. Les couleurs dont on disposait alors pour ce genre de décoration étaient peu nombreuses; c'étaient : le blanc, le vert, le jaune, le pourpre, le rouge et le bleu; il fallait donc les combiner entre elles pour avoir la coloration désirée.

Quand la peinture était sèche, le praticien démontait et enlevait des plombs les nombreux morceaux de verre, dans le but de soumettre les couleurs ajoutées à la cuisson, de les vitrifier en quelque sorte et de les rendre ainsi adhérentes et inattaquables. La mise en plombs définitive s'exécutait alors et il ne restait plus qu'à procéder au masticage des pièces. Ce dernier travail se faisait sur une grande table horizontale où se trouvait déposé le v. Le mastic très clair, formé d'un mélange d'huile et de craie en poudre, était coulé dans tous les interstices, y pénétrait et rendait désormais inséparables les plombs et les fragments de verre.

Lorsque, au XVIe siècle, l'usage du verre doublé ou plaqué devint à la mode pour la fabrication des vitraux, on obtint des effets remarquables de lumière en usant ou gravant plus ou moins profondément à l'émeri ou à la meule l'une des faces du verre. De cette manière on arrivait à avoir des tons différents pour une même couleur de verre. Ceux des verriers actuels, qui emploient les verres doublés, substituent la gravure à l'acide fluorhydrique à l'ancienne méthode qui nécessitait un temps considérable. Ils simplifient ainsi leur besogne tout en obtenant de merveilleux résultats. Ajoutons que pour le verre plaqué, lorsqu'il s'agit d'imiter les vitraux anciens, le tracé du carton, la mise des pièces au calibre, la coupe, l'application de l'émail ou peinture vitrifiable, la mise en plombs et le masticage, ainsi que la cuisson, s'opèrent exactement de la même manière que s'il s'agissait de verres uniformément colorés.

VITRE. s. f. (lat. *vitrum*, verre). Pièce de verre qu'on met à une fenêtre, à une porte, etc. *Carreau de v. Il y a deux vitres cassées. Ce bruit a fait trembler les vitres.* || Fig., *Casser les vitres.* Voy. CASSER. || Techn. Voy. VERRE.

VITRÉ, ch.-l. d'arr. (Ille-et-Vilaine), sur la Vilaine, à 36 kilomètres E. de Rennes; 10,600 hab. Nom des hab. : VITRÉAIS, AISE ou VITRÉEN, ENNE.

VITRER. v. a. Garnir de vitres. *V. une fenêtre, une porte, un cabinet.* = VITRÉ, ÉE. part. || S'emploie aussi adject. T. Anat. *Corps v., Humeur vitrée.* Voy. ŒIL, I, 5. || T. Techn. *Porte vitrée.* porte dont le panneau supérieur est formé d'un panneau vitré, pour donner du jour. || T. Phys. *Fluide v., Électricité v.* Voy. ÉLECTRICITÉ, III.

VITRERIE. s. f. L'art et le commerce du vitrier. || La marchandise qui fait l'objet de ce commerce.

VITRESCIBLE. adj. 2 g. [Pr. *vitres-sible*]. Syn. de *Vitrifiable.*

VITREUX, EUSE. adj. [Pr. *vi-treu, euze*] (bas lat. *vitrosus*, m. s.). Qui a l'aspect du verre. *Ce minéral a la cassure vitreuse. Mine d'argent vitreuse. Ce cheval a l'œil v.*

VITRIER. s. m. [Pr. *vitri-é*]. Ouvrier qui travaille en vitres, qui met des vitres aux fenêtres, etc. *Il faut faire venir le v.*

VITRIÈRE. s. f. La femme d'un vitrier, ou Celle qui fait le commerce de vitrerie.

VITRIFIABLE. adj. 2 g. Qui est susceptible de se vitrifier, de se transformer en verre. *Tous les silicates sont vitrifiables.*

VITRIFICATION. s. f. [Pr. ...*sion*]. Action de vitrifier. Opération qui consiste à transformer en verre les substances qui sont susceptibles de cette transformation, et Le résultat de cette opération. Voy. VERRE. || Se dit aussi de la fusion des matières qui prennent, en se refroidissant, l'apparence du verre.

VITRIFIER. v. a. (lat. *vitrum*, verre; *ficare*, faire). Transformer en verre, ou donner l'aspect du verre. *Ces matières ont été vitrifiées par le feu du volcan.* = SE VITRIFIER, v. pron. Se changer en verre, ou Prendre l'apparence du verre. *Ce mélange se vitrifie très promptement.* = VITRIFIÉ, ÉE. part. = Conj. Voy. PRIER.

VITRINE. s. f. (R. *vitre*). Se dit des montres où les marchands placent certains articles, pour qu'on les puisse voir sans y toucher. *Une v. de bijoutier.* || Petite armoire vitrée où l'on expose, dans un salon, des collections de petits objets d'art.

VITRIOL. s. m. (lat. *vitreolus*, un peu vitreux). T. Chim. anc. Nom générique qu'on donnait autrefois aux sulfates. *V. blanc*, Sulfate de zinc. — *V. bleu*, Sulfate de cuivre. Voy. CUIVRE, IV, 3. — *V. vert*, Sulfate de fer. *V. Martial*, Sulfate de fer naturel. Voy. FER, VII, b. — *Huile de v.*, Acide sulfurique concentré.

VITRIOLÉ, ÉE. adj. Qui contient du vitriol. *Terre vitriolée.*

VITRIOLER. v. a. Arroser de vitriol, par vengeance. = VITRIOLÉ, ÉE. part.

VITRIOLIQUE, adj. 2 g. (R. *vitriol*). *Acide v.. huile v.*, L'acide sulfurique.

VITROLLES (baron DE), homme politique fr. (1774-1854), prit une part active aux négociations avec les souverains alliés pour le retour des Bourbons, en 1814, et fut ministre de Louis XVIII.

VITROSITÉ. s. f. [Pr. *vitro-zité*]. Caractère de ce qui est vitreux.

VITRUVE, architecte et écrivain romain (Ier siècle av. J.-C.).

VITRY (JACQUES DE), cardinal, historien et prédicateur de la croisade contre les Albigeois, m. en 1244.

VITRY (marquis DE), capitaine des gardes de Louis XIII, tua Concini et fut créé maréchal de France (1581-1644).

VITRY-EN-ARTOIS, ch.-l. de c. (Pas-de-Calais), arr. d'Arras, sur la Scarpe; 2,900 hab.

VITRY-LE-FRANÇOIS, ch.-l. d'arr. du dép. de la Marne, à 30 kilomètres S.-E. de Châlons-sur-Marne; bâtie par François Ier en 1545; 8,000 hab.

VITTEAUX, ch.-l. de c. (Côte-d'Or), arr. de Semur, 1,600 hab.

VITTEL, ch.-l. de c. (Vosges), arr. de Mirecourt; 1,650 hab. Eaux minérales.

VITTORIA, v. de Sicile; 23,900 hab. || V. d'Espagne. Voy. VITORIA.

VITUPÈRE. s. m. (lat. *vituperium*, m. s.). Blâme. *Sa vie fut toujours exempte de v.* Vx.

VITUPÉRER. v. n. (lat. *vituperare*, m. s.). Blâmer. *Le roi vitupéra sévèrement son bailli.* Vx. = VITUPÉRÉ, ÉE. part. = Conj. Voy. CÉDER.

VIVACE. adj. 2 g. (lat. *vivax, vivacis*, m. s.). Qui est susceptible de vivre longtemps, ou dont la vie est difficile à détruire. *Dans ce pays, les hommes sont vivaces. L'ours* *est un animal v. Voilà un homme qui a l'air v. — Plante v.,* Qui vit plusieurs années. Voy. PLANTE. || Par ext., Qui est de longue durée ou difficile à détruire. *Les préjugés sont vivaces.*

VIVACITÉ. s. f. (lat. *vivacitas,* m. s.). Activité, promptitude à agir, à se mouvoir. *Cet enfant a beaucoup de v. La v. de ses mouvements me fait toujours appréhender quelque accident.* — *Avoir une figure, une physionomie pleine de v.,* Avoir un visage mobile, une physionomie qui exprime promptement l'état de l'âme. *Avoir de la v. dans les yeux,* Avoir les yeux brillants, pleins de feu. || Fig., *La v. des passions,* L'ardeur et l'activité des passions. *La v. de l'esprit, de l'imagination,* La promptitude avec laquelle l'esprit saisit, conçoit, imagine. On dit, dans un sens analogue, *La v. des sensations, des sentiments.* — *La v. des couleurs, la v. du teint,* L'éclat des couleurs, du teint. || *Vivacité* se dit encore lorsqu'on veut exprimer l'activité, l'ardeur, la promptitude avec laquelle une chose est faite. *La v. du combat, de la lutte, de la dispute. Cela lui est échappé dans la v. du discours, dans la v. de la conversation.* || *Vivacité* signifie aussi quelquefois un emportement léger et passager; en ce sens, on emploie surtout le plur. *Il faut tâcher de réprimer ces vivacités. C'est dans un moment de v. qu'il m'a dit cela; en conséquence, je l'excuse volontiers.* = Syn. Voy. PROMPTITUDE.

VIVANDIER, IÈRE. s. (bas lat. *vivenda,* vivres, part. d'obligation de *vivere,* vivre, propr. ce qu'il faut pour vivre). Celui, celle qui suit l'armée ou un corps de troupes, pour vendre aux soldats des vivres et des boissons. *Les vivandiers sont soumis à certains règlements. Le pittoresque costume des vivandières.*

VIVANT, ANTE. adj. Qui vit. *Il est v. Elle est encore vivante. Les êtres vivants.* — Fam., *Il n'y a homme v. qui puisse assurer...,* Il n'y a personne qui puisse assurer... *J'ai été en tel lieu, et je n'y ai trouvé âme vivante,* Je n'y ai trouvé personne. || *Tableaux vivants,* groupes de personnes représentant par leurs attitudes, leurs costumes, des scènes empruntées à l'histoire, à la poésie, etc. — Fig., on dit d'une personne qui ressemble beaucoup à son père, à sa mère, etc., *C'est le portrait v., l'image vivante de son père, etc.;* et d'un homme qui a beaucoup d'érudition, *C'est une bibliothèque vivante,* Cette qui est encore parlée. — *Langue vivante,* Celle qui est encore parlée. — *S'ensevelir v.,* S'enfermer dans une retraite absolue. || T. Bibl. *Le Dieu v.,* Qui existe de toute éternité. || Fig., *Quartier v,* Quartier où il y a beaucoup de monde et de mouvement. On dit de même, *Cette rue est vivante. C'est une ville très vivante.* On dit encore, *Cette ville, ce pays a l'air v.* = VIVANT, s. Homme qui est en vie. *Les morts se moquent de la calomnie, mais les vivants peuvent en mourir.* — Fam., *Un bon v.,* Un homme d'humeur facile et gaie, et qui aime à se réjouir sans faire tort à personne. Popul., on dit absol., *Un v.,* pour sign. Un homme décidé, et ce qui précède ou ce qui suit détermine le sens qu'on attache à cette locution. *C'est un v. qu'on n'effraye pas aisément. C'est un v. qui n'a guère de scrupules.* || T. Bibl. *Les vivants,* ceux qui ont la vie éternelle. — Autrefois, on disait, en T. d'Ordonnances, *Un mal v.,* pour un homme de mauvaise vie. *Les vagabonds et mal vivants.* || Se dit quelquefois pour la vie. *Du v. d'un tel. Vous ne verrez pas cela de votre v. Cela se faisait de son v.* — On disait encore autrefois, *En son v.,* mais seulement dans les épitaphes. *Ci-gît un tel, de son v., en son v.,* conseiller au parlement.

VIVARAIS, anc. pays de France (Languedoc) réuni à la couronne en 1229, a formé en grande partie le dép. de l'Ardèche, cap. *Viviers.*

VIVAT. [Pr. le *t* final]. Mot latin qui signifie, *Qu'il vive,* et dont on se sert pour applaudir une personne. *Tout le monde cria Vivat.* — On dit aussi subst., *Ce prince fut accueilli par des vivats répétés.*

VIVE. s. f. (R. *vif*). T. Icht. Espèce de Poisson osseux. Voy. PERCOÏDES, II.

VIVE. Interj. Voy. VIVRE.

VIVELLE. s. f. [Pr. *vivè-le*]. Réseau fait à l'aiguille pour boucher un trou dans une étoffe sans y mettre une pièce.

VIVEMENT. s. m. [Pr. *vive-man*]. Avec vivacité, avec ardeur, avec vigueur, sans relâche. *Attaquer, presser, poursuivre v.* On poussa v. *les préparatifs de guerre.* || Fortement, profondément. *Sentir v. un bienfait, une injure, une affliction. Je vous serai toujours très v. attaché.*

VIVEROLS, ch.-l. de c. (Puy-de-Dôme), arr. d'Ambert; 1,000 hab.

VIVERRIDÉS ou **VIVERRIENS.** s. m. pl. [Pr. *viver-ridé, viver-ri-in*] (lat. *viverra,* civette). T. Mam. Famille de Carnivores. Voy. CIVETTE.

VIVEUR, EUSE. s. Celui, celle qui mène une vie de plaisir.

VIVIANI, savant géomètre ital. né à Florence (1622-1703).

VIVIANITE. s. f. T. Minér. Phosphate de fer naturel, de couleur bleue. Voy. FER, VII, E.

VIVIEN (ALEXANDRE), homme politique fr. (1802-1897), ministre de la justice dans le cabinet du 1er mars 1840, ministre des travaux publics sous Cavaignac (1848).

VIVIEN DE SAINT-MARTIN, géographe fr. (1802-1897), fondateur de l'*Année géographique* qui commença en 1863, auteur d'un *Nouveau dictionnaire de géographie universelle,* etc.

VIVIER. s. m. (lat. *vivarium,* m. s., de *virus,* vivant). Pièce d'eau soit courante, soit dormante, disposée de manière à pouvoir y nourrir et conserver du poisson. || T. Pêche. Bateau muni d'un retranchement, dans lequel l'eau entre par des trous pratiqués sur les côtés, pour conserver vivant le poisson qu'on vient de pêcher.

VIVIERS, anc. cap. du Vivarais, ch.-l. de c. (Ardèche), arr. de Privas; 3,500 hab. Évêché.

VIVIFIANT, ANTE. adj. Qui vivifie, qui ranime. *Principe v. Chaleur vivifiante. L'action vivifiante des rayons solaires.* || T. Théol. *L'esprit v.,* Le Saint-Esprit. *La grâce vivifiante.*

VIVIFICATION. s. f. [Pr. *...sion*] (R. *vivifier*). Action par laquelle une chose inerte, engourdie, paralysée, est ranimée. Peu usité.

VIVIFIER. v. a. (lat. *vivificare,* m. s., de *virus,* vivant, et *ficare,* faire). Donner la vie et la conserver. *C'est Dieu qui vivifie toutes choses.* — Au sens religieux, *La grâce vivifie l'homme.* || Fig., se dit des influences extérieures qui impriment une activité plus ou moins grande aux corps vivants. *Le soleil vivifie les plantes par sa chaleur.* — Signifie aussi, Donner du mouvement, de l'activité, de l'industrie. *L'introduction de cette industrie vivifia toute la province. Le crédit a pour effet de v. l'industrie.* — Prov., *La lettre tue et l'esprit vivifie.* Il faut interpréter les textes non dans le sens littéral, mais dans celui que l'auteur a voulu donner aux mots. = VIVIFIÉ, ÉE. part. = Conjug. Voy. PRIER.

VIVIFIQUE. adj. 2 g. (lat. *vivificus,* m. s.). Qui a la propriété de vivifier. Peu us.

VIVIPARE. adj. 2 g. (lat. *viviparus,* m. s., de *virus,* vivant; *parere,* enfanter). Se dit des animaux qui mettent au monde leurs petits tout vivants. *La vipère est v. Les poissons sont en général ovipares; cependant quelques-uns sont vivipares.* — On dit subst., au mascul., *Les vivipares,* pour les animaux vivipares.

VIVISECTION. s. f. [Pr. *vivi-sek-sion*] (lat. *virus,* vivant; *secare,* couper). T. Physiol. Action d'ouvrir ou de disséquer un animal vivant, afin de rechercher et d'étudier telle ou telle fonction. *C'est au moyen des vivisections qu'ont été faites les grandes découvertes physiologiques de la circulation du sang et des fonctions dévolues aux différentes racines nerveuses.*

La pratique de la v. répugne à beaucoup de personnes sensibles; des sociétés, des ligues se sont formées pour obtenir qu'on l'interdise. Ce serait dépasser le but, car les expériences sur les animaux vivants sont absolument nécessaires aux progrès de la physiologie et par suite à ceux de la médecine. C'est en sacrifiant la vie de quelques animaux qu'on arrive à préserver celle de nombreux êtres humains. Tout ce qu'on peut demander, c'est que le physiologiste n'abuse pas de la v. et n'y ait recours que dans les cas indispensables. Il faut bien reconnaître que beaucoup d'expérimentateurs ne se conforment pas à cette règle, et on lit tous les jours, dans les revues spéciales, le récit des tortures infligées à des animaux soit pour faire aux étudiants des démonstrations parfaitement inutiles, soit pour entreprendre des expériences dont l'utilité et l'intérêt semblent très contestables. Il est bon et sage de réagir contre ces abus.

VIVONNE, ch.-l. de c. (Vienne), arr. de Poitiers ; 2,500 hab.

VIVONNE (DE ROCHECHOUART, duc DE MORTEMART et DE), maréchal de France (1636-1688), frère de Mᵐᵉ de Montespan, se distingua en Sicile (1675-1678), lors de la révolte de cette île contre l'Espagne.

VIVOTER. v. n. (dimin. de *vivre*). Vivre petitement, subsister avec peine. *Il n'a pas grand bien, mais il vivote tout doucement. Il ne fait que v.* Fam.

VIVRE. v. n. (lat. *vivere*, m. s.). Être en vie. *Tous les hommes et tous les animaux qui vivent sur la terre. Ceux qui ont vécu avant nous. Nous ne vivrons plus dans ce temps-là. J'ignore s'il vit encore. Il a cessé de v. Elle a vécu plus de cent ans. Saint Louis vivait au XIIIᵉ siècle. A l'époque où vivait Aristote.* — Fig., *Il ne vit que pour lui, Il ne songe qu'à lui, il n'est occupé que de ses intérêts.* On dit, dans le sens contraire, *Il ne vit que pour les autres, pour le bonheur des autres.* On dit aussi, *Il ne vit que pour Dieu. Il ne vit que pour étudier, que pour faire le mal, etc. Il a assez vécu pour sa gloire, mais trop peu pour le progrès des sciences.* — Dans le style élevé, *Il a vécu,* Il est mort. || Jouir de la vie. *Ce n'est pas v. que de souffrir continuellement. Il ne vit pas, il languit. La plupart des hommes meurent sans avoir vécu.* || Fig., *Durer,* subsister. *Ce grand prince vivra éternellement dans l'histoire. Son nom, sa mémoire, sa gloire vivra jusque dans la postérité la plus reculée.* — On dit de même, *Cet ouvrage vivra,* Il passera à la postérité ; et, dans le sens contraire, *Les ouvrages frivoles ne vivent que peu de temps.* || Soutenir, entretenir sa vie, et particulièrement, Se nourrir. *Il n'a pas de quoi v. Il fait cher v. dans cette ville. V. de peu. V. de laitage. V. de légumes, de fruits sauvages.*

> Tout flatteur
> Vit aux dépens de celui qui l'écoute.
> LA FONTAINE.

> Je vis de bonne soupe et non de beau langage.
> MOLIÈRE.

Ces oiseaux vivent de grains. V. de son bien, de ses rentes, de son travail, de son métier. V. aux dépens d'autrui. — Prov., *V. au jour le jour.* Voy. JOUR. *Il faut que tout le monde vive.* Il faut laisser ou fournir à chacun les moyens de subsister. *Item, il faut v.,* La nécessité de pourvoir à sa subsistance doit faire excuser beaucoup de choses que l'on ne ferait pas sans cela. — *On ne sait qui meurt ni qui vit,* Il faut toujours avoir ses affaires en ordre, car on ne sait quand on mourra. — *Qui vivra verra,* on saura cela avec le temps. — *Le prêtre vit de l'autel,* chacun vit de sa profession. — *Assez jeûne qui pauvrement vit,* les jeûnes, les abstinences ne sont pas pour ceux qui n'ont pas de quoi manger. — *V. de régime.* Voy. RÉGIME. *V. de ménage,* Vivre avec beaucoup d'économie ; et Fig., par plaisant., *Vendre ses meubles pour subsister. V. d'industrie.* Voy. INDUSTRIE. *V. à table d'hôte,* Manger habituellement à une table d'hôte. *V. à discrétion.* Voy. DISCRÉTION. *V. sur le commun.* Voy. COMMUN. — Fig., *V. d'espérance,* Vivre dans l'attente de quelque bien, et se soutenir par cette attente. *Il vit de la grâce de Dieu,* se dit d'une personne dont l'on ne connaît aucune ressource pour subsister, ou plus souvent d'une personne qui mange extrêmement peu. || Se dit Par rapport à la dépense qu'on fait pour sa table, pour ses habits, pour son train, et par rapport aux commodités ou incommodités de la vie. *V. splendidement, magnifiquement, honorablement, grandement, largement, sordidement, pauvrement, misérablement, etc. V. en prince, en grand seigneur, en gueux.* — *V. noblement.* Voy. NOBLE-

MENT. || Passer sa vie ; se dit par rapport aux lieux qu'on habite, à l'état que l'on a embrassé, à la situation heureuse ou malheureuse où l'on se trouve. *V. à la ville, à la campagne, en province. V. dans la solitude, dans la retraite, dans le grand monde, dans l'obscurité. V. dans le célibat, dans le mariage, dans le veuvage.* — *V. à son aise.* Voy. AISE. *V. à sa mode.* Voy. MODE. || *Vivre,* se dit encore de la conduite des personnes par rapport aux mœurs, ainsi que par rapport aux relations sociales, aux devoirs de la société. *V. en homme de bien. V. sagement ; régulièrement. V. en libertin. V. licencieusement. V. dans la débauche, dans la crapule. Il est mort comme il a vécu. V. au hasard, sans prévoyance, sans réflexion. Ce prince sut v. en paix avec ses voisins.* — *Savoir v.* Voy. SAVOIR et SAVOIR-VIVRE. *Apprendre à v.,* S'instruire des usages du monde, acquérir la connaissance des bienséances sociales. Fam., *Je lui apprendrai à v.,* Je saurai bien le corriger, le punir. — *V. bien avec quelqu'un,* Observer à son égard tous les devoirs, toutes les convenances que prescrivent la morale et les usages du monde. On dit, dans le sens contraire, *V. mal avec quelqu'un. V. bien, v. mal avec quelqu'un,* signifie plus souvent, Être avec lui en bonne, en mauvaise intelligence. *Il vit bien avec sa famille, avec ses voisins. Nous vivons fort bien ensemble.* — On dit encore, *On ne saurait v. avec cet homme-là,* pour faire entendre qu'il est d'une humeur fâcheuse, d'un caractère difficile. — On dit également, dans ce sens, *C'est un homme difficile à v.,* et, dans le sens contraire, *Cet homme est aisé à v.,* est commode à v., Il est d'un commerce doux et facile. — Fam., on dit absol., *V. avec quelqu'un,* en parlant d'une personne qui vit avec une autre dans un état de concubinage. *Il vit avec cette femme depuis longtemps. Elle vit avec un jeune homme.* — *Vivre* se dit, dans un sens analogue, en parlant des animaux, des végétaux, et de certaines choses. *Mes chiens vivent fort bien avec mes chats. Il y a dans le pays trois religions qui vivent toutes en paix.* || *Vivre,* se dit encore Par rapport au gouvernement politique, aux lois, aux usages du pays dans lequel on vit. *Les Hindous qui vivent sous l'empire de l'Angleterre. Les peuples qui vivent sous un gouvernement despotique. Les lois, les coutumes suivant lesquelles nous vivons.* On dit, dans un sens analogue, *V. sous une religion,* et en T. de galanterie, *V. sous les lois d'une femme.* == *Vive Dieu !* Sorte d'affirmation tirée de l'Écriture sainte. || *Vive le roi ! Vive l'empereur ! etc.,* Acclamation par laquelle on témoigne qu'on souhaite longue vie à un prince. *Le peuple criait, Vive l'empereur !* On dit de même. *Vive la république ! Vive la liberté ! Vivent nos libérateurs ! etc.* — *Vive,* se dit aussi fam., Pour marquer l'estime que l'on fait d'une personne ou d'une chose. *Vive un tel, c'est un galant homme. Vivent la Champagne et la Bourgogne pour les bons vins. Vive Paris pour les plaisirs. Vive le vin. Vive l'amour.* — *Vive la joie ;* Expression populaire qui exprime Le désir de s'amuser, de se réjouir. On dit encore subst., *D'un homme joyeux, qui met les autres en train, C'est un vive-la-joie, qui n'engendre pas de mélancolie.* || *Qui vive ?* Terme dont se servent les sentinelles et les patrouilles pour ordonner, selon les circonstances, à toute personne qui approche ou qu'elles rencontrent, de s'arrêter afin de reconnaître quelle est cette personne. *La sentinelle lui cria, Qui vive ?* — Fig. et fam., on dit subst., *Être sur le qui-vive,* pour, Être dans un état d'alarme et de vigilance. On dit aussi, en parlant d'un homme susceptible et difficile à vivre, *Il faut être toujours sur le qui-vive avec lui.*

Conj. — *Je vis, tu vis, il vit ; nous vivons, vous vivez, ils vivent. Je vivais ; nous vivions. Je vécus, tu vécus, il vécut ; nous vécûmes, vous vécûtes, ils vécurent. J'ai vécu ; nous avons vécu. Je vivrai ; nous vivrons. Je vivrais ; nous vivrions. J'aurais vécu ; nous aurions vécu. — Vis, vivons, vivez. — Que je vive ; que nous vivions. Que je vécusse, que tu vécusses, qu'il vécût, que nous vécussions, que vous vécussiez, qu'ils vécussent. Que j'aie vécu ; que nous ayons vécu. Que j'eusse vécu ; que nous eussions vécu.* — *Vivant. Vécu.*

VIVRE. s. m. Nourriture. *Il lui donne tant pour le v. et le vêtement.* || Au plur. se dit des provisions de bouche, de toutes les choses dont se nourrissent les hommes. *Les vivres sont fort chers dans cette ville. La place manqua bientôt de vivres. Faire des vivres.* — En T. Adm. milit., on dit aussi, *Les vivres-pain* et *Les vivres-viande.* || *Vivres,* se disait encore de l'entreprise ou de l'administration chargée de fournir aux troupes, soit en temps de paix, soit en temps de guerre, les vivres nécessaires à leur subsistance, et particul. le pain et la viande. *L'administration des vivres. Il a fait fortune dans les vivres.*

VIZILLE, ch.-l. de c. (Isère), arr. de Grenoble ; 4,300 hab.

VIZIR. s. m. (ar. *ouazir*, m. s.). Le mot *Vizir* est un titre d'honneur qui, en Turquie, est attribué à tout pacha à trois queues ; néanmoins, il désigne plus particulièrement les membres du divan, généralement au nombre de huit, qui forment le conseil supérieur de l'empire. Le premier d'entre eux est qualifié de *Grand v.*, en turc *V. azhem*, ou plus habituellement *Sadr'azhem*. Ce personnage est comme l'*alter ego* du sultan, car il réunit dans ses mains tous les pouvoirs de l'État. En entrant en fonction, il reçoit, comme marque de son autorité, le sceau impérial où est gravé le *toughra*, c.-à-d. le nom du sultan régnant. — La dignité de v. fut créée l'an 750 par le premier des califes abassides, About Abbas Assufah. Mais, ces ministres étant parvenus à s'emparer presque entièrement du pouvoir et à réduire les califes à l'état de souverains purement nominaux, le calife Rhadi, en 935, créa une nouvelle charge, celle d'*Emir al omrah*, ou commandeur des croyants, qui devait offrir bientôt les mêmes inconvénients. Ce fut le sultan turc Orkhan qui, vers le milieu du XIVe siècle, emprunta aux Arabes l'institution et le titre de vizir.

VIZIRAT ou **VIZIRIAT.** s. m. [Pr. *vizi-ra, ria*]. Dignité, fonction de vizir. || Le temps pendant lequel un vizir est en place.

VIZIRIEL, ELLE. adj. Qui émane du vizir. *Un ordre v. Une lettre vizirielle.*

VLADIKAVKAZ, v. de Russie (Caucase) ; 32,300 hab.

VLADIMIR, v. de la Russie d'Europe, ch.-l. de gouvern.; 15,000 hab. Le gouv. a 1,352,000 hab.

VLADIMIR Ier, grand duc de Russie, mort en 1015. || VLADIMIR II, grand-duc de Russie, mort en 1126.

VLADISLAS, nom de sept rois de Pologne (1081-1516) ; et de trois rois de Bohême (1109-1197).

VLADIVOSTOK, v. de l'E. de la Sibérie ; port sur la mer du Japon.

VOANDZÉE. s. f. T. Bot. Genre de plantes Dicotylédones (*Voandzeia*) de la famille des *Légumineuses*, tribu des *Papilionacées*. Voy. LÉGUMINEUSES.

VOCABLE. s. m. (lat. *vocabulum*, m. s., de *vocare*, appeler). Mot, terme. *Ce v. est peu usité.* || Se dit encore du nom du saint sous l'invocation duquel une église est placée. *Cette église est sous le v. de saint Joseph.*

VOCABULAIRE. s. m. (lat. *vocabularium*, m. s.). Se dit proprement du Dictionnaire abrégé d'une langue. *Il y a à la fin de ce voyage un v. de la langue malaise.* || Par extens., se dit de la liste des mots d'une langue. *Le v. de ce peuple est peu étendu.* || Se dit aussi des mots qui appartiennent à une science, à un art. *Le v. de la chimie, de la botanique. En philosophie, chaque auteur de système se fait un v. particulier.* = Syn. Voy. DICTIONNAIRE.

VOCABULISTE. s. m. Auteur d'un vocabulaire. Peu usité.

VOCAL, ALE. adj. (lat. *vocalis*, m. s., de *vox, vocis*, voix). Qui a rapport à la voix, à la parole. *L'organe v. Les cordes vocales.* Voy. LARYNX. || Qui est produit par les organes vocaux. *Les sons vocaux. Articulation vocale.* || Qui s'exprime par la voix. *Prière, oraison vocale.* Se dit par opposition à oraison mentale. — *Musique vocale*, Musique écrite pour être chantée ; se dit par opposition à musique instrumentale. = VOCAUX. s. m. pl. T. Hist. relig. Se dit de ceux qui, dans les communautés ecclésiastiques, avaient le droit de donner leur voix dans quelque élection.

VOCALEMENT. adv. [Pr. *vokal-mān*]. Avec articulation de paroles. *Prier v.* Se dit par opposition à mentalement.

VOCALIQUE. adj. 2 g. (lat. *vocalis*, voyelle). T. Gramm. Relatif aux voyelles.

VOCALISATION s. f. [Pr. *vokali-za-sion*]. T. Mus. Action de vocaliser. *Cette cantatrice est remarquable par l'agilité de sa v.*

VOCALISE. s. f. [Pr. *vokali-ze*] (R. vocaliser). Exercice ou trait de chant qui consiste à exécuter une série de notes sur une voyelle sans articulation de syllabes. *Des vocalises fort difficiles. La voilà une v. bien mal placée.*

VOCALISER. v. n. [Pr. *vokali-zer*] (R. vocal). Exécuter des vocalises. *Elle vocalise comme un rossignol.*

VOCATIF. s. m. (lat. *vocativus*, sous entend. *Casus*; Cas vocatif). T. Gramm. Voy. CAS.

VOCATION. s. f. [Pr. *voka-sion*] (lat. *vocatio*, appel, de *vocare*, appeler). Dans le langage religieux, La grâce, la faveur que Dieu fait quand il appelle quelqu'un à lui, et le tire de la voie de perdition pour le mettre dans celle du salut. *La v. des gentils.* — *La v. d'Abraham*, Le choix que Dieu fit de ce patriarche pour être le père des croyants. || Se dit aussi de la destination que Dieu assigne à certains hommes pour l'accomplissement de ses desseins. *Il remplit la v. à laquelle Dieu l'avait appelé. La v. des rois est de gouverner les peuples avec justice. Manquer à sa v.* || T. Théol. *V. extérieure*, L'ordre extérieur de l'Église, par lequel les évêques appellent au ministère ecclésiastique ceux qu'ils en jugent dignes. || Dans le langage ordinaire, l'inclination que l'on se sent pour un état. *Il se sent de la v. pour les arts, pour le commerce, pour le mariage. Avant d'entrer dans cette carrière, examinez bien votre v. Je ne veux point contrarier sa v.* — Se dit aussi, de l'aptitude spéciale qu'on a pour une science, un art, une profession. *Son ardeur pour les sciences mathématiques indiquait assez sa v. Il a une v. décidée pour la peinture.*

VOCHYSIACÉES. s. f. pl. [Pr. *vo-ki-zia-sé*] (R. *Vochysie*). T. Bot. Famille de végétaux Dicotylédones de l'ordre des Dialypétales supérovariées diplostémones.
Caract. bot. : Arbres ou arbrisseaux à suc résineux, parfois grimpants. Feuilles opposées, quelquefois alternes vers les

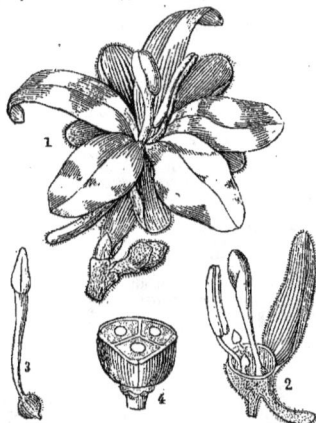

extrémités des branches, entières, et munies de petites stipules à leur base. Fleurs ordinairement en panicules ou grappes terminales. Sépales 4-5, soudés à la base, très inégaux, les deux extérieurs plus petits, les deux antérieurs plus grands, et le supérieur de beaucoup plus grand et éperonné. Pétales 1, 3 ou 5, inégaux, alternant avec les segments du calice et insérés à leur base. Étamines 1-6, généralement opposées aux pétales, rarement alternes avec eux, naissant du fond du calice, en grandes parties stériles : l'une d'elles a une anthère fertile, ovée et quadriloculaire. Pistil formé de 3 carpelles concrescents en un ovaire triloculaire, chaque loge renfermant 2 ou plusieurs ovules attachés à l'angle interne de chaque loge, anatropes ou semi-anatropes; style et stigmate 1. Capsule presque triangulaire, à 3 loges, à déhiscence loculicide ou septicide; parfois un akène, couronné par les sépales qui se développent ou forme d'ailes. Graines avec ou sans albumen, dressées, ordinairement ailées. Dans les genres dont le fruit est déhiscent, embryon droit, avec de grands cotylédons foliacés et la radicule supère; dans les fruits indéhiscents et monospermes, embryon orthotrope, cylindrique, avec des cotylédons demi-cylindriques et une radicule infère.

Cette famille se compose de 7 genres et de 127 espèces, qui toutes sont originaires de l'Amérique tropicale. On les rencontre dans les forêts, sur le bord des cours d'eau, et quelquefois sur les montagnes, à une élévation considérable. On la divise en deux tribus :

TRIBU I. — *Vochysiées.* — Capsule loculicide; pas d'albumen (*Vochysia, Salvertia, Erisma,* etc.). [Fig. 1. *Salvertia convallariodora,* fleur épanouie; 2. Une portion du calice avec les étamines; 3. Pistil; 4. Coupe transversale de l'ovaire.] Le bois du *Vochysia guyanensis* qui est fort dur est employé à la Guyane comme bois de charpente.

TRIBU II. — *Trigoniées.* — Capsule septicide; un albumen (*Trigonia, Lightia*).

VOCHYSIE s. f. [Pr. *vo-ki-zi*]. T. Bot. Genre de plantes Dicotylédones (*Vochysia*) de la famille des *Vochysiacées.* Voy. ce mot.

VOCHYSIÉES. s. f. pl. [Pr. *vo-ki-zié*] (R. *Vochysie*). T. Bot. Tribu de plantes de la famille des *Vochysiacées.* Voy. ce mot.

VOCIFÉRATION. s. f. [Pr. *vosiféra-sion*] (lat. *vociferatio,* m. s., de *vociferari,* vociférer). Paroles accompagnées de clameurs furieuses. *Les vociférations des clubistes ne l'effrayèrent point.*

VOCIFÉRER. v. a. (lat. *vociferari,* m. s., de *vox, vocis,* voix, et *ferre,* porter, élever). Pousser des clameurs furieuses; ou parler avec colère et en criant. *La multitude vociférait sur la place publique. Il a bien vociféré contre nous.* = Conj. Voy. CÉDER.

VODENA, anc. *Edesse,* v. de Turquie (vilayet de Salonique); 12,000 hab.

VOELKNERITE. s. f [Pr. *veul-knè-rite*] (B. *Voelkner,* n. pr.). T. Minér. Syn. d'*Hydrotalcite.*

VŒU. s. m. [Pr. *veu*] (lat. *votum,* m. s., de *vovere,* promettre aux dieux). Promesse faite à Dieu par laquelle on s'engage à quelque œuvre que l'on croit lui être agréable, et qui n'est point de précepte. *Faire un v. Faire v. de chasteté. Faire v. d'aller en pèlerinage. S'acquitter de son v. Rompre, violer son v. Se faire relever de ses vœux.* — *Prononcer ses vœux, faire ses vœux, S'engager solennellement avec certaines cérémonies dans l'état religieux. Ce novice ne sera point admis à faire ses vœux. Renouvellement des vœux,* La commémoration annuelle de l'entrée en religion. — Par ext., se dit quelquefois de l'offrande promise par un v. *Ce tableau est un v. Appendre des vœux aux piliers d'une église.* On dit plus ordin., *Ex-voto.* || Sign. quelquefois, résolution ferme qu'on prend de faire ou de ne pas faire quelque chose. *Je fais v. de vous être attaché pour la vie. Il a fait v. de ne jamais aller en chemin de fer.* || Se prend quelquefois pour suffrage. *Donner, refuser son v. Écrire son v. C'est le v. de la nation qui t'a appelé au trône.* || Signifie le plus souvent, Souhait, désir. *C'est mon v. le plus cher. C'est le v. général. Des vœux indiscrets. Faire, former des vœux pour quelqu'un. Exaucer, remplir, combler les vœux de quelqu'un. Agréez mes vœux. Il s'est rendu à nos vœux.* — *Le v. de la loi,* L'intention, la prescription de la loi.

Théol. — Les canonistes distinguent plusieurs espèces de vœux. La distinction principale est celle des *vœux simples* et des *vœux solennels.* Le v. *simple* est une promesse faite à Dieu en particulier ou dans une communauté non autorisée. Le v. *solennel* est celui qui se fait avec une certaine solennité dans un corps religieux approuvé par l'Église. Les vœux communs, on peut le dire, dans les ordres religieux, sont ceux de *chasteté,* de *pauvreté* et d'*obéissance.* Plusieurs ordres y joignent le v. de *clôture.* L'autorité religieuse a seule le pouvoir de dispenser de l'accomplissement d'un v. La dispense pour les vœux solennels et pour le v. simple de

chasteté perpétuelle doit être demandée au souverain pontife; les évêques peuvent accorder des dispenses pour tous les autres vœux.

Législ. — En France, tant que les institutions religieuses ont été inséparablement unies avec les institutions civiles, c.-à-d. avant la Révolution, les ordonnances ont réglé l'âge de l'émission des vœux, la solennité et toutes les conditions sans lesquelles aucun v. ne pouvait lier au for extérieur. Mais l'Assemblée constituante ayant, par son décret du 13 février 1790, prononcé l'abolition de tous les vœux de religion, en même temps que la suppression des communautés religieuses, elle établit un ordre de choses diamétralement opposé, lequel n'a été que très peu modifié par le décret impérial du 18 fév. 1809. Ce dernier, qui avait pour objet d'autoriser le rétablissement des sœurs hospitalières, limita à 5 ans la durée maximum de leurs vœux; les vœux prononcés avant l'âge de 16 ans sont considérés comme nuls, et, jusqu'à l'âge de 21 ans, la durée des vœux ne pouvait dépasser une année. Enfin, la loi du 24 mai 1825, qui a légalisé l'existence des communautés de femmes, n'ayant rien statué relativement à la durée de leurs vœux, il est admis que le principe antérieurement consacré demeure en vigueur et que l'approbation légale ne peut être donnée à des statuts qu'autant qu'ils prévoient des vœux d'une durée n'excédant pas 5 ans.

VOGEL (ED.), voyageur allem., tué dans le Ouadaï (1829-1859).

VOGELBERG, sommet des Alpes Lépontiennes ou centrales; source du Rhin.

VOGHERA, v. d'Italie, prov. de Pavie; 15,800 hab.

VOGLIANITE. s. f. T. Minér. Sulfate hydraté d'uranium, amorphe, de couleur verte.

VOGLITE. s. f. T. Minér. Carbonate hydraté d'uranium, de calcium et de cuivre; en petites écailles orthorhombiques vertes.

VOGOULS, peuple de race ouralo-altaïque, nomade, dans les gouvernements de Perm et de Tobolsk (Russie).

VOGUE. s. f. [Pr. *vo-ghe,* g dur] (R. *voguer*). T. Mar. L'impulsion que des rameurs communiquent à un bâtiment à rames, et le mouvement qui en résulte. *V. lente, forte, pressée.* Vx. || Fig., se dit du concours qui porte le public vers une personne ou vers une chose. *Ce prédicateur avait alors une v. extraordinaire. Ce marchand, ce magasin a la v. Ce livre n'a eu qu'une v. passagère. Ce jeu est fort en v.* || Dans quelques provinces du Midi, on appelle *Vogue,* la fête baladoire qui a lieu annuellement dans chaque commune. *Ce dimanche v. à tel endroit. Danser à la v. Elle court les vogues.*

VOGUER. v. n. [Pr. *vo-gher,* g dur] (ital. *vogare,* m. s., orig. germ. : anc. haut all. *vagôn,* se mouvoir, d'où l'all. mod. *wogen,* flotter). Être poussé sur l'eau à force de rames. *Les galères commençaient à v.* — Fig. et prov., *Vogue la galère,* Arrive ce qui pourra. || Par ext., se dit pour naviguer, quel que soit le mode de propulsion du bâtiment. *Nous voguions à pleines voiles. Le paquebot voguait rapidement vers la Sicile.* || Sign. aussi, ramer, faire aller avec la rame. *Nous avions six galériens qui voguaient à merveille.* Vx.

VOGUEUR. s. m. [Pr. *vo-gheur,* g dur]. Rameur. Vx. et inus.

VOICI. prép. [Pr. *voua-çi*] (R. *vois, ici*). Sert à montrer, à désigner une personne ou une chose qui est proche de celui qui parle. *Où est votre fille? La v. V. le livre dont je vous parlais. V. la maison en question. Nous v. quatre. Me v.; que désirez-vous? Le meuble que v. m'a coûté tant. L'homme que v. Le v. qui entre.* || Fig., se dit encore lorsqu'on va immédiatement énoncer, exposer, expliquer une chose. *V. la preuve de ce que je viens de vous dire. V. la cause de cet événement. V. quels sont ses titres. S'il ne fait cette question, v. ce que je lui répondrai.* — Fam., on dit d'une chose qui paraît singulière, *En v. d'une bonne; En v. d'une autre, ou en v. bien d'une autre.* || S'emploie pour indiquer un état actuel, ou une action qui a lieu au moment même où l'on parle. *Nous v. donc arrivés. Nous v., au prin-*

temps. *V. qu'il vient.* — Fam., *Nous y v.*, se dit en parlant d'une chose qui arrive comme on l'avait prévu, ou encore pour exprimer qu'on arrive à la question. || Autrefois, *Voici* se mettait fréquemment devant un verbe à l'infinitif, et surtout devant le verbe *venir.* Cette loc. s'emploie encore quelquefois. *Comme il parlait à la femme, v. venir le mari, Le mari survint. V. venir l'hiver,* L'hiver approche.

VOID, ch.-l. de c. (Meuse), arr. de Commercy; 1,700 hab.

VOIE. s. f. [Pr. *voua*] (lat. *via*, m. s.). Chemin, route par où l'on va d'un lieu à un autre. Se dit surtout en parlant des grandes routes construites par les anciens Romains. *La v. Appienne. La v. Flaminienne. Les voies militaires.* Voy. ROUTE. || Se dit aussi en parlant des chemins de fer. *Le réseau principal de nos voies ferrées est enfin terminé. Ici la v. est traversée par un passage à niveau.* || Se dit encore dans la loc., *La v. publique,* qui désigne indifféremment les chemins, les rues, les places publiques. *N'obstruez pas la v. publique.* — Fam. et prov., *Il est toujours par v. et par chemin,* Il voyage continuellement, il est toujours à aller d'un lieu à un autre. || Fig., *La v. du ciel, du paradis, du salut. La v. droite. Quitter la bonne v. Rentrer dans la bonne v. Mon fils, je t'ai montré la v., c'est à toi de ne pas t'en détourner.* — En T. Écriture. *La v. étroite, La v. du salut; La v. large,* Celle de la perdition. *Toute chair avait corrompu sa v.,* Les hommes s'étaient abandonnés à toutes sortes de crimes. *Seigneur, enseignez-nous vos voies, Montrez-nous ce que vous devons faire,* faites-nous connaître vos commandements. || *Voie,* se dit encore du mode de transport qu'on emploie soit pour les personnes, soit pour les choses. *Prendre la v. de terre, de mer, de l'eau. J'aime mieux aller par la v. de terre que par celle de mer. Je vous ferai tenir ce ballot par la v. des messageries. C'est la v. la plus sûre.* — Par analogie, se dit quelquefois d'un intermédiaire. *Envoyez-moi ces papiers par la v. de monsieur un tel; c'est une v. sûre.* — Syn. Voy. ROUTE. := T. Ponts et Chauss. Dans les routes ordinaires, la chaussée, la partie de la route qui est destinée à la circulation des voitures; et, dans les chemins de fer, l'espace qui est compris entre les rails. *Ma voiture fut obligée de quitter la v. et de se réfugier sur les bas côtés. En Russie et en Espagne, la v. des chemins de fer n'est pas la même que dans le reste de l'Europe.* — L'intervalle qui existe entre les roues droite et gauche d'une voiture. *La v. des voitures d'Allemagne est plus étroite que celle des voitures de France. Cette voiture a la v., n'a pas la v., Elle a ou elle n'a pas la v.* proscrite par les ordonnances ou les usages du pays. — La trace que fait une voiture en circulant, et qu'elle laisse après elle. *Pourquoi suives-vous la v. de cette charrette?* || T. Chasse. Le chemin par où la bête a passé. *Mettre les chiens sur la v., sur les voies. Les chiens sont sur la v., sur les voies. Ils sont à bout de v. Ils ont empaumé la v.* — *Brouiller la v.,* se dit du gibier qui essaye de donner le change aux chiens. — Fig., *Mettre quelqu'un sur la v., sur les voies,* Lui donner les indications, les renseignements propres à le faire parvenir à son but. — *N'avoir ni vent ni v. de quelqu'un,* n'avoir aucune nouvelle de quelqu'un. || T. Anat. *Les voies digestives* ou *Les premières voies,* L'œsophage, l'estomac et le tube intestinal. Autrefois on appelait *Secondes voies,* Les vaisseaux lymphatiques, et *Troisièmes voies,* Les vaisseaux sanguins. Mais on dit encore, *Les voies biliaires, urinaires, spermatiques,* etc., pour désigner les conduits de la bile, de l'urine, etc. || T. Astron. *V. lactée,* Immense traînée blanchâtre qui se voit dans le ciel étoilé. Voy. ÉTOILE, III. || T. Mar. *V. d'eau,* Ouverture faite accidentellement à un navire, et par laquelle l'eau entre. *Nous avions une v. d'eau à l'arrière du bâtiment.* || T. Techn. *La v. d'une scie,* L'épaisseur des dents qu'on augmente à dessein on les écartant alternativement à droite et à gauche du plan de la scie. Voy. SCIE. = *Voie,* se prend souvent, au Fig., pour signifier moyen dont on se sort, conduite qu'on tient pour arriver à quelque fin. *Vous ne prenez pas la bonne v. pour réussir. Recourir à des voies justes, honnêtes, raisonnables. Il ne faut pas se servir de mauvaises voies pour arriver à une bonne fin. Il est parvenu par la v. de la faveur, de l'intrigue. Tenter la v. des négociations. Il ne lui reste que la v. des négociations. — Il est en v. d'accommodement, de s'accommoder, de faire quelque chose,* Il est en train de s'accommoder, etc. || T. Chim. *La v. sèche et la v. humide.* Voy. ANALYSE. || T. Fin. *Voies et moyens.* Voy. MOYEN. || T. Jurispr. *Voies de droit,* Le recours à la justice, suivant les formes prescrites par la loi. *Attaquer un jugement par la v. de l'appel, La v. de la requête civile vous est encore ouverte.* — *Voies de fait,* Les actes de violence exercés contre une personne. *V. de fait,* se dit encore de l'acte par lequel on s'empare violemment d'une chose, sur laquelle on n'a point de droit reconnu. = Syn. Voy. MOYEN.

Métrol. — Le mot *Voie* se prend encore dans le sens de Charretée, ce qui forme la charge d'une voiture. C'est ainsi que l'on dit : *Une v. de bois, de charbon, de pierre, de sable, de plâtre,* etc. Toutefois, lorsqu'il s'agit de combustibles, ce terme reçoit une signification plus précise, et désigne une mesure exacte. La *V. de bois* vaut 1,9195 stère, c.-à-d. un peu moins de deux stères. La v. de bois est donc la moitié de la corde. La *V. de charbon de bois* équivaut à 2 hectolitres, et la *V. de houille* à un poids de 1,000 kilogrammes. — La v. d'eau est ce que porte un homme en deux seaux. — Ces mesures tombent en désuétude à mesure que l'usage se répand de plus en plus de vendre les combustibles au poids.

VOIGTITE. s. f. [Pr. *vouag-tite*] (R. *Voigt,* n. d'un savant all.). T. Minér. Silicate hydraté d'alumine, de fer et de magnésie, provenant de l'altération du mica biotite, et se présentant en lamelles vertes qui brunissent à l'air.

VOILÀ. prép. [Pr. *voua-la*] (R. *vois, là*). *Voilà* a une signification analogue à celle de l'*voici*; mais il sert à indiquer une personne ou une chose un peu éloignée de celui qui parle. *V. l'homme que vous demandez. V. l'ennemi. Le tableau que v. ne vaut pas celui-ci. Le v. qui vient.* || Fig., se dit encore lorsqu'on vient de dire, d'énoncer, d'expliquer quelque chose, tandis que *l'voici* s'emploie pour appeler l'attention sur ce qu'on va dire. *V. ce que j'avais à vous dire. V. la raison. V. le motif. V. pourquoi je suis arrivé si tard.* — Fam., *V. ce que c'est que de désobéir,* Telle est la conséquence de la désobéissance. || S'emploie encore pour indiquer un état actuel, une action qu'on fait à l'instant ou qui va être faite dans peu de temps. *V. qui est très bien. V. qu'on sonne. V. qu'il arrive.* — Fam., se dit aussi pour marquer quelque chose d'inopiné, de subit. *Comme nous traversions le bois, v. qu'une balle siffle à mes oreilles.*

VOILE. s. m. [Pr. *voua-le*] (lat. *velum,* m. s.). Pièce de toile ou d'étoffe destinée à cacher quelque chose. *V. de mousseline, de gaz, de dentelle. V. clair, épais. Les femmes, en Orient, ne sortent jamais qu'avec un v. qui cache entièrement leurs traits. La statue d'Isis, chez les Égyptiens, était toujours couverte d'un v.* — Fig., se dit de ce qui nous dérobe la connaissance de quelque chose. *Comment parvenir à soulever le v. qui nous cache l'avenir. La science a commencé de soulever le v. qui nous cache les secrets de la nature.* — Fig., on dit qu'*Un homme a un v. devant les yeux,* lorsque les préjugés, les préventions, les passions, l'empêchent de voir les choses telles qu'elles sont. — Fig., on dit encore *Il faut jeter un v. sur cette affaire,* Il ne faut pas l'examiner, ou il ne faut plus en parler. — Poét. *Les voiles de la nuit,* Les ténèbres de la nuit. || En parlant des religieuses, sign. la couverture de tête qu'elles portent. *Elle est encore novice et n'a que le v. blanc. Les professes portent le v. noir.* — *Cette fille a pris le v.,* Elle est entrée au couvent. *Tel évêque lui a donné le v.,* A reçu ses vœux de religion. *Assister à une prise de v.,* Assister à la cérémonie qui a lieu alors. — Par ext., se dit de l'étoffe avec laquelle on fait les voiles des religieuses, quel que soit l'usage auquel on emploie cette étoffe. *Un manteau de v. Une doublure de v.* || T. Liturg. *Le v. du calice,* morceau d'étoffe qui le recouvre. || Sign. quelquefois un grand rideau. *Les anciens étendaient un v. immense au-dessus de leurs théâtres et de leurs amphithéâtres, pour abriter les spectateurs contre le soleil et la pluie.* || Fig., *Voile* se dit encore pour apparence, couleur spécieuse, prétexte. *Ce scélérat se couvrait du v. de la piété, de la dévotion.* || T. Anat. *V. du palais.* Voy. BOUCHE.

VOILE. s. f. [Pr. *voua-le*] (lat. *velum,* m. s.). T. Mar. Pièce de toile, de coton, etc., que l'on attache aux vergues ou aux antennes des mâts pour recevoir le vent. *Bâtiment à voiles. Aller à la v. et à la rame. Tendre les voiles. Les sauvages de l'Océanie font leurs voiles avec des nattes de jonc,* etc. || Fig. et fam., *Mettre toutes les voiles au vent. Faire force de voiles,* Faire tous ses efforts, mettre tout en œuvre pour réussir. *Il a donné dans ce dessein à pleines voiles,* De tout son cœur. *Caler la v. dans une affaire,* Se relâcher de ses prétentions, se radoucir, parler avec moins de hauteur.

Mar. — On désigne sous le nom de l'*oile* une pièce de toile très forte qu'on attache à la vergue ou à l'antenne d'un mât pour recevoir le vent dont l'impulsion doit faire avancer le bâtiment. Les voiles ne sont presque jamais d'une seule pièce ; elles consistent en un assemblage de plusieurs lés de toile commune, ordinairement de chanvre, que l'on fabrique spécialement pour cet usage. Chaque lé a seulement une largeur de 55 à 60 centimètres. Les voiles prennent généralement le nom du mât qui les supporte. Ainsi, de même qu'il y a dans un vaisseau, un mât d'*artimon*, un *grand mât*, un mât de *misaine*, des mâts de *hune*, des mâts de *perroquet*, de *perruche*, de *cacatois*, un mât de *beaupré*, un bâton de *foc*, etc. ; de même il y a une V. d'*artimon*, une *grande* V., une V. de *misaine*, des *Voiles de hune* appelées *Huniers*, et distinguées en *grand* et *petit Hunier*, une V. de *perruche*, des *Voiles de perroquet*, nommées aussi *Perroquets* des voiles nommées *Focs*, etc. On appelle *Voiles basses*, celles qui sont fixées aux bas mâts, c.-à-d. la grande v. et la misaine, par opposition aux *Voiles hautes*, qui sont placées au-dessus. Les *Voiles de l'avant* sont celles qui sont placées en avant du grand mât, sur le mât de misaine et le beaupré, tandis que les *Voiles de l'arrière* sont celles du grand mât et du mât d'artimon. A cause de leur importance relative, on applique la dénomination de *Voiles majeures* à la grande v., à la misaine, au grand et au petit hunier. Enfin, on donne le nom de *Voiles de cape* aux voiles dont on se sert dans les tempêtes : ce sont l'artimon, le foc d'artimon, le grand hunier, le misaine et le petit foc. — Les voiles ont des dimensions et une solidité qui varient suivant la place qu'elles occupent et l'usage auquel elles sont destinées. Les basses voiles, par ex., devant servir dans les mauvais temps, présentent une grande surface et sont faites avec de la toile très forte. Les huniers, qui viennent immédiatement au-dessus, sont moins grands et plus légers, et ainsi de suite. De cette manière, à mesure qu'elles s'élèvent, les voiles diminuent en largeur et en force. Il en résulte que la voilure totale d'un mât, quand elle est déployée, offre une disposition pyramidale. La forme des voiles n'est pas également toujours la même. Il y en a de *carrées*, comme la grande v. et la misaine ; de *trapézoïdes* ou *auriques*, comme les huniers, les perroquets et les cacatois ; et de *triangulaires*, comme les focs. Les voiles carrées et les voiles trapézoïdes sont *enverguées*, c.-à-d. attachées à des espars façonnés que l'on appelle *Vergues*, et qui sont fixés au mât au moyen de ferrures et de cordages. On peut les replier contre ces vergues au moyen de cordages appelés *cargues*. Cette opération s'appelle *carguer une* v. La vergue du mât d'artimon s'appelle la *corne d'artimon*. Les basses voiles et les huniers sont divisés, dans leur hauteur, en plusieurs sections, qui peuvent être repliées sur la vergue afin de diminuer la surface de la toile. On obtient ce résultat à l'aide des *ris*. On désigne sous ce nom des rangées horizontales de petites cordes ou garcettes, longues de 2 à 3 mètres, et passées jusqu'à leur milieu dans de petits trous très rapprochés et pratiqués dans la v., de manière qu'une de leurs moitiés pend sur une des faces de celle-ci, et l'autre sur la face opposée. Les focs, ou *Voiles en pointe*, sont placés à l'extrême avant et fixés sur des étais du mât de misaine, avec des bagues ou anneaux mobiles de fer ou de bois, qui glissent dans des cordages comme des anneaux de rideau. Outre les voiles qui précèdent, il en existe beaucoup d'autres dont l'usage est moins répandu, ou qui ne s'emploient que dans des circonstances particulières. Les *Voiles d'état* sont placées dans les intervalles des mâts, sur les étais, et viennent border sur le pont ; elles sont fixées, comme les focs, avec des bagues mobiles ; mais leur forme varie suivant le lieu qu'elles occupent. On s'en sert d'ailleurs rarement. Les *Bonnettes* ont pour objet d'augmenter momentanément la largeur des voiles carrées : elles se déploient sur les côtés de celles-ci, dont elles ont la hauteur et presque la coupe, à l'aide d'arcs-boutants mobiles adaptés au bout des vergues. On appelle *V. de fortune*, une grande v. carrée, qui n'est pas attachée à la vergue, mais qui s'y place provisoirement au moyen de poulies ; elle sert, dans les goélettes et les cutters, pour le grand largue ou le vent arrière. La *Civadière* est une v. peu employée ; elle est portée sur une vergue de même nom par un gréo au-dessous du mât de beaupré. On nomme *Tapecu* une petite v. qu'on établit à l'arrière des petits bâtiments et des embarcations. On nomme *Tourmentin*, la v. triangulaire du petit foc, parce qu'elle ne s'emploie guère dans les grands bâtiments que pendant une tourmente. Dans les petits bâtiments, cette v. est appelée *Trinquette*. La *V. de livarde*, ou simplement la *Livarde*, est à peu près carrée ; elle n'est guère usitée que pour les petites embarcations. On la lace au

mât par un de ses côtés, et elle se déploie au moyen d'un espar fixé par ses deux extrémités aux deux angles opposés. Les *Voiles latines* se rencontrent surtout dans la Méditerranée, et particulièrement dans le Levant. Ce sont des voiles triangulaires attachées par le côté de leur hypoténuse à une vergue flexible appelée *Antenne* (Voy. ce mot). Parmi ces voiles, on appelle *Trinquette* celle qui est portée par le mât de l'avant. Ce mât lui-même reçoit pour ce motif le nom de *Trinquet*.

Le mot *Voile* fait partie d'une multitude de locutions du glossaire naval. Ainsi, on dit qu'*Un navire met sous voiles*, *met les voiles au vent*, ou *met à la v.*, quand il déploie ses voiles, quand il appareille, pour faire route, à l'aide d'un vent plus ou moins favorable. On dit aussi qu'*Il fait* v., lorsqu'il navigue ; qu'*Il est sous toutes voiles*, quand toutes ses voiles sont déployées ; qu'*il augmente* ou qu'*il diminue de voiles*, quand il augmente ou diminue le nombre des voiles déployées. Si l'augmentation est considérable, *Il force de voiles*, ou *fait force de voiles* ; si, au contraire, c'est la diminution, *Il court sous petites voiles*, ou *à petites voiles*. Enfin, on dit qu'*il est à sec de voiles*, quand, se trouvant en pleine tempête, il fuit devant la mer et le vent, toutes ses voiles fermées. Le mot *Voile* se substitue aussi souvent au mot Vaisseau. Ainsi, on dit qu'une armée navale, une escadre, un convoi, se compose *de tant de voiles*, pour désigner le nombre des bâtiments. De même, un matelot en vigie au haut du mât, quand il aperçoit un navire sur l'un des points de l'horizon, avertit par ce cri : *V. dans cette direction !*

VOILER. v. a [Pr. *voua-ler*] (lat. *velare*, m. s., de *relum*, voile). Couvrir d'un voile. *V. sa figure. V. son visage. On voile les images dans les églises pendant le carême.* || Par analogie, Dérober la vue d'une chose ou la couvrant comme d'un voile. *Le brouillard voilait encore les collines qui étaient en face de nous.* || Déguiser sous une apparence mensongère, sous un prétexte faux. *Ils voilèrent leur révolte du prétexte de la religion.* = SE VOILER. v. pron. Se couvrir d'un voile. *Les femmes se voilèrent.* || Par analogie, *Le soleil se voila de nuages.* || Les ouvriers disent d'une planche de bois que l'humidité a fait gauchir, qui prend une forme bombée, qu'*Elle se voile. Si vous laissez ce meuble exposé à l'air, le bois se voilera.* = VOILER, ÉE. part. *Les vestales étaient presque toujours voilées.* || Adjectiv., *Une voix voilée*, Dont le timbre manque d'éclat. On dit de même, *Organe voilé*, en parlant de l'organe de la voix. — *Planche voilée*, Planche qui a gauchi sous l'influence de l'humidité. — *Porcelaine voilée*, dont le blancheur a été ternie par la flamme. || T. Mar. *Voilé, ée*, se dit adject., d'un bâtiment par rapport à la disposition et à la forme de ses voiles. *Un bâtiment bien voilé, mal voilé. Un bâtiment voilé en brick. Une embarcation voilée à antennes.* || T. Photogr. *Plaque voilée*, cliché dont toute la surface a reçu une faible impression lumineuse de sorte que l'image apparaît comme recouverte d'un voile gris.

VOILERIE. s. f. [Pr. *voua-leri*] (R. *voile*). T. Mar. Lieu où l'on fait, où l'on raccommode les voiles des bâtiments.

VOILETTE. s. f. [Pr. *voua-lè-te*]. Petit voile que les femmes ajustent sur leur chapeau et qui ne leur couvre que le visage.

VOILIER. s. m. [Pr. *voua-lié*]. Ouvrier qui travaille aux voiles, qui veille à ce qu'elles soient en bon état et les raccommode. *Maître v.* || On dit encore d'un bâtiment qu'*Il est bon* v., *mauvais* v., Selon qu'il porte bien ou mal la voile, qu'il marche bien ou mal sous l'action du vent. On dit de même, *Cet aviso est fin* v. *C'est le meilleur* v. *de la flotte.* Se dit aussi des oiseaux. *Le faucon est bon* v. || T. Icht. Genre de *Poissons osseux.* Voy. SCOMBÉROÏDES, I. = GRANDS VOILIERS. s. m. pl. T. Ornith. Voy. LONGIPENNES.

VOILIÈRE. s. f. [Pr. *voua-lière*] (R. *voile*). T. Géom. Courbe formée par la section d'une voile enflée par le vent.

VOILURE. s. f. [Pr. *voua-lure*] (R. *voile*). L'ensemble des voiles que porte un bâtiment. *Il ne manque rien à la v. de ce vaisseau.* || Se dit aussi de la quantité de voiles que porte un bâtiment, et de la manière dont il les porte pour prendre le vent. *Il fallut diminuer de v. Nous fûmes obligés de changer de v. quatre fois en un jour.* || T. Techn. Courbure d'une planche, d'une feuille de métal qui se déjette.

VOIR. v. a. [Pr. *vouar*] (lat. *videre*, m. s.). Recevoir les images des objets par l'organe de la vision. *Je vois un homme. Il craint d'être vu. De loin on voit les objets bien autrement qu'ils ne sont. Il ne voit pas les objets à deux pas de lui. Dans son cachot, il ne voyait le jour que par un étroit soupirail. Je la vis par réflexion dans la glace. Je l'ai vu de mes propres yeux, vu de mes yeux. Je l'ai vu comme je vous vois.* V. *en songe,* v. *en dormant,* Imaginer, croire v. en dormant. — Fam., et par exag., pour louer extrêmement quelque chose, on dit, *Qui ne l'a pas vu, n'a rien vu.* On dit encore, soit pour louer, soit pour blâmer : *On n'a jamais vu pareille chose, une chose pareille. On n'a jamais rien vu de pareil. Vit-on jamais rien d'égal?* — Poétiq., V. *le jour,* Être né, vivre. *Depuis que je vois le jour. Il n'avait pas encore vu le jour. Il n'est pas digne de* v. *le jour.* — Fig., V. *de loin,* v. *bien loin,* Avoir beaucoup de pénétration, de prévoyance. Fam., dans le sens contraire, on dit de quelqu'un qui a peu de lumière, peu de prévoyance, *Il ne voit pas plus loin que son nez, que le bout de son nez.* — *Cet homme a vu la mort de près,* Il a été sur le point de périr. — V. *quelqu'un de bon œil.* Voy. **ŒIL.** — Fig., on dit encore, *Cette hauteur voit, voit le rempart de la place,* De cette hauteur on découvre la place, le rempart de la place, en sorte qu'on est à portée de la battre avec du canon. On dit de même, *Cette hauteur voit tel ouvrage à revers,* De cette hauteur on voit l'ouvrage, en sorte qu'on peut le battre par derrière. On dit, en parlant d'un livre, d'un ouvrage, *Il n'a pas encore vu le jour,* pour signifier qu'il n'a pas encore été publié. *Mes mémoires ne verront le jour qu'après ma mort.* || *Voir,* se dit aussi des actions, des faits, des événements qui s'accomplissent sous les yeux d'une personne, dont elle est témoin. *Les gens que nous avons vus arriver, que nous avons vu mener en prison. Je la vois qui vient. C'est un homme que j'ai vu autrefois bien pauvre. J'aime à v. les gens joyeux et contents. Je n'ai jamais vu pareille douleur, pareille affliction. Les événements que nous avons vus s'accomplir.* Elliptiq., *J'en crois des témoins qui ont vu.* — Par ext., se dit des faits, des événements contemporains, bien qu'on n'en ait pas été témoin. *Les révolutions que nous avons vues. Cette réforme aura lieu, mais nous ne la verrons pas,* Nous serons morts avant qu'elle s'effectue. — Fam., *Qui vit jamais rien de plus imprudent? Voyez quelle insolence! Voyez l'insolence.* Fam. et comme par défi, on dit encore : *Je voudrais bien v. cela. Je voudrais bien v. qu'il osât me frapper. Faites cela et vous verrez. Faites cela pour v. C'est ce qu'il faudra v. Nous verrons bien.* — *J'ai vu le temps que l'on faisait....., J'ai vécu dans le temps où l'on faisait..... J'ai vu l'heure que, j'ai vu le moment que,* Peu s'en est fallu que. — Fig., *Cette mer a vu bien des naufrages; Cette plaine a vu bien des combats,* etc., Cette mer a été le théâtre de beaucoup de naufrages, etc. On dit à peu près de même : *Notre pays a vu bien des révolutions,* etc. *Chaque année voyait une nouvelle calamité fondre sur ce malheureux pays.* — Fig., V. *venir quelqu'un,* Démêler, découvrir, connaître par ses démarches quel est son dessein. *Il y a longtemps que je le vois venir. Je l'ai vu venir de loin,* Il y a longtemps que, malgré ses détours, j'ai découvert son intention, son but. V. *venir quelqu'un,* signifie encore attendre qu'une personne fasse les premières démarches, pour régler sur cela les siennes, et voir quel parti on doit prendre. *Nous voilà en mesure; maintenant attendons-le, voyons-le venir,* en absol., *voyons venir.* — En T. Pratiq., *Assigner pour v. dire et ordonner,* Assigner pour être présent au prononcé du jugement, de la sentence. || *Voir,* signifie aussi regarder, considérer avec attention. *Ce monument mérite d'être vu. Il faut v. cet objet au microscope. Voyons un peu ce qu'il va faire. Venez v.* — *A* v., Lorsque l'on considère. *A v. les dépenses qu'il fait, on croirait qu'il jouit d'une grande fortune.* — Fam., on dit à une personne qui doute de ce qu'on lui dit. *Si vous ne le croyez pas, allez-y v.* On dit aussi, quand on doute de quelque chose et que cependant on ne veut pas se donner la peine de l'examiner, de la vérifier. *J'aime mieux le croire que d'y aller v.* Popul., on dit encore, pour rabaisser une chose qu'une autre personne fait trop valoir. *Voilà un beau venez-y v.* — Fam., *Je voudrais bien vous v. à ma place, je voudrais bien vous y v.,* se dit à quelqu'un qui critique, qui trouve à redire à ce que l'on fait, sans tenir compte des difficultés de la chose ou de la position. — Fam. et ironiq., on dit encore, *Il fait beau v. que, il ferait beau v. que...,* C'est un ce serait une chose curieuse, ridicule que.... *Il fait beau vous v., à votre âge, vous amuser à* ces bagatelles. || Inspecter, surveiller, veiller à. *Qu'avez-vous à v. dans ma maison? Allez v. aux ouvriers. Voyez à la dépense. Voyez à ce qui se passera.* Fam., *C'est à vous à v. qu'il ne lui manque rien. Voyez à nous faire souper,* etc., Ayez soin de nous faire souper, etc. || Examiner. *Le rapporteur n'a pas encore vu mon procès. Il faudra v. cette affaire à fond. Si cela arrive, nous verrons ce qu'il faudra faire. Voyez si cela vous accommoderait. Ceci est à v.* — Fam., on dit d'une affaire au sujet de laquelle on ne veut point encore prendre de parti, *Je verrai, nous verrons; il faut v., il faudra v.* || Essayer, éprouver, vérifier. *Voyez si cet habit vous va bien. Nous verrons s'il osera soutenir son imposture. Je voulais v. jusqu'où irait sa patience. Voyez si le vin est bon, si ce pain est assez cuit, si cet instrument est d'accord, si c'est la même odeur. Voyez s'il est chez lui, s'il est revenu de la campagne,* Informez-vous s'il est chez lui, etc. || Remarquer. *J'ai vu dans Hérodote, dans Tite-Live que... Où avez-vous vu cette particularité?* — Dans les livres, on emploie ordinairement l'impératif *Voyez,* ou l'infinitif *Voir,* pour indiquer un renvoi, pour invoquer une autorité, pour engager à consulter tel ou tel auteur. *Voyez ci-dessus. Voyez la note ci-dessous.* V., *sur cette question, le mémoire de tel auteur.* || V. *quelqu'un,* se dit souvent pour lui faire visite, afin de lui parler, de l'entretenir de quelque affaire, etc. *Je l'ai été v. deux fois. Il faudra v. vos juges, votre rapporteur.* Dans ce sens, un aveugle même dit, *J'irai vous v.* — *Il n'a point encore vu l'empereur depuis son retour,* Il ne s'est pas encore présenté devant lui. *Il a vu l'empereur dans son cabinet,* Il a une audience particulière. — *C'est le médecin qui voit la malade,* Qui la traite, qui lui donne des soins. On dit la même chose d'un confesseur qui dirige la conscience d'un malade. || Signifie encore fréquenter. *Qui voit-il dans son quartier? Il voit bonne compagnie, mauvaise compagnie. Ce n'est pas un homme à v., une femme à v.,* se dit d'une personne qu'il n'est pas convenable de fréquenter. — On dit d'un homme qui vit dans la retraite, ainsi que d'un homme qui ne veut pas recevoir de visite. *Il ne voit personne.* On dit encore dans ce dernier sens. *J'ai été chez lui aujourd'hui, mais on ne le voyait point. Personne ne peut le v.,* Cette dernière phrase se dit aussi d'un détenu. — V. *une femme,* signifie quelquefois avoir avec elle un commerce charnel. *Il y a longtemps que son mari ne la voit plus.* || *Voir,* se dit encore des connaissances que l'on acquiert par l'expérience, par la fréquentation des hommes, par les voyages, etc. *C'est un homme qui a beaucoup vu. Il a vu beaucoup de pays. Il faut v. le grand monde pour se façonner. La bataille fut gagnée par des conscrits qui voyaient le feu pour la première fois. Il n'a pas encore vu la mer,* Il n'a pas encore navigué. — Fam., *Nous en avons vu bien d'autres,* se dit pour signifier qu'on méprise les menaces de quelqu'un, ou qu'on ne s'inquiète pas des dangers présents, des événements dont on est témoin. — Fig. et fam., *Cet homme, cette femme a vu le loup.* Voy. **LOUP.** Pop., *C'est un homme qui n'a jamais rien vu que par le trou d'une bouteille,* se dit de quelqu'un qui n'a jamais fréquenté le monde. || Fig., S'apercevoir, prévoir, comprendre. *Ne voyez-vous pas qu'il vous trompe? Je vis un peu tard qu'il s'était moqué de moi. Il n'a pas vu les suites de son imprudence.* V. *clair dans une affaire. Je vois clairement son dessein.* || Fig., Juger, apprécier. *Je vois la chose comme vous. Je vois cela différemment de vous. Je vois autrement que vous. Je ne vois rien d'impossible à cela. On voit souvent ce qu'on imagine et ce qu'on désire, au lieu de ce qui est. Je vois ce que j'ai à faire.* — Elliptiq., *C'est ainsi que je vois. Il voit comme moi. Chacun a sa manière de v.* || Fig., signifie encore, reconnaître, considérer comme. *Ceux qui n'ont vu dans Charlemagne qu'un guerrier, n'ont pas compris la grandeur de son génie.* || Fig., Connaître par l'intelligence. *Dieu voit toutes choses. Dieu voit le fond des cœurs.* || L'impératif *Voyons* est souvent usité comme formule d'encouragement, d'exhortation, etc. *Voyons, parlez-moi franchement, que pensez-vous de cette conduite? Voyons, mon enfant, pourquoi as-tu dit cela?* — Fam., on emploie encore fréquemment les expressions *Voyez, voyez-vous, voyez-tu,* uniquement pour attirer l'attention. *Eh bien! voyez; si vous voulez réussir, il faut... C'est que, voyez-vous, il faut prendre garde à ce qu'on fait. Vois-tu, mon cher, il est inutile de gémir; cela n'avance à rien.* || Faire v., Montrer, faire connaître, présenter. *Il a fait v. sa blessure au chirurgien. Je vous ferai v. toutes les curiosités du pays. Il a fait v. toute son étourderie. Cela vous fait v. que. Cette expérience fait v. que...* — Fam. et par mémace, Je lui ferai bien v. à qui il a affaire, à qui il s'adresse, à qui il se joue, Je lui apprendrai, je lui ferai connaître, etc. — Fig. et fam., Faire v. du pays à quelqu'un. Voy. PAYS. || Laisser v., signifie aussi, montrer, découvrir, ne pas cacher, faire entrevoir. Il s'est laissé v. tel qu'il est. Il a trop laissé v. sa mauvaise humeur. Il ne laisse rien v. de ce qu'il a dans le cœur. Il m'a laissé v. qu'il était disposé à un accommodement. = Voir, s'emploie quelquefois neutralement, surtout en parlant de la puissance ou de la faiblesse de la vue. V. clair, trouble. V. distinctement, confusément. V. double. V. mal. V. de près, de loin. Il ne voit goutte. Il n'y voit goutte. — Fig., se dit dans le sens de juger. C'est un homme qui voit tout de travers. Il voit bien, il voit juste, il voit mal dans cette affaire. || On dit aussi qu'Une maison voit sur un jardin, sur une rue, pour signifier que de cette maison on a la vue du jardin, de la rue. || En parlant d'une femme, signifie quelquefois avoir ses règles. Cette femme voit régulièrement. = SE VOIR, v. pron. Apercevoir sa propre image par réflexion. Se v. dans un miroir. Quand elle se vit si défaite, elle eut peur d'elle-même. || Se regarder mutuellement. Quand ils se virent pour la première fois... Ils se sont vus, mais ils ne se sont pas parlé. — Signifie aussi, se rencontrer. Il y a trois ans que nous ne nous étions vus. || Nous nous voyons souvent, Nous avons des relations habituelles, nous nous visitons souvent. Ces dames se voient presque tous les jours. Dans le sens contraire, on dit : Ces deux personnes ne se voient point, Elles n'ont aucun commerce l'une avec l'autre, elles sont mal ensemble. || En parlant des choses, être vu, être aperçu. Ce dôme se voit de très loin. Cela se voit du premier coup d'œil. || Cela se voit tous les jours, Cela arrive journellement, très fréquemment. Dans le sens contraire, on dit : Cela ne s'est jamais vu, ne s'est point encore vu, ne s'était point encore vu, Cela n'est jamais arrivé, n'est point encore arrivé. || Se v., signifie aussi se juger, se considérer comme... On se voit d'un autre œil qu'on ne voit son prochain. Il se voit à la veille d'une catastrophe. || Se v., se dit encore dans un sens particulier, où il équivaut à peu près au v. Être. Elle se voit dans la misère après avoir été dans l'opulence. Je me vis sans ressource. Il se voyait abandonné et méprisé de tous. Elle est fière de se v. admirée. = Vu, UE. part, Le Colisée vu au clair de la lune produit une impression singulière. Les grands hommes vus de près nous offrent souvent plus de faiblesses que les hommes ordinaires. — Il est bien vu partout, Partout il est estimé, considéré, bien accueilli. Il est mal vu partout, se dit dans le sens contraire. || Vu s'emploie d'une manière absolue et invariable dans certaines formules d'Admin., de Chancell. et de Prat., et signifie après avoir vu, considéré. Vu l'arrêté préfectoral en date du... Vu les raisons et allégations de part et d'autre. Vu les arrêts énoncés. Vu par la cour les pièces mentionnées. || Vu, s'emploie aussi substantiv. ainsi, on dit, en T. Prat., Le vu d'un arrêt, d'une sentence, Ce qui est énoncé dans un arrêt rendu sur les productions respectives, les pièces, les raisons qui y sont énoncées avant le dispositif; et en T. Admin., Sur le vu des pièces, Après avoir examiné les pièces. — Fam., on dit, Cette chose s'est faite, au lieu, au vu, et plus ordinairement, au vu et au su de tout le monde, Tout le monde l'a vu, en a été témoin, en a été instruit. || Vu, est encore usité comme prép., et signifie attendu, eu égard à. Vu les inconvénients de ce procédé. On passa outre, vu l'urgence, sans attendre l'autorisation demandée. La récompense est mince, vu ses services. || Vu QUE. loc. conj. Attendu que, puisque. Je m'étonne qu'il ait fait cela, vu qu'il n'est pas très hardi. Comment avez-vous entrepris cette affaire, vu que vous saviez bien...? = Syn. Voy. APERCEVOIR.

Conj. — Je vois, tu vois, il voit; nous voyons, vous voyez, ils voient. Je voyais, tu voyais, il voyait; nous voyions, vous voyiez, il voit; nous voyions, vous voyiez, il voit, il vit; nous vîmes, vous vîtes, ils virent. Je verrai; nous verrons. — Je verrais; nous verrions. — Vois; voyons, voyez. — Que je voie, que tu voies, qu'il voie; que nous voyions; que vous voyiez, qu'ils voient. Que je visse, que tu visses, qu'il vît; que nous vissions, que vous vissiez, qu'ils vissent. — Voyant. Vu, vue.

VOIRE. adv. [Pr. voua-re] (lat. vere, m. s.). Vraiment. Vous allez à Paris? Voire. Inusité. — Autrefois, on disait aussi, Voirement, pour la vérité. Il y a voirement quelques articles qui ne sont plus d'usage. || Fam., se dit encore dans le sens de même. Tout le monde fut de cet

avis, v. monsieur un tel, qui n'est jamais de l'avis de personne. — Se joint quelquefois à Même. Ce remède est inutile, v. même pernicieux.

VOIRIE. s. f. (R. voie). T. Admin. — Dans le langage administratif, on désigne sous le nom de voirie, l'ensemble des voies de communication par terre et par eau, ainsi que les règles relatives à leur établissement, à leur conservation et à leur police. On trouve dans l'ancienne législation française de nombreux règlements, soit généraux, soit locaux, relatifs à la v.; mais ce fut Henri IV qui le premier comprit toute l'importance de cette branche de l'administration. En conséquence, il créa pour la direction de ce service l'office de Grand-voyer dont il chargea le sage Sully, en même temps que, par l'édit de décembre 1607, encore aujourd'hui en vigueur, il réglait la police des rues et chemins, ainsi que la juridiction en matière de v. En 1626, la charge du grand-voyer fut supprimée; mais ses attributions furent conférées à des fonctionnaires qui, sous le titre de Trésoriers de France, avaient, dans chaque généralité, pouvoir réglementaire et juridiction en matière de domaine, de finance et de v. Au reste, depuis l'édit de 1607, une foule de points concernant la v. furent réglés, soit par des édits royaux, soit par des arrêts du conseil d'État, soit par des ordonnances des Bureaux des finances où siégeaient les trésoriers de France. À l'époque de la Révolution, la Constituante, par la loi des 19-22 juillet 1791, confirma provisoirement les règlements relatifs à la v.; mais elle établit la distinction de la grande et de la petite v., en plaçant la seconde dans les attributions de l'autorité municipale, tandis que la première restait attribuée à l'autorité centrale du département. Actuellement, la Grande v. comprend les routes nationales, départementales et stratégiques, les chemins de fer, les rues des villes, bourgs et villages qui sont le prolongement des routes nationales et départementales, les cours d'eau navigables ou flottables, les quais des villes sur les rivières navigables, les ponts, bacs et bateaux publics, les ports maritimes de commerce, et, en général, tout ce qui concerne les grandes communications par terre ou par eau. La Petite v. embrasse la construction, l'entretien et l'éclairage des chemins vicinaux et des rues des communes. Néanmoins il y a une exception pour les rues de Paris, qui appartiennent toutes à la grande v. En matière de grande v., l'administration appartient aux préfets; les contraventions aux règlements et ordonnances sont constatées, poursuivies et réprimées par la voie administrative; enfin, les conseils de préfecture sont chargés de prononcer sur toutes les difficultés qui s'élèvent en matière de grande v., et sont seuls compétents pour juger ces contraventions. Les appels des décisions de ces conseils sont portés devant le Conseil d'État. L'administration de la petite v. est confiée aux maires, qui sont chargés de tout ce qui intéresse la sûreté et la commodité de la circulation dans les rues, places et voies publiques. La connaissance des contraventions de v. urbaine et de police municipale est attribuée au tribunal de simple police, qui applique les peines prononcées par le Code pénal. — Bien que toutes les rues de Paris, comme nous l'avons dit, appartiennent à la grande v., cela ne doit s'entendre que sous certains rapports. En effet, l'administration de la v. de Paris est partagée entre le Préfet de la Seine et le Préfet de police. Au premier sont attribuées toutes les questions relatives au percement, à l'élargissement, à l'alignement, au pavage des rues, à la construction des maisons, à leur hauteur totale et à celle des étages, à la propreté des trottoirs, à la construction des égouts et des conduites d'eau ou de gaz, à l'établissement des fontaines, des trottoirs, des saillies fixes, etc. Mais c'est le Préfet de police qui est chargé de tout ce qui concerne les saillies mobiles, comme échoppes et baraques, la liberté et la sûreté de la circulation, l'éclairage, le balayage et le nettoyage des rues, les arrosements de la voie publique, etc. Ces derniers services constituent, à Paris, la Petite v. ou la V. municipale. Voy. CHEMIN, ROUTE.

On désigne encore sous le nom de Voirie le lieu où l'on dépose les boues et les immondices enlevées dans les rues, ainsi que les produits de la vidange des fosses d'aisances. Ces voiries sont toujours situées à une certaine distance des villes, afin que leurs exhalaisons plus ou moins méphitiques n'incommodent pas les habitants.

VOIRON, ch.-l. de c. (Isère), arr. de Grenoble; 11,600 hab

VOISENON (Abbé DE), poète et conteur fr. (1708-1776).

VOISIN (LA), femme accusée d'avoir vendu à la marquise

de Brinvilliers, des poisons dits alors *Poudres de succession*, fut condamnée et brûlée en place de Grève à Paris (1680).

VOISIN, INE. adj. [Pr. *voua-zin*] (lat. *vicinus*, m. s., de *vicus*, village). Qui est proche, attenant, limitrophe, séparé par une faible distance. *Deux maisons, deux rues, deux paroisses voisines. Les terres voisines de la rivière. Les États voisins de la France. Nous ne saurions être plus voisins.* — Fig., *Ce discours emphatique est v. du galimatias. C'est une indélicatesse bien voisine de l'escroquerie.* || On dit encore de quelqu'un qui est au moment d'être ruiné ou de se perdre, etc., *Il est v. de sa ruine, de sa perte.* == **VOISIN, INE.** s. Celui, celle qui demeure auprès d'une autre personne. *Mon v. Ma voisine. C'est mon proche v. Il a pour v. monsieur un tel. Il faut en avertir les voisins.* == Syn. Voy. PROCHAIN.

VOISINAGE. s. m. [Pr. *voua-zinaje*] (R. voisin). Proximité. *Le v. de la forêt nous donne beaucoup d'humidité. Les lieux voisins, les alentours. On l'a cherché dans tout le v. La grêle a ravagé tout le v. Les maisons du v.* || Se dit aussi collect. pour tous les voisins. *Cela mit en rumeur tout le v. Un bon, un mauvais v.*

VOISINER. v. n. [Pr. *voua-ziner*]. Visiter familièrement ses voisins. *Je n'aime point à v.* Prov., *Il n'est bon voisin qui ne voisine.*

VOITEUR, ch.-l. de c. (Jura), arr. de Lons-le-Saulnier, sur la Seille; 1,100 hab.

VOITURE. s. f. [Pr. *voua-ture*] (lat. *vectura*, transport, de *vectum*, sup. de *vehere*, porter). Le port, le transport des marchandises, etc. *Il a payé tant pour la v. de ces marchandises. La v. de mes bagages se fit par mulets, par bateau, etc. V. par eau. V. par terre.* — *Lettre de v.* Voy. TRANSPORT. || Se dit aussi des personnes ou des choses que l'on transporte. *Le roulier s'en est retourné à vide, il n'a pas trouvé v. Le voiturier jurait et pestait parce qu'il n'avait que demi-v. Il a v. complète.* || Se dit encore de ce qui sert au transport des personnes, des marchandises, etc. *Quelle v. prendrez-vous pour vous en retourner? Je prendrai la v. d'eau. Le bateau est une v. fort commode. La litière est la v. préférée par les Chinois.* || Dans un sens plus particulier, se dit de tout appareil monté sur des roues, et qui est ordinairement traîné par des chevaux. *Une v. rude, douce. V. à deux roues, à quatre roues. V. suspendue. Une v. à bras. V. attelée de deux chevaux. On mit les chevaux à la v. Les voitures publiques. V. particulière. Je trouvai une v. d'occasion. Monter en v. Descendre de v. La v. a versé. Les voitures des chemins de fer destinées aux voyageurs sont divisées en trois classes. Ce convoi n'a que des voitures de première classe. V. de vin, de paille, de pierres.* Une v. chargée de vin, etc. — Dans un sens plus restreint, signifie Carrosse. *Fabricant de voitures. Faites avancer ma v. Il a pris v.* Fam., *Il a mis bas sa v., ou il a mis v. bas*, Il n'a plus de voiture à lui. — Fam. et par plaisanterie, *Il est venu par la v. des cordeliers*, Il est venu à pied.

Techn. — I. *Voitures ordinaires.* La plus simple de toutes les voitures est la *Charrette*: aussi l'a-t-on rencontrée chez tous les peuples. Elle consiste essentiellement en une plate-forme montée sur deux roues. La plate-forme est supportée par deux pièces de bois parallèles entre elles que l'on appelle *Limons* et qui sont réunies par des traverses, sur lesquelles on établit un plancher: ces traverses sont appelées *Épars* en dessous, et *Burelles* en dessus. Les deux limons se prolongent en avant d'une longueur un peu supérieure à celle d'un cheval, et c'est entre les deux bras que représentent ces prolongements que l'on attelle le cheval nommé *limonier*. Souvent on fixe à droite et à gauche, sur les limons, au-dessus de la plate-forme, des clayonnages qui s'élèvent presque verticalement, et qu'on appelle *Ridelles*. Ces clayonnages sont soutenus par des bâtons nommés *Ranchers*. Parfois encore on ferme le fond et le devant de la charrette par des *Clayons* qu'on met et qu'on ôte à volonté, et qu'on peut remplacer par d'autres plus élevés et divergents afin d'augmenter la capacité de la v.: ces sortes de clayons sont appelées *Cornes*. Les *charrettes* n'ont que deux roues. Quand elles en ont quatre, on leur donne le nom de *Chars*, de *Chariots*, de *Camions*, etc. Ces sortes de voitures ont un *Avant-train*, c.-à-d. que les roues de devant sont montées sur un essieu

mobile autour d'un axe vertical appelé *Cheville ouvrière*, fixé à une pièce de bois ou de fer formant la traverse antérieure de la plate-forme. L'avant-train est relié à l'arrière-train par une pièce de bois cambrée appelée *flèche*. La forme extérieure de la v., son mode de support par rapport à l'essieu des roues, le nombre de ces essieux et des roues, diffèrent suivant l'usage auquel elle est destinée; on lui donne les noms de *voitures à deux* ou à *quatre roues*. Les types de la *Charrette* et de cette sorte de v. que l'on nomme *Tombereau* se rencontrent fréquemment l'un et l'autre; ils s'emploient pour le transport des matières lourdes et encombrantes. La caisse de la charrette est quelquefois supportée par des *Ressorts* plus ou moins élastiques fixés aux limons, à l'aplomb de l'essieu et des roues, et au-dessous de la caisse elle-même. Dans ce cas, la v. est dite *suspendue*. Le tombereau, au contraire, n'est jamais suspendu. Un gros tasseau de bois fixé d'une manière quelconque et de chaque côté, au-dessous des limons forme une sorte de coussinet qui entoure en partie l'essieu et constitue le mode de raccord de la caisse avec cet essieu. Du reste, le tombereau ne sert jamais à autre chose qu'au transport de matériaux neufs ou de rebut. Par contre la charrette peut être utilisée à l'occasion comme véhicule de voyageurs, c'est pourquoi elle est souvent munie de ressorts. Quant aux voitures spécialement destinées au transport des voyageurs et d'objets de peu de poids, elles possèdent souvent quatre roues. Dans ces véhicules, la caisse forme une petite chambre fermée en tout ou en partie, pour mettre les personnes à l'abri. Lorsque le système le comporte, le devant de la v. et les portières, constituées par des panneaux que l'on peut ouvrir ou fermer, situés à droite et à gauche, sont la plupart du temps munies de glaces qui laissent entrer l'air et la lumière. Certaines voitures peuvent même se découvrir plus ou moins complètement, le toit étant formé par des espèces de soufflets en cuir appelés *Capotes* qu'on replie ou qu'on étend à volonté. La plupart des voitures de luxe ont quatre roues; il y en a pourtant qui n'en ont que deux, comme le *Cabriolet* et le *Tilbury*, qui sont des voitures à deux places. Lorsqu'elles ne doivent être attelées que d'un cheval, celui-ci est placé entre deux limons, qu'on nomme *Brancards*, et tire sur un *Palonnier*, pièce de bois ou de fer mobile qui est attaché par son milieu à la traverse de devant, et aux deux extrémités de laquelle s'attachent les *traits*. Pour les voitures à deux chevaux, le brancard est remplacé par une pièce de bois unique, appelée *Timon*, qui est située dans le prolongement de l'axe de l'avant-train. Ce timon est fixé à l'avant-train au moyen d'une clavette qui traverse le gros bout du timon et les extrémités de deux pièces de bois, nommées *Armons*, entre lesquelles est placé le timon. Ces chevaux, ainsi séparés l'un de l'autre par le timon, tirent sur des palonniers. Les détails de construction de ces voitures varient d'ailleurs considérablement, selon le goût et les caprices de la mode.

L'usage des voitures remonte à une haute antiquité. Les anciens et en particulier les Romains en avaient un fort grand nombre d'espèces, et leurs formes variaient, comme chez nous, suivant la destination qui leur était assignée. Nous mentionnerons le *carrus*, qui était une sorte de tombereau; le *plaustrum*, qui n'était autre chose que notre charrette; le *chamulcus*, qui était un véritable camion; le *clabulare*, sorte de chariot muni latéralement de parois à claire-voie; la *benna*, espèce de carriole d'osier; l'*esseda*, qui était un chariot découvert, ouvert par devant et fermé par derrière; le *carpentum*, carriole à deux roues recouverte d'un toit en forme d'arceau; la *rheda* et l'*armamaxa*, sortes de tapissières à quatre roues et munies de rideaux; la *carruda*, et le *pilentum*, sortes de voitures de luxe à l'usage des femmes; et enfin, le *cisium*, qui était un véritable cabriolet, mais sans capote. Cependant, aucune de ces voitures, pas même celles qui étaient destinées aux femmes, n'était suspendue. Par conséquent, malgré le luxe qu'on y déployait parfois, elles étaient extrêmement dures et fatigantes.

Dans toutes nos grandes cités, il existe des voitures publiques qui servent à transporter les voyageurs d'un point quelconque de la ville à un autre, moyennant un tarif déterminé, lequel a été arrêté d'un commun accord entre les entrepreneurs et l'autorité municipale, ou imposé par cette dernière. À Paris, indépendamment des voitures de transport en commun, généralement connues sous le nom d'*Omnibus*, de *Tramways* à chevaux ou mécaniques, fonctionnant à la vapeur, à l'air comprimé ou électriquement, et qui font constamment le même trajet à heures fixes, il existe un grand nombre de voitures que l'on prend à la course ou à l'heure. Ces voitures sont distinguées en *V. de place* et en *V. de remise.* — Les *Voitures de place*, ou *Fiacres*, sont les plus nombreuses ; elles possèdent deux ou quatre places. Suivant que le voyageur emploie ces véhicules à la *course* ou à l'*heure*, il paye au taux d'un tarif déterminé et arrêté, mais qui varie suivant certaines heures de jour ou de nuit. Les tarifs actuellement en usage prêtent à de vives critiques et offrent de grands inconvénients. Le tarif à la course est assez injuste puisqu'on paie le même prix pour une petite course ou pour une longue ; il en résulte des difficultés entre le cocher et son client dès que la course est un peu longue. Quant au tarif à l'heure, les cochers le trouvent moins rémunérateur que l'autre, et en conséquence, ils refusent souvent de marcher à l'heure. On a, à plusieurs reprises, cherché à faire disparaître ces difficultés entre les cochers et le public au moyen d'un tarif au kilomètre : mais il faudrait munir les voitures d'un compteur kilométrique (Voy. COMPTEUR). Malheureusement, malgré les efforts des inventeurs, aucun compteur n'a pu être construit de manière à satisfaire à toutes les exigences de la pratique et du contrôle. Quant aux *Voitures de remise*, dites aussi de *grande remise*, leur emploi est subordonné à une entente préalable entre le voyageur et l'entrepreneur, quelquefois même le cocher, en ce qui concerne le prix de location.

La nomenclature des voitures particulières à quatre roues, est grande. Nous avons dit ce qu'étaient le cabriolet et le tilbury, véhicules à deux roues auxquels se rattachent les types de voitures ci-dessous : la *Charrette anglaise*, à deux ou à quatre places, avec un cheval attelé dans les brancards, le *Cab*. v. munie d'une capote où qui est conduite par un cocher juché sur un siège en arrière et au-dessus de cette capote, le *Dog-car*, v. de chasse, où il est possible de loger les chiens dans les compartiments ou boxes, sous les banquettes, etc., etc. Nous énumérerons ainsi les principaux systèmes de voitures à quatre roues dont font journellement usage, pour leur usage personnel, les personnes riches. En premier lieu, nous dirons quelques mots du *Break*, véhicule à quatre roues assez hautes, ayant deux places sur un siège occupant le devant du véhicule et quatre ou six places derrière sur deux sièges parallèles entre eux et placés en long, perpendiculairement au siège de devant. Le *Char à bancs* présente, comme le précédent véhicule, un siège à l'avant et deux autres à l'arrière installés dans la même manière que ceux du break. La *V. américaine* ou *Phaéton américain* est un véhicule haut sur roues avec deux sièges. L'un est situé à l'avant perpendiculairement à la caisse de la voiture, l'autre pouvant, comme le premier, servir à deux personnes est posé à l'aplomb des roues de derrière. Cette v. est munie d'une capote que l'on peut abaisser ou relever à volonté et qui recouvre tantôt le siège de devant, tantôt celui de derrière. Le *Spider* ou *Araignée*, rappelle comme forme de caisse, celle du phaéton ; les roues de la v. sont d'un diamètre très considérable, très fines de rais et de jantes, ce qui leur donne l'aspect de pattes d'araignées, d'où leur nom. Le *Petit* et le *Grand duc* sont des voitures basses sur roues, sans siège devant, avec un siège à l'arrière perpendiculaire à l'axe de la caisse et le plus souvent un troisième siège en porte à faux, sur lequel se hisse un domestique, derrière la capote du véhicule. La *Victoria* possède un siège à l'avant pour le conducteur et un second siège à deux places sur l'arrière de la voiture ; elle est en outre munie d'une capote s'ouvrant ou se fermant à volonté ; la caisse de la v. est peu élevée sur roues. Il n'en est pas de même du *Mylord*, véhicule analogue au précédent, plus haut sur roues. Le *Vis-à-vis*, nommé autrefois *Sociable*, est encore une v. semblable aux deux derniers types, comme aspect extérieur, mais sa caisse a deux sièges se faisant face, non compris celui qui est destiné au conducteur et qui occupe l'avant du véhicule. Le *Landau* a une caisse de dimensions beaucoup plus considérables que celles des voitures que nous venons de désigner. On peut l'employer à deux fins, soit comme *V. couverte* ou comme *V. découverte*. A cet effet, le landau est muni de deux capotes qui, lorsqu'on les relève, viennent appliquer leurs ouvertures l'une contre l'autre. Les dispositions de ces deux capotes sont telles, qu'il est possible de loger entre elles des portières et même des glaces transformant le landau en v. fermée. Le *Landaulet*, très usité aussi, est un petit landau qui n'a qu'une capote, celle d'arrière. Le *Coupé* qui comprend le *Grand* et le *Petit coupé*, suivant que son intérieur comprend quatre places ou seulement deux, est une v. entièrement fermée avec une porte de chaque côté de la caisse, ces portes étant munies de glaces que l'on peut fermer ou baisser à volonté.

Un siège extérieur est réservé pour le conducteur. Nous citerons encore pour mémoire, la *Berline*, grande v. à suspension spéciale dite *huit ressorts*, le *Mail-Coach*, possédant des sièges nombreux jusque sur son toit et qu'on emploie pour les excursions en nombreuse compagnie, les rendez-vous de chasse, les courses, etc. La *Calèche*, qui est une sorte de landau suspendu à huit ressorts, etc., etc.

II. *Voitures automobiles.* — Il ne faudrait pas croire que la *V. automobile* est d'invention récente ; loin de là. Un ingénieur français, Cugnot, a imaginé en 1769, la première v. pouvant, grâce à ses propres ressources, sans avoir besoin de chevaux, circuler sur routes. Son *Chariot à vapeur*, comme il le nommait lui-même, était constitué par un châssis sur lequel était installée une chaudière à vapeur, sorte de grosse marmite close, faisant fonctionner un mécanisme assez primitif qui actionnait les roues de ce véhicule. La vitesse que l'inventeur pouvait imprimer à sa v. était très faible ; elle variait entre *deux* et *cinq kilomètres* à l'heure. En dépit de cette lenteur relative, Cugnot ne réussit pas dans ses essais ; il éprouvait, au dire des auteurs ses contemporains, une difficulté très grande pour diriger son chariot qui, se guidant mal, venait à chaque instant se heurter contre les murs ou les maisons. Au bout de peu de mois, Cugnot se vit retirer l'autorisation qu'il avait obtenue à grand'peine, de faire circuler son chariot à vapeur dans les rues de Paris.

Ces essais malheureux firent qu'on attendit *cinquante-deux ans*, avant de voir surgir non plus en France, mais à l'étranger, en Angleterre, une invention similaire. C'est en effet, en 1821, que le mécanicien Griffith construisit son *Coche à vapeur* qu'il destinait au transport des marchandises légères et à celui des voyageurs. Il reçut du gouvernement anglais une patente lui octroyant le droit de véhiculer voyageurs et colis de la Cité jusque dans les faubourgs de Londres. Tous les maîtres de poste se liguèrent contre lui, et en très peu de temps Griffith se trouva dans l'obligation de suspendre le service public qu'il était chargé de desservir. Trois ans après, en 1824, Burstall et Hill, de même nationalité que Griffith, construisirent aussi une *V. à vapeur*. Bien que plus perfectionné dans tous ses détails que ceux de Cugnot et de leur compatriote, le coche à vapeur de ces deux inventeurs n'eut pas plus de succès que ceux de leurs devanciers. Il en fut de même de Gurney, qui, en 1828, voulut expérimenter une v. à vapeur de son invention. Ces véhicules, outre le mauvais vouloir, les impedimenta de toutes sortes que des entreprises rivales suscitaient constamment à leurs inventeurs, présentaient un nombre trop considérable de défauts, pour réussir. Ils étaient tous lourds, encombrants, et ne circulaient qu'à des vitesses extrêmement réduites, la plus grande ne dépassant pas *dix kilomètres* à l'heure sur un profil absolument horizontal de la route.

De nombreuses années s'écoulèrent encore, toutes ces tentatives tombant dans l'oubli. En 1859, deux Anglais, Fisher et le marquis de Stafford, imaginèrent simultanément et construisirent deux voitures à vapeur à peu près analogues. Suivant les besoins, elles pouvaient remplir le rôle de v. *locomobile* roulant sur *rails*, ou de v. *routière*. Malgré les perfectionnements apportés par leurs auteurs à la construction de leurs véhicules, les résultats qu'ils obtinrent dans leurs essais respectifs, ne furent pas sensiblement meilleurs que ceux de leurs devanciers. L'insuccès fut, en quelque sorte, la conséquence de la réelle imperfection des véhicules ; cet insuccès était du reste à prévoir. En effet, les voitures d'alors étant lourdes, exigeaient une machine motrice puissante et lourde aussi. De plus, le poids total de l'ensemble se répartissait mal sur l'essieu. De prime abord, le problème de la locomotion sur routes sans chevaux, paraissait insoluble. Il devait en être ainsi jusqu'au jour où l'on posséderait des moteurs à la fois légers et puissants et des matériaux légers et résistants pour construire la v. Après d'innombrables recherches, les constructeurs ont atteint ce double but. Comme force motrice on a choisi entre la vapeur, le pétrole, l'alcool ou l'électricité. Les machines qui donnent l'impulsion voulue au véhicule répondent aux conditions énumérées ci-dessus. Quant aux pièces de carrosserie, on est arrivé à les établir légères et très solides à la fois, grâce à l'utilisation généralement adoptée de tubes en acier remplaçant les lourdes barres d'autrefois.

Automobiles à vapeur. — L'Exposition universelle internationale de 1889 a vu naître un remarquable générateur, celui qui porte le nom de son inventeur, Serpollet. Ce générateur léger, peu encombrant, d'une grande puissance tout en étant absolument inexplosible, se prête à merveille à la construction de voitures à vapeur circulant sur la voie publique. En 1890, on a commencé à appliquer le générateur Serpollet à la commande de voitures automobiles à trois roues; celles de derrière montées sur le même essieu étaient actionnées par le moteur; la roue unique de devant était la roue directrice et était manœuvrée au moyen d'un levier à portée de la main du conducteur. Cette v. était, en somme, une sorte de tricycle à vapeur, et la puissance du moteur donnait un travail moyen de quatre chevaux. Grâce à ce système qui, depuis sa récente origine, a reçu de nombreux perfectionnements, il devenait possible de circuler sans danger, à la vitesse de 20 kilomètres à l'heure, sur des routes convenablement entretenues. Cela constituait déjà un notable progrès.

Quand il s'agit d'organiser un service de transport public entre deux ou un nombre plus considérable de localités dont

Fig. 1.
Voiture automobile dite Limousine, de Georges Richard.

l'importance ne justifie pas l'établissement d'un chemin de fer ou même d'un tramway; si, surtout, les routes ne sont pas trop accidentées, et bien entretenues, il existe deux modes de véhicules automobiles qui ont fait leurs preuves et donné des résultats très satisfaisants, lorsque l'on veut, comme puissance motrice, faire appel à la vapeur. Le premier de ces systèmes, le plus ancien en date, porte le nom de ses inventeurs. Il s'agit du *Tracteur de Dion et Bouton*, sorte de minuscule locomotive routière, n'ayant aucun des inconvénients que présente celle-ci. Ce tracteur s'attelant devant un véhicule de forme quelconque, remplace l'attelage de chevaux. Le tracteur, du poids de 2,000 kilogrammes y compris son personnel et ses approvisionnements d'eau et de charbon, remorque aisément une charge de 4,200 kilogrammes, à une vitesse moyenne de 20 kilomètres à l'heure, et une dépense kilométrique insignifiante. Le second véhicule automobile à vapeur a été imaginé par Scotte. Sa forme extérieure rappelle celle d'un tramway portant sa machine motrice dissimulée dans un compartiment séparé de celui qui est réservé aux voyageurs. Cette v. automotrice qui pèse avec ses approvisionnements de charbon et d'eau, ses deux conducteurs et ses douze voyageurs, environ 4,000 kilogrammes, peut remorquer une autre v. contenant 21 voyageurs. La vitesse de ce convoi, qui a reçu le nom de *train Scotte*, peut facilement atteindre 12 à 15 kilomètres à l'heure. Ajoutons que des services publics, soit avec le tracteur de Dion et Bouton, soit avec le train Scotte, ont été installés et fonctionnent avec succès sur différents points de notre territoire. Le moteur Serpollet se prête bien à la production de vapeur pour ces genres d'automobiles.

Automobiles à pétrole. — Les *moteurs à pétrole* sont généralement ceux que l'on emploie le plus, surtout quand il s'agit de les installer sur une v. routière particulière. Ces moteurs peuvent aisément se loger dans le coffre du véhicule à

l'avant ou à l'arrière. Lorsque ces types de moteurs sont mis en usage, ils présentent un avantage très appréciable sur les moteurs à vapeur. En effet, le conducteur n'a besoin de posséder aucune connaissance technique; de plus, leur manœuvre est des plus simples et l'approvisionnement de pétrole est assuré partout. On est arrivé ainsi à construire les types connus en carrosserie courante sous les noms les plus divers : *victorias, phaétons, coupés, omnibus de famille* appelés aussi *Limousines* (Fig. 1, Voiture automobile dite Limousine, de Georges Richard), *phaétons-tonneaux*, à cause de la

Fig. 2.
Voiture automobile, Phaéton-Tonneau, de Georges Richard.

forme un peu massive du véhicule, etc. (Fig. 2, Voiture automobile, Phaéton-Tonneau, de Georges Richard). Cependant ces types de voitures automobiles présentent des inconvénients, d'abord l'odeur désagréable que dégage le liquide en brûlant et aussi le mouvement de trépidation dû aux explosions du moteur, mouvement qu'on est cependant parvenu à détruire à peu près complètement.

Le moteur de Dion et Bouton est le plus fréquemment usité. Il fonctionne avec des vapeurs hydrocarburées. L'air entrant dans l'appareil sous l'effet de l'aspiration des pistons traverse une couche de gazoline qui se vaporise. Le mélange ainsi formé d'air et de vapeurs de pétrole, venant au contact d'un tube maintenu incandescent par un brûleur, est porté à une certaine température et le mélange explosif pénétrant dans le cylindre du moteur s'y comporte comme le ferait le

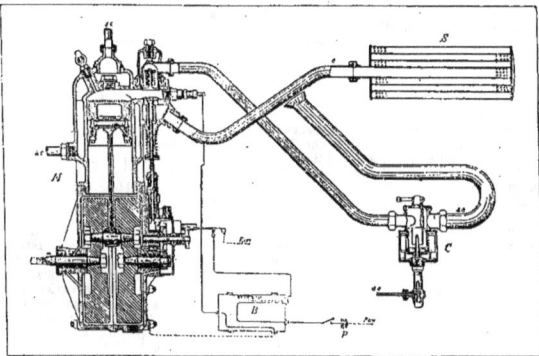

Fig. 3. — Schéma du système moteur à pétrole de Dion-Bouton.

gaz d'éclairage dans un moteur à gaz (Fig. 3, Schéma du système moteur à pétrole de Dion-Bouton. — *M* Moteur; *C* Carburateur; *S* Silencieux; *P* Piles; *B* Bobine; *e* Echappement; *ae* Arrivée d'essence; *au* Arrivée d'air; *ac* Arrivée d'eau; *se* Sortie d'eau).

Sans nous appesantir outre mesure sur les dispositifs particuliers qui caractérisent ce moteur, nous dirons que sous l'un des côtés du bâti de la v., se trouve un accouplement à friction, commandant un arbre de couche qui porte trois pignons inégaux engrenant respectivement avec les roues d'un autre arbre intermédiaire actionnant à son tour, au moyen d'une paire de pignons coniques, une chaîne galle qui tourne dans la gorge d'une roue calée sur l'arbre moteur de la v. Ces engrenages ont pour but de modifier la vitesse suivant les circonstances, vitesse minimum au moment du démarrage et aussi dans les rampes, mais qui atteint son maximum en palier. On peut ainsi marcher à des vitesses qui varient de 5 à 40 kilomètres à l'heure. C'est le conducteur qui, à l'aide d'un levier placé à sa portée, modifie la vitesse. Un double frein permet de changer encore cette vitesse suivant les circonstances; le premier frein employé pour la marche courante agit par une pédale sur l'arbre du pignon de la chaîne galle ; le deuxième qui ne sert pour les descentes très rapides, et quand on veut produire un arrêt brusque, agit sur l'essieu de la v. par l'intermédiaire de leviers. Une pédale, qui actionne un balancier, permet de débrayer le plateau de l'accouplement à friction. Quant au changement de direction, il s'obtient à l'aide d'un levier que le conducteur tient dans une main; en agissant sur ce levier il fait dévier dans un sens ou dans l'autre l'avant-train sur lequel sont montées les roues d'avant. Enfin, pour mettre la v. à pétrole, ainsi équipée, en marche, le conducteur tourne une sorte de manivelle placée à la partie antérieure de l'arbre de couche. La première explosion se produit instantanément et il ne reste plus qu'à abandonner le moteur à lui-même.

Tricycles automobiles. — En dehors des types de voitures automobiles que nous venons de décrire, on en a créé une troisième, c'est la catégorie des *Tricycles automobiles.* C'est la maison de Dion et Bouton qui a eu la première l'idée de munir un tricycle ordinaire d'un petit moteur à pétrole de la force d'un quart de cheval, pour actionner l'arbre des roues d'arrière, par un pignon et une roue dentée. Cette machine ayant une roue de pédales permet à celui qui la monte d'ajouter son effort musculaire à celui du moteur, pour gravir les côtes rapides. Avec un tricycle de ce genre pesant environ 45 kilogrammes, on peut aisément parcourir 20 kilomètres à l'heure en palier.

Il existe également un tricycle à pétrole qui a reçu le nom de son inventeur et s'appelle *voiturette Bolée.* Les deux roues directrices à l'inverse de ce qui existe dans le précédent tricycle, sont à l'avant, tandis que la roue motrice est à l'arrière. Ce véhicule est caractérisé par sa forme très basse qui assure une bonne stabilité. Le moteur et le réservoir de pétrole se trouvent à l'arrière et de chaque côté de la roue motrice; les sièges sont en avant. La carcasse de la voiturette est entièrement constituée de tubes creux, et les roues garnies de bandages pneumatiques. Cette v. automobile marche à des vitesses de 8, 15 ou 24 kilomètres à l'heure. La direction se fait à l'aide d'une manivelle qui, par l'intermédiaire d'un pignon et d'une crémaillère agit sur la roue de droite. Le mouvement est transmis à celle de gauche, par un essieu coudé. On obtient ainsi une direction très douce et des tournants très courts, même en grande vitesse.

Automobiles électriques. — Quant aux voitures automobiles électriques, il est évident que le moteur électrique remplit à merveille toutes les conditions requises pour actionner des voitures automobiles sur routes. Le seul inconvénient c'est qu'il faut lui fournir de l'électricité et que cette électricité doit être emmagasinée dans les accumulateurs remplaçant les réservoirs d'eau et de charbon des voitures à vapeur et celui du pétrole des voitures à pétrole. Seulement, pour charger ces accumulateurs, il faut avoir une installation électrique; le chargement est long et le rendement des accumulateurs n'est pas très élevé. De plus, le poids de ces appareils est considérable à leur entretien coûteux. Ce n'est donc pas le moteur qui laisse à désirer dans l'espèce, mais la source d'électricité qui doit l'animer.

L'emploi de ces types d'automobiles n'est dès lors possible que dans les grandes villes où existe un réseau électrique permettant le rechargement des accumulateurs. En dépit des inconvénients que nous signalons, on voit journellement circuler dans les rues de Paris des voitures particulières, des fiacres électriques et même des bicyclettes et des tricycles électriques.

VOITURE (Vincent), poète et bel esprit fr. (1598-1648), fut l'oracle de la société polie de son temps, et fit partie de l'Académie française à son origine.

VOITURER. v. a. [Pr. *voua-turé*]. Transporter par voiture; ne se dit guère que des choses, *V. des marchandises, du blé, des pierres, du fumier. V. de l'argent. V. par mulets, par charroi, par bateau. V. par eau, par terre.*

|| Fam., se dit quelquefois pour Mener quelqu'un dans sa voiture. *Voulez-vous me v. jusqu'au Palais-Royal?* = Voituré, ée. part.

VOITURETTE. s. f. (Dimin.). Petite voiture. Voy. Voiture.

VOITURIER. s. m. [Pr. *voua-turié*]. Celui qui conduit une voiture. — Celui qui fait le métier de transporter des marchandises. *V. par eau, par terre. Les voituriers de tel endroit.*

VOITURIN. s. m. [Pr. *voua-turin*] (ital. *vetturino*, m. s.). Celui qui loue à des voyageurs des voitures attelées et qui les conduit lui-même. *Notre v. nous mena à une méchante hôtellerie.* || La voiture même que conduit le v. *Le v. de Naples à Aversa.* — Le mot *Voiturin,* dans ces deux acceptions, ne s'emploie guère qu'en parlant des voyages en Italie. Les Italiens disent *Vetturino.*

VOÏVODE. s. m. **VOÏVODIE.** s. f. Voy. Vayvode, Vayvodie.

VOIX. s. f. [Pr. *voua*] (lat. *vox*, m. s.). Se dit de tout son et de la somme de tous les sons que peut produire l'air chassé des poumons en traversant le larynx. *J'entends un cri; c'est la v. d'une femme. Il a une v. douce, rude, perçante. Parler à haute v., à v. basse. Elever la v. Poét., La déesse aux cent v.,* La Renommée. — Fig., *Elever la v.,* Voy. Élever. || En considérant la voix relativement au chant, on dit : *Une belle v. Une v. juste, fausse. Une v. d'une grande étendue. Il sait conduire sa v. Elle ménage sa v. Ce chanteur n'a qu'un filet de v. Cette cantatrice n'a plus de v.* — Par extension, se dit des personnes qui exécutent un morceau de chant. *Cantate pour v. seule. Nocturne à deux v. Un concert de v. et d'instruments.* || *Voix,* se dit aussi des sons que produisent certains animaux. *La v. du rossignol. La v. du perroquet. Le chien domestique a une v. variée; le chien sauvage n'a qu'un cri. La v. du lion met en fuite tous les animaux.* — T. Chasse. *La v. des chiens,* l'aboiement que les chiens font entendre quand ils découvrent, lancent ou mènent le gibier. || Fig. et poétiq., se dit encore des sons, des bruits qui résultent des vibrations de l'air ou de certains corps sonores. *La v. de l'orage. La v. argentine des cloches. La v. du tambour.* || Fig., au sens moral, Mouvement intérieur qui nous porte à faire quelque chose ou qui nous en détourne. *La v. du sang, de l'humanité, de la nature, de l'honneur. Ecoutez la v. de votre conscience. Etouffer la v. de la raison. Résister à la v. des passions.* || Fig., signifie aussi conseil, avertissement, supplication. *Ecoutez la v. d'un ami. Il ne pourra résister à la v. de sa mère. Il resta sourd à la v. de ces infortunés.* || Fig., signifie encore sentiment, jugement, opinion. *L'Eglise a fait entendre sa v., il n'y a qu'à se soumettre. Il n'y a qu'une v. sur le mérite de sa pièce. La v. publique est pour lui. Il a contre lui la v. publique. L'expression V. publique,* prise absol., se dit pour Approbation. *Il a la v. publique.* — Prov., *La v. du peuple est la v. de Dieu.* Voy. Dieu. || *Voix,* se dit encore pour suffrage, avis, opinion. *Aller aux v. Recueillir, compter les voix. Il a eu toutes les voix. Je lui ai donné ma v. A la pluralité des voix. La proposition a passé à la majorité des v. Tout d'une v. D'une v. unanime.* — Droit de suffrage. *Il n'a pas encore de v. dans l'assemblée. Il a sa v. comme un autre. Cet Etat a deux v. à la diète. Avoir v. consultative,* avoir le droit d'exprimer son opinion, mais non celui de voter; *Avoir v. délibérative,* Avoir ce dernier droit. — En matière d'élection, on dit encore, *V. active,* Le pouvoir d'élire; et *V. passive,* La capacité d'être élu. *Il a v. active et passive.* Fig. et fam., *Avoir v. au chapitre.* Voy. Chapitre. || T. Gramm. Se dit du son représenté par la voyelle. *V. articulée, inarticulée. V. grave, aiguë, nasale.* — En parlant des verbes, *V. active et passive.* Voy. Verbe, III, A. || T. Méd. *V. amphorique et V. chevrotante.* Voy. Auscultation. — *V. convulsive,* Névrose du larynx qui est caractérisée par la difficulté de parler et par la discordance des sons émis que l'on ne peut ramener au ton naturel. || T. Mus. *La v. humaine,* L'un des jeux de l'orgue. Voy. Orgue, I.

Mus. — 1. — On nomme de *Voix* à l'ensemble des sons que l'homme et les animaux supérieurs font entendre en chassant l'air de leurs poumons, au travers du larynx convenablement disposé. L'appareil vocal se compose de trois parties fondamentales, savoir : les *poumons* et la *trachée-artère,* qui font l'office de soufflet et de porte-vent; le *larynx,* qui constitue l'organe phonateur proprement dit, et dans lequel l'air chassé par les poumons vient résonner sur deux membranes plus ou moins tendues, qu'on nomme *cordes vocales*; et le *tuyau vocal*, qui est formé par le pharynx et par les cavités orale et nasale, et qui modifie d'une façon particulière les sons produits par les vibrations des cordes vocales. La *v.* se distingue elle-même en *V. articulée* et en *V. modulée*. La première constitue la *Parole* et la seconde le *Chant*. Le chant est le plus souvent articulé; néanmoins l'articulation ne lui est point essentielle : dans les vocalises, par ex., il n'y a aucune espèce d'articulation. Quant au *Cri*, ce n'est qu'un son isolé, ordinairement inarticulé, mais qui est émis avec vigueur. Comme nous avons consacré un article à la v. articulée, c.-à-d. à la parole, nous nous bornerons ici à dire quelques mots de la v. modulée.

II. — Quoique toutes les voix humaines soient produites par les mêmes organes, on y reconnaît, lorsqu'on les compare entre elles, des différences considérables, sous le rapport de l'étendue, de la nature, du timbre, du volume et de l'intensité. En prenant les notes extrêmes que peut produire la v. chantante, on voit qu'elles comprennent un intervalle d'environ 5 octaves. Les notes de l'octave inférieure appartiennent exclusivement aux voix d'hommes, et celles de l'octave supérieure aux voix de femmes et d'enfants. D'après cela, les voix se distribuent naturellement en deux grandes classes, les *voix masculines* et les *voix féminines* ou *enfantines*. Mais toutes les voix de femmes ne produisent pas les mêmes sons : les unes sont plus aiguës, les autres plus graves, et il en est de même des voix d'hommes. En conséquence, il a été nécessaire d'établir des divisions secondaires dans les deux grandes divisions que nous venons d'indiquer. Autrefois on désignait d'une manière générale les voix masculines sous la dénomination des *Tailles*; puis on les partageait en deux séries, *Ténors* et *Basses*; enfin, on distinguait les ténors en *Haute-contre*, *Ténor haut* ou *Haute-taille*, *Deuxième ténor* ou *Taille* proprement dite, et les basses en, *Baryton* ou *Basse chantante*, ou *Concordant*, *Basse* proprement dite ou *Basse-contre*, ou *Contrebasse*. Les voix de femmes étaient simplement distinguées en 3 catégories, savoir : *Soprano*, *Mezzo-soprano* ou *Contralto*. Aujourd'hui cette classification est encore admise pour les voix de femmes, mais non pour les voix d'hommes. En effet, les voix de haute-contre, qui ne se rencontraient guère que chez les castrats, ne sont plus usitées, et l'on ne distingue plus la v. de basse-contre de la basse proprement dite : on dit seulement d'une v. de basse qui donne les sons les plus bas de l'échelle, que c'est une *basse profonde*, et d'une v. de basse qui donne les sons les plus élevés de ce registre que c'est une *basse chantante*. Il résulte de là que les v. masculines, de même que les voix féminines, forment simplement 3 catégories, nommées *Basse-taille* ou *Basse*, *Baryton* et *Ténor*. En appelant *ut* 1 le son du tuyau d'orgue de 8 pieds ouvert ou du tuyau de 4 pieds fermé, les v. d'hommes commencent à *mi* 1 (basse-taille) ou *la* 1 (baryton), et *ut* 2 (ténor) s'étendent jusqu'à *la* 2 et plus (basse-taille), ou *fa* 3 (baryton), ou *ut* 4 (ténor). La v. de femme n'a jamais, sauf dans des cas pathologiques, une gravité égale à celle de l'homme. Les voix de femmes, que les jeunes garçons et des castrats commencent entre *fa* 2 (contralto) et *ut* 3 (soprano), et vont jusqu'à *fa* 4 (contralto), ou *la* 4 (mezzo-soprano), ou *ut* 5 (soprano), et dans les cas extrêmes jusqu'à *fa* 5. Le tableau suivant donne l'échelle de la v. humaine, et indique l'étendue moyenne des différentes voix.

jeune garçon change de nature. Selon qu'il avait une v. de soprano ou de contralto, il devient ténor ou basse. C'est qu'en effet, le larynx du jeune garçon ressemble d'abord à celui de la femme, et qu'avant l'âge de la puberté, ses cordes vocales ont tout au plus les deux tiers de la longueur qu'elles atteignent à cette époque. Cette métamorphose, qu'on appelle la *Mue de la v.*, a lieu en général, comme tout le monde le sait, de 12 à 16 ans. Tant qu'elle dure, la v. est sans netteté, souvent rauque et criarde, et impropre au chant. — La plupart des individus, les hommes surtout, outre que leur v. appartient plus ou moins à l'une des catégories que nous venons d'exposer, peuvent encore, à moins qu'ils ne soient tout à fait incapables de chanter, produire deux séries de sons dont le caractère est tout à fait différent. Ces deux séries sont reçu, l'une, qui est la plus inférieure, le nom *V. de poitrine*, et l'autre, qui est plus élevée, celui de *V. de fausset* (de l'italien *falsetto*), ou encore de *V. de tête*. La v. de poitrine est plus pleine que celle du fausset, et lorsqu'on l'entend, on sent très distinctement qu'elle vibre avec plus de force et qu'elle a plus de résonance. Les sons les plus graves de la v. humaine ne sont possibles qu'avec la v. de poitrine, et les plus élevés ne le sont qu'avec celle de fausset; mais les moyens sortent avec l'une comme avec l'autre. Ces deux séries ou *Registres*, comme disent les musiciens, ne sont donc point placés bout à bout, de manière que les sons de fausset commencent là où finissent les sons de poitrine. Les sons supérieurs de poitrine et les sons inférieurs de fausset marchent parallèlement. Généralement le ténor commence dès le *la* 3 à passer au fausset, et ce passage a lieu plus tôt encore pour la basse-taille. Quant aux femmes, il n'y a de différence bien prononcée, entre la v. de poitrine et celle de fausset, que chez les contralti. Les femmes parlent généralement en v. de fausset. Outre les deux registres dont il vient d'être parlé, Manuel Garcia, Ch. Batailte et quelques autres auteurs distinguent encore chez les basses-tailles un registre particulier qu'ils nomment *V. de contre-basse*, parce que la série de sons qu'il produit correspond aux sons les plus graves de la contre-basse, c.-à-d. peut s'étendre depuis le *mi bémol* 1 jusqu'au *sol* de l'octave inférieure. Mais jusqu'à ce jour ce registre n'a été employé que par quelques basses-tailles russes dans le chant d'église. — Le son de la voix de chaque individu présente en outre un caractère particulier qui le fait reconnaître aussitôt des personnes qui ont l'habitude de l'entendre; cette modification particulière de la v. est ce qu'on nomme le *Timbre*. Mais les chanteurs désignent en outre sous ce nom une modification singulière de la v. qu'on peut produire à volonté et qu'ils appellent *Timbre sombre* ou encore *V. sombrée*, par opposition au timbre naturel de la v. qui reçoit alors le nom de *Timbre clair*. Les chanteurs français n'emploient guère que le timbre clair, qui est le timbre normal; mais les chanteurs italiens font un fréquent usage du timbre sombre, qui a quelque chose de couvert et qui donne à certains morceaux ou passages de chant un charme inexprimable. Ce qu'il y a de remarquable, c'est que les mêmes notes peuvent être données en timbre clair ou en timbre sombre. — Toute v. se caractérise encore par son *volume* et par son *intensité*, deux choses qu'il ne faut pas confondre, car l'intensité n'est qu'un accroissement momentané du son, tandis que le volume est inhérent à la v. même.

III. — Nous avons, en décrivant le larynx, exposé les conditions essentielles de la production du son vocal chez

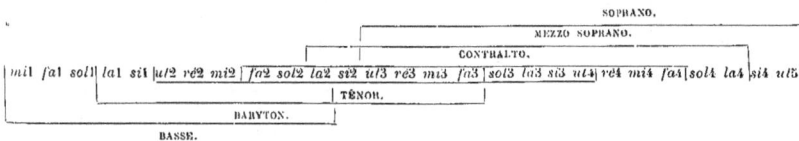

				SOPRANO.																				
			MEZZO SOPRANO.																					
		CONTRALTO.																						
mi1	fa1	sol1	la1	si1	ut2	ré2	mi2	fa2	sol2	la2	si2	ut3	ré3	mi3	fa3	sol3	la3	si3	ut4	ré4	mi4	fa4	sol4 la4	si4 ut5
							TÉNOR.																	
		BARYTON.																						
BASSE.																								

Ainsi que le montre le tableau, l'étendue de la v. ne dépasse pas deux octaves. Cependant on rencontre, parmi les personnes qui ont cultivé le chant, des individus dont la v. dépasse notablement la moyenne. Ainsi, par exemple, la basse-taille Fischer atteignait le *fa* de l'octave au-dessous d'*ut* 1. La plus jeune des sœurs Sessi embrassait 3 octaves et 3 tons et la célèbre Catalini, 3 octaves et demie. Nous avons tout à l'heure parlé des voix enfantines aux voix de femmes. Mais, à l'époque de la puberté, tandis que la v. de la jeune fille devient seulement plus pleine et plus sonore, celle du

l'homme. Nous avons vu que les sons vocaux sont engendrés par les vibrations des ligaments inférieurs de la glotte, appelés habituellement *cordes vocales*. Ces ligaments représentent deux membranes élastiques tendues sur le porte-vent, de sorte que le larynx est très exactement une anche membraneuse à deux lèvres. L'air expiré par la contraction des muscles de la poitrine met en vibration ces lèvres, lesquelles impriment des vibrations correspondantes à la colonne d'air qui acquiert ainsi des propriétés sonores. Pour que les cordes vocales puissent vibrer, il faut qu'elles aient une certaine tension. A mesure que l'on augmente cette tension, les vibrations deviennent plus rapides, et par conséquent les sons produits deviennent plus aigus, ou, en d'autres termes la v. s'élève. L'occlusion partielle et progressive de la glotte dans sa partie postérieure concourt aussi à l'élévation des sons, en diminuant l'étendue de la surface des membranes vibrantes. Quant au courant d'air provenant du poumon, la force avec laquelle il est poussé ne fait en général qu'augmenter l'intensité du son. Toutefois il peut contribuer à l'élever, lorsqu'il agit assez énergiquement, non seulement pour mettre en vibration les cordes vocales, mais encore pour les tendre davantage en les soulevant. C'est, par ex., ce qui a lieu lorsqu'un chanteur, après avoir donné à ses cordes vocales toute la tension dont elles sont susceptibles, force l'émission de l'air afin de donner une note plus élevée que celle qui correspond à la tension de l'anche membraneuse. Ce dernier phénomène est ce qu'en termes de physiologie, on appelle un phénomène de *compensation*. Cette théorie de la v., qui est aujourd'hui admise par tous les physiologistes, a été principalement établie par les ingénieuses expériences du célèbre professeur de Berlin, J. Müller, et, depuis lui, elle a été confirmée par les observations faites au moyen du laryngoscope par Garcia, Czermak, Ch. Battaille, etc. Toutefois il reste encore, dans la physiologie de la v., quelques points fort controversés. Parmi les questions ainsi agitées, les principales sont celles qui sont relatives au mécanisme de la v. de fausset et à la différence des timbres. Néanmoins, pour la formation de la v. de fausset, il nous semble démontré par les observations laryngoscopiques du prof. Battaille, qu'elle résulte, ainsi que l'avait dit Müller, de la diminution de la surface vibrante, tandis que, dans la v. de poitrine, les cordes vocales, vibrent dans toute leur étendue. Mais Battaille a en outre fait voir que, dans les notes inférieures de la v. de fausset, les cordes vocales éprouvent une tension moins grande que lorsqu'on émet les mêmes notes en v. de poitrine. Quant à la production des timbres, on s'accorde à penser que les différences qu'ils présentent dépendent de la conformation du tuyau vocal, c.-à-d. des parties situées au-dessus des cordes vocales. Mais le problème consiste à déterminer quelles sont les conditions physiologiques qui donnent lieu à tel ou tel timbre. Nous nous contenterons de dire que, d'après le docteur Segond, le timbre sombre est le résultat de l'accroissement de longueur que le chanteur peut donner à volonté au tuyau vocal, en maintenant le larynx, par un effort, dans la position la plus éloignée des ouvertures nasales et buccales. — V. les *Traités de physiologie* de Müller et de Longuet; la *Méthode du chant*, de Garcia, les *Recherches sur la phonation*, de Ch. Battaille, et l'*Orthoépie*, de Zund-Burguet.

VOL. s. m. (R. *voler*). Locomotion aérienne au moyen d'ailes ou d'appareils en forme d'ailes. *L'aigle a le v. fort haut. Le v. du papillon est léger. Le hanneton a le vol lourd. Le v. de la chauve-souris est saccadé. Les anciens observaient le vol des oiseaux, pour en tirer des présages.* — Tirer, tuer un oiseau au v., *Pendant qu'il vole.* || Se dit aussi de l'étendue et de la longueur du v. qu'un oiseau fait en une fois. *La v. de la perdrix n'est pas long. Ces oiseaux ne font jamais de longs vols. Je tuai mon lièvre à son second v.* — Dans quelques coutumes, on appelait *Le v. du chapon*, Une certaine étendue de terre autour du château ou du manoir principal. *Le v. du chapon entrait, avec le manoir, dans le préciput de l'aîné.* || Se dit encore pour ouvergure. *Cet oiseau a plus d'un mètre de v.* || Fig., *Prendre un v. trop haut.* Fig. prendre des mesures plus hautes que celles qui conviennent à la qualité dont on est; Faire plus de dépenses qu'on ne doit ou qu'on ne peut. On dit, dans le même sens, *Prendre un trop grand v. Il ne pourra soutenir le v. qu'il a pris. Il faut mesurer son v. à ses forces.* Ces phrases se disent aussi fig., en parlant d'un écrivain et surtout d'un poète. *Ce poète a pris un v. bien hardi, je doute qu'il le soutienne.* — Fig. et fam., *Il y est parvenu de plein v.,* se dit d'un homme qui a été élevé à une dignité supérieure sans passer par les degrés ordinaires. || T. Fauc. Se dit collectivement d'un nombre d'oiseaux de proie qu'on entretient pour prendre du gibier. *Il avait un v. pour le héron, pour la corneille, etc. Ce prince entretenait des vols pour toutes sortes d'oiseaux.* — Sign. aussi la chasse qu'on fait avec des oiseaux. *Il se plaisait surtout au v. du héron.* — V. *Essor,* donné à l'oiseau de proie dressé à la chasse. — V. *à la couverte,* lâcher de l'oiseau après qu'on s'est approché du gibier, à l'abri d'une haie. — V. *à la source,* lâcher de l'oiseau au moment où la perdrix

part. — V. *à la renverse,* lâcher de l'oiseau à la rencontre de la perdrix. — *Oiseau de haut v.,* le faucon. — *Oiseau de bas v.,* le tiercelet. || T. Blas. Deux ailes d'oiseau étendues et jointes ensemble. *Il porte d'or à un v. de sable.* On appelle une aile seule, *Un demi-v.* || T. Théât. Appareil qui descend des dessus et sert à faire paraître et à mouvoir les anges, les génies, etc. Voy. THÉÂTRE, IV. ≡ A VOL D'OISEAU. loc. adv. Voy. OISEAU. ≡ Phys. Voy. AVIATION.

VOL. s. m. (R. *voler*). Action de celui qui prend et s'approprie ce qui appartient à autrui. *V. à main armée. V. avec effraction. V. de grand chemin. Il a commis plusieurs vols.* — V. *à la tire,* v. dans la poche de quelqu'un. — V. *au bonjour,* v. dans une chambre d'hôtel. — V. *à l'américaine,* v. commis par un prétendu étranger, demandant qu'on lui change de l'or, des billets contre un gage qui paraît bien supérieur. || Par extens., La chose volée. *On l'a trouvé saisi du v. J'ai recouvré mon v.*

Dr. — En termes de Droit criminel, on appelle *V.* l'action de celui qui prend furtivement ou par force la chose d'autrui pour se l'approprier. Notre Code pénal distingue le *V. simple* et le *V. qualifié.* Le v. *qualifié* est celui qui est accompagné de certaines circonstances aggravantes, comme lorsqu'il a été commis avec effraction, ou la nuit, ou sur un grand chemin, ou à l'aide de la violence, ou par abus de confiance, comme lorsque le coupable est un ouvrier ou un serviteur à gages. Le v. *simple* est celui qui est dégagé de toute circonstance de ce genre. Celui-ci constitue un simple *délit,* qui est déféré au tribunal de police correctionnelle, et qui encourt seulement la peine de 1 an à 5 ans de prison et d'une amende de 16 à 500 francs. Toutefois le tribunal a la faculté d'y joindre l'interdiction des droits civiques et civils, et l'interdiction de certains séjours, pendant 5 à 10 années. Au contraire, le v. *qualifié* est considéré comme un *crime,* et, par conséquent, le coupable est traduit devant la cour d'assises. Quant à la peine, sa gravité varie suivant la nature des circonstances qui ont accompagné le crime. Elle s'élève jusqu'aux travaux forcés à perpétuité, quand le v. a été commis la nuit, par deux ou plusieurs personnes dont une ou plusieurs étaient armées, avec effraction ou escalade, et avec violence ou avec des voleurs de faire usage de leurs armes. Le vol domestique est puni de la réclusion. — Aux termes de la loi pénale qui définit le v. « la soustraction frauduleuse d'une chose qui n'appartient pas à celui qui la soustrait », le débiteur qui soustrait sa gage remis par lui à son créancier, ou ses effets même saisis et placés chez un gardien, ne commet pas le délit de v., car ces objets n'ont pas cessé de lui appartenir. Bien plus, les soustractions commises par le mari au préjudice de sa femme, et *vice versâ,* par un veuf ou une veuve quant aux choses qui avaient appartenu à l'époux décédé, par des enfants ou autres descendants au préjudice de leurs père et mère ou autres ascendants et réciproquement, ne donnent lieu qu'à des réparations civiles. Le législateur a voulu éviter le scandale d'époux s'accusant l'un l'autre de v., d'un père poursuivant son fils ou d'un fils poursuivant son père pour le faire condamner par les tribunaux. Toutefois l'individu qui a recélé ou appliqué à son profit tout ou partie des objets soustraits dans les cas ci-dessus, est coupable de vol et puni comme tel. Il est de jurisprudence, que celui qui retient frauduleusement une chose qu'il a trouvée et dont il connaît le propriétaire, se rend coupable de v.

La propriété étant le fondement de l'ordre social, dans tous les temps et chez tous les peuples, le v. a été puni plus ou moins sévèrement. Chez les Grecs et chez les Romains, les vols ordinaires étaient punis par des amendes ou par des châtiments corporels. Mais la peine était bien plus grave, quand le crime avait été commis avec violence. Il était puni, selon les cas, par le bannissement, la condamnation aux mines, et même la mort. Chez les peuples barbares qui envahirent le monde romain, le v. était communément puni d'une amende; mais si le coupable ne pouvait payer cette amende, il était puni corporellement, et parfois même subissait la peine capitale. Les Capitulaires de Charlemagne infligeaient aux voleurs des peines terribles. Le premier v. était puni de la perte d'un œil, le second de celle du nez, et le troisième de celle de la vie. Après l'établissement du régime féodal, le v. fut sans doute réprimé moins sévèrement. D'ailleurs, les seigneurs féodaux eux-mêmes respectaient fort peu la propriété d'autrui. Suivis de leurs hommes, souvent ils rôdaient par les grands chemins pour détrousser les voyageurs et les marchands. C'est même de leurs habitudes que sont, dit-on, dérivés les noms de *v.* et de *voleur*, attendu que, dans ces expéditions, ils s'équipaient ordinairement à la légère, comme s'ils allaient à la chasse au *v.*, c.-à-d. avec des faucons et autres oiseaux de proie. — Enfin, au XIIIᵉ siècle, saint Louis essaya de réprimer le vol au moyen de peines aussi sévères que celles des Capitulaires. Celui qui volait de l'argent, des vêtements et autres menus objets, avait, la première fois, l'oreille coupée; la seconde, le pied; à la troisième, il était puni de mort. Le larcin commis dans une église entraînait la perte des yeux; le *v.* d'un cheval ou d'une jument entraînait la peine de mort. Le voleur domestique était pendu. La même peine atteignait les recéleurs. Enfin, les femmes qui vivaient avec les voleurs et les aidaient dans leurs crimes étaient condamnées au feu. Certes, si la rigueur de la pénalité constituait une garantie sérieuse pour la société, des mesures pareilles auraient dû faire disparaître la race des voleurs. Cependant il paraît qu'il n'en fut rien. Sous François Iᵉʳ, un édit de 1524 punit du supplice de la roue les voleurs de grand chemin et ceux qui volaient dans les rues de Paris. En 1561, un édit d'Henri II prononça la peine de mort contre les coupables de tout *v.* commis dans une église. Cependant au XVIIIᵉ siècle, on commença à trouver que les peines édictées contre certaines catégories de voleurs étaient exagérées, et elles furent adoucies. Néanmoins, jusqu'à la Révolution, la législation pénale relative au *v.* conserva l'empreinte de sa barbarie originelle. Ainsi, par ex., le *v.* domestique, le *v.* avec violence et voies de fait, et le *v.* sacrilège, furent toujours punis de mort. Les voleurs de grand chemin subissaient le supplice de la roue. Enfin, le Code pénal de 1791, la loi du 25 frim. an VIII (10 novembre 1799), et le Code pénal de 1810 établirent entre les diverses espèces de vols les distinctions que nous avons indiquées, et les peines furent graduées selon le degré de perversité que semblait démontrer la nature du crime. Toutefois la peine de mort, mais par la simple décapitation, fut conservée contre les coupables de *v.* commis avec la réunion des circonstances les plus aggravantes. La loi de 1832, qui a réformé notre Code pénal, a fait disparaître cette peine, et lui a substitué celle des travaux forcés à perpétuité.

VOLABLE. adj. 2 g. Qui peut être volé. *Cet homme n'est pas v. Ce n'est pas une chose v.*

VOLAGE. adj. 2 g. (R. *vol*). Qui est changeant, inconstant. *Amant v. Cœur, esprit, humeur v.*

Volage adorateur de mille objets divers.
RACINE.

La jeunesse est v. — On dit aussi substant., *C'est un v., une v.* || T. Méd. *Feu v.* Voy. FEU. || T. Mar. *Navire v.*, qu'on peut poser à un endroit ou à un autre. — *Feuille volante.* Voy. FEUILLE. — *Assiettes volantes.* Voy. ASSIETTE. || T. Artif. *Fusée volante.* Voy. PYROTECHNIE, I. || T. Guerre. *Camp v.* Voy. CAMP. — *Artillerie volante*, se disait autrefois de l'espèce d'artillerie appelée aujourd'hui *Artillerie légère* et *Artillerie à cheval*. — *Escadron v.*, qui peut se porter facilement d'un point à un autre. || T. Méd. *Petite vérole volante.* Voy. VARICELLE. || T. Peint. *Draperie volante*, Draperie légère qui paraît agitée par le vent. || Pour les expressions *Cachet v., Cerf-v., Pont v. Echafaud v.* Voy. CACHET, etc.

VOLAILLE. s. f. [Pr. *vola-lle*, *ll* mouillées] (lat. *volatilia*, les animaux qui volent, pl. de *volatilis*, qui vole, de *volare*, voler). Se dit collectivement des oiseaux qu'on élève et nourrit dans une basse-cour, et particulièrement des poules, poulets et chapons. *Elever de la v. Cela est bon pour nourrir la v. Une belle pièce de v.* — Quand on dit, *Mettre une v. au pot*, Cela s'entend d'une poule ou d'un chapon.

VOLANT, ANTE. adj. Qui a la faculté de voler. *Ecureuil v. Dragon v. Poissons volants.* — Fig. et prov., *Pistole volante*, Pistole qu'on suppose revenir toujours à celui qui la dépense. || Fig., se dit de certaines choses qu'on place et qu'on déplace à volonté, par opposition à celles qui sont fixées à demeure. *Cabestan v. Manœuvre volante. Table volante.* On dit aujourd'hui, *Table à ouvrage.* — *Escalier v.*, qu'on peut poser à un endroit ou à un autre. — *Feuille volante.* Voy. FEUILLE. — *Assiettes volantes.* Voy. ASSIETTE.

VOLANT. s. m. Petit morceau de bois, d'os, d'ivoire, de liège, recouvert de cuir, etc., et garni de plumes qu'on lance en l'air au moyen d'une raquette, puis qu'on relève de même

quand il retombe, avant qu'il ne touche la terre. *Jouer au v.* || T. Méc. Voy. RÉGULATEUR, et plus bas. — Se dit aussi d'une aile de moulin à vent. || T. Coutur. Garniture formant de gros plis qu'on attache au bas des robes des femmes, et qu'on peut mettre ou ôter à volonté. || T. Agric. Grosse serpe attachée à une perche pour couper les branches des arbres ou les tiges de blé. || T. Bot. *V.* des *Nénuphar*, Nymphéacées. *V. d'eau*, Nom vulgaire du *Myriophyllum verticillatum*, Haloragées.

Méc. — Dans nombre de machines, les machines à vapeur notamment, les machines-outils aussi, le *volant* joue le rôle d'un véritable régulateur qui a pour objet, par sa masse et, son inertie, de s'opposer aux variations de vitesse pouvant se produire à chaque instant dans la marche d'une de ces machines, soit par suite d'une accélération intempestive ou d'un ralentissement accidentel du mouvement. Dans ce cas, le *v.* consiste en une très grande roue de fonte d'un poids considérable, qui est directement fixée sur l'arbre moteur et calée avec la plus rigoureuse exactitude. La jante de cette roue a presque toujours une section ovale présentant son grand axe dans le sens même du mouvement de rotation. Elle est reliée au manchon de calage au moyen de rayons ou *rais* en nombre plus ou moins considérable, suivant les dimensions du *v.* Comme il est difficile de fondre d'une seule pièce un *v.* de très grand diamètre, on l'établit le plus souvent en deux, trois ou quatre parties que l'on ajuste, que l'on réunit ensuite et qui sont maintenues au moyen de boulons et d'écrous, rendus solidaires les uns des autres par des goupilles et des contre-écrous. Il est essentiel, en effet, que pendant le mouvement de rotation imprimé au *v.*, son ensemble demeure de tous points rigide et qu'il ne puisse se produire le moindre desserrage sous l'action de la force centrifuge.

Les volants des machines-outils, qui ont un diamètre bien moins grand que les premiers, sont la plupart du temps placés horizontalement. La section de la jante est à peu de chose près identique à celle du *v.* de machine à vapeur. Les dimensions des volants entiers et venus de fonte.

Le *v.* régulateur le mouvement par son inertie, comme nous l'expliquons plus loin. Dans d'autres appareils, la régularisation repose sur un autre principe. Nous avons décrit au mot RÉGULATEUR ceux qui agissent sur la force motrice de la machine. Un autre type de régulateur est le *régulateur à ailettes* dont le principe est dans la résistance de l'air. Il est constitué par une série de palettes portées à l'extrémité de bras verticaux ou horizontaux; ces palettes occupent une position perpendiculaire à l'axe de rotation du système, de telle sorte qu'elles frappent alternativement l'air lorsqu'elles tournent, et la résistance qu'oppose cet air, ainsi que son frottement sur les surfaces planes qu'elles présentent, suffit pour assurer un mouvement suffisamment régulier à la machine sur laquelle elles sont montées. Les dimensions de cette catégorie de *v.* sont faibles. Le *v.* qui régularise le mouvement d'un tourne-broche, par exemple, les appareils similaires de nombre de jouets mécaniques, ceux des sonneries d'horloges à poids, forment les types les meilleurs que nous puissions citer.

On donne encore le nom de volants à de petites roues de fonte portant une manette ou un point quelconque de leurs jantes, et qui sont calées à l'extrémité d'un levier de commande; tantôt ces volants sont verticaux, tantôt horizontaux et quelquefois inclinés sur l'horizon. Leur but n'est pas de régulariser le mouvement de la machine sur laquelle on les a adaptés, mais uniquement de permettre l'introduction dans les organes moteurs du fluide chargé de faire fonctionner la machine. L'ouvrier en serrant ou desserrant ces volants fait en même temps pivoter sur eux-mêmes les leviers qui les portent, et ceux-ci ferment ou ouvrent l'admission. On rencontre ce genre de volants, sur les conduites d'eau pour commander la manœuvre des robinets-vannes, sur les tuyaux d'admission de vapeur, dans les machines à vapeur, etc., etc.

Nous avons dit, plus haut, que le *v.* joue en général le rôle d'un véritable régulateur. Il diffère cependant du régulateur proprement dit, en ce qu'il n'a aucune action directe sur la quantité volumétrique du fluide liquide ou gazeux, introduite dans la machine ou sur le mouvement moteur que reçoit de cette machine. Son rôle est tout passif; il se borne à répartir le plus uniformément possible l'effort moteur produit et cela pendant un laps de temps déterminé. Ainsi, dans une machine à vapeur en mouvement, si le piston était abandonné à certains moments, à son unique vitesse acquise, il se produirait ce fait caractéristique qu'à chaque bout de course en haut et en bas du cylindre, cette vitesse deviendrait nulle ou à peu près, le volume de la vapeur introduite se trouvant dans chacun de ces cas réduit à son minimum. La vitesse du piston, et par suite celle des organes moteurs, subirait sinon un temps d'arrêt, du moins un ralentissement très préjudiciable à la quantité de travail utile que doit fournir la machine, surtout en ces points extrêmes. Or, le v. à la lourde masse duquel le piston a imprimé une impulsion rotatoire, continue à tourner, en vertu de la vitesse qu'il a acquise, entraînant dans son mouvement de rotation l'arbre sur lequel il est calé, la manivelle et la tige du piston; il fait ainsi franchir à ce dernier ce qu'en mécanique on nomme les *points morts*; il restitue en quelque sorte, de cette manière, aux divers organes, l'énergie qu'il avait absorbée.

C'est pourquoi le v., dans les différents systèmes de machines recevant à un titre quelconque l'énergie transmise par un organe soumis lui-même à l'action d'une force motrice, est absolument indispensable, surtout quand la machine est destinée à fournir un mouvement de rotation d'une régularité complète. Son emploi ne devient inutile que lorsque le mouvement imprimé à la machine est périodique et isochrone. Dans ce cas, la force centrifuge propre au v. deviendrait plus nuisible que réellement utile.

Mais, si le v. ralentit le mouvement quand l'effort moteur tend à prendre le dessus, ou s'il l'accélère lorsque l'effort moteur diminue, en rétablissant ainsi un juste équilibre entre le travail moteur et le travail résistant, son fonctionnement ne se produit pas sans une dépense notable de force vive, au détriment de la puissance que développe la machine. Les frottements de toute nature qu'il éprouve, en tournant au contact de l'air, absorbent en effet une certaine quantité de travail utile. Cet inconvénient se réduit à peu de chose, comparativement aux services rendus par le v. Le calcul a du reste permis de déterminer, aussi rigoureusement que possible, les dimensions que l'on doit donner à un v. pour en tirer le meilleur profit sans nuire sensiblement au travail de la machine sur l'arbre moteur de laquelle il est monté. L'expérience a, de son côté, démontré l'exactitude du calcul. S'il s'agit de machines à vapeur dites à *haute pression*, le rayon du v., compté depuis son axe de rotation jusqu'à la partie extérieure de sa jante, ne doit pas excéder 4 fois et demie la longueur de la course du piston. Au contraire, dans une machine à *basse pression*, le rayon se réduit à 3 *fois* la longueur de la course du piston.

Avant de terminer nous dirons quelques mots d'un emploi particulier du v., emploi qui, dans l'industrie, reçoit de nombreuses applications. Nous voulons parler du v. des estampeurs sur métaux, qui, au moyen d'un coin et d'une matrice gravés, obtiennent sur un métal quelconque la reproduction exacte, en relief, des dessins ornementaux gravés sur ce coin et cette matrice. Ce genre de frappe est basé sur ce fait que l'on imprime à un v. un mouvement déterminé de rotation et que, subitement, la force cesse d'agir sur le v., celui-ci, en vertu de la vitesse acquise, continuera à tourner ainsi que l'arbre sur lequel il est calé. La force vive que l'un et l'autre ont emmagasinée doit subir un arrêt presque immédiat, lorsque l'arbre en descendant vient en contact avec un corps résistant, d'où production brusque d'une pression d'autant plus considérable que la taille du v. et son poids sont plus grands, et que sa vitesse est plus rapide. Le métal interposé entre le coin et la matrice ne peut résister à la violence de la pression produite, et il reproduit fidèlement, avec exactitude, les moindres saillies en creux ou en relief que présentent les deux pièces d'acier et par suite leur gravure.

VOLAPÜK. s. m. Nom donné à une langue artificielle imaginée sans succès pour les relations internationales. Voy. LANGUE, V.

VOLATIL, ILE. adj. (lat. *volatilis*, qui vole, de *volare*, voler). T. Chim. Se dit de tout corps, solide ou liquide, qui est susceptible de se réduire en gaz ou en vapeur, soit à la température ordinaire, comme l'alcool, l'éther, etc., soit à l'aide de la chaleur, comme le mercure, l'arsenic et la plupart des liquides; se dit par opposition, à Fixe. *Alcali v.* Solution aqueuse d'ammoniaque. Voy. AMMONIAQUE. *Huiles volatiles,* Nom donné aux *Essences.* Voy. ce mot.

VOLATILE. s. m. et adj. 2 g. (lat. *volatilis*, m. s., de *volare,* voler). Animal qui vole; ne se dit que des oiseaux et des insectes. *Parmi les volatiles. Les insectes volatiles.*

VOLATILISABLE. adj. 2 g. [Pr. ...*zable*]. Syn. de *Volatil.*

VOLATILISATION. s. f. [Pr. ...*za-sion*]. Opération par laquelle on volatilise un corps solide ou liquide. || Le phénomène que présente un corps qui se volatilise. *La v. du mercure, de l'éther, du camphre.* Voy. VAPEUR, ÉVAPORATION, ÉBULLITION, SUBLIMATION.

VOLATILISER. v. a. [Pr. ...*zer*]. Réduire un corps en gaz ou en vapeur. *Pour v. un corps solide, il faut en général d'abord passer à l'état liquide*, = SE VOLATILISER. v. pron. Passer à l'état gazeux. *L'arsenic se volatilise sans passer par l'état liquide.* = VOLATILISÉ, ÉE. part.

VOLATILITÉ. s. f. Qualité des corps qui se volatilisent lorsqu'ils sont exposés à une certaine température. *La v. de l'éther, du camphre.*

VOLATILLE. s. f. [Pr. *ll* mouillées] (It. *volatile*). Se dit de petites espèces d'oiseaux qui sont bons à manger. Fam. et peu usité. — Oiseaux en général, par opposition aux animaux qui ne volent pas. Vx.

VOL-AU-VENT. [Pr. *volo-van*]. Espèce de pâtisserie chaude dont les parois sont de pâte feuilletée, dans laquelle on met des quenelles, de la viande légère, du poisson, etc. *Le vol-au-v. est ainsi appelé à cause de la légèreté que doit avoir sa pâte. Un pâtissier renommé pour ses vol-au-vent.*

VOLBORTHITE. s. f. T. Minér. Vanadate hydraté de cuivre et de calcium, en petites tables hexagonales, vertes ou jaunes.

VOLCAN. s. m. (du lat. *Vulcanus,* Vulcain, qui était, chez les Romains, le dieu du feu). T. Géol. Voy. ci-après. || Fig. *Être sur un* v. dans une situation politique où une révolution est imminente. — *C'est un* v., se dit d'un homme d'un caractère impétueux.

Géol. — On entend par *l'volcan* une montagne plus ou moins élevée, une partie du sol plus ou moins étendue, soit à la surface de la terre, soit au sein des mers, d'où s'élancent, accompagnés de bruit, de chaleur, souvent de secousses plus ou moins violentes, des flammes, de la fumée, des matières altérées par le feu, incandescentes ou à l'état de fusion ou de fluidité, différents gaz, des vapeurs, etc. Ce nom s'applique également aux montagnes que l'observation de leur structure et de la nature des roches qui les forment en leur environnement, démontre avoir été jadis le siège de phénomènes semblables : ces dernières constituent ce qu'on appelle les *volcans éteints.*

1. *Formation des volcans.* — Les observations géologiques faites depuis le commencement du XIXe siècle, et les inductions qui se tirent des phénomènes que nous présente la surface du globe, tendent à démontrer que la Terre est une

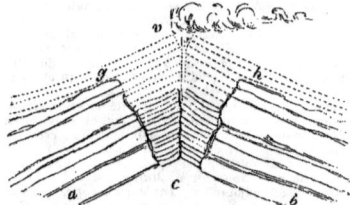

Fig. 1.

masse à l'état de fusion ignée et seulement recouverte par une croûte solide ayant une fort médiocre épaisseur. Plusieurs géologues ont cru pouvoir en conclure qu'un v. n'est autre chose qu'une fissure qui met en communication l'intérieur de notre globe avec l'extérieur : dans cette théorie un v. est un soupirail, un évent par lequel s'échappe, pour ainsi dire, le trop-plein d'une force qui, sans cela, pourrait bouleverser la croûte solide terrestre, car alors elle opérerait avec une puissance incalculable sur la face interne de cette croûte. Les volcans eux-mêmes, c.-à-d. les fissures qui font communiquer ensemble l'intérieur et l'extérieur de la terre, auraient été produits originairement par cette force, puis, une fois formés, ils auraient rempli à son égard la fonction qu'une soupape de sûreté remplit à l'égard de la force expansive de la vapeur d'eau dans la chaudière d'une machine à vapeur. Cependant, qu'on admette ou qu'on rejette l'*hypothèse du feu central*, les observations les plus récentes semblent peu favorables à l'opinion que les fissures des volcans pénétreraient jusque dans la région où se trouveraient les matières

Fig. 2.

ignées. Au reste, on explique aussi bien les phénomènes offerts par les volcans en admettant qu'au lieu d'être en communication avec l'ensemble des matériaux liquides intérieurs à l'écorce terrestre, ils vont seulement aboutir dans des cavités, des cavernes immenses, assez profondes pour que la température y soit très élevée et que les roches les plus fusibles y forment comme de grands lacs de lave fondue. Dans cette nouvelle hypothèse, l'expulsion des laves se produit lorsqu'une certaine quantité d'eau pénètre, par les fissures du sol, dans une de ces cavités. Cette eau, immédiatement réduite en vapeur, développe une pression colossale qui rejette au dehors, par la cheminée du v., tout le contenu de la caverne. L'éruption ainsi produite s'accompagne nécessairement de détonations et de secousses qui peuvent causer des tremblements de terre. Cette théorie, qui a été soutenue par Daubrée, explique d'une part la connexion des éruptions volcaniques avec les tremblements de terre, et d'autre part la prodigieuse quantité de vapeur d'eau vomie par un v. en éruption. Enfin, elle rend compte de ce fait, observé depuis longtemps, que les volcans en activité sont toujours à proximité de la mer. Voy. Tremblement de Terre. Quant à la formation primitive des montagnes ignivomes, il est certain qu'elle a eu lieu par voie de déchirure d'une partie de la croûte terrestre et par soulèvement des roches qui la composent, car nous avons de nombreux exemples de volcans produits de cette manière depuis les temps historiques et même de nos jours, et ces volcans récents ou contemporains offrent la même structure et les mêmes dispositions que les volcans antéhistoriques, soit actifs, soit éteints. On peut donc décrire le mode de production des volcans anciens aussi sûrement et aussi exactement que celui des volcans que nous avons vus naître sous nos yeux.

Il est rare qu'une simple fente donne issue à des matières volcaniques. Presque toujours celles-ci s'échappent du sommet d'une élévation généralement de forme conique. Cette élévation, qui est traversée par l'évent volcanique et qui est couronnée par son orifice extérieur, peut se former de deux manières. Dans le plus grand nombre des cas, le cône volcanique est constitué par le soulèvement des roches qui composent le sol où il a surgi, et qui sont plus ou moins inclinées autour de la fissure qui représente le canal excréteur du v. Les cônes qui se sont produits de cette manière ont été appelés *Cônes de soulèvement*, par Léopold de Buch, qui a aussi nommé *Cratère de soulèvement* l'orifice en forme d'entonnoir par lequel se termine supérieurement l'évent volcanique. D'autres fois, le cône paraît exclusivement constitué par les matières de nature diverse rejetées par la fissure volcanique et qui se sont accumulées autour de l'orifice. Dans ce cas, le cratère qui le termine s'élève au fur et à mesure que ses produits s'amoncellent autour de lui. Les cônes et les cratères qui ont pris naissance de cette manière sont désignés sous les noms de *Cônes* et de *Cratères d'éruption* ou *d'éjection*. Les cônes de soulèvement sont, il est facile de le comprendre, beaucoup plus nombreux que les cônes d'éjection. Mais, dans un grand nombre de volcans formés par voie de soulèvement, ils se recouvrent de matières volcaniques qui s'accumulent surtout à la base, mais revêtent néanmoins les flancs du cône au point d'offrir l'apparence d'un cône d'éruption. La Fig. 1 montre comment les choses se passent dans ce cas. La masse conique, *gaebh*, qui constitue le fondement de la montagne volcanique, est formée par les couches du sol qui se sont soulevées sous l'action de la force explosive. Ces couches sont donc inclinées de toutes parts autour de l'axe du cône ou de l'évent volcanique *v*, tandis que leur pente abrupte regarde l'intérieur de la fissure. Mais plus tard, les matières vomies par le v. remplissent successivement le cratère de soulèvement; puis, lorsqu'elles ont atteint le niveau de celui-ci, elles revêtent les flancs du cône lui-même; enfin, au-dessus du cratère de soulèvement, il se forme un cratère d'éruption dont les parois sont entièrement constituées par des matières rejetées par le v. Ce mode de formation explique, de la façon la plus naturelle, pourquoi les volcans présentent généralement la figure d'un cône tronqué à son sommet (Fig. 2). Dans quelques-uns, ce cône est remarquable par sa régularité. Tel est le Cotopaxi, qui, suivant Al. de Humboldt, est tout à la fois le v. le plus élevé et le cône le plus régulier qui existe dans toute la chaîne des Cordillères.

Parmi les exemples contemporains de volcans formés par

Fig. 3.

voie de soulèvement, nous nous contenterons de mentionner le Jorullo, au Mexique, et le Monte-Nuovo, en Italie. Jusque dans la première moitié de l'année 1759, le lieu où s'élève aujourd'hui le Jorullo était une plaine couverte de plantations de sucre et d'indigo et traversée par deux ruisseaux, le Cuitimba et le San-Pedro. Au mois de juin, on y entendit des bruits souterrains accompagnés de secousses et de tremblements de terre, qui durèrent 50 à 60 jours. En septembre, tout paraissait rentré dans le calme, lorsque, dans la nuit du 28 au 29, les bruits souterrains recommencèrent, et le terrain se souleva en forme de vessie. On reconnaît encore aujourd'hui les limites du soulèvement. On y voit une élévation d'environ 12 mètres qui augmente graduellement jusqu'au centre du mamelon, où elle atteint une hauteur de 160 mètres. Cette surface est couverte par des milliers de petits cônes fumants, hauts de 2 à 4 mètres, et dont les jets de vapeur ne dépassent guère 12 mètres. Mais on outre, au milieu de ces petits cônes, que les habitants appellent *hornitos*, c.-à-d. fours, on remarque 6 grandes buttes placées sur une même ligne, dans la direction des volcans de Colina et de Popocatepetl, qui atteignent une élévation de 100 à 490 mètres : la plus haute est le Jorullo. Au moment de son éruption, le Jorullo lança de son cratère une masse notable de cendres et

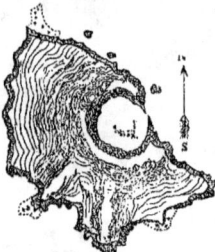

Fig. 4.

même de gros fragments de roches. Une grande quantité de lave s'échappa en même temps sur son flanc nord-est. — Le Monte-Nuovo, que l'on voit aujourd'hui au fond de la baie de Baïa, sur la côte de Naples, est le résultat d'un soulèvement analogue qui eut lieu le 28 septembre 1538. — Mais ce n'est pas seulement au milieu des terres que les phénomènes volcaniques se manifestent : ils se produisent également au sein des mers et donnent naissance, par le soulèvement du fond de l'Océan, à des îles dont quelques-unes continuent de subsister, tandis que les autres disparaissent, soit que le sommet de la formation nouvelle s'affaisse sur lui-même, soit que l'action des flots attaque et disperse les matériaux encore trop mal agrégés de la formation nouvelle. Parmi ces îles volcaniques qui n'ont eu qu'une existence éphémère et dont on a de nombreux exemples, nous citerons seulement celle de Nyoe et celle de Sabrina. La première apparut, en 1783, à environ 65 kilomètres au sud-ouest du cap Reikianess, en Islande, lors de la terrible éruption du Skaptajoekull. Elle consistait en hautes falaises du milieu desquelles s'élançaient par deux ou trois points différents, du feu, de la fumée et des ponces. Celles-ci étaient en si grande abondance, que l'Océan en fut couvert à une distance de 100 kilomètres et que la marche des navires en était embarrassée. Mais une année ne s'était pas écoulée que la mer avait repris son ancien empire, et il ne restait plus de l'île qu'un amas de roches, sur lequel il y avait de 5 à 30 brasses d'eau. L'île de Sabrina se forma également dans une région de l'Atlantique remplie d'îles d'origine volcanique : nous voulons parler des Açores. Au mois de juin 1814, les habitants de l'île de Saint-Michel furent témoins d'une éruption sous-marine, dans laquelle d'énormes quantités de matières furent lancées du sein des eaux, tandis que des colonnes de cendres noires s'élevaient à la hauteur de 220 à 250 mètres; enfin ils virent à l'endroit où avait lieu l'éruption une île nouvelle qui pouvait avoir 1800 mètres de circonférence et dont les falaises avaient environ 100 mètres de hauteur. Ce fut le 13 juin qu'eut lieu cette étrange apparition, et le 17 de ce même mois elle fut observée par le commandant de la frégate anglaise la *Sabrina*, qui ne se contenta pas de lui donner le nom de son bâtiment, mais qui déclara en prendre possession au nom du gouvernement anglais. D'après son rapport, les éruptions volcaniques ressemblaient au bruit que ferait un mélange de décharge d'artillerie et de mousqueterie, et s'accompagnaient d'une grande quantité d'éclairs. La Fig. 3, qui représente cette éruption, est faite d'après une esquisse dessinée par l'un des officiers de la frégate. Au bout de peu de mois, l'île avait disparu. D'autres îles, nées de la même manière,

ont continué de subsister : telles sont les îles qui forment le petit groupe de Santorin, dans l'Archipel grec, et dont nous avons parlé ailleurs (Voy. ILE), et celle qui s'éleva en 1796, non loin de la pointe nord d'Unalaschka, l'une des îles Aléoutiennes. Il existe dans différentes mers un grand nombre d'îles qui se sont formées d'une façon semblable, mais avant les temps historiques. Plusieurs d'entre elles ne consistent qu'en un cratère autour d'un cirque plus ou moins vaste, où les eaux de la mer pénètrent par une brèche plus ou moins grande. Telle est, dans l'océan Indien, la petite île de Saint-Paul, dont la Fig. 4 représente le plan. Cette île a à peine 4,600 mètres dans sa plus grande longueur, du nord-ouest au sud-est, et les falaises qui forment les parois du cratère atteignent une élévation de 250 mètres. Ici, c'est l'action des flots qui paraît avoir entamé ces dernières et y avoir pratiqué la brèche qu'on y remarque. A marée basse, le cratère est presque à sec.

De toutes les modifications que les phénomènes volcaniques ont fait subir à la géographie des îles, la plus importante est celle qui résulta, dans le détroit de la Sonde, de la célèbre éruption du Krakatoa, au mois d'août 1883. Voy. TREMBLEMENT DE TERRE.

Le cratère d'un v. formé par voie de soulèvement est un cratère de soulèvement et c'est ce qui, en effet, a lieu généralement à l'origine de la formation des volcans; mais le plus souvent, ainsi que nous l'avons vu, il se forme au-dessus de ce cratère primitif un cratère secondaire dont les parois sont constituées par les déjections du v. lui-même, et qui forment comme la continuation du cône de soulèvement. En outre, dans beaucoup de cas, il se passe dans le cratère de soulèvement des phénomènes consécutifs qui changent tout à fait l'aspect des choses. La partie supérieure du cratère primitif peut s'écrouler ou s'effondrer : il peut aussi être comblé par les matières vomies par le v., et alors il se forme, soit au centre, soit sur l'un des points du cirque originaire, des cheminées ou des cônes d'éruption par lesquels se font jour les matières volcaniques. C'est ainsi que le cône actuel du Vésuve s'est formé, au 79, dans le cratère de soulèvement de la montagne que l'on désigne sous le nom de cirque de la Somma. C'est ainsi que le fameux pic de Ténériffe, qui atteint une élévation de 3,710 mètres, se trouve dans un cirque dont les parois verticales sont hautes de 300 à 600 mètres. C'est ainsi que le v. de Taal, dans l'île de Luçon, archipel des Phi-

Fig. 5.

lippines, s'élève au milieu d'un bassin rempli d'eau, qu'entourent des roches élevées qui ne laissent qu'un seul passage pour entrée. Enfin, l'île Barren, située dans le golfe du Bengale, nous offre, au sein de la mer, une formation du même genre. En effet, elle consiste en un cirque d'une régularité parfaite, formé de montagnes hautes de 200 et quelques mètres, et dans lequel la mer pénètre par une seule ouverture (Fig. 5). Au milieu existe un cône volcanique qui a environ 200 mètres d'élévation et qui, lors de sa découverte, en 1792, rejetait d'immenses nuages de fumée et des pierres incandescentes.

Certains volcans offrent encore des formes qui s'éloignent d'une manière plus ou moins notable de celles que nous venons de décrire. Cette particularité résulte constamment de circonstances accidentelles, c.-à-d. des phénomènes particuliers qui ont accompagné les séries d'éruptions dont ils ont été le théâtre. L'Etna est un exemple remarquable de ce fait. Le sommet de cette montagne, qui s'élève à 3,237 mètres au-dessus du niveau de la mer, présente un vaste cratère rempli par un amas de ruines et d'éboulements, le cône principal d'éruption s'étant à plusieurs reprises effondré, puis reformé. De plus, sur les flancs de la montagne primitive il s'est formé une multitude de cônes latéraux établis sur des fissures correspondantes, et de montagnes secondaires qui sont le résullut des éruptions successives de ce v. gigantesque. On remarque en outre, sur son flanc oriental, une profonde vallée, appelée Val di Bove, que Léop. de Buch, Ch. Lyell et Élie de Beaumont pensent avoir été produite par l'affaissement de cette partie du v. La Fig. 6 représente une vue de l'Etna, prise du côté du Val di Bove. — Le v. de Mouna-Roa, dans l'île d'Hawaï, nous offre aussi des particularités remarquables. Au sommet de la montagne, qui a 4,838 mètres d'altitude, se trouve un immense cratère de forme presque circulaire, dont le diamètre est évalué à 2,400 mètres. Les parois de ce cratère sont presque verticales, et atteignent la hauteur de 150 mètres à l'est, et de 240 à l'ouest. En 1843, une éruption se fit par ce cratère; ainsi, on peut le considérer comme une bouche active. Toutefois les torrents de lave qu'il vomit se firent jour par des fissures autour du sommet de la montagne, et surtout par un canal souterrain qu'elles se frayèrent vers la base du cratère. Mais, outre le vaste entonnoir qui couronne le sommet, il existe sur le flanc de ce même v., à 3,000 mètres plus bas et à environ 32 kilomètres du cratère supérieur, un autre cratère, appelé le Kilauea, qui est constamment en activité. Ce dernier est situé sur une plaine élevée, bordée par des précipices, qui paraît avoir été produite par un affaissement de 60 à 120 mètres. La surface de cette plaine est inégale et parsemée de pierres et de roches volcaniques détachées. Au centre de cette plaine apparaît un cirque immense qui a près de 25 kilomètres de circonférence et qui est partagé en deux étages verticaux. Le supérieur

rement si le temps est calme et si le vent ne lui imprime pas sa propre direction. Des secousses plus ou moins violentes ébranlent la montagne. Le dégagement des matières gazeuses continue d'avoir lieu; la vapeur d'eau s'unit à une épaisse fumée que viennent sillonner quelques flammes, et bientôt s'affaissant par leur propre poids, ces épaisses vapeurs retombent sur la bouche dont elles s'échappent, en enveloppant la montagne d'un brouillard épais et fétide qu'une lueur pâle affaiblie vient parfois illuminer. Des sables incandescents s'élancent en gerbes, et retombent sur les flancs de la montagne. Des pierres rougies sont lancées à des hauteurs immenses et retombent animées d'un mouvement de rotation rapide qui influe sur la forme qu'elle conservent après leur refroidissement. Des nuages de cendres s'échappent aussi des cratères, se mêlent aux vapeurs, et, portés par les vents, voyagent à d'énormes distances, ou bien, entraînés par les pluies, ils retombent et forment des torrents de boue d'une puissance parfois prodigieuse, qui s'étendent au pied du cône sur les flancs duquel ils ont ruisselé. Les déjections des scories continuent, de nouvelles gerbes enflammées se font jour au milieu des masses de vapeurs noires; de nouvelles scories se joignent à celles qui gisent déjà sur les pentes; mais bientôt tous ces phénomènes semblent s'agrandir. La Lave, c.-à-d. la matière en fusion, qui depuis longtemps bouillonnait dans le cratère, brise le cône de scories, fond les roches qui la retenaient captive, et s'échappe comme un fleuve de feu dont les sources ardentes semblent intarissables. On voit alors ce cou-

Fig. 6.

forme autour de l'inférieur comme une immense banquette, dont la largeur varie de 300 à 900 mètres, et qui est située à 498 mètres plus bas que le niveau de la plaine, et à 104 mètres plus haut que l'étage inférieur qui constitue le fond du cratère. Ce fond est semé d'un plus ou moins grand nombre de cônes adventifs (on en a compté jusqu'à 51) qui lancent des colonnes de fumée, des pyramides de flammes et des torrents de lave. Des masses de laves fluides sortent encore des fissures qu'on remarque dans la lave ancienne qui forme le fond du cratère, ainsi que d'anfractuosités et de cavernes qui existent dans ses parois, de telle sorte que ce cratère représente très bien une chaudière gigantesque pleine d'un liquide en ébullition dont le niveau s'élève jusqu'à la hauteur de la banquette. Mais alors cette prodigieuse masse exerce sur les parois de la montagne une pression telle, que celles-ci cèdent sur un ou plusieurs points, et aussitôt des coulées immenses se précipitent le long des flancs du v. jusqu'à la mer, où elles se jettent en produisant, avec une intensité proportionnelle à leur masse, le bruit d'un fer rouge que l'on plonge dans l'eau. On a signalé, comme un fait inattendu, que, lors de l'éruption qui eut lieu en 1843, par le cratère situé au sommet du Mouna-Roa, celui de Kilauea ne parut en être nullement affecté.

II. *Éruptions volcaniques*. — Pendant leur période de tranquillité, la plupart des volcans dégagent simplement quelques vapeurs blanchâtres ou des colonnes de fumée qui se dissipent dans l'air. Mais lorsqu'une éruption se prépare, la scène change et des signes certains annoncent l'approche du phénomène. — « Les premiers indices sont des bruits souterrains qui se propagent très loin, et agitent le sol d'une manière sensible. En même temps la fumée paraît au sommet du v.; elle s'élève, sa colonne augmente d'épaisseur, prend une teinte plus foncée, et monte perpendiculai-

rant marcher avec une rapidité que déterminent et le point d'éruption et la pente sur laquelle il se répand; on le voit grandir, avancer, s'étendre et s'élargir; on le voit lutter contre tous les obstacles, surmonter les irrégularités du sol, enflammer les forêts, envahir les villages et les champs cultivés, et couvrir les fertiles campagnes d'une couche pierreuse impénétrable à la fois au fer des hommes et aux rayons du soleil. Mais, enfin, les sources de feu tarissent, et le courant avance toujours; de nouvelles gerbes s'élèvent encore du cratère; des cendres sont lancées dans l'atmosphère; des vapeurs se dégagent encore; puis elles cessent peu à peu, et quelques fumerolles s'échappant seules des fissures du cône, restent pour indiquer qu'une puissante activité sommeille, et que son réveil viendra renouveler un jour des désastres dont Dieu seul peut connaître l'étendue et la fin. » Tels sont les phénomènes généraux que nous offrent les éruptions volcaniques; mais il est indispensable de nous arrêter un instant sur quelques-uns d'entre eux.

A. Les *bruits souterrains* qui précèdent ou accompagnent les éruptions volcaniques sont de nature identique avec ceux que nous avons décrits en parlant des tremblements de terre. Le plus souvent ils ressemblent au roulement d'une voiture sur le pavé, ou à de fortes décharges d'artillerie. Ces bruits s'entendent à des distances parfois prodigieuses. Voy. TREMBLEMENT DE TERRE.

B. Les *produits gazeux* qui s'échappent pendant les éruptions sont toujours très abondants. Ils se composent en majeure partie de vapeur d'eau; mais on y a reconnu aussi de l'acide chlorhydrique, de l'acide sulfureux, de l'acide carbonique, quelquefois du gaz sulfhydrique, et même divers chlorures et de l'hydrogène carboné. Ces dégagements de gaz ont lieu principalement par l'orifice ordinaire du v., mais souvent aussi par les fissures qui se produisent sur différents points du cône. D'ailleurs, la nature des gaz émis pendant une éruption varie suivant la période de l'éruption et aussi suivant la distance du lieu où on les recueille au point central de l'activité volcanique.

C. Les *matières solides* qui s'échappent du cratère, avant l'éruption des laves, reçoivent différents noms suivant leur grosseur, leur nature et leur forme. On les appelle *Cendres*, lorsqu'elles sont sous la forme de poussière fine ; *Sables* ou *Pouzzolanes*, quand elles sont en petits grains irréguliers et fortement torréfiés ; *Rapilli*, ou mieux *Lapilli*, quand elles sont en petits fragments plus gros que le sable ; *Scories*, quand les morceaux sont encore plus gros, poreux dans leur intérieur, quelquefois vitrifiés à la surface, et généralement légers comparativement aux autres produits volcaniques. On désigne encore, sous les noms particuliers d'*Amandes*, de *Bombes* et de *Larmes volcaniques*, des fragments de matière en fusion qui, lancés dans l'air à de grandes hauteurs, ont pris, par l'effet de leur rotation, les formes qu'indiquent ces dénominations. Enfin, les volcans lancent encore des *fragments de roches*, qui semblent avoir été simplement arrachés aux parois de la montagne et n'ont subi aucune modification. — Les *Cendres* sont généralement grises ou blanches, rarement noires. Elles sont parfois composées d'une infinité de petits cristaux, communément feldspathiques, dont on reconnaît très bien les formes au moyen du microscope. Les vapeurs et les cendres lancées des volcans forment quelquefois des nuages énormes, souvent assez épais pour intercepter la lumière du soleil et couvrir de ténèbres toute la contrée. Ainsi, dans l'éruption du Vésuve du 22 octobre 1822, l'atmosphère fut tellement remplie de cendres, que tout le pays se trouva plusieurs heures, au milieu du jour, enveloppé d'une obscurité profonde : dans les rues des villages, on ne pouvait circuler qu'avec des lanternes. Le même cas s'observe fréquemment à Quito, pendant les éruptions du Pichincha. Il se produisit, avec une intensité remarquable, lors de l'éruption du Krakatoa. Voy. TREMBLEMENT DE TERRE, II. — Les nuages de cendres sont quelquefois portés à des distances considérables. Lors de l'éruption du Tomboro, en 1815, les cendres vomies par le v. furent transportées à Java, à une distance de 500 kilomètres, en telle quantité, que l'obscurité dans cette dernière île était, au milieu du jour, aussi profonde qu'à minuit. Enfin, les cendres de ce v. furent même portées par les vents jusqu'à Boncoulen, dans l'île de Sumatra, c.-à-d. à une distance de 1,700 kilomètres. C'est, dit Mme Sommerville, comme si les cendres du Vésuve fussent allées tomber à Birmingham. — Les *Sables*, les *Lapilli* et les *Scories* sont des produits de même nature, et ne diffèrent que par leur volume. La surface des scories paraît quelquefois vitrifiée, et leur intérieur est, dans quelques cas, entièrement vitreux. Leur couleur est généralement noire, rouge ou blanche, beaucoup plus rarement jaune. Le fer est la matière qui les colore, et leur coloration semble dépendre du degré d'oxydation du métal. Les scories blanches sont désignées sous le nom de *Ponces* ; elles contiennent assez souvent des cristaux de feldspath. De même, les lapilli ou pouzzolanes renferment fréquemment des cristaux de pyroxène ; leur couleur est généralement noire ou rouge, quelquefois jaune. Les cendres, les lapilli et les scories forment souvent dans les environs du v., et quelquefois même au loin, des dépôts considérables, lesquels, consolidés sous leur poids et par les eaux, constituent ce qu'on nomme des *tufs volcaniques*, des *tufs ponceux*, des *conglomérats* divers. — Quant aux *Bombes* volcaniques, elles sont généralement plus compactes et plus volumineuses que les scories ordinaires. Elles sont arrondies ou ovales, fort souvent aplaties d'un côté, et se terminent quelquefois par une sorte de prolongement, ce qui prouve que la matière dont elles ont été détachées était pâteuse, et que la séparation ne s'est pas effectuée sans une certaine résistance. On en rencontre aussi qui renferment un noyau de roche étrangère. — Enfin, les *fragments de roches* étrangères, rejetés pendant les éruptions, varient autant par leur volume que par leur forme. Leur volume paraît être en raison de l'intensité de l'action volcanique. Ainsi, par ex., le Cotopaxi vomit des morceaux qui ont plusieurs mètres de circonférence, tandis que les fragments lancés par le Stromboli ne dépassent guère quelques centimètres de diamètre. — Les matières solides, rejetées par les volcans, sont parfois lancées à des hauteurs et à des distances prodigieuses. On a calculé que, dans certaines éruptions, le Vésuve avait lancé des cailloux à la hauteur de plus de 600 mètres. En 1669 et 1817, il lança de grandes masses de pierres jusqu'à 4,500 mètres de distance. Quant au Cotopaxi, en 1533, il a rejeté des masses de 10 mètres cubes à une distance d'environ 14 kilomètres. La

quantité des matières solides, cendres, lapilli, scories, rejetées par certains volcans, n'est pas moins faite pour frapper d'étonnement. Tout le monde sait que, dans la fameuse éruption du Vésuve qui eut lieu l'an 79 de notre ère, ce v. vomit une telle quantité de matières détachées, qu'elles suffirent pour ensevelir, sous un amas de plus de 15 mètres, les trois villes de Pompéi, d'Herculanum et de Stabies, qui étaient construites au pied de la montagne, et cependant le Vésuve est l'un des plus petits volcans de l'Europe.

D. Les *Laves* sont des matières minérales de nature variable, qui se présentent dans les volcans à l'état de fusion, et qui semblent avoir été soumises à une pression considérable avant leur sortie du sol. Assez fréquemment l'activité volcanique se manifeste simplement par l'éjection au dehors de sables, de lapilli et de scories, qui se disposent en cône assez régulier autour de l'orifice d'éjection. Mais, dans une éruption complète, il sort aussi de la montagne une masse de lave incandescente plus ou moins grande. Les phénomènes que présentent les mouvements de la lave sont d'un haut intérêt. Nous allons les résumer d'après l'exposition qu'en a faite le professeur Lecoq. — « Les laves s'élèvent dans la montagne volcanique par la cheminée qui met le cratère en communication avec l'intérieur de la terre, et là se trouve un lac de matières à l'état de fusion que plusieurs observateurs ont eu le courage d'aller contempler. Le célèbre Spallanzani étant monté, en 1788, à la cime de l'Etna, dans un moment où le v. était parfaitement tranquille, put entrer dans le cratère. Au fond il vit une ouverture d'une dizaine de mètres, d'où s'élevait perpendiculairement une colonne de fumée très blanche, qui pouvait avoir un peu plus de 6 mètres dans sa partie inférieure. S'étant approché du bord dans le temps où la colonne était poussée par le vent dans un sens opposé, il aperçut au fond de l'ouverture une matière liquide embrasée, qui avait un mouvement d'ébullition très léger ; on la voyait monter presque jusqu'au cratère, puis redescendre et remonter ensuite : c'était la lave. Le même naturaliste a pu aussi apercevoir l'état intérieur du Stromboli. La lave présentait le même aspect, avec cette particularité qu'elle était dans une agitation continuelle assez violente. La hauteur des cônes volcaniques a une influence marquée sur le mode d'épanchement de la lave, car la différence entre ces hauteurs est excessivement grande. Le Stromboli et le Cotopaxi paraissent représenter les deux termes extrêmes de la série : le premier a environ 800 mètres de haut, et le second 5,753. — La lave éprouve, dans l'intérieur des cratères, des oscillations qui élèvent et abaissent alternativement son niveau ; mais il est assez rare qu'elle les emplisse au point de déborder par-dessus. Le plus souvent, la pression que cette masse exerce sur les parois du cône volcanique et la haute température qu'elle possède, suffisent pour fondre, dans les points où la résistance est la moindre, une partie des matières incohérentes qui les composent, de sorte que la lave s'échappe un torrents de feu par cette fissure. Si le cône volcanique est très élevé, c'est en général par le bas que l'éruption de lave opère, comme on l'observe à Ténériffe, et surtout à l'Etna, dont les flancs sont couverts d'une centaine de montagnes volcaniques qui sont nées sur ses pentes et ont donné naissance à de nombreux courants. Le Mont-Rosso, qui est aussi considérable que le Vésuve, est le produit d'une éruption de l'Etna. Il se forma en trois mois, par des éjections de sables et de scories, après que cette nouvelle bouche eût vomi une immense coulée de lave qui avait une largeur d'environ 6,500 mètres sur 20,000 de longueur, et qui couvrit une partie de la ville de Catane. Dans l'éruption de 1787, au contraire, on vit la lave s'élever jusqu'au sommet du cône à environ 3,200 mètres de hauteur, remplir son immense cratère de 2,000 mètres de diamètre, et se répandre par-dessus ses bords. Les mêmes phénomènes s'observent au Vésuve. Souvent c'est le cratère supérieur qui se remplit ; d'autres fois, il se fait des ouvertures latérales comme dans l'éruption de 1794, où la lave se fit jour sur les deux flancs de la montagne. — Dans d'autres circonstances, tout appareil volcanique disparaît. Les matières fondues sortent du sol par une simple crevasse, ainsi qu'on l'a vu plusieurs fois sur le plateau de Quito, et comme cela arrive encore en Islande. On en a observé aussi des exemples dans l'Eifel, sur les bords du Rhin, et presque toutes les laves anciennes sont sorties de cette manière. »

Au reste, quel que soit son point de départ, la lave, une fois sortie des parois du v., obéit, comme tous les liquides, aux lois de la pesanteur. En conséquence, elle s'écoule vers les lieux les plus bas avec une vitesse qui est modifiée par plusieurs causes, et notamment par son degré de fluidité, l'inclinaison du terrain, les obstacles accidentels qui peuvent s'opposer à son cours, et la pression qu'elle éprouve de la matière incandescente qui vient continuellement s'ajouter à sa masse. Ainsi, les courants de lave de l'Etna ont fait souvent un trajet de 400 mètres par heure sur un terrain incliné, et, d'autre part, Dolomieu en cite un qui met deux ans pour parcourir 3,800 mètres. Certains courants du Vésuve ont avancé de 800 mètres en une heure, et, dans l'éruption de 1776, il y en eut un qui parcourut plus de 2,000 mètres en 14 minutes. Enfin, Léopold de Buch, présent à l'éruption de 1805, vit un torrent de lave qui s'élançait de la cime avec une rapidité extraordinaire; en 3 heures, il fut près des bords de la mer, à plus de 7,000 mètres en ligne droite du point de départ. Lorsque, dans sa marche, la lave rencontre des obstacles, elle commence par s'accumuler. Si c'est une cavité, elle la comble, y forme un lac de matière fondue, et continue sa route. Si c'est une élévation de terrain, elle se détourne et continue d'avancer. Les arbres et les forêts qui se présentent sont aussitôt empâtés, et bientôt leur extrémité brûle et s'enflamme, tandis que leur tronc, recouvert et hermétiquement

Fig. 7.

enfermé, se transforme en charbon. On a vu encore la lave s'accumuler contre les murs des villes, déborder par-dessus l'enceinte, s'avancer dans les rues, et se mouler autour des maisons, mais sans les abattre, à cause du peu de rapidité de sa marche. Bientôt après sa sortie du sein du v., la matière en fusion se refroidit à l'extérieur, noircit au contact de l'air, et se recouvre d'une croûte solide qui devient de plus en plus épaisse à mesure que le refroidissement s'opère. Mais, comme la lave est fort mauvaise conductrice de la chaleur, cette croûte une fois formée, la matière reste fort longtemps fluide ou pâteuse à l'intérieur de cette sorte d'étui solide, et continue de couler en brisant ce dernier de mille manières. De là les aspects si divers et parfois si bizarres que nous offrent certaines coulées. De plus, lorsqu'elles commencent à se refroidir et passent à l'état de pâte visqueuse, les laves dégagent des gaz et des vapeurs plus ou moins abondants, d'où il résulte qu'il se produit dans leur intérieur des pores et des cavités de formes variables, mais qui sont très fréquemment allongées dans le sens de la direction du courant. Au reste, soit le dégagement de gaz et de vapeurs à travers la lave en fusion, soit lorsqu'elle occupe encore le cratère des volcans, soit lorsqu'elle s'échappe au dehors en coulées, produit quelquefois des figures fantastiques singulières. Dana a vu, au Kilauea, la lave s'accumuler au-dessus d'un petit évent d'une manière si régulière, qu'elle représentait une colonne arrondie soutenue

par un piédestal de même forme; le tout avait 12 mètres de hauteur. La Fig. 7 représente un cône de lave scoriacée haut de 2m,50 qu'Abich a observé au Vésuve, en 1834, et qui s'était formé au-dessus d'une petite fissure par où s'échappaient des gaz et de la vapeur. — La lenteur avec laquelle les laves se refroidissent est un phénomène qui a frappé tous les observateurs. Poulet Scrop a vu, en 1819, sur les flancs de l'Etna, un courant qui, 9 mois après l'éruption, avançait encore d'environ 1 mètre par jour. Vers la fin d'octobre 1832, Élie de Beaumont vit la grande coulée, qui, 26 mois auparavant, était sortie des flancs du Vésuve et s'était dirigée vers Ottojano, dégager une épaisse fumée qu'on apercevait du milieu du golfe de Naples, à près de 19 kilomètres de distance. La grande coulée de l'Etna qui, en 1669, vint s'amonceler, sur une épaisseur de près de 20 mètres, au pied des murs de Catane, fumait encore au bout de 8 ans. Enfin, les coulées sorties, en 1783, du Skapta-Jœkull, en Islande, fumaient encore en 1794, c.-à-d. 11 ans après l'événement.

La quantité de lave qui s'échappe dans une éruption est quelquefois prodigieuse. Celle qui, en 1737, sortit du Vésuve, a été évaluée à 7 millions de mètres cubes. Breislak a calculé que le même v., dans l'éruption de 1794, en avait vomi plus de 11 millions. Dans son éruption de 1669, qui coûta la vie à 7,000 personnes à Catane, et à plus de 60,000 dans la Sicile entière, l'Etna couvrit de sa lave un espace d'environ 25,000 mètres de longueur sur plus de 10,000 de largeur, ou d'à peu près 250 kilomètres carrés. Si l'on multiplie ce nombre par la hauteur de la masse, on obtient un total qui effraye l'imagination. Mais certains volcans de l'Islande ont produit des coulées bien plus énormes encore. Le 11 juin 1783, le Skapta-Jœkull vomit un tel torrent de lave, que le lit de la rivière Skapta fut entièrement comblé. Cependant le lit de cette rivière était creusé entre des rochers fort élevés; en quelques endroits il avait de 120 à 180 mètres de profondeur et 60 de largeur. Non seulement la lave remplit complètement cet immense bassin, mais encore, franchissant ces murailles de rochers, elle déborda sur le territoire adjacent sur une étendue considérable. Le flot brûlant, en sortant du défilé qui formait le lit du Skapta, fut arrêté pendant quelque temps par un lac profond; mais, après l'avoir entièrement rempli, il atteignit d'anciennes laves pleines de cavernes souterraines, y pénétra et en fondit une partie. Dans quelques endroits où la vapeur ne trouva pas d'issue, elle fit sauter le roc et en lança les fragments jusqu'à 50 mètres de hauteur. Le terrible v. resta alors quelques jours en repos; mais, le 18 juin, un autre torrent de lave liquide s'élança du Skapta-Jœkull, descendit avec une vitesse extraordinaire sur la surface de la coulée précédente, et alla remplir le bassin de plusieurs rivières. Celles-ci, chassées de leur lit, inondèrent le pays voisin, et plusieurs villages furent détruits. Après avoir ainsi coulé pendant plusieurs jours, la lave rencontra une cataracte nommée Stapafoss, et, se précipitant en nappe de feu, remplit promptement l'abîme profond que cette grande chute d'eau creusait depuis des siècles; puis elle reprit son cours. Le 3 août, la montagne vomit de nouveaux torrents de lave; mais ceux-ci prirent une autre direction, parce que les laves émises les jours précédents avaient fermé les issues à ces nouvelles coulées. La matière fondue alla se décharger dans le lit de la rivière Hverfisfliot, et donna lieu à une scène de destruction égale à la première. Après s'être accumulée en masses d'une épaisseur extraordinaire, elle se jeta dans les plaines contiguës en formant de vastes lacs de feu. Quelques-uns de ces lacs avaient de 18 à 24 kilomètres d'étendue sur 30 mètres de profondeur. Cette éruption dura deux années.

E. La *fréquence* des éruptions semble varier pour chaque v., et en outre, si l'on met à part les volcans dont l'activité ne discontinue pas, les éruptions n'ont lieu qu'à des époques indéterminées. Quelques-uns restent parfois des siècles entiers sans donner aucun signe d'activité, puis se réveillent ensuite tout à coup. — Suivant Humboldt, les éruptions sont d'autant plus rares que les volcans sont plus élevés. L'un des plus petits, le Stromboli, est dans une agitation continuelle; son cratère est toujours rempli d'une lave en fusion, qui s'élève jusqu'à ses bords, puis se crève avec une forte explosion en lançant dans l'atmosphère de la fumée, des cendres et une partie de la matière fondue. Peu à peu la lave s'affaisse et redescend, pour remonter, comme auparavant, après 7 ou 8 minutes d'intervalle. Les éruptions du Vésuve sont fréquentes; celles de l'Etna sont plus rares; celles du pic de Ténériffe le sont encore davantage, et enfin les cimes colossales des Andes, comme le Tunguragua, le Cotopaxi, le Sangay, etc., offrent à peine une éruption dans l'espace d'un siècle. Il semblerait que, dans ces derniers, les forces nécessaires pour produire une éruption ont besoin de s'accumuler pendant une longue suite d'années. — La *durée* des éruptions est aussi très variable. Tantôt elles ne durent que quelques minutes, et alors elles sont en général très fréquentes. Tels sont les élancements périodiques du Stromboli. D'autres fois, elles durent seulement quelques heures ; mais plus souvent elles durent plusieurs jours, comme celles du Vésuve et de l'Etna, ou plusieurs mois, comme celles du pic de Ténériffe. Enfin, elles durent quelquefois des années entières, comme on l'a vu dans plusieurs volcans de l'archipel Indien, et surtout dans ceux de l'Islande. On cite des éruptions de l'Hécla qui ont duré six années sans interruption.

III. *Phénomènes volcaniques divers.* — Certaines régions volcaniques nous offrent des phénomènes particuliers qui méritent de nous arrêter encore un instant.

A. Il est facile de concevoir que la suite et la fréquence des éruptions peuvent produire, dans les couches qui forment la base primitive d'un cône volcanique, des crevasses plus ou moins nombreuses et des cavités plus ou moins étendues. Alors la montagne, ou une partie de la montagne, ne trouvant plus un support suffisant, s'affaisse sur elle-même et s'abîme dans le gouffre creusé au-dessous de sa base, soit à l'occasion d'une explosion qui l'ébranle, soit, sans que rien fasse prévoir ce phénomène, par le simple travail intérieur de la chaleur centrale. Dans ce cas, au lieu d'une gibbosité plus ou moins considérable, le lieu où était le cône volcanique présente une immense cavité au fond de laquelle s'accumulent les ruines et les débris de la montagne. Les annales de la science possèdent de nombreux faits de ce genre. C'est ainsi qu'en 1698, dans la nuit du 19 au 20 juin, le sommet du Carguairazo, l'un des cônes volcaniques les plus élevés des Andes de Quito (5,850 m.), s'écroula, sans que rien fît prévoir ce phénomène. En même temps, des torrents d'eau boueuse s'échappèrent de ses flancs entr'ouverts et rendirent stériles les campagnes environnantes. Ces eaux étaient, selon toute probabilité, renfermées dans des cavités de la montagne, car elles contenaient une multitude de poissons morts. Ces poissons, que les habitants appellent *Premadillas*, ont reçu des zoologistes le nom de *Pimelodes cyclopum*. Un exemple d'affaissement d'un autre genre est celui du Papandayang, l'un des plus grands volcans de Java, qui était situé dans la partie nord-ouest de cette île. Dans la nuit du 11 au 12 août 1772, après une courte mais violente explosion, où la montagne parut enveloppée d'un nuage lumineux, elle s'écroula tout entière et disparut dans l'abîme avec un bruit effroyable. La surface ainsi engloutie fut évaluée à environ 15 kilomètres de long sur 10 de large. Quarante villages furent également, ou engloutis avec le v., ou détruits par les matières qu'il lança de toutes parts au moment de son effondrement, et il périt près de 3,000 habitants.

B. En parlant de l'écroulement du sommet du Carguairazo, nous avons mentionné les torrents d'eau boueuse qui s'échappèrent de ce v. Les volcans des Andes de Quito ne lancent presque jamais de laves ; en général, leurs éruptions donnent seulement lieu à d'immenses coulées d'une boue demi-liquide, qui s'échappent ordinairement par des crevasses latérales, rarement par les bords du cratère. Cette boue est tantôt sulfureuse, tantôt, et le plus souvent, assez riche en charbon pour que les habitants du pays l'emploient en guise de combustible. Cette dernière sorte de boue, qu'on nomme *Moya*, se dégage parfois aussi des crevasses qui se produisent dans le sol durant les tremblements de terre. Quelques volcans lancent, soit habituellement, soit accidentellement, des torrents d'eau bouillante : tel est un v. de Guatemala, appelé pour ce motif *volcano de agua*. Ces éruptions ne doivent pas être confondues avec les torrents d'eau plus ou moins chargée de terre qui descendent parfois sur les flancs de certains volcans, et qui résultent de la fonte plus ou moins brusque des neiges qui couronnent leur sommet. C'est ainsi qu'avant l'éruption du Colopaxi qui eut lieu au mois de janvier 1803, les glaces et les neiges accumulées depuis de longues années sur le sommet et sur les flancs de cette haute montagne fondirent tout à coup en une seule nuit, sous l'influence de la température acquise par les parois du v., de sorte qu'au soleil levant le cône se montra à nu et sous la couleur noire qui est propre aux scories vitrifiées. Les torrents prodigieux auxquels donne naissance un semblable phénomène produisent parfois sur les lieux environnants des effets plus désastreux que l'éruption volcanique elle-même.

C. On appelle *Solfatare* un terrain volcanique (c'est ordinairement un cratère éteint), qui laisse dégager par ses fissures et crevasses des gaz plus ou moins abondants et consistant principalement en acide sulfureux. Ces dégagements de gaz s'accompagnent presque toujours de vapeur d'eau. Il existe

des solfatares dans la plupart des régions volcaniques. La plus célèbre est la solfatare de Pouzzoles, près de Naples, qui n'est autre chose qu'un vaste cratère de soulèvement. Depuis les temps historiques, elle n'a jamais cessé de dégager des gaz et de la vapeur aqueuse ; mais jamais non plus elle n'a lancé ni laves, ni cendres, ni scories. Le docteur Daubeny a trouvé que le gaz qu'elle dégage est de l'hydrogène sulfuré avec une faible proportion d'acide chlorhydrique. Dans leurs moments de repos, les cratères des volcans actifs constituent fort souvent des solfatares plus ou moins énergiques. Enfin, on doit encore considérer comme des solfatares les lacs qui remplissent le cratère de certains volcans, quand ils dégagent, ainsi que cela a lieu dans certains volcans de Java, des vapeurs acides et sulfureuses. La dénomination de *Fumarolle* ou *Fumerolle* s'applique à tout jet de vapeur formant une colonne d'une certaine hauteur, qui s'échappe soit du cratère des volcans, soit des solfatares, soit de toute fissure existant dans un terrain quelconque. Le plus souvent ces jets, qui s'élèvent parfois à une hauteur de 20 mètres, s'élancent avec un bruit semblable à celui que produit le dégagement de la vapeur dans nos machines, ce qui indique la pression que ces vapeurs ont éprouvée dans le sein de la terre. C'est ainsi que le Tongariro, montagne volcanique de la Nouvelle-Zélande, lance par son cratère, situé à près de 2,000 mètres au-dessus du niveau de la mer, un jet continuel de vapeur aqueuse, puis, de temps à autre, de l'eau bouillante et de la boue, mais jamais de laves ni de scories. Les vapeurs des fumarolles contiennent toujours différents acides, suivant la nature des roches qu'elles ont traversées. Le plus souvent c'est de l'acide sulfhydrique, sulfureux, chlorhydrique ou sulfurique ; mais les fumarolles qui s'observent dans une certaine région de la Toscane, contiennent de l'acide borique (Voy. Bore).

D. C'est ici le lieu de parler du phénomène des *Geysers*. On nomme ainsi, d'un mot islandais qui veut dire jaillissant,

Fig. 8.

des sources jaillissantes d'eau bouillante qui se rencontrent en grand nombre en Islande, au sud de l'Hécla et à environ 36 kilomètres de cette montagne. Ces sources se lient évidemment au phénomène des fumarolles. Elles sont intermittentes, mais à intervalles assez réguliers. Le grand Geyser (Fig. 8), par ex., présente en général une éruption toutes les demi-heures, et projette alors, à une hauteur de 40 à 50 mètres, une colonne d'eau qui a près de 6 mètres de diamètre. Un phénomène remarquable que présentent ces sources, c'est de contenir, entre autres principes minéraux, de la silice pure (elle y entre pour un peu plus d'un demi-millième), qui se dépose à l'état d'hydrate sur le terrain environnant. A la base du grand geyser, le dépôt qu'elle a formé a 4 mètres d'épaisseur. Cette silice incruste les feuilles des plantes qui croissent dans le voisinage, de manière à en conserver parfaitement les empreintes. Il existe aussi dans l'île de Saint-Michel (Açores), des sources chaudes dont la température s'élève à 97 degrés centigrades, et qui renferment la même proportion de silice que les geysers d'Islande; mais elles ne sont point jaillissantes.

IV. *Dégagement de gaz; Salses ou Volcans d'air.* — On rapporte communément à l'action volcanique certains dégagements de gaz qui s'opèrent à la surface du sol par des crevasses spontanées ou par des trous que l'homme lui-même a creusés. Assurément, lorsque ces dégagements ont lieu dans les terrains situés dans le voisinage des volcans ou qui ont été jadis le théâtre de phénomènes volcaniques, il est assez naturel de rattacher ces dégagements à l'action volcanique affaiblie par la distance ou par le temps; mais lorsqu'ils se produisent loin des régions soumises à cette puissance, et surtout dans les localités où l'on rencontre, soit de la houille ou des lignites, soit des schistes carbonifères ou bitumineux, ils s'expliquent trop simplement par les circonstances même au milieu desquelles ils s'opèrent, pour qu'on doive y faire intervenir une cause hypothétique. Les gaz qui se dégagent ainsi du sol sont le plus souvent de l'acide carbonique, de l'hydrogène sulfuré et de l'hydrogène carboné. Les dégagements de gaz acide carbonique ne se rencontrent guère que dans les terrains volcaniques, et ils rentrent par conséquent dans la première catégorie. Tels sont ceux que l'on rencontre près de Pouzzoles, en Italie (grotte du Chien), dans les montagnes volcaniques de l'Auvergne, dans l'Eifel, sur les bords du Rhin, dans la fameuse vallée de la Mort, île de Java, et dans une foule d'autres régions où il existe, soit des volcans éteints, soit des volcans encore en activité. Le gaz hydrogène sulfuré s'observe moins fréquemment, et son dégagement peut se lier, soit à l'action volcanique, soit à une pure action chimique se produisant au sein des couches terrestres par le contact de certains éléments. Au contraire, les dégagements de gaz hydrogène carboné paraissent dépendre presque toujours de simples phénomènes chimiques. Tout le monde sait que dans les houillères, par ex., il s'opère fréquemment des dégagements d'hydrogène carboné qui, en s'enflammant, donnent lieu à des explosions terribles (Voy. GRISOU et MÉTHANE). Assez souvent aussi, en creusant des puits ou en faisant des trous de sonde pour rechercher, soit de la houille, soit du sel, on a vu s'opérer par ces trous un dégagement abondant et continu d'hydrogène carboné propre au chauffage et à l'éclairage. Dans la province chinoise de Tsé-chuan, où il existe beaucoup de puits de ce genre, les habitants conduisent le gaz au moyen de tubes de bambou, et s'en servent pour évaporer les eaux salines qui abondent dans le pays. Les Chinois appellent ces puits *Ho-tsieng*, c.-à-d. puits de feu. On cite particulièrement un de ces puits qui a fourni une source abondante de gaz sans interruption pendant 1,100 ans. Aux États-Unis d'Amérique, paysage riche en houillères, on a rencontré également de ces jets de gaz hydrogène carboné, et on les a utilisés, comme font les Chinois, pour l'éclairage et le chauffage. — Ces simples dégagements de gaz se compliquent quelquefois de petites éruptions boueuses qui, dans certaines circonstances, sont accompagnées de détonations. Il se forme alors, autour des trous ou fissures de dégagement, des cônes terreux dont la hauteur ne dépasse pas en général 2 mètres, mais qu'on a vus cependant atteindre 50 mètres. Ces cônes constituent ce qu'on appelle des *Volcans d'air*. On les nomme aussi *Salses* ou *Salzes*, parce que l'eau qui s'échappe avec le gaz contient souvent des matières salines, telles que du chlorure de sodium et du sulfate de chaux, et *Volcans de boue*, à cause de la plus ou moins grande quantité de limon qui sort à chaque explosion. Il existe des volcans de ce genre dans le Modénais, en Sicile, en Crimée, sur les bords de la mer Caspienne, dans l'Amérique méridionale, etc. Les salses de la Sicile sont situées près de l'ancienne Agrigente, dans un lieu appelé Maccalouba, d'où le nom même de *Maccaloubas* sous lequel divers écrivains désignent les salses de la Sicile. Quant aux salses de la Crimée et des bords de la Caspienne, il est bien établi que les gaz qui s'en dégagent sont de l'hydrogène carboné. Parfois cependant à Taman, dans la Crimée, il s'y mêle de l'hydrogène sulfuré, ce que l'on peut attribuer à la présence de pyrites de fer. De Verneuil assigne une hauteur de 80 mètres à quelques-uns des cônes boueux de Taman et de Kertch. Sur quelques points du littoral de la mer Caspienne, notamment à Bakou, les Parsis ou Guèbres ont des espèces d'oratoires où ils viennent adorer le feu. Ces oratoires sont bâtis au-dessus des fissures d'où s'opère un dégagement d'hydrogène carboné. En enflammant ce gaz au sortir du sol, ils croient devant leurs yeux le feu pur qui brûle sans matière. Les dégagements d'hydrogène carboné qui se produisent ainsi à la surface du sol paraissent liés à la présence du *Pétrole*. Voy. ce mot.

V. *Distribution des volcans à la surface du globe.* —

Les bouches volcaniques ne sont pas disséminées au hasard à la surface de la terre. Léop. de Buch a remarqué que tous les volcans du globe peuvent être rangés en deux classes essentiellement différentes : les *Volcans centraux* et les *Volcans en ligne*. Les premiers forment des groupes au milieu desquels s'élève un sommet principal; les seconds sont en général peu éloignés les uns des autres, mais alignés dans une même direction, « comme les cheminées d'une grande faille », suivant l'expression du savant géologue, qui ajoute : « Et probablement ils ne sont pas autre chose ». Le nombre des volcans alignés dans une même direction varie beaucoup, et il en est de même de celui des volcans groupés autour d'un centre. Cependant on peut considérer chaque système comme un seul v. dont les bouches, plus ou moins nombreuses, s'alignent dans une même direction ou s'ouvrent autour d'un point central. On a remarqué que dans le nouveau monde on ne rencontre que des volcans alignés, à l'exception du Sangay et du Jorullo. En Europe, au contraire, il n'y a que des volcans centraux; les volcans alignés, comme ceux qui existent dans le centre de la France, sont éteints depuis longtemps. Les volcans qui se montrent dans les îles suivent la même loi que ceux des continents : ils sont disposés en ligne ou groupés autour d'un centre, et tantôt ils constituent un système particulier, tantôt ils se relient aux volcans continentaux. Le nombre des volcans actifs que présente la surface du globe ne saurait être déterminé avec exactitude, parce qu'il est impossible de savoir si tel v. qui n'a pas donné signe de vie depuis longtemps ne se réveillera pas un jour, et si tel v. qui a eu des éruptions récentes entrera encore en activité. Ainsi, le nombre des volcans est estimé par les uns à 200 environ, tandis que d'autres le portent à 300 et même à 500.

Quoi qu'il en soit, il est un fait remarquable, c'est que tous les volcans réputés actifs, à de rares exceptions près, s'élèvent dans des îles, ou tout au moins sont situés à peu de distance de la mer. — Si l'on jette un coup d'œil sur une mappemonde, et que l'on considère d'abord l'océan Atlantique, on voit d'abord une série de volcans, tantôt isolés, tantôt groupés qui, de l'île de Jean-Mayen, au nord, s'étend par l'Islande, les Açores, les Canaries, les îles du cap Vert, l'Ascension et la Trinité, jusqu'à Tristan d'Acunha, au sud. La partie occidentale du même océan nous offre la série volcanique des îles du golfe du Mexique. Dans l'océan Indien apparaissent des volcans, tels que ceux des îles Maurice, de la Réunion et Rodriguez, et les petits points isolés des îles Saint-Paul et Amsterdam. La partie centrale du Pacifique, on rencontre les groupes des îles Hawaï, des Marquises, de la Société, et enfin l'île de Pâques. Dans la partie septentrionale du même océan, on remarque la rangée des volcans des îles Aléoutiennes, et, à l'ouest de ceux-ci, la longue série des soupiraux volcaniques qui s'ouvrent sur toute la longueur de la presqu'île du Kamtchatka, et s'étendent, par les Kouriles, jusqu'au Japon et au delà. Au sud-est de ce dernier, nous trouvons des volcans des îles Bonin et des Mariannes dont la direction générale est du nord au sud. Au sud-ouest du Japon encore, commence une série de soupiraux qui comprend d'abord l'île Formose et les Philippines, puis décrit une courbe immense, laquelle passe par l'extrémité nord-est de Célèbes, par Gilolo, par les îles volcaniques situées entre la Nouvelle-Guinée et Timor, par les îles de Flores, de Sumbava, de Java et de Sumatra, et se termine, dans le golfe du Bengale, à l'île Barren, où s'élève au milieu des eaux le cône central dont nous avons déjà parlé. Enfin, retournant à l'océan Pacifique, nous rencontrons encore le groupe volcanique des îles Gallapagos, situé presque sous l'équateur. — Quant aux volcans continentaux, c'est l'Amérique méridionale qui nous offre la plus grande et la plus majestueuse série de montagnes volcaniques. Tout à fait au sud on trouve les volcans de la Terre de Feu; puis, après un intervalle de quelques degrés où l'on n'a pas signalé de v. actif, on rencontre la longue ligne des volcans du Chili, dont plusieurs s'élèvent à une altitude considérable. Après quoi, on observe une nouvelle lacune, mais à laquelle succède la longue rangée des volcans des Andes de Quito, on, franchissant l'isthme de Panama, on franchissant l'isthme de Panama, on rencontre le volcan du Guatemala, et, plus au nord, ceux du Mexique. En continuant de suivre la même direction, les volcans deviennent plus rares. Néanmoins on en trouve encore quelques-uns dans la Californie, près de la Columbie, dans l'île de Sitka, et enfin dans l'Alaska, où ils se rattachent à la rangée volcanique des îles Aléoutiennes. En Europe, il n'y a de volcans actifs que les groupes de l'Hécla dans l'Islande, et de l'Etna en Sicile, auquel on peut rattacher le Vésuve, et le Stromboli, et enfin le Santorin, dans l'Archipel, car ce dernier paraît être, non point un v. éteint, mais simplement un v. en repos. Dans la masse continentale de l'Afrique, on ne connaît pas de bouches volcaniques à l'état d'activité, si ce n'est le Djebel Tarr, dans la mer Rouge; ce dernier toutefois appartient tout autant à l'Asie qu'à l'Afrique. Pour ce qui concerne l'Asie, la plus grande partie de sa vaste étendue semble être, si l'on excepte la péninsule du Kamtchatka, dépourvue de volcans actifs. Toutefois, malgré les doutes exprimés à ce sujet, l'existence de semblables volcans au centre de ce continent nous paraît incontestable. Relativement à ces derniers, Humboldt, après avoir mentionné notre célèbre sinologue, Abel Rémusat, comme ayant le premier appelé l'attention des géologues sur ce sujet, fait remarquer que la grande chaîne du Thian-chan, ou montagnes Célestes, est une chaîne volcanique. C'est à cette chaîne qu'appartiennent le Pe-chan d'où il sort de la lave, la solfatare d'Urum-tsi, et la montagne ignivome (Ho-tscheou) de Turfan, qui est presque à égale distance de l'océan Glacial arctique et de l'océan Indien (2,250 et 2,460 kilomètres). Le Pe-chan est également éloigné de 2,200 kilomètres de la mer Caspienne, d'environ 480 kilomètres du grand lac Issikoul, et de 330 kilomètres du lac Balkhasch. « Il est impossible, dit Humboldt, de ne pas reconnaître des courants de laves dans les descriptions des écrivains chinois du 1ᵉʳ et du VIIᵉ siècle de notre ère, lorsqu'ils parlent de la fumée et de la flamme que lance le Pe-chan et des masses de pierres incandescentes qui coulent comme de la graisse fondue en dévastant le territoire environnant. » — Cons. DAUBENY, *Description of active and extinct Volcanos*; HUMBOLDT, *Cosmos*; les divers traités de Géologie; FLAMMARION, *l'Éruption du Krakatoa et les Tremblements de Terre.*

VOLCANIQUE. adj. 2 g. Qui appartient au volcan. *Les phénomènes volcaniques.* || Qui tire son origine d'un volcan. *La ponce est un produit v. Roche v. Coulée v.* || Fig., *Une tête, une imagination v., Une tête ardente, une imagination fougueuse.* — On dit de même, *Sa tête est comme un volcan. Son imagination est un volcan.*

VOLCANISÉ, ÉE. adj. [Pr. *volkani-zé*]. Se dit des lieux où il y a des volcans, ou qui ont été bouleversés par l'action des volcans. *Terrain v. L'Auvergne est une contrée toute volcanisée.*

VOLCANO, la plus méridionale des îles Lipari.

VOLCES, peuple d'orig. kymrique établi dans la Gaule méridionale et divisé en deux peuplades : *Tectosages* (Toulouse) et *Arécomiques* (Nîmes).

VOLE. s. f. (R. *vol*). A certains jeux de cartes, se dit quand l'un des joueurs fait toutes les levées. *Il a entrepris la v. Je fais la v.*

VOLÉE. s. f. (R. *voler*). Vol d'un oiseau. *J'ai lâché cet oiseau, et il a pris la v. Je lui ai donné la v. On dit que les hirondelles traversent quelquefois la Méditerranée tout d'une v.* — Fig. et fam., *Prendre la v.*, se dit de quelqu'un qui part inopinément et brusquement; et, au sens moral, d'un jeune homme qui s'affranchit de la tutelle, de la surveillance à laquelle il était soumis. || Se dit aussi d'une bande d'oiseaux qui volent ensemble. *Une v. de pigeons, d'étourneaux, etc.* || Se dit encore des oiseaux de même espèce qui sont nés dans la même saison. *Tous ces jeunes moineaux sont de la v. du printemps. Ces pigeons sont de la v. de mars, de la v. d'août.* || Fig. et fam., se dit des gens qui sont de même âge, de même condition, de même profession, et surtout des jeunes gens. *Il sortit du collège une v. de jeunes écoliers. Il n'était pas de cette v.-là. Vous ne devez pas traiter d'égal à égal avec lui; vous n'êtes pas de sa v.* On dit encore, *C'est une personne de la haute v., de la première v.*, en parlant d'une personne qui appartient à la classe la plus élevée de la société. || Fig., *Une v. de coup de bâton,* Un grand nombre de coups de bâton donnés de suite. || Fig., *Sonner les cloches à toute v.,* Les sonner en leur donnant le plus grand branle possible. *Sonner une, deux, trois volées,* Mettre les cloches en branle, une, deux, trois fois. || T. Artill. *Une v. de canons,* La décharge de plusieurs pièces qu'on tire en même temps. *Une v. de canon,* se dit aussi quelquefois d'un seul coup de canon. — *Tirer à toute v.,* Combiner le tir de façon à produire les plus grands effets possibles. — *La v. d'un canon.* Voy. CANON. || T. Jeu de paume et de ballon. *Jouer de v., prendre de v., à la v.,*

Frapper et renvoyer la balle avant qu'elle ait touché à terre. *Prendre une balle entre bond et v.*, et Fig., *Attraper une grâce, une faveur tant de bond que de v.* Voy. BOND. || T. Techn. Tour complet que décrivent les ailes d'un moulin à vent. — *Retombée d'un marteau de forge.* — Pièce de bois de traverse qui s'attache au timon d'un chariot, d'une carrosse, et à laquelle on attelle les chevaux du second rang. *Il faut mettre ces chevaux à la v.* On dit aussi dans ce sens *Un cheval de v.* — V. *d'escalier.* Voy. ESCALIER. — *Bancs de v.*, ceux qui se détachent d'eux-mêmes dans une mine quand on a sapé la couche qui est au-dessous. = *A LA VOLÉE.* loc. adv. En l'air, au passage. || *Je lui jetai une pomme, il la saisit à la v.* — Fig., *Il est toujours en course, il faut le prendre à la v.* || Sign. quelquefois inconsidérément, sans réflexion. *Il parle à la v. Il fait toutes choses à la v.* Fam. || T. Agric. *Semer à la v.*, En jetant les graines sur la terre préparée.

VOLÉMITE. s. f. T. Chim. Matière sucrée qu'on a extraite d'un champignon, le *Lactarius volemus*. Isomérique avec la perséite, elle possède 7 fonctions alcool et répond à la formule $CH^2OH(CHOH)^5CH^2OH$. La v. est cristallisable, dextrogyre, très soluble dans l'eau, peu soluble dans l'alcool. Oxydée par l'acide azotique, ou par le brome et le carbonate de soude, elle donne naissance à la *l'olémose*, qui est un homologue de la glucose et qui fournit une osazone cristallisée, fusible vers 196°.

VOLER. v. n. (lat. *volare*, m. s.). Se mouvoir, se soutenir en l'air au moyen d'ailes. *Cet oiseau vole bas, vole haut, vole sur l'eau, vole rapidement, vole à tire-d'aile. Cette mouche bourdonne en volant. L'autruche, malgré ses ailes, est incapable de v.* — Fig., *V. de ses propres ailes*, et *Vouloir v. avant d'avoir des ailes.* Voy. AILE. || Se dit aussi des choses qui sont poussées dans l'air avec une grande vitesse. *Les flèches volaient, Le vent faisait v. la poussière, les tuiles, etc.* — Fig., *Faire v. la tête de quelqu'un, La lui abattre d'un seul coup.* || Par extension, se dit pour courir avec une grande vitesse. *Ce cheval ne court pas, il vole. Je volai chez mon frère pour lui apprendre cette nouvelle. V. au secours de quelqu'un.* — Fig., *Le temps vole. Tous les cœurs volaient au-devant de lui. Le bruit de ses hauts faits a volé par toute la terre.* = VOLER. v. a. T. Fauconn. Se dit des oiseaux de proie qu'on dresse à chasser d'autres oiseaux ou quelque autre sorte de gibier. *Le faucon apprend facilement à v. d'autres oiseaux. Le lanier ne vole guère que la caille et la perdrix.* || Par extension, se dit de la personne qui chasse avec l'oiseau. *Il aime surtout à v. le héron.* = Voy. AVIATION.

VOLER. v. a. (même mot que le précéd. pris d'abord dans le sens de *chasser à l'oiseau*, puis *dérober*). Prendre furtivement ou par force la chose d'autrui pour se l'approprier. *V. la bourse de quelqu'un. V. des hardes. V. un cheval. V. les deniers de l'État.* — V. *quelqu'un.* Lui prendre quelque chose qui lui appartient. *Ce valet a volé son maître. Il a été volé cette nuit.* — Absol., *Il volait sur les grands chemins. Cette femme volait dans les magasins.* || Par extension, *V. un nom, un titre,* Usurper un nom, un titre qui appartient à une autre personne. || Fig., se dit de ceux qui s'approprient les pensées et les expressions des autres, et qui s'en servent sans indiquer la source où ils ont puisé. *Il a volé cela dans tel ouvrage. Il a volé cette scène à un auteur anglais.* || Fig. et fam., *Il a volé sa réputation*, se dit de quelqu'un qui n'a pas mérité la réputation dont il jouit. — *Il ne l'a pas volé*, se dit de quelqu'un à qui il arrive quelque chose d'heureux ou de fâcheux, et qui l'a bien mérité. || VOLÉ, ÉE. part. Prov., *Bien volé ne profite pas.* On le dissipe, ou bien il est repris. — *Je suis volé!* Je suis frustré dans mon attente. Fam. = Droit. Voy. VOL.

VOLEREAU. s. m. [Pr. *vole-ro*]. Dimin. de Voleur. *On a arrêté une bande de volereaux dont le plus âgé n'avait pas quinze ans.* Fam. et vx.

VOLERIE. s. f. (R. *voler*). Larcin. Pillerie. *C'est une vraie v. Il s'est enrichi par ses voleries.* Fam.

VOLERIE. s. f. T. Chasse. Chasse à l'aide des oiseaux de proie. Voy. FAUCONNERIE.

VOLET. s. m. [Pr. *vo-lè*] (R. *voler*, propr. quelque chose qui vole, qui flotte). Panneau de menuiserie qui est placé à l'intérieur d'une fenêtre pour garantir les châssis de celle-ci, et qui s'ouvre et se ferme à volonté. *Fermer, ouvrir les volets.* || *Volet,* se dit souvent pour contrevent, lequel s'applique également contre la fenêtre, mais à l'extérieur. || *V. brisé. V.* qui peut se plier dans le sens de sa hauteur. — *V. de parement,* Celui qui est d'une seule pièce. || *L'ais qui sert à* fermer l'entrée d'un pigeonnier; celui qui est fixé horizontalement à l'entrée d'un pigeonnier; et, par extension, le pigeonnier lui-même. *Il avait autrefois un colombier à pied, mais il n'a plus qu'un petit v.* || Tablette, petit ais rond, sur lequel on trie des graines, des pois, des lentilles, etc. — Fig. et fam., *Trié sur le v.,* se dit des choses de même des personnes qu'on a choisies avec soin. *Il ne reçoit que des personnes triées sur le v.* || T. Mar. Petite boussole qui n'est point suspendue comme le compas de roule ordinaire, et dont on se sert sur les barques et sur les chaloupes. || T. Liturg. Carton garni d'une étoffe précieuse qui couvre le calice sous le voile. || T. Pêche. Gaule pliante sur laquelle on monte le filet de la truble. || T. Techn. Aileron d'une roue de moulin à eau. || T. Bot. Nom vulgaire du *Nénuphar,* famille des Nymphéacées.

VOLETER. v. n. (dimin. et fréquentatif de *voler*). Voler à plusieurs reprises et ne parcourant que de très petits espaces, comme font les petits oiseaux qui n'ont pas la force de voler longtemps ou comme les papillons. *Les oisillons voletaient autour de leur mère. On voit les papillons, les abeilles v. de fleur en fleur.* = Conj. Voy. CAQUETER.

VOLETTE. s. f. [Pr. *volè-te*] (R. *voler*). Rang de cordelettes qui bordent le réseau dont on couvre quelquefois les chevaux en été, et qui servent à chasser les mouches quand l'animal les secoue. || Petite claie sur laquelle on épluche la laine.

VOLEUR, EUSE. s. Celui, celle qui a volé, ou qui vole habituellement. *C'est un v., une voleuse. Des voleurs de grands chemins. Une bande de voleurs.* — Fam., on dit de quelqu'un dont les vêtements sont en désordre, en mauvais état, *Il est fait comme un v.* — *Venir comme un v.,* sans qu'on s'en aperçoive. || Fig. et par exagération, se dit de celui qui réclame, qui exige plus qu'il ne devrait demander, pour le prix d'une denrée, d'une marchandise ou d'un service, *Ce marchand est un vrai v.* = Syn. Voy. LARRON.

VOLGA, fleuve de la Russie d'Europe, prend sa source au plateau de Valdaï, arrose Tver, Jaroslav, Nijni-Novgorod, Kasan, Saratof, Astrakan, et se jette dans la mer Caspienne par 70 embouchures, après un parcours de 3,800 kilomètres. C'est le plus long fleuve d'Europe.

VOLGERITE. s. f. (R. *Volger,* n. d'un minéralogiste all.). T. Minér. Acide antimonique hydraté, en masses pulvérulentes, blanches.

VOLHYNIE, gouvernement de la Russie d'Europe; 2,062,300 hab., ch.-l. *Jitomir.*

VOLIÈRE. s. f. (R. *vol*). Se dit D'un espace qui est clos par un réseau de fils d'archal, et où l'on élève des oiseaux pour son plaisir. *Il a fait construire une v. sur sa terrasse.* || Se dit aussi d'une grande cage divisée par des séparations, pour y mettre différentes sortes d'oiseaux. *Il a une v. dans sa chambre.* || Dans les fermes, Le réduit où l'on nourrit des pigeons. *Les pigeons de v. sont les plus estimés.*

VOLIGE. s. f. Planche mince de bois de sapin ou d'autre bois blanc. || T. Couvreur. La latte que l'on emploie pour porter l'ardoise.

VOLILLE. s. f. [Pr. les *ll* mouillées]. T. Techn. Planche mince de bois blanc. Vx.

VOLITION. s. f. [Pr. *voli-sion*] (bas lat. *volitio,* m. s., mot forgé par les philosophes, de *volo,* je veux). T. Philos. Action par laquelle la volonté se détermine. Voy. VOLONTÉ.

VOLKAMERIA. s. m. (R. *Volkamer,* n. d'un botan. all.). T. Bot. Genre de plantes Dicotylédones de la famille des *Verbenacées.* Voy. ce mot.

VOLMUNSTER, anc. ch.-l. de c. (Moselle), cédé à l'Allemagne en 1871; 1,200 hab.

VOLNEY (comte DE), savant et littérateur fr., auteur des *Ruines* (1757-1820).

VOLO (Golfe), anc. golfe *Pagasétique* (mer Égée).

VOLO, anc. *Pagasus,* ville de Grèce, sur le golfe de Volo; 5,000 hab.

VOLOGDA, v. de la Russie d'Europe, ch.-l. de gouv.; 18,000 hab. Le gouv. a 1,161,200 hab.

VOLOGÈSE, nom de plusieurs rois parthes en guerre avec les empereurs romains.

VOLONTAIRE. adj. 2 g. [Pr. *volon-tère*] (lat. *voluntarius,* m s., de *voluntas,* volonté). Qui se fait sans contrainte, par une libre détermination de la volonté. *Cet acte a été tout à fait v. de ma part. Accord, traité v. Contribution v. Enrôlement v.* || En parlant des personnes, signifie, Qui agit par sa propre volonté. *Un engagé v. Si nous sommes esclaves de nos passions, on peut dire que nous en sommes les esclaves volontaires.* || Appliqué aux personnes, sign. plus ordinairement, Qui ne veut faire que sa volonté, que ses caprices, qui ne veut obéir à personne, ni s'assujettir à aucune règle. *C'est un enfant très v., on ne peut rien en obtenir.* — Dans ce sens, on dit substantiv., *C'est un v., une petite v.* || T. Physiol. *Mouvements volontaires,* Ceux que l'on peut exécuter ou arrêter à volonté. *Muscles volontaires,* Ceux qui obéissent à la volonté. *Nerfs volontaires,* Les nerfs moteurs qui transmettent aux muscles précédents les ordres de la volonté. = VOLONTAIRE. s. m. Celui qui sert dans une armée sans y être obligé par la loi. *Un jeune v. Il servait en qualité de v. Un bataillon de volontaires.*

VOLONTAIREMENT. adv. [Pr. *volontè-reman*]. De bonne volonté, sans contrainte. *Il a fait cela v. et de son plein gré. Il s'y est obligé v.*

VOLONTARIAT. s. m. (R. *volontaire*). T. Hist. On appelait v. ou v. d'un an une institution consacrée par la loi militaire de 1872. D'après cette loi, tout Français devait le service militaire; mais les jeunes gens arrivés à l'âge de 20 ans étaient répartis, par la voie du tirage au sort en deux catégories : les uns faisaient 5 ans de service effectif, les autres 1 année. Cependant un séjour de 5 années sous les drapeaux pouvant être nuisible à ceux qui se consacraient à certaines carrières, et particulièrement aux carrières libérales, la loi accordait à certaines catégories de jeunes gens le privilège de ne faire qu'une année de service, à condition que ces jeunes prissent l'engagement d'une année avant leur tirage au sort. Pour être admis au bénéfice du v. d'un an, il fallait posséder certains diplômes délivrés par les universités ou les grandes écoles, tels que les baccalauréats, le certificat d'études de l'École centrale des arts et manufactures, des écoles d'Arts et Métiers, etc., ou bien subir avec succès un examen constatant le degré d'instruction du candidat. De plus, celui-ci devait verser une somme de 1,500 francs pour subvenir aux frais de son équipement et de son entretien pendant l'année de service. Des dispenses de versement pouvaient être accordées aux jeunes gens pauvres ayant mérité de bonnes notes dans l'examen spécial qu'ils avaient subi avant d'être admis à contracter l'engagement. Les volontaires d'un an subissaient, à la fin de leur année de service, un nouvel examen destiné à constater l'état de leur instruction militaire. Ceux qui échouaient à cet examen, ou avaient été frappés de certain nombre de punitions disciplinaires, étaient gardés au corps une année de plus à la fin de laquelle, si les résultats étaient encore mauvais, ils perdaient le bénéfice de leur engagement, et suivaient le sort des jeunes gens de leur classe appelés pour 5 ans. Le v. d'un an a été aboli par la loi de 1889, qui a consacré le principe du service de 3 ans pour tous, sauf pour certaines catégories bien définies de jeunes gens instruits, qui ne font qu'une année. Il convient d'ajouter que la loi actuelle est assez vivement critiquée, et l'on peut être assuré qu'il ne se passera pas longtemps avant qu'elle soit modifiée. Voy. RECRUTEMENT.

VOLONTÉ. s. f. (lat. *voluntas,* m. s., de *volo,* je veux). La puissance, la faculté qu'a l'âme de se déterminer librement à faire ou à ne pas faire. *L'entendement éclaire la v.* — Fig. et fam., *Cet homme n'a point de v.,* Il est toujours de l'avis des autres. — En T. Physiol., La puissance motrice, en tant que l'âme lui commande et en a conscience. *Il est hémiplégique; les muscles du bras et de la jambe gauches n'obéissent plus à la v. Les fibres musculaires de l'intestin sont soustraites à l'empire de la v.* ‖ Par extension, se dit les déterminations mêmes de la volonté, des actes de cette faculté. *Une forte v. Une v. absolue. Cela s'est fait contre ma v. Il n'avait jamais de v. ferme, ni dans le mal ni dans le bien. Je n'ai pas d'autre v. que la vôtre.* — Prov., *Les volontés sont libres,* se dit en parlant des choses qu'on laisse à la liberté de quelqu'un, ou qu'on se réserve à soi-même de faire ou de ne pas faire. ‖ Se dit aussi pour ordre, commandement. *Les volontés du souverain ne furent point exécutées. Est-ce là votre v.?* — En parlant de Dieu, signifie Ses ordres, ses décrets. *Il faut obéir à la v. de Dieu. Rien ne se fait dans le monde que par la v. de Dieu.* — *Les dernières volontés d'une personne,* Ce qu'une personne veut qui soit fait après sa mort. *Acte de dernière v.,* Un testament. ‖ *Volonté,* se dit souvent, surtout au plur., pour *Caprice, fantaisie. Cet enfant a bien des volontés. Il aime à faire ses volontés Il faut que tout le monde se soumette à ses volontés.* — Fam., *Il n'en fait jamais qu'à sa v.* Cette phrase signifie aussi, Il est entêté, opiniâtre. — *Gagner les volontés,* disposer les gens en sa faveur. ‖ *Avoir une grande v., une v. forte, beaucoup de v.,* Être d'un caractère ferme, persister énergiquement dans ses résolutions. ‖ *Avoir bonne ou mauvaise v.,* Être en bonne ou en mauvaise disposition à l'égard d'une chose. *Il a beaucoup de bonne v. pour vous. J'avais reconnu sa mauvaise v. pour moi. Il a mis de la mauvaise v. dans cette affaire.* — Absol., *Ce jeune homme est plein de bonne v.,* Il est plein du désir de bien faire. — On dit d'un officier, d'un soldat, *Il est de bonne v.,* pour signifier qu'il est prêt à exécuter tout ordre qu'on lui donnera, et même à s'offrir pour quelque service périlleux. *Il nous suffira pour cela de trente hommes de bonne v.* = A VOLONTÉ, loc. adv. Quand on veut. *Ce ressort joue à v.* ‖ *Billet payable à v.,* Dès que le porteur voudra être payé. ‖ T. Milit. *Arme à v.,* commandement à des soldats de porter l'arme comme il leur sera le plus commode.

Philos. — La *Volonté* est, suivant l'école psychologique classique, l'une des trois facultés essentielles de l'âme humaine : les deux autres sont la *sensibilité* et l'*intelligence.* Comme toute faculté primordiale, elle ne peut se définir que par ses caractères et ses attributs.

I. — « Je veux mouvoir mon bras, dit Am. Jacques, il se meut. Dans ce fait bien simple, il faut pourtant distinguer deux éléments : d'une part, le mouvement du bras, qui est l'effet; de l'autre, la résolution volontaire, qui est la cause. L'un s'accomplit dans l'étendue et est une modification de mon corps; c'est par la vue, c'est par le toucher des objets que l'organe rencontre en se mouvant, que je l'aperçois et que je le mesure; ou si, même dans l'obscurité et dans le vide de l'air, je continue d'en être informé, c'est par une sensation spéciale résultant de l'état de tension de mes propres muscles, c'est, comme on dit, par le sentiment de l'effort. L'autre élément du même fait, la résolution, est, au contraire, tout interne et purement psychologique; c'est la conscience seule qui en témoigne et qui en apprécie l'énergie, le sens, la durée. L'action extérieure suit la résolution et en provient, mais elle ne la constitue pas. La résolution aurait pu être prise sans que l'action suivît, si le bras, par ex., avait été frappé de paralysie ou fixé par des chaînes; elle demeurerait cependant entière, et n'y perdrait que la dénomination purement extérieure d'efficace. Cette résolution je l'ai prise, sachant que je pouvais ne pas la prendre; je la continue, sachant que je pourrais l'interrompre; je l'interromps, sachant que je pourrais la continuer. Commencée, je l'arrête; ou suspendue, je la poursuis et l'achève. J'en suis l'auteur et j'en demeure le maître, tout le temps qu'elle dure. Au contraire, je ne suis que le sujet et comme le théâtre de mes sentiments et de mes pensées. La peine et le plaisir m'affectent, sans que je les produise, sans que je puisse, ni les éviter s'ils m'arrivent, ni les appeler s'ils me fuient. Tout au plus m'est-il permis d'y donner les occasions, et de réunir, bien souvent sans succès, les circonstances, connues de moi par expérience, dans lesquelles ils ont coutume de naître. Je les subis, je ne les fais pas. De même de mes pensées. Je ne puis que les éclaircir par l'attention, quand elles se présentent; mais je ne leur donne pas naissance. Il faut que je les prenne comme elles viennent, et je ne suis pas maître de ne pas percevoir ce qui frappe mes yeux, d'écarter le souvenir opportun qui m'obsède ou d'exciter le souvenir qui m'échappe, de résister à l'évidence des raisons, ou de comprendre ce qui me passe. »

On voit par là qu'il faut bien distinguer la v., d'une part du *désir* qui est l'un des éléments par lesquels la v. se détermine, et d'autre part de la *puissance d'agir.* L'homme raisonnable s'abstient en général de vouloir ce qu'il ne peut exécuter; mais on peut se tromper et en fait on se trompe souvent. A qui n'est-il pas arrivé de vouloir certaine chose, d'en commencer même l'exécution, et de s'apercevoir en fin de compte que l'entreprise était au-dessus de ses forces? Les plus énergiques s'entêtent contre l'obstacle, persistent à vouloir et souvent triomphent des difficultés; les autres se découragent et renoncent. Cette différence entre les volontés fortes et les volontés faibles peut tenir à deux causes. On peut renoncer à vouloir une chose difficile, soit par dégoût de l'effort, et c'est proprement là faiblesse morale, soit par erreur de jugement, en considérant comme impossible ce qui n'est que difficile; mais le plus souvent c'est le manque d'énergie qui influe sur le jugement, et on s'empresse de croire la chose impossible pour se dispenser de continuer l'effort.

II. — Bien que l'unité, la simplicité et l'identité de notre moi se révèlent et se démontrent invinciblement à notre conscience par le sentiment de notre persistance à travers les états successifs de l'âme qui constituent les phénomènes de la sensibilité et de l'entendement, et par opposition à ces états variables, il est vrai de dire que la v. est la faculté qui fonde essentiellement notre *personnalité.* Elle est véritablement, comme dit Descartes, ce qu'il y a en nous de plus proprement nôtre, ou plutôt elle est nous-même, et constitue, pour ainsi dire, à elle seule, la personne humaine. C'est qu'en effet la v. a un attribut, ou, pour parler plus exactement, un caractère essentiel qui n'appartient qu'à elle seule, la *liberté.* Voy. ce mot. Mais la v. nous présente encore un caractère particulier, qui se lie étroitement à sa liberté, car il est la condition de la plénitude de celle-ci. La v. ne connaît point de limites, ou, comme on dit généralement, elle est *infinie* : elle est infatigable, inépuisable et capable de se porter à tout. « Quand je m'abstiens sagement d'une tentative au-dessus de mes forces, dit Am. Jacques, c'est la faiblesse connue de mes organes qui m'y oblige. Il m'était impossible de faire l'action à laquelle je renonce; il m'était facile de le vouloir. De même que je puis vouloir soulever un poids qui n'excède que d'un gramme la limite de mes forces musculaires, je puis vouloir remuer le monde. » « Je ne puis me plaindre, dit Descartes, que Dieu ne m'ait pas donné un libre arbitre ou une v. assez ample et assez parfaite, puisque je l'expérimente si ample et si étendue qu'elle n'est renfermée dans aucune borne. Et ce qui me semble ici bien remarquable est que, de toutes les autres choses qui sont en moi, il n'y en a aucune si parfaite et si grande que je ne reconnaisse bien qu'elle pourrait être encore plus grande et plus parfaite. Car, par ex., si je considère la faculté de concevoir qui est en moi, je trouve qu'elle est d'une fort petite étendue et grandement limitée, et tout ensemble je me représente l'idée d'une autre faculté beaucoup plus ample et même infinie.... En même façon, si j'examine la mémoire ou l'imagination, ou quelque autre faculté qui soit en moi, je n'en trouve aucune qui ne soit très petite et bornée.... Il n'y a que la v. seule ou la seule liberté du franc arbitre que j'expérimente en mon être si grande, que je ne conçois point l'idée d'aucune autre plus ample et plus étendue. »

III. — L'acte propre de la v. est la détermination; mais la délibération, plus ou moins longue et parfois même instantanée qui précède celle-ci, est un acte de l'intelligence. L'intelligence éclaire donc la v.; c'est elle qui compare les motifs d'agir ou de ne pas agir, qui apprécie en lui-même l'acte sur lequel il est délibéré et en calcule les conséquences. L'intelligence est tellement indispensable à la v., que, lorsque la première de ces facultés est abolie ou pervertie par un état morbide, les actes de l'homme, quels qu'ils soient, bons ou mauvais, cessent de lui être imputables. L'intelligence, dit-on-nous, éclaire la v., mais elle ne la meut pas : la v. obtempère ou refuse; en un mot, elle choisit librement. Ainsi donc, malgré le rapport nécessaire qui se montre, dans tous les actes de la v., entre cette faculté et l'intelligence, la première est tout à fait indépendante de la seconde. Mais la réciproque n'a pas lieu. Cependant la v. peut beaucoup sur l'intelligence, sinon directement, du moins d'une manière indirecte. Si elle n'augmente pas l'énergie de l'attention et de la réflexion, comme le pensent plusieurs psychologues, elle permet au moins à ces facultés de s'exercer sans entraves, et pour cela elle écarte, quand il lui plaît, toutes les influences qui pourraient venir troubler leurs opérations. — La sensibilité fournit un contingent considérable aux motifs qui sollicitent la détermination de la v.; néanmoins la liberté de celle-ci est pleine et entière à leur égard. Il est fréquent d'entendre excuser le crime par la domination irrésistible de la passion ; mais on ne songe pas que, en dehors des cas pathologiques, la passion n'acquiert jamais un empire pareil sur notre âme que lorsque notre v. s'est faite sa complice, et qu'à l'origine la v. a toujours la puissance de réprimer le *désir*, qui n'est autre chose que la *passion* dans son germe. La v. elle-même agit sur la sensibilité comme sur l'intelligence ; sa puissance sur celle-ci, pour être surtout indirecte, n'en est pas moins incontestable.

IV. — La v. pour se manifester convenablement exige l'intégrité du système nerveux et cela pour plusieurs raisons. L'une d'elles est que les lésions du système nerveux entraînent des désordres dans les sensations et dans leurs coordinations, de sorte que, les matériaux sur lesquels s'exerce l'intelligence n'étant plus d'accord avec la réalité extérieure, les mobiles par lesquels la v. se détermine deviennent incohérents et extravagants ; la v. est pervertie parce que le jugement l'est préalablement. Les altérations de la mémoire agissent de la même manière. Il est des malades qui sont incapables de vouloir parce que les incitations venues de la sensibilité sont trop faibles. C'est l'*aboulie*. Cet état se remarque à tous les degrés depuis les caractères mous qui se laissent dominer par les autres, jusqu'aux formes graves de certaines aliénations mentales. D'autres sont incapables de réprimer les actes commandés par l'instinct : ce sont les *impulsifs*. Chez eux l'acte suit l'impulsion extérieure par exagération des actions réflexes, sans que l'intelligence ait le temps d'intervenir pour juger l'acte qui va être commis, condition essentielle à ce que la volonté puisse l'arrêter. Ce n'est qu'après l'action que le malade sent qu'il n'aurait pas dû agir ainsi. Ici encore on rencontre tous les degrés : les hommes qui ont pris l'habitude de se laisser dominer par leurs passions, ceux qui s'abandonnent à la colère, fournissent les exemples les plus communs. Dans certains cas graves, le malade conserve la faculté de délibérer. Il sait qu'il ne veut pas agir ainsi, et il agit pourtant comme si une force étrangère le poussait irrésistiblement. La lésion consiste en ce que l'ébranlement nerveux engendré par la volition est insuffisant pour s'opposer à l'action réflexe. Cela se remarque dans l'hystérie, mais le cas le plus curieux est celui de la *Suggestion* où le sujet obéit inconsciemment à la v. d'un autre. Voy. SUGGESTION. Ces perversions de la v. normale ont été appelées par M. Ribot les *Maladies de la v.* Elles méritent d'être étudiées de près, car elles montrent que, si chacun de nous a généralement la pleine et entière responsabilité de ses actes, il est cependant des cas où cette responsabilité est plus ou moins atténuée ou même complètement abolie. Il convient cependant de remarquer que, en dehors des cas d'aliénation mentale notoire et de suggestion, la responsabilité peut n'être que déplacée. Sans doute, l'homme en colère ou dominé par les passions n'est pas entièrement responsable de l'acte qu'il commet en cet état ; mais il est pleinement responsable d'avoir laissé grandir chez lui l'habitude de s'abandonner à la passion ou à la colère. Ajoutons que ces études, déjà très difficiles à cause de l'impossibilité d'établir une démarcation entre le cerveau sain et le cerveau malade, le sont encore plus par le fait que la v. d'un homme peut agir sur un autre, comme le démontrent les phénomènes extraordinaires de la suggestion et du magnétisme animal. On peut se demander si les questions de cette nature dépendent bien seulement de la physiologie ou si elles n'appartiennent pas, au moins en partie, à un ordre de faits tout différent et à un domaine encore inexploré. Voy. HYPNOTISME, MAGNÉTISME *animal*, SUGGESTION.

V. — Pour les philosophes de l'école matérialiste, la v. ne peut être une faculté de l'âme qui n'existe pas : ce n'est que la résultante des actions extérieures et intérieures qui agissent sur l'organisme, de manière à produire un effet déterminé. L'acte volontaire ne diffère de l'acte réflexe qu'en ce que le sujet a conscience du premier, et n'a pas conscience du second. Un pareil système résout évidemment toute liberté et toute responsabilité. Voy. MATÉRIALISME, DÉTERMINISME, LIBERTÉ, MORALE, etc.

VOLONTIERS. adv. [Pr. *volon-tié*] (R. *volonté*). De bonne volonté, de bon gré, de bon cœur. *Il écouta* v. *votre proposition. Voulez-vous vous charger de cette affaire?* V., bien v., très v. || Sign. aussi Facilement, aisément. *On croit* v. *ce qu'on désire. Cette plante vient* v. *de bouture. Les torrents débordent* v. *dans cette saison.*

VOLSQUES, ancien peuple de l'Italie soumis par les Romains au IVᵉ siècle av. J.-C.

VOLT. s. m. (R. *Volta*, n. d'un physicien ital.). T. Physiq. Unité pratique de différence de potentiel ou de force électromotrice qui vaut 10^8 unités absolues de potentiel du système électro-magnétique et environ $\frac{1}{300}$ d'unités absolues dans le système électrostatique. Le v. correspond à peu près à la force électromotrice d'un élément Daniell ; mais il n'existe pas de pile ayant exactement la force électromotrice d'un v. On ne peut donc pas réaliser d'étalon du v. Voy. UNITÉ.

VOLTA, physicien ital., connu par ses découvertes sur l'électricité, notamment par celle de la pile électrique (1745-1826).

VOLTA, fleuve d'Afrique (Guinée) séparant la côte de l'Or de la côte des Esclaves ; 620 kil.

VOLTAÏQUE. adj. 2 g. (R. *Volta*, n. d'un physicien ital.). T. Phys. *Pile* v. *Courant* v. Voy. GALVANISME, PILE.

VOLTAIRE (FRANÇOIS-AROUET DE), écrivain, poète, historien et philosophe fr. (1694-1778), auteur du *Siècle de Louis XIV*, de l'*Histoire de Charles XII*, de tragédies nombreuses entre autres *Mérope*, du *Dictionnaire philosophique*, et d'une admirable correspondance. Les idées de Voltaire sont quelquefois un peu superficielles, mais toujours pleines de bon sens et empreintes d'un grand sentiment de justice et de générosité. Il s'éleva avec énergie contre tous les abus du gouvernement de son temps, et contribua puissamment au progrès social et à la chute de l'ancien régime.

VOLTAIRIANISME. s. m. [Pr. *voltè-rianisme*]. Se dit de l'esprit d'incrédulité railleuse et de scepticisme qui anima Voltaire et ses disciples ou partisans. Ce mot n'est employé qu'en mauvaise part par les adversaires de la philosophie de Voltaire.

VOLTAIRIEN, IENNE. adj. [Pr. *voltèri-in*, *ièn*]. Qui rappelle Voltaire par son esprit incrédule et antireligieux. *Ces railleries voltairiennes ne sont plus de mise aujourd'hui.* || Se dit aussi substant., pour désigner les partisans de Voltaire, Ceux qui sont animés de son esprit. *La réouverture des églises par le premier consul fit jeter les hauts cris à tous les voltairiens.*

VOLTAÏTE. s. f. (R. *Volta*, n. d'un physicien ital.). T. Minér. Sulfate hydraté de fer, en petits cristaux octaédriques ou cubiques, bruns, noirs ou d'un vert brunâtre.

VOLTAMÈTRE. s. m. T. Phys. Appareil au moyen duquel on décompose de l'eau acidulée ou des dissolutions salines au moyen du courant électrique. La forme la plus simple du v. est représentée au mot EAU, Fig. 3. Son nom lui vient de ce qu'il peut servir à mesurer l'intensité d'un courant. Voy. INTENSITÉ.

VOLTE. s. f. (ital. *volta*, du lat. *volvere*, tourner). T. Man. Piste en rond formée par le cheval dans un manège. *Ne permettez pas au cheval de quitter la* v. — Mouvement que le cavalier fait faire au cheval en le menant en rond. *Faire des voltes.* — *Demi-*v. La moitié de la v., le demi-rond que décrit un cheval. || T. Escrime. Mouvement qu'on fait pour éviter les coups de l'adversaire. — Fig. *Mettre quelqu'un sur ses voltes*, l'engager à prendre ses précautions. || T. Mar. Action de virer pour changer de route.

VOLTE-FACE. s. f. (R. *volter*, et *face*). Ne se dit que dans cette loc., *Faire* v.-*face*, Se retourner pour faire face à l'ennemi qui poursuit. || Fig. *Une* v., brusque changement d'opinion. = Pl. Des *Volte-face*.

VOLTER. v. n. (R. *volte*). T. Escr. Changer de place pour éviter les coups de son adversaire. || T. Man. *Faire* v. *un cheval*, lui faire faire des voltes. || T. Mar. *Virer de bord* pour changer de route. || Fig. *Faire* v. *quelqu'un*, lui faire faire des pas, des démarches.

VOLTERRA, v. d'Italie (Toscane) ; 13,400 hab.

VOLTIGE. s. f. (R. *voltiger*). Danse, exercice sur une corde qui est attachée par les deux bouts, mais qui est fort lâche. *Ce bateleur excelle dans la* v. *Spectacle de* v. — Par ext., La corde même sur laquelle se font ces exercices.

La v. cassa, et il se rompit une jambe. || T. Manège. Se dit de certains exercices faits sur un cheval, et qui exigent à la fois de la force et de la légèreté. *Le spectacle du cirque se compose surtout d'exercices de v.*

VOLTIGEMENT. s. m. [Pr. *voltije-man*]. Action de voltiger. Mouvement de ce qui voltige. *Le v. d'un oiseau, d'un papillon, d'une abeille, d'un rideau, etc.*

VOLTIGER. v. n. (ital. *volteggiare*, faire de la voltige). Voler à fréquentes reprises et à petites distances. *La mère voltigeait autour de ses petits. Les abeilles voltigent de fleur en fleur. Un papillon qui voltige autour de la chandelle.* || Par analogie, se dit de certaines choses légères que le vent fait aller çà et là. *Ses cheveux et son voile voltigeaient au gré du vent. Le vent fait v. les rideaux.* || Fig. et fam., *Il ne fait que v., se dit d'un homme léger et inconstant, qui ne s'attache à rien d'une manière stable, qui n'a que des liaisons éphémères. Il voltige d'étude en étude, sans s'attacher à rien.* V. d'objet en objet. *V. de belle en belle.* || T. Guerre. Courir à cheval çà et là. *Un parti de cavalerie légère vint v. autour du camp.* || T. Gymnastique. Faire des tours de souplesse et de force sur une corde tendue en l'air, mais fort lâche. *Après avoir dansé sur la corde raide, il voltigea.* || T. Man. Faire des exercices de voltige sur un cheval, *Il apprend à v.* = Conj. Voy. MANGER.

VOLTIGEUR, EUSE. s. Celui, celle qui voltige sur une corde lâche ou sur un cheval. *Ce v. fit des tours étonnants.* = VOLTIGEUR. s. m. Soldat d'un corps d'élite. Voy. plus bas.

Art milit. — Le mot *V.* a été introduit dans le langage militaire pour désigner des compagnies d'élite formées d'hommes de petite taille, par opposition aux grenadiers, soldats d'élite de haute taille. Un décret du 13 mars 1804 attacha une de ces compagnies à chaque bataillon d'infanterie légère, et, le 24 septembre suivant, la même mesure fut étendue aux bataillons d'infanterie de ligne. Dans le principe, les voltigeurs furent spécialement destinés à faire le service de tirailleurs et même à être transportés rapidement par la cavalerie sur tous les points où leur présence pouvait être nécessaire. En conséquence, on les exerça à s'élancer sur la croupe des chevaux, à se former rapidement et à suivre à pied un cavalier marchant au trot. On les choisit parmi les hommes lestes, vigoureux, et on les arma d'un fusil très léger. Enfin, on leur donna pour instrument, au lieu du tambour, de petits cors de chasse qui furent remplacés plus tard par des clairons. Le cor de chasse n'en resta pas moins l'emblème des voltigeurs, et fut représenté en drap sur le devant du col de leur habit et plus tard de leur tunique ainsi que sur les boutons. Sous la Restauration, une ordonnance, du 3 novembre 1822, créa un bataillon de voltigeurs corses, qui disparut avec la monarchie.

Sous le premier Empire et sous le second, les compagnies de voltigeurs furent groupées en bataillons et en régiments et formèrent les voltigeurs de la Garde impériale. Ces régiments furent au nombre de quatre formant une division. Tant dans la ligne que dans la garde, le jaune fut leur couleur distinctive au collet, aux épaulettes, aux revers, etc.

Les voltigeurs furent supprimés, ceux de la ligne un peu avant la fin du second Empire, ceux de la Garde après la chute de ce régime. Dans la ligne, les hommes d'élite, voltigeurs et grenadiers, prirent le nom de premiers soldats, furent répartis dans toutes les compagnies dont ils portèrent l'uniforme et les couleurs, avec, comme marque distinctive, un simple galon rouge sur chaque manche. Les régiments de voltigeurs de la Garde devinrent des régiments d'infanterie de ligne et en prirent également la tenue.

VOLTMÈTRE. s. m. T. Phys. Appareil destiné à évaluer la différence de potentiel entre deux points d'un conducteur parcouru par un courant. On peut dire que tout électromètre ou tout galvanomètre très résistant (à fil très long et très fin) pourra constituer un V. On réserve cependant ce nom à des appareils industriels dont le caractère principal est la simplicité et la facilité de lecture. Le V. Desprétz et Carpentier est construit comme l'AMPÈRE-MÈTRE (Voy. ce mot) avec cette différence que les bobines sont enroulées de fil très fin offrant une très grande résistance. Cet appareil se place *en dérivation* entre les deux points du conducteur dont on cherche la différence de potentiel. Vu sa grande résistance, le V. est parcouru seulement par une fraction minime du courant qui traverse le conducteur; il n'introduit donc aucune perturba-

tion sensible dans le régime des autres appareils. Le petit courant dérivé sera toujours proportionnel à la différence de potentiel des deux points dont l'on a pris la dérivation. On l'obtiendra par lecture directe comme on a l'intensité au moyen de l'ampèremètre.

VOLTRI, v. d'Italie sur le golfe de Gênes; 13,300 hab.

VOLTURNO, anc. *Vulturnus*, fl. de l'Italie méridionale arrose Capoul et se jette dans la mer Tyrrhénienne, 150 kilomètres.

VOLTZINE. s. f. (R. *l'oltz*, n. d'un ingénieur fr.). T. Minér. Oxysulfure de zinc en petits globules rouges, bruns ou jaunâtres.

VOLUBILE. adj. 2 g. (lat. *volubilis*, m. s., de *volvere*, tourner). T. Bot. Se dit des tiges et des vrilles qui s'élèvent en spirale le long des corps sur lesquels elles prennent un point d'appui. *Certaines tiges sont volubiles de gauche à droite, et d'autres de droite à gauche.*

VOLUBILIS. s. m. [Pr. l's finale] (lat. *volubilis*, volubile). Nom vulg. donné à diverses espèces du genre Liseron, famille des *Convolvulacées*.

VOLUBILITÉ. s. f. (lat. *volubilitas*, m. s.). Se dit de la rapidité d'un mouvement circulaire. *La v. des planètes. Cette roue tourne avec une grande v.* || Fig., se dit de la rapidité de l'articulation dans la parole. *Il parle avec v. Cette tarentelle veut être chantée avec beaucoup de v.* — Se dit aussi de quelqu'un qui parle trop et trop vite. *Cet homme a une grande v. de langue. Il a une v. qui étourdit.*

VOLUCELLE. s. f. (dimin. du lat. *volucer*, ailé, léger). T. Entom. Espèce de *Diptère*. Voy. ATHÉRICÈRES.

VOLUME. s. m. (lat. *volumen*, m. s., de *volvere*, rouler). T. Géom. et Physiq. L'étendue d'un corps considéré relativement à la grandeur de ses dimensions, ou l'espace qu'occupe un corps. *Ce paquet est d'un gros v., mais il pèse peu. Serrez ce paquet pour qu'il ait moins de v., pour qu'il fasse moins de v.* || T. Libr. Livre relié ou broché. *Cet ouvrage pourra faire un v. raisonnable. Un gros v. Un petit v. Un v. mince. V. broché, relié. Un ouvrage en trois volumes. J'ai fait relier les deux tomes en un seul v. V. in-folio, in-quarto, etc.* Voy. FORMAT. — Syn. Voy. TOME. || T. Mus. *Le v. de la voix, des sons, se dit de l'amplitude des sons produits par la voix par un instrument. Ce chanteur a un grand v. de voix. Les sons de son violon ont beaucoup de v.* || T. Chim. *V. atomique, V. moléculaire.* Voy. ATOMIQUE.

Géom. — La théorie des volumes, et spécialement des volumes limités par des surfaces courbes, présente des difficultés analogues à celles que soulève la question de la longueur d'une ligne courbe, mais encore plus graves. Nous ne pouvons les discuter ici, et nous nous bornerons à donner les formules des volumes des principaux solides que l'on rencontre en géométrie. Dans toutes les règles et formules qui suivent, on prend pour unité de v. le v. du cube construit sur l'unité de longueur comme arête. Ainsi, si l'unité de longueur est le mètre, l'unité de v. sera le mètre cube. Les diverses unités de v. usitées dans les différents pays, pouvant servir indifféremment pour les solides et les liquides, ont été indiquées à l'article CAPACITÉ.

FORMULES DES VOLUMES :

Parallélépipède rectangle. — Produit des trois dimensions : V=abc.

Prisme. — Produit de la base par la hauteur : V=Bh. B est la surface du polygone de base, h la distance des deux bases comptées sur leur perpendiculaire commun.

Pyramide. — $V=\frac{1}{3}Bh$, B base, h hauteur.

Tronc de pyramide à bases parallèles.

$$V=\frac{1}{3}h(B+b+\sqrt{Bb}),$$

h hauteur; B et b, les aires des deux bases.

Tronc de prisme. — Produit de la section droite par la distance des centres de gravité des deux bases.

Omniformule s'appliquant à tout polyèdre compris entre

deux plans parallèles et limité latéralement par des triangles ou des trapèzes :

$$V = \frac{1}{6} h \, (B + B' + 4 B''),$$

h, hauteur, c.-à-d. distance entre les deux plans parallèles; B et B', aires des bases, c.-à-d. des polygones situés dans les deux plans parallèles; B'' section moyenne, c.-à-d. faite dans le solide pour un plan parallèle aux deux bases et situé à égale distance de chacune d'elles.

Cette formule s'applique à tous les solides précédents, et aussi au solide qui a la forme des tas de pierres disposés sur le bord des routes.

Cylindre. — Comme le prisme : $V = Bh$. Si le cylindre est droit et circulaire, on a $V = \pi r^2 h$, r rayon.

Cône. — Comme la pyramide : $V = \frac{1}{3} Bh$. Si le cône est droit et circulaire : $V = \frac{1}{3} \pi r^2 h$, r, rayon de la base.

Tronc de cône à bases parallèles. — Comme le tronc de pyramide ; s'il s'agit d'un tronc de cône droit circulaire :

$$V = \frac{1}{3} \pi h \, (r^2 + r'^2 + rr'),$$

r et r', rayons des deux bases.

Tronc de cylindre. — Comme le tronc de prisme : Produit de la section droite par la distance des centres de gravité des deux bases.

Secteur sphérique : Volume engendré par un secteur circulaire tournant autour d'un de ses diamètres : $V = \frac{1}{3} \pi r^2 h$, r, rayon de la sphère; h hauteur du secteur, c.-à-d. distance des plans des deux cercles décrits par les extrémités de l'arc qui limite le secteur générateur.

Sphère. — $V = \frac{4}{3} \pi r^3 = \frac{1}{6} \pi D^3$, r, rayon : D, diamètre.

Anneau sphérique, volume engendré par un segment de cercle tournant autour d'un de ses diamètres : $V = \frac{1}{6} \pi a^2 h$, a, corde du segment générateur, h hauteur de l'anneau, définie comme celle du secteur.

Segment sphérique, portion du volume de la sphère compris entre deux plans parallèles :

$$V = \frac{1}{6} \pi h^3 + \frac{1}{2} \pi h (a^2 + b^2),$$

h, hauteur, c.-à-d. distance des deux plans parallèles ; a et b rayons des cercles des sections faites dans la sphère par ces deux phases.

Ellipsoïde. — $V = \frac{4}{3} \pi abc$, a,b,c, les trois demi-axes.

L'*Omniformule* s'applique aussi au solide qu'on obtient en coupant une surface du second degré par deux plans parallèles et conservant la partie comprise entre ces deux plans et la surface. En particulier, elle s'applique au segment sphérique, où elle devient :

$$V = \frac{1}{6} \pi h (a^2 + b^2 + 4c^2),$$

h, hauteur, a et b, rayon des deux bases, c, rayon de la section moyenne. Il est facile de montrer, par le calcul de c, que cette formule est équivalente à la précédente.

L'omniformule peut aussi servir à jauger les tonneaux; elle devient alors :

$$V = \frac{1}{3} \pi h (r^2 + 2 r'^2),$$

r, rayon de chacune des deux bases, r', rayon de la section faite au niveau de la bonde.

Enfin, nous signalerons la formule de Guldin qui consiste en ce que : le volume engendré par une aire plane qui tourne autour d'un axe situé dans son plan est égal au produit de cette aire plane par la longueur de la circonférence que décrit son centre de gravité.

Cette formule donne aisément le v. du *tore* :

$$V = 2 \pi^2 r^2 a,$$

r, rayon du cercle générateur, a, rayon du cercle décrit par le centre du cercle mobile. Si le tore était elliptique, on aurait :

$$V = 2 \pi^2 r r' a,$$

r et r' demi-axes de l'ellipse génératrice; a, rayon du cercle décrit par le centre de l'ellipse.

VOLUMÈTRE. s. m. **VOLUMÉNOMÈTRE.** s. m. (R. *volume*, et gr. μέτρον, mesure). T. Phys. Les instruments ainsi nommés sont des espèces d'aréomètres. Le *Volumètre* a été imaginé par Gay-Lussac, pour mesurer la densité comparative de certains liquides; nous l'avons décrit en parlant des aréomètres. Le *Voluménomètre* sert à déterminer le volume, et, par suite, la densité d'un corps à l'état pulvérulent. Le premier instrument de ce genre a été construit, en 1797, par le capitaine du génie Say, qui l'appela *Stéréomètre*. Le principe de cet appareil était de placer le corps pulvérulent dans une enceinte fermée constituée par un vase de verre et un tube gradué, et de diminuer la pression de cette enceinte jusqu'à un point déterminé en soulevant le tout audessus d'une cuve remplie de mercure. Le volume de l'enceinte augmentait à mesure que la pression diminuait, et l'augmentation de volume était mesurée sur le tube divisé. La loi de Mariotte permet de déduire de cet accroissement de volume la valeur du volume primitif. Or celui-ci est égal au volume de l'enceinte connu d'avance diminué du volume des poudres introduites. Ce dernier est donc connu. Alors, pour avoir la densité de la poudre, il suffira de peser le corps en grammes et de diviser son poids par le poids d'un volume d'eau égal à celui qui est donné par l'instrument. — D'autres instruments fondés sur le même principe ont été imaginés par divers physiciens, tels que Leslie, Kopp et Regnault. Nous citerons encore le v. du colonel Mallet, qui est spécialement employé dans les poudreries pour déterminer la densité de la poudre de guerre. Ces derniers appareils se distinguent par la facilité et la précision de la mesure des pressions.

VOLUMINEUX, EUSE. adj. [Pr. *volumi-neu, euze*]. Qui a un volume considérable, qui occupe beaucoup de place. Ce *paquet est trop v.* || Qui se compose d'un grand nombre de volumes. *Cet ouvrage sera v. Une compilation volumineuse.*

VOLUPTÉ. s. f. (lat. *voluptas*, m. s.). Plaisir, jouissance. *La v. des sens. L'âme a ses voluptés comme le corps. Il y a de la v. à boire quand on a soif. Les savants trouvent de la v. dans la découverte des vérités,* || *l'olupté*, employé absol., soit au sing., soit au plur., s'entend toujours des plaisirs des sens. *La v. est contraire à la vertu. Il faut résister à la v. Aristippe faisait consister le souverain bien dans la v. Se plonger, languir dans les voluptés. Les raffinements de la v.*

VOLUPTUAIRE. adj. 2 g. [Pr. *voluptu-ère*]. T. Droit. Qui est fait pour l'agrément, et non pour l'utilité.

VOLUPTUEUSEMENT. adv. [Pr. *voluptueu-ze-man*]. Avec volupté. *Vivre v. Boire v.*

VOLUPTUEUX, EUSE. adj. [Pr. *voluptu-eu, euze*] (lat. *voluptuosus*, m. s.). Qui aime et qui cherche la volupté. *Il est v. dans ses repas. Il est plus libertin que v. Une femme voluptueuse. Une cour élégante et voluptueuse.* — On dit aussi subst., *C'est un v.* || Qui inspire ou qui exprime la volupté. *Ce séjour est v. Un repas v. Des scènes, des images, des descriptions voluptueuses. Une danse, une attitude voluptueuse. — Une langueur voluptueuse.* Qui s'accompagne d'un sentiment de volupté. *— Une vie voluptueuse,* Qui se passe dans les voluptés.

VOLUSIEN, empereur rom. avec Gallus, de 251 à 253.

VOLUTE. s. f. (lat. *voluta*, de *volutus*, roulé). T. Archit. Sorte d'enroulement en spirale du chapiteau ionien. Voy. ORDRE, II, 3. || *V. d'escalier*, partie ronde du bas du limon sur laquelle pose le pilastre de la rampe. || T. Zool. Espèce de *Mollusque.* Voy. VOLUTIDÉS.

VOLUTIDÉS. s. m. pl. (rad. *volute*). T. Zool. Famille de Mollusques Gastéropodes dont la coquille épaisse offre une courte spire, une grande échancrure pour les organes de la respiration et des plis obliques sur la columelle. La trompe est petite et la radula ne porte que des dents médianes. Les youx sont à la base des tentacules; le pied gros et large recouvre quelquefois une partie de la coquille.

Le genre *Volute* (*Voluta*) comprend plus de 100 espèces vivantes et un certain nombre de fossiles. La coquille est ovale, les plis de la columelle sont plus gros inférieurement que supérieurement. Les principales espèces sont la *Volute gondole* (*V. cymbium*) vulgairement appelée *Char de Neptune*, la *Volute musique* des Antilles et la *Volute pavillon d'orange* (*V. vetillum*). Un genre voisin, le genre *Marginella*, présente sur sa columelle des plis égaux; la *Marginella glabella* vit aux Antilles.

VOLVA ou **VOLVE**. s. f. (lat. *volvere*, tourner). T. Bot. Membrane charnue qui dans les Champignons du groupe des Agaricées enveloppe d'abord complètement l'appareil fructifère, puis se déchire et reste partiellement attaché à la base du pied du champignon sous forme de collier, souvent aussi sur le chapeau sous forme de taches ou de verrues.

VOLVIC, commune du dép. du Puy-de-Dôme, arr. de Riom; 3,700 hab. Exploitation de pierres de lave.

VOLVOCE. s. m. (lat. *volvox*, chenille de la pyrale, de *volvere*, tourner). T. Bot. Genre d'Algues (*Volvox*) de la famille des *Cénobiées*, tribu des *Volvocées*. Voy. ces mots.

VOLVOCÉES. s. f. pl. (R. *Volvoce*). T. Bot. Tribu d'Algues de la famille des *Cénobiées*. Dans cette tribu, les zoospores, après s'être entourées d'une membrane de cellulose et s'être associées en colonie, conservent les deux cils fixés à leur extrémité antérieure, de sorte que la colonie est indéfiniment mobile. Le mode d'association de ces zoospores varie beaucoup suivant les genres et sert à les caractériser.

La formation des œufs a lieu tantôt par isogamie avec des gamètes à deux cils, plus petits que les zoospores et nageant isolément dans le liquide ambiant, tantôt par hétérogamie avec de grosses oosphères vertes et de petits anthérozoïdes jaunes, munis de 2 cils et d'un point rouge. Dans les deux cas, l'œuf passe à l'état de vie latente, puis germe en donnant soit directement une colonie nouvelle, soit d'abord des zoospores qui se meuvent d'abord librement, puis se fixent et produisent une colonie nouvelle.

Principaux genres : *Volvox, Pandorina, Gonium*, etc.

VOLVULUS. s. m. (Pr. l's finale) (lat. *volvere*, enrouler). T. Méd. Le v. est l'occlusion de l'*intestin*, due à une torsion ou enroulement de cet organe sur lui-même. Cet accident est favorisé par la présence d'une bride cicatricielle ou d'adhérences comme il en existe souvent après plusieurs crises d'appendicite. Le v. produit une vive douleur abdominale, accompagnée de tympanisme, d'arrêt des matières fécales, et des gaz, et plus tard de vomissements et de péritonite. L'électrisation de l'intestin, les lavements ont été employés utilement contre cette affection, mais souvent l'intervention chirurgicale (laparotomie) est nécessaire.

VOMER. s. m. (Pr. r final) (mot lat. qui sign. *soc de charrue*). T. Anat. Os qui forme la partie postérieure de la cloison des fosses nasales. ‖ T. Icht. Nom que Cuvier donnait à un groupe de Poissons *Téléostéens*. Voy. SCOMBÉROÏDES, III.

VOMIQUE. s. f. (lat. *vomica*, de *vomere*, vomir). T. Méd. Se dit de toute collection purulente qui se forme dans la poitrine, et qui est susceptible d'être évacuée par les bronches.

VOMIQUE. adj. f. (lat. *vomere*, vomir). *Noix v.*, La graine du Strychnos nux vomica. Voy. LOGANIÉES.

VOMIQUIER. s. m. (R. *vomique*). T. Bot. Nom vulg. du Strychnos nux vomica. Voy. LOGANIÉES.

VOMIR. v. a. (lat. *vomere*, m. s.). Rejeter par la bouche, ordinairement avec effort, les matières contenues dans l'estomac. *Il vomit tout ce qu'il mange. V. de la bile. Cette dose suffira pour le faire v. Envies de v.*, Les nausées qui précèdent le vomissement. — Fig., *V. des injures, des blasphèmes*, etc., Proférer des injures, etc. ‖ Par anal., *Ce volcan vomit des flammes, des cendres, de la lave, des torrents d'eau*, etc., Les lance hors de son sein. — *La mer vomira demain les débris du naufrage*, Elle les rejettera sur la côte. — Poétiq., *Cent bouches à feu vomissaient la mort.* = VOMI, IE. part. Voy. VOMISSEMENT.

VOMISSEMENT. s. m. (Pr. *vomi-se-man*). Phénomène convulsif par lequel les matières solides ou liquides contenues dans l'estomac sont rejetées au dehors par la bouche. *L'eau tiède provoque le v. Il a des vomissements continuels.* ‖ Par extension, se dit des matières vomies. *Des vomissements bilieux, verdâtres, porracés*, etc.

Pathol. — Dans le plus grand nombre des cas, le *Vomissement* s'annonce par un malaise général, et un sentiment indéfinissable de tournoiement dans la tête et dans la région épigastrique, accompagnés de nausées et de convulsions graduellement croissantes des muscles abdominaux et du diaphragme. Toute la partie supérieure du canal alimentaire sécrète une quantité considérable de fluide muqueux et séreux, de telle sorte qu'une personne peut vomir assez abondamment bien qu'avant le v. son estomac soit presque vide. Le v. est dû moins aux contractions de l'estomac qu'à celles des muscles abdominaux : diaphragme, etc.

Le v. est un symptôme de diverses maladies; en premier lieu, il faut mentionner les affections de l'estomac : gastrite, certaines formes de dyspepsie, cancer, puis la péritonite, la méningite, la grossesse, les empoisonnements, certaines névroses, etc.

V. de sang. Voy. HÉMATÉMÈSE.

VOMITIF, IVE. adj. (lat. *vomitum*, sup. de *vomere*, vomir). Qui fait vomir. *Cette racine est vomitive.* ‖ Se dit plus souvent subst. et au masc. *L'ipécacuanha est un excellent v. Il faut avoir recours aux vomitifs.*

On désigne sous le nom de *Vomitifs* ou *Émétiques* les médicaments qu'on administre dans le but même de provoquer le vomissement. Les vomitifs sont des substances minérales ou végétales. Parmi les premières, la plus usitée est le tartre stibié ou tartrate d'antimoine et de potasse, appelé *Émétique*, et, parmi les secondes, l'ipécacuanha et son alcaloïde, l'émétine. Le sulfate de cuivre et le sulfate de zinc constituent également des vomitifs énergiques; mais on ne les emploie que dans des cas particuliers. Ces médicaments s'administrent par la bouche, bien que, dans certaines circonstances exceptionnelles, on soit obligé de les faire absorber par une autre voie. Leur effet immédiat est de vider le contenu de l'estomac, et souvent même de déterminer des évacuations alvines. Ils excitent aussi les fonctions sécrétoires des viscères dépendant de l'appareil gastro-intestinal. La diaphorèse qui accompagne les vomissements est un phénomène consécutif. En général les vomitifs sont employés, soit comme évacuants, soit pour modifier l'état morbide des surfaces sécrétoires de l'estomac et du canal intestinal, soit enfin pour produire une révulsion. On emploie encore fréquemment dans le même but les *Émétocathartiques* qui, comme leur nom l'indique, ont pour effet de provoquer des évacuations stomacales et intestinales, c.-à-d. de purger et de faire vomir. L'émeto-cathartique le plus usité consiste en un mélange de 15 centigrammes de tartre stibié et de 12 à 15 grammes de sulfate de soude ou de magnésie, qu'on fait dissoudre dans 350 à 400 grammes d'eau et qu'on prend par verrées. A moins qu'il n'y ait nécessité d'évacuer promptement l'estomac, les vomitifs s'administrent à jeun et à dose plus ou moins forte, suivant l'âge, la constitution et la sensibilité des malades; on favorise leur action en faisant prendre au sujet des boissons tièdes et abondantes qui, en distendant l'estomac, rendent ses contractions moins douloureuses. Dans certains cas où il y a urgence de faire vomir, comme lorsqu'on veut évacuer une substance toxique, il ne faut pas attendre que le médecin soit arrivé, ou que l'on ait apporté de l'officine du pharmacien un v. quelconque, il faut aussitôt gorger l'estomac d'eau tiède ou même froide, et provoquer le v. en titillant la luette et l'arrière-gorge mécaniquement, par ex., avec les barbes d'une plume.

L'apomorphine obtenue par l'action de l'acide chlorhydrique sur la morphine est employée comme v., en injection sous-cutanée, à la dose de 2 centigrammes. Son action est très rapide.

VOMITOIRE. s. m. (Pr. *vomi-touare*) (lat. *vomitorium*, m. s.). T. Antiq. Nom des portes destinées à l'entrée et à la sortie du public dans les amphithéâtres romains. Voy. AMPHITHÉÂTRE.

VOMITO NEGRO. s. m. T. Méd. Syn. de *Fièvre jaune*. Voy. JAUNE.

VOMITURITION. s. f. (Pr. *vomituri-sion*) (lat. *vomitus*, vomissement). Vomissement assez fréquent, mais sans grandes secousses et n'évacuant peu de matières. ‖ Se dit aussi de nausées dans lesquelles les matières remontent de l'estomac dans l'œsophage, mais sans être rejetées au dehors.

VONDEL, poète holl. (1587-1679).

VOPISCUS (Flavius), historien latin du temps de Dioclétien, a écrit dans l'*Histoire Auguste* les vies d'Aurélien, de Tacite, de Probus, de Carus et de ses fils.

VORACE. adj. 2 g. (lat. *vorax*, m. s., de *vorare*, dévorer). qui mange avec avidité. *L'aigle, le loup, le brochet, sont des animaux voraces.* — Fam., on dit aussi d'un homme qui mange goulûment, qu'*Il est v.* On dit encore, *Un appétit v.*, en parlant d'un appétit qu'on ne peut rassasier.

VORACEMENT. adv. [Pr. *vorase-man*]. Avec voracité.

VORACITÉ. s. f. (lat. *voracitas*, m. s.). Avidité à manger. *La v. des oiseaux de proie. L'ignoble v. du cochon. Cet homme mange avec v.*

VORARLBERG, cercle du Tyrol (Autriche-Hongrie), entre la Bavière et la Suisse; 116,300 hab., ch.-l. Bregenz.

VORAULITE. s. f. T. Minér. Syn. de *Klaprothine*.

VOREY, ch.-l. de c. (Haute-Loire), arr. du Puy, sur la Loire; 2,300 hab.

VORHAUSERITE. s. f. T. Minér. Serpentine amorphe, d'un noir brunâtre ou verdâtre.

VORONÈIE ou **VORONÈGE**, v. de Russie, ch.-l. de gouv.; 50,100 hab. Archevêché. Le gouv. a 2,433,700 hab.

VORORT. s. m. (all. *vor* devant, *ort*, lieu, c.-à-d. *prééminent*). Se dit, en Suisse, du canton où siège le gouvernement fédéral. On dit en français, *Canton directeur*.

VORTICELLE. s. f. (Dimin. du lat. *vortex, icis*, tourbillon). T. Zool. Espèce de Protozoaires. Voy. Infusoires où on a imprimé par erreur *Verticelle*.

VOSGES, chaîne de montagnes qui commence près de Belfort, s'étend entre le Rhin et la Moselle, puis gagne la Bavière Rhénane; les points culminants sont les ballons de Guebwiller, 1426 mètres; Hohenech, 1366 mètres; Rothenbac, 1329; le ballon d'Alsace, 1244 mètres.

VOSGES (Dép. des), formé du sud de la Lorraine et de la principauté de Salm; ch.-l. *Épinal*; 4 autres arr. : *Mirecourt, Neufchâteau, Remiremont, Saint-Dié;* 410,200 hab.

VOSGIEN (l'abbé), auteur d'un *Dictionnaire géographique* (1747).

VOSGIEN, ENNE. adj. [Pr. *voji-in, ièn*]. Qui a rapport aux Vosges; qui se trouve sur ces montagnes. *Grès v.* T. Géol. Voy. Secondaire, A, 1°.

VOSGITE. s. f. [Pr. *vo-jite*] (R. *Vosges*). T. Minér. Variété de feldspath labradorite, en cristaux verdâtres.

VOSS, critique et poète allem., 1751-1826.

VOSSIUS, savant allem., né près de Heidelberg (1577-1649).

VOTANT, ANTE. adj. Qui vote, ou qui a le droit de voter. *Les membres votants.* || Subst., *Les votants étaient en petit nombre.*

VOTATION. s. f. [Pr. *vota-sion*]. Action de voter. *La v. n'a pas été libre.* — On dit ordinairement, *Le vote*.

VOTE. s. m. (lat. *votum*, vœu). Le mot *Vote* signifie proprement le vœu énoncé, le suffrage donné; mais, par extension, il se dit de l'acte même par lequel on fait connaître son vœu, on donne son suffrage. On peut ramener à trois catégories les circonstances où l'on a recours au v., et, en conséquence, on distingue le *V. électoral* qui a pour objet de désigner les personnes chargées d'une fonction déterminée, le *V. délibératif* qui a pour objet de prendre une résolution et le *V. juridique*, où il s'agit de prononcer un arrêt. Le v. électoral et le v. délibératif ne s'appliquent pas seulement aux fonctions politiques et publiques; on y a également

recours dans certaines assemblées purement civiles et privées, comme dans les réunions des actionnaires d'une société commerciale, dans les sociétés scientifiques, etc. Dans l'ordre politique, le v. électoral est dit *universel*, lorsque tous les citoyens de l'État, à l'exception de ceux que la loi en déclare incapables par une disposition expresse, sont appelés à y concourir; il est *restreint*, lorsque le droit de voter n'appartient qu'à une catégorie limitée de citoyens, par ex., à ceux qui justifient d'un certain revenu, ou qui payent une certaine quotité de contributions. Le v. est *direct*, lorsque l'élection est la conséquence immédiate du suffrage donné par les électeurs; il est *indirect* ou *à deux degrés*, lorsque les électeurs nomment un certain nombre d'autres électeurs auxquels appartient le droit d'élection définitive. Autrefois, en France, dans les assemblées des États généraux, on appelait *V. par ordre*, celui où chacun des trois ordres de l'État, la noblesse, le clergé et le tiers, délibérait et votait séparément sur les mesures proposées; il fallait alors, pour l'adoption, que, dans deux des ordres, la majorité se prononçât en faveur de la mesure. Lorsqu'au contraire les citoyens qui représentaient les trois ordres se réunissaient en une seule assemblée et donnaient leur suffrage individuellement, de sorte que la décision dépendît du nombre des votants pour ou contre, c'était le *V. par tête*. Sous la restauration, les électeurs les plus imposés avaient le droit, non seulement de concourir à l'élection du député dans leur arrondissement, mais encore celui de se réunir au chef-lieu du département pour y nommer encore un certain nombre de députés : ce privilège était appelé le *Double v.* — Quant au procédé usité pour exprimer son v., pour donner son suffrage, il varie selon les temps et selon les lieux. Ainsi, par ex., tous les citoyens appelés à voter étant réunis, ils peuvent exprimer leur v. *en levant la main*, tandis que des personnes chargées de ce soin estiment le nombre des votants pour et contre. Le *V. par assis et levé*, où les membres de l'assemblée qui votent pour une mesure se lèvent, tandis que les autres restent assis, est analogue au précédent. On appelle *V. par division*, celui où ceux qui sont pour la proposition vont se ranger dans une partie de la salle, et ceux qui sont contre dans une autre partie. Mais ces divers procédés donnent facilement lieu à des erreurs. La voie du *scrutin* offre infiniment plus de sûreté. On appelle *Scrutin* l'opération qui consiste à exprimer secrètement son v., soit au moyen d'une boule blanche ou noire (la blanche exprime le v. pour et la noire le v. contre la question en délibération), soit en écrivant son vœu sur un bulletin. Le v. au bulletin peut s'appliquer au v. électoral comme au v. délibératif, tandis que le v. à l'aide de boules n'est guère applicable qu'aux assemblées délibérantes. Lorsqu'il s'agit d'élections, on distingue le *scrutin individuel* et le *scrutin de liste*. Le premier est celui où les votants ne désignent chacun sur leur bulletin qu'une seule personne ; le second est celui où chaque votant écrit sur son bulletin autant de noms qu'il y a de nominations à faire. Voy. Élection. — Pour la manière de voter usitée dans l'ancienne Rome, nous renvoyons à ce que nous avons dit sur ce sujet au mot Comices.

VOTER. v. n. (R. *vote*). Donner son vote, sa voix, son suffrage, dans une élection, dans une délibération. *J'ai voté pour un tel. Il a voté contre la loi, contre l'adresse. Il s'est abstenu de v.* = Voter. v. a. *V. une loi, un impôt*, etc., Donner son vote en faveur d'une loi, etc. On dit de même : *V. une adresse au roi. V. des remercîments à quelqu'un.* Etc. = Voté, ée. part.

Syn. — *Opiner.* — *Opiner* c'est diriger sa propre opinion, quel que puisse être le résultat de cette déclaration, tandis que *Voter*, c'est exprimer cette opinion par un acte qui est compté, et qui a une efficacité, puisque la mesure à prendre, ou la personne à élire, dépendra du nombre des suffrages ainsi exprimés.

VOTIF, IVE. adj. (lat. *votivus*, m. s., de *votum*, vœu). Qui a un vœu pour objet. *Tableau v. Statue votive. Médaille votive,* etc., Tableau, etc., qui a été offert pour acquitter un vœu. *Messe votive.* Voy. Messe. || T. Antiq. *Boucliers votifs,* Boucliers que l'on suspendait dans les temples ou dans d'autres lieux, soit en actions de grâces, soit pour se rendre les dieux favorables.

VOTRE. adj. poss. 2 g., qui fait *Vos* au plur. (lat. *vester*, m. s.). Qui est à vous, qui vous appartient, qui est relatif à vous; se dit, comme le pron. *Nôtre*, en parlant soit à plusieurs personnes, soit à une seule. *V. père. V. patrie. Vos aïeux. Vos terres. Vos malheurs.*

873

VÔTRE. pron. possess. 2 g., qui fait *Vôtres* au plur. (lat. *vester*, votre). Qui est à vous; se dit par rapport à une personne ou à une chose dont on a déjà parlé, et reçoit ordinairement l'article. *Quand vous aurez entendu nos raisons, nous écouterons les vôtres. Il a pris ses livres et les vôtres. Nos intérêts sont les vôtres.* Fam., *Ces effets sont vôtres.* Par exagération, *Je suis tout v., Je vous appartiens, vous pouvez disposer de moi en toutes choses.* — Fam., on dit, par forme de salutation, et en faisant ellipse du mot serviteur : *Je suis bien le v. Je n'en suis pas moins le v.* || *Vôtre,* s'emploie quelquefois comme subst. masc. et sign. ce qui est à vous, ce qui vous appartient. *Le v. et le nôtre,* chacun le sien. *Vous en serez du v.* — Fig. et fam., *Votre historiette est fort jolie; mais je crois que vous y avez mis du v., un peu du v., Que vous y avez ajouté quelque chose de votre invention.* || *Vôtres,* au pl., se dit aussi subst., et sign. ceux qui sont de votre famille, de votre pays, de votre parti, de votre compagnie, etc. *Vous vous ruinerez, vous et les vôtres. Les vôtres se sont bien battus. Tous les mécontents seront des vôtres. Je ne puis être des vôtres, ce soir, car je dois aller au bal.* — Fam., *Vous faites des vôtres,* se dit à quelqu'un qui fait des étourderies, des folies, et quelquefois même des actes répréhensibles. *Vous avez bien fait des vôtres dans votre temps.*

VOUÈDE. s. f. (orig. germ. : anc. haut all. *weit*, m. s.). T. Bot. Un des noms vulgaires de l'*Isatis tinctoria.* Voy. PASTEL et CRUCIFÈRES.

VOUER. v. a. (lat. *vovere*, promettre aux dieux). Consacrer; se dit propr. par rapport à Dieu. *V. un enfant à Dieu. Elle avait voué sa virginité au Seigneur.* — Par extens., *V. une fille à la Vierge. V. un enfant à saint François.* On dit encore, *V. un enfant au blanc ou au bleu,* S'engager, par dévotion à la Vierge, à le vêtir de blanc ou de bleu jusqu'à un certain âge. || Fig., Promettre, s'engager d'une manière particulière, *V. ses services à un prince. L'amitié que je lui ai vouée.* — On dit dans un sens analogue, *V. sa plume à la vérité, à la défense de la religion.* = SE VOUER. v. pron. Se v. *au service de la patrie.* || Fig. et prov., *Il ne sait à quel saint se v., Il est tellement dépourvu de ressources qu'il ne sait plus à qui avoir recours.* On dit, pour exprimer la même idée : *Se v. à tous les saints.* = VOUÉ, ÉE. part. = Conj. Voy. JOUER. = Syn. Voy. DÉVOUER.

VOUET (SIMON), peintre fr. (1582-1649).

VOUGE. s. f. (bas lat. *vidubium*, m. s., d'orig. celtique : *vidu*, bois, et *bi*, couper). T. Hortic. Espèce de serpe munie d'un long manche. || T. Vén. Épieu armé d'un large fer. || T. Art milit. Sorte de lance qu'on appelait aussi *Voulge* et *Vougle.*

VOUGEOT, commune du dép. de la Côte-d'Or, arr. de Beaune, renommée pour ses excellents vins.

VOUILLÉ, ch.-l. de c. (Vienne), arr. de Poitiers; 1,700 hab. — Victoire de Clovis Ier sur Alaric II, roi des Visigoths, en 507.

VOULOIR. v. a. [Pr. *vou-loar*] (lat. *volo*, je veux, m. s.). Se déterminer, être déterminé à faire une chose ou à s'abstenir. *Il veut partir demain. Il veut faire ce voyage. Il le fera quand il voudra. Je voulais me tenir à l'écart. Il ne veut rien faire.* || Se dit aussi de la détermination d'une personne par rapport à celles qui sont tenues ou contraintes d'y obéir. *Il faut se soumettre à ce que Dieu veut. Le roi veut que vous obéissiez. Votre père le veut absolument, il faut lui obéir. Faites ce que je veux.* || Par ext., se dit des choses morales qui ont autorité sur l'homme. *La religion et la morale veulent qu'on aide son semblable. La raison même veut que nous laissions beaucoup de choses au hasard. Le bon sens le veut. La loi veut que l'on observe les formalités.* — Par une sorte de personnification, on dit : *Le malheur a voulu que..., Il est arrivé par malheur que...* = Désirer, souhaiter. *Il veut des richesses, des honneurs. On vous donnera tout ce que vous voudrez.* — Fam., *Cet homme veut ce qu'il veut,* Quand il désire une chose, ou quand il a pris une résolution, il s'y attache fortement. *Il ne sait ce qu'il veut.* Voy. SAVOIR. *Faire d'une personne ce qu'on veut.* Voy. FAIRE. *Ce que femme veut, Dieu le veut.* Voy. DIEU. Fam., on dit encore pour exprimer

une sorte de défi : *Je voudrais bien voir cela. Je voudrais bien voir qu'il osât l'entreprendre.* || Au lieu de *Je veux,* on dit souvent *Je voudrais,* pour exprimer un désir, ou même un ordre, sans faire marque d'autorité. *Je voudrais vous entretenir en particulier.* || *Que veux-tu? Que voulez-vous?* se dit, dans la conversation fam., pour s'excuser, pour demander conseil, etc. *Que veux-tu? j'ai fait ce que j'ai pu. Que voulez-vous? je ne sais qu'y faire.* || *V. du bien, v. du mal à quelqu'un,* Avoir à l'égard de quelqu'un des dispositions favorables ou défavorables, avoir un sentiment d'affection ou de haine. *Il vous veut du bien, beaucoup de bien. Il lui veut du mal. Il ne vous veut point de bien. Il ne vous veut ni bien ni mal.* || Fam., *En v. à quelqu'un,* Avoir contre lui un sentiment de malveillance. *Je sais qu'il vous en veut. Il en veut à tout le monde. Je m'en veux d'avoir fait cela, J'en ai du regret, du repentir.* — Fam., *En v. à une personne, à une chose,* Avoir quelque prétention sur une personne, sur une chose, ou en avoir quelque désir. *Il en veut à cette fille. Il en veut à cette charge.* — Fam., *A qui en voulez-vous? Qui demandez-vous? qui cherchez-vous? on encore, qui prétendez-vous attaquer? A qui en voulez-vous par ce discours-là? C'est à vous que j'en veux.* On dit encore : *A qui en veut-il?* pour signifier de qui se plaint-il? Contre qui est-il en colère? — *En v. à la vie de quelqu'un,* Avoir formé le projet de l'attenter à sa vie. || *Que veut dire cet homme?* Que demande-t-il? que prétend-il? que prétend-il me faire entendre? — *Que veut dire ce mot? Que veut dire ce procédé? Que signifie ce mot, ce procédé? Que veut dire cette clause? Quel est le sens de cette clause? ou encore, cette clause n'a aucun sens. Que veulent dire ces vers?* On ne comprend pas le sens de ces vers. — *Que veut dire ceci? Que veut dire cela? Que voulez-vous dire?* Phrases familières qu'on emploie pour marquer l'étonnement. La phrase, *Qu'est-ce que cela veut dire?* exprime généralement l'improbation. = Consentir. *Soit, je le veux bien. Si vous le voulez, je le voudrai aussi. Je vous prie de v. bien me permettre de vous écrire à ce sujet.* || Fam., *Je veux bien que cela soit, je veux que cela soit, Je suppose que cela soit, quoique je n'en convienne pas; ou quand cela serait vrai... Je veux bien que vous sachiez,* se dit pour sachez, apprenez, quand on veut marquer une espèce d'autorité, comme de supérieur à inférieur.* || *Voulez-vous bien,* s'emploie parfois comme une formule impérative. *Voulez-vous bien vous taire.* Taisez-vous.* || On dit elliptiquement, par forme de souhait, *Dieu veuille, Je souhaite qu'il plaise au Ciel. Dieu veuille avoir son âme! Veuillent les immortels protéger sa faiblesse! — Dieu le veuille!* se dit encore par forme de souhait, ou pour marquer qu'on doute d'une chose, quoiqu'on la souhaite. — Prov., *Veuille Dieu, veuille diable.* = Demander, exiger, avoir besoin de. *Il veut cent mille francs de sa maison. Il veut être payé. Il veut que vous donniez mille écus à compte sur ce que vous lui devez.* || Se dit aussi de certaines choses. *Cet arbre veut un sol profond. Cette plante veut être souvent arrosée. Cette affaire veut être conduite avec prudence. Ce soin est indispensable dans un ouvrage qui veut de l'exactitude. La poésie veut un langage figuré et plein d'images. Ce tableau veut être vu dans son jour. Cela veut du temps.* = En parlant des choses inanimées, *Vouloir* se dit quelquefois dans le sens de pouvoir. *Cette machine ne veut pas aller. Ce bois ne veut pas brûler.* = Ne pas v., signifie quelquefois ne pas admettre, ne pas agréer, ne pas souffrir. *Je ne veux pas de ses excuses, de ses présents. Il ne veut plus de vos promesses. L'autorité ne veut pas de partage. Cet art-là ne veut pas de médiocrité.* = VOULU, UE. part. Les formalités *voulues* par la loi. || S'emploie aussi adject., mais alors il est toujours précédé de l'un des adverbes bien ou mal. *Il est bien voulu dans cette maison, Elle est mal voulue partout.*

Conj. — *Je veux, tu veux, il veut; nous voulons, vous voulez, ils veulent. Je voulais; nous voulions. Je voulus; nous voulûmes. Je voudrai; nous voudrons.* — *Je voudrais; nous voudrions.* — *Veuille, veuillons, veuillez.* — *Que je veuille, que tu veuilles, qu'il veuille; que nous voulions, que vous vouliez, qu'ils veuillent. Que je voulusse; que nous voulussions.* — *Vouloir. Voulant. Voulu, ue.* — L'Académie indique une autre forme d'impératif: *Veux, voulons, voulez,* qui est peu usitée, et ne s'emploie que dans certaines occasions très rares où l'on engage à s'armer d'une ferme volonté. Quoiqu'on trouve en effet des exemples de cette forme, elle est récente, contraire à l'analogie et constitue un véritable barbarisme. La forme ancienne est surtout en usage à la seconde personne du pluriel, *veuillez* ; elle se dit pour : Je vous prie de v., de consentir, ou ayez la bonté, la complaisance de... *Veuillez me faire le plaisir de... Veuillez du moins nous dire... Veuillez permettre que je me retire.* — Les deux formes du subjonctif *que nous voulions, que vous vouliez,* sont aussi des barbarismes introduits par un usage récent. Les formes anciennes, bien préférables sont *que nous veuillions, que vous veuilliez,* dont on a des exemples chez les écrivains du XVIIᵉ siècle.

VOULOIR. s. m. [Pr. *vou-louar*] (R. *vouloir,* v.). Acte de la volonté. *Il en a le pouvoir et le v. Elle n'a point d'autre v. que le vôtre. L'apôtre dit que c'est Dieu qui nous donne le v. et le faire.* ‖ Fam., *Malin v.,* Disposition à nuire, intention maligne. *Il a témoigné son malin v. Il avait un malin v. contre vous.* — On dit à peu près de même, *Mauvais v.* ; mais, dans tous les cas, le subst. *l'ouloir* est peu us.

VOUNEUIL-SUR-VIENNE, ch.-l. de c. (Vienne), arr. de Châtellerault, sur la Vienne ; 1,500 hab.

VOUROUDRIOU. s. m. T. Ornith. Espèce de *Grimpeur.* Voy. Coucou.

VOUS. pron. pers., pluriel de Tu. [Pr. *vou*]. Se dit propr. quand on s'adresse à plusieurs personnes, et s'emploie comme sujet ou régime, puisque c'est la seule forme de ce pronom. *Vous l'entendez, Messieurs, je v. adjure.... Ces bénéfices sont à v. ; partagez-les entre v.* ‖ S'emploie au sing. par civilité. Voy. Tu. ‖ Dans un sens indéfini. *Elle est si belle que v. ne sauriez vous empêcher de l'admirer.* ‖ V., explétif. *Il v. prend sa cognée, il v. tranche la bête.* = V.-mêmes ou V.-même, au sing. marque plus expressément la personne. *V. en allez juger v.-même.*

Obs. gram. — V. régime direct ou indirect se met devant le verbe dont il est le complément. *Je v. aime. Il v. veut du bien.* — Cependant, il se met après le verbe quand il est précédé d'une préposition. *Il parle de v. Je m'en rapporte à v.* — Quand v. est joint à un sujet de la 3ᵉ personne, le verbe se met à la seconde personne du pl. : *V. et lui, v. partirez ensemble,* ou *v. et lui,* partirez ensemble.

VOUSSEAU. s. m. [Pr. *vou-so*] (R. *voûte*). T. Archit. Syn. de *l'oussoir* Peu us.

VOUSSOIR. s. m. [Pr. *vou-souar*] (bas lat. *volsorium,* m. s., de *volutum,* sup. de *volvere,* tourner). Chacune des pierres qui forment le cintre d'une voûte. Voy. Arcade et Voûte.

VOUSSURE. s. f. [Pr. *vou-sure*] (bas lat. *volsura,* m. s.). T. Archit. La courbe ou le cintre d'une voûte ou d'une partie de voûte. — Se dit ordinairement de la portion de voûte qui sert à lier un plafond plat avec la corniche de la pièce. — *Arrière-v.* Voy. ce mot. ‖ T. Méd. Bombement anormal que présente une surface convexe. *Dans certaines maladies du cœur,* on observe une *v. précordiale.*

VOÛTE. s. f. (ancienn. *voulte,* du lat. *voluta,* part. fém. de *volvere,* enrouler). T. Archit. Ouvrage de maçonnerie fait en arc, dont les pierres appelées *voussoirs,* sont disposées de manière à se soutenir les unes les autres. — *La clef de la v.,* Les pierres du milieu qui soutient tous les autres. — Fig., on dit d'une chose qui est le point capital d'une affaire, *C'est la clef de la v., la clef de v. dans cette affaire.* [Par analogie, *La v. d'une caverne,* La partie supérieure d'une caverne, parce qu'elle présente le plus souvent une certaine courbure.] Fig., *Une v., de feuillage, de verdure,* Un berceau formé par des branches d'arbre, par des plantes grimpantes que soutient un treillage. — Fig. et poét., on dit : *La v. du ciel, la v. des cieux, la v. céleste, la v. azurée, la v. étoilée,* pour désigner le ciel. Voy. plus bas. ‖ T. Anat. Se dit de diverses parties dont la forme offre quelque analogie avec une voûte. *La v. du crâne.* Voy. Crâne. *La v. du palais* ou *v. palatine.* Voy. Bouche. *La v. à trois piliers.* Voy. Encéphale, 1, A. ‖ T. Maréchalerie. *La v. d'un fer à cheval,* La partie intérieure de l'arc de ce même fer. ‖ T. Techn. *V. d'une corne,* La partie supérieure.

Constr. — On appelle *Voûte,* en général, une construction en forme d'arc de cercle ou de toute autre courbe formée de pierres taillées, de manière que ces pierres se soutiennent les unes les autres, et quelquefois constituée par une masse unique

et homogène. Lorsque la v. est composée par un nombre plus ou moins considérable de pierres façonnées, on donne le nom de *voussoir* à chacune d'elles ; la forme de ces voussoirs rappelle celle d'un coin, c.-à-d. que la partie de la pierre qui vient affleurer la surface circulaire, ellipsoïdale, etc., de l'intérieur de la v., est plus étroite que celle qui compose la portion extérieure de cette v. On appelle également *claveaux* ces diverses pierres. Celle de ces pierres qui, par rapport à une horizontale tracée sur le sol à l'aplomb de la v. occupe la position la plus éloignée, verticalement de cette horizontale, prend le nom de *clef.* C'est cette pierre qui ferme l'arc et qui en assure la stabilité absolue. Fréquemment cette clef est saillante intérieurement et forme une sorte d'arête continue. Chacune des pierres taillées qui, à droite et à gauche de la clef, sont jointives avec elle, sont les *contre-clefs.* Les *sommiers,* dits aussi *coussinets,* sont constitués par les pierres qui, de chaque côté de l'arc et à sa partie inférieure, séparent les parties courbes ou cintrées des murs verticaux appelés *pieds-droits* ou *piédroits* sur lesquels vient s'appuyer la v. Par extension, on a étendu cette dénomination de v. aux constructions en plate-bande, lorsqu'elles sont faites de pierres taillées également en coin et de manière à se soutenir mutuellement. Dans ce cas, on dit *v. en plate-bande. L'intrados* de la v. est la surface intérieure de cette v., tandis que l'*extrados* en est la partie externe. Le *plan de naissance* est un plan hypothétique passant horizontalement suivant la ligne de raccordement de l'arc avec les pieds-droits. Cette ligne reçoit elle-même le nom de *ligne des naissances* ou de *naissance.* La distance qui sépare les deux points extrêmes de la ligne des naissances est l'*ouverture* ou *portée* de la v. Le point le plus élevé de l'intrados, c.-à-d. celui qui se trouve directement situé sous la clef, est le *sommet* de la v. Enfin, la perpendiculaire abaissée de la clef de la v. jusqu'à la ligne des naissances, constitue la *montée* de la v. ou *flèche.* Par le mot *Reins de la v.,* on entend le dessus de la construction aux deux côtés de la clef, c.-à-d. l'espace compris entre un plan vertical qui s'élèverait de la naissance de l'extrados, et un plan horizontal qui serait tangent au sommet de ce même extrados. Les surfaces suivant lesquelles les pierres se touchent en formant des assises superposées se nomment *joints de lit,* tandis que les surfaces divisant chacune de ces assises en claveaux sont les *joints montants.* On appelle *Douelle,* toute la partie de l'intrados composant une même assise.

Les voûtes ne se soutiennent que par la forme des voussoirs. En effet, comme ces derniers ont leur surface le plus large du côté de l'extrados, il en résulte qu'ils se soutiennent les uns les autres, en opposant à leur chute mutuelle une partie de l'effort de la pesanteur même qui les détermine à tomber. Toutefois l'effort tendant à la chute diminue d'autant plus que l'inclinaison du plan des voussoirs devient moindre, c.-à-d. à mesure qu'on s'éloigne de la clef ou du centre de la v., jusqu'au dernier voussoir ou sommier, qui, s'appuyant sur un plan tout à fait horizontal, n'a plus aucune tendance à tomber. Quant aux *pieds-droits* qui portent les sommiers, leur solidité doit être considérable, car ils ont à résister à la fois à la pression verticale de la construction et à l'effort horizontal ou la poussée de la v. dite *poussée au vide* et qui tend, sinon à les renverser, tout au moins à leur faire perdre la verticalité et par suite l'aplomb.

Sans jamais dévier des principes qui précèdent, les voûtes affectent, suivant leur courbe génératrice, une multitude de formes différentes que l'on distingue par des noms particuliers. Les plus simples et celles que l'on emploie le plus fréquemment sont celles qui, pour leur tracé, ne possèdent qu'un centre unique ; elles prennent les dénominations de v. *cylindrique* ou v. *en plein cintre* ; v. en cintre *surhaussé* et v. en cintre *surbaissé* ou v. *en segment de cercle.* Les autres voûtes qui ont plusieurs centres ne peuvent se tracer d'une seule ouverture de compas ; leur forme se compose de deux ou plusieurs arcs de cercle à centres différents raccordés tangentiellement, qui se coupant au sommet. A cette catégorie appartiennent : la v. *surbaissée* ou v. *en anse de panier,* dont l'arc a une forme ovale moins haute que large ; la v. *surélevée, surhaussée,* ou *surmontée,* dont l'arc est une section de l'ellipse suivant son diamètre le plus petit ; la v. *en ogive* ou v. *d'ogive* ou v. *en tiers-point,* celle dont l'arc est en ogive (Voy. ce mot). On construit aussi des voûtes à section elliptique, soit surbaissées, soit surhaussées. Dans le premier cas, la v. a la forme d'une demi-ellipse dont le grand axe est horizontal ; dans le second cas, c'est le petit axe qui est horizontal. En ce qui concerne les voûtes à un seul centre, disons, avant d'aller plus loin, que la v. *cylindrique,* se subdivise généralement en *v. en berceau*, *v. d'arête* et *v. en arc de cloître*. La première a la surface de son intrados formé par une portion de cylindre. Lorsque deux voûtes en berceau de même rayon se coupent l'une l'autre par leur rencontre, elles deviennent *voûtes d'arête*, quand les plans de section sont saillants; au contraire, elles prennent le nom de *voûtes en arc de cloître*, si les arêtes produites par les intersections sont rentrantes. Une *v. en plein cintre* est engendrée par une demi-circonférence; une *v. en cintre surhaussé* a pour courbure une portion de cylindre plus grande que cette demi-circonférence; par contre, la *v. en cintre surbaissé*, ou *v. en arc de cercle*, est constituée par un arc cylindrique plus petit que la moitié du cylindre, c.-à-d. que la demi-circonférence. Si maintenant on envisage les voûtes au point de vue, non plus de leur profil, mais de leur plan, on est obligé d'établir de nouvelles distinctions. Ainsi, on appelle *v. biaise* une v. dont les murs ne sont pas d'équerre avec la face; *v. annulaire*, celle qui porte sur deux murs circulaires concentriques, comme seraient les murs de face d'une galerie pratiquée autour d'un cirque; *v. hélicoïdale* ou *hélicoïde*, *v* en vis ou en *limaçon*, celle qui s'élève autour d'un noyau, suivant une suite de spires, comme fait celle des escaliers à noyau plein ou évidé. La *v. conique* est circulaire en plan et angulaire en coupe; elle représente un cône creux à axe vertical. Quand son axe est horizontal, au lieu d'être vertical, on l'appelle *v. en canonnière* et *Trompe*. La *v. sphérique* est circulaire dans son plan et dans son profil : quand elle représente une demi-sphère entière, on lui donne le nom de *coupole*, et celui de *cul-de-four* lorsqu'elle représente une demi-coupole, le plan étant alors un demi-cercle. On appelle *v. en calotte*, ou simplement *calotte*, une *v.* sphérique qui a peu d'élévation de cintre. La *v. en coquille* a la forme plus ou moins régulière d'une demi-coupole. On nomme encore *v. en tas de charge*, une *v.* sphérique dont on met les joints de lit, partie en coupe du côté de la courbure, et partie de niveau du côté de l'extrados; *v. à compartiments*, celle dont la donelle est enrichie de panneaux de sculpture séparés par des plates-bandes de peinture ou de dorure; *v. maîtresse*, le v. principale d'un édifice; et *v. double*, celle qui est construite au-dessus d'une autre pour raccorder la décoration intérieure avec l'extérieure, ou pour quelque autre raison.

Chaque forme de v. exige un système d'appareil différent. En effet, l'épaisseur des voussoirs est généralement déterminée par les dimensions des pierres à employer; ces voussoirs comprennent chacun une partie égale de l'intrados : leurs joints demeurent toujours néanmoins normaux à la coupe de ce dernier; et il est indispensable, pour obtenir exactement leurs formes, de faire une épure de l'ensemble de la v., épure qui sert à les relever sur des panneaux ou patrons d'après lesquels on taille les pierres. La construction se fait au moyen d'une sorte d'échafaudage que surmonte un *cintre* en claire-voie ou en planches juxtaposées suivant la nature des matériaux employés pour la construction. Le *cintre* est solidement appuyé entre les deux pieds-droits, et offre en relief la courbure exacte de la v. Il soutient celle-ci tant qu'elle n'est pas *fermée*, c.-à-d. tant que la clef n'est pas posée. On construit la v. soit en faisant usage de pierres de taille, soit en n'employant que des matériaux de dimensions réduites comme les moellons, les moellons ou les briques. Dans le premier cas, chaque voussoir doit subir une taille spéciale, afin qu'il vienne se loger exactement à l'emplacement qui lui a été réservé. S'il y a plusieurs assises, quels que soient les matériaux employés, les joints doivent toujours être croisés entre deux assises voisines. Souvent même, quand la v. est en briques, moellous ou moulières, on trace sur le cintre des lignes marquant les joints longitudinaux de la maçonnerie. Le *décintrement* est l'opération qui consiste à enlever cette charpente, quand la v. est terminée. On l'exécute quelquefois immédiatement après la pose de la clef, mais le plus souvent après un certain temps, quand le mortier a pu sécher. Toutefois, le premier système est préférable, parce que, le mortier étant encore frais, les tassements qui s'opèrent, et qu'il est impossible d'éviter, se font d'une manière plus régulière, ne causent pas de lézardes et ne laissent pas de vides dans la maçonnerie.

On attribue vulgairement l'invention des voûtes aux Romains ou aux Étrusques : cela n'est pas exact, et il est aujourd'hui établi que les Chaldéens et les Assyriens en ont construit antérieurement à cette époque. De plus, des voyageurs qui ont visité l'Asie Mineure ont constaté l'existence de voûtes qui remontent à une haute antiquité. Quoi qu'il en soit, les anciens construisaient les voûtes en faisant usage de pierres taillées comme celles qu'emploient les modernes. Fréquemment aussi les Romains y employaient des briques. Ils faisaient surtout usage de briques pour les voûtes qui couvraient des entrées de temples, de palais ou d'édifices particuliers. Ils construisaient aussi, au moyen de la pouzzolane, des voûtes très légères. On voit des voûtes de cette espèce à Rome, dans les thermes de Titus, de Caracalla, de Dioclétien, dans le Colisée, etc. Pour donner plus de légèreté à leurs voûtes, les Romains employaient souvent dans l'intérieur, des scories volcaniques du Vésuve. Quelquefois même ils plaçaient dans l'épaisseur de la maçonnerie de la voûte des vases vides de terre cuite, comme on en voit des exemples aux voûtes du cirque de Caracalla. A la suite de l'invasion des barbares, l'art de construire les voûtes semble avoir été perdu pendant de nombreux siècles. Jusqu'au XIe siècle, on ne voûta guère que l'abside et les nefs latérales des basiliques, parce qu'elles avaient peu de largeur. Cependant au XIe et au XIIe siècle, les artistes essayèrent de voûter la nef principale des églises, mais, en général, ils ne surent pas donner à leurs voûtes la solidité nécessaire. Beaucoup d'églises romanes et romano-byzantines ont ainsi perdu leurs voûtes, qui se sont écroulées sous le poids de leur masse et par l'écartement des murailles. Pour remédier au mal, on imagina de renforcer les voûtes par des arceaux de pierres de

Fig. 1.

taille, appelés *arcs doubleaux*, sorte de *contre-fiches* en maçonnerie qui suivaient transversalement le développement de la concavité de la v., à l'intérieur de l'intrados et allaient s'appuyer à angles droits sur les murs latéraux ou sur les piliers qui les remplaçaient. Enfin, on tourna la difficulté en divisant les voûtes en compartiments et en dirigeant diagonalement la pression de ces compartiments sur les murs correspondants, de manière à obtenir quatre subdivisions triangulaires inscrites dans le carré formé par le compartiment principal. Cette ingénieuse disposition présentait deux arcs de cercle croisés à leur sommet en un point qu'on appela *clef de v.*, et donnait ainsi naissance à quatre arêtes divergentes. Cependant, cette innovation ne suffisait pas pour donner aux voûtes la solidité nécessaire, on renforça les arêtes par des nervures de pierres de taille, dirigées en ligne diagonale, et surtout on disposa les voûtes des nefs latérales de manière à servir elles mêmes d'arcs-boutants à la v. de la nef principale. On augmenta en même temps la saillie et la solidité des contre forts. A la fin du XIIe siècle, la substitution de l'ogive à l'arc en plein cintre apporta un grand progrès dans l'art de la construction des voûtes; elles purent dès lors s'élever à une hauteur prodigieuse et réaliser l'idéal de l'architecture chrétienne. Toutefois, comme elles s'élancèrent au delà de toute proportion relative avec la force des murs, qui tendaient à s'affaiblir de plus en plus par l'élargissement progressif des fenêtres du clair-étage, le même inconvénient qu'autrefois se présenta, et l'on fut obligé, pour y remédier, de soutenir la maîtresse v. au moyen d'arcs-boutants hardis reposant sur les contreforts carrés des collatéraux. Au XIII° siècle, les nefs sont couvertes par une série de voûtes d'arête, dont chacune s'appuie sur deux arcs-doubleaux parallèles et sur deux *arcs formerets* également parallèles, dont le coussinet repose sur un pilier isolé ou engagé. (On appelle *arc formeret*, ou simplement *formeret*, une sorte d'arc-doubleau qui se développe parallèlement à l'axe de la nef, tandis que l'arc-doubleau proprement dit est toujours perpendiculaire à cet axe : ainsi l'arc-doubleau des arcades qui séparent les nefs est un formeret) [Fig. 4]. De plus, les nervures diagonales et saillantes de chaque v., *nervures appelées arêtiers*, sont

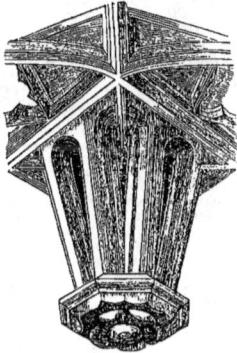

Fig. 2.

ornées de moulures saillantes arrondies, et leur intersection est décorée par un fleuron ou une petite rosace. Au XIV° siècle, la v. ogivale reste à peu près ce qu'elle était au XIII°, sauf certaines modifications dans les moulures des arcs-doubleaux, des formerets et des arêtiers. Mais au XV° siècle, et plus encore dans le suivant, les artistes multiplièrent le nombre des nervures que présentait chaque v. d'arête. Parmi ces nervures accessoires, on nomme *tiercerons* celles qui partent des angles de la v., et *liernes*, celles qui partent de la clef pour aller rejoindre les tiercerons. De chacun des angles de la v. d'arête, on voit s'élancer un faisceau divergent qui, en se combinant avec les nervures parties des angles opposés, va former à la surface de la v. un réseau d'arabesques des plus compliqués. Enfin, les points d'intersection, ou clefs de v., sont souvent ornés de culs-de-lampe de formes très diverses. Ces ornements sont communément appelés *clefs pendantes*, et abusivement *pendentifs* [Fig. 2. Clef appartenant à l'église d'Ottery-Sainte-Marie, dans le Devonshire (Angleterre)].
Phys. — *Voûte du ciel.* — La v. du ciel n'a aucune existence réelle : c'est le vide indéfini que nous avons devant les yeux depuis le zénith jusqu'à l'horizon. Cependant le ciel nous apparaît sous la forme d'une v. surbaissée sur laquelle se projettent le soleil, la lune et les étoiles. On n'a jamais expliqué cette nécessité physiologique de projeter tous les corps visibles sur une surface qui leur sert de fond, alors que nous devrions nous les représenter, comme ils sont réellement, flottants dans l'espace indéfini. Quant à la forme surbaissée que nous attribuons irrésistiblement à la v. du ciel, on l'explique généralement de la manière suivante : La vue des corps célestes ne nous renseigne nullement sur la distance à laquelle ils se trouvent. Nous sentons seulement qu'ils sont plus éloignés que tous les objets terrestres. Alors, nous les reportons, par la pensée à une distance indéterminée. Si nous observons dans le voisinage de l'horizon, nous avons pour points de repère les objets terrestres, et nous reportons les corps célestes au delà ; mais dans la direction du zénith, les points de comparaison font défaut, et, en leur absence, nous sommes portés invinciblement à attribuer à ce que nous voyons une distance moindre, et de là résulte nécessairement

la forme surbaissée de la v. céleste. D'ailleurs, les nuages situés à 1500 ou 1800 mètres au-dessus de nos têtes sont évidemment plus proches de nous que ceux qui sont voisins de l'horizon, ou nous voyons des collines, des édifices distants de 15, 20 kilomètres, et davantage. Les mêmes causes expliquent pourquoi les astres et les constellations nous semblent plus grands à l'horizon qu'au zénith. Nous jugeons de la dimension d'un objet par l'angle visuel sous lequel il nous apparaît et par la distance à laquelle nous le supposons ; les deux éléments sont indispensables à la formation du jugement. Puisque nous rapportons les astres voisins de l'horizon à une plus grande distance que ceux qui sont près du zénith, nous devons en même temps les croire plus grands pour une même distance angulaire : c'est ainsi que la lune nous semble immense quand elle se lève et qu'elle nous paraît se rapetisser à mesure qu'elle s'élève dans le ciel.

VOÛTER. v. a. Faire sur une construction un plancher en voûte. *V. une église, une salle, une cave.* = SE Voûter v. pr. Se dit des personnes dont la taille commence à se courber. *Il commence à se v.* = Voûté, ée. part. *Une salle voûtée. Ce vieillard a le dos voûté. Ce jeune homme est un peu voûté.*

VOUVRAY, ch.-l. de c. (Indre-et-Loire), arr. de Tours ; 2,250 hab. Vins mousseux.

VOUZIERS, ch.-l. d'arr. du dép. des Ardennes, à 52 kil. de Mézières, sur l'Aisne ; 3,800 hab.

VOVES, ch.-l. de c. (Eure-et-Loir), arr. de Chartres ; 2,000 hab.

VOYAGE. s. m. [Pr. *vo-iaje*] (lat. *viaticum*, provision de route, de *via*, route). Le chemin qu'on fait pour aller d'un lieu à un autre lieu qui est éloigné. *Un grand, un long, un petit v. Un v. facile, paisible, dangereux. Faire un v. à Naples, en Italie, en Turquie, dans le Levant, aux Indes. V. aérien. V. autour du monde. V. maritime. V. de circumnavigation. V. de découverte. V. scientifique. Il est en v. Revenir de v. Les voyages forment la jeunesse. V. d'affaires,* Voyage nécessité par des affaires, ou qui a pour objet de faire des affaires commerciales. *Voyages d'outremer,* Les voyages que les chrétiens entreprenaient autrefois pour faire la guerre aux musulmans. *Voyages de long cours,* Les longs voyages sur mer. Voy. CABOTAGE. — Fig., *La vie est un v.,* Nous ne faisons que passer sur la terre. On dit encore Fig. et fam., *Faire le grand v., le v. de l'autre monde,* Mourir. || Se dit aussi, en parlant des migrations de certains animaux, et du transport de marchandises dans un lieu éloigné. *Les pigeons font de longs voyages. Les voyages périodiques des hirondelles. Les voyages par mer bonifient le vin de Bordeaux. Le prix de cette denrée est doublé par les frais de v.* || *Relation d'un v.,* ou simplement *Voyage,* Relation des événements d'un v., et de ce qu'on a vu, découvert ou appris en voyageant *Le v. de Barth dans l'Afrique centrale. Recueil de plusieurs voyages. V. pittoresque en Espagne. Voyages imaginaires.* || *Voyage,* se dit aussi de toute allée ou venue d'un lieu à un autre. *J'ai fait deux voyages à Versailles. Il m'a fait faire vingt voyages chez lui, et il ne s'y est jamais trouvé d'embarras.* || Se dit aussi du séjour qu'on fait dans un lieu où l'on n'a pas sa résidence ordinaire. *Cet artiste n'a retiré aucun fruit de son v. à Rome. Le v. de la cour à Fontainebleau fut de trente jours.*

VOYAGER. v. n. [Pr. *vo-iajer*]. Faire un voyage. *V. en Grèce, en Asie. Il a voyagé par toute l'Europe. Il passe sa vie à v. Je voyage tantôt à pied, tantôt à cheval. V. en voiture. V. par terre. V. par mer, sur mer. V. à petites journées. Il voyage pour son commerce.* — Prov., *Qui veut v. loin ménage sa monture.* Voy. MÉNAGER. || Se dit aussi de certains animaux. *Les oies sauvages se réunissent en troupe pour v.* || Se dit encore du transport de certaines choses. *Certaines graines sont pourvues d'aigrettes plumeuses qui leur permettent de v. au loin. Ces denrées-là ne peuvent pas v. bien loin.* = Conj. Voy. MANGER.

VOYAGEUR, EUSE. s. [Pr. *vo-iajeur, euze*]. Celui, celle qui est actuellement en voyage. *J'attends des nouvelles de nos voyageurs. Cette voiture pourrait contenir tant de voyageurs.* || Se dit aussi de ceux qui font ou qui ont fait de grands ou de nombreux voyages. *C'est un grand v. On doit* à ce *v. des découvertes fort intéressantes. Les voyageurs sont sujets à mentir. C'est une grande voyageuse.* — *V. de commerce,* Syn. de Commis *v.* || S'emploie adject. *Des oiseaux voyageurs. L'hirondelle voyageuse.* — *Commis v.* Voy **Commis**. — *Pigeon v.* Voy. **Pigeon**.

VOYANT, ANTE. s. [Pr. *vo-ian*]. Celui, celle qui voit. Ne se dit qu'au Fig., dans le langage de l'Écriture sainte, et signifie Prophète. *Samuel est appelé le v.* — *Un voyant, une voyante,* personne douée de seconde vue. || T. Géod. Pièce destinée à être vue de loin pour servir de mire. Voy. **Nivellement** = **Voyant**, **Ante**, adj. Qui voit; ne se dit que par opposition à aveugle. Dans l'hospice des Quinze-Vingts, on appelle *Frères voyants* et *Sœurs voyantes,* ceux ou celles de cet hospice qui voient clair, et qui ont épousé des personnes aveugles. || Signifie aussi qu'on voit, mais ne se dit que des couleurs, quand elles sont extrêmement éclatantes. *Cette couleur, cette étoffe, est trop voyante pour une personne de votre âge.*

VOYELLE. s. f. [Pr. *vo-ièle*] (lat. *vocalis,* m. s., de *vox, vocis,* voix). T. Physiol. et Gramm. — On désigne sous le nom de *Voyelles* les sons vocaux ou les éléments de la parole qui ont leur origine dans le larynx, et sont produits par l'air qui traverse la glotte, sans que le tuyau vocal, c.-à-d. sans que les parties supérieures au larynx y concourent par aucun mouvement. Par extension, on applique le même nom aux lettres ou caractères qui représentent ces sons. — Dans la production des différentes voyelles, ainsi que nous venons de le dire, le son se forme dans le larynx; mais il est diversifié par la position que prennent le canal pharyngien, le canal oral et l'ouverture buccale. Toutefois, ces parties n'agissent pas dans la production des voyelles de la même manière que dans celle des articulations. Dans la production des voyelles, en effet, elles restent fixes dans la position donnée; dans la production des articulations elles exécutent des mouvements. — Nos grammairiens répètent sous les jours que la langue française compte 5 voyelles, *a, e, i, o, u,* parce qu'ils ne font attention qu'au nombre de lettres qui servent à exprimer cette catégorie de sons vocaux, et encore alors oublient-ils l'y. Mais nos voyelles sont en bien plus grand nombre. Ainsi, les auteurs de la Grammaire de Port-Royal en admettaient 10, Dangeau 15, Duclos et Beauzée 17. Enfin, Dom. Jullien en admet 16, savoir : *a, à, é, è, o, ô, e, eu, i, u, ou, e muet, an, ein, on, un.* Les mots *plat, bas, succès, café, bol et Pô,* nous montrent le son propre à chacune des six premières voyelles de la liste. Le septième, qui, faute d'une lettre particulière, est ici représenté par *e,* est celui que nous faisons entendre dans le mot *seul,* par ex., et qui se retrouve plus affaibli dans le pronom *je.* Les sons des voyelles *eu, i, u, ou,* sont ceux que nous produisons en prononçant les mots : *jeu, mardi, curé et cou. L'e* muet, tel que nous le trouvons à la fin d'une foule de mots, comme *rose, France, tombe,* n'est pas, à rigoureusement parler, une voyelle; c'est un simple souffle sans aucune sonorité. Néanmoins, ainsi que le fait très justement observer notre excellent grammairien, B. Jullien, il ne doit pas moins être regardé parmi nos voix, comme le zéro parmi nos chiffres, puisque, comme lui, il tient la place de ces voix, compte comme une d'elles dans les vers, et sert d'appui à toutes les consonnes que l'on veut prononcer sans les faire suivre d'une voix sonore. Quant aux voyelles *an, ein, on, un,* que nous trouvons, par ex., dans les mots *plan, rein, bon et chacun,* elles ont un caractère commun, c'est de ne pouvoir être prononcées sans qu'une partie de l'air passe par le canal nasal : de là le nom de *voyelles nasales* sous lequel on les désigne. Enfin, les voyelles, autres que les nasales et l'e muet se distinguent encore en voyelles *constantes* et en voyelles *variables.* Les variables sont *a* et *à, è* et *é, o* et *ô, e* (de *je*) et *eu,* car, prises deux à deux, elles semblent n'être qu'un même son modifié : la première voyelle de chaque série est *ouverte,* et la seconde *fermée.* Au contraire, *i, u* et *ou,* sont appelées constantes, parce que leur son n'est susceptible d'aucune modification. Quant à la distinction des voyelles *brèves* et des voyelles *longues,* elle n'a aucun rapport à la nature du son : elle est purement prosodique et concerne uniquement la durée. — Dans la langue hébraïque, où toutes les lettres sont considérées comme des consonnes, on représente les voyelles par des points qu'on appelle pour cela *Points-voyelles.* — Voy. **Parole**, II.

VOYER. s. et adj. m. [Pr *vo-ié*] (lat. *viarius,* relatif aux routes, de *via,* route). Officier préposé à l'entretien ou à la police des rues dans les villes, et des routes dans les campa-

gnes. *Les voyers aviseront. Commissaire v. Architecte v. Agent v.* — *Grand v.* Voy. **Voirie**.

VOYOU. s. m. [Pr. *vo-iou*] (R. *voie*). T. Mépr. Enfant grossier et malpropre, qui vagabonde dans les rues de Paris. Pop.

VRAC (ex). loc. adv. (holl *wrach,* débris, rebut). T. Comm. Se dit des marchandises que l'on met pêle-mêle et sans enveloppe pour les transporter. *Ces marchandises se chargent en v. On embarque la houille en v. Pommes de terre en v.,* qui ne sont pas dans un sac. — *Foin en v.,* non botelé. || T. Pêche. *Saler des harengs en v.* Voy. **Hareng**.

VRAI, VRAIE. adj. [Pr. *vrè*] (lat. *verus,* m. s.). Véritable, qui est conforme à la vérité. *Cette proposition est vraie, sera toujours vraie. Cette nouvelle n'est pas vraie. Cela est-il v.? S'il est v. qu'il ait commis cette faute. Il n'est pas v. qu'on l'ait frappé. Il n'en reste pas moins v. que....* — Fam., on dit pour affirmer quelque chose : *Aussi v. qu'il fait jour. Aussi v. que nous sommes ici. V. comme il faut mourir. Etc.* — *Il est v. de dire,* ou simpl., *Il est v.,* s'emploie lorsqu'on veut expliquer, modifier ou restreindre ce qu'on vient de dire. *Il a maintenant de la prudence; il est v. qu'il est payé pour en avoir.* — *Toujours est-il v. de dire,* ou simpl.. *Toujours est-il v.,* s'emploie dans le sens des conjonctions Néanmoins, Toutefois, Cependant. *On le trouve bourru; toujours est-il v. de dire qu'il est très obligeant, toujours est-il v. qu'il aime à rendre service.* || Sincère, véridique. *Cet homme est v. Je crois son langage v.* || Qui est réellement ce qu'on le dit être, qui n'est ni factice, ni simulé, qui a toutes les qualités essentielles à sa nature. Dans ce sens, *Vrai* se place ordinairement avant le subst. *Un v. diamant. Le v. bonheur n'est pas de ce monde. Un v. repentir. Un v. philosophe. Un p. génie. Le v. courage ne se laisse jamais abattre. La vraie vertu se fait toujours respecter, lors même qu'elle déplaît.* On dit de même, en mauvaise part : *Un v. fripon. Une vraie coquine. Etc.* — Par exagération, *Cet homme est un v. lion, un v. cheval, un v. singe, etc.,* se dit d'un homme qui paraît avoir quelqu'une des qualités bonnes ou mauvaises d'un animal. On dit aussi, *C'est un v. supplice, un v. martyre.* || Réel. *Voilà la vraie cause de cet événement. Le v. motif de sa conduite. Le v. sujet de mon mécontentement.* || T. Astron. *Temps v. jour solaire v.* Voy. **Temps**. || Convenable, qui convient uniquement. *Voilà le v. moyen de sortir d'embarras. Mettre un tableau dans son v. jour.* || En parlant des ouvrages d'esprit ou des ouvrages d'art, sign. Qui exprime, qui rend avec vérité les pensées ou les objets. *Un style v. Un coloris v. Des tons vrais. Une lumière vraie. Des chairs vraies.* = **Vrai** s'emploie quelquefois substant., et signifie alors Vérité. *A vous dire le v., à dire v., à parler v. Il n'y a pas un mot de v. dans tout ce récit. Il ne sait pas discerner le v. d'avec le faux. Vous êtes dans le v.* = **Vrai** s'emploie aussi adverb., et sign. Vraiment, assurément. *Vous avez fait cela, v.? V.,* cela me rendrait service. Fam. || Fam., on dit aussi, *De v.,* dans le même sens. *De v., j'ai peine à le croire.* = **Au vrai**. loc. adv. Selon le v., conformément à la vérité. *Contez-nous la chose au v.*

VRAIMENT. adv. [Pr. *vrè-man*] (R. *vrai*). Véritablement, effectivement. *Il est v. sage. Il est v. orateur.* || On s'en sert quelquefois pour affirmer plus fortement : *Oui, v.;* et quelquefois aussi on s'en sert ironiq. : *Ah! v., oui. V., je vous en croirai. V., vous êtes un joli garçon.*

VRAISEMBLABLE. adj. 2 g. [Pr. *vrè-san-blabe*] (R. *vrai,* et *semblable*). Qui paraît vrai, qui a l'apparence de la vérité. *La chose est assez v. Cela n'est pas v. Le vrai peut quelquefois n'être pas v. Hypothèse, opinion, doctrine v.* || Se dit subst. au masc. *Préférer le v. au vrai.*

VRAISEMBLABLEMENT. adv. [Pr. *vrè-sanblable-man*] Apparemment, selon la vraisemblance. *V. il arrivera aujourd'hui.* || Selon toutes les probabilités.

VRAISEMBLANCE. s. f. [Pr *vrè-san-blanse*] (R. *vrai,* et *semblance*). Apparence de vérité. *Il n'y a pas de v. à ce que vous dites. Cela est sans v., n'est pas dans la v., choque la v., est hors de la v.* || Caractère de ce qui offre toutes les probabilités.

VRILLE. s. f. [Pr. les *ll* mouillées] (lat. *viticula,* m. s., dimin. de *vitis*, vigne). Outil qui sert à pratiquer des trous, et qui se compose d'une tige de fer emmanchée d'un morceau de bois placé en travers, et terminée par une espèce de vis. || Fig. *Des yeux percés en v.*, petits yeux ressemblant à des trous de vrille.

Bot. — On désigne sous les noms de *vrilles* et quelquefois de *cirres*, des organes filiformes qui s'enroulent en spirale autour des corps voisins et servent à soutenir la tige de certaines plantes faibles et grimpantes. Les vrilles ne sont jamais que des organes modifiés. Les vrilles de la vigne sont des pédoncules floraux transformés. Dans la vesce (Légumineuses), la feuille composée pennée, au lieu de se terminer par une foliole impaire, se termine par une v., tandis que, dans le *Lathyrus aphaca*, vulg. appelé Pois de serpent, qui appartient à la même famille, la v. remplace la feuille composée tout entière. D'autres fois, la v. résulte de la transformation du rameau : c'est ce qu'on observe, par ex., dans les Passiflores, où la v. occupe la place d'un rameau, c.-à-d. part de l'aisselle d'une feuille. Dans les Cucurbitacées, les vrilles paraissent être une transformation des stipules. Enfin, dans la Glorieuse du Malabar (*Methonica superba*), les nervures de la feuille se réunissent et se prolongent au delà du limbe en un filet qui s'enroule autour des corps, et qui, par conséquent, constitue une v. véritable. On distingue les vrilles en *pédonculaires*, *pétiolaires*, *stipulaires* et *axillaires*, selon leur position, attendu que cette position indique la nature de l'organe qu'elles remplacent. Les vrilles sont généralement *simples;* mais parfois elles sont *rameuses*, comme dans le *Cobæa scandens*. — On donne le nom particulier de *griffes* aux racines que les plantes sarmenteuses et grimpantes enfoncent dans les corps sur lesquels elles s'élèvent, comme celles du lierre, et l'on appelle *suçoirs* les filaments déliés que présente la surface des griffes.

VRILLÉ, ÉE. adj. [Pr. les *ll* mouillées] (R. *vrille*). T. Bot. Qui porte des vrilles. *Tige vrillée.* Voy. Tige, II, 5.

VRILLÉE. s. f. [Pr. les *ll* mouillées] (R. *vrille*). T. Bot. Nom vulg. du Liseron des champs, Convolvulacées. || *V. bâtarde*, Nom vulg. du Polygonum convolvulus, Polygonacées.

VRILLERIE. s. f. [Pr. *vrille-ri*, *ll* mouillées] (R. *vrille*). T. Techn. Se dit de tous les menus ouvrages ou outils de fer et d'acier qui servent aux orfèvres, graveurs, armuriers, menuisiers et autres artisans, tels que vrilles, forets, vilebrequins, ciseaux, burins, poinçons, etc.

VRILLETTE. s. f. [Pr. *vri-llète*, *ll* mouillées] (dimin. de *vrille*). T. Entom. Nom vulgaire des *Anobies*. Voy. MALACODERMES, V.

VUE. s. f. (part. pass. de *voir*). L'un des cinq sens; la fonction de l'œil par laquelle nous percevons la lumière et les couleurs, et, par suite, apprécions la forme, la grandeur et la situation des corps. *Le sens de la vue. Avoir bonne vue. Avoir la vue bonne, mauvaise, faible, courte, basse, perçante. L'âge affaiblit la vue. Il perd la vue.* — *Tant que la vue peut s'étendre*, Aussi loin que l'on peut apercevoir de choses. On dit de même : *Jusqu'où la vue peut porter. Ma vue ne porte pas jusque-là.* — *A perte de vue.* Voy. PERTE. *Perdre de vue une personne, une chose.* Voy. PERDRE. || Se prend souvent pour l'organe de la vue, pour les yeux, pour les regards. *Une lumière trop vive blesse la vue. Attacher la vue sur un objet. A chaque pas la vue se porte sur des objets nouveaux. Ces fruits flattent à la fois la vue et le goût.* — *Connaître une personne de vue*, La connaître de visage, mais sans avoir jamais eu de relations avec elle. — *Garder un prisonnier à vue*, Le garder de telle sorte qu'on l'ait toujours devant les yeux. — Fig., *Avoir la vue sur quelqu'un*, Veiller actuellement sur sa conduite. — Fig. et fam., *Donner dans la vue à quelqu'un*, Lui plaire, le séduire. *Cette étoffe me donne dans la vue. Cette jeune fille lui a donné dans la vue. Cette sinécure lui a donné dans la vue*, Il aurait envie de l'avoir. || L'action de voir, de regarder, l'inspection d'une chose. *Examinez ces étoffes, la vue n'en coûte rien. Juger d'une chose à la première vue.* — *Marcher, se conduire à vue de pays*, Marcher sans savoir la route, mais en se dirigeant d'après l'aspect des lieux. Fig. et Fam., *Juger à vue de pays*, Juger des choses en gros et sur le premier aperçu, sans entrer dans les détails et avant d'avoir approfondi. — *Être en vue*, être exposé à la vue, Être en un lieu d'où l'on peut être vu. On dit à peu près

dans le même sens : *Faire une chose à la vue de tout le monde. Les deux armées étaient en vue. Nous campâmes à la vue de l'ennemi. La frégate était en vue. Nous mouillâmes à vue de terre.* || Action d'apercevoir, aspect, présence. *A la vue de sa mère mourante, elle s'évanouit. Se dérober à la vue.* || L'étendue de ce que l'on peut voir du lieu où l'on est. *Cette maison a une belle vue, n'a qu'une vue bornée, n'a point de vue. De cette hauteur on a une vue très variée, très étendue.* || L'aspect des objets, la manière dont ils se présentent à la vue. *Une vue de front. Une vue de côté. Une vue qui plonge.* — *Plan à vue d'oiseau.* Voy. OISEAU. — *Point de vue.* Voy. POINT. || Dessin, tableau, estampe, qui représente un lieu, une ville, un édifice, etc., regardés de loin. *Vue de la vallée de Campan. Vue de Rome. Vue des ruines de Karnak. Des vues photographiées.* || Fig., L'action de l'esprit par laquelle il connaît, distingue, découvre, prévoit. *C'est un homme d'une grande pénétration, rien n'échappe à sa vue. Il a des vues profondes. Il n'a que des vues bornées.* — *Avoir quelque chose en vue*, Se la proposer pour objet. *Il n'a que son propre intérêt en vue.* — *Borner ses vues à une chose*, N'avoir que cette chose pour objet. *Avoir des vues sur quelque chose*, Former le dessein, se proposer de l'obtenir. *Avoir des vues sur quelqu'un*, Se proposer de l'employer à quelque chose. — *Avoir des vues pour quelqu'un*, Former des projets dans son intérêt. || T. Archit. et de Prat. Se dit de toute ouverture faite à un bâtiment pour donner accès au jour. *Vue droite. Vue oblique. Vue de côté. Vue dérobée. Vue faitière. Vue de servitude. Vue de souffrance. Pourquoi avez-vous ouvert une vue sur mon jardin? Ordinairement, on n'a pas droit de vue sur son voisin. Faire boucher, faire condamner des vues.* Voy. SERVITUDE. || T. Art milit. anc. Ouverture ménagée dans le casque en regard de chaque œil. || T. Banq. *Billet, mandat payable à vue, à deux, à trois jours de vue*, etc. Voy. CHANGE, IV. || T. Chasse. *Chasser à vue*, Voir la bête en la courant. *Les lévriers ne courent qu'à vue*, Que lorsqu'ils voient la bête. — *Aller à la vue.* Aller à la découverte pour reconnaître s'il y a du gibier dans le canton. || T. Optiq. *Longue-vue.* Voy. LUNETTE. — *A vue d'œil*, loc. adv. Voy. ŒIL. — *En vue de*, loc. prép. En considération de. *Il a obtenu sa grâce en vue des services qu'il avait rendus autrefois.*

Physiol. — Voy. ŒIL, II.

Philos. — On désigne sous les noms de *Seconde vue* et de *Deutéroscopie* la faculté que possèdent, dit-on, certains individus de voir, soit des choses éloignées qui se passent dans des lieux fort éloignés, soit des événements futurs, comme s'ils se passaient présentement. Cette croyance règne en Écosse et plus encore dans les îles Hébrides. Suivant les croyants, cette faculté, qu'on appelle en gaélique *taischlaraugh*, n'est point un don surnaturel; néanmoins elle ne dépend pas de la volonté. L'individu qui en est doué voit au moment où il s'y attend le moins, et ne peut s'empêcher de voir. Il existe cependant des règles particulières pour l'interprétation de ces visions : telle est, par ex., celle dont parle W. Scott pour reconnaître si la vision concerne le *voyant* lui-même ou quelque autre personne. Parmi les faits de seconde vue rapportés par les auteurs, plusieurs s'expliquent très naturellement par l'effet d'une imagination exaltée et subjuguée à la fois par une préoccupation particulière; la plupart ont un caractère légendaire qui ne permet pas de leur accorder une authenticité certaine; cependant, il en reste un certain nombre qui ne peuvent guère s'expliquer, et qui se rattachent à ces phénomènes extraordinaires groupés sous les noms de *magnétisme, hypnotisme, spiritisme, télépathie*, etc. Voy. ces mots.

VUITRY (AD.), économiste fr. (1813-1885).

VULCAIN. (lat. *Vulcanus*, m. s.). T. Mythol. Le dieu appelé *Vulcanus* chez les Romains et *Hephaistos* chez les Grecs, était considéré comme le dieu du feu et des arts métallurgiques, où le feu joue un rôle indispensable. *Vulcain*, suivant Homère, était fils de Jupiter et de Junon; suivant Hésiode, au contraire, Junon l'enfanta seule, à l'exemple de

Jupiter, qui avait engendré Minerve sans son concours. Quoi qu'il en soit, l'enfant était si laid, que Junon furieuse le précipita du haut de l'Olympe; mais il fut reçu par Thétis et les nymphes de la mer, qui prirent soin de l'élever. Devenu grand, il revint dans l'Olympe; mais il en fut encore précipité par Jupiter, parce que, dans une querelle entre le maître des dieux et sa jalouse moitié, Vulcain avait pris la défense de sa mère. Cette fois, il tomba dans l'île de Lemnos, et resta boiteux des suites de sa chute. Mais, ayant été bien accueilli par les habitants de cette île, il leur enseigna l'art de travailler les métaux. Plus tard il rentra de nouveau dans l'Olympe, où Jupiter, sans doute pour le dédommager de ses mauvais traitements, lui fit épouser, à lui le plus laid des dieux, la plus belle des déesses, Vénus. On sait quelles furent les conséquences d'une union aussi mal assortie. Toutefois, si l'on excepte le tour que joua Vulcain à son épouse lorsque, l'ayant surprise avec le dieu Mars, il enveloppa les deux coupables d'un réseau indissoluble pour les livrer aux railleries des habitants de l'Olympe, il se montra toujours plein de bienveillance pour elle, au point de fabriquer des armes destinées à Énée, fils de la déesse et d'Anchise. Parmi les nombreux ouvrages dus à Vulcain, les poètes ont célébré, outre les armes d'Énée, celles qu'il fit pour Achille, le bouclier d'Hercule, les trônes de Jupiter et de Junon, et le palais du Soleil; néanmoins sa principale occupation était de forger les foudres de Jupiter. Les Cyclopes l'aidaient dans ses travaux. Son principal atelier était dans l'Olympo; mais il avait aussi des forges à Lemnos, à Lipari, à Hiéra, et en Sicile, où elles étaient établies dans le sein de l'Etna. Les artistes représentaient ordinairement ce dieu à moitié nu, tenant dans la main droite un marteau, dans la gauche des tenailles, et ayant la tête surmontée d'un bonnet conique. Voy. la Fig. au mot CYCLOPE. Ses larges épaules et ses membres musculeux expriment la force, et ses traits, malgré sa barbe et ses cheveux incultes, n'ont rien de repoussant. Vulcain eut plusieurs temples à Rome, et les Romains célébraient en son honneur des fêtes solennelles appelées *Vulcanics* ou *Vulcanales* (*Vulcania*, *Vulcanalia*). Elles commençaient le 23 août et duraient huit jours. Les victimes qu'on offrait au dieu étaient jetées dans les flammes, et elles devaient être entièrement consumées.

VULCANIEN, IENNE. adj. [Pr. *vulka-ni-in, ièn*e] (lat. *vulcanus*, feu). T. Géol. *Terrains vulcaniens, roches vulcaniennes*, se dit pour Terrains ignés, roches ignées. Voy. GÉOLOGIE, ROCHE. ═ VULCANIEN. s. m. Syn de *Vulcaniste*.

VULCANISATION. s. f. [Pr. *vulkani-za-sion*]. T. Techn. Action de vulcaniser le caoutchouc. Voy. CAOUTCHOUC.

VULCANISER. v. a. [Pr. *vulkani-zer*] (lat. *vulcanus*, feu). *V. du caoutchouc*, Y incorporer du soufre. ═ VULCANISÉ, ÉE. part. Voy. CAOUTCHOUC.

VULCANISTE. s. m. T. Géol. Nom donné autrefois aux géologues qui attribuaient la formation de certaines roches à l'action du feu. Voy. GÉOLOGIE.

VULCANITE. s. f. (lat. *vulcanus*, feu). T. Techn. Syn. d'*Ébonite*. Voy. ce mot.

VULGAIRE. adj. 2 g. [Pr. *vul-ghère, g dur*] (lat. *vulgaris*, de *vulgus*, le commun du peuple). Qui est reçu par le commun des hommes. *Croyance, opinion v. Préjugé v. Expression v.* || Se dit aussi pour Trivial. *Des pensées, des idées, des sentiments vulgaires. Des manières vulgaires.* || En parlant des personnes, signifie Ordinaire, qui ne se distingue en rien du commun. *Homme v. Une âme v. Un esprit v. Des amans vulgaires.* — On dit aussi, *Une naissance v.* ═ VULGAIRE. s. m. Le peuple, le commun des hommes. *Il suit en cela l'opinion du v. Le v. ignorant. Son ouvrage n'est pas à la portée du v.* || *Le v. des auteurs, des artistes, des poètes, etc.*, Ceux qui, dans la masse des auteurs, etc., forment, pour ainsi dire, le peuple, et ne se distinguent pas de la foule. — Syn. Voy. COMMUN.

VULGAIREMENT. adv. [Pr. *vulghè-reman, g dur*] Communément. *On dit v. que... Cela se dit v.*

VULGARISATEUR, TRICE. s. [Pr. *vulgari-za-teur, g dur*] (R. *vulgariser*). Celui, celle qui vulgarise. *Il se fit le v. de cette utile découverte. Ce prétendu philosophe n'a été que le v. des idées des autres.*

VULGARISATION. s. f. [Pr. *vulga-riza-sion, g dur*]. Action de vulgariser.

VULGARISER. v. a. [Pr. *vulga-ri-zer*]. Rendre vulgaire, faire connaître, faire comprendre au plus grand nombre une science, une découverte, une doctrine, etc. *De toutes parts on s'efforce de v. la science. Il se chargea de v. cette doctrine.* ═ VULGARISÉ, ÉE. part.

VULGARITÉ. s. f. (lat. *vulgaritas*, m. s.). Caractère, défaut, de ce qui est vulgaire, trivial. *La v. d'une opinion n'est pas toujours une présomption en sa faveur. La v. de ses manières choqua tout le monde.*

VULGATE. s. f. (lat. *vulgata*, version commune). Se dit de deux traductions latines de la Bible. Voy. BIBLE.

VULGIVAGUE. adj. 2 g. [Pr. *vulji-vagh, g dur*] (lat. *vulgivagus*, m. s., de *vulgus*, vulgaire, et *vague*, errant). Qui erre d'objet en objet sans se fixer nulle part. Peu us.

VULNÉRABLE. adj. 2 g. (lat. *vulnerabilis*, m. s., de *vulnus*, *eris*, blessure). Qui peut être blessé. *Selon la Fable, Achille n'était v. qu'au talon.*

VULNÉRAIRE. adj. 2 g. [Pr. *vulné-rère*] (lat. *vulneraria*, m. s.). Qui est propre à la guérison des blessures, des coups, des contusions. *Des plantes vulnéraires. Onguent v. L'infusion d'arnica passe pour v.* — *Eaux vulnéraires*, Eaux préparées avec des plantes vulnéraires. || S'emploie aussi subst., au masc. *Le millepertuis est*, dit-on. *un bon v. On lui a donné des vulnéraires.* — *V. suisse*. Voy. FALTRANK. ═ VULNÉRAIRE. s. f. T. Bot. Nom vulg. d'une espèce d'Anthyllide (Légumineuses.)

VULPIAN, médecin et physiologiste fr. (1826-1887).

VULPIN. s. m. (lat. *vulpinus*, qui a rapport au renard, de *vulpes*, renard). T. Bot. Genre de plantes Monocotylédones (*Alopecurus*) appelé aussi *Queue-de-Renard*, de la famille des Graminées. Voy. ce mot.

VULPINITE. s. f. (R. *Vulpino* n. de lieu). T. Minér. Anhydrite de Vulpino, plus connue sous le nom de *Marbre de Bergame*. Voy. ANHYDRITE.

VULPIQUE. adj. 2 g. T. Chim. Le composé qu'on a improprement appelé *Acide vulpique* est contenu dans un lichen de Norvège, le *Cetraria vulpina*, qu'on emploie, mélangé à la noix vomique, pour empoisonner les loups. L'acide v. cristallise en paillettes jaunes, fusibles à 148°, insolubles dans l'eau, solubles dans le chloroforme, l'éther et l'alcool. Il a pour formule $C^{19}H^{14}O^5$. Il est constitué par l'éther méthylique d'un acide appelé *pulvique*. Sous l'action des alcalis ou de la baryte, il se dédouble en donnant naissance à cet acide et à de l'alcool méthylique.

L'Acide pulvique ainsi obtenu a pour formule $C^{18}H^{17}O^5$. Il cristallise en prismes jaunes, solubles dans l'eau. Il fond à 214° et se transforme en anhydride. Cet *Anhydride pulvique*, qui prend naissance quand ou chauffe l'acide v. au-dessus de 100°, forme des aiguilles microscopiques, jaunes, fusibles à 120°, insolubles dans l'eau, solubles dans le chloroforme.

VULSINIES, anj. *Bolsena*, v. de l'Étrurie ancienne.

VULTUEUSE. adj. f. [Pr. *vultueu-ze*] (lat. *vultus*, visage). T. Méd. *Face v.*, Face qui est très rouge et très bouffie, avec les lèvres gonflées, les yeux saillants, et leur blanc plus ou moins injecté.

VULTURIDÉS. s. m. pl. (lat. *vultur*, vautour). T. Ornith. Famille de Rapaces. Voy. VAUTOUR.

VULTURNE. Voy. VOLTURNO.

VULVAIRE. adj. 2 g. [Pr. *vul-vère*] T. Anat. Qui a rapport à la vulve.

VULVAIRE. s. f. T. Bot. Nom vulgaire du *Chenopodium vulvaria*. Voy. CHÉNOPODIACÉES.

VULVE. s. f. (lat. *vulva*, m. s.). T. Anat. Anat. — La v. est l'appareil génital externe de la femme;

elle est caractérisée par une fente antéro-postérieure se prolongeant en avant jusqu'au *pénil* ou *mont de Vénus*, saillie couverte de poils recouvrant le pubis; elle est limitée sur les côtés par des replis cutanéo-muqueux ou *grandes lèvres* qui, à leur extrémité inférieure ou postérieure, se réunissent en formant un pli concave appelé *fourchette de la v.* On nomme *petites lèvres* des replis muqueux, très minces, situés à la face interne des grandes lèvres: ces replis ne se voient habituellement qu'après qu'on a écarté les grandes lèvres; cependant, dans certains cas, ils ont un développement extraordinaire : 3 ou 4 centimètres et même, chez certaines peuplades de l'Afrique, 15 à 20 centimètres : *tablier* des Hottentotes. Entre les petites lèvres se trouvent : le *clitoris*, petit organe érectile de quelques millimètres à 1 centimètre, et qui est le siège de sensation voluptueuse pendant le coït; le *vestibule de la v.*, petite surface située au-dessous du clitoris; plus bas le *méat urinaire* correspondant à l'orifice de l'urèthre; et enfin, au-dessous, l'*orifice du vagin* qui est en partie obturé, chez les vierges, par une membrane appelée *hymen*; quand l'hymen a été déchiré, ses débris forment de petites saillies, les *caroncules myrtiformes*, qui sont placés vers les bords de l'orifice du vagin; entre cet orifice et la fourchette de la v. se trouve une dépression dite *fosse naviculaire*, qui est parfois déchirée après l'accouchement.

Les glandes sébacées sont nombreuses au niveau de la v. On appelle glandes *vulvo-vaginales* ou de *Bartholin* deux glandes situées vers l'extrémité inférieure du vagin; chacune d'elles est en rapport avec la grande lèvre correspondante. Elles sécrètent un liquide qui lubrifie le vestibule vaginal.

Pathol. — Les *déchirures de la v.* sont assez fréquentes après l'accouchement; elles intéressent souvent une partie du périnée; ces lésions doivent être réparées immédiatement par une suture.

Le *thrombus de la v.* est un épanchement sanguin qui se produit dans l'épaisseur des grandes lèvres au moment de l'accouchement. Le repos, les lotions antiseptiques sont utiles et préviennent le sphacèle et la suppuration de cette tumeur.

Le *prurit vulvaire* est caractérisé par des démangeaisons très vives, surtout marquées la nuit, pendant le séjour au lit. Certaines affections nerveuses, le diabète, favorisent le développement de cette affection qui souvent aussi a des causes locales. Les lotions antiseptiques avec des solutions de sublimé, d'acide borique, sont utiles; le traitement doit s'adresser également à l'affection causale.

Les *kystes* se développent au niveau des glandes *vulvo-vaginales* ou glandes de *Bartholin*; l'inflammation de la glande vulvo-vaginale est habituellement désignée sous le nom de *bartholinite*.

Le *phlegmon* de la v. peut survenir à la suite d'un traumatisme ou d'excès de coït; si la suppuration survient, on devra inciser l'abcès.

La *vulvite* est l'inflammation de la v. : elle s'accompagne souvent de vaginite; elle est caractérisée par un écoulement ou suintement purulent; la vulvite peut être simple ou d'origine vénérienne, causée alors par le gonocoque; l'onanisme la provoque. Les petites filles peuvent contracter cette affection, en dehors de toute cause vénérienne. Les lotions avec une solution de sublimé ou de permanganate de potasse, et l'application consécutive de salol ou d'acide borique, suffisent généralement pour enrayer la vulvite.

VULVITE. s. f. (R. *vulve*). Inflammation de la vulve. Voy. ce mot.

VUOSCEN (LE), fl. de Finlande formant une série de lacs et tributaire du lac Ladoga; 500 kil.

VYESA, anachorète hindou, compilateur des Védas.

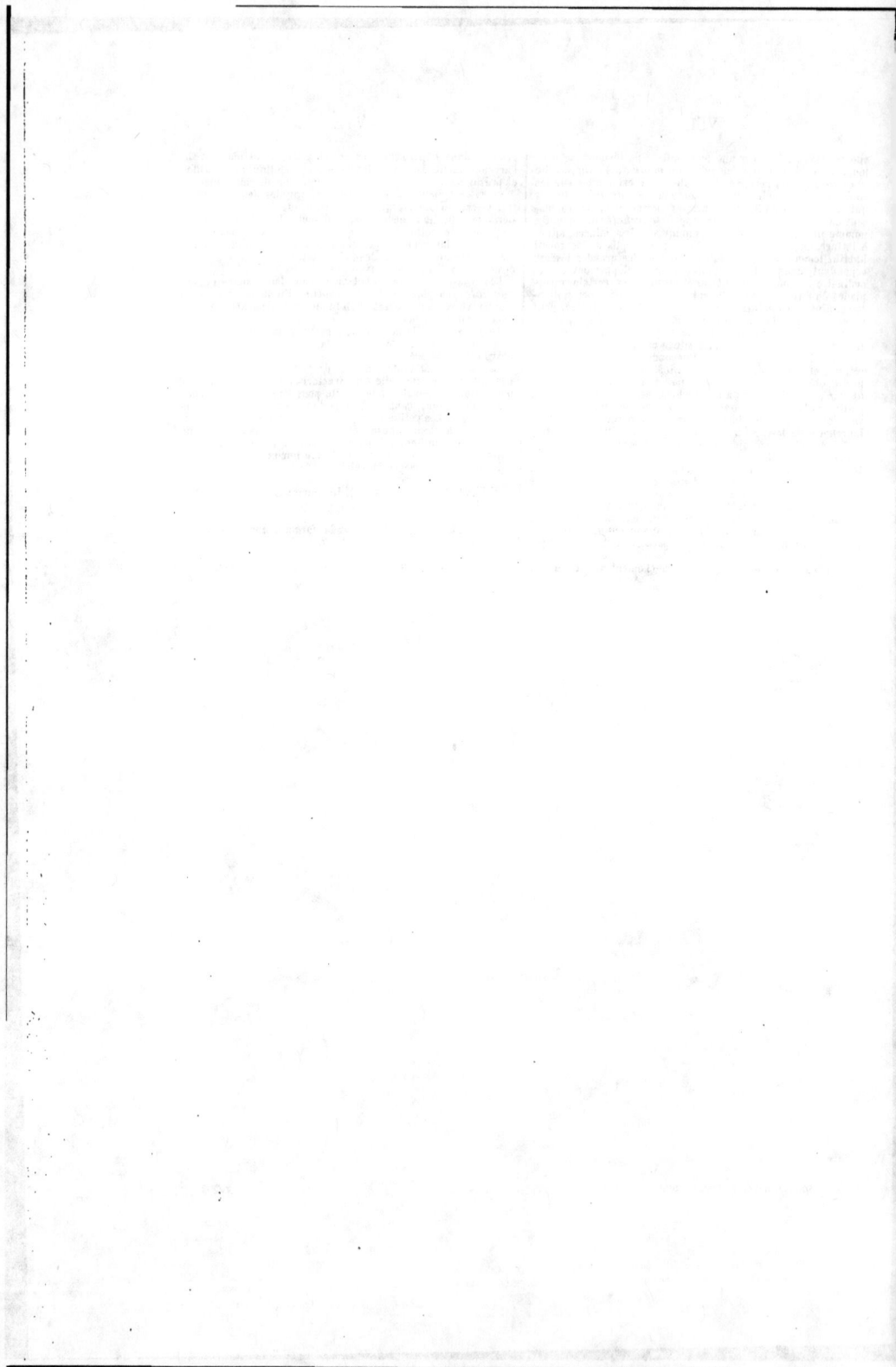

W

W. s. m. Double vé. Lettre propre aux langues du Nord, et qui n'est usitée en français que dans quelques mots empruntés à ces langues.

Ling. — Bien que cette lettre double ne soit pas latine, on la rencontre dans quelques inscriptions antiques. Mabillon dit que ce fut seulement au XIIe siècle que les deux VV, jusqu'alors séparés, furent confondus en une lettre unique. Cependant Leblanc a publié une monnaie d'or de Louis le Débonnaire, qui est mort en 840, sur laquelle on voit le W bien complet. Des diplômes du même prince offrent également cette lettre. Enfin, on en trouve même un exemple dans un diplôme de Clovis III, qui date des dernières années du VIIe siècle.

Obs. gram. — Dans les langues germaniques, le W se prononce toujours comme notre V simple. Ainsi, par ex., les mots allemands, *wasser*, *Wilhelm*, *Wagram*, se prononcent *vasser*, *Vilhelm*, *Vagram*. Au contraire, le W a généralement le son de la voyelle ou : ainsi, les mots *west*, *water*, *whig*, *Walter*, *William*, se prononcent *ouest*, *oualeur*, *ouig*, *Oualteur*, *Ouilliam*. Il faut donc prononcer le W, tantôt comme V, tantôt comme ou, selon que le mot est tiré des langues germaniques ou de l'anglais. Cette règle est surtout applicable aux noms propres; car, à mesure qu'un substantif commun emprunté de l'anglais devient d'un usage vulgaire, on ne manque pas de le franciser, en prononçant le W comme un V simple : tel est le mot *waggon*, que nous prononçons et écrivons *vagon*. — Dans les langues slaves, le W équivaut aussi à notre V simple; cependant cette lettre n'existe pas dans la langue russe. D'après cela, on voit combien il est inexact d'écrire : *Iwan*, *Souwarow*, *Nowogorod*, etc. Il faut écrire : *Ivan*, *Souvaroff*, *Novgorod*; c'est ainsi d'ailleurs que ces mots se prononcent en russe.

WAAGEN, critique et esthéticien allem. (1794-1868).

WABATH (le), r. des États-Unis, tributaire de l'Ohio; 750 kil.

WACE (Robert), poète anglo-normand du XIIe siècle, auteur du *Roman de Rou* (Rollon); (1112-1184).

WACKE. s. f. [Pr. *va-ke*]. T. Minér. La *Wacke* est une roche argileuse assez dense qui résulte de la décomposition totale ou partielle du basalte, du mélaphyre ou d'autres roches analogues, et qui se trouve principalement dans les terrains plutoniques de la période paléothérienne, où elle forme parfois des masses considérables. La w. est verdâtre, lorsque le pyroxène décomposé abonde et lui donne sa couleur; grisâtre, lorsque le feldspath y domine; rougeâtre ou jaunâtre, quand le péridot est abondant. Elle varie aussi beaucoup par son aspect et sa consistance. Sa pâte est, tantôt uniforme, tantôt cristallifère, et souvent amygdalaire par suite de l'infiltration de diverses substances minérales. Soumise au chalumeau, la w. fond très facilement en émail noir. Sa densité moyenne est 2,70.

WACKENRODITE. s. f. [Pr. *va-kenn-rodite*] (R. *Wackenroder*, n. d'un natur. all.). T. Minér. Voy. WAD.

WACZ. Voy. WAITZEN.

WAD. s. m. [Pr. *ouad*] (mot angl.). T. Minér. On donne le nom de *wad* à divers minéraux terreux ou compacts, noirs ou d'un brun foncé, qui sont des mélanges d'oxydes métalliques où dominent les oxydes hydratés du manganèse. Le *Bog* ou *Écume de manganèse* et la *Goroïlite* sont des variétés de wad qui renferment de l'oxyde ferrique en proportion très variable. La *Lampadite* contient 4 à 16 p. 100 d'oxyde de cuivre; l'*Asbolane*, 20 à 30 p. 100 d'oxyde de cobalt. La *Wackenrodite* est une variété plombifère.

WAFLARD, auteur comique (1787-1824), connu par sa comédie *le Voyage à Dieppe*.

WAGITE. s. f. [Pr. *va-jite*]. T. Minér. Variété de Calamine.

WAGNER (Richard), célèbre compositeur de musique allem., réformateur du drame lyrique, auteur des *Maîtres chanteurs*, du *Tannhauser*, de la tétralogie des *Niebelungen*, etc. (1803-1883). Voy. OPÉRA et MUSIQUE.

WAGNÉRITE. s. f. [Pr. *vag-nérite*, g dur] (R. *Wagner*, n. d'un natur. all.). T. Minér. Minéral rare, qui se présente en cristaux jaunes, et qui est constitué par du phosphate et du fluorure de magnésium et de calcium.

WAGON. s. m. [Pr. *va-gon*, g dur] (angl. *waggon*, chariot). T. Chemin de fer. Le public appelle communément w. tous les véhicules des chemins de fer. Cependant, dans le langage administratif, les véhicules destinés au transport des voyageurs portent le nom de *voitures*, et le mot w. est réservé aux véhicules qui servent au transport des matériaux, des marchandises, des bestiaux, etc. On appelle *fourgons* les voitures attelées à un train de voyageurs pour le transport des bagages.

WAGRAM, vge d'Autriche, près de Vienne, où Napoléon remporta une victoire célèbre le 6 juillet 1809.

WAH. s. m. [Pr. *va*]. T. Mamm. Variété de chiens de l'Himalaya. Voy. CHIEN, I, 5.

WAHABITES, sectaires musulmans, qui rejettent la tradition et professent des doctrines égalitaires. Cette secte se développa en Arabie, en Égypte et en Afrique.

WAHAL, bras méridional du Rhin, passe à Nimègue, et se confond avec la Meuse à Gorkum; 80 kil.

WAHLENBERGIE. s. f. [Pr. *va-leunn-berji*] (R. *Wahlenberg*, n. d'un natur. suédois). T. Bot. Genre de plantes Dicotylédones (*Wahlenbergia*) de la famille des *Campanulacées*, tribu des *Campanulées*. Voy. CAMPANULACÉES.

WAIGIOU ou **VAIGIOU**, île de l'Océanie, dans la Mélanésie, au N. de la Papouasie.

WAILLY (Noël-François de), grammairien fr. (1724-1801). || Son frère Charles, architecte (1729-1798), a construit l'Odéon à Paris (1782).

WAITZEN ou **WACZ**, v. de Hongrie, sur le Danube; 14,000 hab.

WAKAYAMA, v. du Japon, port dans l'île Niphon; 58,500 hab.

WAKEFIELD, v. d'Angleterre, comté d'York; 36,600 hab.

WAKOUF. s. m. [Pr. va-kouf]. Voy. Vakouf et Mosquée.

WALCHEREN, île des Pays-Bas, entre les deux grandes embouchures de l'Escaut; pop. : 40,000 hab.; ch.-l. *Middelbourg*; v. pr. *Flessingue*.

WALCHIA. s. f. [Pr. val-chia] (R. Walch, n. d'un sav. all.). T. Bot. Genre de plantes fossiles de la famille des Conifères. Voy. ce mot.

WALCHOWITE. s. f. [Pr. val-cho-vite]. T. Minér. Résine fossile, en masses jaunes dans les lignites de Walchow (Moravie).

WALCKENAER (Louis-Gaspard), illustre philologue hollandais (1715-1785).

WALCKENAER (Charles-Athanase), érudit et littérateur fr. (1771-1852), secrétaire perpétuel de l'Académie des inscriptions (1840).

WALDECK (Principauté de), État du nouvel empire d'Allemagne, enclavé dans la Hesse et la Westphalie, administré par la Prusse; pop. : 57,600 hab. Cap. *Arolsen*, 2,500 hab.

WALDEMAR, nom de trois rois de Danemark, aux XIIe et XIIIe siècles, dont le 1er, dit *le Grand*, régna de 1157 à 1182, et réunit au Danemark le Jutland et le Slesvig, en 1157.

WALDEMAR Ier, roi de Suède, de 1251 à 1288.

WALDHEIMITE. s. f. [Pr. val-dèmite]. T. Minér. Variété de trémolite verte, trouvée dans la serpentine de Waldheim (Saxe).

WALDOR (Mélanie), femme de lettres française (1796-1871), auteur de poésies et d'ouvrages à l'usage des enfants.

WALDSTEIN ou **WALLENSTEIN** (comte de), général de l'empereur d'Allemagne Ferdinand II dans la guerre de Trente Ans, fut accusé de conspirer contre son maître, et assassiné dans sa tente (1583-1634).

WALES, nom angl. du comté de Galles.

WALEWSKI (Colonna, comte de), homme politique fr. (1810-1868); ministre des affaires étrangères de Napoléon III (1855-1860), et ministre d'État de 1860 à 1863.

WALFALL, v. d'Angleterre; 59,000 hab.

WALHALLA. s. m. [Pr. val-al-la]. La mythologie des anciens peuples scandinaves avait, comme la mythologie hellénique, son Élysée qui était le séjour des héros morts dans les combats. Cet Élysée s'appelait *Walhalla*, c.-à-d. séjour des trépassés, et consistait dans un palais magnifique qu'entourait un bois immense dont les arbres portaient des feuilles d'or. Les plaisirs principaux dont jouissaient les habitants reçus dans ce séjour céleste étaient la guerre et les festins. Chaque matin, ils se livraient entre eux les combats les plus effroyables; mais, à midi, toutes les blessures étaient guéries, et les héros allaient s'asseoir à un somptueux banquet que présidait Odin, le dieu de la guerre, et où les *Walkyries* leur versaient la bière et l'hydromel. Les *Walkyries* n'étaient pas seulement les échansons du Walhalla, et elles ressemblaient peu à l'Hébé des Grecs. Ces déesses, qu'on appelait aussi les *Vierges des batailles*, étaient de charmantes jeunes filles qui, pendant les combats, montées sur des chevaux aux longues crinières, et revêtues d'une armure étincelante, désignaient les héros qui devaient périr : de là leur nom de *Walkyries*, qui dérive en effet, de *wal*, mort, et *Küren*, choisir

WALKÉRA. s. m. [Pr. valkéra] (R. Walker, n. d'un botan. all.). T. Bot. Genre de plantes Dicotylédones de la famille des Ochnacées. Voy. ce mot.

WALKYRIE. s. f. [Pr. val-kiri]. Nom donné dans la mythologie scandinave aux vierges, filles d'Odin qui présidaient aux batailles et versaient la bière et l'hydromel aux héros dans le Walhalla. Voy. Walhalla.

WALLACE (Sir William), gentilhomme écossais (1270-1305), célébré dans les légendes comme le défenseur de l'indépendance nationale contre les Anglais, fut vaincu et pris à Falkirk par Édouard Ier, en 1298, et décapité en 1305.

WALLACE (Richard), philanthrope anglais.

WALLÉNIE. s. f. [Pr. val-léni] (R. Wallen, n. d'un sav. angl.). T. Bot. Genre de plantes Dicotylédones (*Wallenia*) de la famille des Myrsinées. Voy. ce mot.

WALLENSTADT (Lac), en Suisse, entre les cantons de Saint-Gall et de Glaris.

WALLENSTEIN, Voy. Waldstein.

WALLÉRIEN, IENNE. adj. [Pr. va-léri-in, iène]. T. Physiol. *Méthode Wallérienne* ou de Waller consistant à provoquer la dégénérescence des fibres nerveuses, en les séparant de leur centre trophique, pour en étudier le trajet.

WALLÉRITE. s. f. [Pr. val-lérite] (R. Waller, n. d'homme). T. Minér. Sulfure de cuivre et de fer.

WALLIA, roi des Wisigoths (415-419), établit son peuple dans l'Aquitaine, et s'empara de la plus grande partie de l'Espagne.

WALLIS (Îles), archipel de la Polynésie, au N.-E. des îles Fidji, à la France depuis 1886.

WALLONS, nom donné aux Belges d'origine gauloise et parlant le français.

WALMSTEDTITE. s. f. [Pr. valm-stè-tite] (R. Walmstedt, n. pr.). T. Minér. Carbonate de magnésie ferrifère.

WALPOLE (Robert), homme d'État angl. (1676-1745), puissant sous les règnes de George Ier et de George II, érigea la corruption en système de gouvernement. || Horace Walpole (1717-1796), amateur des lettres et des arts, était son 3e fils.

WALPURGIS, montagne du Brocken (Saxe prussienne), où, selon les légendes, les esprits infernaux se donnent rendez-vous.

WALPURGITE. s. f. [Pr. val-pur-jite] (R. Walpurgis, n. de lieu). T. Minér. Arséniate hydraté de bismuth et d'uranium, en lamelles jaunes.

WALSALL, v. d'Angleterre, dans le comté de Stafford; 50,000 hab.

WALSINGHAM, homme d'État angl. (1536-1590).

WALTER SCOTT. Voy. Scott.

WALTHÉRIE. s. f. [Pr. val-téri] (R. Walther, n. d'un botan. all.). Genre de plantes Dicotylédones (*Waltheria*) de la famille des Malvacées, tribu des Sterculiées. Voy. Malvacées.

WALTHÉRITE. s. f. [Pr. val-térite] (R. Walther, n. d'un sav. all.). T. Minér. Variété de bismuthite.

WAPITI. s. m. [Pr. oua-piti]. T. Mamm. Nom d'un *Cerf du Canada*. Voy. Cerf.

WAPPLERITE. s. f. [Pr. va-plérite] (R. Wappler, n. pr.). T. Minér. Arséniate hydraté de chaux et de magnésie, en petits cristaux tricliniques incolores.

WARANGER (Golfe de), au N. de la Norvège.

WARASDIN ou **WARADIN**, v. d'Autriche (Croatie); 10,000 hab. Eaux thermales.

WARBURTON, savant écrivain et prélat angl. (1698-1779).

WARDEIN (Gross). Voy. NAGY-VARAD.

WARRANT. s. m. [Pr. *var-rante* ou *ouar-rante*] (Mot anglais qui signifie *caution, garantie*). T. Comm. On désigne sous cette expression un titre ou effet de commerce destiné à permettre le prêt sur marchandises. En Angleterre, lorsqu'un négociant a déposé des marchandises quelconques dans un des docks que possède toute ville commerçante de quelque importance, il peut se faire délivrer par l'administration du dock un récépissé qui est transférable par un simple endossement. Ce récépissé est appelé *Warrant*, parce que sa valeur est garantie par celle de la marchandise dont il est le signe représentatif et descriptif. Les avantages qu'offre ce système pour toutes les sortes de transactions dont les marchandises peuvent être l'objet, notamment en ce qu'il dispense les acheteurs ou créanciers gagistes successifs de tous frais et de tous embarras pour déplacer ces marchandises, lesquelles restent déposées dans les docks jusqu'au moment de leur mise en œuvre ou en consommation, étaient trop évidents pour qu'on ne songeât pas à l'introduire chez nous. A cet effet, après la révolution de février, une loi fut adoptée par l'Assemblée constituante qui autorisait, sous certaines conditions, la création de *magasins généraux*, pour remplir chez nous les fonctions que les docks remplissent en Angleterre, et réglait tout ce qui concerne la création et la circulation de récépissés-warrants représentatifs des marchandises déposées dans ces magasins. Malheureusement la loi du 23 août 1848 soumettait les marchandises à des formalités, et les porteurs de récépissés à des obligations si gênantes, que le commerce préféra s'en tenir à ses anciennes habitudes. Enfin, au bout de dix ans, le Corps législatif ayant voté une loi nouvelle, celle du 28 mai 1858, qui faisait disparaître les inconvénients et les entraves dont se plaignait le commerce, aussitôt le système a obtenu la faveur qu'il mérite. Toutefois la législation française à ce sujet est bien moins simple que la législation anglaise. — En France, la marchandise déposée donne lieu à la création de deux titres, qui sont détachés d'un registre à souche, et délivrés au déposant. L'un, sous le nom de *Récépissé*, est destiné à transférer la propriété de la marchandise; l'autre, sous celui de *Warrant*, est un bulletin de gage, un instrument de crédit. Ces deux titres sont annexés l'un à l'autre, mais peuvent se séparer à volonté. Tous deux énoncent les nom, profession et domicile du déposant, la nature de la marchandise déposée, ainsi que les indications propres à en établir l'identité et à en déterminer la valeur. Toutefois l'expertise des marchandises déposées n'est pas nécessaire; elle n'a lieu que lorsque les parties le désirent, et, dans ce cas, il est procédé à cette estimation par les courtiers, moyennant un simple droit fixe de vacation. Maintenant, si le déposant veut emprunter sur sa marchandise, il détache le *w.* ou bulletin de gage, et le transfère par endossement au prêteur. L'endossement du w. seul et séparé du récépissé vaut nantissement et confère au prêteur, sur la marchandise déposée, tous les droits du créancier gagiste sur l'objet donné en gage. Il doit être daté et énoncer le montant intégral, en capital et intérêts, de la créance garantie, la date de son échéance, le nom, profession et domicile du créancier. Il doit en outre être transcrit sur les registres du magasin, avec les énonciations dont il est accompagné, à la diligence du premier cessionnaire. Cette transcription donne la date certaine, indispensable pour la constitution du nantissement. Le porteur du w. séparé du récépissé a le droit, faute du payement de sa créance, et 8 jours après le protêt, de faire procéder à la vente de la marchandise. La marchandise vendue, il est payé sur le prix, directement et sans formalité de justice, par privilège et de préférence à tous autres créanciers, sans autre déduction que celle des contributions indirectes, droits d'octroi et de douane dus par la marchandise, et celle des frais de vente, de magasinage et autres, faits pour la conservation de la chose. Le porteur du w. a encore recours, mais seulement après avoir exercé ses droits sur la marchandise et en cas d'insuffisance, contre les emprunteurs et les endosseurs. Si, au lieu d'emprunter sur sa marchandise, le déposant veut la vendre, il transfère les deux titres réunis, c.-à-d. le *récépissé* et le *w.*, à l'acheteur qui, par cet endossement, devient propriétaire de la marchandise. Lorsque le w. a été déjà négocié séparément, le déposant, en transférant le récépissé seul, transfère encore la propriété de la mar-

chandise, mais sans préjudice des droits acquis par le cessionnaire ou le porteur du w. isolé, c.-à-d. à la charge de payer la créance garantie par le w., ou d'en laisser payer le montant sur le prix provenant de la vente de la marchandise. L'endossement du récépissé, soit seul, soit conjointement avec le w., doit être daté. Lorsque le w. a été séparé du récépissé, le porteur de ce dernier a la faculté de payer avant l'échéance la créance garantie par le w. Mais, dans le cas où le porteur du w. a fait vendre la marchandise, l'excédent du prix, s'il y en a, appartient au porteur du récépissé. En cas de perte du récépissé ou du w., on peut obtenir un duplicata moyennant justification de propriété et caution, s'il s'agit du récépissé et moyennant le payement de la créance garantie, s'il s'agit du w. — Relativement aux établissements de crédit, le w. est considéré et accepté par eux comme un effet de commerce, un billet à ordre, mais avec dispense d'une signature, et à la Banque de France avec deux.

Warrants agricoles. — Depuis la loi du 18 juillet 1898, tout agriculteur peut emprunter sur les produits agricoles ou industriels provenant de son exploitation et en conservant la garde de ceux-ci dans les bâtiments de son exploitation de cette exploitation. Les produits sur lesquels un w. peut être créé sont les suivants : céréales en gerbe ou battues; fourrages secs, plantes médicinales séchées; légumes secs, fruits séchés, fécules; matières textiles; graines; vins, cidres, eaux-de-vie et alcool de natures diverses; cocons secs; bois exploités, résines, écorces à tan; fromages, miels, cires; huiles végétales; sel marin. Le produit agricole warranté reste, jusqu'au remboursement des sommes avancées, le gage du porteur du w. Le cultivateur est responsable de la marchandise qui reste confiée à ses soins et à sa garde. Lorsque l'agriculteur n'est ni propriétaire, ni usufruitier de son exploitation, avis doit être donné des conditions dans lesquelles le w. est constitué, soit au propriétaire, soit à l'usufruitier, au moyen d'une lettre recommandée envoyée par le greffier de la justice de paix. Ceux-ci peuvent s'opposer au prêt, si les termes échus leur sont dus. Dans tous les cas, le greffier de la justice de paix inscrit sur un registre à souche la déclaration de l'emprunteur et les conditions du prêt. En cas de non-opposition, la feuille détachée de ce registre constitue le w. qui permet au cultivateur de réaliser son emprunt. La loi de 1898 édicte des règles spéciales pour l'escompte du w. agricole, pour le remboursement anticipé de la somme empruntée, pour le privilège du prêteur, pour la vente des marchandises engagées, en cas de non-payement à l'échéance. Tout agriculteur convaincu d'avoir détourné ou détérioré le gage de son créancier est puni comme coupable d'abus de confiance.

WARRINGTONITE. s. f. [Pr. *va-ring-tonite*] (R. *Warrington*, n. d'Angleterre, dans le comté de Lancastre). T. Minér. Variété de langite de Cornouailles.

WARTBOURG, château fort de Saxe-Weimar, où Luther fut enfermé pendant un an (1521).

WARTHA, riv. de Pologne, affluent de droite de l'Oder, arrose Posen; 795 kil.

WARTON, littérateur angl. (1722-1800).

WARWICK, comté du centre de l'Angleterre; 737,300 hab.; ch.-l. *Warwick*; 15,000 hab. V. pr. *Birmingham*.

WARWICK (comte DE), surnommé *le Faiseur de rois* (1420-1471), prit parti pour la maison d'York dans la guerre des Deux Roses et fit couronner Edouard IV (1461) Disgracié, il mit sur le trône Henri VI de Lancastre à la place d'Edouard (1470); mais peu après il fut vaincu et tué à Barnet.

WARWICKITE. s. f. [Pr. *var-vi-kite*] (R. *Warwick*, n. de lieu, en Angleterre). T. Minér. Minéral constitué par du titanate et du borate de magnésie et de fer; en petits prismes bruns.

WASA, prov. de Finlande: 380,000 hab. Ch.-l. *Wasa* ou *Nicalaïstadt*.

WASA, n. d'une famille suédoise qui a fourni à la Suède sept rois dont le premier et le plus célèbre est GUSTAVE WASA. Voy. GUSTAVE.

WASHINGTON (GEORGE), homme d'État et général américain (1732-1799), l'un des plus beaux caractères que nous offre l'histoire, héros de l'indépendance des États-Unis d'Amérique. Il fut nommé commandant de l'armée nationale dans la révolte des colonies anglaises d'Amérique (1775), et, avec l'appui de la France, força l'Angleterre à reconnaître l'Union (1782). Il a été deux fois président de la République américaine (1789-1793 et 1793-1797).

WASHINGTON, cap. de la république des États-Unis d'Amérique, ch.-l. du district fédéral de Columbia, sur le Potomac ; 250,000 hab.

WASHINGTON (TERRE DE), île au N.-O. du Groenland, dans la mer Polaire.

WASHINGTON, un des États-Unis de l'Amérique septentrionale ; 350,000 hab. Cap. *Olympia.*

WASITE. s. f. [Pr. *va-zite*]. T. Minér. Variété d'orthite contenant du thorium et autres métaux rares. On avait cru, mais à tort, reconnaître dans ce minéral l'existence d'un nouveau corps simple, métallique, auquel on avait donné le nom de *Wasium.*

WASSELONNE, anc. ch.-l. de c. (Bas-Rhin), arr. de Strasbourg, cédé à l'Allemagne, en 1871 ; 4,400 hab.

WASSIGNY, ch.-l. de c. (Aisne), arr. de Vervins ; 1,200 hab.

WASSY ou **VASSY**, ch.-l. d'arr. du dép. de la Haute-Marne, sur le Blain, à 60 kil. N.-O. de Chaumont ; 4,000 hab. Forges et hauts fourneaux. Massacre d'une soixantaine de protestants par les gens du duc de Guise en 1562, qui fut le début des guerres de religion.

WATERBURY, v. des États-Unis (Connecticut) ; 20,300 hab.

WATERFORD, comté d'Irlande, dans la prov. de Munster ; 112,800 hab.; ch.-l. *Waterford* ; 23,000 hab.

WATERLOO, vge de Belgique, dans le Brabant ; 3,500 hab. Célèbre défaite de Napoléon qui fut vaincu par les Anglais et les Prussiens, le 18 juin 1815.

WATERPROOF. s. m. [Pr. *oua-ter-prouf*] (angl. *waterproof*. m. s., de *proof* à l'épreuve, et *water*, de l'eau). Manteau imperméable pour dames.

WATT. s. m. [Pr. *ouat*] (R. *Watt*, n. d'un célèbre inventeur angl.). T. Phys. Unité de puissance mécanique dans le système des mesures électriques pratiques qui correspond à la production de 1 joule ou $\dfrac{1}{9,81}$ de kilogrammètre par seconde. Le w. est la puissance développée par un courant de 1 ampère avec une chute de potentiel de 1 volt. On emploie aussi les multiples *hectowatt* qui vaut 100 watts et *kilowatt*, appelé aussi *Poncelet* qui vaut 1,000 watts. Le kilowatt équivaut à environ 1 cheval vapeur et un tiers. Voy. UNITÉ.

WATT (JAMES), ingénieur ang. (1736-1819), perfectionna la machine à vapeur et en est regardé comme un des inventeurs. Voy. MOTEUR.

WATTEAU (JEAN-ANTOINE), peintre fr. (1684-1721), un des chefs de l'école du XVIII° siècle.

WATTEVILLE DU GRABE (baron DE), administrateur et économiste fr. (1799-1866), organisa les asiles du Vésinet et de Vincennes pour les ouvriers convalescents.

WATTIGNIES, vge, près de Maubeuge (Nord), célèbre par la victoire de Jourdan sur les Autrichiens en 1793.

WATTMANN. s. m. [Pr. *ouat-mann*] (R. *Watt*, n. d'un célèbre inventeur angl. et angl. *mann*, homme). Nom donné au conducteur de la machine motrice d'un tramway à traction mécanique ou électrique.

WATT-MÈTRE ou **WATTMÈTRE**. s. m. [Pr. *ouat-mètre*] R. *Watt*, unité de puissance électrique; et gr. μέτρον, mesure]. T. Phys. Compteur d'énergie électrique. = Pl. *Des watt-mètre* ou *des wattmètres.*

Phys. — Instrument destiné à mesurer la puissance d'un courant, qui s'évalue en *watts*. Voy. ce mot. C'est, en général, une sorte d'*électrodynamomètre* (Voy. ce mot) dont l'une des bobines, à fil long et fin, est très résistante ; l'autre, au contraire, à fil gros et court, a une résistance insignifiante. La première de ces bobines est mise en dérivation sur le courant dont on cherche la puissance et joue le rôle de la bobine d'un voltmètre, c.-à-d. qu'elle produit un champ proportionnel à la différence de potentiel E. La seconde reçoit tout le courant à mesurer et agit comme un ampèremètre, c.-à-d. donne un champ proportionnel à l'intensité I. Dans ces conditions, l'appareil donne des indications proportionnelles aux effets des deux bobines, c.-à-d. proportionnelles au produit EI et par suite au nombre de Watts. Certains compteurs d'électricité sont de véritables Wattmètres totalisateurs. Voy. COMPTEUR.

WATTRELOS, commune du dép. du Nord, arr. de Lille, canton de Roubaix ; 19,770 hab. — Filatures de coton.

WAT TYLER, simple ouvrier tuilier du comté de Kent, fut le chef d'une espèce de jacquerie et de révolte dirigée contre le roi d'Angleterre Richard II (1381).

WAVELLITE. s. f. [Pr. *oua-vel-lite*] (R. *Wavel*, n. pr.). T. Minér. Phosphate hydraté d'alumine, contenant quelques centièmes de fluor. La w. se présente en globules fibreux, rayonnés, d'un blanc jaunâtre ou verdâtre.

WAZRE, v. de Belgique ; 6,000 hab.

WEALDIEN, IENNE. adj. m. [Pr. *ouel-di-in, ième*] (R. *Wealden*, n. de lieu). T. Géol. Se dit des couches de calcaire, de grès ferrugineux et d'argile du terrain crétacé du pays de Wealden, dans le comté de Sussex en Angleterre.

WEBER (CHARLES-MARIE, baron DE), célèbre compositeur allemand (1786-1826), auteur du *Freyschütz*, d'*Euryanthe*, d'*Obéron*, etc.

WEBSTERITE. s. f. [Pr. *ouèb-stérite*] (R. *Webster*, n. d'un géologue angl.). T. Minér. Sous-sulfate hydraté d'alumine, en rognons blancs, tendres, happant à la langue.

WEDNESBURY, v. d'Angleterre, dans le comté de Stafford ; 24,600 hab.

WEENIX (J.-B.) (1621-1660) et son fils JEAN (1644-1719), peintres hollandais.

WEERDT, célèbre chef de partisans en Allemagne (1594-1654).

WÉGA. s. m. [Pr. *vé-ga*, *g* dur]. T. Astron. Voy. VÉGA.

WEHRGELD. s. m. [Pr. *ver-gheld*, *g* dur]. Mot germ. Voy. COMPOSITION.

WEHRLITE. s. f. [Pr. *ver-lite*] (R. *Wehrl*, n. pr.). T. Minér. Tellurure de bismuth. || T. Géol. Roche composée de diallage, de hornblende et d'olivine.

WEIFA. s. m. [Pr. *vé-fa*]. Nom qu'on donne dans le commerce aux boutons des fleurs du Sophora japonica (Légumineuses), qui s'emploient comme matière tinctoriale pour teindre en jaune.

WEIMAR, cap. du grand-duché de Saxo-Weimar ; 21,600 hab., fut, sous Charles-Auguste et la duchesse Amélie, le séjour d'illustres écrivains, au commencement du XIX° siècle.

WEINMANNIE. s. f. [Pr. *vènn-mann-ni*] (R. *Weinmann*, n. d'un botan. all.). Genre de plantes Dicotylédones (*Weinmannia*) de la famille des *Saxifragacées*, tribu des *Cunoniées.* Voy. SAXIFRAGACÉES.

WEISENFELS, v. de Prusse, prov. de Saxe ; 21,800 hab.

WELCHE, Voy. VELCHE.

WELLESLEY (RICHARD COLLEY, marquis DE), général

anglais (1769-1842), vainquit le sultan de Mysore Tippou-Saïb.

WELLINGTON, cap. de la Nouvelle-Zélande, port sur le détroit de Cook; 32,000 hab.

WELLINGTON (ARTHUR COLLEY WELLESLEY, duc DE), général et homme d'État anglais (1769-1852), soutint les Espagnols dans leur résistance à l'invasion française, arrêta Masséna devant les lignes formidables de Torres-Vedras (1810-1811), battit Marmont aux Arapiles (1812), et Jourdan à Vittoria (1813), entra en France et livra la bataille indécise de Toulouse (1814). Nommé généralissime des armées alliées, lors du retour de Napoléon de l'île d'Elbe, il fut vainqueur à Waterloo (1815).

WELWITSCHIE. s. f. [Pr. vel-vit-chi] (R. Welwitsch, n. d'un sav. all.). T. Bot. Genre de plantes Gymnospermes (Welwitschia), de la famille des Gnétacées. Voy. ce mot.

WENCESLAS, Voy. VENCESLAS.

WENDES ou **VENÈDES**, tribus slaves qui étaient répandues de la Baltique aux Alpes Carniques vers la fin de l'empire romain.

WENER (Lac), au N. du Gothland (Suède), communiquant avec le lac Wetter, et se déversant dans le Cattégat.

WEN-TCHÉOU, v. de Chine; 80,000 hab.

WERNER, minéralogiste allemand (1750-1817).

WERNER (ZACHARIE), poëte dramatique allem. né à Kœnigsberg (1768-1823).

WERNÉRITE. s. f. [Pr. ver-nérite] (R. Werner, n. d'un géologue all.). T. Minér. Nom donné à un groupe de minéraux isomorphes, constitués par du silicate d'alumine et de chaux, avec de petites quantités de soude, de potasse, de magnésie et de chlore. Leurs formes cristallines dérivent toutes d'un même prisme quadratique. La plupart des wernérites ont pris naissance par métamorphisme lorsque des roches granitiques sont venues au contact de roches calcaires.
La Méionite se rencontre en petits cristaux limpides ou opaques, blancs ou gris, dans les blocs de calcaire rejetés de la Somma, au Vésuve. Elle ne contient que très peu d'alcalis.
La Wernérite proprement dite, qu'on appelle aussi Scapolite, Paranthine, Rapidolite, Tétraclasite et Ekebergite, renferme 1 à 8 pour 100 de soude. Elle forme des cristaux souvent assez volumineux, translucides, d'un blanc grisâtre, verdâtre ou rougeâtre. On la rencontre en Suède, en Finlande et au Tyrol. La Paralogite, en grands cristaux blancs, et la Glaucolite, d'une couleur bleu de ciel, sont des variétés de scapolite que l'on trouve près du lac Baïkal. La Mizonite se rapproche plutôt de la méionite.
Le Dipyre ne contient pas plus de 9 centièmes de chaux, avec une quantité à peu près égale de soude. Il se présente ordinairement en baguettes prismatiques, tantôt limpides et incolores, tantôt d'un blanc de lait. On le trouve à Pouzac et à Libarrens (Basses-Pyrénées), et sur les bords du Lès (Ariège).
La Couseranite du Couserans (Ariège) contient 8 à 9 centièmes d'alcalis et de magnésie avec 9 centièmes de chaux; elle se présente habituellement en petits prismes gris ou noirâtres.
La Scolexerose n'est formée que de silice, d'alumine et de chaux; elle est blanchâtre, tantôt translucide, tantôt opaque.
La Marialite est assez riche en soude et en chlore; elle se trouve dans le péperin de Pianura près de Naples.

WERRA, riv. d'Allemagne qui se réunit à la Fulde et forme le Weser; 225 kil.

WESEL, v. de la Prusse rhénane, sur le Rhin; 20,700 hab.

WESER, fl. d'Allemagne, passe à Minden, à Brême, se jette dans la mer du Nord; 480 kil.

WESLEY (JOHN), célèbre sectaire et réformateur angl., fondateur de la secte des Méthodistes (1703-1791). Voy. MÉTHODISTE.

WESLEYEN. s. m. [Pr. ouès-lé-yin] (R. Wesley, n.

d'homme). T. Hist. relig. Nom donné à certains méthodistes. Voy. MÉTHODISTE.

WESSEX, c.-à-d. Saxe de l'Ouest, un des quatre royaumes fondés par les Saxons à l'O. de la Bretagne, au Ve siècle; cap. Winchester.

WESTERMANN, général français (1751-1794), se distingua dans les guerres de Vendée, fut entraîné dans la chute de Danton et périt sur l'échafaud en 1794.

WESTMACOTT, sculpteur angl. (1775-1872).

WESTMEATH, comté d'Irlande, prov. de Leinster; 71,200 hab., ch.-l. Athlone.

WESTMORELAND, comté du N. de l'Angleterre; 64,200 hab. ch.-l. Appleby.

WESTPHALIE, contrée de l'Allemagne, au N.-O., entre le Rhin et le Weser. || ROYAUME DE WESTPHALIE. État créé en 1807 par Napoléon Ier, en faveur de son frère Jérôme, avec Cassel pour capitale, et détruit en 1813. || WESTPHALIE, prov. de Prusse, au N.-O., longeant la Hollande et le Rhin, pop. : 2,043,462 hab. cap. Munster.

WESTPHALIE [Traité de] (1648), traité qui termina la guerre de Trente Ans, régla l'état religieux de l'Allemagne, donna à la France l'Alsace sauf Strasbourg et Mulhouse, et lui reconnut la possession des Trois-Évêchés.

WESTPHALIEN, ENNE. adj. [Pr. ves-fali-in, ièn]. Qui a rapport à la Westphalie, qui est de ce pays. || T. Géol. Se dit du carbonifère moyen. Voy. PRIMAIRE, 2°.

WETTER (Lac), en Suède, uni par le canal de Gotha au lac Wener, et se déversant dans la Baltique par la Motala.

WEXFORD, comté d'Irlande, prov. de Leinster; 123,900 hab., ch.-l. Wexford; 14,000 hab. Port.

WEY (FRANCIS), littérateur fr. (1812-1882).

WEYDEN (ROGER VAN), peintre flam. (1400-1464).

WEYMOUTH, v. d'Angleterre, dans le comté de Dorset. Port sur la Manche; 13,700 hab.

WHARTON (marquis DE), homme d'État angl. (1640-1715).

WHEATON (HENRI), diplomate et jurisconsulte améric., né à Providence (Rhode-Island) (1785-1848).

WHEATSTONE, célèbre physicien angl. (1802-1875). — Pont de Wheatstone. T. Phys. Voy. PONT.

WHEELING, v. des États-Unis d'Amérique dans la Virginie occidentale; 31,000 hab.

WHEWELLITE. s. f. [Pr. oué-ouèl-lite] (R. Whewell, n. d'un sav. angl.). T. Minér. Oxalate de chaux, en petits prismes monocliniques, rares.

WHIG. s. m. [Pr. oui-g, g dur] (mot angl.). Nom donné en Angleterre à ceux qui sont du parti libéral. Les Wighs et les Tories. — Adj. Le parti w. Voy. TORY.

WHISKEY. s. m. [Pr. ouis-kè] (mot angl. dérivé de wheat, blé). Liqueur alcoolique obtenue en distillant de l'orge, de l'avoine ou du seigle. Le w. ordinaire contient de 60 à 75 pour 100 d'alcool. = On écrit aussi WISKEY.

WHIST. s. m. [Pr. ouis-te] (mot angl. qui signifie chut, silence). Jeu de cartes qui nous vient des Anglais, et qui se joue à quatre personnes, deux contre deux, ou bien à trois l'un des joueurs conduisant alors, contre son propre jeu, un jeu étalé sur la table qui s'appelle le mort. Il se joue avec un jeu de cinquante-deux cartes, qui sont toutes distribuées, chaque joueur ayant treize cartes, et consiste à faire le plus de levées possible. Il y a un atout qui est indiqué par la dernière carte donnée.

WHISTER. v. n. [Pr. ouis-ter]. Jouer au whist

WHISTEUR, EUSE. s. [Pr. *ouis-teur, euze*]. Celui, celle qui joue au whist.

WHITEHAVEN, v. d'Angleterre, dans le comté de Cumberland, port sur la mer d'Irlande ; 191,100 hab.

WHITFIELDIEN, ENNE. adj. [Pr. *ouit-fil-di-in, iène*] (R. *Whitfield*, n. pr.). T. Hist. relig. Nom donné à certains méthodistes. Voy. **MÉTHODISTE.**

WHITNEYITE. s. f. [Pr. *ouit-nè-yite*] (R. *Whitney*, n. pr.). T. Minér. Arséniure de cuivre répondant à la formule Cu⁹As², et se présentant en masses cristallines d'un rouge pâle.

WHITWORTH, mécanicien anglais, né en 1800, inventeur de diverses machines-outils.

WHYDAH, v. du Dahomey, port sur l'Atlantique ; 17,000 hab.

WIBORG, Voy. **VIBORG.**

WICHNOU, Voy. **VICHNOU.**

WICHTINE ou **WICHTISITE.** s. f. T. Minér. Variété de Glaucophane.

WICKLOW, comté d'Irlande, prov. de Leinster, 79,400 hab., ch.-l. *Wicklow*, 3,500 hab.

WICLEF ou **WYCLIFFE** (JOHN DE), hérésiarque anglais, un des précurseurs de la Réforme (1324-1387).

WIDDIN, Voy. **VIDDIN.**

WIELAND, poète et littérateur allemand (1735-1813), auteur d'*Obéron*.

WIEPRZ, riv. de Pologne, affl. de droite de la Vistule, 225 kil.

WIERIX, graveur holland. (1550-1617).

WIERTZ, peintre belge (1806-1865).

WIESBADEN, anc. cap. du duché de Nassau, confisquée par la Prusse en 1866, à 9 kil. de Mayence ; 55,500 hab. Eaux thermales sulfureuses.

WIGAN, v. d'Angleterre, dans le comté de Lancastre ; 48,200 hab.

WIGHT, île de la Manche, sur la côte d'Angleterre ; 35,000 hab., ch.-l. *Newport*.

WILBERFORCE, philanthrope anglais (1759-1833), obtint du Parlement l'abolition de la traite des noirs, et attaqua l'esclavage.

WILFRID (saint), né en Angleterre (634-709), surnommé l'*apôtre des Frisons*, répandit l'Évangile parmi les Anglais et les Saxons.

WILHELMITE ou **WILLÉMITE.** s. f. [Pr. *vi-lelmite*, ou *vil-lémite*] (espèce dédiée à *Wilhelm* ou *Willem* ou Guillaume Iᵉʳ, roi de Hollande). T. Minér. Silicate de zinc, en petits cristaux rhomboédriques, incolores, jaunes ou blancs.

WILHEM (GUILLAUME-LOUIS BOCQUILLON, dit), compositeur français (1781-1842), inventeur d'une méthode d'enseignement mutuel du chant, fonda l'*Orphéon* (1833).

WILKES (CHARLES), marin et voyageur améric. (1810-1877).

WILKIE, peintre anglais (1785-1841), s'est distingué dans les scènes du genre familier.

WILKINSON, orientaliste angl. (1797-1875).

WILLAUMEZ (comte), vice-amiral fr. (1763-1844), fit partie de l'expédition de Saint-Domingue, et commanda la flottille du Zuyderzée en 1811. Il est l'auteur d'un *Dictionnaire de marine*.

WILLCOXITE. s. f. [Pr. *ouil-ko-ksite*] (R. *Willcox*, n. pr.). T. Minér. Silicate hydraté d'alumine, de magnésie, de soude et de potasse, en lamelles blanches ou verdâtres.

WILLDENOWIA. s. m. [Pr. *vil-deno-via*] (R. *Wildenow*, n. d'un botan. all.). T. Bot. Genre de plantes Monocotylédones de la famille des *Restiacées*. Voy. ce mot.

WILLÉMITE. s. f. Voy. **WILHELMITE.**

WILLIAMSITE. s. f. [Pr. *oui-liamm-site*] (R. *Williams*, n. d'homme). T. Minér. Variété de serpentine verte, amorphe. || Synonyme de *Wilhelmite*.

WILLMINGTON, v. des États-Unis (Delaware) ; 42,500 h.

WILLUGHBEIA. s. m. [Pr. *vil-lug-bé-ia*] (R. *Willugbey*, n. d'un botan. angl.). T. Bot. Genre de plantes Dicotylédones de la famille des *Apocynées*. Voy. ce mot.

WILNA, Voy. **VILNA.**

WILSON (ALEXANDRE), auteur d'une vaste ornithologie américaine (1766-1813).

WILTSHIRE, comté d'Angleterre ; 259,000 hab. Ch.-l. *Salisbury*.

WILUITE. s. f. [Pr. *vi-luite*] (R. *Wilui*, n. de lieu). T. Minér. Grenat grossulaire, d'un blanc verdâtre, qu'on rencontre près du fleuve Wilui en Sibérie. || Variété d'idocrase qu'on trouve au même endroit.

WIMPFEN, général fr., défendit Thionville en 1792 (1745-1814).

WINCHESTER, v. d'Angleterre, ch.-l. du comté de Hamp ou de Southampton, ou Hampshire ; 4,800 hab.

WINCKELMANN, antiquaire all., auteur de savants travaux sur l'art dans l'antiquité (1717-1768).

WINDISCHGRÆTZ (prince), feld-maréchal autrichien (1782-1862), comprima l'insurrection de la Bohême et le soulèvement populaire de Vienne en 1848.

WINDSOR, v. d'Angleterre, comté de Berks, résidence des souverains, sur la rive droite de la Tamise ; 9,500 hab.

WINDTHORS (Louis). Homme politique allem. (1812-1891).

WINKWORTHITE. s. f. [Pr. *ouink-ourtite*] (R. *Winkworth*, n. de lieu). T. Minér. Minéral constitué par du sulfate et du borate hydratés de chaux, et qu'on rencontre dans le gypse de Winkworth en Amérique (Nouvelle-Écosse).

WINNIPEG, ou **WINIPEG,** lac du Canada, qui communique avec la baie d'Hudson par le Severn et le Nelson. || V. du même nom, au bord de ce lac.

WINTERGREEN (ESSENCE de). [Pr. *ouin-ter-grinn*] (n. angl. de la plante, sign. propr. verdure d'hiver). Essence de *Gaultheria procumbens*. Voy. **ÉRICACÉES.**

WINTERTHUR, v. de Suisse, dans le canton de Zurich ; 15,000 hab.

WINTZENHEIM, anc. ch.-l. de c. (Haut-Rhin), arr. de Colmar, cédé à l'Allemagne en 1871 ; 5,000 hab.

WISBY, petite ville de Suède, dans l'état de Gottland.

WISCHNOU. Voy. **VICHNOU.**

WISCONSIN, un des États-Unis d'Amérique (États du Centre), sur les lacs Supérieur et Michigan ; pop. 2,000,000 h., capitale *Madison*.

WISCONSIN, riv. des États-Unis, affl. du Mississipi ; 500 hab.

WISEMAN, cardinal-archevêque de Westminster (1802-1865).

WISERINE. s. f. [Pr. *vi-zérine*]. T. Minér. Variété jaune de xénotime, du Saint-Bernard.

WISIGOTHS ou **GOTHS** de l'Ouest, peuple de la Germanie, chassé par les Huns, vint s'établir dans l'Empire romain; ravagea la Grèce et l'Italie sous son chef Alaric, prit Rome (410); fut conduit dans l'Aquitaine par son chef Ataulf, y fonda un royaume, s'empara d'une grande partie de l'Espagne et y établit une monarchie, qui fut renversée par les Arabes en 711.

WISKEY, s. m. Voy. **WHISKEY**.

WISKY. s. m. [Pr. *ouis-ki*] (angl. *to whisk*, voler). Sorte de cabriolet très léger et fort élevé, dont la mode nous est venue d'Angleterre.

WISMAR, port du Mecklembourg-Schwerin sur la Baltique; 15,000 hab.

WISSEMBOURG, anc. ch.-l. du dép. du Bas-Rhin, à 58 kilomètres de Strasbourg, cédé à l'Allemagne en 1871; 5,200 hab.

WITEPSK ou **VITEBSK**, ou **VITEPSK**, v. de Russie (Lithuanie), sur la Dwina, ch.-l. du gouv. de ce nom; 52,600 hab. Le gouv. a 888,700 hab.

WITHAMITE. s. f. [Pr. *oui-tamite*](R. *Witham*, n. d'un naturaliste angl.). T. Minér. Variété d'épidote manganésifère.

WITHÉRINGIE. s. f. [Pr. *oui-térin-ji*] (R. *Withering*, n. d'un botan. angl.). T. Bot. Genre de plantes Dicotylédones (*Witheringia*) de la famille des *Solanacées*. L'espèce type de ce genre, la *Withéringie de montagne* (*Witheringia montana*, Sol. *montanum*, Linné), qui croît spontanément dans les parties montagneuses du Pérou, produit des tubercules analogues à ceux de la Pomme de terre. Ces tubercules sont employés, au Pérou, pour nourrir les bestiaux.

WITHERITE. s. f. [Pr. *oui-terite*](R. *Withering*, n. d'un botan. angl.). T. Minér. Carbonate de baryte, en cristaux orthorhombiques ou en masses fibreuses, blanches, grises ou jaunâtres.

WITIKIND, chef saxon, le plus grand adversaire de Charlemagne, reçut le baptême après une lutte de dix ans (775-785); m. en 807.

WITSENIE. s. f. [Pr. *vit-séni*] (R *Witsen*, n. d'un botan. holl.). T. Bot. Genre de plantes Monocotylédones (*Witsenia*) de la famille des *Iridées*, tribu des *Sisyrinchiées*. Voy. IRIDÉES.

WITT [CORNEILLE DE], homme d'État holl. (1623-1672). || Son frère JEAN DE WITT, grand-pensionnaire de Hollande, l'un des plus illustres hommes d'État de ce pays, célèbre par ses vertus républicaines, adversaire de la maison d'Orange, fut tué dans une émeute en même temps que son frère (1625-1672).

WITTENBERG, v. de Prusse (Saxe), sur l'Elbe; 7,300 hab.

WITTEN, v. de la Prusse rhénane; 23,900 hab.

WITTGENSTEIN (Prince DE), feld-maréchal russe (1769-1843).

WITTICHENITE ou **WITTICHITE**. s. f. [Pr. *vit-ti-chenite* ou *vit-ti-chite*]. T. Minér. Sulfure de bismuth et de cuivre, en aiguilles prismatiques, gris d'acier, à Wittichen (Grand-duché de Bade).

WITTINGITE. s. f. [Pr. *vit-tin-jite*] (R. *Witting*, n. pr.). T. Minér. Rhodonite altérée de Finlande.

WLADIKA. s. m. [Pr. *vla-dika*]. Titre que prend le chef de l'État chez les Monténégrins.

WOCHEINITE. s. f. [Pr. *vo-chènite*](R. *Wochein*, n. de lieu). T. Minér. Variété de bauxite, qu'on trouve en abondance à Wochein (Styrie).

WŒHLERITE. s. f. [Pr. *vé-lerite*] (R. *Wœhler*, n. d'un chimiste all.). T. Minér. Minéral constitué par du silicate, du zirconate et du niobate de chaux et de soude; en cristaux tabulaires ou en masses cristallines d'un jaune de miel.

WŒLCHITE. s. f. [Pr. *vel-chite*] (R. *Wœlch*, n. pr.). T. Minér. Variété de bournonite.

WŒRTH, anc. ch.-l. de c. (Bas-Rhin), arr. de Wissembourg, cédé à l'Allemagne en 1871; 1,150 hab.

WŒRTHITE. s. f. [Pr. *ver-tite*] (R. *Wœrth*, n. de lieu). T. Minér. Variété de Sillimanite.

WOLCHONSKOÏTE. s f. [Pr. *vol-chonsko-ïte*]. T. Minér. Silicate hydraté de chrome, de fer et d'alumine, en nodules verts.

WOLF (J. CHRÉTIEN), philosophe allem., né à Breslau (1679-1754).

WOLF (FR. AUGUSTE), célèbre philologue et érudit allem., né en Saxe (1759-1824).

WOLFACHITE. s. f. [Pr. *vol-fâchite*] (R. *Wolfach*, n. de lieu, dans le grand-duché de Bade). T. Minér. Sulfo-arséniure de nickel, en petits cristaux orthorhombiques d'un blanc d'argent.

WOLFENBUTTEL, v. du Brunswich; 15,000 hab.

WOLFIE. s. f. [Pr. *vol-fi*] (R. *Wolff*, n. d'un natur. allem.). T. Bot. Genre de plantes Monocotylédones (*Wolfia*) de la famille des *Lemnacées*. Voy. ce mot.

WOLFIÉES. s. f. pl. [Pr. *vol-fié*] (R. *Wolfia*). T. Bot. Tribu de végétaux de la famille des *Lemnacées*. Voy. ce mot.

WOLFRAM. s. m. [Pr. *vol-fram*] (R. *Wolfram*, n. pr.). T. Minér. Tungstate de fer et de manganèse, en cristaux monocliniques, souvent assez volumineux, ou en masses lamellaires, d'un gris de fer ou d'un noir brunâtre. On le rencontre à Zinnwald (Bohême), à Freiberg et à Schneeberg (Saxe), à Redruth (Cornouailles), à Chanteloube, près de Limoges. On l'emploie pour la fabrication des aciers au manganèse et au tungstène.

WOLFRAMINE. s. f. [Pr. *vol-framine*] (R. *wolfram*). T. Minér. Anhydride tungstique, en masses terreuses, d'un jaune clair ou d'un jaune verdâtre.

WOLFRAMITE. s. f. [Pr. *vol-framite*] (R. *wolfram*) T. Minér. Syn. de Wolfram.

WOLFRAMOCRE. s. f. [Pr. *vol-framokre*] (R. *wolfram*, et ocre). T. Minér. Syn. de Wolframine.

WOLFSBERGITE. s. f. [P. *volfs-berjite*] (R. *Wolfsberg*, n. pr., en all. montagne des loups). T. Minér. Sulfure d'antimoine et de cuivre, en petites tables orthorhombiques, d'un gris de plomb, se trouvant au Wolfsberg, dans le Hartz.

WOLLASTON, chimiste et physicien angl. (1776-1828).

WOLLASTONITE. s. f. [Pr. *vol-lastonite*] (R. *Wollaston*, n. d'un chimiste angl.). T. Minér. Silicate de chaux, translucide, incolore ou gris, en cristaux monocliniques, en masses bacillaires ou en grains cristallins.

WOLLIN (île), dans la Baltique, près de la côte de Poméranie.

WOLOWSKI, économiste et homme politique fr. né à Varsovie (1810-1876).

WOLSEY (THOMAS), cardinal angl., archevêque d'York et ministre du roi Henri VIII (1471-1530).

WOLVEHAMPTON, v. d'Angleterre, comté de Stafford; 79,200 hab.

WOMBAT. s. m. [Pr. *von-ba*]. T. Mamm. Espèce de *Marsupial* rongeur. Voy. MARSUPIAUX.

WONG-TCHI. s. m. [Pr. *vong-tchi*]. Nom donné dans le commerce à une matière tinctoriale qui nous vient de la Chine, et qui est fournie par les fruits de diverses espèces du genre *Gardenia* (Rubiacées).

WON-HOU, v. de Chine, port ouvert; 60,000 hab.

WOODWARDITE. s. f. [Pr. *ououd-wardite*] (R. *Woodward*, n. d'homme). T. Minér. Variété impure de sillimanite.

WOOLWICH. v. d'Angleterre, dans le comté de Kent, sur la Tamise; 41,700 hab. Arsenal de la marine.

WORCESTER, v. des États-Unis d'Amérique (Massachusetts); 41,100 hab.

WORCESTER, v. d'Angleterre; port sur le Serem; 33,000 hab.; ch.-l. du comté du même nom qui a 380,300 hab.

WORDSWORTH, poète angl. (1770-1850).

WORMHOUDT, ch.-l. de c. (Nord), arr. de Dunkerque, sur l'Yser; 3,600 hab.

WORMIEN. adj. [Pr. *vormi-in*] (R. *Worm*, n. d'un médecin danois). T. Anat. *Os wormiens*. Petits os engrenés dans les sutures du crâne. Voy. CRÂNE, I.

WORMS, v. d'Allemagne, dans le grand-duché de Hesse-Darmstadt; 21,900 hab. — *Diète de Worms*, qui en 1521 mit Luther au ban de l'empire.

WOURVERMAN, peintre holl., l'un des plus habiles maîtres de l'école holland. (1620-1668).

WRANGEL, général suédois, maréchal du royaume (1613-1676).

WRÈDE (Prince DE), général bavarois (1767-1828).

WRIGHTIE. s. f. [Pr. *vri-ti*] (R. *Wright*, n. d'un natur. angl.). T. Bot. Genre de plantes Dicotylédones (*Wrightia*) de la famille des *Apocynées*. Voy. ce mot.

WRIGHTINE. s. f. [Pr. *vri-tine*] (R. *Wrightie*). T. Chim. Alcaloïde contenu dans l'écorce et les graines du *Wrightia antidysenterica*, qui sont employées dans l'Inde comme fébrifuges et antidysentériques. Cet alcaloïde est identique avec la *Conessine*. Voy. ce mot.

WULFÉNITE. s. f. [Pr. *vul-fénite*] (R. *Wulfen*, n. d'un natur. all.). T. Minér. Syn. de *Mélinose*.

WURMSER, général autrich., né en Alsace (1724-1797).

WURST. s. m. [Pr. *vourst*] (mot allem. qui signif. *saucisson*). T. Artill. Caisson suspendu et de forme très allongée, qui est destiné à transporter les artilleurs en même temps que les munitions pour les pièces. ‖ T. Carross. Sorte de calèche longue et découverte.

WURTEMBERG (royaume de). État de l'Allemagne entre le grand-duché de Bade et la Bavière; 2,000,000 hab. Cap. *Stuttgard*. = Nom des hab. : WURTEMBERGEOIS, OISE.

WURTZ, célèbre chimiste fr. (1817-1884).

WURTZBOURG, v. d'Allemagne (Bavière), ch.-l. de la basse Franconie, sur le Main; 55,100 hab.

WURTZITE. s. f. [Pr. *vur-zite*] (R. *Wurtz*, n. d'un chimiste fr.). T. Minér. Sulfure de zinc, possédant la composition et les propriétés de la blende, mais cristallisé dans le système hexagonal.

WYNANTS, peintre holland. (1600-1680).

WYOMING. territoire des États-Unis d'Amérique; 400,000 hab. Cap *Cheyenne*.

WYSS (RODOLPHE), littérateur suisse (1781-1830).

X

X. s. m. Lettre consonne qui est la vingt-troisième lettre de l'alphabet. On la nomme *ics*, suivant l'appellation habituelle, et *Xe*, suivant une méthode qu'on a cherché sans succès à substituer à l'ancienne.

Ling. — Cette lettre nous vient des Latins, qui l'avaient eux-mêmes empruntée aux Grecs. Par sa forme, elle est analogue au X, χ, de ces derniers; mais, par sa prononciation, elle répond à leur Ξ, ξ. Les Romains ont joint quelquefois l's à l'x, qui alors n'a plus que la valeur du c, comme dans uxson, maxsvmvs. Souvent encore ils ont confondu l'x avec l's, et ont employé ces deux lettres l'une pour l'autre, comme dans *Mistus* et *mixtus*, *nisus* et *nixus*, *Xerxes* et *Xerses*, *Ulysses*, et *Ulyxes*. Dans le système de numération des Romains, X vaut 10. Surmonté d'un trait horizontal, il vaut 10,000.

Obs. gram. — La lettre X a dans notre orthographe quatre valeurs différentes, savoir : CS, *Alexandre, extrême*; GZ, *Xavier, exercice*; C, *Excellent, excepter*; SS, *Auxerre, Bruxelles*; Z, *Deuxième, sixième*. — L'X initial ne se rencontre que dans un petit nombre de mots empruntés des langues étrangères, et alors on lui donne en général la valeur de CS : *Xénélasie, xénies, xiphias, xiphoïde, xylographie*, etc. Toutefois on lui donne le son GZ dans certains noms d'un emploi plus commun : *Xavier, Xénophon, Ximénès, Xerxès* (ce dernier se prononce *gzercès*), et dans les dérivés du gr. ξανθός, jaune : *Xanthine, Xanthoxylées*, etc. Enfin, il a encore le son d'S, dans *Xaintrailles*. — Lorsque la lettre X se trouve au milieu d'un mot, elle a différentes valeurs selon ses diverses positions. Entre deux voyelles, elle tient lieu de CS : *Axe, luxe, maxime, Mexique, sexe*. Il faut excepter les mots composés qui commencent par la préposition latine *ex*, comme *Exagérer, exempler, exhumer*, etc., où X a lo son de GZ. Il faut excepter encore les mots : *Deuxième, dixième, sixain, sixième*, où X se prononce comme Z, et *Soixante, soixantaine, soixantième*, où il a la valeur de l'S forte. X tient lieu de CS, lorsqu'il est suivi des syllabes *ca, co, cu*, ou d'une consonne, h excepté, comme : *Excavation, excommunié, excrément, exclusion, excuse, exfolier, expédient, exploit, extrait, mixtion*. Elle tient lieu du C dur, lorsqu'elle est suivie des lettres *ce* ou *ci*, comme : *Excès, exciter*, qui se prononcent *Ek-cès, ek-citer*. — L'X final a aussi différentes valeurs. Il se prononce CS, dans le des noms propres : *Palafox, Pollux, Styx, Aix-la-Chapelle*; à la fin de quelques substantifs, tels que : *Bombyx, borax, index, larynx, lynx, sphinx*. Lorsque les deux adjectifs numéraux *Six* et *Dix* ne sont pas suivis du nom de la chose nombrée, on prononce *Sis, dis*; mais lorsqu'ils sont suivis du nom de cette chose, et que ce nom commence par une voyelle ou une h muette, X a le son du Z : *Six aunes, dix ans, dix hommes*. L'X de l'adjectif numéral *Deux* a aussi le son du Z lorsqu'il précède un nom commençant par une voyelle ou une h muette : *Deux arpents, deux hectares*. Enfin, lorsque *Dix* n'est qu'une partie d'un mot numéral composé, comme *Dix-huit, dix-neuf*, etc., l'X a encore le son du Z. A la fin de tout autre mot, l'X ne se prononce pas : *Aux, baux, chaux, croix, courroux, heureux, je peux, je veux*. Néanmoins, quand ces mots précèdent un mot commençant par une voyelle ou une h muette, on unit les deux mots, comme si le premier se terminait par un Z, dans les cas suivants : 1° à la fin de *aux*, comme : *Aux amts; aux hommes*; 2° à la fin d'un nom suivi de son adjectif : *Chevaux agiles, cheveux épars*; 3° à la fin d'un adjectif immédiatement suivi du nom avec lequel il s'accorde : *Affreux état, heureux amant, faux accord*; 4° après *veux* et *peux*, comme : *Je veux écrire, tu veux y aller*.

XAINTRAILLES, capitaine fr., contemporain de Charles VII, et compagnon de Jeanne d'Arc, contribua à chasser les Anglais de France, m. en 1461.

XALISCO, État du Mexique; 953,800 hab. Cap. *Guadalaxara*.

XANTHALINE. s. f. [Pr. *gzan-taline*] (gr. ξανθός, jaune). T. Chim. Alcaloïde qu'on a extrait de l'opium sous la forme d'une poudre blanche, fusible à 206°, insoluble dans l'eau, soluble dans le chloroforme. C'est une base faible, dont les sels sont jaunes.

XANTHAMIDE. s. f. [Pr. *gzan...*]. T. Chim. Voy. XANTHIQUE.

XANTHATE. s. m. [Pr. *gzan-tate*] T. Chim. Nom générique des sels et des éthers de l'acide xanthique.

XANTHE. s. m. [Pr. *gzante*] (gr. ξανθός, jaune). T. Zool. Espèce de Crustacés. Voy. BRACHYOURES.

XANTHE, autre nom du fl. Scamandre (Asie Mineure).

XANTHELASMA ou **XANTHOME**. s. m. [Pr. *gzan...*] (gr. ξανθός, jaune; ἔλασμα, dilatation). T. Méd. Maladie cutanée caractérisée par la présence, sur la peau, de taches jaune clair, ou de saillies jaunes, lenticulaires, plus ou moins volumineuses. Cette affection coexiste presque toujours avec des troubles hépatiques ou avec le diabète. Le pronostic du x. n'est pas grave. Le traitement le plus employé jusqu'ici consistait dans l'excision et le raclage des tumeurs; on a préconisé récemment l'usage, à l'intérieur, d'huile phosphorée et d'essence de térébenthine.

XANTHÈNE. s. m. [Pr. *gzan-tène*] (gr. ξανθός, jaune). T. Chim. Voy. XANTHONE.

XANTHINE. s. f. [Pr. *gzan-tine*] (gr. ξανθός, jaune). T. Chim. La x. se trouve, avec l'hypoxanthine, dans la plupart des tissus de l'organisme, principalement dans les organes glandulaires. Elle existe aussi, en très petite quantité, dans l'urine de l'homme, surtout après l'emploi de bains sulfureux. On la rencontre encore dans certains calculs urinaires, dans le guano, dans l'orge germée, dans le lupin, dans le thé, etc. A. Gautier a réalisé sa synthèse en chauffant à 140° une solution aqueuse d'acide cyanhydrique en présence d'acide acétique. On la prépare en traitant la guanine par l'acide azoteux. La x. répond à la formule $C^5H^4Az^4O^2$. Elle se présente sous la forme d'une poudre blanche, qui se décompose sans fondre au-dessus de 156°. Elle est insoluble dans l'alcool et dans l'éther, un peu soluble dans l'eau surtout à chaud. Elle joue le rôle de base vis-à-vis des acides et s'y dissout en donnant des sels tels que le *Chlorhydrate de x*. $C^5H^4Az^4O^2HCl$, qui cristallise en aiguilles soyeuses ou en plaques hexagonales, et l'*Azotate de x*. qui se présente en mamelons jaunes. Vis-à-vis des bases, ⸗ x. se comporte comme un acide; elle se dissout dans les alcalis et dans l'ammoniaque aqueuse en formant des sels cristallisables. La solution ammoniacale donne avec l'azotate d'argent un précipité blanc de *X. di-argentique* $C^5H^2Ag^2Az^4O^2 + H^2O$. La solution de la x. dans a soude fournit avec l'acétate de plomb un précipité de *X. plombique* $C^5H^2Pb Az^4O^2$.

La x., ainsi que l'acide urique, appartient au groupe des dérivés de la purine ; sa constitution est représentée par la formule :

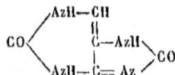

$$AzH—CH$$
$$CO \diagdown \genfrac{}{}{0pt}{}{\|}{C—AzH} \diagdown CO$$
$$AzH—C== Az$$

On peut remplacer un ou plusieurs des atomes d'hydrogène par le radical méthyle CH^3, de manière à obtenir les dérivés méthylés de la x. C'est ainsi qu'en traitant le sel di-argentique ou le sel plombique de la x. par l'iodure de méthyle on peut faire la synthèse de la *théobromine*, qui est une diméthylxanthine. Le même traitement appliqué au sel argentique ou plombique de la théobromine donne naissance à la triméthylxanthine, qui est identique avec la *caféine*. L'*hétéroxanthine* est un dérivé mono-méthylé de la x.

On rencontre dans l'organisme plusieurs composés plus ou moins analogues à la x. Voy. HYPOXANTHINE, PARAXANTHINE et PSEUDOXANTHINE.

XANTHIPPE, général athénien, père de Périclès, vainquit les Perses à Mycale (479 av. J.-C.).

XANTHIPPE, général lacédémonien, au service des Carthaginois, vainquit Régulus, en 255 av. J.-C.

XANTHIQUE. adj. 2 g. [Pr. *gzan-tike*] (gr. ξανθὸς, jaune). T. Chim. On donne ordinairement le nom d'*Acide xanthique* à un acide-éther qui a pour formule : $CS \diagdown \genfrac{}{}{0pt}{}{OC^2H^5}{SH}$ et qu'on peut considérer comme un dérivé sulfuré de l'acide éthylcarbonique. C'est un liquide huileux, jaunâtre, très inflammable, très instable; il se décompose spontanément à la température de 24° en sulfure de carbone et en alcool. Ses sels, les *Xanthates* métalliques, sont la plupart colorés ou jaunes. Le *Xanthate de potassium* $CS(OC^2H^5)SK$ prend naissance lorsqu'on fait agir à froid le sulfure de carbone sur une solution alcoolique de potasse. Il cristallise en aiguilles ou en prismes incolores, très solubles dans l'eau et dans l'alcool. Traité à froid par l'acide sulfurique étendu, il donne naissance à l'acide x. — On connaît aussi le nom de *Xanthates* aux éthers formés par l'acide x. Le *Xanthate d'éthyle*, souvent appelé *Éther xanthique*, a pour formule $CS(OC^2H^5)(SC^2H^5)$. Il se produit par l'action de l'iodure d'éthyle sur le xanthate de potassium. C'est un liquide jaunâtre, qui bout vers 200°. Traité par l'ammoniaque il se transforme en *Xanthamide* ou *Xanthogénamide* $CS(OC^2H^5)(AzH^2)$, composé cristallisable, fusible à 37°, soluble dans l'eau.

L'acide x. peut être considéré comme l'éther mono-éthylique d'un *acide sulfothiocarbonique* qui répondrait à la formule $CS(OH)(SH)$. C'est à ce dernier composé que certains chimistes donnent le nom d'*acide xanthique*. L'acide ordinaire, que nous avons décrit ci-dessus, s'appellerait alors *éthylxanthique*.

XANTHITE. s. f. [Pr. *gzan-tite*] (gr. ξανθὸς, jaune). T. Minér. Variété brune d'idocrase.

XANTHIUM. s. m. [Pr. *gzan-tiome*] (gr. ξανθὸς, jaune). T. Bot. Genre de plantes Dicotylédones de la famille des *Composées*, tribu des *Radiées*. Voy. COMPOSÉES.

XANTHOCHÉLIDONIQUE. adj. 2 g. [Pr. *gzanto-kélidonike*] (gr. ξανθὸς, jaune, et fr. *chélidonique*). T. Chim. L'*Acide xanthochélidonique* est un acide bibasique et tricétonique dont la formule est $CO^2H.CO.CH^2.CO.CH^2.CO.CO^2H$. On lui donne aussi le nom d'*acide acétone-dioxalique*. Ses sels, les *Xanthochélidonates*, sont jaunes, peu stables; ils prennent naissance par l'hydratation des chélidonates alcalins sous l'influence d'un excès d'alcali. Son éther di-

éthylique a été obtenu par synthèse en faisant agir l'éther oxalique et l'éthylate de sodium sur l'acétone. Chauffé avec de l'acide chlorhydrique, cet éther x. donne naissance à i'acide chélidonique.

XANTHOCHYME. s. m. [Pr. *gzanto-kime*] (gr. ξανθὸς, jaune; χυμὸς, suc). T. Bot. Genre de plantes Dicotylédones (*Xanthochymus*) de la famille des *Clusiacées*. Voy. ce mot.

XANTHOCOBALTIQUE. adj. 2 g. [Pr. *gzanto*...](gr. ξανθὸς, jaune, et fr. *cobalt*). T. Chim. Voy. COBALTAMINE.

XANTHOCONE ou **XANTHOCONITE**. s. f. [Pr. *gzanto*...] (gr. ξανθὸς, jaune; κῶνος, cône). T. Minér. Arsénio-sulfure d'argent, en masses concrétionnées d'un brun rougeâtre.

XANTHOCRÉATININE. s. f. [Pr. *gzanto*...] (gr. ξανθὸς, jaune, et fr. *créatinine*). T. Chim. Leucomaïne analogue à la créatinine, qu'elle accompagne dans la chair musculaire et dans l'extrait de viande. La x. a pour formule $C^5H^{10}Az^4O$. Elle cristallise en paillettes jaunes, brillantes, solubles dans l'eau et dans l'alcool. Elle joue le rôle de base vis-à-vis des acides et donne naissance à des sels bien définis. Elle est un peu toxique et peut, à forte dose, produire de l'abattement et des vomissements.

XANTHOGÉNAMIDE. s. f. [Pr. *gzanto-jénamide*] (R. *xanthogénique*, et *amide*). T. Chim. Voy. XANTHIQUE.

XANTHOGÉNATE. s. m. [Pr. *gzanto-jénate*]. T. Chim. Syn. de *Xanthate*. Voy. XANTHIQUE.

XANTHOGÉNIQUE. adj. 2 g. [Pr. *gzanto-jenike*] (gr. ξανθὸς, jaune ; γεννάω, j'engendre). T. Chim. Syn. de *Xanthique*.

XANTHOME. s. m. [Pr. *gzan-tome*]. T. Méd. Voy. XANTHELASMA.

XANTHONE. s. f. [Pr. *gzan-tone*] (gr. ξανθὸς, jaune). T. Chim. La *Xanthone*, qu'on appelle aussi *Oxyde de biphénylène-cétone*, a pour formule $C^6H^4 \diagdown \genfrac{}{}{0pt}{}{CO}{O} \diagdown C^6H^4$.

Elle se produit par l'action de l'acide sulfurique concentré sur le salol (salicylate de phényle). Elle fond à 174° et bout à 350°. En l'hydrogénant, à l'aide du zinc et de l'acide chlorhydrique, on y remplace le groupement CO par CHOH et l'on obtient ainsi un alcool, le *Xanthydrol*, fusible à 124°. Une réduction plus avancée donne naissance au *Xanthène* qui fond à 99°, qui bout à 312° et dont la formule est

$$C^6H^4 \diagdown \genfrac{}{}{0pt}{}{CH^2}{O} \diagdown C^6H^4.$$

La plupart des dérivés de substitution de x. sont des matières colorantes jaunes, dans lesquelles la x. joue le rôle de chromogène. On obtient de pareils dérivés en faisant réagir l'acide salicylique sur un phénol, en présence d'acide sulfurique ou d'anhydride acétique jouant le rôle de déshydratant. Parmi les dérivés oxhydrylés de la x., nous citerons l'euxanthone qu'on retire du jaune indien, et la gentiséine qu'on peut extraire de la racine de gentiane. Voy. EUXANTHONE et THIOXYXANTHONE.

On connaît aussi des dérivés sulfurés de la x. et du xanthène. Voy. THIOXANTHONE.

XANTHOPHYLLE. s. m. [Pr. *gzanto-file*] (gr. ξανθὸς, jaune; φύλλον, feuille). Genre de plantes Dicotylédones (*Xanthophyllum*) de la famille des *Polygalées*. Voy. ce mot.

XANTHOPHYLLE. s. f. [Pr. *gzanto-file*] (gr. ξανθὸς, jaune; φύλλον, feuille). T. Chim. Matière colorante jaune, contenue dans la chlorophylle.

XANTHOPHYLLITE. s. f. [Pr. *gzanto-fil-lite*] (gr. ξανθὸς, jaune; φύλλον, feuille). T. Minér. Silicate hydraté d'alumine et de chaux, en nodules ou en croûtes écailleuses, d'une couleur jaune verdâtre.

XANTHOPICRINE. s. f. [Pr. *gzanto*...] (gr. ξανθὸς, jaune; πικρὸς, amer). T. Chim. Principe amer, cristallisé en aiguilles jaunes, contenu dans l'écorce de Clavalier qui est employée aux Antilles comme fébrifuge.

XANTHOPROTÉIQUE. adj. 2 g. T. Chim. Lorsqu'on traite les matières protéiques par l'acide azotique étendu, on obtient une coloration jaune, qui passe au rouge orangé sous l'action des alcalis. Cette réaction, qui sert à caractériser les substances protéiques, est connue sous le nom de *réaction x.* Mulder attribuait la coloration jaune à un composé défini, dérivant de la protéine, et donnait à ce dérivé le nom d'*acide x.*

XANTHOPSIE. s. f. (gr. ξανθός, jaune; ὄψις, vue). T. Méd. Symptôme qu'on observe quelquefois au cours de l'ictère ou après l'absorption de la santonine; le malade voit tous les objets colorés en *jaune*; il s'agit probablement de troubles nerveux.

XANTHOPURPURINE. s. f. [Pr. *gzanto...*] (gr. ξανθός. jaune; lat. *purpureus*, pourpre). T. Chim. Matière colorante jaune orangée, contenue dans la garance ainsi que dans la purpurine commerciale. La x. est une dioxy-anthraquinone et l'un des nombreux isomères de l'alizarine. Elle est cristallisable, fusible à 263°, sublimable, soluble dans l'alcool, dans le benzène et dans les alcalis. Elle ne possède pas de propriétés tinctoriales. Fondue avec de la potasse caustique elle se transforme en purpurine.
L'*acide xanthopurpurine-carbonique* est connu sous le nom de *Munjistine.* Voy. ce mot.

XANTHORHAMNINE. s. f. [Pr. *gzanto-ramnine*] (gr. ξανθός, jaune, et fr. *rhamnine*). T. Chim. Voy. RHAMNÉGINE.

XANTHORHIZE. s. m. [Pr. *gzanto-rize*] (gr. ξανθός, jaune; ῥίζα, racine). Genre de plantes Dicotylédones (*Xanthorhiza*) de la famille des *Renonculacées*, tribu des *Helléborées.* Voy. RENONCULACÉES.

XANTHORRHÉE. s. f. [Pr. *gzantor-ré*] (gr. ξανθός, jaune; ῥεῖν, couler). Genre de plantes Monocotylédones (*Xanthorhœa*) de la famille des *Joncacées*, tribu des *Xérotées* Voy. JONCACÉES.

XANTHOSIDÉRITE. s. f. [P. *gzanto-sidérite*] (gr. ξανθός, jaune; σίδηρος, fer). T. Minér. Sesquioxyde de fer hydraté; en fibres soyeuses d'un jaune doré, ou en masses ocreuses jaunâtres.

XANTHOXYLÉES. s. f. pl. [Pr. *gzan-tok-silées*] (gr. ξανθός, jaune; ξύλον, bois). Voy. ZANTHOXYLÉES.

XANTHYDROL. s. m. [Pr. *gzan-tidrol*] (gr. ξανθός, jaune; ὕδωρ, eau). T. Chim. Voy. XANTHONE.

XANTIPPE, femme de Socrate, célèbre par son humeur acariâtre.

XAVIER (SAINT FRANÇOIS), missionnaire espagn., apôtre des Indes (1506-1552).

XÉNÉLASIE. s. f. [Pr. *ksénéla-zie*] (gr. ξένος, étranger; ἐλάω, je chasse). T. Antiq. Interdiction faite aux étrangers du séjour d'une ville. *La x. était particulière aux Lacédémoniens.*

XÉNIES. s. f. pl. [Pr. *ksé-nie*] (gr. ξενία, m. s., de ξένος, hôte). T. Antiq. Les Grecs et les Romains nommaient ainsi les petits présents qu'il était d'usage de faire, soit à un hôte pour être un souvenir du lien de l'hospitalité, soit à une personne invitée à un festin. C'est pour cela que Martial a intitulé *Xénies* le XIII° livre de ses Épigrammes, qui se composent de simples distiques destinés à décrire des présents de ce genre et à leur servir d'envoi. A l'imitation de Martial, Schiller publia, en 1797, sous ce même titre, une série d'épigrammes pleines de sel et souvent fort mordantes contre beaucoup d'écrivains de son époque. Gœthe contribua pour sa part à la composition de ce recueil.

XENIL ou **GENIL**, riv. d'Espagne, affl. de droite du Guadalquivir, passe à Grenade; 243 kil.

XÉNOCRATE, philosophe grec, disciple de Platon (406-314 av. J.-C.).

XÉNOL. s. m. [Pr. *ksé-nol*] (gr. ξένος, étranger). T. Chim. Syn. de *Xylénol.*

XÉNOLITE. s. f. [Pr. *ksé-nolite*] (gr. ξένος, étranger). T. Minér. Variété de Sillimanite, en masses fibreuses blanchâtres.

XÉNOMÉNIE. s. f. [Pr. *ksé-noméni*] (gr. ξένος, étranger; μήνη, mois). T. Méd. Déviation des règles, chez la femme.

XÉNOPHANE, philosophe grec, VI° siècle av. J.-C.

XÉNOPHON, général, historien et philosophe grec; disciple de Socrate; dirigea la retraite des Dix-Mille en Asie Mineure (445-355 av. J.-C.).

XÉNOTIME. s. m. [Pr. *ksé-notime*] (gr. ξένος, étranger). T. Minér. Phosphate d'yttrium et de cérium, en petits cristaux quadratiques, bruns ou jaunes, à éclat résineux.

XÉNYLAMINE. s. f. [Pr. *ksé-nilamine*] (R. *xényle*, et *amine*). T. Chim. Amine dérivant du biphényle et répondant à la formule $C^6H^5.C^6H^4AzH^2$. La x. se rencontre dans les résidus de la préparation de l'aniline. Elle cristallise en lamelles incolores, fusibles à 49°, solubles dans l'eau bouillante et dans l'alcool. Elle s'unit aux acides pour former des sels cristallisables.

XÉNYLE. s. m. [Pr. *ksé-nile*] (gr. ξένος, échanger, et le suff. *yle*, du gr. ὕλη, matière). T. Chim. Nom donné aux radicaux monovalents de la formule $(CH^3)^2C^6H^3$ contenus dans les dérivés mono-substitués des xylènes.

XÉNYLÈNE-DIAMINE. s. f. [Pr. *ksé.*]. T. Chim. Syn. de *Benzidine.*

XÉRANTHÈME. s. m. [Pr. *ksé-ranthème*] (gr. ξηρός, sec; ἄνθεμον, fleur). T. Bot. Genre de plantes Dicotylédones (*Xeranthemum*) de la famille des *Composées*, tribu des *Radiées.* Voy. COMPOSÉES.

XÉRASIE. s. f. [Pr. *ksé-ra-zi*] (gr. ξηρασία, m. s., de ξηρός, sec). T. Méd. Maladie des cheveux qui deviennent secs, cessent de croître et ressemblent à un duvet couvert de poussière.

XÉRÈS. s. m. [Pr. *ké-rès*]. Vin de Xérès.

XÉRÈS, ou **JERES-DE-LA-FRONTERA**, v. d'Espagne, Andalousie; 52,200 hab. Vins renommés. — Défaite de Rodéric, roi des Wisigoths, par les Arabes, en 714.

XÉROME. s. m. [Pr. *ksé-rome*] (gr. ξηρός, sec). T. Pathol. Syn. de *Xérophtalmie.*

XÉROPHAGIE. s. f. [Pr. *ksé-ro-faji*] (gr. ξηροφαγία, m. s., de ξηρός, sec, et φαγεῖν, manger). Diète sèche. Voy. JEÛNE.

XÉROPHTALMIE ou **XÉROPHTHALMIE.** s. f. [Pr. *ksérof-talmi*] (gr. ξηροφθαλμία, m. s., de ξηρός, sec; ὀφθαλμός, œil). T. Méd. Ophtalmie sèche, qui consiste dans une inflammation de la conjonctive, avec démangeaison, cuisson et rougeur, mais sans gonflement ni écoulement de larmes. Voy. LACRYMAL.

XÉROSIS. s. m. [Pr. *ksé-ro-zis*]. (gr. ξηρός, sec). T. Pathol. Syn. de *Xérophtalmie.*

XÉROTE. s. m. [Pr. *ksé-rote*] (gr. ξηρότης, sécheresse). T. Bot. Genre de plantes Monocotylédones (*Xerotes*) de la famille des *Joncacées*, tribu des *Xérotées.* Voy. JONCACÉES.

XÉROTÉES. s. f. pl. [Pr. *ksé-roté*] (R. *Xérote*). T. Bot. Tribu de végétaux Monocotylédones de la famille des *Joncacées.* Voy. ce mot.

XERTIGNY, ch.-l. de c. (Vosges), arr. d'Épinal; 3,600 hab.

XERXÈS, ou mieux **KHSHAYARSHA Iᵉʳ**, roi de Perse de 483 à 465 av. J.-C., fils de Darius Iᵉʳ, soumit l'Égypte révoltée, envahit l'Attique avec une armée considérable; mais fut complètement vaincu à Salamines, et dut regagner l'Asie en fugitif. || Xerxès II, fils d'Artaxerxès, roi de Perse en 425, assassiné la même année par son frère naturel Sokudianos ou Sogdianos.

XESTE ou **XESTÈS**. s. m. [Pr. *kseste, ksestès*] (gr. ξέστης, m. s.). T. Métrol. Mesure grecque de capacité valant environ un demi-litre. Voy. CAPACITÉ.

XIMÉNÈS, cardinal et homme d'État espag., grand inquisiteur de Castille, établit la solidité de la puissance monarchique (1436-1517).

XIMÉNIE. s. m. [Pr. *ksi-méni*] (R. *Ximénès*, n. d'un botan. esp.). T. Bot. Genre de plantes Dicotylédones (*Ximenia*) de la famille des *Olacacées*. Voy. ce mot.

XINGU, riv. du Brésil, tributaire de l'Amazone, riv. dr.; 2,000 kilomètres.

XIPHIAS. s. m. [Pr. *ksi-fias*] (gr. ξιφίας, s. m., de ξίφος, épée). T. Icht. Nom scientifique de l'Espadon (Scombéroïdes), mais qui a été aussi appliqué à quelques autres poissons.

XIPHODON. s. m. (gr. ξίφος, épée; ὀδοὺς, ὀδόντος, dent). Genre d'*Ongulés* fossiles appartenant à la famille des *Anoplothéridés*. Ces Mammifères, qui vivaient en Europe à l'époque de l'éocène, présentaient des caractères qui en font un type très net de passage entre les Porcins et les Ruminants; comme taille et comme aspect, ils ressemblaient à une Antilope ou à un Chevreuil.

XIPHOÏDE. adj. m. [Pr. *ksi-foïde*] (gr. ξιφοειδής, m. s., de ξίφος, épée; εἶδος, ressemblance). T. Anat. *Appendice x., Cartilage x.* Se dit d'un appendice qui termine inférieurement le sternum. Voy. SQUELETTE.

XIPHOSURES. s. m. pl. [Pr. *ksi-fo-zure*] (gr. ξίφος, épée; οὐρὰ, queue). T. Zool. Les *Xiphosures* constituent un ordre

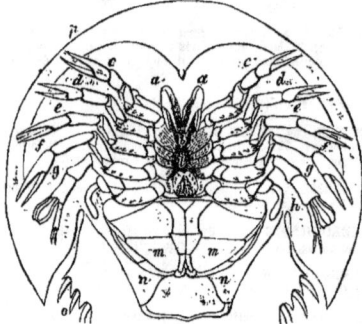

Fig. 1.

de *Crustacés Entomostracés*. Ils se distinguent de tous les autres Crustacés en ce que, chez eux, le même appareil sert d'appareil ambulatoire et d'appareil masticatoire. Ces Crustacés ont le corps divisé en deux parties. La première, recouverte par un grand bouclier demi-circulaire, porte les yeux, les antennes et six paires de pieds, qui entourent la bouche et qui servent à la fois à la marche et à la mastication. La seconde est recouverte par un autre bouclier presque triangulaire, et se termine par une longue queue en forme de stylet. Cette portion du corps présente en dessous cinq paires de pattes natatoires, dont la paire postérieure est munie de branchies. La Fig. 1 représente la partie antérieure du corps de l'un de ces animaux, vue en dessous. On remarque : *p*, carapace ou bouclier céphalothoracique ; *o*, bouclier abdominal ; *aa*, antennes préorales qui sont insérées sur un labre *b* ; *c, d, e, f, g*, pattes terminées en pince, au nombre de dix, et dont les hanches épineuses servent de mâchoires ; *h*, dernière longue patte pourvue d'une division en languette, et de quatre digitations mobiles à l'extrémité de la patte; *k*, lèvre inférieure; *l*, pharynx; *m, n*, feuillets recouvrant les bran-

chies. L'ordre des Xiphosures comprend deux familles : 1° la famille des Limulidés qui a pour type le genre *Limule* (*Limulus*), lequel comprend seulement 5 espèces, dont le *Limule Polyphème* (Fig. 2) peut être considéré comme le type. Ces animaux sont de grande taille, et se trouvent dans l'Atlantique, sur les côtes de l'Amérique septentrionale, ainsi que dans les mers du Japon et de l'Inde. On les désigne sou-

Fig. 2.

vent sous le nom vulgaire de *Crabes des Moluques;* mais leur nom scientifique a été tiré de l'habitude où ils sont de s'enfoncer dans le sable ou le limon (*limus*) des plages, pour se soustraire à l'action des rayons solaires. 2° La famille des *Hémiaspidés* qui diffère de la précédente par la présence d'un post-abdomen qui a complètement disparu chez les Limules. Cette famille ne renferme que des espèces fossiles dont quelques-unes avaient le corps nettement trilobé comme celui des Trilobites. Toutes appartiennent à la faune primaire.

XUCAR ou **JUCAR**, fl. d'Espagne, prov. de Valence, tributaire de la Méditerranée, 350 kilomètres.

XYLAIRE. s. m. [Pr. *ksi-lère*] (gr. ξύλον, bois). T. Bot. Genre de Champignons (*Xylaria*) de la famille des *Pyrénomycètes*, tribu des *Xylariées*. Voy. PYRÉNOMYCÈTES.

XYLANDER, philologue allem. (1532-1576).

XYLANE. s. f. [Pr. *ksi-lane*] (gr. ξύλον, bois). Gomme de bois. Voy. XYLOSE.

XYLARIÉES. s. f. pl. [Pr. *ksi-larié*] (R. *Xylaire*). T. Bot. Tribu de Champignons de la famille des *Pyrénomycètes*. Voy. ce mot.

XYLÈNE. s. m. [Pr. *ksi-lène*] (gr. ξύλον, bois, et la term. *ène*, des hydrocarbures). T. Chim. Hydrocarbure aromatique, constitué par un dérivé deux fois méthylé du benzène. Les xylènes répondent à la formule $C^6H^4(CH^3)^2$; ils sont au nombre de trois isomères, que l'on distingue par les préfixes *ortho*, *méta* et *para*, selon que les radicaux méthyle occupent les positions 1 et 2, ou 1 et 3, ou enfin 1 et 4, sur le noyau de benzène.

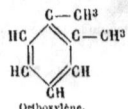

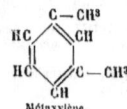

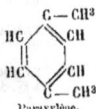

Orthoxylène.   Métaxylène.   Paraxylène.

Les trois isomères sont contenus dans les huiles légères du goudron de houille ; la portion de ces huiles qui passe à la distillation entre 136° et 140° constitue le x. brut qui renferme surtout du métaxylène. L'action du chlorure de méthyle sur le toluène, en présence du chlorure d'aluminium, fournit un mélange où domine l'orthoxylène. Le paraxylène se trouve en quantité notable dans le pétrole de Galicie. On rencontre aussi des xylènes dans le pétrole de Rangoon et dans d'autres huiles minérales, ainsi que dans les produits de la distillation du bois (goudron de hêtre, esprit de bois brut, etc.). Pour séparer les trois isomères dans un mélange, on fait agir l'acide sulfurique ordinaire, qui laisse le paraxylène inaltéré, mais qui dissout facilement les isomères ortho et méta et les transforme en acides sulfoniques ; à l'aide du carbonate de soude on convertit ces acides en sulfonates de soude et l'on évapore ; l'ortho-sulfonate se dépose en cristaux, tandis que le méta-sulfonate, plus soluble, reste dans l'eau mère ; enfin, en décomposant ces deux sels par l'acide chlorhydrique, on régénère séparément les xylènes correspondants.

L'ortho-xylène est un liquide incolore, d'une odeur aromatique agréable ; il bout à 142° et ne se solidifie qu'à — 28°. Le méta-xylène est aussi liquide et bout à 138°. Il résiste bien mieux que les deux autres à l'action oxydante de l'acide azotique étendu et bouillant ; on utilise cette propriété pour le purifier. Le para-xylène est solide à la température ordinaire et forme de grands cristaux incolores ; il fond à 15° et bout à 136°.

On connaît plusieurs hydrures de xylène. Le Cantharène (Voy. Cantharidine) est un di-hydrure d'orthoxylène. En chauffant l'acide camphorique avec du chlorure de zinc, on obtient un tétra-hydrure de méta-xylène C^8H^{14}, liquide huileux qui bout à 119°. Les produits de la distillation de la résine renferment un autre tétra-hydrure liquide, bouillant à 131°, et un hexa-hydrure, l'Octonaphtène C^8H^{16}, qui bout à 118°. Ce dernier se trouve aussi dans les pétroles du Caucase, ainsi que l'Iso-octonaphtène, son isomère, qui bout à 122°.

Les produits de substitution du x. sont très nombreux et se partagent en deux classes, suivant que la substitution s'opère dans les chaînes latérales de méthyle, ou dans le noyau benzénique. A la première classe appartiennent les bromures et chlorures de tolyle, les composés tolyliques et tolyléniques, les acides toluiques et phtaliques. Les dérivés produits par substitution dans le noyau présentent de nombreux cas d'isomérie ; tels sont les chloro-, les bromo- et les nitro-xylènes, les acides xylène-sulfoniques, les xylénols, les xylidines. Pour distinguer les isomères entre eux on indique par des chiffres les positions que les atomes ou groupes substituants occupent sur le noyau de benzène, les deux premiers chiffres étant toujours réservés aux deux groupes méthyle. Par ex. le dichloro-xylène 1.4.2.5 dérive du xylène 1.4 ou paraxylène, et les atomes de chlore y occupent les positions 2 et 5.

L'action des réactifs sur les xylènes peut donner naissance à des produits très différents, selon les circonstances de la préparation. En faisant agir le chlore ou le brome à froid, on obtient des dérivés chlorés ou bromés dans le noyau, tels que les chloroxylènes $C^6H^3Cl(CH^3)^2$, les di-chloroxylènes $C^6H^2Cl^2(CH^3)^2$, etc. ; mais en opérant à chaud sur les xylènes bouillants ou en vapeur, on obtient des chlorures et des bromures de tolyle et de toiylène. L'acide azotique étendu oxyde les xylènes et les transforme en acides toluiques et phtaliques ; mais l'acide fumant, plus ou moins mélangé d'acide sulfurique, donne naissance aux nitroxylènes $C^6H^3(AzO^2)(CH^3)^2$, aux di-nitroxylènes $C^6H^2(AzO^2)^2(CH^3)^2$ et aux tri-nitroxylènes $C^6H(AzO^2)^3(CH^3)^2$. L'acide sulfurique ordinaire dissout l'ortho- et le méta-xylène ; l'acide sulfurique fumant dissout aussi le para-xylène ; on obtient ainsi les acides x.-sulfoniques qui ont pour formule $C^6H^3(SO^3H)(CH^3)^2$.

Les dérivés les plus importants du x. sont les Xylidines. Voy. ce mot. Voy. aussi Xylénol et Xyloquinone, et, pour les dérivés substitués dans les chaînes latérales, Tolyle, Tolylène, Tolylique, Toluique et Phtalique.

XYLÈNE-CARBONIQUE. adj. 2 g. [Pr. ksi,..]. T. Chim. Les acides hémellitique, mésitylénique et xylylique (Voy. ces mots), sont des acides xylène-carboniques $C^6H^3(CH^3)^2CO^2H$. L'acide cumidique est une acide x.-dicarbonique

$$C^6H^2(CH^3)^2(CO^2H)^2.$$

XYLÉNOL. s. m. [Pr. ksi-lénol] (R. xylène, et la term. ol, des phénols) T. Chim. Phénol monovalent dérivant d'un xylène. On connaît six xylénols, isomères de position, répon-

dant à la formule $C^6H^3OH(CH^3)^2$. Ils sont solides et cristallisables. On les obtient soit en fondant les acides xylène-sulfoniques avec de la potasse caustique, soit en traitant les xylidines par l'acide azoteux. On rencontre deux xylénols dans la partie du goudron de houille qui distille entre 170° et 210°. Le goudron de hêtre renferme un x. liquide qui bout à 220°.

Les diphénols dérivant des xylènes ont pour formule $C^6H^2(OH)^2(CH^3)^2$. Telle est la β orcine qui se forme dans le dédoublement de l'acide usnique sous l'action de la chaleur ou des acides étendus. Elle est cristallisable, fusible à 97°, très soluble dans l'eau chaude. De même que l'orcine, elle se colore en rouge au contact de l'ammoniaque et de l'air. La xylorcine cristallise en prismes fusibles à 125° ; sa solution ammoniacale ne se colore pas à l'air. Les xylohydroquinones rentrent aussi dans cette classe de diphénols. Voy. Xyloquinone.

XYLIDINE. s. f. [Pr. ksi-lidine] (R. xylène). T. Chim. Nom donné aux amido-xylènes, c.-à-d. aux amines dérivant des xylènes et répondant à la formule $C^6H^3(AzH^2)(CH^3)^2$. Il existe six xylidines isomères. Les ortho-xylidines sont les deux isomères 1.2.3 et 1.2.4 qui dérivent de l'ortho-xylène. Au méta-xylène correspondent trois isomères : la x. 1.3.4, ordinairement appelée α métaxylidine, la x. 1.3.2, enfin, la x. symétrique 1.3.5 ou métaxylidine β. Le para-xylène ne fournit qu'une paraxylidine 1.4.2. Cinq de ces isomères se trouvent dans la x. du commerce. On peut les préparer en réduisant les nitro-xylènes correspondants, soit par l'étain et l'acide chlorhydrique, soit par le fer et l'acide acétique. — Toutes ces amines sont liquides à la température ordinaire, sauf la x. 1.2.4 qui est solide, cristallisable, et qui fond à 49°. Ce sont des bases bien caractérisées, qui s'unissent facilement aux acides pour former des sels cristallisables. Avec l'acide sulfurique fumant elles donnent naissance à des dérivés sulfoniques. Traitées par les agents d'oxydation elles se transforment en xyloquinones. Chauffées vers 300° avec de l'alcool méthylique et de l'acide chlorhydrique, elles donnent des dérivés méthylés tels que les cumidines. Enfin la diazotation transforme les xylidines en dérivés diazoïques qui servent à préparer les xylénols et diverses matières colorantes.

La x. du commerce s'obtient en partant du xylène brut provenant du goudron de houille. Ce xylène, traité par l'acide azotique, donne naissance à cinq nitro-xylènes isomères, que l'on réduit par la limaille de fer et l'acide chlorhydrique. On obtient ainsi un mélange de cinq xylidines. La plus abondante, et en même temps la plus importante au point de vue des applications, est la métaxylidine α qu'on peut extraire, à l'état de chlorhydrate cristallisé, en traitant le mélange par un excès d'acide chlorhydrique. La x. commerciale sert à fabriquer des matières colorantes azoïques, généralement rouges ; pour cela on la convertit en dérivés diazoïques que l'on combine avec les naphtols ou avec les acides naphtol-sulfoniques ; on obtient ainsi des écarlates et des ponceaux de x. Les ponceaux de cumidine se préparent de même, après qu'on a préalablement transformé la x. en cumidine.

Les diamines qui dérivent des xylènes sont appelées diamido-xylènes ou xylylène-diamines et répondent à la formule $C^6H^2(CH^3)^2(AzH^2)^2$. Ce sont des corps solides et cristallisables qui possèdent les propriétés générales des diamines. On les obtient par la réduction des dinitroxylènes.

XYLIDIQUE. adj. 2 g. [Pr. ksi-lidike] (R. xylène). T. Chim. Voy. Xylylique.

XYLILIQUE. adj. 2 g. [Pr. ksi-lilike] (R. xylène). T. Chim. Syn. de Xylydique.

XYLINDÉINE. s. f. [Pr. ksi-lin-dé-ine] (gr. ξύλον, bois, et fr. indigo). T. Chim. Matière colorante verte qu'on rencontre souvent dans le bois qui se décompose lentement. On peut l'extraire et la faire cristalliser en lamelles à reflets cuivrés, ressemblant à l'indigo. Insoluble dans la plupart des dissolvants ordinaires, elle se dissout en vert dans l'acide sulfurique, le phénol et l'aniline.

XYLIQUE. adj. 2 g. [Pr. ksi-like] (R. xylène). T. Chim. Syn. de Xylylique.

XYLITE. s. f. [Pr. ksi-lite] (R. xylose) T. Chim. Alcool pentavalent correspondant à la xylose. Voy. Pentite.

XYLITE. s. f. [Pr. *ksi-tite*] (gr. ξύλον, bois). T. Minér. Variété de serpentine fibreuse.

XYLOCARPE. s. m. [Pr. *ksi-lokarpe*] (gr. ξύλον, bois; καρπός, fruit). T. Bot. Genre de plantes Dicotylédones (*Xylocarpus*) de la famille des *Méliacées*. Voy. ce mot.

XYLOCHLORE. s. f. [Pr. *ksi-lo-klore*] (gr. ξύλον, bois; χλωρός, vert). T. Minér. Variété d'apophyllite, de couleur vert-olive.

XYLOCOPE. s. f. [Pr. *ksi-lokope*] (gr. ξύλον, bois; κόπτειν, couper). T. Entom. Espèce d'*Hyménoptère*. Voy.

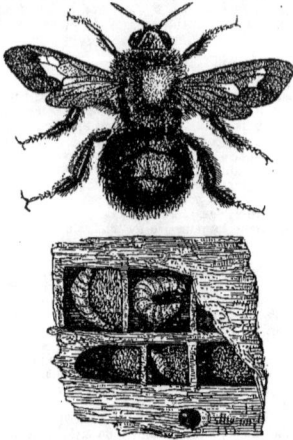

MELLIFÈRES. Nous représentons ici une espèce de Xylocope avec une partie de son nid mis à découvert.

XYLOGRAPHIE. s. f. [Pr. *ksi-lografi*] (gr. ξύλον, bois; γράφειν, écrire). L'art de graver sur bois. Voy. GRAVURE, II, 1. || L'art d'imprimer avec des planches de bois où les lettres sont gravées en relief.

XYLOGRAPHIQUE. adj. 2 g. [Pr. *ksi-lografike*]. Qui a rapport à la xylographie. Voy. GRAVURE, II, 1. || *Livres xylographiques*, Livres qui ont été exécutés au moyen des procédés de la gravure sur bois, chaque page ayant été gravée sur une planche de bois : ils sont antérieurs à l'invention de l'imprimerie ou datent des débuts de cette invention.

XYLOÏDINE. s. f. [Pr. *ksilo-idine*] (gr. ξύλον, bois; εἶδος, aspect). T. Chim. Substance explosive qu'on obtient sous la forme d'une poudre blanche insoluble, lorsqu'on dissout l'amidon ou la fécule dans l'acide azotique fumant et qu'on précipite la solution par addition d'eau. || On a aussi donné le nom de x. à plusieurs variétés de collodion obtenues par l'action de l'acide azotique sur la cellulose du bois.

XYLOL. s. m. [Pr. *ksi-lol*] (gr. ξύλον, bois). T. Chim. Syn. de *Xylène*.

XYLONIQUE. adj. 2 g. [Pr. *ksi-lonike*] (R. *xylose*). T. Chim. *Acide x.* Voy. XYLOSE.

XYLOPHAGE. adj. 2 g. et s. m. [Pr. *ksi-lofaje*] (gr. ξυλοφάγος, m. s., de ξύλον, bois, et φάγω, je mange). T. Entom. Se dit de différentes espèces d'insectes qui vivent dans le bois et qui le rongent; mais il désigne particulièrement un genre et une tribu de Diptères de la famille des *Notacanthes* (Voy. ce mot), ainsi qu'un groupe de Coléoptères.

Les Coléoptères compris, dans le système de Latreille et G. Cuvier, sous la dénomination commune de *Xylophages*, forment aujourd'hui deux familles distinctes : 1° les *Bostri-*

chides qui appartiennent aux *Coléoptères Cryptopentamères* et 2° les *Xylophages* proprement dits qui sont des Pentamères. Voy. COLÉOPTÈRES. Tous ces insectes que l'on appelle vulgairement *Perce-bois* ou *Chevrettes*, se rapprochent des *Curculionides* par leur bouche qui a la même structure; mais ils s'en distinguent par la forme de la tête, qui est en pointe prolongée, ainsi que par celle des antennes, qui sont toujours courtes, plus grosses vers leur extrémité, et composées de 11 articles au plus. Ces Coléoptères, malgré la

Fig. 1.

petitesse de leur taille, sont fort nuisibles. La plupart en effet vivent dans le bois, ainsi que l'indique leur nom, et leurs larves, qui ont la forme de petits vers apodes et blanchâtres, percent les arbres et y creusent des sillons en divers sens (Fig. 1). Toutefois, suivant Ratzeburg, chaque espèce a son mode de galeries si bien arrêté, qu'il est facile de la reconnaître à la seule inspection de sa construction. Lorsque ces larves sont très abondantes dans les forêts, notamment dans celles de Pins et de Sapins, elles font périr en peu d'années une grande quantité d'arbres, et les mettent hors d'état d'être employés dans les arts. Certaines espèces sont beaucoup de tort à l'Olivier. Enfin, quelques-unes se nourrissent de champignons.

Les *Bostrichides* ont les antennes composées de 10 articles en plus, tantôt se terminant en une forte massue, tantôt formant dès leur base une massue cylindrique, les palpes co-

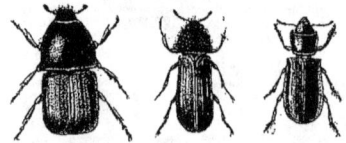

Fig. 2.   Fig. 3.   Fig. 4.

niques, les jambes antérieures généralement dentées et armées d'un fort crochet, avec des tarses pouvant se replier sur elles et dont le pénultième article est souvent bilobé ou en cœur. — Le genre *Scolyte* (*Scolytus*) renferme entre autres deux espèces fort nuisibles à nos forêts. L'une, appelée *Scolyte destructeur* (Fig. 2), est longue de 5 à 6 millimètres, d'un noir brillant, avec les élytres et les pattes d'un roux vif. L'autre nommée *Scolyte pygmée*, est plus petite et a les élytres plus striées. La première attaque les arbres de nos grandes routes et de nos jardins, et la seconde attaque surtout les Chênes. Le professeur Em. Blanchard rapporte qu'en 1837, au bois de Vincennes, on fut obligé d'abattre 20,000 chênes, âgés de 30 à 40 ans, entièrement gâtés par cet insecte. Le genre *Hylésine* (*Hylesina*) a pour type l'*Hylésine du Frêne*, petit insecte d'un noir cendré qui attaque principalement les Frênes. Dans le genre *Hylurge* (*Hylurgus*), nous citerons l'*Hylurge piniperde*, et, dans le genre *Tomique* (*Tomicus*), le *Tomique typographe*, qui tous les deux sont un fléau pour les forêts du Pin du nord de l'Europe. Le genre *Paussus*, qui ne renferme que des espèces exotiques, diffère des autres Scolytiens par des caractères assez tranchés pour que plusieurs entomologistes en aient fait une tribu particulière.

Les genres suivants ont, comme les précédents, des antennes composées de 10 articles, mais ils se distinguent par leurs palpes qui sont de la même grosseur partout, ou bien dilatés à leur extrémité. C'est d'abord le genre *Bostriche* (*Bostrichus*) qui est fort nombreux en espèces, et qui a pour type le *Bostriche capucin* (Fig. 3), long de 14 millimètres, noir, avec les élytres et l'abdomen rouges. Il est assez commun dans notre pays. Sa larve, qui vit dans le bois, est pourvue de très petites pattes écailleuses. Le genre *Cis* ne renferme que de fort petites espèces qui vivent dans les champignons des arbres. Le *Cis du Bolet* est brunâtre, avec les antennes et les pattes plus claires, et les étuis légèrement rugueux. Le type du genre *Némosome* (*Nemosoma*) est le *Némosome allongé*, qui habite sous l'écorce des Ormes, mais qui est assez rare chez nous.

Les insectes qui forment la famille des *Xylophages* ont 11 articles très distincts aux antennes, les palpes filiformes, et tous les articles des tarses entiers. Le type du genre *Lycte* (*Lyctus*) est le *Lycte canaliculé*, qui a 5 millimètres de longueur, et qui vit dans le bois. Il est d'un gris brunâtre, avec un sillon profond sur le corselet. Dans le genre *Trogosite* (*Trogosita*), nous citerons le *Trogosite mauritanique* (Fig. 4), qui est long d'environ 7 millimètres, noirâtre en dessus, d'un brun clair en dessous, avec les étuis striés. Cet insecte se trouve dans les noix, dans le pain et sous les écorces des arbres. Sa larve, connue en Provence sous le nom de *Cadelle*, attaque les grains. Les espèces qui appartiennent aux genres *Bitome* (*Bitomus*) et *Colydie* (*Colydium*) se tiennent aussi toujours sous les écorces d'arbres. Les types de ces genres sont le *Bitome crénelé* et le *Colydie sillonné*. Ce dernier est long de 6 millimètres, d'un rouge ferrugineux, avec les élytres striées et ponctuées, et avec quatre sillons longitudinaux sur le corselet. Enfin, les *Mycétophages* (*Mycetophaga*), ainsi que le nom l'indique, vivent dans les champignons. Nous nommerons seulement le *Mycétophage à quatre taches*, qui est long de 6 millimètres et de couleur noirâtre, avec deux taches jaunes sur chaque élytre.

La famille des *Platysomes*, que Latreille place à la suite de celle des *Xylophages*, forme aujourd'hui la famille des *Cucujides*. Voy. ce mot.

XYLOPHILES. s. m. pl. [Pr. *ksi-lofile*] (gr. ξύλον, bois; φίλος, ami). T. Entom. Tribu d'Insectes Coléoptères. Voy. SCARABÉIDES.

XYLOPHONE. s. m. [Pr. *ksilo-fone*] (gr. ξύλον, bois; φωνή, son). Instrument de musique formé de touches de bois de différentes longueurs qu'on frappe avec un marteau. C'est en somme un *harmonica de bois*.

XYLOPIE. s. f. [Pr. *ksi-lopi*] (gr. ξύλον, bois). T. Bot. Genre de plantes Dicotylédones (*Xylopia*) de la famille des *Anonacées*. Voy. ce mot.

XYLOQUINONE. s. f. [Pr. *ksi-lo-kinone*] (R. *xylène*, et *quinone*). T. Chim. Quinone dérivant du xylène et répondant à la formule $C^6H^2(CH^3)^2O^2$. L'oxydation des xylidines par le mélange chromique donne naissance à trois xyloquinones, qui cristallisent en aiguilles ou en prismes jaunes, peu solubles dans l'eau. La x. qui provient de l'oxydation de la para-xylidine a reçu le nom de *Phlorone*; elle est fusible à 124°, très soluble dans l'éther; elle se forme aussi lorsqu'on oxyde la pseudo-cumidine, ou lorsqu'on traite les goudrons de houille ou de hêtre par le bioxyde de manganèse et l'acide sulfurique. La x. correspondant à l'ortho-xylène fond à 55°; celle qui dérive du méta-xylène fond à 73°.

Les *Xylohydroquinones* ou *Hydroxyloquinones* sont des diphénols dérivant des xylènes et ont pour formule :

$$C^6H^2(CH^3)^2(OH)^2.$$

On les obtient en hydrogénant les xyloquinones par une solution d'acide sulfureux. La xylohydroquinone qui correspond à l'ortho-xylène fond à 221°; celle qui correspond au méta-xylène fond à 148°. L'*hydrophlorone* cristallise en lamelles brillantes, fusibles à 208°, très solubles dans l'alcool et dans l'éther.

XYLORCINE. s. f. [Pr. *ksi-lor-sine*] (gr. ξύλον, bois, et fr. *orcine*). T. Chim. Voy. XYLÉNOL.

XYLORÉTINE. s. f. [Pr. *ksi-lorétine*] (gr. ξύλον, bois ῥητίνη, résine). T. Minér. Résine fossile, identique à la *Hartine*.

XYLOSE. s. f. [Pr. *ksi-loze*] (gr. ξύλον, bois, et la term. *ose*, des sucres). T. Chim. La *Xylose* ou *Sucre de bois* est une matière sucrée appartenant au groupe des pentoses. On l'obtient en chauffant la gomme de bois ou la paille d'avoine avec de l'acide sulfurique étendu. Elle cristallise en aiguilles ou en prismes fusibles à 145°, très solubles dans l'eau. Elle réduit la liqueur de Fehling, mais ne fermente pas sous l'action de la levure de bière. Elle possède 4 fonctions alcool et une fonction aldéhyde, et répond à la formule $CH^2OH(CHOH)^3CHO$. Traitée, en solution alcaline, par le brome, elle s'oxyde et donne naissance à l'*Acide xylonique* $CH^2OH(CHOH)^3CO^2H$. Une oxydation plus avancée transforme la x. en un acide trioxy-glutarique.

La *Gomme de bois* ou *Xylane*, qui sert à préparer la x., existe dans beaucoup de plantes, en particulier dans le bois de divers arbres. Pour l'extraire on fait agir une solution faible de potasse ou de soude sur la sciure de bois de hêtre, ou sur le jute, ou sur la paille d'avoine. En précipitant ensuite la solution par de l'alcool on obtient la gomme sous la forme d'une masse amorphe, soluble dans l'eau chaude ou dans la potasse, mais insoluble dans l'eau froide, l'alcool, l'ammoniaque, l'eau de chaux et l'eau de baryte. La solution aqueuse est lévogyre. L'ébullition avec les acides étendus la transforme en x. L'oxydation par l'acide azotique la convertit en acide saccharique.

XYLOSTÉINE. s. f. [Pr. *ksi-losté-ine*] T. Chim. Glucoside cristallisable, amer, insoluble dans l'eau, soluble dans l'alcool, retiré des fruits du chèvrefeuille (*Lonicera xylosteum*).

XYLOSTEUM. s. m. [Pr. *ksi-losté-ome*] (gr. ξύλον, bois; ὀστέον, os). T. Bot. Genre de plantes Dicotylédones de la famille des *Caprifoliacées*, dont on fait aujourd'hui une simple section du genre *Lonicera*. Voy. CAPRIFOLIACÉES.

XYLOTILE. s. m. [Pr. *ksi-lotile*] (gr. ξύλον, bois; τίλλω, j'arrache brin à brin). T. Minér. Variété de serpentine fibreuse.

XYLOTROGES. s. m. pl. [Pr. *ksi-lotro-je*] (gr. ξύλον, bois; τρώγω, je ronge). T. Entom. Tribu d'Insectes Coléoptères. Voy. SERRICORNES.

XYLYLAMINE. s. f. [Pr. *ksi-lilamine*] (R. *xylyle*, et *amine*). T. Chim. Syn. de *Xylidine*.

XYLYLE. s. m. [Pr. *ksi-lile*] (gr. ξύλον, bois, et le suff. *yle*, du gr. ὕλη, matière). T. Chim. Radical monovalent $C^6H^3(CH^3)^2CO$ contenu dans les acides xyliliques. || Syn. de *Tolyle*.

XYLYLÈNE. s. m. [Pr. *ksi-lilène*] (R. *xylyle*). T. Chim. Radical bivalent $C^6H^2(CH^3)^2$ contenu dans les dérivés bisubstitués des xylènes. — *X.-diamine*. Voy. XYLIDINE.

XYLYLIQUE. adj. 2 g. [Pr. *ksi-lilike*] (R. *xylène*). T. Chim. Les *Acides xyliliques* ou *xyliques* répondent à la formule $C^6H^4(CH^3)CO^2H$. On peut les considérer comme des dérivés di-méthylés de l'acide benzoïque. L'oxydation du pseudo-cumène fournit trois de ces composés. Ce sont des acides monobasiques, solides et cristallisables. Lorsqu'on les distille sur de la chaux ils donnent naissance aux xylènes correspondants.

En oxydant davantage le pseudo-cumène on obtient les *acides xylidiques* ou *méthyl-phtaliques*. Ceux-ci sont bibasiques et ont pour formule $C^6H^3(CH^3)(CO^2H)^2$. Celui qui dérive de l'acide isophtalique cristallise en petites aiguilles fusibles à 320°. Le dérivé de l'acide téréphtalique cristallise mal et fond à 281°.

XYPHOSURES. s. m. pl. Fausse orthographe pour XIPHOSURES.

XYRICHTHYS. s. m. [Pr. *ksi-rik-tis*] (gr. ξυρόν, rasoir; ἰχθύς, poisson). Nom scientifique d'une espèce de Poisson osseux. Voy. LABRIDÉS.

XYRIDACÉES. s. f. pl. [Pr. *ksi-rida-sé*] (R. *Xyride*). T. Bot. Famille de végétaux Monocotylédones de l'ordre des Liliinées.

Caract. bot. : Plantes de marais, herbacées. Feuilles en rosette, ensiformes ou rubanées, élargies et engainantes à leur base, qui est scarieuse. Fleurs en capitules terminaux. Sépales 3, glumacés, égaux, ou en plus grand et pétaloïdes. Pétales 3, minces, longs et colorés, soudés en une corolle gamo-pétale. Étamines fertiles 3, insérées sur les onglets des pétales ;

Fig. 1.

anthères extrorses, biloculaires (les étamines stériles alternent avec les pétales ; quelquefois 1 seule étamine fertile ; ailleurs les 6 fertiles. Ovaire triloculaire ou uniloculaire à placentas pariétaux ; ovules nombreux, quelquefois orthotropes, le plus souvent anatropes ; style trifide, avec des stigmates obtus,

Fig. 2.

multifides ou indivis. Capsule loculicide. Dans la graine, l'embryon est situé à l'extérieur de l'albumen amylacé ou charnu, à l'extrémité la plus éloignée du hile.

Cette famille comprend 12 genres renfermant 80 espèces, qui toutes appartiennent aux climats chauds, et particulière-ment aux régions intertropicales de l'Amérique, de l'Afrique et de l'Asie. Cependant on trouve 2 ou 3 espèces du genre *Xyris* aux États-Unis d'Amérique. On la divise en 4 tribus :

Tribu I. — *Rapatées*. — Calice sépaloïde ; six étamines fertiles ; ovule anatrope (*Rapatea, Cephalostemon*, etc).

Tribu II. — *Xyridées*. — Calice sépaloïde ; trois étamines fertiles ; ovule orthotrope (*Xyris, Abolboda*). [Fig. 1. — 1. *Xyris operculata* : partie supérieure de la plante ; 2. Fleur vue de face ; 3. Style, stigmates et étamines.] Dans l'Inde, les feuilles de la racine du *Xyris indica* sont usitées contre la gale et les affections cutanées squameuses. On emploie aux mêmes usages le *X. americana* dans la Guyane, et le *X. vaginata* au Brésil.

Tribu III. — *Maiacées*. — Calice sépaloïde ; trois étamines

Fig. 3.

fertiles ; ovule orthotrope (*Maiaca*). [Fig. 2. — 1. *Maiaca Vendellii* ; 2. Fleur ; 3. Coupe transversale de l'ovaire ; 4. Capsule ; 5. Graine ; 6. Coupe perpendiculaire de la même pour montrer l'embryon.]

Tribu IV. — *Philydrées*. — Calice pétaloïde ; une étamine fertile ; ovule anatrope (*Philydrum, Pritzelia*). [Fig. 3. — 1 et 2. *Pritzelia pygmœa* ; 3. Fleur ; 4. Étamine fertile avec deux autres latérales et stériles ; 5. Coupe transversale de l'ovaire.]

XYRIDE. s. m. [Pr. *ksi-ride*] (gr. ξυρίς, m. s., de ξυρὸν, rasoir, à cause de la forme des feuilles). T. Bot. Genre de plantes Monocotylédones (*Xyris*) de la famille des *Xyridacées*. Voy. ce mot.

XYRIDÉES. s. f. pl. [Pr. *ksi-ridé*] (R. *Xyride*). T. Bot. Tribu de végétaux de la famille des *Xyridées*. Voy. ce mot.

XYSTE. s. m. [Pr *ksiste*] (gr. ξυστὸν, m. s.). T. Antiq. Chez les Grecs, Portique couvert dans un *gymnase*. Voy. ce mot. || Chez les Romains. Promenade découverte ou ter-rasse dans un jardin.

Y

YAC

YAK

Y. s. m. La vingt-quatrième lettre de notre alphabet. On la nomme ordinairement *I grec*.

Ling. — Cette lettre a été appelée *I grec*, parce que, dans les mots tirés du grec, nous la substituons à l'*u* (upsilon) ; mais la figure que nous avons prise pour la représenter est le γ (gamma), qui correspond à notre *g*. L'*u* était, suivant Pline, une des seize lettres qui composaient l'alphabet de Cadmus. Les Latins avaient également pris ce caractère aux Grecs pour représenter l'υ, tandis que leur U équivalait à notre ου. — Chez les Romains, l'Y a été employé comme lettre numérale dans les bas siècles : il signifiait 150, et, surmonté d'un tiret, il valait 150,000.

Obs. gram. — L'*Y* a deux prononciations, tantôt, et le plus souvent, il représente le son simple d'un *i* comme dans *anonyme*, *physique*, etc., tantôt le son de deux *i* dont le premier finit une syllabe, et le second en commence une autre, comme dans *appuyer* (*a-pui-ier*). Quand il est précédé d'un *a*, il donne à cet *a* le son *è* et garde celui de *i* comme dans *pays* (*pè-i*) *payer* (*pè-ier*). Quand il est précédé d'un *o*, la prononciation n'est pas fixée, les uns, et l'Académie est de ce nombre, donnent à cet *o* le son *oua*, et à l'*y* le son *i* : *citoyen* (*si- toua-iin*), *royal* (*roua-ial*) ; les autres laissent à l'*o* le son qui lui est propre (*si-to-iin*, *ro-ial*) ; c'est la prononciation ancienne, que l'Académie elle-même recommandait en 1694. Mais on prononce plus généralement *ci-toi-iin*, *roé-ial*. — Dans quelques mots, l'*y* initiale ne reçoit pas l'élision de la voyelle précédente : *le yatagan*. N us indiquons ces mots par la mention *y asp.*

Y. adv. et particule relative (lat. *ibi*, là).

Obs. gram. — La particule Y s'emploie, tantôt comme adverbe, tantôt comme pronom. — Employée comme adverbe, elle signifie : En cet endroit-là, et se dit d'un endroit dont on vient de parler ou d'un endroit que l'on désigne. *Voulez-vous y aller? Rendez-vous-y. J'y passerai. Y est-il?* C'est encore à peu près dans ce sens qu'on dit : *Y a-t-il quelque chose pour votre service? Il y a des gens qui....* — Employée comme pronom, la particule signifie, A cela, à cette personne, à ces personnes : *J'y travaille sans cesse. Quant à la raison que vous m'alléguez, je m'y rends. Plus on étudie l'homme, plus on y démêle de faiblesse et de grandeur. C'est un finaud, ce sont des finauds, ne vous y fiez pas*, ou ironiq., *Fiez-vous-y.* — Quant Y est mis immédiatement après la seconde personne du singulier de l'impératif, on ajoute à celle-ci une S euphonique : *Vas-y. Cueilles-y des fruits. Donnes-y tes soins.*

YACHT. s. m. [Mot emprunté de l'anglais, et qu'on pronon *loï* dans cette langue, et *iaque* en français, en aspirant l'Y.] Petit bâtiment qui va à voiles et à rames, et qui sert ordinairement pour faire des promenades en mer. *Une course de yachts.*

YACOU. s. m. (R. *Yakahu*, n. sous lequel les indigènes de la Guyane désignent cet oiseau, et qui est une onomatopée de son cri). T. Ornith. Espèce de *Gallinacés*. Voy. PÉNÉLOPIDES.

YAK ou **YACK.** s. m. [Pr. *iak*] (mot thibétain). T. Mamm. — L'animal ainsi appelé appartient au grand genre *Bœuf*, dans lequel il constitue un groupe fort distinct, mais ne renfermant qu'une seule espèce. L'*Yak* (Fig. ci-dessous) se reconnaît immédiatement à l'espèce de toison qui couvre son corps, et à sa queue, qui est entièrement garnie de longs poils soyeux et lustrés comme ceux du Cheval : d'où le nom vulg. de *Buffle à queue de cheval* sous lequel on

le désigne souvent. Il porte aussi sur le cou une crinière épaisse, et sur le front une touffe de poils crépus. Les longs poils touffus qui garnissent la partie inférieure du corps font paraître l'Yak plus bas sur jambes qu'il ne l'est en réalité. Sa robe est communément noire ou blanche, et les très jeunes individus sont couverts d'une toison très frisée, qui les fait assez ressembler à des Moutons. Cette espèce est de petite taille, les vaches surtout, dont les dimensions excèdent à peine celles de notre petite race bretonne. La tête et les membres sont proportionnellement plus courts et le corps plus long que chez la Vache ordinaire ; la croupe, un peu arrondie, rappelle un peu celle du Cheval ; enfin, les cornes sont implantées plus haut et plus en arrière que chez notre Bœuf domestique. Ajoutons que l'Yak a 14 paires de côtes comme l'Aurochs, et 4 mamelles sur une même ligne comme le Buffle. Sa voix est un grognement grave et monotone : de là le nom de *Bos grunniens* que

Pallas a imposé à l'Yak, et celui de l'*ache grognante de Tartarie* que lui avaient déjà donné d'anciens voyageurs. Cet animal est originaire des montagnes du Thibet, et il rend aux habitants de ces régions glacées des services inappréciables. Sa chair est très bonne; son lait est excellent et propre à faire de fort bon beurre, et son poil sert à fabriquer un drap très épais et très résistant. Il est peu propre au labourage, il est vrai; mais, dans les montagnes de l'Asie centrale, il est employé avec avantage comme bête de somme et même de selle. Il trotte assez rapidement et son allure est douce. Enfin, c'est avec sa queue que les Turcs font les étendards qui servent d'insignes aux pachas. — L'Yak était absolument inconnu en France, lorsqu'en 1854, de Montigny, consul à Shang haï, en Chine, réussit à amener à Paris un troupeau composé de 12 individus, savoir : 5 mâles et 7 femelles, qui furent distribués au Muséum d'histoire naturelle et à la Société d'acclimatation. Ces individus se sont aisément multipliés entre eux, et ont même donné avec la Vache ordinaire de nombreux métis, qui ont été répartis entre divers établissements agricoles situés principalement dans les Alpes et dans les Pyrénées, c.-à-d. dans les lieux où ces animaux peuvent trouver un climat analogue à leur propre pays, et où ils sont aptes à rendre le plus de services.

YAKOUTES, peuple finnois de la Sibérie, au N. de la Léna.

YAKOUTSK, v. de Sibérie, sur la Léna, centre commercial de la Sibérie, 9.000 hab.; ch.-l. d'un gouv. qui a 243,500 hab.

YAM. s. m. [Pr. *iamm*]. T. Bot. Nom donné aux tubercules des *Dioscorea;* on dit plus fréquemment *Igname*. Voy. DIOSCORÉACÉES.

YANAON, v. de l'Hindoustan (Asie) (à la France), sur le Godavery; 5,700 hab.

YANG-TCHEOU, v. de Chine (Kiang-sou); 2,000,000 hab.

YANG-TSE-KIANG ou **FLEUVE BLEU**, grand fleuve de la Chine, un des plus grands fleuves du monde; 4,500 kil.

YANKEES. Nom ironique donné par les Anglais aux habitants des États-Unis par imitation de la manière dont les Indiens prononcent le mot *English* (Anglais).

YANOLITE. s. f. T. Minér. Syn. d'*Axinite*. Voy. TOURMALINE.

YAOURI, roy. du Soudan, entre le Haoussa à l'E. et le Borgou à l'O.

YAPOCK. s. m. [Pr. *ia-pok*] (mot indigène). T. Mamm. Espèce de *Marsupial insectivore*. Voy. MARSUPIAUX.

YAPURA, riv. du Brésil, affl. de l'Amazone; 1,500 kil.

YARA-YARA. s. m. T. Pharm. Nom donné au *Naphtanisol* β. Voy. NAPHTANISOL.

YARD. s. m. [y asp.] (mot angl.). T. Métrol. Mesure de longueur anglaise qui vaut 0ᵐ,914. Voy. LONGUEUR.

YARKAND, v. du Turkestan chinois sur la rivière Yarkand; 40,000 hab.

YARMOUTH, v. forte d'Angleterre. Port sur la mer du Nord; 46,000 hab.

YARRIBA, royaume du Soudan au S. du Bornou, cap. *Katanga*.

YATAGAN. s. m. [y asp.] (turc *yataghan*, m. s.). Sorte de sabre-poignard dont la lame est oblique, et dont le tranchant forme vers la pointe une courbe rentrante. *Le y. est surtout en usage chez les Turcs, les Persans et les Arabes*.

YAW. s. m. [Pr. *iô*]. T. Méd. Nom donné aux pustules qui caractérisent le *pian*. Voy. TUBERCULE.

YÈBLE. s. m. T. Bot. Voy. HIÈBLE.

YECLA, v. d'Espagne (Murcie); 15,000 hab.

YÉDO, anc. nom de la ville japonaise de *Tokio*.

YÉMEN, région de l'Arabie appelée aussi *Arabie heureuse* (Asie), au S.-O.; 3,000,000 d'hab.

YÉNITE. s. f. (gr. ὀηνὸς, malpropre). T. Minér. Syn. de *Liévrite*.

YENNE, ch.-l. de c. (Savoie), arr. de Chambéry, sur le Rhône; 2,600 hab.

YEOMANRY. s. f. [Pr. *yomancry*, en aspirant l'y]. En Angleterre, sorte de garde civique composée de cavalerie, et qui est formée par les petits propriétaires de campagne, qu'on appelait autrefois *Yeomen*.

YÈRES, petite riv. de France, affl. de la Seine (rive dr.) dans laquelle elle se jette à Villeneuve-Saint-Georges; 88 kil.

YERMAK, chef de Cosaques, conquit une grande partie de la Sibérie au XVIIᵉ siècle.

YERVILLE, ch.-l. de c. (Seine-Inférieure), arr. d'Yvetot; 1,550 hab.

YÉSO, une des grandes îles du Japon, au N. de l'archipel japonais; 3,000,000 hab. V. pr. *Matsmaï* et *Hakodadé*.

YEUSE. s. f. [Pr. *ieu-ze*] (lat. *ilex*, m. s.). T. Bot. Nom vulgaire du chêne-vert, *Quercus Ilex*). Voy. CHÊNE.

YEUX. s. m. Pluriel d'ŒIL. Voy. ŒIL.

YEZD, v. de Perse; 40,000 hab.

YEZIDIS. Peuple de la Mésopotamie et du Kurdistan.

YOKOHAMA, v. du Japon (Asie) dans l'île de Niphon, principal port pour le commerce européen; 72,000 hab.

YOLE. s f. [y asp.] (norv. *jol*, canot). Canot fort léger et très effilé, qui est construit pour marcher à l'aviron plutôt qu'à la voile. *Sa yole fut submergée*.

YOLOFS ou **OUOLOFS**, peuple nègre de la Sénégambie, soumis à la France.

YONNE, riv. de France, prend sa source au mont Beuvron (Nièvre), arrose Clamecy, Auxerre, Joigny, Sens, et se jette dans la Seine à Montereau-Faut-Yonne, après un cours de 273 kilomètres.

YONNE (Dép. DE l'), formé d'une partie de la Bourgogne, de la Champagne et de l'Orléanais; 344,700 hab. Ch.-l. *Auxerre*. 4 autres arr. : *Avallon, Joigny, Sens* et *Tonnerre*.

YORK, v. d'Angleterre; 55,000 hab. Ch.-l. du comté d'York qui compte 2,787,000 hab.

YORK, famille anglaise, branche de la maison royale des Plantagenets, disputa le trône à la maison de Lancastre (guerre des deux roses), et fournit 3 rois à l'Angleterre, Édouard IV, Édouard V et Richard III. ‖ FRÉDÉRIC, duc d'York, général angl., fils de George III (1763-1827).

YORKTOWN, port des États-Unis d'Amérique; 15,000 hab.

YOROUBA, contrée de l'Afrique équatoriale à l'O. du bas Niger.

YOUNG (ÉDOUARD), poète angl., auteur des *Nuits* (1681-1765).

YOUNG (ARTHUR), économiste et agronome angl. (1741-1820).

YOURTE. s. f. [y asp.]. Se dit des tentes, des cabanes et des abris souterrains qu'habitent les peuplades nomades du centre et du nord de l'Asie.

YPONOMEUTE. s. f. (gr. ὑπονομεύειν, creuser). T. Entom. Genre de *Papillons* nocturnes. Voy. TINÉIDES.

YPRÉAU. s. m. [Pr. *ipré-o*] (R. *Ypres*, v. de Flandre). T. Bot. Nom vulgaire du *Peuplier blanc*. Voy. SALICINÉES.

YPRES, v. de Belgique (Flandre occidentale); 16,000 hab. Dentelles. = Nom des hab. : YPROIS, OISE.

YPSILANTI, famille grecque, dont un membre se révolta, en 1821, contre les Turcs.

YRIARTE (THOMAS DE), poète espag., auteur de *Fables littéraires* (1750-1791).

YSABEAU, conventionnel fr. (1760-1823).

YSER, fl. côtier de Belgique, prend sa source en France et se jette dans la mer du Nord.

YSSEL, riv. de Hollande, réunion du *Vieux-Yssel* et du *Nouvel-Yssel*, se jette dans le Zuyderzée.

YSSINGEAUX ou **ISSINGEAUX,** ch.-l. d'arr. (Haute-Loire), à 28 kilomètres N.-E. du Puy; 7,900 hab. Dentelles.

YSTRADYFODWG, v. d'Angleterre, dans le pays de Galles; 90,000 hab.

YTTERBINE. s. f. [Pr. *i-terbine*] (R. *ytterbite*). T. Chim. Voy. YTTERBIUM.

YTTERBITE. s. f. [Pr. *i-terbite*] (R. *Ytterby*, n. de lieu, en Suède). T. Minér. Syn. de *Gadolinite*.

YTTERBIUM. s. m. [Pr. *i-terbiome*] (R. *ytterbine*). T. Chim. L'*Ytterbine* ou *Oxyde d'y.* a été retirée par Marignac de l'erbine brute. C'est une poudre blanche, dense, infusible. Elle se dissout dans les acides en donnant des sels incolores, à saveur sucrée et astringente. L'*Hydrate d'y.*, qu'on obtient en traitant ces solutions par l'ammoniaque, est un précipité volumineux, qui absorbe l'acide carbonique de l'air. Le métal Y., qui est contenu dans l'ytterbine, n'a pas été isolé. On le représente par le symbole Yb et on lui attribue un poids atomique d'environ 173, en admettant que l'ytterbine est un sesquioxyde dont la formule est Yb^2O^3.

YTTRIA. s. f. [Pr. *i-tria*] (R. *yttrium*). T. Chim. Oxyde d'yttrium.

YTTRIUM. s. m. [Pr. *i-triome*] (R. *Ytterby*, n. de lieu). T. Chim. Corps simple, métallique, qui se trouve dans quelques minéraux rares, principalement dans la gadolinite. Ce métal n'a pas encore été isolé à l'état de pureté. Wœhler l'a obtenu impur, sous la forme d'une poudre gris foncé, qui décompose l'eau au-dessus de 100°, qui se dissout facilement dans les acides et qui brûle avec éclat dans l'oxygène. On désigne l'y. par le symbole Y et on lui attribue un poids atomique d'environ 89.
L'*Oxyde d'y.*, plus connu sous le nom d'*Yttria*, a été découvert en 1794 par Gadolin, dans le minéral qu'on appelle aujourd'hui gadolinite et que l'on trouve à Fahlun et à Ytterby, en Suède. L'yttria répond à la formule Y^2O^3. C'est une poudre blanchâtre, infusible, insoluble dans l'eau; elle est basique, absorbe l'acide carbonique de l'air, décompose les sels ammoniacaux, et se dissout dans les acides en for-

mant des sels incolores, cristallisables, doués d'une saveur sucrée et astringente. En traitant les solutions de ces sels par un alcali, on obtient l'*hydrate d'y.*, précipité gélatineux, insoluble dans la potasse. Le *Bromure*, le *Chlorure* et l'*Iodure d'y.* sont très déliquescents. Le *Sulfate d'y.* forme un sel double avec le sulfate de potassium. Le *Phosphate* existe à l'état naturel, associé au phosphate de cérium, dans le minéral appelé xénotime.

YTTROCALCITE ou **YTTROCÉRITE.** s. f. [Pr. *i-tro...*] (R. *yttrium, calcium*, et *cérium*). T. Minér. Fluorure de calcium, de cérium et d'yttrium, en masses cristallines bleuâtres ou rougeâtres.

YTTROCOLOMBITE. s. f. [Pr. *i-tro-kolon-bite*] (R. *yttrium*, et *colombite*). T. Minér. Syn. d'*Yttrotantalite*.

YTTROÏLMÉNITE. s. f. [Pr. *i-tro-ilménite*] (R. *yttrium*, et *ilménite*). T. Minér. Syn. de *Samarskite*. || Syn. d'*Yttrotantale*.

YTTROTANTALE. s. m. ou **YTTROTANTALITE.** s. f. [Pr. *i-tro...*] (R. *yttrium*, et *tantale*). T. Minér. Tantalate d'yttrium, de calcium, de fer et d'uranium; en cristaux tabulaires ou en masses amorphes, de couleur noire, brune ou jaune.

YTTROTITANITE. s. f. [Pr. *i-tro...*] (R. *yttrium*, et *titane*). T. Minér. Syn. de *Keilhauite*.

YUCATAN, un des États du Mexique, dans la presqu'île du même nom; 275,500 hab. Cap. *Mérida*. = Nom des hab. : YUCATÈQUE. 2 g.

YUCCA. s. m. [Pr. *hyou-ka*] (mot caraïbe). T. Bot. Genre de plantes Monocotylédones de la famille des *Liliacées*, tribu des *Liliées*. Voy. LILIACÉES.
Bot. — Les yuccas que l'on cultive en France comme plantes d'ornement sont remarquables par la rapidité de leur croissance. M. C. Flammarion a observé, en 1873, en mesurant cette croissance, que la tige tourne, à mesure qu'elle s'élève, dans le sens du mouvement apparent du soleil, plus ou moins inclinée, suivant, avec un certain retard, le mouvement du soleil dans son cours.

YUNNAN, prov. de la Chine, au N. du Tonkin; 11,800,000 h.

YVERDUN ou **YVERDON,** petite v. de Suisse, sur le lac de Neuchâtel (canton de Vaud); 3,600 hab.

YVES (SAINT), évêque de Chartres (1040-1116). — Fête le 28 mai.

YVETEAUX (DES). Voy. VAUQUELIN.

YVETOT, ch.-l. d'arr. (Seine-Inférieure), à 36 kilomètres N.-O. de Rouen; 7,609 hab. = Nom des hab. YVETOTAIS, AISE.
Hist. — Les seigneurs d'Yvetot ont porté le titre de roi du XIVe au XVIe siècle.

YVON, peintre fr. (1817-1893).

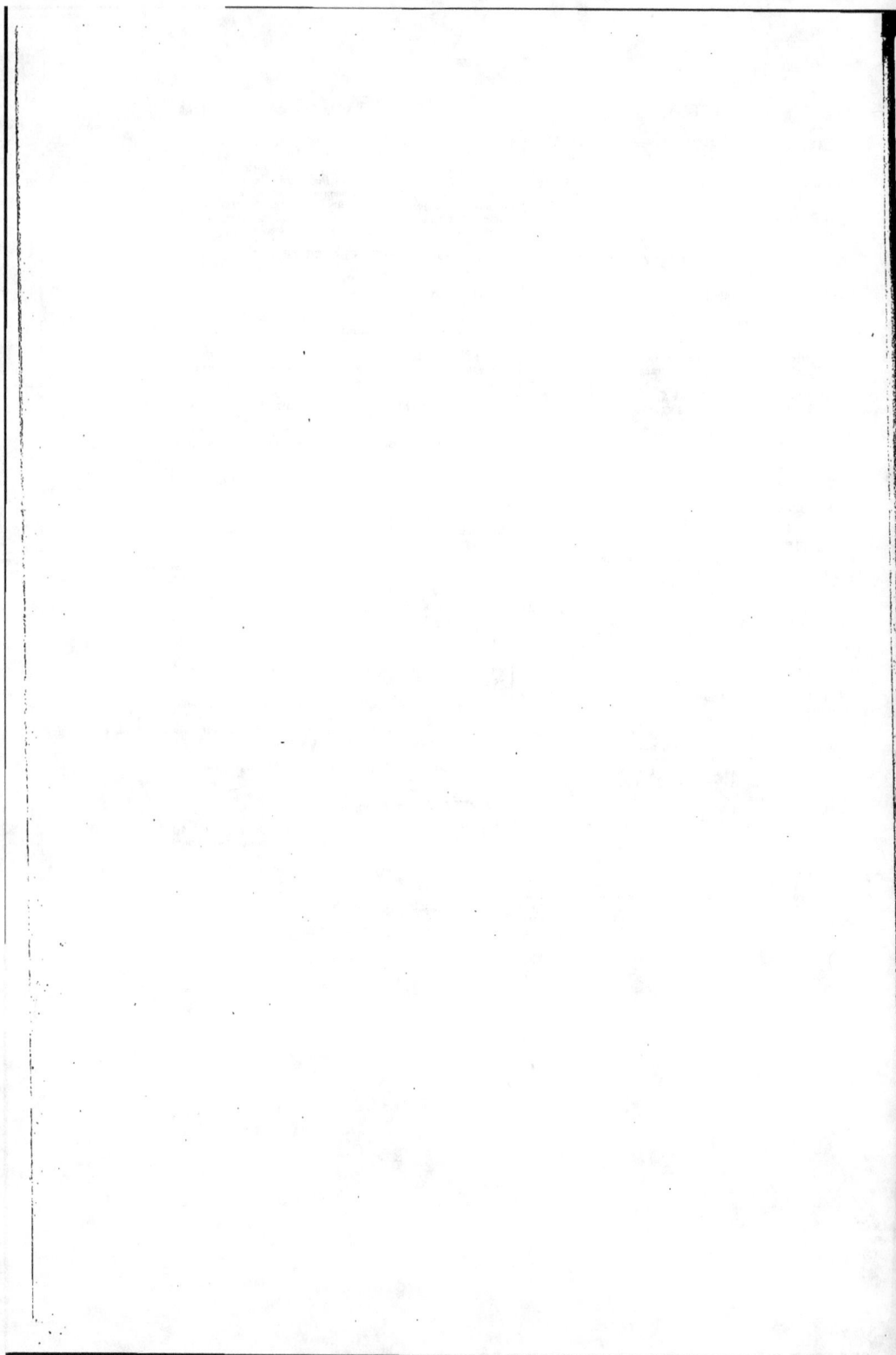

Z

Z. s. m. La dix-neuvième consonne et la vingt-cinquième et dernière lettre de notre alphabet. On la nomme *Zède* suivant l'appellation ancienne et ordinaire, et *Ze*, suivant la méthode qu'on a cherché sans succès à substituer à l'ancienne.

Ling. — La lettre Z a été empruntée aux Grecs par les Latins, qui nous l'ont ensuite transmise. Mais tandis que, chez nous, le Z est une lettre simple, qui s'articule à peu près comme l'S, mais plus faiblement, elle constituait, chez les Romains, une lettre double qui avait le son de *tz* ou *dz*. C'est d'ailleurs ainsi que les Grecs prononçaient leur ζ, d'où vient notre Z, et que les Italiens prononcent encore cette dernière lettre. En italien, par ex., *Zani* se prononce *Dzani*. Suivant Pline, le Z aurait été ajouté à l'alphabet grec par Palamède, l'un des héros du siège de Troie; mais cette assertion ne saurait être fondée, attendu que les langues sémitiques ont des lettres qui correspondent exactement au Z prononcé *dz*. On peut donc admettre avec Bochart, que les Grecs tiennent cette lettre des Phéniciens.

ZAANDAM. Voy. SAARDAM.

ZABRE. s. m. (gr. ζαϐρὸς, glouton). T. Entom. Espèce de *Coléoptère*. Voy. CARABIQUES.

ZABULON, fils de Jacob, chef d'une des 12 tribus d'Israël (Bible).

ZACATECAS, v. du Mexique, ch.-l. d'État; 30,000 hab. L'État a 528,000 hab.

ZACHARIÆ, célèbre jurisconsulte allem. (1806-1875).

ZACHARIE, roi d'Israël (767 av. J.-C.).

ZACHARIE, un des petits prophètes juifs (VIᵉ siècle av. J.-C.).

ZACHARIE (SAINT), pape de 741 à 752.

ZACINTHE. s. f. (n. d'une île). T. Bot. Genre de plantes Dicotylédones (*Zacintha*) de la famille des *Composées*, tribu des *Liguliflores*. Voy. COMPOSÉES.

ZACYNTHE, nom anc. de l'île de Zante.

ZAFFARIN, petites îles de la Méditerranée, sur la côte du Maroc.

ZAGAIE. s. f. [Pr. *za-ghé*, *g* dur] (esp. *azagaya*, m. s., qui est le mot berbère *zagaya*, avec l'article arabe de *al*). Se dit d'une espèce de lance ou de javelot dont se servent diverses peuplades sauvages de l'Afrique et des îles de l'océan Indien.

ZAGAZIC, v. de la basse Égypte; 20,000 hab.

ZAGROS (Monts), chaîne de montagnes entre la Turquie d'Asie et la Perse.

ZAÏM. s. m. [Pr. *za-imm*] (mot arabe). Soldat turc dont le bénéfice militaire est un peu au-dessus de celui du timariot.

ZAIN. adj. m. [Pr. *zin*] (ital. *zaino*, m. s., d'origine arabe). Épithète qui sert à qualifier la robe d'un cheval, lorsqu'elle est uniforme et sans aucune tache. *Noir franc z. Bai-cerise z. Les chevaux zains sont, dit-on, tout bons ou tout mauvais.*

ZAÏRE, autre nom du fleuve *Congo*. Voy. CONGO.

ZALACCA. s. m. [Pr. *zalak-ka*]. T. Bot. Genre de plantes Monocotylédones de la famille des *Palmiers*. Voy. ce mot.

ZALEUCUS, législateur et philosophe de la Grande Grèce au VIIᵉ siècle av. J.-C.

ZAMA, anc. v. d'Afrique, au S.-O. de Carthage, où Scipion l'Africain vainquit Annibal (202 av. J.-C.).

ZAMBÈZE, fl. de l'Afrique australe, traverse la Cafrerie, se jette dans le canal de Mozambique; 2,500 kil.

ZAMBO. s m. [Pr. *zan-bo*]. T. Relat. Syn. de *Griffe*. Descendant d'un nègre et d'une femme indigène.

ZAMBOANGA, ch.-l. de l'île de *Mindanao*, une des Philippines (Océanie).

ZAMÉES. s. f. pl. (gr. ζημία, dommage). T. Sylvic. Pommes de pin qui s'ouvrent sur l'arbre et peuvent gâter les autres si on ne les enlève pas.

ZAMET, financier du XVIᵉ siècle, favori de Henri IV (1549-1614).

ZAMIÉES, s. f. pl. (R. *Zamia*). T. Bot. Tribu de végétaux de la famille des *Cycadacées*. Voy. ce mot.

ZAMIER. s. m. [Pr. *za-mié*]. T. Bot. Genre de plantes Gymnospermes (*Zamia*) de la famille des *Cycadacées*, tribu des *Zamiées*. Voy. CYCADACÉES.

ZAMORA, v. d'Espagne; ch.-l. de prov.; 14,100 hab. La prov. a 270,000 hab.

ZAMORA, v. du Mexique; 14,400 hab.

ZAMORIN. s. m. Titre sous lequel les anciens voyageurs dans l'Inde désignaient le souverain de Calicut.

ZAMOYSKI, grand chancelier de Pologne (1541-1605).

ZAMRI, roi d'Israël (907 av. J.-C.).

ZANCLE, nom primitif de Messine.

ZANGUEBAR (Côte de), contrée de l'Afrique orientale, le long de l'océan Indien, villes sur la côte : *Quiloa, Mélinde, Mombaz.* Colonies allemandes.

ZANI, ou **ZANNI**. s. m. (ital. *Zani*, dimin. de *Giovanni, Jean*, ou bien du lat. *Sannio*, personnage des farces nommés *Atellanes.*). Personnage bouffon des anciennes comédies italiennes.

ZANONIA. s. (R. *Zanoni*, n. d'un botan. ital.). T. Bot. Genre de plantes Dicotylédones de la famille des *Cucurbitacées.* Voy. ce mot.

ZANTE, anc. *Zacynthe*, une des îles Ioniennes, sur les côtes du Péloponèse ; 44,500 hab., cap. *Zante*, v. forte ; 16,300 hab.

ZANTHOPICRITE. s. f. T. Chim. Syn. de XANTOPICRINE.

ZANTHOXYLÉES. s. f. pl. [Pr. *zanto-ksi-lé*] (R. *Zanthoxylum*, l'un des genres de la famille, du gr. ξανθός, jaune, et ξύλον, bois. Il vaudrait donc mieux écrire *Xanthoxylées*, mais les botanistes ont fixé l'usage contraire). T. Bot. Tribu de végétaux de la famille des *Rutacées.* Voy. ce mot.

Fig. 1.

ZANZIBAR, île de l'océan Indien, sur la côte du Zanguebar, gouvernée par un sultan, pop. 200,000 hab. Cap. *Zanzibar*; 100,000 hab. Ce pays est sous le protectorat de l'Angleterre depuis 1890.

ZAPOLY, nom de 2 rois de Hongrie, *Jean Ier*, et *Jean II* (1487-1540; 1540-1570).

ZAPOROGUES, Cosaques de l'Ukraine, sur la côte E. de la mer d'Azof.

ZARA, v. forte. de la Dalmatie (Autriche-Hongrie), sur l'Adriatique ; 8,000 hab.

ZARATHOUSTRA. Voy. ZOROASTRE.

ZARATITE. s. f. (R. *Zara*, n. de lieu, en Autriche). T. Minér. Carbonate basique de nickel, d'un beau vert émeraude.

ZÉA ou **ZIA**, anc. *Céos*, l'une des Cyclades.

ZÉAGONITE. s. f. T. Minér. Variété de Gismondine.

ZÉASITE. s. f. [Pr. *zé-a-zite*]. T. Minér. Variété d'Opale.

ZÈBRE. s. m. (mot éthiopien). T. Mamm. Les trois espèces du genre *Cheval* qui sont propres à l'Afrique, offrent ce caractère singulier, que toutes sont marquées de bandes foncées qui sont disposées régulièrement sur le fond clair de leur robe.

I. — Le *Zèbre* (*Equus zebra*) [Fig. 1] a presque les formes de l'Ane ; mais sa taille est bien plus élevée, et la richesse de sa robe le distingue nettement de toutes les autres espèces de la famille des Équidés. Le fond de son pelage est blanc, glacé de jaunâtre, et cette teinte règne seule sous le ventre et à la partie supérieure et interne des cuisses. Partout ailleurs, ce fond est rayé de bandes dont la direction est perpendiculaire à l'axe de la partie qu'on observe, excepté sur le chanfrein où cette direction est longitudinale. La couleur de ces bandes est noire ou d'un brun presque noir, sauf sur le museau où elle est rousse ; mais le tour de cette dernière partie est tout entier d'un brun noirâtre. Le Z. habite l'Afrique australe ; mais il s'étend, d'une part, jusqu'au Congo, et, de l'autre, jusqu'à l'Abyssinie. Les Romains ont connu le Z., qu'ils nommaient pittoresquement *Hippotigre*.

II. — Le *Couagga* (*Eq. quaccha*) atteint à peu près la taille d'un cheval de moyenne grandeur ; il en rappelle aussi assez bien les formes par la légèreté de sa taille, la petitesse de sa tête et la brièveté de ses oreilles ; mais à la queue, la bande dorsale et les barres transversales de l'Ane. Son poil, sur le cou et sur les épaules, est brun, rayé en travers d'un gris blanc tirant sur le roussâtre, sa croupe est gris-rous-

sâtre, et ses jambes blanchâtres. Cette espèce paraît limitée à la partie méridionale de l'Afrique, où elle habite les plateaux de la Cafrerie. Divers voyageurs l'ont désignée sous le nom de *Cheval du Cap.* Quant à celui de *Couagga*, il lui a été donné à cause de son cri, qui est *couaag*, et qui a quelque analogie avec l'aboiement du chien.

III. — Le *Dauw* (*Eq. montanus* ou *Eq. Burchellii*) [Fig. 2], semble tenir le milieu entre le Zèbre et le Couagga. Il est à peu près de la taille de l'Ane ; mais il n'en a pas les longues oreilles, et ses formes sont beaucoup plus fines. Le fond de son pelage est isabelle, mais il est zébré de raies noires sur la tête, le cou et le tronc. Les raies de l'arrière se portent obliquement en avant. Les jambes et la queue sont blanches. Cette espèce, qu'on désigne encore sous le nom d'*Onagga*, habite le Cap, et vraisemblablement aussi une partie considérable de l'Afrique montagneuse.

IV. — Ces trois espèces africaines pourraient, si elles étaient acclimatées et domestiquées, nous rendre les mêmes services que l'Ane et que nos petites espèces de chevaux. En outre, elles serviraient à donner plus de variété à nos attelages de luxe. Peut-être même pourrait-on obtenir des métis doués de qualités particulières, attendu que ces trois espèces produisent avec l'Ane et avec le Cheval. A plus forte raison, produiraient-elles si on les accouplait entre elles. Le Couagga s'apprivoise aisément et se laisse même atteler. On a réussi également à atteler le Dauw. Quant au Zèbre, il semble devoir être plus difficile à dompter et à domestiquer; mais il y a une distance infinie entre difficile et impossible. Néanmoins il est vraisemblable que ce dernier, qui habite les plaines les plus chaudes de l'Afrique, aurait de la peine à s'acclimater chez

Fig. 2.

nous. Cette difficulté serait beaucoup moindre pour le Dauw et le Couagga, qui paraissent préférer les régions montagneuses. Ainsi, Isid. Geoffroy Saint-Hilaire dit avoir vu, au Jardin des plantes, dans l'hiver de 1829 à 1830, un Dauw de la Ménagerie, tranquillement couché sur la neige, par 16 degrés centigrades au-dessous de zéro.

ZÉBRÉ, ÉE. adj. (R. *zèbre*). Qui est marqué de bandes foncées sur un fond clair, comme la robe du zèbre.

ZÉBRURE. s. f. Rayure semblable à celle du zèbre.

ZÉBU. s. m. T. Mamm. Espèce de *Ruminant*. Voy. Bœuf.

ZÉBU, une des îles Philippines (Océanie); 200,000 hab., cap. *Zébu*. — Magellan découvrit cette île en 1521, et y fut tué.

ZECHSTEIN. s. m. [Pr. *zek-sta-ïn*] (mot. allem. qui est syn. de *Calcaire pénéen*. Voy. Primaire, D.

ZÉDOAIRE. s. f. [Pr. *zédo-ère*] (arabe-persan, *zedwar*, m. s.). T. Bot. Nom vulgaire du *Curcuma Zerumbet*: on donne aussi ce nom au rhizome de la plante. Voy. Scitaminées, II.

ZÉE. s. m. (gr. Ζεύς, Jupiter, à qui ce poisson était consacré). Syn. de *Dorée*. Voy. Scombéroïdes, V.

ZÉGRIS, tribu maure qui passa d'Afrique en Espagne, et qui est célèbre par ses rivalités avec les Abencérages.

ZÉINE. s. f. (gr. ζέα ou ζειά, épeautre). T. Chim. Principe azoté, retiré de la farine de maïs.

ZEÏTOUN (Golfe de), anc. golfe *Maliaque*, dans la mer Égée.

ZEÏTOUN, v. de l'île de Malte, près de la Valette; 4,000 hab.

ZÉLANDE. prov. des Pays-Bas, composée principalement d'îles entre les bouches de l'Escaut et de la Meuse; 196,400 hab., ch.-l. *Middelbourg*, v. pr. *Flessingue*. = Nom des hab. : Zélandais, aise.

ZÉLANDE (NOUVELLE-), archipel de la Polynésie, colonie anglaise, comprenant surtout des grandes îles : *Ika-*

Namawi, au Nord, et *Tavaï-Pounamou*, au Sud.; pop. 500,910 Européens; 45,000 indigènes ; cap. *Auckland*.

ZÉLATEUR, TRICE. s. (lat. *zelator*, m. s., de *zelus*, zèle). Celui, celle qui est animée d'un grand zèle, et qui agit avec ardeur pour la patrie et la religion. S'est dit d'abord des Juifs qui, lorsque la Judée fut réduite en province romaine, poussaient avec ardeur le peuple à secouer le joug. Ne s'emploie guère aujourd'hui qu'avec une nuance de dénigrement. *Il ne faut pas toujours se fier à ces ardents zélateurs de la religion.* || Religieux chargé de veiller sur les novices. ; Par extension, se dit d'un partisan outré d'une chose. *La musique italienne et le chant français avaient chacun leurs zélateurs.*

ZÈLE, v. de Belgique, sur l'Escaut (Flandre Orientale); 13,000 hab.

ZÈLE. s. m. (lat. *zelus*, m. s., du gr. ζῆλος, passion, de ζέω, je bous). Affection vive, ardente, pour le bien, pour les intérêts d'une personne ou d'une chose. *Le z. pour la patrie, pour le bien public. Témoigner du z. pour les intérêts de ses amis. Il affecte un grand z. pour vous.* — *Faire du z.*, chercher à se montrer zélé. || Se dit plus ordinairement de l'ardeur en faveur des choses de la religion. *Des missionnaires animés d'un saint z.* || *Z. indiscret, inconsidéré*, Celui qui n'est pas réglé par la prudence; *Z. aveugle, faux z.*, Zèle mal conduit, mal entendu ; *Z. prudent, éclairé*, se dit par opposition à *Z. indiscret* et à *z. aveugle*. || Zèle, se dit aussi simplement pour dévotion. *Elle était un grand z. Son z. s'est bien refroidi. La tiédeur de son z. me surprend.* || T. Hist. Juive. *Jugement de z.*, lapidation infligée sur l'heure aux blasphémateurs et aux idolâtres. = Syn. Voy. Empressement.

ZÉLÉ, ÉE. adj. Qui a du zèle. *Un prédicateur fort z. Il est z. pour la religion, pour le bien public. Il se montre z. pour ses amis. Ce domestique, ce commis est fort z.* || Dans le langage familier, s'emploie quelquefois subst. *C'est un z., une zélée. C'est une de nos zélées.*

ZEMBLE (NOUVELLE-), groupe de deux îles russes dans l'océan Glacial, séparées de la Russie par le détroit de Kara.

ZEMBRA, petite île dans le golfe de Tunis (Méditerranée).

ZEMNI. s. m. T. Mamm. Nom vulgaire d'une espèce de Rongeur. Voy. Spalax.

ZEND, ZENDE. adj. [Pr. *zinde*]. Se dit de la langue des anciens Perses. *La langue zende. Les caractères zends.* = Zend. s. m. Cette langue, et aussi la doctrine religieuse de Zoroastre. = Zend-Avesta. s. m. Recueil des livres sacrés des Parsis.

ZEND-AVESTA. s. m. Nom donné aux livres sacrés des Guèbres ou Parsis, ou adorateurs du feu, et dont on attribue la composition à Zoroastre ou Zarathustra. Le mot *Avesta* signifie littéralement texte, et le mot *Zend*, le commentaire destiné à interpréter le texte. Cette œuvre importante se divise en deux parties bien distinctes : d'une part, le *Vendidad-Sadé*, écrit en langue zende et comprenant le *Vendidad*, le *Yaçna* et le *Vispered*, et d'autre part, le *Boundehech*, ouvrage beaucoup plus récent et moins intéressant, écrit en langue pehlvi et probablement traduit d'un ancien original zend qui a disparu.

Le *Vendidad* est partagé en vingt-deux *fargards* ou divisions qui traitent principalement de cosmogonie et de prescriptions diverses, et peuvent être considérés comme le code des anciens Parsis. Le *Vispered* et le *Yaçna* sont des ouvrages liturgiques. Ces trois livres sont des documents de premier ordre, à cause de leur importance et de leur antiquité. Ils intéressent à la fois la philologie, l'ethnographie et la philosophie. La langue zende, dans laquelle ils sont écrits, a été reconstituée par Eugène Burnouf, qui, aidé de sa connaissance du sanscrit et des principes de la grammaire comparée, parvint le premier à déchiffrer les manuscrits des Parsis. Cette langue, très ancienne et voisine du sanscrit, avait cessé d'être parlée longtemps avant l'ère chrétienne. Elle ne dérive pas du sanscrit, mais provient de la même souche, et fait partie du groupe des langues aryennes. C'est elle qui a formé le vieux perse d'où sont dérivés, après des mélanges sémitiques, le pehlvi, le parsi, et enfin le persan moderne. Parmi ses caractères grammaticaux, nous signalerons l'*a* privatif, comme dans le sanscrit et le grec, l'absence d'article et de prépositions, celles-ci étant remplacées par des affixes, l'usage des trois genres et un temps conjonctif qui manque dans le sanscrit. Voy. IRANIEN.

Il est bien certain que le fonds du Z.-Avesta n'est pas l'œuvre personnelle de Zoroastre. Celui-ci doit être considéré comme un législateur qui mit en ordre et rédigea un certain nombre de traditions religieuses déjà anciennes au temps où il vivait. Du reste, la patrie, de ce personnage célèbre, et l'époque où il vécut sont également inconnues. Sur le premier point l'opinion la plus répandue est qu'il habitait la Bactriane ou l'Iran septentrional. Sur le second point, l'opinion la plus générale de l'antiquité grecque était qu'il vivait environ cinq mille ans avant la guerre de Troie. Au XVIIIe siècle, certains savants ont cru pouvoir affirmer, au contraire, que Zoroastre avait vécu du temps de Darius, fils d'Hystaspe. La critique moderne a fait justice de cette hypothèse qui ne reposait en fin de compte que sur une vague similitude entre le nom de l'antique législateur et celui d'un personnage obscur, et qui du reste est ruinée par ce fait que la langue du Z.-Avesta est bien différente de celle des inscriptions cunéiformes du temps des guerres médiques, et présente un caractère beaucoup plus archaïque. Ce qui paraît certain, c'est que la rédaction du Z.-Avesta remonte à une très haute antiquité et est peut-être antérieure au brahmanisme.

Quoi qu'il en soit, la religion de Zoroastre dominait dans l'Iran à l'époque où les Grecs commencèrent à visiter l'Orient. Cette religion est aujourd'hui désignée par les savants sous le nom de *Mazdéisme* : on l'appelle encore communément *Magisme*, du titre de *Mages* que les anciens donnaient aux prêtres de ce culte. L'idée fondamentale est le dualisme de deux principes, l'un bon et l'autre mauvais, la lutte entre la lumière et les ténèbres, lutte qui doit se terminer par la défaite des ténèbres. Ces deux principes sont personnifiés dans *Ormuzd*, le dieu de la lumière, le principe du bien, et dans *Ahriman*, le dieu des ténèbres, le principe du mal ; mais au-dessus de ce dualisme existe un principe suprême de la dualité, l'éternel *Zervané Akéréné*, personnifiant le temps sans borne et créateur d'Ormuzd et d'Ahriman. La lutte entre les deux principes était engagée lorsque, pour combattre le mal produit par Ahriman, l'Être suprême ordonna à Ormuzd de créer le monde visible, lequel doit durer 12,000 ans, divisés en 4 âges égaux. Pendant le premier âge, Ormuzd fut le seul maître de l'univers ; dans le second, Ahriman commença de faire sentir son action ; dans le troisième, qui est la période actuelle de l'humanité, la lutte est égale ; et enfin, dans le quatrième, Ahriman, d'abord vainqueur, finira par être anéanti. Ormuzd commença la création du monde visible en produisant les innombrables *Fervers*, idées invisibles des objets visibles, qui sont placés au ciel comme des sentinelles vigilantes contre Ahriman, et protègent les hommes pieux sur la terre. Il créa ensuite le ciel et la terre sur laquelle il posa le mont *Alborj* où il fixa sa résidence. Du sommet de cette montagne, le pont *Tchinevad* conduisait à la voûte céleste (*Dorodman*), séjour des *Fervers* et des bienheureux. Sous ce pont était un affreux abîme nommé *Dousak*, habitation d'Ahriman. Ormuzd créa ensuite les astres destinés à l'éclairer dans sa lutte contre son ennemi. Ce dernier, à la brillante création de son rival, sut en opposer sur-le-champ une autre malfaisante destinée à la combattre. Pendant la seconde période de 3,000 ans, Ahriman commença le combat ; mais à la vue de l'éclat qui entourait son rival, il retomba dans son empire ténébreux où il demeura le reste de cette période, tandis que son adversaire employa à créer 7 *Amschasfands* ou *Amschaspands* et 28 *Izeds*, généraux et officiers de l'armée céleste, chargés de veiller sur toutes les parties du monde et sur les hommes, et enfin de produire le grand taureau *Aboudad*, renfermant les germes de toute vie physique. Le plus grand et le plus brillant des *Izeds* est *Mithra*, qui ouvre la terre de fruits, de fleurs et de verdure, la défend des attaques d'Ahriman, lui dispense la lumière, et conserve la vigueur et la santé. Ahriman, de son côté, continuait son horrible création, et à chaque être lumineux enfanté par Ormuzd, il opposait un *Dev*, être malfaisant d'une égale puissance. Au commencement de la troisième période, une lutte terrible s'engagea. Ahriman tenta une seconde fois l'escalade du ciel : il fut précipité de nouveau ; mais, en tombant, il put, sous la forme d'un serpent, s'introduire sur la terre et corrompre toute la création avant d'être rejeté dans le Dousak. Le taureau, blessé par lui, mourut. De son épaule droite, sortit le premier homme,

Kaiomortz, et les différentes parties de son corps donnèrent naissance aux races des animaux bienfaisants et à toutes les plantes utiles, contre lesquels Ahriman créa aussitôt les animaux et les plantes nuisibles. Il tua ensuite Kaiomortz, d'où sortit dix ans plus tard le premier couple, *Meskhia* et *Meskhiane*, qu'il séduisit à l'aide de lait de chèvre et de fruits, et auquel il fit perdre ainsi les béatitudes célestes et l'immortalité. Enfin, après 90 jours et 90 nuits de batailles acharnées, Ahriman fut vaincu ; mais il revint de nouveau à la charge, et cette fois il remporta la victoire. Depuis ce moment, les maux inondent la terre, et Ahriman et ses satellites épient toutes les occasions d'entraîner l'homme au mal.

À l'instant où les âmes quittent le corps, elles arrivent sur le pont Tchinevad où est le tribunal d'Ormuzd. L'âme du juste franchit le pont sous la garde du chien *Sovra*, tandis que l'âme du méchant est précipitée dans le noir royaume d'Ahriman. Quand la période de 12,000 ans approchera de sa fin, Ormuzd enverra pour sauver l'humanité le prophète *Sosiosch*, qui convertira tous les hommes à la foi divine, et les préparera à la résurrection générale. La comète malfaisante *Gourzcher* traversera l'espace et heurtera la terre qu'elle réduira en cendres, et, devenue elle-même un torrent de feu, elle se précipitera dans le Dousak où elle purifiera les âmes des méchants et même Ahriman et ses satellites. Alors renaîtra un nouvel univers, pur, parfait et immortel : Ahriman lui-même, se confondra, ainsi qu'Ormuzd, dans l'éternel et chantera les louanges de la lumière. La morale du mazdéisme est très pure et très élevée. Les vertus domestiques y sont en grand honneur. Le mensonge est considéré comme déshonorant. L'organisation civile est le despotisme du souverain, avec le partage de la nation en castes, et un grand pouvoir accordé à la caste des prêtres ou *Mages*. Parmi les préceptes du culte, les purifications jouent un grand rôle, et comme le feu est considéré comme l'agent purificateur par excellence, il est l'objet d'une sorte d'adoration. On rend un culte au feu naturel du soleil et des astres, ce qui a fait confondre la religion des Perses avec le polythéisme planétaire des Babyloniens ; on adore aussi le feu destiné à tous les sacrifices, et c'est ces pratiques qui font donner le nom d'adorateurs du feu aux Guèbres ou Parsis modernes qui sont restés fidèles à leur antique religion plus ou moins altérée.

Le mazdéisme demeura la religion nationale de la Perse jusqu'à l'époque de la conquête d'Alexandre. Sous les successeurs de ce prince il commença de décliner, et ne redevint dominant qu'au IIIe siècle de l'ère vulgaire, où il fut rétabli dans son ancienne splendeur par le fondateur de la dynastie des Sassanides, Ardeschir Babekan. Mais lorsque cette dynastie eut été détruite et la Perse conquise par les califes arabes, vers l'an 655, les sectateurs du feu (*Atesch perest*) furent l'objet des persécutions les plus violentes de la part des fanatiques musulmans. Beaucoup embrassèrent le culte des conquérants ; les autres se réfugièrent dans les régions les plus montagneuses de l'empire, ou émigrèrent dans l'Inde. Le nombre des descendants de ces fidèles est aujourd'hui peu considérable. Voy. GUÈBRES.

ZÉNITH. s. m. [Pr. *zé-nite*] (arab., *semt*, chemin ; les astronomes arabes disaient *semt erras*, la voie au-dessus de la tête). T. Astron. et Géogr. Le point où la verticale perce la sphère céleste au-dessus de l'horizon. Le point opposé s'appelle *Nadir*. — *Détermination du z*. Voy. NADIR.

ZÉNITHAL, ALE. adj. 2 g. Qui a rapport au zénith. *Secteur z.* Instrument qui servait à mesurer les distances zénithales des étoiles qui passent près du zénith, et qui se composait essentiellement d'un fil à plomb, d'une lunette destinée à viser l'astre, et d'un segment de cercle vertical auquel on donne un grand rayon afin que les divisions tracées sur le limbe soient plus espacées.

ZÉNOBIE, reine de Palmyre, régna après la mort de son mari Odenath (266), et soumit toute l'Asie Mineure. Aurélien la vainquit, la fit prisonnière, et la fit marcher devant son char de triomphe à Rome (273).

ZÉNON d'Élée, philosophe grec (Ve s. av. J.-C.), fut le créateur de la dialectique.

ZÉNON de Cittium (v. de l'île de Chypre), philosophe grec (362-260 av. J.-C.), enseigna à Athènes dans le *Portique*, et fut le fondateur de l'école stoïcienne.

ZÉNON l'Isaurien, empereur d'Orient (474-491), détourna les Ostrogoths de l'Orient sur l'Italie.

ZÉNONIQUE. adj. 2 g. Qui est relatif à la doctrine de Zénon de Cittium.

ZÉNONISME. s. m. Se dit de la philosophie de Zénon d'Élée. Voy. Philosophie, III, B.

ZENTA, v. de Hongrie, sur la Theiss; 21,000 hab. — Victoire du prince Eugène en 1697.

ZÉOLITHE ou **ZÉOLITE.** s. f. [Pr. zé-olite] (gr. ζέω, je bous; λίθος, pierre, parce que ces minéraux bouillonnent dans la flamme du chalumeau). T. Minér. Sous le nom de Zéolites on a réuni un certain nombre de silicates hydratés qui remplissent les cavités des roches amygdalaires, et que l'on rencontre aussi dans les dépôts des sources thermales. Les zéolites sont généralement blanches; leur densité varie entre 2 et 2.5. Elles sont décomposables par les acides. Placées dans l'air humide, elles absorbent une certaine quantité d'eau, qu'elles perdent facilement par dessiccation. La plupart se gonflent et bouillonnent lorsqu'on les expose à la flamme du chalumeau. Leurs formes cristallines présentent une certaine analogie, bien qu'elles appartiennent souvent à des systèmes différents.

Les zéolites sont constituées par des silicates hydratés d'alumine et de divers protoxydes : potasse, soude, chaux, baryte. L'oxygène de l'alumine est à l'oxygène des protoxydes dans le rapport de 3 à 1. — Le Mésotype et ses variétés (Natrolite et Radiolite) ne contiennent d'autre protoxyde que de la soude. L'Analcime, la Gmelinite, la Faujasite, la Thomsonite et la Mésolite contiennent en outre de la chaux. La Gismondine, la Christianite et la Phillipsite renferment de la chaux et de la potasse. Dans la Chabasie, la Heulandite, la Lévyne et la Stilbite, on rencontre à la fois de la soude, de la potasse et de la chaux. La Laumonite, la Scolésite et la Prehnite n'ont que de la chaux. Les zéolites renfermant de la baryte sont l'Harmotome, l'Edingtonite et la Brewstérite ; cette dernière contient en même temps de la strontiane.

L'Apophyllite, la Pectolite et la Datolithe, bien qu'elles soient exemptes d'alumine, se rapprochent des zéolithes par leur mode de gisement et par la manière dont elles se comportent au feu du chalumeau.

ZÉPHAROWICHITE. s. f. [Pr. zéfaro-vi-chite] (R. Zépharowich, n. d'homme]. T. Minér. Phosphate hydraté d'alumine, en masses cornées, verdâtres ou jaunâtres.

ZÉPHIRE ou **ZÉPHYRE.** s. m. (lat. zephyrus; gr. ζέφυ-ρος, m. s., de ζωή, vie, et φέρω, je porte). Les Grecs donnaient au vent d'ouest le nom du ζέφυρος, dont nous avons fait Zéphire. Comme le z. était pour la Grèce le vent le plus doux et le plus agréable, les Grecs l'avaient divinisé, et nous savons que ce dieu avait un autel à Athènes. Hésiode dit que Zéphyre était fils d'Astréus et de l'Aurore, et les poètes, qui le font l'amant de Flore, le représentent sous la figure d'un jeune homme demi-nu, portant une légère corbeille pleine de roses et de fleurs, qu'il répand sur la terre tandis qu'il parcourt les airs.

ZÉPHIRIN (saint), pape de 202 à 218. — Fête le 16 juillet.

ZÉPHYR. s. m. [Pr. zé-fir] (R. Zéphyre, n. mythol.). Vent tiède, léger et agréable : Un agréable zéphyr; Un zéphyr rafraîchissant; Les doux zéphyrs, etc.

Tout vous est aquilon, tout me semble zéphyr.

La Fontaine.

— En terme de danse, on appelle Pas de Z. un pas qui se fait en se tenant sur un pied et en balançant l'autre en avant et en arrière.

ZERDO. s. m. (R. Zerde, montagne de la Perse). T. Mamm. Nom vulgaire du Fennec. Voy. Renard.

ZÉRO. s. m. (ital. zéro, m. s., dérivé de zefiro, qui vient de l'arabe cifron, vide). T. Arithm. Caractère ou signe numérique en forme d'O, qui n'a aucune valeur par lui-même, mais qui sert, dans le système de numération moderne, à remplir la place de tout ordre d'unités qui manque dans l'énonciation d'un nombre. Trois zéros, placés à la droite du chiffre 5, font cinq mille. Voy. Chiffre et Numération. — Prov., C'est un z... un vrai z., un z. en chiffre, se dit d'un homme qui ne jouit d'aucune considération, ou qui n'est bon à rien. Sa fortune est réduite à z. Elle est réduite à rien. — Ajouter des zéros à un compte, grossir la note. || Zéro, en parlant d'instruments gradués, désigne le point d'où l'on part pour compter les degrés. Le thermomètre est à z., à 16 degrés au-dessus de z., à 5 degrés au-dessous de z.

ZEST. s. m. [Pr. zeste] (R. zeste). N'est usité que dans cette phrase proverb. et fam., Il est entre le zist et le z., qui se dit de quelqu'un qui hésite entre deux partis. On dit aussi d'une chose qui n'est ni bonne ni mauvaise. Cela est entre le zist et le z. || Zest s'emploie encore en manière d'interj., quand on rejette ce que dit une personne ou quand on s'en moque. Il se vante de faire telle chose, z.! — Se dit quelquefois pour indiquer la promptitude, la légèreté. Et z., il s'échappa de mes mains Vx.

ZESTE. s. m. (lat. schistus, gr. σχιστός, fendu). L'espèce de cloison membraneuse qui divise l'intérieur de la noix en quatre loges incomplètes. Le z. d'une noix. — Fig. et fam., on dit d'une chose de peu de valeur ou dont on ne fait aucun cas, Je n'en donnerais pas un z. || Se dit encore de l'écorce extérieure jaune et odorante de l'orange, du citron etc. Des zestes de citron. Des zestes confits.

ZÉTÉTIQUE. adj. 2 g. (gr. ζητητικός, m. s., de ζητέω, je cherche). Se dit de la méthode qu'on emploie dans la recherche du vrai, ou dans la solution d'un problème. Procédé z. La méthode z., et subst., La z.

ZEUGITANE, anc. région de l'Afrique romaine où se trouvaient Carthage et Utique.

ZEUGITE. s. f. [Pr. zeu-jite] (gr ζεῦγος, paire). T. Minér. Phosphate hydraté de chaux, en cristaux monocliniques, jaunâtres, dans le guano.

ZEUGLODONTIDES. s. m. pl. (gr. ζεύγλη, fourche; ὀδούς, ὀδόντος, dent). Fam. de Cétacés fossiles dont certains auteurs font un sous-ordre sous le nom d'Archæocètes (ἀρχαῖος, ancien; χῆτος, baleine). Ces Mammifères marins qui vivaient à l'époque éocène présentaient quelques caractères des Mammifères terrestres. La tête était allongée, semblable à celle des Crocodiliens, leur mâchoire présentait des incisives, des canines et des molaires à deux racines, d'où leur nom ; il existait une dentition de lait, leurs vertèbres cervicales étaient libres, les doigts passablement mobiles; pas de membres postérieurs.

Cette famille ne renferme qu'un seul genre, le genre Zeuglodon commun aux États-Unis où l'on a trouvé des squelettes dépassant 20 mètres de long. Nous citerons cependant ici le genre Squalodon du miocène d'Europe qui ne diffère guère du précédent que par un crâne moins allongé.

ZEUGMA. s. m. (gr. ζεῦγμα, conjonction). T. Gramm. Figure de grammaire qui consiste à lier deux ou plusieurs phrases ou membres de phrase, de telle sorte qu'un adjectif ou un verbe exprimé dans le premier membre ou la première phrase s'applique également aux autres, sans qu'il soit besoin de le répéter. Nous citerons comme exemple ces vers de Delille :

Un précepte est aride, il le faut embellir;
Ennuyeux, l'égayer ; vulgaire, l'ennoblir.

ZEUNERITE. s. f. (R. Zeuner, n. pr.). T. Minér. Arséniate hydraté d'uranium et de cuivre, en cristaux quadratiques verts, à éclat nacré.

ZEUS. s. m. [Pr. l's finale]. T. Icht. Voy. Zée et Scombénoïdes, V. || T. Mythol. Voy. Jupiter.

ZEUXIS, célèbre peintre grec (468-400 av. J.-C.).

ZEUXITE. s. f. [Pr. zeu-ksite]. T. Minér. Variété ferrifère de tourmaline.

ZEUZÈRE. s. f. T. Entom. Espèce de Papillon. Voy. Nocturnes.

ZÉZAIEMENT. s. m. [Pr. zé-zè-man]. Vice de prononciation de ceux qui zézaient.

ZÉZAYER. v. n. [Pr. zé-zè-ié]. Avoir le défaut de prononciation qui consiste à donner le son du z au j et au g doux. — Conj. Voy. PAYER.

ZIA, Voy. ZÉA.

ZIBELINE. s. f. (bas lat. sabellum, m. s., mot qui paraît d'orig. slave). T. Mamm. Espèce de Carnivore. Voy. MARTRE.

ZIBETH. s. m. [Pr. zi-bet] (mot d'orig. orientale, la même que civette). T. Mamm. Espèce de Carnivore. Voy. CIVETTE.

ZICAVO, ch.-l. de c. (Corse), arr. d'Ajaccio; 1,600 hab.

ZIÉGLER (CLAUDE), peintre fr. (1804-1856).

ZIERIKZÉE, v. des Pays-Bas (Zélande); 9,000 hab.

ZIETRISIKITE. s. f. [Pr. zi-tri-zikite]. T. Minér. Variété d'ozocérite trouvée en grandes masses à Zietrisika (Moldavie).

ZIGUELINE. s. f. T. Minér. Cuivre oxydulé. Voy. CUIVRE, VII, B.

ZIGZAG. s. m. [Pr. zig-zag]. Suite de lignes formant entre elles des angles alternativement saillants et rentrants. Un chemin en z. Tracer des zigzags. Marcher en z. — Fam., on dit qu'Un ivrogne fait des zigzags, lorsqu'en marchant il va tantôt d'un côté, tantôt d'un autre. || T. Guerre. Se dit des tranchées en z. qui mettent en communication les parallèles. || T. Mécan. Sorte de machine formée d'une série de pièces de fer ou de bois, articulées ensemble de manière à représenter une suite d'X, en sorte qu'elles se plient les unes sur les autres, et qu'ainsi la machine s'allonge ou se raccourcit à volonté. Le z. est employé dans les souffleries d'orgues. Le z. est aussi le principe d'un jeu d'enfant où chacun des axes de rotation porte une petite figure de soldat.

ZIMISCÈS, empereur d'Orient (962-976).

ZIMMERMANN, médecin et philosophe suisse (1728-1795).

ZINC. s. m. (all. zinn, étain). T. Chim.
I. — Le Zinc est un métal blanc bleuâtre, à texture lamelleuse ou grenue, suivant qu'il a été coulé à une température élevée ou au voisinage de son point de fusion. Sa cassure fraîche est très brillante, mais se ternit rapidement à l'air. Il est un peu moins mou que le plomb et l'étain: néanmoins il encrasse la lime. Il est peu tenace et peu sonore. Le z. chimiquement pur est ductile et malléable à froid. Mais le z. du commerce est cassant à la température ordinaire; il devient malléable entre 130° et 150°, et se lamine parfaitement à cette dernière température. Chauffé jusqu'à 200°, il devient de nouveau cassant, et même à un tel point, qu'on peut facilement le réduire en poudre au moyen du pilon. Il fond à 360°, et alors, si on le laisse refroidir lentement, il cristallise en prismes hexagonaux ou en pyramides. Au rouge vif, le z. se volatilise; c'est ce qui permet de le séparer, par la distillation, des autres métaux avec lesquels on le trouve toujours combiné. Sa densité varie de 6,86 à 7,21, suivant que le métal a été simplement fondu ou qu'il a été laminé. Le z. chimiquement pur fond à 433° et entre en ébullition vers 930°. Son symbole est Zn, et son poids atomique est égal à 65.
Le z. est inaltérable dans l'air sec à la température ordinaire. Mais dans l'air humide, il se ternit rapidement et se recouvre d'une couche formée par de l'hydrate et du carbonate de zinc: cette couche, qui est très mince, forme une sorte de vernis qui préserve le reste du métal. Chauffé au contact de l'air, à une température supérieure à celle de son point de fusion, le z. prend feu et brûle avec une flamme blanche très brillante. L'éclat de cette flamme est dû à la vapeur de l'eau, brûlant dans l'air, forme de l'oxyde de z., composé qui est complètement fixe, et dont les particules portées à une température très élevée communiquent à la flamme une blancheur éblouissante. Les artificiers ont tiré parti de cette propriété pour obtenir les étoiles si blanches et si brillantes que projettent dans l'air, lorsqu'elles éclatent, les chandelles romaines. Au-dessus de 100°, le z. décompose la vapeur d'eau avec dégagement d'hydrogène et se change en oxyde. — Tous les acides minéraux et même les acides orga-

niques les plus faibles attaquent le z. Le plus souvent, le métal se substitue à l'hydrogène de l'acide; il se forme un sel de z. et l'hydrogène se dégage. Dans certains cas, l'acide est plus ou moins réduit par le métal. C'est ainsi qu'avec l'acide azotique on peut obtenir du bioxyde ou du protoxyde d'azote, et même de l'azote ou de l'ammoniaque. Avec l'acide sulfurique concentré et chaud, on obtient de l'anhydride sulfureux, tandis qu'à froid et en présence de l'eau il ne se produit que du bioxyde. L'acide sulfureux dissout le z. sans dégagement de gaz, en formant du sulfate de z. et de l'acide hydrosulfureux. — Le z. se dissout encore, avec dégagement d'hydrogène, dans les solutions bouillantes de potasse et de soude; on obtient alors des zincates, c.-à-d. des combinaisons d'oxyde de z. avec la potasse ou la soude. La réaction s'opère même à la température ordinaire, si l'on plonge dans la liqueur une lame de fer en même temps que le z.
Les dissolutions de la plupart des sels métalliques sont attaquées par le z. Le cuivre, le plomb, l'étain, l'antimoine et les métaux précieux sont précipités de leurs solutions et remplacés par ce métal. Les solutions de sel marin, et en particulier l'eau de mer, dissolvent lentement le z. en dégageant de l'hydrogène. Les sels stanniques sont d'abord réduits à l'état de sels stanneux; les sels ferriques sont ramenés à l'état de sels ferreux; les azotates, les chromates, les permanganates sont également réduits. — Les propriétés réductrices du z., assez faibles quand le métal est compact et parfaitement pur, deviennent fort énergiques lorsqu'il est très divisé ou lorsqu'il est mélangé avec d'autres métaux. La poudre de z. qui se condense, comme nous le verrons plus loin, dans les appareils de distillation du z., est un agent très actif de réduction et d'hydrogénation; elle est fort employée dans les laboratoires, principalement pour les travaux de chimie organique. Un autre réducteur très énergique est le couple z.-cuivre : ce sont des lames minces de z. que l'on a recouvertes d'une couche de cuivre précipité en les plongeant dans une solution de sulfate de cuivre. On peut aussi préparer ce couple à sec, en chauffant ensemble de la limaille de z. et de la poudre de cuivre jusqu'à ce que le z. ait pris une teinte noir brillant.
Le z. du commerce n'est jamais pur; il contient toujours, quoique en proportions minimes, du fer, du plomb, de l'arsenic, etc. Pour le purifier, on lui fait subir une ou plusieurs distillations, car nous avons vu que ce métal est très volatil. A cet effet, on place dans un fourneau un creuset de terre percé à son fond. Ce fond est muni d'une ouverture à laquelle on ajuste un tube d'argile ouvert à ses deux extrémités, de manière que son orifice supérieur se trouve vers la partie supérieure du creuset, tandis que l'inférieur reste libre au-dessous du fourneau qu'il dépasse par en bas. Après avoir mis dans le creuset le z. qu'on veut distiller et avoir luté le couvercle, on chauffe en l'entourant de combustible. Lorsque le métal entre en ébullition, les vapeurs qu'il produit s'élèvent dans la partie vide du creuset où aboutit l'orifice supérieur du tube, descendent dans ce tube, s'y condensent, et vont tomber à l'état liquide dans une terrine pleine d'eau placée au-dessous de l'orifice inférieur du tuyau. Ce mode de distillation porte le nom de distillation per descensum.
II. Combinaison du zinc avec l'oxygène. — On ne connaît qu'un seul Oxyde de z.; il a pour formule ZnO et constitue le Blanc de z. du commerce. On l'obtient en chauffant le métal au contact de l'air jusqu'à ce qu'il s'enflamme. Il se produit alors une matière blanche floconneuse qui se dépose en partie sur les bords du creuset, tandis que l'autre partie se dégage dans l'atmosphère, où elle est entraînée par le courant d'air à cause de sa légèreté. L'oxyde de z. ainsi obtenu était appelé par les anciens chimistes Fleurs de z., Nihil album, Lana philosophica et Pompholix. Mais comme il contient toujours des parcelles de métal qui ont échappé à l'oxydation, il faut le purifier au moyen de la lévigation. On a de l'oxyde de z. plus pur encore, en décomposant par la chaleur de l'azotate ou du l'hydrocarbonate de z. L'oxyde pur est blanc; mais, chauffé à une température élevée, il devient d'un beau jaune, puis il reprend sa blancheur à mesure qu'il refroidit. Il est insoluble dans l'eau, infusible et complètement fixe. C'est un oxyde indifférent qui se dissout dans les alcalis aussi bien que dans les acides, en formant dans les deux cas des sels bien définis. A cet oxyde correspond un Hydrate de z. Zn(OH)² qu'on obtient par voie de précipitation, en ajoutant de la potasse à la solution d'un sel de z.; l'hydrate de z. forme un précipité blanc, volumineux, soluble dans un excès de potasse ou d'ammoniaque. Vis-à-vis des acides il se comporte comme une base assez énergique et forme des sels de z. qui sont isomorphes avec les sels de magnésie et les

sels ferreux. Ce même hydrate de z. joue le rôle d'acide vis-à-vis des alcalis : il s'y dissout en donnant naissance à des *Zincates*, tels que le *Zincate de potassium* $Zn(OK)^2$, sel cristallisable et soluble dans l'eau.

III. *Combinaisons du zinc avec les autres métalloïdes.* — Le *Chlorure de z.* a pour formule $ZnCl^2$. Il se produit à l'état anhydre lorsqu'on fait brûler le z. dans le chlore, ou lorsqu'on fait agir le gaz chlorhydrique sur le métal. Pour l'obtenir à l'état de solution, il suffit de traiter le z. par l'acide chlorhydrique aqueux, qui le dissout rapidement avec dégagement d'hydrogène. La dissolution évaporée donne une matière blanche de consistance butyreuse, d'où le nom de *Beurre de z.* sous lequel les anciens chimistes désignaient ce composé. Si l'évaporation n'est pas poussée trop loin, il cristallise par le refroidissement. Le chlorure de z. est très soluble dans l'eau et dans l'alcool. Il attire fortement l'humidité de l'air, et tombe en deliquium. Ce composé fond à 250° et se volatilise au rouge. Le chlorure fondu est un agent de déshydratation très énergique. Sa solution jouit de propriétés désinfectantes. Le chlorure de z. peut former des sels doubles en s'unissant aux chlorures alcalins ou au chlorhydrate d'ammoniaque. — Les *Oxychlorures de z.* résultent de la combinaison du chlorure avec l'oxyde de z. en proportions variables. On les obtient, soit en évaporant à sec la solution aqueuse du chlorure, soit en dissolvant à chaud le z. ou son oxyde dans cette solution. — Le *Bromure et l'Iodure de z.* peuvent se préparer par l'union directe des éléments ou par l'action des hydracides sur l'oxyde de z. — Le *Sulfure* ZnS est très répandu dans la nature et constitue le minerai dont nous parlerons plus loin sous le nom de *Blende*. Il ne fond qu'à une température élevée. Chauffé à l'air il se transforme en sulfate et en oxyde de z. En ajoutant un sulfure alcalin à la solution d'un sel de z. on obtient un précipité de sulfure de z. hydraté, qui se distingue des autres sulfures insolubles par sa couleur blanche. — L'*Arséniure de z.* sert à préparer l'hydrogène arsénié; on l'obtient en fondant du z. avec de l'arsenic. — Pour l'*Azoture de z.* Voy. ZINCAMIDE.

IV. *Sels de zinc.* — Ils sont tous incolores et doués d'une saveur astringente et métallique. Leurs dissolutions donnent, avec la potasse, la soude et l'ammoniaque, un précipité blanc, qui est de l'oxyde de z., et qui se redissout dans un excès de réactif. Les carbonates alcalins donnent aussi un précipité blanc, qui est de l'hydrocarbonate de z. Le ferrocyanure de potassium produit également, dans les dissolutions de sels de z., un précipité blanc; mais ce précipité est insoluble dans un excès de réactif. Le ferricyanure de potassium, au contraire, donne un précipité jaune; c'est le seul précipité de z. qui soit coloré. L'acide sulfhydrique ne produit aucun précipité, si le sel de z. est un peu acide; mais il y a précipitation quand l'acide du sel est de nature organique. Les sulfures alcalins produisent un précipité blanc, qui est insoluble dans un excès de réactif, mais qui se redissout dans l'acide azotique ou chlorhydrique même très étendu. Enfin, calcinés avec l'azotate de cobalt, les sels de z. donnent un produit vert (*Vert de Rinmann*).

Nous avons déjà parlé des sels binaires, tels que le chlorure. Parmi les sels oxygénés, les plus importants sont le sulfate et le carbonate. — Le *Sulfate de z.* ordinaire, obtenu par cristallisation à froid, renferme 7 molécules d'eau et se présente en prismes orthorhombiques, pyramidés, efflorescents; il a pour formule $SO^4Zn + 7H^2O$. Sa saveur est styptique et astringente, et il se dissout dans 4 parties d'eau à la température ordinaire. Chauffé à 100°, il fond dans son eau de cristallisation. Ce n'est que vers 240° qu'il perd sa dernière molécule d'eau. A la température du rouge il se décompose en anhydride sulfureux, en oxygène et en oxyde de z. Calciné avec du charbon, il se convertit en sulfure. Dans les laboratoires, on prépare le sulfate de z. en faisant dissoudre le métal dans l'acide sulfurique étendu d'eau. Mais, dans l'industrie, on le prépare par le grillage du sulfure de z. naturel appelé blende. Une partie du soufre de ce dernier se dégage à l'état d'anhydride sulfureux, tandis qu'une partie du sulfure se transforme en sulfate, si la température n'est pas trop élevée. On traite la masse par l'eau, puis on évapore la dissolution jusqu'à ce que le sulfate cristallise. Enfin, on fait fondre ces cristaux dans leur eau de cristallisation, et l'on verse la liqueur dans des moules en forme de briques carrées. Cette dernière opération n'a d'autre but que de rendre le sulfate de z. plus aisément transportable, et c'est sous la forme de brique qu'on trouve ce sel dans le commerce, où on le désigne sous les noms de *Vitriol blanc* et de *Couperose blanche*. — Le *Carbonate de z.* CO^2Zn se trouve en abondance dans la nature. On peut l'obtenir artificiellement en

faisant agir un carbonate alcalin sur un sel de z. à une température élevée. En solution aqueuse, les carbonates alcalins précipitent les sels de z. et donnent naissance à divers *Hydrocarbonates de z.*; ces carbonates hydratés sont des sels basiques que l'on peut considérer comme des combinaisons d'hydrate de z. avec le carbonate anhydre. La couche mince qui ternit la surface du z. exposé à l'air humide est aussi un hydrocarbonate. — Le *Silicate de z.* est ordinairement associé au carbonate dans le minerai appelé *Calamine*; nous en parlerons plus loin.

V. *Alliages du zinc.* — Le z. s'allie avec une foule de métaux. Nous avons parlé ailleurs de l'alliage qu'il forme avec le *cuivre*, et qui produit le *Laiton* (Voy. CUIVRE, IX); de celui qu'il forme avec le *cuivre et l'étain*, et d'où résulte le *Bronze* (Voy. ce mot); et de celui qu'il forme avec le *fer*, et qui constitue le *fer zingué* ou *fer galvanisé* (Voy. FER, IX). Allié avec une petite quantité d'*étain* ou de *plomb*, le z., ainsi que l'a constaté le général d'Arlincourt, acquiert la faculté de résister à l'action des solutions acides et salines, et même à celle de l'acide sulfurique à 20°. L'alliage composé de 45 parties de *plomb* avec 55 de z. a le même aspect que ce dernier métal et peut se réduire en feuilles minces. L'alliage de z. et de *nickel* est rouge, et prend sous le brunissoir un beau poli. Le z. entre aussi dans la composition du *Maillechort*, de la *Toutenague*, etc. Voy. CUIVRE, IX.

VI. *Usages du zinc.* — A. Depuis que l'on est parvenu à laminer le z., ce métal s'emploie, concurremment avec le plomb, à couvrir les édifices, et à faire des baignoires, des réservoirs, des tuyaux de conduite, des seaux et une foule d'ustensiles. L'emploi du z. comme toiture offre surtout cet avantage, qu'il est beaucoup moins pesant que l'ardoise. En effet, tandis qu'une toiture de z. ne pèse que 7 à 8 kilogrammes par mètre carré, une toiture d'ardoise pèse de 17 à 20 kilogrammes et une de tuile environ 80 kilogrammes. Néanmoins, en raison de sa combustibilité, on doit exclure le z. des édifices qui sont exposés à des chances d'incendie particulières. De plus, comme ce métal est très dilatable (sa dilatabilité linéaire est 1/340 pour l'intervalle compris entre 0° et 100°), il est nécessaire, quand on l'emploie pour couvrir un édifice, de ne pas contrarier ses mouvements alternatifs de dilatation et de resserrement. On doit également exclure les clous de fer, parce ce motif qu'ils favorisent l'altération du z. C'est au moyen d'agrafes qu'on fixe les feuilles les unes aux autres. Enfin, il faut encore éviter de laisser le z. en contact avec le plâtre ou les mortiers calcaires, car, sans cela, les feuilles se corroderaient promptement dans toute leur épaisseur. Quant aux ustensiles fabriqués avec le z., on ne doit jamais s'en servir pour renfermer du lait, du vin, de l'eau-de-vie, du bouillon, des huiles grasses, des dissolutions salines, ou des acides, quelque faibles que soient ces derniers, car toutes ces substances attaquent le z., et les acides qu'elles contiennent forment, en se combinant avec lui, des sels vénéneux. Les vases de fer zingué doivent être rejetés pour le même motif, et à plus forte raison, attendu que le fer ainsi étamé est plus facilement attaqué que le z. pur. Cependant le danger disparaît pour les vases de z., lorsque ce métal, ainsi que nous l'avons dit, est allié à une petite proportion d'étain fin ou de plomb. Le z. s'applique encore avec succès à la reproduction des statues, bas-reliefs et autres œuvres d'art qui, recouverts, par la galvanoplastie, d'une couche de bronze, de cuivre, ou même d'argent et d'or, font une concurrence redoutable aux mêmes articles coulés en bronze. On consomme aussi de grandes quantités de z. pour la fabrication des alliages dont nous avons parlé plus haut. Dans toutes les piles électriques usuelles, c'est le z. qu'on emploie comme élément électro-positif, c.-à-d. pour constituer le pôle négatif. Enfin, ce métal peut remplacer la pierre lithographique pour les travaux de grandes dimensions qui n'exigent pas une grande perfection d'exécution. Voy. LITHOGRAPHIE.

B. L'*oxyde de z.* s'emploie beaucoup sous le nom de *Blanc de z.*, dans la peinture à l'huile, pour remplacer la *céruse*, dont la fabrication et la manipulation sont si délétères. Indépendamment de cette raison de salubrité, l'oxyde de z. offre sur la céruse l'avantage de ne pas noircir sous l'influence des émanations sulfureuses. Il est vrai que la peinture au blanc de z. a l'inconvénient d'être moins siccative que la céruse; mais on obvie à cet inconvénient en ajoutant à l'huile qui sert à broyer la peinture une petite quantité d'huile de lin qu'on a chauffée à 200° avec du peroxyde de manganèse ou avec un sel manganeux. On reproche aussi au blanc de z. de couvrir moins bien que la céruse et d'être moins résistant aux intempéries de l'air. Il paraît que la substitution du blanc de z. à la céruse a été proposée d'abord par le chimiste

Courtois, dès 1779, puis par Guyton-Morveau, en 1783; mais c'est au peintre en bâtiments Leclaire que revient le mérite d'avoir popularisé l'oxyde de z., à partir de 1849. On distingue dans le commerce trois sortes d'oxydes de z. pour la peinture. Quand il est floconneux, on le nomme *Blanc de neige*; quand il est pulvérulent, on l'appelle *Blanc de z.*, et, lorsqu'il contient une certaine quantité de z. à l'état métallique, on le désigne sous le nom de *Gris de z.*, à cause de sa couleur. Ce dernier s'emploie pour remplacer le minium. Sorel a indiqué, en 1855, un nouveau procédé de peinture à l'oxyde de z., où il n'est fait aucun usage d'huile, d'essence de térébenthine ou autre liquide de ce genre. On délaye le blanc de z. dans une solution de chlorure de z. à 58° Baumé, additionnée d'un peu de carbonate de soude. On applique ce mélange sur les surfaces à recouvrir, et, en moins de quelques heures, il est déjà adhérent et dur par suite de la formation d'un oxychlorure insoluble. Cette peinture est mate, d'un beau blanc, sans odeur; elle couvre autant que la peinture à l'huile, acquiert une très grande solidité avec le temps, et peut être lavée et brossée sans inconvénient. C'est également un oxychlorure qui se forme lorsqu'on chauffe une solution concentrée de chlorure de z. avec un grand excès d'oxyde. On obtient alors une masse plastique, qui peu de temps devient insoluble et durcit; on peut l'employer soit seule, soit mélangée avec des substances inertes, et l'utiliser comme ciment commun lui, comme mastic dentaire, etc.; on peut aussi en faire des pierres artificielles et des ornements. — L'oxyde de z. sert encore à préparer deux couleurs vertes appelées, l'une *Vert de cobalt* ou *Vert de Rinmann*, et l'autre *Vert de z.* La première s'obtient en délayant l'oxyde de z. dans l'azotate de cobalt, la seconde en combinant cet oxyde avec le sulfate de cobalt. Enfin, disons que l'oxyde de z. est usité assez fréquemment en médecine comme antispasmodique. Mêlé avec parties égales de valériane et de jusquiame, il constitue les fameuses pilules de Méglin.

C. Le *Chlorure de z.* a été aussi vanté comme antispasmodique; mais on l'emploie surtout comme caustique et comme antiseptique. Voy. CAUTÉRISATION. Ce sel entre dans certains mélanges employés par le Dr Sucquet pour conserver les cadavres et les pièces anatomiques. On en a aussi obtenu de fort bons résultats pour la conservation des bois. Nous avons vu tout à l'heure comment on l'utilise pour la peinture et le ciment Sorel.

D. Le *Sulfate de z.* s'emploie dans la teinturerie et en médecine. Les fabricants d'indiennes s'en servent pour la composition de certaines réserves, et la médecine l'emploient comme astringent, en collyres, en injections, etc. On l'utilise surtout comme désinfectant. Autrefois on l'administrait comme vomitif. Au reste, tous les sels de z. sont émétiques à un degré plus ou moins énergique.

E. Enfin, le *Carbonate de z.*, réduit en poudre, est employé pour remplacer la céruse dans la peinture à l'huile, à la manière de l'oxyde du même métal.

VII. *Minéralogie.* — Les minerais de z. sont assez nombreux. La *Blende*, la *Würtzite* et la *Spiauterite* sont des variétés de sulfure de z.; la *Zincite* est l'oxyde de z. anhydre, rouge; la *Voltzine*, un oxysulfure; l'*Hopéite*, un phosphate hydraté; la *Zincosite* et la *Goslarite* ou *Galitzinite* sont des sulfates; l'*Adamine* et la *Kœltingite*, des arséniates. Les minéralogistes français donnent le nom de *Smithsonite* au carbonate anhydre et celui de *Zinconise* à l'hydrocarbonate, qu'on a aussi appelé *Calamine terreuse*. La *Calamine* proprement dite est un silicate hydraté; la *Willemite* est le silicate anhydre. La *Gahnite* ou *Spinelle vert zincifère* est un aluminate de z., avec fer et magnésie. On a longtemps confondu ensemble l'hydro-silicate et le carbonate sous les noms communs de *Calamine*, de *Pierre calaminaire*, de *Terre calaminaire*, et dans la métallurgie on les confond encore, parce qu'ils se trouvent constamment associés dans les mêmes gisements minéraux. Parmi toutes ces espèces, il n'y en a que deux, la Blende et la Calamine, en prenant ce dernier terme dans son ancienne signification, qui soient exploitées. — La *Blende* se rencontre dans presque tous les terrains et accompagne ordinairement d'autres sulfures métalliques, mais particulièrement les sulfures de plomb, de fer et d'argent. Elle se présente sous la forme de cristaux ou de masses lamelleuses, est douée d'un éclat assez vif, mais sa couleur varie du jaune au brun foncé. Sa densité varie aussi de 3,9 à 4,2. Cette substance forme rarement des gîtes à elle seule; elle se trouve principalement avec la galène, où elle est quelquefois en quantité considérable. — La *Calamine* proprement dite, c.-à-d. l'hydro-silicate de z., est une substance lithoïde, ordinairement blanche ou jaunâtre, tendre, assez

pesante, qu'on rencontre quelquefois en petits cristaux orthorhombiques incolores ou jaunâtres, mais le plus souvent en masses compactes, concrétionnées ou caverneuses, quelquefois d'une couleur bleue. On la trouve dans deux gisements différents : en filons, dans les terrains anciens et de transition, à Mallock, Derbyshire; en amas au milieu des terrains de sédiment plus modernes, comme dans les Mendip's Hills, en Angleterre, à Tarnowitz, en Silésie, et à la Vieille-Montagne, près de Moresnet, en Belgique. — La *Smithsonite*, c.-à-d. le carbonate anhydre, se rencontre généralement en masses compactes, d'un blanc jaunâtre ou verdâtre, parfois en stalactites ou sous des formes empruntées au carbonate de chaux, rarement en cristaux, lesquels d'ailleurs sont toujours très petits. Les variétés stalactiformes ou cristallines se trouvent dans divers gîtes métallifères; mais les variétés en masses forment, avec l'hydro-silicate, des couches dans les terrains de sédiment, depuis le terrain carbonifère jusqu'au lias. C'est particulièrement dans ce dernier qu'on le rencontre en France, à Combecave (Lot), à Saint-Sauveur (Hautes-Pyrénées), à Montalet, près d'Uzès, et à Robiac (Gard). La *Zinconise* se trouve en masses terreuses, compactes ou concrétionnées, de couleur blanche ou grisâtre, dans beaucoup de gisements de z.

VIII. *Métallurgie du zinc.* — Les anciens n'ont pas connu le z. à l'état métallique; mais ils connaissaient la calamine, avec laquelle ils fabriquaient le laiton. « C'est, dit J. Girardin, dans les écrits de Paracelse, célèbre alchimiste, mort en 1541, qu'on trouve ce métal décrit pour la première fois sous le nom de z., mot dérivé de *zinn*, nom germanique de l'étain, attendu que jusqu'alors la fusibilité et l'oxydabilité du z. l'avaient fait confondre avec cet dernier. Celui qu'on apportait à cette époque de la Chine et des Indes, où l'exploitation des mines de z. remonte à une époque assez reculée, était appelé *Étain des Indes*. Ce n'est que vers le milieu du XVIIIe siècle qu'on a découvert les moyens de l'extraire des minerais d'Europe. » La plus grande partie du z. du commerce s'extrait de la Calamine, c.-à-d. du z. silicaté et carbonaté. Les grandes usines où l'on traite ces minerais appartiennent à la Belgique, à la Silésie et à l'Angleterre. Les procédés préliminaires sont les mêmes partout : mais la séparation du métal s'opère par des procédés différents dans chacun de ces pays. La gangue de la calamine étant généralement argileuse, on commence par la délayer dans l'eau pour en séparer l'argile : c'est ce qu'on nomme le *Débourbage*. Puis on calcine le minerai à l'air libre, afin d'éliminer l'acide carbonique et l'eau qu'il contient. Ce *Grillage* a pour effet de transformer le carbonate de z. en oxyde, et de rendre la matière plus friable. Il s'agit ensuite de réduire l'oxyde de z. ainsi obtenu. Pour cela, on le mêle intimement avec du charbon, et l'on soumet le mélange à l'action d'une température élevée. L'oxyde de carbone se dégage, et en même temps le z. se réduit en vapeur que l'on condense de diverses manières. C'est le procédé suivi dans cette opération qui, comme nous venons de le dire, diffère selon les pays. En Belgique, on introduit le mélange de charbon et d'oxyde de z. dans des cylindres de terre formés à un bout, longs d'environ 1 mètre et ayant seulement 15 centimètres de diamètre. Ces cylindres sont placés dans des fourneaux en lits parallèles, mais un peu inclinés ; à chaque cylindre on adapte une allonge de fonte qui porte un renflement où le métal vient se con-

denser; l'allonge elle-même est suivie d'un cylindre en tambour de tôle qui protège le z. contre l'accès de l'air, tout en laissant échapper les gaz par une petite ouverture. En Silésie, au lieu de tubes, on emploie des moufles de terre réfractaire (Fig. ci-contre), qui ont environ 1m,40 de longueur, sur 55 centimètres de hauteur et 22 de largeur. La face antérieure de chaque moufle présente deux ouvertures. L'inférieure *a*, qui sert à retirer le résidu de la distillation, est fermée pendant l'opération par un bouchon d'argile ou lute exactement. Dans la supérieure, on engage un tube de terre *bcd* qui est ouvert en *d*. Le moufle se charge par l'ouverture *c*, qu'on ferme aussi pendant l'opération de la même manière que la précédente. On place une vingtaine de moufles de ce genre dans un fourneau construit à cet effet, et le z. volatilisé vient se condenser dans les récipients disposés au-dessous de l'orifice *d*. Enfin, en Angleterre, on emploie le procédé de distillation *per descensum*. Dans un four analogue pour la forme aux fours de verrerie, ou dispose un certain nombre de creusets de terre dont le fond est percé d'un trou dans lequel vient s'enguger un tube de fer qui traverse un second trou ménagé dans la sole du four pour aller déboucher à l'extérieur. Avant de charger le creuset, on ferme l'ouverture supérieure du tube de fer au moyen d'un tampon de bois qui, en se carbonisant pendant l'opération, devient assez poreux pour laisser passer la vapeur du z., tout en retenant le minerai. Chaque creuset est muni d'un couvercle qu'on lute avec soin après l'avoir chargé. Le z. volatilisé se condense dans le tube, où il va tomber sous forme de gouttelettes dans un récipient plein d'eau placé au-dessous de la grille du fourneau. — Quant à la *Blende*, on lui fait subir deux grillages, qui tous deux ont pour objet de brûler le sulfure, et de faire passer le z., soit à l'état d'oxyde, soit à l'état de sulfate. Dans le premier, on brûle le minerai en tas, ce qui le rend très friable et lui enlève la plus grande partie du soufre. Le second grillage a lieu dans un fourneau à réverbère. Cela fait, le minerai ne se composant plus que d'oxyde et de sulfate de z., on le réduit par le charbon par le même procédé que la calamine. — Dans tous les procédés, il y a une certaine partie d'oxyde de z. qui est entraînée dans les cheminées des fourneaux et s'y dépose en incrustations grises, comme terreuses. Ces dépôts constituent ce qu'on appelle la *Poudre de z.*, la *Tuthie* ou *Tutie*, ou encore la *Cadmie* des fourneaux; ils renferment principalement du z. très divisé et de l'oxyde de z., avec un peu de plomb et de cadmium. Cette poudre de z. est employée comme agent réducteur dans les laboratoires. Elle sert à faire une couleur grise pour la peinture en bâtiments. En médecine on l'emploie pour préparer des collyres résolutifs. Autrefois on calcinait encore cette tuthie et on l'employait, sous le nom de *Spode*, dans la préparation de divers médicaments.

La production du z. dans le monde entier était de 300,000 tonnes en 1885 et d'environ 350,000 tonnes en 1890; depuis lors elle s'est élevée progressivement jusqu'à près de 500,000 tonnes en 1899. Le prix du métal subit de fortes fluctuations: après avoir atteint 67 francs les 100 kilogrammes en 1890, il a baissé jusqu'à 37 fr. 50 en 1895; il s'est relevé à 65 francs en 1899 pour retomber à 45 fr. 50 à la fin de 1901.

ZINCAGE ou **ZINGUAGE**. s. m. (R. *zinc*). T. Techn. Opération consistant à recouvrir le fer d'une mince couche de zinc. Voy. ÉTAMAGE, et FER, IX.

ZINCALUMINITE. s. f. (R. *zinc*, et *alumine*). T. Minér. Sulfate hydraté d'alumine et de zinc, en lamelles hexagonales bleuâtres.

ZINCAMIDE. s. f. (R. *zinc*, et *amide*). T. Chim. La *Zincamide* ou *Amidure de zinc* Zn(AzH²)² se produit par l'action du gaz ammoniac sur le zinc-éthyle, en solution dans l'éther. C'est une poudre blanche, que l'eau décompose vivement en dégageant de l'ammoniaque. Chauffée au rouge, elle se dédouble en azoture de zinc et en gaz ammoniac.

L'*Azoture de zinc* Zn³Az² est une poudre grise, infusible, qui devient incandescente au contact de l'eau et se décompose en ammoniaque et en hydrate de zinc.

ZINCATE. s. m. (R. *zinc*). T. Chim. Sel résultant de la combinaison de l'hydrate de zinc avec une base.

ZINC-ÉTHYLE. s. m. T. Chim. Composé organo-métallique répondant à la formule Zn(C²H⁵)². Pour l'obtenir, on fait réagir l'iodure d'éthyle sur un alliage de zinc et de sodium, ou mieux sur le couple zinc-cuivre préparé à sec (Voy. ZINC, I) et l'on distille le produit à l'abri de l'air. Le zinc-éthyle est liquide et bout à 118°. Il s'enflamme spontanément à l'air; aussi ne doit-on le manier que dans le gaz carbonique, ou bien en solution dans l'éther absolu. Au contact de l'eau, il se décompose vivement en éthane et en hydrate de zinc. En réagissant sur les chlorures d'acides organiques il donne naissance à des cétones, et, lorsque l'action est suffisamment prolongée, à des alcools tertiaires. On arrive à introduire le radical éthyle dans la molécule d'un grand nombre de composés organiques, en traitant leurs dérivés chlorés ou iodés par le zinc-éthyle; ce corps permet ainsi de réaliser une foule de synthèses; aussi est-il fort employé dans les laboratoires.

On se sert de même du *zinc-méthyle* Zn(CH³)², du *zinc-propyle* Zn(C³H⁷)², etc. que l'on prépare d'une manière analogue.

ZINCITE. s. f. (R. *zinc*). T. Min. Oxyde de zinc anhydre, en masses laminaires d'un rouge orangé clair, devenant noir à chaud, mais reprenant sa couleur primitive par le refroidissement.

ZINCKÉNITE. s. f. (R. *Zincken*, n. pr.). T. Minér. Sulfure d'antimoine et de plomb, en cristaux orthorombiques ou en masses fibreuses d'un gris d'acier foncé.

ZINCOGRAPHIE. s. f. (R. *zinc*, et gr. γράφω, je dessine). T. Tech. L'art de graver en taille d'épargne sur des planches de zinc. ‖ Se dit aussi d'un procédé qui consiste à dessiner et à tirer des planches de zinc, à peu près comme on fait pour les planches lithographiques. Voy. LITHOGRAPHIE.

ZINCONISE. s. f. [Pr. *zinko-nize*] (R. *zinc*, et gr. κόνις, poussière). T. Min. Hydrocarbonate de zinc. Voy. ZINC, VII.

ZINCOSITE. s. f. [Pr. *zinko-zite*] (R. *zinc*). T. Minér. Sulfate anhydre de zinc, en très petits cristaux jaunâtres.

ZINGUAGE. s. m. T. Techn. Voy. ZINCAGE.

ZINGARELLI, musicien ital. né à Naples (1752-1837).

ZINGIBÉRÉES. s. f. pl. (R. *Zingiber*, n. lat. du genre *Gingembre*). T. Bot. Tribu de végétaux de la famille des Scitaminées. Voy. ce mot.

ZINGUER. v. a. [Pr. *zin-gher*, *g* dur] (R. *zinc*). T. Techn. Z. *du fer*, Le recouvrir d'une couche de zinc. = ZINGUÉ, ÉE. part.

ZINGUEUR. s. m. [Pr. *zin-gheur*, *g* dur]. Artisan qui met en œuvre le zinc et en fabrique différents objets.

ZINNWALDITE. s. f. [Pr. *zinn-valdite*] (R. *Zinnwald*, n. pr.). T. Minér. Mica lithifère. Voy. MICA.

ZINZOLIN. s. m. et adj. invar. (ital. *gioggiolino*, m. s. qui vient de l'arabe *djoldjolan*, sésame). Sorte de couleur qui est un violet rougeâtre. *C'est du z.* Soie, taffetas z.

ZIPPÉITE. s. f. T. Minér. Sulfate hydraté d'uranium, en petites aiguilles jaunes.

ZIRCON. s. m. T. Minér. — Le *Zircon* ou *Jargon* est un silicate de zirconium, qui se présente toujours cristallisé sous la forme de prismes à base carrée plus ou moins modifiés, rarement d'octaèdres. Le z. a ordinairement un éclat gras, tirant sur celui du diamant; sa double réfraction est très énergique, et sa densité est 4,7. Il est le plus souvent rouge ou orangé, mais quelquefois jaunâtre, ou bleuâtre, ou même incolore : c'est ordinairement l'oxyde de fer qui le colore. Les zircons ne se trouvent que cristallisés; ils existent dans les syénites et les gneiss qui en dépendent, dans les basaltes et les tufs basaltiques, rarement dans les trachytes. On les rencontre en assez grande quantité dans le sable volcanique d'un ruisseau appelé Riou Pézéliou, près d'Expailly en Velay, ainsi que dans les sables de l'île de Ceylan, où on les a d'abord remarqués. Dans la joaillerie, où ces pierres s'emploient quelquefois, on distingue, d'après leur couleur, deux sortes de zircons. On nomme *Jargons* les pierres qui sont incolores, jaune verdâtre, brunes, vertes ou bleues; et *Hyacinthes*, celles qui sont rouges ou orangées. A l'exception de quelques pierres bien choisies, les zircons produisent en général très peu d'effet. D'ailleurs, la plupart des pierres qui circulent dans le commerce sous le nom d'Hyacinthe, appartiennent à une espèce de Grenat.

Le *Malacon* est un silicate hydraté de zirconium, isomorphe avec le z.

ZIRCONATE. s. m. T. Chim. Sel résultant de la combinaison d'une base avec l'hydrate de zirconium.

ZIRCONE. s. f. T. Chim. Nom donné à l'oxyde et à l'hydrate de zirconium. La z. a été découverte dans le zircon par Klaproth en 1789.

ZIRCONIEN, ENNE. adj. [Pr. *zirkoni-in*, *iène*]. T. Chim. et Minér. Qui renferme du zircon ou du zirconium. *Syénite zirconnienne.*

ZIRCONITE. s. f. T. Minér. Syn. de *Zircon*.

ZIRCONIUM. s. m. [Pr. *zirko-niome*] (R. *zircon*). T. Chim. Corps simple, métallique, qui existe dans le minéral appelé *Zircon* (Voy. ce mot). Berzélius a isolé le z. en 1824, sous la forme d'une poudre noire, amorphe. Troost l'a obtenu cristallisé en lamelles dures et brillantes. Dans cet état il a une densité égale à 4,15 ;, il est moins fusible que le silicium et ne brûle dans l'air qu'à la température du chalumeau oxhydrique. Il n'est guère attaquable que par l'eau régale, par l'acide fluorhydrique, ou par la potasse en fusion. Le z. est un élément tétravalent ; son symbole est Zr, et son poids atomique est égal à 90.

L'*Oxyde* de z., qu'on appelle aussi *Zircone*, a pour formule ZrO². On l'obtient sous forme de poudre blanche, ou de fragments durs, rayant le verre. Il est insoluble dans l'eau et infusible. C'est un oxyde indifférent, capable de s'unir aux acides et aux bases. Mais, lorsqu'il a été fortement calciné, il est très difficilement attaqué par les réactifs. — La *Zircone hydratée*, c'est-à-dire l'*Hydrate de z.*, qui a pour formule Zr(OH)⁴, est un précipité gélatineux que produisent les alcalis ou l'ammoniaque dans les solutions des sels de z. Cet hydrate se dissout facilement dans les acides en donnant les *Sels de z.* Le *Sulfate* (SO⁴)²Zr est une masse gommeuse soluble dans l'eau ; l'*Azotate* cristallise en lamelles très solubles, fumant à l'air ; l'*Hyposulfite* se distingue par son insolubilité dans l'eau. Le minéral appelé *Zircon*, *Jargon* ou *Hyacinthe* est un silicate qui a pour formule SiO⁴Zr. — L'hydrate de z. peut aussi jouer le rôle d'acide vis-à-vis de certaines bases. Les sels qu'il forme alors sont appelés *Zirconates* ; tel est le *Zirconate de sodium* Zr(ONa)⁴ que l'eau décompose et transforme en zirconate acide.

En chauffant le zircon avec du fluorhydrate de fluorure de potassium, on obtient un *Fluozirconate de potassium* qui a pour formule ZrK²Fl⁶. Ce sel est cristallisable et très soluble dans l'eau bouillante. Traité par l'acide sulfurique, il donne naissance au sulfate de z., qui peut servir à préparer la zircone. Fortement chauffé avec de l'aluminium, il fournit le z. cristallisé.

Les sels de z. ont une réaction acide et une saveur astringente. Ils sont précipités en blanc par les alcalis, les sulfures alcalins, le sulfate de potasse et l'hyposulfite de soude.

ZISKA (JEAN), chef bohémien, se mit à la tête des hussites pour venger la mort de Jean Huss, et fit trembler l'Allemagne et la Hongrie (1380-1424).

ZIST. s. m. [Pr. *ziste*]. Voy. ZEST.

ZIZANIE. s. f. (lat. *zizania*, gr. ζιζάνιον, ivraie). T. Bot. Genre de plantes Monocotylédones (*Zizania*) de la famille des *Graminées.* Voy. ce mot. || Par allusion à ses graines vénéneuses, le mot *Zizanie* s'emploie fig. pour sign. Désunion, mésintelligence. *Ils étaient fort unis ; quelqu'un a semé la z. entre eux, parmi eux.*

ZIZIM, Voy. DJEM.

ZOANTHAIRES. s. m. pl. (R. *Zoanthe*). T. Zool. — Les Polypes ainsi appelés par de Blainville forment un ordre du *Coelentérés*, de la classe des *Anthozoaires* qu'on appelle encore *Hexactiniaires*, à cause du nombre de leurs tentacules et des cloisons de leur loge. Comme les Alcyoniaires, les *Zoanthaires* sont des Polypes qui n'ont qu'une seule ouverture servant à la fois de bouche et d'anus, avec une cavité digestive garnie de lamelles verticales ; mais ils s'en distinguent par leurs tentacules simples et très nombreux, tandis que les Alcyoniaires ont des tentacules pinnés et au nombre de 6 ou 8 seulement. Le corps de ces Polypes a ordinairement la forme d'un cylindre tronqué à ses deux extrémités, dont l'une adhère au sol et dont l'autre porte les tentacules, au milieu desquels s'ouvre la bouche, laquelle conduit, par un court œsophage, dans la grande cavité gastrique. Les parois de celle-ci ne sont pas distinctes de l'enveloppe générale du corps. Les Zoanthaires sont en général d'un tissu très mou, surtout quand il n'est plus soutenu par l'eau qui le pénètre ; mais certaines espèces ont la faculté de s'enduire d'une plus ou moins grande quantité de corps étrangers qui leur forment une sorte d'enveloppe solide. Chez plusieurs de ces espèces, les corps étrangers sont compris dans la substance même de l'enveloppe, et alors elles sont souples ; enfin, dans le plus grand nombre, les mailles du corps sont remplies par un dépôt considérable de matière calcaire qui, par son accumulation, constitue un corps plus ou moins spongieux et quelquefois même fort dur,

que l'on connaît sous le nom de *Polypier*, et qui reste lorsque la matière animale a été desséchée ou enlevée. La proportion entre la partie animale et la partie calcaire varie suivant l'âge de ces animaux. Plus ils sont jeunes, plus il y a de matière organique : aussi la base de ces polypiers, le plus souvent morte, est-elle fort dure, tandis que le sommet ou les bords essentiellement vivants sont entièrement mous. Tous les Zoanthaires, sans exception, habitent la mer à une profondeur variable. Ces animaux se divisent assez naturellement en 3 familles, savoir : les *Zoanthaires mous*, les *Zoanthaires coriaces* et les *Zoanthaires pierreux.*

I. — Les espèces comprises dans la première de ces familles ont le corps constamment mou ou contractile dans tous les points sans croûte ni partie intérieure solide. En outre, les individus sont toujours isolés et solitaires. Le genre type de cette section est le genre *Actinie* (Voy. ce mot), dont le nom s'applique encore fort souvent à la famille tout entière. — Les *Zoanthaires coriaces* ont le corps encroûté ou solidifié par des corps étrangers, de manière qu'ils forment, quand ils sont desséchés, une sorte de polypier coriace. De plus, dans les espèces qui composent cette famille, les individus sont presque constamment agrégés et quelquefois soudés. Nous citerons comme exemple le *Zoanthe de Solander* (*Zoanthus Solanderi*) [Fig. 1], qui habite la mer des Antilles. Ce polype a le corps allongé, élargi à sa partie supérieure, avec une bouche linéaire au milieu d'un disque bordé de tentacules courts. Le corps est pédonculé à sa base et naît d'une partie commune qui forme comme une racine traçante.

Fig. 1.

II. — Les *Zoanthaires pierreux*, ainsi que leur nom l'indique, ont le tégument incrusté de carbonate de chaux, de manière à former des polypiers pierreux. Le corps de l'animal est logé dans une cellule calcaire qui existe à la surface du polypier et qui présente un plus ou moins grand nombre de lamelles. Presque toutes les espèces qui composent cette famille vivent agrégées, et alors le corps de chaque individu se déforme plus ou moins en se greffant avec les individus qui l'environnent. On en voit un exemple bien marqué dans les *Caryophyllies* et dans les *Astrées*, mais surtout dans les *Méandrines.* « Il semble, dit de Blainville, que la soudure du corps de tous les individus a produit une partie commune calcaréo-membraneuse, et que chacun n'a de distincts que sa bouche et ses tentacules. Les Madrépores proprement dits ne sont un exemple manifeste. C'est ainsi que se sont produites ces énormes masses calcaires de forme très variable, plus ou moins lapidescents, qui représentent des croûtes ou des expansions foliacées, ou même des espèces d'arbris-

Fig. 2.

seaux plus ou moins ramifiés. » Les Zoanthaires pierreux, que Linné confondait tous dans son grand genre Madrépore, sont rares dans nos mers, tandis qu'ils abondent dans les mers tropicales. C'est à cette famille qu'appartiennent les espèces de Polypes qui, réunis en myriades innombrables, créent dans certaines parties de l'océan Indien et du Pacifique ces îles appelées vulgairement *Îles de corail*, et ces immenses récifs dont nous avons parlé ailleurs (Voy. ÎLE). Parmi les genres fort nombreux que renferme cette famille, nous ne contenterons de citer les plus importants. Les *Caryophyllies* (*Caryophyllia*) sont des animaux actiniformes, pourvus d'une couronne simple ou double de tentacules courts et épais. Ils font saillie à la surface d'étoiles ou de loges cylindro-coniques, garnies de lames rayonnantes et formant un polypier solide, conique, fixé par sa base, simple ou à peine agrégé. Parmi les espèces simples, nous nommerons la *Caryo-*

phyllie gobelet (*Car. cyathus*) qu'on trouve dans les mers d'Europe, et, parmi les agrégées, la *Caryophyllie en gerbe* (*Car. cespitosa*) [Fig. 2], qui habite l'océan Indien. Les polypes qui composent le genre *Astrée* (*Astræa*) sont des animaux courts, plus ou moins cylindroïdes et pourvus d'une bouche arrondie au milieu d'un disque couvert de tentacules en général courts et peu nombreux. Ils sont contenus dans des loges peu profondes, qui sont garnies de lamelles disposées en étoile, et qui forment par leur réunion un polypier stellifère, fixe, polymorphe, mais fort souvent en forme de boule. Les nombreuses espèces qui constituent ce genre abondent dans les régions chaudes. La seule espèce qui habite la Méditerranée est l'*Astrée caliculaire* (Fig. 3). Mais on a proposé de la retirer de ce genre pour en faire le genre *Astroïte* ou *Astroïde*. Le genre *Méandrine* a été ainsi appelé parce que la surface du polypier offre des sillons sinueux ou tortueux. Les animaux ont le corps et les tentacules fort courts, et l'union des individus d'une même agrégation est si intime, qu'ils semblent former un ruban unique contourné sur lui-même. L'espèce type est la *Méandrine labyrinthique*, qui vit dans les mers d'Amérique. Le genre *Oculine* (*Oculina*) est caractérisé par son polypier compact, dendroïde, à rameaux lisses, courts et épais, qui présente çà et là des loges stelliformes, régulières, arrondies et plus ou moins saillantes. Les espèces de ce genre appartiennent surtout aux mers de l'Inde; cependant la Méditerranée en possède plusieurs, dont l'une, appelée *Oculine rosée*, est vulgairement connue sous le nom de *Corail blanc*. Le genre *Madrépore* (*Madrepora*), dont le nom est devenu, dans le langage ordinaire, synonyme de polypier pierreux, ne renferme que des espèces propres aux pays chauds. Les polypiers qu'elles produisent sont calcaires et ramifiés en forme d'épis ou d'expansions. Les animaux, actiniformes, assez courts et pourvus de 12 tentacules, sont contenus dans des cellules saillantes, à peine stelliformes, irrégulièrement éparses à la surface du polypier, mais

Fig. 3.   Fig. 4.

plus nombreuses aux extrémités. Le *Madrépore abrotanoïde* ou *muriqué* (Fig. 4) est multiplié d'une façon prodigieuse dans la mer du Sud. Enfin, nous terminerons en mentionnant le genre *Millépore* (*Millepora*), qui diffère de tous les précédents en ce que les cellules qui logent les polypes sont toujours sans lamelles ou stries à l'intérieur comme à l'extérieur. Ce genre, qui a été érigé par de Blainville au rang de famille et divisé par lui en 23 genres, a pour type le *Millépore corne d'élan* (*Mill. cervicornis*), ainsi nommé à cause de la forme qu'affectent les ramifications de son polypier. Cette espèce habite la mer des Antilles.

ZOANTHE. s. m. (gr. ζώον, animal; ἄνθος, fleur). T. Zool. Genre de Polypes. Voy. ZOANTHAIRES.

ZOANTHROPE. s. m. (gr. ζώον, animal; ἄνθρωπος, homme). T. Méd. Malade atteint de zoanthropie.

ZOANTHROPIE. s. f. (R. *zoanthrope*). T. Méd. Hallucination dans laquelle le malade se croit changé en bête. Voy. ALIÉNATION.

ZOARCÉS. s. m. (gr. ζωαρκής, animé). T. Icht. Genre de *Poissons osseux* Voy. GOBIIDES.

ZOCOR. s. m. Espèce de *Rongeur*. Voy. CAMPAGNOL.

ZODIACAL, ALE, adj. Qui appartient au zodiaque. *Constellations, étoiles zodiacales. Signes zodiacaux.*

Astron. — On appelle *Lumière zodiacale*, une sorte de nébulosité lumineuse qui accompagne le Soleil. C'est Kepler qui le premier l'observa; mais c'est Dominique Cassini qui en a donné la première description exacte et lui a imposé le nom sous lequel on la désigne aujourd'hui. Cette lumière s'aperçoit immédiatement avant le lever et après le coucher du Soleil, au point même de l'horizon où cet astre va paraître ou vient de disparaître. Elle présente la forme d'une lentille aplatie, comme le montre la figure ci-jointe; mais elle est un peu oblique à l'horizon HH. Cette lumière suit le cours de l'écliptique ou plutôt de l'équateur so-

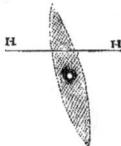

laire: c'est pourquoi elle est à peine visible sous nos latitudes, excepté aux époques où l'équateur solaire se trouve le plus rapproché de la perpendiculaire à l'horizon. Les époques les plus favorables pour l'observer sont donc les mois de mars et d'avril, après le coucher du Soleil, et les mois de septembre et d'octobre, avant le lever de cet astre. Dans les autres mois de l'année, le plan de l'équateur solaire étant plus oblique et la pyramide lumineuse s'inclinant au même degré, celle-ci s'élève si peu au-dessus de l'horizon, que sa lumière est effacée par l'atmosphère de la Terre. La distance angulaire apparente entre le sommet de cette pyramide et le Soleil varie, suivant les circonstances, de 40° à 90° ou 100°, et la largeur de sa base prise perpendiculairement à son axe varie de 8° à 30°. Cette lumière est extrêmement faible et mal terminée, ou moins dans nos climats; mais on la voit beaucoup mieux dans les régions intertropicales.

Le phénomène que nous venons de décrire a donné lieu à différentes hypothèses. Cassini pensait que la lumière zodiacale n'était autre chose que la lumière solaire réfléchie par une multitude innombrable de petites planètes circulant autour du Soleil, de même que la voie lactée doit son apparence à la lumière directe de myriades d'étoiles agglomérées ensemble. Euler a supposé qu'elle provenait des mêmes causes que les queues des comètes. Kepler l'avait attribuée à l'atmosphère solaire, et cette hypothèse fut adoptée par Mairan et d'autres astronomes, jusqu'à ce que Laplace en eût démontré l'impossibilité par les raisons suivantes. D'abord l'atmosphère du Soleil ne peut pas s'étendre au delà de la distance où la force de l'attraction fait équilibre à la force centrifuge. Or, ce point est situé bien en dedans de l'orbite de Mercure, dont la plus grande élongation atteint seulement 28°, tandis que la lumière zodiacale s'étend parfois à 100° de distance du Soleil. En second lieu, pour que le sphéroïde de l'atmosphère solaire puisse se maintenir en équilibre, le rapport de l'axe équatorial à l'axe polaire ne peut pas dépasser celui de 3 à 2; par conséquent, il est impossible que cette atmosphère prenne la forme lenticulaire que nous offre la lumière zodiacale. Enfin, J. Herschel a émis une hypothèse qui paraît assez rationnelle. « On peut conjecturer, dit-il, que cette lumière n'est autre chose que la partie la plus condensée du milieu qui, ainsi que nous avons des motifs de le croire, résiste aux mouvements des comètes. Peut-être contient-elle les molécules dont les queues de plusieurs millions de ces astres ont été dépouillées lors de leurs passages successifs au périhélie, molécules qui doivent à la longue se précipiter sur le Soleil. »

Aujourd'hui, la plupart des astronomes sont revenus à l'hypothèse de Cassini : ils pensent que la lumière zodiacale est produite par la lumière du Soleil réfléchie sur une multitude de petits corps, circulant autour du Soleil, non loin de son équateur. Ces débris cosmiques appelés aussi *météorites*, représenteraient le résidu de la nébuleuse primitive, dont la condensation progressive a formé le Soleil et les planètes.

ZODIAQUE, s. m., (lat. *zodiacus*, gr. ζωδιακός, m. s., de ζώδια, petits animaux, dérivé de ζώον, animal). T. Astron. — Le *Zodiaque* est une bande ou zone céleste idéale, large d'environ 18 degrés, qui fait le tour du ciel parallèlement à l'écliptique, par laquelle elle est divisée sur toute sa longueur en deux moitiés égales. Cette zone doit son nom à ce que la plupart des constellations, au nombre de 12, qui l'occupent, représentent des animaux. Le z. n'est d'aucun usage en astronomie. Il indique simplement la région du ciel où se passent les mouvements apparents du Soleil, de la Lune et des grandes planètes. Toutefois, parmi les planètes télescopiques découvertes depuis le commencement du XIXᵉ siècle, il en est plusieurs dont les inclinaisons dépassent les limites du z., et qui, pour ce motif, ont été appelées planètes *extrazodiacales*. Le z. est divisé en 12 parties égales, de 30 degrés chacune, qu'on appelle *Signes*, et que l'on désigne par les noms des constellations avec les lieux desquelles les signes correspondaient anciennement. Ces signes sont, en comptant de l'ouest à l'est : le *Bélier*, le *Taureau*, les *Gémeaux*, le *Cancer*, le *Lion*, la *Vierge*, la *Balance*, le *Scorpion*, le *Sagittaire*, le *Capricorne*, le *Verseau* et les *Poissons*. On les a réunis dans ce distique mnémonique latin :

Sunt Aries, Taurus, Gemini, Cancer, Leo, Virgo,
Libraque, Scorpius, Arcitenens, Caper, Amphora, Pisces.

Les 6 signes du Cancer au Sagittaire inclus, sont dits descendants, parce que la déclinaison du Soleil diminue quand le Soleil est dans l'un d'eux, tandis que, pour une raison contraire, les six autres sont appelés ascendants.

On compte les *signes* du z. à partir de l'équinoxe du printemps, c.-à-d. à partir de l'un des points où l'équateur coupe l'écliptique ; mais, par suite de la rétrogradation des points équinoxiaux, la position des signes ne correspond plus aux constellations de même nom. Voy. PRÉCESSION. Vers le temps d'Hipparque, les premiers points des constellations du Bélier et de la Balance correspondaient aux équinoxes du printemps et de l'automne, tandis que ceux du Cancer et du Capricorne correspondaient aux solstices d'été et d'hiver. A cette heure, la différence est d'environ 30 degrés. L'équinoxe du printemps est aujourd'hui dans la *constellation* des Poissons, le solstice d'été dans les Gémeaux, l'équinoxe d'automne dans la Vierge, et le solstice d'hiver dans le Sagittaire. Néanmoins l'équinoxe du printemps correspond toujours au premier point du signe du Bélier, le solstice d'été au premier point du Cancer, et ainsi de suite. On voit, d'après cela, qu'il faut distinguer avec soin les *signes* du z. d'avec les *constellations* dont ils portent les noms, car les *signes* suivent les mouvements des points équinoxiaux, tandis que les *constellations* zodiacales demeurent immobiles sur la sphère céleste.

L'invention du z. est communément attribuée aux Egyptiens ; mais on ignore à quelle époque aurait eu lieu cette invention, qui servait aux anciens astronomes à marquer d'une manière approchée le mouvement apparent du Soleil dans le ciel. Les fameux Zodiaques sculptés en Egypte dans les temples d'Esneh et de Denderah (ce dernier se voit aujourd'hui à Paris, dans l'une des salles de la Bibliothèque nationale) ont donné lieu à de longues et savantes discussions au sujet de l'époque où remonterait leur construction. Il en est de même du z. indien trouvé dans les souterrains de la pagode de Salsette (Elephanta). Ainsi, par ex., pour le z. de Denderah, tandis que les uns le font remonter à une antiquité fabuleuse, à plus de 15000 ans, les autres pensent qu'il a été construit à l'époque où l'Egypte était réduite en province romaine, et sous le règne de Tibère ou de Claude. L'opinion la plus générale est qu'il date du temps des Ptolémées.

ZOÉ. s. m. (gr. ζωή, vie). T. Zool. Une des formes larvaires des *Crustacés*. Voy. ce mot.

ZOÏLE. s. m. Fameux critique grec qui vivait au IVᵉ siècle avant notre ère, et qui s'est rendu célèbre par l'amertume de ses censures à l'égard d'Homère. Aussi son nom est-il devenu synonyme de critique partial et envieux. *C'est un Z. Tous les Zoïles de l'époque se déchaînèrent contre Racine.*

ZOÏSITE. s. f. [Pr. *zo-i-zite*]. T. Minér. Voy. ÉPIDOTE.

ZOLLVEREIN, s. m. [Pr. *tzoll-feraïn*] (allem. *zoll*, douane; *verein*, union, association). T. Hist. Association douanière fondée en 1828 entre les Etats Allemands, et d'après laquelle tous les Etats qui en font partie n'ont qu'une seule ligne de douanes extérieures avec des tarifs uniformes. Le z. a subi depuis sa fondation diverses modifications nécessitées par les transformations politiques de l'Allemagne ; mais il n'a cessé de subsister, et comprend aujourd'hui tous les pays de langue allemande, à l'exception de la Suisse et de l'Autriche.

Par la suppression des douanes particulières entre les innombrables petits Etats dont se composait l'Allemagne au commencement du XIXᵉ siècle, le z. a été un progrès économique incontestable.

ZONA ou **HERPÈS ZOSTER**. s. m. (mot lat. qui signifie *ceinture*). T. Méd. Le zona est une maladie de la peau caractérisée par une éruption des vésicules d'herpès sur le trajet de nerfs ou de filets nerveux. Le froid, l'arthritisme, les traumatismes favorisent son développement ; quelques auteurs lui reconnaissent une origine bactérienne. Le z. est particulièrement fréquent sur le trajet des *nerfs intercostaux* ; la maladie s'annonce souvent par de la fièvre, puis apparaît l'éruption qui est accompagnée localement de douleurs névralgiques assez vives ; parfois celles-ci précèdent l'éruption. Les vésicules, qui renferment un liquide d'abord clair puis troublé, ne tardent pas à se dessécher et laissent à leur place une légère ulcération. La maladie guérit au bout de douze à quinze jours ; elle peut laisser des névralgies tenaces. Le z. est unilatéral, il ne récidive jamais. Le traitement consiste dans l'application de poudre d'amidon, de lycopode ; contre les douleurs, on donnera, à l'intérieur du bromhydrate de quinine ; l'arsenic est indiqué chez les arthritiques.

ZONAIRE. adj. 2 g. [Pr. *zo-nère*] (R. *zone*). T. Didact. Qui présente des zones diversement colorées.

ZONARAS, historien et canoniste grec, né à Constantinople vers 1130.

ZONE. s. f. (gr. ζώνη, et lat. *zona*, bande, ceinture). T. Géogr. et Astron. Chacune des cinq grandes divisions du globe terrestre que l'on suppose séparées par des cercles parallèles à l'équateur, et chacune des parties du ciel qui correspondent aux zones terrestres. Voy. SPHÈRE. ǁ T. Géom. Se dit des divisions d'un corps, et particulièrement d'une sphère, par des sections parallèles. Voy. SPHÈRE. ǁ Dans les sciences naturelles, se dit de diverses choses qui représentent une bande circulaire ou à peu près. *Le z. ciliaire de l'œil. L'onyx présente une série de zones concentriques de couleurs variées.*

Dr. admin. — *Zone militaire.* — On appelle ainsi le terrain avoisinant les places de guerre ou les points fortifiés, terrain soumis à diverses servitudes dans l'intérêt de la défense. Autour de Paris il n'y a qu'une seule z. de 250 mètres. Autour des places de guerre, il y a 3 zones : la première à 250 mètres, la seconde à 487 mètres, la troisième à 974 mètres. Dans la première z. il ne peut être fait aucune construction ; dans la deuxième, seulement des constructions en bois ou en terre, à charge de les démolir à première réquisition.

La z. *des fortifications* ou *terrain militaire* est distincte des zones de servitude. Elle s'étend du rempart jusqu'aux lignes terminant les glacis. Elle est inaliénable et imprescriptible et les constructions particulières y sont prohibées.

La z. *frontière*, est l'étendue de terrains fort considérable (elle comprend plus d'un tiers de la France) sur laquelle il est interdit, pour des raisons de défense nationale, de faire de grands travaux sans l'entente et le concours des autorités militaires.

En termes de *douanes* on entend par *zones* les départements (surtout ceux des frontières du nord et de l'est) qui sont en contact avec des pays où le tabac est moins imposé qu'en France et où, pour combattre autant que possible la fraude, l'administration fait vendre à prix réduits des tabacs de qualité inférieure. La vente de ces tabacs (tabacs de cantine et scaferlati) dans les lieux non autorisés est considérée comme fraude.

ZONULA. s. f. (mot lat., dimin. de *zona*, ceinture). T. Anat. Nom donné à la membrane qui maintient en place le cristallin de l'œil, et qu'on appelle aussi *ligament suspenseur.* Voy. ŒIL, 1, 4ᵉ.

ZOO-ÉLECTRICITÉ. s. f. (gr. ζῶον, animal). — Nous réunissons sous ce titre trois ordres de phénomènes : 1° ceux qui résultent d'une production d'électricité dans les corps vivants et animés ; 2° ceux que manifestent certains poissons pourvus d'un appareil électrique ; 3° ceux qui résultent de l'action produite sur l'économie par l'électricité provenant de sources électriques extérieures.

I. — Il était naturel de penser que les actions chimiques qui se produisent à l'intérieur du corps des animaux s'accompagnent d'une production d'électricité. C'est en effet ce que l'expérience a confirmé.

A. Lorsque, sur un animal vivant, on découvre un muscle, et qu'après l'avoir coupé perpendiculairement à la direction de ses fibres, on réunit la surface de section de ce muscle avec sa surface intacte au moyen d'un conducteur métallique, il se développe aussitôt dans ce dernier un courant galvanique. Le courant qui se développe ainsi, et qui a été nommé *courant musculaire*, se dirige, dans le conducteur interposé, de la surface naturelle du muscle vers la surface de section; par conséquent, dans l'intérieur même du muscle, il se dirige de la surface de section vers la surface naturelle. Dans cette expérience, c'est la surface naturelle du muscle qui est positive, et celle de section qui est négative. Ce phénomène s'observe même dans un muscle complètement séparé du corps. Néanmoins il n'est pas spécial au tissu musculaire, car on le retrouve également dans les nerfs, dans les masses nerveuses centrales, et jusque dans les viscères, tels que le foie, les reins et les poumons; seulement il est beaucoup plus faible dans ces tissus. Dubois-Reymond a constaté en outre un fait des plus curieux : c'est que l'on peut encore produire un courant dans un muscle en mettant en rapport avec les extrémités du fil du galvanomètre deux points pris sur la surface, soit naturelle, soit de section, de ce muscle, *à la condition que ces deux points ne soient pas symétriques*, car, quand ils sont symétriques, il n'y a point de courant.

B. Nous venons de dire que le courant dit musculaire se manifeste aussi dans les nerfs lorsqu'on met un conducteur en rapport avec leur surface naturelle et leur surface de section. Il se produit de même quand on met en rapport deux points non symétriques de leur surface naturelle ou de leur surface de section. Pour constater la présence d'un pareil courant, il faut se servir d'instruments d'une sensibilité extrême et opérer avec les précautions les plus minutieuses. Cette différence tient sans doute à ce que les actions chimiques moléculaires dont les nerfs sont le siège sont beaucoup moins énergiques que celles qui ont lieu dans la plupart des tissus et particulièrement dans les muscles. D'un autre côté, les muscles et les nerfs réagissent différemment suivant la forme du courant; le nerf est surtout sensible au courant induit de clôture alors que le muscle l'est au courant de clôture d'une pile; le muscle est plus conducteur que le nerf; avec une décharge plus allongée, on arrive donc à exciter le premier sans réagir sur le second, ce qui est très important pour les applications de l'électricité à la thérapeutique. Suivant Dubois-Reymond, les nerfs jouissent encore d'une propriété qu'ils possèdent seuls et que ne partage aucun autre tissu. Elle consiste en ce que, lorsqu'on fait passer le courant par une certaine portion d'un nerf, au même instant on constate une déviation sensible dans un galvanomètre dont les fils sont mis en contact avec une autre portion du nerf prise en dehors de celle que limitent les fils de la pile. En d'autres termes, dans cette expérience, non seulement le segment du nerf compris entre les deux points d'application des pôles de la pile est traversé par un courant, mais encore le nerf tout entier est traversé au même moment par un courant de même sens. Dubois-Reymond a donné à cette propriété du tissu nerveux le nom de *force électrotonique*, et il tire de ses expériences les conclusions suivantes : 1° pendant le repos du système nerveux, les molécules du nerf sont dans un état *statique d'équilibre*, et, au moment où passe le courant, elles passent à l'état *électro-dynamique*; 2° dans les phénomènes de l'action nerveuse, il suffit qu'un changement moléculaire se produise sur un point même très circonscrit d'un circuit nerveux, pour entraîner dans toute l'étendue du nerf un changement moléculaire semblable, d'où résulte le développement d'un courant nerveux.

C. Au sujet de l'état électrique qui se manifeste à la surface du corps, nous n'avons guère à citer que les expériences déjà anciennes de Paff et d'Ahrens, exécutées sur l'homme à l'aide d'un électromètre à feuilles d'or. Voici quels furent les résultats obtenus : 1° en général, l'électricité qui se manifeste chez l'homme en santé est positive; 2° elle dépasse rarement en intensité celle qui produit avec le zinc du cuivre qui communique avec le réservoir commun; 3° les individus irritables, doués d'un tempérament sanguin, ont plus d'électricité libre que les sujets apathiques et de tempérament phlegmatique; 4° la quantité d'électricité est plus grande le soir qu'à toute autre période de la journée; 5° les boissons spiritueuses augmentent la quantité d'électricité; 6° les femmes donnent plus souvent que les hommes de l'électricité négative; mais il n'y a rien de fixe par rapport à ce phénomène; 7° en hiver, les corps très refroidis ne montrent aucune électricité; mais celle-ci apparaît peu à peu, à mesure que le corps reprend sa

chaleur naturelle. Ceci s'explique par ce fait que la production d'électricité de nos tissus est en rapport avec l'activité du protoplasma; 8° le corps tout entier et chacune de ses parties donnent lieu au même phénomène; 9° l'électricité semble se réduire à zéro pendant la durée des affections rhumatismales; mais elle se manifeste de nouveau lorsque la maladie disparaît.

II. — Certains poissons sont munis d'un appareil électrique spécial, à l'aide duquel ils produisent des décharges comparables à celles d'une machine électrique. Ils s'en servent, soit pour se défendre, soit pour étourdir les animaux dont ils veulent faire leur proie. Les poissons électriques les mieux connus sont les diverses espèces du genre Torpille, le Gymnote électrique, vulgairement appelé Anguille de Surinam, et le Malaptérure électrique, dont nous avons décrit ailleurs les appareils. Voy. RAIE, 2, GYMNOTE, et SILUROÏDE, II. Les effets produits par ces poissons sur les animaux sont parfaitement analogues à ceux des décharges électriques. La secousse que détermine la Torpille lorsqu'on la touche avec la main, s'étend jusqu'au haut du bras. Le Gymnote peut attaquer et paralyser le cheval lui-même. L'électricité développée par la Torpille et par le Gymnote, les seules espèces qui aient été l'objet d'expériences méthodiques, se comporte comme l'électricité développée artificiellement dans les autres corps. Ainsi, les corps isolants arrêtent la force électrique de l'organe, tandis que les corps conducteurs, comme les métaux et l'eau, la transmettent parfaitement. Le choc se propage même à travers une chaîne de personnes, lorsque les deux extrémités de cette chaîne se mettent simultanément en contact avec le poisson. Enfin, l'électricité de ces poissons décompose l'eau et les sels, et l'on est même parvenu à tirer des étincelles de la Torpille. Le pouvoir de produire la décharge est tout à fait volontaire chez ces poissons, et il se lie à l'intégrité des nerfs de l'organe électrique, car la destruction du cerveau ou la section des nerfs qui se rendent aux organes électriques anéantissent cette faculté. La destruction de l'appareil électrique d'un côté n'abolit pas l'action de son congénère. Tous les observateurs ont reconnu qu'il ne se fait pas une décharge électrique toutes les fois que l'on touche l'animal; il faut que celui-ci le veuille, et, pour l'y décider, on est parfois obligé de l'irriter auparavant. Néanmoins le poisson n'exerce aucune influence sur la direction de la décharge, et lui-même paraît à peine être sensible à cette décharge. Si l'animal est disposé à opérer une décharge, on en ressent le choc, soit que l'on touche avec un seul doigt une seule surface de l'organe, soit que l'on pose les deux mains à la fois sur la surface supérieure et sur l'inférieure. Chez la Torpille, les surfaces dorsale et ventrale des organes électriques ne se comportent pas de la même manière : la direction du courant a toujours lieu du côté dorsal au côté ventral. Tous les points de la surface dorsale sont positifs à l'égard de tous les points de la surface ventrale. Au côté dorsal, les points qui se trouvent au-dessus de l'entrée des nerfs dans l'appareil électrique sont positifs par rapport à tous les autres points de ce même côté dorsal. La peau des poissons électriques ne joue aucun rôle essentiel dans la décharge. Le savant physicien Matteucci a aussi constaté que, dans une Torpille écorchée, l'organe électrique conserve encore la faculté d'opérer des décharges. Ces dernières s'effectuaient même après l'ablation de quelques disques de l'organe; mais toute décharge devient impossible, tout phénomène électrique cesse, lorsqu'on a enlevé à l'animal l'appareil tout entier. Quant aux rapports qui existent entre les nerfs et la décharge, c'est aux recherches de Matteucci que nous devons les premières notions satisfaisantes. La section de tous les nerfs de l'appareil électrique abolit chez la Torpille le pouvoir d'effectuer des décharges. Cependant, si alors on irrite mécaniquement l'extrémité périphérique de l'un de ces nerfs, on en obtient encore quelques-unes. De toutes les parties qui constituent l'encéphale, le dernier lobe, celui de la moelle allongée, est le seul qui exerce une influence sur la décharge, car c'est de lui qu'émanent tous les nerfs de l'appareil électrique. Les organes qui produisent l'électricité, chez ces animaux, agissent comme les conducteurs chargés d'une bouteille de Leyde ou comme une pile voltaïque; la production d'électricité est liée à la sécrétion d'une matière mucilagineuse que renferment les cellules de ces organes.

III. *De l'emploi de l'électricité comme source d'excitation musculaire et nerveuse.* — L'excitant naturel de la contractilité musculaire est l'influx nerveux porté aux muscles par les nerfs moteurs. Mais on peut remplacer cet influx nerveux par des excitants artificiels mécaniques, chimiques, thermiques, lumineux et électriques.

C'est surtout l'électricité dynamique que l'on emploie dans

les expériences de physiologie et dans les applications thérapeutiques, et pour cela on peut avoir recours soit aux courants continus, soit aux courants d'induction. Les courants continus sont communément appliqués avec le *rhéocarde* de Dubois-Reymond. Ils agissent seulement au moment de la fermeture du circuit quand ils sont faibles, mais si l'on augmente l'intensité du courant, on voit, à un certain moment, apparaître une contraction musculaire correspondant à l'ouverture du courant. Les courants induits sont employés avec le chariot de Dubois-Reymond, qui n'est autre qu'un appareil à induction dont la bobine du courant induit est mobile. Ici c'est le courant d'ouverture qui agit tout d'abord, mais la contraction de fermeture se produit également lorsque le courant est assez fort.

Quelle que soit la forme d'électricité choisie, on peut l'employer sur les muscles directement ou indirectement, elle est directe quand les électrodes sont placées sur le muscle lui-même; elle est indirecte quand elles sont placées sur le nerf moteur.

Pour étudier l'influence des courants sur les nerfs, on prend surtout comme sujet d'expériences le nerf sciatique de la grenouille et le muscle principal qu'il innerve, le muscle gastro-cnémien; c'est en observant l'état de repos ou de contraction de ce muscle que l'on peut juger du degré d'excitation du nerf. En général, avec un courant continu, l'excitation du nerf a lieu seulement au moment de la fermeture et de l'ouverture du courant : la première naît au pôle négatif, la seconde au pôle positif.

Mais pendant qu'un nerf est soumis au passage d'un courant continu, il se produit dans ce nerf un ensemble de modifications physiques et physiologiques auquel on donne le nom d'*électrotonus* et qui peut modifier l'excitabilité du nerf. D'un autre côté, l'action de l'électricité des nerfs dépend de la direction et de l'intensité des courants.

Chez l'homme, les nerfs sont excités à travers la peau par la méthode des excitations unipolaires de Chauveau, c.-à-d. que l'une des électrodes est placée sur le nerf alors que la seconde est mise en un autre point quelconque du corps.

Pathol. — L'électricité est utilisée en médecine dans un grand nombre de maladies nerveuses, les *paralysies*. Voy. ÉLECTROTHÉRAPIE.

ZOOGLÉE. s. f. (gr. *ζῷον*, animal; *γλοιός*, crasse). T. Microb. On nomme ainsi un amas de bactéries, de microbes isolés ou groupés et réunis entre eux par une substance gélatiniforme. Les zooglées ont une forme arrondie ou lobulée; elles présentent parfois des ramifications. Dans les liquides, elles forment un nuage plus ou moins floconneux; elles ont l'aspect de gouttelettes visqueuses quand elles vivent sur une substance solide.

ZOOGLÉIQUE. adj. 2 g. (R. *zooglée*). T. Microb. Qui a rapport aux zooglées.

ZOOGRAPHIE. s. f. (gr. *ζωογραφία*, m. s., de *ζῷον*, animal; *γράφω*, je décris). Description des animaux. Voy. ZOOLOGIE.

ZOOLÂTRIE. s. f. (gr. *ζῷον*, animal; *λατρεία*, culte). Adoration des animaux.

ZOOLITHE. s. m. (gr. *ζῷον*, animal; *λίθος*, pierre). Se dit des débris pétrifiés des animaux fossiles.

ZOOLOGIE. s. f. (gr. *ζῷον*, animal; *λόγος*, discours). La *Zoologie* est la partie de l'histoire naturelle qui traite des animaux, en les considérant sous tous les points de vue que la science peut embrasser. — Les fondements de la z. sont au nombre de deux, l'étude des organismes animaux considérés, soit extérieurement, soit intérieurement, et l'étude des fonctions dévolues aux divers organes. La connaissance extérieure des animaux constitue la Z. *descriptive* ou *Zoographie*; celle de leur structure interne, l'*Anatomie comparée* ou *comparative*, appelée quelquefois assez mal à propos *Zootomie*; celle des fonctions est ce qu'on appelle la *Physiologie comparée*; enfin celle de leur mode de formation depuis l'état d'œuf jusqu'à celui d'animal adulte constitue l'*Embryologie*. Aux yeux du vulgaire, la z. consiste essentiellement dans la *Zoolaxie*, c.-à-d. dans la classification méthodique des animaux. Mais les classifications zoologiques ne sont et ne peuvent être que le résultat d'une coordination hiérarchique fondée sur la considération tant de la structure interne que de la conformation extérieure des animaux. Toutefois, comme il existe, quant aux faits d'organisme fondamentaux, une

corrélation constante entre la disposition anatomique des parties internes d'un animal quelconque et la forme extérieure, le zoologiste peut légitimement conclure de l'une à l'autre, et classer la multitude des êtres animaux en prenant l'une ou l'autre pour base principale. En conséquence, il est aisé de comprendre que le perfectionnement des classifications zoologiques est en raison des progrès accomplis dans la connaissance de l'anatomie, de la physiologie et de l'embryologie comparatives. La *Zoonomie* étudie les lois générales qui régissent le règne animal. Ainsi elle recherche l'ordre de succession des organes et appareils dans la série animale, les modifications et transformations que subit chaque organe en raison des fonctions qu'il a à remplir, la loi de l'apparition successive des espèces à la surface du globe, la distribution des espèces, l'influence modificatrice des milieux et des climats, etc. C'est à elle aussi qu'appartiennent la question de la fixité ou de la mutabilité des espèces, celle de la subordination des caractères, et d'autres du même ordre. Comme on le voit, la zoonomie est proprement la partie philosophique de la z. Mais la z., comme toute science, a aussi sa partie pratique, qui a pour objet les rapports des espèces animales avec l'homme lui-même, en tant que celui-ci peut appliquer celles-là à ses besoins. Ce point de vue constitue la *Zootechnie*, dont l'exploitation des animaux domestiques par l'industrie agricole forme la branche principale.

Nous avons dit tout à l'heure que les classifications zoologiques se perfectionnent en raison des progrès de la science considérée dans son ensemble. Dans l'étude des familles et des genres, la classification que nous avons suivie dans ce dictionnaire est encore celle dont Georges Cuvier a posé les premières bases, mais, en ce qui concerne les groupes supérieurs, nous avons tenu compte des nombreuses découvertes en zoologie, surtout en zoonomie et en embryologie, qui montrent l'ensemble du règne animal sous un nouveau

		Embranchements.		Classes.
MÉTAZOAIRES (corps formé de plusieurs cellules différenciées en tissus).	ANTOZOAIRES (Symétrie du corps bilatérale).	*Chordata.* (Chordés.)	Vertébrés.	Mammifères.
				Oiseaux. } Sauropsidés.
				Reptiles. }
				Batraciens.
				Poissons.
			Proto-chordés.	Céphalochordes ou Acraniens.
				Urochordes ou Tuniciers.
				Hémichordes ou Enteropneustes.
		Mollusques		Gastéropodes.
				Scaphopodes.
				Lamellibranches.
				Céphalopodes.
		Vermidiens ou *Molluscoïdes* . .		Bryozoaires.
				Brachiopodes.
				Etc.
		Vers		Plathelminthes.
				Némathelminthes.
				Annélides.
				Géphyriens.
				Rotifères.
		Articulés . . .		Crustacés.
				Arachnides.
				Myriapodes.
				Insectes.
	PROTOZOAIRES (Symétrie du corps rayonnée).	*Echinodermes* . . .		Crinoïdes.
				Astérides.
				Echinides.
				Holothurides.
		Cœlentérés ou *Cnidaires* . . .		Coralliaires.
				Hydroméduses.
				Cténophores.
		Spongiaires . . .		Eponges calcaires.
				Eponges cornéo-siliceuses.
PROTOZOAIRES (Corps formé d'une seule cellule ou d'une colonie de cellules semblables).		*Rhizopodes* . .		Amibes.
				Foraminifères.
				Radiolaires.
				Héliozoaires.
		Cortiqués . .		Flagellates.
				Infusoires.
				Tentaculifères.
				Sporozoaires.

jour. Voici quel était le système de Cuvier. « En considérant l'ensemble du règne animal, dit l'illustre zoologiste, on trouve qu'il existe quatre formes principales, quatre plans généraux, si l'on peut s'exprimer ainsi, d'après lesquels tous les animaux semblent avoir été modelés, et dont les divisions ultérieures, de quelque titre que les naturalistes les aient décorées, ne sont que des modifications assez légères, fondées sur le développement ou l'addition de quelques parties qui ne changent rien à l'essence du plan. » Ces quatre types, qui forment autant d'embranchements, sont : les VERTÉBRÉS, les MOLLUSQUES, les ARTICULÉS et les RAYONNÉS ou *Zoophytes*. Ces trois derniers, par opposition aux Vertébrés, reçoivent la dénomination commune d'*Invertébrés*. Chacun de ces embranchements se divise lui-même en un certain nombre de classes qui se subdivisent ensuite en ordres, puis en familles et en tribus, et enfin en genres et en espèces, dans lesquelles se rangent tous les individus qui appartiennent à la série zoologique. Les *Vertébrés*, par ex., forment 4 classes : savoir : les MAMMIFÈRES, les OISEAUX, les REPTILES, les POISSONS. Les *Mollusques*, 6 classes : les CÉPHALOPODES, les PTÉROPODES, les GASTÉROPODES, les ACÉPHALES, les BRACHIOPODES et les CIRRHOPODES. Les *Articulés* comprennent 4 classes : les ANNÉLIDES, les CRUSTACÉS, les ARACHNIDES et les INSECTES. Enfin les *Rayonnés* comprennent 5 classes : les ÉCHINODERMES, les ENTOZOAIRES, les ACALÈPHES, les POLYPES, les INFUSOIRES. Voici maintenant l'ensemble de la classification qui a été suivie dans ce Dictionnaire et qui répond aux données de la science actuelle (Voy. le Tableau ci-contre).

La z. comme science a été fondée par Aristote ; mais après son disciple Théophraste, elle tomba pour ainsi dire dans l'oubli, les spéculations purement philosophiques paraissant avoir pour les Grecs infiniment plus d'attrait que les recherches méthodiques et minutieuses nécessaires à la constitution des sciences physiques. Chez les écrivains romains, on ne trouve quelques observations zoologiques que chez Pline, Solin, et les auteurs agronomiques ; mais Pline, le plus important d'entre eux, n'est qu'un compilateur qui n'a fait faire aucun progrès à la science. Il faut en venir à l'époque de la Renaissance, c.-à-d. au XVIe siècle, pour voir la z. devenir un objet de recherches scientifiques, et s'enrichir de faits nouveaux. L'honneur de cette rénovation de la science appartient surtout au Suisse Conrad Gesner, à nos compatriotes Belon et Rondelet, et à l'Italien Aldrovande. Au XVIIe siècle, le nombre des faits scientifiques s'accrut rapidement par les travaux de Swammerdam, de Margraff, de Bontius, de Fabius Colonna, d'Olina, de Mouffett, de J. Ray et de Willoughby. Mais le XVIIIe siècle imprima un mouvement tout nouveau à la z. Outre une foule d'auteurs, tels que Catesby, Edwards, Brisson, Latham, Laurenti, Rœsel, Schneider, Daubenton, Artedi, Bloch, Pennant, Rumphius, Klein, Guettard, Adanson, Réaumur, Bonnet, de Geer, Geoffroy, Fabricius, Trembley, Oth, Muller, Cavolini, etc., qui s'occupèrent plus particulièrement de certaines branches de la science, celle-ci reçut un éclat singulier de deux hommes célèbres qui la considérèrent dans son ensemble et dans toute sa généralité ; nous voulons parler de Linné et de Buffon, dont les grandes vues exercèrent sur la direction de la science une influence encore sensible aujourd'hui. C'est aussi au XVIIIe siècle qu'appartient la gloire d'avoir mis en honneur l'Anatomie comparée, cette base fondamentale de la z. philosophique. Néanmoins le XIXe siècle a plus fait encore pour la science que les trois siècles qui l'ont précédé. C'est à lui en effet que l'on doit la création de la Paléontologie, de l'Embryologie, de la Tératologie, et de l'Anatomie philosophique. En outre, toutes les branches de la z. ont été étudiées avec une ardeur et une sagacité inouïes. Les découvertes ont enfanté les découvertes, et celles-ci ont été d'autant plus nombreuses que les savants ont surtout porté leur attention sur les parties de la science qui avaient été négligées par les observateurs des siècles précédents. Les hommes qui ont concouru au progrès modernes de la science sont en si grand nombre, que nous ne saurions tous les mentionner. Cependant, à la suite de G. Cuvier, de Lamarck, de Blainville, des Geoffroy Saint-Hilaire, qui ont couronné le siècle, nous devons signaler tout particulièrement, en France, les Milne-Edwards, de Quatrefages, Perrier, de Lacaze-Duthiers, Giard et Delage.

ZOOLOGIQUE. adj. 2 g. Qui a rapport, qui appartient à la zoologie.

ZOOLOGISTE. s. m. Celui qui connaît la zoologie, qui a écrit sur la zoologie. On dit aussi, mais plus rarement, *Zoologue*.

ZOONITE, s. m. (gr. ζῶον, animal). T. Anat. Dugès et Moquin-Tandon désignaient sous ce nom les parties successives du corps des animaux qui, depuis Aristote, sont appelées *segments*, *anneaux* et *articles*, parce qu'il les considéraient comme le type élémentaire, bien qu'idéal, des formes animales. Suivant Dugès, le type idéal qu'on nomme *Zoonite* se répète à droite et à gauche dans tous les animaux symétriques, binaires et pairs, et tout animal articulé intérieurement (Vertébrés), ou extérieurement (Sternébrés ou Annelés), est composé d'une série longitudinale de zoonites depuis l'extrémité de la tête jusqu'au bout de la queue. Les zoonites cessent d'être distincts dans toute la classe des Mollusques ; mais ils reparaissent sous la forme de rayons dans son sous-règne des Actinaires. Enfin les animaux les plus simples qui forment son sous-règne des Monadaires, sont réduits à un seul zoonite.

ZOONOMIE, s. f. (gr. ζῶον, animal ; νόμος, loi). Ensemble des lois qui régissent la vie animale. Voy. ZOOLOGIE.

ZOONOSE, s. f. [Pr. zo-o-noze] (Gr. ζῶον, animal, νόσος, maladie). T. Méd. Nom donné aux maladies contagieuses transmissibles des animaux à l'homme, comme la rage.

ZOOPHORE. s. m. (gr. ζωοφόρος, m. s., de ζῶον, animal ; φορὸς, qui porte). T. Archit. Autre nom de la frise. Voy. ENTABLEMENT.

ZOOPHYTE. s. m. [Pr. zo-o-fite] (gr. ζῶοφυτον, m. s., de ζῶον, animal ; φῦτον, plante). T. Zool. Syn. de *Rayonnés*. Voy. ce mot.

ZOOPSIE, s. f. [Pr. zo-opsi] (gr. ζῶον, animal ; ὄψ, œil, vue). T. Méd. Hallucination dans laquelle le malade a des visions d'animaux fantastiques.

ZOOPSPERME, s. m. (gr. ζῶον, animal ; σπέρμα, graine). T. Physiol. Syn. de *Spermatozoïde*. Voy. ce mot.

ZOOSPORANGE. s. m. [Pr. zo-ospo-ranje] (gr. ζῶον, animal, et fr. *sporange*). T. Bot. Nom donné à un sporange renfermant des zoospores.

ZOOSPORE. s. f. [Pr. zo-ospore] (gr. ζῶον, animal ; σπόρα, graine). T. Bot. Spore pourvue de cils vibratils.

ZOOTECHNIE. s. f. [Pr. zo-otek-ni] (gr. ζῶον, animal ; τέχνη, art.). Art d'élever, de multiplier et d'améliorer les animaux domestiques. Voy. ZOOLOGIE.

ZOOTHÈQUE. s. f. [Pr. zo-otèke] (gr. ζῶον, animal ; θήκη, loge). T. Bot. Syn. de *Zoosporange*. Voy. ce mot.

ZOOTOMIE. s. f. [Pr. zo-otomi] (gr. ζῶον, animal ; τομὴ, section). Dissection des animaux et étude de leur organisation intérieure. Voy. ZOOLOGIE.

ZOOTROPE. s. m. (gr. ζῶον, animal ; τρόπος, tour). T. Phys. Le Zootrope est un appareil ou un jouet destiné à donner l'illusion du mouvement au moyen de plusieurs images représentant les phases successives d'une scène plus ou moins mouvementée. Il est fondé sur la persistance des impressions lumineuses ; le premier appareil de ce genre a été imaginé par Plateau, qui a donné le nom de *Phénakisticope*. Voy. ce mot. Mais le phénakisticope de Plateau exigeait qu'on regardât les images dans une glace réfléchissante. Le Z. se suffit à lui-même : il se compose d'un cylindre de carton dur d'un diamètre de 20 à 40 centimètres, fixé au-dessus et sur le bord d'un plateau de bois circulaire ; ce plateau est monté sur un axe vertical porté par un pied, autour duquel il peut tourner sous l'impulsion de la main. La moitié supérieure du cylindre est percée d'un certain nombre de fentes verticales étroites, le plus souvent douze. Dans la moitié inférieure, on place à l'intérieur, le long du cylindre, une bande de papier d'une longueur égale à la circonférence de l'appareil, et portant douze dessins représentant les diverses phases de la scène qu'on veut reproduire : il faut que ces phases se succèdent périodiquement, c.-à-d. que la première succède à la dernière, comme la deuxième succède à la première, la troisième à la deuxième, et ainsi de suite. On place l'appareil sur une table, et l'on en regarde le pourtour extérieur. Au travers de chaque fente, on ne voit qu'une portion filiforme de l'image qui se trouve en face; mais, quand on fait tourner le cylindre avec une vitesse modérée, on aperçoit l'image entière, grâce à la persistance des impressions rétiniennes, le carton percé de fentes produisant l'effet d'un voile à demi-transparent. Seulement, comme les images se succèdent rapidement en face de l'œil, on voit l'une après l'autre les diverses phases de la scène et l'on a l'impression du mouvement des objets représentés. Si le nombre des images n'est pas égal à celui des fentes, s'il y a par ex. treize images et douze fentes, les images successives n'occupent pas la même place par rapport à la fente opposée, et l'ensemble paraît se déplacer d'un mouvement continu le long du cylindre. Par ex., on verra un couple de valseurs tourner sur eux-mêmes en même temps qu'ils avancent à droite ou à gauche. Lorsque les dessins sont faits avec soin, l'illusion est très suffisante et les effets obtenus très satisfaisants.

On a varié la construction de cet appareil. Ainsi, on peut remplacer les fentes par une série de petits miroirs verticaux placés de manière à former un prisme au centre du cylindre. Dans ce cas, on diminue la hauteur du cylindre, puisque la moitié supérieure est devenue inutile; en revanche, on fait dépasser les glaces au-dessus du cylindre, et c'est l'image réfléchie dans ces glaces qui semble se mouvoir suivant la succession des phases du dessin. L'appareil ainsi construit a reçu le nom de *Praxinoscope*. Des perfectionnements plus importants, portant en particulier sur l'augmentation du nombre des images, leur obtention par la photographie, et leur déplacement rapide devant un système oculaire fixe, ont transformé complètement le Z., qui est ainsi devenu le kinétoscope d'Édison. Voy. KINÉTOSCOPE.

ZOPYRE, seigneur persan, se dévoua pour donner à Darius Ier Babylone révoltée.

ZORGITE. s. f. (R. *Zorge*, n. de lieu). T. Minér. Séléniure de plomb et de cuivre, qu'on trouve à *Zorge*, dans le Harz, ainsi que dans la République Argentine, et qui peut servir à préparer le sélénium.

ZORILLE. s. m. [Pr. les *ll* mouillées]. T. Mamm. Espèce de *Carnivore*. Voy. MARTRE.

ZOROASTRE ou mieux **ZARATHOUSTRA**, législateur religieux des populations bactriennes et fondateur de la religion appelée *parsisme*, qui reconnaît deux principes : Ormuzd et Ahriman. Voy. DUALISME, PERSE, ZEND.

ZOROBABEL, Juif de la maison de David, qui rebâtit le temple de Jérusalem (534 av. J.-C.), au retour de la Captivité de Babylone.

ZORRILLA (JOSÉ), poète espag., né à Valladolid (1818-1893).

ZOSERTITI. Voy. SÉSOCHRIS.

ZOSIME (SAINT), pape de 417 à 418. — Fête le 28 décembre.

ZOSIME, historien grec du Ve siècle ap. J.-C., a composé une *Histoire nouvelle*, d'Auguste à Théodore II.

ZOSTÈRE. s. f. (lat. *zoster*, gr. ζωστήρ, ceinture). T. Bot. Genre de plantes Monocotylédones (*Zostera*) de la famille des *Naïadacées*. Voy. ce mot.

ZOSTÉRÉES. s. f. pl. (R. *Zostère*). T. Bot. Tribu de végétaux de la famille des *Naïadacées*. Voy. ce mot.

ZOUAVE. s. m. Soldat des troupes françaises d'Afrique, dont le corps fut constitué le 9 mars 1831, au moyen d'éléments indigènes pris en majeure partie dans la tribu kabyle des *Zouaouas*. Composé d'abord de quelques compagnies, ce corps forma, à partir du 7 mars 1833, un bataillon de 10 compagnies dans lesquelles l'élément français fut introduit dans une large proportion. Porté à 2 bataillons en 1835, à 3 en 1837, il comptait en 1841 27 compagnies, dont 3 arabes seulement. Bientôt les régiments de tirailleurs algériens ayant été créés pour englober les recrues arabes et kabyles, le corps des zouaves se composa exclusivement de Français. Il fut de 3 régiments en 1852, auxquels celui des zouaves de la garde fut ajouté de 1855 à 1870. Ce 4e régiment de zouaves fut reformé après l'expédition de Tunisie de 1881.

Aujourd'hui les 4 régiments de zouaves sont répartis le 1er à Alger, le 2e à Oran, le 3e à Constantine, le 4e à Tunis.

Ils sont composés de 5 bataillons, à 4 compagnies, plus 2 compagnies de dépôt. L'effectif de chaque compagnie comprend 3 officiers (capitaine, lieutenant en 1er et lieutenant en 2e ou sous-lieutenant), 20 sous-officiers et caporaux, 3 tambours ou clairons et 125 soldats ; l'état-major du régiment, 19 officiers; le petit état-major (adjudants, sapeurs, musiciens), 60 hommes; la section hors rang (secrétaires et ouvriers), une trentaine environ. Deux bataillons de zouaves sont stationnés sous Paris, le 5e du 1er au fort de Nogent, le 5e du 4e au fort de Rosny.

Les zouaves portent un costume algérien, veste et gilet arabes bleu sombre à galons rouges, culottes bouffantes de drap rouge en tenue d'hiver, de toile blanche en tenue d'été, guêtres blanches ou bleu sombre. Pendant longtemps ils portèrent au mollet une jambière de cuir jaune qui a été supprimée en 1873; comme coiffure, ils ont la chechia rouge à gland de laine bleu sombre, entourée en grande tenue d'un turban autrefois vert pour les 3 premiers régiments, blanc pour la garde, rouge aujourd'hui bleu pour tous. Le régiment de la garde avait aussi comme signe distinctif à la veste et au gilet les galons jaunes, aujourd'hui rouges. L'armement est le même que celui des troupes de France, l'équipement est celui des chasseurs à pied. Sous le ceinturon les zouaves portent en outre une large ceinture de flanelle bleu clair. Ils jouissent d'une grande réputation de bravoure qui s'est justifiée sur tous les champs de bataille non seulement en Algérie et en Tunisie, mais encore en Crimée, en Italie, au Mexique et en France contre les Allemands. Les drapeaux des 2e et 3e régiments sont décorés pour prises de drapeaux ennemis à Magenta (Italie) et à San Lorenzo (Mexique).

ZOULOUS, peuplade cafre du Sud de l'Afrique.

ZUG (Lac de), en Suisse, entre les cantons de Zug, de Lucerne et de Schwyz.

ZUG, cant. de la Suisse centrale; pop. 23,000 hab.; ch.-l. *Zug* ; sur le lac du même nom ; 3,800 hab. = Nom des hab. : ZUGOIS, OISE.

ZUIDERZÉE. Voy. ZUYDERZÉE.

ZULPICH, v. de la Prusse rhénane, regardée comme l'ancien Tolbiac; 2,500 hab.

ZUMALACABREGUY, général esp. (1788-1835).

ZURBANO (MARTIN), général esp. (1780-1855).

ZURBARAN, peintre esp. (1598-1662).

ZURICH (Lac de), en Suisse, entre les cantons de Zurich, Schwyz et Saint-Gall.

ZURICH, c. de la Suisse septentrionale; pop. 317,600 hab. ch.-l. *Zurich*; 90,100 hab. || Victoire de Masséna sur les Austro-Russes (1799). = Nom des hab. : ZURICHOIS, OISE.

ZURLITE. s. f. (R. *Zurlo*, n. d'un homme d'État napolitain). T. Minér. Variété impure de mélilite.

ZUT. interj. fam. exprimant le mécontentement.

ZUTPHEN, v. des Pays-Bas (Gueldre), sur l'Yssel; 15,000 hab.

ZUYDERZÉE, c.-à-d. *Mer du Sud*, golfe formé par la mer du Nord sur les côtes des Pays-Bas, entre la Hollande Septentrionale à l'O., l'Overyssel et la Frise à l'E.

ZWICKAU, v. d'Allemagne (royaume de Saxe) ; 39,300 hab.

ZWINGLE, réformateur suisse (1484-1531), enseigna ses doctrines à Zurich. Voy. PROTESTANTISME.

ZWOLLE, v. des Pays-Bas (province d'Overyssel), sur l'Yssel; 24,700 hab.

ZYGÈNE. s. m. ZYGÉNIDES. s. m. pl. (gr. ζύγαινα, sorte de poisson appelé marteau). T. Entom. Genre et famille d'Insectes *Lépidoptères*. Voy. CHÉRUSCULAIRE.

ZYGNÈME. s. m. [Pr. *zig-nème, g* dur] (gr. ζεύγος, union;

νήμα, filament). T. Bot. Genre d'Algues (*Zygnema*) de la famille des *Conjuguées*. Voy. ce mot.

ZYGNÉMÉES. s. f. pl. [Pr. *zig-némé*, *g* dur] (R. *Zygnème*), T. Bot. Tribu d'Algues de la famille des *Conjuguées*. Voy. ce mot.

ZYGODACTYLES. s. m. pl. (gr. ζεῦγος, joug; δάκτυλος, doigt). T. Ornith. Syn. de *Grimpeurs*.

ZYGOMA ou **ZYGOME.** s. m. (gr. ζύγωμα, m. s., de ζεύγω, j'unis). T. Anat. Os de la pommette de la joue, appelé encore os molaire, os jugal.

ZYGOMATIQUE. adj. 2 g. (R. *zygoma*). T. Anat. Qui appartient, qui a rapport à la pommette de la joue. *Arcade z.*, l'arc osseux formé au bas de la tempe par l'union de l'os de la pommette avec une apophyse du temporal, appelé ellemême *Apophyse z.* — *Muscles zygomatiques*, les deux muscles qui s'insèrent sur l'os malaire et s'étendent à l'angle des lèvres.

ZYGOMORPHE. adj. 2 g. (gr. ζεῦγος, paire; μορφή, forme). T. Bot. Se dit de toute fleur qui n'est symétrique que par rapport à un seul plan.

ZYGOPHYLLE. s. m. (gr. ζεῦγος, paire; φύλλον, feuille). T. Bot. Genre de plantes Dicotylédones (*Zygophyllum*) de la famille des *Zygophyllées*. Voy. ce mot.

ZYGOPHYLLÉES. s. f. pl. [Pr. *zigo-fil-lé*] (R. *Zygophylle*). T. Bot. Famille de végétaux Dicotylédones de l'ordre des Dialypétales supérovariées diplostémones.

Caract bot.: Végétaux herbacés, sous-frutescents et même arborescents, à bois très dur, et dont les rameaux sont souvent articulés à leur point d'union. Feuilles opposées, munies

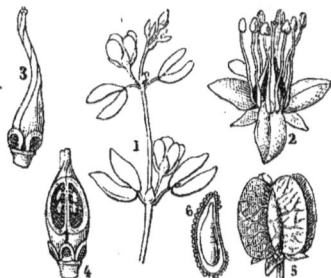

de stipules, très rarement simples, ordinairement composées, pennées, dépourvues de nodules sécréteurs. Fleurs régulières, hermaphrodites, solitaires ou groupées par deux ou par trois, blanches, bleues, rouges, souvent jaunes. Calice à 4 ou 5 sépales, à préfloraison convolutive. Pétales onguiculés, alternes avec les segments du calice, à préfloraison imbriquée. Étamines en nombre double des pétales, rarement 5 ou 15, élargies à la base, quelquefois nues, ordinairement insérées sur le dos

d'une petite écaille, hypogynes. Pistil formé de 5-4-3 ou 2 carpelles concrescents en un ovaire à plusieurs loges, dont chacune renferme 2 ou plusieurs ovules anatropes, attachés à l'angle interne, suspendus ou parfois dressés, style unique, ordinairement marqué de 4 ou 5 sillons; stigmate simple ou offrant 4 ou 5 lobes. Fruit capsulaire, rarement charnu, présentant 4 ou 5 angles ou ailes, s'ouvrant par déhiscence loculicide, le plus souvent septicide; le sarcocarpe ne se sépare pas de l'endocarpe. Graines ordinairement en plus petit nombre que les ovules, tantôt comprimées et rugueuses lorsqu'elles sont sèches, tantôt ovées et lisses, avec un mince tégument herbacé. Embryon droit ou courbe; radicule supère; cotylédons foliacés; albumen peu abondant (absent dans le genre *Tribulus*), charnu [Fig. — **1.** *Rœpera fabagifolia*; **2.** Fleur; **3.** Pistil; **4.** Coupe verticale de ce dernier; **5.** Fruit; **6.** Coupe d'une graine.] — Cette famille se compose de 18 genres (*Tribulus*, *Zygophyllum*, *Peganum*, *Fagonia*, *Guaiacum*, *Nitraria*, etc.), et d'une centaine d'espèces, qui sont réparties dans toutes les régions du globe. Les espèces ligneuses sont remarquables par l'extrême dureté de leur bois. Le genre *Gaïac* (*Guaiacum*) est réputé pour ses propriétés stimulantes. L'écorce et le bois du *Gaïac officinal* et du *Gaïac saint* (G. *officinale* et *sanctum*) ont une saveur légèrement âcre et amère, et s'emploient principalement comme diaphorétiques, sudorifiques et altérants. Le bois de *Gaïac* ou *Bois de vie* contient une résine qui a la propriété de se colorer en bleu sous l'action des agents oxydants. Le *Porlieria hygrometrica* jouit de propriétés analogues. Les fleurs du *Zygophyllum fabago*, vulgairement appelé *Fabagelle commune*, s'emploient en guise de câpres, et sont, dit-on, anthelmintiques. L'odeur du *Zygophyllum simplex* est si détestable, qu'aucun animal n'en touche les feuilles, pas même le chameau. Cependant les Arabes les écrasent dans l'eau, et cette eau leur sert de collyre dans les maladies des yeux. Les Turcs emploient les graines du *Peganum harmala* en guise d'épices, et, en outre, ils s'en servent pour teindre en rouge. Enfin, le *Couché Tribule* (*Tribulus terrestris*), vulgairement appelé *Croix de Malte*, jouit, dit-on, de propriétés astringentes.

ZYGOSPORE. s. f. (gr. ζεῦγος, paire; σπορ᷇ὸς, semence). T. Bot. Nom improprement donné à l'œuf de certaines plantes Thallophytes formé par isogamie.

ZYMASE. s. f. [Pr *zima-ze*] (gr. ζύμη, levain, ferment). T. Chim Syn. de *Diastase*. Voy. ce mot et FERMENTATION.

ZYMOGÈNE. s. m. (gr. ζύμη, ferment; γεννάω, j'engendre). T. Chim. Corps soluble dans l'eau et dans la glycérine, qui est contenu dans le pancréas frais, et qui donne naissance à la trypsine.

ZYMOLOGIE. s. f. (gr. ζύμη, ferment; λόγος, discours. Partie de la chimie qui traite de la fermentation.

ZYMOME. s. m. (gr. ζύμη, ferment). La partie du gluten qui reste insoluble quand on traite celui-ci par l'alcool. Le *z. est ainsi nommé parce qu'il est susceptible de fermenter.*

ZYMOTECHNIE. s. f. [Pr. *zimo-tek-nie*] (gr. ζύμη, ferment; τέχνη, art). Syn. de *Zymologie*.

ZYMOTIQUE. s. f. (gr. ζύμη, ferment). T. Chim. Qui a rapport à la fermentation, qui la produit. *Substances zymotiques.*

FIN DU TOME HUITIÈME

PARIS

IMPRIMERIE GÉNÉRALE LAHURE

9, RUE DE FLEURUS 9

ŒUVRES DE CAMILLE FLAMMARION

OUVRAGES PHILOSOPHIQUES

ASTRONOMIE PRATIQUE

ENSEIGNEMENT DE L'ASTRONOMIE

SCIENCES GÉNÉRALES

VARIÉTÉS LITTÉRAIRES

47494. — Imprimerie Lahure, rue de Fleurus, 9, à Paris.

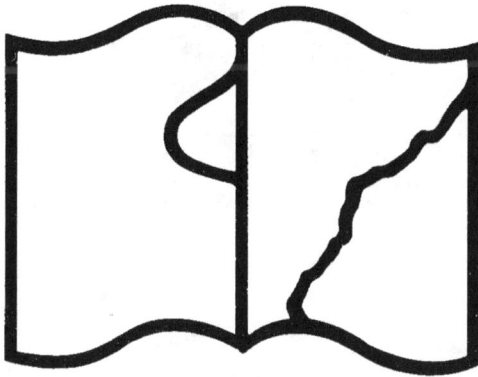

Texte détérioré — reliure défectueuse

NF Z 43-120-11

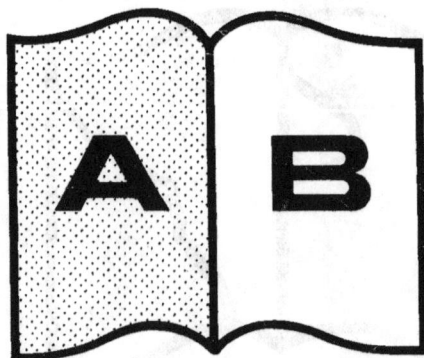

Contraste insuffisant
NF Z 43-120-14